Communalverfassung und Verwaltungsgerichte

in

England

von

Dr. Rudolf Gneist.

Dritte, umgearbeitete Auflage.
(In einem Bande.)

1871.

Springer-Verlag Berlin Heidelberg GmbH

Ueberſetzungsrechte vorbehalten.
ISBN 978-3-662-38590-6   ISBN 978-3-662-39437-3 (eBook)
DOI 10.1007/978-3-662-39437-3
Softcover reprint of the hardcover 3rd edition 1871

Vorrede.

Die klassischen Institutionen des englischen Rechts, welche vor länger als 100 Jahren Blackstone als Anleitung für praktische Juristen geschrieben hat, behandeln nach bekanntem System: das Recht der Personen und der Sachen, den Civil= und den Strafprozeß (personae, res, actiones). Von dem Staatsrecht ist eine Skizze des Parlaments und der königlichen Prärogative nur als Einleitung zum ius personarum aufgenommen. Es fehlt der geschichtliche Entwickelungsgang der Verfassung, das ganze Verwaltungsrecht, der ganze Organismus des selfgovernment.

Der große Commentator ist nicht dafür verantwortlich, wenn andere Völker und Zeiten aus diesen Weglassungen ein „constitutionelles Staatsrecht" gebildet haben, welches nicht Rechtsgrundsätze enthält, sondern nur Formulirungen der Ansprüche der Gesellschaft an den Staat. Da diese Ansprüche den überkommenen Einrichtungen, dem bestehenden Verwaltungsrecht, dem wirklichen Staat nicht entsprechen, so entsteht daraus eine Kette von Widersprüchen, Täuschungen, Enttäuschungen und allgemeinen Vorwürfen gegen den „Parlamentarismus."

Um zu dem wirklichen Wesen jenes Staatsrechts zu gelangen, welches der Continent nachzubilden glaubte, sind zwei völlig neue Fundamente zu legen.

Das erste ist das englische Verwaltungsrecht, als die äußere Grundlegung des Ganzen. Das anglonormannische Königthum war, einzig in Europa, in der Lage an die carolingischen Staatseinrichtungen anzuknüpfen, ungehindert durch die Stände solche in ihrem ursprünglichen Sinne aufzunehmen und fortzubilden. Der gemeinsame Widerstand der Magnaten erzwang aber seit der M. Charta eine gesetzliche Regelung der vollentwickelten Staatsgewalten, die mit jedem Menschenalter weiterschreitet, im XIX. Jahrhundert sich zu mehren Tausend Verwaltungsgesetzen entfaltet. Nur in Anlehnung an dies Verwaltungsrecht läßt sich eine englische Verfassungsgeschichte schreiben, welche ohne das des pragmatischen Zusammenhangs entbehrt und ein unwahres Gesammtbild giebt, wie dies auch von Hallam gilt. Dieser Aufgabe versucht die Schrift: Gneist, Engl. Verwaltungsrecht, 2. Aufl. 1867 (Bd. I. Geschichte, Bd. II. das heutige V.=R) gerecht zu werden, und als vergleichendes Verwaltungsrecht: Gneist, Verwaltung, Justiz, Rechtsweg (1869).

IV

Diesem wirklichen Staatsbau gegenüber steht, alljährlich nachbessernd und ergänzend, das gesetzgebende und budgetbewilligende Parlament als der bekannte Theil der englischen Verfassung. Durch Weglassung des Verwaltungsrechts blieb es aber für den Continent unerkennbar, daß alle Rechte der im Ober= und Unterhaus organisirten Gesellschaft in fester Correspondenz stehen mit verfassungsmäßigen Amtsgewalten und mit der Verwaltungsjurisdiction. Dem Einfluß der Parteien auf die Staatsregierung sind damit sehr gemessene Schranken gesetzt, die Budgetbewilligung ist dem Gesetz, die parlamentarische Verwaltungscontrole ist der Jurisdiction untergeordnet, und damit der Charakter einer Regierung nach Gesetzen festgehalten. Trotz der Omnipotenz des Unterhauses sind durch die strengen „Gebräuche und Gewohnheiten" des Parlaments jene Schranken bis in die neueste Zeit bewahrt, mit einer Mäßigung, welche von unten herauf ihre Wurzeln in der Gestaltung der parlamentarischen Wahlkörper hat. Die entscheidende Grundlage sind Gewöhnungen, welche der englischen Gesellschaft im Laufe von Menschenaltern durch die Institutionen anerzogen sind.

Die zweite neue Aufgabe ist die Darlegung dieses Unterbaues, welcher Staat und Gesellschaft in ihren einzelnen Gliedern organisch verbindet, — das selfgovernment, — die Specialaufgabe der nachfolgenden Schrift. Auch dieser Zwischenbau ist Hand in Hand mit dem Verwaltungsrecht seit der M. Charta weitergebildet und nur im Gesammtzusammenhang verständlich.

Eine Geschichte des selfgovernment, d. h. die innere Geschichte der Parlamentsverfassung, ist aber noch nicht geschrieben worden, weil das Gefühl eines Bedürfnisses dafür fehlte. Das Gemeindeleben in Grafschaft, Stadt und Kirchspiel war so fest gewurzelt, daß es in täglicher Uebung als selbstverständlich erschien. Die englischen Darstellungen lösten sich daher auf in Einzelschriften zum Handgebrauch; Blackstone selbst verweist auf Burn's Justice of the Peace. Das Geschichtliche darin beschränkt sich auf kurze Einleitungen, welche jeder Darsteller von seinem Vorgänger wörtlich herüberschreibt. Man fühlte das Bedürfniß einer zusammenhängenden Kenntniß des Mittelalters nicht, so lange sich der gesunde Kern der historischen Einrichtungen stetig fortpflanzte. Nachdem diese Fortbildung im letzten Menschenalter unterbrochen ist, droht die Unkenntniß der eigenen Vergangenheit Niemandem verhängnißvoller zu werden, als den Engländern selbst. Ihre eigene Geschichte hätte ihnen sagen können, daß jene Einrichtungen doch noch eine andere und tiefere Bedeutung haben als die dem selfgovernment gewöhnlich beigelegte. Schon bei der ersten Grundlegung der Parlamentsverfassung wurde es sichtbar, daß die Klassen der Gesellschaft mit ihren widerstreitenden Interessen sich nicht unmittelbar zu gesetzgebenden und steuerbewilligenden Körpern formiren lassen. Besitz und Erwerb, ländlicher und städtischer Besitz, erwerbende und geistige Arbeit waren niemals einig über die Ziele der Staatsgewalt. Die gesellschaftlichen Interessen, im Besitz der Staatsgewalt, haben außer kurzen Augenblicken der Begeisterung niemals die nächsten Vortheile der Macht den dauernden, höheren Anforderungen des Staats zum Opfer gebracht. Die ersten Formationen des Parlaments führen daher zu einem wilden Zusammenstoß, welcher später noch einige Male wiederkehrt; auch die Zwischenperioden sind von leichteren Convulsionen selten, von einer innern Reibung und Spannung niemals frei gewesen. Erst im Lauf des XVIII. Jahrhunderts sind es die dauernden Institutionen des selfgovernment, welche in stiller, ununterbrochener Arbeit die gewaltthätigen Gegensätze überwunden und die höchste Stufe einer innern Harmonie unter der Regierung Georg's III. erreicht haben. Diese Geschichte des selfgovernment ist in Gneist, Engl. Communalverfassung, 2. Aufl. 1863 I. S. 1—400 gegeben; in der gegenwärtigen Auflage (Cap. I.) enger zusammengedrängt.

Jener innere Zwischenbau des Parlamentsstaats ist daraus hervorgegangen, daß seit dem Mittelalter bis zur Reformbill von 1832 niemals politische Rechte, weder ständische noch Wahlrechte ertheilt wurden, ohne daran persönliche Pflichten (Gerichts-, Polizei-, Militärpflichten) zu heften. Die Staatsverwaltung ist dadurch mit den Grafschaften, Stadtverbänden und Kirchspielen so verbunden, daß die nachbarlichen Communae zu Pflichtgenossenschaften mit gesetzlich geregelten Amtsfunktionen und Steuerlasten, und damit zu organischen Gliedern des neueren Staats werden. Dieser Zwischenbau ist es, der dem hin und her wogenden Streit der Gesellschaft Maß und Ziel gegeben, der die Gesellschaft umgebildet, für den Staat erzogen, zur bürgerlichen Freiheit herangebildet hat. Die daraus hervorgegangenen Wahlkörper knüpfen das organische Band zwischen Verfassung und Verwaltung, indem die gewohnheitsmäßig verwaltenden Klassen auch die Gesetze der Verwaltung geben, die wahlberechtigten Klassen andererseits gewohnheitsmäßig mit voller Amtsverantwortlichkeit die Gesetze auszuführen haben. Das Verwaltungsrecht greift also unmittelbar in die Gemeinden über, und bildet durch Tausende von Verwaltungsgesetzen eine überaus verwickelte Gemeindeordnung, von welcher der Continent wenig mehr kannte, als das, was in den nachfolgenden §§. 8—15 gegeben ist. Die so bekannten Bruchstücke reihten die constitutionellen Theorien in das ansprechende Bild des Parlaments nach Blackstone ein, und glaubten damit alle Elemente in ihrer Hand zu haben. Die englischen Juristen fühlten das Bedürfniß einer zusammenhängenden Behandlung ihres Staatsrechts überhaupt nicht. Die zahlreichen Repertorien und Einzelschriften setzen stets einen Zusammenhang als selbstverständlich voraus, der für den Continent nichts weniger als selbstverständlich ist. Diese Darsteller sind meistens Juristen zweiten Ranges, welche in unermüdlicher Gleichförmigkeit kurze Einleitungen und antiquarische Notizen zum hundertsten Male mit denselben Worten wieder abdrucken, und daran die Gerichtsurtheile und neuen Gesetze anreihen.

In dieser Gestalt ist den Engländern selbst ihr Material über den Kopf gewachsen. Burn's Justice (Cap. V. unserer Darstellung) ist bis zu 8000 Seiten angeschwollen, und doch noch unvollständig. Die überwältigende Masse der Reformgesetze ist völlig unverarbeitet. Die Parlamentspapiere und Debatten welche das gesetzgeberische Material enthalten, überschreiten in manchem Jahre schon den Umfang von 100 Foliobänden. In diesem wenig einladenden Chaos ist der staatsrechtliche und volkswirthschaftliche, der historische und systematische Zusammenhang erst zu schaffen. Die Rechtsbegriffe und Geschäftsformen be-

Inhalts-Verzeichniß.

Erstes Buch.
Die Grundlagen und Elemente des englischen selfgovernment.

I. Capitel.
Die historischen Grundlagen.

		Seite
§. 1.	Die angelsächsische Zeit (a. 450—1066)	1
§. 2.	Die normannische Zeit (a. 1066—1272)	11
§. 3.	Die reichsständische Zeit (a. 1272—1485)	25
§ 4.	Das Zeitalter der Reformation und Revolution	35
§. 5.	Das achtzehnte Jahrhundert	48
§. 6.	Die Umwandelungen des neunzehnten Jahrhunderts	62
	(Die Uebersichten der engl. Gesetzsammlung und der Parlamentspapiere S. 68.)	
§. 7.	Begriff, Entwickelungsgang und Gliederung des selfgovernment	69

II. Capitel.
Die Bezirke und Aemter des selfgovernment.

§. 8.	Die Bezirke der Grafschaft, Hundertschaft und Ortsgemeinde	77
	(Die engl. Ortsstatistik S. 86, 87.)	
§. 9.	Das Amt des Sheriff	88
	(Die geschichtlichen Anknüpfungen des Sheriffamts S. 91—94.)	
§. 10.	Das Amt des Coroner	96
	(Die neue Reformgesetzgebung S. 100—102.)	
§. 11.	Das Amt der Friedensrichter. Justices of the Peace	103
§. 12.	Das Amt der Constables	106
§. 13.	Das Amt der Wegeaufseher. Surveyors of Highways	108
§. 14.	Das Amt der Kirchenvorsteher und der Armenaufseher	109
§. 15.	Das Amt des Lord-Lieutenant	110
§. 16.	Das neue System der Gemeinderepräsentation	111

III. Capitel.
Das Communalsteuersystem.

§. 17.	Entwickelungsgang der Communalsteuern	116
§. 18.	Die Grafschaftssteuer. County Rate	119
	(Die Einzelzwecke und die Beträge der County Rate S. 123—126.)	

Inhalts-Verzeichniß.

Erstes Buch.
Die Grundlagen und Elemente des englischen selfgovernment.

I. Capitel.
Die historischen Grundlagen.

Seite
- §. 1. Die angelsächsische Zeit (a. 450—1066) 1
- §. 2. Die normannische Zeit (a. 1066—1272) 11
- §. 3. Die reichsständische Zeit (a. 1272—1485) 25
- § 4. Das Zeitalter der Reformation und Revolution 35
- §. 5. Das achtzehnte Jahrhundert 48
- §. 6. Die Umwandelungen des neunzehnten Jahrhunderts 62
  (Die Uebersichten der engl. Gesetzsammlung und der Parlamentspapiere S. 68.)
- §. 7. Begriff, Entwickelungsgang und Gliederung des selfgovernment 69

II. Capitel.
Die Bezirke und Aemter des selfgovernment.

- §. 8. Die Bezirke der Grafschaft, Hundertschaft und Ortsgemeinde 77
  (Die engl. Ortsstatistik S. 86, 87.)
- §. 9. Das Amt des Sheriff 88
  (Die geschichtlichen Anknüpfungen des Sheriffamts S. 91—94.)
- §. 10. Das Amt des Coroner 96
  (Die neue Reformgesetzgebung S. 100—102.)
- §. 11. Das Amt der Friedensrichter. Justices of the Peace 103
- §. 12. Das Amt der Constables 106
- §. 13. Das Amt der Wegeaufseher. Surveyors of Highways . . . 108
- §. 14. Das Amt der Kirchenvorsteher und der Armenaufseher . . . 109
- §. 15. Das Amt des Lord-Lieutenant 110
- §. 16. Das neue System der Gemeinderepräsentation 111

III. Capitel.
Das Communalsteuersystem.

- §. 17. Entwickelungsgang der Communalsteuern 116
- §. 18. Die Grafschaftssteuer. County Rate 119
  (Die Einzelzwecke und die Beträge der County Rate S. 123—126.)

dem Ministerium Palmerston bestand die Hoffnung, einen Stillstand in diesen vermeintlichen Fortschritt zu bringen. Seit der Reformbill von 1867 ist auch diese Hoffnung geschwunden, und die Berathungen dieser Reformbill selbst ergeben das Bild eines Parlaments, wie es seit 150 Jahren in England unerhört ist. Und was noch schlimmer: diese Zustände sind begleitet vor einer Selbsttäuschung der „öffentlichen Meinung", welche noch immer sich auf der Höhe der Staatsentwickelnng zu befinden glaubt. In früherer Zeit hatte man diese gesellschaftliche Zersetzung des Staats als eine Eigenthümlichkeit der französischen Nation angesehen. Jetzt erst wird es sichtbar, daß derselbe Zerstörungsprozeß in England waltet, trotz der tiefen Verschiedenheit des Nationalcharakters. Erst mit dieser Selbsterkenntniß können die englischen Staats-Regierungen ihre verlorenen Grundsätze, die Parteien ihre verlorenen Programme, das englische Volk die Fähigkeit zum Wiederaufbau seines tiefzerrütteten Staats wieder finden.

Die gedrängte Vergleichung dieser Verhältnisse (Buch IV. der nachf. Darstellung) ist als „Anwendbare Grundsätze" bezeichnet, da sie die praktischen Streitfragen der Gegenwart umfaßt, in denen auch die deutsche Gesellschaft sich bewegt. Aber frei vom Civilisationshochmuth, frei von nationaler Ueberhebung, gewöhnt die Vorzüge und Fehler anderer Staatsbildungen zu begreifen, den einen nachzustreben, die anderen zu vermeiden, kann Deutschland den innern Ausbau des constitutionellen Staats auch mit der neuen Gesellschaft zu Stande bringen. Die in dieser Vergleichung gegebene pathologische Anatomie heutiger Staatszustände ist jeder Berichtigung zugänglich. Sie stellt den vagen Vorstellungen der öffentlichen Meinung eine Wirklichkeit gegenüber, die sich rechtlich, wirthschaftlich, statistisch prüfen und controliren läßt. Sie stellt den negativen positive, den ziel- und formlosen Bestrebungen feste Ziele, Grundsätze, vorhandene Mittel gegenüber. Ebendeshalb konnte sie, trotz der Umwandlungen der letzten Jahrzehnte in Deutschland, aus den früheren Auflagen sachlich unverändert übernommen werden.

Berlin, im Mai 1871.

dürfen einer gewissen Umbildung, um für den Continent verständlich zu werden; schon die Sprache bietet so erhebliche Schwierigkeiten dar, daß sich selten ein Gesetzes-Paragraph zu einer wortgetreuen Uebertragung eignet. Die werthvollen Präjudicien der Gerichtshöfe, welche allein den juristischen Faden des englischen Staatsrechts fortführen, lassen sich für das Ausland nur in geringem Umfang nutzbar machen. Dagegen ist von den Geschäftsformularen ein so reichlicher Gebrauch gemacht, um Alles für den täglichen Gang des selfgovernment Charakteristische und Anschauliche hervorzuheben. Der ganze Stoff ist noch in so roher Gestalt vorhanden, daß er erst in wiederholter Durcharbeitung Form gewinnt, und wohl erst in dieser Auflage ein dem Verwaltungskundigen überall verständliches Bild gewährt.

Insbesondere gilt dies von dem Instanzenzug der Verwaltung und von der Verwaltungsjurisdiction, über welche sich die Engländer selbst keine Rechenschaft geben. Die Competenz der ordentlichen Gerichte ist erheblich enger als in Deutschland. Dagegen bilden die Behörden des selfgovernment eine Verwaltungsjurisdiction I. und II. Instanz. Als III. Instanz schließt sich daran die Controljustiz der Reichsgerichte durch Rescripte (writs), welche an die Stelle der Ministerialrescripte getreten sind, welche einst die höchste Beschwerdeinstanz der Verwaltung bildeten. Es liegt auf der Hand, daß eine Ministerverwaltung, welche von Jahr zu Jahr um die Zustimmung des Parlaments zu neuen Gesetzen, neuen Finanzmitteln, neuen Budgetposten zu werben hat, viel einfacher das Gewünschte sich durch eine Interpretation der vorhandenen Gesetze beschaffen könnte. Eben deshalb ist der Grundsatz durchgeführt, die zeitigen Minister von jeder Auslegung der Gesetze im streitigen Falle auszuschließen, und durch die geschlossene Jurisdiction des öffentlichen Rechts die ganze Verwaltung (also auch Verfassungsfragen und Grundrechte) von einer Auslegung der Partei-Ministerien unabhängig zu halten.

Nur eine wissenschaftliche Behandlung kann diese verwickelten Verhältnisse auf einfache Grundsätze zurückführen. Aber auch diese scheinen wieder verloren zu gehen in der Gesetzgebung des XIX. Jahrhunderts. Der wunderbaren Umgestaltung aller erwerbenden Arbeit verdankt unsere Zeit nicht nur die gereiftere Einsicht in Staats- und Volkswirthschaft, sondern auch die endlich erkannte Wahrheit, daß die Gruppirungen von Besitz und Erwerb zu gesellschaftlichen Klassen die lebendige Unterlage des Staats bilden. Wie aber die Umgestaltung der gesellschaftlichen Existenz den Sinn des Einzelen vom Staate ablenkt, so gilt dies auch von der zusammenfassenden Anschauung solcher Perioden. Seit einem Menschenalter beginnen unter solchen Verhältnissen tiefgehende Reformen, welche stets einen berechtigten Ausgang nehmen, stets in Uebereinstimmung mit der „öffentlichen Meinung" bleiben, stets mit Besonnenheit durchgeführt erscheinen. Dennoch wird heute ein sehr unerwartetes Resultat sichtbar: eine Zerstörung des Gemeindelebens, eine völlige Auflösung von Kirchspiel und Stadtgemeinde, für welche selbst der Continent noch keine Parallele hat, — und in Wechselwirkung damit eine Auflösung des ganzen innern Staatsbaus, welcher nur noch äußerlich verdeckt wird durch einige mühsam aufrecht erhaltene Institutionen, deren dünne Decke auch schon unterhöhlt ist. Noch unter

wiederkehrt; auch die Zwischenperioden sind von leichteren Convulsionen selten, von einer innern Reibung und Spannung niemals frei gewesen. Erst im Lauf des XVIII. Jahrhunderts sind es die dauernden Institutionen des selfgovernment, welche in stiller, ununterbrochener Arbeit die gewaltthätigen Gegensätze überwunden und die höchste Stufe einer innern Harmonie unter der Regierung Georg's III. erreicht haben. Diese Geschichte des selfgovernment ist in Gneist, Engl. Communalverfassung, 2. Aufl. 1863 I. S. 1—400 gegeben; in der gegenwärtigen Auflage (Cap. I.) enger zusammengedrängt.

Jener innere Zwischenbau des Parlamentsstaats ist daraus hervorgegangen, daß seit dem Mittelalter bis zur Reformbill von 1832 niemals politische Rechte, weder ständische noch Wahlrechte ertheilt wurden, ohne daran persönliche Pflichten (Gerichts=, Polizei=, Militärpflichten) zu heften. Die Staatsverwaltung ist dadurch mit den Grafschaften, Stadtverbänden und Kirchspielen so verbunden, daß die nachbarlichen Communae zu Pflichtgenossenschaften mit gesetzlich geregelten Amtsfunktionen und Steuerlasten, und damit zu organischen Gliedern des neuern Staats werden. Dieser Zwischenbau ist es, der dem hin und her wogenden Streit der Gesellschaft Maß und Ziel gegeben, der die Gesellschaft umgebildet, für den Staat erzogen, zur bürgerlichen Freiheit herangebildet hat. Die daraus hervorgegangenen Wahlkörper knüpfen das organische Band zwischen Verfassung und Verwaltung, indem die gewohnheitsmäßig verwaltenden Klassen auch die Gesetze der Verwaltung geben, die wahlberechtigten Klassen andererseits gewohnheitsmäßig mit voller Amtsverantwortlichkeit die Gesetze auszuführen haben. Das Verwaltungsrecht greift also unmittelbar in die Gemeinden über, und bildet durch Tausende von Verwaltungsgesetzen eine überaus verwickelte Gemeindeordnung, von welcher der Continent wenig mehr kannte, als das, was in den nachfolgenden §§. 8—15 gegeben ist. Die so bekannten Bruchstücke reihten die constitutionellen Theorien in das ansprechende Bild des Parlaments nach Blackstone ein, und glaubten damit alle Elemente in ihrer Hand zu haben. Die englischen Juristen fühlten das Bedürfniß einer zusammenhängenden Behandlung ihres Staatsrechts überhaupt nicht. Die zahlreichen Repertorien und Einzelschriften setzen stets einen Zusammenhang als selbstverständlich voraus, der für den Continent nichts weniger als selbstverständlich ist. Diese Darsteller sind meistens Juristen zweiten Ranges, welche in unermüdlicher Gleichförmigkeit kurze Einleitungen und antiquarische Notizen zum hundertsten Male mit denselben Worten wieder abdrucken, und daran die Gerichtsurtheile und neuen Gesetze anreihen.

In dieser Gestalt ist den Engländern selbst ihr Material über den Kopf gewachsen. Burn's Justice (Cap. V. unserer Darstellung) ist bis zu 8000 Seiten angeschwollen, und doch noch unvollständig. Die überwältigende Masse der Reformgesetze ist völlig unverarbeitet. Die Parlamentspapiere und Debatten welche das gesetzgeberische Material enthalten, überschreiten in manchem Jahre schon den Umfang von 100 Foliobänden. In diesem wenig einladenden Chaos ist der staatsrechtliche und volkswirthschaftliche, der historische und systematische Zusammenhang erst zu schaffen. Die Rechtsbegriffe und Geschäftsformen be=

Inhalts-Verzeichniß. IX
                                                                    Seite
§. 19. Die städtische Gerichts- und Polizeisteuer. Borough Rate 126
    (Die Spezialzwecke und Beträge der Borough Rate S. 128, 129.)
§. 20. Die Kirchensteuer. Church Rate 129
    (Die Streitfrage über die Aufhebung der Kirchensteuer S. 133.)
§. 21. Die Armensteuer. Poor Rate 134
    (Ueber die Secundärzwecke der Armensteuer S. 137, 138.)
§. 22. Die Wegesteuer. Highway Rate 138
§. 23. Die ergänzenden Communalsteuern der Localacten und der neueren Gesundheits-
    pflegegesetze. General District Rate etc. 140
§. 24. Das Communalsteuerrecht. Die steuerpflichtigen Personen und Sachen . . 143
§. 25. Gesammtübersicht und Consolidation der Communalsteuern 152
    (Die communalen Lasten des Grundbesitzes S. 157—160.)

Zweites Buch.
Das Grundsystem des obrigkeitlichen selfgovernment.

IV. Capitel.
Der Antheil der Grafschaft an der Verwaltung der Civiljustiz.

§. 26. Die heutige Stellung des Sheriff-Amts. Sheriff's Office 161
§. 27. Sheriff's Officers. Under Sheriff, Deputy Sheriff, Bailiffs 164
§. 28. Die Ladungen. Distringas. Capias ad respondendum 168
§. 29. Die Civilexecution. Fieri Facias. Elegit. Capias ad satisfaciendum . 171
§. 30. Der Sheriff als Commissar der Obergerichte 174
§. 31. Die Civiljury 176
    (Report von 1868 über die Verbesserungen des Geschworenendienstes S. 180—183.)
§. 32. Die neuen Kreisgerichte für Civilprocesse 183

V. Capitel.
Die Strafjustiz und Polizeiverwaltung der Grafschaft.
I. Abschnitt.
Amtsgeschäfte und Personal der Friedensrichter.

§. 33. Die friedensrichterlichen Amtsgeschäfte 189
    (Zur Literatur und Systematik der friedensrichterlichen Geschäfte S. 195.)
§. 34. Das heutige Personal der Friedensrichter 196
    (Die heutigen Amtseide S. 199—201. Die Personalstatistik S. 205—208.)
§. 35. Der Custos Rotulorum 208
§. 36. Der Clerk of the Peace. Clerks to Justices. Clerks of Magistrates . . 209
§. 37. Besoldete Friedensrichter. Stipendiary Magistrates 213

II. Abschnitt.
Die einzelen Friedensrichter.

§. 38. Gruppirung der Amtsgeschäfte der einzelen Friedensrichter 216
§. 39. Die Friedensrichter als Friedensbewahrer nach gemeinem Recht. Apprehension.
    Surety for the peace and good behaviour. Forcible entry . . . 221

Inhalts-Verzeichniß.

		Seite
§. 40.	Der Friedensrichter als Voruntersuchungsrichter. Summons. Warrant of Apprehension. Examination. Commitment.	227
§. 41.	Der Friedensrichter als Polizeistrafrichter. Information. Summons. Hearing and Evidence. Conviction	237
§. 42.	Die einzelen Polizeistraffälle	244
	(Polizeistraftabelle des Geschäftsjahrs 1867 S. 246—249.)	
§. 43.	Die Friedensrichter als Steueruntersuchungsrichter. Excise. Customs. Post. Stamps	249
§. 44.	System des Vereinsrechts. Unlawful Assemblies. Religionssecten	252
§. 45.	System der Preßgesetzgebung. Printers. Newspapers	256
§. 46.	System der Bettel- und Landstreicher-Polizei. Vagrant Act. Rogues and Vagabunds. Polizeiaufsicht. Fremdenpolizei	260
§. 47.	System der einfachen Gewerbepolizei. Bakers. Hawkers. Pawnbrokers etc.	265
	(Repertorium der einfachen Gewerbepolizeigesetze S. 270—275.)	
§. 48.	System des Lohnfuhrwesens. Stage Coaches. Hackney Carriages.	275
§. 49.	System der Sitten- und Vergnügungspolizei. Disorderly Houses. Games. Drunkenness. Theaters	278
	(Die Gesetzgebung gegen Spiele und Wetten S. 282, 283.)	
§. 50.	System der Gast- und Bierhauspolizei. Alehouses. Beershops. Inns. Refreshment Houses	283
§. 51.	System der Wegepolizei. Highways. Turnpike Roads	287
§. 52.	Polizeiordnung gegen störenden und gesundheitsgefährlichen Unfug. Nuisances Removal Acts	291
	(Der Gang der Gesetzgebung über Nuisances Removal S. 295, 296.)	
§. 53.	System des Seepassagierwesens, der Fluß- und Canalpolizei	297
§. 54.	System der Jagdordnung	299
	(Geschichtliche Entwickelung des englischen Jagdrechts S. 302—304.)	
§. 55.	System der Fischereiordnungen	304
§. 56.	System der Arbeitspolizei, Gesindeordnung, Fabrikreglements	306
§. 57.	Die Jurisdiction über Lehrlingsverhältnisse	318
§. 58.	Das Polizeisystem der Handelsschiffahrtsordnung	322
§. 59.	Civiljurisdiction aus unehelicher Schwängerung	324
§. 60.	Jurisdiction über Mieths- und Pachtverhältnisse und Nebenfälle polizeilicher Civiljurisdiction	327
§. 61.	Gemeinsames über Polizeiresolute, Polizeiverfügungen und deren Vollstreckung	330
	(Das Decernat der einzelnen Friedensrichter in der Communalverwaltung S. 337.)	

III. Abschnitt.
Die kleinen Bezirkssitzungen der Friedensrichter. Special Sessions.

§. 62.	Verhältniß der Petty Sessions und Special Sessions	338
§. 63.	Die Neugestaltung der engeren Polizeiverwaltungsbezirke	341
§. 64.	Die Amtsgeschäfte der Special Sessions	344
§. 65.	Ertheilung der polizeilichen Schank- und Gewerbeconcessionen	348
	(Geschichtliches über das Schankconcessionswesen S. 356—358.)	

IV. Abschnitt.
Die Quartalsitzungen der Friedensrichter. General and Quarter Sessions.

§. 66.	Die Organisation der Quartalsitzungen	358
§. 67.	Die Quartalsitzungen als Strafgericht I. Instanz mit Jury	366

§. 68. Die Quarter Sessions als administrirende Kreispolizeibehörde. County Business 371
(Die Maß- und Gewichtsverwaltung S. 382—384.)
§. 69. Die Appellate Jurisdiction der Quartalsitzungen 384
(Das Appellationsverfahren der Quartalsitzungen S. 391—393.)
§. 70. Die Gefängnißverwaltung der Quartalsitzungen 393
(Statistik S. 402, Hausordnung S. 403, Reformatory schools S. 404.)
§. 71. Die Verwaltung der Kreisirrenhäuser 406
(Zur Geschichte und Statistik des Irrenwesens S. 411—413.)
§. 72. Die Verwaltung der Grafschaftsbrücken 413
§. 73. Die neueren Gesetzentwürfe über Einführung einer gewählten Kreisvertretung 417

V. Abschnitt.
Die Theilnahme der Grafschaftseinsassen an der Strafjustiz und Polizeiverwaltung.

§. 74. Die Urtheilsjury in Strafsachen 422
(Reformvorschläge zur Urtheilsjury von 1870 S. 426, 427.)
§. 75. Die Anklage-Jury. Grand Jury 427
§. 76. Die Anklage- und Zeugenpflicht. Prosecution. Staatsanwaltschaft . . . 430
(Verhandlungen und Gesetzentwurf von 1870 betr. die Staatsanwaltschaft S. 437—440.)

VI. Abschnitt.
Die Constables.

§. 77. Die High Constables 441
§. 78. Die Amtsgeschäfte der Petty Constables 444
§. 79. Das Personal der Ortsconstabler. Parish Constables Act 1842 . . . 449
§. 80. Die Special Constables 453
§. 81. Die Hauptstädtische Polizei. Metropolitan Police 455
(Die gemeinsamen Polizeieinrichtungen der Metropolis S. 460—463.)
§. 82. Die Totalreform. Die besoldete Constabulary 463
(Generalstatistik der Constabulary S. 473, 474.)

VII. Abschnitt.
Die Amtsgewalt und Verantwortlichkeit der Friedensbeamten.

§. 83. Die Beamten des selfgovernment als Organe der Staatsverwaltung des Innern und der Polizei 475
(Das Ernennungs- und Entlassungsrecht der Friedensrichter S. 485, 486.)
§. 84. Die Controllinstanz der Reichsgerichte. Certiorari. Mandamus . . . 487
§. 85. Die strafrechtliche Verantwortlichkeit der Friedensrichter 497
(Der Friedensrichter in propria causa S. 502, 503.)
§. 86. Die civilrechtliche Verantwortlichkeit (Regreßpflicht) der Friedensrichter . . 503
§. 87. Die Verantwortlichkeit der Constables 508
§. 88. Der Instanzenzug der englischen Verwaltungsgerichtsbarkeit 510

VI. Capitel.
Die Milizverfassung und militärische Verwaltungsjurisdiction.

§. 89. Die ältere Milizverfassung 518
§. 90. Das Milizgesetz von 1802. 42 Geo. III. c. 90 521
§. 91. Die neueste Gestalt der Miliz. 15 et 16 Vict. c. 50 532
§. 92. Die neuen Freiwilligencorps 539

XII Inhalts-Verzeichniß.

Seite
§. 93. Das System der Verwaltungsjurisdiction in der Miliz 540
§. 94. Die Verwaltungsjurisdiction im Gebiet der stehenden Armee 546

VII. Capitel.
Der Antheil der Grafschaft an der Einschätzung und Erhebung der directen Staats- und Communalsteuern.

§. 95. I. Die Steuererhebung der Land Tax 553
§. 96. II. Die Steuererhebung der Assessed Taxes 558
§. 97. III. Die Steuererhebung der Einkommensteuer 560
§. 98. IV. Die Steuereinschätzung und Erhebung der Armensteuer 565
      (Die Union Assessment Committees Act 1862 S. 574—576.)
§. 99. V. Ergänzungen und Reformen der Communalsteuer-Erhebung 576
      (Das System des Compounding the Rates S. 578, 579.)

VIII. Capitel.
Die Stadtverfassung.

§. 100. Geschichtlicher Entwickelungsgang 580
§. 101. Zustand der Municipalcorporationen zur Zeit der Reformbill 592
§. 102. Die heutige Classification der Städte 597
§. 103. Die Städteordnung von 1835, 5 et 6 Will. IV. c. 76 602
§. 104. Die Gestaltung der Bürgerschaft 606
§. 105. Bürgermeister, Rath und städtische Beamte 612
§. 105a. Die städtischen Friedensrichter. Magistrates 617
§. 106. I. Die öconomische Municipalverwaltung 621
§. 107. II. Die städtische Polizeiverwaltung 626
§. 108. III. Die städtische Strafjustiz. Borough Quarter Sessions 633
      (Die Reste einer städtischen Civiljurisdiction S. 636, 637.)
§. 109. Die Oberinstanz der Stadtverwaltungen 637
§. 110. Die Sonderverfassung der London City 643

Drittes Buch.
Das Grundsystem der wirthschaftlichen Selbstverwaltung.

IX. Capitel.
Die Verfassung des Kirchspiels. Parish.

§. 111. Entstehung und Character der Kirchspiele 653
§. 112. Die Amtspflichten der Kirchenvorsteher. Churchwardens 657
§. 113. Die Nebenbeamten des Kirchspiels, Parish Clerk etc. 663
§. 114. Die Oberinstanz der Kirchspielsverwaltung 666
§. 115. Die Gemeindeversammlungen. General und Special Vestries . . . 670
      (Die Parish Committees und Bye Laws S. 675—677.)
§. 116. Reform der Kirchspielsverfassung. General Vestries Act 677
      (Hobhouse's Act 682; Neubildung der kirchlichen Parishes 683.)

X. Capitel.
Die Communal-Armenverwaltung.

		Seite
§. 117.	Das Armengesetz Elisabeths	684
§. 118.	Die Amtsstellung der Armenaufseher. Overseers of the Poor	689
§. 119.	Das Decernat der Friedensrichter in der Armenverwaltung	694
§. 120.	Reformversuche. Gilbert's Act. Sturges Bourne's Act.	700
§. 121.	Das Armengesetz von 1834, 4 et 5 Will. IV. c. 76	706
§. 122.	I. Das heutige Niederlassungsrecht. Law of Settlement	710
	(Die Streitfragen über die Aufhebung des Niederlassungsrechts S. 715—717.)	
§. 123.	II. Die Bildung der neuen Kreisarmenverbände und Kreisarmenräthe	718
	(Die Statistik der Kreisarmenverbände S. 721, 722.)	
§. 123a.	Wahl, Formation und Geschäftsordnung des Board	722
	(Die Statistik der Wählerschaft für die Armenräthe.)	
§. 124.	III. Das neue System der besoldeten Armenverwaltungsbeamten	730
	Die einzelnen Zweige der Armenverwaltung:	
§. 125.	A. Das Verwaltungssystem der Arbeitshäuser. Work-Houses	739
§. 126.	B. Das Verwaltungssystem der Hausunterstützungen. In-Door-Relief	748
§. 127.	C. Das System des Rechnungswesens. Accounts and Audit	754
§. 128.	Die School Districts und District Asylums	762
§. 129.	Das Armenverwaltungssystem der Hauptstadt. Metropolitan Poor Act	765
§. 130.	Die Stellung der Centralbehörde, Poor Law Board. Administrative Oberinstanz der Armenverwaltung	769

XI. Capitel.
Die neuen Communaleinrichtungen der Gesundheits- und Baupolizei.

§. 131.	Localakte und stückweise Gesetzgebung der Gesundheits- und Baupolizei. Commissions of Sewers. Building, Lighting, Burial Acts. etc.	777
§. 132.	Die Clauses Acts 1847	784
§. 133.	Die General Health Act 1848. Local Boards of Health	788
§. 134.	Das revidirte Gesundheitspflegegesetz. Local Government Act 1858	809
	(Die ergänzende Gesetzgebung zu den Health Acts S. 816—818.)	
§. 135.	Das Gesundheitspflege- und Straßensystem der Hauptstadt	818
§. 136.	Die Centralbehörde und der administrative Instanzenzug	826

XII. Capitel.
Die Communalwegeverwaltung.

§. 137.	Die älteren Wegegesetze	834
§. 138.	Die Wegeordnung von 1835, 5 et 6 Will. IV. c. 50	837
§. 139.	Die Amtsstellung des Surveyor of Highways	841
§. 140.	Die Stellung der Friedensrichter in der Wegeverwaltung	844
§. 141.	Die Neubildung der Sammtgemeinden für die Wegeverwaltung. District Boards	847
§. 142.	Die Chausseeordnung	852
§. 143.	Die Oberinstanz der Wegeverwaltung	859

XIII. Capitel.
Ergänzende Elemente aus dem Corporationsrecht.

Seite
§. 144. Die Arten der Corporationen 864
§. 145. Die Generaltheorie der Corporationen 870
§. 146. Die neuere Gesetzgebung über die Privatcorporationen 875

Viertes Buch.
Die anwendbaren Grundsätze des selfgovernment.

I. Abschnitt.
Das System des obrigkeitlichen selfgovernment.

I. (§. 147.) Das Wesen des historischen selfgovernment 879
II. (§. 148.) Die organische Gesetzgebung über das selfgovernment 888
III. (§. 149.) Umfang und Grenzen des selfgovernment 891
IV. (§. 150.) Die Abstufungen der Kreis- und Gemeindeverwaltung 894
V. (§. 151.) Das System der Aemter im selfgovernment 898
VI. (§. 152.) Das Steuersystem des selfgovernment 905
VII. (§. 153.) System der Ernennung und Wahl im selfgovernment 908
VIII. (§ 154.) Stimmrecht und Wahlverfahren im selfgovernment 913
IX. (§. 155.) Der Instanzenzug der Verwaltungsjurisdiction 917
X. (§. 156.) Die Ständebildung auf dem Boden des selfgovernment 924
XI. (§. 157.) Das selfgovernment als Grundlage der Parlamentsverfassung . . 930
XII. (§. 158.) Der Gliederbau des parlamentarischen Staats 935

II. Abschnitt.
Das System der Localvertretung und der wirthschaftlichen Selbstverwaltung.

I. (§. 159.) Die Grundidee der localen Interessenvertretung 939
II. (§. 160.) Die Parteigesetzgebung zur Bildung der Localvertretung 946
III. (§. 161.) Grenzen und Umfang der Localvertretung 950
IV. (§. 162.) Die Abstufungen der Kreis- und Gemeindevertretung 955
V. (§. 163.) Das Amtssystem der wirthschaftlichen Selbstverwaltung . . . 961
VI. (§. 164.) Das Communalsteuersystem der wirthschaftlichen Selbstverwaltung . 968
VII. (§. 165.) Wahl und Ernennung in der wirthschaftlichen Selbstverwaltung . 974
VIII. (§. 166.) Stimmrecht und Wahlverfahren im System der Interessenvertretung 980
IX. (§. 167.) Die Oberinstanz der wirthschaftlichen Selbstverwaltung . . . 987
X. (§. 168.) Die Ständebildung auf dem Boden der neuen Erwerbsgesellschaft . 995
XI. (§. 169.) Das Parlament der neuen Gesellschaft 1002
XII. (§. 170.) Der Zwiespalt der Parlamentsverfassung 1011

Erstes Buch.
Die Grundlagen und Elemente des englischen selfgovernment.

I. Capitel.
Die historischen Grundlagen.

§. 1.
Die angelsächsische Zeit.
(a. 450—1066.)

Die herkömmliche Auffassung in England führt das heute sogenannte selfgovernment auf angelsächsische Einrichtungen zurück. So unzureichend diese Auffassung sich in jeder Einzelheit erweist, so ist es doch wahr, daß die Gemeindeinstitutionen Englands aus denselben Wurzeln hervorgegangen sind wie in den großen Culturländern des Continents, welche durch die germanische Nationalität gebildet und umgebildet worden sind. Dagegen haben die Besitzverhältnisse schon in den ersten Jahrhunderten dem angelsächsischen Gemeinwesen ein eigenthümliches Gepräge gegeben.

Die Eroberung der britischen Insel durch Sachsen, Angeln und Jüten seit der Mitte des 5. Jahrhunderts hat den Charakter einer allmälig, aber stetig fortschreitenden Besitznahme, welche die uneinigen, zugleich verweichlichten und verwilderten Kelten theils in die Berge verdrängt, theils in den Zustand der Leibeigenschaft oder einer verarmten Bauerschaft herabsetzt. Die Eroberer nehmen britisches Eigenthum und britische Frauen: aber sie nehmen nichts von der oberflächlichen römischen Kultur, nichts von dem römischen Städtewesen, nichts von den staatlichen und kirchlichen Einrichtungen der Unterworfenen an, sondern bilden ihr Gemeinwesen nach den Gewohnheiten der Heimath.

Die neue Besitzvertheilung hat nicht, wie häufig auf dem Continent, zwischen Siegern und Besiegten stattgefunden, sondern unter den Siegern selbst. Als geringstes Maß der Landansiedelung beanspruchte der freie Krieger einen Pflug Landes (hîda, familia, mansus), und da die Ansiedelung massenhaft bereits **angebautes Land vorfand**, so betrachtete der Ansiedler nicht nur Haus und Hof als Erb und Eigen, sondern auch das Ackerland, neben welchem nur noch Weide und Holznutzung gemeinsam blieb. Die gemeinsamen Marken der Hundertschaften und Dorfschaften haben hier von Anfang an keine für die **Verfassung** entscheidende Bedeutung. Feststehend ist jedenfalls die frühzeitige und sehr entschiedene Ausbildung des Sondereigenthums an den Ackernahrungen, sowie die freie Uebertragbarkeit durch Verträge und Testamente. Seit den Zeiten König Alfreds erscheint der Name **Bôkland** (Buchland) als legale Bezeichnung des freien Grundeigenthums. Die nichtübereigneten Landstriche bleiben im Gesammteigenthum der erobernden Völkerschaft als **Folkland**, ager publicus, welcher Gegenstand der Verleihung durch die einzelen Häuptlinge wird, mit Volkszustimmung auch in echtes Eigenthum verwandelt werden kann.

Das Sondereigenthum wird aber alsbald die Quelle der **Ungleichheit des Eigenthums**. Waren schon bei der Ansiedelung den Häuptlingen und Führern größere Loose zugefallen, so setzte sich diese Ungleichheit fort in späteren Fehden und Kämpfen. Immer größer wurde in den dichter bevölkerten Theilen die Zahl derer, welche bei der Landnahme kein Grundeigenthum erhielten, oder bei späteren Vererbungen und Theilungen eigenthumslos ausgingen. Es blieb solchen „Freien" nur übrig, entweder zu persönlichem Dienst in den Hausstand eines Grundbesitzers zu treten, oder als angesiedelte Leute ein Stück Land gegen Dienste und Abgaben zu leihen (Laen=Land). Wenn auch zunächst unter Wahrung der persönlichen Rechte der freien Geburt, entstehen daraus kleine Colonen, untermischt mit angesiedelten leibeigenen Knechten. Die Urkunden der Zeit ergeben die äußerst mannigfaltige Weise der Verleihungen des Länlandes auf Ruf und Widerruf, auf Zeit, auf Lebenszeit, auf 2 oder 3 Lebensdauern; den Vorbehalt zahlreicher Abgaben in Naturalien und Geld, in Feld= und Hausdiensten, gemessenen und ungemessenen. Der große Grundbesitz verwerthet sich dauernd in solchen Ansiedelungen und beschafft sich damit die Naturalleistungen und Dienste, deren ein größerer Hausstand für das tägliche Leben, für Waffenschutz und Waffenpflicht bedurfte. Diese Verleihungen werden zur normalen Wirthschaftsweise des großen Besitzes, die so gegründeten Abhängigkeiten thatsächlich erbliche. Sie vermehren sich in Kriegszeiten durch Ruin und Selbstaufgabe der kleinen Wirthschaften, in Friedenszeiten durch die Vermehrung der Bevölkerung, durch Theilung und Veräußerung. Die günstigen Bedingungen eines neuen Erwerbs mittels Rodung, Kauf, Eroberung und Beute kommen immer wieder den besitzenden Klassen zu Gute. Das namenlose Elend der dänischen Raubzüge ins=

besondere hat den Wohlstand der freien Bauern massenhaft zerstört und das Uebergewicht des großen Besitzes entschieden.

Mit Entwickelung des Privateigenthums geht so die alte Geschlechterverfassung der streitbaren Bauern in ein System dauernder Grundherrlichkeit über; früher und massenhafter als namentlich in Deutschland.

Einen dauernden Schutz gegen diese Privatherrlichkeit sucht der germanische Sinn zunächst in der höchsten Herrschaft einer Familie. Aus den kriegsberühmten Führern entwickelt sich frühzeitig das Königthum, als anerkanntes Familienrecht der Leitung des Heerbanns, der Friedensbewahrung und des Gottesdienstes. Das Geschlecht der Cerdics, als Haupt der Westsachsen, vereinigt nach langem Kampf diese Würde durch Mediatisirung und Verdrängung der übrigen Häuptlinge, als Oberherr (Hlâford und Mundbôra) der Angeln und Sachsen, in welchem der Gedanke einer dauernden Einheit des Gesammtvolkes sich verkörpert.

In Anlehnung an das Königthum bildet sich der Berufsstand der christlichen Geistlichkeit, der als Träger einer neuen Lehre von den menschlichen Pflichten gegen Frauen, Kinder und Rechtlose, von gegenseitigen Pflichten zwischen Herrn und Diener, von gegenseitiger Treue in jeder Einung und Genossenschaft, in dem Nationalcharakter fruchtbare Wurzeln findet. In Ermangelung einer selbständigen erwerbenden Arbeit ist es dieser neue Berufsstand des Clerus, welcher die geschiedenen Besitzstände eint, den Kulturzweck der Volksgemeinschaft zum Bewußtsein bringt, und in schönen Anfängen die Keime der Armenpflege und des Unterrichts, eines friedlichen Verkehrs und höherer Gesittung schafft.

Aus diesen Grundelementen hat sich das angelsächsische Staatswesen in Heer, Gericht und Kirche unter stetiger Wechselwirkung der Besitzverhältnisse, des Königthums und der Kirche zusammengefügt.

I. Die Heeresverfassung beruht ursprünglich auf der allgemeinen Wehrpflicht jedes Freien, als der Pflicht dem Heerbann zu folgen, auf eigene Kosten sich auszurüsten und zu unterhalten während des Feldzuges. Diese Pflicht wird auf die Dauer unausführbar für die nur zum Unterhalt einer Familie genügende Bauerhufe. Bei Gestellung der Contingente (hundreds) mußte also frühzeitig auf die Zahl der Hufen Rücksicht genommen, mehren Besitzern gestattet werden, nur einen Mann zu gestellen, andererseits den Besitzenden auch überlassen werden, Söhne und Gefolgen zu gestellen. Es blieb dies bei den Angelsachsen Gegenstand der Verhandlung und Beschließung in den Aushebungsbezirken. Zu einer gesetzlichen Regelung ist dieser entscheidende Punkt niemals gelangt. Die erhöhten Ansprüche an die Bewaffnung haben indeß im Verlauf der Zeit ein Besitzmaß von 5 Hufen als das ungefähre Normale für die volle Ausrüstung und Unterhaltung eines Kriegers festgestellt. — Diesen Schwierigkeiten trat gegenüber die erhöhte Leistungsfähigkeit des großen Grundbesitzes. Schon in den Zeiten der sog. Heptarchie begannen die einzelen Häuptlinge aus ihrem freien Haus= und Hofgesinde bewaffnete Gefolgen zu ihrem persönlichen Aufgebot zu bilden. In erhöhtem Maße entsteht ein kriegerisches Ministerialenthum (gesith, Thanschaft) um die Königswürde des vereinten Reiches. Der König durch Uebereignung oder Verleihung von Folkland, der Grundherr durch Ueberlassung von Laenland oder Gewährung des Unterhalts, gewinnt dauernd eine kriegsgeübtere Mannschaft, welche sich dem Herrn durch persönliche Eide verpflichtet, die indessen noch keine dingliche Beziehung auf verliehenen Besitz haben. Solche persönliche Aufgebote drängen die allgemeine Volkswehr allmälig zurück auf Fälle einer Landesnoth. — In der schweren Bedrängniß des Landes unter Alfred haben sich beide Systeme einander genähert. Es scheint, daß der König den größeren Grundbesitz bewogen hat, den persönlichen Diensteid der Kriegsmannen ihm als König zu leisten. Die „Thanschaft" erscheint seitdem an den Freibesitz von 5 hidae gebunden. Das königliche Aufgebot umfaßt nun: 1) die durch persönlichen Hofdienst Verpflichteten, mögen sie mit Folkland oder sonst vom König ausgestattet sein, 2) die Besitzer eines Frei=Eigenthums von mindestens 5 Hufen, — die großen Besitzer mit einer Mehrzahl von Schilden. Daneben beschränkt sich der Dienst der Gemeinfreien auf förmlich beschlossene Volkskriege und sinkt in gewöhnlichen Zeiten zu Wachtleistung, Burgbesserung und Wegedienst (trinoda necessitas) herab.

II. Das Gerichtswesen hatte in seiner ersten Bildung auf einer Rechtsfindung der freien Volksgenossen unter Leitung einer selbstgesetzten Obrigkeit beruht. Mit der dauernden Würde der Häuptlinge erhält diese Obrigkeit schon frühzeitig einen erblichen Charakter. Aber auch die periodische Theilnahme am großen Volksgericht mit seinen zahlreichen Urtheilern und Eideshelfern setzt eine wirthschaftliche Selbständigkeit voraus, welche nach entwickeltem Privateigenthum bei dem Einhufenbesitz nur bedingt vorhanden war. Die regelmäßige Betheiligung an meilenweit entfernten Sitzungen jedenfalls ward für die kleinen Ackernahrungen unmöglich. Die stetige, gleichmäßige Theilnahme ist aber die nothwendige Vorbedingung solcher Gerichtsordnung; denn der nur ab und zu Erscheinende vermag nicht Träger des Rechtsbewußtseins und der Rechtssitte zu werden. Mit der Scheidung des Besitzes beschränkt sich daher der Kreis der Urtheilsfinder im Landes=Gericht auf Großbauern, welche nun als die regelmäßig wiederkehrenden, rechtskundigen Gerichtsmänner die Bezeichnung der „Witan" erhalten. Der zufällig erscheinende Kreis von kleineren Freisassen der Nachbarschaft wurde dem Rechte nach nicht ausgeschlossen, vermochte aber als Umstand keinen nachhaltigen Einfluß auf die Entscheidung zu gewinnen. —

Der große Grundbesitz bildet frühzeitig auch schon eigene Hofgerichte, in welchen die durch Dienst und Laenland von ihm abhängigen Freien in ihren Rechtsbeziehungen zum Herrn und unter sich Recht nehmen, während sie nach außen hin noch Rechtsgenossen des Volksgerichtes bleiben.

Gegen diese Zersetzung des Volksgerichtes findet der Gemeinfreie seinen Schutz in der Stellung des obersten Herrn. In dem vereinigten Reich hält der König starke Hand über Große und Gemeinfreie als erblicher Landesrichter, dessen Statthalter das sich auflösende Volksgericht unter einem Gerichtsbann zusammenhalten und für die kleineren Nachbarverbände angemessener regeln. Seit den Zeiten Alfred's erscheinen in gleichmäßiger Ordnung zwei Abstufungen:

Das Hundertschaftsgericht, hundred gemôte, in monatlichen Versammlungen zusammentretend im engeren Kreis eines Unterbezirks (vicinetum), für Civilprocesse unter Gemeinfreien, leichte Straffälle und Vornahme förmlicher Rechtsgeschäfte;

das Grafschaftsgericht, shir gemôte, jährlich zweimal zusammentretend, zur Ausübung der eigentlichen Strafgewalt, für Streitigkeiten unter den Einsassen verschiedener hundreds, für Streitsachen unter mächtigeren Parteien und für alle sonst wiederkehrenden Geschäfte einer großen Kreisversammlung.

Diese Gestaltung trägt schon den Charakter einer staatlichen Ordnung. Das Grafschaftsgericht hält der vom König ernannte Ealdorman; neben ihm ein shirgerefa (Schultheiß) zur Vollstreckung der Urtheile, Einziehung der Bußen und verwirkten Güter, zur Aufrechterhaltung des Friedens, frühzeitig auch schon als Vertreter des Ealdorman den Vorsitz führend. Im Hundredgericht erscheint ebenso der shirgerefa oder ein besonderer Voigt als Gerichtshalter; und hier auch noch die kleineren Gemeinfreien als Gerichtsmänner in naher Nachbarschaft thätig, während sie im Grafschaftsgericht nur noch aushülflich oder als Umstand Theil nehmen. Das Bedürfniß des Gerichtsdienstes, die Vermehrung der Geschäfte, die Schwierigkeit der Gerichtsgewalt über die mächtigen Grundherren hat diese Gliederung bestimmt, in welcher das Grafschaftsgericht die höhere, überall ergänzende Stellung einnimmt, aus welcher das Hundertgericht wie eine Auszweigung für die kleineren Geschäfte sich darstellt.

Aus dem Strafgericht hat sich allmälig ein vorbeugendes System der „Friedensbewahrung" entwickelt, um das Erscheinen vor Gericht zu versichern, weiter auch um eine Bürgschaft für Zahlung der Bußen zu gewähren. Verpflichtungen dieser Art, ursprünglich den alten Geschlechtsverbänden obliegend, werden mit dem Zerfall derselben den Ortschaften und theilweis den Hundertschaften auferlegt. Der Beruf des Königthums zur Rechtshülfe gegen den Stärkeren hat den alten Volksfrieden zum „Königs=

frieden" gestaltet, mit der anerkannten Befugniß zum Erlaß von Friedens=
geboten und Ertheilung eines erhöhten Rechtsschutzes. Solche allgemeinen,
ursprünglich mit Beistimmung der Landesversammlung erlassenen Gebote
machen jeden Hausherrn verantwortlich für seine Hausleute, den Landherrn
für die auf seinem Boden Ansässigen, auch schon die Hundertschaften ver=
antwortlich für Verfolgung von Dieben und Gestellung vor Gericht. Sie
theilen die Hundert in „Zehntschaften" unter einem verantwortlichen Zehnt=
vorsteher, tithingman. Sie verpflichten jeden landlosen Mann, der nicht
zum Hausstand eines ansässigen Herrn gehört, entweder in einen Zehnt=
schaftsverband einzutreten, oder einen grundbesitzenden Herrn zu suchen,
welcher die Procesbürgschaft für ihn, beiderseits widerruflich, übernimmt.
Am Schluß der angelsächsischen Zeit erscheint so die gemeinfreie Bevölke=
rung in freie und noch viel zahlreichere Guts=Bauerschaften aufgetheilt.

Gerichts und Friedensbewahrung in dieser Gestalt bilden die dauernde
bürgerliche Verwaltungsordnung, die in ihrer sehr erweiterten Function den
Namen und die Formen eines „Gerichts" fortführt.

III. Die Kirche als dritter, neugestalteter Organismus des öffent=
lichen Lebens, bildet ihre inneren Einrichtungen nach dem Wesen eines von
Oben verliehenen Berufes. Ihre Leitung (in noch losem Verband mit dem
römischen Stuhl) formirt eine Reihe von Bisthümern im Zusammenhange
mit den alten Königreichen. Es reihen sich daran die später mächtig auf=
wachsenden Klöster. Reichliche Zuwendungen, Zehnten und Stiftungen ver=
leihen der Kirche das ihrem Berufe unentbehrliche freie Einkommen, ihren
höchsten Stellen einen den Großthanen gleichen Besitz. Durch Amt und
Besitz scheidet sich auch in diesem Kreise eine regierende und eine dienende
Klasse, welche aber dem Recht nach allen Klassen zugänglich bleiben. In
Ausgleichung der Uebermacht des Besitzes führen hier geistige Kraft und
Würde zum Besitz, während im Laienthum fast nur noch der Besitz zu
Macht und Würden führt. Eigenthümlich ist den Angelsachsen das
frühzeitige Eintreten auch der höchsten Stände in Kirche und Klosterleben.

Aus dieser Gliederung von Heer, Gericht und Kirche in Verbindung
mit Besitz und geistiger Arbeit erzeugen sich die Ständeverhältnisse.
Der Waffendienst behauptet den durch die Waffen erworbenen Boden.
Die besitzlosen Freien kommen in eine dauernde Abhängigkeit vom Grund=
besitz. Auch das freie Bauerthum beginnt neben dem größeren Besitz zu
schwinden, oder geräth in mannigfach verzweigte Abhängigkeiten. Durch
den gesammten Grundbesitz geht fortschreitend ein Zug zur Abhängigkeit,
welcher nach rechtlicher Anerkennung strebt. Treue und Gehorsam zwischen
Herren und Gefolgen werden zu Rechtspflichten. Die höheren Leistungen
in Heer, Gericht und Kirche führen zur Anerkennung eines höheren Wer=
thes, Rechtes und Standes in Wehrgeld, Buße und Friedensschutz. Die

häusliche Gewalt über den Dienstmann, Laenmann und den Landgesessenen wird zu einer anerkannten Gerichtsbarkeit, welche für den gewöhnlichen Lebensverkehr das eigentlich wirksame Gericht der Abhängigen darstellt. Aus dem Zusammenwachsen dieser Verhältnisse bildet sich eine Klasse von Grundherren, welche von Generation zu Generation sich einem erblichen Geburtsstand nähert. Immer durchgreifender schichtet sich das Volk in die Herrschenden und Abhängigen (eorls und ceorls), Vollgenossen und Schutzgenossen, deren Abhängigkeitsverhältniß durch die Kirche gemildert, deren rechtliches Einheitsband noch vom Königthum erhalten wird.

Um dies einheitliche Königthum gruppiren sich nun die periodischen Versammlungen des Gesammtvolkes, d. h. der Vollgenossen in ihrer jetzigen Gliederung. Prälaten, Großthane, Hofbeamte und andere mit besonderen Berufen betraute Thane und Geistliche erhalten ihre Berufung dazu vom Könige als obersten Kriegs-, Gerichts-, und Schirmherrn der Kirche. Sie vertreten die herrschende Klasse der Gesellschaft, so wie sie durch die Grundherrlichkeit und durch die Kirche geworden war. Die königliche Berufung in herkömmlicher Rücksicht auf Amt, Würde und Besitz ergab die Abgrenzung. Es erscheint dabei weder eine gewählte Vertretung noch eine Vertretung von Städten. Wohl aber nahm noch bei besonderen Gelegenheiten (ähnlich wie im Grafschaftsgericht) ein weiterer „Umstand" durch Acclamation an den Verhandlungen Theil. Gegenstände der Berathung sind Beschlüsse über Krieg und Frieden, allgemeine dauernde Satzungen des Gerichts und der Friedensbewahrung, Schlichtung von Streitigkeiten unter den Großen, Beschwerden über Rechtsversagung, sowie die gesonderte Gruppe der geistlichen Angelegenheiten.

Das Königthum mit der Landesversammlung ist die höchste Gewalt in weltlichen und geistlichen Dingen. Für sich bildet es eine an der Familie haftende Würde, mit zahlreichen Ehren- und nutzbaren Rechten. Seine Kriegs-, Gerichts-, Polizei-, Finanz- und Kirchenhoheit ist indessen nur stückweise, vielfach noch in der Weise der Privatherrlichkeit entwickelt, und thatsächlich beschränkt durch die Macht der Großen in sehr wechselnden Verhältnissen. Soweit aber eine Staatsgewalt besteht, gliedert sie sich örtlich in 3 Hauptstufen, welche den Rahmen und die erste Grundlegung des englischen selfgovernment darstellen.

I. Die Grafschaft, shire, als Haupt- und Grundeintheilung des Reiches. Ein Theil dieser Grafschaften ging aus den kleinen Königreichen der Heptarchie hervor, in welchen Anfangs oft noch mediatisirte Häuptlinge (subreguli) fortbestanden, an deren Stelle später Statthalter traten, welche die fortschreitende Reichseinheit allmälig auf den Fuß bloßer Reichsbeamten brachte. Umgekehrt fand in den größeren Reichen, wie Wessex und Mercia, eine Bezirkseintheilung statt, welche durch das Bedürfniß des Heerbanns und des periodischen Zusammentretens der Gerichtsmänner bedingt war. Diese administrativen Neubildungen haben den Namen „shir" (division) erhalten. Nach der Verwirrung der ersten Dänenkriege scheint eine neue Regelung eingetreten zu sein. In jedem Falle ist die Höhezeit der angelsächsischen Monarchie seit Alfred die Epoche, in welcher die Grafschaftseintheilung Englands ihre heutige Gestalt erhalten hat; 32 Grafschaften mit ihrem heutigen Namen werden schon in der späteren angelsächsischen Zeit aufgezählt. — In jener Höhezeit erscheint der Ealdorman als königlicher Statthalter der Grafschaft. Er leitet die Ausrüstung des Heerbanns und die Vertheilung der Contingente mit Beirath der Grafschaftsversammlung. Als Gerichtshalter des Königs hält er das Grafschaftsgericht mit dem Witan als Gerichtsmännern. Als Friedensbewahrer übt er die königliche Polizeigewalt mit einer abgeleiteten Befugniß, Friedensgebote in seinem Bezirk zu erlassen. Als Amtseinkommen gebührt ihm die Benutzung oft ansehnlicher Stücke des Folklandes sowie ein Drittel der königlichen Verwirkungen und Geldbußen. — Neben ihm erscheint der Shir-gerêfa, besonders für das Finanzielle und die Einzelgeschäfte, bald aber immer regelmäßiger an Stelle des Ealdorman. Der letztere erhält seit der dänischen Zeit gewöhnlicher den Titel Earl, und wird als ein Oberstatthalter einer Mehrheit von Grafschaften zur Leitung des Heerbanns (analog der deutschen Herzogswürde) vorgesetzt. — Die Entstehung der Bisthümer im Gebiet der alten Königreiche hat auch einen gewissen Zusammenhang der Diöcesen und Grafschaften erhalten. Die großen Gerichtsversammlungen sollen vom Ealdorman (Shir-gerêfa) und vom Bischof gemeinschaftlich abgehalten, die geistlichen Sachen aber vor dem Bischof allein verhandelt werden.

II. Die Hundredschaft erscheint bei allen germanischen Stämmen als Unterabtheilung der Völkerschaften für die Gestellung eines gleichen Contingents zu dem Volksheerbann. Nach Hundertschaften erfolgt auch die Landnahme im eroberten Lande. Die nach der Ansiedelung stehend gewordenen Bezirke dienen dann auch zu Zwecken der Rechtspflege und der Friedensbewahrung. Seit der Reorganisation des Staates unter Alfred hat eine durchgreifende Revision oder Neueintheilung der hundreds oder wapentakes (Musterungsbezirke) stattgefunden. Seit dieser Zeit bis heute erscheint die hundred als ein stetiger Unterbezirk für Heer, Gericht und Friedensbewahrung. In monatlichen Sitzungen werden hier die Civilprocesse unter den kleineren Freisassen, leichte Straffälle und feierliche Rechtsgeschäfte mit den Thanen und Gemeinfreien des vicinetum verhandelt. Es ist die Hauptstelle, an welcher der Gemeinfreie (ceorl) noch in aktiver Theilnahme an den öffentlichen Geschäften auftritt. Massenhaft gruppiren sich aber innerhalb der hundred eigene Bezirke aus dem Hofgesinde und angesiedelten

Leuten der Grundherrschaften, welche für die Rechtsverhältnisse unter sich und zum Hofherrn ein eigenes Gerichtsystem bilden, durch königliche Privilegien auch immer weitere Immunitäten erhalten. Für leicht befestigte Plätze in der Umgebung königlicher Domänen, Bischofs- und Herrensitze (burhs) wird häufig ein besonderer Gerichtsvoigt (burh-gerefa) bestellt als ein gemeinsames Gericht für Laenleute, für Freisassen und freiwillig sich niederlassende Landlose. Zur Erleichterung der Rechtspflege und des Gerichtsdienstes werden auch sonst vielfach Allodbauern unter herrschaftliche Gerichte gestellt, abgesehen von den zahlreichen Ergebungen freier Bauern in Kriegs- und Nothjahren. Es entstehen so in der Hundredschaft zahllose Ausnahmsbezirke, welche oft von der Hundredschaft eximirt, zuweilen völlig coordinirt dastehen. Eben daraus ergiebt sich:

III. Die Gestaltung der Ortsbezirke, für welche die Zehntschaft (tithing) als angelsächsischer Normalbezirk angenommen zu werden pflegt. Allerdings war eine Eintheilung in decaniae herkömmlich für den Heerbann der germanischen Stämme, aus welcher dann kleinste Bezirke auch für Zwecke der Friedensbewahrung und des Gerichtes entstehen konnten. Bei den Angelsachsen ist diese Formation aber durchbrochen durch die massenhafte Entwickelung des großen Besitzes und der Hofgerichte über Dienst- und Laenleute. Die kleinen Verbände freier Eigenthumsbauern gelangten deshalb niemals zu einer festen Lokalverfassung. Erst die späteren Polizeieinrichtungen der sog. Friedensbürgschaft seit Edgar vereinigen die noch vorhandenen Freisassen und Landlosen ohne persönlichen Herrn zu Zehntschaftsverbänden unter einem verantwortlichen Vorsteher (tithingman, headborough). In den Gutsbezirken hat der Than dieselbe Verantwortlichkeit für seine Hofleute und Gutsbauern, und wo deren Zahl umfangreich genug ist, soll er auf seine Besitzungen eine Mehrheit von praepositi (Gutsschulzen) setzen.

Die Ortsverfassung der späteren Zeit ist demnach eine sehr zusammengesetzte: (1) Größere Güter, auf welchen der Ortsvogt eine Wirthschaftsverwaltung mit der Stellung eines Gerichtsvogts über Hintersassen verband. (2) Engere Verbände von ursprünglich freien Leuten, welche zunächst für die Gerichtsverwaltung unter einem königlichen oder herrschaftlichen Specialgerêfa vereint, von der Gerichtsfolge bei der hundred befreit sind. (3) Königliche zum Theil auch herrschaftliche burhs, die unter einem besondern gerêfa mit einer jährlich dreimaligen burh-gemôt den Hundredschaften coordinirt sind. — Unter diesen massenhaften herrschaftlichen Gebilden eingeengt, oft sehr zerstreut erscheint der Rest der Gemeinfreien, welche die alten Freiheitsrechte in Heer, Gericht und Friedensbewahrung sich bewahrt haben, (4) durch das System der Zehntschaften unter dem verantwortlichen Polizei-Schulzen vereint, — nur noch ein ergänzendes Element, während die Hauptmasse der ceorls bereits durch Gutsherrschaften, Gerichts- und

Burgvogteien angezogen ist. Die meisten dieser Gruppirungen haben keine abgeschlossene Competenz, die Mehrzahl bildet nicht einmal streng abgeschlossene Ortsbezirke. Die polizeiliche Organisation durchkreuzt sich mit den Miliz= und Gerichtsbezirken. Die den Grundherren verliehene Gerichtsgewalt über ursprünglich freie Leute wird in vielen Landestheilen als saca et soca bezeichnet.

Dies bunte, in den verschiedenen Landestheilen verschieden geartete System einer Localverwaltung und das Sinken der gemeinen Freiheit wurde eine der Wurzeln der Schwäche des angelsächsischen Reiches, insbesondere seiner Heeresverfassung.

Das heute sogenannte Selfgovernment ist von Anfang an identisch mit der örtlichen Gliederung des anglonormannischen Staatswesens. Die Weise aber, in welcher englische Geschichtsschreiber, Politiker und Juristen ihr eigenes Mittelalter behandeln, kann nicht zu einem wirklichen Verständniß und zu einer pragmatischen Geschichte ihres Mittelalters führen. Es genügt nicht, in einem beschränkten antiquarischen Material einzele Worte aus dem Zusammenhang zu reißen, und sie von einem politischen Parteistandpunkt oder einer gesellschaftlichen Tendenz aus für irgend eine bevorstehende Reformbill zurecht zu legen. Auch ein zentnerweiser Druck mittelalterlicher Urkunden durch die Record Commission kann denen nichts helfen, welche sie nicht zu lesen verstehen. Das englische Mittelalter ist nur verständlich aus und im Zusammenhang der germanischen Welt, die sich nicht nach Weise der englischen Juristen als eine „gothische Institution" abfertigen läßt. Es bedarf zu dem Zweck vielmehr einer langen, mühsamen, uneigennützigen Arbeit, zu der man sich erst entschließt, wenn man begreift, daß die englischen Adels= und Kirchenparteien, die englischen Handels= und Agrar=Interessen nicht den Mittelpunkt der Welt bilden, sondern ein eigenthümlich geartetes Hauptglied der staatlichen und kirchlichen Entwickelung der deutschen Volksstämme. Nur in diesem größeren Zusammenhang lassen sich

1) von innen heraus in der örtlichen Gliederung von Besitz und Staatsfunction die Gesetze finden, aus welchen sich diese Staatsverfassungen bilden,

2) umgekehrt aus der Natur der Staatsgewalt die Rückwirkung begreifen, welche der Staat auf die rechtliche Formation der Nachbarverbände übt.

Die erste Aufgabe ist zu lösen versucht in Gneist, die Geschichte des Selfgovernment in England, Berlin 1863 (unverändert abgedruckt in Gneist, Englische Communal-Verfassung. 2. Auflage. Berlin 1863 Bd. I. S. 1—400.) Die zweite Aufgabe stellt sich Gneist, Englisches Verwaltungsrecht, zweite Auflage, Berlin 1867 Bd. I S. 1—648. So zahlloser Berichtigungen diese englische Verfassungsgeschichte noch bedarf, so stellt sie doch den Zusammenhang des heutigen Englands mit seinem eigenen Mittelalter her, und es kann darauf Bezug genommen werden, um die Hauptpunkte, auf die es für das Verständniß des selfgovernment ankommt, hier auf wenigen Bogen zusammenzufassen, ohne das Beweismaterial zu überhäufen.

Die Staats= und Rechtsgeschichte der angelsächsischen Periode ist von der Seite der innern Bildung aus in Gneist, Geschichte des selfgovernment, S. 1—50, von der Seite der Staatsverwaltung aus in Gneist, Engl. Verwaltungsrecht I. S. 1—110 dargelegt, zugleich mit Angabe der Quellen und Literatur.

Die uns zugänglichste Hauptquelle sind die angelsächsischen Gesetze in R. Schmid, die Gesetze der Angelsachsen, 2. Auflage, Leipzig 1858, mit Glossarium. Eine angelsächsische Rechtsgeschichte in den Hauptpunkten enthält Conrad Maurer in der Münchener kritischen Ueberschau, Bd. I. S. 47 ff., II. S. 30 ff., III. S. 26 ff. An=

sehnliches Material auch für die Grundlagen der Communalverfassung in Sir. Fr. Palgrave, English Commonwealth 1832; Kemble, the Anglo-Saxons in England 1849, 2 Vol. und dessen reicher Urkundensammlung, Codex diplomaticus 6 Vol. 1839—46.

Die angelsächsischen Verhältnisse setzen die Rechts= und Geschichtsquellen der Sachsen und der übrigen germanischen Stämme voraus, wie sie Deutschland durch neuere Herausgabe der Volksrechte, Capitularien und Geschichtsquellen, sowie durch die Schriften von Eichhorn, Grimm, Gaupp, Waitz, Landau, v. Maurer, K. Maurer, Gierke, v. Löw, Wilda, Hansen, Roscher und viele anderen gewonnen hat und fortschreitend gewinnt. In England hatte Kemble manche Resultate deutscher Forschung unter seinen Landsleuten einzuführen begonnen. Allein England verzichtet darauf, diese schwierige Aufgabe fortzusetzen. Auch bedeutendere Schriften (wie neuerdings Freeman, History of the Norman Conquest) geben immer wieder zusammenhangslose antiquarische Notizen und Citate aus den angelsächsischen Gesetzen.

Für die Hauptpunkte des Communalwesens ist hier etwa hervorzuheben: über die Besitzverhältnisse Reinh. Schmid, Glossarium, v. Bôcland, Folkland, Hid, — über das Gerichtswesen Phillips, Geschichte des angelsächsischen Rechtes 1825. Schmid, Glossarium v. Ealdorman, Earl, Gerêfa, Hundred, — über die sogenannten Gesammtbürgschaften Marquardsen, über Haft und Bürgschaft bei den Angelsachsen 1851, K. Maurer, Münch. kritische Uebersicht S. 87—96, Schmid, Glossarium S. 644—649, — für die Ständeverhältnisse K. Maurer, über das Wesen des ältesten deutschen Adels 1846, Kemble, Anglo-Saxons cap. 7, Heywood, Dissertation upon the distinction in society and ranks 1818, — über die herrschaftlichen Gerichte, Zoepfl, Alterthümer des deutschen Reiches und Rechtes Bd. I. 1860 Nr. 5, — über die angelsächsischen Landesversammlungen Kemble I. S. 702 ff. und Palgrave, Commonwealth. — Der schwierigste und wichtigste Punkt bleibt die Gestalt der Ortsverwaltung. Trotz aller Unklarheit im Einzelnen ist das Resultat sicher: daß die massenhafte Ansiedelung von Colonen, die Ergebung von Allodbauern an einen Hlâford, die Ausdehnung der Herrschaftsgerichte auf Allodbauern, die Grundform der herrschaftlichen Gemeinde in England zur vorherrschenden gemacht hat. Andererseits ist es doch immer die Staatsgewalt (der König), welche dem Grundherrn die Autorität der obrigkeitlichen Gewalt verleiht, welche das herrschaftliche Gericht auf liberi homines und zu einer Strafgewalt über liberi homines ausgedehnt hat. An dies zweiseitige Verhältniß knüpft sich das normannische Feudalwesen, welches diese Eigengerichte übernimmt, und mit gleicher Leichtigkeit solche anerkennt, beschränkt und zurücknimmt.

§. 2.

Die Normannische Zeit.

(a. 1066—1272.)

Das angelsächsische Gemeinwesen erscheint plötzlich durchbrochen durch eine Eroberung, durch das Eindringen eines ursprünglich verwandten Volksstammes, welcher auf dem Boden der Normandie französische Sprache und Sitte angenommen, und ein eigenthümliches Kriegs= und Gerichtswesen mit sich herüber gebracht hat.

Aber nicht der Volksstamm der Normannen, sondern Herzog Wilhelm persönlich hatte das Land erworben, als angeblicher Testamentserbe und legitimer Nachfolger König Eduard's, mit Zustimmung und Anerkennung des römischen Stuhles, mit zahlreichen Bundesgenossen und Lohntruppen.

Diese Art der Erwerbung führte zu den eigenthümlichsten Staats- und Rechtsverhältnissen. Indem König Harold und die Widerstand leistenden Sachsen als Rebellen behandelt wurden, fand sich der Rechtsgrund zu den allerumfassendsten Gütereinziehungen. In die Besitzungen der Großthane treten durch Verleihung die Führer des erobernden Heeres, und ebenso werden die unmittelbar unter dem Herzog dienenden Mannschaften mit einzelen vakant gewordenen Gütern beliehen. In gleicher Weise verfahren die Großlehnsträger mit ihren Mannschaften durch Afterbeleihung; doch so, daß ein großer Theil der am Kampf unbetheiligten sächsischen Thane als Aftervasallen im Besitz bleibt. In ähnlicher Weise werden die Besitzungen der Kirche und der Klöster erhalten, zum Theil sogar erweitert und ihnen überlassen, nach Bedürfniß durch Afterbeleihung die Stellung ihres Kriegscontingents zu ermöglichen.

Der ganzen Masse dieser neuen und alten Besitzer wird nunmehr durch den Lehnseid eine herrschaftliche Kriegsdienstpflicht auferlegt und durch Katastrirung des Reiches gleichmäßig vertheilt. Unabhängig von jeder gemeinsamen Beschließung liegt darin die Verpflichtung, auf königliches Gebot einen schwerbewaffneten Reiter zum Dienst auf 40 Tage im Jahre „intra et extra regnum" zu stellen.

Nach gleichmäßiger Durchführung dieser Maßregeln erscheint in dem Reichsgrundbuch Domesdaybook (a. 1083—86), der Grund und Boden in 60,215 Realportionen, Ritterlehne, von ungefähr gleichem Werth ausgetheilt, von welchen etwas mehr als die Hälfte auf die weltlichen, etwas weniger als die Hälfte auf die geistlichen Herren fällt. Das Verhältniß des Besitzers zu Boden und Einsassen wird dadurch unmittelbar nicht verändert. Es verändert sich aber das Personal der Besitzer und das rechtliche Verhältniß zum König, der diese Besitzungen zwar als erblich anerkennt, aber nur nach den hergebrachten Grundsätzen des in der Normandie bereits entwickelten Lehnrechtes, also so, daß das Gut durch Absterben des Besitzers ohne lehnsfähige Descendenz und durch Verwirkung wegen Felonie zurückfällt, mit einer Verpflichtung zu schweren Gebühren beim Besitzwechsel, nutzbarer Vormundschaft und Beihülfe in Ehren- und Nothfällen.

So bildet sich das englische Lehnrecht mittels Bezugnahme auf herkömmliche Verhältnisse. Einerseits unterwirft sich jede zum Lehnsmann angenommene Person (Normann oder Sachse) durch den Lehnseid dem in der Normandie üblichen Kriegsdienstrecht mit seiner viel strengeren, über die Pflichten der angelsächsischen Thanschaft weit hinausgehenden Disciplin. Andererseits hat die verliehene Sache das Recht des Besitzvorgängers an Boden, Zubehör und Hintersassen; auch der Normann soll darin kein größeres Recht haben als der Sachse. Es conserviren sich also objectiv die alten Verhältnisse des Grundbesitzes in einer neuen Besitz= weise (tenure) für den jetzigen Inhaber. Wo beide Seiten dieses Ver= hältnisses sich durchschneiden und collidiren, hat die königliche Verwaltung den Widerspruch allmälig ausgeglichen, zunächst im fiscalischen Interesse, event. durch einen billigen Mittelweg. Die durchgreifende ratio iuris war, daß der Sachse nicht mehr beanspruchen dürfe als der Normanne, und daß die niederen Klassen sich den Beschränkungen und Lasten der höheren Klassen unterwerfen müssen, — abgesehen vom Lehnkriegsdienst, zu dessen Leistung die unteren Klassen aber nach Verhältniß ihres Einkommens durch tallagia, auxilia beitragen sollen.

So hat sich im Laufe von etwa drei Menschenaltern ein neu= gestaltetes Besitzrecht entwickelt, welches bis zum kleinsten Hintersassen herab die Belastung des Grundbesitzes gleichmäßig durchführt und in der Rechts= doctrin den Grundsatz erzeugt, daß jeder Realbesitz „mittelbar oder unmittel= bar vom König zum Lehn getragen werde."

In dem Reichsgrundbuch erscheint diese Lehnshierarchie in folgenden Abstufungen:

Ungefähr 600 Personen und Körperschaften sind als weltliche und geistliche Kronvasallen, tenentes in capite, unmittelbar belehnt. Unter den weltlichen Herren besitzen etwa 20—40 (in unbestimmter Abgrenzung) Gütercomplexe, vergleichbar den Herrschaften der sächsischen Großthane, aber zerstreut in den verschiedenen Grafschaften. Etwa 400 unmittelbar unter dem Herzog dienende Mannen sind mit einzelen oder einigen Ritter= sitzen in verschiedenem Maße ausgestattet. Unter den (etwa 150) geistlichen Herren gleicht der Besitz der Bischöfe und großen Aebte dem der welt= lichen Meistbelehnten; die große Mehrzahl sind auch auf dieser Seite klei= nere Lehne.

Die Mittelstufe bilden 7871 Untervasallen der größeren Lehns= träger, theils Normannen, theils sächsische Thane auf altem Besitz. Für letztere bildet die Belehnung eine bedingte Recognition des Besitzes mit neuen Lasten. Auch der Besitz der Untervasallen wird häufig zu 2, 3, selbst bis zu 10 Ritterlehnen berechnet.

Die übrige, nicht von Besitz wegen kriegspflichtige Bevöl= kerung in Masse erscheint den Kriegslehnen nach Möglichkeit einverleibt, in ihrem alten, oft prekären, meist schwer belasteten Besitz, dem durch das Lehnsystem noch einige neue Lasten hinzutreten. Die Hauptmasse bilden 108,407 villani (ceorls), 82,119 bordarii (Hofgesinde und Büdner), 25,156 servi (Leibeigene), — und noch etwas freier gestellt: 10,097 liberi homines, 23,072 sochemanni, 7,968 burgenses, deren bessere Besitzverhältnisse frei=

lich durch die neue Gestalt der Gerichtsverfassung lange Zeit hindurch prekär wurden.

Der Gesammtbevölkerung wurde indessen die Achtung der hergebrachten Rechte und Freiheiten ausdrücklich zugesichert: den Franken durch allgemeine Freicharten, welche den neuen Lehnsbesitz als „Freigut" mit gemessenen Diensten und Lasten anerkennen; den Angelsachsen durch die feierlich beschworene Zusicherung, daß „die guten und bewährten Gesetze Eduard's des Bekenners," d. h. die angelsächsische Rechts= und Gerichts= verfassung anerkannt und erhalten bleiben solle.

Allein der Zwiespalt der Nationen entzieht diesen Zusicherungen ihren Halt und ihre wirksamen Garantien. Wollte der Angelsachse den An= spruch erheben, daß seine alte Witenagemot in herkömmlicher Weise über Krieg und Frieden, über Aenderungen des Volksrechtes ꝛc. beschließe: so bestand diese Landesversammlung nicht mehr, seitdem der letzte Angelsachse aus der Reihe der Großthane und der Prälaten verschwunden war. Die normannischen Herren andrerseits konnten sich auf das Recht der angel= sächsischen Landesversammlungen nicht als auf ihre angestammten Rechte und Freiheiten berufen. Allerdings hatte die Lehnsverfassung auf dem Boden der Normandie einen großen Lehnshof (cour de baronie) mit an= sehnlichen Rechten einer Landesversammlung erzeugt, und es blieb dem Vasallen auch auf englischem Boden ein Anspruch auf herkömmliches Rechts= verfahren und Spruch durch seine Rechtsgenossen (pares). Aber es fehlten die Bedingungen seiner heimischen Machtstellung, da der Verband der Hei= math von Grund auf gelöst war. Großlehnsträger und Prälaten fanden sich hier in einer neuen Gruppirung zu einander, wetteifernd um die Gunst des Königs, als die Quelle aller Ehren und Verleihungen. Neben ihnen eine zehnfache Zahl kleinerer Kronvasallen, in gleichem Rechtsverhältniß, und doch mit sehr verschiedenen Interessen; unter ihnen eine neugebildete Aftervasallenschaft ohne das Band der erblichen Treue und Zusammen= gehörigkeit, — gespalten in sächsische und fränkische Mannen; — die Masse der Bevölkerung in tiefem Groll den neuen fränkischen Herren, ihrem Stolz, ihrer Habsucht und ihren fremden Sitten gegenüberstehend. Der Rechts= schutz des judicium parium verlor dadurch seinen eigentlichen Werth. Auch der größte Lehnsträger mußte eine Behörde oder Commission aus großen und kleinen Kronvasallen als seine „Pairs" im rechtlichen Sinne aner= kennen. Der Normanne mußte das mit sächsischen Mannen besetzte Ge= richt, der Sachse das mit normannischen Herren besetzte Gericht als ein judicium parium anerkennen, ohne Vertrauen und Garantie einer unpar= teiischen Rechtsprechung. Die Unzuverlässigkeit der neuen Gerichtsverfassung war es in erster Stelle, welche den normannischen Staat zum Polizeistaat gemacht hat; denn jener zersetzende Zwiespalt reicht auch nach unten in die hergebrachten Bezirke und Aemter der Localverwaltung hindurch.

Die Grafschaft, shire, comitatus, bleibt als Hauptbezirk der Reichsverwaltung bestehen. Indessen wird der Ealdorman, Earl in der neuen Verwaltung praktisch beseitigt. Die in geringer Zahl ernannten Earls bleiben nur noch höchste Titularwürden. Der allein thätige Grafschaftsvogt (shiregerefa) wird nunmehr unter dem Namen Vicecomes vom König aus der Zahl normannischer Herren ernannt, als ein widerruflicher Beamte für die Geschäfte des Gerichts, der Friedensbewahrung, des Heeresaufgebots und der Erhebung der königlichen Gefälle. Die finanzielle Seite wird durch ein stehendes Schatzamt (Exchequer) in strenger Controle gehalten, welche dahin führt, daß der Vicecomes von Jahr zu Jahr sein Amt meistbietend „pachtet", d. h. die ungewissen Gefälle mit einer festen Summe berechnet. Dieser stetige Conflikt zwischen dem Geldinteresse und den Pflichten des Gerichtshalters, zwischen dem Finanzinteresse des Königs und dem Pachtinteresse, giebt der normannischen Verwaltung ihren Charakter durch Jahrhunderte hindurch. — Als Gerichtshalter des Königs hält der Vicecomes das ordentliche Landesgericht ab mit den Thanen, an deren Stelle jetzt die Kron- und Untervasallen stehen, aushilflich auch noch mit anderen libere tenentes als gerichtspflichtigen sectatores. Der Umfang seiner Gerichtsbarkeit ist Anfangs noch der althergebrachte; nur Streitigkeiten über Kronlehne sind nach dem normannischen Lehnsprincip dem königlichen Hofe (curia) vorbehalten, d. h. der persönlichen Anordnung des Königs, welcher für Streitsachen mächtiger Parteien eine besondere Commission von tenentes in capite als Gerichtsmänner ernennen mag.

In den Unterbezirken dauert das Hundredschaftsgericht fort. Trotz seiner veränderten Bedeutung hielt das kleine Freisassenthum gerade an dieser Gerichtsform fest, da die Theilnahme an der curia hundredi das noch praktische Merkmal des „liber et legalis homo" blieb. — Für die kleineren Straffälle dagegen wurde eine neue Einrichtung getroffen, bei welcher es darauf ankam, die angelsächsische Polizeihaftung der Zehntschaften und Hundertschaften einzuschärfen und zu erweitern. Durch königlichen Specialauftrag (speciali plenitudine) wird daher der Vicecomes bevollmächtigt, zweimal jährlich jede Hundredschaft zu bereisen und Gerichtstag zu halten. Dieser „turnus vicecomitis" bildet nun das untere Straf- und Polizeigericht für die Gesammtbevölkerung (court leet), mit einer allgemeinen Pflicht zur Gerichtsfolge (secta regis) für den Kronvasallen wie für den Hintersassen, verbunden mit einer jährlichen Revision der Gemeindelisten (visus francplegii).

Für die Ortsverwaltung bleibt das System der herrschaftlichen Gerichte nach angelsächsischem Herkommen (saca et soca) fortdauernd anerkannt. Durch das Lehnswesen kommt der Grundsatz hinzu, daß jedem Unterlehnsherrn eine Gerichtsbarkeit über das verliehene Gut zusteht, und diese Gerichtsgewalt wird jetzt auch auf kleinere freie Besitzrechte im Bereich der Kriegslehne ausgedehnt. Ein Rittersitz mit Gutsgerichtsbarkeit über libere tenentes heißt nun im normannischen Sprachgebrauch ein manor, das Patrimonialgericht selbst ein Mannengericht, curia baronum, court baron. Die daneben fortdauernde Gerichtsgewalt über das Gesinde und die alten Gutsbauern auf bloßem Laenland bildet das Hofgericht im engeren Sinne (customary court). Die untere Strafgerichtsbarkeit der herrschaftlichen Gerichte dagegen wird nicht erweitert, sondern bei Neuverleihungen möglichst eingezogen und in dem turnus vicecomitis fortschreitend centralisirt, aus dem sich erst später wieder neue Verleihungen abzweigen.

Die Verdinglichung aller Rechts- und Abhängigkeitsverhältnisse schreitet, wie auf dem Continent, in diesen Einrichtungen unaufhaltsam vorwärts. Auch in England scheint der Herrschaftsverband allmälig das Leben der ganzen Nation auszufüllen in einer großen Stufenleiter vom Bauerhaus bis zum königlichen Hofe hinauf. Das Eigenthümliche der anglo-normannischen Lehnshierarchie liegt aber in der Centralisation, welche die schon überkommenen Königsgewalten zu nahezu absoluten Staatshoheitsrechten fortbildet.

1) Die Kriegshoheit zunächst erweitert sich durch die allgemeine Dienstpflicht von Besitz wegen, die Strenge der Kriegsdisciplin, der Felonien und Lehnsbußen. Die Beschließung über Krieg und Frieden wird unabhängig von jeder Volkszustimmung durch den Diensteid „intra vel extra regnum." — Das ursprünglich im Heerbann beruhende Verordnungsrecht vermag zwar nicht die gemessenen Dienste der Lehnsmannen zu verändern: allein bei der Zusammenhangslosigkeit der neugebildeten Vasallenschaft konnte eine ziemlich formlose Besprechung mit den zu Hofe geladenen angeseheneren Herren ausreichen, um auch solche Aenderungen als „assizae consilio baronum" einzuführen. — Das Aufgebot der Lehnsmannen erfolgt unmittelbar durch die königlichen vicecomites, welche in den überall zerstreuten Besitzungen auch der Großlehnsträger das zu stellende Contingent versammeln. Weder im Feldzuge, noch anscheinend selbst bei der Heerschau bilden die Mannschaften der Meistbelehnten eine geschlossene Einheit: ihre sächsischen wie ihre normannischen homines sind großentheils neuzusammengebrachte Leute. — Alle activen Commandos bleiben daher persönlicher Auftrag des Königs, und dessen Geldmittel, Soldtruppen und befestigte Plätze so zahlreich, daß diese Rechtsbefugnisse auch thatsächlich wirksam blieben. — Die Maxime Wilhelm's I., daß jeder Untervasall dem König unmittelbar den Lehnseid zu leisten hat, und daß jeder Treueid an einen Privatlehnsherrn den Königsgehorsam ausnimmt, erzeugt unter solchen

Umständen eine wirkliche Subordination der gesammten Lehnsmiliz. — Daneben ist indessen die alte Verpflichtung der liberi homines zum Aufgebot des Volksbannes dem Buchstaben nach niemals aufgehoben. Sie wird von Heinrich II. durch eine Assize of arms (a. 1181) erneut, unter die Vicecomites gestellt, und dient in dieser Gegenüberstellung zu einer nochmaligen Verstärkung der königlichen Militärgewalt.

2) Die Gerichtsgewalt war allerdings beschränkt durch die den Normannen wie den Angelsachsen gegebenen feierlichen Zusicherungen. Dauernde Satzungen zur Abänderung des überkommenen Volksrechtes bedurften einer Zustimmung des Volkes. Allein bei direkten Collisionen zwischen dem hergebrachten Rechte der Angelsachsen und Normannen fiel dem König eine selbständige, schiedsrichterliche Stellung zwischen beiden Theilen zu. Für andere wichtige Rechtsänderungen genügte bei der unzusammenhängenden Gestalt der Kronvasallenschaft eine Berathung mit den zu Hofe geladenen Kronvasallen, um eine königliche Verordnung „consilio baronum" zu publiciren, wie dies in einigen wichtigen Fällen ausdrücklich oder beiläufig geschehen ist. Die Grenze zwischen altem und neuem Recht wird überhaupt zu einer unsicheren durch die veränderte Natur aller Rechtsfindung. Der Zwiespalt des Rechtes und des Gerichtsverfahrens, in welchem der Normanne wie der Angelsachse sich beiderseits auf angestammtes Herkommen beriefen, führte auch in der Einzelhandhabung zu stetigen Collisionen. Ihre Entscheidung hing von der Zusammensetzung der Gerichtsmänner ab, welche in Ermangelung einer Einigung der Parteien wiederum von dem Gerichtsherrn, im Grafschaftsgericht von dem Vicecomes abhing. Diese Stellung des Gerichtshalters war oft interessirt und parteiisch, und sie wurde bei dem Zwiespalt der Nationen und Besitzinteressen regelmäßig dafür gehalten. Habsucht und Uebermuth normannischer Landvögte und Vasallen, Stammeshaß der Normannen und Sachsen, der Kriegsvasallen und der kleineren Leute machte diese Gerichte zur Stätte der Unterdrückung. Alle stetige Fortbildung der Rechtsgrundsätze durch Gewohnheit erscheint damit abgebrochen. Die nothwendige Einheit und Sicherheit des Rechtes war nur noch in einer höheren Stelle über dem Grafschaftsgericht zu finden. Schon unter Heinrich I. erscheinen deshalb Gerichtscommissarien vom Hofe und werden seit Heinrich II. zu einer periodischen Einrichtung. Zur Wahrung des alten ordo judiciorum erhalten sie eine Commission sammt und sonders mit Beifügung einer Anzahl von Gerichtsmännern der Grafschaft. In der Wirklichkeit werden sie aber allmälig die einzigen Rechtsweiser, welche ihre Anweisungen vom Hofe (curia) und aus dem Schatzamt (Exchequer) mitbringen, und bilden sich zu einem rechtsgelehrten Beamtenthum, dessen entscheidende Autorität auch durch die vorbehaltene Appellation an die curia regis gesichert wird.

Unter derselben Regierung wird durch eine assize von Northampton (a. 1176) das Land in die heutigen Reisebezirke (circuitus) eingetheilt, und für die Berathung der Rechtsfragen ein Collegium von rechtsverständigen Commissarien (bancum) gebildet. Die Grafschaftsgerichte verlieren damit in fortschreitendem Maße die Funktion der Rechtsfindung. Dagegen bleibt den Localbehörden nothwendig die Feststellung des Thatsächlichen, — der Untersätze des Urtheils (question of fact), — welche freilich nach Verfall der Eideshelfer ihren Schwerpunkt in Zweikampf und Gottesurtheil findet. Schon unter Heinrich II. wird im Wege der assiza diesem rohen Beweissystem eine Feststellung des Streitpunktes durch vereidete Gemeindecommissionen (recognitiones, iuratae) substituirt, und diese reformirte Gerichtsverfassung mit Justitiarien und Gemeindecommissionen dehnt sich immer weiter auf die Civilprocesse, nach einigen Zwischenstufen auch auf die Strafprocesse aus.

3) Die **Polizeihoheit**, schon zur angelsächsischen Zeit in enger Verbindung mit den Strafgerichten, gewinnt durch das Lehnssystem und das praktische Bedürfniß eine im Mittelalter sonst unerhörte Ausdehnung. Das aus dem alten Heerbann hervorgegangene Recht der Friedensgebote (polizeilichen Verordnungen) verstärkt sich durch die neue Kriegshoheit. Eine feste Grenze für ein Zustimmungsrecht der Landesversammlung hatte schon in der angelsächsischen Periode nicht bestanden. Die neuen Verordnungen dienten zunächst zum Schutz der Normannen gegen hinterlistige Gewalt unter einer erbitterten Bevölkerung, und wurden als Schutzmaßregeln bereitwillig aufgenommen. Die Verantwortlichkeit der Zehntschaften durch ihre praepositi wird eingeschärft und durch eine jährliche Revision der Polizeiverbände (visus francplegii) periodisch controlirt. Die alte Haftung der Hundred für Diebstähle wird erneuert, eine Haftung für heimliche Mordthaten mit einer Buße von 46 Mark hinzugefügt, und diese subsidiäre Haftung fortschreitend generalisirt. — Ihre wirksame Handhabung fand sich nunmehr in einem System von polizeilichen Büßungen. Das Lehnswesen brachte ein summarisches Strafsystem als Theil der militärischen Disciplin mit, welche der Kriegsherr in leichteren Fällen durch Buße am beweglichen Gut (emenda) handhabt. Die Höhe der verwirkten Mobilien wird nach Gnade und Ermessen des Lehnsherrn (misericordia, mercy) meist in einer geringeren Summe abgelöst (admensuratur, adforatur) und heißt in dieser discretionär bemessenen Gestalt ein amerciamentum. Da aber die Kriegsgewalt des Königs unmittelbar auch für die Untervasallen und analog für alle kleineren Einsassen gilt, so erstreckt sich dies Ordnungsstrafrecht von den höchsten Lehnsträgern bis zum kleinsten villain herab, auf die Eingesessenen ganzer Grafschaften, Hundertschaften, Zehntschaften in unbegrenzter Zahl der Fälle. Schon die allgemeinen Rubriken infractio

pacis und contemtus brevium regis verschaffen den königlichen Anordnungen im Allgemeinen und im Besonderen einen summarischen Gehorsam gegen den geständigen oder überführten Uebertreter. Die Ueberführung des Leugnenden ließ sich aber durch das vom königlichen Commissar zu bildende Gericht so leicht herstellen, daß der Angeschuldigte sich gern geständig und „in die misericordia" erklärte, um mit einer milderen Strafe davonzukommen. Ergänzend schloß sich daran noch das feudale System der Pfändungen (districtio) und der Sequestration des Lehngutes. Die allen Klassen gleich fühlbar gewordene Polizeiwillkür ist später die Veranlassung zu einer Hauptclausel der Magna Charta geworden.

4) Die Finanzhoheit des Königs umfaßte außer den überkommenen Rechten der angelsächsischen Könige als neue Folge des Lehnsystems: die schweren Gebühren bei jedem Besitzwechsel, die Hilfsgelder in den herkömmlichen Ehren= und Nothfällen, die nutzbare Lehnsvormundschaft und mancherlei Erweiterungen durch fiscalische Interpretation, sowie die zahllosen Polizeibußen (amerciaments) und Gebühren (fines) für königliche Gnadenbewilligungen und Dispense. Aus der Pflicht der Kriegsvasallen zu den auxilia in Nothfällen wurde per analogiam gefolgert eine Verpflichtung der nichtlehnskriegspflichtigen Klassen zur Zahlung von auxilia oder tallagia nach discretionärer Abschätzung. — Zur geordneten Verwaltung der so erweiterten Finanzen ist als feste Behörde der Exchequer eingerichtet, mit einer früh ausgebildeten Bureauverfassung, strenger Rechnungscontrole und strenger Verantwortlichkeit aller königlichen Vögte und rechnungspflichtigen Beamten. Die Vereinigung der Finanz=, Gerichts= und Polizeiverwaltung in dem Personal der Grafschaftsvögte und das fiscalische Interesse an dem Gesammtsystem der Strafen, Bußen und Verwirkungen hielten den Exchequer in enger Verbindung mit der Gerichtsverwaltung, und brachten zugleich alle Reichsbeamten in einen dauernden Zusammenhang mit diesem Generaldirectorium der Finanzen. Das Finanzeinkommen der Könige hat dadurch einen Umfang und eine Elasticität gewonnen, welche sie auch von der finanziellen Seite aus unabhängig von allen Ständen stellte. Erst seit König Johann zeigt sich ein ernstes Deficit, und erst die Willkür in der Ausschreibung der Lehnshilfsgelder und in der Ablösung des Lehnskriegsdienstes durch Schildgelder (scutagia) veranlaßte eine Zusicherung der Magna Charta, daß bei diesen Ausschreibungen die Kronvasallen ein Recht der Berathung und Zustimmung zu beanspruchen haben.

5) Die königliche Gewalt über die Kirche endlich begriff Anfangs das überkommene Recht der königlichen Zustimmung zu den kirchlichen Verordnungen und das Ernennungsrecht der Prälaten in sich. Es tritt dazu jetzt die Verpflichtung des kirchlichen Lehnsbesitzes zu Lehnskriegs=

dienst und Lehnslasten, die zwar nachsichtig gehandhabt, aber grundsätzlich aufrecht erhalten wird. Andererseits macht das Königthum Concessionen durch Annahme der römischen Liturgie und durch völlige Trennung der geistlichen Gerichte von den weltlichen, welche bald auch zu Appellationen an den römischen Stuhl führten. — Die geschlossene Macht der Kirche, welche in dieser Periode ihrem Höhepunkt sich nähert, und die Popularität aller Widerstandsmächte gegen den Absolutismus machen die Stellung zur Kirche zu dem verwundbaren Punkt des normannischen Polizeistaates. Ein heftiger Kampf unter Heinrich II. endet mit einem nachgiebigen Vergleich; der Streit unter König Johann endet mit dem Verlust des Ernennungsrechtes der Prälaten und einer Anerkennung der Oberlehnsherrlichkeit des Papstes. Die königliche und die kirchliche Macht stehen sich von da an zwiespältig gegenüber.

Das eigenthümliche Verhältniß jener fünf Königsgewalten zu dem Lehnsbesitz bestimmt auch die anglonormannischen Ständeverhältnisse.

Die Abschließung der Kronvasallen und Prälaten zu einem ständischen Adel fand ihr Hinderniß in der zerstreuten Lage der großen Lehne und in der überwiegenden Zahl der kleinen Kronvasallen, die in völlig gleichen Rechtsverhältnissen, wegen des Besitzunterschiedes doch zu einer einheitlichen Körperschaft nicht werden konnten. Der Versuch, die Kronvasallenschaft als Ganzes zu einem steuerbewilligenden Körper zu constituiren, wurde zwar in der Magna Charta gemacht, aber als unausführbar zurückgenommen.

Die politische Stellung und das gemeinsame Interesse mußte vielmehr zu einer allmäligen Verschmelzung der kleinen Kronvasallen mit den Untervasallen führen. Aber auch diese Ritterschaft vermochte zu keiner Abschließung als Geburtsstand zu kommen, da das kleinere Freisassenthum durch die Gerichtsverfassung gleichberechtigt blieb, und durch Geschworenenverfassung und Grafschaftsmiliz von Neuem mit der Ritterschaft verbunden wurde. Das Freisassenthum verstärkt sich sogar durch Veräußerung und Theilung der Kriegslehne, welche in den Kreuzzügen und nach dem praktischen Bedürfniß des Lebensverkehrs durch königliche Licenz häufig gestattet wird. In den Städten kommen dazu bereits die Anfänge eines freien, gewerblichen Besitzes.

Auf dem Continent führen diese Elemente zur Bildung genossenschaftlicher Rechtsverbände, welche in jedem Herrschaftsverband die Grundzüge germanischer Gerichtsverfassung und relative Freiheitsrechte in gesonderten Lebenskreisen wiedergewinnen. Der anglonormannische Staat dagegen ist zu einer großen Grundherrschaft geworden, in welcher der Kampf der Freiheit gegen die Grundherrlichkeit durch den Zwiespalt der Nationen lange Zeit aufgehalten wird. Der Zeitpunkt dafür war erst gekommen, als in der fünften Generation die lange feindseligen Nationen auf **einem** Boden, unter **einem** Königthum, unter **einer** Kirche zusammenwohnend, durch die Kreuzzüge durcheinander geworfen, unter gemeinsamem Druck das Bewußtsein gemeinsamer Rechte und Interessen wiedergefunden hatten. Dieser Zustand traf zusammen mit dem Höhepunkt einer Mißregierung unter König Johann, und erzwang in der Magna Charta (a 1215) die beschworene Zusicherung rechtlicher Schranken in der Regierung, Beseitigung der drückendsten Verwaltungsmißbräuche gegen Vasallen, Untervasallen, Städte und Hintersassen, unter nochmaliger Bestätigung der hergebrachten Gerichtsverfassung und Zusicherung des Rechtsweges innerhalb des Polizeiverfahrens. Durch Zusammenfassung der Rechte **aller Klassen** gegenüber der Staatsgewalt erhielt seitdem die englische Verfassung die dauernde Richtung auf Ausbildung des „Rechtsstaates".

Die königliche Regierung war und blieb indessen auch nach der Magna Charta noch ein **gouvernement personnel** mit absoluten Gewalten. Als permanente Behörde bestand bisher nur der Exchequer unter persönlicher Direction des Königs. Am Schluß der Periode gewinnen die königlichen Justitiarien die collegialische Gestalt eines bancum; in Straf= und Hoheitssachen behält sich aber auch hier noch der König die Leitung der „kings bench" höchstpersönlich vor. Alle active Regierung wird durch widerruflich ernannte Großbeamte geführt. Es besteht noch kein ständiges consilium regis, keine ständische Körperschaft zur Controle der Ausübung der königlichen Rechte. Für die ungleichartige und zusammenhangslose Kronvasallenschaft gestaltet sich selbst das judicium parium zu einer vom König ernannten Commission, ihr „Beirath" zu einer formlosen Besprechung an den Hoftagen. Das Ineinandergreifen dieser Verhältnisse macht das königliche Regiment thatsächlich zu einem absoluten, solange diesem Königthum kein einheitliches Volk gegenübersteht, sondern nur eine Summe der von ihm selbst abgeleiteten Rechte, welche erst unter gemeinsamem Druck ein Bewußtsein gemeinsamer Interessen erzeugt.

In dieser Centralisation hat seit der Magna Charta die **Localverwaltung** des Reiches in ihren 3 Stufen folgende Gestalt gewommen:

I. Die **Grafschaften**, counties, verwaltet der Vicecomes als königlicher Statthalter für Gerichts=, Polizei=, Kriegs= und Finanzwesen. Das vorwiegende Finanzinteresse stellt ihn unmittelbar unter den Exchequer, bei welchem er eingesetzt, vereidet, unter Ordnungsstrafrecht gehalten wird, in jährlich erneuter Generalpacht und stetiger Entlaßbarkeit. In strengster Unterordnung nach Oben, erscheint er als ein gefürchteter und gehaßter Landvogt nach Unten. Die Justizbeschwerden haben indessen schon zu tief eingreifenden Reformen geführt, welche dem Civil= und dem Strafverfahren eine sehr verschiedene Richtung geben.

Die Civilprocesse werden jetzt in großer Zahl bei Hofe angebracht, durch ein königliches Rescript (writ) eingeleitet, theils in banco, theils von reisenden Justitiarien verhandelt. Für Entscheidung des Sachverhältnisses wirken dabei ernannte Ausschüsse von Gerichtsmännern der Grafschaft (recognitiones, iuratae) mit. In diesen Processen bleibt der Vicecomes nur Vollziehungsbeamter. Die nicht bei Hofe angebrachten verhandelt er mit den Gerichtsmännern der Grafschaft nach altem Proceßgange.

Im Strafverfahren sind dem Vicecomes allmälig die schweren, seit der Magna Charta alle eigentlichen Verbrechen entzogen. Dagegen bleibt ihm die Polizeigewalt, die Abstrafung der Bußfälle, sowie die Leitung des Voruntersuchungsverfahrens, welches aus der verschärften Polizeiordnung herausgebildet ist, in folgender Theilung:

1) Für die Voruntersuchung dienen eingeschworene Commissionen aus den einzelen Hundredschaften, welche auf ihren Eid verpflichtet werden, alle Straffälle, Polizeiübertretungen und Amtsmißbräuche ihres Bezirkes anzuzeigen zu weiterem rechtlichen Verfahren. Durch gleichmäßige Instructionen von Hofe gestaltet sich daraus die Anklage-Jury, welche sowohl von den reisenden Justitiarien auf ihren Rundreisen als von dem Vicecomes in seinem Turnus mit großer Strenge und Regelmäßigkeit abgehalten wird.

2) Für den Schuldspruch werden bald nach der Magna Charta ebenfalls Gemeindecommissionen aus der Hundredschaft, analog den juratae des Civilprocesses verwendet (petty jury); doch muß der Angeklagte durch eine formelle Zustimmung sich einem solchen Verfahren unterwerfen, weil es eine Abweichung von dem hergebrachten Landesrecht (lex terrae) bildet. In diesen Fällen hat der Vicecomes nur die Jury zu gestellen nebst den Functionen des Vollziehungsbeamten.

II. Die hundred bleibt in der alten Begrenzung ein Unterbezirk für die Gesammtverwaltung. Für die gerichtlichen Geschäfte scheiden sich wiederum Civil- und Strafsachen.

Die Civilprocesse, welche die angelsächsische hundred zu verhandeln hatte, sind großentheils von dem Grafschaftsgericht angezogen, welches von jeher eine ergänzende Stellung einnahm. Die Reste einer Civilgerichtsbarkeit werden noch immer vom Vicecomes oder einem Specialvogt mit den Gerichtsmännern der Grafschaft gehandhabt und eifersüchtig festgehalten, da diese Theilnahme dem kleinern Freisassen vorzugsweise die Stellung als liber et legalis homo wahrt.

Im Strafproceß dagegen hat die hundred eine große Bedeutung behalten durch Einführung des turnus vicecomitis, durch die allgemeine Polizeihaftung der Hundredschaft, durch die Neubildung der Anklage-

und Urtheilsjury. In eigentlichen Strafsachen tritt hier die oben berührte Zweitheilung ein:

1) Als Voruntersuchungsgericht versammelt der königliche Justitiarius bei seinen Rundreisen, der vicecomes bei seinem turnus, 12 oder mehr Gerichtsmänner der hundred (milites aut legales homines), um als Anklagejury die Straffälle vorläufig festzustellen.

2) Als Urtheilsjury wird eine Commission der hundred zu den Rundreisen der Justitiarien von dem Vicecomes gestellt.

Auf die polizeilichen Straffälle dagegen, welche dem turnus vicecomitis auch nach der Magna Charta zur Abstrafung geblieben sind, ist die neue Einrichtung der Urtheilsjury nicht ausgedehnt; es bleibt vielmehr bei dem herkömmlichen Verfahren mit Gerichtsmännern. Die Abmessung der amerciaments aber, welche bisher nach discretionärem Ermessen des Gerichtsherrn oder seines Stellvertreters erfolgte, soll nach den Zusicherungen der Magna Charta „per sacramentum proborum hominum de visneto" erfolgen. Es tritt daher hier ein doppelter Spruch ein:

a) der Spruch der Gerichtsmänner über die Schuldfrage in allgemeiner Form (est in misericordia);

b) der Spruch zweier oder dreier Gerichtsmänner als Bußabmesser (affeerors, Bußschöffen) über die Höhe der Strafe.

Diese mindestens zweimal jährlich wiederkehrenden Polizeigerichte wurden aber begreiflich der beschwerlichste Theil des anglo-normannischen Gerichtsdienstes, eine polizeiliche und fiscalische Beschwerde für Groß und Gering. Es entstand daher das Bestreben, diese Polizeigerichtsbarkeit zu localisiren und unter Specialvögten in engerem Kreise zu handhaben. Durch königliche Concession erlangte diese Absonderung zuerst die Besitzungen der Aebte, die Bischofssitze, und seit Johann manche enger bewohnte burhs. Allmälig gelangten dazu die Besitzer fast aller manors, so daß der turnus vicecomitis immer mehr in locale Polizeigerichte (courts leet) sich zersplittert.

III. In der Ortsverwaltung ist den alten Polizeischulzen die Polizeihaftung für die Zehntschaft geblieben. Durch Wiederbelebung der Grafschaftsmiliz treten dazu die Verpflichtungen eines untersten Milizbeamten (constable). Für das Gerichtswesen scheidet sich wiederum Civil- und Strafproceß.

Im Civilverfahren hat jeder manor, unabhängig von alter Verleihung einer saca et soca, und darüber hinaus, sein Mannengericht, court baron, über Untervasallen und Freisassen, sofern die nöthige Zahl von Gerichtsmännern dafür vorhanden ist; doch unter strenger Controle und Justizmandaten der königlichen Stellen. Wegen Mißbrauchs der Gerichtsgewalt kann leicht eine Suspension oder Verwirkung derselben eintreten. —

Daneben besteht unverändert das Hofgericht des Dorfes (customary court) über Hofbauern ohne eigenes Besitzrecht.

In Strafsachen dagegen haben die manors, abgesehen von älteren Verleihungen, fast regelmäßig die Rechte eines königlichen Polizeigerichts erlangt mit der vollen Competenz des turnus vicecomitis. Der herrschaftliche Vogt hält nun diesen „court leet" aus königlicher Concession mit den Gerichtsmännern des Bezirkes ab. Die Gerichtsfolge gilt hier als secta regis, das Gericht selbst als königliche Behörde. Das Verfahren mit Schuldspruch der Gerichtsmänner und Bußabmessung durch zwei oder drei Schöffen ist vollständig dem turnus vicecomitis nachgebildet, an welchen diese Jurisdiction auch im Fall des Mißbrauches zurückfällt.

Eine eigenthümliche Gestalt erhält der court leet in den Städten, d. h. in den dichter bewohnten Ortschaften, in welchen schon zur angelsächsischen Zeit besondere Burgvögte und burh gemôtes vorkamen. Das fiscalische Interesse veranlaßte die Verwaltung, in solchen Orten wegen der ansehnlichen Gefälle und tallagia Specialvögte, gesondert von der Generalpachtung des Vicecomes einzusetzen. Die ansässigen Gerichtsmänner der Ortschaft, oft auch neugebildete Gilden, fanden sich indessen gern bereit, solche Pachtungen selbst zu übernehmen, und einen dafür verantwortlichen Specialvogt dem Exchequer zur Bestätigung zu präsentiren. Gegen Zahlung ansehnlicher Gebühren wurde diese Vergünstigung als Selbstpacht (firma burgi) wiederkehrend gewährt, und gestaltete sich zu einer regelmäßigen Verwaltungsmaxime des Schatzamtes. Um dieselbe Zeit war nun aber die Abzweigung besonderer Ortspolizeigerichte von dem turnus vicecomitis üblich geworden. Gegen reichliche Gebühr wurde seit König Johann auch dies zweite Recht der Ortschaft verliehen, so daß nun der dem Schatzamt präsentirte Rentvogt (Bailiff, Mayor) zugleich das königliche Polizeigericht mit den Gerichtsmännern des Orts (city oder borough) abhält. Aus der Verschmelzung der firma burgi mit dieser Gerichtsgewalt entsteht das normannische Stadtrecht als eine besondere Stufe der Ortsverwaltung, die oft auch eine verliehene Civilgerichtsbarkeit und andere nutzbare Rechte einbegreift. Die Ansiedelung von Gewerbs- und Handelsleuten in bürgerlicher Gleichheit der Steuer und des Gerichtsdienstes erzeugt hier eine neue, vom Grundbesitz unabhängige Freiheit als „freeman" of the borough.

Die gleichmäßige Unterwerfung unter die königlichen Gewalten hat unter dem Polizei- und Finanzdruck dieser Zeit die inneren Grundlagen des selfgovernment gelegt, welche in der folgenden Periode zu einer festen, gleichmäßigen Gestaltung gelangen.

Die normannische Zeit ist von der Seite der inneren Entwickelung in Gneist, Geschichte des selfgovernment S. 51—143, von der Seite der Staatsverwaltung aus in

Gneist, Engl. Verwaltungsrecht I. S. 111—310 dargestellt mit Angabe der Quellen und der Literatur.

Das Reichsgrundbuch, Domesdaybook, ist amtlich gedruckt (1783 2 Vol. Fol.) mit Nachtragsbänden (1816) und Specialabdrücken für einzelne Grafschaften. Dazu Sir H. Ellis, Introduction to the Domesdaybook 1833 2 Vol. 8.

Die älteren Staatsurkunden sind gesammelt in Rymer, foedera, conventiones, litterae etc. London 1745 ff.; zahlreich abgedruckt auch in Madox, History of the Exchequer 2 Vol. London 1769. Dazu treten verschiedene Publicationen der Record Commission aus neuerer Zeit.

An Stelle der Gesetze stehen jetzt die Rechtsbücher, Anfangs Privatsammlungen über angelsächsisches Recht unter normannischer Herrschaft: die sogen. Leges Henrici Primi, die sogen. Leges Eduardi Confessoris und ein großer Theil der sogen. Leges Guilelmi I. Sodann das verschmolzene anglo-normannische Recht darstellend: Glanvilla, Tractatus de legibus et consuetudinibus Angliae tempore Henrici II. und Bracton de legibus et consuetudinibus Angliae, ein ausführlicher Rechtsspiegel aus der Mitte des XIII. Jahrhunderts. In die folgende Periode reichen: Britton (Ausg. v. Nichol, Oxford 1865) und Fleta, zwei abgekürzte Rechtsbücher aus der Zeit Eduard's I.

Allgemeine Uebersicht der normannischen und englischen Rechtsquellen von H. Brunner in v. Holtzendorff, Encyclopädie I. S. 209—226; besonders für das Gerichtswesen: Biener, Geschworenengericht II. Anhang VI. S. 83—99.

Bearbeitungen der englischen Rechtsgeschichte, vorzugsweise des Privatrechtes: Sir M. Hale's History of the common law 2 Vol., Reeve's History of the English law Vol. I. II. Eine Compilation von antiquarischen Fragmenten: Spelmanni, Codex legum veterum usque ad a. 9 Henry III. Für das Gerichtswesen insbesondere: Biener, Engl. Geschworenengericht 3. Bde. 1852—55.

Für die Gesammtverhältnisse der Eroberung: Ed. Freeman, The History of the Conquest 1867—69. 3 Vol. (mit eigenen Forschungen).

Für die Entwickelung der Ständeverhältnisse, des Gerichtswesens und die Anfänge des Parlaments: H. Cox, Antient Parliamentary Elections, London 1868, als neuester für die normannische Zeit sehr mangelhafter Versuch. Auch in dieser Periode bieten die Verhältnisse der Ortsverwaltung noch ungelöste Schwierigkeiten durch die Ungleichartigkeit und Dunkelheit der Agrarverfassung. Ein deutscher Versuch der Lösung ist: Nasse, die mittelalterliche Feldgemeinschaft in England, Bonn 1869, mit besonderer Rücksicht auf den Report on Commons Inclosure 1844 und das Registrum de visitatione maneriorum ed. W. Hale, 1848. Für die hier in Betracht kommende Grundlegung darf wohl als feststehend angenommen werden, daß die villani der normannischen Zeit identisch sind mit den hofhörigen ceorls der angelsächsischen Zeit, und eben so identisch mit den später sogen. copyholders (zuerst so genannt in 14 Hen. IV. c. 34). Ebenso kann mit Beseitigung älterer Ideen als feststehend gelten, daß die Klasse der socmanni ihren Namen von einer herrschaftlichen Gerichtsvogtei (saca et soca) hat, und eben damit auf ein besseres, ursprünglich freies Besitzrecht als Regel deutet.

§. 3.
Die reichsständische Zeit.
(A. 1272—1485.)

Die Magna Charta mit ihren immer wiederholten Bestätigungen tritt seit dieser Zeit an die Stelle der älteren Zusicherungen „der Gesetze

Eduard's." Beschränkung der königlichen Gewalt, gesicherter Rechtsschutz des Einzelen, Regierung nach Gesetzen, war das erste Bedürfniß der Zeit geworden.

Es gab aber keine Garantien für jene Zusicherungen ohne eine Formation der Gesellschaft in Körperschaften zur geordneten Mitwirkung in Gesetzgebung, Steuerausschreibung und Verhandlung der Landesbeschwerden. Die Schwierigkeit dieser Formation hat ein halbes Jahrhundert der Verwirrung und der Kämpfe unter Heinrich III. erzeugt. Seit Eduard I. hat das Königthum selbst den erwachenden Gemeingeist der wieder einheitlichen Nation erkannt und die Initiative ergriffen, um diejenigen Körperschaften zu schaffen, welche aus dem Streit der gesellschaftlichen Klassen nicht hervorgehen konnten: einen collegialischen Verwaltungsrath des Königs, einen Reichsrath der Prälaten und Barone, eine gewählte Vertretung der Communalverbände.

I. Ein verwaltender Staatsrath, consilium continuum, später consilium privatum, tritt an die Stelle der persönlichen Regierung mit wechselnden Einzelräthen. Er bildet sich aus den weltlichen und geistlichen Herren, welche die höchsten Militär-, Gerichts-, Finanz- und kirchlichen Angelegenheiten in ständigen Aemtern leiten, unter Zutritt der Reichsrichter als consultirender Justitiarien sowie verschiedener Beamten zweiten Ranges, und wird seit dieser Zeit der verfassungsmäßige verantwortliche Sitz der Reichsregierung.

II. Ein periodischer Reichsrath, Magnum Consilium, berufen aus der Zahl der Prälaten und Barone. Der Versuch der Magna Charta, die gesammte Kronvasallenschaft als landständischen Körper zu berufen, war gescheitert an der Unmöglichkeit, aus den Großlehnsträgern und Prälaten einerseits, aus vielen Hundert kleinen Kronvasallen andererseits eine Rechtsgenossenschaft (Pärie) zu bilden. Widerwillig hatte Heinrich III. dennoch eine Auswahl solcher Kronvasallen zum Zweck von Geldbewilligungen und Staatsberathungen bei jeder Verlegenheit des Staates berufen müssen. Die parteiische Weise dieser Berufungen hatte aber zu stetigem Streit, zuletzt zu einem Baronenkrieg geführt. Eduard I. giebt diesen Versammlungen die geregelte Gestalt einer periodischen Zusammenberufung der Magnaten. Die königliche Berufung (writ) hält sich dabei an Amt und Herkommen, an die im Schatzamt gebildete Abgrenzung von barones maiores oder minores, jedoch mit dem Vorbehalt jederzeit neuer Berufungen aus persönlichem Vertrauen. Im Verlauf der Periode werden diese Berufungen stetiger, regelmäßig vom Vater auf den Erben der Güter übergehend; seit Richard II. werden einzele Kronvasallen durch patent ausdrücklich zu erblicher Würde als Reichsräthe berufen. Am Schluß der Periode bilden die theils thatsächlich, theils rechtlich erblichen Reichsräthe einen hohen, kriegsmächtigen Adel, welcher als ständische Körperschaft verfassungsmäßig die vier Functionen übt, die seit der Magna Charta in unstetiger und schwankender Weise von der Kronvasallenschaft geübt worden waren:

1) Als **höchste Gerichtsversammlung des Reiches**, — an Stelle der wechselnden Commissionen von Kronvasallen, die in der normannischen Zeit aus großen und kleinen Kronvasallen gebildet zu werden pflegten. Nach einem halben Jahrhundert betrachtet sich die Körperschaft bereits als „pares terrae," als eine **engere reichsständische Pärie**, mit dem Anspruch auf einen ausschließlichen Gerichtsstand von Berufs- und Standeswegen und auf die Stellung eines höchsten Reichsgerichtes.

2) Als **steuerbewilligender Körper** zur Beschließung außerordentlicher Hülfsgelder und zur Abmessung der Schildgelder, welche seit Heinrich II. immer regelmäßiger an die Stelle der Lehnskriegsdienste traten; der Reichsrath vertritt darin noch eine Zeit lang die ganze Kronvasallenschaft, welche nach der ersten unausführbaren Zusicherung der Magna Charta zu diesen Beschließungen „insgesammt" geladen werden sollte.

3) Als **gesetzbeschließende Versammlung** an Stelle der Hoftage und gelegentlichen Notablenversammlungen, durch welche in der vorigen Periode die sogenannten assizae beschlossen waren.

4) Als **berathender Körper** der gesammten Reichsverwaltung an Stelle der früher zugezogenen Prälaten und Herren aus persönlichem Vertrauen. In dieser letzteren Stellung ist der Reichsrath verschmolzen mit dem administrirenden consilium continuum, und bildet einen weiteren Staatsrath, welcher häufig (oft jährlich 4 Mal) mit den Großbeamten der Regierung zusammentritt in dem Verhältniß eines weiteren und engeren Rathes. Gelegentlich sind zu solchen Berathungen auch schon im XIII. Jahrhundert Commissarien der Grafschaften berufen worden.

Bis zum Schluß des XIII. Jahrhunderts wurde indessen unter dem Namen parlamentum nur der Reichsrath der Prälaten und Barone verstanden. Seitdem tritt aber hinzu:

III. **eine Landesvertretung durch gewählte Abgeordnete der communae, d. h. der Grafschaften und Städte.** In der Kriegsnoth vom Jahre 1290 erscheinen bereits mehre hundert Abgeordnete, und von da an beginnt eine periodische Einberufung von Abgeordneten der Localverbände, zunächst veranlaßt durch das Bedürfniß außerordentlicher Hülfsgelder. Die Steuerberathung mit dem engeren Ausschuß der Kronvasallen im Reichsrath genügte den vielen hundert kleineren Kronvasallen nicht; noch weniger konnte sie den Tausenden von Aftervasallen genügen, die nach dem normannischen Verwaltungssystem mit jenen fast identische Steuerinteressen hatten. An die Vasallenschaft schlossen sich die steuerzahlenden Freisassen des Landes, — jetzt in einem lebendigen Grafschaftsverband, in

Gerichts-, Polizei- und Milizwesen mit den Lehnsmannen thätig und durch gemeinsame Interessen verbunden. Die schwere Belastung des großen Grundbesitzes hatte schon in der Magna Charta zu einer Zusammenfassung der scutagia, auxilia und tallagia, — zu dem Gefühl einer Solidarität der Interessen aller unmittelbaren Steuerzahler geführt. Als große Steuerzahler standen dabei einzele cities und boroughs den kleinen Grafschaften ziemlich gleich. Das normannische Stadtrecht hatte einer großen Zahl solcher Orte eine exemte, theilweis coordinirte Stellung in den Grafschaften gegeben. Um den endlosen Reclamationen gegen die Schatzungen des Exchequer ein Ende zu machen, und um reichlichere Geldbewilligungen zu erhalten, fand die Krone den Weg gütlicher Besprechung wirksamer. Es bildet sich daher die Sitte, die Grafschaften und die für das Schatzamt analog gestellten Städte zur Besprechung über außerordentliche Hülfsgelder und bald auch weiter „zur Stärkung der Gesetze und zur Abhülfe der Landesbeschwerden" einzuberufen. Ihre Vertretung erfolgt durch eine kleine Commission von 2 Mitgliedern, gewählt aus dem Verwaltungskörper der Grafschaft und der Stadt. Die Abgrenzung der berufenen Städte erfolgt wie im Reichsrath durch königliches writ nach Maßgabe ihrer staatlichen Bedeutung. Wie im Reichsrath hat sich im Laufe eines Menschenalters aus dem gewohnheitsmäßigen Zusammenwirken das Bewußtsein der Einheit und genossenschaftlichen Gleichheit gebildet. Am Schluß der Regierung Eduard's III. erscheinen die „gentz de la commune" zu einer Körperschaft vereint mit ihrem eigenen Sprecher (51. Eduard III.) Die Anfangs noch zurücktretenden citizens und burgesses verschmelzen mit den Grafschaftsrittern zu einer Versammlung, die in Landessachen und zuletzt auch in der Steuerbewilligung einheitlich beschließt. Dank der Selbstthätigkeit der Freisassen und Städte in Gericht, Polizei und Miliz gewinnen die communae neben den Prälaten und Seigneurs des Reichsrathes das Gefühl ihrer Selbständigkeit. Die durch das ganze Land gehende Gleichmäßigkeit ihrer Leistungen giebt ihnen stetig wechselnd das Gefühl der gleichen und gemeinsamen Rechte.

Im XV. Jahrhundert bei wichtigen Vorgängen (namentlich a. 1407) erfolgt eine Auseinandersetzung der beiden Häuser in ihren vier Functionen. Die commons beanspruchen den Vortritt bei den Geldbewilligungen als Hauptsteuerzahler. Dem Reichsrath, als dem ständigen Körper, verbleiben die richterlichen Geschäfte. Macht und Geschäftserfahrung geben ihm auch die überwiegende Stellung in der Berathung der allgemeinen Reichsangelegenheiten. In der Gesetzgebung verwandelt sich das ursprüngliche Petitionsrecht der commnos in ein Zustimmungsrecht, welches am Schluß der Periode als gleichberechtigter Factor der Gesetzgebung auftritt. So hat im Laufe von 2 Jahrhunderten das Haus der Communalverbände seine Gleichstellung mit dem Oberhaus und gemeinsam mit diesem die parlamentarischen Grundrechte in Gesetzgebung, Steuerbewilligung und Landesbeschwerden erlangt.

In Wechselwirkung mit dieser Vertretung der Gesellschaft im Parlament steht der innere Ausbau der Verfassung, welcher nunmehr die Grundrechte der Magna Charta durch eine gesetzliche Regelung der Staatsgewalten verwirklicht.

Am Eingehendsten wendet sich die Parlamentsgesetzgebung dem Gebiete zu, in welchem das persönliche Regiment der Normannenkönige am schwersten empfunden war: dem **Privatrecht** und **Proceß**, wofür schon Eduard I. den Namen des „englischen Justinian" erworben hat. Die Veräußerlichkeit der Lehne wird durch das Stat. Quia Emptores 18. Edw. I. geregelt, und die Afterbelehnung wegen der daraus hervorgegangenen Verwickelungen untersagt. Um das staatliche Lehnsystem mit der Freiheit des Eigenthums und dem aufblühenden gewerblichen Verkehr zu versöhnen, geht die privatrechtliche Regelung bis in die kleinsten Verhältnisse herab. Die schwer empfundene Willkür des normannischen Gerichtswesens führt zu einer besonderen Sorgfalt in gesetzlicher Ordnung der Gerichtsverwaltung: dem Court of Exchequer für die Verwaltungsjustiz des Schatzamtes, dem Court of Common Pleas für gewöhnliche Civilprocesse, dem Court of Kings Bench für die Justizhoheits- und Strafsachen. Die freie Anwendung der älteren Rechtsnormen, die strenge Auslegung der Parlamentsstatuten und ihre Vereinigung mit dem älteren Herkommen macht diese Reichsgerichte zum Hauptbildungsorgan des „gemeinen Rechtes." Das Personal der reisenden Richter wird immer ausschließlicher aus jenen Reichsrichtern ernannt und zuletzt mit ihm identificirt. Civil- und Strafjury erhalten eine gleichmäßige Gestalt und Fortbildung. Die Pflicht zum Geschworenendienst wird für die ordentlichen Assisen auf Freisassen von 40 sh. Grundrente fixirt. Für Collisionen der aequitas mit dem strengen Recht wird der Lordkanzler mit seinen Räthen zu einem ergänzenden Organ der Rechtspflege.

Die **Kriegsgewalten** des Königs erhalten eine Ergänzung durch Statuten über die Wehrpflicht der Grafschaftsmiliz und ihre beschränkte Verwendung außerhalb ihrer Grafschaft: die administrative Ordnung und das Commando bleiben der königlichen Regierung überlassen, welche für auswärtige Kriege nunmehr Soldheere aus dem Material der Lehns- und der Grafschaftsmiliz combinirt und aus den Schild- und Hülfsgeldern der übrigen Steuerzahler besoldet.

Das **Finanzrecht** erhält eine Reihe gesetzlicher Milderungen und eine geregelte Verwaltungsjustiz nach Analogie des Gerichtsverfahrens.

Die **Kirchenhoheit** des Königs, jetzt verstärkt durch die Zustimmung der Parlamente, ordnet einige Streitpunkte der äußeren Verwaltung im Interesse des Laienstandes; im Ganzen dauert jedoch die Absonderung des kirchlichen Verwaltungssystems von dem weltlichen fort.

Am schwierigsten gestaltet sich die Gesetzgebung über die Straf- und Polizeigewalt. Die Verfassung der Kings Bench, der reisenden Richter, der Anklage- und Urtheilsjury gewinnt zwar allmälig ihre festere, der Civiljustiz analoge Gestalt. Allein die beginnende Umwandlung der Besitz- und Erwerbsverhältnisse bedingt in dieser Zeit umfassende neue Normen, welche als allgemeine Polizeiordnungen und Gesetze der Gewerbe-, Arbeits- und Sittenpolizei in die kleinsten Einzelheiten herabgehen. Die in den städtischen Zunft- und Gewerbeordnungen des Continents localisirten Bestimmungen erscheinen in diesem centralisirten Staatswesen als allgemeine Landesgesetze. Noch einmal aber erweist sich die mühsam geordnete Gerichtsverfassung für diese Aufgaben unzureichend. Der nothwendigen Localisirung der Polizeibehörden war zwar Genüge geschehen durch Bildung der zahlreichen courts leet. Allein diese jährlich nur zweimal berufenen Gemeindeversammlungen konnten den jetzigen Bedürfnissen der Friedensbewahrung, Gewerbe- und Arbeitspolizei nach Zusammensetzung und Verfahren unmöglich genügen. Es bedurfte vielmehr selbständiger Einzelbeamten an Stelle des verhaßten Vicecomes und seiner Untervögte. Schon seit dem Schluß des XII. Jahrhunderts hatte man angefangen, ansässige Grundbesitzer zu solchen Functionen als Commissarien der Krone zu ernennen (Coroners), für welche den „Männern der Grafschaft" ein Vorschlagsrecht gewährt wurde unter königlicher Bestätigung. Seit dem Beginn dieser Periode erscheinen die mannigfaltigsten Versuche, angesessene Localcommissarien mit summarischen Strafgewalten in bewegten Zeiten zu ernennen. Es wird darüber vielfältig mit den Parlamenten verhandelt, welche eine Wahl aus den großen Grundbesitzern verlangen, während die Krone auf einer Ernennung vorzugsweise aus Rechtsverständigen besteht. Endlich im Jahre 1360 vereinigen sich beide Grundrichtungen in dem st. 34 Edw. III. cap. 1 (a. 1360) zu einer Ernennung gemischter Commissionen in jeder Grafschaft, bestehend aus einem Lord, 3 oder 4 der angesehensten Grundbesitzer und einigen Rechtsgelehrten, mit der doppelten Befugniß:

1) als Polizeiherren Friedensstörer zu verhaften, von Uebelberüchtigten sich „Friedensbürgschaft" bestellen zu lassen, in gewissen Fällen den Thatbestand festzustellen und den Geständigen summarisch abzustrafen;

2) periodisch als Collegien zusammenzutreten und mit einer Anklage- und Urtheilsjury die ordentliche Strafjustiz zu üben, concurrirend mit den Assisen der Reichsrichter.

So beginnt das Amt der Friedensrichter, welches als Hauptamt der Grafschaft von da an in einer stetig aufsteigenden Richtung bleibt.

§. 3. Die reichsständische Zeit. 31

Unter dieser neuen gesetzlich geordneten Verfassung gewinnt nunmehr die Localverwaltung folgende Gestalt:

I. Die **Grafschaft als Ganzes** steht noch unter dem Vicecomes als jährlich ernanntem Kreisdirector, welcher jetzt auch im gesetzlichen Sprachgebrauch den alten Namen des Shirgerefa, Sheriff, wiedererhält. Er übt noch die alten Rechte des königlichen Rentmeisters mit der strengen Verantwortlichkeit und Rechnungslegung im Schatzamt. Es bleibt ihm die Leitung der Aushebung und Ausrüstung der Grafschaftsmiliz, neben welcher die alte Lehnsmiliz allmälig abstirbt. Seine Stellung als Gerichtshalter ist aber stark geschmälert durch die gesetzliche Neubildung der Justiz und der Polizei.

Alle wichtigeren **Civilprocesse** werden bei den Reichsgerichten angebracht und die in facto streitigen Fälle durch die reisenden Richter in ihren circuits mit einer Civiljury an Ort und Stelle verhandelt. Dem Sheriff und den Gerichtsmännern der Grafschaft bleibt zuletzt nur eine Bagatell-Jurisdiction in Processen bis 40 sh. und die Stellung als Vollziehungsbeamter zur Ausrichtung von Ladungen, Arresten, Urtheilsvollstreckungen und Gestellung der Jury.

Auch die **Strafjustiz** concentrirt sich in der King's Bench mit Zuziehung einer Anklage- und Urtheiljury. Die Anklagejury wird nach einer veränderten Praxis jetzt aus dem Gesammtpersonal der Grafschaftsversammlung gebildet als „große Jury"; die Urtheiljury nach alter Weise aus dem engeren Kreise der Hundredschaften als „kleine Jury." Die Verhandlung der Einzelfälle erfolgt vor den reisenden Richtern nach vorgängigem Beweisverfahren (trial), welches sich aus der Praxis zu bilden beginnt. In Concurrenz damit treten die Quartalsitzungen der Friedensrichter mit einem gleichartigen Verfahren. — Der Sheriff ist in allen diesen Fällen nur Vollziehungsbeamter der Reichsgerichte und Quartalsitzungen für Strafvollstreckung und Gestellung der Juries. Es bleibt ihm selbständig aber das Verhaftungsrecht und die hergebrachte Friedensgewalt in Concurrenz mit den einzelen Friedensrichtern.

II. Die **Hundredschaften** bestehen noch als Unterbezirke, in welchen der Sheriff seine Bailiffs ernennt für die Vollziehungsgeschäfte der Justiz und fiscalischen Verwaltung.

Es besteht auch noch der hundred court mit Resten einer weiter verfallenden Jurisdiction. Nur in einigen Städten hat durch besondere Verleihungen diese Stufe der Civiljurisdiction unter besonderen Gerichtshaltern eine gewisse Bedeutung behalten.

Es besteht endlich noch der Sheriff's Tourn, in welchem der Sheriff Voruntersuchungen mit einer Anklagejury der Hundredschaft abhält, die indessen neben der „großen Jury" der Grafschaft allmälig abstirbt. Als

Polizeistrafgericht verhandelt der Tourn in herkömmlicher Weise mit Gerichtsmännern und Bußabmessungsschöffen. Doch ist auch diese Jurisdiction durch Concurrenz der zahlreichen städtischen und ländlichen courts leet stark geschmälert, und beide wiederum durch das Friedensrichteramt; denn in Stadt- und Landbezirken concurriren die Friedensrichter auch auf dieser unteren Stufe der Strafgerichte mit ihren summarischen Gewalten. Seit Richard II. erhält eine Anzahl Städte eine gesonderte Friedenscommission von städtischen Polizeiherren, concurrirend mit den Friedensrichtern der Grafschaft, zuweilen auch ausschließlich.

III. In der Ortsverwaltung bestehen noch die zahlreichen Patrimonialgerichte und localen Polizeiverwaltungen.

Der court baron als Civilgericht verliert indessen immer häufiger das nöthige Personal der Freisassen in Folge der untersagten Afterbelehnungen, und verkümmert durch ein veraltetes Rechtsverfahren, dem alle Justizreformen dieser Zeit versagt bleiben.

Der customary court besteht noch als Hofgericht über die lassitischen Gutsbauern. Die Rechtsprechung der Reichsgerichte erkennt indessen ein beschränktes Besitz- und Erbrecht nach Gutsherkommen auch an diesen Gütern an, womit nun auch die „copyholders" aus ihrer lange prekären Besitzstellung heraustreten.

Als unteres Straf- und Polizeigericht ist mit dem court baron ein court leet verbunden zur Abstrafung der herkömmlichen Fälle mit Gerichtsmännern und Bußschöffen. Viele Grundherren beanspruchen sogar noch eine ältere weitergehende Verleihung von Strafgewalten (mit dem Symbol des Galgens), die in einigen Gutsbezirken auch noch praktisch geübt wird. Immer stärker indessen wird diese Jurisdiction überwachsen von den summarischen Gewalten der Friedensrichter zur Verhaftung, Friedensbürgschaft und Abstrafung der Geständigen, welche über alle Ortsgerichte und Ausnahmsbezirke übergreift. Die alten Polizeiverpflichtungen der Zehntschaft concentriren sich immer mehr in der Person des praepositus, welcher als Polizeischulze (constable) sich den Friedensrichtern unterordnet.

Neben dieser überwiegend polizeilichen Ortsverwaltung erscheint jetzt bereits das Kirchspiel (parish), welches Gutsbezirke und Bauerschaften als Localstelle der Kirchenverwaltung zusammenfaßt. Das Bedürfniß der Unterhaltung des Kirchengebäudes (nachdem das ursprünglich dafür bestimmte Drittel des Kircheneinkommens zu anderen Zwecken verwandt wurde), sah sich immer mehr auf Beiträge der Pfarrgenossen verwiesen, welche in ihrem Entstehen freiwillig, auf den guten Willen der Pfarrkinder gestellt waren. Im Zusammenhang damit erscheinen 2 Kirchenvorsteher, churchwardens, und Versammlungen der Kirchengemeinde, welche den Keim einer selbständigeren Ortsverfassung enthalten. Bei einigen gesetzlichen Einrichtungen tritt bereits das Kirchspiel an Stelle der Gutsbezirke und der alten Zehntschaften.

Insbesondere gilt dies von dem Communalsteuersystem, welches sich in dieser Periode zu bilden beginnt. Das normannische Polizeisystem hatte zu einem Büßungsrecht gegen größere und kleinere Communalverbände, sowie zu mannigfaltigen Polizeiverpflichtungen geführt, welche von den königlichen Commissarien und Localvögten summarisch erzwungen wurden. In dieser Periode wird daraus ein Einschätzungsverfahren durch theils gewählte, theils ernannte Ausschüsse des Kirchspiels und der Hundredschaft, mit einem Berichtigungs- und Reclamationsverfahren durch Ausschüsse der Hundredschaft und der Grafschaft. Seitdem durch Entwickelung der Parlamentsverfassung die periodischen Subsidienbewilligungen in Gang gekommen, wird dies System unter Leitung der königlichen Behörden auch auf die Staatssteuern angewandt, als Grundlage eines selfgovernment für Einschätzung der directen Steuern.

Die Gesammtheit dieser Neugestaltungen faßt sich zusammen in den Ständeverhältnissen dieser „reichsständischen" Periode. Durch den Reichsrath formiren sich Kronvasallen und Prälaten zu einem reichsständischen Adel. Durch Unterhaus und Grafschaftsverfassung verschmelzen die kleinen Kronvasallen mit den Untervasallen zu einer politisch bedeutenden Ritterschaft als Besitzklasse. Die Bürgerschaften der Städte mit den Freisassen bilden einen politisch berechtigten dritten Stand, aus welchem jedoch die städtischen Honorationen allmälig hervortreten, und in dem Hause der Gemeinen wie in den Friedenscommissionen mit der landed gentry auf gleichem Fuß erscheinen. Alle Stände sind, verglichen mit der normannischen Zeit, gewissermaßen um eine Stufe erhoben.

Dem so neugegliederten weltlichen Staat steht unverändert gegenüber der Organismus der Kirche, verbunden mit der Weltlichkeit nur durch den Sitz der Prälaten im Oberhaus und durch die geschmälerten Rechte der Krone. Es entsteht daraus eine wachsende Spannung zwischen Parlament und Clerus, die in mannigfaltigem Streit über Gesetzgebung, Besteuerung, Amtsbesetzung und Strafverfolgung der Häresien erscheint. Die Kirche behauptet ihren reichen Besitz, ihre Macht und obrigkeitliche Gewalt noch unverkürzt, verliert aber in wachsender Veräußerlichung ihren sittlichen Beruf, ihre Popularität, ihre geistige Herrschaft über das Volk.

Abgesehen von diesem Zwiespalt zeigt die reichsständische Zeit eine aufsteigende Richtung in Volksgeist und Volksrecht, in Wohlstand und wachsendem Selbstbewußtsein aller Klassen. Dieser neue Geist hat nicht nur das Gebiet des Inselreiches erweitert und abgerundet, sondern sich auch mit überwältigender Kraft auf das innerlich zerrissene Frankreich geworfen.

Dennoch scheint am Schluß der Periode alles Errungene wieder in Frage zu kommen. Das wieder wachsende militärische Uebergewicht des großen kriegerischen Adels, die Thronusurpation des Hauses Lancaster, die Gemüthsschwäche König Heinrich's VI., der schließlich ruhmlose Ausgang der großen französischen Kriege, das Zurückströmen einer an Lagerleben und Abenteuer gewöhnten Soldatesca, innere Zerwürfnisse zwischen Besitz und arbeitenden Klassen, die innerliche Gleichgültigkeit der Zeit gegen die Gebote der Kirche und Sitte, — dies und Anderes sollte zusammentreffen, um einer großen Zeit ein tragisches Ende zu bereiten in dem wilden Adelskampf der „beiden Rosen."

Dennoch sind durch die Gesetzgebung dieser Zeit die dauernden Institutionen des Landes begründet worden, welche die parlamentarische Verfassung und das System des Rechtsstaates für die Verwaltung entschieden haben für alle Zukunft.

Die reichsständische Zeit ist von der Seite der inneren Formation behandelt in Gneist, Geschichte des selfgovernment S. 144—252, von der Seite der Staatsverwaltung aus im Engl. Verwaltungsrecht I. S. 311—464, zugleich mit Angabe der Quellen und der Literatur.

Für die Gesetzgebung treten von nun an die Parlamentsstatuten in den Vordergrund, Anfangs noch gemischt mit königlichen Charten, Erlassen und Assizes; seit Edward III. in einer gewohnheitsmäßigen Verhandlung mit Ober- und Unterhaus. Seit 1 Edw. III. rechnet daher die Jurisprudenz die Statuta nova, als normale Gesetzgebung des Königs mit beiden Häusern des Parlaments. Die amtliche Redaction der Parlamentsbeschlüsse von dauernder Geltung (Statute Rolls) ist von 6 Edw. I. bis 8 Edw. IV. vorhanden und liegt der amtlichen Gesetzsammlung (Statutes of the Realm 1810 ff.) zu Grunde. Die übrigen Verhandlungen der Parlamente sind in den Rotuli parliamentorum 1832 Vol. I.—VI. gedruckt; die Verhandlungen des Privy Council von 10 Ric. II. — 33 Hen. VIII. als: Proceedings and Ordinances of the privy council of England by H. Thomas 1834—1837 7 Vol. 8. Es reihen sich daran zahlreiche Publicationen der neuen Record Commission.

Von den Rechtsbüchern reichen in diese Zeit noch Britton und Fleta, sowie Horne's Mirror. Die eigentliche Autorität der Gerichtspraxis sind aber die Yearbooks, die seit Edw. II. beginnende Präjudiciensammlung der Reichsgerichte.

Von der englischen Rechtsgeschichte Reeve's, History of the English Law, gehört in diese Zeit Bd. II. und III. Einen Commentar zu den Hauptgesetzen giebt Coke, Institutes part II. Bedeutende Grundlagen für die Verfassungsgeschichte dieser Zeit enthält auch der Oberhaus-Report on the Dignity of a Peer 1820 ff.

Die für die Gestaltung des Communalwesens wichtigen Momente sind in keiner englischen Darstellung in pragmatischer Weise zusammengefaßt, vielmehr begnügt sich die Jurisprudenz mit zerstreuten Angaben über die Geschichte der einzelen Aemter, welche zu einem beinahe stehenden Apparat antiquarischer Notizen geworden sind. Ein etwas volleres Material über die Entstehung des Friedensrichteramtes giebt Reeve, History II. 472, III. 216, 242, 295, 260, IV. 154. Ein solches enthalten auch die älteren Schriften über das Friedensrichteramt, Lambard's Eyrenarcha 1581 und ff., Dalton's Justice of the Peace 1618 und ff. Die tausendfach wiederholten geschichtlichen Angaben Blackstone's darüber sind aus Lambard entnommen und ohne selbständigen Werth.

§. 4.
Das Zeitalter der Reformation und der Revolution.
(a. 1485—1688.)

Das Jahrhundert der Tudors und das Jahrhundert der Stuarts, — weit auseinanderliegend für das Verhältniß von Kirche und Staat und für die Stellung des Königthums zum Parlament, — bilden dennoch eine Einheit für die Grundlagen des inneren Staatswesens im selfgovernment.

Unter Heinrich VII. war der Kampf der großen Adelsparteien beendet, und mit ihm ist geschwunden die Zahl, der Reichthum und die Kraft der alten Geschlechter im Reichsrath. Der große kriegsmächtige Adel wird nur theilweise in seinen alten Besitz restituirt und muß seine Stellung mit zahlreichen neuheraufgekommenen Familien theilen. Gesetzgebung und Verwaltung sind darauf bedacht, die militärische Macht des großen Grundbesitzes und seinen Localeinfluß niederzuhalten. — Mehr noch als diese Aenderung war es der Geist einer nationalen Reformation, welcher dem Königthum eine völlig neue, machtreiche Stellung gab. Je mehr das englische Volk in Grafschaftsverfassung und Parlament sich innerlich consolidirt hatte, um so fremdartiger stand diesem Staatswesen die römisch-katholische Kirche gegenüber mit ihrem römischen Oberhaupt, ihrer klericalen Convocation, ihrer gesonderten Gesetzgebung, Steuerbewilligung und Gerichtsbarkeit. Es war in England zunächst das Bestreben nach nationaler Selbständigkeit, welches sich gegen den kirchlichen Universalstaat auflehnte. Die Wünsche der Mehrheit des Volkes und der niederen Geistlichkeit fanden sich darin mit den politischen Tendenzen und den persönlichen Wünschen Heinrich's VIII. allmälig zusammen. Die Reformation nimmt daher zunächst einen sehr äußerlichen Verlauf durch Ablösung der englischen Kirche vom päpstlichen Stuhl, Aufhebung der Klöster, Säcularisation der geistlichen Güter, und Vereinigung des Kirchenregimentes mit der Kirchenhoheit in der königlichen „Suprematie." Zögernd und schwankend folgt später die Feststellung eines neuen Dogmas und Kirchendienstes bis zum Abschluß in der Act of Supremacy und Act of Uniformity 1 Eliz c. 1. 2. Unabhängig vom Parlament gehen so die kirchlichen Gewalten als ein persönliches Regiment auf den König über in folgenden Stufen.

Für das oberste Kirchenregiment wird der Hohe Geistliche Hof, High Commission Court, gebildet, als ein zweites Privy Council aus königlicher Ernennung, mit allen hergebrachten Competenzen der höchsten Kirchenregierung.

Die Erzbischöfe und Bischöfe behalten die herkömmlichen Gewalten der Kirchenregierung und der Jurisdiction in ihren Sprengeln, aber unter=

geordnet dem König in Ernennung und Amtsdauer, als königliche Vertrauensämter durante bene placito. Diese Beamtenstellung nimmt den Convocationen des Clerus die frühere Selbständigkeit. Mit den Mönchsorden und Klöstern sind die befestigten Plätze des kirchlichen Einflusses verschwunden. Die Macht ihres Besitzes ist durch die Säcularisationen wesentlich abgeschwächt.

Die **Pfarrer**, Rectors oder Vicars, sind durch die königliche Hierarchie jetzt mittelbar dem Königthume untergeordnet; stehen aber durch das Patronatsrecht auch in Verbindung mit den besitzenden Klassen, durch Kirchensteuer und Kirchenvorsteher in Verbindung mit den Ortsgemeinden.

Diesem stufenweis subordinirten Beamtenstaat ist nun das ganze **Laienthum** in kirchlichen Dingen untergeben. Die bisherigen Unterthanen des kirchlichen Staates sind durch die Reformation in das gleiche Verhältniß zur Krone getreten. Zum weltlichen Unterthaneneid tritt der geistliche hinzu. Abschwörung der päpstlichen Gewalt ist jetzt Unterthanenpflicht, ihre Verletzung Hochverrath. Nach Durchführung der Reformation beginnt folgeweise eine zweiseitige Verfolgung sowohl der Papisten wie der Dissenters, weniger blutig und leidenschaftlich als im katholischen Kirchenregiment, dafür aber kleinlicher und quälerischer. Die alten und neuen Gewalten der „heiligen Kirche" bilden eine Kette von neuen Machtverhältnissen der Krone. Der bevormundende Geist des Kirchenregimentes durchdringt die gesammte Staatsverwaltung.

Die **weltliche Parlaments-Verfassung** bleibt zwar formell unverändert: es zeigen sich aber bedeutungsvolle Wandelungen in den Machtverhältnissen ihrer Glieder.

1) Das **Privy Council**, als höchster Körper der Staatsregierung, ist wieder ein Ausfluß des königlichen Willens, unabhängig von dem am Schluß des Mittelalters schon übermächtig gewordenen Parlament. Hand in Hand mit der Reformation und dem High Commission Court lebt hier die alte Gerichtsweise coram rege wieder auf. Ministerium, Staatsrath und Strafgericht in einem Körper, handhabt das Privy Council eine administrative Strafgewalt in wenig begrenzter Tragweite. Mit Mäßigung und für die populären Zwecke der Reformation gehandhabt, hat die Stellung des Staatsraths unter den Tudors ihren Höhepunkt erreicht.

2) Das **Oberhaus** hat in seinem weltlichen Theil den Charakter der erblichen Reichsstandschaft erlangt. Allein mit der Reformation verschwindet der feste Bestand der Aebte und Prioren. Die noch übrig bleibenden Bischöfe sind königliche Verwaltungsbeamte auf Widerruf geworden. Macht und Besitz der großen Barone sind in den Kämpfen der Rosen gebrochen. Die königliche Gnadenverleihung der säcularisirten Güter hat einen neuen Adel geschaffen, der, wie im Beginn der normannischen Zeit, wetteifernd

auf die Gunst des Hofes verwiesen ist. Nach Absterben seiner alten Wurzeln im Grafschaftsverband ergreift derselbe Geist, der auf dem Continent den Adel dem Hofe dienstbar macht, für mehre Menschenalter auch diesen geschmeidigen Adel der Reformationszeit.

3) Das Unterhaus wird erweitert durch die Aufnahme der Abgeordneten für Wales und eine ansehnliche Zahl neuer, meistens von der Krone abhängiger und ihr ergebener Wahlflecken. Noch stärker fördert das populäre Werk der Reformation eine loyale Ergebenheit der Commons, welche indessen relativ eine größere Unabhängigkeit behaupten, wie andrerseits die Tudors noch ein gutes Vernehmen mit ihren Commoners erstreben und ihre Macht in Uebereinstimmung mit dem Nationalgeist, mit dem Recht und den Bedürfnissen des Landes suchen.

Auf dem Höhepunkte dieser Zeit ist unter der langen glorreichen Regierung Elisabeth's ein kräftiges Staatswesen vorhanden, charakteristisch durch eine blühende Entwickelung der Mittelstände und eine neue geistige Erhebung der ganzen Nation, — als Einheit zusammengehalten durch die dankbaren Sympathien einer in Glück und Wohlstand zufriedenen Bevölkerung für die Monarchie, welche die große Aufgabe des Jahrhunderts kraftvoll gelöst hat. Dazu sind aber auch neue rechtliche Verhältnisse getreten.

Während der King in Parliament für die weltliche Seite des Staates an steuerbewilligende und gesetzberathende Stände, an Gerichtsverfassung und Grundrechte gebunden ist, regiert er als geistlicher Monarch absolut in den Formen eines geschlossenen Beamtenstaates kraft seiner Suprematie. Der bisherige Dualismus eines kirchlichen und weltlichen Staates wird dadurch zu einem unvermittelten Gegensatz innerhalb der königlichen Staatsregierung selbst, der in sichtbarer Spannung schon unter Elisabeth vorhanden, an widerspruchsvoller Schärfe allmälig zunimmt.

Eben dies Verhältniß führte unter der neuen Dynastie der Stuarts (a. 1603—1688) zu einem Conflikt der Stände mit einer Centralverwaltung, in welcher mit der Verschmelzung des kirchlichen und weltlichen Staates die Tendenzen eines höfischen und clericalen Beamtenstandes stetig fortgewachsen sind. Nicht mehr die Vertretung der Reformation gegen das alte Kirchenwesen, sondern die Ausdehnung des neuen Kirchenregimentes auf das Gebiet der Weltlichkeit zur Unterdrückung der Parlaments- und Communalfreiheiten ist der letzte Gedanke dieses Königthums geworden. Unter Carl I. beginnt sogar eine katholisirende Richtung der Staatskirche, in welcher kaum noch verhüllt das Reformationswerk als Mittel zum Zweck der Erweiterung der Gewalten des Königs und des Clerus auftritt. Die Macht, welche in dem bisher höheren Kreise der Kirche unbeschränkt herrschte, wollte auch in dem Kreise der weltlichen Gesetzgebung, Besteuerung und Verwaltung sich nicht mehr an die Zustimmung von Laienkörperschaften binden. Die Autorität, welche die neuen Glaubenswahrheiten in den höchsten menschlichen Dingen festgestellt hatte, kam nur zu leicht in Versuchung, sich als absolute Autorität in allem Anderen zu fühlen, und mit der neuen Doktrin einer „Obersouveränetät", durch Sternkammer und High Commission Court, durch servile Reichsgerichte und neue Verwaltungscommissionen die Landesverfassung direct anzugreifen.

Die zum Widerstand vereinigten Stände im Parlament erzwingen allerdings unter Berufung auf die Magna Charta die Aufhebung des „ganzen Hofes der sogenannten Sternkammer" und des High Commission Court durch st. 16 Car. I. c. 10. 11. Allein unmittelbar darauf führen die unversöhnten Gegensätze zum Ausbruch des Bürgerkrieges, der mit der Hinrichtung Carl's I. endet.

Der principielle Absolutismus hat zu einer extremen Geltendmachung des Princips der Selbstbestimmung in Kirche und Staat, zum Umsturz des Königthums und der Staatskirche geführt, und erzeugt einen vorübergehenden Zustand der Republik, getragen von dem Religionseifer der dissentirenden Sekten, von dem aufstrebenden Geist der Mittelstände, unter einer kraftvollen puritanischen Diktatur.

Im Widerspruch mit den gesellschaftlichen Grundlagen Englands weicht diese Zwischenbildung aber bald der Restauration des Königthums und der Staatskirche, in welcher die alten besitzenden Klassen ihre Machtverhältnisse wiederfinden und gegen Uebergriffe von Oben und von Unten befestigen.

Allein in dieser zweiten Epoche beginnt die Dynastie der Stuarts noch einmal einen systematischen Kampf um die persönliche Regierung in Kirche und Staat, der unter einem Netz von Intrigue, Gewaltthätigkeit und Mißbrauch der Staatsgewalten mit der Vertreibung Jacob's II. in der schonenden Rechtsform einer Kronentsagung endet. In dieser langen Periode des Kampfes ist eine nochmalige Aenderung in der gegenseitigen Stellung der Staatsfactoren eingetreten.

1) Das Privy Council verliert die schwer gemißbrauchten Gewalten der „Sternkammer" und des Oberkirchenraths. Die neuere Weise einer Regierung durch vertraute Rathgeber (Cabinet) hat das alte Ansehen des collegialischen Council vollends untergraben und bildet den Uebergang zu der späteren parlamentarischen Parteiregierung.

2) Das Oberhaus gewinnt unter den Stuarts eine wachsende Macht und Selbständigkeit mit neuen Wurzeln in der consolidirten Grafschaftsverfassung. In den Parteikämpfen zeigt die Pairie einen der Erhaltung der Verfassung nach Oben wie nach Unten hin zugeneigten Sinn. Die neuen Ernennungen aus der Landgentry erreichen unter den Stuarts die Zahl von 193 und füllen schon überwiegend das Oberhaus. Es sind nicht

mehr die Lords als der Herrenstand des Mittelalters, sondern die Lords als Spitzen einer angesehenen, das Land verwaltenden gentry, welche dem Hause die neugewonnene Kraft zuführen.

3) Das Unterhaus tritt in allen Verfassungskämpfen an die Spitze des Widerstandes. Mit dem inneren Durchdringen der Reformation, mit dem wachsenden Wohlstand und der Selbstthätigkeit im Gemeindeleben haben die Mittelklassen ein früher unbekanntes Selbstvertrauen und eine Zeit lang den bestimmenden Einfluß auf die Parlamentswahlen gewonnen. Nach den Wechselfällen revolutionärer Kämpfe ist freilich mit der „Restauration" das Uebergewicht der besitzenden Klassen zurückgekehrt. Sie sind es auch, welche in dem Schlußkampf gegen die Stuarts den Sieg behaupten. Die Parlamentsverfassung wird seitdem vorzugsweise dem Einfluß einer regierenden Klasse dienstbar, deren Basis allerdings eine sehr viel breitere geworden ist, als die der Reichsstände des Mittelalters.

In Wechselwirkung mit dieser Bewegung der Grundelemente des Staates steht die Fortbildung des selfgovernment der Grafschaften. — Hatte seit der normannischen Zeit ein polizeilich-fiscalischer Geist die Gemeindeinstitutionen umgewandelt: so durchdringt jetzt der fürsorgliche, bevormundende Geist des Kirchenregiments die Staatsverwaltung, bemächtigt sich der Humanitätspflichten der Kirche und regelt sie als feste Pflichten der Ortsverbände. Die bisher sehr untergeordnete Ortsgemeinde wird damit zu einem bedeutungsvollen Glied des öffentlichen Lebens, und die communale Entwickelung nimmt für diese Zeit einen umgekehrten Gang von Unten.

I. Die Verfassung des Kirchspieles (parish) tritt in den weltlichen Staat als unterstes Glied in dreifacher Richtung:

1) Die parish gestaltet sich als eine Ortsgemeindeverfassung mit periodischen Versammlungen und gewählten Vorstehern. Die Grundlage bildet hier das Steuersystem, — die von Hause aus freiwilligen Beiträge zur Erhaltung des Kirchengebäudes, welche zu periodischen Versammlungen der Hausväter in der Sakristei (vestry) führen, aus denen jetzt beschließende Versammlungen werden. Active Mitglieder sind alle christlichen Hausstände als solche, ohne Unterschied von freehold oder copyhold, von dauerndem oder zeitigem Besitz, von Miethe oder Pacht. Die Beitragspflicht giebt das Mitbeschließungs- und Wahlrecht für das seit dem XIV. Jahrhundert vorkommende Amt der Churchwardens. Nach der Reformation wurde durch die Canones von 1606 kirchlicherseits bestimmt, daß in Ermangelung gütlicher Uebereinkunft der eine Kirchenvorsteher von der Gemeinde zu wählen, der andere von dem Pfarrer zu ernennen ist. Bei dem schon beginnenden Verfall des Amtes der constables legt die

Gesetzgebung den Kirchenvorstehern nun auch mancherlei Pflichten eines Schulzenamtes auf. Anfangs nur solche, die mit der Kirchenzucht in Verbindung stehen; dann aber auch die Strafeinziehung für Zechen und Trunkenheit, Maß- und Gewichtsübertretungen, kleine Gewerbe- und Jagdcontraventionen x.; insbesondere die wichtige Stellung eines Armenaufsehers ex officio. — Selbst dem Pfarrer, als kirchlichem Haupt der Gemeinde, werden eine Anzahl Polizeifunctionen, Einregistrirung der Gesindezeugnisse, Vollstreckung der Prügelstrafe an Vagabunden u. dergl. auferlegt. Die so gestaltete Ortsgemeinde erweitert sich nun

2) **zum Kirchspiel als gesetzliche Grundlage der Armenpflege**. Schon im Beginn der Reformation hat das st. 28 Hen. VIII. c. 25 eine Zwangspflicht der Gemeinden in dieser Richtung ausgesprochen. Der gänzliche Verfall der kirchlichen Armenpflege, die bald darauf erfolgende Aufhebung der Klöster und die Fluctuationen der Arbeiterbevölkerung in dieser Zeit bedingten eine stetig fortschreitende Gesetzgebung, welche durch 43 Eliz. c. 2 ihren Abschluß findet in folgenden Grundsätzen.

Die Armenpflege ist die allgemeine gesetzmäßige Last eines jeden Kirchspiels, in welchem der Arme einheimisch, d. h. in welchem er geboren oder seit drei Jahren wohnhaft ist. Im Interesse der besitzenden Klassen ist später durch 13 et 14. Car. II. c. 12 noch eine weitere Absonderung von Ortschaften und Gutsbezirken für die Armenlast befördert und den Gemeinden eine polizeiliche Ausweisung der Personen gestattet, welche „muthmaßlich der Armenpflege zur Last fallen können," mit gewissen Vorbehalten, aus welchen ein verwickeltes Niederlassungsrecht entsteht.

Für die persönlichen Functionen wird das neue Amt der **Armenvorsteher**, Overseers of the poor, gebildet, welche gemeinschaftlich mit den Kirchenvorstehern für die arbeitsame Beschäftigung event. für die Geldunterstützung der Bedürftigen zu sorgen haben.

Zur Aufbringung der dafür nöthigen Mittel, der Armensteuer, ermächtigt das Gesetz die Armenaufseher, jeden Inhaber eines Hausstandes oder Grundbesitzes im Kirchspiel nach Maßgabe seines Einkommens aus dem Realbesitz einzuschätzen, wesentlich übereinstimmend mit den Grundsätzen der Kirchensteuer. Es schließt sich daran

3) **das Kirchspiel als Ortsbezirk der Wegeunterhaltung**. Im Mittelalter waren Brücken und Wege durch das System der Polizeibußen (amerciaments) unter Aufsicht der Polizeiobrigkeit erhalten worden. Das Wegegesetz 2 et 3 Phil. et Mary c. 8 bildet dafür das Amt des **Wegeaufsehers**, surveyor of highways, auf welchen als Organ des Kirchspieles die nächste Verpflichtung zur Instandhaltung übergeht. Das Gesetz stuft die Gemeindelast nach Landbesitz und Gespannen, nach Arbeits-

§. 4. Reformation und Revolution.　41

tagen und Handdiensten ab, zu deren Ergänzung auch Steuern ausgeschrieben werden können, analog der Armensteuer.

Durch diese zusammenhängenden Einrichtungen ist die Ortsgemeinde zu einem selbständigen Leben gelangt, in welchem bereits die Geldwirthschaft vorherrscht. Aus der Beitragspflicht wird ein locales Beschließungsrecht abgeleitet unter Controle des höheren Amtes der Obrigkeit. Die Ernennung der Armen= und Wegeaufseher als der verantwortlichen Beamten für die gesetzlichen Obliegenheiten ist zwar den Friedensrichtern beigelegt; doch bleibt den Gemeinden ein Vorschlagsrecht, sowie ein Wahlrecht der Kirchenvorsteher. Für die Zwecke der Steuereinschätzung, Localverwaltung und schiedsrichterliche Proceduren bilden sich stehende Comités. Nach Analogie des court leet giebt sich die Gemeinde auch eigene Ortsstatuten, byelaws, als Regulative zur Ausführung ihrer gesetzlichen Obliegenheiten. Wie in den Städten zeigt sich indessen auch in dem Kirchspiel die Neigung, alle Gemeindethätigkeit in stehenden Ausschüssen zu concentriren, welche durch Indifferenz der Steuerzahler leicht in ein System der Cooptation übergehen. Man unterscheidet in diesem Sinne schon open vestries und select vestries. Dennoch bildet diese Periode die eigentliche Blüthezeit der Kirchspielsverfassung.

Diese Neubildung schließt sich nun an die älteren Formationen des selfgovernment an, und zwar zunächst an das Friedensrichteramt und die Polizei, welche dem Zeitbedürfniß entsprechend, jetzt wieder in den Vordergrund tritt.

II. Die Kreispolizeiverwaltung erfüllt sich durch die stetig wachsende Bedeutung des Friedensrichteramtes in drei Richtungen:

1) Die Friedensrichter werden zur Oberinstanz der Kirchspielverwaltung, sowohl für die Seite der Steuern wie für die Seite der Amtsverwaltung. Zwei Friedensrichter haben die von den Armenaufsehern ausgeschriebene Steuer zu bestätigen, die Steuerexecution zu decretiren, den abgehenden Armenaufsehern die Rechnung abzunehmen. Die Quartalsitzungen entscheiden über die Steuerreclamationen. Durch Resolute der Friedensrichter wird über Niederlassungsrecht, Rücktransport und Kostenerstattung zwischen den Armenverbänden entschieden. Durch zwei Friedensrichter erfolgt die jährliche Ernennung der Armenaufseher. Die Friedensrichter führen eine fortlaufende Aufsicht über die periodischen Sitzungen der Armenaufseher und deren Maßregeln zur arbeitsamen Beschäftigung und Zwangslehrlingschaft, mit der Befugniß, in dringenden Fällen eine Armenunterstützung selbst zu decretiren. Sie halten durch Ordnungsstrafen die Armenaufseher und constables zur pünktlichen Ausführung ihrer Amtspflichten an. Die Quartalsitzungen bilden endlich die allgemeine Beschwerdeinstanz für alle Ortsverwaltung des Armenwesens. Eine analoge Stellung

nehmen die Friedensrichter zur Wegeverwaltung ein. Mit dem Verfall des court leet geht auch die Ernennung und Entlassung der Constables auf das Friedensrichteramt über, 13 et 14 Car. II. c. 12 §. 9.

2) Die Friedensrichter erhalten ein summarisches Strafrecht (summary conviction) als Polizeirichter ohne Zuziehung einer Jury, im Zusammenhang mit der sich immer weiter specialisirenden Polizeigesetzgebung. Mit den Tudors beginnt die umfassende Codificirung der Arbeits-, Armenpolizei und Armenpflege; eine zusammenhängende polizeiliche Behandlung der Lohnarbeit und der Gewerbeordnung; eine Gesetzgebung gegen das Vagabundiren und Betteln mit einem verwickelten Decernat über Heimathsrecht, Vagabundenpässe, Zeugnisse, Transportkosten, Ordnungsstrafen; eine Gesetzgebung über Jagdcontraventionen, Bierhausconcessionen und connexe Zweige der Sittenpolizei; eine unerschöpfliche Kette staatlicher Vorschriften über die Religionspolizei. — Für die Handhabung einer solchen Gesetzgebung wurden die alten Polizeigerichte, courts leet, mit ihren halbjährlichen Versammlungen und umständlichen Proceduren immer unzureichender. Unter den Tudors beginnen daher zahlreiche summarische Strafbüßungen und Ordnungsstrafen vor einem oder zwei Friedensrichtern. Seit den Stuarts häufen sich die summary convictions wegen aller leichteren Uebertretungen, Steuerdefraudationen ꝛc. An diese Strafresolute (convictions) schließen sich dann die civilen Polizeiresolute (orders) der Armenverwaltung, Ortsausweisungen, Alimentation unehelicher Kinder ꝛc., sowie mannigfaltige Maßregeln der Verwaltungsexecution, theils mit, theils ohne Appellation an die Quartalsitzungen.

3) Die Friedensrichter werden zum Voruntersuchungsamt für Straffälle aller Art. Das st. 1 et 2 Phil. et M. c. 13; 2 et 3 Phil. et M. c. 10 ermächtigt sie, eine examination mit dem Verhafteten und eine information mit denen, welche ihn einbringen, über das Factum und die Umstände desselben schriftlich aufzusetzen und den Criminalassisen einzusenden, sowie dem verfolgenden Theil und den Zeugen durch Cautionsbestellung zum Erscheinen in dem Hauptverfahren anzuhalten. Es entsteht damit das heute noch übliche Voruntersuchungsverfahren. — Das Collegium der Friedensrichter übt zugleich die ordentliche Criminaljurisdiction in den Quartalsitzungen mit Zuziehung einer Anklage- und Urtheilsjury.

Es ist einleuchtend, wie durch diese unabsehbare Reihe neuer Gewalten die politische Bedeutung des Amtes gewachsen ist, und mit ihm der politische Einfluß der Klassen, welche in Grafschaften und Städten das Friedensrichteramt gewohnheitsmäßig verwalten. Zu einem formellen Abschluß kommt die Stellung des Amtes in einem neuen Formular der Friedenscommission von a. 1590, welches bis heute in Anwendung geblieben ist.

Neben den Friedensrichtern treten nun die alten Polizeigewalten des Sheriff immer weiter in den Hintergrund. Eine locale Bedeutung behält noch der Sheriff's tourn als periodisches Polizeigericht und die daraus abgeleiteten courts leet, die jedoch mit jedem Menschenalter durch die wirksamere Stellung der Friedensrichter weiter überwachsen werden.

III. Die Milizverfassung dieser Zeit gewinnt nächst dem Friedensrichteramt eine hervorragende Bedeutung. Nach Beseitigung der alten Lehnsmilizen bildet sie die einzige verfassungsmäßige Bewaffnung des Landes, für die seit Heinrich VIII. besondere Lieutenants des Königs (später Lord-Lieutenants) ernannt werden. Durch 4 et 5 Phil. et M. c. 2. 3 erhält die Miliz eine neue Ausrüstungs- und Musterungsordnung in großer Ausführlichkeit. Die Stuarts lassen jedoch diese Einrichtungen wieder verfallen, und unter gänzlich verwahrlosten Militäreinrichtungen beginnt dann der Bürgerkrieg unter Carl I., in welchem berittene Gutsbesitzer und Pächter auf der Seite des Königs, die Milizen von London, die Mehrzahl der Städter und Freisassen auf Seiten des Parlamentes kämpfen. Nach lange hingezogenem Kampf schafft der puritanische Feuereifer, die Energie Cromwells und die Geldmacht des Parlamentes ein neues stehendes Heer in strenger Disciplin unter Officieren aus eigener Mitte. Das barsche Militärregiment der Republik läßt indessen nur den Eindruck eines unversöhnlichen Gegensatzes zurück. Die Restauration löst jene Regimenter auf, und bildet durch die Parlamentsgesetzgebung eine neue Miliz, welche als Bewaffnung des Grundbesitzes gegen den Absolutismus und gegen die unteren Klassen zugleich gerichtet ist. Ein hoher Census bestimmt die Wehrpflicht der Mannschaften, die Officierstellen und die Stellung der Deputy-lieutenants, welche als stellvertretende Verwaltungscommissarien von dem königlichen Lord-lieutenant ernannt werden. Das Ganze bildet eine schwerfällige, nur im Lande verwendbare Bewaffnung unter dem Commando der besitzenden Klassen. Als solche erschien sie zur Aufrechterhaltung der innern Ordnung, und als Gegengewicht gegen eine nicht mehr entbehrliche, aber möglichst beschränkte, stehende Soldarmee genügend. Das Amt des Lord Lieutenant wird regelmäßig verbunden mit dem des ersten Friedensrichters (Custos Rotulorum), die Deputy-Lieutenants werden der Mehrzahl nach aus Friedensrichtern ernannt. Ihre Bezirke, periodischen Versammlungen und Geschäftsformen schließen sich durchweg dem Friedensrichteramt an.

IV. Das Gerichtswesen bildet jeder Zeit den stabilsten Theil des Staatswesens. Das fortschreitende bewegliche Element desselben liegt nur in dem Amt der Friedensrichter. Abgesehen davon bleibt die constitutionelle Gerichtsverfassung, basirt auf „Judge and Jury," auf ein systematisches Zusammenwirken von königlichen Richtern und Gemeindeausschüssen in Assisen und Quartalsitzungen, dem Rahmen nach unverändert. Der Census des Geschworenendienstes wird dem veränderten Geldwerthe entsprechend durch 27 Eliz c. 6 verdoppelt. Eine geregelte Beweisverhandlung, die Zulassung von Vertheidigungszeugen, die allmälige Ausbildung von Beweismaximen erscheinen als eine zeitgemäße Fortbildung. Allerdings haben die Nachwehen des Kampfes der beiden Rosen den Charakter der Jury alterirt. Noch mehr war die Reformation und der Verfassungskampf der Bildung außerordentlicher Strafgewalten förderlich. Die Politik der Stuarts hat durch parteimäßige Besetzung des Richteramtes und der Friedenscommissionen, durch Einschüchterung der Jury, durch habituellen Mißbrauch der königlichen Justizgewalten das Ansehen der Gerichte tief erschüttert. Friedensrichter und Jury gehen aber aus diesen Kämpfen fleckenlos hervor, und ein berühmter Rechtsspruch des Reichsgerichtes von 1679 erkennt die Unverantwortlichkeit der Geschworenen für ihren Gewissensspruch ausdrücklich an. — Neben dieser centralisirten Rechtspflege erscheint noch die Strafjustiz der Quartalsitzungen und die einigen Städten verliehene Civiljustiz von praktischer Bedeutung. Dagegen verkümmert das Grafschaftsgericht des Sheriff für Bagatellsachen durch unangemessene Besetzung und ein veraltetes Verfahren. Noch weiter stirbt die Patrimonialgerichtsbarkeit des Court baron, customary court und der ländlichen courts leet ab. Die kraftvollere Institution des Friedensrichteramtes hat den Ansprüchen der besitzenden Klassen in dieser Richtung eine zeitgemäßere Form gegeben.

V. Die Städteverfassung dieser Zeit bildet einen ergänzenden Schlußpunkt, als eine Sonderverfassung für Gericht und Polizeiwesen mit eigenthümlichen Schicksalen.

Die Gesetzgebung der Tudors hatte das System der Kirchen-, Armen- und Wegeaufseher und die damit verbundene Besteuerung gleichmäßig auf die städtischen Kirchspiele ausgedehnt. Diese Neubildung ging aber ihren selbständigen Weg ohne Zusammenhang mit der alten Stadtverwaltung, die aus dem court leet und der firma burgi hervorgegangen, sich auf Gerichts- und Polizeiverwaltung und auf die althergebrachten Stadteinkünfte beschränkte. Es entsteht dadurch in den Städten eine zwiespältige Verfassung mit einem ganz verschiedenen Personal der Bürgerschaft und der Beamten. Die Mehrheit von Kirchspielen innerhalb einer Stadtgemeinde bildet nicht bloße Stadtviertel, sondern selbständig verpflichtete Ortsgemeinden.

Bei dieser Trennung gerieth das alte Stadtregiment in eine Isolirung, welche der fortschreitenden Bildung enger Körperschaften ungemein förderlich war. Der court leet hatte wenig mehr zu thun; denn die laufende Thätigkeit der Obrigkeit lag in den Händen der Friedensrichter. Das alte Stadtvermögen und Einkommen trat zurück neben der bedeutungsvolleren Verwaltung und Besteuerung des Kirchspieles für Kirchen-, Armen-

§. 4. Reformation und Revolution.

und Wegerhaltung. Die Verwaltungsausschüsse für die alten Stadteinkünfte, leet juries, town councils 2c. werden daher leicht zu stehenden engeren Räthen (select bodies) mit einer Neigung zur Cooptation. Dieser faktische Zustand wird nun durch die „Incorporationscharten" zu einem rechtlichen. Solche Incorporations haben mit dem Schluß des Mittelalters begonnen. In der Periode der Tudors erhält schon die Mehrzahl der Charten eine Fassung, in welcher die Stadt als universitas ordinata die Rechte einer juristischen Person empfängt, und damit der engere Rath unabhängig von der Bürgerschaft zur Stadtverwaltung, zuweilen auch schon zur Parlamentswahl legitimirt wird. Ein Gutachten der Reichsrichter in 40 et 41 Eliz. erklärt sich für die Zulässigkeit solcher select bodies, für deren Befugniß zur Errichtung von Statuten, für die Anerkennung eines „langjährigen Gebrauches" in dieser Richtung, für die Zulässigkeit einer Wahl der städtischen Beamten durch solche Körperschaft.

Unter den Stuarts wird daraus eine tendenziöse Parteimaxime. Die massenhafte Creirung der Wahlflecken hatte allerdings dahin geführt, daß die Städte im Unterhaus mindestens zehnmal stärker vertreten waren, als ihnen nach Besitz, Bevölkerungszahl und Staatsleistung zukam. Es war dabei eine stillschweigende Ausgleichung eingetreten durch den persönlichen Einfluß, welchen die gentry der Grafschaft in Polizei- und Milizverwaltung und als Oberbehörde des Kirchspieles übte. Die herrschende Klasse wußte in den nun beginnenden Verfassungskämpfen der Abnormität des städtischen Wahlrechtes nicht anders Herr zu werden, als durch eine künstliche, zuletzt gewaltsame Verbildung der Stadtverfassungen. Hand in Hand mit ihnen ging die Staatskirche, da das Dissenterwesen in den Städten seinen Hauptsitz hatte. Die Stuarts nahmen in diesem Streit offen Partei durch Creirung neuer Wahlflecken mit geschlossener Wahlkörperschaft (close boroughs) und durch Begünstigung des sogenannten „Herkommens". Nach dem ersten Bürgerkrieg versuchte Cromwell das Stadtwahlrecht auf seine natürliche Geltung herabzusetzen. Um so eifriger kehrte die Restauration zu den alten Grundsätzen zurück, versuchte durch endlose politische Maßregelungen die Stadtverwaltungen zu purificiren und das Wahlrecht auf die ständigen engeren Räthe zu beschränken. In einem förmlichen Feldzug gegen die Stadtcharten aber ließen Carl II. und Jacob II. durch unwürdige Richter die bestehenden Verfassungen kassiren, um solche durch neue nach oligarchischem Muster zu ersetzen. Nach einem durch mehre Menschenalter fortgesetzten Parteikampf schließt die Stadtverfassung mit einer völlig willkürlichen Verunstaltung.

In Wechselwirkung mit dieser Gestaltung des innern Staatslebens bilden sich endlich die Ständeverhältnisse dieser Periode in drei Schichtungen.

Lords und Gentry sind in der Grafschaft schrittweise so aneinander gerückt, daß der erbliche Reichsadel nicht mehr wie am Schluß des Mittelalters als regierende Klasse für sich dasteht, sondern als erbliche Ehrenauszeichnung innerhalb einer viel zahlreicheren, einflußreichen Klasse. Von der alten Lehnsmiliz waren nur noch die Lehnslasten übrig geblieben, welche durch 12 Car. II. c. 24 unter ausdrücklicher Verwandlung aller ehemaligen Rittergüter in Freisassengut, free and common socage, wegfallen. Die einflußreiche Betheiligung am Staat lag jetzt in den Friedens- und Miliz-Commissionen, — regelmäßig mit einem Lord an der Spitze. Die Idee eines bloßen Vorranges, precedence, tritt damit an die Stelle der alten feudalen Hierarchie. Das Oberhaus füllt sich weit überwiegend durch neucreirte peers aus den hervorragenden Elementen der Grafschaftsverwaltung. Das Gesetz über die erweiterte Testirfreiheit und die Bürgerkriege haben zu mannigfaltigem Besitzwechsel geführt, in welchem auch die reich gewordenen städtischen Klassen vielfältig den großen Grundbesitz erwerben. Die neuen Besitzer gehen durch Friedenscommissionen und Parlament zuerst politisch, in den folgenden Generationen auch gesellschaftlich in die Reihe der alten gentry über. Die grundbesitzende Klasse tritt mit den städtischen Honorationen und den studirten Klassen in das Gesammtverhältniß einer „gentry" mit theils persönlichen, theils höheren erblichen Ehrenprädikaten. Die Präcedenztafel Heinrich's VIII. bildet danach eine sehr künstlich abgestufte Rangfolge, welche die Stuarts noch durch den erblichen Titularadel eines baronet vermehren. Der politischen Geltung nach dagegen bildet die gentry durch Friedens-, Miliz-Commissionen und Parlament eine durch große Interessen verbundene Gesammtklasse, welche ebenso den Eintritt der Mittelstände wie das Aufsteigen innerhalb der eigenen Stufen dem Recht nach überall offen läßt.

Die wahlberechtigten Freisassen der Grafschaft und die corporationsberechtigten Bürger der Städte erscheinen neben jener erweiterten gentry als der politisch berechtigte eigentliche Mittelstand. In der Grafschaft begrenzt sich derselbe durch den alten Census des Geschworenendienstes, 40 sh. Grundrente aus freehold. In den Städten hing die Grenze von den verkünstelten, bunt geschichteten Wahlverhältnissen der corporation ab. Durch Säcularisation, Testirfreiheit, fortschreitende Bodenkultur, durch den Aufschwung von Handel, Schifffahrt und Gewerbe ist der Umfang und die wirthschaftliche Bedeutung auch dieser mittlern Schichtung gewachsen.

Die nicht wahlberechtigten Klassen in Stadt und Land bilden jetzt eine persönlich freie, in Familien- und Vermögensrechten den höheren gleich gestellte Klasse, aber ohne active Theilnahme an der Bestimmung des Staatswillens. Die Reste der ehemaligen Leibeigenschaft sind spurlos verschwunden. Das alte copyhold hat sich aus einem hofhörigen Gut in einen erblichen Besitz mit erheblichen Reallasten und einigen gemessenen Diensten verwandelt, und begründet in der bürgerlichen Gesellschaft keinen besondern Stand mehr. Die günstigen wirthschaftlichen Verhältnisse der Zeit kommen auch diesen Elementen und den arbeitenden Klassen zu gute, welche selbst zu den niederen Kirchspielsämtern mancher Orten herangezogen werden, ohne jedoch an die politische Macht der Parlamentsverfassung heranzureichen.

In dieser Schichtung ist die Gesellschaft in das XVIII. Jahrhundert eingetreten, in welchem nach Vertreibung der Stuarts die gentry als regierende Klasse den Höhepunkt ihrer Macht erreicht hat.

Das Zeitalter der Tudors und Stuarts ist nach seiner innern Entwickelung in Gneist, Geschichte des selfgovernment, S. 253—355, von der Seite der Staatsverwaltung aus in Gneist, Engl. Verwaltungsrecht I. S. 465—615 dargestellt mit Angabe der Quellen und der Literatur.

Die Gesetzes-Urkunden sind bis 9 Hen. VII. in den statute rolls, von da an in den rotuli parlamentorum enthalten, und jetzt in den „Statutes of the Realm" bis zum Tode der Königin Anna herab authentisch gedruckt.

Die Parlamentsverhandlungen sind als rotuli parlamentorum seit 12 Hen. VII. erhalten, geben aber seit 3 Car. I. nicht mehr die wirklichen Verhandlungsprotocolle, sondern nur die beschlossenen Statuten. Mit 1 Hen. VIII. beginnen die amtlichen Journals of the House of Lords, jetzt gedruckt mit general index and calendar. Die Journals of the House of Commons beginnen mit 1548 und sind bis zum 20. März 1628 mit indices vollständig abgedruckt. Das unter dem Titel Parliamentary History 1806—20 gedruckte Sammelwerk umfaßt in Vol. II.—V. diese Zeit.

Die sonstigen State papers sind in unabsehbarem Umfang in den englischen Archiven vorhanden und werden von der Record Commission theils ausführlich abgedruckt, theils in ausführlichen calendars nachgewiesen.

Die englische Rechtsgeschichte, Reeve's History of the English Law umfaßt in Bd. IV. und V. noch die Zeit der Tudors. Als eine Hauptautorität für das öffentliche Recht gelten Coke's Institutes Part II., aus der Zeit unmittelbar vor Beginn des Bürgerkrieges.

Ueber die staatsrechtliche Literatur der Revolutionszeit s. die Nachweisungen von R. v. Mohl, Literatur der Staatswissenschaften I. S. 325—330, II. 70 ff.

Aus der allgemeinen Geschichtsschreibung ist speciell dieser Zeit gewidmet v. Ranke, Englische Geschichte, vornehmlich im XVI. und XVII. Jahrhundert. 7 Bände. 1859—1868. Zu stark hervorgehoben sind jetzt die Lichtseiten des Regimentes der Tudors in Froude's History Vol. I.—XII. Ueber die für die Entwickelung des Bauerstandes nachtheiligen Umstände vergleiche Nasse, die mittelalterliche Feldgemeinschaft in England, 1869, S. 56 ff. — Die räthselhaft verworrenen Zustände der letzten Zeit der Stuarts erklären sich aus dem Communalleben der Nachbarverbände. Es ist die Schule des Gemeindelebens und ihre Zusammenfassung im Parlament, welche den Parteien im Guten und im Schlimmen das Verständniß des Staates giebt. Es ist die Gewöhnung des Gemeindelebens und ihre sittlich läuternde Kraft, welche von unten herauf die Fäulniß im Staate wiederum abstößt, welche der Hof der Stuarts um sich verbreitet hatte. In wunderbarem Gegensatz gegen die späteren Revolutionen des Continents, in welchen aus der Begeisterung für die Freiheit nur die Gewaltthat und die Unfreiheit hervorgeht, wird hier die Aera der schlechtesten Königsfamilie und des verdorbensten Hofes, des corrumpirtesten Parlaments eine Zeit großer, die politische und bürgerliche Freiheit begründender Gesetze.

§. 5.
Das achtzehnte Jahrhundert.

Mit Reformation, Revolution, Restauration und Vertreibung Jakob's II. sind die Grenzmarken der verfassungsmäßigen Gewalten in England festgestellt in einem formalen Abschluß der Parlaments-Verfassung.

Es liegt eine wunderbare, oft nicht verstandene Mäßigung in dem Verlauf dieser „glorreichen Revolution." Es war das Bewußtsein der tiefen Erschütterung aller rechtlichen und sittlichen Grundlagen, welche dem Sturz einer legitimen Regierung folgen, — die Voraussicht der darauf folgenden Ueberfluthung des Staates durch den Egoismus und das Parteiwesen der Gesellschaft, um deretwillen England die Mißregierung der Stuarts lange und geduldig ertragen hatte. Mit dem klaren Bewußtsein der Bedeutung eines Dynastiewechsels hat das englische Volk den mannhaften Entschluß gefaßt, diese Folgen dennoch zu übernehmen.

In der That erschienen die Schwierigkeiten der neueingesetzten Regierung fast unübersteiglich. Auch die große Persönlichkeit Wilhelm's III. überwand nicht die Widersprüche der verfassungsmäßigen Stellung eines Königthums, welches den Whigs nur als ihre Schöpfung, den Tories nur wie eine Regentschaft erschien. Ein übermüthiger factiöser Adel, eine intriguirende Geistlichkeit, ein geldstolzes Bürgerthum, eine dauernd apathische Stimmung der unteren Klassen, verwickelte Parteiprogramme ohne irgend welche große Ziele, launischer Wechsel der herrschenden Meinungen und Parteien, sind die äußeren Erscheinungen, die auch unter Anna, und nach dem Regierungsantritt des Hauses Braunschweig-Hannover, unter Georg I. und II. noch fortdauern.

Allein wie in dem Staatswesen des Alterthums und des Mittelalters die stille Arbeit des Volkslebens gewöhnlich unbemerkt bleibt, und nur die Entfaltung dieses Lebens zu großen Staatsactionen beachtet wird, so übersieht man leicht, daß diese öde Zeit eine Periode innerer Selbstthätigkeit ist, welche der Gegensätze schrittweise Herr wird, und hinter welcher dann in der neuen Schule der Staatsmänner seit Chatham, im Kampfe mit Amerika und mit Frankreich, ein Staatswesen in Riesengröße sich aufrichtet in der glänzenden Epoche Georg's III.

Es ist das innere Leben des Staates in Grafschaft, Stadt und Kirchspiel, welches die widerstrebenden Gegensätze allmälig überwunden hat. Es beruht noch erkennbar auf den alten 3 Grundpfeilern: Heer, Gericht und Kirche. Die alten Institutionen sind aber seit der Magna Charta in das Einzele entfaltet und stehen in ihren beiden Grundelementen, den Localämtern und den Localsteuern nunmehr vollständig entwickelt vor uns, so wie sie später darzustellen sind.

§. 5. Das achtzehnte Jahrhundert.

I. Die Aemter der Localverwaltung in Grafschaft, Hundred und Kirchspiel erscheinen jetzt nach Alter und Bedeutung in folgender Reihe:

Das Amt des Sheriff, das tausend Jahre alte Hauptamt der Grafschaft, mit mancherlei Resten einer alten Statthalterschaft, jetzt jährlich wechselnd aus den größeren Grundbesitzern der Grafschaft besetzt.

Das Amt des Lord-Lieutenant, das neuere Statthalteramt der Grafschaft, regelmäßig verbunden mit dem des ersten Friedensrichters (custos rotulorum), besetzt aus den vornehmsten Grundbesitzern, thatsächlich auf Lebenszeit, mit der Befugniß zur Ernennung der Milizoffiziere und Milizverwaltungscommissarien.

Das Amt der Friedensrichter, Justices of the Peace, beruhend auf den königlichen Friedenscommissionen, die eigentliche Seele der obrigkeitlichen Localverwaltung, in seinen fast unabsehbaren Functionen als Polizeirichteramt, als Oberinstanz der Ortsgemeinde, als Kreisverwaltungsbehörde und Strafgericht, mit fester Vertheilung der Functionen unter die einzelen Friedensrichter, die Special= und Quartalsitzungen.

Das Amt der Coroners, in mittelalterlicher Weise nach Wahl der Freisassen bestellt, hauptsächlich ein Voruntersuchungsamt bei ungewöhnlichen Todesfällen mit einer Jury aus der Nachbarschaft.

Das Amt der Constables, als Kreisschulzen, high constables, für die Hundred, als Ortsschulzen, petty constables, für die alten Ortschaften bestimmt.

Das Amt der Wegeaufseher, surveyors of highways.

Das Amt der churchwardens und overseers of the poor.

Die städtischen Aemter der Bürgermeister, Friedensrichter, Rathsherren und Gemeinderäthe, coroners und constables, nach der Verfassung der corporations.

An jedes dieser Aemter heftet sich ein Stück des englischen Verwaltungsrechtes, theils nach mittelalterlichem Gewohnheitsrecht (common law) theils nach Parlamentsstatuten. Die Zahl der activen Grafschaftsfriedensrichter wird im Jahre 1796 auf 2357 in England, 305 in Wales angegeben. Die Zahl der Ortsbeamten vervielfältigt sich in jährlichem Wechsel für mehr als 10,000 Kirchspiele und Ortschaften. Dazu tritt der Geschworenendienst in den Civilassisen, der Dienst der großen und der kleinen Jury in Criminalassisen und Quartalsitzungen, als ein ungefähres Gesammtbild der persönlichen Thätigkeit im Nachbarverband.

II. Das Communalsteuersystem bildet jetzt ein organisirtes Ganzes im Anschluß an die Bezirke und Aemter.

1) Die Grafschaftssteuer, County Rate, erhält ihre consolidirte Gestalt durch st. 12 George II. c. 29 als Kreis=Gerichts= und Polizeisteuer, aufzubringen nach dem Fuß der Armensteuer, am Schluß des Jahrhunderts in einem Betrag von mehr als 200,000 £.

2) Die Borough Rate als städtische Gerichts= und Polizeisteuer nach analogen Grundsätzen.

3) Die Church Rate, Kirchensteuer, nach alter Gewohnheit von den Gemeindeversammlungen für die Erhaltung der Kirchengebäude und die Bedürfnisse des Gottesdienstes bewilligt.

4) Die Poor Rate, Armensteuer, nach dem Gesetz Elisabeth's periodisch von den Kirchenvorstehern und Armenaufsehern ausgeschrieben, — in den Jahren 1748—1750 im Durchschnittsbetrage von 730,000 £, in den Jahren 1783—1785 durchschnittlich 2,000,000 £, am Schluß des Jahrhunderts nochmals verdoppelt.

5) Die Highway Rate, Wegebausteuer, ergänzend neben die Hand= und Spanndienste gestellt, auf denen grundsätzlich die Wegerhaltung noch beruht, nach Analogie der Armensteuer.

Gesetzgebung und Rechtsprechung haben die Natur dieser Steuern als Realsteuern von dem sichtbaren nutzbaren Realbesitz im Gemeindeverband, nach dem Miehs= oder Pachtwerth einzuschätzen, immer gleichmäßiger festgestellt.

Aus den beiden Elementen der Aemter und der Steuern combinirt sich das selfgovernment. Das Amtsrecht bildet einen integrirenden Theil des Staatsverwaltungsrechtes, im Anschluß an die Centralbehörden und Reichsgerichte. Das Steuersystem bildet einen integrirenden Theil der Staatswirthschaft. Beide Elemente gehören untrennbar zusammen, doch so, daß in dem einen Theil der Institutionen der Charakter der obrigkeitlichen Verwaltung vorherrscht, das Steuerelement sich unterordnet; in dem andern Theil das staatswirthschaftliche Element der Steuer vorwaltet und durch das obrigkeitliche Amt nur controlirt wird. Die Communalinstitutionen zerfallen danach in zwei große Gruppen.

A. Die erste Gruppe des obrigkeitlichen selfgovernment (nachfolgend im Buch II.) umfaßt die älteren, schon im Mittelalter ausgebildeten Institutionen der Gerichtsverwaltung, der Strafjustiz und Polizei, der Miliz, der Steuereinschätzung und der städtischen corporations. Das Bedürfniß der Staatsverwaltung hat dafür vorzugsweise Kreis= und Bezirksverfassungen gebildet in folgenden Schichtungen.

I. Die Civil=Gerichtsverwaltung hat noch immer einen nominellen Mittelpunkt in dem County Court des Sheriff. In der Wirklichkeit ist das „Civilgericht" des Sheriff jedoch herabgesetzt zu einer Unterstelle der Reichsgerichte für Ladungen, Executionen und Gestellung der Jury, für welche Amtsgeschäfte der Sheriff auf die Dauer seines Amtsjahres einen stellvertretenden Untersheriff bestellt. — Bedeutungsvoller ist der Antheil der Grafschaft durch die Gestellung der Jury zu den Civilassisen. Die Restauration hatte versucht, den Census der Civilgeschwo=

§. 5. Das achtzehnte Jahrhundert.

renen von 40 sh. auf 20 £ zu erhöhen, war jedoch nach drei Jahren davon zurückgekommen. Durch 4 et 5 Will. et Mar. wird der Census dauernd auf 10 £ (68 Thlr.) Grundrente aus freehold oder copyhold festgestellt; durch 3 Geo. II. c. 28 werden gleichgestellt 20 £ Grundertrag aus Erbpacht oder Pachtung auf Lebenszeit. — Die Civiljustiz der Patrimonialgerichte, court baron und customary court, besteht daneben in der Regel nur noch nominell ohne contentiöse Gerichtsbarkeit.

II. Die Strafjustiz und Polizeiverwaltung, engverbunden schon in dem „Königsfrieden" der angelsächsischen Zeit, hat ihren eigenen, von der Civiljustiz getrennten Gang fortgesetzt. Ihr Schwerpunkt liegt in der Kings Bench und in den Criminalassisen der reisenden Richter, zu welchen der Sheriff die Geschworenen stellt, mit einem Antheil an der Strafvollstreckung. — Concurrirend damit üben aber auch die Quartalsitzungen der Friedensrichter eine ordentliche Strafjustiz und verbinden damit das Voruntersuchungs- und Polizeirichteramt, sowie die Hauptmasse der verschiedenartigen Geschäfte einer obrigkeitlichen Kreisverwaltung.

Die einzelen Friedensrichter bilden das Voruntersuchungsamt für alle Verbrechen und Vergehen, mit Ausnahme der ungewöhnlichen Todesfälle, welche dem Coroners Inquest zufallen. Sie erlassen auf ergehende Anzeige den Befehl zur Haft oder zur Ladung an die Constables. Sie verhören den verfolgenden Theil, die Zeugen und den Angeschuldigten und nehmen darüber mit ihrem Gerichtschreiber kurze Protocolle auf. In leichteren Fällen ermächtigt sie das Gesetz, auf diese Verhandlung das Strafurtheil zu sprechen (summary conviction); in schwereren Fällen überweisen sie die Sache an die nächsten Assisen oder Quartalsitzungen (commitment) zum ordentlichen Strafverfahren mit großer und kleiner Jury.

Die einzelen Friedensrichter (je einer oder zwei) bilden demgemäß das Polizeirichteramt für die jetzt unabsehbare Reihe summarischer Strafsachen. Das Verfahren ist im Wesentlichen das der Voruntersuchung. Das gesammte Decernat der Bettel-, Landstreicher-, Gewerbe-, Sitten-, Bier- und Gasthaus-, Wege-, Jagd- und Fischerei-Polizei wird in dieser Weise einer polizeilichen jurisdiction verwaltet, an welche sich ein umfangreiches System der Arbeitspolizei und einige Nebenfälle polizeilicher Civiljurisdiction anreihen. In manchen dieser Geschäfte concurriren noch die alten courts leet, jedoch in absterbender Gestalt und nur noch sporadisch von einiger Bedeutung.

Die Friedensrichter bilden sodann die Oberinstanz für die Ortsgemeindeverwaltung in einer durch die Gesetze speciell abgestuften Weise:

1) Die einzelen Friedensrichter treten controlirend ein, wo es sich darum handelt, den Ortsgemeindebeamten zu seiner Amtspflicht anzuhalten, oder wo ein collidirendes Localinteresse die sofortige Mitwirkung

eines höhern Beamten rathsam macht, wie bei der arbeitsamen Beschäftigung der Ortsarmen, Erlaß von Orders zum Rücktransport von Armen ꝛc.

2) Für wichtigere Geschäfte dieser Art sind die Special Sessions als eine Art von Mittelinstanz gebildet, deren Gestaltung erst dem achtzehnten Jahrhundert angehört. An die periodischen Versammlungen aller in der Hundredschaft ansässigen Friedensrichter hat die Gesetzgebung dieser Zeit die Ernennung und Bestätigung der Ortsgemeindebeamten, die Wegebaustreitigkeiten und die Ertheilung der Schankconcessionen zur collegialischen Beschließung verwiesen.

3) Die Quartalsitzungen, welche viermal alljährlich alle Friedensrichter der Grafschaft vereinigen, bilden (1) die Appellationsinstanz für die Strafresolute der einzelen Friedensrichter und kleinen Sitzungen; (2) die Beschwerdeinstanz für die orders der Specialsitzungen und einzelen Friedensrichter; (3) die Kreisverwaltungsbehörde für solche Geschäfte, deren collegialische Decretur dem gesammten Kreistage zukommt: Ausschreibung der County Rate, Curatorium für die Grafschaftsbrücken, für das Grafschaftsgefängniß, Correctionshaus und die Gerichtslocale, Erlaß von Polizeiregulativen für Lebensmittelpreise, Arbeitslöhne ꝛc., Instructionen für die Verwaltung der Gefängnisse und Gebührentaxen, Ertheilung der Concessionen für gewisse Gewerbe, Anstellung der Grafschaftsbeamten, — eine Gesammtmasse von Geschäften, welche als „County Business„ bezeichnet zu werden pflegt.

Diesem höhern Verwaltungs-Personal untergeordnet sind die Aemter der Kreis- und Ortsschulzen, constables. Als Kreisschulze ist der high constable hauptsächlich bestimmt zur Ausführung solcher friedensrichterlicher Befehle, die an mehre Unterconstabler gerichtet sind. Die Ortsschulzen, petty constables, behalten noch ihre älteren Functionen als Friedensbewahrer mit eigenem Verhaftungsrecht, werden aber durch den wachsenden Umfang der friedensrichterlichen Verwaltung immer mehr Vollziehungsbeamte für die Decrete, Orders und Urtheile der einzelnen Friedensrichter und Sessionen, in denen sie regelmäßig erscheinen, um ihre presentments und Berichte zu erstatten.

Als ein kräftiges Verbindungsglied der Grafschaft tritt dieser Amtsthätigkeit endlich hinzu:

1) die unmittelbare Thätigkeit der Mittelklassen als Urtheilsjury bei den Criminalassisen und Quartalsitzungen;

2) die Anklagejury bei den Assisen und Quartalsitzungen, und analog bei dem Coroner's Inquest;

3) die Betheiligung der gesammten Bevölkerung an der Anklage- und Zeugenpflicht, die von den Friedensrichtern durch Zwangscautionen gehandhabt wird.

Die Strafgerichts- und Polizeiverwaltung in dieser Gestalt unterliegt schließlich noch einer Controle der Reichsgerichte, in der doppelten Weise eines Abberufungsrechtes (writ of certiorari) oder eines Mandatsprocesses (mandamus). Die übertriebene Centralisation der Geschäfte in einer solchen Instanz, sowie das Bestreben nach größerer Selbständigkeit der Grafschaftsverwaltung, haben aber im XVIII. Jahrhundert die Gesetzgebung veranlaßt, immer massenhafter das certiorari abzuschneiden und die Entscheidungen der Quartalsitzungen für „endgültig" zu erklären.

III. Die Milizverwaltung, welche sich diesem Gebiet zunächst anreiht, dauert auf der Grundlage und im Geist der Restaurationsgesetzgebung fort, als eine Bewaffnung der besitzenden Klassen sowohl nach Oben wie nach Unten. Die Miliz wurde noch zuweilen gemustert und auf kurze Zeiten eingeübt. Man fand sie indessen kostbar, für das Land beschwerlich und ließ sie trotz periodischer Invasionsbesorgnisse in chronischer Vernachlässigung. Nach einer wenig bedeutenden Zwischengesetzgebung in 30 Geo. II. und 2 Geo. III. folgt eine neue Consolidirung in 26 Geo. III. c. 107, in welcher Gestalt die Miliz dann bis 1802 fortgedauert hat. Im Jahre 1796 veranlaßte ein drohender Einfall von Frankreich die Entstehung einer supplementary militia. Um diese Zeit entsteht auch eine freiwillige Cavallerie, yeomanry, und zahlreiche Freiwilligencorps nach dem Grundsystem der Milizen. Alle Offiziersstellen werden als unbesoldete Ehrenämter nach einem speciellen Census abgestuft, der für die Deputy-lieutenants in der Regel 200 £ Grundrente beträgt, für den Oberst 1000 £, bis herab zum Fähnrich mit 20 £ Grundrente oder 500 £ an beweglichem Vermögen. Da die städtischen Honorationen weniger Interesse für den Dienst zeigen, so besteht das sehr zahlreiche Offizier-Corps vorzugsweise aus landed gentry, und sehr gewöhnlich verbindet sich mit dem Friedensrichteramt auch eine Stellung als Deputy-lieutenant und eine höhere Offizierstelle in der Miliz. Seit der Mitte des XVIII. Jahrhunderts erhalten auch die Offizierpatente der stehenden Armee durch ein System des Stellenkaufes den verwandten Charakter der Ehrenämter.

IV. Die Steuereinschätzung und Erhebung der direkten Steuern als ein Theil des obrigkeitlichen selfgovernment hatte im Mittelalter ihren Ausgang genommen von den normannischen Verwaltungscommissionen. Nach Entstehung der Parlamente erhalten dieselben eine populärere Form zur Einschätzung der Staatssubsidien in der Grafschaft und ihren Unterbezirken. Seit den Zeiten der Restauration gehen daraus hervor:

1) Die Einschätzungscommissionen für die land tax in ihrer seit dem Bürgerkriege veränderten Gestalt. In Personal und Geschäftsgang identificiren sich diese Commissionen immer mehr mit dem Friedensrichteramt, als ein Theil der Verwaltungsjurisdiction mit einem gerichtlichen

Instanzenzug und Verfahren. Dasselbe System dehnt sich analog aus auf die assessed taxes, d. h. eine Gruppe späterer Verbrauchs- und Luxussteuern, bei welchen es auf concrete Abschätzungen ankommt. Als wichtigstes Gebiet tritt am Schluß des Jahrhunderts hinzu die von Pitt eingeführte Einkommensteuer.

2) Noch umfassender und gleichmäßiger folgt diesem System die Communalsteuereinschätzung. Schon das Gesetz Elisabeths hatte dafür gesetzliche Normativbedingungen gegeben, welche von den Armenaufsehern unter Controle der Friedensrichter zu handhaben sind mit einem gerichtlichen Instanzenzug für die Reclamationen. Die Praxis entwickelt daraus ein festes System der Steuerausschreibung, des Reclamationsverfahrens, der Steuererhebung und Execution, der Kassenverwaltung, der Rechnungslegung und Rechnungsrevision als bedeutungsvollen Theil der friedensrichterlichen Verwaltungsjustiz. Die übrigen Communalsteuern werden theils als Matricularbeiträge aus der Ortsarmensteuer, theils nach Analogie der Armensteuer erhoben, so daß jenes Verfahren zu dem Normale des Selfgovernment in diesem Gebiete wird.

V. Die Stadtverfassung der municipal corporations endlich schließt das Gebiet der obrigkeitlichen Selbstverwaltung ab, sofern sie Modificationen der örtlichen Gerichts- und Polizeiverwaltung darstellt; während die wirthschaftliche Seite der Kirchspiels-, Armen- und Wegeverwaltung getrennt davon den städtischen parishes zufällt. Die englischen Städte bilden jetzt in abgeschlossener Gestalt zwei Gruppen, deren Rechtsverhältnisse sich durchkreuzen.

1) Etwa 200 Städte von England und Wales sind berufen, als besondere städtische Wahlkreise Abgeordnete zum Parlament zu senden (parliamentary boroughs). Die Zahl derselben war unter den Stuarts abgeschlossen. Ungefähr die Hälfte dieser Parlamentsflecken war im Verlauf der Zeit durch ausdrückliche Charte „incorporirt" und fiel also zugleich unter die folgende Rubrik.

2) Mehr als 200 Ortschaften (municipal boroughs) haben seit der Zeit Heinrichs VI. durch technische Incorporations-Charten und Local-Acten eine geschlossene Organisation, in der Regel mit Bürgermeister und Rath erhalten. Dazu gehören auch 19 Städte, die das noch weiter gehende Recht einer „county corporate", d. h. einer selbständigen Grafschaft erhalten haben, und damit auch ihren eigenen Sheriff, Coroner und eine gesonderte städtische Miliz.

Gemeinsam beiden Gruppen ist die Tendenz zur Abschließung in ständige geschlossene Räthe, select bodies. Trotz der anerkannten Beschwerden gegen das Verfahren der Stuarts bestätigte schon das Conventionsparlament die Verfassung dieser select bodies. Die Städte waren und blieben zehnfach stärker im Unterhause vertreten als ihnen zukam, und die regierende Klasse wußte das Mißverhältniß auch jetzt nicht anders auszugleichen als durch eine Verstümmelung ihres innern Lebens. Von den städtischen Wahlen hing jede Majorität des Unterhauses in dem Maße ab, daß die großen Parteien ihren Einfluß durch die Friedens- und Milizcommissionen der umgebenden Grafschaft und ihre gesellschaftliche Stellung dazu verwendeten, die Masse der kleineren Städte zu den Hauptsitzen ihres befestigten Wahleinflusses zu machen. In den ständigen, der Mehrzahl nach cooptirten corporations setzte sich dieser Einfluß Generationen hindurch fort. Die Folge war eine Unterordnung aller Lokalverwaltung unter die parlamentarischen Parteiinteressen. Unabweisbar gewordenen neuen Bedürfnissen suchte das Parlament allmälig durch Lokalakten Genüge zu thun. Uebrigens war und blieb das städtische Wesen eine Aufhäufung von Anomalien, welche sich nur zufällig ausglichen.

Sachgemäß bildet aber die Stadtverfassung den Uebergang zu den folgenden Institutionen des Kirchspiels.

B. Die zweite Hauptgruppe des wirthschaftlichen self-government (nachfolgend in Buch III) umfaßt die Einrichtungen der Ortsgemeinde, deren selbständige Bedeutung erst aus dem Zeitalter der Tudors datirt: das Kirchspiel, die Ortsarmen- und Wegeverwaltung. Die vorwiegende Grundlage bildet hier ein Steuersystem, welches nach Gesetzen und unter Controle der obrigkeitlichen Aemter der Grafschaft gehandhabt wird in folgenden Formationen.

I. Die Kirchspielsverfassung besteht in einer Verflechtung der kirchlichen und weltlichen Ortsgemeinde fort, wie solche als Eigenthümlichkeit der Staatskirchenverfassung seit der Reformation entstanden war: die Kirchenvorsteher mit ihren polizeilichen und anderen weltlichen Funktionen, die Kirchensteuer mit ihrer periodischen Bewilligung durch die Gemeindeversammlungen (vestries). Die geringere Selbständigkeit der Mittelstände seit den Zeiten der Restauration und das starke Uebergewicht der gentry wirken wenig fördernd auf das örtliche Gemeindeleben. Die stehenden Gemeindeausschüsse, select vestries, treten immer zahlreicher an die Stelle der wirklichen Gemeindeversammlungen. Die durch „Gewohnheit" entstandenen select vestries, die sich nur noch aus den gewesenen Kirchenvorstehern und Armenaufsehern bilden, oder nur durch Cooptation ergänzen, werden durch die Gerichtspraxis als „gute Gewohnheiten" und als legitimirte Vertreter der Gemeinde anerkannt. Analoge Formationen werden durch Localakten und Kirchenbauakten in wachsendem Umfang hinzugefügt zur Verkümmerung des Gemeindelebens, analog den städtischen corporations.

II. Die Armenverwaltung des Kirchspiels, mit ihren Armenaufsehern und Armensteuern, bleibt in diesem Jahrhundert das wichtigste

Glied des örtlichen Gemeindelebens, noch immer bestimmt durch das Armengesetz Elisabeths. Die engherzige Behandlung des Niederlassungsrechts und das Answeisungssystem der Restaurationsgesetzgebung setzt sich indessen fort. Die Mehrzahl der ergänzenden Gesetze dreht sich nur um settlement und removal, um die Schwierigkeiten eines immer enger und strenger gestalteten Niederlassungsrechts. — Für die Armensteuer wird durch 17 Geo. II. c. 38 eine geordnete Rechnungslegung angeordnet. Die im Jahre 1750 auf 700,000 £ berechneten Armenkosten waren inzwischen im Jahre 1801 auf 4,000,000 £ gewachsen. Diese Steigerungen der Gemeindelast und vielfache Beschwerden der Verwaltung veranlaßten gegen Ende des Jahrhunderts die berühmte Gilbert's Act 22. Geo. III. c. 83. In Gemeinden, welche durch Beschluß von zwei Drittel der Steuerzahler die Akte annehmen, wird dadurch die Steuererhebung von der laufenden Verwaltung getrennt, und für die letztere ein System besoldeter „Guardians" eingeführt. Mehre Kirchspiele können sich zu einer gemeinsamen Armenverwaltung (union of parishes) vereinigen, womit die Einrichtung eines besonderen Arbeitshauses verbunden ist. — Durch 31 Geo. III. c. 110 wird endlich die übelste Clausel des Restaurationsgesetzes aufgehoben: es soll Niemand mehr auf Grund der bloßen „Wahrscheinlichkeit", sondern erst wenn er aktuell dem Kirchspiel zur Last gefallen, ausgewiesen werden.

III. Gemeindeeinrichtungen für Zwecke der Gesundheits- und Baupolizei waren in der bisherigen Polizeigesetzgebung nur in schwachen Anfängen vorhanden. Das alte System der „Friedensbewahrung" war auf die Bedürfnisse der Wohlfahrtspolizei überhaupt wenig berechnet. Alles selfgoverment bewegte sich in gemessenen Gewalten der Obrigkeit und gemessenen Zwecken der Communalsteuern, welche für die neuen Bedürfnisse des städtischen Lebens nicht mehr ausreichen. In London hatten schon die älteren commissions of sewers ein Reglement für die Straßenreinigung gegeben. In dieser Zeit folgt eine Reihe von Localakten für Straßenreinigung, Erleuchtung und die ihrer Zeit berühmte Bauordnung Robert Taylor's Act, 14 Geo. II. c. 78. In zahlreichen Provinzialstädten wurde den dringendsten Anforderungen einer Feuer- und Baupolizei, Pflasterung, Straßenreinigung, Entwässerung, Beleuchtung, Nachtwachtwesen, Verschönerungsanlagen durch Lokalgesetze nachgeholfen. Die 400 städtischen Lokalakten unter Geo. III. gehören vorzugsweise dieser Richtung an. Die wirthschaftliche Grundlage der neuen Einrichtung wurde in der Regel eine Ortssteuer nach den Grundsätzen der poor rate. Für die Amtsverwaltung werden Curatorien, special trusts, commissioners gebildet, oft völlig gesondert von der polizeilichen Stadtverwaltung (corporation) und von den Kirchspielsbeamten. In örtlicher Zersplitterung und bunter Mannigfaltigkeit liegen darin bereits die Fundamente einer später consolidirten Gesetzgebung.

IV. Die Wegeverwaltung des Kirchspiels bildet den Schluß dieser wirthschaftlichen Gemeindeverwaltung, beruhend auf der Gesetzgebung der Tudors, mit ihrem Wegeaufseher, Hand- und Spanndiensten und nachhilflichen Wegesteuern unter Controle der Friedensrichter. Durch 3 et 4 Will. et M. c. 12 wird auch das Ernennungsrecht der Wegeaufseher den Friedensrichtern direkt übertragen. In 13 Geo. III. c. 78 folgt eine codificirte Wegeordnung, die das System der Hand- und Spanndienste noch beibehält, jedoch mit billigen Taxen zur Ablösung der Naturaldienste. Nach einer etwas späteren Berechnung (v. J. 1814) wird der Werth der Naturaldienste auf 551,241 £, das Abfindungsgeld für nicht geleistete Dienste auf 287,059 £, die Wegebausteuer auf 621,504 £ berechnet. — Das örtliche Bedürfniß von Kunststraßen ist durch Lokalakten geregelt, welche einem Curatorium (turnpike trust) von Friedensrichtern und Aktionären die nöthigen Expropriations- und Verwaltungsrechte verleihen, ergänzt durch eine allgemeine Chausseeordnung 13 Geo. III. c. 84.

Die Gesammtheit dieser gesetzmäßigen Einrichtungen ist es, welche der Sprachgebrauch der Politiker und des gemeinen Lebens allmälig als das „englische selfgovernment" zu bezeichnen sich gewöhnte. Diese Einrichtungen sind es jedenfalls, welche den fortschreitenden Charakter des englischen Staats in erster Stelle bestimmt haben. Es war die tägliche Arbeit in diesen Aemtern und die zusammenhaltende Realsteuer in diesen Nachbarverbänden, welche die Gesellschaft des XVIII. Jahrhunderts politisch umgebildet und fest ineinander gefügt hat.

Länger als ein Menschenalter nach der Revolution dauern die feindseligen Zerwürfnisse zwischen dem großen Adel und der Landgentry, zwischen Prälaten und niederer Geistlichkeit. Instinctiv hängt die Masse des kleinen Adels und des Clerus noch an der legitimen Monarchie, während der große Adel und die städtische Bevölkerung der neuen Dynastie und Staatsordnung zugewandt erscheinen. Die toryistische Partei giebt lange Zeit selbst die Versuche einer Restauration nicht auf. Am schwersten und langsamsten hat die Staatskirche ihren Frieden mit der parlamentarischen Parteiregierung geschlossen. Der fortdauernde Schutz ihres reichlichen Besitzes und ihrer Amtshierarchie, die starre Incorporation der Universitäten als kirchlicher Lehranstalten, die Aemterbesetzung durch den Patronat der größeren Grundherren, vor Allem die Beibehaltung der Testakte, welche das Bekenntniß zur Staatskirche als Vorbedingung für Parlament und obrigkeitliche Aemter grundsätzlich festhält, führen zu dem endlichen Friedensschluß mit dem Clerus, der nun in zunehmender Wahlverwandtschaft mit der regierenden Klasse dem System der parlamentarischen Parteiregierung sich fügt.

Die regierende Klasse, nobility und gentry, steht jetzt selbstbewußt und anerkannt da, als die Klasse, welche unter Wahleinfluß der Mittelstände das Unterhaus, durch erbliche Ernennung aus den hervorragendsten Familien das Oberhaus bildet. Ihr sicheres Uebergewicht beruht auf der Verschmelzung der Gewohnheit der Ehrenämter mit den festen Besitzmassen. Ihre Abgrenzung gegen die Mittelstände, welche sich einst ohne Rangstreit gebildet hatte, wird jetzt auch durch einen Census gesichert. Der Grafschaftsritter soll fortan 600 £ Grundrente aus freehold oder copyhold, der städtische Abgeordnete ebenso 300 £ Grundrente besitzen (9 Anne c. 5). Das Friedensrichteramt soll bedingt sein durch eine Grundrente von 100 £ aus freehold oder copyhold, erblich oder auf Lebenszeit oder auf mindestens 21 Jahre Pacht. Ein analoger Census besteht in den Milizgesetzen. Unabhängig von diesem Census sind stets qualificirt die „ältesten Söhne und Erben" eines Lords oder eines Besitzers von 600 £ Rente. Nach unten hin regiert diese Klasse durch das Friedensrichteramt, als Schwerpunkt der Grafschaftsverwaltung und des Stadtregiments, durch die Offizier- und Verwaltungsstellen der Miliz, durch das Sheriffamt und die große Jury der Grafschaften. Nach oben hin ist die Vertretung der Grafschaft und der Städte im Unterhaus durch direkten Census und schwere Ehrenausgaben den reichen Elementen der gentry reservirt, deren Spitzen dann endlich noch in der Pairie und im hohen Kirchenamt einen dauernden, vom Wahleinfluß unabhängigen Antheil an der Staatsgewalt finden. Die Sitte der höheren Stände den Erstgeborenen weder dem besoldeten Amt, noch dem gewinnreichen Privatleben, sondern dem einflußreichen Ehrenamt zu widmen, — regelmäßig übergehend von Vater zu Sohn wie der Besitz selbst, — dieser Grundsatz des mittelalterlichen Adels hat durch seine Fortdauer die Nobility lebendig erhalten. Die Ernennung von 268 neuen Pairs unter Georg III. bezeichnet den Höhepunkt dieser Stellung.

Die daneben wahlberechtigte Mittelklasse umfaßt im Ganzen noch die Elemente, welche gewohnheitsmäßig den Geschwornendienst leisten und die Aemter der Ortsgemeinde versehen, in den Städten die activen Theilnehmer an der corporation. Durch Erstgeburt und Familienstiftungen (entails), durch die schwerfälligen und kostbaren Formen der Veräußerung entsteht aber eine Aufstauung des Grundbesitzes, welche durch den leichten Zuzug in den Städten, durch die Blüthe von Handel und Gewerbe noch befördert wird. Der Kapitalreichthum und das am Grundbesitz haftende politische Recht veranlaßt die besitzenden Klassen zu einem Auskauf der noch vorhandenen Bauerhöfe; während andererseits die politische Thätigkeit des

Squire ein Zurückziehen vom persönlichen Betrieb des Ackerbaues veranlaßt. Es entsteht dadurch eine so massenhafte Vermehrung der Zeitpachtverhältnisse, daß man den ganzen ländlichen Mittelstand in seiner Abhängigkeit von den Grundherren als „farmers" zu bezeichnen sich gewöhnt. In Wechselwirkung mit dieser wirthschaftlichen Abhängigkeit steht ein innerlicher Zerfall der Selbstthätigkeit der Mittelstände in Kirchspielen und corporations, die fortschreitende Bildung der select bodies und select vestries. Die Zahl der Wahlberechtigten mag im Laufe des Jahrhunderts durchschnittlich etwa 200,000 erreicht haben. Im Ganzen und Großen fehlt ihnen aber ein stetiger Zusammenhang gegenüber der gewohnheitsmäßigen Thätigkeit der Quartal= und Specialsitzungen, der corporations und anderer organisirter Körperschaften der regierenden Klasse. Ihr Wahlrecht bleibt bedeutungsvoll zur Abwehr ungleicher Rechtsbildung und ständischer Abschließung der regierenden Klasse. Alle politische Initiative und Parteibildung hat aber ihren Sitz nur in dieser. Die befestigten Wahlsitze und der dominirende Einfluß der gentry in aller Lokalverwaltung machen die Mittelstände zu einer Art Gefolgschaft (retinue) der besitzenden Klassen, deren Stimme nur in streitigen Grenzpositionen entscheidend wird.

Diese ständische Gestaltung hat der englischen Parlamentsverfassung die dem Continent bekannte Gestalt gegeben.

1) Das Haus der commons ist die Zusammenfassung der Grafschaften und Städte in der obigen Gestalt der Verwaltungsgemeinden, mit dem dominirenden Einfluß des obrigkeitlichen Amts über das Kirchspiel und das wirthschaftliche Leben der Ortsgemeinde. Die communae in ihrer Gesammtheit fassen sich hier als Staatskörperschaft nach denselben Grundsätzen zusammen, wie sie in den Lokalverbänden zu Amt und Steuer verbunden sind. Ihre Geltung beruht also auf dem Besitz, vorzugsweise Grundbesitz, aber nicht auf der gesellschaftlichen Macht, sondern auf den Leistungen des Besitzes; — nicht als eine Repräsentation von Besitzklassen, Berufsklassen und Interessen, sondern als eine Repräsentation der Gerichts=, Miliz=, Polizei=, Gemeindeamts= und Steuerpflichten des Nachbarverbands, in deren Gesammtheit das innere Leben des Staats sich darstellt. Eben danach haben sich die höchstbesteuerten Träger der Ehrenämter als wählbar zum Parlament abgeschlossen, die Mittelstände bis zu der alten Grenze des Geschwornendienstes herab als Wähler. In den Städten ist das ungebührliche Uebergewicht der Zahl ausgeglichen durch die ebenso ungebührliche Verstümmelung der Wahlkörper. Es ist damit schließlich eine innere Uebereinstimmung zwischen der gesellschaftlichen Macht des Besitzes und seiner Leistung in staatlicher Pflicht und Steuer, eine Gleichmäßigkeit des politischen Denkens und Wollens gewonnen, auf welcher die „Omnipotenz" des Parlaments beruht.

2) Das Oberhaus der geistlichen und weltlichen Lords ist eine nochmalige Vertretung der regierenden Klasse durch die Häupter der Staatskirche und durch die erblichen Häupter der notabelsten Familien zur Aufrechterhaltung der bestehenden Rechts= und Gesellschafts= Ordnung. Wie die Pairie der regierenden Klasse für so bedeutungs= volle Leistungen das höchste Ehrenrecht gewährt, so giebt sie andererseits dem Körper der Staatsregierung diejenige Stabilität, deren eine von Ma= joritätsbeschlüssen abhängige Regierung bedarf. Dies Verhältniß hat sich erfahrungsmäßig befestigt, je mehr der schnelle Wechsel der Parteistellungen und Parteiminister einen Halt für die Rechts= und Verwaltungsordnung bedingte, welche in der Macht des Königthums nicht mehr zu finden war. Durch die massenhafte Creirung von 248 Baronen, 25 Viscounts, 109 Grafen, 29 Marquis, 34 Herzögen im Laufe des Jahrhunderts wurde die dauernde Verflechtung der Reichsregierung mit den Spitzen der regierenden Klasse in den wahlberechtigten communae vollendet, und damit eine früher unerreichte Einheit der Action in dem parlamentarischen Körper erzeugt.

3) Das Privy Council als der verfassungsmäßige Sitz der Staats= regierung hat seit den Zeiten der Verfassungskämpfe eine veränderte Stel= lung erhalten. Die stabilen Staatsrathsgeschäfte sind theils auf die Gerichts= höfe, theils auf die festen Körperschaften des selfgovernment als Behörden der Verwaltungsjustiz übergegangen. Die beweglichen Elemente dagegen haben sich schon unter den Stuarts zu einem engeren Ministerrath (cabinet) gestaltet, welcher nun in Gesetzgebung, Staatshaushalt und Controle der Staatsverwaltung immer abhängiger von der großen Parlamentskörper= schaft wird. Die sich selbst regierende Gesellschaft übt die Gewalten des Staats noch immer unter dem monarchischen Namen des King in Parlia= ment und des King in Council: der Name des Königs bezeichnet aber nur noch einen festen Organismus einerseits der Verfassung, anderer= seits der Verwaltung, welche in ihrer täglichen Handhabung durch das selfgovernment von der unmittelbaren Einwirkung der Parteiminister unab= hängig gehalten wird.

Für das Gesammtleben der sich selbst regierenden Gesellschaft bildet aber die obige Gestalt der Grafschafts=, Stadt= und Ortsverbände die eigentliche Lebenswurzel, aus welcher in dauernder Triebkraft die Harmonie der Stände, das Unterhaus, das Oberhaus, die Parlamentsrechte, die Grundrechte, der feste Sinn zu ihrer Behauptung und rechten Ausübung, die politische Freiheit und Tüchtigkeit der Nation hervorgegangen ist. „Die Selbstthätigkeit der besitzenden Klassen in der Arbeit des öffentlichen Lebens ist das Lebensprinzip der Parlamentsverfassung."

Diese Erziehung der Nation für den Staat hat die Größe

§. 5. Das achtzehnte Jahrhundert. 61

Englands begründet. Das Einzele darin ist einförmig, nüchtern und ernst, wie im altrömischen Leben; weit entfernt von den glänzenden Bildern, die durch Montesquieu und Delolme in Europa einst verbreitet wurden. Aber diese einförmigen Institutionen sind fest und nachhaltig, und in der Prüfung durch große Aufgaben zeigen sie den ganzen Schwung und die Größe einer freien Nation. Im Kampf gegen die amerikanischen Colonien, noch mehr in dem Kampf gegen die französische Revolution, wurde es an dem Erfolge sichtbar, wie diese politische Bildung des Volks in einem kleinen Landgebiet einen Staat geschaffen hat, welcher Schottland und Irland sich einverleibt, den Norden Amerika's colonisirt, den glücklicheren Theil Asiens und einen neuen Erdtheil sich angeeignet, die Seeherrschaft der Erde, die Ebenbürtigkeit mit den Landmächten durch ruhmvolle Waffenthaten erworben hat. Es war das der Höhepunkt des englischen Staatswesens, dessen Fundamente im XIX. Jahrhundert zu weichen beginnen.

Die „constitutionelle Periode" des XVIII. Jahrhunderts ist von der Seite der inneren Bildung aus in Gneist, Geschichte des selfgovernment, I. S. 356—400, von der Staatsverwaltung aus in Gneist, Engl. Verwaltungsrecht, I. S. 616–648 dargestellt, zugleich mit Angabe der Quellen und Literatur. Politisch bedeutend ist für den Beginn der Periode die Union mit Schottland, für den Schluß die Union mit Irland. Da das Verwaltungsrecht beider Länder indessen ein verschiedenes war, das selfgovernment aber nur Ausführung eines bestehenden Verwaltungsrechtes sein kann, so bezieht sich die Union darauf nicht. Die Grafschafts- und Kirchspielsverwaltung dieser Landestheile bleibt eine getrennte. Die folgende Darstellung muß deshalb auf England und Wales beschränken, da eine Hereinziehung von Schottland und Irland eine für den Continent verständliche Darlegung des tiefverzweigten Systems unmöglich machen würde.

Für die sich jetzt häufende Masse der Gesetze endet die officielle Ausgabe der Statutes of the Realm mit dem Tode Anna's. Die currenten Gesetzsammlungen enthalten von dieser Zeit an das Material wesentlich correct, aber nicht vollständig.

Für die Parlamentsverhandlungen umfaßt die Parliamentary History Bd. V.—XXXVI. das achtzehnte Jahrhundert.

Eine eigentliche Bearbeitung der englischen Rechtsgeschichte fehlt für diese Zeit. Um die Mitte der Periode entstand aber die weltberühmte Schrift Blackstone's, Commentaries on the Laws of England, in erster Auflage 1765, 4 vols. Sie enthält in vol. I. eine ziemlich anschauliche Darstellung des Parlamentsrechtes, welche auch die neuesten Darsteller in der Regel beibehalten. Für das Communalwesen giebt sie ein dürftiges, den Fremden irre leitendes Bild. — Gesammtübersicht der staatsrechtlichen Literatur bei R. v. Mohl, die Literatur der Staatswissenschaften, Bd. III. S. 3–236.

Für das Communalwesen erschien in dieser Zeit als Hauptschrift Rich. Burn's Justice of the Peace, in erster Auflage 1755, 2 kleine Bände; dann fortwachsend bis zur 30. Auflage (herausg. von J. B. Maule u. A. 1869 in 5 vol.).

Aus der geschichtlichen Literatur ist auch für diese Aufgabe hervorzuheben Sir Th. Erskine May, Constitutional History since the accession of George III. 2 vols. 1861—1863. Die verdienstliche Constitutional History Hallam's und die glänzende Geschichtschreibung Macaulay's verkennen die entscheidende Bedeutung, welche das innere Leben der Localverwaltung auf den Gang der englischen Geschichte ausgeübt hat.

§. 6.
Die Umwandelungen des neunzehnten Jahrhunderts.

Auf dem Höhepunkt der parlamentarischen Regierung im Laufe der großen Kämpfe gegen Frankreich waren im Innern des Landes Anfangs ziemlich unscheinbare Veränderungen vor sich gegangen, welche das XIX. Jahrhundert zu einer jetzt halbvollendeten neuen Epoche des Staatslebens machen. Die Erfindung der Maschine begann einzele Zweige der ländlichen Arbeit in die Städte zu ziehen, nahm zunächst in Baumwolle, Wolle, Flachs und Seide einen größern Maßstab an, wirkte zurück auf einen schnell gesteigerten Verbrauch von Kohle, Eisen und Rohstoffen, concentrirte Gewerbe und Handel in früher unbekannter Weise, begann seit dem Friedensschluß von 1815 auch auf den Betrieb des Ackerbaues zurückzuwirken, und in Wechselwirkung mit den erleichterten Communicationen die wirthschaftlichen Zustände des ganzen Landes zu ändern. Von Jahrzehnt zu Jahrzehnt tritt die Umwandelung des Systems der Gütererzeugung sichtbarer hervor in einem durch Dampfkraft, Eisenbahnen und Telegraphen beschleunigten Tempo. Grundbesitz und beweglicher Besitz, erwerbende und geistige Arbeit treten in neue, unabsehbar vervielfältigte Combinationen, welche den Schwerpunkt der Besitzmacht fortschreitend aus dem Grundbesitz in den Capitalbesitz rücken. Production, Consumtion und Austausch gehen in ein neues gleichartiges, dem Weltmarkt zugewandtes System über, dessen Gliederung der Volkswirthschaft angehört.

Dieser neue Zustand der „industriellen Gesellschaft" mit seiner Umgestaltung des äußern und innern Charakters der Hausstände mußte in Widerspruch mit der englischen Parlamentsverfassung treten, welche in fester Correspondenz mit der Gesellschaft des XVIII. Jahrhunderts sich festgestellt hatte. Wie immer gehen der Neubildung Reibungen und Kämpfe voran, welche sich an die nächstfühlbaren Collisionen gesellschaftlicher Interessen anknüpfen. Die zuerst sichtbare Wirkung war die Anhäufung der Menschen in den Städten; sodann die veränderte Stellung der arbeitenden Klassen, welche durch die Geldwirthschaft eine äußerliche Selbständigkeit erhielten, während ihre Abhängigkeit vom Besitz unabänderlich blieb. Innerhalb eines Menschenalters entfaltete sich nun ein Bild ihrer Häuslichkeit in Wohnung, Nahrung, Kleidung, Gesundheitspflege, Verwilderung und Verkümmerung der Frauen und Kinder, wie es mehre Jahrzehnte hindurch fast nur die Schattenseite der neuen Gesellschaft hervorkehrte; während in der entwickelten industriellen Gesellschaft allerdings auch eine Ver-

§. 6. Das neunzehnte Jahrhundert. 63

mehrung und Erhebung der Mittelstände vor sich geht. In den Tabellen des Census und in den Listen der Einkommensteuer tritt die Bewegung der Gesellschaft einigermaßen begrenzbar hervor, wie sie sowohl den besitzenden Klassen und Mittelständen wie den arbeitenden Klassen neue Elemente, Interessen und Vorstellungen zuführt. In dem kunstvoll zusammengefügten Bau des englischen Staates erscheinen aber die Folgen der Umgestaltung am stärksten an den beiden schwächsten Punkten: einerseits in der politischen Stellung der Städte und der Mittelstände überhaupt; andererseits in dem socialen Bedürfniß der arbeitenden Klassen.

Die Städte waren von jeher die schwache Seite des englischen Communalwesens geblieben. Die Stadt-Corporationen waren sogar absichtlich verunstaltet, um das Stimmverhältniß im Parlament auszugleichen. Außer dem Geschworenendienst gab es kein recht starkes Band, um die Mittelstände überhaupt an das Communalleben zu fesseln, und gerade die intelligenteren Elemente wußten sich massenweis Befreiungen von Jury und Communalamt zu verschaffen. Es entstand dadurch theils Entwöhnung, theils willkürliche Ungleichheit in den persönlichen Gemeindelasten, welche den Gemeinsinn untergrub. Die ständischen Anschauungen der Mittelklassen gewannen dadurch viel Aehnlichkeit mit den Anschauungen der dem Staat entfremdeten Stände des Continents. Es fehlte ihnen ein lebendiges Bewußtsein der persönlichen Pflicht zur Selbstthätigkeit und folgeweise des Berufs zu einem selbstthätigen Eingreifen in das öffentliche Leben, der die englische gentry so bedeutungsvoll erhebt. Die regierende Klasse betrachtete es schon ziemlich früh als einen normalen Zustand, daß die Mittelklassen ihrem Erwerb lebten, und wenn die Reihe an sie kam, ihren Jahresdienst versahen oder abkauften. Die Kirchspielsversammlungen fanden nur noch geringe Theilnahme. Die Parlamentswahlen ergaben allerdings in längeren Zwischenräumen eine politische Agitation, für welche aber nur die regierende Klasse eine feste und einflußreiche Organisation besaß. Die wählende Grafschaftsversammlung (County Court) bestand als ein thätiger Körper in der Wirklichkeit nicht mehr; an ihre Stelle waren die verwaltenden Sessionen der friedensrichterlichen gentry getreten. Sie allein hatten einen festen Zusammenhang. In der Mehrzahl der Wahlflecken stand der Einfluß der einen oder andern Partei so fest, daß die Wahl als eine Anstandsform anzusehen war. Diese Verhältnisse stimmten wohl noch zusammen, so lange die Schichten der Gesellschaft mit ihren künstlichen Ausgleichungen der politischen Stimmverhältnisse so übereinander lagen, wie im achtzehnten Jahrhundert. Sie gewannen eine sehr verschiedene Gestalt, seitdem die Bevölkerung in schnell zusammengehäuften, von Hause aus zusammenhangslosen Massen in die größeren Städte zusammenrückte. Der politisch unzufriedene Theil in dem neuen Zustande waren die Steuerzahler als solche, welche durch die geringe Bedeutung der größeren Städte im Parlament, gegenüber der massenhaften Vertretung der kleinen abhängigen Wahlflecken, sich zurückgesetzt sahen. Schon im Anfang des Jahrhunderts forderte das historische Grundgesetz des Staatslebens eine neue Ausgleichung von politischen Rechten und öffentlichen Pflichten. Während aber der wirkliche Zustand der Gesellschaft fortwährend herauswächst aus den Schranken der Wahlgesetze, die alten Flecken immer mehr verfallen, die größten Städte unvertreten bleiben, der Census seine ursprüngliche Bedeutung verliert: weiß die Tory=Regierung den Widerspruch längere Zeit nur durch Parteisophistik zu vertünchen, bis die Gegenpartei sich mit den Forderungen der städtischen Gentry und Mittelklassen verbindet, um die Abhülfe zu erzwingen.

Hand in Hand mit dieser politischen Bewegung gehen die socialen Forderungen des leidenden Theils, d. h. der durch die Neubildung der Gesellschaft schwer bedrückten Klassen. Die lange versäumte Fürsorge für die elementare Erziehung der arbeitenden Klassen, schwer empfundene Mängel der Armenverwaltung und des Niederlassungsrechts, der Mangel einer Gesundheits= und Baupolizei, die wirthschaftlichen Nachtheile eines überwuchernden Systems von Schutzzöllen und indirecten Steuern, die zerstörenden Rückwirkungen der Industrie auf das Familienleben der arbeitenden Klassen wurden in England durch die Oeffentlichkeit der politischen Debatte und durch die Presse ebenso klar gelegt, wie andererseits die besonderen Schwierigkeiten, welche England als Fabrikstaat und Handels=Entrepot des Weltverkehrs gerade auf diesem Gebiet zu bekämpfen hatte, wenn es daneben seine Grundrechte, seine Polizeigesetzgebung und Selbstverwaltung behaupten wollte.

Nachdem etwa ein Menschenalter hindurch beide Richtungen in unklaren Bewegungen neben und gegen einander gekämpft hatten, treten etwa gleichzeitig mit der Julirevolution in Frankreich, im Zusammenhang mit einer allgemeinen Bewegung der europäischen Gesellschaft, die Aenderungen in doppelter Richtung ein.

Einerseits werden durch die Reformbill die Stimmrechte so verändert, daß die Städte, und überhaupt die Mittelstände, zu stärkerer Geltung ihrer Interessen kommen. Die Zahl der Wähler wird annähernd verdoppelt. Diesen neuen Wählern aber dieselben Pflichten persönlicher Selbstthätigkeit aufzuerlegen wie der alten Wählerschaft, hielt die Gesellschaft weder für nothwendig, noch würde in dem Parteikampf der Reformbill eine Majorität dafür zu finden gewesen sein.

Andererseits holt die Gesetzgebung solche Pflichten des Staats nach, welche jetzt durch die Noth der arbeitenden Klassen als unabweisbar vor Augen traten: Gesundheits=, Baupolizei, verbesserte Armenpflege, Volks=

unterricht. In diesen neuen Gebieten aber den Communalverbänden ernstliche Zumuthungen persönlicher Selbstthätigkeit zu machen, hielt die Gesellschaft nicht für nothwendig; man würde dafür auch in dem Parteistreit keine Majorität gefunden haben.

Es ist damit bereits angedeutet, wie die Aenderungen der Verfassung zugleich eine neue Weise der Lokalverwaltung begründen, welche den wirthschaftlichen Grundsatz der Arbeitstheilung auch auf die bürgerliche Thätigkeit für das Gemeinwesen überträgt. Da die innere Landesverwaltung auf dem selfgovernment mit seinen schweren Anforderungen an die persönliche Thätigkeit des Nachbarverbandes beruht, so wandte sich die neue Erwerbsgesellschaft vorzugsweise der Gemeindeverwaltung zu, mit dem Streben nach Erleichterung, womöglich Beseitigung jener persönlichen Zumuthungen. Gleichzeitig mit der Verminderung der Pflichten beansprucht die Gesellschaft aber erhöhte Rechte: beschließende Gewalten einer gewählten Vertretung der Steuerzahler, um nach Analogie der Parlamentsverfassung ihre Interessen auch im Nachbarverbande geltend zu machen. Von diesen Gesichtspunkten aus begann mit der Reformbill ein neuer „Ausbau der Verfassung," der sich naturgemäß zuerst den wirthschaftlichen Gebieten des Gemeindelebens zuwandte, welche, durch das Uebergewicht der regierenden Klasse und den mangelhaften Antheil der Mittelklassen verfallen, ebenso reformbedürftig wie reformbereit dastanden.

Seit der Entstehung des Friedensrichteramts waren die obrigkeitlichen Functionen des Grafschaftsverbandes so überwiegend hervorgetreten, daß die Polizeigewalt alle andere Administration nach sich zog, daß im Grafschaftsverband nicht nur die Polizei, sondern die ganze Vermögens- und Steuerverwaltung durch die Friedensrichter ausschließlich gehandhabt wurde. Analog diesem System hatte sich in den Städten die Polizei mit der alten Stadtverwaltung verschmolzen in einem Magistrat (corporation), der in den meisten Orten fast ohne Betheiligung der Bürgerschaft sich durch Vererbung, Anciennetät oder Cooptation bildete. Die seit den Zeiten der Reformation für die Kirchspiele in Stadt und Land entstandenen Functionen hatte das allgewaltige Friedensrichteramt sich beinahe vollständig untergeordnet. Die Ortsgemeinde wurde durch die von ihnen ernannten constables, Armen- und Wegeaufseher verwaltet. Alle Interessen der besitzenden Klassen waren im XVIII. Jahrhundert mit jenem Hauptamt der Selbstverwaltung so tief verwachsen, daß ein Element des ständischen Vorrechts auch in das Friedensrichteramt eintrat, daß man die selbstthätige Bedeutung der Mittelstände in den Ortsgemeinden daneben wenig beachtete und verfallen ließ.

Mit der Entwickelung der industriellen Gesellschaft gewannen auch diese Verhältnisse ein völlig verändertes Ansehen. Es war das Geld-

bedürfniß zunächst der städtischen Verwaltung in so ansehnlichem Maße gewachsen, daß die exclusiven Magistratskörper in einen unhaltbaren Widerspruch mit der steuerzahlenden Bürgerschaft traten. Die Städte=
ordnung von 1835 führt an dieser Stelle die gewählten Stadtverord=
netenversammlungen ein, und giebt ihnen das Beschließungsrecht über die Vermögens= und Steuerverwaltung der Korporation. Sie bildet ein Ele=
ment der Stetigkeit dieser Vermögensverwaltung durch die auf längere Zeit gewählten Aldermen, und beschränkt daneben die ernannten Friedensrichter auf die Polizeiverwaltung und die sonstigen Functionen der Obrigkeit.

Die Neugestaltung nach demselben System rückt gleichzeitig weiter in die Kirchspiele. Die Bedeutung derselben war eine sehr verschiedene geworden, seitdem die Armenlast bis zu annähernd 8,000,000 £ (i. J. 1818) angewachsen war, und die Masse der Communalsteuern die alte Staatsgrundsteuer um das Zehnfache zu übersteigen anfing. Ein Antheil der Steuerzahler an der Verwaltung ließ sich auch in der Ortsgemeinde um so weniger versagen, als die Vernachlässigung und der Verfall der Kirchspielsämter notorisch eine Hauptveranlassung der Verschwendung der Gemeindemittel geworden war. Das neue Grundgesetz über die Armenverwaltung von 1834 kam diesen Forderungen durch folgende Neugestaltung entgegen.

1) Bildung einer gewählten Localvertretung. Sie war die nächste, vom gesellschaftlichen Standpunkt aus die wesentlichste Forderung der Reform. Schon vorbereitet durch Einzelversuche, erhält sie eine gleich=
mäßige Gestalt durch ein nach der Höhe der Steuerzahlung abgestuftes Stimmrecht von 1 bis 6 Stimmen. Ein aus den Höherbesteuerten zu wählender Verwaltungsrath (board) bildet den wirthschaftlichen Verwal=
tungskörper, und zwar in der Regel für eine Mehrheit von Kirchspielen, welche nach den heutigen Bedürfnissen der Armenpflege zu kleinen Kreis=
verbänden, Poor Law Unions, vereinigt, und in schrittweiser Ausgleichung der Armenlast allmälig zu Sammtgemeinden werden.

2) Verwaltung durch besoldete Beamte. Sie war zunächst veranlaßt durch den Verfall des alten Amts der Armenaufseher; entsprach aber auch so sehr den Grundneigungen der Erwerbsgesellschaft, daß sie grundsätzlich und zwangsweise durchgeführt wurde. In Anerkennung, daß eine Armenverwaltung nur nach gesetzlichen Normativbedingungen geführt werden dürfe, übertrug man alle Verantwortlichkeit und Mühe der Einzel=
verwaltung ausschließlich diesen besoldeten Beamten, welche in dem Sekre=
tair (clerk) nunmehr ihre Verwaltungsspitze, den eigentlichen Armendirector erhalten. Als Controle der Armendirectionen dient ein Centralamt mit provinziellen Staatsinspectoren und localen Rechnungsrevisoren. Die Ein=

heit des Verwaltungssystems stellt sich her durch die der Centralbehörde allein vorbehaltene Befugniß zur Entlassung aller besoldeten Beamten.

3) Das alte Selfgovernment der Friedensrichter beschränkt sich daneben auf Acte der Verwaltungsjustiz, Entscheidungen über das Niederlassungsrecht, Strafverfügungen und Resolute der Armenpolizei; das alte Amt der overseers beschränkt sich auf die Steuererhebung.

Diese neue Weise der Communalverwaltung mit gewählten Boards und Administration durch besoldete Beamte hat sich dann weiter ausgedehnt auf die Sanitäts= und Straßenverwaltung in den Boards of Health, sowie auf die gesammte Wegeverwaltung. Der wirthschaftliche Sinn der heutigen middle classes hat sich schließlich auch die Last der untern Polizeiverwaltung abgestreift und das alte Amt der Polizeischulzen (constables) in allen Geschäften der Friedensbewahrung durch besoldete Mannschaften ersetzt.

Seit einem Menschenalter tritt in dieser Weise ein neues System der communalen Repräsentation in das Selfgovernment ein, als ein ergänzendes Element der wirthschaftlichen Selbstverwaltung. Im letzten Jahrzehnt sind auch Versuche gemacht worden, gewählte Kreisversammlungen der Vierteljahrssitzungen der Friedensrichter zur Seite zu stellen. Ueberall aber nimmt das berechtigte Bestreben nach der Theilnahme am Staat die einseitige Richtung der Erwerbsgesellschaft an, diese Rechte ohne Uebernahme des dazu gehörenden persönlichen Dienstes zu gewinnen.

In Wechselwirkung mit der Neubildung des Besitzes erscheint nun eine neue Gliederung der Gesellschaft in ihrem Verhältniß zum Staat (Ständebildung), welche sich der vorgefundenen Dreitheilung anschließt und noch im Flusse befindlich ist.

Durch die Ansammlung der Capitalien hat sich eine neue Gentry herausgebildet, d. h. eine große Zahl neuer Hausstände mit einem selbständigen Capitalbesitz, welcher dem Durchschnittseinkommen der bisher regierenden Klasse gleich, der erwerbenden Arbeit zu ihrem Unterhalt nicht bedarf, ohne sich jedoch an der gewohnheitsmäßigen Arbeit des öffentlichen Lebens gleichmäßig zu betheiligen.

Die neue Combination von Besitz und Arbeit, die stärkere Verwendung intellectueller und technischer Kräfte ergiebt ferner eine starke Vermehrung der Mittelstände, welche aber noch weniger als die älteren sich an der Arbeit des Communallebens zu betheiligen geneigt sind.

Die arbeitenden Klassen endlich nehmen zwar mit einem Stimmrecht auch der kleinsten Hausstände an der Ortsgemeinde Theil, aber nur mit einer Betheiligung an der Ernennung des Verwaltungsraths (board); an eine ernstliche, gleichmäßige Heranziehung dieser Klassen zu dem Geschwornendienst und der persönlichen Arbeit der Verwaltung hat die

Gesetzgebung weder gedacht, noch einen Maßstab dafür gefunden, wie denn auch eine solche Betheiligung von keiner Seite verlangt wurde.

Das XIX. Jahrhundert erscheint damit als die Bildungsperiode der neuständischen Gesellschaft, mit einem Anspruch auf das für jeden Einzelen gleiche Recht, seinen Mitbürgern Gesetze zu geben, ohne an der persönlichen Arbeit und den verantwortlichen Pflichten des Gemeinwesens Theil zu nehmen. Diese neuständische Bildung ist es, welche einen Zwiespalt auch in das System des selfgovernment trägt, und ansehnliche Theile desselben als unfertige, im Fluß befindliche Formationen erscheinen läßt.

Die Hauptgrundlage der Darstellung des im Flusse befindlichen öffentlichen Rechts ist die englische Gesetzsammlung, welche durch ihren Umfang im XIX. Jahrhundert die Parlamentsstatuten aller früheren Jahrhunderte bald überholt haben wird. Ein längst vorhandenes Bedürfniß der Uebersicht erfüllt jetzt ein Repertorium: Chronological Table of and Index to the Statutes to the end of the Session of 1869. by Authority. London 1870, welches im ersten Theil die vollständige chronologische Reihenfolge, im zweiten Theil ein alphabetisches Real=Register, nach den Ueberschriften der Gesetze geordnet, zusammenstellt. In der chronologischen Reihe giebt eine besondere Rubrik an, ob und wie weit das Statut durch die spätere Gesetzgebung aufgehoben ist.

Für die Parlamentsverhandlungen beginnt mit dem Jahre 1803 die neue Serie der nicht amtlichen (Hansard's) Parliamentary Debates in jetzt mehr als 200 Bänden. Eine neue unerschöpfte und unerschöpfliche Quelle der Information bilden die Parliamentary Papers, welche seit Beginn des XIX. Jahrhunderts allmälig wachsen, seit der Reformbill öfter schon den Umfang von mehr als 100 Foliobänden jährlich überschritten haben. Die Hauptmasse gehört dem Unterhaus an; sehr bescheiden erscheinen daneben die Papiere des Oberhauses. Generalverzeichnisse dazu sind bisher gedruckt für die Jahre 1801—1852, und sessionsweise gruppirt für 1836—1863. Jede einzele Session erhält ihren besondern Index, chronologisch und alphabetisch, nach einem Registraturschema in einem besondern Bande. Die einzelen Vorlagen sind mit laufenden Nummern nach der Reihenfolge des Erscheinens geordnet. Am Schluß der Session werden aber alle Vorlagen nach Hauptmaterien in Foliobände gruppirt, z. B. in der jüngst abgeschlossenen Serie der Parl. P. 1869 nach folgenden Massen: (1) Public Bills, d. h. die Vorlagen der Gesetzentwürfe und deren Amendements, zusammen 5 Bände; (2) Reports from Committees, d. h. die von den Commissionen des Unterhauses erstatteten Berichte, zusammen 6 Bände; (3) Report from Commissioners, d. h. amtliche Berichte der Behörden, welche dem Parlament auf Grund bestehender Gesetze, oder nach Herkommen vorgelegt werden, zusammen 22 Bände; (4) Accounts and Papers, d. h. Etatsnachweisungen und sonstige dem Parlament vorgelegte statistische Uebersichten, Staatsverträge und Nachweisungen, zusammen 32 Bände. Das Vol. LXVI. bildet den Registerband: Numerical List and Index to The Sessional Printed Papers of 10. December 1868 to 11. August 1869 Sess. 1868—1869. Darauf folgt noch ein Anhang von Bänden, betreffend die Privatbills, die gedruckten Tagesordnungen, die namentlichen Abstimmungen zc. — Nach diesem System werden im XIX. Jahrhundert die einzelen Jahrgänge der Parlamentspapiere gleichmäßig geordnet, welche nun bald 3000 Foliobände bilden werden. Eine Uebersicht aller accounts, statements, reports, and other documents annually or otherwise periodically presented to Parliament, in persuance of statutes or custom geben die Parl. P. 1868 LVI. S. 21. Die in Tausenden von Exemplaren jährlich vertheilte Masse ist indessen so unförmlich geworden, daß sie in England selbst ungenügend gekannt und benutzt wird.

§. 7.
Begriff, Entwicklungsgang und Gliederung des selfgovernment.

Der Begriff des selfgovernment, obgleich niemals durch Gesetz, Gerichtsurtheil oder Rechtsautorität festgestellt, bildet doch ein in der Geschichte und Gesetzgebung Englands fest ausgeprägtes Ganzes.

Die Gesetzgebung hat seit den Zeiten der Magna Charta die Ausübung der Staatsgewalt so geregelt, daß die verantwortlichen Aemter der innern Verwaltung als Ehrenämter ansäßigen Personen und Commissionen in Grafschaft, Stadt und Kirchspiel kraft gesetzlicher Einrichtung übertragen, und die für diese Verwaltung nothwendigen Geldmittel durch den Nachbarverband nach gesetzmäßigem Steuerfuß aufgebracht werden. Das selfgovernment erscheint von dieser Seite aus als ein Auftrag der örtlichen Staatsfunctionen, unter verhältnißmäßiger Vertheilung der persönlichen und Steuerpflichten auf die geeigneten Klassen der Gesellschaft im Nachbarverband.

Von der örtlichen Seite angesehen, ist das selfgovernment ein Verwaltungssystem der Commune, durch gesetzliche Normativbestimmungen so geregelt, um die örtlich thätige Staatsgewalt darzustellen; und da diese Pflicht zugleich als das Recht der Commune anerkannt ist, so bildet das selfgovernment die gesetzmäßige Kreis-, Stadt- und Gemeindeverfassung Englands.

Das englische selfgovernment ist also in ein und derselben Formation zugleich ein System der innern Staatsverwaltung und ein System der Kreis- und Gemeindeverfassung:

> Eine Kreis- und Gemeindeverwaltung durch Ehrenämter und Communalsteuern nach den Gesetzen des Landes.

Es ist in dieser Gestalt durchweg eine Schöpfung der Gesetzgebung aus der Initiative der Staatsgewalt, welche die vorgefundenen Nachbarverbände zu Verwaltungsgemeinden umgebildet, d. h. zu verantwortlichen Organen des Staats erhoben hat. Das selfgovernment übernimmt diejenigen Staatsfunctionen, welche der Continent als „innere Landesverwaltung" in den Händen der berufsmäßigen Staatsbeamten (Präfekten, Unterpräfekten, Maires, Ortsrichter) zu sehen gewöhnt ist, und macht dafür die Kreis- und Gemeindeverbände zu ausführenden Localstellen. Indem es die gesellschaftlichen Klassen zur verantwortlichen Ausführung der Gesetze nach demselben System heranzieht, nach welchem die Parlamentsverfassung dieselben Klassen zur Bildung des gesetzgebenden Körpers beruft, ist es die verfassungsbildende Grundlage des englischen Staats geworden.

Es ergeben sich daraus die positiven Merkmale, welche die selbstverwaltenden Gemeinden von den mittelalterlichen Communen und Genossenschaften scheiden.

Alle Selbstverwaltung beruht auf gesetzlicher Regelung, auf einem vollständig durchgebildeten Verwaltungsrecht. Es ist dies der für die deutsche Betrachtung am stärksten hervortretende Charakterzug, — darauf beruhend, daß im entwickelten Staat die rechtlichen und wirthschaftlichen Grundsätze der Gesammtheit auch die einzelen Glieder beherrschen müssen, daß also die heutigen Communen nur integrirende Glieder des Staatsganzen sein können. Die gesetzliche Regelung umfaßt alle Punkte, auf denen die Uebereinstimmung des Ganzen und der Glieder beruht: die Bezirke, die Objecte, die Subjecte und die Beitragspflichten der Communalverbände.

Bezirke der Selbstverwaltung sind die hergebrachten Landschafts-, Kreis-, Stadt- und Dorfverbände, welchen sich die Verwaltungsgesetzgebung immer zunächst angeschlossen hat, und in jeder Fortbildung von Neuem anschließt.

Gegenstand der Selbstverwaltung sind nicht eigene Rechte der Verbände, nicht gesellschaftliche Interessen, sondern die staatlichen Functionen der innern Landesverwaltung: der Geschworenendienst, die Verwaltung der Sicherheits- und Wohlfahrtspolizei, die Militäraushebungen und das Landwehrsystem, die Armen-, Sanitäts- und Wegeverwaltung, die Erhebung und Verwaltung der Communalsteuern und des communalen Stammvermögens, wo ein solches vorhanden, — doch so, daß alle Vermögensverwaltung hier nur als Mittel zum Zweck der Erfüllung staatlicher Pflichten erscheint. Es sind die Functionen der örtlich thätigen Staatsgewalt, die sich zur Handhabung im Nachbarverbande eignen, mit Ausschluß derer, welche sich dazu nicht eignen.

Die Organe der Selbstverwaltung bilden höhere und niedere Aemter, zum Theil auch Gemeindeausschüsse in Gestalt von juries. Alle Aemter des selfgovernment haben den reinen Amtscharakter, alle Rechte und Ehren, alle Pflichten und Verantwortlichkeiten der Staatsämter. Auch die Grundsätze der Ernennung und Entlassung sind die normalen Grundsätze des Amtsrechts mit nur wenigen aus der Natur des Ehrenamts folgenden Abweichungen.

Subjecte der Selbstverwaltung endlich sind alle gesellschaftlichen Klassen im communalen Verbande in dem weitesten Maße, in welchem sie den persönlichen Dienst der Ehrenämter zu tragen vermögen. Die Selbstverwaltung ist an keine bestimmte Besitzweise geknüpft. Ein Census

§. 7. Die Gliederung des selfgovernment.

dafür, soweit er vorkommt, ist immer erst nachträglich entstanden. An die Verpflichtung zum persönlichen Dienst, als das Primäre, schließt sich dann die persönliche Steuerpflicht aller Hausstände nach dem Maßstab des dem Communalverband zugehörigen Besitzes an. Jene Combination der Selbstverwaltung aus Aemtern und Steuern hat in wunderbarer Biegsamkeit sich den Wandelungen von Staat und Gesellschaft auch in unserm Jahrhundert angeschlossen.

Die tiefgehende Bedeutung dieser Einrichtungen ist die organische Verbindung der Gesellschaft mit dem Staat, — die Lösung des Problems, die vielgegliederten Interessen der Gesellschaft zu einem einheitlichen Staatswillen zusammenzufassen.

Die Selbstverwaltung erhält die Harmonie der besitzenden, Mittel- und arbeitenden Klassen, indem sie den höheren Ständen vervielfältigte und schwerere Pflichten auflegt, kraft deren sie in Uebung staatlicher Functionen das Maaß des Einflusses rechtmäßig erwerben, welches sie andernfalls durch die gesellschaftliche Macht des Besitzes in der Weise der Unfreiheit erstreben.

Sie bestimmt den Grundcharakter der parlamentarischen Körperschaften von unten herauf; denn die praktische Ausübung der Pflichten des Menschen gegen den Menschen im Nachbarverband erhebt den Einzelen über den natürlichen Zug der Interessen, welcher nur nach Erwerb und Besitz, nach Genuß und Einfluß geht. Das gesellschaftliche Leben des Kreisverbands und der Gemeinde wird damit durchdrungen und befruchtet von dem Verständniß für den Staat und von dem Gemeinsinn, welchen der Absolutismus auch in seiner besten Gestalt nur zu einem Monopol der Beamtenklasse macht.

Sie giebt dem aus den Körperschaften der Selbstverwaltung hervorgehenden Parlament mit dem Rechte auch die Fähigkeit, die Gesetzgebung des Landes gleichmäßig fortzubilden und den Gang der Staatsverwaltung wirksam zu controliren.

Sie erzeugt den Rechtssinn der Nation, den das gesellschaftliche Leben aus seinen Interessen heraus nicht zu entwickeln vermag: das Bewußtsein von der Nothwendigkeit einer festen, die Rechte der Gesammtheit und des Einzelen sichernden Rechtsordnung. Auch von dieser Seite aus correspondirt das Ganze mit den einzelen Gliedern. Erst die Einschiebung des selfgovernment giebt den Rechts- und Parlamentscontrolen der Staatsverwaltung ihren Halt. Die Behörden des selfgovernment bilden die englische Verwaltungsgerichtsbarkeit, welche in Verbindung mit den Reichsgerichten eine geschlossene Jurisdiction über das gesammte öffentliche Recht herstellt. Durch diesen Zwischenbau wird die freie Bewegung der Parteien in der Centralverwaltung möglich, ohne die feste, gleichmäßige

Handhabung des öffentlichen Rechtes und die Rechtssphäre des Einzelen zu gefährden. Dieser Zwischenbau erzeugt den neuerdings so genannten Rechtsstaat.

Diesem Charakter entsprechend läßt sich das selfgovernment nicht als eine codificirte Kreis- und Gemeindeordnung, sondern nur in folgender Gliederung darstellen.

I. **Die Grundlagen und Elemente des** selfgovernment (Buch I.), und zwar:

Cap. I. die geschichtlichen Grundlagen;

Cap. II. die Bezirke und Aemter des selfgovernment;

Cap. III. das System der Communalsteuern.

Aus den Grundelementen der Aemter und Steuern combiniren sich dann die beiden ihrem Character nach verschiedenen Systeme der „obrigkeitlichen" und der „wirthschaftlichen" Selbstverwaltung.

II. A. **Das System der obrigkeitlichen Selbstverwaltung** (Buch II.) umfaßt die fünf Gebiete, in welchen das communale Ehrenamt die Functionen der bürgerlichen Obrigkeit übernimmt:

Cap. IV. Den Antheil der Grafschaft an der Civiljustizverwaltung, als das älteste Hauptgebiet, in welchem die Amtsgewalt des Sheriff und die Functionen der Civiljury noch fortdauern.

Cap. V. Die Polizei- und Strafjustiz-Verwaltung der Grafschaft, als den Schwerpunkt des Ganzen seit Einführung des Friedensrichteramtes. Es umfaßt seiner hervorragenden Bedeutung entsprechend in sieben Unterabschnitten: eine Uebersicht der Amtsgeschäfte und des Personals; den Geschäftskreis der einzelen Friedensrichter, der Special- und Quartalsitzungen; die Anklage- und Urtheiljury; das Unteramt der constables; die allgemeinen Grundsätze über den Instanzenzug und die Verantwortlichkeit der Verwaltung des Innern und der Polizei.

Cap. VI. behandelt die Milizverfassung: den Lord Lieutenant, die Deputy Lieutenants und ihre Verwaltungsgerichtsbarkeit.

Cap. VII. Das Gebiet der Steuereinschätzungen, umfassend:

1) die Einschätzung der directen Staatssteuer, land tax, assessed taxes und Einkommensteuer;

2) die Einschätzung der Communalsteuern unter Controle, Verwaltungsjustiz und geordnetem Instanzenzug der Friedensrichter.

Cap. VIII. Die Stadtverfassung mit ihren Mayors und Aldermen, städtischen Friedensrichtern, Quartalsitzungen und constables, als eine Uebertragung der Grafschafts-Verfassung (Kreisverfassung) auf die incorporirten Stadtgemeinden; die neue Städteordnung verbindet damit aber die gewählten Stadtverordneten-Versammlungen, und bildet so den Uebergang zu dem System der „wirthschaftlichen" Selbstverwaltung.

§. 7. Die Gliederung des selfgovernment. 73

Abgesehen von dieser letzten Erweiterung, stellen die obigen fünf Institutionen das selfgovernment so dar, wie es aus dem Mittelalter hervorgegangen ist durch Uebertragung königlicher Amtsgewalten auf ansässige Personen des Communalverbandes. Das Steuerelement blieb dabei stets eine untergeordnete Ergänzung. Da alle obrigkeitliche Localverwaltung ihren Schwerpunkt in größeren Verbänden hat, so enthält dies selfgovernment nur eine Verfassung für Kreisverbände und Amtsbezirke resp. Städte. Wie das englische Richteramt und die Jury, wie einst auch die deutsche Schöffenverfassung, beruht diese Verwaltungsjurisdiction auf dem Grundsatz der Ernennung der rechtsprechenden Organe.

III. B. Das zweite Grundsystem der wirthschaftlichen Selbstverwaltung (Buch III.) hat seinen Schwerpunkt in der Ortsgemeinde. Am Schluß des Mittelalters war das Kirchspiel der dafür geeignete Elementarbezirk geworden, in welchem Gutsbezirk und Bauerschaft (manor und tithing) sich bereits als Einheit verbunden fanden. Die weitere Entfaltung nimmt folgenden Gang:

Cap. IX. Das Kirchspiel mit seinen Kirchspielsversammlungen und Kirchenvorstehern — bis dahin nur eine kirchliche Verwaltungsgemeinde, — wird durch die Reformation zugleich weltlicher Gemeindebezirk. Die Kirchenvorsteher erhalten ein unteres Polizeiamt und die Amtspflicht der Armenaufseher. Das Kirchspiel bleibt von nun an Elementarbezirk, in welchem das XIX. Jahrhundert eine Gemeindevertretung nach klassificirtem Stimmrecht der Steuerzahler durchführt.

Cap. X. Das Kirchspiel als Armenverwaltungsgemeinde bildet sich durch die Gesetzgebung der Tudors, mit dem Ehrenamt der overseers of the poor für den persönlichen Dienst unter Oberleitung der Friedensrichter. Durch das Armengesetz von 1834 werden die kleineren Kirchspiele zu Kreisarmenverbänden combinirt, mit gewählten Verwaltungsräthen unter Leitung einer königlichen Centralbehörde.

Cap. XI. Eine Gemeindeverfassung für Zwecke der Straßen-, Bau, und Gesundheitspolizei war im XVIII. Jahrhundert nur in Localacten nach örtlichem Bedürfniß vorhanden. Nach Analogie der neueren Armenverwaltung entstehen dafür aber allgemeine Normativbestimmungen durch die Public Health Act 1848 und die Local Government Act 1858, auf Grundlage des Steuer-, Wahl- und Beamtensystems der Armengesetzgebung.

Cap. XII. Die Communal-Wegeverwaltung beruht seit den Tudors auf dem Ehrenamt der Wegeaufseher und einem geordneten System von Wegediensten. Die neue Wegeordnung 5 et 6 Will. IV. c. 50 geht in das reine System der Geldwirthschaft über; das ergänzende Wegever=

waltungsgesetz von 1862 leitet das Ganze in das Steuer-, Wahl- und Sammtgemeindesystem der Armenverwaltung über.

Cap. XIII. Die allgemeine Lehre von den Corporations tritt schließlich ergänzend hinzu mit privatrechtlichen Grundsätzen von allgemeiner Anwendbarkeit für das Gebiet der wirthschaftlichen Verwaltung.

Im Laufe des XIX. Jahrhunderts ist die Bedeutung dieses Gebietes gewachsen mit den Communalsteuern, deren Gesammtbetrag zur Zeit auf mehr als 20,000,000 £ geschätzt wird. Der dadurch begründete Anspruch auf eine Mitbeschließung und ein Wahlrecht der Steuerzahler ist durch ein klassificirtes Stimmrecht zur Geltung gekommen. Daneben ist der Gesichtspunkt festzuhalten, daß diese wirthschaftliche Verwaltung ein Glied der Staatswirthschaft bildet, geregelt durch gesetzliche Normativbestimmungen und unter Controle des obrigkeitlichen Amtes. Die Vernachlässigung der persönlichen Dienstpflicht indessen hat die neuen Einrichtungen unter die administrative Oberleitung der Staatsbehörden gebracht, und bietet durch eine zwiespältige Formation besondere Schwierigkeiten der Darstellung dar.

IV. **Die anwendbaren Grundsätze dieses Gesammtsystems** (Buch IV.) sind zwar seit Menschenaltern für die Staaten des Continents ein Gegenstand eifriger Bemühungen gewesen. Da die Selbstverwaltung aber nur eine Anwendung des positiven Verwaltungsrechts und der staatswirthschaftlichen Grundsätze auf die Kreis- und Gemeindeverbände darstellt: so kann eine deutsche „Selbstverwaltung" folgerecht nur deutsche Verwaltungsgesetze, deutsche Aemter und deutsche Geschäftsformen auf die Kreis- und Gemeindeverwaltung übertragen. Von einer Verweisung auf englische Grundsätze kann nur auf solchen Gebieten die Rede sein, in welchen die eigenen praktischen Erfahrungen fehlen. — Auch die Steuern des selfgovernment, als ein Theil der Staatswirthschaft, können sich nur dem bestehenden System der deutschen Staatssteuern anschließen. Die englischen Grundsätze können dabei nur Fingerzeige bieten, wo das deutsche System grundsatzlos, oder lückenhaft, oder (wie in den ländlichen Verhältnissen Preußens) völlig unentwickelt ist.

Die Verbindung von Amt und Steuer zur einheitlichen Gemeindeverwaltung schließt sich den vorgefundenen Communalverbänden an, kann also in Deutschland nur die vorhandenen Provinzial-, Kreis-, Amts-, Stadt- und Dorfbezirke zu Grunde legen. Nur wo ein lebensfähiger Körper erst zu schaffen ist, sind die älteren Erfahrungen des englischen selfgovernment nutzbar zu machen.

Es ist also kein einziges englisches Amt, am wenigsten das der Friedensrichter, auf deutsche oder französische Verhältnisse übertragbar, so wenig wie die Special-Steuern für Armen-, Wege- und hundert andere Specialzwecke: wohl aber enthalten die staatsrechtlichen und staatswirthschaftlichen

§. 7. Die Gliederung des selfgovernment. 75

Grundsätze des selfgovernment bewährte Grundsätze für die organische Verbindung von Staat und Gesellschaft. Das an jedem Punkt und aller Orten Entscheidende ist die **gewohnheitsmäßige Selbstthätigkeit im Staatsberuf.** Sie ist die schaffende Kraft, welche aus der Gesellschaft heraus das Bewußtsein erzeugt, daß die Gemeinschaft der Menschen über die Bestrebungen und Interessen des Tages hinaus ein selbständiges und dauerndes Dasein im Staat haben muß. Sie ist es, welche die natürliche Vielheit der Meinungen und Bestrebungen auch in der heutigen Gesellschaft zu einem kraftvollen, stetigen Gesammtwillen zusammenzufassen vermag. Jedenfalls ist es dieser Zwischenbau gewesen, welcher seit 500 Jahren die englische Parlamentsverfassung begründet, entfaltet und bis heute erhalten hat.

Wesentlich verschieden von den wirklichen Verhältnissen ist dasjenige Bild des selfgovernment, welches seit den Zeiten Montesquieu's vielfach Gegenstand der Bewunderung des Continents geworden ist, und welches fast ausschließlich auf dem berühmten Werk Blackstone's beruht. Eine Darstellung dieser äußerst verwickelten Verhältnisse war aber von Hause aus in Blackstone's Commentaries gar nicht beabsichtigt. Am Schluß seiner Einleitung berührt er zunächst die „Territorialeintheilung." Im ersten Buch von dem „Recht der Personen" reiht er sodann (an Parlament und Königliche Prärogative) ein „Cap. IX. of Subordinate Magistrates" I. pag. 338—365. Er hat dabei hauptsächlich die Stellung der Grafschaftsbeamten als Unterbeamte der Königlichen Gerichtshöfe vor Augen, schließt ausdrücklich die Städteverfassung aus, und verweist schon in der Vorrede für die Einzelheiten der Communalverfassung auf das große Sammelwerk Burn's Justice of the Peace. Er beschränkt sich demgemäß auf die Darstellung des Amtrechts 1) der Sheriffs, 2) der Coroners, 3) der Friedensrichter, 4) der Constables, 5) der Wegeaufseher, 6) der Armenaufseher — und handelt bei jedem Amt zuerst von der Entstehung, dann von der Weise der Ernennung und Entlassung, dann von den wichtigsten Rechten und Obliegenheiten. Das Amt der Kirchenvorsteher kommt in Cap. XI. vom Clerus vor; das Amt des Lord-Lieutenant im Cap. XIII. vom „Militärstande."

Die neuern Bearbeitungen Blackstone's beschränken sich immer noch auf dieselben Grenzen und dieselbe Darstellungsweise. Auch sie geben kein zusammenhängendes Bild von der Entstehung der Communalverfassung, keine Uebersicht der Communalsteuern, keine Einsicht in den Organismus der Communalverwaltung. Auch hier erscheint das Ganze als ein Anhang zur Parlamentsverfassung, als eine kurze Uebersicht der untergeordneten Aemter. Für den englischen Friedensrichter und Communalbeamten wird dabei gerechnet auf den Gebrauch der populären Compilationen, die aber im Ausland wenig bekannt und in ihrer englischen Gestalt schwer verständlich sind.

Das Handbuch des englischen Friedensrichters, welches Blackstone als bekannt voraussetzt, Richard Burn, the Justice of the Peace and Parish Officer, ist nur ein alphabetisches Repertorium der für die Friedensrichter in Betracht kommenden Theile des Verwaltungs- und Strafrechts. Die 29te Auflage war in 5 starken Bänden 1836 erschienen. Die seit dem Regierungsantritt der Königin Victoria unübersehbare Masse der neuen Gesetzgebung erschwerte aber dessen Fortführung in dem Maße, daß trotz des allseitig anerkannten Bedürfnisses und immer wiederholter Ankündigung die 30te Auflage erst nach einem Menschenalter erschienen ist, bearbeitet von J. B. Maule in 5 unförmlichen Bänden, die einzelen Bände durch Arbeitstheilung wieder von verschiedenen Herausgebern redigirt. (London bei Sweet, Maxwell et Stevens 5 vol. (7 £ 7 s) etwa 8000 enggedruckte Seiten umfassend.) Die alte Weise der alphabetischen Bearbeitung mit traditionellen antiquarischen Vorbemerkungen ist darin beibehalten, und eine Beherrschung des Materials noch schwerer geworden als früher. Das unendlich reiche Material der Parlamentspapiere bleibt dabei unbeachtet und wird selbst in den Einzelschriften über die Materien des selfgovernment meistens nur beiläufig und unvollständig benutzt.

Zusammenfassende Darstellungen giebt es überhaupt nicht. In der Schrift von J. Toulmin Smith, Local Selfgovernment and Centralisation, London 1851 und in der neuen Bearbeitung derselben, T. Smith, the Parish 1857, ist das Bestreben anerkennungswürdiger als die Leistung; das Ganze ist mehr eine Kritik der neuesten Gesetzarbeiten auf diesem Felde. Die ältere deutsche Schrift des Ober-Präsidenten von Vincke (Darstellung der innern Verwaltung Großbritanniens, herausgegeben von B. G. Niebuhr Berlin 1815, 2. Aufl. 1848) war eine tüchtige und in ihrer Auffassung würdige Vorarbeit für die englische Polizeiverwaltung, die aber jetzt zum großen Theil veraltet erscheint.

Da es jedenfalls nothwendig ist, auch in dieser Darstellung den Zusammenhang mit Blackstone und den gewohnten Beschreibungen der englischen Verfassung zu erhalten, so ist im II. Capitel die Uebersicht der Bezirke und Aemter in engem Anschluß an das Capitel Blackstone's gegeben.

II. Capitel.

Die Bezirke und Aemter des selfgovernment.

§. 8.
Die Bezirke der Grafschaft, Hundertschaft und Ortsgemeinde.

Da das englische selfgovernment jeder Zeit grundsätzlich im Anschluß an die vorgefundenen Nachbarverbände gebildet ist, so kehrt noch heute der äußere Rahmen der angelsächsischen Zeit als Bezirkseintheilung in Grafschaft, Hundertschaft und Zehntschaft, Shire, Hundred und Tithing wieder, und giebt dem Ganzen ein alterthümliches Ansehen, welches durch antiquarische Notizen auch bei Blackstone I. p. 114—120 mit Vorliebe gepflegt wird.

I. Die Grafschaft, Shire, County ist noch immer die Haupteintheilung des Reichs für Gericht und Verwaltung. Das heutige England zerfällt danach in 40, Wales in 12 Grafschaften. Diese Eintheilung wird traditionell auf König Alfred zurückgeführt, und erscheint in der That schon unter Alfred und seinen Nachfolgern mit 32 heutigen Namen der Grafschaften von England. Der ersten Entstehung nach sind aber drei Hauptgruppen zu scheiden:

1) An dem südlichen und westlichen Rande des Reiches, der von der See aus zuerst erobert, von Angeln und Sachsen stark bevölkert und frühzeitig zu einer staatlichen Ordnung gelangt war, sind die Grafschaften identisch mit den kleinen mediatisirten Königreichen. Hieher gehört Kent und Sussex. Das Königreich der East-Saxons bildete die Grafschaften Essex und Middlesex. East-Anglia theilte sich in das Gebiet des Nordvolks und Südvolks, Norfolk und Suffolk. In Wessex bilden die Ansiedelungen der Wilsaetan, Dörmsaetan, Samorsaetan die späteren Grafschaften Wilts, Dorset, Somerset.

2) Ein zweites großes Gebiet bildet Mercia, einstmals die große Mark gegen die Britten und das Binnenland. Hier bedurfte es wegen des unförmlichen Umfanges einer administrativen Gebietstheilung

(Shir = division), die immer nach einer Ortschaft von einiger Bedeutung benannt wurde, welche zum Versammlungs= und Mittelpunkt der Gerichts= und Milizgeschäfte geeignet war. Alle Grafschaften erhalten hier die ang= lische, sächsische oder nordische Bezeichnung einer Ortschaft: ham, ford, ton, byrig, wick, by, cester (castrum), wie Her-ford, Bucking-ham, Northamp-ton, Glou-cester und noch 9 andere Grafschaften.

3) Das große Northumbrische Reich, nördlich des Humber, war in stürmischen, wechselvollen Schicksalen erst spät colonisirt und ungleich formirt. Der nördlichere Theil gehörte später zu Schottland. Im süd= licheren Theil bilden Lincoln, York und Durham formirte Shires, die nach einem Hauptort benannt sind. Rutland und Cumberland sind nach einem Stammnamen, Northumberland und Westmoreland geographisch bezeichnet und erst später eingereiht; ebenso das heutige Lancashire.

Die Grafschaften von Wales wurden unter Heinrich VIII. formirt, und dabei Monmouth zu England gelegt. Einige Grenzbezirke bildeten nach der normannischen Eroberung Markgrafschaften in größerer Selb= ständigkeit, sog. „Pfalzgrafschaften"; die von Chester wurde indessen unter Heinrich VIII., die von Durham unter Karl II. der Parlamentsver= fassung eingefügt. Die Besonderheiten der Grafschaft Lancaster sind erst durch eine Familienstiftung beim Regierungsantritt Heinrichs IV. entstanden.

Mehre Grafschaften umfassen außer dem Festland noch benachbarte Inseln, wie Wight, Portland, Thanet u. a.

Mit diesen Vorbehalten kann man die englische Grafschaft als „angel= sächsische" Reichseintheilung bezeichnen. Sie war von Hause aus der Hauptbezirk zur Abhaltung des Landesgerichts im germanischen Sinne, d. h. der gesammten Gerichts=, Polizei= und Milizverwaltung. Ein Com= munalverband zu einer wirthschaftlichen Selbstverwaltung ist sie zu keiner Zeit gewesen, schon aus dem Grunde, weil die Shire keine gemeine Mark besitzt.

Seit der normannischen Eroberung wurde unter strenger Direktion des königlichen Schatzamts der Comitatus der Verwaltungsbezirk für die Gerichts= Polizei=, Militär= und Finanzverwaltung des Vicecomes, in welchem ein Zusammenhang der Vasallen und Freisassen durch ihre Pflicht zur Gerichtsfolge noch fortdauerte. Mit dem Verschwinden der nationalen Gegensätze seit der Magna Charta entsteht gerade aus der gleichmäßigen Unterwerfung aller Stände unter die königliche Verwaltung von Neuem eine rege persönliche Betheiligung der Ritterschaft und Freisassen an Gericht und Polizei, an Miliz= und Steuerverwaltung, jedoch mit einem starken Zuge zur Centralisation.

Seit dem XIV. Jahrhundert erhält die Centralisation ihr Gegen= gewicht durch die Entstehung des Friedensrichteramts, welches in

§. 8. Die Bezirke der Grafschaft, Hundertschaft und Ortsgemeinde.

vierteljährlichen Sitzungen sämmtliche Kreis- und Gemeindebeamte der Friedensbewahrung zusammenruft und mit Zuziehung einer Anklage- und Urtheilsjury die Strafjustiz ausübt. Friedensrichteramt und Jury bilden nun den lebendigen Verband der Grafschaft, neben welchem die alten Versammlungen der Ritter und Freisassen unter dem Sheriff, die sog. county courts, allmälig zurücktreten. Die Civiljustiz des county court bleibt in fortschreitendem Verfall. Der turnus vicecomitis und die ihm nebengeordneten courts leet werden von dem Friedensrichteramt allmälig aufgezehrt. Die Parlamentswahlen erfolgen zwar noch in der Form eines county court; der Census der Wahlberechtigten wird aber nach dem Maßstab des Geschworenendienstes, durch Specialgesetze und Reformbills bestimmt. Die Wahl der coroners und der (früh veralteten) Waldmeister erfolgte nominell auch noch in einem county court; doch ist das Wahlgeschäft der coroners durch die neueste Gesetzgebung gänzlich umgestaltet.

Trotz dieser Umwandlungen bleibt aber die Grafschaft noch immer der Hauptbezirk für die gesammte Gerichtsverfassung. Der Gerichtsstand in Civil- und Strafsachen bestimmt sich nach der Grafschaft, in welcher der Klagegrund entstanden, das Verbrechen begangen ist. Die Assisen der Reichsrichter, die Quartalsitzungen, die Bildung der Hauptgeschworenenliste, das heutige Vollziehungs-Amt des Sheriff, haben die Grafschaft als ordentlichen Bezirk. Ebenso ist sie die Basis der Kreispolizeisteuer, der Polizeiverwaltung, der gesammten Verwaltungsjustiz der Friedensrichter, der Miliz, — Hauptbezirk des gesammten, obrigkeitlichen self-government geblieben. Für die Parlamentswahlen der Grafschaft sind seit der Reformbill feste Divisions gebildet, welche die größeren Grafschaften in zwei oder mehre Hauptwahlbezirke theilen, zuletzt durch 31 et 32 Vict. c. 46.

Für alle diese Geschäfte bestanden die Grafschaftsbezirke Jahrhunderte hindurch in unveränderten Grenzen. Durch die Reformbill von 1832 wurde jedoch das Privy Council (Staatsministerium) ermächtigt, Stücke von Grafschaften, welche in einer anderen als Enclaven liegen, zum Zwecke der Parlamentswahlen zu vereinen. Später ist durch die Boundary-Act 7 et 8 Vict. c. 61 (21 et 22 Vict. c. 68) diese Vereinigung auf alle Beziehungen der Grafschaftsverwaltung ausgedehnt; und damit eine im Ganzen nicht erhebliche Arrondirung erfolgt. Amtliche Nachrichten über die heutigen Grafschafts-Bezirke finden sich in den Vorreden zu den Bevölkerungslisten, namentlich in dem Census von 1851. Die Durchschnittszahlen für eine englische Grafschaft sind danach 60 deutsche ☐Meilen und jetzt beinahe 500,000 Einwohner; in Wales 30 ☐Meilen und 90,000 Einwohner. In den Tabellen des Census erscheinen die Grafschaften auf deutsche Quadratmeilen reducirt mit der Bevölkerung von 1801, 1851, 1861 nach der Reihenfolge ihrer Größe wie nachsteht:

Grafschaft	☐Meilen	1801	1851	1861
York	284	859,033	1,797,995	2,093,177
(East Riding	57	111,192	220,983	240,227)
(North Riding	100	158,927	215,214	245,154)
(West Riding	127	572,168	1,325,495	1,507,796)
Lincoln	132	208,625	407,222	412,246
Devon	123	340,308	567,098	584,373
Norfolk	100	273,479	442,714	434,798
Northumberland	92	168,078	303,568	343,025
Lancaster	90	673,486	2,031,236	2,429,440
Southampton	79	219,290	405,370	481,815
Essex	78	227,682	369,318	404,851
Somerset	77	273,577	443,916	444,873
Kent	77	308,667	615,766	733,887
Cumberland	74	117,230	195,492	205,276
Suffolk	70	214,404	337,215	337,070
Sussex	69	159,471	336,844	363,735
Cornwall	65	192,281	355,558	369,390
Wilts	64	183,820	254,221	249,311
Salop	61	169,248	229,341	240,959
Gloucester	59	250,723	458,805	485,770
Stafford	54	242,693	608,716	746,943
Chester	52	192,305	455,725	505,428
Derby	49	161,567	296,084	339,327
Dorset	47	114,452	184,207	188,789
Northampton	46	131,525	212,380	227,704
Durham	46	149,384	390,997	508,666
Warwick	42	206,798	575,013	561,855
Hereford	39	88,436	115,489	123,712
Nottingham	39	140,350	270,427	293,876
Cambridge	39	89,346	185,405	176,016
Leicester	38	130,082	230,208	237,412
Westmoreland	36	40,805	58,287	60,817
Surrey	35	268,233	683,082	831,093
Oxford	35	111,977	170,439	170,944
Worcester	35	146,441	276,926	307,397
Buckingham	34	108,132	163,723	167,993
Berks	32	110,480	170,065	176,256
Hertford	29	97,393	167,298	173,280
Monmouth	27	45,568	157,418	174,633
Bedford	21	63,393	124,478	135,287
Huntingdon	17	37,568	64,183	64,250
Middlesex	13	818,129	1,886,576	2,206,485
Rutland	7	16,300	22,983	21,861

§ 8. Die Bezirke der Grafschaft, Hundertschaft und Ortsgemeinde.

Wales.

Grafschaft	☐Meilen	1801	1851	1861
Carmarthen	45	67,317	110,632	111,796
Glamorgan	40	70,879	231,849	317,752
Montgomery	36	48,184	67,335	66,919
Brecon	34	32,325	61,474	61,627
Cardigan	33	42,956	70,796	72,245
Pembroke	29	56,280	94,140	96,278
Merioneth	28	29,506	38,843	38,963
Denbigh	28	60,299	92,583	100,778
Carnarvon	27	41,521	87,870	95,694
Radnor	20	19,135	24,716	25,382
Anglesey	15	33,806	57,327	54,609
Flint	14	39,469	68,156	69,737

II. Die Hundred, Hundertschaft, bildet den Hauptunterbezirk (Amtsbezirk) der obrigkeitlichen Verwaltung, welcher traditionell ebenfalls auf Alfred den Großen zurückgeführt wird. In der That erscheint die Hundertschaft seit dem zehnten Jahrhundert als fester Unterbezirk für Gericht, Friedensbewahrung und Heerbann, und hat sich als solcher in wunderbarer Stetigkeit bis in das neunzehnte Jahrhundert erhalten, wozu das Vorhandensein einer gemeinen Mark für uralte Bezirke dieser Art beigetragen haben mag. In einigen nördlichen Grafschaften ist die Bezeichnung Wapentake üblich geworden; in anderen heißen sie auch Wards. Die normannische Verwaltung behandelte sie meistens als Unterbezirke in der Generalpachtung des Vicecomes. Von diesem wurden sie gewöhnlich an Untervögte, Bailiffs, als Unterpächter überlassen, bis unter Eduard III. solche Ueberlassung in Entreprise untersagt ward. Anders als die Grafschaften wurden diese Unterbezirke aber auch häufig Stadtgemeinden und großen Grundherren dauernd und lehnsweise überlassen, so daß hundreds in fee, liberties of hundreds, franchises of hundreds in größerer Zahl vorkommen, mit mehr oder weniger vollständiger Exemtion von dem Sheriff. Durch 2 Edw. III. c. 12; 14 Edw. III. c. 9 wurden nun zwar nach Möglichkeit die eximirten Hundreds der Grafschaft wieder einverleibt, und eine Obergewalt des Sheriffs zum Eintritt in den Freibezirk durch die Klausel non omittas wiederhergestellt. Dennoch sind stehen geblieben mancherlei Verleihungen, welche als liberties noch immer den Hundertschaften coordinirt werden. Die Zahl der alten Hundreds mit Einschluß solcher liberties ist ungefähr 800, zu welchen noch etwa 200 incorporirte Städte treten.

Nur in wenigen Grafschaften kommen noch Zwischenabtheilungen zwischen der Hundred und der Grafschaft vor. Yorkshire zerfällt in Drittel, Trithings, Ridings, die in der That drei besondere Kreise für

Miliz und Polizei bilden. Die drei Ridings von Lincolnshire haben nur eine gesonderte Polizei-Verwaltung. Die Rapes in Sussex hatten früher ihre besonderen rape-reeves, ebenso die Lathes in Kent ihre besonderen lathe-reeves.

Inzwischen hatten sich durch Aenderungen des Culturzustandes und der Bevölkerung vielerlei Inconvenienzen aus der alten Gestalt der Hundertschaften ergeben, zu deren Beseitigung das st. 9 Geo. IV. c. 43 die Quartalsitzungen ermächtigt, diese Unterbezirke der Polizeiverwaltung neu zu gestalten. Die Zahl der so zum Theil neu abgegrenzten, neu getheilten und neu zusammengelegten Polizeiverwaltungsbezirke, unter dem modernen Namen Divisions, beträgt jetzt 675, in möglichster Uebereinstimmung mit den Kreis-Armenverbänden. Diese heutigen Amtsbezirke der obrigkeitlichen Verwaltung sind also Bezirke von durchschnittlich $3\frac{1}{2}$ deutschen Quadratmeilen, für deren Verwaltung mindestens 5 active Friedensrichter als regelmäßig vorhanden vorausgesetzt werden.

Der Census von 1851 giebt eine Uebersicht der Grafschaften mit ihren alten Hundreds und ihren neuen Divisions. Die letzteren sind zum Theil zahlreicher geworden durch Theilung von Hundreds, noch öfter aber sind mehre, zuweilen viele kleine Hundreds in eine Division zusammengezogen. Aus einer spätern Quelle füge ich die berichtigte Zahl der Divisions hinzu. Die Freibezirke (liberties) sind bei den Hundreds eingezählt; der Uebersicht wegen aber in eigner Colonne nochmals hervorgehoben. Die vorletzte Colonne bilden die den Hundreds coordinirten Städte (boroughs); die letzte Colonne die neuen Kreisarmenverbände, Unions, mit welchen nach Möglichkeit eine Uebereinstimmung erstrebt wird.

Grafschaft	Hundreds	Divisions	Liberties	Boroughs	Unions
Bedford	9	7	—	1	6
Berks	20	9	—	6	12
Buckingham . . .	8	11	—	2	7
Cambridge (mit Ely)	18	10	1	2	9
Chester	7	11	—	4	11
Cornwall	10	17	—	9	13
Cumberland . . .	6	6	—	1	9
Derby	6	12	—	2	9
Devon	33	20	—	11	20
Dorset	100	9	24	7	12
Durham	4	15	—	6	15
Essex	20	15	1	5	17
Gloucester . . .	31	21	—	3	17
Hants (mit Wight)	76	14	10	8	28
Hereford	11	11	—	2	8
Hertford	8	15	—	2	13
Huntingdon . . .	4	4	—	2	3
Kent	72	14	3	11	29
Lancaster	6	20	—	13	30

§. 8. Die Bezirke der Grafschaft, Hundertschaft und Ortsgemeinde.

Grafschaft	Hundreds	Divisions	Liberties	Boroughs	Unions
Leicester	6	8	—	1	11
Lincoln	29	20	—	6	14
Middlesex	6	18	—	1	32
Monmouth ...	6	12	—	2	6
Norfolk	33	27	—	4	23
Northampton ..	20	9	—	3	12
Northumberland ..	9	13	—	4	12
Nottingham ...	6	7	—	3	9
Oxford	15	10	1	3	9
Rutland	5	1	—	—	2
Salop	14	18	—	5	16
Somerset	42	20	2	6	17
Stafford.	10	13	—	6	16
Suffolk	20	21	—	7	17
Surrey	14	12	—	4	21
Sussex	70	18	2	4	25
Warwick	4	15	—	5	13
Westmoreland ..	4	13	—	1	3
Wilts	28	15	—	5	18
Worcester	5	15	—	5	13
York East ...	6	12	—	2	10
York North ...	15	15	—	3	16
York West ...	9	23	—	8	37
Anglesey	6	2	—	1	2
Brecon	6	9	—	1	4
Cardigan	5	9	—	2	5
Carmarthen ...	8	9	—	2	5
Carnarvon	10	6	—	2	4
Denbigh	6	10	—	2	3
Flint	5	10	—	1	3
Glamorgan ...	10	12	—	3	7
Merioneth	7	6	—	—	4
Montgomery ...	9	13	—	2	4
Pembroke	7	7	—	4	3
Radnor	6	6	—	—	3

Die Gesammtzahl der alten Hundreds und Freibezirke würde nach dieser Zählung beinahe 900 ausmachen, wobei aber (besonders in Dorset und Hants) viele Halbhundreds und abgeschnittenen Stücke mitgezählt sind. Auch die im Census von 1851 angegebene Zahl der Polizeiverwaltungsbezirke war noch keine definitive, weil damals die Neubildung der Divisions noch nicht vollständig durchgeführt war. Erst später ergeben die amtlichen Berichte der Kreissecretäre in den Parl. Papers 1856 vol. L. p. 525—542 die definitive Organisation in 675 Polizeiamtsbezirke, — 576 in England, 99 in Wales.*)

---

*) Unter den 205 Boroughs sind einige Städte, deren Gebiet in mehren Grafschaften liegt, doppelt gezählt. Andrerseits sind seit jener Zeit noch mehre Ortschaften mit

III. Als unterstes Glied der Gebietseintheilung wird traditionell noch die Zehntschaft, Tithing, aufgeführt, welche für Miliz, Polizei und für Erhebung der mittelalterlichen Ortssteuern eine gewisse Bedeutung erlangt hat. Am Schluß der angelsächsischen Zeit standen jedoch Guts= bezirke und Bauerschaften getrennt, — die Gutsherrschaften theils neben=, theils übergeordnet den freien Bauerschaften und den Hofbauern in ihren Decennae. Erst die Centralisation der normannischen Verwaltung hat Patrimonialgerichte und Gutspolizei langsam aber stetig herabgedrückt, so daß Gutsbezirke und Bauergemeinden in der Kirchspielsverfassung ver= eint werden konnten. Für die Ernennung der Polizeischulzen, Tithingmen, Headboroughs, blieben aber die althergebrachten Bezirke maßgebend, und nachdem durch die Milizverfassung seit Eduard III. der Name „Constable" die übliche Bezeichnung für den Polizeischulzen geworden war, entstand nun die Parömie: „Wherever there is a constable, there is a township," d. h. jeder Verband, in welchem herkömmlich ein Polizeischulze ernannt wird, ist als eine Ortschaft zu betrachten. Eine statistische Angabe über die Zahl dieser townships findet sich nicht, da ihre Beziehungen zu der gegenwärtigen Communalverwaltung sehr unbedeutend geworden sind. In dem Report on Local Taxation von 1843 wird die Zahl der Ortsconstables in runder Summe auf 20,000 veranschlagt.

Für die wichtigeren Beziehungen des Gemeindelebens ist dagegen seit der Reformation das Kirchspiel, Parish, der Grundbezirk geworden.

---

der Stadtverfassung beliehen. Einige Schwierigkeiten macht das Verhältniß der Liberties, die ihrer thatsächlichen Bedeutung nach mehr zu den Ortschaften gehören. Das Wort Liberty bezeichnet ein Ausnahmsverhältniß von der Grafschaftsverfassung, also von den regelmäßigen Verwaltungseinrichtungen der normannischen Zeit. So weit sie mit den Hundreds coordinirt werden (also hierher gehören), sind es kleine Bezirke und Ortschaften, in welchen einem Grundherrn oder einer Corporation oder einer Gemeinde untergeordnete Gerichtsgewalten verliehen waren. Schon durch die mittelalterliche Gesetzgebung war analog dem Sheriff nur ein Vollziehungsamt übrig geblieben; wo eine Gerichtsbarkeit noch be= stand, verlor sie ihre Bedeutung mit dem Verfall der Localgerichte überhaupt. Die prak= tische Bedeutung dieser Liberties besteht also nur darin, daß die Beliehene das Recht hat, einen Gerichtsvogt (bailiff) für die Geschäfte des Sheriffamts, also für Ladungen, Executionen u. dergl. zu bestellen. Selbst diese Befugniß ist indessen keine ausschließliche, da die ordent= lichen Sheriffbeamten durch die Non-omittas-Clausel in den meisten Fällen auch hier ihr Amt vollziehen können. Der Name Liberty, Franchise, Lordship, hat auf dem Con= tinent das Mißverständniß veranlaßt, als ob in England noch Herrschaften mit patri= monialen Jurisdictions= und Polizeibefugnissen beständen. Um diese Vorstellung vorweg zu beseitigen, habe ich in der ersten Auflage dieser Schrift aus der großen Ortsstatistik des Armenamts von 1854 (Parl. P. 1854, Vol. 56) die einzelen Liberties und Lordships namentlich aufgezählt mit Angabe der Armensteuer, des Kreisarmenverbandes und der poli= zeilichen division, der sie unterworfen sind. Es handelt sich dabei um 52 kleinere Ortschaften mit zusammen 38,427 Einwohnern, welche jährlich 51,460 Thlr. G. an Armensteuer zu bezahlen haben.

§. 8. Die Bezirke der Grafschaft, Hundertschaft und Ortsgemeinde.

Die Zahl dieser Kirchspiele ist um ein Bedeutendes geringer als die der townships für das Schulzenamt. Im XIV. Jahrhundert wurde die Zahl der Kirchspiele auf 8632 angegeben, unter Jacob I. auf 9284. Der Census von 1851 giebt die Zahl der Pfarrkirchen auf 10,477 an. Zur Zeit des Census von 1861 wird die Zahl von 12,628 Pfarrgemeinden angegeben; die für die Kirchenbaulast in Betracht kommenden Verbände pflegen rund auf 11,000 angenommen zu werden.

Wegen der Größe vieler Kirchspiele hat aber die ältere Gesetzgebung es den Interessenten nachgelassen, für die Zwecke der Armenpflege das Kirchspiel wieder in gesonderte Ortschaften zu theilen. Die Zahl der Orts= gemeinden für diese wichtigste Beziehung des Gemeindelebens betrug nach dem Census von 1851=15,535, die nun als „parishes für die Armen= verwaltung" ein Gemisch von kirchlichen Pfarrbezirken, mittelalterlichen Zehntschaften und später gebildeten Ortsarmenverbänden darstellen.

Im letzten Menschenalter ist überhaupt eine tiefgehende Aenderung in den Ortsbezirken eingetreten, von welcher die englischen Rechts= darstellungen nur eine unvollständige Kenntniß zu nehmen pflegen. Das Armengesetz von 1834 fand eine Ueberzahl kleiner, nicht lebensfähiger Armenverbände vor. Von der Befugniß zur Theilung der Kirchspiele für die Armenlast war in der Restaurationszeit besonders in den großen Kirch= spielen des Nordens ein reichlicher Gebrauch gemacht worden; auch später waren durch Theilung noch neue parishes entstanden. Daneben standen sogar noch ohne Gemeindeverfassung 598 extra-parochial places, meistens alte Forstgebiete, später urbar gemachte Ländereien, alte Abteien, Schloß= freiheiten, Stiftungsgebäude ꝛc. Durch 20 Vict. cap. 19 wurden diese Ausnahmsbezirke kurzweg beseitigt, indem man ihnen das ordentliche Ge= meindeverhältniß für Armen=, Polizeiverwaltung und Communalsteuern zwangsweise octroyirte. In dem Census von 1861 erscheint die Zahl der Ortsbezirke für die Armenverwaltung nun auf 16,160 „parishes or places" erhöht. Da aber diese meistens sehr kleinen Elementarbezirke für die Armenverwaltung und die wichtigsten Zwecke des Gemeindelebens über= haupt nicht mehr ausreichten, so beginnt mit der neuen Armengesetzgebung die umgekehrte Weise der Zusammenlegung der Ortschaften zu großen Armenverbänden, Poor Law Unions, deren nach und nach 623 ge= bildet sind. Diese Zahl wird jetzt vom Armenamt in festen Nummern geführt, mit dem Vorbehalt, nach Bedürfniß einzele Unions weiter zu theilen, die dann mit dem Zusatz a. b. c. d. die alte Nummer beibehalten. Die wirkliche Zahl hat schon 660 überschritten. Durch Gesetz von 1865, 28 et 29 Vict. cap. 79, sind daraus vollständige Sammtgemeinden geworden, welche für das Heimathsrecht und die Steuerlast die wichtigsten Bezirke der wirthschaftlichen Communalverwaltung darstellen.

Eben deshalb war die Gesetzgebung bemüht die alten Polizeiamtsbezirke der hundreds in Uebereinstimmung mit den Armenverbänden zu bringen. Die Friedensrichter wurden nun durch 6 et 7 Will. IV. c. 12 angewiesen, die polizeilichen Divisionen in möglichster Uebereinstimmung mit den Poor Law Unions zu begrenzen, so daß die obenberührten 697 Polizeiamtsbezirke sich größeren Theils mit Kreisarmenverbänden decken. Ebenso sollen die Unterbezirke der Milizverwaltung in Uebereinstimmung damit gebracht werden nach 15 et 16 Vict. c. 50; 23 et 24 Vict. c. 120 — eine Maßregel, die aber zur Zeit des Census von 1861 noch nicht zur Ausführung gekommen war.

Auch die neuen Wegeverwaltungsgesetze von 1862 und 1864 fördern die Neubildung von Wegebaudistricten in möglichster Uebereinstimmung mit den Kreisarmenverbänden.

War diese Neubildung auch an vielen Punkten noch nicht gleichmäßig erfolgt, so bedurfte es doch für die Aufnahme des Census und des Civilstandsregisterwesens einer durchgreifenden Neubildung im Anschluß an die Bezirke und das Personal der Armenverwaltung. Von diesem Gesichtspunkt aus giebt der Census von 1861 eine Grundeintheilung in 16,160 parishes or places, — 2194 subdistricts für die Civilstandsregister, — 634 districts für denselben Zweck, zusammenfallend mit den Unions der Armenverwaltung, — und als die höheren Bezirke 52 counties und 11 Divisions. Die letztgedachte Gruppirung ist dadurch entstanden, daß für die Volkszählung und statistische Zwecke die Metropolis mit beinahe 3,000,000 Einwohnern als Hauptbezirk behandelt, die übrigen Grafschaften von England und Wales aber in 10 größere divisions gruppirt werden, ungefähr entsprechend dem Umfange der preußischen Regierungsbezirke.

Die vollständigste Ortsstatistik giebt der Band LVI. der Parl. Pap. 1854 No. 506, enthaltend eine alphabetische Aufzählung der Kreisarmenverbände mit den dazu gehörigen Kirchspielen und Ortschaften. Bei jeder Ortschaft ist das Areal, die Bevölkerung von 1851, der Werth des zur Armensteuer eingeschätzten Realbesitzes und die jährliche Armenausgabe für das Jahr 1851—52 angegeben; ferner der Polizeibezirk und der alte Hundredbezirk, zu welchem die Ortschaft gehört. Es ist dabei jedoch zu beachten, daß für mittelalterliche Rechtsverhältnisse immer noch die alte township, für die kirchlichen Beziehungen und die seit der Reformation darauf basirten weltlichen Verhältnisse die Parish der legale Bezirk ist, und daß die vom Armenamt gegebene Ortseintheilung nur die Grundlage für das moderne Armenverwaltungssystem bildet. Die späteren Nachweise haben hauptsächlich die Steuerverhältnisse im Auge. Der Local Taxation Return vom 22. Juli 1862, Parl. P. 1862 No. 437, giebt am ausführlichsten die Kirchensteuer, kirchlichen Einnahmen und Ausgaben der einzelnen Parishes. Der Return vom 31. Juli 1868 Vol. LIX. der Parl. P. 1868 No. 497 giebt die einzelen Kreisarmenverbände und Ortsgemeinden und die in jedem Verband erhobenen Lokalsteuern nach ihren einzelnen Arten und Spielarten. Der Return ebendaselbst LIII. 177—751 giebt die einzelen parishes und Ortschaften nach Areal, Bevölkerung, Steuerkraft und Zahl der Schulen für die Zwecke des Volksunterrichts.

§ 8. Die Bezirke der Grafschaft, Hundertschaft und Ortsgemeinde.

Trotz der löblichen Schonung bestehender Rechtsverhältnisse und Steuerinteressen in allen lebensfähigen Communalverbänden zeigt das letzte Menschenalter eine ebenso löbliche Energie in Abänderungen, wo das Zeitbedürfniß mit den bestehenden Verhältnissen nicht auszukommen vermag. Abgesehen von der schon erwähnten Zwangseinführung der ordentlichen Gemeindeverfassung in die Extraparochialplätze, gehen diese Organisationen in vierfache Richtung.

1) **Arrondirung der Gemeinde- und Amtsbezirke.** Für die zweckmäßigere Abgrenzung der Gebiete der Ortsgemeinden sind der Generalkommission für die Gemeinheitstheilungen 2c. weitgehende Administrativgewalten nach Anhörung der Interessenten beigelegt; für die Abänderung der kirchlichen Gemeindegrenzen ebenso der Ecclesiastical Commission; für die Abänderung der polizeilichen Divisions (Amtsbezirke) ebenso den Quarter Sessions als Kreispolizeibehörde; für die Abänderung der städtischen Grenzen ebenso den Staatsbehörden. Vorbehalten bleibt der Weg der Gesetzgebung für jede Aenderung der Parlamentswahlbezirke.

2) Eine **Theilung der Gemeindeverbände** wurde zum Bedürfniß für die kirchlichen Gemeindegebiete; die dazu nöthigen administrativen Gewalten sind der kirchlichen Verwaltungscommission durch die New Parishes and Church Building Acts beigelegt; die von dieser Behörde neugebildeten Pfarrsysteme bis zum 31. October 1866 sind in den Parl P. 1867 No. 529 LIV. 659 statistisch zusammengestellt, und zwar 1649 neue Pfarrsysteme durch Theilung, 359 neugebildete Kirchspiele.

3) Eine **Zusammenlegung der Kirchspiele** ist für die Armen-, Sanitäts- und Wegeverwaltung massenhaft erfolgt. Zuerst für die Armenverwaltung seit dem Armengesetz von 1834; es wurden dadurch Anfangs nur die Verwaltungskosten zu einer gemeinen Last der unirten Kirchspiele, dann weitergehend die Erhaltungskosten der nicht ausweisbaren Armen; zuletzt durch Gesetz von 1865 alle Kosten der Armenpflege einschließlich der Nebenkosten unter vollständiger Fusion des Haushalts der Sammtgemeinde. — Für die Sanitäts- und Straßenverwaltung ist diese Befugniß der Zusammenlegung von Kirchspielen durch die Gesundheitsacten der Staatsbehörde beigelegt. — Für die Neubildung der Districte der Wegebaulast wird durch die neuesten Wegeverwaltungsgesetze die Zusammensetzung der Kirchspiele den Quarter Sessions der Friedensrichter als Kreispolizeibehörde beigelegt.

4) Die **Correspondenz der Amtsbezirke** für die obrigkeitliche Selbstverwaltung (Divisions) mit den **Sammtgemeinden** für die wirthschaftliche Selbstverwaltung (Union) wird durch st. 6 et 7 Will IV. c. 12 und die oben citirten Gesetze herbeigeführt. Man trägt kein Bedenken, auch die Polizeiverwaltungsbezirke jeder Zeit neu zu theilen und solche den neuen Sammtgemeinde (Unions), deren Verschmelzung wegen der Steuerverhältnisse sehr viel schwieriger ist, im Zweifel sich accommodiren zu lassen. — Die Grafschaftsbezirke bleiben bei diesen Umwandlungen unverändert, da sie dem praktischen Bedürfniß der obrigkeitlichen Selbstverwaltung entsprechen: nur für die unförmlich gewordene Grafschaft York werden jetzt Gesetzentwürfe eingebracht, um aus den 3 Ridings 3 gesonderte Grafschaften zu bilden. In Schottland, wo die Grafschaften für eine selbständige Kreisverwaltung zu klein sind, wurden durch 16 et 17 Vict. c. 92 je zwei oder drei zu einem Kreisverband zusammengelegt.

Die vieljährigen Erfahrungen über die mangelhafte Gesetzgebung durch local acts und das Anerkenntniß, daß ein Parlament wenig geeignet ist über streitende Localinteressen zu entscheiden, haben in neuerer Zeit immer mehr dahin geführt, locale Organisationsfragen in weitestem Maß den Behörden zu überlassen.

§. 9.
Das Amt des Sheriff.*)

Das Amt des Sheriff, scyr-gerêfa, dies bedeutungsvolle älteste Amt der Grafschaft, welches dem englischen selfgovernment vorzugsweise einen alterthümlichen Anstrich giebt, ist zwar angelsächsischen Ursprungs, aber durch das normannische Verwaltungsrecht wesentlich erweitert, wie denn auch die normannische Bezeichnung vicecomes, bailiff, auf Jahrhunderte vorherrschend wurde. In dem Volkssprachgebrauch erhielt sich indessen der sächsische Name shir-gerefa, da der vicecomes in den Gerichtsversammlungen die Functionen des sächsischen gerêfa übte. Mit dem Wiedererwachen eines selbständigen Communallebens wurde später nicht nur der volksthümliche Name wieder üblich, sondern es erhielt sich auch die Vorstellung, daß er von Hause aus ein „volksgewählter" Beamter gewesen, — eine Behauptung, die noch heute wiederholt wird, obwohl urkundlich unrichtig. Unstreitig war der vicecomes jedenfalls seit der normannischen Eroberung ein widerruflich ernannter Statthalter, der von Jahr zu Jahr im Schatzamt bestätigt werden mußte, selbst wenn die Königliche Ernennung auf Lebenszeit lautete. Nur in sehr wenigen Fällen haben feudale Verleihungen stattgefunden. In Durham gehörte das Sheriffamt dem Bischof bis zur völligen Aufhebung der Pfalzgrafschaft im Jahre 1836. In Westmoreland gehörte es in Folge einer Verleihung durch Charte König Johann's den Grafen Thanet, bis nach Aussterben der Familie 1850 auch hier das gewöhnliche Verhältniß hergestellt ist 13 et 14 Vict. c. 30. Die City von London erhielt das Sheriffamt der Grafschaft Middlesex durch Charte Heinrichs I. und hat es behalten bis heute. Bis 8 Eliz. c. 16 hatten nicht selten mehre Grafschaften denselben Sheriff, eine Sitte, die sich in den Grafschaften Cambridge und Huntingdon erhalten hat.

Das einst gewaltige und gefürchtete Statthalteramt der Grafschaft ist aber im Verlauf der Zeit in seiner Bedeutung sehr herabgesunken. Es hat

---

*) Vom Sheriff vgl. Blackstone I. pag. 339—346, dessen geschichtliche Angaben aus der älteren Schrift von Dalton entnommen sind, und von den englischen Rechtsbüchern seitdem standhaft wiederholt werden, obwohl sie unzusammenhängend und mehrfach ungenau erscheinen. Vgl. die Geschichte des selfgovernment S. 20—35, die Stellung des vicecomes der normannischen Zeit S. 69. 70. 74—76, das allmälige Zurücktreten des Sheriffamts in der reichsständischen Zeit S. 165. 166. 171, die neuere abgeschwächte Stellung S. 363. Ueber die Anknüpfung des Sheriff an das Verwaltungssystem des Exchequer: Gneist, Engl. Verwaltungsrecht I. § 13. Da sich an die historischen Aemter immer noch bedeutungsvolle Grundsätze des Verwaltungsrechts anreihen, so sind am Schluß (Excurs. ***) die geschichtlichen Anknüpfungen noch etwas ausführlicher gegeben.

§. 9. Das Amt des Sheriff.   89

seine ordentliche Strafgerichtsbarkeit schon durch die Magna Charta ver=
loren, seine Civilgerichtsbarkeit durch die Entfaltung der Reichsgerichte,
seine Polizeigewalten durch die Friedensrichter, seine Militärgewalten
durch die Lord=Lieutenants. Dennoch ist zurückgeblieben der Name und
irgend ein Rest fast von allen früheren Gewalten. Das Amt wird seit
dem Ende des Mittelalters in der Regel mit Commoners besetzt, gilt aber
noch als das erste Amt der Grafschaft, und giebt einen persönlichen Vor=
rang vor allen Personen der Grafschaft.

Die Ernennung der Sheriffs war also von Hause aus ein König=
liches Recht, und wurde in normannischer Zeit auf Vorschlag des Schatz=
amts geübt. Nur versuchsweise war durch 28 Edw. I. c. 8 den Graf=
schaftsversammlungen die Wahl des Sheriff überlassen, nach wenigen Jah=
ren aber der mißlungene Versuch wieder aufgegeben 9 Edw. II. st. 2. Die
Ernennung konnte wie andere Staatsgeschäfte seit Edw. I. im Continual
Council ausgeübt werden. Zur Regelung des wichtigen Akts ward
durch 14 Edw. III. st. 1. c. 7; 23. Hen. VI. c. 8 bestimmt, daß der
Kanzler, der Lord Schatzmeister und die drei Vorsitzenden der Reichsgerichte
jährlich am Vormittag des 6. November die Auswahl treffen sollen. Diese
nur reglementarische Bestimmung schloß indessen andere Mitglieder des
Privy Council und der Reichsgerichte nicht aus. Später ist der Wahltag
durch 24 Geo. II. c. 48 vom 6. auf den 12. November verlegt worden,
aus Rücksicht für die Amtsgeschäfte der Reichsrichter. Uebrigens dauert
die alte Praxis im Wesentlichen fort, und gilt nunmehr als verfassungs=
mäßige Sitte. Der Schatzkanzler, der Lordkanzler, die sämmtlichen Reichs=
richter und das eine oder andere Mitglied des Pr. Council treten zusammen,
und lassen sich für jede Grafschaft drei Namen als Candidaten für das
nächste Jahr vorlegen, welche, wenn sich kein Widerspruch erhebt, der
Königin einberichtet werden.**)

**) Ueber die Ernennung des Sheriff auf Vorschlag der Hauptbeamten des
Staatsraths in der reichsständischen Periode vergl. die Geschichte des selfgovernment
S. 171. Es gehört dahin auch das st. 12 Ric. II. c. 2, welches eine Anzahl Beamte
nennt, an welche sich die Praxis nicht mehr bindet. Jene älteren Verordnungen modifi=
cirten sich in der Praxis mehrfach mit dem Geschäftsgang des Privy Council. Das heu=
tige Verfahren beruht auf mancherlei Einzelheiten, die theils neben den Gesetzen stehen,
theils den gesetzlichen Vorschriften nicht genau correspondiren (vergl. Lord Lyndhurst in
Hansard, Parl. Debates Vol. 44 pag. 990). Die ersten Vorschläge wegen Besetzung des
Amts für das nächste Jahr sollen eigentlich von der großen Jury den reisenden Richtern
der letzten Assise gemacht werden, gehen aber in der Regel vom Sheriff aus, nach dessen
Vorschlägen der vorsitzende Richter der Assise drei Namen auswählt und einbringt (Report
on Sheriff's Office 1830 p. 27). Am 3. Februar des folgenden Jahres findet noch eine
Versammlung des Staatsministeriums (Cabinet), mit Zuziehung der Secretäre des Staats=
raths statt, um etwaige Entschuldigungsgründe zu prüfen und die Liste definitiv festzu=
stellen, — und dann erst folgt eine offizielle Sitzung des Privy Council, in welcher die

Der so ernannte Sheriff ist gesetzlich verpflichtet zur Uebernahme des Amts. Billige Entschuldigungsgründe für Abwesende oder Mindervermögende werden schon bei der Nomination berücksichtigt, übrigens aber keine Befreiungsgründe anerkannt außer durch Parlamentsacte oder Königliches Patent. Weigerung der Uebernahme des Amts oder der Leistung der Amtseide wurde seiner Zeit durch Bestrafung in der Sternkammer gebüßt, und kann jetzt durch amtliches Strafverfahren in dem Hofe der King's Bench verfolgt werden. Wer ein Jahr lang das Amt verwaltet hat, kann es für die nächsten drei Jahre ablehnen 1. Ric. II. c. 11. Wegen der schweren Ehren-Ausgaben und Verantwortlichkeit wird es überhaupt nicht gesucht, sondern eher gemieden. Die Gesetzgebung hat es deshalb auch nicht nöthig befunden, einen bestimmten Census zu setzen, außer der allgemeinen Vorschrift, daß Sheriffs so viel an Grundbesitz in der Grafschaft haben sollen, um für ihre Geschäftsführung hinlängliche Garantie zu geben. Wohnsitz in der Grafschaft wird nicht erfordert.

Dem Namen nach geschieht die Ernennung noch heute auf unbestimmte Dauer, durante bene placito. Nach 14 Edw. III. c. 7 verwirkt aber der Sheriff 200 Pfund Silber Strafe, wenn er über ein Jahr im Amte verbleibt. Im Fall eines Thronwechsels gelten jetzt die gewöhnlichen Grundsätze über vorläufige Fortdauer und Erneuerung der Aemter.

Die Functionen des Sheriff bildeten ursprünglich eine vollständige Statthalterschaft in der Finanz-, Militär- und Gerichtsverwaltung seiner Provinz. Als Gerichtshalter des Königs soll er einen zwiefachen Gerichtshof: einen County Court und einen Sheriff's Tourn abhalten, die immer noch als active Gerichtshöfe fortgeführt werden.

Königin mit einem Nadelstich durch das Pergament neben dem Namen (pricking the sheriffs) für jede Grafschaft den Sheriff designirt. Die Ernennung der Sheriffs von Wales (34. Henry VIII. c. 26) erfolgt jetzt in völlig gleicher Weise. 8. Vict. c. 11. Wird im Laufe des Amtsjahres an die Stelle eines verstorbenen Sheriff ein neuer ernannt, so geschieht es durch einfaches Rescript ohne Beobachtung obiger Formen. — Streitig ist noch immer die Frage nach dem Recht der Krone auch ohne Beobachtung der Formen einen Sheriff durch Cabinets-Order (sogenannten pocket-sheriff) zu ernennen. Nach heutiger Verfassung würde das auf eine Ernennung durch den Minister des Innern hinauslaufen. Ein einstimmiges Gutachten der Reichsrichter zur Zeit Fortescue's leugnet das Recht des Königs, einen so Ernannten zur Uebernahme des Amts zu nöthigen. Coke 2. Inst. 559. Blackstone bezeugt nun zwar, daß bis zu seiner Zeit die Ernennung solcher Taschen-Sheriffs „gelegentlich" vorgekommen sei. Die einzige Autorität dafür war indessen ein Fall unter Elisabeth, wo die Königin allein die Sheriffs ernannte, weil die Richter an dem gesetzlichen Tage der Pest wegen nicht zusammentreten konnten. Der Berichterstatter des Falles rechtfertigt das Verfahren auch nur mit der Berufung auf die Doctrin vom Dispensationsrecht der Krone, welches später durch die Bill der Rechte aufgehoben ist. Das Herkommen scheint eine formlose Ernennung nur zu rechtfertigen in dem Fall, wenn ein Sheriff während seines Amtsjahres stirbt.

Das Civilgericht der Grafschaft, County Court, besteht nominell aus dem Sheriff als Vorsitzenden, den Rittern und Freisassen, als dingpflichtigen suitors und Urtheilsfindern (Blackstone III. 36. 37). Er gilt indessen nicht als ordentlicher Königlicher Gerichtshof, court of record, sondern als des „Sheriff's eigenes Gericht" nach uraltem Herkommen, welches regelmäßig von Monat zu Monat gehalten werden soll, st. 2. et 3. Edw. VI. c. 25, den Monat zu 28 Tagen gerechnet. Als neues Geschäft des County Court kamen im XIII. Jahrhundert hinzu die Wahlen der Grafschafts-Abgeordneten zum Parlament, der Coroners und der Waldmeister.

Das Criminalgericht der Grafschaft, Sheriff's Tourn (Blackstone IV. 273) ist ein ordentlicher Königlicher Gerichtshof, court of record. Es wird nominell zweimal jährlich abgehalten, kurz nach Ostern und nach Michaelis, mit allen Gerichtseingesessenen als court leet der Grafschaft Coke 2. Inst. 71. Seit der Magna Charta sind diesen Gerichten zwar die placita coronae, d. h. der Urtheilspruch (to hear and determine) in Strafsachen untersagt, nicht aber das Untersuchen (inquire) mit Gemeinde-Ausschüssen. Erst allmälig ist auch diese Anklagejury des Sheriff durch die „große Jury" unter Leitung der reisenden Richter und Quartalsitzungen verdrängt. So blieb von den ehemaligen Strafgewalten nur eine Polizeigewalt zurück, die Freipflegeschau (view of frankpledge), sowie ein Polizeistrafamt wegen falscher Gewichte und kleinerer Polizeivergehen. Auch solche Befugnisse muß der Sheriff aber mit den Friedensrichtern theilen, welche ihn allmälig darin überflügelt und verdrängt haben.

Von den Finanzgewalten des Sheriff ist nur die Einziehung gewisser fructus jurisdictionis im Sinne der feudalen Zeit übrig geblieben.

Die so gestaltete Sheriffsgewalt war für Blackstone einigermaßen schwierig darzustellen. Das ursprüngliche Verhältniß der Königlichen Statthalterschaft war längst verschwunden, viele nominelle Gewalten aber noch vorhanden. Er sucht daher übersichtlich die Sheriffsgewalt als die eines Richters, eines Friedensbewahrers, eines Vollziehungsbeamten und eines Rentamtmanns darzustellen:

1. In seiner richterlichen Eigenschaft (judicial capacity) verhandelt und entscheidet er zu Blackstone's Zeit noch kleine Civilprozesse bis 40 sh., leitet die Grafschaftswahlen, und hat die Namen der Gewählten einzuberichten.

2. Als Friedensbewahrer kann er ergreifen alle Personen, welche den Frieden brechen, und Jedermann binden zur Bestellung einer Bürgschaft für Erhaltung des Friedens. Er soll ex officio Uebelthäter in sichere Haft geben, und kann zu deren Verfolgung oder zur Landesvertheidigung den Landsturm, das posse comitatus aufbieten. Doch soll er während

seines Amtsjahrs nicht die laufenden Geschäfte eines Friedensrichters versehen 1. Mary st. 2 c. 8.

3. In seiner Eigenschaft als Vollziehungsbeamter der Obergerichte (ministerial capacity) hat er alle Prozeßdecrete der Königlichen Gerichtshöfe zu vollziehen; im Civilproceß Ladungen zu insinuiren, Arreste anzulegen und Cautionen anzunehmen; wenn die Sache zur Hauptverhandlung kommt die Jury zu laden und zu gestellen; wenn die Sache entschieden ist, für die Vollstreckung zu sorgen. Ebenso hat er in Straffachen zu verhaften, die Jury zu gestellen, den Delinquenten aufzubewahren und die Urtheile zu vollstrecken.

4. Als Königlicher Rentmeister (king's bailiff) hat er die fiskalischen Rechte in seinem Amtsbezirk zu bewahren; Besitz zu nehmen von confiscirten oder erblosen Gütern; Geldbußen und verwirkte Güter einzuziehen, schiffbrüchige Güter, verlaufenes Vieh und andere kleine Regalien zu wahren.

In einigem Widerspruch mit den veralteten Amtsgeschäften stehen die umständlichen Formen der Bestellung. Wie zur normannischen Zeit soll der Sheriff sich zuerst im Schatzamt melden, bei 100 L. Strafe Bürgen stellen für pünktliche Zahlung seiner Gefälle, profers and profits, und die sehr weitläufige Ausfertigung seiner Patente betreiben. Ein Patent überträgt ihm die custodia comitatus, ein zweites Patent befiehlt allen Einwohnern ihm Assistenz zu leisten. Durch ein writ of dedimus potestatem wird ihm sodann der durch 3. Geo. I. c. 15 formulirte Amtseid abgenommen, der noch immer so lautet, als ob er Gerichts=, Polizeihauptmann und Landrentmeister der Grafschaft wäre, wie in der normannischen Zeit. An Stelle des Huldigungs= 2c. Eides ist durch 31 et 32. Vict. c. 72 eine Declaration in einer allen Bekenntnissen zugänglichen Gestalt getreten. Wie in der normannischen Zeit läuft das Amtsjahr noch von Michaelis zu Michaelis, während in Wirklichkeit sich die Ernennung bis zum Februar des folgenden Jahres verspätet, die actuelle Uebernahme noch länger. Erst durch 3 et 4. Will. IV. c. 99 ist die Antretung und der Geschäftsgang des Sheriffamts vereinfacht (vergl. Exc. † a. E.). An Stelle der kostbaren Patente tritt jetzt ein einfaches Rescript (warrant), contrasignirt vom Secretär des Privy Council. Manche unnütze Ehrenausgaben sind damit weggefallen. Noch immer aber gilt das Amt als eins der lästigsten, welches wie ein Reihedienst unter den reichsten Grundbesitzern herumgeht ohne politische Parteirücksichten bei der Ernennung.

*** Die geschichtlichen Anknüpfungen des Sheriff-Amts.

Das antiquarische Material giebt Spelman Glossarium s. v. Comes, Vicecomes, Graphio. Auch die älteren Rechtsschriften enthalten noch mehr historisches Material wie Coke zu Littleton Register v. sheriff, und Dalton, Officium Vicecomitum, the Office and Authority of Sheriff. 1682. 1700 fol., (nach welcher Ausgabe ich citire). Das äußerst umfangreiche aber schlecht geordnete Material Daltons (vgl. z. B. p. 5.) liegt dem zu Grunde, was Blackstone Geschichtliches beibringt. Auch Dalton kommt zu dem Resultat, daß der vicecomes im Anfang der normannischen Zeit das gesammte „Gouvernement seiner Provinz" führte (p. 384. 292 ff.). Ueberhaupt führen diese Aufzählungen immer wieder zurück in das normannische Verwaltungsrecht, aus dem die lange Reihe der nominellen Befugnisse herstammt. Die ursprüngliche Stellung des Sheriff

1) als Kriegshauptmann ist am vollständigsten beseitigt durch die neuere Gestaltung der Miliz.

2) Die Stellung als Polizeihauptmann dauert noch fort unter dem Namen eines „Königlichen Friedensbewahrers." Als solcher kann er das posse comitatus aufbieten im Fall des Aufruhrs oder zur Verfolgung von Verbrechen auf frischer That, wobei alle männlichen Einwohner der Grafschaft vom 15. bis 70. Jahr bei Vermeidung von Geldbuße und arbiträrer Freiheitsstrafe seinem Aufruf folgen sollen, mit Waffen erscheinen und solche gebrauchen dürfen, im Fall der Widersetzlichkeit sogar bis zur Tödtung eines Menschen. Coke II. Inst. 193. III. Inst. 161. Die Verpflichtung des Sheriff zur Verhaftung von Aufrührern und zur Aufnahme von Protocollen über den Thatbestand wird noch eingeschärft durch 13. Hen. IV. c. 7. Ursprünglich wurden auch die High Constables der Hundertschaft und die Constables der Ortschaften jährlich ernannt im Sheriff's Tourn, Dalton S. 400. Alle diese Befugnisse sind indessen unpraktisch. Der Report on Sheriff's Office S. 34. 35. erzählt aus neuerer Zeit einen Fall, wo ein Sheriff bei einem Wahltumult die Ortschulzen aufbot. Da diese alten unkräftigen Leute nicht ausreichten, wurden die Livreediener und Huissiers des Sheriffamts von London zu Hülfe genommen. Der Sheriff aber hatte große Noth die Auslagen von den Quartal-Sitzungen nachträglich bewilligt zu erhalten, weil ihm keine Fonds dafür zu Gebot stehen.

3) Das Strafgericht, Sheriff's tourn, wurde durch die Friedensrichter verdrängt Dalton 392. Coke II. Inst. 71—73. Ausdrücklich aufgehoben ist jedoch die „Curia frankplegii Domini Regis coram Vicecomite in turno suo" noch heute nicht. Die Gewerbeordnungen des spätern Mittelalters geben dem Sheriff noch ein Büßungsrecht gegen Bäcker und Brauer; auch dies ist indessen später auf die Friedensrichter übergegangen. So sinkt auch auf diesem Gebiet der Sheriff zu einem Vollziehungsbeamten der Gerichte herab. In dieser Stellung erscheint er bei den Criminal-Assisen der reisenden Richter, zu denen er die Jury gestellt und den Richter empfängt. Er kann sich indessen auch dabei vertreten lassen. Immer geschieht dies bei den Quartalsitzungen der Friedensrichter. — Im Zusammenhang mit Nr. 2 und 3 ist seine Stellung als Chef des Grafschaftsgefängnisses, Head Gaoler of the County. Der dirigirende Beamte Gaoler war ursprünglich nur sein Stellvertreter. Durch die neue Gefängnißordnung 28 et 29 Vict. c. 126 ist die Ernennung auch des Gefängnißdirectors auf die Quartalsitzungen der Friedensrichter übergegangen, und dem Sheriff nur noch eine Verantwortlichkeit für Aufbewahrung der zum Tode Verurtheilten und der Schuldgefangenen geblieben.

4) Der Sheriff als Landrentmeister hatte die Königlichen Pächte, confiscirte und erblose Güter für Rechnung der Krone einzuziehen, und wurde als Rentmeister im Schatzamt vereidet zur Leistung von Abschlagszahlungen profers etc., unter Ersatz seiner Auslagerechnung, bill of cravings etc. Auch dies ist durch die neuere Gesetzgebung eingestellt.

Dieser nominellen Stellung entsprechend waren denn auch die Anstellungspatente bis zu den neuesten Aenderungen noch so gefaßt wie in der normannischen Zeit. (Dalton p. 8.) Das Hauptpatent lautet: commisimus comitatum N. custodiendum quamdiu nobis placuerit etc. Das Patent of assistance weist alle Bischöfe, Barone, Freisassen und Bewohner der Grafschaft an, dem vicecomes „hülfreich und gewärtig" zu sein. Die

15 Punkte des Amtseides, Dalton S. 10—12, enthalten noch einen vollständigen Richter- und Rentmeistereid wie im Mittelalter. Auch das Entlassungsrescript beim Ende des Amts lautet noch wie im Mittelalter, Dalton 19. 20. Als ministerial office des Sheriff werden nicht weniger als folgende 12 Befugnisse aufgezählt:

1. Die Königlichen Kronrechte zu bewahren, namentlich Ländereien, Freiheiten, Gerichtsfolge, Renten und andere Dinge, welche zur Krone gehören.

2. Einzusammeln die Gefälle des Königs, namentlich Grundzinsen, Pachtgelder, Geldforderungen, Bußen, Gebühren, Verwirkungen.

3. Besitz zu nehmen von den Gütern verurtheilter felons, Gerichtsflüchtiger, Geächteter, von gefundenen Schätzen und kleinen Regalien, erblosen Gütern, nutzbaren Vormundschaften über Minderjährige und Gemüthskranke.

4. Auszuführen und zu vollstrecken alle Arten von Decreten, Urtheilen, Executionen und Anweisungen der Königlichen Gerichtshöfe; die Dienstliste der Jury anzufertigen und einzuberichten.

5. Den Königlichen Richtern auf ihren Rundreisen aufzuwarten, für ihre Wohnung zu sorgen und ihre gesetzmäßigen Befehle zu vollstrecken (Dalton p. 369—371) An diesen Punkt schließt sich das Verbot, bei den Assisen offene Tafel zu halten, den Richtern oder ihren Dienern Geschenke zu geben 13. et 14. Car. II. c. 21. Auch soll dabei der Sheriff nicht mehr als 40 Livreediener haben, jedoch auch nicht weniger als 20 in England und 12 in Wales.

6. Zu assistiren den Friedensrichtern der Grafschaft, d. h. in einigen Fällen mit ihnen zusammenzuwirken, den Quartalsitzungen beizuwohnen, und strafgerichtliche Orders der Friedensrichter zu vollstrecken.

7. Die Anweisungen der Commissarien der Deichverbände, commissioners of sewers, und anderer Königlicher Commissarien zu vollziehen.

8. Der Anweisung der Coroners und der Verwalter heimgefallener Güter; Escheators, namentlich wegen Einberufung einer Jury Folge zu leisten.

9. Dem Bischof Beistand zu leisten in Unterdrückung von Ketzereien.

10. Gehörig abzuhalten seine Gerichtshöfe, sowohl Sheriff's Tourn als County Court; woran sich dann seine Thätigkeit bei den Parlamentswahlen und damals auch die Entscheidung über die Qualification der Wähler anschloß.

11. Gewisse Parlamentsbeschlüsse zu verkündigen.

12. In gewissen Fällen Fourage für den Königlichen Hofhalt zu beschaffen.

Ich darf dabei nochmals an meine Geschichte des Engl. Verwaltungsrechts erinnern, welcher die älteren Darstellungen bei Coke und Dalton viel näher stehen als Blackstone.

† **Die Reformen in den Ernennungspatenten und in dem Geschäftsgang** des Sheriffamts waren veranlaßt durch mannigfaltige Klagen über die unnützen Kosten und Sporteln. Es wurde dadurch eine Reihe neuerer Gesetzentwürfe hervorgerufen. Vor Allem lehrreich ist der Report from the Select Committee on the Expenses attending the office of High Sheriff 1830 Nr. 520, aus welchem ich einige Auszüge folgen lasse. Die Formalitäten der Bestellung des Sheriff im Schatzamt seien ziemlich sinnlos geworden, — ein bloßer Vorwand zur Erhebung von Sporteln für Secretäre und Agenten. Ebenso seien die writs of assistance und supersedeas unpraktische Formalitäten. Es werde angemessen sein, den Sheriff auch zu befreien von der Verpflichtung auf eigene Kosten für die Wohnung der Assisenrichter zu sorgen. Der Gebrauch, die Richter vor ihrem Eintritt in die Assisenstadt mit einer Cavalcade von berittenen Dienern zu empfangen, vermehre unnöthig die Ehrenausgaben. Die Rechnungslegung, Amtsdecharge und Ertheilung des Quietus bedürfe der Totalreform; die profers können ganz wegfallen; eine Reihe von Posten gehören gar nicht mehr in die Rechnungen des Sheriff. Ebenso können die Kosten

§ 9. Das Amt des Sheriff.

eines förmlichen Patents wegfallen. Die Zeugen-Aussagen ergeben eine Menge von Einzelheiten, die nur aus der Gestalt normannischer Finanzverwaltung verständlich sind (Gneist, Engl. Verwaltungsrecht I. §. 12. 13.). Schon die Bestellung des Sheriff mit seinen nominellen Bürgen, und der Kreislauf der Formalitäten, welche in Schatzamt und Kanzlei der Ausfertigung des Patents und dem Amtsantritt vorangehen, sind ein Erbstück mittelalterlicher Finanzverwaltung. Die Rechnungslegung ist ein so complicirtes Geschäft, daß auch der geschäftskundige Anwalt des Sheriff sich wieder eines Agenten bedienen muß, der in allen Bureaus Bescheid weiß. — Die Berechnung der Auslagen, bill of cravings, umfaßt das Logis der reisenden Richter, Executionskosten, gewisse Rechnungen der Gefängnißbeamten, Tagegelder der Friedensrichter (p. 14). Der Ersatz dafür ist aber ungenügend. Oft ist z. B. der Richter mit der ihm gestellten Equipage unzufrieden und droht dem Sheriff mit einem amerciament wegen unehrerbietiger Behandlung. — Unnütze Weitläufigkeiten entstehen ferner durch die Pflicht, längst vergessene Steuerrückstände, verfallene Cautionen und Bußen einzuziehen von Personen, die zuweilen seit Jahrhunderten todt sind. Dessenungeachtet muß der Sheriff oder Untersheriff alljährlich eine inquisition wiederholen, „ob solche Personen Ländereien und bewegliches Gut hinterlassen haben." Dies wird dann bei den Assisen abgemacht, wo der Untersheriff die ersten besten 12 Geschworenen danach fragt und gehorsamst einberichtet, „daß er treuliche Untersuchung gehalten habe auf die Eide von 12 guten und gesetzlichen Männern in seinem Kreisbezirk," — wofür die Geschworenen eine Guinea erwarten, um des Sheriffs gute Gesundheit zu trinken (p. 20). Aehnlich verhält es sich mit der Beitreibung längst verschollener Rückstände Königlicher Pachtgelder (p. 33). In Licolnshire wird ein alter Posten von 37 L. fortgeführt, welcher rückständig sein soll von dem Juden Simon zu Lincoln und der Jüdin Deborah zu Stampford und anderen aus den mittelalterlichen Schatzrechnungen wohl bekannten Personen (p. 56). — Statt der kostbaren Livreediener, javelin men, wird vorgeschlagen (p. 27), dem Sheriff eine Anzahl Constabler zur Disposition zu stellen zur Erhaltung der Ordnung im Gerichtshof (später ausgeführt durch 22 et 23. Vict. c. 32. §. 18). — Die Ehrenausgaben des Sheriff werden in Warwickshire auf 800 L. angegeben, darunter Livreen für 5 bailiffs, 2 Trompeter, 14 javelin men mit silberbetreßten Hüten, Kutsche, Galageschirr, Reisekosten u. s. w.; es ist üblich, daß der Sheriff am ersten Assisentage die Geistlichkeit der Kreisstadt und der Umgegend zum Mittag bewirthet; an allen 8 bis 10 Assisentagen hat er seinen Untersheriff, seinen Kaplan und einige Freunde zur Tafel; der Kaplan erwartet für seine Dienstleistung während des Amtsjahrs vom Sheriff ein Douceur von 20 bis 30 Guineen; auch die Diener der reisenden Richter erwarten ein Trinkgeld, z. B. 5 Guineen Handschuhgeld bei jeder Assise, welche ohne Todesurtheil abläuft (p. 31. 32). In Wales werden die Ehrenausgaben des Sheriff auf 340 L. veranschlagt (p. 37). In Somersetshire schätzt der Sheriff seine Ehrenausgaben auf 2000 L. (p. 61); für die Sheriffs von London und Middlesex werden sie oft noch höher veranschlagt. Die Rechnungslegung allein kostet dem Untersheriff zwei Reisen nach London (p. 33). An Gebühren für die verschiedenen Secretäre und Agenten, die bei der Rechnungslegung mitwirken, wurden in einem Falle 120 L. bezahlt (p. 56. 57). — Sehr natürlich ist unter diesen Umständen die Klage eines Landedelmanns: „Ich kenne verschiedene Beispiele, in welchen Gentlemen dem Sheriffamt sich gar wohl zu entziehen gewußt haben und habe keine Idee, wie sie losgekommen sind" (Sir G. Chetwynd Bart. p. 33).

Viele dieser Klagen wurden nach den Vorschlägen des Committees beseitigt durch 3 et 4. Will. IV. c. 99. Die Nothwendigkeit eines Patents und eines writ of assistance wird aufgehoben; ebenso die profers, der day of prefixion, die Eidesleistung vor dem Cursitor Baron, die veraltete Weise der Legung der Schlußrechnung im Schatzamt. Die Sheriffsrechnungen werden in Zukunft bei der Oberrechnungskammer revidirt wie andere öffentliche Rechnungen. Die bills of craving werden bei dem Finanzministerium festgestellt. Der Sheriff wird befreit von der nominellen Verpflichtung, alte Domänenrenten, Quit and Viscontial Rents, einzusammeln, solche vielmehr dem Domänen- und Forstdepartement überwiesen. Auch die Besitzänderungsgebühren, Pre - Fines und Post - Fines werden der Staatskassenverwaltung überwiesen. Es bleibt aber dem Sheriff die Vereinnahmung der Geldbußen und Verwirkungen, auf welche die ordentlichen Criminalgerichte erkennen. Seine Rechnungslegung ist jetzt durch 27 et 28 Vict. c. 21 §. 28 geregelt.

§. 10.
Das Amt des Coroner.

Der Coroner, Coronator, Kronfiscal, ist ein Bewahrer gewisser königlicher Friedensgewalten in der Grafschaft. Die Entstehung des Amts scheint aus der Zeit Richard's I. zu datiren.*) Es war eine der ersten Concessionen, welche man dem Drange der Grafschaften nach Selbstverwaltung machte, indem man Personen aus der Ritterschaft als Assistenten dem Sheriff zur Seite setzte, gewissermaßen eine Vorstufe des Friedensrichteramts, mit polizeilichen Befugnissen, in welchen der Coroner später concurrirend theils mit dem Sheriff, theils mit den Friedensrichtern auftritt. Das ursprüngliche Präsentationsrecht der Grafschaft hat sich hier in ein Wahlrecht verwandelt und im Verlauf der Zeit eine anerkannt unangemessene Besetzung des Amts herbeigeführt. In Folge dessen ist einerseits der Amtskreis des Coroner durch Herkommen beschränkt, andererseits aber doch das Amt selbst bis heute eifersüchtig festgehalten worden, da es das einzige namhafte Amt ist, welches in der populären Weise einer Wahl durch die gesammte Grafschaft besetzt wird.

---

*) Ueber die Entstehung der coroners (Blackst. I 346—49) s. die Geschichte des selfgovernment S. 183. 184 und Biener, das Engl. Geschworrnengericht I. 148 bis 151. Die Entstehung liegt noch immer in einigem Dunkel. Eine unzuverlässige Nachricht im Mirror B. I. § 3 behauptet zwar, daß es so alt sei wie das des Sheriff; allein die unbestimmte Angabe, daß es aus dem „gemeinen Recht" herstamme (vgl. Coke Inst. II. 31. IV. 271) bedeutet nur, daß die legale Entstehungsweise nicht sicher bekannt ist. Dafür, daß es in der Zeit des gouvernement personnel durch administrative Anordnung entstand, spricht auch die Ernennungs- und Entlassungsweise, die auf einfachem vom Kanzler auszufertigenden Rescript, dem writ de coronatore eligendo beruht, welches nur an die Kanzlei einzuberichten ist. Die ältesten Notizen der Rechtsbücher darüber sind bei Bracton III. 2. c. 5—8. Britton c. 1. Fleta 1. c. 18 (vgl. Coke 2. Inst. 174—176). Die neueren Monographien enthalten zugleich geschichtliche Untersuchungen, namentlich R. Clarke Sewell, a Treatise on the law of Coroners 2nd edit. 1854. Jardine, Remarks on the Coroners Inquest. London. 1846. T. Smith, Parish p. 372—84. Wenn der Präsident der King's Bench als „oberster Coroner" im ganzen Reich bezeichnet wird, der Master of the Crown Office als Coroner for the King, so ist damit nur ein geschäftlicher Zusammenhang ausgedrückt, d. h. jene Beamten dienen für analoge Functionen oberer Instanz.

§. 10. Das Amt des Coroner.

I. Die ordentlichen Functionen des Coroner sind Krongeschäfte, für die ein Ortsbeamter zur Stelle sein muß: Todesermittelungen, Schiffbrüche, gefundene Schätze.

Für das Hauptgeschäft der Todesermittelungen (bei ungewöhnlichen Todesfällen und bei solchen Personen, die im Gefängniß gestorben sind) giebt schon die Verordnung 4. Edw. I. st. 2. de officio coronatoris eine umfassende Geschäftsanleitung, charakteristisch für die Verwaltungsweise jener Zeit, in folgender Fassung:

„Der Coroner auf geschehene Anzeige soll sich an den Ort begeben, wo Jemand erschlagen, plötzlich gestorben oder verwundet ist, und soll sofort vor sich erscheinen lassen an solchem Ort Männer aus den vier, fünf oder sechs nächsten Ortschaften; und wenn sie erscheinen, soll der Coroner auf ihren Eid Untersuchung halten in folgender Weise: nämlich ob sie wissen, wo die Person erschlagen wurde, ob in einem Haus, im Feld, im Bett, in einer Schenke oder in einer Gesellschaft, und wer dort war; wer schuldig ist der That oder der Gewalt, und wer anwesend war; und wenn Jemand dessen schuldig befunden, soll er ergriffen, dem Sheriff überliefert und in's Gefängniß gesetzt werden. Wenn es sich begiebt, daß ein Mann erschlagen und im Feld oder Wald gefunden ist, so soll zuerst untersucht werden, ob er erschlagen wurde an demselben Ort oder nicht; und wenn der Leichnam von der Stelle bewegt ist, so soll man das Mögliche thun, um die Fußstapfen derer zu verfolgen, welche ihn hierher brachten, ob zu Pferd und zu Wagen. Es soll auch untersucht werden, ob der Todte eine bekannte Person, oder ein Fremder, und wo er die Nacht zuvor schlief." — „Alle Wunden sollen besichtigt werden, nach Länge, Breite und Tiefe, und mit welchen Waffen sie zugefügt, und an welchem Theil des Körpers die Wunde oder Verletzung ist, und wie viele dabei schuldig sind, und wie viele Wunden da sind, und wer die Wunde zufügte. Ebenso bei Ertrunkenen oder plötzlich Verstorbenen, ob sie ertrunken oder erschlagen oder erwürgt sind, mit einer Strangulationsmarke im Genick oder an einem ihrer Glieder, oder mit einer andern Verletzung an ihrem Körper. Und wenn sie nicht erschlagen sind, dann soll der Coroner sich wenigstens versichern der Personen, die den Leichnam fanden, und anderer in ihrer Begleitung."

Die Praxis hat das Verfahren noch genauer begrenzt. Die Geschworenen (gewöhnlich 15 oder 18) unter Vorsitz des Coroner müssen an dem Orte selbst, wo der Todesfall eintrat, „super visum corporis" ihre Sitzung halten. Ist die Leiche nicht zu beschaffen, so gehört die Feststellung des Thatbestandes als Theil des gewöhnlichen Strafverfahrens vor die Friedensrichter; ein Coroner's Inquest ohne Augenschein an der Leiche kann nur eintreten, wenn ein Spezial-Commissorium dazu ertheilt wird. Der Inquest besteht darin, daß der Coroner in Gegenwart der Geschworenen Zeugen und andere Beweise über den Hergang der Tödtung hört und durch den Spruch von mindestens zwölf Geschworenen die Todesursache feststellen läßt. Er procedirt dabei als ordentlicher Gerichtshof, court of record, in der Regel öffentlich; nach seinem Ermessen jedoch auch mit Ausschließung des Publikums. Lautet der Spruch der Jury dahin, daß eine bestimmte Person des Mordes oder der schuldbaren Tödtung verdächtig, so wird der Bezüchtigte durch warrant des Coroner zum gerichtlichen Hauptverfahren gefänglich abgeliefert. Der Coroner hat die Protokolle und Beweisstücke seines Verfahrens nebst dem Spruch der Jury, ausgefertigt unter seinem und der Geschworenen Insiegel, der Kingsbench oder den nächsten Assisen zu übermachen 33. Hen VIII. c. 12; 1. et 2. Phil. et M. c. 13. Der Spruch ist vergleichbar einer Anklageacte, in welcher die Geschworenen nebenbei auch das Vermögen des Inculpaten feststellen. Ein analoges Verfahren kann vorkommen zur Feststellung des Thatbestandes einer Feuersbrunst und einer Gebäudezerstörung durch Coroner's inquest; sowie zur Untersuchung von Schiffbrüchen, namentlich zur Feststellung „ob Schiffbruch oder nicht", sowie zur Feststellung des Besitzers. Doch sind diese Nebenfälle ziemlich außer Gebrauch.

Der Coroner ist ferner zugleich Königlicher „Friedensbewahrer" kraft seines Amtes, mit der Befugniß der Verhaftung wegen felony, concurrirend mit den Friedensrichtern.

Endlich sind im Nothfall die vereinigten Coroners der Grafschaft auch Stellvertreter des Sheriff als Vollziehungsbeamten. Die Decrete der Gerichtshöfe werden an den Coroner an Stelle des Sheriff gerichtet, wenn ein genügender Grund vorhanden ist, den Sheriff wegen Parteilichkeit zu recusiren.

II. Die Ernennung der Coroners ist ein Wahlact des Grafschaftsgerichts, wird also von den Freisassen unter Leitung des Sheriff in analoger Weise vorgenommen, wie die Wahl der Grafschafts-Abgeordneten zum Parlament, 28. Edw. III. c. 6; Coke 2. Inst. 558. Ein writ de coronatore eligendo aus der Kanzlei weist den Sheriff an, die Freisassen zur Wahl zu versammeln, den Wahlact einzuberichten, und den Gewählten zu beeidigen. In den meisten Grafschaften werden 3 oder 4 Coroners gewählt, doch kommen auch wohl 6 und 7 in einer Grafschaft vor.**)

**) Von dem ordentlichen Wahlmodus im Grafschaftsgericht kommen zahlreiche Abweichungen durch alte Verleihungen vor. In Huntingdonshire werden 5 Coroners von Grundherren ernannt. In der Herrschaft von Pontefract ernennt die Herzogskammer von Lancaster. In dem Freibezirke von St. Peter, City von York, nominirt der Dechant von York als erster Friedensrichter 2 Coroners. Das Recht des Erzbischofs von York und des Bischofs von Ely (verliehen durch eine Charte Heinrich's VII.) ist durch 6. et 7. Will. IV. c. 87 aufgehoben; das des Bischofs von Durham durch 1. Vict. c. 64. — Der Capitain (Constable) des Tower von London ernennt den Coroner für den Freibezirk des Tower; der Lord Mayor und die Commune von London die Coroners für die City (laut Charte Edw. IV.) und die Coroners von Southwark; Dechant und Kapitel den Coroner für die City und den Freibezirk von Westminster. Für den Königlichen Haushalt und den Bannbezirk des Königlichen Palasts wird ein Coroner von dem Lord Steward ernannt, der durch seine Beamte die Jury aus 12 Dienstleuten des Hofhalts ernennen läßt, 33. Henry VIII. c. 12. Auch die Admiralität ernennt ihre eigenen Coroners. Ein Namensverzeichniß der damals activen Coroners geben die Parl. P. 1837—38. Vol. 44. pag. 315.

Nach 3. Edw. I. c. 10 sollten dazu Ritter gewählt werden; nach 14. Edw. III. st. 1 c. 1 Männer, die genügenden Grundbesitz haben, um für ihr Amt aufzukommen; nach 29. Edw. III. c. 6 Gerichtsmänner der höhern Klasse (most lawful men). In der ältern Praxis verlangte man daher Besitzer von 20 Pfund Silber Grundrente; noch unter Edw. III. wurde ein Kaufmann als unqualificirt aus dem Amt entfernt. Die neuere Praxis besteht aber auf keiner besondern Qualification mehr. Hat der Gewählte aber nicht Vermögen genug, um verwirkte Bußen zu zahlen, so muß die Grafschaftskasse dafür aufkommen. Ziemlich häufig werden Anwälte oder Aerzte (surgeons) von mäßiger Befähigung und Praxis dazu gewählt. Gegen völlig ungeeignete Wahlen würde das sogleich zu erwähnende Entlassungsrecht als Correctiv dienen.

Die Ernennung gilt auf Lebenszeit, und erlischt als Wahlamt nicht durch Thronwechsel. Der Ernannte hat die allgemeinen Amtseide und einen besondern Diensteid zu leisten. Er kann sein Amt verlieren durch Ernennung zum Sheriff oder zu einem andern incompatiblen Amt, und kann entlassen werden durch ein writ de coronatore exonerando aus einem darin angegebenen Grunde, namentlich wegen Unfähigkeit durch Alter, Krankheit, wegen ungenügenden Grundbesitzes; nach 25. Geo. II. c. 29 sind Erpressung, Dienstvernachlässigung und Uebelverhalten im Amt ausdrücklich als Entlassungsgründe anerkannt. Auch ohne das kann der Lordkanzler schon nach älterer Praxis auf Petition der Freisassen der Grafschaft wegen „Amtsvernachlässigung" die Entlassung aussprechen; nach 23 et 24 Vict. c. 116. § 6 „wegen Unfähigkeit oder Uebelverhaltens im Amt."

Auch im einzelen Falle kann der Coroner durch amerciaments der Reichsgerichte wegen Versäumung der Amtspflicht gebüßt werden. Nach 7. Geo. IV. c. 64 mag der Gerichtshof, dem die Untersuchungsacten des Coroner einzusenden sind, jedes Vergehen gegen das Gesetz summarisch mit Geldbußen rügen. Vorbehalten ist ferner die Abberufung des Verfahrens durch certiorari an die King'sbench, und die Cassirung wegen Formfehlers, die aber jetzt wegen einer Reihe von Fällen nicht mehr eintreten soll 6 et 7. Vict. c. 83. Nur bei einem Spruch auf Mord oder Todtschlag bleibt die Ausfertigung unter dem Amtssiegel eine wesentliche Form. Wegen unrichtigen Verfahrens kann das Obergericht eine neue Untersuchung durch Special=Commissarien (ein melius inquirendum) verfügen.

III. Umfassende Reformen des Coroner=Amts sind im Lauf des letzten Menschenalters durch eine Reihe von Gesetzen herbeigeführt ohne den Grundcharakter desselben zu ändern. Das Bedürfniß der Reform beruhte auf anerkannten Mißbräuchen, die meistens auf die Schuld des Gebührentarifs geschrieben wurden. Während das Amt nach 3 Edw. I. c. 10

Cap. II. Die Bezirke und Aemter des selfgovernment.

ohne Gebühren verwaltet werden sollte, war durch 3. Henry VII. c. 1 eine Sportel von 13 sh. 4 d. für die Todtenschau bewilligt, durch 12. Geo. II. c. 29 20 sh. und Meilengelder, später noch weiter erhöht. Dieser Umstand hatte wesentlich dazu beigetragen „das Amt herunter zu bringen in niedere und dürftige Hände, welche es nur wegen der Gebühren suchen" (Blackstone 347). Die neuere Gesetzgebung hat die Amtsbezirke neu geordnet, den Wahlmodus vereinfacht, die Geschäftsführung verbessert, namentlich auch die Zuziehung von ärztlichen Sachverständigen befördert, und den Gebührentarif neu geregelt. Durch 23. et 24. Vict. c. 116 wird die künftige Anstellung der Coroners auf fixirte Gehalte vorgeschrieben. Die Einzelheiten dieser Reformgesetzgebung gehören noch nicht in diese Generalübersicht der Aemter. Um indessen die spätere Darstellung des Voruntersuchungsamts der Friedensrichter nicht zu unterbrechen sind dieselben nachfolgend (als Exc. ***) hier eingeschaltet. Die praktische Bedeutung des Coroner's Inquest als Voruntersuchungsamt ist aus der jährlichen Justizstatistik ersichtlich. Es kamen beispielsweise im Geschäftsjahr 1867 24,645 Fälle zur Verhandlung: der Spruch der Jury lautete auf Mord in 255 Fällen, Todtschlag in 179, gerechtfertigte Tödtung in 6, Selbstmord in 1,356, zufälliger Tod in 11,172, „Verletzung aus unbekannten Gründen" in 208, „todt gefunden" in 2702 Fällen, Tod durch übermäßiges Trinken in 322, vernachlässigte Krankheit in 115, Noth und Kälte in 251, „andere Todesursachen" in 5,062 Fällen.

*** Die neue Reformgesetzgebung über das Amt des Coroner.

Die Feststellung der Amtsbezirke und Vereinfachung des Wahlmodus betreffend. Die Wahl erfolgte altherkömmlich im „Grafschaftsgericht" durch alle dingpflichtigen Freisassen auch wenn ihr freehold noch so gering, und unter dem Betrage war, der das Stimmrecht zum Parlament giebt. Die Parlamentsstatuten über den Census des Geschworenendienstes galten ebensowenig für diesen Wahlakt. Das st. 58. Geo. III. c. 59 gab dafür eine neue umständliche Wahlordnung. Das Grafschaftsgericht, d. i. die Wahlversammlung, soll gehalten werden an dem Ort, wo es in den letzten vierzig Jahren üblich, und zwar bei dem nächsten ordentlichen County Court, nachdem zehn Tage vorher dem Publikum Ort und Zeit angezeigt ist. Wenn die Wahl nicht durch Handaufhebung mit Zustimmung der Versammlung sogleich entschieden, sondern eine formelle Abstimmung (poll) beantragt wird, so soll das Stimmzählungs-Verfahren von Tag zu Tag fortgesetzt werden bis auf höchstens zehn Tage. Auf Verlangen eines jeden Bewerbers muß jeder Stimmende einen Qualifications-Eid leisten mit Angabe seines freehold. — Diese Wahlordnung wurde wegen ihrer Umständlichkeit wieder aufgehoben durch 7. et 8. Vict. c. 92. Die Grafschaften können fortan durch die Quartalsitzungen der Friedensrichter in zwei oder mehre Bezirke für die Zwecke dieses Gesetzes getheilt, und schon vorhandene Divisionen ad hoc geändert werden. Der gefaßte Beschluß geht in Gestalt einer Petition an die Königin, welche mit Beirath des Privy Council (Staatsministeriums) die Theilung der Grafschaft in bestimmte Coroner-Districte für die Wahl und für die Geschäftsführung derselben verfügen kann. Die Friedensrichter weisen demgemäß jedem Coroner seinen Geschäftsbezirk an, und bei jeder vorkommenden Vacanz ist künftig auch die Wahl in diesem engeren Bezirk nur von den

§. 10. Das Amt des Coroner.

Einsassen dieses Districts vorzunehmen. Das Wahlgeschäft ist in einer besonderen Grafschaftsversammlung (special county court for the election) vorzunehmen, und wenn ein poll beantragt wird, ein solcher zwei Tage lang offen zu halten. Der so gewählte Coroner, obgleich nur für einen District gewählt, soll noch immer gelten als Coroner für die ganze Grafschaft; er soll sich aber regelmäßig beschränken auf die Geschäfte in seinem Bezirk, außer daß er im Falle der Krankheit oder unvermeidlicher Abwesenheit, und dann mit bestimmter Angabe dieses Grundes, einen Collegen vertreten kann.

Die örtliche Competenz wird modificirt durch 6. et 7. Vict c. 12. Nach gemeinem Recht mußte der Coroner sein Gericht an der Stelle halten, wo der Todesfall eingetreten war. Das neue Gesetz bestimmt, daß stets der Coroner die Untersuchung führen soll, in dessen Bezirk der Körper todt daliegend befunden wird, mag auch die Todesursache nicht innerhalb seines Bezirks eingetreten sein.

Für eine Stellvertretung des Coroner in Verhinderungsfällen wird gesorgt durch 6. et 7. Vict. c. 83. Das Amt ließ als judicial office nach der Grundregel des gemeinen Rechts keinen Stellvertreter zu. Das neue Gesetz erlaubt ihm allgemein „durch Urkunde unter seiner Handschrift und Insiegel und mit Genehmigung des Lord Kanzlers von Zeit zu Zeit eine geeignete Person als seinen Vertreter (widerruflich) zu ernennen", doch nur im Falle einer Krankheit oder Abwesenheit aus einem gesetzlichen oder dringenden Grunde.

Erweiterte Amtsgewalten sind hinzugefügt durch das oben erwähnte st. 7. et 8 Vict. c. 92. Der Coroner hatte von jeher die Befugniß durch Anweisung an die Constables der Hundertschaft oder der angrenzenden Ortschaften die nöthige Zahl von Geschworenen und Zeugen citiren zu lassen. Er kann jetzt selbst die Ausbleibenden in eine Geldbuße bis zu 40 sh. nehmen, und dies dem Kreissecretär anzeigen, der die Bußen beizutreiben hat. Er kann auch eine arbiträre Ungehorsamsstrafe for contempt of court gegen Zeugen verfügen, welche ihr Zeugniß verweigern. Es wird ferner die bisherige Praxis legalisirt, nach welcher es nur nöthig ist, daß Coroner und Jury zusammen die Leiche sehen; während die sonstigen Verhöre und Verhandlungen nicht nothwendig an die Gegenwart der Leiche gebunden sind.

Der Zweck der Todtenschau ist wesentlich erweitert durch das Gesetz über die Civilstandsregister 6. et 7. Will. IV. c. 86. Die Coroner-Jury soll danach bestimmte Fragen zur Eintragung in die Todtenlisten beantworten, und der Coroner den Registerbeamten von dem Spruch der Jury in Kenntniß setzen. Dabei wird jedesmal eine bestimmte Frage auf die „Todesursache" gestellt und beantwortet. Während also bisher der Zweck des Verfahrens nur ein gerichtlicher war, Ausmittelung und Verfolgung eines etwaigen Verbrechens, ist es jetzt erweitert auf Zwecke gesundheitspolizeilicher Statistik, namentlich auch im Interesse der Lebensversicherungs-Gesellschaften.

Die Actenmäßigkeit des Verfahrens wird gesichert durch st. 7. Geo. IV. c. 64 § 4. In allen Fällen, wo die Untersuchung auf die Bezüchtigung einer Person als Urheber oder Theilnehmer einer strafbaren Tödtung führt, soll der Coroner protokolliren den wesentlichen Inhalt aller der Jury vorgeführten Beweise, und die erheblichen Zeugen durch Bürgschaftstellung verpflichten für ihr Erscheinen bei den nächsten Criminal-Assisen. Protokolle und Bürgschaftsverhandlungen sowie die Beschlüsse der Jury sind dann von ihm zu beglaubigen, zu unterzeichnen und dem Beamten der für das Strafverfahren competenten Assisen vor oder bei Beginn der nächsten Sitzung auszuhändigen. Von jeher galten übrigens diese Beweisverhandlungen als zweifeitig.

Die Mitwirkung ärztlicher Personen wird gesichert durch 6. et 7. Will. IV. c. 89. Der Coroner soll zunächst den Arzt, welcher den Todten zuletzt behandelt hat, als Zeugen vorfordern. In Ermangelung eines solchen kann er auch einen andern gesetzlich qualificirten Arzt aus der Nachbarschaft verhören. Er kann eine Oeffnung der Leiche (post mortem examination) durch diesen Arzt oder mehre Aerzte vornehmen, auch eine chemische Analyse des Inhalts des Magens oder der Eingeweide veranstalten lassen. Befindet die Jury am Schluß des Verfahrens, daß die Todesursache durch die verhörten Zeugen nicht gehörig aufgeklärt ist, so kann sie ihrerseits dem Coroner gesetzlich qualificirte Aerzte namhaft machen, welche als Zeugen zu hören sind, und eine Leichenöffnung vornehmen mögen. Bei Unglücksfällen in Bergwerken hat der Coroner den Staatsinspector zuzuziehen und zu dem Zweck die Verhandlungen zu vertagen, 23 et 24 Vict. c. 151. § 20.

Die Folgen des Geschworenenspruchs sind neuerdings modificirt. Lautete der Spruch auf Selbstmord, so sollte altherkömmlich der Coroner die Anweisung geben den Leichnam auf einer öffentlichen Landstraße zu verscharren mit einem Pfahl durch den Körper getrieben. Durch 4. Geo. IV. c. 52 ist dieser Gebrauch beseitigt. Es soll vielmehr ein stilles Begräbniß auf dem üblichen Begräbnißplatz in den Abendstunden von 9 bis 12 Uhr ohne kirchliche Ceremonie eintreten. Nach gemeinem Recht ist das bewegliche Vermögen des Selbstmörders der Krone verfallen (nach älterem Recht auch die Einkünfte der Grundstücke auf Jahr und Tag). Die Jury muß daher, wenn sie Selbstmord befindet, zugleich aussprechen, ob und welches bewegliche Vermögen vorhanden ist. Sind jedoch Schulden vorhanden, so pflegt sich der Gläubiger mittels Bittschrift an das Schatzamt zu wenden, worauf ein Cabinetsbefehl unter dem Handsiegel ergeht, der das Nachlaßgericht ermächtigt, dem Gläubiger letters of administration zu ertheilen, durch welche die gewöhnliche Behandlung des Nachlasses eintritt.

Die Gebühren und Kosten der Todesermittelungen sind neu regulirt durch 1. Vict. c. 68; 7. et 8. Vict. c. 92. Die ordentliche Gebühr des Coroner nach dem Gesetz 12. Geo. II. wird von 20 sh auf 26 sh. erhöht, und ist ebenso wie die Meilengelder von 9 d. (1 Thlr. G. für die deutsche Meile) auf Anweisung der Quartalsitzung aus der Kreiskasse zu zahlen. Die Quartalsitzungen werden ermächtigt, für ihren Bezirk eine Gebühren-Taxe nach localen Rücksichten festzustellen. Abgesehen von den Gebühren der Medicinalpersonen, die durch besonderes Gesetz feststehen, üben die Quartalsitzungen der Friedensrichter ein discretionäres Ermessen über die Nothwendigkeit der Verausgabung, und können unnütze Positionen streichen. Am Schluß des Inquest zahlt der Coroner die Gebühren und Auslagen an die befugten Empfänger und erhält sie aus der Kreiskasse zurück. Nach 23. et 24. Vict. c. 116 §§ 3. 4. soll jedoch in Zukunft der Coroner nicht mehr unmittelbar die Gebühren beziehen, sondern ein mit den Quartalsitzungen der Friedensrichter vereinbartes Gehalt, welches periodisch nach dem Durchschnittsbetrag der Sporteln der letzten 5 Jahre zu bemessen ist.

Ueber die Reformfragen des Coroneramts vgl. den Report des Oberhaus-Committee vom 30. März 1860 Parl. P. 1860 No. 193. Die ursprüngliche Veranlassung zur Bildung des Amts war der Mangel an gerichtlichen Lokalbeamten in der Zeit vor der Magna Charta. In späteren Jahrhunderten ist dieser Mangel gehoben durch das Voruntersuchungsamt der Friedensrichter, welchem die Feststellung des objectiven Thatbestands bei allen Verbrechen in der Regel zufällt. Dennoch wurde das populäre Wahlamt der Coroners mit der dazu gehörigen Nachbarjury in seiner beschränkten Anwendung auf ungewöhnliche Todesfälle beibehalten. Man erkennt die Mängel und Beschwerden des Coroner's inquest an, möchte aber doch das allgewaltige Friedensrichteramt nicht noch einmal durch diese bedeutungsvolle Function erweitern.

Das heute geltende Verfahren giebt Burn's Justice 30. Aufl. Vol. I. S. 1200 bis 1247 mit 34 Geschäftsformularen.

§. 11.
Das Amt der Friedensrichter. Justices of the Peace.

Dies wichtigste Amt der Selbstverwaltung, welches seit dem XIV. Jahrhundert den Charakter des englischen selfgovernment vorzugsweise bestimmt, wird von Blackstone I. 345—354 mit historischen Angaben eingeführt, welche schon an dieser Stelle einiger Berichtigung bedürfen.

Wilhelm der Eroberer hatte das System der Zwangsbürgschaften eingeschärft, und in dem normannischen Landvogt war auch der Beamte vorhanden, welcher die Polizeipflicht der Gemeinden zu erzwingen die hinreichende Macht hatte. Zu ihrer Controle diente die jährliche Polizei-Revision der Gemeindelisten, visus francplegii. Diese polizeilichen Aufgebote wurden aber so lästig, daß bald nach der Magna Charta das st. Merton 20. Hen. III. c. 10 und das st. Marlebridge 52. Hen. III. die Gerichtsmänner erleichterte, den Clerus und die großen Grundherren vom Erscheinen dabei entband. Der Verfall der alten Polizei-Ordnung, welcher daraus folgte, veranlaßte das st. Winchester 13. Edw. I., d. h. eine neue Miliz- und Polizei-Ordnung, welche durch Einschärfung der Haftung der Sammtgemeinden und durch das Personal der Milizbeamten (Constables) die Ordnung dauernd herzustellen sucht. Aehnliche Bedürfnisse veranlaßten die zeitweise ernannten außerordentlichen commissions, wie die Justices of trail-baston unter Eduard I. Die Befugniß zu solchen Anordnungen lag in der militärischen Polizeigewalt der normannischen Könige. Wie die Polizeigewalten des Sheriff, so waren auch die aller späteren Commissarien daraus abgeleitet, und jedem unmittelbaren Königlichen Richter waren mit seiner Jurisdiction auch Königliche Polizeigewalten delegirt. In diesem Sinne sind der Lord-Kanzler, der Lord-Schatzmeister, der Vice-Kanzler und die Richter der Königsbank noch heute zugleich „Friedensbewahrer" im ganzen Reich; die Richter der Reichsgerichte im Bereich ihrer Höfe, die Assisenrichter im Bereich ihrer Commission; die Sheriffs und Coroners in ihrer Grafschaft; die High Constables in ihrer Hundertschaft; die Constables in ihrer Ortsgemeinde. — Im Verlauf dieser Zeit machte man jedoch die Erfahrung, daß eine wirksame Handhabung der Polizei-Ordnung nur möglich sei durch angesehene Männer, die aus unmittelbarer Nähe dauernd einwirken, also weder durch Gemeindeausschüsse, noch durch bloße Reisecommissarien, sondern durch stehende höhere Local-Beamte. Das Jahrhundert Eduard's I., II. und III. ist dafür eine Zeit der Experimente, die zwischen Centralisation und Decentralisation, Strafjustiz- und bloßen Polizeigewalten hin und her schwanken. Endlich erfolgt 1360 die Einsetzung von Kreispolizeiherren als dauerndes Institut durch 34 Edw. III. c. 1. Zwei Jahre später petitioniren die Gemeinen, es möge in die commissions die Klausel aufgenommen werden, daß sie viermal im Jahre gemeinschaftliche Sitzungen halten. Dies wird durch 36 Edw. III. c. 12 zum Statut erhoben. In dieser Zeit schon wird der ehrenvollere Titel Justices neben oder anstatt der älteren „Custodes pacis" üblich, und meistens wohl wurden dieselben Personen zu Justices of the Peace und zu Justices of Labourers ernannt, die kurz vorher durch die Gesetze über die Arbeitspolizei eingeführt waren. Beide Stellungen fließen immer mehr in einander. Unter Richard II. petitioniren die Commoners, daß wenigstens zwei Rechtskundige bei der Verhandlung wegen felonies assignirt werden sollten (17. Ric. II. c. 10). Bei der Ausfertigung der Commissionen entsteht nun die Sitte aus der ernannten Gesammtzahl noch einen engern Kreis von Rechtskundigen „quorum" hervorzuheben, welche bei wichtigeren Acten mitwirken sollen. — Nach summarischer Ergänzung dieser geschichtlichen Daten läßt sich das Amt der Friedensrichter nach Blackstone's Vorgang in folgende Hauptpunkte zusammenfassen.

I. Die Ernennung erfolgt durch Königliche Special=Commissionen unter dem großen Siegel nach einem Formular von 1590. Es werden darin alle Friedensrichter der Grafschaft zugleich ernannt um „sammt und sonders den Frieden zu erhalten und ihrer zwei oder mehre Untersuchung zu führen und Urtheil zu sprechen über felonies und andere Vergehen." Bei den letzteren Geschäften soll aber wenigstens einer der rechtskundigen Friedensrichter zugezogen werden, die dann in einer besonderen Klausel aufgezählt werden, mit den Worten: „quorum aliquem vestrum, A. B. C. D. etc. (folgen die Namen der Rechtskundigen) unum esse volumus." In neuerer Praxis pflegen alle Friedensrichter mit der höheren Qualification ernannt zu werden.

II. Die Qualification der Friedensrichter war durch die unbestimmten Ausdrücke der ältesten Verordnungen dem Königlichen Ermessen überlassen. Nach 13. Ric. II. sollen sie aus den wohlhabendsten Rittern, Rittergutsbesitzern und Rechtskundigen ernannt werden; nach 18. Hen. VI. c. 11 aus Grundbesitzern von 20 Pfd. Silber Grundrente; nach 5. Geo. II. c. 18 aus Grundrentnern von 100 L. Reinertrag. Die Gesetze Richard's II., welche die Zahl der Friedensrichter auf sechs, dann auf acht in jeder Grafschaft fixiren, werden längst nicht mehr beobachtet, Lambard 34; der König kann vielmehr ernennen „so viele wie ihm beliebt" Coke 2. Inst. 174, 175. Die Zahl ist von Menschenalter zu Menschenalter gewachsen. Gegenwärtig umfassen die Commissionen mehr als 20,000 Namen, darunter freilich etwa die Hälfte nur als titulare Justices.

§. 11. Das Amt der Friedensrichter.

III. Was die Dauer des Amts betrifft, so gehört es dem Rechte nach zu den widerruflichen, durante bene placito, verliehenen. Es erlischt daher (1) durch Thronwechsel, doch so, daß es nach 1. Anne c. 8 vorläufig sechs Monat fortdauert, wenn nicht inzwischen widerrufen oder bestätigt: die Bestätigung im Amt durch den neuen Monarchen ist seit Jahrhunderten die thatsächliche Regel; der Friedensrichter bedarf dann auch keines neuen Qualificationseides 1. Geo. III. c. 13, braucht auch die Amtseide nur einmal zu leisten unter jeder Regierung 7. Geo. III. c. 92. (2) Der Friedensrichter kann direct entlassen werden durch ein writ unter dem großen Siegel, also durch den Lord-Kanzler. (3) Die Amtsgewalt kann durch ein writ of supersedeas suspendirt werden, lebt aber wieder auf durch ein entgegengesetztes „procedendo". (4) Durch Ausfertigung einer neuen Friedens-Commission für eine Grafschaft sind alle Friedensrichter stillschweigend entlassen, deren Name nicht in die neue Commission mit aufgenommen wird. (5) Durch Antritt des Sheriff- oder Coroner-Amts 1. Mar. st. 1. c. 1, nicht aber durch Verleihung von anderen Titeln und Würden 1. Edw. VI. c. 7.

IV. Die Amtsgewalten und Amtspflichten der Friedensrichter bestimmen sich durch die Wortfassung der Commission:

(1) Die Bewahrung des Friedens nach common law, d. h. Ergreifung, Verhaftung, Zwangsbürgschaft, und alle sonstigen Polizeigeschäfte, welche herkömmlich schon in der Amtsgewalt der normannischen Landvögte lagen.

(2) Analoge Geschäfte nach der Polizei-Ordnung von Winchester, dem Statut Westminster und neueren Polizeigesetzen, deren Zahl sich nun von Menschenalter zu Menschenalter häufte, bis 1590 nach Berathung mit allen Reichsrichtern ein neues Formular entworfen, vom Lord-Kanzler genehmigt und in Gebrauch gesetzt wurde, welches noch heute besteht. Für das Einzele verweist Blackstone seine Leser auf die Werke von Lambard und Burn. Diese Einzelheiten beruhten schon damals auf vielen hundert, jetzt auf mehren tausend Statuten, d. h. auf der Gesammtheit des gesetzlichen Verwaltungsrechts des Inneren und der Polizei, welches nach seinen einzelen Zweigen (Cap. V. Abschn. 1—4) dargelegt werden muß, um die Competenz der Friedensrichter wirklich zu übersehen.

Die Geschichte der Friedensbewahrung bildet ein weitschichtiges, von der Gesammtdarstellung des Gerichtswesens nicht zu trennendes System. In der Geschichte des selfgovernment ist die angelsächsische Friedensbewahrung und sogenannte Gesammtbürgschaft S. 22—29, das normannische Polizeisystem S. 81—83, 89—95, die Vorstufen des Friedensrichteramts S. 171—178, die definitive Einsetzung des Friedensrichteramts mit ihren Einflüssen auf die Polizeiverwaltung überhaupt S. 178—188, die Erweiterung der Friedensrichtergewalten und die Entstehung des Voruntersuchungsamts in der Periode der Tudors und Stuarts S. 291—308, die Consolidirung im XVIII. Jahrhundert S. 364—370 gegeben. Ich erinnere dabei an das historische Material in den beiden Hauptschriften, Lambard's Eyrenarcha, or the Office of Justices of the Peace, 1581 und ff., Dalton's Justice, 1618 und ff. Vergleicht man die aus Lambard compilirten geschichtlichen Angaben Blackstone's, so wird es schon an diesem Punkte einleuchten, wie diese dürftige Grundlage seit 100 Jahren die Urtheile des Auslandes über Selfgovernment und innere Staatsverwaltung Englands zu Fehlschlüssen verleiten mußte, — namentlich die schiefe Idee, als ob „dem Volke sein ursprüngliches Recht zur Wahl der Friedensbewahrer" durch die Einsetzung der Friedensrichter genommen sei, sowie die Idee von patrimonialen Friedensrichtern. — Ebenso ist es verwirrend, wenn Blackstone die Eintheilung der Friedensrichter in Justices by commission, by charter und by act of parliament an die Spitze stellt. Als das Institut der Kreispolizeiherren in den Grafschaften durchgeführt und fertig war, ist es später einzelnen Städten auf Grund von Charten, Parlamentsacten, und jetzt nach der neuen Städteordnung übertragen, mit besonderen Grundsätzen über Ernennung, Qualification und Amtsdauer, welche später in der Darstellung der Stadtverfassung folgen. Die dem Erzbischof von York und den Bischöfen von Durham und Ely übertragenen besonderen Friedensgewalten können ebenso wenig eine Haupteintheilung der Friedensrichter begründen. Das Friedensrichteramt ist seinem Wesen nach: die Polizeigewalt als Staatsauftrag, King's Commission, 4. Edw. III. c. 2; 18. Edw. III. st. 2. c. 2; 34. Edw. III. c 1.

§. 12.

Das Amt der Constables.

Die polizeiliche Stellung der Constables knüpft sich an die Bestimmungen des Statuts Winchester 13. Edw. I. c. 6, nach welchem zur besseren Aufrechterhaltung des Friedens „zwei Constables in jeder Hundertschaft und in jedem Freibezirk" die Aufsicht über Waffen und Rüstung führen sollen. Neben den Constables der Hundertschaften werden in den Gesetzen seit 2. Edw. III. auch Constables der einzelen Ortschaften erwähnt. Mit der Miliz war nämlich wieder lebendig geworden die Bedeutung der alten Zehntschaften als Unterbezirke der Miliz, für die sie gewissermaßen eine Corporalschaft bedeuten. Die Vorsteher dieser Unterbezirke, die alten Gerichtschulzen, tithingmen, headboroughs, chief-pledges, borsholders, borsalders wurden daher wahrscheinlich von Anfang an auch für die Geschäfte der Miliz herangezogen, obgleich ihre förmliche Bezeichnung als Constables erst später gewöhnlich wird, nachdem sich die Milizverfassung consolidirt hat. Die untere Constableship war also nur eine neue Amtspflicht, die dem schon vorhandenen Ortsschulzen zuwuchs, mit seinem Amte verwuchs, und seit Eduard III. dessen gewöhnlicher Amtstitel wird. Die polizeiliche Seite des Amts steht gleich bei der Entstehung im Vordergrund. Die militärischen Verwaltungsgeschäfte treten später in

§. 12. Das Amt der Constables. 107

den Hintergrund, und lassen für den Constable ein Polizeischulzenamt zurück in zwei Abstufungen.

Die Constables of Hundreds, High Constables, sind Kreisschulzen zur Ausführung der friedensrichterlichen Befehle, mit einem gewissen Aufsichtsrecht über Brücken und Wege, Functionen bei Bildung der Geschworenenlisten ꝛc. — ein Mittelamt zwischen Friedensrichter und Ortsschulzen, ohne daß jedoch die Friedensrichter an diese Mittelspersonen als Regel gebunden sind. Nur gewisse periodische Geschäfte passiren das Mittelamt, während die meisten Einzelbefehle unmittelbar durch die Unter-Constabler ausgeführt werden. Die Ernennung sollte ursprünglich in den Gerichtsversammlungen der hundred oder des Freibezirks erfolgen; in deren Ermangelung in den Quartalsitzungen der Friedensrichter.

Die Petty Constables, Unter-Constabler der Ortschaften, wurden gewählt im Ortspolizeigericht, court leet, so lange ein solcher noch gehalten wurde, event. durch zwei Friedensrichter 13. et 14. Car. II. c. 12. Dies letztere ist längst die Regel geworden. Das Polizeischulzenamt wechselt als Zwangsdienst von Jahr zu Jahr unter den Gemeindegliedern mit der Befugniß des Ernannten zur Bestellung eines geeigneten Stellvertreters. Die Amtsgeschäfte bestehen in der Ausführung von Verhaftungen und Haussuchungen auf Befehl der Friedensrichter, oder aus eigener Autorität in dringenden Fällen; sodann in der Ausführung unzähliger Anordnungen der Friedensrichter in Polizei- und Communalverwaltung, Zwangsvollstreckungen, Listenanfertigungen, Berichterstattungen, wofür sie kleine Sporteln beziehen. Die Entlassung der Ober- und Unter-Constables erfolgt durch dieselbe Autorität, welche sie ernennt.

Das Amt der Constables behandelt Blackstone 1. 355—357 nach Lambard. Das Geschichtliche ist auch in Gneist, Geschichte des selfgovernment, S. 187, 188 gegeben. Noch zur Zeit Elisabeth's wird die Wahl der Constables durch die Gerichtsmänner des court leet als die gewöhnliche Weise bezeugt durch Th. Smith, Commonwealth II. c. 25. Seit dem Verfall der alten Ortsgerichte und seit den mannigfaltigen Aenderungen in der Verwaltung der Miliz hat sich sowohl der militärische Anstrich des Constablerthums verloren wie das alte Gerichtsschulzenamt; es bleibt wesentlich nur ein Polizeischulze übrig, in dessen Stellung aber zwei Elemente sich scheiden lassen: 1. selbständige Rechte eines Ortsgemeinde-Vorstandes, wohin namentlich noch ein selbständiges Verhaftungsrecht gehört, und seine Stellung als „Friedensbewahrer" niederer Ordnung; 2. Pflichten und Rechte als ausführender Unterbeamte der Friedensrichter, welche mit dem Umfang der friedensrichterlichen Gewalten wachsen. Mit der politischen Bedeutung der Mittelstände sinkt aber seit der Revolution diese Schulzenstellung noch tiefer herab als auf dem Continent. Dies Herabsinken zu einem Polizeidienerthum endet dann im letzten Menschenalter mit dem jähen Uebergang in besoldete Polizeimannschaften. Diese Auflösung des Amts wird im Zusammenhang der neuen Ortsgemeindeverfassung in §. 16 a. E. berührt, in §. 82 ausgeführt werden.

§. 13.
Das Amt der Wegeaufseher. Surveyors of Highways.

Schon in der normannischen Zeit galt es als ein Satz des gemeinen Rechts, daß jedes Kirchspiel die durch sein Gebiet gehenden Landstraßen (einschließlich des Stadtpflasters und der Dorfstraße) in Stand halten muß, wo nicht ausnahmsweis eine Privatperson damit aus einem besonderen Rechtsgrunde belastet ist. Wegen Versäumung dieser Pflicht fand eine Strafklage gegen die Gemeinden statt; es fehlte aber an einem besonderen Beamten um zu diesem Zweck die Gemeinde zu berufen und in Thätigkeit zu setzen. Deshalb wurde durch 2. et 3. Phil. et Mary c. 8 die Ernennung von Wegeaufsehern in jedem Kirchspiel angeordnet. Sie sorgen für die Wegschaffung der Verkehrshindernisse auf den Landstraßen und ziehen die Einwohner zur Heranschaffung von Wegebaumaterialien und zu Reparaturarbeiten heran, wobei die Hand- und Spanndienste nach dem Maßstabe des Besitzes abgestuft werden. Das System der Naturalleistungen dauert auch noch in der consolidirten Wege-Ordnung 13. Geo. III. c. 78 fort. Die neue Wegeordnung 5. et 6. Will. IV. c. 50 führt dagegen die Geldwirthschaft vollständig durch, und damit ein neues Verwaltungssystem, in welchem die Wegeaufseher aus Gemeindewahlen mit klassificirtem Stimmrecht hervorgehen, die Bildung größerer Wegedistrikte und die Anstellung besoldeter Beamten befördert wird. Durch die ergänzenden Wegeverwaltungsgesetze 25. et 26. Vict. c. 61 und 27. et 28. Vict. c. 101 werden die Surveyors in den wichtigsten Funktionen durch neugeschaffene waywardens ersetzt, welche als gewählte Mitglieder das board für die neugebildeten Wegedistricte bilden.

Ueber die Surveyors of Highways vergl. Blackstone I. 357—359. Ueber die mittelalterliche Gestalt der Wege- und Brückenbaulast die Geschichte des selfgovernment S. 281. 282. Ueber die Wegegesetzgebung der Tudors und die Entstehung der Wegeaufseher S. 282—284, über das XVIII. Jahrhundert S. 381. 382. Ueber die Wahl der surveyors bestimmte das erste Gesetz 2. et 3 Phil. et M. c. 8: the Constables and Churchwardens of every parish shall yearly call together a number of the Parishioners; and shall then elect and choose two honest persons of the parish, to be Surveyors and Orderers for one year of the works for amendment of the Highways in their Parish. Nach dieser Fassung sollen also die constables und churchwardens die Wegeaufseher designiren, was freilich wie in dem court leet sehr leicht zu einem Vorschlags- oder Wahlrecht der versammelten Gemeindeglieder führte. Jenes Gesetz galt Anfangs nur auf 7 Jahre, wurde aber unter Elisabeth continuirt. Die Wegeaufseher erscheinen von da an nicht mehr als Substituten und Unterbeamte der constables und churchwardens, sondern als selbständige Gemeindebeamte. Das Wahlrecht der Gemeinde wird dann durch 13. et 14. Car. II. c. 6 ausdrücklich anerkannt, geht freilich durch die Gesetzgebung des XVIII. Jahrhundert auf die Friedensrichter über, ist aber durch das neue Wegegesetz 5. et 6. Will. IV. c. 50 dem Kirchspiel ausdrücklich wiedergegeben.

§. 14.
Das Amt der Kirchenvorsteher und der Armenaufseher.

Da die alten Elemente einer Ortsgemeinde=Verfassung im court leet und in dem Recht der Herrenhöfe (manors) nicht überall vorhanden und schon ziemlich früh verfallen waren: so hat sich im Anschluß an die Kirche eine eigene Gemeinde=Verfassung für das Kirchspiel parish als solches gebildet, mit dem Pfarrer als geistlicher Obrigkeit und zwei Kirchen=vorstehern, Churchwardens. Das Ernennungsrecht der letzteren galt nach common law als gemeinschaftliches Recht des Pfarrers und der Gemeinde. Nach den kirchlichen canones von 1603 (can. 89) soll in Ermangelung einer Einigung der Pfarrer den einen, die Gemeinde den andern ernennen. Ihre Amtspflichten sind: bauliche Instandhaltung der Kirchen=sitze, Aufrechterhaltung der Ordnung während des Gottesdienstes, Beschaffung der Bänke und sonstigen Ausstattung der Kirche, des Brodes und Weines für das Abendmahl 2c. Sie berufen die Kirchengemeinde zur Fassung von Beschlüssen über die Kirchensteuer, und haben die Pflicht zu gewissen amtlichen Anzeigen, presentments, bei dem Bischof. Ueberhaupt gebührt ihnen die Curatel und Verwaltung des beweglichen Kirchen=vermögens, mit dem Recht zu klagen und beklagt zu werden. In einigen großen Kirchspielen kommen noch besondere Sendmänner, sidesmen (synodsmen) vor, die ursprünglich für die Rügepflicht in canonischer Weise bestellt wurden, in der heutigen Zeit aber überhaupt als Hülfsbeamte für die verschiedenen Geschäfte der Armenvorsteher gelten.*)

An die Kirchenvorsteher schließen sich die Armenaufseher, Overseers of the poor, definitiv organisirt durch das große Armengesetz st. 43. Eliz. c. 2. Danach sollen jährlich zwei (nach Bedürfniß auch wohl drei oder vier) Armenaufseher in der Osterwoche von zwei benachbarten Friedensrichtern aus der Zahl der angesehenen Hausbesitzer im Kirchspiel ernannt werden. Sie sollen mit den Kirchenvorstehern zusammentreten zu doppelter Verpflichtung: (1) die nöthigen Summen aufzubringen für die Erhaltung der Armen, Gebrechlichen, Alten, Blinden und sonst arbeitsunfähigen Armen, (2) Arbeit zu schaffen für solche, die arbeitsfähig sind und sonst keine Beschäftigung finden können. Für beide Zwecke können sie eine Communalsteuer von den Bewohnern des Kirchspiels erheben. Man klagte

---
*) Ueber die Churchwardens vergl. Blackstone I. 394. 395 und Gneist, Geschichte des selfgovernment 267—73. 376.

dabei schon frühzeitig über die zu weite Ausdehnung des Systems der Geldunterstützungen und über die Beschränkung der Armenverwaltung auf zu kleine Bezirke. Dennoch wurde der letztere Uebelstand noch erhöht durch die Gesetzgebung der Restauration (st. 13. et 14. Car. II. c. 12). Die gesetzliche Armenpflicht gestaltet sich in Folge dessen zu einem verwickelten Niederlassungsrecht. Nach vielen vereinzelten Reformversuchen hat endlich das große Armengesetz von 1834 die ganze Armenverwaltung und die Stellung des Beamtenpersonals von Grund aus verändert. Die Steuerzahler sind durch gewählte Kreisarmenräthe bei der Verwaltung der Armensteuer betheiligt; die Armenunterstützung wird wesentlich durch besoldete Beamte geleitet nach Regulativen und Rescripten einer vom Staat ernannten Centralbehörde; die Overseers of the Poor sind nur noch ergänzende Beamte für die Ausschreibung und Erhebung der Armensteuer geblieben.**)

§. 15.
Das Amt des Lord-Lieutenant.

Das heutige Amt des Lord-Lieutenant ist erst in der Periode der Tudors entstanden. Die durch das Statut Winchester 13. Edw. I. c. 6 neu gestalteten Grafschaftsmilizen standen Anfangs unter dem Sheriff. Es stand jedoch im Belieben der Krone, nach Bedürfniß eine Special-Commission (commission of array) zur Mobilmachung der Miliz und zur Ernennung der Offiziere zu ertheilen, oder den Sheriffs und High Constables die Aushebung zu belassen. Bis zur Periode der Tudors standen so die Sheriffs und commissioners of array nach Bedürfniß und Gelegenheit neben einander. Unter Heinrich VIII. kommen zuerst Commissionen vor, welche dem Ernannten die höhere Stellung eines Königlichen Lieutenants geben. Später veranlassen die Religionsunruhen die Einsetzung von King's Justices and Lieutenants in verschiedenen Grafschaften 3.

**) Ueber die Armenvorsteher s. Blackstone I. 360 — 365. Ueber die mittelalterliche Gestalt des Armenwesens vergl. die Geschichte des selfgovernment S. 278, 279; über die Gesetzgebung der Tudors und die Entstehung des Amts der Armenaufseher S. 273—281; über die Zustände des XVIII. Jahrhunderts S. 379. Die daraus hervorgehenden Mängel des Niederlassungsrechts und des Verwaltungssystems werden schon von Blackstone richtig bezeichnet: Vermehrung der Arbeitslosigkeit und Armuth durch Beschränkung der Arbeitsuchenden auf die kleinen Bezirke; Verwickelungen des Niederlassungsrechts; zahlreiche kostbare Gemeindeprozesse darüber, und Erschleichung der Niederlassung durch allerlei listige Veranstaltungen; zur Verhinderung derselben neue Gesetze; durch die neuen Gesetze neue Verwickelungen, Zweifel und Prozesse. An diese Zustände knüpft sich die durchgreifende Umgestaltung seit der Reformbill (§. 16).

Edw. VI., mit verstärkten Miliz- und Polizeigewalten. In dem Gesetz der katholischen Marie über die Reorganisation der Milizen werden die King's Lieutenants als bekanntes Amt vorausgesetzt; dennoch erwähnt Camden sie noch unter der Regierung Elisabeth's als ein außerordentliches für unruhige Zeiten bestimmtes Amt. Erst seit Carl II. erscheint es als gesetzliche Regel, in jeder Grafschaft einen Königlichen Lieutenant, gewöhnlich einen Pair des Reichs, zu ernennen, woraus der Titel Lord-Lieutenant sich stillschweigend bildete. Die Ernennung erfolgt durch Königliches Patent, dem Recht nach widerruflich, de facto lebenslänglich. Als Chef der Miliz steht dem Lord-Lieutenant zu:

1. Die Ernennung der Deputy-Lieutenants als Miliz-Verwaltungs-Commissarien für die Einstellung und Formirung der Mannschaften und die Entscheidung der Reclamationen — zum größeren Theil aus der Zahl der Friedensrichter;

2. Ernennung der Offiziere der Miliz, für die jedoch vom Fähnrich bis zum Obersten hinauf bisher ein gesetzlicher Eigenthumscensus erforderlich war; die Krone ist jedoch befugt, binnen einer gewissen Frist die Ernennungen zu mißbilligen.

Da der Lord-Lieutenant herkömmlich zugleich zum ersten Friedensrichter (custos rotulorum) ernannt wird, so ist er in der neueren Gestaltung als der erste Grafschaftsbeamte anzusehen. Grundbesitz, Dauer des Amts, zahlreiche Polizei-, Verwaltungs- und Ernennungs-Befugnisse machen ihn dazu, trotz des nominellen Ehrenranges der jährlich wechselnden Sheriffs.

Vom Lord-Lieutenant handelt Blackstone I. 411. 412. Ueber die Milizgesetzgebung der Tudors vergl. die Geschichte des Selfgovernment S. 311—317; über die Miliz des XVIII. Jahrhunderts S. 372—376. Der Sheriff selbst verlor durch die Einsetzung der ständigen Lord-Lieutenants von Neuem einen Theil seines früheren Ansehens als Chef der Milizen. Man kann mit neueren englischen Schriftstellern den Sheriff jetzt als ersten Civilbeamten der Grafschaft, den Lord-Lieutenant als ersten Militärbeamten der Grafschaft bezeichnen, und muß dabei zugleich an die gewaltigen Befugnisse der Friedensrichter denken, deren Chef und Ehrenpräsident der Lord-Lieutenant in seiner zweiten Stellung als Custos Rotulorum ist.

§ 16.

Das neue System der Gemeinderepräsentation im selfgovernment.

Neben diesen historischen Aemtern des selfgovernment ist seit der Reformbill von 1832 der neue Grundsatz einer Vertretung der Gemeinden, durch gewählte ständige Ausschüsse (boards) als ein wesentliches Element der wirthschaftlichen Selbstverwaltung zur Geltung gekommen.

In der älteren Verfassung beruhten die in den Kirchspielen vorkommenden ständigen Committees auf einem geschäftlichen Herkommen, welches leicht in cooptirte engere Körperschaften ausartete. In den Municipal Corporations war diese Entartung fast zur Regel geworden. Die neue Gesetzgebung führt nunmehr das Repräsentationssystem als einen **wesentlichen Bestandtheil** in das historische selfgovernment ein. Der wohlbegründete Anspruch der Steuerzahler mußte sich aber in einem Parteistreit gesellschaftlicher Klassen, einem Kampf der „Mittelklassen" gegen die übermächtige Stellung der regierenden gentry durchsetzen. Unter solchen Umständen kam das Repräsentativsystem nicht in eine organische Verbindung mit der obrigkeitlichen Selbstverwaltung (etwa so wie in den deutschen Gemeindeverfassungen), sondern blieb getrennt, zum Theil im Gegensatz dazu stehen in folgenden drei neuen Principien:

I. **Die Vertretung der Steuerzahler erfolgt durch freigewählte Abgeordnete**, welche im Unterschied von den alten Gemeindeämtern nun auch neue Bezeichnungen erhalten: in den Stadtverwaltungen als town councillors, in der Armenverwaltung als guardians of the poor, in der Wegeverwaltung als waywardens. Da der Grundgedanke der Vertretung von dem Steuerinteresse ausgeht, so steht das Stimmrecht jedem occupier eines Realbesitzes zu, welcher nach dem englischen Communalsteuersystem zu den Gemeindebedürfnissen beiträgt. Da das Steuerinteresse **allein** entscheidet, so stuft sich das Stimmrecht nach dem Maß der Steuer ab, so daß ein steuerpflichtiger Realbesitz bis zu 50 £ Reinertrag eine Stimme giebt, bis 100 £ Reinertrag 2 Stimmen u. s. w. bis zu einem Maximum von sechs Stimmen. Ist der nutzende Inhaber zugleich Eigenthümer, so werden ihm die Stimmen in beiden Eigenschaften gerechnet, also verdoppelt. Auch die gewählten Vertreter bedürfen eines mäßig bemessenen Passivcensus. Da in der neugebildeten Gesellschaft die Steuerkraft der kleinen Ortsgemeinden für viele Gemeindezwecke nicht mehr ausreicht, so geht Hand in Hand mit dem Repräsentativsystem die Zusammenfügung der Kirchspiele zu größeren Sammtgemeinden. Da die Idee der Interessenverwaltung die ganze Neubildung beherrscht, so ist damit auch der gesellschaftliche Gedanke des voluntarism zur Geltung gekommen. Es findet keinerlei Zwang zur Uebernahme einer solchen Vollmacht statt, noch eine persönliche Verantwortlichkeit. Indem die neue Vertretung grundsätzlich die mühevolle, verantwortliche Einzelverwaltung der alten Kirchspielsämter ablehnt, ergiebt sich daraus ein neues zweites Princip:

II. **Der Grundsatz der verantwortlichen Einzelverwaltung durch besoldete Beamte.** In unserem von dem gewaltigen Leben der industriellen Gesellschaft durchdrungenen und beherrschten Zeitalter hat sich die Idee der gewählten Verwaltungsräthe aus dem Gebiet der Erwerbs=

§ 16. Das neue System der Gemeinderepräsentation im selfgovernment. 113

gesellschaft auch in die Verwaltung des Gemeindelebens eingeschoben. Das gewählte board hat also nur **Beschlüsse zu fassen, Verfügungen zu erlassen und Anstellungsrechte zu üben**, — eine Stellung, die um so selbstverständlicher angesehen wurde, als auch die regierende Klasse in der obrigkeitlichen Selbstverwaltung nur durch orders und patronage thätig erschien. Alle Feststellung des Thatsächlichen (der question of fact) wie die der Bedürftigkeit eines Armen durch besoldete relieving officers, alle Verantwortlichkeit für die Innehaltung der gesetz- und regulativmäßigen Grundsätze wird ausschließlich den besoldeten Executiv-Beamten überlassen. An den wichtigsten Punkten schreibt die Gesetzgebung die Einführung der besoldeten Beamten direkt vor; an jedem Punkt überläßt sie den gewählten boards, die verantwortlichen Einzelgeschäfte solchen Beamten zu übertragen und deren Gehalte frei zu bemessen. Als die nothwendige Folge ergiebt sich daraus weiter:

III. **Der Grundsatz der unmittelbaren Staatscontrole** für die neue Verwaltung. Die Gesetzgebung hat, (anders als in der französischen Revolution) von Anfang an erkannt, daß das „Lokalinteresse" die Gemeindeverwaltungen nicht souverän bestimmen kann. Die Erhebung und Verwendung von Zwangssteuern kann nur nach gesetzlichen Normativbestimmungen erfolgen. Die Gewährung oder Nichtgewährung einer Armenunterstützung, das Maß und die Art der Unterstützung, kann nicht dem Lokalinteresse absolut überlassen bleiben. Gesundheits-, Bau-, Wegeverwaltung bedürfen der gesetzlichen Normativbestimmungen schon wegen ihrer stetigen Collision mit der Freiheit des Eigenthums und der Person. Für die Handhabung solcher Normativbestimmungen und für die Innehaltung der gesetzlichen Schranken bedarf es also immer wieder verantwortlicher Organe und einer höheren Amtsstelle zur Aufsicht und Entscheidung.

Als solche boten sich nun allerdings die herkömmlichen Quartal- und Specialsitzungen der Friedensrichter dar. Allein diese bisherigen Einrichtungen waren verwachsen mit der dominirenden Stellung der Gentry, welche jetzt von den Mittelklassen bekämpft wurde. Das gesellschaftliche Streben ging auf Gleichstellung, nicht Unterordnung. Man konnte sich daher nur entschließen, die Friedensrichter als gleichberechtigte ex officio-Mitglieder in die neugebildeten boards aufzunehmen, nicht aber als höhere Verwaltungsstellen. — Aber auch aus sachlichen Gründen erschien das hergebrachte Friedensrichteramt für die neue Verwaltung nicht recht geeignet. Die Magistrates in ihrer gewohnten Autoritätsstellung sahen es nicht als ihren Beruf an, mit der Einzelverwaltung wirthschaftlicher Dinge in der Ortsgemeinde sich zu befassen, beschränkten sich vielmehr in vornehmer Zurückgezogenheit auf ihre orders und Akte der Verwaltungsjustiz. Der Geist und Geschäftsgang der friedensrichterlichen Decretur war so sehr in eine

Verwaltungsgerichtsbarkeit aufgegangen, daß für die heutigen Bedürfnisse der Armen-, Gesundheits-, Bauverwaltung mit dieser steifen Jurisdiction und ihren pedantischen Formen in der That nicht auszukommen war. Bei den bedeutendsten Reformfragen fand man die friedensrichterliche Gentry den nothwendigsten Anforderungen der neuen Zeit im Ganzen widerstrebend. Der Uebergang aus der alten gesetzmäßigen Ordnung der „Friedensbewahrung" in die neuen Bedürfnisse einer Armen-, Gesundheits- und Bauverwaltung waren überhaupt so schwierig, daß es auf geraume Zeit hinaus einer experimentalen Bildung und biegsamer Normen bedurfte, welche erst durch Verwaltungsregulative Jahrzehnte hindurch erprobt sein müssen, bevor sie als fester Niederschlag in die Verwaltungsgesetzgebung übergehen können.

Alle diese Momente zusammenwirkend wiesen auf Einsetzung neuer Staatsbehörden zur Handhabung des Regulativrechts, der Controle und Aufsicht über die neugestaltete Communalverwaltung. Es entsteht nun auch in England ein neues administratives System der innern Verwaltung, analog dem Continent, wo es sich aus gleichem Bedürfniß in viel weiterem Umfang entfaltet hat. An der Spitze ein Ministerial-Departement, welches (in Ermangelung stehender Zwischenbehörden) durch ambulante Inspektoren mit den Lokalbehörden in Verbindung tritt. Das administrative Zwischendecernat fällt in ein Personal von „Rechnungsrevisoren", welches die von den verantwortlichen Lokalbeamten gemachten Ausgaben passirt oder defectirt. Die Folgeleistung der Unterbeamten gegen die Regulative und Verfügungen des Staatsamts wird kurzweg durch das der Staatsbehörde ausschließlich vorbehaltene Entlassungsrecht hergestellt.

Folgeweise erhält das ganze wirthschaftliche System der Selbstverwaltung (Buch III. c. 9—12) eine zwiespältige, dem alten selfgovernment widersprechende Gestalt.

Die Neubildung wirkt aber auch auf das System des obrigkeitlichen Selfgovernment (Buch II) zurück. Es bleiben zwar die alten Grundpfeiler des Friedensrichteramts und der Geschworenengerichte noch stehen. Das längst verfallene Unteramt der Constables dagegen geht in jäher Auflösung in ein System besoldeter Polizeimannschaften über, und entzieht der Polizeiverwaltung der Friedensrichter den persönlichen Zusammenhang mit den Ehrenämtern der Ortsverwaltung. Die neuen Bedürfnisse der Gesellschaft führen außerdem an vielen Punkten zu einer Ausdehnung der Regulativgewalten auch in der Polizei-, Miliz- und Gerichtsverwaltung. Einen Uebergang bilden in dieser Beziehung die Stadtverfassungen, in welchen altes und neues selfgovernment örtlich zusammenstoßen.

Das sichtbare Resultat der Neubildung ist eine besoldete Constabulary von zehnfach stärkerer Formation als die preußische Gendarmerie, ein

§ 16. Das neue System der Gemeinderepräsentation im selfgovernment.

Corps von mehr als 15,000 besoldeten kleinen Beamten der Armenverwaltung, eine analoge Formation der Gesundheitspolizei und der ganzen städtischen Verwaltung, eine immer weiter um sich greifende Centralisation mit ihrem einförmigen Geschäftsgange, eine immer weiter greifende Aufsichtsinstanz durch Regierungscommissarien und Ministerialrescripte, — Alles das in immer fühlbarerer Disharmonie mit dem Grundsystem der parlamentarischen Regierung.

Die traditionelle Darstellung des englischen selfgovernment nach Blackstone umfaßt das neue System der Repräsentation und administrativen Centralisation noch nicht. Es kam dem englischen Rechtslehrer in seinen klassischen Institutionen des engl. Rechts hauptsächlich auf die Sheriffs, Coroners, Friedensrichter und Constables als Glieder der engl. Gerichtsverfassung an; auf die übrigen Communalämter nur, soweit sie in das allgemeine „Recht der Personen und Sachen", in das Recht der „Stände" und in die „Grundrechte" der Unterthanen sich einreihen. Es ist unmöglich, aus jener Darstellung auch nur ein Bild der friedensrichterlichen Verwaltungsjustiz zu gewinnen, wie sie schon zur Zeit Blackstones entfaltet war. Das System der Communalsteuern ist kaum einmal beiläufig berührt. Ein Bild der wirthschaftlichen Communalverwaltung in ihrem Zusammenhang mit dem obrigkeitlichen selfgovernment ist aus solcher Darstellung noch weniger zu gewinnen. Dennoch bleiben die neuen Bearbeitungen der Commentaries, selbst die neueste von Broom und Hadley (London 1869) bei einem solchen Capitel von den „Subordinate Magistrates" stehen. Der Gegensatz des neuen Repräsentativsystems gegen das selfgovernment scheint der conservativen Auffassung der englischen Juristen noch immer nicht zum Bewußtsein zu kommen. In der politischen Welt und in der Tagespresse taucht mit dem Streit über die Zweckmäßigkeit auch wohl die Streitfrage auf, ob die neuen Einrichtungen der Armengesetzgebung und alle nach demselben Muster gebildeten boards zu dem selfgovernment zu rechnen seien? — ein Streit, welcher insofern ohne Gegenstand ist, als ein legaler Begriff der Selbstverwaltung in England niemals bestanden hat. Gewiß ist es aber, daß die einseitige Ausführung der neuen Gemeindeeinrichtungen als bloße Vertretungen von Lokalinteressen dem historischen selfgovernment nicht entspricht, und daß die rechte Weise der Zusammenfügung beider Systeme noch nicht gefunden ist.

In jedem Falle bedarf eine Darstellung der englischen Selbstverwaltung der Anknüpfung an das entsprechende Capitel Blackstone's, weil alle traditionellen Auffassungen darauf beruhen. Unmittelbar daran muß sich aber die Darstellung des englischen Communalsteuersystems (Cap. III.) reihen, welches bei Blackstone ganz fehlt, so sehr es als Grundelement zu dem Communalsystem gehört.

III. Capitel.

Das Communalsteuersystem.

§. 17.
Entwickelungsgang der Communalsteuern.

Während der englische Staat schon in der normannischen Zeit mit seinen Hauptbedürfnissen in ein System der Geldwirthschaft überging, beruhte das Communalleben noch lange Zeit auf persönlichen Gerichts-, Polizei- und Wegebaudiensten. Daneben erschienen jedoch auch schon ergänzende Geldleistungen, welche sich theils als Polizeibußen für versäumte Dienste, theils als Surrogate derselben darstellen, und in der reichsständischen Zeit bereits ein Communalsteuersystem bilden. Da die ersten Steuern Umwandlungen vorhandener Gerichts-, Polizei- und anderer Dienste waren, so fielen sie selbstverständlich auf die dazu verpflichteten Personen, und vertheilten sich ebenso selbstverständlich in die drei Abstufungen der Dorfschaft, Hundertschaft und Grafschaft als Tithing-, Hundred-, County-Rate, je nach den Obliegenheiten der kleineren und größeren Verbände. Diese drei rates gelten daher als Steuern nach common law, d. h. als Steuern, deren Ursprung man nicht genau kennt (Report on Local Taxation 1843 p. 5—7), die sich vielmehr als Consequenz der mittelalterlichen Gerichts- und Gemeindeverfassung stillschweigend gebildet haben. Sie werden daher auch in den Gesetzen der reichsständischen Periode nur selten erwähnt, theils um sie zu declariren, theils um sie zu modificiren. Dies mittelalterliche Steuersystem ruht folgeweise auf den Gerichtsmännern des county court, court leet und auf den Milizpflichtigen, also regelmäßig auf dem freehold, mit einigen Ergänzungen, die sich aus der Verfassung des court leet ergaben.

Am Schluß des Mittelalters muß das Erblichwerden des copyhold, die Entstehung vieler kleiner Freisassen und neuer Besitz- und Pachtverhältnisse allmälig Incongruenzen in der Erhebung nach dem alten Her-

§. 17. Entwickelungsgang der Communalsteuern. 117

kommen veranlaßt haben. Wir finden daher unter den Tudors neue Verordnungen, welche in ziemlich unbestimmten Ausdrücken die Friedensrichter zur Erhebung gewisser Beiträge ermächtigen. Das st. 22. Hen. VIII. c. 5 zieht ausdrücklich alle Haushaltungen zum Brückenbau heran, mögen sie Aecker besitzen oder nicht. Kurz darauf ergeht ein ähnliches Gesetz für die Beiträge zum Bau der Grafschaftsgefängnisse. Die neuen Lasten der Armenpflege werden ausdrücklich auf alle Haushaltungen gelegt, und durch diese ansehnlichste Last gewöhnte sich allmälig die Steuer-Praxis daran, die Realbesitzer im weitern Sinne (occupiers) als Steuerpflichtige zu behandeln. Diese stillschweigend eingetretene Veränderung wird anerkannt in dem st. 13. et 14. Car. II. c. 12, in welchem die Aufbringung der Grafschaftssteuern ohne Weiteres auf dieselben Pflichtigen gelegt wird, wie die Armensteuer. Zu der Brücken- und Gefängnißsteuer der Grafschaft kam durch Specialgesetze hinzu eine Steuer für die Correctionshäuser, eine Steuer für den Transport der Landstreicher, eine Steuer für Unterhaltung der Gefangenen (gaol money), eine Steuer für Erhaltung armer Schuldgefangenen, eine Steuer für arme Gefangene des Kingsbench- und Marshalsea-Gefängnisses. Diese sieben Steuern werden dann durch 12. Geo. II. c. 29 zu der heute sogenannten County-Rate zusammengefaßt. Wie aber in der Gerichts- und Polizeiverfassung eine Anzahl von Städten gesonderte Bezirke bildet: so hat sich in diesen Städten auch eine ergänzende Borough-Rate für Gerichts- und Polizeizwecke gebildet.

Die allmälige Reduction dieser Steuern auf den Fuß der Armensteuer führt noch einmal zurück auf das Mittelalter. Schon im XIII. Jahrhundert war eine Kirchensteuer durch die Bedürfnisse des Kirchenbaus entstanden, deren Grundlage sachgemäß nicht blos der freie Grundbesitz sein konnte, sondern der christliche Hausstand (household) als solcher. Die Kirchensteuer erscheint von Anfang an als eine Personalsteuer nach der Größe des Haushalts, beruhe dieser auf freehold oder copyhold, dauerndem oder zeitlichem Besitz, Miethe oder Pacht. Als nun aber unter den Tudors die Erhaltung der Armen zu einer Pflicht des Staates erhoben wurde, lag es sehr nahe, daß man dabei zuerst an Pfarrer und Gemeinde dachte, d. h. an Kirchspielsbeiträge, analog der Church-Rate. Begonnen unter Heinrich VIII., gestaltet sich durch das große Armengesetz Elisabeths daraus eine förmliche Poor-Rate, die nicht nach Ortschaften, sondern nach Kirchspielen, nicht nur vom Grundeigenthümer, sondern von jedem householder und occupier erhoben wird. Wie schon oben erwähnt, lenkt die Gesetzgebung Heinrichs VIII. auch für die Brückensteuer und Grafschaftsgefängnißsteuer auf diese weitere Bahn ein. Durch Gewöhnung, praktische Bequemlichkeit und discretionäre Gewalten der Friedensrichter schmelzen die alten Steuersysteme immer vollständiger in einander. Das st. 13. et 14. Car. II. c. 12 bestätigt diese Praxis; das st. 12. Geo. II. c. 29 setzt sie in Abschätzung und Beitragspflicht völlig gleich, so daß von nun an die County-Rate meistens als eine Fraction der großen Poor-Rate an die Grafschaftskasse abgeführt wird. Einen der Armensteuer analogen Verlauf nimmt auch die neuere Wegesteuer.

Für die heutige Communalverfassung ist es daher zweckmäßig, die Communalsteuern in folgender Reihe (§. 18—22) darzustellen:

1. Die County-Rate, Kreis-Gerichts- und Polizeisteuer,
2. die Borough-Rate, Stadt-Gerichts- und Polizeisteuer,
3. die Church-Rate, Kirchensteuer,
4. die Poor-Rate, Haupt-Ortsgemeindesteuer,
5. die Highway-Rate, Wegesteuer für Stadt und Land.

Am Schluß werden die Erweiterungen des letzten Menschenalters ihren Platz finden (§. 23).

Die Entstehung des Communalsteuersystems in der reichsständischen Zeit ist in der Geschichte des selfgovernment S. 189—192 gegeben; die Umgestaltung in der Zeit der Tudors S. 286, 287, 289—290; das Steuersystem des XVIII. Jahrhunderts S. 262, 263. Die englische Literatur darüber war bis in die neueste Zeit sehr dürftig. Von den älteren Parlamentsberichten gehört hierher der Report on County-Rates in Middlesex 1738, abgedruckt in der Sammlung der älteren Reports von 1715—1801 Vol. II. p. 4 bis 63. Vergleichende Uebersichten giebt der Report on County-Rates etc. 1830, 1831 Nr. 52 Vol. XI. p. 205 (auch ein früherer v. 1823). Sehr verdienstlich ist der Rep. on Local Taxation, erstattet vom Armenamt in der Session von 1843 (auch in Separatausgabe v. 1844.) 3 Vols. Aus den Materialien desselben ist dann eine gute Uebersicht zusammengestellt unter dem Titel: The Local Taxes of the United Kingdom, containing a Digest of the law with a summary of statistical informations. Publ. under the direction of the Poor Law Commissioners, 1846. 8. Daran reiht sich weiter der Oberhausbericht Report on the Laws relating to Parochial Assessments, 26. July 1850, enthaltend unter anderm eine sehr umständliche und lehrreiche Zeugenaussage von Sir G. Cornewall Lewis. — Auf diesen Vorarbeiten beruht auch der wackere, aber mit systematischen Schwierigkeiten kämpfende Aufsatz von Kries: Die Gemeindesteuern in England. Tübinger Zeitschr. für die gesammte Staatswiss. 1855. S. 3—52, 222—258. Als neuester Report on Local Taxation ist der vom 15. Juli 1870 Parl. P. Nr. 353 zu nennen.

Die Unübersichtlichkeit der englischen Darstellungen rührt aus der stückweisen Entstehung des Systems her, welche ihre Schwierigkeiten für die Gruppirung, aber ihre Vorzüge für die Praxis der Besteuerung gehabt hat. Die englische Gesetzgebung hat niemals bei den Gemeindeordnungen nur nebenbei an den Kostenpunkt gedacht: sondern man hat immer erst die communalen Bedürfnisse formirt, dann die Mittel zu ihrer Aufbringung gegeben. Das Herkommen des Mittelalters hat überall nur die äußeren Umrisse gegeben. Alles heute Praktische in diesem Steuersystem beruht auf Specialgesetzen, welche die Zwecke genau bestimmen. Die stets neuen Bedürfnisse der Gesellschaft haben diese Zwecke stetig vermehrt. Der Grafschaftssteuer sind noch ungefähr vierzig Nebenzwecke hinzugefügt; der Armensteuer fast eben so viele. Für zahlreiche verwandte Zwecke sind noch besondere Nebensteuern, freilich nach demselben Grundtypus gebildet. So ergiebt der Report on Local Taxation 1843 noch vier und zwanzig gesonderte Localtaxen,

§. 17. Entwickelungsgang der Communalsteuern. 119

von welchen aber zehn gesetzlich nach der Grundlage der Armentaxe erhoben werden, die übrigen erheblichen Communalsteuern de facto ungefähr ebenso. Derselbe Report giebt im Appendix A ein Verzeichniß von 173 Gesetzen darüber (beginnend mit Edw. I., immer zahlreicher seit 22. Henry VIII., am zahlreichsten in den letzten zwölf Jahren, in welchen der Umfang der neueren Gesetze alle Gesetze der früheren drei Jahrhunderte überflügelt). Die Aufzählung der besonderen Zwecke der Communalsteuern im Appendix B erreicht nahezu 200 Zwecke, darunter manche in unglaublicher Specialisirung.

Das Armenamt in seiner Denkschrift scheidet die Communalsteuern zunächst nach den Bezirken: es sind entweder selbständige, Independent Districts, in welchen die Steuer besonders erhoben und verwendet wird, wie in einem Kirchspiel; oder vereinigte, Aggregate Districts, in welchen die Steuern für ein größeres Ganze (Grafschaft, Hundertschaft) ausgeschrieben und als Gesammtfonds verwendet werden. Die meisten und wichtigsten beruhen auf der Basis der Armensteuer; andere sind davon unabhängig, wenigstens dem Gesetze nach. Hieraus ergiebt sich folgende Anordnung:

I. Steuern selbständiger Bezirke auf der Basis der Armensteuer: Poor Rate, Workhouse Building Rate, Survey and Valuations' R., Jail Fees' R., Constables' R., Highway Rates, Lighting and Watching R., Militia R.

II. Steuern selbständiger Bezirke nicht auf der Basis der Armensteuer: Church Rates, Sewers' Rate, General Sewers' Tax, Drainage and Inclosure Rates, Inclosure Rate, Regulated Pasture Rate.

III. Steuern vereinigter Bezirke auf der Basis der Armensteuer: County Rate, Police, Shire Hall, Lunatic Asylum, Burial Rate. — Hundred Rate. — Für Boroughs: Borough Rate, Watch, Jail, Prisoners', Lunatic Asylum, Museum Rate. — District Prison Rate.

Im Anschluß an diese Systematik giebt eine etwas vereinfachte Uebersicht der Report on Local Taxation 1870. Parl. P. 1870 Nr. 353. Für unsere Zwecke halte ich dennoch die oben angegebene Eintheilung in fünf Communalsteuern fest, welche dem geschichtlichen Entwickelungsgange entspricht, und zugleich praktisch übersichtlich und im Zusammenhang mit den Hauptpartien des Selfgovernment bleibt. Die übrigen specielleren Steuern sind theils unpraktisch, theils schließen sie sich als bloße Zusätze und Incidentpunkte den fünf Hauptsteuern an. Soweit technische Specialitäten und Abweichungen für uns von Interesse sind, werden sie im weitern Verlauf angegeben werden.

§. 18.
Die Grafschaftssteuer. County Rate.*)

Diese jetzige eigentliche Kreissteuer hat ihre heutige Gestalt gewonnen durch 12. Geo. II. c. 29: „In Erwägung, daß die bisher durch verschiedene Gesetze vorgeschriebene Weise der Erhebung von einzelen Steuern für die Grafschaftszwecke (wegen ihrer Geringfügigkeit) unpraktisch ist," wird eine allgemeine Grafschaftssteuer an die Stelle der bisherigen sieben

---

*) Von den älteren Reports giebt Auskunft über die County Rate in Middlesex der Report vom 16. März 1738. Zahlreich sind die neueren: Report from the Select Committee appointed to inquire into the Expenditure of County Rates 1825 No. 461.

Specialsteuern gesetzt, „zahlbar von jedem Kirchspiel und jeder Ortschaft in einer Summe." Sie soll in der Regel von den Kirchenvorstehern und Armenaufsehern des Orts wie ein Theil der Armensteuer erhoben, von diesen an den High Constable of Hundred eingezahlt, von diesem an den Kreiseinnehmer abgeführt werden. Wo keine Armensteuer besteht, soll der Ortsschulze die Steuer nach den Grundsätzen der Armentaxe erheben und an den High Constable abführen. Die Kirchenvorsteher und Armenaufseher sollen das Recht der Appellation an die Quartalsitzungen wegen Ueberbürdung ihres Kirchspiels haben. Uebrigens soll durch das Gesetz die Steuer nicht erweitert, noch die Steuerpflichtigkeit geändert, sondern nur die Einsammlung der bisher überkleinen Beträge erleichtert werden.

Als **Zwecke** der Grafschaftssteuer erscheinen außer den ursprünglichen sieben des Hauptgesetzes 12. Geo. II. noch mehr als vierzig zum Theil sehr kleine Nebenverwendungen. Es sind die Kreis-Gerichts- und Kreis-polizeikosten, die durch eine lange Reihe von Specialgesetzen bestimmt, sich in der neueren Weise der Verrechnung unter folgenden Hauptposten darstellen:

1. County bridges, Erhaltung der Grafschaftsbrücken.
2. County gaols, Grafschaftsgefängnisse, Gehalte, Gefangenenunterhalt.
3. Houses of corrections, Erhaltung der Correctionshäuser.
4. Transportkosten zum Gefängniß und zu den Straforten.
5. Erhaltung der Gerichtsgebäude und Logis der reisenden Richter.
6. Prosecutions, die Strafverfolgungskosten, mit Staatszuschüssen.
7. Coroners Inquest, Todesermittelungskosten.
8. Lunatics, Kreis-Irrenhäuser.
9. Weights and measures, Maß- und Gewicht-Verwaltung.
10. Clerks of the peace, Gehalte der Kreis-Sekretäre.
11. County-Treasurers, Gehalte der Kreis-Einnehmer.
12. Police, Erhaltung der besoldeten Polizei-Mannschaften.
13. Vermischte kleinere Positionen.

Der sich danach ergebende Betrag der County- and Police-Rates hat im letzten Jahrzehnt eine Summe von etwa 1,500,000 £ jährlich erreicht. Die Gesetzgebung über die Zwecke und die Statistik über die

---

— Report on the County Rates and Highway Rates 1834 No. 542. — Report by the Lords Select Committee appointed to inquire into the charges on the County Rates 1835 No. 206. — Report on the County Rates and Expenditure Bill 1850 No. 468. Ausführliches Material giebt die Denkschrift des Armenamts S. 94—132. In neuerer Zeit geben die Parlamentspapiere jährliche Ausweise der Einnahmen und Ausgaben der Kreiskasse, County Treasurers Returns; eine Vergleichung der Etats der einzelnen Grafschaften aus den letzten 7 Jahren enthalten die Parl. P. 1867. Nr. 13. Bd. LVIII. 1.

§. 18. Die Grafschaftsteuer.

Beträge ist indessen so verwickelt, daß sie als Excursus ** am Schluß ausgesondert wird.

Die Weise der Ausschreibung beruht noch auf den Grundzügen des Hauptgesetzes 12. Geo. II. c. 29. Die Friedensrichter in ihren General- und Quartalsitzungen sollen danach volle Gewalt und Autorität haben „von Zeit zu Zeit auszuschreiben eine allgemeine Steuer oder Schatzung für solche Geldsummen, welche sie nach ihrem Ermessen für genügend erachten werden, um zu entsprechen allen und jeden Zwecken der zuvor citirten Gesetze." Nicht eine Bewilligung der einzelen Ortsgemeinden, sondern das Ermessen der Landespolizeibehörde bestimmt also das jährlich nothwendige Quantum — entsprechend der Natur gesetzlich nothwendiger Gerichts- und Polizeiausgaben — und unbedenklich, wo wie in England die Friedensrichter zugleich die Meistbesteuerten für die County Rate sind. Auch sind sie nicht schuldig Rechnung zu legen, sondern nur die Verhandlungen öffentlich zu führen, und die Etats bei den Kreis-Einnehmern öffentlich auslegen zu lassen. Ganz unbeschränkt lautet die Ermächtigung in 55. Geo. III. c. 51: auszuschreiben eine gerechte und gleiche Grafschaftsteuer für alle bisherigen und alle künftigen gesetzlichen Zwecke, für welche das Grafschaftsvermögen oder die Grafschaftsteuer nach dem Gesetz aufzukommen hat, in allen Theilen der Grafschaft, ausgenommen Freibezirke mit coordinirter Jurisdiction." Nach 4. et 5. Will. IV. c. 48 sollen aber alle Verhandlungen sowohl über die Einschätzung wie über die Verwendung der Grafschaftsteuer bei den Quartalsitzungen in offenem Hof vor sich gehen nach vorgängiger Benachrichtigung des Publikums.

Die Bezirke, für welche die Kreissteuer ausgeschrieben wird, sind identisch mit den Bezirken der Friedenscommissionen 12. Geo. II. c. 29. §. 1. Regelmäßig wird sie also für die Grafschaft im Ganzen ausgeschrieben; wo ein Riding oder ähnlicher Unterbezirk eine gesonderte Friedenscommission hat, soll die Ausschreibung für diesen Bezirk gesondert geschehen 55. Geo. III. c. 24. Die Ausschreibung geschieht nach gleichem Maßstab für alle Ortsgemeinden, jedoch mit Vorbehalt eines besondern Herkommens, wo ungleiche Beitragsquoten einzeler Gemeinden von Alters her üblich (12. Geo. II. c. 29 §. 1). Später ist eine unbedingte Befugniß zur Steuerausgleichung gegeben (rateably and equally according to a certain pound-rate 55. Geo. III. c. 51 §§. 1, 14). Nach erfolgter Ausschreibung ergeht die nöthige Anweisung zur Einziehung, event. die Pfändungsorder eines Friedensrichters (warrant of distress) zur Zwangseintreibung.

Die einsammelnden Beamten sind die Armenaufseher, welche die County Rate als Theil der Armensteuer jetzt an den Armenrath abführen, der sie dann an den County Treasurer einzahlt. Dieser Kreiseinnehmer wird von den Quartalsitzungen ernannt und entlassen, soll Caution stellen, Rechnung legen, auf Anweisung der Quartalsitzungen Zahlungen leisten, deren sonstige Befehle getreulich ausführen (12. Geo. II. c. 29. §. 6), seine Beläge zu den Akten der Quartalsitzungen einreichen und alljährlich bei 50 £. Strafe in einer im Kreise circulirenden Zeitung einen genauen Auszug der Einnahmen und Ausgaben des letzten Rechnungsjahrs, gezeichnet von den revidirenden Friedensrichtern, veröffentlichen.

Erheblich umgestaltet ist die Einschätzungsweise in der neuesten Zeit. Aus Bequemlichkeit waren oft seit Menschenaltern die beitragspflichtigen Grundstücke nicht neu eingeschätzt und unangemessene Beitragsquoten von Alters her beibehalten. Schon das st. 55. Geo. III. c. 51 hatte die Quartalsitzungen ermächtigt neue Einschätzungen zu veranlassen. Eine neue Ordnung dafür enthält das st. 8. et 9. Vict. c. 111, §§. 1—14; 15. et 16. Vict. c. 81 mit Zusatz 21. et 22. Vict. c. 33 ꝛc. Die Friedensrichter können danach aus ihrer Mitte einen Ausschuß von fünf bis elf Mitgliedern ernennen zur Vorbereitung gleicher county-rates und zu periodischer Aenderung und Berichtigung derselben. Das Committee kann jederzeit Bericht erfordern von den Armenaufsehern, constables und sonstigen Einschätzungs- und Einsammlungsbeamten über den vollen und wirklichen Reinertrag des beitragspflichtigen Eigenthums, mit Angabe der letzten Abschätzung und namentlicher Bezeichnung des Taxator; es kann verlangen die Vorlegung aller sonstigen zu Steuerzwecken gemachten Abschätzungen, und die betreffenden Beamten eidlich vernehmen; es kann auch das ganze Kirchspiel oder einen Theil desselben neu abschätzen lassen und besoldete Taxatoren dafür ernennen. Die Armenaufseher ihrerseits sollen sich dann wieder mit den Gemeinden verständigen und unter Vorlegung der Berichte und Anschläge eine Gemeinde-Versammlung zur Erwägung und Berathung derselben berufen. Gegen die Einschätzungen ist jedem Steuerpflichtigen für sich und jedem Armenaufseher für das Kirchspiel ein Einspruchsrecht gegeben.

An diese Stelle schließt sich eine Reihe neuerer Gesetzentwürfe, durch welche beabsichtigt wird, den Quartalsitzungen der Friedensrichter eine gewählte Vertretung der Steuerzahler zur Seite zu setzen. Ein Entwurf dazu erschien als County Rates and Expenditure bill in 133 Artikeln Parl. P. 1860 Nr. 157. Die neuen Kreisverwaltungsräthe, County Financial Boards, sollen so gebildet werden, daß jeder Kreisarmenverband in der Regel zwei Mitglieder wählt, die Hälfte aus Friedensrichtern, die Hälfte aus Höchstbesteuerten, zur Führung der wirthschaftlichen Selbstverwaltung neben dem obrigkeitlichen Selfgovernment der Friedensrichter. Solche Entwürfe sind bisher immer von Neuem eingebracht und von Neuem abgelehnt worden. Es ist darauf in dem Verwaltungsgebiet der Quartalsitzungen (c. V. §. 73) ausführlich zurückzukommen.

§. 18. Die Grafschaftssteuer. 123

** Die Einzelzwecke und die Beträge der County-rate.

Die Einzelzwecke der County-rate bilden ein schwer übersichtliches Aggregat von mehr als 40 Nummern. Eine Uebersicht der Gesetze, auf denen sie beruhen, giebt der Report on Local Taxation 1843. App. A. p. 418, 428, und danach einigermaßen geordnet die Denkschrift des Armenamts (1846) p. 95—97. Eine Fortführung aller Zusätze aus den neusten Gesetzen vom Jahre 1846 an ist aus den Registern der Gesetzsammlung möglich, und jetzt für praktische Zwecke ausreichend im Report on Local Taxation 1870. Append. 6 gegeben. Einigermaßen übersichtlich nach der Weise der Rechnungslegung sind die 13 oben hervorgehobenen Rubriken folgende.

1. Reparatur und bauliche Verbesserungen der Grafschaftsbrücken 22. Hen. VIII. c. 5, und spätere Gesetze (unten §. 72).

2. County Gaols, d. h. Bau, Reparatur und Verbesserung des Untersuchungs- und Strafgefängnisses, mit der Befugniß zur Aufnahme von Darlehnen, 4. Geo. IV. c. 64 und spätere Gesetze, — einschließlich der Gehalte und Emolumente der Gefängnißbeamten 4. Geo IV. c. 64; — ferner einschließlich der Kosten der Unterhaltung und Beschäftigung der Gefangenen 14. Eliz. c. 5; 1. Jac. I. c. 25 und spätere Gesetze (unten §. 70).

3. Houses of Correction, d. h. Bau und Erhaltung des Arbeits- und Strafhauses der Grafschaft, einschließlich der Beamtengehalte, Unterhaltungskosten u. s. w., vgl. 7. Jac. I. c. 4; 4. Geo. IV. c. 64 und die neueren Gefängnißgesetze (§. 70).

4. Transportkosten von Uebertretern zum Gefängniß 27. Geo. II. c. 3; Transport von Verurtheilten zu anderen Straforten 5. Geo. IV. c. 84 §. 21.

5. Reparatur und Verbesserung der Gerichtsgebäude, Shire-Halls, 7. Geo. IV. c. 63, und für die Quartiere der Richter ꝛc. (§. 68).

6. Prosecutions, Strafverfolgungskosten, Anfangs nur bei sehr speciellen, vereinzelten Klassen von Vergehen, dann generell bei allen felonies und schweren Vergehen 7. Geo. IV. c. 64, §. 22—25 und spätere Gesetze — früher nur für unvermögende Prosecutors und Zeugen, jetzt unbedingt, doch so, daß das Schatzamt die Hauptkosten ersetzt. (§. 76.)

7. Coroners Inquests, Todesermittelungskosten, Gebühren und Auslagen 25. Geo. II. c. 29. §. 1, 2; 7. et 8. Vict. c. 92 (oben §. 10).

8. Erhaltung geisteskranker Sträflinge in gewissen Fällen 1. et 2. Vict. c. 14; 3. et 4. Vict. c. 54, Erhaltung armer Gemüthskranker in gewissen Fällen 8. et 9. Vict. c. 126; Gehalte und gewisse Verwaltungskosten für Behandlung der Gemüthskranken 8. et 9. Vict. c. 100. §. 38. (§. 71.)

9. Weights and Measures, d. h. Kosten der Anschaffung der Normal-Maaße, Gewichte, nebst den nöthigen Stempelungsgebühren und der Remuneration der Inspectoren 5. et 6. Will. IV. c. 63. §. 22. (§. 68.)

10. Zahlung der Ausgaben der Kreissecretäre, Clerks of the Peace, bei Anfertigung der Listen der Stimmberechtigten, bei dem Wahlverfahren für die Abgeordneten zum Parlament 6. Vict. c. 18. §. 54, und jetzt generell ihre Amtsgehalte. (§. 68.)

11. Gehalte der County Treasurers und Gebühren bei Einschätzung und Einsammlung der County Rate 12. Geo. II. c. 29; 55. Geo. III. c. 51; 7. et 8. Vict. c. 33; 8. et 9. Vict. c. 111; 15. et 16. Vict. c. 81.

12. Polizeikosten im engeren Sinne, namentlich für Beschaffung und Erhaltung von Detentionshäusern, Lock-up Houses, und Gehalte der beaufsichtigenden Constables 5. et 6. Vict. c. 109, §§ 22, 23; 7. et 8. Vict. c. 52. — Gebühren der Special Constables 41. Geo. III. c. 78, § 1; 1. et 2. Will. IV. c. 41, und der High Constables in Fällen von Aufruhr und Tumult 41. Geo. III. c. 78, § 2. — Die Hauptposten dieser

Rubrik aber entstehen durch die unten zu erwähnende Einführung besoldeter Polizeimannschaften zuerst als Landpolizei 2. et 3. Vict. c. 93, dann weiter in allen Grafschaften und Districten, 19. et 20. Vict. c. 59. (unten § 82).

13. Vermischte kleinere Positionen, Beiträge zu Hospitälern, Almosenhäusern und zu Unterstützungen bei öffentlichen Calamitäten nach Ermessen der Friedensrichter 43. Eliz. c. 2, § 14, 15; 12. Geo. II. c. 29; 53. Geo. III. c. 113. und andere Kleinigkeiten.

Die Liste ist indessen noch nicht geschlossen, es müssen vielmehr noch einige gleichartige Zwecke hinzugefügt werden, für die eine dem Namen nach gesonderte, der Sache nach gleichartige (daher in den obigen Rubriken schon einbegriffene) Steuer erhoben wird, nämlich:

a) Die County Police Rate. Als durch 2. et 3. Vict. c. 93 besoldete Polizeimannschaften für Grafschaften und Grafschafts-Districte eingeführt wurden, überließ man es den Friedensrichtern, da wo die Mannschaften nur in einem District eingeführt wurden, die County Rate für diesen District verhältnißmäßig zu erhöhen. Im folgenden Jahre zog man es indessen vor für diese Zwecke eine eigene Police Rate zu erheben, die aber nach den Grundsätzen und als Theil der County Rate zu erheben ist, 3. et 4 Vict. c. 88 § 8. Diese Specialbestimmungen haben nur den Zweck, für besondere Mehrkosten eines Bezirks auch nur diesen Bezirk heranzuziehen.

b) Die Shire Hall Rate. Das Gesetz 7. Geo IV. c. 63 zur Beförderung der Reparatur der Kreisgerichtsgebäude und anderer Gebäude für die Assisen und Sessionen drückt sich so ungenau aus, daß dafür eine besondere Steuer erhoben werden müßte, die aber nicht erhoben wird. Die Kosten werden überall aus der County Rate bestritten.

c) Die Lunatic Asylum Rate. Durch 48. Geo. III. c. 96 wurde zuerst die Einführung von Kreis-Irrenhäusern für arme Gemüthskranke autorisirt. Darauf folgte 9. Geo. IV. c. 40; 8. und 9. Vict. c. 126 ꝛc., welche daraus eine allgemeine Zwangspflicht der Grafschaften machen, deren Kosten in der Praxis aus der County Rate entnommen werden. (§ 71.)

d) Die Burial Rate 48. Geo. III. c. 75 verpflichtet die Grafschaft menschliche Leichen, welche von der See an das Ufer geworfen werden, durch die Kirchenvorsteher und Armenaufseher anständig begraben zu lassen.

e) Die Hundred Rate beruht auf 7. et 8. Geo. IV. c. 31, wodurch die Hundertschaften verantwortlich gemacht werden für dolose Zerstörungen in Tumult oder Aufruhr. Diese neue Anordnung, (nicht zu verwechseln mit der mittelalterlichen Hundred Rate) kann also vorkommenden Falls für einen Sammtgemeinde-Bezirk einen Zuschlag zur County Rate herbeiführen. (§ 64.)

f) Die District Prison Rate beruht auf 5. et 6. Vict. c. 53 zur Beförderung der Einrichtung größerer gemeinschaftlicher Gefängnisse für Städte und Grafschaften. Es können dadurch Zuschläge zur Kreissteuer entstehen, welche den Kreisverband und einzele Städte gemeinschaftlich treffen. (§ 70.)

g) Neu hinzugekommen ist eine Animal Contagious Diseases Rate in 32. et 33. Vict. c. 70. Die Kosten der Veterinärpolizei sollen als Kreissteuer aufgebracht werden, sei es als separate rate oder aus den bestehenden Steuern, doch so, daß der Pächter die Hälfte seines Beitrags von der Pacht abziehen mag.

Der Vollständigkeit wegen ist noch zu erwähnen, daß auch noch zwei von den Ortsgemeinde-Steuern in der Denkschrift des Armenamts (I. §§ 4, 5) dem Zwecke nach zur County Rate gehören, nämlich die unpraktische Jail Fees Rate und die Constables Rate. Die Constables Rate wird noch nach dem Gesetz 13. et 14. Car. II. c. 12 § 18 in solchen Ortsgemeinden erhoben, in denen keine Armensteuer vorhanden ist, so wie in einigen nördlichen Grafschaften, in welchen das Gesetz 12. Geo. II. c. 29 nicht zwangsweise eingeführt, sondern freigegeben wurde, die mittelalterliche Constables Rate in alter

§. 18. Die Grafschaftssteuer.

Weise fortzuerheben. Die steuerpflichtigen Personen und das steuerpflichtige Gut ist jedoch dasselbe wie bei der Armensteuer, und in Wirklichkeit wird sie meistens mit der County Rate erhoben und verrechnet. (§ 82.)

Der Betrag der Grafschaftssteuer ist in den letzten hundert Jahren sehr erheblich gewachsen, theils durch Verwandlung von Naturalleistungen in Geldbeiträge, noch mehr durch die Vermehrung der Zwecke. Die County Rate betrug im Jahre 1792 = 184,080 £, 1802 = 235,844 £, 1812 = 510,730 £, 1822 = 571,108 £, 1832 = 757,238 £. Das Verhältniß der einzelen Ausgabeposten war:

	1792	1832
Brücken	42,237 £	74,501 £
Gefängnisse und Correctionshäuser	92,319 „	177,245 „
Unterhalt der Gefangenen	45,785 „	127,297 „
Landstreicher	16,807 „	28,723 „
Strafverfolgungskosten	34,218 „	157,119 „
Milizausgaben	16,976 „	2,116 „
Constables	659 „	26,688 „
Professional	8,990 „	31,103 „
Coroners	8,153 „	15,254 „
Gehalte	16,315 „	51,401 „
Nebenausgaben	17,456 „	32,931 „
Vermischte Ausgaben	15,890 „	59,061 „

Das Durchschnittsverhältniß der Hauptposten war von 1830—1838: Brücken 9,3 pCt., Gefängnisse 9,7 pCt., Gefangenen-Unterhalt 25,8 pCt., Strafverfolgungskosten 19,9 pCt. Constables und Landstreicher 4,3 pCt. Seit 1841 trat eine gewaltige Steigerung durch das neue System der besoldeten Constables ein. Der Report on the Burdens on Land 1846, vol. II. p. 67 ff. giebt sehr correcte Uebersichten, namentlich über das Jahr 1844 mit einer Gesammtausgabe von 1,071,062 £. Die Parlamentspapiere enthalten auf Grund einer Vorschrift des st. 15. et 16. Vict. c. 81 §. 50 jetzt alljährlich eine Uebersicht der Ausgabeposten in den einzelen Grafschaften unter der Bezeichnung: Abstract of the Accounts of the several County Treasurers in England and Wales. Ferner geben die Parlamentspapiere alljährlich summarische Uebersichten über die Gesammt-Einnahmen und Ausgaben, und vergleichende Uebersichten der letzten 3 Jahre in den Statistical Abstracts, beispielsweise in den Parl. P. 1860 No. 8871 LXII. S. 184—196 für die Jahre 1857—1859 nach folgendem Schema, dem ich zugleich die entsprechenden Summen für das Geschäftsjahr 1867 (P. P. 1868 LVIII. 325—29) beifüge.

Einnahmen.

	1857	1858	1859	1867
County Rate	1,157,254 £.	1,221,670 £.	1,162,878 £.	1,448,529 £.
Staatszuschuß	223,503 „	217,229 „	219,110 „	328,652 „
Andere Einnahmen	339,181 „	361,652 „	438,266 „	513,055 „

Ausgaben.

	1857	1858	1859	1867
Brücken	47,779 £.	52,122 £.	47,713 £.	52,337 £.
Gefängnisse	358,023 „	358,527 „	323,191 „	470,393 „
Transportkosten	25,534 „	21,826 „	19,471 „	19,571 „
Gerichtsgebäude	24,972 „	23,623 „	21,258 „	28,083 „
Strafverfolgung	145,469 „	127,219 „	105,084 „	127,980 „
Coroners	55,305 „	50,722 „	48,436 „	62,792 „

Cap. III. Das Communalsteuersystem.

	1857	1858	1859	1867
Irrenhäuser	190,876 £.	181,508 £.	189,250 £.	171,913 £.
Arme Gemüthskranke				13,596 „
Maß- und Gewichtsverwaltung	10,969 „	13,595 „	13,306 „	2,483 „
Kreis-Sekretäre	42,504 „	45,864 „	43,851 „	49,121 „
Police, besoldete Mannschaften	424,169 „	562,910 „	563,826 „	709,057 „
Schuldenverzinsung	84,032 „	93,775 „	110,882 „	97,389 „
Rückzahlung	85,850 „	92,981 „	92,505 „	162,819 „
Nebenkosten	223,899 „	216,174 „	245,872 „	278,657 „
Summe	1,716,379 „	1,840,690 „	1,828,647 „	2,281,146 „

Im letzten Jahrzehnt sind noch einige erheblichere Ausgabekosten wie die Kosten der Milizhäuser (14,433 £.) ꝛc. hinzugetreten. — Von den Staatszuschüssen des Jahres 1867 galten 192,040 der Strafverfolgung; 136,612 £. betrug das Viertheil, welches der Staat zur Erhaltung der besoldeten Polizeimannschaften zuschießt.

§. 19.

Die städtische Gerichts- und Polizeisteuer. Borough Rate.

Da die County Rate jederzeit nach den Bezirken der Friedenscommissionen erhoben wurde, so entstand eine besondere Kreissteuer für solche friedensrichterliche Spezialbezirke (Liberties), welche eine Polizeijurisdiction unter Ausschluß der Friedensrichter der Grafschaft besaßen, 13. Geo. II. c. 18 §. 7; 55. Geo. III. c. 51 §. 24. Nach demselben Prinzip hatten auch die Städte mit eigener Friedenscommission ihre Gerichts- und Polizeisteuer für sich aufzubringen, unter dem Namen einer City-, Borough- oder Town-Rate. Das Herkommen dabei war so mannigfaltig wie die alten Stadtverfassungen. Oft wurde es durch eine Lokal-Acte geregelt; zuweilen auch unter Berufung auf eine Charte, obgleich es für zweifelhaft galt, ob eine bloße Charte ein Besteuerungsrecht geben könne. Die Städteordnung von 1835, 5. et 6. Will. IV. c. 76, hat mit den städtischen Verfassungen auch die städtische Steuer gleichförmig gemacht, und ertheilt dem Gemeinderath die Befugniß:

„wo das sonstige Einkommen des Orts nicht ausreicht, eine Borough Rate in der Weise einer County Rate auszuschreiben, mit gleichen Gewalten wie die Friedensrichter in ihren Quartalsitzungen."

Die Verwendungszwecke des Stadtvermögens, Borough Fund, zu dessen Ergänzung nöthigenfalls die Stadtsteuer eintritt, sind in §. 92 der Städteordnung aufgezählt, und lassen sich in zwei Gruppen sondern:

(1) Strafverfolgungskosten, Gefangenenunterhalt und Strafkosten für Uebertreter in Städten, welche ihre eigenen Quartalsitzungen haben (andern-

§. 19. Die städtische Gerichts- und Polizeisteuer. 127

falls Beitragsquoten der Stadt dafür an die Grafschaft), Erhaltung des städtischen Gefängnisses und Correctionshauses, der städtischen constables, Gehalte des Stadtrichters, Polizeirichters;

(2) Bezahlung gesetzlich gültiger Stadtschulden, Gehalte des Bürgermeisters, Stadtsekretärs, Einnehmers und aller sonstigen besoldeten Beamten; Anfertigung und Druck der Bürgerlisten, Bezirkslisten und sonstige Wahlkosten; Erhaltung der städtischen Gebäude und Zahlung anderweitiger Ausgaben „zur Ausführung der Städteordnung."

Die erste Gruppe sind die Gerichts- und Polizeikosten, für welche sonst die county rate bestimmt ist; die zweite Gruppe sind überwiegend Ortsgemeindeausgaben, für welche sonst die Ortsgemeindesteuern des Kirchspiels bestimmt sind. In beiden Richtungen dient die borough rate nur zur Ergänzung vorhandener Fonds. Daher der verhältnißmäßig geringe Betrag, der für alle Städte ausschließlich der city von London auch heute die Summe von durchschnittlich 500,000 ₤ jährlich nicht zu übersteigen pflegt. Die Steuerzwecke specialisiren sich auch hier wiederum in dem Maße, daß sie in einem Excursus (*) auszusondern sind.

Uebrigens kehren die Grundsätze der county rate rücksichtlich der steuerpflichtigen Personen und der Erhebungsweise (55 Geo III. c. 51, jetzt 15. et 16. Vict. c. 81.) hier wieder. Die Ausschreibung der borough rate ist obrigkeitlicher Act, ausgehend von Bürgermeister und Gemeinderath, wie in der Grafschaft von den Quarter Sessions; doch mit der Maßgabe, daß die Ausschreibung nur erfolgt, wenn die vorhandenen städtischen Fonds nicht ausreichen. Die Kassenverwaltung ist bei einem Treasurer of the Borough, welcher jährlich vom Gemeinderath ernannt wird. Die von ihm vereinnahmten Summen sind nach Anweisung des Gemeinderaths oder der sonst competenten Autorität zu verwenden.

Zu einer Rechnungslegung ist der Gemeinderath selbst ebenso wenig verpflichtet wie die Quartalsitzungen. Nach 1. Vict. c. 78 §. 44 können jedoch die Zahlungsorders des Gemeinderaths durch Certiorari bei dem Gerichtshof der Königsbank wegen Illegalität cassirt werden. Auch soll der Gemeinderath alljährlich dem Minister des Innern einen Etat aller vereinnahmten und verausgabten städtischen Gelder einreichen; ein Auszug daraus ist dem Parlament vorzulegen. Für Revision der Rechnungen des Treasurer ist durch die Städteordnung §§. 37, 93 Bestimmung getroffen. Nach der Revision hat der Einnehmer einen vollständigen Auszug anzufertigen und drucken zu lassen zur Einsicht für jeden Steuerzahler. — Die Verwaltungsgrundsätze für die Verwendung der städtischen Steuern finden ihre Stelle im Gebiet der Stadtverwaltung (Cap. VIII.) mit Unterscheidung der obrigkeitlichen und der wirthschaftlichen Verwaltung der Commune.

* Die Specialzwecke und Beträge der borough rate.

Die Specialzwecke werden in der Städteordnung in bunter Reihenfolge aufgezählt, lassen sich aber in solche Kreiszwecke, für welche sonst die county rate dient, und in Ortsgemeindeausgaben sondern. Die ersteren sind wie bei der county rate durch mancherlei Specialgesetze noch weiter bestimmt. Neben dem §. 92 der Städteordnung sind namentlich noch zu bemerken: die Ausgaben der städtischen Coroners Inquests 1 Vict. c. 68, §. 3; Erhaltung von gemüthskranken Gefangenen 1. et 2. Vict. c. 14, §. 2; 3 et 4 Vict. c 54, §. 2; gewisse Beiträge zu den Central-Verwaltungskosten der Irrenhäuser 8. et 9. Vict. c. 100; Kosten der Aufnahme des Bevölkerungs-Census an gewissen Orten 5. Vict. c. 9, §. 2 ꝛc. Wie bei der Grafschaftssteuer sind aus verschiedenen Gründen noch ergänzende Steuern nach gleichen Prinzipien zugefügt, nämlich:

1. Eine Borough Watch Rate, welche speciell erhoben werden kann für den Zweck der Polizeiwacht bei Tage oder Nacht, — allein, oder verbunden mit anderen Zwecken. Der Grund der Sonderung ist nur, damit die Watch Rate auf solche Stadtviertel beschränkt werden könne, für die allein das Wachtsystem bestimmt und nöthig ist. Dies wurde noch weiter ausgeführt durch 2. et 3. Vict. c. 28; 3. et 4. Vict. c. 28, aus welchen Gesetzen nun zwei verschiedene Wachtsteuern construirt werden.

2. Die Borough Jail Rate 5. et 6. Vict. c. 98 für Bau, Reparatur oder Erweiterung des Gefängnisses, Gerichtshauses und der nöthigen Nebenbauten. Die Zahlung der Zinsen und Rückzahlung des Kapitals kann aus dem städtischen Fonds oder aus der Borough Rate geschehen; oder es kann an Stelle oder zur Ergänzung derselben eine besondere Jail Rate ausgeschrieben werden, und zwar ganz nach den Grundsätzen der Borough Rate.

3. Die Borough Prisoners' Rate. Nach 5. et 6. Vict. c. 98, §. 18, 19 kann eine zweite Jail Rate ausgeschrieben werden für die Uebernahme von städtischen Criminalgefangenen in das Grafschaftsgefängniß.

4. Die Borough Lunatic Asylum Rate 8. et 9. Vict. c. 126, §. 4, 33—38, zur Aufbringung oder Ergänzung der Kosten der städtischen Irrenhäuser.

5. Die Borough Museum Rate 8. et 9. Vict. c. 43 ꝛc. Zur Beförderung von Museen für Kunst und Wissenschaft wird der Gemeinderath ermächtigt, deren Kosten zu bestreiten entweder aus der Borough Rate oder aus einer besondern nach gleichen Grundsätzen ausgeschriebenen Steuer, jedoch mit Bestimmung eines höchsten Satzes der Zuschläge.

6. Die District Prison Rate für Districts-Gefängnisse, wo sich Städte und Grafschaft zu einem solchen vereinigen.

Der geringe Betrag der Borough Rate erklärt sich aus ihrer durchweg nur ergänzenden Stellung. Die Mehrzahl der kleinen Städte ist in der gewöhnlichen Kreisverfassung und Kreissteuer vollständig einbegriffen. Die besondere Borough Rate der Städteordnung beschränkt sich auf die etwa 200, in welchen sie gilt. Der Grund, aus welchem hier eine Absonderung von dem Kreissteuersystem eintrat, lag schon darin, daß einige Städte noch ein Grundeigenthum besitzen, sowie bedeutende Einnahmequellen aus Hafengebühren, Zöllen und Sporteln (Denkschrift des Armenamts von 1846 S. 158—165). Andererseits hat das städtische Leben seine besonderen Ausgaben für Märkte, Erleuchtung, Reinigung, städtische Gebäude, städtische Wahlen u. s. w., welche der Kreissteuer nicht zur Last fallen konnten. Man gestattete daher einen gesonderten städtischen Haushalt mit der doppelten Maßgabe, daß 1. die Städte außerdem zu den wirklich gemeinsamen Kreislasten beitragen müssen; 2. daß die zur Ergänzung der städtischen Fonds nöthige Polizeisteuer nach den Grundsätzen der Kreissteuer behandelt wird. Das Armenamt gab eine summarische Uebersicht über den Sonderetat der mit der Städteordnung beliehenen Orte für das Jahr 1842—43 wie folgt:

Einnahmen: borough rates 249,178 £. Zölle und Gebühren 172,911 £., Einkünfte aus städtischem Eigenthum 520,978 £., Zuschüsse aus der Staatskasse 19,676 £.

Ausgaben: (I) Strafverfolgungskosten 49,769 £., Police and Constables 161,491 £., Coroners 7001 £., Gefängnisse und Gefangenenunterhalt 52,951 £., Grafschaftsbeiträge und Vagabunden 21,061 £.

(II) Miethsgelder, Steuern und Versicherungen 33,909 £., Gehalte und Remunerationen 87,565 £., Erleuchtung, Pflasterung, Reinigung 36,178 £., öffentliche Bauten 189,083 £., Märkte 13,285 £., städtische Wahlen 3797 £., Druckkosten, Formulare 2c, 6575 £., Prozeßkosten 34,270 £., milde Stiftungen 21,465 £., Schuldenrückzahlung und Zinsen 199,250 £., vermischte Ausgaben 25,586 £. — Gesammtausgabe 1,083,816 £.

Die Etats der einzelen Städte giebt der Report on Burdens on Land 1846. vol. II. Die späteren Parlaments-Papiere geben periodische Nachweise. Die neueren Zahlen in den Parl. P. 1868 No. 228 LVIII. 713 waren folgende: Einnahmen: Renten, Gebühren 2c. 507,011 £., Borough Rate 543,432 £., andere städtische Steuern 453,475 £., Zuschuß des Staats zur Strafverfolgung und Gefängnißverwaltung 63,576 £., Staatszuschuß zu der besoldeten Constabulary 82,502 £., andere Einnahmen (aus Verkäufen, Zinsen 2c.) 507,336 £. — Ausgaben: Gehalte 142,968 £., städtische Polizei 432,375 £., Strafverfolgung 91,484 £., Gefängnisse 131,353 £., Bauetat 1,128,586 £., Zinsen 542,411 £., andere Ausgaben 607,359 £. Die Stadtetats (mit Ausschluß der City von London) umfassen jetzt also etwa 3,000,000 £. in Einnahme und Ausgabe. Die Hauptausgaben für Ortsgemeindebedürfnisse kommen aber in diesen Etats nicht zur Erscheinung, da die bedeutenden Ausgaben der Armenpflege, Straßenpflasterung, Erleuchtung u. s. w. in der Regel den Kirchspielen obliegen, mit ihren besonderen poor rates, highway rates, improvement rates, etc. mit besonderen Ortsbeamten, Gemeinderäthen und Gemeindeverwaltungen auf Grund allgemeiner Gesetze und Lokalacten. Vermöge des Zwiespalts der Stadtverfassung fallen solche in das gesonderte Gebiet der wirthschaftlichen Selbstverwaltung. (Buch III.)

§. 20.

Die Kirchensteuer. Church Rate.

Diese aus mittelalterlichem Herkommen datirende Steuer war entstanden, seitdem man aufgehört hatte ein Drittel des kirchlichen Einkommens für die fabrica ecclesiae zurück zu behalten. Die kirchliche Obrigkeit versuchte nunmehr die Kirchenvorsteher durch Ermahnung und Androhung kirchlicher Strafen zur baulichen Instandhaltung der Kirche anzuhalten. Diese ihrerseits beriefen die kirchliche Gemeinde, die sich meistens bereit fand nach Maßgabe des christlichen Hausstandes beizutragen.*)

---

*) Ueber die Entstehung der Kirchensteuer vgl. die Geschichte des selfgovernment S. 208, 209, 211 und 212; über die Zeit der Tudors S. 270, 271. Es ergiebt sich daraus, daß unstreitig ein Zwangsrecht der geistlichen Obrigkeit gegen die Kirchenvorsteher bestand, die Gemeinde für die Zwecke einer Kirchenreparatur zu berufen. Dabei

Die Zwecke der Church Rate haben sich durch Herkommen dahin fixirt:

1. Erhaltung, Reparatur und Wiederherstellung des kirchlichen Hauptgebäudes, einschließlich des Thurms und der zur Kirche gehörigen Kapellen, sowie der Einfriedigung des Kirchhofes. Die Kanzel (den Altar) hat der Pfarrer oder Vicar in Stand zu halten; doch kann nach Herkommen, wie in London, auch dazu die Gemeinde verpflichtet sein. In einzelen Gemeinden sind noch besondere Grundstücke und Fonds dafür von alter Zeit her vorhanden. Zu vollständigen Neubauten ist die Gemeinde aber nicht verpflichtet. Solche pflegen durch Kirchencollecten und freiwillige Zeichnungen bestritten zu werden, gefördert durch die neue Gesetzgebung der Church Buildings Acts, wodurch auch die Aufnahme von Darlehen auf die Kirchensteuer gestattet wird.

2. Materialbedürfnisse des Gottesdienstes, Abendmahlstisch, Brod und Wein, Taufstein, Lesepult, Bibel, Agende, Homilienbuch, Almosenbüchse, die zehn Gebote und andere fromme Inschriften an den Wänden der Kirche, Sitze, Kirchenglocken.

Die Ausschreibung der Kirchensteuer ist Pflicht der Kirchenvorsteher

---

sollte Jeder für den Theil sorgen, der ihn zunächst anging: die Gesammtheit der Parishiouers für die Erhaltung der Kirche, der Geistliche für die Erhaltung der Kanzel (des Altars). Nach Analogie anderer Communallasten wurden auch außerhalb Wohnende nach dem Umfang ihres Realbesitzes herangezogen (Jeffrey's Case 5 Co. 67.). Zur Verzierung der Kirche und zu den Material-Bedürfnissen des Gottesdienstes konnte man freilich außerhalb Wohnende eigentlich nicht heranziehen. Nach einer ältern Ansicht hätte es dafür einer zweiten Steuer bedurft, nach anderen Grundsätzen, mit Heranziehung des beweglichen Vermögens. Allein wegen der Kleinlichkeit und praktischen Unausführbarkeit dieser Unterscheidung gab man den Streit darüber auf; die ältere Ansicht kam sogar ganz in Vergessenheit, und die Kirchensteuer ging nach Analogie der übrigen Communalsteuern auf den Realbesitz im weitern Sinne über. — Bei der mißbräuchlichen Ausdehnung des kirchlichen Strafsystems im spätern Mittelalter hat man wohl gelegentlich mit dem Interdict gegen ganze Gemeinden gedroht, welche den Kirchenbeitrag verweigerten, und mit der Excommunikation gegen einzele Steuerverweigerer. Seit der Reformation aber ist jedenfalls das Interdikt außer Gebrauch, und auch die Excommunikation als Mittel zur Erzwingung von Geldbeiträgen ist doch wohl nicht in dem Geist der protestantischen Kirche. Der Lord-Oberrichter Tindal hat sich zwar beiläufig in einem Urtheil für die Möglichkeit eines Strafverfahrens in thesi ausgesprochen. Dagegen erkannte der Gerichtshof der Königsbank auf Prohibition, als 1842 die geistlichen Gerichte eine Strafklage gegen einige Gemeindeglieder von St. George Collegate, Norwich, wirklich zulassen wollten. In dem Braintree Case hatte die Mehrheit der Gemeinde die Steuer verweigert, die Kirchenvorsteher demnächst aus eigener Autorität die Steuer ausgeschrieben und zwangsweise einzutreiben begonnen. Die Kingsbench ertheilte dagegen eine Prohibition, welche durch drei Instanzen aufrecht erhalten ist. Das Oberhaus hat jedenfalls im Geist der Verfassung entschieden, daß eine Minorität der Gemeinde keine gültige Steuer beschließen kann gegen die Majorität.

unter nomineller Bestätigung des Archidiaconus. Die Kirchenvorsteher berufen dazu die Gemeindeversammlung, Vestry, welche durch freien Beschluß der Mehrheit bewilligt oder verweigert. Seit Einführung der poor rate erfolgt die Bewilligung gewöhnlich in Form eines Zuschlags von einem kleinen Bruchtheil auf die gewöhnliche Armensteuer. Bleibt auf gehörige Ladung die Kirchengemeinde aus, so können die Kirchenvorsteher allein die Steuer beschließen; erscheinen aber Gemeindemitglieder, so entscheidet die Majorität auch gegen den Widerspruch der Vorsteher selbst. Weder die geistliche Behörde, noch die Kirchenvorsteher als solche können eine Steuer ausschreiben; der geistliche Gerichtshof kann aber durch Excommunikation die Churchwardens nöthigen die Gemeinde dazu zu berufen, und die wirklich aufgebrachten Gelder zu verwenden. Nach älterer Auffassung konnte die kirchliche Obrigkeit auch wohl einzele steuerverweigernde Gemeindemitglieder excommuniciren und die ganze Gemeinde mit dem Interdict belegen. An Stelle der jetzt aufgehobenen Excommunikation trat nach 53 Geo. III. c. 127, §. 1 Gefängnißstrafe durch ein writ de contumace capiendo aus der Kanzlei. Aus unten erwähnten Gründen sind jedoch diese Zwangsmittel gegen die einzelen Gemeindeglieder außer Gebrauch.

Haftbar sind für die Kirchen= wie für die Armensteuer die nutzenden Inhaber der Grundstücke, also Eigenthümer, Miether und Pächter, nach dem Maßstab des Mieths= und Pachtwerths, der Pfarrer mit Ausschluß der Pfarrhufe. Die Einzelabschätzungen und Entscheidungen für die Armensteuer sind aber streng genommen nicht bindend für die Kirchensteuer, die eigentlich besonders eingeschätzt werden muß.

Ist die Steuer durch Gemeindebeschluß bewilligt, so findet eine Klage beim geistlichen Gericht auf Zwangsbeitreibung statt, bei welcher im Wege der Einrede Mängel der Ausschreibung gerügt werden können. Zur Erleichterung der Beitreibung kann nach 53. Geo. III. c. 127 § 7 auch eine summarische Klage bei den Friedensrichtern angebracht werden. Wo nämlich der Rückstand unter 10 £. beträgt, und die Gültigkeit der Steuerausschreibung an sich unbestritten ist, können je zwei Friedensrichter auf Klage der Kirchenvorsteher eine Zahlungsorder erlassen, und den Betrag durch Pfändung in das bewegliche Vermögen beitreiben, mit Vorbehalt der Appellation an die Quartalsitzungen. Die summarische Einziehung unterbleibt indessen, wo eine Anfechtung der Steuerausschreibung im geistlichen Gericht schon anhängig, oder ein bona fide Grund gegen die Rechtsgültigkeit der Steuer vorgebracht ist, d. h. ein plausibler, nach Ermessen des Gerichts reeller, nicht blos zur Chikane vorgeschützter Grund der Bestreitung.

Zur Rechnungslegung über Verwendung der Kirchensteuer sind die Kirchenvorsteher dem Pfarrer und der Gemeinde verpflichtet, und können

deshalb vor das Ordinariat citirt oder durch Civilklage auf Rechnungs=
legung verfolgt werden. Herkömmlich kann die Gemeinde auch eine Rech=
nungsrevision vornehmen, oder das geistliche Gericht eine solche anordnen.
Die Friedensrichter haben sich damit nicht zu befassen.

Die so gestaltete Kirchensteuer hat Jahrhunderte lang unangefochten
bestanden, und in ihrer guten Zeit die Summe von ungefähr 500,000 £.
erreicht,**) wovon etwa ⅔ zur Kirchenreparatur, ⅙ zu Beamtengehalten,
⅙ zu anderen Zwecken verwandt werden; wobei zuweilen ziemlich fremd=
artige Dinge, Ortsverschönerungen, Raupenvertilgung u. dergl. unter=
liefen. Schon 1837 berechnete man indessen, daß in 5000 Kirchspielen
keine Steuer erhoben wurde. In manchen bestanden Stiftungen für die
Kirchenreparatur; in anderen wich man durch freiwillige Subscriptionen
einem Streit mit den Dissenters aus. Später sind aber sehr zahlreiche
Verweigerungen, besonders in den größeren Städten eingetreten, und
ein Urtheil des Oberhauses in dem berühmten Braintree Case 1853 hat
endgültig entschieden: „daß eine solche Steuer von der Mehrheit beschlossen
sein muß, und daß keine andere Steuer gültig ist." Seitdem ist der Er=
trag der Steuer schnell herabgesunken bis zur Hälfte und weniger.

Wiederholte Versuche, die Church Rate abzuschaffen, und einen
andern Fonds für ihre Zwecke zu gewinnen, sind indessen lange Zeit ge=
scheitert. Seit der Reformbill geht dieser Streitpunkt (Excurs. ***) ein
volles Menschenalter durch die meisten Sessionen des Parlaments hindurch
mit immer neuen Gesetzentwürfen. Endlich im Jahre 1868 ist durch 31.
et 32. Vict. c. 109 die Zwangserhebung der Church Rate aufgehoben,
mit Ausnahme einiger Specialfälle, namentlich da, wo eine Steuer noch
erforderlich ist zur Abtragung von Darlehnen, welche unter Verpfändung
der Church Rate aufgenommen worden. Im Uebrigen mag die Kirchen=
steuer zu ihren früheren Zwecken erhoben und an besondere Curatoren zur

---

**) Ueber den Betrag der Church Rate giebt Auskunft ein Bericht der Parl. P.
1830—1831 Vol. XI. S. 211 für das Jahr vom 25. März 1826—1827 mit einer Ge=
sammtsumme von 564,388 £. Für das Rechnungsjahr 1831—1832 wird die Gesammt=
einnahme der Kirchenvorsteher auf folgende Posten angegeben: 446,247 £. aus der Church
Rate, 51,919 £. aus Grundstücken ꝛc., 18,216 £. aus Mortuarien und Begräbnißgebühren,
41,489 £. Beiträge aus der Armensteuer, 39,382 £. aus dem Ertrag der Kirchenstühle
und Sitze, 66,559 £. aus anderen Einnahme=Quellen. Die Ausgaben waren: für Kirchen=
reparatur 248,125 £., für Wein, Bücher ꝛc. 46,333 £., Gehalt der Sakristane, Kirchspiels=
schreiber 124,585 £., für Orgel, Glocken ꝛc. 41,710 £. Die neueren Parlamentsübersichten
geben den Betrag der Church Rate auf jährlich etwa 250,000 £. an. Die Parl. P. 1859
sess. II. No. 7 S. 2—18 enthalten eine namentliche Uebersicht der Kirchspiele, in welchen
überhaupt keine Church Rate erhoben wird, mit einem Gesammtbetrag von 21,014,382 £.
an steuerpflichtigem Realbesitz. Ausführliche Nachweise in den Local Taxation Returns
1862 Nr. 437 pag. 1—305 und alljährlich (1869. LII. 25).

Verwendung gezahlt werden; sie soll aber nicht mehr legale Zwangssteuer sein, sondern ein System erlaubter **freiwilliger Beiträge**.

*** **Die Streitfrage über die Aufhebung der Kirchensteuer.**
Der Streit zieht sich seit der Reformbill durch die Parlamentsverhandlungen. Schon die Parl. P. 1834 Nr. 391 enthalten einen Entwurf zur Aufhebung. Eine Zusammenstellung der verschiedenen Gesetz-Entwürfe von 1841—1861 geben die Parl. P. 1861 No. 47; über die späteren Entwürfe P. P. 1867, LIV. 647. Lehrreich ist der erste Report from the Select Committee on Church Rates 1851 (541) IX. 1; ferner der Oberhaus-Report on the present Operation of the Law and Practice respecting the Assessment and the Levy of Church Rates vom 28. Februar 1860 mit umfangreichen Zeugenverhören Parl. P. 1860 No. 154. Das spätere Material von Reports und Parlamentsdebatten häuft sich fast unabsehbar. Ich verweise ferner auf die zahlreichen Aufsätze in den verschiedenen Quarterly Reviews, z. B. Westminster Review, Juli 1858 S. 30 ff. und Johnson's Report of the Braintree Church Rate. 3rd. edit. 1843. Als drückend wurde die Kirchensteuer hauptsächlich von den Dissenters empfunden, und unter ihnen am meisten von den Quäkern. 1840 ließen sich in London 27, im folgenden Jahre 57 Quäker unter erheblichen Vermögensverlusten auspfänden. Es bildete sich von dieser Seite aus eine Gesellschaft „zur Befreiung der Religion von der Staats-Patronage und Controle," welche ein eigenes Büreau in Sergeants-Inn errichtete zur Berathung und Unterstützung solcher, welche die Kirchensteuer verweigern wollen.

Ihrer Richtung nach haben die **Gesetzentwürfe** verschiedene Auswege versucht. Die Bill des Schatzkanzlers Althorp von 1834 wollte die wirklichen Bedürfnisse der Kirchenreparatur mit 250,000 £. jährlich auf den consolidirten Staatsfonds anweisen; die Materialbedürfnisse des Gottesdienstes sollte der zehntberechtigte Pfarrer (oder Laien-Zehntherr) aufbringen und dafür frei von der Reparaturpflicht der Kanzel sein; Kirchenstühle sollen ihren Inhabern, Glocken, Orgeln und kirchliche Ornamente freiwilligen Beiträgen überlassen bleiben. Diese Vorschläge scheiterten an dem Widerspruch der Dissenters. Die spätere Bill des Schatzkanzlers Spring Rice 1837 scheiterte an dem Widerspruch der Staatskirchlichen. Sie wollte den Bedarf von 250,000 £. jährlich durch bessere Verwaltung der Kirchenländereien im Besitze der Bischöfe und Capitel aufbringen, deren Ueberschüsse zunächst hierauf verwendet werden sollten. Andere Entwürfe versuchten rein negativ eine Aufhebung. Während aber lange Jahre hindurch „the last days of Church Rates" überall verkündet wurden, zeigte sich wieder ein Umschlag der öffentlichen Meinung, so daß selbst im Unterhause keine Aussicht auf eine Beseitigung der Steuer mehr vorhanden zu sein schien. Auch von liberaler Seite vermehrte sich die Opposition gegen die bloß negative Trennung von Kirche und Staat und gegen die Herabsetzung der Staatskirche zu einer Privatgesellschaft nach dem System des voluntarism; z. B. in T. Smith's Parish (1857) S. 577: The Parish Church is not the Church of a sect. It is the church of the people; free to all, which each has the right to use. — The whole question is this: whether it shall, by force, be made unlawful for the people, if they please to do so, to maintain a church built for the free use of all, and which belongs to all .... Every man has service of all the church, and to the free use of the churchyard ...; the eagerness to enter protest against a differing mode of faith, would sacrifice the highest quality and functions of citizenship .... The church is, in fact, used in most Parishes (it ought to he so in all) for Vestry Meetings. The Parish Burying-ground is a matter of plainly direct importance to all, totally irrespective of religious opinions. So of many other matters etc. Erst die Reformbill von 1867 ermöglichte das Durchbringen des neuen Gesetzes im Sinne des gesellschaftlichen voluntarism.

§. 21.
Die Armensteuer. Poor Rate.

Die jetzige Hauptgemeindesteuer datirt aus der Periode der Tudors, in welcher der Staat eine Reihe der wichtigsten Aufgaben der mittelalterlichen Kirche in sich aufnahm. Die ersten Ansätze waren experimental. Von 27. Hen. VIII. c. 25 bis 39. Eliz. c. 3 schreitet die Gesetzgebung von freiwilligen Beiträgen zu Zwangsmaßregeln gegen Einzele, und von diesen zur Ausschreibung einer gleichmäßigen Steuer fort.*) Nach dem Hauptarmengesetz 43. Eliz. c. 2. §. 1 sollen die Kirchenvorsteher und Armenaufseher mit Zustimmung zweier Friedensrichter „durch Abschätzung eines jeden Einwohners, Pfarrers u. a., von jedem nutzenden Inhaber (occupier) von Grundstücken, Häusern, Zehnten, Kohlenbergwerken, verkäuflichen Niederwaldungen, die nach ihrem Ermessen nöthigen Summen aufbringen zur arbeitsamen Beschäftigung der Armen, zur Geldunterstützung der Arbeitsunfähigen und zur Unterbringung armer Kinder als Lehrlinge." Die spätere Gesetzgebung weist in schwer übersehbaren Einzelheiten (Excurs.**) immer neue Bedürfnisse der Ortsgemeinde auf die Poor Rate an.

Die Zwecke lassen sich nun scheiden: in den Hauptzweck, in eine Reihe secundärer Zwecke, und in die Stellung der Armensteuer als Grundlage anderer in ihrem Entstehen selbständiger Steuern.

1. Der Primärzweck ist die Aufbringung der Mittel zur Bestreitung der gesetzlichen Armenlast, also namentlich für die Kosten der Ernährung, Bekleidung, wohnlichen Unterbringung; Kosten der Anlegung von Armenhäusern, mit Einschluß von Darlehnen unter Verpfändung der Armensteuer; Gehalte der besoldeten Beamten der Armenverwaltung; Kosten der Unterbringung armer Kinder als Lehrlinge; Kosten des Rücktransports

---

*) Ueber das Geschichtliche vgl.. Gneist, Geschichte des selfgovernment S. 273—280. Von den älteren Reports giebt einige Einzelheiten der Report von 1811 No. 113 Vol III. p. 463; der Bericht über Armengesetze und Steuereinschätzungen P. P. 1818 No. 107 (die Jahre 1748—1750 betreffend); der Bericht über die Beiträge der Armensteuer 1825. Nr. 334 IV. 39; die Zusammenstellung der Communalsteuerbeträge und des steuerpflichtigen Eigenthums in den einzelnen Grafschaften P P. 1830—1831. No. 219, 52, 83 Vol. XI. p. 201—501; der Report on Burdens on Land 1846 Vol. I. Die große Ortsstatistik der Armenverwaltung in den Parl. Pap. 1854 No. 506 Vol. LVI. ergiebt die Beträge in den einzelnen Kirchspielen und Ortschaften. Seit dem großen Armengesetz von 1834 erstattet das Armenamt jährlich amtliche Berichte über die Einnahmen, Ausgaben und Gesammtverwaltung.

§. 21. Die Armensteuer.

zu dem Ort der Niederlassung; Begräbnißkosten; Kosten der Abschätzung des armensteuerpflichtigen Eigenthums; Prozeßkosten der Rechtsstreitigkeiten aus den Armengesetzen, welche nach einer alten Praxis den Armenkosten beigezählt wurden.

2. Die Sekundärzwecke der Armensteuer sind 20 und mehr kleinere Communalzwecke, welche durch die neuere Gesetzgebung zur Armentaxe geschlagen sind, soweit es angemessen schien, sie den einzelen Kirchspielen und Ortsgemeinden aufzulegen, nicht den größeren Kreisverbänden. Es sind dies namentlich die Kosten der constables in Ausführung ihres Ortsgemeindegeschäfts, Kosten der Urlisten für den Geschworenendienst, der Civilstandsregister, der Aufnahme des Census, Pockenimpfung, kleine Nebenkosten der Miliz und andere Nebenpunkte.

3. Die Armensteuer ist sodann die Contributionsbasis der County Rate und Borough Rate, welche aus der Armensteuer erhoben werden. Sie ist überhaupt die rechtliche Grundlage für die Beitragspflicht und de facto der Maßstab der Erhebung für alle Communalsteuern (Denkschrift des Armenamts S. 62, Report on Local Taxation p. 13, 14, wo dieser Assimilirungsprozeß übersichtlich zusammengestellt wird). Mit Ausnahme der eigentlichen Deichlast hält die neuere Gesetzgebung das Normale der Armensteuer bei der Frage nach den steuerpflichtigen Personen und Objecten durchgehends fest.

Eben deshalb überwog der Gesammtbetrag der Armensteuer schon im XVIII. Jahrhundert alle übrigen Geldbeiträge der Commune. Einschließlich der County Rate wird der Betrag für 1748—50 auf 730,135 L., für 1775 auf 1,720,316 L., für 1783—85 auf 2,167,749 L., für 1802 auf 5,348,205 L., für 1812 auf 8,646,841 L., für 1817 auf 9,320,440 L. angegeben. Von da an traten wieder Ermäßigungen ein; nach Einführung des Armenamts (1834) sogar ein Minimalbetrag von 3,935,276 L. für das Jahr 1837. Die für die Armenverwaltung wirklich verwendeten Summen haben in den letzten Jahrzehnten zwischen fünf bis sieben Millionen L. Sterl. jährlich betragen. Von der im Jahre 1867—68 erhobenen Poor Rate von 11,061,502 L. gehörten jedenfalls mehr als 4,000,000 L. nicht dem Zweck der Armenunterstützung an.

Die Vertheilung auf die Steuerpflichtigen wird, da das Gesetz nichts anderes sagt, selbstverständlich angenommen als eine gleichmäßig durch die Größe des Einkommens bestimmte. Es ist daher alte Praxis, die Einschätzung nach — sh. — d. auf das Lst., also nach gewissen Procenten vom steuerpflichtigen Einkommen anzulegen. Das spätere Gesetz 59. Geo. 3. c. 12. §. 19 braucht dafür den Ausdruck a fair and equal pound rate. Es ist unstatthaft für eine Klasse von Personen einen andern Abschätzungsmaßstab zu nehmen, als für eine andere Klasse.

Cap. III. Das Communalsteuersystem.

Die Perioden der Einschätzung lauten nach dem Gesetz auf „wöchentlich oder in anderer Weise." Schon die ältere Praxis hielt daher Ausschreibungen eines Monatsbedarfs für zulässig. Seit 17. Geo. II. c. 38 wurden auch Ausschreibungen bis zum Bedarf eines halben Jahres, ja wohl noch weiter hinaus für zulässig erachtet. Jedes Jahr muß jedoch seine gesonderten Lasten tragen, und die Steuern eines Jahres können nur ausnahmsweise verwandt werden zur Deckung der Lasten eines früheren Jahres 41. Geo. III. c. 23. §. 9.

Die Bezirke der Steuer-Ausschreibung sind nach dem Gesetz Elisabeths nur die Kirchspiele, Parishes. Das Gesetz Carls II. gestattet auch die Theilung von Kirchspielen, so daß zusammengepfarrte Ortschaften und Dörfer unter Umständen gesonderte Armenbezirke werden dürfen 13. et 14. Car. II. c. 12. §. 21. Die Entscheidung der vielen Streitigkeiten über die Grenzen der Kirchspiele wird vereinfacht durch 17. Geo. II. c. 37 §. 1. Sehr verschieden ist natürlich das Bedürfniß und die Last dieser kleinen Elementarbezirke. Der Oberhaus-Bericht on Parochial Assessments 1850 S. 168, 169 giebt folgendes Tableau über 14,320 Kirchspiele und für die Armensteuer gesonderte Ortschaften:

In	23 Ortsch.	$\frac{5}{48}$	Proc.	In	523 Ortsch.	$15 - 17\frac{1}{2}$	Proc.
=	38	$\frac{5}{24}$	=	=	298	$17\frac{1}{2} - 20$	=
=	31	$\frac{5}{16}$	=	=	181	$20 - 22\frac{1}{2}$	=
=	19	$\frac{5}{12}$	=	=	102	$22\frac{1}{2} - 25$	=
=	170	$\frac{5}{12} - \frac{10}{12}$	=	=	58	$25 - 27\frac{1}{2}$	=
=	246	$\frac{5}{6} - 1\frac{1}{4}$	=	=	42	$27\frac{1}{2} - 30$	=
=	305	$1\frac{1}{4} - 1\frac{2}{3}$	=	=	18	$30 - 32\frac{1}{2}$	=
=	372	$1\frac{2}{3} - 2\frac{1}{12}$	=	=	12	$32\frac{1}{2} - 35$	=
=	446	$2\frac{1}{2} - 2\frac{1}{2}$	=	=	6	$35 - 37\frac{1}{2}$	=
=	3327	$2\frac{1}{2} - 5$	=	=	7	$37\frac{1}{2} - 40$	=
=	3116	$5 - 7\frac{1}{2}$	=	=	8	$40 - 45$	=
=	2424	$7\frac{1}{2} - 10$	=	=	3	$45 - 50$	=
=	1588	$10 - 12\frac{1}{2}$	=	=	2	$55 - 60$	=
=	954	$12\frac{1}{2} - 15$	=	=	1	$65 - 70$	=

In den Kirchspielen der Metropolis variirte die Steuer von $\frac{1}{2} - 40$ Proc.

Ist ein Kirchspiel unfähig, die nöthigen Mittel für seine eigenen Armen aufzubringen, so können schon nach 43. Eliz. c. 2. §. 3 je zwei Friedensrichter jedes andere Kirchspiel, oder eine andere Ortschaft innerhalb der Hundred, zur Aushülfe für jenes Kirchspiel einschätzen; und wenn auch die Hundred dem Bedürfniß nicht genügen kann, mögen die Friedensrichter in den Quartalsitzungen irgend ein anderes Kirchspiel oder eine Ortschaft im Bereich der Grafschaft zur Aushülfe einschätzen. Die Gerichts-

§. 21. Die Armensteuer.

praxis nimmt an, daß diese Befugniß nicht den Kirchenvorstehern und Aufsehern delegirt werden darf, und daß die Heranziehung auf eine bestimmte Summe und nur auf eine bestimmte Periode geschehen kann; übrigens aber sowohl die ganze Ortschaft, wie einzele Bewohner herangezogen werden dürfen. Diese Klausel ist neuerdings in einem Kirchspiel der Stadt Worcester wieder zur Anwendung gekommen. (Report on Parochial Assessment 1850.)

Die Einzelheiten des Einschätzungsverfahrens folgen im cap. VII. §. 98.

**) Ueber die Sekundärzwecke der Armensteuer.

Die Denkschrift des Armenamts von 1846 S. 6 giebt folgende Zusammenstellung: Strafverfolgung gegen Personen, welche unordentliche Häuser halten 25. Geo. II. c. 36 §. 5—8; 58. Geo. III. c. 70 §. 7, 8. — Kosten der Constables in Ausführung ihres Ortsgemeindegeschäfts 18. Geo. III. c. 19 §. 4. — Kosten der Armenaufseher in Strafverfolgung von Lehrherren wegen Mißhandlung von Kirchspielslehrlingen 32. Geo. III. c. 57 §. 11, und zwar die Hälfte; die andere Hälfte trägt die County Rate. — Kosten der Strafverfolgung der Pfandleiher in gewissen Fällen 39. et 40. Geo. III. c. 99 §. 28. — Gebühr für Unterlassung der Beschaffung von Milizmannschaften 42. Geo. III. c. 90 §. 158—161. — Remuneration für Examiners of Measures bei der Verwaltung der Maße und Gewichte, und für Anschaffung von Normalgewichten in gewissen Fällen 55. Geo. III. c. 43 §. 8; 5. Geo. IV. c. 74 §. 21. — Gehalte, Gebühren und Entschädigungen für aufgehobene Gebühren in gewissen Fällen 55. Geo. III. c. 50 §. 12 (vgl. S. 124 Jail Fees Rate). — Kosten der Anfertigung des Drucks und der Zusammenstellung der Geschworenenlisten 6. Geo. IV. c. 50 §. 9; 7. et 8. Vict. c. 101 §. 60. — Kosten der Strafverfolgung wegen Vergehen oder Verbrechen überhaupt in Orten, die zu keiner County Rate beitragen 7. Geo. IV. c. 64 §. 25. — Schadensbeiträge der Hundertschaften an Orten, welche zu keiner County Rate beitragen 7. et 8. Geo. IV. c. 31 §. 15 (vgl. S. 124 Hundred Rate). — Auswanderungskosten in gewissen Fällen 4. et 5. Will. IV. c. 76 §. 63. — Büreaukosten der Civilstandsregister-Verwaltung und Gebühren der Registrars 6. et 7. Will. IV. c. 86 §. 9, 18, 29, 30; 1. Vict. c. 22 §. 19, 20, 25. — Erhaltung von gefährlichen Wahnsinnigen (lunatics suspected of crime) 1. et 2. Vict. c. 14 §. 2. — Kosten der öffentlichen Pockenimpfung 3. et 4. Vict. c. 29 §. 1; 4. et 5. Vict. c. 32 §. 1; 30 et 31. Vict. c. 84. — Kosten der Aufnahme des Bevölkerungscensus 3. et 4. Vict. c. 99 §. 17; 4. et 5. Vict. c. 7. §. 9; 5. Vict. c. 9 §. 2. — Berichtigung ausstehender Schulden und Verbindlichkeiten des Kirchspiels 5. et 6. Vict. c. 18 §. 5—8. — Gebühren und Remunerationen an die Secretäre der Friedensrichter, die Constables des Kirchspiels und Gehalte der Parish Constables 5. et 6. Vict. c. 109 §. 17—20. — Kosten der Stadtschreiber und der wahlleitenden Beamten in Städten, sowie der Armenaufseher bei Ausführung des Gesetzes über die Parlamentswahlen und die Registrirung der Wähler 6. Vict. c. 18 §. 55—57. — Kosten der periodisch alle drei Jahr wiederkehrenden Grenzfeststellungen und der Grenzsteine 7. et 8. Vict. c. 101 §. 16. — Kosten der Einhegung, Bewässerung und Nivellirung der nach der Gemeinheitstheilungs-Ordnung zu öffentlichen Spiel- und Erholungsplätzen reservirten Grundstücke 8. et 9. Vict. c. 118 §. 73. Die neueste, wesentlich übereinstimmende Uebersicht giebt der Report Parl. P. 1870 No. 353 p. 291, 292.

Demselben Prinzip sind auch 3 oder 4 Specialsteuern gefolgt, die nominell neben der Armensteuer stehen, der Sache nach darin aufgehen, nämlich:

a) Die **Workhouse Building Rate** des Armengesetzes von 1834. Das darin durchgeführte System der Arbeitshäuser machte bedeutende Baukosten nöthig, welche durch die

Armensteuer aufgebracht werden sollen. Es entsteht so ein temporärer Zuschlag zur Armensteuer; ja nach der Fassung des Gesetzes könnte unter Umständen eine Separatsteuer nöthig werden, zu der es aber, so viel bekannt, noch nicht gekommen ist, 4. et 5. Will. IV. c. 76 §. 23, 24.

b) Die Survey and Valuation Rate, beruhend auf 6. et 7. Will. IV. c. 96 §. 3, wonach eine Abschätzung des armensteuerpflichtigen Eigenthums durch remunerirte Taxatoren gestattet wird, wofür die Kosten entweder auf die Armensteuer angewiesen oder durch eine Separatsteuer aufgebracht werden sollen.

c) Die Lighting and Watching Rate. Das st. 3. und 4. Will. IV. c. 90 ermächtigt Kirchspiele, Theile von Kirchspielen, Hundertschaften und Städte durch Beschluß der Steuerzahler sich zu einem Wacht- und Beleuchtungssystem nach den Vorschriften dieses Gesetzes zu vereinigen. Die polizeiliche Seite des Systems ist größtentheils unpraktisch geworden. Dagegen ist das Beleuchtungssystem vielfach adoptirt, dessen Kosten dann durch eine Separatsteuer von dem armensteuerpflichtigen Eigenthum im Kirchspiel aufgebracht werden; — also nochmals ein Zuschlag zur Armensteuer, jedoch mit der Besonderheit, daß Aecker (lands) zu diesem Zweck nur ¼ beisteuern.

d) Die Militia Rate in ihrer neuern geringfügigen Gestalt seit 42. Geo. III. c. 90 zu folgenden Specialzwecken: Handgelder bis zu 5 L. an Freiwillige, welche für eine Gemeinde dienen wollen (42. Geo. III. c. 90 §. 42); Unterstützungen im Fall des §. 121; Extravergütigungen für Leute, die nach Ablauf ihrer Dienstzeit als Freiwillige fortdienen (§. 124); Ersatzbußen von 10 L. für jeden fehlenden Mann (§. 161). Die dafür nöthigen Summen sollen von den Kirchenvorstehern und Armenaufsehern nach dem Maßstab der Armensteuer von den Einwohnern aufgebracht werden. Mit der Zwangsaushebung der Milizen sind auch diese Beischläge suspendirt.

Ueber die Beträge der Armensteuer giebt unter den älteren Reports eine zusammenhängende Auskunft für die einzelen Grafschaften (auf die Jahre 1825—1829 auch für die einzelen Kirchspiele und Ortschaften) der Bericht vom 6. und 20. December 1830 Parl. P. 1830—1831 Nr. 52, 83. Vol. XI. p. 205, 501. Von da an häuft sich das statistische Material mit jedem Jahrgang der Parlamentspapiere. Die jährlichen Verwaltungsberichte des Armenamts insbesondere ergeben die einzelen Einnahme- und Ausgabe-Posten. Die wirkliche Armen-Ausgabe im Jahre 1867 betrug 6,959,841 L.

§. 22.

Die Wegesteuer. Highway Rate.

Bei der uralten Wegebaulast hat ein Uebergewicht der Naturalleistungen am längsten gedauert. Noch die Wegebauordnung von 1773 hat die Hand- und Spanndienste beibehalten, und erhebt nur zur Ergänzung eine Geldsteuer des Kirchspiels. Aus dem Jahre 1814 wird folgende Berechnung gegeben: Werth der Naturaldienste 551,241 L., Abfindungsgelder für nicht geleistete Naturaldienste 287,059 L., Wegebausteuer 621,504 L. (Rep. on County Rates 1834 p. IV.)

Die neue Wegebauordnung von 1835 hebt alle früheren Wegebaugesetze auf, consolidirt sie in 5. et 6. Will. IV. c. 50, beseitigt das

§. 22. Die Wegesteuer.

System der Zwangs=Naturalleistungen, und bestreitet nun die Gesammt=
kosten der öffentlichen Wege, sowohl der Landstraßen als städtischen Straßen,
durch eine gleichmäßige Highway Rate, die von demselben Besitz und nach
denselben Grundsätzen erhoben wird wie die Armensteuer, mit der Ab=
weichung, daß hier auch Erzgruben und Hochwald herangezogen werden,
wo dies von Alters her üblich. Für außerordentliche Bauanlagen können
auch außerordentliche Zuschläge mit einer gewissen Maximalbeschränkung
eintreten, so daß nach englischer Ausdrucksweise drei Wegesteuern vor=
kommen, die aber auf gleichem Princip ruhend, der Hauptsache nach An=
wendungen des Armensteuersystems bilden. Ergänzend wird die Highway
Rate auch herangezogen zur Erhaltung der Chausseen, wo die dafür
gebildeten Chaussee=Verwaltungen solche aus den eigenen Einnahmen nicht
länger zu erhalten vermögen. Der Gesammt=Ertrag der Wegebau=
kosten wurde 1850 auf 1,850,000 £. berechnet, darunter 824,000 £. für
städtische Straßen. Doch kommen in Städten auch noch Special Trusts
für die Zwecke vor.

Eine völlig neue Gestalt hat dies Steuersystem aber erhalten durch
die neuesten Wegeverwaltungsgesetze 25. et 26. Vict. c. 61; 27. et 28.
Vict. c. 101. Die Wegebaukosten in den neugebildeten Wegedistrikten
werden in Zukunft unmittelbar aus der Armensteuer bestritten, und es wird
dafür ein District Fund gebildet zur Tragung der Gemeinkosten des neu=
gebildeten Sammtverbandes. Die Erhaltungskosten jedes einzelen Weges
in seinem Gebiet trägt das einzele Kirchspiel aus seiner Armensteuer. Eine
Highway Rate nach alter Weise soll nur noch da erhoben werden, wo in
einem Kirchspiel Grundstücke vorkommen, welche zur Wegesteuer verpflichtet,
aber von der Armensteuer befreit sind. Die Wegesteuer sinkt damit in den
neugebildeten Distrikten herab zu einer untergeordneten Supplementarsteuer,
welche unter dem alten Namen nur deshalb beibehalten wird, um gewisse
hergebrachte Beiträge zu conserviren, auch wenn sie über die Grund=
sätze der Poor Rate hinausgehen. Nach der Generalübersicht der Parl. P.
1867—68 Vol. LIX. wurden bereits 621,436 £. Wegekosten durch die
Poor Rate, 916,779 £. als gesonderte Wegesteuer erhoben.*)

---

*) Von den älteren Reports gehört hierher der Report on the County Rates
and Highway Rates 1834 No. 542. Auch der Report on Burdens on Land 1845,
Vol. I. beschäftigt sich mehrfach mit der Highway Rate. Die Denkschrift des Armenamts
von 1846 pag. 172 giebt auch einige Daten aus älterer Zeit (Highway Rate 1827:
1,121,812 £., 1837: 1,183,326 £., 1838: 1,211,191 £., 1839: 1,312,812 £.). Die
neueren Parlamentspapiere ergeben nunmehr jährlich die Gesammtbeträge in einer lang=
samen Steigerung. Die spezielleren Nachweise folgen im Cap. XII. von der Wegever=
waltung.

§. 23.
Die ergänzenden Communalsteuern der Localacten und der neueren Gesundheitspflegegesetze. General District Rate etc.

Das hergebrachte System des selfgovernment mit den bisher entwickelten 5 Normalsteuern erwies sich als ungenügend, die Bedürfnisse der neuen Gesellschaft zu befriedigen. Die gemessenen Gewalten der friedensrichterlichen Obrigkeit und die gemessenen Zwecke der Communalsteuern ließen im Verlauf der Zeit eine Menge drückender Uebelstände aufwachsen welche in den engbewohnten Ortschaften, besonders den größeren Städten, schon im XVIII. Jahrhundert schwer empfunden wurden. Dem gesetzlich regulirten Communalsteuersystem fehlte die Elasticität der Verwaltungssysteme des Continents.

Die Abhülfe erfolgte an diesem Punkt zunächst durch örtliche Ausnahmsgesetze, Local Acts. Für London und die nächsten Umgebungen hatten Gesetze zum Zweck der Straßenreinigung und Erleuchtung schon unmittelbar nach der Revolution begonnen, welche in ihrer ersten Gestalt an das alte Verwaltungsrecht der Deichverbände, Commissions of Sewers, angeschlossen wurden. So entstand zuerst an dieser Stelle eine neue Sewers Rate für Zwecke städtischer Canalisirung und Gesundheitspflege, welche durch fernere Sewers Acts erweitert wurde.

In einzelen Provinzialstädten wurde dann durch analoge Localacten ein Straßenreinigungs- und Beleuchtungswesen, eine Feuer- und Baupolizei, je nach dem Bedürfniß des Ortes geschaffen, und in jedem einzelen Gesetz bestimmt, daß entweder die schon vorhandene poor rate oder borough rate zu neuen Zwecken verwendet werden dürfe, oder daß dafür eine besondere Ortssteuer erhoben werden möge. Solche Localacten, deren schon im XVIII. Jahrhundert mehre Hundert ergangen waren, wuchsen roch weiter im XIX. Jahrhundert, und gewannen eine so unförmliche Gestalt, daß man sich endlich zu einer formellen Vereinfachung entschließen mußte.

An das System der Localacten schließen sich daher seit 1847 die Clauses Acts. Um nicht die immer wiederkehrenden, allmälig stehend gewordenen Clauseln hundertmal von Neuem zu wiederholen, werden sie ein für alle Mal formulirt, so daß in späteren Localacten darauf Bezug genommen werden kann. Die Gas-works, Water-works, Cemeteries Clauses Acts consolidiren die Normativbestimmungen für die Anlegung von Gaswerken, Wasserwerken und Begräbnißplätzen, und die dafür zu erhebenden

§. 23. Die ergänzenden Communalsteuern der Localacten u. d. neueren Gesundheitspflege. 141

Beiträge, water rates, burial rates etc. Die Commissioners Clauses Acts und die Towns Improvement Clauses Acts consolidiren die üblich gewordenen Clauseln über die Wahl von Verwaltungsräthen zur Ausführung von Pflasterung, Reinigung, Beleuchtung, Verschönerungsanlagen ꝛc., so wie die Normativbestimmungen über die dafür zu erhebenden Steuerzuschläge zur Armensteuer, Wegesteuer oder besondere improvement rates.

Mit dieser Localgesetzgebung durchkreuzt sich eine stückweise Gesetzgebung für einzele Zwecke der Gesundheits- und Baupolizei, welche so gestellt wird, daß das Gesetz den Ortsbehörden anheimstellt, durch Gemeindebeschlüsse unter gewissen Formen und Maßgaben diese Acte anzunehmen, und die Kosten entweder durch bestehende oder durch gesonderte Steuern (immer nach dem Maßstab der poor rate) zu bestreiten. In dieser Richtung erging eine Lighting and Watching Act für das Beleuchtungs- und Polizeiwachtsystem mit einer entsprechenden lighting and watching rate; die Burial Acts zur Regelung des Begräbnißwesens mit einer besondern burial rate; die Bath and Washhouses Acts mit Zulassung einer besondern bath and washhouses rate. Allgemein anwendbar in Ortschaften über 500 Seelen wird die Parish Improvement Act 23. et 24. Vict. c. 30 mit einer entsprechenden Steuer gestellt. Das zur Annahme gestellte Steuersystem folgt grundsätzlich dem System der poor rate auch da, wo die Form einer besondern Steuer gewählt wird.

Endlich erfolgt eine Consolidation dieser stückweisen Gesetzgebung in der allgemeinen Gesundheitsacte, General Health Act 1848, welche die Verwaltungsweise der neuern Armengesetzgebung auf die Straßen-, Gesundheits- und Baupolizei der größeren Städte überträgt, und in weitestem Umfang den Bedürfnissen des heutigen Stadtlebens gerecht zu werden sucht. Die dafür nothwendigen Steuern oder Steuerzuschläge werden von einer gewählten Gemeindebehörde, local board of health, erhoben und verwaltet, und zwar nach dreifachem System:

1) eine General District Rate, erhoben vom Gesammtbezirk, zur Bestreitung der Generalkosten, welche das Gesetz ausdrücklich darauf oder sonst auf keine andere Steuer anweist;

2) eine Special District Rate, erhoben von allem Realbesitz des Bezirkes, zu dessen Bestem die Straßen-, Canalisirungs- oder sonstige Anlage dient, wiederum nach dem System der poor rate;

3) eine Private Improvement Rate, ausschließlich von einzelen Grundstücken erhoben, für Anlagen, welche ausschließlich zum Besten dieses Grundstückes dienen; und nach Analogie derselben eine besondere water rate für die Wasserversorgung.

Das Communalsteuerrecht dieser Local Boards ist nochmals das der Armensteuer, jedoch mit dem durchgreifenden neuen Grundsatz, daß für diese spezifisch städtischen Zwecke des Gemeindelebens die zum Gemeindebezirk gehörigen Ländereien (praedia rustica) nur mit einem Viertel ihres steuerpflichtigen Ertragswerths einzuschätzen sind.

Eine weitere Consolidation ergeht in der Local Government Act 1858, durch welche das System der Public Health Act auf Land und Stadt, insbesondere auch auf kleinere Gemeindeverbände anwendbar gemacht wird. Das Steuersystem ist hier vereinfacht, insofern nur eine Steuer in der Weise der General Rate der Gesundheitsacte erhoben wird, wiederum nach den Grundsätzen der poor rate mit einer Ermäßigung für praedia rustica.

Eine weitere Ausdehnung der Straßen= und Sanitätspolizei mit entsprechenden Steuern ergeben die Sewage Utilisation Acts, 28 et 29 Vict c. 75; 29 et 30 Vict. c. 90; 30 et 31 Vict c. 113.

Für die Metropolis endlich, d. h. für die City von London einschließlich der baulich damit zusammenhängenden Masse von Kirchspielen, wird durch die Metropolis Local Management Act 1855 dasselbe System durchgeführt mit einer Abstufung der Steuerbeiträge nach Kirchspielen und größeren Districten, mit Matricularbeiträgen zu den Generalkosten der Verwaltung und zu den großen Abzugskanälen. Das Steuersystem folgt wiederum der poor rate mit ermäßigtem Beitrag für Ländereien. Für den engern Bezirk der incorporirten City von London bleibt noch ein gesondertes Steuersystem unter der alten Firma der City of London Commissions of Sewers fortbestehen.

In dieser Weise haben die Bedürfnisse der neuen Gesellschaft ein weit verzweigtes System von Communalsteuern herbeigeführt, welches sich seit der Reformbill von 1832 in einer umfangreichen, schwer übersichtlichen Gesetzgebung langsam consolidirte. Die Durchkreuzung von Lokalacten und allgemeinen Gesetzen, von Special= und allgemeinen Steuern, die fortlaufende Bezugnahme der Gesetzgebung auf Abschnitte anderer Gesetze, welche dem spätern Gesetz als incorporirt angesehen werden sollen, erschwert ebensosehr die Darstellung des geltenden Communalsteuerrechts, wie die Statistik der Communalsteuern: anderseits vereinfacht sich das System durch die stetige Grundlegung des Rechts der Armensteuer.

Das Gesammtsystem der neuen Steuern der Straßen=, Gesundheits= und Baupolizei läuft parallel der Neubildung des Gemeindeverwaltungssystems in diesem Gebiet. Es kehrt daher in größerem Zusammenhang unten in c. XI. wieder, und dort wird auch der Gang der Gesetzgebung sich noch etwas anschaulicher darstellen. Für die Zwecke dieser Uebersicht der Communalsteuern ist von dem ganzen Material nur soviel aufgenommen, wie zum Verständniß der in §. 24 folgenden Nomenclatur der local taxation erforderlich war. Die Erträge dieser Steuern werden statistisch meistens im Ganzen zusammengefaßt (unten §. 25), nach Umständen aber auch besonders festgestellt, beispielsweise die Steuererhebungen der burial boards in den Parl. P. 1867–8 LVIII. 766.

§. 24.
Das Communalsteuerrecht. Die steuerpflichtigen Personen und Sachen.

In seiner weiten Verzweigung weist das vorstehende System der Kreis- und Gemeindesteuern immer wieder auf das grundlegende Gesetz 43 Eliz. c. 2 zurück. Die dadurch formirte poor rate ist durch die Gesetzgebung und Gerichtspraxis immer vollständiger zum Normalrecht aller Communalbesteuerung geworden. Die Grundsätze des materiellen Steuerrechts lassen sich daher ausreichend an der Armensteuer darstellen, und es bedarf nur beiläufig der Angabe der Einzelabweichungen, welche in der Steuerpflicht der Objecte zu einzelen Zwecken vorkommen.

Die Armensteuer jenes Grundgesetzes hatte sich aber wiederum an die zur Zeit der Tudors schon durch Herkommen fixirte Kirchensteuer angeschlossen. Die Church Rate hatte sich seit dem 14. Jahrhundert innerhalb der kirchlichen Verwaltung entwickelt, und eben dadurch eine breitere Grundlage erhalten. Es war hier nicht blos ein freehold-Besitz, welchen das weltliche Recht vorzugsweise zu den Gerichts-, Miliz- und Polizeilasten heranzog: sondern es war der christliche Hausstand als solcher, der nach seiner Leistungsfähigkeit herangezogen werden sollte für den weiter aufgefaßten Staatszweck, welcher in der kirchlichen Verwaltung zur Geltung gekommen war. Diese weitere Auffassung beschränkt das Gemeinwesen und seine Zwangspflichten nicht auf den Rechtsschutz nach Außen und nach Innen, nicht auf Gericht und Friedensbewahrung, sondern nimmt den Culturzweck des Staats, seine humanen Aufgaben zur Förderung und Erhebung der schwächeren Klassen des Volks als wesentliche Aufgabe in sich auf. An die nach diesem Gesichtspunkt hergebrachten Beiträge für den Kirchenbau und die Materialbedürfnisse der kirchlichen Verwaltung knüpfte sich der Hauptsatz des Armengesetzes 43 Eliz c. 2. §. 1 an:

„Es soll eingeschätzt werden jeder Einwohner, Pfarrer, Vicar und „anderer, und jeder nutzende Inhaber (occupier) von Ländercien, Ge-„bäuden, Zehnten, Kohlenbergwerken und verkäuflichem Niederwald in „dem gedachten Kirchspiel."

Die Gerichtspraxis hat 200 Jahre hindurch ohne gesetzliche Declaration diese Bestimmung gehandhabt, begrenzt und auf das Princip zurückgeführt, daß die Steuer auf dem sichtbaren nutzbaren Realbesitz in der Gemeinde, visible profitable property in the parish, ruht. In diesem Sinne sind

I. die **Steuerobjecte** durch die Rechtsprechung (Burn IV. 879—900) dahin fixirt.

1) **Lands**, Ländereien, sind steuerbar nach ihren wechselnden, im Ganzen steigenden Nutzerträgen (improved value), mögen solche aus dem Verbrauch des Bodens selbst entstehen, wie Steinbrüche; oder aus dem natürlichen Quellwasser, wie Salzwerke; oder aus den darauf wachsenden Früchten; oder aus dem Gebrauch des Bodens als Unterlage von Eisenbahnen, Kanälen ꝛc. Positiv ausgenommen bleiben die Bergwerksnutzungen, weil das Gesetz „Kohlenbergwerke" ausdrücklich nennt, und damit alle anderen auszuschließen scheint, „quia expressio unius est exclusio alterius". Uebrigens sind Privatwege, Eisenbahnen, Kanäle, Wasserbehälter, Docks, Werften, Brücken, Schmelzöfen, Gaswerke, Wasserwerke, Wehre und Schleusen, Dämme, stehende Dampf- und Wägemaschinen steuerbar als „Verbesserungen des Bodens"; gutsherrliche Rechte, Besitzänderungsgebühren von copyhold ꝛc. dagegen nicht, weil sie nicht sichtbar, sondern unkörperliche Immobilien sind.

2) **Houses**, Gebäude, umfassen alle permanenten Baulichkeiten zu Schutz und Schirm von Menschen, Thieren und Eigenthum: also auch Ställe, Wagenhäuser, Scheunen, Waarenhäuser, Comtoirs, Fabriken mit Dampfmaschinen und anderem permanenten Apparat.

3) **Tithes**, Zehnten, werden in dem Gesetz Elisabeths nur in zwei besonderen Species erwähnt: nämlich Zehnten die von einem kirchlichen Institut appropriirt sind, appropriations of tithes, und Zehnten in Laienhänden, tithes impropriate. Es werden aber alle Zehnten unter das Gesetz gezogen, da die Geistlichen ausdrücklich als steuerpflichtig nach ihrem Einkommen bezeichnet werden, und der Zehnt die Grundlage des ordentlichen geistlichen Einkommens ist. Seit der Verwandlung des Zehnten in eine Zehntrente ist jetzt diese das Steuerobject 6. et 7. Will. IV. c. 71.

4) **Saleable underwoods**. Das Gesetz nennt hier nur solche Holzungen, welche ausgehauen wieder nachwachsen, und zum Verkauf, nicht blos zum wirthschaftlichen Gebrauch bestimmt sind. Vielleicht war es Zufall, vielleicht wollte das Gesetz den Grundeigenthümer von Hochwald absichtlich frei lassen, während der jener Zeit meist in Pacht gegebene Niederwald besteuert werden sollte. Jedenfalls ist die Ausnahme ziemlich unpraktisch, da nutzbare Hochwälder in England selten vorkommen, sondern nur Parkanlagen, Wildgehege und ähnliche Luxus-Anlagen.

5) **Bewegliches Eigenthum** ist im Gesetz nicht genannt. Es sollen aber „die Einwohner besteuert werden nach ihrer Fähigkeit, ability", wozu auch bewegliches Vermögen anscheinend gehört. Die Gerichte nahmen jedoch im Geist der ältern Verfassung und nach der Construction des

§. 24. Das Communalsteuerrecht. Die steuerpflichtigen Personen und Sachen.

Gesetzes an, daß auch hier nur die **sichtbare** Fähigkeit, apparent ability, gemeint sein könne: also Vermögen, welches sichtbar im Kirchspiel belegen einen Gewinn abwerfe, visible profitable property situated in the parish: also allenfalls Gewerbe= und Handelsvorräthe. Durch neuere Gesetze ist auch diese Ausdehnung auf ein kleines Gebiet von Mobilien außer Anwendung gesetzt.[1])

Ausgenommen von der Steuerpflicht (Burn IV. 909 — 921) sind die Kirchengebäude der Staatskirche und andere gehörig einregistrirte gottesdienstliche Gebäude, wenn sie ausschließlich nur für Gottesdienst, Sonntags=, Kinder= oder Armenschulen dienen, 3. et 4. Will. IV. c. 30. Ferner Ländereien und Gebäude, welche ausschließlich für Zwecke der Wissenschaft und Kunst bestimmt, ganz oder zum Theil durch jährliche freiwillige Beiträge erhalten werden, 6. et 7. Vict. c. 36 u. sp. G. Nach gemeinem Recht schon ist ausgenommen die Krone mit ihrem ausschließlich zu öffentlichen Zwecken bestimmten Realbesitz z. B. Kasernen, Arsenalen ꝛc.[2])

---

[1]) Eine Steuerpflicht der **Mobilien** war bei allen wichtigeren Gegenständen schon durch die Fassung der Gesetze ausgeschlossen, so daß die Auslegung der Gerichte darüber niemals zweifelhaft war. Nichtsteuerpflichtig sind jedenfalls Hausgeräth und baare Gelder; denn sie werfen als solche keinen **Nutzen** ab. Nicht zinsbare Capitalien; denn sie sind nicht **sichtbar**, sondern unsichtbare Vermögensstücke. Nicht der Erwerb aus körperlicher oder geistiger Arbeit; denn er ist weder sichtbar noch local fixirt. So blieb nur übrig das in Handels= und Gewerbe=Vorräthen angelegte Kapital, stock in trade. Die Frage danach kam erst 150 Jahre nach dem Gesetz Elisabeth's bei den Gerichten zur Sprache, wo Lord Mansfield's scharfer Geist das dem Geist der Communalsteuern Widersprechende einer solchen Heranziehung erkannte. Dennoch kam es in einzelnen Ortschaften wirklich dazu. Als endlich 1839 die Gerichtspraxis sich dafür entschied, suspendirte ein Gesetz 3. et 4. Vict. c. 89 die Steuerpflicht aus diesem Titel, — zunächst nur temporär. Das suspendirende Gesetz wurde aber stetig prolongirt (Sir G. Cornewall Lewis, Rep. on Parochial Assessment 1850 S. 3—8.) Die definitive Aufhebung ist erfolgt durch 32 et 33. Vict. c. 85; indirect war dieselbe schon in der Union Assessment Act 1862 §. 36 enthalten.

[2]) Die wenigen **Befreiungen** von der Communalsteuerpflicht folgen schon aus dem Grundprincip der profitable property, und sind danach begrenzt. Kroneigenthum ist daher doch steuerbar, sobald es in den nutzbaren Besitz einer Privatperson tritt (beneficial occupation), also Amtswohnungen, z. B. sogar das Logis des beaufsichtigenden Constable in einem Detentionshause, sofern irgend ein Theil ausschließlich zur Bequemlichkeit eines Einzelnen bestimmt ist. Selbst Personen die eine Wohnung in einem Hospital haben, sind davon steuerpflichtig. Armenhäuser und Armenirrenhäuser, die nebenbei noch Personen gegen Zahlung (selbst unter dem Kostenpreis) aufnehmen, werden durch Gerichtsurtheile als steuerpflichtig anerkannt. „Niemand kann auch durch Schenkung seiner Grundstücke an eine milde Stiftung solche von den Communallasten befreien, und dadurch größere Lasten seinen Nachbarn zuschieben." Ein im Unterhaus eingebrachter Gesetzentwurf Parl. P. 1859 No. 35, Local Assessments Exemption Abolition Bill, beabsichtigte auch die vorhandenen Ausnahmen auf Grund der Königlichen Prärogative und auf Grund eines gemeinnützigen

II. Die Besitzweise, an welcher die Steuerpflicht haftet, wird bezeichnet als Occupation, d. h. nutzbares Innehaben von ertragsfähigem Realbesitz. Occupier ist der Miether, der Pächter, der Nießbraucher, der Pfandschaftsbesitzer, der selbstnutzende Eigenthümer: d. h. derjenige, welcher den unmittelbaren nutzbaren Gebrauch eines Immobile im Gemeindeverband hat, soll die Gemeindelasten tragen, selbst wenn er für seine Person außerhalb wohnt. Die Communalsteuer gilt wie jede lebendige Steuer als eine Besteuerung der Person von wegen des Besitzes, a tax upon the person in respect of property.[3])

Zwecks zu beseitigen (unter Aufhebung der st. 4. et 5. Vict. c. 84; 6. et 7. Vict. c. 36; 17. et 18. Vict c. 104.). Bei Grundstücken des Staats und öffentlicher Körperschaften sollten künftig der principal occupant oder ein dazu bestellter Beamter oder Agent als Steuerzahler eingeschätzt werden und als solcher ein Stimmrecht führen. Unangefochten steuerfrei sollten bleiben die Königlichen Residenzen und Parks, Brücken, Chausseen, Irrenhäuser, Kirchen, Kirchhöfe und Begräbnißplätze, sowie die durch Lokal- oder Privatacten befreiten Grundstücke. Im Ganzen ist es jedoch bei den älteren Befreiungen geblieben. Der Betrag der von Staatsgrundstücken zu zahlenden Communalsteuern wird zur Zeit auf 36,252 £. etatisirt. Parl. P. 1867—68. XLVII 54.

[3]) Die Natur der Communalsteuern als Realsteuern ist von Altersher nicht streitig gewesen, sofern es durch Gesetz und Interpretation der Gerichte feststand, daß die Person des Inhabers, von Jahr zu Jahr, nach dem actuellen Mieths- oder Pachtwerth einzuschätzen sei. Daß die Person das zunächst steuerpflichtige Subject sei, ergab sich historisch daraus, daß die mittelalterlichen Steuern ursprünglich Umwandlungen von persönlichen Diensten in Geld sind. Da aber das Maaß der Steuer nach der apparent ability bemessen wird, so sprach man von einer Besteuerung „der Person von wegen des Grundstücks". Die Steuer ist daher bestimmt unterschieden von Reallasten, die wie die Deichlast unabhängig von allem Besitzwechsel haften, und wobei auch der Besitznachfolger für die Rückstände einsteht, während er für die Rückstände der Communalsteuer nicht haftet (Report on Local Taxation 1843 pag. 18). Der Communalsteuerpflichtige ist der occupier, nicht der Grundeigenthümer als solcher: die Communalsteuer ist tenant's own tax (mit einigen Abweichungen bei der Wegesteuer, die hier nicht zu erörtern sind). Die jährlich wiederkehrende Einschätzung aller Personen durch Communalbeamte hielt in England das Lebensprincip aller Communalsteuern als Bürgerpflichten des Nachbarverbandes fest. Daß die Steuer bedingungsweise die Grundrente des Eigenthümers trifft, bestreitet man nicht. Die Worte des spätern Finanzministers Sir G. Cornewall Lewis darüber bedürfen keiner weitern Erläuterung: I have no doubt that local rates, so far as they can be foreseen and calculated upon, are deductions from the landlord's rent. Though they are paid by occupier, they enter into his calculation in arranging his rent with his landlord, and, so far as the amount can be made a matter of pre-contract, I have no doubt they constitute a deduction from the rent. On the other hand, any sudden or unexpected increase of the parochial expenditure, which leads to an enhancement of the rate which was not foreseen, would, until the contract between the landlord and the tenant was re-adjusted, fall entirely upon the tenant" (Rep. on Parochial Assessment 1850 p. 15). Ausführliche Erörterungen über die gegenseitigen Abwälzungen zwischen Pächter und Grundherrn giebt der Report vom 15. Juli 1870. P. P. 1870 No. 353.

Eine wichtige Ausnahme von diesem Grundsatz unter dem Namen Compounding the Rates ist durch die neuere Gesetzgebung 59. Geo. III. c. 12; 13. et 14. Vict. c. 99; 14. et 15. Vict. c. 39; 30. et 31. Vict. c. 102; 32. et 33. Vict. c. 41, entstanden, wodurch zur Bequemlichkeit der Steuererhebung gestattet wird, bei kleineren Miethsgrundstücken den Eigenthümer statt des Miethers einzuschätzen. In neuester Zeit haben die Gemeindeversammlungen von dieser Befugniß in so weitem Maße Gebrauch gemacht, daß nach einer Uebersicht von 1859 nur 2,230,076 occupiers in die Steuerlisten eingetragen waren, für 1,100,755 Miether dagegen der Eigenthümer die Steuerzahlung übernommen hatte.[4])

III. Die materiellen Abschätzungsgrundsätze für die Communalsteuern (Burn IV. 932 ff.) waren in früheren Jahrhunderten sehr einfach. Bei Aeckern sah man zunächst auf das Besitzmaß. Doch scheint schon im XVII. Jahrhundert die gewöhnliche Praxis gewesen zu sein, daß man sich an das wirklich gezahlte Mieths- und Pachtgeld hielt. Der Gerichtshof der Königsbank sprach mehrfach, und namentlich in einem berühmten Ur-

---

[4]) Die Ausnahme eines Compounding the Rates entstand zuerst in geringerm Umfang durch 59. Geo. III. c. 12 §. 19, wonach die Ortsgemeindeversammlung gestatten kann, für Wohnungen von 6—20 £., welche kürzer als auf Jahresfrist vermiethet sind, den Grundeigenthümer statt des Miethers einzuschätzen (jedoch mit Ausnahme der Städte, in welchen das städtische Wahlrecht zu den Parlamentswahlen von der Einschätzung zur Armentaxe abhing). Die Ausnahme wurde veranlaßt durch die Weitläufigkeit und Unsicherheit der Einschätzung solcher kleinen wechselnden Miether. Mit Recht wurde dagegen geltend gemacht, daß die Miteinschätzung der kleinen Miether eine vortreffliche Controle gegen die Unterschätzung der größeren bildet, daß die kleineren gerade am eifersüchtigsten über die richtige Proportion der Einschätzung wachen, daß sie sich um die Vermögensverhältnisse der Nachbaren am genauesten zu bekümmern und die strengsten Richter über unbegründete Armenunterstützungsgesuche zu sein pflegen (Report on Local Taxation 1843 pag. 37.) Auch entsteht dadurch eine bedenkliche Collision mit den Gesetzen, welche das Stimmrecht von der Einschätzung zu den Communalsteuern abhängig machen. Dennoch wurde das System erweitert durch die Small Tenements Act 13. und 14. Vict. c. 99., welche die Gemeindeversammlungen ermächtigt, bei allen Grundstücken unter 6 £. Miethswerth die durchgängige Einschätzung des Eigenthümers statt des Miethers zu beschließen, und zwar zu dem ermäßigten Ansatz von $3/4$ des Bruttomiethswerths, oder sogar von $1/2$ des Miethswerths, wenn die Steuer gleichmäßig auch von den leerstehenden Wohnungen entrichtet wird. Es wird dadurch erklärlich, wie nach der Specialübersicht in den Parl. P. 1859 von 3,330,831 Miethswohnungen bereits 1,100,755 unter dem System des Compounding standen, durch welches der Miether aber sein Gemeindestimmrecht nicht verlieren sollte. Die Verwirrung dieses Systems ist eine Hauptwurzel der englischen Reformbill von 1867 geworden. In der Assessed Rates Act wird die Grenze der Miethswohnungen, für welche die Compounding stattfinden mag, bis zu 8 £. gestellt, für die Metropolis und ein Paar große Städte bedeutend höher; bei Steuern der Public Health Act ist die Grenze 10 £., im Gebiet der Small Tenements Act bleibt sie 6 £. Die daraus hervorgehende Verwirrung der Repräsentation im Gemeindeverband wird sich später im Gebiet der Communalsteuererhebung Cap. VII. §. 98. 99 ergeben.

theil von 1830 das Princip dahin aus, daß „die wirkliche Mieths- oder Pachtrente, oder die Summe, zu welcher das Grundstück vermiethet oder verpachtet werden könne", den Maßstab bilde. Dabei war jedoch keine Rücksicht darauf genommen, daß der Grundherr als solcher noch öffentliche Lasten zu tragen hat, landlord's own taxes, nämlich Staatsgrundsteuer und Deichlast. Die Miethsrente kann auch deshalb nicht als „reines" Einkommen gelten, weil die Erhaltung der Gebäude, Versicherungssummen u. dgl. davon abzusetzen sind. Bei Gebäuden insbesondere sind die nothwendigen Reparaturkosten verschieden nach der Baufälligkeit. Es bildete sich daher die Praxis, bei den Einschätzungen 10, 20, 25, 33 (bei Gebäuden zuweilen 50) pCt. von dem Miethsertrag abzusetzen, was dann auch seit 1770 durch Gerichtssprüche im Allgemeinen für zulässig erklärt wurde, „da es auf die concreten Umstände ankomme, und zu vermuthen sei, daß die Communalbeamten damit bekannt und nach Billigkeit verfahren seien." Erst die Parochial Assessment Act von 1836 hat eine gesetzliche Deklaration versucht durch folgende Worte, 6. et 7. Will. IV. c. 96. §. 1: „daß jede Armensteuer gemacht werden soll nach der Schätzung des jährlichen Reinertrags (net annual value) der Grundstücke, d. h. nach der Rente, für welche man das Grundstück verständigerweise zu verpachten oder zu vermiethen erwarten kann, — frei von (d. h. netto nach Abzug von) allen üblichen Steuern und Lasten des Pächters und der Zehntrente, und nach Abzug der wahrscheinlichen jährlichen Kosten für Reparaturen, Versicherung und andere etwa nöthige Ausgaben, um das Grundstück in dem bisherigen ertragsfähigen Zustande zu erhalten." Diesen Grundsatz in seinem erstern Theil wiederholt auch die Assessment Act 1862.[5])

---

[5]) In Betreff der materiellen Abschätzungsgrundsätze gebraucht die Assessment Committee Act 1862 §. 15 wiederum den Ausdruck — reasonably expected to be let, free of all tenants rates and taxes and tithe commutation rentcharge. Durch die Trägheit der jährlich wechselnden Einschätzungs-Beamten aber waren große Uebelstände eingeschlichen. Die Armenaufseher pflegten sich gern an die Schätzung ihrer Amtsvorgänger zu halten. In manchen Kirchspielen war man gar bei Abschätzungen von 1739 stehen geblieben, in manchen hielt man sich an die Einschätzung zur Staatsgrundsteuer, in anderen an die Schätzung der Eigenthumssteuer von 1814—15; oft ließ man die Abschätzung absichtlich gering, um den Beitrag des Kirchspiels zur Kreissteuer recht niedrig zu halten. Die Parochial Assesment Act ermächtigt daher die Armenverwaltung, neue Einschätzung durch besoldete Taxatoren eintreten zu lassen 6. et 7. Will. IV. c. 96. §. 3. In den nächsten 6 Jahren war davon in 4444 Kirchspielen und Ortschaften Gebrauch gemacht. Noch immer aber dauerten erhebliche Ungleichheiten in der Absetzung von Procenten vom Pachtwerth fort. Die neue Committee of Assessment Act 1862 bildet deshalb regelmäßige Abschätzungs-Commissionen aus dem Kreisarmenverband, um in Zukunft gleichmäßige Einschätzungs-Grundsätze und öftere Erneuerungen der Taxen zu erzwingen. — Ueber die Abschätzungs-Grundsätze im Einzelnen enthält ein gewaltiges Material der Oberhaus-Report on Parochial Assessment von 1850 (beispielsweise die Zeugenaussagen von

§. 24. Das Communalsteuerrecht. Die steuerpflichtigen Personen und Sachen.

IV. Die hier entwickelten Grundsätze des Armensteuerrechts haben sich auf das ganze Communalsteuerwesen ausgedehnt. Bald nach ihrer Entstehung war die Armensteuer wichtiger geworden als die Steuer für alle anderen Gemeindezwecke zusammengenommen; ihrer Veranlagung wurde daher die meiste Sorgfalt zugewendet, für sie die Entscheidung der Gerichte am häufigsten angerufen. So gelangte sie zu der heute vorhandenen festen Gestalt, um die Unterlage aller anderen zu werden. Die County Rate erscheint als ein Beitrag des Kirchspiels zu der Kreiskasse, welcher wechselnd etwa $\frac{1}{3}$, $\frac{1}{5}$, $\frac{1}{7}$ der Armentaxe bildet. Die Borough Rate wird zwar nur ergänzend, dann aber nach gleichen Grundsätzen erhoben. Für die Highway Rate gilt dasselbe gesetzlich, für die Church Rate faktisch. Derselbe Gang ist für die Sekundärzwecke der Hauptsteuern und für die Ergänzungssteuern nachgewiesen. Allerdings bestehen einige gesetzliche Abweichungen, manche historisch zufällig. Die Fassung des Armengesetzes hatte eine Beschränkung auf Niederwald und Kohlenbergwerke herbeigeführt, während Hochwald und andere Bergwerke durch eine spitze Interpretation frei blieben. Die späteren Gesetze über die Wegebausteuer wurden anders gefaßt, und schlossen eine solche Interpretation aus. Für

---

Samuel Laing und E. Watkin über die Besteuerung der Eisenbahnen pag. 63—92, 93—111). Monographien darüber sind Bayldon, on Valuation of Property for Poor Rates 1834 8. E. V. Lee's Practical Treatise on the Rateability of Property to the Relief of the Poor. 1830 12. Notizen, wie die technischen Taxatoren bei Einschätzung des Mieths- und Pachtwerths verfahren, enthält u. A. der Report on Burdens on Land 1846. I. pag. 227 ff., 273 ff. Im letzten Menschenalter sind besondere Schwierigkeiten entstanden durch die in früheren Zeiten unbekannten Benutzungen des Bodens. Ganz consequent wird z. B. eingeschätzt bei Chausseehäusern und Telegraphenstationen der Miethswerth der Amtswohnungen, bei Fabriken der Miethswerth des Gebäudes mit eingemauerten Maschinen, Wasserkraft und allem was wand-, band-, niet- und nagelfest ist. Bei den Eisenbahnen hat man sich dagegen nicht begnügt den Miethswerth der Gebäude als Amtswohnung, Comptoir, Waarenhaus, Wagehaus, Wärterhaus u. s. w. einzuschätzen, sondern man schätzt die Bahn mit den Schienen in jedem Kirchspiel als improvement of land ein, während doch der Schienenweg nur als Ganzes einen Nutzwerth hat, und das Fragment, welches ein Kirchspiel durchschneidet, ebenso wenig Verbindung mit dem Communalverband hat, als ein durchgehender Telegraphendraht. Die London- und Nordwest-Eisenbahn mußte danach in den 6 Grafschaften, die sie durchschneidet, jährlich 128,000 £. Communalsteuern zahlen. Die Brighton-Eisenbahn zahlte in 16 Kirchspielen jährlich 10,000 £., d. h. 9 £. jährlich von jedem Morgen Land, den sie wirklich inne hatte. Die 8 größten Eisenbahnen zahlten im Durchschnitt etwa ein Fünftel ihrer Dividende als Lokalsteuern, und dazu noch die Einkommensteuer und eine Abgabe von 5 pCt. des Passagiergeldes. Diese Behandlung war wohl Folge einer zu äußerlichen Auffassung, welche in den neueren Gerichtsentscheidungen berichtigt ist, nach denen sehr ermäßigte Ansätze erscheinen (Burn IV. 911—1002). — Ueber die jetzt üblichen Einschätzungsgrundsätze bei Kohlenbergwerken vergl. die Parl. P. 1867 No. 418. LX. 9. Eine allgemeine Uebersicht der in den einzelnen Kreisarmenverbänden angenommenen Scala der Abzüge für die rateable value s. in Parl. P. 1866 No. 524. LIX. 55.

die Wirklichkeit hat dieser legale Unterschied keinen erheblichen Umfang. Sogar die Deichlast, die nach klarem Gesetz bedeutende Abweichungen enthält, wird faktisch sehr gewöhnlich wie die Armensteuer erhoben. So kann man schließlich allerdings wohl sagen, „daß das Ganze unserer lokalen Besteuerung nach dem Gesetz, oder durch den Gebrauch trotz des Gesetzes, nach der Basis der Armensteuer auferlegt wird," Report on Local Taxation 1843 pag. 25.

Ein System, welches beinahe zwei Jahrhunderte hindurch ohne gesetzliche Declaration bestand, welches durch die Gerichtspraxis nach einem festen Princip gehandhabt und fortgebildet wurde, welches in friedensrichterlichen und Gemeindeversammlungen von Jahr zu Jahr neu geprüft und probat befunden wurde (so daß selbst zufällige legale Abweichungen davon ignorirt werden konnten, ohne daß die Steuerzahler sich beschwerten): ein solches System der Communalsteuern ist die größte Autorität, die dafür zur Zeit in einem Staate Europas gefunden werden kann. Der richtige Grundsatz, welcher ein festes Communalwesen begründet, ist gewiß das Princip der Besteuerung des sichtbaren Realbesitzes im Communalverband in der Person des nutzenden Inhabers. Negativ ist damit ausgesprochen, daß der Gemeinde- und Kreisverband kein Recht hat, Vermögen und Einkünfte, welche außer ihrem Gebiet besessen und erworben werden, heranzuziehen, daß also namentlich Einkommensteuern für Communalzwecke ungeeignet sind. Positiv ist aber damit ausgesprochen, daß ein gesundes Communalleben die Communallasten direkt auf den Hausstand legt, in dem Umfang, in welchem er sich dauernd und äußerlich erkennbar im Gemeindeverband verkörpert.

Die Gründe für dies Communalsteuersystem sind in erster Stelle rechtlicher, zugleich aber auch wirthschaftlicher Art.

Der Nachbarverband der Kreis-, Stadt- und Landgemeinden hat eine sachlich beschränkte Aufgabe, in welcher weder die Aufgaben des Staatsganzen, noch die Pflichten des Einzelen gegen das Gemeinwesen sich erschöpfen. Dem entsprechend kann auch die Communalsteuerpflicht nur eine sachlich beschränkte sein: umfassend den dem Gemeindeverband dauernd zugehörigen Besitz; wogegen das bewegliche, nicht am Nachbarverband haftende Einkommen der allgemeinen Staatsbesteuerung vorzubehalten ist.

Der Grundbesitzer steht durch alle an ihm haftenden Arbeitskräfte und Erwerbsquellen mit dem Gemeindeverband so eng verbunden da, und nimmt mit seinem Personal für Armenpflege, Wege, Polizeischutz, Kirche und Schule die Geldmittel der Commune in so starkem Maße in Anspruch, daß seine Beitragspflicht sich durch den jährlichen Ertragswerth dieses Besitzes, nicht aber durch die zufällige Höhe seines persönlichen Rein=

§. 24. Das Communalsteuerrecht. Die steuerpflichtigen Personen und Sachen. 151

einkommens (nach Abzug von Hypotheken und persönlichen Schulden) bestimmen kann. Die Beiträge aller Ansässigen wären sonst dem zufälligsten Wechsel unterworfen. Der auswärts wohnende Grundbesitzer ginge ganz frei aus.

Andererseits führt eine Personalbesteuerung nach dem Einkommen zu einer Ueberbürdung des beweglichen und Capitalvermögens, welches wohl der Staat, aber nicht jeder Lokalverband von wegen des bloßen Wohnsitzes in Anspruch zu nehmen hat. Das Domicil der Person ist nicht das erschöpfende Centrum der wirthschaftlichen Persönlichkeit. Die bewegliche Wirthschaftsordnung der heutigen Zeit combinirt vielmehr ein größeres Einkommen aus lokalzerstreutem Grundbesitz, Fabrikanlagen, Etablissements, Handels- und Actienunternehmungen der verschiedensten Art, und führt damit zu multiplizirter Communalbesteuerung desselben Gegenstandes. England empfand diesen Uebelstand schon im Mittelalter in Folge der sehr zerstreuten Besitzungen der großen Herren. Damals, wie heute, hatte das Dorf oder die Landstadt keinen Anspruch auf das ganze persönliche Einkommen eines Millionärs, bloß aus dem Titel eines Wohnhauses im Gemeindebezirk.

Mit dem System der visible property dagegen war der für das Communalwesen nöthige sichere Maßstab gewonnen, da der jährliche Mieths- und Pachtwerth eines Realbesitzes im Nachbarverband durch Gemeindebeamte sich zuverlässiger feststellen läßt als jede andere Vermögensschätzung. Die Eintaxirung, Erhebung und Verwendung der Communalsteuern nach diesem Maßstab gestaltete sich nun zu einem Haupttheil des selfgovernment selbst, wurde damit unabhängig von der Bestätigung, Entscheidung und Einmischung der Staatsverwaltung, und erhielt von der ökonomischen Seite aus ihre Unabhängigkeit von der constitutionellen Ministerverwaltung.

Es ist damit ferner die nothwendige Gleichheit der Grundlagen gewonnen, insofern Acker- und Hausbesitz, gewerblicher, industrieller und jeder andere nutzbare Besitz so herangezogen werden, daß Stadt- und Dorfgemeinden, Kreis- und Ortsverbände ihre communalen Bedürfnisse sammt oder sonders zu befriedigen vermögen, daß jede Combination vorhandener, jede Gruppe neuer Communalbedürfnisse den elastischen Boden der Besteuerung vorfindet.

Für die persönliche Stellung der Gemeindegenossen endlich ist damit die umfassende Grundlage gewonnen, welche jedem Hausstand von der Seite der Steuern aus seinen Platz im Gemeindewesen anweist. An die Stelle der in Deutschland noch festgehaltenen, aber nicht mehr durchführbaren Schichtung des rustikalen Besitzes in Rittergutsbesitzer, Bauern, Halbbauern, Häusler ꝛc. tritt der nutzende Inhaber (occupier) als ver-

pflichtetes Subject der Steuer, womit auch der Miether, Pächter, Nieß=
braucher, der Administrator des Forensen, der Kleinhändler, Gewerbtrei=
bende, Arbeiter in eine dauernde Stellung zur Gemeinde tritt.

Für alle Combinationen der Gesellschaft in Ackerbau, Gewerbe, In=
dustrie und Handel, für alle Neugruppirung von Gemeinden, Sammt=
gemeinden und Kreisen hat sich dies Steuersystem als bildsam und an=
wendbar bewährt. Durch dies Princip hat das englische Communalleben
ebenso seine zusammenhaltende Kraft wie seine Biegsamkeit für alle Fort=
bildung der Verfassung, trotz alles Wechsels der Bedürfnisse, des Maßes
und der Besitzweisen, bis heute bewahrt.

§. 25.

Gesammtübersicht und Consolidation der Communalsteuern.

Die Zurückführung aller Kreis= und Gemeindesteuern auf den Fuß
der Armensteuer war schon vor einem Menschenalter soweit vorgeschritten,
daß das Armenamt in dem Report on Local Taxation 1843 p. 86 den
Vorschlag zu machen wagte, alle vorhandenen Communalsteuern in eine
General Rate zusammenzuschmelzen, und dann in festen Perioden zu er=
heben. Seit jener Zeit ist durch die verwickelte Gesetzgebung über die
Straßen=, Gesundheits= und Baupolizei=Verwaltung die Zahl der Separat=
steuern in bunter Mannigfaltigkeit der Namen noch weiter gewachsen. Es
ist daher erklärlich, daß der neueste Bericht des Unterhauscommittees on
Local Taxation vom 17. Juli 1870 (Parl. P. 1870 No. 353) mit der
Resolution schließt:

> daß in Uebereinstimmung mit dem Committee on Poor Rates Assess-
> ment 1868 die Consolidation aller für denselben Bezirk erhobenen
> Lokalsteuern in eine Steuer als ein Gegenstand von großer Wichtig=
> keit anzuerkennen ist.

Es stehen dieser letzten Codification noch technische Schwierigkeiten des gel=
tenden Communalsteuerrechts entgegen, während das Hauptziel durchgrei=
fender Grundsätze für alle Steuern des selfgovernment bereits erreicht ist.
Der Sache nach besteht eine einheitliche Kreis= und Gemeindesteuer mit
einigen Modalitäten der Vertheilung unter die größeren und kleineren Ver=
bände, welche den Namen von besonderen rates führen.

Die gemeinsamen Merkmale des Steuersystems der Selbstver=
waltung sind folgende.

Erstens: sie dienen unmittelbar dem Sicherheits= und Culturzweck des
Staates, oder nach älterm Sprachgebrauch, dem Zweck der Friedens=
bewahrung, der Sicherheits= und Wohlfahrtspolizei.

§. 25. Gesammtübersicht und Consolidation der Communalsteuern.

Zweitens: sie beruhen eben deshalb auf allgemeiner Bürgerpflicht (Unterthanenpflicht), nicht auf dem wirthschaftlichen Interesse des Einzelen; sie sind daher weder zu begründen noch abzumessen nach dem Interesse des Einzelen (wie das Gebührensystem 2c.), sondern nach der Leistungsfähigkeit des Einzelen im Communalverband, als direkte „persönliche Steuern von wegen des Besitzes."

Drittens: sie sind eben deshalb durchweg gesetzlich geregelt, unter staatlicher Controle und Verwaltungsjurisdiction, als ein integrirender Theil des Landesverwaltungsrechts.

Weiter als dies Gebiet des selfgovernment geht dagegen der Begriff der „Local Taxation". Die letztere umfaßt auch Beiträge, welche auf der wirthschaftlichen Grundlage eines nachbarlichen Interesses, folgerecht auf dem Princip von Leistung und Gegenleistung ruhen, und welche nur von einer ergänzenden polizeilichen Seite aus Gegenstand gesetzlicher Regelung, gesetzlicher Zwangsbestimmungen und Verwaltungsgrundsätze werden, wie die Chausseegelder, Hafengebühren, Deichlasten. So verschieden der staatsrechtliche Charakter dieser auf Leistung und Gegenleistung beruhenden Abgaben sich darstellt: so gehören sie doch staats- und volkswirthschaftlich mit den eigentlichen Communalabgaben zusammen. Es erscheint daher als ein berechtigter Gesichtspunkt, wenn die neuere Steuerstatistik und Gesetzberathung auch diese lokalen Abgaben zu dem weitern Begriff der Local Taxation zieht.*) Von diesem weitern Gesichtspunkt aus werden im Lauf des letzten Menschenalters Gesammtübersichten der Local Taxes gegeben, welche erst nach Ablauf eines Menschenalters zu einer annähernden Vollständigkeit gediehen sind.

---

*) Die collaterale Gruppe der Local Taxation im weitern Sinne, welche nicht zu dem Communalwesen und selfgovernment gehört, umfaßt hauptsächlich:

1) Die Sewers Rates (Deichbaulast), deren Bezirke mehrfach mit den politischen Gemeindebezirken zusammenfallen, und bei welchen der Gesichtspunkt der polizeilichen Regelung so stark hervortritt, daß sich die Deichgemeindeverfassung dem eigentlichen Communalwesen am Nächsten anschließt (Cap. XI. §. 132.)

2) Die Embankment and Drainage Rates, welche gemäß der neuern Agrargesetzgebung als Special Rates nach 4. et 5. Vict. c. 45, und nach der Land Drainage Act 1861, 24. et 25. Vict. c 133, für beschränkte Zwecke erhoben werden.

3) Die Inclosure Rate mit analogem Charakter und die Regulated Pasture Rate nach dem Gemeinheitstheilungsgesetz, General Inclosure Act 8. et 9. Vict. c. 118.

4) Die Turnpike Tolls, Chausseegelder, welche sich der Wegebaulast anschließen, und in das Communalsystem soweit gehören, als die Kreis- und Gemeindeverbände für Chausseesysteme, welche sich nicht selbst zu erhalten vermögen, subsidiär haften. (Cap. XII. §. 144.)

5) Die Hafengebühren (Harbours), welche in das System der Gebühren unter polizeilicher Regelung fallen.

6) Die Lootsengebühren (Trinity House) nach dem gleichen System.

Die Denkschrift des Armenamts von 1846 giebt folgende Uebersicht über den Gesammtbetrag der Communalsteuern in England und Wales aus dem damals vorliegenden letzten Rechnungsjahr:

Poor Rate im engern Sinne	4,976,093 £.
Secundärzwecke der Armensteuer	567,567 £.
County und Borough Rates	1,356,457 £.
Highway Rates	1,312,812 £.
Church Rate	506,812 £.
Sewers Rate in London	82,097 £.
Summa	8,801,838 £.

Von einigen Posten (Lighting, Sewers, Inclosure Rate u. a.) war der Betrag nicht bekannt. Ebenso fehlten die Communalsteuern, welche unter Special- und Lokal-Akten an einzelen Orten erhoben werden. Andererseits wurden aufgezählt 2,607,241 £. aus Zöllen, Gebühren und Sporteln, mit Einschluß derer das Armenamt die jährliche Gesammtsumme der local taxes auf 12,000,000 £. anschlägt.

Unvollständig blieben diese Uebersichten namentlich aus dem Grunde, weil die Kirchspielsbeamten über eine Reihe bestehender Steuern amtliche Auskunft zu geben verweigerten. Durch 23. et 24. Vict. c. 51 wurden nunmehr die Clerks sämmtlicher Lokalbehörden verpflichtet, bei 40 sh. Strafe, die Beträge der im Gesetz benannten Steuern dem Minister des Innern alljährlich im Juni einzuberichten, und mit Hülfe dieser Ergänzungen erschien der erste ausführlichere Bericht in den Local Taxation Returns vom 15. Juli 1862, Parl. P. 1862 No. 437, umfassend die Church Rates in den einzelnen Kirchspielen, und viele in den früheren Berichten fehlende, in folgender Zusammenstellung:

Poor Rate einschl. der County Rate (1860)	7,715,948 £.
Borough Rate (1854)	311,953 „
Highway Rates (1859)	2,024,797 „
Turnpike Tolls, Chausseegelder (1859)	1,029,849 „
Trinity House, Lootsengebühren	288,313 „
Church Rates	233,560 „
Sewers Rates (S. 153.)	35,322 „
Drainage and Embankment Rates (S. 153.)	65,671 „
City of London Commission of Sewers (S. 142.)	21,057 „
Lighting and Watching Act (S. 141.)	4,597 „
Improvement Commissioners (S. 141.)	19,162 „
Local Management of the Metropolis	949,205 „
Harbours, Hafengebühren	1,201,398 „
Burial Boards (S. 140.)	103,706 „
Local Boards (S. 141.)	850,578 „
	14,855,122 £.

§. 25. Gesammtübersicht und Consolidation der Communalsteuern. 155

Die Local Taxation Returns in den jährlichen Parlamentspapieren werden nun von Jahr zu Jahr vollständiger. Weiter fortgesetzte Aufnahmen haben am 31. Juli 1868 wieder umfassende Specialübersichten der Local Taxation nach Grafschaften, Kreisarmenverbänden, Kirchspielen und Ortschaften in Vol. LIX. der Parl. P. 1867—68 No. 497 (mit Supplement 497, I.) ermöglicht, welche mit folgenden Gesammtsummen schließen:
1. Armenausgabe mit Nebenkosten . . . . 7,834,870 L.
2. County, Hundred, Borough, Police Rates:
    a) Matricularbeitrag aus der Poor Rate . . . 2,453,120 „
    b) erhoben als gesonderte Steuer . . . . . 307,232 „
3. Wegesteuer:
    a) Matricularbeitrag aus der Poor Rate . . . 621,436 „
    b) als gesonderte Steuer erhoben . . . . 916,779 „
4. Church Rates . . . . 217,083 „
5. Lighting and Watching Rate . . . . 76,978 „
6. Improvement Commissioners . . . . 445,431 „
7. General District Rates, Gesundheitsverwaltung . . . 1,796,690 „
8. Deichlast, Drainage, Embankment . . . . . . 709,071 „
9. Andere Taxes:
    a) aus der Poor Rate . . . . 152,076 „
    b) als gesonderte Steuern*) . . . . 1,203,397 „
(* einschl. 981,140 L. General and Lighting Rates, Metropolis)
                                                       16,734,163 L.

Die Local Taxation im weitern Sinne begreift außerdem noch die Marktgelder mit 26,282 L., die Brücken- und Fährgelder mit 110,835 L., die Hafengelder mit 1,259,990 L., die Chausseegelder mit 970,925 L., die Lootsen- und Leuchtthurmsgebühren mit 612,437 L., zusammen noch 2,980,469 L., welche in anderen statistischen Vorlagen desselben Jahres nachgewiesen sind. Der zeitige Präsident des Armenamtes hat es zu seiner besondern Aufgabe gemacht, in der Session von 1870 noch weit ausführlichere und correctere Uebersichten zu beschaffen, welche indessen noch nicht gedruckt sind.

Zu diesen Realsteuern für lokale Zwecke treten dann als Belastungen des Grundbesitzes noch die Staatssteuern: die alte Grundsteuer mit 1,058,000 L., die Einkommensteuer vom Grundbesitz mit 2,354,000 L., die Gebäudesteuer mit 1,003,000 L., die Erbschaftssteuer und die Stempelabgaben vom Besitzwechsel, — zusammen noch etwa 6,000,000 L. an Belastungen der real property.

Diese Steuermassen ruhen auf der Basis des Realbesitzes in England und Wales in einer Flächenausdehnung von 2743 deutschen Quadratmeilen. Der jährliche Ertragswerth dieses im Nachbarverband firirten Vermögens wird in dem Generalbericht von 1868 auf 118,334,081 L. (gross estimated rental) — der Nettoertrag für die Steuereinschätzungen, rateable value (nach Abzug der Reparaturkosten ꝛc.), auf 100,612,734 L. angegeben. Solche Feststellungen der Steuerbasis sind erst seit 1840 begonnen. Sie wurde für 1841 auf 62,556,696 L. angegeben, für 1847 auf 67,320,587 L., und so weiter steigend, von Jahr zu Jahr in den Parlamentspapieren nachgewiesen. Diese Steigerung rührt indessen nicht blos von dem erhöhten Wohlstand her, sondern auch von der berichtigten Steuereinschätzung, von der Beseitigung der zum Theil willkürlichen und übermäßigen Abzüge, welche die ältere Einschätzungspraxis sich erlaubt hatte.

Erheblich höher erscheint die Basis bei der Einschätzung zur Staats-Einkommensteuer, bei welcher die sachlichen Beschränkungen, die Vorabzüge und die Befreiungen der Lokalsteuerabschätzung wegfallen. Schon für die Einkommensteuer von 1815 wurde dieser Ertragswerth auf 51,898,423 L. geschätzt, für 1841—42 auf 85,803,000 L. (für die Armensteuer nur 62,540,000 L.); für 1865 auf 131,343,000 L.; für 1868 auf 144,000,000 L. angegeben. Diese letzte Angabe beruht auf einer amtlichen Auskunft des Generalsteueramts (mitgetheilt in den Statistical Journals XXXII. S. 308—324). Sie ergiebt zugleich folgende Vertheilung nach den Hauptmassen des Realbesitzes:

	1865.	1868.
Lands (Agricultureinkommen inclus. Zehntrente)	46,403,000 L.	47,711,252 L.
Messuages (Gebäude, Waarenhäuser, Fabriken ꝛc.)	59,286,000 „	68,012,873 „
Zehnten, nicht abgelöste	58,000 „	55,511 „
Manors, gutsherrliche Rechte	189,000 „	163,172 „
Fines, gutsherrliche Realabgaben	166,000 „	158,660 „
Andere Einkünfte aus Ländereien	?	239,919 „
Railways, Eisenbahnen	13,882,000 „	15,980,150 „
Quarries, Steinbrüche	526,000 „	559,672 „
Mines, Bergwerke	4,277,000 „	5,103,525 „
Ironworks, Eisenwerke	1,248,000 „	1,459,809 „
Fisheries, Fischereien	31,000 „	36,621 „
Canals, Canalgelder	786,000 „	718,605 „
Gasworks	1,618,000 „	1,771,954 „
Other property and profits	2,973,000 „	3,427,655 „
Gesammtsumme	131,343,000 L.	145,399,378 L.**)

**) In obiger Tabelle sind unter der „Other property" namentlich einbegriffen Salzwerke, Docks, Marktgebühren, Zölle, Brücken ꝛc.; zugleich aber auch ein Posten von

§. 25. Gesammtübersicht und Consolidation der Communalsteuern. 157

„Dividends on foreign securities 1,526,790 L.", welcher jedenfalls nicht unter das steuerbare Realeinkommen gehört. Es ist deshalb oben eine runde Summe von 144,000,000 L. angenommen. An diese Steuerbasis knüpfen sich dann auch die Staatssteuern und Belastungen des Grundbesitzes in folgenden Posten:

   Property tax, Einkommensteuer 1867 . . . 2,354,000 L.
   Land tax, alte Grundsteuer 1868 . . . . 1.058,000 „
   House duty, alte Haussteuer 1868 . . . . 1,003,000 „
   Succession duty, Erbschaftssteuer . . . . 562,000 „
   Stamps on deeds and instruments . . . . 1,405,000 „

Der letztere Posten begreift allerdings nicht blos die Stempelgebühren von Grundbesitzübertragungen, doch bilden diese die Hauptmasse, und es kommen andererseits auch noch Stempelgebühren von der Aufnahme von Testamenten, Testaments-Ausfertigungsgebühren ꝛc. in Betracht, so daß die Staatsansprüche wohl nicht zu hoch auf 6,000,000 L. veranschlagt sind. Die Zusammenstellung dieser Lasten in dem oben citirten Aufsatz von F. Purdy, the Pressure of Taxation on real property, Statist. Journals Bd. XXXII. S. 308—324 (1869), verfolgt die Absicht nachzuweisen, daß die Beschwerden über den „Ruin des Ackerbaues" durch die Steuerlasten unbegründet seien, insofern 1) die von der Steuer am stärksten betroffenen Realeinkünfte gerade am rapidesten gewachsen seien; 2) jedenfalls der industrielle Besitz in immer stärkerem Maße herangezogen werde. In letzterer Beziehung ergiebt sich das schnelle Steigen der Steuer von Wohnhäusern, Canälen, Eisenbahnen ꝛc. aus folgender Uebersicht der Parl. P. 1842 Nr. 235 in drei Jahresübersichten der Armensteuer:

	Landeigenthum:	Wohnhäuser:	Anderes Eigenthum:
1826:	4,795,482 L.	1,814,228 L.	356,447 L.
1833:	5,434,890 „	2,635,258 „	536,383 „ *)
1841:	3,316,593 „	2,375,221 „	660,014 „

*) darunter Fabriken mit 352,479 „

In 15 Jahren war hiernach der Beitrag des Landeigenthums von etwa 70 auf 52 Procent gesunken; dagegen der Beitrag der Wohnhäuser von 26 auf 37 Procent, der Beitrag der Bergwerke, Canäle, Eisenbahnen ꝛc. von 5 auf 11 Procent gestiegen. In den Parlamentspapieren von 1853 wurde eine sehr ausführliche Uebersicht über die Vertheilung der Communalsteuern auf die einzelen Arten des Realbesitzes gegeben, wie folgt:

	Poor etc. Rate.	Highway R.	Land tax.	Summa.	pCt.
1) Land und Landwirthschaftsgebäude	2,707,625	607,546	533,112	3,848,285	41,2
2) Zehntrente	295,056	59,123	60,563	414,742	4,4
3) Gebäude, Fabriken ꝛc. . .	3,124,526	889,574	478,816	4,492,916	48,1
4) Kohlenbergwerke . . .	61,191	14,082	5,981	81,254	0,9
5) Verkäufliches Holz . . .	28,524	6,236	5,581	40,341	0,4
6) Canäle	28,471	7,596	3,756	39,823	0,4
7) Eisenbahnen	204,871	52,537	30,171	287,579	3,1
8) Alle übrige property . .	102,032	25,881	12,937	140,850	1,5
	6,552,298	1,662,575	1,130,917	9,345,790	100

Die Einschätzungsbasis für die Armensteuer aus den Jahren 1854—1868 geben die Parl. P. 1869 No. 4155. LXII. 122. — Den Gesammtbetrag der Local Taxation von 1801—1865 die Parl. P. 1865 XII. 158. — Die Einschätzungsbasis der Staatseinkommensteuer pro 1814 und 1842—1865 die Parl. P. 1866 No. 511. XXXIX. 649.

Diese zusammenfassenden Uebersichten ergeben wohl zur Genüge, wie mit stetiger Nachhülfe der Gesetzgebung noch heute die mittelalterliche Stellung des Grundbesitzes zu den öffentlichen Lasten in England fortdauert, allerdings mit einer starken Ausdehnung des Begriffs von Realbesitz auf allen im Nachbarverband fixirten, einen Nutzertrag gebenden körperlichen Besitz, wodurch die entsprechende Ausdehnung der Realsteuern auf alle stehenden Gewerbe und industriellen Anlagen der heutigen Zeit herbeigeführt wird. Man muß diesen Steuerlasten, vom wirthschaftlichen Standpunkt aus, auch noch die zur Reallast gewordene Zehntrente hinzufügen, welche den ursprünglichen Beitrag des Grundbesitzes zu Kirche und Schule darstellt.

Die hier zusammengefaßten Steuern der Selbstverwaltung repräsentiren seit Jahrhunderten den bei weitem größern Theil der Kosten der innern Landesverwaltung. Sie sind das eigentliche, stehende **Budget der innern Verwaltung**, welche im Staatshaushalt neben Armee, Kriegsmarine und Finanzverwaltung eine sehr bescheidene Stellung einnimmt. Der Staatshaushalt Englands erhielt neben und unter dem Einfluß dieses Communalsteuersystems eine überwiegende Richtung auf indirecte Besteuerung. Die Staatsgrundsteuer, welche als land tax seit der Revolution an die Stelle der alten Subsidien getreten war, blieb seit 1692 ziemlich unbeweglich im Anschlag, und wurde seit der Mitte des achtzehnten Jahrhunderts nominell auf 20 proc. fixirt, aber mit Zugrundlegung sehr alter Schätzungen. Mit dem gewaltigen Anwachsen des Gesammtetats der Staatseinnahmen und Ausgaben sank die land tax allmälig zu einem Supplement des Staatshaushalts herab und erstarrte in dem Maße, daß die abgestorbene Steuer wie eine Reallast erschien, welche nun durch 38 Geo. III. c. 60 für ablösbar erklärt wurde. Durch Ablösung von etwa ⅔ ist sie auf ihren heutigen Betrag von 1,058,000 L. herabgesunken. Die eigentlich lebendige Grundsteuer lag dagegen in dem System der Realsteuern für Kreise, Städte und Gemeinden, welche schon im Anfang des XIX. Jahrhunderts die land tax um das Dreifache überstiegen, bald um das Sechsfache, und stetig weiter steigend. Im Staatshaushalt begnügte man sich daher neben der anschwellenden Masse der indirekten Steuern mit einer sehr mäßigen Gebäudesteuer. Erst das Geldbedürfniß der französischen Kriege veranlaßte eine ergänzende „Eigenthums- und Einkommensteuer", zu welcher nun auch der Grundbesitz (shed. A. B.) gleichmäßig herangezogen wird. Zu diesen cumulirten Steuern treten dann noch die bedeutenden Stempelgebühren nnd Besitzübertragungskosten, welche vorzugsweise den Grundbesitz treffen. (Vgl. Excurs.**)

Es erklärt sich daraus das periodisch wiederkehrende Bestreben einer „Entlastung des Grundbesitzes", dem in neuerer Zeit nicht uner-

§. 25. Gesammtübersicht und Consolidation der Communalsteuern. 159

hebliche Staatsbeiträge zur Polizei= und Gefängnißverwaltung der Graf=
schaft (die Strafverfolgungskosten und ¼ der besoldeten constabulary), sowie
die Staatsbeiträge zur Armenlast (Medicinalkosten und Lehrergehalte) ent=
gegenkommen. Mit dieser Nachhülfe hat indessen die englische Gesetzgebung
das Grundprincip der Realsteuern von der visible profitable property in
the parish ausdauernd festgehalten. Dies zweite Grundelement des selfgovernment entfaltet sich nun nach zwei Richtungen hin:

1) zu dem System der Einschätzung, Erhebung und Entscheidung
der Reclamationen im Gebiet der Communalsteuern, als Theil der eng=
lischen Verwaltungsjustiz, welcher selbst einen Hauptabschnitt des obrigkeit=
lichen selfgovernment bildet (Cap. VII.),

2) zu der wirthschaftlichen Verwaltung der Steuern, welche
ein Hauptelement der wirthschaftlichen Selbstverwaltung in Stadt und Kirch=
spiel darstellt (Cap. VIII—XII).

** **Die communalen Lasten des Grundbesitzes.**

Für die Belastung des Grundbesitzes dient als eine Hauptquelle der Oberhaus Report on the Burdens affecting the Real Property 1846 N. 411. 2 Vol., zum Theil auch die späteren Berichte über die Steuereinschätzungen und über die Staatseinkommensteuer. Die Einzelbelastung der Grundstücke gestaltet sich allerdings anders als die Steuerlasten des großen Grundbesitzes, wie sie auf dem Continent durch die Gesetzgebung und Ver= waltung des ancien regime geworden waren. Ein Bild davon giebt der Parlamentsbericht über die Lasten des Grundeigenthums 1846. I. pag. 4. Ein Landgut, Great Woodcote Farm, von 2198 preußischen Morgen zahlt:

an Zehntrente 2460   Thlr. Gold,
Armensteuer zu 18 Proc. 900   =   =
Wegesteuer zu ¾ Proc.   225   =   =
Kirchensteuer zu ¼ Proc.   75   =   =
Einkommensteuer des Pächters . . .   162½   =   =
                          Summa   3822½   =   =

Mit Rücksicht auf diese Vorabzüge, die „des Pächters eigene Steuern" bilden, erhält der Grundherr 6060 Thlr. G. Pacht; bezahlt aber davon wieder eine Staatsgrundsteuer, (welche oft auf 1 bis 2 sh. per acre steht, also hier etwa 600 Thlr. G.) und außerdem eine volle Einkommensteuer von 3½ Proc. Die Zeugenverhöre der Pächter vor demselben Oberhauscommittee ergaben als ziemlich gewöhnliche Steuersätze bei größeren und mitt= leren Gütern in concreto: Armensteuer 20 pCt., Kirchensteuer 1 pCt., Straßenbausteuer 3 pCt., Polizeisteuer 1 pCt., Staatsgrundsteuer (nominell) 8¾ bis 12½ pCt. Zehntlast und Armensteuer allein steigen an einzelnen Orten bis auf 50 pCt., in seltenen Fällen er= reichen sie den vollen Ertragswerth (bei Gütern des Lord Vivian u. a.). Anschaulich ergeben die Zeugenaussagen der einzelnen Pächter die concreten Zustände, beispielsweise fol= gende: Pag. 22: Eine Pachtung von 416 preußischen Morgen zahlt an Armensteuer 318 Thlr. G., an Kirchensteuer 1 pCt., an Wegebausteuer 3 pCt., an gesonderter Police Rate 1 pCt., Staatsgrundsteuer 8¾ pCt. — Pag. 145 zahlen alle Ländereien des Kirchspiels an Armen=, Grafschafts=, Kirchen= und Straßensteuer 29 pCt. — Pag. 165 giebt eine Pachtung von 564 preußischen Morgen 1335 Thlr. G. Pacht, nachdem vorweg abgehen: 621½ Thlr. G. Zehntrente, 407 Thlr. G. Armensteuer, 19½ Thlr. G. Kirchensteuer,

48½ Thlr. G. Straßensteuer, 28 Thlr. G. Einkommensteuer des Pächters, 20 Thlr. G. Fenstersteuer. Daneben zahlt der Grundherr noch 49 Thlr. G. Staatsgrundsteuer. — Pag. 195, 196: In Kent und auf der Insel Thanet steigt die Abgabe der Zehntrente auf 14 bis 16 sh. per acre, bei einem Pachtwerth von 24 sh., also beinah auf ⅔ des Ertrags. — Pag. 274: Armensteuer 30 pCt., Zehntrente 17½ pCt., Straßensteuer 5 pCt., Kirchensteuer 1⅓ pCt., so daß von dem Ertragswerth der Pachtung (1485 Thlr. G.) 784 Thlr. G. vorweg abgehen. — Pag. 285: Eine Pachtung von 1243 Morgen zahlt: Staatsgrundsteuer 288 Thlr. G., Zehntrente 898½ Thlr. G., Armensteuer 627½ Thlr. G., Straßensteuer 241 Thlr. G., Kirchensteuer 222 Thlr. G. Der Pachtwerth von 4500 Thlr. G. schwindet damit für den Grundherrn auf 2088 Thlr. G. zusammen. — Pag. 679: Der Betrag der Zehntrente in Devonshire schwankt von 11 bis 20 pCt.; die Armen-, Straßen und Kirchensteuern betragen ungefähr 25 pCt. — Uebrigens kommen auch Communalsteuern in concreto von 100 pCt. vor, ja eine von 107½ pCt. (pag. 246).

Anschaulich ist der Report on Burdens auch über die gegenwärtige Belastung des Grundeigenthums in consolidirten Massen. Der Flächenraum von England und Wales wird berechnet auf 36,522,615 Acres = 57,340,506 preußische Morgen. Der zur Armensteuer pro 1841 eingeschätzte Werth ergiebt einen Durchschnittsertrag von 3⁹⁄₁₀ Thlr. Cour. pro Morgen, und ⅔ Thlr. Armensteuer pro Morgen (II. pag. 150). — Am schwersten drückt zunächst die Zehntrente, die mit dem Fortschritt der Kultur hier und da von 1 Thlr. G. per acre auf 2½ Thr. G. per acre gestiegen ist, in einzelen Fällen bis über 5 Thlr. G. Ihr Gesammtertrag wird auf 4,500,000 ℒ. berechnet (pag. VI.). Dann folgen die eigentlichen Communalsteuern, obenan die Armensteuer, an welche sich alle anderen wie Zuschläge anschließen. Fühlbar trifft auch die Einkommensteuer den Grundbesitz, wobei geklagt wird, daß sie stärker auf den Grundbesitz falle, der nach dem Bruttoeinkommen abgeschätzt werde und der Schätzung nicht entgehen könne, während Handel und Gewerbe durch ziemlich diskretionäre Deklarationen sich einschätzen (pag. XII). Dazu kommen die hohen Stempelgebühren und Besitzübertragungskosten, die bei Verkäufen von 300 Thlr. Werth 30 pCt. betragen, bei 600 Thlr. Werth 15 pCt.; die Kosten einer Grundverpfändung bei 300 Thlr. Werth 30 pCt., bei 600 Thlr. Werth 20 pCt., u. s. w. Der Stempel insbesondere macht bei einem Grundverkauf von 300 Thlr. 12½ pCt., bei 600 Thlr. 5 pCt., bei 1800 Thlr. 2½ pCt. u. s. w. (pag. VIII.) — Es wird ferner geklagt über den nachtheiligen Einfluß einzeler Consumtionssteuern auf den Grundbesitz, und über die Vertheuerung der Handarbeit, die dadurch entstehe, daß die Pächter oft schlechte Arbeiter in Lohn nehmen müssen, um die ohnehin übermäßigen Armenunterstützungen nicht noch mehr zu erhöhen (p. V.) Die Ueberbürdung des Grundbesitzes mit Steuern und Besitzübertragungskosten bei kleinen Grundstücken ziehe die Kapitalien in andere Industriezweige, befördere die Cumulation des Grundbesitzes und treibe die Käufer vom Markt (p. 443.) Wenn seit 1815 die Pachterträge nicht vermindert seien, so beruhe dies nur darauf, daß die Pacht jetzt immer vollständiger den wirklichen Ertragswerth erreiche, und der Gewinn der Pächter immer kleiner geworden sei. — Verglichen mit diesen Zuständen werden die Grundsteuern in Preußen nach Hoffmann's Angaben von 1844 (109,104,720 Morgen Land, 10,163,942 Thlr. Cour. Grundsteuer), und die französisch-rheinischen Grundsteuern (p. 428, 429). — Der Grundertrag des cultivirten acre Land wurde dennoch im Jahre 1866 = 1 ℒ. 17 sh. 9 d. (12⅔ Thlr.) angenommen. Ueber die Tragfähigkeit des englischen Grundbesitzes vergl. den oben citirten Aufsatz von Purdy, Statist. Journals 1869. XXXII. 308—324.

Zweites Buch.

Das Grundsystem des obrigkeitlichen selfgovernment.

IV. Capitel.

Der Antheil der Grafschaft an der Verwaltung der Civiljustiz.

§. 26.
Die heutige Stellung des Sheriff-Amts. Sheriff's Office.

Von der Civilgerichtsverwaltung hat das englische selfgovernment seinen Ausgang genommen. Der Grundgedanke eines organischen Zusammenwirkens der Staatsbeamten mit ernannten Gemeindecommissionen und Commissarien (judge and jury) hat sich aus der Civiljustiz auf die Strafjustiz und Polizei ausgedehnt, dann analog im System der Steuereinschätzung und in der Milizverwaltung Anwendung gefunden, und endlich als Verwaltungsordnung für das ganze innere Leben des Staats sich abgeschlossen. Das historische selfgovernment ist deshalb mit diesem Gebiet zu beginnen.

So ehrwürdig indessen die alten Erinnerungen und Namen noch heute dastehen: so sehr ist doch dies älteste Gebiet der Selbstverwaltung überwachsen von der vorwiegenden Thätigkeit des Staatsbeamtenthums. Die Fortbildung des Privatrechts bedingte schon in der normannischen Zeit eine Handhabung durch gelehrte Richter, machte das gemeine Recht vorzugsweise zu einem Juristenrecht (judgemade law), concentrirte die Rechtsprechung in den beamteten Reichsgerichten, und ließ von den alten Verhältnissen nur das Vollziehungsamt des Sheriff, die Civiljury in beschränkter Anwendung und nominelle Reste alter Gewalten des vicecomes übrig.

Der praktische Zustand der Civiljustiz ist nunmehr folgender:

1) **Gewöhnliche Civilklagen** nach gemeinem Recht werden nach Wahl des Klägers angebracht bei einem der drei Reichsgerichte. Die Beweisverhandlung erfolgt vor dem Collegium in Westminster, oder vor den reisenden Richtern in der Grafschaft, mit Zuziehung einer Civiljury von zwölf Geschworenen für die question of fact.

2) Für die überwiegende Masse der kleineren gewöhnlichen Civilprocesse sind seit 1846 neue Kreisgerichte gebildet, New County Courts, in welchen ein Einzelrichter entscheidet, zuweilen noch mit Zuziehung einer Civiljury von fünf Geschworenen, sofern dies verlangt wird.

3) Die Civilprocesse, welche in das Gebiet der sogenannten Billigkeitsfälle gehören, werden vom Lordkanzler, oder vielmehr in erster Instanz von einem der Vicekanzler ohne Jury entschieden; in der Masse der kleineren Fälle von den neuen Kreisgerichten.

4) Die **geistlichen Gerichte** bildeten seit der normannischen Zeit eine gesonderte Jurisdiction für Ehesachen, Testamente, Nachlaßsachen, Zehnten, Patronatsrecht 2c., welche allmälig zerfallen und an neu formirte Gerichte übergegangen ist: ein **Ehegericht**, Court for Divorce and Matrimonial Causes, errichtet durch 20. et 21. Vict. c. 85, und ein **Nachlaßgericht**, Court of Probate, errichtet durch 20. et 21. Vict. c. 77, mit seinen Localbureaus. Kleine Nachlaßstreitigkeiten entscheidet das Kreisgericht mit Appellation an den Court of Probate.

5) Der **Bankrutthof** mit seinen Deputationen, jetzt verschmolzen mit dem Court of Insolvency: in den Provinzen sind auch diese Geschäfte größerentheils auf die neuen Kreisgerichte übergegangen.

6) Das **Admiralitätsgericht** und seine Unterbehörden für seerechtliche Processe; doch so, daß durch die neueste Gesetzgebung auch hier die Kreisgerichte für die kleineren Fälle eintreten.

Durch diese Civilgerichtshöfe ist eine wirkliche Jurisdiction des Sheriff praktisch beseitigt. Es war ihm bis zur Errichtung der neuen Kreisgerichte die Befugniß geblieben, gewöhnliche Personalklagen bis zu 40 sh. (12 Thlr. G.) zu verhandeln und zu entscheiden: aber nur, wenn der Kläger sich hierher wenden wollte, wenn der Grund der Klage in der Grafschaft entstanden, der Beklagte dort ansässig war, — mit einem sehr mangelhaften Verfahren, so daß auch diese Bagatell‑Gerichtsbarkeit fast außer Gebrauch kam. Kleinere Civilsachen konnten ihm ferner noch aus den Reichsgerichten zur Verhandlung und Entscheidung überwiesen werden. In der Hauptsache aber war das „Civilgericht" des Sheriff schon lange herabgesunken zu einem ministerial office der Reichsgerichte für Vollziehung von Ladungen und Executionen, um den reisenden Richtern die Honneurs zu machen und die Jury zu gestellen. Diese Geschäfte sind jetzt nach dem

§. 26. Die heutige Stellung des Sheriff-Amts.

Herkommen untheilbar. Exemtionen einzeler Ortschaften oder Ablösung einzeler Functionen von dem Sheriffamt können nur durch Parlaments=acte erfolgen (Dalton. pag. 6.) Nachdem der Sheriff in dieser Weise zu einer bloßen Untergerichtsstelle geworden, zerfallen seine laufenden Civil=Geschäfte in drei Gruppen:
1. Ladungen im Civilproceß (§. 28).
2. Executionen im Civilproceß (§. 29).
3. Der Sheriff als Gerichtskommissar (§. 30).

Wenn diese stark zusammengeschmolzenen Geschäfte des normannischen vicecomes noch unter dem Namen eines Grafschaftsgerichts, County Court, fortgeführt wurden, so geschah dies in dem Sinne, in welchem man in England überhaupt alte verfassungsmäßige, den Reichsgerichten untergeordnete Behörden Courts nennt. Ein politisch wichtiges Geschäft des County Court blieb noch immer die Wahl der Grafschafts=Abgeord=neten zum Parlament, die altherkömmlich als ein Theil und in den her=kömmlichen Formen der Geschäfte des Grafschaftsgerichts vorgenommen wer=den sollte 7. Henry IV. c. 15. Seit der Reformbill wird eine besondere Grafschaftsversammlung, Special County Court, dafür geladen. Die frü=here Befugniß des Sheriff zur Entscheidung über die Wahlqualification ist übergegangen an richterliche Commissarien des Gerichtshofs der Common Pleas (revising barristers). Es bleiben also auch hier nur übrig die for=mellen Geschäfte eines Wahlcommissars. Aehnlich ist die Stellung des Sheriff bei der Wahl der Coroners und der Waldmeister (Verderors).

Nur einige wenige Ehrengeschäfte führt der Sheriff persönlich aus, namentlich die Geschäfte als Wahlcommissar und die Begrüßung der Assisen=richter. Für alle laufenden Amtsgeschäfte dagegen bestellt er einen Anwalt als Stellvertreter, Under-Sheriff, auf die Dauer seines Amts=jahres. Der Unter=Sheriff bildet ein Centralbüreau, von dem aus die Einzelgeschäfte durch ernannte Bailiffs of Hundreds und durch bestellte Huissiers vollzogen werden. Das wirkliche Sheriffamt erscheint daher als ein Bureau mit dienenden Unterbeamten, Sheriff's Officers (§. 27), für welche der Sheriff die Verantwortlichkeit übernehmen muß.

Diese Verantwortlichkeit besteht in einer amtlichen Unterordnung unter die Reichsgerichte, welche mit ihrer altherkömmlichen Disciplinar=gewalt jeden Ungehorsam gegen die königlichen Prozeßdecrete, falsche Be=richte und Amtsmißbrauch summarisch durch attachment büßen können. Annahme von Geschenken, um Jemanden vom Geschworenendienst zu be=freien, ist durch ein Specialgesetz 27. Eliz. c. 6 mit Geldbuße verpönt. Auch in anderen speciellen Gesetzen sind Bußen und Verwirkungen ange=droht, amerciaments, fines, forfeitures, imprisonment. Wenn seine Unter=beamten den Sporteltarif überschreiten, erkennen die königlichen Gerichte summarisch auf Ordnungsstrafe und Ersatz 1. Vict. c. 55. Dolose Amts= mißbräuche fallen unter die allgemeinen Strafgesetze gegen Amtsvergehen. Wegen ungesetzlicher Arreste, Executions=Vollstreckungen, oder Verweigerung einer Amtshandlung hat die verletzte Partei eine Civilentschädigungsklage, von welcher häufig Gebrauch gemacht wird.

Die neueren Schriften über das Sheriffamt sind Compilationen für den Ge= brauch der Sheriffbüreaus. Es gehören dahin: Geo. Atkinson's Practical Treatise on Sheriff Law; containing the Sheriff's Duties at the County Court, Courts for Election of Coroners and Members of Parliament, by Writ of Trial, Inquiry and Railway Com- pensation Acts, Interpleader, 3d. edit. 8vo. 1854, (neue Ausgabe 1869). W. H. Wat- son Treatise on the Law relating to the Office and Duty of Sheriff. 2nd. edit. 1848. 8vo. Aus deutscher Literatur: Mühry, das Amt eines Sheriffs in England, in von Jagemann's Gerichtssaal 1851, Heft 4, S. 375 ff. Anschaulicher sind die Mittheilungen in der trefflichen Schrift: J. Rüttimann, der englische Civilproceß. Leipzig 1851. 8vo. Die geschichtlichen Anknüpfungen s. o. §. 19. Excurs.

§. 27.

Sheriff's Officers: Under-Sheriff, Deputy-Sheriff, Bailiffs.

Die zahlreichen Clerks, Ballivi und Servientes der normannischen Landvögte haben sich fortgepflanzt in das heutige Unterpersonal des Sheriff: Undersheriff, Bailiffs und Clerks, als Stellvertreter und Büreaubeamte.

1. Der Undersheriff kommt schon in 13. Edw. I. c. 39 als Sub- vicecomes vor, in 11. Henry VII. c. 15 als Undersheriff oder Shire Clerk. Es war schon seit Jahrhunderten Sitte, daß der Sheriff einem solchen General Deputy die laufende Büreauverwaltung oder doch den größten Theil derselben anvertraute (Dalton on Sh. 455), namentlich das sogenannte ministerial office, d. h. seine Geschäfte als Vollziehungsbeamter im Gegensatz der richterlichen. Nach dem neuen Gesetz 3. et 4. Will. IV. c. 99 soll er innerhalb eines Monats nach der Bekanntmachung seiner Ernennung im Staatsanzeiger durch Handschreiben einen Untersheriff ernennen.

Seit 27. Eliz. c. 12 wird der Untersheriff vereidet und leistet einen besondern Amtseid nach Formular 3. Geo. I. c. 15. Er ist gewöhnlich ein Anwalt, dem aber durch 1. Henry V. c. 4 die Anwaltspraxis wäh= rend des Amtsjahrs untersagt wird. Da indessen die Umgehung dieser Vorschrift nicht zu verhindern war, so ist durch 6. et 7. Vict. c. 73 die Fortsetzung der Anwaltspraxis geradezu gestattet.

Der Untersheriff wird als reiner Amtsvertreter des High Sheriff

§. 27. Sheriff's Officers: Under-Sheriff, Deputy-Sheriff, Bailiffs.

behandelt, darf kein Privatrecht oder Lehn an dem Amt selbst haben, darf keine Amtshandlung in eigenem Namen ausüben. Er hat dafür seinem Machtgeber Bürgschaft zu leisten, und kann von ihm jeder Zeit abberufen werden. Sobald er aber einmal ernannt ist, muß nach dem heutigen Gebrauch der High Sheriff ihm alle laufenden ministerial acts überlassen, und darf keinen Theil derselben sich oder einem andern reserviren.*)

Für alle Acte des Stellvertreters bleibt der High Sheriff civilrechtlich verantwortlich, namentlich für Versehen bei Ladungen, Pfändungen und Executionen. Selbst amerciaments können den Sheriff für Versehen seines Beamten treffen; nicht aber Gefängnißstrafen und Criminalklagen, welche gegen den Untersheriff selbst gehen.

Die Dauer der Stellvertretung richtet sich nach dem Amt des High

---

*) Im Anfang des XVIII. Jahrhunderts war die Selbstverwaltung des Sheriff noch mehr als ein bloßer Name. Dalton (p. 20) giebt den Rath, die Sheriffs möchten ihren Untersheriff und ihr Büreau in ihr Haus nehmen, um darüber ununterbrochen Aufsicht führen zu können. Der High Sheriff kann nach Dalton (p. 103) alle Functionen auch noch selbst üben, kann seinem Untersheriff und seinen legal bestellten Bailiffs bloß mündliche Orders ertheilen. Ob er einen Untersheriff ernennen wolle oder nicht, gilt noch als Sache der Willkür; die Rücknahme des Auftrags wie die Rücknahme einer gewöhnlichen Vollmacht (p. 512). Die umständliche Form eines Cautionsinstruments (indenture) zwischen Sheriff und Untersheriff, wie sie Dalton 445, 446 giebt, ist im Wesentlichen das noch heute übliche Formular, ebenso wie die Verschreibungen, bonds, der Unterbeamten und ihrer Bürgen. — Im Verlauf der Zeit ist es mehr das Verhältniß eines Gerichtsherrn zu seinem Gerichtshalter geworden. Das ökonomische Verhältniß ist aus dem Report on Sheriff's Office 1830 ersichtlich. Die laufenden Sporteln und Tantièmen werden gewöhnlich dem Untersheriff überlassen, der den Sheriff auch für Regreßklagen schadlos zu halten übernimmt. Die Kosten des Patents, der Rechnungslegung, der Assisen und die sonstigen Ehrenausgaben trägt der Sheriff selbst, und bezieht dafür die Vergütigungen aus dem Schatzamt. Die vom Untersheriff bestellte Sicherheit betrug z. B. in einem Falle 16,000 £. in Grundstücken (p. 35). Das Geschäft kann daher nur von größeren Anwaltsfirmen übernommen werden. Dies folgt schon aus der erheblichen Gefahr der Regreßklagen und der häufigen Interventions-Ansprüche, in welchen eine Deckung gegen Regreß bei aller Vorsicht oft nicht möglich ist (p. 44.) Andererseits wird das Amt von angesehenen Firmen gesucht, weil es Einfluß und Vertrauen beim Publikum giebt. Manche Anwälte suchen es sogar dauernd zu erhalten, und umgehen das gesetzliche Verbot, indem sie abwechselnd sich selbst oder einen ihrer Secretäre zum Untersheriff bestellen lassen (p. 48). Angesehene Anwälte üben oft einen großen Einfluß auf die Ernennung des Sheriff, um für sich das Untersheriffamt zu gewinnen (p. 35). Das Verhältniß des Einflusses hat sich hier umgekehrt, und das Bestreben dem Sheriff seine Unterbeamten nicht über den Kopf wachsen zu lassen durch Beschränkung auch ihrer Dienstzeit auf ein Jahr, hat sich als unwirksam erwiesen. Der Bericht on Sheriff's Office (p. 5) geht so weit, den Vorschlag zu machen: der Untersheriff solle künftig ein permanenter Beamter werden, solle künftig eine Liste aller zum Sheriffamt geeigneten Personen führen, und diese Liste als Information für die reisenden Richter vorlegen. Ja der Untersheriff solle zugleich als Bagatellrichter kleine Civilprozesse entscheiden, und das Amt wo möglich mit dem des permanenten Kreissecretärs, Clerk of the Peace, verbunden werden.

Sheriff. Kein Untersheriff soll daher über ein Jahr hinaus fungiren, 42. Edw. III. c. 9. Stirbt jedoch ein Sheriff im Amtsjahr, so soll der Unter-Sheriff die Geschäfte fortsetzen bis zur Ernennung eines neuen, unter fortdauernder Verantwortlichkeit der Erben und unter Fortdauer der gestellten Caution, 3. Geo. I. c. 15, §. 8. Gewöhnlich wird in solchem Falle der Untersheriff selbst zum High Sheriff ernannt für den Rest des Amtsjahres.

2. Der Deputy Sheriff bildet ein Correspondenzbüreau in London für die Geschäfte des Sheriffamts in der Grafschaft. Da es lästig war, die Decrete der Reichsgerichte einzeln von London in das Büreau des Sheriff zu übersenden, so wurde schon durch 23. Henry IV. c. 10 der Sheriff angewiesen, einen Deputy zu ernennen zur Empfangnahme der Correspondenz mit der Kanzlei und den Reichsgerichten (Dalton S. 20). Der Deputy hat ein laufendes Journal zu führen, in demselben die empfangenen Urkunden einzutragen, die verschlossenen Schreiben zu erbrechen und nach Datum und Inhalt zu verzeichnen. Nach 3. et 4. Will. IV. c. 42, §. 20 soll das Correspondenzbüreau im Umkreis einer engl. Meile von Inner Temple Hall belegen sein. Die Ernennung des Deputy erfolgt durch einfache Vollmacht, warrant of attorney. Das rein formelle Geschäft bildet einen Nebenzweig für die vielen Anwaltbüreaus der Hauptstadt.

3. Die Bailiffs of Hundreds sind die ausführenden Beamten für die einzelen Geschäfte in der Grafschaft. Durch 14. Edw. III. c. 9 wird es dem Sheriff zur Pflicht gemacht „Bailiffs zu ernennen, für welche er einstehen könne und wolle." In der Hundred sollte demgemäß ein Kreis-Gerichtsschulze, Bailiff, ernannt werden zur Beitreibung der Geldbußen, zur Ladung der Geschworenen, zur Aufwartung in den Assisen und Quartalsitzungen, zur Insinuation von Ladungen, zur Vollstreckung von Executionen, — womöglich ein angesessener Mann mit der nöthigen Kenntniß der Oertlichkeit und der Personen. Das st. 27. Eliz. c. 12 regelt den Amtseid dieser Untervögte. Ihr Amtsjahr erlischt eigentlich mit dem Amtsjahr des Sheriff, 1. Hen. V. c. 4, und sie sollen erst nach 3 Jahren von Neuem ernennbar sein.**) Solche Beamte erscheinen auch noch heute activ bei

---

**) Als Besonderheit an dieser Stelle erscheinen die Bailiffs in den alten Freibezirken, franchises oder liberties. Nach der normannischen Weise konnten solche Unterämter feudal verliehen werden; der beliehene Lehnschulze, bailiff in fee, erhielt dadurch das Recht und die Pflicht, königliche writs selbst oder durch seine Beamten zu vollstrecken an Stelle des Sheriff. Schon das stat. Westminster II. c. 9 gab jedoch die Vorschrift, daß wenn der herrschaftliche Bailiff den Befehl nicht ausführe, der Sheriff durch die Klausel non omittas ermächtigt werden könne, den Freibezirk zu betreten und den Befehl zu vollstrecken (Coke 2. Inst. 450, 451). Nach alter Praxis wird die Klausel non omittas aber so-

Assisen und Quartalsitzungen als gerichtliche Unterbeamte. Für die laufenden Dienste eines Boten und Executors aber zeigten sie sich frühzeitig als ungeeignet. Es entstanden daher neben ihnen die eigentlich ausführenden Beamten:

4. die Common Bailiffs, Bound Bailiffs, Special Bailiffs. Für den Huissier-Dienst der Ladungen, Executionen und der Aufwartung im Gericht werden vom Sheriff und unter dessen Verantwortlichkeit Gerichtsdiener dem Bailiff of Hundred nebengeordnet, — Personen die sich eine gewisse Geschicklichkeit in Auspfändung und Ergreifung flüchtiger Schuldner erworben haben. Ein solcher Huissier gilt als Privatbediensteter des Sheriff und leistet keinen Amtseid. Seine Pfändung und Verhaftung gilt aber als Akt des Sheriff, sein Versehen, z. B. auch das Entlaufen des verhafteten Schuldners, als Versehen des Sheriff, für welches dieser der Partei Schadenersatz zu leisten hat. Um sich dagegen sicher zu stellen, läßt sich der Sheriff bei der Anstellung eine Schuldverschreibung (bond) auf eine erhebliche Conventionalstrafe ausstellen. Daher der Name Bound-Bailiffs, vielfach corrumpirt in der gemeinen Volkssprache. Ihre Amtsgewalt ist nur abgeleitet aus dem Auftragschreiben, warrant under the hand and seal des Sheriff; übrigens sind sie verpflichtet die gesetzlichen Vorschriften über Vollziehung von Civilarresten, Nichtannahme von Geschenken, Heilighaltung des Sonntags 29. Car. II. c. 7, u. a. zu befolgen, bei Vermeidung disciplinarischer Bestrafung (attachment) durch den Gerichtshof. — Wenn es eine Partei vorzieht, kann sie auch einen besondern Boten, Special Bailiff für die Vollziehung einer einzelen Ladung oder Execution bestellen, entbindet aber damit den Sheriff von der Verantwortlichkeit für den Akt. Ueber die Gebühren in Civilsachen s. 1. Vict. c. 55.

5. Noch andere Unterbeamte des Sheriff sind die Gefängnißbeamten, Gaolers, welche aber jetzt in das Bereich der Friedensrichterverwaltung fallen; ferner ein County-Clerk, nomineller Protokollführer für die nominellen Geschäfte des County Court, und ein Siegelbewahrer, Seal Keeper, für ebenfalls nominelle Geschäfte.***)

---

gleich dem ersten Befehl beigefügt, und selbst wenn es vom Extrahenten vergessen wäre, gilt doch die Vollstreckung als legal Coke 2. Inst. 453. In der Wirklichkeit reducirt sich die Anomalie also darauf, daß der Sheriff solche Bailiffs „requirirt"; während übrigens die Sache den gewöhnlichen Gang durch das Sheriffbüreau geht. Dalton 459, 460. Die vom Grundherrn bestellten Lehnschulzen werden vereidet wie andere Bailiffs of Hundreds, und müssen als solche zur Dienstleistung bei den Assisen erscheinen. (Vgl. oben S. 84.)

***) Alle diese Sheriffsbeamten werden neben einander genannt in 3. Geo. I. c. 15, §. 10, worin Verkauf, Kauf, Pachtung oder Verpachtung solcher Aemter bei 500 £. Strafe verboten wird. Der Census von 1851 zählt 746 Sheriff's Officers auf, — natürlich wohl nur solche, für die das Amt einen Lebensberuf bildet.

Im Allgemeinen ist das Gebiet des Sheriff's Office kein Muster der Geschäftsführung. Die einjährige Amtsdauer des Sheriff, wie alle kurz dauernden Ehrenämter, bringt die Geschäfte in die Hände von Secretären und Schreibern. Dies hat man in England längst erfahren an den jährlich wechselnden Bürgermeistern der Städte; dieselbe Erfahrung machte man am Sheriffamt. Unverkennbar hat jedoch das Sheriffamt noch immer einen negativen Werth, insofern es für die Verwaltung der Justiz hauptsächlich das Anstellungsrecht für die dienenden Untergerichtsbeamten bedeutet. Durch die eigenthümliche Stellung des Sheriff wird diese Patronage und die Bildung der Geschworenenlisten unabhängig von der herrschenden Partei im Parlament sowie von der laufenden Polizeiverwaltung der Friedensrichter.

§. 28.

Die Ladungen. Distringas. Capias ad respondendum.

Der ordentliche Civilprozeß beginnt

1) mit einem Ladungsschreiben, writ of summons, d. h. mit einem Gerichtsdecret, judicial writ, welches nach altem Kanzleistyl im Namen der Königin in dem Bureau des Gerichts ausgefertigt wird, bei welchem die Klage angebracht ist. Es lautet wesentlich dahin:

„Victoria von G. G. ꝛc. an C. D. (den Beklagten) ihren Gruß. Wir befehlen Euch innerhalb acht Tagen nach Mittheilung des gegenwärtigen Schreibens bei dem Hofe der Queen's Bench etc. die Erklärung eintragen zu lassen, daß Ihr auf eine von A. B. (dem Kläger) erhobene Klage, betreffend ein Versprechen ꝛc., daselbst erschienen seid. Und merkt Euch, daß, wenn Ihr dies nicht thut, A. B. berechtigt ist, in Eurem Namen die fragliche Erklärung abzugeben, und darauf hier ein Urtheil auszuwirken, und dasselbe vollstrecken zu lassen. Dies bezeugt Lord Campbell, Präsident des Gerichtshofes". — (Datum).

Solche Formulare sind im Buchhandel zu kaufen. Der klägerische Anwalt füllt das gedruckte Formular der Beschaffenheit des Falls gemäß aus, legt es dem Secretär des Gerichtshofes vor; dieser drückt das Gerichtssiegel darauf und macht damit die Urkunde zu einer formellen Ladung. Die Insinuation der Ladung kann vom Kläger selbst oder von irgend einem schreibenskundigen Beauftragten, z. B. durch den Schreiber oder Boten seines Anwalts geschehen, mittels Aushändigung einer Abschrift und Vorzeigung des Originals auf Verlangen. Der Beklagte hat sodann im Gerichtsbüreau in ein dafür bestimmtes Buch die Erklärung eintragen zu lassen, daß er erscheine, entweder in Person, oder in der Regel „durch den

§. 28. Die Ladungen. Distringas. Acht. Capias ad respondendum. 169

bestellten Anwalt N. N." Zugleich muß er diesen Anwalt oder eine andere Stelle bezeichnen, an welche alle für ihn bestimmte Prozeßschriften abgegeben werden können. Diese Form der Ladung ist auch in der neuern Civilprozeßordnung von 1852 §. 2 ff., §. 33 ff. mit gesetzlichem Formular A. beibehalten. Dagegen sind die weiter folgenden Proceduren, welche bisher die Mitwirkung des Sheriffamts erforderten, großentheils ersetzt durch ein verändertes Contumazialverfahren mit fingirten Einlassungen.

2) Gelang es dem Kläger nicht, die Ladung zu insinuiren, so trat das Distringas ein, d. h. eine durch Pfändung verschärfte Ladung. Kläger extrahirte dann einen Gerichtsbefehl an den Sheriff:

„Victoria etc an den Sheriff der Grafschaft X. Gruß. Wir befehlen Euch, daß Ihr bei C. D. für den Betrag von 40 sh. pfänden sollt, um ihn zu zwingen, in unserem Hofe der Queen's Bench zu erscheinen und die Klage des A. B. zu beantworten rc."

Diese Pfändung war das alte obrigkeitliche Zwangsmittel im Prozeß der Feudalzeit, und aus den lateinischen Formularen dafür die Bezeichnung Distringas beibehalten. Der Zweck war nicht sowohl eine materielle Pfändung, als vielmehr eine in die Augen fallende Real-Citation. Die Pfändung dabei, auf irgend einen unbedeutenden Gegenstand gerichtet, war nur Formalität. Dies Verfahren ist jetzt aufgehoben durch die Proz.-Ord. 1852 §. 24.

3) Wenn der Beklagte latitirte, aber Vermögen zurückgelassen hatte, so konnte der Kläger auch die Civilacht beantragen. Vorausgesetzt wurde ein Bericht des Sheriff über die Fruchtlosigkeit des Distringas (non est inventus et nulla bona). Darauf wurde durch ein Gerichtsdecret (exigi facias) der Sheriff angewiesen den Beklagten an fünf aufeinander folgenden Grafschaftsgerichtstagen aufrufen zu lassen. Die Edictal-Citation war im Grafschaftsgericht und in den Quartalsitzungen der Friedensrichter zu verlesen, und an den Kirchthüren des Kirchspiels anzuheften. Dann folgte auf Bericht des Sheriff die Aussprechung der Acht, und ein an den Sheriff gerichtetes capias utlagatum, d. h. ein Befehl ihn zu verhaften, sein Vermögen mit Zuziehung einer Jury zu verzeichnen, in Beschlag zu nehmen und dem Schatzamt einzuberichten. Durch die neuesten Verbesserungen der Civilprozeßordnung ist auch dies in reinen Civilsachen zur Antiquität geworden. (Proz.-Ord. 1852 §. 24.)

4) Endlich kann auf Antrag des Klägers auch ein vorläufiger Personalarrest, writ of capias eintreten, wenn der Kläger eine Bescheinigung beibringt, daß ein wahrscheinlicher Grund vorhanden sei zu glauben, daß der Beklagte im Begriff stehe, das Land zu verlassen. Früher war dieser Civilarrest eine gewöhnliche Einleitungsform für Personalklagen; wurde aber als solche aufgehoben durch 1. et 2. Vict. c. 110 §. 3, an Act for the abolition of imprisonment for debt on mesne process. Das Gericht

verfügt jetzt zunächst eine Ladung mit dem Befehl einer Cautionsbestellung. Nach Ausfertigung der Ladung wird dann erst auf Beibringung einer Bescheinigung über den Arrestgrund ein writ of capias ausgefertigt. Kläger händigt den Arrestbefehl dem Sheriff ein, der wieder schriftliche Vollmacht dem Bailiff zur Vollziehung giebt. Der Verhaftete kann sich befreien, wenn er entweder die streitige Summe mit 10 L. für die Kosten bei dem Sheriffamt deponirt, oder dem Sheriff eine cautio judicio sisti durch Bürgen bestellt. — Ein einfacheres **Arrestverfahren** gegen latitirende Schuldner ist später eingeführt durch 15. et 16. Vict. c. 52 mittels warrant der Bankrutthöfe und der neuen Kreisgerichte. Auf Grund des warrant übernimmt dann der Sheriff den Arrestaten in die Schuldhaft. In dieser vereinfachten Gestalt ist das Arrestverfahren noch sehr häufig, in einer dem deutschen Arrestprozeß ähnlichen Weise.

Kommt es innerhalb dieser Procedur zu einem **Regreß gegen den Sheriff**, so extrahirt der Kläger zunächst einen Gerichtsbeschluß, der das Sheriffamt auffordert binnen 8 Tagen Bericht zu erstatten über die Vollziehung des Capias. Innerhalb dieser Frist ist der Sheriff berechtigt an Stelle des Beklagten **Special-Bürgschaft** einzulegen. Geschieht es nicht, so kann der Kläger eine Bescheinigung (affidavit) durch eidliche Zeugenaussagen rc. über das nicht gehörige Verfahren des Sheriffamts dem Gerichtshof überreichen, mit dem Antrag auf attachment, welches von dem Crown Office der Königsbank ausgefertigt wird in Gestalt eines an die Coroners adressirten Haftbefehls. Dem Sheriff bleibt dann nichts übrig als die Summe nebst Kosten zu bezahlen, sofern nicht erhebliche Rechtfertigungsgründe vorgebracht werden, über welche das Gericht summarisch erkennt.

Die hier behandelte Partie ist auch für deutsche Juristen verständlich gegeben von Rüttimann, Engl. Civil-Prozeß S. 89—117. Der gemeinsame Name für die **prozeßleitenden** Decrete ist process; die klageinleitenden bilden den original process; die Zwischendekrete den mesne oder intermediate process; die Executionsdekrete den process of execution. Der Gesammtname **practice** bezeichnet die Regeln für den äußern Gang des Verfahrens, deren Anwendung im englischen (wie im französischen) Prozeß den Unterbeamten und den Anwälten zufällt, während Richter und Advokaten nur ausnahmsweise zur Correktur eingreifen. — Das von Rüttimann dargestellte Verfahren ist aber durch die neueren Civilprozeß-Ordnungen verändert und vereinfacht. Vergl. Finlason's **Common Law Procedure Acts** 1852, 1854, 1860 Lond. 1863, 8. und spät. Ausg. Das obige Bild wird indessen wohl genügen um die Stellung des Sheriffamts zu den prozeßleitenden Dekreten der Reichsgerichte verständlich zu machen. Das gedrängte, aber anschauliche Bild eines Civilprozesses giebt Marquardsen zu Best's Engl. Beweisrecht. Heidelb. 1851. Anh. II.

§. 29.
Die Civilexecution. Fieri Facias. Elegit. Capias ad satisfaciendum.

Das Sheriffamt ist ferner das Executionsamt der Reichsgerichte. Der Executionssucher muß zu dem Zwecke sich zunächst eine Ausfertigung des Urtheils verschaffen. Sein Anwalt concipirt sodann einen Vollziehungsbefehl, legt den Entwurf dem Secretär des Gerichts zur Besiegelung vor, und stellt das besiegelte Executionsmandat dem Sheriffsbureau in der Grafschaft oder dem Correspondenzbureau in London zu.

Das Urtheil lautet entweder auf Besitzeinsetzung in eine streitige Sache, oder auf Geldleistungen. Bei dinglichen Klagen auf Immobilien lautet das Executions-Mandat auf Habere facias seisinam, bei interdicta adipiscendae possessionis auf ein Habere facias possessionem; bei Klagen auf Herausgabe einer bestimmten beweglichen Sache (action of detenue) auf Distringas, d. h. Auspfänden des Beklagten bis er Folge leistet, jetzt verschärft durch 17. et 18. Vict. c. 125 § 78; 19. et 20. Vict. c. 97 §. 2.

Bei weitem die gewöhnlichsten Executionsfälle sind die auf Geldleistungen. Ursprünglich gab es auch hiefür nur Pfändung, Distringas, welche noch heute bei den alten Untergerichten die einzige Weise der Zwangsvollstreckung bildet. Bei den Reichsgerichten dagegen wurde ein wirksamerer dreifacher Executionsmodus eingeführt, entweder durch Mobiliarexecution (Fieri facias), oder durch Einweisung in den Besitz der Mobilien und Immobilien (Elegit), oder durch Personalexecution (Capias ad satisfaciendum); doch so, daß der Kläger nur das eine oder das andere wählen darf.*)

---

*) Zum Verständniß des Ganges der Executionsgesetzgebung muß man an das Feudalwesen zurückdenken. Das zu Kriegsdienst verliehene Gut kann nicht nach Willkür des Lehnsmannes verpfändet und haftbar gemacht werden, haftet daher für Schulden ursprünglich gar nicht. Nachdem der militärische Character der Lehne sich schon modificirt hatte, gab das Statut Westminster II. die Hälfte der Immobilien der Sequestration des Gläubigers Preis, reservirte aber das Uebrige dem Lehnsherrn für seine Dienstansprüche. Den dringendsten Forderungen des Handelscredits und den besonderen Bedürfnissen gewisser Orte wurde daneben mittels besonderer Gesetze, das Statute Merchant und das Statute Staple, und zwar durch sehr prompte Execution Rechnung getragen. Erst durch 1. et 2. Vict. c. 110 wird der gesammte unbewegliche Besitz der Sequestration wegen Schulden unterworfen. Das ältere Executionsverfahren, wie es z. B. Dalton S. 119 ff. giebt, ist noch ziemlich verwickelt, mit Unterscheidung von sieben Executionsweisen. Vergl. Coke II. Inst. 394, 395.

1) Das Fieri facias ist die uns bekannte Mobiliarexecution nach folgendem Formular:

„Victoria, von G. G. ꝛc. an den Sheriff von Middlesex. Wir befehlen Euch, daß Ihr mittels der Mobilien (goods and chattels) des in Eurem Amtsbezirke wohnhaften Thomas Jones 100 L. beschafft, die William Smith neulich in unserem Gerichtshofe zu Westminster erstritten hat, — und überdies die Zinsen der benannten 100 L. im Verhältnisse von 4 L. auf das Hundert vom 5. November 1840 an ꝛc.; und Ihr sollt das Geld sammt den Zinsen unmittelbar nach der Vollziehung dieses Befehls uns nach Westminster übermachen, damit der benannte William Smith dadurch für seinen Schadensersatz und den Zins befriedigt werden kann. Alles dies sollt Ihr gemäß dem im zweiten Jahre unserer Regierung erlassenen Statute (1. et 2. Vict. c. 110) vollführen, und gegenwärtigen Befehl mit dem Berichte über dessen Vollziehung unmittelbar, nachdem dieselbe Statt gefunden haben wird, uns nach Westminster übermachen. Dies bezeugt Thomas Lord Denman zu Westminster am 5. Novbr. 1840."

Dieser Befehl wird dem Executor (Bailiff) ausgehändigt, vollstreckbar in das gesammte bewegliche Vermögen des Schuldners, mit Ausnahme der unentbehrlichen Kleidungsstücke und gewisser Inventarstücke bei einem Pachtgut. Der Gerichtsdiener darf jedes Haus betreten, in welchem sich Mobilien des Schuldners befinden, darf aber keine Hausthüren erbrechen. Die abgepfändeten Gegenstände werden von Amtswegen verkauft, der Erlös dem Anwalt des Klägers ausgehändigt; bei gepfändeten invecta et illata erhält jedoch der Vermiether einen einjährigen Miethsrückstand vorweg. Ein Bericht über die Vollziehung wird dem Obergericht nur erstattet im Falle einer Beschwerde.

2) Das Elegit ist in der Weise einer missio in bona begründet durch das Statut Westminster II., 13. Edw. I. c. 18, welches eine Beschlagnahme des ganzen beweglichen Vermögens und der Hälfte der Grundstücke Schulden halber gestattet. Durch die neuere Gesetzgebung ist dies auf das ganze Immobiliarvermögen ausgedehnt. Der Anwalt des Klägers entwirft das dazu gehörige Executionsmandat und läßt es von einem Gerichtsbeamten besiegeln nach folgendem Formular:

Victoria ꝛc. an den Sheriff zu Middlesex. Da Joseph Smith neulich durch Urtheil unseres Gerichtshofes zu Westminster gegen Timothy Jones 100 L. erstritten hat, welche ꝛc. Demnach befehlen wir Euch, daß Ihr ohne Verzug alles Personalvermögen (ausgenommen Ochsen und Pflugvieh) und alles Realvermögen, welches T. Jones am 5. Novbr. 1840 oder später besaß, oder über welches er am 5. Novbr. 1840 oder später frei verfügen konnte, um einen angemessenen Preis dem Joseph Smith übertragen lasset, damit derselbe es so lange inne haben könne, bis er befriedigt sein wird. Dies bezeugt Thomas Lord Denman ꝛc. ꝛc.

Der Sheriff hat hierauf eine Jury zu berufen, welche zunächst das bewegliche Vermögen (Ochsen und Pflugvieh ausgenommen) zu ermitteln, zu verzeichnen und zu taxiren hat mit Zuziehung des Gläubigers. Erscheinen dadurch Schuld und Kosten gedeckt, so werden dem Gläubiger die zur Deckung nöthigen Sachen nach dem Schätzungswerth übereignet, und

§. 29. Die Civilexecution. 173

das Verfahren ist damit zu Ende. Reicht es nicht aus, so wird nun auch das unbewegliche Vermögen verzeichnet, geschätzt, und der Gläubiger durch den Sheriff in den Besitz (legal possession) eingewiesen. Er kann diesen occupiren, oder wenn er Widerstand findet, durch action of ejectment einklagen. Er soll wie ein bonus paterfamilias verwalten und die Erträge bis zu seiner Befriedigung verwenden. Nachdem er befriedigt ist, muß er den Besitz wieder abtreten, und kann dazu durch Klage oder summarisch durch Decret des Gerichts genöthigt werden. Ueber den Verlauf der Execution ist in diesem Fall stets Bericht (return) zu erstatten.

3) Das Capias ad satisfaciendum ist die Execution durch Personalarrest, d. h. durch Anweisung an den Sheriff, den Schuldner zu verhaften und gefangen zu halten. Mit dem Antrag verzichtet der Gläubiger auf die Execution in das Vermögen. Durch 32. et 33. Vict. c. 62 ist neuerdings eine Aufhebung der Schuldhaft erfolgt, jedoch mit ziemlich erheblichen Ausnahmen.

Dies dreifache Executionsverfahren findet in der Regel nur statt innerhalb eines Jahres nach der Urtheilsprechung. Ist mehr als ein Jahr verflossen, oder ist durch Todesfall oder Heirath eine Aenderung in den ursprünglichen Parteien eingetreten, oder soll das Urtheil gegen einen Bürgen vollstreckt werden, so tritt erst eine actio judicati (scire facias) ein, in der Weise eines Mandatsprocesses.*)

---

*) Gut und anschaulich ist für diese Partie Rüttimann Cap. 13. Für die Verantwortlichkeit des Sheriff in den heutigen drei Hauptfällen mögen noch folgende Erläuterungen dienen:

Durch das Fieri facias verliert der Schuldner die Fähigkeit zur Veräußerung in dem Augenblick, in welchem das Executionsmandat dem Sheriff-Amt übergeben wird. Werden dem Sheriff mehre Vollziehungsmandate zugestellt, so soll er das erst übergebene zuerst ausführen; fehlt er dagegen, so ist das Verfahren gültig, der Sheriff aber dem verkürzten Gläubiger zum Ersatz verhaftet. Versäumt der Gerichtsdiener vorhandene Sachen des Schuldners zu pfänden, so ist der Sheriff dem Gläubiger ebenfalls verantwortlich; pfändet er aus Versehen Sachen eines Dritten, so ist er dem Dritten verantwortlich. Doch ist jetzt dafür ein summarisches Interventionsverfahren eingeführt durch die Interpleader Act, 1. Will. IV. c. 58; 1. et 2. Vict. c. 45 §. 2.

Durch das Elegit wird das Gesammtvermögen des Schuldners gebunden von dem Moment der Eintragung des Urtheils an.

Das Capias ad satisfaciendum, ebenso wie der vorläufige Civilarrest ad respondendum (§. 28), war in England übermäßig ausgedehnt, theils im Geist der Strenge des Handelsrechts, noch mehr aber wegen der vielfachen Beschränkungen der Execution in das Vermögen, die nun durch den Personalarrest ausgeglichen wurden. Die Härte des Schuldrechts wurde daher sprüchwörtlich, und es mußten wiederholt allgemeine Amnestien bewilligt werden, z. B. 1765, wo nicht weniger als 18,000 Schuldner auf ein Mal frei gelassen wurden. Die neuere Gesetzgebung über Insolvency griff Anfangs etwas unüberlegt in diese Zustände hinein durch Aufhebung des Arrestes wegen kleiner Schulden. Dagegen lenkte die Gesetzgebung wieder um. Das dabei eintretende Verfahren gehörte in

§. 30.

Der Sheriff als Commissar der Obergerichte.

Die Befugniß des Sheriff, kleinere Civilprocesse bis 40 sh. zu entscheiden, ist zwar beseitigt durch die neuen Kreisgerichte. Durch Delegation der Obergerichte und durch einige Specialgesetze kann der Sheriff indessen außerdem noch Richterfunktionen üben in folgenden Fällen:

1) **Durch ein Writ of Justicies** aus der Kanzlei konnte er ermächtigt werden, schleunige einfachere Sachen als delegirter Richter an Stelle der ordentlichen königlichen Gerichte zu entscheiden. Das königliche Rescript lautet: „Praecipimus tibi, quod justicies etc. (folgen die Namen der Parteien und der Sache) ne amplius inde clamorem andiamus pro defectu justitiae". Die Sache wurde dann vor dem Sheriff mit einer Commission (inquest) von 12 Gerichtsmännern entschieden. Es trat dies Verfahren zuweilen ein für einfache Schuld= und Schadensklagen, ist jedoch durch die neuen Kreisgerichte überflüssig geworden und beseitigt.

2) **Durch „Writ of Inquiry"** kann die Feststellung einer Entschädigung vor den Sheriff verwiesen werden. In gewissen Fällen nämlich lautet das Urtheil der königlichen Gerichtshöfe dahin, daß der Kläger „entschädigt" werden soll, mit Vorbehalt eines weitern Verfahrens zur Ausmittelung der Größe des Schadens. Es tritt dies namentlich ein bei gewissen persönlichen Klagen wegen Vorenthaltung beweglichen Guts, wenn der Beklagte sich contumaciiren läßt. Das Gericht kann dann auf einen kleinen nominellen Schadenersatz erkennen, oder auch einen Secretär mit Berechnung der Summe beauftragen, womit die Sache zu Ende ist, wenn sich der Kläger beruhigt. Wenn aber Kläger auf förmlicher Feststellung seines wirklichen Schadens besteht, so ergeht ein Rescript des Gerichts an den Sheriff, welches ihn anweist „durch den Eid von 12 guten und gesetzmäßigen Männern seines Bezirks getreulich zu untersuchen (inquire), welchen Schaden der besagte A. B. erlitten hat", 8. et 9. Will. III. c. 11. Das Ergebniß wird dem Königlichen Gerichtshof einberichtet, der dann definitiv auf die Schadenssumme Urtheil spricht.

3) **Writ of Trial.** Nach 3. et 4. Will. IV. c. 42 §. 17 können

---

dessen nicht vor den Sheriff, sondern vor die Executions=Commission, Court of Insolvent Debtors in London, in den Grafschaften vor die neuen Kreisgerichte, — überall mit sehr discretionären Gewalten, einen Personalarrest wegen betrüglichen Verhaltens zu gewähren oder zu versagen. Die Justizstatistik des Jahres 1867 weist noch 8131 Personalexecutionen bei den Reichsgerichten nach, 8362 Fälle bei den Kreisgerichten.

§. 30. Der Sheriff als Commissar der Obergerichte. 175

persönliche Klagen ex contractu oder quasi contractu bis zum Betrag von 20 L., wenn keine schwierige That- oder Rechtsfrage dabei zu erwarten ist, aus dem Gerichtshof, in welchem sie angebracht sind, dem Sheriff delegirt werden. Der zur Beweisaufnahme fertige status causae (issue) wird dann dem Sheriff übersandt, der durch seinen Untersheriff oder einen andern Stellvertreter 12 Geschworene beruft, und ebenso verfährt wie ein Assisenrichter in Civilprocessen. Das Resultat und der Spruch der Jury sind dem Obergericht einzuberichten, welches demgemäß das Endurtheil spricht. Das Verfahren war ein Versuch, den immer lauteren Forderungen nach Einführung stehender Kreisgerichte gerecht zu werden. Nachdem die New County Courts wirklich eingeführt wurden, können Contractsklagen bis zu 50 L. nunmehr dem Kreisrichter durch Order eines Reichsrichters zur Beweisaufnahme delegirt werden, worauf der Kreisrichter in einem Audienztermin verhandelt und das Resultat durch sein Büreau dem Büreau des Obergerichts remittirt, 19. et 20. Vict. c. 108, §. 26. Durch 30. et 31. Vict. c. 142 ist der Sheriff auch in dieser Funktion ganz beseitigt.

4) Bei wiederholter Besitzentsetzung (redisseisin) waren dem Sheriff schon durch das Statut Merton besondere Pflichten auferlegt. Wenn ein Kläger durch Realklage in den Besitz von Grundstücken eingesetzt, und nach Vollstreckung des Urtheils durch den Gegner von Neuem dejicirt wird, so soll ein königliches special writ ergehen, wodurch der Sheriff angewiesen wird, sich persönlich mit den Coroners und anderen Rittern an Ort und Stelle zu begeben, durch eine Jury den Thatbestand festzustellen, den disseisor zu ergreifen und gefänglich abzuliefern bis auf weitere Verfügung höhern Orts.

5) Bei Pfandstreitigkeiten, Replevin, sind dem Sheriff besondere Functionen überwiesen. Sie sind häufig wegen der zahlreichen Fälle gesetzlich erlaubter Privatpfändung. Der Eigenthümer der gepfändeten Sachen kann sich deshalb an den Sheriff oder dessen Unterbeamte wenden, um die Pfänder zurückzuempfangen gegen genügende Sicherheit dafür, daß er das Recht des Pfändenden im Wege des Processes anfechten, und im Fall des Unterliegens die Pfänder von Neuem seinem Gegner ausliefern werde. Der Antrag darauf, plaint, wird bei dem Sheriff angebracht, das weitere Verfahren geht aber an die ordentlichen Gerichte. Nach st. 1. et 2. Phil. et Mar. c. 12 soll der Sheriff zur Bequemlichkeit der Gerichtseingesessenen vier oder mehre Stellvertreter zur Ausübung seiner Functionen in Pfandstreitigkeiten ernennen. — Bei Pfändungen wegen rückständiger Rente tritt nach einer Reihe von Gesetzen eine Mitwirkung des Sheriff auch beim Verkauf ein: wenn der Gepfändete nicht binnen fünf Tagen einlöst, soll der Pfändende in Verbindung mit dem

176 Cap. IV. Der Antheil der Grafschaft an der Verwaltung der Civiljustiz.

Sheriff oder Constable die gepfändeten Sachen durch zwei Taxatoren schätzen lassen, und solche zur Zahlung der Rente und Kosten verkaufen. Die heutige Gesetzgebung hat auch diese Thätigkeit größtentheils den neuen Kreisgerichten überwiesen.

6) Durch Specialgesetze ist Eisenbahnen und ähnlichen Unternehmungen öfter ein Expropriationsrecht eingeräumt mit der Clausel, daß die Höhe des dem Eigenthümer zu leistenden Ersatzes durch den Sheriff mit einer Jury von 12 Männern festgestellt werden soll. Nach der neuern Weise der Gesetzgebung werden die summarischen Expropriationen indessen den Friedensrichtern überwiesen.

Ueber diese Specialfälle vgl. Rüttimann S. 15. 41. 70. 164. 172—75 Dalton 345. 346. Es sind also noch einige Reste richterlicher Geschäfte für den Sheriff übrig; obgleich die neueste Gesetzgebung immer erschöpfender die richterlichen Lokal-Geschäfte in den neuen Kreisgerichten concentrirt. Monographien über dies ziemlich antiquirte Gebiet sind J. Bowditch, Epitome of the Practice and Origin of the Sheriff's Court by Writ of Justicies etc. 1831 12⁰. G. B. Mansel, Practice by Writ of Justicies and Plaint in the County Court 1834. 12⁰. — Gilbert's Law and Practice of Distress and Replevin 4th. Ed. by Impey 1823. 8.

§. 31.
Die Civiljury.

Der bisher geschilderte Antheil der Grafschaft an der Civilrechtspflege durch das Sheriffamt erinnert noch vielfach an die Verwaltung normannischer Landvögte mit ihren Clerks und Servientes. Allein schon in der normannischen Zeit war damit verbunden ein starker Antheil der Gerichtsmänner der Grafschaft, dessen Fortdauer durch die Zusicherung der „Gesetze Eduards des Bekenners" garantirt war. Durch eine Reihe von Gesetzen seit Heinrich II. gestaltete sich daraus mit starken Umbildungen die Civiljury*). Bei der Ausführung des Instituts, als es unter Eduard I. eine regelmäßige Gestalt annahm, zeigte sich aber die Unausführbarkeit eines Geschworenendienstes durch die kleinen Freisassen. Das st. Westminster II. (1296) und spätere Gesetze des Mittelalters beschränken daher den Dienst auf Besitzer von 40 sh. (damals 40 Thlr.) Grundrente. Das st. 4. et 5. Will. et Mar. c. 24 nimmt dem veränderten Geldwerth entspre-

---

*) Ueber die Entstehung der Civiljury in der normannischen Zeit vgl. die Geschichte des selfgovernment S. 72—80; über die Consolidirung in der reichsständischen Zeit S. 161—163, 168, 189; über die mittelalterliche Abgrenzung des Geschworenendienstes S. 163—165, 169, 170. Ferner Biener, das Engl. Geschworenengericht, Band I. 1852 § 36; über die Auswahl und Ernennung der Geschworenen Band II. §. 45—49. Für die parallele Stellung der Strafjury verweise ich auf Cap. V. Abschn. 5.

chend, den Maßstab von 10 L. aus freehold oder copyhold in England, 6 L. in Wales. Das st. 3. Geo. II. c. 25 fügt hinzu 20 L. Grundrente aus Pachtungen auf 500 Jahre oder auf Lebenszeit. Das consolidirte Gesetz über die Bildung der Geschworenengerichte 6. Geo. IV. c. 50 §. 1, ein Vorläufer der Reformbill,*) fixirt den Dienst ungefähr auf die heutigen Mittelstände, und zwar mit Rücksicht auf den veränderten Geldwerth: 10 L. Rente aus freehold, copyhold oder Besitz auf Lebenszeit, — oder 20 L. Rente aus längerer Pachtung, — Besitz oder Miethe eines zu 20 L. Miethswerth bei der Armentaxe eingeschätzten Hauses. Befreit bleiben: Personen über 60 Jahr, Pairs, Richter, Gerichtssubalterne, practisirende Advokaten und Anwälte, Coroners, Geistliche, practisirende Aerzte, Wundärzte und Apotheker höherer Qualification, active Offiziere, Hofbeamte, viele Finanzbeamte, die Unterbeamten des Sheriff und noch einige kleinere Gruppen**). In den Stadtbezirken mit eigener Strafjustiz in den städtischen Quartalsitzungen beläßt es das Geschworenengesetz bei dem alten sehr mannigfaltigen Herkommen. Die Städteordnung von 1835 erklärt aber die Gesammtliste der wahlberechtigten Bürgerschaft kurzweg auch zur Urliste der Geschworenen unter massenhafter Aufhebung der älteren Befreiungsgründe.

Bei ihrer Entstehung waren diese Geschworenen als Beweiscommissionen gemeint, welche beeidet werden, die „Wahrheit zu sagen" nach ihrer Privatwissenschaft, allenfalls Privaterkundigung. So stellen sie die mittelalterlichen Rechtsbücher dar; danach wird ihre Glaubwürdigkeit und ihre Verantwortlichkeit behandelt. Gegen den Schluß des Mittelalters ist

---

*) Dem großen Geschworenengesetz von 1825 gingen einige Gesetzentwürfe vorher, Parl. Pap. 1823 No. 484, 523. — 1824 No. 435. — 1825 No. 111, 264. Das Gesetz beabsichtigt nur eine Consolidirung des bestehenden Rechts mit Rücksicht auf die neueren Besitzverhältnisse. Das heutige praktische Verfahren bei Bildung der Jury ist übersichtlich gegeben in: Gneist, Bildung der Geschworenengerichte. Berlin 1849, S. 80-107. Ueber das Verfahren bei der Bildung der Dienstliste durch den Sheriff vgl. First Report of the Commissioners for inquiring into the Process, Practice etc. 1830. p. 122.

**) Ueber die Befreiungen vom Geschworenendienst, welche gerade so viele intelligente Elemente des Mittelstandes sich allmälig zu verschaffen wußten, vgl. das Geschworenengesetz §. 2 48. Durch 25. et 26. Vict. c 107 §. 2 werden auch die einregistrirten pharmaceutical chemists, die geschäftsführenden Clerks aller practisirenden Anwälte und sämmtliche Gefängniß-Unterbeamte unbedingt vom Dienst befreit. Wer in den letzten zwei Jahren Dienst geleistet hat, kann sich auf eine gewisse Frist entschuldigen. Die gewöhnlichen Juries bestehen daher überwiegend aus Personen der Mittelstände, Pächtern, Gewerbtreibenden, Kleinhändlern u. s. w. Für Fälle schwieriger Art kann indessen jede Partei eine special jury beantragen, die dann aus Personen höherer Stände (Esquires, Merchants, Bankers) gebildet wird, 6. Geo. IV. c. 50 §§ 30—32; jedoch auf Kosten des Antragstellers, wenn nicht der Richter bescheinigt, daß aus sachlichen Gründen eine Specialjury nothwendig gewesen, 24. Geo. II. c. 18; 3. et 4. Will. IV. 42 §. 35. (vgl. d. Excurs.)

aber eine stillschweigende Aenderung der Praxis eingetreten, die im XV. Jahrhundert schon sicher erkennbar wird. Es beginnen Zeugenverhöre vor der Jury, und damit ein System rationeller Beweisführung, so wie wir es der Reception der fremden Rechte verdanken. In der Periode der Tudors ist schon ein regelrechtes Beweisverfahren da, und durch 5. Eliz. c. 9 eine gesetzliche Anerkennung der Zeugnißpflicht. Statt eines Zeugnisses wird also der Jury vielmehr zugemuthet ein zusammenfassendes Urtheil über Beweise; ihr Eid lautet daher auch später auf „verdict in Gemäßheit des Beweises". Ihr Urtheilsgebiet (question of fact) umfaßt Fragen, welche nicht nach Rechtsregeln, sondern nach concreten Lebensverhältnissen zu beurtheilen sind, wie die Glaubwürdigkeit eines Zeugen oder Sachverständigen, die Höhe einer Entschädigung u. dergl. Folgeweise ließ die Praxis und Gesetzgebung allmälig das Princip fallen, daß die Geschworenen aus der Nachbarschaft (hundred) entnommen sein sollen, 16. et 17. Car. II. c. 8; 4. Anne c. 16; Gerichtsbeschluß Hilary Term 4. Will. IV. Folgerecht mußte auch die Verantwortlichkeit der Geschworenen wegen falschen Zeugnisses wegfallen, wie durch berühmte Gerichtssprüche zur Zeit der Restauration anerkannt wurde. Der Geschworenenspruch über die question of fact ist also jetzt ebenso selbständig wie der Richterspruch über die question of law. Die Verantwortlichkeit der Geschworenen beschränkt sich auf Bestechung und ungebührliches Betragen, über welches letztere aber kein Zeugniß von den Geschworenen selbst verlangt oder angenommen wird.

Die heutige Bildung der Geschworenenlisten ist die durch Jahrhunderte erprobte Weise unparteiischer Auswahl. Die Urliste der nach dem Gesetz Berufenen wird durch die Ortsgemeindebeamten aufgestellt, durch die Friedensrichter in den kleinen Bezirkssitzungen in öffentlicher Verhandlung berichtigt, und zuletzt vom Kreissecretär zusammengetragen. — Die Dienstliste der zur einzelen Assise einberufenen 48 bis 72 Geschworenen bildet der Sheriff, oder vielmehr der Untersheriff mit seinen Localbeamten, jedenfalls unabhängig von den herrschenden Parlamentsparteien und von wechselnden Verwaltungsansichten, und mit dem Vorbehalt einer Verwerfung der ganzen Liste (to the array), wo eine Parteilichkeit des Sheriff nachzuweisen. Die früheren Weitläufigkeiten bei der Ladung der Geschworenen sind beseitigt durch die neue Prozeßordnung, Common Law Procedure Act 1852, wonach der Sheriff auf Anweisung (precept) der Assisenrichter die nöthige Zahl zu jeder Assise zu stellen hat. Der Gerichtshof oder der einzele Richter erlassen jetzt einfache Befehle zur Gestellung der Jury für die bevorstehende Sitzung, 17. et 18. Vict. c. 125 § 59. Die Ladung der einzelen Geschworenen zur Session kann in einfachster Weise durch die

Post erfolgen, 25. et 26. Vict. c. 107 §. 11.*) — Bei der Ausloosung der 12 Geschworenen endlich ist mit großer Zartheit das Erforderniß eines unbefangenen Urtheils gewahrt durch die Verwerfungsgründe propter honoris respectum, propter defectum, propter affectum, propter delictum, Coke Litt. 156.

Die Fragestellung an die Geschworenen wird geregelt durch einen von den Parteien zu formulirenden status causae (issue), und so gefaßt, daß sie einfach zu antworten haben: „Wir finden für den Kläger; Schaden 50 L., Kosten 40 L." oder ähnlich.

Die Bedeutung der Civiljury liegt weniger in einer größeren Garantie für die Sicherheit und Richtigkeit der Entscheidung, als vielmehr in dem Gesammtorganismus dieses Gerichtswesens, in welchem sie eine Ermäßigung der stark centralisirten und ausgedehnten Richtergewalt bildet. Ebenso bedeutungsvoll ist sie als ein Element zur Erhaltung des gemeinsamen Rechtsbewußtseins und des rechten politischen Sinnes innerhalb der nachbarlich verbundenen Kreise. Allerdings führt sie zu einem verhältnißmäßig großen Aufwand von Kräften für einen einzelen Civilproceß, und schon deshalb waren die englischen Prozeßformen (forms of pleading) von jeher darauf berechnet, eine Beweisaufnahme mit Jury nur in der Minderzahl der Fälle eintreten zu lassen. Die neuen Prozeßordnungen haben durch Zulassung eines Schiedsverfahrens die Anwendung noch seltener gemacht. Im Geschäftsjahr 1867 wurden indessen doch noch 1158 Fälle in Westminster, 1242 Fälle in den Provinzial-Assisen mit einer Civiljury verhandelt. Noch mehr ist bei den neuen Kreisgerichten die Tendenz einer beschränkten Anwendung zur Geltung gekommen. Dagegen sind auch wieder Erweiterungen des Gebiets der Jury im administrativen Civilverfahren hinzugekommen, wie ihre Anwendung bei der General-Commission zur Feststellung streitiger Grenzen, 8. et 9. Vict. c. 118; zur Feststellung der Frage über die Nothwendigkeit der Verlegung öffentlicher Wege bei den

---

*) Wenn das Plaidoyer unter den Parteien auf eine question of fact geführt hatte, so erfolgte die Berufung der Geschworenen früher durch zwei Befehle, welche im Namen des Königs und mit der Unterschrift des betreffenden Gerichtspräsidenten an den Sheriff gerichtet wurden. Der erste hieß das Venire facias juratores, der zweite das Distringas juratores, oder bei dem Hofe der Common Pleas das Habeas corpora juratorum. Der Befehl lautete nominell auf ein Erscheinen der Geschworenen „beim Gerichtshof zu Westminster", und zwar auf den nächsten Term nach den Grafschaftsassisen, für welche die Geschworenen gewünscht werden, und es wurde dann die Klausel beigefügt „nisi prius Justiciarii venerint". Da aber diese reisenden Richter stets kamen, so konnte der Sheriff die Geschworenen ohne Weiteres zu den Assisen berufen, und brauchte dem Westminsterhofe nur ein Verzeichniß derselben einzusenden. Ursprünglich sollte für jede Sache eine besondere Geschworenenliste eingereicht werden; nach der Praxis und nach 3. Geo. II. c. 25 wurde aber eine einzige Dienstliste für jede Assisensitzung an die Stelle gesetzt.

Quartalsitzungen nach der Wegeordnung; überhaupt zur Feststellung des Ersatzes im Expropriationsverfahren. Nur die Zulassung sogen. Special Juries hat ernste Mißverhältnisse in das System gebracht, welche Gegenstand schwebender Gesetzentwürfe geworden sind. (Excurs. †).

† Report von 1868 über die Verbesserungen des Geschworenendienstes.

Der Bericht des Unterhauscommittees vom 7. Juli 1868, betreffend die Ladung, den Dienst und die Geldvergütigung für die special and common juries Parl. P. 1867—68 No. 401, XII. S. 677—759, enthält die neueste Erörterung über die Wirksamkeit der Civil- und Strafjury. Schon im vorangegangenen Jahre war ein solches Committee ernannt (Parl. P. 1867 IX. 597), welches aber nur bis zur Sammlung von Beweismaterialien gekommen war. Das Committee von 1868 macht einige Vorschläge zur Beseitigung von bedenklichen Uebelständen, welche am meisten in den großen Städten mit dem Verfall des Gemeindesinns hervorgetreten sind.

Unter den Zeugenaussagen steht obenan Sir William Erle, früherer Oberrichter der King's Bench and Common Pleas, jetzt Chief Justice a. D. Es sind ferner vernommen: der Assisensekretär des Centralhofes (H. Avory), der Vorsitzende der Middlesex Sessions (Sir W. H. Bodkin), mehre Undersheriffs und Anwälte, 2 Gemeindeschreiber, 1 städtischer Friedensrichter, 1 Kreissekretär, mehre Habitué's im Dienst der Special und Common Jury. Aus den Verhandlungen von 1867 ist hervorzuheben das sehr eingehende Gutachten des Serjeant Pulling (Qu. 289—488 mit Anlage) und des Undersheriff von Middlesex (Qu. 489—715).

Der Census des Geschworenendienstes mit 10 £. Grundrente, oder 20 £. leasehold, oder Miethe eines Hauses von 20 £. — der im Gesetz noch erwähnte Census eines Hauses von 15 Fenstern ist jetzt mit der Fenstersteuer beseitigt, — will nach den heute veränderten Geldwerthen und der Relativität aller Ansätze nicht mehr passen. Die Gesammtheit der in den Urlisten der Grafschaften aufgenommenen Personen wird von Serjeant Pulling auf 300,000 Personen veranschlagt (Qu. 343); in der Grafschaft Gloucester beträgt sie 7005; in der Grafschaft Lancaster 44,000 (Qu. 620); während der jährliche Dienst in letzterer Grafschaft etwa 3200 erfordert. Im Durchschnitt pflegt der Geschworene je im fünften Jahr wieder zum Dienst zu gelangen. In einzelen Bezirken ist aber der Dienst viel beschwerlicher, und die ziemlich unregelmäßigen Ladungen treffen einzele Geschworene in sehr kurzen Fristen. Die Mehrzahl der Zeugen ist darüber einverstanden, daß der heutige Census für eine gute und gleichmäßige Besetzung der Jury zu niedrig sei. Bei dem Centralhof in London wird ein Geschworener auf die Versicherung, daß er von seiner Hände Arbeit lebe, regelmäßig entlassen (Qu. 1331). Gewichtige Stimmen werfen gegen die Erhöhung wieder ein, daß der Steuersatz überhaupt kein erschöpfender „index of fitness" sei (Qu. 1359). Sir William Erle spricht seine Hochachtung für die Gesammtleistungen der Jury aus (Qu. 1056). Wenn es hie und da mangelhaft stehe, so fehle es mehr an sound judgment als educational capacity. Er erwartet von einer bloßen Erhöhung des Census keine Verbesserung (Qu. 1064): I do not think that the intellect of a man can be correctly estimated by the rateable value of the house that he lives in. My expression of extreme respect for the jurymen I have seen must be accompanied with the observation, that numbers of juries that I have known, have had upon them men of a very low scale of intellectual faculties, and as far as I could judge, liable to be swayed by extremely low motives; but looking at juries generally, I hardly have in my mind's eye during the 48 or 49 years that I have been conversant with juries, as barrister and as judge, a single instance of a jury in

§. 31. Die Civiljury.

which there was not at least one person of full intelligence to appreciate everything relevant to the case that could be said to him. — Die Frage, ob bei der heutigen Gestalt der Besitzklassen ein fester Census nach Eigenthums- und Miethswerthen überhaupt noch durchzuführen, ob nicht vielmehr ein relativer Census nach Verschiedenheit des örtlichen Wohlstandes (wie bei den Wahlen in Preußen) nothwendig geworden, wird in den Verhandlungen nicht aufgeworfen.

Einstimmig werden die überzahlreichen Befreiungsgründe vom Geschworenendienst als Uebelstand anerkannt (vergl. insbesondere die Aussage und Denkschrift des Serj. Pulling). Als Befreiungsgrund wegen Alters sollte nicht das sechszigste, sondern das siebenzigste Jahr, höchstens das fünfundsechszigste anerkannt werden. Die massenhaften Befreiungsgründe der Civilbeamten könnten auf die „Heads of Departments" beschränkt werden; die der Anwälte, Aerzte und Schullehrer werden in Frage gestellt. Völlig verkehrt wirke die Befreiung gewisser Bezirke vom Jurydienst auf Grund alter Privilegien (Qu. 1387 ff.). Ein Verzeichniß solcher örtlichen Privilegien geben die Parl. P. 1866 No. 221, LVIII. 47. Das Parlamentscommittee ist auch der Meinung, die Verpflichtung zum Dienst der Grand Jury nicht als allgemeinen Befreiungsgrund für die Common Jury gelten zu lassen.

Anerkannt mangelhaft ist die Anfertigung der Urlisten durch die Overseers of the Poor. Der Ehrendienst der unteren Gemeindeämter ist zur Zeit so verfallen, und die Armenaufseher sind durch die jetzt angestellten 10,000 Steuereinnehmer schon so bequem gewöhnt, daß sie sich die Sache sehr leicht machen. Gewöhnlich schicken sie Listen in den einzelen Häusern herum, von welchen kaum die Hälfte richtig zurückkommt. Die Listen sind unvollständig, enthalten verstorbene oder längst umgezogene Personen, geben den Einzelen beliebige Prädikate als Esquires, Merchants, Bankers etc., wodurch sie dann mit der Bezeichnung G. oder S. in die respectable Liste der Grand Jury oder Special Jury eintreten. Es wird dies allseitig als ein Grundschade anerkannt. Eine Abhülfe kennt aber das heutige England nur durch bezahlte Amtsthätigkeit. Man trägt zwar Bedenken, besondere besoldete Beamte dafür anzunehmen (Qu. 991, 996—99), insbesondere die Constables (Qu. 50); aber eine andere Abhülfe als eine „besondere Vergütigung" an die Armenaufseher für dies Geschäft weiß auch Sir William Erle nicht vorzuschlagen (Qu. 1068, 1069, 1098); die Urliste soll dann noch durch die Boards der Armenverwaltung revidirt werden. Das Parlamentscommittee hat sich diesen Vorschlägen angeschlossen.

Uebelstände bestehen auch bei der Auswahl der Dienstliste für die einzelen Sessionen. Der Sheriff, d. h. der unter seinem Namen handelnde Anwalt, verfährt zwar unparteiisch, aber auch ziemlich mechanisch, nach dem Alphabet oder nach dem Turnus der Ortschaften, und mit Beihülfe von wenig zuverlässigen Unterbedienten. Ziemlich allgemein ist das Urtheil, daß die Honorationen, „the better classes", dem Dienst zu entgehen wissen (Qu. 1273, 1274). Im schlimmsten Fall kommen sie nicht, und lassen es auf eine Buße von 10 Guineen ankommen. Ebenso verbreitet ist die Meinung, daß man durch ein Douceur der Ladung entgehen kann (Qu. 16, 17, 62, 73—77, 95, 1222, 1225—32, 1251—53 ꝛc.). Freilich wollen die Zeugen „Niemanden besonders beschuldigen" und nicht behaupten, daß die jetzigen Unterbeamten „anders verführen als ihre Vorfahren" (Qu. 438—42 ꝛc.). In der City von London kam es zur Sprache, daß ein Herr Charles Mayhew ein Bureau eingerichtet hatte, in welchem für eine Guinea jährlich die Befreiung vom Dienst durch falsche Affidavits zu erlangen war (Qu. 407—12, 4.0, 431, 467, 468). Das Geschäft wurde 5 Jahre lang mit einem Jahresertrag von etwa 500 Guineen fortgesetzt, ehe es zu einer Strafverfolgung kam.

Die Bereitwilligkeit und im Ganzen auch die Tüchtigkeit der Geschworenen für die Strafjury ist unbestritten. Der Krebsschaden der Civiljury ist aber die Zulassung einer Specialjury und einer Bezahlung für den Geschworenendienst nach zwei Richtungen hin geworden.

1) Eine Special Jury wurde schon in der ältern Praxis öfter zugelassen für Beweisfragen von besonderer Schwierigkeit, die eine höher gebildete Klasse von Geschworenen zu erfordern schienen. Zuerst im Jahre 1730 wurde diese Praxis legalisirt durch 3. Geo II. c. 25. Das consolidirte Geschworenengesetz von 1826 nimmt dem entsprechend die Bestimmung auf, daß in den Urlisten Großhändler, Banquiers und Honorationen (Esquires) als solche hervorgehoben werden mögen, um zu einer Specialjury verwandt zu werden. Es wird davon so häufig Gebrauch gemacht, daß oft ein Drittel der Civilfälle und mehr vor einer Specialjury verhandelt werden (statistische Uebersicht darüber Parl. P. 1868 LVII., 243—49). Mit der Abschließung der regierenden Klasse hat diese Einrichtung aber den Charakter einer ständischen Scheidung angenommen. Alle Honorationen sind bestrebt, in die Liste der Special Jury oder Grand Jury hineinzukommen, die nun als die respectable Geschworenenliste und als Befreiungsgrund vom Dienst der gemeinen Jury gilt. Sowohl der Antrag auf Specialjury wie der Dienst derselben erhält damit eine politisch-sociale Parteifärbung. Die Aufnahme in die respectable Categorie hängt bei der gedankenlosen Anfertigung der Urlisten überdies so sehr vom Zufall ab, daß auch die Einberufung zum Dienst eine regellose, willkürliche Gestalt gewinnt, mit welcher sich nun ein zweites noch bedenklicheres Element cumulirt:

2) Die Bezahlung der Civilgeschworenen. So bereitwillig die Common Jury den Dienst in Criminalfällen unentgeltlich leistet, so haben doch die Einberufenen ein viel geringeres Interesse für Civilsachen. Es hat sich daher die Praxis gebildet, dem Civilgeschworenen 8 d. (7 Sgr.) für jeden Civilfall zu zahlen, was ohnehin für die Unterbeamten bequemer ist als eine Liquidation der Reisekosten, die allerdings mit Recht verlangt werden können. Wie nun aber die Common Jury gewohnheitsmäßig remunerirt wird, so verlangt die respectable Jury die standesmäßig höheren Diäten. Der Respectable muß im Hotel wohnen, muß in der I. Klasse der Eisenbahn fahren ꝛc. Es hat sich daraus die Sitte gebildet, jedem Special-Geschworenen 1 Guinea (7 Thlr.) zu zahlen, wozu noch 3—4 Guineen Gebühren für den Sheriff und andere Nebenkosten kommen. Mehrfach wird bei verlängerter Sitzung auch für jeden folgenden Tag 1 Guinea gezahlt (Qu. 372). In Westminster beispielsweise wird auch bei den Juries des Expropriations-Verfahrens 1 Guinea für den Dienst und eine zweite Guinea für Einnahme des Augenscheins gezahlt (Qu. 256—72). Es hat dies dahin geführt, daß ein Augenschein fast regelmäßig für nothwendig erachtet wird; und außerdem schätzt es sich die reiche Company, welche gewöhnlich Extrahentin des Verfahrens ist, zur besondern Ehre, ein splendides Déjeuner zur Erholung von den Strapatzen des Dienstes hinzuzufügen. In den Vorzimmern solcher Verhandlungen glaubt man ein stehendes Publikum bemerkt zu haben, welches darauf wartet, ob nicht etwa ein Ersatz-Geschworener erforderlich sein wird. Die Unhöflichkeit des gemeinen Volkes nennt diese Herren „Guinea Pigs". Die respectablen Bankers, Merchants and Esquires der heutigen englischen Welt finden an diesem Guineadienst keinen Anstoß, und würden sehr verwundert sein zu hören, daß in einem ihnen wenig bekannten Lande (Deutschland) die Esquires, Merchants and Bankers auch in Civilprocessen Jahr aus Jahr ein ihren zehnfach schwereren Dienst als Handelsrichter ebenso wie als Geschworene unentgeltlich leisten. — Naturgemäß findet sich aber die gemeine Jury nun wieder zurückgesetzt, daß sie ihren Dienst für 7 Sgr. leisten soll, während sich die Respectablen 7 Thlr. oder das Doppelte zahlen lassen (Qu. 415. — „They grumble very much, that they get no pay" Qu. 609).

Diese ständische Gliederung der Jury widerspricht gar sehr der Einheit des Dienstes, durch welche seit dem XIII. Jahrhundert England zu seiner common law und seiner Parlamentsverfassung gelangt ist. Und doch erscheint dem heutigen England ihre Beseitigung als ein unlösbares Problem. Alle Zeugen sind einig, daß es gesetzmäßig und verständig wäre, die Honorationen mit den gewöhnlichen Leuten wieder zu einer Jury zu vereinigen, und gleichmäßig in Civil- und Strafsachen zu verwenden. Sie wissen aber nicht, wie dies anzufangen sei (Qu. 581—591 ec.), — natürlich, so lange beide Seiten sich bezahlen lassen wollen. Die Vorschläge gehen nun dahin, der gemeinen Jury 2, 6, 7 oder 10 sh., — der Specialjury 1 oder 2 Guineen mit oder ohne Reisekosten zu zahlen. Das „Bequemste" würde es jedenfalls sein, keine Reisekosten zu berechnen, sondern einen festen Diätensatz für jede Klasse. Die öffentliche Meinung scheint auf dieser schiefen Ebene immer rathloser zu werden. Sir W. Erle erkennt freilich an, daß die ganze Scheidung dem Gesetze widerspricht, daß eine Liste für alle Geschworenenfälle dienen sollte. Mit der dem hohen Justizpersonal eigenen Delikatesse giebt er aber der public opinion gegenüber schließlich (Qu. 1061) folgende Erklärung ab: I think the distinction between special jurymen and common jurymen, taking out of the jury panel men to serve as special jurors, was a very pernicious institution. I think that the Legislature never intended it; and I think it has helped to introduce class prejudices into the jury box, and to give rise to the supposition that common jurymen have a spirit of opposition to special jurymen. How, as society is now constituted (!), the class of special jurymen could be induced to take their turn without a feeling of dissatisfaction, and perhaps some angry feeling, which would be very far from salutary, in the jury box, is a matter for the Committee to consider; but I think if the whole of the jury panel were called upon to serve, and the undersheriff, with discretion, was to fuse the different classes so, that there should be in the criminal court, as well as in the other courts, men who now serve as special jurymen fused amongst the jury, that would be a great improvement upon the present system, (aber alle sollen besser bezahlt werden). — Auch Sir H. Bodkin weiß der Frage nur die Seite abzugewinnen: it would not be very pleasant to a gentleman to be sitting as a juryman with his groom by his side (Qu. 1466, 1467). Ein einzeler Fall, in welchem einmal ein vornehmer Herr mit seinem Butler (Haushofmeister) gleichzeitig zu einer Specialjury geladen worden war, hat bei dem Committee einen unvertilgbaren Eindruck hinterlassen. Das Committee kommt schließlich zu Vorschlägen, die nach deutschen Begriffen wohl ungefähr die verkehrtesten sein würden: Die Special-Geschworenen (persons duly qualified by education and property) sollen mit einer Guinea, die gemeinen Geschworenen mit 10 sh. per Tag honorirt werden. Der darauf basirte Gesetzentwurf Parl. P. 1870 No. 32 hat diese Vorschläge wirklich aufgenommen, und will allgemein den Census der Geschworenen auf 30 £., in größeren Städten auf 50 £. erhöhen.

§. 32.

Die neuen Kreisgerichte für Civilprozesse.

Die übertriebene Centralisation der Gerichtsverfassung hat schon seit Jahrhunderten das Bedürfniß von Ortsgerichten fühlbar gemacht. Für einzele dringende Angelegenheiten half die polizeiliche Civiljurisdiction der Friedensrichter aus. Zur weitergehenden Abhülfe setzte Heinrich VIII. zuerst für London ein Ortsgericht ein, in welchem 2 Rathsherren und 4

Bürger wöchentlich zweimal zu Gericht sitzen sollten in Sachen bis zu 10 L. Analog wurde einer Zahl anderer Städte ein solcher Local Court verliehen in verschiedenem Umfang, zuweilen für alle Civilprozesse, doch in der Regel nur concurrirend mit den Reichsgerichten. Der Name Court of Request wurde meistens für Ortsgerichte über Bagatellsachen gebraucht. Die mangelhafte Besetzung dieser Stadtgerichte indessen (oft mit einem bloßen Anwalt), der Mangel einer Jury und eines geordneten Verfahrens sowie die Vernachlässigung des Instituts durch die Gesetzgebung des XVIII. Jahrhunderts machten diese Civiljustiz ziemlich unpraktisch; in der Mehrzahl der Städte kam sie so gut wie außer Gebrauch. Die sporadischen Reste der Stadtgerichte werden später noch im Zusammenhang der Stadtverfassung erörtert werden. Auch die nominellen Reste von Patrimonial-Gerichten in Civilsachen bestanden in der Regel nur für Besitzübertragungen und andere Acte freiwilliger Gerichtsbarkeit.

Erst 1846 kam die Ansicht zur Geltung, daß eine Civiljustiz auch für die ärmere Klasse da sein muß, welche keinen Prozeß mit Anwälten und Advokaten beim Reichsgericht führen kann. Durch 9. et 10. Vict. c. 95 wird das Privy Council (Ministerium) ermächtigt, das Land in angemessene Bezirke für neue Kreisgerichte einzutheilen.*) Demgemäß wurden 60 Kreisgerichte, ohne Scheidung von Stadt und Land, jedoch mit Ausschluß der City von London, gebildet und ihnen die Schuld- und Schadensklagen bis 20 L. und einige Nebenfälle überwiesen.**) Der New County Court gilt als ein Zweig des alten County Court

---

*) Der Entstehung der neuen Kreisgerichte gingen mancherlei Verhandlungen über den Ursprung, die Gestalt und die Nützlichkeit von Ortsgerichten für kleinere Civilprozesse voran, wie in den Parl. P. 1823 Nr. 386; 1825 Nr. 276; 1832 Nr. 386; 1839 Nr. 386; 1839 Nr. 387; 1843 Nr. 10. Von Wichtigkeit sind namentlich die verschiedenen Berichte über den actuellen Zustand: Returns of Cases decided in the several Metropolitan Courts of Requests 1833; Returns relating to Courts of Requests, County Courts, Hundred Courts and Borough Courts, 4 parts 1839; Returns relating to Courts of Requests, and Courts having jurisdiction in Personal Actions 1840. Für die legislatorischen Gesichtspunkte wichtig sind Lord Brougham's Letters on Law Reform to the Right Hon. Sir Graham Bart. 1843. Spätere Ausweise geben die Returns relative to Judges and Officers of County Courts 1850: Return of Duties and Emoluments of Officers of County Courts 1850; First Report of Commissioners on the state of County Courts and course of practice therein 1855. Aus neuester Zeit gehören hierher die umfassenden Reformvorschläge der Judicature Commission Parl. P. 1869, XXV. 1. Die Litteratur über die New County Courts enthält fast nur Compilationen zum täglichen Gebrauch der Praxis, deren es um so nothwendiger bedarf, da ihre Competenz und ihr Verfahren auf mehr als 20 Gesetzen, ergänzenden Regulativen und einer analogen Anwendung der Civilprozeßordnungen der Reichsgerichte von 1852, 1854, 1860 beruht.

**) Das Gesetz 9. et 10. Vict. schließt sich an die veralteten und verfallenen Lokalgerichte für Civilprozesse an, und fügt in einem Verzeichniß A 60 Orte, in einem

§. 32. Die neuen Kreisgerichte für Civilprozesse.

des Sheriff, wird aber unabhängig davon mit einem lebenslänglich fungirenden gelehrten Richter besetzt, welchen der Lord-Kanzler aus der Zahl der Advokaten von siebenjähriger Praxis, oder auch aus den bisher fungirenden Ortsrichtern ernennt. Der Richter ernennt den Gerichtsschreiber unter Bestätigung des Lordkanzlers, und die nöthigen Huissiers (Bailiffs). Das Finanzministerium bestellt die Rendanten (Treasurers) zur Kassenverwaltung und Legung einer Jahresrechnung für die Oberrechnungskammer.***)

Die Gerichtstermine sollen monatlich wenigstens einmal abgehalten werden. Das Verfahren ist summarisch, ähnlich dem heutigen mündlichen Prozeß vor deutschen Einzelrichtern (Exc. ††). Als Stellvertreter wird ein immatriculirter Anwalt oder ein vom Anwalt instruirter Advokat zugelassen; doch hängt die Zulassung eines förmlichen Plaidoyers vom Richter ab.

Der Kreisrichter entscheidet sowohl die That- als die Rechtsfrage. Bei Streitgegenständen von 5 L. und darüber kann aber jede Partei gegen Zahlung eines kleinen Kostenvorschusses eine Jury über die question of fact beantragen; auch bei Gegenständen unter 5 L. kann der Richter eine solche nach Umständen bewilligen. Die Jury in Bagatellsachen besteht aus fünf Geschworenen, welche aus der ordentlichen Liste entnommen, ebenfalls einstimmig entscheiden. In der Wirklichkeit wird indessen selten, nach den neuesten Berichten unter 1000 Fällen etwa nur drei Mal, von einer Jury Gebrauch gemacht.†)

Verzeichniß B 45 Orte bei, deren Verhältnisse bei der Bildung der neuen 60 Kreisgerichtsbezirke berücksichtigt werden (§. 5). In sechs Ortschaften, die ein Verzeichniß C beifügt, stand einem Grundherrn die Befugniß zu den Clerk of the court zu ernennen, in zwei Orten den High Bailiff, in Sheffield auch den sogenannten Judge of the court: hier soll die Ernennung gemeinschaftlich durch den Kreisrichter und den Grundherrn erfolgen unter Bestätigung des Ministers. Wo noch ein Grundherr mit einer Civiljurisdiktion für eine Hundertschaft oder einen Freibezirk beliehen ist, soll er befugt sein, seine Rechte aufzugeben (surrender), unbeschadet sonstiger damit verbundener Ehren (§. 14).

***) Die Kreisrichter werden vom Lord-Kanzler (unter Mitwirkung des Home Secretary) ernannt, und sind von diesem entlaßbar wegen „inability oder misbehaviour". Gegen sonstige Maxime ist den Kreisrichtern jede Advokatenpraxis unbedingt untersagt; ihren Gerichtsschreibern die Anwaltspraxis bei dem Kreisgericht selbst. Festgehalten ist der treffliche Grundsatz möglichst wenige, aber starkbeschäftigte und hochbesoldete Richter anzustellen. Die Zahl der Kreisrichter bleibt daher auf 60 (inclus. London) beschränkt, 21. et 22. Vict. c. 74 §. 3. Die Richtergehalte stehen auf dem consolidirten Fonds (z. B. Finance Accounts 1864 No. 370 Vol. XXXII. pag. 51) mit dem legalen Satz von 1200—1500 L., welcher in Zukunft nach 28. et 29. Vict. c. 99 resp. um 300 L. erhöht wird. Das Bureau- und dienende Personal kommt als Gegenstand der Parlamentsbewilligungen in den Civil Services III. vor.

†) Die Bildung der Geschworenenlisten geschieht nach 9. et 10. Vict. c. 59 §. 72 so, daß der Sheriff dem Gerichtsschreiber einen Auszug aus dem Geschworenenbuch

Bis 5 L. findet ein Rekurs wegen der Rechtsfrage an das Reichsgericht statt, wenn ein Oberrichter sie durch vorläufiges Zulassungsdecret gestattet. Liegt ein zweifelhafter Rechtspunkt vor, so kann die Sache in einen status causae zusammengefaßt, und an zwei Reichsrichter zur Entscheidung gebracht werden. Kommt eine principiell wichtige Rechtsfrage ins Spiel, so bleibt dem Beklagten das Recht durch Certiorari die Abberufung der Sache an eines der Reichsgerichte zu beantragen.

Das Executionsverfahren ist völlig modernisirt und geht unter Beseitigung des Sheriffamts durch das Bureau und die Huissiers des Kreisgerichts selbst. Der Executor kann Geld, geldwerthe Papiere, Mobilien (ausgenommen Kleider, Betten, Werkzeuge) abpfänden, und ausstehende Forderungen mit Beschlag belegen. Der Richter kann auch den Exequendus zur Manifestation seines Vermögens laden lassen und bei erwiesenem Betruge den Schuldner zu Gefängnißstrafe bis zu 40 Tagen verurtheilen — jetzt geändert mit Aufhebung der Schuldhaft durch 32. et 33. Vict. c. 62. Die abgepfändeten Sachen werden durch vereidete Mäkler gegen eine kleine Provision versteigert. Interventionsklagen im Laufe der Execution werden ebenfalls beim Kreisgericht entschieden.

Die so gestalteten Kreisgerichte sind nun in kurzer Zeit die Lieblinge der öffentlichen Meinung wie der Gesetzgebung geworden. Schon durch die Extension Act 13. et 14. Vict. c. 61 waren sie bis zu 50 L. für Schuldklagen, Vermächtnisse, Intestaterbtheile, Privatdelikte, Schadensklagen, Besitzstörungen competent geworden. Mit Consens der Parteien dürfen sie auch über größere Schuld- und Schadensklagen, über Besitztitel von Grundstücken, Zehnten, franchises und über die Gültigkeit eines letzten Willens erkennen. Die Krone kann Steuercontraventionen und Streitigkeiten über die Zahlung der Erbschaftssteuer zu ihrer endgültigen Entscheidung bringen. Ausschließliche Gerichtsbarkeit üben sie für Streitigkeiten zwischen den Mitgliedern und Beamten der Unterstützungsvereine, friendly societies etc.; concurrirend mit den Billigkeitsgerichten in Angelegenheiten milder Stiftungen, Charities, deren jährliches Brutto-Einkommen nicht 30 L. übersteigt. Die weitere Fortbildung geht dahin, ihnen die Lokaljustiz in allen Zweigen der Civilrechtspflege zu übertragen, und so

---

mittheilt, enthaltend nur die Namen solcher Personen, die in dem Kreisgerichtsbezirk ansässig. Daraus ladet dann der Gerichtsschreiber eine solche Zahl von Geschworenen, wie der Richter für nothwendig erachtet. Die Geladenen müssen bei 5 L. Buße sich zur Sitzung des Kreisgerichts einfinden; doch braucht Niemand öfter als zweimal im Jahre zu dienen. Wer bei den Assisen einberufen ist, wird dadurch für sechs Monate von dem Dienst beim Kreisgericht befreit. Bei der geringen Zahl der Fälle, in welchen eine Jury zur Anwendung kommt, ist zu beachten, daß sie nur i. Prozessen über 5 L. gefordert werden darf: beschränkt man die Proportion darauf, so wurde in 100 Fällen ungefähr dreimal eine Jury zugezogen.

§. 32. Die neuen Kreisgerichte für Civilprozesse. 187

den Dualismus des gemeinen Rechts und der Billigkeitsjustiz zuerst von unten herauf zu überwinden. Nach der Bankruptcy Act 1861 soll unter allmäliger Aufhebung der bisherigen Districtsgerichte auch das Bankruttverfahren in den Provinzen auf sie übergehen. Nach 28. et 29. Vict. c. 99 soll die Billigkeitsgerichtsbarkeit in einer Reihe von Fällen bis zum Betrage von 500 L. auf sie übergehen, mit Appellation an einen Vice-Kanzler und mit dem Vorbehalt, daß jeder Vicekanzler solche Fälle nach summarischer Vorverhandlung auf den Kanzleihof transferiren mag. Die neuesten Gesetze 31. et 32. Vict. c. 71; 32. et 33. Vict. c. 61 fügen noch hinzu die kleineren Seerechts-Prozesse aus dem Gebiet des Admiralitätsgerichtshofes, für welchen einzele Kreisgerichte als Unterdistricte der Admiralitätsjurisdiction behandelt werden.

Das Resultat ist die Concentrirung aller Rechtsprechung über die für den bürgerlichen Verkehr maßgebenden Fälle in 60 Kreisgerichten. Die neue Competenz derselben ist aus der ordentlichen Jurisdiction der bisherigen Reichsgerichte des gemeinen Rechts, der Billigkeit und aus den Specialgerichten herausgenommen. Nach unten hin absorbiren sie die letzten sporadischen Rechte der alten Patrimonial- und Lokalgerichte; denn kein Prozeß, der in ihre sachliche Competenz fällt, darf fortan in einem „court not of record" mehr angebracht werden, 30. et 31. Vict. c. 142 §. 18. Nach oben hin lassen sie den Centralgerichtshöfen nur die größeren Prozeßobjecte und die Stellung als Appellations- und Recursinstanz. Ihre durchschnittliche Competenz geht auf Prozesse bis 50 L., doch mit erheblichen Beschränkungen für dingliche Klagen, erheblichen Erweiterungen für Streitfälle der Billigkeit, der Admiralitätsgerichte u. a. Die dabei stehen gebliebenen Unebenheiten will der I. Report der Judicature Commissioners 1869 durch ein Consolidationsgesetz schon in nächster Zukunft beseitigen.

Hand in Hand damit geht die Beseitigung des Sheriffamts im Executionsverfahren in Folge des selbständigen Executionsrechts der Kreisgerichte. Durch 14. et 15. Vict. c. 52 werden sie Hülfsgerichte des Obergerichts bei Vollstreckung des Personalarrestes, indem sie einen vorläufigen warrant ofarrest auf 7 Tage gegen flüchtige Schuldner erlassen dürfen, damit der Kläger Zeit gewinne, ein förmliches capias bei den Reichsgerichten auszuwirken. So liegt das endliche Resultat wohl nicht mehr fern, nach welchem alle Civilexecution und schließlich auch wohl die Citationen von dem Sheriffamt auf Kreisgerichte übergehen, und damit einer der ältesten Theile des englischen selfgovernment erlöschen wird.

Im Ganzen macht dies Gebiet des selfgovernment den Eindruck der Auflösung. Ueber den alten Gebrechen der Civiljustiz in ihrer normannischen Centralisation sollte aber auch nicht das negative Verdienst dieser

188 Cap. IV. Der Antheil der Grafschaft an der Verwaltung der Civiljustiz.

Centralisation vergessen werden, welche nicht nur die Entstehung besonderer Provinzialrechte, sondern auch die Entstehung eines besonderen Rechts und Gerichts für besondere Berufskreise, Interessen und Stände im Keime unterdrückt hat. Auch positiv bleibt die Civiljury eine bedeutungsvolle Ergänzung der Civiljustiz für Schadensklagen, Expropriationen und analoge Fälle, und das Sheriffamt noch immer eine für England geeignete Stelle zur Bildung der Geschworenen-Dienstliste.

††) Das Verfahren der Kreisgerichte

ist protocollarisch mit Audienzterminen. Die Klage wird kurz mit Angabe des Klagegrundes und des Petitum vom Gerichtsschreiber in ein Protokollbuch eingetragen. Darauf folgt schriftliche Citation durch die Gerichtsboten zu einem Audienztermin. Auch die späteren Verhandlungen werden vom Gerichtsschreiber im Protokollbuch kurz eingetragen; ein beglaubigter Auszug daraus soll als Beweismittel überall zugelassen werden. In Ermangelung der dem englischen Prozeß fremden Eideszuschiebung können die Parteien selbst als Zeugen eidlich vernommen werden. Kein Prozeßact, Decret, Verdict oder Urtheil soll wegen bloßen Formfehlers nichtig sein. — Das Verfahren regelt sich durch eine besondere Prozeßordnung mit Sporteltarif, welche schon in dem ersten Einführungsgesetz enthalten war, auszugsweise übersetzt in Rüttimann's Engl. Civilprozeß S. 242—250. Fast jedes spätere Gesetz enthält nebenbei auch ergänzende und amendirende Vorschriften für das Verfahren. Einzele Vorschriften der neuen Civilprozeßordnung für die Reichsgerichte können durch Verordnung auch auf die Kreisgerichte übertragen werden, 17 et 18 Vict. c. 125 §. 105. Die überaus schwierige Neugestaltung hat aber auch auf diesem Gebiet zur Erweiterung der Regulativgewalten geführt. Durch 19. et 20. Vict. c. 108 §. 32 wird der Lord-Kanzler ermächtigt, eine Commission aus der Zahl der Kreisrichter zu ernennen zur weitern Regelung der Einzelheiten des Verfahrens und des Kostentarifs. Aus dieser Commission sind die jetzt geltenden Rules, Orders and Forms 1867 hervorgegangen.

Die über Erwartung bedeutenden Resultate werden Jahr für Jahr ersichtlich aus der Justizstatistik (Judicial Statistics Parl. P. 1868 Vol. LXVII. 519 ff. für das Geschäftsjahr 1867). In den 59 Provinzial-County-Courts wurden 942,181 Klagen angebracht. Zur Entscheidung durch Urtheil kommen 856 Fälle mit Jury, 541,704 Fälle ohne Jury. Executionsverfügungen in das Vermögen wurden 159,784 erlassen: in 4523 kam es zum Verkauf der abgepfändeten Sachen. Von 30,684 Anträgen auf Personalarrest wurden 8362 vollstreckt. Die Gesammtzahl der Sitzungstage betrug 7893 in allen 59 Circuits, was mehr als 68 Bagatellsachen für einen Sitzungstag ergiebt. Von den Urtheilen lauteten 310,377 zu Gunsten des Klägers, 213,291 ebenso zu Gunsten des Klägers durch Agnition. Nur 9230 ergingen zu Gunsten des Beklagten; in 9138 Fällen erledigte sich die Klage durch Nichtverfolgung (nonsuit). Die Gesammtsumme der eingeklagten Ansprüche betrug 2,194,836 £. Der Gesammtbetrag der Prozeßkosten und Gebühren 311,835 £. In 14 Fällen wurde Appellation eingelegt; in 43 Sachen ein Inhibitorium zur Einstellung des Verfahrens erlassen; in 81 Sachen das Verfahren durch writ of certiorari an das Obergericht gezogen. — Bei den Reichsgerichten wurden in demselben Jahre zwar 133,160 Civilsachen angemeldet, aber nur bei 38,410 Sachen kam es zu einem Einspruch des Beklagten. Nur 5253 wurden zur Verhandlung mit Jury verwiesen. Zur wirklichen Verhandlung vor einer Civiljury kam weniger als die Hälfte dieser Fälle.

V. Capitel.
Die Strafjustiz und Polizeiverwaltung der Grafschaft.

I. Abschnitt.
Amtsgeschäfte und Personal der Friedensrichter.

§. 33.
Die friedensrichterlichen Amtsgeschäfte.

Die in England so kraftvoll entwickelten Friedensgewalten (Polizeigewalten) sind noch erkennbar als alte Befugnisse des anglonormannischen Königthums, welche einst von den vicecomites und Specialvögten in der Grafschaft durch persönlichen Auftrag verwaltet wurden. In höherer Instanz trat eine Controle derselben zuerst durch königliche Commissarien ein, d. h. durch die „reisenden Richter" und die daraus consolidirten Reichsgerichte. Nach unten hin dienten eingeschworene Ausschüsse der Hundertschaften und Zehntschaften als Hülfsorgane der königlichen Friedensbewahrung. Aus solchen, dem modernen Polizeistaat vielfach analogen Verhältnissen ist durch den Fortschritt der Gesetzgebung und durch die Einsetzung des Friedensrichteramts die neuere Friedensbewahrung nach dem System des selfgovernment hervorgegangen, welche den Grundcharakter der englischen Verfassung in erster Stelle bestimmt und deshalb noch einen weitern geschichtlichen Rückblick bedingt.

Strafjustiz und Polizei war ursprünglich gleich der Civilrechtspflege concentrirt im normannischen Landvogt in seinem Sheriff's Tourn. Schon die Magna Charta hat indessen dem verhaßten Vicecomes alle eigentlichen placita coronae entzogen. Bei diesen Königlichen Criminalklagen bleibt dem Sheriff nur der erste Angriff und die polizeiliche inquisitio; die Leitung des Hauptverfahrens und die Entscheidung geht auf die Königlichen Richter = Commissare und auf die Collegia der Reichsgerichte über.

Der alte Antheil der Gemeinden bildet sich in diesen Fällen zur Straf=Jury um.

Nach Ausscheidung dieser **höheren** Criminal=Justiz besteht das Sheriffamt fort als Strafamt für die leichteren Uebertretungen nach dem alten Büßungssystem, als Inquisitionsamt unter Zuziehung von Gemeinde=Ausschüssen, und mit seinen sonstigen Befugnissen zur „Bewahrung des Friedens", also als Kreispolizeibehörde. Der inquest wird periodisch abgehalten in den turnus vicecomitis durch Befragung der versammelten Hundertschaft nach bestimmten Formularen (articuli): ob das Register der Gemeindebürgen vollständig; ob alle Gerichtsmänner zum Gerichtstag erschienen sind; betreffend Hausbrecher, Diebe, andere felons und Geächtete; betreffend falsche Maße und Gewichte; betreffend Tag= und Nachtwache; betreffend Instandhaltung der Landstraßen, Brücken u. s. w.

Es war nun aber ein sehr schwerfälliges Verfahren, und wurde als die drückendste Last des Gerichtsdienstes empfunden, wenn zu diesen Zwecken jährlich zweimal die Hundertschaften vor dem Sheriff erscheinen mußten, dessen Finanzstellung eine unerschöpfliche Quelle des Sportulirens wurde, und dessen Unterbeamte sich auch auf eigene Rechnung allerlei Druck und Sportel=Unfug erlaubten. Der inquirirende Sheriffstourn erhielt deshalb nach zwei Seiten hin concurrirende Organe:

1) Die **reisenden Richter** übernehmen eine concurrirende inquisitio, indem sie die vorschriftsmäßigen Frageartikel den versammelten Einsassen vorlegen und durch Ausschüsse aus den einzelen Hundertschaften (juries) auf ihren Eid beantworten lassen; später zieht man dies bequemer in eine „große Jury" zusammen, die aus den angesehensten Männern der ganzen Grafschaft ernannt wird, und neben dieser grand jury kommen die besonderen juries der einzelen Hundertschaften allmälig außer Gebrauch.

2) Man stellt dem Sheriff's tourn locale Courts leet zur Seite als **abgezweigte** Polizeigerichte mit gleichen Functionen. Vielen Klöstern und Städten, und dann auch massenhaft den größeren Grundbesitzern im Besitze eines court baron, wird das Recht zugestanden, daß ihre Eingesessenen nicht mehr vor dem Sheriff's tourn zu erscheinen brauchen, sondern ihr selbständiges Ortspolizeigericht bilden, in welchem der Gerichtshalter mit den Gerichtsmännern der Ortschaft ganz ebenso procedirt wie der Sheriff in der Hundertschaft mit seinen Gerichtsmännern. Der Sheriff's tourn tritt dadurch in eine ergänzende Stellung zurück; er umfaßt nur noch die Eingesessenen der Ortschaften, die zu keinem private leet gehören, und tritt ein, wo der private leet nicht gehörig besetzt ist, oder sonst seine Pflichten nicht gehörig erfüllt. Uebrigens haben die abgezweigten courts leet dieselbe Competenz über Vergehen, die nach dem gemeinen Recht und nach dem alten Bußsystem zu ahnden sind; nicht aber über placita coronae,

§. 33. Die friedensrichterlichen Amtsgeschäfte.

bei denen wie im Sheriff's tourn nur zu inquiriren ist. Die niedere Strafjustiz und Polizei ist nun eine Zeit lang ganz auf die Formation des court leet basirt, die seit der Magna Charta eine ziemlich populäre Gestalt gewinnt. Nicht nur ist die Theilnahme der Gerichtsmänner (pares) an dem Schuldspruch in diesen Fällen zugesichert, sondern auch eine weitere Theilnahme von Gemeindegenossen (affeerors) zur billigen Abmessung der Polizeibußen, amerciaments.

Dennoch dauern seit dem Beginn der reichsständischen Periode stetige Klagen über die Polizeigerichte fort. Die mehren Tausend kleiner courts leet zeigten sich für Aufrechterhaltung der Polizeiordnung nicht hinreichend wirksam, und führten auch zu Collisionen unter sich und mit anderen Gerichtsgewalten. Die Hauptsache aber war, daß die alten Formen des Gerichts und des Gerichtsverfahrens überhaupt nicht ausreichten für eine Reihe von polizeilichen Functionen, die nur durch Einzelbeamte in unmittelbarer Nähe zu handhaben sind. Die immer wiederholten Landesbeschwerden führen endlich nach langen Zwischenversuchen zu der populären Maßregel der Einsetzung der Kreispolizeiherren, Justices of the Peace, als dauernder Institution, 34. Edw. III. c. 1 (a. 1360). Sie sollen fortan (1) die herkömmliche Polizeigewalt nach common law, und (2) darüber hinaus eine ordentliche Strafgewalt mit Jury üben, jedoch ohne die vorhandenen Institutionen aufzuheben.*)

Neben den Friedensrichtern bleiben also noch viele Menschenalter hindurch die courts leet als concurrirende Localgerichte stehen; aber ohne weitere Reformen ihrer Verfassung, grundsätzlich beschränkt auf die alte Jurisdiction nach common law, sofern ihnen nicht die Strafgewalt über neue Straffälle durch Parlamentsstatuten ausdrücklich beigelegt ist. In diesem Verhältniß der freien Concurrenz ist der court leet allmälig überwachsen durch die neuere kräftigere Institution der Friedensrichter. Sie waren jederzeit zugänglich, während der court leet nur zweimal jährlich auf kurze Zeit eröffnet wurde. Sie erhielten von Menschenalter zu Menschenalter neue und wirksame Strafgewalten und Amtsrechte, während der court leet auf seine alten Geschäftsformen und im Ganzen auch auf das alte System der Strafbußen nach common law beschränkt blieb.

---

*) Für den geschichtlichen Entwickelungsgang der niedern Strafjustiz und Polizei und deren allmälige Zusammenfassung in das Friedensrichteramt verweise ich auf die Geschichte des selfgovernment, namentlich für den alten turnus vicecomitis S. 69, 70, 75; für das gesammte normannische Polizeisystem und die Umgestaltung der Strafjustiz S. 81—104, insbesondere die courts leet S. 101—104; für die reichsständische Periode S. 171—188, insbesondere für die Entstehung des Friedensrichteramts S. 171—183, 184—188; für die Fortbildung unter den Tudors und Stuarts S. 291—308; für das achtzehnte Jahrhundert S. 364—368.

In noch stärkerem Maße galt dies für den ergänzenden Sheriff's tourn, dessen Unpopularität fortdauerte, und dessen Polizeigewalt schon durch den unangemessenen Wechsel des Sheriff-Amts von Jahr zu Jahr weiter verfallen mußte.

So stehen hier zwei Systeme der Strafjustiz und Polizei nebeneinander, Menschenalter hindurch ihre Kräfte messend, bis das eine, der court leet, zwar nicht dem Gesetzesbuchstaben nach, aber doch für das praktische Leben still zur Ruhe geht.

Der innere Grund dieser Erscheinung liegt einerseits in einem Bedürfniß des Staatslebens, welches mit dem Fortschritt zur Rechtseinheit immer vollständiger eine Rechtsprechung durch stehende Richter bedingt, den Antheil der Gemeinde immer mehr auf die question of fact beschränken muß. Andererseits kann Polizei und Strafgewalt in leichten Straffällen nur durch Einzelbeamte zweckmäßig geübt werden, während das Aufbieten der Gemeinden zu solchen Zwecken schon an zweckwidriger Schwerfälligkeit zu Grunde geht, und ganz aufhören muß, wenn an die Stelle patriarchalischer Ordnung eine Polizeiverwaltung nach Gesetzen tritt. Ohne Gesetze läßt sich aber das Verhältniß der besitzenden und arbeitenden Klassen in wirthschaftlich entwickelten Zuständen nicht mehr ordnen. Gerade um die Zeit der Entstehung des Friedensrichteramts entfaltet sich in England aus der alten Friedensbewahrung, eine Arbeits- und Lebensmittelpolizei, welche die Bestandtheile, das Gewicht und den Preis des Brodes regelt, und im Zusammenhang damit die Arbeitslöhne für Handwerker, Tagelöhner, Haus- und Wirthschaftsgesetze normirt. Alle neuen Strafgewalten dieses Gebiets kommen hauptsächlich den Friedensrichtern zu Statten, die nun mit den justices of labourers verschmelzen (2. Henry V. c. 4, §. 2). Am vollständigsten entwickelt sich die neuere Seite des Polizeiamts seit der Zeit der Tudors zu einem weit verzweigten System einer Arbeits-, Gewerbe- und Sittenpolizei, welches sich vollständig mit den Polizeisystemen deckt, welche in den Zeiten des ancien régime auf dem Continent sich entfalten. Nicht der materielle Umfang der Polizeigewalt, sondern die Handhabung derselben durch die Selbstthätigkeit der höheren Stände, sowie die gerichtlichen Formen und Maximen des polizeilichen Decernats, unterscheiden England von dem Polizeistaat des Continents. Mit dieser weiteren Entfaltung der Aufgaben, mit der Entstehung schriftlicher Voruntersuchungen, mit der Bildung einer Oberinstanz über der Kirchspielsverwaltung, war aber der weitere Verfall der alten courts leet gegeben; denn für diese neuen Functionen waren die Formen des Gemeindegerichts noch unanwendbarer als für die alten. Die localen courts leet dauern nur noch sporadisch und in geringem Umfang fort. Dem Sheriff's tourn war

§. 33. Die friedensrichterlichen Amtsgeschäfte.

durch 1. Edw. IV. c. 2 die eigentliche Voruntersuchung entzogen; er war schon vor Blackstone's Zeit zur Antiquität geworden.

Die Amtsgewalt der Friedensrichter, welche von Anfang an „sowohl innerhalb wie außerhalb der Freibezirke" geübt werden sollte, griff über die zersplitterten Gerichtsbezirke über, hob die darin enthaltenen Anfänge von Patrimonialgerichten für Städte und Güter und die Anfänge eximirter Gerichtsstände wieder auf, und machte die örtlichen Commissarien zu den lebendigeren und kräftigeren Organen der Polizeigewalt. Mit Abwerfung aller patrimonialen Elemente hat nun die friedensrichterliche Gewalt ihre alleinige Grundlage in der Königlichen Commission, also persönlicher Amtsstellung. Schon in 3. Rich. II. enthielt sie wesentlich die Bestandtheile des noch heute gültigen Formulars von 1590.*)

Der erste Hauptabsatz der Commission ertheilt den Friedensrichtern die Gewalten der Friedensbewahrer nach gemeinem Recht, d. h. die herkömmliche Polizeigewalt zu ergreifen, festzunehmen, zu verhaften und sich Friedensbürgschaft bestellen zu lassen. An diese Klausel reiht sich zunächst die summarische Polizeistrafgewalt, die durch eine lange Reihe von Parlamentsbeschlüssen den einzelen Friedensrichtern zugestanden ist gegen Uebertretungen der Gewerbe- und Arbeitspolizeiordnung, Vagabundiren, Arbeitslosigkeit, Wilddieberei, Fluchen, Trunkenheit, Unfug aller Art (nuisance) und andere zahllose Vergehen.

Der zweite Hauptabsatz giebt den Friedensrichtern in ihren Quartalsitzungen mit Zuziehung einer Jury eine ordentliche Strafgewalt; diese Geschäfte der Sessionen sind dann aber viel weiter ausgedehnt als die Fassung der Commission andeutet. Die Gesetzgebung dreier Jahrhunderte

---

*) Die Wortfassung der sehr umfangreichen Commission wird in den englischen Hülfsbüchern abgedruckt. Den lateinischen Text aus Dalton, Justice S. 8 habe ich in der zweiten Auflage dieser Schrift I. S. 547. 548 wiedergegeben. Eine deutsche Uebersetzung wird von Vincke, die innere Verwaltung Großbritanniens, Anlage I. beigefügt. In Burn's Justice 30. Aufl. wird der Text Vol. III. S. 111—113 abgedruckt und an verschiedenen Stellen ein förmlicher Commentar dazu gegeben. Es wird darin beispielsweise hervorgehoben, daß die streng persönliche Fassung der Commission zur Erhaltung „Unseres Friedens" 2c. eine Erneuerung bei jedem Regierungswechsel nothwendig macht; — daß unter den zu beobachtenden Amtsanweisungen und Statuten auch die alten Polizeiordnungen von Winchester und Westminster mitverstanden sind, die schon vor der Einsetzung der Friedensrichter ergangen, in den alten Formularen deshalb ausdrücklich erwähnt wurden; — daß die Klausel wegen der Maß- und Gewichtspolizei aus 34 Edw. III. c. 5, die Klausel wegen des Verkaufs von Lebensmitteln aus 2 et 3 Edw. VI. c. 15, das Aufsichtsrecht über Sheriffs, Bailiffs, Constables und Unterbeamte aus 4 Edw. III. c. 2 datirt; — daß auch Fremde während ihres Aufenthalts in England der Gewalt dieser Polizeiobrigkeit unterliegen; — daß die Klausel „Alle und jede Strafgesetze" auch die ganze Masse der späteren Polizeigesetze bis zum heutigen Tage zu einem Bestandtheil der Friedenscommission macht 2c. 2c.

hat dies Gebiet weiter ausgefüllt, und dabei eine weitere Unterscheidung zwischen den kleineren Bezirks= und den General=Versammlungen herbeigeführt.

Je mehr alle übrigen Communalämter theils verfallen, theils den Friedensrichtern untergeordnet, oder auf ein sehr specielles Gebiet beschränkt sind: um so mehr sind die Friedensrichter der Mittelpunkt aller Kreisverwaltung geworden. Ihre Functionen sind daher ebenso schwer erschöpfend aufzuzählen wie die Functionen des modernen Staats und die Amtsbefugnisse der Verwaltungsbehörden des Continents.**)

In England selbst sind die Versuche einer systematischen Ordnung allmälig aufgegeben, je mehr die Masse der neueren, unverarbeiteten Gesetze überhand nahm, so daß zuletzt nur alphabetische Reihenfolge unter herkömmlichen Rubriken übrig geblieben ist. Eine dem Entstehungsgang näher stehende Anordnung ist in dem geschichtlichen Abriß des XVIII. Jahrhunderts oben S. 51—53 gegeben. Im Anschluß daran sondern wir das bisher unabsehbare Material in folgende 7 Abschnitte:

I. Amtsgeschäfte und Personal überhaupt.
II. Amtsgeschäfte der einzelen Friedensrichter.
III. Die kleinen Bezirkssitzungen.

**) In Vergleichung mit den deutschen Systemen der Staatsverwaltung könnte man versuchen die Gerichts= und Administrativ=Functionen der Friedensrichter etwa so zu scheiden wie ich es an einem andern Ort beiläufig gethan habe:

I. Richterliche Geschäfte: (1) Erster Angriff und Voruntersuchung (examination) bei allen Straffällen. (2) Polizeirichteramt in den zahllosen Fällen eines summarischen Strafverfahrens ohne Jury. (3) Steueruntersuchungs= und Strafamt. (4) Polizeiliche Civiljurisdiction über Gewerbe= und Lohnstreitigkeiten, Alimentation unehelicher Kinder, Exmissionsklagen ꝛc. (5) Appellations=Instanz für die vorigen Fälle in den Quartalsitzungen. (6) Ordentliche Criminal=Strafgewalt, welche aber nur collegialisch mit Jury in den quarter sessions zu üben ist.

II. Administrative Geschäfte: (1) Ein Verwaltungsdecernat in den Kreis=Angelegenheiten, namentlich Ausschreibung der Kreissteuer, Bestätigung der Armensteuer, Entscheidung der Steuer=Reclamationen, Kreiskasse u. s. w. (in Quartalsitzungen). (2) Ein Polizei=Decernat zur Ertheilung von Concessionen, Polizeischeinen ꝛc., zur Anstellung, Vereidigung und Aufsicht über die Constables und andere Gemeindebeamte (special sessions). (3) Ein Verwaltungs=Decernat über Ortsgemeinde=Verwaltung, Armenverwaltung, Wegebauwesen, administrative Maßregeln der Miliz=Verwaltung, Gefängniß=Verwaltung, Irrenhäuser. (4) Die Quartalsitzungen bilden dann wieder eine Beschwerde=Instanz über den Bezirks=Sitzungen, einzelen Friedensrichtern und unteren Communalbeamten.

Ein Versuch das Einzele so mit Trennung von „Justiz und Verwaltung" darzustellen würde indessen alles zerreißen und zerstückeln müssen. Nach der ganzen Anlage der englischen Communal=Verfassung sind Gerichts= und Verwaltungs=Geschäfte nicht unterschieden, da das höhere Verwaltungs=Decernat ebenfalls Jurisdiction ist, d. h. Entscheidung über Rechtsverhältnisse des öffentlichen Rechts, welche die Engländer geradezu als jurisdiction bezeichnen.

IV. Die allgemeinen Quartalsitzungen.
V. Antheil der Gemeinde an Strafverfolgung und Jury.
VI. Die unteren Polizeiämter, Constables.
VII. Obrigkeitliche Stellung und Verantwortlichkeit der Friedens=
richter und Constables.

*** **Zur Literatur und Systematik der friedensrichterlichen Geschäfte.**
Das Hauptwerk über die heutigen Amtsgeschäfte der Friedensrichter ist noch immer R. Burn's Justice of the Peace and Parish Officer, die vorletzte 29. Auflage, 1845, in fünf Bänden. (Dazu Edw. Wise, Supplement to the Twentyninth Edition of Chitty's Burn's Justice of the Peace, containing all the Cases and Statutes to Hilary Term 1852.) Die 30. Auflage von Burn's Justice by Maule ist 1869. 5 Vol. 8. erschienen. — Speciell für die Amtsgeschäfte der einzelnen Friedensrichter: Arnold's Summary of duties out of Sessions 1860. Oke, The Magisterial Synopsis, a Practical Guide to Magistrates 1868. 2 Vol. — Für die Geschäfte in den Sessionen: Dickinson's Practical Guide to the Quarter Sessions and other Sessions of the Peace. By Serj. Talourd, 6 th. ed. by R. P. Tyrrwhitt Esq. 8. 1845. Stone's, Petty Sessions, 7th. Ed. 1863. — Die Hauptwerke sind alphabetisch; nur Dickinson giebt eine einigermaßen systematische Uebersicht über die Geschäfte der Sessionen. Zweckmäßig geordnet und abgegrenzt ist auch H. Leeming and Rich. Cross, the General and Quarter Sessions of the Peace, Jurisdiction and Practice in other than Criminal Matters. 1858. — Die deutschen Vorstellungen über das Friedensrichteramt beruhen wohl noch immer vorzugsweise auf: v. Vincke, die innere Verwaltung Großbritanniens. Berlin, 1815 (1848).

Von einer systematischen Anordnung der friedensrichterlichen Geschäfte im eigentlichen Sinne ist in England nie die Rede gewesen. Zur Zeit Elisabeths konnte man noch eine Art von Gruppirung versuchen. Lambard's Eirenarcha hat daher noch am meisten Uebersichtlichkeit, und handelt im I. Buch summarisch von dem Friedensrichteramt überhaupt, im II. von den Geschäften, die ein einzelner Friedensrichter vornehmen kann; im III. von den Geschäften, bei denen mehre einzelne Friedensrichter concurriren; im IV. von den Sessions. Ein gemischtes System befolgt Dalton's Justice (1700). Im Cap. 1—6 werden Geschichte, Begriff, Inhalt der commission und Vorbemerkungen über die Gewalt der Friedensrichter voran geschickt. Dann folgen Cap. 7—113 die ordentlichen Amts=geschäfte alphabetisch geordnet von Alehouse bis Words. Dann Cap. 115—195 Betrachtungen über die Friedenscautionen, Besitzentsetzungen, Aufruhr, Voruntersuchung bei schweren Verbrechen, Grundzüge des Verfahrens, Formulare zu Decreten, Urtheilen, Concessionen, friedensrichterliche sessions, jury, certiorari. Als Anhang folgt eine zweckmäßige alphabetische Jurisdictionstabelle. — Burn's Justice kommt von Anfang an in das breite Geleis der alphabetischen Anordnung, wobei aber einzelne Artikel, wie Criminal Law und Poor in späteren Auflagen zu selbständigen Hauptbänden geworden sind. Die herkömmlichen alphabetischen Rubriken sind dem englischen Juristen ungefähr das geworden, was einst dem römischen Juristen seine Titelrubriken waren. Sie sind daher auch in unserer Darstellung (zur Orientirung in englischen Büchern) möglichst hervorgehoben. Die starke Hervorhebung der hergebrachten Rubriken erspart auch die Citate aus Burn's Justice und den sonst gebräuchlichen Rechts=Commentaren und Hülfsbüchern, welche nur auf besondere Veranlassung angezogen sind. Für die Citate aus der englischen Gesetzsammlung ist zuweilen der Abkürzung wegen auf das Repertorium der Statutes von 1870 (oben S. 68) verwiesen, wo sich die bloße Angabe von Zahlen übermäßig häufen würde.

§. 34.
Das heutige Personal der Friedensrichter.

Je umständlicher und schwieriger schon nach dieser vorläufigen Uebersicht das Amt der Kreispolizeiherren erscheint, um desto sorgfältigere Beachtung bedarf die Auswahl des Personals. Es kommt dabei in Betracht 1. die ältere Zusammensetzung aus Grundbesitzern und rechtskundigen Beamten, 2. der Bezirk der Commission, 3. die Amts- und Qualificationseide, 4. die heutige Zusammensetzung des Personals.

I. Bei der ältern Zusammensetzung des Personals war von Anfang an gedacht an größere Grundbesitzer, doch ohne Rechtskundige auszuschließen, und ohne das Ermessen der Krone in der Auswahl erheblich zu beschränken: 34. Edw. III. c. 1; 13. Ric. II. c. 7; 2. Hen. V. st. 1. c. 4; st. 2. c. 1. Einen bestimmten Census führt erst das st. 18. Hen. VI. c. 11 ein: „daß kein Friedensrichter in die Commission gesetzt werden soll, der nicht Ländereien zum Werth von 20 Pfd. Silber jährlich hat." Es folgt jedoch das Proviso §. 2: „daß wenn in der Grafschaft nicht genügende grundangesessene Personen vorhanden wären, welche der Rechte und der Verwaltung kundig, der Lord-Kanzler befugt sein soll nach seinem Ermessen andere zuverlässige Personen, die der Rechte kundig, in solche Commission zu setzen." Dieser Ansatz dauerte einige Jahrhunderte, so sehr auch mit dem Geldwerth ein Census von 20 L. an Bedeutung herabsank. Erst die stt. 5. Geo. II. c. 18; 18. Geo. II. c. 20 erhöhen den Census, und verlangen „eine Grundrente von 100 L. aus freehold oder copyhold, erblich oder auf Lebenszeit oder auf mindestens 21 Jahre Pacht, belegen in irgend einem Theil von Großbritannien, berechnet vom Reinertrag nach Abzug der Lasten." Gleichgestellt wird eine dingliche Anwartschaft (immediate reversion or remainder) auf 300 L. Grundrente. Ohne Census qualificirt sind Lords vom Parlament, ihre ältesten Söhne und Erben, so wie die ältesten Söhne und Erben einer Person, die nach 9. Anne c. 5 Abgeordneter einer Grafschaft sein kann, also eines Besitzers von 600 L. Grundrente. Auch ist durch jenen Census der städtische Grundbesitz nicht ausgeschlossen. Der im Gesetz genannte Besitz an freehold, copyhold etc. umfaßt gleichmäßig Gebäude, Fabriken und Gewerbsanlagen, umfaßt auch den Pfarrbesitz der Geistlichen als freehold auf Lebenszeit.

Noch immer bestand ferner die Quorum-Klausel, nach welcher eine höhere Klasse von Rechts- und Geschäftskundigen in der Commission hervorgehoben wurde, von denen Einer zu den wichtigeren juristischen Ge-

§. 34. Das heutige Personal der Friedensrichter.

schäften zugezogen werden mußte. Bei Blackstone ist dies Verhältniß bereits verwischt, und die wichtige Notiz Lambard's (p. 48) weggelassen:
„die quorum sollten wegen ihrer Rechtskenntnisse besonders ernannt werden, und dies veranlaßte die verschiedenen älteren Gesetze zu der ausdrücklichen Bestimmung, daß einige Rechtsgelehrte in die Commission aufgenommen werden sollten; und (um die Wahrheit zu sagen) alle Gesetze, welche die Gegenwart der quorum verlangen, meinen damit stillschweigend einen solchen rechtsgelehrten Mann."*)
Es dauert ferner fort die Friedensrichterqualität für die Mitglieder des Privy Council und der Reichsgerichte, den Attorney General und Solicitor General, die Unterstaatssekretäre, einzele höhere Hof- und Marinebeamte, die besoldeten Stadtrichter, die Vicekanzler der Universitäten, die heads of colleges darin, 5. Geo. II. c. 18 §. 6, 7; 18. Geo. II. c. 20 §. 15. Erst sehr langsam hat der Grundbesitz das berufsmäßige Beamtenthum aus den Friedenscommissionen fast verdrängt, und zwar einerseits dadurch, daß er die nöthigen Eigenschaften für solche Aemter sich selbst erwarb, andrerseits durch den Verzicht auf Sporteln, in Folge dessen das Beamtenthum stillschweigend zurücktrat. Solche Tagegelder von 4 sh waren durch 12. Ric. II.; 2. Hen. V.; 18. Hen. VI. den Friedensrichtern namentlich für die Theilnahme an den Quartalsitzungen zugesichert. Die englische gentry hat darauf gewohnheitsmäßig verzichtet, ebenso wie auf die Parlaments-Tagegelder, und dadurch das Friedensrichteramt immer vollständiger zu einem Ehrenvorbehalt der höheren Stände erhoben. Dieser Verzicht (neuerdings legalisirt in 18. et 19. Vict. c. 126 §. 21) und die Unzulässigkeit einer Stellvertretung in ihrer verantwortlichen Stellung, haben

---

*) Ueber das Bedürfniß der Rechtskunde neben dem Grundbesitz in den Friedenscommissionen spricht Lambard p. 48, 49 einige Bedenken aus, erklärlich aus dem Standpunkt des XVI. und XVII. Jahrhunderts. (Ueber das Geschichtliche des Personals vergl. Geschichte des selfgovernment S. 180, 181, 298, 299.) — Andererseits ist das Friedensrichteramt unvereinbar mit gewissen anderen, namentlich niederen Aemtern. Dem Sheriff wurde durch 1. Mary sess. 2. c. 8 die currente Praxis als Friedensrichter während des Amtsjahres untersagt, weil er nicht zugleich Friedensrichter und Vollziehungsbeamter der Friedensrichter sein soll, und um die Civiljustiz und andere Geschäfte des Sheriff von den polizeilichen getrennt zu halten. Aus ähnlichen Gründen gilt die Ausübung der Friedensrichterpraxis durch einen Coroner als unschicklich. Ferner soll die niedere Klasse der Anwälte, attorneys, solicitors, proctors nicht zu Grafschafts-Friedensrichtern ernannt werden, 5. Geo. II. c. 18 §. 2; 6. et 7. Vict. c. 73 §. 33, weil diese Klasse als Subalternbeamte der Gerichte und als Gerichtsschreiber der Friedensrichter fungirt. Als unvereinbar gelten ferner solche Aemter, über welche sie selbst eine Controle zu führen haben, wie das eines Armenaufsehers. Als vereinbar gelten dagegen die höheren und höchsten Aemter. Die Friedensrichter sind sehr gewöhnlich zugleich Deputy-Lieutenants, und behalten auch als Parlamentsmitglieder, als Staatsminister 2c. ihren Ehrenplatz in der Friedenscommission.

das Amt vor einem Rückfall in die Weise der Feudal= und Patrimonial= Aemter bewahrt.

II. Die Bezirke der commissions sind regelmäßig ganze Grafschaften, ausnahmsweise Unterbezirke der Grafschaft. Die Regel ist also, daß die Kreispolizeiherren für das ganze Gebiet eines Kreisver= bandes mit concurrirenden Gewalten bestellt, und den Rechtsuchenden über= lassen wird, sich an den einen oder andern Friedensrichter zu wenden; den Friedensrichtern selbst bleibt anheimgegeben, die Vertheilung gewisser Ge= schäfte unter sich zu arrangiren. In einigen Grafschaften wird die Com= mission für die Unterbezirke ausgefertigt, in York für die 3 ridings, und ähnlich in Lincolnshire. Es werden aus diesem Grunde 56 Commissions für die 52 Grafschaften ausgefertigt.[1])

Für einige Distrikte innerhalb der Grafschaft wird ferner auf Grund älterer Zusicherungen und zum Theil lokaler Bedürfnisse eine besondere Commission ausgefertigt. Es sind dies Liberties für das Friedens= richteramt, also in dem Sinne von Ausnahmsbezirken mit geson= derter königlicher Polizeiverwaltung. Solcher Specialcommissionen bestanden von Alters her 29, darunter die erheblicheren: die Fünf=Häfen 6. et 7. Will. IV. c. 87; 1. Vict. c. 53, St. Albans in Hertford, Ca= wood, Ripon in Yorkshire, Peterborough in Northampton sowie die Insel Ely.[2])

Auch in dem größeren Theil der incorporirten Städte war früher das Friedensrichteramt durch Charte besonders gestaltet, und ist erst durch

---

[1]) Die Normalbezirke der Friedenscommission sind von Anfang an die Graf= schaften. Die Deklaration 27. Henry VIII. c. 24. stellt nochmals den Grundsatz fest, „daß Niemand Friedensrichter ernennen kann als der König", und behält nur vor die beson= deren Verleihungen an corporirte Städte, an die Bischöfe von Ely, Durham und den Erzbischof von York. Das letztere proviso beruhte auf parlamentarischen Verleihungen; doch sind diese sogenannten justices by act of parliament durch die neue Regelung der Bisthümer unpraktisch geworden, die städtischen justices by charter durch die Städteord= nung bis auf einige kleine Reste verschwunden (Cap. VIII.).

[2]) Die Entstehung der liberties auf diesem Gebiet hat ihre eigene Geschichte. Die der fünf Häfen z. B. beruhte auf alten Verleihungen, neu geordnet durch 51. Geo. III. c. 36. Ueber die von St. Albans geben Auskunft die Reports on Municipal Corpo= rations IV. 2918. In manchen derselben war einem Lokalbedürfniß entsprechend von einer Qualification der Friedensrichter durch Grundbesitz abstrahirt. Auch hier ist die neuere Gesetzgebung bemüht, die Ausnahmsbezirke aufzuheben. Nach 13. et 14. Vict. c. 105 kann, auf gemeinschaftlichen Antrag der Friedensrichter der Grafschaft und der liberty, durch Staatsrathsbeschluß (Ministerium) der Freibezirk mit der Grafschaft unirt werden, worauf dann die Sessionen für die Grafschaft die liberty einbegreifen, die Einwohner der liberty zum Geschworenendienst der Grafschaft herangezogen werden, das etwa vorhandene Gefängniß zum Grafschaftsgefängniß, die besondere Kreispolizeisteuer der liberty ein Theil der County Rate wird. Die neueren Verzeichnisse ergeben nur noch die drei Sonderbezirke Ely, St. Albans und Peterborough.

§. 34. Das heutige Personal der Friedensrichter. 199

die neue Städteordnung im Ganzen auf den Fuß der gewöhnlichen Commissions gebracht.

Eine solche Commission wird nun von Zeit zu Zeit, nach Bedürfniß, für den einen oder andern Bezirk neu ausgefertigt, sobald Veranlassung ist, eine erhebliche Zahl von neuen Namen anzunehmen oder von ausgeschiedenen zu streichen. Wenn nur einzelne Namen eingefügt werden sollen, sendet der Kreissecretär die Commission an das Bureau des Lordkanzlers, in welchem dann der Zusatz eingeschaltet und die Urkunde von neuem besiegelt wird. Es hat sich dabei die Praxis gebildet, daß Gesuche um Aufnahme in die Commission zur Kenntniß der Quartalsitzungen kommen, daß sie von dem Custos Rotulorum (Lord-Lieutenant) begutachtet werden, und daß jeder gesetzlich qualificirte respectable Mann auf Befürwortung des Custos in die Commission aufgenommen wird, — nicht mit Rücksicht auf eine politische Parteimeinung, sondern vielmehr mit dem Bestreben, möglichst viele unabhängige, geschäftsfähige Personen zu gewinnen.

Die Zahl der in die Commission aufzunehmenden Friedensrichter war in einigen älteren Gesetzen auf Wunsch des Parlaments beschränkt. Nach 14. Ric. II. c. 11 sollten nur 8 in jeder Grafschaft ernannt werden, ungerechnet die zu Friedensrichtern ernannten Lords. Diese Vorschriften wurden aber niemals genau beobachtet, vielmehr blieb mit der Zahl der Bevölkerung und der Zunahme der Geschäfte die Gesammtzahl in stetigem Steigen. Schon zu Coke's Zeit galt der Satz als feststehend, daß der König „in jeder Grafschaft so viele ernennen möge wie ihm beliebt."

III. Die Amts- und Qualificationseide. Der in der Commission ernannte Friedensrichter ist zunächst nur Titular-Friedensrichter. Mancher Kapitalist, der sich vom Geschäft zurückgezogen und Güter gekauft hat, ebenso wie mancher junge Mann von Familie, läßt sich nur Ehren halber in die Commission aufnehmen, ohne die Absicht zu praktisiren. Manche höchstgestellte Pairs und Großbeamte des Reichs werden in einzelnen Grafschaften ebenso nur Ehren halber an der Spitze der Commission genannt. Will der Ernannte wirkliche Amtshandlungen vornehmen, so hat er zuvor ein writ of dedimus potestatem von dem Kronschreiber in der Kanzlei zu extrahiren. Es wird darin ein älterer Friedensrichter oder eine andere Person bezeichnet, welche ihm (1) den Amtseid, (2) bisher den Huldigungs-, Suprematie- und Abschwörungs-Eid, (3) einen Eid über seine Besitzqualification abzunehmen hat, worauf er erst activer Friedensrichter wird.[3]

---

[3] Die äußerst verwickelte Gesetzgebung über die Amtseide hängt zusammen mit der gewaltigen Bedeutung der Aemter für die regierende Klasse. Die einzelnen Gruppen dieser Gesetze bilden zugleich Capitel der Verfassungsgeschichte. Es sind dies namentlich: 1) über den Amtseid im engern Sinne 13. Ric. II. c. 7; 5. et 6. Will. IV.

1) **Der Amtseid** ist kurz angedeutet in 13. Ric. II. c. 7, und wird altherkömmlich dahin gefaßt:

„Ihr sollt schwören, daß als Friedensrichter in der Grafschaft W. Ihr in allen Artikeln der Königl. Commission gleiches Recht thun werdet dem Armen und dem Reichen nach Eurem besten Verständniß, Wissen und Vermögen, und nach den Gesetzen und Gewohnheiten des Reichs und den darüber erlassenen Statuten; und daß Ihr Niemanden Rath ertheilen sollt in irgend einem Streit, der vor Euch anhängig ist: und daß Ihr Eure Sessionen abhaltet nach der Form der darüber erlassenen Statuten; Und die Gefälle, Bußen und Polizeibußen, welche zu erheben sind, und alle Verwirkungen, welche vor Euch eintreten werden, sollt Ihr eintragen lassen ohne Verhehlung (oder Unterschlagung), und getreulich solche einsenden an des Königs Schatzamt. Ihr sollt nicht verpachten noch überlassen Euer Amt um Geld oder Gut, sondern wohl und treulich Euer Amt als Friedensrichter in solcher Beziehung erfüllen: Und daß Ihr nichts nehmen sollt für die Erfüllung Eures Friedensrichteramts anders als vom König, und die üblichen Gebühren, und die durch Gesetz normirten Kosten. Und Ihr sollt nicht adressiren noch adressiren lassen irgend einen von Euch zu erlassen den warrant an die Parteien, sondern Ihr sollt ihn richten an den Bailiff der gedachten Grafschaft oder andere Königl. Beamte oder Diener oder andere unbetheiligte Personen zur Vollziehung dessen. So helfe Euch Gott." (Jetzt vereinfacht durch 31. et 32. Vict. c. 72. s. unten Note *.)

---

c. 76; 2) über den **Huldigungseid** 3. Jac. I. c. 4 §. 15; 13. Car. II. st. 2 c. 1; 1. Wm. et M. sess. 1 c. 8; 13. et 14. W. III. c. 16; 1. Anne st. 1 c. 22; 1. Geo. I. st. 2 c. 13; 2. Geo. II. c. 31; 9. Geo. II. c. 26; 3) über den **Abschwörungseid** 13. Will. III. c. 6; 1. Geo I. st. 2 c. 13; 2. Geo. II. c. 31; 9. Geo. II. c. 26; 6. Geo. III. c. 53; 4) über den **Suprematieeid** 1. Eliz. c. 1 §. 19; 1. Wm. et M. sess. 1 c. 8; 1. Geo. 1. st. 2 c. 13; 2. Geo. II. c. 31; 9. Geo. II. c. 26; 5) über den **Eid gegen die Transsubstantiation** 25. Car. II. c. 2; 10. Geo. IV. c. 7; 6) über die **Declaration an Stelle der Abendmahlprobe** 9. Geo. IV. c. 17; 7) über die **Eide der Katholiken** 10. Geo. IV. c. 7; 8) über den **Besitzqualificationseid** 18. Geo. II. c. 20. Es spiegeln sich darin die Einflüsse der kirchlichen und politischen Parteien im Staat. Die neueste Gruppe charakterisirt sich durch das Zurücktreten der Staatskirche aus den politischen Beziehungen zu den Aemtern, und es sind damit schließlich auch die rechtlichen Hindernisse für die Juden weggefallen. Früher waren sie durch den sacramental test ausgeschlossen, und durch die an deren Stelle tretende Deklaration, in welcher Schlußworte „auf den wahren Glauben eines Christen" lauten. Da indessen eine Versäumung derselben weder mit Strafe bedroht ist, noch mit Ungültigkeit der Amtsacte für dritte Personen, die sich in bona fide befinden, so waren früher wohl schon gelegentlich Juden in die Commission aufgenommen. Zu den städtischen Aemtern der Bürgermeister, Rathsherren, Stadtrichter ꝛc. wurden sie durch 8. et 9. Vict. c. 52 zugelassen, unter Abänderung der gesetzlichen Declaration. Durch 21. et 22. Vict. c. 49 wird jedes der beiden Parlamentshäuser ermächtigt, die zu leistenden Eide zu dem Zwecke zu modificiren. In anderen Fällen (also bei den Amtseiden) sollen die Worte „auf den wahren Glauben eines Christen" in dem Eid für Juden wegbleiben, jedoch mit unbedingter Ausschließung von den Aemtern einer Reichsregentschaft, des Lord-Kanzlers und des Statthalters von Irland. — Einschneidend sind die jüngsten Reformen. Durch 29. Vict c. 22 wird der sacramental test allgemein aufgehoben; durch 30. et 31. Vict. c. 62 alle Declarationen gegen die Transsubstantiation. Durch 30. et 31. Vict. c. 75 §. 5 werden die Unterthaneneide vereinfacht (vergl. den Report der Oath Commission Parl. P. 1867, XXX. 1.). Unmittelbar darauf folgt aber die Promissory Oaths Act 1868, 31. et 32. Vict. c. 72, welche in §. 2—4 fortan drei Haupteide normirt. (S. nachfolgend Note *.)

§. 34. Das heutige Personal der Friedensrichter. 201

2) Der Huldigungs-, der Suprematie- und der Abschwörungs-Eid konnten insgesammt bei Gelegenheit einer Quartalsitzung ab-
geleistet werden. An die Stelle der Abendmahlsprobe, sacramental test,
trat seit 9. Geo. IV. c. 17 eine einfache Deklaration, in welcher der Ernannte verspricht seine Amtsgewalten nicht zum Nachtheil der Staatskirche
und zur Kränkung der Staatsgeistlichkeit in ihren Rechten zu gebrauchen.
Für Katholiken wurde durch 10. Geo. IV. c. 7 ein angemessener Eid normirt, der an die Stelle des Huldigungs-, Suprematie- und Abschwörungs-
Eides treten sollte. Weiter wurden durch 21. et 22. Vict. c. 48 die Unter-
thanen-, Supremtie- und Abschwörungs-Eide für alle Beamte zusammengezogen in folgendes vereinfachtes Formular:

„Ich A B. schwöre, daß ich will treu sein und wahre Unterthanentreue halten Ihrer
Majestät der Königin Victoria, und Sie vertheidigen will mit allen meinen Kräften
gegen alle Verschwörungen und jedwede Angriffe gegen Ihre Person, Krone und Würde,
und daß ich mein äußerstes Bemühen anwenden werde zu entdecken oder anzuzeigen
Ihrer Majestät, Ihren Erben und Nachfolgern, allen Verrath und verrätherische Verschwörungen gegen Sie, und ich verspreche getreulich aufrecht zu erhalten, zu unterstützen
und zu vertheidigen nach meinen äußersten Kräften die Tronfolge wie sie durch eine
Parlamentsacte ꝛc ist und beschränkt steht auf die Prinzessin Sophia von Hannover und
ihre protestantischen Leibeserben, indem ich hierbei verzichte und abschwöre jeden Gehorsam oder Unterthanentreue gegen irgend eine andere Person, welche beanspruchen oder
prätendiren mag ein Recht auf die Krone dieses Reichs; und ich erkläre, daß kein
fremder Fürst, keine fremde Person, Prälat, Staat oder Potentat, hat oder haben soll
irgend eine Jurisdiction, Gewalt, Superiorität, Rang oder Autorität, kirchliche oder
geistliche, innerhalb dieses Reichs: Und ich mache diese Deklaration auf den wahren
Glauben eines Christen, so wahr mir Gott helfe."

Eine durchgreifende Aenderung ist jetzt aber eingetreten durch die
Promissory Oaths Act 1868, 31. et 32. Vict. c. 72, nach welcher
der Unterthaneneid mit der einfachen Formel zu leisten ist: „Ich N. N.
schwöre, daß ich treu sein und wahre Unterthanenpflicht erfüllen werde
gegen Ihre Majestät die Königin Victoria, ihre Erben und Nachfolger,
gemäß dem Gesetz." Außerdem wird nur noch der Richtereid geleistet
mit der Formel: „Ich N. N. schwöre, daß ich wohl und treu dienen will
unserer souveränen Herrin der Königin Victoria in dem Amt eines Friedensrichters, und daß ich Recht thun will gegen Jedermann nach den Gesetzen und Gebräuchen dieses Reiches, ohne Furcht oder Gunst, Niemanden
zu Lieb oder zu Leid." Allgemein beseitigt ist der sacramental test und
die Deklaration gegen die Transsubstantiation.*)

---

*) Nach der Oath Act 1868 soll fortan (1) der Oath of Allegiance dahin
lauten: I N. N. do swear that I will be faithful and bear true allegiance to Her Majesty Queen Victoria, her heirs and successors according to law, So help me God;
und dieser Eid ist nur zu leisten von den namentlich genannten höchsten Civilbeamten
(Ministern und Departementschefs), von den richterlichen Beamten, einschließlich der Friedensrichter, von der staatskirchlichen Geistlichkeit, von den Parlamentsmitgliedern, von den

3) Der **Besitzqualificationseid** umfaßt die Versicherung, daß der ernannte Friedensrichter die nach dem Gesetz erforderliche Grundrente besitzt. Es bedarf dafür keines besondern Nachweises; im Falle unrichtiger Angabe kann aber jeder Dritte dem Friedensrichter eine Strafklage auf 100 L. zuziehen. Die Formel lautet: „Ich N. N. schwöre, daß ich in Wahrheit und gutem Glauben nach Gesetz oder Billigkeitsrecht zu eigenem Recht und Gebrauch einen Realbesitz habe, bestehend aus (mit Aufzählung der einzelen Realien), wie solcher mich qualificirt um als Friedensrichter für die Grafschaft N. N. thätig zu sein, gemäß dem wahren Zweck und Sinn der Parlamentsacte 18. Geo. II." Nach der neuesten Gesetzgebung erscheint diese Versicherung in Form einer Deklaration.

Erst durch die Beobachtung aller dieser Formen und nach Leistung dieser Eide wird der in der Commission Ernannte zu Amtshandlungen befähigt (qualified), **activer Friedensrichter, acting magistrate**. Einmal geleistet, brauchen die Eide nicht wiederholt zu werden bei Erneuerung der Commission, wohl aber sind sie von neuem zu leisten beim Eintritt eines Regierungswechsels, 7. Geo. III. c. 9.

Die so ernannten Friedensrichter versehen ihr Amt thatsächlich **lebenslänglich**, in gleicher Weise wie die Aemter der deutschen Verwaltungsbeamten als lebenslängliche gelten, obwohl dem Recht nach die Krone jederzeit die Commission im Ganzen und die Ernennung des Einzelen widerrufen kann. Die Commission lautet unbestimmt, weder auf Lebenszeit, noch auf bestimmte Frist, Lambard p. 26. In Uebereinstimmung mit den sonstigen Regeln der Königlichen Aemter aber tritt die **Beendigung des Amts** ein: 1) durch Thronwechsel, wobei jedoch der Regierungsnachfolger herkömmlich die Ernennung erneuert; 2) durch Cabinetsorder unter dem großen Siegel (also durch den Lord-Kanzler und den Minister des Innern), wodurch ein Friedensrichter seines Amtes direkt enthoben wird; 3) durch Ausfertigung einer neuen Commission, wenn der Name eines Friedens-

---

Pairs, Baronets und Rittern bei ihrer Creation, von naturalisirten Unterthanen und von englischen Schiffseignern nach der Merchant Shipping Act. (2) Der **Amtseid der hohen Civilbeamten** soll lauten: I N. N. do swear that that I will well and truly serve her Majesty Qu. V. in the Office of —, So help me God, und wird nur von den namentlich benannten Ministern und Departementschefs geleistet. (3) Der **Amtseid der Richter** einschließlich der Grafschafts- und städtischen Friedensrichter lautet fortan: I N. N. do swear, that I will well and truly serve our Sovereign Lady Qu. V. in the Office of —, and I will do right to all manner of people after the laws and usages of this realm, without fear or favour, affection or illwill, So help me God. Die **unteren Beamten** geben in der Regel nur eine Deklaration an Stelle des Amtseides ab, auf „getreue Erfüllung ihrer Amtspflichten"; ebenso die städtischen und Corporationsbeamten. Vorbehalten bleiben die Eide der Privy Councillors und alle Eide in der Armee, Miliz und Marine. Unverkennbar stehen diese einschneidenden Aenderungen im Zusammenhang mit der Reformbill von 1867.

§. 34. Das heutige Personal der Friedensrichter. 203

richters darin nicht wieder aufgenommen wird; 4) durch Suspension der Amtsgewalten mittels writ of supersedeas; 5) durch Antritt eines unvereinbaren Amts.

IV. Die heutigen Personalverhältnisse der Friedensrichter führen immer wieder auf die Frage zurück, wie es möglich ist, Rittergutsbesitzern, Grundrentnern, Geistlichen, städtischen Honorationen eine so verwickelte Verwaltung, die tägliche Anwendung einer so unübersehbaren Masse von Gesetzen und durch die Praxis festgestellten Rechtsgrundsätzen zuzumuthen und anzuvertrauen? In früheren Jahrhunderten genügte dazu bei der größern Einfachheit der Verhältnisse die rustikale Bildungsstufe der englischen Land-gentry, unter Mitwirkung von Rechtskundigen für die schwierigen Geschäfte, von geschäftskundigen clerks für das Formularwesen. Seit dem XVIII. Jahrhundert aber hat der Standesgeist der höhern Klasse das dabei Fehlende freiwillig ergänzt. Nach dem Vorbilde des Lords wird auch der englischen gentry ihr öffentlicher Beruf zur Lebensaufgabe, und immer allgemeiner wird die Sitte der Vorbereitung dazu auf Gymnasien und Universitäten. In Wechselwirkung damit steht das Zurückziehen auch des kleinern Landadels von den Gütern, welche immer massenhafter in Verpachtung übergehen. Die politischen Rechte waren immer nur abhängig gemacht von dem Besitzrecht: man konnte also vermiethen und verpachten, und zählte doch als 600 L., 300 L., 100 L. Besitzer, blieb qualificirt zu Parlament und Friedensrichteramt. Dies Verhältniß, die wachsende Wohlhabenheit, die Zunahme der Familienstiftungen, die Annehmlichkeiten des städtischen Lebens, beförderten jenes Zurückziehen von der Landwirthschaft, und die damit zusammenhängende Sitte, im Winter abwechselnd in den Städten, im Sommer auf dem Lande zu leben. Die sichere, durch Erstgeburt concentrirte Rente gewährt vorzugsweise den Familienhäuptern die Muße, obrigkeitliche Aemter als freien Lebensberuf zu wählen. Der vornehmste dieser Lebensberufe geht durch das Amt der Friedensrichter hindurch, welches von den Söhnen der vornehmsten Klassen schon vom 21. Jahre an nachgesucht zu werden pflegt; während Geistliche, Advocaten, städtische Honorationen, Kapitalisten die sich vom Geschäft zurückgezogen und angekauft haben, erst in späteren Jahren um die Friedenscommission sich zu bewerben pflegen. Für die Hälfte solcher Männer ist das Amt nur titulär: für die activen Friedensrichter aber bildet die laufende Beschäftigung in ihrer Gerichtsstube, in Bezirkssitzungen, Quartalsitzungen und Kreisverwaltungs-Ausschüssen die Schule des praktischen Staatsdienstes. Ein Uebergewicht gewinnen dabei die vornehmsten Klassen leicht durch Charaktereigenschaften, höhere Bildung, frühzeitige Uebung, gesellschaftliches Ansehen und Verbindungen.[4])

---

[4] Die Qualification der gentry zum Friedensrichteramt wurde in England selbst zuweilen in Zweifel gezogen. Schon Hussey, Chief Justice unter Heinrich VI.,

Juristisch wird diese veränderte Lage der Verhältnisse sichtbar in der veränderten Bedeutung der quorum-Klausel. Nach 26. Geo. II. c. 27 (7. Geo. III. c. 21) soll kein friedensrichterlicher Act blos deshalb kassirt werden, weil darin nicht ausgedrückt sei, daß einer der Friedensrichter zu den quorum gehöre. Seit dem XVIII. Jahrhundert wird es aber überhaupt Sitte alle ernannten Friedensrichter in der quorum Klausel zu wiederholen, d. h. alle zugleich mit der höhern Qualification zu ernennen. Erst damit sind die Rückfragen bei einer höhern rechtskundigen Klasse weggefallen. Der eigentliche Typus des Friedensrichteramts ist nun der des gebildeten, unabhängigen Mannes, unter Einreihung des berufsmäßigen Beamten in gleicher Eigenschaft. Es ist damit der beherrschende Einfluß der regierenden Klasse auf die Grafschaftsämter im Einzelen ebenso entschieden wie um dieselbe Zeit ihr Einfluß im Parlament.

meinte, daß man den Friedensrichtern die Anwendung zu vieler Gesetze zumuthe. Zur Zeit Elisabeths klagt Lambard's Eirenarcha c. 7 über die Anhäufung ganzer Heuschober (stacks) von Statuten auf das Friedensrichteramt. Noch begreiflicher klagt Blackstone über „die unendliche Mannigfaltigkeit der auf sie gehäuften Geschäfte." Seitdem hat das Alles sich verzehnfacht und verzwanzigfacht. Die Masse der Gesetze, Gerichtsentscheidungen, Regulative und Formulare, welche Burn's Justice jetzt zusammenbringt, ist sehr viel umfangreicher als die preußische Gesetzsammlung, in einer schwierigen, dem Fremden fast unverständlichen Sprache. Die Möglichkeit ihrer Handhabung liegt in dem Zusammentreffen der oben zusammengedrängten Momente: 1) in der humanistischen Vorbildung auf Gymnasien und Universitäten, in der stufenweisen Geschäftsbildung die das Friedensrichteramt selbst gewährt, sowie in dem collegialischen Zusammenwirken der Friedensrichter; 2) in der ziemlich verbreiteten Kenntniß der Geschichte und Verfassung des Landes unter den höheren Ständen, so mangelhaft auch die allgemeine juristische Bildung selbst bei den Juristen ist; 3) in brauchbaren Hülfsbüchern, die zwar schematisch und innerlich wenig geordnet, aber doch in herkömmlichen gewohnten Rubriken das Nöthige so zusammenfassen, daß es für den einzelen Fall zu finden ist; 4) in der Mitwirkung geschäftskundiger Anwälte niederer Klasse, die als Büreaubeamte nicht nur den Sessionen, sondern auch den einzelen Friedensrichtern dienen, sowie in dem Gebrauch von vielen hundert Formularen, die durch Gesetz und Praxis gebildet, dem Geschäftsgang Festigkeit geben, und im Selfgovernment überhaupt unentbehrlich sind. Schon Burn's Justice Ausgabe 1758. II. p, 307 räth dringend, sich gute gedruckte Formulare zu halten, und regelmäßig Duplicate bei den Acten zurückzubehalten. Mag auch in technischen Dingen der Büreaubeamte oft überlegen erscheinen: so bleibt doch in Sessionen wie in den Einzelgeschäften die höhere allgemeine Bildung und die Sinnesweise des englischen gentleman vorherrschend. Es ist darin manches schwerfällig, manches mangelhaft, aber der Sinn dieser Verwaltung macht solche Mängel reichlich gut. Jahrhunderte lang haben Juristen und Landesleute im Friedensrichteramt concurrirt: erst durch unbestreitbare Tüchtigkeit der Leistungen ist der Esquire in den Vordergrund, der technische Beamte in den Hintergrund getreten. Eben dadurch hat sich die gegenseitige Achtung beider erhalten. Unvergessen ist noch heute das alte Wort des Chief Justice Coke „das Amt dessen Gleichen die ganze christliche Welt nicht hat, wenn gehörig ausgeführt." Auch Dalton wiederholt diese Worte mit dem Zusatz: „Vieles von der Glückseligkeit dieser Nation hängt ab von unseren Friedensrichtern, von der guten und treuen Erfüllung ihrer Pflicht" (p. 590).

§. 34. Das heutige Personal der Friedensrichter.

Die heutige Gesammtzahl der Friedensrichter in den commissions ist nicht ganz correct zu constatiren, da amtliche Zusammenstellungen in älterer Zeit überhaupt nicht vorkamen, die neueren Angaben aber bald nur die activen, bald auch die titulären einbegreifen. Stets gesondert von den Kreispolizeiherren werden die besonderen städtischen Friedensrichter. Im Jahre 1796 zählte man 2656 active Friedensrichter, 2357 in England, 305 in Wales (Rep. from the Committee of Statutes 1796); im Jahre 1831 schon 4330 active Friedensrichter in England, 512 in Wales. In Dodd, Manual of Dignities 1843 p. 552—555 wird die Zahl nach den einzelen Grafschaften zusammengestellt, active und tituläre zusammen 13,754. Erst die Parl. Papers von 1853, 1856 und 1869 enthalten zuverlässige Verzeichnisse. Die Parl. P. 1853 No. 558 geben zum ersten Mal eine amtliche Uebersicht der titularen und der activen Friedensrichter in den einzelen Grafschaften: in runden Zahlen 18,300 Namen in der Commission, darunter mehr als 8000 active Friedensrichter. Die Parl. P. 1865 Nr. 110 geben noch eingehender für die einzelen Divisions die Namen der activen Friedensrichter, welche in den Geschäftsjahren 1852, 53 u. 54 „usually attending", d. h. bei den kleinen Bezirkssitzungen regelmäßig thätig waren. Die Parl. P. 1869 No. 276 endlich geben noch einmal bei anderer Gelegenheit die activen Friedensrichter in den einzelen Commissionen der Grafschaften mit zusammen 11,953 Namen. Alle diese Verzeichnisse umfassen nur die Grafschaftsfriedensrichter, also nur die Bevölkerung nach Abzug der Städte mit eigener Friedenscommission. Nach dem Areal berechnet fallen danach mehr als vier Friedensrichter auf eine deutsche Quadratmeile. Nach der Bevölkerung berechnet ist je ein activer Friedensrichter für etwa 1000—2000 Einwohner des platten Landes vorhanden, je nachdem man alle activen Friedensrichter oder nur die in den Sessionen gewöhnlich thätigen rechnet. — Zu diesem Personal treten noch mehr als 1200 active Friedensrichter für die Städte mit eigener Friedenscommission und eine Nebengruppe von Friedensrichtern im Bereich der Pfalzgrafschaft Lancaster. In runden Zahlen können also zur Zeit 12,000 active Friedensrichter in den Grafschaften und etwa 1200 in den Städten angenommen werden. Die große Mehrzahl derselben sind in der Commission als Esquires bezeichnet; doch stehen an der Spitze auch zahlreiche Pairs, Honourables, Baronets, geistliche Würdenträger, und überhaupt mehr als 1300 Geistliche.

Personalstatistik der Friedensrichter.

Die Parl. Pap. 1853 No. 558 Vol. LXXVIII. 329 geben die Zahl der Friedensrichter in jeder Grafschaft mit Unterscheidung der activen und nicht activen. Es läßt sich daraus und aus dem Verzeichniß von 1869 folgende Uebersicht zusammenstellen nach Reihenfolge der Einwohnerzahl von 1851:

Cap. V. Abschn. I. Geschäfte und Personal der Friedensrichter.

Grafschaft.	☐Meilen	Einwohner	Friedensr. 1853	active 1853	act. 1869
Rutland	7	22,983	292	25	33
Westmoreland	36	58,287	94	69	86
Huntingdon	17	64,183	65	38	43
Hereford	39	115,489	225	148	239
Bedford	22	124,478	260	74	84
Monmouth	27	157,418	158	154	171
Buckingham	35	163,723	220	43	364
Hertford	28	167,298	685	214	376
St. Alban's, Liberty			248	73	152
Berks	33	170,065	458	166	175
Oxford	35	170,439	159	116	108
Dorset	47	184,207	409	116	148
Cambridge	39	185,405	90	55	197
Isle of Ely			65	34	53
Cumberland	74	195,492	388	114	206
Northampton	47	212,380	525	98	124
Peterborough, Liberty			47	24	38
Salop	61	229,341	427	141	157
Leicester	38	230,308	142	76	106
Wilts	64	254,221	244	182	186
Nottingham	39	270,427	361	89	373
Worcester	35	276,926	311	235	246
Derby	49	296,084	202	124	180
Northumberland	92	303,588	507	103	162
Sussex	69	336,844	479	252	284
Suffolk	70	337,215	256	219	266
Cornwall	65	355,558	418	130	517
Essex	78	369,318	628	244	217
Durham	46	390,997	216	160	159
Hants	79	405,280	341	241	268
Lincoln	132	406,222			
1te Division			399	26	22
2te do.			355	50	53
3te do.			555	134	112
Norfolk	100	442,714	329	253	296
Somerset	77	443,916	442	237	273
Chester	50	455,725	556	176	225
Gloucester	59	458,805	507	246	256
Warwick	42	475,013	237	141	262
Devon	122	567,089	292	278	320
Stafford	54	608,716	558	228	326
Kent	77	615,766	532	262	339
Surrey	35	683,182	542	228	631
York East Riding	57	220,383	130	88	107
York North Riding	100	261,116	401	159	222
York West Riding	126	1,315,896	517	299	395
Middlesex	13	1,886,576	690	151	390
Lancaster	90	2,031,136	482	482	719

§. 34. Das heutige Personal der Friedensrichter. 207

Grafschaft.	☐Meilen	Einwohner	Friedensr. 1853	active 1853	act. 1869
Radnor	20	24,716	97	64	64
Merioneth	28	38,843	43	26	53
Anglesea	15	573,27	107	25	45
Brecon	34	61,474	128	77	152
Montgomery	36	67,335	147	58	111
Flint	14	68,156	141	63	117
Cardigan	33	70,796	175	71	152
Carnarvon	27	87,870	203	71	60
Denbigh	28	92,583	149	72	98
Pembroke	29	94,140	299	94	118
Carmarthen	45	110,632	186	88	140
Glamorgan	40	231,849	165	115	187

Es fehlen in dem Verzeichniß von 1853 die Angaben über Buckinghamshire und Middlesex. Ich habe deshalb die fehlenden zwei Positionen aus Dodd und den Parl. P. 1856 entnommen, welche letztere freilich nur die usually acting, also eine verhältnißmäßig kleinere Zahl nennen. Die Gesammtzahl beträgt danach für England und Wales: 18,284 Grafschaftsfriedensrichter, darunter 8019 active, 10,365 tituläre. Ergänzend kommt dazu ein Namensverzeichniß von 165 Friedensrichtern, welche im Bereich der Pfalzgrafschaft Lancaster in den Jahren 1854—1858 neu ernannt sind. (Parl. P. 1859 sess. 2 No. 98. fortgesetzt in späteren Jahrgängen.)

Die Parl. P. 1856 No. 110, 235 Vol. L. p. 161 geben sodann eine Zusammenstellung nach den kleinen Polizei-Verwaltungsbezirken. Es werden hier die einzelen Commissionen angegeben mit den in den Jahren 1852, 1853 und 1854 activen Friedensrichtern; sodann meistens die Namen der in den einzelen Unterbezirken „gewöhnlich thätigen" Friedensrichter. Bemerkt ist, wie viele Friedensrichter durch Grundbesitz (by estate), wie viele als Söhne von Pairs ꝛc. (by degree), wie viele als Richter, Staatsräthe ꝛc. (by office), qualificirt sind. Der Grundbesitz ist überall vorherrschend. In Devonshire erscheinen in der Commission 4 Earls, 2 Viscounts, 4 Lords, 2 Honourables, 14 Baronets, 1 Doctor der Theologie, 1 Doctor der Medicin, 176 Esquires, 37 Geistliche. In einigen Grafschaften wird eine erhebliche Zahl von Richtern und hohen Reichsbeamten herkömmlich in die Commission aufgenommen. Ueberhaupt ergiebt sich eine fortdauernd starke Betheiligung der Pairs, ihrer Familien und der alten landed gentry. Der zahlreichsten Klasse der Esquires ist es allerdings nicht anzusehen, wie viele Rittergutsbesitzer, Rentiers, städtische Honorationen, studirte Advokaten ꝛc. darunter begriffen sind. Die Zahl der Geistlichen in den Friedenscommissionen ist neuerdings auf 1357 festgestellt, Parl. P. 1861 No. 198 LI. 665. (Es fehlt dabei der Bericht über die Grafschaft Somerset.) Uebrigens findet sich das geistliche Element ziemlich gleichmäßig in allen Grafschaften vertreten. In der Grafschaft Middlesex stehen die Erzbischöfe von Canterbury und York und der Bischof von London an der Spitze der Commission.

Ergänzend für die städtischen Friedensrichter gaben die Parl. P. 1859 sess. 2 No. 2, 96 ein Namensverzeichniß der etwa 1000 Friedensrichter, welche in den Jahren 1850—1859 in 163 Städten neu ernannt waren. Dazu kamen noch 164 städtische Friedensrichter, welche in den Jahren 1850—1859 für die 11 Städte im Bereich der Pfalzgrafschaft Lancaster ernannt wurden (Nr. 98 ebendaselbst). Die Parl. P. 1868 No. 306 LVII. 467 geben ein Verzeichniß von 970 städtischen Friedensrichtern; dazu 137 seit dem 16. Juli 1866 neuernannte und die besondere Gruppe für die Pfalzgrafschaft Lancaster.

§. 35.
Der Custos Rotulorum.

Wahrscheinlich bald nach Einführung der Friedensrichter zeigte sich das Bedürfniß eines bestimmten verantwortlichen Beamten zur Aufbewahrung der friedensrichterlichen Acten und Urkunden. Ein solcher custos rotulorum befand sich als Archivar bei der Kanzlei und bei anderen Königlichen Behörden, und wurde für die zerstreut wohnenden Friedensrichter schon deshalb nothwendig, um eine gewisse Uebersicht und Controle über ihre einzelen Acte zu gewinnen, und um zugleich dem Publikum die Möglichkeit zu gewähren, in Fällen des Bedürfnisses solche Acten an einer bestimmten Stelle einzusehen. Es wurde deshalb am Schluß der Friedenscommissionen die Klausel hinzugefügt:

> Endlich haben Wir Euch den vorgedachten A. B. ernannt zum Bewahrer der Urkunden Unserer Friedensverwaltung (Keeper of the rolls of our peace) in Unserer gedachten Grafschaft, und demgemäß sollt Ihr herbeischaffen lassen vor Euch und Euren Collegen an den vorgedachten Tagen und Orten die Allerhöchsten Erlasse, Anweisungen, Proceßdecrete und Anklageacten, damit sie eingesehen und im gehörigen Laufe Rechtens entschieden werden.

Es wird also dazu einer der Friedensrichter ernannt, dessen Name die Reihe in der Commission eröffnet. Bei der Untrennbarkeit vieler Geschäfte der Miliz= und Friedensverwaltung lag es nahe, den Chef der Miliz zugleich zu diesem Amte zu berufen. Schon seit vielen Menschenaltern ergeben daher die Amtslisten, daß regelmäßig ein angesehener Lord zum Lord=Lieutenant und Custos Rotulorum zugleich ernannt wird. Eine Ausnahme machte die Grafschaft Durham, wo der Bischof durch alte Verleihung zugleich Custos Rotulorum war. Seltener wird wohl einmal ein nicht adliger Grundbesitzer zu beiden Aemtern ernannt. Nur in Wales ist dies das Gewöhnliche.

Dennoch sind und bleiben beide Aemter rechtlich geschieden, wie auch die Ernennung dazu. Die Ernennung zum Lord=Lieutenant erfolgt direct durch Königliches Patent, die zum Custos Rotulorum durch Königliches Handschreiben, welches den Lord=Kanzler anweist, den Designirten als Keeper of the Rolls in die auszufertigende Commission aufzunehmen. Ueberhaupt ist das Amt in seinem Entstehen nur als ein ministerial office gemeint, als Unteramt des Reichskanzlers, als des höchsten Custos Rotulorum des Reichs. Seine gesetzliche Amtspflicht beschränkt sich eigentlich darauf, den Friedensrichter=Sessionen persönlich oder durch einen Stellvertreter mit den Acten des Amts beizuwohnen. Als solchen Stellvertreter ernennt er den Kreissekretär, Clerk of the Peace, nach gesetzlich anerkanntem Herkommen, 37. Hen. VIII. c. 1 §. 4, und übt damit das wichtige Anstellungsrecht für diesen ständigen Sekretär der Kreisverwaltung. Unter dem Namen des Custos Rotulorum befinden sich nun die Acten der Kreisverwaltung unter der Registratur-Verwaltung des Clerk of the Peace. In Fällen eines Acten-Verlustes oder Mißbrauchs ist aber der Custos selbst für seinen Stellvertreter verantwortlich.

Der Custos Rotulorum in solcher Stellung als Ehrenpräsident des Collegiums der Friedensrichter, erscheint nun wie ein lebenslänglicher Statthalter der Grafschaft. Wenn auch dem Gesetze nach widerruflich, ist thatsächlich das Amt ein lebenslängliches in gleichem Maße wie die höheren deutschen Verwaltungsämter. Nach dem Herabsinken des jährlich wechselnden Sheriffamts wurde der custos rotulorum als permanenter Chef der Miliz und der Polizei thatsächlich der erste Grafschaftsbeamte. Der Lord-Kanzler konnte daher nicht umhin, bei der Ernennung oder Entlassung von Friedensrichtern die Stimme des ersten permanenten Beamten zu hören, der zugleich die nöthige Personalbekanntschaft hat. Und eben deshalb gilt der Lord-Lieutenant als der wahre und verantwortliche „Wächter des öffentlichen Friedens" bei ernsthaften Wechselfällen, und als das regelmäßige „Organ der Correspondenz" zwischen der Grafschafts-Verwaltung und dem Minister des Innern.

Im 14. und 16. Jahrhundert, als die Lords mehr Staatsräthe als Pairs waren, erfolgten in diesem Sinne auch die Ernennungen des Custos rotulorum. Erst seit der Zeit der Restauration änderte sich dies mit dem System der constitutionellen Ministerien, welche vacant werdende Stellen aus Edelleuten der die zeitige Verwaltung bildenden Partei besetzen, doch mit großer Schicklichkeitsrücksicht auf örtliche Einflüsse. Einmal ernannt ist der Lord-Lieutenant von Parteieinflüssen unabhängiger als ein deutscher Regierungs-Präsident. Die neueren bekannten Beispiele einer Absetzung wegen Opposition beschränken sich auf zwei Lord-Lieutenants im Jahre 1780, den Lord-Lieutenant des West-Riding von York 1819, den von Nottingham 1832. Die alten Verleihungen an den Erzbischof von York und an die Bischöfe von Durham und Ely zur Ernennung eines Custos Rotulorum sind durch die neue Gesetzgebung aufgehoben.

§. 36.

Der Clerk of the Peace. Clerks to Justices. Clerks of Magistrates.

Die Stellung der englischen Ehrenämter bedingt eine umfangreiche Bureauhülfe, für welche sich das überaus zahlreiche Personal der niederen Anwälte, attorneys, solicitors, mit ihren Schreibstuben den Friedensrichtern darbot, ohne daß man ein besonderes Bureau- und Schreibpersonal der

Lokalverwaltung zu bilden brauchte. In allen drei Stufen der friedens=
richterlichen Thätigkeit, für Quartalsitzungen, Specialsitzungen und für die
Gerichtsstube der einzelen Friedensrichter erscheint daher ein Personal von
Clerks in dreifacher Abstufung.

I. Der Clerk of the Peace, ständige Kreissecretär, ist der
gesetzliche Stellvertrer des Custos Rotulorum, welcher das Amt aber nicht
verkaufen noch um Geldeswerth verleihen soll, 37. Hen. VIII. c. 1; 1.
Will. et M. st. 1 c. 21. In älteren Urkunden heißt er attornatus
D. Regis, attorney for the crown, clerk of the crown, clerk of the justices (12. Ric. II. c. 10), jetzt officiell Clerk of the Peace. Seine Amts=
funktionen schließen sich an die Geschäfte der Quartalsitzungen als Straf=
gericht und Kreisbehörde in folgender Weise:

1) Er ist der ordentliche Gerichtsschreiber der Quartalsitzungen,
sorgt für die Bekanntmachung ihrer Abhaltung oder Vertagung, expedirt
die Ladungen und prozeßleitenden Dekrete, eröffnet die Quartalsitzungen
durch Vorlesung der üblichen Publicanda, ruft die Geschworenen auf und
schwört sie ein, beantragt für ausbleibende Geschworene Entschuldigung oder
Strafe, ruft die Parteien und Zeugen auf, nimmt die Eide ab (nach der
Praxis meistens durch den Huissier), proclamirt die Verhandlungen,
das verdict und den Gerichtsspruch, registrirt die Urtheile ein, taxirt die
Kosten. Er vermittelt die Correspondenz der Quartalsitzungen mit dem
Sheriffamt und anderen Behörden; insbesondere expedirt er die writs of
capias und distringas an den Sheriff zur Verhaftung und Realcitation
von Angeklagten und zur Einziehung der Geldbußen und Verwirkungen.
Nach 3. Geo. IV. c. 46 sollen alle einzelen Friedensrichter die von ihnen
erkannten Bußen, Polizeibußen und verfallenen Cautionen dem clerk of
the peace notificiren, der sie in ein Verzeichniß bringt nebst allen bei den
Sessionen erkannten Bußen, solches Verzeichniß eidlich erhärtet, und eine
Abschrift davon mit einem Vollstreckungsbefehl (distringas, fieri facias,
oder capias) dem Sheriff übersendet.*)

---

*) Ueber die ältere Stellung des Clerk of the Peace und dessen Regi-
stratur vergl. Lambard III. c. 3. Welche Geschäfte ein solcher Attorney heutigen Tages
in sich vereinigen kann, ergiebt ein neuer Gerichtsfall in Wise-Burn's Supplement p. 700,
wo derselbe Anwalt zugleich Clerk of the Peace, Clerk to Magistrates, Clerk to Commissioners of Landtax, Clerk to Commissioners of Sewers, Clerk to Deputy Lieutenants, Steward of manor, Coroner, Clerk to conservative association war! Unter den
neueren Vorschlägen zur Einführung einer Staatsanwaltschaft im Strafprozeß war auch
der naheliegende Vorschlag, dem Clerk of the Peace diese Stellung zu geben. — Die
Gebührentaxe des Kreissecretärs wird von den Quartalsitzungen von Zeit zu Zeit
normirt, mit Vorbehalt einer Bestätigung oder Abänderung durch die Assisenrichter 57.
Geo. III. c. 91. Ueberschreitung der Gebührentaxe ist mit 5 L. und gerichtlicher Amts=
entsetzung bedroht. Nach der neuesten Gesetzgebung sollen möglichst feste Gehalte, zahlbar

2) Der Kreissecretär übt einzele ergänzende Funktionen eines Staatsanwalts, wie solche bei den Assisen der reisenden Richter durch besondere Clerks of indictments etc. besorgt werden. In Fällen von felony, wo der verfolgende Ankläger sich keinen Anwalt genommen hat, soll er die Anklageacte für eine Gebühr von 2 sh. anfertigen. Er hat sodann die Anklageacte der Anklagejury zu präsentiren und von ihr wieder in Empfang zu nehmen; weiter den Angeklagten vor die Schranken zu stellen, und für die Krone den Urtheilsbeschluß zu beantragen (joining the issue for the crown) in analoger Weise wie der master of the crown office in der Königsbank. Alle writs of mandamus und certiorari der Reichsgerichte werden an die Friedensrichter adressirt zu Händen des Clerk of the Peace. Auch ist es Sitte ihm als Anwalt des Collegiums der Friedensrichter die Rechtsvertretung der Grafschaft in Prozessen anzuvertrauen, die er dann in der Weise eines gewöhnlichen Prozeßanwalts führt. In allen Verhältnissen des Grundbesitzes soll er als legitimirter Vertreter die Grafschaftsverwaltung repräsentiren, 21. et 22. Vict. c. 92.

3) Als Bureauchef der Kreisverwaltung führt er die General-Registratur über das höhere Personal der Verwaltung, bei welcher die Anstellungs-Urkunden des Sheriff, des Untersheriff, die Protokolle über die Beeidigung der Friedensrichter u. s. w. einregistrirt werden. Durch seine Registratur geht die Zusammenstellung der Geschworenenlisten, nach Special-Gesetzen die Einregistrirung der Statuten der Sparkassen und gewisser Vereine, sowie die Aufbewahrung von Documenten, welche nach der Geschäftsordnung des Parlaments hier deponirt werden müssen.

Solcher Geschäftsführung entsprechend wird in der Regel ein solider Anwalt, attorney, zum Kreissecretär ernannt. Bei seinem Amtsantritt soll er einen besondern Eid leisten „daß er durchaus nichts für seine Ernennung gezahlt habe." 1. Will. et M. c. 21 §. 6. Er darf seine Praxis als Anwalt fortsetzen, doch mit Ausschluß aller Geschäfte, mit welchen er als Unterbeamte der Friedenssessionen zu thun hat, 22. Geo. II. c. 46 §. 14. Unter Bestätigung des Custos Rotulorum darf er sich durch einen Deputy Clerk vertreten lassen, 37. Hen. VIII. c. 1. Die Anstellung versteht sich auf Lebenszeit, quamdiu se bene gesserit, 1. Will. et M. c. 21 §. 5; die Jurisprudenz behandelt sein Recht als freehold auf Lebenszeit unter Bedingung. Seine Anstellung ist daher unabhängig von der Amtsdauer des Custos Rotulorum; Anstellung auf Zeit oder Widerruf wäre nichtig. Er ist aber verantwortlich für seine Amtsführung den Frie-

---

aus den Gebühren, an die Stelle der Remuneration durch Sporteln treten. Vergl. darüber die Parl. P. 1844 No. 605; 1845 No. 75, 224. Die Polizeiprozeßordnung 11. et 12. Vict. c. 43 unterwirft die von den Quartalsitzungen festgestellten Sporteltarifs der Bestätigung des Ministers des Innern.

densrichtern in den Quartalsitzungen, 37. Hen. VIII. c. 1, und kann von ihnen auf schriftliche Anklage und geführten Beweis in öffentlicher gerichtlicher Verhandlung suspendirt oder seines Amtes entsetzt werden. In diesem Falle hat der Custos Rotulorum bis zur nächsten Quartalsitzung einen andern zu ernennen, widrigenfalls das Ernennungsrecht auf die Quartalsitzungen übergeht, 1. Will. et M. c. 21 §. 6. Nach 27. et 28. Vict. c. 68 mögen die Quartalsitzungen auf Antrag zweier Friedensrichter den Kreissecretär auch wegen eines außeramtlichen Verfahrens, welches ihn als ungeeignet zur Führung des Amts erscheinen läßt (unfit or improper to hold his office), entlassen, mit Appellation an den Lordkanzler.

II. Nicht zu verwechseln mit dem Generalsecretär der Friedensrichter sind die Clerks to Justices, welche auch bei den kleinen Bezirkssitzungen von den dabei betheiligten Friedensrichtern als Protokollführer und Bureaubeamte ernannt werden. Das Recht der Friedensrichter zur Ernennung solcher Clerks galt als selbstverständlich, Coke 2 Inst. 425. Immer regelmäßiger wurde es Sitte, dazu einen Anwalt der niedern Klasse zu engagiren, wie solche in den kleinen Kreisstädten der Bezirkssitzungen stets zu finden sind. Die neueste Gesetzgebung behandelt ihn in erheblichen Beziehungen wie einen ständigen Secretär der Specialsitzungen.**)

III. Auch die einzelen activen Friedensrichter pflegen sich zu wichtigeren Acten besonderer Protocollführer, Clerks of Magistrates, zu bedienen; sei es der Clerk der Bezirkssitzung, oder ein besonderer Anwalt, wo ihre Geschäftsführung einen erheblichen Umfang hat. Auch diese Schreiber haben gewisse Sporteln für Aufnahme von Denunciationen, Ausfertigung von Decreten u. s. w. zu fordern, welche in den Gebührentaxen normirt sind, und welche der Friedensrichter gewohnheitsmäßig seinem Clerk überläßt. Sie reichen natürlich nicht aus zum Unterhalt eines Gerichtsschreibers; der Clerk treibt aber seine Anwaltspraxis daneben und empfängt zuweilen eine kleine Remuneration vom Friedensrichter. Durch die neuere Sitte, nach welcher sich die Friedensrichter jeder Division über zahlreiche periodische Sitzungen vereinbaren, wird der Bezirkssecretär auch für die meisten Geschäfte der einzelen Friedensrichter verwendbar.

Das neue Sportelgesetz 14. et 15. Vict. c. 55 bezieht sich auf alle Klassen der friedensrichterlichen Clerks, gestattet überall feste Gehalte an Stelle der Gebühren, verpflichtet die Clerks dann zur Rechnungslegung über die Gebühren, und giebt den Frie-

---

**) Die Polizeiprozeßordnung 11 et 12. Vict. c. 43 §. 30, 31 macht die Clerks to Justices der Bezirkssitzungen zu ordentlichen Einnehmern der von den einzelen Friedensrichtern erkannten Geldstrafen. Das Specialverzeichniß der Friedensrichter in den Parl. P. 1856 Vol. L. 161 giebt für jede Division den Anwalt (oder die Anwaltsfirma) namentlich an, welche zum Bezirkssecretär ernannt ist.

densrichtern allgemein ein Gebührenniederschlagungsrecht. Die Parl. P. 1861 No. 520 Vol. LI. 459 enthalten ein Personalverzeichniß der Clerks of the Peace. Es ergiebt sich daraus, daß in der Mehrzahl der englischen Grafschaften die Kreissecretäre auf feste Gehalte von 200—1600 £., in Westmoreland 120 £., in Wales 80—400 £. fixirt sind. In Middlesex, Lancaster, Durham, im Ganzen etwa in einem Dutzend Grafschaften, bezogen sie noch die meistens sehr ansehnlichen Gebühren. Die späteren Verzeichnisse ergeben, daß die festen Gehalte immer mehr zur Regel werden. (Parl. P. 1866 No. 276.)

§. 37.
Besoldete Friedensrichter. Stipendiary Magistrates.

Obgleich die besonderen städtischen Friedensrichter in dem Abschnitt von der Stadtverfassung folgen, so mag doch schon hier erwähnt werden eine wesentlich dem XIX. Jahrhundert angehörige Aenderung, welche an einzelen Orten besoldete Polizeirichter an die Stelle der Friedensrichter gesetzt hat. In einigen großen Städten, und zuweilen in einem dichtangebauten Fabrikdistrikt, hat die Geschäftslast, der Geist der neuen städtischen gentry, und die Collision der Interessen von Kapital und Arbeit, die Anstellung solcher beamteter Richter rathsam erscheinen lassen. Diese Neubildung geht in dreifacher Richtung vor sich:

I. In der Polizeiverwaltung von London war schon von Alters her ein Königliches Polizeiamt mit drei besoldeten Richtern in Bow street gebildet. Durch 32. Geo. III. c. 53; 42. Geo. III. c. 76; 47. Geo. III. c. 42 dehnte sich dies System auf den Umkreis der City aus. Analog gestaltete sich die Flußpolizei durch die Thames Police Acts 39 et 40 Geo. III. c. 87 etc. Eine durchgreifende Neubildung erfolgt aber durch das Polizeiverwaltungsgesetz der Metropolis, 10. Geo. IV. c. 44, welches die City von London mit der ganzen Masse der umgebenden, verschiedenen Grafschaften zugehörigen Kirchspiele zu einem Polizeibezirk vereint. Für eine Bevölkerung von jetzt ungefähr drei Millionen Einwohnern, für welche nur fragmentarisch ein Communalverband sich bilden ließ, wird damit das System der „Stipendiary Magistrates" durchgeführt und durch besondere Gesetze 2 et 3 Vict. c. 71; 3 et 4 Vict. c. 84; 17 et 18 Vict. c. 94; 18 et 19 Vict. c. 126 näher geordnet. Ihre Bezirke werden durch Geheimrathsorder (Ministerialbeschluß) regulirt, ihre Geschäftsordnung durch Regulative des Ministers des Innern. Die Qualification zu diesem Polizeirichteramt beruht nicht auf Grundbesitz, sondern siebenjähriger Advokatenpraxis; besoldete Polizeirichter in den Provinzen sind anstellungsfähig auch ohne das Erforderniß siebenjähriger Praxis, 21 et 22 Vict. c. 73. Die Anstellung ist eine lebenslängliche, die Gehalte (1000 £.) sind wie alle Richtergehalte auf den consolidirten Fond angewiesen. Die Zahl der Polizeihöfe, ihre Bezirke, die Zahl der Richter und die Ordnung der Gerichtslokale sind administrativer Anordnung vorbehalten. Die Rendanten, Gerichtsschreiber und Unterbeamten werden vom Minister ernannt, welcher ihre Etats feststellt. Die Functionen dieser Magistrates umfassen alle richterlichen Geschäfte der Voruntersuchung und der summary conviction mit Ausschluß bestimmter administrativer Befugnisse, welche dem Commissioner als Polizeipräfecten der Metropolis überwiesen sind. In allen Fällen, wo das Gesetz ein Zusammenwirken von zwei Friedensrichtern verlangt, soll stets die Amtsthätigkeit eines besoldeten Friedensrichters ausreichen. In allen Fällen, in welchen die zuerkannte Strafe 3 £. oder einen Monat Gefängniß übersteigt, wird die Appellation an die Quartalsitzung der Grafschaft vorbehalten.*)

II. Die Städteordnung von 1835 führt in allen Städten, welche eine gesonderte Friedens-Commission (Polizeigerichtsverwaltung) erhalten haben, das normale System der Friedensrichter durch. In §. 99 wird indessen die weitere Bestimmung getroffen, daß, wenn der Gemeinderath einen besoldeten Polizeirichter für nothwendig hält, er ein Gehalt dafür durch Ortsstatut feststellen und solches Statut dem Minister des Innern einreichen soll. Wenn dieser damit einverstanden ist, veranlaßt er die Ernennung eines Königlichen Polizeirichters mit richterlicher Qualification durch fünfjährige Advokatenpraxis, welcher jedoch abweichend von den hauptstädtischen Friedensrichtern widerruflich, durante bene placito, ernannt wird und sein Gehalt aus der Stadtkasse bezieht. Im Fall der Vacanz soll aber die Stelle nicht ohne erneuten Antrag des Gemeinderaths wiederbesetzt werden. Nur in verhältnißmäßig wenigen großen Städten ist bisher von dieser Befugniß Gebrauch gemacht worden; bei Neuverleihungen der Städteordnung wird aber ein besoldeter Polizeirichter häufig zur Bedingung der Verleihung gemacht.

---

*) Ueber diese Polizeigerichtsämter in ihrem Zusammenhang mit der Metropolitan Police vergl. unten §. 81. Vertheilt auf 11 Polizeigerichtshöfe, halten sie ihre öffentlichen Sitzungen gleich den Friedensrichtern. Ihre Geschäftsstunden sind von 10—5 Uhr durch die Reglements bestimmt, vorbehaltlich einer Aenderung durch den Minister. Die Polizeirichter unter Vorsitz ihres Chief Magistrat sollen auch in berathenden „Quartalsitzungen" nach näherer Anweisung des Ministers ihre Erfahrungen aus der Polizeiverwaltung austauschen und Berichte an den Minister erstatten. Die Bureaubeamten werden aus der Zahl der Anwälte ernannt und nach gesetzlichen Normativbestimmungen befördert. Dem Polizeirichter ist ein allgemeines Milderungsrecht für das gesammte Strafgebiet ohne Feststellung eines Minimum beigelegt; andererseits auch die Befugniß, den Denunciantenantheil des Informer ganz oder theilweis zu streichen. Eine ältere statistische Uebersicht geben die Journals of the Statistical Society IX. 292; neuere Uebersichten die jährlichen Straftabellen und die Etatsvorlagen der Metropolitan Police im Staatsbudget.

III. Für engbevölkerte Distrikte ist auch ohne Verleihung der Städteordnung die Ernennung eines besoldeten Polizeirichters ermöglicht durch die Stipendiary Magistrates Act 1863, 26 et 27 Vict. c. 97. „In Erwägung, daß die Amtsgeschäfte eines Friedensrichters in volkreichen Städten und Ortschaften schwierig und beschwerlich geworden sind, die große und wachsende Ausdehnung der Bevölkerung und die schwierigen und wichtigen Rechtsfragen, welche auf Grund verschiedener allgemeiner und Lokalgesetze entstehen, unverhältnißmäßige Anforderungen an die Zeit der Friedensrichter stellen," soll für Bezirke von mehr als 25,000 Einwohnern die Möglichkeit eines besoldeten Friedensrichters eröffnet werden. Vorausgesetzt wird, daß auf Grund der Gesetze über die Gesundheitsverwaltung oder einer Lokalacte, für solche Ortschaft oder eine Mehrzahl von Ortschaften, ein gewähltes Local Board vorhanden ist. Dieser Gemeinderath kann mit zwei Drittel der Stimmen die Ernennung eines besoldeten Friedensrichters beschließen, und mit gleicher Majorität ein Statut über dessen Gehalt errichten und dem Minister des Innern zur Bestätigung einreichen. Es erfolgt darauf die Königliche Ernennung eines Advokaten von mindestens fünfjähriger Praxis als police magistrate and a justice of the peace for such city or place, widerruflich, durante bene placito, mit dem Anspruch auf das statutarische Gehalt. Bei eintretender Vacanz soll eine neue Anstellung nur auf einen wiederholten Antrag des Gemeinderaths erfolgen. Mit Genehmigung des Ministers mag er einen Stellvertreter aus der Zahl der Advokaten von siebenjähriger Praxis ernennen, ebenso einen Gerichtsschreiber aus der Zahl der Anwälte. Die Gebühren und Polizeistrafen sind an die Gemeindekasse zu zahlen, wo nicht das Gesetz eine andere Verwendung vorschreibt. Einige Nebenbestimmungen werden in dem Zusatzgesetz 21 et 22 Vict. c. 73 nachgetragen, übereinstimmend mit den besoldeten Friedensrichtern der incorporirten Städte.

Der örtliche Umfang dieser anomalen Bildung ist bis jetzt noch nicht sehr erheblich. Die Parliamentary Papers 1856 Vol. L. No. 371 geben das Verzeichniß der besoldeten Polizeirichter außer London für folgende Städte und Distrikte: Brighton, Kingston-upon-Hull, Liverpool, Manchester, Merthyr Tydvill, Newcastle-upon-Tyne, Salford (17 et 18 Vict. c. 23), Landbezirk Manchester, Stafford (9 et 10 Vict. c. 65), Wolverhampton, Worchester; dazu Chatham and Sheerness (1867). Ueber die Qualification und die Befugniß zur Ernennung eines Stellvertreters 21 et 22 Vict. c. 73; 32 et 33 Vict. c. 34. Es sind dies Orte von 64,000—374,000 Seelen, die Gehalte der Richter betragen 600—1000 £. Nur für Worchester (26,000 Einw.) besteht das Amt in kleinerem Maßstabe. Die neuesten Verzeichnisse der städtischen Friedensrichter Parl. P. 1867 No. 306 LVII. 467 ergeben, daß bis heute noch die Verwaltung durch unbesoldete Friedensrichter auch in den Städten entschieden die Regel geblieben ist.

V. Capitel.

II. Abschnitt.
Die einzelen Friedensrichter.

§. 38.
Gruppirung der Amtsgeschäfte der einzelen Friedensrichter.

Der erste und gewissermaßen der letzte Versuch, die Geschäfte der Friedensrichter zu ordnen, ist der mehrerwähnte in Lambard's Eirenarcha.*)

---

*) Die Anordnung der Geschäfte der einzelen Friedensrichter bei Lambard Lib. II. enthält c. 2 einen wohlgeordneten Abschnitt über die Friedensbürgschaften; c. 3 über das Verhalten bei affrays, assaults und einfachen Friedensbrüchen (Recht des ersten Angriffs, Verhaftung 2c.); c. 4 gewaltsame Besitzentsetzungen, forcible entries; c. 5 gesetzwidrige Versammlungen, riots, routs, unlawful and rebellious assemblies; c. 6 Statuten, die in der Friedenscommission einbegriffen und gemeint sind. Die Amtsgeschäfte daraus werden nach vier Gesichtspunkten geordnet: command (hue and cry, Nachtwachen, Haussuchungen, Erweiterung öffentlicher Wege, Anstellung der constables); forbid (Märkte auf Kirchhöfen), compell (den Frieden zu beschwören), charge (die Constables zur Verhaftung von Verbrechern). — Cap. 7 folgen die Amtsgeschäfte aus Statuten, die in dem ursprünglichen Formular der Friedenscommission weder erwähnt noch gemeint sind, aufgezählt unter 50 Rubriken in bunter Reihe: Strompolizei, Streitigkeiten zwischen Herrschaft und Gesinde, Jagdvergehen, unerlaubte Spiele, Zechen in Bierhäusern, reglementswidriges Anfertigen von Dachziegeln und Uebertretung anderer Gewerbegesetze, versäumter Kirchenbesuch, Abnahme des Unterthaneneides, Bestrafung von Vagabunden, Voruntersuchung und Haftbefehl gegen felons, Cautionsbestellung der prosecutors und Zeugen, Einschätzung der Grafschaftssteuer, Ausstellung gewisser Atteste 2c. — Lib. III. c. 1 folgen dann die Geschäfte, welche von zwei Friedensrichtern zu besorgen sind: zuerst ein wohlgeordneter Abschnitt von den riots, dann 24 Fälle nach Parlamentsstatuten in bunter Reihe; c. 2 von bailements, dann noch 19 vermischte Fälle, mit einem Anhang von einigen private bills, in welchen zwei Friedensrichtern Amtsgeschäfte zugedacht werden; c. 3 von Amtsgeschäften, welche nach einigen Statuten durch drei, vier, beziehungsweise sechs Friedensrichter zu vollziehen sind; c. 4 von der Verantwortlichkeit der Friedensrichter.

§. 38. Gruppirung der Amtsgeschäfte der einzelen Friedensrichter. 217

Bei dem Zustande der Gesetzgebung zur Zeit Elisabeths ließen sich die Geschäfte der einzelen Justices noch ziemlich anschaulich zusammenstellen, und lib. II. cap. 7 in ein kurzes Tableau bringen. Seitdem hat sich mit der wachsenden Masse der Parlamentsstatuten Alles in alphabetische Aufzählungen aufgelöst, für welche Burn's Justice die herkömmlichen Rubriken bildet, die auch in Rechtswörterbüchern und populären Hülfsbüchern wiederkehren.

Dabei ist selbst die einfachste und äußerlichste Scheidung in Amtsgeschäfte eines einzelen Friedensrichters und Amtsgeschäfte, bei welchen zwei Friedensrichter zusammenwirken müssen, nicht mehr durchgeführt und nicht durchführbar. Sie hatte von Anfang an auf keinem festen Princip beruht. Die älteren Gesetze hatten zwei Friedensrichter meist da gefordert, wo es auf Rechtskenntniß anzukommen schien, und wo dann einer der Quorum mitwirken sollte. Die spätere Gesetzgebung scheint mehr auf die principielle Wichtigkeit der zu entscheidenden Fragen zu sehen; oft hat der politische Zeitgeist, oft auch der Zufall entschieden. Es bleibt daher nichts übrig, als in der nachfolgenden Darstellung die Fälle, in welchen zwei Friedensrichter mit einander conferirend in einer sogenannten petty session handeln, vermischt mit den Geschäften der Einzelen darzustellen.

In der alphabetischen Anordnung werden nun aber materielle Rechtsvorschriften und Proceßgesetze, spezielle und generelle Rechtsnormen durch einander gemengt. Bei der Aufzählung der einzelen Straffälle kommen Rubriken vor wie nuisances, trespasses, rogues and vagabonds etc., welche ganze Familien von Vergehen in sich begreifen, und solche, welche zusammenhängende Polizeiordnungen bilden. Von Menschenalter zu Menschenalter häuften sich nach dem praktischen Bedürfniß solche Gesetzesgruppen auf einander, ohne daß man zu einer systematischen Rechenschaft gekommen wäre. Um dazu zu gelangen, hätte man die continentalen Verwaltungssysteme kennen müssen, wie auch Blackstone durch seine Bekanntschaft mit Montesquieu und einigen Naturrechtsschriften des Continents zu seiner Darstellung des englischen Staatswesens angeregt wurde. Allein für die einzelen Theile der continentalen Landesverwaltung fehlte in England jedes Interesse; für die Darstellung des englischen Communalwesens fand sich daher kein systematisirender Blackstone, sondern nur eine Zahl fleißiger Compilatoren.

Um aus dem vorhandenen Chaos herauszukommen, ist es nothwendig, auf die geschichtliche Entwickelung und auf eine Vergleichung der Verwaltungssysteme des Continents einzugehen. Es ist nicht weniger als das gesammte Verwaltungs-Decernat unserer Sicherheits- und Wohlfahrtspolizei in der „Jurisdiction" der Friedensrichter enthalten, welche sich in langsamem Entwickelungsgange aus einem bloßen Polizei=Commissariat (custodia pacis) entfaltet hat.

Die Energie in dieser großartigen Schöpfung verdankt England ursprünglich dem Druck der normannischen Verwaltung, in welcher die besitzenden Klassen in erster Stelle die Willkür des normannischen Landvogts empfunden hatten. Alle Grundrechte der Magna Charta zeigten sich ungenügend, so lange die Verwaltung durch solche Präfekten und Unterpräfekten fortdauerte. Die Beschwerden gegen diese Verwaltung blieben endlos. Manchmal wurde die ganze Reihe der verhaßten Präfekten abgesetzt; aber nach wenigen Jahren stand das Amt mit unveränderten Mißbräuchen da. Das stetige gravamen war die Polizeigewalt, welche ihrer Natur nach überall ein= und übergreifen mußte, und welche nach normannischer Weise Handlungen und Unterlassungen der Unterthanen durch Executivstrafen (amerciaments) erzwang. Dagegen wollten sich keine Grundrechte, keine Parlamentsbeschwerden als wirksam erweisen, bis nach vielen erfolglosen Zwischenversuchen die englische gentry sich endlich dazu entschloß, die Landrathsgeschäfte des vicecomes in angemessener Theilung selbst zu führen, die Kreispolizei und Ortspolizei (Sheriffs turn und courts leet) mit allen mühseligen Einzelgeschäften eines Polizei=Commissars persönlich zu übernehmen. In diesem Sinne erfolgte die Einsetzung der Friedensrichter a. 1360. Mit dem durch Besitz unabhängigen Ehrenamt war das Organ geschaffen, um den sprüchwörtlich gewordenen Mißbräuchen ein Ende zu machen. Noch einmal treten dabei Schwankungen ein in den Kämpfen der Reformation und in den Bürgerkriegen. Mit der Restauration aber beginnt eine stetige Richtung, welche das Verwaltungsdecernat zu einer „jurisdiction" gestaltet, nach seinen Grundsätzen, Personal und Verfahren, der Form wie der Sache nach.

Den Grundsätzen nach wurde das Polizeiamt zur jurisdiction durch die fortschreitende Formulirung des Verwaltungsrechts, mit Unterscheidung der festen Grundsätze von den Momenten, welche dem freien Ermessen des Beamten überlassen bleiben sollten. Man specialisirte die Gewerbe=, Sitten=, Bierhaus=, Wege=, Fluß=, Jagd=, Gesinde=, Arbeits=, Bettel=, Armenpolizei in der Weise, daß so weit wie möglich jede einzele polizeiwidrige Handlung oder Unterlassung als Uebertretung definirt und dem Polizeirichteramt überwiesen wird. Auch nach Ausscheidung dieser Hauptmasse der ehemals discretionären Gewalten blieb es freilich nothwendig, der Polizeiobrigkeit durch Enclaven in den Polizeigesetzen einen weitern administrativen Spielraum zu lassen. Das Gesetz hat dann aber speciell die Fälle bestimmt, in welchen der Friedensrichter bald anordnend, bald visitirend, bald bestätigend und genehmigend durch orders (Resolute) einzugreifen hat.

§. 38. Gruppirung der Amtsgeschäfte der einzelen Friedensrichter.

Dem Personal nach blieb das Friedensrichteramt zwar ein widerrufliches; aber es gewann eine thatsächliche Unabhängigkeit und lebenslängliche Stellung durch den Besitz, durch die Collegialität und gegenseitige Controle, durch die amtliche Gewöhnung gesetzmäßige Grundsätze ohne Ansehen der Person zur Anwendung zu bringen. Es wird dem Titel und der Sache nach zu einem richterlichen Personal.

Dem Verfahren nach wird das Verwaltungsdecernat zur jurisdiction durch öffentlich mündliche contradictorische Verhandlung nach der Analogie des ordentlichen Gerichtsverfahrens. Die eidlichen Zeugenverhöre und formellen Beweisaufnahmen in Gegenwart der Betheiligten, die Zuziehung eines Gerichtsschreibers, die Vollziehung aller Ladungen durch die bestellten Gemeindebeamten giebt der Procedur durchaus den gerichtlichen Charakter.

Nach der Urtheilsform wird das Verwaltungsdecernat zur jurisdiction, indem alle materiellen Verfügungen entweder die Form des Ordnungsstrafspruchs (conviction) oder des Polizeiresoluts (order) erhalten. Die prozeßleitenden Decrete erscheinen als warrants und precepts.

Durch diese Fortbildung hat die uns geläufige Auffassung der Polizei in England den Charakter der „jurisdiction" erhalten. Die Beschwerdeinstanz bewegt sich in den Formen der Appellation und verläuft zuletzt in eine Controljustiz der Reichsgerichte. Die rein executiven Functionen fallen dem untern Amt der Constables zu, über welchen das Friedensrichteramt nur die höhere, ordnende, decretirende Verwaltungsstelle darstellt. Während das öffentliche Recht des Continents am Schluß des XVIII. Jahrhunderts in „Verwaltung" aufgegangen ist, erscheint in England die Verwaltung des Innern und der Polizei in eine Verwaltungsjurisdiction aufgegangen.

Wie die Gesammtgestaltung des Rechtsstaats, so ist auch dies Grundgerüst desselben ein langsam und mühsam errungenes Resultat, welches nur mit einer Reihe von Nachhülfen und Ergänzungen zu einer lebensfähigen Gestalt gelangte, namentlich

1) durch unabsehbare, ermüdende Specialisirung der Polizeistraffälle, mit einer so weiten Fassung des Thatbestandes, daß dem Verwaltungsermessen oft ein breiter Spielraum blieb;

2) mit Hülfe des Systems der Popularklagen, durch welche das Gesammtinteresse des Publikums zur Unterstützung der Executivbeamten in Ausführung der Gesetze herangezogen wird;

3) mit einem sehr freien arbitrium in Abmessung der Strafe, nicht selten mit dem Recht des Straferlasses;

4) mit Einschiebung administrativer Hülfsbeamten, wo eine positiv fördernde Amtsthätigkeit unentbehrlich schien.

Mit diesen Maßgaben konnte die innere Verwaltung den vorherrschenden Charakter der Verwaltungsjurisdiction erhalten, welcher sich die Executive als dienendes Amt unterordnet.

Nur theilweis ausführbar erschien indessen diese Grundformation für die Gebiete der Armen-, Gesundheits- und Wegeverwaltung (Cap. X.—XII.). Eine freiere Bewegung ist durch den wirthschaftlichen Charakter dieser Gebiete in so starkem und wachsendem Maße bedingt, daß die Verwaltung sich hier nicht in einer Verwaltungsgerichtsbarkeit erschöpfen ließ. Das Decernat der Friedensrichter hat hier nur eine ergänzende, controlirende Bedeutung erhalten, die im Zusammenhang jener Gebiete zu behandeln ist.

Ebenso sind die Gebiete der Militär- und Finanzverwaltung (Cap. VI., VII.) auszuscheiden, in welchen die Friedensrichter nur eine Verwaltungsgerichtsbarkeit mit ergänzendem Charakter üben.

Nach Ausscheidung jener Gebiete bleibt für das gegenwärtige Capitel die eigentliche „Friedensbewahrung" übrig, d. h. das englische Polizeirecht im engern Sinne, in welchem der jurisdictionelle Charakter zur vollen Entwickelung gelangt und bis heute beibehalten ist. In der Anordnung desselben sind die älteren und einfachen Elemente voranzustellen in folgender Weise:

I. Die Friedensrichter als Friedensbewahrer nach „gemeinem Recht", d. h. in Ausübung alter Haft- und Präventivgewalten, welche schon der Polizeipraxis des Mittelalters angehören. (§. 39.)

II. Die Friedensrichter als Voruntersuchungsrichter für alle, auch die schwereren Straffälle, wie diese Function in der Periode der Tudors entstanden, neuerdings in eine Voruntersuchungsordnung codificirt ist. (§. 40.)

III. Die Friedensrichter als Polizeistrafrichter, mit einer Uebersicht der einfachen Polizeistraffälle und mit Darlegung des Verfahrens nach Maßgabe der neu codificirten Polizeiprozeßordnung (nebenbei ihre Stellung als Steueruntersuchungsrichter, §. 41, 42).

IV. Das angewandte Polizeistrafrecht, welches mittels Polizeibußen und Popularklagen zusammenhängende Systeme der Sicherheits-, Gewerbe-, Sitten-Polizei, der Wege-, Jagd- und Fischereipolizei, sowie ein England eigenthümliches System der Arbeitspolizei entfaltet. Die Anordnung kann hier nicht sowohl nach streng systematischer Abgrenzung erfolgen, als nach der Gestalt der Gesetzgebung, welche nach praktischem Bedürfniß connexe Gruppen in Hauptgesetze zusammengefaßt hat. Es ist dadurch namentlich bedingt eine spezielle Hervorhebung der Preß- und Vereinsgesetzgebung, der Bettel- und Landstreicherpolizei, der Bier- und Gasthauspolizei, des Personenfuhrwesens. An die weit verzweigte Civiljurisdiction der Arbeitspolizei sind schließlich noch die Nebenfälle einer

Civiljurisdiction angereiht, welche in England hauptsächlich durch den Mangel von Ortsgerichten veranlaßt war. (§. 43—60.)

V. Den Schluß bilden gemeinsame Grundsätze über die Strafresolute, Polizeiresolute und Polizeiverfügungen der einzelen Friedensrichter (§. 61.)

Wenn auch die in der Commission aufgezählten Friedensrichter für alle diese Geschäfte in der Regel concurrirende Gewalten „sammt oder sonders" üben, so daß es von dem Hülfesuchenden abhängt, an welchen Friedensrichter er sich wenden wolle: so beschränkte sich doch von jeher die Praxis auf die Friedensrichter der Nachbarschaft. In der Regel erscheinen die Friedensrichter nur innerhalb der sessional division thätig, in welcher sie ansässig sind. Ihren Special Sessions und den General and Quarter Sessions ist sodann noch eine Reihe der allerwichtigsten Verwaltungs-Geschäfte vorbehalten, welche nachher in Abschnitt III. und IV. folgen.

Bei der Anordnung für unsere Zwecke kommt es an: 1) auf eine Orientirung in der Weise, daß die Hauptgruppen friedensrichterlicher Verwaltung so hervortreten, wie sie ganzen Theilen unseres administrativen Systems entsprechen; 2) auf die deutliche Hervorhebung der Methode, durch welche die Beibehaltung gerichtlicher Formen und Schranken für die Polizeiverwaltung möglich wurde; 3) auf eine historische und systematische Vollständigkeit der Materie nach. Bei der Gruppirung der einzelen Geschäfte sind möglichst schon in den Ueberschriften die englischen Hauptrubriken angegeben, unter welchen sie in Friedensrichterbüchern, Rechtsbüchern, Rechtswörterbüchern, Monographien, Inhaltsverzeichnissen, zu finden sind. Wo das Material zu mannigfaltig und massenhaft auftritt, sind in den Noten die alphabetischen Rubriken wiedergegeben. Die Citate beschränken sich hauptsächlich auf Gesetze.

§. 39.

Die Friedensrichter als Friedensbewahrer nach gemeinem Recht.
Apprehension. Surety for the peace and good behaviour. Forcible entry.

Die Friedenscommission ernennt die Friedensrichter zu Königlichen Polizeicommissarien im Kreise. Dies ist der kurze Sinn der Friedensbewahrung „nach gemeinem Recht", d. h. der herkömmlichen Polizeigewalten zur Sicherung der Personen und des Eigenthums, wie sie sich seit der normannischen Zeit in den Händen Königlicher Landvögte und Specialvögte gestaltet hatten. Es war ein hergebrachter Inbegriff von Gewalten, welchen man ihnen übertrug, indem man sie zu Bewahrern des Friedens ernannte. Die „Friedensbewahrung", sagt Lambard, besteht in drei Dingen: Erstens vorzusehen, daß nichts geschieht, was direct oder mittelbar zu einem Bruch des Friedens (der Rechtsordnung) führt; Zweitens darin, daß man zur Ruhe und zum Friedehalten diejenigen bringt, die in einem Bruch des Friedens begriffen sind, und drittens in der Bestrafung solcher, die den Frieden schon gebrochen haben." Dalton, Justice cap. 1 bezeichnet als die allgemeine Pflicht der Friedensbewahrer nach gemeinem Recht: „Anzuwenden die eigene Gewalt und zu befehlen die Beihülfe Anderer, um fest zu nehmen und zur Ruhe zu bringen alle solche, welche in ihrer Gegenwart und in ihrem Amtsbezirk durch Wort oder That den Frieden zu brechen im Begriff stehen." Alte Gerichtspraxis leitet daraus ab die Befugnisse: 1. zu vorläufiger Ergreifung, 2. zur Friedensbürgschaft, 3. zur Bürgschaft für gutes Verhalten; der Sache nach gehört dazu auch das Einschreiten gegen gewaltsame Besitzentsetzung.

I. Apprehension in diesem Sinne ist das Recht des Friedensrichters selbst zu ergreifen, oder ergreifen zu lassen, jeden Uebertreter, der eine felony oder einen Friedensbruch begeht, oder begangen hat, oder zu begehen im Begriff steht.

Das Verhaftungsrecht steht sowohl den höheren wie den niederen Friedensbeamten zu: den ersteren entweder persönlich oder durch Auftrag, den letzteren entweder selbständig oder auf Befehl eines höhern Friedensbeamten.

Ein unmittelbares Recht steht dem Friedensrichter zu: entweder selbst zu ergreifen oder durch mündlichen Befehl irgend eine Person zu beauftragen zur „Ergreifung jedes Uebertreters, welcher eine felony oder einen Friedensbruch in seiner Gegenwart begeht." Dasselbe Recht hat jeder Friedensbewahrer, auch der Constable, selbständig von Amtswegen; selbst bloße Privatpersonen, die letzteren jedoch unter Verantwortlichkeit wegen begangener Mißgriffe.

Der Erlaß eines schriftlichen Haftbefehls steht nur den höheren Friedensbeamten, insbesondere den Friedensrichtern zu. Ein warrant of apprehension kann erlassen werden gegen den, welcher durch eidliche Aussage beschuldigt wird, eine „felony, ein anklagbares Verbrechen oder einen Friedensbruch begangen zu haben"; oder wenn der Denunciant „Gründe für einen solchen Verdacht" erhärtet. Die Gerichtspraxis hatte gewisse Maximen gebildet, nach welchen die Haft bei gewissen Anklagen die Regel bildete, bei andern die Ausnahme. Nach 11. et 12. Vict. c. 42 §. 1. 9. 10 entscheidet die „Discretion" der Friedensrichter zwischen einfacher Ladung und Vorführungsbefehl.

Führt dies Recht des ersten Angriffs nun aber wie gewöhnlich zu weiteren Verhandlungen, so erscheint mit dem schriftlichen warrant of apprehension ein förmliches Untersuchungs-Verfahren, bei welchem darauf zurückzukommen ist (§. 40. 41).

II. Eine Surety for the Peace, Zwangsbürgschaft zur Erhal-

§. 39. Die Friedensrichter als Friedensbewahrer nach gemeinem Recht. 223

tung des Friedens tritt ein, wenn Jemand gerechten Grund zu der Furcht hat, „daß ein Anderer ihm sein Haus anstecken, oder ihm eine körperliche Unbill durch Tödtung, Gefangennehmung oder Schläge zufügen, oder solches durch Andere thun lassen werde"*). Der Bedrohte kann sich dann mit einer Denunciation (Information) an einen Friedensrichter wenden, welche mit Angabe der Handlungen und Worte, der Zeit und des Orts und mit der Versicherung, daß er diesen Antrag nicht aus Haß oder bösem Willen, sondern nur zur Bewahrung seines Lebens und seiner Person vor Unbill stelle, zu Protokoll genommen und beeidet wird. Dieser Akt heißt „Swearing the peace against another". Der Friedensrichter erläßt darauf einen Vorführungsbefehl, warrant, in welchem der Hergang wiederholt, und der Constable angewiesen wird den C. D. zu ergreifen und vorzuführen, damit er auf die gedachte Beschwerde antworte und genügende Sicherheit stelle. Nach summarischer Anhörung des Beklagten kann dann das Verfahren entweder eingestellt, oder die Bürgschaftsstellung definitiv angeordnet werden. Im letztern Fall steht es in richterlichem Ermessen, auf wie lange Frist, auf welche Summe, und mit wie vielen Bürgen sie gestellt werden soll. Die Form ist die gewöhnliche der Proceßbürgschaften (recognizances), also in folgender Fassung:

„A. B. erkennt an, der Königin 100 L. zu schulden, der Bürge C. 50 L., der Bürge D. 50 L., unter der Bedingung, wenn A. B. die

---

*) Die Voraussetzungen der Friedensbürgschaft sind durch die Praxis begrenzt. Das Recht der Friedenscaution zu beantragen hat jeder unter Königlicher Protection stehende Unterthan oder Fremde, selbst Excommunicirte, bürgerlich Todte, Unmündige; auch die Ehefrau gegen den Mann, der Mann gegen die Frau. Der Antrag kann auch gegen obrigkeitliche Beamte gestellt werden; ein Friedensrichter kann sogar den andern dazu nöthigen. — Auch ohne Antrag kann ein Friedensrichter als Friedensbewahrer ex officio Friedensbürgschaft fordern von dem, welcher in seiner Gegenwart einen gewaltsamen Angriff macht, einen andern zu tödten oder zu schlagen droht, oder mit ungewöhnlichen Waffen oder tumultuarischer Begleitung einhergeht zum Schrecken des Volks; ferner gegen solche, die ihm als gewaltthätige Zänker bekannt sind, oder welche ihm vom constable wegen Friedensbruchs auf frischer That vorgeführt werden, oder welche eine früher gestellte Friedensbürgschaft gebrochen und verwirkt haben. Angewandt wird dies auch auf Forderungen zum Zweikampf (challenges to fight). Auf Anzeige von einer Herausforderung mag der Friedensrichter einen Zwangsvorführungsbefehl erlassen und den Herausforderer zu einer Friedensbürgschaft von beispielsweise 200 L. mit zwei Bürgen verurtheilen: im Fall der Weigerung, warrant of commitment zur Abführung in das Graffschaftsgefängniß auf ein Jahr oder bis zur Bestellung der Friedenscaution. Das Obergericht betrachtet dies alles als Gegenstand des freien Ermessens der Localbeamten und verweigert in solchen Fällen jede Intercession. Mündliche und symbolische Drohungen können eine Friedensbürgschaft motiviren, wenn nur bestimmte Acte beeidet werden; auch briefliche Drohungen, doch dürfen keine aus dem Zusammenhang gerissene Worte, sondern nur der ganze Brief vorgelegt werden. Der Gesichtspunkt dabei ist ein metus qui in constantem hominem cadere possit.

unten stehende Auflage nicht erfüllen sollte." — „Die Bedingung ist, daß A. B. verbunden sein soll Friede zu halten gegen die Königin und alle ihre getreuen Unterthanen, und insbesondere gegen den Kläger N. N. für den Zeitraum von zwölf Monaten."
Weigert sich der Beklagte, diese Caution zu stellen, so ergeht ein commitment for want of sureties to keep the peace, d. h. ein formeller Haftbefehl unter Handschrift und Siegel des Friedensrichters, „den C. D. in das Grafschaftsgefängniß abzuliefern, und dort sicher zu bewahren auf den Zeitraum von zwölf Monaten, sofern er nicht in der Zwischenzeit die oben angegebene Sicherheit bestellt." In der Regel begnügt sich jedoch der Friedensrichter mit einem mildern Verfahren. Er nöthigt den Angeklagten nur zu einer Caution mit zwei Bürgen dafür, „daß er bei den nächsten Quartalsitzungen erscheinen, und in der Zwischenzeit den Frieden halten werde gegen die Königin ꝛc." Den Quartalsitzungen fällt dann die definitive Beschlußnahme zu, sofern er erscheint. Bleibt er aus, so ist die Procesbürgschaft verfallen. Weigert er sich, solche zu bestellen, so tritt wiederum ein Haftbefehl ein bis zur nächsten Quartalsitzung.

Die Friedensbürgschaft ist verfallen durch jede thätliche Gewalt gegen die Person, durch die Theilnahme an einer gesetzwidrigen Versammlung in terrorum populi, selbst durch Worte mit der Tendenz eines Friedensbruchs, wie durch Herausforderung zum Zweikampf, Bedrohung eines Gegenwärtigen mit Schlägen, oder Auflauern zu diesem Zweck.

Umgekehrt wird die Caution erledigt (discharged) durch einen Thronwechsel, durch den Tod der Bürgschaft stellenden Partei, oder durch Beschluß der Quartalsitzungen, Assisen oder eines höhern Gerichtshofes, welche jederzeit aus genügenden Gründen die Cautionsstellung wieder aufheben können. Zum Zweck der Controle ist auch jeder einzele Friedensrichter, der eine Friedensbürgschaft abnimmt, solche den Quartalsitzungen anzuzeigen schuldig. 3. Henry VII. c. 1. Das letzte Urtheil darüber, ob die Caution verfallen ist, ergeht bei einem der drei Reichsgerichte.

Dies Zwangsrecht zur Friedensbürgschaft als ein allgemeiner Bestandtheil der Friedensgewalt steht auch anderen höheren Friedensbewahrern von Amtswegen zu, insbesondere dem Lordkanzler und der Queen's Bench, welche eine concurrirende und oberaufsehende Gewalt dabei übt. Weigert sich ein Friedensrichter dem Antrag Statt zu geben, so kann das Obergericht ihn durch ein Rescript (supplicavit) zwingen das Verlangte als ministerial officer ohne eigene Verantwortlichkeit vorzunehmen, und daß dies geschehen, gebührend einzuberichten. In der Regel aber läßt das Obergericht die Friedensbürgschaft sich selbst nach 21. Jac. I. c. 8 bestellen. Die Pairs des Reichs haben hierbei einen privilegirten Gerichtsstand, und können nur von Queen's Bench oder Chancery zur Friedensbürgschaft

§. 39. Die Friedensrichter als Friedensbewahrer nach gemeinem Recht.

gezwungen werden. Die Queen's Bench erkennt nach alter Praxis auf eine Caution für zwölf Monate, und hebt solche auf, wenn in der Zwischenzeit keine Anklage vorgebracht ist. Die Quartalsitzungen dagegen pflegen die Caution von Session zu Session zu prolongiren, so lange eine Veranlassung dazu vorhanden zu sein scheint.

III. Die Surety for the Good Behaviour ist noch strenger als die bloße Friedensbürgschaft, welche darin zugleich mit enthalten ist. Sie war schon aufgenommen in die ursprüngliche Verordnung über die Einsetzung der Friedensrichter 34. Edward III. c. 1, als Ermächtigung, genügende Sicherheit zu nehmen von allen, „die nicht von gutem Ruf sind", für ihr gutes Verhalten gegen den König und sein Volk, damit das Volk nicht in Schrecken und Schaden gesetzt werde, noch der Friede vermindert, noch Kaufleute und Andere auf den Landstraßen gestört und gefährdet werden. Die Praxis verstand unter üblem Ruf schon frühzeitig ein Verhalten sowohl contra bones mores wie contra pacem, also auch gewohnheitsmäßigen Besuch liederlicher Häuser, Halten liederlicher Weiber im eigenen Hause, Schmähworte gegen die Regierung und gegen die Gerichtsobrigkeit im Amte; ferner Nachtschwärmer, Besucher von Diebskneipen, notorische Diebe und Gauner, gemeine Trunkenbolde, Kuppler, notorische Tagediebe u. s. w. Diese weite Interpretation ist etwa seit Henry VII. unter den Nachwehen des Kampfes der Rosen eingetreten. Nach Burn's Bemerkung giebt es kaum ein Statut, welches in so extensiver Weise interpretirt worden wäre. Das Verfahren ist analog der Friedensbürgschaft.**)

Verschärfte Grundsätze gelten hier auch für den Verfall der Caution, welche nicht blos verwirkt wird durch thatsächlichen Friedensbruch, sondern auch durch ein Verhalten, welches dazu führt, wie ein bewaffnetes Einhergehen mit einer großen Zahl von Personen in terrorem populi, aufrührerische Worte 2c.; doch nicht durch ein blos „verdächtiges" Benehmen. In manchen Gesetzen wird eine solche Bürgschaft als Zusatzstrafe angedroht, vergleichbar unserer Stellung unter Polizeiaufsicht.

**) Die Bedingungen der Bürgschaft für gutes Verhalten beruhen ganz auf der Praxis. Nach einigem Schwanken entschied sich die Praxis auch dahin, daß jeder einzele Friedensrichter dazu competent sei, obwohl es für rathsam gilt, daß zwei zusammen wirken. Gründe, wie sie in der Praxis vorgekommen sind: Gegen „Personen, die verdächtig sind, streitsüchtig zu sein"; oder solche, „die bei Tage schlafen und bei Nacht ausgehen"; oder „verdächtige Personen, die müßig leben und mit Aufwand gekleidet, während sie nichts zu leben haben", würden allerdings sehr bedenklich sein, ohne die eigenthümliche Stellung des Friedensrichteramts, und ohne die Controlgewalt der Gerichtshöfe. In der Praxis verfährt man jetzt mit großer Vorsicht und verlangt eidliche Beweise über Thatsachen und Handlungen. Gewöhnlich wird durch warrant zweier Friedensrichter zuerst eine Realcitation angeordnet, und eine vorläufige Prozeßbürgschaft verlangt bis zu der nächsten Quartalsitzung, die dann definitiv beschließt.

Gneist, Engl. Communalverfassung. 3. Auflage.

Blackstone IV. c. 18 bezeichnet das System der Zwangsbürgschaften als das **präventive Element** im Friedensrichteramt, hervorgegangen aus der sächsischen Gesammtbürgschaftpflicht der Gemeinden, nach deren Verfall eine von dem Beamten zu fordernde Specialbürgschaft übrig geblieben sei. Das facultative Recht der Obrigkeit dazu ist von ungemeiner Wirksamkeit bei der sonst so streng bemessenen Competenz der Polizei. Eine Wegnahme dieser Befugnisse würde eine Lücke in der heutigen Polizeigewalt zurücklassen. Die Justizstatistik ergiebt jährlich mehr als 3000 Verhaftungen wegen Mangels an Bürgschaften. — Die neue Gesetzgebung hat noch erweiterte Gewalten hinzugefügt gegen Landstreicher und entlassene Sträflinge. (§. 46.)

IV. Ein Polizeischutz gegen **forcible entry**, gewaltsame Besitzentsetzung, gehörte schon nach gemeinem Recht unzweifelhaft in das Gebiet der Friedensbewahrung. Die friedensrichterlichen Befugnisse dabei sind aber durch zwei mittelalterliche Gesetze noch declarirt und erweitert. Nach 15. Ric. II. c. 2; 8. Henry VI. c. 9 soll jeder einzele Friedensrichter auf Klage, (oder sonst erhaltene Kenntniß) von gewaltsamen Besitzentsetzungen an Grundstücken einschreiten, und zwar

1. mit Aufgebot genügender Mannschaften aus der Grafschaft auf Kosten der verletzten Partei sich an Ort und Stelle verfügen, den Augenschein einnehmen, und wenn er die behauptete Dejection und Gewalt als richtig befindet, ein Protokoll (record) über den Thatbestand aufnehmen, den Thäter verhaften und in das Grafschaftsgefängniß setzen, bis er durch eine Buße an den König (fine and ransom) sich auslöst. Es ist dabei keine Untersuchung über den title zum Grundstück anzustellen, sondern nur über die stattgefundene gewaltsame Dejection, die durch das Protokoll mit vollem gerichtlichen Glauben, unanfechtbar, bis zur vollen Ueberführung des Thäters festgestellt wird.

2. Zugleich kann der Friedensrichter mit Hülfe einer jury den gewaltsam entzogenen Besitz restituiren. Er erläßt zu dem Zweck ein precept an den Sheriff, eine Liste von 24 qualificirten Geschworenen (von 40 sh. Grundrente) zu gestellen, bildet daraus eine jury of inquiry, und wenn diese die gewaltsame Dejection (entry) begründet findet, kann der Friedensrichter selbst den Besitz zurück erstatten oder das Sheriffamt dazu anweisen.***)

***) Vorbedingung des Verfahrens ist ein violently taking or keeping possession of land or tenements with menaces, force and arms (vis atrox) and without the authority of law. Es gehört dahin auch ein forcible detainer, d. h. jede unrechtmäßige Besitzergreifung, wenn sie durch vis atrox behauptet wird. Das Formular des Protokolls f. bei Dalton c. 182. Auch andere höhere Polizeibeamte sind durch das Gesetz zu diesem Verfahren ermächtigt, also der Sheriff, die bailiffs der liberties, in den Städten die mayors.

§. 40.

Die Friedensrichter als Voruntersuchungsrichter. Summons. Warrant of apprehension. Examination. Commitment.

Zwei Friedensrichter, oder für Zwischenakte auch ein einzeler Friedensrichter, führen die Voruntersuchung wegen solcher Verbrechen und Vergehen, welche zur definitiven Verhandlung und Entscheidung vor die Assisen oder Quartalsitzungen gehören. Das Verfahren dabei hat sich aus den Amtseinrichtungen des Mittelalters entfaltet. Als dem Sheriff die eigentliche Strafjustiz abgenommen, als Sheriff und court leet demgemäß in schweren Straffällen auf eine inquisitio beschränkt wurden, behielt man doch das frühere Verfahren bei bis zu dem Punkt, wo der Angeschuldigte an das höhere Strafgericht abzuliefern war. In die Stelle des Sheriff und court leet sind dann immer mehr die Friedensrichter eingetreten, und die Maximen ihres Verfahrens sind überall durchdrungen von dem Geist der common law, gelegentlich ergänzt und declarirt durch einige Gesetze. Schon in der Periode der Tudors waren die heutigen Grundzüge: eidliche Information, protokollarische Zeugenverhöre, Zeugencautionen, warrant of commitment ausgebildet, 2. et 3. Phil. et M. c. 10; Lambard II. cap. 7. In den letzten Jahrzehnten wurde durch eine Reihe von Einzelgesetzen dies Verfahren genauer declarirt, und endlich unter Aufhebung derselben in eine **Voruntersuchungsordnung vom 14. August 1848** consolidirt, 11. et 12. Vict. c. 42, an Act to facilitate the Performance of the Duties of Justices of the Peace out of Sessions with respect to Persons charged with indictable Offences, mit 33 Formularen.*) Das Gesetz will die

---

Die Mitwirkung des Sheriff und der bailiffs ist aber mit dem court leet verfallen. So fiel dies Amtsgeschäft den einzelnen Friedensrichtern zu; doch gilt es für rathsam, daß sich der Friedensrichter dabei der Assistenz eines oder zweier Collegen bedient. Sehr praktisch ist indessen das Verfahren nicht, weil eine Civilklage mit dreifachem Kostenersatz daneben steht, so wie ein ordentliches Criminalverfahren bei den quarter sessions, da forcible entry zugleich ein indictable misdemeanor nach common law ist. — Das Einschreiten der Friedensrichter bei riot, welches im Mittelalter auf gleicher Stufe stand, ist durch die spätere Gesetzgebung umgewandelt (§. 44).

*) Ueber die geschichtliche Entwickelung des Voruntersuchungsamts vgl. Gesch. des selfgovernment S. 296, 305—308. Die Voruntersuchungspraxis im Einzelen beruhte bis zu der neuesten Gesetzgebung auf den älteren Schriften besonders von Hale und Hawkins über Strafverfahren (Pleas of the Crown) als Hauptautoritäten. Bei Blackstone fehlt eine zusammenhängende Darstellung. Bei Burn ist sie zerstreut unter den alphabetisch geordneten Rubriken. Von den neueren deutschen Schriften hebe ich

Amtspflichten des untersuchungführenden Friedensrichters „durch positive Verordnung klar begrenzen", zugleich mit Zusätzen und Abänderungen, welche freilich zuweilen auf Abflachungen hinauslaufen. Schon deshalb ist es rathsam immer noch auf die ältere Praxis und Gesetzgebung zurückzugehen. Die einzelen Hauptacte der Voruntersuchung sind folgende:

I. Eine Information, Charge, Complaint, d. h. eine zu Protokoll genommene Anzeige von dem begangenen Verbrechen. Sie giebt den ersten Anstoß zur Voruntersuchung, wo nicht eine summarische apprehension durch einen Constable oder andern Friedensbewahrer die Sache sogleich in ein weiteres Stadium bringt. Nach 18. Eliz. c. 5; 19. Eliz. c. 5 soll solche Anzeige von dem Denuncianten in Person, nicht durch Beauftragte abgegeben werden. Es soll Niemand als Informer zugelassen werden, der durch einen Königlichen Gerichtshof wegen eines Vergehens für unfähig erklärt ist, 31. Eliz. c. 5. Die Information soll bei 40 sh. Strafe von dem Clerk mit dem richtigen Datum notirt werden, und wird in der Regel sogleich beeidet.[1])

II. Summons, einfache Ladung, tritt darauf ein, wo die Anzeige ein leichteres Vergehen betrifft, und kein Beweis für einen dringenden Verdacht des Fluchtversuchs vorliegt; insbesondere auch dann, wenn noch keine eidlich erhärtete Information da ist. Das Formular lautet:

Grafschaft N. N.   An den Constable von S   Nachdem (eidliche) Anzeige und Klage von mir N. N., Friedensrichter, erhoben ist, daß der Arbeitsmann C. D. (folgt die Angabe der Thatsachen mit Zeit und Ort): so werdet ihr hiemit angewiesen unverzüglich den gedachten C. D. vor mir (oder vor solchem andern Königlichen Friedensrichter, welcher dann anwesend sein wird) am . . . . . . erscheinen zu lassen, um die gedachte Anzeige und Klage zu beantworten.

Die Ladung kann entweder an einen Constable oder andern Beamten adressirt sein, in welchem Falle der Geladene eine Abschrift erhalten soll; oder sie kann an den Geladenen in Person adressirt werden, in welchem Falle der Geladene das Original erhält, der ladende Theil die Abschrift. Die Insinuation soll in der Regel an die Person selbst geschehen; schon nach älteren zahlreichen Gesetzen genügt aber auch eine Zustellung an die Angehörigen. Wesentlich ist die Unterschrift des Friedensrichters; ein

---

nur hervor: Mittermaier, das englische, schottische und nordamerikanische Strafverfahren. Erlang. 1851. Es soll hier nur das zum Verständniß der Friedensrichter-Verfassung Nöthige gegeben werden, was freilich mit dem Criminalrecht und Proceß der ordentlichen Criminalhöfe so zusammenfließt, daß Burn's Justice stückweise ein beinahe vollständiges Strafrecht und Verfahren giebt. — Eine Anzeige über die Voruntersuchungsordnung von 1848, 11. et 12. Vict. c. 42, ist gegeben in der Zeitschrift für ausländische Gesetzgebung Band XXI. 101.

[1]) Für das Informationsprotokoll giebt das Gesetz § 1, 8 ein Formular (A). Die eidliche Aufnahme ist vorgeschrieben, sofern darauf ein Haftbefehl erlassen werden soll. Zum Erlaß einer einfachen Ladung genügt eine mündliche unbeeidete Anzeige.

§. 40. Die Friedensrichter als Voruntersuchungsrichter.

Siegel nur, wo es Specialgesetze verlangen. Erscheint der Geladene nicht, so kann der Friedensrichter eine Zwangscitation veranlassen.[2])

III. Ein Warrant of Apprehension, schriftlicher Vorführungsbefehl, kann erlassen werden gegen den, der durch eidliche protokollarische Aussage einer Person beschuldigt wird, eine felony, ein anklagbares Vergehen (indictable misdemeanor) oder einen Friedensbruch begangen zu haben; oder wenn der Denunciant starke Gründe für einen solchen Verdacht erhärtet, deren Schlüssigkeit der Richter zu erwägen hat. Das gewöhnliche Formular lautet:

Graffschaft W. Zur Nachricht. An den Constable von S. und alle anderen Friedensbeamten in der gedachten Graffschaft W. Sintemal der Pächter A. B. aus X. heute Anzeige und Klage auf seinen Eid erhoben hat vor mir N. N. Esq., Friedensrichter, daß der Arbeitsmann C. D. aus X. am . . (Angabe der strafbaren Handlung mit Zeit und Ort): demgemäß befehlen wir Euch im Namen des Königs, sofort zu ergreifen und mir oder einem andern Friedensrichter dieser Graffschaft vorzuführen den Körper des gedachten C. D. zur Verantwortung und zum weitern gesetzlichen Verfahren. Wonach Euch zu achten. Gegeben 2c.

Der Befehl muß enthalten: die Graffschaft, für welche er bestimmt ist; den Vor- und Zunamen der zu ergreifenden Person, der niemals in blanco bleiben darf, und nur in Nothfällen durch eine streng individuelle Demonstration ersetzt werden kann; den concreten Grund der Verhaftung und die Angabe, daß eine eidliche Information voranging; die Person, welcher der Verhaftete vorzuführen ist; Unterschrift und Siegel des Friedensrichters, Datum und Ort der Ausstellung. Der Befehl kann adressirt sein an einen bestimmten Constable oder an alle Constables des Bezirks, oder auch an irgend einen Nichtbeamten, welchen der Friedensrichter zu beauftragen für gut befindet. Der Beamte, welcher den Haftbefehl erlassen, hat auch die Befugniß, denselben zurückzunehmen (countremand).

Wirksam ist der Haftbefehl regelmäßig nur in dem Bezirk der Friedenscommission, in welchem er erlassen wurde. Um in einer andern Graffschaft zu gelten, muß er erst von einem dortigen Friedensrichter indossirt sein (backed). Nach 24. Geo. II. c. 55 §. 1 muß ein jeder Friedensrichter eines andern Bezirks dies Indossament ertheilen, wenn ihm die Aechtheit der Unterschrift des Haftbefehls eidlich bezeugt wird. Der Ver-

---

[2]) Für die Ladung wird im Gesetz §. 9 ein Formular (C.) gegeben, welches an den Geladenen selbst adressirt ist. Die Ladung soll den kurzen Inhalt der Information enthalten, Zeit und Ort des Erscheinens vor einem (oder zwei) Friedensrichtern bestimmen, durch Constable oder andern Polizeibeamten dem Angeschuldigten in Person, "oder an einen andern für ihn, an seinem letzten oder gewöhnlichsten (most usual) Aufenthaltsort" insinuirt werden. Der ladende Beamte soll im Termin erscheinen, um nöthigenfalls über die Insinuation Zeugniß zu geben. Bleibt der Geladene aus, so kann der Friedensrichter einen Vorführungsbefehl (Formular D.) erlassen. Keine Ladung soll wegen Formmangels angefochten werden.

merk auf der Rückseite des Haftbefehls lautet dann dahin: „Nachdem von mir N. N., Friedensrichter, eidlich erhärtet ist, daß der Name A. B. von der Handschrift des jenseits erwähnten Friedensrichters herrührt, ermächtige ich hiemit den C. D., der mir diesen Haftbefehl vorlegt, und alle anderen Personen, an welche er gerichtet ist, selbigen zu vollstrecken in der Grafschaft N. N. Gegeben unter meiner Handschrift ꝛc." — Die Verhaft- und Transportkosten werden ersetzt aus der Kreiskasse der Grafschaft, aus welcher der Haftbefehl erging. Die Vollziehung des Haftbefehls muß streng nach der Anweisung des Warrant erfolgen. Ueberschreitung desselben, z. B. Verhaftung einer andern Person, macht den Ausführenden verantwortlich. Der zu Verhaftende hat das Recht Einsicht und Abschrift von dem Warrant und Indossament zu nehmen, kann aber keine Aushändigung desselben verlangen.[3]

---

[3] Für den ersten Haftbefehl pflegt das Formelle des Verfahrens unter der Rubrik Warrant vorzukommen. Regelmäßige Voraussetzung ist eine eidliche protokollarische Aussage, enthaltend eine bestimmte Anschuldigung. Coke 4. Inst. 177. Hale ist dagegen der Ansicht, daß ein Friedensrichter auch ohne das den Warrant erlassen könne. Hawkins bestätigt dies, empfiehlt jedoch Vorsicht, da dies Verfahren mehr auf Convenienz als auf Gesetz beruhe. — Die materiellen Bedingungen des Haftbefehls kommen unter der Rubrik Arrest, criminal law vor. Als justa causa gilt: der gemeine Ruf, wenn er auf einem plausiblen Grunde ruht, nahe Indicien der Schuld, Fluchtversuch, schlechte Gesellschaft, vagabundirendes unordentliches Leben ohne sichtbare Mittel des Unterhaltes u. s. w. Geschieht die Verhaftung auf Antrag eines bestimmten Denuncianten, so ist dieser für den materiellen Grund verantwortlich: die Verantwortlichkeit des dekretirenden Beamten richtet sich nach dem Hauptgesichtspunkt, ob er bona fide handelte. — Für die Frage, ob mit einfacher Ladung oder mit Haftbefehl begonnen werden soll, hatte die Praxis einige Maximen gebildet. Die Haft trat als Regel ein bei felonies und bei Vergehen, die einen großen und unmittelbaren Schaden drohen oder einen Versuch zur Begehung einer felony involviren, und selbst bei kleineren Vergehen, wenn ein Beweis für den Verdacht der Flucht vorlag. Keine Verhaftung pflegte einzutreten bei solchen Vergehen, bei welchen ein Privatinteresse zum Mißbrauch des Anklagerechtes nahe liegt (perjury, conspiracy, private libel), bei Anklagen, die von privatrechtlichen Vorfragen abhängen, und bei einfachen Polizeiübertretungen. Nach 11. et 12. Vict. c. 42 §. 1, 9, 10 soll aber die reine Discretion der Friedensrichter zwischen einfacher Ladung und Vorführungsbefehl entscheiden. Auch wo einfache Ladung schon verfügt ist, kann noch ein Haftbefehl nachgesandt werden. (Man beachte dabei jedoch die Kürze der englischen Voruntersuchung). Der Warrant (Formular B.) ist vollstreckbar innerhalb der Grafschaft oder des sonstigen Bezirkes der Friedenscommission, und im Falle der frischen Verfolgung in der nächst anliegenden Grafschaft oder Ortschaft und innerhalb 7 engl. Meilen von der Grenze des Polizeibezirks gerechnet. Um darüber hinaus zu gelten bedarf es eines Indossaments. Dies Verfahren ist auch ausgedehnt auf Haftbefehle von England nach Schottland, Irland und überhaupt auf alle Theile des vereinigten Königreichs gegenseitig, 54. Geo. III. c. 186. Das Indossament kann durch mandamus erzwungen werden; andererseits ist der indossirende Friedensrichter nicht verantwortlich für die Vollziehung. Der indossirende Friedensrichter ist befugt Cautionsstellung in der gewöhnlichen Weise von dem zu Verhaftenden

§. 40. Die Friedensrichter als Voruntersuchungsrichter. 231

IV. Bail, heißt die Zulassung eines Angeschuldigten zur Befreiung aus der Untersuchungshaft gegen Bestellung einer Caution, in Form einer recognizance, gewöhnlich mit Zutritt von zwei Bürgen, nach folgendem Formular:

Sussex. Zur Nachricht. Es wird hiemit registrirt, daß am . . . . 184 . A. B. aus N., Landmann, G. H. aus N., Landmann, J. K. aus N., Landmann, vor uns J. P. und R. L. Esq., zwei Königlichen Friedensrichtern der gedachten Grafschaft, erschienen sind, und einzeln anerkannt haben zu schulden unserer gedachten Herrin der Königin, nämlich: A. B. die Summe von 20 £., G. H. und J. K. die Summe von 10 £. ein jeder, wofür ihre Grundstücke und beweglichen Güter haften sollen, wenn der gedachte A. B. fehlen sollte in der Erfüllung der unten verzeichneten Bedingung. — Die Bedingung dieser Caution ist: daß wenn der oben verhaftete A. B. persönlich erscheinen wird vor den Friedensrichtern ꝛc. bei den nächsten Quartalsitzungen, um dann und dort sich zu verantworten unserer Herrin der Königin in Betreff des Diebstahls von —, Eigenthum des N. N., dessen verdächtig A. B. vor uns unter Anklage steht, und thun und empfangen wird, was dann und dort von dem Gerichtshof ihm auferlegt werden wird, ohne den Hof zu verlassen ohne Erlaubniß: dann die obige Caution erledigt sein, sonst aber in voller Kraft und Wirksamkeit bleiben soll.

Nach älteren Gesetzen war den Friedensrichtern untersagt eine Cautionsleistung zuzulassen bei Anklagen auf Hochverrath, Mord, Verstümmelung, Brandstiftung, Falschmünzerei, Fälschung Sodomie, Diebstahl mit Hausbruch, handhaftem Diebstahl und Todtschlag. In diesen Fällen konnte nur die Queen's Bench die Caution zulassen. Nach 5. et 6. Will. IV. c. 33 §. 3 aber können die Friedensrichter, welche den Haftbefehl erlassen haben, in allen Fällen von Felonie Cautionsleistung gestatten, jedoch mit Beobachtung des durch 7. Geo. IV. c. 64 speziell vorgeschriebenen Verfahrens, namentlich erst nachdem die Aussage des Angeschuldigten und der Zeugen gehörig protokollirt ist, welche Protokolle dann mit der Bürgschaftsverhandlung dem competenten Strafgericht einzusenden sind. Die Abwägung der Verdachts- und Gegenverdachts-Gründe wird ihrem Ermessen überlassen, ebenso wie die Höhe der Caution, die Zahl und die Qualität der Bürgen.[4])

---

anzunehmen. In 11. et 12. Vict. c. 42 §. 11—15 werden die älteren Vorschriften über das Indossament der Warrants wieder zusammengestellt (Formular K.).

Einen Incidentpunkt bilden noch die Haussuchungsbefehle, search warrants, welche durch 7. et 8. Geo. IV. c. 29 dem richterlichen Ermessen anheim gegeben sind. Vorausgesetzt wird eine eidliche Zeugenaussage mit Angabe eines plausiblen Grundes zu der Vermuthung, daß eine Person irgend welche Vermögensstücke, in Bezug auf welche ein strafbares Vergehen begangen ist, in ihrem Besitz oder in ihren Räumlichkeiten habe. Die Verantwortlichkeit dafür trägt der Denunciant. Der Befehl darf nur an einen Constable oder öffentlichen Beamten gerichtet werden, soll in der Regel nur auf Haussuchung bei Tage lauten, und nur auf bestimmte von dem Denuncianten eidlich bezeichnete Lokalitäten. General search warrants für ganze Bezirke gelten als illegal. In speciellen Gesetzen werden noch weiter erleichterte Haussuchungen gestattet.

[4]) Die Bürgschaftsstellung war durch eine Reihe von Gesetzen näher bestimmt.

V. **Examination** heißen die mündlichen Verhandlungen der Voruntersuchung, welche schon nach alter Praxis der Ablieferung der Angeschuldigten an die Assisen oder Quartalsitzungen voranzugehen pflegten, und welche jetzt gesetzlich jedem commitment vorangehen müssen. Sie bestehen in einem Verhör der wesentlichen Zeugen und in einer Befragung des Angeschuldigten über das, was er zu jeder Zeugenaussage und Anschuldigung rechtfertigend zu sagen hat. Die Hauptpunkte dabei sind:

1. **Die Zeugenladung.** Jeder Friedensrichter, der auf Grund einer eidlichen Aussage Veranlassung zu der Annahme hat, daß eine dritte Person materiellen Beweis für die Anklage geben werde, kann solche Person durch schriftliche Ladung citiren, und im Fall des Ausbleibens auf eidliches Zeugniß über die gehörige Insinuation durch Haftbefehl gestellen lassen, der nöthigenfalls in andere Grafschaften indossirt werden mag. Der Richter ist auch befugt in allen Fällen, wo er von Anfang an eine Weigerung des Zeugen vermuthet, sogleich einen Vorführungsbefehl zu erlassen. Wenn endlich der Zeuge den gesetzlichen Eid oder die Versicherung, die an dessen Stelle tritt, verweigert, oder ohne genügenden Entschuldigungsgrund Antwort auf die gestellten Fragen verweigert, kann ein Strafhaftbefehl zur Ablieferung in das Grafschaftsgefängniß oder Correctionshaus bis auf 7 Tage erlassen werden.

2. **Die Zeugenverhöre.** Alle Zeugenverhandlungen, auf Grund

---

Nach der Bill der Rechte darf keine übermäßige Caution gefordert werden, 1. Will. et M. st. 2 c. 1; die Praxis hat daher gerichtsübliche Sätze angenommen mit überwiegender Rücksicht auf den Stand. Bei leichteren Vergehen unter dem Grad der Felonie hatte der Angeklagte nach der Praxis ein bestimmtes Recht auf Zulassung zur Caution, der weigernde Friedensrichter unterlag sogar einem Strafverfahren und einer Civil-Entschädigungsklage. Die älteren Gesetze über die Zulassung der Cautionen 3. Edw. I. c. 15; 1. et 2. Phil. et M. c. 13 waren indessen schon durch die Prozeßcautionsordnung 7. Geo. IV. c. 67 aufgehoben, und diese durch 11. et 12. Vict. c. 42 §§. 23, 24. Die Zulassung ist jetzt völlig in die Discretion der Friedensrichter gestellt, mit einziger Ausnahme des Hochverraths, wo sie nur auf Order eines Staatsministers erfolgen darf, oder durch die Queen's Bench, oder in den Ferien durch einen einzelen Richter derselben. Die Formulare S. 1—5 entsprechen der ältern Praxis und enthalten noch einige Erleichterungen. Die Tendenz der Gesetzgebung blieb überhaupt seit Jahrhunderten, die Haftfreiheit gegen Caution zu begünstigen, und möglichst vielen Friedensbeamten concurrirend die Befugniß zur Annahme von Cautionen beizulegen. Ist der Verhaftete gegenwärtig, so wird er unmittelbar auf freien Fuß gesetzt; ist er im Gefängniß, so erlassen die Friedensrichter ein warrant of deliverance an den Gefängnißbeamten. Die übermäßige Begünstigung des Vermögenden, welche darin liegt, wird gemildert durch die Abstufungen der Caution nach dem Stande. Gewöhnliche Cautionssummen für kleine Leute sind 10 L., für Mittelstände 50 L., für Honorationen 300 L., für große Grundbesitzer 600 L., das gesetzliche Maximum für einen Pair 1200 L. In einem lebendigen Communalleben findet der ehrenhafte Mann, auch wenn er unvermögend ist, wohl noch seinen Bürgen. In England ist aber doch die Cautionszulassung wohl zu weit getrieben.

deren eine Ueberweisung an das Strafgericht oder eine Zulassung zur Bürgschaftsbestellung beschlossen werden soll, müssen nach dem Gesetz (§. 17) und nach älterer Praxis so aufgenommen werden, daß die Fragen dem Zeugen in Gegenwart des Angeschuldigten gestellt, dem Angeschuldigten seinerseits die Stellung von Fragen gestattet, das Wesentliche der Aussage protokollarisch verzeichnet (Formular M.), das Protokoll vorgelesen, und von dem Zeugen und dem Richter unterzeichnet wird. Vor dem Verhör ist der Zeuge gesetzlich zu vereidigen. Sind diese Formen beobachtet, ist namentlich das Zeugenverhör in Gegenwart des Angeschuldigten und so aufgenommen, daß er volle Gelegenheit gehabt, selbst oder durch seinen Anwalt ein Kreuzverhör vorzunehmen, so kann die Zeugenaussage auch in der spätern Hauptverhandlung als Beweisstück verlesen werden.

3. **Gehör des Angeklagten.** Nach beendetem Verhör der Anschuldigungszeugen soll der Richter dem Angeschuldigten die protokollirten Aussagen vorlesen oder vorlesen lassen mit der Aufforderung:

„Nach Anhörung des Beweises, wünscht Ihr irgend etwas zu sagen zur Beantwortung der Anschuldigung? Ihr seid nicht verpflichtet, irgend etwas zu sagen, wenn Ihr es nicht zu thun wünscht; was Ihr aber sagen werdet, wird schriftlich aufgenommen, und kann in Eurem Hauptprozeß als Beweis gegen Euch vorgelegt werden."

Das, was der Angeschuldigte darauf erwiedert, wird protokollirt (Formular N.), dem Angeschuldigten vorgelesen, vom Richter gezeichnet, mit den Zeugenprotokollen aufbewahrt, und gilt als Beweisstück für das Hauptverfahren, mit Vorbehalt nur des Gegenbeweises, daß der unterzeichnete Name des Friedensrichters nicht von diesem unterschrieben sei.[5] — Der

---

[5] Die vorsichtige Vorhaltung, welche den Angeschuldigten von einem Geständniß geradezu abmahnt, entspricht schon dem ältern Prozesse (Dalton c. 164) und ist durch 11. et 12. Vict. c. 42 §. 18 zum Gesetz erhoben. Das dabei erwähnte proviso gilt jedoch nur als reglementarisch (directory). Nur wenn etwa Drohungen und Versprechungen wirklich vorangegangen wären, würde auf Unterlassung der Belehrung darüber ein Gewicht gelegt werden (Präjudizien in Burn's Supplem. 1852 p. 194). Das Formular N. über die Erklärung der Angeschuldigten (Statement of the Accused) lautet:

„A. B. steht angeschuldigt vor mir J. S. Königl. Friedensrichter für die Grafschaft N. N. heute am . . 1848 deshalb, weil der besagte A. B. am . . zu . . (die Anschuldigungspunkte so wie im Tenor der Zeugenaussagen): und nachdem die gedachte Anschuldigung dem gedachten A. B. vorgelesen, und die Anschuldigungszeugen C. D. und E. F. einzeln in seiner Gegenwart verhört sind, ist der gedachte A. B. jetzt von mir angesprochen, wie folgt: „Nach Anhörung des Beweises wünschet Ihr irgend etwas zu sagen zur Beantwortung der Anschuldigung? Ihr seid nicht verpflichtet irgend etwas zu sagen, wenn Ihr es nicht zu thun wünscht; was Ihr aber sagen werdet, wird schriftlich aufgenommen und kann in Eurem Hauptprozeß als Beweis gegen Euch vorgelegt werden;" worauf der gedachte A. B. folgendes sagt: (möglichst wörtlich, und von ihm unterzeichnet, wenn er will). Aufgenommen von mir ꝛc. J. S."

Friedensrichter soll, ehe er zu diesem Akt schreitet, dem Angeklagten sagen und klar zu verstehen geben, daß er nichts zu hoffen hat von irgend einem Versprechen der Begünstigung, noch zu fürchten von einer Drohung, um ihn zu einem Geständniß zu bewegen; daß aber, was er auch sagen mag, künftig im Hauptverfahren gegen ihn als Beweis vorgelegt werden wird trotz solches Versprechens und solcher Drohung.

4) Die Oeffentlichkeit der Voruntersuchung beruht auf alter Praxis, ist aber niemals durch ein Gesetz anerkannt. Es hat daher kein Dritter ein Recht, den Voruntersuchungs-Verhandlungen beizuwohnen, (Dickinson, Qu. Sessions c. 1. sect. 2). Auch das Gesetz §. 19 erklärt ausdrücklich, daß das Lokal der Voruntersuchung nicht als öffentlicher Gerichtshof anzusehen, und daß der Richter ermächtigt ist, dritte Personen entfernen zu lassen, wenn es ihm scheint, daß die Zwecke der Rechtspflege dadurch besser erreicht werden. Die praktische Regel ist indessen seit Menschenaltern die Oeffentlichkeit geblieben, und die Erfahrung der englischen Polizeibeamten, Richter, Advokaten und Anwälte spricht sich dafür aus, weil die Oeffentlichkeit dieselben einfacheren Formen, welche für das summarische Strafverfahren gelten, auch für die Voruntersuchung anwendbar macht; weil sie das Mißtrauen des Publikums gegen die Inquisitionsthätigkeit des Richters aufhebt; weil sie zur Ermittelung der Wahrheit und Entdeckung neuer Thatumstände wesentlich beiträgt. Selbst solche, die sonst zur Nachahmung französischer Institutionen hinneigen, sind hier entschieden für die Oeffentlichkeit, wie Lord Brougham (Report on P. Prosecutors 1855 p. 10.)

5. Die Zulassung von Anwälten in der Voruntersuchung war in der Praxis die Regel, in den Gesetzen gelegentlich als gewöhnliches Verfahren vorausgesetzt, und durch 6. et 7. Vict. IV. c. 114 §. 2 anerkannt. Die neue Voruntersuchungsordnung hebt nun zwar das Gesetz 6. et 7. Will. IV. auf, setzt indessen die Mitwirkung eines Anwaltes beim Zeugenverhör doch als zulässig und gewöhnlich voraus (als matter of courtesy). Nach der herrschenden Ansicht würde nur in seltenen Fällen die Versagung eines Anwaltes sich rechtfertigen lassen.

6. Remand. Wenn das Verhör mit dem Angeschuldigten und den Zeugen nicht in einem Termin zu beenden ist, so wird der verhaftete Angeschuldigte in das Gefängniß zurückgeführt. Das Verfahren wird gewöhnlich indessen nur auf wenige Tage ausgesetzt; eine längere Aussetzung des wiederholten Verhörs, etwa auf 10 oder 15 Tage, gilt als ungehöriges Verfahren, welches den Friedensrichter verantwortlich macht, 2. Hawkins 119. Nach dem Gesetz §. 21 soll das Commitment for reexamination durch schriftlichen Warrant und auf höchstens 8 Tage geschehen. Soll das

§. 40. Die Friedensrichter als Voruntersuchungsrichter.

Verfahren nur bis auf 3 Tage ausgesetzt werden, so genügt eine mündliche Anweisung.

VI. Schluß der Voruntersuchung. Commitment. Sobald der untersuchungsführende Richter der Meinung ist, daß der vorhandene Beweis nicht genüge, um den Angeschuldigten wegen einer indictable offence zum Hauptverfahren vor das Criminalgericht zu stellen, so soll er das Verfahren wegen der vorliegenden Information einstellen (discharge). Ist er dagegen der Meinung, daß der Beweis für das Hauptverfahren genüge, oder wenigstens eine starke oder wahrscheinliche Vermuthung der Schuld begründe, so soll er den Angeschuldigten zum Hauptverfahren überweisen (commit). Die einzelen Punkte des Verfahrens sind dann folgende:

1. Die Acten der Voruntersuchung, d. h. Information, Zeugenprotokolle, Verhöre des Angeschuldigten, Cautionsverhandlungen, sind den Assisen oder Quartalsitzungen einzusenden.

2. Ob die Ueberweisung zum Hauptverfahren an die Assisen der reisenden Richter oder an die Quartalsitzungen der Friedensrichter geschehen solle, hing früher mehr von der Convenienz ab. Jetzt sind die schwereren Fälle durch ausdrückliches Gesetz 5. et 6. Will. IV. c. 76 den Assisen vorbehalten.

3. Soll der Angeschuldigte in Haft bleiben, so ergeht nunmehr ein Warrant of commitment, d. h. ein definitiver Untersuchungsbefehl: Lancashire, zur Nachricht. J. P. Esq. Friedensrichter an den Constable von S. und den Vorsteher des Kreisgefängnisses zu L. Ihr, der gedachte Constable, werdet hiemit angewiesen, im Namen der Königin, unverzüglich abzuführen und abzuliefern den Körper des A. B., der heute vor mir beschuldigt ist auf den Eid des Pächters C. D. zu S. und anderer, daß der gedachte A. B. am 2. Juli 1848 zu N. fünf Souverain d'ors, eine silberne Uhr zc., Eigenthum des gedachten C. D., verbrecherischer Weise, gestohlen, genommen und weggeführt hat: Und Ihr, der gedachte Gefängnißvorsteher, werdet hierdurch angewiesen, den gedachten A. B. in Eure Haft zu nehmen, und ihn dort sicher zu bewahren bis er daraus befreit werden wird im geordneten Laufe Rechtens. Der Befehl muß schriftlich sein, mit Unterschrift und Siegel des Friedensrichters, mit Angabe von Zeit und Ort der Ausstellung.[6]

---

[6] Warrant of commitment. Die Ablieferung zur Untersuchungshaft geschah nach älteren Gesetzen in allen Fällen von felony an das Kreisgefängniß, common gaol of the county, 5. Hen. IV. c. 10; 23. Hen. VIII. c. 2. Später bei leichteren Vergehen entweder an das Kreisgefängniß oder Correctionshaus 6. Geo. I. c. 19. Jetzt nach freier Wahl des Friedensrichters an das dem Assisenort nächste Gefängniß, 5. et 6 Will. IV. c. 38 §. 3. Die Untersuchungshaft dauert bis sie entweder durch ein Decret des Obergerichts (Habeas corpus) aufgehoben, oder durch Entbindung von der Anklage durch die Große Jury, oder durch Freisprechung in dem Hauptverfahren erledigt wird. Die Kosten der Untersuchungshaft trägt der vermögende Angeklagte 3. Jac. I. c. 10 §. 1, bei dessen Unvermögen (was durch eidliches Verhör festzustellen) erläßt der Friedensrichter eine Zahlungsorder an die Kreiskasse 27. Geo. II. c. 3; 11. et 12. Vict. c. 42 §. 26.

4. In beiden Fällen verpflichtet der Richter sowohl den Prosecutor wie die für das Hauptverfahren nöthig scheinenden Zeugen zum Erscheinen bei der nächsten Sitzung, nach der gewöhnlichen Weise der Prozeßcautionen, recognizances. Der technische Ausdruck dafür ist: binding over to prosecute and to give evidence, — wichtig wegen der periodischen Sitzungen der Criminalhöfe und wegen der schweren Verlegenheit, welche bei so zusammengesetzten Gerichtskörpern durch das Ausbleiben eines Zeugen entsteht. Der Zeuge, welcher die Prozeßcautionen verweigert, kann durch warrant of commitment sofort in das Gefängniß abgeführt werden. Die mehr erwähnten Formulare der recognizances sind durch 7. Geo. IV. c. 64; 11. et 12. Vict. c. 42 §. 20 vorgeschrieben. Die Aufnahme derselben erfolgt in der Regel am Schluß des Verhörs mit jedem einzelen Zeugen.

5. Der Angeschuldigte kann nach Abschluß der Examination und vor dem ersten Tag der Assisen oder Sessionen eine Abschrift fordern von allen Aussagen, auf Grund deren er commitirt oder zur Bürgschaftsleistung verstattet ist (gegen Gebühr von 3½ d. für das Blatt von neunzig Worten).

Die Gesammtresultate der friedensrichterlichen Voruntersuchungen werden alljährlich sichtbar in der Criminalstatistik. Im Justizjahr 1867 beispielsweise fanden 18,971 commitments statt, von welchen etwa ¾ den Quartalsitzungen, ¼ den Assisen der Reichsgerichte überwiesen wurden. Etwa ⅔ der überwiesenen Fälle pflegen mit einer Verurtheilung zu enden.

An das Voruntersuchungsamt der Friedensrichter reiht sich ergänzend der Coroner's Inquest (§. 10), aus welchem jährlich noch einige hundert Fälle verschuldeter Tödtung den Assisen überwiesen werden. Die Justiz-Statistik Parl. P. 1867—68 Vol. XXVIII. 519 ergiebt für das Geschäftsjahr 1867 = 18,971 commitments. Der Durchschnitt der letzten 5 Jahre ergab ungefähr übereinstimmend 19,000 Fälle. Zehn Jahre früher betrug der Durchschnitt ungefähr 29,000 Fälle. Die Verminderung der Zahl ist daraus entstanden, daß nach der Criminal Justice Act jährlich mehr als 14,000 Fälle und nach der Juvenile Offenders Act noch eine Anzahl Fälle summarisch vor den Friedensrichtern abgemacht werden, welche früher zur Entscheidung vor die Geschworenen gelangten. Von den 18,971 Anklagen des Geschäftsjahrs 1867 führten 14,207 zu einer Verurtheilung und zwar 27 Fälle zu Todesstrafe, 1846 Fälle zu Zuchthausstrafe (penal servitude), 11,801 zu Gefängnißstrafe, 270 zur Einsperrung in eine Besserungsanstalt für jugendliche Verbrecher, 263 zu Geldbußen oder Friedensbürgschaft; dagegen wurden von der Urtheiljury freigesprochen 3802, die Anklage von der Großen Jury verworfen in 888 Fällen, außer Verfolgung gesetzt 51, gemüthskrank befunden 23. Die Vertheilung dieser Straffälle auf die einzelen Gerichtshöfe war folgende: vor die Grafschaftsassisen 3328, vor den Central Criminal Court 1248, vor die Quartalsitzungen der Grafschaft 8366, vor die Middlesex County Sessions 2326, vor die städtischen Quartalsitzungen 3703.

§. 41.
Die Friedensrichter als Polizeistrafrichter. Information. Summons. Hearing and Evidence. Conviction.

Seit der Umwandlung des angelsächsischen Gerichtsverfahrens in die Geschworenen-Verfassung kannte die common law kein anderes Strafverfahren als vor Richter und jury. Die Erfahrung zeigte aber frühzeitig die Unmöglichkeit der Durchführung dieses Princips auf alle Straffälle. Die Ueberhäufung der ordentlichen Strafgerichte mit kleinen Fällen, die Nothwendigkeit einer prompten Justiz durch Lokalrichter in kleinen Fällen, die frühzeitig entstehenden Gewerbe- und Arbeitspolizei-Ordnungen wurden Hauptgründe zur Einführung der Friedensrichter. Im Entstehen war es freilich eine Administrativ-Justiz, wenn einzele Polizei-Verordnungen den Kreispolizei-Commissarien das Recht der summarischen Abstrafung des Geständigen beilegten. Frühzeitig aber ging das Verfahren in richterliche Formen über, und die Gesetzgebung häufte nun von Menschenalter zu Menschenalter durch Specialgesetze die Fälle, in welchen bald ein, bald zwei Friedensrichter summarisch ohne Jury und Strafe auch gegen den Leugnenden erkennen durften. Dies ganze Gebiet der friedensrichterlichen Thätigkeit beruht also nicht auf common law, sondern auf Statuten.*)

---

*) Ueber die stückweise Entstehung des summarischen Strafrechts vergl. die Geschichte des selfgovernment S. 295, 296. Am Schluß des Mittelalters sind nur Bruchstücke davon vorhanden (S. 180); die Periode der Tudors und Stuarts tritt aber direkt und massenweise mit summarischen Bestrafungen ohne Jury hervor; das achtzehnte Jahrhundert häuft diese Fälle in unabsehbarer Weise (S. 365). Das Verfahren war lange Zeit fast ganz der Praxis d. h. der Analogie und dem Geist des ordentlichen Criminalverfahrens mit Jury überlassen, und noch im XVIII. Jahrhundert oft etwas patriarchalisch. Schon die ältesten Ausgaben von Burn's Justice v. Conviction geben indessen ein Bild des heutigen Verfahrens: „Der Friedensrichter muß procediren nach dem Prozeßgang des gemeinen Rechts mit juries, und sich betrachten als an Stelle von Richter und jury stehend." Blackstone hatte seiner Zeit große Bedenken wegen der Ausdehnung des summarischen Strafverfahrens. Er spricht von stillen Machinationen zur Untergrabung der Freiheiten Englands durch Einführung neuer und willkürlicher Prozeßweisen vor Friedensrichtern, vor Commissarien der Finanzverwaltung, und vor anderen ähnlich gebildeten Behörden. „Und wie bequem dies auch beim ersten Anblick scheinen mag (unzweifelhaft sind alle arbiträren Gewalten, wohl gehandhabt, die allerbequemsten): so lasset uns doch immer wieder in unsere Erinnerung zurückführen, daß Weitläufigkeiten und kleine Unbequemlichkeiten in den Formen der Rechtspflege der Preis sind, welchen alle freien Nationen zahlen müssen für ihre Freiheit in wichtigeren Dingen; und daß solche Eingriffe in dies geheiligte Bollwerk der Nation (die Jury) von Grund aus entgegengesetzt

Das Verfahren hatte sich durch die Praxis gebildet, ergänzt durch verschiedene Gesetze von 18. Eliz. c. 5 herab bis zu 6. et 7. Will. IV. c. 114, consolidirt durch 11. et 12. Vict. c. 43, an Act to facilitate the Performance of the Duties of Justices of the Peace out of Sessions with respect to summary Convictions and Orders, d. h. eine Prozeßordnung für das polizeiliche Civil- und Strafverfahren, mit 37 Formularen. Es beginnt mit einer Denunciation (Information); darauf folgt eine Citation (summons); der im Termin erscheinende Angeschuldigte wird gehört, die Zeugen in seiner Gegenwart vernommen (hearing and evidence); dann folgt das Strafurtheil (conviction), welches in den meisten Fällen durch Pfändung vollstreckt wird (distress); in vielen Fällen mit Appellation an die Quartalsitzungen (appeal). Dies Verfahren deckt sich zum großen Theil mit dem Voruntersuchungsverfahren. Viele Artikel der beiden an einem Tage erlassenen stt. 11. et 12. Vict. c. 42, 43 stimmen wörtlich überein, was um so sachgemäßer ist, da der Friedensrichter oft erst am Schluß der Verhöre sich entschließt, ob er nach der Lage der Sache selbst summarisch strafen, oder die Sache an einen höhern Gerichtshof verweisen soll.

I. Die Information ist die Grundlage des Verfahrens, meistens in Gestalt eines beeidigten Protokolls nach folgendem Formular:

Kent, zur Nachricht. — Es wird hiermit registrirt, daß am 16. December 18 . . zu M. in der gedachten Graffschaft Kent, A. B. aus N. in der gedachten Graffschaft, Arbeitsmann persönlich erscheint vor mir J. P. esq. Friedensrichter, und mir anzeigt, daß C. D. aus N. in der gedachten Graffschaft, Arbeitsmann, am 15. December 18 . . in der Gemeinde N. (folgen die einzelen Thatsachen, Umstände, Zeit, Ort), entgegen der Form des für solchen Fall ergangenen Statuts, wodurch Kraft jenes Gesetzes der gedachte C. D. verwirkt hat für das gedachte Vergehen, L. —: Derowegen der gedachte A. B. mein Einschreiten erbittet, und daß der gedachte C. D. überführt werden möge der obengedachten Uebertretung, und daß der gedachte C. D. geladen werden möge zu erscheinen vor mir, zu antworten auf die gedachte Anklage, und daß mit ihm weiter verfahren werden möge gemäß dem Gesetz (Unterschrift des A. B.). — Aufgenommen vor mir am obengedachten Tage und Ort.　　　　　　　　　　　　　　　　　　　　　　J. P.

---

sind dem Geist unserer Verfassung; und daß, wenn auch begonnen in kleinen Dingen, der Vorgang sich schrittweise erweitern und verbreiten kann bis zur gänzlichen Abschaffung der Schwurgerichte in Fragen von der höchsten Bedeutung" (Comment. III. p. 350), vergl. Bowyer Const. Law 1846 p. 344, 345.

Die älteren Schriften über das Verfahren sind zum Theil veraltet durch die neue Prozeßordnung 11. et 12. Vict. c. 43, welche (§. 36) acht ältere Gesetze von 18. Eliz. c. 5 bis 6. et 7. Will. IV. c. 144 ganz oder theilweis beseitigt. Die Verordnung bezieht sich aber nicht auf das Verfahren der Friedensrichter als Steueruntersuchungsrichter (§. 43), auch nicht auf das Verfahren bei den Armentransportorders (§. 119), bei Verwaltung der Irrenhäuser (§. 71); auch nicht auf die Orders in Bastardy (§. 59). Die neue Prozeß-Ordnung ist überhaupt nicht so gefaßt, um ein anschauliches Bild zu gewähren. Schon aus diesem Grunde habe ich den Gang des Verfahrens nach der ältern Praxis gegeben.

§. 41. Die Friedensrichter als Polizeistrafrichter. 239

Die Substanz der Anklage muß die direkte und positive Behauptung der Uebertretung enthalten, nicht bloß die Angabe von Verdachtsgründen dafür; die einzelen Thatsachen möglichst so wie sie im Strafgesetz bezeichnet sind oder mit gleichgeltenden Worten; Personen, Sachen und Summen möglichst genau. Der leitende Gesichtspunkt ist, daß die Denunciation einer Anklageacte im ordentlichen Strafverfahren entspreche. — Auch da, wo das Gesetz das Zusammenwirken mehrer Friedensrichter zur Verhandlung der Entscheidung der Sache fordert, ist doch ein Friedensrichter competent zur Annahme der Information und zum Erlaß der Ladung (welche dann aber auf Erscheinen vor zwei Friedensrichtern lautet), überhaupt zum Erlaß aller prozeßleitenden und Executionsdecrete.[1])

II. Summons. Warrant. Der Friedensrichter erläßt hierauf eine Citation in der vorgeschriebenen Form, adressirt an den Beschuldigten, kurz wiederholend den Inhalt der Information, mit dem Befehl, in einem Termin vor dem Friedensrichter zu erscheinen, sich zu verantworten, und das weitere Gesetzliche zu gewärtigen. Die Ladung muß durch einen Constable oder eine andere Person entweder persönlich insinuirt oder in dem letzten bekannten Aufenthaltsort zurückgelassen werden, worüber der ladende Beamte nöthigenfalls Zeugniß abzulegen hat. Bleibt der Geladene aus, so ergeht ein warrant of apprehension auf zwangsweise Vorführung, erlassen unter Handschrift und Siegel des Friedensrichters, wieder mit kurzer Angabe des Inhalts der Information. Durch das neue Gesetz ist es in das reine Ermessen des Friedensrichters gestellt, auch in diesen Fällen das Verfahren sogleich mit einem Vorführungsbefehl zu beginnen.[2])

---

[1]) Anzeige, Information. Die neue Polizeiprozeßordnung handelt zugleich vom polizeilichen Civil- und vom polizeilichen Strafprozeß, spricht daher alternativ von Complaint oder Information, Order oder Conviction. Das Formular einer Information wird im Gesetze als bekannt vorausgesetzt, und nur Regeln über die Abfassung gegeben. (§. 8.) In polizeilichen Civilprozessen bedarf es eines schriftlichen Complaint nur, wo es die Parlamentsacte besonders verlangt. (§. 9.) Geringere Abweichungen zwischen der Information und der Beweisführung sollen unschädlich sein, namentlich Abweichungen in der Zeitangabe, wenn nur das Vergehen noch nicht verjährt ist; Abweichungen rücksichtlich des Orts, wenn nur das Vergehen in dem Jurisdictionsbezirk der Friedensrichter begangen ist. (§. 10.) Eine Beeidigung der Information ist gesetzlich nur nothwendig, wenn darauf sogleich ein Haftbefehl erlassen werden soll. Jede Information oder Complaint soll nur ein Vergehen oder ein Object (matter) betreffen, nicht zwei oder mehre, und soll entweder von dem Denuncianten in Person, oder von einem Advokaten, Anwalt oder Bevollmächtigten eingebracht werden. (§. 11.) Wo das Gesetz keine andere Verjährungsfrist vorschreibt, sollen alle polizeilichen Civil- und Straffälle verjähren binnen sechs Kalendermonaten nach Entstehung des Klagegrundes.
[2]) Ladung, Vorführungsbefehl. (§. 1.) Der Richter soll befugt sein, auf angebrachte Information zunächst eine einfache Ladung zu erlassen (Form. A), für welche dieselben Grundsätze gelten, wie in der Voruntersuchung. (§. 2.) Erscheint der Angeklagte

III. Hearing and Evidence, mündliche Verhandlung und Beweisaufnahme. Der Ort dieser Verhandlung gilt nach der Praxis und jetzt nach ausdrücklichem Gesetz als öffentlicher Gerichtshof, in welchem das Publikum das Recht des Zutritts, der Beklagte das Recht voller Vertheidigung, der Anwesenheit beim Zeugenverhör, und das Recht des Kreuzverhörs hat. Gleiche Rechte hat der Kläger.

Der Richter beginnt damit dem Beklagten den Inhalt der Information mitzutheilen, mit der Frage, ob und welche Gründe er gegen die beantragte Beurtheilung anzuführen habe. Gesteht der Beklagte zu, so wird die Aussage protokollirt, und auf Grund dieses vollbeweisenden gerichtlichen Geständnisses sofort das Strafurtheil gesprochen.

Läugnet er, so wird ein etwaiges Gesuch um Vertagung, zur Vorbereitung seiner Vertheidigung in der Regel bewilligt. Die gewöhnliche erste Antwort ist (wie im ordentlichen Strafverfahren) ein „Nichtschuldig", oder auch wohl Stillschweigen des Beklagten; worauf der Richter zuerst den Kläger und seine Zeugen, dann den Beklagten und seine Zeugen vernimmt. Nach jeder Zeugenaussage wird der Beklagte mit einer Entgegnung darauf gehört. Jeder Zeuge wird vereidet, und seine Aussage möglichst wortgetreu zu Protokoll notirt. Am Schluß wird die Zeugenaussage vorgelesen, und gewöhnlich auch zur Unterzeichnung vorgelegt. Auch wenn in der Praxis der Clerk das Verhör leitet, soll es wenigstens unter Aufsicht und in Gegenwart des Friedensrichters in den entscheidenden Momenten geschehen. Beide Parteien können sich bei der Verhandlung eines Anwalts oder Advokaten bedienen: früher nach der Praxis, jetzt nach dem Gesetz.

Die sogenannten rules of evidence, Beweisgrundsätze des ordentlichen Strafverfahrens, gelten auch hier. In der Regel genügt daher ein Zeuge zur Ueberführung. Zeugnißunfähig sind erklärte Atheisten, und Eheleute für und wider einander. Die früheren Unfähigkeitsgründe wegen interest und crime sind durch die neuere Gesetzgebung als absolute Gründe der Ausschließung beseitigt; selbst ein bestimmtes Alter des Zeugen wird nicht vorausgesetzt. Das Urtheil über die Glaubwürdigkeit aller Beweismittel hängt von dem gewissenhaften Ermessen des Richters ab, der hier an der Stelle der Jury steht.[3])

---

nicht, so kann ein eidliches Zeugniß über die gehörige Insinuation ein Vorführungsbefehl, warrant (B), erlassen werden, der auch nach freiem Ermessen des Richters auf Grund eidlicher Information sogleich erlassen werden darf (C). Es steht dem Richter aber auch frei, beim Ausbleiben des Angeschuldigten einseitig in contumaciam (ex parte) zu verfahren. (§. 3.) Form des warrant, Bezirk der Vollstreckbarkeit, Indossament in andere Polizeibezirke, Formfehler, so wie in der Voruntersuchung.

[3]) Mündliches Verfahren. (§. 12.) Allgemeine Grundsätze. Wo das Gesetz nicht ausdrücklich zwei Friedensrichter verlangt, erfolgt die Verhandlung vor einem

§. 41. Die Friedensrichter als Polizeistrafrichter. 241

IV. Conviction. Nach dem Schlusse der Verhandlung erfolgt das Endurtheil: entweder Freisprechung (order of dismissal) von welcher der Beklagte Abschrift verlangen kann, oder Verurtheilung zu einer Strafe. Die Fassung des Strafurtheils wurde von jeher mit großer Sorgfalt behandelt. Zahllose Gesetze schreiben die Urtheilsformel sogar wörtlich vor. Es soll daraus erhellen die Competenz des Friedensrichters und die Beobachtung der wesentlichen Prozeßformen, namentlich: Information, Ladung, Erscheinen oder Nichterscheinen, Geständniß oder Vertheidigung, Anschuldigungsbeweis, Endspruch. Ein Hauptunterschied zwischen bloßen Orders und Convictions insbesondere besteht darin, daß die letzteren die **Substanz** der Beweise wiedergeben müssen, und zwar des Beweises von beiden Seiten. Ebenso muß eine bestimmte Strafe in dem Tenor (adjudication) ausgesprochen und auf die gesetzlichen Verwirkungen erkannt werden. Zugleich werden dem einen oder andern Theil die Kosten auferlegt: früher nur wo es das Statut bestimmte, jetzt allgemein seit 18. Geo. III. c. 10; doch so, daß bei Geldbußen von 5 L. und darüber nach Ermessen des Richters die Kosten von der Strafe bis zu ⅓ abgezogen

---

Friedensrichter des Bezirks, in welchem das Vergehen begangen ist. Das Lokal der Verhandlung ist ein open and public court, zu welchem das Publikum freien Zutritt hat, soweit es der Raum gestattet. Der Angeklagte hat ein Recht auf volle Verantwortung und Vertheidigung und auf Verhör und Kreuzverhör der Zeugen durch seinen Advokaten oder Anwalt; das gleiche Recht steht dem Informant zu.

§. 13. Ausbleiben einer Partei. Bleibt der Beklagte im Termin aus, so kann der Richter entweder 1. den Fall in seiner Abwesenheit hören und entscheiden, oder 2. einen Ergreifungsbefehl erlassen und zu den späteren Terminen den verhafteten Angeschuldigten durch remand sich wieder vorführen lassen. — Bleibt der Kläger aus, so kann entweder 1. auf Einstellung des Verfahrens erkannt werden (dismiss), oder 2. auf Vertagung der Sache unter fortdauernder Haft des Angeschuldigten, oder auch Freilassung gegen Caution.

§. 14. Regeln für die zweiseitige Verhandlung. Dem Angeschuldigten soll zuerst der Inhalt der Information mitgetheilt werden mit der Frage, welche Gründe er gegen seine Strafüberführung anzugeben habe. Gesteht er die Wahrheit der Anschuldigung ein ohne genügende Entschuldigungsgründe, so erfolgt der Urtheilsspruch. Leugnet er, so schreitet der Richter zum Verhör des prosecutor, der Anschuldigungszeugen und sonstiger Anschuldigungsbeweise; dann zur Anhörung des Angeschuldigten, seiner Zeugen und Beweise. Beide Theile haben das Recht des Kreuzverhörs, aber kein Recht zur Replik. Defensionalzeugen, welche nur über die gute Führung des Angeschuldigten aussagen, unterliegen keinem Gegenverhör des prosecutor.

§. 15 Zeugenbeweis. Der prosecutor gilt als vollgültiger Zeuge, sofern er nicht ein Geldinteresse hat; der complainant im polizeilichen Civilverfahren unbedingt. Jeder Zeuge ist gesetzlich zu vereidigen. Ein Recht zur Zeugenladung stand dem Richter früher nur nach speciellen Gesetzen zu, jetzt allgemein, ebenso wie in der Voruntersuchung. Die Zeugen können durch Ladung oder Vorführungsbefehl citirt werden. Verweigerung der Antwort oder des Zeugeneides wird durch commitment bis zu sieben Tagen geahndet.

Gneist, Engl. Communalverfassung. 3. Auflage. 16

werden können. Durch 3. Geo. IV. c. 23 wurde folgendes allgemein anwendbare Formular einer conviction vorgeschrieben:

Grafschaft N. N. — Es wird hiermit beurkundet, daß am 16. December 184. zu N. in der Grafschaft W. der A. B. aus N., Arbeitsmann, persönlich erschien vor mir C. D., Friedensrichter, und mir Anzeige machte, daß E. F. aus N. am 15. December 184. am gedachten Ort (folgt der thatsächliche Inhalt der Information), gegen die Form des für solchen Fall erlassenen Statuts: Worauf der gedachte E. F. nach gehöriger Ladung zur Verantwortung vor mir erschien am 20. December 184. zu N., und nach Anhörung der in der Information enthaltenen Anklage erklärte, er sei nicht schuldig: worauf ich, der gedachte Friedensrichter, dazu schritt, die Wahrheit der in der Information enthaltenen Anklage zu prüfen, und am 21. December 184. zu N. ein glaubwürdiger Zeuge A. W. aus N. eidlich deponirt und sagt in Gegenwart des gedachten E. F., daß (folgt die Zeugenaussage, oder die mehren Zeugenaussagen der Reihe nach): Und da hiernach es mir offenbar erschienen ist, daß der gedachte E. F. schuldig des in der Information ihm zur Last gelegten Vergehens, Erkläre ich ihn hiermit schuldig des vorgedachten Vergehens, und declarire und spreche Recht, daß er, der gedachte E. F. verwirkt hat die Summe von L. — gesetzlicher Münze von Großbritannien für das gedachte Vergehen, zu verwenden nach Vorschrift des darüber erlassenen Gesetzes. Gegeben unter meiner Handschrift und Insiegel ꝛc.

Man scheidet in einer solchen adjudication zwei Theile: die conviction und die sentence, Erwägungsgründe und Tenor, deren genaue Formulirung wesentlich ist wegen einer möglichen Cassation. Der Angeklagte ist berechtigt zu einer Urtheilsabschrift; in wichtigeren Fällen erfolgt eine förmliche Ausfertigung, sogar auf Pergament. In allen Fällen muß die conviction dem Kreissecretär eingesandt und in der Registratur der Quarter Sessions aufbewahrt werden, theils mit Rücksicht auf mögliche Appellationen, theils zur Rechnungscontrole über die erkannten Bußen, theils zum Ausweis über frühere Bestrafungen gegen Rückfällige.[4]

V. Die Vollstreckung des Urtheils erfolgt bei erkannten Freiheitsstrafen durch warrants of commitment, nach neuerer Gesetzgebung meistens alternativ im Kreisgefängniß oder Correctionshaus. Eine Strafermäßigung steht dem Friedensrichter nach ergangenem Urtheil nicht zu: wohl aber enthalten viele neuere Polizei-Strafgesetze die allgemeine

---

[4] Conviction. (§. 16.) Nach dem Schluß der Verhandlungen soll der Richter deren Gesammtinhalt in Erwägung ziehen, und danach entweder 1) auf Entbindung vom Verfahren erkennen (dismiss the information or complaint), und dann auf Verlangen, oder nach Ermessen eine Order of Dismissal erlassen, und dem Angeschuldigten ein Certificat darüber erkennen, welches gegen wiederholte Anbringung derselben Beschuldigung die exceptio rei judicatae begründet, oder 2) auf Verurtheilung des Angeschuldigten erkennen, für welche drei Formulare einer Conviction (J. 1—3) und drei Formulare einer Order (K. 1—3) gegeben werden. Das Urtheil soll in einer Minute oder Memorandum expedirt, danach später die Reinschrift unter Handschrift und Insiegel des Richters ausgefertigt, das Original an die Registratur der Quartalsitzungen eingesandt werden. (§. 18.) Der Kostenpunkt wird in das Ermessen des Richters gestellt, die Kostenliquidation der Ausfertigung des Urtheils beigefügt.

§. 41. Die Friedensrichter als Polizeistrafrichter.

Klausel, daß der Richter, wenn mildernde Gründe vorliegen, alle im Gesetz genannten Strafen um ⅓ oder ½ oder noch weiter herabsetzen dürfe.

Am häufigsten lauten die Urtheile auf Geldbußen: und dann ergeht ein Abpfändungsbefehl, warrant of distress, auf Strafe und Kosten; fällt die Execution fruchtlos aus, ein Haftbefehl. Nach vielen neueren Gesetzen kann auch da, wo das Gesetz Geldbuße bestimmt, sogleich auf Gefängniß erkannt werden, wenn die Friedensrichter „genügend überzeugt sind", daß eine Auspfändung dem Nahrungszustand des Verurtheilten verderblich oder fruchtlos sein würde. Die Small Penalties Act 1865, 28. et 29. Vict. c. 127, bestimmt, daß bei erkannten Geldbußen und Kosten unter 5 L. im Fall der Nichtzahlung auch ohne vorhergehenden Auspfändungsbefehl eine Strafumwandlung erkannt werden kann: bei Summen bis 10 sh. Gefängnißstrafe bis zu 7 Tagen; bei 10—20 sh. bis zu 14 Tagen; bei 1—2 L. bis zu 1 Monat Gef.; bei 2—5 L. bis zu 2 Monaten Gef. Die erkannten Geldbußen und Verwirkungen konnte früher jeder Friedensrichter, sowohl für sich wie für einen Collegen, einziehen und vorläufig an sich behalten, mußte aber darüber Buch führen zum Zweck der jährlichen Abzahlung an den Sheriff 41. Geo. III. c. 85. Das Verzeichniß wurde bis zur nächsten Quartalsitzung dem Clerk of the Peace mitgetheilt, der die weitere Verrechnung mit dem Sheriff übernahm, 3. Geo. IV. c. 23 §. 2. Nach dem neuen Gesetz buchen die clerks der friedensrichterlichen division diese Geldbußen.[5]

---

[5] Vollstreckung. (§. 19.) Urtheile auf Geldstrafe werden zunächst vollstreckt durch einen Warrant of Distress auch in solchen Fällen, wo das Strafgesetz dies nicht ausdrücklich sagt. Findet der Richter, daß eine Execution in das Vermögen dem Verklagten und seiner Familie nachtheilig sein würde, oder erscheint es ihm, nach dem Geständniß des Beklagten oder sonst, daß kein Vermögen vorhanden ist, so kann sogleich ein Gefängnißhaftbefehl ergehen, als ob die Execution fruchtlos vollstreckt wäre. (§. 21.) Nach eingehendem Bericht über fruchtlose Execution kann ein Warrant of Commitment erlassen werden auf eine solche Gefängniß- oder Correctionsstrafe wie das Gesetz vorschreibt. (§. 22.) Auch wo die specielle Parlamentsacte eine solche Clausel wegen der Strafverwandlung nicht enthält, kann der Richter nach fruchtloser Execution auf Gefängniß oder Correctionshaus bis auf drei Monate erkennen. (§. 24.) Generell soll in allen Fällen, namentlich auch wegen der rückständigen Kosten, nach fruchtloser Execution auf Gefängniß oder Correctionshaus bis auf einen Monat erkannt werden. (§. 26.) Bei Entbindung von der Anklage können die Kosten auch vom Kläger durch Distress und Commitment bis zu einem Monat eingetrieben werden. (§. 29.) Die Executions- und Strafvollstreckungsdecrete mag ein einzeler Friedensrichter erlassen. (§. 30.) Den Sporteltarif für den Clerk of the Peace, Clerk of the Petty or Special Sessions und Clerks to Justices stellen die Quartalsitzungen fest, unter Bestätigung des Ministers des Innern. (§. 31.) Alle durch Strafexecution eingetriebenen Summen sind einzuzahlen an den Clerk of Division: von Verhafteten an den Vorsteher des Gefängnisses, und von diesem an den Clerk. Der Letztere vertheilt sofort das Geld nach Maßgabe der Gesetze, wo das Gesetz nichts bestimmt, zahlt er an die Kreiskasse. Die laufende Rechnung ist den Bezirksitzungen vorzulegen.

VI. Appeal. Die Apellation von dem summarischen Strafurtheil an die Quartalsitzungen versteht sich nicht von selbst, wenn sie nicht durch das Statut ausdrücklich gestattet ist, was aber in sehr zahlreichen Fällen geschieht. — Dagegen versteht sich in polizeilichen Straffällen das Recht der Abberufung an die Queen's Bench durch Certiorari von selbst, sofern es nicht durch das Statut ausdrücklich entzogen ist. Vorausgesetzt wird aber ein dringender Grund, z. B. eine Rekusation gegen den Friedensrichter. Auch ist die Abberufung erschwert durch eine Proceßcaution von 50 £. und andere Formvorschriften 5. Geo. II, c. 19.[6])

§. 42.
Die einzelen Polizeistraffälle.

Die einzelen Polizeistraffälle sind ebenso schwer zu systematisiren wie die contreventions oder Polizeiübertretungen in den Gesetzgebungen des Continents. Das practische Bedürfniß ist nach Ort und Zeit wechselnd für das, was öffentliches Wohl und sociale Bequemlichkeit zu erfordern scheinen. Zugleich ist aber auch eingereiht eine Reihe wirklicher Vergehen gegen die Rechtsordnung, die wegen des geringen Strafmaßes und zur Ersparung von Zeit und Kosten als Polizeistraffälle behandelt werden. Im Mittelalter waren dies die Hauptgeschäfte der courts leet. Mit dem Verfall derselben fielen sie den Friedensrichtern anheim, und wurden nun Gegenstand einer centralisirten Gesetzgebung in noch höherem Maße als auf dem Continent, da nicht nur die Bedürfnisse der Gesellschaft, sondern auch die Parteikämpfe von Menschenalter zu Menschenalter neue Fälle hinzufügten. Gerade in neuerer Zeit ist indessen dabei Vieles wieder

---

[6]) **Appeal.** Das Appellationsverfahren vor den Quartalsitzungen folgt unten im Abschnitt IV. (§. 69.) Es kann dabei unter Umständen eine neue Beweisaufnahme eintreten; doch ist der Appellationsrichter zunächst an die Feststellung der Thatfrage durch den Richter erster Instanz ebenso gebunden, als ob sie durch Jury festgestellt wäre. Eben deshalb findet gegen freisprechende Urtheile keine Appellation im Interesse der Anklage statt; das Urtheil gilt in dieser Beziehung ebenso rechtskräftig wie eine Freisprechung durch das Schwurgericht. Die Appellation dreht sich also zunächst um Rechts- und Formfragen; und auch dabei haben die neueren Gesetze eine Cassation wegen Formfehler meistens beseitigt, sofern nur die merita causae gehörig erwogen sind, 3. Geo. IV. c. 23 §. 3. — Ich kann indessen schon hier bemerken, daß aus dem ganzen Gebiet von mehr als 400,000 summarischen Straffällen jährlich nur etwa 60 durch Appellation an die Quartalsitzungen zu gelangen pflegen.

§. 42. Die einzelen Polizeistraffälle. 245

den Lokalpolizei = Verordnungen überlassen, namentlich den bye-laws der Städte.

Das Strafmaß der summarischen Fälle ist nicht durchgreifend begrenzt. In concreto beschränkt sich die große Masse derselben auf Geldbußen bis 5 L., Gefängniß bis zu 3 Monaten: in thesi gehen viele Strafgesetze darüber weit hinaus.

Die Resultate dieser Bestrafungen werden sichtbar aus den jährlich erscheinenden Polizeistraftabellen, welche in den letzten Jahren durchschnittlich mehr als 400,000 Fälle umfassen, von welchen etwa $\frac{2}{3}$ mit Bestrafung zu enden pflegen. Von den Bestrafnngen pflegen $\frac{2}{3}$ auf Geldbußen, $\frac{1}{3}$ auf Gefängnißstrafen zu lauten. Etwa $\frac{1}{4}$ aller Anklagen fallen auf die Polizeirichter der Metropolis. Einige Hauptrubriken umfassen bereits die Hälfte aller Straffälle, wie die Thätlichkeiten und Widersetzlichkeiten, Assaults, Drunk and Disorderly und die kleineren Diebstähle.

Die Polizeistraftabelle wird jetzt als Theil der jährlich erscheinenden Judicial Statistics veröffentlicht. Aus den Parl. P. 1867—68 Vol. LVII. folgt nachstehend (Excurs. *) die Tabelle für das Geschäftsjahr 1867. Die herkömmlichen Rubriken derselben sind geordnet nach den Hauptgruppen der Straf= und Polizeigesetzgebung und fassen demgemäß die beiden Klassen von Straffällen zusammen:

1) Die kleinen Criminalfälle, Diebstähle, Sachbeschädigungen, Körperverletzungen ꝛc., also wirkliche Vergehen gegen die Rechtsordnung, welche nur zum Zweck eines summarischen Verfahrens dem Polizeirichter überwiesen sind.

2) Die Polizeistraffälle i. e. S., welche den Polizeizwang zur Aufrechterhaltung der öffentlichen Ordnung und zur Förderung des gesellschaftlichen Wohls in Form von Ordnungsstrafen darstellen, und dadurch der Polizeiverwaltung die Formen und Garantien der Gerichtsverfassung geben.

Diese zweite Klasse erstreckt sich in alle weiter folgenden Abschnitte unserer Darstellung, bildet einen integrirenden Theil des Verwaltungssystems in allen Einzelgebieten der Sicherheits= und Wohlfahrtspolizei, ein Element der später folgenden Milizverwaltung, eine ergänzende Rechtscontrole der wirthschaftlichen Communalverwaltung, ein Hauptglied der gesammten Verwaltungsjurisdiction.

Zur Orientirung in der Polizeistraftabelle genügt zum Theil eine Verweisung auf die späteren Systeme; zur Erläuterung der übrigen muß schon hier ein alphabetischer Katalog der englischen Rubriken beigefügt werden, nach welchen die neuere Justizstatistik die summarischen Straffälle von Jahr zu Jahr fortführt.

* Polizeistraftabelle des Geschäftsjahres 1867.

Assaults aggravated	2,623	Poor Law Acts (§. 119):	
— gegen Polizeibeamte	12,555	Deserting or Neglecting Family	4,588
— gewöhnliche	74,980	Disorderly Conduct in Workhouse	2,985
Bastardy Orders (§. 59.)	4,452	Damaging Workhouse etc.	1,559
Breaches of the Peace	12,597	Refreshment Houses Act (§. 50.)	3,248
Cattle Plague Orders	6,389	Revenue Laws (§. 43.)	
Chimney Sweepers Act	65	Customs Acts	908
Cruelty to animals	5,019	Excise Acts	904
Drunk and Disorderly (§. 49.)	100,357	Post Office Acts	8
Factory Acts (§. 56.)	437	Stamp Acts	2
Fisheries Acts (§. 55.)	534	Salmon Fisheries Act (§. 55.)	623
Game Acts (§. 54.)	11,436	Servants, Apprentices (§ 56. §. 57.)	9,953
Licensed Victualler's, Beer Acts (§. 50.)	12,361	Stealing, or Attempts to Steal;	
Lord's Day Acts	506	Juvenile Offenders Acts	8,285
Local Acts and Borough Bye-Laws	27,042	Criminal Justice Act	16,585
Maliciously destroying Fences etc.	2,206	Larceny	15,677
— Fruit and Vegetable	1,077	Dogs, Birds, or Beasts etc.	683
— Trees, Shrubs etc.	1,187	Fruit or Vegetable Productions	4,401
Other Malicious Damages	15,424	Fences, Wood etc	400
Mutiny Acts (§. 94.)		Trees, Shrubs etc.	313
Army Act	2,385	Vagrant Act (§. 46.)	
Navy Act	457	Prostitutes	7,139
Militia Act	449	Begging	11,343
Volunteer Act	343	Having no visible Means	4,700
Mercantile Marine Acts (§. 58.)	2,748	Having Implements for Housebreaking etc	29
Nuisances, Offences against Health (§. 52.)		Found in enclosed Premises	2,849
Public Health Acts (§. 134)	702	Frequenting Places of Public Resort	2,570
Smoke Acts (§. 134.)	1,098	Incorrigible Rogues	187
Sewers Acts (§. 134.)	32	Other Offences	2,598
Nuisances Removal Acts (§. 52.)	2,907	Ways Acts, (§. 51.)	
Common Lodging Houses Acts	899	Stage and Hackney Carriages (§. 48.)	7,377
Selling unsound Food	430	Highway Act	16,360
Other Sanitary Offences	2,289	Turnpike Acts	5,470
Pawnbrokers Act (§. 47.)	1,182	Watermen's Acts	214
Police Acts:		Railway Acts	1,963
Unlawfully possessing goods	3,758	Weights and Measures Act	5,733
Offences punishable as Misdemeanors	7,778	Other Offences	7,008
Constables neglecting their Duty	88	Gesammtzahl	474,665
Other Offences	9,201		

Zur Erläuterung obiger Rubriken dienen schon hier folgende Notizen:

Assault (injuria atrox) kann durch Civilklage, durch Strafverfahren, oder durch Beides zugleich verfolgt werden. Die schwersten Fälle, assaults gegen öffentliche Beamte,

§. 42. Die einzelen Polizeistraffälle.

Jagdaufseher, gesundheitsgefährliche assaults von Haus- und Lehrherren gegen ihre Untergebenen ꝛc. steigen bis zu drei Jahren Gefängniß und sieben Jahren Transportation; doch werden die gewöhnlichen Fälle auch summarisch erledigt. Die aggravated assaults gegen Frauen und Kinder, 16. et 17. Vict c. 30, und die große Masse der common assaults werden durch die neuere Gesetzgebung unter das summarische Strafverfahren gestellt, vor zwei Friedensrichtern, mit Geldbußen bis zu 5 ℒ. In geringfügigen Fällen kann der Uebertreter mit Strafe verschont werden. Der summarisch Verurtheilte oder Freigesprochene wird frei von jeder andern Verfolgung durch Civil- oder Strafklage. Das Gesetz schreibt die Urtheilsformel vor (§. 35: did violently assault and beat him).

Breaches of the peace und Mangel einer Friedensbürgschaft (§. 39.)

Cattle Plague. Die neueste Gesetzgebung gegen die Verbreitung ansteckender Thierkrankheiten bildet einen Complex von Maßregeln, welche theils durch Orders in Council, theils durch die Ortspolizeibehörden nach der Cattle Diseases Prevention Act 1866 und connexen Gesetzen gehandhabt werden. Die dahin gehörigen summarischen Straffälle f. §. 134. 135.

Chimney Sweepers Act, Schornsteinfegerordnung f. §. 47.

Cruelty to animals. Das st. 12. et 13. Vict. c. 92; 17. et. 18. Vict. c. 60 enthält eine Verordnung gegen Thierquälerei (cruelly beat, ill-treat, abuse, overdrive or torture): Strafe bis zu 5 ℒ. außer dem Schadenersatz, event. Gefängniß, vor einem Friedensrichter. Ebenso Verbot des Hahnenfechtens, Anspannens von Hunden ꝛc. Jeder Constable, Polizeibeamte, und unter gewissen Voraussetzungen der Eigenthümer des Thiers, kann ohne Haftbefehl den Thäter einem Friedensrichter vorführen. Weigerung den Namen zu nennen ist mit besonderen Strafen bedroht. Die Hälfte der Strafe dem Denuncianten, die Hälfte der Ortsgemeindekasse. Appellation an die Quartalsitzungen.

Factory Acts, Arbeitspolizei f. §. 56.

Fences. Diebstahl an lebendigen Hecken oder Zäunen, Zaunpfählen, Stacketen ꝛc. und böswillige Zerstörung von Hecken ꝛc., jetzt summarisch nach 24. et 25. Vict. c. 96. 97 zu bestrafen.

Game Acts, Jagdordnung f. §. 54.

Juvenile Offenders. Gewisse kleinere felonies jugendlicher Verbrecher bis zum 14. resp. 16. Jahr können summarisch abgestraft werden vor zwei Friedensrichtern nach den Juvenile Offenders Acts, 10. et 11. Vict. c. 82; 13. et 14. Vict. c. 37, auf Gefängniß bis zu drei Monaten, oder auf Geldbuße bis zu 3 ℒ.; gegen Knaben bis zum 14. Jahre auch auf eine leichte Züchtigung (jetzt beschränkt durch 25. et 26. Vict. c. 18). Das Gericht kann auch auf Verschonung mit Strafe erkennen. Vorweg muß aber dem Angeklagten die gesetzlich vorgeschriebene Frage gestellt werden: ob er einen Proceß mit Jury verlangt; in welchem Fall die Verhandlung nur als Voruntersuchung dient.

Larceny. Einfacher Diebstahl bis zum Werth von 5 sh, oder Versuch eines Diebstahls von der Person, kann jetzt mit Zustimmung des Angeklagten von zwei Friedensrichtern summarisch abgestraft werden nach der Criminal Justice Act 18. et 19. Vict. c. 126. Nach dem Schluß der Zeugenverhöre muß dem Angeklagten der wesentliche Inhalt der Anklage nochmals bekannt gemacht, und die gesetzlich vorgeschriebene Frage gestellt werden: ob summarisch, oder mit Jury verfahren werden soll. Giebt er seine Zustimmung zu dem Ersteren, so wird die Anklage formell redigirt, ihm vorgelesen und der Geständige bis zu drei Monaten Gefängniß mit harter Arbeit condemnirt. Bei besonders mildernden Umständen kann indessen der Beklagte mit Strafe verschont werden. — Auch ohne Beschränkung auf jene kleinen Diebstähle können die Friedensrichter nach dem neuen Gesetz den ersten gemeinen Diebstahl sowie die larceny as a clerk or servant summarisch abstrafen, wenn ihnen der Fall dazu angethan scheint. Die Anklage soll dann schriftlich gefaßt und dem Angeklagten vorgelesen werden, mit der Frage: ob er sich „schuldig oder nicht schuldig" bekennt. Bekennt er sich schuldig, so ist das Geständniß zu protokolliren, und die beiden Friedensrichter können dann auf Gefängniß und harte Arbeit bis sechs Monate erkennen. Vorweg ist aber dem Angeklagten zu eröffnen, daß er nicht schuldig sei, sich vor den Friedensrichtern einzulassen, und daß er andernfalls vor das ordentliche Strafgericht gestellt werden solle. — Der Hauptzweck der Juvenile Offenders Act und der Criminal Justice Act war Kostenersparung. Neu codificirt ist die ganze Strafgesetzgebung über Diebstahl und Eigenthumsbeschädigungen durch 24 et 25. Vict. c. 96, 97.

Local Acts. Borough bye laws. Die Towns Police Clauses Act 1867 enthält eine ergänzende Polizei-Ordnung für solche Ortschaften, welche durch Localacte erweiterte Polizeieinrichtungen erhalten haben, umfassend etwa 40 Strafklauseln (bis 40 sh. oder 14 Tage Gef.) für Vergehen gegen die Straßen- und Sittenpolizei, eine Lohnfuhrordnung und andere für das städtische Leben wichtige Reglements. Ingleichem enthält die Städteordnung von 1835 ein allgemeines Recht zum Erlaß von Localpolizeiordnungen für Mayor und Gemeinderath. Es entsteht daraus ein umfangreiches Gebiet (1867 = 27,042 Fälle) sehr gemischter Localpolizeiübertretungen, welches sich mit der allgemeinen Polizeigesetzgebung durchkreuzt, ebenso wie die unten folgende Rubrik „Police Acts".

Lord's day, Sonntagsfeier f. Sunday.

Malicious damage. Boshafte Beschädigung von öffentlichem oder Privateigenthum, wo nicht für besondere Fälle besondere Gesetze ergangen sind, summarisch vor einem Friedensrichter mit Buße bis 5 £. Der auf der That Ertappte kann unmittelbar durch einen Polizeibeamten, oder durch den Eigenthümer, seinen Diener oder Beauftragten einem Friedensrichter vorgeführt werden. Codification in 24. et 25. Vict. c. 97.

Mutiny Act, summarische Straffälle der Militärverwaltung f. §§ 93. 94.

Nuisances ist das allgemeine Wort für eine Reihe von annoyances zur Beschädigung oder Belästigung Anderer. Sie zerfallen in öffentliche und private. Als public oder common nuisances gelten: Hinderung und Gefährdung der Passage, Betrieb schädlicher Gewerbe und Fabrikationen, liederliche Wirthschaften, ꝛc. — Die neueste Gesetzgebung hat eine Masse dieser Fälle zu summarischen Straffällen gemacht durch die Nuisances Removal and Diseases Prevention Acts 1848 und 1855, die Public Health Acts, Smoke Acts (Selbstverzehrung des Rauchs), Sewers Acts.

Police Acts. Unter dieser allgemeinen Rubrik werden verschiedenartige Fälle zusammengefaßt, die in den Polizeiordnungen für London und andere municipal corporations besonders formulirt sind. In der Straftabelle werden folgende Fälle aufgezählt: Unrechtmäßiger Besitz von Sachen, Vergehen, die als misdemeanors strafbar, Amtsvernachlässigungen der constables ꝛc.

Poor Law Acts; diese Rubrik begreift solche Vergehen, welche in das Bereich der neueren Armenverwaltung fallen: Verlassen der Familie, Uebertretungen in den Arbeitshäusern, Beschädigungen der Utensilien in den Arbeitshäusern.

Revenue Acts, Steuerdefraudationen f. §. 43.

Servants, apprentices, Arbeitspolizei f. §§. 56. 57.

Sunday. Lord's day. Die Verletzung der Sabbathfeier wird größtentheils noch nach alten Strafgesetzen gebüßt: Abhalten von Märkten durch Confiscation der ausgestellten Waaren, 27 Hen. VI. c. 5; Abhalten von Jagden, lärmenden Spielen und Vergnügungen mit 3 sh. Buße für die Armenkasse von jedem Theilnehmer, 1. Car. I. c. 1; Frachtfuhrleute, welche am Sonntag fahren 20 sh.; Fleischer, welche Vieh schlachten oder Fleisch verkaufen 5 sh., 3. Car. I. c. 2. Das st. 29. Car. II. c. 7 verbietet alle weltliche Arbeit außer Werken der Nothwendigkeit und Barmherzigkeit, allen Verkauf von Waaren, außer Lebensmitteln in Gast- und Speisehäusern und Milchverkauf: Strafe 5 sh.

und Verwirkung der Waaren für die Armenkasse, summarisch vor einem Friedensrichter, der dem Denuncianten ⅓ zubilligen kann. Die neuesten Gesetze machen mancherlei Ausnahmen im Interesse von Reisenden, Vergnügungsfahrten zu Wasser, Verkauf von Lebensmitteln. Das Backen der Bäcker für ihre Kunden wird zu den Werken der Nothwendigkeit gerechnet; der Transport von Fischwagen durch 2. Geo. II. c. 15 §. 7, das Lohnfuhrwerk am Sonntag durch 1. et 2. Will. IV. c 22 §. 37 gestattet. Neueste Gesetze: 3. et 4. Vict. c. 15; 11. et 12. Vict. c. 49; 17. et 18. Vict. c. 79; 18. et 19. Vict. c. 118. (Bierhäuser) 23. et 24. Vict. c. 27. (Vergnügungsorte).

Swearing. Gottlose Schwüre werden nach (21. Jac. I. c. 20; 6. et 7. Will. III. c. 11) 19. Geo. II. c. 21 §. 1; 4. Geo. IV. c. 31 mit Geldbußen vor einem Friedensrichter gebüßt: von Tagelöhnern, gemeinen Soldaten und Matrosen mit 1 sh., von anderen Personen unter dem Rang eines gentleman mit 2 sh. von einem gentleman oder einer Person höherer Stände mit 5 sh.; im ersten Rückfall das Doppelte, in wiederholtem Rückfall das Dreifache; in Ermangelung der Zahlung Correctionshaus auf zehn Tage. Unbekannte Personen, welche in Gegenwart eines Constable schwören und fluchen, können unmittelbar festgenommen und dem nächsten Friedensrichter vorgeführt werden. Die Klage verjährt in acht Tagen.

Vaccination. Durch 16. et 17. Vict. c. 100 wird die Pockenimpfung zwangsweise eingeführt mit Polizeistrafen vor zwei Friedensrichtern.

Vagrant Act, Bettelpolizei s. §. 46.

Ways Acts, Fuhr- und Wegepolizei s. §§. 48, 51.

Weights and Measures, Maß- und Gewichtordnung s. §. 68.

Das Gesammtresultat der summarischen Strafjustiz nach diesen Rubriken umfaßte im Geschäftsjahr 1867 474,665 Angeschuldigte, darunter 384,369 Männer, 90,296 Frauen. Davon wurden verurtheilt 335,359 Personen, freigesprochen 139,306 Personen. Die erkannten Strafen waren: Geldbußen 213,671 Fälle, — Gefängniß unter 14 Tagen 31,778, — von 14 Tagen bis zu 1 Monat 22,764, — von 1—2 Monaten 10,600, — von 2—3 Monaten 6,957, — von 3—6 Monaten 2677, — über 6 Monate 38 Fälle; überwiesen an Strafanstalten für jugendliche Verbrecher 2554; körperliche Züchtigungen 705; Verurtheilungen zur Bestellung einer Friedensbürgschaft 13,148; Ueberweisungen an die Militär- und Marinebehörden 2286; andere Strafweisen 28,188.

§. 43.

Die Friedensrichter als Steueruntersuchungsrichter. Excise. Customs. Post. Stamps.

Den einfachen Polizeifällen schließt sich nahe an das summarische Strafverfahren wegen Steuercontraventionen, dessen Zweck nur Vereinfachung, Beschleunigung und Kostenersparung ist. Im Allgemeinen findet dabei nach Wahl der Steuerbehörde oder des Denuncianten ein dreifaches Verfahren statt:

1. entweder eine ordentliche Klage bei einem der Reichsgerichte in den Formen des Civilprozesses, oder auch in dem fiskalischen Verfahren durch Information; in kleineren Straffällen auch vor den neuen Kreis-

gerichten; die Frage der Steuerpflichtigkeit ist demgemäß in der Regel den ordentlichen Gerichten vorbehalten;

2. ein **summarisches Strafverfahren** meistens vor zwei Friedensrichtern, entweder mit Appellation an die Quartalsitzungen, oder mit Vorbehalt der Abberufung an die Reichsgerichte;

3. eine **administrative Beschwerdeinstanz**, nicht bloß über das Verfahren der Beamten, sondern auch concurrirend mit den Gerichten, so daß im Gebiet des Hauptsteueramts London drei Commissioners des Generalsteueramts die Urtheilscompetenz der Friedensrichter haben; jedoch wieder mit Vorbehalt von größeren Objecten und Principienfragen für die Entscheidung der Reichsgerichte.

Im Allgemeinen ist die summarische Erledigung dieser Straffälle im eignen Interesse der Betheiligten. Die Härte der englischen Zoll- und Steuergesetze wird durch das Strafmilderungsrecht der Richter und des Generalsteueramts ermäßigt. Die Wahrung der Rechtsprincipien ist durch die Reichsgerichte als concurrirende oder Appellationsinstanz gesichert. Wo das Gesetz direkt Gefängniß oder Transportation droht, gehört das Verfahren mit wenigen Ausnahmen vor die ordentlichen Strafgerichte mit jury. Das summarische Strafverfahren umfaßt hauptsächlich das große System der Bußen und Confiscationen und deren nachherige Verwandlung in Freiheitsstrafen. Die Formen des Verfahrens sind dem Polizeistrafverfahren analog, doch durch die Steuergesetze oft sehr im Einzelen und mit zahlreichen Formularen geregelt. Die einzelen Gebiete bilden:

1. Die Contraventionen und Defraudationen gegen die Gesetze über die inländischen Verbrauchssteuern Excise;

2. das Strafverfahren gegen Smuggling, Zolldefraudationen und Contraventionen;

3. die Postdefraudationen und Contraventionen;

4. die Stempeldefraudationen und Contraventionen (Stamps).

Viele Besonderheiten dabei waren mehr historisch zufällig, beruhten auf der ältern Gestalt der Finanzbehörden und auf der stückweisen Gesetzgebung. Die neueste Gesetzgebung (Excurs.*) strebt nach Gleichförmigkeit und Vereinfachung.

* Die summarischen Steuerstraffälle.

1. Excise. Die unendlich zahlreichen fiscalischen Gesetze über diese Verbrauchssteuern sind erst in neuerer Zeit mehr consolidirt. Schon das ältere Hauptgesetz 7. et 8. Geo. IV. c. 53, §. 65 verweist die Straffälle im Gebiet des Hauptsteueramts zu London vor je drei Commissarien der Accise zur Entscheidung, Fälle in den Provinzen vor zwei Friedensrichter. Weitere Vorschriften für die Friedensrichter giebt 4. et 5. Will. IV. c. 51; 4. et 5. Vict. c. 20. Die ordentliche Defraudationsstrafe ist Confiscation und dreifacher Werth der confiscirten Güter, oder 100 £. Strafe nach Wahl der Steuerbehörde. Auf eidliche Anzeige eines Steuerbeamten mit Angabe der Verdachtsgründe kann ein Frie-

§. 43. Die Friedensrichter als Steueruntersuchungsrichter. 251

densrichter einem Steuerbeamten einen Haussuchungs-Befehl ertheilen; Haussuchungen bei Nacht aber nur mit Zuziehung eines Polizeibeamten. Die Anklagen werden auf Anweisung des Generalsteueramts im Namen eines Steuerbeamten oder im Namen des Attorney oder Solicitor General erhoben und verjähren in vier Monaten. Im Interesse der Verwaltung werden dabei vielfach erleichtert die sonstigen Regeln über Competenz, Ladung und Beweis. Zeugnißfähig waren auch Steuerbeamte, die zu einem Antheil an der Strafe oder dem Confiscat berechtigt sind (geändert erst durch 13. et 14. Vict. c. 95 §. 17). Der Richter hat die Befugniß, die gesetzliche Strafe bis auf ein Viertel zu ermäßigen; das Generalsteueramt kann sie ganz erlassen. Appellation an die Quartalsitzungen, jedoch erst nach vorläufiger Einzahlung der erkannten Strafe. In Ermangelung der Zahlung erläßt ein Friedensrichter einen Haftbefehl, der durch einen Steuerbeamten vollzogen, den Verurtheilten in das Corrections- oder Kreisgefängniß abführt. Die Geldstrafen in der Regel halb der Krone, halb dem Denuncianten. — Ein Verfahren vor zwei Friedensrichtern kann auch eintreten, wenn ein Betheiligter eine Steuerüberlastung behauptet.

2. Customs Smuggling. Die Gesetze über Zolldefraudationen und Contraventionen sind zu einer Customs Consolidation Act 1853 zusammengefaßt. Die Gewalten der Steuerbeamten sind hier noch weitergehend, insbesondere für Haussuchung, Thürenerbrechung, Anhalten verdächtigen Fuhrwerks u. s. w. Jeder, dessen Person von einem Steuerbeamten durchsucht werden soll, hat aber das Recht zu verlangen, zuerst einem Friedensrichter oder einem Hauptsteuerbeamten vorgeführt zu werden, damit dieser entscheide, ob ein erheblicher Grund zur Durchsuchung vorhanden ist; Frauen dürfen nur von Frauen durchsucht werden. Finanzministerium und Generalsteueramt können confiscirte Güter ganz oder theilweis zurückgeben und Zollstrafen ermäßigen. Die Geldstrafen und Confiscationen werden im Namen des Attorney General oder eines Zollbeamten eingeklagt. Die erkennenden Friedensrichter können die Strafe bis auf ein Viertel herabsetzen; doch ist durch spätere Gesetze diese Befugniß auf Fälle einer ersten Bestrafung und durch andere Klauseln vielfach beschränkt. In Ermangelung der Zahlung erläßt ein Friedensrichter den Haftbefehl; doch soll der Gefängnißdirector bei Strafen unter 100 L. nach Ablauf von sechs Monaten den Verhafteten frei lassen. Die Zollbeamten haben ein vorläufiges Verhaftungsrecht, müssen aber den Verhafteten einem Friedensrichter vorführen, der eine kurze Frist zur Vorbereitung der Information und des förmlichen Strafverfahrens setzt, nach deren Ablauf der Verhaftete zwei Friedensrichtern zur endgültigen Entscheidung vorgeführt werden muß. Ein writ of certiorari oder habeas corpus ist zulässig; der Grund der Einwendungen muß aber durch formale Bescheinigungen, affidavits, sofort liquid sein.

3. Post. Die Postordnung 7. Will. IV. et 1. Vict. c. 36 enthält die summarischen Fälle zunächst in §. 2: Beförderung postpflichtiger Briefe, oder Annahme oder Einsammlung solcher, oder wissentliche Absendung solcher durch unbefugte Personen (5 L. für jeden Brief), gewerbsmäßiger Betrieb solcher Defraudationen (100 L. für jede Woche). Dabei soll der Angeklagte die Beweislast tragen, d. h. darthun, daß er bei dem in Anklage gestellten Akt den Postgesetzen gemäß gehandelt habe. Mißbrauch der Kreuzcouverts wird mit dem dreifachen Porto, nach Gewicht und Entfernung gerechnet, gebüßt, oder nach Wahl des Generalpostamts als misdemeanor mit Gefängnißstrafe oder Geldbuße verfolgt. Alle Geldstrafen können durch Popularklage bei den Reichsgerichten verfolgt werden; Geldbußen bis zu 20 L. auch vor einem Friedensrichter mit Strafmilderungsrecht. Nach fruchtloser Auspfändung Gefängniß bis zu drei Monaten, bei Bußen über 20 L. auf drei bis sechs Monate. Appellation an die Quartalsitzungen unter Prozeßcaution mit zwei Bürgen. Die Klagen verjähren in einem Jahr. — Ebenso findet eine summarische Klage auf rückständiges Postporto bis zu 5 L., und gegen Postbeamte auf erhobene Postgelder bis

zu 20 L. vor einem Friedensrichter statt. Zusätze 10. et 11. Vict. c. 85; 18. et 19. Vict. c. 27. etc.

4. Stamps. Die ältere Stempelgesetzgebung ist vielfach zerstreut unter den Hauptartikeln des Stempels (Kalender, Karten, Zeitungen, Flugschriften, Silber- und Goldgeschirr, einzele Gewerbe-Concessionen) bis zu der consolidirten Stempelordnung 55. Geo. III. c. 184. Schon das Hauptgesetz 10. Anne c. 19 verweist fast alle praktischen Straffälle (bis 20 L.) vor die Friedensrichter, mit Appellation an die Quartalsitzungen, aber ohne Certiorari. Die Richter haben ein Strafmilderungsrecht bis zum Betrag der doppelten Stempelsteuer herab, später bis 1/4 der Strafe. Die Anklage darf jetzt nur erhoben werden im Namen des Attorney General, des Stempelfiscats, oder eines andern Stempelbeamten 44. Geo. III. c. 98 §. 10. Der Stempelverkauf geschieht durch concessionirte Distributeure; Annahme einer solchen Firma durch unconcessionirte Personen wird mit 10 L. für jeden Tag gebüßt, Verkauf durch unconcessionirte Personen oder in einem unconcessionirten Lokal mit 20 L. Concurrirend ist auch bei dem Stempelstrafverfahren eine Civilklage bei den Reichsgerichten stehen geblieben, 35. Geo. III. c. 55 §. 12, 13. Das neuere Stempelgesetz 13. et 14. Vict. c. 97 hat das ältere Prozeß- und Strafsystem wieder aufgenommen.

Die Zahl der summarischen Straffälle dieser Gruppe betrug im Jahre 1867: excise acts 908, customs 904, Post Office acts 8, Stamps acts 2. Appellirt wurde in einem einzigen Fall unter der excise law. Die Competenz der Gerichte ist aber alternativ so geordnet, daß die Frage nach der Legalität bei einem Reichsgericht zum Austrag gebracht werden kann. Ueber die ziemlich verwickelten Competenzverhältnisse vergl. Gneist, Verwaltungsjustiz (1869) §. 25, 26. Burn's Justice 30. Aufl. II. pag. 110—426.

§. 44.

System des Vereinsrechts. Riot. Unlawful Assemblies. Religionssekten.

Unter den angewandten Polizeisystemen wird hier mit dem Gebiet der Vereinspolizei begonnen, welches im Wesentlichen auf eine Repression durch die ordentlichen Strafgerichte beruht, mit Einschiebung einiger summarischen Gewalten. Die mittelalterliche Praxis und Gesetzgebung über Friedensbrüche durch eine versammelte Menge war freilich so vag, daß nur allmälig die Gerichtshöfe (Hawkins I. c. 65, Blackstone III. 176) den Thatbestand des Aufruhrs und der aufrührerischen Versammlungen fixirt haben, unterschieden vom einfachen Auflauf.

I. Riot, Aufruhr. Bei dem fortschreitenden Verfall des Amts der Sheriffs schien es im spätern Mittelalter nöthig, ihre Gewalten in Aufruhrsfällen in Erinnerung zu bringen. Nach 2. Edw. III. c. 3 darf der Sheriff alle Personen verhaften, welche mit Angriffswaffen einhergehen oder reiten auf Märkten oder sonst wo in terrorem populi, und sie in das Gefängniß abliefern, um dort zu bleiben nach Bestimmung des Königs, d. h. in der Regel bis zur Ankunft der Assisenrichter. Der Sheriff mag

§. 44. System des Vereinsrechts.

solche Waffen wegnehmen und confisciren, 12. Ric. II. c. 6; 17. Ric. II. cap. 8. — Inzwischen war auch den Friedensrichtern gleich bei ihrer Einsetzung das Recht beigelegt rioters zu verhaften. Durch 13. Hen. IV. c. 7 werden zwei Friedensrichter unter Zutritt des Sheriff und Untersheriff ermächtigt, mit dem aufgebotenen Posse Comitatus, oder sonst mit Aufgebot von Gerichtseingesessenen, summarisch gegen aufrührerische Versammlungen einzuschreiten, die Thäter zu verhaften, und auf frischer That ein schriftliches Protokoll (record) aufzunehmen über alles was sie selbst wahrgenommen (Formular Lambard III. c. 1). Dies Protokoll gilt zur Ueberführung der Schuldigen ohne Jury als vollbeweisend. Die durch das Protokoll Ueberführten können sogleich durch die Friedensrichter in eine Geldbuße genommen und bis zur Zahlung derselben in das Gefängniß abgeführt werden. Die Gerichtspraxis beschränkte dies alles jedoch auf Fälle eines „großen notorischen Aufruhrs," und nahm es sehr streng mit Beobachtung der Formen und mit Beschränkung des Thatbestandes. — Hat sich der Aufruhr verlaufen vor Ankunft der Friedensrichter und des Sheriff, so sollen nach demselben Gesetz zwei Friedensrichter innerhalb eines Monats den Thatbestand feststellen mit Zuziehung einer Jury, zu welcher der Sheriff 24 Personen zu gestellen hat. Spricht die Jury „Schuldig", so können die Friedensrichter summarisch auf eine Buße erkennen, haben jedoch auf erfolgten Einspruch die Sache an das ordentliche Strafgericht abzugeben. — Sind endlich die Schuldigen auf diesem Wege überhaupt nicht zu ermitteln, so sollen Friedensrichter und Sheriff Bericht erstatten an das Privy Council oder an die Criminal-Abtheilung desselben (Sternkammer) oder an die King's Bench, über alle Umstände der That und mit Angabe der verdächtigen Hauptpersonen, welche dann eben so behandelt werden sollen „als wären sie durch eine Jury in Anklagestand versetzt." Nach 2. Hen. V. st. 1 c. 1 kann auch der Lord-Kanzler, wenn die Friedensrichter ihre Pflicht versäumen, eine Special-Commission ernennen, die im ordentlichen Verfahren mit Jury gegen die Uebertreter und gegen die säumigen Friedensrichter einschreitet. Bei der Abmessung der Strafe der rioters wurde ein Aufruhr von 12 oder mehr Personen als felony, ein Aufruhr von 3—11 Personen als misdemeanor gestraft. Alle diese Vorschriften waren jedoch wenig praktisch und wirksam.

Bei dem Regierungsantritt des Hauses Braunschweig hielt man daher ein neues Aufruhrgesetz*) für nöthig, 1. Geo. I. st. 2 c. 5. Wenn „zwölf oder mehr Personen ungesetzlich aufrührerisch oder tumultuarisch versammelt sind zur Störung des öffentlichen Friedens," sollen sie durch

---

*) Das neue Aufruhrgesetz 1. Geo. I. st. 2 c. 5 wurde zunächst durch tumultuarische Angriffe der hochkirchlichen Partei gegen die Dissenters und Kapellen in London und Staffordshire veranlaßt, und hat wie ein neuerer Schriftsteller sich ausdrückt „wohl eben

einen Friedensrichter oder den **Sheriff** oder den Untersheriff oder den Bürgermeister der Stadt durch Proklamation aufgefordert werden, friedlich auseinander zu gehen. Diese schon früher übliche (Lambard II. c. 5) Proklamation lautet:

„Unser souveräner Herr der König gebietet und befiehlt allen versammelten Personen unverzüglich sich zu zerstreuen, und friedlich nach Hause oder an ihr gesetzmäßiges Geschäft zu gehen, bei Vermeidung der Strafen, welche enthalten sind in dem Gesetz aus dem ersten Regierungsjahr König Georg's zur Verhütung von Tumult und aufrührerischen Versammlungen. Gott erhalte den König."

Die Proklamation ist durch den Friedensbeamten oder einen von ihm Beauftragten nach vorgängigem Gebot des Stillschweigens (nach alter Sitte: Oyes, Oyes, Oyes!) mit lauter Stimme zu verlesen in der Mitte der Aufrührer oder in möglichster Nähe derselben. Werden zwölf oder mehr Personen eine Stunde nach der Proklamation in aufrührerischer Haltung noch beisammen betroffen, so sollen sie wegen felony die Todesstrafe erleiden, an deren Stelle durch 1. Vict. c. 91 Transportation auf Lebenszeit oder auf 15 Jahren (d. h. jetzt 7 Jahre penal servitude), oder Gefängniß bis zu drei Jahren trat. Wer mit Gewalt und Waffen den Beamten an Verlesung der Proklamation hindert oder denselben in diesem Beginnen beschädigt, ist ebenso mit Todesstrafe (später Transportation 2c.) bedroht; die Aufrührer, welche eine Stunde nach verhinderter Lesung zwölf oder mehre an dem Ort betroffen werden, unterliegen derselben Strafe als ob die Verlesung geschehen wäre. Jeder Friedensbeamte und jeder von ihm zur Assistenz Befohlene hat das Recht nach verlesener Proklamation jeden in aufrührerischer Haltung Zurückbleibenden zu ergreifen und einem Friedensrichter vorzuführen, wobei die Tödtung oder Beschädigung des Widerstandleistenden für straflos gilt. Durch mündlichen Befehl kann der Friedensrichter jede Privatperson zur Hülfeleistung befehlen, und der zur Assistenz Befohlene muß bei Geldbuße und Gefängnißstrafe Assistenz leisten, IV. Blackstone 146. (Auch können sich Privatpersonen zur Unterdrückung eines Aufruhrs bewaffnen, und im Fall der Nothwendigkeit von den Waffen Gebrauch machen, 1. Hawk. c. 65 s. 11.) Aus dem Recht der Friedensrichter jeden Anwesenden zu ihrer Assistenz zu entbieten folgt auch das Recht, Militär oder Milizen zu requiriren. Der Soldat ist dann verpflichtet, also berechtigt, von seinen Waffen Gebrauch zu machen; der Friedensrichter ist allein verantwortlich, und zwar wie der Gerichtshof in dem Fall der Tumulte zu Bristol entschied: „alles zu thun was in seinen

---

so viel wie irgend ein anderes Gesetz dazu beigetragen, die Gewohnheit der Ordnung im englischen Volke zu erhalten zugleich mit dem Recht der freiesten Meinungsäußerung." Raikes on Engl. Constitution II. (1854) S. 348.

§. 44. System des Vereinsrechts.

Kräften steht, und was verständigerweise erwartet werden kann von einem Mann von Ehrenhaftigkeit, von gewöhnlicher Klugheit, Festigkeit und Thätigkeit unter den gegebenen Umständen; während bloße Reinheit der Intention bei solcher Gelegenheit, wo das öffentliche Wohl auf dem Spiel steht, keine Entschuldigung ist, wenn er in seinen Pflichten fehlt." Doch ist er nicht verpflichtet, Soldaten und Constables in Person anzuführen. Die neueren Parl. P. geben eine Uebersicht der Fälle, in welchen es zu einer Requisition des Militärs in Aufruhrfällen gekommen ist.

II. Unlawful Assemblies sind nach gemeinem Recht Versammlungen von drei oder mehr Personen, mit der Intention, eine gewaltsame Friedensstörung oder sonst einen gesetzwidrigen Akt unter gegenseitiger Beihülfe zu begehen, ohne daß es dazu kommt. Die Streitfragen über den Begriff laufen darauf hinaus, ob in gewissen Fällen die tumultuarische oder gefährliche äußere Erscheinung der Versammlung schon eine praesumptio juris für die aufrührerische Intention begründe. Abgesehen von den verbotenen Religionsgesellschaften, auf welche nachher zurückzukommen ist, war aber die ganze Lehre nicht sehr praktisch. Die unruhigen Zeiten der französischen Revolution veranlaßten ein temporäres Ausnahmsgesetz, 36. Geo. III. c. 8 (vgl. 37. Geo. III. c. 123), welches mit seiner Veranlassung wieder erlosch. Erst das st. 39. Geo. III. c. 79 enthält dauernde Strafbestimmungen gegen bestimmte staatsgefährliche Clubs, United Englishmen etc. und gegen solche politische Vereine, welche ihre Mitglieder gesetzwidrig auf Eid oder an Eidesstatt verpflichten. Nach §. 18, 26 sollen auch Lokale für öffentliche Vorlesungen oder Debatten einer Concession durch zwei Friedensrichter bedürfen, widrigenfalls sie als unordentliche Häuser mit 100 L. für jeden Tag gebüßt werden, (jetzt aufgehoben durch 32. et 33. Vict. c. 24 §. 1). Nach Beendigung der französischen Kriege schritt das Toryministerium weiter zu den bekannten Ausnahmsgesetzen, von denen das wichtigste noch geltende 57. Geo. III. c. 19 gegen die communistischen Vereine gerichtet ist, Spencean societies, sowie überhaupt gegen solche politische Vereine oder Clubs, die Commissionen, Deputirte oder Abgeordnete ernennen zur Versammlung, Verhandlung oder Communication mit anderen Clubs oder Gesellschaften, — welche sämmtlich unter die Strafgesetze über die geheimen Verbindungen (39. Geo. III. c. 79) gestellt werden. Schon wegen der Wichtigkeit der Principienfragen gehören diese Straffälle meistens vor die ordentlichen Strafgerichte mit Jury, ausgenommen die leichten Geldbußen von 5—20 L. im ersten Uebertretungsfalle. Durch Nichterhebung der Anklage sind diese Gesetze jedoch ziemlich unpraktisch geworden und in die Reihe der „ruhenden" Polizeigewalten getreten.**)

** Unerlaubte Versammlungen. Als Autorität für die Begrenzung des Begriffs der unerlaubten Versammlung gelten die neueren Rechtssprüche des Oberrichters

III. Besondere Strafgesetze gegen Religionssecten, Katholiken und Dissenters, waren seit der Reformation sehr zahlreich und umfassend geworden, und führten unter den Tudors zeitweise zu allerlei Polizeiquälereien, während sie seit der Restauration mehr den Interessen der politischen Parteien dienten. Vollständig und buchstäblich waren sie nie ausgeführt, durch Tolerationsacten und Praxis ziemlich außer Kraft gesetzt, und sind dann im letzten Menschenalter erst stückweis, dann massenweis aufgehoben, 7. et 8. Vict. c. 102; 9. et 10. Vict. c. 59. Die letztere Acte hebt auf einmal 26 ältere Strafgesetze auf. Beibehalten ist die Einregistrirung der dissenterischen Kapellen; eine Strafverfolgung wegen unterlassener Einregistrirung ist aber durch 18. et 19. Vict. c. 86 aufgehoben, so daß sie nur Vorbedingung gewisser Vorrechte von Religionsgesellschaften bleibt.***)

§. 45.

System der Preßgesetzgebung. Printers. Newspapers. Pamphlets.

Seit 1694 ist die Censur in England aufgehoben, und unter der Regierung Georg's III. verschwinden auch die sonst noch gelegentlich ange-

---

Patteson von 1831 und 1848, 3 B. et A. 957. Burn V. 168 ff. Das schwierige Gebiet der polizeilichen Handhabung des Versammlungsrechts zeichnet sich in England durch folgende rechtliche Maximen aus: 1) daß das gemeine Recht nur solche Vereine unter Strafe stellt, die mit aufrührerischer Intention oder in äußerlich aufrührerischer Haltung zusammentreten, 2) daß auch in den besonderen Gesetzen die ordentliche Gerichtsbarkeit festgehalten wird, 3) daß die Ausnahmsgesetze mäßig gehalten sind; das Gesetz 39. Geo. III. c. 79 gegen die geheimen Verbindungen gleicht ungefähr dem preußischen Edict von 1798, 4) daß die Ausnahmsgesetze gewöhnlich nur auf kurze Frist erlassen sind, wie das 60. Geo. III. et 1. Geo. IV. c. 6, welches politische Versammlungen über 50 Personen auf das Gebiet eines Kirchspiels oder einer Ortschaft beschränkt, nur die darin ansässigen Personen zuläßt, und eine vorgängige Anzeige von sieben ansässigen Personen bei dem Friedensrichter verlangt. — Im Jahre 1846 wurde ein Versuch gemacht zu einer Abschaffung oder Milderung der noch bestehenden Gesetze, welcher den nicht glücklichen Ausgang nahm, daß nach 9. et 10. Vict. c. 33 solche Anklagen von der Staatsanwaltschaft, den law officers of the crown (also im Interesse der regierenden Partei), erhoben werden sollen, was bisher glücklicherweise unpractisch geblieben ist. Ohne Bedeutung sind die „ruhenden" Polizeigewalten allerdings nicht. — Die später aufgehobenen Gesetze der Arbeitspolizei gegen die Combinations der arbeitenden Klassen folgen unten §. 56.

*** Die Entwickelung der Religionspolizei im 16. und 17. Jahrhundert siehe Geschichte des selfgov. S. 203, 204 Blackstone IV. 55—58. Im 18. Jahrhundert waren diese Strafbestimmungen durch die Toleranzacten gegen protestantische Dissenters mit gewissen Vorbehalten außer Anwendung gesetzt. Noch mehr that die Praxis. Dann folgen stückweise Aufhebungen von Strafgesetzen gegen Katholiken 11. Geo. III. c. 60; 31. Geo.

§. 45. System der Preßgesetzgebung.

wandten Präventivmaßregeln.*) Die englische Preßgesetzgebung beruht seitdem auf einem Repressivsystem, ohne Concessionswesen und ohne das Recht einer polizeilichen Beschlagnahme wegen Gemeingefährlichkeit. Zur Sicherung der Ermittelung des Urhebers eines Preßvergehens bestehen aber gewisse Polizeigesetze, die größtentheils in das Gebiet der friedens= richterlichen Jurisdiction fallen. Für Zeitungen, für die periodische Presse überhaupt und kleine politische Flugschriften bestand bis in die neueste Zeit ein Stempel= und Cautionssystem.

1. Das allgemeine **Hauptgesetz zur Controle der Presse** ist 39. Geo. III. c. 79, wonach Besitzer, Fabrikanten und Verkäufer von Druck= pressen oder Typen eine formulirte von einem Zeugen attestirte Anzeige von ihrem Geschäft bei der Kreisverwaltung (Clerk of the Peace) zu machen, und gewisse Geschäftsvorschriften zu beobachten haben, unter An= drohung hoher Polizeibußen. Dasselbe Gesetz und das st. 2. et 3. Vict.

III. c. 32; 10. Geo. IV. c. 7; Aufhebung der Reste der Corporations= und der Testacte durch 9. Geo. IV. c. 17; dann massenhafte Aufhebungen durch die oben citirten Gesetze. Zusätze in 30. et 31. Vict. c. 62; 32. et 33. Vict. c 72. Es dauern indessen fort die Verbote gegen die Jesuiten und Mönchsorden 10. Geo. IV. c 7. §. 29. 30. 34; 23. et 24. Vict. c 134 §. 7.

*) Ueber die Censur in England vgl. die Geschichte des selfgovernment S. 262—264. Als mit st. 4. Will. et M. c. 24 die Gesetze über die Censur erloschen waren, hielten sich die Reichsrichter vermöge ihrer Polizeigewalt doch noch immer für ermächtigt Be= schlagnahmen und Haussuchungen in Preßsachen zu verfügen, unter oft drakonischer An= wendung der Strafgesetze gegen politische Flugschriften und Schmähartikel. Selbst gene= relle Befehle zur Beschlagnahme aufrührerischer Schriften und zur Verhaftung der Verfasser wurden gelegentlich noch von den Staatssecretären erlassen, bis zu dem berühmten Urtheils= spruch des Hofes der Common Pleas von 1764. Die Verwaltung der Whigs und die gewöhnliche Stimmung des Unterhauses waren überhaupt einer freien Presse wenig geneigt, behandelten noch immer den Abdruck der Parlamentsverhandlungen als „hohen Privilegien= bruch", und zeigten sich äußerst empfindlich gegen Tadel ihrer eigenen Beschlüsse. Erst unter Georg III. gewinnt die Meinung die Oberhand, daß ein präventiver Preßzwang der Verwaltung die Herrschaft über die Verfassung giebt. Erst mit dem Abschluß der Verfassung und der regierenden Klasse tritt das reine Repressiv=System auf. Die Fassung der Strafgesetze war indessen eine sehr weite, ihre Handhabung keineswegs eine humane, und die Parlamentsparteien zeigten sich zeitweise zu einer sehr strengen Verfolgung der Preßvergehen geneigt, (vgl. die Zusammenstellung in Fischel, die Verfassung Englands, Berlin 1862 S. 82—88). — Rücksichtlich der materiellen Gesetzgebung über die Preßver= gehen will ich erinnern an die scharfen Strafen gegen libel und Lord Campbell's mil= dernde Libel Act, 6. et 7. Vict. c. 96; 11. et 12. Vict. c. 12, an das st. 1. Geo. IV. c. 8 gegen Verfasser, Drucker oder Verbreiter aufrührerischer oder gotteslästerlicher Druck= schriften, und an die hauptstädtische Polizeiordnung 2. et 3. Vict. c. 47 §. 54 gegen Ver= kauf und Vertheilung profaner, indecenter oder obscöner Schriften. De lege ferenda vgl. den Report on Libel Bill. Parl. P. 1867 No. 208 IX. 589. Eine umfassende fleißige Schrift über den Gegenstand ist: J. Lorbeer, die Grenzlinie der Rede= und Preßfreiheit in England. Erlangen 1851 8. L. Stein, Verwaltungslehre (1868) VI. 124—133. Ueber die Theatercensur siehe §. 64.

Gneist, Engl. Communalverfassung. 3. Auflage. 17

c. 12 verpflichtet ferner jeden Drucker auf dem ersten und letzten Blatt jedes Drucks Namen und Wohnort zu vermerken, mit Ausnahme der gewöhnlichen geschäftlichen Drucksachen. Die erste dieser Gesetzvorschriften wird durch Popularklage, die zweite durch fiscalische Klage erzwungen.[1])

2. Das Hauptgesetz über die Zeitungspresse 38. Geo. III. c. 78 wurde später ersetzt durch die Stempelgesetze 6. et 7. Will. IV. c. 76; 13. et 14. Vict. c. 97 etc., welche nebst 60. Geo. III. c. 9; 1 Will. IV. c. 73 die bis 1869 geltenden Bestimmungen über die nöthigen Cautionen und Anzeigen enthielten. Der Drucker hat mit zwei oder drei Bürgen auf 400 L. (beziehungsweise 300 L.) eine Caution zu bestellen, welche für Geldbußen, Schadenersatz und Kosten in Preßprocessen haftet. Er muß ferner bei einer Strafe von 50 L. pro Tag dem Hauptstempelamt eine schriftliche Declaration einreichen, enthaltend den correcten Titel der Zeitung, die richtige Bezeichnung des Hauses, in welchem solche gedruckt und ausgegeben wird, den wahren Namen, Titel und Wohnort jedes intendirten Druckers und Herausgebers und (mit gewissen Vorbehalten) auch den Eigenthümer des Blatts. Das Verzeichniß dieser Angaben liegt in dem Hauptstempelamt zu Westminster zur kostenfreien Einsicht für das Publikum offen. Von jeder erscheinenden Nummer muß ein Exemplar mit eigenhändiger Unterschrift des Druckers oder Herausgebers mit Angabe des Wohnorts bei dem Hauptstempelamt deponirt werden. Am Schluß jedes Blattes

---

[1]) **Anzeigepflicht von Druckpressen und Typen.** Die nach 39. Geo. III. c. 79 zu machende Anzeige ist von dem Kreissecretär zu buchen, eine beglaubigte Abschrift dem Minister des Innern zu übersenden, dem Drucker ein Attest über die geschehene Anzeige zu ertheilen. Eine gleiche Anzeige ist dem Kreissecretär einzureichen von jedem, der eine **Drucktypengießerei** oder eine **Druckpressen=Fabrik** anzulegen beabsichtigt, (bei 20 L. Strafe). — Ein jeder ferner, welcher gegen Entgelt irgend ein Papier druckt, soll sorgfältig aufbewahren wenigstens ein Exemplar des Drucks, darauf mit richtigen und leserlichen Buchstaben verzeichnen den Namen und Aufenthaltsort der Person, von welcher er zu dem Druck beauftragt ist, und dies Exemplar jedem Friedensrichter auf Verlangen binnen 6 Monaten zur Ansicht vorlegen, bei 20 L. Strafe und summarischer Verhaftung jedes Uebertreters oder Theilnehmers. Strafen bis 20 L. vor einem Friedensrichter, nach fruchtloser Auspfändung 3—6 Monate Gefängniß. — Das mildernde Zusatzgesetz 2. et 3. Vict. c. 12 verordnet bei 5 L. Strafe für jedes Exemplar: „daß jeder, welcher ein Papier oder Buch druckt zum Zweck der Veröffentlichung oder Verbreitung, auf dem ersten oder auf dem letzten Blatt des Drucks in leserlichen Buchstaben seinen Namen und gewöhnlichen Aufenthalts= oder Geschäftsort abdrucken soll." Derselben Strafe unterliegt, wer ein nicht so gedrucktes Blatt veröffentlicht, verbreitet oder dabei assistirt. Eine Strafverfolgung ist nur im **Namen des Attorney General oder Solicitor General** statthaft. Ausgenommen von der Vorschrift über den Namen des Druckers bleiben alle Drucke unter Autorität und zum Gebrauch des Parlaments oder einer öffentlichen Behörde, Geschäftsanzeigen durch Briefpresse, Auktions= und andere Verkaufsanzeigen, Banknoten, Zahlungsanweisungen, Prozeßvollmachten, Vertragsformulare, Dividendenscheine, Empfangsscheine für Geld oder Güter, gerichtliche Verhandlungen.

§. 45. System der Preßgesetzgebung.

oder Supplementblattes muß Vor- und Zunahme, Charakter und Wohnort des Druckers und Herausgebers, das Druck- und Herausgabelokal und das Datum der Ausgabe verzeichnet sein bei 20 L. Buße auf fiskalische Anklage.²)

3. Das System der Cautionen und Stempel war durch die gedachten Gesetze auch ausgedehnt auf **Flugschriften und andere Papiere, enthaltend öffentliche Discussionen**, Anzeigen oder Begebnisse, oder Bemerkungen oder Beobachtungen darüber, oder über irgend welche Angelegenheiten in Kirche oder Staat, wenn solche nicht zwei Bogen überschreiten, oder zu einem geringern Preis als $\frac{1}{6}$ Thlr. verkauft werden. Das Stempelgesetz erstreckte sich auch auf periodische Publikationen in Zwischenräumen bis zu 26 Tagen, wenn die einzelen Nummern nicht zwei Bogen von 21 Zoll Länge und 17 Zoll Breite überschritten, oder wenn sie für einen Verkaufspreis unter $\frac{1}{6}$ Thlr. ausgegeben wurden.³)

Eine allgemeine Revision dieser Gesetzgebung ist eingetreten durch die Newspapers, Printers and Reading Rooms Repeal Act 1869, welche bestimmt, daß die in der Anlage A. vorgezeichneten Gesetze aufgehoben, die in der Anlage B. verzeichneten Artikel dagegen fortdauern sollen. Aufgehoben sind die Hauptgesetze 39. Geo. III. c. 79 §. 15—33; 60. Geo. III. c. 9; 2. et 3. Vict. c. 12, insbesondere das Cautionssystem.

---

²) Cautions- und Stempelpflicht für Zeitungen. Zu der verschärften Anzeigepflicht kam hier also noch die besondere Rücksicht auf das Stempelinteresse. Die Anzeige der Druckoffizin und die Einreichung eines Exemplars jedes Zeitungsblatts binnen einer gesetzlich bestimmten Frist ist bei 100 L. Strafe vorgeschrieben. Dies Exemplar kann binnen zwei Jahren bei den Gerichtshöfen als Beweisstück producirt werden. Druck, Veröffentlichung und Besitz eines ungestempelten Zeitungsblatts ist mit 20 L. bedroht. Die Preise der Zeitung müssen auf dem Blatt vermerkt, und dürfen bei Strafe nicht überschritten werden. Das st. 55. Geo. III. c. 185 fügte Bestimmungen über den Zeitungsstempel und Zeitungspreise hinzu; das Stempelgesetz Vorschriften über Supplement-Blätter, Haussuchungsbefehle nach ungestempelten Zeitungen und Beschlagnahme der Pressen, Strafen für die dabei säumigen Polizeibeamten (10 L.). — Von den Berichten über die Reform des Zeitungsstempels ist hervorzuheben der Report on Newspapers Stamps 1851 No. 558 XVII. 1, 1858 No. 186 XXXIV. 199. Früher diente der Stempel zugleich als Postportomarke: jetzt tritt nach 18. et 19. Vict. c. 27. die Portopflicht an die Stelle des Stempels.

³) Für Flugschriften und periodische Blätter war das Hauptgesetz 60. Geo. III. c. 9. Solche Flugschriften mußten Preis und Tag der Publikation enthalten; auch gewisse Drucktage inne halten. Der Drucker sollte Caution bestellen durch Verschreibung mit zwei oder drei Bürgen auf 300 L. in London, auf 200 L. in den Provinzen, bei 20 L. Strafe. Ein Exemplar mußte bei dem Stempelamt niedergelegt werden, eigenhändig unterschrieben von dem Drucker und Herausgeber mit Namen und Wohnort, bei 100 L. Strafe. Die Geldbußen sind entweder vor den Reichsgerichten oder vor zwei Friedensrichtern klagbar; alle Anklagen jedoch nur im Namen des Staatsanwalts oder der Stempelbehörde.

Theilweise beibehalten werden 6. et 7. Will. IV. c. 76 und andere Gesetze. Für einzele Artikel werden neue formulirt. Das Resultat ist: Beibehaltung der Verpflichtung jedes Druckers zur Aufbewahrung einer schriftlichen Notiz über die Namen und Wohnort seines Auftraggebers und die Verpflichtung binnen sechs Monaten solche auf Verlangen vorzulegen bei 20 L. Strafe (die Hälfte dem Denuncianten), klagbar binnen drei Monaten vor einem Friedensrichter. Sodann die Verpflichtung eines jeden Druckers zum Aufdruck seines Namens und Wohnorts bei 5 L. Strafe, klagbar jedoch nur im Namen der Generalstaatsanwaltschaft. Die Stempelpflicht der Flugschriften war schon aufgehoben durch 3. et 4. Will. IV. c. 23; die der Annoncen durch 16. et 17. Vict. c. 63 §. 5; die Strafbarkeit des Drucks, Verkaufs oder Besitzes ungestempelter Zeitungen durch 18. Vict. c. 27 §. 1. Der Stempel dient nur noch als Postfreimarke.

§. 46.

System der Bettel- und Landstreicher-Polizei. Vagrant Act. Rogues and Vagabonds. Polizeiaufsicht. Fremdenpolizei.

I. Die frühzeitige Verwandlung der gebundenen in freie Arbeit veranlaßte in England frühzeitig besondere Gesetze gegen Landstreicherei und Bettelei, welche seit 23. Edw. III. ziemlich zahlreich werden. Unter den Tudors ist die Bettelei zu einer beunruhigenden Landesbeschwerde geworden, und veranlaßt harte und übereilte Gesetze. Unter Elisabeth kommt zuerst der Name „Rogues" in dem Sinne von gewerbmäßigen Bettlern und herumziehendem Gesindel vor, dessen bedenkliche Zunahme 1597 die Einsetzung eines Unterhaus-Committee's veranlaßte, welches die zu ergreifenden Maßregeln der öffentlichen Wohlthätigkeit, Zwangsbeschäftigung der Armen, Bestrafung der Bettelei und Landstreicherei, in eine zusammenhängende Erwägung nahm. Das Resultat war das st. 39. Eliz. c. 3, die Grundlage der ganzen englischen Armengesetzgebung. In Verbindung mit dieser Bettelstrafgesetzgebung wurde ein System von Landarmenhäusern houses of correction eingeführt, welches jedoch in größerem Maßstab erst unter Jakob I. zur Ausführung kam, 7. Jac. I. c. 4.*)

---

*) Die Geschichte der Bettel- und Vagabunden-Polizei im Mittelalter und in der Periode der Tudors siehe Geschichte des selfg. S. 278—280. S. 300. Die reifere Gesetzgebung Elisabeth's liegt allen späteren Gesetzen zu Grunde. Zwar wurde in jedem Menschenalter das Vagabundengesetz erneut, 1. Jac. I. c. 1. §. 25; 13. et 14. Car. II. c. 12 §. 16; 11. et 12 Will. III. c. 18; 12. Anne c. 23, jedoch so, daß dem neuern Gesetz gewöhnlich die Substanz des ältern wieder einverleibt wird. Prügelsystem und

§. 46. System der Bettel- und Landstreicher-Polizei. 261

Unter Zugrundlegung der älteren Vagabundengesetze bildet sodann das st. 17. Geo. II. c. 5 die noch heute bestehenden 3 Klassen von Vagabunden, die durch die weite Fassung des Thatbestandes weit mehr enthalten, als das Wort ausdrückt, nämlich eine weitgreifende Landes-Polizeiordnung in planmäßiger Verbindung mit der Armen-, Arbeits- und Gewerbepolizei. An dessen Stelle ist 100 Jahre später das noch jetzt geltende Gesetz 5. Geo. IV. c. 83 mit noch erweiterten Gewalten der Friedensrichter getreten. Einige wenig bedeutende neuere Zusätze werden bei Aufzählung der einzelen Klauseln eingeschaltet werden.

Die erste Klasse bilden die müßigen und unordentlichen Personen, Idle and Disorderly Persons, das ist „Jeder, welcher im Stande ist ganz oder theilweis sich oder seine Familie durch Arbeit oder andere Mittel zu erhalten, und welcher vorsätzlich dies verweigert oder versäumt, so daß er oder ein alimentationsberechtigtes Familienglied der Armenpflege zur Last fällt;" — ferner der, „welcher durch Order der Friedensrichter legal ausgewiesen ist, und doch an jenen Ort zurückkehrt und der Armenverwaltung zur Last fällt;" — ferner Kleinhändler, Trödler und Hausirer, welche ohne Gewerbschein hausiren; — gemeine Lohndirnen, welche in öffentlichen Straßen und Orten umherwandern und sich in tumultuarischer oder indecenter Weise gehaben; — oder Personen, welche umherwandern und sich an öffentlichen Orten zum Betteln hinstellen, oder Kinder dazu gebrauchen. Alle solche Personen können vor einem Friedensrichter, summarisch überwiesen durch Augenschein oder Zeugniß, zu Correctionshaus mit harter Arbeit bis zu 1 Monat verurtheilt werden.

Die zweite Klasse, Gesindel und Vagabunden, Rogues and Vagabonds, umfaßt zunächst alle Rückfälligen der ersten Klasse nach vorgängiger Ueberführung; sodann betrügliche Wahrsager und Zeichendeuter; — Vagabunden, die in Scheunen, unbewohnten Gebäuden ꝛc. logirend vorgefunden werden ohne sichtbare Mittel des Unterhalts, und ohne sich

---

Arbeitshaus bestanden dabei in gegenseitiger Ergänzung. Ein friedensrichterlicher Warrant vor 100 Jahren lautete auf diesem Gebiet also:
„Nachdem A. O., ein Bettler und Vagabund, heute wandernd und bettelnd in dem „Kirchspiel N. ergriffen und mir J. P., Pfarrer, einem Königlichen Friedensrichter vor„geführt ist, befehlen wir euch hiermit, auszuprügeln oder ausprügeln zu lassen den ge„dachten A. O. nackt von dem Mittelkörper an aufwärts, oder öffentlich an dem Ge„meindeprügelpfahl in eurem gedachten Kirchspiel, und demnächst den A. O. nach Anwei„sung des beifolgenden Zwangspasses zu transportiren." Gegeben ꝛc.
Auch die jetzt geltende Vagrants Act enthält manche vage, polizeilich gefaßte Klauseln wie „verdächtige Personen", „bekannte Diebe" ꝛc., welche in Händen anderer Beamten als englischer Friedensrichter zu bedenklicher Willkür dienen würden. Die Zahl dieser Straffälle war 1867 = 31,415.

genügend ausweisen zu können; — Personen, die an öffentlichen Orten Drucke, Gemälde oder andere Dinge ausstellen, — Personen, welche vorsätzlich öffentlich und schamlos ihren Körper an einem öffentlichen Ort ausstellen in der Absicht eine weibliche Person zu insultiren; — umherwandernde Personen, welche durch Ausstellung von Wunden und Gebrechen Almosen suchen; — Bettler oder Beitragssammler unter falschen oder betrüglichen Vorwänden; — Personen, welche weglaufen und Frau und Kind der Armenpflege zur Last zurücklassen; — Personen, welche auf öffentlichen Straßen oder Plätzen Glücksspiele treiben; — Personen im Besitz von Dietrichen oder Nachschlüsseln mit der Absicht des Einbruchs in ein Gebäude, oder von Spießen und anderen Angriffswaffen in der Absicht eine verbrecherische Handlung zu begehen; — Personen, welche in einer Behausung oder Einhegung gefunden werden „mit einer gesetzwidrigen Intention;" — verdächtige Personen, oder bekannte Diebe, welche einen schiffbaren Fluß, Kanal, Dock, Quai, eine Werfte oder ein Waarenhaus oder eine dazu leitende Straße frequentiren in der Absicht ein Verbrechen zu begehen (ohne daß es dafür eines Beweises durch einzele Thatsachen bedarf 32. et 33. Vict. c. 99 §. 9); — Personen, welche an öffentlichen Orten um Geld Würfel oder Karten spielen (31. et 32. Vict. c. 52); — Personen, welche wegen eines Vergehens der ersten Klasse ergriffen dem Polizeibeamten gewaltsamen Widerstand leisten und nachher des Vergehens überführt werden, — können sämmtlich vor einem Friedensrichter zu Correctionshaus mit harter Arbeit bis zu 3 Monaten verurtheilt werden, unter Confiscation der vorgefundenen Waffen und Diebeswerkzeuge.

Die dritte Klasse, unverbesserliches Gesindel, Incorrigible Rogues, umfaßt zunächst alle, welche wegen eines Vergehens aus diesem Gesetz zur Haft gebracht, vor Ablauf ihrer Strafzeit ausbrechen oder entspringen; sodann alle Rückfälligen der zweiten Klasse nach vorgängiger Ueberführung; — endlich alle als Rogues and Vagabonds Ergriffenen, welche dem Polizeibeamten gewaltsamen Widerstand leisten, und nachher des Vergehens überführt werden. Alle diese Personen können nach Ueberführung durch einen Friedensrichter vorläufig in das Correctionshaus zu harter Arbeit abgeliefert werden bis zur nächsten Quartalsitzung. Die Quartalsitzung kann sodann nach Erwägung der Umstände des Falles eine weitere Verurtheilung zu harter Arbeit bis zu einem Jahre verfügen, bei männlichen Individuen auch Peitschenhiebe.

Jeder Privatmann kann einen Uebertreter dieses Gesetzes unmittelbar ergreifen und einem Friedensrichter vorführen, oder einem untern Polizeibeamten, welcher bei gesetzlicher Strafe den Vagabunden vorzuführen hat. Alles Gepäck, welches der Uebertreter bei sich führt, kann in Gegenwart des Friedensrichters und des Uebertreters untersucht, das gefundene Geld zu den Untersuchungs= und Strafkosten verwendet, auch die vorgefundenen Effekten zu dem Zweck verkauft werden. Die Appellation an die Quartal= sitzungen ist vorbehalten, aber durch Bestellung einer Prozeßcaution er= schwert. Nach ausgestandener Strafe ist der Verurtheilte zu seinem Nieder= lassungsort zurückzutransportiren.

II. In Verwandtschaft mit dieser Landespolizeiordnung ist ein neues System der Polizeiaufsicht entstanden durch die Habitual Cri= minals Act 1869. Es schließt sich an die Penal Servitude Acts 1853. 1857. 1864, 16. et 17. Vict. c. 99; 20. et 21. Vict. c. 3; 27. et 28. Vict. c. 47. An die Stelle der jetzt aufgehobenen Transportation ist da= durch ein System der Einzelhaft und Strafarbeit gesetzt, in welchem der Sträfling nach theilweis abgebüßter Strafe einen Beurlaubungsschein nach Regulativen des Ministers des Innern erhält. Der Urlaubsschein ist widerruflich, und wird verwirkt (1) durch eine Verurtheilung wegen eines neuen Vergehens; (2) durch Nichtanzeige der Wohnung oder des Woh= nungswechsels bei dem Bezirksbeamten der Constabulary; (3) durch Weige= rung der Vorzeigung des Urlaubsscheins auf Verlangen des Friedensrichters; (4) durch Bruch der sonstigen Bedingungen des Urlaubs. Es erfolgt dann eine Wiederverhaftung durch warrant eines Londoner Polizeirichters, welcher ohne Indossament im vereinigten Königreich Geltung hat. Auch kann jeder constable den Beurlaubten summarisch verhaften, sofern er einen begrün= deten Verdacht hat, daß derselbe ein Vergehen begangen habe. — An diese Lage der Gesetzgebung schließt sich nun die Habitual Criminals Act 1869, 32. et 33. Vict. c. 99. Sie hebt zwar die persönliche Polizeimeldung der Beurlaubten von Monat zu Monat auf; ermächtigt aber, ohne warrant des Friedensrichters, jeden constable auf schriftliche Anweisung seines In= spectors den Beurlaubten jederzeit zu verhaften, sofern er „Grund zu der Vermuthung" hat, daß solcher seinen Lebensunterhalt durch unrechtliche Mittel erwerbe. Der dem Friedensrichter Vorgeführte kann demnächst auch ohne den positiven Beweis eines Vergehens durch Strafresolut des Urlaubs verlustig erklärt und in die Strafhaft zurückgesandt werden.

In §. 5 des Gesetzes wird sodann ein Generalregister über alle bestraften Verbrecher eingeführt, welches in London unter Verwaltung des Polizeichefs oder eines vom Minister ernannten Commissars zu führen ist, unter Verpflichtung der dirigirenden Polizeibeamten und Gefängnißdirec= toren die dazu nöthigen Anzeigen und Verzeichnisse zu liefern.

In §. 8 wird weiter bestimmt, daß alle rückfälligen Verbrecher, welche wegen felony oder gewisser Vergehen, zum zweiten Mal verurtheilt werden, künftig unter Polizeiaufsicht bis auf den Zeitraum von 7 Jahren nach überstandener Strafe zu stellen sind. Die Polizeiaufsicht gilt als ein selbstverständlicher Bestandtheil der gesetzlichen Strafe, kann aber von dem urtheilenden Richter erlassen oder abgekürzt werden. Die Folgen der Polizeiaufsicht sind (1), daß der Observat auf Anzeige eines Polizeibeamten wegen Verdachts unredlichen Erwerbs einem Friedensrichter vorgeführt und in Ermangelung eines genügenden Nachweises zu Gefängniß bis ein Jahr verurtheilt werden mag; (2) daß er von einem Polizeibeamten unter Umständen betroffen, die dem Richter die genügende Ueberzeugung geben, daß er ein Vergehen zu begehen oder dabei zu helfen, oder eine Gelegenheit dazu aufzusuchen im Begriff war, in gleicher Weise bestraft werden mag; (3) daß er in einem Wohnhaus, Hof, Laden oder anderm Geschäftslokal oder in einem Garten ꝛc. betroffen, ohne sich über die Absicht seines Aufenthalts ausweisen zu können, ebenso bis zu 1 Jahr Gefängniß verurtheilt werden mag. Auch Privatpersonen können unter diesen Voraussetzungen den Observaten ergreifen und festhalten, bis er einem Friedensrichter vorgeführt werden kann.**)

III. Ein System der Fremden- und Paßpolizei dagegen ist dem englischen Recht fremd geblieben. Im Allgemeinen wird zwar ein Recht der Staatsgewalt anerkannt, beschränkende Maßregeln gegen Zulassung von Fremden zu treffen. Praktisch ist jedoch seit Jahrhunderten die Freizügigkeit als Regel anerkannt und nur durch die Armengesetzgebung unter bestimmte Beschränkungen gestellt. Von der zur Zeit der großen Kriege gegen Frankreich eingeführten Ausweisungsbefugniß gegen Ausländer ist sehr wenig Gebrauch gemacht worden. Die Alien Registration Act 6. et 7. Will. IV. c. 11 läuft auf eine facultative Einregistrirung der vom Ausland kommenden Fremden hinaus, an welche sich die Reisenden nicht zu kehren pflegen. Die Verweigerung der Declaration oder der Vorzeigung des Passes könnte mit 2 L. gebüßt werden; eine Strafverfolgung dieserhalb ist aber nicht üblich. Die noch einmal auf ein Jahr eingeführte Aliens Removal Act 11. et 12. Vict. c. 20 gab dem Staatssecretär, mit Recurs an das Privy Council, eine Ausweisungsbefugniß, welche mit dem Gesetz wieder erloschen ist. Auch eine Verpflichtung zur Anmeldung von Fremden besteht weder nach allgemeinen Gesetzen noch Ortsregulativen.

**) Das Gesetz 32. et 33. Vict. c. 99 enthält noch andere verschärfte Bestimmungen, welche durch schwere Verbrechen gegen das Eigenthum, besonders in der Metropolis veranlaßt sind, wie verschärfte Strafen gegen Diebeshehler, Widersetzlichkeit gegen die Polizeibeamten ꝛc. Man legt sich schwerlich darüber eine Rechenschaft ab, daß in den Händen des Berufsbeamtenthums eine so fortschreitende Gesetzgebung dem „Polizeistaat" zusteuert.

§. 47.
System der einfachen Gewerbe-Polizei. Bakers. Hawkers. Pawnbrokers etc.

Die Nichttrennung von Stadt und Land und die sehr gemäßigte Abschließung der Gewerbsinnungen, machte schon im Mittelalter eine allgemeine Gewerbegesetzgebung in England möglich und nöthig. Was auf dem Continent der Autonomie der Städte und gewerblichen Körperschaften überlassen blieb, wurde hier Gegenstand allgemeiner Verordnungen. Gleichzeitig mit, und zum Theil schon vor Entstehung der Friedensrichter, finden wir daher ein frühreifes System einer Gewerbe- und Arbeitspolizei, auf welche letztere später zurückzukommen ist.*)

Bei der Bestrafung dieser Gewerbsübertretungen concurriren Anfangs noch die Sheriffs 13. Ric. II. c. 8; auch dieser Rest ihrer Strafgewalt hört indessen seit 1. Edw. IV. c. 2 auf, und wir finden von da an die Gewerbepolizei in Händen der Friedensrichter, mit Vorbehalt der schwersten Straffälle für die ordentlichen Strafgerichte. Die Gesichtspunkte dabei haben sich aber im Verlauf der Zeit verändert.

Die nur im Steuerinteresse erlassenen Gewerbevorschriften kommen in den zahlreichen Steuergesetzen vor, wobei die Friedensrichter nur als Steuerrichter concurriren. Ebenso wenig gehören hierher die nur im Steuerinteresse erforderlichen Gewerbscheine (licenses). Doch sind zuweilen Vorschriften über den Gewerbebetrieb mit solchen Steuergesetzen verwebt.

Zur Sicherung des Publikums vor Betrug ist der Gewerbe- und Handelsbetrieb gewisser Geschäfte mit einer polizeilichen Strafordnung be-

---

*) Von der unglaublichen Specialisirung dieser ältern Gewerbegesetzgebung mag eine Probe das st. 49 Geo. III. c. 109 geben, welches nicht weniger als 40 Gesetze über Wollmanufactur von 2. Edw. III. bis 5. Geo III. aufhebt; ferner das st. 19. et 20. Vict. c. 64, durch welches eine lange Reihe veralteter Gesetze aufgehoben wurde, darunter etwa 40 dieser Gruppe angehörige Gesetze, beispielsweise: 37. Edw. III. c. 15 etc. über richtige Anfertigung der Wollenzeuge: 25. Henry VIII. c. 5 über richtige Pressung der Wollenzeuge; 8. Henry VI. c. 22 über richtige Verpackung der Wolle; 17. Ric. II. c. 4 über Malzanfertigung; 2. et 3. Edw. VI. c. 9, 11; 1. Eliz. c. 8, 9; 5. Eliz. c. 8 und 3. Jac. I c. 6 über die rechte Zurichtung und Verarbeitung des Leders; 23. Eliz. c. 8 über richtige Wachsfabrikation; ferner Gesetze über Bäcker, Fleischer, Tapezierer, Vergolder 2c. Durch 3. Edw. IV. c. 4 waren die Bürgermeister und Ortsvorsteher, sowie Master and Wardens der vorhandenen Innungen in Stadt und Land ermächtigt, auf Märkten, in offenen Läden und Vorrathshäusern Nachsuchung zu halten nach allen in ihr Gebiet fallenden Gewerbserzeugnissen, und die nicht gesetzmäßig und richtig angefertigten als verwirkt wegzunehmen.

dacht, namentlich für Bäcker und Brauer, für Kohlenhandel, für Messerschmiede und Fabrikanten von Feuerwaffen, für Strumpfwirker, Müller, Händler mit Marine- und Kriegsmaterialien und allgemein für den Handel mit gemeinverkäuflichen Lebensmitteln zum Schutz gegen Waarenfälschung. Die Gesetzgebung begnügt sich hier mit Strafandrohung und Popularklage.

Zur Sicherung des Publikums vor gewerblichem Mißbrauch und anderm Schaden sind gewisse Gewerbe unter Betriebs-Regulative gestellt, oft mit dem Erforderniß einer besondern Concession, zuweilen mit Einschiebung von visitirenden Beamten. Hierher gehören Apotheker, Pferdeschlächter, Schornsteinfeger, Schießpulvermanufacturen, Trödler und Hausirer, Pfandleiher; zum Theil auch die etwas verfallene Marktpolizei. Die auf diesem Gebiet erforderlichen Polizei-Concessionen kommen unter den Geschäften der friedensrichterlichen Sessionen vor.

Zur Förderung eines bessern Gewerbebetriebs und im Schutzzollinteresse bestanden sehr umständliche Regulative für Woll-, Baumwoll-, Knopffabrikation u. a., welche meistens veraltet sind. Das fortschreitende System der Gewerbefreiheit hat sie meistens stillschweigend beseitigt. Die neuere Steuergesetzgebung in schrittweiser Aufhebung der Schutzzölle, die neue Städteordnung, das st. 7. et 8. Vict. c. 24 und andere einzele Gesetze haben sie nachträglich auch ausdrücklich aufgehoben. Doch kommen noch vereinzelte Sätze der Art vor, gewöhnlich mit Einschiebung visitirender Beamten, searchers, inspectors.

Die für den heutigen Gewerbebetrieb erheblichen Vorschriften sind etwa noch folgende.

I. Zur Sicherung des Publikums vor Betrug bestehen noch erhebliche Polizeiordnungen, beruhend auf Popularklage und Polizeistrafen.

Für die Bäcker schreibt die allgemeine Ordnung 6. et 7. Will. IV. c. 37 die Materialien vor, welche verbacken werden dürfen (bei 5—10 L. Strafe und Veröffentlichung des Namens); alles Nicht-Weizenbrot muß mit einem M bezeichnet sein; es darf nur nach dem Gewicht verkauft werden; in jedem Laden müssen richtige Waagen und Gewichte gehalten werden an einem sichtbaren und zugänglichen Ort; ebenso bei Backwerk, welches mit Fuhrwerk verfahren wird. Die Friedensrichter haben ein Visitationsrecht persönlich oder durch Haussuchungsbefehl, mit 2—10 L. Strafe und Veröffentlichung des Namens, wenn sich bei einem Bäcker, Müller oder Mehlhändler ein zur Fälschung bestimmtes Material vorfindet. Widersetzlichkeiten gegen die Beamten in Ausführung des Gesetzes: Geldb. bis 10 L.

Die Brauordnung beruht hauptsächlich auf den Strafbestimmungen der Steuergesetze gegen Fälschung, Mischung mit Dünnbier oder Wasser nach erfolgter Visitirung, Zusatz von Molassen, Vitriol, Quassia, Opium 2c.;

§. 47. System der einfachen Gewerbe-Polizei.

wissentlichen Verkauf gefälschten Biers, Besitz gefälschter Waare (100 £.), Besitz von Fälschungsmaterialien, wobei die Steuerbeamten ein Visitations= recht auch „wegen vermutheter Fälschung" haben. Eine Strafordnung gegen den Verkauf gefälschten Biers an den Schankstellen enthält 1. Will. IV. c. 64.

Für den Kohlenhandel im Polizeibezirk der Hauptstadt und sonst ist der Verkauf nach dem Gewicht mit Beifügung einer formulirten Dekla= ration vorgeschrieben; die Kohlenwagen müssen einen geaichten Apparat bei sich führen und die Waare auf Verlangen vorwiegen.

Die Mühlenordnung schreibt Waagen für den Gebrauch der Kun= den vor mit geaichten Gewichten unter periodischer Visitation, einen Aus= hang des Mahlgeldtarifs und Vorwiegen des Korns und des Gemähls auf Verlangen des Mahlgastes (40 sh.).

Ein allgemeines Strafgesetz gegen Fälschung der Lebensmittel und Getränke ist jetzt consolidirt in 23. et 24. Vict. c. 84 mit Geldbußen bis 5 £. und öffentlicher Bekanntmachung des Namens.

II. Zur Sicherung des Publikums vor gewerblichem Mißbrauch und anderm Schaden sind eine Reihe von Gewerben unter noch stren= gere Ordnungen gestellt, zuweilen mit dem Erforderniß einer besondern Concession.

Die Apothekerordnung 55. Geo. III. c. 194 enthält zahlreiche Strafklauseln für den Betrieb (5 £.); die Concessionen werden von der Corporation in London ertheilt, welche auch das Visitationsrecht übt und die Examina leitet; unconcessionirten Apothekern ist das Klagerecht ent= zogen.

Pferdeschlächtereien bedürfen einer polizeilichen Concession, mit Verpflichtung zur Buchführung über geschlachtete Thiere und die Person des Verkäufers; ein von der Gemeinde ernannter Aufseher hat den Betrieb zu beaufsichtigen, darauf zu sehen, daß nicht kranke oder gestohlene Thiere geschlachtet werden und darüber ein Controlbuch zu führen.

Die Schornsteinfegerordnung 3. et 4. Vict. c. 85 enthält Bau= vorschriften über Schornsteine, verbietet Knaben unter 16 Jahren als Lehr= linge anzunehmen und gewisse gefährliche Arbeiten einem Gehülfen unter 21 Jahren zuzumuthen. (5—20 £.)

Schießpulverfabriken sind an eine Concession gebunden, mit Be= stimmung der Quantitäten, welche auf ein Mal angefertigt, getrocknet, ver= wahrt, vom Detailhändler gehalten und transportirt werden dürfen, nebst Vorschriften über die Art des Transports und der Verpackung.

Trödler und Hausirer, 50. Geo. III. c. 41, bedürfen eines Ge= werbescheins, dessen Namen und Nummer auf allen Packeten, Kisten, Gefäßen, Waaren, Räumen, Anzeigen bemerkt (10 £.) und jedem Steuer=

beamten, Friedensrichter und jeder Person, welcher Waaren zum Verkauf angeboten werden, vorgezeigt werden muß (10 L.) Im Fall der Weigerung kann jeder Privatmann den Hausirer festhalten und einem Friedensrichter vorführen. Bei erwiesenem Handel mit Contrebande oder gestohlenem Gut erkennen die ordentlichen Kriminalgerichte auf Unfähigkeit zum Gewerbebetrieb.

Pfandleiher, 39. et 40. Geo. III. c. 99, sollen ein vollständiges Buch mit Namen, Wohnung und Stand des Verpfänders führen, gesetzlich vorgeschriebene Pfandscheine ausstellen, gewisse Vorschriften über den Verkauf verfallener Pfänder, Vorlegung der Bücher 2c. befolgen (2—10 L.) Strafverfolgung auf Kosten der Gemeinde. Verpfänder, welche falsche oder ungenügende Angaben über ihre Person oder über den Erwerb des Guts machen, können ohne Weiteres verhaftet werden.

Den Ortspolizeigesetzen endlich sind in der neueren Gesetzgebung (§. 134, 135) noch weitere Beschränkungen gemeingefährlicher und lästiger Gewerbe mittels Concession, Einregistrirung und Visitation vorbehalten durch Beschlüsse der Gemeindebehörden. Einige allgemeine Normativbestimmungen für Blut= und Knochenbrennereien, Schlachthäuser, Talgsiedereien und ähnliche lästige Anlagen enthalten die allgemeinen Gesundheitsakten.

III. Eine allgemeine Gewerbeordnung über die persönlichen Verhältnisse zwischen Meister und Lehrling war in 5. Eliz. c. 4 ergangen. Abweichend vom Continent aber waren in England die Gewerbe weder auf das städtische Leben beschränkt, noch das Innungswesen mit seinen Abstufungen in Meister, Geselle und Lehrling zur fertigen Entwickelung gekommen. Der Gewerbebetrieb war nach „common law" grundsätzlich frei; eben deshalb die Anlernung Gegenstand eines gewöhnlichen Privatvertrags, wobei der Begriff „Lehrlingschaft" sich nicht auf Handfertigkeiten beschränkte, sondern auch auf eine contraktliche Anlernung des landwirthschaftlichen und häuslichen Gesindes ausgedehnt wurde. Die in förmlicher Urkunde errichteten Lehrcontrakte lauten meist auf sieben Jahre, zuweilen noch länger. Nur in wenigen Städten waren durch königliche Verleihung ausschließliche Zunftprivilegien entstanden, deren Reste durch die neue Städteordnung beseitigt sind. Die allgemeine Gewerbeordnung Elisabeths hatte eben deshalb nur den Betrieb benannter Gewerbe, welche eine technisch zu erwerbende Handfertigkeit voraussetzen, und zwar nur in Städten, von einer siebenjährigen Lehrzeit abhängig gemacht. Auch dies ist durch 54. Geo. III. c. 96 aufgehoben, wonach jeder Gewerbtreibende Lehrlinge nehmen und Jedermann Lehrling werden kann ohne Beschränkung. Zurückgeblieben ist von der alten Innungsordnung nur die polizeiliche Civiljurisdiction über das Verhältniß von Meister und Lehrling. (Unten §. 57.)

§. 47. System der einfachen Gewerbe-Polizei. 269

IV. Eine Marktpolizeiordnung bildete sich von Alters her aus dem Grundsatz, daß alle Marktgerechtigkeiten nur auf königlicher Verleihung beruhen, durch welche die beliehene Körperschaft oder Grundherrschaft verpflichtet wird, für rechtes Maß und Gewicht zu sorgen und die Marktpolizei zu handhaben durch einen Marktschreiber. Eine Marktabgabe darf nur verliehen werden für eine „reelle" Leistung, welche dem Marktpublikum gewährt wird. Für die Märkte der Hauptstadt enthält die neue Polizeigesetzgebung auch eine Marktordnung. Für wichtigere Märkte ist durch Lokalacte gesorgt. Um die darin regelmäßig wiederkehrenden Clauseln nicht stets zu wiederholen, erging die Markets and Fairs Clauses Act 1847, mit Bestimmungen über den von dem Beliehenen zu bestellenden Marktaufseher, Waageordnung und Ortsregulative. Eine Abänderung der Markttage ist unter ministerielle Regulative gestellt.

Einer besondern Behandlung bedürfen die später folgenden Gewerbe des Lohnfuhrwesens, der Schankwirthschaft, der Vergnügungslokale, Theater ꝛc., bei welchen Gesichtspunkte der Sittenpolizei und des öffentlichen Verkehrs ein polizeiliches Concessionswesen und andere administrative Maßregeln bedingen.

Nach Ausscheidung dieser besonders gearteten Gebiete und nach Beseitigung der alten Gesetze über den Gewerbebetrieb beruht dies System der „einfachen Gewerbeordnung" nun im Wesentlichen erschöpfend auf dem Polizeirichteramt und Popularklage, gewöhnlich mit Zubilligung eines Denuntiantentheils für den Kläger. Der Urtheilsspruch gehört bald vor einen, bald vor zwei Friedensrichter, oft mit Strafmilderungsrecht. Die größten Geldbußen sind der ordentlichen Civilklage vor den Reichsgerichten vorbehalten. Vielfach erweitert ist das Haft- und Haussuchungsrecht. Meistens ist die Appellation an die Quartalsitzungen gestattet, doch mit der Erschwerung einer Prozeßcaution; das Abberufungsrecht (Certiorari) und Cassation wegen Formfehlers sind in der Regel ausgeschlossen. Regelmäßig ist auch eine kurze Verjährungsfrist vorgeschrieben. Viele Gesetze enthalten ein unnützes Detail über Urtheilsformel, Zeugenpflicht, Art der Pfändung, Strafverwandlung, Kosten, Verwendung der Strafen. Die meisten dieser Gesetze suchen etwas an sich Vollständiges für den besondern Kreis von Geschäftsleuten zu geben, für welchen sie bestimmt sind; während die Gewerbegesetze des Continents, zunächst für die Beamten geschrieben, übersichtlicher zu sein pflegen. Es wird dadurch ein förmliches Repertorium der für den Verkehr erheblichen Gewerbegesetzgebung (Excurs. *) erforderlich. Der wichtige staatsrechtliche Gesichtspunkt war, diese Gebiete im System des selfgovernment abzuschließen, so daß sie in das administrative Gebiet der Ministerverwaltung und der parlamentarischen Parteiregierung gar nicht hineinreichen. In den wichtigeren Principienfragen entscheiden die Quartalsitzungen, in den wichtigsten Fällen die Reichsgerichte **endgültig** über die Auslegung der Gewerbegesetze.

* Repertorium der einfachen Gewerbepolizeigesetze.

Adulteration of Food. Schon die ältesten assizes des Mittelalters beziehen sich auf eine Bestrafung einer Fälschung der damals wichtigen Consumtionsartikel. So bestraft 51. Hen. III. st. 6 und die Ordinance for bakers c. 7 den Verkauf von verfälschtem Wein, von krankem oder ungesundem Fleisch, (auch Fleisch, welches von Juden gekauft ist) mit Polizeibuße für den ersten Fall, Pranger für den zweiten, Geld- und Gefängnißstrafe für den dritten, Ortsverweisung für den vierten Fall; 12. Car. II. c. 25 §. 11 und 1. Will. et M. st. 1 c. 34. §. 20 drohen wegen Weinfälschung 40 £. und 300 £. Eine allgemeine Strafordnung gegen „Adulteration of Articles of Food or Drink" enthält aber das st. 23. et 24. Vict. c. 84. Alle „Beimischung von Ingredienzien oder Materialien, welche der Gesundheit nachtheilig," wird im ersten Straffall mit 5 £. Geldbuße bedroht, im zweiten Straffall wird den Friedensrichtern das Recht beigelegt, den Namen und das Geschäftslokal des Verurtheilten öffentlich bekannt zu machen. Die Quartalsitzungen und die Stadträthe mögen zu diesem Zweck Sachverständige für medizinische, chemische oder mikroskopische Untersuchung von Lebensmitteln unter Bestätigung des Ministers des Innern ernennen, welche in dem Strafverfahren von den Friedensrichtern zugezogen werden, unter den nöthigen Cautelen, um die Identität des verfolgten Gegenstandes zu sichern. Das Certificat des Sachverständigen über seine Analyse gilt als beweisend bis zum geführten Gegenbeweis, doch bleibt es den Friedensrichtern unbenommen, auch andere Sachverständige zu hören, deren Gebühren als Polizeiverwaltungskosten liquidirt werden dürfen. Appellation nur mit Bestellung einer Prozeßcaution. Sofern der Verurtheilte vor Erlaß dieses Gesetzes ein Patent auf eine gewisse Fabrikation erhalten hat, darf die Entscheidung auch durch einen status causae an die Reichsgerichte gebracht werden. Das Gesetz kommt überall ergänzend zur Anwendung, unbeschadet der strengeren Fälschungsstrafen, welche in Specialgesetzen enthalten sind.

Apothecaries. Die Apothekerordnung 55. Geo. III. c. 194 (an Stelle älterer Verordnungen und Bestimmungen in Charten) enthält zahlreiche Bestimmungen über den Geschäftsbetrieb. Strafen über 5 £. werden durch Civilklage bei den ordentlichen Gerichten eingeklagt; Strafen unter 5 £. vor einem Friedensrichter (§. 26). Strafen unter 5 £. kommen aber im Gesetze nicht vor! Für Strafen von 5 £., welche wirklich vorkommen, giebt es hiernach keine Klage. Auf chemists und droguists bezieht sich das Gesetz nicht. Für pharmaceutical chemists ist indessen durch 15. et 16. Vict. c. 56; 31. et 32. Vict. c. 121; 32. et 33. Vict. c. 117 ein besonderes Prüfungsverfahren eingeführt.

Arsenik, Regulativ über den Verkauf 14. et 15 Vict. c. 13. Der Arsenik darf nur in bestimmtem Mischungsverhältniß mit Ruß oder Indigo verkauft werden. Der Verkauf darf nur an bekannte Personen oder solche geschehen, welche durch einen Zeugen recognoscirt werden. Jeder Verkauf ist in ein formulirtes Buch mit Angabe des Quantums, des Zwecks und des Datums einzutragen, und von dem Käufer wie von dem recognoscirenden Zeugen zu unterschreiben. Für Schreibensunkundige ist ein Unterschriftszeuge zuzuziehen. Die Strafen bis 20 £. vor zwei Friedensrichtern. Das Gesetz gilt aber nicht für den Verkauf auf Recept und im Großhandel.

Bakers and Bread. Schon im Mittelalter sollten die Friedensrichter durch Polizeiregulative (Assizes of Bread) das Bäckergewerbe von Zeit zu Zeit regeln, 18. Ric. II. c. 8. Das st. 8. Anne c. 18 nahm wesentlich nur die herkömmlichen Artikel aus diesen Regulativen auf. Die jetzt nach vielen Zwischengesetzen geltende allgemeine Bäckerordnung

§. 47. System der einfachen Gewerbe-Polizei. 271

ist 6. et 7. Will. IV. c. 37. Es darf nur nach dem Gewicht verkauft werden (ausgenommen fancy bread), und nur nach dem üblichen Krämergewicht. Die Friedensrichter können selbst oder durch Haussuchungsbefehl von Zeit zu Zeit eine Visitation der Bäckerei veranlassen. Giebt ein Gehülfe oder Diener die Veranlassung zu einer Gewerbstrafe, so kann der Friedensrichter auf eidliche Aussage durch Decret eine Entschädigungssumme für den Herrn festsetzen; in Ermangelung der Zahlung Gefängniß mit harter Arbeit auf 10 Tage bis zu 1 Monat gegen den schuldigen Gehülfen. Backen am Sonntag, oder Verkauf nach 1½ Uhr Mittags: 10—40 sh. Kein Müller, Mehlhändler oder Bäcker darf als Friedensrichter unter diesem Gesetz agiren: Strafe 100 £. mittels Civilklage bei den Reichsgerichten. Die Geldbußen sind klagbar vor einem Friedensrichter, die Hälfte dem Denuncianten, die Hälfte der Kreiskasse. Nach fruchtloser Pfändung: Gefängniß bis zu 1 Monat. Kein Certiorari, wohl aber Appellation an die Quartalsitzungen. Für die Metropolis gilt die besondere Bäckerordnung 3. Geo. IV. c. CVI., aus welcher übrigens das allgemeine Gesetz entnommen ist.

Brewers. Die Steuergesetze enthalten Strafbestimmungen gegen die Fälschung des Biers, Mischung mit Molassen, Vitriol, Quassia, Paradiesäpfeln, Opium und anderen namentlich genannten Substanzen (außer Malz und Hopfen); für den Verkauf gefälschten Biers an der Schankstätte droht das st. 1. Will. IV. c. 64 §. 12 10—20 £. im ersten Uebertretungsfall, im zweiten Uebertretungsfall 20—50 £. oder Unfähigkeit zum Gewerbebetrieb auf 2 Jahre vor zwei Friedensrichtern.

Bricks and Tiles. Schon das st. 17. Edw. IV. c. 4 enthielt unglaublich minutiöse Vorschriften über die Anfertigung von Mauer- und Ziegelsteinen, die noch übertroffen wurden durch 12. Geo. I. c. 35. Die Buße ist nach 17. Edw. IV. für das Tausend reglementswidrige Mauersteine 5 sh., für das Hundert Dachsteine 6⅔ sh., für das Hundert Eck- und Hohlziegeln 2 sh. Die Friedensrichter können auch Personen zur Visitation ernennen, searchers. Einfacher ist das neuere Gesetz 17. Geo. III. c. 42, doch unter Beibehaltung der Normalmaße.

Butchers. Einige gewerbliche Vorschriften für die Fleischer gab 4. Hen. VII. c. 3; 24. Hen. VIII. c. 9; 1. Jac. I. c. 22, 25; 3. Car. I. c. 1 §. 3; 9. Anne c. 11 §. 45. Jetzt kommt das allgemeine Gesetz gegen Fälschung der Lebensmittel zur Anwendung.

Buttons. Schon 10. Will. III. c. 2 und 8. Anne c. 6 enthalten Regulative für die Anfertigung von Knöpfen, verbieten (zur Beförderung der Seidenfabrikation) Holz-, Zeugknöpfe u. a. Das neuere st. 36. Geo. III. c. 60 enthält Geldbußen von 20 sh. für das Dutzend reglementswidriger Knöpfe. Kleidungsstücke mit unrichtigen Knöpfen unterliegen der Confiscation. Personen, die solche an ihren Kleidern tragen: 20 sh., doch mit Appellation. Metallknöpfe mit unrichtigem Stempel bezeichnet als vergoldet, plattirt ꝛc. 5 £. Verkauf oder Vertrieb falsch bezeichneter Knöpfe 20 £. Drei der ältesten Gesetze sind durch 21. et 22. Vict. c. 64 aufgehoben.

Chimney Sweepers. Das st. 4. et 5. Will. IV. c. 35 gab versuchsweise ein Regulativ für das Schornsteinfeger-Gewerbe, veranlaßt durch die harte Behandlung der Kinder, die als Armenlehrlinge bei Schornsteinfegern untergebracht waren. Das jetzt geltende Regulativ 3. et 4. Vict. c. 85 mit Zusatz 27. et 28. Vict. c. 37 duldet keinen Lehrcontract mit Knaben unter 16 Jahren, und kassirt alle früheren Verträge der Art. Gefährliche Arbeiten näher bezeichneter Art dürfen einem Lehrling (Gesellen) unter 21 Jahren nicht zugemuthet werden (5—20 £.). §. 6 enthält zugleich Bauvorschriften über Schornsteine. Die Strafen vor zwei Friedensrichtern mit Appellation.

Clothiers, Tuchmacher, waren schon durch 37. Edw. III. c. 15; 4. Edw. IV. c. 1; 27. Hen. VIII. c. 12 mit Regulativen bedacht für die Breite und Länge der Tuche;

mit der Verpflichtung ihre Marke einzuweben, und auf einem Bleisiegel die Länge anzugeben. Verkauf fehlerhafter Tuche und Anwendung von Flockwolle (5 L.) 5. et 6. Edw. VI. c. 6. Die Friedensrichter mögen jährlich Personen zur Visitation ernennen, 39. Eliz. c. 20; 4. Jac. I. c. 2; 21. Jac. I. c. 18. Die Tuche sollen auf der Walkmühle von dem vereideten Mühlenmeister gemessen werden. Das danach angeheftete Bleisiegel bezeichnet die Länge und Breite, und gilt als Zahlungsnorm für den Käufer, 10. Anne c. 16. Neue Vorschriften über die Messung 1. Geo. I. c. 15 und 12. Geo. I. c. 34, unter Inspectoren, die von den Betheiligten zu remuneriren. Dazu kamen noch besondere Gesetze über die Wollenmanufakturen in Norwich, York etc. Viele dieser Gesetze sind durch 19. et 20. Vict. c. 64 aufgehoben.

Coals. Der Kohlenhandel war seit 9. Hen. V. st. I. c. 10 mit zahlreichen Regulativen bedacht, die früher mehr eine lokale Bestimmung hatten, sich aber immer mehr generalisirten, 16. et 17. Car. II. c. 2; 30. Car. II. c. 8; 6. et 7. Will. et M. c. 10; 9. Anne c. 28 etc. etc. Die Preise wurden durch die Friedensrichter normirt mit Vorbehalt eines angemessenen Gewinns für den Wiederverkäufer 16. et 17. Car. II. c. 2; 17. Geo. II. c. 35 §. 1. Ein ausführliches Kohlenreglement für London und den Umkreis von 25 engl. Meilen um das General-Postamt enthält das st. 1. et 2. Will. IV. c. LXXVI.; 1. et 2. Vict. c. CI.; 14. et 15. Vict. c. CXLVI. etc. Der Verkauf muß nach dem Gewicht, nicht nach dem Maß geschehen. Bei Ablieferung von Quantitäten über 650 Pfund zu Wagen muß dem Käufer eine gesetzlich formulirte Declaration übergeben werden. Die Kohlensäcke dürfen nur zu 112 oder zu 224 Pfund verpackt werden. Die Kohlenwagen müssen einen geaichten Waageapparat mit Gewichten bei sich führen, und die Waare auf Verlangen des Käufers vorgewogen werden. Auf den Polizeistationen soll ein Waageapparat gehalten werden. (Strafen bis zu 25 L. vor einem Friedensrichter mit Appellation.)

Corn. Schon im Mittelalter war die Ausfuhr von Korn in der Regel verboten. Käufer zum Wiederverkauf bedurften einer Concession von den Friedensrichtern 5. Eliz. c. 12. Die zahlreichen späteren Gesetze waren größerntheils durch die Kornzölle veranlaßt, und sind mit diesen veraltet. Für die Feststellung der Marktpreise sind besondere Amtseinrichtungen getroffen.

Cutlers. Nach 59. Geo. III. c. 7, dem Reglement für Messerschmiede, darf nur gehämmerte Waare mit dem Zeichen des Hammers bezeichnet werden, bei Strafe der Confiscation und 5 L. pro Dutzend; die doppelte Strafe für eine unrichtige Bezeichnung als „London made"; 1/3 der Strafgelder der Armenkasse, 2/3 dem Denunzianten, der selbst von der Strafe frei wird, wenn er die Person angiebt, auf deren Anweisung er eine Uebertretung begangen hat.

Fairs. Alle Marktgerechtigkeiten beruhen auf Königlicher Verleihung, oder auf der Vermuthung einer Verleihung wo sie unvordenklich (seit 1. Ric. I.) bestehen. Sie finden gewöhnlich zwei- oder dreimal jährlich statt in gemessener Zeit, deren Ueberschreitung durch Sequestration und Buße gegen den Beliehenen geahndet wird 2. Edw. III. c. 15, und noch schärfer an dem Verkäufer, der nach geschlossener Marktzeit verkauft 5. Edw. III. c. 5. Die mit dem Marktrecht beliehene Corporation, Grundherrschaft oder sonstiger Undertaker soll für rechtes Maaß und Gewicht sorgen, und zur Handhabung der Marktpolizei einen Clerk of the fair einsetzen, dessen Jurisdiction (court of pie-powder) freilich veraltet ist. Ein Marktzoll darf nur verliehen werden für eine reelle Leistung, die dem Marktpublikum dafür gewährt wird, und nicht übermäßig, widrigenfalls die Verleihung nichtig ist, Coke II. Inst. 220. Der Marktherr muß auch einen Zollerheber oder Buchführer einsetzen, der von 10 Uhr Vormittags bis Sonnenuntergang anwesend sein soll, 2. et 3. Phil. et M. c. 7 §. 2, und welcher Pferdeverkäufe mit Angabe des ihm bekannten oder gehörig recognoscirten Verkäufers buchen sollte, bei 5. L. Strafe, 31. Eliz. c. 12 §. 2. Für einzele Märkte ist durch Lokalacte gesorgt, durch die ergänzende Markets and Fairs Clauses Act 1847, 10. et 11. Vict. c. 14, und durch Ortsregulative unter Genehmigung des Ministers des Innern. Nach 31. et 32. Vict. c. 51 kann der Minister des Innern durch Regulative auch die Markttage abändern.

Firearms. Das Reglement für die Fabrikation von Feuerwaffen 55. Geo. III. c. 59 unterwarf Flinten- und Pistolenläufe einer vorgängigen Prüfung in dem Prüfungsbureau (proof house) der Büchsenmacherinnung von London oder an einigen anderen bestimmten Stellen, mit Strafen gegen Anfertiger, Verkäufer ungeprüfter Waffen und Verfälscher der Prüfungsmarke — jetzt aufgehoben durch 18. et 19. Vict. c. CXLVIII.

Fireworks. Das Gesetz über Fabrikation, Verkauf und Aufbewahrung von Feuerwerkskörpern und die dazu erforderlichen Concessionen, 23. et 24. Vict. c. 139, s. unter Gunpowder.

Forestallers and Ingrossers. Auf- und Verkäuferei, schon in den mittelalterlichen Friedenscommissionen regelmäßig erwähnt, ist mit anderen Beschränkungen der freien Concurrenz aufgehoben durch 7. et 8. Vict. c. 24.

Frame-work Knitters. Die Strumpfwirker-Ordnung 6. Geo. III. c. 29 schreibt eine gesetzliche Marke für die Waaren vor bei 5. L. Strafe pro Stück, für den Fabrikanten wie für den Verkäufer, nebst Confiscation — aufgehoben durch die Revision 1867.

Fuel. Der Brennholz-Verkauf unterlag einer friedensrichterlichen Assize of Fuel, bestätigt durch 7. Edw. IV. c. 7 §. 6; 43. Eliz. c. 14; 9. Anne c. 15 §. 2; jetzt aufgehoben durch 5. Geo. IV. c. 74; 19. et 20. Vict. c. 64.

Gunpowder. Die Schießpulver-Fabrikation ist durch 23. et 24. Vict. c. 139 geregelt, an eine Concession gebunden, streng örtlich begrenzt, mit Bestimmung der Quantitäten, welche auf einmal angefertigt, getrocknet, verwahrt, vom Detailhändler gehalten und transportirt werden dürfen; nebst Vorschriften über die Art des Transports und die Art der Verpackung.

Hawkers and Pedlars. Unter Aufhebung der älteren Gesetze enthält 50. Geo. III. c. 41 das geltende Gesetz über Trödler und Hausirer mit einigen Ergänzungen durch spätere Steuergesetze. Es verlangt einen Gewerbschein (der nur auf ein Zeugniß über gute Führung, ausgestellt vom Geistlichen oder zwei achtbaren Einwohnern oder vom Bezirkspolizeibeamten, von der Steuerbehörde zu ertheilen ist), sowie die Bezeichnung aller Packete, Kisten, Gefäße, Wagen, aller Räume, aller Anzeigen 2c. mit dem Vermerk „Licensed Hawker," mit Namen und Nummer des Gewerbscheins bei 10 L. Strafe. Handel ohne Gewerbschein, oder Weigerung den Gewerbschein vorzuzeigen jedem Steuerbeamten, Friedensrichter und jeder Person, welcher Waaren zum Verkauf angeboten sind: 10 L., event. Correctionshaus nach Maßgabe des Vagabunden-Gesetzes. Jede Privatperson kann in solchem Fall den Hausirer festhalten und einem Friedensrichter vorführen. Constables und andere Beamte, welche die gesetzlichen Vorschriften nicht befolgen: 10 L. vor einem Friedensrichter. Wird der Angeklagte überwiesen eines wissentlichen Handels mit Contrebande, gestohlenem oder betrüglich erworbenem Gut, so tritt hinzu eine Verwirkung des Gewerbscheins und Unfähigkeit zur Wiedererlangung eines solchen für immer (durch Spruch des ordentlichen Criminalgerichts) oder Geldbußen bis zu 20 L. vor einem Friedensr., event. 3 Mon. Gef. mit Appellation.

Horses. Ein Reglement für Pferdeschlächterei enthält 26. Geo. III. c. 71, ergänzt durch 5. et 6. Will. IV. c. 59; 7. et 8. Vict. c. 87. Es verlangt polizeiliche Concessionen, strenge Buchführung über die geschlachteten Thiere und die Person des Verkäufers. Ein von der Gemeinde ernannter Aufseher hat den Gewerbebetrieb stetig zu beaufsichtigen, daß nicht kranke oder gestohlene Thiere geschlachtet werden, darüber ein Controlbuch zu führen, verdächtige Fälle öffentlich bekannt zu machen.

Leather. Shoemakers. Tanners. Die älteren Verordnungen über die richtige Bereitung und Verarbeitung des Leders 2. et 3. Edw IV. c. 9, 11 ꝛc. waren so umfangreich geworden, daß durch 1. Jac. I. c. 22 schon eine Consolidation der Ledergesetze eintrat. Bürgermeister und Rath von London wird verpflichtet 8 erfahrene Männer aus den 4 Innungen der Schuhmacher, Rothgerber, Gürtler und Sattler, als Visitatoren für alles gegerbte Leder zu ernennen, von denen einer der Siegelbewahrer sein soll. Gerber, welche unzureichend gegerbtes und getrocknetes Leder verkaufen, unterliegen gesetzlicher Strafe. Schuhmacher, welche Stiefel, Schuhe ꝛc. nicht von gutem und genügendem Stoff machen, oder nicht ordentlich nähen, verwirken 3 sh. für jedes gesetzwidrig angefertigte Paar. Schließlich sind mit der Ledersteuer diese Gesetze beseitigt und durch 19. et 20. Vict. c. 64 ausdrücklich aufgehoben.

Medicines. Der Medicin=Verkauf ist an einen Gewerbesteuerschein gebunden und an die Verpflichtung, alle verkauften Packete, Gläser ꝛc. mit gestempelten Etiketten und Schachteln auszugeben bei 10—20 £., 42. Geo. III. c. 56; 43. Geo. III. c. 73; 44. Geo. III. c. 98; 52. Geo. III. c. 150. Der Gesichtspunkt dabei ist nur der der Steuergesetzgebung, weshalb auch das Gesetz den Verkauf aller Quackmedicinen offen läßt. Strafverfolgung nur im Namen des Staatsanwalts oder der Stempelbehörde.

Metals. Die Old Metal Dealers Act 1861, 24. et 25. Vict. c. 110, enthält eine sehr ausführliche Ordnung für den Handel mit alten Metallen. Der Ankauf gestohlenen Guts wird mit 1—20 £. bedroht. Nach einmal erfolgter Bestrafung muß sich aber der Händler einer Einregistrirung auf je 3 Jahre unterwerfen. Der einregistrirte Händler hat fortlaufende Verzeichnisse aller Käufer und Verkäufer zu führen, hat jeden Wohnungswechsel der Polizeibehörde anzuzeigen, bestimmte Geschäftsstunden innezuhalten, darf das gekaufte Gut erst nach 48 Stunden einschmelzen, unterliegt jeder Zeit der Haussuchung ꝛc.

Millers. Müller müssen in ihrem Lokale Waagen für den Gebrauch ihrer Kunden halten, mit geaichten Gewichten, unterworfen einer periodischen Revision, 36. Geo. III. c. 85. Weigerung auf Verlangen des Mahlgastes das Korn vorher, und das Gemähl nachher zu wiegen: 40 sh. Buße für Mancogewicht: 1 sh. per bushel. Auch muß in der Mühle mit leserlicher Schrift ein Tarif des Mahlgeldes für die verschiedenen Operationen der Mühle aushängen (20 sh.).

Pawnbrokers. Das Gewerbe der Pfandleiher unterliegt strengen Reglements zunächst wegen der Gewerbesteuer, — in London jährlich 15 £., in den Provinzen die Hälfte, — geltend nur für ein Haus und auf ein Jahr, 25. Geo. III. c. 48. Noch umständlicher sind die Vorschriften über den Gewerbebetrieb 39. et 40. Geo. III. c. 99. Die Höhe der Zinssätze ist und bleibt an einen festen Tarif gebunden. Ein vollständig geführtes Buch muß Namen, Wohnung und Stand des Verpfänders und des angeblichen Eigenthümers verzeichnen, dem erstern muß ein gesetzlich vorgeschriebener Pfandschein ausgestellt werden. Unbefugte Verpfänder fremden Eigenthums können summarisch verhaftet, und von einem Friedensr. mit 1—5 £. gestraft werden. Verpfänder, welche falsche oder ungenügende Angaben über ihre Person oder über den Erwerb des Guts machen, können summarisch verhaftet, und wenn sich findet, daß das Gut unrechtmäßig erworben war, bis zu 3 Mon. Gef. verurtheilt werden, auch ohne Rücksicht auf persönliche Betheiligung. Daran reihen sich Vorschriften über den Verkauf verfallener Pfänder, Führung der Firma, Vorlegung der Bücher, u. s. w. Bei Pfandscheinen über 10 sh. ist der Ueberschuß des verkauften Pfandes zurückzuzahlen, Pfandscheine unter 10 sh. sind unbedingt verfallen. Durch 9. et 10. Vict. c. 98 werden auch die Tagesstunden des Geschäftsbetriebs vorge=

schrieben. Die zahlreichen Vorschriften werden durch Geldbußen von 2 — 10 ₤. sanctionirt, die Kirchenvorsteher und Armenaufseher ermächtigt die Strafverfolgung auf Kosten der Gemeinde zu übernehmen; vorbehalten eine Appellation. Zusätze 19. et 20. Vict. c. 27. etc.

Stores of war. Unbefugte Bezeichnung von Kriegsvorräthen mit dem Zeichen der Königlichen Armee oder Marine, und Besitz solcher Artikel ohne Legitimation der Behörden, war schon nach älteren Gesetzen mit strengen Strafen bedroht, wobei die höheren Beamten der Marine-Verwaltung (treasurer, comptroller, surveyor, clerk of the acts, commissioners of the navy) als Friedensrichter bei Ergreifung, Verhaftung und Verfolgung agiren, und die commissioners der Marine, des Feldzeugamts, des Proviantamts auch Haussuchungsbefehle erlassen dürfen, 9. Geo. III. c. 30, §. 5; 39. et 40. Geo. III. c. 89. Neuerdings sind diese Gesetze consolidirt in einer Naval Stores Act und War Department Stores Act 1867, 30. et 31. Vict. c. 119. 128.

Tobacco. Mit Rücksicht auf die Tabackssteuer wurde der Tabacksbau durch 12. Car. II. c. 34: 22. et 23. Car. II. c. 26 verboten, mit strenger Verpflichtung der Constables zu periodischer Visitation. Durch 1. et 2. Will. IV. c. 13, 5. et 6. Vict. c. 93 §. 13 ist der Hausirhandel mit Taback oder Schnupftaback, und der steuergesetzwidrige Besitz untersagt bei Confiscation und 100 ₤.

Weights and Measures, Maß- und Gewichtpolizei s. §. 68.

Woollen-Manufacture. Die Ausfuhr von Schafen und Wolle war durch 27. Edw. III. für felony erklärt; andererseits war die Einfuhr und die Fabrikationsweise durch viele künstliche Vorschriften regulirt, jetzt beseitigt durch 49. Geo. III. c. 106; 50. Geo. III. c. 83; 19. et 20. Vict. c. 64. Vergl. indessen oben unter „Clothiers".

§. 48.

System des Lohnfuhrwesens. Stage Coaches. Hackney Carriages. Metropolitan Stage Carriages.

Die ursprünglich vereinzelten Gesetzesclauseln über diesen besondern Zweig der Gewerbepolizei, 3. Car. I. c. 1; 3. Will. et M. c. 12; 6. Anne c. 29 2c. haben sich allmälig zu größeren Systemen consolidirt. Durch 9. Anne c. 23 wurde zuerst ein umfassendes Reglement für Lohnkutschen und Sänften in London gegeben, dem eine allgemeine Polizeiordnung für das Personenfuhrwesen, Stage Coaches, gefolgt ist. Die jetzt vorhandenen Reglements bilden also zwei Systeme:

I. Das allgemeine Reglement für das Personenfuhrwesen, 2. et 3. Will. IV. c. 120, bezieht sich auf alle Personenwagen, welche für ein von jedem Passagier besonders erhobenes Fahrgeld Personen befördern. Dies Gesetz begnügt sich mit einer sehr detaillirten Polizeiordnung, welche hauptsächlich der Jurisdiction der Friedensrichter anheim fällt, ohne ein Concessionswesen. Die Wagen müssen versehen sein mit numerirten Schildern und anderen Bezeichnungen, namentlich dem Vor- und Zunamen des

Eigenthümers, der äußersten Entfernung, auf welche sich die Concession erstreckt, und der Zahl der Inseit- und Außenseitpassagiere. Die Führer und Conducteure persönlich unterliegen strengen Strafen wegen Führung eines Wagens ohne Gewerbeschein, ohne die gehörige Bezeichnung des Wagens, wegen Ueberladung mit Passagieren oder Gepäck; ferner wegen Trunkenheit, Nachlässigkeit oder Uebelverhaltens der Kutscher oder Conducteure, sofern dadurch Personen oder Eigenthum gefährdet werden.[1]) (Besonderes Gesetz gegen übermäßig schnelles oder Wettfahren öffentlicher Wagen, 1. Geo. IV. c. 4.)

II. Das besondere Fiakerreglement für London, die Hackney Carriages Act, 1. et 2. Will. IV. c. 22, übertrifft an Schärfe der Bestimmungen wohl die meisten continentalen Reglements der Art. Sie verlangt für Kutscher und Aufwärter an den Halteplätzen vor Ertheilung der Gewerbesteuerconcession ein Führungsattest, sowie das Tragen eines numerirten Schildes im Dienst. Auch die Personen, welche als Wärter (watermen) auf den Fiakerständen den Kutschern Hülfe leisten, sind mit numerirten Concessionsscheinen und mit Anweisung eines bestimmten Halteplatzes zu versehen. Diese Concessionen sind stempelpflichtig, alljährlich zu erneuern, können nur ertheilt werden auf genügendes Attest über gutes Verhalten und Brauchbarkeit (keinem Wagenführer unter 16 Jahren); sie können auch

---

[1]) Unter Stage Coaches im Sinne des Gesetzes wird verstanden „ein jedes Fuhrwerk, welches durch animalische Kräfte zur Beförderung von Passagieren gegen Entgelt gebraucht wird zu dem Satz von drei oder mehr engl. Meilen in der Stunde, und wofür von jedem Passagier ein besonderes Fahrgeld erhoben wird." Jedes solches Fuhrwerk bedarf eines jährlich zu erneuernden Steuergewerbescheins, bei 20 £. Strafe. Die auf dem Wagen befindlichen Namen und Nummern müssen in leserlicher und in die Augen fallender Schrift, mit Buchstaben von einem Zoll Höhe, verhältnißmäßiger Breite, und hervorstechenden Farben auf beiden Seiten des Wagens verzeichnet sein, bei 5 £. Strafe. Die Höhe des einzuladenden Gepäcks vom Boden auf wird nach Fußen und Zollen vorgeschrieben. Jeder Polizei-, Steuer-, Wegebeamte, Chausseegeldeinnehmer und jeder der Passagiere hat das Recht, die aufgenommenen Personen nachzuzählen und die Höhe des Gepäcks nachzumessen. Mißhandlungen, Schimpfreden oder brutales Betragen gegen Reisende und gegen Personen, die sie begleiten, oder bei ihrer Ankunft erwarten, ist mit 5 £. bedroht. Die zahlreichen Strafen bis zu 20 £. vor einem Friedensrichter, event. Gef. von 1—3 Mon., mit Appellation. Der Richter hat das Strafmilderungsrecht bis auf ein Viertel, und kann andererseits bei grundlos befundener Klage dem Eigenthümer, Kutscher oder Wärter billige Versäumnißkosten zuerkennen. Wenn ein Kutscher, Conducteur oder Fuhrgehülfe sich gegen das Gesetz vergangen hat, und der Thäter nicht zu ermitteln ist, soll der Eigenthümer für alle verwirkten Strafen aufkommen bis zum Beweis völliger Schuldlosigkeit. Das Zusatzgesetz 3. et 4. Will IV. c. 48 bestimmt noch genauer die Zahl der aufzunehmenden Passagiere, die Breite der Sitze (16 Zoll für jede Person). Weitere Detailbestimmungen sind nachgeholt in 5. et 6. Vict. c. 79; 16. et 17. Vict. c. 88 etc. Ueber das sonstige Lohnfuhrwerk (post horses) enthält das Steuergesetz 16. et 17. Vict. c. 88 auch einige polizeiliche Bestimmungen.

widerrufen und suspendirt werden. Das numerirte Schild muß im Dienst offen getragen werden. Einen neuen Tarif für Fahrpreise und Gewerbesteuer giebt 16. et 17. Vict. c. 33, 137. Schon durch 13. et 14. Vict. c. 7 wurde das Amt des Registrar of Metropolitan Public Carriages mit der Londoner Polizei = Präfektur, Commissioners of Police, vereinigt. Durch 16. et 17. Vict. c. 33 werden die Commissioners ermächtigt, in Zukunft nach Prüfung der Tüchtigkeit des Fuhrwerks ein Certificat zu ertheilen, auf Grund dessen erst das Steueramt den Gewerbeschein ertheilen soll. Die Commissioners sollen ferner eine fortlaufende Inspection darüber führen, die licence für unbrauchbar gewordenes Fuhrwerk suspendiren, und das vom Steueramt ertheilte Schild (stamp office plate) widerrufen.[2])

Dies strenge Polizeisystem wurde sodann auch auf die Metropoli-

---

[2]) Hackney-Carriages, 1. et 2. Will. IV. c. 22 mit Zusatz 6. et 7. Vict. c. 86 u. ff. Es sind darunter einbegriffen alle „Fuhrwerke, welche zur Miethe oder zum gewöhnlichen Gebrauch an irgend einem Ort im Bereich des hauptstädtischen Polizeibezirks bereit stehen." (Cabs, Cabriolets). Besitzer und Kutscher bedürfen eines Steuergewerbescheins. Jedes Fuhrwerk muß gewisse vorgeschriebene Schilder und Nummern führen, enthaltend den Vor= und Zunahmen des Eigenthümers und die Nummer des Stempelamts (5 L.) Jedes nicht reglementsmäßig betroffene Fuhrwerk kann von einem Polizeibeamten abgeführt werden; der Führer wird mit 5 L., der Eigenthümer mit 10 L. gebüßt. In Ermangelung der Zahlung werden Pferde und Wagen verkauft; beziehungsweise die Buße in Gef. auf drei Monate verwandelt. Die Kutscher sind verpflichtet bis auf eine Entfernung von 5 engl. Meilen vom Generalpostamt zu fahren, und müssen den Beweis eines wirklichen Engagements führen, wenn sie, auf einem Halteplatz betroffen, schon gemiethet zu sein behaupten. Der Fahrtarif nach Entfernung und Zeit ist durch das Gesetz vorgeschrieben, jede Ueberschreitung mit 2 L. gebüßt, jede Verabredung über einen höhern Satz unverbindlich. Umgekehrt kann auch das schuldige Fahrgeld vom Fahrgast summarisch vor einem Friedensrichter eingeklagt werden, nebst einer Entschädigung für den Kläger wegen Zeitverlustes: in Ermangelung der Zahlung kann der Fahrgast bis zu einem Mon. Gef. mit oder ohne harte Arbeit verurtheilt werden. Im Wagen liegen gebliebenes Gepäck ist beim Stempelamt abzuliefern bei 20 L. Strafe. Ungehöriges Betragen der Kutscher auf dem Halteplatz, reglementswidriges Füttern, Versperrung der Communikation, Verlassen des Wagens ohne Aufsicht: 20 sh. Trunkenheit, beleidigende Sprache oder brutales Betragen gegen Privatpersonen, Widersetzlichkeit gegen einen Steuer= oder Polizeibeamten: 5 L., event. Gef. bis zu zwei Mon., wobei die Steuerbehörde auch die Concession zurücknehmen kann. Wird eine Klage erhoben gegen den Kutscher, so kann nach Ermessen des Richters auch der Eigenthümer citirt werden mit der Auflage, den Kutscher zu gestellen bei 2 L. Buße. Die verwirkte Strafe kann dann dem Eigenthümer auferlegt werden, der sie wieder summarisch vor einem Friedensrichter von dem Kutscher beitreiben mag (event. Gef. bis zu zwei Mon.) Auch sonstige Streitigkeiten zwischen Eigenthümer und Kutscher werden summarisch vor einem Friedensrichter entschieden. — Die Parl. Papers 1852 No. XLI. 547 enthalten einen Specialbericht, betreffend alle vom 5. Januar 1833 bis 1. September 1851 ertheilte licences und Straffälle. Es waren am 1. Sept. 1851 3548 Fuhrwerke concessionirt, welche wöchentlich 13,522 Thlr. G. Steuer zahlten.

tan Stage Coaches ausgedehnt, d. h. auf alles Lohnfuhrwerk in London, welches mit vermietheten Einzelsitzen dem Publikum angeboten wird, also die Omnibus=Wagen. Für Provinzialstädte, in welchen es einer besondern Ordnung bedarf, enthält die Town Police Clauses Act 1847 die entsprechenden Normativbestimmungen.³)

So mühsam indessen diese Polizeiordnungen redigirt waren, so schwer wurde es, dem Interesse der Lohnfuhrleute und dem wechselnden Sinn und Bedürfniß des großstädtischen Publikums zu genügen. Im Geist des heutigen Englands sucht daher die neue Metropolitan Carriage Act 1869, 32. et 33. Vict. c. 115, durch erweiterte Regulativ = Gewalten zu helfen. Der Minister des Innern soll fortan die Concessionen des hauptstädtischen Lohnfuhrwerks ertheilen, und die Bedingungen dafür normiren, mit Limitirung eines Maximum von 2 L. 2 sh. Gewerbesteuer für den Wagen, 5 sh. für Kutscher und Conducteure. Der Minister soll ferner durch Regulative die Erfordernisse der Wagen, die Zahl der aufzunehmenden Passagiere, den Tarif und die Weise der Bestimmung der Entfernungen normiren, mit dem Vorbehalt, daß kein Fuhrwerk verpflichtet werden soll über 6 englische Meilen zu fahren, daß die anzudrohenden Strafen der Uebertretungen nicht 40 sh. übersteigen dürfen, und daß es zur Gültigkeit der Regulative in der City von London einer Zustimmung des Magistrats bedarf.

§. 49.

System der Sitten= und Vergnügungs=Polizei. Disorderly Houses. Games. Drunkenness. Indecency. Theatres.

Seit 10. Edw. III. st. 3; 37. Edw. III. c. 8—14 beginnt eine Reihe von Luxusgesetzen über Kleidung, Mahlzeiten und andern Aufwand, welche wohl einigermaßen veranlaßt waren durch die täglichen Berührungen zwischen Klassen, die auf dem Continent geschiedener von einander lebten, und durch das abenteuerliche Treiben, welches die Sold=Armeen aus den

---

³) Metropolitan Stage Carriages, 1. et 2. Vict. c. 79; 6. et 7. Vict. c. 86. Der Eigenthümer ist verpflichtet, die Bezeichnung „Metropolitan Stage Carriage" auf der In= und Außenseite des Fuhrwerks vorzubringen, mit der Nummer des dazu gehörigen Schildes, sowie im Innern des Wagens einen leserlichen Tarif über die Fahrgelder. Ferner gelten auch hier die strengeren Bestimmungen über persönliche Concessionen und numerirte Schilder. Die neuen Gesetze 16. et 17. Vict. c. 33, 127 enthalten nun Bestimmungen über beide Klassen des hauptstädtischen Fuhrwerks, und beschränken das Strafverfolgungsrecht in der Regel auf die Steuer= und Polizeibeamten.

§. 49. System der Sitten- und Vergnügungspolizei.

französischen Kriegen zurückbrachten. Sie veralteten frühzeitig, sind aber förmlich aufgehoben erst durch 1. Jac. I. c. 25; 19. et 20. Vict. c. 64.

Die Aufrechterhaltung der äußern Zucht wurde durch Polizeistrafgesetze gegen Trunkenheit und outrage publique à la pudeur mit Hülfe der gewöhnlichen Popularklagen ziemlich genügend bewirkt.¹)

Concessionen für Bordelle sind seit Heinrich VIII. nicht mehr ertheilt worden. Uebrigens waren die vorhandenen Strafen gegen solche hinreichend streng; die Praxis der Strafverfolgung freilich zeit- und ortsweise so lax, daß die Gesetzgebung die unteren Polizeibeamten durch Strafandrohungen, Privatpersonen durch Prämien zur Anklage zu veranlassen sucht. Wenn zwei ansässige Steuerzahler in der Gemeinde einem Constable Anzeige machen, daß eine Person ein Bordell halte, so soll der Constable mit ihnen zu einem Friedensrichter gehen, und wenn sie ihre Angabe eidlich erhärten und eine Caution auf 20 L. zur Ablegung eines förmlichen Zeugnisses darüber stellen, soll der Constable zur Strafverfolgung bei der nächsten Quartalsitzung oder Assise durch Caution verpflichtet, die Strafverfolgungskosten durch zwei Friedensrichter festgestellt und aus der Armenkasse ersetzt werden. Im Fall der Ueberführung sollen die Armenaufseher jedem der beiden Denuncianten unverzüglich eine Prämie von 10 L. zahlen. Der pflichtsäumige Constable verwirkt 20 L. Außerdem enthält das Vagabundengesetz allgemeine Klauseln über unordentliche

---

¹) Drunkenness. Im Mittelalter unterlag die Trunkenheit kirchlichen Censuren. Nach 4. Jac. I. c. 5; 21. Jac. I. c. 7 wird der Trunkene mit 5 sh. gebüßt, event. mit Fußblock auf sechs Stunden. Im Rückfall kann er zu Caution für gutes Verhalten mit zwei Bürgen auf 10 L. genöthigt werden. Saufgelage in Wirthshäusern (tippling) werden an jedem Theilnehmer mit 3 sh. oder Fußblock auf vier Stunden, an dem Wirth mit 10 sh. event. Gefängniß und Unfähigkeit zum Betrieb des Gewerbes auf drei Jahre gebüßt. Die Polizeiordnung für London droht für Trunkenheit verbunden mit lärmendem oder indecentem Betragen 2. L. oder Correctionshaus bis zu sieben Tagen nach Ermessen des Polizeirichters, 2. et 3. Vict. c. 54 §. 58; später generalisirt für das ganze Land durch 23. Vict. c. 27 §. 40.

Indecency. Personen, welche vorsätzlich an öffentlichen Orten unzüchtige Drucke, Gemälde oder Darstellungen ausstellen, oder öffentlich unzüchtiger schamloser Weise ihre Person in einer Straße oder öffentlichem Platz aufstellen, fallen unter das Vagabundengesetz, 5. Geo. IV. c. 83 §. 4. Dazu soll auch gerechnet werden die vorsätzliche Ausstellung solcher Gegenstände in einem Fenster, Schaufenster oder einem andern Theile eines Ladens, in einer Straße oder an einem öffentlichen Platz zur öffentlichen Ansicht, 1. et 2. Vict. c. 38 §. 2. Erweiterte Haussuchungsgewalten 20. et 21. Vict. c. 83, mit der Befugniß zur Vernichtung der Exemplare. Nach der hauptstädtischen Polizeiordnung wird der Verkauf, die Vertheilung, das Anbieten oder die öffentliche Schaustellung profaner, indecenter oder obscöner Bücher, Papiere, Drucke, Zeichnungen, Gemälde oder Darstellungen, das Absingen profaner, indecenter oder obscöner Worte, Figuren oder Darstellungen, der Gebrauch einer profanen, indecenten oder obscönen Redeweise zum Aergerniß (annoyance) der Einwohner oder Vorübergehenden mit 2 L. bedroht.

Häuser, die vielfach ausgedehnt wurden auch auf öffentliche Vergnügungs=
orte und Debattirclubs, welche am Sonntag dem Publikum gegen Entgelt
geöffnet werden.²)

Nach dem Vorbild des Continents ist ferner durch die Contagious
Diseases Acts 1866, 1869 ein Visitationsverfahren gegen Pro=
stituirte zur Verhütung ansteckender Krankheiten eingeführt und wesentlich
in die Hände der executiven Polizeibeamten gelegt. Ein Friedensrichter
hat das Polizeiresolut (Order) zur periodischen Visitation zu erlassen. Das
Ausbleiben bei der Visitation oder das Verlassen der Heilanstalt wird mit
1—3 Monate Gefängniß gebüßt. Gewerbsmäßige Prostituirte können sich
auch der Visitation durch Unterzeichnung eines Polizeireverses mit gleicher
rechtlicher Wirkung unterwerfen, als ob eine Order darüber erlassen wäre.
Das Verfahren (mit großer Rücksichtslosigkeit für das schwächere Geschlecht)
beschränkt sich indessen auf bestimmte Orte.³)

---

²) Bawdy Houses. Disorderly Houses. Hurenhäuser wurden schon nach common law als nuisance bestraft, Coke III. Inst. 205, mit Geld, Gefängniß, Pranger. Besucher solcher Häuser können zu einer Cautionsstellung für gutes Verhalten genöthigt werden. Die früher concessionirten Häuser der Art wurden durch Heinrich VIII. 1546 unterdrückt. Seit den Zeiten der Restauration war indessen die Praxis so lax geworden, daß das st. 25. Geo. II. c. 36; 28. Geo. II. c. 19 die obigen Vorschriften über die Strafverfolgung gab. Das Gesetz bezieht sich zugleich auf Spielhäuser und andere un= ordentliche Häuser. Wie wenig wirksam jedoch die Popularklage war, wo eine stillschwei= gende Connivenz der Gemeindebeamten und Nachbarn eintrat, zeigt der Report on Con= stabulary Force 1819, der seiner Zeit in dem hauptstädtischen Bezirk nicht weniger als 933 Brothels aufzählt, in Liverpool 520, in Bristol 150, in Bath 24, in Hull 88, in Newcastle 71, mit Angabe der gewöhnlichen Zahl der täglichen Besuche. — Durch ziemlich willkürliche Uebertragung wurden dann noch andere Klassen von Häusern unter dieselben Strafgesetze gestellt: nach 21. Geo. III. c. 49 §. 1 jedes Lokal, welches am Sonntag dem Publikum zum Vergnügen, zu öffentlicher Debatte oder Unterhaltung für Geld ge= öffnet wird.

³) Die Contagious Diseases Acts 1864, 1866, 1869, 27. et 28. Vict. c. 85; 29. Vict. c. 35; 32. et 33. Vict. c. 96 haben Anfangs für 12, später für 18 Hafenorte und größere Garnisonstädte das System der Zwangsuntersuchungen eingeführt. Auf eidliche Information eines Polizeiinspectors, daß ein genügender Grund vorhanden zu der Ver= muthung, daß eine Person der Prostitution ergeben sei, erläßt ein Friedensrichter eine Citation durch den Polizeibeamten zum Verhör. Bleibt die Geladene aus oder bestätigt sich durch die mündliche Verhandlung die gemachte Anzeige, so ergeht die friedensrichterliche Order zur periodischen Visitation mit näherer Bestimmung von Zeit und Ort. Durch Regulative des Kriegs= resp. Marineministers werden die Modalitäten der Visitation näher bestimmt. Findet sich dabei eine ansteckende Krankheit, so erläßt der visitirende Arzt ein Certificat zur Ablieferung in ein autorisirtes Hospital. Nöthigenfalls findet die Zwangs= gestellung dazu durch den Polizeicommissar statt. Die Detention im Lazareth gilt als eine legal custody bis auf 3 Monate, kann auf Attest des dirigirenden Hospitalarztes auf nochmals 3 Monate verlängert werden; vorbehaltlich eines Antrags auf Entlassung (Discharge) durch einen Friedensrichter. Die Verpflichtung zur Visitation erlischt durch

§. 49. System der Sitten- und Vergnügungspolizei.

Einen langen hartnäckigen Kampf führte die Gesetzgebung seit Jahrhunderten gegen Spielhäuser und Glücksspiele, die in der friedensrichterlichen Administration nur zu lange Duldung fanden. Erst im XIX. Jahrhundert ist der Gesetzgeber so scharf und entschieden auch gegen die Lieblingspassionen der höheren Stände vorgegangen, daß nunmehr Spielhäuser, Pharaospiel, Wettbureaus, Lotterien und Ausspielgeschäfte schonungsloser verpönt sind als in den meisten Staaten des Continents, 8. et 9. Vict. c. 109; 16. et 17. Vict. c. 119.[4])

Ein System der Vergnügungspolizei ist in dem Concessionssystem der Schankstellen enthalten, und völlig auf den Fuß derselben sind die Polizeiconcessionen für Billard-Zimmer gestellt. In London und 20 engl. Meilen im Umkreis bedarf jedes Haus, Lokal oder Garten, bestimmt zu öffentlichen Tänzen, Musik oder ähnlicher Unterhaltung, einer jährlich zu erneuernden Concession, 25. Geo. II. c. 36 §. 2, bei Strafe eines disorderly house nebst 100 £. Buße. Ueber der Eingangsthür müssen die Worte affigirt werden: „concessionirt in Gemäßheit der Parlamentsacte 25. Geo. II.;" das Lokal darf nicht vor fünf Uhr Nachmittags geöffnet werden; jeder Constable hat das Recht des Zutritts mit sehr summarischen Verhaftungsbefugnissen.

Noch strenger behandelte man die Theater.[5]) Aus dem ältern System allgemeiner Verbote ging man hier zu streng verclausulirten Concessionen über, und zu einer Theatercensur, welche durch den Lord-Kammerherrn, freilich so gelinde geübt wird, daß Fälle eines Verbots kaum bekannt sind. Durch 6. et 7. Vict. c. 66 ist ein allgemeines Theater-Reglement eingeführt, welches für Provinzial-Theater eine Concession von wenigstens vier Friedensrichtern erfordert. Die Friedensrichter sind ermächtigt, Lokalver-

---

Wechsel des Wohnortes, durch Ablauf eines Jahres oder durch Entlassung aus dem Hospital mit dem Attest der völligen Heilung. Vorbehalten bleibt auch ein Antrag auf Aufhebung des Verfahrens bei geführtem Nachweis einer ordentlichen Lebensweise.

[4]) Ueber die Gesetze gegen Spiele und Wetten s. Excurs. * am Schluß.

[5]) Playhouses. Theaters. Die strengen Ansichten der Reformation erklärten die Schauspieler für Rogues and Vagabonds, 39. Eliz. c. 4, mit Ausnahme solcher, welche als Spieler von Interludes einem Lord oder einer andern Person von hohem Range dienten. Durch 12. Anne st. 2 c. 23 werden gewöhnliche Spieler von Interludes wiederholt für Gesindel und Vagabunden erklärt. Nach 10. Geo. II. c. 28 werden unter jene Rubrik nur noch gestellt Schauspieler für Geld, welche keine gesetzliche Niederlassung an dem Ort wo sie spielen und keine Königliche Concession haben, sowie solche die an Orten spielen, an welchen geistige Getränke verkauft werden. In den neueren Vagabundengesetzen sind sie ganz weggelassen; dagegen tritt mit dem XVIII. Jahrhundert ein Concessionswesen ein, auf welches unten (§. 65) als ein Geschäft der Sessionen zurückzukommen ist. Ueber die Befugniß zur Ergreifung aller in unconcessionirten Theatern vorgefundenen Personen im hauptstädtischen Bezirk vergl. 2. et 3. Vict. c. 47 §. 46.

ordnungen zu erlassen zur Sicherung der Ordnung und Schicklichkeit, und zur Bestimmung der Zeit, in welcher das Theater geöffnet werden darf, — Regulative, die von einem Staatssecretär (dem Minister des Innern) cassirt oder geändert werden mögen. Im Fall eines Tumults oder einer Uebertretung des Regulativs können die Friedensrichter das Theater schließen. Im Bereich der Hauptstadt, der nächsten Umgebungen und der Königlichen Residenzen übt der Lord-Kammerherr das Recht der Concessions-Ertheilung mit der Befugniß der Schließung im Fall eines Tumults oder einer sonstigen öffentlichen Veranlassung. Er übt außerdem noch die allgemeine Theatercensur. Ein Exemplar jedes neuen Stücks, Acts, Theils, Prologs, Epilogs, und jeder Zusatz zu einem solchen, bestimmt zur Aufführung gegen Entgelt in irgend einem Theater von Großbritannien, soll sieben Tage zuvor dem Lord-Kammerherrn (oder dem von ihm bestellten Beamten) zur Genehmigung zugesandt werden. Dieser kann die Aufführung ganz oder theilweis untersagen aus Gründen der Sittlichkeit, Schicklichkeit oder öffentlichen Ruhe, unter Androhung von Geldbuße und Verwirkung der Concession gegen den Uebertreter. Theatervorstellungen in Buden bei Märkten oder öffentlichen Festen bedürfen jedoch nur der Erlaubniß eines Friedensrichters oder der Marktpolizei.

Ergänzend steht neben diesen Gesetzen noch eine arbiträre Strafgewalt des ordentlichen Strafgerichtshofs, der Queen's Bench als custos morum, ein Rest des normannischen Polizeisystems. Lord Mansfield machte davon Gebrauch zur Verfolgung der noch zuweilen vorkommenden Unsitte eines Verkaufs der Ehefrau, der übrigens niemals legal war. Endlich enthält auch die discretionäre Gewalt der Friedensrichter, Cautionsstellung für gutes Verhalten zu erzwingen, hinreichende Gewalten zur Unterdrückung öffentlicher, anstößiger Unsittlichkeit.

* Die Gesetzgebung gegen Spiele und Wetten, Gaming and Betting.
Schon in 39. Edw. III. war eine Polizei-Ordonnanz gegen Hahnengefechte et „alios ludos vanos" ergangen; eine ähnliche 20. Henry VIII. gegen Würfel, Karten und Bälle. Im Allgemeinen galten jedoch Spiele zur geselligen Unterhaltung für erlaubt, und nur öffentliche Spielhäuser als eine common nuisance, 1. Hawkins c. 75 §. 6. Das umfassende st. 33 Henry VIII. c. 9 erließ nun aber Strafbestimmungen in doppelter Richtung: (1) Gegen Besitzer öffentlicher Häuser, welche zu ihrem Gewinn oder Lebensunterhalt Lokale zu ungesetzlichen Spielen halten: Strafe 2 £. für jeden Tag. Friedensrichter und Gemeindevorsteher dürfen Orte, welche dessen verdächtig sind, jeder Zeit betreten, und den Wirth und die Spieler verhaften, bis sie eine Caution bestellen für Nichtwiederholung des Vergehens. (2) Handwerker, Handarbeiter, Lehrlinge, Gesinde, Matrosen, Fischer und andere Personen niederer Stände, welche Karten, Würfel oder andere unerlaubte Spiele spielen, werden mit 20 sh. bedroht; ausgenommen zu Weihnachten, wo sie in ihres Herrn Haus und Gegenwart spielen dürfen. Kugelspiel an öffentlichen Orten, gewohnheitsmäßiger Besuch von Spiellokalen: 6⅔ sh. gegen alle Klassen von Personen. — In beiden Richtungen ging die Gesetzgebung weiter. Das st. 16 Car. II. c. 7 erstreckt

das Verbot auch auf höhere Stände, droht das Dreifache der im Spiel gewonnenen Summe als Strafe, erklärt Spielschulden und die darauf gestellten Sicherheiten im allgemeinen für klaglos und nichtig. Wiederholt wird die Nichtigkeit durch 9. Anne c. 14. Je zwei Friedensrichter können verdächtige Spieler sich vorführen lassen, und eine Cautionsbestellung für gutes Verhalten auf zwölf Monate erzwingen. Die üblen Sitten der höheren Stände dieser Zeit machten jedoch immer neue Strafandrohungen nöthig. In der Zwischenzeit waren durch 10. et 11. Will. III. c. 17 alle Lotterien für eine public nuisance erklärt worden, und die Gesetze über das Spiel erscheinen von nun an vielfach durchmengt mit den Lotterieverboten, und häufen ziemlich planlos neue Geldstrafen auf die alten. „Es waren nicht sowohl die Gesetze gegen das Spiel so mangelhaft, als vielmehr wir selbst und unsere Friedensrichter bei der Ausführung dieser Gesetze," Blackstone IV. Comm. 173. Beiläufig erwähnenswerth ist das st. 8 Geo. I. c. 2 §. 36 gegen Ausspielgeschäfte (500 L.); 9. Geo. I. c. 19 §. 4 gegen Spiel in fremden Lotterien (200 L.); 2. Geo. II. c. 25 §. 9; 12. Geo. II. c. 28; 13. Geo. II. c. 19 §. 9 mit Verbot des Pharao, Hasardspiels und einiger anderer bestimmt genannter; 18. Geo. II. c. 34 §. 1, 2; 25. Geo. II. c. 36 §. 5 sucht die Strafverfolgung durch einen Constable auf Kosten der Armenkasse zu erzwingen, und sichert dem Denuncianten eine besondere Prämie zu; 42. Geo. III. c. 119; 3. Geo. IV. c. 114; 3. Geo. IV. c. 79; 9. Geo. IV. c. 61; 2. et 3. Vict. c. 74 §. 48 droht im Bereich des hauptstädtischen Polizeibezirks gegen Spielhauswirthe, Bankhalter, Croupiers entweder Geldbuße bis zu 100 L. oder Correctionshaus bis zu sechs Monat; jede in solchem Lokal ohne genügende Entschuldigung betroffene Person unterliegt einer Geldbuße bis zu 5 L. Weiter die Gesetze 8. et 9. Vict c. 109; 17. et 18. Vict. c. 38 mit der Tendenz einer Erleichterung des Beweises, summarischem Verhaftungsrecht, verschärften Strafen gegen Verhinderung des Eintritts; der Hinderungsversuch selbst gilt schon als Beweis, daß das Haus ein öffentliches Spielhaus ist; 32. et 33. Vict. c. 52 bedroht Karten- und Würfelspiel an öffentlichen Orten mit den Strafen der rogues and vagabonds. — Durch 16. et 17. Vict. c. 119 werden auch die Wettbureaus, betting offices, für Pferderennen unterdrückt, die in Folge der laxen Interpretation der Gesetze massenweis entstanden waren. Unternehmer solcher Häuser, Annahme von Depositen, Ausgabe von Plakaten und öffentlichen Anzeigen: 30—100 L. oder Gefängniß von 1 bis 6 Monaten.

§. 50.

System der Gast- und Bierhaus-Polizei. Alehouses. Beershops. Inns. Refreshment Houses.

Im Mittelalter galten Gast- und Bierhäuser als freie Gewerbe, die nur durch einen notorisch unordentlichen oder lärmenden Betrieb unter die common nuisances fielen. Zuerst durch st. 5. et 6. Edw. VI. c. 25 wurde ein System von polizeilichen Concessionen eingeführt. Solche sollen ertheilt werden von den Friedensrichtern, welche sich von den Wirthen zugleich mäßige Cautionen bestellen lassen, im äußersten Fall mit der Befugniß zur Schließung der Wirthschaft. Seit den Zeiten der Stuarts kam hinzu eine Verpflichtung zur Zahlung einer Gewerbesteuer, welche seitdem ein

Gegenstand sehr zahl- und umfangreicher Steuergesetze wird. Die Gesetzgebung ist aus diesen Anfängen in ein immer größeres Detail einer besondern Polizeiordnung für Gast- und Bierhäuser übergegangen, welche in ihrer bisherigen Gestalt drei Systeme bildet:

1. Eine zwiefache Concession wird ertheilt an Gastwirthe, Restaurationen, Speisehäuser und sonstige Geschäfte, die mit einem Einzelverkauf von geistigen Getränken zur Verzehrung im Local verbunden sind. Sie erhalten als eigentliche Public Houses einerseits einen Steuergewerbeschein, excise licence, andererseits einen Polizeigewerbeschein, magistrates licence, der von den Friedensrichtern in den kleinen Bezirkssitzungen mit Rücksicht auf Umstände und Personen ertheilt oder verweigert wird. Beide Gewerbescheine sind von Jahr zu Jahr zu erneuern. Das dafür geltende Hauptgesetz ist 9. Geo. IV. c. 61.[1])

2. Ein einfacher Steuergewerbeschein ist genügend für den Detailverkauf von Bier und Obstwein außer dem Hause, 1. Will. IV. c. 64, doch unterliegen auch diese Häuser im Uebrigen der strengen Polizeiordnung der Bierhäuser. — Ein Mittelweg tritt ein bei Bier- und Obstweinverkauf zur Verzehrung im Local nach 1. Will. IV. c. 64; 4. et 5. Will. IV. c. 85; 3. et 4. Vict. c. 61. Danach ertheilt die Steuerbehörde den Gewerbeschein für solche beershops erst nach Beibringung eines Sittenzeugnisses, welches von sechs ansäßigen Gemeindegliedern auszustellen, von einem Armenaufseher zu bestätigen, und jährlich zu erneuern ist. Für London, für die Städte mit eigener Stadtverfassung oder Wahlrecht zum Parlament und für Ortschaften über 5000 Einw. sind diese Sittenzeugnisse nicht erforderlich. An allen Orten aber soll die Ertheilung des Gewerbescheins nur für Locale von einem gewissen Miethswerth (8, 11, 15 £.) erfolgen, je nach der Abstufung von kleinen Ortschaften über 2500 Einw.

---

[1]) Alehouses. Das heute geltende polizeiliche System ist in seinen Grundzügen schon im Gesetz 5. et 6. Edw. VI. c. 25 enthalten, weiter in 26. Geo. II. c. 41; das jetzt geltende Hauptgesetz 9. Geo. IV. c. 61 ist wieder eine weitere Ausführung des zuletzt gedachten. Das ältere System der Cautionen (bonds) ist durch 30. et 31. Vict. c. 90 §. 13 gänzlich beseitigt. Auf die jährlich zu erneuernde magistrates licence ist im §. 65 zurückzukommen. In Fällen eines Aufruhrs können je zwei Friedensrichter die Schließung des Hauses anordnen. Gestattung des Verzehrs in Räumen, die nicht in der Concession specificirt sind: 5—20 £.; Gebrauch ungeaichter Gewichte: 2 £. und Confiskation für jeden Uebertretungsfall. Den Constables ist jederzeit das Recht des Zutritts zu allen Theilen des Locals vorbehalten. — Durch 2. et 3. Vict. c. 47 §§. 42, 44 wird im Londoner Polizeibezirk der Verkauf von Getränken an Sonn- und Festtagen von 1 Uhr Mittags an, und außerdem für bona fide Reisende gestattet; der Verkauf an junge Leute unter 16 Jahren zur Verzehrung im Local mit 1—5 £. bedroht. Weitere Bestimmungen über den Verkauf geistiger Getränke am Sonntag enthält 11. et 12. Vict. c. 49; 17. et 18. Vict. c. 79; 18. et 19. Vict. c. 118.

und über 10,000 Einw. Der Steuergewerbeschein wird nach gesetzlich vorgeschriebenen Formularen ertheilt, und dieselbe Polizeiordnung wie für die polizeilichen Gewerbescheine (ad 1) als Bedingung der Ertheilung eingeschaltet. Der Steuerschein wird verwirkt durch jede Verurtheilung wegen felony, wegen Verkaufs von geistigen Getränken ohne licence und durch eine dritte Bestrafung wegen Uebertretung der Bierhausordnung.[2])

3. Für Refreshment Houses, Restaurationen und Weinhäuser, war früher der Steuergesichtspunkt ausschließlich, und noch jetzt vorzugsweise maßgebend nach 23. Vict. c. 27; 24. et 25. Vict. c. 91 §. 8—11. Die Concession wird von der Steuerbehörde ertheilt nach vorgängiger Communication mit den Friedensrichtern des Bezirks, welche binnen 30 Tagen einen Einspruch (caveat) gegen Ertheilung der Concession einlegen mögen aus bestimmten im Gesetz benannten Gründen. Als Bedingung der Concession wird auch hier die strenge Polizeiordnung der Bierhäuser eingeschaltet.[3])

Gemeinsam allen 3 Klassen der Steuer- und Gewerbescheine ist dem-

---

[2]) Beershops. Das Bedenkliche eines so weit ausgedehnten polizeilichen Concessionssystems, theils auch der ausgesprochene Zweck den Detailverkauf von Bier zu befördern, veranlaßte das st. 1. Will. IV. c. 64, wodurch die Polizei-Concessionen für den Einzelverkauf aufgehoben werden, der sich auf Bier (porter und ale) und Obstwein beschränkt. Als Detailverkauf gilt dabei ein Verkauf bis zu 4½ Gallonen. — Nach wenigen Jahren ist indessen für den Verkauf zur Verzehrung im Local die Gesetzgebung wenigstens auf das Erforderniß eines Sittenzeugnisses zurückgekommen, 4. et 5. Will. IV. c. 85; während in London und in den Ortschaften über 5000 Seelen nur ein Gebäude von einem gewissen Miethswerth verlangt wird. Occasional licences für Feste, Märkte ꝛc. kann jetzt die Steuerbehörde mit Consens eines Friedensrichters der Division bis auf drei Tage an einen concessionirten Gastwirth ertheilen, 25. et 26. Vict. c. 22 §. 13.

[3]) Die Polizeiordnung der Refreshment Houses nach 23. Vict. c. 27 bildet eine Ergänzung für mancherlei Luxuslokale, welche durch den modernen Geschmack des Publikums mehr in Gang gekommen sind. Einbegriffen sind auch Conditoreien, sowie alle Nachts (10—5 Uhr) geöffneten Vergnügungslokale auch ohne Ausschank. Erhöhte Gewerbesteuer ist zu entrichten für den Verzehr im Local und für den Verkauf fremder Weine. Die Concession darf nur für Locale von 10 £. Miethswerth ertheilt werden; in Städten über 10,000 Einw. bei 20 £. Miethswerth. Vor Ertheilung des Steuerscheins ist dem clerk der Bezirkssitzung der Friedensrichter Notiz zu geben wegen etwaniger Erhebung des polizeilichen Widerspruchs binnen 30 Tagen (vgl. unten §. 65). Die Polizeiordnung wegen Eintritts der constables, Schließung des Locals bei Tumult, Bestrafung der I. II. III. offence against tenor of licence, die Kassirung der Concession durch Verurtheilung wegen felony oder Verkaufs ohne licence sind im Wesentlichen der Ordnung der beershops entlehnt. — Die Masse der Polizeiconcessionen nach 9. Geo. IV. c. 61 überstieg schon in früheren Jahren die Zahl von 50,000. Jetzt halten sich die großen Massen der Polizeiconcessionen nach 9. Geo. IV. und der Steuerconcessionen nach 1. Will. IV. ungefähr die Waage; die Refreshment licences nach 23. Vict. bilden die dritte kleinere Gruppe, vgl. das Verzeichniß in den Parl. P. 1867. XL. 1.

nach die strenge Polizeiordnung für allen Ausschank geistiger Getränke, welche als Bedingung der Verleihung in den Gewerbeschein aufgenommen wird mit folgender Klausel:

„vorausgesetzt, daß er solche (Getränke) nicht betrüglich verdünne, „verfälsche, noch wissentlich dergleichen verkaufe; daß er sich beim Ver„kauf keiner Maße und Gewichte bediene, die nicht der gesetzlichen Probe „entsprechen; daß er nicht vorsätzlich und wissentlich Trunkenheit und „anderes unordentliches Betragen in seinem Local dulde; daß er nicht „wissentliche verbotene Spiele oder sonst irgend welche Spiele gestatte; „daß er nicht wissentlich gestatte, daß Personen von notorisch schlechtem „Charakter sich dort versammeln und zusammenkommen; daß er sein „Haus nicht öffne an Sonntagen, am Weihnachtstag und am Char„freitag, außer zur Aufnahme von Reisenden, noch gestatte die Fort„schaffung von Getränken während der üblichen Stunden des Morgen„und Nachmittags-Gottesdienstes, sondern gute Ordnung und Regel „darin halte."

Die Concession selbst enthält also die wichtigsten Artikel der Polizei-Ordnung. Jede Uebertretung derselben, offence against the tenor of the licence, wird summarisch vor zwei Friedensrichtern gestraft: für den ersten Straffall mit Buße bis zu 5 L., für den zweiten Straffall mit 10 L. Beim dritten Straffall (d. h. nachdem er innerhalb drei Jahre wegen zwei besonderer Vergehen verurtheilt ist) soll der Uebertreter vor eine kleine Bezirkssitzung citirt und nach erfolgter Ueberführung bis zu 50 L. gebüßt werden. Die Bezirkssitzung kann aber auch einen Constable mit Caution verbindlich machen, und so den Fall der nächsten Quartalsitzung zum ordentlichen Strafverfahren mit Jury überweisen, wo nach erfolgtem Schuldspruch auf Geldbuße bis zu 100 L. und auf Verwirkung der Concession erkannt werden kann. Im letztern Fall ist zugleich der Steuergewerbeschein erloschen, und der Verurtheilte unfähig zur Erlangung eines neuen Gewerbescheins auf drei Jahre. Einfacher ist die Strafordnung für die beershops und refreshment houses mit bloßem Steuergewerbeschein: I. Bestrafung 2—5 L., II. 5—20 L., III. 20—50 L. und Untersagung des Schankbetriebs auf 2 Jahre vor zwei Friedensrichtern. Auch wegen Verkaufs verfälschter Waare und in einigen anderen bestimmten Fällen können zwei Friedensrichter summarisch auf Einstellung des Gewerbebetriebes für 2 Jahre erkennen.*) Die Polizeistunde ist durch 3. et

---

*) Nach 39. Geo. III. c. 79 §. 21 können zwei Friedensrichter die Concession für verwirkt erklären auf geführten Beweis, daß aufrührerische und unsittliche Schriften zum Zweck des Lesens gewohnheitsmäßig in einem concessionirten Hause vertheilt werden; ebenso nach 57. Geo. III. c. 19 §. 28 auf geführten Beweis, daß eine gesetzwidrige Versammlung zu einem aufrührerischen Zweck mit Wissen und Zustimmung des Wirths abgehalten ist.

4. Vict. c. 61 durchgehend auf 10 Uhr Abends, für Ortschaften über 2500 Einw. auf 11 Uhr, für die Hauptstadt auf 12 Uhr normirt, mit 40 sh. Buße für jede Uebertretung. Das Anklagerecht ist in der Mehrzahl der Straffälle auf die Polizeibeamten beschränkt, den Friedensrichtern ein Strafmilderungsrecht, dem Uebertreter die Appellation an die Quartalsitzungen zu endgültiger Entscheidung vorbehalten.

Unabhängig von dieser Polizeiordnung für die Schankstellen gelten einige allgemeine Rechtsgrundsätze für Gastwirthschaften, insbesondere eine Verpflichtung zur Aufnahme von Reisenden, zur Einquartierung von Truppen, sowie gewisse Beschränkungen des Creditgebens.**)

§. 51.

System der Wegepolizei. Highways. Turnpike Roads. Paving Acts. Railways.

Schon das gemeine Recht enthielt Grundsätze über Bestrafung von Unfug an oder auf öffentlichen Wegen, Hawkins Pl. Cr. c. 79 §. 48; Dalton, Justice c. 26, namentlich wegen Hinderung der Passage durch willkürliche Anlagen, Anhäufung von Schutt und Dung, Ueberladung der Wagen ꝛc. Die Wegeordnungen des XVIII. Jahrhunderts und die heute geltende Wegeordnung 5. et 6. Will. IV. c. 50 enthalten (außer

---

**) Inns. Inkeepers. Hostlers. Die Gasthöfe zur Beherbergung von Fremden fallen wegen der Concession zum Ausschank regelmäßig unter die sämmtlichen Gesetze über Alehouses (Dalton, Justice c. 56). Außerdem aber gelten dafür noch besondere Gewerbevorschriften, unabhängig von ihrem Charakter als Schanklokale. Gastwirthschaften, welche Diebe und Verbrecher beherbergen, und wegen häufiger Unordnungen und Skandals Veranlassung zu Beschwerden geben, können als common nuisance nach gemeinem Recht verfolgt werden (Dalton c. 33, 34). Sie sind ferner polizeilich verpflichtet zur Aufnahme von Reisenden und von Pferden Reisender, Blackstone IV. 167. Nach der jährlich erlassenen Mutiny Act müssen sich Gast-, Speisehäuser und Ställe für Miethspferde, Soldaten-Einquartierung gefallen lassen — eine Regel die auch für alle Bierverkäufer mit Concession zum Verzehr im Lokal gilt. Sie sind haftbar für aufgenommene Sachen der Reisenden, und können sich davon durch keinen Protest befreien (Dalton c. 56). Andererseits haben sie ein gesetzliches Retentionsrecht an der Person für die Kost, am Pferde für die Zehrung. Uebrigens gehört die Klage wegen der Wirthshausrechnungen vor die gewöhnlichen Civilgerichte. Sie soll verweigert werden wegen eines Creditgebens für den Verkauf geistiger Getränke unter 20 sh, 24. Geo. II. c. 40 §. 12; nach 31. et 32. Vict. c. 142 §. 4 unbedingt. — Das System der Schankconcessionen ist noch einmal verändert und vereinfacht durch die Wine and Beer Houses Act 1869 — aber nur provisorisch auf ein Jahr. Es ist darauf bei dem Concessionssystem der Special Sessions (§. 65) zurückzukommen.

ihrem in Cap. XII. zu erörternden Hauptinhalt) auch eine umfassende Wegepolizeiordnung mit Festhaltung des einfachen Systems der Popularklagen und Polizeibußen. Im laufenden Jahrhundert hat sodann die Vermehrung der Kunststraßen, Turnpike Roads, zu einer consolidirten Chausseeordnung geführt, und zu einer consolidirten Paving Act, welche zugleich eine Wegepolizeiordnung enthalten. Die Bedürfnisse der neuesten Zeit haben endlich auch die Eisenbahnen einer Staatscontrole unterworfen mit Polizeiklauseln für analoge Uebertretungen.

I. Die der Wegeordnung 5. et 6. Will. IV. c. 50 einverleibte Wegepolizei ist unter zwei Hauptrubriken und in einigen zerstreuten Sätzen enthalten:

1) Nuisances and Injuries to Highways. Neue Anpflanzungen von Bäumen, Büschen, Gesträuchen an einem öffentlichen Fahrweg oder in Entfernung von 15 Fuß vom Centrum müssen auf Antrag des Wegeaufsehers binnen 21 Tagen niedergehauen und weggeräumt werden bei 10 sh. Strafe. Eine Neuanlage von Gruben, Schächten, Dampfmaschinen, Rammgerüsten in der Entfernung von 25 yards ist mit 5 L. pro Tag bedroht, sofern sie nicht sicher eingehegt sind in Gebäuden oder hinter Mauern. Ebenso Brennöfen, Ziegelbrennereien in einer Entfernung von 15 yards. Neue Mühlen dürfen innerhalb 50 yards nicht angelegt werden. §. 72 enthält sodann einen Catalog kleiner Contraventionen, bedroht mit Schadenersatz und Buße bis 40 sh.: vorsätzliches Reiten, Viehtreiben, Fahren, Karren oder Schleifen auf dem Fußwege, Beschädigungen der Straßen, der Einhegungen, Pfosten, Geländer, Mauerwerke; absichtliche Hinderung der Fußpassage, Ablagerung von Holz, Steinen, Stroh, Dung, Asche, Kehricht ıc.; Ableitung von Schmutz und Jauche aus benachbarten Grundstücken auf die Straße; endlich generell alle vorsätzlichen „Obstructionen" der freien Passage.

2) Regulations as to Carts and Carriages (Fahrordnung). Der Eigenthümer jedes Frachtwagens, Karrens oder Fuhrwerks, welches auf öffentlichen Landstraßen gebraucht werden soll, muß seinen Vor- und Zunamen, Charakter und Wohnort in leserlichen Buchstaben, einen Zoll hoch, schwarz auf weiß, oder weiß auf schwarz, auf dem Wagen verzeichnen, bei 5 sh. Buße. §. 78 enthält sodann die Uebertretungen der Wagenführer (5—10 L. event. Gef. bis zu 6 Wochen): Beschädigung von Personen oder Sachen auf der Landstraße durch Nachlässigkeit oder vorsätzliches Uebelverhalten, Verlassen des Wagens in solcher Entfernung, daß der Führer „die Leitung des Geschirres außer Hand läßt;" Stehenlassen des Fuhrwerks zur Verstopfung der Passage; Nichtausweichen den entgegenkommenden Geschirren zur linken Seite; vorsätzliche Hinderung des Vorbeifahrens; vorsätzliche Hinderung oder Unterbrechung der freien Passage;

§. 51. System der Wegepolizei. 289

überschnelles Reiten oder Fahren zur Gefährdung von Leib und Gliedern passirender Personen. — Die meisten Geldstrafen vor zwei Friedensrichtern, die Hälfte dem Denuncianten, die Hälfte zur Wegebaukasse. Appellation unter Bestellung einer Proceßcaution, mit Vorbehalt des Certiorari für den verfolgenden Theil.[1])

II. Die Chausseeanlagen beruhen auf einzelen Localacten, die für jede Kunststraße eine Spezialverwaltung (special trust) bilden. Die ergänzende allgemeine Chausseeordnung 3. Geo. IV. c. 126 enthält auch eine Wegepolizeiordnung, analog der für gewöhnliche Landstraßen, betreffend Hinderungen und Beschädigungen der Straße, der Gräben, Brücken ɾc., Abpflügen oder Umwenden des Pflugs auf der Chaussee, Auftreiben von Vieh, (2 sh. Pfandgeld pro Stück); Uebertretungen der Wagenführer; Vorschriften über die Construction der Räder, von denen auch ein höheres oder niederes Chausseegeld abhängig ist; Vorschriften über Hemmschuhe ɾc. Bußen über 20 L. durch Civilklage, unter 20 L. summarisch klagbar; in der Regel mit Appellation bei Bußen über 5 L. Ergänzende Strafbestimmungen 4. Geo. IV. c. 95. Regulativ und Tarif über den Gebrauch von Locomotiven auf Chausseen 24. et 25. Vict. c. 70.[2])

III. Die Paving Acts sind Localgesetze für öffentliche Straßen, welche durch Städte gehen. Die gewöhnlichen Klauseln der einzelen

---

[1]) Highways. Dazu gehört auch die Vorschrift, daß die Bezirkssitzungen der Friedensrichter auf Antrag des Wegeaufsehers darüber befinden mögen, ob schon vorhandene Bäume oder Hecken am Wege schädlich sind: ein Ungehorsam gegen die darauf getroffene Anordnung wird mit Geldbuße bis zu 40 sh. bedroht und der Wegeaufseher ermächtigt, die Order auf Kosten des Eigenthümers auszuführen. Aenderung oder Störung der Wegeanlagen, Gräben, Brücken ist mit Ersatz der Wiederherstellungskosten und Strafe des Dreifachen bedroht; Eingriffe in das vorhandene Wegegebiet durch Neubauten, Gräben, Einhegungen mit Ersatz der Wiederherstellungskosten und 40 sh. pro Tag. — Zu dem Wegeunfug (40 sh.) gehört auch die muthwillige Entfernung oder Beschädigung der aufgestellten Grenz- oder Prellsteine, Aufgraben oder Niedertreten der Böschungen, Beschädigung der Brücken, Meilensteine; Ball- und andere Spiele auf Landstraßen zur Hinderung der Passanten; Aufstellung von Gerüsten, Buden ɾc. durch Hausirer, Höfer oder Reisende, Anmachung eines Feuers oder Abschießung eines Feuergewehrs innerhalb 50 Schritt von der Mitte der Straße; Bullenhetzen an oder auf der Straße. Auf der Straße betroffenes Vieh kann gepfändet werden, und zahlt außer dem Schadenersatz 1 sh. Pfandgeld pro Stück (vgl. jetzt 27. et 28. Vict. c. 101 §. 25). Auch die zu Cap. XII. gehörigen Vorschriften über die Breite der Wege, Setzung von Wegweisern und Meilensteinen, fallen in die Jurisdiction der Friedensrichter.

[2]) Turnpike Roads. Die Wegepolizeiordnung ist in dem Chausseegesetz §. 113 bis 132 und in zerstreuten Artikeln enthalten. Darin eingeflochten wird eine polizeiliche Civil-Jurisdiction zur Beitreibung der Chausseegelder. Der Einnehmer darf zu dem Zweck pfänden und nach 4 Tagen das Pfand verkaufen; Streitigkeiten über Wegegeld oder Pfandgebühr entscheidet ein Friedensrichter. Betrügliche Angaben zum Zwecke einer Befreiung von Chausseegeld (5 L.).

Gneist, Engl. Communalverfassung. 3. Auflage. 19

Paving Acts sind consolidirt durch 10. et 11. Vict. c. 34 mit einer der Chausseeordnung analogen Wegepolizeiordnung.³)

IV. Für die Eisenbahnen hat die neuere Gesetzgebung eine Staatscontrole eingeführt über den Bau und zur Verhütung von Schädlichkeiten im Betrieb. Die dadurch geschaffene Eisenbahn-Bau-Polizei fällt in das Gebiet der Central-Verwaltung. Die Beschädigung von Eisenbahnen und Hinderung der Passage bilden Vergehen schwereren Charakters. Analog der Chaussee-Polizeiordnung kommen aber auch hier zerstreute Strafbestimmungen vor, welche zur friedensrichterlichen Jurisdiction gehören: über die Anlegung der Barrieren, wo sich Eisenbahn und Landstraßen kreuzen, 2. et 3. Vict. c. 45; 5. et 6. Vict. c. 55 §. 9; summarische Bestrafung der Locomotivenführer, Conducteure, Wärter, Träger oder Diener, welche betrunken im Dienst, oder in Uebertretung irgend einer Vorschrift der Statuten oder Regulative der Gesellschaft, oder sonst bei einer vorsätzlichen Handlung oder Unterlassung betroffen werden, wodurch Personen oder Eisenbahnanlagen gefährdet, oder die Passage der Maschinen oder Wagen gehindert wird. Der so betroffene Beamte kann von jedem Beamten der Gesellschaft, jedem Constable oder dessen Assistenten summarisch ergriffen und einem Friedensrichter vorgeführt werden, zur Bestrafung mit Geldb. bis 10 £. (event. Gef. bis 2 Mon.), einschließlich der Theilnehmer oder Gehülfen, 5. et 6. Vict. c. 55 §. 17; 7. et 8. Vict. c. 85 §. 15.⁴)

---

³) Paving Acts. Ein berühmtes Mustergesetz dafür ist Angelo Taylor's Act 57. Geo. III. c. 29 über die Pflasterung von London. Außerdem bestanden seit alter Zeit besondere Gesetze für die City von London zur Verhütung des Uebelverhaltens der Kutscher, Regelung der Belastung der Wagen und Karren, Construction der Räder ꝛc. 1. Geo. I. st 2. c. 57 ꝛc.

⁴) Railways. Ueber die Centralbehörde für das Eisenbahnwesen und die Staatsinspectoren dafür s. Gneist Engl. Verwaltungsr. II. §. 106. Die friedensrichterliche Jurisdiction ist, der stückweisen Entstehung der Eisenbahnpolizei entsprechend, in vielen Gesetzen zerstreut: 2. et 3. Vict. c. 45; 5. et 6. Vict. c. 55 die Erhaltung und Schließung der Uebergänge und Schlagbäume (5 £. pro Tag); in 3. et 4. Vict. c. 27 die Versäumung der gesetzlichen Pflicht zur Berichterstattung der Eisenbahngesellschaften (20 £. pro Tag); Verhinderung des Inspectors in Ausübung seines Amts (10 £.); Widersetzlichkeit gegen die Beamten der Eisenbahn (5 £.); Uebelverhalten der Eisenbahnbeamten (§. 13), — letzteres mit dem Vorbehalt, die schwereren Fälle den Quartalsitzungen zu überweisen zu einer Bestrafung bis 2 Jahre Gefängniß. Das Hauptgesetz 8. et 9. Vict. c. 20 hat zugleich eine polizeiliche Civiljurisdiction eingeflochten für Passagiergelder und kleinere Streitigkeiten mit den Grundnachbarn. Schadensansprüche gegen die Gesellschaft bis 20 £. können durch zwei Friedensrichter festgestellt werden und sind nöthigenfalls durch Execution von dem Treasurer der Gesellschaft beizutreiben, welcher dann den Ersatz aus den eingehenden Geldern entnehmen mag. Einzelbestimmungen enthält auch die Railways Clauses Act 26 et 27. Vict. c. 92.

§. 52.
Polizeiordnung gegen störenden und gesundheitsgefährlichen Unfug.
Nuisances Acts.

Das alte System der Wegeverwaltung enthielt in dem Begriff der nuisances Keime einer Gesundheitspolizei, welche die Anknüpfung für eine sehr erweiterte Polizeigesetzgebung nach dem neuern Bedürfniß der Städte und engbewohnten Bezirke geworden sind. Die alte Polizeipraxis (common law) begriff unter jenem Wort eine Reihe von annoyances zur Beschädigung oder Belästigung Anderer, welche im Verlauf der Zeit auch durch einzele Statuten so deklarirt wurden, daß dies oder jenes Uebelverhalten als „nuisance" bestraft werden soll.

Als public oder common nuisances gelten: 1. Hinderung und Gefährdung der Passage auf öffentlichen Landstraßen, Brücken, Flüssen, durch positive Hindernisse oder durch Unterlassung der schuldigen Reparatur; unbefugte Bauanlagen und Einfriedigungen daran bilden das besondere Vergehen der purpresture; 2. dem Publikum nachtheiliger Betrieb schädlicher Gewerbe und Fabrikationen; 3. liederliche Wirthschaften und Bierhäuser, Bordelle, Spielhäuser, unconcessionirte Theater und Seiltänzerbuden; 4. Anfertigung, Verkauf und Auswerfen von Feuerwerkskörpern (9. et 10. Will. III. c. 7); 5. Veranstaltung von Lotterieen (10. et 11. Will. III. c. 17); 6. Haushorcher, eaves-droppers, „die unter fremden Dachtraufen und Fenstern horchen, und daraus böswilliges Gerede machen." Die ältere Praxis hat auch Straßenhurerei, lärmenden Spektakel in der Nacht mit Trompeten ꝛc., Anlegung von Schwefel=, Vitriolfabriken ꝛc. in der Nähe von Wohnhäusern, unter die public nuisances gestellt, welche in der Regel im Criminalverfahren vor Quartalsitzungen oder Assisen verfolgt wurden.*)

Das heutige Bedürfniß einer planmäßigen Gesundheitspolizei für die dichter bewohnten Ortschaften vermochte mit diesen Strafklagen nicht auszukommen, schuf vielmehr in der Public Health Act 1848 eine neue

---

*) Die private nuisances umfassen 1) Ueberbauen in des Nachbars Luftraum hinein; 2) Verbauen alter Fenster, welche schon über 20 Jahre bestehen; 3) Anlage von schädlichen Gewerben und Fabriken, welche dem Nachbar die Wohnung verleiden, die Vegetation oder das Wasser verderben. Es entstehen daraus nach gemeinem Recht nur Civilklagen, von welchen die action on the case noch praktisch ist. Durch die neue Gesetzgebung fallen sie massenhaft auch unter die summarischen Straffälle; beide Klagesysteme stehen dann nebeneinander.

Sanitätspolizei nach dem System wirthschaftlicher Selbstverwaltung (c. XI.). Das tief eingreifende und kostbare System der Public Health Act war aber aus guten Gründen nur solchen Städten zugedacht, in welchen die lange versäumte Gesundheits= und Baupolizei so schlimme Zustände herbeigeführt hatte, daß nur ein starkes administratives Einschreiten schnell helfen konnte. Für andere Ortschaften glaubte man ohne so drastische Mittel auszureichen, indem man an zwei altherkömmliche Verhältnisse anknüpfte: einerseits an die altherkömmliche Pflicht der Wegeaufseher die Wege und Durchlässe trocken und rein zu halten; andrerseits an den Grundsatz des gemeinen Rechts, die Beschwerung des Nachbars durch übelriechende, gesundheitsschädliche Anlagen als public nuisances zu strafen. Es kam darauf an beide Grundsätze wirksamer zu machen (1) durch Verstärkung der Strafverfolgung, nöthigenfalls durch Gemeinde=committees und mit Assistenz von ärztlichen und anderen Beamten, (2) durch summarische Strafklauseln für die wichtigsten nuisances, (3) durch das Recht der Friedensrichter zur Strafniederschlagung, wobei zugleich dafür gesorgt werden mußte, gewisse Kosten durch Gemeindesteuern zu bestreiten. So ließ sich nach vielen älteren Vorgängen das selfgovernment auf diesem Gebiete erhalten, und in diesem Sinne wurde gleichzeitig mit der Public Health Act durch die Nuisances Removal and Diseases Prevention Act 1848, 11. et 12. Vict. c. 123, ein allgemeines anwendbares Strafsystem geschaffen, welchem bald die noch geltende Nuisances Removal Act 1855, 18. et 19. Vict. c. 121, mit einigen späteren Einschaltungen gefolgt ist.

I. Der Begriff der Nuisances als Basis des weitern Verfahrens wird in §. 8 des Gesetzes dahin formulirt: (1) Alle Gebäulichkeiten in einem Zustand, welcher als Belästigung des Publikums oder als gesundheitsgefährlich zu erachten. (2) Jeder Unrathsort, pool, ditch, gutter, watercourse, privy, urinal, cesspool, drain, ashpit, so foul as to be a nuisance or injurious to health. (3) Jedes Thier, welches in solcher Weise gehalten wird. (4) Jede Aufhäufung von Materialien mit dem Charakter einer nuisance oder Gesundheitsgefährlichkeit. Dies letztere jedoch mit dem proviso, daß keine zu einem Geschäftsbetrieb nothwendige Aufhäufung als nuisance zu erachten, wenn den Friedensrichtern zur Genüge nachgewiesen wird, daß sie nicht länger gedauert hat, als für die Zwecke des Geschäftes oder der Fabrikation nöthig, und daß die angemessensten Mittel angewandt sind, um das Publikum vor der Gesundheitsschädlichkeit zu schützen. — Die spätere Nuisances Act 1866 §. 19 fügt noch hinzu: (5) Jedes mit Bewohnern überfüllte Haus, so daß es für die Einwohner gefährlich oder gesundheitsgefährlich wird. (6) Jede Fabrik, Arbeitslokal oder Arbeitsstätte, welche durch unreinlichen Zu-

§. 52. Polizeiordnung gegen störenden und gesundheitsgefährlichen Unfug. 293

stand, oder Mangel der Ventilation, oder Ueberfüllung gemeinschädlich oder gesundheitsgefährlich wird. (7) Jeder Feuerplatz oder Ofen, welcher nicht, so weit als ausführbar, seinen Rauch selbst verzehrt, und jeder Schornstein in einem Geschäftslokal, welcher durch übermäßigen Rauch zur nuisance wird.

Zur Abhülfe solcher nuisances dient theils ein System von einfachen Strafresoluten (convictions), theils ein System von Polizeiverfügungen (orders) mit folgenden Unterscheidungen.

II. Eine Einschärfung und summarische Verfolgung durch allgemeine Strafverordnungen tritt ein:

1) durch die Vorschrift der Wegeordnung, daß jeder Wegeaufseher die Anlage, Reinigung und Offenhaltung aller Durchlässe, Abzugs= kanäle und Abflüsse an einem öffentlichen Wege zu besorgen hat, gegen eine Entschädigung der benachbarten Grundeigenthümer, die von den Frie= densrichtern summarisch festzustellen ist nach denselben Grundsätzen, nach welchen Wegebaumaterialien von benachbarten Grundstücken entnommen werden können; auch die Ortsbehörden sind ermächtigt, in solchem Fall förmliche Abzugskanäle anzulegen und die Kosten dafür durch Umlage auf die dabei interessirten Gebäude aufzubringen. (§. 21, 22.)

2) Talg= und Seifensiedereien, Schlachthäuser, Blut= und Knochenbrennereien oder andere Fabrikationsorte mit lästigen Aus= flüssen (effluvia), welche der Ortsbehörde durch Zeugniß eines Sanitäts= beamten oder zweier geprüfter Aerzte als gemeinbelästigend oder gesund= heitsgefährlich attestirt werden, können auf Antrag der Gemeindebehörde zur Verhandlung vor zwei Friedensrichter gezogen werden, und werden im ersten Straffall mit 2—5 L., im zweiten Straffall mit 10 L., und mit weiter verdoppelter Strafe bis auf 200 L. gebüßt; sofern der Unternehmer nicht nachweist, daß er die „besten anwendbaren Mittel" zur Beseitigung der effluvia oder ihrer Nachtheile angewandt hat. (§. 27.) Nach einem Zusatz von 1866 kann das ärztliche Attest auch ersetzt werden durch den schriftlichen Antrag von zehn Anwohnern. Der so Verurtheilte kann in= dessen gegen Bestellung einer Caution die Einstellung des Verfahrens her= beiführen, und dadurch die Ortsbehörde nöthigen, die ordentliche Klage wegen nuisance bei einem der drei Reichsgerichte anzubringen.

3) Der Gesundheitsbeamte des Orts mag jederzeit inspiciren und prüfen jedes Thier, Fleisch, Geflügel, Früchte, Korn, Brod, Mehl, welches zum öffentlichen Verkauf ausgestellt ist, und sofern das= selbe verdorben oder ungesund befunden wird, solches in Beschlag nehmen und einem Friedensrichter vorlegen, welcher die Vernichtung ausspricht, mit einer Buße bis zu 20 L. oder Gefängniß bis zu 3 Monaten. (Zusatz aus 26. et 27. Vict. c. 117.)

III. Ein System von Polizeiresoluten (Orders) dient für die weiteren Fälle der Nuisances, welche mit Rücksicht auf die concreten Umstände ein Einschreiten im einzelen Fall nach gewissen Vorerörterungen erfordern. (1) Die Anregung der Nuisance (notice) bei der Ortsbehörde mag erfolgen entweder durch eine beschwerte Privatperson, oder einen Sanitätsbeamten der Ortsbehörde, oder zwei ansässige Bewohner, oder den Unterstützungsbeamten der Armenverwaltung, oder einen besoldeten Polizeibeamten der Constabulary. Durch diese Anzeige erhält die Ortsbehörde: (2) das Recht des Eintritts und der Voruntersuchung (entry) mit der Maßgabe, daß die Besichtigung in den Tagesstunden von 9—6 Uhr stattfinde, und im Fall der Verweigerung des Zutritts eine darauf bezügliche Order des Friedensrichters extrahirt werde; in der Sache selbst mit der Befugniß, alle zur Begründung der Klage erforderlichen Thatumstände festzustellen, insbesondere Abzugskanäle und sonst von der Sanitätspolizei angeordnete Anlagen zu inspiciren. Bestätigt sich durch diese Voruntersuchung die gemachte Angabe, so folgt (3) eine complaint und mündliche Verhandlung vor zwei Friedensrichtern, zu welcher der schuldige Theil, beziehungsweise der Eigenthümer oder Miether der Baulichkeit geladen, und in contradictorischer Beweisverhandlung das Vorhandensein der nuisance festgestellt wird. (4) Wird diesen Richtern der Grund der Beschwerde überzeugend dargethan, so sollen sie durch schriftliche Order unter Handschrift und Siegel eine Reinigung, Abweißung der Baulichkeiten und Beseitigung der sonst angezeigten nuisances verfügen. Das Formular einer solchen order of removal of nuisances lautet:

„Nachdem am — — 1848 Beschwerde erhoben ist vor mir J. P. von den Armenvorstehern ꝛc. der Gemeinde N., daß das in der dortigen Gemeinde belegene Grundstück — Str. — Nr. in einem so schmutzigen und gesundheitsschädlichen Zustand ist, um eine nuisance zu sein . . . . . : Und nachdem der Miether des gedachten Gebäudes heute vor uns J. P. und J. K., zweien königlichen Friedensrichtern, erschienen ist, um den Inhalt der gedachten Beschwerde zu beantworten . . . . . : Und nachdem heute zu unserer Genüge erwiesen ist, daß . . . (wie oben): verordnen wir hierdurch in Gemäßheit des Gesetzes, daß der gedachte Miether schuldig, binnen 24 Stunden nach Empfang dieses zu reinigen, zu weißen, zu repariren, Abfluß zu schaffen ꝛc.; und im Falle dieser Order nicht genügt wird, ermächtigen wir hiermit die gedachten Armenaufseher ꝛc. . . . . das gedachte Grundstück zu betreten und alles Nöthige einzurichten und vorzunehmen zur Ausführung dieser Order." (Gegeben ꝛc.

(5) Im Fall des Ungehorsams tritt eine Geldbuße von 10 sh. resp. 20 sh. täglich für die Fortdauer der nuisance ein, und die Lokalbehörde ist berechtigt, persönlich oder durch beauftragte Diener und Agenten das Grundstück zu betreten um die verordnete Reinigung und Beseitigung selbst vorzunehmen. Die Kosten dafür sollten nach dem ersten Gesetz summarisch von zwei Friedensrichtern festgestellt und beigetrieben werden, wobei den Friedensrichtern ein Niederschlagungsrecht Armuths halber oder wegen be=

§. 52. Polizeiordnung gegen störenden und gesundheitsgefährlichen Unfug. 295

sonderer Umstände zusteht. Die auf diesem Wege nicht gedeckten Kosten werden durch schriftliche Order zweier Friedensrichter auf die Gemeindekasse angewiesen. Nach §. 16 des Gesetzes von 1855 mag die Ausführung baulicher Anlagen auch unter Direction der für solche Gesundheits- und Bauanlagen vorhandenen Gemeindebehörden erfolgen. Alle dadurch veranlaßten Kosten (bis zum Betrag von höchstens einer Jahresmiethe) sollen als „Verwendungen zum Nutzen und auf Verlangen" der Person, gegen welche die Order erlassen ist, erachtet und vor einem ordentlichen Civilgericht oder vor zwei Friedensrichtern eingeklagt werden. (6) Eine Appellation gegen die Order findet binnen 7 Tagen statt, mit Bestellung einer Prozeßcaution. Außerdem sind die alten Rechtsmittel der common law wegen nuisance beibehalten, und damit der Instanzenzug auch bei den ordentlichen Gerichten offen gehalten.**)

IV. Zusätze und Erweiterungen enthalten die weiteren Nuisances Acts 1860, 1861, 23. et 24. Vict. c. 77; 29. et 30. Vict. c. 41: Erweiterung des Begriffes der Nuisances; Anweisung der nicht anderweit bestimmten Kosten auf die Steuern des Kirchspiels oder der Stadtgemeinde; Ermächtigung zur Anstellung besoldeter Inspectors of Nuisances; Befugniß des dirigirenden Bezirksbeamten der Constabulary, auf Anweisung eines Staatssecretärs, überall an Stelle der Ortsbehörde einzuschreiten, wo die letztere solches unterläßt; amtliche periodische Inspection aller einer Abhülfe bedürfenden Anlagen durch die Ortsbehörde oder ihren Beamten; insbesondere auch die Befugniß, Regulative über die höchste Zahl der in Miethshäusern aufzunehmenden Miether und die Reinlichkeit solcher Gebäude zu erlassen, und nach zweimal erfolgter Bestrafung (innerhalb eines Zeitraums von 3 Monaten) durch Order zweier Friedensrichter überfüllte Miethshäuser und Kellerwohnungen zu schließen.

† Der Gang der Gesetzgebung über die Nuisances Removal.

Die abgerissene Gestalt dieser Gesetzgebung entstand durch das Bestreben, ein nothdürftiges Maß einer Gesundheitspolizei auf der Basis der friedensrichterlichen Jurisdiction zu gewinnen. Erhebliche Verdienste um diese Gesetze hat der Advocat Toulmin Smith gehabt. (Vgl. T. Smith, Parish, 2. Auflage 1857 S. 256—60, 340 ff., und die von

---

**) Das System der friedensrichterlichen Orders of removal of nuisances (Polizeiresolute mit contradictorischem Verfahren und gerichtlichem Instanzenzug) bildet den Schwerpunkt des Gesetzes. Dies Verfahren geht zunächst gegen den occupier des schädlichen Grundstücks. Im Falle aber der Miether sich weigert die nöthigen Anordnungen zu treffen, mag der Eigenthümer ihn vor einen Friedensrichter laden lassen, und es kann dann nach Anhörung über die Weigerungsgründe durch eine Order der Eigenthümer ermächtigt werden, das Grundstück zu betreten und das Nöthige vorzunehmen. Dieser Haupttheil des Gesetzes ist aber in den verschiedenen Nuisances Acts 1848, 1849, 1855, 1860, 1866 mehrfach geändert, ebenso wie die gesetzlichen Formulare der Orders of removal und der Kostenpunkt. Eine allgemeine Strafandrohung ist eingefügt „für vorsätzliche Hinderung einer Person in Ausführung dieses Gesetzes" (5 £.).

ihm entworfene praktische Anleitung zur Selbsthülfe der Gemeinde auf diesem Gebiet: Practical Proceedings for the Removal of Nuisances etc.) Die Hoffnung, mit solchen Gesetzen alle bevormundenden Einrichtungen der administrativen Gesundheitspolizei zu ersetzen, ist freilich durch die verwahrlosten Zustände der Fabrikdistricte, durch die Indolenz der ärmeren Klassen und durch die Unbeholfenheit der friedensrichterlichen Jurisdiction großentheils vereitelt. Die Schwierigkeit der Aufgabe ist schon ersichtlich an dem raschen Wechsel, in welchem den Gesetzen von 1848 und 1849 schon nach 6 Jahren eine Consolidation folgte. Die consolidirende Nuisances Removal Act 1855 bildet drei Abschnitte. Part I. von der Constituirung der Lokalautoritäten, von den Geldmitteln für die Zwecke des Gesetzes, von dem Begriff der nuisances, von der Befugniß zur Betretung von Privatgrundstücken und zur amtlichen Untersuchung des Zustandes, power of entry (Art. 3—11). Die Lokalautorität zur Ausführung des Gesetzes, wo kein Gemeinderath, kein Gesundheitsamt und keine sonst constituirte Gemeindebehörde besteht, bilden die Guardians of the Poor in Verbindung mit den Wegeaufsehern der Gemeinde. Die Lokalbehörde hat die Befugniß Verwaltungscomité's zu ernennen. Die Kosten der Ausführung werden bestritten: (1) wo ein Board of Health besteht durch die general district rate; (2) wo ein städtischer Gemeinderath ist besteht durch die borough rate; (3) wo eine Improvement Act ergangen ist durch die improvement rate; (4) in London durch die sewers rate der Commission of Sewers; (5) wo ein Highway Board für die Wegeverwaltung oder ein schon früher gebildetes Nuisances Removal Committee besteht durch die highway rate; (6) wo ein Board of Inspectors unter der Lighting and Watching Act besteht durch die lighting and watching rate; (7) wo es an allen diesen Voraussetzungen fehlt, durch die poor rate. — Artikel 8 formulirt dann den Begriff der gesundheitspolizeiwidrigen nuisances. Art. 9 ertheilt die Befugniß zur Anstellung und Besoldung eines Sanitary Inspector. Art. 10 von der Anzeige der nuisances. Art. 11 power of entry. Part II. handelt von der Beseitigung der nuisances (Art. 12 bis 30), namentlich von den Grundsätzen, nach welchen die friedensrichterlichen orders zur Beseitigung gegenwärtiger und zukünftiger nuisances zu erlassen. — Part III. Procedure (Art. 31—46) von den Ladungen und von der Strafordnung. Appellation an die Quarter Sessions ohne certiorari. (Die Zahl der Straffälle unter den P. Health und Nuisances Acts war im Jahre 1867 = 8357.) Dem Gesetz angehängt sind folgende Formulare: A. Friedensrichterliche Order wegen Zulassung des Beamten der Lokalbehörde zur Untersuchung. B. C. Formulare zur notice of nuisance. D. Ladungsformulare. E. F. Orders of Removal. G. Orders to permit execution of works by owners. H. J. K. Executionsformulare (später sind die Formulare noch vermehrt und amendirt). — Die Parl. Papers 1857 No. 36 Vol. XLI. 225 geben eine erste Uebersicht der einzelen Orte, in welchen dies Gesetz (insbesondere mit Anstellung eines Ortsphysikus) ausgeführt war.

Gleichzeitig mit der Nuisances Act 1855 erging noch eine Diseases Prevention Act 18. et 19. Vict. c. 116, durch welche das Privy Council (Staatsministerium) ermächtigt wird, für Fälle ansteckender epidemischer Krankheiten Regulative auf die Dauer von 6 Monaten zu erlassen über Beerdigungen, Visitationen und Desinfectionsmaßregeln, welche durch die Lokalautoritäten und die von ihnen anzustellenden Sanitätsbeamten auszuführen sind. Die späteren Nuisances Amendment Acts beziehen sich zugleich auf dieses Sanitätspolizeigesetz und werden dadurch noch unübersichtlicher. Auch die Public Health Act 1848 und die Local Government Act 1858 haben ihren Schwerpunkt in den Regulativgewalten der Ortsbehörden, und bilden ein überaus verwickeltes Hauptgebiet der wirthschaftlichen Selbstverwaltung, welches wiederum durch das hier gegebene System der obrigkeitlichen Selbstverwaltung ergänzt wird. Die stückweise Gesetzgebung über diese Sanitätsmaßregeln folgt unten im Cap. XI.

§. 53.
System des Seepassagierwesens, der Fluß- und Canalpolizei. Passengers Acts. Rivers and Canals. Thames Watermen.

Polizeiliche Regulative über die Wasser-Communicationen beginnen in England auf sehr speciellen Gebieten, mit einer Verordnung für die Mieths= schiffer der Themse unter Marie, einer Leuchtthurms= und Lootsen= ordnung unter Elisabeth, gleichzeitig mit der Bildung privilegirter Cor= porationen für diese Zwecke. In der noch ältern Verfassung der soge= nannten fünf Hafenstädte waren auch Regulative für Häfen und Schiffahrt enthalten. Auch in den sogenannten Navigationsacten sind einzele Clau= seln polizeilichen Charakters enthalten. Später ergingen Lokalacten über die Canalschiffahrt. Im XIX. Jahrhundert consolidirt sich auch eine Polizeiordnung über das Seepassagierwesen in folgende Gruppen.

I. Die Passengers Acts enthalten eine Polizeiordnung für den einer Staatsfürsorge bedürftigen Passagiertransport über See. Schon das st. 4 Geo. IV. c. 88 gab ein ziemlich ausführliches Regulativ für Groß= britannien und Irland; 5. et 6. Vict. c. 107 für Passagierschiffe zwischen Großbritannien und außereuropäischen Häfen. In st. 12. et 13. Vict. c. 33 erschien zuerst eine consolidirte Passengers Act, deren Ausführung einem Departement des Colonial-Amts und seinen Unterbeamten übertragen wurde, Abgehende Passagierschiffe werden einer vorgängigen Revision entweder durch einen Emigrations-Agenten oder durch einen Zollbeamten unter= worfen. Die Vorschriften über Prüfung der Seetüchtigkeit der Schiffe, Höhe des Decks, Bemessung der Zahl der Passagiere nach Tonnengehalt und Quadratfußen, Construction des Unterdecks, Ventilation des Mittel= decks, Größe der Schlafräume, Wasserversorgung, Schiffsapotheke und Verproviantirung sind nunmehr generalisirt. Makler und Agenten für Auswanderungs= und Seepassagier-Geschäfte bedürfen einer polizeilichen Concession. Die äußerst zahlreichen Strafklauseln (5—50 L.) sind regel= mäßig summarischer Jurisdiction überwiesen. In 18. et 19. Vict. c. 119 folgt nochmals eine consolidirte Passengers Act 1855, welche in 103 Artikeln mit Benutzung der gemachten Erfahrungen die Clauseln der frü= heren Gesetze incorporirt und verallgemeinert, und dem Ministerium den Erlaß von Regulativen (rules) vorbehält. Das Strafverfolgungsrecht für die summarischen Strafen ist den Emigration Officers beigelegt.[1]

---

[1] Passengers Acts. Ueber das Centraldepartement, Colonial Land and Emi- gration Commissioners, s. Gneist, Engl. Verwaltungsrecht II. §. 83. Die Hauptcon=

II. Eine Canal- und Stromschiffahrtsordnung ist in zerstreuten Gesetzen enthalten, unter Einführung eigener Constables für dies Gebiet 3. et 4. Vict. c. 50, mit erweiterten Verhaftungs- und Durchsuchungsgewalten.²)

III. Die Miethsschiffahrt auf der Themse beruhte seit älterer Zeit auf besonderen Gesetzen, deren Detailbestimmungen durch Regulative der City von London ergänzt werden. Neuerdings ist dafür ergangen die Thames Navigation Act 1866, 29. et 30. Vict. c. 89, zum Schutz der Ufer und des Flußbetts, namentlich gegen Verunreinigung; die Thames Conservancy Acts 1857, 1864, 20. et 21. Vict. c. CXLVII; 27. et 28. Vict. c. 113 zur Ordnung der Werften, Hafenmeister, Zölle ꝛc.; die Watermen's Amendment Act, 22. et 23. Vict. c. CXXXIII., zur Regelung des Bootswesens und der Gewerbeordnung der Lohnschiffer.³)

---

trole aller Bestimmungen, namentlich auch über die Führung der Passagierlisten beruht darauf, daß kein Passagierschiff ohne Certificat des competenten Beamten auslaufen darf. Den Emigration Officers ist auch eine gewisse Civiljurisdiction beigelegt (§. 84). Zusätze enthält die Amendment Act, 26. et 27. Vict. c. 30. Die besondere Ordnung der Dampfschiffahrt, des Lootsen- und Leuchtthurmwesens ist jetzt mit der Merchant Shipping Act (§. 58) verbunden.

²) Rivers and Canals. Für die Schiffahrt auf Strömen und Canälen enthielten 19. Geo. II. c. 22; 54. Geo. III. c. 159; 7. et 8. Geo. III. c. 30 summarische Strafklauseln: über Schießpulver, feuergefährliches Theeren, reglementswidrige Einnahme und Auswerfen von Ballast, erweiterte Befugnisse der Polizei-Beamten zur Durchsuchung ꝛc.; mit Appellation an die Quartalsitzungen. Eine Erweiterung der Regulativgewalten enthält 26. et 27. Vict. c. 30. Durch 3. et 4. Vict. c. 50 werden je zwei Friedensrichter und die Polizeiverwaltungen der Städte ermächtigt auf Antrag der Eigenthümer eines Canals oder schiffbaren Stroms besondere Constables für dies Gebiet zu ernennen aus Personen, welche die Gesellschaft dazu vorschlägt, und die von einem Friedensrichter zu ihrem Amt verpflichtet werden, mit erweiterten Gewalten zur Verhaftung und Durchsuchung. Die Strafen vor zwei Friedensrichtern, mit Appellation bei Bußen über 3 £.

³) Thames. Watermen. Schon durch 2. et 3. Phil. et Mary waren die Miethsschiffer (watermen) und Bootsleute der Themse in eine Compagnie vereinigt, mit einem Regulativ für ihre Disciplin, für Sicherheit und Bequemlichkeit ihrer Boote, Feststellung ihrer Preise. Die watermen bilden eine Corporation mit dem Monopol der Miethsschiffahrt an der Themse. Ihre Statuten unterliegen der Revision von Bürgermeister und Rath in London und der Bestätigung durch einen Richter der Oberhöfe. Zu ihren Pflichten gehört die Anweisung von Anlageplätzen, die Ernennung von Aufsehern dafür, die Ertheilung von Concessionen für die einzelen Miethsboote, Registrirung derselben, Annahme von Lehrlingen, die nach siebenjährigem Dienst zur selbständigen Meisterschaft berechtigt sind. Der Tarif wird durch den Rath von London unter Bestätigung des Staatsministeriums (Privy Council) festgestellt. Die zahlreichen Strafklauseln für Uebelverhalten der Bootsmänner, Ueberschreitung des Tarifs, ungebührliches Betragen, Schimpfworte ꝛc. gehören vor den Lord Mayor oder einen Alderman oder einen Friedensrichter. Personen, die das tarifmäßige Fahrgeld zu zahlen weigern, werden ebenso summarisch zu Schadenersatz mit Kosten, event. zu Gef. bis einem Mon. verurtheilt. Weigerung den Namen zu nennen,

Das System der Polizeibußen ist in diesem Gebiet nur durch Einschiebung einiger Aufsichtsbeamten und eines Concessionswesens für die Passagierschiffahrt erweitert.

§. 54.

System der Jagdordnung 1. et 2. Will. IV. c. 32. Game Laws.

Das Jagdrecht war durch die normannische Verfassung vollständig Regal geworden, zur lebhaftesten Beschwerde aller Stände (Excurs. *) Allmälig ist dies Jagdregal indessen gemildert in zwiefacher Richtung.

Einerseits durch **Verleihung des Jagdregals** an Privatpersonen in bestimmten Bezirken; doch immer nur eines niedern oder mittlern Jagdrechts ohne Jurisdiction. Das mittlere Jagdrecht in eingehegtem Revier heißt park, in uneingehegtem Revier chase, das niedere Jagdrecht warren. Eine Verleihung des letztern an größere Grundbesitzer auf eigenem Boden war häufig geschehen; das Recht der chase kann auch auf fremdem Boden verliehen sein, ist aber selten ertheilt.

Andererseits tritt eine **mildere Handhabung** des Jagdregals ein, besonders seit den Zeiten der Magna Charta und ihrer Begleiterin der charta de foresta. Seit dieser Zeit finden wir gegen die höheren Stände eine gewisse Connivenz, welche wenigstens den größeren Besitzern die Jagd auf eigenem Boden auch ohne verliehenes Regal gestattet, d. h. die Strafgesetze dagegen außer Anwendung läßt.

Mit dem Aufwachsen der parlamentarischen Verfassung und der Bildung einer regierenden Klasse entsteht daraus die nahe liegende Vorstellung von dem **standesmäßigen Jagdrecht der höheren Stände**, welches schon im XV. Jahrhundert vorhanden, in der Periode der Stuarts zur vollständigen Entfaltung kommt. Das Jagdrecht (d. h. ein ausschließliches

---

oder Angabe eines falschen Namens oder Wohnorts (5 L.). Klagen der Schiffsleute gegen einander wegen eines Vergehens gegen die Acte können concurrirend von je zwei Vorstehern der Compagnie oder vom Lord Mayor oder einem Friedensrichter entschieden werden. Auch wegen Beschädigung eines Boots oder Schiffsgefäßes kann summarisch auf Schadenersatz bis 5 L. erkannt werden. Die Watermen's Amendment Act 1859 behält die Innungsverfassung der Lohnschiffer unter ihrem Master und Wardens bei und regelt die Passagierschiffahrt nach Analogie des Omnibusfuhrwesens. Gegenstand erneuter Aufmerksamkeit ist die allgemeine Polizeiordnung der Themse geworden. (Vgl. den Report 1863 Nr. 454 ꝛc.) Die alten Regulativgewalten des Rechts der City von London sind jetzt durch die Th. Conservancy Act dahin geändert, daß ein mit Corporationsrechten versehenes Collegium von 12 Conservators die byelaws zu erlassen hat mit der Befugniß einer Strafandrohung bis 5 L.

Recht zur Jagd auf eigenem Boden) wird demgemäß an einen Passiv-Census gebunden, fast analog dem Census zum Friedensrichteramt; während für die niederen Klassen das mittelalterliche Jagdverbot fortdauert. Von da an wird das Jagdrecht zu einem Lieblingsthema der regierenden Klasse, sowohl für ihre Gesetzgebung im Parlament wie für ihre Jurisdiction als Friedensrichter in den Grafschaften. Es häuft sich so allmälig eine planlose Masse von harten Jagdstrafgesetzen auf, welche mit den herrschenden Vorstellungen des XIX. Jahrhunderts in Conflikt kommen mußten. Nach einigem Sträuben erging endlich die neue Jagdordnung 1. et 2. Will. IV. c. 32, welche unter Aufhebung von 27 älteren Jagdgesetzen folgende Grundsätze annimmt:

1. Die Qualification zur Jagd ist nicht mehr ein Vorrecht gewisser Stände und Besitzweisen, sondern steht Jedem zu, der einen Jagdschein bei der Steuerbehörde löst. Dies System der Game Certificates, eingeführt schon durch 25. Geo. III. c. 50 etc., ist durch die Jagdordnung bestätigt. Die Taxe des Jagdscheines, welche jetzt nach den Grundsätzen der excise erhoben wird, beträgt 3 L. für das volle Jahr mit der Befugniß, Schießgewehre, Hunde, Netze und andere Jagdgeräthschaften zu gebrauchen. Der Wildheger, Gamekeeper, bezahlt die niedere Taxe von 2 L. Gehülfen und Diener, die in Gesellschaft und Gegenwart des Jagdscheinberechtigten Dienste leisten, sind steuerfrei. Die Lösung des Jagdscheins tritt durchweg an die Stelle der frühern Qualification durch Grundbesitz und Stand. Jeder Jagende ist verpflichtet, auf Verlangen eines Steuerbeamten, eines Gutsherrn innerhalb seines manor, oder des Grundbesitzers auf seinem Boden, den Jagdschein vorzuzeigen, und Abschrift davon nehmen zu lassen, event. wenigstens Namen und Wohnort anzugeben, bei 20 L. Strafe für den Fall der Weigerung oder falschen Angabe.[1])

---

[1]) Das jagbare Wild begreift außer dem Hochwild noch Hasen, Fasanen, Reb- und Haselhühner, Haide- und Moorgeflügel, Schwarzwild und Trappen. Für die Steuergesetzgebung ist noch einiges andere einbegriffen. Es gilt nach common law als res nullius; eine qualified property wird indessen für den Grundeigenthümer angenommen rücksichtlich des auf seinem Boden befindlichen Wildes; ein wirkliches Eigenthum an dem eingehegten Wild. Auch die alten Gutsherrschaften, Lords of manor, haben niemals ein Jagdrecht auf den Bauergütern gehabt, weder auf freehold noch auf copyhold, sondern nur auf der gemeinen Dorfmark, wastes and commons. Dies letztere bleibt auch durch die neueren Ablösungsgesetze unverändert. Es bleiben ferner reservirt die Forstrechte der Krone und die von der Krone besonders verliehenen Jagdrechte. Bei verpachteten Grundstücken bleibt dem Grundherrn das Jagdrecht, wenn es nicht ausdrücklich mitverpachtet ist. Das jetzige Steuergesetz für die Jagdscheine ist 24. et 25. Vict. c. 90. Es liegt darin aber immer nur die Befugniß, auf eigenem Boden zu jagen, während das Betreten eines fremden Bodens einer action of tresspass unterliegt.

§. 54. System der Jagdordnung 1. et 2. Will IV. c. 32.

2. Die Schonungszeit dauert nach Verschiedenheit des Wildes vom 1. Februar bis 1. September, für Fasanen vom 1. Februar bis 1. Oktober, für Schwarzwild vom 10. Dezember bis 20. August ꝛc. Strafe: 20 sh. für jedes Stück, und ebenso viel für den Verkauf und Besitz von Wild in geschlossener Zeit vor zwei Friedensrichtern.[2])

3. **Summarische Bestrafung der einfachen Jagdübertretungen**: Jagen ohne Jagdschein oder Gebrauch von Flinten, Jagdhunden, Jagdgeräthschaften in der Absicht zu jagen ohne Schein (5 L., außer der Steuerstrafe von 20 L.); Zerstörung der Eier von dem unter Jagdschutz gestellten Geflügel (5 sh. das Stück); Ausübung der Jagd durch einen Pächter, dem sie nicht mitverpachtet ist (40 sh. für das Stück); unbefugtes Betreten fremden Bodens, in der Absicht zu jagen (40 sh., unter erschwerenden Umständen 5 L.). Die Geldbußen vor zwei Friedensrichtern. Durch die Bestrafung wird auch der Jagdschein verwirkt. Appellation findet nur statt, wenn der Verurtheilte in Haft bleibt oder Proceßcaution mit Bürgen bestellt; Certiorari und Cassation wegen Formfehlers ausgeschlossen. Uebertreter, welche gegen einen andern Uebertreter denunciiren oder Zeugniß ablegen, sollen straffrei bleiben (5. et 6. Will. IV. c. 20 §. 20). Die Strafverfolgung verjährt in drei Monaten nach der Begehung. Uebertreter, welche Namen und Wohnort zu nennen verweigern, dürfen festgenommen, einem Friedensrichter vorgeführt, doch nicht über 12 Stunden detinirt werden.[3]) — Durch 11. et 12. Vict. c. 29 wird aus-

---

[2]) Zum Schutz der Schonzeit dient die Bestimmung, daß der Kauf und Verkauf von Wild nach Ablauf von 10 Tagen, der Besitz von Wild nach Ablauf von 40 Tagen nach geschlossener Jagd unter die obige Strafe gestellt wird.

[3]) Die qualificirten Jagdvergehen gehören vor die ordentlichen Criminalgerichte. Die älteren sehr verwickelten Jagdstrafen waren schon consolidirt durch 7. et 8. Geo. IV. c. 27, 29; 9. Geo. IV. c. 69. Das letzte Gesetz ist durch die neue Jagdordnung bestätigt, und ahndet das unbefugte Jagen zur Nachtzeit (night poaching) im ersten Straffall mit Gef. bis zu drei Mon. vor zwei Friedensr., nach deren Ablauf Bürgschaft für gutes Verhalten auf ein Jahr mit 20 L. und zwei Bürgen, event. weitere Haft mit harter Arbeit auf sechs Monate; im zweiten Uebertretungsfall werden alle diese Sätze verdoppelt; der dritte Uebertretungsfall ist misdemeanor vor den gewöhnlichen Strafgerichten mit Transportation auf 7 Jahre oder Gef. mit harter Arbeit bis zwei Jahre. Dieselbe Strafe trifft den bewaffneten Angriff und jede Gewaltthätigkeit mit Waffen gegen Personen, welche den Uebertreter festzuhalten befugt sind. Die Nachtzeit wird berechnet von einer Stunde nach Sonnenuntergang bis zu einer Stunde vor Sonnenaufgang. Beibehalten ist ferner die schwere Bestrafung des Wilddiebstahls an Hochwild, Deer, 7. et 8. Geo. IV. c. 29 §. 26 ff. Ebenso treten die Diebstahlsstrafen ein bei Entwendung von Hasen oder Kaninchen aus dem Gehege. In neuerer Zeit ist mit der Consolidation der Gesetzgebung auch die criminelle Bestrafung der Wilddiebstähle neu geregelt in 24. et 25. Vict. c. 96; 25. et 26. Vict. c. 114. Als connexe Uebertretung werden auch die Trespasses in Verfolgung des Wildes unter summarische Strafen gestellt; ein Recht der Jagdfolge hat die common law nur bei gemeingefährlichen Arten des Wildes anerkannt.

nahmsweise den Besitzern eingehegter Ländereien gestattet, persönlich oder durch einen schriftlich Beauftragten Hasen zu tödten auf ihrem eingehegten Boden ohne Lösung eines Jagdscheins.

4. Besitzern von großen Gütern ist das unter Carl. II. entstandene Recht der Bestellung von Wildhegern, Gamekeepers, vorbehalten. Ein solcher kann ernannt werden von jedem Gutsherrn eines manor oder eines Gutes, welches so genannt oder betrachtet wird (reputed manor or lordship), in Wales eines Guts von 500 L. Rente, unter Handschrift und Siegel des Gutsherrn, zur Hegung des Wildes, und mit der Befugniß, für die Herrschaft oder für bestimmte in der Bestallung benannte Personen zu jagen. Der bei dem Kreissecretär einregistrirte Wildheger hat das Recht der Beschlagnahme von Jagdhunden und Jagdgeräthschaften gegen Personen ohne Jagdschein.

5. Der Betrieb des Wildhandels ist außer dem Steuerschein an einen Polizeigewerbeschein gebunden, der von den Friedensrichtern in den kleinen Bezirksitzungen zu ertheilen und jährlich zu erneuern ist. Er gilt nur für das darin bestimmte Local, welches als „concessionirt zum Wildhandel" ausdrücklich zu bezeichnen ist. Die Concession ist erloschen, wenn der Inhaber während des laufenden Jahres wegen Uebertretung der Acte bestraft wird. Concessionirte Wildhändler, welche Wild von Personen ohne Jagdschein kaufen, verwirken 10 L.; Personen, welche Wild an unconcessionirte Händler verkaufen, 2 L. für das Stück vor zwei Friedensrichtern. Ebenso Personen ohne Jagdschein, welche Wild verkaufen oder zum Kauf anbieten. Käufer, welche Wild von anderen als concessionirten Wildhändlern kaufen, 5 L. für das Stück. Doch dürfen Gastwirthe unmittelbar von Personen mit Jagdscheinen kaufen.

* Geschichtliche Entwickelung des englischen Jagdrechts.

Der Absolutismus der Normannenkönige zeigte sich am stärksten auf dem Gebiet, wo er mit den Lieblingsneigungen der höheren Stände unmittelbar zusammenstieß. Das Königliche Jagd-Regal wurde abgeleitet aus der Stellung des Königs als echtem Eigenthümer des ganzen Landes; nebenbei auch aus dem Kronrecht auf bona vacantia. Geschichtlich bekannt ist die furchtbare Strenge, mit welcher es gegen alle Stände gehandhabt wurde. Die erste massenhafte Auflehnung der Barone und Prälaten gegen das Königthum hatte daher die charta de foresta zur Folge (Begleiterin der magna charta), mit der freilich nur der willkürlichen Ausdehnung der Einforstung Schranken gesetzt und die Handhabung des Regals gemildert ward. Uebrigens blieb das jus forestae, die hohe Jagd mit der daran hängenden Jurisdiction, Königliches Reservat, so daß grundsätzlich alles Jagen ohne Königliche Licenz, auf eigenem wie auf fremdem Boden, strafbar blieb; nur mit Milderung der alten Strafen und nachsichtigerer Handhabung der alten strengen Ordnung gegen das Halten von Jagdhunden 2c. — Als nun aber in dem Jahrhundert Eduard's I. II. III. die Parlamentsverfassung ihre Grundlage erhalten hatte, wurde dies System den höheren Ständen unerträglich. Die Anwendung des Jagdregals auf sie ist

§. 54. System der Jagdordnung 1. et 2. Will. IV. c. 32.

stillschweigend außer Anwendung getreten, und es beginnt nun umgekehrt ein Bestreben, die niederen von diesem Toleranzsystem auszuschließen. Die Regierung Richard's II. war der Wendepunkt dafür (13. Ric. II. st. 1. c. 13). Die Periode der Tudors war dieser Richtung weniger günstig: desto günstiger die der Stuarts. Das st. 1. Jac. I. c. 27 §. 3 bedroht das Halten von Jagdhunden und Jagdnetzen mit drei Monaten Gefängniß, — außer für Besitzer von 10 L. Grundrente aus erblichem Eigenthum, 30 L. aus lebenslänglichem Grundbesitz, oder Besitzer von 200 L. an beweglichem Vermögen, oder Söhne eines Lord, eines Ritters, oder Erbsöhne der Esquires. Das st. 3. Jac. I. c. 13 beschränkt den Besitz von Jagdgewehren durch einen ähnlichen Census (vgl. st. 7. Jac. I. c. 11 §. 7.) Das st. 22. et 23. Car. II. c. 25 beschränkt den Gebrauch von Jagdgewehren auf Personen von 100 L. Rente aus freehold 2c. und gestattet den Grundherren eines manor vom Range eines Esquire zum erstenmale das Recht, unter ihrer Handschrift und Siegel Wildheger, Gamekeepers, zu ernennen, mit der Befugniß, im Bereich des Guts Flinten, Jagdhunde und Jagdgeräthschaften unqualificirten Personen wegzunehmen, und Haussuchung danach anzustellen. — Dieser Gang der Gesetzgebung und die fortschreitende Macht der regierenden Gentry erzeugten die Vorstellung, daß das Jagdrecht ein Standesrecht der regierenden Klasse sei; wogegen Blackstone historisch richtig erinnert: „daß Niemand, der nicht ein mittleres oder niederes Jagdrecht von der Krone verliehen erhalten, oder durch unvordenkliche Verjährung (seit 1. Ric. I.) eine vermuthete Verleihung geltend machen kann, das Jagen auf fremdem Boden rechtfertigen, ja daß er nach der vollen Strenge des gemeinen Rechts eigentlich gar nicht jagen darf, auch nicht auf eigenem Boden", (II. Bl. Comm. 416), und daß alle sogenannten Qualificationen zur Jagd eigentlich nur Exemptionen von der gesetzlichen Strafe sind (IV. Comm. 175). Die historischen Verhältnisse waren indessen der regierenden Klasse so fremd geworden, daß spätere Herausgeber Blackstone's Auffassung in Zweifel gezogen haben. Blackstone selbst betrachtet einen so hohen Passiv-Census für die Jagd (50mal höher als zu den Parlamentswahlen) als etwas Unvernünftiges. Andererseits fanden sich aber doch Nützlichkeitsgründe, Erhaltung des Wildes, Verhütung von Gewaltthätigkeiten und Zeitversäumniß der niederen Klassen, aus denen man das System entschuldigte. Jedenfalls fuhr die regierende Klasse fort, ihr Standesrecht gegen Unqualificirte mit der Eifersucht zu behaupten, mit der überall das standesmäßige Jagdrecht betrachtet zu werden pflegt. Die unabsehbare Reihe von Strafgesetzen hat nun die doppelte Richtung gegen unqualificirte Personen überhaupt, und gegen qualificirte Personen wegen gesetzwidriger Ueberschreitung des Jagdrechts: 11. Henry VII. c. 17; 33. Henry VIII. c. 6 (100 L.), 23. Eliz. c. 10; 1. Jac. I. c. 27: 9. Anne c. 25; 8. Geo. I. c. 19 und zahlreiche andere Gesetze unter den drei ersten Georgen. Eine besondere Gruppe von Gesetzen und Artikeln fixirt eine Schonungszeit; andere verbieten das Wildfangen mit Schlingen und anderen Instrumenten. Eine besondere Gruppe stellt den Wilddiebstahl bei Nacht, an Hochwild, und unter anderen erschwerenden Umständen, unter Criminalstrafen, wie die vielgenannte schwarze Acte 9. Geo. I. c. 22, mit Fortsetzungen 6. Geo. II. c. 37; 10. Geo. II. c. 32; 27. Geo. II. c. 15, wodurch qualificirte Jagdvergehen als felonies mit Todesstrafe ohne benefit of clergy bedroht werden. Wieder andere erweitern das summarische Strafverfahren; die Befugnisse zur Verhaftung und Haussuchung, und sichern dem Denuncianten bedeutende Vortheile zu. Wieder andere verbieten den Handel mit Wild, und machen denselben von einer besondern Gewerbs-Concession abhängig 5. Anne c. 14; 9. Anne c. 25; 23. Geo. II. c. 12. Wieder andere Gesetze beziehen sich auf die durch 22. Car. II. c. 25 eingeführten Wildheger, deren Stellung im 18. Jahrhundert den weitern Irrthum veranlaßt, als ob der Besitzer eines manor ein höheres Jagdrecht habe als jeder andere Freigutsbesitzer (dagegen Blackst. II. p. 418 n). — Das so gestaltete Jagdrecht und die daraus fließende Jurisdiction war ein Lieblingsthema der Friedensrichter des XVII. und XVIII. Jahrhunderts geworden, wurde mit einer sprichwörtlich gewordenen patriarchalischen Willkür und unbändigem Eifer gehandhabt, und war ohne Zweifel einer der schwächsten Punkte des Friedensrichter-Instituts. Dennoch wurde es im Ganzen geduldig ertragen als ein gewohntes Verhältniß. Es hatte nicht die Gehässigkeit eines geschlossenen Gutsrechts gegenüber einem Bauerstande als solchem, war vielmehr entweder besonders verliehenes Regal, oder gemeinsames Recht auf eigenem Boden für alle größeren Grundbesitzer, deren solide Leistungen für das Gemeinwesen eine gewisse Nachgiebigkeit gegen Lieblingsneigungen billiger erscheinen ließ als ohne solche Voraussetzung. Erst im XIX. Jahrhundert kam das alte Jagdrecht in ernstere Collision mit den Interessen des Ackerbaues, und mit der Eifersucht der gewaltig emporwachsenden städtischen Klassen. Die regierende Klasse hat auch hier mit anerkennenswerther Mäßigung dem Zeitgeist nachgegeben, und unter massenhafter Aufhebung der älteren Jagdgesetze fast gleichzeitig mit der Reformbill in die neue Jagdordnung 1. et 2. Will. IV. c. 32 eingewilligt. Das geschichtlich fast unübersehbare Thema giebt Burn's Justice in ihren verschiedenen Auflagen. Monographien über die Jagdgesetze: Chitty's Treatise on the Game Laws and on Fisheries. 2. edit. 1826. 8; Pemberton Leigh's Treatise on the Game Laws 1838, 12 etc. Reports über die Gründe der Aufhebung der älteren Jagdgesetze Parl. P. 1816, No. 504; 1823, No. 260; 1828, No. 235; über die Wirksamkeit der heutigen Jagdgesetze P. P. 1846 No. 463 ꝛc.

§. 55.

System der Fischereiordnungen. Fishes and Fisheries.

Mehr als hundert Gesetze haben seit Edw. I. den Betrieb der Fischerei von verschiedenen Gesichtspunkten aus zu regeln gesucht: theils zur Sicherung eines nachhaltigen Betriebs; theils zur Beförderung des Fischergewerbes oder vom Standpunkt des Schutzzolls; theils von allgemeineren polizeilichen, sowie auch völkerrechtlichen Gesichtspunkten aus, wie beim Wallfisch- und Häringsfang. Ein großer Theil dieser Gesetze ist veraltet, andere sind consolidirt und vereinfacht in folgenden Gruppen.

1. Summarische Bestrafung des unbefugten Fischens und Angelns, jetzt consolidirt in 24. et 25. Vict. c. 96 §. 24—25 (c. 97 §. 32): Geldbuße bis 5. L. nebst Ersatz und Wegnahme der Fisch- und Angelgeräthschaften. Ein ausschließliches Fischereiregal kann seit der Magna Charta keinem Privatmann verliehen werden und kann nur vorkommen, wo es seit Heinrich II. bestanden hat. Blackstone II. 417.[1])

2. Gesetzliche Ordnung der Hegungszeit und Schonung der Brut, beruhend auf dem Gesetz 1. Eliz. c. 17 und der Sea Fisheries Act 1864, 31. et 32. Vict. c. 45, welche für die Fluß- und Seefischerei den Ge-

---

[1]) Das Fischen in Teichen in der Nähe von Wohnhäusern und Gehöften wird als misdemeanor vor den ordentlichen Strafgerichten verfolgt.

§. 55. System der Fischereiordnungen. 305

brauch zu enger Netze, die Zerstörung des Laichs und der Brut und den Verkauf kranker Fische untersagen.[2])

3. Eine besondere Gesetzgebung über die **Lachsfischerei**, mit Einschluß aller Nebengattungen des Lachses, ist in 24. et 25. Vict. c. 12 ergangen, ergänzt durch Regulative, welche ein Staatssecretär auf Antrag der friedensrichterlichen Quartalsitzungen erlassen mag. Nach 28. et 29. Vict. c. 21 können auch Bezirkscommissionen zur Beaufsichtigung des Lachsfanges gebildet werden mit Bestellung besonderer Conservators und unter Einführung besonderer hochbesteuerter Gewerbescheine.[3])

4. Für die **Seefischerei** waren außer den Gesetzen über die Schonungszeit der Brut noch mancherlei Specialbestimmungen zum Theil aus internationalen Gesichtspunkten erlassen, jetzt consolidirt in der Sea Fisheries Act 1868, 31. et 32. Vict. c. 45. Insbesondere sind für den **Häringsfang** zahlreiche Gesetze von 26. Geo. III. c. 81 bis 14. et 15. Vict. c. 26 ergangen, welche den Gebrauch der Netze, die Weise der Einsalzung, Verpackung ꝛc. regeln, in früherer Zeit mit einem künstlichen System von Prämien. Zu dieser Gruppe gehörte auch die wieder aufgehobene Oysters Preservancy Act 1867.[4])

---

[2]) **Hegungszeit und Schonung der Brut.** Das st. 1. Eliz. c. 17 verbietet den Gebrauch zu enger Netze und das Einfangen junger Fische unter einer gesetzlich bestimmten Länge bei 20 sh. Strafe, und verpflichtet die Friedensrichter und die Gerichtsherren im court leet zur Ausführung des Gesetzes. Das st. 1. Geo. I. st. 2. c. 18 und mehre spätere Gesetze über die Weite der Netze und die Länge der zu fangenden Fische sind jetzt durch 31. et 32. Vict. c. 45 ersetzt. Verbot des Exports laichender Fische 26. Vict. c. 16. — In der **Themse** stand von Alters her dem Bürgermeister und Rath von London als Conservator die Feststellung der Fischerordnung zu, unter Bestätigung des Lord-Kanzlers und der Präsidenten der Reichsgerichte 30. Geo. II. c. 21. Diese Regulative bestimmten die Weise der Fischerei, die Art der Netze, die Hegungszeiten, die Länge der zu fangenden Fische, die Erhaltung der Brut, die Bezeichnung der Fischerboote, und die Geldbußen bis 5 ₤. Der Strom-Voigt, water-bailiff, und seine Assistenten können jederzeit die Fischerboote betreten mit dem Recht der Beschlagnahme unter Jurisdiction des Lord-Mayor und der Aldermen, jetzt modificirt durch 27. et 28. Vict. c. 113 §. 65.

[3]) Die **Lachsfischerei** bildete schon seit 13 Edw. I. c. 47 einen Gegenstand besonderer Gesetzgebung. Die Friedensrichter mochten in ihren Quartalsitzungen besondere Hegungstage (fence days) festsetzen, mit Strafen von 5—15 ₤. und nach Bedürfniß besondere Conservators ernennen. Einen voluminösen Bericht über den Lachsfang enthalten die Parl. P. 1861 vol. XXIII. Das sehr umfangreiche Gesetz von 1861, 24. et 25. Vict. c. 109, giebt unter Aufhebung der älteren Lachs-Gesetze ausführliche Vorschriften über die Methoden des Lachsfanges, über die Anlage der Wehre, über die Hegungszeit (vom 1. September bis 1. Februar), über die Bestellung von besonderen Conservators durch die Quartalsitzungen, über die Erstattung von Jahresberichten, über die Ausführung des Gesetzes ꝛc.

[4]) Die Masse der aufgehobenen und der noch bestehenden allgemeinen Localgesetze giebt das Repertorium zur engl. Gesetzsammlung von 1870. Ueber die Regelung der Fischerei-

5. Für den Import fremder Fische und durch fremde Fischer war früher eine umfangreiche Schutzollgesetzgebung vorhanden, welche durch 6. Geo. IV. c. 107 mit einigen Ausnahmen beseitigt wurde. Dagegen besteht noch eine gewisse Polizeiordnung für die Fischmärkte zu London.[5])

§. 56.
System der Arbeitspolizei, Gesindeordnung, Fabrikreglements.
Servants. Labourers. Wages. Combinations. Factories. Mines.

In Verbindung mit den oben erörterten Gruppen der Gewerbepolizei, der Bestrafung des Vagabondirens und Bettelns ꝛc. steht ein weitverzweigtes System der Arbeitspolizei, welches ursprünglich den Geschäftskreis der Friedensrichter als Nachfolger der justices of labourers bildete, und welches Jahrhunderte hindurch die Arbeitslöhne durch die Obrigkeit zu normiren unternahm, und selbst einen direkten Zwang zur Arbeit gegen die Lohnarbeiter übte; andererseits aber auch schon frühzeitig schützende Maßregeln ebenso für die arbeitenden Klassen ergriff. Das erste Statute of Labourers, 23. Edw. III. c. 1., erlassen nach einer großen Landescalamität, gebietet den Arbeitern, jedem Arbeitgeber zu den gewohnten Lohnsätzen zu dienen. Spätere Gesetze drohen harte Strafen für die Weigerung; mit der Stärke oder Schwäche der Regierungen wechselt auch die Strenge der Arbeitspolizei. So ist im XIV. und XV. Jahrhundert ein zweiseitiges Polizeisystem entwickelt, welches durch Lokalverordnungen der Friedensrichter in jeder Grafschaft die Preise regelt, andererseits durch Assizes of Bread and Ale etc. die Lebensmittelpreise, durch Assizes of Wages die Löhne normirt. Ihren Höhepunkt aber erreicht diese Fürsorge in den Gesetzen der Tudors. Das Arbeits- und Gesinde-Gesetz, 5. Eliz. c. 4 (an Act touching divers Orders for Artificers, Labourers, Servants of Husbandry and Apprentices, in 48 Artikeln), faßt diese Arbeitspolizei zusammen, mit einem umständlichen System von Geldbußen vor zwei Frie-

---

verhältnisse zu Frankreich s. 31. et 32. Vict. c. 45, welches im Anschluß an den Vertrag mit Frankreich die ganze Materie ordnet. Ein Jahresbericht der Commission for the British Fisheries wird olljährlich dem Parlament vorgelegt. Parl. P. 1868 No. 4054. XIX. 621.

[5]) Der Fischhandel in London und die Versorgung der Stadt mit frischen Fischen wurde Gegenstand zahlreicher Gesetze, in Verbindung mit der Fishmongers Company, der vierten großen Innung von London, deren Corporations-Verhältnisse durch 9. Anne c. 27 normirt wurden. Die Polizei-Ordnung dafür und den großen Fischmarkt von Billings Gate ist jetzt im Wesentlichen antiquirt durch 31. et 32. Vict. c. 45.

densrichtern. Das Gesetz gilt nicht nur für ländliches Gesinde, sondern für die gesammte damals entwickelte Lohnarbeit in Landwirthschaft, Gewerbe und Manufaktur, in folgenden Hauptsätzen.

Alle Personen, welche „ohne sichtbare Mittel des Lebensunterhalts" sind, können in der Regel durch die Friedensrichter gezwungen werden zu einer Lohnarbeit in Landwirthschaft oder bestimmten Gewerben.

Personen zwischen zwölf und sechzig Jahren, die weder in der Landwirthschaft noch in bestimmt genannten Gewerben gegen Lohn noch sonst in einem rechtmäßigen Dienst beschäftigt sind (ausgenommen geborene gentlemen, litterati, Besitzer eines Grundeinkommens von 40 sh., oder beweglichen Vermögens von 10 L., und Kinder so vermögender, lebender Eltern), können auf Verlangen eines Landwirths genöthigt werden landwirthschaftliche Lohndienste in der Grafschaft zu leisten, wo ihre Dienste verlangt werden. Auch Personen, die in übungsmäßiger Handarbeit aufgewachsen sind, können unter obigen Maßgaben zur Arbeit in dem Gewerbe, in welchem sie geübt sind, genöthigt werden.

Insbesondere findet ein Pressen der arbeitenden Klassen zum landwirthschaftlichen Gesindedienst in Jahresmiethe statt auf Verlangen von Wirthschaftsbesitzern; wobei die Friedensrichter den Betrag des Jahreslohns festsetzen und nöthigenfalls beitreiben. Ebenso können Mädchen vom zwölften bis zum vierzigsten Jahre durch zwei Friedensrichter oder durch den Gemeindevorsteher zum jahrweisen Dienst in der Wirthschaft genöthigt, und im Fall der Weigerung in's Gefängniß gesetzt werden bis sie sich fügen.

Das Gesetz überläßt den Friedensrichtern ferner durch Lokalverordnungen (assizes) nach hergebrachter Weise die Höhe der Löhne zu bestimmen. Die Lohnsätze werden durch Sheriff und Friedensrichter in der Ostersitzung, in Corporations durch den Bürgermeister normirt, mit Androhung von zehn Tagen Gefängniß für den, welcher mehr fordert, und den, welcher mehr giebt. Es bezieht sich dies auf die Löhne des Landgesindes, der Handwerker, Handarbeiter, Feldbauarbeiter, mögen sie nach Jahren, Monaten, Wochen oder Tagen gedungen sein, sogar mit einem Specialtarif für Mähen, Dreschen, Heumachen, Graben, Wegearbeit, Zäunemachen ꝛc. (Dies Fixiren der Löhne wird durch Jac. I. c. 6 nochmals bestätigt, ist auch später gelegentlich erneut, wie durch 8. Geo. III. c. 17 gegen die Schneidergesellen in London.)

In nothwendiger Verbindung mit den Löhnen werden auch die Arbeitsstunden normirt: im Sommer von fünf Uhr bis Abends sieben oder acht Uhr, mit zwei Freistunden für Frühstück und Mittag, und eine halbe Stunde Ruhe in den heißesten Monaten; in den sieben Wintermonaten von Zwielicht zu Zwielicht, mit 1½ Freistunden. Das Verlassen einer bestimmten übernommenen Arbeit wird mit 5 L. bedroht. In der Zeit der Erndte können Tagelöhner gezwungen werden beim Mähen, Binden, Einfahren, Heumachen gegen übliche Gebühr Lohnarbeit zu leisten, bei Gefängniß im Block auf zwei Tage und eine Nacht.

Einen sehr umfangreichen Theil des Gesetzes 5. Eliz. c. 4 bilden ferner Bestimmungen über die Lehrlingschaft, welche sich zu einer gesonderten Darstellung (§. 57) eigenen.

Eine connexe Gesetzgebung auf Grund älterer Praxis verbietet Verbindungen der arbeitenden Klassen zur Erhöhung der Löhne, combinations. Schon die mittelalterliche Gesetzgebung darüber ist sehr streng seit Eduard III. Das st. 2. et 3. Edw. VI. c. 15 droht 10 L., im Rückfall 20 L. Buße, event. Pranger; das st. 12. Geo. I. c. 34; 22. Geo. II. c. 27 Correctionshaus auf drei Monate.

Wieder eine besondere Gruppe bilden die Gesetze über Veruntreuungen in einzelen Manufakturzweigen, namentlich in der Seidenmanufaktur seit 13. et 14. Car. II. c. 15 etc. Die Reihe dieser Gesetze ist fast unabsehbar, betreffend hauptsächlich die Bestrafung von Betrügereien, Entwendungen und Unterschlagungen an Arbeitsmaterialien und im sonstigen Bereich des Gewerbes.

Eine besondere Gruppe bildet endlich die Gesetzgebung im Schutzzollinteresse, wie die Verbote der Ausführung von Fabrikutensilien und von technischen Fabrikarbeitern in das Ausland, sowie die Verleitung dazu (bei 500—1000 L. Strafe), und analoge Maßregeln der Schutzzollgesetzgebung.*)

Alle diese zweiseitigen Zwangsmaßregeln sind indessen größtentheils stillschweigend der freieren wirthschaftlichen Entwickelung gewichen. Die Lokalverordnungen über die Höhe der Löhne kamen durch Nichtgebrauch in Vergessenheit, und wurden auch dem Recht nach beseitigt durch 53. Geo. III. c. 40. Andererseits wurde auch von den mannigfaltigen Gesetzesklauseln zu dem direkten Arbeitszwang kaum noch ein Gebrauch gemacht, welcher nicht in das Gebiet der Vagabunden- oder Armenpolizeigesetze fiel;

---

*) Die Entstehung der Arbeitspolizei im Mittelalter s. Geschichte des selfgovernment S. 275, in der Zeit der Tudors S. 300. Das Gebiet gehört zu denjenigen, welche zu einiger Uebersicht und Zusammenhang zu bringen sehr schwer ist, und eine Monographie erfordert. In Burn's Justice sind die Hauptmassen der Gesetzgebung unter der Rubrik Servants und Factories gegeben, insbesondere V. 214—334 mit 58 Formularen. In anderen Darstellungen ist Vieles unter den Rubriken Apprentices, Combinations, Factories, Labourers, Manufactures, Wages zerstreut, und dann noch zersplittert unter den Rubriken der einzelnen Gewerbe und Manufakturen. Aus der umfangreichen Literatur über die sociale Frage mag hier genügen: W. Th. Thornton, die Arbeit, ihre berechtigten Ansprüche 2c., übers. von H. Schramm, Leipzig 1870.

§. 56. System der Arbeitspolizei, Gesindeordnung, Fabrikreglements. 309

obwohl in solchen latenten Gewalten des Friedensrichteramts immer noch gewisse Machtelemente der regierenden Klasse enthalten sind. Als fester Niederschlag ist aber von dieser Gesetzgebung übrig geblieben die **polizeiliche Behandlung** aller Gesinde- und Lohnverhältnisse, welche soweit geht wie jene Gesetzgebung, daher mit Unterscheidung folgender Gruppen:

1. Das reine Hausgesinde ist nach der Usualinterpretation nicht dem Gesetz 5. Eliz. c. 4, sondern der gewöhnlichen Civiljurisdiction unterworfen. Die Gerichtspraxis bildete dafür ein ergänzendes Recht aus. In Ermangelung einer ausdrücklichen Abrede wird angenommen, daß der Gesindevertrag auf ein Jahr, jedoch mit einmonatlicher Kündigung geschlossen sei. Ohne Kündigung kann die Entlassung geschehen wegen „moralischen Mißverhaltens," wegen vorsätzlichen Ungehorsams gegen einen rechtmäßigen Befehl, wegen Versäumniß der Dienstpflicht. Entlassung ohne Grund berechtigt zu einer Lohnforderung bis zum Ende der Contractszeit resp. auf einen Monat. Ein Züchtigungsrecht gegen das großjährige Gesinde wird nicht anerkannt. Nichtgewährung der nöthigen Nahrung ist mit Criminalstrafen, wahrheitswidrige Ausstellung von Attesten, Fälschung und Aenderung ächter Atteste, sowie gewisse falsche Angaben des Gesindes mit 20 L. bedroht (event. Gef. von 1—3 Monat) mit erschwerter Appellation. a)

2. Für das Landwirthschaftsgesinde ist in dem Gesetz Elisabeths eine eingehende Gesindeordnung gegeben. Einseitige Entlassung ohne vierteljährige Kündigung oder ohne erheblichen, durch zwei Zeugen zu beweisenden Grund büßt die Herrschaft mit 40 sh.; Verlassen des Dienstes andererseits oder Weigerung der Erfüllung der Dienstpflicht wird mit Gefängniß bedroht, „bis der Ungehorsame sich fügt." Beim Umzug in eine andere Ortschaft bedarf das Gesinde eines Zeugnisses unter Siegel des Gemeindevorstehers oder zweier ansässiger Einwohner, einzuregistriren bei dem Geistlichen des Kirchspiels. Ohne Vorzeigung eines solchen Attestes darf Niemand Gesinde in Dienst nehmen. Gesinde, welches in eine andere Grafschaft entläuft, wird durch Arrestbefehl verfolgt und gefänglich

---

a) Das reine Hausgesinde, Domestic oder Menial Servants, wird in dem Gesetz 5. Eliz. c. 4 nach der Usualinterpretation von der Polizei-Jurisdiction der Friedensrichter ausgenommen. Wahrscheinlich lag der Grund darin, daß die hergebrachte Arbeitspolizei sich nur auf das Landwirthschaftsgesinde und die wechselnden Lohnarbeiter erstreckte, und das Gesetz Elisabeth's darin nichts ändern wollte. Im Verlauf der Zeit freilich, als die Ortsgerichte zerfielen, entstanden daraus Uebelstände, am meisten für das Gesinde. Das städtische Hausgesinde-Verhältniß bleibt nunmehr durch Common Law und Gerichtspraxis geregelt, nach welcher der Tod der Herrschaft sowie wilful disobedience and habitual neglect den Vertrag löst. Nichtgewährung der nöthigen Nahrung und Erwärmung begründet eine Criminalklage schon nach gemeinem Recht, verschärft durch 14. Vict. c. 11. Das st. 32. Geo. III. c. 56 erhält sodann eine ausführliche Verordnung über Ausstellung der Gesinde-Zeugnisse.

eingezogen „bis zur Bestellung einer Bürgschaft." Die spätere Gesetzgebung dehnt die Friedensrichter-Jurisdiction auf Lohn- und andere Gesindestreitigkeiten aus. Auf eidliche Klage des Arbeitgebers wegen Uebelverhaltens im Dienst oder Weigerung, einen schriftlich vollzogenen Miethscontract anzutreten, oder wegen contractswidriger Entfernung aus dem Dienst kann der Schuldige zu Gefängniß von 1—3 Monaten, Verkürzung oder Verlust des Lohnes, oder Dienstentlassung verurtheilt werden. Andererseits kann auf eine eidliche Klage des Gesindes gegen den Hausherrn wegen Mißhandlung, Vorenthaltung der Lebensbedürfnisse ꝛc. der Dienstbote des Vertrages entbunden werden. b)

3. Gewerbe-, Handarbeiter und Tagelöhner werden durch dieselbe Gesetzgebung unter die Polizeigerichtsbarkeit gestellt wegen ihrer Lohnforderung und Uebelverhaltens im Dienst. Die geschärfte Strafe wegen Contractbruchs oder Uebelverhaltens setzt aber ein **ausschließliches** Dienstverhältniß voraus und gilt nicht für Arbeiter auf Stückarbeit, welche indessen nach 5. Eliz. c. 4 wegen Nichtvollendung der Arbeit „ohne rechtmäßigen Grund" zu Gefängniß bis einen Monat und 5 L. verurtheilt werden können. c)

4. Gegen die Fabrikarbeiter gelten noch die Specialgesetze wegen Unterschlagung oder Nichtablieferung des Fabrikmaterials mit erweiterter Befugniß zur Haussuchung. Allmälig ist auch die oben gedachte zweiseitige Polizeigerichtsbarkeit über Lohnstreitigkeiten und wegen Uebelverhaltens auf die Hauptmassen dieser Arbeiter ausgedehnt worden. d)

---

b) Das **Landwirthschaftsgesinde**, Servants in Husbandry, unterliegt schon durch 5. Eliz. c. 4 §. 7 ff. einer polizeilichen Gesindeordnung. Nach 20. Geo. II. c. 19 §. 1; 53. Geo. III. c. 40 werden nun auch Lohnstreitigkeiten bis zu 10 L. summarisch vor **einem Friedensrichter** abgemacht. Durch 20. Geo. II. c. 19; 4. Geo. IV. c. 34 §. 3 entsteht eine friedensrichterliche Polizeijurisdiction im weitesten Sinne. Für den sog. Futterdiebstahl enthält 26. et 27. Vict. c. 103 eine sehr gelinde Strafandrohung.

c) **Gewerbe-, Handarbeiter und Tagelöhner**, Labourers, Artificers and Workmen, sind durch dieselbe Gesetzgebung einer analogen Polizei-Jurisdiction unterworfen. Nach 20. Geo. II. c. 19 §. 1 werden ihre Lohnstreitigkeiten bis zu 5 L. vor **einem Friedensrichter** entschieden. Nach §. 2 unterliegen sie derselben Bestrafung wegen „Uebelverhaltens im Dienst" mit Correctionshaus bis zu 1 Monat; nach 4. Geo. IV. c. 34 §. 3 der geschärften Bestrafung wegen Contractbruchs oder Uebelverhaltens ꝛc. bis zu drei Monat Gefängniß. Einen Report über die Mängel der ältern Gesetzgebung enthalten die Parl. P. 1801 No. 62. (Sammlung der älteren Reports III. 135.) In neuester Zeit hat die Sitte, Kinder zu ländlichen Erndtearbeiten unter einem Entrepreneur (gangmaster) massenhaft zusammenzubringen, die Agricultural Gangs Act 1867, 30. et 31. Vict. c. 130, veranlaßt, welche untersagt, Kinder unter 8 Jahren und Männer mit Frauen in demselben gang umherzuführen, und welche für den gangmaster eine widerrufliche Polizei-Concession verlangt.

d) Betreffend die **Fabrikarbeiter** sind die zahlreichen Special-Strafgesetze wegen Veruntreuung größerntheils consolidirt in 6. et 7. Vict. c. 40; daneben bleiben jedoch

§. 56. System der Arbeitspolizei, Gesindeordnung, Fabrikreglements. 311

Versuchsweise ist eine vielfach veränderte Behandlung dieser Verhältnisse eingetreten durch die Master and Servant Act 1867, 30. et 31. Vict. c. 141, welche vorläufig auf ein Jahr eingeführt, jetzt von Jahr zu Jahr continuirt wird. Den Friedensrichtern wird in dem ganzen Gebiet jener Polizeijurisdiction ein alternatives Recht beigelegt, entweder auf Contraktserfüllung, oder Contraktsauflösung, oder Schadenersatz, oder Geldbuße bis zu 20 L., oder Gefängniß bis zu 3 Monaten zu erkennen, mit Appellation an die Quartalsitzungen unter Bestellung einer Prozeßcaution. Das Verfahren soll den gewöhnlichen Formen der Polizeiprozeßordnung folgen, mit dem Recht, auch die Parteien und deren Angehörige eidlich als Zeugen zu verhören.*)

Uebersieht man diese Polizeijurisdiction als Ganzes, so macht sie den Eindruck, als wäre in jedem Jahrhundert die regierende Klasse Englands in Gefahr gewesen, mit ihrer Arbeitspolizei in französische Zustände zu gerathen. Indessen hat das durch die Uebung der Staatsgeschäfte rege gehaltene Rechtsgefühl der höheren Stände die Zweiseitigkeit des Ver-

---

stehen einige besondere Gesetze für Strumpfwirkerei, Seidenweberei u. A. Durch 1. Anne Sess. 2 c. 18 folgt dann die Anerkennung einer zweiseitigen Polizeijurisdiction auch über Lohnstreitigkeiten in den wichtigsten Fabrikzweigen. Durch 10. Geo. IV. c. 52 wird die polizeiliche Civiljurisdiction über Lohnstreitigkeiten und die ganze Polizeistrafgewalt des Gesetzes 4. Geo. IV. c. 34 ausgedehnt auf alle oben gedachten Klassen von Fabrikarbeitern. Die Bergwerks-, Kohlen-, Gas- und Töpferei-Arbeiter waren schon in dem st. 20 Geo. II. c. 19; 4. Geo. IV. c. 34 ausdrücklich mit erwähnt: so daß nun schließlich dasselbe System sich über das ganze Gebiet der Fabrikarbeit erstreckt.

*) Die Master and Servant Act 1867 bezieht sich auf alle Streitigkeiten über Erfüllung von Dienstverträgen, verweigerten Dienstantritt, willkürliche Entfernung aus dem Dienst, streitige Löhne und andere Streitigkeiten über die gegenseitigen Rechte und Verbindlichkeiten, über Mißbrauch der Gewalt seitens des Arbeitgebers und Uebelverhalten seitens des Arbeiters. Bei vorhandenem Verdacht des Latitirens kann der Kläger eine Sicherheitsbestellung beantragen, und in deren Ermangelung der Friedensrichter eine Inhaftnahme bis zur Verhandlung verfügen. Das Urtheil kann lauten auf Verlust der schon verdienten Löhne, ganz oder zum Theil; auf Erfüllung des Dienstvertrages mit oder ohne Sicherheitsbestellung; auf Beseitigung des Vertrags mit verhältnißmäßiger Zuerkennung der abverdienten Löhne; oder auch auf eine Geldbuße bis zu 20 L., oder sonst auf Ersatz des Schadens und der Kosten; oder im Fall einer verweigerten Sicherheitsbestellung auf gerichtliche Verhaftung bis zu drei Monaten. Auch die Entscheidung darüber, ob die Bürgschaft für verfallen zu erachten, kann summarisch durch zwei Friedensrichter erfolgen. Eine Verurtheilung zu Geldleistungen kann im Fall der Nichtzahlung in Gefängnißstrafe bis zu 3 Monaten verwandelt werden. Die verbüßte Gefängnißstrafe gilt umgekehrt als Erfüllung der Geldverpflichtung. Von den zu erkennenden Geldstrafen kann ein Theil bis zur Hälfte auch zur Entschädigung des verkürzten Theils verwandt werden. Während der Dauer der Gefängnißstrafe sind niemals Löhne zu bezahlen. Neben diesem polizeilichen Verfahren bleibt indessen vorbehalten der ordentliche Civilprozeß wegen der Ansprüche ex contractu, und das ordentliche Criminalverfahren wegen krimineller Verletzungen der Person oder des Vermögens.

hältnisses im Ganzen aufrecht erhalten. Der Geist des Friedensrichteramtes milderte nicht nur die Handhabung im Einzelen, sondern im Parlament auch die Gesetzgebung im Ganzen, welche der Arbeitspolizei folgende bedeutungsvolle Schutzmaßregeln gegenüber stellt.

I. Von erheblicher Bedeutung war es schon, daß durch das Friedensrichteramt den arbeitenden Klassen eine praktisch zugängliche Civiljustiz gegeben wurde, an welcher es in England bis zur neuesten Zeit gefehlt hatte. Nach 5. Geo. IV. c. 96 tritt dazu ein Schiedsverfahren über Lohnstreitigkeiten in Gewerbe und Fabrikation, sowie bei Streitigkeiten über Beschädigung der Arbeit, Verzögerung, nichtcontraktliche Ausführung, schlechte Materialien 2c. Durch Uebereinkunft der Parteien kann dafür jeder Friedensrichter als Schiedsmann eintreten. In Ermangelung einer Vereinbarung schlägt der Friedensrichter mehre Schiedsrichter vor, halb aus der Zahl der Arbeitgeber, halb aus der Zahl der Arbeiter; aus jenen wählt der Arbeitsherr, aus diesen der Arbeiter den einen Schiedsmann, welche dann zusammentretend endgültig entscheiden. Können sie sich nicht einigen, so sollen sie einen Friedensrichter als Obmann angehen, welcher dann endgültig und vollstreckbar entscheidet. Kein Fabrikherr oder Agent darf dabei als Friedensrichter fungiren. Die schriftliche Entscheidung ist vollziehbar durch Abpfändung, event. Gefängniß bis zu 3 Monaten, ohne Appellation und ohne certiorari. — Ohne die Schiedsverfahren aufzuheben ist durch die Councils of Conciliation Act 1867 auch noch ein System von gewählten Gewerbeschiedsgerichten zur Auswahl der Parteien gestellt worden, welches unverkennbar französischen Mustern entlehnt ist. Der von dem Gewerberath gewählte Vorsitzende hat mit seiner Unterschrift den Schiedsspruch (award) zu beglaubigen, welcher dann endgültig ist, vollstreckbar durch Pfändung und Gefängnißstrafe.[1])

II. **Aufhebung der Strafgesetze gegen Arbeiterverbindungen.** Das gemeine Recht bestrafte unter dem Namen conspiracy jede Verbindung von zwei oder mehren Personen zur Verhinderung, Verkehrung oder Vereitelung des Laufes der öffentlichen Justiz, zur Beschädigung der öffentlichen Gesundheit, oder allgemein zur Anstiftung eines gemeinen Uebelstandes (mischief). Es war ein Stück mittelalterlicher Polizeipraxis, welches in dieser Weise durch die Gerichtspraxis als That-

---

[1]) Die Gewerbeschiedsgerichte sind ebenso wie die durch 5. Geo. IV. c. 96 eingeführten friedensrichterlichen Schiedssprüche auf ein bestimmtes Gebiet (Streitpunkte über den Preis gelieferter Arbeit, das Maß und die Qualität der Waare 2c.) beschränkt. Ausdrücklich ausgeschlossen bleiben Gesindestreitigkeiten. Für das Schiedsverfahren der Friedensrichter ist eine besondere gesetzliche Taxe (mit wenigen Sgr. für die einzelnen Acte) vorgeschrieben. Einwendungen gegen die Qualität der abgelieferten Waare darf der Arbeitsgeber nur binnen 24 Stunden erheben, 5. Geo. IV. c. 96 §. 20.

§. 56. System der Arbeitspolizei, Gesindeordnung, Fabrikreglements. 313

bestand eines Vergehens begrenzt wurde. Unter dem Namen der combinations wandte man diese Grundsätze auch an auf Lohnarbeiter, welche
zusammentreten um eine Lohnerhöhung zu bewirken; und umgekehrt auf
Arbeitgeber, welche zusammentreten um eine Lohnerniedrigung zu bewirken,
oder um die von anderen entlassenen Arbeiter, oder sonst Arbeiter gewisser
Categorien nicht in Dienst zu nehmen. Durch st. 2. et 3. Edw. VI. c. 15;
12. Geo. I. c. 34; 22. Geo. II. c. 27 und durch Gesetze für einzele Arbeitszweige waren die Strafen gegen die arbeitenden Klassen noch verschärft.
Für die neueren Verkehrsverhältnisse wurde aber die Strafbarkeit der combinations unhaltbar, nachdem das ganze System einer Fixirung der Arbeitslöhne aufgegeben, und die Macht des Capitals durch die allervoll-
ständigste Gewerbefreiheit entfesselt war. Die Toryverwaltung hob daher
mit einem Act, 6. Geo. IV. c. 129, alle Strafgesetze gegen combinations
auf, — in einer Wortfassung, die nach der Usual-Interpretation auch den
Thatbestand der gemeinrechtlichen Conspiracy wegnimmt. Beibehalten vom
Gesichtspunkt der Sicherheitspolizei aus wird nur die Bestrafung eines
Zwangs oder Zwangversuchs gegen Lohn- und Fabrikarbeiter zur Arbeitseinstellung, überhaupt Anwendung von Gewalt gegen die Person oder das
Eigenthum, Drohungen, Einschüchterung oder Verhinderung anderer Personen, um sie zu nöthigen einer Arbeiterverbindung oder einem gemeinsamen
Fonds beizutreten, bei Gefängniß bis zu drei Monaten. Ausdrücklich ge-
stattet dagegen ist das Zusammentreten zur Berathung und Beschlußnahme
über die Höhe der Arbeitslöhne, die Zahl der Arbeitsstunden und Abschließung mündlicher oder schriftlicher Verträge über die so zu stellenden
Forderungen. Die gleiche Befugniß steht aber den Arbeitgebern zu. Jeder
Theilnehmer an einer Verbindung ist verpflichtet Zeugniß abzulegen; dann
aber auch straffrei. Das summarische Verfahren darüber findet vor zwei
Friedensrichtern statt, Appellation unter Prozeßcaution auf 20 L. mit zwei
Bürgen.[2] — Außer dieser Rechtsausgleichung hat die Gesetzgebung sodann einen weitern Schutz des schwächern Theils unternommen durch
folgende Schritte:

III. Verbot des Truck- und Cottage-Systems. Die bekannten volkswirthschaftlichen Folgen einer Zahlung der Löhne in Naturalien veranlaßten schon ältere Verbotsgesetze in einzelen Arbeitszweigen.

---

[2] Das Gesetz über die Combinations hebt die frühere Gesetzgebung von 3. Hen.
VI. c. 1 an absolut auf; verbietet aber u. A. jedes molesting or in any way obstruc-
ting another; durch 22. Vict. c. 34 wird dies dahin declarirt, daß eine bloße Verabredung
mit anderen über Feststellung der Lohnsätze und ein bloßes Zureden „ohne Drohung und
Einschüchterung" darunter nicht begriffen sein soll. Die neueren Verhandlungen über die
Trades Unions beweisen freilich, wie schwer es ist durch solche Strafclauseln grobe Mißbräuche zu verhüten.

Durch 1. Anne st. 2 c. 19 wird das Verbot auf die damals wichtigsten Manufakturzweige ausgedehnt, durch 13. Geo. II. c. 18 auf Lederarbeiter, durch 19. Geo. III. c. 49 auf Spitzenarbeiter ꝛc. Unter Aufhebung von achtzehn älteren Gesetzen consolidirt sich sodann diese Legislation in 1. et 2. Will. IV. c. 36, 37. Verboten ist jeder Lohncontrakt mit dem Lohn= arbeiter anders als auf Baarzahlung in currenter Landesmünze, bei 10 L. im ersten Uebertretungsfall, 20 L. im zweiten, Criminalstrafen im dritten. Jede Stipulation des Arbeitgebers über eine Naturalverwendung der Löhne, jede Abrede über Ort und Weise der Verwendung, ist in der Regel nichtig; jede Auszahlung anders als in baarem Gelde illegal, so daß eine noch= malige Einklagung stattfindet. Keine Abrechnung irgend einer Art von Naturalleistungen aus dem Geschäftsbetrieb des Arbeitgebers wird gestattet. Die einzelen Gewerbe, auf die sich das Gesetz bezieht, sind ausdrücklich aufgezählt (§. 19), darunter Baumwollen=, Wollen=, Leinen=, Seiden=, Metallwaaren=, Bergwerks=Arbeiter. Nicht anwendbar ist das Gesetz auf alle Gesinde=Verhältnisse; nicht auf Verträge über ärztliche Hülfeleistung und Lieferung von Feuerungsmaterialien, Instrumenten, auf Lokale für die Arbeit selbst, auf Mahlzeiten unter Dach des Arbeitgebers, auf Vorschüsse zu Kranken= und Unterstützungskassen. Die Geldbußen vor zwei Frie= densrichtern, event. Gefängniß auf drei Monate. Kein Arbeitgeber in diesen Geschäftszweigen, und ebenso wenig der Vater, Sohn und Bruder eines solchen Arbeitgebers darf als Friedensrichter fungiren; an Stelle der städ= tischen können dann Grafschafts=Friedensrichter eintreten. Ein connexes Gesetz verbietet die Zahlung der Löhne an Berg= und Grubenarbeiter in Wirthshäusern bei Strafe der Nichtigkeit.[3]

IV. Die Fabrik= und Bergwerks=Gesetze mit den dafür bestellten Staatsinspectoren bilden eine noch bedeutungsvollere Schöpfung des XIX. Jahrhunderts. Die Industrie hat durch Theilung der Arbeit, Verein= fachung der Handleistungen und Massenhaftigkeit der Production die Arbeit der Kinder in weitem Maße nutzbar gemacht. Das Interesse der Arbeit= geber, die Noth und die Kurzsichtigkeit der arbeitenden Klassen selbst und die Indifferenz der übrigen Klassen führte hier zu einer Ausbeutung der Arbeitskraft auf Kosten der Gesundheit und des Familienlebens, gegen welche die Schutzpflicht des Staates eintreten mußte.

1. Die Nothwendigkeit des Staatsschutzes in einigen Zweigen der Fabrikation wurde schon im Beginn des Jahrhunderts anerkannt. Die Factories Health and Morals Act 1802, 42. Geo. III. c. 73, bezog sich auf Fabriken, die eine bestimmte größere Zahl von Lehrlingen und

---

[3] Die Motive über das Verbot des Truck-Systems behandeln ausführliche Reports von 1842, 1854. Unverbindlich sind auch alle Vorschüsse, welche in Waaren gegeben werden.

Arbeitern verwenden, mit Vorschriften über das Ausweißen und die Lüftung der Räume, Bekleidung der Lehrlinge, Arbeitsstunden, Nachtarbeit, Zwangsunterricht der Lehrlinge im Lesen, Rechnen und Schreiben, insbesondere an Sonntagen, — erzwingbar durch zahlreiche Polizeibußen vor zwei Friedensrichtern, und controlirt durch zwei Visitors, welche die Friedensrichter alljährlich in den Quartalsitzungen ernennen sollen. Da sich das Gesetz indessen nicht als wirksam erwies, so folgte das berühmte st. 3. et 4. Will. IV. c. 103 mit erweitertem Verbot der Nachtarbeit für jugendliche Fabrikarbeiter, weiterer Erhöhung der Altersvorschriften, weiterer Beschränkung der Arbeitsstunden, Vorschriften über Einhegung lebensgefährlicher Maschinen, Untersuchung von Unglücksfällen und anderen Zwangsvorschriften zum Schutz des schwächeren Theils. Das Gesetz bezeichnet die Arbeitszweige der Baumwollen-, Wollen-, Leinen-, Seiden-Manufaktur u. s. w., in welchen sich das Bedürfniß des Staatsschutzes bisher erfahrungsmäßig herausgestellt hatte. Dabei wurde das System der Friedensbewahrung grundsätzlich beibehalten, d. h. die einzelen Handlungen und Unterlassungen werden bestimmt formulirt und unter Polizeibußen gestellt, welche vor einem Friedensrichter beizutreiben, event. in Gefängnißstrafe bis zu 1 Monat oder 2 Monaten zu verwandeln sind. Da aber alle Interessen sich gegen solche Gesetze vereinigen, um Beschränkungen der erwerbenden Arbeit unwirksam zu machen, so erschienen ergänzende Einrichtungen nothwendig, um die wirksame Strafverfolgung zu sichern. Die Hauptneuerung ist die Ernennung von Staatsinspectoren, Inspectors of Factories, denen die Eröffnung der Fabrik anzuzeigen ist. Sie üben die polizeilichen Befugnisse der Friedensrichter über Constables und untere Polizeibeamte, mit dem Rechte des Eintritts in die Lokale und mit concurrirender Strafgewalt für die Polizeibußen des Gesetzes, — gegen den Arbeitgeber in der Regel 20 L., mit Vorbehalt eines Milderungsrechtes für den Friedensrichter oder Inspector; aber ohne Appellation an die Quartalsitzungen, denen nur die Strafurtheile einzusenden sind. Auch die Eltern werden mit 20 sh. Buße wegen versäumten Schulbesuchs bedroht. Durch 7. et 8. Vict. c. 15; 8. et 9. Vict. c. 21; 19. et 20. Vict. c. 83; 23. et 24. Vict. c. 78; 24. et 25. Vict. c. 117 erfolgte die Ausdehnung dieses Systems auf weitere Zweige der erwerbenden Arbeit, in denen sich ein praktisches Bedürfniß herausstellte. Durch 27. et 28. Vict. c. 48 §. 1—7 werden die Strafbehörden ermächtigt, statt eines Strafresoluts wegen Uebertretung der gesetzlichen Fabrikordnung auch eine Order (Polizeiresolut) auf Abhülfe des Mißstandes zu erlassen, mit Setzung einer Frist, nach deren Ablauf 1 L. pro Tag für die Versäumung zu zahlen ist. In den Jahren 1863—66 wurde die Untersuchung in umfassendem Maße fortgesetzt. In Folge derselben ist die Factories Extension Act 1867,

30. et 31. Vict. c. 103 ergangen, in welcher die noch rückständigen Zweige der Fabrikarbeit nun wohl wesentlich vollständig nachgeholt sind.⁴)

2. Unter eine ähnliche Controle wurden die Bergwerksarbeiter gestellt durch 5. et 6. Vict. c. 99. Ein Inspector of Mines soll Bergwerke, Kohlengruben und die dazu gehörigen Gebäude und Maschinerien beaufsichtigen, die gesetzlichen Vorschriften über die Verwendung jugendlicher Arbeiter und die Beobachtung der polizeilichen Vorschriftsmaßregeln controliren. Zahlreiche Unglücksfälle in den Kohlenbergwerken veranlaßten weiter in 13. et 14 Vict. c. 100; 18. et 19. Vict. c. 108; 23. et 24. Vict. c. 151 die Ernennung einer größern Zahl von Inspectors of Coal Mines mit erweiterten Befugnissen zur Untersuchung des Zustandes der Bergwerke, Kohlengruben, Gebäude, Maschinerien, Ventilation und Erleuchtung, und erweiterte Regulativgewalten des Ministers des Innern.⁴ᵃ)

---

⁴) Der Gang der Fabrikgesetzgebung hat in verschiedenen Epochen einen neuen Anstoß bekommen: (1) aus der Zeit nach Beendigung der französischen Kriege ist noch von Interesse die Evidence before Lords Committee on the Bill for the Preservation of the Health and Morals of Apprentices and others employed in Mills and Factories, 3 Parts 1818. (2) Der Reformbill folgte der Report of Commons Committee on Bill to regulate the Labour of Children in Mills and Factories 1832; Inhaltsverzeichnisse zu den Reports of Commissioners of Factories 1831—1841 sind später in den Parlamentspapieren von 1847 gedruckt. (3) Auf Adresse des Unterhauses wurde 1840 eine neue Commission niedergesetzt, aus welcher hervorgingen: die Reports of Commission on Children's Employment in Factories and Mines 1842 No 380—382; 1843 No. 430—432, sowie das Zusatzgesetz 7. et 8. Vict. c. 15 mit ausführlichen Vorschriften über den Geschäftsgang und Umfang der Inspection; das st. 8. et 9. Vict. c. 21 zur Ausdehnung auf die Bleich- und Druckwerke; später noch 13. et 14. Vict. c. 54; 16. et 17. Vict. c. 104 mit einem Amendement über die Arbeitsstunden; (4) 1861 wurde auf Adresse des Unterhauses eine neue Commission eingesetzt, deren umfangreiche Reports in den Jahrgängen der P. P. 1863—66 Untersuchungen über die Lage verschiedener Arbeitszweige geben, namentlich über Töpferei, Schwefelholzfabrikation, Spitzenmanufaktur, Strohflechterei, Strumpfwirkerei, Putzmacherei, Blumen-, Stahlfedern-, Glasfabrikation u. s. w. Die Extension Act 1867, 30. et 31. Vict. c. 103 (cf. c. 111) umfaßt nun alle Fabrikation mit Dampf-, Wasser- und mechanischer Kraft, alle Papier-, Glas-, Tabak-, Buchbinderei-, Briefpressen-Manufaktur, einschließlich der dazu gehörigen Nebenarbeiten. Zur Durchführung der Grundsätze über die Reinlichkeit des Lokals wird dem Eigenthümer der Fabrik vorbehalten, Specialregulative unter Bestätigung des Ministers des Innern zu erlassen, mit Strafandrohungen bis 20 sh. Von manchen Bestimmungen der Fabrikordnung werden Dispensationen vorbehalten (vgl. das Memorandum der Inspectors, Parl. P. 1869 No. 260 LI. 143). Neben diesen allgemeinen Fabrikgesetzen gelten noch einige Special-Gesetze über Druck-, Bleichwerke und Färbereien.

⁴ᵃ) Für die Gesetzgebung über Bergwerke und Kohlengruben bilden eine Hauptgrundlage die Reports on Children's Employments in Mines and Manufactories. 7 Vols. 1843—44. Es ist dabei zu unterscheiden: (1) die allgemeine Inspection der Bergwerke unter dem Inspector of Mines mit jährlichen Berichten. Die ursprünglichen Bestimmungen des Gesetzes 5. et 6. Vict. c. 99 sind erheblich erweitert durch 23. et 24. Vict. c. 151; vgl. ferner den Report of the Commissioners appointed to inquire into

§. 56. System der Arbeitspolizei, Gesindeordnung, Fabrikreglements.

3. Eine Nebengruppe bilden die Alkali works, welche wegen Entwickelung ihrer explosiven Gase durch die Alkali Act 26. et 27. Vict. c. 124 unter Staatsinspection gestellt sind, mit technischen Vorschriften über die Zubereitung, bei hohen Geldstrafen, klagbar vor den Kreis- und Reichsgerichten. Dem Fabrikeigenthümer ist das Recht vorbehalten, Special-Regulative unter Genehmigung des Handelsamts zu erlassen, mit Androhung von Bußen bis 40 sh. zur summarischen Beitreibung.[4b])

V. Eine Kette zusammenhängender Maßregeln für die körperliche und geistige Entwickelung der arbeitenden Klassen bildet die Gesetzgebung des letzten Menschenalters nach noch weiteren Gesichtspunkten. Es gehört dazu die Förderung der Sparkassen, der Vereine zur gegenseitigen Unterstützung und der Associationen der kleinen Handwerker und arbeitenden Klassen; doch beschränken sich diese Gesetze darauf, den Vereinen die rechtliche Handlungsfähigkeit und die Möglichkeit eines Credits zu eröffnen, mit einigen bescheidenen Nachhülfen durch den Staatscredit. — In viel weiterem Maße wirksam erscheint die Gesetzgebung über die Verbesserung des Armenwesens, des Volksunterrichts, der Gesundheitspolizei und sonstige Maßregeln der Wohlfahrtspolizei, welche einem nachfolgenden Gebiete (Cap. X., XI.) angehören.

Noch immer bildet das Ganze also ein zweiseitiges System, in welchem die Gewerbefreiheit und der humanere Geist des Jahrhunderts viele Härten mildert, und den noch fortdauernden Zwang durch eine gesetzliche Fürsorge für den schwächern Theil ausgleicht. Im Ganzen schließt das System im lokalen selfgovernment ab, und läßt dem Minister des Innern nur Regulativgewalten für die Thätigkeit der Fabrikinspectoren und den Erlaß der Sicherheitsordnungen für den Bergwerks- und Grubenbetrieb übrig. Nur für die Fabrik- und Bergwerks-Inspectoren ist ein wirkliches Verwaltungsdecernat gebildet.

---

the Condition of all Mines in Great Britain, to which the Provisions of the Act 23. et 24. Vict. c. 151 do not apply. Parl. P. 1864 No. 3389. XXIV. Parl. I. 371. Den Jahresbericht der Inspectoren geben z. B. die Parl. P. 1868 No. 4063. XXI. 165. (2) Die Inspection der Kohlengruben nach 18. et 19. Vict. c. 108 aus dem besondern Gesichtspunkt der Verhütung der Unglücksfälle. Durch 23. et 24. Vict. c. 151; 25. et 26. Vict. c. 79 wird das System aber erheblich ausgedehnt und dem Minister des Innern überlassen außer den General Rules (die das Gesetz Artikel 10 feststellt), Special Rules zu sanctioniren, zu welchen die Entwürfe von den Grubeneigenthümern selbst entworfen, in dem Ministerium amendirt und bestätigt werden. Unterläßt dies der Grubeneigenthümer, so werden die Special Rules durch eine Schiedscommission von drei Mining Engineers endgültig festgestellt. (Vgl. die umfangreichen Reports of Inspectors of Coal Mines. Parl. P. 1861 No. 2859 etc.).

4b) Die Alkali Act ist nun temporär erlassen, wird aber von Jahr zu Jahr continuirt. Ueber den Erfolg werden Jahresberichte erstattet (1870 Nr. 152). Ueber die Schießpulverfabrikation s. oben S. 240.

§. 57.
Die Jurisdiction über Lehrlingsverhältnisse. Apprentices.

Die Gestaltung des gewerblichen Lehrverhältnisses ist in England sehr abweichend vom Continent gestaltet, da die frühzeitige Macht des Königthums weder die Abschließung des Gewerbebetriebs in den Städten, noch eine Abschließung der gewerblichen Innungen gegen einander, noch überhaupt eine Ausschließlichkeit der Gewerbeberechtigungen entstehen ließ. Alles Gewerbe blieb nach common law grundsätzlich frei, und eben deshalb Gegenstand eines reinen Privatvertrages. Eine solche vertragsmäßige Lehrlingschaft, apprenticeship, beschränkte sich aber nicht blos auf Gewerbe von bestimmter Handfertigkeit, sondern wurde durch die Landessitte auch auf das contractliche Anlernen des landwirthschaftlichen und häuslichen Gesindes ausgedehnt. Die Lehrcontracte lauten meistens auf eine längere Frist, in der Regel 7 Jahre, zuweilen 10 Jahre, begreifen also, verglichen mit unserer Gewerbeverfassung, auch einen Theil des Gesellenverhältnisses in sich. Dies gemeinschaftliche System wurde indessen nach zwei Richtungen hin modificirt:

1. In einigen Städten wurden durch Königliche Verleihung Gewerbscorporationen mit ausschließlichen Rechten creirt, die aber niemals sehr umfangreich waren, und durch die neue Städteordnung aufgehoben sind, mit Ausnahme der City von London, wo die Zünfte übrigens von jeher mehr politische als ausschließlich Gewerbscorporationen waren. Dem letzten Erfolg nach hatten jene Privilegien weder den incorporirten Städten noch den Gilden einen wirthschaftlichen Vortheil gebracht; während die Arbeitspolizeigesetzgebung unleugbar eine arbeitsame Bevölkerung erzogen und außerhalb der corporirten Städte die heute bedeutenden Mittelpunkte der Industrie emporgehoben hat.

2. Die Fürsorge der Tudors für die Pflege der mittleren und niederen Stände führte zu einer polizeilichen Gewerbeordnung in 5. Eliz. c. 4, welche in den Städten den Gewerbebetrieb in der Regel von einer siebenjährigen Lehrzeit abhängig machte, dem Ausgelernten dann aber den Betrieb an jedem Ort nach seiner Wahl gestattete. Diese Ordnung wurde durch Auslegung der Gerichte auf solche Gewerbe beschränkt, die ausdrücklich genannt sind, oder eine technische Fertigkeit (craft, mystery) voraussetzen (also z. B. auch Handlung, Gärtnerei u. s. w.); sodann nur auf Gewerbe, welche schon zur Zeit Elisabeth's „in Uebung" waren. Frei

blieb ferner aller Gewerbebetrieb auf dem Lande. Ueberhaupt waren die Gerichte der Gewerbeordnung als einem exceptionellen Recht wenig günstig; ebensowenig die mehr den Ackerbau und den Handel vertretenden Parlamente. Die Gewerbeordnung war längst in Verfall, als durch 54. Geo. III. c. 96 das Princip der unbedingten Gewerbefreiheit proclamirt wurde. Folgerecht fielen damit auch weg die connexen Vorschriften, nach welchen in gewissen Gewerben nur Kinder respectabler Eltern nach einem gewissen Census in die Lehre genommen werden konnten; nach welchen in gewissen Gewerben der Meister auf je drei Lehrlinge wenigstens einen Gesellen (journeyman) halten sollte; ferner daß in gewissen Gewerben die Dienstcontracte mit den Arbeitern (Gesellen) wenigstens auf ein Jahr geschlossen werden sollen (5. Eliz. c. 4 §. 3 u. s. w.) Einen dauernden Einfluß hat die Gesetzgebung Elisabeth's aber dadurch geübt, daß sie 1) das Lehrlingsverhältniß zu einem Gegenstand der Polizeijurisdiction gemacht; 2) daß sie die zwangsweise Unterbringung von Lehrlingen im Interesse der Armenpflege zu einem verwickelten System ausgebildet hat.

I. Die Jurisdiction über Streitigkeiten zwischen Meister und Lehrling steht nach 5. Eliz. c. 4 den Friedensrichtern zu. Einerseits kann der Lehrling gegen den Meister klagen wegen „übler Behandlung oder Nichterfüllung der Meisterpflichten oder sonstiger Gründe zur Beschwerde" 5. Eliz. c. 4 §. 35. Der Meister mag dann vor einen Friedensrichter geladen werden, der durch eine order den Streit nach Billigkeit beilegt, wenn sich der Meister der Anordnung fügt. Im Fall des Widerspruchs aber wird der Meister zur nächsten Quartalsitzung geladen, wo nach Verhandlung vor wenigstens vier Friedensrichtern auf Entbindung des Lehrlings von dem Lehrcontract erkannt werden kann, welche dann unter Handschrift und Siegel ausgefertigt, den Lehrvertrag aufhebt. Nach 20. Geo. II. c. 19 darf der Lehrling auch vor zwei Friedensrichtern wegen Mißhandlung oder übler Behandlung klagen, die dann durch warrant unter Handschrift und Siegel auf Entbindung vom Lehrvertrag erkennen mögen; nach 33. Geo. III. auch auf eine Geldbuße bis 40 sh., event. Correctionshaus bis zu 10 Tagen. Nach 4. Geo. IV. c. 29 §. 2 können zwei Friedensrichter, wenn sie auf Entbindung vom Lehrcontract erkennen, den Meister zur Rückzahlung des Lehrgeldes oder eines Theiles verurtheilen, und nach fruchtloser Pfändung auf Correctionshaus bis zwei Monate. Uebrigens wird nach gemeinem Recht anerkannt, daß der Meister den Lehrling wegen Nachlässigkeit oder Uebelverhaltens zurechtweisen und „mit Mäßigung züchtigen" darf. — Andererseits kann auch der Meister wegen „Uebelverhaltens" klagen, und die Quartalsitzung nach 5. Eliz. c. 4 §. 35 auf Correctionshaus mit harter Arbeit oder eine angemessene Züchtigung erkennen. Nach 20. Geo. II. c. 19 §. 4 können zwei Friedensrichter, nach eidlicher Anhörung des Meisters, wegen „Uebel= verhaltens im Dienst" auf Correctionshaus bis zu 1 Mon., oder auf Ent= lassung aus dem Lehrcontract erkennen. Wenn der Lehrling in eine andere Grafschaft entläuft, mögen die Friedensrichter nach dem Gesetz Elisabeths ihn ergreifen, und ins Gefängniß setzen lassen bis zur Stellung genügender Bürgschaft. Nach 6. Geo. III. c. 25 §. 1 soll der Lehrling, der sich vor Ablauf der Lehrzeit entfernt, entweder um so viel länger in der Lehre bleiben, oder vollen Ersatz leisten; im Fall der Weigerung Correctionshaus bis drei Monate mit erschwerter Appellation. — Versuchsweise ist auch für dies Gebiet (für Lehrcontracte bis 25 L.) die Master and Servant Act 1867, 30. et 31. Vict. c. 141 mit ihren weitausgedehnten arbiträren Gewalten und dem gewöhnlichen Verfahren der Polizeiprocessordnung eingeführt. Nach definitiver Einführung des Gesetzes wird folgerecht diese Jurisdiction in das allgemeine System der Arbeitspolizei aufgehen.[1]

II. Die Zwangslehrlingschaft bildet Jahrhunderte hindurch ein verwickeltes, jetzt veraltetes Verhältniß. Die Gesetzgebung Elisabeth's be= trachtete einerseits die Unterbringung minderjähriger Personen durch Lehrcontract als ein Hauptmittel zur Verhütung der Armuth (5. Eliz. c. 4); andererseits die Unterbringung armer Kinder als ein Hauptmittel zur Verminderung der Armenkosten (43. Eliz. c. 2).

Nach 5. Eliz. c. 4 §. 25 konnte jeder Besitzer eines Haushalts und einer halben Hufe Land einen Lehrling vom 10. bis zum 18. Jahr an= nehmen, zum Dienst in der Landwirthschaft bis zum 21. oder 24. Jahr. Nach §. 35 kann jeder solcher Besitzer minderjährige Personen auffordern, ihm als Lehrlinge zu dienen in der Landwirthschaft oder in einem andern benannten Gewerbe; im Fall der Weigerung soll der Weigernde mit seinen Gründen vor einem Friedensrichter gehört, und event. so lange zur Haft genommen werden bis er sich dem proponirten Lehr- oder Dienstvertrag fügt. Diese Seite der Verpflichtung ist durch das System der Gewerbe=

---

[1] Auch diese Polizeijurisdiction ist zweiseitig, und durch die stückweise Gesetzgebung nichts weniger als vereinfacht. — Das einfachere Verfahren 20. Geo. II. war ursprünglich auf Fälle beschränkt, wo das Lehrgeld nicht mehr als 10 L. beträgt; wurde aber später auf Lehrcontracte bis 25 L. ausgedehnt. Nach 4. Geo. IV. c. 34 §. 2 können zwei Frie= densrichter Streitigkeiten über Löhne bis 10 L. zwischen Lehrling und Meister entscheiden. Nach 14. Vict. c. 11 kann die Unterlassung des Meisters, den Lehrling mit der nöthigen Nahrung und Kleidung zu versehen, oder lebensgefährliche Mißhandlung, oder dauernde gesundheitsgefährliche Behandlung vor den Criminalgerichten mit Gefängniß bis zu drei Jahren bestraft werden. Nach 4. Geo. IV. c. 34 kann statt des Meisters auch sein Verwalter, Factor oder Agent mit einer Klage gegen den Lehrling eidlich gehört werden, und umgekehrt die Klage des Lehrlings wegen Lohnes bis 10 L. gegen den Verwalter, Factor, Agenten, Werkmeister gerichtet und durch Pfändung in das bewegliche Gut des Meisters vollstreckt werden.

§. 57. Jurisdiction über Lehrlingsverhältnisse. 321

freiheit weggefallen. Nach 54. Geo. III. c. §. 2 kann ein Jeder Lehrling werden, und ein Jeder Lehrlinge nehmen und behalten auch ohne Beobachtung der Vorschriften des Gesetzes Elisabeth's.

Ein noch verwickelteres System bildeten andrerseits die Zwangslehrverträge der Kirchspielslehrlinge in der Armenverwaltung. Nach 43. Eliz. c. 2 §. 5 können die Kirchenvorsteher und Armenaufseher, mit Zustimmung zweier Friedensrichter, Knaben und Mädchen nicht unter neun Jahren, deren Eltern sie zur Unterhaltung der Kinder für unfähig erachten, zwangsweise in die Lehre bringen, — Knaben bis zum 24. Jahr, Mädchen bis zum 21. Jahr oder bis zu ihrer Verheirathung. Jeder Besitzer eines Hausstandes und mindestens einer halben Hufe Land ist verpflichtet, auf Verlangen der Gemeindevorsteher, arme Kinder in solchen Lehr- oder Dienstvertrag aufzunehmen bei 10 L. Strafe, (8. et 9. Will. III. c. 30), auch höhere Stände und Geistliche nicht ausgenommen, Blackstone I. 426; nur active Offiziere wurden durch die jährliche Mutiny Act von der Verpflichtung, Lehrlinge zu nehmen, befreit. Das umständliche Verfahren dabei (binding) trat jedoch nur ein, wo es unter Widerspruch des Lehrlings geschah; während bei dessen Consens die gewöhnlichen formellen Lehrcontracte genügten. Durch 56. Geo. III. c. 139 wurde noch einmal der Versuch gemacht, mit Beibehaltung der Formen friedensrichterlicher Jurisdiction manche Härten dieses Verhältnisses zu mildern. Das ganze seit Jahrhunderten gehandhabte Verfahren hatte indessen zu so vielerlei Beschwerden geführt, daß die Armengesetzgebung von 1834 das Armenamt ermächtigt, bindende Regulative (rules) darüber zu erlassen, und dadurch das System gelenkiger zu gestalten. Durch 7. et 8. Vict. c. 101 ist die Zwangslehrlingschaft überhaupt aufgehoben, und damit ein sehr charakteristischer Theil der Friedensrichterverwaltung veraltet.²)

---

²) Dies Verfahren zur Zwangsunterbringung der Armenlehrlinge war ein interessantes Muster friedensrichterlicher Jurisdictionsform. Auf Antrag der Kirchenvorsteher oder Armenaufseher erließen die Friedensrichter causa cognita eine Order, in welcher sie constatiren, daß „wir genau untersucht haben die Angemessenheit einer solchen Unterbringung dieses Kindes als Lehrling bei dem gedachten G. H., insbesondere erwogen haben die Entfernung des künftigen Lehrherrn von dem Ort der Ansässigkeit des Knaben, und alle sonstigen Umstände, und nachdem wir jetzt hier untersucht haben die Umstände und den Charakter des zukünftigen Lehrherrn G. H., nach solcher Prüfung und Untersuchung . . . declariren wir hiermit, daß der gedachte G. H. eine passende Person ist, bei welcher das gedachte Kind angemessen untergebracht werden kann, und ermächtigen die gedachten Armenaufseher demgemäß." Auf Grund dieser Order schlossen dann die Gemeindebeamten einen Lehrcontract ab in Gestalt eines Formalcontracts, indenture of apprenticeship, welcher von dem Friedensrichter mit Unterschrift und Insiegel zu bestätigen war. Armenkinder konnten auch als Schiffsjungen in Lehre ausgethan werden, (jetzt aufgehoben durch 5. et 6. Will. IV. c. 19 §. 1, doch so, daß der freiwillige Eintritt in den Seedienst möglichst befördert wird). Nach 28. Geo. III. c. 48 konnten achtjährige Armenknaben auch

§. 58.
Das Polizeisystem der Handelsschifffahrtsordnung.
Merchant Shipping Act 1854.

Für die besondere Gruppe der auf Privatschiffen dienenden Seeleute lag die Analogie einer Gesindeordnung sehr nahe. Die ältere Praxis ließ indessen die Grundsätze vom Lehrverhältniß, apprenticeship, die Fassung des Dienstvertrages und seerechtliche Gewohnheiten walten, wonach die Entscheidung von Streitfällen bald den Friedensrichtern, bald den Civilgerichten zufiel. Erst im XVIII. Jahrhundert tritt eine Gruppe regelnder Parlamentsstatuten auf, 2. et 3. Anne c. 6; 2. Geo. II. c. 36; 2. Geo. III. c. 31 etc. mit mancherlei fürsorglichen Anordnungen für beide Theile. Versuchsweise wurde die Gesetzgebung darüber consolidirt in 4. et 5. Will. IV. c. 52; 5. et 6. Will IV. c. 19; 8. et 9. Will. IV. c. 116 (Seamen's Protection Act); 13. et 14. Vict. c. 93 (Mercantile Marine Act 1850). Jedes Schiff muß eine Musterrolle führen nach gesetzlich vorgeschriebenem Formular über das Gesammtpersonal, über die Personaländerungen während der Reise, Todesfälle, Beschädigungen, Nachlaßeffecten ꝛc., wovon ein Duplicat dem Zollamt des Hafens, zu welchem das Schiff gehört, auszuhändigen ist, bei 5 L. Strafe für Versäumniß des Schiffscapitäns oder Führers. Matrosen, die den vertragsmäßig übernommenen Dienst anzutreten verweigern, können auf eidliche Aussage vor einem Friedensrichter, und nach vorgängigem Gehör über die Gründe, zu Correctionshaus bis zu 30 Tagen verurtheilt, oder dem Capitän zur Disciplinarbestrafung während der Reise überlassen werden. Verlassen des Schiffes ohne Urlaub wird in gewöhnlichen Fällen mit Abzug der zwiefachen Löhnung gebüßt; Abwesenheit ohne Urlaub in den letzten 24 Stunden vor der Abfahrt gilt als Desertion. Der Deserteur verwirkt sämmtliche Kleidungsstücke und Effecten an Bord nebst sämmtlichen Löhnen. Das Detail dieser Vorschriften bildet eine geschärfte Gesindeordnung mit

---

als Schornsteinfegerlehrlinge ausgethan werden, was durch die späteren Schornsteinfeger-Ordnungen beseitigt ist. — Nach 7. et 8. Vict. c. 101 §. 12, 13 werden jetzt die Lehrlings-Contracte der Armenkinder von der Armenverwaltungsbehörde (guardians of the poor) abgeschlossen ohne Bestätigung der Friedensrichter. Das Königliche Armenamt bestimmt durch Order die Pflichten der Meister und schreibt die Contractformulare vor. Niemand ist verpflichtet einen solchen Lehrling zu nehmen. Ein Contractsbruch Seitens des Meisters wird aber mit Polizeibußen bis 20 L. vor zwei Friedensrichtern bedroht.

§. 58. Das Polizeisystem der Handelsschiffahrtsordnung. 323

summarischer Bestrafung von Ungehorsam, Widersetzlichkeit, Sachbeschädigung, Unterschlagung, unter nothwendiger Rücksicht auf die abgeschlossene Lage des Schiffsvolks an Bord.

Die Zweiseitigkeit aller englischen Arbeitspolizei hat aber in ebenso starkem Maße auch den Schutz des Schiffsvolks gegen den Capitän, den Arbeitgeber und Dritte sich zur Aufgabe gemacht. Zunächst durch geordnete Instanzen und ein geeignetes Verfahren, um Schiffscapitäne wegen Mißbrauchs der Gewalten zu bestrafen, zu entsetzen, und nöthigenfalls durch Andere zu ersetzen. Zur Sicherung der Lohnansprüche soll ferner alles Schiffsvolk in Schiffen über 80 tons auf Grund eines schriftlichen Lohncontractes geheuert, der Contract dem Matrosen vorgelesen, ein Duplicat bei einem öffentlichen Amte deponirt werden. Das Gesetz bestimmt die Termine der Lohnzahlung und controlirt nach beendeter Reise die prompte Auszahlung der vertragsmäßigen Löhne unter Mitwirkung öffentlicher Beamten. Verwirkte Strafen werden von den Löhnen abgezogen, aber in ein von dem Capitän zu beeidendes Verzeichniß eingetragen. Jeder Auszahlung muß die Zustellung einer schriftlichen Rechnung mit Specification der Abzüge vorangehen. Der Capitän hat sich überhaupt auf vorgängige Ladung zum Verhör über die Musterrolle der Behörde zu stellen. Auch gegen Uebervortheilung durch die Wirthe und Dritte werden Matrosen geschützt durch Versagung des Retentionsrechtes. Ein kurzes Verfahren bei Behandlung der Nachlaßeffecten und ein Invalidenfonds ergänzen dies zweitige System einer Arbeitspolizei.

Nach den durch die Specialgesetze gesammelten Erfahrungen consolidirt sich diese Gesetzgebung endlich in. der Merchant Shipping Act 1854, 17. et 18. Vict. c. 104, und in den M. S. Amendment Acts 1862. 1867, welche ungefähr in dem Umfang des deutschen Handelsgesetzbuchs die wichtigsten Verhältnisse der Handelsmarine codificiren. Da aber weder die Admiralitätsgerichte noch die Friedensrichter für die Functionen dieses Gebiets ausreichen, so sind dafür noch in den geeigneten Städten „Marineämter" und „Schiffahrtsbüreaus" (zur Vermittelung der Lohnerträge und Ablöhnungen) eingeschoben, und für einzele Functionen auch die Masse der Zollbeamten, im Ausland die Consularbeamten zu Hülfe genommen.

In das Gebiet der Friedensrichter gehört das oben gedachte System der Arbeitspolizei, sowie das Ordnungsstrafrecht gegen die mit Ausführung des Gesetzes beauftragten Beamten, Schiffscapitäne, Rheder und Interessenten. Bei Lohnstreitigkeiten fungirt der Beamte des Schiffahrtsbüreaus als Schiedsmann; zwei Friedensrichter entscheiden definitiv bis 50 L. Die summarische Ordnungsstrafgewalt erstreckt sich hier auf Bußen bis 100 L. und Gefängnißstrafen bis zu 6 Monaten.

Die Merchant Shipping Act 1854 bildet 11 Parts in 548 Artikeln, betreffend die Stellung des Handelsamts, die Registrirung britischer Schiffe, Verhältnisse von Capitän und Mannschaften (Antritt des Dienstes, Entlassung, Disciplin, Schiffstagebuch und Musterrolle, Versorgung der Schiffe mit Lebensmitteln und Medicin Part III.), Verhütung von Unglücksfällen, Lootsenordnung, Leuchtthürme, Schiffbrüche, Bergelohn und allgemeine Regeln über das summarische Strafverfahren vor den Friedensrichtern. Burn's Justice (30. Aufl.) behandelt dies Gebiet unter der Rubrik Ships, vol. V. S. 434 bis 583, excerpirt die in das Friedensrichteramt hineinreichenden Artikel der Handelschifffahrtsordnung mit Einschaltung der amendirenden Gesetze und einiger wichtigen Präjudicien. Ueber die Gesammtconstruction des Gesetzes vgl. Gneist, Engl. Verwaltungsrecht II. §. 105, insbesondere über die Hafen-, Lootsen- und Leuchtthurmsordnung unter Regulativen des Handelsamts und der Corporation des Trinity House als Zwischenbehörde. Als Incidentpunkt gehört dahin auch die Untersuchungsführung in wichtigen Bergefällen und eine schiedsrichterliche Entscheidung bis 200 £. durch 2 Friedensrichter. Die Amendment Act 1862 enthält auch eine Strafordnung für Uebelverhalten der Passagiere auf Dampfbooten.

§. 59.

Civiljurisdiction aus unehelicher Schwängerung. Orders in bastardy.

Als einen Theil der Armenpolizei hat die englische Gesetzgebung die Alimentation unehelicher Kinder in dies Gebiet polizeilicher Civiljurisdiction gestellt. Durch Armenaufseher und Friedensrichter schritt zuerst die Gesetzgebung Elisabeth's gegen uneheliche Schwängerungen ein, unterwarf beide Betheiligte arbiträren Strafen, und ließ auf Antrag der Armenverwaltung durch Order zweier Friedensrichter den natürlichen Vater zu einer periodischen Alimentenzahlung verurtheilen, 18. Eliz. c. 3 §. 2. Vorbehalten blieb eine Appellation an die Quartalsitzungen, die nach der Fassung des st. 3. Car. I. c. 4 auch schon in erster Instanz Urtheil sprechen können. Die späteren Gesetze 13. et 14. Car. II. c. 12 §. 19; 6. Geo. II. c 31 schärfen dies Verfahren durch eine summarische Verhaftung des angegebenen Schwängerers. Die Erlassung von Orders of filiation and maintenance durch zwei Friedensrichter wurde nun ein gewöhnliches Geschäft zweier Friedensrichter in einer petty session, wobei sich aus dem Verhör der Mutter und der Zeugen ein förmlicher Proceß entwickelte.

Die Härte und der nahe liegende Mißbrauch dieser ältern Gesetzgebung führte zu ihrer Aufhebung durch das Armengesetz von 1834, 4. et 5. Will. IV. c. 76 §. 69. Dies Gesetz gab den Quartalsitzungen das Recht, auf Antrag der Kreisarmenräthe den angeblichen Vater eines unehelichen der Armenpflege zur Last fallenden Kindes vorzuladen, und nach summarischer Verhandlung, „wenn das eidliche Zeugniß der Mutter durch

§. 59. Civiljurisdiction aus unehelicher Schwängerung. 325

andere Beweise in mehren wesentlichen Einzelheiten bestätigt wird", die natürliche Vaterschaft anzuerkennen, und den natürlichen Vater zu wöchentlichen Alimentenzahlungen zu verurtheilen. Nach wenigen Jahren trägt indessen das Gesetz 2. Vict. c. 85 die Jurisdiction wieder auf zwei Friedensrichter zurück. Das Processverfahren blieb bei diesen Schwankungen ziemlich unverändert. Eine Order of Maintenance lautet nach dem Formular, aus welchem zugleich der Gang des Verfahrens ersichtlich ist, also:

In einer Sitzung der Königlichen Friedensrichter für die Division N. in der Grafschaft N., abgehalten zu N. am 17. Juli 1842. Nachdem auf erhobenen Antrag und Klage der Armenräthe des Kreisverbandes N., betreffend ein männliches uneheliches Kind, geboren von der M. Y., einem ledigen, dem gedachten Armenverband zur Last fallenden Frauenzimmer, es uns, den gedachten Friedensrichtern, sowohl auf die Beschwerde der gedachten Armenräthe als auf den Eid der gedachten M. Y. erscheint, daß die gedachte M. Y. am 6. Mai 1842 entbunden worden ist von einem männlichen unehelichen Kinde, welches wegen Unvermögens der M. Y. dem gedachten Armenverband zur Last gefallen ist, und wahrscheinlich ferner zur Last fallen wird: Und nachdem die gedachten Armenräthe nach sorgfältiger Ermittelung darüber den C. D. aus N., einen Schneider, anklagen als den muthmaßlichen Vater des Kindes, und uns gehörig nachgewiesen ist, daß eine schriftliche Anmeldung des Armenraths von der anzustellenden Klage dem C. D. nach Vorschrift des Gesetzes sieben Tage vorher gegeben ist: Und nachdem der gedachte C. D. vor uns erschienen ist zur Verantwortung auf die gedachte Anklage, und keinen genügenden Grund nachgewiesen hat, warum er nicht in Wirklichkeit der Vater des gedachten Kindes sein sollte: Nunmehr nach gehörigem Verhör und Untersuchung über die Wahrheit der gedachten Anklage und nach Anhörung der Beweise darüber, sowohl auf den Eid der unverehelichten M. Y., als auf die Eide anderer Personen, nämlich des G. H. und K. V., welche zu unserer Befriedigung in mehren wesentlichen Einzelheiten das Zeugniß der gedachten M. Y. bekräftigen; und nach Anhörung dessen, was der gedachte C. D. zu seiner Vertheidigung zu sagen hat: — Sind wir die gedachten Friedensrichter nunmehr genügend überzeugt, und verordnen und urtheilen demgemäß, daß der gedachte C. D. der putative Vater des gedachten Kindes ist; und wir finden, daß dieses Kind wegen Unvermögens der M. Y. dem Kreisarmenverband am 7. März 1842 zur Last gefallen, seitdem zur Last geblieben ist, und wahrscheinlich so bleiben wird: Und wir verordnen und urtheilen ferner, daß der gedachte C. D. sofort zu erstatten hat dem Armenrath die Summe von L. . . . als den Betrag der für Erhaltung des Kindes vom 7. März 1842 bis heute wirklich verausgabten Kosten, festgestellt durch den Eid des N. T., eines Beamten des Armenraths, und auf andere Weise: und wir verordnen und urtheilen ferner, daß C. D. zu zahlen hat dem gedachten Armenrath wöchentlich und für jede Woche von nun an, bis das Kind das Alter von sieben Jahren erreicht haben wird (wenn es so lange lebt, und dem Armenverbande fortdauernd zur Last bleibt), eine solche Geldsumme, wie wöchentlich verausgabt werden wird zur Erhaltung des Kindes, nicht übersteigend den Betrag von — (25 Sgr.) in jeder einzelen Woche. Gegeben c." (Dazu zahlreiche Formulare, insbesondere auch für die nachfolgenden Warrants zur Verhaftung und Auspfändung des Verurtheilten, und zur Beschlagnahme der Arbeitsröhne.)

Durch die Gesetzgebung seit 1844 ist nun aber die materielle Behandlung der Paternitätsklagen noch einmal, und zwar von Grund aus geändert. Durch 7. et 8. Vict. 101 wird das Recht der Paternitätsklage von der Armenverwaltung auf die Mutter des Kindes übertragen, und damit aus einer polizeilichen Maßregel der Armenverwaltung zu einem Alimentationsanspruch aus Quasi-Verwandtschaft umgebildet. Die Mutter kann während der Schwangerschaft, oder binnen 12 Monaten nach der Geburt, oder binnen 12 Monaten nachdem der Vater aufgehört hat freiwillig Alimente zu zahlen, selbigen vor zwei Friedensrichter laden lassen. Nach gehöriger Verhandlung zwischen beiden Parteien (oder beim Ausbleiben des Beklagten in contumaciam) wird sodann, wenn das eidliche Zeugniß der Mutter durch andere Beweise in mehren wesentlichen Einzelheiten bestärkt wird, in Gestalt eines Resoluts (Order) die natürliche Vaterschaft anerkannt, und der Beklagte zur Zahlung von wöchentlich 1⅔ Thlr. für die nächsten 6 Wochen nach der Geburt, und von da an zu wöchentlich ⅔ Thlr. Alimenten verurtheilt, bis das Kind das 13. Jahr vollendet hat, oder stirbt, oder die Mutter sich verheirathet. Bleiben die Alimente rückständig, so tritt Mobiliarexecution ein (bis zu deren Ausgang der Beklagte vorläufig verhaftet werden kann), und nach fruchtloser Execution Gefängnißhaft auf drei Monate. Appellation und Certiorari vorbehalten.

Das Recht der Bastardy ist in England eigenthümlich gestaltet, seitdem die Barone auf dem Reichstag zu Merton mit den historisch gewordenen „Nolumus legem terrae mutare" das dabei begonnene Eindringen des römisch-kanonischen Rechts abgewehrt hatten. Legitimation durch eine der Geburt nachfolgende Ehe ist ausgeschlossen. Das Erbrecht des Bastard ist activ und passiv beschränkt dadurch, daß er keine Agnatenfamilie hat. Das persönliche Verhältniß zum Erzeuger ist keine Verwandtschaft, das sittliche Vergehen der Mutter und des Erzeugers fällt der Kirchencensur anheim, und seit der Reformation einer Polizeigesetzgebung, die sich ausschließlich auf den Gesichtspunkt der Armenpflege beschränkt. Nach 18. Eliz. c. 3 §. 2 können je zwei Friedensrichter eine Order erlassen zur arbiträren Bestrafung beider Betheiligten, und einen Befehl an die Mutter oder den Vater, „das Kind zu alimentiren durch wöchentliche Zahlung, oder in anderer Weise", und wenn die Betheiligten ungehorsam sind, „solche in das Grafschaftsgefängniß abzuliefern, bis sie genügende Sicherheit bestellen, daß sie entweder die Order befolgen oder persönlich vor den nächsten Quartalsitzungen erscheinen und den Beschlüssen der höhern Instanz Folge leisten werden." Durch 3. Car. I. c. 4 §. 15 werden die sämmtlichen Friedensrichter nochmals ermächtigt und angewiesen, dies Gesetz auszuführen, nach welcher Fassung die Praxis annahm, daß nunmehr die Quartalsitzungen auch in erster Instanz eine Order erlassen dürfen.

Der practische Zustand, der daraus hervorging, führte zu folgender Alternative:

1. Wenn Vater oder Mutter für das uneheliche Kind freiwillig sorgen, so mischt sich die Obrigkeit nicht ein. Der Vater, obgleich nicht verwandt, wird doch in soweit als natürlicher Vormund betrachtet, als er ein Recht hat, das Kind selbst zu erhalten und zu erziehen. Nur so lange das Kind an der Mutterbrust ist, darf es ihr nicht wider Willen entzogen werden. Der Vater kann ferner einem polizeilichen Verfahren entgehen, wenn er sich mit dem Kirchspielsbeamten gütlich abfindet, entweder durch eine runde Summe im voraus, oder durch fortgesetzte Zahlungen auf Verschreibung.

§. 59. Civiljurisdiction aus unehelicher Schwängerung.

2. Tritt dies aber nicht ein, so findet das polizeiliche Verfahren statt. Nach 7. Jac. I. c. 4 §. 7 können die Friedensrichter die Mutter eines Bastard, sobald es wahrscheinlich ist, daß derselbe der Armenpflege zur Last fallen wird, auf ein Jahr in das Correctionshaus schicken, und im zweiten Uebertretungsfall auf so lange, bis sie Sicherheit für ihr gutes Verhalten stellt. Nach 13. et 14. Car. II. c. 12 §. 19 mögen, wenn Vater oder Mutter aus dem Kirchspiel fortlaufen, die Armenaufseher mit Autorisation zweier Friedensrichter das bewegliche Vermögen mit Beschlag belegen und verkaufen. Nach 6. Geo. II c. 31; 49. Geo. III. c. 68 kann die Mutter eines unehelichen Kindes vor oder nach der Geburt selbiges einem Dritten anschwören; der muthmaßliche Erzeuger soll dann auf Antrag der Armenaufseher ergriffen und in das Gefängniß geliefert werden, bis er Sicherheit bestellt für Schadloshaltung des Kirchspiels, oder für sein Erscheinen vor den Quartalsitzungen.

Durch die Armengesetzgebung von 1834, 4. et 5. Will. IV. c. 76 §. 69, werden nun aber alle Gesetze über die Affiliation aufgehoben für die nach dem Gesetz geborenen Kinder; ebenso die Gesetze über die Bestrafung der Mutter und des muthmaßlichen Erzeugers. Der Bastard folgt jetzt bis zur Vollendung des 16. Jahres dem gesetzlichen Niederlassungsort der Mutter, welche zur Erhaltung zunächst verpflichtet ist. Beibehalten wurde noch das System der Orders in Bastardy auf Antrag der Armenverwaltung, deren Erlaß auf die Quartalsitzungen übertragen ward. Sie erkannten auf die nothwendigen Alimente bis zum siebenten Jahr, nicht zu Gunsten der Mutter, sondern nur zur Verwendung für das Kind selbst. Da dies Verfahren sich aber bald als zu weitläufig erwies, so folgte das st. 2. et 3. Vict. c. 85 §. 1, wodurch die Jurisdiction über Paternitätsklagen in erster Instanz wieder auf zwei Friedensrichter zurückübertragen wird. Die Klage wird noch immer erhoben durch den Armenrath der Union, und geht gegen den natürlichen Vater auf Schadloshaltung des Armenverbandes für die Alimentation.

Ein völlig neues Grundprincip kommt endlich zur Geltung durch 7. et 8. Vict. c. 101. Man hat sich endlich überzeugt, daß das bloße ökonomische Interesse der Armenpflege nicht der einzige Gesichtspunkt der Frage sein kann, daß vielmehr der Hauptgesichtspunkt die natürliche Verpflichtung des außerehelichen Vaters zur Alimentation ist. Man läßt daher das Klagerecht der Armenverwaltung und den Gesichtspunkt der Chargeability für die Armenverwaltung fallen, giebt der Mutter die Paternitätsklage, und kommt damit wesentlich zu dem deutschen System. Die Formulare sind danach geändert in 8. Vict. c. 10. Der Gerichtsstand und das Verfahren sind aber unverändert vor den Friedensrichtern geblieben, theils weil man einmal gewohnt war, die Paternitätsklagen als Gegenstand der Polizeijurisdiction zu behandeln, theils weil es an localen Civilgerichten jener Zeit noch fehlte. Eine statistische Uebersicht der in den Jahren 1845—1859 erlassenen Orders in Bastardy geben die Parl. P. 1861 No. 55 LV. 37. (im Jahre 1860 = 4360 Fälle; 1867 = 4452.)

§. 60.

Jurisdiction über Mieths- und Pachtverhältnisse und Nebenfälle der polizeilichen Civiljurisdiction. Landlord and Tenant. Tithes etc.

Den Schluß dieses umfangreichen Gebiets machen noch einige Fälle, welche hauptsächlich durch den Mangel localer Civilgerichte an die Friedensrichter gekommen sind.

I. Das alte Privat-Pfändungsrecht der Grundherren wegen rückständiger Mieths- und Pachtgelder ersetzte einigermaßen den Mangel der örtlichen Civilgerichte. Im XVIII. Jahrhundert führte indessen das praktische Bedürfniß zu einer Jurisdiction der Friedensrichter. Das Beiseiteschaffen der dem Pfändungsrecht des Vermiethers oder Verpachters unterliegenden Mobilien wird durch 11. Geo. II. c. 19 mit der Strafe des Doppelten vor zwei Friedensrichtern gebüßt, die Wiederherbeischaffung der Güter erleichtert, und ein summarisches Verfahren vor zwei Friedensrichtern eingeführt; um den Verpachter in den Besitz derelinquirter Pachtgrundstücke zu setzen. Durch 1. et 2. Vict. c. 74 wird bei Miethen und Pachtungen bis 20 L. jährlich eine summarische Exmissionsklage vor zwei Friedensrichtern gegeben, um den Grundherrn nach beendetem Contract wiederum in Besitz zu setzen; woran sich noch Gesetze über den Kostenpunkt und einige Nebenfälle anreihen (Excurs. *).

II. Die Schwerfälligkeit und Umständlichkeit der geistlichen Gerichte, denen die ordentliche Gerichtsbarkeit über Zehnten zustand, machte eine ergänzende Jurisdiction der Friedensrichter zu einer Wohlthat für alle Betheiligten. Die häufigste Veranlassung zur Klage gaben die Quäker mit ihren Zehntverweigerungen aus Gewissensgründen. Schon durch 7. et 8. Will. III. c. 34 wurde daher die Zehntklage gegen Quäker bis auf 10 L. vor zwei Friedensrichtern zugelassen; durch 53. Geo. III. c. 127 wegen aller Zehnten, Oblationen und Compositionen bis auf 10 L. Durch 5. et 6. Will. IV. c. 74 §. 1; 4. et 5. Vict. c. 36 wird mit Ausschließung der geistlichen Gerichtsbarkeit dies Verfahren für das ausschließliche erklärt; jedoch mit Vorbehalt der Fälle wo der Titel zum Zehnten oder die actuelle Rechtsverbindlichkeit des Zehntpflichtigen bona fide in Frage gestellt ist. Durch die jetzt beinahe vollendete Ablösung des Zehnten in eine Zehntrente fällt die geistliche Gerichtsbarkeit auf dem Gebiet der Zehnten ganz hinweg, da nunmehr das summarische Pfändungsverfahren (distress) wegen Grundrente eintritt.**)

III. Als Nebenfälle sind in neuester Zeit noch hinzugetreten: eine Jurisdiction über einzele Streitpunkte innerhalb der Gesellschaften zur gegenseitigen Unterstützung, Friendly Societies, und der Dahrlehnskassengesellschaften. Der Zweck dieser Einflechtung war, den Mangel an Orts-

---

**) Für rückständige Zehnten ist das summarische Verfahren unstatthaft, wo eine Anfechtung der Steuerausschreibung im geistlichen Gericht schon anhängig, oder wenigstens angemeldet (a caveat entered), oder ein „bona fide Grund" zur Bestreitung der Rechtsgiltigkeit der Steuer vorgebracht ist, d. h. ein plausibler nach Ermessen des Gerichts reeller, nicht blos zur Chicane vorgeschützter Grund der Bestreitung. Für Beiträge über 10 L. blieb das Eintreibungsrecht der geistlichen Gerichte unverändert. Nebengeschäfte bei der Zehntablösung in 9. et 10. Vict. c. 73; 23. et 24. Vict. c. 93.

gerichten in gewissen dringenden Fällen zu ersetzen; eben deshalb findet sich seit Entstehung der neuen Kreisgerichte nun auch eine concurrirende Gerichtsbarkeit der Kreisrichter.***)

Schließlich gehört hierher noch eine beschränkte Competenz für Expropriationen. Nach der Lands Clauses Consolidation Act 8. et 9. Vict. c. 18 §. 22 entscheiden in Ermangelung gütlicher Einigung zwei Friedensrichter summarisch über die Höhe der Entschädigung der entzogenen Immobilien, wenn der darauf erhobene Anspruch nicht 50 £. übersteigt. Bei größeren Objekten tritt ein umständlicheres Verfahren ein. Grundsätzlich sind die Friedensrichter aber in keinem Falle befugt, über streitige Titel zum Eigenthum zu entscheiden.

* **Jurisdiction zwischen Landlord and Tenant.**

1. **Beiseiteschaffen des der Pfändung unterliegenden Mobiliars** 11 Geo. II. c. 19. Wenn der Tenant betrüglich oder hinterlistig die Mobilien in eine fremde Behausung geschafft hat, so kann der Grundherr oder sein Bevollmächtigter einen Constable zur Assistenz rufen, zur Tageszeit in die Räume eintreten oder solche gewaltsam öffnen, und die Güter wegnehmen als ob sie auf offenem Felde gefunden wären. Bei Wohnhäusern bedarf es jedoch zuvor einer eidlichen Erhärtung der Gründe für die Vermuthung, daß sich solche Mobilien darin befinden, vor einem Friedensrichter. In der Praxis ist es üblich, daß der Friedensrichter in allen Fällen auf eidliche Klage des Grundherrn eine Assistenz-Order an den Constable erläßt. Im hauptstädtischen Bezirk können die Constables Möbelwagen von Abends 8 bis Morgens 6 Uhr polizeilich festhalten bis zum Nachweis eines rechtmäßigen Geschäfts, 2. et 3. Vict. c. 47 §. 67.

2. **Regelung der Kosten für Privatpfändungen** 57. Geo. III. c. 93. Bei Pfändungen wegen rückständiger Miethe oder Pacht bis 20 £. darf dem Schuldner nicht mehr berechnet werden als 3 sh. für die Pfändung, 2½ sh. pro Tag für die Aufbewahrung der Sachen, 2½ pCt. für die Abschätzung, 5 pCt. für Katalogisirung, Commission und Verkauf von dem Nettoverkaufspreis, bei Strafe des Dreifachen für jede Ueberhebung. Durch 7. et 8. Geo. IV. c. 17 werden diese Vorschriften ausgedehnt auf Steuerexecutionen wegen Staats- und Communalabgaben und Zehnten bis zu 20 £.

3. **Verfahren bei derelinquirten Pachtungen.** Nach 11. Geo. I. c. 19 §§. 16, 17 kann der Verpächter sich an zwei Friedensrichter wenden, sobald der Pächter mit einer Jahrespacht (oder halbjährlichen Pacht 57. Geo. III. c. 52) in Rückstand ist, das

---

***) Friendly Societies. Nach 18. et 19. Vict. c. 63 kann auf eidliche Klage eines Beamten der Gesellschaft vor zwei Friedensrichtern summarisch erkannt werden gegen Personen, welche sich betrüglich in den Besitz von Geldern der Gesellschaft gesetzt haben, oder solche betrüglich vorenthalten. Durch die Statuten mag die Entscheidung der Streitigkeiten auf ein Schiedsverfahren oder auf zwei Friedensrichter gestellt werden, insbesondere auch Streitigkeiten über Ausschließung eines Mitgliedes. (Aehnliche Vorschriften über ein Zwangsschiedsverfahren kommen vor bei den Sparkassen, bei Matrosensold und Bergelöhnen.) — Die Darlehnskassen-Gesellschaften, Loan Societies, können rückständige Darlehne aus Schuldscheinen, die auf den Namen des Schatzmeisters zu stellen sind, nach gesetzlichem Formular summarisch vor einem Friedensrichter einklagen, und dieser Friedensrichter das Urtheil durch einen Pfändungs- und Verkaufsbefehl vollstrecken. Ueber die neueste Gesetzgebung betr. die Vorschuß- und Unterstützungsvereine s. unten Abschn. IV. §. 68. Note 5.

Pachtgut uncultivirt und so verlassen hat, daß nicht gehörige Pfändungsgegenstände zur Deckung des Rückstandes vorhanden sind. Die Friedensrichter sollen dann den Augenschein einnehmen, und durch einen schriftlichen Anschlag an sichtbarer Stelle ihre Rückkehr zu einer zweiten Besichtigung nach frühestens 14 Tagen ankündigen. Und wenn in diesem zweiten Termin Niemand für den Pächter erscheint, um die Pacht zu zahlen, noch genügende Pfändungsgegenstände sich vorfinden, mögen die Friedensrichter durch ausgefertigte Urkunde (record) den Grundherrn in Besitz setzen, wodurch der Pachtcontract eo ipso erloschen ist. Die Appellation geht in diesen Fällen an die Assisenrichter.

4. **Ermissionsklagen.** Nach 1. et 2. Vict. c. 74 kann bei Zeitmiethen und Pachten nicht über 7 Jahre und nicht über 20 £. Jahresbetrag, der Tenant nach beendetem Contract durch summarisches Verfahren des Besitzes entsetzt werden. Der Grundherr hat dann eine schriftliche Anzeige nach vorgeschriebener Form dem Gegner zu insinuiren, und selbigen vor zwei Friedensrichter zu laden, von denen, nach Anhörung der Sache und geführtem Beweis über die Beendigung des Contracts, ein warrant an den Constable erlassen wird, in gesetzter Frist von 3—4 Wochen die Grundstücke nöthigenfalls mit Gewalt zu betreten, und den Landlord oder seinen Beauftragten in den Besitz zu setzen. Findet sich später, daß der Extrahent kein Besitzrecht hat, so unterliegt er einer action of trespass (nicht aber der Friedensrichter oder ausführende Constable). Dies Verfahren ist auch auf einige analoge Fälle ausgedehnt. Nach 9. et 10. Vict. c. 95 §. 122 (107) findet jetzt ein analoges Verfahren bei den Kreisgerichten statt, und zwar bei Miethen und Pachtungen bis 50 £., sowie Auseinandersetzung wegen der nützlichen Verwendungen ꝛc. 14. et 15. Vict. c. 25.

5. **Wegen Beschädigungen der Miethswohnungen** oder der Möbel findet im hauptstädtischen Bezirk eine summarische Klage auf Schadenersatz bis 15 £. vor einem Friedensrichter statt, 2. et 3. Vict. c. 71 §. 38.

§. 61.

Gemeinsames über die Polizeiresolute, Polizeiverfügungen und deren Vollstreckung; Convictions, Orders und Warrants.

In diesem umfangreichsten Gebiet des selfgovernment erscheinen die friedensrichterlichen Geschäfte der §§. 44—55 überwiegend als Acte eines polizeilichen Strafverfahrens, jedoch mit mannigfaltiger Einflechtung von Polizeiresoluten (Orders). Die §§. 56—60 bilden überwiegend eine polizeiliche Civil-Jurisdiction durch Orders, aber wiederum stetig durchflochten mit Strafresoluten (convictions). Das polizeiliche Civilverfahren von der complaint bis zur order ist indessen so gleichartig dem polizeilichen Strafverfahren von der information bis zur conviction, daß für beide ein und dieselbe Polizeiprozeßordnung, 11. et 12. Vict. c. 43, gegeben werden konnte.

Wie schon im Eingang (§. 38) bevorwortet wurde, entspricht diese Gesammtthätigkeit der Friedensrichter dem Polizeidecernat der höheren „verwaltenden" Polizeibeamten des Continents. Auch in Deutschland ist das Verfahren der Polizei dem gerichtlichen Verfahren in vereinfachten Geschäftsformen nachgebildet. Das englische Polizeirecht hat darin die Grundsätze einer „Jurisdiction" nur schärfer und consequenter durchgeführt; während in der Sache selbst die obrigkeitliche Polizeiverwaltung auch in England dem System unserer Polizeiresolute, Polizeiverfügungen und Polizeiexecutionen parallel geht. Es ist die staatliche Zwangsgewalt, welche hier vorbeugend zur Förderung des gesellschaftlichen Wohls thätig wird (Polizei), welche aber, germanischen Rechtsgrundsätzen entsprechend, auf feste Maßnahmen zurückgeführt ist. Bis zur Grenze des Möglichen ist die polizeiliche Zwangsgewalt auf ein= für allemal festgestellte Vorbedingungen zurückgeführt, und diese Fälle bilden das Gebiet der convictions (einfache Strafresolute). Wo eine solche Fixirung des Thatbestandes nicht ausführbar war, hat das Gesetz den Friedensrichtern eine causae cognitio über die Vorbedingungen des polizeilichen Einschreitens, und über die Modalitäten der Zwangsausführung vorbehalten, und diese Fälle bilden das Gebiet der Orders (Polizeiresolute und Polizeiverfügungen i. e. S.). So gleichartig beide Fälle in den Formen der Verhandlung gestaltet sind, so treten doch bei den Vollziehungsdecreten (warrants) erhebliche Unterschiede hervor, welche hier noch ihre Stelle finden müssen.

I. Die Convictions, Strafresolute, stellen den Polizeizwang in denjenigen Gebieten her, welche durch die Gesetzgebung als Straffälle mit ein für alle Mal formulirtem Thatbestand gestaltet sind. In dem normannischen Polizeisystem standen an dieser Stelle die amerciaments wegen Ungehorsams gegen die Königlichen Anordnungen, contemptus brevium regis etc. Um die darin liegende unbegrenzte Polizeiwillkür zu beseitigen, hat England die Mühe nicht gescheut, im Verlauf der Zeit durch viele Tausend Strafklauseln die einzelen polizeilich gebotenen Handlungen und Unterlassungen bis zur Grenze des Möglichen zu specialisiren. Jene Geld- und Gefängnißstrafen sind daher ihrem innern Charakter nach Ordnungsstrafen oder Ungehorsamsbußen, deren Zweck nicht die Ahndung eines wirklichen Bruchs der Rechtsordnung ist, sondern die Ersetzung des Zwanges im einzelen Fall durch eine fest begrenzte Androhung für alle Fälle. Darauf beruhen die Unterschiede dieses Ordnungsstrafsystems von den Criminalstrafen, namentlich auch das Strafniederschlagungsrecht der Friedensrichter. Die Urtheilsformel der Convictions wird durch allgemeine und besondere Gesetze sogar wörtlich vorgeschrieben, um die Beobachtung der gesetzlichen Formen, und um die Erfüllung der gesetzlichen Erfordernisse des Thatbestandes zu controliren. Die Verwandlung einer Geldstrafe in Freiheitsstrafe war nach der ältern Gesetzgebung keineswegs selbstverständlich, und war in zahlreichen Fällen absichtlich unterlassen. Erst durch die Polizeiprozeßordnung 1848 §. 17—24 sind diese Verwandlungen generalisirt und die Wahl zwischen beiden auf richterliches Ermessen gestellt. Die Small Penalties Act 1865 bestimmt jetzt die Abstufungen, nach welchen die Geldstrafen in Gefängnißstrafen verwandelt werden. Wie das ganze Gebiet des summarischen Strafrechts durch Parlamentsstatuten geschaffen ist, so hat die Gesetzgebung auch überall genügende Bestimmungen über die Strafvollstreckung gegeben, welche für unsere Auffassung keine Besonderheiten darbieten. Behufs der Finanzcontrole der eingegangenen Geldbußen sind die Kreis- und Bezirkssecretäre der Friedensrichter durch die neuere Gesetzgebung zu verantwortlichen Beamten der Vereinnahmung und Verrechnung gemacht worden. Rücksichtlich des Kostenpunkts enthält 18. Geo. III. c. 19; 11. et 12. Vict. c. 43 §§. 16, 18, 21, 24 die allgemeine Ermächtigung für die Friedensrichter bei allen auf dem Wege der Klage vor sie gebrachten Entscheidungen auf billigen Kostenersatz zu erkennen, und das Abpfändungsverfahren darauf mit zu erstrecken. Wo die Geldbuße auf 5 L. oder darüber lautet, sollen sie die Kosten bis zum Betrage von ¼ der Strafe davon abziehen. Zugleich giebt das Gesetz Formulare für das Kostenfestsetzungs-Decret und für den Warrant of Distress and Sale.[1])

II. Die Orders oder Polizeiresolute im engern Sinne bilden die praktische Ergänzung der polizeilichen Strafresolute. Trotz der Häufung vieler hundert Polizeistrafordnungen und vieler Tausend Strafclauseln ließ sich zu keiner Zeit das polizeiliche Zwangsrecht in einer bloßen Strafordnung erschöpfen. Es bedurfte vielmehr in jedem Gebiet einer Ergänzung durch Polizeiverfügungen für den einzelen Fall (mandata), durch

---

[1]) Burn's Justice giebt s. v. Conviction den Gesammtgang des polizeilichen Strafverfahrens; die Strafvollstreckung s. v. Commitment, Warrant of Distress, Fines, Forfeitures. Zur Finanzcontrole der erkannten Geldbußen, Verwirkungen und verfallenen Prozeßcautionen bestanden schon seit dem Mittelalter feste, wohlgeordnete Einrichtungen, die durch die neuere Gesetzgebung modificirt wurden. Nach 41. Geo. III. c. 85 konnte noch jeder Friedensrichter alle fines, forfeitures und penalties, die von ihm oder einem andern Friedensrichter auferlegt waren, vereinnahmen und dem Zahlenden rechtsgültige Quittung ertheilen. Er sollte darüber Buch führen, jährlich vor der Michaelissitzung alle Beträge an den Sheriff abführen, und von diesem darüber die Quittung erhalten. Nach 11. et 12. Vict. c. 43 §. 31 ist, unbeschadet des Decernats der Friedensrichter, der Clerk der Bezirkssitzungen die rechnungführende Person, an welche alle beigetriebenen Strafen abzuführen sind. Ein Rechnungsextract soll monatlich einmal bei den kleinen Bezirkssitzungen vorgelegt und dann an den Clerk of the peace zum weitern Verfahren gehen. Ueber das Berechnungswesen zwischen dem Clerk of the peace, dem Sheriffsamt und dem Finanzministerium enthalten 3. Geo. IV. c. 46; 4. Geo. IV. c. 37 weitere Verordnung, gleichmäßiges Verfahren bei verwirkten Prozeßcautionen, und namentlich das wichtige Recht der Quartalsitzungen, Personen, die wegen Nichtzahlung gefänglich eingezogen sind nach summarischer Anhörung und Erwägung der Umstände von einer rückständigen Strafsumme zu befreien und eine gestellte Prozeßcaution zu erlassen, 3. Geo. IV. c. 46 §. 6.

welche auf Anrufung der Betheiligten dem Gegeninteressenten ein bestimmtes Verhalten geboten, und dann erst der Ungehorsam gegen das Specialgebot durch Geldbuße oder Haft geahndet wird. Trotz des Namens und mannigfaltiger Analogien der „Civiljurisdiction" ist doch auch diese Geschäftsführung der Friedensrichter ihrem Entstehen und Grundgedanken nach ein Zubehör der Straf- und Polizeigewalt, wie dies die Gerichtsverfassung auch dadurch anerkennt, daß wo das Verfahren an die Reichsgerichte abberufen wird, der Fall an die Kronseite der Königsbank, also an die Strafabtheilung geht. Auch hier waltet das ernste Bestreben ob, den Polizeizwang an gewisse Grenzen und Schranken zu binden, aber die Vorbedingungen zum Erlaß des polizeilichen Befehls sind weiter gestellt als bei den Strafresoluten, und lassen dem Friedensrichter ein nach der Natur des concreten Falles auszuübendes arbitrium. Die Rechtscontrole liegt theils in den zu beobachtenden Formen, theils in der Appellation an das Collegium der Friedensrichter, theils in der Controlinstanz der Reichsgerichte durch writ of certiorari und mandamus, welches immer noch für die wichtigsten Principienfragen, für Recusationsfälle und für Rechtsverweigerungen vorbehalten ist. — Das Geltungsgebiet der Orders bestimmt sich lediglich durch das praktische Bedürfniß, ebenso wie in den Polizeisystemen des Continents, in welchen an dieser Stelle ein oft sehr formloses Einschreiten durch Polizeiverfügungen unter Anordnung der „geeigneten Maßregeln" steht. Selbst das verhältnißmäßig einfache Gebiet der Sicherheitspolizei kann einer Ergänzung durch dies gelenkigere Verfahren nicht entbehren, wie bei der Bestellung der Friedensbürgschaften, Haussuchungen, Beschlagnahmen, Stellung unter Polizeiaufsicht. Noch häufiger erscheinen die Orders im Gebiet der Gewerbe- und Wirthschaftspolizei, der Arbeitspolizei, Gesindeordnung und Fabrikreglements; in der Armenpolizei als Orders in Bastardy, Orders of Removal etc.; in der Gesundheits- und Baupolizei beherrschen sie als Orders of Removal of Nuisances das ganze Gebiet. Das wachsende Bedürfniß der heutigen Gesellschaft häuft sie immer mehr in den später folgenden Gebieten der Armen-, Gesundheits- und Wegeverwaltung. Die englische Polizeiverwaltung nähert sich damit in wachsendem Maß unseren administrativen Polizeidecernaten und den praktischen Schwierigkeiten unserer Polizeiexecutionen.[2])

---

[2]) Unter der Rubrik Orders enthält Burn's Justice (30. Aufl.) III. 1108—1111 einen ziemlich dürftigen Abschnitt. Da die positive Gesetzgebung überall die Orders nach Bedürfniß eingeschoben hat, so ist die Jurisprudenz zu keiner grundsätzlichen Auffassung gelangt. Als Unterschiede der Orders von den Convictions wird angegeben, daß bis zu 4. Geo. II. die Orders in englischer Sprache, die Convictions in lateinischer Geschäftssprache redigirt wurden. Ferner daß die Order nur das Resultat der Beweisaufnahme, die Conviction die Substanz der Beweise aufzunehmen hat. Lord Hardwicke hat in Sachen

III. Die Erzwingung der polizeilichen Orders durch obrigkeitliche Warrants bot unter diesen Umständen analoge Schwierigkeiten dar wie die executio ad faciendum in unseren Justizsachen, die sogen. Verwaltungsexecution in unseren Verwaltungssachen. Man sah es jeder Zeit als selbstverständlich an, daß ein gesetzmäßiger Befehl der Obrigkeit erzwingbar, eine Unbotmäßigkeit dagegen strafbar sein müsse. Die Jurisprudenz bildete daher die Maxime, daß „wo das Gesetz einem Friedensrichter Jurisdiction giebt, ohne Angaben der Folgen des Ungehorsams, der Ungehorsam selbst ein anklagbares Vergehen, misdemeanour, bildet." (Say. 163. R. v. Gash. I. Star. Rep. 441.) Allein die Polizei konnte in ihrem täglichen Wirken nicht bestehen, wenn sie den Gehorsam erst durch ein neu zu eröffnendes Strafverfahren erzwingen sollte. Es bedurfte dafür einer summarischen Execution, für welche sich drei Wege darboten.

1. Das normannische System der amerciaments hatte seit dem XII. Jahrhundert ein administratives Zwangsverfahren sogar über Bedürfniß hinaus entwickelt: allein seit der Magna Charta war dies Verfahren auf die Grundsätze des gerichtlichen (judicium parium) zurückgeführt. Durch die Gemeindegenossen mußte zuvor ein Schuldspruch, durch die Bußschöffen eine Abmessung der Strafe erfolgen. Die alten Polizeigerichte (courts leet) starben an der Weitläufigkeit dieses Verfahrens ab, und blieben abgesehen von geringen statutarischen Erweiterungen auf ihre alten Bußfälle beschränkt.[3a]

2. Das feudale System des Distringas, Distress, erkannte zwar ein Pfändungsrecht (pignoris capio) als Zwangsmittel des Gerichtsherrn an: allein seit der Magna Charta konnte zu einer Veräußerung der verpfändeten Gegenstände (distress and sale) nicht ohne ausdrückliches Gesetz geschritten werden. Das Zwangsmittel war daher wenig wirksam und überhaupt nur anwendbar auf die hergebrachten Fälle, nicht auf die neuen, erst durch Parlamentsstatuten geschaffenen Anforderungen der Obrigkeit.[3b] So blieb nur

---

R. v. Bissex (Sayer 304) erklärt, es hänge bei dem Strafverfahren nur von der Fassung des positiven Gesetzes ab, ob das Decret als Order oder Conviction zu bezeichnen sei. Man begnügt sich daher lediglich mit einer Verweisung auf die einzelen Gesetze.

[3a] Ueber die Amerciaments als die Hauptgrundlage des normannischen Polizeistaats und dem in der Magna Charta dagegen gewährten Rechtsweg vgl. die Geschichte des selfgovernment S. 81, 92—94, 138, 139.

[3b] Der Distress ist die gemeinschaftliche Wurzel der heutigen obrigkeitlichen wie der Privatpfändung geworden, — also 1) zur Eintreibung rückständiger Grundrenten, und zwar jetzt ohne wesentlichen Unterschied der rents; 2) zur Pfändung eines fremden, schadenbringenden Hausthiers (damage feasand); 3) wegen gewisser altherkömmlicher Gebühren und Bußen. Da aber der Pfändende einer action of trespass und anderen Verantwortlichkeiten ausgesetzt ist, so war eine summarische Cognition der Obrigkeit im Interesse bei-

3. das allgemeine **Verhaftungsrecht** der Obrigkeit, Commitment, übrig, welches aus der Friedensbewahrung nach gemeinem Recht (§. 39) abzuleiten war. So ergab sich die allgemeine Maxime der Gerichtspraxis: „Wo das Gesetz einen Friedensrichter ermächtigt, eine Person zur Cautionsleistung oder zu irgend einer andern Handlung zu nöthigen, und die gegenwärtige Partei sich dessen weigert, darf der Friedensrichter sie in das Gefängniß abführen lassen, um dort zu bleiben, bis sie Folge leistet." II. Hawkins c. 16 §. 2. Die Personalhaft wird der ergänzende Modus aller Polizeiexecution. Jene generalis clausula kommt indessen verhältnißmäßig selten zur Anwendung, da die Gesetzgebung sich die Mühe nicht verdrießen ließ, in den praktisch wichtigen Fällen die Erzwingung des Befehls durch Verhaftung ausdrücklich auszusprechen. Die in Parlamentsstatuten ausgesprochene Haft wegen Verweigerung der Zahlung der Armensteuer, wegen Verweigerung des Zeugnisses, die Polizeihaft gegen gefährliche Tobsüchtige, die Verhaftung der Gemeindebeamten wegen verweigerter Rechnungslegung und zahllose andere Fälle waren nur Declarationen der schon nach common law bestehenden Verwaltungsexecution durch Personalhaft. Die Rechtscontrole für diese Zwangsmaßregeln wird zunächst durch den Grundsatz hergestellt, daß auch solche Commitments den Grund der Verhaftung in der Weise angeben müssen, daß der Verhaftete wissen könne, was er zu thun hat, um frei zu kommen. Ferner ist der Sheriff oder Gefängnißinspector schuldig, auch solche Verhaftungen den nächsten Criminalassisen zu notificiren, 3. Hen. VII. c. 3. Endlich tritt durch die Habeas Corpus Act eine Generalcontrole der Reichsgerichte ein, welche durch die Verwaltungsmißbräuche des XVII. Jahrhundert veranlaßt, an dieser Stelle die Rechtscontrolen der Verwaltungsexecution abschließt.[3c]

Aus praktischen Gründen ist die Gesetzgebung indessen immer wieder auf die Vermögensexecution, distress, zurückgekommen. Um nicht zu der harten Maßregel der Verhaftung oder zu dem umständlichen Verfahren einer Anklage wegen Ungehorsams in den geringfügigsten Fällen zu greifen, war es vielmehr eine Milderung, wenn in zahlreichen Parlamentsstatuten den Friedensrichtern ein Pfändungsrecht durch warrant of distress bei-

---

der Theile wünschenswerth. Privatpfändung und summarisches Verfahren concurriren daher häufig in Fällen, wo wir Arrest, Polizeiexecution, Steuerexecution, Mandatsprozeß u. s. w. haben.

[3c] Das **Commitment** ist der allgemeine Ausdruck für jeden Befehl zur Abführung in das Gefängniß, vgl. Burn's v. Commitment in Execution I. 843 ff. Die Vieldeutigkeit des Begriffs und das Zusammenwerfen der verschiedenartigsten Fälle unter einen Namen erklärt sich historisch daraus, daß das englische selfgovernment aus dem normannischen Polizeistaat mit seinen discretionären Gewalten hervorgegangen ist, und das Commitment zur generalis clausula der Polizeiexecutionen (bei uns der sog. Verwaltungsjurisdiction) gebildet hat.

gelegt wurde. Ein solches verstand sich aus den obigen Gründen nicht von selbst und wurde streng buchstäblich genommen. Sollte darin auch die Befugniß liegen, das Abgepfändete zu verkaufen, so mußte das Gesetz ausdrücklich „distress and sale" hinzufügen.

Verallgemeinert sind diese Maßnahmen endlich durch die Polizei= prozeßordnung von 1848, 11. et 12. Vict. c. 43 §. 17—21. In allen Fällen einer summarischen Order innerhalb dieses Gesetzes, wo das Parlamentsstatut die Befugniß zur Verhaftung oder Pfändung wegen Nicht= befolgung eines Polizeibefehls giebt (for not obeying any order of justices), soll der Beklagte zuvor eine Abschrift des Wortlauts der Order erhalten. Dann aber soll der Friedensrichter, auch wenn das Gesetz keine be= stimmte Weise der Vollstreckung angiebt, ermächtigt sein, einen schriftlichen Pfändungsbefehl und ein Decret zum Verkauf der abgepfän= deten Sachen zu erlassen. Nach fruchtloser Execution ergeht ein Warrant auf Verhaftung, der auch sogleich erlassen werden mag, wo voraussicht= lich die Abpfändung fruchtlos oder für den Vermögensstand des Bethei= ligten nachtheilig sein würde.

Das Endresultat der über alle Maßen gehäuften Polizeigesetzgebung ist, daß jede auf Grund allgemeiner oder besonderer Gesetze erlassene Po= lizeiverfügung erzwingbar ist durch Vermögensexecution oder Haft bis zu einer gemessenen Frist, und daß für alle etwa zufällig noch vorhandene Lücken der Gesetzgebung eine Polizeiexecution durch Verhaftung stehen bleibt, so wie alternativ auch noch ein besonderes Strafverfahren wegen Ungehorsams gegen einen gesetzlichen Befehl der Obrigkeit, welches nach der Gerichtspraxis immer noch concurrirend neben jedem Pönalstatut stehen bleibt (R. v. Robinson, II. Burr. 799 u. a. Präcedenzfälle). An keinem Punkte sind also auch in England der Obrigkeit Pflichten oder Rechte beigelegt, ohne zugleich die wirksamen Zwangsmittel der Vollziehung zu gewähren. Nicht der Mangel der Polizeiexecution, sondern die dafür gewährten Rechtscontrolen und die eigenthümliche Stellung der Friedens= richter bilden das unterscheidende Merkmal der englischen Polizei=Ver= waltung.

Die Grundmaximen des Rechtsstaats treten schon in dem Decernat der einzelen Friedensrichter zur Genüge erkennbar hervor; bedürfen freilich noch einer Ergänzung durch das collegialische Polizeidecernat der Special= sitzungen und Quartalsitzungen (Abschnitt III. und IV.), welche gerade die wichtigsten Polizeiresolute umfassen, die unser Verwaltungssystem den col= legialischen Mittelbehörden (Regierungen) zu überlassen pflegt.

Dasselbe System der Verwaltungsresolute und Verfügungen erstreckt sich sodann (wie in den Verwaltungen des Continents) auch auf das er= gänzende Decernat der bürgerlichen Obrigkeit in der Militärverwaltung,

§. 61. Gemeinsames über die Polizeiresolute, Polizeiverfügungen ꝛc.

Steuerabschätzung und Stadtverwaltung (Cap. VI.—VIII.), sowie auf die Controle der Friedensrichter in dem Gebiet der wirthschaftlichen Armen-, Gesundheits- und Wegeverwaltung (Cap. X.—XII.), auf welche an dieser Stelle eine summarische Verweisung (Excurs. *) genügt.

* **Das Decernat der einzelen Friedensrichter in den connexen Gebieten.**

Die Stellung des Friedensrichteramts als Oberinstanz der Kirchspielsverwaltung seit der Periode der Tudors ist in der Geschichte des selfgovernment S. 291—93, 365—66 (vgl. oben S. 41) gegeben. Der Schwerpunkt dieser Stellung liegt in den Special- und Quartalsitzungen, und wird als ein Haupttheil der Geschäfte der Sessions zunächst in Abschnitt III. und IV. folgen. In den Sessionen liegen auch die wichtigsten Functionen der Friedensrichter für die Verwaltung der Miliz, die Steuereinschätzungen und die übrigen Gebiete des selfgovernment. Indessen erscheinen auch in diesen Gebieten die einzelen Friedensrichter (je einer oder zwei) in einigen laufenden Geschäften thätig, auf welche hier vorläufig verwiesen werden mag.

Cap. VI. **im Gebiet der Milizverwaltung** erscheinen als die decretirenden Hauptbeamten die Deputy Lieutenants, deren Personal aber größern Theils mit dem der Friedensrichter zusammenfällt. Die Friedensrichter als solche haben einige Geschäfte bei Einstellung und Vereidigung der Milizen und der Rekruten, bei der Einquartierung und Beschaffung der Transportmittel, sowie summarische Strafgewalten auch für geringere Militärvergehen. Sie treten ein, wo die Militärverwaltung in das Gebiet des bürgerlichen Lebens und der Privatrechte eingreift, in denselben Fällen, in welchen auch nach unserer Verfassung das Decernat der Landräthe, Regierungen und Kreisersatzcommissionen eintritt.

Cap. VII. **im Gebiet der Steuereinschätzungen** decretiren zwei Friedensrichter die formelle Bestätigung der Armensteuer-Ausschreibung, die Steuerexecutionen und Steuerniederschlagungen; während die Ausschreibungen der Grafschaftssteuer, die Reclamationen und andere wichtigere Geschäfte den Sessionen zufallen.

Cap. VIII. **im Gebiet der städtischen Verwaltung** haben die städtischen Friedensrichter im Allgemeinen dasselbe Decernat der obrigkeitlichen Verwaltung wie die Grafschafts-Friedensrichter für die Grafschafts-Verwaltung, während die wirthschaftliche Verwaltung dem Bürgermeister und Gemeinderath zufällt. Bei dieser Theilung der Geschäfte ist indessen Manches dem Gemeinderath überwiesen, was in der Grafschaftsverfassung den Friedensrichtern zufällt.

In den Gebieten der wirthschaftlichen Selbstverwaltung (Buch III.) tritt das Friedensrichteramt nur controlirend für die Gesetzmäßigkeit gewisser Maßregeln ein; auch hier bleiben neben den Sessionen für das Decernat der einzelen Friedensrichter noch einige Geschäfte übrig:

Cap. X. **im Gebiet der Armenverwaltung** sind die Friedensrichter jetzt ex officio Mitglieder des Kreisarmenraths in ihren Bezirken. Je zwei Friedensrichter erlassen die orders of removal gegen auszuweisende, nicht ansäßige Arme und handhaben die Polizei-Jurisdiction in den Armenhäusern. Die einzelen Friedensrichter können in den dringendsten Fällen eine vorübergehende Armenunterstützung und ärztliche Behandlung verordnen. Dagegen ist ihre frühere Stellung bei der Rechnungsrevision und manche andere wichtige Competenz durch die neueren Einrichtungen verloren gegangen.

Cap. XI. in der neuern Gestaltung der **Gesundheits- und Baupolizei** bleiben sie im Wesentlichen auf die Stellung als Polizeirichter bei Uebertretungen beschränkt.

Cap. XII. **im Gebiet der Wegeverwaltung** ist abgesehen von dem wichtigen Decernat der Special- und Quartalsitzungen die Stellung der einzelen Friedensrichter nur noch eine ergänzende, analog der Armenverwaltung

V. Capitel.

III. Abschnitt.
Die kleinen Bezirkssitzungen der Friedensrichter. Special Sessions.

§. 62.
Verhältniß der Petty Sessions und Special Sessions.

Es ist nach der Gestalt der englischen Gesetzgebung unausführbar, aus der Thätigkeit der einzelen Friedensrichter diejenigen Fälle auszusondern, in welchen zwei Friedensrichter zusammenwirken müssen, weil darüber niemals ein fester Grundsatz, nicht selten geradezu der Zufall gewaltet hat; diese Fälle sind daher im vorigen Abschnitt mit einbegriffen worden. Ein solches formloses Zusammentreten von zwei oder mehren Friedensrichtern heißt altherkömmlich eine kleine Sitzung, Petty Session. Es gilt dabei die Maxime, daß wenn der Act ein richterlicher ist, beide Friedensrichter persönlich zusammentreten, gemeinsam berathen und beschließen müssen in wesentlicher unitas actus; während bei administrativen Geschäften der Art, ministerial acts, wo die Friedensrichter nur als Organe einer höhern Gewalt handeln, ein formloses Zusammentreten oder schriftlicher Consens ohne solche Erfordernisse genügt. Natürlich bleibt es aber in allen Fällen dem einzelen Friedensrichter überlassen, den Beirath und die Mitwirkung seiner Collegen zu erbitten, wenn es sich um große Vermögensinteressen oder um schwierige Rechtsfragen handelt, besonders in Fällen, wo die Entscheidung nicht appellabel ist, oder „wo lokale Vorurtheile oder Parteileidenschaften es wünschenswerth erscheinen lassen, durch Zuziehung Anderer jeden Verdacht der Befangenheit oder Willkürlichkeit fern zu halten." Solche freiwillig herbeigeführte Petty Sessions sind nicht nur erlaubt, sondern gelten für sehr rathsam, und sind durch die Sitte, periodische Sitzungen

§. 62. Verhältniß der Petty Sessions und Special Sessions.

in den Divisions abzuhalten, in den stärker bevölkerten Bezirken thatsächlich sogar zur Regel geworden.*)

Wesentlich verschieden von den Petty Sessions sind aber die **Special Sessions**, welche das hier folgende Gebiet bilden. In gewissen Fällen nämlich schreibt das Gesetz die Versammlung **aller** Friedensrichter einer **Hundertschaft** oder eines analogen Bezirks zu bestimmten Zwecken vor, so daß dann ein Act von **allen Versammelten** (mindestens zwei) vorgenommen werden muß. So zur Ernennung der Armenaufseher nach 43. Eliz. c. 2; 54. Geo. III. c. 91; zur Ernennung der Wegeaufseher 13. Geo. III. c. 78; 5. et 6. Will. IV. c. 50 §. 45; zur Ernennung der Examiners von Gewichten und Maaßen 37. Geo. III. c. 143 §. 4; zur Ertheilung der Concessionen für Bierhäuser 9. Geo. IV. c. 61; zur Ertheilung der Concessionen zum Wildhandel 2. et 3. Vict. c. 35; zur Ernennung der Constables 5. et 6. Vict. c. 109; zur Vornahme gewisser Acte der Gemeinheitstheilung nach der General Enclosure Act u. s. w. Häufig schreibt das Gesetz dann bei wiederkehrenden Geschäften, zur Erzwingung eines regelmäßigen Geschäftsganges, Tag und Monat und noch andere Specialitäten vor. Wo nichts besonderes verordnet ist, wird die Specialsitzung berufen durch ein Ladungsschreiben zweier Friedensrichter, oder des Custos Rotulorum, oder des Kreissecretärs, adressirt zunächst an den High Constable. Der so Angewiesene erläßt seine weiteren Befehle an die Unter-Constables oder andere Beauftragte. Die Ladung muß den

---

*) Bei den **Petty Sessions** ist jetzt nur von **zwei** Friedensrichtern die Rede. Die Fälle, in welchen das Gesetz ein Zusammenwirken von drei, vier oder sechs Friedensrichtern erfordert (Lambard III. c. 3), sind weder zahlreich, noch praktisch. — **Drei Friedensrichter** (darunter ein Quorum) sollten die order zur Entlassung eines Verhafteten nach den älteren Gesetzen über die unerlaubten Versammlungen erlassen, 1. Mary 1. Parl. c. 12; 1. Eliz. c. 17. Drei Friedensrichter mit dem Bischof sollten in gewissen Fällen untersuchen, wie viel Geld für die Armenverpflegung, Wege oder Brücken verausgabt sei, und die Empfänger zur Rechnungslegung anhalten, 14. Eliz. c. 5; 39. Eliz. c. 18; vgl. auch 1. Edw. VI. c. 1. — **Vier Friedensrichter** (1 Quorum) sollten, wo eine Brücke verfallen ist, die Einwohner zur Reparatur einschätzen, die Steuereinsammler und die Aufseher dazu ernennen, 22. Henry VIII. c. 5. Vier Friedensrichter durften einem verhafteten recusant einen zeitweisen Urlaub zur Besorgung seiner Geschäfte ertheilen, 3. Jac. I. c. 5. — **Sechs Friedensrichter** sollten in verschiedenen Grafschaften die Verwaltung der Grafschaftsgefängnisse durch ihre orders regeln, 23. Henry VIII. c. 2; 13. Eliz. c. 25. Sechs Friedensrichter (2 Quorum) können nach Ablauf einer commission of sewers die laufenden Geschäfte des Deichverbandes für das folgende Jahr besorgen, bis eine neue commission ernannt ist, 13. Eliz. c. 9. — Dazu kamen noch einige Special- und Lokalakten aus älterer Zeit (Lambard III. c. 3 a. E.). Die spätere Gesetzgebung hat diese Weise nicht fortgesetzt, vielmehr für solche Fälle die special sessions gebildet. — Eine Monographie über das ganze Gebiet ist Stone's Practice of the Petty Sessions. 7 th. Ed. 1863.

Zweck der Zusammenkunft, Tag, Stunde und Ort ausdrücken, und jedem Friedensrichter des Bezirks in angemessener Zeit, d. h. mindestens länger als einen Tag vor der Sitzung, insinuirt werden. Bei den Verhandlungen selbst wird der stehende Secretär der Bezirkssitzung zugezogen (Clerk to Justices). Die Friedensrichter selbst vereinigen sich über den Vorsitz, ohne daß dem Vorsitzenden ein stärkeres Stimmrecht zusteht. Soweit das Gesetz nichts besonderes vorschreibt, haben die Special Sessions auch die Befugniß eines jeden court of law, ihre Geschäftsordnung selbst zu bestimmen, z. B. wegen Zulassung eines Advokaten.

Der rechtliche Unterschied solcher Special Session oder Special Petty Session von den vorher erwähnten liegt also in der Nothwendigkeit der vorgängigen Ladung aller Bezirks-Friedensrichter. Im gemeinen Leben werden freilich die Petty und die Special Sessions aus nahe liegenden Gründen vielfach verwechselt. Es lag in der Natur der Sache, daß die Special Sessions auch für Geschäfte benutzt wurden, bei welchen das Gesetz überhaupt nur das Zusammenwirken zweier Friedensrichter fordert. Sie boten die schicklichste Zeit und den schicklichsten Ort dafür dar. Jeder einzele Friedensrichter gewann dadurch auch die Möglichkeit für Geschäfte von einiger Bedeutung, sich des Raths der Collegen und der Beihülfe des Bezirkssecretärs, also gewöhnlich eines geschäftskundigen Anwalts zu bedienen. Wo die Geschäftsmasse einen gewissen Umfang hatte, wurden durch Verabredungen der Friedensrichter periodische Zusammenkünfte vereinbart und dem Publikum bekannt gemacht: entweder Zusammenkünfte als Special Sessions, oder nur als Petty Sessions, oder als gemischte Sitzungen. Die alten Bezirke der Hundreds erhielten dadurch die Bedeutung von kleineren Polizeiverwaltungskreisen oder Amtsbezirken, für welche der gewöhnliche Versammlungsort der Friedensrichter meistens eine kleine Kreisstadt wurde. Man bediente sich dazu der Lokale, die zu Gebote standen, wo möglich des Rathhauses, wo die Kreisstadt ein solches darbot, oder des Geschäftsbureaus des Anwalts, der als Bezirkssecretär fungirt, oder eines anständigen Gasthofes; zuweilen auch einer Polizeistation, eines Kreisgerichtslokals, oder eines besondern Sessions Room oder Justice Room in einem öffentlichen oder Privatgebäude, namentlich oft in Polizeistationen und Gefängnißgebäuden.**)

Alle diese Verhältnisse waren durch die Praxis schon ziemlich fest geordnet, als die neuere Gesetzgebung auf den Uebelstand aufmerksam wurde,

---

**) Nach 12 et 13. Vict. c 18 §. 2 mögen sich die Friedensrichter überhaupt angemessene Lokale für ihre kleinen Sitzungen beschaffen. Der Antrag darauf muß 6 Wochen vorher dem Kreissecretär der Quartalsitzung übersandt und in einem Kreisblatt veröffentlicht werden, worauf die Quarter Sessions in nächster Sitzung beschließen und die Kosten auf die Kreiskasse anweisen.

daß die uralten Bezirke der Hundreds durch die veränderte Strömung der Erwerbsverhältnisse und der Ansiedelung, theils unförmlich groß, theils unförmlich klein geworden, theils unzweckmäßig abgegrenzt, durch Enclaven unterbrochen, zuweilen auch weit zerstreut belegen waren. Durch 9. Geo. IV. c. 43 und spätere Gesetze ist deshalb eine durchgreifende Organisation der kleineren Polizeiverwaltungsbezirke unter der Bezeichnung Sessional Divisions oder Districts durchgeführt, die nachfolgend einer besondern Darstellung bedarf.

§. 63.
Die Neugestaltung der engeren Polizeiverwaltungsbezirke.
Sessional Divisions.

Das Gesetz 9. Geo. IV. c. 43 verordnet: „Sintemal in verschiedenen geltenden Gesetzen verordnet ist, daß gewisse Angelegenheiten und Sachen verhandelt und entschieden werden sollen innerhalb der Divisionen oder Bezirke, innerhalb welcher der Grund der Verhandlung entstanden ist, oder in welchen die betheiligten Parteien wohnen, oder ihr Gewerbe oder ihren Beruf ausüben; oder daß sie verhandelt oder entschieden werden sollen vor einem, zwei oder mehren Friedensrichtern, welche wohnhaft sind in oder zunächst solchen Divisionen oder Bezirken: Und sintemal die Grenzen solcher Divisionen oder Bezirke in einigen Fällen ungewiß, und in vielen für die Einwohner unbequem geworden sind wegen des Wechsels oder Zuwachses von Gewerbe oder Bevölkerung oder aus anderen Gründen: Und sintemal Zweifel entstanden sind über die Autorität, durch welche solche Divisionen oder Bezirke von Zeit zu Zeit festgestellt, begrenzt, oder verändert werden können; und es angemessen ist, daß solche Zweifel entfernt und gehörige Fürsorge getroffen werde, um von Zeit zu Zeit solche Divisionen oder Bezirke so festzustellen, zu begrenzen und zu reguliren, wie es die Bequemlichkeit ihrer Einwohner erfordern mag": — deshalb wird Nachstehendes verordnet:

Die Quartalsitzungen der Friedensrichter mögen durch einen Beschluß diese Bezirke neu gestalten, (mit Ausnahme der Grafschaft Middlesex), unter Beobachtung des folgenden Verfahrens. Zunächst können je zwei oder mehre Friedensrichter der Grafschaft einen schriftlichen Antrag dem Kreissecretär übergeben, enthaltend eine Bezeichnung der Ortschaften innerhalb der Grafschaft, welche nach ihrer Meinung eine zweckmäßige Division zur Abhaltung von Specialsitzungen in Zukunft bilden, oder welche einer bestehenden Division einverleibt werden mögen. Dieser

Antrag wird der nächsten Quartalsitzung vorgelegt, kommt aber erst in der folgenden Sitzung zur Erwägung, nachdem er inzwischen in drei auf einander folgenden Nummern eines oder mehrer Kreisblätter oder Zeitungen durch den Kreissecretär veröffentlicht ist. In der folgenden Sitzung kommt dann der veröffentlichte Vorschlag zur Berathung und Beschlußnahme, welche durch eine Order ausgeführt wird. Die Bildung einer neuen Division darf aber nur beschlossen werden auf eidlichen Beweis, daß in dem proponirten Bezirk zur Zeit wenigstens fünf ansässige oder dort gewohnheitsmäßig fungirende Friedensrichter vorhanden sind. Der Bezirk erhält dann seinen festen Namen von einer Hauptortschaft. Die beschlossene gehörig zu publicirende Order gilt auf 21 Jahre (nach dem spätern Gesetz auf 3 Jahre).

Die Friedensrichter in den Quartalsitzungen können aber auch statt der Organisation einzeler Divisionen einen **Generalplan zu einer Neu-Eintheilung** der ganzen Graffschaft ausführen, die nöthigen Untersuchungen veranlassen über die Grenzen, den Umfang und die örtlichen Verhältnisse aller bestehenden Divisionen; dann in einer Quartalsitzung die ganze Divisionseintheilung neugestalten, den Namen, die Ortschaften und die Grenzen jeder Division feststellen. Die so beschlossene Order ist durch drei auf einander folgende Nummern der Kreisblätter oder Zeitungen zu veröffentlichen, und durch die Post den Kirchenvorstehern und Armenaufsehern jedes Kirchspiels zum Anschlag an die Kirchenthür zu übersenden. Diese Order gilt als Provisional Order vorläufig auf etwa Jahresfrist. Es wird nämlich zugleich öffentlich bekannt gemacht, daß in einer spätern, frühestens in der vierten Quartalsitzung nach Erlaß der Order, selbige definitiv einregistrirt werden wird. Inzwischen wird ein Reclamationsverfahren dagegen eröffnet. Privatpersonen und Corporationen mögen sammt oder sonders schriftliche Proteste gegen die ganze Order oder einen Theil einreichen, und einen Zeugenbeweis zur Unterstützung der Petition antreten. Bei Einreichung der Petition ist aber nachzuweisen, daß sie mindestens 10 Tage vor Beginn der Sitzung einem Armenaufseher, Constable, oder zwei angesessenen Einwohnern der Ortschaft, der die Petenten angehören, mitgetheilt ist. Schon 20 Tage vorher ist dieselbe Notiz im Büreau des Kreissecretärs niederzulegen, der eine Abschrift davon jedem in dem betreffenden Bezirk gewöhnlich amtirenden Friedensrichter zu übersenden hat. Auf die darin angegebenen Gründe beschränkt sich die Verhandlung und Beweisaufnahme der Quartalsitzung, die demgemäß die Order abändern kann. Sie wird dann formell einregistrirt, in drei Nummern der Kreisblätter veröffentlicht, eine Abschrift jedem Friedensrichter der Graffschaft durch den Kreissecretär übersandt, und gilt nun unveränderlich auf 10 Jahre (nach dem neuern Gesetz auf drei Jahre). Kassation wegen Form-

§. 63. Die Neugestaltung der engeren Polizeiverwaltungsbezirke.

fehlers und Certiorari, also ein Eingreifen der obern Instanz, ist ausgeschlossen.

Als nun aber im Jahre 1834 die große Reform der Armengesetzgebung und die Bildung der neuen Kreisarmenverbände eintrat, überzeugte man sich bald, wie wünschenswerth die Uebereinstimmung der kleineren Polizeiverwaltungsbezirke mit den Armenverbänden sei. Zu diesem Zweck erging das st. 6. et 7. Will. IV. c. 12, welches die Quartalsitzungen ermächtigt, die unter dem frühern Gesetz gebildeten Divisions schon nach Ablauf von drei Jahren wieder zu ändern: und zwar in der erklärten Absicht, bei dieser Neugestaltung die möglichste Uebereinstimmung mit den Kreisarmenverbänden herbeizuführen. In dieser Richtung ist nun die Reform mit großer Entschiedenheit vorwärts gegangen, unter häufiger Zerschneidung und Zusammenlegung der alten Hundreds, selbst mit Zusammenlegung von Kirchspielen verschiedener Grafschaften. Es sind dadurch die 675 Polizeiverwaltungsbezirke entstanden, welche in der Statistik der Territorialbezirke schon oben gegeben sind. Durch 22. et 23. Vict. c. 65 wird den Friedensrichtern auch die Befugniß ertheilt zum Zweck der bessern Abgrenzung der Polizeiverwaltungsbezirke die Kirchspiele zu theilen, und die Quartalsitzungen sind ermächtigt, die Ernennung und den Amtsbezirk der bailiffs, constables, tithingmen, overseers, surveyors und anderer Beamten, deren Ernennung von den Friedensrichtern abhängt, danach zu modificiren.

Ueber diese neuere Territorialeintheilung vergl. oben S. 81—87. Durch 7. et 8. Vict. c. 61 wurde die früher vorgenommene Arrondirung der Grafschaften für die Parlamentswahlen auch auf die Communalverwaltung ausgedehnt, so daß die früheren Enclaven jetzt der Division einverleibt werden, von der sie eingeschlossen sind, oder so, daß sie eine neue Division bilden. Vergl. auch 12. et 13. Vict. c. 18; 14. et 15. Vict. c. 55; 23. et 24. Vict. c. 65. Im Jahre 1831 waren 609 Divisions in England und Wales formirt, über welche eine namentliche Uebersicht in dem Report der Commissarien über die County Rate vom 5. November 1834 gegeben wird. Von den heutigen 675 Divisionen fallen 576 auf England, 99 auf Wales. Die Division umfaßt danach durchschnittlich 4 deutsche ☐Meil. und 30,000 Einw. Eine namentliche Aufzählung nebst Angabe des Orts, an welchem die kleinen Sitzungen abgehalten werden, geben die Parl. Pap. 1856 No. 235 vol. L. S. 525, 541. Noch anschaulicher ist die beinahe vollständige Uebersicht der einzelnen Grafschaften und Divisionen in demselben Band pag. 161 (No. 110). Es wird hier die Zahl der gewöhnlich thätigen Friedensrichter, der Termine, in welchen Special und Petty Sessions abgehalten worden sind, und die Präsenzliste der einzelnen Sitzungen angegeben. Bei der praktischen Wichtigkeit des Gegenstandes will ich folgende Auszüge geben.

Grafschaft Bedford. Ampthill Division hatte 1853: 8 active Friedensrichter, 6 Geistliche und 2 Esquires. Abgehalten wurden 27 Special and Petty Sessions; anwesend 2—4 Friedensrichter. — Bletsoe Division: 8 active Friedensrichter, darunter Lord St. John, 1 Geistlicher, 6 Esquires. Petty and Special Sessions 23; praesentes 2—6 Friedensrichter. — Luton Division: 5 active Friedensrichter, 49 kleine Bezirks-

344 Cap. V. Abschn. III. Die kleinen Bezirkssitzungen der Friedensrichter.

sitzungen. — Woburn Division; 7 active Friedensrichter, 34 Bezirkssitzungen; praesentes 2—6 (2 Mal indessen war kein Friedensrichter erschienen).

Grafschaft Berkshire. Faringdon Division: 16 active Friedensrichter, darunter der Graf von Radnor, Lord Barington, dessen Sohn, 1 Baronet, 1 Parlamentsmitglied, 1 Staatsrath, 1 Archidiakonus, 3 Pfarrer. — Abingdon Division: 7 active Friedensrichter, 47 kleine Sitzungen. — Newbury Division: 11 active Friedensrichter, Bezirkssitzung an jedem Donnerstag, anwesend durchschnittlich 4 oder 5. — Reading Division: 16 active Friedensrichter, von welchen 7 gewöhnlich an den Sitzungen Theil nahmen; an jedem Sonnabend eine Petty Session und außerdem 23 Special Sessions.

Grafschaft Cambridge. Whittlesey Division: 3 active Friedensrichter, 15 Bezirkssitzungen, 24 additional Sessions vor 1 oder 2 Friedensrichtern. — Hundred of Wisbeach: 3 Geistliche und 2 Esquires, 52 kleine Sitzungen. — Ely Division: 8 active Friedensrichter, darunter der Dechant, 6 Geistliche, 1 Esquire; 32 Specialsitzungen an feststehenden Tagen; außerdem an jedem Donnerstag Petty Session.

Grafschaft Cumberland. Untereintheilung in 6 Wards mit 10 bis 33 Friedensrichtern, die sich dann weiter in kleinere Divisionen vertheilen; darunter die City von Carlisle mit 10 Friedensrichtern, einschließlich des Mayor, welche 3 Mal wöchentlich kleine Sitzungen abhalten.

Grafschaft Devon. In der Cullompton Division sind 3 Abtheilungen von 11, 10 und 4 Friedensrichtern gebildet, welche an verschiedenen Orten die kleinen Sitzungen abhalten.

Liberty von St. Albans: 70 active Friedensrichter in 2 Divisionen.

Grafschaft Middlesex. In 12 Divisions werden 148 active Friedensrichter aufgezählt; in der St. Margareth Division beschränkt sich jedoch das Geschäft auf Concessions-Ertheilungen und reine Communal-Angelegenheiten, da übrigens der Bezirk unter den hauptstädtischen Polizeigerichten steht.

Grafschaft Rutland: 293 Namen in der Commission, darunter 19 gewöhnlich thätig (2 Lords, 3 Honourables, 1 Baronet, 8 Esquires, 5 Geistliche). Die Grafschaft bildet nur eine Division mit 14 Bezirks-Sitzungen.

Grafschaft Stafford. Die Division Stock-upon-Trent hat einen besoldeten Friedensrichter, der wöchentlich fünfmal Petty Sessions hält an 6 verschiedenen Orten, zuweilen unter Mitwirkung anderer Friedensrichter.

Grafschaft York. In der Carphilly-Upper-Division werden 154 Petty Sessions abgehalten mit Assistenz des besoldeten Merthyr Tydfil Magistrate.

§. 64.

Die Amtsgeschäfte der Special Sessions.

Diese Geschäfte sind solche wichtigeren Beschlüsse der Verwaltung, bei welchen ein Zusammenwirken aller Friedensrichter der Division, also mindestens zweier, womöglich mehrer, zur gegenseitigen Controle angemessen erschien. Andererseits sind es doch Geschäfte, welche eine nachbarliche Kenntniß im engern Kreise voraussetzen, so daß ihre Verweisung an die Quartalsitzungen der durchschnittlich 60 Quadratmeilen umfassenden Graf-

§. 64. Die Amtsgeschäfte der Special Sessions. 345

schaften nicht sachgemäß war. Aus dem letztern Grunde sind einige, ursprünglich den Quartalsitzungen überwiesene Fälle später abgezweigt und vor die Specialsitzungen verwiesen werden. Der Geschäftskreis der Special Sessions umfaßt nunmehr: (1) die Ernennung beziehungsweise Bestätigung der Kirchspielsbeamten, (2) ein collegialisches Verwaltungsdecernat über einige wichtigere, namentlich Armensteuer- und Wegebausachen, (3) die Ertheilung zahlreicher Gewerbe- insbesondere Schankconcessionen, — Geschäfte, welche nach unserm Verwaltungssystem nur zum Theil dem collegialischen Decernat der Oberbehörden (Regierungen) überwiesen, größtentheils aber dem Geschäftskreis der Landräthe überlassen sind.

I. Die Ernennung resp. Bestätigung der unteren Communalbeamten bezieht sich auf folgende Gruppen:

1. Ernennung der Armenaufseher: die Kirchspielsversammlung reicht zu dem Zweck alljährlich der Bezirkssitzung eine Liste der geeigneten Personen ein, aus welchen die Friedensrichter die beiden an erster Stelle Genannten zu ernennen pflegen.

2. Ernennung der unbesoldeten Gemeinde-Constables, jetzt nach 5. et 6. Vict. c. 101. Alljährlich im Februar erlassen zwei Friedensrichter eine Anweisung an die Armenaufseher zur Einreichung von Listen geeigneter Personen zum Constablerdienst für das nächste Jahr. In der nächstfolgenden Specialsitzung erfolgt die Ernennung, in einer weiteren Sitzung die Einschwörung der so ernannten Constables. In der Befugniß zur Ernennung liegt auch das Recht der Entlassung. Ebenso können die neuerdings eingeführten Special Constables wegen Uebelverhaltens oder Dienstversäumniß entlassen, und Amtsregulative für ihre Amtsführung in einer Specialsitzung erlassen werden.

3. Die Examiners of Measures, als Ortsbeamte zur Visitation der Maße und Gewichte bei Gewerbetreibenden, werden in den Special-Sitzungen ernannt; früher auch die Inspectors of Weights and Measures, 37. Geo. III. c. 143, deren Ernennung jetzt auf die Quartalsitzungen übergegangen ist.

4. Die Ernennnng der Wegeaufseher erfolgte nach den älteren Wegeordnungen ebenfalls in einer Specialsitzung. Nach der neuen Wegeordnung werden sie jährlich von der Ortsgemeindeversammlung frei gewählt. Erst in dem Falle, daß die Wahl versäumt, oder der Wegeaufseher während des Amtsjahrs verstorben oder unfähig geworden, oder sein Amt anzutreten versäumt, oder die Pflichten des Amts zu erfüllen verweigert hat, sollen die Friedensrichter in ihrer nächsten Versammlung für Wegeangelegenheiten einen neuen ernennen, bis zur nächsten Wahlperiode.

Nach der Gesetzgebung von 1862 werden diese Gemeindebeamten allmälig durch besoldete Bezirksbeamte ersetzt werden.

II. Das collegialische Verwaltungsdecernat der special sessions gehört nur zum geringen Theil der Polizeiverwaltung im engern Sinne an; zu dem wichtigern Theil gehört es in das Gebiet der Steuerabschätzungen und der Wegeverwaltung (Cap. VII. und XII.), und wird hier nur der Uebersicht wegen schon berührt. Abgesehen von einer wenig praktischen summarischen Jurisdiction über den Schadenersatz, welche eine hundred im Falle eines Tumults zu leisten hat,*) gehört dazu

1) Die Feststellung der Geschworenenlisten, welche nach dem Geschworenengesetz 6. Geo. IV. c. 50 zunächst den Ortsgemeindebeamten zufällt. Kirchenvorsteher und Armenaufseher müssen am ersten Sonntag des Monats September die Urliste beendet haben, welche drei Wochen lang ausgelegt und ausgehangen wird. In den letzten sieben Tagen des September findet dann eine Special-Sitzung statt, in welcher die Friedensrichter wahnsinnige, blödsinnige, blinde, taube, preßhafte Personen streichen, die irrthümlich etwa Ausgelassenen hinzufügen, sonstige Irrthümer nach Anhörung der Betheiligten berichtigen, die Bezirkslisten ihrer Division zusammenreihen, und durch zwei Friedensrichter attestirt an die Quartalsitzungen befördern. Die Entscheidung der Bezirksreclamationen erfolgt in der gewöhnlichen summarischen Weise; wobei sich die Bezirkssitzung bis auf 4 Tage adjourniren kann, um die Betheiligten, welche etwa noch zu hören sind, nachträglich zu laden. Zur Berichtigung der Listen können

---

*) Die früheren Gesetze über die Haftung der Hundred sind jetzt ersetzt durch 7. et 8. Geo. IV. c. 27 c. 31 §. 2 ff. In Fällen einer Zerstörung von Maschinen und anderer Eigenthumsbeschädigungen in Aufruhr und Tumult ist danach die Hundred für vollen Schadenersatz verantwortlich, der in wichtigen Fällen vor die ordentlichen Strafgerichte gehört. Wo aber der Schaden nicht 30 £. übersteigt, soll der Beschädigte binnen 7 Tagen dem High Constable schriftlich die Schadensforderung anmelden in gesetzlich vorgeschriebenem Formular. Gleichzeitig soll der Kläger binnen 7 Tagen nach Begehung des Delicts sich an einen benachbarten Friedensrichter wenden, eidlich die Namen der Uebertreter angeben, wenn solche bekannt sind, das Beweismaterial für die einzelen Umstände unterbreiten, und durch Caution sich zur Strafverfolgung verpflichten. Ebenso muß der Kläger an zwei Sonntagen vor dem Termin zur Hauptverhandlung an der Kirchenthür des Orts einen schriftlichen Aushang nach gesetzlichem Formular anheften lassen. Darauf ist eine Specialsitzung aller activen Friedensrichter der Division in einer Frist von 21—30 Tagen zu berufen zur Anhörung und Entscheidung solcher Ansprüche. In dem Termine verhören die Friedensrichter den Kläger, die freiwillig erschienenen Einwohner der Hundertschaft und ihre Zeugen, entscheiden darauf durch Order über Schadenersatz und Kosten, und weisen den Betrag auf die Kreiskasse an, wo sie dann wieder durch Zuschlag auf die Kreissteuer für die Hundred vereinnahmt werden. Durch 2. et 3. Will. IV. c. 72 sind diese Vorschriften ausgedehnt auf die Zerstörung von Dreschmaschinen; durch die Merchant Shipping Act auf tumultuarische Plünderung eines gestrandeten Schiffes.

§. 64. Die Amtsgeschäfte der Special Sessions.

die Friedensrichter auch Einsicht und Auszüge nehmen aus allen Staats- und Communalsteuerlisten.

2) Die Entscheidung der Reclamationen gegen die Veranlagung der Armensteuer (Cap. VII.) war durch die Gesetzgebung Elisabeth's an die Quartalsitzungen der Friedensrichter gewiesen. Zur Vereinfachung und Ersparung der Kosten kann aber nach 6. et 7. Will. IV. c. 96 §. 6 der Reclamant sich auch an die Specialsitzungen wenden. Es sollen zu dem Zweck jährlich mindestens viermal besondere Sitzungen abgehalten werden, in welchen die Friedensrichter alle Beschwerden wegen „Ungleichheit oder Unrichtigkeit" der Einschätzung zu hören und zu entscheiden haben; doch nicht über das Princip der Steuerpflicht. Die Entscheidung ist endgültig, wenn nicht die Partei binnen 14 Tagen schriftliche Appellation an die Quartalsitzungen bringt.

3) Das überaus wichtige Decernat der Wegeverwaltung (Cap. XII.), für welches acht- bis zwölfmal jährlich die Special Sessions zusammentreten sollen, umfaßt: die Entgegennahme des Berichts über den Gesammtzustand der Landstraßen und die Revision der Wegebaurechnungen; die Entscheidung von Streitigkeiten zwischen den Wegeaufsehern und den Grundnachbarn wegen Beseitigung der Wegehindernisse; den Erlaß der Orders auf Reparatur der Wege; die Beschaffung der Wegebaumaterialien von den Nachbargrundstücken; die Bildung von größeren Wegebaudistricten, namentlich zum Zweck der Anstellung besoldeter Wegebauinspectoren.

III. Die Ertheilung der Polizeiconcessionen an Schanklokale und sonstige Gewerbeconcessionen endlich bildet einen umfangreichen Geschäftskreis, gewissermaßen den Schwerpunkt der Specialsitzungen, welcher sich zur Darstellung in einem besondern Abschnitt (§. 65) eignet.

Der Terminkalender der kleinen Bezirkssitzungen kann bei dieser Gestaltung der Geschäfte sehr umfangreich sein, wie auch die Uebersichten der Parl. P. 1856 No. 110 ergeben. In Distrikten, wo die Geschäfte einen gewissen Umfang haben, kommen nicht weniger als 32 Specialsitzungen an feststehenden Tagen vor, darunter eine zur Ertheilung der Bierhausconcessionen, acht zur Uebertragung von Bierhaus-Concessionen, acht für Wegebauangelegenheiten, eine zur Revision der Wegeaufseher-Rechnungen, drei für Anstellung und Beeidigung der parish constables, eine zur Anstellung der Armenaufseher, vier zur Feststellung der Strafverfolgungskosten, vier zu Appellationen gegen die Armensteuer, eine zur Ertheilung der Concessionen zum Wildhandel, eine zur Feststellung der Geschworenenlisten. Wo außerdem noch Petty Sessions im Voraus festgestellt sind, erscheinen sogar wöchentlich ein- oder mehrmalige Sitzungen, während in den kleineren Bezirken 12 Sitzungen im Jahre ausreichen müssen, zuweilen selbst eine geringere Zahl.

§. 65.
Ertheilung der polizeilichen Schank- und Gewerbe-Concessionen.
Magistrates licences.

Die verwickelte Rubrik der Licences in England lichtet sich durch die Unterscheidung von vier Arten. Es werden erfordert:

1. Steuergewerbescheine, excise licences, so weit wie die Gesetzgebung über die excise reicht, zur Steuercontrole.

2. Concessionen für Gewerbe, zu denen eine technische oder wissenschaftliche Vorbildung für erforderlich erachtet ist, werden von selbständigen Corporationen ertheilt, die nicht unter dem Einfluß der zeitigen Ministerverwaltung stehen, wie von den Corporationen der Advokaten, Anwälte, Aerzte, Wundärzte, Apotheker, Lootsen.

3. Eigentliche Polizei-Concessionen, bei denen sich der Einfluß einer Partei-Patronage geltend machen kann, beschränken sich auf die Schankstellen, Theater und einige Nebenfälle, und sind durch die Stellung der Specialsitzungen unabhängig von der zeitigen Ministerverwaltung geworden. Aus dem Gebiet der Quartalsitzungen gehören hierher namentlich die Concessionen für Privatirrenhäuser und Abdeckereien.

4. Ein gemischtes System tritt ein bei dem Detailverkauf von Bier und bei einigen anderen Concessionen, bei denen entweder ein Sittenzeugniß, oder ein gewisser Miethswerth des Geschäftslokals, oder eine Einregistrirung oder Bekanntmachung als Cautel vorausgesetzt wird.

Das umfangreichste und discretionärste Gebiet bilden die Polizei-Concessionen für den Detailverkauf geistiger Getränke zur Verzehrung im Local, welche deshalb vorangestellt werden und welche zur Abwendung eines Partei-Einflusses mit sehr verwickelten Vorsichtsmaßregeln umgeben sind.

I. Die Ertheilung der Schankconcessionen beruht, nach Aufhebung aller früheren Gesetze darüber (Excurs. *), jetzt auf dem Hauptgesetz 9. Geo. IV. c. 61. Alljährlich zwischen dem 20. August und 14. September soll in jeder Division ein General Annual Licensing Meeting abgehalten werden, behufs Ertheilung der Concessionen zum Einzel-Verkauf accisbarer Getränke in Wirths-, Bier- und Speisehäusern, zur Verzehrung in den darin benannten Räumen. Wenigstens 21 Tage vorher treten zwei Friedensrichter zusammen, verabreden Zeit und Ort des General Meeting, und erlassen eine schriftliche Anweisung, welche durch die Unter-Constabler an der Kirchenthür bekannt zu machen, jedem Friedens-

§. 65. Ertheilung der polizeilichen Schank- und Gewerbeconcessionen. 349

richter der Division, jedem Inhaber einer Schankstelle, und jedem Bewerber um eine Concession abschriftlich mitzutheilen ist. Jeder Bewerber um eine neue Concession hat zuvor an der Eingangsthür des Hauses und an der Kirchthür des Orts, oder an einer sonstigen öffentlichen in die Augen fallenden Stelle, an drei verschiedenen Sonntagen im Monat Juni und Juli von 10 Uhr Vormittags bis 4 Uhr Nachmittags eine Notiz über die beabsichtigte Schankanlage leserlich geschrieben auszuhängen, und eine Abschrift davon einem der Armenaufseher auszuhändigen, nach folgendem Formular:

„An die Armenaufseher und Constables des Kirchspiels N., und an alle die es angeht. — Ich A. B., Materialhändler, jetzt wohnhaft zu N. in dem Kirchspiel N. der Grafschaft N., während der letzten sechs Monate ansässig zu N., gebe hierdurch Nachricht, daß es meine Absicht ist, bei der nächsten allgemeinen Jahresversammlung zur Ertheilung der Concessionen am nächsten 3. September mich zu bewerben um eine Concession zum Verkauf accisbarer Getränke im Detail, in dem Hause oder den dazu gehörigen Räumen (hier folgt die Beschreibung des Hauses nach Straße und Lage, Name des Vermiethers und Miethers, Angabe ob es innerhalb der letzten drei Jahre schon als Schankstelle concessionirt gewesen, von wem und unter welcher Firma), und welches ich beabsichtige als Gast-, Bier- oder Speisehaus einzurichten. Gegeben unter meiner Handschrift am . .ten Juni 1853."

Die in dem General Meeting versammelten Friedensrichter lassen sich die Beobachtung dieser Formen nachweisen, und ertheilen oder verweigern die erbetene Concession nach ihrem freien Ermessen (discretion), je nachdem sie die Person dazu geeignet halten oder nicht. Ausgeschlossen von der Entscheidung bleiben alle Friedensrichter, welche ein Interesse bei der Ertheilung haben können. Kein Brauer, Branntweinbrenner, Malzverfertiger, Malzverkäufer im Detail, Einzelverkäufer accisbarer Getränke, und kein Theilnehmer an einem solchen Geschäft, darf mitwirken oder gegenwärtig sein bei einem solchen Meeting, oder Theil nehmen an der Erörterung oder Beschlußnahme, bei 100 £. Strafe. Kein Friedensrichter darf sich ferner betheiligen, sofern das zu concessionirende Haus „ihm als Eigenthümer gehört, oder sofern er Verwalter oder Agent des Eigenthümers ist, oder sofern es ein Haus ist im Eigenthum eines Brauers, Branntweinbrenners, Malzfabrikanten, Detailverkäufers von Malz oder accisbarem Getränke, mit welchem solcher Friedensrichter durch Blutsverwandtschaft oder Ehe, als Vater, Sohn oder Bruder verwandt, oder mit welchem er als Geschäftstheilnehmer in Verbindung steht", bei 100 £. Strafe. — Ist die Ertheilung der Concession beschlossen, so wird solche ausgefertigt nach folgendem Formular (§. 13):

„Bei der allgemeinen jährlichen Versammlung für Ertheilung der Concessionen der Königlichen Friedensrichter für die Division N. N. der Grafschaft W. gehalten am 10. Juli 18 . . ermächtigen wir hierdurch den A. L. jetzt wohnhaft zu N. in der Gemeinde N., Besitzer eines Gast-, Bier- oder Speisehauses, mit der Bezeichnung „das blaue Zifferblatt" zu N., in selbigem und in den dazu gehörigen Räumlichkeiten zu verkaufen alle solche accisbaren Getränke, wie der A L. durch Steuerschein zu verkaufen concessionirt sein wird, und zu gestatten solche Getränke in dem gedachten Haus und den dazu gehörigen Räumlichkeiten verzehren zu lassen: vorausgesetzt, daß er solche nicht betrüglich verdünne, verfälsche, noch wissentlich dergleichen verkaufe; daß er sich beim Verkauf keiner Maße und Gewichte bediene, die nicht der gesetzlichen Probe entsprechen; daß er nicht vorsätzlich und wissentlich Trunkenheit und anderes unordentliches Betragen in seinem Local dulde, daß er nicht wissentlich verbotene Spiele oder sonst irgend welche Spiele gestatte; daß er nicht wissentlich gestatte, daß Personen von notorisch schlechtem Charakter sich dort versammeln und zusammenkommen; daß er sein Haus nicht öffne an Sonntagen, am Weihnachtstag und am Charfreitag, außer zur Aufnahme von Reisenden, noch gestatte die Fortschaffung von Getränken während der üblichen Stunden des Morgen- und Nachmittag-Gottesdienstes, sondern gute Ordnung und Regel darin halte. Und diese Concession soll in Kraft bleiben vom 1. September 18 ., bis zum nächstfolgenden 1. September und nicht länger; vorausgesetzt, daß der gedachte A. L. nicht in der Zwischenzeit ein Sheriffsbeamter werde 2c. Gegeben unter unserer Handschrift und Siegel."

Die Concession gilt auf ein Jahr, und erst auf Grund derselben kann dann der Steuergewerbeschein, excise licence, gelöst werden, welcher ohne jene ungültig ist. Keine Concession darf ertheilt werden an Unterbeamte des Sheriff, und alle mit Ausführung von Proceßdecreten beauftragte Beamte. Die Gebühren werden auf 3—5 Thlr. G. festgestellt.

Die so ertheilten Concessionen sind mit polizeilicher Genehmigung übertragbar. Die Quartalsitzungen sollen alljährlich mindestens vier, höchstens acht Specialsitzungen in jeder Division festsetzen, zu dem besondern Zweck des Transfer of Licences. In dieser Sitzung kann nach vorgängiger Prüfung der Qualification einer dritten Person gestattet werden, in eine schon verliehene Concession einzutreten für den Fall, daß der Erstbeliehene ausscheiden oder umziehen will. Zugleich trifft das Gesetz Fürsorge, daß eine Erneuerung der Concession im Laufe des Jahres stattfinden kann im Fall eines nothwendigen Wechsels durch Tod oder Geschäftsunfähigkeit des Concessionirten.**)

**) Erleichterte Formen treten ein für den Fall des bloßen Wechsels, namentlich wenn der Concessionirte im Laufe des Jahres stirbt, oder durch Krankheit geschäftsunfähig wird, oder in Bankrutt geräth, oder wenn das Gebäude zu öffentlichen Zwecken expropriirt, oder durch Feuer oder Unglücksfälle zerstört, oder zur Gastwirthschaft unbrauchbar wird, oder wenn die Erneuerung durch entschuldbare Versäumnisse unterblieben ist. Die Friedensrichter können dann den Testaments- oder Intestaterben, dem Cessionar, Curator, oder einer sonst bona fide assignirten Person die Concession erneuern, oder auch eine Concession auf ein anderes geeignetes Gebäude transferiren, bis zum nächsten 10. Oktober. Auch im Fall der Uebertragung oder Erneuerung im Lauf des Jahres bedarf es eines Aushangs, sofern ein bisher noch nicht concessionirtes Haus eine licence erhalten soll. Es ist dann innerhalb 6 Wochen an irgend einem Sonntag eine Bekanntmachung an der Hausthür und Kirchenthür ebenso zu affigiren, wie sie einer Concessionsertheilung auf dem General Annual Meeting vorangehen muß). Noch mehr erleichtert

§. 65. Ertheilung der polizeilichen Schank- und Gewerbe-Concessionen. 351

Eine Appellation findet sowohl gegen die Beschlüsse der Bezirks-sitzung über Ertheilung oder Verweigerung einer Concession statt, wie auch gegen alle Maßregeln der einzelen Friedensrichter in Ausführung des Gesetzes. Kein Friedensrichter darf in der Appellationsinstanz mitwirken, der bei dem Beschluß in erster Instanz betheiligt war. Gegen die Ver-weigerung einer Concession insbesondere geht eine Appellation an die nächste Quartalsitzung mit Bestellung einer Prozeßcaution zur „endgültigen" Entscheidung.

Das Strafverfahren wegen Uebertretung der Bedingungen der Con-cession ist schon oben (§. 47) behandelt, und hier nur so weit zu wieder-holen, als es zu einer Concessions-Entziehung führen kann. Jeder dritte Bestrafungsfall soll zu der nächsten Special-Session oder zum nächsten general annual meeting verwiesen werden, welche auf Geldbuße bis zu 50 L. erkennen mögen. Die Specialsitzung kann aber die Sache auch vertagen an die nächste Quartalsitzung, zur Verhandlung mit Jury, wo dann der schuldig Befundene entweder zu Geldbuße bis 50 L., oder zu Concessionsentziehung, oder zu beidem condemnirt, und auf den Zeitraum von drei Jahren für unfähig zu einer Gewerbsconcession erklärt werden kann.

Die nach diesem System zu ertheilenden Polizeiconcessionen hatten einen solchen Umfang erlangt, daß schon im Jahre 1831 50,947 licenced victuallers in England und Wales vorhanden waren. Seit den Zeiten der Reformbill erhob sich indessen theils eine gewisse Eifersucht gegen so ausgedehnte Polizeigewalten der Friedensrichter, theils das Interesse der Gewerbefreiheit, insbesondere der ausgesprochene Zweck, den Einzelverkauf des Bieres zu befördern. Aus dieser Richtung ging ein gemischtes System gewerbesteuerlicher Schankconcessionen hervor, welches durch ein stetiges Hin- und Herschwanken keineswegs ein günstiges Licht auf diese Weise der Reformen wirft.

1) Für die sogen. Beershops, d. h. für den Einzelverkauf von Porter, Ale und Obstwein, sollte es nach 1. Will. IV. c. 64 nur eines Steuergewerbescheins bedürfen. In den Steuergewerbescheinen sollte als proviso dieselbe strenge Wirthshausordnung aufgenommen werden, wie in die friedensrichterlichen Licences; auch sollte der Wirth einen Cautions-schein mit Bürgen auf 20 L. ausstellen. Dies Cautionssystem hat man

---

wird die Uebertragung durch 5. et 6. Vict. c. 44. Zwei Friedensrichter in irgend einer petty session mögen eine früher ertheilte Concession auf eine andere qualifi-cirte Person übertragen, wenn das Schankgeschäft in denselben Räumlichkeiten in der bisherigen Weise fortgesetzt ist. Die so ertheilte Concession gilt interimistisch bis zum Zusammentritt der nächsten Specialsession, die dann definitiv entscheidet. Im haupt-städtischen Bezirk ertheilen die Polizeirichter das provisorische Indossament.

später gänzlich fallen lassen; dagegen ein durchgreifendes Gewicht auf die Größe des zu concessionirenden Bierlokals gelegt. Nach 3. et 4. Vict. c. 61 soll in Städten über 10,000 Einwohner kein Lokal unter 90 Thlr. G. Miethswerth, in mittleren Ortschaften kein Lokal unter 66 Thlr. G., in kleinen Ortschaften unter 2500 Einwohnern kein Lokal unter 48 Thlr. G. Miethswerth einen Gewerbeschein für den Bierverkauf erhalten. Für den Verkauf „zur Verzehrung im Lokal selbst" ist man ferner in Ortschaften unter 5000 Einwohner auf das Erforderniß eines Führungsattestes zurückgekommen. Nach 4. et 5. Will. IV. c. 85 soll der Bewerber der Steuerbehörde zuvor ein certificate of good character vorlegen, gezeichnet von sechs ansässigen Einwohnern, die zu mindestens 5 L. Einkommen bei der Armensteuer eingeschätzt, oder zu wenigstens 5 L. Miethe wohnhaft sind, von denen keiner ein Malzer, Brauer oder concessionirter Bierwirth sein darf. Das Attest ist von einem Armenaufseher zu bestätigen, der sich im Fall der Weigerung vor einem Friedensrichter über seine Weigerungsgründe auszuweisen hat. Die Verkaufsschilder müssen ausdrücklich den Vermerk enthalten: „Licensed to sell beer or cyder by retail to be drunk on the permises." (Bei solchen, die nicht zum Ausschank im Lokal concessionirt sind, muß das „not to be drunk on the permises" beigefügt werden.) Die letztere Vorschrift gilt allgemein; ebenso auch das Verbot, Personen, welche wegen felony oder wegen Verkaufs von Getränken ohne Gewerbeschein verurtheilt sind, einen Schankgewerbeschein zu ertheilen bei Strafe der Nichtigkeit.[1])

2) Ein anderer Mittelweg wurde versucht durch die Refreshment Houses Act 1860, 23. Vict. c. 27; 24. et 25. Vict. c. 91 §. 8—11. Die Concessionen für Weinhäuser, Conditoreien und andern Weinschank werden von der Steuerbehörde ertheilt, und nur an Lokale nicht unter 10 L. Miethswerth, in Städten von mehr als 10,000 Einwohnern nicht unter 20. L. Miethswerth. Den Friedensrichtern ist aber vorher Notiz zu geben zu Händen des Secretärs der Bezirkssitzungen. Und den Friedensrichtern ist nunmehr umgekehrt ein Einspruchsrecht (caveat) gegen

---

[1]) Diesen Gesetzesreformen im Sinne der wirthschaftlichen Interessen ging ein gewaltiges Material von Parlamentsberichten voran, namentlich der Report from the Select Committee appointed to inquire into the Laws and Regulations which restrict the Sale of Beer by retail 1830 No. 253 (X. 1); der Report über die Resultate des Gesetzes 1. Will. IV. c. 61, Parl. Pap. 1853 No. 416 (XV. 1); Beweisprotocolle des Oberhauses Parl. Pap. 1847—48 No. 501 (XVI. 615); Report des Oberhauses Parl. Pap. 1850 No. 398 (XVIII. 483); zwei Reports of Committee on the system under which Public Houses, Hotels, Beer Shops, Dancing Rooms etc. 1853—54; Report über die Wirkungen der neuen Gesetzgebung Parl. P. 1855 No. 107. X. 339 etc etc. Eine verstärkte Garantie glaubte man auch dadurch zu gewinnen, daß bei wiederholter Bestrafung eine Concessionsentziehung auf 2 Jahre durch zwei Friedensrichter erkannt werden darf.

die Ertheilung gegeben: wenn der Bewerber prostitutes or disorderly persons bei sich verkehren läßt, wenn er in den letzten 3 Jahren zu einer Gefängnißstrafe verurtheilt oder mit Verwirkung der Licence bestraft ist, — worüber jedoch der Betheiligte nach vorgängiger Ladung erst zu hören ist. Bei Anlegung einer neuen Schankstelle bedarf es ferner des bei den Polizeiconcessionen nothwendigen öffentlichen Aushangs. Gegen Erneuerung der Concession steht den Friedensrichtern ein Einspruchsrecht aus denselben Gründen drei Monate vor Ablauf des Gewerbescheins zu. Die Verzeichnisse der Licences liegen jederzeit zur Einsicht der Friedensrichter offen; eine Abschrift derselben ist dem Clerk der Bezirkssitzungen von der Steuerbehörde mitzutheilen.[2])

3) Die allgemeine Nothwendigkeit einer polizeilichen Concession durch die Friedensrichter ist zurückgeführt durch die Wine and Beer Houses Act 1869, 32. et 33. Vict. c. 27, welche aber versuchsweise nur für den Zeitraum von zwei Jahren erlassen ist. Vom 15. Juli 1869 an soll kein Gewerbeschein zum Einzelverkauf von Bier, Wein oder anderen geistigen Getränken nach Maßgabe der obigen Gesetze ertheilt oder erneuert werden, anders als auf einen von den Friedensrichtern in dem general annual licencing meeting ertheilten Erlaubnißschein, welcher fortan nach folgendem vereinfachten Formular gefaßt wird:

Wir versammelte Friedensrichter, in der jährlichen Generalversammlung zur Ertheilung der Concessionen für den Polizeibezirk N. in der Grafschaft N., abgehalten am . . . . 1869, genehmigen hiermit, daß dem A. B. aus N. in der Grafschaft N. ein Steuergewerbeschein ertheilt werde zum Einzelverkauf von Bier, Wein 2c. zur Verzehrung im Lokal, in dem Gebäude oder Laden belegen . . . : nach Maßgabe des Gesetzes über die Ertheilung der Gewerbescheine für den Bierverkauf, Weinverkauf 2c. Gegeben unter unserer Handschrift 2c.

Das polizeiliche Concessions-Verfahren nach 9. Geo. IV. c. 61 ist damit wieder generalisirt. Die Ertheilung der Concession soll aber von den Friedensrichtern nur verweigert werden, (1) wenn der Bewerber keinen genügenden Beweis guter Führung beizubringen vermag, has failed to produce satisfactory evidence of good character, (2) wenn das Lokal oder ein daneben liegendes, demselben Besitzer gehöriges von einem disorderly

---

[2]) Ueber die Strafordnung dieser Häuser und die Aberkennung der Concessionen vgl. oben §. 50. Ueber die Zahl der ertheilten Schankconcessionen werden von Zeit zu Zeit statistische Ausweise aufgelegt wie in den Parl. P. 1861, LXII. 543. Es waren im Jahre 1860 in Großbritannien und Irland vorhanden: Schankstellen mit Polizeiconcessionen 64,458; mit bloßem Gewerbesteuerschein 41,094; Weinschenken 2c. 25,897; Bierverkäufer ohne Ausschankbefugniß 2947. Einen Specialbericht über die Concessionen im hauptstädtischen Bezirk, insbesondere die Zahl der Versagungen und Entziehungen Parl. P. 1856 No. 222. Einen sehr ausführlichen Bericht über die einzelnen Arten der Concessionen in jeder Grafschaft und jeder Stadt geben die Parl. P. 1867 No. 385. XL. 1; neueste summarische Uebersicht in den Parl. P. 1869 No. 309. LVI. 1.

character ist, oder besucht wird von Dieben, Prostituirten, oder persons of bad character, (3) wenn der Bewerber eine früher erhaltene Schank= concession durch Mißverhalten verwirkt hat, (4) wenn der Bewerber nach den bisherigen Gesetzen als ein Sheriff's officer etc. gesetzlich disqualificirt, oder das Gebäude nach den bisherigen Gesetzen wegen zu geringen Mieths= werths nicht qualificirt ist; im letztern Fall sollen die Friedensrichter den aus der Natur der Baulichkeit entnommenen Einwand auf Verlangen des Bewerbers schriftlich specificiren.[3]

Verglichen mit diesem Hauptgebiet treten die übrigen Polizeiconcessionen in ihrer Bedeutung für den öffentlichen Verkehr wesentlich zurück.

II. Zum Halten von Billards bedarf es nach 8. et 9. Vict. c. 109 §. 10 einer Polizeiconcession, welche ganz nach den Grundsätzen der polizeilichen Schankconcessionen behandelt, also jährlich in dem General Annual Licensing Meeting ertheilt resp. erneut wird. In dem haupt= städtischen Polizeibezirk bedürfen ferner **alle öffentlichen Vergnü= gungslokale** für Musik und Tanz einer Polizeiconcession nach 25. Geo. II. c. 36 §. 2. Dagegen ist die früher erforderliche Concession an Lokale für politische Debatten und öffentliche Lesezimmer durch 32. et 33. Vict. c. 24 aufgehoben.

III. Ein **Concessionswesen für die Theater** beginnt mit dem XVIII. Jahrhundert, nachdem die frühere Stellung der Schauspieler unter das Vagabundengesetz aufgehört hatte. Durch 10. Geo. II. c. 28 wird ein Concessionssystem eingeführt, welches sich auf London und Königliche Residenzen beschränken sollte, durch Lokalacten aber auch auf Provinzial= städte (Bath, Liverpool, Bristol) ausgedehnt wurde. Durch 28. Geo. III. c. 80 wurden die Quartalsitzungen allgemein ermächtigt, in Provinzial= städten und Ortschaften Theater=Concessionen mit gewissen Beschränkungen

---

[3] Die bloße Uebertragung einer Concession kann durch zwei Friedensrichter in jeder Bezirkssitzung erfolgen. Die Uebertretung der Polizeistunde soll an dem Wirth und an jedem Gast mit Bußen bis 40 sh. geahndet werden. Bei Aberkennung der Con= cession wegen zweiter oder dritter Uebertretung soll es fortan nicht mehr auf den in den Gesetzen bestimmten kurzen Zeitraum zwischen den Bestrafungen ankommen, sofern nur die früheren Bestrafungen innerhalb eines Zeitraums von fünf Jahren liegen. (Die stück= weise Abänderung der älteren Gesetze wird in einer dem Gesetz angefügten Schedule gegeben.) — Die Veranlassung dieser vollständigen Rückkehr in das System der Polizeiconcessionen lag in der nun gemachten Erfahrung, daß die bloß wirthschaftliche Behandlung des Con= cessionswesens doch zu sehr bedenklichen Folgen führt. Allerdings soll die Polizeiordnung in den nur steuermäßig concessionirten Häusern nicht schlechter sein als in den polizeilich con= cessionirten. Die übermäßige Vermehrung der Schankstellen aber, die mangelhafte Rücksicht auf die Nachbarinteressen bei Anlage neuer Schankstätten, die Beförderung der Unmäßig= keit, und der Mangel einer einheitlichen Controle für die nach so verschiedenartigen Systemen ertheilten Concessionen erscheinen als die Hauptmotive des Gesetzes.

zu ertheilen, jedoch mit Ausschluß eines Umkreises von 20 engl. Meilen um Westminster, 10 Meilen um eine andere Königliche Residenz, 8 Meilen um ein förmlich patentirtes Theater. Die Concession galt aber nur „zur Aufführung solcher Tragödien, Comödien, Zwischenspiele, Opern, Schauspiele oder Farcen, die auf den patentirten oder concessionirten Theatern in Westminster" aufgeführt oder dem Lord Kammerherrn zur Einsicht gehörig vorgelegt seien. Die Concession darf nur auf eine bestimmte Anzahl von Tagen, und immer nur für den Polizeibezirk ertheilt werden. Unter Aufhebung der früheren Gesetze erging endlich das allgemeine Theater-Reglement 6. et 7. Vict. c. 68, welches für Provinzialtheater eine Concession von wenigstens vier Friedensrichtern in einer kleinen Bezirkssitzung erfordert. Sie darf nur dem verantwortlichen und actuellen Unternehmer des Theaters ertheilt werden, welcher Caution zu stellen hat für die gehörige Befolgung der obrigkeitlichen Anordnungen. Die Friedensrichter unter Bestätigung des Ministers des Innern sind ermächtigt, Lokalverordnungen zu erlassen zur Sicherung der Ordnung und Schicklichkeit, und zur Bestimmung der Zeit, in welcher das Theater geöffnet werden darf. Ueber die Polizeistrafordnung der Theater s. oben §. 49.

IV. Zum Betriebe des Wildhandels wird nach der Jagdordnung 1. et 2. Will. IV. c. 32 §. 18; 2. et 3. Vict. c. 35 §. 4 eine Polizeiconcession erfordert. Die Friedensrichter sollen dazu im Monat Juli eine Specialsitzung halten, die Concessionen nur an ansässige Personen in ihrem Bezirk ertheilen, und zwar mit Ausschluß von Gast- und Speisewirthen, Detailverkäufern von Bier; ferner mit Ausschluß der Eigenthümer, Wärter oder Kutscher von öffentlichem Personenfuhrwerk, von Lohnfuhrleuten, Hökern, Hausirern und allen im Dienst solcher Personen Stehenden. Das Formular der Concession ist im Gesetz vorgeschrieben, lautet nur auf ein Jahr und auf ein bestimmtes Lokal. Jede Ueberführung wegen eines Vergehens gegen die Jagdordnung macht die ertheilte Concession null und nichtig.

V. Die Concessionen für Pulverfabriken, gunpowder mills, und Lokale zur Fabrikation von Feuerwerkskörpern, welche früher von den Quartalsitzungen ertheilt wurden, sind durch 24. et 25. Vict. c. 130 auf die Specialsitzungen der Friedensrichter übertragen, unter gewissen Vorschriften über die Lage des Grundstücks, die Entfernung von den benachbarten Wohnhäusern, die zu verarbeitenden Quantitäten und sonstige gesetzliche Normativbestimmungen nach 23. et 24. Vict. c. 139. Die Friedensrichter mögen der Concession auch noch besondere Sicherungsmaßregeln als Bedingungen der Ertheilung beifügen. Wegen versagter Concession findet der Recurs an den Minister des Innern statt.

VI. In den noch übrigen Nebenfällen einer Polizeiconcession ist als concessionirende Behörde zuweilen nur eine „Petty Session" genannt. Nach den Petroleum Acts 25. et 26. Vict. c. 66; 31. et 32. Vict. c. 60 hat eine „Petty Session" die Concession auf beschränkte Zeit und unter zu ermessenden Bedingungen an Fabrikations= und Lagerungslokale zu ertheilen, für solche Substanzen, welche „bei einer Temperatur von weniger als 100° Fahrenheit sich zu entzünden pflegen"; wegen verweigerter Concession geht ein Recurs an den Minister des Innern. — Nach den Common Lodging Houses Acts, 14. et 15. Vict. c. 28; 16. et 17. Vict. c. 41, sollen solche Logierhäuser, welche kleine Wohnungen auf kurze Fristen (Schlafstellen) vermiethen, bei der Polizeibehörde einregistrirt und unter besonderen Ortsregulativen beaufsichtigt werden; die Einregistrirung kann aber verweigert werden in Ermangelung eines certificate of character, auszustellen von drei ansässigen Kirchspielsgenossen, eingeschätzt zur Armensteuer mit mindestens 6 L. Miethswerth; nach einer dritten Bestrafung wegen Uebertretung dieser Polizeiordnung mag auf Unfähigkeit zum Gewerbebetrieb bis auf 5 Jahre erkannt werden. — Nach der Agricultural Gangs Act 30. et 31. Vict. c. 130 bedürfen Unternehmer, welche männliche und weibliche Lohnarbeiter in der Saat= und Erntezeit in größeren Massen zur Arbeit gestellen, einer Concession der Specialsitzungen, worin zu bezeugen ist, daß sie „of good character and fit for management" sind. Die Concession soll gegen 1 sh. Gebühren auf 6 Monate ertheilt werden und kann wegen wiederholter Bestrafung entzogen werden.

VII. Zur Uebersicht des englischen Concessionswesens mögen hier noch die unmittelbaren Staatsconcessionen erwähnt werden, welche durch private bills für Eisenbahnanlagen, Wasserwerke und andere Unternehmungen ertheilt werden, für die es einer Zwangsenteignung bedarf. Ferner die Concessionen des Colonialamts für Auswanderungsagenten, des Generalsteueramts für Zollagenten und Stempeldistributeure. Auch Trödler und Hausirer erhalten einen Gewerbeschein von der Steuerbehörde nur gegen Vorzeigung eines Sittenscheins (§. 47). Die Concessionen für das hauptstädtische Lohnfuhrwerk, dessen Kutscher und Wärter (§. 48), sind jetzt den Regulativen des Ministers des Innern überlassen. — Eine eigene Gruppe bilden schließlich die nach den neueren Health Acts (Cap. XI.) nothwendigen Consense zur Anlage von Blut= und Knochenbrennereien, Schlachthäusern, Talg= und Seifensiedereien und anderen gemeinschädlichen oder lästigen Gewerben, welche nicht von der Polizeiobrigkeit, sondern von dem Gemeinderath (local board) zu ertheilen sind.

Geschichtliches über die Entwickelung des Schankconcessionswesens.

Die Magistrates licences haben eine eigene Geschichte, welche mit der Periode der Tudors beginnt (Geschichte des selfgovernment S. 302). Das Gesetz 11. Hen. VII. c. 2 ermächtigt zum ersten Male je zwei Friedensrichter, den öffentlichen Bierverkauf nach ihrem

§. 65. Ertheilung der polizeilichen Schank- und Gewerbe-Concessionen. 357

Ermessen zu unterdrücken, sich Sicherheiten für gutes Verhalten bestellen zu lassen, und darüber in den Sessionen zu beschließen. Bestimmter lautet das st. 5. et 6. Edw. VI. c. 25, welches zwei Friedensrichter ermächtigt, den Verkauf von Bier in gemeinen Bierhäusern und Kneipen zu untersagen, und keine Bierwirthschaft zu dulden, welche nicht öffentlich gestattet und zugelassen sei von den Sessionen oder von zwei Friedensrichtern. Mit diesem Gesetz beginnt ein regelmäßiges Concessionswesen. Durch 2. Jac. I. c. 9; 4. Jac. I. c. 4, 5; 7. Jac. I. c. 10 wird die Wirthshausordnung eingeschärft, mit weiteren Strafen gegen unconcessionirte Wirthe und mit Androhung einer Untersagung des Geschäfts bis auf drei Jahre als zusätzlicher Strafe. Das st. 3 Car. I. c. 3 fügt auch Gefängnißstrafe hinzu für den Fall eines zweiten und dritten Vergehens. Erst 1729 folgt wieder das durchgreifende Gesetz 2. Geo. II. c. 28 §. 1., welches „in Erwägung, daß die Concessionsertheilung durch entfernt wohnende und deshalb mit den Lokalverhältnissen nicht vertraute Friedensrichter zu Uebelständen geführt habe", in Zukunft ein General Meeting der Friedensrichter der Division einführt, in welchem die Concessionen ertheilt werden sollen. In dieser Zeit hatte das Branntweintrinken überhand genommen, weshalb auch Liqueur- und Branntweinläden durch eine besondere Clausel des Gesetzes unter dieselben Bestimmungen gestellt werden. Es entstanden seitdem mancherlei Collisionen der Polizeiverwaltung mit den Ansichten der Steuerverwaltung. Ein noch vollständigeres Gesetz 26. Geo. II. c. 31 verordnete: Jeder Bierwirth soll bei Ertheilung der Concession eine Sicherheit auf 10 £. mit Bürgen für Erhaltung guter Ordnung darin stellen; jeder Bewerber um eine neue Concession soll ein Sittenzeugniß beibringen vom Pfarrer und von der Mehrheit der Kirchspielsbeamten, oder von 3 oder 4 respectablen angesehenen Einwohnern. Alle Concessionen sollen in einer Bezirksversammlung der Friedensrichter am ersten September oder innerhalb 21 Tagen nachher ertheilt werden, und nur auf ein Jahr. Die Quartalsitzungen können Anklagen wegen Bruchs der gestellten Caution mit einer Jury verhandeln, im Fall des Schuldspruchs die Caution dem Schatzamt für verfallen erklären, und damit den Verurtheilten auf drei Jahre für unfähig zum Detailverkauf spirituoser Getränke. Die Uebelstände welche sich ergeben, sobald das Parteitreiben sich in das Concessionswesen mischt, hat man auch in England in älteren Perioden empfunden. 1682 beschlossen die Quartalsitzungen in London allen „Besuchern von Conventikeln" Concessionen zu verweigern. Um dieselbe Zeit spielt Locke in seinen Briefen über Toleranz auf die Leute an, die „zum Abendmahl gehen müssen um Schankconcessionen zu erhalten." Auch in der spätern bessern Zeit der friedensrichterlichen Verwaltung tauchten noch Versuchungen zum Parteiunfug auf, namentlich zur Aufstellung willkürlicher Bedingungen für die Concessionsertheilung. In Sachen Rex v. Athay, 2. Burr. 653, erkannte jedoch das Reichsgericht einstimmig, „daß die Friedensrichter keine Befugniß haben, andere als die gesetzlichen Bedingungen der Concessionsertheilung beizufügen." In Sachen Rex v. Williams and Davis 3 Burr. 1317 kam es zur Sprache, daß städtische Friedensrichter den Wirthen die Concession verweigert hatten, die gegen ihren Candidaten für die Abgeordnetenwahlen zum Parlament gestimmt hatten. Sie hatten sogar vorher gedroht, diejenigen durch Concessionsverweigerungen zu ruiniren, die gegen ihren Candidaten stimmen würden. Lord Mansfield erklärte diesen Fall für ein injust and oppressive refusing, und ein Strafvergehen durch information für zulässig wegen des „corrupt motive" der Verweigerung. Erweislicher vorsätzlicher Mißbrauch der discretionären Gewalt kann Gegenstand einer criminal information bei der Königsbank werden. Rex v. Young, 1 Burr. 556. Insbesondere kann eine Verweigerung aus Gründen persönlicher Rache oder aus anderen schlechten Beweggründen mit Geldbuße und Gefängniß gebüßt werden. Rex v. Williams, 3 Burr. 1317; Rex v. Hann, id. 1617, 1687. Rex v. Holland, 1 T. R. 692. — Aus neuerer Zeit sind politische Mißbräuche der Art nicht mehr bekannt. Die neuere Gesetzgebung wird vorbereitet durch 48. Geo. III. c. 143 (Einführung des Systems der Steuergewerbescheine). Darauf folgt das noch geltende Hauptgesetz 3. Geo. IV. c. 61, und seit 1830 die experimentale Gesetzgebung, welche aus Eifersucht gegen das Friedensrichteramt und aus bloß wirthschaftlichen Gesichtspunkten zu reformiren sucht, aber schließlich zum alten System zurückkehrt.

V. Capitel.

IV. Abschnitt.

Die Quartalsitzungen der Friedensrichter. General and Quarter Sessions.

§. 66.

Die Organisation der Quartalsitzungen.

Nach der permanenten Einsetzung der Friedensrichter wurde durch 36. Edw. III. c. 12 verordnet: es solle in den Commissionen ausgedrückt werden, daß die Justices ihre gemeinschaftlichen Sitzungen viermal jährlich zu halten haben: die eine in der Woche nach Epiphanias, die zweite in der zweiten Mittfastenwoche, die dritte zwischen Pfingsten und Johannis, die vierte binnen acht Tagen nach Michaelis. St. 12. Ric. II. c. 10 fügt hinzu, daß die Friedensrichter in jedem Quartal Sitzungen halten sollen, und zwar „nöthigenfalls drei Tage lang", bei Vermeidung einer arbiträren Bestrafung durch den Königlichen Rath, auf Klage eines Jeden der klagen will. Nach 2. Hen. IV. sess. 1 c. 4 sollen sie viermal jährlich in den gesetzlichen Wochen ihre Sitzungen abhalten „und noch öfter wenn nöthig." In Folge dieser letzten Klausel konnten nun allgemeine Versammlungen auch außer den regelmäßigen Quartalsitzungen abgehalten werden, woraus ein Unterschied zwischen General Sessions und General Quarter-Sessions entstand. In den meisten Gesetzen werden beide neben einander genannt; die General-Sitzungen haben daher im Allgemeinen dieselben Amtsbefugnisse wie die Quartalsitzungen. In einzelen Gesetzen aber sind zufällig oder absichtlich nur die General Quarter-Ses-

§. 66. Die Organisation der Quartalsitzungen. 359

sions genannt; wovon die Folge ist, daß die außerordentlichen General Sessions einige Befugnisse weniger haben als die normalen Quartalsitzungen. Der Unterschied ist indessen nicht bedeutend. Es genügt vielmehr in dem Nachfolgenden von den Quartal=Sitzungen zu sprechen, mit einer Erinnerung daran, daß zwischendurch auch einmal eine außerordentliche General Session ausgeschrieben werden kann, mit ungefähr gleichen Be= fugnissen.

I. Die Perioden der Quartalsitzungen sind Jahrhunderte lang unverändert geblieben. Wenigstens bestehen die älteren Gesetze unaufge= hoben fort. Durch 1. Will. IV. c. 70 werden sie jedoch dahin amendirt, daß die vier Sitzungen in der ersten Woche nach dem 11. Oktober, 28. Dezember, 31. März, 24. Juni stattfinden. Durch 4. et 5. Will. IV. c. 47 wird für die Quartalsitzung vom 31. März noch ein weiterer Spiel= raum vom 7. März bis zum 22. April offen gehalten, damit eine Collision mit den Frühlingsassisen der reisenden Richter vermieden werde. Doch gelten alle Vorschriften über die Periode nur als regulative (directory), so daß auch eine von dem Gesetz abweichende Zeit die Verhandlungen nicht ungültig macht.

II. Die Ausschreibung jeder Quartal=Sitzung erfolgt durch ein Precept unter Handschrift zweier Friedensrichter, adressirt an den Sheriff, mit der Anweisung eine große Jury zu der Sitzung zu stellen und alle sonstigen Personen zu laden, die dazu erscheinen sollen. Um dafür genü= gende Zeit zu lassen, soll diese Ausschreibung wenigstens 15 Tage vor der Session erfolgen. Sie lautet dahin:

Grafschaft N. N. — Wir A. B. und C. D. Esqrs., zwei Friedensrichter in der Graf= schaft von N. ꝛc., einer von uns zu dem Quorum gehörig, an den Sheriff derselben Grafschaft, Gruß zuvor: Im Namen unserer gedachten souveränen Herrin der Königin befehlen wir euch, daß ihr (ohne Rücksicht auf etwanige befreite Bezirke in eurer Graf= schaft) veranlassen möget zu erscheinen vor uns oder einigen anderen Friedensrichtern zur Erhaltung des Friedens in der gedachten Grafschaft am 3. April c. 9 Uhr Vor= mittags zu N. in der gedachten Grafschaft eine genügende Anzahl (wenigstens 24) gute und gesetzmäßige Männer aus dem Körper der gedachten Grafschaft, um dann und dort zu untersuchen, anzuklagen, zu thun und zu vollführen alles das, was von Seiten unserer souveränen Herrin der Königin ihnen zugewiesen werden wird; auch daß ihr bekannt machet allen Coroners, Aufsehern der Gefängnisse und Correctionshäuser, High Con= stables und Bailiffs der Freibezirke innerhalb der gedachten Grafschaft, daß sie dann und dort thun und vollführen alles, was ihnen vermöge ihrer Aemter obliegt. Ferner= weitig, daß ihr proclamiren lasset durch die gedachte Grafschaft an den gehörigen Orten die Abhaltung der Sitzung am vorgedachten Tage und Ort, und daß ihr dort anwesend seiet, um zu thun und auszuführen alles was zu eurem Amt gehört. Und ihr sollt dann und dort bereit haben sowohl die Verzeichnisse der Geschworenen, Coroners, Auf= seher der Gefängnisse und Correctionshäuser, High Constables und Bailiffs, als auch dieses Precept. Gegeben ꝛc.

Nach Empfang des Precept erläßt der Sheriff die dem entsprechenden einzelen Warrants an den High Constable jeder Hundertschaft und an den Bailiff jedes Freibezirks, in welchen er sie anweist:

„sofort durch öffentliche Proclamation bekannt zu machen in jeder Marktstadt und an allen angemessenen Orten, daß die nächste allgemeine Quartalsitzung für die gedachte Grafschaft abgehalten werden soll auf dem Rathhaus in der Stadt N. am 3. April, 9 Uhr Vormittags; und daß Ihr Nachricht gebt allen Friedensrichtern, Coroners, Aufsehern der Gefängnisse und Correctionshäuser, und High Constables der gedachten Hundertschaft, daß sie dann und dort anwesend seien, um zu thun und zu vollführen, was zu ihren verschiedenen Aemtern gehört; und daß ihr veranlaßt zu erscheinen alle . . ., welche verpflichtet sind zu einer Strafverfolgung oder um als Angeklagte oder als Zeugen zu erscheinen . ., ferner alle in dem untenstehenden Verzeichniß für die große Jury bezeichneten Personen . ., ferner alle in dem untenstehenden Verzeichniß für den Dienst der kleinen Jury bezeichneten Personen: und daß ihr selbst dann und dort anwesend seiet, um darüber Bericht zu erstatten."

Ueber die so geschehene Ausführung des empfangenen Precept hat dann der Sheriff den anweisenden Friedensrichtern einen Rückbericht zu erstatten, Sheriff's return of Process to the Sessions. Beigefügt sind diesem Bericht zwei Verzeichnisse auf Pergament, enthaltend die Namen der Geschworenen der großen und der kleinen Jury.

Grand Jury.	Petty Jury.
A. B. Esq.	A. B.
C. D.	C. D.
E. F. etc.	E. F. etc.
(12—23 Namen).	(wenigstens 22, zuweilen bis 70 Namen).

Ferner beigefügt sind die Namens-Verzeichnisse der Friedensrichter, Coroners, Aufseher der Gefängnisse und Correctionshäuser, High Constables &c.

III. Die zum Erscheinen bei der Quartalsitzung verpflichteten Personen ergeben sich aus diesem Hergang der Ausschreibung, nämlich folgende 10 Klassen, welche das Gesammtpersonal der Selbstverwaltung darstellen:

1) Alle Friedensrichter der Grafschaft oder des Bezirks, auf den sich die Friedenscommission erstreckt. Wesentlich nothwendig ist zwar nur das Erscheinen von mindestens zwei Friedensrichtern, von denen wenigstens einer zu den Quorum gehören soll. Die Gesetze darüber datiren aber aus einer Zeit, in welcher die Zahl und der Geschäftskreis der Friedensrichter kaum größer war, als in den heutigen Verhältnissen die einer kleinen Bezirkssitzung. In der Wirklichkeit erscheint regelmäßig eine bedeutende Zahl, und es kann als das Gewöhnliche angenommen werden, daß die in den einzelen Divisions als „gewöhnlich thätig" (usually attending) bezeichneten Friedensrichter auch in der Generalsitzung erscheinen, sofern sie nicht verreist, oder besonders verhindert sind. Würde durch nachläs=

§. 66. Die Organisation der Quartalsitzungen.

siges Ausbleiben der Friedensrichter eine Session vereitelt, so würden die Schuldigen nach 12. Ric. II. c. 10 strafbar sein.*)

2) Der Custos Rotulorum, d. h. in der Praxis dessen Stellvertreter, der Clerk of the Peace, mit den Akten (rolls).

3) Der Sheriff, d. h. in der Regel der Untersheriff, mit der Verpflichtung sich auszuweisen über die Gestellung der von ihm designirten großen und kleinen Jury und über die Insinuation der Ladungen.

4) Die Coroners, die jedoch keine eigentlichen Amtsgeschäfte bei der Quartalsitzung haben (Lambard IV. c. 3), sondern nur etwa erscheinen, um ihre Rechnungslegung eidlich zu verificiren nach 1. Vict. c. 68 §. 3, oder um ihre Gebühren festsetzen zu lassen nach 25. Geo. III. c. 29 etc.

5) Die High Constables der Hundertschaften (Kreispolizeischulzen) und die Bailiffs der etwa vorhandenen Freibezirke (Lehngerichtsschulzen); nach den neueren Einrichtungen auch das Inspectionspersonal der besoldeten Constabulary.

6) Der Aufseher des Grafschafts-Gefängnisses, Gaolkeeper, mit der Verpflichtung die Verhafteten, welche vor die Quartalsitzungen zu stellen sind, mitzubringen, und Neuverhaftete anzunehmen.

7) Der Aufseher des Correctionshauses, mit analogen Verpflichtungen für Untersuchungsgefangene, und mit der Auflage ein Verzeichniß (Calendar) über alle in seinem Verwahr befindlichen Personen vorzulegen.

8) Das Personal einer großen Jury, die aber nicht wie in den Assisen der reisenden Richter aus Friedensrichtern und anderen gentlemen, sondern aus denselben Elementen wie die kleine Jury besteht.

9) Das Personal zu einer kleinen oder Urtheilsjury.

10) Alle Personen, welche zur Strafverfolgung als prosecutors, zur Verantwortung als Angeklagte, oder zur Beweisgebung als Zeugen zu erscheinen verbunden sind, und die in Befolgung dieser Pflicht eine Befreiung von common arrest beanspruchen können.

---

*) Nach 12. Ric. II. c. 10 können die Friedensrichter 40 sh. Tagegelder für ihre Anwesenheit bei den Sessionen fordern, zahlbar aus den fines und amerciaments durch Vermittelung des Sheriffs. Da nun aber nach den Gesetzen Richard's II. nicht über acht Friedensrichter in der Grafschaft ernannt werden sollten, so sah man in der Praxis die acht ältesten Friedensrichter als diätenberechtigt an. In der einen und andern Grafschaft hat sich diese Sitte bis heute erhalten. In den Middlesex Sessions waren für die Michaelissitzung 1833 nicht weniger als 435 £. 11 sh. liquidirt worden, von welchen das Finanzministerium nur 200 £. bewilligte, und durch Generalverfügung für die Zukunft bestimmte, daß nicht mehr als 4 sh. und für nicht mehr als acht Friedensrichter liquidirt werden dürfe, Burn V. 382. Gesetzlich aufgehoben sind durch 18. et 19. Vict. c. 126 nur die Gebühren der friedensrichterlichen clerks.

Die so constituirte Versammlung bildet einen **Kreisgerichtsver=**
waltungstag im weitesten Sinne. Die anwesenden Friedensrichter
wählen sich herkömmlich als Vorsitzenden, Chairman, zur formellen Leitung
der Geschäfte einen der geschäftsgewandtesten und lange Zeit in der Frie=
dens=Commission thätigen Collegen. Dieser Vorsitzende ist indessen nur
primus inter pares ohne verstärktes Stimmrecht.

IV. Die **Amtsgeschäfte** der Quartal=Sitzungen sind die friedens=
richterlichen Geschäfte in höchster Potenz, in folgenden drei Gruppen:

1) Als **ordentliches Strafgericht erster Instanz mit Jury**
üben die Quartalsitzungen eine Strafgerichtsbarkeit neben den Criminal=
assisen der reisenden Richter, dem Umfang nach vergleichbar den französi=
schen Correctionalgerichten.

2) Die **Civil=Jurisdiction** und **Administrativgeschäfte** der Quartal=
sitzung erstrecken sich auf allgemeine Einrichtungen der Kreisverwaltung,
Ernennung der Kreisbeamten, Rechnungslegungen, Concessions=Ertheilungen
mit einem collegialischen Decernat als Kreispolizeibehörde und Oberbehörde
der Ortsgemeinde=Verwaltung. Unter dem Namen des county business
wird diese Gruppe von Geschäften, wo möglich am ersten Tage der Ses=
sion erledigt.

3) Als **Appellations= und Beschwerdeinstanz** stehen die Quartal=
sitzungen sowohl über den kleinen Bezirkssitzungen wie über den Amtsacten
der einzelen Friedesrichter, und zwar in doppelter Richtung:

einerseits bilden sie für die Strafurtheile der einzelen Friedensrichter
und kleinen Sitzungen die ordentliche Appellations=Instanz;

andererseits für die Orders und andere Verwaltungsmaßregeln der
Special Sessions und der einzelen Friedensrichter eine Beschwerdeinstanz,
die aber ebenfalls in den Formen einer Civilappellation verhandelt wird.

V. **Die Eröffnung der Quartalsitzung** erfolgt an dem **her=**
kömmlichen Ort, gewöhnlich dem Hauptort der Grafschaft, in dem
Lokal für die Grafschafts=Assisen, oder in einem besondern Sessionshause,
oder auf dem Rathhause, oder in einem sonst geeigneten Lokal. Das Ge=
setz hat dies der Convenienz überlassen. Nöthigenfalls muß der Sheriff
für ein geeignetes Lokal sorgen. In manchen Grafschaften, die keine pas=
sende Kreisstadt haben, werden die Quartalsitzungen abwechselnd nach einem
Turnus in mehren Städten abgehalten. In anderen hilft man sich dadurch,
daß die Session in der Kreisstadt begonnen wird, und dann vertagt und
fortgesetzt an einem oder mehren anderen Orten, um welche sich eine zahl=
reiche Bevölkerung zusammendrängt, damit der Transport der Untersuchungs=
Gefangenen möglichst vermieden werde. Die gewöhnliche Eröffnungsstunde
war von Alters her 9 Uhr Vormittags; jedenfalls mußte die Eröffnung
vor 12 Uhr geschehen, um den Personen, die einen Amtseid zu leisten

§. 66. Die Organisation der Quartalsitzungen. 363

haben, den Gesetzen gemäß diese Eide Vormittags abnehmen zu können. Das darauf bezügliche st. 25. Car. II. c. 2 ist indessen durch 26. et 27. Vict. c. 125 aufgehoben. Die Eröffnung erfolgt nach altem Herkommen durch folgenden Ausruf eines Bailiff.

Hört! Hört! Hört! (oyez). Die Richter der Königin heißen und befehlen strenge allen Leuten Stillschweigen zu halten, während der Königin Friedens-Commission für diese Grafschaft N. N. öffentlich verlesen wird, bei Gefängnißstrafe.

Sodann soll die Friedenscommission verlesen werden, die Königliche Proclamation gegen Entweihung des Sonntags, und dem Gesetz nach noch einige andere Statuten, deren Verlesung jedoch allmälig abgekommen ist.**)

Demnächst werden die Personen aufgerufen, welche Amtseide zu leisten haben, die in gewöhnlichen Fällen der Kreis-Secretär abnimmt. Die höheren Beamten, denen bei den Quartalsitzungen Amtseide abgenommen werden können, sind: die neu eintretenden Friedensrichter selbst; der Clerk of the Peace (1. Will. et M. st. 1 c. 21 §. 9); die Deputy Lieutenants (42. Geo. III. c. 19 §. 13); die Commissioners of Sewers (23. H. VIII. c. 5 §. 5; 3. et 4. Will. IV. c. 22 §. 3).

Weiter ruft der Kreis-Secretär die einzelen Ober- und Unter-Constabler auf, und zwar die beim ersten Aufruf fehlenden zum zweiten, und dann zum dritten Mal, worauf gegen die Ausgebliebenen eine Buße erkannt werden mag.

Darauf folgt der Aufruf der Liste der großen Jury, wobei dem Hofe die Befugniß zusteht, ungeeignet scheinende Personen noch bei dem Aufruf zu streichen, und andere einzeichnen und laden zu lassen. Andrerseits können die Personen, welche eine Befreiung vom Geschworenendienst behaupten, in diesem Zeitpunkt noch ihre Reclamation bei dem Vorsitzenden anbringen, über welche dann kurzweg entschieden wird. Sobald 16—17 Namen aufgerufen sind, pflegt die Jury als genügend constituirt angesehen, und die mehren dazu Erschienenen entlassen zu werden. Es folgt darauf die Einschwörung der grand jury, welcher der Vorsitzende mit einer Einleitungsrede (charge) die einzelen vorliegenden Anklagen übergiebt zur weitern Verhandlung in einem Nebenzimmer.

**) Der Clerk of the Peace sollte nach älteren Gesetzen mit lauter Stimme verlesen: das st. 5. Edw. VI. c. 1 gegen Papismus; 30. Car. II. c. 3 über das Begräbniß der Todten in wollenen Gewändern; 11. et 12. Will. III. c. 15 betr. die Biermaße; 1. Geo. I. c. 5 betr. Aufruhr und Tumult; 9. Geo. I. c. 22 die sogenannte schwarze Acte, — alle diese bei jeder Quartalsitzung. Sodann das st. 4. et 5. W. et M. c. 24; 7. et 8. Will. III. c. 32; 3. et 4. Anne c. 18; 3. Geo. II. c. 25 betr. die Geschworenen, — die nur in der Sommersitzung verlesen werden sollen; 2. Geo. II. c. 24 zur Verhütung von Wahlbestechungen, — vorzulesen in jeder Ostersitzung. Einige dieser Gesetze sind ausdrücklich aufgehoben, andere so außer Gebrauch gekommen, daß die Verlesung allmälig in Vergessenheit kam. Vergl. auch Lambard IV. cap. 4 a. E. über die Proklamation zur Zeit der Tudors.

Wenn die Verhandlungen so weit gediehen sind, so wird die weitere Erwägung eintreten müssen, ob es zweckmäßig ist die vorliegenden Criminalverhandlungen durch Theilung des Hofes in zwei Abtheilungen zu beschleunigen. Durch 5. et 6. Vict. c. 38 werden nämlich die Quartalsitzungen ermächtigt zwei oder mehre Friedensrichter als stellvertretende Vorsitzende, deputy chairmen, zu ernennen, um gewisse ihnen überwiesene Sachen zu hören und zu entscheiden; während die anderen Friedensrichter unter dem Vorsitzenden die übrigen Geschäfte verhandeln. Es tritt dies ein, wenn eine erhebliche Geschäftsmasse vorliegt, so daß voraussichtlich mehr als drei Tage für die Session erforderlich sein würden. Wird die Theilung beschlossen, so sitzen nun die beiden Abtheilungen gleichzeitig in verschiedenen Geschäftsräumen. Der Kreissecretär ist verpflichtet einen Deputy Clerk zu ernennen; die Friedensrichter ernennen dafür einen zweiten Huissier. Es kann auch für eine beliebige Anzahl von Sitzungen eine solche Theilung im Voraus beschlossen werden. Noch mehr generalisirt ist die Befugniß dazu durch 21. et 22 Vict. c. 73.***)

VI. **Die Beendigung der Quartalsitzung** tritt stillschweigend ein durch Abreise der Friedensrichter, vorbehaltlich einer formellen Vertagung. Die ganze Sitzung gilt nach germanischer Rechtssitte noch als ein Tag: alle Proceduren werden auf den ersten Tag zurückdatirt, und die Friedensrichter sind ermächtigt, im Laufe der Session eine beschlossene Order oder ein Urtheil noch zu amendiren. Diese Befugniß erlischt, sobald alle die Quartalsitzung constituirenden Friedensrichter den Ort verlassen haben. Für die Fälle, in welchen wegen Stimmengleichheit oder aus

---

***) Das System der Theilung der Quartalsitzungen beginnt mit 59. Geo. III. c. 28: „Es mögen die versammelten Friedensrichter am ersten Tage ihrer Versammlung in Erwägung ziehen den wahrscheinlichen Umfang der Geschäfte; und wenn es ihnen wahrscheinlich scheint, daß solche mehr als drei Tage, einschließlich des Tags der Versammlung, erfordern werden, so sollen sie ermächtigt sein, zwei oder mehre Friedensrichter, darunter wenigstens einen aus der Zahl der Quorum, zu designiren, um getrennt von den übrigen an demselben Ort, in oder nahe dem Gerichtslokal, dort zu hören und zu entscheiden solche Geschäfte, welche ihnen überwiesen werden, während die übrigen gleichzeitig die sonstigen Geschäfte des Hofes erledigen." Das st. 1. Vict. c. 19 dehnt diese Einrichtung auf die städtischen Quartalsitzungen aus, bei denen der Stadtrichter, Recorder, einen zweiten Advokaten als Stellvertreter zu ernennen hat, und ermächtigt zugleich alle Quartalsitzungen auch in den vertagten Sessionen solche Sonderabtheilungen zu bilden. — Noch allgemeiner sind die Befugnisse zur Theilung ausgedrückt in 5. et 6. Vict. c. 38 §. 4; 21. et 22. Vict. c. 73. — Bei der Vertheilung der Geschäfte sorgt man gewöhnlich dafür, daß die eine Abtheilung den Theil des Criminalgeschäfts übernimmt, der die Anwesenheit von Rechtsanwälten erfordert, während der andere Hof die Strafverfolgungen behandelt, bei denen kein Advokat oder Anwalt angemeldet ist. Alle Appellationen bleiben aber dem Plenum vorbehalten.

anderen Gründen kein definitiver Mehrheitsbeschluß zu Stande kommt, sorgt das Institut der Vertagung.

Vor dem Schluß kann nämlich eine förmliche Vertagung, adjournment, beliebt werden, die dann in Gegenwart von wenigstens zwei Friedensrichtern zu proclamiren, und von dem Kreissecretär einzuregistriren ist. Die Vertagung geschieht zu einem Termine vor der nächsten General- oder Quartalsitzung, mit Bestimmung von Ort, Tag und Stunde. In der vertagten Sitzung können zwei oder mehre Friedensrichter die Geschäfte fortsetzen, als ob eine bloße Continuation der Session vorläge, so daß alles bisher Geschehene in statu quo bleibt und ex vi termini fortgesetzt wird. Eine Vertagung wird gewöhnlich auch dann beschlossen, wenn neue Geschäfte vor der nächstfolgenden Quartalsitzung in Aussicht stehen.

Für die Quartalsitzungen in London und Middlesex galten von jeher besondere Vorschriften. In Middlesex brauchten ursprünglich nur zwei Sitzungen abgehalten zu werden, 14. Henry VI. c. 7. Das praktische Bedürfniß hatte aber zu wenigstens acht Sitzungen jährlich geführt, von denen vier als Quarter Sessions abgehalten wurden, (ungefähr in denselben Perioden wie in den Provinzen), vier als General Sessions: wozu noch die Besonderheit kam, daß die Sessionen von Middlesex durch besondern Auftrag, Commission of Oyer and Terminer, eine erweiterte Strafjurisdiction vor anderen Sessionen voraus hatten. Durch 7. et 8. Vict. c. 71; 14. et 15. Vict. c. 55 ist diesen Sitzungen eine besondere Verfassung gegeben, mittels Anstellung eines besoldeten lebenslänglichen Richters, Assistant Judge, der nun monatlich zweimal zu Gericht sitzt. Durch diese Ernennung eines Assistant Judge wurde eine Einrichtung geschaffen, die man später auch in weiteren Kreisen auf die Provinzen auszudehnen gedachte. Die Krone wird ermächtigt, einen ordentlichen Advokaten (Sergeant oder Barrister), der mindestens schon seit 10 Jahren als Friedensrichter an der Commission betheiligt gewesen, als präsidirenden Richter in Strafsachen (mit jetzt 1500 £.) zu ernennen.

Bei den ersten Entwürfen für die Bildung der neuen Kreisgerichte in Civilsachen 1830—1832 war die Absicht, die neuen Kreisrichter in die Friedens-Commission aufzunehmen (ohne Qualification durch Grundbesitz), mit der ausgedrückten Erwartung, daß selbiger regelmäßig zum Chairman der Quartalsitzungen erwählt werden würde, ebenso wie in Irland herkömmlich die Friedensrichter einen remunerirten Assistant Barrister als Vorsitzenden zu wählen pflegen. In das spätere Gesetz wurde auch wirklich die Clausel aufgenommen, daß der Kreisrichter ohne Besitzqualification in die Friedenscommission aufgenommen werden kann. Es ist aber noch kein Beispiel bekannt, daß er zum Vorsitzenden der Quartalsitzungen gewählt wäre, vielmehr fühlen sich die gentlemen der Grafschaft noch den Geschäften gewachsen, und haben aus ihrer Mitte noch immer einen geschäftskundigen Chairman gefunden. — Umgekehrt waltete bei der Organisation der besoldeten Polizeirichter in Metropolis nach 3. et 4. Vict. c. 84 die Absicht ob, solchen Polizeirichtern zugleich die Stellung eines Kreisrichters zu übertragen. Bei der weitern Ausführung ist auch dieser Plan aufgegeben worden.

§. 67.
Die Quartalsitzungen als Strafgerichte I. Instanz mit Jury.

Schon bei der ersten dauernden Einsetzung der Friedensrichter wurde ihnen durch 34. Edw. III. c. 1 die Befugniß beigelegt zu verhandeln und zu entscheiden „über felonies, misdemeanours, trespasses, und alle anderen crimes und offences," — unter Aufzählung einzeler, aber mit Beifügung so allgemeiner Rubriken, daß darin eine ordentliche Strafgerichts= barkeit erster Instanz sowohl über Vergehen nach gemeinem Recht, wie über Vergehen nach Statutes enthalten war. Ausgeschlossen wurde durch die Wortfassung zunächst nur der Verrath, treason; durch Interpre= tation noch einige besondere Fälle. Da indessen die Friedenscommission die Klausel enthielt, daß sie in schwierigeren Fällen sich an den Rath rechtsverständiger Richter halten sollten, so bildete sich die stillschweigende Praxis, die meisten schwereren felonies den Assisen der reisenden Richter zu überlassen.

Diese Abgrenzungen der Praxis wurden dann neuerdings schärfer ge= zogen durch das Gesetz 5. et 6. Vict. c. 38 §. 1 (Excurs. *). Es wer= den den Quarter Sessions ausdrücklich entzogen: Verrath, Mord, capitale felonies, felonies welche im ersten Straffall mit Transportation auf Le= benszeit bedroht sind; außerdem 18 namentlich genannte Verbrechen, und zwar solche, welche entweder wegen der Schwere der Bestrafung, oder wegen politischer Wichtigkeit, oder wegen der dabei vorkommenden schwie= rigeren Rechtsfragen ungeeignet für die Friedensrichter erscheinen. Das= selbe Gesetz ermächtigt auch die Königlichen Richter der Criminalassisen, durch Certiorari oder anderes Decret jeden bei den Quartalsitzungen schwe= benden Fall abzuberufen, mit allen bisherigen Verhandlungen und Acten an sich zu ziehen und zu entscheiden, vermöge einer delegirten Gewalt, welche verfassungsmäßig bisher nur den Reichsgerichts=Collegien zustand. Auch sind die Reichsrichter ermächtigt nöthigenfalls durch Writ of Habeas Corpus jeden Untersuchungs=Gefangenen zum Zweck der Verhandlung vor den nächsten Criminalassisen in das Kreisgefängniß abführen zu lassen.

Das Verfahren vor den Quartal=Sitzungen mit großer und kleiner Jury ist ein Abbild des Verfahrens vor den Assisen der reisenden Richter, und bedarf deshalb nur einer kurzen Angabe der Umrisse.

§. 67. Die Quartalsitzungen als Strafgerichte I. Instanz mit Jury. 367

Sobald nach Eröffnung der Session die große Jury gebildet ist, wählt sie ihren Vormann, der zuerst vom Kreissecretär vereidet wird, worauf die übrigen Großgeschworenen ihren Eid nachsprechen. Der Vorsitzende wendet sich sodann an die grand jury mit einer Anrede und Instruction (charge), in welcher eine Uebersicht über die vorliegenden Anklage-Entwürfe gegeben, zuweilen auch eine Erläuterung des Rechtspunkts bei der einen oder andern Anklage hinzugefügt wird. Hierauf werden die durch Prozeßcaution zur Strafverfolgung oder Zeugnißablegung Verpflichteten (prosecutors and witnesses) aufgerufen, und die Privatankläger, deren Anklageacten (indictments) noch nicht in Ordnung sind, vom Kreissecretär aufgefordert, solche in seinem Bureau von einem geeigneten Unterbeamten concipiren zu lassen. Diese Anklage-Entwürfe (bills) werden auf Pergament ausgefertigt, auf der Rückseite mit dem Verzeichniß der Zeugen in der Ordnung, in der sie verhört werden sollen. Die einzelnen Zeugen werden aufgerufen und mit den Anklage-Entwürfen vor die große Jury gesandt. Diese hat sich inzwischen in ihr Geschäftszimmer zurückgezogen, verhört in geheimer Sitzung die zu jeder Anklage gehörigen Zeugen sehr summarisch (durch 19. et 20. Vict. c. 54 wird es dem Vorsitzenden der grand jury gestattet, die Zeugen selbst zu vereidigen), und entscheidet sich dann mit Stimmenmehrheit und mindestens 12 Stimmen, ob die Anklage zuzulassen oder zu verwerfen. In schwierigen Fällen kann sie sich vom prosecutor oder dessen Anwalt Beistand leisten lassen bei dem Zeugenverhör und der sonstigen Beweisprüfung. Bei Zweifeln über einen Rechtspunkt kann sie in den Hof zurückkehren, und sich den Rath des Vorsitzenden erbitten.

Die von der großen Jury bestätigten Anklagen kommen dann gewöhnlich in derselben Session zur Hauptverhandlung vor dem Hofe, d. h. vor dem chairman (oder deputy chairman der zweiten Abtheilung) mit Zuziehung einer kleinen oder Urtheilsjury. Solche wird ausgeloost in etwas einfacherer Weise als bei den Criminal-Assisen der reisenden Richter; übrigens ist die Stellung des Angeklagten vor die Schranken, Zeugenverhör, Kreuzverhör, zuweilen ein kurzes Resumé des Vorsitzenden, analog wie vor den großen Criminalassisen. Es gilt auch hier der gewohnheitsrechtliche Grundsatz, daß der Angeklagte ohne Fesseln im Gericht erscheint, und daß er mit Schonung und Gleichmuth behandelt werden soll, II. Hawkins c. 28 sect. 1. Durch 28. Vict. c. 18 §. 2 wird ausdrücklich declarirt, daß der Angeklagte und sein Anwalt das Recht der Vorbemerkung, des Zeugenverhörs und des Resumés hat, andererseits wird aber auch dem Counsel for the prosecution das Recht beigelegt, am Schluß der Beweisaufnahme die Jury zu adressiren. Die Verhandlungen sind selbstverständlich öffentlich, doch hat der Vorsitzende das Recht durch Order ein

Publikation laufender Verhandlungen durch die Presse unter Androhung einer Geldbuße zu verbieten, Burn V. 371.

Die Anwaltsgeschäfte werden hier meistens von der niedern Klasse der Anwälte betrieben; jedoch mit Ausschluß des Kreissecretärs, des Unter-Sheriff und deren Stellvertreter bei 50 L. Strafe. In kleineren entfernteren Grafschaften, in welchen kein Advokat der höhern Klasse (barrister) praktisirt, läßt man diese Anwälte zugleich als Advokaten plaidiren. In den größeren Quartalsitzungen dagegen pflegen die barristers regelmäßig zu erscheinen, und üben dann das ausschließliche Recht des Plaidoyers. Doch gilt es nach der Etikette für Advokaten mit dem Charakter eines Queen's Counsel oder Serjeant-at-Law als unschicklich, bei den Quartal-Sitzungen zu praktisiren.

Nach geschlossener Verhandlung giebt die Jury einstimmig ihr verdict: „schuldig" oder „nicht schuldig", worauf der Vorsitzende gewöhnlich mit kurzen Worten das Endurtheil spricht. Die ganze Prozeßleitung liegt in den Händen des Vorsitzenden; doch können dem Recht nach die übrigen Friedensrichter bei Abmessung der Strafe mitsprechen.*)

Die Vollstreckung der erkannten Strafen fällt zum Theil in das Gebiet der Gefängniß-Verwaltung. Die erkannten Geldstrafen, Confiscate, Bußen, verwirkten Prozeßcautionen, werden controlirt durch Verzeichnisse, welche der Kreissecretär nach 3. Geo. IV. c. 46, 47; 4. Geo. IV. c. 37 zu führen hat. Eine Abschrift erhält der Sheriff mit dem Auftrag die Rückstände zu erheben. Neben der Strafe kann der Hof auch auf Restitution des durch Delict entzogenen Guts erkennen. Das writ of restitution aus 21. Hen. VIII. c. 11 ist zwar längst außer Gebrauch, vielmehr pflegt nach einer Verurtheilung wegen felony die Rückgabe der in das Gericht gebrachten Gegenstände des Delicts brevi manu zu erfolgen. Durch 7. et 8. Geo. IV. c. 29 wird jedoch die Befugniß durch förmliches writ oder durch order nebenbei auf Restitution zu erkennen ausdrücklich erneut.

Der Kostenpunkt ist in vielen Fällen durch das Gesetz ausdrücklich geregelt. Ohne ein solches darf die Quartalsitzung keine Kosten zuerkennen. Wo das Gesetz sie dazu ermächtigt, bilden die Kosten einen Theil des Urtheils; der Betrag muß in der order sogleich mit angegeben werden, nach vorgängiger Austaxirung durch den Kreissecretär.

---

*) Wegen des Gesammtganges des Strafverfahrens, wie es in den Hauptpartien auch für die Quartalsitzungen gilt, darf ich hier wohl verweisen auf Mittermaier's treffliche Schrift: Das englische, schottische und nordamerikanische Strafverfahren, Erlangen 1851; auf Best, Grundzüge des engl. Beweisrechts, bearbeitet von Marquardsen, Heidelberg 1851; Rüttimann's Bericht über die engl. Strafrechtspflege, Zürich 1837; auf Stephen, Handbuch des Engl. Strafr., übersetzt von Mühry, Götting. 1843.

§. 67. Die Quartalsitzungen als Strafgerichte I. Instanz mit Jury.

Nicht selten befürworten die Quartalsitzungen gleichzeitig mit dem Urtheil ein Begnadigungsgesuch. Der Vorsitzende indossirt auf ein solches entweder bloß seine Zustimmung zur Einreichung, oder er fügt auch wohl eine besondere Empfehlung zur Gnade nach seiner Anschauung von der Sache bei. Dieselbe Befugniß hat auch die Mehrheit der Friedens= richter der Session. Das Begnadigungsgesuch wird dann durch den Kreis= secretär dem Minister des Innern eingesandt. Auf ein direkt befürwortetes Gesuch ist eine Gnadenbewilligung regelmäßig zu erwarten. Gnadengesuche, welche von den Betheiligten selbst eingereicht sind, pflegen an die Quartal= sitzung zur „Authentication" zurückgesandt zu werden, und im Falle solche verweigert wird, ist es „nicht üblich", daß der Minister das Gnadengesuch der Königin vorlegt.

Die Oberinstanz gegen die friedensrichterlichen Entscheidungen folgt später als zusammenhängendes Ganzes. Die Rechtsmittel in dem hier vor= liegenden Kreis der ordentlichen Strafjustiz sind folgende:

1. Dem Reichsgericht, und jetzt auch den einzelen Richtern der Assisen, ist das Abberufungsrecht, Certiorari, vorbehalten, um in Fällen, wo eine lokale Befangenheit der Quartalsitzungen bei Entscheidung eines Falles zu befürchten ist, oder aus anderen Gründen, den Fall an sich zu ziehen.

2. Eine Cassation durch Writ of Error findet statt wegen offen= barer aus dem Gerichtsprotokoll ersichtlicher Verstöße gegen das jus in thesi, namentlich auch wegen Ueberschreitung des gesetzlichen Strafmaßes. Es ist dies das ordentliche Rechtsmittel des Criminalprozesses. Von der King's Bench geht dann wieder eine Appellation an das Plenum der Reichsgerichte (Court of Exchequer Chamber), und von da an das Ober= haus. Nach 11. et 12. Vict. c. 78 §. 5 mag das Reichsgericht auch in der Sache selbst erkennen.

3. Nach 11. et 12. Vict. c. 78 kann auch der vorsitzende Richter schwierige Rechtsfragen zur Entscheidung eines aus dem Plenum der Reichsgerichte gebildeten Appellhofes vorbehalten. Schon in der ältern Praxis kam eine Einholung der Entscheidung des Reichsgerichts über einen vorbehaltenen Rechtspunkt vor durch einen sogenannten special case. Bei solchem Verfahren entwirft der Advokat der nachsuchenden Partei einen status causae, und theilt ihn dem Advokaten des andern Theils zur Genehmigung mit. Differenzen zwischen beiden werden durch Bezugnahme auf die schriftlichen Notizen des Vorsitzenden unter dessen Vermittelung geschlichtet, worauf beide Advokaten den status vollziehen. Nach 11. et 12. Vict. c. 78 entwirft der Vorsitzende selbst den status, der dann zur Einholung des Rechtsentscheids an das Reichsgericht geht. Das Verfahren dabei ist durch reichsgerichtliche Rules von 1850 geordnet.

* Die Strafcompetenz der Quartalsitzungen.

Die Competenz der Qu. S. hatte sich durch die ältere Praxis dahin gestaltet. Aus der Reihe der felonies beschränkten sie sich gewöhnlich auf Diebstahl, Unterschlagung und analoge Vergehen ohne erschwerende Umstände; und selbst beim Diebstahl meistens nur auf Fälle bis zu 1 sh. Werth hinauf. Man gab bei kleineren Diebstählen den Werth oft pro forma auf 1 sh. an, um den Fall als einen kleinen für die Quartalsitzungen geeigneten zu charakterisiren. Ausgeschlossen waren und blieben dem Recht nach auch die schwereren Fälle nicht, und es sind in der Praxis einige Fälle vorgekommen, in welchen die Quartalsitzungen sogar auf lebenslängliche Transportation erkannt haben. Andererseits waren nun aber auch die reisenden Richter für die kleinen Straffälle competent, so daß in zahlreichen Fällen der Wunsch des prosecutor, die Ansicht des committirenden Friedensrichters, die Rücksicht auf Zeit- und Kosten-Ersparniß und Gründe der Convenienz darüber entschieden, ob ein Fall vor die Quartalsitzungen oder vor die Assisen gebracht wurde.

Die nunmehr im Gesetz 5. et 6. Vict. c. 38 den Quartalsitzungen namentlich entzogenen 18 Fälle sind: 1) Versäumte Anzeige beim Verrath, misprison of treason; 2) Vergehen gegen den Königlichen Titel, die Königliche Prärogative, Person oder Regierung; 3) Vergehen die unter die Strafen des Praemunire fallen; 4) Gotteslästerung und Vergehen gegen die Religion; 5) Abnahme oder Ableistung ungesetzlicher Eide; 6), 7) Meineid oder Anstiftung zum Meineid, und gleichgestellte eidesstattliche Versicherungen; 8) Fälschung; 9) vorsätzliche Feueranlegung an Kornhaufen, Heu, Baumpflanzungen, Torfmooren ꝛc.; 10) Bigamie und andere Vergehen gegen die Ehegesetze; 11) Entführung von Frauen und Mädchen; 12) verheimlichte Geburt eines Kindes; 13) Vergehen gegen die Bankrutt- und Insolvenzgesetze; 14) gotteslästerliche, aufrührerische oder verläumderische Libelle; 15) Bestechung; 16) gesetzwidrige Verbindungen und Verabredungen, in schwereren Fällen; 17) Diebstahl oder betrügliches Wegnehmen, Beschädigen oder Zerstören öffentlicher Urkunden oder anderer gerichtlicher Documente; 18) Entwendung, betrügliche Zerstörung oder Verheimlichung von Testamenten, letztwilligen Verordnungen, oder Besitzdocumenten über unbewegliche Sachen. Noch etwas weiter ausgedehnt ist die Strafgerichtsbarkeit des Königlichen Centralhofes in London gegenüber den dortigen Quartalsitzungen durch 4. et 5. Will. IV. c. 36 §. 17, so daß jede bei den Qu. Sess. angenommene Anklage durch Decret eines Oberrichters an den Königlichen Centralhof gezogen werden kann.

So lange die ältere unbestimmtere Abgrenzung der Competenz dauerte, sahen sich die Anleitungen für die Friedensrichter genöthigt, fast das ganze Strafrecht in ihre Darstellung aufzunehmen, wie denn auch Burn's Justice in Vol. III. der älteren Auflagen ein ausführliches Strafrecht mit Strafprozeß in alphabetischer Anordnung gab. Seit der gesetzlichen Begrenzung ist das Gebiet der Quartalsitzungen etwas vereinfacht, und hat nun seinen Schwerpunkt in den indictable misdemeanors, namentlich: assaults in schwereren Fällen, insbesondere gegen Beamte in Ausübung der Amtsgewalt (die leichteren Fälle gehören zur summarischen Jurisdiction), — Unterschleife, barratries, — Herausforderungen, challenging, — Betrügereien und Vermögensübervortheilungen unter falschen Vorwänden, — leichte Münzvergehen, — leichtere conspiracies, — Mißhandlung von Kindern und Dienern, — einfache Unterschlagungen, — gewaltsame Besitzentsetzungen, — Jagdvergehen, — leichtere Vergehen gegen die Religion und öffentliche Gottesverehrung, — einfache Vergehen gegen die Obrigkeiten, — Vergehen gegen public decency and feeling (namentlich auch Libelle gegen die Regierung und Religion, und solche Libelle gegen Privatpersonen, die durch ihre Tendenz geeignet sind, den verletzten Theil zu einem Friedensbruch zu provociren), — nuisances in dem oben berührten weitern Sinne, namentlich unterlassene Reparatur von öffentlichen Wegen und Brücken, absichtliche Hemmnisse in öffentlichen Com-

§. 68. Die Quarter Sessions als administrirende Kreis-Polizeibehörde.

municationen, Betrieb gesundheitsgefährlicher, lärmender oder unsittlicher Gewerbe, — verweigerte Uebernahme von Gemeindeämtern, als Constable, Armenaufseher, Geschworener einer Coroner-Jury, oder in einem andern ministerial office, — Amtserpressungen und betrügliche Handlungen im Amt, — vorsätzliche Versäumung oder Mißverwaltung eines Amts, — Ungehorsam gegen eine Order der Friedenssession oder einzeler Friedensrichter, — Aufruhr, Tumult, gesetzwidrige Versammlungen.

Connex mit dieser ordentlichen Strafgerichtsbarkeit ist schließlich noch eine gewisse Controle über die summarische Jurisdiction der einzelnen Friedensrichter:

1. Die Quartalsitzungen haben ein Recht der Kenntnißnahme von allen summarischen Entscheidungen der Friedensrichter. Nach älterer Praxis, bestätigt durch 11. et 12. Vict. c. 43 §. 14, sind alle convictions und orders dem Kreissecretär zu übersenden, der sie zu den Akten zu nehmen hat; doch ist eine bestimmte Frist dafür nicht vorgeschrieben. Das Bureau des Clerk of the Peace wird dadurch eine Generalregistratur, in welcher alle Straffälle der Kreisstrafjustiz mit dem wesentlichen Inhalt der Verhandlung zu finden sind.

2. Die Quartalsitzungen können auch gelegentlich solche summarische Straffälle aburtheilen, für die das Gesetz nur zwei Friedensrichter überhaupt verlangt; ausgeschlossen bleiben jedoch die Fälle, wo das Gesetz ausdrücklich eine Appellation an die Quartalsitzungen giebt.

3. Die Quartalsitzungen hatten in einigen singulären Fällen eine ausschließliche summarische Strafgewalt ohne Jury. So nach 1. Will. et Mary sess. 2 c. 3 §. 6 gegen hartnäckige Störer des Gottesdienstes (jetzt außer Gebrauch). Nach 17. Geo. III. c. 56 §. 4; 6. et 7. Vict. c. 40 §§. 1, 34, bei einem zweiten Vergehen des Ankaufs von Fabrikmaterialien von Fabrikarbeitern in gewissen Gewerbszweigen (50—100 £.). Nach 9. Geo. IV. c. 61 §. 21 wegen dritten Vergehens der Bierhauswirthe gegen den tenor of licence, sofern dabei nicht auf Concessionsentziehung erkannt werden soll. Nahe daran grenzen die §. 68 sub A erwähnten Fälle einer polizeilichen Civiljurisdiction.

§. 68.

Die Quarter Sessions als administrirende Kreis-Polizeibehörde.
County business.

Die einzige englische Darstellung, welche einen Versuch zu systematischer Anordnung der Sessions-Geschäfte macht (Dickinson) scheidet einigermaßen übersichtlich ihre Stellung als Strafgerichtshof erster Instanz so wie das ganze Gebiet der Appellationen (§. 69). Was nach Aussonderung dessen übrig bleibt, wird in zwei Capiteln zusammengefaßt: cap. VIII. on the original jurisdiction of the sessions in civil matters; cap. XV. on other matters within the jurisdiction of quarter sessions. Die Darstellung von Leeming und Cross unterscheidet nur eine original jurisdiction und eine appellate jurisdiction, und löst das Material unter diesen

Rubriken in alphabetische Artikel und Tabellen auf. Folgen wir der Anordnung Dickinson's, so wird

1. unter der original jurisdiction in civil matters einbegriffen: die Entscheidung über Streitigkeiten zwischen Lehrherrn und Lehrling; die Bestellung einer Bürgschaft für den Frieden und die Bestrafung der incorrigible rogues nach der Vagrants Act. Da diese Geschäfte nicht unter die Criminaljurisdiction mit Jury fallen, so ist die Rubrik einer „original civil jurisdiction" dafür angenommen.

2. Die vermischten Fälle (matters) einer Jurisdiction der Sessions, welche Dickinson im Cap. XV. zusammenstellt, sind alphabetisch geordnet: chapels of dissenters, county rates, friendly and loan societies, gaols, highways, inclosures, lunatic asylums, polling places at county elections, shire halls, theatres licensing, vagrants, weights and measures.

Eine solche Behandlung des sogenannten county business ist nun aber zum Verständniß für diesen Mittelpunkt des Selfgovernment durchaus ungeeignet. Die Unbeholfenheit der englischen Jurisprudenz hat gerade hier dem Fremden das Verständniß unendlich erschwert, und andererseits den Engländern selbst ein Verständniß und Urtheil über Verwaltungszustände des Continents unmöglich gemacht. Es ist vielmehr nothwendig das county business so vollständig und so systematisch zu geben, daß es als das erscheint, was es ist: eine collegialische Kreisverwaltung, welche für alle Kreisordnungen des Continents ein wichtiges Muster bildet, vor allem für die Frage, welche Gegenstände und welche Geschäftsformen sich für eine Kreisverwaltung im Unterschied von der Ortsgemeindeverwaltung eignen. Die Geschäfte der Quartalsitzungen bedürfen daher vorzugsweise einer den Verwaltungssystemen des Continents parallel gehenden Darstellung in drei Hauptmassen:

A. die sog. original jurisdiction in civil matters umfaßt einige Acte der Verwaltungsjurisdiction, welche soweit sie noch praktisch sind, auch in Deutschland wohl einer collegialischen Beschließung der Landespolizeibehörden überlassen zu werden pflegen:

1) Vagrants. Die Quartalsitzungen erkennen summarisch ohne Jury gegen die schwerste Klasse der Vagabunden, die incorrigible rogues (entsprungene Strafgefangene, rückfällige rogues and vagabonds, und solche welche sich der Verhaftung gewaltsam widersetzen), auf Correctionshaus bis zu einem Jahre und körperliche Züchtigung.

2) Articles of the Peace. Die Quartalsitzungen üben eine controlirende und concurrirende Gewalt in dem Verfahren zur Erzwingung der Friedensbürgschaften (§. 39). Competent dafür sind zwar auch die einzelnen Friedensrichter: als die bessere und regelmäßigere Praxis aber gilt

§. 68. Die Quarter Sessions als administrirende Kreis-Polizeibehörde. 373

es, daß der Friedensrichter den Verdächtigen durch Prozeßcaution nur bindet, „vor der nächsten Quartalsitzung zu erscheinen und in der Zwischenzeit den Frieden der Königin zu bewahren gegen alle ihre Unterthanen, und insbesondere gegen den Kläger N." In der Sitzung überreicht dann der Anwalt des Klägers formulirte Friedensartikel, ausgefertigt auf Pergament, die vom Kreissecretär verlesen, vom Kläger beschworen werden. Der Hof entscheidet darauf, für welche Summe und für welchen Zeitraum die Caution mit zwei Bürgen bestellt werden soll, und läßt den Beklagten gefänglich abführen, „bis er sie bestellt". Meistens wird die Caution nur von Session zu Session verlangt; der Kläger muß dann von Neuem erscheinen, und darthun, daß die Gründe der Friedensbürgschaft noch fortdauern.

3) Apprentices. Die Quartalsitzungen sollten nach 5. Eliz. c. 4 zwischen Lehrling und Lehrherrn summarisch entscheiden. Durch die späteren Gesetze wurden alle praktisch erheblichen Streitigkeiten dagegen vor zwei Friedensrichter verwiesen. Durch die Master and Servant Act 1867, 30. et 31. Vict. c. 41, sind die Quartalsitzungen an dieser Stelle gänzlich beseitigt (§. 56). Ebenso ist eine concurrirende Befugniß der Quartalsitzungen zum Erlaß von Orders in Bastardy durch die neuere Gesetzgebung in Wegfall gekommen (§. 59).

4) Dem innern Charakter nach kann man zu dieser civil jurisdiction auch das Verfahren rechnen, welches bei Expropriationen unter der Deichverbandsordnung eintritt, wo in Ermangelung gütlicher Vereinigung die Quartalsitzungen die Höhe des Ersatzes feststellen mit einer Jury, zu welcher der Sheriff 24 qualificirte Geschworene zu gestellen hat, 3. et 4. Will. IV. c. 22 §§. 26—29.

B. Das eigentliche County Business der Quartalsitzungen bildet eine Reihe von Acten der laufenden Kreisverwaltung, welche auch in dem Verwaltungssystem Deutschlands einem collegialischen Decernat der Landespolizeibehörden überlassen zu werden pflegen. Da der Schwerpunkt aller Grafschaftsverwaltung in Gerichts- und Polizeigeschäften ruht, da die Grafschaftssteuern, Gebäude und das sonst etwa vorhandene Stammvermögen der Grafschaft an erster Stelle Gerichts- und Polizeizwecken dient, welche auf gesetzlicher Nothwendigkeit beruhen: so tritt an dieser Stelle das Element der Vermögensverwaltung in die friedensrichterlichen Geschäfte ein. Akte der Vermögens- und Steuerverwaltung, untrennbar verbunden mit den Orders (Resoluten) der Landespolizeibehörde, erscheinen in diesem Gebiet als die laufenden collegialischen Geschäfte des Kreistages der Friedensrichter in folgenden elf Gruppen:

I. Aufbringung der Kosten der gesammten Kreisjustiz- und Kreispolizeiverwaltung, umfassend folgende drei Punkte:

1) **Ausschreibung der Kreisjustiz- und Polizeisteuer** (county rate) nach dem voraussichtlichen Bedürfniß der Verwaltung durch gleichmäßige Einschätzung des gesammten Realbesitzes der Grafschaft. Da diese Kosten auf gesetzlicher Nothwendigkeit beruhen, so werden sie unabhängig von einer Bewilligung der Steuerzahler erhoben. Die Erhebung erfolgt jetzt zwar als Zuschlag zu der von den Armenaufsehern erhobenen poor rate. Allein die Vertheilung auf die einzelen Kirchspiele erfolgt durch selbständige Beschlüsse der Kreisbehörde, welche nach 8. et 9. Vict. c. 111 §§. 1—14 zu dem Zweck einen Ausschuß von 5—11 Mitgliedern ernennt, um die Kreissteuer gleichmäßig zu vertheilen, diese Vertheilung periodisch zu ändern und zu berichtigen. Durch 15. et 16. Vict. c. 81 wird die Abführung der Armensteuerzuschläge an die Kreiskasse jetzt dahin regulirt, daß die Quartalsitzung ihre Zahlungsanweisung an die Kreisarmenräthe, Guardians of Unions, erläßt, welche die Gesammtbeträge an den Kreis-Rendanten einzahlen. In Ermangelung der Zahlung findet die Verwaltungsexecution unmittelbar gegen den Rendanten der Armenunion statt, der die Befugniß hat sich seinerseits aus den eingehenden Armensteuern zu rembourfiren. Der Charakter des selfgovernment ist dabei gewahrt, sofern die Friedensrichter selbst zu den höchstbesteuerten Einsassen des Kreisverbandes gehören, und alle Verhandlungen über die Einschätzung, Verwendung und Verwaltung der Kreissteuern öffentlich vor den Quartal-Sitzungen vor sich gehen, 4. et 5. Will. IV. c. 48. Jeder Steuerzahler kann bei diesen Verhandlungen gehört werden, hat jedoch kein bestimmtes Recht darauf, ebensowenig wie auf Einsicht der Kreisrechnungen, R. v. Justices of Staffordshire 6 A. et E. 84.

2) Die Kreisbehörde ist die gesetzliche Verwalterin des **Grund- und Capitalvermögens** der Grafschaft (county stock). Da die englischen Grafschaften von Hause aus keine gemeine Mark und ein verhältnißmäßig unbedeutendes Grundvermögen gehabt haben, ihre Vermögensverwaltung also im Wesentlichen Steuerverwaltung ist, neben welcher ein Ertrag gebendes Stammvermögen ohne nennenswerthe Bedeutung erscheint: so ist auch diese Vermögensverwaltung völlig in die Hände der decretirenden Obrigkeit gelegt, welche über die zu gesetzlichen Zwecken erforderlichen Fonds nach ihrem Ermessen verfügt. Zur Vereinfachung des Verfahrens ist alles Grundvermögen auf die Person des Clerk of the Peace als legitimirten Vertreters gestellt (vested), der unter dem Decernat der Quartalsitzungen auf seinen Namen Contrakte schließt und Eigenthumsübertragungen (conveyances) vornimmt, 21. et 22. Vict. c. 92.

3) Folgerecht hat dieselbe Behörde den **Rendanten der Kreiskasse**, County Treasurer, zu bestellen, die einzelen Zahlungsmandate an ihn zu erlassen und nach gelegter Rechnung ihm Decharge zu ertheilen,

§. 68. Die Quarter Sessions als administrirende Kreis-Polizeibehörde. 375

43. Eliz. c. 2 §. 14; 43. Eliz. c. 3 §. 7; 12. Geo. II. c. 29. Durch das letztere Gesetz war das Gehalt des Treasurer auf 20 L. limitirt; durch 55. Geo. III. c. 51 §. 17 wird den Quartalsitzungen anheimgestellt, ein angemessenes (reasonable) Gehalt zu bewilligen. Durch 15. et 16. Vict. c. 81 §. 50 wird den Kreiseingesessenen nur das Recht beigelegt, die abgeschlossene Rechnung (abstract) des Rendanten einzusehen.

Im Uebrigen sind die Zahlungsverfügungen der Kreisbehörde keiner Controle der Steuerzahler unterworfen. Die Zahlungsdecharge (allowing) an den Rendanten gilt als unanfechtbare Autorität (res judicata).[1]

II. Die Quartalsitzungen sorgen für die Lokale der Kreisgerichts- und Polizeiverwaltung, namentlich

1) für Umbau und Neubau der Shire Halls. Nach 9. Geo. III. c. 20 mögen sie auf Antrag der großen Jury in den Assisen, wenn solche vorstellig wird wegen Baufälligkeit der Grafschaftshalle oder des sonstigen Gebäudes zur Abhaltung der Assisen, die nöthigen Anordnungen zur Reparatur nach ihrem Ermessen treffen, und zu dem Zweck einen Zuschlag zur Kreissteuer ausschreiben. Unbedingt ermächtigt das st. 7 Geo. IV. c. 63 die Quartalsitzungen zur Anordnung von Reparatur und Umbau der Grafschaftshallen und der Räume zur wohnlichen Unterbringung der reisenden Richter. Es liegt darin auch die Befugniß zur Erwerbung von Grundstücken, zur Aufnahme von Darlehnen unter Verpfändung der county rate und zum Verkauf überflüssiger Gebäude.

2) In gleicher Weise sind sie ermächtigt für die Lokale der kleinen Bezirkssitzungen Sorge zu tragen, 12. et 13. Vict. c. 18.

3) Für Judges Lodgings, Lokale zur Aufnahme der reisenden Assisenrichter, 7. Geo. IV. c. 63; 2. et 3. Vict. c. 69.

4) Für Beschaffung und bauliche Unterhaltung des Grafschaftsgefängnisses, des Correctionshauses und der polizeilichen Detentionshäuser, welche im Zusammenhang der Gefängnißverwaltung (§. 70) wiederkehren.[2]

III. Die Ernennung der besoldeten Kreisbeamten, d. h. hauptsächlich des Kreisrendanten, County Treasurer, dessen Anstellung,

---

[1] Ueber die Rechtsverhältnisse der county rate vergl. oben §§. 18, 24. Das Recht der Steuerzahler bei Gerichts- und Polizeiausgaben beschränkt sich auf eine Kenntnißnahme, und im Zusammenhang damit besteht die gesetzliche Vorschrift, daß von allen Verhandlungen über die Kreissteuer dem Publikum wenigstens zwei Wochen vorher durch zwei im Kreise circulirende Blätter Nachricht zu geben ist.

[2] Auch die Verhandlungen über diese Bauangelegenheiten müssen nach vorgängiger öffentlicher Bekanntmachung in öffentlicher Sitzung vorgenommen werden. Ueber die Vereinigung der Grafschaften mit benachbarten Städten zum gemeinschaftlichen Gebrauch von Rathhäusern ꝛc. als Gerichtslokale, s. 1. Vict. c. 24; 10. et 11. Vict. c. 28 §. 1.

Entlassung und Gehaltsnormirung in das freie Ermessen der Quartal=
sitzungen gestellt ist, nach den normalen Grundsätzen der entlaßbaren Ver=
waltungsbeamten.

Das noch wichtigere Amt des Kreissecretärs wird durch Ernen=
nung des Custos Rotulorum besetzt, da der Clerk of the Peace an erster
Stelle Gerichtsschreiber der Quartalsitzungen ist. Dagegen gebührt den
Quartalsitzungen die Entlassung des Clerk, welcher als Gerichtsschreiber
nur durch Urtheil und Recht nach vorgängiger öffentlicher Verhandlung
entlassen werden kann, in welchem Fall die Quartalsitzungen auch einen
neuen ernennen mögen, sofern der Custos darin säumig ist. Nach 27.
et 28. Vict. c. 59 kann auf Entlassung auch wegen eines außeramt=
lichen Verhaltens erkannt werden, welches ihn als ungeeignet (unfit or improper) für die Führung des Amts erscheinen läßt.

Ferner die Anstellung remunerirter Einnehmer und Aufseher für die
Verwaltung der Grafschaftsbrücken, 22. Hen. VIII. c. 5 §. 4.

Die Anstellung der remunerirten Inspectors of weights and measures
für die Maß= und Gewichtsverwaltung.

Im Gebiet der neuen besoldeten Constabulary: Ernennung des
superintending constable für eine Division 13. et 14. Vict. c. 20
§. 6; des aufsehenden constable für ein Detentionshaus 5. et 6. Vict.
c. 109; des chief constable für die gesammte Grafschaftspolizei 20. Vict.
c. 2 §. 2, des letztern unter Bestätigung des Ministers.[3])

Dagegen ist die Ernennung resp. Bestätigung der unbesoldeten
Kirchspielsbeamten mit Rücksicht auf die nothwendigen Lokalkenntnisse den
kleinen Bezirkssitzungen vorbehalten.

IV. Die Quartalsitzungen bilden die beschließende Instanz für Aen=
derung in den Unterbezirken ihrer Polizeiverwaltung, sowie die be=
rathende Instanz für Bezirksänderungen, welche von einer höhern Amts=
stelle ausgehen.

Sie beschließen über die Neueintheilung der ganzen Grafschaft oder
einzeler Theile in Polizeiverwaltungsbezirke, sessional divisions, nach
Anhörung der betheiligten Gemeinden endgültig (§. 63).

---

[3]) Kaum noch als praktisch anzusehen sind die Inspectors of yarn nach 17. Geo.
III. c. 11 u. a. Ges., ebenso wie die worsted committees zur Controle der Wollmanu=
factur. Die Visitors of factories zur Ueberwachung der Ausführung des Fabrik=
gesetzes 42. Geo. III. c. 73 §. 9 sind durch die später eingeführten Staatsinspectoren er=
setzt. Auch die Conservators zur Schonung des Lachses und der Lachsbrut 58. Geo.
III. c. 43 §. 1 ꝛc. sind in der neuesten Gesetzgebung durch andere Einrichtungen ersetzt.
Die Inspectors für die Abdechereien und für die Maß= und Gewichtverwaltung kommen
im weitern Verlauf dieses §. vor. Ueber die Ernennung der unbesoldeten Kirchspiels=
beamten s. oben §. 64.

§. 68. Die Quarter Sessions als administrirende Kreis-Polizeibehörde. 377

Sie erlassen die Order zur Verbindung eines extraparochial place mit einem benachbarten Kirchspiel zur Uebernahme gemeinsamer Armenlast, sobald eine Vereinbarung darüber statt gefunden hat, 20. Vict. c. 19.

Durch die Quartalsitzungen geht die Verhandlung und Berichterstattung, wenn die Vereinigung einer Liberty mit der anliegenden Grafschaft vor sich gehen soll, 13. et 14. Vict. c. 105.

Auf Antrag der Quartalsitzungen, nach öffentlicher Verhandlnng und gehörtem Einspruch, genehmigt die Königin mit Beirath des Privy Council die Theilung der Grafschaft in angemessene Abstimmungsbezirke, Polling Districts für die Parlamentswahlen, 6. et 7. Will. IV. c. 102.[4])

V. Die Verwaltungsregulative für die Ausführung der den Grafschaften überwiesenen Polizeiverwaltung werden regelmäßig von den Quartalsitzungen selbst erlassen. Diese byelaws haben indessen niemals den Charakter einer kreisständischen Autonomie gehabt. Sie vermögen keine Bestimmung des Privatrechts, Strafrechts oder Polizeirechts neu einzuführen oder aufzuheben, noch das Ernennungs- oder Wahlrecht oder andere Punkte der Grafschafts- oder Gemeindeverfassung abzuändern: sondern sie bilden nur locale Ausführungsverordnungen bestehender Polizeigesetze, durch welche sich der Kreistag allgemeine Normen für solche Gegenstände setzt, über die er auch im Einzelen Beschlüsse zu fassen competent ist. Regulativgewalten in diesem Sinne kamen schon nach alter Gewohnheit der Verwaltung (common law) vor, sind aber jetzt überall durch Parlamentsstatuten näher bestimmt in folgenden Gruppen:

1. Die älteren assizes of bread and ale, fuel, coals, assizes of wages etc. zur polizeilichen Normirung der Lebensmittelpreise, Arbeitslöhne ꝛc., veraltet durch die neue Gesetzgebung (§. 56.)

2. Regulative für die Verwaltung der Gefängnisse und Privat-Irrenhäuser, die in dem Zusammenhang dieser Administrationen vorkommen.

3. Regulative zur Bestimmung der Hegungszeit des Lachses und der Fischbrut, 58. Geo. III. c. 43 §. 2 etc., jetzt zu erlassen von einem Staatssekretär auf Antrag der Sessions, 24. et 25. Vict. c. 109.

4. Regulative für die Abdeckereien, 26. Geo. III. c. 71.

---

[4]) Die Hauptbezirke für die Parlamentswahlen stehen durch Gesetz fest, es handelt sich hier nur um Annahmestellen für die Abgabe der Stimmen, welche Orte dann durch den Staatsanzeiger zu veröffentlichen sind. Durch Order der Quartalsitzungen werden auch die Kosten für das Registrirungsverfahren der Parlamentswähler auf die Kreiskasse angewiesen. — Ueber die Bildung neuer Unterbezirke für die Wahl der Coroners durch den County court s. oben S. 100. Ueber die Leichtigkeit, mit der die Neubildung der Communalbezirke für alle Zwecke neuerdings gefördert wird s. oben S. 87.

5. Saving banks. Die Bildung neuer Sparkassen und die gesetzlichen Vorrechte derselben sind abhängig von einer vorgängigen Bestätigung der Quartalsitzungen, welche durch Order auch jeden Kassenbeamten zur Rechnungslegung und Ablieferung der Bestände anhalten.

6. Friendly and Loan Societies. Die Vereine zu gegenseitiger Unterstützung bedürfen einer Bestätigung ihrer Statuten, ingleichen die Darlehnskassen und Baugesellschaften. Es ist zu dem Zweck ein remunerirter Rechtsverständiger, Certifying Barrister, vom Staat angestellt, dem zwei Exemplare des Statutenentwurfs vorzulegen sind, um zu prüfen und zu attestiren, daß solche „in Uebereinstimmung mit dem Gesetz" entworfen sind. Das Duplicat übersendet der Barrister der nächsten Generalsession, die es endgültig bestätigt (allow and confirm), wodurch es für alle Mitglieder und Beamte der Gesellschaft und sonstige Interessenten rechtsverbindlich wird. Mit Aenderungen und Zusätzen zu den Statuten ist dann in gleicher Weise zu verfahren.

7. Viele Lokalacten enthalten die Clausel, daß die Statuten (bye-laws) der dadurch gebildeten Verwaltungen (commissioners), ehe sie in Kraft treten, einer Bestätigung durch die Quartalsitzungen bedürfen. Folgerecht sind auch in einigen General Consolidation Acts derartige Bestätigungen vorbehalten, wie in 10. et 11. Vict. c. 14 für Jahr- und Wochenmärkte; in 10. et 11. Vict. c. 27 für Hafen- und Dockanlagen; in 10. et 11. Vict. c. 34 für towns improvement.[5])

Mit Rücksicht auf eine nähere Lokalkenntniß sind einige dieser Regulative den kleineren Bezirkssitzungen vorbehalten, wie die Localverordnungen über die Polizeistunde in Bier- und Gasthäusern (jetzt geregelt durch ein allgemeines Gesetz §. 50), und die Regulative für die Polizeiordnung der Theater. (§. 49.)

VI. Gebührentaxen und Gebührentarifs für die Zweige der Polizeiverwaltung deren Kosten aus der county rate zu bestreiten sind, namentlich:

1. die Gebührentaxen der Coroners und der sonst bei dem coroner's

---

[5]) Diese Regulativgewalten sind in etwas verwickelter Weise in die neuere Gesetzgebung über das Vereinswesen eingeflochten. Die jetzt geltenden Gesetze über die Friendly Societies sind 18. et 19. Vict. c. 63; 21. et 22. Vict. c. 101; 23. et 24. Vict. c. 58. 137; — Ueber die Loan Societies 3. et 4. Vict. c. 110; 26. et 27. Vict. c. 50; — Ueber die Benefit Building Societies 10. Geo. IV. c. 56; 4. et 5. Will. IV. c. 10; 6. et 7. Will. IV. c. 32; — Ueber die Industrial and Provident Societies 25. et 26. Vict. c. 87; 30. et 31. Vict. c. 107; — Ueber die Banks for Savings 26. et 27. Vict. c. 87. — Ein namentliches Verzeichniß der bei dem Registrar of friendly societies einregistrirten Vereine geben die Parl. P. 1869 No. 359 LVI. 193. Von dem Registrar wird auch ein jährlicher Verwaltungsbericht dem Parlament vorgelegt, beispielsweise 1868 XL. 431.

§. 68. Die Quarter Sessions als administrirende Kreis-Polizeibehörde. 379

inquest vorkommenden Kosten, 1. Vict. c. 68, mit der Befugniß, die Kostenliquidation festzusetzen und unnütze Posten zu streichen.

2. des Gebührentarifs aller friedensrichterlichen clerks, jetzt unter Bestätigung des Ministers des Innern; nach 14. et 15. Vict. c. 55 §. 9—12 mögen die Friedensrichter in einer vorher öffentlich bekannt zu machenden Session auch Beschluß fassen über eine Verwandlung solcher Gebühren in feste Gehalte unter Bestätigung des Ministers.

3. die Gebührentarifs der Constables, nach 5. et 6. Vict. c. 109 §. 17, für die Ausführung von Ladungen, Vollziehung von Decreten und andere gelegentliche Dienste, bei welchen sie die Fortdauer besonderer Gebühren für angemessen halten, jedoch unter Bestätigung des Ministers des Innern, 13. et 14. Vict. c. 20 §. 2.

Diese Gebührentarifs bildeten das correspondirende Recht der Grafschaftsverwaltung für die ihr obliegenden Strafverfolgungs- und Polizeikosten. Nachdem in den letzten Jahrzehnten der größte Theil der Strafverfolgungskosten und ein großer Theil der Besoldungen der Constabulary auf die Staatskasse übernommen worden sind, ging daraus consequent ein Recht der Mitwirkung und Bestätigung für das Criminaldepartement der Justiz hervor.[6])

VII. Die polizeilichen Concessionen gehören der großen Masse nach vor die kleinen Bezirkssitzungen mit Rücksicht auf die dabei vorauszusetzende Localkenntniß. Nur einige wenige sind den Quartalsitzungen vorbehalten:

1. Die Concession für Privatirrenhäuser, Lunatic Asylums, in den Grafschaften, mit Ausschluß des hauptstädtischen Bezirks;

2. Die Concessionen für Slaughtering Houses, d. h. „Häuser zur Tödtung oder Schlachtung von Pferden, Füllen, Rindvieh und anderem Vieh, welches nicht zum Verkauf als Metzgerfleisch getödtet wird" (Abdeckereien), 26. Geo. III. c. 71; 7. et 8. Vict. c. 87. Die Concession wird ertheilt für höchstens ein Jahr auf ein Zuverlässigkeitsattest des Geistlichen und der Kirchen- und Armenaufseher, oder des Geistlichen und zweier angesessenen substantial householders. Bei der Erneuerung der Concession ist indessen kein neues Attest nöthig. Auf erhobene Beschwerde kann die Concession wegen Verletzung einer der Bestimmungen obiger Gesetze kassirt werden.[7])

---

[6]) Die Quartalsitzungen können auch den high constables außerordentliche Kosten bei Unterdrückung eines Tumults ꝛc. aus der Kreiskasse bewilligen, 41. Geo. III. c. 78 §. 2; 6. et 7. Geo. IV. c. 31 §. 7. Die Kostenfestsetzungsdecrete in den einzelnen Strafprozessen gehören vor die kleinen Sitzungen unter Controle eines Sectionsbeamten im Finanzministerium.

[7]) Ueber die fortlaufende Controle der Abdeckereien durch den von der Gemeinde ernannten Aufseher s. oben S. 273. Das Controlbuch des Inspectors ist bei jeder

3. Eine Einregistrirung der diſſenteriſchen Kapellen war zuerſt durch die Toleranz=Acten eingeführt, ſyſtematiſch durchgeführt in 52. Geo. III. c. 55; für römiſch=katholiſche Verſammlungsorte in 31. Geo. III. c. 32. Jetzt iſt indeſſen durch 15. et 16. Vict. c. 36; 18. et 19. Vict. c. 81 jenes ältere Regiſtrirungsweſen aufgehoben. Die Einregiſtrirung erfolgt nunmehr bei dem Centralbureau für das Civilſtandsweſen in London, und iſt nur zur Vorbedingung gewiſſer Vorrechte gemacht, unter Aufhebung aller Strafverfolgung wegen unterlaſſener Regiſtrirung.

VIII. Die Quartalſitzungen ſind die Kreisbehörde für die geſammte Maß= und Gewichtsverwaltung, Weights and Measures, 5. et 6. Will. IV. c. 63 (Excurs. *). Sie haben zu dem Zweck:

1) feſtzuſtellen die Zahl der Normalexemplare von Reichsmaßen und Gewichten, für deren Anſchaffung zu ſorgen, und die Orte zu be= ſtimmen, wo ſolche niederzulegen. Die Centralſtelle der Maß= und Ge= wichtsverwaltung war ſeit alter Zeit der Exchequer, jetzt das Handels= amt. Das Normalpfund nnd die Normalelle ſind neuerdings nach wiſſen= ſchaftlichen Grundſätzen reſtaurirt, 18. et 19. Vict. c. 72.

2) Sie haben die erforderliche Zahl von Inspectors of Weights and Measures zu ernennen zur Aufbewahrung der Normalmaße und zur Ausführung der ſonſtigen Obliegenheiten der Maß= und Gewichts= ordnung, ihre Remuneration zu beſtimmen, ſie nöthigenfalls zu ſuspendiren, und zu entlaſſen. Sie haben die Aichungsämter zu beſtimmen, jedem Inſpector ſeinen Bezirk anzuweiſen, und ſich von demſelben eine Cautionsvorſchrei= bung auf 2000 L. ausſtellen zu laſſen. Die Quartalſitzungen beſtimmen ſodann, an welchen Tagen jeder Inſpector mit den Normalmaßen und Gewichten ſich in jeder Marktſtadt und an anderen geeigneten Orten ein= zufinden hat, zur Prüfung und Stempelung der ihm vorgelegten Maße und Gewichte und zu einigen anderen Functionen.

3) Die Koſten der Verwaltung trägt nach dem Geſetz die Kreiskaſſe. Nach Ortsbedürfniß können auch die kleinen Bezirksſitzungen Examiners zur Viſitation der Maße und Gewichte auf Koſten der Ortsgemeinde er= nennen.

Die zahlreichen Geldbußen wegen Gebrauchs ungeaichter Maße und Gewichte werden von zwei Friedensrichtern erkannt als laufendes Geſchäft

---

Quartalſitzung vorzulegen. Die ſtrengen Vorſchriften des Geſetzes erſtrecken ſich aber nicht auf Gerber und Fellhändler, welche alte Thiere nur zu dem bona fide Zweck ihres Ge= werbes ſchlachten, noch auf ſolche, welche alte Thiere nur zum Futter für Hunde ꝛc. auf= kaufen. — Früher gehörte den Quartalſitzungen auch die Conceſſion zur Errichtung der Pulvermühlen, welche jetzt unter ſtrengen geſetzlichen Normativbeſtimmungen auf die special sessions übertragen ſind (§. 65).

des Polizeirichteramts (1867 = 5738 Straffälle), mit Appellation an die Quartalsitzungen.

IX. Die Quartalsitzungen bilden die ordentliche Verwaltungsbehörde für das Grafschaftsgefängniß und Correctionshaus, mit der Befugniß der Beschließung über das Bauwesen, Erlaß von Regulativen für die Verwaltung, Anstellung der Gefängnißbeamten und Ernennung eines Curatoriums für die laufende Verwaltung.

X. Die ordentliche Verwaltungsbehörde für die Kreisirrenhäuser, Lunatic Asylums, mit dem Recht der Beschlußnahme über das Bauwesen, zum Erlaß von Regulativen für die Verwaltung und Bestellung eines Curatoriums für die laufende Administration.

XI. Die Behörde für die Verwaltung der Grafschaftsbrücken mit der Beschlußnahme über das Bauwesen, Bestellung einer Aufsichtscommission und Ernennung von Brückenaufsehern.

Die letztgenannten drei Verwaltungsgebiete IX—XI sind aber wegen der Concurrenz der Staatsverwaltung und wegen ihres sachlichen Umfangs einer gesonderten Darstellung (§. 70—72) vorzubehalten.

C. Die collateralen Zweige des county business umfassen endlich noch das Eingreifen der Quartalsitzungen in die übrigen Gebiete des selfgovernment, welches auch in den deutschen Verwaltungssystemen den „Landespolizeibehörden" als allgemeinen Oberbehörden der Verwaltung übertragen zu sein pflegt. Soweit die Quartalsitzungen dabei als Beschwerdeinstanz eintreten, ist darauf sogleich im Gebiete der appellate jurisdiction (§. 69) zurückzukommen. Soweit sie dagegen eine „original jurisdiction", d. h. ein collegialisches Decernat I. Instanz üben, gehören sie zu den später folgenden Kapiteln der obrigkeitlichen und wirthschaftlichen Selbstverwaltung und sind hier nur soweit zu geben, um den Gesammtumfang der collegialischen Kreisverwaltung an dieser Stelle zu übersehen.

Aus dem weitern Gebiet der obrigkeitlichen Selbstverwaltung gehört hierher:

Cap. VI. im Gebiet der Milizverwaltung: die Beschlußnahme der Quartalsitzungen über Beschaffung der Zeughäuser der Miliz, Aufbringung der dazu nöthigen Gelder aus der Kreissteuer oder durch Aufnahme von Darlehnen, sowie eine Kenntnißnahme von dem Bestand der Mannschaften. Für die Miliz und für die stehende Armee kommt dazu eine Oberleitung über die Beschaffung der Transportwagen und Pferde, sowie über das Einquartierungswesen.

Cap. VII. im Gebiet der Steuereinschätzung haben die Quartalsitzungen die schon oben erörterte Stellung der steuereinschreibenden Behörde für die Kreissteuer; für die Armensteuer und ihre Verzweigungen aber nur die Stellung einer controlirenden Behörde mit der singulären Befugniß, durch das rating in aid die Nachbargemeinden zur Unterstützung unfähiger Kirchspiele in der Armenlast heranzuziehen. Ihre Hauptstellung bei den Steuerreclamationen gehört zur appellate jurisdiction.

Cap. VIII. im Gebiet der **Stadtverwaltung** haben die Borough Sessions zwar der Anlage nach die Competenz der Quartalsitzungen der Grafschaft: einen großen Theil ihrer richterlichen Geschäfte haben sie indessen an besoldete richterliche Beamte, einen Theil ihrer Verwaltungs-Geschäfte an die gewählten Gemeinderäthe abgeben müssen, so daß in diesem Gebiet eine fortschreitende Scheidung obrigkeitlicher und wirthschaftlicher Selbstverwaltung zum Vorschein kommt.

In Consequenz der letztern Richtung tritt in allen Gebieten der modernisirten **wirthschaftlichen Selbstverwaltung** das Beschließungsrecht der Quarter Sessions immer weiter zurück:

Cap. X. im Gebiet der **Armenverwaltung** üben die Quartalsitzungen noch ein concurrirendes Visitationsrecht über die workhouses, mit der Befugniß eine dringliche ärztliche Hülfeleistung, Verabreichung genügender Nahrungsmittel und Absonderung von Personen, welche an ansteckenden Krankheiten leiden, anzuordnen. Sie erlassen ferner die Orders an die alimentationspflichtigen Verwandten, 43. Eliz. c. 2 §. 7, und die Orders zur Vollstreckung der Execution in das Vermögen von entlaufenen Personen, welche ihre Familie hülflos hinterlassen haben, 5. Geo. I. c. 8 §. 1.

Cap. XI. im Gebiet der **Bau- und Gesundheitspolizeiverwaltung** findet nur eine appellate jurisdiction gegen die Polizeiresolute der einzelen Friedensrichter statt.

Cap. XII. im Gebiet der **Wegeverwaltung** beschließen die Qu. Sessions über die Erweiterung, Verlegung und Schließung öffentlicher Wege, sowie über die Einregistrirung einzeler Akte; in der Chausseeverwaltung über die Beseitigung ungesetzlicher Schlagbäume und Einregistrirung der Einnahmeübersichten.

Diese Uebersicht über das county business der Quartalsitzungen in Verbindung mit dem Geschäftskreis der Special Sessions (§. 64, 65) stellt den **Gesammtumfang des collegialischen Decernats der Friedensbewahrung** dar.

* **Uebersicht der Maß- und Gewichtsverwaltung.**

<small>Die Maß- und Gewichtsverwaltung gehört mit zu den Belägen für die frühzeitige Centralisation Englands. Heinrich I. bestimmte die Elle nach der Länge seines Arms; später erging darüber die unter dem Namen compositio ulnarum et perticarum bekannte Verordnung. Richard I. auf dem Hoftag zu Westminster 1197 befiehlt, daß im ganzen Reich nur ein Maß und Gewicht gebraucht werde; man datirt aus jener Zeit das</small>

§. 68. Die Quarter Sessions als administrirende Kreis-Polizeibehörde. 383

Amt des Kings Aulnager (welche Sinecure erst nach der Revolution aufgehoben wurde). Die Mißbräuche unter König Johann veranlaßten auch in der Magna Charta eine Einschärfung des pondus regis und der mensura domini regis, deren Normale in dem Schatz aufbewahrt wurden, während in den einzelen Städten, Marktflecken und Ortschaften ein Exemplar in der Kirche gehalten wurde. Durch 16. Car. I. c. 19 wird der Gebrauch nicht normalmäßiger Maße und Gewichte beim Kauf und Verkauf mit schwerer Buße bedroht Dalton c. 112. Trotz dieser und späterer Gesetze erhielten sich doch abweichende Kornmaße und Gewichte; im Parlament wurden von Zeit zu Zeit Klagen über Maß- und Gewichtsverwirrung laut, und veranlaßten Untersuchungscommissionen und neue Gesetze. Durch 5. Geo. IV. c. 74 §. 23 werden sodann alle früheren Gesetze über die Normalmaße und Gewichte aufgehoben und ein gleichförmiges System in dem ganzen vereinigten Königreich durchgeführt. Bald darauf folgt das st. 5. et 6. Will. IV. c. 63, enthaltend ein vollständiges Reglement für die Normalmaße und Gewichte mit zahlreichen Polizeistrafen. Das Normalgewicht für ordentlichen Handel und Wandel bildet das gemeine Krämergewicht avoirdupois weight zu 16 Unzen; für Gold, Silber, Platina und Edelsteine das Goldgewicht troy weight zu 12 Unzen; Droguen dürfen nach dem Apothekergewicht verkauft werden. Gewicht für den Verkauf edler Metalle 16. et 17. Vict. c. 28. Die Centralstelle für die Normalmaße ist jetzt aus dem Exchequer auf das Handelsamt übergegangen, unter Einsetzung eines Warden und Einführung jährlicher Geschäftsberichte, 29. et 30. Vict. c. 82.

Die locale Maß- und Gewichtverwaltung stand im Mittelalter hauptsächlich unter der Controle der Bischöfe; eine Hauptunterstelle dafür war der jetzt längst veraltete Clerk of the Market. Im spätern Mittelalter ging das Geschäft auf die Friedensrichter über; Hauptunterstellen dafür waren die Ortsvorstände der Marktflecken, 11. Henry VIII. c. 4. Nach der spätern Einrichtung wurden remunerirte inspectors ernannt durch die kleinen Bezirkssitzungen 37. Geo. III. c. 143; jetzt durch die Quartalsitzungen, 5. et 6. Will. IV. c. 63 §. 17. Nach diesem geltenden Hauptgesetz besteht die laufende Verwaltung:

1) in dem Amt der Inspectors of weights and measures als Aichungsämter. Jeder Friedensrichter und jeder Inspector mit schriftlicher Anweisung eines Friedensrichters ist befugt, zu angemessener Zeit jeden Laden, jedes Lager und jedes Waarenoder Waagelokal zu betreten, alle Maße, Gewichte, Schnellwaagen und Wägemaschinen nach dem Normale zu vergleichen, und unrichtig befundene wegzunehmen, die dann verwirkt sind mit Geldbuße bis 5 L., und gleicher Strafe für den, der sich der Prüfung entzieht, oder solche verweigert oder verhindert. Diese und sonstige Strafen sind klagbar vor zwei Friedensrichtern mit Denunciantenantheil, vorbehaltlich der Polizeistrafgewalt des court leet, wo ein solcher noch in Gebrauch ist.

2) In dem Amt der Visitatoren oder Examiners of weights and measures. Nach 37. Geo. III. c. 143 können die petty sessions eine oder mehre Personen zur Visitation der Maße und Gewichte ernennen, vereidigen und anweisen bei Tageszeit Läden, Fabriken und andere Geschäftslokale zum Detailverkauf zu betreten, Gewichte und Waagen zu prüfen, unrichtige in Beschlag zu nehmen: worauf die petty sessions auf die Confiscation mit Geldbuße von 5—20 sh. erkennen mögen. Wenn die Bewohner eines Kirchspiels oder einer Ortschaft den Examiner zu nominiren wünschen, so können sie einen householder dazu namhaft machen, der von den petty sessions bestätigt und ernannt wird: die Gemeinde muß dann aber aus der Armensteuer die Normalgewichte vorher anschaffen und die Remuneration des Examiner bestreiten. Diese Vorschriften wurden wiederholt und erweitert durch 55. Geo. III. c. 43.

3) Ein besonderes Geschäft ist die Feststellung des Verhältnisses der Maße und Gewichte, wo auf Grund dauernder Contracte, Rentenpflicht, Zoll- oder Steuer-

pflicht, eine Präſtation nach altem Maß oder Gewicht zu leiſten iſt, welches mit dem neuen Normalmaß und Gewicht nicht übereinſtimmt. Die Quartalſitzungen haben binnen ſechs Monaten nach Erlaß des Geſetzes dafür eine jury of inquiry zu bilden aus 12 freeholders von 100 £. Grundrente oder darüber. Nachdem die Jury das Verhältniß feſtgeſtellt, wird der Spruch dem Court of Exchequer zur formellen Einregiſtrirung als beweiſende Urkunde überſandt, die Koſten aus der Kreiskaſſe beſtritten, 5. Geo. IV. c. 74 §. 17; 5. et 6. Will. IV. c. 63 §. 14. Es tritt das namentlich auch ein, wo früher Leiſtungen nach dem Maß, jetzt nach dem Gewicht zu berechnen ſind, oder umgekehrt.

§. 69.
Die Appellate Jurisdiction der Quartal-Sitzungen.

Die dritte Stellung der Quarter Sessions als Appellationsinſtanz iſt verhältnißmäßig neuen Urſprungs. Alle friedensrichterlichen Geſchäfte waren von Hauſe aus unmittelbar Königlicher Amtsauftrag; einige dieſer Geſchäfte waren den Einzelen überwieſen, andere den Friedensrichtern ſammt und ſonders in den Seſſionen. Die Oberinſtanz für beide blieben die unmittelbaren Königlichen Räthe, die King's Bench und die Kanzlei. Die Sessions bilden alſo einen beſondern Geſchäftskreis für wichtigere Angelegenheiten, aber keine Mittelinſtanz. Erſt in der Periode der Reſtauration, als ſich das Uebergewicht der gentry und die heutige Geſtalt der Grafſchaftsverfaſſung conſolidirte, beginnt eine Geſetzgebung, die in immer zahlreicheren Fällen Appellation von den einzelen Friedensrichtern und kleinen Sitzungen an die General Sessions geſtattet, und damit die Kreisverwaltung immer vollſtändiger in ſich abſchließt.

Noch heute iſt dieſer Hergang in vielen wichtigen Sätzen erkennbar.

Das Appellationsrecht verſteht ſich daher nicht von ſelbſt, tritt vielmehr nur ein, wo die einzelen Geſetze ausdrücklich einen appeal an die Quartalſitzung geben. Das Recht zu appelliren wird auch nicht durch analoge Ausdehnung (equitable construction) erweitert, ſondern ſtreng auf die im Geſetz erwähnten Fälle beſchränkt.

Jede Appellation bleibt in dem Bereich der Friedenscommiſſion, in welcher der anzufechtende Act erging. Man appellirt alſo von dem Friedensrichter der Grafſchaft an die Quartalſitzungen ſeiner County, Riding oder Liberty; von den ſtädtiſchen Friedensrichtern an die ſtädtiſche Quartalſitzung.

In der Mehrzahl der Geſetze iſt ausdrücklich die „nächſte" Quartalſitzung genannt, was dann als tempus utile zu verſtehen iſt, d. h. als die nächſte „possible" oder „practicable" session. In manchen Geſetzen

§. 69. Die Appellate Jurisdiction der Quartalsitzungen. 385

ist es den Friedensrichtern zur Pflicht gemacht, den Verurtheilten mit dem Recht der Appellation und den dazu nöthigen Schritten bekannt zu machen.

Gewöhnliche Vorbedingung ist ferner eine Appellationsanmeldung (notice), adressirt an den Gegeninteressenten, und meistens auch die Bestellung einer Prozeßcaution für Verfolgung der Appellation. Uebrigens sind einige Unterschiede zwischen den beiden Hauptgebieten der convictions und der orders, also zwischen dem criminellen und „civilen" Gebiet.

I. Die Appellation gegen Convictions ist in zahlreichen Gesetzen mit der summarischen Strafgewalt der einzelen Friedensrichter zugleich eingeführt. Oft ist sie aber auch durch Stillschweigen ausgeschlossen, oder ausdrücklich untersagt, oder die Entscheidung erster Instanz ausdrücklich für endgültig (final) erklärt. Viele neuere Strafgesetze befolgen den Grundsatz, die Appellation zu gestatten gegen summarische Strafurtheile über 5 L. Buße oder über einen Monat Gefängnißstrafe, 24. et 25. Vict. c. 96 §. 110; c. 97 §. 68 2c. So ansehnlich indessen dies Gebiet einer facultativen Appellation gestellt ist, so ist doch die Zahl der wirklich erhobenen Rechtsmittel, theils wegen der mannigfaltigen Beschränkungen der Zulassung, theils wegen der erforderten Prozeßcaution, theils wegen des Vertrauens auf die friedensrichterliche Rechtsprechung eine verhältnißmäßig sehr geringe. Nach der Justizstatistik von 1868 betrug die Zahl der Appeals gegen summary convictions im Geschäftsjahr 1867 im Ganzen nur 91, übereinstimmend mit den beiden vorangegangenen Jahren. Es waren darunter 33 Fälle von orders in bastardy, 1 Fall von Thierquälerei, 3 Jagdvergehen, 4 Vergehen gegen die Bierhausordnung, 5 gegen Ortspolizeistatuten, 6 wegen boshafter Eigenthumsbeschädigung, 3 aus der Mercantile Marine Act, 3 aus der Public Health Act, 1 wegen Verletzung der Pfandleihordnung, 1 Fall einer Police Act, 1 Steuerstraffall, 4 Streitigkeiten der Arbeitspolizei, 1 Hundediebstahl, 2 Fälle aus dem Vagabundengesetz, 8 Wegepolizeifälle, 3 Straffälle der Maß- und Gewicht-Ordnung und 13 andere Fälle. In 53 Fällen wurde auf Bestätigung, in 38 Fällen auf Aufhebung des Strafresoluts erkannt.[1]

---

[1] Ueber das Verfahren bei diesem appeal s. nachher Absatz III. und Excurs. *. Die älteren Gesetze über summary convictions enthalten eine in der That unnütze Reihe von Clauseln, die ziemlich gleichartig, oder doch nur mit principlosen Variationen wiederkehren. Bald heißt es, die Appellation soll an die „nächsten" Sessionen gehen, oder an die nächsten Sessionen nach Ablauf eines Monats u. s. w.; bald soll eine Prozeßcaution sofort bestellt werden, bald binnen 10 Tagen nach der Ueberführung u. s. w.; bald soll die notice von der Appellation, oder von der Intention zu appelliren, oder von dem Grunde und dem Gegenstande der Appellation gegeben werden u. s. w. Die actenmäßige Grundlage ist bei den Quartalsitzungen regelmäßig schon vorhanden, da die einzelen Friedensrichter ihre convictions nach umständlichem Formular einberichten müssen. Blos

II. Die Appellation gegen orders der special sessions und andere Civiljurisdictions- und Verwaltungsacte der einzelen Friedensrichter bildet nach unseren Begriffen eine Beschwerde-Instanz, die aber öffentlich, contradictorisch, in den gewohnten gerichtlichen Formen verhandelt wird. Das Gebiet dieser Civil-Appellation reicht so weit wie die polizeiliche Civiljurisdiction und das Communal-Decernat der Friedensrichter. Selbst in Burn's Justice sind indessen diese Fälle nirgends zusammengestellt. Die Schrift von Leeming und Cross, Quarter Sessions, enthält freilich eine tabellarische Uebersicht der Appellationsfälle S. 313—443, die aber auch nur 103 alphabetische Rubriken ergiebt. Um eine Vergleichung mit den Verwaltungssystemen des Continents zu gewinnen, in welchen der Beschwerdeweg bei den oberen Verwaltungsbehörden diesem appeal entspricht, empfiehlt es sich, die wichtigsten Polizeiresolute und Polizeiverfügungen mit Angabe der englischen Rubriken zu recapituliren, um einen Ueberblick über den Umfang dieser Verwaltungsjustiz zweiter Instanz zu gewinnen. Aus der in diesem Capitel behandelten Polizeiverwaltung im engern Sinne gehören hierher folgende wichtigere Beschwerden:

Aus Abschn. II. Beschwerden gegen die Polizeiverfügungen der einzelen Friedensrichter, betreffend die Schank- und Wirthschafts-Ordnung, Theaterpolizei, Wegepolizei, gegen die Polizeiresolute der Gesundheitspolizei, gegen die Polizeientscheidungen in Streitigkeiten zwischen Arbeitgeber und Arbeiter, zwischen Meister und Lehrling, in Mieths- und Pachtstreitigkeiten (alehouses, apprentices, beerhouses, factories, manufactures, master and servant, nuisances removal, theaters etc.)

Aus Abschn. III. Beschwerden gegen die Orders der Special Sessions wegen ertheilter oder verweigerter Schankconcessionen, Theaterconcessionen und anderer licences (alehouses, beerhouses, theaters etc.).

Aus Abschn. IV. Beschwerden gegen Orders und Entscheidungen aus der Maß- und Gewichtordnung, aus der Verwaltung der Kreisgefängnisse und Kreisirrenhäuser, gegen die Orders betreffend die Unterhaltung der Gemüthskranken, gegen die friedensrichterlichen Orders über Bau und Reparatur der Grafschaftsbrücken und zur Beschaffung des Baumaterials (bridges, gaols, lunatics, weights and measures etc.).

Aus Abschn. VII. Beschwerden wegen Handhabung des friedensrichterlichen Oberaufsichts- und Ordnungsstrafrechts gegen die Kirchspiels-

---

technische Fehler des angefochtenen Urtheils sollen nach 5. Geo. II. c. 15 brevi manu und kostenfrei von dem Gerichtshofe amendirt werden. Ad causam ist das weitere Verfahren ziemlich gleichmäßig für alle Fälle, daher unter III. zusammengefaßt. Dem Wesen nach gilt die criminale Appellation nur als Rechtsmittel über die Rechtsfrage, ähnlich dem writ of error, ohne Zulassung neuer Thatsachen (jedoch mit Ausnahmen, namentlich in Steuerstrafsachen.)

§. 69. Die Appellate Jurisdiction der Quartalsitzungen. 387

beamten und Constables wegen Versäumung ihrer Amtspflichten, oder wegen Ungehorsams gegen friedensrichterliche Decrete (constables, overseers etc.).

Aus den später folgenden Gebieten der obrigkeitlichen Selbstverwaltung gehören hierher:

Aus Cap. VI. Beschwerdesachen aus dem Einquartierungs- und Vorspannwesen der Militärverwaltung. Auch die Sessions der Miliz-Commissarien, welche nach dem Grundprincip der Milizgesetze die Streitfragen des Aushebungsgeschäfts zu entscheiden haben, sind in ihrem Personal und Geschäftsgang den friedensrichterlichen nachgebildet.

Aus Cap. VII., Steuereinschätzungen, gehört hierher die endgültige Entscheidung über die Steuerreclamationen. In der Veranlagung der Armensteuer sind zunächst die Special Sessions eingeschoben für Reclamationen gegen die Höhe der Einschätzung. Die Quartalsitzung entscheidet sowohl in zweiter wie in dritter Instanz über die Schätzung, in zweiter Instanz über die streitige Steuerpflicht. Analog ist die Appellation gegen die Einschätzung zur Grafschaftssteuer, wobei aber nur das Kirchspiel wegen Ueberbürdung im Vergleich zu anderen Ortschaften zu reclamiren hat. Die Reclamationen gegen die borough rate als Kreissteuer folgen dem Gange der county rate; die district rates dem Gange der poor rate. Auch die Reclamationen gegen die highway rate, gegen die Steuern der public health act und der nuisances removal acts folgen im Wesentlichen dem Gange der Armensteuer. Eine besondere Beschwerdeinstanz geht noch gegen die Steuerexecutionsdecrete. (borough rate, church rate, county rate, poor rate, parochial rates, public health, ligthing and watching, nuisances removal, towns improvement, highway rate etc.).

Aus Cap. VIII., Stadtverwaltung, ist die Beschwerdeinstanz der Quarter Sessions dadurch beschränkt, daß die wichtigsten Justizgeschäfte dem städtischen Recorder, eine Reihe der wichtigsten Verwaltungsgeschäfte dem Bürgermeister und Gemeinderath überwiesen sind (boroughs, towns police etc.).

Im Gebiet der wirthschaftlichen Selbstverwaltung endlich ist die Beschwerdeinstanz bei den Quartalsitzungen durch die Reformen des letzten Menschenalters stark zusammengeschmolzen:

Cap. X. Im Gebiet der Armenverwaltung sollten nach dem Gesetz Elisabeths die Quartalsitzungen die allgemeine Beschwerdeinstanz gegen die ganze Verwaltung der overseers of the poor bilden. Den letzteren ist aber jetzt die laufende Armenverwaltung überhaupt abgenommen; folgeweise bleiben den Quartalsitzungen nur noch Entscheidungen über die Ernennung der overseers, namentlich Streitigkeiten über die Fähigkeit und Verpflichtung derselben; Beschwerden gegen die orders of removal, also

25*

Streitigkeiten der Gemeindeverbände über die Armenlast, sowie Beschwerden gegen die Orders der einzelen Friedensrichter in der Verwaltung des Armenhauses und des Unterstützungsgeschäfts, soweit ein solches Eingreifen in die laufende Armenverwaltung noch vorbehalten ist.

Cap. XI. In dem Gebiet der neuern Gesundheits- und Baupolizeiverwaltung hat die stückweise Gesetzgebung der sogenannten Consolidation Acts den Quartalsitzungen noch einzele Befugnisse gelassen. In der codificirten Gesetzgebung der Gesundheitsacten dagegen sind sie beschränkt auf Steuerreclamationen und Beschwerden gegen die orders of removal of nuisances (baths and washhouses, burial grounds, commissioners clauses act, gasworks, public health, ligthing and watching, nuisances removal, towns improvement).

Cap. XII. Im Gebiet der Wegeverwaltung bilden sie noch eine umfassende Beschwerdeinstanz gegen die Orders der Specialsitzungen betr. die Wegereparatur, Beschaffung der Baumaterialien, Beaufsichtigung der Wegeaufseher, Entscheidungsrecht über die Wegebaupflicht; sowie die Beschwerdeinstanz in den entsprechenden Streitigkeiten der Chausseeverwaltung (highways, turnpike acts).

Es sind mehr als 100 geltende Gesetze, in welchen diese Beschwerdeinstanz positiv geregelt ist, mit genauen Bestimmungen, ob jeder Interessent, oder ob nur bestimmte Interessenten, Gemeindevorsteher, Beamte, das Appellationsrecht haben sollen. In der Mehrzahl der Fälle ist gesagt, daß die Entscheidung endgültig (final), und daß das Rechtsmittel des certiorari ausgeschlossen sein soll. Diese Hunderte von Gesetzen stehen an der Stelle des in den Gemeindeordnungen des Continents gewöhnlich vorbehaltenen „Aufsichtsrechts" der Oberbehörden des Staats.

III. Der gemeinsame Gang der Appellations-Verhandlungen in der Quartalsitzung ist folgender: Die einzelen Fälle werden nach der Ordnung aufgerufen, in welcher sie in dem Verzeichniß des Clerk of the Peace stehen, vorbehaltlich einer Abänderung durch den Gerichtshof. Nach dem Aufruf der Sache verliest der Kreissecretär zunächst den angefochtenen Beschluß. Demnächst ist die Beobachtung der Formalien, d. h. rechtzeitige Anmeldung (notice) und Bestellung der Prozeßcaution, wo das Gesetz sie erfordert, nachzuweisen. Dann eröffnet der Anwalt des Appellaten (respondent) sein Plaidoyer, führt die Beweise zur Aufrechterhaltung des Urtheils vor, ohne dabei streng an die Beweise erster Instanz gebunden zu sein. Die Zeugen unterliegen dem Kreuzverhör durch den Gegner. Darauf beginnt der Anwalt des appellant sein Plaidoyer, bekämpft entweder die Beweisführung des Gegners, oder bringt Gegenzeugen, ohne streng an die Beweise erster Instanz gebunden zu sein. Der Anwalt des Gegners hat in diesem Fall wieder das Recht des Kreuzverhörs und

§. 69. Die Appellate Jurisdiction der Quartalsitzungen. 389

der Replik. Die Plaidir-Regeln sind analog den gewöhnlichen des Civilprozesses; die Beweisregeln denen des Civil- und Criminalprozesses. Nach dem Schluß der Debatte sammelt der Vorsitzende die Stimmen der Friedensrichter, und veröffentlicht den Beschluß der Mehrheit auf Bestätigung oder Cassirung des angefochtenen Urtheils, der Order, oder der Steuerveranlagung. Bis zum Schluß der Session kann die Entscheidung noch berichtigt werden, ja sogar noch in einer vertagten Sitzung. Uebrigens entscheidet der Gerichtshof über Factum und Recht zugleich ohne Jury.

Erst die neueste Gesetzgebung hat einige Uebersichtlichkeit und Gleichmäßigkeit in das Appellationsverfahren gebracht. Für die Appellation gegen convictions entstand eine solche durch die Polizeiprozeßordnung von 1848, 12. et 13. Vict. c. 43. Für die Appellation in Steuerstraffällen, gegen die orders in bastardy, orders of removal und pauper lunatics war die neuere Gesetzgebung so ausführlich und so sachgemäß, daß darin nichts zu ändern war. Für sämmtliche übrige zerstreute Fälle, in denen die Gesetzgebung oft planlos variirte, erging eine **gemeinschaftliche Appellationsordnung durch Baines' Act, 12. et 13. Vict. c. 45**. Es soll vorangehen wenigstens 14 Tage vorher eine schriftliche Anmeldung, notice, des Appellanten oder seines Anwalts, enthaltend die Specification der Appellationsgründe, auf die sich dann die Hauptverhandlung zu beschränken hat. Die Appellationsgründe sollen so weit substantiirt sein, daß dem Gegner die Möglichkeit gegeben ist, sich darauf einzulassen (§. 3). Die Entscheidung soll nicht bloß auf Cassation der angefochtenen Verfügung beschränkt sein, sondern auch die Befugniß zur sachlichen Abänderung des Decrets enthalten (§. 7). Die Appellation gegen Orders, da solche die Substanz der Beweise nicht erschöpfend anzugeben brauchen, ist folgerecht nicht streng auf den Rechtspunkt beschränkt, sondern kann unter Umständen auch auf die faktischen Verhältnisse zurückgehen (R. v. Justices of Worcester, 3 E. et R. 477—488). Der Kostenpunkt ist in das freie Ermessen der Behörde gestellt. Die Entscheidung der Quartalsitzung soll in der Regel „endgültig" sein, mit Ausschluß des certiorari.

Alternativ mit dieser Beschwerdeinstanz hat die neueste Gesetzgebung indessen auch eine Berufung an die Reichsgerichte*) wegen der Rechtsfrage

---

*) Alternativ mit dem appeal steht auch noch die Selbsthülfe, wenn der Beschwerdeführer einen excess of jurisdiction darzuthun sich getraut, weil in diesem Fall der Akt des Friedensrichters als Akt eines Privatmannes gilt; die Nullität des Amtsakts begründet dann auch eine Civilklage. Die ganze Materie der Appellation und Oberinstanz gegen friedensrichterliche Orders erscheint so verwickelt, daß im Excurs. ** noch weitere Uebersichten des Verfahrens und der Oberinstanz beigefügt sind. Die Darstellung in Burn's Justice (30. Aufl.) v. Appeal Vol. I. 218—278. v. Sessions Vol. V. 371—381 ist für eine Vergleichung mit den Verwaltungssystemen des Continents ganz ungeeignet.

gestattet, und schon aus diesem Grunde bedarf die Control-Instanz der Reichsgerichte, welche später in zusammenhängender Darstellung folgt, schon hier einer vorläufigen Uebersicht.

IV. **Die Oberinstanz über den Entscheidungen der Quartalsitzungen** ist nach Verschiedenheit der Fälle sehr verschieden gestaltet.

Es sind dabei vorweg auszuscheiden die Fälle, in welchen die Quartalsitzung als **ordentlicher Criminalgerichtshof** mit Jury entscheidet, in welchen ein ordentliches Rechtsmittel an die Reichsgerichte geht, entweder in Form einer Cassation, als writ of error, oder als Vorbehalt der Rechtsfrage für das Plenum der Reichsgerichte (reserved case, oben S. 369).

Im Gebiet der summary convictions und der polizeilichen orders dagegen giebt es keine Oberappellation und kein Rechtsmittel der Cassation bei den Reichsgerichten, sondern nur eine Controlinstanz durch Justizmandate, Abberufung und Actenversendung in einer Weise, welche neuerdings eine etwas experimentale Gestalt gewinnt.

1. Im Falle offenbarer Rechtsverweigerung schreitet die King's Bench durch ein writ of mandamus ein, namentlich wegen verweigerter Zulassung der Appellation, wo das Gesetz ausdrücklich den appeal gestattet. Das mandamus gilt indessen nur subsidiär, in Ermangelung anderer Rechtshülfe, und setzt eine bestimmte rechtliche Verpflichtung voraus. Es wird beispielsweise nicht ertheilt, um die Friedensrichter zur Angabe von Gründen einer Order zu nöthigen, da sie nur bei Strafresoluten zur Angabe vollständiger Urtheilsgründe verpflichtet sind, Burn V. 246.

2. Ein Abberufungsrecht an die Kings Bench durch writ of certiorari gilt im Zweifel als selbstverständlich, namentlich wo ein erheblicher Grund zur Recusation der Quartalsitzungen vorhanden ist. In den neueren Gesetzen wird es meistens ausdrücklich ausgeschlossen, was indessen mit mancherlei Vorbehalten verstanden wird.

3. In Fällen, in welchen nicht das certiorari ausdrücklich abgeschnitten ist, kann (vergleichbar der deutschen Actensendung) durch einen sogenannten special case die Entscheidung der Rechtsfrage an die Reichsgerichte gebracht werden. Es war dies schon nach älterer Praxis und Gesetzgebung zulässig. Die Quartalsitzung muß dann aber erst bestätigend oder reformirend ein definitives Urtheil sprechen, mit Vorbehalt der Meinung der King's Bench über die hervorgehobene Rechtsfrage. Es kann dies ex officio beschlossen werden, oder auf Antrag einer Partei; auch im letztern Falle hängt aber die Zulassung von einem Mehrheitsbeschluß der Friedensrichter ab.

4. Diese ältere Weise der Actenversendung ist nun durch 12. et 13. Vict. c. 45 §. 11 dahin geändert, daß nach erfolgter Appellationsanmeldung mit Consens der Parteien und eines Mitgliedes der Reichsgerichte

§. 69. Die Appellate Jurisdiction der Quartalsitzungen. 391

dem Obergericht ein status causae übersandt werden mag, um über die Rechtsfrage die Meinung des Reichsgerichts an Stelle der Quartal-Sitzungen einzuholen. Dies Verfahren dient vorzugsweise dazu, um in Streitsachen der gesetzlichen Armenpflicht und Communalsteuerpflicht für schwierige Fragen der Gesetzauslegung die Rechtsansicht der Reichsgerichte zu erbitten. Ausdrücklich ausgeschlossen sind die Entscheidungen in bastardy und in Steuersachen.

5. Durch die neueste Gesetzgebung ist diese Einholung des Spruchs des Oberhofes mit Ueberspringung der Quarter Sessions zu einem ordentlichen Rechtsmittel geworden durch 20. et 21. Vict. c. 43. Der Appellant kann auch einseitig sein Actenversendungsgesuch binnen drei Tagen beim judex a quo gehörig anmelden und Prozeßcaution bestellen. Die Friedensrichter mögen frivole Anträge zurückweisen; doch kann auch dann ein Decret der Queen's Bench die Einleitung befehlen. Das Obergericht entscheidet die Rechtsfrage auf Grund des status causae endgiltig; auch kann ein einzeler Richter im Namen des Gerichtshofes das Urtheil sprechen. Ein formelles certiorari zur Einleitung dieses Verfahrens ist nicht mehr nöthig. Das Obergericht mag das Verfahren durch eigene Regulative bestimmen. Die gewöhnliche Appellation an die Quartalsitzung ist durch den Antrag auf dies Verfahren direkt ausgeschlossen; das neue Rechtsmittel steht also streng alternativ neben dem Appeal.

** **Das Appellationsverfahren der Quartalsitzungen.**

Dies überaus verwickelte Thema ist erst durch die Schrift von Leeming and Cross, The General and Quarter Sessions of the peace, their Justice and Practice in other than criminal matters, London 1858, zu einer Art von systematischer Bearbeitung gelangt. Die Tabelle S. 313—443 giebt eine Uebersicht der Appellationsfälle, welche ungefähr unserm Instanzenzug in Verwaltungssachen entspricht. Freilich kommt dabei wieder nur ein Alphabet von 103 Rubriken zum Vorschein. Uebersichtlich wird aber die Zusammenstellung durch tabellarische Form. Es wird in der ersten Colonne die gesetzliche Materie der Appellation und die Partei bezeichnet, der das Appellationsrecht gegeben ist Colonne II.: an welche Sessionen zu appelliren, Zeit und Ort. Colonne III.: die Vorschriften über die Appellationsanmeldung (notice) und über die Angabe der Appellationsgründe. Colonne IV.: ob und welche Prozeßcaution nöthig. Colonne V.: Vorschriften über das mündliche Verfahren, Urtheil und Kosten. — Die Zusammenstellung ist eine nützliche zur Controle des ganzen administrativen Gebiets der Friedensrichter.

Das Appellationsverfahren wird von Leeming und Cross S. 273—313 in einer ziemlich übersichtlichen Verarbeitung so gegeben, daß die Hauptgrundsätze, Controversen und Präjudicien unter folgenden Rubriken gruppirt sind:

1. **Von der Appellation überhaupt.** a) Vom Recht zu appelliren. Ein solches muß durch ausdrückliches Gesetz gegeben sein. Der Appellant hat ein Recht der Appellation gegen die Order in ihrer ursprünglichen Gestalt, weshalb eine Abänderung von Beschlüssen nach dem Schluß der Sitzung unstatthaft. b) Von der Wirkung der Appellation. In vielen Fällen hat das Gesetz ausdrücklich den Suspensiveffekt anerkannt; auch wo es nicht geschehen, gilt die Vollstreckung des angefochtenen Urtheils nach erfolgter Appellations-

anmeldung in der Regel als „ungehörig". c) Von der Cumulation (joinder) mehrer Appellationsbeschwerden.

2. Von den Parteien der Appellationsinstanz: einerseits der Appellant (the person grieved, injured, affected), andererseits der Respondent (the party concerned, the party appealed against, the party by whose act the appellant thinks himself aggrieved). Die Controversen dabei sind Zweifel über die Sachlegitimation.

3. Zeit und Ort der Appellation: wo das Gesetz nichts bestimmt, ist eine reasonable time nach Ermessen des Gerichts anzunehmen.

4. Notice of appeal: Anmeldung nach den schon oben erörterten Grundsätzen, meistens schriftlich mit wenigstens vierzehntägiger Frist. Wo das Gesetz nichts bestimmt, genügt auch eine mündliche Anmeldung. Wo der Appellant eine Prozeßcaution zu bestellen hat, kann diese die Anmeldung ersetzen, wenn nicht das Gesetz eine besondere notice verlangt.

5. Grounds of Appeal. Die Appellationsgründe sollen nach Baines Act mit der Anmeldung verbunden werden. Ebenso nach mehren Specialgesetzen. Nach anderen können sie in einem besondern Schriftsatz gegeben werden, nach anderen sind sie überhaupt nicht nöthig.

6. Recognizances. Prozeßcautionen sind nur nöthig, wo sie das Gesetz vorschreibt, dann meistens auf bestimmte Summe, mit oder ohne Bürgen.

7. Entry, Introduction: vor der Hauptverhandlung muß die Appellation bei dem Kreissecretär eingeführt werden zur Eintragung in die Rolle.

8. Respite, Vertagung der Verhandlung.

9. Trial, Hauptverfahren, bestehend aus dem Plaidoyer und Zeugenverhör (hearing); dem Urtheil, bei welchem jeder Friedensrichter gleiches Stimmrecht hat (mit Ausschluß derer, die an dem angefochtenen Urtheil oder sonst bei der Sache betheiligt sind), und dem jetzt discretionären Nebenpunkt der Kosten. Eine förmliche Ausfertigung des Urtheils ist in gewöhnlichen Fällen nicht nöthig, wird aber auf Verlangen ertheilt.

Die Oberinstanz der friedensrichterlichen Jurisdiction folgt in ihrem Gesammtzusammenhang unten in §. 83, 88.

Was insbesondere das System der Rückfragen, special cases, betrifft, so gingen in älterer Zeit dergleichen Rückfragen vielfach auch an die einzelen Assisenrichter in Gemäßheit der Fassung der Friedenscommission. Dem Buchstaben nach ist dies noch heute zulässig, wenn auch praktisch außer Gebrauch. Die friedensrichterliche gentry hatte keine Neigung sich in dieser Weise den einzelen Assisenrichtern unterzuordnen. Nach 12. et 13 Vict. c. 45 kann jetzt sogar die Competenz der Assisenrichter bezweifelt werden.

Durch 7. et 8. Geo. IV. c. 53 §. 84 wurden die Sessionen speciell ermächtigt, zweifelhafte Fragen des Steuerrechts, in einen special case gebracht, zur Entscheidung des Court of Exchequer zu bringen.

Durch 12. et 13. Vict. c. 45 §§. 12, 13 wird auch die schon im frühern Recht enthaltene Befugniß, ein Schiedsverfahren über die Streitpunkte der Appellation einzuleiten, erneut und wirksam gemacht.

Leeming und Cross geben daher S. 288—311 sechs Weisen einer Oberinstanz an: 1) Reference an einen einzelnen Assisenrichter (unpraktisch); 2) Reference an die Queen's Bench durch special case nach der ältern Praxis, so daß die Quarter Sessions erst selbst erkennen und den Rechtspunkt vorbehalten; 3) Reference an ein Reichsgericht mit Ueberspringung der Quartalsitzungen nach 12. 13. Vict. c. 45 §. 11 (abhängig von der Zulassung eines Reichsrichters); 4) Reference an ein Reichsgericht nach 20. et 21. Vict. c. 43; 5) Reference an den Exchequer wegen Fragen des Steuerrechts; 6) Reference to arbitration.

§. 70. Die Gefängnißverwaltung der Quartalsitzungen.

Die wirkliche Zahl solcher Entscheidungen des Reichsgerichts über die Rechtsfrage wird in der Justizstatistik von 1868 dahin angegeben:

	1867.	1866.	1159—65 durchschnittl.
Judgments	15	12	15
Orders of Sessions	27	29	25
Special Cases nach 12. et 13. Vict. c. 45.	9	9	12
Special Cases noch 20. et 21. Vict. c. 43.	81	55	45

§. 70.
Die Gefängnißverwaltung der Quartalsitzungen. Gaols. Houses of Corrections.

Von den oben (Seite 381) vorbehaltenen drei Special=Gebieten der Grafschaftsgefängnisse, Irrenhäuser und Brücken wird das erste seiner Wichtigkeit wegen hier vorangestellt.

Da seit der Magna Charta Niemand an seiner persönlichen Freiheit gekränkt werden soll anders als per legem terrae, so wurde folgerecht auch die Vollstreckung der Freiheitsstrafen ein Gegenstand der Gesetzgebung. Nach dem Grundsatz der common law kann kein Gefängniß errichtet werden ohne Parlament, Coke II. Inst. 705. Einmal errichtet gehört das Gefängniß aber dem König: alle Administration wird daher geregelt durch Anordnungen der Staatsgewalt, Staatsämter und Staats=beamte.*)

---

*) Dieselben Grundsätze haben auch entschieden über die rechtliche Behandlung der patrimonialen Reste der Gefängnißverwaltung. Nach dem Verwaltungsrecht des XIII. Jahrhunderts war das Halten eines Gefängnisses Königliches Reservat; ein Gesuch der Lords auf dem Reichstage zu Marlebridge um Concession eigener Gefängnisse für die Uebertreter in ihren Parks wurde daher abgeschlagen. Einzelen Grundherren war wohl gelegentlich mit der Gerichtsgewalt auch ein Gefängnißrecht verliehen, welches indessen wegen Mißbrauchs sehr leicht wieder eingezogen (seized) werden konnte, wie in dem viel erörterten Fall des Abt von Croyland. Unter dem Hause Lancaster scheinen Uebergriffe der Großen das st. 5. Hen. IV. c. 10 veranlaßt zu haben: „daß Niemand durch einen Friedensrichter anders als im gemeinen Grafschaftsgefängniß eingezogen werden soll, vorbehaltlich der franchise von Lords und Anderen, welche Gefängnisse haben." Dies Gesetz ist nur eine Declaration des gemeinen Rechts, Coke 2. Inst. 43. Auch verliehene Gefängnisse sind des Königs Gefängnisse pro bono publico 2. Inst. 589; sie gehören dem König, obgleich ein Unterthan die custodia und Verwaltung derselben haben mag, 2. Inst. 100, 589. Die Zahl und der Umfang solcher Anomalien war indessen äußerst geringfügig, und sie begründeten nur eine Besonderheit in der Nomination der Gefängnißbeamten. Die noch vorhandenen sieben franchise prisons sind endlich aufgehoben durch 21. Vict. c. 22. Es waren dies das Swansea Debtors Prison für die Liberty von Gower, das

Als gesetzlicher Gefängnißbewahrer, Head-Gaoler, galt seit dem Mittelalter der Sheriff. Durch 14. Edw. III. c. 10 wird das Verhältniß ausdrücklich anerkannt, insbesondere das Recht des Sheriff den Underkeeper, Gefängnißdirektor, einzusetzen, und bis zu der neuesten Prisons Act 1865 ist dies Recht des Sheriff in den Gesetzen immer von Neuem bestätigt. Das Kreisgefängniß, common gaol, gilt als das einzige legale Gefängniß sowohl für Untersuchungs= wie für Strafgefangene, wo nicht durch Gesetze ein Anderes angeordnet ist. Der Sheriff hat nach der Ausdrucksweise der Gesetze die ihm anvertrauten Gefangenen sicher zu transportiren, zu bewachen, Verzeichnisse derselben (3. Hen. VII. c. 3) den königlichen Assisenrichtern vorzulegen, welche letztere auf Beschwerden gegen die Gefängnißbeamten zu hören und die Schuldigen zu bestrafen haben. Alle Verantwortlichkeiten der Gefängnißbeamten bleiben auf den Namen des Sheriff gestellt, als des Hauptbeamten der Strafvollstreckung, für welche dann die Grafschaften und analogen Stadtverbände auch die nöthigen Einrichtungen und Kosten beschaffen mußten. Durch das Princip der Unterwerfung der Gefängnißverwaltung unter die ordentlichen Strafgerichte wurde der Sheriff aber auch den Quartalsitzungen der Friedensrichter untergeordnet, hatte deren Anweisungen wegen der Strafvollstreckung Folge zu leisten, sollte bei den Quartalsitzungen in Person oder durch seinen Untersheriff erscheinen, sich verantworten, Verzeichnisse vorlegen, und sich ausweisen über die Beobachtung der Gesetze, 39. Geo. III. c. 67, woraus sich eine Stellung der Quartalsitzungen als Oberbehörde fortschreitend entwickelte.

Inzwischen war aber seit den Zeiten Elisabeths ein zweites System von Landarmen= und Arbeitshäusern entstanden, Houses of Correction. Das zu Bridewell in London angelegte veranlaßte die Bezeichnung bridewells für alle Häuser der Art. Durch die Gesetzgebung Jacob's I. (Hauptgesetz 7. Jac. I. c. 4) wurden sie im ganzen Lande durchgeführt, und als Ergänzung des Armensystems für Arbeitsscheue, Bettler, weggelaufenes Gesinde, Vagabunden und dgl. benutzt, Coke II. Inst. 728—35. Die geringe Zahl von Strafgefängnissen führte jedoch allmälig einen Nothstand herbei, in welchem man die Correctionshäuser auch zur Unterbringung eigentlicher Strafgefangener benutzte. Es geschah dies nach Bequemlichkeit und praktischem Bedürfniß, dem die Gesetze so entgegenkamen, daß in zahlreichen einzelnen Fällen die Strafe alternativ auf Gefängniß oder Correctionshaus lautete; später so, daß durch allgemeine Gesetze

---

Newark Liberty Prison, das Halifax Home Gaol für den Manor von Wakefield, das Forstgefängniß und das Stadtgefängniß von Knaresborough (beide zum Herzogthum Lancaster gehörig), das Sheffield Debtors Gaol für die Liberty von Hallamshire, und das Hexham Debtors Prison.

§. 70. Die Gefängnißverwaltung der Quartalsitzungen.

eine alternative Befugniß gegeben ward. Die Correctionshäuser wurden von Hause aus als polizeiliche Einrichtungen behandelt, fielen also in den Geschäftskreis der Friedensrichter ohne Concurrenz des Sheriff.**)

Da nun aber seit den Zeiten der Tudors auch für das Grafschafts= gefängniß den Friedensrichtern immer weiter gehende Gewalten beigelegt wurden, so consolidirte sich die Gefängnißadministration immer vollstän= diger in den Quartalsitzungen. Den dringendsten Mißbräuchen wurde stückweise durch einzele Gesetze abgeholfen. Durchgreifende Reformen in= dessen blieben schwierig, da die Gefängnisse durch die Kreissteuer erhalten wurden, immer mit dringender Rücksicht auf die Oekonomie des Bezirks. Es war dadurch ein Mischsystem entstanden, welches Schuld=, Unter= suchungs= und Strafgefangene; Sträflinge, Bettler und Vagabunden; schwere, leichte Verbrecher und bloße Uebertreter in einem Lokal und unter einer Administration vereinigte, und dadurch eine Verwaltung herausbrachte, welche schwerlich besser war als die bekannten Zustände der Gefängnisse auf dem Continent.

Erst im letzten Menschenalter, hervorgegangen aus dringendstem Be= dürfniß, erging eine umfassende Gefängnißordnung, 4. Geo. IV. c. 64, welche 22 ältere Gesetze von 1. Edw. III. bis 58. Geo. III. ganz oder theilweis aufhebt, ihrem Hauptinhalt nach aber doch nur Clauseln älterer Gesetze consolidirt, declarirt, fortbildet, und die Amtsgewalten der Behör= den so erweitert, um eine fernere Benutzung administrativer Erfahrungen zu ermöglichen. Mit Rücksicht auf diese Erfahrungen ist sodann eine neue Codification erfolgt durch die Prisons Act 1865, 28. et 29. Vict. c. 126, welche die älteren gesetzlichen Unterschiede zwischen gaol und house of correction aufhebt, das Ernennungsrecht des Sheriff für den Gefäng= nißdirektor beseitigt, und das Aufsichtsrecht und die Regulativgewalten des Ministers soweit erweitert, um eine zeitgemäße Verbesserung der Verwal=

**) Die Correctionshäuser, Houses of Correction, entstanden in Ver= bindung mit der Armengesetzgebung Elisabeth's. Durch 6. Geo. I. c. 19 wird es gestattet auch Untersuchungsgefangene in dem Correctionshaus unterzubringen; durch 5. et 6. Will. IV. c. 38 §§. 3, 4 wird es allgemein ausgesprochen, daß Untersuchungsgefangene in das dem Ort der Assisen oder Sessionen nächstgelegene Correctionshaus abgeliefert werden, und daß es zur Aufnahme aller Arten von Strafgefangenen dienen könne. Nach 14. et 15. Vict. c. 55 §. 20 können die Quartalsitzungen durch eine von dem Minister zu bestätigende Order ein für allemal declariren, welches Grafschaftsgefängniß oder Cor= rectionshaus sich zur Aufbewahrung der städtischen Untersuchungsgefangenen bis zur nächsten Assise eignet. Die beiden Klassen der Gefängnisse treten also im Ganzen in ein concur= rirendes Verhältniß, mit dem Vorbehalt, daß Schuld= und Civilgefangene dem gaol, Va= gabunden dem Correctionshaus ausschließlich vorbehalten sind (Gef.=Ord. 4. Geo. IV. §. 7). Die Prisons Act 1865 stellt beide ausdrücklich gleich, soweit nicht im Gesetz selbst noch Unterschiede vorkommen.

tung und eine Rücksicht auf die individuellen Verhältnisse zu ermöglichen. Dabei bleibt indessen der Grundgedanke stehen, die Gefangenen einer festen, ehrbaren Ordnung zu unterwerfen, aber nicht der Discretion der Beamten zu überlassen, sondern die Befugnisse der Verwaltung gegen Untersuchungs= und Strafgefangene fest zu begrenzen unter der rechtlichen Controle der Friedensrichter.

Die Bezirke dieser Gefängnißverwaltung fallen zusammen mit den Grafschaften und denjenigen Städten und Bezirken, welchen eine eigene Friedenscommission verliehen ist. Diesen Bezirken ist damit auch eine ge= sonderte Gefängnißverwaltung, separate prison jurisdiction, übertragen, mit der Verpflichtung die Kosten derselben aus der county und borough rate zu bestreiten. Die beschließenden Behörden dieser Bezirke heißen im Sprachgebrauch des neuen Gesetzes die prison authorities.

Die ordentliche Behörde der Gefängnißverwaltung in den Grafschaften sind die Quartalsitzungen. Die Selbstverwaltung vertheilt sich aber in eine collegialische Beschließung über die Hauptfrage, eine gelenkige Ver= waltung durch ein Curatorium für die Einzelfragen, und eine präsente Amtsstelle zur richterlichen Entscheidung für Collisionsfragen. In diesem Sinne vertheilen sich die Geschäfte zwischen die Quartalsitzungen, das Cu= ratorium der visiting justices und die einzelen Friedensrichter.

In den Grafschaften, die aus mehren Ridings oder Divisions mit gesonderten Friedenscommissionen bestehen, hat das st. 5. Geo. IV. c. 12 die Fürsorge getroffen, daß die Friedensrichter des Riding von Zeit zu Zeit zu einem Court of Sessions for the Gaol zusammentreten. Diese Gaol Sessions erhalten die Gewalten der Quarter Sessions ad hoc. Zugleich wird für die Vertheilung der Kostenbeiträge gesorgt, und im Falle eines Streites ein Schiedsverfahren angeordnet. Andrerseits wird die Vereinigung von Gefängnißbezirken, welche zur Ausführung größerer Bauten nicht die gehörigen Mittel haben, mit anderen Verbänden befördert. Der Gemeinderath einer incorporirten Stadt kann mit den Friedensrichtern einer Grafschaft über gemeinsamen Gebrauch eines Gefängnisses contra= hiren, 5. Geo. IV. c. 85 §§. 1, 4; umgekehrt eine Grafschaft mit einer Stadt wegen Benutzung eines städtischen Gefängnisses, 6. et 7. Will. IV. c. 105 §. 1. Mit Genehmigung des Ministers können auch die visiting justices zweier Grafschaften ein solches Abkommen treffen, 16. et 17. Vict. c. 43. Ueberhaupt wird durch 5. et 6. Vict. c. 53 die dauernde Bildung von district prisons zum gemeinschaftlichen Gebrauch für Grafschaften und Städte befördert.

Die so gestaltete allgemeine Gefängnißordnung und ihre Zusatzgesetze sollen fortan gelten für jedes bestehende gaol, house of correction, bridewell und penitentiary in England und Wales, auch für künftig zu

§. 70. Die Gefängnißverwaltung der Quartalsitzungen. 397

errichtende, die nicht ausschließlich für Schuldgefangene bestimmt sind. (Excurs. †). Die Gefängnißverwaltung ist nunmehr zusammengesetzt aus folgenden in einander greifenden Faktoren.

I. Den Quartalsitzungen der Friedensrichter gebührt:

1) die Beschlußnahme über Neubau, Umbau und erhebliche bauliche Veränderungen der Kreisgefängnisse. Wenn auf Vorstellungen zweier Friedensrichter, der großen Jury, oder sonst die Session Kenntniß erhält von dem unzureichenden Zustand des Kreisgefängnisses oder Correctionshauses, so soll darüber in einer Generalsession verhandelt werden, von welcher das Publikum durch dreimalige Ankündigung in den Zeitungen in Kenntniß zu setzen ist. Die Majorität kann darauf eine Aenderung, Erweiterung, Reparatur oder Umbau beschließen, die Baucontracte eingehen, die erforderlichen Grundstücke ankaufen. Auf ausdrückliche Vorstellung, daß die vorhandene Lage des Gefängnisses ungeeignet oder ungesund ist, kann auch eine Verlegung des Gefängnisses und der damit verbundenen Räumlichkeiten zur Abhaltung von Assisen und anderer Gerichtslokale beschlossen werden; doch bedarf es darüber eines wiederholten Beschlusses in zwei Sessionen. Ueberflüssig gewordene Baulichkeiten und Bauplätze können dann auch wieder veräußert werden.[1]

2) Die Quartalsitzungen überwachen die Ausführung der Gefängnißordnung, und erlassen insbesondere die zur Durchführung des Classificationsystems erforderlichen Anordnungen. Männliche und weibliche Gefangene sollen unter allen Umständen getrennt bleiben, und dann weiter folgende sechs Klassen gebildet werden: (1) Schuldner und Verhaftete wegen Ungehorsams (contempt) im Civilproceß. (2) Strafgefangene wegen felony. (3) Strafgefangene wegen misdemeanour. (4) Untersuchungsgefangene auf Anklage wegen felony. (5) Untersuchungsgefangene wegen misdemeanour oder wegen Mangels an Bürgen. (6) Vagabunden. Die erste Klasse konnte herkömmlich nur in dem gaol vorkommen, die

---

[1] Sie können auch Darlehne dazu aufnehmen von den Commissioners of the Public Works unter Verpfändung der Kreissteuer. Die Gef.-Ord. giebt ferner Vorschriften über das Expropriations-Verfahren. Wenn der Besitzer eines zum Bau erforderlichen Grundstücks sich weigert in Verhandlung darüber zu treten, so soll, nach fruchtlosem Ablauf von 21 Tagen, die Sache in einer folgenden Session in Erwägung gezogen werden, nachdem das Publikum durch dreimalige Bekanntmachung in einem öffentlichen Blatt davon in Kenntniß gesetzt ist. Der weigernde Interessent mag dort erscheinen, und die Gründe seiner Weigerung auseinandersetzen. Wenn dennoch beschlossen wird, auf Erwerbung des Grundstücks zu bestehen, so wird der Sheriff angewiesen, 24 qualificirte Personen zu einer Jury zu stellen, von welchen 12 ausgeloost und eingeschworen werden, die dann nach Einnahme des Augenscheins und eidlichem Verhör von Zeugen und Sachverständigen unter Leitung der Friedensrichter, oder wenigstens zweier committirten Friedensrichter, ihr verdict über den Werth der Sache abgeben.

sechste Klasse nur in dem Correctionshaus; die übrigen Klassen sind beiden gemeinsam.²)

3) Die Qu. Sessions haben das **Anstellungsrecht der Gefängnißbeamten**, jetzt auch des Keeper of the County Gaol. Sie stellen die Etats der Beamtengehalte fest, und können den Directoren und höheren Beamten auch eine Pension nach Maßgabe der Dienstzeit und der Dienstleistungen bewilligen. Das alte System der Gefängnißgebühren gaols fees ist jetzt durchgängig aufgehoben durch 55. Geo. III. c. 50; 55. Geo. III. c. 116, und feste Gehalte an die Stelle gesetzt.

4) Sie ernennen einen **Gefängnißverwaltungsausschuß** von zwei oder mehren Friedensrichtern als „Visitors of the Gaol and House of Correction" in ihrem Bezirk, und lassen sich in der Michaelissession von dem Kreissekretär einen **Generalbericht** erstatten, begründet auf die Berichte der visiting magistrates und des Gefängnißgeistlichen. Der Generalbericht wird von der Session geprüft, bestätigt, vom Vorsitzenden gezeichnet und dem Minister des Innern eingereicht.

5) Für die **Vollstreckung der Strafen an jugendlichen Verbrechern** können die Quartalsitzungen auch Contracte schließen mit den Unternehmern von Erziehungsanstalten für verwahrloste Kinder, reformatory schools. Zuschüsse aus der Kreiskasse mögen auch zur **Anlage von reformatory schools** bewilligt und dabei den Directoren oder Verwaltern besondere Bedingungen gestellt werden. Doch muß die Sitzung, in welcher darüber verhandelt werden soll, dem Publikum vorher bekannt gemacht werden. Die Zuschüsse dürfen nur zur Bauanlage, Erweiterung oder dauernden Ausstattung solcher Anstalten gegeben werden, die vom Minister des Innern genehmigt sind. Alle Be-

---

²) Die Gef.-Ord. 4. Geo. IV. §. 49 giebt gewisse Grundzüge für die Baupläne, die mit Rücksicht auf Sicherheit, Gesundheit, Beaufsichtigung, religiösen und moralischen Unterricht der Gefangenen entworfen werden sollen, mit gesonderten Abtheilungen und luftigen Zellen. Dazu besondere Krankenzimmer für beide Geschlechter, kalte und warme Bäder, besondere Höfe zur körperlichen Bewegung für die verschiedenen Klassen; Vorschriften über die Schlafräume, Wasserversorgung, Isolirzellen zur Verbüßung von Strafen. Wo in einem Kreise mehre Gefängnisse vorhanden sind, können sie auch gesondert für verschiedene Klassen von Gefangenen bestimmt werden. Wegen der Schwierigkeit der Durchführung hat indessen das Gesetz vom folgenden Jahre 5. Geo. IV. c. 85 §. 10—13 einigen Spielraum in der Klassificirung gelassen. Die Prisons Act 1865 hat wohl mit Recht an dieser Stelle die administrativen Aufsichtsgewalten außerordentlich erweitert (Art. 23 bis 30). Der Minister des Innern hat die vorgelegten Baupläne zu bestätigen oder abzuändern. Er ernennt einen General-Bauinspektor, surveyor general, zur Berathung der Lokal-Autoritäten bei den Gefängnißbauten, welcher dem Minister über die Baupläne und alle Fragen des Gefängnißbauwesens gutachtlich zu berichten hat. Auch die Grundsätze über die Classification der Gefangenen sind im Art. 17 des neuen Gesetzes so gefaßt, um auf das Maß des Ausführbaren Rücksicht zu nehmen.

§. 70. Die Gefängnißverwaltung der Quartalsitzungen. 399

willigungen zu diesen Zwecken sind nach den Grundsätzen gewöhnlicher Gefängnißkosten zu behandeln. (Excurs. †††)

II. Der Gefängnißverwaltungsausschuß, Visiting Justices, wird von der Quartalsitzung aus zwei oder mehren Friedensrichtern ernannt, deren Namen dem Minister des Innern einzuberichten sind. Ein Visitor muß persönlich jedes Gefängniß mindestens dreimal im Quartal besichtigen, den Zustand der Baulichkeiten so prüfen, um darauf ein Urtheil über etwa nöthige Reparaturen oder Aenderungen gründen zu können. Die Visitors haben ferner genaue Controle zu üben über die Classificirung, Beaufsichtigung, Beschäftigung und den Unterricht der Gefangenen; über die Amtsführung und das Betragen der Beamten; über die Behandlung, Führung und den Zustand der Gefangenen; über die vorhandenen Mittel zu ihrer Beschäftigung und den Betrag ihres eigenen Verdienstes; über die Ausgaben der Gefängnißverwaltung; über alle Mißbräuche im Bereich derselben. In dringenden Fällen sollen sie ihre Amtsgewalt als Friedensrichter sofort gebrauchen, und als Untersuchungs- und Strafrichter einschreiten. Wenn ein Strafgefangener sich schuldig macht wiederholter Uebertretung der Hausordnung, oder eines Vergehens, welches die Strafgewalt des Director überschreitet, so soll dieser einem Visitor Bericht erstatten: und dieser oder ein anderer Friedensrichter des Bezirks mag dann nach gehöriger Untersuchung und eidlichem Verhör auf engen Gewahrsam bis zu einem Monat erkennen; bei solchen, die wegen Felonie oder zu harter Arbeit verurtheilt sind, auch auf körperliche Züchtigung.[3] Concurrirend mit

---

[3] Der Gefängnißverwaltungsausschuß der Visitors hat noch folgende Specialbefugnisse. Im Fall der außerordentlich guten Führung eines Gefangenen mögen sie der nächsten Quartalsitzung Bericht erstatten, damit diese Befürwortung eines Begnadigungsgesuchs beschließe. Im Fall der Bewilligung wird dann dem entlassenen Sträfling die nöthige Kleidung und eine Unterstützung von 5—20 sh. nach Ermessen der Visitors bewilligt. Auch die in engen Gewahrsam gesetzten Gefangenen können von einem Visitor besucht und über ihre Behandlung gehört werden. Jeder Visitor kann durch schriftliche Order die Beschäftigung eines Untersuchungsgefangenen unter dessen Zustimmung mit einer angemessenen Arbeit genehmigen und dafür einen Lohn bewilligen. Zwei Visitors können durch schriftliche Order jeden Strafgefangenen, der sich nicht aus eigenen Mitteln erhält zu einer angemessenen nicht harten Arbeit anhalten, so lange es dessen Gesundheitszustand gestattet; im Fall der Weigerung braucht die Kreiskasse seine Unterhaltungskosten nicht zu tragen. Dringende zur Sicherheit des Gefängnisses nöthige Reparaturen oder bauliche Aenderungen kann in der Zwischenzeit der Quartalsitzungen jeder einzelne Visitor anordnen, mit Vorbehalt der Berichterstattung und Bestätigung bei der nächsten Quartalsitzung. Dem entlassenen Strafgefangenen fertigen die Visitors den nöthigen Paß nebst Signalement nach gesetzlichem Formular aus, bestimmen seine Reiseroute in der dafür bestimmten Colonne, und weisen das gesetzliche Meilengeld (1½ d. für die englische Meile) auf die Gemeindearmenkasse der Orte an, durch welche er passirt, nach Umständen auch eine Geldunterstützung.

den Visitors hat auch jeder einzele Friedensrichter das Recht jederzeit das Gefängniß zu betreten, und etwa bemerkte Mißbräuche der nächsten Quartalsitzung anzuzeigen.

III. Die executiven Gefängnißbeamten zerfallen in den Direktor, Keeper, den Gefängnißgeistlichen, den Gefängnißarzt und die Unterbeamten, welche sämmtlich von den Quartalsitzungen nach ihrem Ermessen ernannt und entlassen werden.

1) Der Keeper soll seine Amtswohnung im Gefängniß selbst haben. Er hat bei jeder Quartalsitzung einen schriftlichen Bericht über den gegenwärtigen Zustand der Anstalt, über die Zahl und Beschaffenheit der Gefangenen abzustatten, sich persönlich einzufinden und auf Verlangen eidlich alle Fragen der Friedensrichter darüber wie über den ganzen Kreis seiner Verwaltung zu beantworten. Er hat ein Untersuchungs= und Strafrecht wegen folgender Vergehen: (1) Ungehorsam gegen einen Artikel der Hausordnung, welche in 104 Artikeln dem Gefängnißgesetz beigefügt ist, (2) leichtere körperliche Angriffe der Gefangenen unter einander, (3) gottloses Fluchen und Schwören, (4) indecentes Betragen, (5) unehrerbietiges Benehmen in der Kapelle, (6) beleidigende und drohende Worte gegen einen Beamten oder Mitgefangenen, (7) Ausbleiben beim Gottesdienst ohne Urlaub, (8. u. 9.) Vernachlässigung der Arbeit oder absichtliches Verderben derselben seitens eines Strafgefangenen. Der Schuldige kann wegen einer solchen „offence against prison discipline" nach vorgängigem Verhör zu engerm Gewahrsam in der Straf= oder Isolirzelle bei Wasser und Brod bis auf drei Tage verurtheilt werden. Der Gebrauch aller Isolirzellen ist aber von Specialprüfung und Certifikat eines General=Inspectors abhängig, gegen dessen Verweigerung die Gefängnißautoritäten einen Recurs an den Minister erhalten. Die vom Direktor erkannten Disciplinarstrafen sind in ein formulirtes Buch einzutragen. — Der Gefängnißdirektor in dieser Stellung ist nunmehr der unmittelbar verantwortliche Hauptbeamte der Anstalt. Die alte Verantwortlichkeit des Sheriff beschränkt sich auf die zum Tode verurtheilten Verbrecher und Schuldgefangenen (Art. 61). Unter Leitung des Sheriff findet nach 31. et 32. Vict. c. 24 auch die Vollstreckung der Todesstrafen innerhalb des Gefängnisses statt. (Excurs. ††††.)

2) Der Gefängnißgeistliche, Chaplain, wird ebenfalls von den Quartalsitzungen angestellt und entlassen, mit Bestimmung eines angemessenen Gehalts. Er soll ein clergyman der Staatskirche sein und bedarf einer licence des Bischofs. In größeren Anstalten mögen die Quartalsitzungen auch einen assistant chaplain anstellen, und dessen Gehalt bestimmen. Der Geistliche soll ein Journal halten, darin seine Beobachtungen eintragen, und den Quartalsitzungen zur Michaelissitzung einen Jahresbericht

erstatten. Gefangene anderer Confessionen können auf besonderes Verlangen von Zeit zu Zeit von einem Geistlichen besucht werden, nach näherer Bestimmung der Visitors.

3) Der Gefängnißarzt wird von den Quartalsitzungen aus der Zahl der gesetzlich qualificirten Aerzte widerruflich ernannt, unter Bestimmung seines Gehalts und der sonstigen Medicinalkosten. Er hat wöchentlich mindestens zweimal das Gefängniß zu besuchen, ein Journal zu führen zur Vorlegung bei den Quartalsitzungen, und solchen jedesmal einen Bericht über den Status des Gefängnisses und über den Gesundheitszustand der Gefangenen zu erstatten.

4) Die executiven Unterbeamten, Hausmutter (Matron), Werkmeister, Lehrer, Schließer ꝛc. werden ebenfalls von den Quartalsitzungen angestellt und nach freiem Ermessen entlassen. Die Quartalsitzung bestimmt die Bedingungen der Anstellung, die Gehalte, und Remunerationen mit dem Rechte, solche zu ändern, herabzusetzen, zu erhöhen, zu entziehen. Den männlichen Unterbeamten sind die gesetzlichen Rechte der Constables beigelegt.

IV. Die Hausordnung der Gefängnisse ist dem Gesetz zur gleichmäßigen Beobachtung in allen Gefängnissen einverleibt. Sie soll an einem in die Augen fallenden Ort so angeheftet werden, daß sie jeder Gefangene lesen kann. Nach der ältern Gef.=Ordn. konnten die Quartalsitzungen auch noch additional rules für die Verwaltung und für die Geschäftsführung der Beamten erlassen, die den Königlichen Richtern der Assise vorgelegt werden sollten, um zu attestiren, daß darin „nichts den Gesetzen Widersprechendes" enthalten sei. Das spätere Gesetz 5. et 6. Will. IV. c. 38 § 5. 6 ändert das Verfahren dahin, daß am 1. November der Kreissecretär dem Minister des Innern ein Exemplar aller am 25. September in Anwendung gewesener Regulative einsendet, nebst den Entwürfen zu etwanigen neuen oder additional rules. Der Minister darf diese Entwürfe ändern, oder Zusätze dazu machen, und sie demnächst mit einem Bestätigungs=Vermerk, der ihnen bindende Kraft giebt, übersenden. Sofern der Kreissecretär die Einsendung unterläßt, mag der Minister die ihm etwa nöthig scheinenden Zusätze selbst octroyiren (certify). Diese erweiterten Regulativgewalten des Ministers sind auch in der Prisons Act 1865 beibehalten, die dem Gesetz beigefügten Regulations for Government of Prisons bis auf 104 Artikel ausgedehnt, und damit das Gebiet begrenzt, auf welches sich die Disciplinarstrafgewalt des Gefängnißdirektors erstreckte. (Excurs. ††.)

V. Der ursprünglich sehr beschränkte Antheil der Staatsverwaltung ist Hand in Hand mit der Uebernahme eines großen Theils der Strafvollstreckungskosten auf die Staatskasse ansehnlich erweitert zu folgenden Befugnissen.[5])

1. Die Baupläne unterliegen der Bestätigung oder Abänderung durch den Minister des Innern. Ein Generalbauinspector ist dafür als berathende Autorität der Kreisbehörden bestimmt, welcher an den Minister gutachtlich berichtet. Auch Verträge verschiedener Gefängniß-Verwaltungen wegen Uebernahme der Gefangenen bedürfen der Bestätigung des Ministers.

2. Den Lokalverwaltungen, welche bestimmten gesetzlichen Anforderungen nicht genügen, wird auf Certificat des Ministers der jährliche Staatszuschuß entzogen; wenn aber 4 Jahre hindurch gewissen Haupterfordernissen des Gesetzes nicht genügt ist, kann in einem gesetzlich geordneten Verfahren der Minister die Schließung eines Gefängnisses durch Resolut aussprechen, welches im Staatsanzeiger zu publiciren ist.

3. Zu der gesetzlichen Haus- und Geschäftsordnung mögen die Quartalsitzungen Zusatzartikel erlassen, für Speisung und Verpflegung der Gefangenen und andere Nebenpunkte, unter Bestätigung des Ministers; nach Ablauf der gesetzlichen Frist mag der Minister solche auch unmittelbar erlassen.

4. Zur fortlaufenden Staatscontrole wird das Amt der (2—5) Generalinspectoren geschaffen, um „sammt und sonders jedes Haus zu visitiren und zu inspiciren, die Beamten zu verhören, die Bücher einzusehen", und darüber am 1. Februar alljährlich dem Minister einen Bericht zu erstatten zur Vorlegung beim Parlament. Der Minister kann auch jederzeit selbst Visitation halten oder andere Personen durch schriftliche Anweisung dazu autorisiren.

5. Dem Staat und der Centralverwaltung vorbehalten bleiben die Staatsgefängnisse für schwere Freiheitsstrafen, welche dem deutschen System der Zucht- und Festungsstrafen entsprechen.

† Die Statistik der Grafschaftsgefängnisse.

Das Material für die neuere Consolidation der Gefängnißordnung geben 5 Reports of Lords Committee on the State of Gaols 4 vol. 1835. Report on the Rules and Discipline of Prisoners in Gaols 1850. Daran schließen sich die Jahresberichte der Generalinspektoren, welche nach 5. et 6. Will. IV. c. 38 seit 1836 fortlaufend erstattet werden nach der üblichen Trennung in einen südlichen und einen nördlichen Distrikt. Eine zusammenfassende Statistik der Grafschafts- und städtischen Gefängnisse und der Gefangenen giebt die jährliche Justizstatistik, beispielsweise in den P. P. 1861 Vol. 60 Part I. S. 63—89. Es werden aufgezählt 155 Grafschafts- und städtische Gefängnisse: darunter 9

---

[5]) Ueber das System der Staatsinspection über die Grafschaftsgefängnisse und die Generaldirektion der unter unmittelbarer Staatsverwaltung stehenden Zuchthäuser, vergl. Gneist, Engl. Verwalt.-Recht II. §. 76.

§. 70. Die Gefängnißverwaltung der Quartalsitzungen.

ausschließliche County Gaols, 53 County Gaols welche zugleich Houses of Correction sind, 26 gesonderte County Houses of Correction; sodann 56 städtische City, Borough, Town Gaols und Correctionshäuser, 6 Gefängnisse für Districte und drei gesonderte Schuldgefängnisse. Districtsgefängnisse in liberties bestanden noch: 2 für die Insel Ely, 1 für St. Albans, 1 für Romney-Marsh, 1 für Peterborough, 1 für Ripon. — Die Gesammtzahl der Verhaftungen, Untersuchungs- und Strafhaft zusammengenommen, betrug 1860: im Criminalverfahren 16,190; im summarischen Strafverfahren 79,151; for want of sureties 3,309; on remand and discharge 10,964; in Schuldsachen 11,707; unter der Mutiny Act (Militärgefängnisse) 3,961. Die Gesammtsumme der Verhaftungen war hiernach 116,282, (85,513 männliche, 30,769 weibliche Personen), und durchschnittlich waren Tag für Tag mehr als 15,000 Personen im Gefängniß. — Die Summe der Gefängnißbeamten betrug 2385: nämlich governors und deputy governors 183; chaplains 145; surgeons 148; clerks, Lehrer ꝛc. 147; Oberwärter 263; Unterwärter 719; andere Unterbeamte 320; — und an weiblichen Beamten: 7 Lehrerinnen, 172 Oberwärterinnen, 281 Unterbeamte.

Die späteren Jahrgänge der Statistik ergeben eine Abnahme der Lokalgefängnisse in Folge der fortschreitenden Vereinigung von Stadt- und Grafschaftsgefängnissen. Nach den Parl. P. 1864 Vol. LVII. war die Zahl der Lokalgefängnisse noch 146, in welche 144,519 Personen eingebracht wurden; der tägliche Durchschnittsbestand der Gefangenen war 18,806; während die Lokalitäten für 27,421 ausreichend eingerichtet waren. Der Bericht giebt auch Auskunft über die Classification der Gefangenen, die Zahl der Bestrafungen wegen Gefängnißübertretungen (51,010 Fälle) und den Etat der Beamten (1898 männliche, 452 weibliche Beamte).

Der Finanzetat bildet (pro 1864) drei Hauptausgabeposten: (1) Baukosten, außerordentliche = 107,858 L., Reparaturen, Feuerung, Licht, Bettung und andere Lokal- und Bureaukosten = 99,623 L., (2) Beamtengehalte und Pensionen = 189,525 L., (3) Gefangenenunterhalt und Medicinalkosten = 150,400 L., Gesammtkosten = 547,414 L. d. h. durchschnittlich 23 L. 7s. 5d. auf den einzelen Gefangenen ohne Einrechnung der außerordentlichen Kosten. — Die Einnahmequellen bilden ebenso drei Hauptmassen: (1) Gefängnißeinnahmen aus dem Arbeitsertrag u. s. w. 37,885 L., (2) Lokalsteuern der Grafschaften und Städte, County und Borough Rate = 400,082 L., (3) Staatsbeiträge = 109,446 L. Der gesammte Staatsbeitrag zu den Lokalgefängnissen und Transportkosten war bereits auf 288,286 L. gestiegen, und ist von Jahr zu Jahr weiter steigend.

Den 32. Jahresbericht der Inspectors of Prisons geben die Parl. P. 1868 Vol. XXXIV. Ein Verzeichniß der Grafschaften, die ihre Gefängnisse in Uebereinstimmung mit den Bestimmungen der Prisons Act 1865 gebracht haben, enthalten die Parl. P. 1867 LVII. 867. Die Justizstatistik P. P. 1868 Vol. LXVII. ergiebt die Zahl der eingebrachten Gefangenen auf 145,184 mit einer entsprechenden Vermehrung des Personals und der Kosten.

†† **Die Artikel der Hausordnung.**

Die ältere Gefängnißordnung 4. Geo. IV. c. 64 gab unter der Rubrik der Hausordnung (Regulations) folgende 24 Artikel: Art. 1. Der Direktor soll im Gefängniß wohnen, darf nicht ein Unter-Sheriff oder Bailiff sein, nicht betheiligt bei irgend einem erwerbenden Geschäft oder bei einem Lieferungscontract für die Anstalt. — 3. Er soll, soweit es ausführbar, alle 24 Stunden jede Abtheilung besichtigen, jeden Gefangenen sehen, jede Zelle besuchen; weibliche Gefangene in Begleitung der Hausmutter. — 4. Er soll ein Journal führen zur Eintragung der vollstreckten Strafen und sonstiger Ereignisse, zur Vorlegung bei den Quartalsitzungen. — 6. Klassificirung der Gefangenen (wie oben); ausgenommen bleiben die zu häuslichen Diensten und als Lehrer verwendeten: auch kann der Director auf erhebliche Veranlassung einen Gefangenen zu einer andern Klasse versetzen, muß aber schleunigst die Genehmigung der Visitors einholen. — 8. Zu harter Arbeit Verurtheilte dürfen nicht über 10 Stunden täglich zur Arbeit angehalten werden, und nicht an Sonn- und Festtagen. — 10. Unterricht im Lesen und Schreiben nach Anordnung der Visitors. — 12. Anschließung eines Gefangenen in Eisen nur in Fällen dringender und unbedingter Nothwendigkeit, mit sofortiger Anzeige an einen Visitor, und nicht über 4 Tage ohne dessen schriftliche Order. — Schuld- und Untersuchungsgefangene dürfen zu angemessenen Stunden Speisung, Bettung, Kleidung und andere Bedürfnisse sich selbst beschaffen; jedoch mit Ausschluß von Extravaganz und Luxus. — 15. Strafgefangene erhalten Gefängnißkost und Kleidung, mit Vorbehalt von Ausnahmen, welche die Quartalsitzungen oder Visitors für gewisse Klassen oder Umstände gestatten können. — 16. Der Verkehr der Untersuchungsgefangenen mit anderen ist unter gewissen Vorbehalten freigegeben; für den der Strafgefangenen mit ihren Angehörigen, und für die Correspondenz der Gefangenen, erlassen die Quartalsitzungen angemessene Regulative. — 17, 18. Kleidung und Bettung. — 19. Die Räumlichkeiten und Wände sind jährlich wenigstens einmal abzuputzen und anzustreichen; die Wohnungs-, Arbeits- und Schlafräume wöchentlich einmal zu reinigen. — 21, 22. Verbot der Spirituosen und des Spiels. — 24. Anzeige der Todesfälle an einen Visitor und den Coroner.

Die Prisons Act 1865 fügt die Regulations in einer besondern Shedule dem Gesetz bei und dehnt sie auf 104 Artikel aus, umfassend das Verfahren bei Aufnahme und Entlassung, Diät, Kleidung und Bettung, Beschäftigung, Gesundheitspflege, Gottesdienst, Unterricht, Annahme von Besuchen, Gefängnißvergehen (d. h. Uebertretungen der so formulirten Artikel der Hausordnung); Specialbestimmungen über die Behandlung der zum Tode verurtheilten Gefangenen; allgemeine Geschäftsordnung der Gefängnißbeamten, welche Kraft des Gesetzes alle Amtsbefugnisse eines constable erhalten; sodann die Specialinstruktion für den Director, die Hausmutter, den Arzt, den Portier und die Wärter; die Form und die Perioden der Berichte des Directors; die Specialjournale und Berichte des Kaplans und des Arztes. Alle Einzelheiten der durch vieljährige Praxis bewährt gefundenen Verwaltungsregulative haben nun in dieser Weise eine gesetzliche Feststellung erhalten, doch mit Vorbehalt der additional rules der Quartalsitzungen und des Ministers des Innern.

††† Die Reformatory and Industrial Schools.

Die Bestimmungen über die Reformatory Schools sind jetzt consolidirt in der Reformatory Schools Act 1866, 29. et 30. Vict. c. 117. Der Minister des Innern wird zur Ernennung eines Staatsinspectors dafür ermächtigt. Erziehungsanstalten für verwahrloste Kinder, welche um Anerkennung als autorisirte Anstalten nachsuchen, hat der Inspector einer vorgängigen Prüfung zu unterwerfen, nach welcher sie als „certified reformatory schools" anerkannt, als ergänzende Strafanstalten benutzt und unter fortlaufender Staatsinspection gehalten werden. Die Unternehmer (managers) sind zur Aufnahme der jugendlichen Verbrecher nach Maßgabe der Gesetze und Regulative verpflichtet, so wie zur Erziehung, Bekleidung und den Unterhalt derselben, so lange die dafür bewilligte Vergütigung gezahlt wird. Die schriftlich bestellten Beamten der Anstalt haben für Transport, Detention und Wiederergreifung entlaufener Zöglinge die Rechte der Constables. Jugendliche Verbrecher unter 16 Jahren, welche wegen eines Verbrechens oder Vergehens Zuchthaus- oder Gefängnißstrafe verwirkt haben, mögen zunächst zu einer Gefängnißstrafe von 10 Tagen oder länger verurtheilt werden, und dann noch zu einer Detention in der Anstalt auf 2—5 Jahre, als Zusatzstrafe. Die Bestimmung der An-

§. 70. Die Gefängnißverwaltung der Quartalsitzungen. 405

stalt erfolgt durch den erkennenden Richter mit möglichster Rücksicht auf die Confession. Eine Ueberweisung in eine andere Anstalt oder Entlassung kann jederzeit durch Order des Ministers erfolgen. Nach achtzehnmonatlicher Haft kann auch die widerrufliche Entlassung auf Urlaubschein erfolgen und das Engagement des Entlassenen als Lehrling mit dessen Zustimmung. Eine Auflehnung gegen die Ordnung der Anstalt oder Entweichen aus derselben kann durch Gefängnißstrafe bis 3 Monate vor einem Friedensrichter geahndet werden. Anstiftung und Beihülfe dazu ist bis 20 ₤. oder 2 Monate Gefängniß bedroht. Die Kosten des Transports und der Bekleidung trägt der Kreisverband mit einem jährlich gewährten Staatszuschuß für Transport und Unterhalt. Der alimentationspflichtige Vater kann durch Order zweier Friedensrichter bis zu 5 sh. wöchentlich beizutragen gezwungen werden. Der Betrag der an die Anstalt zu zahlenden Vergütigung wird durch Vertrag mit der Prison authority festgestellt. Alle Kosten werden als Ausgaben unter der Prisons Act erachtet. Eine Uebersicht der Resultate giebt die jährliche Justizstatistik, beispielsweise für 1864: 51 certified schools, in welche 733 Knaben, 177 Mädchen neu aufgenommen wurden; Gesammtzahl der Detinirten 3435 Knaben, 881 Mädchen; Gesammtkosten 51,695 ₤., wozu von den Eltern nur 2243 ₤. beizutreiben waren.

Parallel dieser Einrichtung gehen die Industrial Schools nach der Industrial Schools Act 1866, 29. et 30. Vict. c. 98. Sie werden unter denselben Staatsinspector gestellt, auf dessen Bericht certified und periodisch visitirt. Sie dienen aber nur zum Zweck polizeilicher Detention. Auf schriftliche Order zweier Friedensrichter sind darin aufzunehmen: Kinder unter 12 Jahren, welche (noch nicht bestraft) einer felony oder eines misdemeanor angeschuldigt werden, nach Ermessen der Friedensrichter; sodann Kinder unter 14 Jahren, welche (1) bettelnd, wandernd, vagabundirend, hülflos, verlassen gefunden werden, (2) welche als unverbesserlich (refractory) von den Eltern selbst dorthin gesandt werden, (3) welche als refractory aus Armenhäusern oder Armenschulen dorthin gewiesen werden. Die Ordnung der Anstalt wird von den Managers unter Bestätigung des Ministers festgestellt. Widersetzlichkeit dagegen und Entlaufen aus der Anstalt ist mit Gefängniß von 14 Tagen bis zu 3 Monaten und Verweisung in eine reformatory school als Zusatzstrafe bedroht vor zwei Friedensrichtern. Mit dem 16. Jahre muß jedenfalls diese Detention aufhören, und jederzeit durch Order des Ministers. Der Kostenpunkt wird gleich dem der reformatory schools behandelt, als ordentliche Polizeikosten mit Staatszuschuß. Die Justizstatistik von 1868 ergiebt 41 certified industrial schools mit 949 Knaben und 289 Mädchen.

Auf beide Klassen der Schools zugleich erstreckt sich der jährliche Geschäftsbericht des Inspector beispielsweise in den Parl. P. 1868 No. 4066. XXXVI. 225.

†††† **Die Vollstreckung der Todesstrafen in den Lokalgefängnissen.**

Im Jahre 1868 ist das System der Intramuranhinrichtungen eingeführt durch 31. et 32. Vict. c. 24. Die Hinrichtung soll innerhalb der Baulichkeiten des Gefängnisses stattfinden, in welchem der Delinquent zur Zeit der Strafvollstreckung aufbewahrt wird. Es sollen dabei anwesend sein: der für die Strafvollziehung competente Sheriff oder sein Stellvertreter, der Director, Geistliche und Arzt des Gefängnisses, und solche andere Gefängnißbeamte, welche der Sheriff requirirt. Das Recht der Anwesenheit hat jeder Friedensrichter der Grafschaft oder des Polizeibezirks, zu welchem das Gefängniß gehört, und solche andere Personen, welche der Sheriff oder die visiting justices des Gefängnisses zulassen. Unmittelbar nach der Hinrichtung soll der Gefängnißarzt einen Todtenschein ausstellen. Innerhalb 24 Stunden nach der Hinrichtung soll der Bezirks-Coroner mit seiner Jury einen Inquest an der Leiche abhalten (oben §. 10), durch welchen die Geschworenen die Identität der Person und die gesetzmäßige Vollstreckung der Strafe feststellen. Kein Gefängnißbeamter oder Gefangener darf als Geschworener bei diesem Inquest theilnehmen. Das Begräbniß der Leiche findet innerhalb des Bereichs der Gefangenen-Anstalt statt. Die ausgestellten Certifikate und ein Duplicat des Coroner's inquest sind dem Minister des Innern einzusenden. Der Letztere mag auch durch General-Regulative (welche dem Parlament in bestimmter Frist nachrichtlich vorzulegen sind) nähere Bestimmungen treffen zur Verhütung von Mißbräuchen, zur Herbeiführung einer größern Feierlichkeit des Akts, und um außerhalb der Gefängnißmauern in angemessener Weise dem Publikum von der stattfindenden Hinrichtung Kenntniß zu geben.

§. 71.

Verwaltung der Kreisirrenhäuser. Lunatic Asylums.

Die Irrenhäuser als Gegenstand friedensrichterlicher Administration durch die Quartalsitzungen datiren erst aus dem **neunzehnten Jahrhundert**. Bis zum Anfang desselben war die öffentliche Fürsorge für die lunatics und idiots überaus mangelhaft geblieben. Das **gerichtliche und vormundschaftliche** Verfahren stand unter dem Lordkanzler mit schwerfälligen und veralteten Bureauformen. Die Erhaltung armer Gemüthskranker blieb der Kirchspielsarmenpflege überlassen, die sich durch Unterbringung in Hospitälern, Arbeitshäusern und bei Privatpersonen helfen mußte. Für die der **Criminaljustiz** anheimfallenden lunatics war außer den Hospitälern und Gefängnissen kein Unterkommen zu finden. Die Zahl der öffentlichen Irrenhäuser älterer Stiftung war sehr klein. Es waren solche vorhanden in Bethlem, London (gestiftet 1547), St. Peter's, Bristol (1696), Bethel Hospital, Norwich (1713), St. Luke's (1751), zwei Häuser in York (1777, 1796), Liverpool (1792). Diese Häuser waren überfüllt, und der Mangel an Irrenanstalten wurde um so beunruhigender, als man statistisch eine verhältnißmäßige Zunahme der Geisteskrankheiten in England zu bemerken glaubte.

Es wurde daher die Errichtung von **Grafschafts- und Stadt-Irrenhäusern** vorgeschrieben durch 48. Geo. III. c. 96; 4. Geo. IV. c. 40; 11. Geo. IV. c. 1, an deren Stelle später das Hauptgesetz 8. et 9. Vict. c. 126 mit Zusatzacten trat. Nach diesen Gesetzen sollen die Friedensrichter der Grafschaft sowie der Städte mit eigener Friedenscommission überall ein Irrenhaus für gemüthskranke Arme und criminals beschaffen, entweder gesondert für sich, oder im Verein mit anderen Grafschaften oder Städten, oder mit den Unternehmern einer schon bestehenden Privat-Irrenanstalt. Die Kosten sind aus der County Rate beziehungsweise Borough Rate zu bestreiten. Baupläne, Vereinbarungen mit anderen Irrenanstalten und alle rules und regulations sind den Commissioners in lunacy, alle Contracte und Etats dem Minister des Innern zur Bestätigung vorzulegen. Diese öffentlichen Irrenhäuser haben nun die zweifache Bestimmung:

1) Zur Unterbringung der der Armenverwaltung anheimfallenden Gemüthskranken, pauper lunatics, die zwar in großer Zahl in die Arbeitshäuser aufgenommen werden; doch so, daß gefährliche (dangerous) Gemüthskranke nicht länger als 14 Tage darin bleiben dürfen.

2) Zur Unterbringung der criminal lunatics und lunatics suspected of crime, die wieder nach verschiedenen Gesetzesclauseln in mehre Unterklassen zerfallen: (1) solche, welche im ordentlichen Strafprozeß von der Jury als gemüthskrank freigesprochen sind, acquitted insane by jury; (2) solche, die unter Anklage gestellt, beim Beginn des Hauptverfahrens durch eine zu dem Zweck gebildete Jury als gemüthskrank befunden sind, found insane by jury; (3) solche, die von den Friedensrichtern als gemüthskrank überwiesen sind, insane committed by justices; (4) solche, die von den Friedensrichtern überwiesen sind als ergriffen unter Umständen, welche Gemüthskrankheit und eine Neigung zur Begehung eines Verbrechens anzeigen, oder welche sich umhertreibend ohne gehörige Aufsicht gefunden sind, dangerous lunatics committed by justices; (5) solche Angeschuldigte, welche bei ihrer Ueberweisung zum Hauptverfahren dem Minister des Innern als gemüthskrank bezeichnet, und brevi manu einem Irrenhaus überwiesen sind, by order of secretary of state; (6) solche, welche in den Strafgefängnissen als gemüthskrank befunden, aus dem Strafgefängniß dem Irrenhaus überwiesen werden, convicts becoming insane.

Für beide Hauptklassen, von denen die „armen" Gemüthskranken die bei weitem zahlreichere Gruppe bilden, dienen nunmehr die Kreisirrenhäuser unter einer friedensrichterlichen Verwaltung analog der Gefängnißverwaltung. Unter Aufhebung früherer Gesetze consolidirt das st. 16. et 17. Vict. c. 97 die dafür geltenden Grundsätze als „Lunatic Asylums Act 1853" in 136 Artikeln:

I. Die Quartalsitzungen aller Grafschaften und Städte, welche noch kein eigenes Irrenhaus haben, sollen für ein solches sorgen und werden event. durch den Minister dazu angehalten. Jede Stadt, die nicht wenigstens sechs eigene Friedensrichter hat, soll sich der Grafschaft anschließen, in der sie liegt, und kann auch wider ihren Willen durch den Minister des Innern so unirt werden (§§. 9, 10). In Städten mit eigener Polizeiverwaltung soll der Gemeinderath die Functionen der Quartal-Sitzungen üben und das Committee of Visitors ernennen. Andere Städte und Freibezirke sind für die Irrenverwaltung der Grafschaft anzuschließen und als Theile der Grafschaft zu besteuern.[1]

II. Die Quartalsitzungen haben aus ihrer Mitte ein Committee zu ernennen, zunächst zur Anschaffung eines Irrenhauses oder zur Vereinbarung mit einer andern Grafschaft, Stadt 2c. (§§. 3, 4). Nach der Beschaffung der Anstalt tritt das Committee of Visitors als Oberbehörde für die laufende Verwaltung ein, und zwar ein besonderes für jede Anstalt, mit einem Chairman und Secretär (§§. 24—26). Die Committees schon bestehender Anstalten können sich nach vorgeschriebenem Contraktsformular zu einer Anstalt vereinigen. Die Visitors mögen wegen Aufnahme armer Gemüthskranker auch mit anderen Kreis-Irrenhäusern oder concessionirten Privatanstalten Contrakte schließen. Ihre general rules oder Verwaltungsregulative sind in Uebereinstimmung mit den Normativbestimmungen des Ministers des Innern zu erlassen und dem Minister zur Bestätigung vorzulegen (§. 53). Sie fixiren die Taxe für die Aufnahme eines Kranken, doch nicht über 4⅔ Thlr. wöchentlich, wenn nicht die Quartalsitzungen einen höhern Satz genehmigen. Sie haben wenigstens alle zwei Monate einmal die Anstalt zu visitiren, jährlich einmal Generalbericht den Quartalsitzungen zu erstatten und den Commissioners in Lunacy abschriftlich einzureichen. Alle besoldeten Beamten, namentlich der Geistliche, Arzt, Secretär, Rendant und die sonst nöthigen Beamten und Diener werden von den Visitors ernannt; auch können Pensionen bis auf ⅔ des Gehalts bewilligt werden (§§. 55—57). Wo über 100 Kranke sind, bedarf es stets eines residirenden Medical Attendant. Der Secretär hat vollständige Verzeichnisse der Aufgenommenen zu führen und solche nebst Abschrift der Annahmeorders und der ärztlichen Atteste den Commissioners einzusenden. Todesfälle sind dem Civilstandsbeamten, den Commissioners und den Armenunterstützungsbeamten anzuzeigen.[2]

---

[1] Die Quartalsitzungen haben auf diesem Gebiet nur die allgemeinen Maßregeln, während das Regulativrecht und alles Speciellere dem Committee der Visitors zufällt. Uebrigens ist die Errichtung der Grafschafts-Irrenanstalten ziemlich langsam vorgeschritten. Im Jahre 1843 waren 12 County Asylums vorhanden, 5 County and subscription, 11 zum Theil auf milden Stiftungen beruhend. Seitdem ist die Zahl der öffentlichen Anstalten erheblich gewachsen, die meisten in großem Maßstab. Zusätze über Nebenpunkte enthält 18. et 19. Vict. c. 105; 19. et 20. Vict. c. 87. Nach 25. et 26 Vict. c. 111 §. 4 sind die Anlagepläne der Visitors, wenn sie von den Quartalsitzungen nicht genehmigt werden, dem Minister des Innern zur weitern Veranlassung zu submittiren.

[2] Das Committee of Visitors bestimmt in Gemäßheit der Regulative die Zahl, Amtsstellung und Gehalte der Beamten und Diener, und hat auch das Entlassungsrecht der Beamten. Man hat dabei Bedacht genommen auf eine zweckmäßige Classificirung der Irren; die Scheidung der heilbaren und unheilbaren ist später auch gesetzlich vorgeschrieben. Ein langer Streit wurde geführt, ob dem Arzt oder dem Oeko-

§. 71. Verwaltung der Kreisirrenhäuser. 409

III. Die einzelen Friedensrichter haben die summarische Untersuchung über den Gemüthszustand zu führen und die orders über die Aufnahme der pauper und criminal lunatics zu erlassen. Die Aufnahme in das Irrenhaus setzt nach den verschiedenen Gesetzen voraus:

1. Bei gemüthskranken Armen eine summarische Voruntersuchung. Der angebliche Gemüthskranke wird durch die Armenaufseher einem Friedensrichter zum Verhör vorgeführt, im Nothfall auch dem Geistlichen im Verein mit einem Armenaufseher. In beiden Fällen ist die Assistenz einer Medicinalperson nöthig. Erst nach dieser Untersuchung wird die Aufnahme-Order in das Irrenhaus und die Zahlungsorder wegen der Kosten an das Kirchspiel der Niederlassung erlassen (vergl. 25. et 26. Vict. c. 111 §. 19, 31, 34).

2. Analog ist das Verfahren bei vagabundirenden Geisteskranken. Die Order wird in diesem Falle, nach Anhörung einer Medicinalperson, von zwei Friedensrichtern erlassen, welche zugleich die alimentationspflichtigen Verwandten oder das etwaige eigene Vermögen des Gemüthskranken heranziehen, event. den Heimathsort nach Möglichkeit zu ermitteln suchen.

3. Wegen der gemüthskranken criminals bestimmt das st. 1. et 2. Vict. c. 14, daß wenn Jemand betroffen wird unter Umständen, welche eine Gemüthszerrüttung und den Vorsatz anzeigen, eine strafbare Handlung zu begehen, je zwei Friedensrichter mit Zuziehung eines Arztes den Gemüthszustand feststellen und die Annahmeorder erlassen sollen. Nach 3. et 4. Vict. c. 54 sollen verhaftete Personen, die, zu Criminalstrafe verurtheilt oder unter Anklage gestellt, geisteskrank befunden werden, auf Attest von zwei Friedensrichtern und zwei Aerzten oder Wundärzten durch Order des Ministers des Innern in eine Irrenanstalt gebracht werden.

Ein analoges Verfahren ist nothwendig zur Entlassung nach festgestellter Genesung.

Zu dieser polizeilichen Seite der Frage tritt noch die armenrechtliche. Die einzelen Friedensrichter haben die Befugniß, die Armenbeamten zur Erhaltung gemüthskranker Personen anzuweisen (Lunatic Asylums

---

nomieverwalter die oberste Leitung einzuräumen, und über das nonrestraint system, d. i. die Abschaffung der Zwangsjacke 2c. Die erfahrungsmäßig bewährten Grundsätze kommen dann allmälig durch die Regulative zur Geltung. — Für die in die Anstalt aufgenommenen pauper lunatics tritt noch eine besondere Controle der Armenverwaltung ein. Die Secretäre der Armenverbände haben jährliche Verzeichnisse der geisteskranken Armen einzureichen. Armenarzt, guardians und Armenaufseher können die aus ihrem Bezirk in die Anstalt aufgenommenen Kranken von Zeit zu Zeit visitiren (§. 65). Auch die nicht in eine Irrenanstalt Aufgenommenen sind wenigstens vierteljährlich einmal von dem Bezirksarmenarzt zu besuchen und Verzeichnisse derselben den Commissioners in Lunacy einzusenden (§. 66).

Act §. 96). Je zwei Friedensrichter entscheiden über Niederlassungsrecht und Unterstützungspflicht und erlassen demgemäß die Zahlungsorders (§. 97). In Fällen, wo das Heimathsrecht nicht zu ermitteln, trägt die Grafschaft die nöthigen Kosten (§. 98). Ueberall mit Vorbehalt der Appellation an die Quarralsitzungen über die streitige Armenlast (§. 128).[3])

IV. Eine allgemeine administrative Aufsicht über die Privat-Irrenanstalten wurde zuerst durch 14. Geo. III. c. 49; 26. Geo. III. c. 91 zur Beseitigung schwerer Mißbräuche eingeführt. Dann folgt eine Erweiterung dieses Systems durch verschiedene Zwischengesetze, betreffend die Einsetzung einer Staatsaufsichtsbehörde, Concessionirung und Visitirung der Irrenanstalten. Unter Aufhebung dieser früheren Gesetze erfolgt eine Consolidirung in 8. et 9. Vict. c. 100. Die Hauptpunkte sind:

1. Alle Privat-Irrenanstalten bedürfen einer obrigkeitlichen Concession, welche in dem hauptstädtischen Bezirk von der Centralbehörde, in den Provinzen von den Quarter Sessions ertheilt wird auf höchstens 13 Monate, nach Ablauf deren die Concession zu erneuern ist.[4])

2. Alle Irrenhäuser unterliegen gewissen gesundheitspolizeilichen Regulativen. Häuser mit 100 und mehren Kranken müssen einen resident medical attendant haben. Ueberhaupt suchte man die schlimmsten Mißbräuche der auf Privatspeculation angelegten Irrenhäuser, welche unter unfähigen Directoren massenweis Kranke zu niedrigen Preisen aufnahmen, durch vielerlei Beschränkungen zu mildern.

3. Alle Irrenhäuser unterliegen einer periodischen Visitation.

---

[3]) Zum Zweck einer polizeilichen Controle sollen die Armenaufseher alljährlich einmal den kleinen Bezirkssitzungen ein Verzeichniß aller geisteskranken Personen ihrer Gemeinde nach gesetzlichem Formular einreichen. Auch können je zwei Friedensrichter nach vorgängiger ärztlicher Untersuchung ex officio die Abführung eines Armen in das Irrenhaus veranlassen. Andererseits bedarf es auch einer Order zweier Friedensrichter und ärztlicher Untersuchung, bevor ein Detinirter als geheilt entlassen werden darf. In Burn's Justice v. Lunatics III. sind die Gesichtspunkte der polizeilichen und der Armenverwaltungsgesetzgebung ineinander geflochten.

[4]) Die Concessionirung der Privatirrenhäuser ist vertheilt zwischen die Centralbehörde und die Quartalsitzungen. Die letzteren sollen jetzt die Concession erst ertheilen, wenn eine Inspection durch die commissioners vorangegangen ist, 25. et 26. Vict. c. 111 §. 14. Wird die Erneuerung einer Concession verweigert, so soll an den Lord-Kanzler berichtet werden, der innerhalb eines Monats die Weigerung formell bestätigt, was auch stillschweigend angenommen wird, wenn kein anderer Bescheid erfolgt. — Haltung eines unconcessionirten Hauses, Vorlegung unrichtiger Pläne bei Nachsuchung der Concession, Aufnahme eines Kranken ohne ärztliches Attest nach gesetzlich vorgeschriebenem Formular, oder eines armen Kranken ohne die gesetzlich vorgeschriebenen Orders, wird als arbiträr zu strafendes misdemeanour behandelt. Ebenso die unterlassene Anzeige von der Aufnahme und Entlassung und von den Todesfällen bei der Aufsichtsbehörde. Für alle diese Akte sind genaue Formulare im Gesetz vorgeschrieben.

§. 71. Verwaltung der Kreisirrenhäuser.

Die Friedensrichter haben für jedes von ihnen concessionirte Haus eine Commission zu ernennen, bestehend aus drei Friedensrichtern, einem Arzt, Wundarzt oder Apotheker. Die Commissarien sollen jährlich zweimal in unbestimmten Zwischenräumen visitiren, können jede Stunde, auch zur Nachtzeit, das Haus betreten; können jeden ohne genügenden Grund Detinirten freilassen, mit Ausnahme der durch gerichtliches Decret Aufgenommenen. Verhehlung gewisser Umstände vor den Commissioners wird an dem Besitzer des Hauses mit gesetzlichen Strafen geahndet. Die Visitors berichten dann wieder an die Centralbehörde.

Die administrative Staatsbehörde für das ganze Gebiet, Commissioners in Lunacy, erhielt ihre jetzige Gestalt durch 8. et 9. Vict. c. 100. Es wird dadurch eine Commission von fünf ex officio und sechs besoldeten Commissioners (drei Aerzten und drei Advokaten) vom Lordkanzler ernannt. Diese Behörde ertheilt in dem hauptstädtischen Distrikt die Concessionen zur Errichtung von Irrenanstalten mit dem Recht des Widerrufs. Die Lunatic Asylums müssen vorgeschriebene Zeugnisse der aufgenommenen Personen und ihrer Krankheitssymptome einreichen, und Anzeige machen von jedem Falle der Flucht, des Todes oder der Entlassung. Je zwei Commissarien üben das Visitationsrecht mit der Befugniß zur Einsicht in alle Bücher und Schriftstücke, zur Untersuchung aller Theile des Gebäudes und der Nebengebäude, und mit dem Recht, einen jeden Patienten nach einem zweiten Besuch zu entlassen. Sie sollen jährlich wenigstens einmal die Grafschafts- und städtischen Irrenhäuser visitiren, sowie die Gefängnisse und Arbeitshäuser, in welchen Gemüthskranke detinirt werden. Der Lordkanzler oder ein Staatssecretär kann auch „durch Specialcommission jederzeit untersuchen lassen den Zustand einer jeden Person, welche unter der Obhut eines Curator oder einer andern Person oder sonst unter irgend einer Beschränkung als gemüthskrank detinirt wird."

* **Zur Geschichte und Statistik des Irrenwesens.**

Wie die Altersvormundschaft im Mittelalter als Finanzrecht des Lehnsherrn behandelt wurde, so sah man auch die Gemüthskranken als einen Gegenstand nutzbarer Vormundschaft an. Es wurden dabei allerlei Unterscheidungen zwischen Idiots und Lunatics gemacht; gemeinsam war jedoch der Gesichtspunkt, daß die Obrigkeit nur im Interesse der Vermögensverwaltung und der Finanzen sich mit ihnen zu befassen habe. Um die ärmeren Klassen bekümmerte sich Niemand. Wo ein namhaftes Vermögen Veranlassung zum Einschreiten gab, erging ein writ de lunatico inquirendo, und nach Feststellung des Gemüthszustandes wurde die Verwaltung einem Commissarius (Committee) übertragen. Diese Gewalten wurden durch ein Cabinetsschreiben zuweilen dem Lord-Schatzmeister, regelmäßig aber dem Lordkanzler übertragen. Ueber die Geschichte vgl. Blackstone und die Rechtswörterbücher v. Idiots, Lunatics.

Das englische Rechtssystem behandelt nun die lunatics und idiots von einem vierfachen Gesichtspunkt aus (1) vom Standpunkt ihrer strafrechtlichen Zurechnung; auch die als unzurechnungsfähig Freigesprochenen können „nach Ermessen der Krone" in sichern Gewahrsam genommen werden; (2) von dem Gesichtspunkt einer nothwendigen Bevormundung, verbunden mit einer Beschränkung der Vermögensverwaltung und der persönlichen Freiheit; nach Aufhebung des alten court of wards fiel dieser Zweig der Königlichen Prärogative durch Specialcommission dem Lordkanzler zu, gehandhabt durch sogen. writs de lunatico inquirendo; (3) vom Standpunkt einer polizeilichen Fürsorge will der Staat Schutz gegen Mißhandlungen gewähren, eine gewisse gesundheitspolizeiliche Aufsicht führen, und die Einsperrung von Personen unter dem falschen Vorgeben einer Geisteskrankheit verhindern; (4) vom Standpunkt der Armenpflege aus fallen geisteskranke Arme in die Categorie der unbedingt vom Armenverband zu Unterstützenden. Das dabei Versäumte sucht man von Staatswegen nachzuholen durch Einsetzung einer Behörde für das gerichtliche Verfahren bei Wahn- und Blödsinnigkeitserklärungen (Masters in lunacy), einer Vormundschaftscommission über solche Personen (Visitors of lunacy), und einer Staatsaufsichtsbehörde über das gesammte Irrenwesen (Commissioners of lunacy). Diese staatliche Seite der Verwaltung gehört in das System der Staatsverwaltung (Gneist, Verwaltungsrecht II. §. 128). — Für das Communalwesen dagegen kommt die Behandlung der Irren in Betracht: (1) als Theil der Armenverwaltung, welche die Geisteskranken theils in den Arbeitshäusern, theils in besonderen Kreis- und städtischen Irrenhäusern unterzubringen hat; (2) als Theil der Polizeiverwaltung, wonach die Quartalsitzungen das Visitationsrecht über die Irrenhäuser der Provinz zu führen, Privatanstalten zu concessioniren und zu beaufsichtigen haben.

Reports über die älteren Zustände, vorangehend der neuen Gesetzgebung von 1807—16, enthält die Sammlung der älteren Reports II. 69, IV. 800, VI. 249, 349, 359. Die neuere Gesetzgebung hat die Zusatz- und Consolidationsgesetze in diesem Gebiete so gehäuft, daß die neueste Amendment Act, 25. et 26. Vict. c. 111, in Verlegenheit gekommen ist, wie die vorhandenen Gesetze zu bezeichnen. Auch die Darstellung in Burn's Justice III. 580—736 hat nach Lage der Gesetzgebung die criminellen, polizeilichen und Armenverwaltungs-Gesichtspunkte vielfach in einander geflochten. Zur Orientirung in diesen weitschichtigen Gesetzen dient die Hervorhebung der drei Hauptmassen.

1) Die Lunatic Asylums Act 1853, 16. et 17. Vict. c. 97, mit den vielfachen Zusätzen in 18. et 19. Vict. c. 105, mit den Amendment Act 1862, 1863 2c. ist das Hauptgesetz über die Organisation der Kreisirrenhäuser; und in diese Gesetze sind auch die meisten Bestimmungen über die pauper lunatics eingeflochten, welche Burn's Justice in dem Bande über die Armenverwaltung IV., 239—293, 838, 1151 nochmals abdruckt.

2) Die Criminal Lunatics Act, 30. et 31. Vict. c 12, ist kein consolidirendes Gesetz, sondern enthält nur erweiterte Gewalten des Staatssecretärs für die criminelle und polizeiliche Behandlung der lunatics. Die Errichtung einer Staatsirrenanstalt für criminal lunatics war durch 23. et 24. Vict. c. 75 autorisirt. Die Vorschriften über die Behandlung der einzelen Klassen beruhen noch auf älteren Gesetzen, der acquitted insane auf 39. et 40. Geo. III. c. 94, der found insane by jury auf §. 2 eod., der dangerous lunatics auf 1. Vict. c. 14, der in den Strafgefängnissen gemüthskrank Befundenen auf 3. et 4. Vict. c. 54; 27. et 28. Vict. c. 29. — Durch 30. Vict. c. 12; 32. et 33. Vict. c. 78 ist die wichtige Aenderung eingetreten, daß die criminal lunatics nach Ablauf ihrer Strafzeit als pauper lunatics zu behandeln.

3) Das Hauptgesetz über die Staatsaufsichtsbehörde ist noch immer 8. et 9. Vict. c. 100, mit den Zusatzgesetzen 16. et 17. Vict. c. 96; 18. et 19. Vict. c. 105. Die fortschreitend erweiterten Gewalten des Ministers sind darauf berechnet, das Bauwesen zu verbessern, durch fortlaufende Visitation die Härte der Behandlung zu mildern, der Centralbehörde allgemein ein Recht zur Entlassung und Versetzung des Gemüthskranken in eine andere Anstalt zu geben. In Wechselwirkung damit steht die massenhafte Ueber-

nahme der Kosten der criminal lunatics auf die Staatskasse und die schnell wachsende Er=
weiterung der Staatsirrenanstalt.

Eine Generalstatistik des Irrenwesens ergiebt sich aus den Generalberichten,
welche die Commissioners alljährlich zu erstatten haben (den 22. Report geben die Parl.
P. 1868 No. 332. XXXI. 1). Ergänzend gehört dazu die jährliche Justizstatistik mit
ihren ausführlichen Angaben über die criminal lunatics. Aus der Reihe der älteren Be=
richte giebt beispielsweise der Report von 1854 Specialtabellen über den damaligen Zu=
stand von 181 Irrenhäusern. Darunter sind No. 1—33 die County Asylums; dann
folgen die städtischen und Privatanstalten. Es waren am 1. Januar 1854 vorhanden:

	Private:	Arme:	Summe:	Gerichtl. Erklärte:	Sträf= linge:	auf Kosten der Kreise:
in Asylums	293	12,669	12,962	10	241	833
= Krankenanstalten	1,397	216	1,613	23	111	13
= conceff. Häusern in London	1,206	1,141	2,347	88	26	147
= conceff. Häusern i. d. Provinzen	1,533	1,000	2,533	105	145	85
im Militär=Hospital	109	—	109			
= Militär=Irrenhaus	95	—	95			
Summe:	4,633	15,026	19,659	226	523	1,078

Die späteren Jahrgänge der Justizstatistik und der Jahresberichte der Commissioners führen diese Uebersichten weiter. Die Justizstatistik von 1868, Parl. P.
vol. 67 ergiebt als Bestand der criminal lunatics in der Staatsirrenanstalt zu Broad-
moor 477, in 39 County Asylums 423, in 5 besonderen städtischen Irrenhäusern 25, in
Hospitälern 11, in 7 concessionirten Anstalten des Metropolis 11, in 8 concessionirten
Häusern der Provinz 283; insgesammt 1244 Personen: darunter found insane 175,
acquitted insane 211, committed by justices 50, dangerous lunatics 9, convicts becoming insane after trial 799 (darunter nicht weniger als 89 über 20 Jahre detinirte).
Die Kosten dieser criminal lunatics wurden mit 33,864 £. aus der Staatskasse getragen,
5587 £. aus den county rates, 928 £. aus borough rates, 5074 £. aus parishes rates,
2129 £ aus Privatfonds. Den Gesammtetat der Kosten aller lunatic asylums geben
beispielsweise die Parl. P. 1867, XLVI. 195. — Die Gesammtzahl der Gemüths=
kranken in Heilanstalten war am 1. Januar 1868: pauper lunatics 25,461 in 48
Grafschafts= und städtischen Irrenhäusern; 412 in Hospitälern; 989 in concessionirten
Anstalten der Metropolis; 499 in concessionirten Häusern der Provinzen. Die Gesammt=
zahl der auf Privatrechnung verpflegten lunatics betrug daneben noch 5244.

§. 72.

Die Verwaltung der Grafschaftsbrücken. County Bridges.

Dies letzte Specialgebiet der Verwaltung der Quartalsitzungen beruht
auf der uralten Verpflichtung der Shires zur Erhaltung der öffentlichen
Brücken in ihrem Gebiet. Während die Wegelast aber schon im Mittel=
alter sich auf die Kirchspiele vertheilte, blieb die Brückenverwaltung zu

allen Zeiten Kreislast unter Verwaltung der Quarter Sessions, offenbar mit Rücksicht auf die Schwere der Last, welche die Kräfte des Kirchspiels übersteigt.*)

Eine Grafschaftsbrücke wird definirt als „eine gemeine und öffentliche Bauanlage über einen Fluß oder über das fließende Wasser in einem Kanal", mag dieser Fluß oder Kanal gelegentlich trocken liegen oder nicht. Es ist damit vorweg ausgeschlossen eine Brücke über einen Hohlweg, oder die Querbrücke eines höher belegenen Weges, welche einen ältern niedriger belegenen durchkreuzt. Es kann übrigens eine Brücke für Fußgänger, Pferde oder Wagen sein. Die nähere Abgrenzung des Begriffs und der Unterhaltungspflicht beruht theils auf mittelalterlichem Herkommen (common law), theils auf deklarirenden Gesetzen.

Nach common law ist das entscheidende Merkmal die publica utilitas. „Die Nutzbarkeit und der wirkliche Gebrauch der Brücke für das Publikum begründet die Pflicht der sämmtlichen Einwohner der Grafschaft zur Erhaltung." Coke Reports 33; 2. Inst. 700; Hale's Pl. Cr. 143. Privatbrückenbauten gehen die Grafschaft nichts an, so lange die Benutzung der Brücke für die Privatzwecke des Unternehmers ihre Hauptbestimmung bleibt, mag auch nebenbei das Publikum gelegentlichen Gebrauch davon machen, andererseits fällt aber die von einem Privatmann erbaute Brücke der Grafschaft zur Erhaltung zu, sobald sie wirklich dem gemeinen Nutzen dient.**) Auch wo durch Parlamentsakte ein Brückenbau unter Specialverwaltung (trust) mit dem Recht zur Erhebung eines Brückenzolls autorisirt

---

*) Doch nicht ohne vereinzelte Ausnahmen. Die Brückenbaulast ruht in einigen seltenen Fällen ausnahmsweise auf einem Privatbesitz als Bedingung einer alten Verleihung (by tenure), wie solche auf Veranlassung besonderer Lokal-Verhältnisse in alter Zeit zuweilen vorgekommen ist. Auch kann durch unvordenkliche Verjährung im Sinne des englischen Rechts sowohl ein Privatmann als eine Corporation mit der Erhaltung einer Brücke belastet sein. Prima facie ist indessen immer die Grafschaft die Verpflichtete bis sie den Gegenbeweis eines besondern Rechtsgrundes für die Verpflichtung einer Privatperson, eines Kirchspiels oder einer Hundertschaft führt.

**) Früher war die Erhaltungspflicht gesetzlich erweitert auf ein Stück des an die Brücke anstoßenden Weges. Zur Beseitigung der Streitigkeiten zwischen den Wege- und Brückenbaupflichtigen bestimmte das Statute of Bridges §. 9, daß der Brückenbaupflichtige nicht blos den öffentlichen Weg soweit er über die Brücke führt im Stande erhalten muß, sondern auch ein Stück von 300 Fuß Länge vom Ende der Brücke an gerechnet auf beiden Seiten derselben. Die dadurch entstandenen neuen Inconvenienzen veranlaßten die Wegeordnung, 5. et 6. Will. IV. c. 50 §. 21, zu der umgekehrten Bestimmung, daß auf allen fortan neu gebauten Brücken die Erhaltung der darüber führenden Straße und der Anfahrt dem Kirchspiel oder dem sonst Wegebaupflichtigen obliegen soll. Der Grafschaft bleibt jedoch ihre frühere Verpflichtung zur Erhaltung alles Mauerwerks, der Dämme, der Einhegungen, welche zu den erhöhten Seitenwegen der Anfahrt gehören, und der überwölbten Bogen auf dem Lande.

§. 72. Die Verwaltung der Grafschaftsbrücken. 415

wird, ist damit an sich und in subsidium die Pflicht der Grafschaft zur baulichen Unterhaltung nicht ausgeschlossen.

Das erste deklarirende Statut 22. Henry VIII. c. 5, the Statute of Bridges, enthält nur eine Ausführung dieser Grundsätze und eine nähere Bestimmung über die Beitragspflicht, die auf allen householders ruhen soll, mögen sie Ländereien besitzen oder nicht, und auf allen Grundstücken, mögen die Besitzer in der Grafschaft wohnen oder nicht. Für neu angelegte Brücken fügte jedoch das st. 43. Geo. III. c. 59. §. 5 die Beschränkung hinzu, daß sie nur dann der Grafschaft zur Erhaltung zufallen, wenn sie in einer dauerhaften und bequemen Weise oder zur Zufriedenheit des Brückeninspectors oder eines dazu von den Quartalsitzungen ernannten Baumeisters errichtet sind.

Die Brückenlast wurde herkömmlich so sehr als Kreislast angesehen, daß die Freibezirke, welche für die Kreispolizeiverwaltung ihre eigene Friedenscommission bilden, auch für die Brückenlast besonders herangezogen wurden. In Lancashire ruht sie nach einem ursprünglich ungesetzlichen, nun aber seit zwei Jahrhunderten bestehenden Herkommen, auf den einzelnen hundreds. Dasselbe Princip wurde auf die Städte ausgedehnt, die eine Grafschaft für sich bilden. Auch in einigen anderen incorporirten Städten hat das Herkommen die Brückenlast der Municipal Corporation auferlegt, bei der dann aber nach dem Borough Bridges Statute 13. et 14. Vict. c. 64 der Gemeinderath für die ökonomischen Fragen der Verwaltung an die Stelle der Quarter Sessions tritt.

Die Brückenverwaltung umfaßt nunmehr folgende Hauptpunkte:

1. Neubau, Umbau und bauliche Erweiterung der Brücken stehen unter unmittelbarer Beschlußnahme der Quartalsitzung. Nach 14. Geo. II. c. 33 §. 1; 43. Geo. II. c. 59 §. 2; 54. Geo. III. c. 90 haben die Sessionen auch die früher fehlende Befugniß erhalten, Erweiterungsbauten oder bauliche Umlegungen an schon vorhandenen Brücken vorzunehmen. Durch neuere Gesetze sind diese Befugnisse zum Theil noch erweitert.[1])

---

[1]) Ueber die Erleichterungen für den Neubau vergl. den Report über die Erweiterung der friedensrichterlichen Befugniß bei Brückenbauten Parl. Papers 1801 No. 78. III. 209, 1802/3 No. 61. V. 302. Die jetzt geltenden Gesetze sind: 14. Geo. II. c. 33 §. 1; 43. Geo. III. c. 59; 52. Geo. III. c. 110; 54. Geo. III. c. 90; 55. Geo. III. c. 143: 5. et 6. Will IV. c 50 §§. 21. 22; 4. et 5. Vict. c. 49. Durch das letzte Gesetz ist namentlich auch die Aufnahme von Kapitalien für Brückenbauten näher geregelt. Durch 55. Geo. III. c. 143 wurde der Brückeninspektor, resp. der Bauunternehmer, der mit den Quartalsitzungen wegen Umbau oder Reparatur contrahirt hat, ermächtigt mittels Order zweier Friedensrichter Steine mit gewissen Vorbehalten auch aus Steinbrüchen wegzuführen gegen Ersatz des Werths der Steine und Entschädigung, worüber in Ermangelung gütlicher Einigung die Sessionen mit einer Jury entscheiden.

2. Die Quartalsitzungen leiteten auch die Ausschreibungen der Grafschaftsbeiträge zur Brückenverwaltung als ein besonderes Geschäft. Nach der neuern Verfassung sind diese Beiträge Theil der county rate. Die nöthigen Gelder werden durch Zahlungsorder auf die Kreiskasse angewiesen.[2])

3. Die laufende Beaufsichtigung und Reparatur wird durch Surveyors of county bridges geführt, welche die Quartalsitzungen ernennen unter zahlreichen reglementarischen Bestimmungen, 22. Henry VIII. c. 5 §. 4; 43. Geo. III. c. 59; 54. Geo. III. c. 90; 55. Geo. III. c. 143. Nach 52. Geo. III. c. 110 können die Sessionen auch jährlich zwei oder mehre Friedensrichter einer benachbarten Division als Aufsichtscommittee ernennen, mit der Befugniß Reparaturarbeiten bis zu 20 £. durch schriftliche Order an eine dazu beauftragte Person ohne Rückfrage vornehmen zu lassen. Nach Bedürfniß sind auch besoldete Brückenmeister angestellt.

Zur Erzwingung der Instandhaltung dient ein altes System von Popularklagen, durch presentment oder indictment. Diese Behandlung der Brückenbaupflicht in Form einer Criminalanklage ist ein Stück mittelalterlichen Verwaltungsrechts, welches hier beibehalten wurde, da es im Wesentlichen dem Zweck genügte. Die Methoden dabei sind folgende drei:

1. Eine criminal information, fiskalisches Strafverfahren ex officio bei dem Reichsgericht, welches aber in der neuern Praxis nur in sehr schweren Fällen einer Vernachlässigung und sehr selten eintritt.

2. Ein presentment, dienstliche Anzeige der großen jury oder auch einzeler Friedensrichter. Eine solche konnte im Mittelalter bei der King's Bench, bei den reisenden Richtern, bei den Criminalassisen oder vor dem Sheriff durch commission angebracht werden. Durch 28. Edw. III. c. 9 wurden solche Strafcommissionen an den Sheriff untersagt. Durch das Statute of Bridges §. 1 werden presentments auch vor den General-

---

[2]) Zu der ehemaligen besonderen Brückensteuer nach 22. Hen. VIII. c. 5 sollten alle householders beitragen, „mögen sie Ländereien besitzen oder nicht, und alle nutzenden Besitzer von Grundstücken, mögen sie in der Grafschaft wohnen oder nicht." Entstand darüber ein Zweifel, so sollten die Friedensrichter in der Quartalsitzung auf presentment der großen Jury eine Order erlassen, die constables der Kirchspiele zu einem Termin citiren, und dann jeden Einwohner einschätzen. In der Praxis indessen legte man jeder hundred ein bestimmtes Quantum auf, und wies die High Constables durch warrants an, durch die petty constables die Vertheilung auf die einzelen Einwohner bewirken zu lassen. Durch 1. Anne c. 18 wurden eine Quartalsitzungen wieder angewiesen, die Kirchspiele und Ortschaften einzeln einzuschätzen. Durch 12. Geo. II. c. 29; 52. Geo. III. c. 110; 55. Geo. III c. 143 werden indessen die nöthigen Summen einfach auf die county rate angewiesen, und bilden nunmehr einen jährlichen Posten von etwa 50,000 £. auf Rechnung der Kreissteuer.

§. 73. Die neueren Gesetzentwürfe über die Kreisvertretung. 417

sitzungen der Friedensrichter mit gleicher Wirkung wie vor den Assisen ein=
geführt, vgl. 1. Anne sess. 1. c. 18; 12. Geo. II. c. 29 §. 13; 55. Geo.
III. c. 133 §. 5.

3. Ein indictment, Anklageverfahren in den gewöhnlichen Formen
des Anklageprozesses, kann gegen jeden einzelen Bewohner der Grafschaft
oder jeden Besitzer eines beitragspflichtigen Grundstücks wegen unterlassener
Reparatur angebracht werden. Der so Angeklagte kann von dem Gerichts=
hofe in die ganze Buße verurtheilt werden, und hat dann wieder einen
Regreßanspruch gegen sämmtliche Beitragspflichtige der Grafschaft.

Selbstverständlich treten endlich die einzelen Friedensrichter als Po=
lizeirichter ein zur summarischen Bestrafung von Brückenfreveln mit
Geldbuße bis 40 sh. außer dem Schadenersatz, event. Gefängniß bis zu
3 Monaten, 3. Geo. IV. c. 126 §. 121; 5. et 6 Will. IV. c. 50 §. 72.
In erschwerten Fällen treten Criminalstrafen ein.

Hierdurch bestimmt sich auch das Verhältniß der Oberinstanz, die
durch die Quarter Sessions an die Reichsgerichte geht. Das ganze Gebiet
ist rein friedensrichterliche „jurisdiction" mit Fernhaltung administrativer
Controlen. Auch wo das certiorari ausdrücklich weggenommen ist, ver=
steht es sich doch für den prosecutor, also im öffentlichen Interesse der
Erhaltung der Brücken.

§. 73.

Die neueren Gesetzentwürfe über die Einführung einer gewählten Kreisvertretung. County Financial Boards.

Die Verwaltung der Grafschaft, wie sie sich in dem vorstehenden
County Business der Quartalsitzungen concentrirt, umfaßte im Geschäfts=
jahr 1867 eine Ausgabe von mehr als 2,000,000 L., darunter als
Hauptposten: die besoldeten Polizeimannschaften 709,057 L., die Graf=
schaftsgefängnisse 470,393 L., die Irrenhäuser 171,913 L., die Strafver=
folgungskosten 127,980 L., die Grafschaftsbrücken 252,337 L., die Gerichts=
gebäude 28,083 L., die Schuldenverzinsung 97,389 L., die Schuldenrück=
zahlung 162,819 L. 2c. 2c. Die Staatskasse leistete dazu einen Zuschuß
von 328,652 L.; immer waren jedoch noch 1,448,529 L. durch die county
rate aufzubringen.

In früheren Jahrhunderten hatte man die Polizeikosten als ein
annexum der friedensrichterlichen Verwaltung angesehen, über welches
das Collegium der Friedensrichter nach dem Bedürfniß des Dienstes zu

verfügen habe. In der That waren auch die dafür erforderlichen Summen noch so mäßig, daß der Bedarf am Schluß des XVIII. Jahrhunderts kaum den zehnten Theil des heutigen Bedarfs erreichte.

Mehr noch als der rasch wachsende Geldbedarf war es der Gedanke der localen Repräsentation, die seit den Zeiten der Reformbill herrschende Idee, daß die Kosten aller Localverwaltung von den Steuerzahlern „bewilligt" werden müßten, welche zuerst in der Armenverwaltung zur Geltung gekommen war, und die zuletzt auch das historische self-government der Friedensrichter in ihr Bereich zog.

Der Uebergang dazu war in der Städteordnung von 1835 gemacht, welche der neugebildeten Stadtverordnetenversammlung die Verwaltungsgeschäfte der alten corporations übertrug, und eben damit auch eine Beschließung über die wichtigsten hier in Frage stehenden Gegenstände. Bei der Auseinandersetzung zwischen den städtischen Friedensrichtern als den Organen der obrigkeitlichen Selbstverwaltung, und den Stadtverordneten als den Organen der wirthschaftlichen Verwaltung, hatte man die Grenzlinie sehr weit zu Gunsten der gewählten Körper gezogen, und ihnen ein Beschließungsrecht auch über die besoldeten Polizeimannschaften, die Gefängniß-, Irrenhaus- und Brücken-Ausgaben beigelegt, parallel gehend dem Beschließungsrecht der Quartalsitzungen in der Grafschaft. Das Vorbild dieser städtischen Einrichtungen hat unverkennbar im letzten Menschenalter auf die Vorstellungen der städtischen Bevölkerung und der Unterhausmitglieder eingewirkt.

Seit einem Jahrzehnt haben diese Vorstellungen eine festere Gestalt gewonnen in Gesetzentwürfen, wie sie als County Rates and Expenditure Bill, Parl. P. 1860 Nr. 157 vorgelegt wurden: „In Erwägung, daß für die Einschätzung der County Rates, für die Verwaltung der Grafschaftsausgaben und für andere Grafschafts- und öffentliche Zwecke gewählte Boards an Stelle der friedensrichterlichen Sessionen eingerichtet werden sollten": werden fortan in jeder Grafschaft dafür gewählte Boards gebildet, zu welchen der Sammtgemeinderath jeder Armenunion zwei Mitglieder zu wählen hat. Auch in den kleinsten Grafschaften soll das board aus wenigstens 8—12 Kreisverordneten bestehen. Die Hälfte der gewählten Mitglieder soll aus der Zahl der Friedensrichter, die andere Hälfte aus höher Besteuerten, mit einem steuerpflichtigen Besitz von mindestens 100 £. zur Armensteuer, gewählt werden. Das Board wählt seinen eigenen Vorsitzenden und Stellvertreter, und hält öffentliche General- und Quartalsitzungen ab, mit der Befugniß, General- und Specialcommittees zu ernennen. Zur Beschlußfähigkeit gehört ein Fünftel der Mitglieder und mindestens drei. Dem board sollen zustehen:

1) Die finanziellen Beschlüsse betr. die Erhebung der Polizei-

§. 73. Die neueren Gesetzentwürfe über die Kreisvertretung.

steuern in Bezug auf den Bau und die Ausstattung der polizeilichen Stationshäuser und die Prüfung der Rechnungen in Bezug auf die besoldete Constabulary, sowie solche den Quartalsitzungen in der Grafschaft zustehen. Auf Antrag des board mag der Minister die Zahl der besoldeten Constables erhöhen oder vermindern, und die Regulative über die Löhnung, Uniformirung und Ausrüstung der Constables abändern. Der Chief Constable soll künftig bei den Quartalsitzungen des board erscheinen und ihnen seine vierteljährlichen Berichte erstatten.

2) In der Gefängnißverwaltung sollen die Gewalten der Quartalsitzungen rücksichtlich der Gefängnißbauten von den Friedensrichtern auf das gewählte board übergehen, und alle darauf bezüglichen Berichte dem board erstattet werden. Der Gehalts= und Pensionsetat der Beamten soll von den Friedensrichtern und dem board gemeinschaftlich festgestellt, Differenzen zwischen beiden von dem Minister entschieden werden. Die Gefängnißdirectoren haben sich bei den Quartalsitzungen des board einzufinden; jedes Mitglied des board mag jederzeit das Gefängniß visitiren.

3) Für die Irrenhäuser soll die Beschließung über das Bauwesen und die Ernennung des Curatoriums für die Verwaltung auf das board übergehen. Die Regelung der inneren Angelegenheiten bleibt den Friedensrichtern und ihren Ausschüssen. Die Gehalts= und Pensionsetats werden von den Friedensrichtern und dem board gemeinschaftlich festgestellt, Differenzen zwischen beiden von dem Minister entschieden.

4) Alle sonstigen financial powers der Quartalsitzungen betr. die Feststellung, Einschätzung und Erhebung der county rates, die Verwendung und Verausgabung derselben, die Beschlüsse über alle Baulichkeiten, Brücken und Anlagen, Anleihen, Rechnungsrevision und Decharge, sowie die Ernennung und Entlassung aller Beamten (mit Ausnahme der Constables, Gefängnißbeamten, Irrenhausbeamten, der Beamten der Gerichtslokale und der Beamten der Maß= und Gewichtsverwaltung) soll auf das board übergehen. Auch das Gehalts= und Etatwesen der letztgedachten Beamten (mit Ausnahme der Constables) soll von dem board in Gemeinschaft mit den Friedensrichtern festgestellt werden; Differenzen zwischen beiden entscheidet wiederum der Minister.

5) Die Ausschreibung der Kreissteuern (county rates) geht auf das board über, einschließlich der Befugniß zur periodischen Vertheilung der Beiträge auf die Kirchspiele nach der Union Assessment Act 15. et 16. Vict. c. 81. Das board weist zunächst die Armenbehörde an, die repartirten Beiträge einzuzahlen; im Falle der Nichtzahlung ergeht die Anweisung an die overseers der einzelen Kirchspiele, nöthigenfalls erzwingbar durch Pfändung und Verkauf.

7) Die Strafverfolgungskosten sollen wie bisher auf Anweisung der Friedensrichter aus den Kreisfonds gezahlt werden.

8) Die Rechnungsrevision (audit) übernimmt der vom board ernannte auditor, vorbehaltlich eines writ of certiorari beim Reichsgericht wegen behaupteter „Illegalität" einer Zahlungsorder.

Unverkennbar ändern diese Vorschläge die Stellung der Friedensrichter in der obrigkeitlichen Selbstverwaltung. Sie fanden starken Widerspruch, wurden aber im folgenden Jahre und später wiederholt, vielfach ermäßigt, und sind im Jahre 1868 bis zu einer Berathung in einem Unterhauscommittee gediehen, welches am 13. Juli 1868 Parl. P. 1867—8 No. 421 IX. 1 zu folgenden Resolutionen gelangt:

1) Der erhobene Beweis ergiebt, daß die Verwaltung des Finanzgeschäftes der Grafschaften durch die Friedensrichter mit aller Rücksicht auf Sparsamkeit geführt ist, daß dessen ungeachtet unter den Steuerzahlern ein Wunsch vorherrscht, die Kreisfinanzen unmittelbar unter ihre eigene Controle zu bringen durch gewählte Abgeordnete in Verbindung mit den Friedensrichtern; daß dies Verlangen im Allgemeinen aus „politischen Erwägungen" hervorgeht, aber auch in manchen Fällen aus einer „unzureichenden Kenntniß von der Natur der Grafschaftsausgaben" entspringt.

2) Das Committee glaubt, daß den Steuerzahlern etwa folgende Einrichtung genügen würde: daß die boards of guardians der Kreisarmenverbände eine Anzahl von Abgeordneten wählen, welche an den Beschlüssen über die Kreisausgaben theilzunehmen und mitzustimmen hätten, und daß zu den Specialcommittees für die Verwaltung specieller Ausgabezweige die Hälfte der Mitglieder von den gewählten Kreisverordneten ernannt werde.

3) Das Committee wünscht eine gleichförmige Behandlung der Grafschaftsrechnungen, Mittheilung derselben an die Kreisarmenverbände, Veröffentlichung in irgend einem Kreisblatt, und specielle Revision der Rechnungen durch einen dazu ernannten Beamten.

4) Der clerk of the peace möge künftig von den Friedensrichtern in den Quartalsitzungen (nicht wie jetzt vom custos rotulorum) ernannt werden.

Der Streit um diese Gesetzentwürfe bildet einen Brennpunkt, an welchem die Grundvorstellungen der heutigen Erwerbsgesellschaft sich gegen das obrigkeitliche selfgovernment kehren. In starkem Maße scheinen die landwirthschaftlichen Vereine an dieser Agitation betheiligt zu sein. Die Angemessenheit einer Ausschreibung der Polizeisteuern und die Verfügung darüber durch die höheren Beamten der Selbstverwaltung, welche durch die praktische Geschäftsführung das Bedürfniß des Dienstes kennen, selbst zu den Meistbesteuerten gehören, collegialisch vereint in einer öffentlichen Sitzung in Gegenwart der versammelten Gemeindebeamten der Grafschaft Beschluß fassen, ist schwer zu er-

§. 73. Die neueren Gesetzentwürfe über die Kreisvertretung.

finden. Keiner der vernommenen Zeugen hat auch ein Bedenken gegen die Angemessenheit und Sparsamkeit dieser Beschlüsse erhoben, sondern nur Beschwerden gegen die Kostbarkeit neuerer, gesetzmäßiger Einrichtungen. Wenn daneben dennoch eine „Controle" geführt werden soll durch gewählte Armenräthe, welche nicht das Bedürfniß und die Kenntniß des Dienstes, sondern nur das Lokalinteresse der Steuerzahler vertreten, so entsteht unvermeidlich eine Kette von Widersprüchen. Endgültig beschließen kann die gewählte Vertretung über Polizeiausgaben, welche größerentheils auf gesetzlicher Nothwendigkeit beruhen, der Natur der Sache nach nicht. Auch die weitgehendsten Anträge haben dies nicht beansprucht, vielmehr soll der Minister des Innern die Meinungsverschiedenheiten zwischen dem verwaltenden Körper der Friedensrichter und den gewählten Kreisverordneten entscheiden. Die englische Verwaltung gelangt damit zu dem continentalen System einer Endentscheidung durch die Departementschefs, welche doch nach dem parlamentarischen Verwaltungssystem als die Führer der herrschenden Partei zur endgültigen Entscheidung nicht geeignet sein können. Die angebliche Verbesserung der Verwaltung durch solche gewählte boards ist bisher noch an keinem Punkt durch die Erfahrung bestätigt; alle englischen boards ohne Ausnahme haben vielmehr die laufenden Geschäfte in die Hände der Secretäre gelangen lassen. Mit Aussicht auf die Unfähigkeit und Trägheit einer solchen Repräsentation ist denn auch bereits die Beschlußfähigkeit des board (wie in der Armenverwaltung) auf drei Mitglieder gestellt! Der bureaukratische Mechanismus der boards soll nun auch an die letzte Stelle einziehen, wo noch geschäftskundige Männer wirklich selbst verwalten. — Die Tragweite des Streits ist in den bisherigen Erörterungen mit einer gewissen Zurückhaltung nicht hervorgehoben. Allein die ersten Schritte zur Transaction sind bereits gethan. Die jetzigen Vorschläge (Parl. P. 1868 bill. No. 52) gehen auf ein gemischtes System, nach welchem nur eine Anzahl gewählter Mitglieder in den Finanzfragen mitberathen und votiren sollen, welche (insgesammt etwa 1300 Mitglieder) den activen Friedensrichtern der Grafschaft, also jetzt etwa 11,953 acting justices, gegenübertreten würden. Zu diesem Zweck ist in den Parl. P. 1869 No. 276 LII. 7 ein Verzeichniß der sämmtlichen activen Friedensrichter gegeben. Nach anderer Seite hin wird eine Transaction vorbereitet durch Unterscheidung der Grafschaftsausgaben, welche einer freien Beschließung unterliegen, und derjenigen, welche nach Gesetzesbestimmung obligatorisch sind, worüber die Parl. P. 1859 LII. 11 eine tabellarische Uebersicht geben. In den Zeugenaussagen tritt unwillkürlich der Unterschied zwischen den gesetzmäßigen Ausgaben der obrigkeitlichen Verwaltung (Polizei, Gefängnisse ꝛc.) und den überwiegend wirthschaftlichen Ausgaben (Brücken, Chausseen ꝛc.) hervor, am meisten bei den Zeugen, welche praktisch an den betr. Verwaltungszweigen betheiligt sind. — Der adäquate Gegenstand für die Verwaltung einer gewählten Grafschaftsvertretung würde sich erst finden, wenn die Armen-, Gesundheits- und Wegeverwaltung, welche jetzt durch gewählte boards in den Unterbezirken der Grafschaft geführt wird (Cap. X—XII.), in eine Gesammtverwaltung der Grafschaft übergehen sollte. Die vorhandene Trennung dieser eigentlich wirthschaftlichen Selbstverwaltung in Unterbezirke ist der entscheidende Grund, aus welchem eine gewählte Kreisvertretung für die Grafschaftsverwaltung im Ganzen nicht zur Existenz kommen kann.

V. Capitel.

V. Abschnitt.
Die Theilnahme der Grafschaftseinsassen an der Strafjustiz- und Polizeiverwaltung.

§. 74.
Die Urtheilsjury in Strafsachen.

Die bisherige Darstellung der Strafjustiz und Polizei ergiebt nur die Theilnahme der höheren Stände an den obrigkeitlichen Ehrenämtern, aus der sich die heutige Stellung der regierenden Klasse vorzugsweise entwickelt hat. Wie hoch man aber auch die Tüchtigkeit derselben veranschlagen mag, so würde doch weder der Geist des selfgovernment, noch die Einheit und Harmonie des ganzen Staatslebens daraus hervorgehen, wenn nicht auch in diesem Gebiet eine weite Betheiligung der gesammten Grafschaft hinzugetreten wäre, die sich in folgenden drei Punkten äußert:

1. als unmittelbare Theilnahme der Mittelstände an dem Strafurtheil im ordentlichen Strafverfahren als Urtheils=Jury;

2. als Entscheidung der grand jury, Anklagejury, über die Versetzung in den Anklagestand im ordentlichen Verfahren;

3. als Betheiligung der gesammten Einwohnerschaft an der Strafverfolgung durch Anklagepflicht und Zeugnißpflicht.

Wir beginnen mit der Urtheilsjury (petty jury), die sich am nächsten an die richterliche Thätigkeit der Friedensrichter anschließt.*) Sie

---

*) Ueber die Gestaltung des Geschworenendienstes seit dem spätern Mittelalter vgl. die Geschichte des selfgov. S. 169, 170, 310, 311, 364. Ueber das heutige Verfahren: Gneist, die Bildung der Geschw. Ger. Berlin 1849, S. 80—107. Eine noch brauchbare Monographie ist Kennedy, Treatise of the Law and Practice of Juries. 1826 8; auch noch Sir. R. Philipps, on the Powers and Duties of Juries. 1811.

§. 74. Die Urtheilsjury in Strafsachen.

entspricht der mittelalterlichen Theilnahme der Gemeinde am Gericht, zu=
sammengeschmolzen zu einer Entscheidung über die question of fact, seit=
dem das Staatswesen zu einer Einheit des Rechts fortgeschritten war, in
welcher ernannte Richter das positiv festgestellte Recht anwenden, nicht
aber die einzelen Kreis= und Gemeindeverbände ihr eigenes Recht finden.
Es ist die höhere Stufe der Entwickelung, auf welcher an die Stelle der
„Rechtsfindung" die Rechtsanwendung tritt. Die question of fact umfaßt
aber im Strafprozeß ebenso wie der altgermanische Beweis die ganze
Schuldfrage, welche durch die Fragestellung der Anklageakte auf ein
„Schuldig" oder „Nichtschuldig" zur Beantwortung gestellt wird. Die
Jury tritt zu diesem Zwecke sowohl den Assisen der reisenden Richter
wie den Quartalsitzungen der Friedensrichter hinzu. Sie tritt also
überall ein, wo in dem ordentlichen Strafverfahren erkannt wird, im
Gegensatz der festbegrenzten Fälle, in welchen summarisch auf geringere
Geld=, Gefängniß= und Körperstrafen erkannt werden darf. Bei den Assisen
der reisenden Richter dient jetzt dasselbe Personal zur Bildung der Juries
in Civil= und Strafprozessen, und ist in dieser Verbindung schon oben er=
örtert. Es ist hier, wo die stärkere und häufigere Mitwirkung der Jury
eintritt, vorzugsweise die praktische Gestaltung des Geschworenendienstes
in's Auge zu fassen: die Bildung der Urliste, der Dienstliste und die Aus=
loosung der zwölf Geschworenen für den einzelen Fall.

I. Die Bildung der Urliste scheidet vorweg diejenigen aus, welche
wegen Minderjährigkeit oder Mangels der bürgerlichen Ehre zum Ge=
meindedienst unfähig sind. Sodann diejenigen, die wegen mangelnden Ver=
mögens nicht zu regelmäßigem, unentgeltlichem Dienst herangezogen
werden können. Es entstand daraus schon im Mittelalter die Beschränkung
des Geschworenendienstes auf 40 sh. freeholders. Das Gesetz 4. et 5.
Will. et Mary c. 24 erhöhte dem veränderten Geldwerth entsprechend diesen
Census, nahm die copyholders auf, und kam dadurch zu einem Ansatz von
10 L. reinem Einkommen aus freehold oder copyhold, und analogen Eigen=
thumsrechten mindestens auf Lebenszeit; für Wales auf ⅔ dieser Ansätze.
Das neue Geschworenengesetz 6. Geo. IV. c. 50 fügt hinzu einen Pacht=
besitz von 20 L. aus Pachtungen auf Lebenszeit oder auf 21 Jahre und
darüber, oder Inhaber eines Hauses von 20 L. Miethswerth. — In den
Städten und Freibezirken blieb es bei dem Herkommen; die neue Städte=
ordnung 5. et 6. Will. IV. c. 76 aber macht das neue Stadtbürgerrecht
zugleich zum Geschworenen=Census, und hebt alle Befreiungsgründe massen=
haft auf.

Befreit vom Geschworenendienst bleiben übrigens: Pairs, König=
liche Richter, Geistliche der Staatskirche und anderer einregistrirter Religions=
Gesellschaften, praktisirende Advokaten, Anwälte, Unterbeamte der Gerichts=

höfe, Coroners, Gefängnißdirectoren, Mitglieder der Königlichen Colleges der Aerzte und Wundärzte, concessionirte Apotheker, Offiziere der Armee und Marine auf Vollsold, Lootsen, Beamte der Königlichen Haushaltung, Beamte der Zoll- und Steuerverwaltung, Beamte des Sheriff, High Constables und Parish Clerks; — ferner registrirte Pharmaceuten, geschäftsführende Clerks der Anwälte, untere Gefängnißbeamte (25. et 26. Vict. c. 107 §. 2). Kein Friedensrichter soll ferner als Geschworener bei den Quartalsitzungen herangezogen werden, zu deren Bezirk er selbst als aktiver Friedensrichter gehört.

Da der Geschworenendienst Kreis-Communallast ist, so ist auch die **Anlegung und Berichtigung der Urlisten** Communalsache. Der Kreissecretär erläßt deshalb in der ersten Woche des Juli seinen warrant an die High Constables, und diese wieder ihre precepts an die Kirchenvorsteher und Armenaufseher der einzelen Kirchspiele, mit der Anweisung bis zum ersten September vollständige Urlisten der nach dem Gesetz qualificirten und verpflichteten Personen anzufertigen. Darauf folgt eine Specialsitzung der Friedensrichter der Division, in welcher die Kirchspielsbeamten erscheinen, ihre Listen vorlegen, und eidlich die etwanigen Fragen der Friedensrichter beantworten. Ebenso erscheinen Personen, die als nicht verpflichtet oder nicht qualificirt gegen ihre Aufnahme in die Urliste reclamiren, deren Namen dann auf eidliche Versicherung, Notorietät oder sonstigen Beweis gestrichen werden. Ferner streichen die Friedensrichter wahnsinnige, blödsinnige, taube, blinde und preßhafte Personen. Umgekehrt können irrthümlich ausgelassene Namen oder falsche Bezeichnungen berichtigt werden. Die so berichtigten Listen werden bei der nächsten Quartalsitzung überreicht zur Aufbewahrung in der Registratur (among the records) der Session.[1]) Der Kreissecretär ordnet sie nach Hundertschaften in alphabe-

---

[1]) Die Bildung der Urlisten ist durch 25. et 26. Vict. c. 107 dahin geändert, daß die Mitwirkung der High Constables wegfällt. Der Clerk of the peace übersendet die precepts unmittelbar durch die Post an die Kirchspielsbeamten; die angefertigten Ortslisten werden durch den clerk der friedensrichterlichen division an den clerk of the peace remittirt. Da Personen aus den Klassen der Esquires sich gern für den Dienst der special jury list aussondern lassen, so bleiben für den wirklichen Dienst der Urtheilsjury eigentlich nur Mittelklassen übrig, und auch diese mit Ausscheidung grade der intelligentesten Klassen, die weit über das wirkliche Bedürfniß hinaus (und zum Schaden ihrer eigenen Entwickelung und ihres politischen Einflusses) sich im Verlauf der Zeit Befreiungen zu verschaffen wußten. Die Parl. P. 1854—55 No. 134 (Vol. XLIII. p. 844) geben nach einzelnen Grafschaften geordnet die Urlisten der so gesichteten Mittelstände der Grafschaften von England und Wales mit 316,746 Personen für das Jahr 1853. (Es sind dabei die Grafschaften Bucks, eine Division von Lincoln und der Freibezirk Peterborough nicht constatirt). 9718 Honorationen waren in die special jurors list für Civilprozesse aufgenommen.

§. 74. Die Urtheilsjury in Strafsachen.

tischer Reihe, trägt sie reinlich und correct in ein Buch ein, und händigt solches als Jurors Book für das nächste Gerichtsjahr dem Sheriff aus.

II. **Die Bildung der Dienstliste**, d. h. die Einberufung der zu jeder Session für den wirklichen Dienst erforderlichen Geschworenen, ist ein richterlicher Akt, bei dem es auf Vermeidung auch des Scheins von Parteilichkeit an erster Stelle ankommt. Die dem Wesen des Gerichts und der Jury widersprechende Idee, eine Dienstliste durch Wahl zu bilden, ist in England nie aufgetaucht. Ebenso wenig soll die zeitige Minister-Verwaltung oder die Polizeiverwaltung des Kreises die Dienstliste influiren. Die Entstehung des Geschworenengerichts selbst wies diese Function dem alten Director des Kreisgerichts, dem Sheriff zu: und dies Verfahren ist beibehalten, nachdem die Ernennung des Sheriff auf Vorschlag der Reichsrichter und die sonstige Stellung seines Ehrenamts hinreichende Garantien gegen die Beeinflussung der herrschenden Partei geschaffen hat. Der Sheriff (Untersheriff) designirt also zu jeder Assise 48—72 Personen, zu jeder Quartalsitzung 24, 36, 48, oder nach Bedürfniß auch noch mehre Geschworene, die dann in den gewöhnlichen Formen, jetzt durch die Post geladen werden.[2]

III. **Die Ausloosung der 12 Geschworenen** aus der Dienstliste für den einzelen Fall ist aus deutschen Prozeßschriften hinreichend bekannt. Die Namen der erschienenen Geschworenen werden in eine Urne geworfen und durch das Loos herausgezogen, wobei

1) jede Partei ein **motivirtes** Verwerfungsrecht übt, propter honoris respectum, propter defectum, propter affectum, propter delictum, mit zarter Rücksicht auf jeden Grund von Parteilichkeit, auf Verwandschafts-Verhältnisse sogar bis zum neunten Grad.

---

[2] **Bildung der Dienstlisten.** Die frühere Rücksicht, nach welcher eine Anzahl von Geschworenen für den einzelen Prozeß aus bestimmten Hundertschaften berufen werden sollte, ist jetzt weggefallen; die Dienstliste wird vielmehr aus dem ganzen Bereich der Grafschaft entnommen. Der wirkliche Dienst tritt in den Grafschaften gewöhnlich sechsmal jährlich ein: zweimal zu den Assisen der Reichsrichter für Civil- und Straf-Prozesse, viermal zu den Quartalsitzungen. Er kann aber auch noch öfter eintreten durch vertagte Quartalsitzungen, durch außerordentliche General Sessions oder zu außerordentlichem Dienst einer Sheriffs jury bei Expropriationen ꝛc., sowie zum Dienst der neuen Kreisgerichte. Eine theilweise Uebersicht der Zahlen geben die Parl. P. 1854—1855 No. 134: Return of the Number of Persons actually returned to serve on any Assizes, Sessions or Sittings. 1853: im Home Circuit 774, im Midland Circuit 1509, im Norfolk Circuit 810, im North Circuit (nicht einberichtet), im Oxford Circuit 1773, im Western Circuit 1042, in Wales 1943; zum special jury Dienst waren in jenem Jahre 3025 Honorationen aufgeboten. Die Ladung der Geschworenen erfolgt jetzt durch offene Zusendung per Post, 25. et 26. Vict. c. 107. Sehr gemildert wird die Einziehung der Strafen von den ausgebliebenen Geschworenen, die nunmehr der vorsitzende Richter kurzweg niederschlagen kann (§. 11, 12 a. a. O.).

2) In Strafsachen tritt dazu das peremtorische Verwerfungsrecht des Angeklagten, der bei Anklage auf felony 20 Namen, bei Anklage wegen Verraths 35 Namen ohne Angabe von Gründen verwerfen mag. In der Wirklichkeit hat gerade dies liberale System der Verwerfung den Erfolg gehabt, das Mißtrauen gegen die Zusammensetzung der Jury vorweg zu brechen und die praktische Handhabung zu vereinfachen. Es werden eben deshalb selten Recusationen vorgebracht, weitläuftige Verhandlungen darüber vermieden, und die bei dem ersten Straffall bestellte Jury mit Zustimmung der Angeklagten gewöhnlich für eine weitere Reihe von Fällen unverändert beibehalten.

Die so constituirte Jury entscheidet einstimmig, — historisch erklärbar aus einer Zusammenschmelzung von Gemeindezeugniß mit Elementen der Eideshülfe, — politisch richtig, um die Parteiungen in der Jury zu brechen, — praktisch richtig, wie die Erfahrung seit sechs Jahrhunderten gezeigt hat.

* **Einige Reformvorschläge zur Urtheilsjury von 1870.**

Die Urtheilsjury in dieser Zusammensetzung und Stellung ist der treueste Ausdruck des germanischen Rechtsgefühls im Gerichtswesen. Die durch Jahrhunderte alte Erfahrung festgestellte Methode unparteiischer Auswahl steht heute noch unverändert und unangefochten da. Daß hier und da ein skeptischer Pastor in England die Nothwendigkeit der Einstimmigkeit nicht begreifen kann, oder ein Jurist, der auf dem Continent gereist ist, Jurybeschlüsse durch Majorität „praktischer" findet, bildet in der That keine Gegenautorität. Allerdings hat die Jury eine praktische Grenze darin, daß die Mehrzahl der kleinen Straffälle, ohne Mißverhältniß zwischen Prozeßgegenstand und Prozeßmittel, nicht durch große Gemeindeausschüsse entschieden werden kann. Im Justizjahr 1867 kamen auf 477,665 summarische Straffälle nur 18,971 ordentliche Straffälle vor Richter und Jury. Aber unverkennbar hat doch diese beschränkte Anwendung Form und Geist der Strafjustiz in allen Fällen gebildet und bestimmt, und bestimmt sie noch heute. Sie giebt auch der regierenden Klasse ihr rechtes Verhältniß zu den Mittelständen, wie dem Rechtsbewußtsein des Volks seine Einheit und Harmonie. Bowyer, Const. Law 305. vergleicht die Stellung des Königs als Quelle der Gerichtsgewalt, der Richter als fester Organe der Rechtsprechung, und der Geschworenen für die question of fact, der Gliederung der Gesammtverfassung in Krone, Oberhaus und Unterhaus.

Die wirklich vorhandenen Beschwerden beschränken sich im Wesentlichen auf die Civiljury, und sind in einem ausführlichen Auszug aus dem Report von 1868 oben Seite 180—183 dargelegt. Der daraus hervorgegangene (noch nicht angenommene) Gesetzentwurf Parl. P. 1870 No. 32 betrifft zugleich die Urtheilsjury in Strafsachen in folgenden Sätzen:

1) Die Qualification und Verpflichtung zum Geschworenendienst in der Grafschaft soll nicht mehr nach dem Maßstab von 10 £. aus freehold, copyhold etc. bemessen werden, sondern wird auf Personen gestellt, welche zur Armen- oder Staatsgebäudesteuer mit 30 £. steuerbarem Werth eingeschätzt sind, in Ortschaften über 20,000 Einw. mit 50 £. In Wales wird, statt des Ansatzes zu ⅔, der gleich hohe Census wie in England durchgeführt. Diese Aenderung beruht auf den ziemlich übereinstimmenden Zeugenaussagen, welche den bisherigen Census für zu niedrig erachten. Der Assisensecretär des Centralhofes, Mr. Avory, bezeugt (qu. 1331), daß wenn ein geladener Geschworener erkläre: „Ich

lebe von meiner Hände Arbeit," oder „Ich lebe in einem Hause von zu geringer Miethe," der Reclamant ohne Weiteres entlassen wird. Die Zeugen sind darüber einig, daß es nie an gutem Willen, häufig aber an der nöthigen Einsicht fehle, da die Masse der common jurors aus Leuten von zu niedriger Bildungsstufe genommen werde, besonders bei den Quartalsitzungen. Sehr würdig und einsichtig spricht sich Alderman Salomons (qu. 1056) über den Werth des Geschworenendienstes für die Bildung des Gemeinsinns und des Rechtsinns aus.

2) Das bisherige Recht des Ausländers eine jury de medietate linguae, halb aus Ausländern gebildet, zu verlangen, soll in Zukunft aufhören.

3) Die Befreiungsgründe vom Dienst werden etwas beschränkt.

4) Die Bildung der Urlisten soll verbessert werden durch eine Vergütigung an die Armenaufseher nach dem Maßstab der Zahl der qualificirten Personen. Auch sollen die boards of guardians der Armenverwaltung die Urliste nochmals revidiren.

5) Die Ladung zum Dienst soll, soweit ausführbar, nach einem Turnus erfolgen, und dabei soll die Aufnahme in die Liste der Specialjury nicht mehr als Befreiungsgrund von der common jury gelten.

6) Das peremtorische Verwerfungsrecht soll dahin beschränkt werden, daß im Civil- und Strafprozeß jede Partei durch vorgängige Anzeige beim Gerichtschreiber sechs Namen recusiren mag. Mit Gestattung des Richters können noch weitere Recusationen vorgenommen werden. — Die Veranlassung zu dieser Aenderung lag in einigen Bemerkungen vor dem Parlamentscommittee von 1868. Chief Justice Sir William Erle war der Meinung, daß das Recusationsrecht des Angeklagten wohl etwas zu weit ausgedehnt sei. Es rühre dies aus einer rohern Zeit her, in welcher die Geschworenen ein Geldinteresse an der Verurtheilung des Angeklagten wegen der damit verbundenen Verwirkungen haben konnten. Es wird ein Fall angeführt, in welchem der Sheriff nicht weniger als 400 Personen mit Rücksicht auf die möglichen Recusationen in Reserve halten mußte.

Der Grundsatz der Einstimmigkeit bleibt unangefochten und unverändert.

§. 75.

Die Anklage-Jury. Grand Jury.

An die Urtheilssprechung reiht sich die weitere Betheiligung der Grafschaft bei der Beschlußnahme über die Versetzung in den Anklagestand in Gestalt der Großen oder Anklagejury in zwei Hauptanwendungen:

1) Bei den Criminalassisen der reisenden Richter erscheint eine grand jury zur Beschlußnahme über die hier eingebrachten Anklagen. Sie constituirt sich überhaupt als ein (jetzt wenig praktischer) Kreisausschuß zur Berathschlagung über Gegenstände der Grafschaftsverwaltung, insbesondere zur Rüge allgemeiner Uebelstände, und pflegte in der ältern Praxis allerlei Anträge und Beschwerden vorzubringen, die dann den reisenden Richtern zur Beförderung an den König übergeben wurden. Die Geschworenen

müssen ansässige freeholders der Grafschaft sein, und obwohl kein allgemeines Gesetz einen Census bestimmt, so ist es doch herkömmlich, sie aus Friedensrichtern und gentlemen gleicher Klasse (men of the best figure) zu bilden. Nur in der Grafschaft York ist ein Census von 80 L., in Lancaster von 5 L. vorgeschrieben. Wirksamer als das hat die Sitte, und früher die nicht unwichtigen politischen Geschäfte, eine Besetzung aus den höheren Ständen herbeigeführt.

2) Ebenso versammelt sich bei jeder Quartalsitzung eine große Jury, zu welcher der Sheriff 24 Männer zu gestellen angewiesen wird. Nach der Praxis und dem Geschworenengesetz von 1825 bedürfen diese Geschworenen nur derselben Qualification wie die Urtheils-Geschworenen. Die Klagen über die Mangelhaftigkeit der Anklagejury beziehen sich fast nur auf die grand jury der Quartalsitzungen, bei der die Friedensrichter nicht zugleich als Geschworene geladen werden sollen, die daher überwiegend aus Mittelständen zusammengesetzt ist, welche den schwierigen, mehr juristischen Anforderungen an eine Anklagejury nicht gewachsen sind.

Ergänzend tritt dazu der Coroner's Inquest bei ungewöhnlichen Todesfällen. Lautet hier der Spruch dahin, daß der Tod durch Schuld einer bestimmten Person herbeigeführt sei, so geht der Spruch in der Weise einer Anklageakte an die Assisen.

Die Thätigkeit der Anklagejury ist eine doppelte: entweder eine Anklage von Amtswegen presentment, oder Prüfung der von einem Privatkläger angebrachten Anklage, indictment.

1) Das Presentment, praesentatio, ist die aus der ursprünglichen Rügepflicht der Gemeinde hervorgegangene unmittelbare amtliche Anzeige oder Anklage vor dem Königlichen Richter, gegründet auf eigene Wissenschaft oder Erkundigung. Es ist also eine unmittelbar verfolgende, inquisitorische Thätigkeit der Kreisgemeinde, die in früheren Jahrhunderten häufig vorkam, oft noch durch spätere Gesetze eingeschärft wurde, wie namentlich wegen unterlassener Wegereparatur nach den Wegeordnungen. In der neuern Uebung ist das presentment jedoch fast verdrängt durch die folgende Weise.

2) Ein Indictment, indictatio, ist eine geprüfte Anklage, welche ein Privatmann im Namen des Königs wegen eines Verbrechens vorbringt. Dieser Prosecutor reicht einen formell redigirten, auf Pergament geschriebenen Entwurf zur Anklageacte (bill) ein, auf dessen Rückseite die Namen der Anklagezeugen notirt sind. Die Anklageformulare beruhen auf Jahrhunderte alter Praxis, und richten sich nach genauen technischen Regeln, in welchen wichtige Grundsätze des englischen Criminalprozesses enthalten sind. Sämmtliche so vorliegende Entwürfe (bills) werden von dem vorsitzenden Richter in einer Einleitungsadresse (charge) den Großgeschworenen über-

§. 75. Die Anklage-Jury.

geben mit den zu einzelen etwa nöthig scheinenden Erläuterungen. Die große Jury zieht sich dann in ihr Zimmer zurück, beeidigt (19. et 20. Vict. c. 54) und verhört unter Leitung ihres Vorsitzenden sehr summarisch die einzelen Anklagezeugen, und entscheidet dann nach Stimmenmehrheit, aber mit mindestens 12 Stimmen, ob genügender Grund zur Erhebung der Anklage vorhanden ist (wheher there be sufficient cause to call upon the party to answer it). Die Bejahung wird mit dem Vermerk „a true bill" auf dem Entwurf verzeichnet, der nun erst ein wirkliches indictment bildet. Die Versetzung in den Anklagestand ist damit definitiv ausgesprochen.

Geschichtlich ist die Anklagejury eine Anwendung der zahlreichen Beweiscommissionen, deren sich die normannische Verwaltung zu vielerlei Zwecken bediente. Sie ist hervorgegangen aus der strengen Unterwerfung alles Gemeindelebens unter Königliche Commissarien und Vögte, und ist seit der Zeit als vollendet anzusehen, seitdem die periodische Verbindung solcher Gemeindeausschüsse mit den Criminalassisen der Königlichen Richtercommissare feste Sitte wurde. Ueber die normannische Zeit vgl. Geschichte des selfgovernm. S. 83—86, 96, 97; über das spätere Mittelalter S. 162, 168; über die Zeit der Tudors S. 305—307, 310 und Biener, Geschw. G. Bd. I. S. 139 ff. Anklagejury und Coroners Inquest sind also nur Anwendungen eines weiter verzweigten Systems. Die englische Jurisprudenz unterscheidet noch immer:

1. Prozeßjuries, juries for trial, d. h. die mit dem ordentlichen Criminalverfahren verbundenen bei Assisen und Quartalsitzungen.

2. Gemeindeuntersuchungs-Commissionen, juries for inquiry, d. h. der Coroner's Inquest; die Juries zur Feststellung des Thatbestands eines Aufruhrs (riot) und bei gewaltsamen Besitzentsetzungen (forcible entries); ferner die Juries zur Feststellung einzeler Thatfragen vor dem Sheriff (§. 30), vor den Escheators, vor den Clerks of the Market, nach dem Statute of Bankrupts u. s. w., die zum Theil veraltet sind. Als Incidentpunkte anderer Verwaltungen kommen noch vor: inquisitions of lunacy zur Feststellung einer Gemüthskrankheit; juries of matrons de ventre inspiciendo, bestehend aus 12 Frauen, zur Feststellung behaupteter Schwangerschaft einer zum Tode verurtheilten Frau; pix juries von Goldschmieden zur periodischen Prüfung der Vollhaltigkeit der Münzen; juries of triers zur Feststellung der Unparteilichkeit eines recusirten Geschworenen, wenn der Verwerfungsgrund von einer question of fact abhängt.

3. Eine neuere gemischte Gruppe von Juries bilden die Gemeindecommissionen, welche bei verschiedenen Akten der Verwaltungsjustiz nach der neuern Gesetzgebung zugezogen werden. Die Wegeordnung und verschiedene Lokalakte über Canäle und Eisenbahnen schreiben die Zuziehung einer Jury vor zur Feststellung verschiedener Fragen über die Nothwendigkeit einer Schließung oder Verlegung von Wegen, wegen Feststellung des Schadenersatzes bei Erweiterung von Wegen, zur Feststellung des Grundwerths in den Fällen einer Expropriation; (während bei Objecten unter 50 L. die Quartalsitzungen summarisch über den Grundwerth entscheiden.) Hierher gehört auch die Jury, welche bei dem Gemeinheitstheilungsverfahren, inclosures, 6. et 7. Will. IV. c. 115, eintritt, wenn die Interessenten wegen der Pläne, Abschätzungs- und Theilungsgrundsätze an die Quartalsitzungen appelliren. Die Jurisprudenz hat diesen neueren Fällen keine systematische Stellung gegeben; ihrem sachlichen Charakter nach sind sie aber Fortsetzungen des uralten Systems der Gemeinde-Untersuchungs-Commissionen.

Die Entstehung der Anklagejury aus den normannischen Verwaltungscommisfionen ist immer noch erkennbar an ihren formlosen, geheimen Procedurweisen. Eine anschauliche Ueberficht über das Verfahren giebt Mittermaier, das Englische Strafverfahren. Erl. 1851 S. 244 ff. Ueber den im Jahre 1849 gemachten Vorschlag zur Abschaffung der großen Jury bei dem Centralgerichtshof in London und über die dabei constatirten Mängel der Anklagejury überhaupt siehe Mittermaier in der Zeitschrift für Rechtsw. des Ausl. Bd. XXI. 325, XXII. 139—155.]

§. 76.

Die Anklage- und Zeugenpflicht. Prosecution. Staatsanwaltschaft.

An den Geschworenendienst schließt sich die durchgreifend allgemeine Funktion der Strafverfolgung als Theil des englischen selfgovernment.

Schon im normannischen Verwaltungsrecht war die Strafverfolgung ein Haupttheil der Friedensbewahrung, ursprünglich mit folgenden Unterscheidungen.

Die Rügepflicht der Gemeinden wegen eigentlicher Criminalfälle wurde jener Zeit durch die Sheriffs und reisenden Richter erzwungen, welche periodisch die Gemeindeverbände zu versammeln hatten, um durch vereidete Ausschüsse denunciatorisch die Vergehen und deren Urheber festzustellen. In der weitern Fortbildung formirte sich daraus die große Jury und die Urtheilsjury mit den nothwendigen Zwischenorganen.

Die kleinen Polizeigerichte in dem turnus vicecomitis und in den örtlichen courts leet dagegen hatten die doppelte Aufgabe der „inquisitio" für die schwereren Straffälle, der Urtheilssprechung in den leichteren Bußfällen, welche beide Funktionen später der Hauptsache nach auf die Friedensrichter übergegangen sind.

Nach diesen Arbeitstheilungen blieb nur noch eine beschränkte Rüge- und Verfolgungspflicht der Kreise und Gemeinden zurück: nominell, sofern die Gemeinden noch immer verpflichtet sind, auf erfolgtes Aufgebot den flüchtigen Verbrecher zu verfolgen (hue and crye); reell, indem die Strafverfolgung als erzwingbare Bürgerpflicht behandelt wird.

I. Im summarischen Prozeß schreitet der Friedensrichter auf Privatdenunciation ein, zu welcher jeder Privatmann im Besitz der Ehrenrechte als common informer befugt ist. Ergänzend bestand noch fort eine Pflicht der constables, amtliche Anzeige (presentments) bei den Sessionen des Friedensrichters anzubringen. Das System jener actiones populares, das Interesse der Betheiligten, der Vorbehalt eines Denunciantenantheils und die ergänzende Thätigkeit der constables haben sich bisher als ausreichend bewiesen, um ohne einen Polizeianwalt die Strafverfolgung in

§. 76. Die Anklage- und Zeugenpflicht.

dem ganzen Gebiet des Polizeistrafrechts zu sichern. Nur in wenigen Fällen, wie bei der Verfolgung bawdy houses, sind noch besondere Prämien für den Denuncianten ausgesetzt. Daß in zahllosen Fällen die Polizeistrafverfolgung unterbleibt, weil Niemand im Publicum ein Interesse daran findet, entspricht gerade dem Zweck und der Bestimmung dieser Strafordnung. Von der Einführung einer Polizeianwaltschaft ist daher in England noch nicht die Rede gewesen.

II. Für die eigentlichen Criminalanklagen hatte die frühe Verkörperung der Staatsgewalt in dem normannischen Könige ein System der Anklage im Namen des Königs herbeigeführt, durch welches die alte Privatanklage überwachsen und verdrängt wurde. Die Pflicht, Verbrechen im Namen des Königs vor Gericht zu verfolgen, gestaltete sich dadurch analog wie die Pflicht zum Zeugniß auf dem Continent, und floß mit der Zeugenpflicht vielfach zusammen.*) Der die Voruntersuchung leitende Magistrat hat nun den Personen gegenüber, deren Aussagen seiner Meinung nach im Hauptverfahren von Bedeutung sein werden, eine doppelte Befugniß:

1) to bind over to prosecute and to give evidence, das heißt, er kann eine geeignete Person durch Zwangscaution verbindlich machen, die Anklage an die große Jury zu bringen, demnächst im Hauptverfahren zu vertreten und zu verfolgen. Der Prosecutor kann das Formelle dabei selbst besorgen, oder einen Anwalt nehmen, oder auch einen Anwalt und Advokaten zugleich. In dem Beweisverfahren (trial) erscheint er sehr gewöhnlich als Hauptzeuge, und wird als solcher von seinem Advokaten, andernfalls vom vorsitzenden Richter verhört.

2) to bind over to give evidence, d. h. der voruntersuchende Magistrat kann jeden erheblichen Zeugen durch Zwangscaution zum Erscheinen im Hauptverfahren nöthigen. Auch diese Zwangspflicht geht weiter, als wir es gewohnt sind. Außer Eheleuten, welche nach englischem Recht gegen einander kein Zeugniß ablegen können, sind selbst die nächsten Verwandten zeugnißpflichtig. Der die Caution Weigernde kann gefänglich abgeführt werden bis zur nächsten Session; der im Hauptverfahren selbst den

---

*) Ueber das Geschichtliche des Strafverfolgungsrechts vgl. Geschichte des selfgov. S. 305—307. Die Unterlage desselben ist die ursprüngliche Pflicht der kleineren und größeren Gemeindeverbände zur Friedensbewahrung, die sich später in ein Zusammenwirken der Friedensrichter und Großen Jury mit einem informer umgestaltet. Der informer erscheint dabei als ein verantwortlicher promotor inquisitionis. Lord Brougham sagt in dem Report on Public Prosecutors pag. 1: es sei ganz einerlei, ob der Magistrat Jemanden binde to prosecute, oder to give evidence. Ein erheblicher Unterschied liegt aber immer darin, daß der Prosecutor seine Anwaltkosten ersetzt erhält, anderseits einer Civil- und Strafklage unterliegt wegen wissentlich falscher Anklage und grober Fahrlässigkeit.

Eid Verweigernde kann wegen Ungehorsams (contempt) mit einer leichten arbiträren Geld- oder Gefängnißstrafe belegt werden.**)

Das gemeinsame Verfahren bei diesen Zwangscautionen ist, daß der magistrate am Schluß der Voruntersuchung das herkömmliche Formular einer Caution (recognizance) unterzeichnen läßt wie folgt:

„Grafschaft N. N. — Es wird hiermit beurkundet, daß am 13. Septbr. 185 . A. B. aus N., Arbeitsmann persönlich erschienen ist vor mir W. D. Esq. Friedensrichter, und sich anerkannt hat als Schuldner unserer souveränen Herrin, der Königin, auf die Summe von 24 L., beizutreiben aus seinem beweglichen und unbeweglichen Vermögen, kraft einer recognizance für Ihre Majestät, unter der Bedingung, daß wenn der so gebundene A. B. persönlich erscheinen wird bei der nächsten Generalquartalsitzung für die gedachte Grafschaft zu N., und dann und dort vorbringen wird eine Anklage gegen C. D. aus N., Hutmacher, und dann und dort Zeugniß ablegen wird darüber den Geschworenen, die darüber Untersuchung halten werden von Seiten unserer gedachten Herrin der Königin, und wenn er den Gerichtshof nicht verlassen wird ohne Urlaub: dann diese Caution erlediget sein, anderen Falls in voller Kraft bleiben soll. Aufgenommen 2c."
W. D.

Die Anklage gestaltet sich nun praktisch in folgender Weise:

1) In der Mehrzahl der Fälle wird ein gewöhnlicher Privatmann von dem committirenden Magistrat als Prosecutor verpflichtet, gewöhnlich ein Hauptzeuge der That, bei Privatverbrechen häufig der Damnificat. Unfähig dazu ist nur der nach dem Gesetz Zeugnißunfähige. Ein indirecter Zwang dazu liegt auch in dem Grundsatz des gemeinen Rechts, daß Niemand zu einer Civilentschädigungsklage aus felony zugelassen wird, bevor er als Prosecutor die Strafklage verfolgt hat. Auch bei anderen Vergehen (misdemeanours) hat der Verletzte den Vortheil als Zeuge verhört zu werden, wenn ein Strafverfahren dem Civilproceß vorangeht. Denjenigen, welche bei gemeingefährlichen Verbrechen zur Ergreifung und Bestrafung des Thäters wirksame Hülfe geleistet haben, sichert das st. 7. Geo. IV. c. 64 §. 28; 15. Vict. c. 55 §. 8 eine angemessene Belohnung aus öffentlichen Fonds zu; sowie eine Entschädigung an Wittwe und Kinder eines

---

**) Die Zwangscaution zum Zeugniß ist nur Versicherungsmaßregel, legalisirt durch 1. et 2. Phil. et M. c. 13; 2. et 3. Phil. et M. c. 10. Zeugen, die nicht durch Caution zum Erscheinen gebunden sind, können auch durch besondere Citation (subpoena ad testificandum) geladen werden, welche der Kreissekretär auf Verlangen einer Partei unter dem Siegel des Custos Rotulorum ausstellt. Wohnt der Zeuge außer dem Bezirk der Grafschaft, so muß die Partei die Citation in dem Büreau des Reichsgerichts (Crown office of the Queen's bench) gegen Gebühr auswirken. Dem Zeugen werden die Reisekosten und billige Versäumnißkosten ersetzt: kein Strafverfahren wegen Ungehorsams tritt gegen ihn ein, wenn ihm nicht auf Verlangen die Kosten der Hin- und Rückreise vorgeschossen sind, 18. Geo. III. c. 19; 7. Geo. IV. c. 64 §§. 22. et 23; 45. Geo. III. c. 92. Zeugen, die sich zur Zeit im Gefängniß befinden, werden geladen durch ein writ of habeas corpus ad testificandum, welches jeder Reichsrichter ausstellen kann. Auch den Defensionalzeugen wird eine Vergütigung gewährt, 30. et 31. Vict. c. 35 §. 5.

§. 76. Die Anklage- und Zeugenpflicht.

bei solcher Veranlassung Getödteten. Es lag bei dieser Gestaltung der Sache nahe, daß sich auch mehre Hundert große und kleine **Versicherungsgesellschaften** bildeten, welche in einem kirchlichen, sittlichen, politischen oder Privatinteresse Strafverfolgungen übernehmen, ein Anwaltsbureau dafür engagiren, und den beitragenden Mitgliedern die Mühe und Kosten dafür abnehmen. Solche Gesellschaften setzen dann auch Prämien für die Entdeckung von Verbrechen aus.[1])

2) Eben deshalb kann auch ein **Gemeindebeamter oder Polizeibeamter** das Amt des Prosecutor versehen, nicht selten wird ein Armenaufseher (z. B. bei Anklagen wegen Kindesmords) herangezogen oder erbietet sich dazu freiwillig oder auf Wunsch der Gemeinde. Seit Einführung der besoldeten Constabler in London 1829 gebrauchten die Polizeirichter oft auch einen solchen policeman als Prosecutor, was dann in den Provinzen mit der besoldeten Constabulary zuweilen sich weiter ausdehnte. In einigen Städten fing man neuerdings an den Stadtschreiber oder einen Secretär desselben gegen festes Gehalt als Prosecutor zu bestellen, der dann die formelle Einleitung der Sache und das Engagement des Anwalts übernimmt.[2])

Bei ungewöhnlichen Todesfällen tritt die amtliche Pflicht des Co-

---

[1]) **Prosecution durch einen Privatmann.** In einzelnen Fällen hatten auch ältere Gesetze Vortheile und Belohnungen denen zugesichert, welche zur Verurtheilung eines felon beitragen würden, z. B. 4. et 5. Will. et Mary c. 8 §. 3. Scharfe Strafen gegen den nahe liegenden Mißbrauch dabei enthält jedoch das st. 7. et 8. Geo. IV. c. 29 §§. 58, 59. Namentlich sind öffentliche Anzeigen einer Belohnung für Wiederbeschaffung gestohlenen Eigenthums mit der Zusicherung der Nichtverfolgung im Strafverfahren mit 50 L. Buße bedroht.

[2]) **Prosecution durch einen Gemeinde- oder Polizeibeamten.** Bei der Verwendung der Constables als prosecutors zeigen sich erhebliche Uebelstände. Es bilden sich leicht stillschweigende Arrangements, wonach ein Anwalt dem Constable gewisse Procente verspricht, dafür daß dieser ihm die Führung der Anklage überträgt. Auch kann die glückliche Durchführung einer großen Zahl von prosecutions leicht zu einem falschen Maßstab für die Dienstbeflissenheit des Constable werden. Die bessere Praxis verwendet daher die Policemen lieber nur zur Einziehung von Erkundigungen, namentlich zur Auskundschaftung von Zeugen, wenn sich bei Entwerfung der Anklageacte Lücken im Beweise zeigen. — Eigenthümlich ist die Einrichtung zu Liverpool, wo ein Clerk des Stadtschreibers mit 300 L. Gehalt das Geschäft der Expedition der Anklageacten (wie es auch bei den Quartalsitzungen im Bureau des clerk of the peace besorgt wird) mit der Stellung eines stehenden Prosecutor verbindet. Die Protokolle der Voruntersuchung werden ihm übersandt; er prüft sie nach dem Gesichtspunkt der Vollständigkeit des Beweises, ergänzt das Fehlende durch Nachfragen, oder nachträgliche Verhöre, und entwirft danach die Information (brief) für die Advokaten, auf die er nun die Führung der einzelnen Sachen vertheilt, Report on Prosecutors p. 225. In Manchester, Leeds, Durham, Northumberland, im West Riding von York hat man die sämmtlichen Anklagen wenigstens einem Anwalt übertragen.

roner ein, seine Akten zum Zweck der Verfolgung des von der Jury be=
zeichneten Thäters einzusenden.

3) Die an dieser Stelle nothwendige Rechtscontrole, d. h. die nöthige Vorprüfung der Anklage, findet innerhalb des self-goverment selbst statt, durch die große Jury, welche in den wich=tigeren Fällen vor den Criminalassisen ein sehr respectables Collegium von 13—23 gentlemen friedensrichterlicher Qualität darstellt. Es liegt darin ein wirksamer Schutz gegen frivole und chikaneuse Anklagen, insbe=sondere auch ein Schutz für die öffentlichen Beamten bei Anklagen wegen angeblicher Verletzung ihrer Amtspflicht. Andrerseits bildet die große Jury ein Sicherheitsventil gegen Unterdrückung einer Strafverfolgung im Interesse der zeitigen Verwaltung, indem sie Anklagen auch ex officio durch presentment erheben mag. Da indessen ein Mißbrauch des Anklagerechts zur Einschüchterung und zur Verfolgung von Privatinteressen, namentlich bei perjury, conspiracy, obtaining money by false pretenses, gaming or disorderly houses, indecent assault wirklich öfter vorkam, so ist durch 22. et 23. Vict. c. 17 §. 1 die Autorisation eines Oberrichters oder des Attorney General zur Erhebung der Anklage in allen Fällen vorbehalten, wo nicht die voruntersuchenden Friedensrichter wegen dringenden Verdachts die Verhaftung oder Cautionsleistung verfügt haben. Vorbehalten bleibt auch hier der Anklagebeschluß der großen Jury, 30. et 31. Vict. c. 35.

In der so gestalteten Strafverfolgung hat sich die Staatsverwal=tung auf eine controlirende und ergänzende Thätigkeit beschränkt, welche sich seit dem Schluß des Mittelalters zu einer Kronanwaltschaft, dem Attorney General und dem Solicitor General mit einigen Neben=ämtern gestaltete. Die Controle wird in dem Sinne geübt, daß der Kronanwalt:

1. Strafverfolgungen durch ein Nolle prosequi bis zum Urtheil niederschlagen kann, — eine Befugniß, welche principiell daraus abgeleitet wird, daß die im Namen des Königs erhobene Anklage eine staatliche Befugniß ist und bleibt. Als Controle gegen Mißbrauch gilt der Wechsel der Kronanwaltschaft mit den Ministerien und die „Verantwortlichkeit" gegen das Parlament (noch mehr wohl die presentments der Anklage=jury).

2. Der Kronanwalt kann sehr wichtige Strafverfolgungen selbst übernehmen, was in der Regel nur auf Antrag der Friedensrichter, in Ermangelung eines geeigneten Privatprosecutor und verhältnißmäßig selten geschieht. Der Kronanwalt fungirt dann persönlich als Prosecutor mit analogen Rechten wie jeder Counsel for the prosecution, vorbehaltlich einiger besonderen Ehrenrechte.

3. Der Generalfiscal im Finanz=Ministerium übernimmt

§. 76. Die Anklage- und Zeugenpflicht.

nicht nur Strafverfolgungen wegen Verletzung der Finanzgesetze, sondern fungirt auch als Generalfiscal der übrigen Departements, beispielsweise zur Verfolgung von Anklagen wegen schwerer Gewaltthätigkeiten gegen Polizeibeamte. In diesen Fällen pflegt ein gewöhnlicher Anwalt von dem betheiligten Verwaltungsdepartement bestellt zu werden, welcher der erhaltenen Instruktion gemäß, wie ein gewöhnlicher Prosecutor verfährt. Die Theilnahme des Kronanwalts beschränkt sich auf einen Beirath beim Engagement des Anwalts und über rechtliche Vorfragen.[3]

4. Wegen einiger fiscalischer Vergehen, gewisser Amtsvergehen, Libellanklagen und gemeingefährlicher misdemeanors (niemals wegen felonies) findet eine fiscalische Klage ex officio auch ohne Vorentscheidung der Anklagejury statt, welche sich jährlich auf ein Paar Fälle zu beschränken pflegt.

Die Mitwirkung der Ministerialdepartements bei der Strafverfolgung beschränkt sich auf die hierauf bezüglichen Beschließungen. Das Princip der concurrirenden Befugnisse der Strafverfolgung durch Private, Vereine, Gemeindebeamte, Grafschaftsverwaltung und Kronanwälte macht eine Verschiebung der Handhabung der Strafgesetze im Interesse der Parteiverwaltungen unmöglich. Dies System bildet das Fundament des englischen Grundsatzes der „absoluten Geltung des Gesetzes" gegen die Beamten wie gegen die Unterthanen. Es lag hier ein Angelpunkt des sog. „Rechtsstaats", dessen Unvereinbarkeit mit einer Strafverfolgung, welche

---

[3] Prosecution durch die Staatsbehörde. Die specielleren Einrichtungen beruhen auf administrativer Praxis, bei der zu beachten ist, daß der Minister des Innern das Criminal-Departement der Justiz darstellt, die Treasury dagegen ein „Staatsministerium", welches über die anderen Departements übergreift.

1. Der Minister des Innern (Home Office) beschließt zuweilen bei sehr schweren oder politisch wichtigen Anklagen eine Strafverfolgung durch die law officers of the crown eintreten zu lassen. Es geschieht dies aber nicht leicht ohne einen Antrag der Friedensrichter.

2. In dem Finanzministerium bildet der Solicitor to the Treasury ein Generalfiscalat, welches die Erhebung von Anklagen nicht blos wegen Steuervergehen, sondern auch im Gebiet der übrigen Ministerialdepartements beschließt und leitet. Es gehören dahin z. B. Anklagen wegen schwerer Gewaltthätigkeiten gegen Polizeibeamte, gegen unerlaubte Lotterien, Münzverfolgungen u. s. w. Die Centralbehörde engagirt dafür einen gewöhnlichen Anwalt, welcher der erhaltenen Information gemäß wie jeder Privatanwalt verfährt. Bei dem Engagement des Advokaten oder über einzelne Rechtsfragen wird dann der Attorney General oder Solicitor General consultirt. Die Gesammtzahl solcher Fälle wird auf etwa 40 im Jahre veranschlagt, ungerechnet die Fälle der Münzvergehen.

Nicht zu verwechseln mit diesem Verfahren sind die Fälle der sog. information, in welchen ein Kronbeamter wegen gewisser misdemeanours ohne Zwischentreten der Anklagejury einschreitet; vergl. darüber Mittermaier, Engl. Strafv. S. 136—143. Die Zahl solcher informations ex officio (besonders wegen Preßvergehen und wegen Amtsmißbräuche) beschränkt sich im J. 1859 auf 1 Fall, im J. 1860 auf 10 Fälle.

ausschließlich zur Disposition der zeitigen constitutionellen Staatsverwaltung gestellt ist, durch die Erfahrungen des Continents hinreichend feststeht. Um dieses Zweckes willen hat England Jahrhunderte hindurch die allerdings erheblichen Beschwerden eines solchen Strafverfolgungssystems geduldig ertragen.

Die so gestaltete Anklagepflicht in der Weise früherer Jahrhunderte enthielt aber in der That eine sehr ungleich vertheilte bürgerliche Last. Sie nahm bei der Gestaltung der Assisen und Sessionen die Prosecutors mehre Tage hintereinander in Anspruch, und fügte dem Damnificaten zu den Folgen des Verbrechens oft noch schwere Kosten und Zeitverluste zu. Die neuere Gesetzgebung ist daher mit Recht bedacht gewesen, sowohl dem Prosecutor seine Amtsgebühren, wie den Zeugen ihre Reise= und Zehrungs= kosten nach anständigem Maßstab zu ersetzen (Hauptgesetze 7. Geo. IV. c. 64; 14. et 15. Vict. c. 45). Um die dadurch entstehenden neuen Communallasten dem Grundbesitz zu erleichtern, übernahm sodann die Verwaltung Sir Robert Peel's im August 1835 die Hälfte der Strafverfolgungskosten. Seit 1846 ist den Kreiskassen und der County Rate auch die andere Hälfte abgenommen, so daß jetzt das Schatzamt die vollen Criminalkosten bezahlt, unter Controle eines eigenen Büreaus, des Law Clerk im Finanzministerium. Die nothwendige Folge dieser Aenderung war nun aber die Einführung einer Staatscontrole über die Criminalkosten. Durch 14. et 15. Vict. c. 45 wird die Befugniß der Quartalsitzungen zum Erlaß von Kostenregulativen nach 7. Geo. IV. c. 64 aufgehoben. Der Minister des Innern erläßt fortan die Regulative über Criminal= kosten, Auslagen und Entschädigungen. Die voruntersuchenden Friedens= richter sollen darüber Certificate ertheilen. Die Kostenfestsetzungs=Certificate sollen aber nicht endgültig sein, sondern unterliegen einer genauen Controle des Specialdepartements (Law Clerk) im Finanzministerium. Vorbehalten bleibt überall das Recht der Friedensrichter auf Kostenniederschlagung.

Bei dieser Lage der Sache war die Forderung der Einführung eines öffentlichen Organs für die Strafverfolgung überhaupt schon des Finanzpunkts wegen eine naheliegende. Der Report on Public Prosecutors 1856 enthält darüber ein reiches Material, und hebt als Hauptübelstände des bisherigen Systems der Popularklagen hervor: (1) den Mangel der Strafverfolgung in vielen Fällen, in denen ein geeigneter Interessent fehlt, um die Sache gerichtlich anhängig zu machen. Es treffe dies namentlich die ärmeren Klassen, indem Mißhandlungen der dienenden Klassen, Mißhandlungen der Eltern und Stiefeltern gegen ihre Kinder u. dergl. gar nicht anhängig gemacht werden. In anderen Fällen fehle es namentlich an einem Organ zur Feststellung des Thatbestandes, wie bei

Brandstiftungen. (2) Die Privatanklage führe nicht selten zu Compromissen und Collisionen. Reiche Verbrecher kaufen die Zeugen aus und bezahlen die verfallenen Cautionen des Prosecutor wie der Zeugen. Viele Anklagen werden ohne die ernstliche Absicht einer Strafverfolgung angestellt, nur um den Gegner zu schrecken und durch plötzliche Verhaftung zum Vergleich über den Civilanspruch zu nöthigen, wozu namentlich die Abberufungen an die King's Bench gemißbraucht werden, durch welche die Caution zur Strafverfolgung erledigt wird. (3) Es entstehe ein sehr ungleiches Verfahren in der Führung der Anklage, besonders mangelhaft in den kleineren entlegenen Quartalsitzungen, bei denen keine Advokaten, sondern nur Anwälte practisiren; überhaupt wird geklagt über verschiedene Praktiken der Attorneys, um sich möglichst viele Strafverfolgungen zu verschaffen. (4) Als mangelhaft wird so ziemlich von allen Seiten der Umstand anerkannt, daß zwischen dem Schluß der Voruntersuchung und den Assisen kein Organ vorhanden sei, um lückenhafte Beweise noch zu ergänzen, und den Fall für die Verhandlung in der Assise vollständiger vorzubereiten. In sehr vielen Fällen bestehe die ganze Information der Advokaten in einer nackten Abschrift der friedensrichterlichen Protokolle, weshalb denn auch die Anklagejury der Quartalsitzungen aus vielen Anklageacten nicht klug zu werden wisse. Fühlbar werde dies namentlich bei verwickelten Fällen eines Beweises durch Indicien.

Nach längeren Zwischenverhandlungen sind die angeregten Zweifel jetzt zu einem **Gesetzentwurf über Einführung der Staatsanwaltschaft** (Excurs. †) angelangt.

† Verhandlungen und Gesetzentwurf von 1870 betr. die Staatsanwaltschaft.

Die Bestrebungen zur Einführung einer Staatsanwaltschaft in England knüpfen sich fortschreitend an die Uebernahme der Strafverfolgungskosten von der Kreiskasse auf die Staatskasse. Dies nicht unbedenkliche Geschenk traf zusammen mit der Aufhebung der Kornzölle. In einer Zeit, in welcher der große Grundbesitz seinem „sichern Ruin" durch Steuerüberbürdung entgegen zu gehen glaubte, schien es nothwendig, die damals noch sehr ungleich vertheilten und an einzelen Punkten übermäßigen Communalsteuern durch Beihülfe der Staatskasse zu erleichtern. Allein es zeigte sich alsbald, daß man die Strafverfolgung nicht aus Staatsmitteln bestreiten kann, ohne folgerecht die Strafverfolgung unter die Controle des Ministers zu stellen. Bei den Assisen sollte bisher der Clerk of assize gewöhnlich am letzten Tage seiner Anwesenheit 50 oder mehr Anwaltsrechnungen in aller Hast festsetzen. Bei den Quartalsitzungen prüfte ebenfalls ein Secretär die Kostenliquidation unter Decretur der Friedensrichter. Daher die Klagen wegen Uebertheuerung. Bei den Assisen betrugen die baaren Auslagen für den einzelen Straffall durchschnittlich 17—25 £., bei den Quartalsitzungen 7—15 £. (Parl. P. 1855 No. 481 p. 248—254). Bei den Grafschaftsassisen schwankten die Kosten nach der Schwere der Fälle von 13—35 £., bei den städtischen von 15—78 £. Ungemein abweichend waren auch die bewilligten Anwaltsgebühren (1½—8 £.). Die Kosten bei Anklagen wegen Mordes und dergl. wuchsen oft auf 200—300 £., ungerechnet die hohen Extrahonorare der Advokaten, die nicht ersetzt werden. Geklagt wurde auch über unnütze Zeugenkosten, und willkürliche Ansätze unter der Rubrik „Aufsuchung des Angeklagten, Einleitung der Sache" (getting up the case) u. s. w. Eine Specification der von dem Staatsschatz in den einzelen Bezirken zugeschossenen Strafverfolgungskosten pro 1851 enthalten die P. P. 1852 No. 66 Vol. C. p. 29 und spätere Jahrgänge. Nach der Justizstatistik von 1868 stellen sich die jetzt unter Controle der Ministerien gestellten Strafverfolgungskosten durchschnittlich bei den Criminalassisen auf 12 £. 18 sh. 6 d., bei den Graffschaftsquartalsitzungen auf 7 £. 13 sh. 9 d, bei den städtischen Quartalsitzungen auf 6 £. 5 sh. 7 d., in Gesammtsumme auf 129,678 £. Ein temporäres Gesetz über die prosecution expenses erging noch in 29. et 30. Vict. c. 52.

Noch dringender aber als diese finanziellen Schwierigkeiten waren es die persönlichen Beschwerden der Strafverfolgung durch Private, welche die umfangreichen Verhandlungen in dem Report on public prosecutors 1856 No. 206 Vol. VIII. 347 hervorgerufen haben, in welchem freilich das Parlamentscommittee noch zu keinen bestimmten Anträgen zu gelangen vermochte. Unter den von den Sachverständigen gemachten Vorschlägen zur Einführung einer Staatsanwaltschaft stand im Vordergrund die Verweisung auf das schottische System, wo bei jedem Kreisgericht, County Court, ein vom Kreisrichter (Sheriff) designirter Advokat als Staatsanwalt (procurator fiscal) fungirt. In den erheblicheren Städten wird ein solcher vom Gemeinderath ernannt. Alle Staatsanwälte stehen unter dem Lord Advocate und dessen Stellvertreter. Daneben ist aber das Recht der Privatanklage reservirt, zu der es nach den bisherigen Erfahrungen freilich selten kommt (a. a. O. p. 18, 19, 193). Andere zogen das Vorbild des District Attorney aus Nordamerika heran, und wünschten einen rechtsverständigen Lokalbeamten zur Ueberwachung der Vorbereitung der Beweise. Andere glaubten, daß die Secretäre der Friedensrichter die dazu geeigneten Personen wären, besonders wenn sie auf festes Gehalt statt auf Gebühren gesetzt würden. Insbesondere empfiehlt die Society of Magistrates Clerks die Secretäre der kleinen Sessionen als prosecutors. Die Verhandlungen zeigen, daß man sich die Tragweite der Einführung einer Staatsanwaltschaft noch wenig klar gemacht hatte; insbesondere die Frage, ob der Staatsanwalt ein controlirender (decretirender) Beamte der Voruntersuchung sein, oder nur zur Ergänzung der Beweise in dem Zwischenstadium und zur Entwerfung und Vertretung der Anklageacte dienen soll. Ueber einen Punkt sind aber alle Urtheile klar und alle Beurtheiler einig: über die verfassungsmäßige Unstatthaftigkeit eines Anklagemonopols für einen public prosecutor. Auch die fortgeschrittensten Kenner und Bewunderer der Zustände des Continents verstehen diesen verfassungsmäßigen Punkt der Frage vollkommen richtig.

So Lord Brougham p. 4: wenn der öffentliche prosecutor die Verfolgung weigert, sei es durchaus nicht seine Absicht, die klagende Partei zu hindern, auf eigene Gefahr und Kosten den Straffall vor die große Jury zu bringen; p. 16: noch weniger sei es seine Absicht, die unteren Staatsanwälte etwa einem mit dem Attorney General wechselnden System zu unterwerfen, — ein Zustand, der allerdings unerträglich sein würde.

Mr. R. M. Straight p. 53: „Ich denke, daß die verletzte Person ein Recht haben muß, die Verwaltung anzuklagen, ohne die Erlaubniß des öffentlichen prosecutor, durch Vermittelung einer großen Jury. Die große Jury ist ein sehr großes verfassungsmäßiges Recht. Die Krone kann Niemand wegen felony oder Verraths in Anklagestand versetzen ohne Zustimmung der großen Jury, welche das Volk repräsentirt: andererseits kann das Volk vermittels der großen Jury, d. h. mit deren Zustimmung, jeden Beamten der Krone anklagen. In politischen, das Gemeinwesen angehenden Fällen ist eine große Jury unentbehrlich, und ihrer Wirksamkeit sollte keine Beschränkung gesetzt werden."

J. Napier, Attorney General für Irland, p. 253: „Er habe keinen wirklichen Uebelstand von der Zulassung der Privatanklage bemerkt in Fällen, wo der Attorney

§. 76. Die Anklage- und Zeugenpflicht.

General die Verfolgung weigert. Die Fälle seien selten; er sehe aber nicht ein, warum eine absolute Schranke der Privatanklage gesetzt werden soll, die vielmehr selbst eine wohlthätige Controle und ein Gegengewicht neben dem Staatsanwalt bilde."

Lord Campbell, Präsident der Queen's Bench, p. 65: „Ich selbst denke, daß es ein Privilegium ist, welches jedem Engländer gehört, das Strafrecht in Wirksamkeit zu setzen unter eigener Autorität. Ich möchte es nicht leiden, hier ein System einrichten zu sehen, nach welchem keine Strafverfolgung eingeleitet werden dürfte anders als durch einen öffentlichen Beamten; aber .. ich würde empfehlen, bei einigen Vergehen (perjury, conspiracy etc.) eine Beschränkung eintreten zu lassen, nach welcher solche Anklagen nur mit Zustimmung eines öffentlichen verantwortlichen Functionärs erhoben werden dürften."

Eine vorläufige Gestalt haben die sehr schwankenden Pläne erhalten durch einen Gesetzentwurf von 1870, bill Nr. 148, welcher eine Staatsanwaltschaft in folgenden drei Stufen zu bilden beabsichtigt:

1) Für die lokale Staatsanwaltschaft sollen angemessene Bezirke nach dem Geschäftsumfang der Criminalassisen und Quartalsitzungen durch Anordnung des Ministers des Innern als Chef des Criminal-Departements gebildet werden (Art. 10—14). Als Bezirks-Staatsanwalt, public prosecutor, wird ein Anwalt niederer Klasse, attorney oder solicitor, mit einem Gehalt von 200 £. (excl. Bureaukosten) bestellt, mit dem Vorbehalt gewisser Gebühren, die aber auch in feste Gehalte verwandelt werden mögen. Ein solcher Anwalt darf weder als Kreissecretär noch als Secretär der Friedensrichter fungiren, noch eine Privatpraxis treiben, noch als Agent bei den Parlamentswahlen thätig sein, noch sich bei der Parteiagitation der Parlamentswahlen betheiligen, bei 50 £. Strafe im summarischen Verfahren. Er erhält seine Bestallung (appointment) durch den Minister, jederzeit entlaßbar durch den Minister, aber wiederanstellbar nach Ablauf der fünfjährigen Periode. Er erhält seine Anweisungen vom Oberstaatsanwalt in Gemäßheit der Regulative des Attorney General, dessen Rechtsmeinung und Anweisung er auch durch Vermittelung des solicitor der treasury einholen mag.

2) Als Oberstaatsanwälte, counsel for public prosecution, werden höchstens drei Advokaten richterlicher Qualifikation (siebenjähriger Praxis) von dem Attorney General bestellt, welcher mit Zustimmung des Finanzministeriums deren Gehalte bestimmt (Art. 15, 16). Die Ernennung erfolgt auf fünf Jahre, mit Vorbehalt der Wiederanstellung oder der Entlassung durch den Attorney General. Sie sind ausgeschlossen von einem Sitz im Parlament. Ihre Hauptbestimmung ist die rechtliche Berathung und Anweisung der public prosecutors.

3) Der Attorney General und Solicitor General bilden die General-Staatsanwaltschaft, mit der Befugniß der Leitung des Unterpersonals durch Geschäftsinstructionen (rules) mit Gesetzeskraft (Art. 17) und mit dem Recht, die Bureaus der Strafgerichte zur Einsendung von Abschriften aller Zeugenprotocolle und Verhöre anzuweisen (Art. 8).

Die Voruntersuchung soll auch nach Einführung dieser Staatsanwaltschaft in der bisherigen Weise decentralisirt fortbestehen. Je zwei Friedensrichter schreiten also auf erhobene Denunciation unabhängig von einem Antrag der Staatsanwaltschaft ein, verhandeln in der Voruntersuchung mit Zeugenverhör rc. selbständig, und mögen den private prosecutor überlassen, den Straffall an die grand jury zu bringen. Das Eingreifen der Staatsanwaltschaft tritt aber ein nach folgenden Maximen (Art. 5):

1. Wo ein Angeschuldigter wegen eines anklagbaren Vergehens verhaftet oder nur gegen Bürgschaft entlassen ist, soll der public prosecutor die weitere Verfolgung, die Sammlung und Vorbereitung der Beweise, die Vorbereitung der Anklageacte und die Instruction des Anwalts für das Hauptverfahren übernehmen.

2. Schon im Vorverfahren mag der Staatsanwalt auf Verlangen der vorunter-

suchenden Friedensrichter oder auf Anweisung des Attorney General solche Verfolgung übernehmen.

3. Auf Anweisung eines Richters der courts of law or equity, oder des Attorney General, oder einer friedensrichterlichen Session, mag der Staatsanwalt eine information beantragen, auch ohne daß eine Privatperson als informer aufgetreten ist.

4. Auch von Amtswegen mag der Staatsanwalt eine information einbringen, jedoch mit der Pflicht sofortiger Berichterstattung an den Oberstaatsanwalt.

5. Wo eine Anklageacte von der großen Jury auf Grund einer Privatanklage angenommen ist gegen Angeklagte, die sich auf freiem Fuß befinden, mag der Gerichtshof, bei welchem die Anklageacte angenommen ist, den Staatsanwalt zur weitern Verfolgung anweisen.

6. Der Staatsanwalt darf eine unternommene Anklage nur mit Genehmigung des Attorney General oder des Oberstaatsanwalts oder des Gerichtshofes zurückziehen.

Zum Zweck dieses Eingreifens erhält der public prosecutor ein Recht der Kenntnißnahme (information) in folgender Weise (Art. 6):

1. Wo der Angeschuldigte verhaftet oder unter Bürgschaft gestellt ist, hat der Gerichtsschreiber der Voruntersuchung ihm ungesäumt eine Abschrift aller Depositionen und Beweisstücke zu übersenden.

2. Wo außerdem der public prosecutor veranlaßt ist, die Verfolgung zu übernehmen, hat ihm der Gerichtsschreiber die nöthigen Informationen und Abschriften zu ertheilen.

3. Wo ein private prosecutor eine bill of indictment vor die große Jury zu bringen beabsichtigt, soll er wenigstens drei Tage vor der Verhandlung eine Abschrift des Anklageentwurfs in dem Bureau des Staatsanwalts niederlegen, und in allen Fällen, in welchen nicht die Verhaftung des Angeschuldigten verfügt ist, soll die grand jury die Anklage nicht annehmen, bevor ihr nicht die Beobachtung dieser Vorschriften nachgewiesen ist, oder die Bill mit Zustimmung des Gerichtshofes eingebracht wird.

4. Auch der Coroner soll in den Fällen, in welchen bei dem Coroner's inquest die Anschuldigung wegen eines Vergehens erhoben wird, dem public prosecutor mit Abschrift der Protocolle davon Nachricht geben.

Das Verhältniß zur Privatanklage soll sich nun dahin gestalten (Art. 9):

1. Wo der public prosecutor die Anklage erhebt, fällt die private prosecution weg; der Damnifikat mag indessen mit Genehmigung des Staatsanwalts als dessen Assistent theilnehmen.

2. Wo der public prosecutor eine von einem Privaten begonnene Strafverfolgung übernommen hat und später solche zurückzieht, soll er dem private prosecutor davon Kenntniß geben, und Letzterer dann berechtigt sein, die Strafklage wieder aufzunehmen. Wenn er indessen damit nicht durchdringt, soll er keinen Anspruch auf Kostenersatz haben, wenn nicht der Gerichtshof ihm solche zubilligt; andererseits mag der Gerichtshof in diesem Fall auch dem angeschuldigten Theil einen billigen Kostenersatz zubilligen durch eine Order, die, von dem Reichsgericht bestätigt, vollstreckbar wird.

3. Grundsätzlich soll im Uebrigen das Recht der private prosecution fortdauern, als ob dies Gesetz nicht ergangen wäre (Art. 9 Nr. 4).

Diese Vorschriften sollen durch ein Regulativ des Reichsgerichts ergänzt werden.

Die Geschichte des Inquisitionsprozesses lehrt, daß mit solchen Einrichtungen die private prosecution aus praktischen Gründen alsbald erlischt, und daß dann auch England vor dem Problem stehen wird, wie in dem parteimäßig verwalteten (constitutionellen) Staat die unparteiische, gleichmäßige Handhabung der Strafgesetze, insbesondere gegen die Beamten der zeitigen Verwaltung gesichert werden soll.

V. Capitel.

VI. Abschnitt.
Die Constables.

§. 77.
Die High Constables.

An die bisher dargestellte Thätigkeit der höheren, verwaltenden Beamten der Friedensbewahrung schließt sich das Personal der executiven Polizeibeamten, Constables.

Schon in dem spätern Mittelalter waren die unteren Geschäfte der Polizeiverwaltung auf die Aemter der Kreis= und Ortsschulzen High Constables und Petty Constables basirt, die nach Einsetzung der Friedensrichter diesen Königlichen Commissarien als untere Friedensbewahrer sich eben so unterordneten wie früher den Königlichen Landvögten.

Die Einsetzung von höheren Bezirks=Constables dauert in etwas verfallener Gestalt so fort, daß bisher in den alten Hundreds ein High Constable, in vielen auch zwei High Constables ernannt wurden. Das Amt läßt sich wohl bezeichnen als das eines Kreisschulzen oder Oberschulzen, hauptsächlich bestimmt zur Ausführung friedensrichterlicher Befehle, die an mehre Unterconstabler gerichtet sind. Die Geschäfte beruhen theils auf alter Polizeiverfassung, common law, theils auf ausdrücklichen Statuten, Coke 4. Inst. 267, namentlich:

1) sie sollen die Unterconstabler in ihren Geschäften anweisen und controliren; wo solche für Polizeizwecke versammelt sind, sie anführen und befehligen. Schon Lord Bacon bemerkt indessen, daß nach common law der High Constable Geschäfte in einem größern Bezirk, der Petty Constable analoge Geschäfte in einem kleinern Bezirk übt, die Stellung aber eigentlich nicht die eines Vorgesetzten zu seinem Untergebenen ist.

2) Gewisse Ladungen zu den Sessionen und andere Publikanda

werden von den Friedensrichtern an den High Constable erlassen zur weitern Publication an die Unterconstabler. Doch bilden sie keine Mittelinstanz, vielmehr sind die Friedensrichter befugt, grundsätzlich jeden Befehl unmittelbar an einen Unterconstabler zu erlassen.

3) Sie erscheinen bei den Quartal-Sitzungen und erstatten Bericht über die auszurichtenden Ladungen. Der Theorie nach sollen sie dabei über den Polizeizustand ihrer Division berichten und Instructionen von den Friedensrichtern empfangen; ebenso sollen sie bei den Assisen der reisenden Richter nach älterer Auffassung die von den Unter-Constablern gemachten Dienstanzeigen, über Verbrechen (presentments) einberichten. Bei den Special Sessions hat der High Constable des engern Polizeiverwaltungsbezirks analoge Geschäfte der Einbringung der Geschworenenlisten 2c.

4) Sie bildeten bisher die Unterstelle zur Einsammlung der County Rate, was nach 7. et 8. Vict. c. 33 aufhören und auf die Armenverwaltung übergehen soll; doch erst bei eintretender nächster Vacanz. Für das letztere Geschäft erhielten sie bisher eine kleine Tantieme; außerdem noch Gebühren für einzele Amtsgeschäfte, in neuerer Zeit auch wohl kleine Gehalte.

Das Amt ist also kein judicial, sondern ein ministerial office, läßt daher auch Stellvertretung zu. Der High Constable kann unter eigener Verantwortlichkeit, selbst durch mündlichen Auftrag, seine Geschäfte durch andere besorgen lassen.

Das Personal der High Constables sollte in den alten Gerichtsversammlungen (court leet) der Hundertschaft oder des Freibezirks ernannt werden. Mit dem Verfall dieser Versammlungen ging durch Sitte und Gesetz die Ernennung auf die Friedensrichter-Versammlungen über, wo sie nun bald in General- bald in Special-Sitzungen, bald auf ein Jahr, bald auf Lebenszeit, bald einer, balb zwei für die Hundertschaft ernannt zu werden pflegten. Das heute sehr verschiedene Herkommen beruht größtentheils auf administrativer Convenienz früherer Menschenalter. Nach 7. et 8. Vict. c. 33 §. 8 sollen sie jetzt regelmäßig (in Ermangelung eines Court leet für die Hundred oder den Freibezirk) nicht mehr in einer Quartalsitzung ernannt werden, sondern in einer Special-Sitzung für Steuerreclamationen; den Quartalsitzungen bleibt die Ernennung nur noch, wo die Bezirke der High Constables mit denen der Special Sessions nicht zusammenfallen. Von jeher galt der Grundsatz, daß dieselbe Behörde, welche sie ernennt, auch das Recht hat, sie aus erheblichen Gründen zu entlassen.

Das ganze Amt ist jetzt zum Abbruch bestimmt, da es immer schwerer wird, in den englischen Mittelständen geeignete Personen für solche

§. 77. Die High Constables.

Stellung zu finden. Schon durch 10. Geo. IV. c. 46 wurden die Sessionen ermächtigt, die Amtsgeschäfte der High Constables anderen Personen zu übertragen, sei es den Petty Constables, Tithingmen oder anderen Friedensbeamten. Durch 7. et 8. Vict. c. 33 werden sie von dem Erscheinen bei den Quartalsitzungen in gewissen Fällen entbunden; durch 25. et 26. Vict. c. 107 ihre Mitwirkung bei den Geschworenenlisten beseitigt 2c. Durch 32. et 33. Vict. c. 47 wird das Tempo ihrer gänzlichen Beseitigung dahin beschleunigt, daß keine Vacanz mehr auszufüllen, und in der Januarsitzung 1870 zu wiederholter Erwägung und Entscheidung zu bringen ist, ob das Amt in den einzelen Districten, wo es noch besteht, fortbestehen soll.

Ueber die im Mittelalter bedeutendere Stellung der High Constables s. Gesch. des selfgov. S. 150, 187, 188. Auch die Gesetzgebung der Tudors erwähnt noch einzele ihrer Zeit erhebliche, jetzt meist verfallene und vergessene Geschäfte. Nach 5. Eliz. c. 4 kann der High Constable sogenannte Statute Sessions abhalten zur Regelung von Gesindemiethen; nach 4. Edw. IV. c. 1; 39 Eliz. c. 20; 13. Geo. I. c. 23 Beschwerden und Mißbräuche in der Tuchmacherei beseitigen; nach 13. Edw. I. c. 6 diejenigen anzeigen, welche Fremde beherbergen, für die sie nicht einstehen wollen. Dahin gehört auch die Verfolgung auf frischer That wegen robbery (8. Geo. II. c. 16); Ueberwachung der Ausführung der Gesetze gegen gottloses Schwören 19. Geo. II. c. 21 u. s. w. In der Miliz-Verwaltung soll er die orders der Deputy Lieutenants den einzelen Constables mittheilen, woran sich dann gewisse Amtsgeschäfte bei der Einquartierung der Truppen anschließen. Neuerdings wird ihm durch 41. Geo. III. c. 78 §. 2 noch der Ersatz außerordentlicher Ausgaben zugesichert bei der Ausübung seines Amts in Fällen von Aufruhr, Tumult oder felony. Vincke, Innere Verwaltung Großbritt. 1815 S. 157 giebt aus seiner Zeit eine nicht uninteressante Dienstanweisung für die Ober-Constabler in Gloucestershire:

„Ihr seid die ersten ausführenden Beamten in den verschiedenen Bezirken, und „als solche verpflichtet, alle Anweisungen und Vorschriften auszuführen, welche die oberen „Beamten (Magistrates) an Euch richten, und ihren Aufforderungen zu genügen. — Ihr „seid nach gemeinem Recht Erhalter des Friedens, und übt die gleiche Gewalt in Euren „Hundreds wie die Constabler in ihren Kirchspielen. — Es ist Eure Pflicht zugegen zu „sein bei den Sitzungen der Friedensrichter für Euer Hundred; bei den Vierteljahrsver„sammlungen habt Ihr zu berichten über den Zustand und die Umstände des Hundreds, „dem Ihr vorsteht; Ihr habt dort alle solche Personen und Dinge anzuzeigen (present), „welche den öffentlichen Frieden stören und die öffentliche Sicherheit gefährden. — Per„sonen, Eurer besondern Aufmerksamkeit empfohlen, sind die Halter liederlicher Wirth„schaften und diejenigen, welche Dinge treiben und befördern, wodurch die öffentliche Sitt„lichkeit verdorben, Müßiggang und Laster befördert werden, Trinker und Spieler in „Wirthshäusern. — Dinge Euerer vorzüglichen Beachtung sind die öffentlichen Wege, „Brücken, Brunnen, Schädlichkeiten (nuisances) aller Art, welche Ihr angeben müßt, wenn „sie den Reisenden und dem Gemeinwohl verderblich werden können 2c."

Von den noch vorhandenen auf Lebenszeit angestellten High Constables geben eine Uebersicht die Parl. Papers 1854—55 No. 534 Vol. XLIII. p. 827—841, nach den Grafschaften geordnet. Wo noch Gehalte von einiger Bedeutung (10—70 £.) vorkommen, stehen sie im Zusammenhang mit dem Geschäft der Einsammlung der County Rate (gewöhnlich eine Guinea für das Kirchspiel), welches erst nach dem Abgang des zeitigen Inhabers der Stelle auf die Armenverwaltung übergehen soll.

§. 78.

Die Amtsgeschäfte der Petty Constables.

Die einzelen Kirchspiele oder Ortschaften stellen noch heute einen Unterconstabler, Petty Constable, als executiven Unterbeamten der friedensrichterlichen Jurisdiction und Verwaltung. Dies ist wenigstens der heute im Vordergrund stehende Charakter des Amts. Im Mittelalter war der Constable noch ein Glied der Milizverfassung, und noch in lebendigerem Zusammenhang mit der Gemeinde als Ortsschulze.*) Mit dem Uebergewicht der regierenden Klasse ist aber von Jahrhundert zu Jahrhundert die Stellung der Constables eine immer bescheidenere geworden: selbst die Bezeichnung Polizeischulzen sagt jetzt noch zu viel; sie sind in ihrem wirklichen Walten zu bloßen Polizeidienern herabgesunken.

Es ist eben deshalb schwierig, die Functionen des Constable übersichtlich zu geben, da in den verschiedenen Jahrhunderten das Amt eine etwas verschiedene Stellung hatte. Selbst Lambard in seiner Schrift über die Constables hat keine solche Abgrenzung der Amtsgeschäfte herauszubringen vermocht, wie er sie bei den Friedensrichtern gegeben hat. Die späteren Darstellungen enthalten nur eine repertorienartige Aufhäufung von Geschäften nach Common Law und Statuten (Excurs. **). Eine Anordnung kann daher nur in folgender Weise gegeben werden.

1. Der Constable als selbständiger Friedensbeamter, Ortspolizeischulze, hat die eigene Pflicht zur Aufrechterhaltung der öffentlichen

---

*) Die mittelalterliche Stellung der Petty Constables (vgl. Gesch. des selfgov. S. 187, 188), war noch im Zusammenhang mit dem System der Gesammtbürgschaft und Rügepflicht. Es war eine Arbeitstheilung, vermöge deren die Anzeigepflicht und die Pflicht den Friedensbrecher zu ergreifen einem besondern Beamten in der Ortsgemeinde überlassen wurde. Die älteren Aufzählungen der Pflichten des Constable fallen daher großentheils zusammen mit der Rügepflicht der Gemeinden und mit den Inquisitionsartikeln bei dem Sheriff's Tourn: die alte Pflicht der Gemeinden in corpore zu rügen, geht stillschweigend über in eine Pflicht dem Constable dabei zu assistiren. Noch zur Zeit der Königin Elisabeth braucht Thomas Smith den Ausdruck „jeder Engländer sei ein Serjeant zur Ergreifung des Diebes." Grundsätzlich festgehalten wird auch später noch immer die Pflicht aller Gemeindegenossen dem Aufgebot durch hue and crye bei Geld- und Gefängnißstrafe zu folgen, und noch in 8. Geo. II. c. 16 wird der dabei säumige Constable mit 5 £. Geldbuße bedroht. Im Zusammenhang mit dieser ursprünglichen Stellung standen die bis zu 7. et 8. Geo. IV. c. 38 fortdauernden Presentments der Constables bei den Assisen und friedensrichterlichen Sessionen wegen Blutvergießens und anderer Friedensbrüche.

§. 78. Die Amtsgeschäfte der Petty Constables.   445

Sicherheit, to repress felons and to keep the peace. Als solcher soll er seinen Bezirk fleißig begehen, dahin sehen, daß die Gesetze beobachtet, Verbrechen verhütet, die Einwohner gegen Gewaltthat geschützt, die Sonntagsfeier und die Ordnung der öffentlichen Schankhäuser erhalten werde; als solcher hat er Trunkene zu verhaften, unerlaubtes Fluchen zu verbieten, liederliche Häuser zu visitiren, unerlaubte Spiele zu hindern, Landstreicher, verdächtiges Diebesgesindel, Trödler und Hausirer ohne Gewerbeschein u. s. w. fest zu halten. — Aus dieser Amtspflicht folgt ein selbständiges Verhaftungsrecht. Er kann Jedermann aus eigenem Recht festnehmen (arrest) wegen einer vor seinen Augen begangenen Felonie oder eines Friedensbruchs; oder wenn er einen vernünftigen Grund zu der Vermuthung hat (reasonable cause to suspect), daß eine Felonie begangen worden; oder auf glaubhafte Aussage einer andern Person, daß eine Felonie begangen sei. Nach der Praxis darf er auch rechtmäßig eine Person verhaften um zu verhindern eine nach den Umständen wahrscheinliche Begehung einer Felonie, Dalton, Justice c. 116 §. 3. Er soll sich sofort dahin verfügen, wohin er zu kommen aufgefordert wird, um den Frieden herzustellen und die Friedensstörer festzunehmen. Er kann selbst Außenthüren erbrechen von Gebäuden, in welchen ein Lärm auf die Absicht eines Friedensbruches deutet. Er kann dabei jeden Dritten zu seiner Assistenz befehligen, der zu dieser Hülfeleistung bei arbiträrer Strafe verpflichtet ist, und als Hülfsbeamter dann auch mit allen Rechten des Beamten selbst handelt.[1])

---

[1]) **Selbständiges Verhaftungsrecht.** Die Stellung der verhaftenden Polizei ist ungefähr überall dieselbe. Auch in England hat der niedere Polizei- und Gemeindebeamte selbständige Befugnisse zum Festnehmen, die arbiträr gehalten sind bei felonies und bei solchen Vergehen (misdemeanors), welche den Charakter der Gewaltthätigkeit gegen die Person tragen (affrays, assaults mit Friedensbruch). Zweifelhafter sind die Befugnisse bei gewöhnlichen misdemeanours. Die ältere Polizeipraxis (common law) nahm allgemein an ein Verhaftungsrecht gegen fremde Personen, die sich in der Nachtzeit herumtreiben. Allein man erkennt jetzt an, daß dies mit dem veralteten System des watch und ward zusammenhing. Die neue Polizeiordnung für die Hauptstadt fand daher ein Bedürfniß, die Haftbefugniß ausdrücklich auszudehnen auf „müßig umhertreibende un„ordentliche Personen (loose, idle and disorderly persons), welche sie vorfinden in Stö„rung des öffentlichen Friedens, — alle Personen, gegen welche eine bestimmte Anschul„digung (charge) eines kürzlich begangenen schwerern assault vorliegt, — Personen, gegen „die sie einen gerechten Grund haben üble Absichten (evil designs) anzunehmen, — Per„sonen, welche sie von Sonnenuntergang bis Morgens 8 Uhr liegend oder sich umhertrei„bend (loitering) auf öffentlichen Wegen, Plätzen, Höfen vorfinden." — Aehnlich, aber beschränkter, lautet die in der Städteordnung von 1835 enthaltene Polizeiclausel. In der Kreis- und Landpolizei bleibt es beim Alten: also keine Verhaftung wegen gewöhnlicher misdemeanours oder wegen eines unbestimmten Verdachts ohne bestimmte charge. Allgemeine Erweiterungen enthält aber wieder das st. 14. et 15. Vict. c. 19 §§. 10, 11, namentlich das allgemeine Recht eines jeden Privatmanns, zur Nachtzeit zu verhaften jeden, welcher ein indictable misdemeanour begeht. Ferner enthalten die Specialgesetze über

2) Der Constable als **Vollziehungsbeamter des Friedensrichters** vollstreckt die zahlreichen Decrete und Urtheile precepts, warrants, orders, convictions der einzelen Friedensrichter und der Sessionen, wie solche im Abschnitt II.—IV. (vergl. §. 61) zusammengestellt sind. Er handelt also hier bald als Bote, bald als Executor, unter Verantwortlichkeit dessen, der den Befehl erläßt, — als ministerial officer, der einer Strafe unterliegt wegen Ungehorsams gegen den Befehl, nicht aber einer Strafe wegen materieller Ungerechtigkeit desselben. Insbesondere hat auch die Haftbefehle warrants, die er so vollstreckt, nur der Friedensrichter zu verantworten. Den Verhafteten soll er unverzüglich, nach Fassung des Haftbefehls, dem Friedensrichter vorführen; ist es aber zur Nachtzeit oder sonst unausführbar, oder Gefahr der Entweichung vorhanden, so kann er ihn in einem Hause oder andern sichern Ort detiniren, bis die Vorführung geschehen kann. Da nun aber eine wirksame Vollziehung solcher Befehle nicht wohl ausführbar ist, wenn man sich streng an das Kirchspiel des einzelen Constable hält, so erklären ältere und neuere Gesetze den Constable auch für competent zu Vollziehungsacten **außer seinem Bezirk**, so lange er nur im Jurisdictionsbezirk des Friedensrichters handelt, der den Befehl erläßt, 28. Geo. III. c. 49; 5. Geo. IV. c. 18 §. 6 2c., doch ohne ihn zur Vollziehung unbedingt zu verpflichten. Schon in der ältern Praxis half man sich durch Ausstellung der warrants auf mehre Constables oder auf alle Constables des Polizeibezirks. Der praktische Erfolg ist, daß dadurch in den größeren wie in den kleineren Verwaltungsbezirken die **ganze Constabulary** wie ein Corps von Polizeidienern den Friedensrichtern zu Diensten steht. Die Constables erscheinen demgemäß auch als regelmäßige Theilnehmer der friedensrichterlichen Sessions, wo sie im Beginn der Verhandlung aufgerufen, die Ausbleibenden gebüßt werden. Wie die High Constables über die Hundertschaft, so sollen sie der Theorie nach Bericht erstatten über den Polizeizustand ihres Kirchspiels, über den Zustand der parish stocks, über die Ausführung der empfangenen Befehle; Rede und Antwort geben über alle Dinge, welche ihr Amt angehen sowohl als Schulzen wie als Polizeidiener. In letzterer Eigenschaft leisten sie zugleich den Friedensrichtern, der großen und der kleinen Jury einzele Boten- und Huissier-Dienste. Trotz alledem wird in keinem allgemein gefaßten

---

Jagdvergehen, Wegeunfug, Hausirer, Vagabunden, Deserteure, verdächtige Pfandgeber, Zollvergehen, Diebstahl, Eigenthumsbeschädigung u. a. ganz summarisch gefaßte Klauseln für die Inhaftnahme. Auch das Verhaftungsrecht der **Nachtwächter** (watchmen) wurde bisher auf ihre Stellung als Hülfsbeamte des Constable zurückgeführt (vgl. 13. Edw. I. c. 4). Wenn Blackstone I. 356 hinzufügt, daß die Constables glücklicherweise ihre gesetzlichen Befugnisse zur Verhaftung und zum Thürenerbrechen nicht kennen, so steht dies im Zusammenhang mit dem damals schon sehr gesunkenen Zustand der alten Schulzen.

§. 78. Die Amtsgeschäfte der Petty Constables. 447

Gesetz die Polizeidienerstellung ausdrücklich hervorgehoben. In zahllosen einzelen Gesetzen aber wird ihnen die Vollziehung der friedensrichterlichen Befehle zur Pflicht gemacht; sehr häufig mit Androhung bestimmter Strafen. Immer beruht die Stellung des Constable als Vollziehungsbeamten mehr auf der neueren Gestaltung des Friedensrichteramts als auf der ursprünglichen Bestimmung des Constable.²)

3) Der Constable als Hülfsbeamter anderer Behörden hat auf Grund von Specialgesetzen bestimmte Dienste zu verrichten, namentlich Anweisungen der Coroners auszuführen, der Milizverwaltung bei Einquartierung, Vorspann ꝛc., der Militärverwaltung bei ähnlichen Geschäften, den Steuerbeamten bei Haussuchungen und Beschlagnahmen Hülfe zu leisten. Die einzelen Verpflichtungen sind im Gesetz formulirt, mit bestimmten gewöhnlich vor einem Friedensrichter einziehbaren Geldbußen.

Für zahlreiche hier aufgezählte Geschäfte kann er Gebühren liquidiren. Im Allgemeinen gilt dabei der Grundsatz, daß für die Ortsschulzengeschäfte die Ortskasse (Poor Rate), für die Polizeidienergeschäfte als allgemeine Polizeikosten die Kreiskasse (County Treasurer) aufkommt. Die Gebühren des Constable waren herkömmlich ⅔ Thlr. für warrants oder summonces innerhalb einer engl. Meile, für jede weitere Meile ⅓ Thlr. Meilengelder. Er darf auch von Privatpersonen Belohnungen für specielle Dienstleistungen annehmen. Nach 27. Geo. II. c. 20 §. 2 kann er beim Verkauf abgepfändeter Güter billige Kosten vorweg abziehen. Nach 3. Jac. I. c. 10 §. 1; 27. Geo. II. c. 3 §. 1—4 werden die Transportkosten eines Gefangenen durch Decret eines Friedensrichters auf die Kreiskasse angewiesen. Nach 18. Geo. III. c. 19 §. 4 soll er die Kosten des parish business, d. h. als Ortsschulze, vierteljährlich in ein Rechnungsbuch eintragen, den Armenaufsehern vorlegen, die nach Rücksprache mit der Gemeindeversammlung (vestry) Zahlung auch der Ortsarmensteuer leisten; im Fall des Streits kann ein Friedensrichter die streitigen Posten festsetzen, mit Berufung an die Quartalsitzungen. Nach 5. et 6. Vict. c. 109

---

²) Der Constable als ausführender Unterbeamter der Friedensrichter braucht sich in seinem Bezirk als bailiff juratus et cognitus nicht zu legitimiren. Außerhalb des Bezirks muß er auf Verlangen den Befehl vorzeigen, braucht ihn aber niemals auszuhändigen, da er seine Legitimation in Händen behalten soll. Eben deshalb braucht er ihn auch dem Friedensrichter nicht zurückzustellen. In dem heutigen Amt des Constable ist diese Polizeidienerstellung so überwiegend, daß sie in den gewöhnlichen Dienstanweisungen voransteht: „Ihr seid die unmittelbaren Untergeordneten der Friedensrichter, „verpflichtet, alle warrants, summonces oder precepts, welche euch von den Friedens- „richtern oder nach deren Vorschrift von dem Ober-Constabler zugehen, mit Schnelligkeit „und Willigkeit auszuführen" (Polizeidieneramt). — „Der wesentliche Theil eurer Amts- „pflicht beruht in allgemeiner Oberaufsicht auf den Frieden und die gute Ordnung in eurem „Bezirk" (Polizeischulzenamt).

§. 17 entwerfen die Quartalsitzungen unter Bestätigung des Ministers des Innern einen Tarif der Gebühren des Constable für Ladungen, Ausführung von Warrants, und gelegentliche Dienste, für welche den Friedensrichtern eine Vergütigung billig scheint. Wo solche Gebühren nicht gesetzlich der Kreiskasse zur Last fallen, sollen sie von den Armenvorstehern aus der Poor Rate gezahlt werden auf Order einer kleinen Sitzung, und unter Regulativen, welche die Quartalsitzungen dafür mit Bestätigung des Ministers des Innern erlassen.

** **Die Amtsgeschäfte der** Petty Constables werden in Rechtswörterbüchern und ähnlichen Werken in alphabetischer Ordnung gegeben. Die Hauptrubriken sind: Affray, Pflicht zur Ergreifung solcher, die sich eines gewaltsamen Angriffs auf die Person ꝛc. schuldig machen. — Alehouses, Aufrechterhaltung der Bierhausordnung. — Arrest of felons. — Bawdy houses, liederliche Häuser. — Breaking open doors. — Bridges (Einschätzung der Steuer zur Reparatur der Brücken nach älterer Verfassung, 22. Hen. VIII. c. 5). — Customs (Assistenz für die Steuerbeamten bei der Haussuchung, Ergreifung der Contravenienten ꝛc.). — Deserters (Aufgreifung von Deserteuren mit einer Prämie von 20 sh. nach der jährlichen Mutiny Act). — Distress (Assistenz bei der Pfändung des Grundherrn wegen rückständiger rents). — Drunkenness. — Disorderly Houses and Persons. — Fires (Hülfeleistungen bei Feuersbrünsten). — Fishing, Game Acts (Ausführung der Jagd- und Fischerei-Ordnungen). — Hawkers and Pedlars (Ausführung der Gesetze über Trödler und Hausirer). — Highways (Dienstleistungen bei Ausführung der Wege-Ordnungen). — Hue and Crye (Aufgebot des Landsturms zur Verfolgung von Verbrechern, 13. Edw. I. st. 2 c. 6; 27. Eliz. c. 13; 8. Geo. II. c. 16). — Husbandry (Ausführung der Arbeitspolizeiordnung, 5. Eliz. c. 4, Ausstellung der Erlaubnißscheine für das Gesinde zur anderweiten Vermiethung, Zwangsgestellung von Arbeitern in der Erntezeit u. s. w.). — Imprisonment. — Inn-Keepers (Nöthigung der Gastwirthe zur Aufnahme von Reisenden ꝛc.). — Juries (Einbringung der Urliste aus den einzelen Gemeinden, 4. et 5. Will. et M. c. 20; 7. et 8. Will. III. c. 32; 8. et 9. Will. III. c. 10; 3. et 4. Anne c. 18: 3. Geo II. c. 25). — Land-tax (Assistenz bei Erhebung der Staatsgrundsteuer). — Lottery (Ausführung der Gesetze über Unterdrückung der Lotterien, 27. Geo. III. c. 1 u. ff.). — Lunatics, Madmen (Pflicht zur Ergreifung und sichern Unterbringung von Tobsüchtigen, 17. Geo. II. c. 5 §. 20 ꝛc.). — Measures (Aufsuchung und Beschlagnahme falscher Maaße, 22. Car. II. c. 8 u. ff.). — Militia (Hülfeleistung bei verschiedenen Akten der Miliz-Verwaltung). — Physicians (Assistenz bei Ausführung der Gesetze über die Berechtigung des Doctoren-Collegiums zu London). — Plague (Cernirung kranker Personen in ihrer Wohnung zur Zeit ansteckender Krankheiten, 1. Jac. I. c. 31). — Poor Rate (Assistenz bei der Ausschreibung und Erhebung der Armensteuer, die dann nach der ältern Verfassung an den High Constable eingezahlt wurde, 43. Eliz. c. 2 §§. 12, 35). — Postage (Einziehung von rückständigem Porto, 9. Anne c. 10 §. 30). — Presentments (siehe oben). — Riots (Aufruhr). — Scolds (Einsetzung derselben in den cucking-stool). — Soldiers (Einquartierung des Militärs, Anschaffung der Transportwagen ꝛc. nach der Mutiny Act). — Statutes (Hülfeleistung bei Ausführung unzähliger Parlaments-Acten vermöge einer besondern darin enthaltenen Clausel). — Sunday (Ausführung der Gesetze über die Sonntagsfeier, 1. Car. I. c. 1; 29. Car. II. c. 7 u. ff.). — Swearing (Ausführung des Gesetzes über gottlose Schwüre, 19. Geo. II. c. 21 ff.). — Turnpikes (Ausführung der Chaussee-Ordnungen). — Vagrants. — Warrants of Justices (Ausführung der verschiedenen friedensrichterlichen Decrete). — Weights (Aufbewahrung der Normalgewichte und sonstige Ausführung der Gesetze, 8. Hen. VIII. c. 5; 16. Car. I. c. 18 ff.). — Wreck (Hülfeleistung bei Schiffbrüchen, 12. Anne st. 2. c. 18 ff.). Die Masse dieser Gesetze steht an der Stelle, an welcher die Verwaltungsgesetze des Continents durch eine generalis clausula die Gensdarmerie und das Polizeidienerthum ermächtigen, „die öffentliche Ruhe und Sicherheit aufrecht zu erhalten" und den oberen Behörden dabei behülflich zu sein.

§. 79.
Das Personal der Ortsconstabler. Parish Constables Act 1842.

Bei der Ernennung der Constables tritt noch die ursprüngliche Stellung des Ortsschulzen hervor. Wo noch die alten Ortsgerichte abgehalten werden (courts leet), soll die Ernennung in der Gerichtsversammlung geschehen; wo ein Grundherr solches Gericht hat, bald durch die Gerichtsmänner (homagers), bald durch den herrschaftlichen Steward. Zuweilen hat sich auch ohne eigentliches Dorfgericht ein Wahlrecht der ansässigen Gemeindeglieder erhalten. Auf solche ältere Zustände bezog sich das Wort Selden's: The Parish makes the Constable, and when the Constable is made, he governs the Parish. Auch in diesen Fällen üben jedoch die Friedensrichter ein Verwerfungsrecht, und schwören den Constable ein; auch hier bleibt ihnen das Recht den Constable abzusetzen und einen andern zu substituiren, bis die wahlberechtigte Körperschaft einen neuen ernennt, 13. et 14. Car. II. c. 12 §. 15. Je mehr nun aber das Polizeidieneramt in den Vordergrund trat, um so regelmäßiger erfolgte die Ernennung der Constables durch die Friedensrichter. Beim Verfall der Dorfgerichte und bei Versäumniß der Gemeinde devolvirte die Ernennung eo ipso an die Friedensrichter. Ferner bildete sich das Bestätigungs= und Verwerfungsrecht bei dem Uebergewicht des Friedensrichteramts leicht stillschweigend zu einem Ernennungsrecht um. Die praktische Regel war daher längst eine Ernennung in den kleinen Bezirkssitzungen. Selbstverständlich erfolgt auch die Einschwörung des Constable bei den Sessionen, erzwingbar durch Mandamus der Obergerichte.

Der Constable leistet seinen Amtseid in Form einer durch die neueste Gesetzgebung vereinfachten Declaration. Da die Abendmahlsprobe und die Erklärung gegen die Transsubstantiation hier keiner Zeit erfordert wurde, so war das Schulzenamt von je her auch ein Amt für Katholiken und Dissenters. Wo die Gemeinden ein Wahlrecht übten, wurden zuweilen sogar Ausländer mißbräuchlich mit der Wahl zu dem unangenehmsten der Aemter beehrt.

Die **Qualification** beruhte herkömmlich auf dem Grundsatz, daß jeder **permanente Einwohner** innerhalb des Kirchspiels oder der Ortschaft verpflichtet ist ein Jahr lang als Constable zu dienen: vorausgesetzt seine Unbescholtenheit (good character) und Brauchbarkeit (ability), worüber die Friedensrichter bei der Ernennung oder Bestätigung ihr pflichtmäßiges Ermessen üben, also z. B. gebrechliche, schreibensunkundige oder gar zu einfältige Personen nicht zulassen sollen; vorausgesetzt ferner, daß ihm nicht eine besondere Befreiung zu Statten kommt, welche durch Gesetz und Freicharten in zahlreichen Fällen ertheilt ist, analog den Befreiungen vom Geschworenendienst.

Befreit vom Dienst der Constables sind: Pairs, Parlamentsmitglieder, Kreisrichter, Friedensrichter, Deputy-Lieutenants der Miliz, staatskirchliche Geistliche, katholische und dissenterische Geistliche nach Erfüllung der gesetzlichen Formalitäten, praktisirende Advokaten und Anwälte im weitesten Sinne, active Unterbeamte der Gerichte, Coroners, Gefängnißdirectoren, Aerzte und Wundärzte, die zu den großen ärztlichen Colleges gehören, praktisirende formell conceſſionirte Apotheker, Offiziere der Marine und des Heers auf Vollsold, Personen die in der freiwilligen Landwehr-Cavallerie, Yeomanry, dienen, Lootsen, Beamte des Königl. Haushalts, alle Zoll- und Accisebeamte, Sheriffs und Sheriffsbeamte, High Constables, Secretäre der Armen-Unionen und Vorsteher der Arbeitshäuser der Unionen, Kirchenvorsteher, Armenaufseher, Armenunterstützungsbeamte, Civilstandsregisterbeamte, Gemeindeschreiber, Parish Clerks, besoldete Grafschafts- und Bezirks-Constabler.*)

Wer nach diesen Grundsätzen befähigt und verpflichtet, und durch die competente Autorität zum Constable ernannt ist, muß **das Amt annehmen**, den Eid leisten und die Geschäfte übernehmen: widrigenfalls er in einem förmlichen Strafverfahren von den Seſſionen in arbiträre Strafe verurtheilt werden mag. In Fällen von Krankheit und Abwesenheit ließ jedoch schon eine alte Praxis **Stellvertreter** zu. Allmälig gab man

---

*) Die **Befreiungsgründe** haben sich durch gegenseitige Analogie für Jurydienst und niedere Gemeindeämter ziemlich gleich gestaltet. Im Einzelen war in der frühern Gerichtspraxis mancherlei Streit. Die hier gegebene Liste ist jetzt durch 5. et 6. Vict. c. 109 §. 6 festgestellt; die Postbeamten (1. Vict. c. 33 §. 12) sind dabei vergessen. — Ausdrücklich **disqualificirt** sind: conceſſionirte Gast-, Bier-, Speisewirthe, Einzelverkäufe von Spirituosen, Wildheger, und alle wegen felony oder infamirender Verbrechen Verurtheilte (a. a. O. §. 7). Im Allgemeinen gilt der Grundsatz, die höheren Stände zu verschonen. In Ermangelung anderer geeigneter Personen sind freilich in der ältern Gerichtspraxis selbst Capitäne der Garde zum Constablerdienst genöthigt worden, 2. Hawkins c. 10 §. 41. Bei vorhandener Ortsgewohnheit, die den Constablerdienst zum Reihedienst gemacht hat, sind auch ansässige Frauen dazu genöthigt worden (a. a. O. §. 37). Für solche Fälle half dann die Zuläſſigkeit von Stellvertretern.

§. 79. Das Personal der Ortsconstabler. 451

dem Widerstreben gegen Uebernahme des Amts so weit nach, daß überhaupt die Stellung eines Substituten (der gewöhnlich für 5—10 L. zu finden ist) gestattet wird. Der Stellvertreter wird, nachdem die Friedensrichter seine Tüchtigkeit geprüft, eingeschworen, und übernimmt das ganze Amt und dessen Verantwortlichkeit für den zunächst Berufenen. Es entstand dadurch eine Unterscheidung zwischen Stipendiary Constables und Constables in their own right, die bereits den Uebergang bildet zu dem spätern System der besoldeten Constabulary.

Die Entlassung der Constables kann aus erheblichen Gründen (for good cause) durch dieselbe Autorität erfolgen, die sie ernennt, 2. Hawkins c. 10 §. 38. Die Entlassung erfolgt daher durch förmlichen Beschluß der Quartalsitzung oder einer Specialsitzung; und diese Form wird bei den High Constables auch stets inne gehalten. Bei den Unterconstablern kann indessen die Entlassung in dringenderen Fällen auch durch zwei Friedensrichter erfolgen, wie solche auch in eiligen Fällen zur Ernennung befugt sind. Die im Court leet ernannten werden auch im Court leet entlassen.

Der Verfall des Constableramts leuchtet schon in dem Vorstehenden aus vielen Momenten hervor. Die selbständigeren Communalgeschäfte und das Recht der Berufung der Gemeinde waren im Verlauf der Jahrhunderte immer mehr auf Kirchenvorsteher, Armenaufseher, Wegeaufseher übergegangen. Das Schulzenamt trat immer passiver zurück vor dem Geschäft des Polizeidieners, dessen die Friedensrichter doch einmal benöthigt waren. Der jährliche Wechsel des Amts vermehrte dessen Haltlosigkeit. Die leichte Zulassung der Substituten hatte den Erfolg, daß der Berufene sich den billigsten suchte. Wo die Gemeinde noch ein Wahlrecht hatte, artete es nicht selten dahin aus, daß man aus Chikane Personen nur wählte, um ihnen eine Geldbuße oder eine Remuneration für einen Substituten abzudrücken. Gesucht wurde das Amt fast nur von solchen, die lieber durch einen Botendienst Gebühren verdienen, als regelmäßig arbeiten wollten. Am wunderlichsten sah es aus, wo das Herkommen gar einen Reihedienst daraus gemacht hatte. So war die gewöhnliche Erscheinung des Constable schon lange die eines verkommenen, wenig wirksamen, wenig zuverlässigen Polizeidieners geworden.

Der letzte Versuch das alte Amt mit dem Charakter eines Gemeindeamts zu erhalten, ist gemacht durch die Ortsschulzenordnung, Parish Constables Act, 5. et 6. Vict. c. 101, welche durch Ernennungsweise und Vorschriften über die Qualification eine Besetzung mit ehrbaren Personen erstrebt, in folgenden Grundsätzen:

Art. 1. Die Friedensrichter jeder Division sollen alljährlich eine Specialsitzung halten zur Ernennung der Constabler in den Tagen zwischen dem 24. März und 9. April. Zur Vorbereitung derselben erlassen zwei Friedensrichter in der ersten Woche des Februar eine Anweisung an die Armenaufseher, eine Liste zu entwerfen über eine genügende Zahl von Männern, welche befähigt und verpflichtet sind als Constables zu dienen.

Art. 3. Die Armenaufseher nach Empfang dieser Anweisung berufen binnen 14 Tagen eine Kirchspielsversammlung, welche die Liste der geeigneten Personen feststellt, mit Angabe des Namens, Wohnorts und Lebensberufs; auch allenfalls mit einem Nachtrag von Personen, die gesetzlich nicht qualificirt sind, aber dienen wollen (verwendbar als Substituten.) (4.) Die Friedensrichter können auch in einer Specialsession vorher beschließen, mehre Kirchspiele zum Zweck dieses Gesetzes zu vereinigen, oder nicht eingepfarrte Orte mit dem Kirchspiel zu verbinden.

Art. 5. Qualificirt zum Constableramt ist jeder körperlich fähige Mann im Alter von 25—55 Jahren, wohnhaft im Kirchspiel, eingeschätzt zur Armensteuer oder Kreissteuer mit einem Eigenthums- oder Miethsbesitz von 4 L. Grundrente. (6. 7.) Befreiungsgründe und Disqualificationen.

Art. 8—10. Die Armenaufseher haben die entworfene Liste an den drei ersten Sonntagen des März an jeder Kirchthür auszuhängen, mit der Anzeige, daß bei der bevorstehenden Specialsitzung Einwendungen dagegen von den Friedensrichtern gehört werden. Die Armenaufseher sollen in dieser Specialsitzung erscheinen, ihre Liste verificiren, darüber gestellte Fragen eidlich beantworten. Wer reclamirt, kann auf eidliche Angabe, sonstigen Beweis oder Notorietät als nicht qualificirt oder befreit gestrichen werden; ebenso Wahnsinnige, Blödsinnige, Taube, Stumme oder wegen anderer Körpergebrechen Dienstunfähige. Die so berichtigte Liste wird von mindestens zwei Friedensrichtern bestätigt (allowed).

Art. 11. 12. Aus der bestätigten Liste ernennen sodann die Friedensrichter mit Rücksicht auf Umfang und Bevölkerung des Kirchspiels die nöthige Zahl von Constables für das folgende Dienstjahr. Wer einmal gedient hat, kann eine Wiederholung ablehnen so lange irgend eine geeignete Person im Kirchspiel vorhanden ist, die noch nicht gedient hat. Der Ernannte kann mit Genehmigung der Friedensrichter einen Substituten stellen.

Art. 13. Verweigerung der Uebernahme des Dienstes ohne erheblichen von den Friedensrichtern anerkannten Grund, oder Verweigerung des Eides, wird mit Geldbuße bis 10 L., verweigerte Ausführung nach der Beeidigung mit Geldbuße bis 5 L. vor zwei Friedensrichtern geahndet.

Art. 15. Die so ernannten Constables haben im ganzen Bereich der Grafschaft einschließlich aller Freibezirke und Enclaven und im Bereich der unmittelbar anstoßenden Grafschaft alle Gewalten, Privilegien, Immunitäten, Pflichten und Verantwortlichkeiten eines Constable in seinem Constablerbezirk, sind jedoch nur durch Special-Warrant eines Friedensrichters verpflichtet außer ihrem Gemeindebezirk zu fungiren.

Art. 18—20. Die Gemeindeversammlungen können auch die Ernennung besoldeter Constabler beschließen (S. §. 82).

Art. 21. Alle noch bei einem Ortsgericht, Court leet, Tourn, oder sonst in abweichender Weise ernannten Constables werden fortan nach den Bestimmungen dieses Gesetzes oder der Gesetze über die besoldete Constabulary ernannt. Die alte Ernennungsweise darf nur fortdauern für andere Gemeindezwecke außer der Polizeiverwaltung (unconnected with the preservation of the peace).

Das neue Reformgesetz hat nur wenig zur Wiederbelebung beizutragen vermocht. In einigen Agriculturbezirken hatte das Amt in der Person eines Pächters wohl noch das ehrbare Aussehen eines deutschen Schulzenamts; in der Regel aber wurde es in der Stadt und Land gemieden von den fleißigen ordentlichen Mittelklassen, gesucht von heruntergekommenen kleinen Gewerbtreibenden, Kleinhändlern, Tagearbeitern, die lieber 2 sh. durch einen Gang verdienen als ihrem Beruf nachgehen wollten. Auf dem Lande kamen schreibensunkundige Constables in großer Zahl vor. Dabei entwickelte sich die in dem verkommenen Gemeindediener herkömmliche Anschauung, daß das so verdiente Geld niemals der Familie gehört, sondern von Rechts wegen im Bierhaus zu verzehren ist. Unser vertrunkener, kleinstädtischer Polizeidiener ältern Styls bietet die meisten Analogien dafür. — Vorverhandlungen zu dem Gesetz 5. et 6. Vict. c. 101 enthalten die Minutes of the Proceedings of the Select Committee on the Parish Constables Bill 1842 No. 470 XIV. pag. 107; kleine Zusätze das st. 7 Vict. c. 52; 13. et 14. Vict. c. 20. Ausgeschlossen bleibt es in den Londoner Bezirken, den Städten mit der neuen Städteordnung, den Ortschaften, welche die besondere Wachtacte 3. et 4. Will. IV. c. 90 oder eine Lokalacte erhalten haben und in der Grafschaft Chester, die schon früher ein vollständiges System besoldeter Constabulary durchgeführt hatte. Die neueste Wendung der Sache folgt im §. 82.

§. 80.

Die Special Constables.

Der Verfall der alten Gemeinde-Constables und das Bedürfniß einer wirksamern Polizei hat vor einem Menschenalter den Versuch herbeigeführt, in altenglischer Weise das Fehlende wieder zu ergänzen durch eine zwangsweise Heranziehung der Gemeinde in Masse zum Constablerdienst in außerordentlichen Fällen. Das erste Gesetz 1. Geo. IV. c. 37 wurde später ersetzt durch das vollständigere 1. et 2. Will. IV. c. 41. Die Kreis-Verwaltung wird dadurch ermächtigt in Fällen eines dringenden Bedürfnisses die Einwohnerschaft mit den Rechten und Pflichten eines Constable auf kurze Fristen einzuschwören in folgender Weise:

Art. 1. Sobald zwei oder mehre Friedensrichter eines Polizei-Verwaltungsbezirks auf den Eid eines glaubhaften Zeugen hin befinden, daß in dem Gemeindebezirk Tumult, Aufruhr oder felony eingetreten oder mit Wahrscheinlichkeit zu erwarten, und sie der Ansicht sind, daß die ordentlichen Polizeibeamten nicht ausreichen für die Erhaltung des Friedens, für den Schutz der Einwohner und die Sicherheit des Eigenthums in solchem Ort: so sind sie ermächtigt durch ein schriftliches precept so viele ansässige Bewohner (householders) oder andere nicht gesetzlich vom Constablerdienst befreite Personen, wie ihnen gut scheint, als Special-Constabler auf bestimmte Zeit zu ernennen und einzuschwören; haben aber sofort dem Minister des Innern und dem Lord-Lieutenant der Grafschaft Anzeige zu machen von der Ernennung und von den Umständen, unter welchen solche erfolgte. Der Amtseid soll dahin lauten: „in dem Amt als Special Constable für das Kirchspiel N. nach besten Kräften zu bewirken, daß der Friede bewahrt und erhalten werde, und zu verhüten alle Vergehen gegen Person und Eigenthum Königlicher Unterthanen." (2) In Fällen der Art kann auch der Minister des Innern auf Vorstellung zweier Friedensrichter anordnen, daß gesetzlich von dem Amt befreite Personen trotz ihrer Exemtion zum Dienst herangezogen und auf höchstens zwei Monate eingeschworen werden.

Art. 3. Der Minister kann auch von Amtswegen den Lord-Lieutenant der Grafschaft anweisen, Special-Constabler in der vorgedachten Weise in der ganzen Grafschaft oder in einzelnen Ortschaften ernennen und einschwören zu lassen, ohne Rücksicht auf Befreiungsgründe, auf eine Frist von höchstens drei Monaten.

Art. 4. Die Friedensrichter in einer Specialsitzung mögen Regulative erlassen für die Amtsführung der Special Constables, und die Einzelen wegen Uebelverhaltens oder Dienstversäumniß entlassen.

Art. 5. Jeder Special-Constabler hat in seiner Gemeinde und in dem ganzen Bereich der Jurisdiction der ihn bestellenden Friedensrichter alle Amtsgewalten, Immunitäten, Pflichten, Verantwortlichkeiten eines ordentlichen Constable innerhalb seines Bezirks. (6) Die Friedensrichter benachbarter Grafschaften können auch übereinkommen, die Mannschaften in einer angrenzenden Grafschaft zu verwenden.

Art. 7. 8. Weigerung der Uebernahme des Amts, des Eides, und Ungehorsam gegen rechtmäßige Amtsbefehle sind mit Geldbuße bis 5 L. vor zwei Friedensrichtern bedroht, doch mit billiger Rücksicht auf Krankheit und „unvermeidliche Hindernisse."

Art. 9. Die so ernannten Special-Constabler können durch Beschluß einer Specialsitzung ganz oder theilweis suspendirt oder entlassen werden, mit sofortiger Anzeige an den Minister und den Lord-Lieutenant.

§. 80. Die Special Constables.

Art. 11. Angriff oder thätliche Widersetzlichkeit gegen einen solchen Beamten im Dienst, oder Anstiftung oder Ermunterung anderer Personen dazu, wird alternativ entweder mit Geldbuße bis 20 L. vor zwei Friedensrichtern, oder mit den ordentlichen Criminalstrafen der Widersetzlichkeit gegen Constables gebüßt.

Art. 13. Die Kosten der Special Constabulary, und nach Umständen billige Remuneration für Versäumniß, können in einer Specialsitzung festgesetzt und auf die Kreiskasse angewiesen werden.

Nach 5. et 6. Will. IV. c. 43 können auch solche Personen als Special-Constabler eingeschworen werden, die nicht an dem Orte wohnhaft sind, wo sie fungiren sollen. In dringenden Fällen kann eine Special Constabulary auch ohne bestimmten Antrag ex officio aufgeboten werden. — Für die Fälle, wo Unruhen durch die Eisenbahn- und ähnliche große Anlagen veranlaßt sind, verordnet 1. et 2. Vict. c. 80, daß die Kosten einer dadurch veranlaßten Aufrufung von Special Constables von der Gesellschaft getragen werden müssen. Die Specialsessionen auf Grund von drei Zeugenaussagen können dann eine Order erlassen, jedoch mit Rekurs an den Minister des Innern, der die Order kassiren (disallow) oder die liquidirten Beträge ermäßigen kann. Das durch die Ermäßigung Wegfallende wird auf die Kreiskasse angewiesen. Das Gesetz über die Special Constables gilt nicht für Schottland und Irland.

§. 81.

Die hauptstädtische Polizei. Metropolitan Police.

Einen völlig entgegengesetzten Verlauf nahm die Gestaltung der Dinge in der Metropolis d. h. in dem Aggregat von Kirchspielen, welche die City von London umgeben. Die kosmopolitischen Verhältnisse dieser Häuser- und Menschenmassen, welche Stücke verschiedener Grafschaften bedecken, hatten schon in älterer einfacher Zeit kein zusammenhängendes Communalwesen entstehen lassen. In der großen Mehrzahl der Kirchspiele hatte man seit mehren Menschenaltern zufrieden sein müssen, die dringendsten Communalbedürfnisse durch Specialgesetze und Specialverwaltungen zu befriedigen, die man bei ihrem Entstehen gewöhnlich als große Fortschritte begrüßte; ein Menschenalter später als unzureichende, verfallene, verwahrloste Institutionen zu bezeichnen pflegte. (vgl. Exc. *). Wie aber auch in den kräftigsten englischen Communalverbänden das Constableramt den schwächsten Theil darstellt, so war in diesen lose verbundenen Massen das Constabler- und Nachtwachwesen einer der schwächsten Punkte, und hatte am Ende des XVIII. Jahrhunderts in Verbindung mit schlechter Straßenbeleuchtung unglaubliche Zustände der Unsicherheit in den unmittelbaren Umgebungen der Hauptstadt herbeigeführt. Der Hauptgrund lag in der Abgeschlossenheit der zu 5 Grafschaften gehörigen Kirchspielsverwaltungen, die auf eigene Finanzen angewiesen waren. Sir Robert Peel hat hier das Verdienst einer Radikalreform an einem Punkte, wo sie wirklich unvermeidlich geworden war.

Durch 10. Geo. IV. c. 44 wird die Hauptstadt in einem Umfang zuerst von sieben englischen Meilen um Charing Cross zu **einem einheitlichen Polizeibezirk** formirt, der dann später erheblich erweitert ist.**) Die vorhandenen Wachtmannschaften werden aufgehoben, und an ihre Stelle eine halb militärisch organisirte besoldete Mannschaft gesetzt. Zugleich tritt eine Sonderung der administrativen von der richterlichen Friedensbewahrung ein. Für die erstere wird eine Art von Polizeipräfektur gebildet: für die letztere werden die Polizeirichterämter neu gestaltet. Gleichzeitig mit der Neugestaltung tritt der moderne Name „Police" an die Stelle der alten Friedensbewahrung. Zur Aufbringung der bedeutenden Kosten wird in dem ganzen Bezirk eine police rate von der visible real property ausgeschrieben, deren Maximum $3\frac{1}{3}$ pCt. des Einkommens, wie es zur Kreissteuer eingeschätzt ist, nicht übersteigen soll. Durch 3. et 4. Will. IV. c. 89 entsteht aber ein sehr folgenreiches System von Staatszuschüssen. Auf Certificat des Ministers des Innern, daß Steuern und Rückstände in einem Kirchspiel richtig gezahlt sind, bewilligt das Finanzministerium Zuschüsse aus dem consolidirten Fonds; Anfangs mit dem Vorbehalt, daß die Gesammtsumme jährlich nicht über 60,000 L. betrage. Dies System der Staatszuschüsse bis zu $\frac{1}{4}$ der Gesammtkosten wurde dann eine Haupthandhabe für die weitere Centralisation der Polizeiverwaltung.

I. **Die Anstellung halbmilitärisch formirter Mannschaften** bildet den ersten Grundzug des neuen Systems, bei welchem indessen militärische Namen, Uniformen und eine Nachahmung des stehenden Heeres möglichst vermieden sind. Die Mannschaften bestehen aus Oberinspectoren, Inspectoren, Sergeanten und gemeinen Constables. Die Gesammtzahl beträgt jetzt etwa 9000. Alle Mannschaften haben die **Amtsgewalten der Constables** in dem ganzen Polizeibezirk, in den Grafschaften Berkshire und Buckinghamshire, auf der Themse, und noch in einigen benachbarten Bezirken. Einige werden als Constables im Bereich der Königlichen Pa-

---

**) Der Bezirk der Metropolitan Police ist successiv erweitert. Dem Hauptgesetz 10. Geo. IV. c. 44 folgte zuerst das temporäre 3. Will. IV. c. 19., dann weitere Amendments. Der Londoner Polizeibezirk soll möglichst mit dem des Central Criminal Court zusammenfallen (der nach 4. et 5. Will. IV. c. 36 London, die Grafschaft Middlesex, Stücke der Grafschaft Essex, Kent und Surrey umfaßt). Nach 2. et 3. Vict. c. 47 §. 2 kann die Königin durch Order im Rath jede Ortschaft hinzufügen, welche zum Bezirk des Criminalhofes gehört, oder nicht über 15 engl. Meilen von Charing Cross abliegt.

läſte beſonders beeidigt. Jedem Polizeigerichtshof wird ferner die nöthige Anzahl zugewieſen zur Beſorgung der Ladungen und Ausrichtung aller richterlichen Befehle.¹)

Die Unterordnung der Mannſchaften unter die administrative Gewalt iſt dadurch bewirkt, daß (1) ihre Anſtellung unter Anweiſung (direction) des Miniſters des Innern erfolgt; (2) daß ſie allen geſetzmäßigen Befehlen der vom Staat angeſtellten Commissioners gehorchen ſollen als Friedensrichtern unter dem neuen Geſetz; (3) daß die Commissioners in ihrer Eigenſchaft als justices alle Conſtabler ſuspendiren oder entlaſſen können, welche ſie für „ſchwach oder nachläſſig im Amt oder ſonſt für untüchtig" halten. Die höheren Stellen pflegen durch Beförderungen aus den anderen Stellen beſetzt zu werden; die Auswahl der Mannſchaften iſt den Commissioners delegirt. Ferner werden die Etats der Gehalte und Gebühren durch den Miniſter feſtgeſtellt, Gratificationen für außerordentliche Dienſtleiſtungen vorbehalten, und ein Penſionsfonds für die Mannſchaften gebildet. Unterſagt wird den Mannſchaften, ihren Offizieren, ſowie den Beamten der Polizeipräfektur jede Betheiligung an den Parlamentswahlen durch Abreden oder Zureden u. ſ. w. bei 100 L. Strafe, beizutreiben im Wege der Popularklage bei den Reichsgerichten, die Hälfte dem Kläger.

Die eigentliche Strafgewalt über Amtsvergehen der constables iſt dagegen den Polizeirichtern beigelegt. Für „Verſäumniß oder Verletzung der Dienſtpflicht" iſt generell eine Geldbuße bis zu 10 L., abziehbar von der Löhnung, angedroht, oder nach Ermeſſen des Richters Gefängniß bis zu einem Monat mit oder ohne harte Arbeit. Wer den Dienſt verläßt ohne ſchriftlichen Entlaſſungsſchein des Inſpectors und ohne einmonatliche Kündigung, verwirkt die Löhnungsrückſtände, event. Geldbuße bis 5 L.

Dem Publikum gegenüber iſt die Stellung der Constables principiell dieſelbe wie die der Gemeinde-Constables mit wenigen Modificationen. Körperlicher Angriff oder thätliche Widerſetzlichkeit gegen die Mannſchaften, oder Anſtiftung und Beihülfe dazu, wird nur mit Geldbuße bis 5 L. oder Gefängniß bis zu einem Monat bedroht (§. 18).

---

¹) Die beſoldeten Mannſchaften. Als 1829 die Mannſchaften eingeführt wurden, beſtanden in der Metropolis ſchon 797 Communalpolizeidiener, 2785 Nachtwächter, mehr als 100 Privatwächter und Patrouillen des Polizeiamts in Bow-street. Aeltere ſtatiſtiſche Ueberſichten giebt Fletcher, Statistical Account of the Police of the Metropolis. Journal of the Statistical Society XIII. 221. (Vgl. Vol. I. 96.) Ueber die geſonderten, aber ähnlich formirten Conſtabler der City vgl. die Ueberſicht Parl. Papers 1852. No. 491. Vol. XLI. pag. 477 und die jährlichen Accounts des Kämmerers der City. (P. P. 1869 LI. 546.)

Wesentlich erweitert sind die Befugnisse der Mannschaften zur Visitirung der auf der Themse liegenden Schiffe und Boote (§. 33—35), das Recht der Verhaftung auf frischer That (§. 54. 62), gegen unbekannte Personen (§. 63), gegen Herumtreiber (§. 64), wegen schwererer Assaults (§. 65) und gegen verdächtiges Fuhrwerk (§. 66. 67). In leichteren Fällen kann der Constable auch bail annehmen, d. h. den Festgenommenen gegen Caution aus dem Detentionshaus entlassen.

II. Die Bildung einer administrativen Polizeipräfektur ist das zweite Element der Neugestaltung. In dem Friedensrichteramt war bisher der richterliche Charakter überwiegend geblieben, in dem Verfahren das Vorbild des ordentlichen Gerichtsverfahrens. Der Name „Friedensbewahrung" war und blieb die volksthümliche Bezeichnung einer in richterlichem Geist gehandhabten Polizei. So wie sich nun aber die hauptstädtische Polizei ganz aus dem communalen Verbande ausschied, so trat wie auf dem Continent die Nothwendigkeit der Scheidung von Verwaltung und Justiz ein, die in dem reinen Beamtenstaat nöthig wird, damit nicht der bewegliche den festen Theil der Gesetzanwendung mit sich reiße, der feste Theil den beweglichen lähme. Das Friedensrichteramt spaltet sich daher in ein Polizeirichteramt und in eine Art von Polizeipräfektur. Die letztere wurde bei der ersten Bildung aus zwei coordinirten Commissioners zusammengesetzt, die nur zu „Friedensrichtern für die Zwecke der Polizeiacte" ohne richterliche Functionen ernannt werden und eine widerruflich ernannte Verwaltungsbehörde bilden, welcher zusteht:

1) Die Leitung und ökonomische Verwaltung der Constabulary und ihrer Inspectoren; für die Constables das Anstellungsrecht, für die höheren Beamten das Vorschlagsrecht, wobei sich sehr bald ein Aufsteigen aus den unteren Stellen in die höheren gebildet hat. Sie vertheilt die Mannschaften nach den verschiedenen Dienstzweigen und bildet die Oberbehörde für die Stations- und Detentionshäuser.

2) Erlaß von Regulativen zur Verhütung einer Hemmung des Straßenverkehrs und zur Abhaltung von Märkten, mit der Befugniß nichtconcessionirte Märkte zu unterdrücken.

3) An Stelle des aufgehobenen Registrar of Hackney Carriages bestimmt die Präfektur die Halteplätze des Straßenfuhrwerks, prüft die Tüchtigkeit des Fuhrwerks, ertheilt die Concessionen für Kutscher, Conducteure und Wärter an den Halteplätzen.

4) Sie überwacht die Ausführung der Polizeicontrole über Logirhäuser.

5) Sie kann ihre Beamten ermächtigen nicht concessionirte Theater, Spielhäuser 2c. zu betreten und die dort betroffenen Personen zu verhaften.

In der spätern Fortbildung wurde die Verfassung der Behörde noch büreaukratischer, insofern Ein Erster Commissioner (Polizei-Präsident) mit zwei Untercommissarien (19. Vict. c. 2) eingesetzt wird.

Die City-Verwaltung ahmte diese Bildung nach, und setzte 1839 ebenfalls ihren städtischen Polizeidirector, Commissioner ein, wählbar vom Gemeinderath, bestätigt von der Krone (Minister des Innern).[2])

III. Coordinirt mit dieser administrativen Behörde stehen die besoldeten Polizeirichter, Stipendiary Magistrates, die durch 2. et 3. Vict. c. 71 ein besonderes Reglement erhalten haben. Ihnen gebühren die Functionen des Strafrichters, des Voruntersuchungsrichters und die eigentliche Strafgewalt über die Mannschaften ausschließlich. Ihre Bezirke werden durch Geheimrathsorder (Ministerialbeschluß) regulirt, ihre Geschäftsführung durch Regulative des Ministers des Innern geordnet. Die Qualification zu diesem Richteramt beruht nicht auf Grundbesitz, sondern siebenjähriger Advokatenpraxis, die Anstellung ist lebenslänglich, die Gehalte (1000 L.) wie alle Richtergehalte auf den consolidirten Fonds angewiesen.[3])

IV. Das hauptstädtische Polizeigesetz enthält zugleich eine besondere Polizeiordnung, die sich zwar dem Grundcharakter nach innerhalb des Gebiets der summarischen Strafgewalt hält, jedoch nach dem Lokalbedürfniß einer Weltstadt die Straffälle vervielfacht, und häufig den Thatbestand weiter faßt. So wird im §. 94 eine Straßenpolizeiordnung in 17 Artikeln gegeben mit Androhung von Geldbußen bis zu 40 sh., und mit der Befugniß des Constable jeden Uebertreter, welchen er selbst betrifft, ohne Haftbefehl fest zu nehmen. Eine zweite Reihe von Strafbestimmungen gegen Hinderung der freien Passage enthält der §. 60 in 8 Artikeln.

Der Totaleindruck des Systems, bisher unter geschickter und vorsichtiger Leitung eines gewandten Polizeichefs, ist unbestreitbar ein

---

[2]) Die Polizei-Präfektur der Metropolis ist reine Administrativbehörde. Selbstverständlich ist für diese Commissioners von keiner Qualification durch Grundbesitz die Rede. Es ist das reine Verwaltungsbeamtenthum, welches hier zur Erscheinung kommt. Der Commissioner leistet einen Amtseid als justice, aber mit dem Zusatz, daß er „die Gewalten und Pflichten eines Friedensrichters unter und kraft der Akte 10. Geo. IV. erfüllen werde." Das Gesetz selbst schließt ihn von allen Geschäften sowohl der Quartalsitzungen, wie von den Geschäften der einzelen Friedensrichter out of sessions aus, und beschränkt ihn auf die Geschäfte „zur Erhaltung des Friedens, zur Verhütung von Verbrechen, zur Entdeckung und Verhaftung von Uebertretern und zur Ausführung des gegenwärtigen Gesetzes."

[3]) Die Polizeigerichtsämter der Metropolis bestehen meistens aus 2 Richtern, welche abwechselnd je 3 Tage in der Woche sitzen, mit je 2 Clerks und einigem Unterpersonal, 2. et 3. Vict. c. 71, ergänzt durch 3. et. 4. Vict. c. 84. Wo gesetzlich 2 Friedensrichter zusammenwirken müssen, genügt in dieser Jurisdiction der Akt eines Polizeirichters, vgl. oben S. 203 über die Stellung der stipendiary magistrates.

günstiger gewesen. Es ist richtig, daß keine Polizei des Continents so „geräuschlos und doch so energisch" wirkt, ohne Paßwesen, ohne Wohnungsanmeldungen, und scheinbar ohne alle Belästigung des Publikums, wenigstens der höheren Stände. Diese günstigen Erfahrungen verschafften dem neuen System eine gewisse Popularität in einem Bezirk, der bereits mehr als ein Siebentel der Gesammtbevölkerung von England und Wales umfaßt, und konnten nicht ohne entscheidende Rückwirkung bleiben für die „öffentliche Meinung" über Polizeiwesen.

* **Die gemeinsamen Polizeieinrichtungen der Metropolis.**

Die ältere Polizeiverfassung der Metropolis umfaßt folgende Hauptgruppirungen dieses großen Häuser- und Menschenknäuels:

1. Die City von London, die eigentliche Altstadt und Handelsstadt, die jetzt kaum $1/25$ der Gesammtbevölkerung in sich schließt, hat seit dem Mittelalter ihre sehr selbständige Stadtverfassung unter Polizeigerichtsbarkeit des Lord Mayor und der Aldermen. Durch 10. Geo. II. c. 22 erhielt sie ein Pflasterungs-, Erleuchtungs-, Reinigungs- und Wachtsystem; durch 11. Geo. III. c. 29 eine städtische Bauordnung, ein Straßenpolizei-Reglement und ein System von Abzugskanälen, welches eine Zeit lang für musterhaft galt. Dazu eine Menge ergänzender Gesetze und Lokalakten für einzele Plätze, Docks, Straßen und Anlagen.

2. Die City und der Freibezirk von Westminster bildeten einen herrschaftlichen court leet unter einem lebenslänglichen High Steward, Under Steward und High Bailiff, eingesetzt durch das Kapitel der Westminster-Abtei. Durch Privatakten 27. Eliz. und 16. Car. I. waren 12 Stadtviertel, wards gebildet, in jedem ein Bürger als Polizeiherr eingesetzt, welche dann mit dem Dechanten oder High Steward von Westminster die Ortsverwaltung führen. Durch 29. Geo. II. c. 25 wird der Dechant oder sein Obervogt ermächtigt, 80 Constables in einem court leet zu ernennen. Zugleich wird eine Gemeindepolizei-Commission (annoyance-jury) von 48 Einwohnern gebildet zur Prüfung von Maßen und Gewichten, und mit einer Anzeigepflicht wegen öffentlichen Unfugs. Durch 2. Geo. III. c. 21 wird ein verbessertes Pflasterungs-, Reinigungs-, Erleuchtungs- und Wachtsystem eingeführt, und namentlich das letztere durch spätere Gesetze verbessert.

3. Der Wahlflecken Southwark steht in vielen Punkten unter der Polizeiverwaltung der City, erhielt aber durch 28. Geo. II. c. 9; 6. Geo. III. c. 24 seine eigene Pflasterungs-, Erleuchtungs-, Wacht-, Markt-, Straßen-, Fuhrwerksordnung.

4. Die übrigen Massen von Kirchspielen, ehemalige Freibezirke, ehemalige Dörfer und Vorwerke, füllten wie eine zusammenhängende Stadt das übrige „London" aus, mit ihrer eignen Ortsgemeindepolizei und einer Gemeindeverwaltung, die für Bewachung, Reinigung und Ordnung der Straßen durch das gewöhnliche Communalsteuer-System sorgte. Zur Vervollständigung der Verwaltungsbefugnisse wurden aber auch hier vielerlei Lokalakten nöthig, durch welche häufig Verwaltungscuratorien (local trusts) eingesetzt werden, zu denen die Kirchenvorsteher und Armenaufseher als ex officio Mitglieder zu gehören pflegen.

In einigen dieser Gruppen waren ziemlich frühzeitig übergreifende Einrichtungen nöthig geworden:

a. Für die Polizeiverwaltung war schon von Alters her ein königl. Polizeiamt mit 3 besoldeten Richtern in Bow-street gebildet. Durch 32. Geo. III. c. 53; 42. Geo. III. c. 76; 47. Geo. III. c. 42 dehnt sich dies System um den weitern Umkreis der City aus, mit 21 Polizeirichtern, vertheilt auf 11 Höfe.

§. 81. Die hauptstädtische Polizei.

b. Für das System der Rinnsteine und Abzugskanäle, Commissioners of Sewers, ergehen mancherlei über viele Kirchspiele übergreifende Lokalakten nach Analogie der alten Deichordnung. Daran schließen sich Lokalakten über die Wasserversorgung durch Wasserleitungen seit Jacob I. In der neuesten Zeit ist daraus ein ganz neues Communalsystem geworden.

c. Für das Straßenfuhrwesen Hackney Coaches entstand seit 9. Anne c. 23 eine allgemeine Ordnung, für den Personentransport auf der Themse die Ordnung für die Watermen 34. Geo. III. c. 56 mit ergänzenden Regulativen des Stadtraths der City.

d. Seit dem großen Feuer von 1666 entstanden auch allgemeine Feuer- und Bauordnungen vom Standpunkt der Feuerpolizei aus, die zu einem gewissen Abschluß kamen durch 14. Geo. III. c. 78. — So war am Schluß des XVIII. Jahrhunderts für die dringendsten Municipalbedürfnisse leidlich gesorgt.

An diese Zustände schloß sich Sir Robert Peels Reformgesetz 10. Geo. IV. c. 44, dessen organisatorischer Inhalt nach den vorangegangenen Zuständen beurtheilt werden muß. Eine interessante Uebersicht über die Zustände am Schluß des XVIII. Jahrhunderts giebt der Treatise on the Police of the Metropolis, London 1796. Eine weitere Auskunft geben die sechs Reports on the State of the Nightly Watch and Police of the Metropolis 1812—22; Report on Cause of Increase of Crime, and on Establishment of Metropolitan Police 1828; Report on the State of the Police in the Metropolis, and the Crime therein 1834; zwei Reports of Committee on the Provisions of the Metropolis Police Office Act 1837—8. Der Polizeiverwaltungsdistrict der Metropolis umfaßt jetzt die ganze Grafschaft Middlesex und Stücke der Grafschaften Surrey, Kent, Essex und Hertford — nach dem Generalbericht des Census von 1861 ein Gebiet von 439,770 statute acres = 687 engl. Quadratmeilen! mit einer Bevölkerung von 3,110,654 Seelen. Eine vergleichende Uebersicht des Zustandes der letzten zehn Jahre enthalten die Parl. P. 1861 No. 200. Die jährlichen Parlamentspapiere bringen außer der fortlaufenden Uebersicht des Personalbestandes und der Kosten auch einzelne Mittheilungen über die Ausübung der Regulativgewalten, beispielsweise Parl. P. 1864 No. 319 (I. 173) die Justruction, welche den Constables ertheilt ist, nach Maßgabe des st. 2. et 3. Vict. c. 47 für Abhaltung von Volksversammlungen in den hauptstädtischen Parks No. 272 XXXXVIII 787 (vgl. No. 119 S. 765 ebendaselbst.)

Die **Polizeiordnung der Metropolis**, welche mit den neuen Amtseinrichtungen in Verbindung gesetzt wurde, bildet folgende Hauptrubriken: 1. Vergehen begangen auf dem Themsestrom (Ankauf von Gegenständen aus einer Schiffsladung oder einem Dock von einem Matrosen; Auswerfung von Gegenständen in den Strom; feuergefährliches Anmachen von Feuer an Bord 2c.). 2. Vergehen in Docks, Kanälen 2c. (Besitz von Instrumenten zur Entleerung von Fässern, Waarenballen 2c.). 3. Wirthshaus-Anordnungen (Sonntagsfeier, Verkauf von Spirituosen an junge Leute, Duldung eines disorderly conduct). 4. Spielhäuser (Visitationsrecht, Befugniß alle vorgefundenen Personen zu verhaften, Spieltische und Instrumente weg zu nehmen und zu zerstören, vorgefundene Gelder in Beschlag zu nehmen, mit 100 £. Strafe gegen den Unternehmer, Bankhalter und alle an der Leitung betheiligten Personen oder alternativ Correctionshaus bis zu 6 Monaten mit oder ohne harte Arbeit). 5. Pfandleiher, 6. Theater, 7. Hahnengefechte, Bärenhetzen 2c., 8. Straßenunfug (in 17 Artikeln: Belästigung des Publikums durch Manipulationen mit Fuhrwerk, Pferden und anderen Thieren auf der Straße, ungestümes Fahren oder Reiten, Fahren und Reiten auf Fußwegen, unbefugtes Anheften von Plakaten, prostitutes, welche das Publikum belästigen, Verkauf unzüchtiger Bücher, Bilder, Absingen unzüchtiger Lieder, Droh- und Schimpfworte zur Gefährdung des öffentlichen Friedens, Feuerwaffen, Spiele, welche die Passage hindern ꝛc.). Weitere Bestimmungen über Hundewagen, tolle Hunde, Straßenmusik, Trunkenheit. — Sodann nochmals in 8 Artikeln: Obstructionen der Passage durch Reinigung von Gegenständen, Auswerfen von Steinen, Abfällen, Reinigung der Latrinen außer zur Nachtzeit, versäumte Fegung des Bürgersteigs ꝛc.). 9. Beschädigung fremden Eigenthums (summarische Verhaftung, und im Falle der Weigerung des Schadensersatzes, Vorführung vor den Polizeirichter, Geldbuße bis zu 10 L. und Schadenersatz; wenn jedoch der Denunciant der einzige Zeuge ist, so soll der erkannte Schadensersatz als Strafe behandelt werden). — Für alle Fälle, in denen nicht eine Specialstrafe gesetzt ist: Geldbuße bis 5 L. oder Gefängniß bis zu einem Monat.

Im §§. 24—29 sind dem Gesetz auch einverleibt strafrechtliche Grundsätze von großer polizeilicher Tragweite. Der Besitzer von Gegenständen, von denen aus erheblichen Gründen zu vermuthen ist, daß sie gestohlen oder rechtswidrig erworben sind, gilt schon dann, wenn er keine genügende Rechenschaft über den Erwerb geben kann, als schuldig eines misdemeanour mit Geldbuße bis 5 L. oder Gef. bis zu 2 Mon. (eine maskirte poena extraordinaria). Für denselben Fall wird eine ganz arbiträre Befugniß zum Erlaß von Haussuchungsbefehlen gegeben, sowie zur brevi manu Rückgabe des verdächtigen Guts. — Durch §. 40 wird der Polizeirichter ermächtigt, unrechtmäßig detinirtes Gut bis zum Werth von 15 L. nach vorgängiger Prüfung des Besitztitels restituiren zu lassen, entweder unbedingt, oder Zug um Zug mit einer Gegenleistung, auf die er gleichzeitig erkennen mag. Es ist damit für ein umfassendes Gebiet von Civilansprüchen ein Lokalgericht geschaffen, für das gerade in London ein Bedürfniß vorlag. Ebenso ist etwas ausgedehnt die Jurisdiction über Miethsstreitigkeiten und Exmissionen (§§. 38. 39; 3. et 4. Vict. c. 84. §. 13). — Nach §. 41 kann der Richter auch den Besitzer eines Gebäudes, in welchem eine gesundheitsgefährliche Unreinlichkeit eingerissen ist, auf Antrag der Armenverwaltungsbeamten citiren und nach gehörter Sache die Gemeindebeamten ermächtigen, die nöthige Reinigung vornehmen zu lassen, und die Geldkosten vom Besitzer durch Execution beizutreiben, — ein Grundprincip der späteren Nuisances Removal Acts.

In §§. 17 ff., 44 ff. und sonst zerstreut enthält das Gesetz auch prozessualische Bestimmungen, meistens Vereinfachungen. Im §. 43 eine einfache und niedrige Gebührentaxe. In §. 35 wird dem Polizeirichter ein allgemeines Milderungsrecht für das gesammte Strafgebiet, ohne Feststellung eines Minimum beigelegt (mit dem einzigen Vorbehalt, daß bei Steuerstrafen das Generalsteueramt einer Herabsetzung unter das gesetzliche Minimum zustimmen muß). Im §. 33 wird dem Richter die Befugniß beigelegt, den Denunciantenantheil des informer ganz oder theilweis zu streichen. Im §. 50 wird eine Appellation an die Quartalsitzung der Grafschaft vorbehalten in allen Fällen, wo die zuerkannte Strafe 3 L. oder 1 Mon. Gef. übersteigt.

Für den amtlichen Gebrauch in der Metropolis ist eine Selection of Acts for the Use of the Metropolitan Police, London 1862. 8. gedruckt. Das „Instruktionsbuch der Polizeiwache der Hauptstadt London" ist auch in das Deutsche übertragen mit Anmerkungen. Erlangen 1849. (Encke.)

Der **Etat der Metropolitan Police** gehört zu den „Civil Estimates" mit der summarischen Angabe des Staatszuschusses. Die Hauptkosten aber beruhen auf den Polizeisteuern der Kirchspiele. Der Specialetat wird daher in besonderen Vorlagen dem Parlament mitgetheilt, beispielsweise Parl P. 1864 No. 119 vol. XLVIII. 765. Die Zahl der Mannschaften betrug am 1. Januar 1864: 23 Polizeihauptleute, Superintendents (150—325 L.), 200 Lieutenants, Inspectors (81—200 L.), 768 Serjeants (63—100 L.), 6336 Constables (49—78 L., Kleidung und Kohlenbedarf), zusammen = 7327 Mann. Die nach gleichmäßigen Rubriken angelegten Jahresberichte enthalten:

§. 81. Die hauptstädtische Polizei.

1) Einnahmen aus der Polizeisteuer der hauptstädtischen Kirchspiele = 346,127 £.; dazu der Viertel-Staatszuschuß = 115,375 £.; weiterer Staatszuschuß von wegen der aufgehobenen Themsepolizei, Horse Patrol etc. = 22,607 £.; Staatszuschüsse für die Commissioners und einige andere Beamte der Polizeipräfectur = 5146 £. (Specialeinnahme für besondere Dienste der Polizei bei einzelen Staatsverwaltungsämtern = 14,337 £.; von öffentlichen Gesellschaften und Privaten = 5514 £.; für Dienstleistungen in den Admiralty Yards = 35,015 £.; in den Militärstationen = 10,000 £.) Gesammteinnahme = 632,280 £.

2) Der Ausgabeetat umfaßt (1) Office Expenses der Polizeipräfectur: der erste Commissioner (1872 £.), 2 Assistant Commissioners (800 £.), 5 Clerks, 17 Polizeibeamte als Assistant Clerks, 1 Receiver (1063 £.) mit Clerks und Nebenpersonal, zusammen an Personal- und sachlichen Ausgaben = 14,179 £. (2) Gewisse Strafverfolgungskosten = 516 £. (3) Löhnung, Uniformirung und Bewaffnung der Mannschaften = 383,127 £. (4) Medicinalkosten für einen Oberarzt (800 £.), 28 Districtsärzte (2—68 £.) u. s. w. zusammen = 3669 £. (5) Fourage für 187 Pferde, Ankaufsgelder, Polizeiwagen = 8424 £. (6) Stations- und Sectionshäuser = 21,630 £. (7) Feuerung und Licht = 13,933 £. (8) Vermischte Ausgaben = 9018 £. (9) Ruhegehalte = 4211 £. (10) Specialdienst in den Königlichen Yards = 39,933 £. (11) Specialdienst für die Militärstationen = 10,263 £. (12) Specialdienst für gefährliche Baulichkeiten = 1071 £. Currente Gesammtausgabe = 554,250 £.

Als Anhang werden die Beiträge verzeichnet, welche die einzelen Kirchspiele des hauptstädtischen Polizeibezirks zu den Polizeikosten aufzubringen haben. Der jährliche Gesammtbetrag des eingeschätzten Realbesitzes war 13,887,229 £., wovon die Steuer (zu 3 d. in the Pound für das halbe Jahr) = 347,182 £. ergab.

Die jährliche Vermehrung der Mannschaften ergiebt sich aus den fortlaufenden Jahresberichten. Eine Vergleichung der Mannschaften in 1846, 1856, 1866 geben die Parl. P. 1867 LVII. 813. Für das Etatsjahr 1870 werden angegeben: 24 Superintendents, 255 Inspectors, 945 Serjeants, 7652 Constables, zusammen 8878 Mann, und noch 696 Mannschaften der City-Verwaltung.

§. 82.

Die Totalreform. Die besoldete Constabulary.

Seit der Bildung der hauptstädtischen Polizei stand ein geschlossenes, modernes Polizeisystem dem alten verfallenen Polizeidienerwesen gegenüber, in einem Contrast, in welchem der städtischen Bevölkerung Englands eine Wahl nicht schwer wurde.

Es ist unbestreitbar, daß die ältere Friedensbewahrung auf einfachere Verhältnisse berechnet war, in welchen der Schutz gegen persönliche Gewalt als der Schwerpunkt der Polizeithätigkeit erschien. Im Zusammenhang damit stand auch der lebendige Eifer der ältern Zeit in Erfüllung derjönlicher Polizeidienste, das Gemeindeaufgebot zur Verfolgung des fliehenden Thäters (hue and crye), welches von Jahrhundert zu Jahrhundert in Erinnerung gebracht war durch einzele Gesetze, die durch 7. et 8. Geo. IV. c. 27 zwar aufgehoben wurden, ohne jedoch das Princip (hue and crye nach common law) aufzuheben. Das neuere Polizeibedürfniß fordert in viel stärkerm Maß einen Schutz gegen Diebstahl, Betrug, gegen Vergehen mit dem Charakter der List, erfordert also ein anderes Präventivsystem, erfordert ferner eine positive Thätigkeit der Wohlfahrtspolizei, und oft ein Einschreiten von Amtswegen, wo die ältere Friedensbewahrung eine Information voraussetzt. Wirklich genügte das patriarchalische Constablerthum nicht dem Bedürfniß großer Städte und Fabrikdistrikte.

Aber weit über das Bedürfniß hinaus zeigte sich in England ein Geist der Polizeibedürftigkeit, dessen letzter Grund in dem Sinn der Bequemlichkeit und der Arbeitstheilung liegt, welcher in den erwerbenden Klassen der schnell aufwachsenden Städte sich stärker ausbildet als der Communalsinn. Mehr Polizei und bezahlte Polizei zu fordern galt allmälig als Zeichen einer fortgeschrittenen Gesinnung.

Die Städteordnung von 1835 gab dieser Richtung nach, und nahm eine Nachbildung des hauptstädtischen Systems sogleich als einen Theil der neuen Stadtverfassung mit auf. Etwas längern Widerstand leisteten die kleineren Ortsgemeinden und die Kreisverbände. Das Gesetz 3. et 4. Will. IV. c. 90 hatte zunächst einen sehr schonenden Versuch gemacht, das neue Polizeisystem durch freiwillige Annahme in Stadt- und Dorfgemeinden einzuführen. Viel entschiedener trat die 1837 ernannte Untersuchungs-Commmission auf, mit dem bestimmten Vorschlag, eine bezahlte Polizeimacht durch das ganze Gebiet der englischen Grafschaften durchzuführen.*) Ein

---

*) Die Untersuchungs-Commission von 1867 hatte Berichte der Friedensrichter eingefordert. Von 435 divisions erklärten sich 123 für die Einführung einer besoldeten Landpolizei; 77 waren für Einführung besoldeter Additional Constables; 37 hielten eine „Verstärkung" der Sicherheitspolizei im Allgemeinen für nöthig; 122 wollten es beim Alten belassen. Der darauf erstattete Bericht (Parl. Pap. 1839 Nr. 169) schildert die Unzulänglichkeit der heruntergekommenen Gemeinde-Constabler sehr eindringlich. Die Aushülfe der Special Constables wird wegen Mangels der nöthigen Disciplin für unzureichend befunden. Das Bedürfniß einer stärkern Organisation ergebe sich schon aus dem Dasein so zahlreicher Privat-Associationen zur Beförderung der öffentlichen Sicherheit. Es bleibe also nichts übrig als die besoldeten Mannschaften überall durchzuführen, da eine theilweise Durchführung die Diebesbanden aus den organisirten Bezirken in die schutzlosen treibe, wo es dann um so schlimmer werde. „Jede vom Verbrechen lebende Person koste dem Gemeinwesen mehr als ein bezahlter Constabler." Außer den Richtergehalten werden schon jetzt in England mehr als 2,000,000 L. jährlich für die Repression von Verbrechen gezahlt. Dazu komme die Ersparung der Zeitversäumniß für mehre tausend Personen, welche jetzt beinahe nutzlos als Constabler aufgeboten werden, und die Ersparung der Gelder für Bestellung von Substituten. Eine so organisirte Macht werde die persönliche Freiheit weniger beschränken, als eine unzusammenhängende Menge von Gemeindeconstablern. Denn eine Bekanntschaft mit den gesetzlichen Obliegenheiten bilde einen Theil der Ausbil-

§. 82. Die Totalreform. Die besoldete Constabulary.

solches wurde durch 2. et 3. Vict. c. 93 u. sp. G. wirklich aufgestellt und den Quartalsitzungen zur Annahme empfohlen; Hand in Hand damit schritten die besoldeten Constables auch noch in den Einzelgemeinden weiter. Die Auffassungen der Untersuchungs-Commission von 1837 gehen wie ein rother Faden 20 Jahre lang durch eine Reihe von Gesetzvorschlägen und Regierungsmaßregeln, bis endlich durch 19. et 20. Vict. c. 69 die zwangsweise Durchführung des neuen Systems ausgesprochen wird. Die Gesetzgebung bildet hiernach vier Hauptgruppen: Durchführung der besoldeten Polizeimannschaften 1. durch die incorporirten Städte, 2. durch andere Ortsgemeinden, 3. durch einzelne Grafschaften und Grafschaftsdistrikte, 4. Generalisirung für das gesammte Land.

I. Die Einführung der besoldeten Polizeimannschaften in den incorporirten Städten erfolgte durch die Städteordnung 5. et 6. Will. IV. c. 76 §. 76—86. Die Polizeiverwaltungs-Commission (Watch Committee) des Gemeinderaths wird ermächtigt, die benöthigte Anzahl tauglicher Männer zum Constablerdienst bei Tag und Nacht zu ernennen, die dann von einem städtischen Friedensrichter einzuschwören sind, und ihre Amtsbefugnisse im Umkreis von 1½ deutschen Meilen um die Stadt ausüben. Die Besoldungen und Remunerationen werden von der Commission festgestellt unter Bestätigung des Gemeinderaths.[1])

---

dung der Mannschaften, die in allen Fällen Regulative für ihr Verhalten empfangen müßte. — Die volkswirthschaftlichen Anschauungen einflußreicher Klassen haben sich schnell mit diesen Auffassungen befreundet. Die friedensrichterliche gentry leistete noch einen länger dauernden Widerstand. Man blieb in vielen Kreisen der Meinung, daß die Einführung nur ein Lokalbedürfniß sei (nämlich in lockeren Verbänden in denen die persönliche Bekanntschaft der Gemeindemitglieder aufgehört hat). Wenn die theilweise Durchführung für den Augenblick die Diebesbanden in die ländlichen Bezirke treibe, so würden sie unzweifelhaft bald wieder zurückwandern müssen, weil in den kleineren, noch durch Personenbekanntschaft verbundenen Communen auf die Dauer ihres Bleibens nicht sei. Eine Durchführung disciplinirter Mannschaften durch das ganze Land, geleitet durch Instructionen des Ministers, der vermehrte Einfluß der Central-Verwaltung überhaupt, werde zu weiteren Eingriffen in die innere Landesverfassung führen. Diese Mannschaften würden ein „Instrument kleinlicher Tyrannei werden über die unteren Klassen durch Einmischung in ihre Lebensgewohnheiten, und unnöthige Beschränkungen ihrer persönlichen Freiheit." Belästigungen dieser Art in dem täglichen Leben des Volks, seinen Vergnügungen, Beschäftigungen und Lebensgewohnheiten erzeugen mehr als alles Andere einen Geist der Unzufriedenheit und Abneigung gegen alle Autorität. Der Sieg der ersten über die zweite Anschauung ist in kleinerm Maßstab ein Abbild des Wandlungsprozesses in der englischen Verfassung.

[1]) Borough Police. Die Städteordnung enthält zugleich einige Polizeiklauseln, auf welche im Cap. VIII. zurückzukommen ist. Mit Durchführung dieser Einrichtung hören die etwa schon vorhandenen unter einer Lokalakte gebildeten städtischen Polizeimannschaften auf (§. 84). Die Kosten können auch durch eine ergänzende Watch Rate aufgebracht werden, zu der dann die Stadtviertel, für die noch kein Bedürfniß dazu ist, nicht beitragen,

II. Die Einführung in anderen, nichtincorporirten Ortsgemeinden wurde zunächst versucht durch 3. et 4. Will. IV. c. 90. „Eine Acte für die Bewachung und Erleuchtung der Kirchspiele" (vergl. 3. et 4. Vict. c. 88 §. 20). Auf Antrag von mindestens drei steuerzahlenden Gemeindemitgliedern kann eine Versammlung aller Steuerzahler berufen werden, welche beschließt, ob die Acte anzunehmen ist. Wird die Annahme beschlossen, so werden Inspectoren ernannt, welche von Zeit zu Zeit eine angemessene Zahl von Wachtmännern, Patrouillen und anderen Personen zum Schutz der Einwohner bei Tag und Nacht ernennen, einzuschwören als Constables mit allen Amtsgewalten solcher. Die Kosten werden bestritten durch eine Lokalsteuer, als Zuschlag zur Armensteuer, jedoch nur bis zu einem Maximum, welches im Voraus durch Gemeindebeschluß festgestellt ist.

Noch erfolgreicher wirkte das Gesetz über die neue Ernennungsweise der Kirchspiel-Constabler, 5. et 6. Vict. c. 109 §. 18, 20. Es stellt den Gemeindeversammlungen gerade in dem Augenblick, wo eine Liste der zum Constable-Dienst verpflichteten Personen den Friedensrichtern zur Auswahl überreicht werden soll, die verführerische Wahl, statt deren eine Arbeitstheilung einzuführen. Die so berufene Versammlung kann durch einfache Resolution die Ernennung eines oder mehrer besoldeter Constables für das Kirchspiel beschließen. Eine Abschrift des Beschlusses mit Angabe der Gehalte, welche die Gemeinde bewilligen will, wird dann den Friedensrichtern in der Specialsitzung für Ernennung der Constables überreicht. Sind diese einverstanden mit dem bewilligten Gehalt, so ernennen sie die beantragte Zahl von Constables. Doch kann die Gemeindeversammlung Jahr für Jahr den früher gefaßten Beschluß, und damit die ganze Einrichtung, wieder aufheben. Die Gehalte werden von den Armenaufsehern aus der Poor Rate, also der Ortskasse gezahlt. Durch §. 22 ff. des Gesetzes werden ferner die Quartalsitzungen ermächtigt die Einrichtung von polizeilichen Detentionshäusern, lock-up-houses, für die von den Constablern verhafteten Personen anzuordnen, und die nöthigen Grundstücke dafür zu erwerben, deren Bauplan dem Minister zur Bestätigung einzureichen ist. Die Kosten werden aus der Kreiskasse (County Rate) bestritten. Den beaufsichtigenden Superintending Constable ernennt die Quartalsitzung, die auch sein Gehalt bestimmt, ihn entläßt und ihn nach Um-

---

2. et 3. Vict. c. 28; 3. et 4. Vict. c. 28. Die Parl. Pap. 1852 No. 490. Vol. XLI. 477 ff. geben eine Uebersicht der besoldeten Constables in den Boroughs. In 164 Ortschaften war damals die Gesammtzahl 4119 (in Liverpool 806, in Manchester 445, in Birmingham 327, in Bristol 252, in Kingston-upon-Hull 135, in Leeds 145, in Sheffield 122). — Für Ortschaften unter einer local act ohne Stadtverfassung enthält die Towns Police Act 1847 Normativbestimmungen über Anstellung besoldeter Constables.

ständen zum Wachtmeister über eine Anzahl von Kirchspiels-Constablern bestellt.²)

III. Die Einführung der besoldeten Constabulary in ganzen Grafschaften und Grafschaftsbezirke erfolgte durch 2. et 3. Vict. c. 93; 3. et 4. Vict. c. 88. Die Quartalsitzungen werden dadurch ermächtigt, eine allgemeine Polizei für die ganze Grafschaft zu organisiren, unter Leitung eines oder zweier Chief Constables, ernannt von den Quartalsitzungen unter Genehmigung des Ministers des Innern. Die Constables werden auf Vorschlag des Chief Constable durch die Friedensrichter in den kleinen Bezirkssitzungen ernannt. In jedem kleinern Polizeibezirk (division) wird ein Superintendent über die anderen Constabler gesetzt. Diese Mannschaften üben alle gesetzlichen Gewalten der Constables, nach gemeinem Recht wie nach Statuten, im ganzen Bereich der Grafschaft und in den unmittelbar anstoßenden Grafschaften. Die Kosten werden durch eine Polizeisteuer (Zuschlag zur County Rate), also als Kreislast bestritten. Die Quartalsitzungen berichten dem Minister über die Zahl der Constables, die sie für nöthig, und über die Gehaltsätze, die sie für angemessen halten. Dem Minister des Innern wird überhaupt eine Befugniß zum Erlaß von bindenden Regulativen (rules) beigelegt für die Verwaltung (government), insbesondere Besoldung, Bekleidung und Ausrüstung der besoldeten Constables, doch ohne die Befugniß die Zahl derselben zu vermehren. Die vom Minister beschlossenen Regulative sind dem Kreissecretär zu übersenden: und auf Vorstellung der Friedensrichter unter Angabe besonderer Gründe mag der Minister solche amendiren, und den besonderen Umständen der Grafschaft anpassen; auch sind die rules dem Parlament zur Kenntniß vorzulegen. — Statt für die ganze Grafschaft können die Friedensrichter auch eine constabulary für jede einzele sessional division beschließen, in welchem Falle dann die kleine Bezirkssitzung alle Gewalten der Quartal-

---

²) Ortspolizeimannschaften. Eine statistische Uebersicht über die nach der Lighting und Watching Act angestellten Mannschaften gaben die Parl. P. 1853 No. 675. Vol. 78 pag. 511. — Durch 13. et 14. Vict. c. 20 wurden dem Gesetz noch eine Reihe vermischter Amendements hinzugefügt. Wo ein lock-up-house errichtet wird, sollen die Friedensrichter einen beaufsichtigenden Constable ernennen; unabhängig davon aber einen besondern Superintendent Constable für die Division. Quartalsitzungen und Städte mögen Committees ernennen, um sich über ein gemeinschaftliches lock-up-house zu vereinigen. — Die Biegsamkeit dieses Systems ließ es auch zu, Privatgesellschaften zur Einrichtung einer Constabulary zu verpflichten und zu berechtigen. So nöthigen die Eisenbahngesetze die Gesellschaft zur Einsetzung einer Constabulary während des Baues. Analog die Akte 3. et 4. Vict. c. 50 zur Erhaltung des Friedens auf Kanälen und schiffbaren Strömen. Private Watchmen werden auch in Docks und Waarenhäusern unterhalten, die jedoch immer den allgemeinen Anordnungen über die Constabler und den Befehlen des Chief Constable unterworfen sind, 3. et 4. Vict. c. 88 §. 19.

sitzung für die weitere Organisation ausüben soll. — Die Bildung einer Grafschafts- oder Bezirkspolizei unter diesem Gesetz bewirkt, daß alle Befugnisse zur Ernennung von Constables in einer einzelen Hundertschaft, liberty oder Ortsgemeinde erlöschen, jedoch mit Vorbehalt der Special Constables nach 1. et 2. Will. IV. c. 41, der städtischen Constables nach der Städteordnung, und unter Beibehaltung der alten Parochial Constables als Hülfsbeamten bei den Wahlen. — Der Chief Constable soll jeder General- oder Quartalsitzung beiwohnen, vierteljährliche Generalberichte über die Kreispolizeiverwaltung erstatten, und allen gesetzmäßigen orders und warrants der Friedensrichter Folge leisten. Eine gleiche Verpflichtung hat der Bezirksoffizier (Superintendent) bei jeder kleinen Bezirkssitzung. Die noch fortdauernden unbesoldeten Constabler werden ebenfalls der Amtsgewalt des Chief Constable und den Amtsregulativen des Ministers untergeordnet (3. et 4. Vict. c. 88 §. 16). Einmal eingerichtet kann eine solche Constabulary nur wieder aufgehoben werden, wenn ⅔ der Friedensrichter, nachdem der Gegenstand der Berathung 6 Monate vorher dem Publikum gehörig angezeigt ist, für die Wiederaufhebung stimmen, einen dahin gehenden Bericht dem Minister einreichen, und dieser den Antrag bestätigt.[3]

IV. Die zwangsweise Durchführung des Systems durch das ganze Land war durch diese Vorgänge hinreichend vorbereitet. In der einen Hälfte der Grafschaften wollten freilich die Friedensrichter sich von der Nothwendigkeit noch immer nicht überzeugen. Vergeblich hatten die

---

[3] County and District Constabulary. Enclaven können für die Zwecke dieser Kreispolizei einverleibt werden; auch sind sonstige Arrondirungen unter Autorität der Quartalsitzungen statthaft (3. et 4. Vict. c. 88 §. 2). Städte können ihre gesonderte Polizei aufgeben, und solche mit der Grafschaftspolizei vereinigen. In diesem Falle geht die Gesammtverwaltung der Polizeimannschaften nebst dem Entlassungsrecht auf den Chief Constable der Grafschaft über; die städtische Polizeicommission behält aber das Anstellungsrecht, wenn nicht in der Uebereinkunft darauf verzichtet ist. Nach 2. et 3. Vict. c. 93 §. 1 sollte die Zahl der anzustellenden Constables nicht einen auf 1000 Einwohner überschreiten, eine Beschränkung, die aber später aufgehoben wurde. Kein Constable darf während seiner Amtszeit und 6 Monate nach der Entlassung sein Wahlrecht in den Parlamentswahlen üben, auch keinem Wähler bei Abgabe seiner Stimme zu- noch abreden bei 20 £. Buße. Kein Constable darf ein Nebengeschäft betreiben. Kein Gast- oder Schankwirth darf wissentlich einen Constable beherbergen oder traktiren, oder ihm während der Dienststunden den Aufenthalt im Lokal gestatten, bei Geldbuße bis 5 £. vor zwei Friedensrichtern. Der Chief Constable mit Genehmigung der Quartalsitzung kann auch Privatpersonen gestatten, additional constables auf eigene Kosten anzustellen, mit der Befugniß nach einmonatlicher Kündigung eine solche Anstellung wieder aufhören zu lassen. — Die Parl. P. 1852 No. 490 Vol. XLI. 477 geben eine Uebersicht über den damaligen Stand der Grafschaftspolizei. In 24 Grafschaften war noch keine besoldete Constabulary vorhanden; in 6 Grafschaften war sie nur fragmentarisch vorhanden. Die wohlthätigen Folgen der neuen Einrichtung für das Land werden in dem First und Second Report on Police 1853 Vol. XXXVI. pag. I. ff. geschildert.

§. 82. Die Totalreform. Die besoldete Constabulary. 469

Reports von 1853 die zwangsweise Durchführung beantragt; vergeblich hat Lord Brougham (z. B. im Oberhaus am 23. März 1855) besoldete Constabler und besoldete Polizeirichter warm befürwortet, vergeblich Lord Palmerston Gesetzentwürfe in dieser Richtung eingebracht. Noch immer leistete die Land-gentry Widerstand. Endlich ging das st. 19. et 20. Vict. c. 19 durch, in Folge dessen die Quartalsitzungen jeder Grafschaft kurzweg angewiesen werden, in der nächsten Quartalsitzung nach dem 1. Dezember 1856 die beiden Gesetze über die County Police durchzuführen und die Kosten durch eine Police Rate (Zuschlag zur Kreissteuer) aufzubringen. Die Hauptklauseln des Gesetzes sind:

Art. 1—4. Zwangsdurchführung in allen Grafschaften, wo nicht schon unter 2. et 3. Vict. c. 93 das System correct durchgeführt ist. Für einzele Divisionen eingerichtete Mannschaften sind mit der County Police Force zu consolidiren. Durch Staatsrathsbeschluß (Staatsministerium) können aber auch gesonderte police districts in der Grafschaft gebildet werden.

Art. 5. Durch Staatsrathsbeschluß auf Antrag des Stadtraths können Bedingungen der Vereinigung der städtischen mit der Grafschaftspolizei normirt werden (auch ohne eine gütliche Einigung).

Art. 6. Die Grafschaftsconstabler in der Stadt, die städtischen Constabler in der Grafschaft sollen concurrirende Gewalten üben.

Art. 8. Die Constables sollen für einzele Amtsgeschäfte keine Gebühren auf eigene Rechnung mehr beziehen.

Art. 15. Die Königin mag (3) Staatsinspectoren ernennen zur Untersuchung und Berichterstattung über den Zustand und die Wirksamkeit der Polizei in Grafschaften und Städten.

Art. 16. 17. Auf Certificat des Ministers des Innern darüber, daß eine wirksame (in Zahl und Disciplin genügende) Polizei in einer Grafschaft oder Stadt eingerichtet ist, bewilligt das Finanz-Ministerium einen Beitrag von ¼ der Kosten zur Besoldung und Uniformirung. Es geschieht dies aber nicht in Städten unter 5000 Einwohnern, die sich nicht der Grafschafts-Polizei angeschlossen haben.

Art. 19. Gesonderte Polizeisysteme in Ortschaften von 15,000 Seelen oder darüber dürfen nicht ohne Genehmigung des Ministers mit anderen verschmolzen werden.

Die neue Constabulary ist nunmehr eine Kreisgensdarmerie, die unter den Regulativen des Ministers des Innern und unter Inspection von Staats-Commissarien (Brigadiers) immer mehr die Gestalt continentaler Gensdarmerie-Corps annimmt. Die Regulative des Ministers über Verwaltung, Besoldung, Ausrüstung der Constabulary, — nicht minder bedeutungsvoll als die Gesetze selbst, — sind nunmehr mit bindender Kraft über das ganze Gebiet des Reichs ausgedehnt. Nach Durchführung des Systems waren am 29. September 1860 in England und Wales vorhanden: 4 Commissioners und Assistant Commissioners, 56 Chief Constables für Grafschaften, 107 Head Constables für Städte, 498 Superintendents, 705 Inspectors, 1969 Serjeants, 16,853 Constables, 408 Additional Constables, 160 Detective Officers, zusammen 20,760 Mann, von welchen ungefähr ⅓ auf die Grafschaften, ⅓ auf die Provinzialstädte, ⅓ auf die Metropolis fielen, bei einer Bevölkerung von 20,066,224 Einwohnern in England und Wales, und mehr als drei Millionen Einwohnern in dem Metropolitan District (nach dem Census von 1861). Die Gesammtkosten betrugen 1,531,111 L. 5 sh. 7 d., wovon die Staatskasse 327,493 L. 13 sh. 9 d. übernommen hatte. Seitdem ist die Zahl der Constables erheblich rascher gewachsen als die Bevölkerung: für 1870 auf etwa 27,000 Mann mit mehr als 2,000,000 L. Gesammtkosten.

Das Gensdarmeriesystem (in zehnfach stärkerer Formation als in Preußen) scheint hiernach an einem entscheidenden Punkt über das alte selfgovernment vollständig gesiegt zu haben. Noch stärker als im Gesetz erscheint in der That die Abschließung der Constabulary zu einem compakten Berufsbeamtenthum in den Ministerialregulativen, welche nach Maßgabe des Gesetzes zu erlassen und dem Parlament zur Kenntnißnahme vorzulegen sind. Die Bewerbung um die Stelle eines Chief Constable setzt danach voraus ein ärztliches Attest und eine Empfehlung durch die anstellungsberechtigten Friedensrichter bei dem Staatssecretär, betreffend einen „guten Charakter" und eine „gute Führung". Für gediente Militärs wird der Fortbezug des Halbsoldes in diesen und allen anderen Stellen der Constabulary ausdrücklich vorbehalten (2. et 3. Vict. c. 93 §. 11; 22. et 23. Vict. c. 32 §. 27). Ein Bewerber um die Stelle eines Superintendent oder Inspector soll unter 40 Jahre alt, 5 Fuß 7 Zoll (engl. Maß) groß sein „ohne seine Schuhe", ein Mann von allgemeiner Einsicht, fähig wohl zu lesen, zu schreiben und Rechnungen zu führen. Jeder Bewerber, welcher früher in einem Civil- oder Militärdienst gestanden hat, soll ein Dienstführungs-Attest beibringen. Wer aus dem Polizeidienst einmal entlassen ist, darf darin nicht wieder angestellt werden. Bei eintretenden Vacanzen soll darauf Bedacht genommen werden, Männer aus den unteren Stellen in die höheren zu befördern. Die Normalgehalte der Chief Constables werden auf 250—500 L. gestellt, ausschließlich des Pferdes; Superintendents von 75—150 L.; Inspectors von 65—120 L.; Serjeants von 19—25 sh. wöchentlich; Constables von 15—21 sh. wöchentlich, — dazu für die beiden letzten Klassen die vorgeschriebenen Uniformstücke und in gewissen Bezirken ein Seitengewehr, welches aber nur bei Nacht und in bestimmten Fällen zu tragen ist. Nach 15jähriger Dienstzeit tritt eine

§. 82. Die Totalreform. Die besoldete Constabulary.   471

Pensionsberechtigung ein. Der Chief Constable hat jeder Quartalsitzung schriftlichen Bericht zu erstatten über den Stand, die Vertheilung der Mannschaften, die vorgekommenen Verhaftungsfälle und deren Umstände, wovon auch dem Minister des Innern Abschrift einzusenden ist. — Die örtliche Dienstinstruction für die Mannschaften (orders and regulations) erläßt der Chief Constable, legt sie aber der nächsten Quartalsitzung nachträglich vor. Verhaftungen und Entlassungen werden nach Formularen in Tabellen eingetragen, welche der Chief Constable nach Erledigung der Fälle einzuliefern hat. Beschwerden gegen Constables sollen zuerst beim Chief Constable angebracht werden, der sie entweder summarisch untersucht oder geeigneten Falls an die Friedensrichter zum gerichtlichen Verfahren abgiebt.*)

Indessen hatte die friedensrichterliche gentry bei ihrem Widerstand gegen die Neuerung doch Sorge getragen, die unmittelbare Verwendung des Polizeipersonals zu politischen Parteizwecken, welche von den constitutionellen Staaten des Continents untrennbar scheint, abzuwehren durch die Beibehaltung folgender drei Maximen:

1) Daß die Constabulary noch immer durch die Kreis- und Gemeinde-Verbände in Form der county und borough rate bezahlt und erhalten wird (freilich mit einem Staatszuschuß von ¼), daß also noch ein finanzielles Gegengewicht gegen eine polizeiliche Centralisation übrig bleibt.[1]

2) Daß sie für ihre Thätigkeit im einzelen Fall noch immer unter Leitung der selbstverwaltenden Lokalobrigkeit, d. h. unter dem Decernat der Friedensrichter und der sessions bleibt, also nicht unmittelbar Organ

---

*) Vergl. die vom Minister des Innern erlassenen Rules vom 2. Februar 1857 „zur Herbeiführung eines gleichförmigen Systems für Verwaltung, Besoldung, Bekleidung und Ausrüstung der Constables," Parl. P. 1857 XV. Vol. XIV. 157. Gleichförmig lauten jetzt auch die Lokalinstructionen über die Verhaftung, wie sie die neue Ausgabe von Burn's Justice I. 1059—1061 abdruckt, und welche wie die Instructionen des Continents die Verhaftung auf ein „reasonable ground for his suspicion," „just cause to suspect etc. stellt. Das Interesse des Dienstes drängt in wachsendem Maße dahin, die Mannschaften aller Grafschaften möglichst als ein Gensdarmeriecorps zu behandeln, weil nur unter dieser Bedingung ein regelmäßiges Avancement zu gewinnen und ordentliche Leute dem Dienst zu erhalten sind. Der erste Brigadier (Commissioner), Generallieutenant Cartwright, hebt dies Bedürfniß des Dienstes immer von Neuem hervor, wie auch schon in den ersten Berichten über die Einführung der Constabulary eine möglichst häufige Versetzung der Mannschaften nach der bei den Steuerbeamten eingeführten Maxime empfohlen wurde.

[1]) Es entstände die Möglichkeit bei Bewilligung des Staatszuschusses von ¼ der Personalkosten etwa noch andere Bedingungen für die Lokalverwaltung zu stellen; das Parlament hat daher die Ministerialverwaltung zeitweise um Mittheilung der special letters ersucht, durch welche den einzelnen Grafschaften und Stadtverwaltungen der Staatszuschuß bewilligt wird, Parl. P. 1858 No. 213 XLVII. 777.

der Parteiverwaltung im Centrum wird. Die Thätigkeit der Polizeibeamten und Stationen beschränkt sich auf formulirte Anzeigen (charge sheets) nicht aber Vorverhöre und Voruntersuchungen.[2])

3) Daß die constabulary unverändert unter dem Gesetz bleibt, d. h. unter der **Strafgewalt der Friedensrichter**, sowohl wegen Amtsüberschreitung wie wegen Amtsvernachlässigung, auf erhobene Popularklage.[3])

Das entscheidende Gegengewicht gegen eine parteimäßige Verwendung der Mannschaften bildet die **concurrirende Ordnungsstrafgewalt und das Entlassungsrecht**, welches dem Chief Constable, den friedensrichterlichen Sessionen, in den Städten dem Bürgermeister und Gemeinderath gegeben ist. Das ständige collegialische Ehrenamt an dieser Stelle hat wirklich bisher die Kraft behauptet, um nach **oben** hin gegen die Parlamentsparteien, nach **unten** hin gegen die Localparteien, das Polizeipersonal seinem wirklichen Beruf zu erhalten. Dazu kommen die ausdrücklichen Gesetzesclauseln, durch welche die Mannschaften und ihre Inspectoren von dem Wahlrecht zum Parlament ausgeschlossen werden, und jede Betheiligung daran durch Wort, Schrift, Zureden, Abreden ꝛc. mit Geldbuße von 10—100 £. bedroht wird, einzuklagen durch Civilklage von Jedermann, die Hälfte dem Kläger. Die Buße dafür ist für die hauptstädtischen Polizeimannschaften mit 100 £. scharf genug bemessen; obwohl noch sicherer anscheinend das concurrirende Entlassungsrecht der verschiedenen Amtsstellen wirkt, welches bei einer Verwendung zu Wahl- und Parteizwecken sich von der einen oder andern Seite geltend machen würde.

Auch die Verwendnng von gedienten Militärs und die Elemente **militärischer Disciplin** in der Organisation und Verwaltung der Mann-

---

[2]) Die besoldete Constabulary steht zu den Orders, Convictions und Warrants der Friedensrichter ebenso wie die alten Gemeindeconstables. Der **Ungehorsam** dagegen bildet ein anklagbares Vergehen schon nach gemeinem Recht, 2 Hawkins c. 10 §. 35; je zwei Friedensrichter in einer special oder petty session haben aber auch ein summarisches Strafrecht bis 40 sh. wegen disobedience gegen lawful warrants or orders, 33. Geo. III. c. 55 §. 1, mit Appellation an die Quartalsitzungen. Der Chief Constable hat bei jeder Quartalsitzung der Friedensrichter persönlich zu erscheinen und allen gesetzmäßigen orders und warrants der Friedensrichter Folge zu leisten, 2. et 3. Vict. c. 83 §. 17.

[3]) Wegen violation of duty haben zwei Friedensrichter ein **Strafrecht** bis 10 £. event. 1 Mon Gef. nach 2. et 3. Vict. c. 93 §. 12. Das noch wirksamere **Entlassungsrecht** ist alternativ auf 2 Friedensrichter, die Polizeiverwaltungscommission des städtischen Gemeinderaths und den Chief Constable gestellt, 2. et 3. Vict. c. 93 §. 6; 3. et 4. Vict. c. 88 §. 19. Durch 22. et 23. Vict. c. 32 §. 26 wird dem Chief Constable und der städtischen Polizeicommission alternativ die Befugniß beigelegt, die **Suspension**, die **Degradation** und eine Ordnungsstrafe bis zum Betrag einer einwöchentlichen Löhnung zu beschließen.

§. 82. Die Totalreform. Die besoldete Constabulary.

schaften haben sich als vereinbar mit jener Unterordnung unter die Civil=
autoritäten erwiesen. Die Gesetzesclauseln, welche die Fortbeziehung
des Halbsoldes für Officiere und Mannschaften mit der Amtsstellung des
besoldeten Constable als vereinbar erklären, haben eine zahlreiche Verwen=
dung gedienter Militärs, mehr noch in der Grafschafts= als in der städti=
schen Polizei, zur Folge gehabt, und für den Dienst kräftigere und zuver=
lässigere Leute geliefert, als die Anstellung aus anderen Berufen.

Der unwiederbringliche Schade der massenhaften und ausschließ=
lichen Neubildung ist aber die **Isolirung der Friedensrichter**
von dem Ortsgemeindebeamtenthum, und die weiter fortschreitende Entfrem=
dung der Mittelklassen in Land und Stadt von aller Selbstthätigkeit im
Gemeindeleben. Das alte Polizeischulzenamt hat entweder ganz aufgehört,
oder der parochial constable hat doch jeden Zusammenhang mit der Po=
lizeiverwaltung verloren, und versieht nur noch kleine Communalgeschäfte
bei dem coroners inquest, Einquartierung der Milizmannschaften, Mitwir=
kung bei den Wahllisten, Anzeige von Spiel= und unordentlichen Häusern,
mit einer Verpflichtung zur Vollziehung friedensrichterlicher warrants in
solchen Nebengeschäften. Die neue Ausgabe von Burn's Justice I. 997
bemerkt wohl nicht mit Unrecht, daß die heutige Gesetzgebung high constables, chief constables, local constables, petty constables, parish constables, so neben einander aufgehäuft hat, daß man nur ungefähr sagen
kann: die neuen constables seien für criminal cases, die alten für civil
duties bestimmt, und daß wahrscheinlich die Ernennung nach alter Weise
schrittweise ganz außer Gebrauch kommen wird. Die polizeiverwaltenden
Friedensrichter stehen nun getrennt von den Mittelständen, als eine aristokra=
tische verwaltende Klasse einem berufsmäßigen Beamtenthum gegenüber,
welches sich fortschreitend nach Zehntausenden vermehrt, und ebenso fort=
schreitend als ein geschlossener Berufsstand sich zu fühlen beginnt.

** Generalstatistik der Constabulary.
Das Land zerfällt in 3 Inspectionsbezirke: einen östlichen und Midland District,
einen nördlichen und einen südlichen, unter 3 höheren Offizieren. Die Metropolitan Police
bildet ihren eignen District unter dem Präfecten (Commissioner) der Metropolis.

Die Mannschaften bestanden nach der Durchführung im J. 1860 aus: 56 Chief
Constables, einer für jede Grafschaft und die 3 Ridings von York, und 107 Head Constables für jede Stadt, mit Gehalten von 150—650 £. und Nebenemolumenten bis 200
£.; sodann 498 Superintendents in 6 Gehaltsklassen von 85—250 £.; 705 Inspectors in
6 Gehaltsklassen von 60—175 £.; 1969 Sergeants in 4 Gehaltsklassen von 21—26 sh.
wöchentlich; 16,853 Constables in 7 Gehaltsklassen von 16—24 sh. wöchentlich; dazu 408
Additional Constables und 160 Detective Officers (Criminal=Polizei), zusammen 20,760
Mann. Die 3 ungefähr gleichen Hauptmassen waren: (1) Grafschafts = Constables nach
den Gesetzen von 1839 und 1840: 7761. (2) Städtische Constables nach der Städte=
ordnung von 1835: 6082. (3) Metropolitan Police Constables nach dem Gesetz von 1829:
6289, und dazu noch die besonderen Mannschaften der City von London 628.

Die Gesammtkosten betrugen 1860: Gehalte 1,120,807 £., Emolumente 35,568 £., Bekleidung und Ausrüstung 120,240 £., Pensionen und Gratificationen 63,704 £., Pferde 33,023 £., Stationshäuser, Druckkosten ꝛc. 136,728 £., vermischte Ausgaben 20,038 £. Es kostete:

die County Constabulary 605,228 £. incl. 114,822 £. Staatsbeitrag,
die Borough Police 383,888 £. incl. 78,991 £. Staatsbeitrag,
die Metropolitan Police 493,222 £. incl. 133,679 £. Staatsbeitrag,
die City of London Police 47,772 £.

Ein Verzeichniß der Städte, welche den Staatszuschuß von ¼ angenommen, und derjenigen, welche ihn abgelehnt hatten, enthalten die Parl. Papers 1861. Vol. LII. 619.

Die Generalberichte der Inspectoren werden nach 19. et 20. Vict. c. 69 nunmehr alljährlich erstattet für jeden der 3 Inspections-Bezirke. Jeder Brigadier berichtet über den Gesammtzustand, über die Verhältnisse der Städte, welche mit ihren Einrichtungen noch im Rückstand sind, über das Zusammenwirken der Mannschaften in Grafschaften und Städten, über Nebenämter, Stationshäuser, über kleinere militärische Uebungen (besonders in den Grafschaften, wo die Chief Constables meistens Offiziere auf Halbsold sind), sodann über den actuellen Zustand in jeder einzelen Grafschaft und Stadt. Den Schluß machen tabellarische Uebersichten über den Personaletat, und eine Berechnung auf wie viel acres und auf wie viel Einwohner ein Constable in jedem Bezirk kommt; dies letztere Verhältniß schwankt begreiflicher Weise von 1 Constable auf 200 Einw. und 1 Constable auf 9000 Einw.; in den Grafschaften ist das Verhältniß von 1 zu 1—2000 Einwohnern das gewöhnliche. — Ueber den Zustand der Metropolitan Police werden alljährlich besondere Berichte erstattet, sowie eine vergleichende Uebersicht über die Resultate der Polizeiverwaltung von Liverpool, Manchester, Edinburg, Dublin. Eine vergleichende Uebersicht des Status der letzten drei Jahre geben auch die jährlich erscheinenden Statistical Abstracts.

Es ergiebt sich aus diesen periodischen Ausweisen die verhältnißmäßig rasche Vermehrung der Mannschaften. Die Justizstatistik pr. 1868 giebt für das Geschäftsjahr 1866—7 das Personal in folgenden Abstufungen: 4 Commissioners, 56 Chief Constables of Counties, 143 Head Constables of Boroughs, 508 Superintendents, 818 Inspectors, 2436 Sergeants, 18584 Constables, 307 Additional Constables (appointed for special purposes), 217 Detective Officers, Totalsumme 24,073. Die drei Hauptmassen bildeten 1) die Mannschaften der Grafschaftspolizei 8746, 2) die Mannschaften der Stadtpolizei 6946, 3) die Mannschaften der Metropolis 7114, der City von London 699, die Specialmannschaften der Arsenalpolizei ꝛc. — Die Kosten der 24,073 Mann betrugen 1,920,505 £. einschließlich 475,481 £. Staatszuschuß in folgenden Gruppen:

Grafschaftspolizei . . 712,336 £. einschließlich 143,692 £. Staatszuschuß
Städtische Polizei . . 484,042   95,631
Metropolitan Police . 660,034   218.167
City von London . . 64,091

Die Verwendung dieser Summen vertheilte sich in folgende Posten: Gehalte und Löhnung 1,457,847 £., Gratificationen ꝛc. 39,286 £., Uniformirung und Bewaffnung 141,655 £., Pensionsconto 49,635 £., Pferde und Fourage 38,010 £., Stationshäuser, Druckkosten ꝛc. 158,140 £., vermischte Ausgaben 35,929 £., — Summe 1,920,505 £. — Da für das nächste Jahr wiederum eine Vermehrung um 1120 Mann beschlossen war (Parl. P. 1867—8 LVII. 563), und da die Mannschaften der Metropolis und der City von London im Jahre 1870 bereits 9500 Köpfe überstiegen, so ist die obige Annahme von 27,000 Mannschaften und mehr als 2 Millionen £. Kosten wohl gerechtfertigt.

V. Capitel.

VII. Abschnitt.
Die Amtsgewalt und Verantwortlichkeit der Friedensbeamten.

§. 83.
Die Beamten des selfgovernment als Organe der Staatsverwaltung des Innern und der Polizei.

So weit ausgedehnt und in sich geschlossen das polizeiliche selfgovernment Englands erscheint: so ist es doch nur ein Glied der Staatsgewalt, in welcher die Einheit der vollziehenden Gewalt unter allem Wechsel der Regierungssysteme niemals aufgegeben worden ist.

„Der König ist der oberste Bewahrer des Friedens", bedeutet, daß die Polizeigewalt als unveräußerliches Staatshoheitsrecht niemals eigenes Recht der damit betrauten Grundbesitzer und städtischen Körperschaften sein kann, daß sie auch von den Beamten des selfgovernment nur in Gemäßheit der Gesetze, der verfassungsmäßigen Anweisungen der Centralgewalt und unter Verantwortlichkeit gegen dieselbe ausgeübt werden darf.

Nirgends war im europäischen Mittelalter jene Einheit der Staatsgewalt in gleicher Schärfe entwickelt wie im normannischen England. Das spätere Ehren- und Gemeindebeamtensystem des selfgovernment ist mit verändertem Personal und verstärkten Rechtscontrolen an die Stelle jener normannischen Präfekturverwaltung getreten, ohne jedoch die Einheit des Staatswillens in der Selbstverwaltung aufzugeben. Diese Einheit wird vielmehr erhalten:

1) Durch die Stellung des Ministers des Innern, mit den nothwendigen Regulativgewalten und Befugnissen zum Eingreifen im einzelen Fall, sowie mit dem durchgreifenden Ernennungs- und Entlassungsrecht für

alle höheren, verwaltenden Polizeibeamten, — jedoch unter Nebenordnung der Reichsgerichte für alle contentiösen Fragen des Verwaltungsrechts.

2) Durch die Stellung der Friedensrichter als obrigkeitlicher Beamten aus Staatsauftrag in der doppelten Function: (1) als höhere ausführende ministerial officers der Polizei, (2) als entscheidende judicial officers über die streitigen Fragen des Verwaltungsrechts unterer und mittler Instanz.

3) Durch die Subordination der unteren executiven Polizeibeamten unter die Anweisungen, das Ernennungs=, Entlassungsrecht und die Ordnungsstrafgewalt der Friedensrichter.

Dies consequent durchgebildete System, welches aus den englischen Rechtshandbüchern nicht zu übersehen ist, bedarf noch der nähern Ausführung nach der obigen Dreigliederung.

I. Die Centralverwaltung des Innern und der Polizei lag seit dem Beginn der reichsständischen Zeit in dem königlichen Consilium Continuum, und begriff damals auch noch streitige Fragen, für welche die Reichsrichter jener Zeit nur als „Justitiarien" der Centralverwaltung thätig waren. Wie einst die vicecomites durch Hofrescripte und Centralbehörden geleitet wurden, so auch das getheilte Landrathsamt der Friedensrichter. Erst in den späteren Verfassungskämpfen ist diese Verwaltungsjustiz des Ministerraths beseitigt mit Aufhebung der Sternkammer durch 16. Car. I. c. 10. Um so mehr concentrirte sich seitdem die laufende Verwaltung in dem „Staatssecretär", welcher seit dem XVII. Jahrhundert zur Bedeutung eines Hauptministers emporgewachsen war. Im XVIII. Jahrhundert trennte sich ein Staatssecretariat des Innern, des Auswärtigen, der Colonien und des Krieges, doch so, daß alle Staatssecretäre im gesetzlichen Sinn und Sprachgebrauch eine Person bilden. Der Secretary for the Home Department erhielt seinen jetzigen Namen seit 1782, seinen jetzigen Geschäftskreis seit 1801, in dreifacher Stellung:

1) als Polizeiminister der „Friedensbewahrung" in dem herkömmlich begrenzten Umfang der alten Polizeigewalt, mit der Befugniß der Krone die Ernennung und Entlassung der höheren Beamten der Friedensgewalt vorzuschlagen, — dem Recht der Oberleitung der friedensrichterlichen Verwaltung, — dem Rechte eines außerordentlichen Eingreifens in Fällen eines Aufruhrs oder Tumults durch Anweisung zur Anstellung von special constables, Requisition von Milizen und regulären Truppen, und Instructionen über die Verwendung der letzteren. Seine weitergehenden Gewalten über die besoldete constabulary bilden eine neuhinzugekommene statutarische Gewalt.

2) Als Chef des Criminaldepartements der Justiz, mit dem Recht einer concurrirenden Strafverfolgung durch Anweisungen an den

§. 83. Die Beamten des selfgovernment als Organe der Staatsverwaltung. 477

Attorney General und andere ministerielle Organe, einer Oberverwaltung aller Staatsstrafanstalten, einer Regulativgewalt für den Ansatz und die Vergütigung der Criminalkosten.

3) Als Minister des Innern nach dem neuern Statutarrecht, mit Aufsichts= und Regulativgewalten in den verschiedenen Zweigen der Sicherheits= und Wohlfahrtspolizei, wie solche durch die neuen Bedürfnisse der Gesellschaft herbeigeführt sind in der Organisation der besoldeten constabulary, der Gefängniß= und Irrenanstalten, in der Fabrik= und Bergwerksinspection, in dem Civilstandsregisterwesen und mannigfaltigen Einrichtungen der Sanitätspolizei.*) Die weitgehenden Gewalten dieser Art sind im Verlauf der Darstellung bereits eingeflochten, namentlich:

Die Generalinspection der constabulary, mit der Befugniß bindende Regulative über die „Verwaltung" der Mannschaften, insbesondere Besoldung, Bekleidung, Ausrüstung zu erlassen; Inspectoren zu ernennen zur Visitation und Untersuchung des Zustandes und der Wirksamkeit der Police, den Zustand der Polizeistationen und Polizeilocale; sowie mit der Befugniß zur Bestätigung der Chief Constables und aller Ernennungen in der Metropolitan Police.

Die Generalinspection der Grafschaftsgefängnisse mit der Befugniß, die Baupläne zu bestätigen oder abzuändern, die Verträge der Gefängnißverwaltungen unter sich zu bestätigen, Zusatzregulative zu den gesetzlichen Hausordnungen zu erlassen, sowie der Befugniß einer fortlaufenden Visitation durch Staatsinspectoren mit dem Recht des Verhörs, der Einsicht in die Bücher und der Untersuchungsführung über alle Gegenstände der Verwaltung.

Die Generalinspection der Irrenanstalten mit analogen Befugnissen.

Die Inspection der Fabriken und Bergwerke mit bemessenen Gewalten, theilweise concurrirend mit den Friedensrichtern.

Die Regulativgewalt über den Ansatz und die Auszahlung der Cri=

---

*) Da das Verwaltungsrecht in keinem Staatswesen durch die Gesetzgebung zu erschöpfen ist, so stand neben der Parlamentsgesetzgebung zu allen Zeiten ein ergänzendes Verordnungsrecht der Krone auf Antrag des Gesammtministeriums (Orders in council) und ein Regulativrecht der einzelen Ministerdepartements. Dies verfassungsmäßige Recht der Verordnungen ist in der nur beiläufigen Darstellung Blackstone's (I. 300, IV. 505) etwas verwischt. Es war aber zu allen Zeiten als ein integrirender Bestandtheil des englischen Verwaltungsrechts vorhanden, und ist im XIX. Jahrhundert über alle Gebiete der Staatsverwaltung in sehr weitem Maße ausgedehnt, um den Bedürfnissen der heutigen Gesellschaft gerecht zu werden. Eine Uebersicht dieses heutigen Verordnungs= und Regulativrechts giebt Gneist, Verw.=Justiz (1869) S. 62—70 Die erweiterten Gewalten des Ministers des Innern gehen parallel den analogen Erweiterungen in dem Departement der Finanz=, Militär=, Marine=, Handelsverwaltung 2c.

minalkosten, controlirt durch eine Specialsection im Finanzministerium zur Revision der Kostenfestsetzungsdecrete.

Neben diesen Specialcompetenzen steht die allgemeine Controle der Polizeiverwaltung durch die in höflichem Styl sogenannte „Correspondenz des Ministers mit dem Lordlieutenant." Da die einzelen Maßregeln der Friedensbewahrung durch das nahezu unabsehbare Detail der Gesetze geordnet ist, so blieb für diese Correspondenz nur ein ergänzendes Gebiet übrig, betreffend die periodische Erneuerung der Friedenscommissionen, die Aufnahme neuer Mitglieder, die Weglassung älterer Mitglieder, und außerordentliche Maßregeln wie die Einschwörung von special constables auf Ministerialanordnung und die Correspondenz über Requisition des Militärs, welche, soweit dies ausführbar, ihren Gang durch den Lord-Lieutenant, den Minister des Innern und den Kriegsminister nimmt.

Es scheint hier eine Lücke in der sonst festen Kette der staatlichen Polizeigewalten vorzuliegen, welche bei der hohen gesellschaftlichen Stellung des Lord-Lieutenant und der Collegien der Friedensrichter nur um so bedenklicher aussieht. Die bloße Sicherung der Legalität der Administration, die gegenseitige Controle der Friedensrichter unter sich und durch die Reichsgerichte, würde in der That weder eine willkürliche Handhabung der discretionären Gewalten, noch die Geltendmachung socialer und politischer Partei-Interessen, noch die systematische Opposition ganzer Grafschafts- und Stadtverwaltungen gegen die zeitigen Parteiministerien, noch eine ungeeignete Handhabung des obrigkeitlichen Amts auch ohne positive Gesetzesverletzungen verhüten. Allein wie in dem ganzen System der englischen Verwaltung steht hier das unbedingte Ernennungs- und Entlassungsrecht aller Beamten der vollziehenden Gewalt (mit Ausnahme der rein richterlichen Beamten) im Hintergrunde, und unter allem Wechsel der Verfassungs- und Verwaltungssysteme ist niemals eine Aenderung dieses Grundsatzes versucht worden. Die nothwendige Selbständigkeit des Friedensrichteramts um seine richterliche Stellung für die streitigen Fragen des Verwaltungsrechts zu wahren, ergab sich lediglich aus der gesellschaftlichen Stellung des Ehrenamts, welches eine parteimäßige Ernennung und Entlassung unausführbar machte, trotz des alles beherrschenden Einflusses der politischen Parteien in der Central-Verwaltung. (Excurs. **).

Im Zusammenhang mit diesem Grundverhältniß erscheinen nun neben dem Minister des Innern, mit seinen Competenzen in Regulativ-, Organisations-, Etats- und Anstellungsfragen, die Reichsgerichte als die Controlinstanz der Localverwaltung für Fragen des contentiösen Verwaltungsrechts, als rechtliche Controlinstanz der Ministerverwaltung neben geordnet, der Friedensrichterverwaltung über geordnet.

II. Das Friedensrichteramt bildet in dieser Kette die Mittel-

§. 83. Die Beamten des selfgovernment als Organe der Staatsverwaltung. 479

stelle, entsprechend dem deutschen System der Provinzial=, Kreis= und Amtsverwaltung, welche die anglo=normannische Centralisation in eine Hauptamtsstelle vereinigt hat. Das Friedensrichteramt correspondirt in der That unseren Regierungen, Landräthen und Ortspolizeiverwaltungen, verbunden mit denjenigen Theilen der Strafjustiz, die das System der „Friedensbewahrung" von Alters her in sich begriff. Es ist seinem Ent= stehen nach ein ministerial und judicial office zugleich. Da aber die Masse der blos ausführenden Functionen den constables und unteren Ge= meindebeamten übertragen, da der friedensrichterliche Geschäftsgang immer vollständiger dem Gange des Gerichtsverfahrens gefolgt, und das Polizei= decernat auf formelle orders und convictions zurückgeführt ist: so erscheint das Mittelamt der Verwaltung weit überwiegend als ein richterliches Amt, — jedenfalls rein und vollständig als eine vom König verliehene obrig= keitliche Gewalt, wie dies der Volkssprachgebrauch in der beliebtesten Be= zeichnung „Magistrate" anerkennt. Es unterscheidet sich von den staats= rechtlichen Amtsverhältnissen des Continents nur dadurch, daß es gewohn= heitsmäßig als Ehrenamt verwaltet wird; übrigens mit allen Merkmalen des normalen Staatsamts.

1) Das Friedensrichteramt beruht auf persönlicher Verleihung des Königs, und kann von Niemandem beansprucht werden von Besitz oder Standes wegen. Jahrhunderte hindurch haben darin Rechtskundige (Quorum) und Grundbesitzer concurrirend nebeneinander gestanden. Der gesetzliche Census (100 L. Grundrente) entstand erst, als die Uebernahme solcher Aemter längst eine gewohnheitsmäßige Last des großen Besitzes geworden war. Wo die Friedensgewalt Attribut eines höhern Staats= amts ist, fällt dieser Census weg; ebenso bei den städtischen Friedensrich= tern und da wo studirte Juristen als besoldete Polizeirichter an die Stelle der Friedensrichter treten.

2) Als persönlich verliehenes Amt duldet das Friedensrichteramt keine Stellvertretung. Der Friedensrichter leistet persönlich die ge= wöhnlichen Amtseide der Justiz=Obrigkeiten, und kann schon deshalb seine Functionen keinem Schreiber auftragen. Anzeigen und Zeugenaussagen, die vom Secretär eines Friedensrichters ohne dessen Gegenwart aufge= nommen sind und „ohne daß dieser wenigstens selbst eine Zeit lang zu= sieht, fragt oder hört, sind unregelmäßig und keine gültige Grundlage von gerichtlichen Proceduren." Caudle v. Seymour, Q. B. Rep. 889. Wo ferner bei richterlichen Acten zwei Friedensrichter zusammenwirken, müssen sie persönlich zusammentreten, berathen und beschließen bei Strafe der Nichtigkeit.

3) Kein Friedensrichter darf in eigener Sache thätig werden, d. h. nicht in solchen Sachen, in welchen er als Grundherr, Geschäftsherr, oder sonst als Privatmann vermögensrechtlich betheiligt ist. In allen

solchen Fällen soll er den Uebertreter anderen Friedensrichtern vorführen lassen, oder einen andern etwa gegenwärtigen Friedensrichter um Amtsleistung ersuchen. Dalton Justice c. 173. Dieser Grundsatz ist in zahlreichen Gerichtsurtheilen anerkannt, sowohl durch Cassation von friedensrichterlichen Akten als durch Strafurtheile gegen Friedensrichter. (Excurs. zu §. 85.)

4) Der Friedensrichter, als ordentlicher Königlicher judge of record, hat alle Ansprüche auf Ehrerbietung und Gehorsam, die einer obrigkeitlichen Person (magistrate) als solcher zukommen.

Wegen unehrerbietiger Worte, gegen ihn gesprochen „in Ausübung seines Amts und in seiner Gegenwart", hat er die Befugniß durch schriftlichen Haftbefehl den Uebertreter auf gemessene Zeit in das Gefängniß zu setzen mittels summarischen Strafverfahrens wegen „contempt". Doch gilt es für schicklich, daß der Friedensrichter davon nur Gebrauch macht unter Umständen, in welchen der gehörige Lauf der Rechtspflege durch ein solches Betragen verhindert wird, Dickinson Qu. Sessions cap. 2.

In allen Fällen kann er wegen unehrerbietiger Worte eine Criminalklage auf Geldbuße bei den Sessions oder eine Civilklage einbringen; mögen die Worte auch nicht in seiner Gegenwart gesprochen sein. Worte, die unter Privatpersonen keine strafbare Beleidigung sein würden, gelten als strafbar, wenn sie in Bezug auf seine Amtsführung als Obrigkeit gesprochen, der Würde des Amts widersprechen, sogar einfache Schimpfworte, die sonst nach englischem Recht keine Injurienklage begründen. Nicht strafbar dagegen sind beleidigende Aeußerungen im Gebiet öffentlicher politischer Thätigkeit wie bei Gelegenheit einer Parlamentswahl, selbst wenn dem Candidaten beispielsweise eine schlechte Verwaltung als Friedensrichter vorgeworfen würde. (Ex parte The Duke of Marlborough, 5 Q. B. 953).

Thätliche Angriffe, assaults, gegen einen Friedensrichter gehören zu der schwerern Klasse dieser Vergehen, und berechtigen den Richter auch zu sofortiger Verhaftung und Abführung in das Gefängniß bis der Uebertreter Friedensbürgschaft stellt; im Fall einer gewaltsamen Besitzentsetzung darf der Friedensrichter sogar in eigener Sache ein beweisendes Protokoll aufnehmen, Wood's Institutes 81.[1]) Ist jedoch ein anderer Friedens-

---

[1]) Ehrenkränkungen im Amt. Burn v. Justices of the Peace §. VII. giebt eine Sammlung von Gerichtsurtheilen über Beleidigungen der Friedensrichter, und über die früher streitige Frage, ob der einzele Friedensrichter wegen contempt brevi manu verhaften kann, sowie ein Formular für den Abführungsbefehl in solchen Fällen. Es kommt darunter freilich auch die Entscheidung vor, daß ein Friedensrichter, der selbst zuerst geschlagen hatte, mit einer Anklage wegen assault zurückgewiesen wurde, weil Lord Hardwicke der Meinung war, daß das Recht auf gesetzliche Protection dadurch verwirkt sei.

richter gegenwärtig, so gilt es für schicklicher in Fällen eines assault dessen Hülfe zu requiriren. Eine Nöthigung zur Friedensbürgschaft kann auch wegen eines jeden gewaltthätigen Betragens vor dem Friedensrichter erkannt werden.

In verstärktem Maße gelten diese obrigkeitlichen Rechte für die in den Sessionen versammelten Friedensrichter. Als court of record steht auch ihnen ein Strafrecht wegen contempt zu, mit der Befugniß zu arbiträrer Geld- oder Gefängnißstrafe wegen aller Ungebühr, die im Gerichtshofe selbst begangen wird. Das Strafverfahren ist in diesem Fall ein summarisches attachment, und keine Oberbehörde hat die Befugniß, „die Existenz oder Nichtexistenz der dabei zu Grunde liegenden Thatsachen zu prüfen, oder über die Angemessenheit der dabei erkannten Strafe zu entscheiden." Die Sessionen haben auch die Befugniß, jede Privatperson wegen contempt im Angesicht des Hofes gefänglich abführen zu lassen auf die Dauer der Sitzung, namentlich wegen Ungehorsams gegen das Gebot zu schweigen, wegen rohen oder beleidigenden Betragens, wegen ausgestoßener Schimpfworte gegen die Richter, wegen vorzeitiger Entfernung aus dem Gerichtshofe, wegen lärmender hartnäckig fortgesetzter Ausbrüche des Beifalls oder des Mißfallens (R. v. Stone T. R. 530), wegen Friedensbruchs, Tumults oder böswilliger Störung der Verhandlung (Dickinson Qu. Sess. cap. 2 §. 2), wegen ungebührlichen Betragens der Parteien oder Anwälte gegen einander und grober Schmähungen gegen abwesende Personen. Auch eine Veröffentlichung der Anklage vor dem Schluß der Verhandlung gegen ausdrückliches Verbot des Gerichts kann als contempt mit Geldbuße geahndet werden. Wegen gewaltsamen Betragens versteht sich auch hier die Befugniß Friedensbürgschaft für gutes Verhalten zu fordern.[2])

Umgeben von allen Ehren und Amtsattributen der bürgerlichen Obrigkeit beansprucht also das Friedensrichteramt die Folgeleistung gegen seine gesetzmäßigen Befehle in dem vollen Maße wie das Polizeibeamten-

---

[2]) Die Ordnungsstrafgewalt der Sessions wegen contempt gilt nur bei Vergehen im Gerichtshofe. Ein contempt out of court berechtigt nur die Reichsgerichte zu einem attachment; die Sessionen müssen in solchem Falle eine ordentliche Anklage wegen misdemeanour erheben. Das Recht des attachment erstreckt sich selbstverständlich auch auf die Unterbeamten des Hofes, sogar auf den Sheriff, soweit er bei Insinuationen von Ladungen ꝛc. als Unterbeamte der Sessionen handelt, 2 Hawkins cap. 22 §. 2. Das Disciplinar-Strafrecht steht indessen den Sessionen nicht zu gegen die einzelen Friedensrichter, quoniam inter pares nulla potestas. Wenn freilich ein Friedensrichter einen Friedensbruch oder ein gemeines Verbrechen begeht, so kann er von jedem andern Friedensrichter verhaftet, ja in dringenden Fällen auch zur Friedensbürgschaft gezwungen werden, 2 Hawkins cap. 8 §. 46.

thum des Continents, und diese Folgeleistung des Publikums ist in jeder Richtung gesichert:

1) durch die zahllosen Straf- und Polizeiresolute, orders and convictions, durch welche die englische Gesetzgebung ein polizeimäßiges Verhalten erzwingt;

2) durch das Executionsrecht auf die erkannten Geld- und Gefängnißstrafen und die sonstigen vorbereitenden warrants der Polizeiverwaltung, welche das Gesetz unmittelbar in die Hände der decretirenden Polizeiobrigkeit legt;

3) durch das ergänzende Recht der Verwaltungsexecution, auch da, wo das Gesetz nicht speciell Geld- oder Gefängnißstrafe gedroht hat. Es gehört dahin zunächst der Grundsatz der Praxis, daß wo das Gesetz einem Friedensrichter „Jurisdiction" giebt ohne Angabe der Folgen des Ungehorsams, der Ungehorsam selbst ein anklagbares Vergehen bildet, Say. 163 R. v. Gash, 1 Star. Rep. 441. Sodann der hergebrachte Grundsatz des Verwaltungsrechts, welcher die persönliche Haft, commitment, als allgemeines Zwangsmittel für gesetzmäßige Befehle anerkennt (oben Seite 335, 336). Weiter die allgemeine Vorschrift der Polizeiprozeßordnung von 1848 §. 17—21, welche die Erzwingung der Polizeiverfügungen durch Pfändung oder Haftbefehl autorisirt, auch wo das Specialgesetz keine besondere Zwangsmaßregel vorgeschrieben hat. Endlich fügt das st. 12. et 13. Vict. c. 45 §. 18 noch das Recht hinzu, jede Order der Friedensrichter an die Queen's Bench oder einen einzelen Reichsrichter einzusenden (remove), und dort mit der Wirkung eines reichsgerichtlichen Mandats (rule) gegen den Ungehorsamen mit Auferlegung der Kosten verschärfen zu lassen.

Diesen vollen Amtsrechten entspricht aber die rechtliche Verantwortlichkeit des Friedensrichters als Glied in der Kette der ausführenden Staatsorgane. Die fortschreitende englische Gesetzgebung hat mit der Einheit und Stetigkeit auch die Gesetzmäßigkeit der Staatsverwaltung zu ihrer Hauptaufgabe gemacht in dreifacher Richtung:

1) Die der Ministerverwaltung nebengeordneten Reichsgerichte dienen als Controlinstanz der Friedensrichter durch writ of certiorari, mandamus und einige ergänzende writs der Verwaltungsjustiz, welche nach Bedürfniß so eingeschoben sind, um die laufende Verwaltung nicht zu hemmen (§. 84).

2) Die wissentliche Verletzung der friedensrichterlichen Amtspflicht wird Gegenstand eines ordentlichen Strafverfahrens, welches so gestellt ist, um auch von der zeitigen Ministerverwaltung nicht außer Kraft gesetzt zu werden (§. 85).

3) Eine civilrechtliche Verantwortlichkeit durch Schadensklage

wegen Ueberschreitung der Competenz, welche indirect, aber sehr wirksam, zur Aufrechterhaltung der Competenzbestimmungen dient (§. 86).

Diese drei Controlen für die Gesetzmäßigkeit der Verwaltung bedürfen wegen ihrer verwickelten Abgrenzung der nachher folgenden besondern Ausführung.

III. **Die Unterordnung des executiven Polizeibeamtenthums unter das Friedensrichteramt** beruht zunächst auf dem grundsätzlichen Ernennungs- und Entlassungsrecht, welches den Friedensrichtern für alle solche Kirchspielsbeamte gegeben ist, welche zur Vollziehung ihrer obrigkeitlichen Befehle bestimmt sind, constables, overseers of the poor und surveyors of highways. Je mehr das Friedensrichteramt die Stellung eines judicial office gewann, um so mehr war man darauf bedacht, das Amt des constable als bloßes ministerial office in strenger Subordination ihm unterzuordnen. Schon die ältere Gerichtspraxis nahm an, daß wenn das Gesetz die Friedensrichter zu einem Strafurtheile ermächtige, der constable dabei stillschweigend als verpflichteter Vollziehungsbeamter gemeint sei, 2 Hawkins 62. Der Ungehorsam gegen gesetzmäßige Befehle der Friedensrichter galt nach common law als anklagbares Vergehen mit arbiträren Strafen im ordentlichen Prozeß, 2 Hawkins 10 §. 35. Da ein solches Strafverfahren aber durch seine Umständlichkeit nicht hinreichend wirksam erschien, so wurde in einer langen Reihe von Specialgesetzen der säumige oder unbotmäßige constable mit leichten Geld- und Gefängnißstrafen bedroht, welche in summarischem Verfahren vor zwei Friedensrichtern beigetrieben werden sollen. Allgemein ergänzend tritt endlich hinzu das st. 33. Geo. III. c. 55, wonach je zwei Friedensrichter auf eidliche Zeugenaussage jeden constable oder Kirchspielsbeamten in eine Ordnungsstrafe (fine) bis 40 sh. nehmen mögen, wegen jeder Versäumniß der Pflicht und „wegen eines jeden Ungehorsams gegen einen warrant oder eine order der Friedensrichter." Dies Ordnungsstrafrecht, die summarische Bestrafung wegen Pflichtverletzung und das Entlassungsrecht haben sich auch übertragen auf die besoldete constabulary (oben S. 380).

Andererseits ist nach unten hin die Folgeleistung des Publikums gegen gesetzmäßige Befehle des Constable ebenso gesichert, wie in den Verwaltungssystemen des Continents. Schon nach gemeinem Recht kann der Constable Personen, die ihn in Ausübung seines Amts mit Wort oder That beleidigen, angreifen oder sich ihm widersetzen, (insulting, assaulting, opposing), in Haft nehmen, 1 Co. Rep. 238. Assault gegen einen Constable durch einen wegen felony zu Verhaftenden wurde durch 1. et 2. Geo. IV. c. 88 mit Transportation auf sieben Jahre bedroht. Nach 9. Geo. IV. c. 31 §. 25 wird jede persönliche Gewalt (assault) gegen einen Beamten in Ausübung seiner Amtspflicht und jede Beihülfe zum Zweck des Widerstands oder zur Verhinderung der Verhaftung als misdemeanour mit Gefängniß bis zu 2 Jahren gebüßt, und nach Ermessen des Gerichts auch mit Zwangscaution für Erhaltung des Friedens. Nochmals ergänzend droht das st. 14. et 15. Vict. c. 19 drei Jahre Gefängniß wegen thätlicher Widersetzlichkeit gegen die Verhaftung von Verbrechen bei Nachtzeit. Die vorsätzliche Weigerung der Hülfeleistung, wenn ein Friedensbeamter solche von einer Privatperson verlangt, ist nach gemeinem Recht als misdemeanour mit arbiträrer Strafe bedroht. Körperverletzungen, die ein Constable oder eine ihm assistirende Person in Ausübung der Amtspflicht zufügen, sind straflos, 2. Hale P. C. 97; umgekehrt hat der Constable wegen körperlicher Beschädigung in Ausübung seines Amts eine Civilentschädigungsklage, action of trespass. Bei den besoldeten Constables als bloßen Polizeidienern hat die neuere Gesetzgebung die Strafen der einfachen Widersetzlichkeit milder normirt, auf Geldbußen bis 20 L. bei den Constablern des hauptstädtischen Polizeibezirks, und in den späteren Gesetzen nur bis 5 L. event. 1 Monat Gefängniß. Neuerdings ist durch 32. et 33. Vict. c. 99 §. 12 wieder eine allgemeine Strafbestimmung hinzugefügt, nach welcher Thätlichkeiten (assault and battery) gegen einen Constable, Policeman oder einen andern Friedensbeamten in Ausübung seines Amts summarisch vor zwei Friedensrichtern mit Geldbuße bis 20 L. oder alternativ mit Gefängniß bis zu 6 Monaten mit oder ohne harte Arbeit zu büßen sind.[3])

In dieser Weise ist die Einheit der vollziehenden Gewalt zur Aufrechterhaltung des Friedens durch strenge Unterordnung aller Organe in einer festen Kette der Subordination gesichert, und verstärkt durch ein geordnetes Eingreifen der Justizbehörden, welches zugleich die Gesetzmäßigkeit der Ausübung dieser Gewalten unter allem Wechsel der parlamentarischen Parteigewalten garantirt (§. 84—87).

---

[3]) Die Bestrafung der Widersetzlichkeiten beruht in der englischen Amtspraxis auf einer verständigen Unterscheidung der gewöhnlichen von den grundsätzlich bedeutenden Fällen. Auch versteht es sich, daß man bei Untersuchungen wegen Widersetzlichkeit sich nicht mit der Versicherung auf Amtseid eines Polizeidieners begnügt, — was zahlreiche falsche Angaben veranlaßt, — sondern daß man ordentliche Eide und Beweise verlangt. Die milde summarische Bestrafung hat sich als Regel durchaus bewährt. Die harten Strafen wegen Widersetzlichkeit in den gewöhnlichen Fällen eines Conflikts der Polizeigewalt mit dem Publikum sind nicht nothwendig zur Aufrechterhaltung der obrigkeitlichen Würde, wohl aber tragen sie dazu bei, das Polizeidienerthum zur Ueberhebung zu verleiten und verhaßt zu machen. Das ordentliche Criminalverfahren mit den schwereren Strafen bleibt facultativ vorbehalten; die englische Polizeipraxis macht davon aber selten Gebrauch. Uebrigens gelten die Verhaftungs- und alle sonstigen Polizeibefugnisse auch gegen Militärpersonen in Uniform.

§. 83. Die Beamten des selfgovernment als Organe der Staatsverwaltung ꝛc. 485

* Das Ernennungs- und Entlassungsrecht der Friedensrichter.

Die Einheit der vollziehenden Gewalt ist in England wie in den Staaten des Continents durchgeführt:

1. durch die Einheit des Ministerraths, beruhend auf der Unterordnung aller Departementsminister unter dem „Premier", und in der durchgreifenden Stellung des Finanzministeriums zu allen Etats der übrigen Departements;

2. durch Unterordnung alles verwaltenden Staatsbeamtenthums unter die Minister mittels des Grundsatzes der einfachen Entlaßbarkeit;

3. durch das Ernennungs- und Entlassungsrecht für alle obrigkeitlichen Beamten des selfgovernment;

4. durch die Entlassungs- und Ordnungsstrafgewalt, welche allen höheren Beamten des selfgovernment gegen die unteren Beamten der Selbstverwaltung vorbehalten ist.

Seit dem XII. Jahrhundert bildet in dieser Kette die Entlaßbarkeit aller ausführenden Beamten des imperium, als durante bene placito ernannter Beamter, die Hauptgrundlage, welche unter allem Wechsel selbst der Revolutionen unverändert blieb.

Durch die Regierungsweise der Stuarts kam aber eine Verwirrung in diese Verhältnisse, welche die spätere parlamentarische Parteiregierung zuerst praktisch vorbereitet und begründet hat. Es war in England das Königthum, welches zuerst massenhaft die Friedensrichter der Grafschaften und der Stadtcorporationen parteimäßig zu ernennen und zu entlassen anfing. Es ergaben sich daraus die heftigsten Convulsionen in dem Innern des Landes, an denen die Regierungsweise der Stuarts vorzugsweise gescheitert ist. Das elende Verwaltungssystem Carl's I. und II., ebenso wie die Polizeiverwaltung Cromwell's, ließ einen überzeugenden Beweis zurück, daß mit dem Ehrenbeamtensystem eine parteimäßige Ernennung, Entlassung und Verwaltung nicht durchzuführen war.

Dennoch erscheint noch einmal ein Nachklang dieser Verwaltungsweise kurz nach der Revolution von 1688 in der Entlassung einer Anzahl Friedensrichter, welche sich geweigert hatten, die „Associationsurkunde" zu Gunsten Wilhelms zu unterzeichnen. Doch selbst unter der Stimmung jener Zeit erregte jene Maßregel des Lord Somers einen so heftigen Sturm, daß kein späteres Ministerium auf parteimäßige Ernennungen oder Entlassungen der Friedensrichter zurückzukommen wagte.

Erst Georg III., bei seinen wiederbeginnenden Versuchen einer persönlichen Regierung, glaubte wenigstens von seinen Lord Lieutenants, als Chefs der Miliz, eine Conformität mit seinem persönlichen Willen beanspruchen zu können. Es beruhte darauf die Entlassung zweier Lord Lieutenants im Jahre 1780.

Nur noch einmal im Jahre 1819 und bei dem Kampf um die Reformbill 1832 ist die Entlassung eines Lord Lieutenant wegen offener Opposition gegen die zeitige Verwaltung erfolgt.

In seltsamem Contrast damit entwickelte sich im XVIII. Jahrhundert der Charakter der parlamentarischen Parteiregierungen mit jedem Menschenalter fortschreitend. Durch den Eintritt der Gesellschaft in den Gang der Staatsregierung liegt die Parteirichtung so sehr in der Natur des „constitutionellen" Staats, daß sie mit jedem Fortschritt solcher Regierung zunimmt, mit jedem systematischen Ministerwechsel sich steigert. Man gelangte damit in England zuletzt zur parteimäßigen Anstellung jedes Schreibers und jedes Boten. Je kürzer die durchschnittliche Amtsdauer der Minister, desto eifriger wird das Bestreben, die Periode der Amtsverwaltung zur Ausgleichung der Parteiernennungen zu benutzen, bis jeder Schreiber parteimäßig ernannt wird (wie in England), oder bis der Grundcharakter des Berufs-Beamtenthums völlig entartet (wie in Amerika und Frankreich).

Dieser Grundschade erscheint unzertrennbar von dem Walten der Parteien in constitutioneller Regierungsform. Er bleibt in der That unheilbar, so lange nur das **berufsmäßige** Beamtenthum vorwaltet, so lange alle öffentliche Thätigkeit also auf Amtsbewerbung angewiesen ist. Die Lösung des Problems liegt lediglich in der Stellung des höheren Ehrenamts. Das Berufs-Beamtenthum als ausschließlich verwaltende Klasse kommt durch die parteimäßigen Ernennungen stets in eine systematische Abhängigkeit, die mit jedem Ministerwechsel fühlbarer wird. Mit seinem ganzen Lebensberuf, seiner Berufsehre, seiner bürgerlichen Existenz und Beförderung auf die Amtsstellung gewiesen, vermag es immer schwerer eine persönliche Unabhängigkeit zu wahren und Ueberzeugungen zu vertreten, welche nicht wenigstens mit der einen oder andern Hauptpartei ihren Frieden schließen. — Das Ehrenbeamtenthum findet sich in der entgegengesetzten Lage. Es sucht keine Gunst, keine Begründung der bürgerlichen Existenz, sondern erbietet sich die schwerste aller Bürgerpflichten zu übernehmen. Ein solches Anerbieten läßt sich nicht zurückweisen anders als aus sachlichen und notorischen Gründen der Unfähigkeit, weil es ein Verlangen ist, „quod non peti, sed praestari solet." Die parteimäßige Ernennung und Entlassung von Ehrenbeamten hat daher einen ganz andern Ausgang. Sie beschädigt Niemanden in seiner bürgerlichen Existenz, sie erschreckt, bedroht, schüchtert Niemanden ein. Aber sie **beleidigt und verletzt** nicht bloß den Betroffenen selbst, sondern diejenigen, die ihm ihre Achtung und ihr Vertrauen schenken, — die Berufsgenossen, — Alle die sich in gleicher Lage befinden, — d. h. zuletzt den besten Theil der ganzen Nation, sobald ein System der Ehrenämter in der Verwaltung durchgeführt, und zu einem Ehrenberuf der einflußreichsten Klasse geworden ist. Eine solche Parteimaßregel vereinigt auch die entgegengesetzten Richtungen, und übt schon in einem einzelen Bezirk einen unwiderstehlichen Druck. Mit der Durchführung der Ehrenämter **vervielfältigt** sich dieser Gegendruck **an jedem Punkte, in Stadt und Land,** bis zur Unmöglichkeit des parteimäßigen Verfahrens. Der Verlauf der parlamentarischen Verfassungskämpfe beruht auf diesem Hergang. Die Parlamentsregierung Englands bestätigt heute wie vor 200 Jahren, daß ein System der parteimäßigen Ernennung und Entlassung für Ehrenämter unausführbar ist, und daß hier der Angelpunkt der Verfassungsfrage liegt: die Vereinbarkeit der freiesten Parteibewegung im Centrum des Staates, verbunden mit einer stetigen, unparteiischen Lokalverwaltung, welche dann auch das Berufsbeamtenthum trägt, so lange es in der Lokalverwaltung umgeben bleibt von einer mitverwaltenden, gesellschaftlich unabhängigen Klasse. In dieser Weise löst sich das Räthsel, warum in dem Lande, in welchem jeder Schreiber und Bote parteimäßig ernannt wird, bei der Ernennung und Entlassung der Ehrenbeamten von einem Parteisystem nie die Rede ist; warum hier das berufsmäßige und das Ehrenbeamtenthum gleich unverdorben neben einander stehen; warum in diesem Lande, wo jeder Parteieinfluß bei den Wahlen gilt, von der Polizeigewalt bei den Wahlen nie die Rede ist. Wohl hört man vereinzelte Klagen darüber, daß ein Lord Lieutenant sich sträubt, einen angesehenen, geeigneten Mann zur Friedenscommission vorzuschlagen, weil es sein politischer Gegner ist; schließlich aber kommt der geeignete Mann doch in die Commission. Kein Parteiminister aber kann daran denken, die so zusammengesetzten Collegien unabhängiger Männer in Conformität mit seinen politischen Maximen zu bringen, wie ein besoldetes Präfecten- und Unterpräfectenthum. Es ist das auch der archimedische Punkt der freien Parlaments-Wahl. Nur darauf beruht es, daß in England nicht wie in Frankreich, die Wucht jeder zeitigen Verwaltung die Wahlen bestimmt und diese Beeinflussung so lange fortsetzt, bis die Revolution oder die Furcht vor der Revolution in die entgegengesetzte Strömung treibt.

§. 84.
Die Controlinstanz der Reichsgerichte. Certiorari. Mandamus. Habeas Corpus.

Die Controle der Gesetzmäßigkeit der innern Verwaltung war von Hause aus in dem anglonormannischen Verwaltungssystem schwächer gestaltet als in den mittelalterlichen Verfassungen des Continents. Die Centralisation der Hofverwaltung (curia regis) hatte der hergebrachten Gerichtsverfassung ihre selbständige Kraft entzogen. Erst seit den Zeiten der Magna Charta gewinnt mit der Ausbildung der collegialischen Reichsgerichte und der allmäligen Consolidirung der Geschworenenverfassung das Gerichtswesen wieder einen Halt; freilich immer noch mit Verweigerung eines Rechtsverfahrens bei Ansprüchen gegen den Fiscus, mit fortdauernder Absetzbarkeit des Richterpersonals und anderen schwachen Punkten. Immerhin gewährten die ordentlichen Gerichte einen Schutz der Privatrechte und garantirten den ordnungsmäßigen Gang der Strafjustiz gegen Eingriffe der laufenden Verwaltung. Für vermögensrechtliche Ansprüche des Fiscus gegen Private entstand der Rechtsweg durch die collegialische, gerichtsähnliche Verfassung des Court of Exchequer. Im Uebrigen gab es noch keine wirkliche Jurisdiction über die contentiösen Fragen des Verwaltungsrechts. Die friedensrichterliche Verwaltung war zwar im Ganzen der King's Bench und den Assisenrichtern untergeordnet. Allein noch immer behauptete der Königliche Rath (privy council, Staatsministerium) eine concurrirende Civil- und Strafgewalt (die letztere unter dem Namen der Sternkammer), welche abhängig von dem Charakter der Regierungen und dem Bedürfniß der Zeit unter mannigfaltigem Streit mit den Parlamenten bis in die Mitte des XVII. Jahrhunderts fortgedauert hat. Die Ministerverwaltung bildete noch immer eine höchste Beschwerdeinstanz, welche nur durch die souveräne Autorität des „Königs im Parlament" in Schranken gehalten wurde.

Eine entscheidende Wandlung trat nun aber in diese Verhältnisse durch die grundsätzliche Aufhebung der Sternkammer in 16. Car. I. c. 10, welche dem Ministerrath alle materielle Beschwerdeinstanz (jurisdiction and authority) in den verschiedenen Formen des Geschäftsganges durch complaint, bill, petition, libell, etc. etc. grundsätzlich entzieht und auf den Rechtsweg verweist. Die ministerielle Beschwerdeinstanz, an welcher die Reichsrichter bis dahin nur als „Justitiare" der Centralverwaltung betheiligt waren, konnte seit dieser Zeit nur noch von dem Collegium der Reichsrichter geübt werden. Das Reichsgericht tritt damit wie ein Verwaltungsgerichtshof der Ministerverwaltung zur Seite, doch unter Beibehaltung der hergebrachten Geschäftsformen, d. h. durch Abberufungsrescripte, Mandate und analoge Hofrescripte. In den Händen der Reichsrichter aber gestalten sich diese Hofrescripte (writs) zu einem Rescriptsprozeß, zu einer selbständigen Verwaltungsjustiz, der die Friedensrichter in gleicher Weise untergeordnet blieben, wie früher alle Königlichen Justices den Anweisungen des Königlichen Raths Folge zu leisten hatten.

Maßgebend dafür blieb der Grundgedanke, daß alle Gewalten der Friedensrichter persönlicher Auftrag des Königs seien, und daß es dabei dem Machtgeber unbenommen bleibe, auch das schon begonnene Geschäft seinem Commissar wieder abzunehmen und durch seine Justitiarii am Hofe erledigen zu lassen. So ergab sich ein Abberufungsrecht durch writ of certiorari sowohl gegen die einzelen Friedensrichter, wie gegen die Sessionen. Seit der Revolution wurde daraus durch die Unabsetzbarkeit der Reichsrichter, durch die nun ständige collegialische Verfassung der entscheidenden Stelle, eine machtvolle Rechtscontrole der innern Verwaltung, welche ihre Selbständigkeit auch neben der Ministerverwaltung und der aufwachsenden Macht der Parlamentsparteien zu behaupten vermochte. — In analoger Weise verwandelten sich die writs of mandamus aus der Bedeutung von Hofrescripten zu wirklichen Justizmandaten behufs Aufrechterhaltung der rechtlichen Ordnung der Verwaltung. Ergänzend kommen dazu noch das writ of habeas corpus und einige für die Polizei-Verwaltung minder wichtige Controlakte mit folgenden Unterscheidungen.

I. Das Abberufungsrecht durch writ of certiorari ist das Recht der alten verfassungsmäßigen Behörden, Königliche Amtsgeschäfte von einer Unterstelle an sich zu ziehen und selbst vorzunehmen (Hawkins II. c. 27). Für die Geschäfte der Strafjustiz und Polizei ist die verfassungsmäßige Oberbehörde das Kronamt der King's Bench. „Es bedarf dazu „keines besondern Gesetzes; denn es ist eine Folge der Stellung aller „unteren Jurisdictionen, mögen sie alt oder neu geschaffen sein, daß ihre „Akte in den Hof der Königsbank durch Certiorari einberichtet werden „müssen, um dort geprüft zu werden" (Hawkins a. a. O. §. 22).*) Es

---

*) Das Verfahren ist sehr formell. Die King's Bench erfordert die Akten zur weitern Verhandlung durch ein an zwei Friedensrichter der competenten Quartalsitzung adressirtes Rescript, dessen älteres lateinisches Formular (Dalton c. 195) dahin lautet: „Georgius, Dei gratia etc. Custodibus Pacis nostri in Com. Cantab. salut. Volentes certis de causis Certiorari super tenor' cujusdam Securitatis Pacis, quam A. P. Armiger nuper invenit: vobis mandamus, quod tenorem Securitatis Pacis predict' nobis

§. 84. Die Controlinstanz der Reichsgerichte.

gilt dies als unveräußerliches Hoheitsrecht. Auch wo ausdrücklich eine Appellation gegeben wird, ist das Certiorari damit nicht weggenommen. Wo ein Verfahren erster oder zweiter Instanz ausdrücklich für endgültig erklärt ist, versteht sich doch noch das Certiorari, Hawkins §. 23. Auch wo es ausdrücklich weggenommen ist, bleibt es doch im Zweifel noch der Krone vorbehalten, für jeden prosecutor im Namen der Krone, R. v. Boultbie 4. A. et E. 498, und kann vom Attorney General geltend gemacht werden sowohl für die Anklage, wie zu Gunsten eines Angeklagten, 1 East. 303; 2. Burr. 2458. Selbst wo es unbedingt genommen ist, gilt es doch noch als reservirt gegen solche Akte, welche ein Friedensrichter vorgenommen hat in Fällen, für welche er gar keine Jurisdiction hat, oder for fraudulent or collusive purposes, R. v. Bolton, 1. Qu. Bench 66 etc.

Das Gebiet der Abberufung umfaßt alle friedensrichterlichen Urtheile (convictions, judgments), Anklagebeschlüsse (indictments, presentments, orders), Anstellungsbeschlüsse, überhaupt alle judicial acts, durch welche causa cognita Gesetze angewandt werden, und für die nicht eine ordentliche Rechtsinstanz durch writ of error gegeben ist. Keine Anwendung findet es auf warrants mit dem Charakter prozeßleitender Decrete, Vollstreckungen, recognizances. Das Gebiet der Anwendung läßt sich etwa so scheiden.

1. Gegen Voruntersuchungsacte, before indictment found, auch bei misdemeanours (60. Geo. III. c. 4 §. 4).

2. Gegen erhobene Anklagen, indictments, welche die Friedensrichter sogar von Amtswegen der King's Bench zum weitern Verfahren einsenden können, Dalton c. 195. In der Regel aber geschieht es nur auf Antrag einer Partei, und gewöhnlich nur bei felonies, nicht leicht bei misdemeanours, 2. Hawkins cap. 27 §. 28. Beantragt es der prosecutor, so galt die Zulassung früher als selbstverständlich, da der prosecutor im Namen des Königs auftritt, der „die Wahl hat, zwischen seinen Gerichtshöfen." Beantragt es der Beklagte, so bedurfte es von jeher der Angabe eines bestimmten erheblichen Grundes. Nach 5. et 6. Will. IV. c. 33 soll stets eine Vorprüfung eintreten zur Vermeidung grundloser Abberufungen; es soll ausdrücklich eine Motion darauf bei dem Gerichtshofe

---

in Cancellar' nostr' in Octabis prox' futur', sub sigill' vestr' distincte et aperte sine dilatione mittatis. Teste meipso apud West. 28 die Nov. anno Regni nostri sexto." — Die angewiesenen Friedensrichter müssen dann auf Pergament unter ihrem Insiegel in der vorgeschriebenen Weise rückberichten nach folgendem Formular: „Ego M. C. Armig' unus Custod' Pacis ac Just' etc. virtute istius Brevis mihi deliber', indictament' illud (unde in dicto Brevi fit mentio) una cum omnibus indictament' tangentibus, in Cancellar' dicti Dom. Regis distincte et aperte sub sigillo meo certifico. In cujus rei testimonium etc."

oder einem Reichsrichter angebracht werden, und in allen Fällen erst ein Zulassungsdecret ergehen, wo nicht der Attorney General den Antrag stellt. Die Gewährung kann zwar ex debito justitiae verlangt werden, aber immer nur aus einer probabilis causa, über deren Erheblichkeit das Gericht nach freiem Ermessen entscheidet. Hauptgrund der Zulassung ist „wenn ein bescheinigter Umstand vorliegt, der es wahrscheinlich macht, daß bei einer Verhandlung der Anklage vor den Quarter Sessions nicht unparteiische Justiz gehandhabt werden wird.**)" Ein Specialgrund ist, wenn der Angeklagte eine Königliche Begnadigung vor dem Urtheil geltend machen will, die als Einrede nur bei der King's Bench, nicht bei den Provinzialgerichten geltend zu machen ist. — Außerdem ist die Abberufung erschwert durch strenge Prozeßformen. Schon nach 5. et 6. Will. et Mary c. 11; 8. et 9. Will. et Mary c. 33 bedarf es der Motion eines Rechtsanwalts, einer Beschlußnahme in öffentlicher Sitzung, und von Seiten des Angeklagten der Bestellung einer Prozeßcaution mit zwei zahlungsfähigen Bürgen auf 20 £. Für den Fall des Unterliegens werden dem Gegner und den verfolgenden Beamten volle Kosten zugesichert. Neuerdings ist durch 5. et 6. Will. IV. c. 33; 16. et 17. Vict. c. 30 §. 4 das Verfahren weiter erschwert, die Caution schon vor Ertheilung des Certiorari zu bestellen 2c.

3. Gegen Urtheile erster oder zweiter Instanz und gegen orders. Da bei summary convictions keine ordentliche Oberinstanz bei den Reichsgerichten (writ of error) stattfindet, so ist das Certiorari das einzige Mittel ein Reichsgericht mit Polizeistraffällen zu befassen. Wo indessen das Gesetz eine Appellation an die Quartalsitzungen giebt, muß erst der Ausgang der Appellation, oder wenigstens der Ablauf der Appellationsfrist abgewartet werden, event. findet dann noch Abberufung statt. Die Ertheilung soll auch hier nur aus einer probabilis causa eintreten, wenn dringende Gründe vorliegen, eine parteiische Entscheidung anzunehmen. Am strengsten ist man in Fällen, wo an einem Appellationsurtheil Friedensrichter theilgenommen haben, die in der Sache betheiligt sind; hier tritt das Certiorari auch dann ein, wenn das Gesetz das Abberufungsrecht weg-

---

**) Das Certiorari in den Vorstadien vor dem Urtheil ersetzt das im englischen Recht fehlende Recusationsrecht gegen die beamteten Richter. Doch ist man bei der Ertheilung ziemlich streng. Es genügt nicht der Nachweis, daß ungünstige „Vorurtheile" gegen den Angeklagten in der Gegend herrschen, sondern es muß nachgewiesen werden, warum grade bei dem so besetzten Gericht eine Befangenheit zu vermuthen sei. In vielen neueren Entscheidungen ist ausgesprochen, daß bei den Quartalsitzungen einer großen Grafschaft noch immer eine unparteiische Besetzung zu finden sein werde mit Hülfe des weit ausgedehnten Verwerfungsrechts gegen die Geschworenen. Ueberzeugt sich aber die King's Bench von einem erheblichen Recusationsgrund, so wird die Endentscheidung gewöhnlich in eine andere Grafschaft verwiesen, um ein „fair trial" zu gewinnen.

§. 84. Die Controlinstanz der Reichsgerichte. 491

genommen hätte. 1 Queen's Bench Rep. 467. Uebrigens wird es dem prosecutor ziemlich unbeschwert ertheilt, dem Beklagten mit bedeutenden Beschränkungen. Nach 13. Geo. II. c. 18 §. 5 muß der Antrag binnen sechs Monaten gestellt, und den Friedensrichtern, deren Urtheil oder order angefochten wird, mindestens sechs Tage vorher schriftliche Anmeldung zugestellt werden; ferner muß der Beklagte nach 5 Geo. II. c. 19 vorher eine Prozeßcaution mit genügenden Bürgen für prompte Verfolgung der Sache und vollen Kostenersatz stellen. Der Erfolg ist, daß die Entscheidung des frühern Richters durch die Einlegung suspendirt, die Beurtheilung der Hauptsache an das Obergericht devolvirt wird zur Entscheidung über die Rechtsgültigkeit des angefochtenen Acts.***)

So bedeutungsvoll dieser Regulator des Verwaltungsrechts sich erwiesen hat, um eine gesetzmäßige, unparteiische Verwaltung auch unter den wechselnden Parlamentsregierungen zu erhalten, so ist es doch auffallend, daß seit vielen Menschenaltern die Gesetzgebung unablässig thätig war, um das Certiorari zu erschweren und auszuschließen. Unverkennbar hat man die Schwierigkeit empfunden, welche das Eingreifen eines fernstehenden Richtercollegiums in die laufende Lokalverwaltung herbeiführt, wie man dieselbe Schwierigkeit bei dem deutschen Reichskammergericht in seinem Verhältniß zu den Territorialverwaltungen einst erfahren hat. So hoch die Integrität dieser richterlichen Beamten steht, so wird doch ihr Eingreifen leicht zu einem äußerlichen Formalismus, wo die Entscheidung mit einer question of fact zusammenhängt, wo es sich nicht um bescheinigte Recusationsfragen oder um reine Fragen der Gesetzauslegung handelt. Auch in England waren daher die Verwaltungsbehörden (Friedensrichter) stetig bemüht, dies Eingreifen der Gerichte von Außen her zurückzudrängen. Schon durch 12. Car. II. c. 23, 24 wurde in gewissen Steuerfällen das Certiorari weggenommen. Dann folgen im XVIII. Jahrhundert massenhafte Aufhebungen bei der Wege- und Brückenbauverwaltung, bei der Einschätzung der Kreissteuern und in zahllosen Polizeigesetzen. In den Verwaltungsgesetzen des XIX. Jahrhunderts wird die Wegnahme des Certiorari eine stehende Clausel; immer freilich mit dem stillschweigenden Vorbehalt für den Attorney General und den Prosecutor dans l'interêt de la loi.

***) Das Verfahren gegen Urtheile, orders und convictions ist begreiflicher Weise besonders formell. Durch die Zulassung des Certiorari aber substituirt sich das Obergericht für die Rechtsentscheidung der Sache, einschließlich der accessorischen Theilnehmer, vollständig dem Untergericht. Dickinson, Qu. Sessions cap. 13 s. 3. Doch beschränkt sich die Beurtheilung auf die Rechtsgültigkeit des Spruchs, ob er regular in form and in practice; eine neue Beweisaufnahme und neue Beurtheilung der question of fact findet selbst auf beigebrachte Bescheinigungen (affidavits) nicht statt.

Da man indessen anerkannte, daß der verletzten Partei eine Rechts=
hülfe in allen wichtigeren Fragen gewährt werden müsse, so ging nun mit
der Aufhebung der Beschwerde an die Reichsgerichte Hand in Hand die
Bildung einer Mittelinstanz der Verwaltungs=Gerichtsbarkeit
durch den Appeal an die Quarter Sessions. Man bildet hier den Ver=
waltungsgerichtshof aus dem Verwaltungspersonal selber in collegialischer
Formation, selbstverständlich mit Ausschluß der Friedensrichter, welche an
der angefochtenen Entscheidung betheiligt waren. So entstand die appellate jurisdiction, wie solche durch mehr als hundert Verwaltungsgesetze
die in §. 69 dargestellte Ausdehnung gewonnen hat, wobei freilich die
friedensrichterliche gentry geneigt war, den appeal eher zu knapp als zu
weit zu bemessen.

Je mehr das Eingreifen der Reichsgerichte nunmehr auf Recusations=
fälle und Prinzipienfragen sich beschränkte, um so mehr fand man, daß die
steifen Formen des Certiorari durch eine einfachere Einholung ihrer Rechts=
entscheidung auf Grund eines status causae ersetzt werden könnten. So
entstand schon in der Praxis die Einsendung eines special case durch
Beschluß der Quartalsitzung. Durch 12. et 13. Vict. c. 45 kam hinzu
der special case mit Genehmigung eines Reichsrichters und Consens der
Parteien; durch 20. et 21. Vict. c. 43 der special case auf Antrag einer
Partei mit Genehmigung der Quartalsitzungen. Diese Aktenversendungen
bilden jetzt schon jährlich mehr als hundert Fälle, zahlreicher als die Fälle
des Certiorari.

Der Instanzenzug der Verwaltungsgerichtsbarkeit hat nun die Ge=
stalt gewonnen, daß in zweiter Instanz die Quartalsitzungen durch appeal,
in dritter Instanz die Reichsgerichte entweder durch Certiorari, oder ein=
facher durch special case, die streitige Frage des Verwaltungsrechts ent=
scheiden.

II. Das writ of mandamus ist im Unterschied von dem vorigen
Rechtsmittel nicht zur Verhinderung unrechtmäßiger Entscheidungen bestimmt,
sondern umgekehrt ein Justizmandat zur Erzwingung der positiven Ob=
liegenheiten der öffentlichen Behörden. Auch dies ursprüngliche Hofrescript
hat sich aus der Centralisation des normannischen Verwaltungsrechts her=
ausgebildet. Da Reichsgerichte und Friedensrichter von Hause aus nur
Obercommissarien und Untercommissarien derselben Königlichen Gewalt
sind, so verstand sich, daß das Reichsgericht durch positiven Befehl den
Friedensrichter anweisen kann, unterlassene Amtsgeschäfte, die er nach
Gesetz und Auftrag vornehmen muß, zu vollziehen. Es bildete sich dafür
die Form eines Mandatsprozesses, damit dem Unterrichter Gelegenheit ge=
geben werde sich erst über Gründe seiner Weigerung auszusprechen. Form
und Fälle des Mandamus beruhen auf der Gerichtspraxis, und bilden das

§. 84. Die Controlinstanz der Reichsgerichte. 493

Rechtsmittel gegen Rechtsverweigerung. Es erscheint daher als Befehl aus dem Reichsgericht der King's Bench im Namen des Königs, gerichtet an eine untere Gerichtsstelle, Corporation oder Person, mit der Anweisung einen darin genannten Akt vorzunehmen, welcher zu seinem Amt und zu seiner Pflicht gehört, insbesondere an untere Gerichtsstellen als „Befehl Recht zu ertheilen nach ihren Amtsgewalten, wo solches verzögert ist" (Blackstone III. 110). Es gilt als ein Akt eigentlicher Staatshoheit (prerogative writ), vergleichbar einer querela proractae vel denegatae justitiae für öffentliches und Privatrecht, — ein Zwangsmittel gegen alle unteren Jurisdictionen, mögen sie durch altes Herkommen, Charte oder Parlamentsakte geschaffen sein. Da aber der Hauptzweck nur die Vermeidung eines defect of justice ist, so folgt schon daraus die subsidiäre Natur, vermöge deren es nur eintritt, wo ein legales Rechtsmittel (legal remedy) fehlt, und auch dann nur nach discretionärem Ermessen, nicht ex debito justitiae.†)

In besonderer Anwendung auf Friedensrichter tritt das Mandamus ein:

1. Bei Akten der einzelen Friedensrichter out of sessions, namentlich wenn ein Friedensrichter auf angebrachte information die Einleitung eines Strafverfahrens ohne Grund verweigert; oder wenn er die Anstellung eines Armenaufsehers in der gesetzlich vorgeschriebenen Frist und Weise verweigert; oder die eidliche Rechnungsabnahme der Armenaufseher (17. Geo. II. c. 38); oder die Bestätigung einer Armensteuer-Einschätzung; oder die executivische Beitreibung eines Steuerrückstandes; oder die Zulassung einer gehörig erhobenen Steuerreclamation; ebenso wenn er die Zulassung und Beeidigung eines gehörig ernannten Communalbeamten verweigert; oder was ihm sonst als Pflicht der Rechtsertheilung obliegt, immer mit dem Vorbehalt, daß kein anderes ordentliches Rechtsmittel zur Abhülfe dessen gegeben ist.

2. Gegen Akte der Friedensrichter in sessions, wenn sie gegen einen Angeklagten ohne rechtliches Gehör verfahren, überhaupt gegen die

---

†) Das Mandamus, obgleich nur aushülflich, kann zuweilen auch neben einem Strafverfahren eintreten, wo das letztere nicht ebenso vollständige Rechtshülfe gewähren würde. Keine Anwendung findet es aber gegen Unterbeamte mit dem Charakter bloßer ministerial officers, z. B. gegen einen Kreisrendanten, der einer order der Quartalsitzung Folge zu leisten sich weigert, da hier die Strafgewalt des Vorgesetzten als vollkommen ausreichend gilt. — Beispielsweise findet es dagegen in Communal-Angelegenheiten statt, um das Recht der Steuerzahler zur Einsicht der Steuerlisten und Rechnungen zu erzwingen, zu welchem Zweck in neueren Gesetzen meistens noch besondere Strafen den weigernden Communalbeamten angedroht sind. Die vielen besonderen Geldbußen, welche in späteren Gesetzen für einzele Unterlassungen unterer Beamten angedroht werden, haben nur den Sinn, ein kurzes summarisches Verfahren zu ermöglichen. Verfassungsmäßig erzwingbar sind solche Akte in der Regel schon auf anderem Wege.

Regel audiatur et altera pars verstoßen; wenn sie die Zulassung einer Appellation verweigern, wo das Gesetz eine solche zuläßt; wo sie nach Zulassung eines special case die Einsendung eines solchen an das Obergericht unterlassen; wo sie die Zulassung eines dissenterischen Geistlichen zur Ableistung der gesetzlichen Eide verweigern u. s. w. Immer erstreckt sich jedoch die Cognition nur auf die formelle Frage der Rechtsverweigerung, nicht auf die materielle Vollständigkeit eines Verfahrens. Eine besonders häufige Anwendung des mandamus ist die zur Erzwingung der Zulassung eines gehörig gewählten Corporationsbeamten und gegen ungehörige Entsetzung eines solchen, 9. Anne c. 20; 6. et 7. Vict. c. 89 §. 5, insbesondere auch der städtischen Bürgermeister, 11. Geo. I. c. 4; 1. Vict. c. 76 §. 26.

Das Verfahren ist ähnlich dem deutschen bedingten Mandatsprozeß. Es beginnt mit einer eidlichen Erhärtung des Antragstellers über sein Recht und die Rechtsverweigerung. Darauf ergeht ein vorläufiger Befehl an den Beamten zur Angabe der Gründe (to show cause), aus welchen ein Mandamus nicht erlassen werden solle. Fallen diese ungenügend aus, so ergeht nun ein mandatum cum clausula, entweder das Verlangte zu thun, oder einen bestimmten Grund für das Gegentheil anzugeben. Darauf muß der Unterrichter bis zu einem bestimmten Tage Bericht erstatten. Fällt dieser ungenügend aus, so ergeht ein peremptorisches Mandamus, auf welches kein anderer Bericht zugelassen wird, als ein Attest über die vollständige gehorsame Ausführung des Befehls; event. erfolgt die summarische Bestrafung durch Ordnungsstrafe, attachment for contempt.††)

III. Ergänzend zu den vorigen tritt das writ of habeas corpus, dessen Grundlage auch schon in älteren Hofrescripten lag. Die Verwaltungsmißbräuche der Restaurationszeit machten aber eine Erweiterung des-

---

††) Das Verfahren bei dem Mandamus bewegte sich ursprünglich nur über den Rechtspunkt auf Grund der von der Unterbehörde berichteten Thatsachen. Auf die Ermittelung von Thatsachen ließ sich der Gerichtshof nicht ein, auch nicht auf Bescheinigung (affidavit). Die thatsächlichen Angaben des Beklagten (der Behörde) wurden vielmehr als richtig angenommen, und nach Maßgabe derselben das Mandat bestätigt oder zurückgenommen. Behauptete der Antragsteller thatsächliche Unrichtigkeit, so hatte er eine actio in factum wegen falschen Berichts, und konnte, wenn dies durch eine Jury festgestellt war, vollen Schadenersatz und ein peremptorisches Mandamus verlangen, 3 Blackstone 111. Nur in seltenen Fällen eines klaren Unrechts kann auch vorweg ein unbedingtes mandatum sine clausula erlassen werden. Einige Verbesserungen des Verfahrens durch 9. Anne c. 20. §. 1 (für einen besondern Fall) sind jetzt ausgedehnt auf alle Fälle des Mandatsprozesses durch 1. Will. IV. c. 21. Sie laufen hinaus auf Vereinfachungen, Berichterstattung schon auf das erste Mandat, summarische Erörterungen des Thatsächlichen schon im Mandatsprozeß; der Kostenpunkt wird in das freie Ermessen des Gerichts gestellt, und im Ganzen mehr für die Schonung der Beamten gesorgt, indem es dabei weniger auf Schadenersatz, als auf Feststellung von Rechtsprincipien abgesehen ist. Weitere Fortbildungen des Rechtsmittels enthält 6. et 7. Vict. c. 67; 17. et 18. Vict. c. 125 §. 76.

§. 84. Die Controlinstanz der Reichsgerichte.

selben auf alle Fälle einer Verhaftung rathsam. Da das Verhaftungsrecht zum Zweck der Voruntersuchung, der Friedensbürgschaft und der Strafvollstreckung in den Händen der Friedensrichter liegt, so ergab sich daraus noch eine weite reichsgerichtliche Controle der Friedensverwaltung. Da auch den Staatssecretären und anderen Friedensrichtern ex officio ein concurrirendes Verhaftungsrecht beigelegt war; da ferner in den Specialgesetzen verschiedenen Commissioners, Steuerbeamten u. A. ein vorläufiges Verhaftungsrecht beigelegt war; da endlich alle Verwaltungsexecution grundsätzlich durch Zwangshaft (commitment) gehandhabt wird: so entstand durch den Grundsatz, daß jeder Verhaftete bei den Reichsoberrichtern sammt oder sonders eine Prüfung des Grundes seiner Verhaftung zu beantragen befugt ist, eine Generalcontrole der Verwaltung von großer Tragweite, welche der berühmten Habeas Corpus Acte 31. Car. II. c. 2 ihren weltgeschichtlichen Namen verschafft hat. Durch hohe Geldbußen (100 bis 200 £.) gegen die betheiligten Beamten, welche die Einbringung des writ verweigern oder verhindern, und durch spätere erweiternde Statuten ist die Wirksamkeit dieser Rechtscontrole in jeder Richtung gesichert.*)

Das writ of prohibition diente von Alters her gegen Anmaßungen einer Jurisdiction seitens einer Behörde, welcher eine solche nicht zusteht, insbesondere gegenüber den geistlichen und Specialgerichten.**)

Das writ of quo warranto war dazu bestimmt, die Anmaßung von königlichen Rechten (Staatshoheitsrechten) durch den Einzelen zu ver-

---

*) Der Sinn der Habeas Corpus Akte und ihrer späteren Ergänzungen 56. Geo. III. c. 100 ꝛc. ist die gerichtliche Entscheidung über jede Verhaftung, mit Abschneidung eines jeden Auswegs und einer jeden Umgehung auch gegen jede Behörde zu erzwingen. Demselben Zweck dient die allgemeine Ermächtigung der Reichsrichter zur Gefängnißausleerung (gaol delivery) und die Befugniß der grand jury zur Kenntnißnahme von den Gründen jeder Verhaftung.

**) Das Writ of Prohibition wird aus der King's Bench (in einigen Fällen auch aus der Kanzlei oder aus einem andern Reichsgericht) erlassen gegen Anmaßungen einer Jurisdiction Seitens einer Behörde, der eine solche nicht zusteht (Natura brevium 39). Es kommt praktisch hauptsächlich vor gegen Ueberschreitungen der geistlichen Behörden; könnte aber auch vorkommen gegen Anmaßung einer Appellation Seitens einer weltlichen Behörde, wo sie nicht das Recht hat Appellationen anzunehmen (1 Term. Rep. 552). Das eigentliche Gebiet des Writ of Prohibition sind die Ausnahmsgerichtsbarkeiten, die ihrem Wesen nach, und wegen der darin geltenden fremden Rechte, eine stetige Tendenz zu Ueberschreitungen haben, namentlich die geistlichen, Universitäts-, Militärgerichte, der alte Court of Chivalry, der Court of Admiralty und die Pfalzgrafschaftsgerichte. Diesen gegenüber spielt das writ of prohibition schon seit dem Mittelalter seine gewaltige Rolle zum Schutz des Landesrechts, the remedy provided by the Common Law against the encroachment of jurisdiction, 3 Blackstone cap. 7. In solchen Fällen konnten auch die Parteien, die sich unbefugt an ein solches Gericht wandten, wegen contempt gestraft werden, 3 Blackstone p, 112. 113.

folgen. Es war im Mittelalter das unpopuläre, aber äußerst wirksame Mittel die Aneignung von Jurisdictionsrechten durch den großen Grundbesitz, jede Erweiterung des Feudalismus in der Weise des Continents zu bekämpfen. Als seit den Zeiten der Reformation diese Gefahr beseitigt war, wurde es mehr gegen die Stadtcorporationen gewendet. In der neuern seltenen Weise der Anwendung erscheint es als ein fiscalisches Strafverfahren, als „information in der Weise eines quo warranto."

Die information ex officio endlich, als ein außerordentliches fiscalisches Strafverfahren, anwendbar nur bei misdemeanours, und namentlich gegen Amtsvergehen, ist oben S. 345 berührt.

In dem geregelten Gange der heutigen Verwaltung beschränkt sich diese Controljustiz der Kronseite der King's Bench auf eine mäßige Anzahl von Fällen. Die Justizstatistik für das Geschäftsjahr 1867 ergiebt folgende Zahlen, denen ich die Durchschnittszahl der letzten sieben Jahre beifüge: writs of certiorari 61 (durchschn. 80), writs of mandamus 35 (durchschn. 21), writs of habeas corpus 27 (durchschn. 38), informations quo warranto 11 (durchschn. 6). Diese einfache Controle, welche für sich betrachtet kaum die Arbeitszeit eines Reichsrichters in Anspruch nehmen würde, hält nicht nur die Handhabung der Polizeiverwaltung, sondern auch die übrigen Gebiete des selfgovernment, also die streitigen Verwaltungsfragen des Militärrechts, der Steuereinschätzungen, der Stadtverwaltungen, die streitigen Fragen der Armen-, Gesundheits-, Bau- und Wegeverwaltung als oberster Regulator in der gesetzlichen Ordnung. Sie genügt, um die Auslegung aller Verwaltungsgesetze, folgerecht auch die Grundrechte der Unterthanen und die ganze Landesverfassung, unabhängig von der zeitigen Ministerverwaltung zu stellen, und damit innerhalb des Systems der parlamentarischen Regierung den stetigen unparteiischen Gang der Lokalverwaltung zu sichern. Je durchgreifender der Grundsatz zur Geltung kam, daß nicht die Departementschefs, sondern die Verwaltungsgerichte II. und III. Instanz die streitige Auslegung der Verwaltungsgesetze zu entscheiden haben, um so mehr wurde die Legalität der Verwaltung zur festen Regel, und mit dem geregelten Gange derselben ergab sich von selbst die Vereinfachung, welche alljährlich nur wenige Fälle zur Contestation bringt. Die Entscheidungen dieser geordneten Stellen, gleich bindend für die Ministerverwaltung wie für die Betheiligten, werden ebenso wie die Präjudizien der Gerichtshöfe über das streitige Privat- und Strafrecht veröffentlicht, und schneiden die unendliche Zahl unserer Verwaltungsbeschwerden ab durch Verweisung auf feststehende Grundsätze, welche der Beschwerdeführer mit allem Zeit- und Kostenaufwand vergeblich anfechten würde.

§. 85.
Die strafrechtliche Verantwortlichkeit der Friedensrichter.

Je bedeutender und mannigfaltiger die Amtsfunktionen der Friedensrichter erscheinen, um so ernster mußte man die wissentliche Verletzung ihrer staatlichen Amtspflichten als **strafbares Vergehen** behandeln. Auch diese criminalrechtliche Verantwortlichkeit ist ein Grundsatz der öffentlichen Rechtsordnung, der aber zugleich **mittelbar** einen Schutz gegen die Rechtsverletzung des Privaten bildet, und ergänzend neben der Correktur der einzelen friedensrichterlichen Maßregeln durch den Instanzenzug der Verwaltung dasteht.

Daß die Friedensrichter als königliche Commissarien **dem König** verantwortlich seien galt schon im Mittelalter als selbstverständlich. Die arbiträre Strafgewalt des Königs gegen seine Beamten nach dem Feudalsystem wurde auch in den Grundrechten der Magna Charta ausdrücklich vorbehalten. Ebenso selbstverständlich galt eine Strafverfolgung wegen vorsätzlicher Verletzung der Amtspflicht, welche ein anklagbares misdemeanour nach common law bildet. Es war daher nur eine Declaration des gemeinen Rechts, wenn in 4. Hen. VII. c. 12 von einer Beschwerde bei den Assisenrichtern oder bei dem Lordkanzler die Rede ist, auf welche ein Friedensrichter vom Kanzler entlassen und „nach Verdienst gestraft" werden könne. Unter den Tudors und Stuarts war es noch sehr gewöhnlich, daß in Erlassen des Kanzlers die Friedensrichter mit Entlassung bedroht werden wegen dieses oder jenes Mißbrauchs der Verwaltung, z. B. solche, welche leichtsinnig zu viele Schankstellen concessioniren würden, Howell's State Trials III. 835. In einzelnen Gesetzen werden den Friedensrichtern auch noch bestimmte Geldbußen angedroht, wie in 14. Eliz. c. 5 eine Buße von 5 L. für Versäumungen in Ausführung der Armengesetze.

Das wachsende Ansehen der friedensrichterlichen gentry hat seit dem XVIII. Jahrhundert eine veränderte Stellung zu der **Ministerverwaltung** herbeigeführt, und den ministeriellen Anweisungen die höfliche Form einer „Correspondenz" zwischen dem Staatssekretär und den Lord-Lieutenants gegeben. Allein die Praxis der Strafgerichte hielt darum nicht weniger die strafrechtliche Verantwortlichkeit der Friedensrichter fest, und die Reichsgerichte begrenzten eine solche nach der Natur des Staatsdienstes. Diese Entscheidungen der Reichsgerichte erkennen vorweg an, daß die Strafklage gegen die Person des Beamten nicht als eine laufende geschäftliche Controle gemeint sei, und daß sie dazu wenig geeignet sein würde. Die tausendfältigen Collisionen mit den persönlichen und Vermögens-Interessen des Privaten, in welchen sich die tägliche Verwaltung befindet, würde den Beamten eine endlose Kette von Strafverfolgungen und Bedrohungen aussetzen, und die darüber urtheilenden Gerichte in eine stetige Reibung mit der Verwaltung versetzen, wenn jedes unrichtige Verfahren Gegenstand einer Anklage werden sollte. Der Beamte ist daher grundsätzlich unverantwortlich „in discharging his ordinary duty or in obeying the orders of the government" (Lord Lyndhurst (i. S.) Viscount Canterbury v. Attorney General I. Phil. 306.) Es wird in den Gerichtsentscheidungen ausgeführt, daß man denjenigen, der eine öffentliche Pflicht bona fide erfülle, nicht für Versehen verantwortlich machen dürfe, und daß die Unbefangenheit des Beamtenpersonals in Ausführung der Gesetze gefährdet werde durch eine ungemessene Strafverfolgung; „denn diejenigen, welche Recht verwalten, sollen frei sein in ihren Gedanken und unabhängig in ihrem Urtheil." Das leitende Princip ist vielmehr, daß ein Friedensrichter für materielle Unrichtigkeit seiner Entscheidung nicht strafbar ist, so lange seine Intention eine reine war. Wo aber ein Mißgriff nicht aus Irrthum entspringt, sondern aus Parteiinteresse, Rachsucht oder Uebermuth (private interest, resentment, oppression) tritt eine strafrechtliche Verantwortung in mehrfacher Weise ein.

1. Eine Criminalanklage, indictment, ist begründet wegen eines vorsätzlichen Amtsmißbrauchs aus corrupt, partial or malicious motives. Das Verfahren ist das gewöhnliche: prosecution durch einen Privatmann im Namen des Königs, Prüfung der Anklage durch eine grand jury, Entscheidung durch Richter und Jury (wobei die Feststellung des boshaften Vorsatzes den Schwerpunkt des Schuldspruchs bildet), und arbiträre Strafe in Geld oder Gefängniß. Beispielsweise gehört dahin die Verhaftung eines Unschuldigen aus boshaftem Vorsatz, erweisliche Parteilichkeit bei Ertheilung von Gewerbeconcessionen.[1]) Ein besonderes Vergehen bildet die extortion, unrechtmäßige Erpressung von Vermögensvortheilen

---

[1]) Für die ordentliche Strafklage, indictment wegen Amtsmißbrauchs, wird schon durch die Voruntersuchung und durch die grand jury immer festgehalten die Grenze des unjust, partial, oppressive, corrupt motive (einschließlich der Furcht und Gunst). Eben deshalb ist freilich auch der Beweis einer solchen Anklage schwierig, und im Ganzen gilt die Durchführung nicht für sehr praktisch. Uebrigens sind „weder Parteien, noch Zeugen, noch Anwalt, noch Jury, noch Richter verantwortlich für bloße Worte, welche gesprochen sind im Amt" (Lord Mansfield). Für nicht zur Sache und zur Amtsführung gehörige Worte (extrajudicial language) ist indessen auch ein Friedensrichter verantwortlich, Dickinson cap. II. §. 2. a. E. Die Präjudizien der Gerichtshöfe giebt ausführlich Broom, Constitutional Law, 525—627; wegen der Entscheidungen in eigener Sache s. Excurs. *)

§. 85. Die strafrechtliche Verantwortlichkeit der Friedensrichter. 499

by colour of office. Bei einer Anklage gegen einen Großwürdenträger tritt das verfassungsmäßige impeachment im Parlament ein, welches ebenfalls zu Amtsentsetzung, Geldbuße, Gefängniß nach der Schwere des Verbrechens führen kann.

2. Ein fiscalisches Strafverfahren von Amtswegen, criminal information, tritt ebenso ein, wenn auf Grund vorgelegter Bescheinigungen (affidavits) ein Amtsmißbrauch aus einem corrupt, partial, oppressive motive ersichtlich wird. „Wie groß auch die Unregelmäßigkeit sein mag, wenn sie nicht auf corrupte oder persönliche Beweggründe hinweist, oder aus überlegter Gesetzwidrigkeit hervorgeht, wird sie durch den Gerichtshof mit keiner Criminal = Information verfolgt werden; denn die Frage bleibt immer, nicht ob der Akt bei voller und reiflicher Prüfung dem strengen Recht gemäß befunden wird, sondern aus welchem Beweggrunde er hervorging; ob aus einem dishonest, oppressive oder corrupt motive, unter welche Bezeichnung im Allgemeinen auch Furcht und Gunst eingeschlossen werden mögen, — oder nur aus Mißverständniß oder Irrthum. Nur in dem erstern Falle wird ein Friedensrichter Gegenstand einer Bestrafung. Denn eine Person als Verbrecher zu bestrafen, die in der unentgeltlichen Ausübung einer Function in Irrthum oder Mißverständniß verfallen sein mag, gehört sich nur für den despotischen Regierer eines geknechteten Volks, und widerstrebt durchaus den Grundsätzen englischer Rechtspflege." R. v. Borron, 3. B. et Ald. 434. Beispiele aus der Praxis sind: vorsätzliche Verhaftung einer Person wegen Nichtzahlung einer ungesetzlichen Gebühr; Ausspruch eines Strafurtheils ohne den Verurtheilten zu laden oder zu hören; Verweigerung einer Gewerbeconcession aus dem Motiv der Privatrache (2. Burr. 1317, 1716); Ertheilung einer Concession aus corrupt motives (1. T. R. 692; 2. Str. 1210). In sehr flagranten Fällen kann ein solches Verfahren sogar gegen Acte der Friedensrichter in den Sessionen eintreten wegen eines manifest act of oppression, or wilful abuse of power, 2. Barnard, 249, 250. R. v. Seton, 7. T. R. 374. In allen solchen Fällen muß jedoch die Gegenpartei mit „reinen Händen" vor Gericht erscheinen, d. h. selbst von dem gerechten Vorwurf schuldbarer Veranlassung frei sein. Auch Unterlassungen können dahin gehören, wenn sie den Charakter einer gross and wilful negligence in Ausführung des Amts tragen, z. B. Unterlassung eines durch Gesetz positiv vorgeschriebenen Acts in Fällen, wo das Gesetz keine Discretion läßt; Freilassung von Haft bei Anklagen auf eine capitale felony; grobe Nachlässigkeit und feiges Benehmen bei Unterdrückung eines Aufruhrs (R. v. Pinney, 3. B. et Adol. 949). Ein specielles Gebiet bilden die Cautionsbestellungen: wenn der Friedensrichter eine gesetzlich zulässige zu-

rückweist, oder eine unverhältnißmäßig große fordert, oder eine ungenügende annimmt und dadurch das Verfahren illusorisch macht.[2]

3. Eine summarische Bestrafung durch attachment, vergleichbar unserm System der Ordnungsstrafen, tritt hauptsächlich ein wegen directer Widersetzlichkeit gegen einen positiven Befehl der Oberbehörde, z. B. wenn nach bewilligtem Certiorari die Abgabe der Sache, nach bewilligtem Habeas Corpus die Auslieferung des Verhafteten verweigert wird, oder bei Ungehorsam gegen ein writ of prohibition, writ of error, supersedeas u. s. w. In der Praxis ist es zuweilen auch angewandt gegen Friedensrichter, die in eigner Sache verfahren.[3]

4. Eine einfache Amtsentlassung bleibt endlich vorbehalten sowohl wegen offenbarer Vergehen wie wegen Nachläßigkeit eines Friedensrichters. Es steht der durch einen Act verletzten Partei auch frei, bei dem Lord Kanzler auf eine solche Entlassung anzutragen. Sie kann entweder durch ein specielles Rescript des Lord Kanzlers erfolgen, oder stillschweigend dadurch, daß eine neue Friedenscommission ausgefertigt, und der Name des ungeeigneten Friedensrichters darin weggelassen wird. Aus

---

[2] **Fiskalisches Strafverfahren** ex officio. Der Antrag (motion) auf ein solches Verfahren muß in der Regel angebracht werden in der ersten Gerichtsperiode (term) nach Begehung des Akts, nach vorangehender schriftlicher Notiz an den Friedensrichter, mit Ausführung der Gründe, damit er noch innerhalb dieser Zeit seine Einwendungen gegen die Anzeige erheben könne. Ist der angefochtene Akt ein summarisches Strafurtheil, so muß es zuerst durch Certiorari an das Reichsgericht gebracht werden, und der Antragsteller ein eidliches affidavit über seine Nichtschuld darbringen, nebst der eidlichen Versicherung, daß er positiv von den corrupt motives des Friedensrichters überzeugt sei. Sehr gewöhnlich verlangt der Gerichtshof, daß der Antragsteller zuvor auf seine Civilregreßklage verzichte. Wo ein Anklageverfahren durch indictment schon im Gange ist, pflegt es der Attorney General durch eine nolle prosequi vorher niederzuschlagen, ehe durch information verfahren wird. — Findet der Gerichtshof den Beamten schuldig, so soll er in der Regel persönlich erscheinen, um sein Strafurtheil in Person zu empfangen (außer dem Falle, wo nur auf Geldstrafen erkannt wird). Das Strafmaß in Geld und Gefängniß ist arbiträr: in der ältern Praxis ist auf Summen wie 1000 L. und darüber erkannt worden. Ebenso ist der Kostenpunkt diskretionär. Soll der Beklagte leicht davon kommen, so wird zuweilen nur auf Verweis erkannt, und Ersatz sämmtlicher Kosten an den Kläger.

[3] Die Ordnungsstrafe attachment, kommt am häufigsten vor gegen Sheriffs, Bailiffs, Gefängniß- und Subalternbeamte des Gerichts, daher auch gegen die Anwälte niederer Klasse, wegen offenbaren Ungehorsams oder klar vorliegender Dienstvergehen. Gegen Friedensrichter ist es selten geworden mit dem wachsenden Ansehen des Amts. In einfachen Fällen der Gehorsamsverweigerung genügt gewöhnlich ein Mandamus, welches allein eintreten kann, wo es an einem corrupt oder improper motive fehlt. Dem Recht nach aufgegeben ist es indessen nicht; es steht auch den Assisenrichtern gegen die Friedensrichter zu, nicht aber den Quartalsitzungen gegen ihre Collegen, quia inter pares non est potestas.

§. 85. Die strafrechtliche Verantwortlichkeit der Friedensrichter. 501

Rücksichten auf die Ehrenamtsstellung ist dies letztere das gewöhnliche, und kommt mit möglichster Vermeidung eines auffälligen Verfahrens noch heute zuweilen vor. Eine Ausnahme machten nur die Friedensrichter der alten städtischen Corporations, welche durch die Stadtprivilegien auf eine Entlassung durch Urtheil und Recht gestellt waren. Allein die Mißbräuche dieser Polizeiverwaltung durch unentlaßbare Beamte waren so sprüchwörtlich geworden, daß die Städteordnung von 1835 jene unentlaßbaren Friedensrichter aufhob und das normale Verhältniß auch in den Stadtverwaltungen wieder herstellte, weil man den Grundsatz der Entlaßbarkeit aller polizeiverwaltenden Beamten auch an dieser Stelle nicht entbehren zu können glaubte. Für ein anstößiges, der Würde des Amts widersprechendes Verhalten hat sich die einfache Entlassung jeder Zeit als das dem Ehrenamt allein entsprechende Verfahren erwiesen.

So beschränkt hiernach die criminalrechtliche Verantwortung erscheint, so gewissenhaft ist nun aber auch die Gesetzgebung darauf bedacht gewesen, eine parteimäßige Anwendung der Strafverfolgung zu verhüten, zu welcher die Parteistellung der Ministerverwaltung die unvermeidliche Neigung in sich trug. Der Grundsatz des concurrirenden Anklagerechts hat sich auch für diese entscheidende Frage des Rechtsstaats bewährt. Die stetige Concurrenz einer Anklage durch einen private prosecutor, das presentment der großen Jury aus eigener Bewegung und die amtliche information bei den Reichsgerichten, die Concurrenz des Entlassungsrechts im gerichtlichen und im Verwaltungswege haben anerkanntermaßen die parteimäßige Handhabung dieser Verantwortlichkeit wirksam verhindert. Andrerseits blieb nun freilich die Gefahr, daß die facultative Erhebung der Anklage durch jeden private prosecutor den Beamten in einen Zustand stetiger Bedrohung durch grundlose Anklagen versetzen möchte. Diese Kehrseite der Frage ist geregelt durch drei Vorsichtsmaßregeln des Strafverfahrens.

1) Die Voruntersuchung ist vor zwei Friedensrichtern zu erheben, welche den Denuncianten erst causa cognita zum prosecutor zu bestellen haben. Frivole Anklagen werden dadurch schon im Entstehen verhindert; die Oeffentlichkeit der Voruntersuchung gewährt aber zugleich eine Garantie nach anderer Seite.

2) Die Nothwendigkeit eines Vorbeschlusses über die Zulassung der Anklage durch die grand jury bildet auch an dieser Stelle eine sehr bedeutungsvolle Garantie gegen frivole Anklagen, umsomehr wenn man die Zusammensetzung der grand jury bei den Assisen aus 13—24 gentlemen friedensrichterlicher Qualität in Erwägung zieht. Sollten die voruntersuchenden Friedensrichter den prosecutor ohne genügenden Grund zurück=

gewiesen haben, so steht es ihm auch frei, sich unmittelbar mit seinem Strafverfolgungsantrag an die große Jury zu wenden.

3) Der Generalstaatsanwalt kann durch ein Nolle prosequi die Anklage des private prosecutor niederschlagen, da auch diese Strafverfolgung „im Namen des Königs" erhoben wird. Als Garantie gegen den Mißbrauch gilt das sehr Auffällige einer solchen Maßregel im Laufe öffentlicher Gerichtsverhandlungen, die Verantwortlichkeit der Anwälte der Krone vor dem Parlament und der rasche Wechsel der Parteiverwaltungen, welche einen parteimäßigen Gebrauch solcher Gewalt alsbald rückgängig machen würden. Ein parteimäßiger Gebrauch dieser Befugniß ist in der That aus neuerer Zeit nicht bekannt.

Das Problem einer Vereinigung des Anklagerechts gegen den Beamten mit dem nothwendigen Ansehen und der Unbefangenheit des obrigkeitlichen Amts ist auf diesem Wege praktisch befriedigend gelöst.

Der Friedensrichter in propria causa.

Der reine Amtscharakter der Beamten des obrigkeitlichen selfgovernment tritt principiell hervor in dem Grundsatz der Nichtigkeit und Strafbarkeit aller Polizeiverfügungen, die als des Friedensrichter eigene Sache angesehen werden müssen. Der Fundamentalgrundsatz „Aliquis non debet judex esse in propria causa, quia non potest esse judex et pars", wird in Coke Litt. 141 a. und in vielen Rechtsprüchen wiederholt. In Sachen R. v. Hoseason, 14. East. 608 spricht sich die King's Bench wider einen Friedensrichter aus, der eine Anklage seines Gutsinspectors gegen einen Arbeitsmann auf dem eigenen Gute wegen Verweigerung der contractlich übernommenen Arbeit angenommen hatte. In Fällen dieser Art sei offenbar der Gutsherr der eigentliche Kläger, und es sei „eine höchst mißbräuchliche Gesetzinterpretation, wenn ein Mann sich nicht scheue, sich aufzuwerfen zum Strafrichter über die Dienstleute seiner eigenen Gutswirthschaft wegen eines Vergehens gegen den Herrn selbst." In einem andern Fall wurde ein Friedensrichter zu Gefängniß verurtheilt, weil er in einer Sache auf Exmission des Miethers aus einem Grundstück erkannt hatte, dessen Vermiether er selbst war. Allgemein gilt der Grundsatz auch für Lohn- und Dienststreitigkeiten, in welchen der Friedensrichter Arbeitsherr ist; ebenso selbstverständlich für Feldpolizeivergehen, in welchen der Friedensrichter Partei ist. Zur Controle dienen dabei die friedensrichterlichen Akten, die in allen Fällen der Session eingesandt werden müssen. Auch bei Ertheilung der Schankconcessionen darf (bei 100 £. Strafe) kein Friedensrichter sich betheiligen, der mittelbar oder unmittelbar an solchem Gewerbe oder an der Benutzung des concessionirten Grundstücks dazu für sich oder seine nächsten Angehörigen betheiligt ist. An den Beschlüssen einer Quartalsitzung darf kein als Partei interessirter Friedensrichter bei Strafe der Nichtigkeit Theil nehmen; selbst die Aufführung seines Namens im Eingang einer Order kann unter solchen Umständen ein Kassationsgrund sein, Dalton cap. 185, oder der bloße Umstand, daß ein Friedensrichter, der bei der Entscheidung interessirt war, mit den Collegen conversirt, ohne mitzustimmen. Wise, Burn's Suppl. 1852. S. 547. Diese Grundsätze gelten auch in Fällen, wo der Friedensrichter collidirende Amtsinteressen vertritt. So wurde eine Sessionsorder in Wegeangelegenheiten kassirt, weil in dem Eingang der Name eines Friedensrichters mitgenannt war, der dabei als Wegeaufseher betheiligt (Foxham Tithing, Wilts, 2 Salk. 607). Nur die bloße Eigenschaft als Steuerzahler macht nicht incompetent. So ist ausdrücklich deklarirt, daß

§. 86. Die civilrechtliche Verantwortlichkeit (Regreßpflicht) der Friedensrichter.

die Friedensrichter Theil nehmen dürfen an orders in Armen- und Niederlassungssachen, an Bestrafung von Landstreichern, Wegebesserung, Communalsteuer-Ausschreibung, auch wenn sie als Steuerpflichtige betheiligt sind, 16. Geo. II. c. 18 §. 1 und 30. et 31. Vict. c. 115. Doch dürfen sie in solchen Fällen, sobald von ihrer Entscheidung appellirt ist, an der Oberentscheidung der Session nicht Theil nehmen. — Dies Verhältniß schloß vorweg jede patrimoniale Gestaltung des Friedensrichteramts aus. In früheren Jahrhunderten, als der Landedelmann noch selbst wirthschaftete, half man sich dadurch, daß eine erhebliche Zahl von Friedensrichtern mit concurrirenden Gewalten vorhanden war, und daß die rechtsgelehrten Collegen (Quorum) eintreten konnten, wo eine Collision des Gutsbesitzers als Gutsherrn mit seinen Pflichten als Friedensrichter eintrat.

§. 86.
Die civilrechtliche Verantwortlichkeit (Regreßpflicht) der Friedensrichter.

Während unsere deutsche Rechtsanschauung von je her geneigt war, dem Privatrecht eine überaus weite Geltung gegen das öffentliche Interesse zu geben, und damit die Entschädigungsklagen gegen den öffentlichen Beamten sehr weit auszudehnen, so hat in England die civilrechtliche Verantwortlichkeit von je her auf einem sehr engen Gebiet gegolten. Die Gesichtspunkte einer Klage auf Entschädigung und persönliche Genugthuung erschienen den englischen Reichsgerichten nicht anwendbar auf Handlungen des Beamten, welche nicht nach Privatwillkür, sondern in Erfüllung öffentlicher Amtspflichten in den Rechtskreis des Einzelen hineingreift. Gerade die parlamentarische Entwickelung des öffentlichen Lebens führte zu einem starken Uebergewicht der Anschauungen des öffentlichen über das Privatinteresse. Ein Amtsmißbrauch ist demnach nur strafrechtlich zu verfolgen, und gegen den bona fide handelnden Beamten fällt auch diese strafrechtliche Verantwortung weg. Eine Entschädigungsklage gegen die Krone wegen Nachlässigkeit oder Vergehen ihrer Diener aber ist jederzeit durch die Gerichtspraxis versagt worden, unter ausdrücklicher Ablehnung jeder Analogie einer Haftung der Herrschaft für ihre Diener, die auf die Erfüllung der öffentlichen Pflichten und Functionen des Staats nicht anwendbar sei.

Eine Regreßklage kann also erst zur Erscheinung kommen, wo der Privatmann dem Privatmann gegenübersteht, wo der Beamte also den Kreis seiner Amtscompetenz überschreitet und durch den Gesichtspunkt der Erfüllung staatlicher Pflichten nicht mehr gedeckt wird. Darauf beruhen die nachfolgenden Sätze der Gerichtspraxis.

„Wo ein Friedensrichter einzeln oder in den Sessionen richterlich handelt, in Materien, in welchen er Jurisdiction (obrigkeitliche Amtsgewalt) hat und seine Jurisdiction nicht überschreitet, unterliegt er keiner Civilklage, wie irrthümlich auch seine Entscheidung sein mag; und selbst wenn er aus bösem Vorsatz formell richtig, materiell ungerecht handelt, unterliegt er einem Strafverfahren, keiner Civilklage."

„Wo aber ein Friedensrichter überhaupt keine Jurisdiction hat, oder seine Jurisdiction überschreitet, oder innerhalb seiner Jurisdiction die wesentlichen Formen so verletzt, daß sein Verfahren nichtig wird, oder wenn er einen Vollstreckungsbefehl aus einem Strafurtheil erläßt, welches nachher von einem höhern Gericht beseitigt wird: so wird sein Akt als ein Verfahren coram non judice angesehen, und es tritt eine Civilklage auf Schadensersatz ein wegen der dadurch veranlaßten Freiheitsberaubung, Pfändung oder sonstigen Beschädigung, auch wenn er ohne bösen Vorsatz handelt."

Beispiele dazu sind: ein Verhaftungsbefehl außer seinem Jurisdictionskreis; Eröffnung eines Haft- und Strafverfahrens ohne vorangegangene eidliche Information; nach einzelen Gerichtsurtheilen auch Fortsetzung einer Untersuchungshaft mit übermäßig langer Aussetzung des weitern Verhörs, oder in der Absicht ein Geständniß zu erpressen. Die Civilklage ist dann eine action of trespass,*) beruhend auf dem Grundgedanken, daß ein Magistrat außerhalb der formellen Grenzen und Formen seiner Jurisdiction Privatmann ist, und darum verantwortlich wie jeder Private dem Privaten für rechtswidrige Eingriffe in den Kreis der persönlichen und Vermögensrechte eines Andern.

Eine Anwendung der action of trespass ist die action of false imprisonment. Schon im Mittelalter hatten die unbegrenzten Verhaftungsbefugnisse der königlichen Beamten verschiedene Schutzmittel dagegen herbeigeführt (ein writ of mainprice, odio et atia, homine replegiando, habeas corpus). Die Gerichtspraxis bildete dafür auch zwei

---

*) Das System der Civilklagen oder des Regresses ist hienach eng begrenzt. Von keiner Civilklage ist z. B. die Rede wenn der Friedensrichter auf Grund einer eidlichen Information formell richtig verfährt, mag sich auch die Aussage später als unrichtig ergeben. Umgekehrt passirt freilich auch ein Rechtsirrthum, sobald ein materieller Grund zu einem Verfahren vorliegt, z. B. wenn er einen Haftbefehl wegen felony erläßt, wo ein genügender Grund zur Verhaftung wegen misdemeanour war. — In seltenen Fällen kann eine actio in factum ex delicto (action on the case) auf Schadensersatz eintreten, auch wenn er innerhalb seiner Jurisdiction handelt ohne probabilis causa für sein Verfahren. Der Kläger muß dann aber nicht bloß seine Unschuld darthun, sondern auch den Mangel der probable cause als Klagegrund geltend machen, und der Jury genügend darthun, daß dieser Mangel der probable cause in der Sache, wie sie dem Friedensrichter vorlag, offenbar war, Dickinson Qu. Sessions c. 2 §. 2. Die Civilklage wird hier wie eine actio legis Aquiliae auf einen criminellen Hintergrund basirt. Die Präjudicien der Gerichtshöfe giebt Broom, Constitutional Law S. 762—794.

§. 86. Die civilrechtliche Verantwortlichkeit (Regreßpflicht) der Friedensrichter. 505

Civilklagen: eine action of trespass gegen den, von dem der unrechtmäßige Akt der Verhaftung unmittelbar ausgeht; eine action of the case (in factum) gegen den, der durch falsche Information einen Andern zur Verhaftung veranlaßt. Das Prinzip indessen ist auch hier, daß die Klage gegen den Beamten nur wegen formeller Competenzüberschreitung eintritt, z. B. gegen den Sheriff oder Bailiff, der außer seiner Grafschaft oder nach Niederlegung seines Amtes verhaftet; oder auf Grund des Haftbefehls eines Friedensrichters, dessen commission widerrufen ist; oder gegen einen Gefängnißbeamten, der den Verhafteten über die angewiesene Zeit hinaus festhält; oder wegen einer grausamen Behandlung im Gefängniß, die über die Grenzen einer gesetzlichen Behandlung des Gefangenen hinausgeht. Keine Klage dagegen wider den Beamten, der auf Grund eines formell richtigen Haftbefehls handelt, auch wenn z. B. der Verhaftete gesetzlich haftfrei wäre. Anders ist es wieder, wo der Haftbefehl völlig außerhalb der Grenzen der Jurisdiction erlassen, das Verfahren also coram non judice ist, in welchem Falle auch der Unterbeamte verantwortlich bleibt, z. B. ein Haftbefehl wegen einfacher Injurien (slander), wegen der gar keine Klage stattfindet. Bei dieser formellen Gestaltung der Sache kommt die action of false imprisonment hauptsächlich nur gegen Privatpersonen zur Anwendung, gewöhnlich zugleich mit einer Klage wegen assault und battery.

So eng begrenzt diese Haftbarkeit erscheint, so schonungslos konnte sie auch bei entschuldbarem Versehen einschneiden. Die regierende Klasse Englands war daher durch ihre gewohnheitsmäßige Thätigkeit im obrigkeitlichen Amt veranlaßt, sie als noch zu streng anzusehen, und für alle Klassen des Ehrenbeamtenthums noch eine besondere „protection" hinzuzufügen, d. h. eine Reihe von beschränkenden Maßregeln, deren letzter Grund in der nothwendigen Rücksicht auf den Charakter des friedensrichterlichen Ehrenamts liegt.**) „Verschiedene Gesetze haben von Zeit zu Zeit eine so unend=
„liche Mannigfaltigkeit von Geschäften auf die Friedensrichter gehäuft, —
„sie sind der Art und von so großer Bedeutung für das Gemeinwesen, daß
„das Land höchlich verpflichtet ist jedem würdigen Magistrat, der ohne
„Nebenabsichten sich mit diesem mühevollen Dienst befassen will; — und

---

**) Die Protection der Friedensrichter gegen Civilklagen wird in dem Hauptgesetz 24. Geo. II. c. 44 eingeleitet mit folgenden Worten: „Sintemal die Friedensrichter entmuthigt werden in der Ausübung ihres Amts durch vexatorische Klagen wegen kleiner und unwillkürlicher Irrthümer in ihren Proceduren: und sintemal es nothwendig ist (so weit es vereinbar mit der Gerechtigkeit und mit der Sicherheit und Freiheit der Unterthanen, über welche sich ihre Amtsgewalt erstreckt), sie sicher zu stellen in der Ausführung ihres Ehren- und Vertrauenamts: Und sintemal es auch nothwendig ist die Unterthanen zu schützen gegen allen vorsätzlichen und bedrückenden Mißbrauch der verschiedenen Gesetze und Statuten, deren Ausführung den Friedensrichtern anvertraut ist; wird hiermit verordnet ꝛc."

„wenn daher ein wohlmeinender Friedensrichter einen unüberlegten Fehl-
„tritt in seiner Amtsführung begeht, erweisen ihm die Rechtshöfe eine große
„Milde und Nachsicht, und viele Gesetze sind erlassen, um ihn zu schützen
„in der rechtschaffenen Ausübung seines Amts." Blackstone I. 354. Gemeinsame Voraussetzung dieser Schutzmaßregeln ist aber die bona fides des
Beamten, Irrthum, Mißverständniß, worüber als question of fact die jury
entscheidet. Nicht geschützt sollen dadurch werden Akte, die colore officii,
nicht virtute officii vorgenommen sind. Die einzelen Schutzmaßregeln
sind folgende:

1. Alle Regreßklagen gehören zu den Lokalklagen, und haben ihren
Gerichtsstand nur in derjenigen Grafschaft, in welcher der angegriffene Akt
vorgenommen wurde, 21. Jac. I. c. 12 §. 2.

2. Bei allen Regreßklagen hat der Beklagte die vortheilhafteste Weise
der Vertheidigung, d. h. er kann sich generell für nicht schuldig erklären
(plead the general issue), und dabei alle Specialumstände die zur
Entschuldigung dienen, in seiner Beweisführung den Geschworenen vorführen. Es gilt diese Maxime auch für Constables und andere Beamte
bei allen Regreßklagen aus ihrer Amtsführung (action, bill, plaint, suit
upon the case, trespass, battery, false imprisonment), ebenso für die,
welche in der Amtsausführung ihnen Hülfe geleistet, 7. Jac. I. c. 5; 21.
Jac. I. c. 12.

3. Regreßklagen verjähren in 6 Monaten, 24. Geo. II. c. 44.

4. Dem Beamten muß wenigstens einen Monat vor der Einleitung
des Prozesses klar und deutlich durch eine schriftliche Anzeige der Grund
der Klage eröffnet werden, und die Beweisführung des Klägers muß sich
jedenfalls auf die in dieser Anführung bestimmt angegebenen Gründe beschränken, 24. Geo. II. c. 44 §. 1. Die Unterlassung oder die nicht gehörige Insinuation begründet Ungültigkeit der Klage. Auf der Rückseite
muß Name und Wohnort des klägerischen Anwalts so verzeichnet sein, daß
ihn der Beklagte aufzufinden vermag.

5. Nach Empfang der Anmeldung kann der beklagte Friedensrichter
dem Kläger eine gültige Entschädigung anbieten. Weist der Kläger
diese zurück, so kann das Anerbieten als Einrede im Hauptverfahren geltend gemacht werden, und wenn die Jury die angebotene Summe billig
und gerecht befindet, folgt eine Freisprechung des Beklagten mit Kostenersatz. Auch noch im Lauf des Prozesses kann der Beklagte eine angemessene Geldsumme baar einzahlen, und auch dann noch denselben Erfolg
erreichen, 24. Geo. II. c. 44. Nach dem Gesetz soll die Einzahlung der
Geldsumme vor der litiscontestatio geschehen (before joining issue); die
Praxis setzt sich indessen auch darüber hinweg, und gestattet sie jederzeit
bis zum Schluß der Verhandlung.

§. 86. Die civilrechtliche Verantwortlichkeit (Regreßpflicht) der Friedensrichter.

6. Bei Regreßklagen wegen eines Akts, der auf Grund eines später kassirten Strafurtheils erlassen war, soll dem Kläger nur ein nomineller Schadensersatz von 2 d. (2 engl. Pfennigen) und kein Kostenersatz zuerkannt werden, wenn nicht die Klage ausdrücklich anführt und der Kläger den Beweis führt, daß der Akt aus bösem Vorsatz und ohne reasonable oder probable cause vorgenommen wurde, 43. Geo. III. c. 141, worüber nicht die jury, sondern der Richter entscheidet (West v. Baxendale, 19 C.-J. 149). Ueberhaupt soll gar kein Schadensersatz zuerkannt werden, wenn sich ergiebt, daß der Verurtheilte wirklich schuldig war, und keine schwerere als die durch das Gesetz vorgeschriebene Strafe erduldet hat.

Neuerdings ist der ganze Punkt der Regreßklagen in einem Gesetz consolidirt, 11. et 12. Vict. c. 44. (An Act to protect Justices of the Peace from vexatious actions for acts done by them in execution of their office 14. Aug. 1848), und dabei ist die Unverantwortlichkeit der Friedensrichter in noch einigen Fällen ausgesprochen.

Das neue Gesetz, die Protection Act, 11. et 12. Vict. c. 44, ist die dritte der Sir John Jervis' Acts zur Consolidirung der friedensrichterlichen Praxis. Sie enthält meistens nur Formulirung schon bestehender Praxis, und ist ohne solche beinahe unverständlich. Klagen wegen begangener Akte innerhalb der Jurisdiction müssen als actio in factum ex delicto (action on the case as for a tort) formulirt werden; die Klagschrift muß ausdrücklich angeben, daß der Akt maliciously und ohne reasonable und probable cause vorgenommen wurde; im Fall des unvollständigen Beweises darüber folgt Freisprechung (§. 1). — In Fällen eines Akts ohne Jurisdiction oder mit formaler Ueberschreitung der Jurisdiction bleibt die bisherige Regreßklage stehen auch ohne Klaggrund aus boshaftem Vorsatz; sie kann aber aus einer conviction oder order erst angestellt werden, wenn solche durch das Obergericht kassirt ist (§. 2). — Wenn nachdem ein Friedensrichter das formell fehlerhafte Strafurtheil oder die order erlassen hat, ein zweiter daraus bona fide den Vollstreckungsbefehl erläßt, so soll die Regreßklage gegen den erstern gehen (§. 3). — Keine Regreßklage gegen einen Steuerexecutionsbefehl wegen Irregularität der Armensteuer-Ausschreibung; keine Regreßklage aus Akten, bei denen das Gesetz dem Friedensrichter ausdrücklich discretionäre Gewalt giebt (§. 4). — Trägt ein Friedensrichter Bedenken, einen zweifelhaften Akt aus Furcht vor einem Regreß vorzunehmen, so kann sich der Antragsteller mit schriftlichen Bescheinigungen an die Queen's Bench wenden, und diese durch Resolut in der Weise eines mandatum cum clausula den Akt anordnen, wodurch der ausführende Friedensrichter regreßfrei wird (§. 5). — Keine Regreßklage wegen Vollstreckung einer mangelhaften conviction oder order, die in der höhern Instanz materiell bestätigt wird (§. 6). — Verjährung der Regreßklage in 6 Monaten (§. 8). — Anmeldung der Klage einen Monat vorher (§. 9). — Gerichtsstand und Vertheidigung durch general issue (§. 10). — Gütliches Anerbieten des Schadensersatzes und Verfahren dabei (§. 11). — Schadensersatz auf 2 d. in gewissen Fällen (§. 13). — Kostenpunkt (§. 14). — Theilweise Aufhebung der älteren Gesetze (§. 17).

Von unverkennbarem Einfluß auf die Behandlung der ganzen Frage der Verantwortlichkeit ist die veränderte Stellung der Friedensrichter gewesen. Man dachte ihr Amt sich früher nach unten hin mehr als ein formales Richteramt. Die Friedenscommission überläßt „wenig oder nichts der Direction der Friedensrichter, sondern bindet sie fest mit den Ketten der Gesetze, Gewohnheiten, Ordonnanzen und Statuten", (Lambard I. cap. 11). Dalton in seiner Vorrede datirt die discretionären Gewalten erst seit der Zeit der Tudors, und macht noch den Versuch, die Fälle, wo sie nach „Discretion" verfahren, vollständig zusammen zu stellen (cap. 6). Im weitern Verlauf sind aber die discretionären (administrativen) Gewalten so unabsehbar gewachsen, daß die Obergerichte nicht nur durch die Stellung des Ehrenamts, sondern auch durch die Natur so vieler Geschäfte zu einer milden Praxis genöthigt werden.

§. 87.

Die Verantwortlichkeit der Constables.

Ergänzend zu der straf- und civilrechtlichen Verantwortlichkeit der Friedensrichter tritt hinzu der Grundsatz der Verantwortlichkeit der executiven Polizeibeamten. Durch ihre verfassungsmäßige Unterordnung unter die orders der decretirenden Beamten der Obrigkeit mußte sich diese Verantwortlichkeit wesentlich beschränken und vereinfachen. Der Grundsatz, den bona fide handelnden Beamten keiner strafrechtlichen Verfolgung zu unterwerfen, den innerhalb der Amtscompetenz handelnden Beamten keiner Regreßklage auszusetzen, mußte in verstärktem Maße den Unterbeamten schützen, der die Befehle seines Vorgesetzten vollzieht. Aus diesem Gesichtspunkt ergaben sich folgende Grundsätze:

1. Die strafrechtliche Verantwortlichkeit der Constables erstreckt sich analog wie die der Friedensrichter auf jeden Amtsmißbrauch aus corrupt, oppressive motives im Wege der gewöhnlichen Criminalklage. Sie kommt indessen dem Publikum gegenüber nicht zur Ausführung, wo der Constable auf Befehl des Obern handelt, dessen Verantwortlichkeit ihn schützt, soweit die Jurisdiction des Obern reicht.

So weit der Constable als Friedensbeamter aus eigenem Recht handelt, sind freilich seine Haftbefugnisse nach den obigen Grundsätzen (§. 78) zu beurtheilen. Der Gesichtspunkt der Verantwortlichkeit liegt in dem Grundsatz, daß er eine reasonable cause für seine Vermuthung der Schuld des Verhafteten haben soll. Für dies verständige Ermessen ist er persönlich verantwortlich. Für falsche Angaben der Personen, welche seine Hülfe requiriren, ist der Angeber verantwortlichkeit im Civil- und Strafprozeß.*)

---

*) Die Anklagen wegen Amtsüberschreitung der Constables sind im Ganzen nicht häufig. Ziemlich zahlreich sind indessen die Conflikte mit dem Publikum in der großstädtischen Polizeiverwaltung, und hier bewährt sich in der hauptstädtischen Polizei die Maxime, den Constable derselben summarischen Jurisdiction und Strafe zu unterwerfen wegen Ueberschreitung seiner Amtsbefugnisse, wie das

§. 87. Die Verantwortlichkeit der Constables.

Soweit er aber als Polizeidiener einen warrant eines Friedensrichters ausführt, deckt ihn die Verantwortlichkeit des Friedensrichters, und er ist nicht schuldig die materielle Richtigkeit des Befehls seines Obern zu prüfen.

Desto häufiger ist die Straffälligkeit des Constable wegen Versäumung seiner Pflicht, die schon nach gemeinem Recht als misdemeanour mit arbiträren Strafen gebüßt wird, insbesondere dann, wenn sie als eine Hinderung der öffentlichen Rechtspflege auftritt. Vorsätzliches Entweichenlassen eines felon ist sogar selbst felony, Hale P. C. 596. Ebenso ist schon nach gemeinem Recht der Ungehorsam der High Constables und Petty Constables gegen „gesetzmäßige Befehle der Sessionen oder der einzelnen Friedensrichter" ein misdemeanour mit arbiträrer Strafe im ordentlichen Prozeß. Ein Ungehorsam in Ausführung eines warrant oder in der Berichterstattung darauf, oder in dem sonstigen currenten Verfahren wurde schon nach älterer Praxis mit Polizeibuße (fine) belegt, Ungehorsam gegen die Anordnungen der Sessions als contempt summarisch bestraft. Allgemein ergänzend tritt endlich hinzu das st. 58. Geo. III. c. 55, wonach je zwei Friedensrichter in einer kleinen Sitzung jeden Constable in eine Ordnungsstrafe (fine) bis 40 sh. nehmen können, wegen jeder Versäumniß der Pflicht und wegen eines jeden Ungehorsams gegen einen warrant oder eine order eines jeden Friedensrichters.

2. Eine civilrechtliche Verantwortlichkeit der Constables tritt nach Analogie der Friedensrichter nur ein bei formeller Ueberschreitung der Competenz. So weit nun aber ein Constable in Ausführung eines friedensrichterlichen warrant handelt, hat er denselben Anspruch auf Protection wie der Friedensrichter rücksichtlich des Gerichtsstandes der Regreßklage, der Verjährung, der vorgängigen Klaganmeldung, der Erleichterung der Vertheidigung. Das st. 24. Geo. II. c. 44 §. 6 fügt noch die spezielle Bestimmung hinzu, daß keine Klage gegen einen Constable oder seinen Assistenten angebracht werden darf wegen irgend einer Amtshandlung in Ausführung eines friedensrichterlichen warrant, wenn nicht zuvor eine schriftliche Aufforderung an ihn erlassen ist auf Vorlegung und Gestattung einer Abschrift von dem friedensrichterlichen Befehl, und dieser Aufforderung binnen 6 Tagen nicht Folge geleistet wird. Ist dies ge-

---

Publikum wegen gewöhnlicher Fälle der Widersetzlichkeit. Findet sich also bei dem summarischen Strafverfahren der Polizeirichter irgend eine Schuld oder Ueberschreitung auf Seiten des untern Polizeibeamten, so wechselt derselbe sofort den Platz mit dem Angeschuldigten, und wird als Angeklagter in dasselbe Maß der Geldbuße bis 5 ₤. oder Gefängniß bis zu 1 Monat genommen, 2. et 3. Vict. c 44. Das Ansehen der Polizeiobrigkeit wird dadurch besser erhalten und gestärkt, als durch die amtszünftige Maxime, daß der Polizeibeamte nie ostensibel im Unrecht sein dürfe.

schehen, und die Klage wird dennoch gegen den Constable allein angebracht, ohne den Friedensrichter der den warrant erließ mit unter Klage zu stellen, so soll die Jury auf Freisprechung des Constable erkennen trotz eines Mangels in der Jurisdiction des Friedensrichters. Und auch dann, wenn die Klage **gemeinschaftlich** gegen den Friedensrichter und Constable angebracht wird, soll auf geführten Beweis von dem Dasein des warrant die Jury den Constable freisprechen und nur den Friedensrichter wegen Mangels der Jurisdiction zu Schadensersatz und Kosten verurtheilen. Auch die Protection Act, 11. et 12. Vict. c. 44, hat darin nichts geändert.

So engbegrenzt diese Verantwortlichkeit, so ist sie doch auch wiederum unabhängig von der Genehmigung einer vorgesetzten Behörde.

§. 88.
Der Instanzenzug der englischen Verwaltungsgerichtsbarkeit.

Die obigen Grundsätze in ihrem Zusammenhang bilden die **Jurisdiction über das öffentliche Recht**, wie sie in England nach den schlimmen Erfahrungen älterer Jahrhunderte mit unverkennbarer Sorgfalt und Consequenz entwickelt und hier nochmals als Ganzes zu übersehen ist.

Die Verwaltungsgerichtsbarkeit beruht nicht auf einer **Klage des Privaten** gegen die Obrigkeit. Der Staat in Ausübung seiner Hoheitsrechte erscheint nicht als „Partei" vor einem Gericht. Das englische Recht gewährt nicht einmal wegen vermögensrechtlicher Ansprüche an den Staat eine direkte Klage, sondern nur eine „Petition" um den Rechtsweg. Selbst das writ of mandamus ist unzulässig gegen einen Finanzbeamten der Krone (In re De Bode 6. Dowling 776).

Die Verwaltungsgerichtsbarkeit beruht auch nicht auf dem **Instanzenzug** der ordentlichen Gerichte. Es ist dabei weder das Kreisgericht der decretirenden Polizeiobrigkeit, noch ein Mittelgericht den Quarter Sessions übergeordnet oder nebengeordnet. Das englische Verwaltungsrecht vermeidet die Gegenüberstellung von Justiz und Verwaltung in dem Maße, daß auch eine Provocation von den Verwaltungsstellen an die Gerichte nur in wenigen finanziellen Fragen ausnahmsweise eintritt.

Die Verwaltungsjurisdiction beruht vielmehr auf dem Grundsatz, daß die Staatsgewalt **um ihrer selbst willen** eine gesetzmäßige, unparteiische Handhabung des Verwaltungsrechts will. „Der König kann nicht Unrecht thun" bedeutet nach dieser Seite hin eine praesumptio juris et de jure, daß die höchste Gewalt im Staate jeder Zeit Recht ertheilen will, sollte auch etwa der König aus Irrthum ungesetzmäßige Befehle gegeben haben.

§. 88. Der Instanzenzug der engl. Verwaltungsgerichtsbarkeit

Die Verwaltungsjurisdiction formirt sich daher so, daß die Verwaltungsstellen neben ihren executiven Functionen zugleich richterliche Functionen übernehmen, und den Parteien durch die persönliche Stellung der verantwortlichen Beamten, deren Ständigkeit, Collegialität und öffentlich-mündliche contradictorische Verhandlung die Garantien des Gerichtsverfahrens darbieten. Indem der Staat die richtige und unparteiische Auslegung der Verwaltungsgesetze im Interesse der Staatsordnung erstrebt, bildet er seine Rechtscontrolen nicht vom Standpunkt des Einzelrechts, sondern vom Standpunkt der Gesammtheit aus. Zur politischen Freiheit gelangen in der That nur die Völker, welche eine solche Ordnung des öffentlichen Rechts um ihrer selbst willen erstreben.

Es liegt aber im Wesen der Staatsgewalt, daß dieselbe Gestaltung, welche dem Staat zur gleichmäßigen sichern Durchführung seiner Gesetze dient, eo ipso auch dem Einzelen die wirksame Garantie gegen willkürliche oder parteimäßige Handhabung der Amtsgewalten gewährt. Bei jedem Schritt zur Verwirklichung kommt die Zweiseitigkeit dieses Rechtsschutzes zur Erscheinung. Sobald der Staat seine Controlen für die unparteiische Anwendung der Verwaltungsgesetze gebildet hat, dienen dieselben als Rechtsschutz des Einzelen, selbst wenn dies in der Anlage nicht beabsichtigt war. Wenn umgekehrt eine Rechtscontrole auch zunächst zum Schutz des Einzelen (ein writ of habeas corpus) gebildet wird, so muß sie nicht als ein Volkstribunat, sondern als staatliche Controle unparteiischer Gesetzanwendung gestellt werden, um Halt und Wirksamkeit zu gewinnen. Alle Rechtsprechung über öffentliches Recht gestaltet sich daher zwar nach dem System der Gerichtsverfassung: die Zweiseitigkeit ihres Zwecks aber bedingt andere Behörden, Instanzen und Procedurformen als der Schutz der Privatrechte.

Die englische Verwaltungsgerichtsbarkeit in diesem Sinne bildet drei Stufen, für welche eine Vergleichung mit dem altpreußischen Verwaltungssystem nicht fern liegt, — mit der frühern Stellung des Landrathsamts, der collegialischen Mittelbehörden und des „Geheimen Staatsraths."

I. Die Verwaltung und Verwaltungsjurisdiction erster Instanz bildet sich aus der Stellung der executiven Beamten unter dem Decernat der „verwaltenden" Polizeibeamten (Friedensrichter). Die Befugnisse der executiven Beamten sind dieselben wie die der unsrigen. Der Inhalt des Polizeidecernats deckt sich mit dem Decernat unserer „verwaltenden" Polizei. Die wesentlichen drei Unterschiede liegen aber in der persönlichen Stellung des Beamten und in dem Geschäftsgange.

1. Das Verhaftungsrecht und die weiten discretionären Gewalten des executiven Polizeibeamten werden unter einer civil- und strafrechtlichen Verantwortlichkeit gehandhabt, die zwar so begrenzt ist, um

eine vollwirksame Handhabung zu sichern, die in diesen Schranken aber unabhängig von der Genehmigung einer vorgesetzten Behörde gestellt ist (§. 87). — Die Erfahrung hat jedoch auch in England gezeigt, daß die bloß legale Verantwortlichkeit des executiven Beamten zum Schutz des Einzelen völlig unzureichend ist. Nur die fortlaufende Aufsicht und Controle durch den Vorgesetzten bildet den eigentlich wirksamen Schutz gegen die Mißgriffe in der täglichen Aktion des Einzelbeamten, in seinen stetigen Conflikten und Reibungen mit dem Publikum. Diese Controle wird über die besoldeten Polizeimannschaften jetzt auch in England durch Polizeiinspectoren und Polizeihauptleute (chief constables) geübt. Eine solche leidet aber unabänderlich an der einseitigen Anschauung des berufsmäßigen Beamtenthums. Das englische selfgovernment hebt diese Einseitigkeit auf, indem es mitten aus dem bürgerlichen Leben heraus mehr als 10,000 active Friedensrichter als Oberbeamte über das Polizeidienerthum stellt, und alle policemen mit ihren Inspectoren den gesetzmäßigen Befehlen dieser bürgerlichen Obrigkeit unterwirft. Die unbefangene Controle kann an dieser Stelle in der That nur durch höhergestellte, unabhängige Elemente der Gesellschaft geschaffen werden. Das Einschreiten gegen Mißgriffe, Härten und Willkür des Polizeidienerthums, die Entlassung des ohne genügenden Grund Verhafteten, die Feststellung der Beschwerden gegen den Beamten an Ort und Stelle, die Beglaubigung der darauf bezüglichen Akte mit Zuziehung eines Protokollführers, bilden einen Beruf der höheren Klassen, welchen nur eine engherzig sociale Lebensanschauung anzufechten vermag. Das englische selfgovernment durchbricht an diesem entscheidenden Punkte die geschlossene Kette des Berufsbeamtenthums, welches sich unabänderlich zu einer solidarischen Hierarchie abschließt, wenn man an diese Stelle nur einen Polizeidirector, einen Maire, einen Unterpräfekten, einen besoldeten Landrath oder einen besoldeten Amtshauptmann zu setzen weiß. Eine Ergänzung durch besoldete Berufsbeamte hat auch England keiner Zeit entbehren können: aber den überwiegenden Charakter der verwaltenden Polizei als eines bürgerlichen Ehrenamtes hat England auch noch im XIX. Jahrhundert festgehalten. Eine solche präsente Controle erst trifft den lebendigen Punkt der Polizeiwillkür, indem sie die tägliche Action des Beamten unter die Augen eines Vorgesetzten bringt, der nicht dem Kreise der amtszünftigen Interessen und Lebensanschauungen angehört. Es kommt nicht so sehr darauf an, wie oft der Arm der executiven Polizei durch diesen Vorgesetzten zurückgehalten wird: es genügt schon die gegenwärtige Möglichkeit dieses Eingreifens, um das Polizeidienerthum vor der Ueberschreitung und Ueberhebung zu bewahren.

2. Die decretirende Polizeiobrigkeit gewinnt im selfgovernment durch die gesellschaftliche Stellung des Ehrenbeamten stillschweigend

§. 88. Der Instanzenzug der engl. Verwaltungsgerichtsbarkeit. 513

die Unabhängigkeit des Richteramts, und durch die englischen Geschäfts=
formen die Garantien eines ordentlichen Gerichtsverfahrens in der oben
(§. 38) dargelegten Weise. Das polizeiliche Verfahren, welches überall
dem summarischen Gerichtsverfahren folgt, gestaltete sich hier zu einem
öffentlich=mündlichen Prozeß mit eidlichen Zeugenverhören und zuverlässigen
Beweisaufnahmen. Zu diesem Zweck hat die Gesetzgebung alle materiellen
Polizeiverfügungen auf die Form des Polizeiresoluts oder Strafresoluts,
order oder conviction, zurückgeführt, und durch die Zuziehung eines Ge=
richtsschreibers und die amtliche Function der Constables als Gerichts=
diener die Garantien eines Gerichtsverfahrens gewährt. Die gesetzlich vor=
geschriebenen Formulare der orders, convictions und warrants sichern zu=
gleich die Innehaltung des gesetzlichen Geschäftsganges und die Angabe
der Entscheidungsgründe, soweit solche in Polizeiresoluten gegeben werden
können. Dem Namen und der Sache nach ist das Polizeidecernat in seinem
Conflikt mit der Person und dem Eigenthum zur „Jurisdiction" geworden,
und erscheint in seinem öffentlichen Geschäftsgange nun auch dem Publikum
als das, was es wirklich ist: **Rechtsprechung über das öffentliche
Recht**. Für die höheren Instanzen wird damit zugleich die zuverlässige
Feststellung des Thatsächlichen gewonnen, die in den Verwaltungssystemen
des Continents nur auf den Anzeigen und Berichten der Unterbeamten zu
beruhen pflegt, und den Minister nöthigt, zuletzt auf die Amtsanzeige eines
Gensdarmen zu entscheiden.

3. **Ein collegialisches Polizeidecernat I. Instanz** endlich
tritt bei allen denjenigen Polizeiakten ein, bei welchen im parteimäßig ver=
walteten (constitutionellen) Staat ein Mißbrauch der Polizeigewalt zu
Wahl= und Parteizwecken unvermeidlich ist, sobald sich alle Polizeigewalt
in einem Einzelbeamten personifizirt. Die Stellung des Ehrenamts ermög=
licht eine collegialische Behandlung in den größeren und kleineren Kreis=
bezirken und Städten, und führt zu einer ständigen Formation, in welcher
unter allen Regierungssystemen (selbst unter den Stuarts) Männer ver=
schiedener Parteirichtungen sich in den Commissionen beisammen fanden, und
durch gewohnheitsmäßiges Zusammenwirken in dem Gefühl der Berufsehre
und der Berufspflicht gesetzmäßig verwalten lernten. Dies collegialische
Decernat begreift alle die Gebiete, welche in unseren „constitutionellen"
Verwaltungen erfahrungsmäßig immer an erster Stelle der parteimäßigen
Handhabung anheimfallen:

a) die Ernennung, Bestätigung und Entlassung der Kirchspiels=
beamten, welche auch mit Rücksicht auf die sociale Stellung des niedern
Ehrenamts unter die collegialische Beschließung des obern Ehrenamts ge=
stellt ist;

b) die Ernennung und Entlassung der besoldeten Polizeimann=

schaften auf Vorschlag des Chief Constable, verbunden mit dem Ordnungsstrafrecht und der ordentlichen Strafgewalt über die Mannschaften, cumulirt mit den scharfen Strafklagen gegen die Betheiligung aller Polizeibeamten an den Parlamentswahlen;

c) die Ertheilung der Schankconcessionen, und aller übrigen Gewerbsconcessionen, für welche eine polizeiliche Concession nicht zu entbehren ist; es ist bezeichnend, daß auch in England die bekanntesten Fälle einer Bestrafung der Friedensrichter wegen Amtsmißbrauchs in das Gebiet der Concessionsertheilungen fallen;

d) der Erlaß der Ortspolizei- und anderen Verwaltungsregulative für den Geschäftskreis des selfgovernment, mit Vorbehalt der Bestätigung durch den Minister des Innern, wo dies zur Aufrechterhaltung landespolizeilicher und finanzieller Grundsätze nothwendig;

e) die Verwaltung des Grafschaftsvermögens, die Ausschreibung der Kreissteuern und das Decernat über die Verwendung des Kreisfonds zu den verschiedenen Zwecken der Gerichts- und Polizeiverwaltung.

Wie in jeder tüchtigen Gerichtsverfassung, so liegt auch in der Verwaltungsjurisdiction der Schwerpunkt in der ersten Instanz. Schon in dieser tritt die Unentbehrlichkeit des Ehrenbeamtenthums hervor, um das Personal für eine unabhängige Rechtsprechung zu gewinnen; denn die Polizeigewalt vermag einerseits nur mit entlaßbaren Beamten unter Autorisation der Staatsregierung zu bestehen, die Polizeijurisdiction erfordert andererseits die Unabhängigkeit eines wirklichen Richteramts. Dieser Widerspruch ist nur zu lösen durch die gesellschaftliche Stellung des Ehrenbeamtenthums, welches durch die Selbständigkeit des Besitzes, durch die gewohnheitsmäßige Rechtsprechung und durch die Collegialität sich stets unabhängiger und zuverlässiger erwiesen hat als jedes Berufsbeamtenthum auch in richterlichen Stellungen.

II. Die Mittelinstanz der Verwaltungsjurisdiction in den Quartalsitzungen der Friedensrichter ist seit den Zeiten der Restauration aus einem praktischen Bedürfniß der Decentralisation hervorgegangen. Diese Mittelinstanz bildet sich nicht aus einem nebengeordneten Justiz- oder Verwaltungspersonal außerhalb der Lokalverwaltung, sondern durch eine collegialische Formation aus dem obrigkeitlichen Ehrenamt selber. Es wird damit die Einheit der vollziehenden Gewalt, die praktische Kenntniß der Geschäfte und der Lokalverhältnisse gesichert und zugleich dem obrigkeitlichen Ehrenamt seine Stellung gewahrt. Der Friedensrichter hat sich einem von außen her berufenen Staatsbeamten (selbst den hochgestellten Reichsrichtern in den Assisen) niemals unterordnen mögen. Unter Wahrung dieses Ehrenanspruchs gewähren aber die zahlreichen Collegia der Friedensrichter alle Garantien eines Richtercollegiums, und haben als solche

§. 88. Der Instanzenzug der engl. Verwaltungsgerichtsbarkeit. 515

zu allen Zeiten ihre Unabhängigkeit gegen die Parlamentsparteien nach oben wie gegen die Lokalparteien nach unten zu behaupten vermocht. Die öffentlich-mündliche contradiktorische Verhandlung giebt auch dieser Beschwerdeinstanz der Verwaltung den Charakter einer vollen Jurisdiction (§. 69). — Nochmals tritt aber in der Mittelinstanz die Nothwendigkeit der königlichen Ernennung in verstärktem Maße hervor. Es ist nicht bloß die persönliche Stellung des Ehrenamts, welche es verbietet, die Friedensrichter anderen gewählten Beamten als ihren Vorgesetzten unterzuordnen, — ein Versuch, der alsbald zur Auflösung der Friedensrichterverfassung führen würde. Es ist noch mehr der entscheidende Charakter der Jurisdiction selbst, welcher das Wahlsystem ausschließt. Judge and jury, Richter und Schöffenamt, haben in keiner Form, so wenig in England wie in Deutschland, sich jemals durch Lokalwahlen zu bilden vermocht; und für die Jurisdiction über das öffentliche Recht gilt diese Grundmaxime in noch verstärktem Maße, da sie dem Einfluß der lokalen Interessen und Parteien in stärkerm Maße unterliegt, als die gewöhnliche Rechtsprechung in bürgerlichen und Strafsachen. Alle gewählten boards und conseils haben in England sowenig wie auf dem Continent zu einer Rechtsprechung über das öffentliche Recht mit bloß gewählten Beamten gelangen können. Mit dem Wahlsystem für das Richteramt der Verwaltung würde die obrigkeitliche Selbstverwaltung überhaupt erlöschen.

III. Die Stellung der Reichsgerichte als Controlinstanz der Verwaltung gehört nicht dem ordentlichen System der Gerichtsverfassung an, sondern bildet eine eigenthümliche Verwaltungsjurisdiction höchster Instanz, die in England nur durch den oben dargelegten historischen Hergang mit dem Personal der Reichsgerichte indentificirt ist. Als mit Aufhebung der Sternkammer in 16. Car. I. c. 10 die materielle Beschwerdeinstanz bei dem Ministerrath aufhörte, fiel dieser Geschäftskreis den ehemaligen Justitiarien des Ministerraths in ihrer Stellung als Reichsrichtern zu. Der Uebergang war also ungefähr derart, als ob in einer deutschen Centralverwaltung die rechtsverständigen Räthe der einzelen Departements zu einem Collegium vereint, und unter Verleihung der richterlichen Unabsetzbarkeit, zu einem Verwaltungsgerichtshof mit contradictorischer Verhandlung erhoben würden. Eben deshalb steht diese Verwaltungsjurisdiction noch heute außerhalb des Instanzenzuges der ordentlichen Gerichtsverfassung. Die gerichtliche Oberinstanz des Court of Exchequer Chamber und des Oberhauses gilt nur für Justizsachen, nicht für diese Verwaltungssachen. Der Geschäftsgang ist nicht der gewöhnliche Prozeß durch Klage, Appellation oder Cassation, sondern hat die alte Gestalt der Ministerialrescripte (Hofrescripte, writs) beibehalten, in welcher früher der Ministerrath in streitigen Verwaltungssachen procedirte. Die Verwaltungsjuris-

33*

diction hat also auch in höchster Instanz die Gestalt einer administrativen Beschwerdeinstanz beibehalten, welche eine contradiktorische Verhandlung und die vollsten Garantien einer Gerichtsentscheidung nicht ausschließt. Die Besetzung des obersten Competenz- und Cassationshofes mit einem rechtskundigen Berufspersonal ist jederzeit als nothwendig anerkannt worden, da das Ehrenbeamtenthum für diese schwierigsten Fragen der Gesetzauslegung nicht ausreicht.

Dies **Grundgerüst der Verwaltungsjustiz** hat ebenso wie auf dem Continent seine Gestaltung in der **Polizeiverwaltung** erhalten. Es erstreckt sich aber von da aus auf das Gebiet der Miliz- und Militärverwaltung, auf die Steuereinschätzungen und die Stadtverwaltung (Cap. VI.—VIII.), sowie auf die obrigkeitliche Controle der Armen-, Gesundheits- und Wegeverwaltung (Cap. X.—XII.), soweit das Bedürfniß reicht, für die Ansprüche der Staatsgewalt an Person und Vermögen der Unterthanen die Garantien unparteiischer Rechtsprechung zu gewähren.

Ergänzend tritt dazu die **Controle der ordentlichen Civil- und Strafgerichte**, welche in ihren Entscheidungen über Privat- und Strafrecht **mittelbar** auch über das öffentliche Recht, insbesondere über die verfassungsmäßige Grenze zwischen Gesetz und Verordnung entscheiden.

Als Ergänzung tritt endlich dazu die von der Ministerverwaltung unabhängige **Verantwortlichkeit der Beamten** und die rechtliche Verantwortlichkeit der Minister selbst.

Diese geschlossene Kette von Controlen einer gesetzmäßigen Ausübung der Staatshoheitsrechte ist in England nach langen und schweren Erfahrungen so gestaltet, um durch Einschiebung der höheren Ehrenämter die Reibungen zwischen Macht und Recht über den ganzen Staatskörper auf unzählige Punkte zu vertheilen. Gerichte und Verwaltungsbehörden sind in ihrer täglichen Action so neben einander gestellt, um die ganze Landesverwaltung, die Interpretation der Gesetze und Verordnungen des öffentlichen Rechts, die Grundprincipien der Landesverfassung, völlig unabhängig von dem politischen System der „zeitigen Minister" der Krone zu stellen. Darauf eben beruht die Möglichkeit einer **gesetzmäßigen Regierung durch Parlamentsparteien und Parteiministerien**.

Die ordentlichen Civil- und Strafgerichte entscheiden auch in England direkt nur über streitige Fragen des Privat- und des Strafrechts. Da sie aber das gesetzlich anzuwendende Recht selbständig zu prüfen haben, so entscheiden sie **indirekt** auch über die Grenzen zwischen Gesetz und Verordnung und über die streitige Auslegung der Verwaltungsgesetze, soweit die Entscheidung des **einzelnen** gerichtlichen Falles davon abhängig ist.

Diese Gerichtscontrole reicht aber nicht aus für die gesetzmäßige Handhabung der **Polizeigewalt** in ihrem täglichen Conflikt mit der Freiheit und dem Eigenthum des Einzelen. In erster Stelle für die Polizeiverwaltung bedarf es einer positiv geordneten **Verwaltungsjustiz**, die sich in England ebenso wenig wie auf dem Continent dadurch schaffen ließ, daß man

§. 88. Der Instanzenzug der engl. Verwaltungsgerichtsbarkeit.

dem Einzelen gestattete, die Polizeiobrigkeit bei den Gerichten zu verklagen. Die schützende, sichernde und fördernde Thätigkeit des Staats läßt sich in ihrer unmittelbaren täglichen Aktion nicht durch eine Intercession von außerhalb hemmen. Das englische Verwaltungsrecht hat jederzeit anerkannt, daß der Staat keine Doppelorgane für diese Funktionen bilden kann, daß die question of law und die question of fact sich auf diesen Gebieten nicht trennen lassen, daß die Grundsätze und Formen der ordentlichen Civil- und Strafgerichte dafür weder passen noch ausreichen, daß für dieses Gebiet also nur eine jurisdictio extraordinaria möglich ist, in welcher Ausführung und Rechtsprechung beisammen bleiben, und die Garantien der Gesetzmäßigkeit und Unparteilichkeit vorzugsweise in der Stellung des Personals zu finden sind. Zur Erfüllung dieses hohen Berufs entstand der Organismus des obrigkeitlichen selfgovernment, welcher die ungehemmte Thätigkeit der Executive mit einer unparteiischen Entscheidung über das contentieux vereinigt. Die streitigen Verhandlungen des Polizeirechts liegen hier, wie auf dem Continent, in I. und II. Instanz innerhalb der Landespolizeibehörden selbst; gewinnen aber ihre Rechtsgarantien durch die verantwortliche Ehrenamtsstellung und die collegialische Controle innerhalb des verwaltenden Beamtenthums selbst. Nur in III. Instanz ist der Competenz- und Cassationshof aus dem Personal der Reichsgerichte gebildet.

Dieser innere Zusammenhang der Justiz und Verwaltung war allerdings aus der Darstellung Blackstone's nicht ersichtlich, und ist nur mit äußerster Mühe aus dem Chaos der alphabetischen Rechtsdarstellungen Englands herauszuarbeiten, wie dies in Gneist, Verwaltungsjustiz (1869) §. 43—45 geschehen ist. Ein sicheres Urtheil über diese Frage ist auch für Deutschland nur durch ein vergleichendes Verwaltungsrecht zu gewinnen, wie solches in der obigen Schrift (§. 10—12) versucht ist.

Die deutsche Grundauffassung verlangt an erster Stelle den Schutz des Individualrechts gegen die Staatsgewalt. Sie hält daher die indirekte Entscheidung der Gerichte bis zum weitesten Maße fest, und schiebt die Gerichtsentscheidungen als Enclaven in die Verwaltung ein, wo irgend ein „Privatrechtstitel" geltend zu machen ist. Allein zu einer Jurisdiction über das öffentliche Recht ist auf diesem Wege niemals zu gelangen. Die Einseitigkeit des Bestrebens, welches immer nur an sich und sein Eigen denkt, und das Kreisgericht gegen die Polizeiobrigkeit anrufen will, ist dieselbe Grundrichtung, welche die Entwickelung des Staats den Deutschen so schwer gemacht und den überwuchernden Partikularismus in ihr Staatsleben eingeführt hat. — Mit bewußter Energie hat die preußische Staatsbildung einst von oben herab die Rechtscontrolen in die Verwaltung geführt, und den Verwaltungsbehörden den Organismus der Gerichte gegeben in dem collegialischen „Geheimen Staatsrath", den Kriegs- und Domänenkammern, und dem ständigen Landrathsamt. Dieser ehrenfeste Organismus litt aber an der Einseitigkeit der reinen Beamtenverwaltung und an einer unüberwindlichen Schwerfälligkeit, welche schon in der spätern Regierung Friedrichs des Großen hervortrat. Er wurde zur Hälfte abgebrochen in der Stein-Hardenbergischen Periode, zur andern Hälfte mit dem Beginn der constitutionellen Verfassung. Nachdem jetzt die Ministerialdirectoren, Regierungspräsidenten und Landräthe, also die Hauptbeamten für die Entscheidung des contentieux, zur Disposition der zeitigen Minister gestellt, d. h. zu rein executiven Staats-Organen geworden sind, reichen die alten Behörden in keiner Weise aus, um im constitutionellen Staat die Rechtsprechung über das öffentliche Recht unter constitutionellen Ministern zu handhaben. In der Wirklichkeit hat die Preußische Verfassung und Verwaltung nur noch moralische Garantien an Stelle der Rechtscontrolen behalten. Es bedarf vielmehr einer Neubildung aller Verwaltungsjurisdiction, für die es nur die Wahl giebt zwischen dem Präfectensystem oder der obrigkeitlichen Selbstverwaltung. Eine positive Organisation ist vorgeschlagen in Gneist, die preußische Kreisordnung, Berlin 1870.

VI. Capitel.

Die Milizverfassung und militärische Verwaltungsjurisdiction.

§. 89.

Die ältere Milizverfassung.

Dem selfgovernment der Friedensrichter schließt sich am nächsten an die Miliz, deren „Civilverwaltung" nach manchem Wechsel sich völlig parallel der jurisdiction der Friedensrichter gebildet hat, während ihre militärische Organisation sich dem stehenden Heere anschließt.

Die Militärverfassung richtet sich überall zunächst nach der Lage des Landes, mit welcher auch die „Neigungen und Gewohnheiten" der Völker nahe zusammenhängen. Das insulare England stand darin isolirt zu allen Zeiten. Es hatte in der angelsächsischen Zeit länger als andere germanische Stämme sich gegen die nothwendige Umbildung der alten Volksmilizen in ein ständiges Reiterheer gesträubt, und war eben deshalb der normannischen Eroberung unterlegen.

Die normannische Herrschaft brachte das neue Heersystem in einer Schärfe, Bestimmtheit und Vollständigkeit wie in keinem andern Lande Europas. Allein eben wegen dieser, der Lage des Landes widersprechenden Ueberspannung des Lehnssystems, tritt hier am frühsten die Zersetzung ein: d. h. die Besitzelemente des Lehnswesens dauern fort, die militärischen aber verfallen und bleiben nur als Namen und Titel für Besitzrechte und Steuerpflichten stehen. England bedurfte, nachdem die Gefahr der dänischen Einfälle aufgehört hatte, keiner stehenden Vertheidigungsarmee mehr, außer für einige Grenzmarken, welche Jahrhunderte hindurch noch eine abweichende Militärverfassung behielten. Schon Heinrich II. entschloß sich daher zur Herstellung der alten Grafschaftsmiliz durch die Assize of Arms 27. Henry II., welche die kleineren Freisassen und Stadtbewohner (liberi homines) zu einer ergänzenden Bewaffnung im Fußdienst heranzieht. Hun=

§ 89. Die ältere Milizverfassung.

dert Jahre später folgt mit Zustimmung der Parlaments das st. Winchester 13. Edw. I. c. 6, welches die waffenfähigen liberi homines vom 15. bis zum 60. Jahre nach dem Besitz einschätzt in 5 Stufen von 15, 10, 5, 2—5 und unter 2 Pfund Silber Grundrente. Unverkennbar ist der nächste Zweck dieser Miliz hauptsächlich die Aufrechterhaltung der innern Landesordnung. Sie erscheint daher von Anfang an verwachsen mit einer geschärften Landespolizeiordnung. Die beiden Constables, welche in jeder Hundertschaft ernannt werden sollen, sind nicht sowohl aktive Offiziere als Beamte für die Enrollirungs- und Musterungsgeschäfte, denen sich die alten Dorfschulzen als kleine Constables unterordnen. Der Widerspruch der Parlamente nöthigt dem König die ausdrückliche Zusicherung ab, die Grafschaftsmilizen nicht über ihren ursprünglichen Zweck hinaus zu verwenden, d. h. nicht außerhalb des Reichs, und in gewöhnlichen Zeiten nicht außerhalb der Grafschaft, 1. Edw. III. st. 2. c. 5, 7; 5. Edw. III. st. 5. c. 8.

Es hört damit weder die kriegerische Neigung noch die kriegerische Uebung des großen Grundbesitzes auf; es tritt aber eine Arbeitstheilung ein, bei welcher der schwere Reiterdienst vorzugsweise von denen, welche Beruf und Neigung dazu fühlen, insbesondere auch von jüngeren Söhnen gegen Soldzahlung versehen wird, während die Ritterlehne zur Aufbringung dieses Soldes gleichmäßig steuern. Gegen gute Bezahlung fanden sich dann aus der Grafschaftsmiliz Schwer- und Leichtbewaffnete zu Fuß, Bogenschützen zu Fuß und zu Pferde, die sich der Lehnsreiterei anschlossen und dem englischen Heere eine größere Beweglichkeit, Verwendbarkeit in weiten Entfernungen, und eine besondere Geschicklichkeit im Angriff mit Wurfgeschossen verliehen. Seit Eduard I. consolidirt sich diese Verschmelzung der Lehns- und Grafschaftsmilizen. Unter Eduard III. ist daraus ein neues taktisches und strategisches System gebildet. Der Fußsoldat, den die Lehnsmiliz nur als Knecht verwendet, erscheint als gesonderte Waffe, und das Verhältniß des Schwer- und Leichtbewaffneten, des Reiters und des Fußmanns, nicht mehr als das Verhältniß des Herrn zum Diener, sondern des Offiziers zum Soldaten. Freilich ging schließlich der Ruhm und Glanz der so zusammengesetzten Heeresordnung wieder verloren, nach außen durch den Verlauf der französischen Kriege, nach innen durch den 30jährigen Streit der beiden Rosen.

In der Periode der Tudors wurde die königliche Gewalt in der Milizverfassung wieder hergestellt, das Gefolgschaftswesen des Adels streng unterdrückt. Die einzige legale Landesbewaffnung ist jetzt die Grafschaftsmiliz. Die militärischen Gewalten des Sheriff gehen immer regelmäßiger auf einen stehenden königlichen Commissarius, den (Lord) Lieutenant über. Das Bewaffnungssystem wird den neueren Bedürfnissen gemäß geändert;

eine regelmäßige, nach dem Census abgestufte Aushebung hat jedoch unter den Stuarts gänzlich aufgehört.

In der Zeit der Bürgerkriege war das Commando der Milizen bekanntlich das Signal zum Ausbruch des Kampfes. Der Krieg wird dann einige Jahre hindurch zwischen Landedelleuten, bewaffneten Pächtern, Knechten und halb disciplinirten Milizen geführt; zuletzt aber durch ein stehendes Heer nach dem „Modell" Cromwells beendet. Die siegreiche Partei begründete eine Republik, welche ihre Autorität vorzugsweise auf ihr stehendes Heer stützen mußte. Mit dem gebrochenen Recht des Königthums war auch das daraus abgeleitete Recht der besitzenden Klassen gebrochen, und es entwickelt sich daraus eine bittere Feindschaft des Besitzes gegen die Republik und ihre stehende Armee.

Unter Carl II. werden um so eifriger die alten Milizen und die königlichen Milizgewalten restaurirt und durch einen hohen Census abgeschlossen, 13. Car. II. c. 6; 13. et 14. Car. II. c. 3; 15. Car. II. c. 4. Die Miliz ist von da an eine bewaffnete Organisation der regierenden Klasse zugleich nach oben und unten. Nach dem Hauptgesetz 13. et 14. Car. II. c. 3 §. 2 ernennt der König den Lord Lieutenant in jeder Grafschaft, county of city und in analogen Bezirken. Dieser präsentirt ihm eine Anzahl von Deputy Lieutenants zur Bestätigung, vorbehaltlich des königlichen Rechts solche auch selbst zu ernennen oder zu entlassen. Der Lord Lieutenant ertheilt die Offizier-Patente (commissions) an die Obersten und andere Offiziere. Die Last der Miliz ist nach folgendem Census vertheilt, in welchem die mittelalterlichen Proportionen von 20 L. und 40 sh. freehold mehr als zwanzigfach erhöht sind.

1. Besitzer von 500 L. Grundrente oder 5000 L. anderm Vermögen (ungerechnet das Hausgeräth) stellen einen gerüsteten Mann zu Pferde; für ein höheres Vermögen verhältnißmäßig mehr.

2. Besitzer von 50 L. Grundrente oder 500 L. bewegl. Vermögen stellen einen gerüsteten Mann zu Fuß; für ein höheres Vermögen verhältnißmäßig mehr.

3. Besitzer unter 50 L. Grundrente oder 500 L. Vermögen werden durch die Constables angehalten nach billiger Einschätzung beizutragen.

Zur Einschätzung der Pairs ernennt der König eine eigene Commission von wenigstens 12 Pairs. Niemand braucht in Person zu dienen, sondern kann dem Capitän zur Bestätigung einen Stellvertreter präsentiren. Zur Beschaffung von Munition, Kriegsbedürfnissen und Nebenkosten können Lord Lieutenant und Deputy Lieutenants eine Grundsteuer in der Grafschaft ausschreiben, die aber nicht mehr betragen darf als $\frac{1}{4}$ Monatsbetrag der Staatsgrundsteuer, wie sie damals nach 12. Car. II. c. 29 eingeschätzt war.

Gesetze dieser Richtung kehren im achtzehnten Jahrhundert mehrmals ziemlich monoton wieder. Die so gestaltete Miliz wurde indessen niemals eine lebendige Institution, und zeigte sich bei den Kämpfen mit den Prätendenten als eine sehr schwache, durch ihre Schwerfälligkeit und Kostbarkeit zweckwidrige Bewaffnung. Im Jahr 1756 hatte der drohende Einfall einer französischen Armee zu dem etwas tüchtigern Milizgesetz 30. Geo. II. c. 25 geführt, welches die Mititärdisciplin und Kriegsartikel in die Miliz einführt. Dies Gesetz wurde später durch das umfassende Gesetz 26. Geo. III. c. 107 ersetzt, und dieses wieder durch 42. Geo. III. c. 90, welches als Codification des Milizrechts die Grundlage bis in die neueste Zeit geblieben ist.

Die Geschichte der Milizverfassung ist in der Geschichte des selfvovernment gegeben, für die angelsächsische Zeit S. 9—18; für die normannische Zeit S. 61—69. (über die Azzise of Arms S. 67, 68); für die zusammengesetzte Heeresordnung der reichsständischen Zeit S. 149—159; für die Zeit der Tudors und Stuarts S. 311—318; für das achtzehnte Jahrhundert, insbesondere für das Verhältniß der stehenden Armee zur Miliz S. 372—376, wo auch am Schluß die anomalen Verhältnisse der englischen Landesbewaffnung gruppirt sind.

Die Litteratur des Milizrechts war zu allen Zeiten unbedeutend; meist nur Compilation der Milizgesetze, und als solche großentheils veraltet. Unter den antiquarischen Schriften ist hervorzuheben: Grese's Military Antiquities. Lond. 1801—1804. 2 Vol. Für die heutigen Verhältnisse verdient die bedeutendere Schrift von Clode, the Military Forces of the Crown, London 1862. 2 Vol. (I. c. 3. 11. 14. II. c. 17. 18) als brauchbares Handbuch Beachtung.

§. 90.

Das Milizgesetz von 1802, 42. Geo. III. c. 90.

Die Milizgesetze des achtzehnten Jahrhunderts enthalten so gleichmäßige Grundzüge der Verfassung und Verwaltung, daß fast jedes spätere als eine Consolidation des frühern erscheint. Die Hauptgesetze sind Manifestationen des Parlaments, welche den guten Willen ausdrücken, die einschlafende Miliz wieder lebendig zu machen. Durch die drohenden Gefahren der französischen Kriege ist dies wirklich zeitweise herbeigeführt, und das unter jenem Druck erlassene Milizgesetz von 1802 die Grundlage des Instituts für ein halbes Jahrhundert geblieben. Die sehr zahlreichen Clauseln desselben lassen sich in folgende Rubriken gruppiren.

I. **Ernennung des Lord Lieutenant und der Offiziere.** Nach dem Milizgesetz ernennt der König in jeder Grafschaft oder analogem

Bezirk einen (Lord) Lieutenant mit der Befugniß „zu berufen, zu armiren, in Ordnung zu bringen, auszubilden und zu exerciren" die Milizmannschaften einmal im Jahr in der gesetzlich vorgeschriebenen Weise. Er soll zu dem Zweck wenigstens 20 oder mehre Deputy Lieutenants aus ansässigen Männern für die Milizverwaltungsgeschäfte ernennen und dem Könige zur Bestätigung präsentiren. Der Lord Lieutenant ernennt auch die gehörige Zahl von Obersten, Ober-Lieutenants, Majors und anderen Offizieren, und berichtet solche dem König ein. Der so Designirte ist definitiv ernannt, wenn nicht der König innerhalb 40 Tagen nach Vorlegung des Berichts die Ernennung mißbilligt. Der Milizoffizier rangirt mit den Offizieren des stehenden Heeres als jüngster seines Ranges. Der König kann durch ein Cabinetsschreiben die Entlassung jedes Deputy Lieutenant oder Offiziers anbefehlen (§ 17). — Der Normalcensus ist abgemessen zunächst nach Grundbesitz, freehold, copyhold, oder analogem Grundeigenthum, erblich oder auf Lebenszeit, oder auf 21 Jahre Pacht in folgenden Stufen: der Deputy Lieutenant 200 £ Grundrente, der Oberst 1000 £, der Oberstlieutenant 600 £, der Major 400 £, der Capitain 200 £, der Lieutenant 50 £ (oder ein persönliches Recht auf ein Grundstück von 1000 £, oder ein Gesammtvermögen von 2000 £), der Fähnrich 20 £ Grundrente (oder ein persönliches Recht auf ein Grundstück von 5000 £, oder ein Gesammtvermögen von 1000 £). Gleichgestellt dem Besitzer ist der sichere Erbe (heir apparent) einer doppelt so hohen Grundrente, oder dingliche Anwartschaft (immediate reversion) auf den dreifachen Census. Zum Capitän ist qualificirt auch der jüngere Sohn einer Person, die den dreifachen Census hat; zum Lieutenant der jüngere Sohn einer Person mit doppeltem Census. In einigen nördlichen Grafschaften und in Wales sind die Ansätze um $\tfrac{2}{3}-\tfrac{1}{3}$ niedriger. Auch in den Städten, die eine Grafschaft für sich bilden, ist der Census etwas niedriger und mit stärkerer Rücksicht auf bewegliches Vermögen gestellt. Ein Pair des Reiches und sein heir apparent bedürfen keines Census[1]).

---

[1]) Ernennung des Lordlieutenant etc. § 6, 11, 12, 17 des Milizges. Der Lordlieutenant kann in Fällen der Vacanz oder der Abwesenheit außer Landes durch 3 Deputy Lieutenants vertreten werden. Mit königlicher Genehmigung kann auch ein Deputy Lieutenant als Vicelieutenant ernannt werden, oder als Lieutenant für eine besondere division. Kein Deputy Lieutenant oder Offizier über dem Range des Lieutenants darf angestellt werden, bevor er eine schriftliche Specification über seinen gesetzlichen Besitz dem Clerk of the Peace eingereicht hat, welche dieser einregistrirt. Alle commissions sind durch den Staatsanzeiger zu publiciren wie bei den Offizieren der stehenden Armee. Nach der Ernennung sind die höheren Amtseide binnen 6 Monaten bei einer Quartalsitzung oder einem Reichsgericht abzulegen. Ein Stabsoffizier, welcher ohne Qualification activ wird, verwirkt 200 £., ein Capitän 100 £.; wobei der Beklagte den Beweis über seinen Besitz zu führen hat.

II. **Normalzahl der Mannschaften.** Das Mil.-Ges. § 19 (wie dies auch schon in den früheren Gesetzen geschehen war) bestimmt eine Normalzahl, damals 40,963 Mann für England und Wales, vertheilt nach festen Zahlen auf die einzelen Grafschaften. Die drei größten Contingente stellt Middlesex (3080), Lancaster (2439), York, West Riding (2429); die drei kleinsten Contingente: Rutland (83), Merioneth (121), Anglesea (128). Das Privy Council ist indessen ermächtigt von Zeit zu Zeit die Quoten zu ändern; auch ist die Gesammtzahl später bedeutend erhöht. In Fällen einer drohenden Invasion oder Rebellion kann durch Königliche Proclamation eine supplementary militia gebildet werden bis zu höchstens $\frac{1}{4}$ des ordentlichen Etats. Die Veranlassung dazu ist dem Parlament zuvor mitzutheilen, oder wenn dies nicht versammelt, durch Proclamation zu veröffentlichen.[2]

III. **Bildung der Urlisten und Reclamationsverfahren.** Für diese und die folgenden Verwaltungsgeschäfte bildet der Lord Lieutenant mit seinen Deputy Lieutenants ein General Meeting der ganzen Grafschaft. In den hundreds, divisions oder analogen Unterbezirken bilden die dazu gehörigen Deputy Lieutenants ein Subdivision Meeting, beide analog den Quartal- und Specialsitzungen der Friedensrichter; beide mit ihrem besondern Secretair, und mit dem gewohnten friedensrichterlichen Geschäftsgang.

Das General Meeting besteht aus wenigstens zwei Deputy Lieutenants unter dem Lord Lieutenant, oder in dessen Abwesenheit aus wenigstens drei Deputy Lieutenants. Ein solches wird zunächst abgehalten am Dienstag vor dem 10. Oktober, und beschließt im Voraus, an welchen Tagen des Geschäftsjahrs die folgenden General Meetings abzuhalten.

Zu einem Subdivisions Meeting gehören wenigstens zwei Deputy Lieutenants, im Nothfall ein Deputy Lieutenant und ein Friedensrichter. Die erste Zusammenkunft eines solchen wird baldmöglichst nach dem 10. Oktober durch das General Meeting angeordnet, die späteren Zusammenkünfte bestimmt die Bezirksversammlung selbst.

Gleichzeitig mit der Ausschreibung der ersten Bezirksversammlung ergeht sodann eine Anweisung an den High Constable, durch weitere

---

[2] Die Quotenverhältnisse des Gesetzes sollten zunächst bis zum 25. Juni 1805 gelten (M.-G. § 20), und dann von 10 zu 10 Jahren neu fixirt werden (§ 38, offenbar mit Rücksicht auf den 10jährigen Census). Wird bei der neuen Fixirung der Quoten die Gesammtzahl der Grafschaft erhöht, so vertheilt das General Meeting das Mehr nach seinem Ermessen auf die divisions. Die Feststellung der Gesammtzahl durch Gesetz ist auch in der neueren Milizordnung von 1852 beibehalten (§ 8—10), dagegen sind für die Untervertheilung auf die Grafschaften die Verordnungsgewalten erweitert; dieselbe erfolgt jetzt lediglich durch Order in Council.

orders an die Ortsconstables oder analoge Beamte vollständige Stamm=
listen aller Männer ihres Kirchspiels zwischen 18 und 45 Jahren anzu=
fertigen, enthaltend Vor= und Zunamen, Alter, Zahl der Kinder, und
etwanige Befreiungsgründe nach folgendem Formular:

Name.	Stand.	Alter.	Kinderzahl.	Befreit.	Befreiungsgrund.
A. B.	Hausherr	40	Kinder unter 14	befreit	Geistlicher
C. D.	Diener	28	keine	nicht	—
E. F.	Miether	24	keine	nicht	—
G. H.	Einlieger	30	keine	nicht	—

NB. „Eine Versäumniß dieser Anweisung zu genügen unterwirft den Betheiligten einer Strafe von 10 L. Dabei ist zu beachten, daß am 16. December 18 . . 11 Uhr Vor= mittags zu N. ein Termin ansteht zur Anhörung der Reclamationen solcher Personen, die vom Milizdienst befreit zu sein behaupten."

Die Ortsstammlisten sind binnen einem Monat zu vollenden und an einem Sonntage an der Kirchthür auszuhängen mit Angabe des Tages der Sitzung, in welcher Reclamationen angenommen werden. Sie werden demnächst in der Bezirkssitzung eingereicht und von jedem Constable eidlich verificirt.

Jeder in die Stammliste Aufgenommene, der sich dadurch oder durch Weglassung anderer Namen beschwert fühlt, oder wer eine nicht anerkannte Befreiung vom Dienst behauptet, kann an die Bezirkssitzung appelliren, in welcher wenigstens zwei Deputy Lieutenants die Reclamationen end= gültig entscheiden. Nach Maßgabe solcher Berichtigungen senden sie die vollständigen Listen in vorgeschriebener Form an den Secretär des General Meeting ein.

Gesetzlich befreit vom Milizdienst (§ 43) sind: Pairs, active Offiziere und Offiziere auf Halbsold in Armee und Marine; Unteroffiziere und Soldaten aller Königlichen Truppen; Personen die als Offiziere in der Miliz schon dienen oder früher vier Jahre lang gedient haben; Geist= liche der Staatskirche und einregistrirter Religionsgesellschaften; residirende Mitglieder der beiden Landesuniversitäten; concessionirte Lehrer einer ein= registrirten Religionsgesellschaft; constables und andere Friedensbeamte; Schreiber der Rechtsanwälte (articled clerks); Lehrlinge, Matrosen und seefahrende Leute; Mannschaften der Königlichen Docks, Arsenale, Pulver= fabriken und Waffenvorrathshäuser unter Verwaltung des Feldzeugsamts; Bootsleute von der Themsecorporation; sowie „arme Leute, die mehr als ein ehelich gebornes Kind haben." Ferner nach 44. Geo. III. c. 54 solche die schon als active Mitglieder der Yeomanry oder einer Voluntär= miliz dienen und als solche einregistrirt sind, oder welche in einer local militia nach 52. Geo. III. c. 38. § 39 dienen, nach den neueren Ge=

setzen die, welche in einem Freiwilligen-Corps ein Certificat als efficient volunteer erlangt haben.³)

IV. **Ausloosung, Einschwörung und Enrollirung der Mannschaften.** Die Zahl der nach dem Vertheilungsplan aus jedem Kirchspiel auszuloosenden Mannschaften wird durch die Constables bekannt gemacht, sowie der Termin, in welchem die Ausloosung stattfinden wird. In der dazu angesetzten Bezirkssitzung lassen die Deputy-Lieutenants aus jeder Ortsliste die erforderte Zahl durch das Loos ausziehen. Jeder einzele durch das Loos gezogene Mann wird benachrichtigt, daß er **auf fünf Jahre** zu dienen oder einen Substituten zu stellen, und sich in dem anberaumten Termin zur Eidesleistung einzufinden hat. Wer in dem Termin ausbleibt, auch keinen geeigneten Substituten bestellt, verwirkt eine Geldbuße von 10 L., und ist nach Ablauf von fünf Jahren von Neuem dienstpflichtig. Im Fall der Nichtzahlung tritt Zwangseinstellung ein. Findet

---

³) Das Verfahren zur Bildung der Urlisten (M.-Gesetz § 20—41) bildet fünf Stadien. Zunächst (1) ergeht die Anweisung No. A. (M.-G. § 25) wegen Einreichung der Ortslisten. Die Ortsconstabler werden dadurch aufgefordert die beigefügten gedruckten Formulare jedem occupier eines Wohnhauses und jedem Inhaber einer gesonderten Wohnung oder eines Zimmers darin zu insinuiren.

(2) Binnen einem Monat nach Austheilung dieser Listen hat jeder Ortsconstabler eine Stammliste seines Kirchspiels nach Formular B. zusammenzustellen, enthaltend (wie oben) Namen und Vornamen aller Männer zwischen 18 und 45 Jahren, die sich zur Zeit gewöhnlich am Ort aufhalten (Stand, Kinder unter 14 Jahren, Befreiungsgründe). Ein Versuch, den Constable zu unrichtiger Angabe oder Weglassung eines Namens zu bewegen, ist mit 50 L. Buße bedroht; Weigerung den Namen zu nennen oder den eines Hausbewohners, oder unrichtige Angabe eines Namens mit 10 L.

(3) In der kleinen Bezirkssitzung überreichen dann die Constables eine getreue Abschrift ihrer Ortsliste und bekräftigen die Richtigkeit derselben mit ihrem Eide. Demnächst hören die anwesenden Deputy Lieutenants die erhobenen Reclamationen, entscheiden, berichtigen die Liste, lassen daraus die Bezirksliste zusammenstellen, und übersenden solche nach gesetzlichem Formular C. dem Clerk des General Meeting.

(4) Die nach Erledigung der Reclamationen zusammengestellte Bezirksliste soll enthalten die Gesammtzahl der dienstpflichtigen ausloosbaren Personen in jedem Kirchspiel nach 4 Rubriken (1.) kinderlose unter 30 Jahren (2.) kinderlose über 30 (3.) mit Kindern über 13 Jahren (4.) mit Kindern unter 13 Jahren. Sodann die dienstbefreiten Personen in 4 Rubriken (1.) wegen Dienstes in einem yeomanry oder volunteer corps (2.) im stehenden Heer oder in der Seewehr (3.) die sonst Befreiten als Geistliche, Aerzte, Constables 2c. (4.) die körperlich Dienstunfähigen. Aus diesen Bezirkslisten hat der Clerk des General Meeting die Generalliste der Grafschaft zusamenzustellen, und binnen einem Monat bei 100 L. Strafe dem Privy Council einzusenden.

(5) In einer weitern Bezirkssitzung vertheilen sodann die Deputy Lieutenants die Zahl der wirklich zu gestellenden Mannschaften auf die einzelen Kirchspiele Wieviel jede Subdivision zu stellen hat, ist durch das General Meeting vorher bestimmt.

Durch das Zusatzgesetz 46. Geo. III. c. 91 wurde das Verfahren mehrfach ergänzt und die Parochialbeamten verpflichtet den Constables dabei Assistenz zu leisten.

sich aber, daß der Ausgeloofte nicht 5 Fuß 4 Zoll (engl. Maß) groß, oder nach ärztlicher Untersuchung nicht dienstfähig ist, oder „nicht in dem Besitz von 100 L. Vermögen nach seiner eidlichen Versicherung", so wird durch Nachloosung aus der Stammliste sofort ein andrer substituirt. Analoge Nachloosungen treten ein bei Vacanzen durch Tod oder Beförderung, oder durch später eingetretene Dienstunfähigkeit.

Der tauglich Befundene hat sodann den Diensteid zu leisten und einen weitern Eid über seine Personalverhältnisse folgenden Inhalts:

„Ich schwöre, daß ich von Profession ein .... bin, gewöhnlich wohnhaft in dem Kirchspiel N., daß ich unverheirathet bin (oder .....); und daß ich keine Kinder habe (oder nur ein uneheliches Kind ꝛc.); und daß ich keinen Bruch habe und keine bösen Zufälle; daß ich nicht durch Lahmheit oder sonst unfähig, sondern im vollen Gebrauch meiner Glieder bin; daß ich kein Matrose oder seefahrender Mann oder Lehrling bin; daß ich nicht zur Königlichen Armee, Marine, Marinecorps oder zu einem andern Milizcorps gehöre. Zum Zeugniß dessen ꝛc.   „NN., Deputy Lieutenant."

Der Ausgeloofte kann aber auch einen Ersatzmann stellen, vorausgesetzt, daß selbiger diensttüchtig befunden wird und nicht mehr als ein eheliches Kind hat. Der danach geprüfte und angenommene Ersatzmann tritt auf fünf Jahre für den „principal" ein und befreit diesen, als ob er gedient hätte. Die Kirchenvorsteher und Armenaufseher des Kirchspiels können auch auf Grund eines Gemeindebeschlusses in dem Ausloosungstermin Gemeindeersatzmänner (volunteers) stellen. Ein Ballot tritt dann in dem Kirchspiel nur ein für eine solche Zahl, die durch die Gemeindevolontärs nicht gedeckt ist. Die Gemeindevorsteher mögen einem solchen volunteer ein Handgeld bis zu 6 L. bewilligen, und als Zuschlag zur Armensteuer mit Bestätigung eines Friedensrichters in der Gemeinde ausschreiben. Kein Gemeindemitglied aber, welches persönlich oder durch Substituten in der Miliz gedient hat, braucht zu dieser Steuer beizutragen.

Die so eingeschworenen Mannschaften und Stellvertreter werden endlich in die Bezirksliste enrollirt, welche binnen 14 Tagen dem Clerk des General Meeting abschriftlich einzusenden ist. In dieser Dienstliste sind die enrollirten Mannschaften in fünf Klassen zu sondern mit Rücksicht auf ihre Abkömmlichkeit: (1) Männer unter 30 Jahren und ohne Kinder, (2) über 30 Jahre ohne Kinder, (3) mit Kindern über 14 Jahren, (4) mit Kindern unter 14 Jahren, (5) alle anderen, die nicht unter die vorigen Rubriken fallen.[4]

---

[4] Ausloosung und Enrollirung. (M.-Gesetz § 41, 42. 53—60). Die ärztliche Untersuchung im Gestellungstermin geschieht wo möglich durch den Regimentsarzt einer benachbarten Milizabtheilung, event. durch einen andern qualificirten Arzt. In beiden Fällen wird der Arzt besonders beeidet auf getreuliche Untersuchung und Nichtannahme eines Geschenks. Wer sich der körperlichen Untersuchung zu unterwerfen weigert,

V. **Formirung der Milizregimenter.** Die enrollirten Mannschaften werden in Compagnien von 60—120 Gemeinen formirt, jede mit einem Capitän, einem Lieutenant und einem Fähnrich. Wo die Mannschaften einer Grafschaft hinreichen, werden daraus Regimenter von 8 bis 12 Compagnien gebildet, andernfalls ein Bataillon von 4—7 Compagnien, event. ein Corps von wenigstens 3 Compagnien. Das Regiment von wenigstens 800 Gemeinen erhält einen Oberst, einen Oberstlieutenant, 2 Majors; das kleine Regiment von wenigstens 480 Mann einen Oberst, einen Oberstlieutenant, einen Major; das Bataillon einen Oberstlieutenant und einen Major; das Corps einen Oberstlieutenant oder einen Major. Als Adjutanten ernennt der König einen Offizier des stehenden Heeres, oder einen Milizoffizier welcher fünf Jahre in der formirten Miliz Dienste gethan. Einem solchen kann dann Capitänsrang verliehen werden auch ohne den gesetzlichen Census.

Der Lord Lieutenant kann ferner einen Regimentsarzt aus der Zahl der approbirten Aerzte ernennen, der während der Uebungszeit Diäten, nach der Mobilmachung Gehalt erhält.

Der Oberst unter Königlicher Bestätigung mag für das Regiment oder Bataillon einen gedienten Militär als Quartiermeister ernennen. Gesetzlich fixirt wird auch das Verhältniß der Corporale, Sergeanten und Tamboure. Lord Lieutenant oder Regimentscommandeur können indessen auf ihre Kosten ein förmliches Musikchor über den Etat halten [5]).

---

kann durch 2 Deputy Lieutenants oder Friedensrichter zu Gefängniß bis auf eine Woche verurtheilt und ohne Untersuchung eingestellt werden 43. Geo. III. c. 100 § 1. — Ein Substitut oder Gemeinde-volunteer, der nach Annahme des Handgelds nicht zu dem Einschwörungstermin erscheint, kann vor einem Deputy Lieutenant oder Friedensrichter zur Rückzahlung des Handgeldes und 10—20 sh. Buße verurtheilt werden, event. Gefängniß bis zu 14 Tagen. Andererseits können den enrollirten Stellvertretern auch besondere Gratificationen durch 2 Deputy Lieutenants bewilligt werden für eigne Rechnung oder zur Unterstützung ihrer Familien. Bei 20. L. Strafe ist allen Werbebeamten des stehenden Heeres die Anwerbung eines enrollirten Milizmannes für das stehende Heer untersagt und jeder Anwerbungsvertrag der Art für nichtig erklärt. Den Constables, Offizieren und Unteroffizieren der Miliz ist jede Betheiligung bei einem Versicherungsgeschäft oder bei Beschaffung von Substituten bei 50 L. untersagt.

[5]) Formirung der Regimenter. (M.-Gesetz § 68—85). Bei größeren Regimentern und Bataillonen kann auch eine besondere Grenadier- oder leichte Infanteriecompagnie gebildet werden. Ein Theil der Mannschaft kann im Artilleriedienst geübt, und dazu besondere Offiziere commandirt werden. — Einzele Compagnien, die nicht zur Bildung eines größern Körpers ausreichen, können mit Regimentern oder Compagnien benachbarter Grafschaften dazu vereinigt werden. Wo überhaupt das Gesetz keine besondere Vorschrift enthält, ist die Formirung der Truppenkörper Sache der königl. Verwaltung (§ 71). In Fällen einer Vacanz kann der Lord Lieutenant selbst als Oberst das Commando eines Regiments, Bataillons oder Corps übernehmen. Offiziere der

VI. **Uebungen der Miliz** (training and exercise). Die Miliz soll jährlich einmal einberufen werden zum Exerciren auf den Zeitraum von 21 Tagen. Die Mannschaften erhalten dann Löhnung von dem Tage an wo sie beim Regiment eintreffen. Die Einquartierung während der Uebungszeit erfolgt in Gasthöfen und Bierwirthschaften nach denselben Grundsätzen wie die des stehenden Heeres, durch Requisition des Lord Lieutenant oder commandirenden Offiziers an den Bürgermeister, Constable oder sonstigen Ortsvorstand; im Fall der Weigerung oder Abwesenheit des Ortsbeamten durch einen benachbarten Friedensrichter. In gleicher Weise wird das nöthige Fuhrwerk gestellt durch Requisition eines Friedensrichters, der seinen warrant an die Constables erläßt; die Taxen dafür sind gesetzlich bestimmt, etwanige Mehrzahlungen trägt die Kreiskasse. Jeder Compagniechef kann seine Mannschaften auch bis zu einem Satz von 3 Sgr. täglich in Accord geben zur Beschaffung von Wäsche, Waffenreparatur und anderen Bedürfnissen, muß sich aber mit jedem Mann berechnen, und am Ende der Uebung den Ueberschuß der Löhnung auszahlen [6]).

Mannschaften, die nach der gesetzlichen Bekanntmachung sich am Uebungsort nicht einstellen (außer dem Fall der Unfähigkeit durch Krankheit) verfallen so lange die Uebungszeit dauert dem Kriegsgericht; werden sie erst nach beendeter Uebung ergriffen, so verwirken sie 20 £. als summarische Strafe der **Desertion** vor dem Friedensrichter. Ebenso diejenigen, die während der Uebungszeit unbeurlaubt sich entfernen. Im Fall die Zahlung nicht sofort erfolgt, erkennen die Friedensrichter auf Correctionshaus mit harter Arbeit oder Gefängniß auf sechs Monat. Die Verfolgung des Deserteurs kann durch Order des commandirenden Offiziers einem Unteroffizier aufgetragen werden, wird erleichtert durch summarische Haftbefehle der Friedensrichter, befördert durch eine gesetzliche Prämie von

---

stehenden Armee auf Halbsold können als Subalternoffiziere in der Miliz diesen Sold fortbeziehen (§ 82). Kein Gast- oder Bierwirth darf zum Sergeant, Corporal oder Tambour ernannt werden. Die Unteroffizierchargen werden überhaupt von dem commandirenden Offizier besetzt, der auch das Entlassungsrecht hat.

[6]) Die gesetzliche Uebungszeit von 21 Tagen (§ 87) wurde durch spätere Gesetze bald auf 28 Tage verlängert, bald wieder abgekürzt nach Ermessen des Privy Council (Staatsministerium), bald auch zeitweise ganz suspendirt. Die Bestimmung der Abtheilungen und der Orte der Uebung sollte in der Regel durch die General Meetings erfolgen. Binnen 14 Tagen nach beendeter Uebung hat der Oberst bei 40 £. Strafe über den Zustand des Regiments Bericht zu erstatten. Die Abtheilungs-Commandeure berichten an den Oberst. Jeder Capitän hat nach gesetzlichem Formular eine Specification seiner Compagnie binnen einem Monat einzureichen, welche den weiteren Berichten zu Grunde liegt. Die Compagnieliste (F.) nach bestimmten Klassen ist im Gesetz selbst vorgeschrieben.

§ 90. Das Milizgesetz von 1802, 42. Geo. III. c. 90.

20 sh. aus der Regimentskasse und durch eine Geldbuße von 5 L. für wissentliche Beherbergung eines Deserteurs.⁶ᵃ)

Die einberufenen Mannschaften unterliegen den Kriegsartikeln und den Kriegsgerichten, doch mit Ausschluß der Strafen an Leben und Gliedern. Ueber die Abhaltung der Kriegsgerichte enthält das Milizgesetz (§§. 103—105, 115) einige besondere Bestimmungen. Wo die nöthige Zahl von Offizieren dazu fehlt, hilft man sich durch Heranziehung aus benachbarten Milizregimentern. Das Urtheil bedarf der Bestätigung des Commandeurs, der das Kriegsgericht berufen hat. Uebrigens soll kein Milizoffizier an einem Kriegsgericht über das stehende Heer Theil nehmen, und umgekehrt. Nach 55. Geo. III. c. 168 können Vergehen gegen Kriegsrecht und Kriegsartikel während der Uebungszeit auch nach Entlassung der Mannschaften vor ein Kriegsgericht gebracht werden; Deserteure jederzeit, mögen sie ergriffen sein wann und wie sie wollen. Nach 22. et 23. Vict. c. 38 mag die Desertion in der Miliz immer alternativ entweder vor einem Kriegsgericht oder summarisch (mit Geldbuße, event. Gef.) vor den einzelen Friedensrichtern verfolgt werden.

VII. Einberufung der Miliz zum aktiven Dienst. Eine Mobilmachnng tritt ein „in Fällen einer Rebellion oder Insurrection" kraft königlicher Order an die Lord Lieutenants, oder in deren Abwesenheit an mindestens 3 Deputy Lieutenants (§. 111). Ist das Parlament versammelt, so ist ihm zuvor die Veranlassung zu communiciren; ist es nicht versammelt, so wird die Order im Staatsrath declarirt und durch Proclamation veröffentlicht. Die Mobilmachung (draw out and embody) kann die ganze Miliz oder einen Theil derselben treffen. Die einberufenen Mannschaften werden unter das Commando solcher General-Offiziere gestellt, welche der König zu ernennen beliebt, nnd nach Bedürfniß verwendet in jedem Theil von Großbritannien. Sie sind vollständig dem Kriegsrecht und den Kriegsartikeln unterworfen so lange, bis sie in ihre Grafschaft zurückgekehrt und durch königliche Order entlassen sind (disembodied). — Das Verfahren ist folgendes. Nach Empfang der Mobil-

---

⁶ᵃ) Das Verfahren zur Verfolgung der Deserteurs (§. 108) ist folgendes. Wenn der Commandirende oder der Adjutant Kenntniß erhält von dem wahrscheinlichen Aufenthalt eines Deserteurs, so erläßt er eine schriftliche Requisition mit Signalement, und sendet solche durch einen Sergeanten, Corporal oder Tambour an den Adjutanten oder sergeant-major der Milizabtheilung, innerhalb welcher der Deserteur vermuthet wird. Dieser commandirt sofort eine Anzahl Sergeanten, Corporale oder Tamboure zur Ergreifung und Vorführung vor einen Friedensrichter. Nach Constatirung des Thatbestands vor einem Friedensrichter wird der Deserteur kraft friedensrichterlichen warrants durch die betreffenden Militärpersonen in das Hauptquartier des nächsten Milizregiments abgeführt, und von da weiter zu seinem Regiment. Weitläufige Vorschriften bestimmen die Einquartierung der transportirenden Militärs, die Zahlung der Transportkosten ɛc.

machungsorder erläßt der Lord Lieutenant seine weiteren Orders durch die High Constables an die einzelen Unter=Constables zur schriftlichen Ladung der einzelen Milizmänner. Der Ausbleibende wird als Deserteur nach den Kriegsartikeln behandelt; wissentliche Beherbergung eines solchen ist mit 100 L. bedroht. Offiziere und Mannschaften erhalten vom Tage der Mobilmachung an den gewöhnlichen Sold der stehenden Infanterie. Außerdem erhält jeder eintretende Milizmann eine Guinea Gratification, Mindervermögende noch weitere Geldbewilligungen. Wo nur ein Theil der Milizen mobil gemacht wird, erfolgt die Aushebung und Vertheilung durch das Loos in einer Subdivisionssitzung. Dabei wird jedoch die Klassenfolge der Abkömmlichkeit beobachtet: zuerst die ganze erste Klasse, dann die zweite Klasse und so fort; erst in der Klasse die nur theilweise einzuberufen ist, tritt die Loosung ein. Während ein Theil der Miliz mobil gemacht ist, kann der nicht mobile Theil auf eine durch königliche Anordnung zu bestimmende Frist einexercirt werden. Ueberhaupt kann während der Zeit der Mobilmachung durch königliche Anordnung jederzeit ein Theil der Milizen entlassen und wieder einbeordert werden.[7])

VIII. **Waffenvorräthe und stehende Stämme.** Alle der Miliz gelieferten Musketen sollen mit der Marke M. und mit dem Namen der Grafschaft bezeichnet sein. Verkauf, Verpfändung oder Verlieren von Waffen, Uniformstücken, Ausrüstungsstücken oder Munition, oder Nichtzurücklieferung derselben in gutem Stande, wird an dem Milizmann mit Geldbuße bis 3 L., event. Correctionshaus bis zu drei Monaten mit harter Arbeit gebüßt. Alle Waffen, Uniformen, Armatur= und andere Vorräthe des Regiments werden außer der Zeit der Einberufung an einem solchen Ort aufbewahrt, welchen der Regimentscommandeur mit Genehmigung des Lord Lieutenant bestimmt. In Ermangelung eines dazu geeigneten Lokals kann das General Meeting auf Kosten der Kreiskasse ein solches beschaffen oder erbauen.

Auch während der Zeit, in welcher die Miliz nicht einberufen ist,

---

[7]) Mobilmachungen. (M.=Gesetz §§. 111—144.) Während derselben ernennt der Regimentscommandeur (wie bei der stehenden Armee) einen Agenten, läßt sich von solchem Sicherheit bestellen, und hat für die Defecte einzustehen. Die durch das Loos getroffenen Männer, welche ihr Vermögen eidlich unter 500 L. angeben, und einen geeigneten Substituten bestellt haben, erhalten auf Order zweier Deputy Lieutenants von den Kirchenvorstehern und Armenaufsehern ihres Kirchspiels eine Summe ausgezahlt, die möglichst entsprechen soll der Hälfte des currenten Preises, um welchen ein Substitut oder volunteer in der Grafschaft zu haben ist, zahlbar aus der Steuer für Aufbringung von Kirchspielvolontärs. Wer freiwillig über 5 Jahre dient, erhält die Prämie von einer Guinea. — Männer unter 35 Jahre alt, und ohne Kinder unter 14 Jahren, können jederzeit von den Deputy Lieutenants als volunteers angenommen werden an Stelle eines durch das Loos getroffenen Mannes.

werden stehende besoldete Stämme bei jedem Regiment erhalten, bestehend aus einem Adjutanten, sergeant-major, mehren sergeants und Tambouren. Dieser Stamm soll an dem Ort stationirt sein, wo sich das Waffendepot des Regiments befindet. Der Adjutant ist verantwortlich für die gesammten Waffen-, Montirungs- und anderen Vorräthe unter Aufsicht des Commandeurs. In Abwesenheit des Adjutanten führt der sergeant major das Commando des Stammes.[8])

IX. Persönliche Rechte und Privilegien der Mannschaften. Unter diese Rubrik wird zunächst gerechnet der Anspruch auf den gesetzlichen Sold während der Mobilmachung und der Uebungen. Normal gelten dafür die Soldsätze der stehenden Linieninfanterie mit Nebenvortheilen zur Beförderung der Dienstwilligkeit. Subalternoffiziere, Unteroffiziere und Gemeine verlieren durch Dienst und Besoldung in der Miliz ihren Anspruch auf Militärpensionen nicht. Für die Adjutanten tritt nach längerer Dienstzeit ein besonderes Pensionsreglement ein. Sergeanten, Corporale und Tambours, die nach zwanzigjährigem Dienst in der Miliz als invalide entlassen werden, können auf Certificat des Commandeurs und dreier Deputy Lieutenants die kleine Pension im Militärinvalidenhause erhalten. Unteroffiziere und Soldaten, die im aktiven Dienst verwundet werden, haben gleiche Ansprüche auf das Invalidenhaus wie in der stehenden Armee.

Wegen der Unterstützung der Familien einberufener Milizmänner durch die Armenvorsteher aus der Armenkasse sind zahlreiche Spezialgesetze ergangen, die ziemlich hohe Bewilligungen enthalten; unter anderen auch die Clausel, daß solche Familienmitglieder in kein Armenarbeitshaus gesandt werden dürfen, und daß die Annahme einer solchen Unterstützung das Stimmrecht bei den Parlamentswahlen nicht alterirt.[9])

Persönliche politische Rechte der Milizen sind endlich noch: daß

---

[8]) Milizstämme. Die Löhnungssätze für den Stamm werden von Zeit zu Zeit durch temporäre Akten festgestellt, gewöhnlich für den Adjutanten 2²/₃ Thlr. täglich, für den sergeant major und die sergeants 1½—⁴/₅ Thlr., für die Tamboure ⅓—½ Thlr. täglich. Dem sergeant werden auch Uniformgelder in gewissen Perioden bewilligt. Dem Adjutanten beim Stamm kann in der Regel nur ein Urlaub bis zu 3 Monaten bewilligt werden, von den sergeants darf höchstens der dritte Theil gleichzeitig beurlaubt werden. Die späteren Gesetze haben auch diese Stämme noch unter den ursprünglichen Etat reducirt.

[9]) Die Unterstützungen an die Familien von Sergeants und Tambours werden aus der Kreiskasse ersetzt; ebenso die Unterstützungen für die Familien solcher Gemeinen, die in einer andern Grafschaft dienen, als in welcher die Unterstützung gezahlt wird. Streitigkeiten dabei werden von dem Lord Lieutenant oder 3 Deputy Lieutenants entschieden. Wo die zu unterstützende Familie zahlreicher ist als die Frau und 3 Kinder unter 10 Jahren, ist es den Armenaufsehern gestattet, einen tauglichen andern Mann als Substituten zu bestellen. Das Unterstützungsgeschäft steht unter dem Decernat der einzelen Friedensrichter mit Appellation an die Quartalsitzungen.

die Ertheilung einer Commission als Milizoffizier den Parlamentssitz nicht erledigt, also keine Neuwahl nöthig macht (§. 172); das Recht auf Beurlaubung zur Ausübung des parlamentarischen Wahlrechts (§. 173); Befreiung vom Amt eines Sheriff, Constable oder anderer Gemeindebeamten; Befreiung von der gesetzlichen Wegebaupflicht. Vor Einführung der absoluten Gewerbefreiheit gehörte dazu auch das Recht des gedienten Milizmanns Gewerbe ohne vorgängige Lehrlingschaft zu betreiben.

X. Suspension der Zwangsaushebungen. Schon das Milizgesetz enthält mancherlei Clauseln, die auf eine vorausgesehene Suspension deuten. Die Milizverwaltung soll am Schluß jedes Jahres den Quartalsitzungen ein Verzeichniß der Mannschaften und einen Bericht über die Uebungen einsenden (§. 157); und wenn sich dabei ergiebt, daß eine Grafschaft innerhalb sechs Monaten nach empfangener Order die ihr zukommende Quote an Mannschaften nicht vollständig gestellt hat, so soll die Summe von 10 L. jährlich gezahlt werden für jeden fehlenden Mann. Solche ist durch die nächste Quartalsitzung à Conto der Grafschaft einzuschätzen, und auf die Kirchspiele nach Verhältniß der fehlenden Mannschaften zu vertheilen (§§. 158—160). Die so erhobenen Summen werden zu Prämien für volunteers verwandt, welche die Deputy Lieutenants beschaffen. Jede Ortschaft wird nach Zahlung solcher Summe von der Verantwortlichkeit für fehlende Mannschaften befreit. — Mit der Beendigung der französischen Kriege trat bald eine fortgesetzte Suspendirung ein.*)

§. 91.
Die neueste Gestalt der Miliz, 15. et 16. Vict. c. 50 etc.

Trotz dieser ausführlichen und stetig amendirten Gesetzgebung ist es den Engländern mit der Organisation ihrer Landesvertheidigung durch eine

---

*) Sehr zahlreich sind die dem Gesetz beigefügten Formulare, darunter wichtig für den Geschäftsgang: die Hauslisten zur Vorbereitung der Stammliste (A.), die Ortsstammliste des Constable (B.), die Stammliste für die Subdivision (C.), die Stammliste für die Grafschaft (D.), die Enrollirungsliste (E.), die Compagnieliste (F.) und viele Formulare für warrants an die Constables; die Order für die Einberufung zu den jährlichen Uebungen (No. VI.) und die Mobilmachungsorder des Lord Lieutenant (No. VII.); endlich Formulare für das Unterstützungsgeschäft (No. IX.—XI.).

Ausgenommen von dem Milizgesetz blieb die Miliz von London und Tower Hamlets unter Specialgesetzen, 36. Geo. III. c. 92; 39. Geo. III. c. 82; 37. Geo. III. c. 75, 25. Ferner die Milizen der Bergleute aus den Zinnbergwerken von Devon und Cornwall, 42. Geo. III. c. 72. Für einige Grafschaften sind noch untergeordnete Nebenbestimmungen beigefügt.

persönliche Dienstpflicht selten Ernst gewesen. Die Möglichkeit einer Invasion von Außen war seit der Zeit der normannischen Eroberung durch keine praktische Erfahrung bestätigt, wenn sie auch von Zeit zu Zeit einmal als Schreckbild auftauchte. Die Idee einer allgemeinen Wehrpflicht ist daher im Laufe der Jahrhunderte aus dem Volksbewußtsein verschwunden. So ernst die Dienstpflicht der höheren und mittleren Klassen im Gerichts- und Polizeidienst verstanden wurde, ebenso leicht verstand man die Wehrpflicht. Seit den Zeiten der Revolution wurde diese Frage eine bloße Machtfrage für die Stellung der regierenden Klasse gegen das Königthum und die unteren Klassen. Daher die nur in England möglichen Mutiny Acts, die von Jahr zu Jahr die Existenz der Armee dem Parlament zu Füßen legen, und die seltsame Gestaltung der Miliz zu einem Corps von müßigen Leuten unter dem Commando von Gutsbesitzern. Die abgeschlossene Vorstellungsweise des Inselvolks, bestimmt durch die Geschichte seiner Stuarts und durch seine Geographie, sieht darin die Grundlage jeder politischen „Freiheit", und hält die Energie, mit welcher Deutschland seine Wehrpflicht durchgeführt hat, für eine Soldatenpassion und besondere Neigung zur „Unfreiheit". Auf die Spitze getrieben sind diese Anschauungen (verschmolzen mit den Vorstellungen der Kauf- und Fabrikherren vom Staat) in dem phantastischen Treiben der Friedensvereine.

Die Miliz war zwar noch einmal lebendig geworden in der Periode der französischen Kriege. Es zeigte sich aber alsbald, daß die Neigung mehr dahin ging „Freiwilligencorps" zu bilden. Das erste Gesetz darüber, 34. Geo. III. c. 31, sichert dem Freiwilligen die Löhnung der Linientruppen zu im Fall der Mobilmachung oder im Fall eines Aufgebots zur Unterdrückung von Aufruhr oder Tumult. Die Offiziere sollen ein Recht auf Halbsold, die Unteroffiziere ein Recht auf das Invalidenhaus haben, wenn sie im actuellen Dienst invalide werden. Bald darauf erging das Gesetz 38. Geo. III. c. 51 zur Bildung von freiwilligen Corps zu Pferde, yeomanry cavalry, ebenfalls unter Offizieren durch Ernennung des Lord Lieutenant.*)

---

*) Die Organisation der Freiwilligen Corps war nur temporär und erlosch mit dem Kriege; durch 48. Geo. III. c. 111 trat in einigen Bezirken eine local militia aus Invaliden an ihre Stelle. Die yeomanry cavalry aber war so beliebt geworden, daß sie in späteren Gesetzen unabhängig vom Kriegszustand continuirt wurde. Sie besteht bis heute fort in einigen hundert kleinen Abtheilungen (troops) von durchschnittlich etwa 50 Mann mit 3 bis 4 Offizieren und einem jährlichen Staatszuschuß — mehr wie berittene Schützencorps, — hauptsächlich gewidmet dem geselligen Vergnügen und der Neigung, sich von Zeit zu Zeit in selbsterfundenen Uniformen und wohlberitten zu zeigen. (Eine Statistik der yeomanry corps für 1838 giebt das Statistical Journal I. 119, VII. 268). Die dafür geltenden Gesetze datiren größtentheils noch aus der ältern Periode. Einen Bericht über den neuern Zustand geben die Parl. P. 1861 No. 2817 Vol. XXXVI. 545. Auch

Nach Beendigung der französischen Kriege ist jedoch der Eifer für jeden ernstlich gemeinten Milizdienst wieder erloschen. Das Milizgesetz von 1802 bestand bald nur noch für eine fragmentarische Miliz. Die Zwangsausloosungen hörten schon im Jahre 1817 auf; doch unter Beibehaltung der besoldeten Stämme. In den späteren Suspensionsgesetzen wurden auch diese Stämme noch weiter reducirt, Vacanzen selbst unter den Adjutanten nicht mehr ausgefüllt, die General und Subdivision Meetings eingestellt, Waffen und Vorräthe an das Feldzeugamt abgeliefert. Schon durch st. 57. Geo. III. c. 57 war die Krone ermächtigt worden, auch die Jahresübungen zu suspendiren. Während die Verwaltung der stehenden Armee so schwerfällig und bureaukratisch blieb wie kaum in einem andern Lande Europas, war nun die Milizverfassung ein Scheinwesen, von dem in der Wirklichkeit wenig mehr vorhanden als besoldete Stämme, d. h. eine Anzahl müßiger Leute, die sich für gute Bezahlung zur Miliz ebenso gut fanden, wie für das stehende Heer. Durch 10. Geo. IV. c. 10 (1829) wurde die Suspension der Zwangsaushebung sogar als gesetzliche Regel ausgesprochen, auch die Einberufung zur Uebung als Regel suspendirt, und nur gelegentlich einzele Regimenter (durch Werbung) formirt. Die Miliz schien praktisch beseitigt zu sein, als im Jahre 1852 neue Umstände eintraten, die eine Erneuerung rathsam erscheinen ließen. Zum Zweck der Wiederbelebung erging nunmehr das neue Milizgesetz 15. et 16. Vict. c. 50, an Act to consolidate and amend the laws relating to the Militia in England, in dem wichtige neue Grundsätze zur Geltung kommen „um die Zwecke der Institution mit so wenig Belästigung für die gewöhnliche Beschäftigung des Volks wie möglich zu erreichen:"

Art. 1. Ein Staatssecretär (jetzt der Kriegsminister) soll von Zeit zu Zeit ermächtigt sein, Regulative zu erlassen in Bezug auf das Alter der anzustellenden Milizoffiziere und gewisse Qualificationen, namentlich wegen einer vorgängigen Einübung zum Dienst.

Art. 2—4. Gediente Capitäne oder höhere Offiziere der stehenden Armee oder der Truppen der ostindischen Compagnie können auch ohne Eigenthumscensus zu Milizoffizieren ernannt werden; ebenso mögen Milizmajore oder Oberstlieutenants ohne den höhern Census zu einem höhern Rang befördert werden. Aller Census für Offiziere unter dem Rang des Capitäns wird aufgehoben; für die Deputy Lieutenants, Capitäns und

---

bei dem zur Zeit der Napoleonischen Kriege viel bewunderten Eifer in der Bildung von Freiwilligencorps ist viel Scheinwesen untergelaufen. Zeitweise kam es den regierenden Klassen wohl mehr auf Dämpfung des revolutionären Geistes in den unteren Ständen an, als auf ein wirklich kampftüchtiges Landheer. Der Mangel an Sinn für feste Disciplin und dauernde Gestaltung der Landesvertheidigung kann durch periodische „Begeisterung" ebenso wenig ersetzt werden, wie der Mangel an allen soliden Vertheidigungsanstalten.

höheren Offiziere wird dem Census aus Grundrente jedes erbliche oder lebenslängliche Einkommen aus anderm Vermögen gleichgestellt.

Art. 6. Quartiermeister, Zahlmeister und Sergeants werden nach Ermessen und Bedürfniß von der königlichen Verwaltung angestellt; bei einberufenen Regimentern und Bataillonen werden die vacanten Stellen durch den Commandeur besetzt.

Art. 8—10. Die Königin mit Beirath des Privy Council (Staatsministerium) kann von Zeit zu Zeit Milizmannschaften bis zur Zahl von 80,000 Mann formiren; die Quoten der einzelen Grafschaften werden durch Staatsrathsorder fixirt. Die subdivisions sollen in Uebereinstimmung gebracht werden mit den Civilstandsregisterbezirken, also mit den Kreisarmenverbänden.

Art. 11—20. Die Mannschaften werden regelmäßig durch Werbung aufgebracht unter Regulativen des Kriegssecretärs. Wo aber die Werbung nicht ausreicht zur Beschaffung der Mannschaften, kann eine Zwangsausloosung durch die Königin im Rath angeordnet werden. Niemand ist über das 35. Jahr hinaus der Ausloosung unterworfen.

Art. 25—27. Die königliche Verwaltung (also nicht mehr das Gesetz) bestimmt, welche Regimenter zu formiren und wie das Offiziercorps und der Stab zu bilden sind. Die königliche Verwaltung kann die Miliz öfter als einmal im Jahr zur Uebung einberufen; durch Staatsrathsbeschluß kann auch die Gesammtzeit der Uebung (21 Tage) verlängert oder verkürzt, und eine Uebung außerhalb der Grafschaft angeordnet werden. Nach erfolgter Mobilmachung kann die Uebungszeit auf 56 Tage ausgedehnt werden (17. et 18. Vict. c. 13).

Art. 30. 31. Im Fall einer Invasion oder dringenden Gefahr derselben kann die Königin die Milizen bis auf 120,000 Mann erhöhen; gleichzeitig aber muß eine Proklamation zur Einberufung des Parlaments binnen 14 Tagen ergehen.

Art. 36. 37. Vorbehalte wegen der Miliz von London, der yeomanry und der volunteer corps.**)

Die Neuerungen bestehen also namentlich in folgenden Punkten:

1. In dem Eingreifen von Ministerialregulativen in wichtige Anordnungen, die früher gesetzlich bestimmt waren, oder von der Kreisverwaltung ausgingen. Es war dies aus militärischen Gründen nöthig, da

---

**) Die Reorganisation durch st. 15. et 16. Vict. c. 50 ist (ebenso wie die neueste Belebung der Freiwilligencorps) vielleicht als ein Zwischstadium zu dem allmäligen Uebergang in ein allgemeines Conscriptionssystem mit Stellvertretung anzusehen, als das für England vielleicht Ausführbare. — Die Zahl der Regimenter war inzwischen auf 79 in England, 7 in Wales gewachsen. Die Stämme sollten nach 5. et 6. Will. IV. c. 37 aus einem Adjutanten, einem Sergeant Major und 7 Sergeants bestehen. — Eine

die übertriebene Ausdehnung der Parlamentsgesetzgebung auf technische Organisationsfragen sich als unpraktisch erwiesen hatte.

2. Aufhebung des Vorrechts des Grundbesitzes auf die Offizierstellen, welches naturgemäß wegfiel mit der wirklichen Thätigkeit der Miliz, also mit den realen Leistungen des Grundbesitzes. Im Interesse des Militärdienstes werden einerseits gediente Offiziere zugelassen, im Interesse der capitalbesitzenden Klassen wird andererseits das bewegliche Vermögen gleichgestellt; der Census für die Subalternoffiziere ganz aufgehoben. Durch 18. et 19. Vict. c. 100 erfolgte noch einmal eine Bestimmung über den Census der höheren Offiziere. Durch 32. et 33. Vict. c. 13 §. 3 aber wird schließlich aller Census für die Offizierstellen aufgehoben.

3. Für die Beschaffung der Milizzeughäuser erging ein eigenes Gesetz, 17. et 18. Vict. c. 105, mit Normativbestimmungen über die Beschaffenheit derselben. Zur Aufbringung der Geldmittel mögen die Quartalsitzungen einen Zuschlag zur County Rate beschließen, und nöthigenfalls Darlehne aufnehmen. Die Municipal Boroughs haben dazu einen verhältnißmäßigen Beitrag zu leisten, nach Verhältniß der Höhe ihrer Armensteuer. Zur Feststellung des Beitragsverhältnisses dient eine gemischte Commission, zu welcher die Quartalsitzung 2 Friedensrichter, der Gemeinderath 2 Mitglieder ernennt. Sollte binnen drei Monaten die Commission zu keiner Vereinbarung kommen, so ernennt der Minister des Innern einen arbitrator.

Der ausgesprochene Zweck, den Milizdienst „mit möglichst wenig Belästigung für die gewöhnliche Beschäftigung des Volks" einzurichten, ist durch diese Gesetzgebung allerdings erreicht. Indem das Gesetz die Werbung zur Grundlage der Institution macht, giebt sie den Charakter eines Volksheeres grundsätzlich auf. Solche geworbenen und aus gewerbsmäßigen Ersatzmännern formirten, den größten Theil des Jahres beurlaubten Mannschaften, unter vornehmen, aber militärisch wenig ausgebildeten Offizieren, bilden eine Reserve-Armee von militärisch zweifelhaftem Werth, welche bei entstehendem Kriege hauptsächlich eine Werbegelegenheit zur Erweiterung des stehenden Soldheeres darbietet. Der einmal eingeschlagene Weg führte aber consequent weiter. Durch 17. Vict. c. 13 wird die Krone zur Mobilmachung der Miliz ermächtigt, im Fall des „Kriegszustandes" überhaupt

---

Uebersicht über die Milizquoten der einzelen Grafschaften pro 1852—53 giebt das Statistical Journal XV. 364. Vollständige Ueberfichten des Bestandes und der Etats der Miliz geben die Parl. P. 1855 Vol. XXXII. S. 441—508. Der Effectiv-Bestand war für den 15. April 1855: 50 Obersten, 81 Oberstlieutenants, 103 Majors, 683 Captains, 620 Lieutenants, 390 Fähnriche, 89 Adjutants, 86 Aerzte, 61 Assistenzärzte, 39 Quartiermeister, 91 Sergeants Major, 2295 Sergeants, 1583 Corporals, 820 Spielleute, 32,449 Gemeine. Im folgenden Jahr aber überstiegen die Uebungsmannschaften 120,000 Mann.

(nicht wie bisher im Falle einer „drohenden Invasion"). Durch 22. et 23. Vict. c. 38 §. 4 wird die Gesammtmiliz des vereinigten Königreichs der Krone zur Verwendung in jedem Theile von Großbritannien zur Verfügung gestellt. Durch 30. et 31. Vict. c. 111 wird die Krone ermächtigt, einen Theil der Milizmannschaften unter „Bedingung des Dienstes in der stehenden Armee im Fall des Krieges" anzuwerben. Durch 29. et 30. Vict. c. 60 §. 6 werden alle Mannschaften der Stämme permanent unter die Mutiny Act und die Kriegsartikel gestellt, und in jeder Beziehung als Offiziere und Soldaten des stehenden Heeres behandelt. Durch 32. et 33. Vict. c. 13 wird (Hand in Hand mit Aufhebung alles Census der Milizoffiziere) die Kriegsverwaltung ermächtigt, auf Antrag des Lord Lieutenant Offiziere und Unteroffiziere der stehenden Armee mit ihrem bisherigen Rang ohne Weiteres in der Miliz zu verwenden. Es ist daraus in der That ein stehendes Heer nach dem sogenannten Krümpersystem geworden.

Um so mehr hat das Unterhaus geglaubt, alle Gestaltung der Miliz durch jährliche Beschlüsse in seiner Hand behalten zu müssen. Es erscheinen nun die stetig wiederkehrenden Parlamentsbeschlüsse, durch welche die Suspension des ballot continuirt, und von Jahr zu Jahr der Sold, die Bekleidung und Nebenkosten der „disembodied militia" bewilligt wird, — Gesetze über periodische Augmentation und über Mobilmachungen, — Gesetze welche zeitweis einen freiwilligen Dienst von Milizregimentern außerhalb des vereinigten Königreichs genehmigen 2c. In der Gesetzsammlung des XIX. Jahrhunderts erscheinen demgemäß mehre hundert Milizgesetze, zu denen noch die jährliche Bewilligung des Milizetats in der Budgetberathung kommt. Alle dauernde Organisation durch Conscription wird durch die Abneigung der öffentlichen Meinung gegen jede Art von persönlicher Dienstpflicht völlig unausführbar.***)

***) Der Finanzetat für die Miliz, Army Estimates votum 8, betrug beispielsweise pro 1864—65 783,783 £. in folgenden Posten: Generalinspection 1485 £.; Kosten der Milizstämme 266,280 £. (für 160 Adjutanten, 130 Quartiermeister, 161 Sergeants Major, 159 Quartermaster Sergeants, 3261 Sergeants, 1221 Spielleute, zusammen 5070 Stammmannschaften); Kosten der Milizübungen für etatsmäßig 120,000 Gemeine mit Offizieren und Unteroffizieren 146,510 £.; Enrollirungsgebühren und Prämien 160,800 £.; Naturalverpflegung 50,382 £.; Einquartierungskosten 41,000 £.; Uniformirung 120,000 £. 2c. Der Natur einer Soldarmee entsprechend sind diese Kosten in stetigem Steigen. Früher hatte das Unterhaus dafür Credite „on account" bewilligt; seit 1862 ist die gewöhnliche Behandlung dieser Posten im Ausgabeetat der Armee eingetreten. Den Etat der einzelen Regimenter bei den Uebungen mit Angabe der Mancomannschaften geben die Parl. P. 1869 XXXVI. 493; die geltenden Regulative für die Disciplin und Löhnung die Parl. P. 1868 XLII. 689. Jeder Jahresausweis ergiebt übrigens ein bedeutendes manco an Offizieren und Uebungsmannschaften.

Da in dieser Gestalt die Miliz nicht ausreicht, um die zeitweisen Bedürfnisse einer bewaffneten Macht in den Colonien zu bestreiten, und die Stellung Englands als Großmacht zu behaupten, so ist in neuester Zeit noch eine Verstärkung in zweifacher Richtung hinzugetreten:

1. Die Bildung einer Army Reserve aus gedienten Mannschaften der stehenden Armee zur unmittelbaren Verwendung als Theil der stehenden Armee, — consolidirt in der Army Reserve Act 1867, 30. et 31. Vict. c. 110. Sie besteht aus einer ersten Klasse von gedienten Leuten bis zu 20,000 Mann, mit der Verpflichtung, mit der Armee überall zu dienen, und einer zweiten Klasse bis zu 30,000 Mann, mit der Verpflichtung, mit der Armee innerhalb des vereinigten Königreichs zu dienen.

2. In entgegengesetzter Richtung versucht die Volunteer Act 1863 eine neue Volksbewaffnung nach dem Freiwilligen-System zu bilden, welches noch einer ergänzenden Erörterung bedarf (§. 92).

Die Zersetzung der Miliz in eine Werbearmee war grundsätzlich entschieden mit der Suspension der Zwangsaushebungen in 10. Geo. IV. c. 10. Zwar nöthigte der Ernst der Zeit schon im folgenden Jahre die vorbehaltene Zwangsausloosung noch einmal durch Order in Council wieder einzuführen, und vom 29. Dezember 1830 bis Februar 1832 beizubehalten. Allein seit der Reformbill war den Interessen der heutigen Gesellschaft keine Art der Militärpflicht mehr abzugewinnen, obgleich in den Debatten von 1847 und 1850 sich noch einige Contestation über das Ballot erhob. Die öffentliche Meinung bestimmt sich in diesen Fragen zunächst durch die äußere Erscheinung. Und dabei war es nicht zu leugnen, daß seit länger als 100 Jahren nur siebenmal eine Mobilmachung erforderlich gewesen ist: das erste Mal während des siebenjährigen Krieges; das zweite Mal während des amerikanischen Krieges, 1778—1783; das dritte Mal während des französischen Krieges 1792—1803; das vierte Mal wiederholt im Jahre 1803; das fünfte Mal 1815; das sechste Mal während des Krimkrieges nach 17. Vict. c. 13; das siebente Mal während des Aufstandes in Ostindien nach 20. et 21. Vict. c. 82. Sollte um so sporadischer Veranlassung Willen die ganze Bevölkerung der schwersten, alle bürgerlichen Verhältnisse durchkreuzenden Last unterworfen werden? Alle Anschauungen der erwerbenden Klassen sind dagegen, weil die allgemeine Wehrpflicht und das Landwehrsystem den bewährten Grundsätzen der Arbeitstheilung widersprechen und eine unproductive Arbeit darstellen. Aber auch die Vorstellungen des Berufsoldaten bleiben einer Bewaffnung nach dem Landwehrsystem grundsätzlich abhold. Da dennoch das Bedürfniß einer bewaffneten Macht und einer Landesvertheidigung unabänderlich besteht, so gehen die Formationen auseinander: in eine Soldarmee, der die Intelligenz und sittliche Kraft einer Volksbewaffnung fehlt, und in ein Voluntärsystem, dem die Ausbildung und Disciplin einer bewaffneten Macht fehlt. Diese Schwierigkeit, welche auf dem Continent durch einen festen stetigen Willen zu überwinden ist, bleibt für die heutigen Parlamentsregierungen Englands unüberwindlich. So sehr auch die leitenden Staatsmänner die Nothwendigkeit wenigstens eines Conscriptionssystems einsehen mögen, so hat doch seit der Reformbill kein Ministerium mehr die Kraft gehabt, der öffentlichen Meinung irgend eine Art der persönlichen Wehrpflicht abzugewinnen. Inzwischen steigern sich die Schwierigkeiten, für den verachteten Dienst des gemietheten Soldaten die nöthige Zahl zu finden, und gerade die Miliz mit ihrer Werbeprämie von 6 L., mit ihren parish volunteers und besoldeten Uebungsmannschaften macht den Werbedepots der stehenden Armee die empfindlichste Concurrenz. Die nöthige

Zahl der Mannschaften ist weder für die eine, noch für die andere aufzubringen; das jährliche Manco in den Uebungsmannschaften der Miliz ist in der Wirklichkeit noch größer als in den Listen. Unter diesen Verhältnissen hat der Armeeetat Englands den Armeeetat Deutschlands längst überflügelt, und ist in unabsehbarer Steigerung begriffen, ohne doch die für eine Großmacht und für einen größern Krieg in den auswärtigen Besitzungen erforderliche Zahl beschaffen zu können. — Ueber die Schwierigkeiten und Mängel im Einzelen giebt eine Auskunft der Report on the Establishment of the Militia etc. 1859; zum Theil auch der Report einer Commission im Mai 1866 über das Rekrutirungssystem der stehenden Armee. Einen vergleichenden Ausweis über den Dienst der einberufenen Milizregimenter seit dem 1. Januar 1852 geben die Parl. P. 1861. XXXVI. 457; über die Centralverwaltung der Miliz im Kriegsministerium, der Report on Military Organisation 1860. Index p. 62. Ueber die Einfügung der Miliz in das System der Staatsverwaltung: Gneist, Engl. Verwaltg. R., Bd. II. §. 100 a.

§. 92.

Die neuen Freiwilligen-Corps. Volunteer Act 1863.

Aus dem Bestreben, dem Heeresdienst eine gewisse Respectabilität wiederzugeben, und um der Grundneigung zum voluntarism in der heutigen Erwerbsgesellschaft entgegenzukommen, erging die Volunteer Act 1863, 26 et 27 Vict. c. 65, welche die neugebildeten Freiwilligencorps möglichst locker in die ältere Milizverfassung einfügt, und durch eine milde Dienstordnung, durch Befreiung vom ordentlichen Milizdienst und durch einen Kopfbeitrag zur Uniformirung alle Klassen heranzuziehen sucht. Die Hauptclauseln des Gesetzes haben den Zweck:

1) die Volunteers überhaupt zu legalisiren, da ohne Gesetz keine bewaffnete Macht gebildet werden kann: „die Königin wird ermächtigt, die Dienste solcher volunteer corps anzunehmen, welche durch den Lord Lieutenant einer Grafschaft ihren Dienst anbieten." Der Krone vorbehalten ist auch die Auflösung eines jeden Corps.

2) Die Königin wird ermächtigt, für jedes Corps einen permanenten Stab zu bilden, bestehend aus einem besoldeten Adjutanten und einer Anzahl Sergeants Instructors.

3) Der Dienst im Voluntärcorps befreit von der Dienstpflicht in der Miliz jeden Offizier, Unteroffizier und Gemeinen, welcher als „efficient volunteer" die reglementsmäßige Ausbildung erhalten hat.

4) Ernennung und Rang der Offiziere: speciellere Normen „über Ernennung und Beförderung, über die Bildung von Courts of Inquiry, über die allgemeine Verwaltung und Disciplin" werden einem ministeriellen Regulativ überlassen; der von den Offizieren zu leistende Diensteid ist aber im Gesetz formulirt.

5) Bestimmung über die Mobilmachung „im Falle einer actuellen Invasion oder drohenden Invasion" durch Aufgebot an die Lord-Lieutenants.

6) Kriegsartikel: die Mannschaften außer dem actuellen Dienst unterliegen einer besondern, sehr milden Strafordnung; der permanente Stab und die Corps im activen Dienste dagegen der Mutiny Act, den Kriegsartikeln und den aus ihrer Mitte zu bildenden Kriegsgerichten.

7) Bestimmungen über das Maß der Staatsunterstützung, Ansprüche auf Halbsold und Invalidenversorgung, Befreiung von Chausseegeldern und andere der Miliz analoge Privilegien.

Das Aufgebot und die Verwendung der Voluntärcorps bleiben hiernach unter dem verfassungsmäßigen Amt des Lordlieutenant. Der permanente Stab wird von der königlichen Verwaltung ernannt; die übrigen Offiziere werden nominirt „von Personen unter Genehmigung der Königin", erhalten ihre Patente aber vom Lordlieutenant und rangiren mit den Offizieren der Armee und Miliz als Jüngste ihres Ranges. Durch Regulativ eines Staatssecretärs wird die allgemeine Verwaltung und Disciplin zur vollen Ausführung dieses Gesetzes bestimmt. Durch Regulativ mögen zwei oder mehre Corps zu einem administrative regiment verbunden werden, für welches die Königin einen permanenten Regimentsstab ernennen kann. Zu den populären Elementen des Gesetzes gehört auch die Befugniß der Corps zur Errichtung von Statuten, byelaws, unter Genehmigung der Krone. Alle Bestimmungen, welche den Dienst respectabel machen sollen, dienen freilich sehr wenig dazu, die Disciplin und die Zusammengewöhnung der Mannschaften in Strapazen und Gefahren zu fördern. Die Musterungen und Manoeuvres der Volunteers erinnern immer noch an die Revuen unserer Schützencorps. — Dennoch sind die Kosten der Einrichtung nicht unbedeutend. Unmittelbar nach der Errichtung der Corps im Etat für 1864—65 war der Staatsbeitrag 326,260 £ und zwar: Generalinspection 7133 £, besoldete Adjutanten 95,600 £, besoldete Sergeants Instructors 57,396 £, Capitations Grants 163,269 £, und zwar 30 sh. an die Freiwilligen der Artillerie, 20 sh. an die Freiwilligen der leichten Cavallerie, Schützen und Ingenieure, 10 sh. als extra-capitationgrant. — Als Zusatzgesetz erschien die Volunteer Act 1869, 32. et 33. Vict. c. 81, mit einigen summarischen Strafbestimmungen.

§. 93.

Das System der Verwaltungsjurisdiction in der Miliz.

Im Unterschied von der friedensrichterlichen Verwaltung vereinigt die Miliz ein militärisches Element mit den sonst in England üblichen Formen der Civilverwaltung. Mit Rücksicht darauf wird das verwaltende Personal der Deputy Lieutenants zwar dem größten Theil nach aus der Zahl der Friedensrichter entnommen, jedoch mit einer gewissen Rücksicht auf Geschick und Neigung für militärische Angelegenheiten, und unter Beifügung einer Anzahl von Nichtfriedensrichtern. Nach einer neuern Uebersicht waren

§. 93. Das System der Verwaltungsjurisdiction in der Miliz. 541

unter 3000 Deputy Lieutenants für England und Wales nur 467 Personen, die nicht den friedensrichterlichen commissions angehörten (Dodd, Manual of Dignities 1844 p. 552). Die Kreiscommissionen sind in so weit vergleichbar unseren aus Civil- und Militärpersonen zusammengesetzten Kreisersatzcommissionen.

Die militärische Formation der Miliz ist durchaus nachgebildet dem stehenden Heere. Die Formirung der Regimenter, Bataillone, Compagnien und das Exercierreglement im Milizgesetz von 1802 sind die der englischen Linieninfanterie des achtzehnten Jahrhunderts. Das überzahlreiche Offiziercorps kommt auch im stehenden Heere vor. Kriegsrecht, Kriegsartikel und Kriegsgerichte sind für die einberufene Landwehr seit 1756 als eben so nothwendig anerkannt wie für das stehende Heer. Die Hauptabweichung vom stehenden Heer bestand in der Qualification des Offiziercorps, bei welchem nach den Anschauungen der regierenden Klasse Grundbesitz wesentlich, militärische Ausbildung unwesentlich schien. Diesen Mangel suchte man dann zu ergänzen durch einen gedienten Offizier als Adjutanten und durch eine Anzahl gedienter Feldwebel und Sergeanten.

Der administrative Organismus andererseits ist entlehnt der Friedensrichter-Verwaltung, also mit starken obrigkeitlichen Gewalten aus Königlicher Ernennung. Obwohl dieser weitläufige Verwaltungsapparat durch Suspendirung der Zwangsaushebungen größtentheils in suspenso bleibt, so ist er doch von prinzipiellem Interesse für das System des self-government. In Form, Geist, und größtentheils auch in Personal, fällt das Ganze mit dem Friedensrichtersystem zusammen. Es gilt dies zunächst vom Chef der Verwaltung, dem Lord Lieutenant, der mit dem Custos Rotulorum der Friedensrichter identisch ist. Er wird durch Patent unter dem großen Siegel durante bene placito ernannt, leistet seinen Eid vor der Königin im Rath, ernennt das ganze Personal der Deputy Lieutenants und Offiziere für Miliz- und Voluntärcorps, wie er auch als Custos Rotulorum die Vorschläge wegen Neuanstellung der Friedensrichter macht. Er ist Ehrenchef der Milizregimenter wie er Ehrenchef der Kreisverwaltung ist; er ernennt den Kreissecretär für die Milizverwaltung wie er als Custos Rotulorum den Clerk of the Peace ernennt, und ist in eben dieser Doppelstellung „das ordentliche Organ der Correspondenz zwischen dem Minister des Innern und der Grafschaft" geworden. Auch für die Einzelgeschäfte tritt dieselbe Scheidung ein wie bei den Friedensrichtern: in Geschäfte der Quartalsitzungen, Specialsitzungen und der einzelen Friedensrichter.

1. Das General-Meeting, parallel den Quartalsitzungen, besteht aus dem Lord Lieutenant und sämmtlichen Deputy Lieutenants für die allgemeine Kreisverwaltung. Dem Wesen einer Militärverwaltung

entsprechend ist dabei etwas mehr auf die persönliche Mitwirkung des Chefs gerechnet, als bei den Quartalsitzungen. Die Geschäfte des General Meeting kommen zerstreut im Milizgesetze vor (§§ 2. 5. 18. 21—23. 25. 37. 39. 40. 41. 87. 90. 98. 106. 124 u. s. w.). Ihr Hauptgeschäft ist die Stammlistenbildung in den Unterbezirken in Gang zu bringen, gewisse Anordnungen über die jährlichen Uebungen und Anschaffung der Zeughäuser [1]).

2. Die Subdivision Meetings, parallel den Specialsitzungen, bestehen aus den zur Division gehörigen Deputy Lieutenants. Ihre Geschäfte erscheinen wieder in dem Milizgesetz sehr zerstreut (§§ 22—25. 29. 32. 34. 35. 40. 41—43. 52 ꝛc.). Ihr Schwerpunkt ist die Bildung der Bezirksstammlisten, das Ausloosungs= und Enrollirungsgeschäft, und die Reclamationen gegen Aufnahme in die Liste der dienstpflichtigen Mannschaften, die sie endgültig entscheiden [2]).

3. Die einzelen Deputy Lieutenants sind zunächst befugt die nach dem Milizgesetz nöthigen Eide abzunehmen (§ 68). Sodann üben sie in ein Paar Fällen eine summarische Strafgewalt analog den einzelen Friedensrichtern (§§ 14. 62. 63 u. a.), betreiben die Strafverfolgung gegen Lehrlinge, die sich betrüglich einschreiben lassen, und ordnen die Auszahlung der Prämien bei Mobilmachungen [3]).

Die große Mehrzahl der summarischen Strafen ist dagegen den Friedensrichtern als solchen übertragen: wegen verweigerter Ausfüllung der Hausliste oder falscher Angaben bei Anlegung der Stammlisten (§ 29.

---

[1]) General Meeting. Bei gewissen Kreisverwaltungsgeschäften zeigte sich jedoch die Form einer periodischen Generalversammlung unanwendbar; für die schleunigeren Angelegenheiten ist daher der Lord Lieutenant oder 3 Deputy Lieutenants an die Stelle gesetzt, z. B. bei Ausführung einer Mobilisirung (§ 111). Die Büreauseele der Verwaltung ist hier wieder der Clerk of the General Meeting, der von dem Chef ernannt und entlassen, und auf eine Remuneration durch Gebühren nach gesetzlichem Tarif (§ 26) angewiesen wird. Die Rechnungslegung des Clerk wurde im Verlauf der Zeit immer vollständiger unter die Controle des Kriegsministeriums gestellt, als die nothwendige Folge der Uebernahme der Hauptkosten auf Staatsfonds.

[2]) Subdivision Meeting. Nach den späteren Gesetzen gehören auch Streitigkeiten über die Enrollirung bei einem freiwilligen Milizcorps zur Entscheidung an das Subdivision Meeting, 44. Geo. III. c. 54 § 33. Soweit es mit den Zwecken der Milizverwaltung vereinbar war, fielen die Subdivisions ungefähr zusammen mit den Divisions der Friedensrichterverwaltung, in neuster Zeit also möglichst mit den Kreisarmenverbänden. Die nöthigen Gelder können die Clerks der Subdivision unmittelbar aus der Staatskasse ziehen. Ihre Rechnungen darüber, revidirt, genehmigt und gezeichnet von den Deputy Lieutenants, gelten als Rechnungsbeläge (§§ 138. 139. vgl. 52. Geo. III. c. 105).

[3]) Die einzelen Deputy Lieutenants concurriren mehrfach mit den einzelen Friedensrichtern, hauptsächlich vom Gesichtspunkt der Beschleunigung des Geschäftsganges. Wo indessen eine Gefahr des Eingreifens in die bürgerlichen Rechtsverhältnisse obwaltet, ist die Amtsgewalt (jurisdiction) der Friedensrichter unbedingt festgehalten.

§. 93. Das System der Verwaltungsjurisdiction in der Miliz. 543

31.), Weigerung sich zu stellen oder einer ärztlichen Untersuchung zu unterziehen (§ 45), Ausbleiben des Stellvertreters (§ 62), Anwerbung eines Milizmanns zum stehenden Heer (§ 64), öffentliches Ausgebot von volunteers (§ 65), Ausbleiben bei den Uebungen (§ 99. 130), wissentliche Beherbergung eines Deserteurs (110), wissentlicher Kauf und Verkauf von Waffen und Monturstücken (§§ 101. 102). Ueberhaupt ist das System der Ordnungsstrafen grundsätzlich den Friedensrichtern überwiesen mit der Befugniß, in Ermangelung der Zahlung bis auf 3 Monate Gefängniß zu erkennen (§ 176). Ferner concurrirt ein Friedensrichter bei Auszahlung der vereinbarten Prämie an einen Stellvertreter (§ 63). Bei Säumniß des Ortsvorstandes mag ein Friedensrichter unmittelbar die Einquartierung von Milizmannschaften anordnen (§ 94), sowie die Gestellung des Fuhrwerks (§ 95). Bei Verfolgung von Deserteuren stellt ein Friedensrichter den vorläufigen Thatbestand fest, verfügt die Detention und den Transport (§ 108), sowie die gesetzliche Prämie für die Ergreifung (§ 109). Alternativ mit den Kriegsgerichten kann auch die Desertion selbst mit Geld- oder Gefängnißstrafe summarisch gebüßt werden, 21. et 22. Vict. c. 38. Die Zahl der summarischen Bestrafungen nach der Militia Act belief sich danach im Geschäftsjahr 1867 auf 449 Fälle, nach der Volunteer Act auf 343 Fälle. Der Sinn dieser Competenzbestimmung ist derselbe, wie in den deutschen Verwaltungsgesetzen, welche in gewissen Collisionsfällen mit dem bürgerlichen Interesse die Entscheidung nicht den Militär- oder gemischten Behörden, sondern den rein civilen Verwaltungsbehörden (Landräthen und Regierungen) überweist.

Auch diese Organisation ist wie die der Friedensbewahrung von oben nach unten zur Aufrechthaltung der staatlichen Ordnung gebildet. Die Sicherung der gesetzlichen Ordnung dient aber wie dort zugleich zum Schutz des Einzelen als ein System der Verwaltungsjurisdiction, welches nach Erfahrung früherer Jahrhunderte mit einem besondern Mißtrauen gegen mögliche Uebergriffe der Kriegsverwaltung gestaltet ist. Allerdings ist der größere Theil dieser Jurisdiction mit der Suspension des ballot außer Anwendung gesetzt. Sie tritt aber sofort in Wirksamkeit, sobald durch Order in Council die vorbehaltene Zwangsaushebung zurückkehren sollte. Sie ist jedenfalls principiell wichtig für die Gesichtspunkte, nach welchen England seine Verwaltungsjurisdiction für die ausgehobenen Truppen bildet — völlig parallel der friedensrichterlichen Verwaltungsjurisdiction in folgenden Stufen:

Von unten herauf üben zunächst die Deputy Lieutenants eine gegenwärtige Controle der Constables bei Aufnahme der Stammlisten, und concurrirend mit den Friedensrichtern die Controle aller sonstigen Acte der Constables in Ausführung der Milizgesetze.

Das Decernat der einzelen Deputy Lieutenants und Friedens=
richter erscheint auch in diesen Geschäften als eine fest geregelte jurisdiction
mit formulirten orders und convictions.

Ein collegialisches Decernat des Subdivision Meeting tritt ein
für das Aushebungsgeschäft, die Reclamationen, überhaupt für die Hand=
habung der persönlichen Militärpflicht.

Eine Beschwerdeinstanz durch einen vielfach beschränkten appeal an
die Quartalsitzungen tritt ein, soweit die Friedensrichter im summa=
rischen Verfahren thätig sind.

Die Control=Instanz der Reichsgerichte ist nahezu vollständig aus=
geschlossen: fast alle Entscheidungen der Deputy Lieutenants und Friedens=
richter für „endgültig" erklärt; doch wohl mit dem stillschweigenden Vor=
behalt des certiorari im Interesse der Krone.

Die auf der persönlichen Wehrpflicht beruhende Miliz soll im Zustand
der Beurlaubung dem bürgerlichen Leben angehören, während der Uebungs=
zeit der halben Strenge des Kriegsrechts, nach der Mobilmachung dem
ganzen Kriegsrecht unterliegen. Alle Rechte und Obliegenheiten der Dienst=
pflichtigen und der Beamten und alle Procedurformen für die streitigen
Fragen sind zu diesem Zweck gesetzlich geregelt, und damit der Rechts=
weg in der Verwaltung erhalten, soweit die Kriegshoheit unmittelbar
den Rechtskreis des Individuums berührt. Von diesen Gesichtspunkten
aus umfaßt die Verwaltungsjurisdiction die folgenden 6 Fragen:

1. alle Entscheidungen über die persönliche Dienstpflicht erfolgen
ausschließlich und endgültig in den Bezirkssitzungen der Kreiskommissarien,
für jeden, „welcher behauptet, daß sein Name zu Unrecht in die Stamm=
listen aufgenommen, oder der Name anderer Personen zu Unrecht wegge=
lassen sei, oder wer eine nicht anerkannte Befreiung vom Dienst behauptet."
Ebenso üben die Bezirkssitzungen die „Jurisdiction" über Ausloosung und
Enrollirung, die Entscheidung über die Dienstunfähigkeit nach ärztlichem
Gutachten, und über die Zulassung eines Ersatzmannes. Bei einer theil=
weisen Mobilisirung handhaben sie die Aushebung nach Maßgabe der
gesetzlichen Abkömmlichkeitsklassen.

2. Die Versäumnisse der Unterbeamten und der Mann=
schaften bei der Gestellung zum Dienst und bei den sonstigen Obliegen=
heiten außer der Uebungs= nnd Mobilmachungszeit sind unter Geld= und
leichte Freiheitsstrafen gestellt, welche summarisch vor einem oder zwei
Friedensrichtern verfolgt werden mit Appellation an die Quartalsitzung.
In Fällen, wo die Abtrennung dieser Ordnungsstrafgewalt allzu umständ=
lich erscheint, ist die Strafbefugniß einem Deputy Lieutenant beigelegt.

3. Während der Uebungszeit unterliegt der Milizmann zwar dem
Kriegsrecht und den Kriegsartikeln, aber (1) mit Beobachtung des

§ 93. Das System der Verwaltungsjurisdiction in der Miliz. 545

iudicium parium, insofern das Gericht nur aus Milizoffizieren gebildet werden darf; (2) mit Ausschluß der Strafen an Leben und Gliedern. (3) Im Falle der Desertion tritt alternativ das Kriegsgericht oder die summarische Bestrafung vor den Friedensrichtern ein.

4) **Streitigkeiten über den Umfang der Einquartierungspflicht** werden im selfgovernment entschieden nach den unten folgenden Grundsätzen für die stehende Armee.

5. Die **Vorspannpflicht** wird auf Vorzeigung der schriftlichen Marschorder ebenso durch Anweisung der Friedensrichter an die Constables gehandhabt. Hier wie bei der Einquartierungspflicht ist die Maxime durchgeführt, den Militärbehörden das Nothwendige gegen gesetzlich geregelte Vergütigung zu gewähren, die richtige Vertheilung der Naturallast innerhalb der Gemeinde aber endgültig der Kreisverwaltung zu überlassen.

6. Die **Unterstützung der Familien** einberufener Milizmänner steht unter dem Dezernat der Friedensrichter mit Recurs an die Session.

Das Grundprinzip dieser Competenzbestimmungen liegt darin, daß wo das militärische Interesse mit dem bürgerlichen Recht zusammentrifft, die bürgerliche Obrigkeit durch orders und convictions, also mit den gewöhnlichen Garantien einer gleichmäßigen Handhabung des öffentlichen Rechts entscheidet. Es gilt dies vor Allem für die Entscheidung über die gesetzliche Dienstpflicht und gesetzliche Befreiungsgründe; sodann für die Collisionen mit dem Recht des Privaten bei der Einquartierungs- und Vorspannpflicht. Bei den hohen Geldstrafen über 20 L. entscheiden sogar die Reichsgerichte direct im Wege der Civilklage. Es ist also auch auf diesem Gebiet die Legalität der Staatsverwaltung in vollem Maße sicher gestellt. Auch hier ist durch die Oberinstanz eine gleichmäßige Auslegung der gesammten Milizgesetzgebung garantirt, und namentlich dafür gesorgt, daß an keinem Punkt den zeitigen Ministern der Krone eine Interpretation dieser Gesetze zustehe. Die Periode der Stuarts hatte gezeigt, daß die Milizgesetze zu Parteizwecken gemißbraucht werden konnten, wie zu parteiischen Zwangsaushebungen. Die jetzige Gesetzgebung will es unmöglich machen, durch die Militärgewalt (Strafeinquartierungen, Standgerichte ic.) die bürgerliche Gesetzgebung zu überwinden.

Diese Verwaltungsjurisdiction geht völlig parallel auch durch die Verwaltung der stehenden Armee, wo die Entscheidung über den Werbevertrag an Stelle der Entscheidung über das Aushebungsgeschäft in der Miliz tritt (§ 94 nachfolg.). Das besondere Mißtrauen gegen die möglichen Uebergriffe eines stehenden Heeres in die bürgerliche Verfassung hat aber noch einige Spezialcontrolen durch die ordentlichen Gericht hinzugefügt (Seite 551. 552), zu welchen in der Milizverfassung keine Veranlassung gegeben war.

§. 94.
Die Verwaltungsjurisdiction im Gebiet der stehenden Armee.

Die beiden Revolutionen des XVII. Jahrhunderts haben den besitzenden Klassen den feststehenden Glaubenssatz hinterlassen, daß ein stehendes Heer mit der englischen Verfassung unvereinbar sei. Man dachte dabei stets nur an geworbene Truppen, da die Abneigung der Bevölkerung gegen eine allgemeine Dienstpflicht im stehenden Heer unüberwindlich blieb. Durch die Bill der Rechte wurde es nun zum Reichsgrundgesetz erhoben, „daß das Halten einer stehenden Armee in Friedenszeiten gegen das Gesetz sei." Da eine Armee aber praktisch nicht zu entbehren war, so gab das Parlament seit 1689 die Erlaubniß zur Bildung eines geworbenen Heeres durch ein jährliches Specialgesetz unter dem Titel: an Act to punish Mutiny and Desertion etc. Dies Armeeverwaltungsgesetz allein gewährt der Regierung von Jahr zu Jahr außer den Geldmitteln die nöthige Disciplinargewalt, die Befugniß Kriegsartikel aufzustellen und Kriegsrecht zu handhaben. „Sofern das Parlament die Erlaubniß dazu nicht erneuert, würde mit Ablauf des Jahres das Heer ipso facto aufgelöst sein", Blackstone I. 414. 415.

Durch die jährliche Bewilligung des ganzen Geldbedarfs der Armee würde ihre Gestaltung als reine Budgetfrage dem Arrangement der zeitigen Verwaltung anheimfallen. Man hat indessen jederzeit anerkannt, daß in dem gesetzmäßig regierten Staat Offiziere und Mannschaften keiner bloß administrativen Ordnung und Disciplin unterliegen können, sondern daß es dafür gesetzlicher Normativbestimmungen bedarf, unabhängig von den wechselnden Beschlüssen des Unterhauses. Als Gegenstand der Gesetzgebung wurde daher anerkannt: die Begrenzung der Dienstpflicht des Einzelen durch einen formellen Werbeakt, die Perioden, auf welche die Werbung erfolgen kann, die zulässige Quote, in welcher Ausländer geworben werden dürfen, die feste Begrenzung der Personen, für welche das Kriegsrecht und die Kriegsartikel gelten, der Umfang der Einquartierungs- und Vorspannlasten. Die dafür erlassenen Gesetze bilden indessen zwei etwas verschiedene Gruppen.

Durch Spezialgesetze werden diejenigen Normativbestimmungen geregelt, die man als organische Glieder der Landes-Verfassung ansieht, 1. Vict. c. 29; 10. et 11. Vict. c. 37; 30. et 31. Vict. c. 34; 23. et 24. Vict. c. 27; 24. et 25. Vict. c. 74 etc.

Durch die jährliche Mutiny Act regelt man diejenigen Normativ-

§ 94. Die Verwaltungsjurisdiction im Gebiet der stehenden Armee. 547

bestimmungen, für welche eine jährliche Revision offen bleiben soll. Im Ganzen bildet die jährliche Mutiny Act und das gleichlautende Verwaltungs=gesetz für die Marinetruppen zwar einen stehenden Text, in welchem aber der eine oder andere Artikel gelegentlich amendirt wird (wie in der Mutiny Act 1868 § 22 die Aufhebung der Prügelstrafe).

Zur Aufrechterhaltung dieser gesetzlichen Ordnung dient nun die Ver=waltungsjurisdiction der Friedensrichter und der Quartalsitzungen in folgenden 7 Punkten:

1. Nach Abschließung eines Werbevertrags hat ein Friedensrichter das Werbeprotokoll aufzunehmen, die Personalverhältnisse des Re=kruten festzustellen, den gesetzlichen Soldateneid abzunehmen und darüber ein Certificat zu ertheilen. Nach Abschluß des Werbevertrags soll frühe=stens 24 Stunden, spätestens 4 Tage nachher, der Angeworbene mit dem Werbebeamten erscheinen vor einem Friedensrichter der Division, der nicht activer Offizier der Armee sein darf. Sobald dann der Rekrut erklärt „freiwillig" angeworben zu sein, nimmt der Friedensrichter ein Protokoll nach gesetzlichem Formular mit ihm auf, in welchem bestimmte Fragen über Namen, Wohnort, Alter, Beruf, ob durch Lehrvertrag gebunden? ob verheirathet? ob mit körperlichen Gebrechen behaftet? ob schon in der Armee oder Miliz dienend? und über die Modalitäten der Werbung zu beantworten sind. Sodann werden bestimmte Sectionen der Kriegsartikel verlesen, der Rekrut nach gesetzlichem Formular vereidet, das Eidesprotokoll von ihm vollzogen, und über den ganzen Hergang ein Certificat des Friedensrichters ausgestellt. Das Eidprotokoll lautet:

„Ich N. N. beschwöre, daß mir die obigen Fragen einzeln vorgelegt sind, daß mir die Antworten darauf protokollarisch vorgelesen sind, daß es dieselben sind, die ich gegeben habe, und daß sie wahr sind"

„Ich beschwöre auch, daß ich treu sein will und wahre Unterthanentreue halten Ihrer Majestät, Ihren Erben und Nachfolgern, und daß ich pflichtmäßig redlich und treu ver=theidigen will Ihre Majestät, Ihre Erben und Nachfolger, Ihre Person, Krone und Würde gegen alle Feinde, und daß ich folgen und gehorchen will allen Orders Ihrer Majestät, Ihrer Erben und Nachfolger und der mir vorgesetzten Generale und Offiziere. So wahr mir Gott helfe." „Bezeugt durch meine Handschrift. N. N." — „Beschworen vor mir am 11. Januar 18 . . 11 Uhr. J. P."

Weigert der Rekrut den Eid zu leisten, so kann der Werbebeamte ihn gefänglich detiniren bis er den Eid leistet. Der Rekrut kann aber auch bei Gelegenheit dieses Protokolls noch von dem Werbevertrag zurücktreten gegen Rückerstattung der empfangenen Löhnung und 20 sh. für Unkosten. Erfolgt aber diese Zahlung nicht binnen 24 Stunden, so gilt er als an=geworben, wie wenn er das Friedensrichterprotokoll vollzogen hätte.[1]

---

[1] Wenn der geworbene Rekrut latitirt, oder sich weigert vor dem Friedensrichter zu erscheinen, oder sich sonst von dem Werbebeamten entfernt, so gilt er auch ohne Protokoll

35*

2. Insbesondere entscheidet ein Friedensrichter auch die Lehrlings= reclamationen bei dem Werbegeschäft, wenn der angeworbene Rekrut von einem Meister als sein Lehrling beansprucht wird. Nach Constatirung dieser Thatsache muß der Rekrut des Werbevertrags ent= bunden werden mit Vorbehalt der gesetzlichen Strafe wegen falscher An= gaben [2]).

3. Bei gewissen Rechnungsgeschäften der Intendantur= und Musterungsbeamten sind Beglaubigungsprotokolle vor einem Friedensrichter aufzunehmen. Namentlich legen die Commissariatsbeamten ihre Rechnungen mit einer Declaration, die nach gesetzlichem Formular vor einem Friedensrichter aufzunehmen ist. Ebenso sind die Musterungs= rollen und Zahllisten, soweit sie eidlich zu verificiren, kostenfrei vor einem Friedensrichter aufzunehmen. Außerdem fallen bei dem jährlichen Muste= rungsgeschäft den Friedensrichtern einzele Functionen zu, namentlich eine summarische Bestrafung auf 20 L. Buße gegen jede durch zwei Zeugen überführte Person, welche sich fälschlich zu einer Musterung hergiebt oder wissentlich ein Pferd dazu leiht [3]).

4. Die Einquartierung der Truppen erfolgt nach der Mutiny Act durch die Constables der Kirchspiele in Häusern, welche zum Detailverkauf spirituoser Getränke concessionirt sind. Reclamationen da= gegen entscheidet in der Regel ein Friedensrichter. Die Bequartierung

---

als enrollirter Soldat, und kann nach den Kriegsartikeln als Deserteur gestraft werden. Hat ein geworbener Rekrut seine körperlichen Gebrechen wissentlich verheimlicht, oder sonst wissentlich falsche Angaben gemacht, so kann er vor 2 Friedensrichtern als rogue and vagabond gestraft werden. Hat er durch solche wissentlich falsche Angaben sich bereits ein Werbegeld verschafft, so treten die Criminalstrafen für Verschaffung von Geld unter fal= schen Vorwänden ein, wobei das friedensrichterliche Protokoll zur Feststellung des That= bestands genügen soll. Hat er wissentlich verschwiegen, daß er ein activer Milizmann ist, so tritt außerdem noch eine Gefängnißstrafe bis zu 6 Monaten hinzu und Zwangseinstellung in die Armee während der Zeit, in welcher die Miliz nicht einberufen ist, sowie nach Ablauf der Milizdienstzeit.

[2]) Lehrlinge, die unter Verschweigung des Lehrcontrakts sich anwerben lassen, unterliegen Criminalstrafen und einer Zwangseinstellung nach Ablauf der Lehrzeit. Jeder Meister muß indessen, wenn er den Lehrling reclamiren will, binnen einem Monat nach der Entfernung desselben vor einem Friedensrichterer scheinen, einen Eid darüber leisten und sich ein Certificat ertheilen lassen. Der Meister kann auch binnen einem Monat auf seinen Lehrvertrag verzichten und die Auszahlung des noch rückständigen Werbegeldes nach Abzug von 2 Guineen für eigene Rechnung als Entschädigung beanspruchen.

[3]) Das Musterungsgeschäft, muster, findet jährlich wenigstens zweimal bei den größeren und kleineren Abtheilungen der Armee statt. Offiziere, die dabei wissentlich falsche Atteste ausstellen, oder falsche Angaben machen, oder Geld oder Gratificationen an= nehmen, unterliegen auf Ueberführung vor einem Kriegsgericht durch 2 Zeugen der Cassa= tion und Amtsunfähigkeit; andere Personen einer Buße von 50 L. für jedes falsche **Attest**.

im Einzelen erfolgt durch die Constables. Beschwerden wegen Ueberbürdung gegen einen Constable werden vor einem Friedensrichter angebracht; hat ein Friedensrichter unmittelbar die Einquartierung angeordnet, so geht die Beschwerde dagegen an zwei Friedensrichter. Erscheint sie begründet, so wird das Zuviel der Einquartierung auf andere Häuser vertheilt. Zur Verhütung von Mißbräuchen kann jeder Friedensrichter durch schriftliche Order den Constable anhalten, ihm schriftliche Verzeichnisse der Zahl der einquartierten Truppen und der Vertheilung auf die einzelen Häuser einzureichen. Strafen von 2—5 L. treffen den Einquartierungspflichtigen, der die Aufnahme der Einquartierung verweigert oder nicht die reglementsmäßige Speisung, Bettung oder sonstige Lieferung, oder nicht die reglementsmäßige Stallung mit Heu und Stroh beschafft, oder der dem Soldaten statt der Nahrung und des Dünnbiers Geld zahlt. Eine Geldbuße von 2—5 L. wird allen Constables und sonst bei der Einquartierung beschäftigten Personen angedroht, wenn sie nichteinquartierungspflichtige Häuser ohne Zustimmung des Besitzers belegen, oder das requisitionsmäßige Quartier zu beschaffen verweigern, oder Geld oder Geldeswerth für die Freilassung eines Quartiers fordern oder annehmen; oder die Frau, Kinder oder Dienstboten einer Militärperson ohne Zustimmung des Hausbesitzers mit einquartieren; oder den Requisitionen wegen Gestellung von Pferden und Fuhrwerk nicht nachkommen; oder mehr als tarifmäßige Sätze dafür fordern oder die von den Friedensrichtern erforderten Listen nicht einreichen oder unvollständig anfertigen[1]).

5. Die Beschaffung der nöthigen Wagen und Pferde für Truppenmärsche erfolgt durch die Requisition der Militärbehörde an die Friedensrichter in ihren Jurisdictionsbezirken. Auf Vorzeigung der schriftlichen Order können die Friedensrichter jeden Constable durch warrant autorisiren, die darin benannten Wagen, Pferde, Ochsen und Knechte durch Zwangsrequisition aus jedem Kirchspiel zu stellen, doch in der Regel nur auf einen Tag, niemals über eine Entfernung von 25 engl. Meilen hinaus,

---

[1]) Die der Einquartierung unterworfenen Gasthäuser, Miethsställe, Bierhäuser, Weinschenken und sonstigen Häuser zum Detailverkauf sind in dem Gesetz spezialisirt. Frei von Einquartierung sind die Mitglieder der Weingroßhändler-Corporation (vintners company), ferner Materialhändler und Destillateure, die nur als Nebengeschäft Spirituosen verkaufen. Sind Häuser die keine Ställe haben, mit Cavallerie belegt, so soll auf schriftliche Requisition des commandirenden Offiziers der Constable solche in anderen geeigneten Stallungen ausquartieren, die der Einquartierung unterliegen. Auf Beschwerde wegen Ueberbürdung können aber 2 Friedensrichter den erstern Servispflichtigen zu einer billigen Entschädigung an den letzteren verurtheilen. Die commandirenden Offiziere können auch eine Umlegung der Mannschaften und Pferde im dienstlichen Interesse anordnen, sofern die Zahl nicht überschritten wird. Auf Requisition des commandirenden Offiziers kann ein Friedensrichter die Einquartierungsbezirke und Routen nach Bedürfniß ausdehnen.

und gegen Zahlung einer tarifmäßigen Vergütigung. Zur möglichst gleichen Vertheilung der Lasten kann ein Friedensrichter alljährlich an jedem Ort ein Verzeichniß der vorspannpflichtigen Personen aufnehmen lassen, mit Angabe der Zahl und der Art des Fuhrwerks. Er kann dann auch im Voraus durch schriftlichen warrant den Constable zur Requisition solcher Gespanne nach einem gleichmäßigen Turnus autorisiren. Die einzelen Friedensrichter erkennen summarisch auf die gesetzliche Geldbuße gegen die Constables und gegen die sonst bei der Einquartierung oder Gestellung beschäftigten Beamten. Offiziere, welche gegen die Gesetze über Einquartierung und Gestellung von Transportfuhrwerk verstoßen, sind auf Ueberführung vor einem Kriegsgericht mit Cassation bedroht. Eine Geldbuße von 2—5 L. ist dem Offizier gedroht, der ein Fuhrwerk über die im friedensrichterlichen warrant bezeichnete Entfernung hinaus zu fahren zwingt, oder über die gesetzte Zeit hinaus festhält, oder nöthigt (außer in Fällen der Dringlichkeit) Soldaten oder andere Personen aufzunehmen, oder durch drohende Worte einen Constable zur Beschaffung von Reitpferden nöthigt ɛc. In dringlichen Fällen kann der Kriegssekretär einen General- oder Stabsoffizier oder den dirigirenden Intendanturbeamten ermächtigen, durch schriftliche Requisition an die Friedensrichter nicht nur Transportfuhrwerk zu gestellen, sondern auch Reitpferde, Kutschen oder anderes vierrädriges Miethsfuhrwerk und Boote zum Wassertransport. Etwanige Mehrausgaben, die der Constable mit Rücksicht auf die Jahreszeit und die Beschaffenheit der Wege über die tarifmäßigen Sätze hinaus hat zahlen müssen, mögen durch Order der Quartalsitzung auf die Kreiskasse angewiesen werden. ⁵)

6. Bei der Verfolgung von Deserteuren hat ein Friedensrichter durch seinen warrant die verfolgenden Militärpersonen zur Festnahme des angeblichen Deserteurs zu autorisiren, oder die vorläufige Aufbewahrung des Festgenommenen im Civilgefängniß anzuordnen, in gewissen Fällen auch ein Protokoll über den Thatbestand aufzunehmen und dem ergreifenden Beamten die gesetzliche Prämie zu zahlen. Privatpersonen, welche einen Soldaten zur Desertion verleiten, werden mit Criminalstrafen belegt;

---

⁵) Nach der Mutiny Act erläßt das Generalcommando die schriftlichen Requisitionen zur Gestellung, die dann der commandirende Offizier oder Unteroffizier der marschirenden Truppe in dem Bureau der Special Sessions oder sonst den Friedensrichtern vorzeigt. Ein Friedensrichter erläßt darauf den warrant an die Constables. Sind in dem Specialbezirk nicht Wagen und Pferde zur Genüge zu beschaffen, so soll ein Friedensrichter des benachbarten Bezirks das Fehlende besorgen. Die Entschädigungssätze für die verschiedenen Gespanne werden durch die jährliche Mutiny Act auf $\frac{1}{4}$ bis $\frac{1}{2}$ Thlr. für die englische Meile normirt, die Quartalsitzungen aber ermächtigt, mit Rücksicht auf die Kornpreise den Tarif noch um $\frac{1}{4}$ zu erhöhen.

§ 94. Die Verwaltungsjurisdiction im Gebiet der stehenden Armee. 551

wissentliche Unterstützung oder Verhehlung eines Deserteurs wird summarisch mit 20 L. gebüßt; ebenso der Offizier, der ohne friedensrichterlichen warrant gewaltsam in ein Haus bringt, um nach Deserteuren zu suchen [6]).

7. Als Polizeirichter üben die Friedensrichter ihre summarische Strafgewalt gegen Uebertretungen der Militärpersonen in ganz gleichem Umfang wie gegen die Civilpersonen. Nach der Mutiny Act kommt hinzu die Bestrafung des Offiziers, der einer Jagdcontravention vor einem Friedensrichter durch einen glaubhaften Zeugen überführt ist mit 5 L., und die obige Strafe von 20 L. gegen Ueberschreitungen bei Verfolgung eines Deserteurs. Auch sonst kommen in den Militärgesetzen noch zerstreute Strafklauseln vor welche zur Competenz der Friedensrichter gehören [7]).

Mit dem Friedensrichteramt tritt dann auch der Instanzenzug an die Quartalsitzungen, event. an die Reichsgerichte ein. Das besondere Mißtrauen gegen die geworbene Armee hat aber die Gesetzgebung veranlaßt, für einige Fragen noch eine Spezialcompetenz der ordentlichen Gerichte durch ausdrückliche gesetzliche Declarationen, Civil- und Strafklagen einzufügen in folgender Weise:

1. durch den schon in der ältesten Mutiny Act ausgesprochenen Grundsatz, daß „Nichts in diesem Gesetz dahin ausgedehnt oder gedeutet werden soll, irgend einen Offizier oder Soldaten zu eximiren von dem ordentlichen Gange des Rechts." Alle Militärpersonen bleiben danach unterworfen der Civil- und Strafjurisdiction der ordentlichen Gerichte in allen Rechtsverhältnissen, welche nicht in das gemessene Bereich des Kriegsrechts fallen. Die Entscheidungen des Civil- und des Militärgerichts gelten gegenseitig als res judicatae. Im Interesse des Dienstes wird eine Ausnahme gemacht für Schuldklagen unter 30 £ und bei Verpflichtungen aus Dienst- und Arbeitsverträgen, wegen deren kein Soldat „durch Ladung, Urtheil oder Execution dem königlichen Dienste entzogen werden darf."

---

[6]) Bei Verfolgung von Deserteuren dient die Controle des Friedensrichteramts dazu, damit nicht die Militärbehörde irrig oder fälschlich Personen reclamire, welche gar nicht dem Verband der stehenden Armee angehören. Jeder Constable oder, wo ein solcher nicht zur Hand ist, jeder königliche Offizier oder Soldat, mag die als Deserteur verdächtige Person einem benachbarten Friedensrichter vorführen. Wenn sich bei dem Verhör der Verdacht bestätigt, so ordnet der Friedensrichter die vorläufige Festnahme in einem Gefängniß an. Ist die Person von Soldaten des eigenen Regiments ergriffen oder in der Nähe des Regimentsdepots, so kann der Friedensrichter solche auch den verfolgenden Militärbeamten ausantworten.

[7]) Die summarische Strafgewalt der Friedensrichter über die gewöhnlichen Uebertretungen der Offiziere und Soldaten ist selbstverständlich, da alle Militärjurisdiction sich nur auf delicta militaria beschränkt. Nach der Justizstatistik betrug die Zahl der friedensrichterlichen Strafurtheile wegen Uebertretung der Army Act i. J. 1867 = 2385.

2. Gegen Ueberschreitung der militärischen Competenz gerichtet ist die Spezialklausel der Mutiny Act: „daß jede Klage wegen einer Amtshandlung, welche unter Berufung auf die Mutiny Act oder in Folge des Urtheils eines Kriegsgerichts vorgenommen ist, ausschließlich vor einem ordentlichen Reichsgerichte anzubringen ist." Es geschieht dies in Anwendung der Maxime, daß der Beamte, welcher seine legale Befugniß überschreitet, als Privatmann zu behandeln ist, dessen Akt als eine Handlung „coram non judice" der Civilklage auf Ersatz und Genugthuung unterliegt. Wegen der Wichtigkeit des Collisionsfalls und zur Vermeidung widerstreitender Entscheidungen der unteren Gerichte werden diese Klagen ausschließlich dem Obergericht überwiesen. — Zur Verstärkung der Garantien gegen einen etwanigen Widerstand der Militärbehörden gegen die Autorität der Civilgerichte fügt die Mutiny Act die Strafklausel ein: „daß ein Offizier, der seine Untergebenen der Obrigkeit vorenthält oder den Beamten der Justiz bei Ergreifung einer angeklagten Militärperson unter seinem Commando Assistenz verweigert, auf Klage vor einem der Reichsgerichte, für cassirt und amtsunfähig erklärt werden soll."

3. Das Eingreifen der Militärgewalt in Fällen gewaltsamer Friedensstörung bestimmt sich durch den Grundsatz, daß das Militär auf Requisition der Lord Lieutenants und der Civilbehörden einschreitet, welche letzteren allein die Verantwortlichkeit wegen des Amtsmißbrauchs tragen. In Fällen der Dringlichkeit beansprucht die Regierung allerdings ein Recht Proclamationen zu erlassen, welche die „Militärautoritäten" ermächtigen zur Unterdrückung von Aufruhr einzuschreiten, ohne auf die Requisition der bürgerlichen Obrigkeit zu warten (Queen's Regulations and Orders for the Army 1855, p. 207). Da aber nach dem Eingang der Mutiny Act und nach der Praxis der Reichsgerichte ein sogenanntes Kriegsrecht in Friedenszeiten nicht anerkannt ist, so bleibt die selbständig einschreitende Militärbehörde vor den bürgerlichen Gerichten verantwortlich auf Anklage wegen Tödtung und Körperverletzung. Da indessen nach common law im Fall der wirklichen Friedensstörung sogar der Privatmann das Recht des Einschreitens hat, und mindestens dasselbe Recht auch dem Offizier und Soldaten im Dienst zusteht (Lord Mansfield i. S. Burdett v. Abbot, 4 Taunt Rep. 449. 450), so ist der bona fide einschreitende Commandeur auch vor den Assisen freizusprechen.

Diese speziellen Gerichtscontrolen ergänzen sich mit dem System der friedensrichterlichen Verwaltungsjurisdiction um die Auslegung der Militärgesetze von der Ministerverwaltung unabhängig zu stellen, und um jedes Uebergreifen der Militärverwaltung in die bürgerlichen Rechtskreise wirksam zu hindern.

VII. Capitel.

Der Antheil der Grafschaft an der Einschätzung und Erhebung der directen Staats- und Communalsteuern.

§. 95.

I. Die Steuererhebung der land tax.

Das selfgovernment in der Finanzverwaltung hat im Vergleich zu den bisherigen Gebieten einen verhältnißmäßig beschränktern Umfang, da die größere Masse der Staatseinkünfte sich nicht zu einem Staatsauftrag an Kreis- und Gemeindeverbände eignet, und die Gesetzmäßigkeit der Finanzverwaltung in diesem Gebiet durch die Gerichte hinreichend zu controliren ist. Wo die Selbstverwaltung aber in die Staatsfinanzen eingeschoben ist, beruht sie wie alles obrigkeitliche selfgovernment auf dem Bedürfniß einer **Verwaltungsjurisdiction**.

Ein solches Bedürfniß tritt ein für die directen Steuern, d. h. in **diesem** Sinne für die Einschätzungssteuern, welche ein arbiträres jeder Willkür offenes Element in sich haben, und deshalb durch die Rechtsprechung der Gerichte nicht genügend zu controliren sind. England hatte ein directes Steuersystem bereits im Mittelalter vollständig ausgebildet, und lernte damit frühzeitig die rechtlichen Bedenken der Einschätzungssteuern kennen. Durch die normannischen Tallagia und Quotensteuern unter Einschätzung des Schatzamts, der Vicecomites und reisender Hofcommissarien machte man die Erfahrung, daß von verfassungsmäßiger „Freiheit des Eigenthums" nicht wohl die Rede sein konnte, so lange der Unterthan von Staatsbeamten nach freiem Ermessen geschätzt werden mag. An dieser Stelle entwickelten sich daher im Mittelalter die in England so eigenthümlichen **Verwaltungs-Commissionen**, welche die historische Grundlage des selfgovernment geworden sind. Sobald die Parlamente Einfluß gewannen, hielten sie darauf, alle Einschätzungen wenigstens durch ernannte Commissionen aus den Communalverbänden vornehmen zu lassen. Die Staats=, Kreis= und Gemeindesteuern gingen dabei Hand in Hand. So= weit die Macht der Parlamente hinreichte, war man stets bemüht, die Beiträge zu fixiren, die Proportionen der Grafschaften und analogen Steuerkörper ein für alle Mal festzustellen, womöglich sich mit festen Summen abzufinden. Wo dies nicht anging, wie bei den Kreis- und Ge= meindesteuern, suchte man die willkürliche Einschätzung durch Objectivirung und Specialisirung des Einkommens zu beseitigen, womit man für alle Gemeindesteuern zu einer gleichmäßigen Besteuerung des „sichtbaren, nutz= baren Realbesitzes" nach dem Mieths= und Pachtwerth anlangte (Cap. III.).

Die „Staatsſubſidien" folgten stillschweigend dem gleichen Zuge. Allerdings wurde dem Geſetzesbuchstaben nach noch immer „baares Geld, Waaren, bewegliches Gut und Jahresgehalte" als steuerbar festgehalten. Aber das Festhalten stehender Proportionen der Verbände unter sich führte auch eine Contingentirung im Einzelen herbei, die sich vorzugsweise an Grundstücke und Gebäude heftete. Es erklärt sich aus diesem Hergang und mancherlei politischen Wechselfällen, warum die „Subsidienbewilligungen" der frühern Zeit nach der Revolution als land tax erscheinen.*) In dem später als Normaljahr behandelten Jahre 1692 (st. 4. Will. III. c. 1) wird dem König noch ein bestimmter Prozentsatz vom „beweglichen und unbeweglichen Einkommen" bewilligt. Beigefügt ist ein Namensverzeichniß der Commissioners, welche mit Zustimmung beider Häuser in jeder Graf= schaft und in 63 benannten Städten Universitäten und Advokateninnungen zur Vermögenseinschätzung ernannt werden. In den Grafschaften stehen die Namen der principal gentry an der Spitze einer Liste von Grund= besitzern, die öfter auch eine Anzahl städtischer Rathsherren umfaßt. In

---

*) Das Geschichtliche des Steuerſyſtems muß hier vorausgesetzt werden, vgl. Bocke, Geschichte der Steuern des brit. Reichs. Leipzig 1866. Für die Staatsgrund= steuer ergeben sich die mittelalterlichen Anknüpfungen aus der Geschichte des selfgovernm. S. 192—194, S. 245—247. Eine Umbildungsepoche ist dann die Zeit der Republik, deren Methode von der Restauration beibehalten wurde. Bei dem Regierungsantritt Wilhelms III. erfolgte eine neue Regelung durch 1. Will. et M. c. 20; 1. Will. et M. sess. 2. c. 1; 4. Will. et M. c. 1. Die auf den Grundbesitz fallende Staatssteuer blieb aber durch Festhalten der veralteten Einschätzungen in stabilen Verhältnissen, so sehr man anerkannte, daß bei den Matrikel=Einschätzungen nach der Revolution durch die Parteilich= keit der einschätzenden Beamten eine große und willkürliche Ungleichheit entstanden war. Einiges Historische enthält auch der Report from the Select Committee on the Land Tax, as affecting Roman Catholics, Sess. 1828 (550) Vol. IV. p. 231; ferner der Re= port from the Select Committee on the Duties of Receivers-General of Land and Assessed Taxes 1821. No. 630, 667 Vol. VIII. p. 5, 15. Die Beträge der Staats= grundsteuer in den einzelen Ortsgemeinden ergeben die Parl. P. 1854 No. 140 Vol. LXIII. 571.

§. 95. I. Die Steuererhebung der land tax. 555

den städtischen Steuerbezirken sind Mayor, Aldermen, Recorder, Sheriff, Common Council die gewöhnlichen Commissarien. In allen folgenden Jahren aber war das Gesammtinteresse des Grundbesitzes darin einig, sich mit dem Staat auf eine feste Summe abzufinden. In England wie auf dem Continent war der Grundbesitz die einzige Macht, welche den Staat auf einen Altentheil zu setzen vermochte. Die land tax wurde nun in einer Summe bewilligt, eine Zeit lang noch wechselnd zu 10, 15, 20 Prozent, vertheilt nach dem obigen Maßstab der Einschätzung von a. 1692. Jeder Verband bringt seine Steuer dadurch auf, daß nominell 10, 15, 20 Prozent des Jahresertrags vom Grundbesitz und beweglichen Erwerb eingeschätzt werden sollen. Da aber die wirklichen Jahreserträge wechseln, so mußte aus diesem Widerspruch eine Degeneration der Steuer hervorgehen. Da man sich auch im Einzelen an die frühere Einschätzung hielt, so heftete sich solche damit an die einzelen Grundstücke, Gebäude und Realberechtigungen. Die periodischen Neueinschätzungen wurden fast zur Formalität und dienten nur noch zur Ausgleichung grober Mißverhältnisse. Im Interesse dieser Contingentirung ließ man die Heranziehung des beweglichen Vermögens zuerst thatsächlich, später auch gesetzlich fallen. Lange Zeit reservirte man die Heranziehung des beweglichen Vermögens noch in einer stehenden Gesetzesklausel, bis endlich auch diese in 3. Will. IV. c. 12 erlosch.

In diesem befestigten Zustand wurde dann durch 38. Geo. III. c. 5 die contingentirte land tax mit 2,037,627 ₤. auf England, Wales und Schottland fest vertheilt, durch 38. Geo. III. c. 60 für eine perpetuirliche Steuer erklärt und gleichzeitig damit die Ablösbarkeit der Steuer ausgesprochen, welche im vermeintlichen Interesse des Grundbesitzes als Bedingung der Perpetuitätserklärung gestellt war. Von dieser Befugniß ist Anfangs ziemlich reichlich Gebrauch gemacht, so daß etwa ⅜ der land tax zur Ablösung gekommen sind.**)

**) Pitt wußte a. 1798 keinen andern Ausweg zu finden, als die alte Staatsgrundsteuer für perpetuirlich und für ablösbar zu erklären, d. h. sie in ihrer Eigenschaft als Steuer aufzugeben. Die Ablösungssumme wird in Staatsfonds so geleistet, daß die Zinsen dem Steuerbetrag gleichkommen mit 10 pCt. Zuschlag. Die prinzipielle Verkehrtheit der Maßregel führte zu der weitern Consequenz, durch 42. Geo. III. c. 116 auch einen Rentenkauf von Privatpersonen so zu gestatten, daß sie die Grundsteuer eines Besitzes aufkaufen, als erbliches freehold besitzen, und so sich ein parlamentarisches Stimmrecht kaufen können. In den nächsten 1½ Jahren nach dem Gesetz 38. Geo. III., als die Staatsfonds noch zu 50 pCt. käuflich waren, wurde eine Masse von 435,888 ₤. wirklich abgelöst. In den folgenden 57 Jahren sind aber zusammen nur 333,757 ₤. abgelauft. Eine Ablösungstabelle der einzelnen Jahre giebt Fred. Hendrik im Statist. Journal Vol. XX. S. 254—257 (in einem werthvollen, auch volkswirthschaftlich bedeutenden Aufsatz über die Statistik der Land-Tax-Assessments von a. 1636—1856). Die gesammte

In dieser seltsamen Gestalt bildet sie noch ein Stück des heutigen selfgovernment.

I. **Die gesetzlichen Normativbestimmungen der land tax** beruhen auf dem Hauptgesetz 38. Geo. III. c. 5. Die Gesammtsumme steht gesetzlich fest, ebenso wie die Proportionen, nach welchen die Grafschaften und die altherkömmlich coordinirten Städte, Universitäten und Advokateninnungen beizutragen haben. Im Ganzen und im Einzelen kommen dabei in Abgang die Grundstücke und Gebäude, welche von der Ablösung Gebrauch gemacht haben. Mit dieser Maßgabe sollte indessen innerhalb des einzelen Steuerverbandes nach 38. Geo. III. c. 5 §. 4; 42. Geo. III. c. 116 §. 180 alljährlich eine Neuvertheilung stattfinden, zu der es indessen nur zur Ausgleichung grober Mißstände verhältnißmäßig selten kommt. Eine Herabsetzung muß erfolgen, wo der Betrag 20 Prozent des Einkommens übersteigt (§. 181 a. a. O.). Die Grundneigung des Realbesitzes zur Abfindung des Staats mit festen Beiträgen zieht es vor, die einmal fixirten Beiträge fortzuzahlen.

II. Die **Einschätzungs-Commissionen** werden noch in denselben Formen ernannt, wie in dem Normaljahr nach 4. Will. et Mar. c. 1. Die damaligen Listen enthalten bereits viele hundert Namen, und das Parlament hat diese aus dem alten Recht der Subsidienbewilligung hervorgegangenen Ernennungen nicht aufgeben mögen. Da man indessen anerkennt, daß diese Einschätzung ein Akt der Verwaltungsjurisdiction bleibt, so sollen nach 7. et 8. Geo. IV. c. 75 §. 1 **alle aktiven Friedensrichter der Grafschaft** ex officio zur Commission gehören, also mehr als 10,000 Personen. Die Kreiscommissionen fallen nun im Wesentlichen mit dem Personal der obrigkeitlichen Kreisverwaltung zusammen, um so mehr auch vom Parlament vorzugsweise Friedensrichter als Commissarien ernannt werden; der Parlamentseinfluß beschränkt sich nur noch ergänzend auf die Bildung einer Commission für eine kleine Anzahl Körperschaften und Innungen. In der Hauptsache ist die Kreiscommission **identisch mit den verwaltenden Kreis- und Stadtbehörden**. Auch die von ihnen verpflichteten Lokalbeamten, Assessors und Collectors, leisten die formellen Amtseide, sind bei Strafe verpflichtet zur Uebernahme des Amts, verantwortlich

---

Staatsgrundsteuer für E. und W. ist danach von 1,989,673 L. im Jahre 1798, auf 1,127,162 L. im Jahre 1866 gesunken. In den letzten Jahrzehnten sind meistens nur kleine Summen von jährlich etwa 500 bis 1000 L., hauptsächlich bei Anlage neuer Stadtviertel, Eisenbahnen und dergleichen abgelöst. Ein neues Gesetz, 16. et 17. Vict. c. 74, welches die Bedingungen der Ablösung um $17^{1}/_{2}$ pCt. (in Folge eines Rechenfehlers, sogar um $19^{1}/_{4}$ pCt.) billiger stellte, hat keine Vermehrung der Ablösung bewirkt. — Die Staatsgrundsteuer ist „Landlord's own tax"; der Pächter hat sie vorzuschießen, darf sie aber gesetzlich vom Pachtgeld abziehen, 30. Geo. II. c. 2.

§. 95. I. Die Steuererhebung der land tax. 557

für die treue und unparteiische Ausführung der Steuergesetze, verpflichtet namentlich auch sich jeder Entscheidung in eigener Sache zu enthalten, in gleichem Maße wie die verantwortlichen Beamten der Friedensbewahrung.

III. Der Geschäftsgang der Einschätzungscommission folgt dem üblichen Gange des selfgovernment. Die Kreiscommission ernennt eine Anzahl Einschätzer aus den High Constables und anderen Einwohnern. Die Assessors ernennen aus Gemeindegliedern mit einem gewissen Census die Einnehmer, Collectors, welche die Steuerbeträge beizutreiben und an den Generaleinnehmer des Steuerverbandes abzuliefern haben. Zur Förderung des Geschäftsbetriebes bilden die polizeilichen Unterbezirke (Hundreds, Divisions) auch die Unterbezirke der Steuereinschätzung, in welchen die dazu gehörigen Commissarien und Friedensrichter den Gemeindebeamten Anweisung ertheilen, und Steuerreklamationen in dem gewohnten Geschäftsgang der friedensrichterlichen sessions entscheiden.

An einem gesetzlich bestimmten Tage versammelt sich die Kreiscommission zu einem ersten Meeting und erläßt ihre precepts zur Ernennung der Einschätzer, die zu dem zweiten Meeting einberufen werden.

Im zweiten Meeting ertheilen die Commissarien der Division den Assessors die Anweisung zur Vertheilung der Steuer auf die Unterbezirke.

Im dritten Meeting erfolgt die Feststellung der Einschätzungslisten und der Einziehungsbefehl.

Im vierten Meeting entscheiden die Commissarien der Division über etwanige Reclamationen nach dem Geschäftsgang der special sessions.

Schließlich erfolgt die Einziehung zur Kreiskasse durch die Collectors, nöthigenfalls durch Pfändung, warrant of distress and sale. Die abgepfändeten Mobilien sind vier Tage zu asserviren, dann zu verkaufen. Streitigkeiten über die Pfändung werden „endgültig" durch die Commissioners entschieden. In Ermangelung der Zahlung kann durch warrant der Commissioners die Personalhaft verfügt werden. Fallen durch Zahlungsunfähigkeit, leerstehende Häuser, Veruntreuung oder Zufall Steuerbeträge aus, so mögen die Commissioners und Unterbeamten nach Billigkeit den Defekt in der Hundertschaft oder analogem Bezirk durch Nacheinschätzung aufbringen. — In dieser Verpflichtung zur Beitreibung und subsidiären Haftung der Gemeindeverbände liegt die praktische Pointe des Verfahrens, während die Verwaltungsjurisdiction der Kreiscommission überwiegend formeller Natur erscheint. Wichtig blieb indessen die Formation der Kreiscommissionen in so fern, als sich daran das Einschätzungsverfahren der späteren Steuersysteme anschloß.

Die Einzelheiten des Verfahrens erörtert Burn's Justice of the Peace v. Land Tax älterer Auflagen. Neueste Zusätze und kleine Amendements enthalten 16.

et 17. Vict. c. 74; 17. et 18. Vict. c. 85, betreffend die Ernennung der Collectors; 24. et 25. Vict. c. 91 §. 39—44, wonach das Sur-plus, welches in einem Kirchspiele an Grundsteuern aufkommt, zur Ablösung der Grudsteuer verwendet werden soll. Der Zusammenhang der Staatsbesteuerung mit dem Communalsteuersystem des Mittelalters dauert in dem Grundsatz fort, daß die Ortsgemeinden die Steuererhebungskosten tragen und für die Defekte und Ausfälle aus den Gemeindekassen einstehen. Analoge Grundsätze gelten für die Assessed Taxes, 43. Geo. III. c. 99 §. 43, 45, 70 und für die neuere Income Tax, 5. et 6. Vict. c. 35 § 147.

§. 96.

II. Die Steuererhebung der Assessed Taxes.

Nach dem Verfall der Staatsgrundsteuer kam man doch wieder zu ergänzenden Einschätzungssteuern zurück: auf eine Steuer von bewohnten Gebäuden und Luxussteuern von männlichen Dienstboten, Wagen und Lohnfuhrwerk, Luxuspferden, Hunden, Haarpuder, Wappen, Pferdehändlern, Jagdscheinen ꝛc. in ziemlich wechselnder Gestalt. Der Sprachgebrauch der Finanzverwaltung gewöhnte sich, sie als assessed taxes zu bezeichnen, welcher Name dann auch in 48. Geo. III. c. 55 zur gesetzlichen Anerkennung kam. Das entscheidende Merkmal derselben liegt nicht in einer besondern wirthschaftlichen Natur dieser Steuern, sondern in ihrer rechtlichen Behandlung als solche Steuern, bei denen eine Einschätzung und Jurisdiction nach dem System des selfgovernment zur Vermeidung eines zu weiten Arbitrium der Steuerbeamten rathsam schien. Wenn man im Verlauf der Zeit diesen Gesichtspunkt aufgeben zu können glaubte, wurden einzele Steuern als assessed taxes aufgegeben und unter die excise gestellt, d. h. unter die Staatsbeamten der indirekten Steuerverwaltung.

I. Das Steuerrecht der assessed taxes beruht für die Gebäudesteuer jetzt auf 14. et 15. Vict. c. 36, beschränkt auf bewohnte Häuser über 20 £. Ertrag, nach dem Normalsatz von 9 d. in the Pound vom jährlichen Ertragswerth, und einem niedern Satz von 6 d. für Gebäude, in welchen Gewerbe, Handel, Ausschank, Pachtung betrieben wird. Die übrigen assessed taxes sind zwar einmal zusammengefaßt in 48. Geo. III. c. 55, demnächst aber durch 16. et 17. Vict. c. 90 u. sp. Einzelgesetze verändert. Die steuerpflichtigen Gegenstände, Steuersätze und Befreiungsgründe sind in den Gesetzen und beigefügten Rules spezialisirt.

II. Zur Verwaltung wird eine Kreiscommission gebildet mit gleichem Census wie die commissioners of land tax. Das Personal beider ist jetzt identisch, 43. Geo. III. c. 161 §. 6. Die Commission ernennt

§. 96. II. Die Steuererhebung der assessed taxes. 559

in ihrer ersten Sitzung ihren Clerk, in der zweiten Sitzung die Assessors für die Kirchspiele, welche ihre Einschätzungen eidlich einzuberichten haben. Die weiteren Einrichtungen sind durchweg denen der land tax nachgebildet. Auch die von der Kreiscommission ernannten Lokalbeamten, Assessors und Collectors, sind verpflichtet zur Uebernahme des Amts bei 20 L. Strafe, und leisten die formellen Amtseide mit der Verantwortlichkeit für eine treue, unparteiische Handhabung ihrer gesetzlichen Befugnisse, 43. Geo. III. c. 99.

III. Für das Verfahren sind noch maßgebend die Hauptgesetze 43. Geo. III. c. 161 und c. 99, das Gesetz über die Gebäudesteuer und die Amendirungsgesetze 14. et 15. Vict. c. 36 etc. Es bewegt sich in den strengen Formen der jurisdiction mit nicht weniger als 80 Formularen nach 9. et 10. Vict. c. 56. Die Einschätzungen erfolgen durch die Assessors auf eidliche Versicherung, werden von der Kreiscommission geprüft und bestätigt. Falsche Declarationen der Interessenten sind mit Gefängniß bis zu sechs Monaten oder entsprechender Geldbuße bedroht. Das Staatssteuerinteresse wird fortlaufend durch einen Steuerbeamten gewahrt, mit dem Recht eine Steuererhöhung (surcharge) zu beantragen, vorbehaltlich der Reclamation. Auch der appellant muß sich einem eidlichen Verhör unterwerfen. Alle Reclamationen werden contradictorisch vor der Kreiskommission verhandelt zu „endgültiger" Entscheidung, wo nicht das Gesetz in bestimmten Fällen die Einholung der Meinung der Reichsrichter auf vorgelegten status vorbehalten hat. Daneben stehen die Gerichtscontrolen, theils durch Civilklage, theils durch Entscheidung über die Contraventionen und Defraudationen. In 50. Geo. III. c. 105 wird eine Appellation an die Kreiscommissionen, eine ordentliche Civilklage und ein Beschwerdeweg an das Generalsteueramt neben einander gestellt. — Die Beitreibung erfolgt durch Pfändung und Verkauf seitens der Collectors, mit der Befugniß unter einem warrant der Kreiscommission und mit Zuziehung eines Constable auch Häuser zu erbrechen.

Die neueste Gesetzgebung geht von dem Gesichtspunkte aus, daß dieser weitläufige Apparat nur für die Gebäudesteuer beizubehalten, für die übrigen assessed taxes dagegen unverhältnißmäßig sei. Das einschneidende Finanzgesetz von 1869, 32. et 33. Vict. c. 14, hebt daher die übrigen assessed taxes als solche auf, führt an deren Stelle gleichartige Steuern nach dem Verwaltungsrecht der excise ein, und überweist sie damit den Provinzialsteuerämtern. Zur Sicherung der Rechtscontrole sind die Einschätzungsgrundsätze nochmals revidirt, als rules dem Gesetze einverleibt, und nunmehr lediglich der Controle der ordentlichen Gerichte und einer concurrirenden Beschwerdeinstanz bei dem Generalsteueramt unterworfen. Ein erhebliches Stück des obrigkeitlichen selfgovernment ist damit wiederum erloschen.

Cap. VII. Das selfgovernment der Steuer-Einschätzungen.

Der Verfall des selfgovernment der assessed taxes wegen seiner unverhältnißmäßigen Schwerfälligkeit war seit längerer Zeit vorbereitet. Das Amt des Kreiseinnehmers, Receiver General, für die land tax und die assessed taxes wurde schon durch 1. et 2. Will IV. c. 18, aufgehoben und den Provinzialsteuerbeamten die Vereinnahmung übertragen. Durch 17. et 18. Vict. c. 85 werden die Staatsbehörden überhaupt ermächtigt, die Stellung der Ortseinnehmer neu zu regeln, und alle Geschäfte, welche von den Assessors unterlassen werden möchten, selbst vorzunehmen. Ein Bild von der Weitläufigkeit des Verfahrens giebt Burn's Justice (30. Aufl.) V. S. 779—916, wo indessen das Finanzgesetz 32. et 33. Vict. c. 14 noch nicht berücksichtigt ist, welches nicht weniger als 52 noch geltende Gesetze ganz oder theilweise aufhebt! Ueber die Einfügung der assessed taxes in das Staatsverwaltungssystem vgl. Gneist, Engl. Verwaltungsrecht II. §. 62, insbesondere auch über das Eingreifen der Gerichtscontrolen. Ueber den wechselnden Gang dieser Steuergesetzgebung vgl. auch Bocke, Geschichte der Steuern des britischen Reiches, 1866 S. 459—477.

§. 97.

III. Steuererhebung der Einkommensteuer Income and Property Tax.

Das Uebergewicht des Grundbesitzes und der besitzenden Klassen in dem „omnipotenten" Unterhaus hatte den Bedarf der Staatsverwaltung, der im Laufe des XVIII. Jahrhunderts auf das Zehnfache gestiegen war, vorzugsweise auf Zölle und Verbrauchssteuern angewiesen. Eine authentische Uebersicht der Staatseinnahmen und Staatsausgaben von 1688 bis 1801 gewähren jetzt die Parl. P. 1869 Vol. XXXV. Während die land tax am Schluß des XVII. Jahrhunderts noch $\frac{2}{3}$ der gesammten taxation ausmachte, bildet sie heute weniger als $\frac{1}{50}$ des Ganzen. Dagegen hatte der Grundbesitz allerdings die Kreis- und Gemeindesteuern auf sich genommen. Bei der massenhaften Scheidung des Real- und des Personaleinkommens blieb alle local taxation an der real property haften, die Personalbesteuerung dagegen überall im Rückstand. Erst unter dem Druck des Krieges mit Frankreich gelang es Pitt 1797 eine Art von Einkommensteuer einzuführen und bis 1802 zu continuiren; 1803 von Neuem einzuführen und bis 1816 zu continuiren, so daß der Gesammtertrag dieser ältern Einkommensteuer auf 170,000,000 L. berechnet wurde. Es war das alte System der Subsidien in verjüngter und zeitgemäßer Gestalt zurückgekehrt. Nach Beendigung der französischen Kriege entledigte man sich indessen noch einmal dieser Steuer. Erst nach der Reformbill lebt sie Hand in Hand mit einschneidenden Finanz-Reformen wieder auf, um die durch aufgehobene Schutzzölle und Verbrauchssteuern entstandenen Lücken zu decken, durch Robert Peel's berühmtes Gesetz 5. et 6. Vict. c. 35

§. 97. III. Steuererhebung der Einkommensteuer. 561

(1842), auf Grund dessen sie nun mit wechselndem Ansatz alljährlich continuirt wird.

I. Gegenstand der Gesetzgebung ist die genaue Feststellung der Steuerobjecte und des Steuersatzes. Im Gegensatz zu den inquisitorischen Besteuerungen auf dem Continent ist England bei dem bewährten Grundsatz der Specialisirung geblieben, beschränkt die arbiträre Abschätzung auf das unvermeidliche, möglichst enge Gebiet, weist die dabei übrig bleibenden arbiträren Entscheidungen den Communalbeamten zur endgültigen Entscheidung zu, und schließt insbesondere den Finanzminister von jeder Entscheidung streitiger Steuerfragen aus. Dem entsprechend unterscheidet das Gesetz 5 Vermögensmassen, welche in schedule A. bis E., jede nach ihren eigenen Grundsätzen, behandelt werden.

Zu schedule A. werden 7 general rules gegeben für die Einschätzung des Grundeigenthums und der Grundgerechtigkeiten. Als Ertrag soll die volle Rente zu Grunde gelegt werden, für welche das Grundstück „nach dem üblichen Verhältniß" zwischen locator und conductor verpachtet oder vermiethet werden kann; lautet der wirkliche Pacht- oder Miethsvertrag auf andere Bedingungen, so sind diese zu Grunde zu legen. Wechselnde Erträge werden nach einem 3—7jährigen Durchschnitt berechnet. Die Einschätzung danach erfolgt durch Kreisbeamte mit Recurs an die Kreiscommission; gegen deren Entscheidung findet nur der Antrag auf Abschätzung durch einen Specialtaxator statt, welchen die Kreiscommission ernennt.

Zu schedule B. werden die rules für die Abschätzung des Pächtergewinns gegeben, mit Vorbehalt des Gegenbeweises, daß der wirkliche Gewinn geringer gewesen.

Schedule C. normirt den Steuerabzug von Zinsen, Dividenden und Jahresrenten, schedule E. vom Amtseinkommen, in sehr einfacher Weise.

Schedule D. endlich normirt die Einschätzung des Gewinnes aus Gewerbe, Handelsbetrieb, Professionen und vermischten Quellen, womit das unvermeidliche arbiträre Gebiet der Einschätzung äußerlich begrenzt ist. Bei Gewerbe und Handel wird der Durchschnittsertrag der letzten drei Jahre, bei anderen Professionen der des letzten Jahres zu Grunde gelegt, mit Abzug nur der „baaren Auslagen des Geschäftsbetriebs". Vorbehalten bleibt die Rückzahlung bei geführtem Nachweis, daß die wirkliche Einnahme hinter diesem Voranschlage zurückblieb. Die Einschätzung erfolgt durch einen Untercommissar, mit Recurs alternativ an die Kreiscommission oder an die unten zu erwähnenden Staatscommissarien.

Das Generalsteueramt normirt das Verfahren der Staatssteuerbeamten bei Controlirung der Einschätzung, die specielleren Geschäftsregulative und Formulare für das Verfahren.

II. Der Organismus des selfgovernment hat seinen Schwerpunkt in der Kreiseinschätzungs-Commission unter der altherkömmlichen Bezeichnung der General Commissioners. Nach dem Grundprincip des selfgovernment konnte dies nur eine ernannte Kreisbehörde sein, da ihre „Jurisdiction" weder mit den politischen Parteirichtungen noch mit den socialen Klasseninteressen vereinbar war, welche durch Wahlen zur Geltung gekommen wären. Man schloß sich daher an die vorgefundene Kreiscommission für die land tax an (oben S. 556), welche wesentlich ständig, alle aktiven Friedensrichter und die Stadträthe einbegreift. Da aber die Ueberzahl der ernannten Friedensrichter für diese Jurisdiction zu unförmlich geworden war, so bildet das Einkommensteuergesetz einen Ausschuß der stehenden Kreisverwaltung. Die Einschätzungscommission soll das erste Mal so gebildet werden, daß die für den Bezirk vorhandenen Commissioners of land tax (also die Kreis- oder Stadtverwaltung) 3—7 Mitglieder für den Steuerverband ernennt. In großen Verbänden kann die Zahl bis zu 14 erhöht werden, 28. et 29. Vict. c. 30 §. 5. Einmal ernannt, ergänzt sich die Kreiscommission durch Cooptation aus angesessenen Personen des Steuerverbandes mit 200 L. Grundrente oder 5000 L. an beweglichem Besitz. Die so ernannte Einschätzungscommission creirt das weitere Personal der Selbstverwaltung:

1. Untercommissarien, welche den halben Census der Einschätzungscommission haben müssen, für die arbiträren Einschätzungen des Handels- und Gewerbegewinns aus Schedule D.;

2. Gemeindeeinschätzer, Assessors, in der Regel je einer in jedem Kirchspiel, auf Vorschlag der Gemeindeversammlung ernannt für die örtlichen Geschäfte, insbesondere für die Eintaxirung des Grund- und Pachteinkommens;

3. Steuererheber, Collectors, ebenso auf Vorschlag der Gemeindeversammlung ernannt, mit einer kleinen Tantième remunerirt.

Mit Hülfe dieses formell beeideten und verantwortlichen Personals bringt die Kreiscommission das Einschätzungsgeschäft in Gang, sammelt das Material und führt das höhere Decernat (die jurisdiction) der Steuereinschätzung.

III. Das Verfahren im Einzelen ist verschieden nach den Objekten.

Zu schedule C. und E. erfolgt der Abzug von Dividenden, Actienzinsen, Gehalten, Pensionen ex officio bei den betreffenden Behörden und Verwaltungen.

Zu schedule A. und B. wird das Einkommen aus Grundbesitz und Pacht vom Steuerpflichtigen selbst nach gesetzlichem Formular declarirt. Die Gemeindeeinschätzer sammeln die eingehenden Declarationen,

§. 97. III. Steuererhebung der Einkommensteuer. 563

notiren in einer besondern Colonne die Summe, mit welcher das Grundstück in den Armensteuerlisten eingeschätzt ist, und fügen ihre eigene gutachtliche Schätzung bei. Diese Listen gehen dann an den Staatssteuerinspector des Bezirks, der sie revidirt, Uebergehungen monirt und sein Gutachten über die Höhe der Einschätzung abgiebt. Differenzen mit den Gemeindebeamten kann er durch Appellation an die Kreiscommission zur endgültigen Entscheidung bringen.

Zu schedule D. bildet das schwierigste Geschäft die Einschätzung der Handels-, Gewerbs- und Geschäftseinkünfte. Hier nimmt der Gemeindeeinschätzer die Selbstdeclaration der einzelen Steuerpflichtigen an, und liefert sie verschlossen ab an die ernannten Special Commissioners der Kreiscommission. Diese Untercommissarien geben ihr eigenes Gutachten, der Steuerinspector das seinige; Differenzen werden in einem zweiseitigen Reclamationsverfahren umständlich verhandelt. Es kann die Vorlegung einer Jahresbilanz oder sonstige Specialisirung der Einnahmen und Ausgaben verlangt werden. Die Aussagen werden protocollirt und sind auf Verlangen zu beeidigen; ebenso können Dienstboten, Buchhalter und andere Zeugen eidlich verhört werden. Nach genügender Instruction entscheidet die Kreiscommission „endgültig".

Das selfgovernment bildet also auch in diesem Gebiet eine von der Staatsverwaltung wie von den Lokalparteien völlig unabhängige Verwaltungsjurisdiction:

Die arbiträren Einschätzungen erfolgen durch Gemeindebeamte.

Alle Reclamationen werden ausschließlich und endgültig von der communalen Kreiscommission entschieden.

Alle Steuerexecutionen sind in die Hände des Gemeindeeinnehmers gelegt, welcher selbständig zu Pfändung und Verkauf schreitet; die ausschließliche Beschwerdeinstanz dagegen ist bei der Kreiscommission.

Diese Verwaltungsjurisdiction ist dann weiter umgeben von einer concurrirenden Controle der ordentlichen Gerichtshöfe:

1. Der Court of Exchequer bleibt die ordentliche Gerichtsinstanz auch für diese „Schuldforderungen des Königs." Es bedarf indessen selten dieses kostbaren Verfahrens, da das Gesetz den Gemeindeeinnehmern das Steuerexecutionsrecht gewährt. Der persönlich Verhaftete hat in jedem Fall ein writ of habeas corpus.

2. Die für die Steuerverwaltung nothwendigen Handlungen und Unterlassungen der Steuerpflichtigen sind bestimmt formulirt, und einzele unter zum Theil schwere Bußen der Contravention gestellt. Die größeren Bußen sind bei dem Court of Exchequer klagbar, — concurrirend aber auch beim Generalsteueramt mit der Befugniß, die Strafen bis auf die Hälfte herabzusetzen, und mit Recurs an das Reichsgericht.

3. Ebenso sind die Befugnisse und Pflichten der Steuererhebungsbeamten formulirt unter Strafclauseln gestellt, welche dann wieder dem Rechtswege anheimfallen.

Die neue englische Einkommensteuer ist Gegenstand lebhafter Aufmerksamkeit vom volkswirthschaftlichen Standpunkt aus geworden. Eine sehr ausführliche Auskunft über Grundsätze und Verfahren geben zwei Reports on the Income and Property tax 1852, und danach eine gute Bearbeitung: Kries, Tübinger Zeitschr. für die gesammte Staatswissenschaft, 1854 X. 199 ff., vgl. Vocke, Geschichte der Steuern des britischen Reichs S. 505—590. Ueber die Einfügung dieses selfgovernment in die Staatsfinanzverwaltung vgl. Gneist, Engl. Verwaltungsrecht II. §. 62. Trotz der anerkannten Zuverlässigkeit der Verwaltungsjurisdiction macht sich indessen auch hier das Bestreben geltend, die Unbequemlichkeit der Selbstverwaltung abzustreifen, und (wie dies in England die Regel ist) das Gemeindebeamtenthum zuerst in seinen schwächeren unteren Schichten aufzulösen. Durch 17. et 18. Vict. c. 85 beginnt die Verdrängung der Collectors. Das Generalsteueramt mag für solche eine entsprechende Caution normiren, und „in deren Ermangelung" die Collectors selbst ernennen, in welchem Falle das Kirchspiel auch von der Verhaftung für Defecte des Gemeindeeinnehmers befreit wird. — Bei der Einschätzung des Einkommens von Grundbesitz und Pacht, sched. A. B., werden die Assessors der Kreisverwaltung von einer Mitwirkung entbunden, und das Controlgeschäft den Provinzialsteuerbeamten übertragen, vorbehaltlich der Appellation an die Kreiscommission. — Seitdem sich das Unterhaus die Erneuerung der Staatseinkommensteuer von Jahr zu Jahr vorbehalten hat, kommt um so mehr diese moderne Richtung zur Geltung, wie auch in dem einschneidenden Finanzgesetz von 1869, 32. et 33. Vict. c. 14. Consequent festgehalten wird nur die endgültige Entscheidung aller contentiösen Fragen durch die Kreiscommission, also die jurisdiction der höheren Beamten des selfgovernment. — Nach anderer Seite hin wird aber auch die concurrirende Controle der Gerichte durch ihre Weitläufigkeit und Kostbarkeit lästig, und vermag den beweglichen Interessen der Zeit nicht genügend nachzufolgen. Wie bei den indirecten Steuern ist daher in neuerer Zeit auch hier eine alternative Beschwerdeinstanz bei dem Generalsteueramt eröffnet worden. Die Steuerpflichtigen zu sched. D. erhalten ein Wahlrecht, die delikate Einschätzung des Geschäftsgewinns anstatt an die Kreisbehörde vor die Specialcommissarien des Generalsteueramts zu bringen. Diese Behörde verhandelt zunächst schriftlich durch Correspondenz mit dem Steuerpflichtigen auf beigebrachte Bescheinigung (affidavits). Gegen die darauf erfolgte Bescheidung ist eine Provokation auf mündliches Verfahren zulässig. Die Specialcommissarien halten zu diesem Zweck jährliche Rundreisen, auf welchen sie in mündlicher Verhandlung zwischen dem Steuerpflichtigen und dem Steuerbeamten die Reclamation (je zwei oder drei) endgültig entscheiden.

Das lebhafte Interesse für die volkswirthschaftliche Seite dieser Einrichtungen hat auf dem Continent die rechtliche Seite derselben, als der geordneten Verwaltungsjurisdiction über die Steuereinschätzungen, verkannt. In dem täglichen Gange der constitutionellen Parteiregierung blieb England bis heute der Einsicht zugänglich, daß es für die Einschätzungssteuern einer wirklichen jurisdiction mit allen Garantien einer Rechtsprechung bedarf, daß diese aber nur in den Formen des obrigkeitlichen selfgovernment geschaffen werden kann, um ebenso gegen die großen Parteiungen im Parlament, wie gegen die Lokalparteien und Lokalinteressen den nothwendigen Halt zu gewinnen. Die Gründe, aus welchen die streitige Auslegung der Finanzgesetze nicht dem Finanzminister überlassen werden kann, und warum die Einschätzung der Steuerpflichtigen weder einem Unterpräfecten oder Landrath, noch einem „freigewählten" Ausschuß von Gemeindemitgliedern oder Steuerinteressenten überlassen werden kann, werden in der Praxis der parlamentarischen Verwaltung hinreichend verstanden; ebenso aber auch die Nothwendigkeit, durch die präsente Controle eines Staatssteuerbeamten von unten herauf das Staatssteuerinteresse schon in der Mutterrolle zu handhaben. Nochmals tritt ferner die eigentliche Natur der Verwaltungsjurisdiction an diesem Punkte hervor. Diese Entscheidungen eignen sich eben nicht zu der logischen Interpretation der ordentlichen Gerichte, sondern sind nur zu handhaben nach gleichmäßigen, der Erfahrung angehörigen, durch Uebung erworbenen Maximen, deren unparteiische Handhabung das englische Verwaltungsrecht als „jurisdiction" bezeichnet. — Ueberläßt man dagegen alle Einschätzung dem Ermessen von Landräthen, Mittelbeamten und in höchster Instanz dem Finanzminister, so tritt die gesammte steuerpflichtige Bevölkerung in die unmittelbarste Abhängigkeit von dem Staatsbeamtenthum, am meisten von dem Landrath, den man zugleich zum Leiter der Steuereinschätzung und der Wahlen macht. Ueberläßt man andererseits die Einschätzung lediglich den „freigewählten" Gemeindecommissionen oder gar den einzelen Gruppen der Steuerinteressenten, so entsteht die Willkür, die Unterschätzung und die Ungleichheit der Besteuerung, die sich in den deutschen Verwaltungen fühlbar macht. Der Interessenstreit unserer Steuerpflichtigen ist bisher über diesen Widerspruch nicht hinaus gekommen.

§. 98.
IV. Steuereinschätzung und Erhebung der Armensteuer.
Poor Rate Assessment.

Im Gegensatz der vielfach schwankenden Staatsbesteuerung haben die Communalsteuern seit der Periode der Tudors eine feste gleichmäßige Entwickelung als Realsteuern erhalten.*) Manors und Tithings (Gutsbezirke und Bauerschaften) waren in dem „Kirchspiel" zu einheitlichem Steuerfuß verbunden; Acker und Gebäude, Land und Stadt, wurden nach dem jährlichen Mieths- und Pachtwerth eingeschätzt. Auch die Kreissteuern wurden

---

*) Einen verhältnißmäßig verständlichen Abschnitt über die Armensteuererhebung giebt die Denkschrift des Armenamts on Local Taxes 1846, S. 8—36. Es wird dann bei allen übrigen Communalsteuern nach demselben System Imposition, Amendment, Levy, Custody and Expenditure, Accounts in dieser Reihenfolge durchgegangen. — Der große Report on Local Taxation von 1843 enthält p. 73 eine Ueberschau über die bei den Communalsteuern (Assessing, Collecting, Levying, Keeping. Expending, Auditing) beschäftigten Communalbeamten. Es werden nicht weniger als 54 verschiedene Klassen solcher Beamten aufgezählt, und ihre Gesammtzahl auf 180,000 abgeschätzt. Beigefügt ist ein gewaltiges Tableau über diese 54 Klassen von Beamten, darunter vieles Unpraktische, und viele heute nicht mehr entsprechende Zahlen; doch ist die Uebersicht merkwürdig als einzige vorhandene summarische Uebersicht über die Zahl der Communalbeamten in England. Die stetige Thätigkeit aller dieser Beamten repräsentirt von dieser Seite die gewohnheitsmäßige Betheiligung der zum Parlament wahlfähigen Klassen an der täglichen Arbeit des öffentlichen Lebens. Die seit Jahrhunderten alljährlich wiederkehrenden Abschätzungen der steuerpflichtigen Hausstände aber erhielten ein lebendiges und ganz anderes Gemeingefühl, wie jene todten Grundsteuerkataster, welche man in Frankreich anlegen mußte, wo der Gemeinsinn und zugleich die nöthige Rechtschaffenheit fehlt, die eine der Vorbedingungen des englischen Verfahrens ist.

immer gleichmäßiger nach demselben Steuerfuß in den Kirchspielen aufgebracht. Dies aus der Armensteuer hervorgegangene communale Steuerrecht ist bereits in dem Kapitel von den Communalsteuern (§ 24. 25.) dargestellt. Die jährlichen Einschätzungen des Mieths- und Pachtwerths enthielten aber einen so gemeinverständlichen Maßstab, daß man diese Steuererhebung den Kirchspielbeamten (Kirchenvorstehern und Armenaufsehern) unter Verwaltungsjurisdiction der Friedensrichter endgültig überlassen konnte. Eine zweihundertjährige Praxis unter Controle der Reichsgerichte hat diese Steuererhebung technisch ausgebildet in den fünf Gliedern: Imposition, Amendement, Levy, Custody and Expenditure, Accounts, die dann von der poor rate analog auf alle anderen Communalsteuern übertragen wurden.

I. Die **Steuerausschreibung**, Imposition, beruht noch immer auf den entscheidenden Worten des Grundgesetzes 43. Eliz. c. 2 §. 1.

The Churchwardens and overseers shall take order from time to time to raise — weekly or otherwise, (by taxation of every inhabitant in the said parish) — a convenient stock of flax etc. — and also competent sums of money for and towards the relief etc. — to be gathered out of the same parish according to the ability of the same parish.

Die **einschätzungspflichtigen Beamten**, Kirchenvorsteher und Armenaufseher, sind hiernach schuldig für die Beschaffung der erforderlichen Summen zu sorgen und zwar unter persönlicher Verantwortlichkeit mit ihrem Vermögen. Nach einem herkömmlichen, später gesetzlich vorgeschriebenen Formular (6. et 7. Will. IV. c. 96 § 2), sind die **Einschätzungslisten** anzufertigen in folgender Gestalt:

Einschätzung für den Unterhalt der Armen des Kirchspiels N.N. der Grafschaft NN. und für die darauf gesetzlich angewiesenen Zwecke, angefertigt am — Januar 186 . nach dem Maßstab von — sh. — d. auf das L.

Wir Unterzeichnete erklären hiermit, daß die einzelen in den obigen Colonnen angegebenen Daten wahr und richtig sind, soweit wir solche festzustellen im Stande gewesen, zu welchem Zweck wir unsere Bemühungen angewandt haben.

Thomas Jones, Armenaufseher. John Thomas, Kirchenvorsteher ec. ec.

Name des Inhabers.	Name des Eigenthümers.	Beschreib. des eingeschätzten Gegenstandes.	Name oder Situation desselben.	Muthmaßlicher Umfang.			Brutto Ertrag.			Abschätzbarer Ertrag.			Betrag der Steuer.		
				a.	r.	p.	£	s.	d.	£	s.	d.	£	s.	d.
J. Smith.	J. Green.	Land und Gebäude.	Whiteacre Farm	40	0	0	60	0	0	55	0	0	1	7	6
do.	do.	Haus und Garten.	to West Street	0	1	0	30	0	0	25	0	0	0	12	6
J. Poor.	do.	Haus.	to Brick Lane	0	0	0	0	10	0	1	0	0	0	0	7¼

§ 98. IV. Steuereinschätzung und Erhebung der Armensteuer. 567

Nach diesem Formular sind Aecker, Gebäude, Zehnten und aller andere nutzbare Realbesitz (visible profitable property) im Kirchspiel zu verzeichnen, nöthigenfalls mit Beistand remunerirter Taxatoren.

Der Gesammtbetrag der auszuschreibenden Steuer begrenzt sich durch die Klausel „competent sums of money", d. h. so viel wie für den Haupt= und die gesetzlichen Nebenzwecke der Armensteuer voraussichtlich nöthig sein wird. Die Steuer wird also praenumerando erhoben, auf einen gewissen Theil des Jahres, nach dem Maßstab des muthmaßlichen Bedürfnisses. Die Ausschreibung einer retrospective rate oder einer feststehenden standing rate würde ungültig sein. Denn jede Gemeinde hat die Bedürfnisse des laufenden Jahres zu decken, wie dieser Grundsatz auch bei den übrigen Communalsteuern durchgeführt ist, und die wesentliche Grundlage eines jeden geordneten Gemeindehaushalts bildet.

Die Vertheilung auf die Steuerpflichtigen wird angenommen als eine gleichmäßig durch die Größe des Einkommens bestimmte. Es ist daher alte Praxis die Einschätzung nach — sh. — d. auf das L. vom steuerpflichtigen Einkommen anzulegen. Das Gesetz 59. Geo. III. c. 12 §. 19 braucht dafür den Ausdruck a fair and equal pound rate, der nach der Gerichtspraxis eine ungleiche Scala ausschließt.

Die Perioden der Einschätzung lauten nach dem Gesetz auf „wöchentlich oder in anderer Weise." Seit 17. Geo. II. c. 38 wurden auch Ausschreibungen bis zum Bedarf eines halben Jahres, ja wohl noch weiter heraus für zulässig erachtet. Als Regel muß jedoch jedes Jahr seine gesonderten Lasten tragen.

Die Einschätzung, making the rate, d. h. also die Feststellung des steuerpflichtigen Eigenthums und der steuerpflichtigen Personen, die Abschätzung des steuerbaren Werths dieses Eigenthums, die Abmessung des Gesammtbedarfs der Periode, für welche er erhoben werden soll, und die Berechnung der Summe, die auf den einzelen Beitragspflichtigen fällt, ist noch immer das Hauptgeschäft der Armenaufseher, 7. et 8. Vict. c. 101 § 61—63, erzwingbar nöthigenfalls durch ein peremtorisches Mandamus der Reichsgerichte. Die neuere Gesetzgebung befördert indessen die Ernennung von besoldeten Einnehmern und Assistant Overseers (Cap. X).

Die von den Overseers entworfene Tabelle ist bei Strafe der Nichtigkeit nach obigem Formular zu zeichnen; wobei ein Widerspruch oder eine Weigerung der Kirchenvorsteher mit zu zeichnen als unerheblich gilt. Die Tabelle wird sodann zwei Friedensrichtern vorgelegt, welche durch Unterzeichnung ihres Namens ihre Zustimmung attestiren, Allowing of the Rate. Nach der Bestätigung dürfen keine neuen Namen beigefügt werden.

Cap. VII. Das selfgovernment der Steuereinschätzungen.

Endlich erfolgt die Publikation. Bei Strafe der Nichtigkeit müssen die Armenaufseher am folgenden Sonntag nach der Bestätigung die Einschätzung veröffentlichen, — früher mündlich in der Kirche 17. Geo. II. c. 3. § 1 — jetzt durch schriftlichen Anschlag an der Kirchenthür, mit Beifügung einer gedruckten oder geschriebenen Copie der Einschätzungsliste. Nach 6. et 7. Will. IV. c. 96 § 5 kann jede eingeschätzte Person Abschriften oder Auszüge daraus nehmen[1]).

Die neue Union Assessment Committee Act, 1862, 25. et 26. Vict. c. 103, bildet alljährlich eine Einschätzungs-Commission von sechs bis zwölf Mitgliedern, gewählt von dem Kreisarmenrath, — zu ⅔ aus Kreisarmenräthen, guardians — zu ⅓ aus aktiven Friedensrichtern, und stellt die Armenaufseher bei dem Einschätzungsgeschäft unter eine stetige Direction dieser Einschätzungs-Commission. Das Gesetz ändert auch das Reclamationsverfahren, so daß es rathsam erscheint am Schluß (Exc. **) dasselbe im Zusammenhang zugeben.

II. Das Reklamationsverfahren, Amendment of the Rate.

Nach Publikation der Listen dürfen die Armenaufseher die Einschätzung weder aufgeben noch verbessern: jede Aenderung setzt vielmehr eine förmliche Appellation eines Interessenten voraus.

Eine Appellation an die Quartalsitzungen wird schon durch das Gesetz Elisabeths gestattet, bestätigt durch 17. Geo. II. c. 38; 41 Geo. III. c. 23. Danach kann jede Person, die sich beschwert findet durch eine Armensteuer, oder welche materielle Einwendungen gegen Aufnahme oder Weglassung einer Person in den Listen hat, oder Ueberbürdung, oder sonstige Versäumniß eines Armenaufsehers oder Friedensrichters behauptet, an die nächsten Quartalsitzungen appelliren. Den Armenaufsehern des Kirchspiels und jedem Gegeninteressenten muß vorher schriftliche Notiz von der Appella-

---

[1]) **Die Steuerausschreibung.** Die allowance und publication gilt nicht als common law, namentlich nicht für die Kirchensteuer. Sie ist bei der Armensteuer positiv durch 34. Eliz. c. 2 vorgeschrieben, bei der Highway-Rate durch die Wegeordnung. In T. Smith, Parish Seite 562—564, wird dies wiederum als eine „Verunstaltung der common law" durch Parlamentsstatuten betrachtet. Allein die Bestätigung durch den höhern Gemeindebeamten war zur Zeit der Tudors sicherlich rathsam, um die neue Armenverwaltung in Gang zu bringen, und unter allen Umständen bildet die Bestätigung der Oberinstanz einen Schutz der Steuerzahler gegen Klasseninteressen und gegen Willkür der Veranlagung. Die alte Gewohnheit einer gleichmäßigen Besteuerung aller Hausstände hat freilich das Bestätigungsrecht im Verlauf der Zeit zu einer Formalität gemacht, die nöthigenfalls durch ein Mandamus der Reichsgerichte erzwungen wird. Seit Menschenaltern ist kaum der Versuch gemacht worden, willkürlich einzele Klassen oder Personen der Gemeinde nach ungleichem Recht zu besteuern. Nutzlos ist indessen eine Controle der Beobachtung der Rechtsgrundsätze noch immer nicht. Die allowance ist in ihrer rechtlichen Bedeutung zu vergleichen der Bestätigung des Staatsbudgets durch das Oberhaus, und ist auch in dem neuern Gesetz von 1862 beibehalten.

§ 98. IV. Steuereinschätzung und Erhebung der Armensteuer. 569

tion und den Appellationsgründen gegeben werden, auf welche sich die Verhandlung zu beschränken hat. Bei der Verhandlung müssen die Armenaufseher auf Verlangen Abschriften aller früheren und gegenwärtigen Einschätzungslisten vorlegen. Nach Anhörung beider Theile entscheiden dann die Quartalsitzungen endgültig, indem sie die Einschätzung entweder bestätigen oder cassiren, oder verbessern. Die Verbesserung kann geschehen durch Zufügung oder Streichung eines Namens, durch Aenderung der eingeschätzten Summe, durch Erhöhung der Einschätzung; umgekehrt auch wohl durch Anweisung zur Rückzahlung schon gezahlter Steuern mit Kosten. Ueber Gebühr erhobene Summen werden indessen in der Regel nicht zurückgezahlt, sondern auf künftige Steuerposten abgerechnet, 41. Geo. III. c. 23.

Zur Ersparung der Kosten ist später hinzugekommen eine Appellation an die kleinen Bezirkssitzungen der Friedensrichter, Special Sessions, durch die Parochial Assessment Act. 6. et 7 Will. IV. c. 96. Die Friedensrichter sollen zu dem Zweck in jeder Bezirksdivision mindestens vier Mal jährlich eine Specialsession für Steuerreclamationen halten, die 28 Tage vorher durch Anschlag an der Kirchenthür angekündigt wird. Sie haben hier zu hören und zu entscheiden alle Einwendungen gegen die Steuer auf Grund einer Ungleichheit, Unangemessenheit oder Unrichtigkeit in der Abschätzung steuerpflichtiger Besitzungen, aber nicht über das Princip der Steuerpflichtigkeit. Eine schriftliche Anmeldung der Reklamation muß der Beschwerdeführer sieben Tage vorher dem einschätzenden Beamten mittheilen. Erfolgt keine Oberappellation, so ist die Entscheidung endgültig. Binnen vierzehn Tagen aber kann jeder Theil noch eine Appellation von der Special- an die Quartalsitzungen anmelden zur endgültigen Entscheidung für alle Betheiligten, denen es aber auch unbenommen bleibt, mit Umgehung der Specialsitzungen sogleich an die Quartalsitzung zu appelliren.

Finden die Quarter Sessions eine wichtige Rechts- oder Principienfrage zu entscheiden, so steht es ihnen frei, einen status causae zu entwerfen und dem Gerichtshofe der Königsbank zur Entscheidung der Rechtsfrage vorzulegen (stating of special case). Daneben bleibt vorbehalten die Befugniß dieses Gerichtshofes, aus dringenden Gründen durch ein Certiorari schwebende Fälle abzurufen.

Ohne diese Reclamationen für die einzelen Steuerzahler aufzuheben, wird noch eine dritte Reclamation vor der gewählten Einschätzungs-Commission der Kreisarmenverbände eingeführt durch die Union Assesments Committee Act 1862 §§ 18. 19. 32. Danach kann jeder Armenaufseher wegen unrichtiger Einschätzung seines oder eines andern Kirchspiels, jeder Einzele wegen unfairness, incorrectness, omission in den Einschätzungslisten an das Assessment Committee binnen 28 Tagen Appellation einlegen. Für die Gemeindebeamten ist dieser neue Weg der ausschließliche, während für den Einzelen der gerichtliche Weg durch die Sessions vorbehalten bleibt[2]).

Für bloße **Niederschlagungen** wegen Unvermögens gilt ein sehr einfaches Verfahren. Die beschwerte Person kann sich an zwei Friedensrichter wenden, welche mit Consens der Armenaufseher die ausgeschriebene Summe durch ein einfaches Decret niederschlagen, 54. Geo. III. c. 170 § 11.

III. **Die Steuererhebung**, Levy of the Rate.

Die Erhebung ist wiederum Sache der Armenaufseher, doch jetzt sehr gewöhnlich mit Hülfe besoldeter Assistant Overseers, 59. Geo. III. c. 12. § 7; 7. et 8. Vict. c. 101 § 61. Die Praxis des Armenamts führte auch besoldete Einnehmer Collectors ein, die durch 7. et 8. Vict. c. 101 § 62 gesetzlich anerkannt wurden.

Fällig und einziehbar ist die Steuer schon durch die Publikation, vorbehaltlich der Reclamation. Erfolgt weder Reclamation noch Zahlung, so tritt nach vorgängiger Ankündigung ein **Executionsverfahren** durch Pfändung, distress, ein. Der Armenaufseher zeigt den Fall (einzeln, oder mit Einreichung einer Liste aller Rückstände) einem Friedensrichter an, 3. Geo. II. c. 23, welcher den Säumigen vor zwei Friedensrichter citirt, die dann nach summarischer Anhörung oder in contumaciam einen Executionsbefehl zur Auspfändung und zum Verkauf des Mobiliars erlassen, 43. Eliz. c. 2 § 4. Im Allgemeinen gelten dabei die Grundsätze von Mobiliarexecutionen. Im äußersten Falle kann es auch zum Personalarrest kommen, jedoch bis zu höchstens 3 Monaten, 12. et 13. Vict. c. 14 §. 2.

Die wichtige Frage des Regresses wegen unrechtmäßiger Steuerexecution ist dahin geordnet. Bei ganz ungesetzlicher Pfändung tritt die Klage wegen Ueberschreitung des Pfändungsrechts, action of replevin ein, 43. Eliz. c. 2 §. 19; daneben Civilklage auf Rückgabe der Sachen, action of trover, oder auf Geldentschädigung, action of trespass. Ist die Pfändung nur zu einem Theil ungesetzlich, so kann eine action on the case (actio in factum) eintreten, die jedoch ausgeschlossen wird wegen bloßer Formfehler, wenn die Steuer materiell wirklich

---

[2]) Das Reclamationsverfahren beruht also jetzt auf der Wahl zwischen einem gerichtlichen und einem administrativen Verfahren. Smith Parish S. 560, 562 erinnert daran, daß die Steuerveranlagung der Armenaufseher nach Rücksprache mit der Gemeinde erfolgen solle, daß also Beschwerden auch in der vestry vorgebracht werden können, die er als den general appeal, als die „einfachste und wohlfeilste Weise" der Reclamationen bezeichnet. Die praktische Erfahrung hat indessen die Reclamation bei einer Oberinstanz, als die wirksame und allein übliche, durchgeführt.

§ 98. IV. Steuereinschätzung und Erhebung der Armensteuer. 571

geschuldet wird, 17. Geo. II. c. 38 §. 8., — mit gewissen Schutzmaßregeln für die in gutem Glauben handelnden Beamten. Durch 17. Geo. II. c. 38 § 7 wird der beschwerten Partei auch in der Executions-Instanz eine Appellation an die Quartalsitzungen gegeben[3]).

IV. **Die Kassenverwaltung**, Custody and Expenditure.

Nach dem Gesetz Elisabeths haben die Armenaufseher auch die Verausgabung der Armensteuer zu leiten. Folgerecht steht ihnen auch zu die Aufbewahrung der Bestände in der Zwischenzeit von der Einsammlung bis zur Verausgabung. — Das Armengesetz von 1834 führt aber ein ganz neues System der Armenunterstützung ein unter Controlle von Armenräthen, Guardians of the Poor, die aus den Kreisarmenverbänden gewählt werden. Die Armenaufseher sind nunmehr beschränkt auf die Pflicht der Einsammlung und die Verbindlichkeit, den Armenräthen die zur Ausführung ihrer Functionen erforderlichen Fonds zu liefern, 2. et 3. Vict. c. 84 §. 1. Die Leitung der Verausgabungen steht jetzt ausschließlich den Guardians zu. Sie dirigiren ebenso die nothwendigen Zahlungen für die Secundärzwecke der Armensteuer, und liefern aus deren Fonds namentlich auch die Summen ab, die als County Rate der Kreiskasse zufließen[4]).

V. **Rechnungslegung und Rechnungsrevision**, Accounts.

Alle Communalbeamten, denen die Erhebung, Aufbewahrung und

---

[3]) Die Steuererhebung und Exekution konnte ursprünglich durch Pfändung (distress) unter Order der vestry erfolgen, ist aber durch eine Reihe von Spezialgesetzen vor die Friedensrichter verwiesen, welche nach summarischer Anhörung der Gründe den Pfändungsbefehl erlassen. Verfahren und Exekutionskosten sind spezieller geregelt durch 27. Geo. II. c. 20; 57. Geo. II. c. 93; 7. et 8. Geo. IV. c. 17. Das Steuerexecutionsverfahren durchläuft also folgende Stadien: (1) Anzeige eines Armenaufsehers bei einem Friedensrichter, Information of Nonpayment, gewöhnlich mit Ueberreichung einer ganzen Liste von Rückständen, was jetzt zur Ersparung von Kosten stets geschehen soll, 25. et 26. Vict. c. 82; 30. et 31. Vict. c. 102 § 29. (2) Citation zur Verantwortung vor zwei Friedensrichtern, Summons on Nonpayment, und nach Abhaltung des Termins (3) Auspfändungsbefehl, Warrant of Distress, ausgefertigt von zwei Friedensrichtern, adressirt an die Kirchenvorsteher und Armenaufseher. (4) Bericht der Armenaufseher über den Ausfall der Execution, Overseers Return, auf der Rückseite des Executionsbefehls. (5) Personalhaftsbefehl, commitment, gegen den fruchtlos Gepfändeten, ausgefertigt von zwei Friedensrichtern. Für alle diese Akte giebt es feststehende weitläufige Formulare.

[4]) Für die Kassenverwaltung der Armensteuer gelten einfachere Grundsätze als für die Kreissteuer, die aus den Beiträgen vieler Kirchspiele zusammenfließt und größere für längere Perioden disponible Summen in Bereitschaft haben muß, daher eines besondern Kreiseinnehmers bedarf. In Zusammenhang damit steht dann die Neuerung, durch welche die Ober-Constabler der Hundertschaften von der Vereinnahmung der County Rate entbunden, vielmehr die Beiträge des Kirchspiels zur Kreissteuer unmittelbar von den Armenräthen an den Kreiseinnehmer und in die Kreiskasse gezahlt werden, 7. et 8. Vict. c. 33.

Verausgabung der Steuer obliegt, sind verpflichtet zur Rechnungslegung (4. et 5. Will. IV. c. 76 §. 47) in folgender Weise:

1. Nach dem **Hauptgesetz über die Rechnungslegung**, 43. Eliz. c. 2 §§. 2—4, sollen die Armenaufseher binnen vier Tagen nach Ablauf ihres Amtsjahrs „zweien Friedensrichter vorlegen eine wahre und vollständige Berechnung über alle vereinnahmten Summen, alle nicht vereinnahmten Rückstände, vorhandene Materialien, und alle sonstige ihr Amt betreffende Dinge; und solche in ihren Händen befindlichen Summen sollen sie zahlen und überantworten ihren gehörig ernannten Amtsnachfolgern." Kirchenvorsteher und Armenaufseher, welche diese Rechnungslegung weigern, können durch Haftbefehl zweier Friedensrichter in das Grafschaftsgefängniß gesetzt werden, um dort zu bleiben, unbefreit durch Cautionsleistung, bis sie gehörig Rechnung gelegt und ihre Bestände vollständig abgeliefert haben. Auch können zwei Friedensrichter einen Pfändungsbefehl erlassen, um durch Abpfändung und Verkauf des Mobiliars die Rückstände beizutreiben, und im Fall die Auspfändung fruchtlos bleibt, den Uebertreter in das Gefängniß setzen, um dort (unbefreit durch Caution) zu bleiben bis zur Zahlung des Defects. Gegen die friedensrichterliche Entscheidung geht Appellation an die Quartalsitzungen. Diese Vorschriften galten anderthalb Jahrhunderte ohne Zusatz und Declaration. Erst das st. 17. Geo. II. c. 38 fügt einige Schärfungen hinzu, und namentlich die Bestimmung: die abgehenden Armenaufseher sollen außerdem binnen vierzehn Tagen ihren Amtsnachfolgern eine vollständige Rechnung über alle Gelder und Materialien ihrer Amtsverwaltung übergeben und solche verificiren auf Eid oder feierliche Bekräftigung vor einem Friedensrichter, der solches zu attestiren hat mit seiner Namensunterschrift.

2. Diese älteren Gesetze enthalten noch keine speciellere Vorschrift über die **Rechnungsrevision, Audit**. Das st. 50 Geo. III. c. 49 bestimmt aber: zwei oder mehre Friedensrichter sollen deshalb zusammentreten zu einer Bezirkssitzung, welcher das Rechnungsbuch vorzulegen ist; und diese Friedensrichter sollen ermächtigt sein solche Rechnung materiell zu prüfen, die Armenaufseher auf Eid oder feierliche Bekräftigung darüber zu verhören, unbegründete Ausgabeposten zu streichen, übermäßige Zahlungen zu ermäßigen und solche Defectate mit Angabe der Gründe auf der Rechnung selbst zu vermerken, zu attestiren und zu unterzeichnen. Diese Vorschriften sind aber zuerst ergänzt, und dann unpraktisch geworden:

3. durch ein neues System von besoldeten Rechnungsrevisoren, welches in Folge der neuern Armengesetzgebung eintritt. Nach 7. et 8. Vict. c. 101 sollen solche Rechnungsrevisoren ernannt werden für größere Districte; und wo die neue Einrichtung durchgeführt ist, gehen alle gesetzlichen Gewalten der Friedensrichter zur Prüfung, Revision, Defec-

§. 98. IV. Steuereinschätzung und Erhebung der Armensteuer. 573

tirung der Rechnungen auf diese Revisoren über (§. 37). Nach den späteren Einrichtungen werden die besoldeten Rechnungsrevisoren von der Staatsbehörde ernannt mit der allgemeinen Befugniß „zu controliren und zu überwachen" die Befolgung der Armenverwaltungsgesetze und der Instructionen des Armenamts, und nach diesen Gesichtspunkten die Einzelzahlungen passiren zu lassen oder zu defectiren. — Nebenbei ist auch den Steuerzahlern noch ein Recht der Controle offen gehalten durch die Öffentlichkeit der Verhandlungen über Rechnungslegung und Revision, bei denen jeder Steuerzahler anwesend sein und vorher Einsicht von den Büchern und Rechnungen nehmen darf, 7. et 8. Vict. c. 101 §. 33.[5])

4. Appellation gegen die Entscheidungen des Rechnungsrevisors. Nach 7. et 8. Vict. c. 101 muß der Revisor auf Antrag jeder beschwerten Person in dem Rechnungsbuch schriftlich die Gründe eintragen, aus welchen ein Posten passirt, defectirt oder in Belastung gestellt ist. Dagegen findet dann ein Antrag auf Abberufung, Certiorari, an die Königsbank statt. Die beschwerte Person hat aber auch ein Wahlrecht, statt des Gerichtshofes das Königliche Armenamt im Beschwerdewege anzugehen, welches dann durch eine Order unter Handschrift und Siegel die Streitfrage entscheidet. In Folge dieses Wahlrechts ist die billigere und einfachere Beschwerdeinstanz beim Armenamt sehr bald die überwiegende geworden.

Die Steuerverwaltungsjurisdiction der Friedensrichter verläuft in der Rubrik der Expenditure und des Audit hiernach schon in das modernisirte System der Kreisarmenräthe unter Oberleitung des Armenamts, wie solches später in Capitel X. folgt. Diese neuere Weise hat seit der Reformbill das ältere System in vier wesentlichen Punkten geändert:

1. Die Anlage der Steuerlisten und die Steuererhebung durch die Kirchspielsbeamten ist unter die Direction der gewählten boards ge-

---

[5]) Das System der Rechnungsrevision ist seit dem Armengesetz von 1834 die eigentliche Handhabe für die Herausdrängung der Friedensrichter als Oberinstanz der Gemeindeverwaltung geworden, an deren Stelle nun eine administrative Mittel- und höchste Instanz wie in den Staatsverwaltungen des Continents tritt. Die Gesetzgebung ist auf diesem Wege schrittweise weiter gegangen. In den Ausgaben dürfen nur passiren die gesetzlich gestatteten, dem Betrage nach angemessenen, und in der Regel auch nur die auf das laufende Rechnungsjahr fallenden Ausgaben, 4. et 5. Will. IV. c. 76 §. 47. Das Gesetz 7. et 8. Vict. cit. erweitert diese Befugnisse durch zwangsweise Einführung der besoldeten Distriktsrevisoren. Die Rechnungsrevisoren treten in die Stellung von Decernenten einer höhern Verwaltung mit der Pflicht zu „controliren und zu überwachen" die Befolgung der zahllosen Gesetze und der durch Gesetz autorisirten Instructionen des Armenamts, und nach diesen Gesichtspunkten alle Einzelzahlungen passiren zu lassen oder zu defectiren. Die dafür nothwendig werdende technische Vorbildung hat die Einführung stehender, besoldeter Beamten und großer Revisions-Distrikte herbeigeführt, die nun als Bezirksbeamte des Armenamts eine feste Mittelstufe bilden.

stellt, und die Selbstthätigkeit der Gemeindebeamten durch bezahlte Einnehmer ersetzt. Nach der letzten Uebersicht der Local Taxation waren in England und Wales bereits im Ganzen 9545 remunerirte Steuereinnehmer vorhanden mit 294,733 L. Gehalt.

2. Die Steuerreclamationen können nach Wahl der Interessenten vor gemischte Commissionen gebracht werden, die als Assessment Committees nur zu einem Drittel aus Friedensrichtern, zu zwei Dritteln aus gewählten Mitgliedern der boards bestehen, in ihrem Geschäftsgange indessen den Prozeßformen der friedensrichterlichen sessions folgen.

3. Die Streitigkeiten der Kirchspiele unter sich sind bereits ausschließlich dem gemischten Assessment Committee zur Entscheidung überwiesen.

4. Neben die Controlinstanz der Reichsgerichte ist alternativ auch eine Beschwerde bei dem Staatsarmenamt eröffnet.

Mit dieser Maßgabe dauert indessen die Verwaltungsjurisdiction der Friedensrichter über Einschätzung, Steuerpflicht und Steuerexecution noch fort zur freien Auswahl der Interessenten. Wie in den übrigen Gebieten ist auch hier die Selbstverwaltung zuerst in den unteren Schichten aufgelöst. Durch die Trägheit und die mechanische, unzureichende Geschäftsführung der jährlich wechselnden Kirchspielsbeamten ist das System der besoldeten Einnehmer und Buchhalter von unten herauf eingedrungen, und hat die Verwaltungsjurisdiction der Friedensrichter in eine nicht unbedenkliche Isolirung zwischen das Staatsarmenamt und viele tausend kleine besoldete Beamte gestellt.

** **Die Union Assessment Committee Act 1862, 25. et 26. Vict. c. 13,**
ist eine Neuerung, analog den gleichzeitig projectirten County Financial Boards für die Kreisverwaltung (oben §. 73), — hervorgegangen aus dem Bestreben, die Verwaltungsjurisdiction der Friedensrichter durch die gewählten boards der Steuerzahler zu ersetzen. Obgleich manches darin eine Uebersicht der heutigen Armenverwaltung voraussetzt, stelle ich doch die Hauptartikel schon hier zusammen. (Art. 2) Das Collegium der Kreisarmenräthe soll bei der ersten Zusammenkunft aus seiner Mitte ein Valuation Committee wählen, zu $2/3$ aus guardians, zu $1/3$ aus ex officio-guardians d. h. Friedensrichtern, wenn deren so viele in dem Kreisarmenverband vorhanden sind. (3) Wenn die Grenzen einer Armenunion zusammenfallen mit denen eines Municipal Borough, so mag der Gemeinderath der Stadt aus seiner Mitte eine Anzahl Mitglieder dem Committee hinzufügen bis zu einer gleichen Zahl. (8) An den Sitzungen des Committee kann jedes Mitglied des Kreisarmenraths Theil nehmen, jedoch ohne Stimmrecht. (9) Zur Beschlußfähigkeit des Committee gehören wenigstens $1/3$ der Mitglieder und nicht unter 3. (11) Die Verhandlungen und Bücher der Commission sind jedem Armensteuerzahler zur Einsicht offen. (12) Der Kreisarmenrath hat im Monat April dem Armenamt Bericht zu erstatten über das Verfahren des Einschätzungs-Committees. (13) Das Committee kann Bericht erfordern von den Armenaufsehern und anderen Einschätzungsbeamten, kann sich die Steuerlisten vorlegen lassen und Zeugen verhören. (14) Binnen 3 Monaten nach der Ernennung des Committee sollen die Armenaufseher ihre Einschätzungslisten nach dem bisher üblichen Formular an-

§. 98. IV. Steuereinschätzung und Erhebung der Armensteuer. 575

fertigen, jedoch unter Befolgung der ihnen vom Committee dafür ertheilten Orders. (15) Der Bruttobetrag der Armensteuer soll wie bisher berechnet werden nach dem Mieths- und Pachtwerth des Realbesitzes nach Abzug der öffentlichen Abgaben und der Zehntrente. (16, 17) Bei den Einschätzungen und Einschätzungslisten mag das Committee nicht nur den Armenaufsehern Direction geben, sondern es kann auch mit Genehmigung des Kreisarmenraths und nach vorgängiger Anzeige an die overseers eine andere Person für das Geschäft ernennen; jedoch soll auch in diesem Fall die Liste von den Armenaufsehern gezeichnet und bei ihnen in der früher üblichen Weise zur Einsicht der Steuerzahler ausgelegt werden. (18) Jeder Armenaufseher hat ein Reclamationsrecht, wenn er glaubt, daß sein Kirchspiel durch die Einschätzungsliste eines andern Kirchspiels benachtheiligt ist, und jeder Einzele hat ein Reclamationsrecht wegen Ungleichheit oder Incorrectheit oder wegen Auslassung eines steuerpflichtigen Realbesitzes, binnen 28 Tagen nach der Deposition. (19) Das Committee mag von Zeit zu Zeit Sitzungen halten um solche Reclamationen zu entscheiden (hear and determine); 28 Tage vorher ist aber den Armenaufsehern Nachricht von dieser Sitzung zu geben, und letztere sollen an dem nächstfolgenden Sonntag den Gemeindemitgliedern in der bisher üblichen Weise davon Kenntniß geben. (20) Das Board of guardians kann nach Bedürfniß weitere Einschätzungen und die Anfertigung correcter Listen anordnen und solche bestätigen. (21) Die einzelen Steuerzahler behalten ihre bisherige Befugniß der Appellation an die Special- und Quartalsitzungen der Friedensrichter, und das Einschätzungscommittee ist verpflichtet, diesen Entscheidungen gemäß die Liste abzuändern. (23) Die formelle Bestätigung der Listen (allowance) durch zwei Friedensrichter bleibt unverändert. (26) Das Committee mag von Zeit zu Zeit Einschätzungen und neue oder ergänzende Einschätzungslisten anordnen. (28, 30) Die so angefertigten valuation lists sind fortan überall zu Grunde zu legen, auch für die Beiträge der einzelnen Kirchspiele zu dem gemeinsamen Fonds des Kreisarmenverbandes. (32) Jeder Armenaufseher hat indessen ein Reclamationsrecht wenn er glaubt, daß sein Kirchspiel in der Beitragsquote durch die zu hohe oder zu niedrige Einschätzung eines Kirchspiels beschwert ist, und kann deshalb mit Genehmigung einer dazu berufenen Gemeindeversammlung an die Quartalsitzungen appelliren. (40) Personen, welche auf eine gesetzmäßige Order des Committee zu erscheinen oder Zeugniß zu geben oder ein Steuerbuch oder eine Steuerliste vorzulegen verweigern, unterliegen einer summarischen Bestrafung bis zu 20 £. (46) Das Gesetz gilt nur für England, und nicht für Ortschaften unter einer Lokalakte. — Einige nicht erhebliche Ergänzungen ergeben die Amendment Acts 27. et 28. Vict. c. 39; 31. et 32. Vict. c. 122, darunter eine Erleichterung der Gemeindeeinschätzungen durch Flurkarten, welche auf Rechnung der Gemeindesteuer zu beschaffen sind.

Neue Anweisungen für die Einschätzungsbeamten wurden nothwendig durch die Union Chargeability Act 1865, welche die Kreisarmenverbände zu Sammtgemeinden formirt, in welchen die Kirchspiele die gesammte Kreisarmenlast nach gleichem Beitragsfuß tragen. Auf Veranlassung dessen ist mit Gesetzeskraft die General Order des Armenamts vom 14. Januar 1867 ergangen (Glen, Poor Law Orders S. 438—445). Das gesammte Einschätzungswesen wird dadurch in seinem administrativen Theil wohl geordnet und statt der obigen gesetzlichen Einschätzungsliste (S. 566) ein neues Formular eingeführt, welches in 19 Rubriken die Rückstände, die Einschätzung und das Beitreibungsgeschäft umfaßt, in so complicirter Gestalt, wie sie in der That wohl nur durch besoldete Gemeindeeinnehmer zu handhaben ist (abgedruckt in Burn's Justice IV. 1031).

In Burn's Justice, 30. Aufl., ist die Poor Rate IV. c. 35—46 S. 844—1130 im Ganzen noch nach der alten Gliederung der Verwaltungsjurisdiction dargestellt; insbesondere der Mode of Assessment IV. 1018 ff., Appeals IV. 1044 ff., Collection and

Payment IV. 1072 ff. Neben diesem Apparat der Gesetze bilden aber die mit Gesetzeskraft erlassenen General Orders des Armenamts (6. Aufl. von Glen. 1868) ein gleich umfassendes Material. De lege ferenda läßt sich das Parlament alljährlich Reports on poor rate assessment erstatten, z. B. Parl. P. 1869 XI. 609, welche dann wieder Grundlage der jährlich fortgesetzten Amendment Acts werden.

§. 99.
V. Ergänzungen und Reformen der Communalsteuererhebung.

Wie das Steuerrecht der Poor Rate fortschreitend das Normalrecht aller Communalsteuern geworden ist (§. 25, 26), so ist auch das Einschätzungsverfahren und die friedensrichterliche Jurisdiction auf alle Communalsteuern ausgedehnt mit einigen Abweichungen von nicht erheblicher Bedeutung.

I. Die Abweichungen von dem Grundsatz der gleichmäßigen Besteuerung des sichtbaren Realbesitzes sind von verschwindender Bedeutung. Die in der Praxis schon verwischten Besonderheiten der Kirchensteuer fallen weg, seitdem die Church Rate als Zwangssteuer überhaupt erloschen ist (§. 20). Die nicht sehr erheblichen Abweichungen der Wegesteuer verlieren ihr Interesse, da nach der neuesten Einrichtung der Wegebaudistricte die Wegebaulast überhaupt aus der Poor Rate bestritten wird (§. 22). Sachlich von einiger Bedeutung ist indessen der Grundsatz der neueren Health Acts, nach welchem für Straßenbeleuchtung, Pflasterung und andere rein städtische Zwecke der Ackerbesitz und analoge praedia rustica nur zu ¼ ihres Ertragswerthes eingeschätzt werden (§. 23).

II. Abweichungen in der Steuererhebung erscheinen bei den District Rates der neueren Health Acts (Cap. XI.); bei welchen die Einschätzung von Anfang an unter die Leitung der neugewählten boards (Gemeinderäthe) gestellt wurden. Bei der Gestalt, welche die Einschätzung der Poor Rate durch die Union Assessment Committees erhalten hat, ist indessen auch dieser Unterschied nicht mehr ein principieller.

III. Ein besonderes Repartitionsverfahren findet bei der County Rate statt, für welche die Friedensrichter nach 15. et 16. Vict. c. 81 (oben S. 122) periodisch ein Committee bilden, um die gleichmäßigen Beiträge der Kirchspiele zu den Kreislasten zu reguliren und zu controliren. Es handelt sich dabei indessen nur um eine gleichmäßige Vertheilung der Matricularbeiträge, während Steuerrecht und Erhebung im Kirchspiel den Grundsätzen der Armensteuer folgen.

IV. Eine gemeinsame Verwirrung ist aber durch den Grundsatz

§. 99. V. Ergänzungen und Reformen der Communalsteuererhebung.

des Compounding the Rates in das Gesammtsystem der Communalsteuern gekommen, welche hier noch einer Erörterung im Zusammenhange bedarf. Den Grundsatz, alle Communalsteuern von dem Occupier, also vom Miether, Pächter oder sonst nutzenden Inhaber zu erheben und damit allen Hausständen ihre feste Stellung im Communalverband zu geben, hatte man angefangen aus Bequemlichkeit zu verlassen, indem man die Gemeindeerheber nicht mit der Einziehung von kleinen Miethern beschweren wollte. Eine gesetzliche Gestalt nahm diese Praxis zuerst durch 59. Geo. III. c. 12 an, wonach die Kirchspielsversammlung gestatten kann, für Wohnungen von 6—20 L. Miethswerth, welche kürzer als auf Jahresfrist vermiethet sind, den Grundeigenthümer statt des Miethers einzuschätzen. Seit der Reformbill nahm diese Abfindung mit dem Grundeigenthümer unter Bewilligung eines Rabatts immer weitere Dimensionen an, so verwirrend sie für alles Gemeindeleben werden mußte, da das Wahlrecht für Kirchspiele wie für Stadtgemeinden auf die Steuerzahlung gestellt war. Die daraus hervorgegangene Grundsatzlosigkeit in der Vertheilung von Stimmrechten und Steuerlasten ist schließlich entscheidend geworden für den sehr unerwarteten Ausgang der englischen Reformbill von 1867.

Einen vorläufigen Abschluß für die Armensteuer hat diese verwickelte Frage erhalten durch die Poor Rate Assessment and Collection Act 1869, 32. et 33. Vict. c. 41, in folgenden Hauptbestimmungen. Jeder Miether eines steuerpflichtigen Grundstücks, vermiethet auf einen Zeitraum von nicht über 3 Monaten, soll berechtigt sein, den Betrag der davon gezahlten Armensteuer von seiner Miethsschuld abzuziehen. Einem solchen Miether soll auch nicht mehr als ein Vierteljahresbeitrag an Steuern im Laufe von 4 Wochen abgefordert werden. Bei Grundstücken bis zu 8 L. Miethswerth (10 L. in Manchester und Birmingham, 20 L. in der Metropolis) ist es ferner dem Eigenthümer gestattet, unter Controle der Kirchspielsversammlung ein Abkommen mit den Armenaufsehern zu treffen, daß die Steuer von ihm selbst gezahlt werde mit einem Rabatt bis zu 25 Prozent. Die Gemeindeversammlung kann durch Beschluß diese Abfindungsweise auf alle Armensteuerausschreibungen ausdehnen, und beschließen, daß der Eigenthümer statt des Miethers eingeschätzt wird mit einem Abschlag von 15 Prozent, und noch weiteren 15 Prozent, wenn die Steuerzahlung auch für die leerstehende Wohnung gleichmäßig fortgesetzt wird. Jede Zahlung der Steuer durch den Eigenthümer wird (ohne Abzug des Rabatts) dem Miether als volle Steuerzahlung angerechnet, soweit davon ein Stimmrecht abhängig ist. Jeder Eigenthümer ist bei Strafe verpflichtet, den listenführenden Gemeindebeamten das Verzeichniß seiner Miether mitzutheilen. Umgekehrt sollen die Gemeindebeamten den Miethern Anzeige machen von den etwanigen Steuerrückständen des Eigenthümers; denn trotz des compounding soll der Miether **subsidiär** für solche Steuerrückstände **haftbar** bleiben, nach Verhältniß seiner Miethe. Er unterliegt nach vorgängiger Ankündigung deshalb auch der **Steuerexe-cution**. Bei Anfertigung der Steuerlisten soll der Name des Miethers in die betreffende Rubrik als Steuerzahler eingetragen werden und dadurch das gesetzliche Stimmrecht erhalten; selbst wenn dies aber versäumt wäre, soll ihm das Stimmrecht zustehen, als ob er eingetragen wäre. — Mit diesen durch die neue Reformbill bedingten Reservaten dauern übrigens noch mancherlei Variationen des compounding fort.

* **Das System des Compounding the Rates.**

Das Compounding erscheint zuerst in 59. Geo. III. c. 12 §. 19, wonach die Ortsgemeindeversammlung gestatten kann, für Wohnungen von 6—20 £., welche **kürzer als auf Jahresfrist** vermiethet sind, den Grundeigenthümer statt des Miethers einzu-schätzen (jedoch mit Ausnahme der Städte, in welchen das städtische Wahlrecht zu den Parlamentswahlen von der Einschätzung zur Armentaxe abhing). Die Ausnahme wurde veranlaßt durch die Weitläufigkeit und Unsicherheit der Einschätzung solcher kleinen, wechselnden Miether. Mit Recht wurde dagegen geltend gemacht, daß die Miteinschätzung der kleinen Miether eine vortreffliche Controle gegen die Unterschätzung der größeren bildet, daß die kleinen gerade am eifersüchtigsten über die richtige Proportion der Einschätzung wachen, daß sie sich um die Vermögensverhältnisse der Nachbarn am genauesten zu bekümmern und die strengsten Richter über unbegründete Armenunterstützungsgesuche zu sein pflegen (Report on Local Taxation 1843 pag. 37). Jedenfalls entstand nun eine bedenkliche Collision mit den Gesetzen, welche das Stimmrecht von der Einschätzung zur Armensteuer abhängig machen (für Parlamentswahlen 2. Will. IV. c. 45 §. 47: 14. et 15. Vict. c. 14, 39; 32. et 33. Vict. c. 41; für die Municipalwahlen 5. et 6. Will. IV. c. 76 §. 13; 21. et 22. Vict. c. 43; für das Stimmrecht bei den Ortsgemeindeversammlungen 58. Geo. III. c. 69 §. 3). Berichte über die Resultate dieser Anomalie enthalten die Parl. Papers 1837—38 No. 209, 440. Darauf erging die modificirte Small Tenements Act 13. et 14. Vict. c. 99, wodurch das Compounding noch erweitert wird. Die Gemeindeversammlungen mögen bei allen Grundstücken **unter 6 £. Miethswerth, die durchgängige Einschätzung des Eigenthümers** statt des Miethers beschließen; und zwar zu dem ermäßigten Ansatz von $^3/_4$ des Brutto-Miethswerths, oder von $^1/_2$ des Miethswerths, wenn die Steuer gleichmäßig auch von der leerstehenden Wohnung entrichtet wird. Das neuere Gesetz erstreckt sich auch auf die Beischläge der Armensteuer (14. et 15. Vict. c. 39 §. 3) und auf die Wegesteuer; aber nicht auf die Church Rate. Vorbehalten bleibt dennoch das Gemeindestimmrecht des occupier; auch kann von diesem die Steuer noch immer eingetrieben werden, doch so, daß er sie dem Vermiether von der Miethe abzieht. Die Gesetzgebung der Health Acts setzte dies fort. Die Parl. P. 1859 No. 118, 171 geben folgende Special-Uebersicht der Zahl der steuerzahlenden occupiers und der tenements, für welche die Eigenthümer eingeschätzt sind, nach den Stufen der Miethe:

Stufe	occupiers	compounded	Stufe	occupiers	compound.
unter 1 £.	53,017	47,921	5—excl. 6 £.	94,264	100,414
1—excl. 2 „	207,800	222,627	6— „ 7 „	97,415	55,183
2— „ 3 „	235,997	247,698	7— „ 8 „	80,237	21,604
3— „ 4 „	195,194	197,238	8— „ 9 „	81,365	19,484
4— „ 5 „	142,682	155,014	9— „ 10 „	59,260	11,099

§. 99. V. Ergänzungen und Reformen der Communalsteuererhebung.

Stufe	occupiers	compounded	Stufe	occupiers	compound.
10—excl. 11 £.	64,088	8,406	20—excl. 25 £.	101,930	867
11— „ 12 „	41,170	2,768	25— „ 30 „	69,664	393
12— „ 13 „	52,284	4,120	30— „ 40 „	96,387	667
13— „ 14 „	35,829	979	40— „ 50 „	64,301	294
14— „ 15 „	37,682	1,012	50 £. und mehr	271,717	630
15— „ 20 „	147,733	2,387	Summe	2,230,076	1,100,755

Die Parl. P. von 1860 geben weitere Uebersichten: Nr. 559 über den Umfang des Compounding bei Gebäuden überhaupt; Nr. 256 über das Compounding von 4—6 £. in den parlamentswahlberechtigten Städten; Nr. 124 Zahl der männlichen occupiers, die zur Armensteuer eingeschätzt sind ꝛc. Die Frage kam nun wiederholt in den Parl. P. und statistischen Arbeiten zur Erörterung im Zusammenhang mit dem Streit über die Ausdehnung der Wahlrechte. Insbesondere gehört hieher die von Newmarch in den Journals of the Statistical Society 1857 Vol. XX. p. 188 ff. versuchte Berechnung, welche die Zahl der Wohnhäuser in England und Wales als Grundlage nimmt: darunter 1,713,000 unter 6 £. Miethswerth; 572,000 von 6—10 £. Miethswerth; 990,000 von 10 £. Miethswerth und darüber. Aus der ersten Klasse fallen 24 pCt., aus der zweiten Klasse 24½ pCt., aus der dritten Klasse 5½ pCt. aus, theils wegen Unvermögens, zum größern Theil aber wegen Einschätzung des Eigenthümers statt des Miethers.

Als nun im Jahre 1866 die Berathung der neuen Parlamentsreform ernst wurde, stand die Frage in äußerster Verwirrung. Das Compounding ging nach der Small Tenements Act auf Miethswohnungen bis 6 £., nach der Assessed Rates Act auf Wohnungen bis 8 £., nach der Public Health Act auf Wohnungen bis 10 £. Nach einem Bericht vom Januar 1868 waren in den Parlamentsstädten von E. und W. ferner 98,598 Wohnungen vorhanden, von welchen nicht unter irgend einer Composition Act, sondern durch ein Abkommen der Interessenten mit dem Gemeindevorsteher die Steuer vom Eigenthümer statt vom Miether bezahlt wurde. Noch grundsatzloser waren die Varianten des Stimmrechts. Für die boards der Armenverwaltung galt ein klassificirtes Stimmrecht mit Erhöhung um eine Stimme für 50 £., und selbständiges Stimmrecht des Eigenthümers neben dem occupier. Für die boards der Wegeverwaltung galt die Erhöhung um eine Stimme für 25 £., ohne Stimmrecht des Grundeigenthümers (!). Dies letztere galt auch für die local boards der Gesundheitsverwaltung, aber mit anderen Stufen. In der Metropolis galt allgemeines gleiches Stimmrecht. Nach der Städteordnung von 1835 galt ein gleiches aber vielfach beschränktes Stimmrecht. Wieder andere Systeme galten für die burial boards etc. und nach Lokalakten. Die Berathung der neuen Reformbill kam dadurch in die größte Verwirrung, um so mehr als verschiedene Hauptredner das System des compounding praktisch gar nicht verstanden. Das Endresultat einer verworrenen Berathung war eine noch verworrenere Beschließung, bei welcher durch ein mißverstandenes Amendement das allgemeine gleiche Wahlrecht für die städtischen Parlamentswahlen gegen den Willen aller Parteien zum Vorschein gekommen ist, mit einer unklaren Clausel über das Stimmrecht des nicht eingeschätzten Miethers.

Seitdem ist die Berathung über eine Abhülfe dieser Ungleichheiten fortgesetzt in einem Committee von 1868, Parl. P. 1868 XIII. 107—405, worauf unter Aufhebung der Small Tenements Act 14. et 15. Vict. c. 39 das oben dargestellte Gesetz von 1869 gefolgt ist. Das jüngste Committee in dem Bericht vom 17. Juli 1870, Parl. P. 1870 Nr. 335 will dem Grundeigenthümer in allen Fällen ein selbständiges Stimmrecht neben dem occupier geben, vermag aber keine angemessene Proportion dafür zu finden. Jedenfalls soll die vielfältige Gestalt der Communalsteuern vereinfacht werden, das compounding aber fortdauern.

VIII. Capitel.
Die Stadtverfassung.

§. 100.
Geschichtlicher Entwickelungsgang.

Die Stadtverfassung bildet den Abschluß des obrigkeitlichen selfgovernment, da sie in England nur eine Modification der Gerichts- und Polizei-Verfassung mit den dazu gehörigen Steuern darstellt, nicht aber wie die deutsche Stadtverfassung ein in sich vollständiges wirthschaftliches Communalwesen.

Die englische Stadtverfassung ist stets eine halbe Stadtverfassung gewesen und geblieben. Die kostbarsten Functionen, Armenwesen, Pflasterung, Beleuchtung, Gesundheitspflege sind mit dem Kirchspiel verbunden, welches seit der Periode der Tudors sich zu einem selbständigen Ortsgemeindeleben entwickelt hat. Für diese Zwecke bildet also jedes städtische Kirchspiel einen selbständigen Gemeindeverband, ohne Verbindung mit der Stadtcorporation, die in der Regel nur solche öffentliche Functionen übt, welche parallel der Grafschaftsverwaltung gehen, also den Charakter von Kreisgeschäften haben.

Die schwierigen und streitigen Verhältnisse der Stadtverfassung machen es indessen rathsam, die Hauptmomente ihrer Geschichte seit dem Schluß der angelsächsischen Zeit hier vorauszuschicken.

I. Die normannische Periode hat die allmälige Absonderung einer Zahl von Städten aus der Verwaltung der Grafschaft herbeigeführt, welche auf zweierlei königlichen Verleihungen beruht.

1. Es wird erheblicheren Ortschaften gestattet, die dem König zu leistenden Gefälle und Schatzungen, tallagia, in Selbstpacht, firma burgi, fee farm, zu übernehmen. Während bis dahin die königlichen Renten aus solchen Orten entweder vom Vicecomes, oder von einem Specialpächter

§. 100. Geschichtlicher Entwickelungsgang. 581

Fermor, oder von einem besondern Provost erhoben waren, wird es den „Männern der Stadt" erlaubt die bisher von dem königlichen Rentmeister erhobenen Gefälle in einer Summe an das Schatzamt abzuführen. Man präsentirt dann dem Exchequer eine geeignete Person, die zum Stadtvogt, reeve, bailiff, provost, mayor, ernannt, die Verantwortlichkeit für Zahlung der Pachtsumme mit Bürgen übernimmt, und solche Gebühren und Gefälle wieder von den Einzelen einzieht. Dieser Stadtvogt stand unter strenger Rechnungspflicht und Verantwortlichkeit gegen das Schatzamt wie alle normannischen Vögte. Längere Zeit hindurch blieb ein solches Verhältniß noch prekär; die Selbstpachtung war indessen für beide Theile ein so angemessenes Verhältniß, daß sie in der Praxis des Schatzamts immer mehr die Regel und durch charters zu einem Rechtsanspruch wurde.

2. Dieselben Ortschaften bilden in der Regel für die Gerichts- und Polizeiverwaltung einen eigenen court leet. Abgesehen von einigen Orten, denen ein gesondertes Civilgericht verliehen war, strebten alle durch feefarm selbständiger gewordenen Ortschaften dahin, wenigstens für die niedere Strafjustiz und Polizei des turnus vicecomitis ein Gericht für sich zu bilden. Es geschah dies theils wegen des polizeilichen Bedürfnisses einer dichter wohnenden Bevölkerung, theils auch um von der lästigen Gerichtsfolge bei dem turnus befreit zu werden. Auch diese Verleihungen erfolgen durch königliche Charten gegen hohe Gebühr, besonders zahlreich seit König Johann. Der wachsende Wohlstand setzte die Städte in Stand, durch bedeutende Geldzahlungen für Erneuerung und Bestätigung der Charten öfter auch noch weiter gehende besondere Rechte (franchises) zu erlangen.

Das Zusammentreffen und Zusammenwachsen dieser beiden Elemente bildete nun einen städtischen Communalverband, borough. Die Männer der Stadt, welche periodisch zum court leet zusammen kamen, vereinigten sich um so leichter zur Uebernahme der städtischen Schatzungen in Selbstpacht, und umgekehrt. Dies ökonomische Element war es, an welches sich auch ein Wahlrecht anknüpfte. Der von der Bürgerschaft bezeichnete bailiff oder mayor wurde nun dem König präsentirt; die Annahme, Bestätigung und Beeidigung der städtischen Bürgermeister erscheint als ein regelmäßiges Geschäft des Treasurer und der Barons of the Exchequer. Der Geschäftskreis dieser Municipalverwaltung war die Erhebung der Lokalsteuern, die Verwaltung oder Verpachtung des städtischen Eigenthums, die Ernennung von Unterbeamten für diese Verwaltung; wobei die Bürgerversammlung in analoger Weise Theil nahm, wie sie im court leet als Gerichtsmänner an der Rechtspflege herkömmlich betheiligt war. Da die communalen Rechte aus den Pflichten folgen, so verstanden sich als active Theilnehmer der Stadtcommune diejenigen, welche an der Zahlung der städtischen Gefälle (scot) und an dem Gerichts- und Polizeidienst des Stadtgerichts (lot) Theil nehmen. In der ländlichen Gemeindeverfassung setzt die eigene Wirthschaft ein freies oder halbfreies Grundeigenthum voraus. Im städtischen Leben waren schon frühzeitig auch Hausstände auf der Grundlage von Gewerbe und Handel entstanden, denen man eine Gleichstellung in diesen Kreisen schon deshalb nicht versagen konnte, weil man ihrer bei den städtischen Lasten nicht entbehren konnte. Es sind danach vier Merkmale, auf denen das mittelalterliche Bürgerthum beruht:

Liberi homines, freemen: nicht zur Bürgerschaft gehören also unfreie villani und Personen, die an ihrer Ehre unvollkommen sind.

Resiants: d. h. der städtische Bürger muß mit eigenem Hausstand dauernd angesessen sein, sei er übrigens Eigenthümer oder nutzender Inhaber einer bürgerlichen Nahrung oder Genosse einer anerkannten Gilde. Ausgeschlossen werden dadurch bloße Tagelohnarbeiter, Einlieger, Gäste, Fremde. Die späteren Titel zum städtischen Bürgerrecht durch Geburt (birth), Gewerbebetrieb (apprenticeship) und Heirath (marriage) sind nur die normalen Weisen zur Begründung eines eigenen Hausstandes.

Paying scot: d. h. der Bürger muß zu den städtischen Abgaben und Lasten beitragen; ausgeschlossen bleiben daher Arme.

Bearing lot: d. h. nur solche, die an der städtischen Gerichtspflicht (suit), städtischen Aemtern und Diensten Theil nehmen; nicht active Bürger sind also Minderjährige, Frauen, Geisteskranke, Geistliche.

Die Prüfung der erforderlichen Eigenschaften stand der Gemeindeversammlung zu, wie sie sich periodisch zum court leet versammelte. Das formelle Merkmal des recipirten Bürgers ist daher: „to be sworn and enrolled at the court leet."

Außer den schon im Domesdaybook (als Specialpachtungen) hervorgehobenen etwa 80 boroughs tauchen im Laufe der normannischen Zeit etwa 60 neue auf, die nach den obigen Grundsätzen selbständig geworden sind.[1]

---

[1] Ueber die normannische Zeit siehe die Geschichte des selfgovernm. S. 104—112, und die Hauptschrift von Merewether und Stephen, History of the Boroughs 1835 3. Vol. Der Beweis der obigen Sätze ist unter ermüdenden Weitläufigkeiten und Wiederholungen, aber unwiderleglich, in letzterer Schrift geführt, gegenüber den mißverständlichen Auffassungen, die eine formelle Incorporation zur Grundlage der mittelalterlichen Stadtverfassungen machen wollten. Die späteren Parteistreitigkeiten haben die wirkliche Geschichte der Stadtverfassung ebenso verunstaltet wie die wirkliche Geschichte des Parlaments. Die Hauptargumente für die richtige Meinung sind: 1) daß alle Namen fehlen, welche auf eine Incorporation deuten. Von den 77 Charten, welche König Johann in 9 Jahren seiner Regierung an Städte erlassen hat, sowie in den späteren, sind die Verleihungen ausdrücklich an die citizens oder an die burgesses, oder an die Männer der Stadt, oder an die freien und gesetzmäßigen Männer, die guten Männer, in den 5 Häfen an die

§. 100. Geschichtlicher Entwickelungsgang. 583

II. In der reichsständischen Periode seit Eduard I. beginnt die Sitte, periodisch Abgeordnete der Grafschaften und einzeler Boroughs einzuberufen, um den endlosen Reclamationen und Streitigkeiten über die Einschätzung zu den tallagia und Hülfsgeldern durch gütliche Berathung ein Ende zu machen. Es lag dabei nahe, daß man diejenigen Boroughs einberief, die als Steuerkörper für das Schatzamt eine gewisse selbständige Bedeutung hatten: Anfangs in geringer Zahl, im 26. Regierungsjahr Eduard I. schon in einer planmäßigeren Gestalt, und zwar aus Devonshire 7 boroughs, aus Somerset und Yorkshire je 6, aus Sussex und Wiltshire je 5, aus Cornwall und Surrey je 4, aus Dorset, Hampshire, Norfolk, Suffolk je 3, aus sieben Grafschaften je 2, aus dreizehn Grafschaften je 1 Borough (Merewether III. 2277). Später sind unter Eduard I. noch 32 Boroughs neu berufen; 24 unter Eduard II.; 33 unter Eduard III.; 5 unter Heinrich VI.; 2 unter Eduard IV., worunter jedoch viele ihr Recht wieder aufgaben und in Vergessenheit kommen ließen. (Später sind unter den Tudors noch 64, unter den Stuarts noch 11 hinzugekommen.)

So wichtig diese neue Stellung für die politische Geltung der Städte wurde, so hat sie doch zunächst die äußere Gestaltung des Stadtrechts nicht geändert. Charten, Parliament Rolls, Parliament Writs ergeben unverkennbar noch immer, daß das städtische Recht in den obigen Punkten besteht, und daß es für die Boroughs im Wesentlichen gleichartig ist. Es sind in dieser Periode etwa 100 neue Boroughs hinzugekommen. Seit Johann namentlich sind die städtischen Charten sehr zahl- und umfangreich geworden; zugleich entsteht ein Register derselben durch den Magnus Rotulus Chartarum (gedruckt in dem Calendarium Rotulorum Chartarum 1803). Der innere Charakter der öffentlichen Pflichten, auf denen die Stadtverfassung beruht, wandelt sich aber in dieser Zeit völlig um, und

---

Mannen (barons) gerichtet; ebenso die Charte für London 16 Jo. an die barons der city. Unter Heinrich III. finden wir eine Verleihung an die „citizens" von London, und eine von demselben Tage an die „barons" von London. In 37. Hen. III. wird eine frühere Verleihung Johann's an die „barons" der city bestätigt als eine Verleihung an die „citizens" u. s. w. (Merewether I. 378, 385 ff.) 2) Unzählige Zeugnisse und Rechtsautoritäten beschreiben das mittelalterliche Bürgerthum nach den oben angegebenen Merkmalen; z. B. werden in den Jahrbüchern Edw. III. die Bürger von London beschrieben als die Erbeingesessenen und die sonst Angesessenen, welche zu scot und lot beitragen. 3) Auch das Gesetz Heinrich's V. über die städtischen Parlamentswahlen bezeichnet die wahlberechtigte Bürgerschaft nur als resident, dwelling, free of their borough. 4) Wo die Bürgerschaft vor Gericht klagt oder verklagt wird, wird sie unter dem Collectivnamen der Bürger in den Prozeß gezogen, durch 6 oder mehre der meliores et discretiores unter den Einwohnern vertreten, welche die übrigen erwählen, oder durch sonst ernannte Repräsentanten.

übt damit eine stillschweigende, aber bedeutungsvolle Rückwirkung auf den Charakter und die Zusammensetzung der Bürgerschaft.

Die Stadtverfassung beruht noch auf der **Selbstpacht der königlichen Gefälle**, firma burgi. Dies ökonomische Verhältniß wird aber bei den im Parlament vertretenen Boroughs bald überwogen durch das neue politische Recht, nach welchem der König mit Grafschaften und Städten in eine förmliche Berathung über seine „außerordentliche Revenüe" tritt. Die Anfangs noch vorkommenden Berathungen der Bürgerschaft über die Geldaufbringungen und die den Abgeordneten der communitas mitgegebenen Instructionen verlieren ihren Inhalt, jemehr die wiederkehrenden Geldbewilligungen einen gleichmäßigen Charakter annehmen. Seit Eduard III. haben Grafschaften und Städte die dem König zu bewilligenden Subsidien unmittelbar nach einem festen Maßstab übernommen. Nachdem die Beitragsquoten der einzelen Communen einmal fixirt waren, mußte die Dringlichkeit der vom König geforderten Auflagen einer Erwägung der Abgeordneten im Parlament überlassen bleiben. Der Auftrag der Abgeordneten geht damit unmerklich in ein allgemeineres Vertrauensmandat über. Auch bei der Umlegung der Steuern im Bereich der einzelen Stadt war nach Entwickelung des Communalsteuersystems der Maßstab ein feststehender, bei welchem das Hauptgeschäft in die Einschätzungs-Commission fiel.

Die Städte bilden noch immer einen court leet oder einen sonst gesonderten Gerichtsbezirk. Die Gerichtsverfassung aber ändert sich in dieser Periode. Die fortschreitende Einheit der Rechtsbildung concentrirt die Rechtsprechung in rechtsgebildeten königlichen Richtern, und setzt den Antheil der Gemeinde zum Dienst der Jury für die question of fact herab. Die lokalen Civilgerichte werden dadurch am stärksten ergriffen und zersetzt. Aber auch die Straf- und Polizeigerichtsbarkeit folgt allmälig einem neuen Gange, besonders seit der Einsetzung der Friedensrichter unter Eduard III. Verhältnißmäßig lange erhalten sich zwar daneben gerade die städtischen courts leet wegen lokaler Polizeibedürfnisse. Indessen gehen auch sie langsam dem Verfalle entgegen. Die kleineren Leute entwöhnen sich damit des ältern regelmäßigen Gerichtsdienstes. Ueberwiegender aber treten hervor die höheren Stände, welche die neuen Stellen der Polizeiherren als Ehrenämter verwalten, und dadurch eine angesehene Stellung gewinnen. Die neueren Stadtcharten gehen seit Ric. II. schon häufig auf eine abgesonderte Friedenscommission, oft mit der non-intromittant-Clausel; die städtischen Quartalsitzungen werden zu einem ordentlichen Strafgericht; eine kleinere Zahl von Städten sondert sich sogar vollständig von der Grafschaft ab, als Counties Corporate.

Die periodischen Versammlungen der Bürgerschaft verlieren damit ihre **praktisch wichtigen Geschäfte**. Die laufenden Geschäfte der

§. 100. Geschichtlicher Entwickelungsgang.

Polizei gehen immer mehr auf die Friedensrichter über, sowohl da wo die Friedensrichter der Graffschaft thätig waren, wie da wo der Stadt eine eigene Friedens-Commission verliehen war. Die Theilnahme am städtischen Gemeinwesen beschränkte sich so von selbst auf einen engen Kreis von Personen. Die noch fortdauernden Geschäfte des verfallenden court leet ließen sich nun bequem in einem engern Ausschuß besorgen, der leicht in eine stehende leet jury überging. Diese leet juries oder sonstige Verwaltungsausschüsse (town councils) besorgten auch die städtische Vermögensverwaltung. Daneben konnte noch eine Einschätzung-Commission bestehen oder auch damit zusammenfallen. Für die Seite der Steuern repräsentirt der höher Besteuerte die kleinen Steuerzahler; für die persönliche Seite des Gemeinwesens verdrängen die thätigen Elemente die unthätigen. Alle politisch wichtigeren Geschäfte werden durch die Friedensrichter und durch die Abgeordneten im Parlament besorgt, und damit nur den höheren Klassen ein Impuls zur öffentlichen Thätigkeit und ein permanenter politischer Einfluß gegeben. Die einfache Grundlage des Bürgerthums, welches alle Theilnehmer an scot und lot umfaßt hatte, ging auch durch die verschiedene Entwickelung der wirthschaftlichen Verhältnisse der Städte vielfach auseinander, je nachdem das Ackerbürgerthum, Gewerbe und Handel in kleinerm oder größerm Maßstab, in zünftiger oder nicht zünftiger Gestalt sich entwickelte. In London und in einer kleinern Zahl von Städten wird die Stadtverfassung sogar von den Zünften durchbrochen. In York wird später durch Charte 9. Henry VIII. 1517 ein förmliches Zunftregiment eingeführt.[2]

---

[2] Ueber die reichsständische Zeit s. d. Gesch. des selfgov. S. 194—204. Die Thesen, welche Merewether und Stephen als das Resultat ihrer weitläufigen Untersuchungen hinstellen, sind: 1) daß boroughs in England seit der ältesten Zeit bestanden; und daß, obgleich nicht alle boroughs cities waren, doch alle cities boroughs waren, und ihre Municipalrechte nur in jener Eigenschaft hatten; 2) daß alle Stadtrechte wesentlich gleichartig waren in Gegenstand, Verfassung und allgemeinem Charakter; 3) daß dieselbe Klasse von Personen ursprünglich die Bürgerschaft in allen boroughs bildete; 4) daß diese Klasse nie direkt geändert worden ist; 5) daß die burgesses die permanenten freien Einwohner der boroughs waren, welche die städtischen Pflichten erfüllen und die städtischen Vorrechte genießen, als freie, ansässige Inhaber eines Hausstands, paying scot and bearing lot, präsentirt, eingeschworen und enrollirt bei dem court leet; 6) daß sie keinen andern Charakter hatten bis zur Regierung Heinrich's VI., als die erste Municipal-Incorporationscharte ertheilt wurde, die dem ursprünglichen Begriff des Bürgers noch den des Corporationsmitglieds hinzufügte zum Zweck der Successionsfähigkeit in Grundstücken und der Legitimation in Prozessen; 7) daß die spätere Befugniß, Bürger willkürlich zu creiren, nur auf Usurpation beruht; 8) daß der Mißbrauch auswärts Wohnende zu Bürgern zu machen zuerst bei solchen Personen vorkam, die zu städtischen Parlamentsabgeordneten erwählt waren. (Introd. pag. V. VI.; massenhafte Zeugnisse im Register v. Burgesses. Corporations).

Die alte auf der Gleichheit des persönlichen Dienstes ruhende Pärie der Gerichtsmänner im court leet paßte nun in der That nicht mehr als Grundlage des Verfassung, in welcher eine höhere Klasse in engerm Kreise als Meistbesteuerte, und mehr noch durch ihre persönliche Thätigkeit alles für die Stadtverwaltung Wichtige besorgte. Schon lange, bevor eine rechtliche Anordnung dafür eintrat, beschränkte sich faktisch das Gemeindeleben der meisten boroughs auf jenen Ausschuß, der als capital burgesses, town council, leet jury stehend wurde und bei dem Absterben der Bürgerversammlungen die Tendenz erhielt sich durch Cooptation zu ergänzen. Die wirkliche Theilnahme an den öffentlichen Geschäften hat auch hier über die Verfassung entschieden, und hat am Schluß des Mittelalters (besonders durch das Friedensrichteramt) der umwohnenden ländlichen Gentry, und in zweiter Linie einer neuen städtischen Gentry einen beherrschenden Einfluß verschafft.

III. In der Periode der Tudors und Stuarts ist die rechtliche Form für diese Neugestaltung des städtischen Gemeinwesens die der Incorporationscharten geworden. Gegen Schluß des Mittelalters war zum ersten Mal in 18. Henry VI. (1439) der Stadt Kingston upon Hull, und ungefähr gleichzeitig der Stadt Plymouth, eine charter of incorporation verliehen worden. Bis zum Regierungsantritt der Tudors waren schon 25 Städte nach diesem Vorgang incorporirt.

Der anfängliche Sinn dieser incorporations war freilich nur gewesen, nach dem Vorbild des canonischen Rechts ein fingirtes Rechtssubject im Privatrecht zu schaffen, und namentlich Prozeßführungen und Eigenthums-Uebertragungen zu erleichtern. Nachdem indessen die Selbstthätigkeit der Bürgerschaft in dem Stadtwesen einmal aufgehört hatte, nahmen diese Corporationen (ebenso wie auf dem Continent) den Charakter willkürlicher Rechtsfictionen an, kraft deren jeder beliebige engere Körper dem Recht nach die ganze „Stadt" und „Bürgerschaft" repräsentiren konnte. Die corporation ist nicht mehr ein lebendiger Personenverein, begründet auf gemeinsamen persönlichen Leistungen und Steuerpflichten, sondern eine positive Schöpfung der Charte, welche nur die wesentlichen Bestandtheile des engern Körpers (mayor, aldermen, common-councillors) bestimmt, dessen Wahl oder Cooptation aber besonderer Bestimmung oder besonderm Statut oder besonderer Gewohnheit überläßt.

Gerade um diese Zeit begann allerdings die Gesetzgebung der Tudors die Kirchspielsverfassung durch das Armen- und Wegeaufseheramt und neue Steuern positiv zu erweitern. Diese Neubildung ging aber ihren selbständigen Weg ohne in eine Verbindung mit dem alten Stadtregiment zu treten. In den Kirchspielen (also meistens engeren Stadtbezirken), bildet sich nun ein neues Gemeindeleben, während die alte Stadtverwaltung

§. 100. Geschichtlicher Entwickelungsgang. 587

nach wie vor nur für Gericht und Polizei, für Friedensrichteramt und Bildung der Jury, sowie für die Verwaltung des überkommenen Corporations-Vermögens dient. Diese enge Bestimmung der corporations wurde ihrer fortschreitenden Unabhängigkeit und Isolirung von einer aktiven Bürgerschaft nur zu förderlich; denn der court leet hatte wenig mehr zu thun; das alte Stadtvermögen war in den meisten Städten unbedeutend; die Geschworenenlisten wurden von einem Unterbeamten des Gerichts besorgt.

Für die zum Parlament berufenen Städte dagegen war inzwischen das Unterhaus eine einheitliche Körperschaft geworden, deren Mitglieder sich nicht mehr als die Beauftragten der communitas, sondern des Landes ansahen. An dieser politischen Gesammtheit nahmen die Städte einen mindestens zehnmal höhern Antheil, als er ihnen nach Bevölkerung, Besitz und öffentlichen Leistungen zukam. Die Ausgleichung dagegen trat nun stillschweigend ein durch den persönlichen Einfluß, welchen die benachbarte Gentry in Polizei-, Milizverwaltung und als Oberinstanz der Kirchspiele übte. Die städtischen Abgeordneten sind daher nicht mehr regelmäßig burgesses wie im Mittelalter, sondern in wachsender Zahl gehören sie der kreisverwaltenden Gentry an, zu der sich der größere Theil der Städte in ein Verhältniß der Abhängigkeit gesetzt sieht.

Seit den Zeiten der Reformation entsteht daraus zunächst ein gouvernementales System, welches Unterhaus und Staatsregierung in Uebereinstimmung zu halten bemüht ist, und zu dem Zweck auch neue, der Krone präsumtiv ergebene Wahlflecken creirt. Die neuertheilten Charten geben die Stadtverwaltung meistens in die Hände von Ausschüssen, welche das erste Mal von der Krone ernannt, sich später durch Cooptation ergänzen, wobei auch das Vorbild der analogen Verwaltung der Grafschaft durch ernannte commissions wohl mitwirkte. Ein berühmtes Gutachten der Richter aus 40. et 41. Eliz. sprach sich allgemein für die Zulässigkeit solcher select bodies und für die Zulässigkeit von Statuten, bye laws, aus. Die neue Richtung dieses Corporationswesens tritt freilich noch langsam in drei Punkten hervor:

1. Die Wahl der städtischen Beamten erfolgt nach zahlreichen Charten ausdrücklich durch einen engern Ausschuß, select body, common council etc., der sich selbst wieder durch Cooptation ergänzt. Wo die Charte es nicht enthält, kann ein solches Verhältniß auch durch „Verjährung" oder „alten Gebrauch" begründet werden, ohne bis auf Richard I. zurückzugehen.

2. Die innere Verwaltung der Stadt kann durch Statuten bye laws der engern Körperschaft gestaltet werden, wobei selbst Abweichungen von der Grundverfassung durch einen „langjährigen Gebrauch" geheilt werden.

3. Charten, Statuten und Uebung schaffen allmälig eine Klasse von Ehrenbürgern, honorary freemen, ohne allen Antheil an scot und lot, sogar außerhalb Wohnende, mit Stimmrecht. Der alte Zusammenhang zwischen Rechten und Pflichten geht so auch nach der andern Seite hin verloren; der neue Begriff eines Corporationsmitgliedes, freeman, tritt als eine willkürliche Schöpfung an die Stelle des mittelalterlichen Bürgerrechts.

Einem analogen Gange folgt nun auch das parlamentarische Stimmrecht, theils positiv, indem es nach Charte oder Herkommen analog den städtischen Wahlen behandelt wird, noch mehr aber negativ, indem sich das Wahlrecht stillschweigend auf den engen Kreis von Personen beschränkt, die bei solcher Gestalt der Dinge überhaupt noch am Gemeinwesen sich betheiligen.

In der Periode der Stuarts bewegen sich in diesem Rahmen die Bestrebungen und Parteikämpfe, sowohl des Adels und der Gentry, wie der neu aufstrebenden Mittelstände. Die ursprüngliche Bestimmung der Stadtverfassungen tritt immer mehr zurück vor der Bedeutung des städtischen Stimmrechts im Parlament, in welchem die kleinste corporation an politischem Einfluß soviel bedeutete wie die größte Grafschaft. Die Stuarts hatten in dieser Lage nicht die Staats-Aufgabe einer dauernden Umgestaltung des Stadtwesens und städtischen Stimmrechts, sondern stets nur das augenblickliche Partei-Interesse der städtischen Stimmen vor Augen. Schon Jacob I. hielt eine ständische Gliederung und Bildung von close boroughs und select classes für sehr „staatsmännisch", und nach diesem Muster wurden denn auch die neuen Parlamentsflecken gestaltet. Das Unterhaus, welches in dieser Zeit die ausschließliche Entscheidung über seine Wahlen beansprucht, erkennt ebenfalls den Grundsatz an, daß eine Beschränkung der Wahlen auf einen engern Kreis durch Verjährung und unvordenkliche Gewohnheit erfolgen könne. Anstatt durch eine sachgemäße Verschmelzung der Kirchspielsverfassung, insbesondere der Armenpflege und Straßenverwaltung, mit der städtischen corporation eine selbstthätige Bürgerschaft wieder herzustellen; anstatt einen Census nach der activen Theilnahme an scot und lot und Geschworenendienst herzustellen und zu erhöhen; anstatt die Zahl der Grafschaftsabgeordneten nach diesem Maßstab zu vermehren, die der städtischen zu vermindern; anstatt das Königliche Ernennungsrecht der Friedensrichter auch in den Städten wieder herzustellen: haben die Stuarts ihre Machtstellung stets nur benutzt, um ihre „Königskunst" in Staat und Kirche zu treiben.

Vergeblich war die kurze Andeutung gewesen, welche Cromwell's Verfassungsproject gab, nach welchem die Städte nicht ⅔ sondern nur ⅓ der Abgeordneten des Unterhauses senden sollten. Die Restauration kehrte nur um so eifriger zu dem Stimmrecht der verfallenen Ortschaften und zu den alten Grundsätzen zurück. Die kirchliche und politische Opposition der städtischen Mittelstände wird durch die Corporations- und Testakte und eine fortgesetzte polizeiliche Behandlung der Frage zum Schweigen gebracht. Kronbeamte, auswärtige Ehrenbürger, eifrige Parteigänger, werden in die städtischen Bürgerlisten und in die „gereinigten" Stadtverwaltungen gesetzt. Durch Gerichtsurtheile und Einschüchterungen wird zuletzt eine massenhafte Kassirung oder freiwillige Aufgabe der alten Stadtcharten herbeigeführt, um neue Stadtverwaltungen mit select bodies und widerruflichen Aemtern an die Stelle zu setzen. Auch der Widerruf dieser Maßregeln durch die Ordonnanz vom 17. October 1688 brachte die Städte nur in den verkünstelten Zustand zurück, welchen Jakob II. bereits vorgefunden hatte.[3]

IV. Die vierte Periode, das achtzehnte Jahrhundert, zeigt uns die städtischen corporations in einem hülflosen und unheilbaren Zustande. Nachdem einmal die städtischen Parlamentsstimmen mit den Machtverhältnissen einer regierenden Klasse und ihrer Parteien fest verwachsen waren, ward eine gesetzliche Reform aus dem Parlament heraus allerdings zur Unmöglichkeit. Das abgeschwächte Königthum und die Adelsparteien besaßen weder die Macht noch den Willen, unbekümmert um den nächsten Erfolg und Nutzen, die Stadtverwaltungen ihrer staatlichen und natürlichen Bestimmung zurückzugeben. Wie die Burgen des Mittelalters waren diese boroughs befestigte Plätze geworden für den politischen Einfluß des whigistischen und toryistischen Adels, nur zum sehr kleinen Theil eines besondern städtischen Patriziats. Alle Versuche zur Wiederherstellung einer activen Bürgerschaft waren von Anfang an unaufrichtig, und blieben

---

[3] Ueber die Periode der Reformation und der Revolution s. die Gesch. des selfgov. S. 318—25. Das Verhältniß der Corporations- und der Nichtcorporationscharten ist nach der Zusammenstellung bei Merewether:

		Incorporationscharten.	Nichtincorporationscharten.
unter	Heinrich VI.	10.	20.
„	Eduard IV.	10.	12.
„	Richard III.	6.	3.
„	Heinrich VII.	—	7.
„	Heinrich VIII.	6.	13.
„	Eduard VI.	10.	4.
„	Marie	13.	6.
„	Elisabeth	25.	13.
„	Jakob I.	27.	3.
„	Carl I.	12.	2.
„	Cromwell	1.	—
„	Carl II.	13.	—
„	Wilhelm III.	4.	—
„	Anne	3.	—

erfolglos; ja das Conventionsparlament bestätigte ausdrücklich alle Miß=
bräuche der select bodies. Die Entscheidungen des Parlaments über die
Gültigkeit der Wahlen blieben nach wie vor bald parteiisch, bald princip=
los und wechselnd. Die eifrigsten Whigs erwiesen sich bald als die eif=
rigsten Vertreter der Mißbildungen im Corporationsrecht, der ausgedehn=
testen Befugnisse der Gemeinderäthe und des Stimmrechts der non residents. Durch ein Gesetz wurden die Sheriffs angewiesen bei den Wahlen
stets zu verfahren nach der letzten Entscheidung des Unterhauses. Die
Gerichtshöfe, wo sie mit der Frage befaßt wurden, hielten sich an das
Gutachten unter Elisabeth (den case of corporations), und legalisirten die
Stellung der select bodies, die Geltung eines „längern Gebrauchs" und
der Ortsstatuten, und die willkürlichste Zulassung von non residents.

Mit dem Regierungsantritt der Königin Anna tritt der Einfluß der
Krone ganz zurück, und es beginnt nun die neuere Weise der Par=
lamentsregierung unter dem hervortretenden Einfluß der Majorität des
Unterhauses. Im Zusammenhang damit wird die Neuertheilung von Charten seltener. In der willkürlichen Gestaltung der Corporations aber „unter=
scheiden sich die Patente Georg's III. in nichts von denen, welche in der
schlechtesten Periode der englischen Stadtgeschichte ertheilt wurden." (Report
on Corporation Inquiry pag. 17). Desto größern Reiz fand das Unter=
haus darin, durch Lokalakten die einzelen Stadtverfassungen umzumodeln,
und zwar in einem solchen Umfange, daß später bei Erlaß der neuen
Städteordnung 700 solche in die kleinsten Zweige der Verwaltung ein=
gehende Lokalgesetze vorhanden waren. Trotz der willkürlichsten Mannig=
faltigkeit geht dabei ein Grundzug hindurch: Aufopferung der Lokalinter=
essen zu Gunsten der parlamentarischen Parteiinteressen, Verkehrung des
Theilnahmrechts an der Corporation, um der regierenden Klasse ihren Ein=
fluß auf Besetzung des Unterhauses zu sichern. Die Bribery Act 2. Geo. II.
c. 24 bestätigt den Grundsatz, daß die letzte Entscheidung des Hauses
endgültig zu allen Zwecken über das Wahlrecht entscheiden soll; bleibt übri=
gens zur Verhinderung von wirklichen Bestechungen ebenso unwirksam wie
alle anderen Gesetze. Unter Georg III. dehnt sich vielmehr das im Unter=
haus längst geläufige System der Bestechung systematisch auch auf die Wahl=
körper aus. Ein Gesetz 3. Geo. III. c. 15 sollte zwar die schlimmsten Miß=
bräuche der Aufnahme von Gelegenheitsbürgern (occasional freemen) zum
Zweck einer bevorstehenden Wahl dadurch beseitigen, daß bei 100 L. Strafe
kein Bürger mitstimmen sollte, der nicht schon 12 Monat vor der Wahl
das Bürgerrecht erworben habe. Allein der Erfolg war, daß die Be=
stechung sich nun mit um so größerm Eifer auf die ärmlichen Mitglieder
der close boroughs warf. Am Schluß des achtzehnten Jahrhunderts

war in dem englischen Städtewesen kein staatsrechtlicher Grundsatz mehr zu entdecken.

Bestechung, Verschleuderung und Mißanwendung des Communalvermögens in der zahlreichsten Klasse der Wahlkörper, aus denen sich das Unterhaus zusammensetzt: das sind die wirklichen Zustände, unter denen die Normalzeit parlamentarischer Regierung, die 59jährige Periode Georg's III. inaugurirt wird, — die Zeit in der die regierende Klasse in einer glänzenden und tüchtigen Stellung dasteht, wie in keinem andern Lande der Welt. Diese seltsame, widerspruchsvolle Erscheinung, aus der noch seltsamere Folgerungen gezogen sind, hat nach wie vor den einfachen Grund, den keine Parlaments-Commission bemerkt hat, — das verkehrte Stimmverhältniß, welches den Städten gegenüber den Grafschaften eine Stimmzahl verlieh, die ihnen nicht zukam, und welche die regierende Klasse nöthigte, das innere Leben dieser städtischen Verbände zu verbilden. Ebenso merkwürdig ist die Verkehrung der geschichtlichen Auffassung, die sich in allen ständischen Verhältnissen bildet. Der Grundgedanke des Mittelalters, welches die Rechte aus den Pflichten hervorgehen läßt, also die Theilnehmer am scot und lot zu Theilnehmern am städtischen Gericht und an der Bürgerversammlung macht, war so gänzlich verdrängt durch die neuere „Incorporationsidee", welche willkürlich die Theilnehmer an den Lasten ausschließt, die Nichttheilnehmer an den Lasten zu Hauptbürgern macht, daß man den mittelalterlichen Begriff des court leet und der burgesses gar nicht mehr verstand, die städtischen Charten des Mittelalters für lauter Incorporationscharten hielt, die select bodies, die non residents, die bye laws für ächt englische, alte Stadtinstitutionen.

Das formelle Resultat des langen Herganges sind 1497 Charten und 708 Lokalakten, auf denen im XIX. Jahrhundert die englische Municipalverfassung beruht. Die Statistical Journals Vol. V. geben folgende aus den Parlaments-Reports zusammengestellte Uebersicht der Boroughs, welche unter jeder Regierung Charten erhielten, und der einzelen ihnen ertheilten Charten:

Regierung.	Boroughs.	Charten.	Regierung.	Boroughs.	Charten.
Edward d. Bek.	1.	1.	Henry IV.	60.	60.
William I.	1.	1.	Henry V.	35.	42.
William II.	2.	2.	Henry VI.	69.	98.
Henry I.	9.	9.	Edward IV.	59.	74.
Stephen	2.	2.	Richard III.	19.	22.
Henry II.	29.	37.	Henry VII.	51.	61.
Richard I.	16.	17.	Henry VIII.	72.	104.
John	47.	—	Edward VI.	75.	84.
Henry III.	52.	114.	Mary	27.	28.
Edward I.	46.	62.	Philipp and Mary	40.	42.
Edward II.	38.	42.	Elizabeth	123.	156.
Edward III.	75.	128.	James I.	110.	—
Richard II.	66.	88.	Charles I.	41.	44.

Regierung.	Boroughs.	Charten.	Regierung.	Borough	Charten.
Cromwell	5.	5.	George I.	3	3.
Charles II.	81.	111.	George II.	6.	7.
James II.	55.	—	George III.	16.	16.
William and Mary	9.	9.	George IV.	6.	7.
William III.	10.	11.	William IV.	3.	2.
Anne	7.	7.	Summa:	1,356.	1,497.

Ferner folgende Uebersicht über die Lokalakte für einzele Städte:

	Boroughs.	Acts.		Boroughs.	Acts.
Edward III.	1.	1.	William et M.	13.	11.
Richard II.	1.	1.	Anne	9.	10.
Henry V.	1.	1.	George I.	10.	15.
Henry VI.	3.	4.	George II.	31.	46.
Henry VII.	4.	3.	George III.	118.	400.
Henry VIII.	7.	18.	George IV.	81.	154.
Elizabeth	9.	12.	William IV.	18.	26.
Charles II.	4.	6.	Summa:	310.	708.

§. 101.

Zustand der Municipal-Corporationen zur Zeit der Reformbill.

Als man im Jahre 1833 eine Musterung des Zustandes vornahm, der im Laufe der Zeit durch 1497 Charten, 708 Lokalakte und durch das „Herkommen" in den städtischen Verfassungen entstanden war, fand sich ein buntes Gemisch von Einrichtungen, die nur in dem einen Merkmale übereinzustimmen schienen, daß sie nicht den Communalzwecken der städtischen Bevölkerung, sondern anderen Zwecken dienten.

Die damals eingesetzte Königliche Untersuchungscommission fand in England und Wales 246 corporations vor, welche noch Municipalfunctionen ausübten, und stellen bei 234 (233) die Entstehung und den actuellen Zustand näher fest. Die zeitige Verfassung beruhte ein 33 auf „Herkommen" (prescriptive customs), bei den übrigen auf noch geltenden governing charters; darunter zwei aus der Zeit Eduards III., drei von Henry VI., je eine von Edw. IV., Ric. II., Henry VII., drei von Henry VIII., drei von Edw. VI., 8 von Mary, 23 von Eliz., 31 von Jac. I., 22 von Car. I., 36 von Car. II., 10 von Jac. II., 11 von Will. III., 3 von Anne, Geo. I., Geo. II., 7 von Geo. III., 2 von Geo. IV.; — 21 hatten Charten von verschiedenem Datum, 6 noch uralte baronial charters. Als äußere Form ging bei den meisten hindurch eine Gliederung in Bürgermeister, Rath und Bürgerschaft in folgender Weise.

§. 101. Zustand der Municipal-Corporationen zur Zeit der Reformbill. 593

1. Der Ortsvorsteher führt in der Regel den Titel Mayor, und vereinigt in einer Anzahl kleiner Städte die ganze städtische Verwaltung in sich; in vielen ernennt er die Unterbeamten. Er erhält in der Regel ein Gehalt. Zuweilen bezieht er das ganze städtische Einkommen ohne Rechnungslegung, wie in Buckingham; oft werden wenigstens die tolls für seine Rechnung erhoben. Meistens ist ihm ein fixirtes, doch für die Ehrenausgaben nicht hinreichendes Gehalt angewiesen. Man erwartet von ihm „Gastfreiheit gegen die übrigen Mitglieder der Corporation und gegen distinguirte Besucher der Stadt". Im Zusammenhang mit diesem Charakter der Ehrenrepräsentation steht der jährliche Wechsel des Amts. Neben ihm steht in der Regel ein Stadtrichter Recorder, ein Stadtschreiber Town Clerk, ein Kämmerer Chamberlain; ferner besondere städtische Friedensrichter; außerdem zahlreiche besoldete und unbesoldete Beamte und Diener. Die Commission fand nicht weniger als 76 verschiedene Namen und Arten von höheren Beamten, 263 von niederen Beamten.[1]

2. Der städtische Rath besteht sehr gewöhnlich aus zwei Klassen von Ehrenämtern, von denen die eine den Namen von Rathsherren Aldermen, die andere den Namen von Gemeinderäthen Common Councilmen führt. Oft bedeutet der Name Alderman nur einen Ehrentitel, oft sind damit höhere Amtsbefugnisse verbunden. Zuweilen kommen auch mehr als diese zwei Klassen im Rath vor. Die Mitglieder des Gemeinderaths werden meistens durch Cooptation ernannt, entweder vom ganzen Council, oder nur von den Aldermen, zuweilen auch nur von dem Mayor. Vakanzen unter den Aldermen werden in der Regel aus dem Common Council ergänzt, oft auch so, daß alle gewesenen Mayors unter die Aldermen eintreten. Die Aldermen werden in der Regel auf Lebenszeit ernannt; sehr oft auch die Councilmen, die zuweilen aber auch nur auf ein Jahr gewählt werden. Ortsansäßigkeit ist oft ausdrücklich erfordert, oft auch nicht. Nach der Gestaltung der Gemeinderäthe theilt die Commission

---

[1] Die Commission hat in 263 Corporationen folgende am häufigsten wiederkehrende Aemter vorgefunden, mit Angabe der Zahl der Städte, in welchen sie vorkommen:
Höhere Beamte: Mayors (241), Mayors Deputy (62), Recorders (244), Recorders Deputy (61), Justices of the Peace (190), High Stewards (51), Scepterträger Sergeants-at-Mace (177), Stadtvögte Bailiffs (120), Aldermen (138), Coroners (151), Chamberlains (203), Town Clerks (256), Marktschreiber Clerks of the Market (111), Gaolers (58), Auditors (23), Clerks of the Peace (189), Escheators (27), Jurats (18), Portreeves (18), Sheriffs (18 in den incorporirten Grafschaften) u. s. w.
Unterbeamte: Aletasters Bierkoster (25), Bailiffs Untervögte (45), Beadles Rathsdiener (44), Bellmen Glöckner (22), Borsholders, Headboroughs Schulzen (10), Clerks of the Market (87), Chief Constables (14), Criers Ausrufer (50), Macebearers Stabträger (23), Portreeves (18), Sergeants-at-Mace Scepterträger (29), Stewards (30), Swordbearers (21), Waterbailiffs Flußvögte (29) u. s. w.

Gneist, Engl. Communalverfassung. 3. Auflage. 38

die 233 genauer festgestellten Verfassungen in 13 Klassen. Die Majorität (143) bildet die erste Klasse, bestehend aus Gemeinderäthen, die sich **durch Selbstwahl auf Lebenszeit ergänzen**. Es sind darunter nur 3 auf mittelalterlichen Charten beruhend, 2 auf „Herkommen" begründet, 24 durch die Tudors, 77 durch die Stuarts, 21 aus der Zeit nach der Revolution, 13 auf Charten von verschiedenem Datum beruhend.[2]

3. Neben dem Rathskörper besteht gewöhnlich noch eine **Bürgerschaft der Freemen oder Corporationsmitglieder**. Die freedom wird erworben durch Geburt, durch Heirath mit der Tochter oder Wittwe eines freeman, durch Dienst oder Lehrlingschaft auf eine gewisse Zahl von Jahren; in London und in einigen wenigen Städten durch vorgängigen Einkauf in bestimmte Gilden. Sonstige Verleihung der freedom beruht auf einer Zulassung des regierenden Körpers, by sale oder free gift. In kleinen Städten besteht die ganze Corporation oft nur aus dem ruling body, oder aus einer Zahl von Kleinbürgern, die erst durch Cooptation in den Rath Vollbürger werden.[3] Die gemeinen Rechte der freemen sind gewöhnlich ökonomische, namentlich Freiheit von gewissen Zöllen und Gebühren, oft auch ausschließliches Recht der Wittwen und Kinder auf lokale

---

[2] Die übrigen 12 Klassen von Charten, zusammen nur 91 Städte umfassend, laufen größerntheils auf ebenso künstliche Zusammensetzungen hinaus; nur in 24 (Klasse XII.) besteht der beschließende Körper aus allen Mitgliedern der Corporation, in 11 (Klasse XIII.) aus einem ernannten Gemeindeausschuß leet jury. Ein großes Tableau der Zusammensetzung von 263 alten Corporationen (einschließlich vieler nur nominellen) geben die Journals of the Statistical Society V. S. 105—118. Noch nicht so vollständig ist der Index der Untersuchungscommission (1839) S. 668—678, umfassend 234 municipal boroughs und 18 manorial boroughs (ehemalige Mediatflecken). Eine Uebersicht über die Zusammensetzung je nach der Cooptation oder nach den verschiedenen Wahlklassen giebt derselbe Index S. 458—461. Eine Zusammenstellung der Städte tabellarisch nach diesen 14 Klassen a. a. O. S. 123—134, alphabetisch die Parl. P. 1867 LVI. 253. In der ersten umfassendsten Klasse von 143 Städten (mit dem einfachen Cooptationsprincip) ist die Gesammtsumme der Councilmen 8343, der freemen einschließlich der vorigen 53,283, die Gesammtbevölkerung 1,194,278 Einw., mit den Vorstädten 1,393,743 Einw.

[3] **Gestaltung der Bürgerschaft**. Auch da wo die freemen in großer Zahl vorkommen, hatten sie in der großen Mehrzahl der Fälle keinen Antheil an den städtischen Wahlen. In Berwick, Ipswich, Norwich und in einigen wenigen anderen Städten wählten die Bürger noch die Mehrzahl der städtischen Beamten, in einigen nur den Mayor; in Plymouth, Oxford, Swansea hatten sie das Wahlrecht aus einem select body; in der City von London und in einigen wenigen Städten waren die Gilden zur Basis der städtischen Wahlen geworden. Ueberhaupt fand die Untersuchungscommission in 20 Städten Gilden vor, die in der einen oder andern rechtlichen Beziehung noch eine Bedeutung hatten; in der Mehrzahl keine in die Stadtverfassung eingreifende. — Die Gesammtzahl aller freemen in 234 Städten war 104,352, einschließlich von 15,073 Councilmen; die damalige Gesammtbevölkerung 1,972,576 Einw. im alten Stadtgebiet, 2,266,146 Einw. einschließlich der Vorstädte.

§. 101. Zustand der Municipal-Corporationen zur Zeit der Reformbill. 595

Stiftungen, zuweilen Anrechte auf Gemeindeholzungen, Torfstich und Gelderhebung; in Oxford, York und einigen wenigen Städten ausschließliche Handels- und Gewerbsrechte. In der Mehrzahl von Städten sind ferner die freemen ausschließlich in den Rath wählbar (cooptirbar). Einen unmittelbaren Antheil an der städtischen Verwaltung haben sie aber gerade nicht in den Städten, wo ihre Zahl noch unbegrenzt und umfangreich ist. Gerade hier ist die Stellung der Bürgerschaft in der Regel so passiv, daß sie sich selbst nicht als Stadtbürger ansehen, zur „Corporation" vielmehr nur den regierenden Rath selbst rechnen, der als eine exclusive Körperschaft innerhalb der Stadt dasteht.

Manche Corporationen besaßen noch ein erhebliches Vermögen aus Grundbesitz und Zehnten, Einnahmen aus Marktzöllen, städtischen Aus- und Eingangszöllen, Hafen-, Quai- und Grundbesitzveränderungsgebühren, aus Sporteln von Aemtern und Geldbußen, in einem Umfang, der nicht selten zu allen Communalausgaben hinreichte. Diese Einnahmen wurden für Justizkosten, Gefängnisse und die sonstigen Lasten der county rate verwendet. Durchschnittlich ein großer Theil war zu Gehalten und Remunerationen der zahlreichen Beamten nöthig. Sehr oft wurde ein bedeutender Theil für Festlichkeiten verwendet, wobei die periodischen Diners für den Gemeinderath und seine Freunde selbstverständlich der Stadtkasse zur Last fielen. Die Gehalte der höheren Beamten waren zuweilen ansehnlich, aber doch fast nie ausreichend für die Kosten der Festlichkeiten, die ihnen oblagen. Die einzige Beschränkung die man sich auflegte war, dergleichen Ausgaben nur aus den permanenten Einkünften zu bestreiten, nicht durch besondere ausgeschriebene Steuern. Sehr dürftig waren die Verwendungen zu Polizeizwecken, noch dürftiger und seltener die zu öffentlichen Anlagen und Verschönerungen. Selten kam eine geregelte Rechnungslegung vor; in der Regel fand nur eine unvollständige, oft gar keine statt. Da die Corporation nicht einmal Straßenpflaster und Straßenbeleuchtung als ihren Gegenstand anzusehen pflegte, so mußte, wo es nicht länger ging, für solche Municipalzwecke durch Lokalakten gesorgt werden. Unter dem Namen Commissioners entstanden dafür in vielen Städten Spezialverwaltungen (special trusts), und zu deren Lasten wurden dann alle ansässigen householders herangezogen ohne Rücksicht auf Bürgerrecht oder Nichtbürgerrecht. So bestanden oft zwei oder mehre corporations in derselben Stadt; oft war jedoch der alten Corporation das Recht verliehen eine Anzahl der Commissioners für die neue Verwaltung zu ernennen. Seit den Zeiten der Revolution wurde dies die dringendste Veranlassung zu den zahlreichen Lokalakten.

Je weniger die corporation so mit den lebendigen Bedürfnissen der Bürgerschaft sich befaßte, um so lebendiger waren ihre Beziehungen zum Parlament und den politischen Parteien. Charakteristisch zur Inauguration der neuen Zeit ist der Beschluß des Gemeinderaths zu Colchester (1689), „daß Sir Francis Walsingham die Ernennung ihrer Abgeordneten zum Parlament haben soll." Da der Gemeinderath sich durch Cooptation ergänzte, so war ein einmal eroberter Burgflecken eine ziemlich sichere Erwerbung für jede der großen Adelsparteien. In vielen kleinen Flecken überlebte dieser Zweck alle anderen Zwecke einer Verwaltung. Nicht die Sicherung von ausschließlichen Gewerbsrechten, wie auf dem Continent, sondern die Sicherung eines Parlamentssitzes war der Grund der Monopolisirung der städtischen Rechte in einem geschlossenen Körper, — dies der Grund, warum die Bürgerschaft entweder auf eine möglichst kleine Zahl beschränkt, oder doch von aller aktiven Stadtverwaltung fern gehalten wurde. Die Zulassung von Auswärtigen, non residents, unter Ausschließung der ansässigen Steuerzahler, die städtischen Wahlen und Beamtenernennungen, die städtische Polizei, die Verwaltung des Stadtvermögens, die Verwendung der Stiftungen ordnete sich sehr gewöhnlich diesem einen Zweck unter. Selbst die den Städten verliehene Criminaljustiz und das Friedensrichteramt wurden oft sichtbar parteiisch in diesem Sinne verwaltet. Die durch zahlreiche Lokalakten verliehene Civilgerichtsbarkeit verfiel hauptsächlich wegen der schlechten und parteiischen Besetzung der Stadtrichterstellen. Da die Mitglieder des Gemeinderaths grundsätzlich einer Partei angehörten, so gab es keinen Theil der städtischen Interessen bis zur Ernennung der Polizeidiener herab, der nicht mit Parteiansichten und Parteiinteressen verflochten worden wäre. Trotz der Aufhebung der Corporations- und Testakten blieben aus diesem Grunde Dissenters und Katholiken von den städtischen Aemtern meistens ausgeschlossen.

Viele Städte traten eben deshalb in ein dauerndes Verhältniß zu großen Adelsfamilien. Es diente dazu hauptsächlich das Ehrenamt des High Steward, welches in 51 Städten vorkommt und sonst keine Beziehung zur städtischen Verwaltung hat. Der High Steward wird in der Regel vom Gemeinderath auf Lebenszeit gewählt, zuweilen von der Krone bestätigt. Er ist in der Regel ein Herzog, großer Pair, der zeitige Lord-Kanzler oder ein anderer Großwürdenträger. Wahrscheinlich war die Sitte zu der Zeit entstanden, in welcher die Städte sich eines einflußreichen Patrons am Hofe versichern wollten gegen die stetige Gefahr des Verlusts ihrer Privilegien. In dieser Zeit der Parteiregierungen wurde daraus eine dauernde Verbindung der Familieninteressen des großen Adels mit bestimmten corporations. Zuweilen hat auch das Amt des Recorder diese Bedeutung, in welchem Falle der zum Stadtrichter ernannte Pair die Geschäfte natürlich durch einen deputy recorder besorgen läßt. In kleinen Burgflecken, deren Einkünfte für Municipalzwecke nicht ausreichen, deckt der reiche Patron die Lücken der Stadtkasse; in anderen Flecken pflegen die städtischen Abgeordneten zum Parlament das Fehlende herzugeben; in einigen bezahlte der Patron vor der Reformbill sämmtliche Municipalausgaben. Als Gegenleistung erwartete man einen feststehenden Einfluß bei den Parlamentswahlen.

Ueber die Gesammtverhältnisse der corporations enthalten die Reports der Untersuchungs-Commissionen von 1833 die mannigfaltigsten Beläge. Der Index von 1839 S. 208 giebt bei 23 Städten den Familieneinfluß namentlich an; S. 475—478 die Stellung der politischen Parteien zu den Wahlen bei 32 Städten. Für die Verkehrtheit solcher Verfassungen ist es kaum nöthig noch eine Auslese von Beispielen hinzuzufügen. In der City von Norwich waren 3225 ansässige Bürger vorhanden, darunter 315 Almosenempfänger, 808 unbesteuert. In Lincoln waren beinahe $4/5$ der Steuerzahler von der Corporation ausgeschlossen, während von den Mitgliedern der Corporation $3/4$ keine Steuern zahlten. In Cambridge waren unter 20,000 Einw. nur 118 Bürger. In Ipswich waren unter mehr als 20,000 Einw. die ansässigen freemen ungefähr $1/55$ der Bevölkerung, davon $1/3$ unbesteuert, ungefähr $1/9$ der freemen Almosenempfänger. Mehr als $11/12$ alles abgeschätzten Grundeigenthums in der Stadt gehörte Einwohnern, die von der Corporation ausgeschlossen waren. Es wurden mehr als 34,000 Thlr. städtische Steuern alljährlich bezahlt, durch eine Lokalakte waren alle Miether über 24 Thlr. G. dazu herangezogen, nur $1/15$ der so Eingeschätzten gehörte aber zu den freemen. In Plymouth zählte man unter 75,000 Einwohnern nur 437 Bürger und darunter 145 non residents. In Liverpool unter 165,000 Einwohnern nur 5000 Bürger, in Portsmouth unter 146,000 Einwohnern nur 102 Bürger, und eine Entscheidung des Unterhauses hatte sogar dahin geführt, daß nur 50 an den Parlamentswahlen Theil zu nehmen hatten, und darunter die Mehrzahl non residents. Der Unfug der Creirung von auswärtigen Ehrenbürgern trat in jedem Jahre hervor, in welchem allgemeine Parlamentswahlen vorzunehmen waren. So waren 1826 10,797 Ausbürger in 128 Städten aufgenommen; im Jahre 1830 9321. Bei der Wahl von 1826 waren in dem einzigen Wahlflecken Maldon 1000 Bürger creirt worden u. s. w.

§. 102.
Die heutige Klassifikation der Städte.

Ueber die Stellung der englischen Städte herrscht auf dem Continent viel Unklarheit, und in der That ist ihre Klassifikation nicht leicht.

Die Stärke der Königlichen Gewalt und die frühzeitige Bildung eines gemeinen Rechts seit dem zwölften Jahrhundert hatte in England gemeinsame Communaleinrichtungen geschaffen. Die einzelen Besitzgruppen bilden also nicht selbständige Verfassungen wie auf dem Continent; es entsteht keine principielle Scheidung von Stadt und Land. Die Verbindung von großen und kleinen Ortschaften zu Kreisverbänden war und blieb vielmehr die Regel: Sheriffs, Friedensrichter, Miliz, das ganze vielbewunderte selfgovernment ist eine Kreisverfassung, innerhalb welcher eine Stadtverfassung nur die knapp begrenzte Ausnahme (liberty) bildet. Man muß daher Städte im volkswirthschaftlichen und Städte im rechtlichen Sinne scheiden.

Vorweg auszuscheiden sind aber solche Begriffe, die gar kein Element der Stadtverfassung enthalten. Dahin gehört der Name City, der alte britisch-sächsische Ehrentitel civitas, der nur eine Reminiscenz an eine uralte städtische Blüthe ist, und daher meistens mit Bischofssitzen zusammenfällt. In späterer Zeit kam es wohl vor, daß auch durch Königliche Verleihung einer Ortschaft der Ehrentitel city gegeben wurde. An sich bezeichnet derselbe aber keine bestimmte Verfassung. Es giebt ebensowohl nichtcorporirte wie corporirte cities; und auch im Parlament haben die cities keine andere Besonderheit als die herkömmliche Ehre, daß die citizens vor den burgesses genannt werden. Ebenso ist das Marktrecht nur eine zufällige Nebeneigenschaft; ebenso der Vorzug, daß in einem Ort als Kreisstadt die Assisen abgehalten zu werden pflegen.

Der eigentliche Charakter des borough, der Stadt im rechtlichen Sinne, hatte ursprünglich in ihrer Selbständigkeit als Ortsgerichtsbezirk und in der Selbstpacht der Königlichen Gefälle gelegen. Von diesen boroughs wurde dann seit 1265 aus Finanz-Rücksichten eine große Zahl berufen, um besondere Abgeordnete zum Parlament zu senden; eine große Zahl blieb aber unvertreten, und nahm nur an den Grafschaftswahlen Theil. War nun im Gebiet der Parlamentsverfassung von boroughs die Rede, so waren damit diese besonderen Wahlkreise gemeint; der neuere Sprachgebrauch nennt sie Parliamentary Boroughs. — Seit Heinrich VI. ferner erhielt allmälig eine große Zahl von boroughs Incorporationscharten, durch welche sie unter einem besondern Namen zu juristischen Personen wurden. Einige wurden sogar aus dem Grafschaftsverband gänzlich ausgeschieden und als Grafschaftsverbände für sich incorporirt. Eine namhafte Zahl blieb aber nichtincorporirt, also auf der ursprünglichen mittelalterlichen Grundlage eines court leet. Den incorporirten Städten, soweit sie als selbständige Communen lebensfähig erschienen, hat dann die Städteordnung von 1835 eine neue gleichmäßige Verfassung gegeben; der neuere Sprachgebrauch nennt die so gestalteten Municipal Boroughs. Es ergeben sich hieraus drei rechtlich geschiedene Klassen von Städten nach Eintheilungsgründen, welche einander durchkreuzen.

1. Counties Corporate. Es giebt in England 17, in Wales 2 Städte, welche eine Grafschaft für sich bilden. In England die 12 cities: London, York, Chester, Bristol, (Coventry), Canterbury, Exeter, Gloucester, Litchfield, Lincoln, Norwich, Worcester; sodann die 5 boroughs Kingston-upon-Hull, Nottingham, Newcastle-upon-Tyne, Pool

§. 102. Die heutige Klassifikation der Städte. 599

und Southampton. In Wales: Carmarthen und Haverfordwest. Sie haben wie jede selbständige Grafschaft ihren eigenen Sheriff und Coroner und ihr eigenes Milizsystem. Da nun aber eine selbständige Polizeiverwaltung und Strafjustiz schon durch separate Friedenscommission verliehen wird, und da viele Städte durch Lokalakte sogar ein eigenes Civilgericht haben, so besteht der Vorzug der incorporirten Grafschaft hauptsächlich in dem zweifelhaften Werth, den das Sheriffamt als Untergerichtsstelle hat (Cap. IV.). Ebensowenig hatte das Privilegium einer besondern Stadtmiliz einen sonderlichen Werth. Andererseits war die isolirte Stellung diesen Städten nachtheilig für ihre Berufung zum Parlament. Nur die Minderzahl hatte auch ein Privilegium als Wahlflecken (borough) erhalten. Dreizehn derselben sind erst durch die Reformbill ausdrücklich mit den anliegenden Grafschaften zur Wahl von Grafschaftsabgeordneten vereint, 2. Will. IV. c. 45 §. 17.[1])

2. Parliamentary Boroughs. Mehr als zweihundert Städte von England und Wales senden als besondere Wahlkreise städtische Abgeordnete, citizens and burgesses, zum Parlament. Die Zahl derselben war unter den Stuarts so abgeschlossen, daß 25 cities 50 citizens, 172 boroughs 339 burgesses, die Seehäfen 16 Abgeordnete sandten. Durch die Reformbill wurden 56 Wahlflecken als besondere Wahlkreise beseitigt, 54 auf einen Abgeordneten beschränkt, dagegen eine entsprechende Zahl unvertretener Ortschaften zu Parliamentary Boroughs erhoben. Die grö-

---

[1]) Counties Corporate. Für London entstand diese Besonderheit faktisch schon seit Heinrich I. durch Wahl eines eigenen Sheriff; Heinrich III. fügt das Recht hinzu, den Sheriff von Middlesex zu ernennen; beides entstand in einer Zeit, wo noch Niemand an „Incorporationen" dachte. In Chester hing das Privilegium mit alten Rechten der Pfalzgrafschaft zusammen (deklarirt 42. Eliz.). Lincoln wurde 1415 von der Grafschaft getrennt; Bristol 1426, auf Grund einer ältern nicht vollständig ausgeführten Verleihung, 47. Edw. III.; Kingston-upon-Hull 18. Henry VI.; Nottingham 20. Henry VI. Auch für Newcastle-upon-Tyne und Southampton fällt die Trennung von der Grafschaft unter dieselbe Regierung. Für Canterbury liegen die Anfänge unter Eduard III., die sachlich wichtigen Verleihungen in einer Charte von 1448. Für Coventry erging eine formelle Incorporationscharte als eigene Grafschaft, 30. Henry VI. Norwich ist unter Eduard IV. abgesondert (ohne Incorporationsclausel). Exeter erhielt sein Grafschaftsprivilegium 1536 von Heinrich VIII.; York in 32. Henry VIII. auf älteren Grundlagen von Ric. II.; Litchfield unter der katholischen Marie; Carmarthen unter Jacob I. Als Monographie über dies Thema wird citirt: Corbet's History of Counties of themselves. Alle 17 Counties Corporate von England werden in dem Gesetz 3. Geo. I. c. 15 aufgezählt, und in der neuen Städteordnung §. 61, betreffend die Wahl der städtischen Sheriffs, welche alljährlich am 1. November vom Gemeinderath rc. vorgenommen wird. Nachträgliche Zusätze über die incorporirten Grafschaften enthält 51. Geo. III. c. 100; 1. Geo. IV. c 4; 2. et 3. Vict. c. 72. Die Stadt Coventry ist jetzt durch 5. et 6. Vict. c. 110 wieder mit der Grafschaft Warwick vereint.

ßere Hälfte der Parlamentsflecken hat zugleich eine incorporirte Stadtverfassung, fällt also zugleich unter die folgende Rubrik.

3. Municipal Boroughs. Ueber 200 Städte haben seit der Zeit Heinrichs VI. technische Incorporationscharten und dadurch eine geschlossene Organisation mit Bürgermeister und Rath erhalten. Nachdem zwei Jahrhunderte hindurch mittels Charten, Ortsstatuten, Parlamentsentscheidungen und Lokalakten diese Stadtverfassungen in die bunteste Verwirrung gerathen waren, ist in Folge der Reformbill eine Radikalreform eingetreten. Die damals ernannte Commission fand 285 Ortschaften vor, welche nominell eine „Corporation" bildeten. Bei 18 beruhte der Anspruch auf einem Mißverständniß; 89 andere blieben unverändert, — außer der City von London meist unerhebliche, verfallene Ortschaften. In 178 Corporations aber wurde die neue Städteordnung sogleich eingeführt, und durch spätere Verleihung noch auf mehr als 30 ausgedehnt.

Etwas einfacher gestalten sich diese Eintheilungen, wenn man die Eigenschaft einer incorporirten Grafschaft als einen heutigen Tages nicht erheblichen Zusatz zu der Verfassung der municipal corporation ansieht. Es bleiben dann nur zwei Eintheilungsglieder übrig, welche den neueren Censuslisten zu Grunde gelegt werden:

I. Als Städte mit corporativer Stadtverfassung, „Municipal Boroughs", rechnet der Census die Städte, in welchen die Städteordnung von 1835 sogleich oder später eingeführt wurde. Darunter sind auch die counties corporate einbegriffen, sowie die City von London; nicht aber der Rest der alten Corporations, die als zu unbedeutend und nicht lebensfähig bei Erlaß der Städteordnung unverändert blieben. In diesem Sinn hat der Census von 1851 = 198 Municipal-Corporationen aufgezählt, der Census von 1861 = 209.[2])

II. Die Zahl der im Parlament vertretenen Städte, Parliamentary Boroughs, wurde seit der Reformbill zunächst dadurch verändert, daß die Wahlflecken Sudbury und St. Albans wegen Wahlbestechung unter-

---

[2]) Parliamentary Boroughs. Der Census von 1851 Vol. I. p. LXX. XXXIV. gab eine Klassifikation von ungefähr 200 Parlamentsflecken nebst dem steuerpflichtigen zur Armentaxe eingeschätzten Realbesitz; die damalige Gesammtbevölkerung war = 7,438,679 Einw. Eine erhebliche Zahl dieser parlamentarischen Wahlflecken sind aber nicht zugleich municipal boroughs, also ohne Stadtorganisation; die wichtigsten darunter die hauptstädtischen Wahlflecken:

Tower Hamlets	mit 539,111 Einw.	Lambeth	mit 251,345 Einw.
Marylebone	„ 370,957 „	Westminster	„ 241,611 „
Finsbury	„ 323,772 „	Greenwich	„ 105,784 „

Dazu kamen 1851 noch 10 Ortschaften über 20,000 Seelen. Es ist dabei indessen zu beachten, daß solche Ortschaften oft durch Lokalakten oder Herkommen eine stehende select vestry, und damit eine corporationsähnliche Verfassung erhalten haben.

§. 102. Die heutige Klassifikation der Städte. 601

drückt und die eine dadurch vacant gewordene Stimme an die Ortschaft Birkenhead verliehen ist, 24. et 25. Vict. c. 112. Ferner entsteht eine doppelte Zählungsweise dadurch, daß in Wales 58 Städte und Städtchen (Contributory Boroughs) zu 13 Collectivstimmen vereinigt sind, die nun nach dem Hauptort als Beaumaris District, Cardiff District etc. bezeichnet werden. Mit Einzählung dieser ganz kleinen Ortschaften giebt der Census von 1861 die Zahl von 246 Parlamentsflecken.[3]) Durch die Reformbill von 1867 endlich sind wiederum 11 neue Parliamentary Boroughs entstanden.

Beide Eigenschaften als Municipal und Parliamentary Boroughs fallen in der Mehrzahl der obigen Städte zusammen. Doch bleibt auch eine erhebliche Zahl von Städten übrig, die nur Municipal Boroughs sind, und eine noch etwas größere Zahl, die nur Parliamentary Boroughs sind. Die Censuslisten von 1861 kommen damit schließlich zu folgender Schichtung:

I. 162 Municipal and Parliamentary Boroughs; wobei die doppelt angegebene Einwohnerzahl bedeutet, daß der zu den Parlamentswahlen berechtigte Stadtbezirk in vielen ein weiterer ist als der incorporirte Stadtbezirk,

II. 46 Municipal Boroughs ohne Parlamentswahlrecht,

III. 83 Parliamentary Boroughs ohne Stadtrecht,

IV. mehr als 400 größere Orte, die weder Municipal- noch Parlamentsrecht haben (27 über 10,000 Einw.), die aber wegen der Dichtigkeit der Bewohnung dem städtischen Leben zuzurechnen. Als „städtische" Ortschaften im weitesten Sinne zählt also der neueste Census 781 insgesammt,

---

[3]) Municipal Boroughs. Ein Verzeichniß derselben giebt der Census von 1851. LXVIII. Tab. XXXII.: an der Spitze Liverpool mit 375,955 Einw., Manchester, Birmingham, Leeds, Bristol, Sheffield, (City von London mit 127,869), Bradford, und so herab bis auf Chippenham mit 1707 Einwohnern. Es waren darunter 8 Städte über 100,000 Einw., 14 Städte von 50—100,000 Einw., 30 Städte von 20—50,000 Einw., 38 Städte von 10—20,000 Einw., 43 Städte von 5—10,000 Einw., 64 Städte von 1707—5000 Einw. Im Census von 1861 war die Zahl der Städte über 100,000 Einw. bereits auf 10 gestiegen. — Die Statistical Journals V. gaben folgende für ihre Zeit (1842) correcte Total-Uebersicht über die rechtlichen Verhältnisse der Städte:

144 Städte mit der neuen St.-Ord. und Parlamentsvertretung			2,023,592	Einw.
34 „ mit „ ohne „			171,572	„
19 „ ohne „ aber mit „			28,045	„
65 Corporations ohne St.-Ord. und ohne „			98,001	„
City von London			122,395	„
5 nachträglich ertheilte Städte-Ordnungen			472,285	„
Zusammen 268 Städte mit Municipal-Verfassung			2,915,890	„
64 Parliamentary Boroughs ohne Stadt-Verfassung			700,750	„
7 do. do. in der Hauptstadt			1,389,193	„

mit 10,960,998 Einwohnern, gegenüberstehend dem platten Lande mit 9,105,226 Einw.

Die General-Statistik der Städte war nach ihren historischen, politischen und wirthschaftlichen Verhältnissen natürlich eine schwierige. Die Censuslisten von 1851 gestehen ihre Verlegenheit ein, nach welchen Merkmalen die Abgrenzung von Stadt und Land zu geben sei, da viele sog. boroughs wirthschaftlich zu Dörfern herabgesunken, noch viel mehr Ortschaften aber, obgleich ohne Parlamentswahlrecht und ohne Incorporation, doch Städte mit wirklich städtischem Leben sind. So zählt der Census von 1851 Vol. I. p. CCIV—CCVII. in England und Wales die cities, boroughs und „principal towns" auf, mit zusammen 8,990,809 Einw. Es sind dabei als Städte gezählt: die municipal boroughs, die parliamentary boroughs und die Marktplätze von 2000 Seelen und darüber. Von besondern Standpunkten aus werden noch hervorgehoben: 49 Grafschafts- oder Assisenstädte in England, 14 in Wales. Sodann vom volkswirthschaftlichen Standpunkt: 26 Seehäfen (außer London), 15 Badeorte, 51 Fabrikstädte, 28 Bergwerksstädte und solche mit Metallfabrikation; unter den Fabrikstädten wieder 14 besonders für Baumwolle, 15 für Wolle, je 5 für Seide und Leinen; unter den Bergstädten 8 für Kohlen, 7 für Eisen, 2 für Hartwaarenfabrikation, 7 für Kupfer und Zinn u. s. w. Ueberwiegend ist die städtische Bevölkerung durch Anhäufung der großen Städte in Lancashire, Warwick, Gloucester, Stafford, York (East) und Sussex. Das in der 2. Auflage dieser Schrift beigefügte Namensverzeichniß der Städte ist jetzt weggelassen, da es durch den Census von 1871 sehr bald veraltet sein wird. Ueberfichten der Parliamentary und Municipal Boroughs enthält übrigens jetzt fast jeder Jahrgang der Parl. P. mehr oder weniger vollständig. Auf die Ueberfichten der städtischen Wählerschaft ist in §. 104, 105 zurückzukommen.

§. 103.

Die Städteordnung von 1835, 5. et 6. Will. IV. c. 76.

Durch die Reformbill von 1832 wurde in England das System der ständischen Gliederung aufgehoben, d. h. das Verwachsensein der politischen Rechte mit den Besitzmassen nach einem veralteten System der Leistungen beseitigt.

Es war die natürliche Aufgabe der Whig-Verwaltung, nach durchgeführter Reformbill auch in der Verfassung der Städte das aufgehobene Gleichgewicht von Rechten und Pflichten wieder herzustellen. Es wurde daher am 18. Juli 1833 eine Königliche Untersuchungscommission eingesetzt und ihr der Auftrag ertheilt, „mit möglichster Eile zu untersuchen den gegenwärtigen Zustand der Municipalcorporationen in England und Wales, Information zu sammeln über die Mängel in ihrer Verfassung, zu untersuchen das Verhältniß ihrer Jurisdictionen in Gewalten, die Weise der Justizverwaltung und alle anderen Beziehungen; sowie auch die Weise der Wahl und Ernennung der Mitglieder und Beamten solcher Cor-

§. 103. Die Städteordnung von 1835, 5. et 6. Will. IV. c. 76. 603

porationen, die Privilegien der Bürger und anderen Mitglieder derselben, und die Natur und Verwaltung der Einkünfte und Fonds der gedachten Corporationen." Die aus 20 Mitgliedern bestehende Commission sammelte das Material in fünf Hauptbänden, und erstattete sodann einen General-bericht (First Report of the Commissioners appointed to inquire into the Municipal Corporations of E. and W. 30. March 1835), mit dem Antrag auf gleichmäßige durchgreifende Reformen des ganzen Systems.*)

Es ließ sich nicht verkennen, daß die regierende Klasse im Interesse ihrer Machtverhältnisse im Parlament, das selfgovernment gerade an den Orten verunstaltet hatte, wo es einen vorzugsweise günstigen Boden gehabt hätte. Die Vereinigung einer größern Bevölkerung in engem Raum, das Bedürfniß einer stärkern Polizeiverwaltung und mannigfaltiger Anstalten für Gesundheitspflege, Bequemlichkeit und Verschönerung, hatten ja auf dem Continent gerade die Städte zu Hauptsitzen der bürgerlichen Selbstthätigkeit gemacht. Der Widerstand der Torypartei in dieser Zeit verkannte über dem großen Werth alter Corporationsverbände das höhere absolute Gesetz des Gleichgewichts zwischen Rechten und Pflichten im Staat. Die Verkehrung dieses Princips in den städtischen Corpora-

---

*) Der Generalbericht vom 30. März 1835 sagt zusammenfassend: „Selbst wo diese Institutionen in ihrer am wenigsten unvollkommenen Gestalt bestehen, und wo sie am rechtschaffensten verwaltet werden, sind sie unzureichend für die gegenwärtigen Bedürfnisse der Gesellschaft. In ihrem wirklichen Zustand bestehen sie, wo nicht als Quellen positiver Uebel, in der großen Mehrheit der Fälle für keinen Zweck allgemeinen Nutzens. Die Verkehrung der Stadtverfassungen zu politischen Zwecken hat veranlaßt die Aufopferung von Lokalinteressen zu Gunsten von Parteizwecken, welche häufig verfolgt wurden durch Bestechung und Demoralisation der Wahlkörper." — „Schließlich berichten wir Ew. Majestät, daß unter den Einwohnern einer großen Mehrheit der incorporirten Städte eine allgemeine und nach unserer Ansicht gerechte Unzufriedenheit mit ihren Municipalinstitutionen herrscht, — ein Mißtrauen gegen die durch Selbstergänzung sich bildenden Stadträthe, deren Gewalten keiner Controle der Bürgerschaft unterliegen, deren Akte und Proceduren geheim gehalten werden, und welche kein Gegengewicht finden in dem Einfluß einer öffentlichen Meinung, — ein Mißtrauen gegen die städtische Magistratur, welches die Lokalverwaltung der Justiz verdächtig macht, oft begleitet von einer Mißachtung der Personen, durch welche das Gesetz gehandhabt wird, — eine mißmüthige Unzufriedenheit unter der Last öffentlicher Besteuerung, während die Einkünfte, die zum öffentlichen Besten verwandt werden sollten, ihrem gesetzlichen Zweck entfremdet, und oft vergeudet werden zum Besten von Einzelen, oft verschleudert zu demoralisirenden Zwecken!" — „Wir halten es daher für unsere Pflicht, Ew. Majestät vorzustellen, daß die bestehenden Municipalcorporationen das Vertrauen und die Achtung Ihrer Unterthanen weder besitzen noch verdienen, und daß eine Reform von Grund aus bewirkt werden muß, bevor sie nützliche und wirksame Instrumente der Lokaladministration werden können." — Zu dem Generalbericht und 6 Foliobänden Materialien kommen noch Nachtragsreports vom 25. April 1837 (betreffend London und Southwark), vom 6. Aug. 1838 (betr. einige früher übergegangene Städte) und ein Analytical Index to the Reports etc. 1839.

tionen sowie das chronische Mißverhältniß in dem Stimmverhältniß von Grafschaften und Städten hatten dahin geführt, daß man gerade solche Mißbräuche als das Normale, echt „Conservative" im Staatsleben ansah, und daß alle Interessen, die an irgend einem Mißbrauch hafteten, sich zu einem factiösen Widerstand vereinigten.

Unter solchen nicht günstigen Umständen mußte das Whigministerium eine neue Städteordnung eilig und mit Rücksicht auf zu gewinnende Majoritäten entwerfen. Sie wurde am 5. Juli 1835 von Lord John Russell eingebracht, durch die Session getrieben, und am 9. September 1835 publicirt unter dem Titel „an Act to provide for the regulation of Municipal Corporations in England and Wales, 5. et 6. Will. IV. c. 76," in 142 Paragraphen verhältnißmäßig präcise gefaßt. Sie erklärt im Eingang, daß es nöthig befunden sei, die vorhandenen städtischen Charten der in den Verzeichnissen A. und B. genannten Städte „in der nachstehend verzeichneten Weise zu verändern, unter Aufhebung aller Gesetze, Statuten und Gebräuche und aller Charten, Bewilligungen und Patentbriefe, soweit sie unvereinbar sind oder widersprechend den Bestimmungen dieser Akte".**)

Der äußere Umfang der Geltung erstreckte sich sogleich mit der Publikation auf 178 Städte, und zwar 128 in dem Verzeichniß A, denen eine gesonderte Polizeiverwaltung (commission of the peace) sofort zugesichert ist; 50 in dem Verzeichniß B, denen eine eigne Polizeiverwaltung in Aussicht gestellt ist. Darunter sind 93 zugleich parliamentary boroughs, deren Stadtgebiet in Folge der Reformacte durch 2. et 3. Will. IV. c. 64 theilweis erweitert war, und für die nun die Städteordnung in diesem erweiterten Gebiet gilt, während die übrigen ihre alten Stadtgrenzen behalten. Nach dem Census von 1841 enthielten diese 178 Städte 2,195,164 Einwohner.***)

**) Kleinere Zusätze dazu enthält das st. 6. et 7. Will. IV. c. 103 (Erweiterung der städtischen Gebiete); 6. et 7. Will. IV. c. 104; 1. Vict. c. 78, 81; 16. et 17. Vict. c. 79 etc. Für Schottland erging eine besondere Acte, 3. et 4. Will. IV. c. 76; für Irland 3. et 4. Vict. c. 100. Die neue Literatur über die englische Städteordnung enthält meistens Compilationen: Archbold's Municipal Corporation Act. 1836. 12. A. J. Stephen's Treatise on the Municipal Corporation Act. Ed. 5. by W. N. Welsby. 1863. 8. Von den späteren Unterhaus-Reports ist etwa zu nennen: Report on the operation of the Municipal Reform Act on the Privileges and Private Property of the Freemen of Cities and Boroughs in E. and W. 1840. Vol. XI. 1.

***) Umfang der Geltung. Die Untersuchungscommission von 1835 fand 285 Ortschaften vor, in welchen nominell eine corporation vorkam. In vielen war indessen jede Municipalverwaltung längst verkommen, jedenfalls die Lebensfähigkeit für eine Stadtverfassung nicht vorhanden. So blieben 89 in unveränderter Lage; erheblich ist darunter nur die City von London, die wegen besonderer Verhältnisse (unten §. 110) unverändert

§. 103. Die Städteordnung von 1835, 5. et 6. Will. IV. c. 76.

Im §. 141 der Städteordnung wird aber die weitere Ertheilung derselben an andere Städte durch Königliche Charte vorbehalten. Eine solche kann auf Petition der anfäjjigen Einwohner mit Beirath des Privy Council (Staatsministeriums) ertheilt werden, doch muß wenigstens einen Monat vorher durch den Staatsanzeiger öffentlich bekannt gemacht werden, wann die Petition in Erwägung genommen werden wird. Auf diesem Wege ist die Städteordnung nachträglich an mehr als 30 Städte verliehen worden. †)

Dem Inhalt nach umfaßte die Städteordnung drei Gebiete:

I. Die Gegenstände der Stadtverwaltung sind durch das Gesetz nicht erweitert, und beschränken sich auf die drei Hauptpunkte: (1) Oekonomische Municipalverwaltung, d. h. Verwaltung des Stadtvermögens, der städtischen Polizeisteuern, Anstellung des Verwaltungspersonals. (2) Polizeiverwaltung nebst Polizeirichter-, Voruntersuchungsamt und Gefängnißverwaltung. (3) Ordentliche Strafjustiz in städtischen Quartalsitzungen. Es muß nochmals daran erinnert werden, daß die Armenpflege und alle auf die Kirchspiele gelegten Lasten und Leistungen nicht zur Stadtverwaltung gehören.

II. Die Gestaltung von Bürgermeister, Rath und städtischen Beamten ist dem Grundgedanken nach die der früheren Corporationsverfassung geblieben, nur vereinfacht, von alten Mißbräuchen befreit, und gleichmäßig gebildet. Jede Stadt hat (1) einen Bürgermeister Mayor; (2) Rathsherren Aldermen, die eigentlich nur Mitglieder des Gemeinderaths mit verlängerter Amtsdauer sind; (3) einen von der Bürgerschaft

---

blieb. Der Census von 1851 hat die Zustände jener „dormant and extinct corporations" näher festgestellt, und giebt in Tabelle 18. Vol. I. pag. CVII. eine Uebersicht, aus der sich ergiebt, daß die Mehrzahl derselben wenig unter oder über 1000 Einw. zählte, elf 2000 Einw. und darüber, drei 3000, eine 4000, vier 6000 Seelen zählten. Etwa bei 24 Ortschaften war noch eine aktive „Corporation" vorhanden; bei den übrigen waren entweder gar keine städtischen Beamten vorhanden oder ihre Functionen nur nominell.

†) Die späteren Einführungen bezogen sich auf meistens sehr bedeutende Orte, namentlich umfassen die bis zum Census von 1851 eingetretenen Einführungen: Manchester 303,382. Birmingham 232,841. Sheffield 135,310. Bradford 103,778. Brighton 69,673. Salford 63,850. Bolton 61,171. Oldham 52,820. Wolverhampton 49,985 etc. Auch die im Census von 1861 hinzugekommenen Orte sind zum Theil nicht unbedeutend: Rochdale (38,114), Hanley (31,953), Burnley (28,700), Stalybridge (24,921) u. s. w. Das neueste Verzeichniß geben die Parl. P. 1866 LX. 335. Ein Verzeichniß der Städte, die darum petitionirt haben, gaben die Parl. Papers 1853. No. 267. Vol. LXXVIII. 335. Einigen ist das Gesuch aus erheblichen lokalen Gründen abgeschlagen worden. — Nach den Bestimmungen der Städteordnung bedurfte es für die Verleihung keines besondern Gesetzes. Wegen einzelner technischer Schwierigkeiten sind jedoch für einzelne Städte noch bestätigende Parlamentsakten gefolgt, 11. et 12. Vict. c. 93; 13. et 14. Vict. c. 52; 18. et 19. Vict. c. 31 etc.

gewählten Gemeinderath Common Council. Die Leitung der ökonomischen Municipalverwaltung ist wesentlich bei Bürgermeister und Gemeinderath mit einem Stadtschreiber, Stadtrendanten und anderen besoldeten Beamten; die administrative Polizeiverwaltung bei einer Polizeicommission des Gemeinderaths.

III. Die Gestaltung und Abgrenzung der Bürgerschaft ist in der That Wiederherstellung des mittelalterlichen Princips: resident householders paying scot bearing lot. Man wollte die dauernd ansässigen, an dem Geschworenendienst, städtischen Ehrenämtern und städtischen Steuern regelmäßig betheiligten Einwohner wieder vollständig zum Communalverband vereinigen, und behielt innerhalb dieser Grenzen das altherkömmliche gleiche Stimmrecht der Bürgerschaft bei. Die erste neugebildete Bürgerliste von 1835 umfaßte 124,650 burgesses.

Die hier hervorgehobenen Grundzüge I.—III. sind nun in umgekehrter Reihenfolge auszuführen.

Der Aufsatz von Fletcher in den Statistical Journals V. 133 giebt 9 Objekte der Stadtverwaltung. Diese Anordnung ist indessen besser in obiger Weise zu vereinfachen. Eine Civiljurisdiction der Städte hat durch die Einsetzung der neuen Kreisgerichte aufgehört (§. 109 a. E.). Die Gefängnißverwaltung gehört zur Polizeiverwaltung (§. 107). Die Verwaltung der milden Stiftungen steht unter besonderen vom Lord Kanzler ernannten Curatorien; die Hafenanlagen bilden regelmäßig eine gesonderte Verwaltung; das Straßenpflaster, Erleuchtungs- und Reinigungswesen wenigstens in der Mehrzahl der Orte.

§. 104.

A. Die Gestaltung der Bürgerschaft. Burgesses Roll.
Städteordnung §§. 2—5. 9—24. (29—46.)

Bürger, burgess im Sinne der neuen Städteordnung (§. 9), ist jeder männliche großjährige Engländer, welcher als occupier inne hat irgend ein Wohnhaus, Waarenhaus, Comtoir oder einen Laden innerhalb der Stadt am 31. August, und zwar während des laufenden Jahres und volle 2 Jahre vorher, — und welcher während dieser Zeit auch ein ansässiger Hausbewohner innerhalb der Stadt oder im Umkreis von 7 (1½ deutschen) Meilen gewesen, — zugleich während dieser Zeit wegen dieses Realbesitzes zu allen Armentaxen und städtischen Taxen eingeschätzt gewesen und solche wirklich gezahlt hat (abgesehen von den letzten sechs Monaten), — auch innerhalb der letzten zwölf Monate keine Armenunterstützung erhalten hat, — und demgemäß gehörig in die Bürgerrolle eingetragen ist.

§. 104. A. Die Gestaltung der Bürgerschaft. 607

Selbstverständlich ist vorausgesetzt Großjährigkeit (21 Jahr) und Besitz des Staatsbürgerrechts (kein alien). Die positiven Erfordernisse des Census aber laufen hinaus auf die mittelalterlichen: resident householders, paying scot, bearing lot.

1. **Resident householders**, d. h. der Bürger muß mit seiner Person und seinem Hausstand als festes Element der Commune angehören.[1]) Dazu gehört: einerseits ein fester Besitz, mit dem sich der Hausstand in der Commune verkörpert, also Realbesitz eines Hauses, Waarenhauses, Comtoirs oder Ladens innerhalb des Stadtgebiets, sei es ein Besitz als Eigenthümer oder Miether (occupier); andererseits persönliches Domicil in der Stadt oder im Umkreis von anderthalb Meilen. Und damit der so angesessene Bürger als ein dauerndes Element der Commune zu betrachten sei, wird dies Erforderniß der Ansäßigkeit auf einen Zeitraum von beinahe drei Jahren erstreckt. Durch 32. et 33. Vict. c. 55 wird die letztere Erforderniß der Ansäßigkeit dahin verkürzt, daß der Besitz des Hauses, Ladens 2c. vom 31. Juli an zurückgerechnet 12 Monate gedauert habe.

2. **Paying scot**, d. h. Bürger soll nur sein, wer zu der ordentlichen Ortsgemeindesteuer (Poor Rate), zu der städtischen Gerichts- und Polizeisteuer (Borough Rate), und zu den sonstigen Communalabgaben mit seinem in der Stadt belegenen Realbesitz wirklich beiträgt, d. h. während der dreijährigen Ansäßigkeitsperiode dazu eingeschätzt gewesen ist und solche wirklich gezahlt hat. Zur Vermeidung von Chikanen kommt es jedoch bei dem Nachweis der Steuerzahlung auf die letzten 6 Monate nicht an. Dagegen schließt das Element, welches die Zerrüttung des selbständigen Hausstandes andeutet, Empfang von Armenunterstützung während der letzten 12 Monate (vor dem 31. August), das aktive Bürgerrecht aus. Es gehören dahin alle Unterstützungen, Almosen oder Pensionen aus der städtischen Armenverwaltung oder aus städtischen Stiftungen; aber nicht eine bloß ärztliche Beihülfe aus solchen Anstalten, auch nicht die bloße Zu-

---

[1]) Bei dem Erforderniß der resident householders war die englische Volkssitte zu beachten, nach welcher der normale Hausstand sein eignes Haus inne hat. Wo (wie in Schottland) Etagen der Häuser und sonst gesonderte Wohnungen vermiethet werden, versteht sich der Besitz einer gesonderten Wohnung. Die obigen Erfordernisse mußten aber cumulirt werden, da die Sitte immer weiter greift, nach welcher Handels- und Gewerbetreibende ein vom Geschäftslokal völlig gesondertes Wohnhaus in oft erheblicher Entfernung von der Stadt beziehen, und die höheren Stände überhaupt gern eine ländliche Wohnung außerhalb der Stadt suchen. Das Erforderniß einer dreijährigen Ansäßigkeit wurde gemildert dadurch, daß Besitzer durch Intestat- oder Testamentserbfolge, Heirath, Heirathsvertrag, oder Besitzer vermöge einer Pfründe oder eines Amts sich die Besitzzeit ihres Vorgängers einrechnen dürfen. Der Hauptparagraph 9 der St.-Ord. hat jetzt durch 32. et 33. Vict. c. 55 eine veränderte Fassung erhalten.

lassung der Kinder zu einem auf Wohlthätigkeit beruhenden Schulunterricht.[2])

3. **Bearing lot**, d. h. die so begrenzte Bürgerschaft wird nun auch wieder vollständig zum Geschworenendienst herangezogen (§. 121, unter Aufhebung der früheren Befreiungsprivilegien) und zur Uebernahme anderer Communalämter genöthigt. Freilich hat die Erfahrung gelehrt, daß die so begrenzte Bürgerschaft den persönlichen Dienst der Communalverwaltung in sehr ungleichem Maße trägt.[3])

Die neuere Gestaltung des Communallebens machte ferner nöthig ein förmliches Einregistrirungssystem der Bürger (§. 15—24). Die Armenaufseher entwerfen alljährlich am 5. September die Urlisten der in ihrem Kirchspiel zum Bürgerrecht qualificirten Personen. Diese Listen sind vom 5. bis 15. September auszulegen, bis zu welchem Tage Reclamationen gegen ungehörige Aufnahme oder Weglassung eines Namens von dem Stadtschreiber angenommen werden. Die Liste der Reclamationen wird 8 Tage vor dem 10. October an der Außenthür des Rathhauses oder an einem andern dazu geeigneten Ort ausgehangen. In der ersten Hälfte des October hält dann der Bürgermeister mit den zwei von der Bürgerschaft gewählten Wahlbeisitzern (assessors) einen öffentlichen Gerichtstag,

---

[2]) Das Erforderniß der Steuerzahlung, paying scot, wurde inconsequent durchgeführt, insofern man die Zahlung der Communalabgaben bei kleinen Miethswohnungen durch den Hauseigenthümer (compounding rates) gestattet hatte. Wo die Steuern so nicht vom nutzenden occupier, sondern vom Grundeigenthümer zahlbar sind, kann doch der Miether des Hauses, Waarenhauses, Comtoirs oder Ladens verlangen, selbst zur Armensteuer eingeschätzt zu werden, und verlangen, daß er gegen das Anerbieten des letztfälligen Steuertermins in die Bürgerliste aufgenommen werde (§. 11). Die späteren Gesetze, 13. et 14. Vict. c. 99; 21. et 22. Vict. c. 43, erklären den occupier ohne weiteres auch in diesem Fall für stimmberechtigt. Dieser immer weiter greifende Widerspruch (oben S. 578, 579), der die Kleinmiether von jedem Zusammenhang mit der städtischen Verwaltung ablöst, kann consequent immer nur mit einer rechtlichen Ausschließung derselben enden.

[3]) Die Pflicht zu den Amtslasten, bearing lot, hat in den mittelalterlichen Verfassungen überall zum Begriff der Pairie, d. i. der gleichen Theilnahme am gemeinsamen Recht geführt, weil die persönlichen Leistungen (Kriegs-, Gerichts-, Polizeidienst) der Schwerpunkt des Gemeindelebens waren, die Geldbeiträge nur zufällige Ergänzungen. Auf dieser Grundlage waren die alten Stadtverfassungen entstanden, aus dem Organismus eines court leet. Dieser Grundgedanke ist auch in der Städteordnung festgehalten; er begründet ein kräftigeres Communalleben, und entspricht alter Rechtsvorstellung. Man legt also das Hauptgewicht noch auf die persönlichen Leistungen in Gemeindeämtern, Geschworenendienst und als special constable. Allein bei der Ausführung zeigt sich, daß diese Gleichheit doch nur nominell ist. Die Masse der Kleinmiether und arbeitenden Klassen kann den Ehrendienst heute ebensowenig wie im Mittelalter gewohnheitsmäßig tragen. Diese Betheiligung ist sporadisch; alle Pflicht zum Dienst wird mit äußerster Schlaffheit gehandhabt und begründet keine nachbarliche Lebensgemeinschaft mehr.

§. 104. A. Die Gestaltung der Bürgerschaft. 609

unter Beiladung der Armenaufseher, des Kirchspielschreibers und der Armensteuereinnehmer, in welcher nach gerichtlichen Formen (mit eidlichen oder eidesstattlichen Verhören) über die Reclamationen summarisch entschieden wird. Bis zum 22. October hat der Stadtschreiber endlich die berichtigten Listen in einem Buch zusammenzustellen, welches vom 1. November an bis zum folgenden ersten November als ordentliche Stadtbürgerliste (burgess roll) den Wahlen zu Grunde gelegt wird.*)

Die Bedeutung des so begrenzten Bürgerrechts soll eine communale sein im Gegensatz der früheren Corporationsrechte, die theils eine privatrechtliche, theils eine politische (der regierenden Klasse und ihrer Parteiverwaltung dienende) geworden war. Der Hauptwerth des neuen Bürgerrechts besteht daher in der Theilnahme an den Communalwahlen, durch welche die Communalbeamten wieder Vertrauensmänner derer werden sollen, deren Angelegenheit sie verwalten, und rechnungspflichtig denen, deren Geld sie verausgaben. Andererseits ist das neue Bürgerrecht mit keinen lucrativen Vorrechten verbunden: die früher in den Corporationscharten und Statuten vorkommende Bestimmung, nach welcher nur Stadtbürger oder Mitglieder gewisser städtischer Zünfte befugt waren offene Läden zu halten und gewisse Gewerbe und Handelsgeschäfte zu treiben, wird ausdrücklich aufgehoben (§. 14). Da das neue Bürgerrecht seiner ursprünglichen Bestimmung gemäß auf persönlichen Verpflichtungen ruht: so kann es auch in keiner andern Weise erworben werden als durch die Erfüllung der obigen Qualificationen zum Bürgerthum, also residence, scot and lot. Niemand soll künftig in die burgess roll ohne diese Voraussetzungen aufgenommen werden (§. 13). Ein Zurückfallen in jene privatrechtliche Gestaltung soll für die Zukunft unbedingt verhindert werden.

Nach der alten Corporationsverfassung wurde das Bürgerrecht erworben durch Geburt, Heirath oder Dienst, d. h. durch eheliche Abstam-

---

*) Die Anlegung der Bürgerlisten ist eine Neuerung. In der alten Weise des court leet, als die Bürgerversammlungen noch periodisch für laufende Geschäfte zusammentraten, und jeder jeden zu kennen pflegte, bedurfte es keiner besonderen Bürgerlisten. Wohl aber bedarf es solcher, wo ein Wahlakt in längeren Zwischenräumen noch das einzige Geschäft ist, welches die Bürgerschaft zusammenführt. Das jetzt eingeführte Verfahren entspricht den gewohnten Geschäftsformen friedensrichterlicher Administration. Für die Urlisten und die Reclamationslisten giebt die Städteordnung gesetzliche Formulare, D. No. 1 bis 5. Die Kosten gehören zu den städtischen Verwaltungskosten. Die vorhandenen Uebelstände in der Aufstellung der Bürgerlisten hängen größtentheils mit der Theilnahmlosigkeit großstädtischer Bevölkerungen zusammen. Für das erste Jahr nach Einführung der Städteordnung wurden dieselben rechtsverständigen Commissarien, revising barristers, welche die Parlamentswahllisten zu berichtigen haben, auch mit der Berichtigung der städtischen Wahllisten beauftragt.

Gneist, Engl. Communalverfassung. 3. Auflage. 39

mung von einem Bürger, durch Verheirathung mit der Tochter oder Wittwe eines Bürgers, durch 7jährige Lehrlingschaft bei einem Bürger, oder durch besondere Verleihung oder Einkauf. Diese privatrechtlichen Titel verloren nunmehr ihre Bedeutung für das neue active Bürgerrecht. Da die vorgefundenen Zustände aber auf entgegengesetzten Principien, theils politischen theils privatrechtlichen Charakters beruhten, so wurde es nothwendig, theils aus Gründen der Parlamentsverfassung, theils aus Gründen des Privatrechts, folgende 3 Rechte zu reserviren.

1. Wo das alte Stadtbürgerrecht ein Wahlrecht zum Parlament gab, ist ein solches beibehalten für die Person des jetzt Berechtigten und continuirt sich auch noch durch Geburt und durch Lehrlingschaft. Der Stadtschreiber hat zu dem Zweck eine besondere Altbürgerrolle (Freemen's Roll) zu führen, welche die städtischen Bewohner enthält, die nach der Städteordnung nicht Bürger sind, aber bei den Parlamentswahlen mitstimmen (§§. 4, 5). Man hatte gute Gründe diesen kleinen städtischen Wählern das Wahlrecht nicht zu nehmen, da sie zahlreiche Elemente der arbeitenden Klassen im engern Sinne enthielten. Dies vorbehaltene Wahlrecht dauert zunächst für die Personen fort, die es zur Zeit der Einführung der Städteordnung hatten, und setzt sich dann auch fort durch Geburt und Lehrlingschaft. Eine neue Verleihung und Einkauf (gift and purchase) ist aber ausdrücklich aufgehoben, der Erwerbstitel durch Heirath hier stillschweigend übergangen. Auch erlischt dies Wahlrecht durch Aufgabe des Wohnorts.

2. Der Genuß der lucrativen Privatrechte wird den Altbürgern, freemen, und ihren Angehörigen vorbehalten (§. 3), und dies altbürgerliche Recht wird auch ferner noch erworben durch Geburt, Heirath oder Lehrlingschaft, nicht aber durch Verleihung oder Einkauf. Die vorkommenden Rechte dieser Art, bestehend in Antheilen an Weide, Torfstich, Holzgerechtigkeiten, Geldantheilen und dergl. (Statistical Journals V. 133) waren öfter von nicht unbedeutendem Werth, und häufig aus einem lästigen Titel erworben. Unschädlich gemacht wird der Vorbehalt indessen durch die Clausel, daß der Gesammtbetrag der so zu ertheilenden percipienda nicht übersteigen darf den Ueberschuß, welcher nach Zahlung der Zinsen der Stadtschuld, der städtischen Gehalte, und der sonst der Stadtkasse obliegenden Verpflichtungen übrig bleibt. Auch die so berechtigten Altbürger werden in die freemen's roll aufgenommen; über die darauf erhobenen Ansprüche entscheidet der Mayor.

3. Herkömmliche Befreiungen von städtischen Zöllen und Gebühren (tolls and dues) werden zwar für die Zukunft aufgehoben, jedoch den am 5. Juni 1835 vorhandenen freemen und ihren Angehörigen noch persönlich vorbehalten.

§. 104. A. Die Gestaltung der Bürgerschaft.

Ausdrücklich vorbehalten sind auch die besonderen Rechte der Universitäten, verschiedene Rechte der Fünf-Häfen und der Dock-yards.

Die neusten Parlamentsberichte enthalten genaue Uebersichten der städtischen Parlamentswähler. Die Parl. Pap. 1858. No. 31. XXXIV. 363 geben die Bevölkerung der Wahlkreise, die Zahl der Wähler, das steuerpflichtige Grundeigenthum und die Grundsteuermassen. Eine lehrreiche Parlamentswahlstatistik geben namentlich die Journals of the Statistical Society Bd. XX. 176. 182. 185 Die Gesammtbevölkerung der städtischen Wahlkreise betrug 1851 7,433,000 Seelen, darunter 410,929 einregistrirte Wähler (1,231,475 Einschätzungen zur Armensteuer). Die Zahl der städtischen Wähler war 1837/38 321,369; 1846/47 372,258; 1852/53 404,393. — Da die Reformbill das ordentliche Wahlrecht auf 10 £. jährlichen Miethswerth stellt, die altstädtischen Wahlrechte aber in der angegebenen Weise vorbehält, so bilden nun die städtischen Wähler zwei Reihen, die das Statistical Journal XX. 176 nach den Listen von 1846/47 in folgender Weise zusammenstellt:

Neues städtisches Stimmrecht.		Alte vorbehaltene Stimmrechte.	
Miethe von £. 10— 15	92,039.	Freemen, Burgesses and Liverymen	48,984.
" " " 15— 20	45,890.	Freeholders and Burgess Tenants	3,787.
" " " 20— 25	29,741.	Scot and Lot Voters	7,701.
" " " 25— 30	23,645.	Potwallers	2,597.
" " " 30— 40	30,982.	Corporate Officers	30.
" " " 40— 50	20,079.	Vereinigte Qualificationen	14,797.
" " " 50— 70	21,992.	Andere Qualificationen	2,226.
" " " 70—100	14,754.		
" über 100 £	20,096.		
Summa:	298,218.	Summa:	80,142.

Mit Rücksicht auf einige Doppelzählungen veranschlagt der englische Statistiker die Gesammtsumme der freemen voters für 1837—38 auf 79,607, für 1846—47 auf 72,289, für 1852—53 auf 60,565, an welchen Zahlen das allmälige Aussterben der alten Qualificationen sichtbar wird.

Das statistische Material über die städtischen Parlamentswähler hat sich dann gehäuft in den letzten zwei Jahrzehnten mit dem Streit um die Parlamentsreform. Jeder Jahrgang der Parlamentspapiere bringt von da an neue Uebersichten, die sich in den Parl P. 1866 Vol. LVII. zu einer städtischen Wahlstatistik condensiren. Man berechnete damals in E und W. 488,920 städtische Wähler, darunter etwa 128,603 Handarbeiter, Handwerker und Personen, die sich von tüchtiger Handarbeit ernähren. Völlig unklar waren aber alle Steuerverhältnisse durch das Compounding geworden. Man berechnete die Gesammtzahl der compound-householders unter 10 £. auf 476,241, und zwar 139,327 in 57 boroughs nach der Small Tenements Act, 249,472 in 99 boroughs unter vermischten Rating Acts, 87,442 in 15 boroughs unter Local Acts. Diese Verhältnisse haben dann bei den Berathungen der Reformbill von 1867 ihre Alles verwirrende Rolle gespielt. — Die neue Vertheilung der städtischen Parlamentssitze nach der Reformbill geben die Statistical Journals XXXI. 347; eine neue vollständige Statistik der jetzigen Wahlberechtigten in den Städten die Parl. P. 1869 No. 419. L. 109. Den neuesten umfassenden Bericht über die weiter beabsichtigten Reformen für die Parlaments- und Stadtwahlen enthalten die Parl. P. 1869 No. 352 Vol. VIII.

§. 105.

B. Bürgermeister, Rath und städtische Beamte.
St.-Ord. §§. 6. 25—70. 98. 103.

An Stelle der früher mannigfaltigen Corporationsnamen, die in den Verzeichnissen A. und B. der Städteordnung angegeben werden (Mayor Aldermen and Burgesses; Bailiffs Burgesses and Communalty; Portreeve Aldermen and Burgesses u. s. w.) tritt fortan der gleichmäßige Titel „Mayor Aldermen and Burgesses der Stadt N.", unter welchem Namen die früheren Corporationsrechte geübt werden sollen (St.-Ord. §. 6). Die so gestaltete Corporation übt jedoch nur die ökonomische Municipalverwaltung und administrative Polizei, während für Strafjustiz und Polizeirichteramt der Organismus des obrigkeitlichen selfgovernment eintritt (§. 105a).

Bürgermeister und Gemeinderath, als die ordentlichen Vertreter der Stadtgemeinde für die Municipalverwaltung, bestehen aus dem Mayor und den Town Councillors, die dann wieder einen engern Ausschuß von Aldermen wählen. Die Zahl der Councillors (12—48) und der Aldermen (4—16) wird nach der Größe der Städte abgestuft. Mayor, Aldermen und Councillors bilden zusammen die beschließende Behörde „the Council" in nachstehender Reihe ihrer Constituirung:

I. Die Councillors, Stadtverordneten, Gemeinderäthe i. e. S., müssen Bürger von einem höhern Census sein, mit einem beweglichen oder unbeweglichen Vermögen von 500 £., oder eingeschätzt zur Armentaxe mit einer Wohnung oder einem andern Realbesitz von 15 £. jährlich. In Städten, die in 4 oder mehre wards getheilt sind (großen Städten, meist über 20,000 Einw.) ist dieser Census verdoppelt. Nicht wählbar sind Geistliche der verschiedenen Confessionen, besoldete Stadtbeamte, Personen die in Contraktsverhältnissen mit der Commune stehen und deren Associés. Die Wahl der Gemeinderäthe erfolgt am 1. November jährlich durch die Gesammtheit der Burgesses, so daß ⅓ jährlich ausscheidet, ⅓ neu gewählt wird. Die Ausscheidenden sind wieder wählbar. In Städten, die in mehre wards zerfallen (§. 39—46), bilden die Bürger besondere Wahlbezirke für die städtischen Wahlen, für die dann besondere ward lists geführt und zwei besondere Wahlbeisitzer, Assessors, gewählt werden. Die Eintheilung der Städte in solche Bezirke, (mit möglichster Rücksicht auf alte Bezirkseintheilungen) wurde rechtsverständigen Commissarien nach Einführung der Städteordnung überlassen, die auch nach gewissen Regulativen und unter Bestätigung des Ministeriums die Zahl der zu wählenden Stadtverordneten auf die Bezirke zu vertheilen hatten. Jeder Bürger wird in dem ward eingeschrieben, in welchem sein Grundstück liegt. Da die wards aber nichts zu verwalten haben, so sind es unzusammenhängende, todte Wahleinschnitte geblieben. Liverpool wurde in 16 wards getheilt, 4 Städte in 8—12 wards, 24 in 5—8 wards, 20 in 2—4 wards, die übrigen sind ungetheilt geblieben*). - Ergänzt wird die Repräsentation der Bürgerschaft dann noch durch die Assessors und Auditors. Die Assessors sind je zwei Wahlbeisitzer, welche in jedem Wahlbezirk von der Bürgerschaft in der Weise der Stadtverordneten gewählt werden, den Bürgermeister bei Revision der Wahllisten und bei der Leitung der Wahlen unterstützen; sie müssen die Qualification der Councillors haben, dürfen aber nicht zugleich Stadtverordnete sein (§§. 37, 43). Die Auditors sind zwei Rechnungsrevisoren, welche die Bürgerschaft bei Abnahme der städtischen Rechnungen vertreten, gewählt in der Weise und mit der Qualification der Stadtverordneten.

II. Die Aldermen, Rathsherren, bilden einen engern Ausschuß des Gemeinderaths, dessen Mitgliederzahl auf $\frac{1}{3}$ der Zahl der Stadtverordneten bemessen ist (§§. 25, 26). Sie werden von den Stadtverordneten gewählt auf sechs Jahre aus der Zahl der Stadtverordneten oder anderen dazu Wählbaren. Von drei zu drei Jahren scheidet $\frac{1}{2}$ aus, bleibt aber wieder wählbar. Sie haben einen Ehrenvorrang vor den Stadtverordneten, vertreten in gewissen Fällen den Mayor, sind vorzugsweise an den Verwaltungscommissionen betheiligt, haben jedoch übrigens nur die Stel=

---

*) Das Repräsentationsprinzip der Bürgerschaft ist in dem Gemeinderath fast vollständig nach neuen Ideen durchgeführt. In dem ursprünglichen Gesetzentwurf war kein Wählbarkeitscensus für die Councillors und Aldermen; das Oberhaus bestand aber darauf in Gemäßheit des Grundprinzips der englischen Verfassung, nach welchem die höheren Stände durch höhere Leistungen und einen entsprechenden Passivcensus für Ehrenämter hervortreten. Nach den Lokalakten, in welchen Commissioners für neue Verwaltungen creirt waren, war fast ohne Ausnahme ein Wählbarkeitscensus ungefähr nach demselben Maßstab zu Grunde gelegt. — Der Wahlmodus ist in §§. 32—36, 47, 48 der St.=Ord. bestimmt. Es wählen alle Burgesses und nur Burgesses. Der wahlleitende Beamte ist der Bürgermeister und zwei gewählte Wahlbeisitzer, Assessors. Die Wahlstunden sind von 9—4 Uhr. Die Wahl geschieht durch Wahlzettel, auf welchen jeder Wähler die nöthige Zahl der zu Wählenden mit seiner Namensunterschrift verzeichnet, und dies voting paper den Wahlcommissarien übergiebt. Jedem Wähler dürfen drei Fragen gestellt werden: betreffend seine Identität und ob er schon einmal votirt hat bei der gegenwärtigen Wahl. Die Wahlzettel sind gegen eine kleine Gebühr einzusehen. Alle Functionen der Wahlcommissarien und Communalbeamten bei der Wahl werden durch Strafsanctionen von 50 £. und 100 £. erzwungen. Durch 22. Vict. c. 35; 32. et 33. Vict. c. 45. §. 6 ist das Zettelwahlverfahren der Armenverwaltung auf die städtischen Wahlen übertragen (unten § 123a).

lung der Stadtverordneten, bilden also kein gesondertes Magistratscolle=
gium.**)

III. Der Mayor, Bürgermeister, ist wie die Aldermen ordent=
liches Mitglied des Council, und wird alljährlich am 9. November von
dem gesammten Gemeinderath auf ein Jahr aus der Zahl der Rathsherren
oder Stadtverordneten gewählt (§. 49). Er ist ordentlicher Vorsitzender
des Gemeinderaths, Friedensrichter von Amtswegen während seines Amts=
jahres und während des darauf folgenden Jahres, wahlleitender Beamter
für die städtischen und Parlamentswahlen, Chef der ganzen städtischen Ver=
waltung, mit dem Recht des Vortritts vor allen Friedensrichtern der Stadt
und des Vorsitzes in allen Versammlungen städtischer Friedensrichter, 24.
et 25. Vict. c. 7 §. 2, auch mit dem Recht der Ernennung eines Stell=
vertreters in den Geschäften des Gemeinderaths, 16. et 17. Vict. c. 78
§. 7. Seine Qualification ist die eines Councillor, seine Stellung mehr
die eines Ehrenrepräsentanten der Bürgerschaft und Stadtverordnetenvor=
stehers, als die eines administrirenden Chefs. Schon die jährlich wech=
selnde Stellung führt dahin, daß der permanente, geschäftsgewandte Stadt=
schreiber (meistens ein Anwalt), trotz seiner bescheidenen Stellung, die Seele
der eigentlichen Administration wird.

Gemeinsame Bestimmungen enthalten noch die §§. 50—56 der
St.=Ord. Jeder gewählte Mayor, Alderman oder Councillor muß vor
seinem Amtsantritt eine Declaration unterzeichnen, durch welche er getreu=
liche Amtsführung verspricht und im Besitz der gesetzlichen Vermögensqua=
lification zu sein versichert. Verweigerung der Uebernahme eines städtischen
Wahlamts wird mit 50 L. gebüßt, die durch Executions=warrant eines
Friedensrichters summarisch eingetrieben werden; für Ablehnung der Bür=
germeisterwahl kann die Strafe durch Ortsstatut bis auf 100 L. erhöht
werden. Befreiungsgründe sind indessen: körperliche oder geistige Gebrechen,
Alter von 65 Jahren, activer Dienst in Heer, Marine oder Militärver=
waltung; auch ist der, welcher ein Amt verwaltet oder die Strafe für die

---

**) Die Städteordnung wurde eingeführt unter einem allgemeinen Andrang der städ=
tischen middle classes zur Theilnahme am Staat. Die Vorstellungen solcher Zeiten ver=
langen nur nach Wahlrecht. Dem entsprechend hatte der Entwurf der Städteordnung
nur einen Gemeinderath, der mit einem gewählten Bürgermeister Alles dirigirt, wie in
den französischen Municipalordnungen. Das Oberhaus verlangte dagegen einen selbstän=
digeren, administrirenden Körper etwa in der Weise der deutschen Städteverfassung. Das
Resultat war der oben bezeichnete Mittelweg, nach welchem der Gemeinderath einen
engern Ausschuß mit längerer Amtsdauer wählt, der sich dem Erfolg nach immer noch als
eines der besten Elemente bewährt, und der neuen Stadtverwaltung einige Consistenz gege=
ben hat. Werden Stadtverordnete zu Aldermen gewählt, so wird die nöthige Zahl durch
Neuwahlen ergänzt. Nach Specialbestimmungen sind übrigens die Rathsherren befreit vom
Geschworenendienst und nicht wählbar als Coroners oder Recorders.

§. 105. B. Bürgermeister, Rath und städtische Beamte. 615

Ablehnung gezahlt hat, auf 5 Jahre befreit. Bankrutt und Accord mit den Gläubigern ziehen den Verlust des städtischen Amts nach sich. Uebernahme des Amts ohne die gesetzliche Qualification ist mit 50 £., Wahlbestechung mit Buße und Verlust der Wahlfähigkeit für städtische und Parlaments= wahlen bedroht. Von einer Bestätigung der Wahlen ist nirgends die Rede; wohl aber kann die Zulassung eines verfassungsmäßig Gewählten durch ein Mandamus der Reichsgerichte erzwungen, die Entfernung eines nicht ver= fassungsmäßig Gewählten durch ein Quo Warranto der Reichsgerichte be= wirkt werden.***)

Die so constituirte Repräsentation der Städte bestand bei der ersten Einführung der Städteordnung (1835) aus 178 Bürgermeistern, 1080 Rathsherren, 3240 Stadtverordneten, und der entsprechenden Zahl von Auditors und Assessors.

Das Verhältniß der Gemeindebehörden ist im Allgemeinen folgendes:

1. Die Beschlüsse des Gemeinderaths, Common Council (§. 69), sind die entscheidende Autorität für die Akte der communalen (ökonomischen) Verwaltung. Nach Analogie der Friedensrichter hält derselbe vier ordent= liche Quartalsitzungen. In der ersten, am 9. November mit der Bürger= meisterwahl beginnend, werden zugleich die drei folgenden fixirt. Außer= dem kann der Mayor so oft als nöthig außerordentliche Versammlungen einberufen, zu welchen die Mitglieder besonders zu laden sind. Auch haben je fünf Mitglieder ein Einberufungsrecht selbst wider Willen des Mayor, müssen dann aber den Gegenstand der Berathung vorher öffentlich an= zeigen und sich darauf beschränken. Zur Gültigkeit eines Gemeinderaths= beschlusses gehört die Anwesenheit von wenigstens ⅓ der Mitglieder. Nur zu Beschlüssen über die Annahme eines Ortsstatuts (bye-law) bedarf es der Anwesenheit von wenigstens ⅔ der Mitglieder. Den Vorsitz führt der Mayor, welcher bei Stimmengleichheit den Stichentscheid giebt. In Ab= wesenheit des Mayor wird ein Alderman oder ein Gemeinderath von der Versammlung zum Vorsitzenden gewählt. Das Protokoll führt der Stadt=

***) Zusatzgesetze über die städtischen Wahlen sind 6. et 7. Will. IV. c. 105 §. 5; 1. Vict c. 78 §§. 1, 11, 14, 18, 25, 26; 3. et 4. Vict. c. 47 §. 1; 6 et 7. Vict. c. 89 §§. 1, 2, 3, 5; 15. et 16. Vict. c. 5 (Corporations Act); 16. et 17. Vict. c. 79 („the Municipal Corporation Act 1853," besonders über Ergänzungswahlen); 22. Vict. c. 35 §. 11 wegen Bestrafung der Wahlbestechungen. — Eine vollständige Wahlstatistik der Städte geben die Parl. P. 1867 Vol. LVI. 355—432. Als Beispiele dienen folgende Zahlen der Wahlberechtigten, in ( ) die Zahl derer, die an den Wahlen sich wirklich be= theiligt haben: Birmingham 17,840 (2156); Bradford 19,604; Brighton 3739; Bristol 11,631 (1492); Ipswich 4297 (843); Hull 7603 (4758); Leeds 32,877 (15,072); Liver= pool 16,480 (5040); Manchester 17,995; Newcastle 8684 (1938); Plymouth 2816 (1726); Salford 8757 (1106); Sheffield 23,091 (4641); York 4944.

schreiber; die Protokollbücher sind gegen eine kleine Gebühr zur Einsicht für jeden Bürger offen. †)

2. Verwaltungsausschüsse, Committees (§. 70), werden stets gebildet für die administrative Polizeiverwaltung unter dem Namen des Watchcommittee, zu welchem der Bürgermeister ex officio gehört. Außerdem können von Zeit zu Zeit so viele General- und Special-Ausschüsse gebildet werden, wie sie der Gemeinderath den Bedürfnissen der Verwaltung für entsprechend hält. Die Beschlüsse (acts) aller Committees unterliegen aber der Bestätigung des Gemeinderaths.

3. Die Einzeladministration, insbesondere das Bureau- und Kassenwesen, ist besoldeten Unterbeamten anvertraut (§. 58), zu welchen wesentlich ein Stadtschreiber und ein Schatzmeister gehören.

Der Stadtschreiber, Town Clerk, ist der Secretär des Gemeinderaths, wird von diesem ernannt, führt das Protokoll über die Gemeinderathsverhandlungen, ist Bureauchef und Archivar für die städtischen Akten und Urkunden, fertigt die Bürgerlisten, die Altbürgerlisten und die Bezirkslisten an, ist dem Gemeinderath „verantwortlich", rechnungspflichtig, von ihm entlaßbar, und zu einer Menge einzeler Amtsakte unter Androhung von bestimmten Geldbußen durch specielle Gesetze verpflichtet. Er wird gewöhnlich aus der Zahl der Anwälte widerruflich (durante bene placito) ernannt, und darf nicht Mitglied des Gemeinderaths sein.

Der Treasurer, Schatzmeister, Rendant, ist der ordentliche Kassenbeamte, der auf Anweisung von Bürgermeister und Rath in verfassungsmäßigen Formen die städtischen Gelder zu vereinnahmen oder zu verausgaben hat. Er wird jetzt nicht mehr alljährlich gewählt, sondern durante bene placito vom Gemeinderath angestellt, 6. et 7. Vict. c. 89.

Außerdem kann der Gemeinderath die Anstellung von so vielen besoldeten Stadtbeamten beschließen wie ihm nöthig und zweckmäßig erscheint, also z. B. von städtischen Bauinspectoren, Beleuchtungs- und Straßenreinigungs-Inspectoren u. dergl., wobei auch Rücksicht genommen

---

†) In dem gegenseitigen Verhältniß der städtischen Körper ist der Gemeinderath also namentlich 1) wählender Körper, welcher den Bürgermeister, die Aldermen, die Verwaltungsausschüsse, den Stadtschreiber, Schatzmeister und die sonstigen besoldeten Beamten der Hauptverwaltung ernennt; 2) beschließender Körper über die Ausschreibung der städtischen Steuern, Verwendung der städtischen Fonds, Verpachtung städtischen Eigenthums, und alle wichtigeren Akte der ökonomischen Municipalverwaltung; 3) controlirender Körper für die ernannten Verwaltungsausschüsse zur Administration der städtischen Irrenhäuser, Museen, Institute und für das gesammte städtische Rechnungswesen, unter weiterer Mitwirkung der Rechnungsrevisoren. Da die mühsamsten Zweige deutscher Communalverwaltung hier fehlen, so ist die Thätigkeit des Gemeinderaths wie der Verwaltungsausschüsse eine ziemlich dürftige, was dann wieder auf die mangelhafte Besetzung der städtischen Aemter zurückwirkt.

werden kann auf die früher in der Corporationsverwaltung eingeführten Arten von Beamten. Viele der Amtsstellen der alten Corporationsverfassung dauerten auf Grund dieser Clausel fort; neue wurden dazu creirt, ohne daß Gesetzgeber oder städtische Verwaltungen bemerkt zu haben scheinen, zu welchem Endziel dieser Weg führt. Gehalte, Remunerationen, Pensionen und die Weise der Bestellung von Amtscautionen bestimmt für alle diese Beamten der Gemeinderath.††)

Die aus der ältern Corporationsverwaltung vorgefundenen Communalbeamten kann der Gemeinderath entlassen, und ihnen eine angemessene Amtsentschädigung festsetzen mit Recurs an das Finanzministerium. Ebenso sind herkömmliche Pensionen an Beamte, Wittwen und Kinder, Geistliche, Schulvorsteher u. dergl. von der neuen Stadtverwaltung fortzuzahlen (§§. 65—68).

§. 105 a.

C. Die städtischen Friedensrichter. Magistrates.

Dieser gewählten Lokalrepräsentation für die wirthschaftliche Stadtverwaltung steht gegenüber ein gesondertes Personal für die **obrigkeitliche Verwaltung und Verwaltungsjurisdiction** in Gestalt des städtischen Friedensrichteramts.

Schon seit Richard II. hatte man begonnen, nach dem Vorbild der Grafschaften einzelen Städten besondere Commissions of the Peace zu ertheilen, entweder concurrirend neben der Friedenscommission der Grafschaft, oder ausschließlich für den Stadtbezirk bestimmt. So entstanden

---

††) Die **besoldeten Bureaubeamten** sind die Seele einer solchen Municipalverfassung. Eine sehr bedeutende Rolle spielte schon in der ältern Corporationsverfassung der **Town Clerk** als Rechtsanwalt, Rechtsconsulent und Protokollführer der Corporation. Er war gewöhnlich ein attorney, der zugleich zum clerk of the peace, clerk to the magistrates, attorney to the corporation und oft auch zum Stellvertreter des Stadtrichters ernannt wurde. In jedem Fall war er registrar und Büreauchef des städtischen Civilgerichts. Er erhielt zwar in der Regel ein Gehalt, doch meistens von sehr geringem Umfang. Dagegen liquidirte er Anwaltsgebühr für die einzelen Geschäfte; auch wurden die Stellen sehr gesucht wegen der Verbindungen und des Ansehens, welches für die Privatpraxis eines Anwalts aus der Stellung als Stadtschreiber sich zu ergeben pflegte. — Für den **Treasurer** bestimmt Zeit und Weise der Rechnungslegung der Gemeinderath. Bei eintretender Weigerung oder Differenz wird der Rendant zweien Friedensrichtern vorgeführt, welche summarisch entscheiden, Rückstände durch Pfändungsbefehl eintreiben, event. den Rendanten in das Gefängniß oder Correctionshaus abführen lassen bis auf 3 Monate oder bis zur Erledigung der Differenz (St.-Ord. §§. 59, 60).

allmälig die sehr zahlreichen Justices by Charter, deren Stellung dem verworrenen Gange der Stadtcorporationen folgte, und damit sehr erhebliche Abweichungen von der normalen Stellung des Friedensrichteramts darbot. Nach Maßgabe solcher Verleihungen aus sehr verschiedenen Jahrhunderten wurden diese Friedensrichter meistens von einem engern Rathskörper gewählt, entlaßbar nur wegen misconduct, also nur im gerichtlichen Verfahren. Der Bericht der Untersuchungs-Commission von 1833 fand in 188 corporations besondere städtische Friedensrichter, die als „corporators" das Friedensamt ausübten; während in 49 kleinen Städten keine corporators als Friedensrichter vorkamen. Sie waren fast immer Mitglieder des Common Council, und zwar der Klasse der Aldermen, wo solche vorhanden, gewöhnlich aber gewählt von dem Common Council. Der Mayor war stets der erste Friedensrichter im Ort, versah gewöhnlich die Hauptmasse der friedensrichterlichen Geschäfte, und blieb oft noch ein Jahr nach Ablauf seiner Amtszeit Friedensrichter ex officio. In der Regel gehörte auch der Recorder zu den Friedensrichtern, in vielen größeren Städten sämmtliche Aldermen; in vier Städten nur solche Aldermen, welche das Amt des Mayor verwaltet haben.

Dies Wahlrecht der Polizeiobrigkeit wurde um so unhaltbarer, als gerade in der neuern städtischen Entwickelung durch Umbildung der erwerbenden Arbeit der Klassengegensatz schroffer hervortrat, und dringender als je die Ernennung solcher Richter durch den König forderte. Die neue St.-Ord. hebt daher in ihrem ganzen Gebiet die alten justices by charter auf, und zwar sowohl das verliehene Recht, Friedensrichter zu ernennen, wie das Recht der Corporationsbeamten als Friedensrichter zu agiren. An deren Stelle führt sie das System der ernannten Friedensrichter auch in den Städten durch, mit einziger Ausnahme des gewählten Bürgermeisters, der für sein Amtsjahr und für die Dauer des folgenden Jahres Friedensrichter ex officio bleibt.

Mindestens zwei Friedensrichter sind also in jeder Stadt ohne Ausnahme vorhanden, in der Person des gegenwärtigen und des vorjährigen Bürgermeisters. Beide üben die verfassungsmäßigen Befugnisse der einzelen Friedensrichter als Polizeistraf- und Voruntersuchungsrichter, wo der Stadt kein besonderes Recht verliehen ist.

Die meisten Städte haben jedoch außerdem ihre besondere commission of the peace (St.-O. §§. 98. 101. 102; 1. Vict. c. 78 §§. 30, 31). Mit Rücksicht auf den herkömmlichen Zustand wurde eine solche den 84 Städten in dem Verzeichniß A. der St.-Ord. sogleich mit deren Einführung verliehen. Den Städten im Verzeichniß B. kann eine solche auf Petition des Gemeinderaths jederzeit verliehen werden, und es ist dies auch in erheblichem Umfang geschehen, so daß schon 1839 von den

§. 105 a.   C. Die städtischen Friedensrichter.

178 Städten des Verzeichnisses A. und B. der Städteordnung 139 im Besitz der besondern Commission waren (Parl. Pap. 1840 No. 610). Die besondere Commission hat den Sinn, daß die Königin außer dem Bürgermeister noch eine Anzahl von Honorationen zu Friedensrichtern ernennt, die aber im Zweifel die concurrirende Jurisdiction der Grafschaftsrichter nicht ausschließen, wenn nicht die Commission mit der Clausel non intromittant ausschließlich gefaßt ist; doch war die Ausschließlichkeit von jeher die thatsächliche Regel.

Die Zahl der städtischen Friedensrichter wurde 1840 auf 1229 angegeben. Seitdem hat sich die Zahl um mehr als die Hälfte vermehrt. Nach einer Uebersicht in den Parl. P. 1859 Sess. 2 No. 2. 97 werden die vom 1. Januar 1850 bis 7. März 1859 neu ernannten Friedensrichter in einer Zahl von 980 für 163 Städte angegeben; dazu noch 164 neu ernannte Friedensrichter für 11 Städte im Bereich des Herzogthums Lancaster. Die Mehrzahl der in den großen Fabrikstädten näher Bezeichneten sind Großhändler, Fabrikbesitzer, Aerzte; die Namen der landed gentry dagegen sind in diesem Kreise schwach vertreten. Zugleich ergiebt sich, daß die Ertheilung einer eigenen Friedenscommission die entschiedene Regel der Municipal corporations geblieben ist. In einer Uebersicht von 1867 werden 178 städtische Friedenscommissionen verzeichnet.

Die städtischen Friedensrichter bedürfen keiner Qualification durch Grundbesitz, wohl aber der sonstigen Qualificationen der Grafschaftsrichter. Wie in den Grafschaften die Ernennung auf Vorschlag des Lord Lieutenant erfolgt, so pflegt in den Städten die Ernennung auf Vorschlag von Bürgermeister und Gemeinderath zu erfolgen; jedoch nur nach einer stillschweigend entstandenen Amtspragmatik, von welcher gesetzlich und officiell keine Kenntniß genommen wird. Die Friedensrichter müssen ansässig sein in der Stadt oder im Bereich von sieben englischen Meilen um dieselbe, wenn sie sich als active Friedensrichter geriren wollen. Ihre Amtsgewalt erstreckt sich auf den engern Umkreis von sieben Meilen, concurrirend mit den Grafschaftsfriedensrichtern, doch ohne das Recht der Theilnahme an den Quarter Sessions der Grafschaft und an der Ausschreibung der County Rate. Für den Geschäftsbetrieb ihrer Friedenscommission ernennen sie sich in der Weise der kleinen Bezirkssitzungen der Grafschaft ihren eigenen Secretair, Clerk of the Justices, widerruflich nach ihrem Ermessen, — gewöhnlich einen Anwalt, der nicht Mitglied des Gemeinderaths oder Clerk of the Peace sein darf. Die städtischen Friedensrichter brauchen auch nicht burgesses zu sein. Sie können ferner gegen die sonstige Regel Anwaltspraxis treiben, 6. et 7. Vict. c. 73. Da sie keinen Vorsitz in den Quartalsitzungen führen, da die administrative-Polizeiver-

waltung dem watch committee zusteht, die Ausschreibung der Polizei=
steuern dem Gemeinderath, so bilden die städtischen Friedensrichter in der
That eine eigene Klasse mit vermindertem Amtsrecht.

Bei dieser Gestaltung des städtischen Friedensrichteramts lag ein
Uebergang in das System besoldeter Polizeirichter nach dem Muster
der Hauptstadt ziemlich nahe. Nach der St.=Ord. §. 99 mag der Ge=
meinderath, wenn er einen besoldeten Polizeirichter für nöthig hält, ein
Gehalt dafür durch Ortsstatut bestimmen und solches Statut dem Minister
des Innern einreichen. Wenn dieser damit einverstanden ist, soll er die
Ernennung eines Königlichen Polizeirichters mit richterlicher Qualification
(als Advokat von mindestens 5 jähriger Praxis) veranlassen, der jedoch
nur widerruflich „durante bene placito" ernannt wird und sein Gehalt
aus der Stadtkasse bezieht. Im Fall der Vakanz soll die Stelle nicht
ohne wiederholten Antrag des Gemeinderaths wieder besetzt werden. Dies
Anerbieten wurde freilich nur in wenigen großen Städten angenommen
(oben §. 37). Bei Neuverleihungen der Städteordnung wird aber der
besoldete Polizeirichter häufig octroyirt.

Die Functionen der städtischen Friedensrichter sind grund=
sätzlich dieselben wie die der Grafschafts=Friedensrichter als Einzelrichter
und in den kleinen Sessionen. Für die ordentliche Strafgerichtsbarkeit
der Quarter Sessions dagegen wird ein königlicher Recorder ernannt; die
übrigen Geschäfte der Quartalsitzungen sind in den Städten unter ver=
schiedene Organe vertheilt worden.

Zu dem Personal der obrigkeitlichen Verwaltung tritt also in den
Städten mit eigener Strafjustiz noch hinzu ein besoldeter Stadtrichter,
ein Clerk of the Peace und ein städtischer Coroner. In Städten, die
eine Grafschaft für sich bilden, kommt noch hinzu ein gewählter Sheriff
(St.=Ord. §. 61).

Das städtische Friedensrichteramt war von je her in enger Verbindung mit der
Stellung des Mayor. Schon in der ältern Verfassung (Dalton, Justice c. 192) war dafür
gesorgt, daß die Mayors auch ohne besondere Friedenscommission die nothdürftigen Ge=
walten eines Friedensrichters für dringende Fälle durch Specialgesetze haben, so die Brod=
polizei, assize of bread, nach 5. Henry III. st. 6; die assize of ale and beer nach 23.
Henry VIII. c. 4; das Verhaftungsrecht gegen bewaffnete Tumultuanten 2. Edw. III. c. 3; das
Polizeirecht gegen Trunkenheit; die friedensrichterlichen Befugnisse bei gewaltsamen Besitz=
entsetzungen 8. Henry VI. c. 9; das Einschreiten gegen Spielhäuser 33. Henry 8. c. 9;
gewisse Befugnisse der Gewerbepolizei, Gesindepolizei 5. Eliz. c. 5; Gewichtspolizei 8.
Henry VI. c. 5; Vorlesung der Aufruhrsproclamation 1. Geo. I. st. 2. c. 5 u. s. w. —
Specialbestimmungen, die jetzt durch die volle Friedensgewalt des Mayor ihr Interesse
verlieren.

Daß die städtische Friedensrichterverwaltung im Ganzen etwas zurücksteht hinter der
Verwaltung der landed gentry in den Grafschaften, ist im Allgemeinen anerkannt. Nicht
unbedenklich wird namentlich die Lage in großen Städten und Fabrikdistrikten, sobald der

§. 106. Die einzelen Zweige der städtischen Verwaltung. 621

Kampf mit den Arbeiterverbindungen und die Arbeitseinstellung begonnen hat. Wo diese socialen Verhältnisse in großen Städten die obrigkeitliche Stellung der besitzenden Klassen ernstlich gefährden, ist die Anstellung besoldeter Polizeirichter in der angesehenen Stellung des englischen Richteramts wohl indicirt, wie ja auch die englische Verwaltung von Alters her auf die Concurrenz eines respectabeln Berufsbeamtenthums mit den Ehrenämtern berechnet war. Ueber den bisher sehr mäßigen Umfang der besoldeten Magistrates in großen Städten und Fabrikdistrikten vgl. oben §. 37.

Das neueste Verzeichniß städtischer Friedenscommissionen geben die Parl. P. 1867 No. 306 LVII. 467 für 167 Städte, zu denen noch 11 Städte des Herzogthums Lancaster hinzutraten.

§. 106.

Die einzelen Zweige der städtischen Verwaltung.
I. Die öconomische Municipalverwaltung.
St.-Ord. §§. 71—75. 87—97.

Mit diesen Doppelorganen der wirthschaftlichen Verwaltung (Gemeinderath) und der obrigkeitlichen Selbstverwaltung (Friedensrichter) gestaltet sich die englische Stadtverfassung in einer ziemlich verwickelten, für den Continent nicht leicht verständlichen Weise. Trotz der Zerstückelung der öffentlichen Funktionen in dem englischen Städtewesen, verglichen mit einer vollen deutschen Stadtverfassung, sind aber doch die Elemente einer deutschen Stadtverwaltung der Sache nach vollständig vorhanden.

1) Die Elemente des deutschen Magistrats liegen in der Stellung des Mayor und der Friedensrichter. Durch das städtische Friedensrichteramt werden alle Functionen der Polizei ein integrirender Theil der städtischen Verwaltung. Die Gewerbe- und Sittenpolizei, die Bettelpolizei, das Decernat der Gast- und Bierhauspolizei, der Wegepolizei, die Arbeitspolizei, die Entscheidung über Lehr- und Lohnstreitigkeiten, — kurz das gesammte Decernat (jurisdiction) der einzelen Friedensrichter — fällt damit in das Bereich der Lokalverwaltung. Durch den Geschäftskreis der kleinen Bezirksitzungen tritt hinzu die Ernennung einzeler Unterbeamten, die Ertheilung der Gewerbeconcessionen u. A. Für diesen Geschäftskreis ist nun eine Mehrheit von höheren Beamten vorhanden, thatsächlich auf Lebenszeit ernannt, unter dem jährlich wechselnden Vorsitz des Mayor, entsprechend den stabilen Elementen der ältern deutschen Stadtverfassung.

2) Die Elemente eines deutschen Gemeinderaths sind vorhanden in Aldermen und Council unter Vorsitz des Mayor, der in

dieser Stellung ein jährlich wechselnder Vorsitzender des Gemeinderaths ist. Dem gewählten Repräsentantenkörper fällt wesentlich selbständig die Verwaltung des städtischen Vermögens, die Ausschreibung und Erhebung der borough rate und die Beschließung über die städtischen Ausgaben in diesem engen Kreise zu. Für eine Reihe von Beschlüssen, die in der Grafschaft den Quartalsitzungen zugehören (Akte der Vermögensverwaltung und Anstellungsrechte) ist kraft des Gesetzes der Gemeinderath direkt an die Stelle der Quartalsitzungen gestellt.

3) Die nach deutschen Begriffen noch fehlenden Theile der Stadtverwaltung fallen in den Kreis des Kirchspiels. Für die Armenpflege bildet die Stadt entweder einen selbständigen Gesammtverband oder einen Theil einer größern Union, mit einem gewählten Armenverwaltungsrath. Für die Wegebauangelegenheiten und für die neueren Institutionen der Gesundheits- und Baupolizei bilden die Kirchspiele ebenso ihre gewählten boards (cap. X—XII.). In diesen Gebieten des Kirchspiels ist die wirthschaftliche Verwaltung durch boards zur ausschließlichen Geltung gekommen*).

Die so begrenzte Stadtverwaltung vertheilt sich unter die Doppelorgane dahin, daß (1) die ökonomische Municipalverwaltung lediglich dem Bürgermeister und Gemeinderath zufällt, (2) die Polizeiverwaltung sich in eine administrative und jurisdictionelle Branche theilt, (3) die Criminaljustiz der Quarter Sessions ausschließlich den jurisdictionellen Organen zufällt.

Die ökonomische Municipalverwaltung zunächst umfaßt folgende Punkte:

1) Die Verwaltung des städtischen Grundeigenthums, der Gefälle und sonstigen Einkünfte der Stadt, welche von dem Schatzmeister auf Rechnung des Borough fund vereinnahmt werden zur Verausgabung für die gesetzlich bestimmten Zwecke (§§. 92, 94—97). Die schlimmen

---

*) Das Zusammenfallen der Armenverwaltungsbehörde mit der Stadtbehörde ist eine Singularität in dem Flecken St. Ives, wo die Aldermen von Hause aus nichts weiter waren, als eine select vestry des Kirchspiels. In den meisten boroughs fallen Bürgermeister und Rath einerseits, die Kirchspielsverwaltung andererseits, schon äußerlich auseinander, da die meisten Städte eine Mehrheit von Kirchspielen umfassen, die aus den Speciallisten des Census sichtbar werden. Für die Parliamentary Boroughs geben die Parl P. 1862 No. 33 folgende Zusammenstellung. Nur in 17 Städten bildet die Stadt ein Kirchspiel; 98 Städte bestehen aus 2—5, 43 Städte aus 6—10, 18 Städte aus 11—15, 5 Städte aus 16—20, 11 Städte aus 21—28 Kirchspielen. Noch zahlreicher sind die Kirchspiele in folgenden: New Shoreham (42), Norwich (44), Cricklade (51), East Retford (85), City of London (127). Ein neueres Verzeichniß der Parliamentary Boroughs in ihrem Verhältniß zu den Kreisarmenverbänden geben die Parl. P. 1869 N. 294.

§. 106. I. Die ökonomische Municipalverwaltung. 623

Erfahrungen, welche man an den alten Corporationen gemacht, haben jedoch Beschränkungen in der Verfügung über die Substanz herbeigeführt. Veräußerung und Verpfändung des Grundbesitzes oder des Stammvermögens der Stadt, und Verpachtung über 31 Jahre hinaus, ist in der Regel untersagt. Soll ein Geschäft der Art geschlossen werden, so bedarf es einer Genehmigung des Finanzministeriums auf erstatteten Bericht, welcher zur Einsicht der Bürger offen liegen muß; auch soll das abzuschließende Geschäft vorher bekannt gemacht werden. Abgesehen von diesen Beschränkungen erfolgt die Direction der einzelen Verwaltungsoperationen durch Beschlüsse des Gemeinderaths.[1])

2) **Ausschreibung und Erhebung der ergänzenden Stadtsteuer, borough rate (§. 92).** Wo das Activvermögen der Stadt nicht ausreicht, darf der Gemeinderath für die gesetzlichen Verwendungszwecke des Stadtvermögens eine Stadtsteuer in der Weise einer county rate ausschreiben, mit gleichen Gewalten wie die Friedensrichter bei der county rate üben. Für diesen Zweck hat das common council die vollen Gewalten der Quarter Sessions. Die Order zur Erhebung ergeht an den High Constable oder den analogen Beamten der Stadt, der seine weiteren Anweisungen an die Armenaufseher der Kirchspiele erläßt. Die Eintreibung der Rückstände verfügt der Mayor durch Executions-warrants.[2])

3) **Verausgabung der städtischen Einkünfte zu den gesetzlich bestimmten Zwecken,** von welchen die wichtigsten im §. 92 der St.-Ord. in folgender Ordnung aufgezählt werden: Tilgung verfassungsmäßig contrahirter Schulden und der Zinsen davon; Gehalte der Bürgermeister, Recorder, Polizeirichter, Stadtschreiber, Schatzmeister und der sonstigen besoldeten Beamten; Kosten der Bürger- und Bezirkslisten und andere

---

[1]) Ergänzende Gesetze über die Verwaltung der städtischen Fonds: 6. et 7. Will. IV. c. 105. 114, insbesondere über die Verpachtungen auf Zeit 6. et 7. Will. IV. c. 104 §. 2; über den Verkauf der Kirchenpatronate 1. et 2. Vict. c. 31; allgemein über Veräußerung und Verpfändung des Grundeigenthums mit Genehmigung der Treasury 23. et 24. Vict. c. 16. Die vorhandenen Häfen, Docks und Schiffahrtsanlagen sind durch Lokalakten geregelt, und haben dadurch ihr eigenes Verwaltungscuratorium erhalten; zuweilen bildet aber der Gemeinderath das Curatorium, gewöhnlich wenigstens einen Theil desselben. Nach den Parl. P. 1862 No. 437 war die Einnahme daraus 2,510,414 £., die Ausgabe 2,577,653 £., da die Ueberschüsse zu Neubauten verwendet werden.

[2]) Die Einzelheiten dieser städtischen Steuerausschreibung sind schon oben §. 19 erörtert, sowie die dazu gehörigen Ergänzungssteuern: die städtische Wachtsteuer, Gefängnißsteuer, Museumssteuer, Irrenhaussteuer, Districtsgefängnißsteuer, nebst den dazu gehörigen Gesetzen. Die Parl. Papers 1840 No. 610 geben ein Verzeichniß von 95 Städten, in welchen die Borough Rate nach der Städteordnung erhoben wird. Dazu noch 81 Städte, in welchen eine Stadtsteuer unter Localakten erhoben wird; solche sind in dem Verzeichniß E der St.-Ord. beigefügt und bestätigt.

Wahlkosten; Strafverfolgungskosten, Unterhalt der Strafgefangenen, Stadtgefängniß und Correctionshaus; andere städtische Gebäude; Bezahlung der besoldeten Constables; andere zur Ausführung der St.-Ord. nothwendige Ausgaben. Bleibt dann ein Ueberschuß, so darf dieser durch Beschluß des Gemeinderaths „zum gemeinen Besten der Einwohner und zur Verschönerung der Stadt" verwendet werden.³)

4) **Städtische Rechnungslegung** (§. 93): der Schatzmeister soll vollständig Buch halten über sämmtliche Einnahmen und Ausgaben zur Einsicht für jeden Alderman und Stadtverordneten. Im Monat März und September sollen dann die Rechnungen mit allen Belegen und dazu gehörigen Papieren den beiden Rechnungsrevisoren und einer Anzahl vom Bürgermeister ernannter Mitglieder des Gemeinderaths zur Prüfung vorgelegt werden. Die richtig befundene Rechnung wird von den Auditors gezeichnet, und im Monat September ein Rechnungsextrakt daraus gedruckt zur Einsicht für jeden Steuerzahler und zum Verkauf für einen angemessenen Preis. Auch hat der Gemeinderath alljährlich dem Minister des Innern einen Etat der Einnahmen und Ausgaben nach bestimmtem Formular einzureichen zur weitern Vorlegung an das Parlament, 6. et 7. Will. IV. c. 104 §. 10; 1. Vict. c. 88 §§. 43, 49. Unabhängig davon ist die nach §. 60 der St.-Ord. dem Gemeinderath oder einem von diesem ernannten Commissar zu legende Rechnung.⁴)

5) **Das Pflasterungs-, Beleuchtungs- und Straßenreinigungswesen** (§§. 75, 87—89) war schon zur Zeit des alten Corporationswesens größtentheils durch Lokalakten geordnet. Unter Lokalakten wurde zur Zeit der Einführung der St.-Ord. eine Summe von 242,603 £. hauptsächlich für diese Zwecke erhoben; unter ordentlicher städtischer Ver-

---

³) Die städtischen Ausgaben bilden zwei Gruppen: 1) **Gerichts- und Polizeikosten**, welche normal der County Rate zufallen, so wie sie oben §. 18 zusammengestellt sind. Sie bilden in den Städten mit eigener commission of the peace einen Criminal- und Polizei-Fonds; in den übrigen Städten erscheinen sie als Beiträge, welche zur Kreiskasse zu zahlen sind. — 2) **Eigentliche Lokalausgaben**, wie sie sonst der Ortsgemeindesteuer (poor rate §. 21) zur Last fallen: für städtische Gebäude, Neubauten, Reparaturen, Märkte und Messen, Beamtengehalte, Pensionen, Grundsteuern, Feuerversicherungen ꝛc., Kosten der städtischen Wahlen und Stadtschuldenconto. In der alten Corporationsverwaltung kamen dazu gelegentlich auch Ausgaben für Köche, Weinkeller u. dergl. Ziemlich erheblich war unter der Corporationsverwaltung auch das Stadtschuldenconto angewachsen (Parl. Papers 1841 No. 70).

⁴) Die Einführung dieser Rechnungsrevisionen und die Veröffentlichung der städtischen Etats wurde das wirksamste Gegengewicht gegen die finanziellen Mißbräuche der alten Corporationen, gegen die Verwendung der städtischen Mittel zu Festlichkeiten, zu den Privatinteressen des governing body, und namentlich auch zu Bestechungen und Wahlumtrieben in allen möglichen Gestalten.

§. 106. I. Die ökonomische Municipalverwaltung. 625

waltung dagegen nur 38,319 L. Die St.-Ord. läßt es bei dem vorgefundenen System und zählt in einem Anhang E die einzelen Lokalakten auf; doch können die Curatorien ihre Gewalten dem Gemeinderath übertragen, und es mögen durch Gemeinderathsbeschluß auch solche Theile der Stadt, die von der Lokalakte ausgenommen waren, dem Beleuchtungssystem der Lokalakte eingefügt werden. In den Städten, in welchen das Beleuchtungssystem des st. 3. et 4. Will. IV. c. 90 eingeführt ist, wird es dem Gemeinderath anheim gestellt, die Gewalten der nach jenem Gesetz zu ernennenden Beleuchtungsinspectoren selbst zu übernehmen. Durch 20. et 21. Vict. c. 50 ist jetzt der §. 75 der Städteordnung aufgehoben, und bestimmt, daß bei künftigen Verleihungen der Städteordnung die Gewalten, Verbindlichkeiten und das Vermögen vorhandener special trusts für Pflasterung, Beleuchtung ꝛc. auf Bürgermeister und Rath übertragen werden mögen.[5]

6) Die Verwaltung städtischer Hospitäler und Stiftungen (§. 71—74) wird vom 1. August 1836 an grundsätzlich unter die Oberleitung des Lordkanzlers gestellt, der die Verwaltungscuratorien (trusts) dafür zu ernennen hat. Wo indessen die Corporation nach besonderen Gesetzen schon ausschließlich das Curatorium ex officio bildet, bleibt auch der Gemeinderath in Zukunft als Stiftungscuratorium bestehen; ferner bleiben die Curatorien unverändert, die nach früheren Specialgesetzen für eine bestimmte Zeitfrist ernannt waren. Für gewisse Communalzwecke ordnet der Gemeinderath eine Anzahl von Mitcuratoren (joint trustees) dem ordentlichen Curatorium zu.[6]

Wie beschränkt diese wirthschaftliche Stadtverwaltung auch erscheinen mag, verglichen mit einer deutschen, so ist doch der nächste Zweck der

---

[5] Das Pflasterungs- und Beleuchtungswesen bildet also noch immer häufig ein besonderes Verwaltungscuratorium, entweder nach Maßgabe der Städteordnung, oder nach dem Gesetz 3. et 4. Will. IV. c. 90. Durch 1. Geo. I. st. 2 c. 52 §. 9; 9. Geo. I. c. 18 §. 3 war den Quartalsitzungen für Städte und Marktflecken die Befugniß beigelegt, scavengers für die Straßenreinigung anzustellen, nothwendige Reparaturen anzuordnen, und nöthigenfalls Beiträge bis höchstens 2½ pCt. des Realeinkommens dafür auszuschreiben. Von dieser Befugniß wurde aber ein sehr wenig wirksamer Gebrauch gemacht. Neuerdings fallen sie in das Gebiet der Health Acts (Cap. XI.).

[6] Ein Verzeichniß der Charitable Funds geben die Parl. Pap. 1834 No. 460 Vol. 45 pag. 1, der Verwaltungscuratorien für 1837 die Statistical Journals V. pag. 167 mit einem Jahreseinkommen von 96,856 L. (Die in den städtischen Rechnungen vorkommende Rubrik charities bezeichnet Beiträge der Stadtgemeinde zu solchen Anstalten.) Es ist kein günstiges Zeichen für das Vertrauen in die städtische Verwaltung, daß man dergleichen Curatorien grundsätzlich davon trennte. Eine ähnliche, zugleich aber auch politische Veranlassung hat die Vorschrift der St.-Ord. §. 139 und das Gesetz 1. et 2. Vict. c. 31, welches den Verkauf der Kirchenpatronate an die Ecclesiastical Commissioners gebietet.

Gneist, Engl. Communalverfassung. 3. Auflage.

Städteordnung von 1835 erreicht worden: die Beseitigung der groben Mißbräuche der Finanzverwaltung in den alten Corporationen.⁷) Wenn der Communalsinn und der rechte Geist der Communalverwaltung sich dennoch in den englischen Städten nicht wiederfinden will, so liegt der Grund dieser Erscheinung darin, daß die Zerfahrenheit der heutigen Erwerbsgesellschaft in den rasch aufwachsenden Stadtbevölkerungen durch eine blos wirthschaftliche Verwaltung sich nicht zu einem politischen Gemeinsinn fortbildet.

§. 107.
II. Die städtische Polizeiverwaltung.
St.-Ord. §§. 57. 76—86. 90. 91. 98—102. 116. 117. 126—133.

Wie bei der Neubildung der Metropolitan Police (§. 81) eine Trennung der administrativen von der jurisdictionellen Polizei eingeführt wurde, so ist in dem Polizeisystem der Städteordnung die Scheidung der wirthschaftlichen Seite und der obrigkeitlichen Seite der Polizeiverwaltung grundsätzlich durchgeführt.

In der alten Verfassung der Municipal Corporations lagen beide Seiten in buntem Gemenge, und es war nicht leicht, eine erkennbare Grenze zu finden. Das wirthschaftliche Gebiet der neuen Gemeinderäthe war nun aber durch den Vorbehalt der Armen-, Wege- und Sanitätsverwaltung für das Kirchspiel ohnehin eine verhältnißmäßig dürftige. Die Auseinandersetzung erfolgte jetzt unter den unmittelbaren Eindrücken der Reformbill, unter einer lebhaften Opposition gegen die Stellung der friedensrichterlichen gentry, unter dem noch lebhaftern Verlangen nach möglichst ausgedehnten Befugnissen der neugeschaffenen Lokalvertretung. Die Abgrenzung ist daher im Ganzen zu Gunsten der wirthschaftlichen Seite der Selbstverwaltung ausgefallen.

A. Das Gebiet der wirthschaftlichen Polizeiverwaltung

---

⁷) Ein Bild von der heute geregelten wirthschaftlichen Verwaltung ergiebt sich, wenn wir die oben (S. 129) aus den Parl. P. 1868 LVIII. 713 gegebenen Etats der Municipal Boroughs hier nochmals wiederholen. Einnahmen: Renten, Gebühren ꝛc. 507,011 L., Borough Rate 543,432 L., andere städtische Steuern 453,475 L., Zuschuß des Staats zur Strafverfolgung und Gefängnißverwaltung 63,576 L., Staatszuschuß zu der besoldeten Constabulary 82,502 L., andere Einnahmen (aus Verkäufen, Zinsen ꝛc.) 507,336 L. Ausgaben: Gehalte 142,968 L., städtische Polizei 432,375 L., Strafverfolgung 91,484 L., Gefängnisse 131,353 L., Bauetat 1,128,586 L., Zinsen 542,411 L., andere Ausgaben 607,359 L. (Alles mit Ausschluß der City von London.)

begreift die Feststellung der Etats, das Anstellungs- und Besoldungswesen, der mit der Städteordnung gleichzeitig eingeführten Polizeimannschaften, die Beschaffung der Polizeilokale und die Verwaltung der polizeilichen Detentionshäuser. Analoge Einrichtungen bestanden schon in den alten Corporations, freilich in ziemlich verfallenem Zustand, mit einigen leet constables nach alter Weise; daneben zuweilen watchmen durch eine Privatsubscription unter den Einwohnern, oder besoldete Polizeidiener auf Grund einer Lokalakte unter einem dafür bestellten Board of Commissioners. Die St.-Ord. verpflichtet nunmehr jeden Gemeinderath eine Polizeiverwaltungscommission aus seiner Mitte zu ernennen, an deren Spitze stets der Bürgermeister steht. Zu ihrer Beschlußfähigkeit gehören mindestens 3 Mitglieder. Die Commission stellt die nöthige Zahl von besoldeten constables an, und erläßt die Regulative (regulations) „zur Verhütung von Dienstvernachlässigung oder Mißbrauch, und um solche Constables wirksam zu machen in der Ausführung ihrer Amtspflichten", mit der Befugniß jederzeit einen Constable wegen „Dienstnachlässigkeit oder Unbrauchbarkeit" zu entlassen. Vierteljährlich aber soll das watch committee dem Minister des Innern Bericht erstatten über die Zahl der angestellten Constables, ihre Bewaffnung und Bekleidung ꝛc. (jetzt aufgehoben durch 21. et 22. Vict. c. 67 §. 1, und ersetzt durch die Berichte der Generalinspectoren)*).

Die Verhältnisse der besoldeten Mannschaften sind schon oben S. 470 ff. im Zusammenhang der gesammten constabulary force angegeben. Die Etats für Gehalte und Nebenremunerationen entwirft das watch committee unter Bestätigung des Gemeinderaths. Der Gemeinderath hat

---

*) In der Polizeiverwaltungs-Commission scheidet sich die ökonomische Seite der städtischen Polizeiverwaltung von dem Friedensrichteramt. An der Spitze der Commission steht indessen der Mayor, der in seiner zweiten Eigenschaft als erster Friedensrichter der Stadt einen Zusammenhang mit der friedensrichterlichen Competenz erhält. Im Fall einer Vereinigung der Stadtpolizei mit der Grafschaft geht die Verwaltung und das Entlassungsrecht auf den Chief Constable der Grafschaft über; das watch committee behält aber das Anstellungsrecht, wenn nicht auch darauf ausdrücklich verzichtet ist (3. et 4. Vict. c. 88 §. 15). Mit der Einführung der Städteordnung treten alle vorhandenen Polizeimannschaften der alten Corporation sowie alle Lokalakten zur Einsetzung von watchmen außer Geltung; ebenso alle Polizeieinrichtungen, die auf Grund der Watching and Lighting Act 3. et 4. Will. IV. c. 90 eingeführt sind, sowie die besonderen darauf begründeten Steuern. Alle vorhandenen Wachthäuser, Waffen und Ausrüstungsgegenstände sind der städtischen Polizeiverwaltungscommission zu übergeben. — Die Quartalsitzungen sollen für ein geeignetes Lokal sorgen, und können sich auch mit der Grafschaft über gemeinsame Lokale vereinbaren. Eine Nebenbestimmung der St.-Ord. (§. 100) verpflichtet die Städte, denen eine besondere Commission verliehen ist, ein besonderes Lokal (oder nach Bedürfniß mehre) als Polizeiamt, police office, einzurichten und die Kosten der Anschaffung und Einrichtung aus der Stadtkasse zu tragen. Kein Polizeiamt soll sich in einem concessionirten Bier- oder Wirthshaus befinden.

ebenso die Auszahlung außerordentlicher Kosten für Ergreifung von Verbrechern und Ausführung friedensrichterlicher warrants nach vorgängiger Festsetzung durch den Friedensrichter anzuweisen. Auch mag das watch committee unter Bestätigung des Gemeinderaths außerordentliche Prämien, Gratificationen und Ruhegehalte bewilligen, für welche durch 11. et 12. Vict. c. 14 ein Pensionsfonds gebildet wird.**)

Zunächst an diese administrative Polizeiverwaltung schließt sich die Befugniß des Gemeinderaths zum Erlaß von Ortsstatuten, bye laws (St.-Ord. §§. 90, 91). Solche können erlassen werden „für die gute Ordnung und Verwaltung der Stadt und zur Verhütung und Unterdrückung alles solchen Polizeiunfugs, der nicht schon kraft einer in der Stadt geltenden Acte summarisch strafbar ist." Es können darin Geldbußen bis zu 5 L. festgesetzt werden, die event. in Gefängniß bis zu einem Monat zu verwandeln sind, und für deren Festsetzung und Eintreibung alle Formvorschriften der St.-Ord. über summarisches Strafverfahren (§. 126—132) gelten. Zur Annahme einer solchen Lokalpolizeiordnung muß der Gemeinderath mit wenigstens ⅔ seiner Mitglieder versammelt sein, und das Statut tritt erst nach 40 Tagen in Kraft, nachdem ein Exemplar, unter dem Siegel der Stadt ausgefertigt, dem Minister des Innern eingereicht und zugleich an der Außenthür des Rathhauses ausgehangen ist. Innerhalb dieser 40tägigen Frist kann die Königin mit Beirath des Privy Council (Staatsministerium) das Statut oder einzele Clauseln desselben kassiren (disallow). Schon nach „gemeinem Recht" darf das Statut nichts gegen die Landesgesetze und gegen die Verfassung der Körperschaft enthalten, namentlich Wahl- und Wählbarkeitsrecht nicht ändern. Eine neue Verbildung des Stadtrechts durch Statuten ist also nicht mehr möglich.***)

**) Diese weite Ausdehnung der Verwaltungsbefugnisse entsprach dem überkommenen Zustand der Corporations, und man verließ sich darauf, daß das eigene Interesse der Stadtverwaltungen für eine hinreichende Besoldung der Mannschaften und eine genügende Ausstattung der Polizeilokale Sorge tragen werde. Bold nach Einführung der Städteordnung kam aber noch hinzu die indirekte Einwirkung durch die Gewährung des Staatsbeitrags von einem Viertel der Kosten der Besoldung und Uniformirung, welcher nur gewährt wird, auf Certificat des Ministers, daß eine „wirksame, in Zahl und Disciplin genügende" Polizei in der Stadt eingerichtet ist, und welcher den Städten unter 5000 Einwohnern versagt wird, die sich nicht der Grafschaftspolizei anschließen, 19. et 20. Vict. c. 19 §. 16, 17. Durch dieselbe Gesetzgebung wird eine fortlaufende Staatsinspection eingeführt, den Regulativen des Ministers über Verwaltung, Besoldung und Ausrüstung der Constabulary eine bindende Kraft beigelegt, und damit ein Normaletat für diese Verwaltung geschaffen.

***) Diese bye laws haben denselben Charakter wie die bye laws der Quartalsitzungen der Grafschaft, als Polizeiregulative, welche keine Bestimmung des Privatrechts oder Strafrechts neu einzuführen, noch das Ernennungs- oder Wahlrecht oder andere Punkte

§. 107. II. Die städtische Polizeiverwaltung.

B. Die obrigkeitliche Polizeiverwaltung und Verwaltungsjurisdiction verbleibt dagegen, getrennt von Bürgermeister und Gemeinderath, den städtischen Friedensrichtern, einschließlich des Mayor. In diesem Gebiet ist die Gliederung des obrigkeitlichen selfgovernment vollständig erhalten, d. h. die verantwortliche Stellung der Constables unter dem Decernat der Friedensrichter in folgenden Abstufungen:

I. Die städtischen Constables haben alle Amtsrechte und Amtspflichten der Gemeinde-Constables nach common law und Parlamentsakten, und zwar im Bereich der Stadt, im Bereich der Grafschaft, in welcher die Stadt liegt, und überhaupt im Umkreis von sieben englischen Meilen um die Stadt. Sie stehen in dieser Amtsthätigkeit unter der fortlaufenden Aufsicht der Friedensrichter, denen sie den Verhafteten sofort vorzuführen haben, denen sie Bericht zu erstatten, deren gesetzmäßigen Befehlen sie überall Folge zu leisten haben. Zwei Friedensrichter können jederzeit einen Constable wegen „Dienstnachlässigkeit oder Unbrauchbarkeit" entlassen. Je zwei Friedensrichter üben die summarische Strafgewalt über Amtsvergehen der Constables wegen neglect of duty oder disobedience of any lawful order, mit der Befugniß auf Gefängnißstrafe bis zu 10 Tagen, Geldbuße bis 40 sh. oder auf Entlassung zu erkennen.[1]

---

der Gemeindeverfassung abzuändern vermögen (oben S. 373). Sie bilden nur lokale Ausführungsverordnungen bestehender Polizeigesetze. Die Abgrenzung der Statuten in der Städteordnung ;„for the good rule and government of the borough, and for prevention and suppression of all such nuisances as are not already punishable in a summary manner by virtue of any Act in force throughout such borough" bilden in dieser Beziehung eine feste Schranke nach Auslegung der Gerichtshöfe. Es war dies ein hergebrachtes Recht der alten Corporations, welches man den neucreirten Gemeinderäthen nicht entziehen wollte, da man diese Gegenstände vorzugsweise als durch „Lokalinteressen" bestimmt, ansah. Das Bedenken gegen Uebergriffe gewählter boards über die gesetzlichen Schranken hinaus, soll durch die vorbehaltene Bestätigung des Ministers beseitigt werden. Daneben bleiben aber auch noch die Gerichtscontrolen stehen, zur Aufrechterhaltung des alten Grundsatzes, daß eine bye law „reasonable and just" sein müsse, widrigenfalls sie von den Gerichten für unverbindlich erachtet wird auch nach erfolgter Bestätigung des Ministers (Elwood v. Bullock C. B. 383, Burn's Justice I. 1275).

[1] Das Verhaftungsrecht der Constables ist hier allgemein gefaßt „zu ergreifen alle müßigen und unordentlichen Personen, welche sie in Störung des öffentlichen Friedens vorfinden, oder gegen die sie einen gerechten Grund haben, die Intention der Begehung einer felony zu vermuthen." Sie haben den so Verhafteten dem dienstthuenden Constable des nächsten Wachthauses abzuliefern zur sichern Aufbewahrung bis er einem Friedensrichter vorgeführt werden kann. Wegen kleiner misdemeanors kann der Constable selbständig Bürgschaft annehmen und den Detinirten entlassen (§. 79). — Widersetzlichkeit gegen die Constables, Beihülfe oder Anstiftung dazu wird summarisch vor zwei Friedensrichtern mit Geldbuße bis 5 ₤. (event. bis 1 Monat Gef.) gebüßt, wobei alternativ ein ordentliches Strafverfahren und die schwere gesetzliche Strafe der Widersetzlichkeit vorbehalten bleiben.

Ausschließlich dem obrigkeitlichen selfgovernment bleibt ferner vorbehalten das System der communalen Special Constables, welches nach dem Muster des st. 1. et 2. Will. IV. c. 41 in diesen Städten zu einer dauernden Einrichtung wird. Je zwei Friedensrichter haben alljährlich im October durch schriftliches precept so viel Einwohner aus der Zahl derer, die nicht gesetzlich vom Constable-Dienst befreit sind, zu Special Constables zu ernennen, und mit dem gesetzlichen Diensteid einzuschwören. Die so designirten Mannschaften können jederzeit durch warrant eines Friedensrichters aufgeboten werden, wenn der Friedensrichter darin amtlich bezeugt, daß nach seiner Meinung die ordentliche städtische Polizei zur Zeit unzureichend ist für Aufrechterhaltung des Friedens. Die aufgebotenen Mannschaften erhalten täglich 1 Thlr. Tagegelder.

II. Das Decernat der einzelen Friedensrichter umfaßt außer dem Voruntersuchungsamt das Gesammtdecernat der Sicherheits- und Sittenpolizei, der Gewerbe- und Bierhauspolizei, Bettelpolizei, Arbeitspolizei 2c. in dem ungeschmälerten Umfang des Cap. V. Abschn. II. Auch für die Stadtverwaltung bleibt damit erhalten die öffentlich-mündliche Verhandlung des obrigkeitlichen Amts in den strengen Formen der Polizeiresolute und der Strafresolute, und der dafür geordnete Instanzenzug der Verwaltungsjurisdiction. Die Gesetze, welche bei solchen Akten ein Zusammenwirken zweier Friedensrichter zur gegenseitigen Controle erfordern, gelten auch für die städtische Verwaltung mit der Maßgabe, daß ein besoldeter Police Magistrate an Stelle zweier Friedensrichter steht. Alle Garantien der englischen Verwaltungsjurisdiction (oben §. 88) einschließlich der Verantwortlichkeit der Beamten sind damit auch der städtischen Polizeiverwaltung erhalten. Bei Regreßklagen kommt aber auch den städtischen Friedensrichtern die gesetzliche Protection zu statten.[2]

---

[2] Die Jurisdiction der städtischen Friedensrichter als eine principiell gleichartige derjenigen der Grafschafts-Friedensrichter wird in der neueren Gesetzgebung oft wiederholt anerkannt. Sie soll namentlich auch da eintreten, wo ältere Lokalakten den Friedensrichtern gewisse Functionen überweisen (13. et 14. Vict. c. 91 §. 9). Sie soll beispielsweise auch das government of prisons begreifen, 5. et 6. Will. IV. c. 38 §. 38. Allein da man dem städtischen Gemeinderath die erheblichsten wirthschaftlichen Beschlüsse der Quartalsitzungen überwiesen hatte, und da aus den städtischen Friedensrichtern überhaupt die größere Formation der Quarter Sessions nicht wohl zu bilden war, so besteht die Gleichstellung der städtischen und Grafschafts-Friedensrichter doch immer nur in der Jurisdiction der einzelen und in den mehrfach verkürzten Geschäften der kleinen Bezirkssitzungen. Die Städteordnung mußte deshalb an verschiedenen Stellen auf die Stellung der Friedensrichter zurückkommen (§§. 7—9, 101, 103, 104, 107, 109, 111); immer ist jedenfalls die äußere Grenze inne gehalten, die Friedensrichter walten zu lassen überall wo der Einfluß der Lokalparteien abzuwehren ist, und dem Gemeinderath keinerlei civil- oder criminal jurisdiction im englischen Sinne zuzugestehen, 6. et 7. Will. IV. c 105 §. 8.

III. Das collegialische Decernat der städtischen Friedens-richter beschränkt sich aber auf die Competenz der kleinen Bezirks-sitzungen. Nach 12. Vict. c. 18 soll jede Sitzung und jeder Amtsakt der Friedensrichter in dem Polizeihofe oder an einem andern dazu be-stimmten Orte als eine „petty session of the peace" im Sinne der Ge-setze gelten, und der Bezirk, für den sie gehalten wird, als eine „sessional division" im Sinne der Gesetze. Kraft dieser Competenz steht ihnen zu: die Ertheilung der Schankconcessionen, die Ernennung und Entlassung der Special Constables, das concurrirende Entlassungsrecht gegen die besoldeten Polizeimannschaften und ein jetzt sehr beschränktes Polizeidecernat in Armen-sachen, 12. et 13. Vict. c. 64.³)

Dagegen scheidet aus das Gesammtgebiet der Geschäfte der Quar-ter Sessions in den Grafschaften, für welche der verhältnißmäßig kleine und lokalbeschränkte Kreis einer städtischen Commission of the Peace nicht geeignet schien. Die Criminaljustiz der Quartalsitzungen ist ausschließlich dem Recorder überwiesen (§. 108). Die appellate jurisdiction der Quar-talsitzungen ist vertheilt zwischen den Recorder und die Quartalsitzungen der Grafschaft (§. 109). Das gemischte county business der Quartal-sitzungen (oben §. 68) ist zerlegt in seine wirthschaftliche und jurisdictio-nelle Branche. Was sich unter den Gesichtspunkt wirthschaftlicher Ver-waltung bringen ließ, ist dem städtischen Gemeinderath überwiesen. Wo es sich dagegen um eine stetige unparteiische Handhabung obrigkeitlicher Ge-walten handelt, sind wieder die Friedensrichter eingeschoben. Es kommt damit zu einer etwas künstlichen Auseinandersetzung in den drei Gebieten der Gefängniß-, Irrenhaus- und Brückenverwaltung (oben §. 70—72).

1) In der Gefängnißverwaltung verbleibt den Friedensrich-tern die Anstellung des Directors und des ganzen Beamtenpersonals, so-wie die Befugniß zum Erlaß der ergänzenden Regulative, 1. Vict. c. 78 §. 38; 2. et 3. Vict. c. 56 §. 1. Wo nach 5. et 6. Vict. c. 53 ein district prison zu gemeinsamem Gebrauch für Grafschaft und Städte ge-bildet wird, besteht das Gefängnißverwaltungs-Committee aus einem Frie-densrichter, welchen die Quartalsitzungen der Grafschaft ernennen, und einem zweiten, welchen die städtischen Friedensrichter aus ihrer Mitte be-stimmen. Selbstverständlich verbleibt den Friedensrichtern auch das Ge-

---

³) Von den Geschäften der kleinen Bezirkssitzungen ist Vieles durch die neuere Armen- und Wegegesetzgebung in Wegfall gekommen. Wichtig bleibt jedoch noch immer die Ertheilung der Gewerbeconcessionen, die Ernennung der Armenaufseher (12. et 13. Vict. c. 8), der Parochial Constables und der Special Constables durch die Friedensrichter. Dagegen hat man die Ernennung der Inspectors der Maß- und Gewichtsverwaltung mehr als eine Interessenfrage angesehen und dem Gemeinderath überwiesen, 22. et 23. Vict. c. 56; 24. et 25. Vict. c. 75.

fängnißstrafrecht in den schwereren Fällen, welche über das Disciplinar=
strafrecht des Directors hinausgehen und das sonstige Ordnungsstrafrecht
durch Orders und Convictions. — Dagegen sind dem Gemeinderath über=
wiesen die Befugnisse der Quartalsitzungen zur Regelung der Etats, zur
Ausschreibung ergänzender Gefängnißsteuern, zur Beschlußnahme über Bau
und Reparatur der Gebäude, sowie die Ernennung des Gefängnißverwal=
tungscommittees und die Beschließung über die reformatory schools. Durch
Gewährung eines Staatszuschusses unter Bedingungen ist aber das Re=
gulativrecht des Ministers und eine eingreifende Staatsinspection über diese
Seite der Verwaltung gesetzt.[1])

2) Die Irrenhausverwaltung ist in der Lunatic Asylums Act
1853 fast ausschließlich als Gegenstand der Jurisdiction behandelt.
Städte, welche nicht wenigstens 6 eigene Friedensrichter haben, müssen sich
der benachbarten Grafschaft anschließen, und können auch wider Willen
mit solcher unirt werden. In beiden Fällen wird das committee of
visitors aus zwei Friedensrichtern gebildet, die normal vom Recorder
ernannt werden (§. 10. 11). Auch nach erfolgter Einrichtung des Hauses
wird das Verwaltungscuratorium aus Friedensrichtern ernannt (§. 22),
mit der Befugniß Reparaturen bis zu 400 £. selbständig anzuordnen, und
ergänzende Regulative für die Verwaltung des Hauses zu erlassen. Selbst=
verständlich verbleibt den Friedensrichtern ausschließlich der Erlaß der An=
nahmeorders für die pauper lunatics, lunatics suspected of crime etc.,
sowie die Entscheidung über die Unterhaltungspflicht durch orders of
maintenance and settlement gegen Private und Kirchspiele. — Der An=
theil des Gemeinderaths beschränkt sich hier auf die Ausschreibung der
borough rate zur Deckung der Kosten und die Beschließung über Darlehne
unter Verpfändung der rate (§. 46. 47)[2]).

3) Die Brückenverwaltung gehört in der Regel mit der Brücken=
baulast ausschließlich den Quartalsitzungen der Grafschaft. Nur ausnahms=

---

[1]) Ueber die Gefängnißverwaltung vgl. oben §. 70. Die Abgrenzung ist hier
in stärkerm Maße zu Gunsten des Gemeinderaths erfolgt. Auch die Verwaltung der poli=
zeilichen Detentionshäuser ist der administrativen Polizei (watch committee) überlassen.
Diesen Erweiterungen entspricht aber auch wieder eine sehr erweiterte Generalinspection
und Regulativgewolt des Ministers des Innern in der neuern Gesetzgebung.

[2]) Ueber die Irrenhausverwaltung vgl. oben §. 71. Schon die Bestimmungen
der Lunatic Asylums Act 1853 ergeben für die städtische Verwaltung ein ziemlich ver=
wickeltes Verhältniß (§§. 7. 9. 10—12. 22. 28. 38. 46. 47. 67 c.). Zur Beförderung
der Neuanlage von Irren-Anstalten ist in §§. 129. 130 dem Gemeinderath die
Befugniß vorbehalten, auch ohne Initiative der Friedensrichter die selbständige Anlage einer
solchen Anstalt zu beschließen, in welchem Falle er dann die Befugniß der Quarter
Sessions üben und auch das Visiting Committee für die laufende Verwaltung ernennen
mag. Natürlich wird von einem so kostbaren Vorrecht wohl selten Gebrauch gemacht werden.

weise ruht durch ein singuläres Herkommen die Brückenlast auf einem Municipal Borough. In diesem Falle soll dann nach dem Borough Bridges Statute 13. et 14. Vict. c. 64 der Gemeinderath für die Beschließungen über den Brückenbau und für die laufende Verwaltung an die Stelle der Quarter Sessions treten³).

Soweit ausgedehnt hiernach die Competenzen des Gemeinderaths erscheinen, so ist doch das Grundgerüst der friedensrichterlichen Verwaltungsjurisdiction beibehalten. Die bedeutendste Abweichung, welche dem gewählten Mayor Befugnisse der Rechtsprechung gewährt, ermäßigt sich dadurch, daß diese Wahl von dem ständigen Council ausgeht, und daß dem Mayor eine erhebliche Zahl (durchschnittlich etwa 7—8) de facto lebenslänglich ernannte Friedensrichter in collegialischer Geschäftsführung zur Seite stehen. Die öffentlich mündliche Verhandlung aller jurisdictionellen Geschäfte, die persönliche Verantwortlichkeit und die Unzulässigkeit einer Stellvertretung dienen auch hier zur Bewahrung des Characters des obrigkeitlichen selfgovernment.

In gleicher Weise hat sich der Character der Verwaltungsjurisdiction für die Miliz- und Militärverwaltungsgeschäfte, sowie bei den Steuereinschätzungen erhalten, auf welche bei der Oberinstanz (§. 109) zurückzukommen sein wird.

§. 108.

III. Die städtische Strafjustiz. Borough Quarter Sessions.
St.-Ord. §§. 103—125. 62—64.

Die älteren Stadtcharten hatten den Städten auch eine Strafjustiz ziemlich planlos verliehen. Von 234 Corporations hatten 43 gar keine oder eine ruhende Strafjustiz, 67 eine mit den Grafschaftsfriedensrichtern concurrirende, 124 eine ausschließliche. In 45 Städten erstreckte sich die Verleihung auf alle felonies, in den übrigen mit mancherlei Abstufungen. Die wunderlich zusammengesetzte Magistratur (größtentheils also gewählte Friedensrichter) übte diese Gewalten ungefähr in der Weise der Quarter Sessions der Grafschaft, öfters auch mittels einer periodisch ertheilten

---

³) Ueber die Brückenverwaltung vergl. oben §. 72. Die überwiegend wirthschaftliche Natur dieser Administration rechtfertigte es hier, das ganze county business der Quartalsitzungen dem Gemeinderath zu übertragen; dagegen bleibt die Jurisdiction stehen als Anklageverfahren wegen versäumter Reparatur und zur Entscheidung über die streitige Brückenbaulast.

commission of gaol delivery. Die dazu gehörige Jury wurde von dem Stadtschreiber oder einem andern Unterbeamten gestellt. Sie bestand bald nur aus Corporationsmitgliedern (freemen), bald aus Einwohnern ohne Unterschied. Im erstern Fall war die Zahl oft viel zu klein, wie in Pontefract, wo nur 26 freemen für die Urliste vorhanden waren, oder in Haverfordwest, wo von 141 Bürgern nur 50 allenfalls berufen werden konnten, und wo es sprichwörtlich unmöglich war, einen Schuldspruch gegen einen burgess zu erlangen. Ueberhaupt waren die Strafgerichts= bezirke von unförmlichen Proportionen. Aus Städten wie Bath mit 50,000 Seelen mußten Verbrecher 18–50 engl. Meilen weit vor die Assisen gesandt werden; während Winchelsea mit 772 Einwohnern, Dunwich mit 232 Einwohnern den Blutbann über capital felonies hatte. Die Füh= rung der Prozesse bei den kleineren Stadtgerichten durch bloße Anwälte unterer Klasse war anerkannt mangelhaft, die Stellung des Town Clerk oft sehr bedenklich, indem er als Secretär des Voruntersuchungsrichters, und als attorney for the prosecution zugleich die Jury berief. Am Be= denklichsten war vielleicht die Stellung der Friedensrichter selbst, die als Mitglieder des Raths grundsätzlich einer Partei angehörten (Report 1835 p. 39).

Die Städteordnung hebt daher vom 1. Mai 1836 ab alle Straf= justiz der Corporationsbeamten kraft eines Gesetzes, Statuts, Patents, einer Verleihung oder Charte, vollständig auf (§. 107). Dagegen wird es den Städten freigestellt, welche einen besondern Court of Quarter Sessions zu haben oder zu behalten wünschen, darum zu petitioniren bei der Königin im Rath (§. 103). Es sind dann die Gründe für das Gesuch, der Zu= stand des vorhandenen Gefängnisses und das Gehalt, welches die Stadt dem Richter bewilligen will, anzugeben. Wird das Gesuch bewilligt, so ernennt die Königin für die Stadt, oder auch für mehre Städte gemein= schaftlich, eine zum Richteramt geeignete Person (einen Advokaten von fünf= jähriger Praxis) zum Recorder auf Lebenszeit, der nun als alleiniger Richter die Borough Quarter Sessions mit einer städtischen Jury abhält, mindestens viermal jährlich oder öfter nach Ermessen oder nach Königlicher Anordnung. Dieser Gerichtshof ist ein court of record mit der gewöhn= lichen Competenz der Quartalsitzungen der Grafschaft. Im März 1838 waren 79 erheblichere Städte mit dieser Strafjustiz beliehen (Parl. Papers 1838 No. 939); später ist die Zahl noch vermehrt. Eine Uebersicht über die Quarter Sessions von 84 Städten mit der Zahl der von ihnen verhandelten Straffälle giebt der Report on Public Prosecutors 1855 p. 25, 2051. Im Jahre 1868 betrug die Zahl der Recorders 104. Die städtische Strafjustiz bildet sich nach dieser neuen Einrichtung aus fol= genden Elementen:

§. 108. III. Die städtische Strafjustiz. Borough Quarter Sessions.   635

1. Der Recorder Stadtrichter (St.Ord. §. 103—106) ein lebenslänglich ernannter Königlicher Richter, ist zugleich Friedensrichter im Stadtgebiet, mit dem Ehrenvorrang in der Stadtverwaltung nächst dem Mayor. Er bezieht das in der Petition des Gemeinderaths angebotene, von dem Privy Council festgesetzte Gehalt aus der Stadtkasse, darf nicht Mitglied des Gemeinderaths, noch besoldeter Polizeirichter der Stadt sein, noch die Stadt im Parlament vertreten; ist ausgeschlossen von jeder Theilnahme an der Steuerausschreibung, die dem Gemeinderath vorbehalten bleibt, und an den Concessionsertheilungen, welche den städtischen Friedensrichtern zustehen. In Fällen von Krankheit oder nothwendiger Abwesenheit kann der Recorder einen Advocaten von fünfjähriger Praxis mit Genehmigung des Gemeinderaths unter seiner Handschrift und Siegel als Deputy-Recorder für die gegenwärtige oder nächste Quartalsitzung bestellen (St.-Ord. §. 103; 6. et 7. Vict. c. 89. §. 8*).

2) Ein Clerk of the Peace wird mit analogen Befugnissen wie bei den Quartalsitzungen der Grafschaft von dem Gemeinderath ernannt, der auch den Gebührentarif für den Clerk of the Peace, wie für die Clerks of the Justices festsetzt unter Bestätigung des Ministers des Innern (§. 103, 124, 125).

3) Die zu den Quartalsitzungen nothwendige große und kleine Jury (§. 121-123) wird so bestellt, daß der Clerk of the Peace die für die Anklagejury nöthige Zahl sieben Tage vor der Sitzung ladet, und außerdem 30—60 Personen zum Dienst der Urtheilsjury. Die ordentliche Bürgerliste (burgess list) dient zugleich als Urliste der Geschworenen, indem unter Aufhebung aller früheren Befreiungen durch Privilegium, Herkommen oder Gesetz, wiederum die ganze Bürgerschaft zum Geschworenendienst herangezogen wird. Befreit vom Geschworenendienst sind nur die actuellen Mitglieder des Gemeinderaths, die städtischen Friedensrichter, der Schatzmeister und der Stadtschreiber. Der besondere Geschworenendienst bei der städtischen Quartalsitzung, sowohl im Interesse der dienstpflichtigen Einwohner

---

*) Der städtische Recorder vereinigt die Rechtsprechung de jure in sich, so wie sie der Chairman in den Qu. Sessions der Grafschaft de facto im Namen der versammelten Friedensrichter übt. Er hat ferner die Gewalten der Friedensrichter über die Maß- und Gewichtspolizei, 5. et 6. Will. IV. c. 63 §. 17, bildet die Appellationsinstanz gegen die Strafurtheile der einzelen Friedensrichter, gegen orders of removal in Armensachen und in einigen anderen Fällen. In Abwesenheit des Recorder kann auch der Mayor den Gerichtshof eröffnen, vertagen, und die Prozeßcautionen verlängern, aber keine richterlichen Geschäfte vornehmen (St.-Ord. §. 106). Wenn vorher zu sehen ist, daß die Quartal-Sessionen wegen Geschäftsüberhäufung über 3 Tage dauern werden, kann er mit Genehmigung des Gemeinderaths einen Assistant Barrister von gleicher Qualification ernennen, dessen Wahl vom Minister des Innern zu genehmigen ist, und der dann einen zweiten Hof abhält, analog wie bei den getheilten Quartalsitzungen der Grafschaft.

wie des Gerichts selbst war ein Hauptgrund zur Beibehaltung besonderer städtischer Quarter Sessions**).

4) Ein städtischer Coroner (St.-Ord. §. 62—64) wird für die Städte mit besonderen Quarter Sessions von dem Gemeinderath ernannt auf Lebenszeit (quamdiu bene se gesserit), mit dem gewöhnlichen Geschäftskreis im Gebiet der Borough Quarter Sessions, mit dem Anspruch auf die gesetzlichen Gebühren aus der Stadtkasse, und mit der Pflicht alljährlich einen Geschäftsbericht über die vorgekommenen gewaltsamen Todesfälle dem Minister einzureichen.

Das Jurisdictions-Verhältniß der städtischen Quarter-Sessions zu den Quartalsitzungen der Grafschaft wird durch §. 110—117 der St.-Ord. dahin bestimmt, daß die Straffälle der Städte ohne eigene Criminal-Jurisdiction vor die Criminal-Gerichte der Grafschaft gehören, daß die Friedensrichter der Grafschaft hier also die volle Criminaljurisdiction üben, so wie umgekehrt die Städte mit eigener Quartalsitzung die der Grafschaft ausschließen. Selbstverständlich fällt der Beitrag der Städte mit eigenen Quarter Sessions zu der County Rate weg, 12. et 13. Vict. c. 82; während umgekehrt die Städte ohne solche die Strafverfolgungskosten an die Kreiskasse zu zahlen haben, die sich mit der Stadtkasse berechnet, wobei im Fall des Streits ein Schiedsverfahren nach 5. Geo. IV. c. 58 eintritt. Wo eine Stadt das Gefängniß der Grafschaft oder einer andern Stadt mit benutzt, finden analoge Ausgleichungen der Criminalkosten statt, 13 et 14. Vict. c. 91; 14. et 15. Vict. c. 55. Durch 5. et 6. Vict. c. 53 §. 36 ff. wird zur bessern Abgrenzung der Strafgerichtsbezirke eine Vereinigung von Stücken einer Grafschaft zu einem District Court of Sessions gestattet, in welchem Fall dann der Stadtrichter ein Recorder für den vereinigten Distrikt werden soll, und ebenso die Geschworenenlisten für den ganzen Distrikt gebildet werden.

Die St.-Ord. §. 118—120 bestätigt auch noch die vorgefundene Civiljurisdiction der Städte, die seitdem durch Einführung der neuen Kreisgerichte nahezu aufgehört hat. (***)

*** **Die Reste einer städtischen Civiljurisdiction.**

Nach den Zusammenstellungen der Commission von 1833 war noch eine Civiljurisdiction in 116 Städten vorhanden, in 57 bei Klagen aller Art, in anderen mit Ausschließung der Realklagen, und zwar bald ohne Beschränkung des Betrags, bald

---

**) Ueber die städtischen Geschworenenlisten vgl. auch §. 73, Note. Die zum städtischen Geschworenendienst verpflichteten Bürger sind von dem Geschworenendienst in der Grafschaft befreit; die Städte ohne eigene Criminaljurisdiction dagegen stellen ihr Contingent zu der Grafschaftsjury. Freilich hat jene Ausdehnung des Dienstes doch nur ein Scheinleben, da die kleineren Miether massenweis außer Stande sind, den Ehrendienst zu tragen, weshalb denn auch der Zwang dazu sehr nachsichtig — eigentlicher sehr schlaff — mit leichten Geldbußen durch den Recorder gehandhabt wird.

§. 109. Die Oberinstanz der Stadtverwaltungen. 637

unter Beschränkung auf einen gewissen Werth mit Variationen von 2—200 £. Diese Civilgerichte wurden regelmäßig schlecht verwaltet, mit unzureichenden Richtern besetzt, und waren trotz des Bedürfnisses von Localgerichten in offenem Verfall. Der vorsitzende Richter war sehr gewöhnlich der Mayor, daher die oft vorkommende Bezeichnung the Mayor's Court. Oft fungirten neben ihm Bailiffs, oder der Recorder, zuweilen auch einige Aldermen als beisitzende Richter. Der Town Clerk besorgte als Büreauchef die meisten formellen Geschäfte, häufig auch mit der Befugniß den Richter zu vertreten; in vielen Städten war er praktisch der einzige Richter. Die Untergerichtsgeschäfte, die von dem Sheriff's Office für die Reichsgerichte besorgt werden, wie Insinuationen, Executionen, besorgten im Stadtgericht die Bailiffs oder Serjeants-at-Mace. Eine Civiljury war nur bei den Civilgerichten einiger großen Städte noch in wirklichem Gebrauch. Als Hauptgrund des Verfalls giebt der Bericht der Untersuchungscommission von 1835 (p. 41. 42) an den Mangel professioneller Ausbildung der städtischen Richter, und den Mangel an Vertrauen auf den Richter in Folge der parteiischen Besetzung aller Stadtämter. „Wenige Minuten genügen bei dieser Verfassung, um den Geschäftsmann und den Kunden in den Richter und die Partei zu verwandeln." Ueber die Reste dieser Civiljurisdiction findet sich nach Durchführung der neuen Kreisgerichte (oben §. 32) eine Auskunft in der neuen Justizstatistik, soweit solche aus lokalen Gründen an ein Paar isolirten Punkten noch vorkommt. Die Civiljustiz-Statistik für 1860 P. P. 1861. Vol. 60. part. II. giebt beispielsweise eine Uebersicht über die 35 Borough, Hundred und Manorial Courts, deren Civiljurisdiction als noch fortdauernd betrachtet wird. In 8 courts fand indessen im Jahre 1860 fein Verfahren mehr statt. In 8 dieser Höfe betrug die Durchschnittszahl der Prozesse nur 23. Unter jenen 34 Lokal-Civilgerichten befanden sich 20 alte Stadtgerichte, darunter der Sheriff's Court von London, der ungefähr die Hälfte aller noch vorkommenden Sachen entscheidet; sodann 5 Hundred Courts, ferner der Blackburn Hundred Court Baron, Bradford Manor Court, Egremont Court Baron etc. Die Gesammtzahl der angebrachten Klagen betrug 17,356 unter 20 Sh., 2248 über 20 Sh. Entschieden wurden 267 Fälle mit Jury, 5870 ohne Jury. Von den entschiedenen Fällen fielen 5119 auf den Sheriff's Court von London, 453 auf den Hof zu Newcastle, 149 auf den Hof zu Bristol, 154 auf den zu Liverpool. Davon gesondert wird noch der Lord Mayor's Court von London aufgeführt mit 3487 Klagefällen. Der Sheriff's Court von London ist neuerdings den gewöhnlichen Kreisgerichten in seinem Verfahren gleichgestellt durch 15. Vict. c. 77. Die besondere Civiljurisdiction der 5 Häfen ist beseitigt durch 18. et 19. Vict. c. 48. Die Justizstatistik pro 1868 zählt außer 11,739 Fällen des Sheriff's Court von London noch 14,186 angebrachte Klagen. Nach 30. et 31. Vict. c. 142 §. 18 werden diese kleinen Reste alter Localgerichte wohl ganz absterben.

§. 109.

Die Oberinstanz der Stadtverwaltungen.

Die von der Krone verliehenen Freiheiten der Städte wurden ursprünglich unter einem Oberaufsichtsrecht des Privy Council geübt, welches bis in das XVII. Jahrhundert zur Aufrechterhaltung der gesetzlichen Ordnung genügte. Die schweren Mißbräuche in der Periode der Stuarts führten aber mit der Aufhebung der Sternkammer zu einer Beseitigung aller Gewalten des Ministerraths. Die noch übrig gebliebenen Controlrescripte der Reichsgerichte führten unter Carl II. und Jacob II. nochmals zu einem schmachvollen Mißbrauch der writs of quo warranto. Um so mehr war man seit der Revolution darauf bedacht, die Corporations keiner unmittelbaren Einwirkung der parlamentarischen Parteiminister auszusetzen. Sie unterlagen nur noch einer streng formellen Controljustiz der Reichsgerichte, die den innerlich fortwachsenden Mißbräuchen der Corporations nicht abhelfen konnte.

Auch nach der Städteordnung von 1835 hat man sich indessen gehütet, die Stadtverwaltungen irgend einem allgemeinen „Aufsichtsrecht" eines Ministerialdepartements zu unterwerfen, wozu die wechselnde parlamentarische Regierung ungeeignet sein würde. Dagegen ist die neuere Gesetzgebung darauf bedacht gewesen, mit einer sorgfältigen Scheidung der wirthschaftlichen und der obrigkeitlichen Selbstverwaltung in ihren einzelen Functionen die nothwendigen Rechtscontrolen einzuführen:

A. Für die wirthschaftliche Verwaltung der städtischen Angelegenheiten geht das Gesetz von der Grundansicht aus, solche dem Bürgermeister und Gemeinderath selbständig zu überlassen. Man vertraute dafür der Einsicht in das eigene Interesse, den Traditionen der Gemeindeverwaltung, dem Zusammenwirken eines ständigen Council mit den Aldermen, dem Mayor und dem ständigen Beamtenpersonal. Die Beschlüsse des Gemeinderaths bilden daher in der Regel eine endgültige Autorität für die Verwaltung des Vermögens und die Verausgabung der städtischen Gelder. Die Zahlungsanweisungen an die Stadtkasse (Treasurer), gezeichnet von 3 Mitgliedern des Gemeinderaths, gegengezeichnet von dem Stadtschreiber, sind verbindend für die Stadtgemeinde und für alle Interessenten. — Auch für dieses Gebiet sind indessen gemessene Rechtscontrolen in dreifacher Richtung vorbehalten.

1) Die Collision der Interessen der zeitigen Glieder mit der dauernden Bestimmung der Corporation schien Beschränkungen in der Aufgabe von Darlehnen, Verpfändungen und Veräußerungen des Stadtvermögens zu bedingen. Für die Aufnahme von Darlehnen sind in besonderen Gesetzen Normativbestimmungen vorgeschrieben, welche die Aufnahme nur zu bestimmten Zwecken, oft mit Bestimmung eines Maximum im Verhältniß zu den Jahressteuern, stets mit Bestimmung einer Amortisationsfrist gestatten. Für Veräußerungen und Verpfändungen des Grundeigenthums aber wird die Genehmigung des Finanzministeriums erfordert, 23. et 24. Vict. c. 16, auf erstatteten Bericht, welcher zur Einsicht der Bürger offen liegen muß. Analoge Beschränkungen gelten für die Verpachtung über 31 Jahre hinaus.

2) Zur Verhinderung der Verausgabung städtischer Mittel zu

ungesetzlichen Zwecken dient ein Abberufungsrecht, writ of certiorari, durch welches die Gesetzmäßigkeit jeder städtischen Ausgabe zur Entscheidung des Reichsgerichts gebracht werden mag, St.=Ord. §. 58; 1. Vict. c. 78 §. 44. Im Zusammenhang damit steht die äußerste Specialität, mit welcher die Gesetze die Verwendungszwecke des Gemeindevermögens und der Gemeindesteuer begrenzen. Die Mißbräuche der alten Corporationsverwaltung ließen eine solche Controle rathsam erscheinen: andererseits hat die Umständlichkeit dieses Rechtsmittels den Erfolg, daß es nicht leicht auf geringfügige Veranlassung und überhaupt nicht häufig dazu kommt.

3) Zur Erzwingung der gesetzmäßig nothwendigen Ausgaben sind mehrfach Wege eingeschlagen, damit nicht durch Beschlüsse der Localbehörden gesetzmäßige Einrichtungen und Verpflichtungen außer Kraft gesetzt werden. Die Zahlungen für Gerichtsausgaben werden durch Order des Court of Session, die gesetzmäßigen Ausgaben in Polizeisachen durch friedensrichterliche Order unmittelbar auf die Stadtkasse angewiesen. In gleichem Sinne wirkt das Entscheidungsrecht der Friedensrichter über streitige Defectirungen in den Rechnungen des Stadtrendanten (St.=Ord. §. 60). Das writ of certiorari kann die Gesetzmäßigkeit einer Zahlung auch in dieser Richtung zur Entscheidung der Reichsgerichte bringen. Positive gesetzliche Obliegenheiten der Stadtgemeinde können endlich auch durch einen Mandamus erzwungen werden.

Wie die englische Verwaltungsjustiz überhaupt, so wirken diese Rechtscontrolen stillschweigend, aber hinreichend wirksam.

B. Für das Gebiet der obrigkeitlichen Verwaltung ist der Instanzenzug gegeben durch das System der Verwaltungsjurisdiction, (Cap. V. Absch. VII.) welches seinem Grundgerüst nach auch in der städtischen Friedensrichterverwaltung stehen bleibt, und analoge Grundsätze erstrecken sich dann auch auf die Gebiete der Miliz=, Militärverwaltung und der Steuereinschätzung.

I. Im Gebiet der Polizeiverwaltung tritt gegen die Orders und Convictions der einzelen Friedensrichter der Appeal und die Controljustiz der Reichsgerichte nach Maßgabe der allgemeinen Polizeigesetzebung ein. Die Appellation geht an die gewöhnlichen Quartalsitzungen der Grafschaft in solchen Städten, welche keine eigenen Quartalsitzungen haben; sonst an die Borough Quarter Sessions, d. h. an den Recorder, der hier an der Stelle der Generalsitzungen steht, (St.=Ord. §. 111).

Von den kleinen Bezirkssitzungen geht der Appeal wegen verweigerter Schankconcessionen nicht an den Recorder, sondern an die Quartalsitzungen der Grafschaft.

II. Im Gebiet der Miliz- und Militärverwaltung steht zwar die Gesetzgebung über die Zwangsaushebung fortdauernd in Suspension; soweit aber eine militärische Verwaltungsjustiz eintritt, sind auch die Municipal Boroughs darin einbegriffen. In den wenigen Städten, welche eine Grafschaft für sich bilden, folgt die Verwaltungsjurisdiction der Deputy-Lieutenants und Friedensrichter ebenso den normalen Grundsätzen.

III. Im Gebiet der Steuereinschätzungen umfaßt die ständige Commission für die Grundsteuer und für die Einkommensteuer auch die große Mehrzahl der Städte. Wo altherkömmlich eine gesonderte Commission für einzele Städte ernannt wird, bildet sie einen engern Ausschuß von Bürgermeister und Gemeinderath, der durch Parlamentsacte bestellt, den weitern ständigen Ausschuß für die Einkommensteuer creirt, und somit den Character einer Jurisdiction wahrt.

Für die Ausschreibung der poor rates, district rates etc. tritt auch in den Städten die Bestätigung, allowing, durch zwei Friedensrichter ein, 8. et 9. Vict. c. 110 §. 2; die Verwaltungsexecution durch warrant of distress. Die Steuerreclamationen gegen die borough rate gehen an den Recorder in der Quartalsitzung, event. an die Grafschaft. Der Appeal gegen die poor rate sollte nach 34. Eliz. c. 2 §. 8 an die städtischen Friedensrichter gehen; durch 1. Geo. IV. c. 36 wird indessen in den Städten, welche weniger als 6 Friedensrichter in der Commission haben, dem appellant freigegeben, an die Quartalsitzungen der Grafschaft zu appelliren.

Die Abweichungen der Oberinstanz beruhen also hauptsächlich darauf, daß die Mittelinstanz der Quarter Sessions für den Stadtbezirk nicht vollständig zu entwickeln war, und daher durch den Recorder oder die Grafschafts-Session, in einigen Fällen auch durch ein schiedsrichterliches Verfahren ersetzt werden mußte. Der Hauptzweck aller Verwaltungsjurisdiction, die Ausschließung der parlamentarischen Parteiregierung von der streitigen Auslegung der Verwaltungsgesetze ist auch hier erreicht.

Diese Staatscontrolen der Gesetzmäßigkeit der Selbstverwaltung dienen auch hier in umgekehrter Richtung zum rechtlichen Schutz der Corporationsrechte. Die Zweiseitigkeit aller Jurisdiction über das öffentliche Recht trat gerade für die Corporations von jeher in verstärktem Maße hervor, weil hier die Versuchung zur Ueberschreitung ebenso auf der Seite der Centralverwaltung lag, wie auf der Seite der Localparteien. In erster Stelle ist es das Rechtsmittel des Mandamus, durch welches die Stadtverfassungen unter den Schutz der Reichsgerichte gestellt sind, einerseits gegen das Bestreben der Centralisirung, andererseits gegen den möglichen Mißbrauch der politischen Parteien. Das Mandamus in dieser Anwendung beruhte schon auf alter Praxis, welche aber nach manchen Er-

§. 109. Die Oberinstanz der Stadtverwaltungen. 641

fahrungen durch 9. Anne c. 20 spezieller ausgebildet wurde. Das Mandamus in dieser Anwendung ist nicht discretionär, sondern wird als **ordentliches Rechtsmittel** allen Beamten und Mitgliedern einer Corporation gewährt, wenn sie rechtswidrig ihres Amts oder Corporationsrechts beraubt zu sein behaupten. Durch Mandamus wird erzwungen die Production und Einsicht der städtischen Bücher und Rechnungen für die dazu berechtigten Interessenten, Blackstone III. 110. Durch Mandamus wird die Zulassung einer Person zu Aemtern und Stellen in einer corporation erzwungen, wenn sie dazu gesetzlich berechtigt ist, und der Besitzer eines Amts geschützt gegen den Versuch einer Verdrängung durch eine andere Person. Durch Mandamus werden auch die verfassungsmäßigen städtischen Wahlrechte und anderen franchises eines burgess oder freeman erzwungen. Ebenso die periodische Wahl des Mayor, 11. Geo. I. c. 4, und die durch Vacanz nöthig werdende Ergänzungswahl. Die Praxis hat dies ausgedehnt auf die Erzwingung des Wahlacts für alle jährlich zu erwählenden und sonstigen Beamten, nach einer Reihe von Gerichtsentscheidungen, namentlich auch auf die Zulassung und Wiedereinsetzung eines alderman, common councilman, liveryman, town clerk, bailiff, clerk of the peace, treasurer, parish clerk, churchwarden, overseer, surveyor of highways etc. (Comyn Digest tit. Mandamus A.). Es geht auch gegen Friedensrichter, welche sich weigern einer qualificirten Person die Amtseide abzunehmen. Das Mandamus entscheidet über die gesetzlichen Titel zum Bürgerrecht. Auch auf diesem Gebiet wird also die feste und gleichmäßige Auslegung des öffentlichen Rechts durch die Reichsgerichte erzwungen. Eben deshalb ist die praktische Anwendung auf eine kleine Zahl von Fällen beschränkt, da die Gewißheit, daß das wirkliche Recht erzwingbar ist, die Versuche eines Parteimißbrauchs beseitigt.

Als umgekehrtes Rechtsmittel war ursprünglich das **writ of quo warranto** dazu bestimmt, die corporations bei Ueberschreitung ihrer verfassungsmäßigen Befugnisse und Anmaßung von Staatshoheitsrechten in ihre gesetzlichen Schranken zurückzuweisen. Durch die Corruption des Richterpersonals unter den Stuarts führte dies Rechtsmittel zu massenhaften Kassirungen der Stadtcharten, und ließ damit eine ominöse Reminiscenz zurück. Durch 9. Anne c. 20 wird ein einfaches fiscalisches Verfahren eingeführt, welches als information in nature of quo warranto auf Antrag eines Interessenten (relator) mit Genehmigung des Gerichtshofes eingebracht werden kann gegen jeden, der sich ein bürgerliches Amt oder Corporationsrecht unbefugt anmaßt (against any person usurping, intruding into, or unlawfully holding any franchise or office in any city, borough or town corporate), mit einem sehr vereinfachten Verfahren. Durch 32. Geo. III. c. 58; 7. Will. IV. et 1. Vict. c. 78; 6. et 7. Vict. c. 89

wird die Dauer dieser Verfolgungen beschränkt. Die Anmaßung der Stelle eines mayor, alderman or burgess nach der neuen Städteordnung verjährt jetzt in 12 Monaten nach der Wahl oder nach dem Zeitpunkt, in welchem der Beklagte dazu disqualificirt wurde. Bei der feststehenden Legalität der öffentlichen Rechtsverhältnisse ist die Anwendung dieses Rechtsmittels jetzt fast unerhört. Burn I. 1259.

In den deutschen Stadtverfassungen steht an dieser Stelle eine clausula generalis, welche die Stadtverwaltungen unter die Oberaufsicht der Landräthe, Regierungen, Oberpräsidenten und Minister stellt. Da die bisherige Gesetzgebung die wirthschaftlichen und die obrigkeitlichen Functionen nach ihrer Verschiedenheit in den einzelen Gebieten nicht genügend zu trennen wußte, so kam man zu einem allgemeinen Veto des Magistrats gegen den Gemeinderath, des Bürgermeisters gegen den Magistrat, der Staatsbehörden überhaupt gegen die Gemeindebehörden, und umgekehrt zu einer allgemeinen Befugniß der Staatsbehörden zu Disciplinarstrafen gegen die Gemeindebeamten, zu Verwaltungsexecutionen und zur Forcirung von Ausgaben auf den Gemeindeetat, welche die erstrebte Selbständigkeit der Gemeindeverwaltungen wieder aufhebt und in einem constitutionell verwalteten Staat dem flagrantesten Mißbrauch ausgesetzt ist. Zu helfen ist dagegen nur durch Unterscheidung der sehr verschiedenartigen städtischen Beschlüsse und durch Einführung einer geordneten Verwaltungsjurisdiction.

Die englische Auffassung und Darstellung ist umgekehrt nur zu einer gesetzlichen Regelung der einzelen Fragen gelangt, ohne sich über die leitenden Grundsätze selbst Rechenschaft zu geben, sowie sie oben in der Darstellung des friedensrichterlichen Amts (§. 83), der Controljustiz der Reichsgerichte (§. 84), der rechtlichen Verantwortlichkeit der Beamten (§. 85—87) und dem Instanzenzug der Verwaltungsjurisdiction gegeben ist. Die heute geltenden Grundsätze erscheinen, völlig zerstreut in den einzelen Verwaltungsgesetzen, unter den Rubriken mandamus, quo warranto, corporations etc., wobei Burn's Justice immer aus einem Artikel in den andern verweist. Das vereinfachte Verfahren bei dem mandamus nach 9. Anne c. 20 ist später generalisirt durch 1. Will. IV. c. 21. Die wichtige Rolle dieser Controljustiz beschränkt sich übrigens nicht blos auf die Stadtgemeinden, sondern kommt allen bürgerlichen corporations in dem später zu entwickelnden Umfang zu Statten. Die Verwaltungsjurisdiction mit ihren gerichtlichen Formen und ihrem Instanzenzug bildet hier wieder den entscheidenden Halt aller englischen Selbstverwaltung, indem sie die einzelen Acte der Stadtverwaltung völlig unabhängig von den Entscheidungen der constitutionellen (parteimäßigen) Ministerverwaltung stellt.

Die Befugnisse des Ministers des Innern zum Erlaß von Regulativen für die Constabulary, für die Gefängniß- und Irrenhaus-Verwaltung, zur Feststellung des Gebührentarifs der städtischen Gerichtsschreiber und zur Kenntnißnahme von den städtischen Verwaltungsetats sind dieselben Befugnisse, welche dem Minister auch über die Quartalsitzungen der Grafschaft zustehen, bedingt durch die neuere Lage der Gesetzgebung und durch die Staatszuschüsse. — Neu hinzugekommen ist nur für die Stadtverwaltungen der Consens des Finanzministeriums zu Veräußerungen und Verpfändungen des Grundbesitzes und das Cassationsrecht des privy council gegen die byelaws des Gemeinderaths.

Die Abgrenzung zwischen obrigkeitlicher und wirthschaftlicher Selbstverwaltung und die dadurch bedingte Bildung von Doppelorganen in der Stadtverfassung, kehrt auch in der Stadtverfassung der City von London wieder, welche als Anhang zu der Städteordnung von 1835 hier noch einen Platz finden mag.

§. 110.

Die Sonderverfassung der London City.

Die Verfassung der London City kann als Anhang den Schluß der Stadtverfassungen bilden. Die Stellung Londons zu der Gesammtverfassung Englands war zu allen Zeiten anomal wegen der abnormen Größe der Stadt, wegen der massenhaften Zusammendrängung von Handel und Gewerbe in diesem ihrem Hauptsitz, und wegen der daraus folgenden Neigung, abgeschlossene städtische Stände und eine Art von ständischer Verfassung zu bilden.

Schon seit Henry I. beginnt die wachsende Selbständigkeit, sofern London an der Spitze der Städte bleibt, die sich durch eine Reihe von Charten ihre eigene Gerichtsverfassung und ökonomische Verwaltung verschaffen. Unter Richard Löwenherz erscheint ein Mayor, dessen eigene Wahl (Nomination) durch Charte 10. Jo. den Bürgern gewährt wird. Unter Heinrich III. wird ihnen auch die Befugniß beigelegt, den Sheriff der kleinen Grafschaft Middlesex zu nominiren. Seit der Entstehung des Unterhauses tritt London an die Spitze der Cities und Boroughs, mit denen der König von Zeit zu Zeit über die Leistung von Subsidien und Einkommensteuern Verhandlung führt. Unter Eduard III. tritt die Neigung zu abweichenden ständischen Bildungen hervor. Der hier zusammengehäufte städtische Besitz hat sich zu Gilden und Brüderschaften gruppirt. Der Versuch dieser Gilden, die Bürgerschaft (inhabitant citizens paying scot bearing lot) aus den städtischen Wahlen zu verdrängen, wird zwar in 7. Ric. II. noch einmal zurückgewiesen; allein der innere Kampf der Zunft- und Communalverfassung dauert von da an ununterbrochen fort, die Zünfte behalten fortwährend Einfluß auf die städtischen Wahlen, und erringen von Zeit zu Zeit auch einzele rechtliche Erfolge.

Erst 1725 gelang es der regierenden Klasse, was die Stuarts vergeblich versucht hatten, der City eine Verfassung aufzudrängen, durch welche sie in Uebereinstimmung mit den sonstigen Institutionen des Landes gebracht werden sollte. Die Selbständigkeit dieser auf Handel und Gewerbe beruhenden Klassen, in welchen sich allmälig ein gewaltiger Capitalreichthum aufhäufte, widerstrebte der regierenden Klasse, deren Stellung auf Grundbesitz, communalen Kreis-Institutionen und Parlament beruhte, verbreitete einen unsteten Geist in der City, und erzeugte einen stets opponirenden Gemeinderath, der dem regierenden Adel zum Aergerniß wurde.

Mit Hülfe von aufgefahrenen Kanonen wurde durch 11. Geo. I. c. 18 „eine Acte zur Regelung der Wahlen in der City von London und zur Erhaltung des Friedens, guter Ordnung und Verwaltung der Stadt", eine neue Verfassung eingeführt, deren nächster Zweck war, den unbändigen Gemeinderath zu bemüthigen durch das Collegium der lebenslänglichen Rathsherren (Court of Aldermen) und durch ein Veto von Mayor und Aldermen gegen die Beschlüsse des Gemeinderaths. Die widerwillig angenommene Verfassung bestand indessen über hundert Jahre lang unangefochten, und hat auch einige Materialien zu der Städteordnung von 1835 geliefert.*) Die Hauptelemente derselben sind folgende:

I. Die Constituirung der Bürgerschaft beruht auf einer eigenthümlichen Verschmelzung der Zunftverfassung mit der alten Communalverfassung. Die weltbürgerlichen Verhältnisse der Welthandelsstadt, umgeben von Massen unverbundener Kirchspiele, die zunehmende Sitte der wohlhabenden Einwohner, ihre Wohnungen außerhalb der City zu nehmen in angenehmeren Stadttheilen und Landsitzen, hatte das nachbarliche Verhältniß, den eigentlich communalen Zusammenhang, frühzeitig aufgelöst. Man suchte daher hier ausnahmsweise den Communalverband **theils** auf Stadtbezirke, **theils** auf Gewerbsgilden zu basiren, die durch Vererbung und durch gemeinsame bedeutende Unterstützungsinstitute noch mehr als durch gleichartigen Gewerbebetrieb eine festere Zusammengehörigkeit und Elemente einer stetigen Verwaltung in sich hatten. Es entsteht dadurch eine überaus künstliche Verflechtung der Zunftangehörigkeit mit dem städtischen Bürgerrecht in folgender Weise:

1. Die City enthält 89 große und kleine **Gewerbs- und Handelsgilden, companies**, mit Einschluß einiger ganz verfallenen und nur dem Namen nach noch vorhandenen. Sie werden in dem Report der Untersuchungscommission von 1837 einzeln aufgezählt mit Nachrichten über ihre Entstehung und Verfassung. Darunter bilden nur die Apotheker eine geschlossene Zunft, und drei oder vier andere üben noch praktische Func-

---

*) Ueber das Geschichtliche der Stadtverf. von London s. Geschichte des selfgov. S. 111, 112, 202, 324, 371. Ein **Repertorium der älteren Stadtcharten** findet sich chronologisch in Merewether und Stephen's History of Boroughs III. p. 2360—65 (Register). Auch die Untersuchungscommission von 1833 hat ein großes Material gesammelt in dem besondern Bande über London, Southwark und über die hauptstädtischen Gilden. (Vergl. den Registerband v. London). Report of Commissioners on the existing state of the City of London, its Constitution etc. 1854. Monographien: G. Norton's Commentaries on the History, Constitution and Charterial Franchises of the City of London. By E. Tyrrel. 1829. 8. A. Pulling's Practical Treatise on the Laws, Customs and Regulations of the City and Port of London. 1849. 8. Gneist, die Verfassung der City von London. Berlin. 1867.

tionen der Gewerbepolizei. Uebrigens haben die meisten nur den Namen von einem Gewerbebetrieb, von dem weder die Aufnahme noch die Innungsrechte abhängig sind. Das Hauptinteresse der Zugehörigkeit ist vielmehr die Theilnahme an den bedeutenden Unterstützungskassen und Armenanstalten, Theilnahme an den periodischen Gewerbsfesten; 52 der Innungen haben auch noch ihre besonderen Versammlungshäuser (halls). Die Eigenschaft eines Innungsangehörigen wird erworben durch Geburt, Lehrlingschaft (servitude) oder ein Einkaufsgeld, welches in einigem Verhältniß zu den ökonomischen Vortheilen zu stehen pflegt. — Die meisten der Zünfte haben dann wieder einen Zunftausschuß, livery Meistergilde, deren sehr zahlreiche Mitglieder, wenn sie zugleich das Stadtbürgerrecht besitzen, unter dem Namen der liverymen eine erhebliche Rolle in der Stadtverfassung spielen. Gegen Zahlung des Eintrittsgeldes findet die Aufnahme in die livery in der Regel ohne Schwierigkeit statt, mit Ausnahme der apothecaries, die ihre geschlossene Zahl festhalten, so wie der cloth workers und stationers, die auf einigen Vorbedingungen bestehen. Die Aufnahme ist übrigens so sehr zur Formalität geworden, daß die Untersuchungscommission nur zwei Beispiele einer Zurückweisung eines Gesuchs ermitteln konnte und auch diese nicht aus der neuesten Zeit. Der Vorstand der Innung besteht ziemlich gleichmäßig aus einem Warden und mehren Assistants.[1]) Zwölf unter den Innungen, welche ungefähr auch die ältesten sind, führen das Ehrenprädikat the honourable companies, und haben das Vorrecht, daß der Lord Mayor einer dieser Innungen angehören oder in solche sich aufnehmen lassen muß, wie denn auch andere Großwürdenträger

---

[1]) Die liverymen sind die ordentlichen Mitglieder der Gilden. Im Jahre 1501 zählte man 51 solcher Gilden mit 1458 liverymen, im Jahre 1725 61 Gilden mit 8514 liverymen, im Jahre 1832 75 Gilden mit 12,080 liverymen. Die Untersuchungscommission betrachtet 69 Gilden als thatsächlich noch vorhanden, und theilt sie in gewerblicher Beziehung in 3 Gruppen: (1) solche, die noch eine wirksame Controle über ihren Gewerbebetrieb führen, wohin nur die Apotheker und Goldschmiede gehören; (2) solche, die noch ein Nachsuchungsrecht nach mangelhaften Waaren und einige gewerbepolizeiliche Befugnisse haben; (3) solche, in welche ein Gewerbetreibender einzutreten genöthigt wird, bevor er das betreffende Gewerbe in der City betreiben darf. Allein allmälig blieb nur die Zahlung des Aufnahmegeldes ernstlich gemeinte Vorbedingung; der ausschließliche Gewerbebetrieb der Klasse Nr. 3 wurde niemals streng gehandhabt und ist heute ziemlich in Vergessenheit gekommen, außer bei den Apothekern; die Gewerbepolizeibefugnisse Nr. 2 bilden einen sehr engen Kreis. Und so bleibt denn die Theilnahme an den Unterstützungsanstalten und Festen das durchgreifende Merkmal der Angehörigkeit. Die Unterstützungen bestehen in Brod, Fleisch, Wohnung, Schulunterricht, Stipendien, Krankenpflege, Hospitalitenanstalten; wofür die bedeutenderen 20 Innungen über 62,000 L. alljährlich verwenden. Abgesehen von den Apothecaries und Carmen gehört nicht einmal die Majorität der Innungsgenossen wirklich dem Gewerbe an, von dem die Innung den Namen führt. Ueber die Anfertgung der Listen s. 5. et 6. Vict. c. 18 §. 20.

und Pärs sehr gewöhnlich zu der einen oder andern honourable company gehören.

2. Die Eigenschaft eines **Stadtbürgers der City, freeman**, Mitglieds der corporation, ist normal abhängig von der Aufnahme in eine dieser companies, ausgenommen die Fälle einer honorary freedom durch formellen Beschluß der corporation. Wenn Jemand durch Geburt, Lehrlingschaft oder Einkauf Mitglied einer company geworden, hat er damit einen Titel (inchoate right) auf den Bürgerbrief erworben, welcher ihm gegen Zahlung einer nicht erheblichen Gebühr ausgefertigt wird. Dies Stadtbürgerrecht an sich giebt das Recht der Befreiung von Zöllen in der City und außer derselben, Exemtion von der Matrosenpresse; es ist die Vorbedingung zum Gewerbe eines Mäklers (broker), und dem Recht nach die Vorbedingung zum Betrieb des Detailhandels in der City, die aber in neuerer Zeit nicht beobachtet wird.[2])

3. Die **stimmfähige aktive Bürgerschaft** besteht nun (1) zu gewissen Zwecken aus der Gesammtheit der Personen, welche die beiden vorigen Eigenschaften eines freeman and liveryman vereinigen, (2) zu anderen Zwecken aus den freemen, welche das Bürgerrecht mit der Eigenschaft eines householder paying scot and bearing lot vereinigen. Unter household ist verstanden Eigenthum oder Miethe eines ganzen Hauses von wenigstens 10 L. Miethswerth seit mindestens 12 Monaten vor der Wahl. Unter scot ist gemeint ein Beitrag zu allen Kirchen-, Armen-, Straßenreinigungs-, Waisen-, Wacht- und anderen städtischen Abgaben, oder die Zahlung von 3 L. zu einigen derselben.

Ad (1) bildet die zunftgesessene Bürgerschaft der freemen and liverymen als Ganzes den Court of Common Hall, der als solcher alljährlich

---

[2]) Die Zahl der freemen ist bedeutend. Die Untersuchungscommission fand, daß in den letzten 40 Jahren durchschnittlich etwa 1000 Bürgerbriefe jährlich ertheilt waren, darunter aber viele an non residents. — Für die Ausübung der meisten politischen Rechte zerfiel die Bürgerschaft schon in der normannischen Zeit in 24 **wards**, Stadtbezirke, mit analogen Rechten wie eine hundred. Durch Parlamentsbeschluß 17. Ric. II. kam ein 25ster ward durch eine Theilung von Farringdon hinzu. Durch Charte 1. Edw. III. und Patent 4. Edw. VI., verlieh der König den Bürgern „the villa, manor, and borough of Southwark", woraus durch Rathsbeschluß ein 26ster Stadtbezirk, das Brückenviertel außerhalb, Bridge Ward without, gebildet wurde. Jedes Stadtviertel hat einen Alderman als Bezirksvorsteher. Uebrigens sind die Stadtviertel in dem alten Theil der City, within the walls, kleiner als die äußeren Bezirke, without the walls. — Der Alderman und die zu jedem ward gehörigen Stadtverordneten bilden für gewisse Zwecke ein Common council of the ward, eine engere Commune für sich, zu der namentlich eine inquest jury in der Weise eines court leet gehört. An einigen Communalgeschäften dieses engern Bezirks haben alle inhabitant householders, an anderen die householders zu 10 L. Miethswerth. Theil, auch wenn sie nicht Bürger sind.

§. 110. Die Verfassung der London City. 647

die beiden Candidaten zu dem Amt des Lord Mayor nominirt, die Sheriffs, den Stadtkämmerer, die auditors und einige andere Beamte wählt.

Ad (2) bilden die freemen householders eine erbgesessene Bürgerschaft, welche die Stadtverordneten und Aldermen nach der Gliederung in Stadtbezirke wards wählt.[3])

Der Grundgedanke der Zusammensetzung ist also, daß die Repräsentation der Activbürgerschaft nach Bezirken zusteht, die Besetzung der Hauptverwaltungsämter dagegen der Bürgerschaft nach Gilden unter Mitwirkung des Collegiums der lebenslänglichen Aldermen. Diese Durchkreuzung der Lokalwahlen durch ein zweites ständigeres Wahlsystem dient wie in den republikanischen Verfassungen dazu, den obrigkeitlichen Hauptbeamten einen ständigen, jurisdictionellen Charakter den lokalen Parteien gegenüber zu bewahren.

II. Die regierende Corporation besteht aus Oberbürgermeister, Rath und Stadtverordneten in folgender Zusammensetzung:

1. 240 Stadtverordnete, Councillors, Common Councilmen, werden alljährlich am 21. Dezember von der Activbürgerschaft in den 26 Stadtbezirken (wards) gewählt. Da die Ausscheidenden wieder wählbar sind, so ist das Personal einigermaßen stetig. Sie bilden (mit den Aldermen) die beschließende Körperschaft für die Vermögensverwaltung der Stadt und einige Verwaltungsausschüsse, Committees. Die Zahl der Stadtverordneten ist auf die einzelen wards in verschiedenen Proportionen vertheilt.

2. Die 26 Aldermen sind lebenslängliche Vorsteher und Repräsentanten der 26 wards und bilden als solche ein Magistratscollegium (Court of Aldermen). Bei eintretender Vacanz wird der neue Alderman durch die Bürgerschaft des Bezirks gewählt; das Collegium hat aber ein

---

[3]) Das politische Recht beruht also auf einer Combination der vorigen Qualitäten mit einem selbständigen household. Nach dem Gesetz 11. Geo. I. c. 18 soll jeder Wähler bei den Parlamentswahlen, und bei denen des Mayor, Sheriff und Chamberlain schwören, „daß er ein freeman and liveryman sei seit 12 Monaten." Bei den Wahlen der Aldermen und Common Councilmen beschwört der Stimmende dagegen, daß er ein „Freeman und Householder" sei, wobei das Gesetz dann noch die Requisite von household, scot und lot näher begrenzt. Das Parlamentswahlrecht wurde in Folge der Reformbill der sonstigen Grundregel gemäß neben den liverymen zugestanden allen householders von 10 £. Miethswerth. — Ein Verzeichniß der Stadtbezirke mit der Zahl der dazu gehörigen Aldermen und Stadtverordneten, der Liverymen und der städtischen Wähler geben die Parl. P. 1852 No. 22. Vol. XLII. 517; eine topographische Statistik der City die Statistical Journals VII. 69 ff. Bei einer Bevölkerung von ungefähr 120,000 Einw. innerhalb der City selbst, hatte die Altstadt 1850—51 nicht weniger als 20,542 Stimmberechtigte zu den Parlamentswahlen, darunter 7312 liverymen und 13,230 householders, d. h. Miether zu 10 £. Miethe und darüber; die letzteren großentheils in Wohnungen außerhalb der City.

künstlich geordnetes Verwerfungsrecht gegen welches an die Queen's Bench appellirt werden kann. Die Aldermen haben zugleich Sitz und Stimme in dem Common Council und in der Common Hall.

3. Der Lord Mayor ist zugleich Präsident des Court of Aldermen, des Common Council und der Common Hall. Seine Stellung als Chef der Verwaltung (III.) ist aber in dieser Verfassung mehr hervortretend wie die als Vorsitzender des Gemeinderaths.†)

III. Das städtische Verwaltungspersonal erscheint in selbständigen Aemtern, etwas unabhängiger von der Repräsentation der Bürgerschaft, und zwar:

1. Der Lord Mayor als Chef der gesammten städtischen Verwaltung, Repräsentant der Königin in der Civilregierung der City, Chefcommissar der städtischen Milizen, Conservator (Polizeiherr) der Themse, Chief Coroner für die City, ihre Freibezirke und für den Flecken Southwark, Chief Justice der Criminaljurisdiction von Newgate und nach der neuen Einrichtung erstes Mitglied des Centralcriminalhofes, erster Friedensrichter für die City als welcher er in Mansion House Polizeigericht hält, und sonst mit mancherlei Ehrenrechten ausgestattet. Er wird alljährlich am 29. September gewählt und zwar nur aus solchen Aldermen, die schon das Amt eines Sheriff verwaltet haben. Die Livery nominirt dazu zwei Candidaten, unter welchen der Court of Aldermen wählt.

---

†) Die Befugnisse von Aldermen und Council sind hier zusammengesetzter, namentlich: 1) eine Befugniß zur Beschließung über Modificationen der Corporations-Verfassung in erheblich weiterm Umfange als solche sonst gestattet sind; diese weitere Befugniß beruhte ursprünglich auf Gewohnheit, später anerkannt durch Gesetz, und wird fortwährend geübt; 2) verfügt das Common Council über die Stadtkasse, und hat die ausschließliche Verwaltung des großen städtischen Grundeigenthums; 3) sind ihm specielle Verwaltungen anvertraut, wie die London- und Blackfriars-Bridge, die Themse-Schiffahrt, Kornmesserei, Kohlenhandel ꝛc.; 4) die Wahl des Common Sergeant, Town Clerk, Judges of Sheriff's Court, Coroners und anderer Finanz- und Polizeibeamten.

Die Aldermen sollen schon nach 17. Ric. II. c. 11 im Amt bleiben, bis sie aus einem erheblichen Grunde daraus entfernt werden. Ihr Recht des veto gegen Beschlüsse der Stadtverordneten 11. Geo. I. c. 18 war so unpopulär, daß es schon durch 19. Geo. II. c. 8 wieder modificirt wurde. Uebrigens bilden sie einen stimmberechtigten Theil des Common Council, und sind in diesem Sinne in demselben einbegriffen. Außerdem bilden sie nun aber auch in ihrer Gesammtheit einen Court of Aldermen mit selbständigen Rechten, namentlich (1) Entscheidung über die Gültigkeit der Wahlen der Aldermen, Stadtverordneten und einiger städtischen Beamten; (2) einem selbständigen Recht der Verfügung über die Gelder der Stadtkasse, wobei sie sich jedoch in der Praxis auf polizeiliche Ausgaben und friedensrichterliche Geschäfte zu beschränken pflegen; (3) Concessionirung der Mäkler; (4) Ernennung einiger Justiz- und Polizeibeamten.

Beiläufig bemerkt die Commission of Corporations Inquiry, daß sich die vornehmen Klassen bei der City-Verwaltung fast gar nicht betheiligen, „wovon freilich bisher kein positiver Uebelstand zu bemerken sei."

§. 110. Die Verfassung der London City. 649

2. Die zwei Sheriffs (der eine für Middlesex, und beide zugleich für London fungirend) bilden eine juristische Person. Sie werden von der Livery gewählt (der eine regelmäßig aus der Zahl der Aldermen), ernennen jeder seinen Untersheriff, die dann gemeinsam das Sheriffs Office für die City als incorporirte Grafschaft und für die Grafschaft Middlesex bilden.

3. Der Recorder, der erste rechtsverständige Beamte der Corporation, wird aus der Zahl der angesehensten Advokaten gewählt, fungirt als Syndikus der Stadt, als Richter im Central Criminal Court und im städtischen Civilgericht. Er ist zugleich Rathgeber und Advokat der Corporation und nimmt als Stadtsyndikus auch an den Sitzungen der Aldermen, des Common Council und der Common Hall Theil. Er wird von dem Court of Aldermen auf Lebenszeit ernannt, nur absetzbar im ordentlichen Gerichtsverfahren wegen incapacity oder misconduct. Außer einem fixirten Gehalt von 2500 L. bezieht er ein Advokatenhonorar für die einzelnen städtischen Prozeßführungen und Rechtsgutachten, und kann seine Praxis als Advokat fortsetzen. Sein Assistent, gewissermaßen der zweite Stadtrichter, ist der Common Sergeant.

4. Ein Coroner für London und zwei Coroners für Southwark werden nach alten Privilegien vom Lord Mayor und Rath ernannt.

5. Die Aldermen sind Friedensrichter ex officio und halten ihrer je zwei als Polizeirichter ein Stadtgericht zu Guildhall.

6. Der Chamberlain, Stadtkämmerer, wird jährlich von der gesammten Livery erwählt; doch ist es üblich, den einmal Gewählten von Jahr zu Jahr zu bestätigen.††) Er hat außer der Oberleitung der Stadt-

---

††) Mayor Chamberlain und städtische Beamte. Die Wahl des Lord Mayor ist in der Regel nur nominell, indem gewöhnlich die Liverymen die Reihenfolge beobachten, und der Hof der Aldermen von den zwei Vorgeschlagenen den im Dienst Aeltern wählt. Er hat ein Gehalt von 8000 L., eingerichtete Amtswohnung und das Gebrauchsrecht an den städtischen Equipagen: doch übersteigen die Ehrenausgaben um ein Bedeutendes seine Einnahmen.

Die in der Weise der ältern Corporations-Verfassung sehr zahlreichen Beamten der Stadt werden in 9 Klassen getheilt. Das Ernennungsrecht ist sehr verschieden vertheilt: auf den Gemeinderath, Court of Aldermen, Court of Common Hall; einige werden durch Verwaltungscommittees ernannt, andere von den Oberbeamten, unter denen sie dienen; einige wenige Stellen blieben bis in die neuste Zeit verkäuflich. Mit Ausnahme der richterlichen Beamten und des Town Clerk werden seit 1816 die städtischen Beamten von dem Council nur auf ein Jahr ernannt, aber regelmäßig nach Ablauf desselben bestätigt. Bei jeder Vakanz pflegt ein committee niedergesetzt zu werden, um die Pflichten desselben zu prüfen und Bericht zu erstatten, ob nicht das Amt aufgehoben oder mit einem andern vereint, oder das Gehalt geändert werden könne 2c. Der Report der Untersuchungscommission von 1837 p. 10 rühmt diese Einrichtung als Quelle wichtiger Reformen.

kasse auch gewisse Jurisdictionsbefugnisse und regelt die Zulassung der Freemen.

7. Außerdem hat die Stadt ihren Town Clerk, City Remembrancer, Solicitor und sehr zahlreiche besoldete Unterbeamte.

IV. Die Hauptzweige der städtischen Verwaltung sind erkennbar übereinstimmend mit den drei Hauptgebieten, welche das englische Recht den corporations von jeher anwies, aber extensiv und intensiv stärker als gewöhnlich:

1) eine ökonomische Municipalverwaltung unter Direction hauptsächlich des Gemeinderaths, für welche der Stadtkämmerer Chamberlain der Hauptbeamte ist, und welche in Gütern der irischen Provinz Ulster noch einen soliden Fonds besitzt [1]);

2) administrative Polizei einschließlich der Gefängnißverwaltung, unter dem Court of Aldermen, während die einzelen Aldermen die vollen Gewalten der Friedensrichter üben; zunächst daran reihen sich erhebliche Zweige der Gewerbepolizei [2]);

3) städtische Civil- und Strafjustiz. Die letztere ist jetzt verschmolzen mit der Strafgerichtsbarkeit der benachbarten Gesellschaften innerhalb des großen hauptstädtischen Polizeibezirks zu dem Central Criminal Court. In der dafür vom Lord Kanzler ausgefertigten commission wird der Lord Mayor noch Ehrenhalber an erster Stelle genannt, doch ohne an dem richterlichen Geschäft Theil zu nehmen. Von den städtischen Civilgerichten

---

[1]) Die ökonomische Municipalverwaltung umfaßte zur Zeit der Untersuchungscommission von 1833 einen jährlichen Einnahmeetat von 150,000 £. Alljährlich wird in den Parl. P. eine neue Uebersicht gegeben. Die Verwaltung der Güter, welche die Stadt in Irland besitzt, steht unter einem besondern Committee des Gemeinderaths unter dem Namen der Irish Society. Außerdem verwaltet die Corporation einen großen Separatfonds für die Erhaltung der London- und der Blackfriars-Bridge. Der Kämmerer verwaltet auch einen besondern Waisenfonds, Orphan's Fund, 5. et 6. Will. et Mary c. 10; 21. Geo. II. c. 29; 7. Geo. III. c. 37. Und so bestehen unter verschiedenen Special- und Lokalakten noch so viele Separatfonds, daß die Kämmereirechnungen im weitern Sinne jährliche Summen von 1,000,000 £. schon weit überschreiten.

[2]) Die administrative Polizei steht unter dem Court of Aldermen, der schon ziemlich früh besoldete Mannschaften anstellte. Später entschloß man sich zu einer durchgreifenden Nachbildung der Metropolitan policemen, und stellte dafür einen eigenen besoldeten städtischen Polizeidirector Commissioner (1000 £.) an. Zunächst daran reiht sich die Verwaltung der städtischen Gefängnisse unter dem Court of Aldermen. Weiter übt die Corporation eine Markt- und Gewerbepolizei. Alle Mäkler in London müssen Bürger, und von dem Court of Aldermen concessionirt sein. Dazu kommt eine Gewerbepolizei über Kohlenhandel, Kornmesser, Lastträger (Porters) ꝛc. Der Hafen von London steht zum Theil unter dem Lord Mayor, zum Theil unter dem Navigation Committee des Gemeinderaths.

§. 110. Die Verfassung der London City. 651

besteht als praktisch noch fort der Lord Mayor's Court und der Sheriffs Court, zuweilen mit Zuziehung einer städtischen Jury.³)

Wie verworren auch das Conglomerat der Cityverfassung erscheinen mag, mit ihren 500 Lokalakten und zahllosen Municipalcharten alter, mittlerer und neuerer Zeit, so war sie doch bisher eine großartige Erscheinung des englischen Lebens: das Festhalten an Communalinstitutionen unter großstädtischen Verhältnissen, welche den nachbarlichen Zusammenhang der Zusammenwohnenden auflösen und das Communalleben zerstören. Wenngleich ringsumher der Metropolitan District eine Polizeipräfectur bildet, Armenverwaltung, Straßen- und Gesundheitspolizeisystem sich in die neuere Verwaltungsweise verflachen, ist die City im Wesentlichen noch unverändert geblieben. Die Reformbill brachte nur eine ziemlich gemäßigte Aenderung des Parlamentswahlrechts. Die Lokalakte 12. et 13. Vict. c. 94 beschränkt sich darauf, die Grundlage der Bürgerschaft für die Wahlen der Aldermen, Stadtverordneten und der Bezirksbeamten mit dem allgemeinen Recht so weit in Uebereinstimmung zu bringen, daß jeder ansässige Inhaber eines Hauses, Waarenlagers, Comptoirs, Geschäftslokals oder Ladens ein Wahlrecht haben soll, wenn er freeman ist, unabhängig von sonstigen Erfordernissen (Parl. P. 1858 III. 243, XI. 673). Die weiter gehenden Anträge: der Stadt die Polizei zu nehmen, besoldete rechtsgelehrte Magistratsmitglieder anzustellen, das selbständige Magistratscollegium aufzuheben, alle Beamte vom Gemeinderath wählen zu lassen ⁊c. sind bisher zurückgewiesen. Es ist indessen kaum zu bezweifeln, daß im Laufe des nächsten Jahrzehnts der nivellirende Zug der wirthschaftlichen Gemeindeverwaltung mit ihren gewählten boards auch die City von London ergreifen wird. Die Verwaltungssysteme der umgebenden

---

³) Die Stadtjustiz besteht zwar unter alten ansehnlichen Namen fort, ist aber in Civilsachen überwachsen von der concurrirenden Jurisdiction der Reichsgerichte, in Strafsachen von dem Central Criminal Court. Das alte große Stadtgericht, the Court of Hustings, wird nominell vor Mayor und Aldermen gehalten, ist aber außer Gebrauch, weil die alte Weise der Gerichte vor Richter und Gemeinde überhaupt nicht mehr anwendbar ist. Noch praktisch dagegen ist der Lord Mayor's Court, der (unter dem Namen des Lord Mayor) vom Recorder abgehalten wird in persönlichen und gemischten Klagen nach gemeinem Recht ohne Beschränkung auf einen Betrag und mit eigenthümlichen Befugnissen einer Arrestlegung auf ausstehende Forderungen (foreign attachment). Er hat auch eine Billigkeitsgerichtsbarkeit, und eine Strafgewalt in Angelegenheiten der besonderen Gewohnheiten von London. Concurrirend damit steht der Sheriff Court, doch beschränkt auf Civilprozesse nach gemeinem Recht, und durch 15. et 16. Vict. c. LXXVII. wesentlich auf den Fuß der neuen Kreisgerichte gebracht. Zum Jurydienst in diesen Civilhöfen werden Bezirkslisten aus substantial householders der einzelen wards gebildet unter Vermittelung des Court of Aldermen. — Daneben besteht noch der wenig praktische Chamberlain's Court für gewisse Erbschafts-, Vormundschaftssachen und Lehrlingsstreitigkeiten.

Metropolis und die Rückwirkungen der Reformbill von 1867 machen diesen Ausgang wohl unvermeidlich.

Die Beziehungen der Corporation zu den umgebenden Gemeinden, die mit ihr zusammengenommen die Metropolis bilden, sind von der polizeilichen Seite schon in §. 81 behandelt worden. Diese Umgebungen bestehen aus einer Anhäufung von Kirchspielen, alten Dörfern, Rittergütern, Vorwerken, Freibezirken, meistens gruppirt zu Parlamentswahlflecken. Darunter die selbständige City von Westminster und der wie eine Mediatstadt der London City untergeordnete Flecken Southwark. Für diese Umgebung gilt als Grundlage die gewöhnliche Kirchspiels-, Bezirks- und Kreisverfassung (parish, sessional division, quarter sessions), zum Theil auch städtische Institutionen durch Lokalakten. Die nothwendigen Wechselbeziehungen dieser Menschen- und Häusermassen, welche doch thatsächlich wie Stadtviertel einer großen Stadt aneinandergereiht sind, haben so manchen Knoten der Verwickelung geschürzt, der dann durch eine Reihe von besonderen Gesetzen bald gelöst, bald durchhauen ist. Ein gemeinsames Institut, welches seit 1592 datirt, war ein Civilstandsregistersystem, unter dem Namen der Bills of Mortality. Es hängt damit zusammen der häufig vorkommende Ausdruck „innerhalb der Bills of Mortality," d. h. innerhalb des weitern Stadtbezirks, in welchem gesetzlich dies Civilstandsregisterwesen vorgeschrieben war. — In neuster Zeit sind für diesen weiten Kreis große gemeinsame Institutionen hervorgegangen: ein Central-Criminalhof der vollständig das ganze Gebiet umfaßt; eine hauptstädtische Polizei mit Polizeirichterämtern (§. 81), das Ganze außer der City umfassend; gemeinsame Armenverwaltungssysteme (§. 129); gemeinsame Canalisirungssysteme, Baupolizeiordnungen 2c. (§. 135). Man könnte daraus das Thema einer sehr umfassenden Schrift bilden. Schon früher hat Herr Joseph Fletcher in den Journals of the Statistical Society reichhaltige Zusammenstellungen gegeben über Grenzen, Umfang und Eintheilungen, VII. 69. 103; über die hauptstädtischen Criminalhöfe IX. 289; über Pflasterung, Erleuchtung und Reinigung IX. 204. Eine Gesammtübersicht über die Verhältnisse der Parlamentswahlen enthalten die Parl. P. von 1854—55. Der Metropolitan District bildet 8 gesonderte städtische Wahlkreise, parliamentary boroughs. Außerdem gehören noch 5 einzele Kirchspiele und Ortschaften zur Grafschaft Middlesex, 7 zur Grafschaft Surrey, 6 zur Grafschaft Kent. Von diesen Bezirken wird die Bevölkerung und die Zahl der bewohnten Häuser nach dem Census von 1851 beigefügt:

	Häuser.	Einw.		Häuser.	Einw.
City von London	14,590	127,869	Bor. Southwark	23,751	172,863
„ Westminster	24,755	241,611	„ Lambeth	40,317	258,808
Bor. Marylebone	40,513	370,957	„ Greenwich	14,383	99,365
„ Finsbury	37,353	323,830	Einzele Kirchspiele	34,714	228,991
„ Tower Hamlets	75,710	539,111	Summa	306,088	2,363,405

Für das Communalwesen ist nochmals zu erinnern, daß die Metropolis ein vierfaches Gemeindesystem einbegreift:

1. Die Corporationsverfassung der eigentlichen City (§. 110).
2. Die Polizeiverfassung der weitern Metropolis (§. 81).
3. Das Armenverwaltungssystem der Metropolis (§. 129).
4. Das Abzugscanal- und Straßenverwaltungssystem der Metropolis (§. 135).

Drittes Buch.
Das Grundsystem der wirthschaftlichen Selbstverwaltung.

IX. Capitel.
Die Verfassung des Kirchspiels Parish.

§. 111.
Entstehung und Charakter der Kirchspiele.

In den oben entwickelten Gruppen des obrigkeitlichen selfgovernment (Gerichts=, Polizei=, Militär=Verwaltung, Steuereinschätzung) fehlen gerade die Momente, auf welche die gesellschaftlichen Vorstellungen von einer Gemeindeverfassung das Hauptgewicht zu legen pflegen.

Es fehlt das Princip des Wahlrechts. Sheriff= und Friedensrichteramt, Jury=, Constable- und Milizdienst beruhen auf Ernennung; die dazu nöthigen Steuern werden nicht bewilligt, sondern ausgeschrieben. Es fehlt ferner die Selbständigkeit der eigentlichen Ortsgemeinde. Civil= und Strafjustiz, Polizei und Miliz werden nach Bezirken verwaltet. Auch die Stadtverfassungen, welche vermöge besondern Privilegs (liberty) sich örtlich abschließen, haben aus sich heraus keine selbständig verwaltende Stadtviertel bilden können. Die alten Zehntschaften sind zu Unterpolizeistellen in dem bescheidensten Sinne eines Schulzenamts geworden. Geschlossene Bauerdörfer mit zusammenhängenden Hoflagen waren in England von jeher die Ausnahme gewesen; seit dem XVIII. Jahrhundert besteht die Masse der ländlichen Bevölkerung aus Pächtern, Hauseigenthümern mit einigem Land (freeholders oder copyholders), Schankwirthen, Gewerbetreibenden und arbeitenden Klassen. Wo eine Gutsherrschaft (manor) vorhanden ist, übt sie nur nominelle Ehrenrechte, neben reellen Ansprüchen auf Zinsen, Pachtgelder, Besitzveränderungsabgaben, appropriirte Zehnten.

Cap. IX. Die Verfassung des Kirchspiels Parish.

Der eigentliche Mittelpunkt, die Seele der kleinen Ortsgemeinde, wurde damit Kirche, Pfarre und Schulhaus. Die sonntägliche Vereinigung zum Gottesdienst, die Feier kirchlicher Akte und Feste, und der gemeinsame Begräbnißplatz wurden hier stärkere Elemente für ein örtliches Gemeindeleben als die feudalen Institutionen. An die Stelle der altsächsischen Zehntschaft, tithing, tritt allmälig durch eine stillschweigende Aenderung das Kirchspiel. Die Gesetzgebung der Tudors namentlich gründet auf die Steuern und Aemter des Kirchspiels wichtige neue oder erweiterte öffentliche Functionen. In der Verfassung der Kirchspiele sind daher drei große Entwickelungsstufen zu scheiden.*)

I. Im Mittelalter ist das Kirchspiel nur ein Element der Kirchenverfassung, das normale Ortsamt der kirchlichen Hierarchie. Der Pfarrer ist Haupt und Obrigkeit der Gemeinde, die beiden Kirchenvorsteher sind kirchliche Hülfsbeamte. Aus den kirchlichen Rügegerichten besteht noch fort eine Anzeigepflicht der Gemeinde für notorische Vergehen gegen die Kirchenzucht. Doch wurden schon im spätern Mittelalter die Grundlagen zu selbständigerer Theilnahme der Gemeinde dadurch gelegt, daß aus neuübernommenen Pflichten neue Rechte erwuchsen. Im XIII. Jahrhundert waren die Einkünfte der reich dotirten Kirchen nicht mehr ausreichend für die Erhaltung der kirchlichen Gebäude, da Prälaturen und Klöster immer massenhafter Kirchengut und Zehnten in Anspruch nahmen. Man wandte sich daher an den guten Willen der Pfarrkinder wegen Aufbringung einer Church Rate (§. 20), deren natürliche Basis der christliche Hausstand als solcher ward, ohne daß es darauf ankommen konnte, ob er als freehold an den Gerichts-, Polizeilasten und Parlamentssubsidien theilnahm. Die Erhebung derselben wurde nun ein Hauptgeschäft der

---

*) Die geschichtliche Anknüpfung der Kirchspielsverfassung an die Entstehung der Kirchensteuer seit dem XIII. Jahrhundert ist in der Gesch. des selfgov. S. 208. 209. 211. 212 gegeben; die Neugestaltung und Consolidirung des Kirchspiels durch die Gesetzgebung der Tudors S. 267—273. 285—291; die späteren Zustände des achtzehnten Jahrhunderts S. 376—378. Aus der Literatur ist hervorzuheben: John Steer, Parish Law, 2nd ed. by George Clive. London 1843 u. sp. Aufl. 8. Diese viel gebrauchte Monographie behandelt alle Theile der Communalverfassung vom Standpunkt des Kirchspiels aus (also auch die Communalsteuern, Wegeverwaltung, Friedensrichter, Constables und das Armenverwaltungssystem). Es fehlen darin die historischen und systematischen Zusammenhänge, die gerade hier so dringend nöthig waren; übrigens gehört die Schrift zu den zuverlässigen Compilationen. Es gehört hierher ferner R. Burn's Ecclesiastical Law, Edit. Phillimore 4 Vol., in der alphabetischen Anordnung namentlich die Artikel: Churchwardens, Parish, Parish Clerk, Sexton. Wiederholt ist schon hervorgehoben die Schrift von Toulmin Smith, the Parish, its Powers and Obligations at Law, 2nd Edit. London 1857, namentlich Cap. III. über die Kirchspielsbeamten, Cap. IV. über die Committees des Kirchspiels, Cap. VII. über die Gegenstände der Kirchspielsverwaltung, Cap. VIII. über die Kirchspielssteuern.

§. 111. Entstehung und Charakter der Kirchspiele. 655

Churchwardens. Da aber das ursprüngliche Verhältniß der Freiwilligkeit unvergessen blieb, so war eine vorgängige Besprechung mit der Gemeinde unabweisbar. Die Versammlung der Gemeinde erfolgte dem Zweck entsprechend in der Sakristei, vestry, wovon die Gemeindeversammlung selbst den Namen vestry erhielt. Die Abstimmung geschah mit gleichem Stimmrecht nach Analogie der alten Gemeindeversammlungen und der Parlamentswahlen. Das gleiche Stimmrecht galt daher als „common law". Durch das Steuerbewilligungsrecht trat die kleine Ortsgemeinde aus ihrer bescheidenen Stellung zur kirchlichen Obrigkeit allmälig in analoger Weise heraus, wie die große Versammlung der Commons im englischen Parlament. Der gute Wille der Majorität entschied jedenfalls über Maß und Art der Bewilligung. Positive Weigerungen waren selten, und konnten allenfalls durch kirchliche Censur und Exkommunikation geahndet werden; doch verloren diese Zwangsmittel allmälig ihre Wirksamkeit. Das Herkommen, welches sich daraus bildete, ist der unwillkürliche Ausdruck eines Verhältnisses gegenseitiger Berechtigung.

II. Seit der Reformation erwächst dieser Kirchspielsverfassung mit gewaltigen neuen Lasten auch allmälig eine neue Bedeutung, so wenig auch die bischöfliche Kirche geneigt war der Gemeinde Rechte einzuräumen. Die Gesetzgebung der Tudors übernimmt die Armenpflege als öffentliche Last, aufzubringen durch eine Poor Rate der Kirchspiele ungefähr nach dem schon vorhandenen System der Church Rate. Die Kirchenvorsteher werden Armenaufseher. Neben ihnen besondere Overseers of the Poor, die zwar nach Kirchspielen ernannt werden, übrigens aber unabhängig von der kirchlichen Obrigkeit als weltliche Ortsgemeindebeamten dastehen. Da das verfallene Constable-Amt für viele Funktionen eines Schulzenamts auf dem Lande, eines Bizirksvorsteheramts in den Städten, nicht mehr zuverlässig genug erschien, so wird allmälig eine Reihe von neuen Pflichten eines Ortsvorsteheramts auf Kirchenvorsteher oder Armenaufseher oder auf beide gemeinschaftlich gelegt, so daß nun das deutsche Schulzenamt in England auf die Aemter der Constables, Churchwardens und Overseers vertheilt erscheint; wozu noch als viertes Amt das der Wegeaufseher kommt, nachdem die Gesetzgebung der Tudors auch die Wegebaulast in geregelte Verbindung mit dem Kirchspiel gebracht hat. In der Gestalt der vestries aber macht sich unverkennbar geltend ein Einfluß der besitzenden Klassen wie in der Stadtverfassung. In vielen Kirchspielen bildet sich durch das Zurücktreten der kleineren Steuerzahler eine Art von voverning body unter dem Namen einer select vestry.

III. Im neunzehnten Jahrhundert tritt mit dem ungeheuren Uebergewicht der Armensteuer auch die weltliche Seite der Kirchspielsverfassung in den Vordergrund. Hand in Hand mit den Bewegungen der

Reformbill lebt auch hier das abgestorbene Recht der Steuerzahler wieder auf. Das Armengesetz von 1834 giebt dem ganzen Gebiet eine durchgreifend neue Gestalt und säcularisirt die Kirchspielsverfassung in einer Weise, von der bei Blackstone noch nichts ersichtlich ist. Die vestry ist jetzt in ihrer Hauptbedeutung eine weltliche Gemeindeversammlung, welche die schwersten Geldlasten der Commune trägt und ein äußerst verwickeltes Armenwesen zu besorgen hat, wobei aber dem Geistlichen und den Kirchenvorstehern alte Ehrenrechte und kirchliche Gemeinderechte verbleiben. Durch dies Festhalten der legalen Identität der kirchlichen und geistlichen vestry entstehen freilich Widersprüche in einer Zeit, in welcher die Hälfte der Bevölkerung sich nicht mehr zur Staatskirche bekennt.

Zum Grundbezirk der wirthschaftichen Gemeindeverwaltung ist auf diesen Wegen das Kirchspiel, Parish, parochia, geworden, d. h. ein Bezirk, dessen Geistlicher zur Seelsorge, zum Bezug der Zehnten und geistlichen Oblationen in seiner Gemeinde befugt ist. Die Bildung der Pfarrbezirke hatte sich im Mittelalter sehr langsam vollendet, unter starker Mitwirkung von Laien-Fundationen, daher auch mit einem weit ausgedehnten Patronatsrecht, welches die Regel der englischen Kirche bildet. Das Gebiet der Kirchspiele ist bis in die neueste Zeit ziemlich stetig geblieben. Ein im Jahre 1288 aufgenommenes Verzeichniß, die sogenannte Taxation des Papstes Nicolaus, konnte noch Jahrhunderte lang benutzt werden. Aus den Sheriffsberichten vom Jahre 1371 hat Stowe 8632 Kirchspiele zusammengerechnet. In den nördlichen Grafschaften waren und blieben sie auffallend groß, öfter 1—2 deutsche Quadratmeilen umfassend; in den südlichen Grafschaften durchschnittlich kleiner als die norddeutschen Pfarren. Im Jahre 1520 wurde die Zahl auf 9407, unter Jacob I. auf 9284 angegeben. Der Census von 1851 gab die Zahl der wirklichen Pfarrkirchen und Parochial-Capellen auf 10,477 an. Zur Zeit des Census von 1861 wird die Zahl der Pfarrgemeinden auf 12,628 angegeben.

Die kirchliche Statistik der Parochien wird nur beiläufig in den Parlamentsberichten berührt. Die Parl. P. 1852/53. No. 72. geben die heutige Gesammtzahl der kirchlichen Pfründen auf 11,728 an (mit 8214 Pfarrhäusern, 8077 residenten Pfarrgeistlichen, 2952 non residents). Einen Plan für weitere Zerlegung der großen Kirchspiele in kleinere Pfarreien geben die Parl. Papers 1855. No. 1922. vol. XV. p. 377; eine Generalstatistik der Confessionen die Parl. Papers 1853. No. 1690. vol. LXXXIX; einen Bericht über die durch Theilung neu entstandenen Kirchspiele unter den Church Building Acts die Parl. P. 1867. LIV. 659. Die obige Angabe von 12628 Kirchspielen für parochiale Zwecke wurde bei Gelegenheit der Verhandlungen über die neue Schulgesetzgebung wiederholt gemacht. Die sehr viel höhere Anzahl der Kirchspiele und Ortschaften für die Armenverwaltung findet sich in den Parl. P. 1868 No. 114. LIII., 177—571 (umfassend 14,877 parishes mit ihrer Einwohnerzahl und ihren Steuermassen, wobei noch

§. 112. Die Amtspflichten der Kirchenvorsteher Churchwardens.

die 14 größten Städte fehlen). Ueberhaupt ist auf die obige Statistik der Ortsgemeinden S. 85—87 zurückzuverweisen.

Als veraltet ist jetzt anzusehen die Curiosität der Extraparochial-Places. In der mittelalterlichen Bildung der Pfarreien waren nämlich aus verschiedenen Gründen einige Bezirke (die königlichen Forsten, die Freiheiten der Kathedralkirche, die Colleges der Universitäten, die Advocateninnungen u. s w.) uneingepfarrt geblieben und damit frei von Armentaxe, Wegesteuer und den entsprechenden Gemeindeeinrichtungen. Nach dem Generalbericht des Armenamts pro 1858 S. 290—308 werden als solche 597, meistens sehr unbedeutende Bezirke mit zusammen 105,000 Einw. aufgezählt, mit Angabe des Areals und der Einwohnerzahl (vgl. Generalbericht 1861 App. No. 40, 1862 App. No. 43). Durch 20. Vict. c. 19 werden indessen die Quartalsitzungen ermächtigt, auch für diese Bezirke Armenaufseher zu ernennen und Armensteuern ausschreiben zu lassen, oder mit beiderseitiger Zustimmung solche Bezirke mit einem benachbarten Kirchspiel zu vereinigen. Wo bisher weder das Eine noch das Andere geschehen ist, soll nach 31. et 32. Vict. c. 122 §. 27 der extraparochial place incorporirt werden der nächsten parish, mit welcher er die längste Grenze gemeinsam hat, event. mit der, welche die kleinere Masse des steuerpflichtigen Eigenthums hat. Jene auf dem Continent vielbesprochene Curiosität ist damit erloschen.

Ein summarisches Verfahren zur Feststellung streitiger Kirchspielsgrenzen ist eingeführt bei der Generalcommission für Zehntenablösung, 2. et 3. Vict. c. 62 §§. 34 bis 36; 3. Vict. c. 15 §. 28; 8. et 9. Vict. c. 118. Im Mittelalter wurden die Grenzen der Kirchspiele mit fliegenden Fahnen, Lichtern und andern Solennitäten prozessionsweise von Zeit zu Zeit „begangen", und dabei die Gastfreundschaft der Nachbarn in dem Maße in Anspruch genommen, daß die Gerichte die Sitte niemals als consuetudo rationabilis anerkennen wollten, und die Tudors dagegen mit Polizeiverboten einschritten, vgl. Toulm. Smith, Parish S. 442—451.

§. 112.
Die Amtspflichten der Kirchenvorsteher Churchwardens.

Der Hauptbeamte des Kirchspiels, der Pfarrer (Rector oder Vicar, je nachdem er im Besitz der ordentlichen Zehnten ist oder nicht), gehört in seiner Hauptstellung der Kirchenhierarchie an*). In das Kirchspiel gehört nur das Ehrenrecht des Vorsitzes in der Kirchspielsversammlung und

---

*) Vom Standpunkt der Kirche aus steht der Pfarrer selbständig über der Gemeinde, Steer p. 279: the minister has a right to preside at all vestry meetings; for a minister is not a mere individual of vestry; on the contrary, he is always described as the first, and as an integral part of the parish; the form of citing a parish being, „the minister, churchwardens, and parishioners." In sound legal principle he is the head and praeses of the meeting (Wilson v. M'Math, 3. Phil. Ec. Ca. 87; 3. B. et Ald. 246. notis). Lebhaft bekämpft ist dieser kirchliche Standpunkt in T. Smith, Parish cap. VI. S. 288—330, wie denn auch der Verfasser den Churchwardens eine überwiegend weltliche Stellung, und der Gemeinde das Wahlrecht für alle Beamte vindicirt.

Gneist, Engl. Communalverfassung. 3. Auflage.

sein Antheil an Ernennung der Kirchenvorsteher. Die Gesetzgebung der Tudors hat ihm zwar gelegentlich auch einige Polizeiamtspflichten auferlegt, namentlich die Registrirung von Gesindezeugnissen, Attestirung der Vollstreckung der Prügelstrafen an rogues, Controle des Kirchenbesuchs der popish recusants und einige ähnliche Dinge. Aus begreiflichen Gründen hat sich aber diese Richtung der Gesetzgebung nicht fortgesetzt. Als wichtige Function hatte die mittelalterliche Kirchenverfassung dem Pfarrer noch die Führung der Geburts-, Sterbe- und Eheregister übertragen. Die weltliche Gesetzgebung hatte später die Standesregister in fortschreitendem Maße ihren Vorschriften unterworfen. Das umfassende Gesetz über die Führung der Kirchenbücher, 52. Geo. III. c. 146, dauert indessen nur noch fort zur Beurkundung der Tauf- und Begräbnißacte, während die Geburts-, Todes- und Eheschließungsregister durch neue staatliche Einrichtungen, 6. et 7. Will. IV. c. 85. 86., unter einem Registrar General ersetzt sind**).

Die Kirchenvorsteher Churchwardens, die einzigen Repräsentanten der Gemeinde in der Kirchenverfassung, sind vom Standpunkt der Kirche aus nur als untergeordnete Gehülfen gedacht, haben aber durch weltliches Gewohnheitsrecht eine selbständigere Stellung erhalten. Es sind ihrer regelmäßig zwei in jedem Kirchspiel; doch giebt es auch einige Kirchspiele, in welchen das Amt fehlt. Nach den kirchlichen canones von 1603 (can. 89) sollen sie alljährlich gewählt werden durch vereinigten Consens des Geistlichen und der Pfarrkinder, und in Ermangelung einer Vereinbarung der Eine vom Geistlichen, der Andere von der Gemeinde. Jene Canones haben allerdings keine rechtlich bindende Kraft für Laien: allein der Ortsgebrauch stimmt damit in der Regel überein, und für die nach späteren Gesetzen neu errichteten Kirchen ist dasselbe Princip als Regel anerkannt, 9. Anne c. 22; 58. Geo. III. c. 45 §§. 73. 74. u. sp. Ges. Die Ernennung soll in der Osterwoche geschehen. Die abgehenden Kirchenvorsteher schlagen ihre Nachfolger vor, die dann in der Regel gewählt

---

**) Ueber die ältere Weise der Führung der Kirchenbücher vgl. den Report, Parl. P. 1833. No. 699. XIV. S. 505. Die staatskirchliche Gesetzgebung beginnt unter den Tudors. Die Injunctions von 1547 schreiben vor, daß „Pfarrer und Gemeinde" in jedem Kirchspiel ein Buch oder Register halten sollen, in welchem Tag und Jahr einer jeden Hochzeit, Taufe und Begräbnisses verzeichnet werde. An jedem Sonntage soll der Pfarrer in Gegenwart eines Kirchenvorstehers die Eintragungen der letzten Woche machen, bei 3 sh. 4 d. Strafe für jeden Fall der Säumniß. Diese Verpflichtung wurde durch 6. et 7. Will. III. c. 6 §. 20 legalisirt. Durch 52. Geo. III. c. 146 wurde die Form der von den Kirchenvorstehern anzuschaffenden Kirchenbücher, die Anschaffung eines eisernen Kastens zur Aufbewahrung, die Form der jährlich dem Registrar der Diöcese einzureichenden Duplicate genauer bestimmt; doch ist nach Einführung des neuen Civilstandsregisterwesens (Gneist, Engl. Verwaltungsrecht II. §. 78) jetzt nur die Eintragung der Ehen nach staatskirchlichem Ritus übrig geblieben.

§. 112. Die Amtspflichten der Kirchenvorsteher Churchwardens. 659

werden. Oefter giebt das Herkommen einem ständigen Gemeindeausschuß, select vestry, das Ernennungsrecht, in sehr seltenen Fällen auch dem Kirchenpatron. In London ist es Herkommen, daß die Gemeinde beide Kirchenvorsteher wählt.

Wählbar ist jeder christliche Glaubensgenosse, da dem Recht nach jeder Engländer zur Staatskirche gehören soll. Ein „Dissens" von der Kirche wird also ignorirt; der so Gewählte kann sich aber einen geeigneten Stellvertreter substituiren. Eine Prüfung, ob die gewählte Person geeignet sei, steht weder dem weltlichen noch dem geistlichen Gericht zu, sondern nur der Gemeinde, die nach der Gerichtspraxis auch die Befugniß übt sie zu entlassen, Blackstone I. 394.

Befreit von der Uebernahme des Amts sind Pairs, Mitglieder des Parlaments, Geistliche der Staatskirche, katholische und dissenterische Geistliche nach Beobachtungen der Formalien, Advokaten, Anwälte und Gerichtsschreiber, Physicians, Surgeons welche das Bürgerrecht von London gewonnen haben, Apotheker nach siebenjähriger Lehrzeit; nach dem Milizgesetz von 1802 Unteroffiziere und Mannschaften der Miliz; die Beamten der Zölle und Accise, 3. et 4. Will. IV. c. 51 §. 12; ferner außerhalb Wohnende, die nur vermöge eines Grundbesitzes zum Kirchspiel gehören, Steer Parish Law 101. Unfähig sind nach Präjudizien der Gerichte Minderjährige, Ausländer, Juden und Personen, die wegen felony bestraft sind.

Sind Befreiungsgründe nicht vorhanden, so kann der Gewählte durch geistliche Strafmittel, d. h. durch Excommunication, nach neuerm Gesetz durch arbiträre Gefängnißstrafe, zur Uebernahme des Amts gezwungen werden. Er leistet in die Hände des Archidiaconus einen Amtseid, der ehedem durch Vereinbarung geistlicher und weltlicher Gerichte gefaßt war, und jetzt durch eine Declaration ersetzt ist, 5. et 6. Will. IV. c. 56. §. 9.

Den verwickeltsten Punkt bilden die Amtsfunctionen, bei denen eine Sonderung von kirchlichen und weltlichen Functionen versucht werden muß.

A. Als kirchliche Functionen sind diejenigen anzusehen, welche nach der mittelalterlichen Kirchenverfassung zu den Obliegenheiten des geistlichen Ortsamts gehören. Es sind dies folgende vier:

1) Die Churchwardens sind Curatoren des Kirchengebäudes, des Kirchhofs, der Kirchenwege, und Vertreter des beweglichen Vermögens der Kirche. Laufende Reparaturen besorgen sie selbständig, Erweiterungsbauten mit Zustimmung des Bischofs; in beiden Fällen bewilligt die Gemeinde die Mittel. Zu Neubauten ist die vestry nicht verpflichtet; sie kann aber auch solche beschließen und eine gültige Kirchensteuer dafür

votiren (so entschieden durch drei gleichlautende Gerichtsurtheile 29. Car. II). In der Regel dienen dazu Collecten, unter Genehmigung des Lordkanzlers. Die Churchwardens sorgen ferner für die Lüftung der Kirche, Instandhaltung der Fenster, des Fußbodens 2c. Sie vertheilen die Kirchensitze (pews) nach Stand und Herkommen, mit Recurs an den Bischof, auch mit Rücksicht auf wohlerworbene Privatrechte. Sie sorgen für die Erhaltung der Mauern und sonstigen Einhegungen der Kirchhöfe und für die Instandhaltung der Kirchwege. Für das bewegliche Vermögen, Orgel, Glocken, Materialien des Gottesdienstes, bilden sie eine juristische Person mit der selbständigen Befugniß der Vertretung im Prozeß. Die Dispositionsbefugniß hat aber nicht der einzele Kirchenvorsteher, sondern nur beide, und auch beide nur mit Zustimmung der Gemeinde, Steer 100. Im Falle der Vacanz verwalten sie interimistisch auch das Pfarrvermögen für Rechnung des Nachfolgers unter Aufsicht der geistlichen Behörden[1]).

2) Sie sorgen für die **Materialbedürfnisse des Gottesdienstes**, namentlich für ein Exemplar der Bibel, des book of common prayer, eines Homilienbuchs, für Taufstein, Abendmahlstisch mit Decke, die 10 Gebote und auserwählte Bibelsprüche an den Kirchwänden, Lesepult, Kanzel, Almosenlade (Can. 80—84), ferner für Brod und Wein, Lichter, Kelch und Geräthschaften zum Abendmahl (Can. 20), — Alles auf Kosten des Kirchspiels.

3) Sie üben die **Polizei der Kirche und des Gottesdienstes** mit der Pflicht, Unschicklichkeiten und Störungen zu verhüten, die Störer nöthigenfalls aus der Kirche zu entfernen, Excommunicirte aus der Versammlung auszuschließen (Can. 85), Festlichkeiten, weltliche Versammlungen, militärische Musterungen und dgl. weder in der Kirche noch auf dem Kirchhof zu dulden (Can. 88). Sie sollen darauf sehen, daß die Pfarrkinder zur Kirche kommen, bis zum Ende des Gottesdienstes bleiben, die Ueber=

---

[1]) Die kirchlichen Functionen der Churchwardens umfassen nicht das ganze Vermögen. Im Grundbesitz nämlich hat der Pfarrer ein freehold-Recht auf Lebenszeit an dem Kirchengebäude, dem Pfarrhause und der Pfarrhufe nach common law. Nur in London bilden die Kirchenvorsteher eine Corporation für alle Zwecke, also auch zur Rechtsvertretung für den Grundbesitz der Kirche. Neuerdings ist durch 59. Geo. III. c. 12. §. 17; 5. et 6. Will. IV. c. 69 §. 4 ihnen überhaupt die Befugniß beigelegt, Grundstücke und andere Immobilien auf Grund neuer Zuwendungen als Corporation zu besitzen und im Prozeß zu vertreten. — Eine eigene Jurisprudenz hat sich gebildet für **Kirchstühle**, pews. Als gemeines Recht gilt ein Gemeingebrauch aller Pfarrkinder daran, welchen der Ordinarius durch die Kirchenvorsteher nach Rang und Stand regeln soll, Coke 3. Inst. 202; Steer Parish Law. 25. Durch bischöfliche Licenz (faculty) kann aber auch ein (vielfach streitiges) Privatrecht für Personen und Familien entstehen; unstreitig entsteht es durch Herkommen. Durch die neuen Kirchenbaugesetze und Specialacten ist ein verwickeltes System von Verkauf und Vermiethung von Kirchensitzen entstanden.

§. 112. Die Amtspflichten der Kirchenvorsteher Churchwardens. 661

treter dagegen anzeigen (Can. 90). Sie sollen nicht dulden, daß müßige Personen sich während des Gottesdienstes an der Kirchthür oder auf dem Kirchhof umhertreiben (Can. 19). Sie haben die Schlüssel des Glockenthurms aufzubewahren (die der Kirche gebühren dem Pfarrer), und dafür einzustehen, daß die Glocken nicht unbefugt geläutet werden. Sie sollen nicht dulden, daß fremde Personen ohne Licenz des Bischofs in der Kirche predigen (Can. 50. 52). Endlich üben sie die Polizei des Kirchhofes, überwachen die Vorschriften wegen Begräbnisses von Selbstmördern und Verbrechern, vorbehaltlich eines Mandamus gegen willkürliche Verweigerungen [2]).

4) Sie controliren die Aufbewahrung der Kirchenbücher in einem verschlossenen Kasten, zu welchem zwei Schlüssel die Kirchenvorsteher, den dritten der Geistliche führt. Sie sollen darauf achten, daß der Pfarrer an jedem Sonntag alle Taufen, Trauungen und Begräbnisse der letzten Woche einträgt, und am Fuß jeder Seite des Kirchenbuchs ihren Namen unterschreiben, gemeinschaftlich mit dem Pfarrer, auch jährlich am 25. März dem Bischof eine ebenso unterzeichnete Abschrift des Kirchenbuchs einreichen, — jetzt beschränkt auf die Tauf- und Begräbnißregister.

B. Die weltliche Seite des Kirchenvorsteheramts beruht auf Gewohnheit und Parlamentsgesetzgebung in folgenden vier Punkten:

1) Veranlagung und Erhebung der Kirchensteuer, einschließlich der Berufung der Gemeindeversammlung dazu. Sie bildet den Uebergang in die rein weltliche Seite der Kirchspielsverfassung, da die Church Rate als Realsteuer auch von Dissenters und Außerhalbwohnenden zu entrichten ist. Folgerecht entscheidet über die Gültigkeit der Stimmen und über die Stimmweise auch das weltliche Gericht. Dieser Hauptpunkt ist jetzt geändert durch Aufhebung der obligatorischen Church Rate, 31. et 32. Vict. c. 109 (oben §. 20).

2) Sie sind zugleich Armenaufseher, 43. Eliz. c. 2 §. 1, mit der Pflicht der Fürsorge für Armenlehrlinge und allen sonstigen Geschäften der Armenpflege, in welchen sie als „ex officio overseers of the poor" der Amtsgewalt der Friedensrichter untergeordnet sind. In Strafbefehlen der Friedensrichter innerhalb dieses Geschäftskreises müssen sie aber ausdrücklich als overseers bezeichnet werden, da sie als Kirchenvorsteher der

---

[2]) An die Kirchenpolizei zunächst schließt sich die Pflicht der Churchwardens zu presentments an Stelle der alten Synodalzeugen, deren Verpflichtungen in ihren Amtseid aufgenommen sind, nämlich „anzuzeigen alle notorischen Vergehen in Bezug auf Kirche, Geistliche und Pfarrkinder", wie solche durch die Canones von 1603 neu eingeschärft, aber dennoch in Vergessenheit gekommen sind. Es gehören dahin auch gewisse Vergehen der Geistlichen gegen die Kirchenordnung. Andrerseits soll der Geistliche selbst die Anzeigepflicht üben, wenn die Kirchenvorsteher darin säumig sind (Can. 113).

Competenz der Friedensrichter nicht unterliegen. Auch diese Geschäfte sind jetzt wesentlich beschränkt durch die neue Armengesetzgebung.

3) Sie haben einzele Pflichten eines untern Polizeiamts, welche ihnen gelegentlich durch die Gesetzgebung seit den Zeiten der Reformation aufgelegt sind, zum Theil concurrirend mit den Constables und Overseers [3]).

4) Einzele Communalgeschäfte eines Ortsgemeindevorstehers, welche ihnen ebenfalls gelegentlich durch die Gesetzgebung auferlegt sind: Abführung der Beiträge des Kirchspiels aus den Armensteuern zur County Rate, 12. Geo. II. c. 29; eine Pflicht zur Anschaffung von Räumlichkeiten zur Aufbewahrung der Uniformen und Armaturstücke uach den Milizgesetzen; Mitwirkung bei den Neuwahlen der Wegeaufseher nach der ältern Verfassung, 3. Will. III. c. 12; Anlage der Urlisten für den Geschwornendienst, gemeinschaftlich mit den Armenaufsehern, 6. Geo. IV. c. 50 [4]).

Trotz dieser Mischung der Geschäfte sind die Kirchenvorsteher ihrer Amtsverantwortlichkeit nach im Allgemeinen den kirchlichen Behörden (courts) untergeordnet (§. 112).

---

[3]) Sie erheben die Strafe von 12 d. für jeden Sonntag von den Personen, welche nicht zur Kirche kommen, 1. Eliz. c. 2; von denen welche Fleisch essen an Fasttagen, 5. Eliz. c. 5; die Strafe von 3 sh. von denen welche an Sonn- und Festtagen Jagd und ungesetzliche Kurzweil treiben, 1. Car. I. c. 1; von denen welche an gesetzwidrigen Conventikeln theilnehmen 22. Car. II. cap. 1; von denen welche weltliche Geschäfte an Sonn- und Feiertagen betreiben 29. Car. II. c. 7. Sie sollen Strafen erheben für Zechen und Trunkenheit 4. Jac. I. c. 5; 21. Jac. I. c. 7; von Gastwirthen welche Saufgelage dulden 1. Jac. I. c. 9; von Jagdcontravenienten 1. Jac. I. c. 29; von denen welche unconcessionirte Bierhäuser halten 3. Car. I. c. 3; die Strafen der Uebertretung des Reglements für den Butter- und Käseverkauf 13. et 14. Car. II. c. 26; für Uebertretungen der Maaß- und Gewicht-Reglements 16. Car. I. c. 19; 22. Carl II. c. 8; Trödler und Hausirer ohne Gewerbeschein einem Friedensrichter vorzuführen 9. et 10. Will. III. c. 27; die Strafgelder erheben gegen Gesinde welches sorglos mit Feuer umgeht 6. Anne c. 31; die Strafen von denen welche mit Spirituosen hausiren 9. Geo. II. c. 23; die Strafe gegen Lehrlinge, Dienstboten und Tagelöhner, welche in öffentlichen Häusern spielen 30. Geo. II. c. 24. Durch die Amtsthätigkeit der heutigen Constabulary sind diese Functionen ziemlich überflüssig geworden, aber nicht ausdrücklich aufgehoben.

[4]) Die weltlichen Functionen der Churchwardens folgen der Hauptsache nach in dem spätern Capitel über die Armenverwaltung. Ihre Stellung zur Church-Rate ist oben §. 20 im Zusammenhang gegeben. Nach Aufhebung einer zwangsweisen Kirchensteuer soll jetzt nach 31. et 32. Vict. c. 109. §. 9 ein Curatorium (body of trustees) gebildet werden, um Zuwendungen und Beiträge für die Ortskirche in Empfang zu nehmen, bestehend aus dem Pfarrer und zwei Hausvätern, von welchen der eine vom Patron, der andere vom Bischof ernannt wird. Die Verwendung und weitere Verwaltung soll aber den Churchwardens bleiben.

§. 113.

Die Nebenbeamten des Kirchspiels. Sidesmen. Parish-Clerk. Vestry-Clerk. Sexton. Beadle.

Nachdem gegen den Schluß des Mittelalters die Churchwardeas eine bedeutendere Stellung eingenommen haben, erscheinen zu ihrer Assistenz verschiedene untergeordnete Beamte, bei denen der weltliche Charakter entschiedener hervortritt, soweit ihr Amtseinkommen regelmäßig auf einer Bewilligung der Gemeinde beruht.

1. Die Sidesmen (synodsmen), Questmen, sind die mittelalterlichen Synobalzeugen, mit der ursprünglichen Bestimmung zu amtlichen Anzeigen (presentments) bei den kirchlichen Rügegerichten. Noch heute kommen in einzelen großen Gemeinden zwei solche Männer vor, die aber nicht als Gehülfen bei den veralteten presentments, sondern überhaupt als Assistenten der Kirchenvorsteher in ihren verschiedenartigen Geschäften behandelt werden. Sie werden ebenfalls in der Osterwoche gewählt und leisten einen Amtseid, neuerdings eine Declaration[1]).

2. Der Parish-Clerk war im Mittelalter ein jüngerer Cleriker, der gewisse Geschäfte eines Hülfsgeistlichen versah. Noch jetzt ist er sehr gewöhnlich Respondent in der Liturgie. Diese geistliche Stellung ist ihm auch in den neueren Church Buildings Acts gegeben, nach denen er von Jahr zu Jahr in den neuen Pfarrsystemen vom Geistlichen ernannt werden soll. Nach 7. et 8. Vict. c. 54 können überhaupt ordinirte Personen dazu ernannt werden und mit Licenz des Bischofs als Hülfsgeistliche fungiren, freilich ohne Recht an der Pfarre oder Amtsfolge. — In der Mehrzahl der Kirchspiele wurde jedoch der Parish Clerk mehr zu den Geschäften der Kirchensteuer und öconomischen Gemeindeverwaltung gebraucht, daher auch von der Gemeinde remunerirt, woraus dann ein Wahlrecht der Gemeinde hervorging, welches als „Herkommen" von den Gerichten anerkannt wird. Die Stellung ist örtlich eine verschiedene, und eben so variiren die Geschäfte nach dem Bedürfniß. Die Bestimmungen der Canones von 1603 can. 91, wodurch die Ernennung durch den Pfarrer erfolgen sollte, weicht nach den Gerichtsentscheidungen dem „Herkommen", wo dies für ein Wahlrecht der Gemeinde ist. Ebenso nimmt Coke eine Entlassung durch die Gemeinde an, 13. Reports p. 70. Das Einkommen

---

[1]) Ueber die Sidesmen vgl. Toulm. Smith, Parish S. 70, 71, der die kirchlichen Rügegerichte des Mittelalters ignorirt und Alles auf geistliche Usurpation zurückführt.

des Clerk wird entweder durch einen jährlichen Gemeindebeschluß oder durch herkömmliche Gebühr beschafft [2]).

3. Das Amt des Vestry-Clerk entstand erst in späterer Zeit aus den wachsenden weltlichen Lasten des Kirchspiels, als das eines Protokollführers und Secretairs der Gemeindeverwaltung, ähnlich dem Town Clerk in den Städten. Es ist also von Hause aus, nach Entstehung und Zweck, ein weltliches Amt, dessen Geschäfte in kleineren Gemeinden von einem Kirchenvorsteher mit versehen werden. Wo es vorkommt, wird es meistens von Jahr zu Jahr durch Gemeindewahl besetzt; Gehalt, Geschäfte, und Dauer des Amts hängen rein örtlich vom Gemeindebeschluß ab. Nach der Reformbill soll der Vestry-Clerk bei den Wahllisten und Jurylisten assistiren, jedoch unter eigentlicher Verantwortlichkeit der Armenaufseher. Nach 13. et 14. Vict. c. 75 soll er die Ladungen zu den Gemeindeversammlungen besorgen, den Kirchenvorstehern und Armenaufsehern als Protokoll-, Rechnungsführer und Büreaubeamter dienen und die Steuerlisten führen. Dies Gesetz gilt jedoch nur in den Kirchspielen, welche dasselbe freiwillig annehmen [3]).

4. Der Sexton, Sakristan, war ursprünglich ein Diener für kirchliche Geschäfte der Parish, mit der Pflicht die Kirche zu reinigen, die Stühle zu öffnen, die Lichter zu besorgen, Störungen zu verhüten und mit den sonstigen Geschäften eines Kirchendieners. In kleinen Gemeinden

---

[2]) Ueber den Parish Clerk sind die Angaben der Rechtsautoritäten nach diesem Hergang begreiflicher Weise sehr schwankend. Blackstone sieht das Amt als ein auf Landesrecht beruhendes an, Ein- und Absetzung also den weltlichen Gerichten unterworfen als „freehold am Amt." Burn, Justice sieht es als eine reine Privatstellung an, abhängig vom Belieben der Gemeinde. Steer, p. 114 sagt: „Die Ernennung des Clerk gehörte von Hause aus dem Pfarrer. Der Canon 91 bestätigt dies ausdrücklich; doch wurde die Frage oft streitig zwischen Pfarrer und Gemeinde. Die weltlichen Gerichte erkannten ein Wahlrecht der Gemeinde nach Herkommen an, und schritten, wo eine Berufung darauf eintrat, mit einem writ of prohibition ein." Ausführlich behandelt die Frage T. Smith, Parish S. 197—203. Er citirt auch einen Ausspruch des Erzbischofs Whitgift a. 1590, der sich entschieden für das Wahlrecht der Gemeinde ausspricht, da die Thätigkeit des Clerk für alle Pfarrgenossen bestimmt sei und er von diesen alle Gebühren und Einkünfte beziehe (Strype's Annals IV. p. 45). Noch immer erfolgt gewöhnlich eine Concessionirung und Einschwörung durch den Bischof, die aber nach Gerichtsurtheilen nicht wesentlich ist. Im Ganzen stimmen mit obiger Auffassung die in Burn's Ecclesiastical Law III. S. 82 bis 100 gesammelten Autoritäten.

[3]) Ueber das Amt des Vestry Clerk vgl. T. Smith, Parish S. 204—210. Die Ernennung ist formlos und ebenso beruht die Amtsinstruction auf Gemeindebeschlüssen, oft in sehr umfangreicher Weise (Smith S. 207). Wo das st. 13. et 14 Vict. c. 75 adoptirt ist, erfolgt die Ernennung oder Entlassung durch eine Order des Königl. Armen-Amts; ebenso die Anweisung oder Abänderung des Gehalts und die nähere Bestimmung, Leitung und Controle der Amtsgeschäfte.

§. 113. Die Nebenbeamten des Kirchspiels. 665

kann er zugleich den parish clerk vorstellen. Sein einträglichstes, und insofern das Hauptamt, ist das des Todtengräbers. Je mehr das Amt auf den oft reichlichen Beiträgen der Gemeinde beruhte, um so häufiger wurde es zu einem Wahlamt. Die Gerichtspraxis erkannte auch in dieser Beziehung ein „Herkommen" an. Das Gehalt beruht auf Bewilligung der Gemeinde, und wird durch die Churchwardens bezahlt, die Gebühren meistens durch eine order der vestry normirt, der Tarif in der Sakristei ausgehängt[4]).

5. Der Pedell, beadle, ist Aufwärter in den Gemeindeversammlungen, Gemeindebote zur Besorgung von Ladungen und Bestellungen aller Art, in manchen Geschäften auch ein Gehülfe des constable. Wahl und Einkommen hängen lediglich von Beschlüssen der Gemeindeversammlung ab. Nach dem Verfall des court leet wird dem beadle oft auch das Amt eines Feldhüters aufgetragen, welches eigentlich durch Bestellung im court leet besetzt werden sollte (als common driver, hayward etc.)[5]).

Auf diese Unterbeamten ist die Aufzählung an dieser Stelle zu be-

---

[4]) Ueber das Amt des Sexton vgl. T. Smith S. 193—196, wo wiederum behauptet wird, daß es ursprünglich ein weltliches Amt unter Wahl der Gemeinde gewesen sei. Nicht selten werden Frauen zu dem Amt gewählt 7. Modern Rep. 263. Die oft wiederholte Behauptung, daß der Sexton ein freehold an seinem Amt habe, ist irrthümlich, und beruht nur auf einer Gerichtsentscheidung in einem einzelnen Fall, wo behauptet war, es bestehe eine Ortsgewohnheit, den Sexton auf Lebenszeit zu ernennen. Ein neueres Gerichtsurtheil sagt darüber: „Die Ernennung des Sexton gehört keineswegs prima facie der Gemeinde. Wo die Pflichten des Amts in der Fürsorge für die geweihten Gefäße und Gewänder, in Reinhaltung der Kirche, Glockenläuten, Oeffnung und Schließung der Kirchenthüren besteht, haben die Kirchenvorsteher die Vermuthung des Ernennungsrechts für sich; wo sich das Amt auf den Kirchhof auf die Stellung eines Todtengräbers beschränkt, hat der Pfarrer die Vermuthung für sich; wo das Amt beide Arten von Amtspflichten umfaßt ist die Vermuthung für eine gemeinschaftliche Ernennung durch Pfarrer und Kirchenvorsteher." (Causfield v. Blenkensop 4. Exch. 334). Dennoch ist eine Wahl (Nomination) durch die Gemeinde thatsächlich die gewöhnliche Weise. Steer 118. In den neuen Pfarrsystemen nach der New Parishes Act 1856 ist er freilich wieder zu einem kirchlichen Beamten gemacht, der vom Pfarrer ernannt werden soll.

[5]) Ueber den beadle vgl. Smith 190—192, der mit Bezugnahme auf die angelsächsische Uebersetzung des Neuen Testaments das Wort von dem sächsischen hiddan oder heodan ableitet. Bei diesem untersten Gemeindediener ist die Ernennung durch die Gemeinde auf beliebigen Widerruf unstreitig. Ein kleines Gehalt oder Gebühr hängt von Gemeindebeschluß ab. Als Gemeindebote dient der beadle gewöhnlich auch dem constable bei Ladung der Coroners jury. Nicht selten wird er auch zum Hülfs-constable ernannt, und hat auch ohne besondere Ernennung einige Befugnisse eines solchen zur Ergreifung von Nachtschwärmern u. s. w.

Die meisten dieser kleinen Aemter bilden eine Nebenbeschäftigung. Der Census von 1851 zählt daher nur eine geringere Zahl von kirchlichen Beamten auf: 756 church officers, 2386 parish-clerks. 196 choristers, 815 sextons, 372 cemetery-servants.

schränken. Die Hauptbeamten für die weltlichen Zwecke, Armenaufseher, Wegeaufseher, inspectors of lighting etc., sind mit der zusammenhängenden Darstellung dieser Functionen des Kirchspiels zu verbinden, ebenso wie andrerseits die Functionen des constable in der Polizeiverwaltung und der collectors bei den Gemeindesteuern im System des obrigkeitlichen self-government gegeben sind.

§. 114.

Die Oberinstanz der Kirchspielsverwaltung.

An dieser Stelle ist zunächst nur die Oberinstanz des Amts der Churchwardens zu erörtern, also die Beschwerdeinstanz über solche Functionen, die ursprünglich der Kirchenverfassung angehören, bei denen aber seit Entstehung der Kirchensteuer und unter dem Einfluß der Reformation bestimmte Gemeinderechte anerkannt wurden, deren Rechtsgrund in den Leistungen der Gemeinde liegt. Die Oberinstanz hat hienach eine geistliche und eine weltliche Seite erhalten.

A. Als ein Glied der Kirchenverfassung unterliegt das Amt der Kirchenvorsteher der ordentlichen Oberinstanz der geistlichen Gerichtshöfe, welche wie alle verfassungsmäßigen Behörden des Mittelalters, die Bezeichnung Courts führen, und in der Weise der kirchlichen Gerichte mit Einzelrichtern unter Gerichtsherrlichkeit des Bischofs besetzt werden. Sie sind heutigen Tages eher als „geistliche Behörden" zu bezeichnen, nachdem die wichtigsten Fälle einer eigentlichen Jurisdiction aufgehört haben. Die geistliche Behörde übt also eine Disciplinargewalt, mit der Befugniß die churchwardens aus „dringenden und gerechten Gründen" zu entlassen. Sie entscheidet über die Beobachtung der Ernennungsformen der Kirchenvorsteher unter dem Gesichtspunkt eines false return (Ld. Raym. 138 etc.), und aus diesem Gesichtspunkt auch über Störungen, Unfug und Ungebühr bei dem Wahlakt, 2. Barn. et A. 43. Die Competenz der churchwardens richtet sich nicht nach der weltlichen, sondern nach den geistlichen Gemeindebezirken, Shaw, Par. L. 86. Die geistliche Behörde zwingt den gewählten Kirchenvorsteher zur Uebernahme des Amts durch Excommunication, jetzt arbiträre Gefängnißstrafe. Der Gewählte leistet seinen Amtseid in die Hände des Archidiaconus oder seines Commissars. Beschwerden wegen Vertheilung der Kirchensitze gehen, soweit nicht wohlerworbene Privatrechte in Frage stehen, an den Bischof zur endgültigen Entscheidung. Der geistliche Hof zwang bisher die Kirchenvor-

§. 114. Die Oberinstanz der Kirchspielsverwaltung. 667

steher, die Gemeinde zur Beschlußnahme über eine church rate zu berufen, und die dazu aufgebrachten Gelder zur Kirchenreparatur zu verwenden. Der Archidiaconus pflegte auch die beschlossene church rate formell zu bestätigen. Der Geistliche Hof verfügte die Zwangsbeitreibung der Steuerrückstände über 10 £. oder in Fällen, wo die Gültigkeit der Ausschreibung bestritten wird. Er nöthigt auch den Kirchenvorsteher zur Erfüllung der Pflicht der Rechnungslegung.*) Die Amtsverantwortlichkeit gestaltet sich analog wie die der weltlichen Gemeindebeamten gegen die Oberinstanz der Friedensrichter (die hier völlig ausgeschlossen sind). Einer strafrechtlichen Verfolgung unterliegen die Kirchenvorsteher nur wegen vorsätzlicher, nicht wegen bloßer culposer Mißverwaltung (indiscretion). Bei einer Regreßklage haben sie einige Vortheile in der Weise der Vertheidigung und des doppelten Kostenersatzes, 7. Jac. I. c. 5; 21. Jac. I. c. 12.**) Die höchste Instanz der geistlichen Behörden ist indessen selbst wieder eine

---

*) Für die Rechnungslegung der Kirchenvorsteher haben sich die Gewalten der Gemeinde, der kirchlichen und weltlichen Obrigkeit cumulirt, da man von jedem Standpunkte aus ihre Rechnungspflicht anerkannte. Binnen einem Monat nach dem Schluß des Amtsjahrs sollen sie dem Geistlichen und der versammelten Vestry ihre Rechnung legen, von solchen ihre Decharge erhalten und den Bestand ihren Amtsnachfolgern aushändigen (Can. 89). „Der geistliche Gerichtshof kann sie zur Vorlegung der Rechnungen nöthigen, nicht aber über deren Richtigkeit entscheiden; denn der Ordinarius hat nicht das Recht, sich Rechnung legen zu lassen, sondern nur Urtheil zu geben, daß sie Rechnung legen," Steer's Parish Law. 110. Doch kann der Ordinarius auch nach gelegter Rechnung vor der Gemeinde sie zur Rechenschaft ziehen wegen ungebührlicher Verwendung von Kirchengut zu den Zwecken der Armensteuer, selbst wenn es mit Genehmigung der Gemeinde geschehen. Steer a. a. O. Daneben findet auch die Civilklage auf Rechnungslegung statt.

**) Die kirchliche Oberinstanz als ein Glied der Kirchenverfassung s. in Gneist, Engl. Verw.-Recht S. 135—141. Die Selbständigkeit der Kirchenverwaltung wird verstanden als ihre Unabhängigkeit von der Ministerverwaltung und von den politischen Parteien, nicht aber als das Recht der souveränen Auslegung der Landesgesetze, und nicht mehr als das Recht der Selbstgesetzgebung. Die Gesetzbeschließung der convocations war von jeher eine legislatio subordinata, und ist seit den Zeiten der Königin Anna suspendirt, da nicht zwei gesetzgebende Gewalten in einem Staat sein können. Wohl erkennt man an, daß Dogma und Kirchenverfassung Punkte darbieten, die auch für den King in Parliament eine noli me tangere bilden. Ebenso ist aber auch die Landesverfassung eine noli me tangere für die Kirche. Es fragt sich nur, bei welcher der beiden hohen Gewalten die Befugniß liegen soll, die Uebergriffe der andern zu verhüten. Nach den Erfahrungen der Jahrhunderte hat sich England dahin entschieden, daß die dreigliederig zusammengesetzte Landesverfassung als King in Parliament und King in Council eine höhere Garantie gegen Ueberschreitung der Rechtsschranken darbietet als die Verfassung der Kirche. Die Parlamentsgesetzgebung über die Kirche setzte sich daher schrittweise schon gegen Ende des Mittelalters, und vollständig in der Reformation durch. Ihre praktische Geltendmachung beruht darauf, daß die höchste Entscheidungsinstanz das judicial committee des Staatsrechts bildet, 2. et 3. Will. IV. c. 92. „Es giebt keine äußere Gerichtsbarkeit weder geistliche noch weltliche in diesem Königreich als eine solche von der Krone abgeleitete" (Lord Hale).

gemischte Commission, d. h. eine Abtheilung des privy council, zu der nur für einzele Zwecke eine Anzahl Bischöfe als Mitglieder ex officio gehören.

B. Andererseits besteht aber auch eine Entscheidung und Oberinstanz der weltlichen Behörden, die auf dem Gesichtspunkt beruht, daß sowohl der Einzele wie die Gemeinden ein Recht auf Befolgung der Gesetze, und wohlerworbene Rechte aus ihren parochialen Leistungen haben. Zunächst kann die Stimmberechtigung des einzelen Gemeindemitglieds in der Gemeindeversammlung durch Civilklage erzwungen werden. Es ist dies grundsätzlich anerkannt in einem berühmten Präjudiz Phillibrown c. Ryland, 11. Geo. I., wonach eine special action upon the case (actio injuriarum) für den Ausgeschlossenen statthaft ist, 1. Strange 624. 1. Raym. 1388. Es ist überhaupt grundsätzlich anerkannt, daß die weltlichen Gerichte über die Gültigkeit der Stimmen in der Gemeindeversammlung entscheiden, Burr. 1420; ebenso über die behauptete Ortsobservanz für Wahlen und Stimmrechte, Cro. Cas. 22 ff. „Eine Prüfung, ob die gewählte Person geeignet sei, steht jedoch weder dem weltlichen noch dem geistlichen Gericht zu, sondern nur der Gemeinde," 1. Salk. 166. Zahlreiche Gerichtsurtheile erkennen namentlich an, daß das Recht auf einen Kirchenstuhl, wo es durch Herkommen Pertinenz eines Hauses geworden, zur Entscheidung der Gerichte gehört. Ebenso ist die Civilklage gestattet, wegen willkürlicher Beseitigung eines Familienmonuments in der Kirche durch den Bischof, Cro. Jac. 367. Selbstverständlich gehört die Criminal-Anklage gegen einen Kirchenvorsteher wegen strafbaren Amtsmißbrauchs (corruption and extortion) vor die weltlichen Gerichte in der gewöhnlichen Weise einer prosecution, 1. Sid. 307.

Das Recht des Staats aber auf Befolgung der Landesgesetze durch die geistlichen Behörden wird erzwungen durch die gewöhnliche Control-Justiz der Reichsgerichte, namentlich durch writs of prohibition und mandamus, welche schon im Mittelalter zu einem bedeutenden Umfange der Anwendung kamen, da die geistlichen Behörden stets geneigt waren, ihre Lebensanschauungen aus dem forum internum auf das äußere Leben zu übertragen.

Das Writ of Prohibition (vergleichbar einem appel comme d'abus) findet im Allgemeinen statt gegen Ausdehnung der geistlichen Amtsgewalt über das ihr bestimmte Gebiet. Da dies Gebiet in England auf Landesverfassung und Landesgesetzen beruht, so kann den geistlichen Behörden keine souveräne Auslegung der Gesetze zustehen. Es gilt daher die Grundmaxime, daß die prohibition überhaupt stattfindet, wo die Entscheidung des geistlichen Hofes von Landesgesetzen abhängt, deren irrige Auslegung oder Mißanwendung behauptet wird, Burn's, Eccl. Law. III.

§. 114. Die Oberinstanz der Kirchspielsverfassung. 669

S. 392 ff. Die Anwendungen dieses Grundsatzes in der Praxis sind begreiflicher Weise überaus mannigfaltig. Eine prohibition wird gewährt, sobald die geistliche Behörde mit Beiseitsetzung eines Ortsherkommens entscheidet; oder wenn ein Bischof einen Kirchensitz entzieht, der durch Verjährung Eigenthum geworden, Co. 12 Rep. 106; oder wenn die geistlichen Behörden über streitige Grenzen von Kirchspielen entscheiden wollen, Gibs. 212. Die endgültige Entscheidung über die Rechtsgültigkeit einer Ausschreibung der Kirchensteuer kann durch prohibition an Reichsgerichte und Oberhaus kommen (Braintree case 1853). Der geistliche Gerichtshof hat überhaupt nur die Befugniß, die Kirchenvorsteher zur formellen Pflicht der Rechnungslegung anzuhalten, nicht aber materiell die Richtigkeit der Rechnung festzustellen, Strange's Rep. pp. 974, 1133 etc.; es wurde daher auf prohibition wegen excess of jurisdiction erkannt, als eine geistliche Behörde die Decharge einer Rechnung durch die Gemeindeversammlung nicht anerkennen wollte, 3 Term Rep. 3.

Andererseits wird durch Mandamus der Reichsgerichte das Recht der Gemeindeglieder auf Einsicht der Gemeinderechnungen erzwungen, vorausgesetzt den plausiblen Nachweis eines Interesses. Durch Mandamus wird der Archidiaconus gezwungen den gewählten Kirchenvorsteher einzuschwören, und dadurch die Aufstellung neuer Requisite zu dem Amt Seitens der geistlichen Behörden verhindert, Comyn Digest. v. Mandamus (A). In gleicher Weise wird durch Mandamus die Einsetzung eines parish clerk erzwungen, Cowp. 370. Durch Mandamus wird das Recht der Gemeinde auf Vertagung der Sitzung gegen ein einseitiges Verfahren des Vorsitzenden aufrecht erhalten, 2 New. et M. 464. Durch Mandamus wird die willkürliche Verweigerung kirchlichen Begräbnisses gegen die Kirchenvorsteher erzwungen. In allen Fällen erzwingen die Reichsgerichte das, was den Kirchspielsbeamten nach Gesetze, nach allgemeinem oder örtlichem Gewohnheitsrecht obliegt. Es sind also auch von dieser Seite aus die verfassungsmäßigen Rechte der Gemeinde bei Wahlen und Beschlüssen unter den Schutz der Reichsgerichte gestellt.

Auch auf diesem Gebiet ist so der Grundsatz durchgeführt, daß die Auslegung des öffentlichen Rechts endgültig nur durch die Reichsgerichte geschehen kann. Im Interesse der Kirche wie der Communen ist jede streitige Interpretation der Gesetze durch die laufende Verwaltung ausgeschlossen.

Ueber die Controlinstanz der Reichsgerichte ist auf §. 83 zurückzuweisen. Das writ of prohibition war im Mittelalter der gewaltige Regulator kirchlicher und weltlicher Gewalten, für welchen schon 1285 Eduard I. in dem sogenannten Statute of Circumspecte agatis eine grundlegende Instruction gab. In neuerer Zeit sind die Fälle des prohibition, welches zur Zeit des Lord Coke einen wichtigen Streitpunkt bildete, selten geworden. Nachdem es endgültig feststeht, daß die Kirche dem Landesgesetz unterworfen ist, und dessen Auslegung nicht einseitig durch die geistlichen Behörden erfolgen kann, fallen die kirchlichen Uebergriffe von selbst weg. Die Einzelentscheidungen liegen in den gewöhnlichen Darstellungen der ecclesiastical law und der parish law freilich chaotisch durcheinander. Allein die wichtigen Grundsätze sind feststehende; nur Nebenpunkte sind streitig geblieben. So die Frage, ob die churchwardens durch Mandamus genöthigt werden können eine Wahlversammlung des Kirchspiels zu berufen (Stra. 686 u. 52). Die geistlichen Behörden machten ferner zuweilen den Anspruch einer jurisdictio ratione loci über Gemeindeversammlungen, die im Bereich der Kirche oder des Kirchhofes abgehalten werden; während daraus doch nur ein Recht, die Befolgung der äußern Ordnung zu überwachen, nicht aber ein Entscheidungsrecht über Beschlüsse und Wahlrechte zu folgern ist, vergl. Smith, Parish. S. 316. — Ein writ of quo warranto findet bei dem Streit über die Gültigkeit dieser Wahlen nicht statt, "da die Ernennung des Kirchenvorstehers des Königs Krone und Würde nicht berührt." 4 Term. Rep. 382.

§. 115.

Die Gemeindeversammlungen. General and Special Vestries.

Die bisher entwickelten Theile der Kirchspielsverfassung gleichen dem obrigkeitlichen selfgovernment, insofern der Communalverband öffentliche Pflichten durch jährlich erneute Amtsstellen unter Oberleitung eines höheren obrigkeitlichen Amts zu erfüllen hat. Im Kirchspiel kommen dazu aber selbständige Beschließungsrechte der Gemeinde, die ihren eigenthümlichen Gang genommen haben.

Schon gegen Ende des Mittelalters hatte sich aus dem häufigen Bedürfniß einer Kirchensteuer eine ziemlich gleichmäßige Praxis der Kirchspielsversammlungen gebildet.*) Die steuernden Gemeindegenossen vereinigten sich in der Sakristei, vestry, um unter Vorsitz des Pfarrers Be-

---

*) Die Stimmberechtigung bei den Kirchspielsversammlungen ist aus Analogien der Common Law durch die Rechtssprüche der Gerichtshöfe gebildet. Die englische Jurisprudenz construirt ihr öffentliches Recht ex ratione civili ebenso wie die römische Jurisprudenz ihr Privatrecht bildet. Die scheinbaren Schwankungen in diesem Gebiet rühren nur von der Verflechtung kirchlicher und weltlicher Gemeindeverhältnisse her. Der Ausdruck „Parishioner" umfaßt in diesen wirthschaftlichen Beschlüssen auch außerhalb Wohnende, wenn sie wegen des Grundbesitzes zur Kirchensteuer beitragen. Nach einem Präjudiz Faulkner v. Elger, 4. B. et C. 449 ist das Stimmrecht aber unabhängig davon, ob der zur Church Rate Eingeschätzte die Steuer wirklich bezahlt hat. Man nahm das Verpflichtetsein zu scot und lot als die eigentliche Basis des Stimmrechts an; ein Ausweis der wirklichen Steuerzahlung durch Quittung erschien als eine beschränkende Bedingung, die nur positiv durch Parlamentsakte gestellt werden könne, wie dies denn in vielen Gesetzen später wirklich geschehen ist. Vgl. T. Smith Parish S. 63, 64. Ueber diese Rechtsbildungen aus Analogien s. die Gesch. des selfgov. 212, 227.

§. 115. Die Gemeindeversammlungen. Vestries. 671

schlüsse zu fassen, die von einem clerk protokollirt, von den Kirchenvorstehern ausgeführt wurden; nur selten waren besondere Gemeindehäuser, vestry-rooms, dafür vorhanden. Für wichtigere Beschlüsse wurden besondere Versammlungen angesagt, am Sonntag vorher von der Kanzel oder an der Kirchthür verkündet, die Versammlung auch wohl mit den Glocken eingeläutet. Für die Theilnahme daran galt in Ermangelung eines Gesetzes das mittelalterliche Princip des gleichen Stimmrechts (wie im court leet) für alle, welche zur Kirchensteuer oder zu scot und lot der Gemeinde beitragen. Dem Geistlichen ward ein Stimmrecht abgesehen von der Steuerzahlung zuerkannt; umgekehrt stimmen Grundbesitzer, die zur Kirchensteuer beitragen auch ohne Rücksicht darauf, ob sie im Kirchspiel wohnen.

Die vestry wird berufen durch die Kirchenvorsteher, in älterer Zeit mit Genehmigung des Pfarrers. War dieser anwesend, so wurde sein Ehrenrecht auf den Vorsitz anerkannt, vorbehaltlich der Parität in den sachlichen Beschlüssen; weshalb denn auch das Recht der Vertagung nicht dem Vorsitzenden, sondern der Majorität zukommen soll, quia inter pares non est potestas. In Abwesenheit des Pfarrers führte der ältere Kirchenvorsteher oder ein gewählter chairman den Vorsitz.

Hauptgegenstände der Beschließung waren die Wahlen der Kirchenvorsteher, (des beadle, oft des sexton und des parish clerk), und die Bewilligungen der church rate, wobei die weltlichen Gerichte die Entscheidung durch Majoritätsbeschlüsse aufrecht erhielten (Braintree case 1853). Das Controlrecht, welches die Gerichtspraxis der vestry beilegte, erstreckte sich auf die ökonomischen Proceduren der Kirchspielsbeamten, namentlich auf das Recht der Prüfung und Beschränkung der Ausgaben des Kirchspielsfonds, auf Entscheidung über die Zweckmäßigkeit von Erweiterungen und baulichen Aenderungen der Pfarrkirche, die Vermehrung, Veräußerung oder sonstige Verfügung über die beweglichen Vermögensstücke und Verzierungen der Kirche.

Für die Verwaltung dieser Gegenstände wurden sehr gewöhnlich Gemeindeausschüsse, Parish Committees, ernannt, deren Blüthezeit in die Periode der Tudors fällt. Aus dem Mittelalter dauerte nicht selten noch fort ein Committee for Assessment für die Steuereinschätzungen und ein Committee for Watch and Ward für Erhaltung der polizeilichen Ordnung. Unter dem Namen eines Committee of Assistance bildete sich ferner die Sitte, aus Gemeindegliedern welche früher ein Gemeindeamt bekleidet haben, einen Ausschuß zur Berathung, der activen Gemeindevorsteher zu bilden, sowie ein Committee of Jurats von Schiedsmännern zur gütlichen Beilegung nachbarlicher Streitigkeiten. Nach Bedürfniß wurde auch ein Committee of Audit für die Revision der Rechnungen gebildet. (Excurs. **).

Die so gestalteten vestries sind für England eine in ihrer Art eigenthümliche Erscheinung. Sie waren Jahrhunderte hindurch die einzigen Gemeindeversammlungen mit einem Steuerbewilligungsrecht, während die County Rate von den Friedensrichtern nach ihrem Ermessen ausgeschrieben, die Armensteuer und Wegesteuer von den Armen- und Wegeaufsehern eingeschätzt wird nach dem Bedürfniß, über welches zuletzt Beschlüsse der Friedensrichter entscheiden. Dennoch ging es bis in das letzte Menschenalter in diesen Versammlungen in der Regel friedlich zu. Bei der Gleichheit des Steuermaßstabs entstand kein Klassenstreit; die Church Rate gestaltete sich in der Regel als ein kleiner Zuschlag zur Armensteuer, durch die man an ganz andere Lasten gewöhnt war. Die Gleichheit des Maßstabs hatte die Folge, daß die kleinen Steuerzahler sich durch die großen hinreichend vertreten sahen. Es wiederholte sich die das Mittelalter durchziehende Erfahrung, daß bei Versammlungen mit gleichem Maßstab der Lasten die kleineren Theilnehmer sich stillschweigend zurückziehen, und die dem Namen nach großen Versammlungen in der Wirklichkeit oft sehr klein sind.

Abgesehen hiervon tritt aber mit der Periode der Stuarts allmälig jene Umwandlung in dem innern Staatsleben ein, welche der **Selbstthätigkeit der Mittelstände** in vielen Richtungen nachtheilig wird.***)

***) Der Verfall der Selbstthätigkeit im Bereich des Kirchspiels hat seine bedeutungsvolle Parallele in der Zersetzung der Stadtverfassungen (Geschichte des selfgov. 197. 198. 202. 203. 318. 319). Es fällt hier aber weg das gewaltsame Eingreifen der Stuarts und der regierenden Klassen; daher denn auch die Bildung der governing bodies langsamer und ungleichmäßiger vor sich geht. Die Klagen über den Verfall der Gemeindeversammlungen beginnen an einzelen Orten schon ziemlich früh. Henry Spelmann in seiner Abhandlung de sepultura 1641 pag. 22, 23 sagt von den vestries: „Laßt nicht ein Dutzend oder 16 Privatpersonen Orders machen, um wie ein Gesetz das übrige Kirchspiel zu binden ohne seine Zustimmung. Ich stelle nicht in Frage, was man in Zeiten zu thun pflegte, die außer der Erinnerung liegen; wohl aber sehe ich die vestries, welche innerhalb der letzten 30 Jahre oder ungefähr so (also etwa seit den Canones von 1603!) ihre alte rechtsverjährte Form verlassen haben, — eine neue Körperschaft, Gewalt und Jurisdiction über den Rest des Kirchspiels, gestützt auf eine Urkunde vom Bischof unter dem Siegel seines Kanzlers, und (wie neue Dinge neue Namen haben müssen) gewöhnlich Select Vestries genannt werden. Ich verstehe nicht nach welchem Gesetz sie solche Körperschaften errichten mögen, oder sie ausstatten mit solchen prätendirten Autoritäten. Ich gedenke solche Instrumente bringen mehr Geld an die Kanzler als an die vestries . . . . . Ohne Zweifel begreifen das viele der weisen Kirchspielsgenossen, und einige Kirchspiele haben darauf verzichtet und sind zurückgekehrt zu ihren alten Gemeindeversammlungen." — Mit Bezug auf die ältere Verfassung und Statuten ist denn auch die Legalität der select vestries in den Gerichtsurtheilen zuweilen in Frage gezogen, und jedenfalls das Stimmrecht eines jeden Gemeindemitglieds als das normale Recht geltend gemacht. Beispielsweise in Phillibrown 27, Ryland 8, Modern Reports pp. 52 und 351 bei T. Smith S. 238 Note; Lord Kenyon, in Berry v. Banner, 1 Peake, 161.

§. 115. Die Gemeindeversammlungen. Vestries. 673

Die mittelalterliche Verfassung hatte einst den kleinen Ortsgemeinden schwere Polizeipflichten auferlegt, welche im Sheriff's tourn und Court leet zu erfüllen waren. Durch die Friedensrichterverfassung haben sich aber diese Pflichten erleichtert und vereinfacht. Die höhere Amtsthätigkeit concentrirt sich in den Friedensrichtern, die niederen Polizeipflichten in den Constables, deren Amt immer unselbständiger neben den Friedensrichtern zu einem Polizeidienerthum herabsinkt.

Die Gesetzgebung der Tudors hatte den Kirchspielen bedeutsame Armenverwaltungspflichten auferlegt, die aber in dem Armenaufseheramt concentrirt und dem Friedensrichteramt untergeordnet, allmälig in eine gewisse Unselbständigkeit und mechanische Geschäftsführung zurücksanken, wozu auch die engherzige Abschließung des Niederlassungsrechts in die kleinsten Gemeindebezirke das Ihrige beitrug. Etwas lebendiger erhielt sich das Wegeaufseheramt, welches die Einsassen zum periodischen Wegedienst anzuhalten hatte; doch litt auch diese Verwaltung durch die Kleinheit der Gemeindebezirke und unter dem jährlichen Wechsel der Gemeindeämter.

Ueberhaupt war die politische Tendenz der Staatskirche seit der Restauration einer Selbständigkeit der Churchwardens in ihren kirchlichen Gemeindefunctionen wenig geneigt. Allgemein nachtheilig wirkten vor Allem die zahlreichen Befreiungen von der Gemeindeamtslast, welche grade wohlhabendere und gebildetere Klassen sich zu verschaffen wußten. Nach einer kurzen Blüthezeit eines Einflusses der Mittelklassen zur Zeit des Bürgerkrieges erscheint mit der Restauration dieser politische Aufschwung gebrochen, und es treten nun in dem innern Leben des Kirchspiels dieselben Erscheinungen hervor wie in den Municipalcorporationen. Die Selbstthätigkeit beginnt zu schwinden. Die Ortsgemeinde-Aemter werden an vielen Stellen zu einem lästigen Reihedienst. Die Kirchspielsversammlungen finden meistens geringe Theilnahme. Mit der Selbstthätigkeit stirbt das Interesse, mit dem schwindenden Interesse stirbt die Selbstthätigkeit ab. Die regierende Klasse hatte hier zwar kein direktes Interesse, diesen Entwickelungsgang künstlich oder gewaltsam herbeizuführen wie in den parlamentswahlberechtigten Städten; allein sie zeigt auch kein Interesse den Verfall abzuwenden. Die Thätigkeit im Gemeindeleben beschränkt sich also gar bald auf ein Committee of Assistance oder einen ähnlichen Ausschuß, oder auch nur auf die zeitigen Kirchspielsbeamten unter der überall dominirenden Leitung der Friedensrichter; und bei der Theilnahmlosigkeit der weitern Gemeinde erhielten auch die Kirchspielsämter und Gemeindeausschüsse die Tendenz, sich durch Cooptation selbst zu ergänzen. Diese Thatsache verwandelt sich nun an vielen Orten in ein Recht auf dreifachem Wege.

1. Durch Gewohnheit bildete sich in vielen Gemeinden ein stehender Verwaltungskörper welchem stillschweigend seine Selbstergänzung durch Cooptation überlassen wurde. So entstanden die „select vestries" analog wie in den Stadtcorporationen. Die Bischöfe ertheilten dafür als Aufsichtsbehörde nicht selten ausdrückliche Licenzen, und die weltliche Jurisprudenz trug allmälig kein Bedenken mehr, eine solche Gewohnheit als eine good custom, und die so gestalteten vestries als gültige Gemeindevertretung by prescriptive custom oder immemorial usage anzusehen. Es drängt sich hier wiederum die politische Wahrheit auf, daß keine Steuerbewilligung und kein Wahlrecht die politische Freiheit zu erhalten vermag, ohne eine gleichmäßige Selbstthätigkeit der wahlberechtigten Klassen, die sich niemals ohne ernsten Zwang und ohne stetige Nachhülfe der Gesetzgebung bildet und erhält. †)

2. Durch Parlamentsakte wurden beim Neubau von Kirchen

---

†) Die Entstehung der Select Vestries wird von T. Shmith Parish S 237—239 aus dem Committee of Assistance abgeleitet. Wo abgestorbene Reste eines Court leet bestanden, kann auch eine stehend gewordene Leet jury die Grundlage sein. Die Entstehung der governing bodies in den Städten geht damit jedenfalls parallel; beide Bildungen erläutern sich gegenseitig. Sobald wegen Theilnahmlosigkeit die größeren Gemeindeversammlungen aufhörten, machte sich die Ergänzung von Vakanzen durch Cooptation der vorhandenen Committees ganz von selbst, und galt dann nach einigen Jahrzehnten als Gewohnheitsrecht. Nach Common Law freilich soll eine Gewohnheit, um gültig zu sein, über den Regierungsantritt Richard's I. zurückreichen, — ein Satz, der sich vom Standpunkt des öffentlichen Rechts aus sehr wohl erklärt, weil wesentliche Regierungsrechte durch Indolenz oder Connivenz der Vorfahren späteren Generationen nicht verloren gehen sollen. Bei den Stadtcorporationen und bei den select vestries aber zeigen die Gerichtshöfe eine auffallende Laxheit in der Handhabung dieser Rechtsregel, auf welche die politischen Strömungen des XVII. und XVIII. Jahrhunderts wohl nicht ohne Einfluß gewesen sind, vergl. z. B. Golding v. Fenn. 7 B. et C. 765. So gilt hier für den Beweis des unvordenklichen Herkommens eine ziemlich leichte Beweisvermuthung: a regular usage for twenty years, unexplained and uncontradicted, is sufficient to warrant a jury in finding an immemorial custom (Rex v. Joliffe, 2. B. C. 54; 3. Ryl. 240; 2. Saund. 175 a. d.; Peake's Evid. 336.) Steer Parish Law 278 sagt darüber: „Select vestries scheinen entstanden zu sein aus der Praxis, Gemeindeausschüsse für die Kirchspielsverwaltung alljährlich zu wählen, welche dann allmälig stehend wurden, und die Gemeinde nicht nur von der Theilnahme an der Verwaltung ausgeschlossen, sondern meistens auch von dem Recht, die Verwalter zu wählen. Begreiflicherweise wurden die Mißbräuche solcher Verwaltungen am drückendsten, wo die Mitglieder einander durch Cooptation selbst wählten. Alle Erfahrung lehrt, daß governing bodies, deren Gewalten in einem geheimen Conclave gehandhabt werden, uncontrolirt durch eine höhere Autorität oder durch den Einfluß öffentlicher Meinung, mit der Zeit verdorben werden; nicht immer aus schlechten Motiven der Mitglieder, sondern durch jene Liebe zur Bequemlichkeit (und die folgeweise Pflichtvernachlässigung), welche betrachtet wird als das Gegengewicht jener Liebe zur Gewalt, welche die Menschen in erster Stelle bewegt, die Bürde der Verwaltung öffentlicher Angelegenheiten unentgeltlich auf sich zu nehmen."

§. 115. Die Gemeindeversammlungen. Vestries.

select vestries direct eingeführt. Nach 10. Anne c. 11 war die Commission zum Neubau von 50 Kirchen in und bei London zugleich ermächtigt, unter ihrem Siegel mit Zustimmung des Bischofs eine angemessene Zahl wohlhabender Einwohner in jedem Kirchspiel zu einer select vestry zu ernennen, die dann Vakanzen durch Majoritätsbeschluß cooptando ergänzt. Auch die neueren Kirchenbauakte, 59. Geo. III. c. 134 §. 30 u. sp. Ges. ermächtigen die Commission für die neufundirten Kirchen mit Zustimmung des Bischofs eine select vestry aus den wohlhabenden Einwohnern für die Wahl der Kirchenvorsteher und für die Verwaltung der Kirchenangelegenheiten zu ernennen, die sich durch Selbstwahl ergänzt.

3. Durch Lokal- und Personalakte wurden nicht selten select vestries für einzele Kirchspiele nach ähnlichem Maßstab speciell gebildet. Die Hauptmuster dafür wurden Lokalakte für Kirchspiele in London und seinen nächsten Umgebungen. So soll nach 2. Geo. II. c. 10 in Spittlefields die select vestry aus dem Pfarrer, den Kirchenvorstehern, Armenaufsehern und den Personen bestehen, welche ein solches Amt einmal verwaltet oder die Ablehnungsbuße dafür gezahlt haben, so lange sie householders im Kirchspiel bleiben und die Armensteuer zahlen. Nach 2. Geo. II. c. 30 soll die vestry im Kirchspiel Wapping, Stepney, bestehen aus dem Pfarrer, den Kirchenvorstehern, den Armenaufsehern und allen Personen, welche 2 sh. oder mehr an Armensteuer zahlen ꝛc.

Man unterschied nunmehr die Kirchspielsversammlungen in general oder open vestries, in welchen nach gemeinem Recht jeder parishioner mitzustimmen befugt ist, und special vestries nach Gewohnheitsrecht, Specialgesetz oder Lokalakte, in denen viele den städtischen corporations ähnliche Mißbräuche walteten.

** Die Parish Committees und Bye Laws.

T. Smith, Parish S. 227—265 giebt darüber einen lehrreichen Abschnitt, in welchem freilich ohne historische Unterscheidung folgende 19 Arten aufgezählt werden: (1) Committee of Jurats, um als Schiedsmänner nachbarliche Streitigkeiten (offences given and taken) zu vermitteln. (2) Committee of Assistance, ein noch heute in manchen Gemeinden vorkommender Ausschuß, bestehend aus allen früheren Beamten des Kirchspiels, zur Berathung und Hülfeleistung für die jetzt activen Beamten, ebenfalls aus der Praxis des Gemeindelebens hervorgegangen. (3) Synodsmen, d. h. die im §. 113 erwähnten Synodalzeugen, welche, wo sie noch vorkommen, als Hülfsbeamte der Kirchenvorsteher behandelt werden. (4) Committee for Watch and Ward, hervorgegangen aus dem Provost und den 4 Männern, welche im Mittelalter die Zehntschaft in ihren polizeilichen Pflichten bei dem Sheriff's Tourn zu vertreten hatten, und die in manchen Kirchspielen neben dem Constable vorkommen, um als „Schulze und Gerichtsmänner" die Polizeipflichten der Gemeinde zu erfüllen, Lambard, Constable pag 7, 8. (5) Committee for Assessment, die im Mittelalter entstandenen, in den Inquisitiones Nonarum erwähnten Einschätzungscommissionen zur Vertheilung und Berichtigung der Staatssteuern in den einzelnen Gemeinden, welche auch später noch sporadisch vorkommen. (6) Committee for raising and distributing Poor Relief, d. h. die aus den Kirchenvorstehern und Armenaufsehern gebildete Gemeindecommission, als welche das Armenaufseheramt nach der Gesetzgebung der Tudors ursprünglich gedacht ist. (7) Committee for Audit, der Ausschuß zur Prüfung der Gemeinderechnungen, wie er nach 27. Hen. VIII. c. 25 §. 14, bestehend aus 4 oder 6 Gemeindegenossen zu den Kirchenvorstehern hinzutreten sollte, und wie er auch in späterer und heutiger Zeit noch in manchen Gemeinden von der Gemeindeversammlung ernannt wird. (8) Committee for Destruction of Vermin, ein häufig vorkommender Ausschuß zum Zweck der Vertilgung gemeinschädlicher Vögel und Raupen. Nach 24. Henr. VIII. c. 10; 7. Eliz. c. 15; 14. Eliz. c. 10; 39. Eliz. c. 18, können bestimmte Taxen ausgesetzt werden für das Einbringen von Köpfen und Eiern von Krähen und anderen für schädlich gehaltenen Vögeln; für Ottern, Ratten, Iltisse, Marder, Raupen werden in den Gemeinderechnungen häufig Prämien erwähnt, welche durch solche Committees zu vertheilen. (9) Committee for holding Land etc, d. h. die Kirchenvorsteher und Armenaufseher in ihrer Eigenschaft als Corporation zur Anschaffung von Grundstücken zum Unterhalt der Armen nach 9. Geo. I. c. 7. (10) Committee for managing Poor Relief, d. h. die neu gebildeten Armenverwaltungsausschüsse nach der Gilberts Act, 22. Geo. III. c. 83. (11) Select Vestry for Poor Relief, d. h. die neu gebildeten Armenverwaltungsausschüsse nach der Sturge Bourne's Act, 59. Geo. III. c. 12. (12) Select Vestry under Hobhouse's Act, 1. et 2. Will. IV. c. 60. (13) Inspectors of Lighting and Watching für Straßenbeleuchtung und besoldete Polizeimannschaften nach der Lighting and Watching Act, 3. et 4. Will. IV. c. 90. (14) Das Highway Board, der gewählte Ausschuß für die Wegeverwaltung nach den neuen Wegeordnungen. (15) Bath and Wash-houses Committee zur Beschaffung und Verwaltung von Bade- und Waschhäusern, nach 9. et 10. Vict. c. 74; 10. et 11. Vict. c. 61. (16) Public Library and Museum Committee zur Beschaffung und Verwaltung von öffentlichen Bibliotheken in Orten von mehr als 5000 Seelen nach 18. et 19. Vict. c. 70. 17) Burial Boards, für Erweiterung und bessere Verwaltung der Begräbnißplätze nach 13. et 14. Vict. c. 52; 15. et 16. Vict. c. 85; 16. et 17. Vict. c. 134; 17. et 18. Vict. c. 87; 18. et 19. Vict. c. 128. (18) Nuisances Removal Committee, zur Handhabung der neueren Straßen- und Reinlichkeitspolizeiordnungen nach den Nuisances Removal Acts. — Es ergiebt sich schon aus dieser Uebersicht, daß die älteren Committees solcher Art großentheils veraltet sind. Die Mehrzahl derselben ist eine Schöpfung der neueren Gesetzgebung. In Strype's Annals I. p. 463 findet sich die interessante Notiz aus einer Schrift von a. 1564, daß damals selbstverständlich zu jedem Kirchspiel gehörten: „vier oder acht Jurats for offences given and taken; an Assistance, bestehen aus dreizehn Personen, und nur solchen die früher Kirchenvorsteher und Constables gewesen sind; eine Vestry des ganzen Kirchspiels, bestehend in der öffentlichen Versammlung aller, Jung und Alt." Ein meiner Ueberzeugung nach übertriebenes Gewicht legt T. Smith in der guten Zeit auf die Befugniß der Kirchspiele zum Erlaß von Statuten, bye laws, die immer nur zur Erfüllung gesetzlich feststehender Gemeindepflichten erlassen werden konnten (vergl. Geschichte des selfgov. 287—290). Es ergeben dies auch die Beispiele, nämlich: Strafbestimmungen wegen Nichtbezahlung der Gemeindesteuern p. 48 Not., wegen verweigerter Uebernahme von Gemeindeämtern 510, 532, wegen Versäumung gewisser Obliegenheiten der Kirchenvorsteher 511, 512, wegen verweigerter Zahlung der Armensteuer 513, wegen gesetzwidriger Anlegung von kleinen Arbeiterwohnungen 515, 528, wegen übermäßigen Auftreibens von Vieh auf die Gemeindeweide gegen das Herkommen 526, 528, wegen eigenmächtiger Annahme von Lehrlingen 527. Ueberall liegen hier feststehende gesetzliche Pflichten zu Grunde, nicht aber eine freie Autonomie der Kirchspiele. Diese Vorliebe für die Bye Laws gehört dem modernen Streben nach einer Lokalgesetzgebungsgewalt an.

Ueber die thatsächlichen Zustände der Select Vestries geben eine Reihe von Zeugenaussagen die Reports on the general operation and effect of the Laws and Usages under which select and other vestries are constituted in England and Wales 1830 No. 25. 215. Vol. IV. pag. 425. 569. Der erste Report enthält hauptsächlich Kirchspiele von London, namentlich Marylebone (pag. 5—44), ein Muster einer auf 8 Parlamentsacten beruhenden Verwaltung durch eine select vestry, welche die Gemeindeangelegenheiten eines Kirchspiels von 11,000 Häusern und 120,000 Einw. mit einem jährlichen Gemeindeetat von 750,000 Thlr. G. ohne eine Controle der Steuerzahler und ohne ordentliche Rechnungslegung verwaltet; Kirchspiel Paddington (p. 44—50) mit einem gewählten Gemeindeausschuß von 45 Mitgliedern; St. Martins (p. 50—76) mit einer special vestry durch Gewohnheit, fixirt seit 1662, unter Angabe von Präjudicien; St. Lucas (p. 83—86); St. Pancras (p. 89—108) unter Lokalacten stehend. Auch der zweite Report behandelt hauptsächlich Londoner Kirchspiele, unter anderen aber auch Liverpool (p. 7—17). Bristol (pag. 94—97).

§. 116.
Reform der Kirchspielsverfassung. General Vestries Act. Hobhouse's Act.

Das Beschließung- und Wahlrecht der Ortsgemeinde beschränkte sich im Anfange des XIX. Jahrhunderts auf die Church Rate und Churchwardens, und war wohl in der Mehrzahl der Kirchspiele durch Theilnahmlosigkeit der Mittelstände in ständige Verwaltungskörper verkümmert. An diese Kirchspielsverfassung hatte sich seit Elisabeth die Armenverwaltung wie ein Anhang angeknüpft, in welcher die Gemeindeversammlung nicht mehr als ein Präsentationsrecht der Armenaufseher, aber keinen entscheidendem Einfluß auf die Maßregeln der Armenverwaltung erhalten hatte. Dies Verhältniß wurde zum Mißverhältniß mit dem fortschreitenden Wachsen der Armensteuer, die ihren Höhepunkt im Jahre 1817/18 mit 55,000,000 Thlr. G. erreichte. Für die unbedeutende Church Rate, die in der Wirklichkeit als ein kleiner Zuschlag von 1, 2 oder 3 d. auf das L. Einkommen bewilligt wurde, bestand eine Gemeinderepräsentation und Controle; für die 20—50 mal höhere Armensteuer aber bestand nur das Amt der Armenaufseher, ohne wirksames Wahl- und Controlrecht der Gemeinde. Wo die Kirchspielsverfassung zu einer select vestry zusammengeschrumpft war, konnte es vorkommen, daß (wie in Marylebone) eine kleine, sich durch Selbstwahl ergänzende Körperschaft über Gemeindesteuern von 750,000 Thlr. G. jährlich verfügte, ohne sich um die Steuerzahler zu bekümmern. Die regierende Klasse hatte durch das Friedensrichteramt bisher den beherrschenden Einfluß geübt: die mittleren und niederen Stände erhoben jetzt allmälig den Anspruch auf ihren Antheil als Steuerzahler*).

Auf diesem Gebiet, welches die Parlamentswahlen nicht so unmittelbar berührte wie die Reform der Stadtcorporationen, verstand sich denn auch die regierende Klasse schon seit 1818 zu einigen Concessionen an die Steuerzahler, sofern dadurch ein erhöhter Einfluß der Meistbesteuerten gesichert wurde. Die Form der allgemeinen Kirchspielsversammlung, open vestries, wird gesetzlich bestimmt, und das Stimmrecht der Steuerzahler nach 6 Klassen abgestuft, durch die General Vestries Act 58. Geo. III. c. 69, der sich im folgenden Jahr die Zusatzacte 59. Geo. III. c. 85 anschloß. Keine Gemeindeversammlung soll abgehalten werden, ohne daß wenigstens 3 Tage zuvor eine öffentliche Ankündigung erlassen ist von Ort, Stunde und Specialzweck der Versammlung durch öffentliche Bekanntmachung in der Pfarrkirche am Sonntag während oder unmittelbar nach dem Gottesdienst (aufgehoben durch 1 Vict. c. 64) und durch geschriebenen oder gedruckten Anschlag an der Hauptthür der Kirche. „In Abwesenheit des Pfarrers" sollen die Gemeindeglieder durch Stimmenmehrheit einen vorsitzenden chairman wählen, der bei Stimmengleichheit den Stichentscheid giebt, und der die schriftlich aufzunehmenden in ein Buch einzutragenden Protokolle über die Verhandlungen und Beschlüsse der Versammlung zu zeichnen hat. Bei der Abstimmung werden die anwesenden

---

*) Ueber das Mißverhältniß der verfallenen Gemeindeverfassung zu der Steuerpflicht der Ortsgemeinden giebt erst die neuere Statistik eine klare Einsicht. Die P. P. 1849. No. 630 enthalten eine schon hier hervorzuhebende Gruppirung der steuernden Besitzklassen in 4 Grafschaften, welche aus Agricultur- und Industriebezirken so ausgewählt sind, daß sie instar omnium zur Charakterisirung der Zustände im ganzen Lande dienen können. Zur Armensteuer waren eingeschätzt mit einem jährlichen Ertragswerth (Mieths- oder Pachtwerth ihres Realbesitzes) folgende Personenzahlen:

	Lancaster.	Suffolk.	Hampshire.	Gloucester.
unter 24 Thlr. G.	91,677.	42,226.	23,051.	39,368.
24—30 „ „ excl.	47,207.	4,467.	6,544.	6,359.
30—36 „ „ „	35,483.	2,951.	3,384.	4,282.
36—48 „ „ „	45,013.	3,348.	6,952.	6,092.
48—60 „ „ „	30,298.	2,389.	4,172.	4,180.
60—72 „ „ „	19,623.	1.886.	8,152.	2,694.
72—90 „ „ „	19,358.	1,982.	3,492.	2,473.
90—120 „ „ „	19,842.	2,258.	3,822.	2,900.
120 Thlr. G. und darüber	60,545.	10,237.	11,033.	12,731.
Gesammtzahl	369,046.	71,753.	65,605.	80,979.
Gesammtzahl der Wohnhäuser	340,070.	59,064.	59,765.	67,874.
Gesammtertrag des steuerpflichtigen Einkommens	Thlr. G. 39,660,000.	Thlr. G. 8,160,000.	Thlr. G. 8,700,000.	Thlr. G. 11,760,000.
Poor Rate 1849	3,910,000.	3,070,000.	1,260,000.	446,000.
Procentsatz der Armensteuer	10 pCt.	37½ pCt.	11 pCt.	3¾ pCt.

Gemeindeglieder nach ihrer Einschätzung zur Armensteuer so abgestuft, daß jeder Steuerzahler zu einem jährlichen Grundertrag unter 50 L. eine Stimme führt, für weitere 25 L. eine Stimme mehr bis zu einem Maximum von 6 Stimmen. Der steuerpflichtige Miether oder Eigenthümer bis 49 L. Mieths- oder Pachtertrag führt also 1 Stimme, von 50—74 L. = 2 Stimmen, von 75—99 L. = 3 Stimmen, von 100—124 L. = 4 Stimmen, von 125—149 L. = 5 Stimmen, von 150 L. und mehr = 6 Stimmen, nach diesem neuen System einer „plurality of votes."**) — Vorbedingung des Stimmrechts ist in allen Klassen, daß der Stimmende als Einwohner oder Steuerzahler der Gemeinde angehört, mag er auch erst nach der letzten Ausschreibung der Armensteuer angezogen oder steuerpflichtig geworden sein, sobald er sich nur bereit erklärt zur Steuerzahlung. Wer dagegen die Steuer verweigert, oder nach vorgängiger Aufforderung eine schuldige Zahlung versäumt, soll als Stimmender nicht zugelassen werden. Ein Druckfehler ist berichtigt durch 59. Geo. III. c. 85. §. 3, mit der Deklaration, daß auch die im Kirchspiel nicht Wohnhaften stimmberechtigt sind, sobald sie wegen eines Grundbesitzes im Kirchspiel steuern; daß ferner auch Corporationen oder Gesellschaften durch ihren Sekretär oder Agenten nach Maßgabe des steuerpflichtigen Besitzes mitstimmen. (Nach 16. et 17. Vict. c. 65 ist es jedoch nicht erforderlich, daß die erst in den letzten 3 Monaten vor einer vestry fällig gewordenen Steuern gezahlt seien). — Das Gesetz soll sich erstrecken auf alle Kirchspiele oder Ortschaften, die ihre besonderen Armenaufseher haben, und auf alle Gemeindeversammlungen für alle in diesem Gesetz ausgedrückten Zwecke. Aber es soll in keiner Weise ändern oder schmälern die gesetzlichen Befugnisse einer vestry oder Gemeindeversammlung, die auf Grund einer Specialacte oder alten Herkommens (ancient and special

---

**) Die General Vestries Act zeigt schon durch die Steuerabstufungen, daß es sich zunächst um erhöhten Einfluß der Meistbesteuerten handelt. Es ergiebt sich aus der obigen Tabelle wie hoch gegriffen die Abstufung von 300 Thlr. G. jährlichen Mieths- oder Pachtwerths ist, die wohl durchschnittlich mehr als $9/10$ der Steuerzahler in die unterste Klasse setzt, und mit dem Wahlrecht zum Parlament in keiner Weise stimmt. Man kann das abgestufte Stimmrecht auch so ausdrücken, daß wer zu 900 Thlr. G. Grundertrag als Eigenthümer, Miether oder Pächter eingeschätzt ist, eine volle Stimme führt, zu 750 Thlr. G. = $5/6$ Stimme, zu 600 Thlr. G. = $4/6$ Stimme, zu 450 Thlr. G. = $3/6$ Stimme, zu 300 Thlr. G. = $2/6$ Stimme, unter 300 Thlr. G. = $1/6$ Stimme. Da die Zahl der Personen in den höheren Stimmklassen aber nur gering ist, so war es schon der Rechnung wegen praktischer und gewohnten Anschauungen gemäßer, das Stimmrecht der untersten Klasse als Einheit zu betrachten, die höheren Stimmrechte dagegen als eine „plurality of votes" bis zu höchstens 6. Auch durch die Aktiengesellschaften gewöhnte man sich an ähnliche Abstufungen des Stimmrechts bis zu 6 Stimmen.

usage or custom) abgehalten wird, auch nicht ändern das Recht oder die Weise der Abstimmung in einer so regulirten vestry***).

Durch diesen Vorbehalt war die Wirksamkeit des Gesetzes grade an den Stellen gebrochen, an welchen die Reform am meisten noth that. Der innere Widerspruch dauerte fort nnd mußte den Zeitgenossen an der Armensteuer von Jahr zu Jahr greller vor Augen treten. Inzwischen gingen die Wogen der Agitation für Parlamentsreform immer höher und höher. Die anschwellende Masse der Communalsteuern machte den Anspruch auf eine Localrepräsentation, nach Analogie der Gesammtrepräsentation im Unterhause, zu einem unabweisbaren. Da aber die Steuerzahler der großen Gemeindeverbände nicht in corpore verwalten konnten, so ergab sich zugleich die Nothwendigkeit neu zu bildender Verwaltungskörper, boards, die nicht wie die select vestries durch Cooptation, sondern durch freie Wahl der Steuerzahler zu bilden waren. Die Berichte eines Parlamentscommittee's von 1830 (vol. VI. p. 425. 569) kamen fast wörtlich wie die späteren Reports über die Municipal Corporations zu dem Schlusse, „daß eine weit verbreitete Unzufriedenheit in der Verwaltung der Ortsgemeinden herrsche, hauptsächlich veranlaßt durch den Mangel einer Controle über die vestries, Kirchenvorsteher und Armenbeamten, daß sich dagegen die Einsetzung gewählter Gemeindeausschüsse als sehr wohlthätig bewährt habe und principiell zu empfehlen sei." Da jedoch in dem begonnenen Streit der Reformbill eine Vereinigung über das Maß des Stimmrechts nicht zu finden war, so glaubte man wenigstens in den Städten, den Hauptsitzen jener Agitation, Abhülfe schaffen zu sollen, indem man ihnen überließ, sich selbst einen stehenden Gemeinderath für die Kirchspielsverwaltung nach allgemeinem Stimmrecht zu geben.

In dieser Situation entstand die Hobhouse's Act 1. et 2. Will. IV. c. 60, bestimmt nur für incorporirte Städte und sehr große Kirchspiele von mindestens 800 Steuerzahlern, unter Voraussetzung einer freiwilligen Annahme durch Majoritätsbeschluß. Der nach dem Gesetz zu bildende Gemeinderath soll aus 12—120 Repräsentanten bestehen, welche ansässige householders sein müssen, eingeschätzt zur Armensteuer mit einem Realbesitz von 10 L., in den großen Städten 40 L. Jahresertrag. Ein Drittheil der Gemeindevertreter scheidet alljährlich aus und wird durch

---

***) Durch den Vorbehalt der select vestries ist jedenfalls die Tragweite der Reform sehr bedeutend herabgesetzt; außerdem sind die Kirchspiele der City von London und von Southwark ausdrücklich ausgenommen (§§. 9. 10). Die beschränkten select vestries (§. 115 No. 1—3) bleiben also sämmtlich bestehen; nur die open vestries gewinnen wieder eine festere Gestalt, und in vielen Gemeinden, in welchen thatsächlich die Versammlungen nur aus einer kleinen Zahl zu bestehen pflegten, wurden besser besuchte Versammlungen wieder häufiger.

§. 116. Reform der Kirchspielsverfassung. 681

Neuwahl ergänzt. Ihre Zahl ist auf 12 bemessen für Gemeinden bis zu 1000 steuernden householders, 24 für 1000—2000 Householders, und so weitere 12 für weitere 1000 bis zu einem Maximum von 120. Ortspfarrer und Kirchenvorsteher sind stimmberechtigte Mitglieder ex officio. Der so gebildete Gemeinderath tritt vollständig an die Stelle einer jeden schon vorhandenen vestry als gesetzlicher Vertreter alles Gemeindeeigenthums, als Vertreter der Gemeinde in Prozeßführungen und Verträgen, sowie für die ganze Armen- und Parochialverwaltung, mit dem Recht auf Rechnungslegung, wie solches bisher der vestry zustand. Zur Beschlußfähigkeit des Gemeinderathes gehören 5—9 Mitglieder, je nach der Größe der Versammlung. „In Abwesenheit einer Person, die nach Gesetz oder Gewohnheit zum Vorsitz berechtigt ist", wählt sich die Versammlung bei Beginn jeder Sitzung ihren Chairman. Vorhandene Localacten und Specialgesetze über die Bildung von besonderen parish vestries, Armen- oder Kirchenverwaltungsräthen werden indessen auch durch dies Gesetz nur modificirt in Bezug auf die Form der Wahl der vestrymen. (Excurs †).

Dieser Weg der Gesetzgebung wurde indessen nicht weiter verfolgt. Hobhouse's Act hatte nicht die gehofften Erfolge, und wurde nur in wenigen Gemeinden angenommen. Die besitzenden Klassen verlangten im Ganzen eine gesichertere Stellung für ihre Steuerleistungen im Gemeindeverband. Als Haupthinderniß der Reform trat überhaupt immer mehr die Kleinheit der Kirchspiele hervor, (darunter nach einer spätern Uebersicht 8300 unter 300 Seelen), deren Mehrzahl den heutigen Ansprüchen an eine Gemeindeverwaltung nicht genügen konnte. Man verließ daher den Weg einer allgemeinen „Gemeindeordnung" und schlug den praktischern Weg ein, für die Hauptlasten und Steuern des Kirchspiels besondere Gemeindeeinrichtungen zu schaffen, in dreifacher Richtung:

1. Für die Armenverwaltung war schon durch 59. Geo. III. c. 12 die Bildung von gewählten boards versucht worden; unmittelbar nach der Reformbill erfolgt aber durch das Armengesetz von 1834 eine durchgreifende Vereinigung der kleineren Kirchspiele zu Gesammtverbänden mit gemeinsamer Vertretung und Verwaltung, welche von da an das Muster einer neuern wirthschaftlichen Selbstverwaltung wird (Cap. X.).

2. Für die Gesundheitsverwaltung und eine Reihe connexer Zweige wird eine neue Localvertretung mit gewählten boards gebildet, welche in den Public Health Acts 1848 ff. eine consolidirte Gestalt gewinnt (Cap. XI.).

3. Für die Wegeverwaltung beginnt in den Wegeordnungen von 1836, 1862, 1864 die analoge Formation einer Localvertretung und Combination von Sammtgemeinden mit einem gewählten board (Cap. XII.).

Mit dieser Neubildung der weltlichen Seite des Kirchspiels läuft parallel nach der andern Seite eine Abscheidung und Neubildung von Gemeindeverfassungen für ausschließlich staatskirchliche Zwecke, welche indessen der Kirchenverfassung zugehört. (Excurs ††).

† Gemeindevertretungen nach Hobhouse's Act.

Die Gemeindevertretung nach diesem Gesetz entspricht wohl am meisten dem Schema, welches die neuere Erwerbsgesellschaft sich für ihre Gemeindeverfassungen zu bilden pflegt. Das Gesetz §. 1—11. enthält zunächst das Verfahren für diesen Vorbeschluß über Annahme des Gesetzes. Der Antrag darauf muß von wenigstens $1/5$ der Steuerzahler oder wenigstens 50 steuerzahlenden Pfarrgenossen schriftlich angebracht werden bei einem der Kirchenvorsteher. Am ersten Sonntag im März haben dann die Kirchenvorsteher die Gemeinde zu einer Versammlung behufs der Beschlußnahme für oder wider die Annahme der Acte einzuladen. Die Abstimmung geschieht schriftlich nach einem gesetzlichen Formular „für" oder „wider." Die Kirchenvorsteher zählen die Stimmzettel und erklären die Acte für angenommen, wenn die Majorität der Steuerzahler anwesend war und $2/3$ der Anwesenden dafür stimmen. Stimmberechtigt sind alle Personen, die ein Jahr vor Abgabe ihrer Stimme zur Armensteuer eingeschätzt waren, und alle innerhalb der 6 unmittelbar vorhergehenden Monate fällig gewordenen Communalabgaben gezahlt haben. — Das Wahlverfahren für den Gemeinderath wird im §§. 12—22 bestimmt. Die Wahlen finden alljährlich im Mai statt. An einem Sonntag, wenigstens 21 Tage vor dem Wahltermin, haben die Kirchenvorsteher eine schriftliche Ladung der Stimmberechtigten an der Hauptthür der Kirche und an anderen üblichen Orten auszuhängen. Die Steuereinsammler werden zum Wahltermin mit vorgeladen zur Controle der Steuerqualification der erscheinenden Wähler. Zur Einsammlung der Stimmen werden 8 Inspectors of votes ernannt, 4 von den Kirchenvorstehern, 4 von der Versammlung. Die Wahl geschieht zunächst durch Handaufhebung nach absoluter Majorität; je 5 Steuerzahler können aber auch eine Abstimmung durch Stimmzettel (poll by ballot) verlangen, die an die Stimmenzähler abzuliefern sind. Um 4 Uhr werden die Stimmurnen geschlossen, die Stimmzettel von den inspectors gezählt, bei Stimmengleichheit entscheidet das Loos. — Unabhängig von dem Gemeinderath ernennen die Gemeindeglieder jährlich auch noch 5 Rechnungsrevisoren Auditors, welche gleichzeitig bei den Wahlen zum Gemeinderath mitgewählt werden, mit gleicher Qualification wie die Gemeinderäthe; doch ist das Amt eines Auditor und eines Vestryman unvereinbar (§. 33). Alljährlich zweimal versammeln sich die Auditors in dem Geschäftslokal der vestry und prüfen die ihnen vom clerk der vestry vollständig mit Belägen vorzulegende Rechnung des Gemeinderaths oder ihres Treasurer aus dem letzten Halbjahr, sowie die Rechnungen der Kirchenvorsteher, Armenaufseher und aller sonstigen Beamten der Gemeinde (§. 34). Die geprüften Rechnungen liegen im Büreau zur Einsicht auf; 14 Tage nach der Revision sind Extracte daraus von dem Gemeinderath schriftlich oder durch den Druck zu vervielfältigen und gegen eine kleine Gebühr an jeden Steuerzahler zu verabfolgen (§§. 37. 38). Zu Auditors sollen nur Personen gewählt werden, die vorher schriftlich ihre Zustimmung zur Annahme des Amts erklärt haben. — Vorbehalten werden alle Jurisdictionsrechte der Staatskirche in Bezug auf die Geistlichen und in Kirchspielsangelegenheiten, mit einziger Ausnahme der im Gesetz verordneten Neubildung der vestry. Das Gesetz hatte indessen weder die gehofften noch die gefürchteten Wirkungen, und trotz des allgemeinen Stimmrechts ist eine besondere Theilnahme der Gemeindegenossen daraus keineswegs hervorgegangen.

§. 116. Reform der Kirchspielsverfassung. 683

†† **Die Neubildung der kirchlichen New Parishes Acts.**

Die neuen Bearbeitungen von Burn's Justice enthalten unter Rubrik Church and Chapel ein ziemlich ausführliches Kirchenverwaltungsrecht, betreffend die äußeren Verhältnisse der Kirchenbaulast, Kirchensteuer, Kirchensitze, Begräbnisse ꝛc. Je mehr sich nun aber durch die neuere Reformgesetzgebung die weltliche Seite der Kirchspielsverfassung umgestaltet, um so naturgemäßer entstand die Forderung einer „Trennung von Kirche und Staat", und folgeweise der Versuch einer Neubildung einer kirchlichen „Gemeindeordnung", d. h. einer Gemeindevertretung und Verwaltung zu bloß staatskirchlichen Zwecken. Die Gesetzgebung dieser Richtung bildet zwei große Massen: die Church Building Acts 56. Geo. III. c. 134; 3. Geo. IV. c. 72; 2. et 3. Vict. c. 49; 3. et 4. Vict. c. 60; 8. et 9. Vict. c. 70; 11. et 12. Vict. c 37; 14. et 15. Vict. c. 97 zum Zweck der kirchlichen Bauverwaltung und Ausbildung von Pfarrsystemen; die New Parishes Acts 6. et 7. Vict. c. 37; 7. et 8. Vict. c. 94; 19. et 20. Vict. c. 104; 32. et 33. Vict. c. 94 betreffend die Verfassung der neugebildeten Pfarrsysteme. Es ist dafür jetzt einerseits eine collegialische Staatsbehörde entstanden, mit einem centralisirten Decernat für die kirchlichen Organisations- und Bauangelegenheiten (Gneist, Engl. Verw.-Recht II. §. 141), andererseits eine kirchliche Ortsgemeindeverfassung, in welcher die moderne Idee der Repräsentation mit der Bestimmung der Kirche als dauernder Institution für Lehre und Seelsorge im Widerstreit liegt. In den neugebildeten Pfarrsystemen wurden grundsätzlich select vestries gebildet, mit der ausdrücklichen Clausel „for ecclesiastical purposes only" und für keinen andern Zweck irgend einer Art. Diese neuen Gemeinden sind nur kirchliche Vereine der Bekenner staatskirchlicher Confession; active Gemeindeglieder nur die Miether eines Kirchstuhls. Es entstand dabei ein verwickeltes System von Verkauf und Vermiethung der Kirchensitze, welches kein günstiges Licht auf den Geist dieser rein kirchlichen Gemeinden wirft. Die Verwaltung der kirchlichen, oder genauer Kirchstuhlsangelegenheiten, steht unter einer administrativen Oberentscheidung der kirchlichen Behörden. Parish Clerk und Sexton werden von dem Pfarrer ernannt. Trotz des Vorbehaltes einer Anzahl Gratiskirchenstühle für die Armen ist der kirchliche Sinn in diesen Pfarrsystemen schwerlich gewachsen, der Communalsinn aber durch die völlige Auseinanderreißung der kirchlichen und weltlichen Gemeinden noch weiter gefährdet. Die Sache ist auch wenig besser geworden, nachdem durch 14. et 15. Vict. c. 97 die Select Vestries aufgehoben, und das Stimmrecht aller Kirchstuhlmiether in open vestries hergestellt ist.

X. Capitel.

Die Communal-Armenverwaltung.

§. 117.

Das Armengesetz Elisabeths.

Unter Heinrich VIII. war die Armenpflege zu einer Zwangspflicht der Ortsgemeinden geworden, und nach langjährigen Versuchen durch 43. Eliz. c. 2 die Armengesetzgebung zu einem Abschluß gediehen, welcher 233 Jahre hindurch in allen wesentlichen Grundzügen fortbestanden hat.

Das große Armengesetz enthält zwei leitende Grundsätze: 1. daß jeder Arme entweder mit Arbeit versehen oder unterstützt werden muß; 2. daß dies kirchspielsweise geschehen soll, d. h. durch Mittel, welche zu erheben und zu verwenden sind durch Ortsgemeindebeamte innerhalb ihrer Kirchspiele. Das Gesetz erlaubt aber nicht jedem Armen sich nach freier Wahl an ein beliebiges Kirchspiel zu wenden: vielmehr war schon durch frühere Gesetze (19. Hen. VII. c. 12; 1. Edw. VI. c. 3; 3. et 4. Edw. VI. c. 16; 14. Eliz. c. 5) bestimmt, daß Personen, welche nicht arbeiten können oder wollen, genöthigt werden sollen in dem besondern Kirchspiel zu bleiben, in welchem sie einheimisch, d. h. in welchem sie geboren oder seit drei Jahren wohnhaft sind (Vagabunden seit einem Jahr). Schon vor dem Gesetz Elisabeths war daher die Grundlage eines „Niederlassungsrechts" gelegt.

Die Armenverwaltungsmaximen werden in dem Gesetz dahin formulirt: in jedem Kirchspiel sollen zunächst die Kirchenvorsteher Armenväter sein, und neben ihnen zwei oder mehre Overseers of the Poor, welche von Jahr zu Jahr aus den ansässigen Einwohnern von den Friedensrichtern zu ernennen sind. Diese Armenaufseher sollen „Maßregeln treffen „zu einer arbeitsamen Beschäftigung der Kinder aller solcher Eltern, welche „außer Stande erscheinen ihre Kinder zu erhalten", sowie auch „aller

§. 117. Das Armengesetz Elisabeth's.

„solcher Personen, die ohne die Mittel zu leben, kein ordentliches Gewerbe „oder Geschäft treiben zur Erwerbung ihres Unterhalts." Zu diesem Zweck sind sie ermächtigt „wöchentlich oder sonst durch Abschätzung eines jeden „Gemeindebewohners oder Realbesitzers in der Gemeinde (oben §. 21) „solche Geldsummen aufzubringen, wie sie deren bedürfen werden zur An= „schaffung eines genügenden Vorraths von Flachs, Hanf, Wolle und „anderen Waaren oder Stoffen, um die Armen zu beschäftigen; sowie auch „die nöthigen Summen für die Unterstützung lahmer, blinder, alter und „arbeitsunfähiger Personen und zur Unterbringung von Kindern als Lehr= „linge." Personen, welche zu arbeiten sich weigern, können sie in ein Arbeitshaus oder Gefängniß schicken, und auch ein besonderes Armenhaus für die Aufnahme der arbeitsunfähigen Armen des Kirchspiels anlegen. Armenkinder können zwangsweise als Lehrlinge untergebracht werden.

Das Gesetz Elisabeth's stellt also in erster Linie den polizeilichen Ge= sichtspunkt der Beschäftigung arbeitsfähiger, in zweiter Linie die Huma= nitätsforderung der Unterstützung arbeitsunfähiger Armen. Beide Zwecke werden verbunden in dem Amt der Armenaufseher, denen die nöthigen Geldmittel, und durch die Polizeigesetze die nöthigen Zwangsgewalten zur Verfügung gestellt sind. Bei der Kleinheit der Kirchspiele blieb es zwar schwierig, ausreichende Anstalten zu einer Beschäftigung der Arbeitsfähigen zu treffen. Indessen hat der blühende Zustand des Landes bis zu den Zeiten der Bürgerkriege auch das Armenwesen zufriedenstellend ge= staltet. Fast zwei Menschenalter hindurch ist wenig davon die Rede. Ohne ein ängstlich bemessenes Niederlassungsrecht fand der Arme die noth= wendige Unterstützung in seinem zeitigen Aufenthaltsort, und nur bei rogues oder vagabonds konnte ein Rücktransport eintreten nach dem Geburts- oder letzten Wohnort.

Die Restauration aber führte nach längeren Stürmen die alte Gentry in das Parlament zurück, welche gewohnt, und gerade damals sehr geneigt war, Fragen der innern Landesverwaltung nur vom Standpunkt des großen Grundbesitzes aus zu betrachten. Diese Strömung führte zu der Settlement Act, st. 13. et 14. Car. II. c. 12. §. 1:

„Sintemal in Folge einiger Fehler im Gesetz arme Leute nicht verhindert sind, aus einem „Kirchspiel in das andere zu gehen, und zu versuchen sich in solchen Kirchspielen festzu= „setzen, wo der beste Viehstand ist, die größte Gemeindeweide, Gemeindeland um Ar= „beiterwohnungen zu bauen, und das meiste Holz für sie zu verbrennen und zu zerstören, „und wenn sie es consumirt haben, dann nach einem andern Kirchspiel, bis sie zuletzt „Bettler und Landstreicher werden, — zur großen Entmuthigung der Kirchspiele sich „Vorräthe anzuschaffen, wo solche Gefahr laufen von Fremden verschlungen zu werden, „— wird hiermit verordnet: daß auf Klage der Kirchenvorsteher oder Armenaufseher „innerhalb 40 Tagen, nachdem eine solche Person gekommen ist sich festzusetzen in irgend „einem Grundstück unter jährlich 10 L. Werth, es gesetzlich sein soll für je *zwei* Friedens=

„richter der Division wo eine Person, die muthmaßlich der Armenpflege zur Last fallen „kann (likely to be chargeable), sich einfinden sollte, durch einen warrant zurückzusenden „und transportiren zu lassen solche Personen nach dem Kirchspiel, in welchem sie zuletzt „eine gesetzliche Niederlassung hatten (legally settled), entweder durch Geburt, eigene „Wirthschaft, Aufenthalt, Lehrlingschaft oder Dienst für den Zeitraum von wenigstens „40 Tagen." Vorbehaltlich einer Appellation an die Quartalsitzungen.

Es war das der Interessen-Standpunkt des Squire und des wohlhäbigen Großbürgers, welcher von seinem Dorf oder seinem Stadtviertel aus immer zuerst an Erleichterung seiner Armenlast denkt, unbekümmert darum, welche Wirkungen ein solches engherziges Hin- und Herschieben für die arbeitenden Klassen und für die Gesammtentwickelung der Volkswirthschaft haben mußte. Ja es war von diesem Standpunkt aus das Kirchspiel als Armenbezirk noch zu groß. Es wird daher den Kirchspielen, die mehre „Ortschaften" umfassen, auch ferner gestattet, die Armenpflege auf den noch kleinern Bezirk der townships zu basiren und diese Theilung wird möglichst erleichtert. Es entstand so ein engbegrenztes Niederlassungsrecht für die kleinsten Ortschaften im Lande und für die Stadtviertel in den Städten, welches auch den arbeitsfähigen und fleißigen Arbeiter hinderte, sich nach freier Wahl den Ort seiner Beschäftigung zu suchen. Jede Person, deren Umstände es „wahrscheinlich" machen, daß sie der Gemeinde „zur Last fallen könnte", wird damit confinirt an den Ort ihrer Niederlassung. Diese Niederlassung wird erworben durch Wohnen während einer bestimmten Zeit, die zwar nur auf 40 Tage bemessen, aber sehr bald durch viele schwerwiegende Vorbehalte verkünstelt wurde. Da nämlich jeder Unvermögende ausgewiesen werden kann, nach 40tägigem Wohnen aber Niemand mehr ausgewiesen werden soll: so war die natürliche Folge, daß wer eine Niederlassung suchte, sich heimlich einschlich und festsetzte, wenn es nicht den Armenaufsehern gelang, binnen 40 Tagen den Eindringling zu ertappen. Um Unfug zu verhüten folgt daher die Bestimmung (1. Jac. II. c. 17. §. 3), daß die 40 Tage erst gerechnet werden sollen von dem Augenblick, in welchem schriftliche Anzeige von dem Anziehen den Kirchspielsbeamten (später auch der Gemeinde) gegeben ist. Diese Anzeige wird nur in solchen Fällen nachgelassen, wo der Anzug mit gewissen „notorischen Umständen" verbunden ist, wie der Eintritt in einen jahresweisen Dienst service, oder in eine Lehrlingschaft apprenticeship, 1. Jac. II. c. 17. §. 3; 3. Will. et Mary c. 11. Da das Niederlassungsrecht nun die Natur eines wohlerworbenen Rechts annahm, so folgerten die Gerichte, daß es wie ein Statusrecht auch von den Eltern auf die Kinder, von dem Ehemann auf die Ehefrau übergehe. So entstanden die Titel zum Niederlassungsrecht by birth, marriage, hiring and service, apprenticeship, renting a tenement, by a person's own estate, by serving an office in a parish, by paying the public taxes or levies of the parish, by relief etc., — jeder dieser Titel declarirt und restringirt durch besondere Gesetze und eine unabsehbare Reihe von Präjudicien.

Die Armen-Gesetzgebung des achtzehnten Jahrhunderts dreht sich fast nur um Künsteleien an diesem Niederlassungsrecht. Die Kleinheit der Armenbezirke hatte zusammenhängende Maßregeln für die Beschäftigung der Armen an sich schwierig gemacht. Der jährliche Wechsel des Amts der Armenaufseher, die verführerische Bequemlichkeit die Armenpflege lediglich in Geldunterstützungen aufgehen zu lassen, deren Ausschreibung geringere Mühe machte als jede andere Fürsorge, ließ das Armenaufseheramt in eine mechanische Routine herabsinken, der auch die Friedensrichter durch ein sporadisches Eingreifen keine andere Richtung gaben. Die Armenlast wurde dadurch eine bloße Geldfrage, und trotz des fast allseitigen Anerkenntnisses, daß das Niederlassungsrecht in unerträglicher Weise verwickelt sei und die arbeitenden Klassen beschädige, kam aller Streit nicht über die zeitigen Einzelinteressen hinaus, und eben deshalb nur zu Palliativen, die augenblicklich den Ueberlasteten erleichterten, den Druck auf die arbeitenden Klassen aber nur weiter verschlimmerten.

Um diesen Zustand zu mildern, war das Nothmittel der Ortsangehörigkeitsatteste entstanden. Wer von dem Ort seiner Niederlassung ein Certificat der Ortsobrigkeit über seine Ortsangehörigkeit mitbrachte, durfte erst ausgewiesen werden, wenn er dem Kirchspiel wirklich zur Last fiel: anderseits sollte er aber dann auch eine Niederlassung nur gewinnen durch Miethung einer Wohnung oder Ausübung eines jährlichen Amts, nicht durch die sonstigen Titel, 8. et 9. Will. III. c. 30; 9. et 10. Will. III. c. 11; 12. Anne c. 18. §. 2; 3. Geo. II. c. 29 §§. 8. 9. Die Rückwirkung dieser Gesetze auf den fleißigen Arbeiter zeigte sich nur noch verderblicher. — Nirgends verfolgt die Gesetzgebung einen zusammenhängenden Plan zur Erhöhung der Gesammtarbeitskraft des Volks, sondern immer nur die Gesichtspunkte einer regierenden Klasse, welche um Vertheilung der Armenlast streitet. Arbeitsherren wie Armenaufseher sind unablässig bestrebt die Entstehung aller Verhältnisse zu verhindern, durch welche der Arbeiter ein Niederlassungsrecht erwerben könne, wie denn auch in dieser Zeit die jahresweise Miethe des Gesindes immer mehr außer Gebrauch kommt, damit nicht nach einem Jahre ein Heimathsrecht entstehe. Die möglichste Ausbeutung der Arbeitskraft unter Abwehr jeder Gefahr einer Erhöhung der Armenlast führt zu einem bellum omnium contra omnes; während sie andererseits dem Arbeiter mit der Gelegenheit auch die Neigung benimmt, außerhalb seines Heimathsorts eine lohnende Thätigkeit zu suchen.

Endlich wurde den arbeitenden Klassen durch 35. Geo. III. c. 110. §. 1 die entscheidende Concession gemacht, daß niemand mehr ausgewiesen werden soll auf Grund der bloßen Wahrscheinlichkeit, daß er dem Kirchspiel zur Last fallen werde, sondern erst dann, „wenn er actuell zur Last gefallen ist durch Empfang einer Unterstützung oder Bitte darum": wodurch denn am Schluß des 18. Jahrhunderts der Zustand vor dem Gesetz Carls II. in gewissem Maße wiederhergestellt ist; jedoch mit dem wichtigen Unterschied, daß gerade der normale Titel zum Erwerb des Heimaths= rechts durch eine gewisse Dauer des Aufenthalts aufgehoben blieb.

Ehe auf die durchgreifenden Reformen dieser Gesetzgebung einzugehen ist, bedarf es einer zusammenhängenden Darstellung der Stellung der Armenaufseher und Friedensrichter in der so abgeschlossenen Armengesetz= gebung (§. 118. 119).

Die Geschichte der englischen Armengesetzgebung ist in der Geschichte des Selfgovernment S. 273—281 gegeben, das achtzehnte Jahrhundert S. 379. Ueber die Litteratur vgl. S. 278. Die Hauptschrift, Sir Geo. Nicholl's, History of the English Poor Law, 1854. 2. Vol. 8 ist namentlich reichhaltig für die Zeit nach der Restauration. Ueber die Entstehung der Settlement Act 14. Car. II. c. 12, Vol. I. S. 293—302. Es ist richtig, daß dies Hauptgesetz zunächst auf Antrag des Abgeordneten der City of London erlassen wurde, mit Rücksicht auf die immer wiederkehrende Besorgniß einer „Uebervölke= rung" der Hauptstadt. Allein die besitzenden Klassen der City haben in solchen Perioden stets gemeinschaftliche Sache mit dem großen Grundbesitz gemacht, und sowohl die Motivi= rung des Gesetzes, wie noch mehr die Handhabung und die späteren Modificationen er= geben, daß es vorzugsweise die Interessen des großen Grundbesitzes sind, welche die Ge= staltung des Niederlassungsrechts aufrecht erhalten. Nachdem einmal der Armenunterhalt in mehr als 14000 townships eine fest vertheilte Geldlast bildete, war es allerdings schwer, ein neues System zu Gunsten der arbeitenden Klassen zur Geltung zu bringen; am schwierigsten war es für eine Regierung, die unmittelbar durch die Interessen der be= sitzenden Klassen bestimmt und durch deren wechselnde Parteihäupter geführt wurde. Auch die Vertreibung der Stuarts hat nur zu einer Verschärfung geführt, und zu immer neuen Vorsichtsmaßregeln gegen Erschleichung des Niederlassungsrechts. Dahin gehört namentlich die Nothwendigkeit der Mittheilung des Anzugs an die Gemeinde, und die Vorschrift, daß unverheirathete Personen nur durch Dienstvertrag auf ein volles Jahr, und nur dann wenn der Dienst wenigstens ein ganzes Jahr gedauert hat, heimathsberechtigt werden, 3. Will. et M. c. 2. Die Behandlung der ganzen Frage ist auch im Zusammenhang mit dem Gesammtsystem der Arbeitspolizei (§. 56) zu würdigen Daß die Armen durch das weitere System der Heimathscheine ganz in die Willkür der Gemeindebeamten gegeben waren, hat niemals einen Anstoß erregt. Titel zur Begründung des Heimathsrechts, die sich nicht bewährt hatten, hob man einfach auf, ohne an die Substituirung anderer zu denken. Der natürliche Grundsatz, daß redliche Arbeit wenigstens nach 1, 2 oder 3 Jahren einen natürlichen Anspruch auf Gemeindezugehörigkeit geben müsse, konnte neben den ver= künstelten Einzeltiteln nicht mehr zur Geltung kommen. Schon Blackstone I. 362—65 hat diese heillosen Zustände eindringlich geschildert. Die gesammten Domicil= und Arbeits= verhältnisse im Lande waren dadurch verkünstelt; die darüber geführten Prozesse kosteten den Kirchspielen in manchen Jahren über 1,000,000 Thlr. G.; das Ganze führte zu einem System gegenseitiger Ueberlistungen, in welchem sich hier ein Eindringling einschlich und als Pensionär des Kirchspiels festsetzte, dort ganze Häuserreihen und Dörfer niedergerissen wurden, um einen Grundherrn von der Armensteuer frei zu halten, — alles das schon bevor große sociale Umwälzungen diese Zustände zur Unerträglichkeit steigerten.

§. 118.
Die Amtsstellung der Armenaufseher. Overseers of the Poor.

Die Armenverwaltung concentrirte sich in dem Amt der Armenaufseher unter dem Decernat der Friedensrichter, entsprechend der Gesammtanlage des selfgovernment. Die Ortsgemeinde hatte praktisch nichts weiter zu thun als die ausgeschriebene Steuer zu bezahlen, mit Vorbehalt einer Beschwerdeinstanz. Die Stellung der Armenaufseher beruhte auf folgenden Worten des Armengesetzes, 43. Eliz. c. 2 §. 1:

„Die Kirchenvorsteher jedes Kirchspiels und 4, 3 oder 2 wohlhabende „angesessene Einwohner (substantial householders), je nach dem Ver=„hältniß und der Größe des Kirchspiels, sollen jährlich ernannt werden „in der Osterwoche, oder binnen einem Monat nach Ostern, unter „Handschrift und Insiegel zweier oder mehrer Friedensrichter der Graf=„schaft (darunter eines von dem Quorum) wohnhaft in oder nahe dem „Kirchspiel oder der Division, in welcher das Kirchspiel belegen, und „sollen heißen Overseers of the Poor des gedachten Kirchspiels."

Die Bezirke, für welche die Bestellung erfolgt, sind also nach diesem Gesetz die einzelen Kirchspiele. Nach 13. et 14. Car. II. c. 12 §. 21 wird es aber denjenigen Kirchspielen, „welche wegen des großen Umfangs die Wohlthat des Gesetzes 43. Eliz. nicht genossen haben oder nicht haben genießen können," nachgelassen die Armenpflege zu besorgen durch besondere Armenaufseher innerhalb der einzelen Ortschaften oder Dörfer (townships or villages), welche das Kirchspiel bilden. Von dieser Clausel ist bis zu ihrer Aufhebung (7. et 8. Vict. c. 101 §. 22) namentlich in den nördlichen Grafschaften häufig Gebrauch gemacht, und es ist dies der Hauptgrund, aus welchem die Zahl der Ortsverbände für die Armenpflege um mehre Tausend die Zahl der kirchlichen parishes übersteigt.*)

---

*) Ueber die Theilung der Kirchspiele für die Armenlast hat sich eine Gerichts=praxis nach Maßgabe der Worte des Gesetzes 13. et 14. Car. II. §. 21 gebildet. Die Sessionen der Friedensrichter unter Recurs an die Reichsgerichte bestimmten nun nach Fassung des Gesetzes, ob (1) eine zu einem größern Kirchspiel gehörige Ortschaft wirklich den Charakter eines gesonderten Dorfs habe, was weniger nach dem Namen (vill, hamlet etc.) als vielmehr nach der Zahl der Häuser, den Wohnungsverhältnissen und dem Herkommen abgemessen wurde; (2) ob das Kirchspiel wirklich so groß sei, um eine gemeinschaftliche Armenpflege als unangemessen (inconvenient) erscheinen zu lassen. Zahlreiche Präjudicien der Reichsgerichte darüber, unter welchen Voraussetzungen eine Häusergruppe als Dorfschaft gesonderte Armenpflege erhalten kann, giebt Burn's Justice.

Die Zahl der zu ernennenden Armenaufseher ist gewöhnlich zwei, nach dem Gesetz 2, 3 oder 4; eine Ueberschreitung dieser Zahlen macht die Ernennung ungültig für Alle.

Die Ernennung erfolgt in der Osterwoche oder innerhalb eines Monats nach Ostern. Dies ist später geändert durch 54 Geo. III. c. 91, wonach die Ernennung am 25. März geschehen soll, oder innerhalb 14 Tagen nachher. Eine Ueberschreitung dieser nur reglementarischen (directory) Frist hat aber keine Ungültigkeit zur Folge. Einmal erfolgt, ist die Ernennung unabänderlich außer durch Appellation an die Quartalsitzung.

Das Gesetz giebt den Friedensrichtern ein unbedingtes Ernennungsrecht (nominate under the hand and seal of the justices) was ungezwungen nur eine Ernennung, nicht bloße Bestätigung einer Wahl bedeuten kann (A. M. Smith, Parish S. 145). Nach alter Praxis nehmen sie indessen Vorschläge der Gemeinden entgegen, und fordern deshalb die Armenaufseher auf, eine Liste geeigneter Personen einzureichen. Die Armenaufseher pflegen darüber mit der Gemeindeversammlung zu berathen, und gewöhnlich ernennen die Friedensrichter die in jener Liste an erster Stelle genannten Personen. Ein Wahlrecht der Gemeinde wird jedoch durch die Gerichtssprüche ausdrücklich verneint, möge dafür auch ein noch so langer Gebrauch bestehen (Rex v. Forrest 3 T. R. 138. 1 Bott. 17. 1 Nol. P. L. 54). Nach der Ernennung, die jetzt in den kleinen Bezirkssitzungen erfolgt (oben §. 64), ist den Armenaufsehern eine Bestallung auszufertigen nach folgendem Formular:

„Staffordshire zur Nachricht. Wir E. M. und G. C. Esqq., zwei königl. Friedens-
„richter für die Grafschaft Stafford, Einer von uns von dem Quorum, ernennen und be-
„stellen hiermit den A. B. und C. D. als wohlhabende, angesessene Einwohner von und
„in dem Kirchspiele E. in der gedachten Grafschaft, als Armenaufseher des gedachten
„Kirchspiels E., zusammen mit den Kirchenvorstehern desselben, für das gegenwärtige
„Jahr nach den Anweisungen des darüber erlassenen Gesetzes. Gegeben 2c."

Diese Bestellungsvorschriften gelten aber nur für die Overseers; die Churchwardens sind mit und neben ihnen Armenaufseher ex officio ohne friedensrichterliche Bestallung und ohne besondere Amtsqualification.

Die Qualification der Armenaufseher wird in dem Gesetz durch die Worte „substantial householders im Kirchspiel" bezeichnet, und so müssen sie auch in der Bestallung bezeichnet werden. Dies abzumessen fällt den Friedensrichtern anheim mit Rücksicht auf die örtlichen Verhältnisse. In einzelen Fällen hat man auch wohl Tagearbeiter mit Garten und einigem Landbesitz zugelassen in Ortschaften, wo nur kleine Hausstände vorhanden; sogar Frauen, wo es an männlichen householders fehlte. Die mannigfaltigen Schwierigkeiten der Besetzung des Amts in kleinen Ortschaften veranlaßten später das st. 59. Geo. III. c 12 §. 6, wonach die

§. 118. Die Amtsstellung der Armenaufseher.

Friedensrichter auf Vorschlag der Gemeinde auch außerhalb Wohnende ernennen dürfen, wenn sie selbst einwilligen, zur Armensteuer des Orts eingeschätzt sind, und nicht über oder 2 engl. Meilen von der Kirche entfernt wohnen. Abgesehen davon ist der Ernannte Armenaufseher auf ein Jahr, so lange er ortsansässig und zahlungsfähig bleibt. Nach Ablauf des Jahres erlischt das Amt, auch wenn kein Nachfolger ernannt ist.

Wer nach diesen Grundsätzen qualificirt, ist auch verpflichtet das Amt anzunehmen bei Vermeidung eines indictment auf arbiträre Strafe. Durch Gerichtspraxis und Specialprivilegien haben sich aber im Ganzen dieselben Befreiungsgründe wie für das Amt der Kirchenvorsteher geltend gemacht: churchwardens während der Dauer ihres Kirchenamts; staatskirchliche Geistliche mit Seelsorge; dissenterische Geistliche nach Beobachtung der gesetzlichen Formalitäten; Pairs und Parlamentsmitglieder; Friedensrichter; praktisirende Advokaten und Anwälte; Aerzte, Wundärzte und Apotheker mit gewissen Maßgaben; Unteroffiziere und Mannschaften der Miliz während der Dienstzeit; Offiziere des Heeres und der Marine auf Voll- und Halbsold; einige Hofbeamte und sämmtliche Zoll- und Finanzbeamte, welche letztere jedoch im Nothfall herangezogen werden können. Dissenters mögen das Amt wie das eines Kirchenvorstehers durch einen Stellvertreter verwalten.

Die Amtsgeschäfte der Overseers, welche sie sammt und sonders mit den Kirchenvorstehern zu verwalten haben, sind in dem Gesetz Elisabeth's summarisch zusammengedrängt: (1) Beschaffung der nöthigen Geldmittel von den Einwohnern des Kirchspiels, um genügende Vorräthe zur Beschäftigung der Armen anzuschaffen; (2) Beschaffung der nöthigen Geldsummen zur Unterstützung der Lahmen, Arbeitsunfähigen, Alten, Blinden und Bedürftigen; (3) Unterbringung der Armenkinder als Lehrlinge; (4) Ausführung aller sonstigen Vorschriften des Gesetzes nach bestem Ermessen.**) Zur Ausführung dieser Geschäfte sollen sie mit den Kirchenvor=

**) Die mittleren Glieder unter II. und III. (Verausgabung und Rechnungswesen) sind durch die Armengesetzreformen auf andere Organe übergegangen, die Functionen unter I. und IV. aber großentheils unverändert geblieben. Für die meisten und wichtigsten dieser Geschäfte dienten zur Beihülfe die unteren Kirchspielsbeamten, namentlich der Vestry Clerk als Secretär, der Beadle als Bote der Armenverwaltung. Der Vestry Clerk übernahm sehr gewöhnlich die mühsame Arbeit der Listenführung, das Detail des Rechnungswesens, die Protokollführung bei wichtigeren Berathungen und den Registraturdienst, so daß er in großen Kirchspielen leicht die Hauptperson für die ganze Armenverwaltung werden konnte. Schon aus diesem Grunde kamen nicht selten Anwälte mit ansehnlichen Gehalten als Clerks vor. Insbesondere gehörte auch die schwierige Prüfung der gesetzlichen Niederlassungsverhältnisse sehr gewöhnlich zu den Geschäften des Clerk. Durch 13. et 14. Vict. c. 57 wird derselbe in allen diesen Geschäften den Instructionen des Armenamts untergeordnet in den Kirchspielen, welche jene Akte annehmen.

stehern wenigstens monatlich einmal am Sonntag Nachmittag nach dem Gottesdienst in der Kirche zusammentreten, um den Gang der Geschäfte zu berathen, bei 20 sh. Strafe für den Ausbleibenden. Im Verlauf der Zeit ist daraus eine verwickelte Administration geworden und es erscheint zweckmäßig, die Geschäfte hier so zu gruppiren, wie sie bei der neuern Reform der Armenverwaltung gesondert, und durch Arbeitstheilung auf andere, großentheils besoldete Beamte übergegangen sind.

I. Ausschreibung und Einschätzung der Armensteuer, d. h. Entwerfung der Einschätzungslisten nach dem gesetzlichen Formular mit einer Abtaxirung der visible profitable property in the parish, berechnet nach Prozenten vom steuerpflichtigen Einkommen, nach welchen sie dann periodisch den muthmaßlichen Bedarf ausschreiben; ferner die Pflicht zur Publikation der entworfenen Steuerliste und zur Gestattung einer Einsicht und Abschrift an jeden Steuerzahler, 17. Geo. II. c. 3. Daran reiht sich die Eintreibung der Steuerreste, d. h. Anzeige der Rückstände bei einem Friedensrichter, Extrahirung eines Auspfändungsbefehls, 43. Eliz. c. 2 §. 4, und äußersten Falls des Personalarrestes (oben §. 98).

II. Aufbewahrung und Verwendung (custody and expenditure) der Armensteuer und sonstigen Armeneinnahmen, d. h. zunächst sichere Aufbewahrung der eingegangenen Gelder unter persönlicher Verantwortlichkeit bis zur Verwendung. Diese Verwendung war nach dem Gesetz Elisabeths zunächst auf die Beschäftigung der Arbeitsfähigen zu richten und auf die Unterbringung der Armenkinder; dann auf den Unterhalt der Arbeitsunfähigen. In der Wirklichkeit wurde daraus ein sich immer breiter ausdehnendes System von Geldunterstützungen, über deren Nothwendigkeit und Maß ihr discretionäres Ermessen entschied, mit Vorbehalt einer Beschwerdeinstanz bei den Quartalsitzungen, sowie des selbständigen Rechts der Friedensrichter Unterstützungen anzuordnen.

III. Rechnungslegung, accounts, d. h. zunächst die Verpflichtung nach Ablauf ihres Amtsjahres zweien Friedensrichtern vollständige Rechnung vorzulegen und die vorhandenen Bestände ihren Amtsnachfolgern auszuhändigen, 43. Eliz. c. 2 §. 4, bei Vermeidung von Personalhaft und Pfändung. Sodann cumulativ damit die Pflicht ihren Amtsnachfolgern eine vollständige Rechnung vorzulegen, 17. Geo. II. c. 38. Endlich die Pflicht in einer kleinen Bezirkssitzung persönlich zu erscheinen, sich einem Verhör und materieller Prüfung der Rechnung vor den Friedensrichtern zu unterwerfen, 50. Geo. III. c. 49.

IV. Ueberwachung der Niederlassungen, insbesondere Stellung der Anträge auf Ausweisung, Betrieb der orders of removal, nöthigenfalls Appellation gegen die Entscheidungen der Friedensrichter, Correspondenz

§. 118. Die Amtsstellung der Armenaufseher.

mit dem betheiligten Kirchspiel über die Armenverpflegung, Ausführung der friedensrichterlichen warrants in Niederlassungssachen.

Am nächsten hieran schließen sich noch einzele Verwaltungsgeschäfte eines Ortsvorstands (Schulzengeschäfte), welche ihnen gelegentlich durch die Gesetzgebung auferlegt sind, ähnlich wie den Kirchenvorstehern, und zum Theil concurrirend mit solchen.***)

Die diesen Geschäften entsprechende Verantwortlichkeit der Armenaufseher unterscheidet sich von derjenigen der Kirchenvorsteher wesentlich dadurch, daß sie in keiner Weise der geistlichen Behörde (court) untergeordnet sind, sondern nur der Oberinstanz der Friedensrichter, und zwar:

1) einer vollständigen Beschwerdeinstanz bei den Sessionen. „Personen, die sich durch irgend eine Handlung oder Unterlassung der „Kirchenvorsteher oder Armenaufseher beschwert fühlen, mögen nach vor„gängiger Anzeige in angemessener Frist an die nächsten Quartalssitzungen appelliren," 43. Eliz. c. 2 §. 6; 17. Geo. II. c. 38. Es gilt dies auch von Einwendungen gegen die Rechnungslegung und gegen einzele Rechnungsposten. Zur Erzwingung der gesetzlichen Obliegenheiten kann ergänzend auch ein direktes Mandamus der Reichsgerichte eintreten, namentlich zur Beschaffung der nothwendigen Gelder für die Armenverwaltung by making the rate, R. v. Barnstaple, 1. Barnard 137.

2) Ein Strafverfahren findet im ordentlichen Prozeß durch indictment statt wegen „Amtsmißbrauchs und gröblicher Versäumniß der Amtspflichten." In flagranten Fällen schreitet die King's Bench auch wohl durch information ein. Nach Präjudicien der Gerichte gilt bösliche Verweigerung einer begründeten Armenunterstützung und umgekehrt grundlose Gewährung als ein indictable misdemeanour. Dazu kommen zahlreiche Specialgesetze, die ein summarisches Strafverfahren vor den Frie-

---

***) Wichtig darunter ist namentlich die Pflicht zur Veranlagung der Urlisten für den Geschworenendienst und der Urlisten für die Parlamentswahlen, wozu die Armenaufseher als die Führer der Gemeindesteuerlisten am meisten geeignet erschienen. Ebenso sollen sie die Listen der zum Constable-Amt geeigneten Personen führen, 5. et 6. Vict. c. 109, und gewisse Listen der gemüthskranken Personen nach 16. et 17 Vict. c. 97. Sie haben ferner die polizeiliche Verpflichtung zur Besorgnng des Begräbnisses unbekannter Leichen, 7. et 8. Vict. c. 101 §. 31, die Ausstellung von Certifikaten an Personen, die sich um eine Schankconcession bewerben, 3. et 4. Vict. c. 61, eine Mitwirkung bei Verfolgung von unordentlichen und Spielhäusern nach 58. Geo. III. c. 70 §. 7. Endlich haben sie die Pflicht zur Berufung einer Gemeindeversammlung zur Vorlegung der Rechnungen der Parish Constables, 18. Geo. III. c. 19, zur Anfertigung eines Verzeichnisses der zum Amt der Parish Constables geeigneten Personen, 5. et 6. Vict. c. 109 §. 3 und zur Feststellung des Berichts an die Friedensrichter für die Vertheilungsbasis der Grafschaftsteuer, 15. et 16. Vict. c. 81 §§. 4, 13. Der Verfall des Amts der Constables hat diese Stellung herbeigeführt.

densrichtern (zuweilen auch im Wege des Civilprozesses) vorschreiben. So eine Strafe von 20 sh. event. Gefängnißhaft für Armenaufseher, die sich ohne rechtmäßigen Grund von den ordentlichen Monatsversammlungen entfernen oder sonst ihr Amt vernachlässigen, 43. Eliz. c. 2 §. 2; eine Strafe von 1—5 L. für alle Versäumnisse aus 17. Geo. II. c. 38 §. 14; eine Strafe von 2—20 L. für Versäumniß der Anzeigen über arme Geisteskranke, 48. Geo. III. c. 96 §. 18; 59. Geo. III. c. 127 §. 3; eine Strafe von 100 L. wegen Betheiligung an Lieferungscontrakten für die Armenverwaltung, 55. Geo. III. c 173 §. 6. Dazu tritt die generelle Ordnungsstrafe 33. Geo. III. c. 55 §. 1, wonach zwei Friedensrichter in einer special oder petty session auf eidliche Anzeige über eine Amtsversäumniß oder einen Ungehorsam gegen einen gesetzmäßigen warrant oder eine order eines Friedensrichters auf Geldbuße bis 2 L. event. Correctionshaus bis zu 10 Tagen erkennen dürfen, mit Vorbehalt der Appellation an die Quartalsitzung.†)

3) Eine civilrechtliche Verantwortlichkeit durch action of trespass rc. kann unter den gewöhnlichen Voraussetzungen formeller Amtsüberschreitung eintreten. Doch gilt dabei die gewöhnliche Beamtenprotection rücksichtlich der Erleichterung der Vertheidigung und die Vorschrift, 24. Geo. II. c. 44 §§. 6—8 über den Schutz der Unterbeamten, die auf Grund eines friedensrichterlichen warrant gehandelt haben.

§. 119.

Das Decernat der Friedensrichter in der Armenverwaltung.

Die Amtsgeschäfte der Friedensrichter in der Armenverwaltung sind als Theil der Polizeijurisdiction (§§. 61, 64, 68, 69) und als Theil der Steuerjurisdiction (§. 98) bereits erörtert, hier aber nochmals zusammenzufassen.

---

†) Die strafrechtliche Verantwortlichkeit wurde in der Praxis ziemlich strenge gehandhabt. Wenn z. B. die Gerichtspraxis wegen doloser Verweigerung der Armenunterstützung, oder wegen grundloser Gewährung einer solchen, oder wegen verweigerter Aufnahme eines Armen auf Grund einer order of removal, oder wegen brutalen Verfahrens bei der Ausweisung und beim Transport schwangerer Frauen, oder wegen Collusionen zum Zweck der Hinüberschiebung eines Armen in ein anderes Kirchspiel criminalrechtlich durch indictment einschreitet, so liegt darin zugleich eine Controle der materiellen Verwaltung. Ist durch die Fahrlässigkeit eines Armenaufsehers ein Todesfall verschuldet, so führt auch der Coroners Inquest durch seinen Ausspruch nicht selten zu einer Criminalklage gegen den säumigen Beamten.

§. 119. Das Decernat der Friedensrichter in der Armenverwaltung.

I. **Ernennung der Armenaufseher** durch orders of appointment, 43. Eliz. c. 2 §. 1; 54. Geo. III. c. 91. Durch die Ernennung entscheiden die Friedensrichter zugleich über die Frage, ob nach 13. et 14. Car. II. c. 12 §. 21 eine einzele „Ortschaft" innerhalb des Kirchspiels einen eigenen Armenverband bilden darf, was aber auch durch ein Mandamus zur Entscheidung der King's Bench gebracht werden kann. Sie entscheiden zugleich, ob die Ernannten die nöthige Qualifikation als substantial householders haben, wieder mit Vorbehalt eines Mandamus. Andererseits kann auch der Ernannte gegen die Ernennung an die Quartalsitzungen appelliren, 43. Eliz. c. 2 §. 6, und ebenso jedes Gemeindeglied wegen Ernennung ungeeigneter Personen dorthin appelliren. Zweifelhafte Fragen kann die Quartalsitzung auch mit Einreichung eines status causae zur Entscheidung der King's Bench bringen; ebenso kann eine Partei die Entscheidung durch Certiorari auf Grund beigebrachter Bescheinigung an jenen Gerichtshof bringen.*)

II. **Das Decernat der Friedensrichter über die Poor Rate** begreift nach dem oben angegebenen Geschäftsgange folgende Akte: (1) die Bestätigung der angefertigten Steuerlisten durch zwei Friedensrichter, allowing the rate. (2) Entscheidung über die Steuerreklamationen, entweder in Form einer Appellation an die Quartalsitzungen, oder an eine special session, im letzteren Fall wieder mit einer Oberappellation an die quarter session. Vorbehalten bleibt ein special case oder certiorari beim Reichsgericht. Daran reihen sich die Niederschlagungsdecrete, die mit Zustimmung der Armenaufseher durch zwei Friedensrichter erlassen werden, 54. Geo. III. c. 170 §. 11. (3) Die Steuerexecutionen, durch Decrete zweier Friedensrichter auf Pfändung event. Personalhaft. (4) Entgegennahme der Schlußrechnung nach beendetem Amtsjahr der Overseers, 43. Eliz. c. 2 §§. 2—4, mit Appellation an die Quartalsitzungen.

III. **Die Jurisdiction der Friedensrichter über das Unterstützungsgeschäft** und die damit connexen Akte der laufenden Ver-

---

*) Die Ernennung der Armenaufseher ist ein judicial act, bei welchem mindestens zwei Friedensrichter persönlich zusammenwirken müssen. Stirbt oder verzieht im Laufe des Amtsjahrs ein Overseer, so ernennen zwei Friedensrichter einen andern für den Rest des Amtsjahrs, 17. Geo. II. c. 38 §. 3. Versäumniß der Friedensrichter bei der Ernennung ist mit einer Geldbuße von 5 L. bedroht, 43. Eliz. c. 2 §. 10. — Nach 43. Eliz. c. 2 §. 8 sollen die Bürgermeister und Ortsvorstände der corporirten Städte, wenn sie zugleich Friedensrichter sind, dieselben Befugnisse haben zur Ernennung der Armenaufseher im Stadtgebiet wie die Friedensrichter der Grafschaft. Nach 12. Vict. c. 8 haben die städtischen Friedensrichter stets ein ausschließliches Recht zur Ernennung der Overseers im Stadtgebiet. In London ernennt jeder alderman die Armenaufseher innerhalb seines ward.

waltung vertheilt sich zwischen die einzelen Friedensrichter und die Sessionen, ist aber durch die späteren Reformen nahezu beseitigt worden.

Das Unterstützungsgeschäft und die Beschäftigung der Armen sollten die Overseers nach 43. Eliz. c. 2 „mit Consens zweier und mehrer Friedensrichter" leiten. Nach 3. Will. et M. c. 11 §. 11 sollen die Armenaufseher ein Register der Unterstützungsberechtigten halten, und Niemand anders eine Zuwendung aus den Mitteln der Gemeinde erhalten ohne Autorisation eines Friedensrichters. Nach 55. Geo. III. c. 173 kann ferner jeder einzele Friedensrichter die Unterstützung eines Armen in seiner eigenen Wohnung bis zu einem Zeitraum von 3 Monaten anordnen; je zwei Friedensrichter können eine solche order verlängern bis auf 6 Monate und auch dann die order noch periodisch erneuern. Durch die neue Reformgesetzgebung ist dies Eingreifen in das laufende Unterstützungsgeschäft noch mehr beschränkt worden. (Note ** a. E.)

Als Beschwerdeinstanz über die laufende Verwaltung können die Quartalsitzungen eingreifen nach der allgemeinen Fassung des st. 43. Eliz. c. 2 §. 6; 17. Geo. II. c. 38, auf Appellation von „Personen, die sich durch irgend eine Handlung der Kirchenvorsteher oder Armenaufseher beschwert fühlen."

Die speciellste Oberaufsicht war aber in der materiellen Rechnungsrevision (audit) enthalten, welche eine nachträgliche Controle für alle mit Geldausgaben verbundenen Amtshandlungen der Armenaufseher herbeiführte, und die nach 50. Geo. III. c. 49 einer Specialsitzung der Friedensrichter zufiel. Ward dabei ein Rechnungsposten als ungesetzlich monirt und defektirt, so ergab sich eine Haftung des Armenaufsehers aus eigenem Vermögen, jedoch mit Vorbehalt einer Oberinstanz beim Reichsgericht.

IV. Die Entscheidung über Streitigkeiten aus dem Niederlassungsrecht, orders of removal, bildete den schwierigsten und verwickeltsten Theil ihrer Armenverwaltung seit 13. et 14. Car. II. c. 12 in der oben angegebenen Fassung:

„Auf angebrachte Klage der Armenaufseher bei einem Friedensrichter innerhalb 40 Tagen nach dem Eintritt eines Armen in das Kirchspiel in eine Wohnung unter 10 £. Miethswerth, mögen je zwei Friedensrichter der Division, solche Person, welche dem Kirchspiel muthmaßlich zur Last fallen könnte (likely to be chargeable), durch einen warrant ausweisen und zurücktransportiren nach dem Kirchspiel, wo sie die letzte gesetzliche Niederlassung hatte, sofern sie nicht eine von den Friedensrichtern genügend befundene Caution für Entlastung des Kirchspiels stellt."

Diese Sätze enthalten die Grundlage der orders of removal, die dann durch spätere Gesetze näher begrenzt wird. Die Handhabung derselben gestaltet sich zu einem Prozeßverfahren, in folgenden Stadien: (1) Schriftliche Anzeige der Kirchenvorsteher und Armenaufseher (information and complaint) gegen den nicht ansässigen N. N. auf Aus- und Zurückweisung

§. 119. Das Decernat der Friedensrichter in der Armenverwaltung. 697

nach dem Ort seiner Niederlassung. (2) Ladung des N. N. zum Verhör vor den Friedensrichter über seine Ansässigkeits=Verhältnisse; auch können noch andere Zeugen dazu citirt werden; dem Kirchspiel, in welches die Zurückweisung beantragt wird, ist davon Nachricht zu geben zur Geltend= machung etwaniger Einwendungen, „to show cause why N. N. should not be removed." (3) Verhör von zwei Friedensrichtern betreffend die Be= dürftigkeit (chargeability) und die Ansässigkeitsverhältnisse. Wenn irgend möglich, ist der Arme selbst zu verhören; im Nothfall genügen auch andere Zeugen. Die Aussagen sind genau zu protokolliren, da in der Appella= tionsinstanz kein Ausweisungsgrund gilt, der nicht speziell in diesen Pro= tokollen constatirt ist. (4) Ausweisungsurtheil zweier Friedensrichter nach dem unten folgenden Formular. (5) Notificatorium der Armenaufseher, wodurch sie die Kirchspielsbeamten des Orts, wohin die Ausweisung er= kannt ist, von dem Urtheil in Kenntniß setzen. (6) Unter Umständen ein Indossament, durch welches die Vollstreckung der Order zur Zeit sistirt wird. Eine solche order of removal lautet (zugleich mit Rücksicht auf das neue Armengesetz) vollständig also:

Kent zur Nachricht. An die Kirchenvorsteher und Armenaufseher des Kirchspiels A. in der Grafschaft B. und an die Kirchenvorsteher und Armenaufseher des Kirchspiels C. in der Grafschaft D. — Nachdem uns unterschriebenen zwei königlichen Friedensrichtern der Grafschaft Kent (einer von uns von dem Quorum) Anzeige gemacht ist durch die Kirchen= vorsteher und Armenaufseher des Kirchspiels A. in der gedachten Grafschaft, daß W. O. und seine Frau C. und ihr 2 Jahr alter Sohn John sich als Bewohner eingefunden haben in dem gedachten Kirchspiel A., ohne dort eine gesetzliche Niederlassung gewonnen zu haben, und daß die gedachten W. O. C. und John jetzt wirklich zur Last gefallen sind (actually chargeable) dem gedachten Kirchspiel: Demgemäß erkennen wir, die ge= dachten Friedensrichter nach gehörig geführtem Beweis dessen durch eidliches Verhör des W. O. und auf andere Weise, und nach gehöriger Erwägung des Obenerwähnten, die Richtigkeit des Angeführten; und wir erkennen gleichermaßen, daß die gesetzliche Nieder= lassung des gedachten W. O. und seines Weibes und des Kindes in dem gedachten Kirch= spiel C. der Grafschaft D. ist: Wir weisen auch die Kirchenvorsteher und Armenaufseher des Kirchspiels A. oder einen von euch hiermit an, den gedachten W. O. mit Weib und Kind aus dem Kirchspiel A. in das Kirchspiel C. überzuführen, und sie den Kirchenvor= stehern und Armenaufsehern des gedachten Kirchspiels C. zu überweisen (oder einem der= selben) gleichzeitig mit dieser unserer Order oder einer richtigen Abschrift derselben unter Vorzeigung des Originals; und wir weisen euch, die Kirchenvorsteher und Armenaufseher des Kirchspiels C. hiermit an, den W. O. mit Frau und Kind aufzunehmen und für sie zu sorgen nach dem Gesetz: Ihr aber die Kirchenvorsteher und Armenaufseher des Kirch= spiels A. werdet hierdurch angewiesen darauf zu achten, daß die gedachten armen Per= sonen durch euch in Gemäßheit dieser Order nicht eher zu transportiren sind als 21 Tage, nachdem schriftliche Anzeige gemacht ist von ihrem Zurlastfallen für euer Kirch= spiel, nebst einer Abschrift dieser Order und der Protokolle auf Grund deren sie erlassen ist, den Armenaufsehern des Kirchspiels C. durch die Post oder sonst: Und ihr die Kir= chenvorsteher und Armenaufseher des Kirchspiels A. seid angewiesen zu beachten, daß wenn ihr eine Appellationsanmeldung gegen diese unsere Ausweisungsorder in jener Frist von 21 Tagen erhaltet, solche armen Personen gesetzlich nicht eher transportirt werden dürfen, bevor die Zeit zur Verfolgung solcher Appellation abgelaufen, oder auf die Appellation endgültig entschieden ist. Gegeben 2c. (Daran reihen sich event. Pfändungsbefehle zur Beitreibung der Verpflegungs-, Transport- und Prozeßkosten.)

Gegen diese Orders findet Appellation an die Quartalsitzungen der removing parish statt, nach vorgängiger Anmeldung (notice) in gemessener Zeit, und mit bestimmter schriftlicher Angabe der Appellationsgründe, auf welche sich die Verhandlung beschränken muß. Außer dem beschwerten Kirchspiel hat auch der Arme selbst ein Appellationsrecht. Gegen eine Order städtischer Friedensrichter geht die Appellation meistens nicht an die Borough Quarter Sessions, sondern an die Quartalsitzung der Grafschaft, 8. et 9. Will. III. c. 30. Wird die Order kassirt (queshed), so gilt dies nur unter den Parteien; wird sie bestätigt (confirmed), oder die Appellationsfrist versäumt, oder keine Appellation eingelegt, so gilt sie endgültig auch für dritte Interessenten (conclusive against all the world), und die Niederlassung der Armen ist damit ein für allemal entschieden. Bloße Formmängel des angefochtenen Urtheils sollen in zweiter Instanz brevi manu kostenfrei berichtigt werden, 5. Geo. II. c. 19 §. 1. Uebrigens entscheiden die Quartalsitzungen nur formell über Bestätigung oder Kassirung, ohne Verfügung in der Sache selbst. In schwierigen Fällen können sie auf Antrag einer Partei einen status causae bewilligen (grant a case), um die Rechtsfrage zur Entscheidung der King's Bench zu bringen. Auf Bescheinigung erheblicher Gründe kann auch ein Certiorari eintreten.

Connexe Geschäfte der Verwaltungsjurisdiction der Sessionen sind endlich noch die Orders an die alimentationspflichtigen Verwandten, 59. Geo. III. c. 12 §. 26, Executionsdekrete in das Vermögen weggelaufener Familienväter, 5. Geo. I. c. 8, und die orders of bastardy in ihrer ältern Gestalt (oben §. 59). Die spätere Gesetzgebung hat verschiedene Punkte des Verfahrens vereinfacht.

Durch diese Stellung des Friedensrichteramts war somit der ganze Instanzenzug der Armengesetzgebung an Quarter Sessions und Reichsgerichte als letzte Stelle hingeleitet, wie dies bei der Ernennung der Armenaufseher, der Steuerausschreibung, dem Unterstützungsgeschäft und den orders of removal bereits angegeben ist. Auch hier war also die gleichmäßige Auslegung des öffentlichen Rechts durch die Gerichtsinstanzen gesichert.

**) Die Beschwerdeinstanz der Armenverwaltung war vollkommen genügend, so weit es sich nur um eine Controle der Gesetzanwendung handelte. Das Unterstützungsgeschäft bedarf aber einer beweglichern administrativen Oberinstanz wegen der mannigfaltigen Erwägungen des Einzelfalls, für welche die Lokalbeamten des Kirchspiels oft engherzige Gesichtspunkte befolgen. In den deutschen Stadtverfassungen ist dies Postulat durch eine organische Verbindung von Magistrat, Bezirksbeamten und Armencommissionen erfüllt.

§. 119. Das Decernat der Friedensrichter in der Armenverwaltung.

In England diente dazu die concurrirende Gewalt der Friedensrichter Armenunterstützungen zu decretiren. Diese außerordentlichen Unterstützungsdecrete führten aber schon frühzeitig zu Uebelständen, da die Friedensrichter ohne Betheiligung an der laufenden Verwaltung nicht wohl im Stande waren, solche Bedürfnisse abzumessen. „Da sich auf Grund einer Clausel des st. 3. Will. et Mary c. 11 §. 11 viele Personen an die Friedensrichter gewandt haben hinter dem Rücken der Kirchspielsbeamten, und so auf unrichtige Angaben und zuweilen unter falschen und frivolen Vorwänden Unterstützung erlangt haben, welche wesentlich beigetragen hat zu der Steigerung der Communalsteuern," so wird durch 9. Geo. I. c. 7 verordnet, daß kein Friedensrichter einem Armen Unterstützung gewähren soll, ohne daß der Grund vor dem Friedensrichter eidlich erhärtet ist, und bevor sich die Person an das Kirchspiel gewandt hat und ihr die Unterstützung verweigert ist. Nach demselben Gesetz §. 4 sollten Arme, die sich weigerten in einem Arbeitshaus untergebracht zu werden, aus dem Unterstützungsbuch überhaupt gestrichen werden. Durch 36. Geo. III. c. 23 wurde dies Verfahren für zu hart erklärt, „insofern es oft arbeitsame arme Personen verhindert, gelegentlich solche Unterstützung zu erhalten, die ihrer besondern Lage am meisten angemessen ist, und weil diese Klausel oft der häuslichen Bequemlichkeit und dem häuslichen Glück des Armen sich nachtheilig erweist." Die Armenaufseher dürfen daher mit Genehmigung der Gemeinde oder eines Friedensrichters arbeitswillige Personen in ihrem eigenen Hause unterstützen unter Umständen vorübergehender Krankheit oder Noth und in anderen discretionären Fällen, auch wenn der Arme sich weigert in das Armenhaus zu gehen. Ja der Friedensrichter kann auch aus eigener Bewegung eine Order zur Unterstützung im Hause erlassen, und der Armenaufseher muß derselben Folge leisten. Der specielle Grund solcher Unterstützungen muß indessen in der Order ausdrücklich angegeben werden, die Order gilt nur auf einen Monat, kann aber von Monat zu Monat erneuert werden. Der unterstützungsuchende Arme muß zuvor einen Eid leisten über die Nothwendigkeit und der Armenaufseher zuvor geladen werden, um mit seinen etwanigen Einwendungen dagegen gehört zu werden. Die ganze Vorschrift sollte überhaupt nicht gelten für solche Kirchspiele, in denen houses of industry unter Gilbert's Act oder unter einer Spezialakte schon eingerichtet waren. Natürlich hatten auch die Sessionen eine concurrirende Gewalt in Erlaß von Orders zur außerordentlichen Unterstützung. Auch dann mußte jedoch der durch 9. Geo. I. c 7 erforderte Eid zuvor geleistet werden, und in der Order die Person ausdrücklich als „arm und hülflos" bezeichnet werden. Auch bezog sich die Unterstützungsbefugniß nur auf eigentliche Unterstützung, nicht z. B. auf Bezahlung eines Arztes für Behandlung eines Kranken. Diese älteren Variationen und Verklausulirungen in der Stellung der Friedensrichter waren die Folge ihrer Abneigung sich an der laufenden Verwaltung des Unterstützungswesens zu betheiligen und nur in der vornehmern Stellung als Polizeirichter und als Visitors gelegentlich einzugreifen. Ein gelegentliches Unterstützungsdekret des einzelen Friedensrichters konnte allerdings nur planlos und oft wirklich störend in die laufende Verwaltung eingreifen. Dieser Punkt wurde zur Achillesferse des alten Systems, vgl. Nicholls II. p. 233; hier drang mit Verdrängung des Friedensrichteramts später die büreaukratische Umgestaltung am tiefsten ein. Das Curatorium der Armenhäuser (§. 125) und das Hausunterstützungsgeschäft (§. 126) ging später auf die gewählten boards der neuen Armenverbände und deren besoldete Unterbeamte über, und den Friedensrichtern blieb nur eine wenig praktische Controle und Ergänzung übrig. Das ganze Geschäft der Rechnungslegung und Rechnungsrevision (§. 127) ist aber mit gänzlichem Ausschluß der Friedensrichter später auf die von der Staatsbehörde bestellten Rechnungsbeamten, Auditors, übergegangen.

700　　　Cap. X. Die Communal-Armenverwaltung.

§. 120.

Reformversuche. Gilbert's Act. Sturges Bourne's Act.

Der Verfall der Communal-Armenverwaltung wurde seit dem Ende des achtzehnten Jahrhunderts zunächst fühlbar an dem Anschwellen der Armenlast. Die Armenkosten, welche in runden Zahlen 1750 noch 700,000 L. betragen hatten, waren 1776 auf 1,500,000 L., 1783—85 auf 2,000,000 L., 1801 auf 4,000,000 L., 1813 auf 6,500,000 L., 1818 nahezu auf 8,000,000 L. gestiegen. Diese Zahlen wiesen nicht bloß auf eine mangelhafte Entwickelung der arbeitenden Klassen, sondern auf schwere Mißbräuche der Armenverwaltung hin. Eine angemessene Beschäftigung der arbeitsfähigen Armen war schon wegen der Kleinheit der Armenverbände so gut wie außer Gebrauch gekommen; in größeren Kirchspielen waren die Geschäfte der Armenaufseher zu vielfältig; in allen war der jährliche Wechsel der Beamten der Verwaltung nachtheilig. Die Bequemlichkeit einer tabellarischen mechanischen Buchhaltung hatte ganz gegen den Sinn der Elisabethschen Gesetzgebung directe Geldzahlungen zur Regel gemacht. Ohne Controle, ohne Rechenschaft, ohne Verantwortlichkeit gegen die eigentlichen Steuerzahler, wurde die immer höher anschwellende Poor Rate vielfach ihren Zwecken entfremdet, analog der Verwaltung der inkorporirten Städte; die Prozeßkosten aus dem verkünstelten Niederlassungsrecht allein verschlangen manches Jahr 700,000 L. und mehr. Die friedensrichterliche Oberverwaltung, welche nur die formelle und rechtliche Seite des Armenwesens treffen konnte, hatte hier nicht die Mittel wirksam zu helfen. Dazu kam seit dem Ende des XVIII. Jahrhunderts die Verkünstelung der Preisverhältnisse im ganzen Lande durch Kornzölle und kunstvoll niedergehaltene Tagelöhne. Das sogenannte allowance system, zuerst im Mai 1795 aus Humanitätsrücksichten und mit vielem Beifall eingeführt in Berkshire, bewilligte den Lohnarbeitern nach Verhältniß der Höhe der Lebensmittelpreise einen Zuschuß aus der Armenkasse für jeden Kopf der Familie. Dies System dehnte sich schnell über das ganze Land aus, ohne daß die Arbeitgeber bemerken wollten, wie die Steuer der übrigen Steuerpflichtigen damit in einen Zuschuß für die Arbeitgeber verwandelt wurde. Da man es nun einmal vortheilhafter fand „die Arbeitslöhne auf ihrer alten Stufe zu erhalten," und lieber von Zeit zu Zeit aus der Armensteuer Zuschüsse zu zahlen, so perpetuirte sich diese Methode zunächst im Interesse der besitzenden Klassen. Die arbeitenden Klassen andererseits betrachteten sich folgerecht bald als Pensionäre der Armenkasse, auf die sie rechtliche An-

§. 120. Reformversuche. Gilberts Act.

sprüche zu haben glaubten, unabhängig von dem Maß und dem Werth ihrer Arbeit. Es war damit dem Arbeiter ein Jahreseinkommen ausgesetzt, welches mit der Zunahme seiner Familie von Jahr zu Jahr, mit dem Steigen der Kornpreise von Woche zu Woche stieg. Ein System, welches den faulen Arbeiter besser stellte als den fleißigen, die Arbeitslöhne so herabdrückte, daß der tüchtige Arbeiter selbst widerwillig auf das Niveau der Armenzuschüsse herabgesetzt wurde, welches nebenbei auch die vorzeitigen Heirathen durch direkte Prämien beförderte, hatte natürlich die verderblichsten Folgen zur Beförderung der Faulheit, Sorglosigkeit, des Lasters und der Massenarmuth. An manchen Orten begann man zur Abhülfe der Noth auch planlose und unfruchtbare Wege- und Feldarbeiten. Wo in einzelen Kirchspielen noch sogenannte Armen- oder Arbeitshäuser vorhanden, waren es der Mehrzahl nach verfallene Häuser mit freier Wohnung für einige arme Familien, welche ohne Aufsicht, ohne Krankenpflege, ohne Unterricht der Kinder sich nur gegenseitig demoralisirten*).

In diese Zustände nun griffen zwei Reformgesetze etwa ein Menschenalter hindurch in verschiedener Richtung ein, bis der Boden für eine durchgreifende Umgestaltung gewonnen war.

I. Die sogenannte Gilbert's Act, 22. Geo. III. c. 83, enthält wesentlich neue Grundsätze für die Verwaltung, ergänzt durch 33. Geo. III. c. 35; 41. Geo. III. c. 9; 43. Geo. III. c. 110, deren Hauptbestimmungen nachher eingeschaltet sind[1]); freilich mit dem wichtigen Vorbehalt,

---

*) Ueber die wirthschaftliche und administrative Verwirrung dieser Zeit vgl. Nicholls II. p. 300 ff.; Chadwick, The Parish and the Union. London 1837. p. 6—17 und den grundlegenden Bericht der Parlamentskommission vom 20. Februar 1834 (Separatabdruck 1834, Seite 1—362). Der Grundton der Verwirrung liegt in dem völligen Durcheinanderwerfen der arbeitsfähigen und der arbeitsunfähigen Armen, welches seinen letzten Grund in der mechanischen Verwaltung der overseers und in dem unzusammenhängenden Eingreifen der Friedensrichter mit ihren einzelnen Unterstützungsdekreten hatte. Freilich durchkreuzten sich damit die theuren Kornpreise, die Einflüsse der Kriegsjahre, die beginnende Entwickelung der Fabrikarbeit und andere Calamitäten in einer Weise, die auch einer tüchtigen Verwaltung schwere Verlegenheiten bereitet haben würde.

[1]) Gilbert's Act (§. 44) ändert also die Verwaltung nur in den Gemeinden, welche das Gesetz annehmen. Es wird vorausgesetzt, daß zwei Drittheile der zur Armensteuer eingeschätzten Eigenthümer und Miether, berechnet „nach Zahl und Werth", in einer öffentlichen Gemeindeversammlung die Akte annehmen (§. 3). Voran geht eine schriftliche Ankündigung der Versammlung an der Kirchthür an drei Sonntagen (§. 6). In der Versammlung sollen nur mitstimmen Eigenthümer oder Pächter von Ländereien, die zur Armensteuer nach einem Ertrag von 5 £. jährlich eingeschätzt sind, occupiers nur wenn sie **persönlich** zur Armensteuer eingeschätzt sind (§. 6). Wo jedoch nicht wenigstens 10 so qualificirte Personen vorhanden sind, darf jeder Armensteuerzahler mitstimmen. Nach 33. Geo. III. c. 35 §. 1 gilt die Acte als angenommen, wenn 2 Drittel der **anwesenden Gemeindemitglieder** dafür stimmen.

daß die Annahme des neuen Verwaltungssystems in die freie Wahl der Ortsarmenverbände gestellt wird. Die neuen Grundsätze sind:

1. Theilung der vorhandenen Aemter und Einführung eines Systems besoldeter Beamten. Wenn die Gemeinde durch Zweidrittelbeschluß das Gesetz annimmt, so soll sie zugleich 3 qualificirte Personen vorschlagen, aus welchen je zwei Friedensrichter einen besoldeten Armencurator, Guardian, ernennen (§§. 3. 7), sowie einen Vorsteher des Arbeitshauses. Zugleich wird dessen Gehalt normirt, zu bestätigen durch schriftlichen Consens zweier Friedensrichter. Die Friedensrichter können auf Wunsch der Gemeinde auch zwei oder mehre guardians ernennen (41. Geo. III. c. 9. §. 1), welche die laufende Armenverwaltung (care and management of the poor) übernehmen, während den Armenaufsehern und Kirchenvorstehern nur die Einschätzung und Einsammlung der Armensteuer bleibt. Sie haben demgemäß die nöthigen Summen von Zeit zu Zeit an die Guardians zu zahlen. Die letzteren können durch Order von Zeit zu Zeit die nöthigen Summen ausschreiben, und im Fall der Verweigerung die steuereinschätzenden Beamten durch Pfändungsbefehl eines Friedensrichters zur Beschaffung dieser Summen zwingen, 41 Geo. III. c. 9. §. 2.

2. Mehre Kirchspiele können sich auch zu einer gemeinsamen Armenverwaltung vereinigen, Union of Parishes (§. 4), auf Grund eines schriftlichen Abkommens, nach vorhergehendem Gemeindebeschluß von zwei Drittel Stimmen. Solche Vereinigung läßt zwar die Armenbeiträge und Steuern unverändert, bewirkt aber eine gemeinschaftliche Beamtenverwaltung von Jahr zu Jahr, und ermöglicht die gemeinschaftliche Anlegung eines Armenhauses. Die Guardians der vereinigten Kirchspiele haben den Friedensrichtern 3 Personen vorzuschlagen, aus welchen diese einen Visitor des Armenhauses ernennen. Will Niemand das Amt übernehmen, so fungirt monatlich wechselnd ein Guardian als Visitor unter Controle der Friedensrichter. Der Visitor hat das Armenhaus zu controliren, für Ersparung von Ausgaben zu sorgen, Rechnungsdifferenzen zwischen dem Guardian und dem Schatzmeister zu schlichten.

3. Die Einrichtung von Armen= oder Arbeitshäusern, poor houses, ist fortan mit jeder Vereinigung von Kirchspielen nothwendig verbunden. Die Friedensrichter ernennen dafür nach Vorschlag der Gemeinde den Governor, der „wegen Mißverhaltens oder Unfähigkeit" durch den Visitor und die Mehrheit der Guardians, oder durch zwei Friedensrichter entlassen werden kann (§. 3). Die Guardians haben die nöthigen Gebäude durch Neubau, Kauf oder Miethe anzuschaffen, mit Genehmigung des Visitor wohnlich einzurichten, die nöthigen Geräthschaften und Materialien zur arbeitsamen Beschäftigung der Armen anzuschaffen, und bilden dafür mit dem Visitor gemeinschaftlich eine juristische Person (body corporate

§. 17. 21—27; 1. et 2. Geo. IV. c. 56. §. 1). Die Unterhaltungskosten werden auf die Kirchspiele vertheilt nach dem Durchschnittsverhältniß der Armenkosten jeder Einzelgemeinde in den letzten drei Jahren vor dem schriftlichen Unions-Vertrag[2]).

4. Ueberhaupt kehrt die Tendenz der ältern Gesetzgebung die Armen zunächst durch Arbeit zu unterhalten, mit Gilbert's Act wieder zurück. Es dienen dazu außer dem System der Armenhäuser folgende Specialbestimmungen. Unmündige Kinder können entweder in das Arbeitshaus aufgenommen, oder von dem Guardian mit Zustimmung des Visitor einer Privatfamilie in Pension gegeben werden, bis sie in die Lehre oder ein Geschäft gehen können. Faule und unordentliche Personen, welche obgleich „fähig zur Arbeit, sich weigern zu arbeiten und sich und ihre Familien selbst zu unterhalten", sollen als idle and disorderly persons nach der Vagrant Act von den Guardians verfolgt werden. Wo die Gelegenheit zur Arbeit fehlt, soll der Guardian eine angemessene Privat-Beschäftigung für den Armen suchen, das dadurch gewonnene Arbeitslohn einziehen und zu seinem Unterhalt mit verwenden. Generell wird hinzugefügt die Befugniß, faule und unordentliche Ehemänner und Väter zu Correctionsstrafe von 1 bis 3 Monaten summarisch zu verurtheilen (§. 30—35).

Vorbehalten bleibt andererseits die Befugniß der Friedensrichter auf eidliche Anzeige eines Armen über Verweigerung einer Unterstützung durch schriftliche Order entweder zeitige Unterstützung oder Aufnahme in das Armenhaus zu verfügen; dergleichen Gesuche sollen aber zuerst beim Guardian, dann beim Visitor und zuletzt beim Friedensrichter angebracht werden (§. 35—37). Die Friedensrichter können überhaupt für die Zwecke des Gesetzes von Zeit zu Zeit Specialsitzungen halten mit Einberufung der Friedensbeamten und Guardians. Personen, die sich durch Akte eines

---

[2]) Die einzelen Kirchspiele zahlen im Falle der Vereinigung ihre Armenbeiträge an die Kasse des vereinigten Distrikts. Die Rechnungen sowohl der Kirchenvorsteher und Armenaufseher wie der Guardians sollen dann monatlich vom Visitor geprüft werden, nachdem sie vorher eidlich vor einem Friedensrichter verificirt sind (§. 8). Zugleich mögen die guardians einen aus ihrer Mitte den Friedensrichtern zur Bestellung als Schatzmeister Treasurer vorschlagen. Die Visitors und Guardians können auch die Verpflegung und Bekleidung der Armen auf höchstens 12 Monate in Entreprise geben, unter fortlaufender Controle von Governor, Visitor und Guardians, sowie der Friedensrichter. Auf geführten Beweis einer Mißverwaltung können je 2 Friedensrichter einen solchen Vertrag wieder auflösen. Dagegen ist das ältere durch 9. Geo. I. c. 7 gestattete Vermiethen der einzelen Armen zur Arbeit (farming out the poor) wegen vorgekommener Mißbräuche in Zukunft untersagt. Für die Verwaltung der Arbeitshäuser giebt schon das Gesetz ein Normalregulativ, welches durch Beschlüsse der Friedensrichter in einer Specialsitzung ergänzt werden kann, vorbehaltlich der Befugniß der Quartalsitzung, solche Zusätze wieder aufzuheben (§. 34).

Friedensrichters in Ausführung dieses Gesetzes beschwert halten, mögen an die nächste Quartalsitzung appelliren³).

II. Durch die Select Vestries oder Sturges Bourne's Act 59. Geo. III. c. 12 wird die Verfassung der Ortsgemeinden für die Armenverwaltung im Sinne einer localen Repräsentation umgestaltet. Es soll fortan den in einer vestry versammelten Einwohnern eines Kirchspiels gestattet sein, eine select vestry, hier in dem Sinne eines gewählten Gemeindeausschusses, für die Zwecke der Armenverwaltung zu bilden. Nach der kurz vorher erlassenen General Vestries Act 58. Geo. III. c. 69 kommt dabei ein klassificirtes Stimmrecht in Anwendung, mit einer Stimme bis zu 50 L. eingeschätztem Jahresertrag, und weiter steigend mit 25 L. Mehrertrag bis zu 6 Stimmen. Als Armenverwaltungsrath sind 5—20 wohlhabende ansässige Einwohner (substantial householders or occupiers) zu ernennen, wozu der Ortspfarrer die zeitigen Kirchenvorsteher und Armenaufseher als ex officio Mitglieder hinzutreten. Drei Mitglieder gehören zur Beschlußfähigkeit. Die Dauer der vestry erstreckt sich zunächst auf das Amtsjahr der Armenaufseher, kann aber von Jahr zu Jahr erneut werden. Sie versammelt sich wenigstens einmal alle 14 Tage, wählt in jeder Versammlung durch Stimmenmehrheit einen Vorsitzenden mit dem Recht des Stichentscheids. Die vestry hat die Befugniß „zu prüfen den Zustand und das Verhältniß der Armen des Kirchspiels; festzusetzen die Gegenstände und den Betrag der Armenunterstützung; dabei in Betracht zu ziehen Charakter und Führung der Unterstützungsbedürftigen, wobei sie einen Unterschied in der zu gewährenden Beihülfe machen kann zwischen dem Würdigen und zwischen dem Faulen und Unwirthschaftlichen." Sie kann schriftliche orders darüber erlassen, sowie untersuchen und beaufsichtigen die Einsammlung und Verwaltung aller durch die Armensteuer aufzubringenden Gelder und anderer Armenunterstützungsfonds⁴). Die Armenaufseher

---

³) Die zweckmäßigen Bestimmungen der Gilbert's Act sind durch das große Armengesetz von 1834 nicht sowohl aufgehoben, als vielmehr generalisirt. Nach späteren Uebersichten des Armenamts bestehen noch 12 Unions unter Gilbert's Act, umfassend 200 Ortsgemeinden mit 153,864 Seelen, sowie 2 große Kirchspiele mit 19,656 Seelen. Eine Aufzählung der einzelen Kirchspiele dieser Gruppe enthalten die Parl. Pap. 1856 No. 212; einen Bericht über die praktischen Erfolge der Unions under Gilbert's Act die Parl. Pap. 1844 No. 543, X. 1, 1845 No. 409. XIII. 1.

⁴) Sturges Bourne's Act. Die select vestries bilden eine Wiederbelebung des alten Systems der Parish Committees. Die öconomische Thätigkeit gewählter Gemeindeausschüsse soll die concrete Ermittelung und Erwägung der einzelnen Unterstützungsfälle den overseers abnehmen. Die select vestry hat ein Protocollbuch zu halten zur vollständigen Eintragung aller Versammlungen, Verhandlungen, Beschlüsse und aller nach ihrer Anweisung vereinnahmten und verausgabten Gelder. Ein summarischer Bericht über die Verhandlungen und Rechnungen soll zweimal jährlich im März und Oktober den Gemeinde-

werden angewiesen sich in ihrer Amtsführung nach den **Anweisungen** der select vestry zu richten, und Armenunterstützungen in der Regel nur auf deren Order zu gewähren, mit Vorbehalt unvorhergesehener dringlicher Fälle und besonderer Unterstützungs-orders der Friedensrichter.

Eine wichtige Neuerung ist die Einführung **besoldeter Armenaufseher, Assistant Overseers** (§. 7). Die versammelten Einwohner können dazu eine oder mehre zuverlässige Personen ernennen, die Amtspflichten des Beamten näher bestimmen und demselben ein Gehalt festsetzen, zahlbar aus der Poor Rate. Je zwei Friedensrichter sind ermächtigt ihm eine Bestallung auszufertigen. Der so Ernannte hat alle Funktionen eines gewöhnlichen Armenaufsehers. Das Amt dauert so lange bis es von einer spätern vestry widerrufen ist. Nach §. 35 erstreckte sich diese Einrichtung auf alle Dorf- und Ortschaften, die ihre eigenen Armenaufseher und ihre gesonderte Armenverwaltung haben, und sie fand in so weiten Kreisen Aufnahme, daß schon 1832 2234 select vestries und 3134 Assistant Overseers gezählt wurden, die sich später in die Kreisarmenverbände der neuen Gesetzgebung leicht einreihten.

Die bedeutungsvollste Neuerung der Sturges Bourne's Act blieb aber die Einführung einer freigewählten Localvertretung in der Armen-Verwaltung. Während Gilbert's Act noch den Friedensrichtern das Ernennungsrecht giebt, ist in Sturges Bourne's Act das Princip der Wahl durchgeführt, und damit den **Steuerzahlern** der entscheidende Einfluß auf die Besetzung der Aemter, auf die Maximen der Verwaltung und auf die Vertheilung der Einzelunterstützungen gegeben. Die Friedensrichter haben nach der Fassung des Gesetzes nur das Recht der formellen Beglaubigung des gewählten Gemeindeausschusses. Sie können also keinen Namen eines Gewählten weglassen, „auch wenn sie einen erheblichen Grund dafür anzugeben vermöchten." R. v. Adams 2. Ad. et E. 409. Eine solche Bestallungsorder, appointment of select vestry under 59. Geo. III. c. 12, lautet nun dahin:

„Sintemal durch ein Gesetz 35. Geo. III. verordnet ist ꝛc. . . . . und nachdem heute uns N. N., Friedensrichtern, angezeigt ist, daß die Bewohner N. in der vorgedachten Weise berufen und ernannt haben 20 substantial householders and occupiers innerhalb des gedachten Kirchspiels, deren Namen folgen, als Mitglieder einer select vestry für die Armenangelegenheiten des Kirchspiels: so bestellen wir kraft obigen Gesetzes den A. B. Pfarrer, C. D., E. F., Kirchenvorsteher, G. H. J. K., Armenaufseher, L. M. N. O. ꝛc. (nicht über 20) als eine select vestry für die Besorgung und Verwaltung der Armenangelegenheiten des Kirchspiels N. für die Dauer des nächsten Jahres. Gegeben ꝛc."

---

mitgliedern in einer Generalversammlung vorgelegt werden (§. 3), zu welcher Kirchenvorsteher und Armenaufseher durch öffentliche Bekanntmachung 10 Tage vorher einladen. Dieselbe Weise der Bekanntmachung mit Angabe des Specialzwecks ist nöthig für jede Versammlung, die über die Einsetzung einer select vestry oder über die Wahl von Mitgliedern dazu beschließen soll (§. 4).

Erheblich beschränkt wird allerdings die Tragweite des Gesetzes durch die Vorschrift, daß unberührt dadurch bleiben alle Gewalten die durch Lokal- oder Specialakte für die Armenverwaltnug einer Ortschaft oder eines Bezirks constituirt sind. Auch sollen ungeschmälert bleiben alle bestehenden select vestries auf Grund eines „ancient usage or custom" sowie die Armenverwaltungen in Wales) [5].

Zwischendurch wurden dann noch durch Lokalakten für größere Kirchspiele eigene Armenverwaltungen gewöhnlich in Gestalt von Gemeindeausschüssen mit besoldeten Unterbeamten gebildet; nicht selten auch mehre Kirchspiele durch Lokalakte zu einem Armenverband vereint. [6]).

Es waren damit experimental die Grundlagen einer neuen **Repräsentation** und **Verwaltungsweise** gefunden, welche nun mit der Reformbill als consolidirte Zwangseinrichtung zum Durchbruch kamen.

§. 121.
Das Armengesetz von 1834, 4. et 5. Will. IV. c. 76.

Der fortdauernd mangelhafte und sehr ungleichmäßige Zustand der Armenverwaltung veranlaßte 1833 die Einsetzung einer Untersuchungscommission, welche unter Benutzung der Erfahrungen, die nun seit Gilbert's Act ein halbes Jahrhundert hindurch mit Einzelverbesserungen gemacht

---

[5]) Freilich hob das Gesetz die auf Cooptation beruhenden select vestries nicht auf. Die Gerichtspraxis ist aber hier bei der Auslegung des unvordenklichen Herkommens strenger geworden, da es sich um Armenverwaltungsbefugnisse handelt, die doch nicht über 1. Ric. I. zurückreichen können. Man nahm daher an, daß die Befugnisse der Gemeinde wenigstens ihre Armenangelegenheiten durch Gemeindebeschluß zu regeln, unverjährt fortbestehe. Es konnten nun also 2 select vestries in einem Kirchspiel vorkommen, die eine gewählt unter 59. Geo. III. c. 12, die andere durch Herkommen bestehend. Die „erstere hat dann alle Geschäfte auszuführen, welche die letztere nicht versehen kann." R. v. St. Martin in the Fields, 3. B. et Adol. 907. Denn „eine select vestry durch alte Gewohnheit kann nicht beanspruchen ein unvordenkliches Recht auf Erhebung von Zwangsarmensteuern, welche zuerst durch 43. Eliz. c. 2 gegeben worden ist." R. v. St. Bartholomew the Great. 2. B. et Adol. 506. Ein Verzeichniß der unter diesem Gesetz gebildeten select vestries geben die P. P. 1826/27 Vol. XX. p. 673.

[6]) Eine namentliche Uebersicht der Kirchspiele unter solchen Lokalakten geben die Parl. Papers 1856 No. 212. Aus diesen Lokalverwaltungen bildete sich ebenfalls ein reiches Material für eine zukünftige durchgreifende Armengesetzgebung. Auch nach dem neuen Armengesetz bestanden noch 21 Unions und 15 einzele Kirchspiele unter einer Verwaltung nach Lokalakten, die aber durch die neueste Gesetzgebung nahezu vollständig dem ordentlichen Verwaltungssystem eingefügt worden ist.

waren, am 24. Februar 1834 Bericht erstattete. Die wichtigeren Vorschläge der Commission wurden dann im August 1834 zum Gesetz erhoben durch die Poor Law Amendment Act, 4. et 5. Will. IV. c. 76. Sie enthält eine Zusammenfassung und Generalisirung der früheren Einzelreformen durch Gilbert's Act, Sturges Bourne's Act und Lokalakten, also des Systems der Kreisarmenverbände, der gewählten beschließenden Gemeinderäthe (guardians), der besoldeten Armenbeamten und der Arbeitshäuser, — Alles nun aber unter einer weit ausgedehnten Organisationsgewalt und Controle einer königlichen Centralbehörde. Der Zweck des Ganzen ist die möglichste Rückkehr zu dem Gesetz Elisabeths, — „daß die arbeitsfähigen Armen beschäftigt werden sollen" — durch Gewöhnung aller Arbeitsfähigen, welche öffentliche Hülfe in Anspruch nehmen „zur Arbeit, zu geregelter Lebensweise und wirthschaftlicher Selbständigkeit." Die Hauptglieder des umfangreichen Gesetzes sind nach der Legalordnung folgende:

1. Der König wird ermächtigt, unter dem Handsiegel (also durch den Minister des Innern) eine Centralbehörde „The Poor Law Commissioners for England and Wales" zu ernennen (§§. 1—14), bestehend aus 3 Commissioners und höchstens 9 Assistant Commissioners, nebst Sekretären und Büreaupersonal. Die Behörde war nur auf Zeit ernannt und wurde später neu constituirt unter dem Titel „Commissarien für die Verwaltung der Gesetze über die Armenpflege in England", von welchen der an erster Stelle Genannte der Präsident und dirigirende Chef der Behörde ist. Der Geschäftskreis des Armenamts (§§. 15—20) ist die „Direktion und Controle" der ganzen Armenverwaltung in England und Wales, namentlich der Erlaß allgemeiner Regulative (rules) über die Verpflegung der Armen, Einrichtung der workhouses, Erziehung und Unterbringung der Armenkinder; jedoch mit Ausschluß der Verfügung in einzelen Unterstützungsfällen. Daran schließt sich die Aufsicht und Leitung des Verfahrens bei Ankauf, Neu- oder Umbau, Veräußerung der Arbeitshäuser und Anleihung von Kapitalien dafür (§§. 21—25).

2. Zwangsweise Bildung neuer Kreisarmenverbände (§§. 26 bis 37). Das Armenamt soll ermächtigt sein, „nach seinem Ermessen eine Anzahl von Kirchspielen" für die Armenverwaltung zu einer Union mit gemeinschaftlichem workhouse zu vereinigen; so jedoch, daß jedes Kirchspiel für die Erhaltung seiner Armen sowohl in wie außer dem Arbeitshaus seine gesonderten Verpflichtungen behält. Ebenso mag die Centralbehörde mit Zustimmung von ⅔ der vorhandenen Guardians schon vorhandene Unionen ganz oder theilweis auflösen und die Gemeinden mit anderen verbinden. Daran reihen sich die Vorschriften über die Repräsentation der Kreis-Armenverbände **durch gewählte Kreis-Armenräthe**, Boards of Guardians (§§. 34. 41). Jedes Kirchspiel wählt nach

einem klassificirten Stimmrecht der Eigenthümer und Steuerzahler dazu gewöhnlich einen, zwei oder mehre Guardians, denen die activen Friedensrichter des Bezirks als ex officio Guardians hinzutreten.

3. Die Anstellung besoldeter Beamten, sowohl für das Unterstützungs= wie für das Rechnungswesen (§. 46) erfolgt in den einzelen Armenverbänden auf Anweisung des Armenamts. Daran reihen sich Vorschriften über die Rechnungslegung der Armenbeamten (§. 47), und der allgemeine Grundsatz, daß die besoldeten Beamten nur durch das Staats=Armenamt entlaßbar sind.

4. Regulative für die Verwaltung der vorhandenen Armenhäuser und der neu zu bildenden Kreisarmenhäuser (§§. 42—45) sind vom Armenamt zu erlassen, ihre Befolgung von den Friedensrichtern zu überwachen. Dazu Vorschriften über die Contractschließungen (§§. 49 bis 51). Vorschriften über die Weise der Armenunterstützung (§§. 52—61), die für Arbeitsfähige in der Regel im Arbeitshaus, ausnahmsweise im Hause gewährt werden, nach Regulativen des Armenamts unter dem Decernat der Boards of Guardians, sowie Vorschriften über die Aufnahme von Vorschüssen für bestimmte Zwecke (§§. 62. 63).

5. Vereinfachung des Niederlassungsrechts (§§. 64—68), unter Aufhebung der Niederlassung durch Miethsdienst und Amt; Modification der Niederlassung durch Miethe oder Pacht von Grundstücken, durch Lehrlingschaft und durch Grundbesitz. Daran reihen sich neue Rechtssätze über das Niederlassungsrecht unehelicher Kinder (§§. 69—76). Endlich Vorschriften über das Verfahren bei den Orders of Removal (§§. 79 bis 84).

6. Vermischte administrative Anordnungen (§§. 77. 78. 85—109) machen den Schluß in ziemlich bunter Reihe*).

Diesem Gesetz gemäß ist nun schrittweise die große Mehrzahl der Kirchspiele zu Kreisarmenverbänden, Poor Law Unions, verbunden worden, wobei einzele große Kirchspiele auch für sich Boards of Guardians nach dem Armengesetz erhalten haben. In anderen sind die unter Lokalakten entstandenen Verfassungen beibehalten, wieder in anderen die unter Gilbert's Act entstandene Verfassung. Einige wenig bedeutende endlich bleiben noch unverändert unter einer Verwaltung nach dem Gesetz

---

*) Die vermischten Anordnungen betreffen die Nichtbetheiligung der Armenbeamten an Lieferungs=Verträgen, Rechnungslegung über milde Stiftungen, Stempel= und Portofreiheit, Defektirung illegaler Posten in den Armenrechnungen, Verbot geistiger Getränke in den Arbeitshäusern, Ordnungsstrafen der Beamten wegen Ungehorsams gegen die Anordnungen der Guardians und gegen die gesetzmäßigen rules, orders und regulations des Armenamts; gemeinsame Vorschriften über das summarische Strafverfahren, Appellationen und Certiorari, sowie eine lange Reihe von Interpretationsklauseln.

§. 121. Das Armengesetz von 1834, 4. et 5. Will. IV. c. 76. 709

43. Eliz. c. 2. Das Armenamt behandelt in seinen neueren Jahresberichten 623 Verbände als formirte Unionen nach dem neuen Verwaltungssystem der Guardians, was jedoch nicht ausschließt, daß fast in jedem Jahre noch ein oder ein Paar volkreiche Unions durch Theilung verkleinert werden, so daß jetzt mehr als 650 formirte Unions vorhanden sind (Jahresbericht 1868, S. 240) mit durchschnittlich etwa 30,000 Einwohnern.

Vom Erlaß des Armengesetzes an ist aber fast alljährlich die eine oder die andre Amendment Act hinzugekommen, aus denen die Schicksale der dirigirenden Centralbehörde schon hier in Betracht kommen. Die periodisch eingesetzten Commissioners wurden zuerst 1839 continuirt, dann nochmals durch 5. et 6. Vict. c. 57 auf weitere 5 Jahre. Durch 10. et 11. Vict. c. 109 wurde die heutige Zusammensetzung aus dem President und mehren Staatsministern als ex officio Mitgliedern festgestellt; an die Stelle der Assistant Commissioners traten die Inspectors. Gleichzeitig mit dem Gesetz erging die General Consolidated Order vom 24. Juli 1847, welche wie ein zweites Armengesetz neben den Parlamentsacten hergeht. Nach weiteren Verlängerungen ist durch die Poor Law Amendment Act 1867, 30. et 31. Vict. c. 106, das Staatsarmenamt für permanent erklärt, und auch amtlich unter dem Titel Poor Law Board dem Organismus der Staatsverwaltung einverleibt. — Zwischendurch gehen die fortschreitenden Amendirungsgesetze über die Consolidation der Armenlast und der Verwaltungsmaximen, die den einzelnen Theilen der Darstellung einzufügen sind nach folgender Anordnung:

I. Das heutige Niederlassungsrecht, law of settlement, als fortdauernde Grundlage der Vertheilung der Communalarmenlast (§. 122).
II. Die Bildung der Kreisarmenverbände und ihrer gewählten Kreisarmenräthe, boards of guardians (§. 123).
III. Das neuere System der besoldeten Armenbeamten (§. 124).

Mit diesen Organen ist nun umgestaltet:
A. Das Verwaltungssystem der Armenhäuser (§. 125).
B. Das Verwaltungssystem der Hausunterstützungen (§. 126).
C. Das Verwaltungssystem des Rechnungswesens (§. 127).

Nach Darstellung einiger Versuche zu consolidirten Zwischenbildungen macht dann den Schluß die heutige Gestaltung der administrativen Oberinstanzen und die Stellung des Armenamts (§. 130).

Die Zahl der Statuten über die Armenpflege wurde schon 1853 seit dem Jahre 1603 auf 160 berechnet, davon etwa 40 aus der Zeit nach Einsetzung des Armenamts. Daran reihten sich über 1900 Gerichtsentscheidungen, zerstreut in etwa 149 Bänden Präjudicien. Seit dem Erlaß des Armengesetzes sind dann Jahr für Jahr Zusatzgesetze gefolgt, wie das 7. et 8. Vict. c. 102 (erhebliche Reformen im Verwaltungssystem); 10. et 11. Vict. c. 109 (Einsetzung eines neuen Armenamts) ꝛc., von wo an wieder eine neuere Gruppe von Amendements anhebt. Für die eigentliche Verwaltungs=

ordnung geben nur die General Oders des Staatsarmenamts ein zusammenhängendes Bild. Obenan die Consolidated Order vom 24. Juli 1847 in folgenden Abschnitten: Von der Wahl der Kreisarmenräthe Art. 1—27; Von den Versammlungen der Guardians Art. 28—36; Von dem Geschäftsverfahren der Guardians Art. 37—43; Von den Contraktschließungen Art. 44—51; Vom Austhuen der Armenkinder in Lehrlingschaft Art. 52—74; Von ärztlicher Hülfeleistung für die permanenten Armen Art. 75—76; Von der Unterstützung der nichtangesessenen Armen Art. 77 ff.; Von der Verwaltungsordnung der Armenhäuser: Aufnahme Art. 88—97, Classifikation Art. 98—101, Disciplin und Verpflegung Art. 102—126, Strafordnung Art. 127—147, beaufsichtigendes Curatorium Art. 148 ff.; — Von der Ernennung der Armenverwaltungsbeamten Art. 153—161: Qualification Art. 162—171, Remuneration Art. 172—183, Cautionsleistung Art. 184—186, Amtsdauer und Suspension Art. 187—197, Amtsinstruction für die einzelen Klassen der Armenbeamten Art. 198—217; Von der Vereinnahmung und Verausgabung von Geldern durch die Beamten Art. 218—223. Den Schluß macht eine explanation of terms Art. 224—233 und 21 Formulare. — An diese codificirte Order schließen sich die übrigen etwa 50 jetzt mit Gesetzeskraft geltenden Orders, für welche als besondere Sammlung in Gebrauch ist: W. Glen, the General Orders of the Poor Law Commissioners etc. 7th. Edit. 1871. In Burn's Justice werden nur Bruchstücke daraus abgedruckt, um so mehr als die Orders sämmtlich nur eine limitirte Geltung für gewisse Unions oder doch mit Ausschluß gewisser Niederlassungsbezirke haben. Ein verständliches Bild der Armenverwaltung vermag die Darstellung in Burn's Justice schon aus diesem Grunde nicht zu geben. In der spätern Darstellung sind die maßgebenden Orders eingeschaltet.

Von den Reports aus der Zeit nach Einführung des Armenamts erwähne ich den Bericht über den praktischen Erfolg der Regulative des Armenamts Parl. Pap. 1837—38. No. 691. Vol. XVIII. Die Masse der Parlamentspapiere hat sich übrigens so gehäuft, daß seit dem Armengesetz jeder Band der Parl. P. mehre Bände über die Poor Law zu geben pflegt.

Die eigentlich juristische Litteratur über das Armengesetz enthält nur Compilationen. Ein großes Material für die unmittelbar vorangegangenen Rechtszustände enthält M. Nolan's Treatise on the Law for the Relief and Settlement of the Poor. 4. ed. 4. Vols. 8. 1825. Die volkswirthschaftliche Seite aber ist in englischen und deutschen Schriften, Zeitschriften und Aufsätzen sehr reichhaltig vertreten. Hervorzuheben sind etwa die beiden Schriften Kleinschrod's: Der Pauperismus in England (Regensburg 1845), die neue Armengesetzgebung Englands und Irlands (Augsburg 1849). Sodann Kries in der deutschen Vierteljahrschrift 1854 S. 114 ff. und Kries, die engl. Armenpflege, herausgegeben von K. Frhr. von Richthofen. Berlin 1863, wo auch die auf besonderen Gesetzen beruhende Armenpflege in Schottland und Irland mit behandelt ist.

§. 122.

I. Das heutige Niederlassungsrecht, Law of Settlement.

Grundlage des neuern Systems ist die Vertheilung der Armenlast als gesetzliche Pflicht der communalen Nachbarverbände geblieben, mit einem correspondirenden Heimathsrecht des Bedürftigen.

§. 122. I. Das heutige Niederlassungsrecht.

Der erste Gesichtspunkt für das englische Heimathsrecht war schon nach der ältern Auffassung der Gerichte der Geburtsort, welcher als „prima facie settlement" gilt, so lange bis sich aus dem Verhältniß der Eltern, aus Heirath oder aus einem qualificirten Domicil ein anderer Ort ergiebt. Die Titel zum Niederlassungsrecht bilden danach zwei Gruppen: (1) natürliche, oder sogen. derivative Heimathsrechte durch Geburt, Elternverhältniß oder Heirath, wobei es auf den thatsächlichen Wohnsitz nicht ankommt; (2) erworbene Heimathsrechte durch Wohnsitz von 40 Tagen, verbunden mit besonderen gesetzlichen Merkmalen permanenter Ansässigkeit (Lehrlingschaft, Dienstmiethe, Grundbesitz, Wohnungsmiethe, Zahlung von Communalsteuern, Communalämter). Durch die formellen Grundsätze des Verfahrens kam dazu noch ein Heimathsrecht durch Anerkenntniß und durch rechtskräftiges Urtheil.*)

Die ziemlich durchgreifenden Vorschläge der dem Armengesetz vorangehenden Commission wurden in dem Gesetz selbst nicht angenommen. Nur ein wichtiger Niederlassungsgrund durch Dienstmiethe (hiring and service) wurde ganz aufgehoben, einige andere Titel modificirt, mit dem Bestreben, chikanöse Prozesse und Erschleichung des Niederlassungsrechts zu verhüten. Im Ganzen aber wurde vorsichtig die bisherige law of settlement erhalten. Die 7 noch geltenden Titel der Niederlassung sind danach folgende:

---

*) Der Zustand, welchen das Armengesetz vorfand, knüpfte sich zunächst an das Gesetz von 1795, 35. Geo. III. c. 101, wonach eine schriftliche Anzeige und 40tägiger Aufenthalt überhaupt keine Niederlassung mehr begründet; dagegen soll die Ausweisung erst eintreten, wenn der Angezogene dem Kirchspiel actually chargeable wird, d. h. Unterstützung vom Kirchspielsbeamten empfangen oder erbeten hat. In diese Kategorie sollen aber stets gerechnet werden bestrafte Diebe, wegen felony Verurtheilte; ferner rogues, vagabonds, idle or disorderly persons im Sinne des Gesetzes, und solche, die auf Grund einer eidlichen Zeugenaussage von zwei Friedensrichtern als Personen von schlechtem Ruf oder als notorische Diebe erachtet werden (vgl. 5. Geo. IV. c. 83 §. 20). Diese Gesetze wurden ergänzt durch leitende Principien des gemeinen Rechts. Niemand darf durch eine order of removal von seinem Grundeigenthum, sei es freehold, copyhold, Pfandschaft, Miethsbesitz, nutzbare Verwaltung, getrennt werden. Keine Ehefrau darf vom Manne getrennt werden, daher weder ausgewiesen werden ohne Mann, noch von dem Grundbesitz des Mannes. Kinder unter 7 Jahren können nicht von der Mutter, Dienstboten nicht von dem Dienstherrn getrennt werden. Diese Zustände waren aber durch das Zusammentreffen mit der Umbildung der erwerbenden Arbeit überkünstelt und verzerrt. Dahin gehörten namentlich die close parishes, — Kirchspiele, in welchen alles Grundeigenthum in den Händen eines oder weniger Grundeigenthümer lag, welche keine neue Niederlassung duldeten, zuweilen die Arbeiterwohnungen (cottages) massenweis niederrissen und die Arbeiter, deren sie selbst bedurften, den benachbarten Kirchspielen zuschoben. Humane Aenderungen in dem Niederlassungsrecht hatten überhaupt oft die Folge gehabt, die Städte und größeren Gemeinden zu überlasten zu Gunsten engherziger Grundherren. Das neue Armengesetz hat nur ein Paar an sich wohlbegründete, aber viel gemißbrauchte Titel aufgehoben.

1. **Durch Geburt** (by birth). Wo ein Kind zuerst zum Vorschein kommt, da ist „prima facie" sein Heimathsort bis zum Nachweis eines andern. Haben die Eltern aber ein Heimathsrecht in einem andern Kirchspiel, so tritt sogleich die Niederlassung durch Abstammung (Nr. 2) an die Stelle.[1])

2. **Durch Elternverhältniß** (by parentage). Alle ehelichen Kinder haben die letzte Niederlassung des Vaters und nach dessen Tode der Mutter, bis sie von der väterlichen Gewalt befreit sind durch Verheirathung, oder durch Großjährigkeit mit Anlegung einer eigenen Wirthschaft, oder durch Eintritt in ein sonstiges mit häuslicher Gewalt unvereinbares Verhältniß. Ein uneheliches Kind folgt jetzt der Niederlassung seiner Mutter bis es das Alter von 16 Jahren erreicht, oder eine Niederlassung aus eigenem Recht erwirbt.[2])

3. **Durch Heirath** (by marriage). Die Ehefrau hat das Heimathsrecht ihres Mannes, und behält solches nach dessen Tode.[3])

4. **Durch Lehrlingschaft** (by apprenticeship) auf Grund eines schriftlichen Lehrvertrags, verbunden mit einem wenigstens 40tägigen Wohnsitz auf Grund desselben.[4])

5. **Durch Grundbesitz** (by estate), sei es freehold, copyhold, leasehold, sei es dingliches Recht nach common law oder nach Billigkeitsrecht. Es beruht dies auf dem Grundsatz des gemeinen Rechts, daß Niemand von seinem Grundeigenthum ausgewiesen werden kann, ist jedoch

---

[1]) By birth. Das Heimathsrecht durch Geburt kommt hauptsächlich bei elternlosen, früher auch bei unehelichen Kindern zur Anwendung; oder wenn der Niederlassungsort der Eltern unbekannt ist, oder wenn die Eltern gar kein Heimathsrecht haben. Kinder unter 7 Jahren dürfen aber nie von den Eltern getrennt werden; es kann daher vorkommen, daß das Kirchspiel des Geburtsorts die Verpflegungskosten eines Kindes tragen muß, welches in einem andern Kirchspiel bei seinen Eltern lebt.

[2]) By parentage. Nach früherm Recht hatte der Bastard überhaupt keine Niederlassung aus Elternverhältniß, sondern durch Geburt. Die Folge war ein systematisches Austreiben unehelich geschwängerter Frauen aus den Kirchspielen, da keines sich mit dem Bastard beschweren wollte, sowie auch manche Schwierigkeiten für die Entbindungsanstalten. Das Armengesetz (§. 71) macht diesen Verhältnissen für die seit Erlaß des Gesetzes geborenen Kinder ein Ende.

[3]) By marriage. Hat der Ehemann kein Heimathsrecht, oder ist solches unbekannt, so behält die Frau ihr früheres Heimathsrecht. Sie kann jedoch in keinem Falle ein neues erwerben aus eigenem Recht, so lange die Ehe dauert.

[4]) By apprenticeship. Der Contrakt muß entweder vom Lehrling vollzogen sein, oder bei ausgethanen Armenlehrlingen von den Kirchspielsbeamten. Keine Niederlassung soll jedoch jetzt mehr erworben werden durch Lehrlingschaft im Seedienst oder im See- oder Fischereigewerbe (Armenges. §. 76).

§. 122. I. Das heutige Niederlassungsrecht. 713

neuerdings zu einem temporären Heimathsrecht herabgesetzt, abhängig von fortdauerndem Aufenthalt.⁵)

6. Durch Miethung eines Grundstücks (by renting a tenement) von 10 £. Mieths- oder Pachtwerth, verbunden mit einem Aufenthalt von wenigstens 40 Tagen in demselben Kirchspiel und Zahlung der Armensteuer für das Grundstück.⁶)

7. Durch Einschätzung zu den ordentlichen Gemeindesteuern (by being charged to and paying the public taxes and levies of the Parish), verbunden mit anderen Umständen, die mit den Bedingungen des Titels durch Wohnungsmiethe (Nr. 6) zusammenfallen, nur daß es hier auf persönlichen Wohnsitz nicht ankommt.⁷)

Auf diese 7 Titel beschränkt sich das Heimathsrecht seit dem 14. August 1834, dem Tage des Armengesetzes, mit Vorbehalt der nach dem frühern Recht bereits erworbenen Titel. Bei Beurtheilung der vor dem Gesetz begründeten Niederlassungs Verhältnisse kommt also noch immer das ältere Recht zur Anwendung.**)

---

⁵) By estate. Bei ererbtem oder durch Heirath oder sonst erworbenem Besitz kommt es auf den Werth nicht an; durch Kauf erworbene Grundstücke müssen wenigstens 30 £. Werth haben. Die so erworbene Niederlassung soll aber jetzt nicht länger dauern als der Besitzer im Ort oder innerhalb 10 engl. Meilen davon wohnt. Verläßt er diesen Wohnsitz und wird später unterstützungsbedürftig, so kann er zurückgewiesen werden in das Kirchspiel, in welchem er aus einem andern Titel heimathsberechtigt ist (Armengesetz §. 68).

⁶) By renting and tenement. Gerichtspraxis und neuere Gesetze haben dies näher begrenzt. Es muß gemiethet oder gepachtet sein bona fide ein tenement, sei es ein besonderes Wohnhaus oder Gebäude, oder ein Ackerstück, oder beides verbunden, für die Summe von 10 £. jährlich auf wenigstens ein ganzes Jahr; Miether muß auf Grund der Miethe das Grundstück bezogen, die Miethe zum Betrag von 10 £. für den Zeitraum von wenigstens einem Jahre wirklich gezahlt haben, und während derselben Periode zur Armensteuer eingeschätzt gewesen sein und solche bezahlt haben, 6. Geo. IV. c. 57 §. 2; 1. Will. IV. c. 18 §. 1; Armengef. § 66

⁷) By public taxes. Auch auf die Einschätzung zur Straßenreinigungs-, Straßen-, Haus- und Fenstersteuer kommt es dabei nicht an. Uebrigens hat die Gesetzgebung seit 1691 mit diesem Titel mehrfach experimentirt, und ist bei dem Versuch ihn abzuschaffen unwillkürlich immer wieder darauf zurückgekommen. Durch 35. Geo. III. c. 101 §. 4 wurde er beschränkt auf Grundstücke, die zu 10 £. Jahresertrag eingeschätzt sind; durch 6. Geo. IV. c. 57 auf Grundstücke, die ein selbständiges Wohnhaus oder Gebäude bilden, oder ein Ackerstück oder beides verbunden, bona fide gemiethet für wenigstens 10 £. auf wenigstens ein Jahr und bezogen auf Grund des Contrakts für mindestens ein Jahr.

**) Von den aufgehobenen Titeln der Niederlassung kommt für ältere Fälle noch zur Anwendung der Titel durch Dienstmiethe (by hiring and service), wonach eine unverheirathete, kinderlose Person das Heimathsrecht gewann, wenn sie auf ein Jahr gemiethet, ein Jahr in demselben Dienstverhältniß geblieben, und an wenigstens 40 Tagen auf Grund des Dienstverhältnisses sich im Kirchspiel aufgehalten hatte. Die praktische Folge dieser gutgemeinten Regel war eine äußerste Erschwerung der Concurrenz unter den

Der Erwerb des Niederlassungsrechts nach diesen Grundsätzen ist **unabhängig vom Indigenat**, kann also auch von Fremden erworben werden; jedoch vorbehaltlich des Ausweisungsrechts für Arme, die in Irland, Schottland oder auf den Inseln geboren sind, in ihre heimathliche Niederlassung. Das erworbene Niederlassungsrecht dauert fort bis es ersetzt wird durch ein neues.

Rechtsfolge des Niederlassungsrechts ist der **Anspruch auf Armenunterstützung** (the indestructible right to take the benefit of the poor laws in a particular parish) unter folgenden Modalitäten. Jedes Kirchspiel ist verbunden den thatsächlich Hülfsbedürftigen in seinem Bereich vorläufig Unterstützung zu gewähren ohne Rücksicht auf ihr Heimathsrecht. Die so nicht heimathsberechtigten Armen heißen die casual poor, 33. Geo. III. c. 35 §. 3. Nur wenn diese Unterstützung längere Zeit hindurch erforderlich wird (wenigstens 21 Tage, s. unten), so kann durch order of removal eine Zurückweisung in den Heimathsort eintreten. Bis zur wirklichen Ueberlieferung an diesen Ort trägt aber noch das Kirchspiel, in welchem der Arme hülfsbedürftig gefunden wurde, die Unterstützung einschließlich der Transportkosten. Die im Kirchspiel Heimathsberechtigten heißen die settled poor und fallen der Armenverwaltung dauernd zur Last. Die Gemeinde wird jedoch unmittelbar befreit von der Last, wenn ein zur **Alimentation verpflichteter Verwandter**†) vorhanden ist,

---

Arbeitern. Die Arbeiter selbst wollten keine längeren Dienstcontrakte schließen, um nicht ihr bisheriges Heimathsrecht mit einem fremden Kirchspiel zu vertauschen, die Pächter keine fremden Arbeiter annehmen unter Bedingungen, nach welchen der Ankömmling fortan dem Kirchspiel zur Last fiel. Das Gesetz verhinderte also grade eine dauernde Ansäffigmachung der arbeitenden Klassen, und machte daraus durch kurze Dienstverträge eine fluctuirende Bevölkerung, die wieder fortging grade dann, wenn sie im Begriff war sich an die Arbeit, die Verhältnisse des Bodens zu gewöhnen und dem Arbeitsherrn nützlich zu werden. — Aus älterer Zeit kann auch der Titel durch Gemeindeamt (by office) noch zur Anwendung kommen, d. h. durch Ausübung des Amts eines Constable, Sexton oder eines andern Kirchspielsamts auf ein ganzes Jahr, verbunden mit Aufenthalt von wenigstens 40 Tagen.

†) Die Heranziehung der alimentationspflichtigen Verwandten beginnt mit 43. Eliz. c. 2 §. 7. Nach diesem Gesetz sollten die Quartalsitzungen den Verwandten zum Unterhalt zwingen. Durch 59. Geo. III. c. 12 §. 26 sind je zwei Friedensrichtern dieselben Befugnisse beigelegt. Nach 5. Geo. I. c. 8 §. 1 können je zwei Friedensrichter Arrest auf das bewegliche Vermögen eines Mannes legen, der Frau und Kinder verläßt, so daß sie dem Kirchspiel zur Last fallen. Nach 2. et 3. Vict. c. 52 §. 4 mögen in solchem Fall auch Militär- und Marine-Pensionen auf $1/2$, unter Umständen auf $2/3$ mit Beschlag belegt werden; nach 59. Geo. III. c. 12 §. 52 auch der Lohn eines Matrosen nach beendeter Reise. — Nach dem Armengesetz §. 56 wird alle Armenunterstützung an die Ehefrau oder an Kinder unter 16 Jahren in der Regel angesehen als verabreicht dem Ehemann, beziehungsweise dem Vater. Nach §. 57 muß der Mann auch die von der Ehefrau mitgebrachten Kinder bis zum 16. Jahr oder bis zum Tode der Mutter erhalten.

§. 122. I. Das heutige Niederlassungsrecht.

d. h. Vater und Großvater, Mutter und Großmutter, oder die eigenen Kinder des Armen, 43. Eliz. c. 2 §. 7. Nach dem Armengesetz §. 78 sind alle von den Friedensrichtern festgesetzten Alimentationsbeiträge der gesetzlich dazu verpflichteten Verwandten ebenso summarisch beizutreiben wie die Geldbußen nach dem Armengesetz.

Wichtige materielle Aenderungen hat aber das st. 9. et 10. Vict. c. 66 (Peel's Act) herbeigeführt. Niemand soll fortan ausgewiesen werden aus einem Kirchspiel, in welchem er gewohnt hat 5 Jahre lang vor dem Antrag auf Ausweisungsorder. Nicht eingerechnet wird die Zeit, welche im Gefängniß, im königlichen Militär- oder Seedienst, im Irrenhaus oder Hospital zugebracht, oder während welcher eine förmliche Armenunterstützung angenommen ist. Ferner soll die Ausweisung wegen einer durch Krankheit oder Zufall nothwendig gewordenen Armenunterstützung nur eintreten, wenn die order of removal als genügend erwiesen festgestellt, daß die Krankheit oder der Zufall eine dauernde Arbeitsunfähigkeit herbeiführen werde. Eine Ehefrau, welche bei ihrem Ehemann gewohnt, darf sofern sie Wittwe bleibt, erst 12 Monat nach dessen Tode ausgewiesen werden. Kinder unter 16 Jahren dürfen nicht mehr ausgewiesen werden, wenn sie mit Vater oder Mutter, Stiefvater oder Stiefmutter im Kirchspiel wohnen, und die Eltern selbst nicht gesetzlich ausweisbar sind. Im folgenden Jahre wurde durch 10. et 11. Vict. c. 110 (Bodkin's Act) der Schutz des fünfjährigen Wohnsitzes ausgedehnt auf solche, die fünf Jahre lang in einer Armenunion wohnen. Doch wird durch diese Vorbehalte nur ein Schutz gegen Ausweisung, nicht aber ein neuer Titel zur Niederlassung begründet. Zwischen den beiden Klassen der settled poor und der casual poor entsteht somit eine Mittelklasse der irremovable paupers, deren Unterhalt dem Kirchspiel abgenommen und der Armenunion auferlegt ist. In Verfolgung des so eingeschlagenen Weges erging die weitere Irremovable Poor Act, 24. et 25. Vict. c. 55, welche den Zeitraum von 5 Jahren herabsetzt, so daß ein Aufenthalt von drei Jahren in dem Kreisarmenverband schon den Schutz gegen Ausweisung giebt.††) Die Erhaltung dieser Armen, die bisher nur

---

††) Die Irremovable Poor Act 1861 war die natürliche Consequenz des seit der Peel's Act eingeschlagenen Weges, der zunächst auf Verminderung der Armenausweisungen und ihrer augenfälligsten Härten, weiter auf eine Ausgleichung der Armensteuer der einzelen Kirchspiele, und dann weiter auf die Begründung des Niederlassungsrechts auf das Gebiet der Kreisarmenverbände hinsteuert. Eine Erläuterung über Sinn und Handhabung des neuen Gesetzes giebt ein Circular des Armenamts im Jahresbericht 1861—62 S. 30. Die im Zusammenhang damit erlassene Union Assessment Committee Act, 25. et 26. Vict. c. 103, ist oben S. 583 erörtert, sie ist darauf berechnet, durch eine gemischte Commission von guardians und Friedensrichtern ein gleichmäßiges Verfahren bei der Einschätzung des armensteuerpflichtigen Eigenthums zu erzwingen.

auf temporären Gesetzen beruhte, wird durch dies Gesetz für permanent erklärt.

Durch die Baumwollen-Noth veranlaßt erging sodann die Union Relief Aid Act, 25. et 26. Vict. c. 110, welche vorläufig auf ein Jahr die Bestimmung trifft, daß, wenn in den Grafschaften Lancaster, Chester oder Derby die Ortsarmensteuer ein Maximum von 15 Prozent überschreiten sollte, die Kreisarmenbehörde ermächtigt wird, den überschießenden Betrag durch Order auf andere Kirchspiele zu vertheilen. Sollten die Steuern eines ganzen Kreisarmenverbandes 15 Prozent überschreiten, so kann die Kreisarmenbehörde mit Zustimmung des Armenamts ein Darlehn mit periodischen Rückzahlungen aufnehmen. Sollte die Armensteuer einer Union aber 25 Prozent überschreiten, so mag das Kreisarmenamt die überschießenden Beträge durch eine General Order auf die übrigen Verbände derselben Grafschaft vertheilen.

Im Jahre 1865 endlich erging die durch die langjährigen Bemühungen des Armenamts vorbereitete Union Chargeability Act, 28. et 29. Vict c. 79. Vom 25. März 1866 an wird der Art. 26 des Armengesetzes von 1834 aufgehoben, nach welchem die Armenkosten von jedem Kirchspiel innerhalb eines Kreisarmenverbandes für die ihm zugehörigen Armen gesondert zu bestreiten waren. Die gesammte Armenlast mit ihren Nebenkosten der Pockenimpfung, der Civilstandsregister und der Armenbegräbnisse wird dem Kreisarmenfonds zur Last gelegt. Die Orders of Removal ergehen fortan von Union zu Union und werden von der Kreisarmenbehörde extrahirt. Die in 24. et 25. Vict. c. 55 gesetzte Frist, nach welcher seit 3 Jahren wohnhafte Personen der Ausweisung nicht mehr unterliegen, wird auf ein Jahr verkürzt.

Innerhalb dieses Gebiets waltet nun die Jurisdiction der Friedensrichter zur Handhabung des Niederlassungsrechts in der jetzt vereinfachten Gestalt und zur Entscheidung über die Unterstützungspflicht der alimentationspflichtigen Beamten. Ingleichem dauert fort die Controlinstanz der Reichsgerichte durch writ of certiorari und Einsendung der Akten zur Entscheidung der Rechtsfrage (special case). Der Umfang dieser Jurisdiction entspricht ungefähr dem Gebiet, in welchem auch die deutschen Verwaltungssysteme den Rechtsweg über die Armenlast gewähren. Durch Basirung des Niederlassungsrechts auf die großen Armenverbände ist das Antrags- und Appellationsrecht der orders of removal jetzt von den Kirchspielsbeamten (overseers) auf die Kreisarmenräthe übergegangen und die Zahl der Armenausweisungen sehr vermindert.

Die Streitfragen über die Aufhebung des Niederlassungsrechts.

Die volkswirthschaftliche Grundanschauung der Zeit seit der Reformbill war geneigt, die Bedeutung der Armenlast als eines Hauptgliedes der staatlichen Verbin-

§. 122. I. Das heutige Niederlassungsrecht. 717

dung der Menschen im Nachbarverband zu verkennen und über dem Bestreben zur Ersparung und Ausgleichung der Armenlast zu vergessen. Andererseits sah sich das Staatsarmenamt durch die Kleinheit der englischen Niederlassungsbezirke und durch das kleinlichste Lokalinteresse in allen Organisationsfragen gehemmt. Es erklärt sich daraus die principielle Bekämpfung des Niederlassungsrechts von Seiten der volkswirthschaftlichen Schule und eine gewisse Parteinahme des Armenamts für diese Grundrichtung. Das massenhafte Material über diese Streitfragen enthalten die acht Reports from the Select Committee on Settlement and Poor Removal vom 16. Jan. 1847, 2 Vols.; die Reports of the Poor Law Board on the Laws of Settlement and Removal ord. print. 15. Mai 1851. Ferner George Coode, Report to the Poor Law Board on the Law of Settlement ord. print. 5. August 1851. 8. Nach einer Bemerkung Mr. Baine's im Unterhaus freilich findet sich seit Carl II. kein einziger namhafter Schriftsteller oder Parlamentsredner, der das Princip des Niederlassungsrechts vertheidigt hätte. Unter den Gegnern desselben stehen Adam Smith, Pitt und die Committees des Unterhauses seit 1735; unter den neusten Autoritäten Sir George Nicholl, der Hauptschriftsteller über das englische Armenwesen. Allein alle die berühmten Gegner meinten nur jenes verzwickte Niederlassungsrecht, welches die arbeitende Klasse in die kleinsten townships und Stadtviertel abgesperrt hatte, und welches den 40tägigen (allerdings zu kurz bemessenen) Aufenthalt mit einer Reihe von positiven Requisiten cumulirte. Aus der nothwendigen Freizügigkeit der arbeitenden Klassen folgt noch nicht die Aufhebung des Heimathsrechts, die als reine Negative nichts weiter als Aufhebung des Communalarmenwesens ist. Die nackte Forderung, „das Niederlassungsrecht aufzuheben" stößt auf folgende Alternative; (1) entweder sollen die lokalen Armenverbände im Ernst die Pflicht behalten jeden beliebig Anziehenden sofort zu unterstützen und dauernd zu erhalten: so fehlt es dafür an jedem rechtlichen, politischen, moralischen Grunde; eine solche Einrichtung würde zu den schnödesten Mißbräuchen auf allen Seiten führen, und namentlich den Kirchspielen die Armenlast abnehmen, denen es gelingt durch harte, engherzige Behandlung die Armen von sich fortzutreiben; — oder (2), der Staat soll die Armenlast auf seine Steuern übernehmen, und folgerecht durch Staatsbeamte leiten lassen: dann wäre England am Endpunkt der Centralisation unter Zerstörung der lebendigsten Grundlage alles Ortsgemeindelebens angelangt. Der Vorschlag an die Stelle der poor rate eine allgemeine Landessteuer als „national rate" zu setzen, drückt schon durch den Namen aus, daß man vollständig auf französischem Grund und Boden angekommen ist. — Dadurch daß der arbeitende Mann seine Kräfte dem engern Gemeindeverband widmet, daß er sich redlich nährt und die Gemeindelasten trägt, wird ein rechtlicher und sittlicher Anspruch auf gegenseitige Unterstützung in dem Nachbarverband erworben, der nach Umständen in einer Frist von ein, zwei oder drei Jahren, aber schwerlich in kürzerer Frist erworben werden mag. Die Volkswirthschaft ergiebt für die Frage weiter nichts, als daß die Circulation der Arbeitsuchenden nicht gehindert werden darf. Uebrigens wird England auf die Niederlassungstitel durch Geburt, Heirath und (höchstens) dreijährigen Aufenthalt immer wieder zurückgeführt werden. Treffend sagt darüber T. Smith, Parish S. 422—24. It can need little argument to show, that the results of the proposed naked repeal of the Law of Settlement will be, to destroy all neighbourly feeling between those who claim, or may be liable to claim relief, and the rest of the community. Sympathy will be gone. Bitter feelings must grow. A war of classes will be created. It will be the universal sense, that the thrifty are to be the helpless victims, the milkcow of the thriftless; made thriftless, not by their own misfortune, but by the temptation of an enforced law. The brand of contamination will be upon all who seek relief. Instead the eye of a man's neighbours, in his own parish, being upon every man, where the numbers are never great, all will be herded in crowded places, away from neighbours; and, instead of feeling humiliated by their dependent position, and so stimulated to effort, they will be kept in countenance by their numbers, hardened against shame or self-respect, and the few of worst character will deprave the whole.

Die Union Chargeability Act 1865 enthält eine Transaction zwischen den Anforderungen der Freizügigkeit und zwischen dem Communalprinzip, welches wohl für einige Jahrzehnte vorhalten wird, da die weitausgedehnte Befugniß des Armenamts zur Aenderung der Unions einzelen lokalen Mißständen abzuhelfen vermag. Allerdings bleiben dabei stehen die juristischen Verwickelungen des Niederlassungsrechts in ihrer Durchkreuzung mit den wichtigsten Grundsätzen des Privatrechts, welche in der 30. Aufl. von Burn's Justice noch immer die Hälfte des Vol. IV. (c. 18—34 S. 316—843) beanspruchen. Sie vereinfachen sich aber in der Anwendung, nachdem die mehr als 14,000 Kirchspiele als Niederlassungsbezirke durch etwa 700 Unions als Niederlassungsbezirke ersetzt sind. Die Zahl der Orders of removal nach der Union Chargeability Act betrug 1867—68 noch 4657, betreffend 9908 Personen, mit einem Kostenaufwand von nur 11,083 L. Parl. P. 1868. LX. 277.

§. 123.

II. Die Bildung der neuen Kreisarmenverbände, Poor Law Unions, und der Kreisarmenräthe, Boards of Guardians.

Der nächste Zweck der Bildung von Kreisarmenverbänden war das Personal zu gewinnen für eine intelligentere Verwaltung und die Mittel zur Anlegung größerer Arbeitshäuser Behufs einer Verminderung der Armenkosten. Eine noch weitergehende Vereinigung der kleinen Kirchspiele sollte damit nicht ausgeschlossen sein, wurde aber der freiwilligen Vereinbarung überlassen. Die wesentlichen Punkte dabei sind folgende:

I. Die zwangsweise Vereinigung von Kirchspielen wird prinzipiell ausgesprochen in §. 26 des Armengesetzes:

das königliche Armenamt (Commissioners) soll ermächtigt sein, durch Order unter Handschrift und Insiegel so viele Kirchspiele, wie ihm angemessen erscheint, als vereinigt zu erklären für die Verwaltung der Armenunterstützungsgesetze; und solche Kirchspiele sollen darauf erachtet werden als eine Union für solchen Zweck, und demgemäß soll das Arbeitshaus oder die Arbeitshäuser solcher Kirchspiele zu ihrem gemeinsamen Gebrauche dienen.

Die Vereinigung zu einem Kreisarmenverband ist grundsätzlich unabhängig von der Zustimmung der einzelen Kirchspiele, — auch solcher die unter besonderer Lokalakte verwaltet werden. Das Armenamt kann ebenso alle

§. 123. II. Die Bildung der neuen Kreisarmenverbände ꝛc.

vor oder nach dem Gesetz gebildeten Unions wieder aufheben, oder einzele Kirchspiele ablösen oder hinzufügen. Nach dem Armengesetz sollte freilich die Auflösung, Aenderung oder Hinzufügung nicht geschehen ohne Zustimmung von ⅔ der Guardians. Allein dieser Vorbehalt wurde später modificirt durch 7. et 8. Vict. c. 101 §§. 64, 66 dahin, daß es nur bei Kirchspielen über 20,000 Einwohnern unter einer Lokalakte der Zustimmung von ⅔ der Guardians zur Zulegung oder Auflösung bedürfen soll. Durch 30. et 31. Vict. c. 106; 31. et 32. Vict. c. 122 §. 4 sind alle Beschränkungen durch eine vorbehaltene Zustimmung der Guardians und durch Rücksicht auf vorhandene Lokalakten in Wegfall gekommen. Die danach wirklich formirten Unions führen die Zahl Nr. 1 bis 623, jedoch mit weiteren Theilungen schon vorhandener Verbände, so daß jetzt mehr als 650 Unions vorhanden sind.[1])

II. Nach der Vereinigung zu einer Union tritt nach dem Armengesetz folgende normale Vertheilung der Armenlast ein.

1. Jedes einzele Kirchspiel trägt nach wie vor die besonderen Kosten seiner Armen in und außer dem Arbeitshaus, und contribuirt nach demselben Verhältniß auch zu den gemeinsamen Kosten des Arbeitshauses. Zu diesem Zweck hat das Armenamt den Betrag der Armenverwaltungs-Ausgaben der letzten drei Rechnungsjahre in jedem Ortsverband festzustellen, und nach diesen Beträgen die Proportionen zu berechnen, nach welchen jedes zu dem gemeinsamen Fonds beiträgt, d. h. zu Ankauf, Bau, Miethe, Erweiterung, Ausstattung und laufender Unterhaltung der Gebäude und Beschäftigung der Armen im Arbeitshaus, zu den Gehalten der Beamten und zu den sonstigen Gemeinkosten, sog. Establishment Charges.

2. Die Union als solche trägt in dem bemerkten Verhältniß zunächst die Bau- und Unterhaltungskosten der Arbeitshäuser und die Establishment Charges; ferner die Unterstützungskosten von wandernden Personen und Findlingen, und (nach den späteren Gesetzen) der irremovable paupers, welche wegen 5jährigen Aufenthalts nicht mehr ausgewiesen werden können. Eine Ausgleichung der Armenlast wurde dadurch nicht erreicht, da die einzelen Kirchspiele zu den Hauptkosten nach dem dreijährigen Durchschnitt ihrer Armenlast beizutragen hatten, also nicht nach dem Verhältniß ihres Wohlstandes, sondern steigend mit dem Verhältniß ihrer Armuth. Erst die neueste Gesetzgebung hat eine volle Ausgleichung herbeigeführt.

3. Ein kleiner Theil der Armenausgabe ist sodann vom Staat übernommen. Die Staatskasse trägt die Kosten des Armenamts, die Gehalte der Bezirks-Rechnungsrevisoren, die Hälfte der Gehalte der Bezirks-Armenärzte und bewilligt eine jährliche Summe für die Gehalte der Leh-

---

[1]) Siehe Excurs. * Die Statistik der Kreisarmenverbände Seite 721.

rer und Lehrerinnen, — ein Gesammtbeitrag, der indessen wenig über 3 pCt. der Armenlast erreicht.²)

Jene normale Gestalt der Armenunion konnte aber erweitert werden durch freiwillige Uebereinkunft (Armengesetz §§. 33—36). Die Guardians einer Union können zunächst unter Bestätigung der Commissioners beschließen, daß der Kreisarmenverband für die Zwecke der Niederlassung als ein Kirchspiel behandelt werden soll (union for settlement); in welchem Falle dann die Prozeßkosten, welche aus den Heimathsverhältnissen entstehen, zum gemeinsamen Fonds gehören. — Wenn aber die Kirchspiele einer Union sämmtlich in derselben Grafschaft und unter der Jurisdiction derselben Friedensrichter belegen sind, können die Guardians unter Bestätigung des Armenamts auch beschließen, daß die Union für die Zwecke der Erhebung der Armensteuer als ein Kirchspiel betrachtet werden soll (union for rating). Die Uebereinkunft wird dann formell ausgefertigt, und es wird fortan eine „gemeinschaftliche gleichmäßige Armensteuer" für den ganzen Bezirk erhoben. Die so zusammengeschmolzenen Unions for settlement und Unions for rating können auch durch keine Order des Armenamts mehr aufgelöst werden. Die Zahl der engeren Verbände blieb jedoch bei der Schwierigkeit eines einstimmigen Beschlusses nur eine sehr geringe und beschränkte sich auf die Unionen von Cambridge, Gossop und Docking. (Parl. P. 1861 LV. 453.)

Praktisch wirksam erwiesen sich nur die gesetzlichen Zwangsmaßregeln zur Ausgleichung der Armenlast, welche seit 9. et 10. Vict. ein-

---

²) Die Vertheilung der Armenlast auf Union und Kirchspiele wird anschaulicher, wenn man die Ausgaben für ein bestimmtes Jahr zu Grunde legt, wie dies Kries, Englische Armenpflege 1863 S. 53, 54 für das Jahr 1857 thut:

1) Die Kirchspiele trugen unmittelbar die Kosten:
    a) für den persönlichen Unterhalt der Armen . . . . . . 3,303,919 £.
    b) ärztliche Hülfe, Begräbnisse, lunatics . . . . 803,095 £.
    Summa . 4,106,714 £.

2) Die Unions bestritten die Kosten:
    a) für den Unterhalt der Irremovable Paupers . . . . . 937,216 £.
    b) Besoldung des Unions-Beamten . . . . 637,629 £.
    c) Zinsen und Amortisation der Baukapitalien . . . . 217,196 £.
    Summa . 1,792,041 £.

3) Der Staat trug die Ausgaben:
    a) für die Centralbehörde und Inspectoren . . . . . . 36,600 £.
    b) Gehalte der Bezirksrechnungsrevisoren . . . . . . 15,500 £.
    c) „ „ Lehrer und Lehrerinnen . . . . 29,398 £.
    d) die Hälfte der Gehalte der Bezirksärzte . . . . . 90,000 £.
    Summa . 171,498 £.

Der Hauptposten der Irremovable Paupers war schon in den Jahren 1855—1861 im Verhältniß von 20,77 pCt. auf 24,18 pCt. der Armenunterhaltungskosten gestiegen.

§. 123. II. Die Bildung der neuen Kreisarmenverbände ꝛc.

traten durch Einführung der irremovable paupers, die nach fünfjährigem, beziehungsweise dreijährigem Aufenthalt nicht mehr ausgewiesen werden dürfen. Durch die Union Chargeability Act, 28. et 29. Vict. c. 79 endlich sind sämmtliche Kreisarmenverbände zu Unions for rating and settlement, zu vollen Sammtgemeinden mit einheitlichem Armenhaushalt geworden, in welchen nun das neue System der gewählten Kreisarmenräthe zu seiner vollen Bedeutung gelangt.

* **Die Statistik der Kreisarmenverbände.**

Eine Uebersicht, wie solche sich nach Einführung des Armengesetzes zunächst gestaltet hatte, geben die Journals of the Statistical Society Vol. I. p. 52, 123. Die umfassendste amtliche Uebersicht aber geben die Parl. P. 1854 No. 509 (Vol. LVI.), enthaltend eine alphabetische Aufzählung der Kreisarmenverbände, mit Angabe der dazu gehörigen Kirchspiele und townships. Bei jeder Ortschaft ist das Areal, die Bevölkerung, der Werth des eingeschätzten Grundbesitzes und die jährliche Armenausgabe für 1851—52 angegeben (mit einer Vergleichung der Bevölkerung von 1801 und der Einschätzungen zur Einkommensteuer von 1815 und 1843). — Die zweite Hälfte desselben Bandes (Nr. 490) giebt eine nochmalige Uebersicht der Unions, Kirchspiele und Ortschaften, das Datum, unter welchem die Union gebildet und deklarirt ist, den Jahresbetrag der Armensteuer; sodann die Angabe des Polizeibezirks und der Poststadt. Endlich S. 373—85 eine Uebersicht der 85 Orte, welche noch nach dem Armengesetz 43. Eliz. c. 2 administrirt werden, — meistens ganz kleine Ortschaften, nur 12 darunter über 1000 Seelen. — Die Zahl der zu einer Union vereinigten Kirchspiele variirt natürlich nach der Größe. Wo viele kleine vorhanden waren, ist die Durchschnittszahl bedeutend überschritten. So ist die Caisdor Union in Lincoln aus 76 Ortsgemeinden zu einer Union von 34,291 Einwohnern zusammengelegt; die Hexham Union in Northumberland aus 71 Ortsverbänden zu einer Union von 30,420 Seelen. Die zusammenfassende Uebersicht ergab damals (1854) folgende Gruppen:

1) 586 Unions, gebildet nach dem Armengesetz, umfassend 13,963 Kirchspiele mit 14,774,755 Einwohnern. Jeder Kreisarmenverband erhielt also durchschnittlich 24 Kirchspiele mit 25,213 Einwohnern. Daran reihen sich (koordinirt den Unions) 20 große Kirchspiele mit eigenem Board of Guardians nach dem neuen Armengesetz und einer Bevölkerung von 1,051,272 Einw., also jedes mit durchschnittlich 50,000.

2) 20 Armenverbände (Incorporations), gebildet unter Lokalakten, enthaltend 319 Kirchspiele mit 601,009 Einwohnern, dazu 15 einzele Kirchspiele unter Lokalakte mit einer Bevölkerung von 1,478,282 Einw.

3) 12 Unions, gebildet unter Gilbert's Act aus 200 Ortschaften mit 153,864 Einw. Dazu noch 2 einzele Kirchspiele mit 19,656 Einw.

4) 85 Kirchspiele oder Ortschaften mit einer Bevölkerung von 81,669 Einw., welche noch nach 43. Eliz. c. 2 verwaltet werden.

Läßt man den letztern unbedeutenden Rest des alten Systems außer Berechnung, so ergaben sich aus den organisirten Gruppen Nr. 1—3: 619 zusammengesetzte Unions, mit einem Durchschnitt von etwa 25,000 Einw.; die daneben stehenden 37 einzelen Kirchspiele sind selbst wieder große Communalverbände von meistens 50—100,000 Einwohnern. Eine spätere tabellarische Uebersicht geben die Parl. Pap. 1858 No. 230 Vol. XLIX. Part I. pag. 75; P. P. 1861 Vol. LIV. 1. In dem Generalbericht des Armenamts 1861—62, p. 33 wird folgender weitere Fortschritt ersichtlich:

Unter der Poor Law	588 Unions, enthaltend	14,069	Kirchspiele.
Amendment Act	22 große Kirchspiele	22	"
Unter besonderen	21 Unions, enthaltend	320	"
Lokalakten	15 einzele Kirchspiele	15	"
Unter Gilbert's Act	12 Unions, enthaltend	188	"
22. Geo. III. c. 83	2 einzele Kirchspiele	2	"
Unter 43. Eliz. c. 2	118 einzele Kirchspiele	118	"

Total: 14,734 Kirchspiele.

Die letztgenannten 308 Kirchspiele betrachtete das Armenamt noch als eximirte Bezirke, während die übrigen 14,426 Kirchspiele im Wesentlichen unter einem Verwaltungssystem und unter Leitung des Centralarmenamts stehen. Die Armenverwaltung der unter Lokalakten stehenden Verbände war durch 7. et 8. Vict. c. 102 §. 64 dem System des Armengesetzes eingereiht. Dieses normale System bildete danach 646 formirte größere Armenverbände. In den Tabellen des Armenamts führen indessen Verbände die stehenden Nummern 1—623 fort; wo später eine Theilung eingetreten ist, hat man mit dem Zusatz a., b., c., d., die alte Nummer beibehalten. Da nach dem Census von 1861 die Gesammtbevölkerung von England und Wales auf 20,061,725 Einwohner gestiegen war (wovon 19,813,984 auf das Verwaltungsgebiet des Poor Law Board fallen), so ergiebt sich, daß in runden Zahlen 30,000 Einwohner auf eine Armenunion fallen, durchschnittlich 23½ Kirchspiele auf eine Union, 1370 Einwohner auf ein Armenkirchspiel. Verglichen mit den Zuständen des Continents, ist die Armenunion kleiner als ein Kreisverband, aber größer als die nach französischer Weise gebildeten Gesammtgemeinden. Man kann daher zweifelhaft sein, ob nach Verfassung und Umfang der eine oder andere Ausdruck für die englische Armen-Union der angemessenere ist. Die neuesten Vermehrungen der Unions durch Theilung ergeben die Jahresberichte des Armenamts; eine neueste Statistik der Kirchspiele für Schulzwecke die Parl. P. 1868 LIII.

§. 123a.

Wahl, Formation und Geschäftsordnung des Board.

Die weiteren Grundsätze über die Wahl und Formation des Board stellen vorzugsweise die neuen Verfassungsideen dar, welche durch die Armengesetzgebung zur Geltung gekommen sind.

III. Das klassificirte Wahlrecht der Armenverbände (Armengesetz §. 40) ist eine der folgenreichsten Neubildungen geworden. Man war durch die General Vestries Act 58. Geo. III. c. 69 (§. 116 oben) schon seit mehren Jahrzehnten an ein klassificirtes Stimmrecht in 6 Stufen gewöhnt. Jetzt sollte für das gesammte Land in größeren Verbänden ein wahrscheinlich dauerndes Stimmverhältniß gebildet werden. Man konnte sich dabei nicht verhehlen, daß die schwerwiegende Armensteuer zwar von dem occupier erhoben wird, daß sie aber doch zuletzt ganz oder theilweis auf die Grundrente des Eigenthümers zurückfällt. Man gab daher abweichend von der General Vestries Act auch dem Grundeigenthümer das Stimmrecht, und behielt nun gerade für die Eigenthümer die Stimm=

§. 123 a. Wahl, Formation und Geschäftsordnung des Board. 723

sätze der General Vestries Act bei: für 50 £. steuerpflichtigen Einkommens 1 Stimme, für je 25 £. eine Stimme mehr, bis zu 6 Stimmen. Für die Steuerzahler als solche, also für Miether, Pächter und andere occupiers die nicht Eigenthümer sind, wurden folgende 3 Stufen beliebt:

Ratepayers unter 200 £. Grundertrag 1 Stimme,
„ bis 400 £. Grundertrag 2 Stimmen,
„ von 400 £. oder darüber 3 Stimmen.

Ist der Eigenthümer zugleich bona fide occupier seines Grundeigenthums, so soll er befugt sein zu stimmen sowohl in Bezug auf die eine als die andere Eigenschaft (as well in respect of his occupation as of his being such owner), also mit weiter addirter Stimmzahl. Eigenthümer, welche im Kirchspiel wohnhaft sind (30. et 31. Vict. c. 106 §. 5), können ihre Stimme auch durch einen schriftlich bevollmächtigten Stellvertreter proxy abgeben; Corporationen, Aktiengesellschaften und andere companies mögen als Grundeigenthümer durch ihre Beamten nach gehöriger Eintragung in das Stimmregister votiren. Ratepayers sollen nur stimmberechtigt sein, wenn sie wenigstens ein volles Jahr vorher zur Armensteuer eingeschätzt waren, und alle Parochialsteuern und Beiträge für ein ganzes Jahr gezahlt haben (jedoch ohne Rücksicht auf Rückstände der letzten 3 Monate).

Nach einer zehnjährigen Erfahrung ist indessen dies Wahlprinzip erheblich verändert worden durch 7. et 8. Vict. c. 101. §§. 14—16. Eigenthümer und ratepayers sollen fortan dieselbe Zahl und dieselbe Proportion von Stimmen haben nach folgenden Klassen der rateable value: [3])

Bei einem Grundertrage unter 50 £. excl. 1 Stimme,
„ „ Grundertrage von 50—100 £. „ 2 Stimmen,
„ „ Grundertrage „ 100—150 „ „ 3 „
„ „ Grundertrage „ 150—200 „ „ 4 „
„ „ Grundertrage „ 200—250 „ „ 5 „
„ „ Grundertrage „ 250 £. und darüber 6 „

Eigenthümer und occupier in einer Person können in beiden Eigenschaften ihre Stimmzahl addiren). Die Ernennung von Stellvertretern wird

---

[3]) Ueber das classificirte Wahlrecht nach der General Vestries Act s. ob. §. 116. Die Poor Law Amendment Act 1867 bringt wiederholt den Grundsatz in Erinnerung, daß durch die Theilung eines Kirchspiels in verschiedene wards kein größeres Stimmrecht erworben wird, als wenn das Kirchspiel ungetheilt geblieben wäre. — Nach dem Armengesetz §. 41 kann dies Wahlsystem auf Anordnung des Armenamts auch in Verbänden, welche nach Gilbert's Act oder unter Lokalakten verwaltet werden, zur Anwendung kommen. De lege ferenda will der neue Report vom 17. Juli 1870, Parl. P. No. 353 in Zukunft einen Theil der Armensteuer direct vom Grundeigenthümer erheben, diesen als solchen in die Steuerlisten aufnehmen, und dann die Mitgliedschaft der Friedensrichter als ex officio guardians in Wegfall bringen.

46*

dahin beschränkt, daß Niemand für mehr als 4 Eigenthümer Stimmen führen darf, ausgenommen ein Pächter oder Gutsverwalter (tenant, bailiff, steward, land agent, collector of rents). Das Erforderniß der Einschätzung der Stimmenden zu den Parochialsteuern wird auf die Armensteuer beschränkt. Bei kleinen Miethswohnungen bis 6 L. wird die Einschätzung des Eigenthümers statt des occupier befördert durch 13. et 14. Vict. c. 99; jetzt durch 32. et 33. Vict. c. 41, ohne Verkürzung des Stimmrechts (oben S. 577).

IV. Die so begrenzte Wählerschaft wählt von Jahr zu Jahr einen Armenrath nach dem Armengesetz §. 38 und nach der Zusatzakte 7. et 8. Vict. c. 101. §§. 14—21 unter folgenden Maßgaben. Jede Ortschaft, parish oder township mit eigener Armenpflege, wählt wenigstens einen Guardian, größere Ortschaften mehre Guardians nach Festsetzung des Armenamts, und in Zukunft ist auch bei wachsender Bevölkerung für eine Vermehrung der Guardians Sorge getragen.[4]) Der Wahlakt erfolgt binnen 40 Tagen nach dem 24. März. Der Gewählte muß mit einem steuerpflichtigen Realbesitz von 40 L. Ertragswerth in der Union ansässig sein, ist nach Ablauf des Jahres wieder wählbar, und diese Wiederwahl ist eine sehr gewöhnliche. Nicht wählbar ist, wer innerhalb der letzten 5 Jahre ein bezahlter Beamter der Armenverwaltung gewesen, oder irgend eine Remuneration aus der Armensteuer bezogen hat. Die Annahme des Amts ist eine freiwillige; von Zwang und Strafe der Ablehnung ist keine Rede mehr. Kirchspiele über 20,000 Seelen können durch das Armenamt in Wahlkreise (wards) von mindesten 400 eingeschätzten Häusern getheilt werden mit gesonderten Wahlacten, Wahllisten und Wahlqualificationen. Kleine Kirchspiele unter 300 Seelen mögen zum Zweck der Wahlen mit einem benachbarten Kirchspiele verbunden werden (31. et 32. Vict. c. 122 §. 6). Die Feststellung aller Einzelheiten des Wahlverfahrens wird dem Armenamt überlassen. Streitigkeiten über die formelle Wahl eines Guardian entscheidet ebenfalls das Armenamt durch order, wogegen ein Certiorari bei der Queen's Bench nur im nächsten Term statt findet (Armengesetz §. 8). Kommt eine Wahl der Guardians nicht zu Stande, so können die für das

---

[4]) Die Zahl der guardians kann nach 7. et 8. Vict. c. 101. §. 18 jeder Zeit nach Maßgabe der Bevölkerung und der Verhältnisse eines jeden Kirchspiels geändert werden ohne dabei an die Zustimmung der bisherigen guardians gebunden zu sein, wie dies das Armengesetz §. 41 vorschrieb. Die Specialorders, durch welche das Armenamt große Kirchspiele in mehre wards getheilt hat, giebt Glen a. a. O. 261—67. Es kommen Eintheilungen in 3—14 wards vor, in welchen nun 1, 2 oder 3 guardians zu wählen sind, zuweilen aber auch eine größere Zahl. Wie das Staatsarmenamt die Gültigkeit der Wahlen endgültig festzustellen hat, so erläßt es auch die Orders für die Neuwahl, wenn eine Cassation der Wahlen ausgesprochen wird.

§. 123 a. Wahl, Formation und Geschäftsordnung des Board. 725

vorige Jahr gewählten ihr Amt fortsetzen bis zur nächsten Jahreswahl. Das Armenamt kann auch aus erheblichen Gründen einem Guardian die Niederlegung des Amts gestatten und eine Neuwahl anordnen.

V. Das Wahlverfahren für das board war durch das Armengesetz §. 40 den Regulativen des Armenamts vorbehalten. In Gemäßheit dieser Ermächtigung ist die ganze Leitung der Wahlen dem Sekretär des Armenverbandes, Clerk of the Union, übertragen, und durch die Consolidated Order 1847 folgende ausführliche Wahlordnung geschaffen. (1.) Die Overseers sollen alljährlich vor dem 26. März in dem Steuerbuch die Namen derer auszeichnen, die in dem vollen letzten Jahr zur Armensteuer eingeschätzt waren, und solche auf ein ganzes Jahr gezahlt haben, abgesehen von den letztvorangegangenen 6 Monaten. (2.) Der Hauptbeamte für den Wahlakt ist der Clerk of the Union. (3.) Die Guardians mögen zu seiner Unterstützung eine Anzahl von Hülfsbeamten für den Wahlakt ernennen; wenn sie es versäumen, ernennt solche der Clerk selbst. Die Overseers sollen sich beim Clerk einfinden, so oft er ihre Anwesenheit bei dem Wahlgeschäft verlangt. (4.) Vor dem Wahlakt ist das Publikum über die Zahl und Qualification der Guardians, über den Wahltermin und den Modus der Abstimmung durch eine formulirte Bekanntmachung in Kenntniß zu setzen, die an der Thür des Arbeitshauses und an sonst üblichen Orten auszuhängen. (5.) Jeder Wahlberechtigte kann nach Formular B. eine Anzahl von Personen in seinem Kirchspiel durch schriftliche Anzeige nominiren und seinen Vorschlag zwischen dem 15. und 26. März einsenden. Wenn die Zahl der so Nominirten die Zahl der zu Wählenden nicht übersteigt, so gilt der Vorgeschlagene ohne Weiteres als gewählt, und erhält als solcher vom Clerk ein Certifikat. (6.) Wenn aber die Zahl der Nominirten größer ist, so soll eine schriftliche Abstimmung eintreten, zu welcher der Clerk Stimmzettel nach Formular C. vertheilen läßt, und zwar so, daß am 5. April jeder qualificirte Steuerzahler, Eigenthümer oder proxy einen Zettel (voting paper) erhält, in welchem die bisher nominirten Candidaten der Reihe nach abgedruckt sind. Das Formular eines solchen Stimmzettels lautet nach den jetzigen Vorschriften des Armenamts dahin:

Stimmzettel für die Wahl der Guardians im Kirchspiel N.

Nummer des Stimmzettels.	Name des Stimmberechtigten.	Zahl der Stimmen.	
21.	John Brown, 17. Marklane.	als Eigenthümer: 5.	als occupier: 5.

„Anweisungen für den Stimmberechtigten:

Der Voter ist berechtigt für [2] Guardians zu stimmen. Sofern er schreibenskundig, hat er die Anfangsbuchstaben seines Namens neben jede Person zu schreiben, für die er stimmt, und diesen Stimmzettel selbst zu unterzeichnen. Der Stimmzettel ist sorgfältig aufzubewahren, da kein zweiter verabfolgt wird. Der ausgefüllte Stimmzettel muß bereit gehalten werden zur Ablieferung an Herrn A. B., welcher zur Abholung des Stimmzettels am 7. April 1870, zwischen 10 Uhr Vormittags und 6 Uhr Nachmittags sich einfinden wird. Der Stimmberechtigte ist befugt seinen Zettel offen oder in einem Umschlag versiegelt abzugeben, und kann solchen auch selbst in die zur Einsammlung bestimmte Büchse ꝛc. einlegen. Wenn der Stimmzettel nicht bereit ist zur Ablieferung an den Stimmensammler, so ist damit das Stimmrecht verloren; ebenso wenn mehrmals [2] Namen in der Liste mit den Anfangsbuchstaben des Stimmberechtigten bezeichnet oder der Stimmzettel nicht unterschrieben ist."

Anfangsbuchstaben.	Candidat.	Wohnung.	Profession.	Gutachten des Clerk.
J. B.	William Smith.	No. . . .	farmer.	
	John Taylor.	No. . . .	grocer.	
J. B.	James Brown.	No. . . .	blacksmith.	nicht genügend als Steuerzahler zu 15 ℒ.
	George Coode.	No. . . .	grazier.	

Ich stimme für die Personen in obiger Liste, neben deren Namen oben die Anfangsbuchstaben notirt sind.
John Brown.[5])

Schreibensunkundige fügen am Schluß ihr Handzeichen bei, welches von einem Zeugen zu attestiren ist, der denn auch statt des Schreibensunkundigen die Anfangsbuchstaben des Namens neben jedem Candidaten notirt. (7.) Zettel, auf denen mehr Candidaten als zu wählen sind durch die Anfangsbuchstaben markirt werden, oder bei denen die Unterschrift oder die Attesti=

---

[5]) Für das Wahlverfahren ergaben sich Anfangs einige Schwierigkeiten, Report of Poor Law Commissioners 1840 p. 25. 26. Am 30. Jan. 1841 erließ das Armenamt zuerst ein umfassendes Regulativ, welches dem Clerk of the Union die Gesammtleitung des Verfahrens überträgt. Die Consolidated Order 1847 Art. 1—27 hat sodann die obige Ordnung geschaffen, welche offenbar dazu dient, jede Berathung, Verständigung und jeden lebendigen Zusammenhang unter den Gemeindegenossen aufzuheben. Allein die Neuerung, die dem Urwähler nicht mehr zumuthet, als seinen Anfangsbuchstaben dem Namen eines vorgeschlagenen Candidaten zuzufügen, entsprach so sehr dem Sinn der Bequemlichkeit in der heutigen Erwerbsgesellschaft, daß diese Art der Zettelwahl sich auf alle Neubildungen der Gemeindevertretung ausgedehnt hat. Die ergänzenden Election of Guardians Amendment Orders vom 14. Jan. 1867 und 21. Febr. 1868 geben hauptsächlich veränderte Formulare und führen verstärkte Controlen für die Richtigkeit der Stimmzählung ein, der die Wahlberechtigten beizuwohnen das Recht haben. Die Elections Expenses Order vom 24. Juli 1857 normirt das Maximum der Wahlkosten nach Größe der Verbände. Die Ausdehnung dieser Wahlordnung auf die neueren Gemeindewahlen folgt unten in Cap. XI. u. XII. Auf die Wahlen der Stadtverordneten, Auditors und Assessors, wurde das Verfahren durch Nomination und Zettel übertragen durch 22. Vict. c. 35; 32. et 33. Vict. c. 45 §. 6. 7.

rung fehlt, oder in welchen der proxy sich nicht gehörig als solcher unterschrieben hat, sind ungültig und werden bei der Zählung der Stimmen weggelassen. (8.) Die vertheilten Stimmen läßt der Clerk am 7. April durch seine Beamten aus der Wohnung des Stimmberechtigten abholen. (9.) Wer aus Versehen keinen Stimmzettel zugesandt erhalten hat, kann vor dem 8. April sich im Büreau des Clerk einfinden, und dort in dessen Gegenwart einen Stimmzettel ausfüllen. (21—23.) Am 9. April und nöthigenfalls an dem nächstfolgenden Tage findet sich der Clerk in dem Bureau der Guardians ein, stellt die Gültigkeit der Stimmen durch Prüfung der Steuerbücher und sonstigen Verzeichnisse fest, zählt die gültigen Stimmen zusammen und stellt den Candidaten, welche die Mehrheit erhalten haben, ihr Certificat nach Formular D. aus. Eine Liste der Candidaten, der abgegebenen Stimmen und der mit Stimmenmehrheit Gewählten wird gedruckt, den Armenaufsehern übersandt und an den üblichen Orten ausgehangen.

VI. Die Constituirung des Kreisarmenraths, Board of Guardians, erfolgt durch das Zusammentreten der so Gewählten, welche unter dem Titel „The Guardians of the Poor of A. B. Union in the County of N." eine Corporation bilden (Armengesetz §. 7.). Als Mitglied ex officio tritt aber hinzu jeder Friedensrichter, welcher aktiv ist innerhalb der Grafschaft oder des Riding, in welchem die Union, das Kirchspiel oder ein Theil desselben belegen ist (acting for the county, riding or division in which such union or parish, or any part thereof is situated, 7. et 8. Vict. c. 101. §. 24). Diese Amtsstellung soll ihn nicht hindern als Friedensrichter auch in solchen Angelegenhen zu fungiren, in welchen der Kreisarmenverband betheiligt ist. Für die städtischen Friedensrichter gilt diese Stellung als ex officio guardians nicht; doch ist die Wahl dazu auch in incorporirten Städten zulässig.

Das so constituirte Board wählt sich in der ersten Sitzung einen Vorsitzenden Chairman, und einen oder zwei stellvertretende Vorsitzende auf die Dauer des Amtsjahres.

Die Hauptgeschäfte des Board sind: die Anstellung der besoldeten Beamten der Union, die Mitbeschließung über Neubau der Arbeitshäuser und Einsetzung des visiting committee dafür, und das currente Geschäft der Prüfung und Bewilligung der Unterstützungsgesuche. Das Board kann für diese und andere Specialzwecke Verwaltungsausschüsse Committees, ernennen. Auch die Geschäftsführung der Guardians beruht in der Hauptsache auf den Orders des Armenamts und wird in den nachfolgenden Abschnitten über das Verwaltungssystem ihre Stelle finden. Einzelne Competenzen sind auch durch Gesetz anerkannt, wie die Befugniß zur Wiedereinklagung von Unterstützungen durch Vorschüsse (2. et 3. Vict. c. 51),

Ueberweisung widerspenstiger Kinder an Industrial Schools, Bewilligung eines Schadenersatzes an die Beamten in gewissen Fällen, 14. et 15. Vict. c. 105 §. 5 etc.[6]).

VII. Das Armengesetz enthält endlich einige Klauseln über die Geschäftsordnung. Unvollständig besetzte Boards können, wenn wenigstens 3 Mitglieder vorhanden sind, gültig die Geschäfte führen (§. 12). Mängel der Qualification oder Wahl einzeler Guardians machen die Majoritätsbeschlüsse nicht ungültig (§. 13). Ihre amtlichen Verhandlungen, Resolutionen ꝛc. haben in gewisser Form gerichtlichen Glauben (§. 17). Um den Geschäftsgang gegen Cassationen wegen Formfehler zu schützen, enthält das st. 5. et 6. Vict. c. 57 eine Reihe von nachträglichen Klauseln. - Die große Masse der Einzelheiten der Geschäftsordnung ist aber durch die General Orders festgestellt. Der Armenrath hat sein Sitzungszimmer regelmäßig in dem Arbeitshause, und hält wöchentlich eine ordentliche Sitzung, in welcher der Clerk of Union das Protokoll führt. Zur Beschlußfähigkeit genügen 3 Mitglieder. Stimmengleichheit gilt als Ablehnung. Zuerst berathen werden neue Unterstützungsgesuche, dann die Fortbewilligung früher gewährter Unterstützungen. Eben deshalb müssen die Unterstützungsbeamten persönlich an der Sitzung Theil nehmen. Jedes Unterstützungsgesuch wird mit Angabe der Gründe redigirt. Weiter werden

---

[6]) Amtliche Uebersichten über das Personal der Guardians ergiebt ein Parish and Board of Guardians Almanack. Gelegentliche Angaben über die Zusammensetzung einzeler Armenräthe kommen in den Parlamentspapieren vor, z. B. in dem Rep. of Poor Law Comm. 1850 S. 83 über folgende aus vielen kleineren Kirchspielen zusammengesetzten Unions:

Unions:	Zahl der Ortschaften.	Zahl der Guardians.	Bevölkerung.	Durchschnittsbeitrag jedes Kirchspiels.
Alnwich	62.	68.	17,263.	666 Thlr. G.
Castle Ward	77.	79.	15,539.	444 " "
Hexham	69.	80.	27,271.	726 " "
Morpeth	72.	77.	44,340.	444 " "
Rothbury	71.	72.	7,715.	312 " "
Stockton	41.	54.	23,236.	1080 " "
Teedsdale	44.	52.	19,839.	1050 " "
Penrith	39.	50.	21,280.	954 " "
Cockermouth	47,	58.	31,835.	948 " "

Die Gesammtzahl der Guardians mag (mit Rücksicht auf ihre bedeutende Zahl in den großen Kirchspielen) jetzt annähernd 20,000 betragen, wozu noch ein großer Theil der 10,000 aktiven Friedensrichter hinzutritt. Obgleich die Mehrzahl der gewählten Guardians gewöhnlich Pächter auf dem Lande, shopkeepers in den Städten sind, so rühmt doch das Armenamt von Zeit zu Zeit sehr lebhaft die „praktische Tüchtigkeit der aus so vielartigen Elementen zusammengesetzten Versammlung, ihre Verträglichkeit und das praktische Geschick in der schwierigen Geschäftsführung." Dafür loben aber auch die Boards das königliche Armenamt.

§. 123 a. Wahl, Formation und Geschäftsordnung des Board. 729

die Berichte über den Zustand des Arbeitshauses verlesen und die darauf bezüglichen Beschlüsse gefaßt. Endlich sind die Berichte des Treasurer zu verlesen und die Anweisungen an die Overseers wegen Beschaffung der erforderlichen Gelder zu erlassen. — Alle Sitzungen dieser Armenräthe sind **nicht öffentlich**; für die Kenntniß der Steuerzahler wird das Recht der Einsicht in die Steuerlisten und die Veröffentlichung der Resultate der Armenverwaltung als genügend angesehen [7]).

** Die Statistik der Wählerschaft für die Armenräthe.

In Verbindung mit den Projecten neuer Reformbills wurden amtliche Zusammenstellungen der Armensteuerstufen in den Parl. Papers 1854 No. 69 (Vol. LIII. p. 219) gegeben, aber nur mit summarischer Unterscheidung der über 10 L. in den Grafschaften, über 6 L. in den parlamentswahlberechtigten Städten Eingeschätzten. Für die Verhältnisse der kleinen Steuerzahler giebt einen Anhalt die schon früher berührte in den Parl. Papers 1849. No. 630 von Mr. Poulet Scrope veranlaßte Zusammenstellung der Armensteuerverhältnisse in 4 ausgewählten Grafschaften, welche die verschiedenen socialen Hauptgruppen des Landes darstellen und zusammen 1/6 aller bewohnten Häuser in England begreifen. In den Statistical Journals XX. p. 230 sind daraus speciellere Tabellen zusammengestellt. Die Häuser (d. h. in England Wohnungen) unter 6 L. Miethswerth betragen hiernach 52,3 pCt. der Häuserzahl, und darunter gehen 24,1 pCt. wegen Unvermögens ab; die Häuser von 6 bis incl. 10 L. betragen 17,5 pCt., darunter 24,5 pCt. Abzug; die Häuser von 10 L. und darüber machen 32,2 pCt. der Gesammtzahl aus mit 5,6 pCt. Abzug. Es bedarf dabei noch einer Angabe über die Zahl der Grundeigenthümer (owners), die in dieser Eigenschaft noch besonders abstimmen. Eine speciellere Uebersicht über die Wahlberechtigten giebt die Tabelle der Parl. Papers 1859. No. 118. 171, welche das Verhältniß der Armensteuer soweit solche vom Eigenthümer statt vom Miether gezahlt wird (compounding rates) zusammenstellt (abgedruckt oben Seite 578. 579). Summirt man diese Zahlen in größeren Gruppen, so ergeben sich folgende Verhältnisse:

---

[7]) Ueber den Geschäftsgang der Armenräthe verbreitet sich schon sehr vollständig die Order as to the proceedings of the board of guardians vom 20. April 1842. Sie handelt von den Sitzungen der Boards Art. 1—11 (in der Regel einmal wöchentlich, doch auch abweichend mit Genehmigung des Armenamts). Zur Beschlußfähigkeit gehören wenigstens 3 anwesende und zustimmende Guardians. Auf Antrag von 2 Guardians, adressirt an den Clerk, muß eine außerordentliche Sitzung einberufen werden. — Proceeding of the Board (Art. 12—14): in Abwesenheit des Vorsitzenden kann die Versammlung einen solchen pro hac vice wählen. Jede Sitzung beginnt mit der Vorlesung des Protokolls, Bemerkungen dazu, Beschlußnahme über die Unterstützungsgesuche u. s. w. nach bestimmt vorgeschriebener Tagesordnung. Contractschließungen Art. 15—20 (Verfahren bei Lieferungs-Contracten und anderen Licitationen) 2c. Die Consolidated Order vom 26. Juli 1847 nimmt im Wesentlichen dieselben Bestimmungen auf: Art. 28—36 über die meetings der guardians, Art. 37—43 proceedings of the Guardians, Art. 44—51 contracts of guardians etc. — Es kam schon bei der ersten Geschäftsordnung (First Annual Report 1835. Appendix A. No. 6) die Frage über die **Oeffentlichkeit der Verhandlungen** der Kreisarmenräthe zur Sprache, die von der Behörde abgelehnt wurde nach dem Princip, „daß die Berathungen administrativer Körper nicht öffentlich sein sollten." (Second Annual Report 1836 App. C.).

unter 6 £. Miethswerth . . . . 1,898,866— 970,912 compounded,
von 6—10 £. Miethswerth . . .   425,647— 107,370   „
von 10 £. und darüber . . . . 1,004,498— 22,523   „
                   zusammen 3,330,831—1100,755   „

Für die Steuerstufen von 10 £. und darüber, jedoch mit Ausschluß der Parliamentary Boroughs, geben die P. P. 1854 No. 508 Vol. LV. folgende summarische Uebersicht:

	England.	Wales.	Summe
von 10—excl. 20 £.	165,351.	12,047.	177,397.
„ 20— „ 30 £.	75,649.	6,726.	82,375.
„ 30— „ 40 £.	44,623.	4,850.	48,973.
„ 40— „ 50 £. . . : .	30,834.	3,209.	34,048.
über 50 £.	172,846.	9,831.	182,677.

Die Abstufungen in Stadt und Land sind ungefähr gleichartig; nur die höchste Stufe von 50 £. und darüber ist auf dem Lande stärker vertreten, weil hier die mehr als 100,000 größeren Pachtungen ins Gewicht fallen. Die speciellste Uebersicht der occupiers, welche zur Armensteuer eingeschätzt sind, geben die Parl. P. 1860 No. 23. Vol. LV. S. 177—188 für jede Grafschaft und mit Hervorhebung der einzelen Ortschaften über 5000 Einw., jedoch mit Ausschluß der parlamentsberechtigten Städte und ohne Summirung der Zahlen (vgl. jedoch S. 233). Derselbe Band enthält No. 341. 572. 569. 2739. 124. 256. stückweise Angaben auch über jene Städte. Die Steuerpflichtigen von 50 £. und darüber, (mit 2—6 Stimmen), betragen hiernach = 271,700, also nur = 8$^1/_6$ pCt. aller Steuereinschätzungen. Eine speciellere Abstufung der Wahlberechtigten mit einer plurality of votes und der in besonderen Listen geführten Grundeigenthümer habe ich bis jetzt nicht zu ermitteln vermocht.

§. 124.

III. Das neue System der besoldeten Armenverwaltungsbeamten.

Der Verfall der alten Kirchspielsämter und die Durchführung der gewählten Armenräthe haben in starkem Maße die Abwälzung der persönlichen Mühewaltung auf angestellte Beamte herbeigeführt. Das Armengesetz giebt die absichtlich unbestimmte allgemeine Ermächtigung zur Anstellung besoldeter Beamten in folgenden Worten des §. 46:

„Das Armenamt soll ermächtigt sein, wie und wann es ihm angemessen erscheint, durch Order unter Handschrift und Siegel anzuweisen die Armenaufseher und guardians jeder Gemeinde oder Union, anzustellen solche Beamte mit solchen Qualificationen wie das Armenamt nothwendig erachtet für die Beaufsichtigung oder Hülfeleistung in der Verabreichung der Unterstützung der Armen, und für die Prüfung und Revision, Kassirung oder Defectirung der Rechnungen in solcher Gemeinde, Union oder vereinigten Kirchspielen, und zur sonstigen Ausführung der Vorschriften dieses Gesetzes; und das Armenamt soll ermächtigt sein, festzustellen, zu spezificiren und zur Ausführung bringen zu lassen die verschiedenen Amtspflichten solcher Beamten, und die Orte oder Bezirke, innerhalb welcher solche erfüllt werden sollen, und die Art der Ernennung zu bestimmen, und zu entscheiden über die Beibehaltung im Amt, oder die Entlassung solcher Beamten, und über

§. 124. III. Das neue System der besoldeten Armenverwaltungsbeamten.

den Betrag und die Weise der von ihnen zu bestellenden Caution; und wo eine Veranlassung dazu ist, zu reguliren den Betrag, die Termine und die Weise der zu zahlenden Gehalte und die Bruchtheile, nach welchen die einzelen Gemeinden oder Unionen dazu beitragen sollen; und solche Gehalte sollen zur Last fallen der poor rate solcher Gemeinde oder Union, zahlbar daraus in der von dem Armenamt festgestellten Weise und Proportion."

Ebenso bedeutungsvoll sind die Klauseln des §. 48, welche die besoldeten Armenverwaltungsbeamten der administrativen Gewalt und dem Entlassungsrecht des königlichen Armenamts unterwerfen. Diese Klauseln führen zu einer völligen Umbildung des Beamtenthums, welches nun drei Gruppen bildet: die Overseers und ihre besoldeten Hülfsbeamten; die besoldeten Verwaltungsbeamten der unions; die besoldeten Beamten der Arbeitshäuser insbesondere.

I. Die alten Kirchspielsbeamten, Overseers of the Poor, sonst die Haupt-Beamten erster Instanz für die ganze Armenverwaltung, sind durch das neuere Verwaltungsystem im Wesentlichen auf die Armensteuererhebung beschränkt, und auch darin wieder vielfach verdrängt durch besoldete Hülfsbeamte. Ihre heutigen Functionen sind nach Durchführung des Systems der guardians folgende:*)

1) Ausschreibung und Erhebung aller Steuern zur Bestreitung der gesetzlich auf die poor rate gelegten Lasten; Rechnungslegung darüber am Ende jedes Quartals; Auszahlung solcher Summen aus den gesammelten poor rates, wie solche durch schriftliche Zahlungsanweisungen des Board of Guardians von Zeit zu Zeit zur Bestreitung der Kosten der Armenunterstützung und zu den Generalausgaben der Union von ihnen verlangt werden. Im Gebiet dieser Steuererhebung gelten noch die im §. 98 gegebenen Grundsätze der Verwaltungsjurisdiction über imposition, amendment, levy, custody und accounts. Die Friedensrichter haben noch die ausgeschriebenen Steuern zu bestätigen und die appeals zu entscheiden; die Armenaufseher ihre alte Verpflichtung zur Anlegung der Steuertabellen und zur Ausschreibung der periodischen Beiträge. Das System der Rechnungslegung ist aber vereinfacht, da die overseers nicht mehr die Einzelvertheilung der Armengelder besorgen. Die materielle Rechnungsrevision durch die Friedensrichter ist verdrängt durch die der District Auditors. Auch das Veranlagungsgeschäft ist durch die Parochial Assessment Committees Act 1862 völlig unter die Leitung von Ausschüssen des Kreisarmenraths getreten und die Thätigkeit der Overseers zum Theil auch durch besoldete Taxatoren ersetzt.

---

*) Die heutige Stellung der overseers ist vereinfacht durch die Ausscheidung des ganzen Geschäfts der Armenunterstützung, der Arbeitsertheilung, der Arbeitshäuser und überhaupt aller mühsamen Einzelverwaltung. Auch die frühere Verpflichtung der

2) **Armenunterstützung zu gewähren** steht dem overseer nur noch in Fällen plötzlicher und dringender Nothwendigkeit zu; er kann dann eine zeitweise Unterstützung außer dem Arbeitshaus geben, aber nicht in Geld, sondern nur in Naturalgegenständen absoluten Bedürfnisses. Mag er dies aus eigner Bewegung oder auf friedensrichterliche Order thun, so hat er in möglichster Eile dem geordneten Unterstützungsbeamten davon schriftliche Anzeige zu machen.

3) **Einzele Communalgeschäfte eines Ortsvorstandes** dauern aus der ältern Gesetzgebung fort, und sind noch durch einige neue vermehrt, namentlich die Führung der Urlisten für die Wahlen der Kreisarmenräthe, und nach einer generellen Klausel der Regulative des Armenamts „Assistenzleistung in allen Dingen zur Ausführung der orders der guardians, zur Beobachtung aller gesetzmäßigen orders des board of guardians und aller rules des königlichen Armenamts."

Die Overseers in dieser Stellung sollen noch immer ein **unentgelt-**

Overseers, den Beitrag des Kirchspiels zur County Rate abzuführen, hat durch 7. et 8. Vict. c. 33 aufgehört. Die Friedensrichter erlassen jetzt ihre Zahlungsorder direct an die Guardians. Was hiernach übrig bleibt ist wesentlich nur Listenführung und Buchhalterei über die Steuereinnahmen. In einer general order vom 22. April 1842 giebt das Armenamt eine **Dienstinstruction für die overseers** in 9 Artikeln und ein (später geändertes) Formular, nach welchem alle Armensteuerbücher (rate books) geführt werden sollen; ferner ein Formular, nach dem die Listen der Eigenthümer, welche bei den Kreisarmenwahlen mitstimmen wollen, zu führen sind, und die Verzeichnisse ihrer proxies. Dem overseer ist nun folgender Lebenslauf vorgeschrieben. Beim Antritt seines Amts soll er vor Allem sich in den Besitz der Bücher und Dokumente des Kirchspiels setzen, die Bilance mit seinem Amtsvorgänger ordnen und vorhandene Steuerrückstände beitreiben. Er wird sodann mit seinen Collegen bald zu einer neuen Steueranlage schreiten müssen, für die das oben bezeichnete Verfahren §. 98 im Wesentlichen noch gilt. Bei den dagegen erhobenen Reklamationen hat er das Steuerinteresse vor den Special- und Quartalsitzungen als Appellat zu vertreten. Er hat sodann die festgestellten Beiträge einzuziehen, die Executionsdekrete wegen der Steuerrückstände zu extrahiren, nebenbei auch die festgestellten Alimente von den Vätern unehelicher Kinder beizutreiben. Bei wichtigeren Geschäften soll er Vorsichts halber beim board of guardians anfragen. Am Ende jedes Quartals wird er sodann eine Ladung von dem District Auditor erhalten, um in einem Termin seine Rechnungen unter Vorlegung aller Steuerbücher, Belege und Akten zur Revision vorzulegen (7. Vict. c. 101. §. 33). Außer der Armensteuer hat er auch die Einkünfte des etwa sonst vorhandenen Kirchspielsvermögens einzusammeln und zu Michaelis ein Grundbuch (terrier) der Ländereien und Grundstücke, sowie ein Inventarium der beweglichen Sachen, Vorräthe und Effekten, welche dem Kirchspiel gehören, oder zur Beihülfe der Armenverwaltung bestimmt sind, anzufertigen. Vierzehn Tage nach dem 25. März folgt dann die materielle Schlußrevision der Jahresrechnung durch den District Auditor. Die Poor Law Amendment Act 1866 hat nachträglich die Erleichterung herbeigeführt, daß im Nothfall die Anstellung eines Armenaufsehers im Kirchspiel genügt, und daß das Amt mit dem eines Kirchenvorstehers cumulirt werden mag, aber nicht mit dem eines Assistant **Overseer**.

§. 124. III. Das neue System der besoldeten Armenverwaltungsbeamten.

liches Ehrenamt verwalten, und dürfen keinerlei Remuneration dafür aus dem Armenfonds liquidiren, 7. et 8. Vict. c. 101; 11. et 12. Vict. c. 91. Das praktische Bedürfniß hatte jedoch in großen Kirchspielen schon seit längerer Zeit zu einer Zahlung von Gehalten geführt. In vielen Lokalakten wurde die Anstellung **besoldeter Steuereinnehmer** (collectors) gestattet. Durch Sturges Bourne's Act 59. Geo. III. c. 12 war die Anstellung **besoldeter Assistant Oversees** allgemein erlaubt. Das Armengesetz enthielt ebenso unzweifelhaft die Ermächtigung zur Anstellung von besoldeten Assistant Overseers, wobei das Armenamt möglichst auf Anstellung für gleichzeitig 5 oder 6 Ortschaften Bedacht nahm. Natürlich nahm das durch Gesetz, die Oberbehörde und den herrschenden Sinn der Steuerzahler gleichmäßig begünstigte System schnell überhand. Auf Grund der allgemeinen Ermächtigung zur Anstellung besoldeter Beamten hielt sich das Armenamt auch für befugt, die Anstellung **besonderer Collectors** neben besoldeten oder unbesoldeten Overseers zu verfügen. Die orders dazu waren für etwa 4600 Kirchspiele erlassen, als 1839 die Queen's Bench eine solche Order als illegal kassirte[**]). Ein deklarirendes

---

[**]) Ueber die besoldeten assistant overseers und collectors vgl. T. Smith, Parish S. 161—165. 180. Der Verfasser findet die Befugniß zur Anstellung besoldeter Hülfsbeamten in dem alten Recht des Kirchspiels zum Erlaß von Statuten bye-laws, und betrachtet die Erlaubniß zur Anstellung solcher besoldeten Beamten in Gilbert's Act ⁊c. nur als Deklarationen der common law. Allein die Gerichtspraxis beschränkte die Befugniß zu Geldausgaben durch bye-laws stets auf gesetzlich anerkannte Zwecke, und dazu gehört die Befugniß solcher Amtsfunctionen, die das Gesetz als munus personale den Gemeindemitgliedern auflegt, eigenmächtig durch besoldete Beamte besorgen zu lassen, entschieden nicht. Das Reichsgericht entschied daher ganz consequent, daß die orders des Armenamts auf Anstellung besoldeter collectors zu kassiren seien, weil ratione civili (wie die römischen Juristen gesagt haben würden) die Amtsfunctionen der Gemeinde als Ehrenämter verwaltet werden müssen, so weit nicht das Gesetz expresse und explicite eine Ausnahme gestattet; freilich hat die Parlamentsgesetzgebung hier wie gewöhnlich die ermäßigende Einwirkung der Gerichtsentscheidungen wiederum unwirksam gemacht. Die rücksichtslos durchgeführte Ermächtigung des Armenamts, die Anstellung besoldeter Beamten zu erzwingen, hat den Erfolg herbeigeführt, daß auch auf diesem Gebiet die Verwüstung des Selfgovernment durch besoldete Schreiber und Buchhalter ungestört ihren Fortgang nimmt. Die remunerirten overseers bilden in größeren Kirchspielen überall die Regel. Natürlich wird die größere „Ordnung" der Buchführung unter diesen vielen kleinen Rechnungsbeamten gerühmt, verglichen mit unbesoldeten Steuereinnehmern, und dabei freilich auch zur Sprache gebracht, daß in den Graffschaften gar viele „substantial householders", die mit dem Amt des Overseers beehrt sind, nicht lesen noch schreiben können! — Die Anstellung der Collectors of Poor Rates, welche außer der Einziehung der Steuern, auch bei der Anlegung der Steuerbücher und der Restantenliste Assistenz zu leisten haben, wird jetzt durch Specialorders des Armenraths geregelt (Glen 448—458). Die Zahl der besoldeten Collectors für die gesammte local taxation wird für das Jahr 1868 schon auf **9545** angegeben mit **294,733** £. **Gehalten**.

Gesetz, 2. et 3. Vict. c. 84, bestätigt nun zwar die einmal erlassenen Orders, macht aber neue von einem Antrag der Armenräthe abhängig. Etwa in einem Drittel der Kirchspiele können also noch besondere besoldete Collectors vorkommen; in allen Kirchspielen besoldete Assistant Overseers für Einschätzung und Steuereinnahme zugleich bestimmt.

Durch diese Geschäftstheilungen und durch die Anstellung besoldeter Assistant Overseers und Collectors in den erheblicheren Kirchspielen wurde eine Auffassung befördert, welche in dem einst bedeutungsvollen Gemeindeamt eine kleine Buchhalterstelle sieht, der zugleich die Verpflichtung obliegt, das Conto der kleinen und unsicheren Restanten jährlich in Ordnung zu bringen.

II. **Die zweite Gruppe der besoldeten Verwaltungsbeamten für die Union** ist bestimmt für die Verwendung der Armensteuer, insbesondere für die Hausunterstützungen, und beruht auf der allgemeinen Ermächtigung des §. 46 des Armengesetzes. Auf Grund derselben hat das Armenamt durch general orders ein Amtsschema von besoldeten Clerks, Treasurers, District Medical Officers und Relieving Officers durch alle Armenverbände gleichmäßig durchgeführt.

1. **Der Clerk to the guardians, Sekretär des Kreisarmenraths** (sehr gewöhnlich ein Anwalt) hat regelmäßig beizuwohnen den Sitzungen der guardians, das Protokollbuch zu führen, alle Rechnungen, Rechnungsbücher und Akten als Calculator und Registrator, alle Correspondenz als expedirender Sekretär, Prozesse als Anwalt zu führen, Contractentwürfe anzufertigen, alle orders des Armenamts und des Kreisarmenraths gehörig bekannt zu machen, zu vertagten und außerordentlichen Sitzungen einzuladen, das ganze Wahlgeschäft für die Kreisarmenräthe zu leiten und überhaupt „allen gesetzlichen orders des Kreisarmenraths und des Armenamts Gehorsam zu leisten." Insbesondere hat er unter Prüfung der Legalität alle Zahlungsanweisungen des Armenraths an die Overseers und an den Schatzmeister der Union zu contrasigniren[1]).

---

[1]) Der Clerk to the Guardians, mit einem Durchschnittsgehalt von 750 Thlr. ist durch die neuere Gestalt der Armenverwaltung die eigentliche Seele der Administration geworden. Nicht nur die einflußreiche Stellung als wahlleitender Beamte, sondern mehr noch der Durchlauf aller Geschäfte des Collegiums durch seine Person und die dauernde Stellung gegenüber den wechselnden guardians macht ihn zur dominirenden Person. Als dirigirender Oberbeamte hat er die Dienstversäumnisse aller übrigen Beamten zur Kenntniß des Armenraths zu bringen, und unterliegt selbst nicht dem Suspensionsrecht des Armenraths. Schon die general order von 1842 Art. 17. und dann die general order vom 26. Juli 1847 Art. 202 enthalten seine Dienstinstruction mit genauen Vorschriften über das Hauptbuch der Einnahmen und Ausgaben, das Unterstützungsorder-Buch und andere schematische Nachweisungen, aus denen dann vorzugsweise die statistischen Zusammenstellungen des Armenamts formirt werden. Insbesondere hat er auch rechtliche Verhandlungen

§. 124. III. Das neue System der besoldeten Armenverwaltungsbeamten. 735

2. Der Treasurer, Schatzmeister, Rendant, hat zu vereinnahmen alle von den einzelen Kirchspielen zur Unionskasse eingezahlten Summen, auszuzahlen auf Anweisung des Armenraths die einzelen zur Unterstützung nöthigen Gelder, Buch zu führen über diese Einnahmen und Ausgaben, Rechnung zu legen dem Armenrath auf Verlangen; in bestimmten Perioden aber seine Bücher und Beläge dem District Auditor zur materiellen Revision vorzulegen²).

3. Der District Medical Officer, Bezirksarmenarzt, wird aus der Zahl der praktisirenden Aerzte, surgeons, deren Qualifikation die Medical Act 1858 bestimmt, vom Kreisarmenrath ernannt für einen festen Bezirk, der in England nicht über 15,000 acres (ungefähr 1 deutsche □Meile) und nicht über 15,000 Seelen umfassen darf.³) Er hat gehörig und pünktlich alle der ärztlichen und wundärztlichen Hülfe bedürftigen Armen in seinem Bezirk zu behandeln, die nöthigen Atteste auszustellen, wöchentliche Berichte unter Einzeichnung der einzelen Besuche in einem

---

zu führen im Namen des Board of guardians, bei welchem er (außer in ordentlichen Civilprozessen) nur baare Auslagen liquidiren darf; ferner die Entwerfung der Berichte an die Oberbehörde u. s. w. In Fällen der Verhinderung kann der Armenrath einen zeitweisen Stellvertreter ernennen; im Nothfall kann auch der stellvertretende Vorsitzende oder ein vom Chairman ernannter guardian die Stelle vertreten.

²) Der Treasurer, Schatzmeister, soll nach der general order vom 26. Juli 1847 Art. 174 in der Regel kein besonderes Gehalt erhalten, sondern die Zinsnutzung der in seinen Händen befindlichen Bestände soll als Remuneration gelten. Die einzelen von dem Armenamt auf den Treasurer gezogenen Zahlungs-Orders müssen reglementsmäßig gezeichnet sein von dem Chairman und zwei anderen Guardians, contrasignirt von dem Clerk oder dessen Stellvertreter.

³) Der Bezirksarmenarzt (nicht zu verwechseln mit dem Armenhausarzt) erhält ein Durchschnittsgehalt von 340 Thlr. und besonderes Honorar für Operationen und Entbindungen. Die General Order vom 26. Juli 1847 handelt Art. 168—170 von der Qualification der Armenärzte; Art. 158—161 von der Bildung der armenärztlichen Bezirke; Art. 177—200 von der Medicinaltaxe ꝛc., Art. 205—207 von den Amtsgeschäften der Armenärzte. Die erforderlichen Arzneimittel werden entweder auf schriftliche Order der board, oder eines Unterstützungsbeamten, oder eines Armenaufsehers in dringlichen Fällen, oder auf ein ticket verabreicht. Der Arzt soll in der Regel persönlich behandeln, ist für jeden Stellvertreter verantwortlich, und muß in seinem Wochenbericht jeden nicht in Person gemachten Besuch notiren. Auch hat er ein für alle Mal dem Armenrath einen qualificirten medical practitioner namhaft zu machen, bei dem in Fällen seiner Abwesenheit oder Verhinderung Medicin und Rath auf dessen Kosten zu holen ist. Die Medical Officers bildeten Anfangs eine Ausnahme von der lebenslänglichen Stellung der Armenbeamten. Die General Order 1847 Art. 191 stellt sie jedoch im Ganzen gleich, so daß sie im Amt bleiben sollen „bis sie sterben oder resigniren oder gesetzlich unfähig werden zu einem solchen Amt, oder entfernt werden durch das Armenamt." Durch die späteren Orders vom 15. Februar 1855 und 25. Mai 1857 ist ihre lebenslängliche Stellung noch bestimmter anerkannt. Eine Statistik der Personal-Verhältnisse, der Bezirke und Gehalte enthalten die Parl. P. 1861. Vol. LV. 131.

Formularbuch zu erstatten, auf Erfordern auch Specialberichte, über epidemische Krankheiten allgemeine Berichte. Auf Verlangen soll er auch den Sitzungen des Board of Guardians beiwohnen.

4. Die Relieving Officers, Unterstützungsbeamten, (durchschnittlich etwa 2 für jede Union mit einem Durchschnittsgehalt von 550 Thlrn.) sollen ernannt werden aus Personen, die des Rechnens und der Buchführung kundig, sich verpflichten in einem Kirchspiel der Union zu wohnen, und ihre ganze Zeit dem Amt zu widmen mit Ausschluß jedes andern Gewerbes oder Geschäfts.[4]) Der Unterstützungsbeamte hat in Empfang zu nehmen alle Unterstützungsgesuche innerhalb seines Distrikts und sofort durch persönlichen Besuch in der Wohnung die Umstände jedes Falls zu prüfen, insbesondere den Gesundheitszustand, die Arbeitsfähigkeit, die Mittel des Bittstellers, und darüber zur nächsten ordentlichen Sitzung dem Armenrath Bericht zu erstatten. Er hat diesen Sitzungen persönlich beizuwohnen, auf besondere Ladung auch den außerordentlichen meetings. In dringenden Fällen kann er auch ohne Anfrage Unterstützung gewähren, entweder durch Aufnahmeorder in das Armenhaus oder durch outdoor relief, im letztern Falle aber nur in Naturalien, nicht in Geld. Regelmäßig hat er die vom Armenrath bewilligten Wochenunterstützungen pünktlich und in der vorgeschriebenen Weise zu zahlen und zu gewähren, vollständige Rechnung zu führen über empfangene und verausgabte Gelder und Naturalien, wöchentlich seine Bilance zu ziehen und dem Clerk zur Einsicht vor der ordentlichen Sitzung, dem board of guardians in der Sitzung zur Genehmigung vorzulegen. In Krankheits- und Unglücksfällen erläßt der Unterstützungsbeamte selbständige Orders an den Bezirksarzt, hat aber darüber, sowie über die außerordentlichen Fälle, in denen ein Overseer Unterstützung gewährt hat, dem Armenrath Bericht zu erstatten; überhaupt in Krankheits- und Unglücksfällen häusliche Besuche zu erstatten und zur nächsten Sitzung darüber zu berichten. Ebenso hat er die in die Lehre gegebenen Armenkinder von Zeit zu Zeit zu besuchen. Die relieving officers derselben Union sollen einander gegenseitig bei Untersuchungen auf Verlangen unter-

---

[4]) Die Unterstützungsbeamten, Relieving Officers, nehmen allerdings für geringes Geld den mühevollsten und verantwortlichsten Theil der Geschäfte auf sich, welche ohne das durch eine mindestens zehnfach größere Zahl von Ehrenämter versehen werden müßten. Allein gerade an dieser Stelle trifft die Einschiebung karg remunerirter Subalternbeamten die eigentliche Wurzeln der Armenpflege und des Communalwesens, und setzt an die Stelle nachbarlicher Kenntniß und moralischer Beziehungen unter den Gemeindegenossen ein todtes Schema von Berichterstattung und Buchhaltung. — Er hat auch dem clerk bei dem jährlichen Wahlgeschäft Assistenz zu leisten nach Instruction des Armenamts, und „auszuführen alle gesetzmäßigen orders und Anweisungen der guardians," welche in seinen Amtskreis fallen.

stützen. Ihre Bücher, Rechnungen und Beläge sind in reglementsmäßigen Perioden dem District Auditor zur Revision vorzulegen.

5. Superintendents of Pauper Labour, Armenarbeitsaufseher, kommen nur in einzelen Kreisarmenverbänden vor, in welchen periodisch arbeitsfähige Arme ausnahmsweise außer dem Armenhaus beschäftigt werden. Sie werden angestellt wie die übrigen Unionsbeamten, aber meistens nur auf kürzere Perioden, wo ein örtliches Bedürfniß auf eine bestimmte Zeit hervortritt.

III. Die besoldeten Beamten der Union Workhouses bilden in Folge des durchgeführten Systems der Arbeitshäuser eine zahlreiche engere Gruppe, deren Amtsverhältnisse ebenso durch die Regulative des königlichen Armenamts bestimmt werden. Nach der Consolidated Order 1847 sind normalmäßig bei jedem Arbeitshaus anzustellen: 1) ein Hausinspector, 2) eine Hausmutter, 3) eine Krankenwärterin, 4) ein Hausgeistlicher, 5) Lehrer und Lehrerin, 6) ein Hausarzt, 7) ein Portier, nebst den nöthigen Assistants und Dienern. Die Amtsstellung dieses Personals ist indessen zweckmäßiger mit der nachfolgenden Hausordnung der Arbeitshäuser (§. 125) zu verbinden.

Gemeinsame Bestimmungen***) für die Anstellung dieser

***) Einige allgemeine Klauseln über die Stellung der Armenbeamten enthält zunächst das Armengesetz, wie das Verbot der Betheiligung bei Lieferungsverträgen für die Armenverwaltung bei namhafter Buße (§. 51). Nach 13. et 14. Vict. c. 101 §. 9; 14. et 15. Vict. c. 103 §. 18 soll ein assault gegen jeden Beamten der Armenverwaltung in Ausübung seines Amts, und gegen alle Personen, die zu seiner Assistenz thätig sind, nach den Gesetzen über thätliche Widersetzlichkeit gegen Polizei- und Steuerbeamte geahndet werden. Hauptquelle für die Amtsstellung der Armenbeamten bleiben indessen die Orders des Armenamts. Die General Order vom 26. Juli 1847 Art. 153 zählt vorweg die 13 Klassen der etatsmäßigen Beamten auf, wie sie oben zusammengestellt sind. (Art. 154) Die Amtspflichten aller Beamten werden zunächst durch die rules des königlichen Armenamts bestimmt; jeder einzele Kreisarmenrath kann ihnen aber auch noch weitere Amtsgeschäfte auflegen, sofern solche „mit der Natur des Amts vereinbar" sind. (155, 156) Ueber den Modus der Anstellung. (162—171) Ueber die Qualifikation der Armenbeamten: für die höheren Beamten ein Alter von 21 Jahren, Lesen, Schreiben und Rechnen. (172—176) Ueber die Remuneration der Beamten. (184—186) Ueber die Sicherheitsbestellungen. (187—193) Ueber Suspension und Entlassung der Beamten. (194—197) Verfahren bei eintretenden Vakanzen. (198) Vertretung der Beamten. (202) Die einzelen Amtsgeschäfte des Clerk, (203) des Treasurer, (205, 206) des Bezirksarmenarztes, (207) des Armenhausarztes, (208, 209) des Armenhausinspectors, (210) der Matron, (211) des Hausgeistlichen, (212) des Schullehrers, (213) der Nurse, (214) des Porter, (215) des Relieving Officer, (217) des Arbeitsaufsehers. Ergänzungen zu dieser Beamtenordnung fügen dann die späteren Orders hinzu, welche in den Jahresberichten nach ihrem Erscheinen, periodisch auch in den Parlamentspapieren mitgetheilt, und in W. Glen, Order of the Poor Law Board (7. Ausg. 1871) gesammelt

Beamten (denen noch die im §. 127 zu erörternden Rechnungsrevisoren hinzutreten) geben die Reglements des Armenamts in folgender Weise:

Vor der Anstellung soll in zwei ordentlichen Versammlungen des Armenraths die bevorstehende Ernennung bekannt gemacht, unter Umständen auch in öffentlichen Blättern angezeigt werden. Die Anstellung erfolgt durch Stimmenmehrheit der anwesenden Guardians in einer Versammlung von wenigstens drei Mitgliedern, und ist durch den Secretär dem königlichen Armenamt einzuberichten. Von den vorgeschriebenen Amtsqualifikationen kann der Kreisarmenrath mit Genehmigung des Centralamts im einzelen Fall dispensiren. Nach 31. et 32. Vict. c. 122 §. 107 mag das Staatsarmenamt, wenn die Kreisarmenräthe nach vorgängiger Aufforderung die Anstellung eines besoldeten Beamten länger als 28 Tage unterlassen, solchen Beamten selbst anstellen und dessen Gehalt festsetzen.

Für die Gehalte und Remunerationen aller Beamten und Assistants wird der Etat auf Anweisung oder mit Genehmigung des Armenamts von Zeit zu Zeit festgestellt, und grundsätzlich kein Gehalt über die Dauer des Amts hinaus gezahlt. Durch 27. et 28. Vict. c. 42 werden indessen die Kreisarmenräthe ermächtigt, Beamten welche das 60. Jahr überschritten haben, nach 20jähriger Dienstzeit auch Pensionen zu bewilligen.

Die Aemter sind an sich lebenslängliche, d. h. sie dauern „bis der Beamte stirbt, resignirt oder vom Armenamt entlassen wird." Die außeretatsmäßigen Hülfsbeamten (assistants) und die beamteten Diener (servants, nurses und porters) kann das board of guardians selbständig entlassen, muß jedoch über den Entlassungsgrund an das Armenamt berichten. Inspectors, Matrons, Lehrer, Bezirksärzte, Hausärzte und Unterstützungsbeamte kann das board of guardians vom Amt suspendiren, doch unter Berichterstattung an das Armenamt, welches definitiv entscheidet. Bei zeitweiser Dienstunfähigkeit durch Krankheit, Unglücksfall oder aus sonstigen genügenden Gründen können die guardians einen remunerirten Stellvertreter ernennen unter Berichterstattung an das Armenamt.

Schatzmeister, Unterstützungsbeamte, und alle anderen Beamten auf Verlangen des board of guardians, haben eine Caution durch Verschrei-

---

werden. Es gehören dahin die Collector of the Guardians Orders 1865, 1866, 1871 (betr. die Anstellung von besonderen Einnehmern zur Assistenz der Kreisarmenräthe); die Pay Clerk of the Poor Orders zur Anstellung besonderer Kassensekretäre in einigen Kreisarmenverbänden, die besonderen Orders über die Anstellung der Medicinalbeamten ꝛc.; die Poor Law Officers Security Order 1871, betr. die Cautionsleistungen der Beamten. Eine Order vom 19. August 1867 beschränkt die Berichterstattung der Kreisarmenräthe über die von ihnen beschlossenen Neuanstellungen auf die Hauptbeamten; während für die Nebenbeamten in Zukunft nur statistische Uebersichten einzureichen sind.

§. 125. Die einzelen Zweige der Armenverwaltung.

bung auf eine bestimmte Summe zu bestellen mit zwei genügenden Bürgen nach Ermessen der guardians.

Die Zahl der besoldeten Armenbeamten hat jetzt bereits 15,000 überschritten.

Für das Jahr 1844—45 wurde in den Parl. P. ein nicht vollständiges Verzeichniß der Beamten gegeben, mit Angabe der Gesammtgehalte. Ein späteres Verzeichniß giebt Sir Geo. Nicholls II. p. 439. Ich stelle beide vergleichend neben einander und zwar 1. nach der Zahl der besoldeten Beamten, 2. nach dem Durchschnittsgehalt derselben, welches für ihre Stellung charakteristisch ist:

Beamte.	1844.	1850.	1844.	1850.
Collectors	499	3,042 Beamte.	277 Thlr. G.	144 Thlr. G.
Assistant Overseers	?			
Clerks	590	634 „	605 „	660 „
Treasurers	52	622 „	112 „	12 „
Aerzte	2,680	3,156 „	278 „	300 „
Unterstützungsbeamte	1,257	1,377 „	496 „	492 „
Arbeitsaufseher	20	69 „	285 „	234 „
Arbeitshausinspectoren Hausmütter	1,238	1,359 „	215 „	222 „
Hausgeistliche	415	466 „	277 „	288 „
Schullehrer	284	383 „	163 „	186 „
Schullehrerinnen	423	501 „	100 „	126 „
Wärterinnen	171	248 „	75 „	84 „
Männliche Dienstboten	347	442 „	110 „	108 „
Andere Beamte	264	505 „	176 „	156 „
Distrikt-Auditors	50	49 „	1,551 „	1,608 „
zusammen	8,290	12,853 Beamte.	304 Thlr. G.	252 Thlr. G.

Diese Zahl ist natürlich im Wachsen. Nach dem Armenbericht pro 1860 (p. 25) waren vorhanden 653 Clerks; 1,356 Relieving officers; 713 Arbeitshausinspectoren; gegen 5000 Collectors und Assistant Overseers; 653 Treasurers. Die Summe der Gehalte und Remunerationen, welche 1850 = 548,690 £. betrug, war 1860 auf 648,000 £. erhöht, im Geschäftsjahr 1867 auf 747,650 £. (einschließlich der Pensionen).

§. 125.

Die einzelen Zweige der Armenverwaltung.
A. Das Verwaltungssystem der Arbeitshäuser, Workhouses.

Mit diesen neugebildeten Organen umfaßt die heutige Armenverwaltung (1) das System der Armenhausverwaltung, in-door-relief, (2) das System der Hausunterstützungen, out-door-relief, (3) das System des Rechnungswesens, — von welchen das erste als das im Sinne des Gesetzes normale System voranzustellen ist.

47*

Das System der Arbeitshausverwaltung bildet den durchgreifend neuen Verwaltungsgrundsatz (Armengesetz §. 52), hervorgerufen durch die in die Augen fallenden Mängel des ältern Systems. Die Aufnahme in das Armenhaus soll die Regel sein für arbeitsfähige Arme und ihre Familien. Der Zweck der Neuerung wird in dem Bericht von 1834 dahin angegeben, damit (1) die Nöthigung zur Arbeit und die Beschränkung der persönlichen Freiheit die sichere Probe werde (workhouse test) für die wirkliche Hülfsbedürftigkeit des Bittstellers, und damit (2) der normale Arbeitspreis nicht verschoben und der Arbeitslohn der freien Arbeiter nicht herabgedrückt werde durch Verabreichung von Geldunterstützungen an Arbeitsfähige. Durch Ablehnung der Unterstützung in workhouse ist der Anspruch auf eine andere Unterstützung verwirkt. Es soll überhaupt dafür gesorgt werden, daß die Lage der Unterstützten keine vortheilhaftere sei, als die von Personen, welche sich durch eigene Arbeit selbständig erhalten. Für solche Arbeitsfähige, welche die Arbeit dennoch verweigern, steht im Hintergrund die gesetzliche Drohung mit Gefängniß oder Correctionshaus, 43. Eliz. c. 2 §. 4; 55. Geo. III. c. 137; 7. et 8. Vict. c. 101 §§. 57, 58, und die Strafen der danach abgepaßten Vagrants Act (oben §. 47). Der neue Verwaltungsgrundsatz soll die Steuerzahler schützen „gegen die Indolenz und Bequemlichkeitsneigung der Lokalbeamten," für deren Verwaltung das einfache Geldgeben bei weitem das Bequemste ist. Nach den thatsächlichen Zuständen war dieser Gesichtspunkt leider ein berechtigter, und bei der periodischen Massenarmuth eines Welthandelsstaats der dringendste geworden. Wenn für das Maß der Noth und für die rechten Mittel der Abhülfe das nachbarliche Verständniß fehlt, welches eine persönliche und Ortsbekanntschaft voraussetzt, wie sie nur in lebendigen Communalverbänden vorhanden sein kann: so kommt man zu dem Schematismus des workhouse test auf Kosten der Humanität und um den Preis einer sittlichen Erniedrigung der arbeitenden Klassen. Die question of fact des „Grundes der Noth" läßt sich nur in einem lebendigen Gemeindeverband durch die Gemeindegenossen feststellen: fehlt es daran, so kommt die vorsorgende Staatsgewalt auf den mechanischen workhouse test aus demselben Grunde, aus welchem die strafende Staatsgewalt einst auf die Folter gekommen ist. Um den Uebergang in den neuen Zustand zu vermitteln soll indessen das Armenamt berechtigt sein (§. 52) festzustellen, in welcher Ausdehnung und bis zu welcher Zeit die bisher an arbeitsfähige Personen und deren Familien verabreichte Unterstützung noch fernerhin außerhalb des Armenhauses gegeben, ob und in welchem Verhältniß sie in Nahrungsmitteln oder in Kleidungsstücken gewährt werden solle.

Der Bau, Ankauf oder die sonstige Beschaffung der Arbeitshäuser kann zwar noch auf Grund der älteren Gesetze über diesen Gegen-

§. 125. A. Das Verwaltungssystem der Arbeitshäuser, Workhouses.

stand von den dazu autorisirten Personen bewirkt werden, jedoch durchweg unter Controle des königlichen Armenamts, und unterworfen den rules, orders und regulations desselben (Armengesetz §. 21). Die Neuerrichtung eines Arbeitshauses soll nur auf Antrag des Board of Guardians erfolgen, bloße Umänderungen auch ohne dessen Zustimmung, wenn die Kosten 50 L. oder $\frac{1}{10}$ der Armensteuer nicht übersteigen. Die dazu nöthigen Kapitalien können mit Genehmigung des Armenamts aus einem Staatsfonds entliehen werden mit periodischen Rückzahlungen. Mit diesen Modalitäten kommen noch zur Anwendung die älteren Gesetze über den Bau; wegen der Gelddarlehne; wegen der Rückzahlung mit jährlich $\frac{1}{10}$, 53. Geo. III. c. 110 §. 2; wegen der Steuerausschreibung dazu 59. Geo. III. c. 12 §. 14 etc.*)

Die Aufnahme und Behandlung der Armen im workhouse ist durchweg den Regulativen des Armenamts unterworfen (Armengesetz §. 21), mit dem Vorbehalt, daß dadurch kein Einsasse genöthigt werden darf dem Gottesdienst einer andern Confession beizuwohnen, als zu welcher er gehört, daß die Kinder ohne Zustimmung der Eltern, Waisen ohne Zustimmung der Pathen, in keiner andern als der Religion ihrer Eltern erzogen werden, und jeder concessionirte Geistliche jedes Bekenntnisses Zutritt haben soll zu seinen Glaubensgenossen (§. 19); sowie mit dem Vorbehalt, daß kein gefährlicher Gemüthskranker länger als 14 Tage in dem Arbeitshaus bleiben soll (§. 45). Mit diesen und einigen in späteren Gesetzen nachgeholten Reservaten hat das königliche Armenamt die Verwaltungsgrundsätze und die Stellung des Beamtenpersonals durch seine Regulative endgültig zu normiren.

Als Organ der Verwaltung wird zunächst ein Curatorium, Visiting Committee, gebildet, ähnlich wie in der Gefängniß- und Irren-

---

*) Ueber den Bau der Arbeitshäuser ist eine Gruppe besonderer Gesetze erlassen zur Erleichterung juristischer Schwierigkeiten und wegen Beschaffung der Mittel, 22. Geo. III. c. 83 §. 17—19, 27, 43 (Gilbert's Act); 59. Geo III. c. 12 §. 8 (Sturges Bourne's Act); 4. et 5. Will. IV. c. 76 §. 21—25 (Poor Law Amendment Act); 5. et 6. Will. IV. c. 69; 5. et 6. Vict. c. 18; — wegen Aufnahme von Darlehnen, Armengesetz §. 23, 24; 30. et 31. Vict. c. 106 §. 14; — wegen Gewährung von Staatsdarlehnen, Armengesetz §. 63; 7. et 8. Vict. §. 101 §. 30. — Nach 29. et 30. Vict. c. 113 §. 8 soll das aufzunehmende Kapital nicht überschreiten $\frac{1}{10}$ des Jahresertrags der Armensteuer, berechnet nach dem Durchschnitt der letzten drei Jahre. Erweiterungsbauten und Verbesserungen bis zu dem Kostenbetrag von 500 L. können mit Zustimmung des Staatsarmenamts ohne weitere Rückfrage vorgenommen werden. Wegen Rückzahlung der Darlehne mit einer Amortisationsfrist von 30 Jahren vergl. 32. et 33. Vict. c. 45; wegen Beschaffung und Erweiterung von Begräbnißplätzen zu dem Armenhaus 13. et 14. Vict. c. 101 §. 2 ff. Eine Uebersicht aller Bauten seit 1840 geben die Parl. P. 1858 Vol. XLIX. 1. S. 379 und weiter die Generalberichte.

hausverwaltung. Ein solches hat nach §. 41 (43. 22) des Armengesetzes und nach den General Orders der Kreisarmenrath aus seiner eigenen Mitte zu ernennen, um wenigstens einmal wöchentlich den Zustand des workhouse zu untersuchen, die letzten Berichte des Hausgeistlichen und Hausarztes einzusehen, die Vorräthe zu prüfen und erhobene Beschwerden zu untersuchen. In einem Visitor's Book haben sie dann nach bestimmtem Formular gewisse Fragen zu beantworten und dies Buch in den ordentlichen Sitzungen des Kreisarmenraths vorzulegen.**) Die Wahlen der Visitors und der Arbeitshausbeamten sind den Anordnungen des königlichen Armenamts unterworfen. Dies hat überall von seinen Befugnissen Gebrauch gemacht, womit die älteren gesetzlichen Vorschriften veraltet sind.

Die bei jedem Arbeitshaus nach den General Orders normalmäßig anzustellenden Beamten sind, ähnlich dem Personal der Gefängnißverwaltung, folgende:

1. Der Hausinspector, Master of the Workhouse. Er veranlaßt die Aufnahme in das Haus auf Order des Kreisarmenraths, in dringenden Fällen selbständig, vorbehaltlich der Berichterstattung; er überwacht die gesammte Hausordnung, insbesondere die Beschäftigung der Arbeitsfähigen während der Arbeitsstunden, Kleidung, Speisung, Bettung, ärztliche Behandlung; führt die Bücher nach vorgeschriebenem Formular zur fortlaufenden Einsicht für die Guardians; controlirt die Naturallieferungen; führt über die Vorgänge im Hause ein laufendes Journal, und hat dem Armenrath und den visitors jederzeit Bericht und Auskunft zu erstatten. Die Dienstinstruktion geht in die kleinen Details ein bis zum Hausschlüssel und zum Tischgebet.[1]

2. Die Hausmutter, Matron, vertritt den Inspector in Abwesenheitsfällen bei Aufnahme der Ankömmlinge, und dirigirt das weibliche Departement einschließlich der Kinder bis zum 7ten Jahre unter Assistenz von nurses für Kinder und Kranke.[2] Die Dienstinstruktion erstreckt sich auf die

---

**) Ueber Einsetzung des Visiting Committee vergl. die Consolidated Order Art. 148, 149 mit 14 Fragen, welche in dem Visitors Book von dem Committee periodisch zu beantworten sind. Grundsätzlich gilt das Board of Guardians als ordentliche Behörde for the government and control, soweit nicht in der Consolidated Order ein Anderes verordnet ist (Art. 152). Sofern der Armenrath die Ernennung eines Visiting Committee unterläßt, oder das Committee die Visitation des Arbeitshauses 3 Monate hindurch, ist das Staatsarmenamt ermächtigt, einen besondern Visitor zu ernennen nach 10. et 11. Vict. c. 109.

[1] Amtsinstruction des Master Art. 208, 209 in 29 Klauseln.

[2] Instruction der Matron Art. 210 in 16 Klauseln; zur Matron soll in der Regel die Ehefrau des Hausinspectors ernannt werden, und Ausnahmen davon nur in ganz besonders gearteten Fällen vom Armenamt gestattet werden.

§. 125. A. Das Verwaltungssystem der Arbeitshäuser, Workhouses. 743

Kleider und Wäsche, sowie auf eine generelle Ueberwachung der dienenden Beamten weiblichen Geschlechts.

3. Der Hausgeistliche, Chaplain, hält den sonntäglichen Gottesdienst, examinirt die Kinder, katechisirt die zur Kirche von England gehörigen monatlich wenigstens einmal, und erstattet periodische Berichte. Zur Anstellung bedarf es der schriftlichen Genehmigung des Bischofs der Diöcese. Der „Chaplain's Report" wird fortlaufend in ein Buch eingetragen, in welchem der Geistliche die Tage seines Besuchs einzeichnet, über die Fortschritte und den Zustand der Kinder, über das moralische und religiöse Verhalten der Einsassen berichtet.³)

4. Lehrer und Lehrerin, Schoolmaster, Schoolmistress, ertheilen den Unterricht an die Armenkinder nach besonderen Armenschulinstruktionen; zugleich mit der Verpflichtung auf Reinlichkeit zu achten, die Kinder von Zeit zu Zeit in's Freie zu führen, dem Inspector und der Hausmutter bei Aufrechthaltung der Hausordnung Assistenz zu leisten.⁴)

5. Der Hausarzt, Medical Officer, hat periodisch Hausbesuche nach Reglement des board of guardians abzustatten, sowie in dringenden Krankheits- und Unglücksfällen auf Requisition des Inspectors, der Hausmutter oder des Portier; er hat den Gesundheitszustand der Armen bei ihrer Aufnahme in das Haus zu untersuchen; die Patienten in den Krankenabtheilungen zu besuchen, ihre Diät, Klassifikation und Behandlung zu bestimmen; dem Armenrath wöchentlich Bericht zu erstatten in einem Buch

---

³) Instruction des Chaplain Art. 211. Nach 31. et 32. Vict. c. 122 §. 21 wird den nicht staatskirchlichen Bewohnern des Armenhauses gesetzlich das Recht gesichert, sofern kein Gottesdienst nach ihrem Ritus im Arbeitshaus eingerichtet ist, nach gewissen Regulativen ihrem Gottesdienste außer dem Arbeitshause beizuwohnen. Auf Grund der Amendment Act 1868 wird nach der Creed Register Order vom 26. November 1868 ein besonderes Verzeichniß der Erwachsenen und der Kinder nach ihrem Glaubensbekenntniß geführt, welches zur Einsicht jedes einregistrirten Geistlichen und jedes Steuerzahlers der Union offen zu halten ist.

⁴) Instruction des Schoolmaster und der Schoolmistress Art. 112. Die Schulen unterliegen einer besondern Visitation durch Inspectoren der Oberschulbehörde (Abtheilung des Privy Council). Aus den jährlich bewilligten Parlamentsgeldern werden den Lehrern und Lehrerinnen Normalgehalte von 12—60 £. nach 4 Graden ihrer Qualifikation bewilligt und außerdem 3—12 sh. für jedes zu unterrichtende Kind. Ueber das Verhältniß zur Staatsunterrichtsbehörde vergl. Gneist, Engl. Verwaltungsr. II. §. 56. Nach der Poor Law Amendment Act 1866 wird den Angehörigen der nicht zur Staatskirche gehörigen Kinder ausdrücklich das Recht beigelegt, den Religionsunterricht in ihrem diffidentischen Glauben zu verlangen. In diesem Sinne erging schon die Religious Instruction Order vom 23. August 1859 (Glen 316—319). Die Jahresberichte enthalten Uebersichten der workhouses schools nebst den Berichten der Schulinspectoren. Nach dem Bericht von 1868 befanden sich 32,939 Kinder in workhouses schools, 3343 Kinder in den district schools. Der Staatszuschuß für die Lehrer betrug 34,117 £.

nach vorgeschriebenem Formular mit Vermerk jedes Besuchs und genauer Eintragung jedes Todesfalls und Angabe der Todesursache. Von den Gemüthskranken hat er die gefährlichen auszuscheiden zur Ablieferung an das Irrenhaus; bei Kindern die Nahrung zu überwachen und die Pockenimpfung zu besorgen; auf Erfordern über einzele Kranke und über epidemische Krankheiten zu berichten, auch den Armenrathssitzungen beizuwohnen, wenn es verlangt wird.[5])

6. Die Kranken- und Kinderwärterin, nurse, soll mit Kranken und Kindern umzugehen wissen und einige Kenntniß von der Verabreichung der Medizin unter Anweisung eines Arztes haben.[6])

7. Der Portier, Porter, überwacht das Aus- und Eingehen fremder Personen, die (außer den Beamten) einer Spezialerlaubniß des Inspectors bedürfen, notirt in einem Buch jeden Aus- und Eingehenden mit Angabe der Stunde, revidirt die Armen bei ihrer Aufnahme und Entlassung, sowie alle eingebrachten Gegenstände. In sehr kleinen Arbeitshäusern hat man sich auch wohl mit der Anstellung eines Armen als Porter begnügt, trotz der sehr weitläufigen Dienstinstruktion.[7])

Wie das Personal, so sind nun auch die Grundsätze der Verwaltung der Gefängnißordnung nachgebildet mit einigen sich aus der Darstellung selbst ergebenden Milderungen.†) Eine Order vom 5. Februar 1842 enthielt bereits die Grundzüge des heute geltenden Systems, welches dann in der Consolidated-Order vom 26. Juli 1847, Art. 88—152 in folgender Weise codificirt wurde.

Art. 88—97. Von der Aufnahme in das Armenhaus. Sie

---

[5]) Instruction für den Workhouse Medical Officer Art. 207 in 9 Nummern, ergänzt durch die Orders vom 4. April 1868 und 24. August 1869.

[6]) Instruction der Nurse Art. 213.

[7]) Instruction des Porter Art. 214 in 9 Nummern.

†) Diese unverkennbaren Analogien mit der Hausordnung einer Strafanstalt rechtfertigt man dadurch, daß die bessere Wohnung, Heizung, Nahrung, Bettung, Krankenpflege, den Einsassen besser stellen würde als den fleißigen Arbeiter in seiner kleinen Hütte, wenn nicht eine wenig unterhaltende Arbeit, die Disciplin und Beschränkung der persönlichen Freiheit hier ein Gegengewicht bildeten. Man berief sich auf die langjährigen Erfahrungen dafür, daß die mechanische Amtsverwaltung der Overseers und das planlose Eingreifen der Friedensrichter mit ihren Unterstützungsdecreten keinen andern Ausweg übrig lasse. Von den besseren deutschen Armenverwaltungen, in welchen ein Zusammenwirken von Kreis- und Stadtbehörden mit Bezirkscommissionen und Gemeindebeamten einen workhouse test durch die noch lebendige Selbstthätigkeit des Nachbarverbandes ersetzen, nahm man natürlich keine Kenntniß. Die gegen das englische System erhobenen zum großen Theil begründeten Beschwerden (vergl. z. B. Engels, die Lage der arbeitenden Klassen in England, 2. Aufl. 1848), insbesondere auch die Härte einer Trennung der Familienmitglieder, sind durch die Anordnungen der letzten Jahre gemildert, freilich durch Maßregeln, welche die Verwaltung immer verwickelter machen.

§. 125. A. Das Verwaltungssystem der Arbeitshäuser, Workhouses. 745

geschieht regelmäßig unter schriftlicher Order des Board of Guardians, gezeichnet vom Clerk; oder unter einer provisional order, gezeichnet von einem Unterstützungsbeamten oder Armenaufseher; oder in dringenden Fällen von dem Inspector oder der Hausmutter ohne Order; in den beiden letzteren Fällen muß aber der definitive Beschluß des Board of Guardians in dessen nächster Sitzung eingeholt werden. Der Aufzunehmende wird erst im Aufnahmezimmer vom Arzt untersucht; wird sodann gereinigt und erhält die Arbeitshauskleidung. Die eigene Kleidung und die den Armen abgenommenen reglementsmäßigen Gegenstände werden ihm bei der Entlassung wieder ausgehändigt. a)

Art. 98—101. Klassifikation der Armen in 7 Klassen: (1) Altersschwache und arbeitsunfähige Männer. (2) Arbeitsfähige Männer und Knaben über 15 Jahre. (3) Knaben von 7—15 Jahren. (4—6) Frauen in denselben drei Abstufungen. (7) Kinder unter sieben Jahren. Jede Klasse erhält ihre gesonderten Räume ohne Communikation mit anderen Klassen. Als Arbeiten wählt man Holzspalten, Steineklopfen, Tauzupfen u. dergl. und die Hausbedürfnisse des workhouse, unter möglichster Vermeidung einer Concurrenz mit der Privatindustrie. Das Armenamt setzt das Maximum der aufzunehmenden Zahl fest; im Nothfall müssen Nebenräume beschafft werden. b)

Art. 102—126. Disciplin und Diät. Festsetzung der Arbeitsstunden, der Mahlzeiten, der Speisung (wobei auf Verlangen die vorgesetzte Portion nachgewogen werden muß). c) Knaben und Mädchen erhalten täglich, an Stelle von wenigstens drei Arbeitsstunden, Unterricht im Lesen, Schreiben, Rechnen, Religion und „anderen Dingen insbesondere zu Zwecken

---

a) Admission of Paupers Art. 88—97 unterscheidet die normale Order des Board of Guardians, die Provisional Order des Unterstützungsbeamten oder Overseer, die Aufnahme ohne Order durch den Hausinspector.

b) Die Classification of Paupers Art. 98—101 behält vor besondere Maßnahmen für körperlich und geistig kranke Personen, eine weitere Classification mit Rücksicht auf den moralischen Charakter und frühere Lebensgewohnheiten, die Absonderung der bloß durchpassirenden Vagranten, die Nichttrennung von Mann und Frau, die Verwendung geeigneter Personen im Hausdienst, den Zutritt der Kinder zur Mutter 2c. in 9 besonderen Provisos.

c) Discipline and Diet Art. 102—126. Eine halbe Stunde nach dem Läuten der Morgenglocke erfolgt der Aufruf der Einsassen in ihren einzelen Abtheilungen, durch den Master und die Matron. Specialregulative mit Genehmigung des Armenamts sind für die kleinen Einzelheiten noch weiter vorbehalten. Das Verbot der Zulassung von Druckfachen bezieht sich auf Papers of improper tendency or which may be likely to produce an insubordination, die nicht circuliren oder laut verlesen werden sollen. Ueber die Speisung sind sehr ausführliche Dietaries Orders ergangen (Glen 300—312), welche Frühstück, Mittag und Abendbrot für Erwachsene und Kinder nach Material und Gewicht vorschreiben. Für Kranke ist die ärztliche Vorschrift maßgebend.

eines künftigen Dienstes." Entfernung aus dem Hause ist an eine Erlaubniß des Inspectors gebunden; ein Arbeitsfähiger, welcher ohne Erlaubniß das Haus verläßt, hat zu gewärtigen, daß seine sämmtlichen Familienmitglieder mit ihm in das Arbeitshaus zurückgeschickt werden. Ebenso ist die Annahme von Besuchen an besondere Erlaubniß gebunden; Kartenspiel und Rauchen untersagt. Gewöhnlich wird auch ein sonntäglicher Besuch des Gottesdienstes außer dem Hause gestattet.

Art. 127—147. Strafordnung für Mißverhalten. Die Vergehen zerfallen (1) in geringere: Weigerung zu arbeiten, Kartenspiel, unzüchtige oder beleidigende Sprache, Unreinlichkeit, Ueberschreitung des Urlaubs, Ungehorsam; ein solcher Uebertreter darf als disorderly mit Schmälerung der Kost oder Wasser und Brod bis auf 24 Stunden gebüßt werden. (2) Schwerere Vergehen, d. h. Wiederholung eines der vorigen Vergehen innerhalb 7 Tagen, Beleidigung eines Beamten, Ungehorsam gegen wiederholten Befehl, Thätlichkeiten, Trunkenheit, unzüchtige Handlungen, muthwillige Beschädigungen von Eigenthum und Vorräthen: ein solcher Uebertreter wird als refractory mit Einzelhaft und Schmälerung der Kost bis auf 24 Stunden belegt. In gewöhnlichen Fällen verfügt der Armenrath die Strafe, die auch durch Sträflingskleidung verschärft werden darf. Verlängerung der Einzelhaft über 24 Stunden hinaus kann von einem Friedensrichter nach Vorführung des Thäters erkannt werden. Beim Zusammentreffen der erschwerendsten Umstände kann der Inspector aus eigener Autorität Einzelhaft bis zu 24 Stunden verfügen. Körperliche Züchtigung gegen Erwachsene und Frauen ist unstatthaft; gegen Knaben nur unter 14 Jahren, nur durch den Lehrer oder Inspector oder in dessen Gegenwart, nur mit einem Stock, den der Armenrath oder die visitors vorher approbirt haben, und nicht früher als 2 Stunden nach begangenem Vergehen. Ueber die verfügten Strafen wird ein vollständiges Buch geführt, welches bei den Sitzungen des Kreisarmenraths aufliegt. Ein leserliches Exemplar der Strafregulative soll im Eß-, Schul- und Aufnahmezimmer aushängen. Strafen für Unterschlagungen, Arbeitsverweigerung und Einbringung spirituoser Getränke werden nach besonderen Clauseln des Armengesetzes von den Friedensrichtern erkannt. d)

Einige ergänzende Bestimmungen enthält das st. 12. et 13. Vict. c. 13. Nach diesem Gesetz können einzele Partien von Armen, die in die Arbeits-

---

d) Die Strafordnung Art. 127—147 formulirt 13 Straffälle unter der Rubrik Disorderly, 9 Straffälle unter der Rubrik Refractory, 5 Straffälle als Refractory unter erschwerenden Umständen, mit genauen Vorschriften über das Maß der geschmälerten Diät und der Sonderhaft. Auch hier ist das System der Gefängnißstrafordnung unverkennbar maßgebend, doch überall nach milderm Maßstab. Die Schärfung durch eine Sträflingskleidung ist in den späteren Orders aufgegeben.

§. 125. A. Das Verwaltungssystem der Arbeitshäuser, Workhouses.

hausverwaltung gehören, auch noch Privatunternehmern in Entreprise gegeben werden, doch so, daß das Armenamt die Hausordnung bestimmt, die Direction der Beamten, das Entlassungsrecht, Visitation und Annullirung des Contrakts sich vorbehält.

Von der alten Jurisdiction der Friedensrichter ist noch übrig geblieben ein concurrirendes Visitationsrecht der Armenhäuser (Armengesetz §. 43), um sich zu überzeugen „ob die Regulative des Armenamtes beobachtet werden, sowie auch zu den sonstigen Zwecken des Gesetzes 30. Geo. III. c. 49." Wird dabei eine Uebertretung befunden, so können 2 Friedensrichter auf die Strafe der Uebertretung der Regulative des Armenamtes erkennen. In der Praxis wird davon selten Gebrauch gemacht. Selbstverständlich tritt dazu noch die Stellung der Friedensrichter als Polizeirichter für die vereinzelten summarischen Strafclauseln, wegen Einbringung von geistigen Getränken in das Armenhaus (Armengesetz §. 93); Verbot der körperlichen Züchtigung gegen Erwachsene (54. Geo. III. c. 170 §. 7); Verbot der Anlegung von Ketten und Handschellen (56. Geo. III. c. 129 §. 2); schwere Uebertretungen der Hausordnung und die einschlagenden Strafen der Vagrants Act.

Ueber die laufende Verwaltung der Armenhäuser wird dem Board of Guardians von Woche zu Woche Bericht erstattet nach umständlichen Formularen, aus denen dann das Armenamt nach gleichförmigem Schema seine Jahrestabellen zusammenstellt. Das Schema (in welchem ich Beispiels halber die Zahl der aufgenommenen Personen am 1. Januar 1859 beifüge), ist folgendes.

I. Arbeitsfähige und deren Kinder:
1. Erwachsene (a.) verheirathete Männer 998; (b.) verheirathete Frauen 1265.
(a.) andere Männer 5495; (b.) andere Frauen 15,738.
2. Kinder derselben unter 16 J. (a.) uneheliche 8,927; (b.) andere Kinder 12,365.

II. Nichtarbeitsfähige und deren Kinder:
1. Erwachsene (a.) verheirathete Männer 1342; (b.) verheirathete Frauen 1247.
(a.) andere Männer 22,886; (b.) andere Frauen 17,642.
2. Kinder derselben unter 16 J. (a.) uneheliche 1136; (b.) andere Kinder 2690; (c.) Waisen und von ihren Eltern getrennte Kinder 26,379.

III. Wahnsinnige, Blödsinnige und Gemüthskranke: (a.) Männer 2668; (b.) Frauen 3542; (c.) Kinder unter 16 J. 270.

IV. Summe der vorigen Rubriken: 124,693.
Erwachsene Männer 33,421; erwachsene Frauen 39,421; Kinder unter 16 J. 51,251.

V. Vagabunden 904. VI. Gesammtsumme 125,597.

Die Jahresberichte geben danach die Summen der Arbeitshausbewohner am 1. Januar und am 1. Juli jedes Jahres, den Durchschnittsbestand und vergleichende Uebersichten über eine Reihe Jahre zurück.

Unläugbar steht indessen trotz tabellarischer Ordnung das System der Arbeitshäuser überhaupt auf einer Stufe der Entwickelung, welche die Staatsverwaltungen des Continents jetzt meistens überschritten haben. Ein solches Haus soll zugleich sein: (1) Arbeitshaus für erwachsene Arbeitsfähige, welche keine Arbeit finden können und wollen. (2) Hospital für altersschwache, blinde, taube, stumme oder sonst gebrechliche Arbeitsunfähige. (3) Kran-

tenhaus für arme Kranke. (4) Armenschule, Waisen- und Findelhaus. (5) Entbindungs-
anstalt für Arme. (6) Irrenanstalt, jedoch mit Ausschluß gefährlicher Geisteskranker.
(7) Vagabundendepot für solche, die man nicht in eine Strafanstalt schicken kann oder will.
Diese sich widersprechenden Zwecke machen die Verwaltung mangelhaft für alle, verunehren
ganze Klassen von Personen, die man nicht in solche Gesellschaft bringen darf, und sind
namentlich in ihrer Eigenschaft als Armenschule unbedingt verwerflich.

§. 126.

B. Verwaltungsshstem der Hausunterstützungen. In-Door-Relief.

Während für Arbeitsfähige das Armenhaus als Probe der Bedürf=
tigkeit dient, soll nach dem Armengesetz für Arbeitsunfähige, d. h.
Kranke, Altersschwache, Gebrechliche und deren Familien, die Hausunter=
stützung die Regel sein. Für jene steht der polizeiliche Gesichtspunkt, für
diese der humane Gesichtspunkt im Vordergrund. Es wurden dabei ge=
wisse Uebergänge in den neuen Zustand vorbehalten. Allein trotz erheb=
licher Schwierigkeiten der Ausführung ist der Grundgedanke mit anerken=
nenswerther Consequenz durchgeführt.

Nach der general order vom 21. December 1844 sollen arbeitsfähige
Männer wie Frauen, sobald sie Unterstützung nachsuchen, vollständig im
Arbeitshaus erhalten werden, einschließlich der bei dem Manne wohnenden
Frau oder Kinder, soweit sie nicht in Arbeit sind. Ausgenommen:
(1) Fälle plötzlicher und dringender Nothwendigkeit. (2) Fälle von Krank=
heit, Unglücksfall, körperlicher oder geistiger Schwäche. (3) Bloße Be=
gräbnißkosten. (4) Wittwen innerhalb der ersten sechs Monate des Witt=
wenstandes. (5) Wittwen mit ehelichen Kindern, welche sich nicht selbst=
ständig erhalten können. (6) Straf= und Untersuchungsgefangene. (7)
Frauen und Kinder von Männern im königlichen Heer= oder Marinedienst.
(8) Frauen und Kinder von Männern, die nicht in dem Kreisarmenverband
wohnen, nach Ermessen der guardians. Consolidirt sind diese Vorschriften
dann wieder in der general order vom 26. Juli 1847 Art. 75 ff. In
der Wirklichkeit ist nach diesen Maximen die gleichzeitige Zahl der außer
dem Arbeitshaus Unterstützten durchschnittlich 5—6mal größer als die der
Arbeitshauseinsassen; darunter die Mehrzahl nur auf kürzere Perioden
Unterstützte.

Die einzelen Zweige dieser Verwaltung sind folgende:

1. Die regelmäßigen Armenunterstützungen, bestehend in
wöchentlichen Geldspenden oder Naturalien, werden auf Vortrag des Unter=
stützungsbeamten von dem board of guardians dekretirt, welches dafür die

§. 126. B. Verwaltungssystem der Hausunterstützungen. 749

ordentliche Instanz bildet. Weder die Centralbehörde noch die Friedens=
richter sollen sich in diese laufende Beschließung einmischen. Der relieving
officer hat alle Unterstützungsgesuche entgegenzunehmen, die Voraussetzungen
und Umstände desselben nach einem tabellarischen Fragebogen zu prüfen
und dem Board in seiner nächsten wöchentlichen Sitzung darüber Bericht
zu erstatten. In einem formulirten Buch ist mit Angabe der Namen und
der Einzelheiten des Falls ein fortlaufendes Register darüber zu führen.

Für Kirchspiele, die über 4 engl. Meilen von dem Sitz des Kreis=
armenraths entfernt sind, kann nach 5. et 6. Vict. c. 57 §. 7 durch das
Armenamt auf Verlangen eine Districtscommission ernannt werden,
zur Annahme von Unterstützungsgesuchen, Prüfung der Bedürftigkeit und
Berichterstattung an das Board. Ueber das Verfahren solcher Untercom=
missionen muß jedoch ein eigenes Buch geführt und von Zeit zu Zeit in
den Sitzungen des Kreisarmenraths aufgelegt werden. Auch bleibt dem
Board die Befugniß, noch nicht ausgeführte Anordnungen der Untercom=
mission zu ändern und auf Unterstützungsgesuche selbständig zu verfügen.
Solche Orders zur Bildung eines District Board sind bisher in etwa 100
Unions erlassen worden.[1])

2. In der Armenkrankenpflege werden die erforderlichen Arznei=
mittel entweder auf schriftliche Order des board, oder eines Unterstützungs=
beamten, oder eines Armenaufsehers in dringlichen Fällen, oder auf ein
ticket verabreicht. Alle 6 Monate läßt nämlich der Armenrath ein Ver=
zeichniß der altersschwachen und dauernd kranken Personen entwerfen, denen
ein vorgeschriebener Krankenschein (ticket) ausgefertigt wird, auf dessen
Vorzeigung der Arzt behandelt und Medizin verschreibt ohne Specialorder.
Im Fall des Mißbrauchs kann auf Bericht des Arztes der Schein zurück=

---

[1]) Die noch geltende Out-Door-Relief Prohibitory Order vom 21. De=
cember 1844 (Glen S. 385—509) und die Instruction für die Relieving Officers Conso=
lidated Order Art. 215, 216 enthält die nun durch mehr als dreißigjährige Praxis be=
währten Grundsätze. Nach dem Armengesetz ist es jedoch den boards gestattet, im Falle
besonderer örtlicher Hindernisse die Orders des Armenamts bis auf höchstens 30 Tage
unausgeführt zu lassen; sie haben aber dann binnen 10 Tagen Bericht zu erstatten und
nach dem ergehenden Bescheid sich zu richten. — Nach 56. Geo. III. c. 12 §. 29 konnte
eine Unterstützung unter bestimmten Voraussetzungen auch in Gestalt von Darlehnen
gegeben werden, die dann später durch Abzug von den Löhnen wieder einzuziehen waren.
Das Armengesetz hebt dies auf. Nach §. 59 des Armengesetzes wird aber alle Armen=
unterstützung an Personen über 21 Jahre, einschließlich der Frau und der Familienmit=
glieder unter 16 Jahren, als Darlehn behandelt, welches im Fall verbesserter Ver=
mögensumstände zurückgefordert werden mag. Es kann deshalb auf Antrag der Armen=
beamten durch order eines Friedensrichters Arrest auf Lohn oder Arbeitverdienst gelegt, ein
angemessener Theil desselben durch Abzüge der Armenverwaltung übereignet und summa=
risch durch Exekution von den Arbeitgebern eingetrieben werden. Ebenso die Armenvor=
schüsse an Militär= und Seeinvaliden, 2. et 3. Vict. c. 51 §. 3.

genommen werden. Die Bezirke der Armenpflege werden mit Genehmigung des Staatsarmenamts nach dem Normalmaßstab von höchstens 15,000 acres oder 15,000 Seelen festgestellt, für die dünnere Bevölkerung von Wales aber besondere Anordnung vorbehalten.²)

3. In Fällen einer plötzlichen oder dringenden Nothwendigkeit, sudden and urgent necessity, sowohl bei angesessenen Armen wie bei den casual poor, kann nicht nur der Unterstützungsbeamte, sondern auch noch der Armenaufseher Unterstützung gewähren; aber nur temporär und mit Artikeln des absoluten Bedürfnisses, Nahrungsmitteln, Kleidung, Feuerung, nicht in baarem Geld. Im Fall der Versäumniß kann er dazu durch order eines Friedensrichters bei 5 L. Buße gezwungen werden. Für dies Gebiet sind also die Unterstützungsbefugnisse concurrirend gefaßt. Doch sind diese außerordentlichen Fälle den Guardians zur Kenntniß und definitiven Beschlußnahme einzuberichten.³)

4. Das friedensrichterliche Decernat hat in diesem Gebiet seine früheren Gewalten großentheils verloren, und tritt jetzt nur noch ein in drei Fällen: (1) Wenn der Armenaufseher in dringenden Fällen einem ansässigen Armen die Nothhülfe in Naturalien verweigert; (2) für jeden Armen kann in Fällen plötzlicher und gefährlicher Krankheit ein Friedensrichter ärztliche Unterstützung anordnen (Armengesetz §. 54); (3) für gänzlich Arbeitsunfähige wegen Alters- oder Körperschwäche können zwei Friedensrichter durch order eine Unterstützung außer dem Arbeitshaus festsetzen; vorausgesetzt, daß einer der Friedensrichter aus eigner Wissenschaft die gänzliche Arbeitsunfähigkeit in der order attestirt (Armengesetz §. 27).⁴)

---

²) Das Verfahren der Armenkrankenpflege enthält die Consolidated Order: in Art. 75, 76 über den Medical Relief der permanent paupers mit Formular für das ärztliche ticket; Art. 158—161 über die Bezirke der Armenkrankenpflege; Art. 168—170 über die Qualifikation der Armenärzte, mit Vorbehalt von Dispensationen des Armenamts; Art. 177—183 über die Remuneration und die besondere Taxe für Operationen und Entbindungen; Art. 206, 207 die Amtsinstruktion für die Armenärzte. An diese Medicinalordnung schließen sich die Vorschriften und Instruktionen für die Pockenimpfung, Glen 369—384, wo auch die Orders in Council über diesen Gegenstand mitabgedruckt sind.

³) Der Begriff der sudden and urgent necessity wird durch die Instruktionen des Armenamts ausdrücklich dem verständigen freien Ermessen überlassen. In solchen Fällen kann auch der Hausinspector die Aufnahme in das Armenhaus gestatten (Art. 88, 208).

⁴) Die gelegentlichen Unterstützungsdekrete der Friedensrichter hatten früher planlos in die laufende Verwaltung eingegriffen. Die jetzige Betheiligung der Friedensrichter als ex officio Guardians in den Kreisarmenverbänden hat darin nicht viel gebessert; da sich die Friedensrichter meistens noch vornehm von der laufenden Verwaltung zurückhalten. Eine ergänzende Function haben die Friedensrichter auch noch bei Aufhebung der Armenlehrlingscontrakte, vgl. No. 6.

§. 126. B. Das Verwaltungssystem der Hausunterstützungen. 751

5. **Modalitäten dieser Unterstützungsweise** können mit Genehmigung des Armenamts unter besonderen Umständen eintreten. So hat man periodisch in einzelen Unionen die Beschäftigung erwachsener arbeitsfähiger Armen außer dem Armenhaus nachgegeben, und dafür Superintendents of Pauper Labour angestellt; womöglich aber solche Arbeiten gesucht, die mit den im Bezirk üblichen Gewerbs- und Fabrikationszweigen nicht concurriren. — Schon nach der ältern Gesetzgebung konnten auch Stücke Land zur arbeitsamen Beschäftigung der Armen erworben oder gepachtet werden. Nach §. 62 des Armengesetzes und späteren Gesetzen können Armengelder auch zur Beförderung der Auswanderung verwendet werden. — Ergänzend tritt dabei die Vorschrift 29. et 30. Vict. c. 113 §. 15 ein, wonach ein Armer, dem die Guardians zum Zweck der Armenunterstützung **außerhalb** des Arbeitshauses bestimmte Arbeiten vorschreiben, welche dem Alter, Geschlecht und der Arbeitskraft solcher Personen angemessen sind, im Fall der Verweigerung, als Idle und Disorderly Person nach dem Vagabundengesetz bestraft werden soll.[5])

6. **Das System der Unterbringung der Armenlehrlinge**[6]) ist durch 7. et 8. Vict. c. 101 §§. 12, 13 ebenfalls den Friedensrichtern entzogen, die alte Zwangslehrlingschaft aufgehoben, die Unterbringung armer Kinder in dieser Weise bei Meistern, die sich dazu bereit finden, den Guar-

---

[5]) **Modalitäten** der Armenunterstützung sind zu allen Zeiten mit vieler Umsicht gestaltet worden, vergl. z. B. Out-Door Labour Test Order vom 30. April 1842. Auch in diesem Falle muß der Arme ganz für Rechnung der Armenverwaltung arbeiten (weder ganz noch theilweis für einen Privatarbeitgeber), und erhält wenigstens die Hälfte des Lohns in Naturalien. — Die Anschaffung kleiner Ackerstücke für den Gebrauch und die Beschäftigung der Armen ist durch 59. Geo. III. c. 12 §. 12; 1. et 2. Will. IV. c. 42 gestattet. — Wegen der Beförderung der Auswanderungen durch Beiträge aus der Unionskasse vergl. 11. et 12. Vict. c. 110 §. 5; ausgedehnt auch auf die Auswanderung von Kindern, 13. et 14. Vict. c. 101.

[6]) Bei **Unterbringung der Armenlehrlinge** bestimmt das Armenamt durch seine Orders mit Gesetzeskraft die Pflichten des Meisters, dessen Contraktbuch mit Bußen bis 20 £. bedroht ist. Alle früheren Geschäfte der Armenaufseher dabei sind auf die Guardians übergegangen, deren Clerk auch die Listen der Armenlehrlinge führt. Ein umständliches Regulativ für das jetzige Verfahren enthält die General Order vom 26. Juli 1847 Art. 53—74. Kein Kind unter 9 Jahren soll in die Lehre gebracht werden, bevor es lesen und seinen Namen schreiben gelernt hat. Der Lehrvertrag darf auf höchstens acht Jahre lauten. Kinder unter 14 Jahren dürfen nicht ohne ihre Zustimmung in die Lehre gegeben werden; Kinder unter 16 Jahren nicht ohne Zustimmung des Vaters resp. der Mutter, welche den Vertrag mit zu unterzeichnen haben. Voran geht auch eine ärztliche Untersuchung. Die 10 Clauseln, welche jedem Lehrvertrag einzuverleiben sind, betreffen die Anlernung, Gewährung des Unterhalts und der Bekleidung, ärztliche Hülfe, Besuch des Gottesdienstes und der Sonntagsschule, Gewährung eines Wochengeldes vom 17. Jahr an (Art. 70). Die besonderen Bestimmungen über die Lehrlingschaft im Seedienst enthält die Merchant Shipping Act §. 141—145.

dians überlassen nach den vom Armenamt sehr speciell normirten Contraktformularen. Das Verfahren zur Feststellung der „Umstände des Falles," die Erörterung der Gründe eines etwanigen Widerspruchs und die Beschlußnahme über die Unterbringung, wie solche nach älterm Verfahren (oben S. 321) vor zwei Friedensrichtern erfolgte, geht jetzt vor dem board of guardians vor sich. „Auf geführten Beweis des Bruchs eines Artikels des Lehrvertrages vor einem Friedensrichter" mögen die guardians auch durch Resolution den Lehrvertrag für aufgehoben erklären.

7. Die Unterbringung von Armenkindern außer dem Arbeitshause und die Gewährung von Armenschulgeldern gehört erst zu den späteren Einrichtungen der Armenverwaltung. In der Regel werden mit den Eltern auch die Kinder im Armenhaus untergebracht und in der Armenhausschule unterrichtet. In Anerkennung, daß das Armenhaus kein angemessener Ort der Erziehung sei, hat indessen das Armenamt eine allmälige Abtrennung durch folgende Maßregeln begonnen.[7])

a) Durch Absonderung der Schulgebäude von den Armenhäusern, zu denen das Armenamt fortwährend aufmuntert und welche in einer Anzahl von Unions wirklich zu Stande gebracht ist. Die neueren Berichte des Armenamts konnten für den hauptstädtischen Bezirk die erfreuliche Thatsache melden, „daß mit Hülfe dieser Sonderung und der District Schools bereits $78\frac{1}{2}$ Prozent der Armenkinder außerhalb des Arbeitshauses erzogen werden."

b) Bedeutungsvoller ist das neuere System der Unterbringung der Kinder in Privatanstalten und der Bewilligung von Schulgeldern. Nach 25. et 26. Vict. c. 43 mögen die Guardians die Armenkinder in solchen Privatanstalten unterbringen, welche nach Vorprüfung des Staatsarmenamts als dazu geeignet ein Certifikat erhalten haben, und aus den Armenfonds für die Erhaltung, Bekleidung und Erziehung eines solchen

---

[7]) Das Armenamt hat von jeher anerkannt, daß das Armenhaus ein sehr ungeeigneter Ort für die ersten Jugendeindrücke sei: The atmosphere of a workhouse is tainted with vice; no one who regards the future happiness of the children would wish them to be educated within its precincts (Poor Law Commiss. Report 1841). Allein die Kasernirung der Familien in den Arbeitshäusern bringt auch die Hereinziehung der Kinder in das Arbeitshaus mit sich. In dieser Beziehung war die Einführung eines Systems von Außenpflegekindern durch 25. et 26. Vict. c. 43 von großer Bedeutung. Das Armenamt behält sich vor, solche Privatpensionate durch seine Inspectoren zu beaufsichtigen, die Certifikate zu widerrufen. Die Guardians mögen das Kind jederzeit zurücknehmen. Diese Unterbringung soll sich indessen beschränken auf Waisenkinder, verlassene Kinder, bei anderen nicht ohne Consens der Eltern stattfinden. Eine Uebersicht der so untergebrachten Kinder geben die Parl. P. 1857 sess. 2. XXXII. 71. Es waren damals 3986 Kinder in dieser Weise untergebracht, neben 3732 in district schools, 35,082 in workhouses schools.

§. 126. B. Verwaltungssystem der Hausunterstützungen.

Kindes eine solche Summe bewilligen, welche die Kosten der Erhaltung des Kindes im Arbeitshause nicht überschreitet.

c) In anderer Richtung wird durch die Industrial Schools für eine besondere Behandlung verwahrloster Kinder Sorge getragen. Nach 29. et 30. Vict. c. 98 mögen Kinder unter 12 Jahren als „refractory" aus Arbeitshäusern oder Armenschulen in solche Anstalten verwiesen werden, die unter einer dauernden Inspection der Staatsgefängnißinspectoren stehen (oben S. 405).

Das Gesammtsystem der Hausunterstützungen in dieser vielseitigen Gestalt verdient das Anerkenntniß einer umsichtigen und humanen Leitung. Unter der Voraussetzung, daß eine Centralisation der Armenverwaltung in einer leitenden Stelle und die Handhabung durch professionelle Beamte im Interesse der Sparsamkeit und Ordnung in England wirklich unvermeidlich geworden, leistet diese Verwaltung Alles, was das Beamtenthum ohne eine eigentliche Selbstthätigkeit der Gemeindegenossen im Nachbarverband zu leisten vermag.

Ueber die Gesammtzahl der Personen, die nach diesen Grundsätzen einen outdoor relief beziehen, werden Tabellen nach gleichförmigem Schema geführt (wobei ich beispielshalber aus dem Generalbericht von 1856 S. 153 die damaligen Zahlen hinzufüge):

I. Arbeitsfähige und Familienmitglieder solcher.
1. Erwachsene Männer unterstützt in plötzlichen Unglücksfällen 146.
2. Erwachsene Männer unterstützt in Krankheitsfällen ꝛc. 18,526.
3. Erw. Männer unterst. wegen Krankheit oder Unglücksfalls der Familie 7519.
4. Erwachsene Männer unterstützt wegen Mangels an Arbeit ꝛc. 4967.
5. Familienmitglieder der vorigen Klassen ad 1—4:
    (a) Ehefrauen 25,595; (b) Kinder unter 16 J. 74,903.
6. Wittwen 52,653.
7. Kinder unter 16 J. von Wittwen 124,960.
8. Ledige Frauenzimmer ohne Kinder 5820.
9. Uneheliche Kinder und deren Mütter: (a) Mütter 2381; (b) Kinder 5310.
10. Familienmitglieder von Personen im Gefängniß ꝛc.:
    (a) Frauen 2182; (b) Kinder 6392.
11. Familien von Soldaten, Matrosen ꝛc.: (a) Frauen 2794; (b) Kinder 6405.
12. Ansässige Familienmitglieder anderer nicht ansässiger Männer:
    (a) Frauen 5117; (b) Kinder 13,724.

II. Nichtarbeitsfähige.
   (a) Männer 99,135; (b) Frauen 220,804; (c) Kinder unter 16 J. bei ihren Eltern 87,675; (d) Waisen oder Kinder nicht bei den Eltern 15,136.

III. Wahnsinnige, Blödsinnige und Gemüthskranke.
   (a) Männer 5305; (b) Frauen 6632; (c) Kinder unter 16 J. 367.

IV. Summe der vorigen Klassen ad I.—III.
   (a) Männer 136,113; b) Frauen 325,281; (c) Kinder 289,785.

V. Vagabunden mit out-door relief 991.

VI. Totalsumme der Personen 752,170.

Cap. X. Die Communal-Armenverwaltung.

Danach stellt dann das Armenamt die Resultate ganzer Jahre vergleichend gegenüber. So in dem Generalbericht von 1868 S. 11.

Jahr endend Marientag:	Bevölkerung:	In-door relief:	Out-door:	Total:	Procente der Bevölk.
1849.	17,535,000.	133,513.	955,146.	1,088,659.	6,2.
1850.	17,765,000.	123,004.	885,696.	1,008,700.	5,7.
1851.	17,927,000.	114,367.	826,948.	941,315.	5,3.
1852.	18,205,000.	111,323.	804,352.	915,675.	5,0.
1853.	18,402,000.	110,148.	776,214.	886,362.	4,8.
1854.	18,617,000.	111,635.	752,982.	864,617.	4,6.
1855.	18,840,000.	121,400.	776,286.	897,686.	4,8.
1856.	19,043,000.	124,879.	792,205.	917,084.	4,8.
1857.	19,207,000.	122,845.	762,165.	885,010.	4,6.
1858.	19,444,000.	122,613.	736,273.	908,886.	4,7.
1859.	19,578,000.	121,232.	744,214.	865,446.	4,4.
1860.	19,837,000.	113,507.	731,126.	844,633.	4,3.
1861.	20,066,000.	125,866.	758,055.	883,921.	4,4.
1862.	20,228,000.	132,236.	784,906.	917,142.	4,5.
1863.	20,445,000.	136,907.	942,475.	1,079,382.	5,3.
1865.	20,663,000.	133,761.	881,217.	1,014,978.	4,9.
1865.	20,881,000.	131,313.	820,586.	951,899.	4,6.
1866.	21,100,000.	132,776.	783,376.	916,152.	4,3.
1867.	21,320,000.	137,310.	794,236.	931,546.	4,4.

Es ist dabei eine verhältnißmäßige Abnahme der erwachsenen arbeitsfähigen Armen bemerkbar, welche z. B. 1849 26,558 in-door, 202,265 out-door betrug; 1867 dagegen 19,740 in-door, 128,685 out-door. Da das Armenamt in seinen Tabellen nur die Unterstützungen angiebt, die an einem bestimmten Tage (1. Januar und 1. Juli) gleichzeitig gezahlt werden, die Empfänger der Unterstützung aber durchschnittlich nur 3–4 Monate Unterstützung empfangen, so ist die Zahl der Unterstützten mindesten 3fach größer als jene Zahlen ergeben (Kries, Engl. Armenpflege S. 35).

§. 127.

C. Das System des Rechnungswesens. Accounts and Audit.

Vor dem neuen Armengesetz waren die Kirchenvorsteher und Armenaufseher die allein verantwortlichen Beamten für die gesammte Armenausgabe, und in ihrer Rechnungslegung war auch die der vorhandenen Arbeitshäuser und der Unterbeamten einbegriffen. Das neue Armengesetz dagegen erstreckt die Rechnungspflicht auf alle Personen, denen Gelder, Vorräthe oder andere Werthgegenstände der Armenverwaltung anvertraut sind. Das Staatsarmenamt, dessen Regulativen die Ausführung des Rechnungswesens im Gesetz überwiesen war, erließ darüber umfangreiche Orders, und schlug schon in der Order vom 1. März 1836 den wirksamen

§. 127. C. Das System des Rechnungswesens. 755

Weg ein, daß es diejenigen Armenausgaben im Einzelen feststellte, welche aus der Poor Rate gemacht werden dürfen.*) Alle Beamten der Armenverwaltung werden für die Innehaltung dieser Schranken mit ihrem Vermögen verantwortlich gemacht. Auch kein Friedensrichter, kein Armenrath, keine Gemeindeversammlung darf andere Ausgaben bewilligen, als zu den specialisirten Zwecken. Kein Befehl des Vorgesetzten entbindet von dieser Verantwortlichkeit. Zur Fixirung der Verantwortlichkeit dient die Vorschrift, daß jede Zahlungsorder des Armenraths von dem Chairman und zwei anwesenden Mitgliedern gezeichnet, von dem Clerk gegengezeichnet sein muß; daß jede Zahlungsorder über 5 £. in dieser Form auf den Treasurer der Union gezogen werden muß; daß jede Rechnung über 20 sh. von dem Armenrath geprüft und genehmigt sein soll, sowie eine Reihe von Regulativvorschriften über Geldannahme und Zahlung der Armenbeamten. In weiterer Verbindung damit steht das System der Lieferungs- und Entreprise-Contracte für Erhaltung, Bekleidung, wohnliche Unterbringung oder Unterstützung der Armen, welches durchgängig unter die rules, orders und regulations des Armenamts gestellt ist (Armenges. §. 48); davon abweichende Verträge, wenn nicht speciell bestätigt, können vom Armenamt cassirt, die darauf geleisteten Zahlungen für ungültig erklärt und in den Rechnungen der Beamten defectirt werden**).

Diese neue Weise der Verwaltungscontrole durchkreuzte sich nun aber mit der hergebrachten Stellung der Friedensrichter zu der Rechnungs-

---

*) Die Order vom 1. März 1836 findet sich abgedruckt in Burn's Justice IV., 1105 ff. und ist wichtig als eine amtliche Uebersicht über die gesetzlichen Zwecke, zu welchen die Armensteuer verwendet werden darf. Mit Bezug auf die hergebrachten Mißbräuche bezeichnet das Armenamt auch negativ Ausgaben, welche nicht gemacht werden dürfen: für Gehalte an Armenaufsehern, für Zeitversäumniß in Verhandlungen vor dem Friedensrichter, Ausgaben für Festessen und andere Mißbräuche unter der Rechnungsrubrik expenses of attendance, Kosten von Diners und Festlichkeiten unter der Rechnungsrubrik „expenses for meetings and otherwise", Ausgaben für Vertilgung von Ungeziefer, Kosten für Verheirathung von Armen ꝛc.

**) Die Regulative über die Contractschließungen, als gemeinsame Vorschriften für alle Zweige der Armenverwaltung, sind in der Consolidated Order 1847 Art. 44—51 vorangestellt. Das vertragschließende Subject ist das board of guardians. Alle periodischen Lieferungen von Feuer- und anderen Materialien im Betrage von mehr als 10 £. monatlich, einmalige Lieferungen und Reparaturarbeiten im Betrag von mehr als 50 £. müssen durch öffentliche Aufforderung an Mindestfordernde in Verding gegeben werden, unter denen das board wählen und nach Umständen eine Sicherheitsbestellung fordern mag. Für die öffentlichen Bekanntmachungen ist die Zeitung zu wählen, welche die meiste Verbreitung unter der Klasse von Personen hat, von welchen Angebote zu erwarten sind, ohne jede Rücksicht auf die Ansichten, welche über die Verwaltung des Armenwesens oder irgend andere Gegenstände in der Zeitung ausgesprochen sein mögen (Offic. Circul. vol. II. p. 258). Die Betheiligung der Armenbeamten an diesen Verträgen ist bei besonderen gesetzlichen Strafen verboten.

legung (oben S. 572. 573). Nach den bisherigen Grundsätzen der Verwaltungsjurisdiction hatten die Kirchspielsbeamten den Orders der Friedensrichter und obrigkeitlichen Beamten der Selbstverwaltung Folge zu leisten und waren durch diese Folgeleistung aller rechtlichen Verantwortlichkeit entbunden. Das Armengesetz §. 96 hatte dagegen den Grundsatz ausgesprochen, daß kein Armenaufseher einer Strafverfolgung unterworfen sein soll „wegen Nichtausführung irgend einer illegalen Order solcher Friedensrichter oder Guardians ohne Rücksicht auf dem widersprechende Rechtsgrundsätze oder Statuten."

Es wurde dadurch nothwendig, neue administrative Oberbeamte für das Rechnungswesen zu schaffen, die schon das Armengesetz §. 109 unter dem Namen Auditors neben den Friedensrichtern einführt, und unter die bindende Regulative des Armenamts stellt (§. 46). Durch 7. et 8. Vict. c. 101 §. 32 wird die Einrichtung getroffen, daß solche Revisoren für größere, aus mehren Unions bestehende Districte ernannt werden sollen; und wo die neue Einrichtung durchgeführt ist, sollen „alle gesetzlichen Gewalten der Friedensrichter und Anderer zur Prüfung, Revision und Defectirung der Rechnungen" auf diese District-Auditors übergehen. Die Collision der friedensrichterlichen Verwaltungsjurisdiction war damit aufgehoben. Im Jahre 1850 waren bereits 50 District-Auditors angestellt (mit durchschnittlich 260 L. Gehalt). Die Kosten der Einrichtung im Interesse der öffentlichen Ordnung wurden nun auch von der Staatskasse unmittelbar übernommen. Die Anstellung erfolgt zwar noch auf gemeinsame Vorschläge der Vorsitzenden der boards of guardians der zu einem District vereinigten Kreisarmenverbände. Sie werden aber vom Staat besoldet, sind nur vom Armenamt entlaßbar, nur der Disciplin, Aufsicht und Anweisung des Armenamts unterworfen: also im Wesentlichen als Staatsbeamte anzusehen, bei deren Ernennung die Kreisarmenverbände noch eine Stimme haben. Consequent verordnet endlich das 31. et 32. Vict. c. 122 §. 24:

daß unter Abänderung des st. 7. et 8. Vict. c. 101 §. 32 bei künftigen Vacanzen das Armenamt durch eine Order unter seinem Siegel den District-Auditor zu ernennen hat, dessen Amtsantritt durch den Staatsanzeigen zu veröffentlichen ist.***)

Diese Beamten treten damit in die Reihe der unmittelbaren Staatsbeamten ein, und bilden mit den 12 Staatsinspectoren eine geschlossene Kette, welche

---

***) Ueber die Staatsbeiträge zur Besoldung der Districts Auditors vgl. die Bemerkungen in den Parl. P. 1865 XII. 175. Für die stärker beschäftigten Auditors bildet das Amt einen ausschließlichen Beruf, dessen Gehalte dann bis auf 700 L. und darüber steigen. Die heutigen verwickelten Vorschriften über das Rechnungswesen machen ein technisch gebildetes Rechnungspersonal an dieser Stelle unentbehrlich.

§. 127. C. Das System des Rechnungswesens.

die gesammte Verwaltungsordnung des Armenwesens der Direction des Staatsarmenamtes unterwirft.

Inzwischen ist durch die Union Chargeability Act 1865 das gesammte Rechnungswesen bedeutend geändert, indem die Beiträge aller Kirchspiele zu einem gemeinsamen Fond des Kreisarmenverbandes zusammenfließen. Mit Rücksicht darauf hat das Armenamt unter Aufhebung der älteren Regulative eine General Order for Accounts vom 14. Januar 1867 erlassen, welche in 67 Artikeln das gesammte Rechnungswesen in eine neue systematische Ordnung bringt.

I. Das System der Rechnungslegung, Keeping of Accounts, General Order Art. 1—37, umfaßt alle sowohl von den Kirchspielsbeamten als von den Beamten der Union fortan zu legenden Rechnungen der Einnahmen und Ausgaben, unter sorgfältiger Bestimmung des verantwortlichen Beamten, der Formulare der Buchführung, der Beläge und des Zeitpunkts der Abschließung der Rechnung. Die Einnahmen sollen außer der Armensteuer auch einbegreifen alle Nebeneinkünfte, Rückzahlungen aus Armenunterstützung, alle der Armenkasse zufließenden Strafgelder, Vermächtnisse und Schenkungen. Andererseits dürfen in den Ausgaben nur passiren die gesetzlich gestatteten, dem Betrage nach angemessenen, und in der Regel nur die auf das laufende Rechnungsjahr fallenden Ausgaben (Armenges. §. 47). Alle Vorschriften des Armenamts über den Geschäftsgang und die Formulare gelten dabei mit gesetzlich bindender Kraft (§. 15 a. a. O.). Die Rechnungslegung soll mindestens halbjährlich oder auch öfter nach Anweisung des Armenamts eintreten, 7. et 8. Vict. c. 101 §. 38. Jeder Rechnungspflichtige hat seine Rechnungen mit Belägen den in den Regulativen bezeichneten Personen vorzulegen, eine Deklaration darüber zu zeichnen, bei Strafe von 40 sh. für jeden Ungehorsam gegen die Anweisungen des Auditor und bei Strafe des Meineids für jede falsche Declaration (§. 32. 33 a. a. O.)[1].

---

[1] Die General Order for Accounts vom 7. Januar 1867, Glen S. 462—579, handelt im Art. 1—24 von den Keeping of Accounts und zwar (1) der Kirchspielsrechnungen: der Overseer hat zunächst ein Steuerbuch, Rate Book, in 19 Rubriken zu führen, sodann ein Book of Receipts and Payments und zur Controle ein Rate Receipt Book. Der Collector des Kirchspiels führt das Rate Receipt Check Book und einige ergänzende Bücher. (2). Für die Rechnungen der Union hat der Clerk of the Union zunächst ein Hauptbuch, General Ledger, in 21 gesonderten Contis zu führen; sodann ein Relief Order Book, ein Order Check Book, ein Pauper Classification Book und ein Petty Cash Book. Als Specialrechnungspflichtige haben sodann besondere Bücher zu führen: der Collector of the Guardians, der Treasurer, der Hausinspector des Arbeitshauses und die Relieving Officers. Der Hausinspector hat nicht weniger als 19 verschiedene Bücher und Quartalübersichten zu geben, der Unterstützungsbeamte 4 verschiedenartige Bücher und Listen. — Art. 25—37 handelt sodann von der Examination and

II. Die materielle Rechnungsrevision, Auditing of Accounts, findet zweimal jährlich statt durch den District Auditor, möglichst bald nach den beiden Abschlußterminen, dem 25. März und 29. September, mit Vorbehalt außerordentlicher Revisionen auf Anordnung des Armenamts. Der Revisionstermin ist den Kirchspielsbeamten durch eine formelle Bekanntmachung und Anweisung, unter Angabe der mitzubringenden Bücher zu notificiren. Dem Clerk to the Guardians ist mindestens 14 Tage vorher der Termin, in welchem die Revision der Rechnungen der Union und der einzelen Kirchspiele beginnen soll, bekannt zu machen. Im Termin sind alle Rechnungspflichtigen schuldig, in Person zu erscheinen, auch jeder Steuerzahler und Grundeigenthümer berechtigt, Rechnungen und Beläge einzusehen, soweit dies nach Ermessen des Auditor ohne Störung des Hauptgeschäfts geschehen kann. Der Audit erstreckt sich auf die Form der Rechnungen, die Uebereinstimmung mit den Belägen, die Vollständigkeit der Vereinnahmungen, die Gesetzmäßigkeit der Verausgabungen, mit der Befugniß, übermäßige und illegale Ausgaben zu defectiren (disallow) und übergangene Posten in Einnahme zu stellen (surcharge), auch mit der Befugniß, den Rechnungsleger anzuhalten zum Schadenersatz für Nachlässigkeit und Mißverwaltung (7. et 8. Vict. c. 101. §. 32). Versehen aus Unachtsamkeit können brevi manu verbessert werden. Dabei kann der Auditor entgegennehmen „jede objection eines Steuerzahlers oder einer beschwerten Person gegen einzele Posten", und über den Einwurf contradictorisch verhandeln und entscheiden. Im Fall weiterer Nachforschungen ist jeder Rechnungspflichtige schuldig, sich persönlich verhören zu lassen und die verlangten Specialnachweise vorzulegen. Nach beendeter Revision ist im Hauptbuch unter der Schlußbilanz folgender Vermerk einzutragen:

Ich habe die vorstehenden Rechnungen geprüft, welche in der Schlußbilanz zusammengetragen sind, und habe verglichen die verschiedenen Zahlungen auf das Credit des Treasurer mit den Belägen, und attestire hiermit, daß die Eintragungen correct und legal erscheinen ꝛc. N., Auditor.

Am Schluß der Revision soll der Auditor die Generalübersichten, statements, nach vorgeschriebenen Formularen (G) dem Armenamt einsenden [2]).

Closing of Accounts. Am Tage vor jeder ordentlichen Sitzung des board hat der Clerk die Bücher des Hausinspectors und der Unterstützungsbeamten zu revidiren und dem board Bericht zu erstatten. Der Abschluß der Rechnungen erfolgt halbjährlich am 25. März und 29. September. 3 Tage vor der Revision der Union Accounts hat der Clerk die halbjährliche Generalrechnung mit den Hauptbüchern im Geschäftslocal der guardians zu deponiren zur Einsicht und Prüfung eines jeden Steuerzahlers oder Grundeigenthümers im Kreisarmenverbande, der auch in Gegenwart eines Beamten Abschriften daraus nehmen mag.

[2]) Die General Order of Accounts enthält in ihrer zweiten Hälfte Art. 38 bis 67 die Vorschriften über das Audit die noch mehrfach dem friedensrichterlichen Ge-

§. 127. C. Das System des Rechnungswesens. 759

Unverkennbar liegt in dieser Rechnungsrevision die eigentlich ent= scheidende Staatscontrole über die gesammte Localverwaltung durch das Zwischenamt der Auditors. Da diese Staatsbeamten in der Ausgabe nur passiren lassen „die gesetzlich gestatteten und dem Betrag nach angemessenen Verwendungen", so entsteht daraus eine neue sehr schwerwiegende Amtsgewalt der Rechnungsbeamten über die Communal= verbände, ein allgemeines Recht zu „controliren und zu überwachen die Befolgung der Gesetze und der Instructionen des Armenamts." Weitere Vorschriften über das audit enthält das st. 11. et 12. Vict. c. 91. 104. An Stelle früherer Friedensrichtergewalten ist also durch dies Revi= sionsverfahren eine neue Instanz geschaffen, welche ex post controlirt und regelt:

1. die gesetzmäßige Verwendung der Armensteuer über= haupt, indem schon nach dem Armengesetz §. 98 weder den overseers noch den guardians irgend ein Rechnungsposten passirt im Widerspruch mit dem Armengesetz oder den rules des Armenamts;

2. die Innehaltung der gesetzlichen Beitragsverhältnisse der einzelen Ortschaften zu den Kosten des Kreisarmenverbandes, welche bis zu der Union Chargeability Act von 1865 von so hervorragender Bedeutung war.

Diese administrative Controle sowohl der „Gesetzmäßigkeit" wie der „Angemessenheit" aller Ausgaben setzt sich fort in eine höhere Verwaltungs= instanz.

III. Eine Appellation von den Entscheidungen des Auditor an das Staatsarmenamt wurde hinzugefügt durch 7. et 8. Vict. c. 101. Der Revisor soll auf Antrag jeder beschwerten Person in dem Rechnungs= buch schriftlich die Gründe eintragen, aus welchen ein Posten passirt, defectirt oder in Belastung gestellt ist. Dagegen findet dann ein Antrag auf Abberufung, Certiorari, an die Königsbank statt. Der Revisor kann dabei seine Entscheidung vertheidigen, und die Kosten dafür aus der Armen= steuer des Kirchspiels ersetzt erhalten. — Die beschwerte Person hat aber auch ein Wahlrecht, statt des Gerichtshofes das Königliche Armenamt im Beschwerdewege anzugehen, welches dann durch eine Order unter Hand=

---

schäftsgange nachgebildet sind. Es ist eine Art von Audienztermin, in welchem der Auditor unter Anwesenheit der Rechnungs= und Steuerinteressenten eine mündliche contradictorische Verhandlung führt. Die der General Order beigefügten Formulare der Rechnungsbücher, Declarationen und Statements, aus welchen letzteren das Armenamt seine Generalberichte compilirt (Glen S. 519—577), sind in der That ein Muster der Buchführung vom amt= lichen und kaufmännischen Gesichtspunkt aus. Einige Nachträge für das Statistical und das Financial Statement enthält die Order vom 27. Juni 1870. Für die angeordneten außerordentlichen Revisionen soll nach 29. et 30. Vict. c. 113 §. 6 der Auditor dieselben Amtsgewalten üben, wie für die ordentlichen Revisionen.

schrift und Siegel die Streitfrage entscheidet (§. 36). In Folge dieses Wahlrechts ist die billigere und einfachere Beschwerdeinstanz beim Armenamt sehr bald die überwiegende geworden. Ueberdies hat nur das Armenamt die wichtige Befugniß vom Gesetzesbuchstaben abzuweichen und aus administrativen Erwägungen der Zweckmäßigkeit (equitable jurisdiction) einzele Rechnungsposten passiren zu lassen. Und so findet denn dies Gebiet des Communalwesens durch die Mittelinstanz der Auditors und durch die oberste Instanz des Poor Law Board seinen Schwerpunkt bereits in **Administrativbehörden**, neben welchen sich aber die Sessionen der Friedensrichter (event. die King's Bench) noch als eine alternative Berufung auf den Rechtsweg hindurchziehen.

Der **Gesammtcharacter des neuen Verwaltungssystems**, über welches sich das Armenamt in seinen Jahresberichten sehr umständlich und sorgfältig ausweist, ist eine gleichmäßige Ordnung der Verwaltung, ökonomische Verwendung der Gemeindefonds, verhältnißmäßige Ersparung in den Gesammtkosten der Armenpflege, Beseitigung der störenden Einflüsse der Armenverwaltung auf die Höhe der Arbeitslöhne und eine wirksame Ausgleichung der einst so ungleich haftenden Armensteuer. Diese Verwaltung hat auch die neueste Krisis der Fabrikdistricte ehrenvoll überstanden. Man kann jedoch solche Verdienste vollkommen anerkennen, ohne zu verkennen, daß diese Art der Beamtenverwaltung alle Selbstthätigkeit des Gemeindelebens aufhebt.

Die ökonomischen Gesammtresultate des neuen Verwaltungssystems sind aus den zahlreichen Tabellen und Generalberichten zu entnehmen. Seit der neuen Constituirung beginnt eine neue Reihenfolge dieser Generalberichte, von denen jetzt der 22. Annual Report of the Poor Law Board 1869—70 vorliegt. Das statistische Material häuft sich mit jedem Jahrgang der Parlamentspapiere fast überreichlich, ebenso die generellen Reports über die Resultate der Verwaltung und die speciellen Reports über einzele Gesetzgebungsfragen. Vgl. Gneist, Engl. Verwaltungsr. II. 1187. Aus den Gesammtresultaten sind für einzele Zwecke nur hervorzuheben die summarischen Gesammtbeträge der Poor Rates und der eigentlichen Armenkosten. Die Durchschnittsausgabe für die Armenunterstützung war in den Jahren 1819—29 = 6,300,000 £., 1829—39 = 5,700,000 £., 1839—49 = 5,200,000 £., 1849—59 = 5,500,000 £., 1859—69 = 6,500,000 £.; darunter der geringste Jahresbedarf 1837 = 4,050,000 £., der höchste Jahresbetrag 1869 = 7,700,000 £. Das Armenamt berechnet alljährlich den Betrag der Armenkosten, welche auf jeden Kopf der Bevölkerung fallen, sowie die Prozente von dem armensteuerpflichtigen Grundeinkommen. Im Jahre 1834 fielen auf jeden Kopf der Bevölkerung 8 s. $9^{1}/_{2}$ d. (88 Sgr.) Armenkosten, — nach dem Durchschnitt der nächsten 22 Jahre nur 6 s. 2 d. ($61^{1}/_{2}$ Sgr.). Im Jahre 1834 betrugen die wirklichen Armenkosten 1 s. $10^{1}/_{2}$ d. auf das L., d. h. $9^{7}/_{12}$ pCt. von dem steuerpflichtigen Grundeinkommen; — nach dem Durchschnitt der nächsten 22 Jahre waren es nur 1 s. $6^{1}/_{4}$ d. auf das L., d. h. nur $7^{1}/_{2}$ pCt. In den letzten Jahren sind freilich wieder Erhöhungen eingetreten. Die Generalberichte ergeben ferner das Verhältniß der wirklichen Ausgaben für die Armenpflege zu den Ausgaben für andere Communalzwecke, die aus den Armenfonds zu bestreiten sind, in folgenden Rubriken: (1) Verwaltungsjahr, endend mit dem 25. März des angegebenen Jah-

§. 127. C Das System des Rechnungswesens.

res, (2) Einnahmen aus der Armensteuer, (3) Nebeneinnahmen aus Strafgeldern u. f. w. — Sodann die Ausgaben: (4) eigentliche Armenausgaben in acht Unterabtheilungen (f. unten); (5) Prozeßkosten aus den Streitigkeiten über das Niederlassungsrecht. (6) Auszahlungen aus der Poor Rate zu der County Rate. (7) Kosten bei dem Verfahren vor den Friedensrichtern, z. B. bei Steuerreklamationen, Gebühren der Constables 2c. (8) Kosten der Civilstandsregister, Gebühren der Geistlichen dabei 2c. (9) Kosten der Pockenimpfung. (10) Kosten der Wahl- und Jurylisten-Anfertigung. (11) Kosten aus der Parochial Assessment Act für die Abschätzung der steuerpflichtigen Grundstücke und Rückzahlung von Darlehnen daraus. (12) Sonstige vermischte Ausgaben für die Zwecke der Poor Rate (§. 20), die nicht unter die eigentlichen Armenkosten fallen. (13) Medicinalkosten, die schon in Rubrik 4 enthalten sind, aber nochmals besonders hervorgehoben werden wegen der Beiträge der Staatskasse. Nach diesen Rubriken lasse ich eine Haupttabelle folgen, wobei zur leichteren Uebersicht die 000 £. St. weggelassen sind:

1. Jahr.	2. Armensteuer.	3. Neben-Einnahmen.	4. Eigentliche Armenausgab.	5. Prozeßkosten.	6. County Rate.	7. Constables-Kosten.	8. Civilstands Register.	9. Pocken-Impfung.	10. Wahllisten.	11. Parochial Assessments.	12. Sonstige Ausgaben.	13. Medicinal-Kosten.
1840	6,014	227	4,576	67	855	—	51	—	—	49	466	151
1841	6,351	226	4,760	69	1,026	—	53	11	—	43	527	154
1842	6,552	201	4,911	68	1,230	—	52	33	—	40	375	153
1843	7,085	219	5,208	84	1,295	—	53	16	—	30	346	160
1844	6,847	219	4,976	105	1,336	—	56	16	—	30	359	166
1845	6,791	218	5,039	95	1,279	57	57	25	20	22	258	174
1846	6,800	187	4,954	83	1,297	52	54	27	21	21	234	175
1847	6,964	152	5,298	76	1,334	51	59	18	25	17	213	179
1848	7,817	158	6,180	73	1,391	58	56	21	24	14	226	197
1849	7,674	199	5,792	70	1,381	62	57	29	28	15	273	211
1850	7,270	230	5,392	77	1,321	65	58	23	28	14	376	227
1851	6,778	181	4,962	68	1,392	61	56	25	28	14	309	209
1852	6,552	318	4,897	62	1,344	60	58	25	30	12	325	212
1853	6,522	282	4,939	52	1,406	55	60	27	30	12	269	215
1854	6,973	278	5,282	46	1,481	56	60	45	31	12	299	230
1855	7,864	310	5,890	51	1,598	58	65	54	31	10	328	231
1856	8,201	295	6,004	53	1,577	61	63	44	31	12	363	231
1857	8,139	301	5,898	59	1,776	59	63	41	32	13	393	231
1858	8,188	303	6,452	60	1,916	50	64	40	32	16	389	230
1859	8,108	326	6,434	65	1,915	46	66	46	32	15	403	233
1860	7,715	317	6,033	61	1,936	42	67	46	34	16	416	236
1861	7,921	330	6,252	59	1,925	43	66	47	34	15	423	238

Ueber die eigentlichen Armenkosten giebt der Jahresbericht 1868 folgende Tabelle:

Jahr.	Bevölkerung.	In-door.	Out-door.	Lunatics.	Bau-Conto u. Darlehn.	Gehalt. Ausg.	Andere Ausg.	Total.
		£	£	£	£	£	£	£
1863	20,445,000	1,127,142	3,574,136	501,368	176,165	679,480	468,745	6,527,036
1864	20,663,000	1,095,814	3,466,392	524,166	177,247	696,098	463,664	6,423,381
1865	20,881,000	1,111,478	3,258,813	535,115	175,242	706,529	477,789	6,264,966
1866	21,100,000	1,188,784	3,196,685	566,482	180,746	730,704	576,116	6,439,517
1867	21,320,000	1,375,627	3,358,351	607,292	186,317	747,650	684,603	6,959,840

§. 128.

Die School Districts und District Asylums.

So ausreichend die heutigen Kreisarmenverbände mit ihrer Seelenzahl von durchschnittlich 30,000 Einwohnern (in concreto von 3000—200,000 Einw.) für die laufende Armenverwaltung sich erwiesen, so zeigte sich doch für gewisse Zwecke ein Bedürfniß, größere Landarmenverbände zu bilden. Das wichtige Gesetz 7. et 8. Vict. c. 101 hat in verschiedenen Richtungen den Versuch gemacht, solche „Districts" zu gestalten. Man machte indessen die Erfahrung, daß der lockere Verband der bloß gewählten boards der Steuerzahler keine geeignete Basis für die Bildung größerer Körper der Selbstverwaltung enthält, daß die über einander geschichteten Wahlen solcher boards den Mechanismus der Administration nur steigern und in bureaukratische Spitzen auslaufen. Diese Districts sind daher nur eine ergänzende Bildung von nicht erheblicher Bedeutung geblieben.

I. Die Audit Districts sollten nach 7. et 8. Vict. c. 101 §. 32 gebildet werden zur gemeinschaftlichen Bestellung eines Rechnungsrevisor. Es wurden durchschnittlich nun etwa 13 Unions zusammengefaßt, um einen gemeinschaftlichen District Auditor zu ernennen, der durch die Chairmen der einzelen boards gewählt werden sollte. Allein ein solches Zusammenwirken zusammenhangloser boards für die Wahl eines Beamten, der zur Ausübung einer Staatscontrole bestimmt ist, erwies sich als unpractisch. Durch 31. et 32. Vict. c. 122 §. 24 wird daher die Ernennung des District Auditor dem Staatsarmenamt übertragen, und die Audit Districts erscheinen nun als bloß administrative Geschäftsressorts ebenso wie die 11 Divisions der Staatsinspectoren[1]).

II. Die Asylum Districts wurden veranlaßt durch den Mangel von Logirhäusern (Herbergen) für obdachlose wandernde Arme (destitute houseless poor), besonders in den großen Städten. Durch 7. et 8. Vict. c. 101 §§. 41—46, 48, 53, wird das Armenamt ermächtigt, in den namentlich genannten großen Städten „eine angemessene Zahl von Kirchspielen zu vereinigen zur Einrichtung und Verwaltung solcher Asylums, zur Unterstützung und Beschäftigung obdachloser Armen auf kurze Zeit." Die Kosten werden auf alle Kirchspiele nach dem Steuerfuß gleichmäßig vertheilt. Zur Verwaltung wird ein gemeinschaftliches board gebildet,

---

[1]) Sieh oben S. 720.

§. 128. Die School Districts und District Asylums. 763

dessen Mitglieder von den board of guardians gewählt werden unter Zutritt der Chairmen als ex officio Mitglieder. Für die Verwaltung gilt im Ganzen die Hausordnung der workhouses mit ergänzenden Regulativen, welche das district board nach Anweisung des Armenamts zu entwerfen hat. Die mannigfaltigen Beschwerden über diese Einrichtung haben indessen das st. 14. et 15. Vict. c. 105. §. 114 veranlaßt, wodurch das Armenamt ermächtigt wird, solche district boards auf Verlangen wieder aufzulösen.[2])

III. Die School Districts fanden eine sehr ernste Veranlassung in den Gebrechen des Armenschulwesens. Nach dem System der Arbeitshäuser sollten die workhouses zugleich als Armenschulen dienen, in welchen nun jährlich 30—35,000 Kinder, (durchschnittlich 50—60 in den einzelen) zu unterrichten waren. Da aber in sehr vielen Unions nur die Zahl von 20, 10 oder noch weniger Kinder vorhanden war, so war es sehr schwer, die geeigneten Lehrer und Unterrichtsmittel zu beschaffen, und solche Schulen in weiten Distancen genügend zu beaufsichtigen. Noch weniger ließ sich der nachtheilige Einfluß der Verbindung der Armenschule mit einem Arbeits-, Irren-, Krankenhaus und Vagabundendepot verkennen. In 7. et 8. Vict. c. 101 machte man den Versuch, diesem Uebelstand abzuhelfen durch Bildung von Distrikten aus mehren Armenverbänden zur Einrichtung eines gemeinsamen Armenschulhauses. Das Armenamt wird ermächtigt nach Umständen solche Distrikte zu bilden, vorausgesetzt, daß nur Kirchspiele innerhalb eines Bereichs von 15 engl. (3½ deutschen) Meilen dazu gezogen werden; Kirchspiele über 20,000 Seelen oder unter Lokalakte nur mit schriftlicher Einwilligung der Mehrheit der guardians. Da die ganze Einrichtung nur eine Auszweigung aus dem System der workhouses bildet, so sollten die Kosten ebenso wie für die Arbeitshäuser nach dem Durchschnitt der bisherigen Armenkosten auf die Kirchspiele vertheilt werden (§§. 40—55). Für die Verwaltung wird ein board of management gebildet aus ex officio und aus gewählten Curatoren, managers. Ex officio Mitglied ist jeder chairman der zum Distrikt gezogenen Union oder eines analogen größern Armenverbandes. Die Zahl der gewählten Mitglieder

---

[2]) Die Asylums sollen dienen zur Aufnahme von poor persons, found destitute, not professing to be settled and not known to have any place of abode there, die nicht nach dem Vagabundengesetz strafbar erscheinen Die so aufgenommenen wandernden obdachlosen Armen erhalten Speise und Quartier für die folgende Nacht und dürfen in der Regel wider ihren Willen nicht länger als 4 Stunden nach dem Frühstück am folgenden Tage zurückbehalten werden. Man klagt indessen über die Kostbarkeit solcher Einrichtungen, über das Bedenkliche der Anhäufung solcher Personen an einem Ort, sowie darüber, daß den einzelen boards of guardians keine genügende Controle über die Verwaltung der sehr bedeutenden Mittel zustehe. Eine solche lebendige Controle entsteht durch die über einander gehäufte Wahl von boards allerdings nicht.

für jeden Armenverband setzt das Armenamt bei der Bildung des Distrikts fest, sowie die Qualifikation der zu wählenden Mitglieder bis zu einem maximum von 40 L. Grundertrag. Das Curatorium stellt mit Zustimmung des Bischofs den Geistlichen der Anstalt sowie alle sonstigen Lehrer und Beamten an. Es kehrt dabei wieder der Grundsatz, daß arbeitsfähige Kinder in irgend einer gewerblichen oder landwirthschaftlichen oder Haushaltungsarbeit unterwiesen, beschäftigt, und damit für ihren künftigen Beruf vorgebildet werden sollen. Bei schlechter Aufführung kann ein Kind zur Strafe in das Arbeitshaus zurückgesandt werden. Durch 11. et 12. Vict. c. 82 wurden die Gewalten des Armenamts noch etwas erweitert, durch 13. et 14. Vict. c. 11 die Beitragspflicht dazu noch näher geregelt. — Es sind im Ganzen jedoch nur 6 solche Schuldistrikte zu Stande gebracht. Statt das System weiter zu bilden, schlägt die neuere Armenverwaltung andere Wege ein: durch die Maxime, besondere Schulhäuser in einiger Entfernung von dem Arbeitshaus anzulegen (was etwa in $\tfrac{1}{10}$ der Unions bereits geschehen); sodann durch Abschließung von Verträgen, durch welche die kleineren Unions und Kirchspiele ihre Armenkinder bei den größeren Verbänden einschulen, sowie durch die Austhuung von verwaisten und verlassenen Kindern in Privatanstalten, certified schools, nach 18. et 19. Vict. c. 43. Nur für die Metropolis scheinen sich die School Districts einigermaßen zu bewähren, wenn auch die Aufhäufung von 1200 Armenkindern in einer einzigen Schulanstalt auch hier erhebliche Bedenken erregt. Durch 32. et 33. Vict. c. 63 wird das Armenamt ermächtigt, auch diese School Districts wieder aufzulösen. Eine befriedigende Lösung wird sich erst mit der fortschreitenden Ausbildung des Volksschulwesens finden, und nicht sowohl vom Armenamt, als von dem neu zu schaffenden Unterrichtsministerium und von der neuen Schulgesetzgebung ausgehen.[3]) Sie ist nicht

---

[3]) Die 6 Districts Schools sind: 1. Central-London für die city und 14 andere Kirchspiele; 2. South Metropolitan für 11 meistens große Kirchspiele; 3. North-Surrey für 43 Kirchspiele; 4. Farnham and Hartley Wintrey; 5. Reading and Wokingham; 6. South East Shropshire. Die Statistical Journals 1858 Bd. XXI. 179. geben auch die Zusammensetzung der Verwaltungs-Curatorien der drei hauptstädtischen Schuldistrikte. In Central-London besteht das Curatorium aus 5 ex officio Mitgliedern und 18 gewählten, im South Metropolitan aus 6 ex officio Mitgliedern und 17 gewählten, in North Surrey aus 6 ex officio Mitgliedern und 12 gewählten. Die Zahl der Kinder in den workhouse schools ist aus den oben angegebenen Gründen ziemlich stabil. Nach dem Generalbericht von 1868 befanden sich 3343 Kinder in den vorhandenen district schools. Derselbe Bericht S. 20 ergiebt, in welcher Weise die Neubildung der school districts in der Metropolis begonnen wird. Nebenbei wird auch den Privatstiftungen zur Erbauung und Ausstattung von Armenschulen durch Erleichterung der rechtlichen Formen des Eigenthumserwerbs und gesetzlicher Regelung ihrer Verwaltung nachgeholfen, 5. et 6. Will. IV. c. 70; 4. et 5. Vict. c. 38 etc.

zu finden, so lange die systematische Absonderung der Armenkinder in besonderen Anstalten festgehalten wird.

IV. Nur für die Metropolis scheint der Boden für solche combinirte Districts vorhanden zu sein, welche durch neueste Specialgesetze zum Zweck der Beherbergung Obdachloser und zur Bildung von Hospitälern, Invalidenhäusern und Schulen in Gang gebracht sind (§. 129).

§. 129.
Das Armenverwaltungssystem der Hauptstadt.
Metropolitan Poor Act 1867.

Auch auf diesem Gebiet erscheint es zweckmäßig zum Schluß einen Ueberblick über die Armenpflege zu geben, wie sie sich unter dieser Gesetzgebung für die Hauptstadt gestaltet hat. Da die Armenverwaltung auf die Kirchspielsverfassung basirt war, und diese selbst in der City von London und deren Umgebungen die gewöhnliche Gestalt hatte, so war auch das Bedürfniß und die Weise der Reform dieselbe wie in den Provinzen. Die Armenpflege der Hauptstadt ergiebt daher eine bloße Recapitulation der bisher dargestellten Grundsätze.

Die City bildete von Alters her 108 kleine parishes mit dem Charakter eigener Armenverbände und mit eigener Armensteuer. Die kirchliche Eintheilung war zwar in Folge der großen Feuersbrunst durch 22. et 23. Car. II. c. 11 auf 51 Kirchspiele vermindert; für weltliche Zwecke aber blieben die kleineren Kirchspiele unverändert, sogar noch mit Unterabtheilungen, bestehen. Das Armengesetz 13 et 14. Car. II. c. 12 enthielt einige Specialklauseln, wonach in der city, in Westminster und in dem weitern Stadtbezirk innerhalb der bills of mortality incorporirte Verwaltungen und Arbeitshäuser gebildet werden sollten, welche indessen wegen der Pest und des Feuers erst nach langen Jahren und nur theilsweis zur Ausführung kamen. Seit jener Zeit hat sich der großstädtische Charakter über die bills of mortality hinaus auf noch eine Reihe von Ortschaften ausgedehnt, die jetzt die Metropolis bilden, und außer der city von London noch 68 meistens unförmlich große Kirchspiele, 6 sogenannte hamlets, 4 liberties, 5 procincts und 1 township umfassen. Die Verwaltung durch die Armenaufseher war sowohl für Erhebung wie für Verwendung der Steuern die gewöhnliche; doch hatten im Verlauf der Zeit nicht weniger als 63 Kirchspeile sich besondere Lokalakten verschafft, und dadurch ihre Verwaltung nach Bedürfniß oder Geschmack geregelt. Bisher gehörten auch 12 extraparochial places zu diesem Gebiet: der Tower, die West=

minsterabtei, das Charterhaus, und 9 Gebäudecomplexe der Advokaten=
innungen, zusammen 62 Acres umfassend.

Die Armensteuern für dies Gebiet betrugen 1776 150,944 L.;
1783—85 durchschnittlich 212,106 L.; im Jahre 1803: 408,392 L.; im
Jahre 1856: 853,690 L.; im Jahre 1861: 1,283,652 L. Die Bevölke=
rung war von 958,863 im Jahr 1801 auf 2,362,236 im Jahr 1851,
auf 2,803,000 im Jahr 1861 gestiegen. Das steuerpflichtige Grundein=
kommen betrug nach der höhern Einschätzung zur Einkommensteuer 1855:
13,127,576 L. (ohne Eisenbahnen und Canäle), — nach der niedrigern
Einschätzung zur Armensteuer 1847: 8,460,310; 1852: 10,254,131 L.

Die Bildung der Kreisarmenverbände erfolgte nach der
Armengesetzgebung von 1834 in der Weise, daß zunächst die sämmtlichen
Kirchspiele der City zu einer Poor Law-Union vereint, außerdem noch 14
Unions aus zusammengelegten Kirchspielen gebildet wurden. Zwölf große
Kirchspiele wurden als eigene Kreisarmenverbände mit eigenen Boards of
Guardians formirt. In 11 Kirchspielen blieben die alten Verwaltungs=
körper unter Trustees, Governors oder Directors, so wie sie durch Lokal=
akte eingesetzt waren, unverändert. In denjenigen, welche Theile einer
Grafschaft sind, treten die Friedensrichter ex officio dem board hinzu. Die
Zusammensetzung der neu gestalteten Boards of Guardians mit ihren
gewählten und ihren ex officio Mitgliedern waren nun folgende:

Unions.	Gewählte.	Ex off.	Parishes.	Gewählte.	Ex off.
Greenwich	24.	24.	Bethnal Green	20.	1.
Lewisham	20.	6.	Chelsea	20.	4.
Fulham	17.	4.	St. George in		
Hackney	11.	1.	the East	13.	1.
Holborn	28.	3.	Hampstead	11.	4.
City of London	101.	—	Kensington	18.	11.
East London	21.	—	St. Martin in the		
West London	20.	—	Fields	24.	4.
Poplar	15.	2.	Paddington	18.	12.
Stepney	15.	—	Bermondsey	18.	3.
Strand	30.	2.	Camberwell	18.	3.
Whitechapel	27.	—	St. George,		
St. Olave	15.	3.	Southwark	18.	—
St. Saviour	17.	—	Lambeth	20.	7.
Wandsworth etc.	20.	17.	Rotherhithe	15.	—
Summe:	381	38.	Summe:	218.	50.

In den 11 Kirchspielen, deren Verfassung nach der vorhandenen Lokalakte*)

---

*) Einen vortrefflichen Aufsatz über die Armenverwaltung der Metropolis giebt
W. G. Lumley in den Statistical-Journals XXI., 169 ff. mit Specialtabellen S. 311
bis 338. Die Armenausgabe war danach von 1803—1860 wesentlich vermindert und
zwar fast genau auf $1/2$, in einigen Theilen von Middlessex auf $1/3$ des Procentsatzes von

unverändert blieb, waren 477 gewählte Guardians, Trustees, Governors oder Directors, und 70 ex officio Mitglieder thätig.

Wenigstens ein Armenarbeitshaus ist in jedem dieser Verbände vorhanden; 14 Verbände haben 2 workhouses, 2 Verbände sogar 3 workhouses. Wo eine Mehrheit von Häusern vorkommt, ist das eine gewöhnlich zur Aufnahme von Kindern oder von Vagabunden oder sonst zu besonderen Zwecken bestimmt, und in Zukunft soll dies nach Anordnung des Armenamts in noch weiterem Maße geschehen (30. Vict. c. 6 §. 50). Die 65 workhouses insgesammt sind zur Aufnahme von 30,091 Personen eingerichtet. Außerdem sind 3 School Districts gebildet, eingerichtet auf 2,549 Kinder. Nach dem Durchschnitt von Sommer und Winter wurden täglich ungefähr 100,000 Personen in- und out-door unterstützt.

Die mit der Bevölkerung fortschreitende Gestaltung ergiebt sich aus den jährlichen Generalberichten, beispielsweise für 1867—68:

Bevölkerung	2,803,367.	In Maintenance	399,744 £.
Gebiet	77,944 acres.	Out-Relief	309,071 „
Unions	39.	Lunatics	120,581 „
Kirchspiele	190.	Bau und Amortisation	51,658 „
Poor Rate	1,669,456 £.	Gehalte	115,834 „
Armenausgabe	1,175,326 £.	Andere Ausgaben	178.471 „

Das in die Augen fallendende Merkmal dieser Verwaltung ist die Einfachheit des Systems der boards und der Verwaltung durch besoldete Beamte. Die Metropolis hat in diesem Gebiet bereits die Einfachheit einer französischen Municipalverfassung erreicht, ebenso wie in dem später folgenden System der Metropolitan Management Act 1855. Indessen blieben doch noch einige Unebenheiten durch die Lokalakten für die einzelen Kirchspiele, sowie die Ungleichheit in der Vertheilung der Armenlast dieser eng aneinander geschichteten Unions. Die Elasticität des Systems gestattete hier weitere Nivellirungen, welche durch die Metropolitan Poor Act 1867, 30. et 31. Vict. c. 6, in folgenden Richtungen zur Ausführung gekommen sind.

1. Die Besonderheiten der Lokalakten für Bildung der Armencommissionen in einzelnen Kirchspielen werden beseitigt, und das Armenamt ermächtigt, die boards of guardians auch in diesen Kirchspielen nach den normalen Grundsätzen zu bilden, die Ausführung durch seine Orders zu regeln.[1])

1803. In den jetzigen Generalberichten des Armenamts wird die Metropolis leicht übersichtlich, sofern sie die erste Division der summarischen Uebersichten bildet. Eine Uebersicht der besoldeten Beamten enthalten die P. P. 1869. III. 217. Eine fortlaufende Uebersicht der Local Taxation der Metropolis geben die Parl. P. jetzt alljährlich.

[1]) Das Armenamt hat in Ausführung dessen die 11 großen Kirchspiele, Pancras, Marylebone etc. mit neuen boards of guardians von 18 gewählten Mitgliedern (in 2 Kirchspielen 16 Mitgliedern) ausgestattet. Vgl. Generalbericht 1867—68 S. 15.

2. Die Bildung von großen Districts wird durch §. 5. sanctionirt, als Asylums für Kranke, Gemüthskranke, Gebrechliche und andere Klassen invalider Armer. Die dafür gebildeten Boards of Management sollen theils aus gewählten Managers, theils aus ernannten ex officio Mitgliedern bestehen. Die elective members werden von den Armenräthen der einzelen Unions und Kirchspiele gewählt; die nominated managers ernennt das Armenamt aus der Zahl der Friedensrichter oder Steuerzahler von nicht weniger als 40 L., doch mit dem Vorbehalt, daß die Zahl der ernannten Mitglieder einschließlich der ex officio guardians nicht mehr als ein Drittel der Gesammtzahl erreiche. Das board hat die normalen Befugnisse eines board of guardians rücksichtlich der Ernennung und der Beamtenetats der Anstalt, deren establishment charges von dem gesammten district nach gleichem Fuß getragen werden; während die Erhaltung der einzelen Armen den betreffenden Unions verbleibt. Durch 32. et 33. Vict. c. 63. wird das Armenamt ferner ermächtigt, schon vorhandene Asylum und School Districts aufzulösen, und es wird demgemäß eine Neubildung auch der School Districts in Gang gebracht.[2])

3. Zur Ausgleichung der Armenlast unter den noch sehr ungleich belasteten Kirchspielen der Metropolis wird ein Common Poor Fund gebildet, aus welchem fortan die Erhaltung der Gemüthskranken, die Kosten der Armenkrankenpflege, die Beamtengehalte der Districts Schools, District Asylums und Dispensaries, der Unterhalt der Armenkinder, die Pockenimpfung, die Kosten der Registrirung der Geburts- und Sterbefälle, die Kosten der Unterbringung der Obdachlosen nach der Metropolitan Houseless Poor Act, 1864. 1865, bestritten werden, in einem Umfang, der bereits mehr als ein Drittel der gesammten Armenausgabe auf alle Armenverbände der Metropolis gleichmäßig vertheilt.[3])

---

[2]) In Ausführung dieser Bestimmungen hat das Armenamt durch Order vom 18. Juni 1867 zunächst den ganzen Bezirk der Metropolis zu einem Asylum District für Gemüthskranke, Fieber- und Pockenkranke formirt, und dafür ein board of management aus 45 gewählten und 15 ernannten Mitgliedern gebildet. Daran reiht sich die Weiterbildung von 5 Sick Asylums Districts (Generalbericht 1868 S. 17). Für die Krankenpflege werden hier in den einzelnen Unions besondere Dispensaries unter eigenen Curatorien, Dispensaries Committees, gebildet (Gesetz 1867. §. 38—49). Die Orders über die Wahl, Verwaltung und das Rechnungswesen des neuen board s. bei Glen, Poor L. Orders S. 592—606. Ueber die Neubildung der School Districts Generalbericht 1867—68. Seite 20 ff.

[3]) Die vermischten nach Bedürfniß ergänzenden Klauseln der Metrop. Poor Act 1867 giebt Burn IV. Seite 185—198. Die Amendment Act 1869, 32. et 33. Vict. c. 63 fügt noch einige Erweiterungen der administrativen Gewalten des Armenamts für Neubildung der Bezirke hinzu. Die Ausgleichung der Armenlast hatte mit den obdachlosen Armen in den Metrop. Houseless Poor Acts 1864, 1865 begonnen, welche Specialgesetze jetzt in dem allgemeinen aufgehen.

§. 130.
Die Stellung der Centralbehörde, Poor Law Board.
Administrative Oberinstanz der Armenverwaltung.

Die Reform der Armengesetzgebung seit 1834 war auf eine Handhabung durch beweglichere Organe berechnet als das ältere jurisdictionelle selfgovernment solche bieten konnte. Gleich bei der Einführung des Armengesetzes wurde daher eine königliche Centralbehörde unter dem Namen „the Poor Law Commissioners for England and Wales" zur Ausführung des Gesetzes gebildet, d. h. „zur Direction und Controle der ganzen Armenverwaltung, zum Erlaß aller rules, orders und regulations über die Behandlung der Armen, zur Leitung und Controle aller guardians, vestries und Kirchspielsbeamten in Behandlung der Armenunterstützung, der Rechnungen und Contractschließungen, oder jedweder Ausgabe für die Armenunterstützung." Die Behörde sollte in dieser ältern Gestalt collegialisch verhandeln, mit der Befugniß, Zeugen eidlich zu verhören, und mit der Verpflichtung der Berichterstattung an den Minister des Innern, der sie als Theil seines Departements im Parlament zu vertreten hatte. Die Zahl der ihr zur Beihülfe bewilligten besoldeten Assistant Commissioners stieg durch die gehäuften Geschäfte der ersten Organisation bis auf 21. Die so constituirte Amtsstelle wurde in der Weise der Parliamentary Boards nur periodisch eingesetzt, vorläufig auf 5 Jahre. Bei der Erneuerung durch 10. et 11. Vict. c. 101 hat man daraus eine selbständige Behörde gebildet unter einem verantwortlichen Special-Chef, mit Sitz im Parlament und (nach Convenienz) auch im Ministerrath.*) Das Armenamt besteht aus dem Präsidenten des Staatsraths, dem Privatsiegelbewahrer, dem Minister des Innern, dem Schatzkanzler und einer Zahl besonders ernannter Commissioners, unter welchen der zuerst Genannte dirigirender Chef der Behörde

---

*) Ueber die Stellung des Poor Law Board als Staatsbehörde, Gneist, Verwaltungsr. Bd. II. §. 116. Ueber die Umgestaltung im Jahre 1847 s. den Bericht der Poor Law Commissioners von 1846 bei Nicholl's II. S. 402—408. Die Einreihung des President unter die aus Unterhausmitgliedern zu besetzenden Aemter hatte den erklärten Zweck, das Armenamt gegen die zahlreichen Angriffe im Unterhause wirksam zu vertreten. Der Präsident ist wie bei allen Parliamentary Boards der allein dirigirende „verantwortliche" Chef (11. et 12. Vict. c. 109. §. 7). Er bezieht das kleine Ministergehalt (2000 £.), und hat 2 Secretaries und 2 Assistant Secretaries als vortragende Räthe zur Seite. Ob ihm ein Sitz im Cabinet (Ministerrath) zu ertheilen, hängt bei der heutigen Vertheilung der Aemter von dem Ermessen des zeitigen Cabinet ab.

President ist, der nur zum Erlaß von General-Instructionen, rules, d. h. Verordnungen für mehr als einen Armenverband, der Mitunterschrift mindestens zweier Commissioners bedarf. An Stelle der Assistant Commissioners werden jetzt Inspectors ernannt in analoger Stellung. Nach 12. et 13. Vict. c. 103 §. 21 mag die Behörde amtlich als „Poor Law Board" bezeichnet werden. Durch 30. et 31. Vict. c. 106. endlich ist das Armenamt zur permanenten Behörde geworden.

Durch die weitgehenden Gewalten des Gesetzes von 1834 und durch die noch weitergehende spätere Gesetzgebung ist hier eine administrative Centralinstanz entstanden, wie sie bis vor einem Menschenalter der innern Landesverwaltung Englands völlig unbekannt war. Daneben bleibt indessen eine Verwaltungsjurisdiction in beschränktem Maße erhalten, so daß an dieser Stelle zwei Controlinstanzen neben einander stehen.

A. Die administrative Controlinstanz condensirt sich im Staatsarmenamt in der weitgreifenden Weise einer Ministerial-Verwaltung des Continents, und zwar in dreifacher Richtung:

1. Als eine ergänzende Gesetzgebung durch Regulative, mit Gesetzeskraft im ganzen Bereich der Armenverwaltung.**) Jede General Order bedarf der Zeichnung durch 3 Commissioners, einschließlich des

---

**) Als General rule gilt jede Order welche für mehr als einen Armenverband gelten oder eine frühere General rule abändern soll. Das Armengesetz §. 16 ließ die General Order erst in Kraft treten 40 Tage, nachdem sie einem Staatssekretär (dem Minister des Innern) unterbreitet war; innerhalb dieser Frist konnte sie noch durch den „König im Rath" außer Kraft gesetzt werden. Später wurde diese Clausel ersetzt durch die Vorschrift, daß jede general order der Mitzeichnung zweier ex officio Commissioners (Mitglieder des Ministerraths) bedarf, 10. et 11. Vict. c. 109. §. 14. Bevor eine rule oder order in einem Verband in Kraft tritt, muß sie untersiegelt der Armenverwaltungsbehörde und dem Clerk der friedensrichterlichen Division zur Publikation übersandt werden, so daß jeder Steuerpflichtige Abschrift davon nehmen mag. Keine rule, order oder regulation tritt in Kraft vor Ablauf von 14 Tagen nach Absendung einer Ausfertigung in obiger Weise. Wo eine general rule einmal in Kraft getreten, kann das Armenamt solche durch keine Specialorder an einen einzelnen Armenverband aufheben oder suspendiren ohne Genehmigung eines Staatssekretärs, 5. et 6. Vict. c. 57. §. 3. Als genügende Controle dieser Gesetzgebungsgewalt sah man an: (1.) die Mitwirkung des Staatsministeriums, (2.) die Kenntnißnahme des Parlaments (1. et 2. Vict. c. 56. §. 123), (3.) die vorbehaltene Kassation durch die Reichsgerichte im Fall der Kompetenzüberschreitung. Durch die Poor Law Amendment Act 1867 wird das Armenamt sogar ermächtigt, vorhandene Lokalakten ganz oder theilweise aufzuheben, jedoch nur durch eine Provisional Order, welche nachträglicher Bestätigung durch das Parlament bedarf (vgl. beispielsweise Parl. P. 1869 IV. 479). Diese anomale Gesetzgebungsgewalt suchte das Armenamt gegen die lange dauernden Anfechtungen unter anderem zu rechtfertigen durch analoge Verordnungen, welche Treasury und Generalsteuerämter für die Einsammlung der revenue, der Generalpostmeister für die Briefbeförderung, der Commander in Chief für die Armee, die Admiralität für die Marine, die Gerichtshöfe für die Regelung des Prozeßganges durch rules of court

§. 130. Die Stellung der Centralbehörde, Poor Law Board.

President, und unterliegt damit einer Controle durch den Ministerrath. Alle general orders müssen ferner dem Parlament zur Kenntnißnahme vorgelegt werden. Diese organisirende Gewalten erstrecken sich namentlich auf zwangsweise Bildung neuer Kreisarmenverbände, Leitung des Baues der Armenhäuser, sowie auf das Anstellungswesen, mit der Befugniß, die Anstellung besoldeter Beamten zu erzwingen, die Qualifikation der Anzustellenden vorzuschreiben, die Normaletats festzusetzen. Daran reiht sich der Vorbehalt der Bestätigung für zahllose Maßregeln des Kreisarmenraths, namentlich aller Abweichungen vom normalen Verfahren.

2. Eine fortlaufende Oberaufsicht und Controle der gesammten Lokal-Verwaltung wird durch das Institut der Inspectors geübt, welche an die Stelle der früheren Assistant Commissioners getreten sind.***) Von diesen 12 Inspectoren residiren 11 in der Hauptstadt ihres Inspectionsbezirks (Division), welcher aus durchschnittlich etwa 60 Unionen gebildet ist. Der Inspector hat die Befugniß jeder Sitzung eines board of guardians oder einer select vestry an Ort und Stelle beizuwohnen, jedoch ohne Stimmrecht (Armengesetz §. 21), um sich zu überzeugen, „daß die Verwaltung nach den Gesetzen und Instruktionen geführt und Mißbräuche beseitigt werden." Er revidirt jährlich mindestens zweimal jedes Arbeitshaus. Ueber diese Revisionen werden sodann dem Armenamt periodische Berichte erstattet. Bei Beschwerden über die Amtsführung der besoldeten Armenbeamten führt der Inspektor als Commissarius der Staatsbehörde die Untersuchung an Ort und Stelle und berichtet darüber an das Poor

---

erlassen können, sowie durch die Polizeireglements und Gebührentarifs der Quartalsitzungen (wobei freilich sehr verschiedenartige Dinge zusammengeworfen werden). Auch wurde geltend gemacht, die Fassung der Parlamentsakten sei so schwer verständlich, daß dem Publikum eine Behörde, welche die Gesetze für die Anwendung handlicher mache und verständlich ausdrücke, nur erwünscht sein könne, Report Poor Law Commiss. 1840. S. 12 ff. Der entscheidende Grund der anomalen Stellung war die tiefzerfahrene Gestalt der Gemeindearmenverwaltungen und die streitenden Interessen. Man wußte in diesem Chaos nur durch eine experimentale Administration den Ausweg zu finden. Allmälig verliert dieser Grund seine Bedeutung. Eine Kodifikation vieler Parteien wäre schon heute ausführbar.

***) Für die Aufsichtsinstanz bilden die General- und Specialberichte der 11 Inspectors die Hauptgrundlage. Durch 5. et 6. Vict. c. 57. 2 war auch die Ernennung von Special-Commissarien vorbehalten aus der Zahl der praktischen Aerzte, Advokaten, Baumeister oder Feldmesser, die auf kürzere Zeit als commissioners for inquiry vereidet wurden, und dann alle delegirten Gewalten des Armenamts ausüben sollten. Das neuere Gesetz hebt diese Einrichtung wieder auf. Für die Zwecke amtlicher Feststellungen und Untersuchungen war aber allen Commissarien des Armenamts das Recht eidlicher Zeugenverhöre beigelegt. — Einer der 12 Inspectors ist den District-Auditors besonders übergeordnet; diese Superrevision bildet wieder ein Spezial-Dezernat im Armenamt, und umfaßt, wie das Armenamt einst rühmend bemerkte, jährlich zweimal eine materielle Prüfung der Verhandlungen von 628 Boards und mehr als 36,000 rechnungspflichtigen Beamten (Generalbericht 1858 S. 58).

Law Board. Alle sonstigen Beschwerden, Eingaben und Correspondenzen des Armenamts mit den Lokalbehörden und Einzelen passiren das Büreau des Inspektors behufs der Berichterstattung oder Beifügung seiner Bemerkungen.

3. Als Beschwerdeinstanz deckt das Armenamt den Verwaltungskreis der guardians und der besoldeten Beamten. Es folgt dies schon aus der allgemeinen Strafklausel, nach welcher „absichtliche Versäumung oder Ungehorsam gegen eine rule, order oder regulation der Commissioners oder Assistant Commissioners und jeder contempt der Oberbehörde" für den ersten Fall mit Geldbuße bis 5 £., das zweite Mal von 5—20 £., das dritte Mal als misdemeanor mit arbiträren Strafen bedroht ist. (Armengesetz §§. 98—103). Ausdrücklich als endgültige Beschwerdeinstanz ist das Poor Law Board gestellt für das Rechnungswesen und andere Streitfragen.

Die Mittelinstanz für das materielle Dezernat bilden sodann die 50 (49) stehenden Rechnungsrevisoren, District Auditors, die als ständige Organe der Staatsbehörde durch stetige Monitur der einzelnen Armenausgaben das controlirende Verwaltungsdezernat der Lokalverwaltung führen. Die unbedingte Unterwerfung dieser Mittelorgane unter das Armenamt beruht auf den allgemeinen Regulativen und dem System der Ordnungsstrafen, welches hier nicht bloß auf die Fälle einzeler Uebertretungen, sondern generell auf „Nichtbefolgung der Anweisungen des Armenamts" gerichtet ist.

Am wirksamsten endlich hat sich erwiesen der Grundsatz, nach welchem alle Distrikts- und Lokal-Beamten, mit Ausnahme der bloß dienenden, vom Armenamt und nur vom Armenamt im administrativen Wege entlaßbar sind. Dies Entlassungsrecht durch die Centralbehörde, welches die „Selbständigkeit" der Beamten gegenüber den Lokalbehörden schützen soll, führte in der That zur unbedingten Abhängigkeit von der Staatsverwaltung, und hat sich dafür wirksamer erwiesen, als das bloße Ernennungsrecht, welches den boards of guardians geblieben ist.†)

---

†) Wie in dem alten selfgovernment sind auch in der neuen administrativen Ordnung alle Maßregeln cumulirt, um den Gehorsam der Unterbeamten zu erzwingen. Jeder vorsätzliche Ungehorsam eines Beamten des Kirchspiels oder der Union gegen die „legal and reasonable Orders" der Friedensrichter und Guardians in Ausführung der rules, orders und regulations des Armenamts oder der Armengesetze wird mit einer Ordnungsstrafe bis 5 £. vor 2 Friedensrichtern bedroht (Armenges. §. 95). Ebenso der Ungehorsam gegen die Unterstützungsorder eines Friedensrichters in dringenden Fällen (§. 54). Für Veruntreuungen sind außer der Criminalstrafe noch summarisch 20 £. und die Strafe des Dreifachen gedroht (§. 97), event. Gefängniß bis zu 3 Monaten (§. 99), mit Appellation an die Quartalsitzung (§. 103). Versäumniß eines overseer, den von dem Kreisarmenrath festgestellten Bedarf durch Ausschreibung einer Poor Rate zu decken,

§. 130. Die Stellung der Centralbehörde, Poor Law Board.

Die Zweiseitigkeit aller Staatscontrolen der öffentlichen Verwaltung dient auch in dieser neuen Formation als eine Garantie für die Wahrung der Rechte der Einzelen. Die neue Verwaltungsordnung in England ist äußerlich sogar dem Typus der obrigkeitlichen Selbstverwaltung nachgebildet: die unteren Executivbeamten unter dem Decernat der communalen Ehrenbeamten (guardians), das Berufungsrecht an eine Oberinstanz, die Formen der mündlichen Verhandlung, der orders, der Einlegung der Beschwerden gehen parallel der Verwaltungsjurisdiction des selfgovernment (oben §. 88). Allein bei der genauern Zergliederung ergeben sich die sehr bedeutungsvollen Gegensätze zwischen dem alten selfgovernment und der neugebildeten Interessenverwaltung.

I. Die decretirenden Beamten I. Instanz, boards of guardians, sind äußerlich vergleichbar den Friedensrichtern in ihren petty sessions. Mit Ausschluß jeder Einmischung des Armenamts in die einzelen Unterstützungsfälle ist das Curatorium der Armenhäuser und die Beschlußnahme über die einzelen Unterstützungsgesuche allerdings diesen Kreisarmenräthen überlassen: aber von allen Seiten umgeben, dirigirt und controlirt durch den Staatsinspector, den Rechnungsrevisor und die von der Staatsbehörde abhängigen besoldeten Beamten, unter welchen der Secretär, trotz der bescheidenen Stellung des Clerk den eigentlichen Kreisarmendirector darstellt. Das Ob und das Maß der Bewilligung hängt von der gewählten Gemeindebehörde ab: aber alle Vorbedingungen der Entscheidung, — die Obersätze, wie die Untersätze, — liegen so vollständig in dem geschlossenen System der besoldeten Armenbeamten, daß die Einschiebung eines decretirenden Verwaltungsraths (board) wenig mehr als eine formelle Sanction der Beamtenthätigkeit des Berichterstatters darstellt. Noch mehr bedarf die Verwaltung der Armenhäuser einer starken Staats-

---

oder die erhobenen Gelder einzuzahlen ist mit Geldbuße bis 20 £. bedroht (7. et 8. Vict. c. 101, §. 36). Am wirksamsten von allen tritt dazu aber die generalis clausula des Armengesetzes (§. 48), welche das Armenamt ermächtigt, „mit oder ohne Antrag durch Order unter Handschrift und Siegel zu entfernen (remove) jeden besoldeten Beamten, welchen es für ungeeignet oder ungenügend zur Erfüllung der Pflichten eines solchen Amts erachtet, oder welcher zu irgend einer Zeit verweigern oder vorsätzlich versäumen sollte, Gehorsam zu leisten oder auszuführen irgend eine der rules, orders, regulations, bye-laws des Armenamts; ein so entlassener Beamter soll in keinem Armenverwaltungsamt wieder angestellt werden ohne Consens des Armenamts unter Handschrift und Siegel." Außer den guardians und besoldeten Beamten erstreckt sich die Ministerialgewalt auf die overseers als Steuererhebungsbeamte. Sie greift auch ein in die Verwaltungsgrundsätze der Armenverbände, die noch unter Specialsystemen fortbestehen. In gleicher Weise ist durch 13. et 14. Vict. c. 57 das Amt des Vestry Clerk dem Armenamt untergeordnet, wo jene Akte von der Gemeinde angenommen ist.

controle, um sie nicht geradezu in Strafanstalten zu verwandeln. Während die Friedensrichter in ihrer Rechtsverwaltung die wirklichen Leiter des executiven Beamtenthums geblieben sind, ist die Interessenverwaltung der boards (wie der französischen councils) von unten auf unter die Bevormundung der Staatsbeamten gekommen. Das board kann seinen Secretär weder zur Gegenzeichnung nöthigen noch auch nur vom Amt suspendiren. Da das gewählte board für sich nur das Lokalinteresse der Steuerzahler repräsentirt, dem das allgemeine durch die Staatsbeamten repräsentirte Interesse vorgeht, so kehrt dies Verhältniß in allen neueren boards, sowie in allen Instanzen wieder. Die gewählten wechselnden Verwaltungsräthe können an sich nicht unparteiische Organe der Ausführung fester gesetzlicher Normen sein, also keine Art von Jurisdiction üben. Da überdies die wichtigsten Grundsätze der Armenverwaltung noch nicht gesetzlich fixirt werden, sondern unter Regulativen des Armenamts bleiben sollen, die einem Widerruf und einer Dispensation des Armenamts unterliegen, so kann überhaupt dem board keinerlei positive endgültige Entscheidung zustehen. Vielmehr entscheidet

II. der Rechnungsrevisor, Auditor, als Oberinstanz sowohl über die Legalität, wie über die Angemessenheit sämmtlicher Armenausgaben. Unter dem anspruchslosen Namen einer Rechnungsrevision ist hier wiederum ein oberes Verwaltungsdecernat entstanden, in welchem zwar die Form von Audienzterminen und Orders beibehalten, die lokale Selbständigkeit nach oben aber aufgegeben ist.

III. Als oberste Beschwerdeinstanz entscheidet das Staatsarmenamt Streitfragen über die einzelen Akte der Armenverwaltung in einem Umfang, welcher den Verwaltungskreis der Kreisarmenräthe und der besoldeten Armenbeamten deckt. Da die Verwaltung in allen wichtigen Einzelheiten auf den Regulativen der Staatsbehörde beruht, so soll dieser auch die Cognition und Entscheidung zustehen, ob die Anordnung in dem Sinne des Erlasses erfüllt oder nicht erfüllt ist. Jeder Lokalbeamte muß sich dieser Entscheidung fügen, da ihn das Gesetz mit Entlassung, Geld- und Gefängnißstrafen wegen „Ungehorsams gegen eine rule, order oder regulation und wegen jedes contempt der Oberbehörde" bedroht. Alle Beschwerden und Correspondenzen des Armenamts mit den Lokalbehörden und Privaten passiren auch zu diesem Zweck das Büreau des Inspectors behufs der Berichterstattung oder Beifügung seiner Bemerkungen.

Allerdings bietet das permanente rechtskundige Beamtenthum des Staatsarmenamts und das thatsächlich ständige Personal der Auditors achtungswerthe Garantien einer gleichmäßigen, objektiven Entscheidung dar. Aber mit Wohlbedacht meidet es doch die neuere Gesetzgebung wie die Praxis diesen neuen Instanzenzug der Verwaltungsstellen eine „jurisdiction" zu nennen. Die Verhältnisse eines wechselnden Ministerraths, eines wechselnden Unterstaatssecretärs, und aller Mittel- und Unterbeamten, welche mit keiner einzigen Ausnahme durante bene placito des Staatsarmenamts stehen, mögen zwar eine einheitliche stetige Verwaltung im Interesse des öffentlichen Wohls und des öffentlichen Dienstes im Gange erhalten: aber sie würden gegen sehr bedenkliche Tendenzen der politischen Parteien und Parteiverwaltungen keinen Schutz gewähren. Es tritt nun aber diesem Organismus gegenüber:

B. die beibehaltene Jurisdiction des obrigkeitlichen self-government in allen solchen Fragen, in welchen das Recht des Einzelen und die Rechtsordnung im Ganzen durch eine parteimäßige (constitutionelle) Verwaltung gefährdet werden würde. Von diesem Gesichtspunkt aus ist beibehalten:

1. Die friedensrichterliche Steuerjurisdiction durch Bestätigung der ausgeschriebenen Armensteuer, Verfügung der Steuerexecution und Entscheidung der Steuerbeschwerden unter Vorbehalt eines Certiorari oder special case bei den Reichsgerichten.

2. Die friedensrichterliche Jurisdiction über die Armenlast durch die orders of removal, mit Vorbehalt eines special case bei den Reichsgerichten. Für Beitragsstreitigkeiten unter den einzelen Kirchspielen entscheiden die gemischten Union Assessment Committees in der Weise einer Schiedsinstanz. Zur Ersparung von Zeit und Kosten mögen Streitigkeiten über das Niederlassungsrecht und Ersatz von Armenkosten nach Wahl der Parteien auch zur Entscheidung des Armenamts gebracht werden, 11. et 12. Vict. c. 110 §. 4; durch schriftliche Uebereinkunft mögen die guardians zweier Armenverbände jede streitige Frage überhaupt dem Armenamt zur endgültigen Entscheidung unterbreiten. Der alternativ gestellte Rechtsweg genügt indessen zur Aufrechterhaltung der Rechtsgrundsätze.

3. In dem Unterstützungsgeschäft selbst wird zwar kein klagbarer Anspruch des Armen auf Unterstützung anerkannt: damit aber nicht die lokalen boards nach souveränem Ermessen der wirklichen Noth Hülfe weigern, ist den Friedensrichtern die Befugniß beigelegt, als Polizeiobrigkeit eine Unterstützung oder ärztliche Behandlung durch Order zu verfügen (oben S. 730), und es bleiben in diesem Falle auch die overseers rechtlich verpflichtet, die befohlene Hülfe zu gewähren.††)

---

††) Für diesen Fall hat das Armengesetz eine besondere Ordnungsstrafe gegen die Overseers beibehalten (§. 54). Es besteht auch fort der Grundsatz der Praxis, nach welchem solche Weigerung als anklagbares Vergehen behandelt wird (Rex v. Davis f. Bott 378; 2 Burr. 803). Dazu tritt die concurrirende Befugniß der Overseers, der Relieving Officers und der Hausinspectoren in allen bringlichen Fällen.

Cap. X. Die Communal-Armenverwaltung.

4. Da auch bei der Rechnungsrevision durch die Entscheidungen des Auditor und des Armenamts gesetzmäßige Ansprüche des Beamten und der Interessenten verletzt werden können, so bleibt dafür das selten gebrauchte Certiorari bei den Reichsgerichten als Sicherheitsventil stehen.

5. Die für den Gesammtorganismus der Verwaltung wichtigste Rechtsschranke hat endlich das Armengesetz §. 105—108 durch die Vorschrift gezogen, daß jeder Interessent, mit Bestellung einer Caution von 50 ₤., durch Abberufungsverfahren (certiorari) die Legalität der rules, orders und regulations des Staatsarmenamts zur Entscheidung der King's Bench bringen mag. Eine etwanige Ueberschreitung führt dann zu einem Cassationsspruch des Reichsgerichts, der in allen Verbänden, in welchen die order publicirt war, bekannt zu machen ist, wodurch die order ipso jure außer Kraft tritt. — Bei der weiten Fassung des Armengesetzes kann dieser Fall zwar selten eintreten: der Rechtsweg an dieser Stelle hat indessen die wichtige Bedeutung, eine Ausdehnung der Gewalten auf andere Gebiete als das der Armenverwaltung zu verhindern. Die so gezogene Schranke hält das neue administrative System als Enclave des Rechtsstaats in geschlossenen Schranken. Der ordentliche höchste Gerichtshof steht der höchsten Instanz der Verwaltung als Competenzgerichtshof gegenüber.

Die exorbitante Ausdehnung der Verwaltungsbefugnisse hat also bis jetzt die wesentlichen Garantien des Rechtsstaates auch im Gebiet der Armenverwaltung noch aufrecht erhalten.

Die Beschwerdeinstanz des Armenamts ist unter die vortragenden Räthe vertheilt. Die juristischen Entscheidungen gehen durch den ersten Assistant Secretary als Justitiar der Behörde; in das sonstige Decernat theilen sich die anderen Secretaries unter Gegenzeichnung des Präsidenten, wobei die Vertheilung nach materiellen Geschäftszweigen immer vollständiger an die Stelle der ältern geographischen nach Inspectionsbezirken getreten ist. — Wie viel umfangreicher als die Controljustiz der Reichsgerichte diese administrative Oberinstanz ist, ergiebt folgende Tabelle über die Appeals an das Armenamt, Parl. P. 1861, Vol. LXV. 33:

Jahr.	Total.	c. Distr. Aud.	bestätigt aber passirt.	reversed.
1854	322	301	219	31
1855	349	319	234	27
1856	448	396	300	29
1857	450	383	284	30
1858	780	553	420	31
1859	937	565	459	27
1860	868	574	350	20

Es ist dies 1. die Zahl der Beschwerden überhaupt, 2. die vom District Auditor an das Poor Law Board insbesondere; von letzteren wurden 3. die Defectate zwar begründet befunden, aber die Posten passirten vermöge der equitable jurisdiction, 4. Fälle in denen die Entscheidung des Auditor kassirt wurde.

XI. Capitel.
Die neuen Communaleinrichtungen der Gesundheits- und Baupolizei.

---

§. 131.

**Lokalakte und stückweise Gesetzgebung der Gesundheits- und Baupolizei.
Commissions of Sewers. Building Acts. Bath and Washhouses. Lighting
and Watching Act. Burial Acts etc.**

An das neuere System der Armenverwaltung schließen sich in gleichartiger Nachbildung eine Reihe neuer Communal-Institutionen, die ihren Entstehungsgrund in dem Mangel einer Gesundheitspflege, Sanitäts- und Baupolizei haben. So günstig die innere Landesverwaltung Englands für die Aufrechterhaltung rechtlicher Ordnung und für die Entwickelung der höheren Klassen war, so vernachläßigt blieb das Meiste, was dem Gebiet der Wohlfahrtspolizei im weitern Sinne angehört. Die alte „Friedensbewahrung" war auf Sicherung der Person und des Eigenthums berechnet, die Armenverwaltung nur auf die kranken Elemente der Gesellschaft. Die **gemessenen** Gewalten der Obrigkeit und die **gemessenen** Zwecke der Communalsteuern ließen nun aber im Verlauf der Zeit eine Menge drückender Uebelstände aufwachsen, die in engbewohnten Ortschaften mit der beginnenden Umbildung der erwerbenden Arbeit schwer fühlbar wurden. Eine regierende Klasse in der Stellung der englischen überzeugt sich nicht leicht von dem Beruf der Staatsgewalt positiv fördernd für die unteren Klassen einzutreten. Die friedensrichterliche jurisdiction auf dem Lande ging ihren gemessenen Gang. Die Stadtkorporationen waren im XVIII. Jahrhundert den eigentlichen Zwecken einer Municipalverfassung großentheils entfremdet. Von dem, was eine Stadtverfassung auf diesen Gebieten leisten kann, hatte man in England noch kein lebendiges Bild gehabt, bis die Anforderungen so dringend und mannigfaltig wurden, daß in den letzten Jahrzehnten massenhafte, dem alten selfgovernment wenig entsprechende Einrichtungen entstanden.

In älterer Zeit gab es einige engbegrenzte Einrichtungen für verwandte Zwecke, namentlich aus der Periode der Tudors, die dafür günstig war. Es gehörten dahin die Deichverbände, Commissions of Sewers, die schon im Mittelalter ein gutes Muster gefunden hatten. In London und nächster Umgebung sorgten einige Gesetze für Zwecke der Straßenreinigung und Erleuchtung, wie das st. 2 Will. et Mary c. 8 §. 15, welches die Anwohner der Straße verpflichtet von Michaelis bis Marien Lampen auszuhängen bis 12 Uhr Nachts, sowie Mittwochs und Sonnabends die Straßen zu fegen. Noch bescheidener ist der Maßstab der allgemeinen Straßenreinigungsgesetze, Scavengers Acts, 1. Geo. I. st. 2. c. 52; 9. Geo. I. c. 52.

In einzelen Städten schuf man sodann durch Lokalakte die nothdürftigsten Grundzüge einer Feuer- und Baupolizei, Straßenreinigung, Beleuchtung ꝛc. Im Laufe des XVIII. Jahrhunderts sind solche Nachhülfen in den größeren Städten schon zur Regel geworden. Diese Gesetze litten aber an den Mängeln aller Lokal- und Gelegenheitsgesetze. Verwickelt, oft sich widersprechend, wuchsen sie zu solchem Umfang an, daß einzele Lokalakten die Gestalt eines Gesetzbuchs anzunehmen drohten, bis man sich im Jahre 1847 entschloß, durch eine Reihe von Consolidation Acts die gewöhnlich vorkommenden Klauseln ein für allemal zu formuliren, um sie nicht hundertmal zu wiederholen. Diese Clauses Acts sind insofern wichtig, als sie einen gewissen Abschluß der Prinzipien anzeigen. Zwischendurch gehen aber noch einige Gesetze für besondere Zwecke, wie für die Anlage von Logirhäusern, Bade- und Waschhäusern, eine Bauordnung und ein Gesetz für das Beleuchtungssystem der Städte, welche hier zuerst zu erörtern sind.

I. Commissions of Sewers, zur Bildung und Verwaltung von Deichverbänden waren durch das örtliche Bedürfniß schon im Mittelalter zu Stande gekommen, neu geregelt (aber im Geist der ältern Verfassung) durch 23. Henry VIII. c. 5. Die dazu nöthigen obrigkeitlichen Gewalten werden durch eine königliche Commission ertheilt vom Lord-Kanzler, Lord-Schatzmeister und den Chief Justices der Reichsgerichte. Die Commission überwacht in ihrem Bezirk die Erhaltung und Reparatur der See- und Stromdeiche, Reinigung der Flüsse und Abzugskanäle, Aufbringung der nöthigen Gelder durch Sewers Rates. Durch 3. et 4. Will. IV. c. 22, mit Zusatz 12. et 13. Vict. c. 50, wird eine allgemeine Deichordnung für neue Anlagen dieser Art erlassen. Die Mitglieder der Commission bedürfen eines Census von 100 L. Grundrente aus freehold oder Pachtung auf 60 Jahre, 200 L. aus Pachtungen von 21 Jahren ꝛc. Ex

§. 131. Stückweise Gesetzgebung der Gesundheitspolizei. 779

officio Mitglieder wie die Mayors 2c. bedürfen keiner Qualifikation durch Besitz. Die Commissioners werden vereidet und bleiben in Thätigkeit auf 10 Jahre, wenn die Commission nicht früher widerrufen wird. Sie erlassen General-Regulative, ernennen einen Clerk und nach Bedürfniß Surveyors, Collectors, Bailiffs und andere besoldete Beamte. Zur Anlage neuer Werke bedarf es der schriftlichen Zustimmung von drei Viertheilen der Eigenthümer und Occupiers der beitragspflichtigen Grundstücke. Zu den Sitzungen des „court" wird durch precept an den Sheriff eine Grafschaftsjury geladen, die auf Grund eidlicher Zeugenverhöre als jury of inquiry über das Bedürfniß von Schutzanlagen oder die Beseitigung von nuisances entscheidet.[1])

II. Building Acts. Das ältere System der nuisances diente zur Verhinderung der gröbsten Belästigungen unter Nachbarn durch Bauanlagen, und konnte für einfache Verhältnisse genügen. Wo in den enger gebauten Städten das Bedürfniß einer Baupolizei auftrat, half man durch einzele Klauseln in Lokalakten nach. London erhielt Baupolizeiordnungen schon seit den Zeiten der Königin Anna, unter denen Robert Taylor's Act, 14. Geo. III. c. 78, eine gewisse Berühmtheit erlangte. Sie setzte Bezirksbauinspectoren zur Ueberwachung der Ausführung des Gesetzes ein, unter Recurs an die Polizeirichter, doch mit Vorbehalt einer Dispensation von der buchstäblichen Ausführung des Gesetzes, welcher im Ganzen zu einer laxen Handhabung führte. Einigermaßen praktisch erhielten sich noch die Feuerreglements und Löschanstalten. Inzwischen häuften sich aber die Uebelstände der eng gebauten Städte, die Sterblichkeit der in überfüllten Häusern und engen Gäßchen wohnenden arbeitenden Klassen, die Gefahren für den allgemeinen Gesundheitszustand, die Beschwerden auch der besser logirten Klassen und der besseren Stadttheile. Nachdem der Entwurf einer allgemeinen Bau-

---

[1]) Die Commission bildet einen „court of record," und verfährt nach Umständen durch Augenschein, oder mit einer Jury, entweder nach alter Deichverbandsgewohnheit, oder „nach eigenem Ermessen" (discretion), welches in dem Gesetz Heinrichs VIII. in zahlreichen Klauseln ausdrücklich verstattet wird. Wegen der Steuerrückstände hat die Commission ein Executionsrecht. Daneben waren noch Spezialakten für einzele Deichverbände gegeben. Für London bestand unter Spezialakten 3. Jac. I. c. 14; 22. et 23. Car. II. c. 17 u. ff. ein besonderes System der Abzugskanäle, welches durch 11. et 12. Vict. c. 112 2c. erneut, schließlich aber in das System der Metropolitan Management Act (§. 135) aufgegangen ist. Die Controlinstanz ist bei der Queen's Bench. Der Umfang der Deichbeiträge ergiebt sich aus dem General Return Parl. P. 1862 No. 437 pag. IV. und 307—313. Es waren im Jahre 1860—61: 43 Commissions of Sewers unter dem Großen Siegel in Aktivität, welche 35,323 L. an laufenden Beiträgen erhoben. Dazu kommt noch mit 8389 L. der älteste englische Deichverband, der Level of Romney Marsh in Kent, dessen mittelalterliche Verfassung das Muster der späteren Deichordnungen geworden ist. Neuere Uebersicht Parl. P. 1868 LV. 617—38 (290).

ordnung von 1841 gescheitert war, kam wenigstens eine Bauordnung für London, 7. et 8. Vict. c. 84, zu Stande, mit sehr specialisirten Bestimmungen, deren Ausführung Bezirksbau-Inspectoren, Surveyors, anvertraut ist, die in der City von dem Court of Aldermen, in den übrigen Bezirken von den Quartalsitzungen ernannt werden. Die Oberinstanz bilden nicht mehr die Polizeirichter, sondern eine Ministerialbaucommission, bestehend aus drei Official Referees und einem Registrar.[2])

III. Bath- and Washhouses. Zur Beförderung der Anlage von Bade- und Waschhäusern erging das st. 9. et 10. Vict. c. 74 mit Zusatz 10. et 11. Vict. c. 61. Die Annahme des Gesetzes kann in den incorporirten Städten von dem Gemeinderath beschlossen, die Anlage aus dem Stadtfonds bestritten werden. In anderen Ortschaften kann durch Beschluß einer vestry mit zwei Drittel der Stimmen und unter Bestätigung des Ministers die Akte angenommen werden; die Gemeindeversammlung ernennt dann 3 bis 7 Steuerzahler als Commissioners zur Ausführung des Gesetzes, zur Beschaffung der Baulichkeiten, die aus der Armensteuer zu bestreiten, zur Anstellung der Beamten und zur Entwerfung der Regulative für die Verwaltung.[3])

IV. Die Lighting and Watching Act, 3. et 4. Will. IV. c. 90, war ein Versuch einzele Kirchspiele oder Theile von Kirchspielen, Städte und größere Distrikte zu vereinigen zu einem gemeinschaftlichen Beleuchtungssystem und zur Bestellung gemeinschaftlicher besoldeter Constables. Der letztere Theil ist durch die Gesetzgebung über die Constabu-

---

[2]) Hauptzweck des Gesetzes ist nicht mehr die Feuersgefahr allein, sondern auch Beförderung der Ventilation, Trockenheit, Reinlichkeit und andere Gesichtspunkte der Gesundheitspolizei, z. B. das Verbot der Vermiethung gewisser Kellerwohnungen, Entfernung schädlicher und störender Fabrikationen aus den bewohnten Stadttheilen. Die Beamten sind mit discretionären Gewalten ausgestattet von der buchstäblichen Ausführung der Verordnung Nachlaß zu ertheilen, weshalb denn auch die Oberinstanz eine administrative Stellung und Zusammensetzung erhalten hat. Hauptabschnitte des Gesetzes sind die über die Brand- und gemeinschaftlichen Grenzmauern, über die Breite der Straßen (wenigstens 40 Fuß, und wo die Gebäude noch höher sind, in gleicher Breite damit; für Gäßchen 20 Fuß), ferner das bedingte Verbot der Kellerwohnungen (§. 53). An Detailirung der Bestimmungen läßt das Gesetz kaum etwas zu wünschen übrig (z. B. Schedule K). Ueber die heute geltende Bauordnung der Metropolis s. §. 135.

[3]) Das Gesetz fügt einige Normalbestimmungen hinzu für die vom Minister zu bestätigenden Regulative (Bye Laws), sowie die höchsten erlaubten Sätze für die einzelen Klassen der Bäder und für den Gebrauch der Waschanstalten. Nach den Parl. P. 1865 No. 383 hatten nur 33 Städte und Kirchspiele dies Gesetz angenommen. — Nach dem System dieser Act dürfen die Gemeindesteuern auch zur Anlage öffentlicher Promenaden verwendet werden, aber nur in Kirchspielen über 500 Einwohner und unter der Bedingung, daß zuvor die Hälfte der Kosten durch Privatsubscription aufgebracht ist, 23. et 24. Vict. c. 30 (Parish Improvement Act).

lary unpraktisch geworden. Aber auch das Beleuchtungssystem hat nur einen geringen Umfang gewonnen, da die Annahme des Gesetzes vom Beschluß der Steuerzahler abhängig gemacht war, die auch nach Ablauf von 3 Jahren das angenommene System wieder aufgeben können. Die Steuer wird in der Weise der Armensteuer aufgebracht, wobei die Inhaber von Häusern für die Beleuchtung viermal höher eingeschätzt werden, als die Eigenthümer von Ländereien. Die Verwaltungscommission besteht aus 3 bis 12 Inspectors, welche von der Gemeinde nach gleichem Stimmrecht zu wählen sind.[4])

V. Die Labouring Classes Lodging Houses Act 1851, 14. et 15. Vict. c. 34, soll dem Mangel von Logirhäusern dadurch abhelfen, daß die Communalbehörden ermächtigt wurden, solche für die ärmeren Klassen aus Communalfonds anzulegen. In Gemeinden, wo keine organisirte Communalbehörde für solche Zwecke besteht, kann eine vestry mit zwei Drittel der Stimmen die Annahme des Gesetzes beschließen, und Commissioners zur Ausführung desselben, zur Anstellung der Beamten und zur Entwerfung der Verwaltungsregulative wählen. Die Kosten können durch einen Zuschlag zur Armensteuer bestritten werden. Die von den Commissioners erlassenen bye laws bedürfen der Bestätigung des Ministers; übrigens bleiben die Quarter Sessions der Friedensrichter ordentliche Beschwerdeinstanz.[5])

VI. Die Burial Acts und Burial Boards wurden veranlaßt durch schwere Mißbräuche des Begräbnißwesens. Nach Common Law hatte jedes Kirchspiel die Verpflichtung, einen Begräbnißort zu schaffen für jeden im Gemeindebezirk Verstorbenen, ohne Rücksicht auf den religiösen Glauben. In diese Verwaltung der Kirchenvorsteher waren aber schwere Mißbräuche eingerissen, namentlich durch Gebührenüberhebung. An vielen Orten machte die Ueberfüllung der Kirchhöfe und deren unangemessene Lage inmitten bewohnter Häuser die Beschaffung neuer Plätze nöthig. Durch Lokalakten war eine Abhülfe nur in größeren Orten möglich. Die Cemeteries Clauses Act, 11. et 12. Vict. c. 65, consolidirt die in Lokal-

---

[4]) Nach einer Mittheilung im General Return P. P. 1862 No. 437 S. IV. war die Lighting and Watching Act in den nächsten 2 Jahren nach dem Erlaß in ungefähr 1000 Kirchspielen angenommen. Als aber später die Städteordnung von 1835, die Public Health Act 1848, die Local Government Act 1858 eingeführt wurde, gingen jene älteren Gewalten meistens in die neueren umfassenden Systeme auf. Der Bericht nimmt indessen an, daß die Akte noch immer in mehren hundert Kirchspielen und Theilen von Kirchspielen zur Anwendung kommt.

[5]) In den Städten kann der Stadtrath oder auch ein schon vorhandenes Board of Health oder Improvement Board die Annahme und Ausführung des Gesetzes beschließen. Nicht zu verwechseln ist dies Gesetz mit der gleichzeitigen Common Lodging Houses Act.

akten über die Anlegung und Verwaltung von Begräbnißplätzen gewöhnlichen Klauseln, ergänzt durch die Lands Clauses Consolidation Act wegen der Expropriation. Sie enthält Regulative für die Beerdigungen, über ausschließliche Begräbnißplätze, Gebühren der Geistlichen, Strafklauseln gegen nuisances, summarische Jurisdiction über Beschädigungen und Uebertretungen. Der sehr üble Zustand des ganzen Beerdigungswesens veranlaßte dann aber weiter eine förmliche Begräbnißordnung für London, 13. et 14. Vict. c. 52, und die Ausdehnung gewisser Hauptbestimmungen auf das ganze Land durch 15. et 16. Vict. c. 85; 16. et 17. Vict. c. 134; 18. et 19. Vict. c. 128. Auf Antrag von wenigstens 10 Steuerzahlern haben die Kirchenvorsteher eine vestry zu berufen zur Beschlußnahme über Beschaffung eines Begräbnißplatzes. Im Falle der Bejahung ist ein Gemeindeausschuß von 3—9 Steuerzahlern nach gleichem Stimmrecht zu wählen, welcher Corporationsrechte kraft des Gesetzes hat. Ein Drittel der Gewählten scheidet alljährlich aus, ist aber wieder wählbar; ebenso der Pfarrer. Dem gewählten board gebührt die Anstellung, Besoldung und Entlassung der Beamten; die Rechnungen werden jährlich durch zwei gegewählte auditors geprüft. Die nothwendigen Kosten können mit Genehmigung der Gemeindeversammlung aus der Armensteuer entnommen werden; im Fall solche verweigert wird, kann das board sich an den Minister des Innern wenden und auch ohne Genehmigung der vestry die nöthigen Verwendungen machen. Es können auch mehre Kirchspiele sich zu diesem Zweck vereinigen.[6]) Mit Genehmigung der vestry kann das board Grund-

---

[6]) Ueber die daraus hervorgegangenen „burial boards" vgl. T. Smith, Parish S. 254, 255, 443—50. Der Zustand des Begräbnißwesens, wie er in dem Report of the Practice of Interment in Towns und in Edwin Chadwick's Supplementary Report on the Practice of Interment in Towns 1843, im Report on a general Scheme for Extramural Sepulture 1850 zc. zur Sprache kommt, ist ein Beweis für das Unzulängliche eines voluntarism, der den Armen so begräbt, daß durch Aufhäufung von 6—12 Leichen über einander Straßen und Brunnen verpestet werden, welcher für den Reichen aber solche Begräbnißeinrichtungen schafft, daß die Begräbnißkosten eines Mannes von Rang auf 5000 bis 10,000 Thlr. veranschlagt werden. Die Begräbnißkosten in London wurden auf jährlich 3,159,664 Thlr. G., in England und Wales auf 29,222,958 Thlr. G. berechnet. Auch die Bildung von Aktiengesellschaften hat die Kosten sehr wenig zu vermindern vermocht. Noch bedenklicher erscheinen freilich die immer noch fortdauernden Begräbnisse in den Kirchen und auf Begräbnißplätzen innerhalb der Städte, die lange Aufbewahrung der Leichen in kleinen mit Menschen überfüllten Wohnungen u. dergl. — Ihre Kosten bestreiten die neugebildeten burial boards unter 15. et 16. Vict. c. 85; 16. et 17. Vict. c. 134 aus der poor rate, der Stadtrath aus der Stadtkasse und borough rate; doch kann nach 20. et 21. Vict. c. 81 eine Separatsteuer dafür ausgeschrieben werden. In dem General Return P. P. 1862 No. 437 p. V. 337—55 finden sich die Berichte von 325 burial boards, welche einen Gesammtbetrag von 103,706 L. an rates, 44,505 L. an Gebühren, 20,469 L. aus anderen Einnahmen ergeben. Neuere Uebersicht Parl. P. 1868 LVIII. 677.

§. 131. Stückweise Gesetzgebung der Gesundheitspolizei. 783

stücke erwerben und veräußern. Der Tarif der Begräbnißgebühren unterliegt der Bestätigung des Ministers, der auch Regulative über die Verwaltung der Begräbnißplätze erlassen mag. Auf Antrag desselben kann durch Staatsrathsbeschluß (Ministerium) die Schließung vorhandener Begräbnißplätze angeordnet, und die Anlage neuer aus Rücksichten der Gesundheitspolizei Beschränkungen unterworfen werden; doch ist eine gewisse Zeit vorher die Gemeinde durch die Churchwardens zu berufen, um die Gründe ihres Widerspruchs geltend zu machen. In incorporirten Städten hat der Gemeinderath die Funktionen des burial board, 17. et 18. Vict. c. 87. — Auch nach dem später sehr erweiterten System der Gesundheitsgesetze sind in zahlreichen kleinen Gemeinden noch gesonderte burial boards, mit eigenen burial rates aus gesonderten Lokaleinrichtungen stehen geblieben.

Diese stückweise Gesetzgebung konnte ihrer Anlage nach nur eine Abschlagszahlung darstellen auf größere, zusammenhängende Einrichtungen, deren Bedürfniß in den dichter bewohnten Ortschaften städtischen Charakters immer gebieterischer hervortrat. Durch die Bildung des Armenamts war seit 1834 ein Muster und ein Mittelpunkt für die Neugestaltung einer wirthschaftlichen Selbstverwaltung entstanden, und aus der täglichen Handhabung der Armenpflege ergab sich am anschaulichsten das Bedürfniß einer neu zu bildenden Gesundheitspflege. Die Vorarbeiten des Armenamts werden von nun an die Unterlage einer Reihe von Gesetzesvorschlägen und ziehen sich als Hintergrund durch die nun fortschreitende Legislatur. Am 14. Mai 1838 überreichte das Armenamt dem Ministerium Gutachten angesehener Aerzte über den beunruhigenden Gesundheitszustand der arbeitenden Klassen in gewissen Bezirken der Metropolis. Im folgenden Jahre erhielt das Armenamt den Auftrag zu einer allgemeinen Untersuchung des inzwischen auch vom Oberhaus angeregten Gegenstandes. Im folgenden Jahre setzte das Unterhaus ein eigenes Committee zur Untersuchung des Gesundheitszustandes der großen Städte und volkreichen Bezirke nieder, Parl. P. 1840 No. 384. Im Jahre 1842 folgen die umfangreichen Berichte des Armenamts über den Gesundheitszustand der arbeitenden Bevölkerung, im folgenden Jahre die Einsetzung einer königlichen Commission of Inquiry. Aus dem sich aufhäufenden gewaltigen Material sind dann zuerst die Consolidationsgesetze für die Lokalakten (1847), und kurz darauf die umfassenden Health Acts hervorgegangen, durch welche das experemental gebildete System der Gesundheitspflege und der verschärften Sanitäts-, Straßen- und Baupolizei als geschlossenes Ganzes auf bestimmte Ortschaften übertragen wird.

§. 132.
Die Clauses Acts 1847.

Die Lokalakte zur Einführung einer Gesundheits-, Bau- und Straßenpolizei in den größeren Ortschaften hatten jetzt nach Zahl und Umfang eine monströse Gestalt genommen. Es bedurfte schon aus Gründen der Redaction einer „Consolidation" zu feststehenden Artikeln, auf die in künftigen Lokalakten Bezug genommen werden konnte, ohne die weitschichtigen Clauseln in jeder einzelen Local Act zu wiederholen. Durch die Formulirung solcher Normativbestimmungen kam die Gesetzgebung aber auch zu einem gewissen Abschluß der Principien für wichtige Communaleinrichtungen. Fast gleichzeitig im Jahre 1847 sind solche Clauses Acts ergangen in folgenden Gruppen.

I. Für die specielleren Zwecke einer Marktordnung, einer Gas- und Wasserversorgung der einzelen mit Lokalakte versehenen Städte:[1]

1) Die Markets and Fairs Clauses Acts 1847, 10. et 11. Vict. c. 14, ein Normalreglement für die Einrichtung der städtischen Wochenmärkte, Marktaufsicht, Aufsichtspersonal, Wägungs- und Messungsanstalten, deren 49 Artikel den späteren Health Acts in Pausch und Bogen incorporirt worden sind.

2) Die Gasworks Clauses Act 1847, 10. et 11. Vict. c. 15, faßt die in Lokalakten für Anlegung von Gaswerken zur Beleuchtung von Ortschaften gewöhnlichen Clauseln zusammen, über die Straßenaufbrechung

---

[1] Als gemeinsame Ergänzung dieser und der folgenden Consolidationen dient das umfangreiche Expropriationsgesetz, die Lands Clauses Act 1845 mit ihrer Amendment Act, 23. et 24. Vict. c. 106. Der große Umfang dieses Gesetzes (in 149 Artikeln) war bedingt durch die verwickelte Gestalt der englischen real property, durch die Nothwendigkeit einer Rücksicht auf das Obereigenthum bei Zwangsenteignung eines copyhold 2c., die Nothwendigkeit einer Deposition des Ablösungskapitals oder des Nachweises einer Verwendung zur Abstoßung dauernder Grundlasten. Die streitigen Beträge der Expropriation bis 50 £. werden durch zwei Friedensrichter summarisch festgestellt, größere Beträge durch ein Schiedsverfahren oder eine jury nach Wahl des Grundeigenthümers. — Von untergeordneterer Bedeutung ist die Companies Clauses Act, 8. Vict. c. 16 (25. et 26. Vict. c. 89), von welcher nur beiläufig einzele Artikel übertragen werden. — Von den obigen Clauses Acts ist die Market and Fairs Act schon S. 269, 272 erörtert. Die Gasworks Clauses Act wird ergänzt durch die Normativbestimmungen für die Gasmesser, 22. et 23. Vict. c. 66. Ueber die Consolidationen der Wasserwerksgesetzgebung handelt der Report eines Select Committee von 1865. Statist. Uebersicht über die englischen Wasseranlagen, Parl. P. 1858, XLVIII. 445.

zur Legung der Gasröhren, Lieferung des Gases, Defraudationen, Beschädigungen durch die Gasanlagen, Vertheilung der Dividenden, summarische Jurisdiction über Schadensansprüche und Uebertretungen dabei, die vor einem Friedensrichter klagbar sind.

3) Die Waterworks Clauses Act 1847, 10. et 11. Vict. c. 17, consolidirt in ähnlicher Weise die bei der Anlegung von Wasserwerken gewöhnlichen Clauseln. Die Beiträge (rates) werden nach dem Miethswerth der mit Wasser versorgten Gebäude veranlagt, bei Miethswerthen unter 5 £. die Eigenthümer herangezogen. Auch hier kehren die Clauseln wegen der Dividenden und die summarische Jurisdiction wegen der Beschädigungen und Uebertretungen wieder.

II. Die Towns Police Clauses Act 1847, 10. et 11. Vict. c. 89, giebt ihrem Hauptinhalt nach Normativbestimmungen für die Anstellung und gesetzliche Ordnung besoldeter Constables[2]) und eine Straßenpolizeiordnung für Städte ohne Corporationsverfassung, in welchen solche Einrichtungen erst durch Lokalakte geschaffen werden müssen. Die Abschnitte über Verhinderung der Passage und Straßenunfug, über Feuerpolizei- und Löschordnung, über Vergnügungslokale, Lohnfuhrwerk und Badeplätze (Art. 21 bis 69) sind den späteren Gesundheitsakten kurzweg einverleibt.

III. Die Commissioners Clauses Act 1847, 10. et 11. Vict. c. 16, consolidirt die in Lokalakten gewöhnlich vorkommenden Clauseln über die Wahl von Commissioners zur Ausführung von Unternehmungen für Verschönerung, Pflasterung, Reinigung, Beleuchtung und andere Anlagen öffentlicher (communaler) Natur in solchen Ortschaften, die keinen Gemeinderath oder sonst constituirten Vorstand haben. Die Commissioners werden nach klassificirtem Stimmrecht der Steuerzahler und Eigenthümer in sechs Stufen erwählt (§. 14), — denselben sechs Stufen von 50—250 £. Realeinkommen wie in der Armenverwaltung. In größeren Gemeinden werden wards gebildet; jeder Wähler wählt in dem Bezirk, in welchem sein Grundeigenthum liegt (§. 25). Ein Drittel der Commissioners scheidet jährlich aus und wird durch Neuwahl ergänzt (§. 17). Die Commissioners können nach Bedürfniß Verwaltungscommittees ernennen (§. 49). Die Treasurer, Clerk, Collector und andere nöthige Beamte werden nach Bedürfniß von den Commissioners ernannt, entlassen, ihre Gehalte und Remunerationen geregelt (§. 65). Die Commissioners können auch bye laws zur Regelung der Amtspflichten der Beamten erlassen und Geldbußen für die Uebertretung derselben festsetzen. Das Ganze ist gewissermaßen ein Schema für die Bildung neuer Communalverbände in blanco, wobei das Vorbild der Armencommunalverbände das maßgebende blieb, jedoch ohne eine bevor-

---

[2]) Beiläufig erwähnt bei der besoldeten Constabulary oben S. 466.

mundende Centralbehörde. Die summarische Jurisdiction wird in der Regel durch zwei Friedensrichter gehandhabt; die Appellation wegen der Steuerveranlagung, Rechnungsdifferenzen ꝛc. geht an die Quartalsitzungen.³)

IV. Die Towns Improvement Clauses Act 1847, 10. et 11. Vict. c. 34, consolidirt die in Lokalakten für Pflasterung, Trockenlegung, Reinigung, Erleuchtung und Verschönerung von Städten und engbewohnten Distrikten gewöhnlich vorkommenden Clauseln, und bietet einen schon viel mannigfaltigern und reichern Inhalt dar. Wo eine organisirte Communalbehörde fehlt, werden Commissioners gewählt, welche einen Surveyor und einen Inspector of Nuisances (die auch beide eine Person sein können) anstellen, nach Bedürfniß auch einen Stadtphysikus, Officer of Health. Wegen der Anlage der Abzugskanäle und Hausrinnen wird einigen Anforderungen einer Gesundheitspolizei genügt. Die Commissioners fungiren zugleich als Surveyors of Highways (§. 48) und für die Verwaltung des Straßenpflasters. Bei der Anlage neuer Straßen, Verbesserung vorhandener, Beseitigung von Einsturz drohenden Baulichkeiten, bei dem Reklamationsverfahren gegen beabsichtigte Neubauten ist wesentlichen Anforderungen einer Bauordnung Rechnung getragen. Die Special Orders der Commissioners sollen jedoch vorher gehörig bekannt gemacht werden, und wenn eine Majorität der stimmberechtigten Steuerzahler ihren Widerspruch dagegen erklärt, soll die Ausführung derselben unterbleiben. Die Nuisances sind unter summarische Jurisdiction gestellt. Dazu Spezialregulative über Straßenreinigung, Rauch, Ventilation, Logirhäuser, Erleuchtung, Wasserversorgung, Schlachthäuser, Bade- und Waschhäuser; Generalregulative über die Aufbringung der rates (erweitert durch 23. et 24. Vict. c. 30) nach Weise der Armensteuer, vorbehaltlich besonderer Beiträge für private improvements; Vorbehalt einer Appellation an die Spezial- und Quartalsitzungen wegen der Steuereinschätzung; Abfassung der bye laws; summarische Jurisdiction wegen Beschädigungen und Uebertretungen. Die Towns Improvement Act soll zwar nur in denjenigen Ortschaften gelten, für die sie künftig als Theil einer Lokalakte incorporirt sein wird.⁴) Allein die Zahl solcher Ortschaften und der danach gebildeten Improvement Committees ist schon

---

³) In dies Gesetz sind verschiedene Artikel der Companies Clauses Act incorporirt. Andererseits sind in die späteren Health Acts die Artikel über die Verpfändung der District Rates aufgenommen worden.

⁴) Ein Verzeichniß der nach diesem Gesetz gebildeten Improvement Commissions geben die Parl. P. 1868 LIX. 577—585. In 215 Artikeln giebt dieses Gesetz auch eine ziemlich umfassende Bauordnung. Die größere Masse (143 Artikel) ist der spätern Local Government Act kurzweg einverleibt, namentlich der Artikel über Straßenuhren, Schlachthäuser, Wasserversorgung, Rauchverzehrung, die städtische Bauordnung, die Bestimmungen über die Baufluchtlinie, Numerirung der Straßen, Straßenreinigung und die Strafordnung gegen Straßenunfug.

an sich nicht unbedeutend. Noch wichtiger erscheint die Zusammenfassung aller in der ältern Gemeindeverfassung fehlenden Momente in eine codificirte Supplementar-Gemeindeordnung.

Inzwischen hatte schon im Juli 1842 das Armenamt seinen ersten großen Bericht erstattet, den Report on the sanitary condition of the Labouring Population of Great Britain, dem sich 26 Lokalberichte und ein Supplementary Report on the practice of interment in towns anschlossen. Am 9. Mai 1843 war eine königliche Commission of Inquiry ernannt worden mit dem Auftrag „zur Untersuchung des gegenwärtigen Zustandes der großen Städte und volkreichen Distrikte in E. und W. und über die besten Mittel zur Beförderung und Sicherung der öffentlichen Gesundheit." Der First Report der königlichen Commission vom Juni 1844 enthält bereits ein verarbeitetes Material mit ärztlichen Spezialberichten über einzele Städte. Der Second Report vom Februar 1845 enthält Betrachtungen über die Hauptgründe des unaussprechlich verwahrlosten Gesundheitszustandes. Die nicht zu verleugnende Wahrheit war, daß das friedensrichterliche, jurisdictionelle selfgovernment nach Form und Geist den gewaltigen Aufgaben der neuen Gesellschaft nicht gewachsen, die alten Gemeindebehörden, courts leet, aber verfallen und in der Regel gänzlich eingeschlafen waren. Zur Abhülfe des Nothstandes kam die Commission of Inquiry zu den 5 leitenden Gesichtspunkten: (1) Trockenlegung der Häuser und Straßen; (2) Pflasterung der Straßen, Höfe und Durchgänge; (3) Reinigung und Entfernung von nuisances; (4) genügende Beschaffung von Wasser für öffentliche und häusliche Zwecke; (5) Bessere Bauanlage und Ventilation der Wohnhäuser. Nach diesen Gesichtspunkten ist demnächst seit 1848 eine zusammenhängende Gesetzgebung in Gang gekommen.

Unvergeßliche Verdienste für die Gesetzgebung haben an dieser Stelle die umfangreichen Berichte des Armenamts von 1842 und ihr Bearbeiter Edwin Chadwick. Bei den späteren Berichten der königlichen Untersuchungscommission waren vorzugsweise Dr. Southwood Smith, Dr. Guy u. a. thätig. Jene Reports enthalten ein überreiches Material über den Gesundheitszustand der großen Städte und über die einzelen Maßregeln zur möglichen Abhülfe, mit einem Anhang über Abzugskanäle, Logirhäuser und dergl. Die zusammengestellten Thatsachen ergaben, daß die von den arbeitenden Klassen, öfter auch von den Gewerbsleuten bewohnten Distrikte der großen Städte, auch vieler kleineren, und zuweilen selbst ländlicher Bezirke, an einem „gesundheitsschädlichen Mangel an Entwässerung, Reinigung, frischem Wasser, an fehlendem Luftzug und Uebervölkerung" leiden, worauf Typhus, Fieber, Cholera, Schwindsucht, scrophulöse und zahlreiche andere Krankheiten zurückzuführen seien, welche massenweis die Bevölkerung hinweggrafften. Die Spezialuntersuchung über 50 Städte ergab sehr in die Augen fallende Zahlen der Mortalität, z. B. für Liverpool. Ein Bericht des Registrar General stellte auf eine Million Lebende jährlich 27,000 Todesfälle in den großen Städten fest, in den ländlichen Distrikten 19,300. In Liverpool ergab sich für die gentry ein mittleres Alter von 35 Jahren, für Gewerbtreibende 22 Jahre, für die arbeitenden Klassen 15 Jahre rc.

50*

§. 133.

Die General Health Act, 1848. Local Boards of Health.

Die Wogen der europäischen Bewegung der arbeitenden Klassen im Jahre 1848 brachten die längst vorbereitete umfassende Gesetzgebung über die Gesundheitspflege zum Durchbruch in 11. et 12. Vict. c. 63., an Act for Promoting the Public Health, in 152 Artikeln. Sie verarbeitet die Materialien aus 50 schon vorhandenen Gesetzen zu einem Ganzen nach folgenden Gesichtspunkten:

1. Da das Bedürfniß der Gesundheitspflege ein örtlich sehr verschiedenes ist, so setzt die Health Act eine specielle Einführung in bestimmten Districten voraus.

2. Die Zwecke des Gesetzes entsprechen den 5 Gesichtspunkten in dem Second Report der königlichen Commission, positiv formulirt mit Rücksicht auf die zu ertheilenden Zwangsgewalten und Steuerverwendungen.

3. Die Geldaufbringung folgt dem System der Poor Rate.

4. Das Beamtenpersonal dem System der Armenverwaltung.

5. Die Beschlußfassungen über die Maßregeln und Geldverwendungen gebühren einem gewählten board der Steuerzahler, analog den Boards of Guardians.

6. Der Instanzenzug und die Rechtscontrolen sind ebenso der Armenverwaltung nachgebildet.

Nach diesem in allen Health Acts wiederkehrenden System wird:
„In Erwägung, daß weitere und wirksamere Vorkehrung getroffen „werden sollte zur Verbesserung des Gesundheitszustands der Städte „und volkreichen Orte in England und Wales, und es angemessen ist, „daß die Wasserversorgung derselben, das System der Abzugskanäle, „der Entwässerung, Reinigung und Pflasterung derselben, soweit es „ausführbar, unter eine und dieselbe Lokal-Verwaltung und Controle ge„stellt werden, unterworfen einer allgemeinen Oberaufsicht, hiermit ver„ordnet:"

I. **Einführung des neuen Systems.** Wo nicht ein Gemeinderath oder eine constituirte Gemeindebehörde schon vorhanden ist, sollen besondere Lokalbehörden für die Zwecke des Gesetzes, Local Boards of Health, gebildet werden unter Oberleitung eines General Board of Health (§. 4). Ausgenommen bleibt der hauptstädtische Bezirk. Auch in sonstigen Ortschaften tritt das neue System nur unter folgenden Voraus=

§. 133. Die General Health Act, 1848. 789

setzungen ein. Wenn $\frac{1}{10}$ der Steuerzahler einer Stadt oder andern Ortschaft, wenigstens 30 an Zahl, bei dem Generalamt wegen des Gesundheitszustands des Orts Vorstellung machen, oder wenn aus den amtlichen statistischen Aufnahmen sich ergiebt, daß nach dem Durchschnitt der letzten 7 Jahre die Zahl der Todesfälle jährlich 23 auf 1000 übersteigt: so mag das Gesundheitsamt durch einen seiner Inspektoren eine vorläufige öffentliche Untersuchung mit Zeugenverhören über den Gesundheitszustand und die sonstigen Communalverhältnisse des Orts veranstalten und darüber Bericht erstatten lassen (§. 8). Bei der Untersuchung sollen die Termine der Verhandlung öffentlich bekannt gemacht, Personen, die gehört zu werden wünschen, vernommen werden. Der Bericht des Inspektors ist an dem Ort zu veröffentlichen, und bei dem Stadtsekretär oder analogem Beamten zur Einsicht niederzulegen (§. 9). Wenn das General-Gesundheitsamt nach diesem Bericht und nach den etwa ergänzenden Untersuchungen und Berichten der Ansicht ist, daß es angemessen sei, das Gesetz ganz oder theilweis an solchem Ort einzuführen, so kann die Einführung durch Staatsrathsbeschluß (Staatsministerium) definitiv erfolgen (§. 10).[1] Wo es aber einer Aenderung der vorhandenen Communalbezirke zu bedürfen scheint, oder wo es an einer vorangegangenen Petition der Gemeindesteuerzahler

---

[1] **Anordnung der einzelen Artikel des Gesetzes:** §. 3. Ueber die Lokalbehörden zur Ausführung des Gesetzes. §§. 4—7. Ueber das Generalamt. §§. 8—10. Voruntersuchung und Verfahren bei der Einführung. §§. 12—34. Wahl und Constituirung der Lokalbehörden. §§. 35—40. Anstellung der Beamten. §§. 41—85. Zwecke und Geschäftskreis der Behörde. §§. 86—109. Steuersystem. §§. 107—114. 118. 119. Anleihen, Verpfändungen. §§. 115. 116. bye-laws. §§. 120—144. Oberinstanz, Rechnungsrevisionen, summarisches Strafverfahren, Regreßklagen, Ersatz von Eigenthumsbeschädigungen ꝛc. §§. 145—152.

Eine Monographie über diese Gesetzgebung ist Glen's Law of Public Health. 1862. 4. Aufl. 1866 (5. Aufl. 1869). Einen Generalbericht des General Board of Health über die Verwaltung der Jahre 1848—54 enthalten die Parl. P. 1854, XXXV. 1. Einen Bericht über die einzelen Local Boards Parl. P. 1855, LIII. 19. Eine Statistik der einzelen Local Boards Parl. P. 1857. Sess. II. XLI. 3. Nach dem Report von 1854 hatten 284 Ortschaften Anträge auf Einführung des Gesetzes gemacht, in 182 Ortschaften war den gesetzlichen Vorbedingungen und Formen der Annahme des Gesetzes schon vollständig genügt. Diese Orte umfaßten eine Bevölkerung von 2,100,000 Einwohnern. Die nach den approbirten Bauplänen in 31 Ortschaften noch zu machenden Anlagen berechnete das Gesundheitsamt auf ungefähr 16,000,000 L. Kosten. — Seit 1858 enthalten die Berichte zugleich die nach der Local Government Act gebildeten Boards. Der General Return P. P. 1862, No. 437 giebt am Schluß S. 358—460 ein (unvollständiges) Verzeichniß von 177 Local Boards mit einer Jahreseinnahme von zusammen 850,528 L. und einer Jahresausgabe von 779,959 L. In der größern Hälfte der angegebenen Ortschaften überstieg die jährliche Einnahme 1000 L.; das Maximum in Bristol mit 74,264 L. Einnahme, 49,370 L. Ausgabe. Eine fleißige und unbefangene kleine Schrift zu §. 133. 134 ist Sander, die Engl. Sanitätsgesetzgebung. Elberf. 1869.

fehlt, oder wo eine Lokalakte für analoge Zwecke schon vorhanden ist, ergeht nur eine provisional order des Gesundheitsamts, die erst dann definitive Gesetzeskraft erhält, wenn und so weit sie durch Parlamentsakte bestätigt ist. Fast jeder Jahrgang der englischen Gesetzsammlung enthält daher Parlamentsakte, durch welche provisional orders dieser Art bestätigt werden.

II. **Die Zwecke der Gesundheitsakte** (§§. 41—85) entsprechen den fünf Gesichtspunkten der königlichen Untersuchungscommission. Die später folgende Local Government Act mit ihren Amendment Acts hat diese Zwecke weiter specialisirt, und Clauseln anderer Gesetze incorporirt. Da die Kette dieser Gesetze als ein Ganzes interpretirt werden soll, so erscheint es angemessen, schon etwas vorgreifend die Artikel der Public Health Act (H. A.) mit denen der Local Government Act (L. G.) und ihren Zusätzen zu verbinden, und danach die Reihenfolge der Zwecke so zu geben, wie sie die Bearbeitung von W. Glen in 24 Kapiteln darstellt.

1. Straßenrinnen und Abzugskanäle, Sewerage. Das Board wird Eigenthümer aller öffentlichen sewers und der dazu gehörigen Gebäude und Materialien, mit der Befugniß Privatrechte der Art an sich zu kaufen, H. A. §. 43. 44, und mit der Verpflichtung, die vorhandenen in Stand zu halten, nöthigenfalls solche zu ändern und neue anzulegen, für ihre Zudeckung, Reinigung und Entleerung so zu sorgen, daß sie „nicht gemeinlästig und gesundheitsgefährlich" seien. Eigenmächtige Anlegung von sewers, Ueberbauen derselben, eigenmächtiges Unterbauen der Straßen durch Keller und Gewölbe wird mit Niederreißung und summarischen Geldbußen verfolgt. — Den Inhalt der Cloaken, sewage, mag das board an angemessene Orte außerhalb seines Districts gegen Entschädigung ableiten, oder mit Unternehmern Verträge über den Verkauf, oder über die Berieselung von Ländereien schließen, und die nöthigen Ländereien, Gebäude, Maschinen zur Desinfection oder Vertheilung kaufen oder miethen L. G. §. 30.[1])

2. Trockenlegung von Pfuhlen und Gossen, Drains, Ditches etc. Das Board sorgt dafür, offene Pfützen, Gossen, Rinnen, und andere Aufsammlungsorte lästigen und gesundheitsgefährlichen Unraths

---

[1]) Die Sewerage ist gewissermaßen der Schwerpunkt der ganzen Gesetzesgruppe geblieben. Das Board mag auf Gemeindekosten eine Karte über das System der Straßenentwässerung anfertigen lassen zur freien Einsicht für die Steuerzahler, H. A. §. 41. 42. Für solche Generalpläne ist eine technische Generalinstruction in 23 Artikeln ergangen, Glen S. 82—84. Schon bei der Sewage kam die Abfuhrfrage zu einer Contestation widerstreitender Interessen, Glen, S. 112 ff. Die Amendment Act 24. et 25. Vict. c. 61 verbietet die Ableitung von sewage oder Spülwasser in natürliche Wasserläufe oder Flüsse, bevor sie von Excrementen, schlammigen oder schädlichen Stoffen gereinigt sind. Einen besondern Schutz dagegen giebt die Thames Navigation Act 1866.

trocken zu legen, zu reinigen, zu bedecken oder auszufüllen. Es wird dafür den Betheiligten zunächst eine Frist gestellt, nach deren fruchtlosem Ablauf das Board selbst die nöthigen Arbeiten ausführt, und die Kosten dafür entweder summarisch eintreibt, oder als private improvements (nützliche Verwendungen) behandelt, oder auch ganz oder theilweis auf Gemeindekosten übernimmt, H. A. §. 58. Die Behörde soll auch das Recht haben, das Local Board einer benachbarten Gemeinde vor einen Friedensrichter zu laden und zur Reinigung solcher übelriechenden Gossen 2c. zu nöthigen. L. G. §. 29—31.[2])

3. Straßenreinigung und Abfuhr, Cleansing Streets. Das Board mag an geeigneten Orten Behälter oder Plätze beschaffen zur zeitweisen Ablagerung von Schmutz, Asche und Kehricht; auch geeignete Gebäude und Plätze anschaffen zur Ablagerung des von dem Board selbst gesammelten Unraths H. A. §. 56. Es mag selbst unternehmen oder in Entreprise geben die Reinigung und Besprengung von Straßen, die Abfuhr des Hausunraths, die Reinigung der Abtritte, Aschbehälter, Abzugsgräben, L. G. §. 32. Eine Behinderung der Behörde oder des Unternehmers bei diesem Geschäft wird mit Geldbußen von 2—5 L. bedroht. Wo das Board nicht selbst oder durch Vertrag das Abfuhrwesen besorgt, mag es Lokalverordnungen erlassen, um die Reinigung und Abfuhr gegen den occupier, und die Beseitigung von nuisances durch Aufhäufung von Schnee, Schmutz, Asche und Kehricht zu erzwingen, L. G. §. 32. Das Halten von Schweinen in einem Wohnhaus, das Ansammeln von schmutzigem Wasser in einem Keller oder Wohnhaus nach vorgängiger Aufforderung des Board zur Entfernung, sowie das Ueberlaufenlassen von Dunggruben 2c. ist mit Geldbuße bis 40 sh. und 5 sh. für jeden weitern Tag bedroht. Das Board mag demnächst selbst für die Beseitigung sorgen und die Kosten vom occupier summarisch beitreiben, H. A. §. 59; 29. et 30. Vict. c. 90, §. 54.[3])

---

[2]) Drains im Sinne des Gesetzes sind die Hausrinnen für ein einzeles Gebäude zur Abführung der Abgänge entweder in die Abfallgruben oder in die Straßenrinnen (sewers). Eingefügt ist dabei die Klausel (§. 50), daß auch wo die Gesundheitsakte nicht eingeführt ist, durch Gemeindebeschluß von $3/5$ der Steuerzahler eines Kirchspiels oder einer Ortschaft über 2000 Seelen beschlossen werden kann, vorhandene Teiche, Pfützen oder Abzugskanäle trocken zu legen, zu reinigen, zu bedecken oder auszufüllen durch die Kirchenvorsteher und Armenaufseher auf Kosten der Armensteuer.

[3]) Wenn der Polizeiinspector die Wegschaffung solcher Anhäufungen für nothwendig erachtet, soll er dem Schuldigen oder dem occupier eine Aufforderung zugehen lassen. Nach Ablauf von 24 Stunden soll das betreffende Material der Behörde zufallen und von ihr auf Rechnung des Districtfonds verkauft werden, H. A. §. 59. Alle nicht durch den Verkauf gedeckten Kosten sind summarisch klagbar gegen den occupier, event. gegen den Grundeigenthümer oder mögen als private improvements behandelt werden, L. G. §. 32; 29. et 30. Vict. c. 90 §. 54.

4. **Ueberwachung der Trockenlegung von Privathäusern, Drainage, Sewerage and Purification.** Jedes neu- oder umgebaute Haus soll mit bedeckten Abzugsröhren (covered drains) versehen sein, deren Lage, Material, Höhe und Gefälle das board bestimmt, und welche entweder in einem öffentlichen sewer, (falls ein solcher nicht über 100' vom Hause entfernt ist), oder in eine bedeckte, nicht unter einem Hause befindliche Abfallgrube sich entleeren müssen, — ferner mit einem Watercloset oder Abtritt und mit einer Aschgrube (ash-pit). Das Board sorgt dafür überhaupt, daß alle Rinnen, Abtritte, Abfallgruben so angelegt und erhalten werden, um nicht „gemeinlästig und gesundheitsgefährlich" zu sein. Der Inspektor mag die betr. Grundstücke betreten, das Board demgemäß eine schriftliche Aufforderung erlassen und event. den Säumigen in eine Buße von 10 sh. pro Tag nehmen, die nöthigen Arbeiten selbst ausführen, die Kosten summarisch eintreiben oder als private improvements behandeln, H. A. §. 54. Neugebaute oder bis zum Erdgeschoß umgebaute Häuser sollen nicht eher bezogen werden, bevor bedeckte Abzugsrinnen so angelegt sind wie sie der Inspektor für nothwendig erachtet (bei 50 L. Buße im Wege des Civilprozesses) H. A. §. 49. Dergleichen neue Gebäude müssen mit genügendem Watercloset, Abtritt und Aschenbehältniß versehen sein, mit gehörigen Thüren und Bedeckungen bei 20 L. Buße, event. Zwangsausführung durch das Board, H. A. §. 51—54. Für Fabriken soll eine Mehrheit solcher Anstalten vorhanden sein, H. A. §. 52. Das Board mag an geeigneten Orten auch öffentliche Bedürfnißanstalten auf Kosten des Gemeindefonds anlegen.[4])

5. **Straßenbaupolizei, Management of Streets.** Alle gegenwärtigen und zukünftigen öffentlichen Straßen nebst Pflaster, Material und dazu gehörigen Baulichkeiten gehen in das Eigenthum und die Verwaltung des Board über, mit dem Recht, solche zu nivelliren, zu pflastern, zu belegen, zu canalisiren, zu ändern, zu repariren, zu erhöhen oder niedriger zu legen und Sicherheitsposten zu setzen, bei 5 L. Strafe gegen eigenmächtige Beschädigung oder Deplacirung des Pflasters und weiterer Buße bis 5 sh. für jeden Quadratfuß des eigenmächtig aufgenommenen oder beschädigten Pflasters, H. A. §. 68. Sofern eine von den Einwohnern zu erhaltende Straße, Fußweg oder Bürgersteig in nicht ge-

---

[4]) Wenn auf Certificat des Ortsphysicus oder zweier Aerzte das Board befindet, daß eine Baulichkeit „in so schmutzigem oder gesundheitsgefährlichem Zustande ist, um die Gesundheit eines Menschen zu gefährden", oder daß die Reinigung oder Weißung zur Verhütung ansteckender Krankheiten angemessen erscheint, mag es den Eigenthümer oder Miether dazu auffordern, worauf eine Buße bis 10 sh. pro Tag für die Unterlassung eintritt, event. eine summarische Eintreibung der dafür verwendeten Kosten sowohl vom Eigenthümer wie vom Miether. H. A. §. 60.

§. 133. Die General Health Act, 1848.

nügendem Zustande befunden wird, hat das Board durch schriftliche Aufforderung eine Frist zu setzen, event. die nöthigen Arbeiten selbst auszuführen, die Kosten dafür auf die Eigenthümer nach Verhältniß ihrer Hausfront zu vertheilen und summarisch einzuziehen oder als private improvements zu behandeln, H. A. §. 69. Privatstraßen und Fußwege, welche in ungenügendem Zustande befunden werden, können durch öffentlichen Anschlag des Board an irgend einen Theil der Straße für öffentliche Wege erklärt und auf Kosten der Gemeinde erhalten werden; doch steht den Privatinteressenten binnen Monatsfrist nach erfolgtem Aushang dagegen ein Widerspruchsrecht zu, H. A. §. 70.

Mit Gestattung des Board und nach den von ihm gestellten Bedingungen darf jedes Gebäude vorgerückt werden zur Correctur der Straßenlinie. Das Board mag auch Grundstücke erwerben zur Erweiterung, Verbreiterung oder Verbesserung der Straßen, und überflüssige Parzellen davon wieder verkaufen. Gegen Entschädigung des Grundeigenthümers kann auch das Zurückrücken umgebauter Häuser in die Fluchtlinie verlangt werden. Neue Kellerhälse, Vorbauten und Hinderungen der Passage müssen nach schriftlicher Aufforderung binnen 14 Tagen beseitigt, schon vorhandene Vorbaue gegen Entschädigung entfernt werden, L. G. §. 45; 10. et 11. Vict. c. 34.

Für die Neuanlage von Straßen mag das Board Lokalverordnungen erlassen bezüglich des Niveaus, der Breite, Anlage und Canalisirung, wofür das Ministerium des Innern Musterformulare aufgestellt hat. L. G. §. 34.

Das Board sorgt auch für die Beleuchtung der Straßen. Alle darauf bezüglichen Gewalten der Lighting and Watching Act 3. et 4. Vict. c. 90, sowie das Eigenthum der Materialien, gehen auf dasselbe über. Das Board mag mit Privatunternehmern über die Lieferung von Gas oder anderen Beleuchtungsmitteln (bis auf höchstens 3 Jahre) Contract schließen, und die nöthigen Laternen und Apparate anschaffen, zu deren Anbringung an Häusern jedoch die Zustimmung des Eigenthümers erforderlich ist. H. A. §. 8. [5])

---

[5]) Das Board mag auch die Lage der Wasser- und Gasröhren in dem Straßenniveau ändern nach vorheriger Anzeige an die betreffenden Unternehmer, und die Kosten der Umlegung aus den District Rates bestreiten, H. A. 71. Straßen und Gitter, welche auf die Straßen ihre Oeffnung haben, sind in Zukunft so anzulegen, daß sie die Oeffnung nach innen haben, widrigenfalls das Board sie auf Kosten des Eigenthümers abändern läßt mit Ersatz der Kosten und 40 sh. Buße. Kellereingänge vom Pflaster sind nach Anweisung des Board gehörig zu bedecken und in baulichem Zustande zu erhalten bei 5 L., 10. et 11. Vict. c. 34. §. 71—73. Dachrinnen sind in gehörigem Zustand so zu halten, daß die Vorübergehenden nicht durch die Traufe leiden (40 sh. pro Tag §. 74 a. a. O.). Das Board bestimmt die Straßennamen und -Nummern; für die Er-

6. **Landstraßen, Highways.** Das Board überkommt kraft des Gesetzes alle Gewalten und Verpflichtungen eines Surveyor of Highways, wie solche nach dem bestehenden Wegegesetze mit solchem Amte verbunden sind, H. A. §. 117.[6])

7. **Bauordnung, Regulation of Buildings.** Wenn Häuser zum Umbau niedergerissen werden, so mag das Board die künftige Baufluchtlinie bestimmen gegen Entschädigung nach den Grundsätzen der Expropriation, L. G. §. 35.

Das Board mag mit Genehmigung der Centralbehörde Grundstücke erwerben zur Neuanlage von Straßen mit gleichen Befugnissen wie zur Erweiterung von Straßen, L. G. §. 36.

Das Board mag Lokalbauordnungen, Bye Laws, erlassen (1) für die Nivellirung, Breite und Anlage neuer Straßen und Canalisation, (2) in Bezug auf den Bau der Mauern zur Sicherung der Haltbarkeit und Verhütung von Feuer, (3) mit Bezug auf die Offenlassung eines gehörigen Zwischenraumes um die Gebäude, zur Sicherung des Luftzugs und der Ventilation, (4.) mit Bezug auf die Entwässerung, die Anlage von Waterclosets, Abtritten, Aschbehältern, und auf die Schließung von Gebäuden, welche zur menschlichen Wohnung ungeeignet erscheinen, — Alles mit dem Vorbehalt der Beseitigung und Niederreißung reglementswidriger Baulichkeiten, L. G. §. 34.*)

Ruinous and Dangerous Buildings: wenn ein Gebäude oder eine Mauer von dem Inspektor als baufällig und gefährlich erachtet wird, so hat das Board sofort Warnungszeichen für die Passanten aufzustellen, dem Eigenthümer der Baulichkeit Kenntniß zu geben, und diese notice an dem Bau selbst anzuheften mit der Aufforderung zur baulichen Instandsetzung. Unterbleibt diese 3 Tage lang, so mag der Bauinspector bei 2 Friedensrichtern eine Reparaturorder extrahiren. Nach Ablauf der darin gestellten

---

neuerung der Hausnummern hat der Hauseigenthümer zu sorgen (40 sh.). Das Board mag auch anschaffen und erhalten öffentliche Anlagen und Spaziergänge zum Gebrauch des Publikums, sowie Beiträge dazu an Privatunternehmer leisten L. G. §. 74; (22. Vict. c. 27; 23. et 24. Vict. c. 36).

[6]) Wo die ganze Ortschaft gleichmäßig zu einer district rate für dies Gesetz eingeschätzt ist, soll daraus auch die Erhaltung der highways bestritten werden; event. wird dafür noch eine besondere highway rate erhoben, die aber keiner Bestätigung durch die Friedensrichter auch keiner Vorlegung an die Kirchspielsversammlung mehr bedarf, L. G. §. 37.

*) Die H. A. §. 53 hatte ein System der Bauconsense eingeführt, welche mit Einreichung der Pläne, namentlich wegen der Kellerhöhe, der Abtritte und Dunggruben bei dem Board zuvor eingeholt werden sollten. Der lebhafte Widerspruch gegen das System der Bauconsense hat zur Aufhebung des §. 53 in der L. G. §. 34 geführt. Bei einem Verstoß gegen die Lokalverordnungen tritt jetzt nur eine Verpflichtung zur Niederreißung ein, aber keinerlei Verpflichtung zur vorgängiger Einholung von Consensen.

Frist mag das Board den nothwendigen Bau selbst vornehmen und die Kosten vom Eigenthümer eintreiben, L. G. §. 45, und zwar durch Pfändungsbefehl eines Friedensrichters, mit der Befugniß, die gewonnenen Baumaterialien zu verkaufen. Ist der Eigenthümer nicht zu ermitteln, so mag das Board nach Anheftung eines Anschlags an der Baulichkeit selbst, wenn binnen 28 Tagen kein Ersatz der Kosten erfolgt, den Eigenthumsbesitz der Baulichkeiten an sich nehmen nach Vorschrift der Expropriationsgesetze, 10. et 11. Vict. c. 34. §. 75—78.

Keine Keller- oder Untergeschoßwohnung, welche nicht bisher als Wohnung vermiethet ist, soll fortan als solche vermiethet werden. Auch in bisher schon vermietheten Kellern soll der als Wohnung zu vermiethende Raum wenigstens 7 Fuß hoch sein, mindestens 3 Fuß über dem Niveau der Straße gehörig trocken gelegt, mit den nöthigen Nebenräumen für Abtritte, mit eigenem Feuerherd rc. versehen sein, bei 20 sh. Strafe pro Tag. Doch traten diese Bestimmungen erst ein Jahr nach Einführung des Gesetzes in Kraft. Nach zweimaliger Verurtheilung wegen Uebertretung dieser Bestimmungen mögen 2 Friedensrichter den Keller als Wohnungsraum schließen, 29. et 30. Vict. c. 90. §. 36.[7])

8. **Wasserversorgung, Water Supply.** Das Board mag für die Beschaffung des Wasserbedarfs zu den Zwecken der Gesundheitspflege und des Privatgebrauchs sorgen durch Vertrag mit Unternehmern oder durch eigene Anlagen. Die eigene Anlage soll indessen unterbleiben, wenn nach vorgängiger Anzeige eine bestehende Wassercompagnie bereit ist, die verlangten Vorräthe zu liefern und die beabsichtigten Zwecke zu erfüllen, worüber im Fall des Streits ein Schiedsverfahren entscheidet, H. A. §. 75. Auf Bericht des Inspector können auch Privathausbesitzer genöthigt werden, ihren Wasserbedarf zu entnehmen, wo dies zu einem Satz von nicht über 2 d. (1⅔ Sgr.) per Woche ausführbar ist, welche dann als Water Rate nebst den Einrichtungskosten summarisch beizutreiben. — Bestehende Brunnen und Cisternen zur unentgeltlichen Versorgung des Publikums mag das Board erhalten, mit Wasser versehen, auch deren neue errichten, H. A. §. 78. — Zur Unterstützung der Feuerlöschung mögen Springröhren angelegt und die dazu nöthigen Maschinerien besorgt werden; die Entfernung der Röhren von den benachbarten Häusern ist dann durch

---

[7]) Die Vorschriften über die Kellerwohnungen, H. A. §. 67, sind später generalisirt auch für Gemeinden, in denen die H. A. nicht angenommen ist. — Während der Reparaturbauten an Straßen oder Kanälen sind die nöthigen Barrieren durch die Straßen zu ziehen und bei Nacht zu beleuchten. Ebenso ist bei Reparatur an Gebäuden für die Passage und Beleuchtung zu sorgen unter Buße von 5 L. und 20 sh. pro Tag. L. G. §. 45; 10. et 11. Vict. c. 34. §. 79—83.

Zahlen an den Gebäuden zu vermerken, 10. et 11. Vict. c. 34, §§. 122 bis 124.⁸)

9. **Bade- und Waschhäuser**, Bath- and Washhouses. Das Board mag die darauf bezüglichen Gesetze annehmen und als Verwaltungsbehörde dafür eintreten, unter Bestreitung der Kosten aus den District Rates, L. G. §. 47.⁹)

10. **Anlage von Arbeiterwohnungen**, Labouring Classes Lodging Houses. Die darauf bezügliche Acte, 14. et 15. Vict. c. 42, kann durch das Board angenommen werden. Die Verwaltung und Aufsicht steht dann unter dem Board mit der Befugniß, Specialregulative darüber zu erlassen mit Strafandrohung bis 5 L. für die ausführenden Unterbeamten und Uebertreter. Zugleich werden die nothwendigen und die facultativen Clauseln dieser Bye Laws vorgeschrieben. Personen, die sich durch solche Beschlüsse beschwert fühlen, haben das Appellationsrecht an die Quartalsitzungen (a. a. O. §. 41).¹⁰)

11. **Gemeine Logirhäuser**. Common Lodging Houses. Solche sollen einregistrirt werden; das Board läßt diese Register führen und erläßt Lokalverordnungen über die Zahl der aufzunehmenden Gäste, zur Förderung der Lüftung und Reinlichkeit und zu einer fortlaufenden Beaufsichtigung derselben, H. A. §. 66.¹¹) Die Unternehmer bedürfen eines

---

⁸) Die Wasserpreise sind bei entstehendem Streit mit der Gesellschaft durch ein Schiedsverfahren festzustellen. Die Water Rate ist nach den Grundsätzen der District Rate auszuschreiben, pränumerando zahlbar; Rückstände summarisch einzutreiben mit der Befugniß, die Wasserröhren bis zu geleisteter Zahlung abzuschneiden, H. A. §. 93. 94. Die Bestimmungen compliciren sich durch die Incorporation der Waterworks Clauses Act und der späteren Waterworks Act 1865, mit Strafen für Beschädigungen und Defraudationen.

⁹) Vgl. oben S. 780. Das Board mag an Orten, wo öffentlich gebadet wird, durch Lokalverordnung die Badestunde und die Badeeinrichtungen reguliren, 21. et 22. Vict. c. 98 §. 44.

¹⁰) Vgl. oben S. 781. Bei Verleihung von Saatsdarlehnen dafür ist auch die Treasury befugt, Bedingungen und Regulative für die Ausführung der Bauten zu stellen und die Amortisationsfristen bis zu höchstens 40 Jahren zu setzen, 29. Vict. c. 28. §. 4. Durch 29. et 30. Vict. c. 72 ist für diese Darlehne ein besonderer Fonds von 250,000 L bewilligt.

¹¹) Der Minister hat dafür eine Normalinstruction in 17 Artikeln entworfen. In der Metropolis waren schon 1852 2300 lodging-houses mit ungefähr 50,000 Schlafstellen unter polizeilicher Aufsicht, cf. Danby P. Fry, the Lodging-Houses Act. 1866. Diese Logirhäuser stehen an der Stelle unserer sog. Schlafstellen für Personen ohne eigenen Hausstand, und unterscheiden sich von den Gasthäusern durch die ihnen fehlende Schankconcession. Charakteristisch für das alleinseligmachende System des voluntarism ist übrigens der Umstand, daß die freie Concurrenz nicht einmal die nothdürftigen Logirhäuser für die ärmeren Klassen in England so beschafft hat, daß sie ohne Gefahr für die Sicherheits-, Gesundheits- und Sittenpolizei bestehen.

§. 133. Die General Health Act, 1848. 797

Sittenzeugnisses von 3 ansässigen Bewohnern zu 6 L. eingeschätztem Mieths=
werth. Vor der Registrirnng dürfen keine Gäste aufgenommen werden,
14. et 15. Vict. c. 28; 16. et 17. Vict. c. 41.

12. **Anlegung von Märkten, Markets.** Das Board kann
durch Beschluß mit ⅔ der Stimmen beschließen, einen Marktplatz einzu=
richten, ein Markthaus, eine öffentliche Wage und Zubehör anzuschaffen,
bestehende Marktrechte und Marktgebühren anzukaufen, auch Marktstands=
gelder und Abgaben dafür zu erheben, 21. et 22. Vict. c. 98. §. 50.
Die Normativbestimmungen der Market et Fairs Clauses Act sind damit
incorporirt, und der Marktverkauf außer solchem Platz ist dann bei einer
Buße bis 40 sh. für jeden Uebertretungsfall untersagt.[12])

13. **Oeffentliche Schlachthäuser, Slaughtering Houses.**
Das Board mag öffentliche Schlachthäuser einrichten oder Concessionen für
solche ertheilen, welche dann ausschließlich gelten bei 3 L. Buße und gleicher
Strafe per Tag für die Fortsetzung eines unconcessionirten Hauses, L. G.
§. 45. Nach Einführung des Gesetzes sind alle vorhandenen Schlacht=
häuser und Abdeckereien bei dem Board einzuregistriren, H. A. §. 127.
Das Board mag Regulative erlassen für Concessionirung, Registrirung und
Beaufsichtignng, wofür das Staatsamt Formulare entworfen hat (§. 128).
Bei Eintritt eines Straffalls mögen die Friedensrichter die Concession auf
1 oder 2 Monate suspendiren, bei wiederholter Bestrafung widerrufen.
Dazu das Recht der Beschlagnahme und Vernichtung ungesunden Fleisches
mit Bußen bis 10 L.[13])

14. **Beaufsichtigung des Fleischverkaufs, Inspection of
Places for Sale of Butchers Meat.** Der Polizeiinspector erhält
allgemein die Befugniß, jeden Laden, Bude oder anderes Verkaufslokal für

---

[12]) Das Board mag Lokalverordnungen erlassen zur Regelung des Gebrauchs
der Marktplätze, Gebäude, Marktstände und zur Verhütung von Unfug und Obstructions,
— zur Bestimmung der Tage und Stunden des Markts, — zur Beaufsichtigung der
Schlachthäuser, — zur Regelung der Marktwage und Bestimmung der Transportsätze, zur
Regelung des Gebrauchs der öffentlichen Wage und Maße, — zur Verhütung des Markt=
verkaufs ungesunden Fleisches, — mit Geldbußen bis 5 L., vorbehaltlich eines Straf=
ermäßigungsrechts der Friedensrichter. Die Verordnung bedarf der Bestätigung durch
die Quartalsitzungen und durch den Minister, und muß durch ein öffentliches Blatt
publicirt werden mindestens 1 Monat bevor sie in Kraft tritt, 10. et 11. Vict. c. 14. §.
42—49. Insbesondere soll das board öffentliche Wagehäuser zur Wägung und Messung
der Marktwaaren einrichten und die nöthigen Beamten dafür anstellen. Bußen bis 40 sh.
für jede Weigerung einer Nachwägung oder Messung auf Verlangen, 10. et 11. Vict. c.
14, §. 21. 22. Dazu nochmals Strafbestimmungen bis 5 L. für den Verkauf ungesunden
Fleisches nebst dem Recht der Beschlagnahme.

[13]) Ueber die Anlage der Schlachthäuser unter friedensrichterlicher Jurisdiction s.
oben S. 379, 273 und Burn's Justice voce Animals I., 174 ff.

Fleisch, Geflügel oder Fische von Zeit zu Zeit zu beaufsichtigen und ungesunde Artikel wegzunehmen, mit Bußen bis zu 10 L. für jedes Stück, und mit der Befugniß, auf eidliches Zeugniß eines Sachverständigen, ungenießbare Artikel zu vernichten, H. A. §. 63.[14])

15. **Beschränkung lästiger und gesundheitsgefährlicher Gewerbe, Offensive Trades.** Das Board unterwirft neuanzulegende, der Nachbarschaft lästige oder gesundheitsgefährliche Gewerbsanlagen polizeilichen Regulativen. Neu angelegte Blut- und Knochenbrennereien, Schlachthäuser, Talg- und Seifensiedereien und andere schädliche oder lästige Gewerbe bedürfen zur Anlage eines Consenses des local board (wo nicht das general board eines Anderes bestimmt), bei Strafe von 50 L. und 40 sh. für jeden Tag des Fortbetriebs. Für den Betrieb kann das Lokalamt auch bye-laws erlassen zur möglichsten Verminderung der Beschwerden, H. A. §. 64.[15])

16. **Rauchverzehrung, Prevention of Smoke.** Feuerplätze und Oefen für Dampfmaschinen, Fabriken, Brauereien, Backhäuser u. a. Gewerbsanlagen müssen so gebaut werden, um den Rauch selbst zu verzehren, L. G. §. 45. Schon bestehende Anlagen müssen binnen 2 Jahren in gleicher Construction umgebaut werden (40 sh. per Tag).[6]).

17. **Straßenunfug, Obstructions and Nuisances in Streets.** Durch Incorporation der Towns Police Clauses Act Art. 21—29 ist eine vollständige Straßen-Polizeiordnung aufgenommen mit Geldbußen bis zu 40 sh. für Ausstellung von Pferden und anderm Vieh zu Verkauf oder Vermiethung außer an Marktplätzen; gegen Schaustellungen und öffentliche Unterhaltungen; Aufschirren oder Einreiten von Pferden; Herumlaufen von Hunden ohne Maulkorb; Hetzen von Hunden; gegen Fuhrwerk, welches der Führer aus der Hand läßt, und Ausweichen auf der unrechten Seite; wissentliche Hinderung der Passage; übermäßig schnelles Fahren; Versperrung des Weges durch Balken rc.; Reiten auf Fußwegen; Herumtreiben zu Zwecken der Prostitution; Verkauf obscöner Lieder rc.; Abschießen von Feuergewehren; muthwilliges Klingeln und Klopfen an den Hausthüren; Auslöschen von Laternen; Steineklopfen; Ausklopfen von Teppichen nach

---

[14]) Ueber die friedensrichterliche Jurisdiction darüber nach der Nuisances Act vgl. oben §. 52. Seite 293.

[15]) Ueber die friedensrichterliche Jurisdiction nach den Nuisances Act s. oben §. 52. Seite 293.

[16]) Jedoch mit Vorbehalt einer bedingten Ausführung für gewisse Fabrikationen, bei denen eine Dispensation bis zu 10 Jahren eintreten kann und mit einem Strafniederschlagungsrecht für die Friedensrichter. Diese Bestimmungen beruhen auf einer Incorporirung der Smoke Prevention Acts, s. oben § 52. Seite 293.

8 Uhr Morgens; Auswerfen von Gegenständen aus den Fenstern; Auswerfen von Unreinlichkeiten in die Straßen ꝛc.¹⁷)

18. **Feuerordnung**, Extinguishing Fires. Einige darauf bezügliche Strafklauseln sind durch die Local G. Act direkt und durch Incorporation aufgenommen. Absichtliches Inbrandsetzen von Kaminen ist mit 5 L. Polizeibuße bedroht, außer den verwirkten schwereren Strafen; für fahrlässige Brandstiftung mit 10 sh., L. G. §. 44. Das Board mag für Anschaffung von Feuerspritzen mit Zubehör und Bespannung sorgen und die Regulative und Gehaltsetats dafür feststellen.¹⁸)

19. **Oeffentliche Vergnügungsorte**, Places of Public Ressort. Da die allgemeinen Polizeigesetze diesen Gegenstand schon hinreichend ordnen, so sind hier nur einige ergänzende Clauseln aus der Towns Police Clauses Act aufgenommen, welche die Bewirthung von Constables im Dienst in öffentlichen Schankhäusern und die wissentliche Aufnahme von Prostitutes und notorischen Dieben in Wirthshäusern ꝛc. mit 5 L. bedrohen, L. G. §. 44; 10. et 11. Vict. c. 89 §. 34, sowie das Verbot von Bärenhetzen und Hahnengefechten.¹⁹)

20. **Regelung des Lohnfuhrwesens**, Hackney Carriages. Das Board mag Concessionen dafür ertheilen, die mit gewissen Daten zu registriren, auf ein Jahr gültig sind. Die Kutscher bedürfen einer besondern Concession. Nach zweiter Bestrafung mag das Board solche Concessionen widerrufen. Die Zahl der aufzunehmenden Personen soll auf der Außenseite des Fuhrwerks bezeichnet werden. Der Tarif der Fahrsätze, die Strafen für Mißverhalten der Kutscher ꝛc. correspondiren den allgemeinen Polizeigesetzen über diesen Gegenstand, 10. et 11. Vict c. 89 §. 37—68.²⁰) — Das Board mag auch Lokalverordnungen erlassen für die Concessionirung und den Geschäftsbetrieb der Pferdeverleiher, Miethsboote und das dazu gehörige Personal, 24. et 25. Vict. c. 61 §. 25.

21. **Begräbnißwesen**, Burials. Die Regelung dieses Gegenstandes bleibt den besonderen Burial Acts vorbehalten (oben S. 781). Durch Order in Council kann das Board zwar zugleich als Burial Board

---

¹⁷) Das Board mag Fahrordnungen, Vorschriften für die Passage erlassen für öffentliche Festzüge, Illuminationen u. dergl. (mit Bußen bis 40 sh.); ebenso die Fahrordnung in der Nähe von Kirchen an Sonntagen bestimmen, L. G. §. 44; 10. et 11. Vict. c. 89 §. 21—23.

¹⁸) Einschaltung aus der Towns Police Clauses Act 1847 §. 30—33.

¹⁹) Dazu eine Verweisung auf die Public Houses Clausing Act, 27. et 28. Vict. c. 64, wegen der Schlußstunde von Vergnügungslokalen. Die allgemeinen Polizeigesetze darüber s. oben §. 65.

²⁰) Die allgemeinen Polizeigesetze darüber s. oben §. 65.

constituirt werden. Aber auch dann sind seine Rechte und Verpflichtungen lediglich nach jenen Gesetzen zu beurtheilen.[21]

22. **Regulativ für die Backhäuser.** Die Bakehouse Regulation Act 1863, 26. et 27. Vict. c. 40, bestimmt die Arbeitsstunden jugendlicher Personen in den Backhäusern (bei 2—10 L.), mit Vorschriften über die Reinigung, Ventilation, Schlafräume ꝛc., und behält den Inspectoren des Board eine fortlaufende Beaufsichtigung vor.[22]

Für die zahlreichen Grunderwerbungen innerhalb dieses Geschäftskreises kommt das **Expropriationsgesetz**, die Lands Clauses Act, zur Anwendung. Für die Contractschließungen gilt die Regel, daß jeder Vertrag über 10 L. nach vorgelegtem Anschlag des Surveyor schriftlich abzufassen ist, H. A. §. 85.

III. **Das Steuersystem der** Public Health Act (§§. 86—114). Zu den baulichen Anlagen und Aenderungen der sewers, zu allen sonstigen Bauanlagen und permanenten Zwecken des Gesetzes, die für einen Gesundheitspolizeidistrikt oder für einen Theil eines solchen ausgeführt werden, soll das Local Board ausschreiben und erheben eine Steuer nach Weise der Armensteuer, bis zu dem Betrag der nothwendigen Kosten, und so daß Kapital und Zinsen dadurch in spätestens 30 Jahren gedeckt werden. Weiter dient diese „district rate" zur Bestreitung der Generalkosten, die das Gesetz ausdrücklich darauf oder sonst auf keine andere Steuer anweist, namentlich die Kosten des Vorverfahrens (§. 11), die Wahlkosten (§. 30), die Gehalte (§. 37, 40), die Pläne und Zeichnungen (§. 42), die Trockenlegungen ꝛc. (§. 58), die öffentlichen Bedürfnißanstalten (§. 57), die Umlegung der Gasröhren (§. 71, 80), die Entschädigungen für Adjacenten (§. 144), die Erhaltungskosten der Landstraßen (L. G. §. 57), die

---

[21] Es sind an dieser Stelle wieder einige allgemeine Polizeigesetze eingeschaltet. Auf Antrag des Board kann die Schließung gesundheitsgefährlicher Begräbnißplätze erfolgen nach vorgängiger Untersuchung und Bericht eines Staatsinspectors. Die erfolgte Schließung wird durch den Staatsanzeiger bekannt gemacht, doch können in dem Certifikat ausnahmsweise Beerdigungen in hergebrachter Weise vorbehalten werden, H. A. §. 82. Die Anlage neuer Begräbnißgewölbe unter den Kirchen und neuer Kirchhöfe wird allgemein untersagt (§. 83). — Zugleich mag das Board für Leichenhäuser sorgen und Reglements für deren Verwaltung erlassen (§. 81).

[22] Eine Gesetzgebung, die immer darauf bedacht ist, dem nächstvorliegenden Bedürfniß zu genügen, kommt damit zur Einflechtung besonderer Gewerbegesetze, die sich systematischer der älteren Gruppe der Gewerbepolizeiordnungen (oben §. 47) anschließen. Ueber die Grenzen des systematisch Erlaubten geht es aber hinaus, wenn Glen a. a. O. Cap. 23 hier noch die besoldeten Polizeirichter erörtert, weil ihr Gehalt durch ein bye law eines Board bestimmt werden kann, und die öffentlichen Bibliotheken und Museen nach 18. et 19. Vict. c. 70, weil ihre Verwaltung in Ermangelung einer andern Behörde durch ein Board of Health geführt werden kann.

§. 133. Die General Health Act 1848.

Kosten der Straßenbeleuchtung, gewisse Kosten der Bade- und Waschhäuser und der Anlage von Wohnhäusern für die arbeitenden Klassen. In den „District Fund" fallen auch die Gelder aus dem Wiederverkauf von Grundstücken, aus dem Verkauf des Dungs und der Abfälle, sowie die Strafgelder der Health Acts.†)

Bevor eine Ausschreibung der District Rate erfolgt, soll ein Etat der muthmaßlichen Jahresbedürfnisse entworfen werden, mit Angabe der Einzelposten des steuerbaren Ertragswerths und der Höhe des Steuersatzes. Der Entwurf des Etats ist mindestens acht Tage vor der Beschlußnahme zur öffentlichen Einsicht auszulegen, der festgestellte Etat demnächst in das Steuerbuch einzutragen, und im Büreau des Board zur öffentlichen Einsicht auszulegen. Eine Aufnahme ungesetzlicher Posten würde den Etat ungültig machen, Reg. v. Worksop 21. J. P. 451.††)

Alle District Rates werden erhoben von den occupiers des zur Armensteuer eingeschätzten Realbesitzes, und zwar nach dem Maßstab der

---

†) Die P. Health Act unterscheidet eine General und eine Special District Rate. Als zu unnöthigen Verwickelungen führend ist diese Unterscheidung durch die Local Government Act §. 54 aufgehoben, und deshalb auch in der obigen Darstellung weggelassen. Die Zwecke jener Unterscheidung werden dadurch erreicht, daß in Stadtbezirken, die mit den nöthigen Sewers und Anstalten schon versehen sind, eine ermäßigte Steuer erhoben wird, und daß das Board ermächtigt ist, einen Bezirk oder eine Straße in mehre Sectionen zu zerlegen für alle oder einzele Zwecke des Gesetzes, und dafür besondere Einschätzungen vorzunehmen.

††) An Orten, wo keine Armensteuer erhoben wird, erfolgt die Ausschreibung nach der Parochial Assessment Act, also nach gleichen Grundsätzen (§. 88). Die Steuer kann praenumerando oder postnumerando ausgeschrieben werden; im letztern Falle aber nur für Verwendungen innerhalb der letzten 6 Monate. Für unbewohnte Grundstücke bleibt sie temporär suspendirt (§. 89). District rate und improvement rates können für die Dauer der Zeit, auf die sie ausgeschrieben sind, auch mit einer Summe abgelöst werden (§. 92). Für kleine Miethen bis zu 10 £. jährlich, oder für wöchentliche, monatliche oder bloße Miethe einzeler Zimmer, kann eine composition mit dem Grundeigenthümer getroffen werden, wobei der Eigenthümer mit einem Rabatt von $3/4-4/5$ statt des Occupiers die Steuer zahlt. Im Fall der Weigerung kann der Grundeigenthümer ohne Weiteres zur Steuer herangezogen werden; auch kann die Steuerexecution alternativ gegen den Occupier gehen, der dann den Betrag wieder von der Rente abziehen darf (§. 95). — Das Local Board hat die Befugniß die Steuerausschreibung selbst zu amendiren. Der dadurch Beschwerte behält dagegen sein Reclamationsrecht so, als ob die Steuer an dem Tage, wo ihm die Aenderung bekannt gemacht ist, in Bezug auf ihn neu ausgeschrieben würde (§.102). Die Publikation der Steuer erfolgt wie bei der poor rate. Personal und Weise der Einsammlung wird von dem Local Board bestimmt; Rückstände durch friedensrichterlichen warrant of distress wie die Armensteuer eingetrieben (§§. 103, 104). Die Steuer kann verpfändet werden und zwar ohne Priorität des älteren vor dem jüngeren Pfande, wo das Darlehn für Anlagen dauernder Natur erhoben ist, und der Betrag nicht übersteigt den steuerbaren Jahresertrag der steuerpflichtigen Grundstücke (§. 107). Form und Uebertragung der Verpfändungsakte (§§. 111, 112). Tilgungsfonds (§. 113).

zuletzt eingeschätzten Poor Rate. Die volle Steuer ruht aber nur auf den Gebäuden: Ackerland, Wiese, Weide, Holzungen, Gemüse-, Baumgärten, Wasserflächen, Eisenbahnen sind nur zu einem Viertel des Jahresbetrages einzuschätzen. Die Ausschreibung der Steuer, die Entscheidung der Reklamationen und die Steuerexecutionen folgen den Grundsätzen der Armensteuer (oben §. 98); doch ist dem Board ein selbständiges Recht zum Steuererlaß beigelegt.

Besondere Grundsätze gelten dagegen für solche Ausgaben, welche den Charakter von nützlichen Verwendungen für ein einzeles Grundstück an sich tragen. Solche werden nach dem Sprachgebrauch des Gesetzes für private improvements erklärt (§§. 49, 51, 54, 58, 69), und von dem occupier der Grundstücke als Zuschlag zu den allgemeinen District Rates erhoben. Als private improvement rates dürfen aber nur solche Beträge erhoben werden, wie erforderlich sind, um solche Auslagen mit 5 Prozent Zinsen in einer Zeitfrist von höchstens 30 Jahren zu ersetzen. In den Perioden, in welchen das Grundstück unvermiethet bleibt, fällt diese Belastung auf den Grundeigenthümer, H. A. §. 90.†††)

IV. **Die Beamten der Gesundheitsverwaltung** (§§. 37—40) anzustellen und die nöthigen Amtslokale zu beschaffen ist ausschließlich dem Local Board überlassen. Ausdrücklich erwähnt wird ein Surveyor (Bauinspector), ein Inspector of Nuisances, ein Clerk und Treasurer, sowie die nöthigen Steuereinnehmer und „andere Beamte und Diener zum Zweck der Ausführung dieses Gesetzes." Das Local Board entwirft die bye laws zur Regelung der Amtspflichten und Amtsführung, bestimmt angemessene Gehalte, Gebühren und Remunerationen, zahlt solche aus der Distriktsteuer, und entläßt die Beamten nach seinem Ermessen; den Surveyor jedoch nur mit Genehmigung des Generalamts. Auch kann ein qualificirter Arzt als Ortsphysikus, Officer of Health ernannt, ein Regulativ für seine Amtsführung bestimmt, sein Gehalt aus der Generalsteuer entnommen werden; seine Entlassung ist vom Consens des Generalamts abhängig gemacht. Nur die Anstellung eines Gesundheits-Polizeiinspectors (Inspector of Nuisances) ist indessen obligatorisch, und diese Aemter pflegen mit Civil-Ingenieuren besetzt zu werden, die daneben noch andere Geschäftsberufe treiben. Höchst mangelhaft ist namentlich die Anstellung der Ortsphysiker geblieben.[4])

---

†††) In Fällen, in welchen der Grundeigenthümer zu Rückzahlungen verpflichtet ist, kann das Board Terminalzahlungen in Posten von wenigstens 1/30 bewilligen mit Anrechnung von 5 Procent Zinsen, H. A. §. 146. Wo ein Privater Summen der Art vorgeschossen hat, kann das Board die Rückzahlung in Form einer Rentcharge auf das Grundstück legen, zahlbar in halbjährlichen Terminen, L. G. §. 52.

4) Das System der besoldeten Beamten. Surveyor und Inspector können eine Person sein, nicht aber der Clerk und der Treasurer bei 100 £. Strafe (§. 37).

V. **Die für diesen Geschäftskreis bestimmten** Local Boards of Health (§§. 12—36) werden gebildet nach der neueren Weise ökonomischer Municipalinstitutionen. In corporirten Städten ist Bürgermeister und Rath (Town Council) zugleich das Gesundheitsamt, sobald die Akte eingeführt ist. Wo schon ein Local Board für Pflasterung, Reinigung ec., oder Commissioners of Sewers, oder sonst organisirte Behörden für gleichartige Zwecke vorhanden sind, können sie nach Einführung des Gesetzes zugleich als Gesundheitsämter fortdauern. Wo es aber daran fehlt, oder wo incorporirte Städte mit anderen Ortschaften oder Bezirken für die Zwecke dieses Gesetzes vereinigt werden sollen, erfolgt die Einsetzung eines besondern Local Board of Health nach diesem Gesetz.

Wähler für das Gesundheitsamt sind alle Steuerzahler und alle Eigenthümer von steuerpflichtigem Grundeigenthum nach dem Sechsklassensystem der Armenverwaltung. Ein steuerbares Eigenthum von einem Jahresertrag unter 50 ₤. giebt also 1 Stimme, 50—99 ₤. = 2 Stimmen, 100—149 ₤. = 3 Stimmen, 150—199 ₤. = 4 Stimmen, 200—249 ₤. = 5 Stimmen, über 250 ₤. = 6 Stimmen. Wer Eigenthümer und bona fide occupier in einer Person ist, kann in beiden Eigenschaften seine Stimmen abgeben. Der stimmende Steuerzahler muß aber für die ganze Dauer eines vorangegangenen Jahres zur Armensteuer eingeschätzt gewesen sein, und muß, abgesehen von den letzten 6 Monaten, seine Armensteuer und alle nach diesem Gesetz zahlbare Steuern eingezahlt haben. Da die Eigenthümer aus den Steuerlisten nicht ersichtlich sind, so muß (wie bei der Armenverwaltung) eine schriftliche Anmeldung derselben bei dem Clerk vorangehen. In gleicher Weise haben corporations den von ihnen ernannten Stellvertreter für die Abstimmung dem Sekretär vorher namhaft zu machen (§. 20).

Für das Wahlverfahren ist eine Abstimmung nach dem Muster der General Orders des Armenamts eingeführt, H. A. §. 20—30, durch zugesandte und eingesammelte Stimmzettel, ohne daß eine Versammlung der

---

Kein Beamter darf bei Lieferungscontrakten ec. betheiligt sein, Geschenke annehmen oder ungesetzliche Gebühren nehmen bei 50 ₤. Strafe (§. 38). Beamte der Geldverwaltung haben Cautionen zu stellen und können summarisch zur Rechnungslegung gezwungen werden (§. 39). Die Ortsphysici können auch für zwei oder mehre Bezirke bestellt werden, in welchem Fall das Generalamt die Gehaltsbeiträge normirt (§. 40). Nur 92 Städte jedoch hatten im Jahre 1866 einen Ortsphysikus; 111 Städte (mit 20—100,000 Einwohnern) hatten jedoch gar keinen Sanitätsbeamten. Nur 4 Ortsphysici waren mit Gehalte nvon 350—1000 ₤. ausschließlich für diesen Beruf angestellt. Sander a. a. O. S. 34. Die Bestimmung der Health Act, nach welcher das Generalamt die **Dienstinstruktion** der Physiker erlassen sollte, ist durch die Aufhebung des General Board in Wegfall gekommen. Für die mangelhafte Besetzung dieser Stellen durch die gewählten Boards spricht unter anderen auch die Thatsache, daß 25 Städte die Anstellung ihrer Bauinspectoren freiwillig der Staatsbehörde überließen, um das Cliquenwesen in den Boards los zu werden.

51*

Stimmberechtigten stattfindet. Zunächst genügen sogar schriftliche Vorschläge einzeler Steuerzahler, wenn die Zahl der so Nominirten die Zahl der zu Wählenden nicht übersteigt. Wenn aber die Zahl der Nominirten größer ist als die der zu wählenden Mitglieder, so tritt eine förmliche Zettelwahl ein, für die das Gesetz folgendes Formular eines Voting Paper vorschreibt:
District N. N.

No. des Wahlzettels.	Name u. Abr. des Wählers.	Stimmzettel.	
14.	John Green etc.	als Eigenthümer 3.	als Steuerzahler 5.

Anfangsbuchstabe.	Name des zu Wähl.	Wohnort.	Profession.	Nominators.
J. G.	Will. Brown.	N. N.	Baker.	X.
J. G.	Rob. Owen.	N. N.	Surgeon.	X. Y.
J. G.	Jo. Clerk.	N. N.	Farmer.	Y. Z.

u. s. w.

„Ich stimme für die Persooen in obiger Liste, neben deren Namen die Anfangsbuchstaben meines Namens stehen. John Grey."

Der Wähler füllt diesen Zettel so aus, daß er die Anfangsbuchstaben seines Namens neben die Namen aller Personen setzt, denen er seine Stimme geben will. Die letzte Rubrik (Nominators) enthält Namen und Adresse der Personen, die durch vorschriftsmäßige Anzeige (nomination) den Candidaten vorgeschlagen haben. Schreibensunkundige setzen ihr Handzeichen unter den Zettel, attestirt von einem Zeugen. Der wahlleitende Beamte (Chairman) läßt die Zettel durch Beauftragte einsammeln. Hat ein Berechtigter aus Versehen kein Voting Paper zugesandt erhalten, so kann er nachträglich einen Zettel erhalten, solchen in Gegenwart des Chairman ausfüllen und abliefern. Ist aus Versehen ein Zettel nicht abgeholt, so kann ihn der Wähler in Person am Wahltage bis 12 Uhr Mittags an den Chairman abliefern (§. 26). Am folgenden Tage begiebt sich dann der Chairman in das Amtslokal, stellt die Gültigkeit der Stimmen fest durch Vergleichung mit den Steuerbüchern und anderen Dokumenten, nöthigenfalls auch durch Zeugenverhöre, stellt die Stimmenzahlen zusammen und fertigt den danach Gewählten ihr Certifikat aus. Die Zusammenstellung der Wahlzettel ist in der Registratur des Amts niederzulegen zur kostenfreien Einsicht binnen 6 Monaten. Die Liste der Gewählten ist außerdem durch Druck und Anschlag zu veröffentlichen (§. 27).*)

---

*) Wahlleitender Beamter ist der Vorsitzende, Chairman of the Local Board; bei der ersten Einführung eine in der Order bezeichnete Person (§. 21). Dem Chairman wird

§. 133. Die General Health Act 1848.

Die Zahl und Wählbarkeit der Mitglieder des Board wird durch die Staatsrathsorder oder provisional order fixirt. Der zu Wählende muß ansässig sein in dem Distrikt des Gesundheitsamts oder innerhalb 7 engl. Meilen im Umkreis; der Passivcensus kann entweder nach dem beweglichen Vermögen, oder nach dem armensteuerpflichtigen Grundeigenthum, oder gemischt nach beiden durch die Order fixirt werden, mit Innehaltung des gesetzlichen Maximum (§. 14) von höchstens 30 L. Grundrente nach Einschätzung zur Armensteuer oder höchstens 1000 L. an beweglichem Vermögen.**) Die Gerichtsentscheidungen nehmen an, daß auch

---

die nöthige Zahl von Gehülfen zu dem Wahlgeschäft beigeordnet mit der Befugniß zur Einsicht der Steuerlisten und zur Entwerfung einer alphabetischen Wählerliste, wo dies zweckmäßig erscheint (§§. 21, 22). Vor dem Wahlakt hat der Chairman zu veröffentlichen: die Zahl und Qualifikation der zu Wählenden; Namen und Wohnort der Personen, welche die vorläufigen Vorschläge (nomination papers) an sich nehmen, und bis zu welchem Tage; die Weise der Abstimmung im Fall bestrittener Wahlen, und die Tage, an welchen dann die Stimmzettel geprüft und zusammengestellt werden sollen. Diese Bekanntmachung ist an der gewöhnlichen Stelle für Gemeindepublikationen zu veröffentlichen (§. 23). Jeder Wähler kann hierauf durch schriftliche Anzeige mit seiner Namensunterschrift eine oder mehre qualificirte Personen (auch sich selbst) nominiren, und diese Anzeige dem Chairman einsenden. Ist die Zahl der so Vorgeschlagenen nicht größer als die der zu Wählenden, so sind diese Nominirten ernannt und erhalten darüber ein Certifikat des Chairman. Ist die Zahl aber größer, so tritt die Zettelwahl ein. Der Chairman sendet nun jedem Wähler einen gedruckten Wahlzettel zu, in welchem alle nominirten Personen in der Reihenfolge, in welcher sie vorgeschlagen sind, aufgezählt werden. Drei Tage vor der Wahl soll jeder Wahlberechtigte im Besitz eines solchen Zettels sein. Sollte indessen in der Zwischenzeit der eine oder andere Nominirte die Wahl ablehnen, und dadurch die Zahl soweit vermindert werden wie die der zu Wählenden, so unterbleibt die Zettelwahl, und es wird den Nominirten sofort ihr Certifikat ausgefertigt. Kommt es zu einer wirklichen Wahl, so bezeichnet jeder Wähler auf seinem Zettel die von ihm gewünschten in der obigen Weise (§. 25). Abweichungen von dem gesetzlichen Wahlverfahren sind mit 50 L. gegen die wahlleitenden Beamten, 5 L. gegen die Unterbeamten bedroht (§. 28), Formfehler der Wahl sollen aber keinen Akt des Local Board ungültig machen (§. 29). Die Theilnahmlosigkeit der Gemeindeglieder bildet bei diesen Wahlen die Regel. Durch das System der Nominations kommen die Wahlen in die Hände kleinerer Gruppen von Personen, die sich für die Anstellung des einen oder andern Bau- oder Medicinalbeamten interessiren.

**) Der Gewählte muß unterzeichnen eine formulirte Deklaration über seine Besitzqualifikation (§. 17). Versäumniß dieser Deklaration oder Nichttheilnahme an den Sitzungen auf 3 Monate gilt als Verzicht auf das Amt. Vornahme von Amtsgeschäften durch einen Unqualificirten ist mit 50 L. Strafe im Wege der Civilklage bedroht (§. 19). — Werden zwei incorporirte Städte zu einem Gesundheitsdistrikt vereint, so besteht das Board aus den beiden Bürgermeistern und einer durch die Order fixirten Zahl von qualificirten Personen, gewählt durch die Gemeinderäthe (§. 12). Werden andere Ortschaften mit einer incorporirten Stadt verbunden, so wird ein gemischtes Board nach analogen Grundsätzen gebildet (§. 13). Die Zahl der Mitglieder mag mit Rücksicht auf den Umfang der Ortschaften und die sonstigen Umstände von Zeit zu Zeit durch Order geändert werden (§. 14).

in diesem Fall „die seit unvordenklicher Zeit geltende Maxime" eintritt, daß der wahlleitende Beamte nicht selbst gewählt werden darf, Reg. v. Owens 33. L. P. 257. Von den Gewählten scheidet jährlich ⅓ aus und ist durch Neuwahl zu ergänzen; der Ausscheidende ist wieder wählbar. Von einem Zwang zur Annahme der Wahl ist nicht die Rede, vielmehr setzt die H. A. §. 14 die Zulässigkeit einer Resignation voraus.

Das so gewählte Board hält eine jährliche Generalversammlung ab, und monatlich mindestens einmal oder öfter eine Versammlung für die laufenden Geschäfte, wobei wenigstens ⅓ der Mitglieder zur Beschlußfähigkeit gehören. In der Generalversammlung wird ein Chairman für das Geschäftsjahr als Vorsitzender mit dem Recht des Stichentscheids gewählt. Das Board hat für ein Geschäftslokal und für ein Dienstsiegel zu sorgen, kann auch nach Bedürfniß Verwaltungsausschüsse (Committees) ernennen, deren Beschlüsse aber der Genehmigung des Plenum unterliegen. Es kann sich eine Geschäftsordnung (bye laws) zur Regelung des Orts und der Zeit der Versammlungen, der Einladungen und der ganzen Geschäftsverwaltung entwerfen. Die bye laws sollen unter Handschrift und Insiegel von 5 Mitgliedern des Local Board erlassen werden, und können Geldbußen bis 5 L. und weitere 40 sh. für Fortsetzung einer Uebertretung androhen, dürfen aber nichts gegen die gemeinen Landesgesetze oder gegen den Inhalt der Gesundheitsakte enthalten, und bedürfen der Bestätigung eines Staatssekretärs (Ministers des Innern). Der Antrag darauf soll wenigstens einen Monat vorher durch öffentliche Blätter bekannt gemacht werden, und eine Abschrift des Entwurfs der bye law soll während dieser Zeit in dem Büreau des Board für jeden Steuerzahler ausliegen. Die bestätigten bye laws sind gedruckt im Büreau des Board auszuhängen, H. A. §. 115, 116.

Für die laufende Geschäftsführung ist das Board bei der technischen Natur seiner meisten Geschäfte sehr überwiegend auf seine Bau-, Medicinal- und Rechnungsbeamten, und auf die Anweisungen der Oberbehörde verwiesen. Es liegt in der Natur der Sache, daß der Schwerpunkt auch dieser Boards in die Anstellung der Beamten (patronage) gefallen ist, und daß selbst diese durchschnittlich mangelhaft gehandhabt wird.***)

VI. **Die Oberinstanz und Rechtscontrole** bietet in diesem Bereich ein eigenthümlich verwickeltes Bild dar. Als die Gesundheitspflegegesetze eingeführt wurden, war bereits ein umfangreiches System von nuisances nach

---

***) Die Verhandlungen dieser Boards sind geheim wie die der Armenverwaltung, und die Gerichtsentscheidungen haben angenommen, daß die Straflosigkeit einer bona fide Publikation beleidigender Schriftstücke, welche für öffentliche Gerichtsverhandlungen gilt, auf die Verhandlungen dieser Boards keine Anwendung finde, Popham v. Pickburn 31 L. J. (N. S.) Exch. 133 etc.

common law und Parlamentsstatuten theils der Jurisdiction der ordentlichen Gerichte, theils den Friedensrichtern zugewiesen. Gleichzeitig mit den Health Acts ergingen sodann die Nuisances Removal Acts 1848, 1849, 1855, welche dies System noch bedeutend erweitern. Alle gemeinlästigen oder gesundheitsgefährlichen Baulichkeiten, Unrathsorte, Aufhäufungen, lästige Gewerbe, überfüllte Wohnhäuser, und eine Reihe von Nebenfällen fielen dadurch in das Gebiet der friedensrichterlichen Orders und Convictions, und zwar kraft der Landesgesetzgebung an jedem Ort. Die Public Health Act setzt diesen gesetzlich überall bestehenden Zustand voraus, und lehnt sich daran an. „Keine Bestimmung dieser Gesetze soll dahin verstanden werden, um rechtmäßig oder straflos zu machen, irgend eine Handlung oder Unterlassung die nach den bisherigen Rechten und Gesetzen für eine nuisance zu erachten war." H. A. §. 65. Das administrative System der Boards hat jener gemeinschaftlichen Jurisdiction gegenüber also nur einen ergänzenden Charakter. Es sollen an bestimmten Orten die nöthigen Geldmittel beschafft werden, um die für die Gesundheitspflege praktisch nothwendigen Anlagen und Bauten zu beschaffen. Es sollen beweglichere Organe zur Aufsicht und Verwaltung geschaffen werden. Die schwerfälligen Orders der Friedensrichter sollen in weitem Maße durch die gelenkigeren Orders der Boards ersetzt werden, die dann wieder einer friedensrichterlichen Controle durch die Ordnungsstrafen und Executionsdecrete unterliegen.

Nur für dies neu geschaffene administrative System bedurfte es einer Controlbehörde zur Wahrung des öffentlichen Interesses, und zur Innehaltung der Steuerzwecke, und dazu sollte unter Oberleitung von Departementsministern ein General Board of Health, analog dem Staatsarmenamt, dienen mit dreifachen Funktionen.

1. Mit einer delegirten Gesetzgebungs- und Regulativgewalt. Das Board erstattet die Berichte, auf welche durch Order in Council die P. Health Act eingeführt wird. Es erläßt die Provisional Orders zu diesem Zweck (§§. 8—10, 141, 142). Die zahlreichen Lokalpolizeiverordnungen, bye laws, der einzelen Ortsämter fallen ebenfalls unter die ministerielle Regulativgewalt durch die Bestätigung eines Secretary of State (des Ministers des Innern).

2. Eine Control- und Aufsichtsinstanz übt das General Board durch Consens zu allen Verpfändungen der District Rates (§. 119), woran sich dann mancherlei Bedingungen für Ausführung der Bauten und Anlagen zu knüpfen pflegten; durch Consens zur Entlassung der vom Lokalamt angestellten Beamten, namentlich des Surveyor (§. 37), zur Anstellung, Entlassung und Gehaltsnormirung des Ortsphysikus (§. 40).

3. Eine materielle Beschwerdeinstanz ist dem General Board beigelegt in Fällen, wo das Gesetz eine summarische Beitreibung der Kosten, oder die Behandlung einer Ausgabe als private improvement vorschreibt. Der Beschwerte mag binnen 7 Tagen nach Mittheilung der Entscheidung der Lokalbehörde den Recurs an das Generalamt in Form einer Denkschrift mit vollständiger Angabe der Beschwerdegründe einlegen, worauf das Generalamt durch seine Order endgültig entscheidet (§. 120).

Das General Board of Health für diese Zwecke bestand bei seiner ursprünglichen Einsetzung auf 6 Jahre aus dem First Commissioner of the Woods and Forests als Präsident, einem besoldeten und mehren ex officio Mitgliedern, einem Secretary und dem nöthigen Büreaupersonal. Die Behörde wird ermächtigt, die erforderliche Zahl von besoldeten Superintendent Inspectors zu ernennen, die gleich bei der ersten Einrichtung als Hauptbeamte gemeint waren. Bei der Erneuerung des General Board wurde dagegen ein besonderer Präsident als aktiver Chef eingesetzt; mit ihm die Staatssecretäre, der Präsident und Vicepräsident des Handelsamts als ex officio Mitglieder, 17. et 18. Vict. c. 95. Bei dem Versuch der Erneuerung im Jahre 1858 kam indessen das Gesundheitsamt in seiner bisherigen Gestalt zu Fall. Durch 21. et 22. Vict. c. 97 (perpetuirt durch 24. et 25. Vict. c. 3) ist mit Aufhebung desselben die Oberleitung der Geschäfte der Public Health Act auf das „Privy Council" übergegangen. Allein bei der heutigen Gestalt des Ministerraths liegt darin nur eine andere Art der Geschäftsvertheilung. Zum Zweck der Begutachtung und amtlicher Untersuchungen wird eine Art von wissenschaftlicher Deputation bei dem Privy Council gebildet. Die laufende Centralverwaltung aber concentrirt sich nur im Ministerium des Innern, und wird durch die spätere Gesetzgebung sogar noch erweitert.

Als Mittelinstanz ist auch hier die Rechnungsrevision eingeschoben, die in den neugebildeten Districts der Gesundheitsverwaltung durch die Auditors der Armenverwaltung nach den oben entwickelten Grundsätzen geführt wird.

Auf das Gesammtverhältniß dieser Oberinstanz ist im §. 136 zurückzukommen.

Die administrative Oberinstanz der Public Health Act hat wie das Gesetz selbst von Anfang an Widerspruch veranlaßt. Schon bei der Public Health Act im Parlament war der Widerspruch so lebhaft, daß die Bill wegen immer neuer Amendements achtmal umgedruckt werden mußte. Auch die Verlängerungen des Gesundheitsamts erfolgten nicht ohne Widerstand durch 17. et 18. Vict. c. 95; 18. et 19. Vict. c. 115; 19. et 20. Vict. c. 85. Es war vor Allem das Eingreifen der Gesundheits- und Baupolizei in das Privateigenthum, welches heftigen Widerspruch der besitzenden Klassen hervorrief. Sodann das Bestreben des General Board, durch seine administrativen Gewalten überall die unmittelbare Leitung an sich zu reißen. So wurde der Consens zur Aufnahme von

Darlehnen abhängig gemacht von der Bedingung, daß die Ausführung der Bauten „nach den von der Centralbehörde genehmigten Plänen" und unter „Aufsicht des Staatsinspector" erfolge. Ebenso wurde der Consens zu Verpfändungen und alle sonstigen Bestätigungsrechte benutzt, um eine fortlaufende Einwirkung und Aufsicht durch die Commissarien des Centralamts herbeizuführen. „Jeder Schritt zu dem Beamtenverwaltungssystem strebt gleich den hinterlistigen Schritten der russischen Diplomatie dahin, seine künftige weitere Ausdehnung vorzubereiten. Es ist die Aufstellung der trägen, selbstsüchtigen, despotischen Doctrin des Zwanges von Oben, an Stelle der erleuchteten, patriotischen und allein philantropischen Doctrin der moralischen und socialen Erhebung und Verantwortlichkeit. Das Gesundheitsamt ist ein reiner Beamtenkörper, bezahlt aus Staatsmitteln und interessirt in Festhaltung seiner Aemter. Daher sind sie ununterbrochen thätig, neue Fälle und Bedürfnisse zu entdecken (getting up cases), aus denen der oberflächliche Beurtheiler schließen mag, wie groß das Bedürfniß ist nach einer powerful agency (nach ihrer eigenen Ausdrucksweise), wie jenes Gesundheitsamt." T. Smith, Parish S. 401. Die büreaukratische Tendenz überstürzt sich am leichtesten, wo sie von technischen Beamten gehandhabt wird. Am meisten war es der rücksichtslose Eifer eines höhern Beamten, der das Gesundheitsamt depopularisirt hatte. Von wohlmeinendem Eifer für die Interessen der Gesundheitspolizei beseelt war die Behörde ohne genügende Kenntniß und Rücksicht auf Rechts- und Communalverhältnisse mit so kostbaren und zum Theil nicht bewährten Octroirungen vorgegangen, daß im Jahre 1858 das General Board of Health in seiner bisherigen Gestalt weichen mußte. Durch die Aenderung ist zur Zeit die medicinal-polizeiliche Einseitigkeit der Behörde allerdings ermäßigt, der administrative Charakter der Centralinstanz aber beibehalten. Ein Nebenbüreau im Departement des Innern tritt nun geschäftlich an die Stelle des seligen Board of Health, welches als „Local Government Office (late Board of Health)" in den jährlichen Etats bezeichnet wird. Sachlich ist dadurch wenig mehr erreicht als eine andere Geschäftsvertheilung und ein theilweiser Personenwechsel.

§. 134.

Das revidirte Gesundheitspflegegesetz. Local Government Act 1858.

Nach dem zehnjährigen Bestehen der Public Health Act glaubte man die Zeit gekommen für ein revidirtes Gesetz, welches die weitere Einführung solcher Einrichtungen in Stadt- und großen Landgemeinden befördern sollte. Die mannigfaltige Collision der Interessen auf diesem Gebiete führte zu einer immer weiter gehenden Ausdehnung der administrativen Gewalten, um die Maßregeln der Gesundheitspflege wirksamer zu machen, insbesondere aber zu einer Erweiterung der Ministerialgewalten, um die Hindernisse der bestehenden Gemeindeverfassung summarisch hinweg zu räumen. So entstand nach lange hingezogenen Verhandlungen das st. 21. et 22. Vict. c. 98 in 82 Artikeln, „ein Gesetz zur Verbesserung der öffentlichen Gesundheitsakte und zur weitern Fürsorge für die Lokalverwaltung von Ortschaften und volkreichen Distrikten." Es soll als eine

Fortsetzung der Public Health Act angesehen werden und für die Zwecke der Intrepretation mit derselben ein Ganzes bilden; weshalb denn auch die Gliederung nach den obigen sechs Abschnitten wiederkehrt.

I. **Einführung des Gesetzes** (§§. 12—23). Dies Gesetz mag eingeführt werden: (1) in incorporirten Städten, in denen die Public Health Act noch nicht gilt, durch einen Beschluß des Gemeinderaths mit $\frac{2}{3}$ der gegenwärtigen Stimmen; (2) in Ortschaften unter Verwaltung von Improvement Commissioners, welche ganz oder zum Theil von den Steuerzahlern gewählt werden, durch Beschluß von $\frac{2}{3}$ Stimmen; (3) in allen Ortschaften, welche eine bekannte oder bestimmte Begrenzung haben (a known or defined boundary), durch Beschluß der Steuerzahler und Eigenthümer nach klassificirtem Stimmrecht. Die Annahme ist durch den Staatsanzeiger zu veröffentlichen. Die Lokalbehörde mag auch einzele Theile der Local Government Act annehmen, welcher Beschluß dann formell anzuzeigen und durch den Staatsanzeiger zu veröffentlichen ist. Diese Theile des Gesetzes gelten dann mit der Wirkung einer Lokalakte (§§. 15, 19).

Ein Hauptzweck des Gesetzes ist nun aber, die Einführung auch an solchen Orten zu ermöglichen, die „keine bekannte oder bestimmte Begrenzung haben." Zu diesem Zweck werden dem Minister des Innern die weitgehendsten Organisationsgewalten beigelegt. Er kann solche Ortschaften auf Antrag von $\frac{1}{10}$ der Steuerzahler nach commissarischer Untersuchung durch eine Order abgrenzen und damit in den Stand setzen dies anzunehmen (§. 16). Die Gemeindebeschlüsse über Annahme des Gesetzes sind ihm einzuberichten (§. 19). Er kann auf erhobene Appellation von $\frac{1}{20}$ der Steuerzahler über die Gültigkeit des Annahmebeschlusses entscheiden (§§. 16, 17). Er kann die Aussonderung eines kleinern Gemeindebezirks aus einem größern, welcher die Akte angenommen hat, gestatten (§. 14). An Orten, wo weder Kirchenvorsteher noch Armenaufseher vorhanden sind, ernennt er den Commissar, der die Gemeinde zur ersten Beschlußnahme beruft (§. 13). Er entscheidet auf Petition die Theilung des District in wards (§. 24). Er gestattet durch Order die Vereinigung benachbarter Distrikte zu einem Board (§. 27). Er entscheidet überhaupt (auf Petition eines Local Board oder einer Ortsgemeinde oder der Majorität der Steuerzahler und Eigenthümer in einem Theil einer solchen) über Incorporation oder Separation mit oder von einem andern Gemeindeverband, und über sonstige „Akte die zur Vorbereitung der Annahme dieses Gesetzes nothwendig erscheinen," namentlich auch über etwa nothwendig werdende Abänderung von vorhandenen Spezialakten auf Grund von Gemeindebeschlüssen und commissarischer Untersuchung durch eine provisional order, die aber einer Bestätigung durch das Parlament bedarf (§. 77). — In Ortschaften

§. 134. Das revidirte Gesundheitspflegegesetz.

unter 3000 Einwohnern jedoch soll das Gesetz nur ausnahmsweise eingeführt werden, 26. Vict. c. 17.[1])

II. Die Zwecke der neuen Communaleinrichtungen (§§. 29 bis 53) sind übereinstimmend mit der Public Health Act: Regelung des Systems der Abzugskanäle, Straßenreinigung und Abfuhr des Unraths aus den Gebäuden, Neuanlage und Verbesserung von Straßen, Instandhaltung der Highways, Pflasterung der Ortsstraßen, Beschaffung des Wasserbedarfs. — Außerdem aber werden dem Gesetz incorporirt gewisse Hauptartikel der Towns Police Clauses und der Towns Improvement Clauses Acts 1847 über Straßen= und Feuerpolizei, Droschkenfuhrwesen, Benennung und Numerirung der Straßen und Häuser, gewisse Baupolizeiklauseln, Beseitigung des Rauchs, Abdeckereien, Thurmuhren, die Anlage neuer Märkte, die Annahme des Gesetzes über Verbesserung des Begräbnißwesens. — In allgemeinen Schlußklauseln (§§. 68—73) wird vorbehalten das Recht vorhandener Deichverbände, Canalanlagen und anderer

---

[1]) Einführung des Gesetzes. Auf schriftlichen Antrag von je 20 Steuerzahlern oder Eigenthümern soll der Gemeindevorstand event. ein vom Minister ernannter Commissar die Gemeinde berufen (§. 13), die sodann nach klassificirtem Stimmrecht, d. h. Eigenthümer und Steuerzahler mit 1—6 Stimmen nach der Abstufung der Public Health Act, über die Annahme beschließt. Für diese Abstimmung ist folgendes Voting Paper vorgeschrieben:

	Für	Wider	Zahl der Stimmen	
			als Eigenthümer	als Steuerzahler
Stimmt Ihr für oder gegen die Annahme dieser Resolution?	J. S.		6	6

Der Abstimmende zeichnet die Anfangsbuchstaben seines Namens in die Rubrik für oder wider. Uebrigens gelten die Abstimmungsvorschriften der Public Health Act. Im Fall der Annahme kann $1/20$ der Eigenthümer oder Steuerzahler, berechnet nach Köpfen oder nach steuerpflichtigem Eigenthum, an den Minister appelliren mit dem Antrage, das Gesetz in der Ortschaft oder in einem Theil derselben nicht zur Anwendung zu bringen: worauf der Minister durch Order endgültig entscheidet (§. 17). Auch eine Appellation wegen behaupteter Ungültigkeit der Abstimmung geht an denselben Minister (§. 18). Der erste Generalbericht von 1859 S. 9 giebt ein Verzeichniß von 34 Ortschaften, in denen das Gesetz angenommen wurde und 37 Ortschaften, in denen es theilweis zur Ergänzung von Lokalakten adoptirt wurde. Die späteren Generalberichte ergeben den Fortschritt, den trotz aller Bedenken der Nothstand der Gesundheitspflege herbeiführt. Im Jahre 1855 war die Zahl auf 207 Ortschaften mit beinahe 3 Millionen Einwohnern gestiegen. Im Jahre 1865 standen bereits 570 Ortschaften mit Bevölkerungen von 214 bis 200,000 Einwohnern ganz oder theilweis unter einem der Gesundheitsgesetze. Eine neuere Uebersicht der Local Boards geben die Parl. P. 1868 XXXIX. 587—616. 286. LVIII. 789. Den zehnten Jahresbericht aus dem Ministerium des Innern die Parl. P. 1868 XXI. 145.

confessionirter öffentlicher Unternehmungen, privilegirter Wasserunternehmungen u. s. w. gegen Eingriffe des Local Board, und in Collisionsfällen ein Schiedsverfahren vorgeschrieben. Das Expropriationsrecht des Board wird der Oberinstanz des Ministers des Innern unterworfen, welcher nach commissarischer Untersuchung eine Provisional Order erläßt, welche vom Parlament zu bestätigen ist.[2])

III. Das Steuersystem zur Aufbringung der Kosten des Gesetzes ist das der general district rate der Gesundheitsakte, unter Zugrundelegung der letzten Einschätzung zur Armensteuer. Nicht-Gebäude, also Ackerland, Wiesen, Wasserflächen, Eisenbahnen ꝛc. werden hier wieder zu $\frac{1}{4}$ des Reinertrages eingeschätzt. Die Heranziehung des Eigenthümers statt des Miethers ist bei kleinen Posten noch etwas erweitert. Die Aufnahme von Darlehnen wird an den Consens des Ministers gebunden. Die Rechnungsrevision ist dem District Auditor des Kreisarmenverbandes und den gesetzlichen Regeln über Revision der Armenrechnungen unterworfen.[3])

---

[2]) Die Zwecke des Gesetzes (§§. 29—53) sind bereits oben bei der Public Health Act eingeschaltet und werden im Gesetz in folgender Ordnung gruppirt: 1) Sewerage §§. 29—31; — 2) Scavenging and Cleansing §§. 32—34 unter Aufhebung der Gesundheitsakte §§. 55, 56, 63, 72 mit Einschaltung von Normativgrundsätzen für Lokalbauordnungen; — 3) Regulation of Buildings §§. 35. 36; — 4) Highway Repairs §. 37; — 5) Streets and Roads §§. 38—42; — 6) Incorporated Powers §§. 44—50; — 7) Water Supply §§. 51—53. — Eine massenhafte Aufnahme von neuen Clauseln ist enthalten in den „Incorporated Powers" zu No. 5. Mit diesem Gesetz soll nämlich incorporirt sein und werden dadurch zu Theilen der Local Government Act: (1) die Klauseln der Towns Police Clauses Act 1847, über obstructions and nuisances in the streets, places of public ressort, hackney carriages, bathing. — (2) Die Bestimmungen der Towns Improvement Clauses Act 1847 über Benennung der Straßen, Numerirung der Häuser, über Correction der Straßenlinie und Beseitigung von obstructions, über baufällige und gefährliche Gebäude, über Sicherungsmaßregeln bei Bau und Reparatur von Abzugskanälen, Straßen, Gebäuden; über Beschaffung des Wasserbedarfs, über Beseitigung des lästigen Rauchs, über slaughter houses, über Thurmuhren. Die Vorschriften der Gesundheitsakte über die slaughter houses werden aufgehoben. — (3) Wo die Gemeinde das Gesetz über die Anlage öffentlicher Bade- und Waschhäuser annimmt, fungirt das Local Board zugleich als Commissioners unter jenem Gesetz 10. et 11. Vict. c. 74. — (4) Wo die Gemeinde das Gesetz über das Begräbnißwesen, 20. et 21. Vict. annimmt, fungirt das Local Board zugleich als Begräbnißamt. — (5) Anlage von Märkten. Durch 2/3 Beschluß des Local Board kann die Beschaffung eines Marktplatzes, Markthauses, Wagehauses beschlossen werden. Es sollen in diesem Falle die Hauptklauseln der Markets and Fairs Clauses Act 1847 inkorporirt sein. — (6) Wo die Lighting and Watching Act 3. et 4. Will. IV. c. 90 eingeführt war, wird sie durch Annahme dieses Gesetzes beseitigt und aufgehoben. Das Detail dieser Zweckbestimmungen ist oben Seite 800—802 eingeschaltet.

[3]) Steuersystem: Nach §. 54. 55 (unter Aufhebung der Gesundheitsakte §§. 86. 88. 95.) wird zu Grunde gelegt die letzte Einschätzung zur Armensteuer, wobei der Eigen-

§. 134. Das revidirte Gesundheitspflegegesetz.

IV. Das Beamtensystem wird im Gesetz nicht besonders behandelt, es bleibt dafür also unverändert das System der Public Health Act, d. h. die Befugniß zur Anstellung eines Surveyor, eines Inspector of Nuisances, eines Clerk und Treasurer, eines Officer of Health, der nöthigen Steuereinnehmer und „anderer Beamten, und Diener zum Zweck der Ausführung dieses Gesetzes." Das Board regelt durch Bye Laws deren Amtspflichten, bestimmt deren Gehalte und Gebühren, und entläßt die Beamten nach seinem Ermessen, den Bauinspector und Ortsphysikus jedoch nur mit Genehmigung der Staatsbehörde.[4])

V. Die Bildung der Local Boards (§§. 24—28) für die Ausführung des Gesetzes folgt wieder dem System der Gesundheitsakte. Das Local Board besteht (1) in den inkorporirten Städten aus Bürgermeister und Rath; (2) in Ortschaften unter Lokalakte mit einem Board of Improvement Commissioners aus diesem; (3) in anderen Ortschaften aus einem gewählten Gemeindeausschuß nach den Grundsätzen der Public Health Act, also nach klassificirtem Stimmrecht erwählt. Wie groß die Zahl sein soll, wird durch eine Resolution der Gemeinde selbst bestimmt nach der Weise der Abstimmung, die für die Annahme des Gesetzes selbst gilt. Jedes zu wählende Mitglied muß ansässig sein in dem Gemeindebezirk oder 7 engl. Meilen im Umkreis, mit einem Passivcensus. In kleineren Gemeinden wird dazu ein bewegliches Vermögen von 500 L. oder 30 L. Grundrente nach der Einschätzung zur Armensteuer erfordert; in großen Städten (20,000 Einw.) der doppelte Ansatz. Das Wahlverfahren folgt den Formen der Gesundheitsakte. Zufällige Vacanzen kann das Board selbst durch Cooptation qualificirter Personen für die Zeit der Vacanz ausfüllen. Mit Consens des Ministers können sich auch benach-

---

thümer statt des occupier eingeschätzt werden darf: überall wo der steuerbare Jahreswert 10 L. nicht übersteigt; wo die Wohnung wöchentlich oder monatlich vermiethet ist; wo nur einzele Zimmer vermiethet oder die Miethe in kürzeren Fristen als vierteljährlich zahlbar ist. In diesen Fällen kann der Schätzungswerth nach Ermessen der Lokalbehörde auf $2/3$ bis $4/5$ reducirt werden, bei unvermietheten Gebäuden bis zu $1/2$ herab. — §. 57 (unter Aufhebung der Gesundheitsakte §§. 107. 113. 119): die Aufnahme zinsbarer Darlehne unter Verpfändung der Steuern wird beschränkt (1.) auf permanent works; (2.) durch das Erforderniß des Consenses des Ministers des Innern; (3.) das Darlehn darf den Jahresertrag der eingeschätzten Grundstücke des district in der Regel nicht übersteigen; (4.) die Amortisation muß mit Zustimmung des Ministers normirt, und darf auf höchstens 30 Jahre ausgedehnt werden. Das Darlehn kann auch für einzele Theile des district aufgenommen werden. — §§. 58. 59. Aufnahme von Geldern durch Rentenverschreibung.

[4]) Normalbestimmungen und Musterinstructionen für die Beamten wurden gleich nach der Einführung des Gesetzes vom Minister erlassen: Annual Report on the execution of the Local Government Act. 1859 S. 18—30. In dem Gesetz selbst wird nur der Clerk of the Board und der Surveyor beiläufig erwähnt (§. 61. 64).

barte Local Boards unter verabredeten Bedingungen zu einem gemeinschaftlichen Board vereinigen (§. 27).⁵)

VI. Die Oberinstanz und Rechtscontrole der Local Government Act beruht wie die der Public Health Act auf einem Ineinandergreifen der allgemeinen Landespolizeiordnung mit den neu geschaffenen Administrativgewalten der Boards.

Das Gesetz lehnt sich also an die Nuisances Removal Act 1855 und die übrigen allgemeinen Polizeigesetze, nach welchen die Friedensrichter durch ihre orders und convictions über alle Handlungen und Unterlassungen entscheiden, die unter den weiten Begriff der nuisances gestellt sind.

Die Local Government Act fügt für die Orte, in denen sie eingeführt ist, cumulativ erweiterte Competenzen hinzu zur Beschaffung der Geldmittel für selbst zu machende Anlagen, die geeigneten Beamten zur Ausführung, und stellt neben die friedensrichterlichen Orders die Beschließungen (Orders) der Gemeinderäthe. Die festgestellten Entschädigungsbeträge bis 20 L. werden durch Orders zweier Friedensrichter festgestellt, wobei sie sich Bericht erstatten lassen mögen von einem andern Bauverständigen als dem Surveyor des Local Board (§. 64). Wegen vorsätzlicher Beschädigung der Anlagen des Board wird noch eine allgemeine Bußklausel bis 5 L. hinzugefügt (§. 66).

Die neugebildete administrative Oberinstanz bezieht sich auf diese eingeschobene administrative Competenz der Boards und ist gerade in diesem Gesetz außerordentlich ausgedehnt. Unter gleichzeitiger Aufhebung des General Board of Health spitzen sich nun diese Gewalten zu in einen Principal Secretary of State,*) den Minister des Innern, in dreifacher Richtung:

---

⁵) Bildung der Local Boards. Unter Abänderung der Bestimmungen der Gesundheitsakte sollen auch solche Personen wählbar sein, die ein Interesse haben an Verkauf oder Verpachtung von Grundstücken, oder Darlehnen an das Local Board, oder an Entreprise-Contracten oder Aktiengesellschaften für Gas-, Wasserlieferungen ꝛc., jedoch mit Ausschluß einer Theilnahme an der Abstimmung bei collidirenden Interessen. Durch Nichttheilnahme an den Sitzungen des Board während der Dauer von 6 Monaten soll die Mitgliedschaft nicht mehr erlöschen. Der Minister kann sogar dispensiren von der Klausel der Gesundheitsakte §. 19, nach welcher ein Aktionär einer Wassercompagnie ꝛc. bei Fragen, in welchen die Gesellschaft selbst betheiligt ist, nicht mitstimmen sollte.

*) Das Gesetz ist ein ziemlich getreuer Ausdruck der Verlegenheiten der „verantwortlichen" Parteiverwaltungen der letzten Jahrzehnte. Seit 1854 waren in jeder Session umfassende Gesetzentwürfe dieser Art eingebracht, zurückgezogen, ganz umgearbeitet, liegen geblieben, bis die Tory-Verwaltung von 1858 die Vaterschaft für das gegenwärtige Gesetz übernahm. Eine große Zahl einflußreicher Personen war erbittert über das General Board of Health wegen seiner Eingriffe in das Privateigenthum, ja sogar in die Interessen großer

§. 134. Das revidirte Gesundheitspflegegesetz. 815

1) eine ergänzende Gesetzgebungs- und Regulativgewalt wird zunächst geübt durch die Provisional Orders des Ministers zur Einführung des Gesetzes und zur Organisation der Gemeindebezirke dafür (oben S. 810). Er kann sogar dispensiren von gesetzlichen Disqualifikationen, und kann den Mitgliedern des Board trotz eines eigenen Interesses eine Theilnahme an den Berathungen gestatten (§. 25). Er hat neu eingeführte Marktzölle zu genehmigen (§. 50). Insbesondere erläßt er auch ein Regulativ für die Kosten der an ihn gerichteten Appellationen (§. 81). Die Hauptmasse der Regulative specialisirt sich aber in die Lokalpolizei-Verordnungen Bye Laws unter Bestätigung des Ministers.

2) Die Aufsichts- und Controlinstanz des Ministers richtet sich außer den schon erwähnten Befugnissen bei der ersten Einführung auf folgende Punkte. Sein Consens ist zu gewissen außerordentlichen Verwaltungsakten nothwendig, namentlich zur Aufnahme von Darlehnen (§§. 57. 78), womit natürlich der Einfluß auf die vorgelegten Pläne zur Ausführung von Werken verbunden ist. Von seiner Genehmigung ist die Erwerbung von Grundstücken zur Anlage neuer Straßen abhängig (§. 36), sowie die ganze Anwendung des Expropriationsrechts (§. 75). Die local boards haben jährliche Berichte an den Minister zu erstatten über alle ausgeführten Arbeiten, eingenommene und ausgegebene Gelder, in der Form und Zeit, welche der Minister vorschreibt (§. 76). Der Minister hat dann wieder einen Jahresbericht über die Ausführung des Gesetzes an das Parlament zu erstatten. Insbesondere kann der Minister alle im Gesetz vorgeschriebenen Untersuchungen vornehmen; und zu dem Zweck auch die nöthigen Beamten, clerks und Diener anstellen, deren Gehalte das Finanzministerium bestimmt (§. 79). Die von ihm ernannten Untersuchungscommissarien haben alle Gewalten der Superintending Inspectors noch der Public Health Act (§. 80). Alle Kosten und Ausgaben, die durch gesetzmäßige Anordnungen des Ministers entstehen, fallen nach Festsetzung der Treasury der district rate zur Last (§. 23).

3) Der Minister bildet eine vollständige Beschwerdeinstanz. Die Beschwerdeschriften, memorials, wegen der private im-

---

Aktiengesellschaften und Spekulationen, — und das Alles nur um die Arbeiterwohnungen in Städten wohnlich zu machen. Daß das Gesundheitsamt dabei geopfert werden mußte, verstand sich vorweg; denn es hatte schon seit Langem durch seine „büreaukratischen" Tendenzen den Unwillen auf sich gezogen. Ein Comite des Privy Council für solche Zwecke mißfällt der öffentlichen Meinung, da es nicht „verantwortlich" genug ist. Die Friedensrichter sind, wie man versichert, eigensinnige Gegner aller gesundheitspolizeilichen Neuerungen. Da nun aber doch etwas geschehen mußte, so blieb zuletzt der Minister des Innern übrig, d. h. die Oberverwaltung wird gerade an die Stelle gelegt, die dem wechselnden Parteitreiben und der Partei-patronage am meisten ausgesetzt ist.

provement charges, die nach der Gesundheitsakte (§. 120) bei dem Gesundheitsamt anzubringen waren, also Beschwerden über die zwangsweise Nöthigung von Privateigenthümern zur Bezahlung der Kosten von Anlagen, die das board aus gesundheitspolizeilichen Rücksichten auf ihrem Grundstück vorgenommen hat, gehen an den Minister (§. 65). Eine Appellation gegen die Rechnungsrevision der District Auditors geht nach Wahl der Appellanten an die Queen's Bench oder an den Minister (§. 60), mit allem Einfluß, den das audit auf die laufende Verwaltung giebt.

Das System dieser Local Government Act ist dann noch in gleichem Sinne ergänzt durch die Amendment Acts 1861. 1863, 24. et 25. Vict. c. 61; 26. et 27. Vict. c. 17 und weitere Ergänzungen, zu denen auch einzele Clauseln der Sanitary Act 1866 und deren Amendment Acts gehören. Die Gesetzgebung wird durch diese fortgesetzten Einschaltungen neuer Zusatzclauseln auf diesem Wege immer unübersichtlicher, in einer stetigen Durchkreuzung allgemeiner Landespolizeigesetze mit den erweiterten Administrativgewalten der Boards und ihrer Inspectoren, sowie mit allgemeinen Staatseinrichtungen der Sanitätspolizei, welche außerhalb des Gemeindelebens liegen, und auf die in einer kurzen Schlußübersicht Excurs † verwiesen werden kann.

† **Die ergänzende Gesetzgebung zu den Health Acts.**

Die Darstellung von W. Glen behandelt als ergänzende Gesetzesgruppen: Part IV. die Removal of Nuisances Acts; Part V. die Sewage Utilization Acts; Part VI. die Prevention of Diseases Acts.

Die erste dieser Gruppen bildet einen Theil der friedensrichterlichen Jurisdiction und ist deshalb als Theil des obrigkeitlichen Selfgovernment oben in §. 52 behandelt. Das stetige Ineinandergreifen des jurisdictionellen und des administrativen Systems macht aber nothwendig eine Recapitulation des gesammten Instanzenverhältnisses in diesem Gebiet (§ 136).

Die Sewage Utilization Act 1865, 28. et 29. Vict. c. 75, und ihre Amendments haben den Zweck, die Vorschriften über die Trockenlegung und Abfuhr obligatorisch auf solche Orte auszudehnen, für welche die Public Health und Local Government Acts nicht eingeführt sind. Sie geben dafür eine Auslese der nothwendigsten Maßregeln: der Regulirung der Abzugscanäle, der Verhütung einer Verunreinigung öffentlicher Flüsse, der Ermächtigung zu Darlehnen von den Public Works Commissioners, zur Abschließung von Verträgen über die Abfuhr, sowie zur Beschaffung einer Wasserversorgung und eines Krankenhauses. Das Gesetz soll keine schon vorhandene Competenz zu solchen Zwecken aufheben oder beschränken, sondern nur supplementarisch solche gewähren, wo es daran fehlt. Die ausführende Ortsbehörde (Sewage Authority), soll in solchen Orten Bürgermeister und Rath, event. das besondere Curatorium einer Lokalakte, event. die Vestry oder Select Vestry der Gemeinde sein. Die Steuer zur Bestreitung der Kosten ist die Poor Rate, wo nicht eine besondere Steuer dafür schon vorhanden ist. Die Behörde wird zu dem Zweck incorporirt, die Bildung von Committees genehmigt, die Bildung von Spezialdistricten (event. mit Appellation an den Staatssecretär) autorisirt und der Ortsbehörde die Befugniß der boards of health ad hoc beigelegt.

§. 134. Das revidirte Gesundheitspflegegesetz.

Noch verwickelter wird diese Einschaltung durch die Sanitary Act 1866, die in Part I. eine Amendment Act zur Sewage Utilisation Act, in Part II. eine Amendment Act zu der Nuisances Removal Act enthält, in Part III. vermischte Bestimmungen von allgemeiner Anwendbarkeit einfügt. Wichtig darunter sind namentlich allgemein anwendbare Maßregeln zur Verhütung ansteckender Krankheiten. Auf das Certificat eines qualificirten Arztes kann die Ortsbehörde die Reinigung und Desinfection von Häusern und Effekten dem Eigenthümer oder occupier auferlegen, und event. auf dessen Kosten oder auf Gemeindekosten vornehmen (Art. 22). Sie mag in jedem Distrikte eine besondere Anstalt zur Desinfection wollener Stoffe, Kleider, Betten einrichten, besondere Wagen zum Transport ansteckender Kranken halten, ansteckende Kranke, welche keine eigene Wohnung haben, oder in einem von mehr als einer Familie eingenommenen Zimmer wohnen, oder an Bord eines Schiffes sind, unter order des Friedensrichters in Hospitäler schaffen.

Die Diseases Prevention Acts dagegen gehören nicht mehr in das Gebiet der Communalverwaltung, sondern in die Reihe der Staatseinrichtungen für die Medicinalverwaltung, wie solche in Gneist, Engl. Verwaltungsrecht II, §§. 113—115 dargelegt und hier nur kurz zu gruppiren sind:

1) die Diseases Prevention Acts bilden einen Inbegriff von Maßregeln zur Verhütung epidemischer, endemischer oder ansteckender Krankheiten. Durch 18. et 19. Vict. c. 116. §. 5 wird das Privy Council (Staatsministerium) dafür zu besonderen Verordnungsmaßregeln ermächtigt, welche durch die Ortsbehörden und Ortssteuern zu bestreiten sind. Durch solche Orders tritt dann die „Act for the better prevention of diseases" vom 14. Aug. 1855 für ganz England oder einen Theil, zunächst auf höchstens 6 Monate in Kraft. Unter diesem Gesetz mit seinen Amendments hat sodann das Medical Department of the Privy Council (21. et 22. Vict. c. 97) das Recht, Regulative zu erlassen, betreffend die schnelle Beerdigung der Todten, Anordnung von Haus zu Haus-Besuchen, Vertheilung von Arzeneien, ärztliche Hülfe und Pflege für die Erkrankten, welche dem Parlamente vorgelegt werden müssen.

2) Eine specielle Ordnung hat das öffentliche Pockenimpfungswesen unter Oberleitung des Privy Council erhalten. Die Kreisarmenräthe stellen dafür einen oder mehre praktische Aerzte als public vaccinators an, welche für jedes mit Erfolg in der öffentlichen Impfstation geimpfte Kind eine Gratification nicht unter 1½ d. bekommen. Jedes Kind muß nun innerhalb der ersten drei Monate nach der Geburt entweder öffentlich und unentgeltlich oder durch einen Privatarzt geimpft werden. Die Controle wird durch die Impfatteste und durch den Civilstandsbeamten des Districts geübt, welcher zweimal im Jahre die Restantenliste den guardians zur nähern Untersuchung der einzelnen Fälle übergiebt. Auf Antrag der guardians mag ein Friedensrichter die Impfung durch eine schriftliche Order bei 20 sh. Buße anbefehlen.

3) Analoge Orders in Council zur Verhütung ansteckender Viehkrankheiten sind durch 11. et 12. Vict c. 107 und spätere Gesetze autorisirt, in den Cattle Diseased Prevention Acts 1866, 1867 weiter ausgeführt, in 32. et 33. Vict. c. 70 consolidirt. Die noch geltenden Orders in Council darüber werden in den Parl. P. 1869, L. 483 mitgetheilt.

4) Eine Art von wissenschaftlicher Deputation für Medicinalangelegenheiten ist dem Privy Council attachirt durch 21. et 22. Vict. c. 97, bestehend aus einem dirigirenden Medicinalbeamten (Dr. John Simon) mit Hülfspersonal, zur Berichterstattung über Fragen der Sanitätspolizei, zur Erstattung eines Generalberichts über den Gesundheitszustand des Landes, zur Veranlassung von Untersuchungen über Fragen der Gesundheitspflege und über den zeitigen Zustand der Ausführung der Public Health Act. Der

Zweck dieser technischen Behörde ist vorzugsweise ein anregender, um öffentliche Uebelstände zur allgemeinen Kenntniß zu bringen.

5) Die Medical Act 1858, 21. et 22. Vict. c. 91, mit ihren Zusätzen regulirt die Qualification der praktisirenden Aerzte, bildet dafür ein General Council of Medical Education, und greift mit ihren gesetzlichen Normativbestimmungen auch in die Verwaltung der Ortsbehörden ein, die sich bei der Anstellung der Aerzte danach zu richten haben.

§. 135.
Das Gesundheitspflege- und Straßensystem der Hauptstadt.
Metropolis Local Management Act, 1855.

Wie im Gebiet der Armenpflege die Metropolis eine concentrirte Formation darstellt, so hat auch das Bedürfniß einer gemeinsamen Gesundheits- und Baupolizei zu einer Consolidirung der in Lokalakten und allgemeinen Gesetzen stückweis vorhandenen Elemente für den Gesammtverband der hauptstädtischen Kirchspiele geführt. Es entsteht dadurch eine eigene Municipalverfassung in größtem Maßstabe für die Zwecke der Straßenrinnen und Abzugscanäle, für Pflasterung, Straßenreinigung, Erleuchtung und städtische Verschönerungsanlagen. Das dafür erlassene Gesetz vom 14. Angust 1855, The Metropolis Local Management Act, 18. et 19. Vict. c. 120, ist eine Ausführung der Public Health Act in weitestem Maßstabe, und bildet nun eine vierte Ortsgemeindeverfassung für London, neben der Corporationsverfassung der City, neben der hauptstädtischen Polizeiverwaltung und neben der hauptstädtischen Armenverwaltung. Das Grundsystem der Health Act in seinen 6 Gliedern kehrt hier wieder, gewinnt aber durch die massenhafte Aufhäufung von Kirchspielen und deren Gesammtgemeindebildung eine eigenthümliche Gestalt.

I. **Einführung und Umfang des Gesetzes.** Das Gesetz verbindet zum ersten Mal die Masse der zum hauptstädtischen Polizeibezirk vereinigten Kirchspiele zu einem großen Verband für Zwecke der Gesundheits- und Baupolizei, welcher sich in einem Metropolitan Board of Works centralisiren soll. Das beigefügte Verzeichniß A. enthält 23 große Einzelgemeinden, die schon für sich die Elemente zu einem großstädtischen Gemeinderath zu enthalten schienen. Das Verzeichniß B. enthält 56 etwas kleinere Kirchspiele, welche zu 15 Gesammtgemeinden vereinigt werden, mit einem Sammtgemeinderath district board. Jedes district board und jeder koordinirte Gemeinderath wählt sodann mindestens ein Mitglied zu dem Metropolitan Board; die 6 größten Kirchspiele wählen dazu 2, die City 3 Mitglieder. Vorbehalten ist die Ausdehnung auf be-

§. 135. Das Gesundheitspflege- und Straßensystem der Hauptstadt.

nachbarte Kirchspiele von wenigstens 750 Steuerzahlern durch Staatsrathsbeschluß (§. 249). Gewissermaßen der Kern der neuen Institution war die schon vorhandene Metropolitan Commission of Sewers, welche nunmehr vollständig in das neue Metropolitan Board aufgeht.[1])

II. Die Zwecke des Gesetzes sind in wesentlicher Uebereinstimmung mit den Zwecken der Public Health Act: Anlage und Verwaltung des Systems der Abzugskanäle, sewers, deren Eigenthum, Administration und Neuanlage auf die vestries und district boards übergeht, und zwar mit der Befugniß jeder Lokalbehörde, ihre Gewalten dem Metropolitan Board zu übertragen: ferner die Straßenpflasterung mit allen Rechten und Pflichten der Surveyors of Highways; Straßenreinigung und Besprengung Straßenerleuchtung. Zugleich sind dieselben Behörden die local authority zur Ausführung der Nuisances Removal Acts, deren ganzer gesundheits- und baupolizeilicher Inhalt damit der neuen hauptstädtischen Verwaltung einverleibt ist. Im Anschluß daran erging gleichzeitig die revidirte Bauordnung für die Hauptstadt 18. et 19. Vict. c. 122. Sie folgt mit einiger Erweiterung der Beamtengewalten den früheren Bauordnungen, und tritt in Verbindung mit dem Metropolitan Board of Works als Oberbehörde. Die Organisation einer gemeinsamen Feuerbrigade ist hinzugekommen durch 28. et 29. Vict. c. 90; 32. et 33. Vict. c. 102.[2])

---

[1]) Die hauptstädtische Commission of Sewers, erst neuerlich consolidirt durch 11. et 12. Vict. c. 112 und sp. Ges. soll in der durch §§. 145—157 bestimmten Weise in das neue board übergehen. Ein Verzeichniß der von der früheren Behörde an die neue übergezahlten Fonds enthalten die Parl. Papers 1858 No. 336. Zu dem Hauptgesetz sind sehr umfangreiche Zusätze und Abänderungen ergangen: 18. et 19. Vict. c. 120; 19. et 20. Vict. c. 112; 21. et 22. Vict. c. 104; 25. et 26. Vict. c. 102, die letztere in 117 §§. Diese Novellen werden nun als Metropolis Local Management Amendment Acts 1856. 1858. 1862. citirt. Ueber die Grenzregulirungen der Kirchspiele 32. et 33. Vict. c. 63. §. 22. Eine Monographie darüber: Toulmin Smith, the Metropolis Local Management Act 1855, with an introduction, notes etc. London 1858.

[2]) Die Zwecke des Gesetzes sind folgendermaßen geordnet:
Eigenthum und Verwaltung der Sewers geht auf die vestries und district boards über (§§. 67, 68), mit der Befugniß von Zeit zu Zeit neue zu bauen und die Kosten von Verbesserungsanlagen zu vertheilen auf Adjacenten, Kirchspiel und Distrikt (§§. 69. 70). Die Lokalbehörde kann aber ihre Gewalten in Bezug auf die sewerage dem Metropolitan Board übertragen. Im Uebrigen analog der Health Act (§. 71. 88).
Alle vorhandenen Gewalten rücksichtlich der Straßenpflasterung gehen auf die Lokalbehörden über (§. 90). Auch die Gewalten und das Eigenthum der bisherigen Surveyors of Highways gehen auf die Lokalbehörde über (§. 96). Sie kann die Neupflasterung von Straßen übernehmen (§. 98), die Eigenthümer von Höfen und Winkeln (courts) zur Pflasterung, Trockenlegung und Instandhaltung durch Geldbuße nöthigen (§§. 99. 100).
Straßenreinigung und Besprengung (§§. 116—118).

III. Die Steuern zur Ausführung des Gesetzes werden durch die vestries und district boards nach der Weise der Armensteuer aufgebracht, von den Armenaufsehern eingesammelt. Eine nachträgliche Consolidation der Grundsätze über Besteuerung und Anleihen ist hinzugekommen durch 32. et 33. Vict. c. 102.³)

IV. **Das Beamtenpersonal für die Einzel-Ausführung dieser Zwecke** besteht aus besoldeten Beamten der Gemeindeverbände namentlich einem Clerk, Treasurer, Surveyors und den „sonst nöthigen Beamten und Dienern." Für die Zwecke der nuisances removal etc. tritt noch hinzu ein besoldeter Bezirksphysikus, Medical Officer of Health, und ein Inspector of Nuisances. Das Metropolitan Board hat das unbe-

---

Straßenerleuchtung (§. 130).
Anlegung von Schlachthäusern (§. 131).
Ueber die älteren Bauordnungen siehe oben (Seite 804). Die neue Bauordnung zerfällt in 5 Theile: I. Regulation and Superrevision of Buildings §§. 6—30. District Surveyors §§ 31—68. II. Dangerous structures §§. 69—81. III. Party structures §§. 82—96. IV. Miscellaneous §§. 97—108. V. Aufhebung älterer Gesetze und Uebergangsbestimmungen §§. 109—114. Angehängt sind zahlreiche Formulare und äußerst verwickelte Spezial-Regulative für einzele Bauanlagen. Zusätze 23. et 24. Vict. c. 52; 32. et 33. Vict. c. 82.

³) Steuersystem. Die Klauseln wegen der Ausschreibung und Erhebung der Steuern (§§. 158—179) haben wieder das Armensteuersystem (§§. 21. 22) als Grundlage. Ueber das Verhältniß der Eigenthümer und Miether bei der Steuerzahlung (§§. 217—219). — Die Parl. Papers 1858 No. 336. XLVIII. 3. 351. 389 enthalten die Einschätzungssummen der einzelen Kirchspiele, und die einzelen Ausgabeposten, insbesondere für das Conto der Abzugskanäle. Einen neueren Bericht gleichen Umfangs enthalten die P. P. 1861. Vol. XXIV. 489. Ein Verzeichniß der Zahl der Steuerzahler in jedem Gemeindebezirk die P. P. 1862. No. 240. Man berechnete für 1861 die General Rates auf 472,643 £., die Lighting Rates 97,661, die Sewers Rates 146,815 £., die Maindrainage-Rate 161,016 £., andere Special Rates 71,069 £., die gesammte Jahreseinnahme 1,161,149 £. — Die Ausgabe: für die Erhaltung der Straßen 238,054 £., für Straßenreinigung 62,518 £., für Straßenbesprengung 39,519 £., für Straßenbeleuchtung 168,329 £., für Sewage and Drainage Works 63,048 £., Zahlungen an das Metropolitan Board 267,912 £., Beamtengehalte 48,127 £., Tantiemen der Collectors 13,078 £., Gerichtskosten 7,263 £., Zinsen 27,072 £., zurückgezahlte Anleihen 45,840 £., andere Verbesserungs-Anlagen 10,962 £., vermischte Ausgaben 90,012 £., Gesammtausgabe 1,081,741 £. Die rasch wachsende Masse der Ausgaben ergiebt der Finanzetat für die Metropolis Management in dem jährlichen Parlamentspapiere, Parl. P. 1868. LVI. 642. Das Metropolitan Board hat nach neuester Angabe eine Einnahme von 417,106 £. aus Steuern, 2,378 £. aus Gebühren, 10,000 £. aus Staatszuschüssen, 19,695 £. aus Grundeigenthum, 97,981 £. außerordentliche Einnahmen aus Grundeigenthum, 22,745 £. vermischte Einnahmen, 1,539,425 £. aus Anleihen. — Ausgaben: 885,066 £. für Neubauten, 400,517 £. für allgemeine Zwecke, 173,812 £. Schuldenverzinsung, 476,100 £. Schuldenrückzahlung. Die Vestries und District Boards dagegen sind verzeichnet mit 1,036,409 £. aus Steuern, 149,817 £. aus vermischten Einnahmen, 237,331 £. aus Anleihen; Ausgaben: 228,616 für neue Bauten, 1,137,191 £. für allgemeine Zwecke, 45,513 £. für Schuldenverzinsung, 57,903 für Schuldenrückzahlung.

dingte Anstellungsrecht für die Beamten der Centralverwaltung, das district board für die Sammtgemeinde, die vestry für das Kirchspiel; die letzteren beiden nach Maßgabe des Gesetzes. Jede Lokalbehörde erläßt selbständig bye-laws für die Anstellung, Entlassung, Amtspflichten, Führung und Remuneration aller ihrer Beamten und Diener.[4])

V. Die Verfassung der beschließenden Lokalbehörden für die Zwecke dieses Gesetzes erscheint, dem System der Public Health Act entsprechend, als eine Repräsentation der Steuerzahler zur Bildung von Gemeinderäthen, welche (1.) ein beschließendes board, (2.) eine Anzahl besoldeter Beamten ernennen sollen. Es ist also eine Verfassung hauptsächlich zur Ausübung eines Anstellungsrechts, patronage, wobei man für die besonderen Verhältnisse der Hauptstadt die Einführung eines gleichen allgemeinen Stimmrechts für angemessen befunden hat. Das Gesetz enthält formell beinahe eine Verwirklichung der Chartisten-Ideen: allgemeines Stimmrecht, jährliche Wahlen, Urwahlen, und nichts als Wahlen. Das System des Gesetzes bildet in jedem Kirchspiel zunächst einen Gemeinderath vestry; aus den kleineren Kirchspielen des Verzeichnisses B. einen Sammtgemeinderath district board; endlich durch alle Gemeinde- und Sammtgemeinderäthe ein hauptstädtisches Centralamt Metropolitan Board, — Alles durch Majoritätswahlen mit allgemeinem Stimmrecht von unten nach oben aufsteigend.

1. Der Gemeinderath des einzelen Kirchspiels wird aus 18 bis 120 Mitgliedern, vestrymen, gebildet, und zwar 18 in Gemeinden, in denen die Zahl der eingeschätzten householders nicht über 1000 beträgt, und dann je 12 mehr für jedes Tausend Steuerzahler bis zu dem Maximum von 120. Pfarrer und Kirchenvorsteher des Kirchspiels treten als ex officio Mitglieder hinzu. Kirchspiele von mehr als 2000 Steuerzahlern werden durch Commissarien, welche der Minister des Innern ernennt, in Wahlbezirke getheilt, die künftig auch geändert werden können, wenn sich bei einem neuen Census erhebliche Aenderungen der Bevölkerung ergeben (§§. 3—5). Wähler ist jeder, welcher im letzten Jahr vor der Wahl eingeschätzt war, und alle Communalsteuern (parochial rates, taxes and

---

[4]) Das System der besoldeten Beamten ist im Gesetz sehr einfach behandelt da die Hauptsachen den bye-laws überlassen sind (§. 62. 132. 183. 202). Beamte mit Geldverwaltung sollen Caution stellen, und können im summarischen Verfahren vor den Friedensrichter zur Rechnungslegung gezwungen werden. Die Parl. Papers 1861 L. 647 geben eine namentliche Uebersicht der einzelnen clerks, surveyors, collectors, health-officers' inspectors of nuisances und anderer besoldeter Beamten nebst Gehalt, Gebühren, Tantiemen, Amtswohnungen. Es sind zur Zeit angestellt: ein Chairman (1500 £.), 1 Rechtsconsulent (800 £.), 1 Engineer als Oberbauinspektor (1200 £.), 4 Bauinspektoren (650 £.) und ungefähr 100 clerks, draughtsmen und andere Unterbeamte.

assessments) bezahlt hat, abgesehen von den letzten 6 Monaten vor der Wahl. Die Wahl erfolgt zuerst versuchsweise durch schriftliche Vorschläge (nominations); auf Verlangen von 5 Steuerzahlern tritt aber ein schriftliches Ballot ein nach dem Vorbild der Public Health Act (§§. 16. 17). Neben den Gemeinderäthen werden wie in der Städteordnung noch besondere Rechnungsrevisoren auditors ernannt. Für die Wahl jedes Gemeinderaths und auditor hat jeder Steuerzahler „eine Stimme, und nicht mehr als eine Stimme" (§. 17). Die gewählten Gemeinderäthe müssen occupier eines Hauses oder Grundstücks sein, welches innerhalb des Kirchspiels zur Steuer eingeschätzt ist, und zwar Besitzer einer armensteuerpflichtigen Grundrente von wenigstens 40 £. (§. 6). Ein Drittel der Gewählten scheidet alljährlich aus und wird durch Neuwahl ergänzt. Die gewählten Mitglieder wählen sich „in Abwesenheit dessen, der nach Gesetz oder Gewohnheit den Vorsitz in der Gemeindeversammlung zu führen hat", in jeder Sitzung ihren Chairman mit dem Recht des Stichentscheids (§. 30).[1])

2. Die Bildung eines Sammtgemeinderaths District Board, tritt ein in den 56 etwas kleineren Kirchspielen des Verzeichnisses B., die das Gesetz in 15 Gesammtgemeinden vereint, und je nach der Zahl der Steuerzahler den einzelen district boards 27—58 Mitglieder zuweist (§. 31). Die Wahl erfolgt durch die Gemeinderäthe der Einzelgemeinden aus Personen mit dem gesetzlichen Census. Das board wählt sich für jede Sitzung den Chairman mit dem Recht des Stichentscheids (§. 41). Jedes district board wird unter dem Namen „the Board of works for the N. N. District", und jeder selbständige Gemeinderath in den Kirchspielen des Verzeichnisses A. unter dem Namen „the Vestry of the Parish of the County of N." durch das Gesetz für die Corporation erklärt,[2]) mit dem Recht

---

[1]) Wo in einem Kirchspiel so wenig Grundrentner mit dem Census von 40 £. sind, daß deren Gesammtzahl nicht 1/6 der Steuerzahler übersteigt, soll der Wählbarkeitscensus auf 30 £. gesetzt werden (§. 6). Die wahlleitenden Beamten für die Wahlbezirke wards werden von den Kirchenvorstehern ernannt (§. 14). Zur Beschlußfähigkeit des Gemeinderaths gehören 5, 7 oder 9 Mitglieder, je nach der Größe desselben (§. 28). Ein Verzeichniß der Zahl der sämmtlichen Wähler in Kirchspielen und Unterbezirken bei der ersten Hauptwahl im November 1855 enthalten die Parl. Papers 1857. sess. 2. No. 3. XLI. 229. Er waren damals 367,000 Wahlberechtigte vorhanden, von denen sich ungefähr die Hälfte an der Wahl betheiligte. Bei den späteren Wahlen ist aber die Theilnahme gewaltig in Abnahme gekommen.

[2]) Am ersten Mittwoch nach der Wahl um 10 Uhr Vormittags, an gesetzlich bestimmtem Ort, hält das district board seine erste Jahresversammlung, und bestimmt dann von Zeit zu Zeit die späteren Sitzungstage (§. 39). Das district board steht in etwas genirter Stellung zwischen den Gemeinderäthen der einzelnen Kirchspiele und dem Metropolitan Board, welches diese Mittelinstanz wohl allmälig absorbiren wird.

§. 135. Das Gesundheitspflege- und Straßensystem der Hauptstadt.

perpetuirlicher Succession, dem Recht eines Gemeindesiegels und dem Recht zum Erwerb von Grundbesitz ohne besondere Concession für Acquisitionen zur todten Hand (§. 42).

3. Das Metropolitan Board of Works, eine Centralbehörde von 46 Mitgliedern, welche aus der Wahl der vorgedachten Gemeinde- und Sammtgemeinderäthe hervorgehen soll, ist unter diesem Namen inkorporirt, und wird zusammengesetzt aus 3 Mitgliedern für die City von London, 2 Mitgliedern für die 6 allergrößten selbständigen parishes und district boards und einem Mitglied für die kleineren (§§. 43—45). Hauptzweck des Gesetzes war die Uebereignung der Hauptabzugskanäle (main sewers), welche in dem Verzeichniß D. dem Gesetz beigefügt sind, an diese Centralstelle, mit der Befugniß noch andere schon vorhandene sewers für Hauptkanäle zu erklären, und deren neue anzulegen (§§. 135 bis 137). Die Centralstelle kann ferner durch ihre Orders die Gemeinderäthe und district boards bei der Anlage von sewers controliren, und hat noch einige allgemeine Befugnisse rücksichtlich der Benennung der Straßen und der Vornahme sonstiger städtischer improvements.[3]) Das Metropolitan

---

[3]) Zur Beschlußfähigkeit gehören wenigstens 9 Mitglieder (§. 51). Das Centralamt kann auch Theile eines Kirchspiels unter die Verwaltung des Gemeinderaths eines benachbarten Kirchspiels stellen, oder eine Straße oder einen Platz in verschiedenen Kirchspielen unter eine vestry (§. 140). Es regelt die Benennung der Straßen und die Numerirung der Häuser (§§. 141. 142). Allgemeine Befugniß zu improvements (§. 144). Eine Uebersicht über die Proportionen aus denen diese Central- und centralisirende Behörde hervorgeht, ergiebt der Bericht der P. P. 1862, No. 240, durch Angabe der Steuerzahler in jedem Kirchspiel und Gesammtgemeinde, der Zahl der vestrymen (unten in Parenthese angegeben), die an der letzten Wahl des Mitglieds für das Metropolitan Board Theil genommen haben, wie folgt:

Kirchspiel oder District.	Steuerzahler.		Kirchspiel oder District.	Steuerzahler.	
St. Marylebone	14,000.	(109).	St. George in the East	2,590.	(35).
St. Mary, Lambeth	23,356.	(78).	St. Martin in the Fields	2,232.	(21).
St. Pancras	22,000.	(75).	Miles End	7,180.	(60).
St. George, Hanov.	10,300.	(57).	Woolwich	2,401.	(21).
St. Mary, Islington	19,924.	(97).	St. John, Hamp.	2,085.	(17).
St. Leonards. Shor.	12,149.	(36).	Whitechapel Dist.	4,178.	(24).
Paddington	8,747.	(48).	Westminster Dist.	?	(29).
Bethnal Green	5,150.	(42).	Greenwich Dist.	5,903.	(17).
St. Mary, New	7,654.	(50).	St. Giles Dist.	3,600.	(14).
St. James, Westm.	3,300.	(40).	Holborn Dist.	3,872.	(?).
St. James, Clerkenw.	5,532.	(55).	Fulham Dist.	3,709.	(20).
St. Luke, Chelsea	5,288.	(26).	Limehouse Dist.	?	(33).
St. Mary, Abb.	9,600.	(52).	Poplar Dist.	4,605.	(23).
St. Luke, Middl.	4,579.	(29).	St. Saviour Dist.	4,648.	(34).
St. George, Southw.	3,500.	(27).	St. Olave Dist.	2,704.	(61).
Bermondsey	3,205.	(21).	Summe	210,134.	(1,251).

Board, ebenso wie die district boards, können auch nach freiem Ermessen Verwaltungsausschüsse committees zur Besorgung einzelner Verwaltungsangelegenheiten ernennen, vorbehaltlich der Bestätigung aller Akte des committee durch das general board und der Befugniß, in jeder Sitzung ein solches Committee zu verändern (§ 58).

VI. Die Oberinstanz und Rechtscontrole beruht wiederum auf einem Ineinandergreifen der friedensrichterlichen Jurisdiction nach den Nuisances Removal Acts mit den neugebildeten administrativen Gewalten der Boards. Auch hier bleiben den Friedensrichtern die convictions wegen der nach dem Gesetz erkannten Polizeibußen und Verwirkungen (§. 231) und des dabei zu erkennenden Schadensersatzes (§. 228). Allgemein können „Streitigkeiten über Schadensersatz, Auslagen und Kosten" summarisch durch zwei Friedensrichter erledigt werden. Selbstverständlich bleibt den Friedensrichtern auch die Steuerjurisdiction. Zur Rechtscontrole der Rechnungsrevision (Audit) ist ein Certiorari bei den Reichsgerichten durch 25. et 26. Vict. c. 102 §. 38 wiederhergestellt.

Die administrative Oberinstanz beschränkt sich also auch hier auf eine Controle der neugeschaffenen Gewalten der Boards. Dabei trug man jedoch Bedenken die Gewalten des Ministers des Innern in der sonst üblichen Weise einer hauptstädtischen Gemeindeverwaltung von solchem Umfange gegenüberzustellen. Die Competenz des Ministers bleibt beschränkt auf eine Zustimmung zu der Anwendung des Expropriationsrechts im Gebiet des Metropolitan Board und zu gewissen einzeln erwähnten Aenderungen der Organisation. Eine Order in Council (Ministerialbeschluß) kann auf Antrag der Gemeindebehörden Lokalakte modificiren, die in Conflikt mit diesem Gesetz kommen (§. 248), sowie die Ausdehnung des Gesetzes auf benachbarte Kirchspiele autorisiren.

Die laufende Beschwerdeinstanz dagegen ist an dieser Stelle ausnahmsweise aus den Gemeindebehörden selbst formirt und zwar durch ein Wahlsystem. Man betrachtete dies Gebiet einer Straßen- und Sanitätsverwaltung als eine Interessenverwaltung im eigentlichsten Sinne, und glaubte dabei den herrschenden Vorstellungen einer Bevölkerung von drei

---

Es fehlen dabei die Angaben über etwa 8 große Gemeinden und Gesammtgemeinden, insbesondere aber die City von London. Es erhellt aber aus diesen Zahlen, welchen Sinn und welches Interesse eine Gemeindeverfassung für 210,134 Steuerzahler haben kann, welche durch 1,251 vestrymen als Wahlmänner eine Körperschaft von 46 Obergemeinderäthen zu wählen hat zu dem Zweck um — 7 Bauräthe und höhere Beamte zu ernennen, und ein Beschwerdecommittee für Straßen- und Baupolizeiangelegenheiten zu bilden! Es ist einleuchtend, daß hier von nachbarlicher Gewöhnung an Selbstthätigkeit im Gemeindeleben nicht mehr die Rede ist, sondern von einer Actiengesellschaft der Steuerzahler, welche sich Verwaltungsrath und Direction wählen.

§. 135. Das Gesundheitspflege- und Straßensystem der Hauptstadt. 825

Millionen Seelen, welche Geld zu den großartigsten Anlagen bewilligen sollte, eine Selbstwahl und eine Uebereinanderschichtung gewählter Behörden zugestehen zu müssen. Die ordentliche Beschwerdeinstanz gegen die Orders und Acts der Gemeinderäthe und District Boards in baulichen Angelegenheiten bildet also das Metropolitan Board, welches einen eigenen „Ausschuß für Appellationen" zu bilden hat (§§. 111, 112). Es regelt die Formen der Appellation an sein Appellationscommittee und erläßt überhaupt Regulative zur Ausführung des Gesetzes.

Das System der bye laws ist dahin geregelt (§. 220), daß jede Gemeindebehörde selbst die Regulative entwirft für ihre Geschäftsführung, für das Verfahren bei ihren Versammlungen und der von ihr ernannten Committees, für Ernennung und Entlassung ihrer Beamten und Diener, sowie für deren Amtspflichten, Amtsführung und Remuneration. Das Metropolitan Board dagegen entwirft die bye laws zur Regelung der Pläne, Niveaus, der Breite und des Materials der Pflasterung und Chaussirung neuer Straßen und Wege; Bau- und Nivellirungspläne für die Construktion, Reparatur und Reinigung der Röhren, Rinnsteine und andere Communikationen der Abzugskanäle; für die Entleerung, Reinigung, Schließung und Ausfüllung von Dunggruben und Pfützen und andere Reinigungsarbeiten. — Jede Gemeindebehörde kann in den bye laws Geldbußen bis 2 L. festsetzen, und für fortgesetzte Vergehen Bußen bis 20 sh. für jeden Tag; mit Vorbehalt des Rechts der Friedensrichter zur Strafniederschlagung.

Ein System der Berichterstattung ist dahin durchgeführt, daß jede vestry und jedes district board einen Jahresbericht erstattet und gewisse Verzeichnisse öffentlicher Unterstützungsfonds veröffentlicht. Der von dem Metropolitan Board erstattete Jahresbericht ist dem Parlament vorzulegen (§§. 198—201).

Der Erfolg dieser Uebereinanderschichtung von gewählten Behörden ist ungefähr derselbe gewesen wie der der Armenverwaltung, namentlich in der Tendenz zu Willkür und büreaukratischer Centralisation. Die District Boards neigen dahin, die Geschäfte der vestries an sich zu ziehen, das Metropolitan Board absorbirt immer mehr Geschäfte der unteren Boards. Diese Richtung dauert auch in der amendirenden Gesetzgebung fort, z. B. in der Amendment Act 1862 §§. 72, 83, 87 u. s. w. und wird an dem wachsenden Etat des Central-Board sichtbar.

Die Metropolis-Management hat augenscheinlich den Charakter einer Communalverfassung vertauscht mit dem der Actiengesellschaft, ohne jedes solide Element einer stetigen Verwaltung. Gerade dieser Theil des Communallebens hat freilich mehr einen ökonomischen Charakter als die übrigen, und neben der Zunftverfassung der City, dem Präfektursystem der Metropolitan Police, dem klassificirten Stimmrecht der Armenverwaltung glaubte man wohl den socialen Lieblingsvorstellungen der großstädtischen Bevölkerung ein kleines Gebiet zugestehen zu können, damit die schweren Geldopfer der nöthigen Anlagen williger getragen würden. Der zunächst sichtbare Erfolg ist aber eine sehr starke Neigung zur Centralisation und administrativer Willkür in dieser Verwaltung. Von einem Einfluß der Intelligenz und Erweckung des fehlenden Bürgersinns ist darin nichts zu bemerken. Wie groß auch die Versuchung sein mochte, die Straßenverwaltung der Metropolis auf den Leisten einer Eisenbahngesellschaft zu bringen, so macht sich doch der Unterschied beider Dinge, daß es sich nämlich hier um Verwendung von Zwangssteuern und Erfüllung von öffentlichen Pflichten handelt, fühlbar geltend. Die gewählte Behörde, die so wichtige Beschlüsse selbständig üben soll, hat: 1. nicht die praktischen Kenntnisse von den Dingen, die in dieser Weise zu administriren sind; 2. nicht die nöthige Unparteilichkeit für die mannigfaltigen Entscheidungen, die sie zu geben hat. Das Ganze ist ein monströser Apparat für das Anstellungswesen (patronage) einer kleinen Zahl von Beamten, welche mindestens ebenso gut von der Staatsbehörde angestellt werden können. Man würde auf diesen ungeheuerlichen Apparat auch schwerlich gekommen sein, wenn nicht die Absicht grade auf Centralisation der bisher isolirten Kirchspiele für gewisse Zwecke gegangen wäre und auf die Gewinnung reichlich fließender Mittel für die beabsichtigte Anlage der Abzugskanäle. Diese beiden Zwecke sind allerdings erreicht. Es zeigt sich, daß die Wahlbehörden, welche durch zwei= und dreifache Destillation aus dem allgemeinen Stimmrecht hervorgehen, nicht nur reichlich, sondern verschwenderisch Steuern bewilligen. Es zeigt sich ferner, daß gewählte Körper, die über andere kleinere Wahlkörper gesetzt sind, sich als die größere Autorität in allen Dingen ansehen, alle Verwaltung der einzelen Kirchspiele immer tiefer gehend an sich reißen und damit die Selbständigkeit der Ortsgemeinde in nicht geringerem Maße absorbiren als die Beamten des büreaukratischen Systems. Von einem wirklichen Gemeindeleben und selfgovernment ist hier nicht mehr die Rede.

Die praktischen Zustände dieser Verwaltung werden ersichtlich aus den alljährlich von den Stadtbehörden dem Parlament eingereichten Berichten und Nachweisungen, wie in den Parl. P. 1868: der Generalbericht No. 45 LVIII. 97, die Berichte der einzelnen Kirchspiele und District Boards No. 37 LVIII. 51, der Ausweis über den gegenwärtigen Bestand des Beamtenpersonals LVIII. 221, die Uebersicht über die Arbeiten zur Regelung der Sewers LVIII. 101, die Uebersicht über die Metropolitan Improvements LVIII. 114, der Bericht über die Ausführung der Bauordnung von 1855, 1860, 1861 LVIII. 150. Im Jahrgang 1869 der Generalbericht LI. 667, 771, die Specialberichte der Unterbezirke und Kirchspiele LXI. 617, der Bericht über die Anlage der Hauptabzugscloaken LI. 676, 780 ꝛc.

§. 136.

Die Centralbehörde und der administrative Instanzenzug der Gesundheitspflegeverwaltung.

Der Zweck dieser Gesetzesgruppe war die Neubildung von beweglichen administrativen Organen für die Gesundheitspflege, von denen man eine schaffende Kraft erwartete, im Unterschied von dem jurisdictionellen selfgovernment der Friedensrichter, welches diesen Aufgaben nicht gewachsen sein konnte. Ein General Board of Health sollte dafür unge=

fähr das werden, was das Poor Law Board für die Armenverwaltung geworden ist. Da indessen die oberste Gesundheitsbehörde sich nicht durch namhafte Ersparungen empfehlen konnte, sondern nur gesteigerte Anforderungen an die Steuerzahler erhob, und sich überdies mit machtvollen industriellen Interessen durchkreuzte, so brachte eine coalirte Opposition diesem temporären Generalamt ein Ende durch 21. et 22. Vict. c. 97.

Allein die unentbehrliche administrative Obergewalt concentrirte sich nun um so schärfer in dem Ministerium des Innern, Secretary of State for the Home Department, in dreifacher Richtung.

I. Eine delegirte Gesetzgebungs= und Regulativgewalt ist zunächst dem Privy Council, also dem Ministerrath einschließlich des Secretary for the Home Department, beigelegt für die Einführung der Public Health Act. Der Minister des Innern allein erläßt sodann die Provisional Orders, wo der Einführung dieser Gesetze bestehende Lokalakten im Wege stehen, oder wo die Anwendung des Expropriationsrechts nothwendig wird (vgl. auch L. G. §. 14, 77). Der Minister hat umgekehrt die Befugniß von gewissen Bestimmungen der Gesundheitsgesetze zu dispensiren. — Der Schwerpunkt des Regulativrechts liegt freilich nach der besondern Natur der Gesundheitspflege in den Lokalverordnungen der Local Boards, deren Gebiet, der englischen Grundregel entsprechend, durch die Gesetzgebung genau begrenzt ist. Durch die vorbehaltene Genehmigung erscheinen auch diese bye laws als ein Ausfluß der ministeriellen Regulativgewalt, hier nur beschränkt durch die Initiative der Lokalbehörden.*)

II. Die Oberaufsichtsgewalt des Ministers umfaßt hier in ungewöhnlicher Ausdehnung ein Recht der Kenntnißnahme, der Untersuchung, der Bestätigung, der Organisation und des Einschreitens im einzelen Fall.

1. Der Kenntnißnahme: zunächst von den Steuereinnahmen der Boards, deren Clerks darüber einen Jahresbericht zu erstatten haben

---

*) Der Erlaß von Lokalverordnungen erstreckt sich nur auf folgende Gegenstände: Die Sitzungen und die Geschäftsordnung des Board, H. A. §. 134; die Amtspflichten der Beamten und Diener, §. 37; die Beschränkung lästiger und schädlicher Gewerbe und Fabrikationen, §. 64; das Begräbniß von Leichen, §. 81; die Verpflichtung zur Reinigung des Bürgersteigs und die Entfernung von Abfällen, Local Gov. A. §. 32; das Abkehren von Schnee, Schmutz, Asche, und das Verbot eines gesundheitsgefährlichen Haltens von Thieren, §. 32; die Normativbestimmungen für die Anlegung neuer Straßen und bestimmt genannte Clauseln einer Bauordnung, §. 34; die Regulative für Schlachthäuser und Abdeckereien, 10. et 11. Vict. c. 34 §. 128; für Common Lodging Houses, H. A. §. 66; für das Lohnfuhrwerk, L. G. §. 44; für die Vermiethung von Pferden, Eseln, Booten ꝛc., 24. et 25. Vict. c. 61 §. 25; für die Regelung der Begräbnißplätze, §. 22 a. a. O., — und nicht weiter.

nach 23. et 24. Vict. c. 51 §. 1. Die Local Boards selbst haben jährliche Berichte an den Minister zu erstatten über alle ausgeführte Arbeiten, eingenommene und ausgegebene Gelder in der Form und Zeit, welche der Minister vorschreibt, L. G. §. 76.

2. Das Recht der Untersuchung. Bei der Voruntersuchung behufs Einführung des Gesetzes und sonstiger Feststellung thatsächlicher Verhältnisse haben die Regierungscommissarien (Inspectors) die Befugniß zu eidlichen Verhören, zur Einsicht von Plänen, Karten, Steuerbüchern und anderen Documenten, L. G. §. 80. H. A. §. 121; bei Strafe von 5 L. gegen Behinderung eines Inspectors oder Beamten in Ausführung des Gesetzes (§. 148). Durch die Nuisances Act werden auch die sämmtlichen Beamten der Armenverwaltung verpflichtet zur Vornahme von Untersuchungen und Berichterstattungen auf Anweisung und Regulative der Staatsgesundheitsbehörde „ebenso, als ob dergleichen Geschäfte einen Theil der gesetzlichen Armenverwaltung bildeten." Der Minister des Innern kann für alle im Gesetz vorgeschriebenen Untersuchungen die nöthigen Beamten, Clerks und Diener anstellen, deren Gehalte das Finanzministerium bestimmt, L. G. §. 79, 80. Alle Kosten und Ausgaben, welche durch solche gesetzmäßigen Anordnungen des Ministers entstehen, fallen nach Festsetzung der Treasury einer District Rate zur Last (§. 23).**)

3. Das Recht der Bestätigung und Genehmigung: namentlich des schriftlichen Consenses zu allen Verpfändungen der District Rates, H. A. §. 119; zur Entlassung des vom Lokalamt angestellten Surveyor (§. 37), zur Anstellung, Entlassung und zu dem Gehaltsetat des Ortsphysikus (§. 40); weiter zur Aufnahme von Darlehnen, L. G. §. 57, 58; zur Erwerbung von Grundstücken behufs Anlage neuer Straßen (§. 36), sowie zur Anwendung des Expropriationsrechts (§. 75). Für Geldanleihen gelten als gesetzliche Normativbestimmungen: nur für permanente Anlagen, nicht höher als ein Jahresertrag der steuerpflichtigen Grundstücke und mit Amortisationsfrist von höchstens 30 Jahren.***)

**) Neben dem Minister hat auch die wissenschaftliche Deputation für das Medicinalwesen in dem Privy Council ein Recht zur Veranstaltung von Ortsuntersuchungen, in denen nicht selten beide Behörden concurriren.

***) Der frühere Consens des General Board of Health ist zwar weggefallen durch 21. et 22. Vict. c. 97; allein es ist beibehalten die Bestätigung des Ministers des Innern, wo solche nach der L. G. Act erfordert wird, L. G. §. 8. Diese letztere fordert aber den Consens in noch zahlreicheren Fällen als das frühere Gesetz, insbesondere zu allen Anleihen und Verpfändungen, 24. et 25. Vict. c. 61 §. 14. Bei Bewilligung von Anleihen aus dem Staatsvorschußfonds concurrirt noch das Finanzministerium mit seinem Recht zu consentiren und Bedingungen zu stellen. Der Zinsfuß dieser Vorschüsse ist durch Regulativ vom 26. October 1859 auf 5 Prozent festgestellt, Parl. P. 1864 No. 141.

§. 136. Die Centralbehörde und der administrative Instanzenzug 2c. 829

4. Die Organisationsgewalten des Ministers sind bei Einführung der Local Government Act in unorganisirte Gemeinden beinahe unbeschränkt: für die Abgrenzung streitiger Gemeindebezirke; Gestattung der Aussonderung eines kleinern Gemeindebezirks aus einem größern, der die Akte angenommen hat; der Theilung des Distrikts in Wahlbezirke; Gestattung einer Vereinigung mehrer Distrikte zu einem Board; überhaupt Incorporation oder Separation mit oder von einem andern Gemeindeverband auf Antrag der Boards oder der Gemeindeversammlungen.

5. Das Recht des Einschreitens im einzelen Fall ist in diesem Gebiet dahin ausgedehnt, daß der Minister nach seinem Ermessen von der Nothwendigkeit an Stelle des Board, also als Decernent I. Instanz, die für die Gesundheitspflege nothwendigen Maßregeln verfolgen, durch Commissarien ausführen und die dadurch entstandenen Kosten summarisch eintreiben mag. Ein solches Nothrecht wurde zuerst für einzele Maßregeln anerkannt, dann aber generalisirt durch die Sanitary Act, 29. et 30. Vict. c. 90 §. 49. (unten S. 831).

III. Als materielle Beschwerdeinstanz mit einer wirklichen Jurisdiction tritt die Centralbehörde ein nach der H. A. §. 120. In Fällen wo das Gesetz eine summarische Kostenbeitreibung für Maßregeln des Board vorschreibt, oder eine Ausgabe für eine private improvement erklärt, mag der Beschwerte binnen 7 Tagen nach der Mittheilung der Order eine Recursschrift (memorial) an das Staatsamt richten, worauf dieses durch Order endgültig entscheidet. Ebenso nach der H. A. §. 65. Die Appellation gegen die Rechnungsrevision der District Auditors kann nach Wahl des Appellanten an die Queen's Bench oder an den Minister gebracht werden, L. G. §. 60. Solche Appeals zur endgültigen Entscheidung erscheinen auch in dem Vorverfahren über Annahme der Local Government Act und bei der Bildung der Special Drainage Disricts. „Die ministeriellen Orders in Ausführung dieses Gesetzes sind überhaupt bindend und endgültig in allen darauf bezüglichen Gegenständen."

Die Mittelorgane dieser weit ausgedehnten Ministergewalt bilden zwar keine geschlossene Kette wie die Inspectors und Auditors der Armenverwaltung. Aber nach Bedürfniß der einzelen Maßregeln mag der Minister jederzeit Inspectors und andere Regierungscommissarien zur Untersuchung mit analogen Amtsgewalten ernennen, und für die Rechnungsrevision der Boards sind die Auditors der Armenverwaltung vom Gesetz mit denselben Competenzen ausgestattet wie für das Rechnungswesen der Poor Law.

Für die Folgeleistung der besoldeten Lokalbeamten gegen die Anweisungen der Staatsbehörde ist zunächst (wie in der Armenverwaltung) durch einzele Strafklauseln gesorgt. Vorsätzliche Hinderung einer

Person in Ausführung der Nuisances Removal Act oder vorsätzliche Verletzung einer Anweisung des Staatsamts in Ausführung jenes Gesetzes ist mit einer Ordnungsstrafe von 5 L. bedroht. Ebenso ein Constable, der nach erhaltenem Einziehungsbefehl die Vollstreckung der Execution wegen rückständiger Steuern verweigert, H. A. §. 104. Der Beamte, welcher seine Rechnungen, Belege oder Kassenbestände abzuliefern sich weigert, mag durch Order zweier Friedensrichter gefänglich eingezogen werden, bis er Folge leistet. Zurückbehaltene Gelder können durch Pfändung, event. durch Gefängniß bis zu 3 Monat eingetrieben werden, H. A. §. 30. Durchgreifend wirksam erweist sich auch hier das administrative Entlassungsrecht, welches für die Hauptbeamten, den Surveyor und Medical Officer, der Centralbehörde ausschließlich vorbehalten ist.

So entsteht eine Stufenleiter administrativer Gewalten, die das Beschließungsrecht der Local Boards in ähnlicher Weise beschränkt, wie das der Boards of Guardians in der Armenverwaltung. Da sich aber die allgemeine Polizeigesetzgebung über Nuisances, das Ordnungsstrafrecht der Friedensrichter und die Controljustiz der Reichsgerichte mit diesem Organismus kreuzen, so entsteht hier ein vollständiger Parallelismus eines administrativen und eines gerichtlichen Instanzenzugs in folgender Weise:

A. Der administrative Instanzenzug geht von den ausführenden Beamten durch das Local Board an den Minister des Innern in drei Stufen.

1. Die Local Boards sind die decretirenden Behörden I. Instanz zur Beschlußnahme über die Maßregeln der neuen Health Acts. Sie erscheinen weniger eingeengt in dieser Beschließung als die Boards of Guardians, welche sich ganz in den Händen ihres Clerk und ihrer Officers befinden. Sie regeln vielmehr selbständig ihren Geschäftsgang, die Amtsinstruktionen und die Etats ihrer Beamten, und haben das freie Anstellungs- und Entlassungsrecht für die Mehrzahl der letzteren, mit Ausnahme des Surveyor und des Medical Officer. Dagegen sind sie durch die jurisdictionelle Competenz der Friedensrichter viel stärker controlirt als die Armenverwaltungsräthe, und unterliegen auch in ihren administrativen Functionen noch folgenden höheren Controlen.

2. Der District Auditor der Armenverwaltung steht als Oberbehörde, als eine Mittelinstanz der Staatsverwaltung, über dem gesammten Rechnungswesen der District Boards mit der Befugniß einer Prüfung sowohl der „Gesetzmäßigkeit" wie der „Angemessenheit" aller Ausgaben, mit der Befugniß unberechtigte Posten zu streichen, ungehörig weggelassene Posten in Einnahme zu stellen und mit allem sonstigen weittragenden Einfluß des Audit, H. A. §. 122; L. G. §. 60; 24. et 25. Vict. c. 61 §. 15 (vergl. oben §. 128). Nur für die incorporirten Städte

fällt diese obere Rechnungscontrole hinweg, und ebenso ist dem Metropolitan Board nicht nur die Rechnungsrevision durch seine eigenen Auditors, sondern auch eine materielle Beschwerdeinstanz über die Beschlüsse der District Boards und Vestries seines Bezirks überlassen.

3. Als oberste Beschwerdeinstanz steht der Minister des Innern sowohl über den Entscheidungen des Rechnungsrevisors wie über allen Orders, durch welche das Board summarisch Kostenersatz beansprucht oder einem Abjacenten gewisse Ausgaben als private improvements zur Last gelegt hat, H. A. §. 120; L. G. §. 65. Er controlirt die Boards durch die vorbehaltene Zustimmung zu allen Anleihen, Verpfändungen, zur Erwerbung von Grundstücken, zur Anlegung von Straßen, zur Anwendung des Expropriationsrechts, zur Entlassung eines Surveyor oder Officer of Health. Eine längere Erfahrung hat indessen den Beweis geführt, daß gerade im Gebiet der Gesundheitspolizei die Local Boards mit einer bloßen Beschwerdeinstanz bei den Staatsbehörden nicht ausreichen. Die Versäumung der unentbehrlichsten Sanitätsmaßregeln in einzelen Orten nöthigte die Gesetzgebung, widerstrebend und gegen die sonstigen Grundsätze der englischen Verwaltung, der Ministerialbehörde das unmittelbare Recht des Einschreitens im einzelen Fall beizulegen. Es geschah dies schrittweise bei Versäumnissen in der Ausführung der Nuisances Removal Act, bei Versäumung der nothwendigen Anlagen der Sewers, der Wasserversorgung, der polizeilichen Regelung der Common Lodging Houses, bis st. 29. et 30. Vict. c. 90 §. 49 die generalis clausula ausspricht: „daß wenn ein Board säumig ist in der Ausführung der Bestimmungen der Local Government Act, der Staatssecretär auf erhobene Beschwerde und geführte Untersuchung eine Order erlassen mag, mit Setzung einer bestimmten Frist zur Nachholung der versäumten Frist: und nach fruchtlosem Ablauf letzter Frist mag der Staatssecretär einen Commissar ernennen zur Ausführung der nothwendigen Maßregeln, die Kosten der Ausführung nebst einer angemessenen Remuneration für den Commissar, nebst den Kosten des Verfahrens, feststellen und auf die Lokalbehörde anweisen." Jede solche Order mag an den Gerichtshof der Queen's Bench eingesandt und in gleicher Weise vollstreckt werden, wie ein Mandat (rule) solches Gerichtshofes.

Die englische Verwaltung scheint damit in das Ungemessene der administrativen Gewalten des Continents zu gerathen. Die Health Acts bieten in dieser Richtung das Bild einer fortschreitenden Erweiterung, eines Zuges nach Oben, der in Ermangelung von stehenden Provinzialbehörden des Staats sogar noch stärker centralisirt erscheint als die Verwaltungssysteme des Continents. Es tritt nun aber diesem System gegenüber:

B. die beibehaltene Verwaltungsjurisdiction des obrigkeitlichen selfgovernment in solchen Fragen, in welchen das Recht des Einzelen oder die Rechtsordnung im Ganzen durch eine constitutionelle (parteimäßige) Ministerverwaltung gefährdet werden würde. Zu diesem Zweck ist das jurisdictionelle System der Nuisances und der Nuisances Removal Acts neben den neuen Health Acts beibehalten, und dadurch ein Dualismus entstanden, welcher aus der Fassung der übereinander gehäuften Gesetze schwer ersichtlich und aus den englischen Darstellungen nur mit der äußersten Mühe zu entwirren ist.

I. Die Nuisances Removal Acts bleiben als allgemeine Landespolizeigesetze unter der Jurisdiction der Friedensrichter stehen. Boards, Gemeindebeamte, Private, die unter Berufung auf diese Gesetze gegen eine Nuisance (also Baulichkeiten, Unrathsorte, Aufhäufung gemeinlästigen und gesundheitsgefährlichen Charakters, gegen überfüllte Wohnhäuser, unreinliche Fabrik- oder Arbeitslokale, Rauchbelästigung, Verkauf von ungesundem Fleisch, verdorbener Lebensmittel ꝛc. ꝛc.) einschreiten, bringen damit die Entscheidung im Wege der Orders und Convictions an die Friedensrichter in dem contradiktorischen Verfahren der Verwaltungsjurisdiction. Folgerecht tritt (in Fällen über 20 sh.) auch noch der Appeal an die Quartalsitzungen und eine sehr beschränkte Controlinstanz der Reichsgerichte ein. Daneben sind auch die alten Rechtsmittel der Common Law wegen Nuisance beibehalten. Der Betheiligte kann unter Bestellung einer Caution das summarische Verfahren sistiren und den Instanzenzug bei den ordentlichen Gerichten betreten (oben §. 72).

II. Soweit dagegen nach der Public Health und Local Government Act die Boards mit ihren Orders einschreiten, tritt allerdings ein administratives Verfahren dem Eigenthums- und Verfügungsrecht der Privaten gegenüber. Allein auch dies Verfahren bleibt überall umgeben von Rechtscontrolen der Verwaltungsjurisdiction. Soweit es durch Ordnungsstrafen erzwungen wird, erfolgt die Verurtheilung dazu nach contradictorischem Verfahren vor zwei Friedensrichtern und mit dem Instanzenzug an die Quartalsitzungen, H. A. §. 135; 20. et 21. Vict. c. 38. Ebenso unterliegen die Strafordnungen der bye laws mit ihren Bußen bis 5 L. der friedensrichterlichen Jurisdiction. Wo das Gesetz eine summarische Feststellung und Beitreibung von Entschädigungen und Kosten vorschreibt, erfolgt die Feststellung vor zwei Friedensrichtern. Für das Verfahren wird auf die Polizeiordnung von 1848 verwiesen, H. A. §§. 129—132. Nur ist das Strafverfolgungsrecht in diesen Fällen nach dem Gesichtspunkt der Interessenverwaltung beschränkt, insofern nur der Beschädigte, das Local Board, die Kirchenvorsteher und Armenaufseher unbeschränkt klagen können, ein dritter, common informer, nur mit Zustimmung des Attorney General, H. A. §. 133. In den Fällen, in welchen das Gesetz zur Feststellung eines Schadens ein Schiedsverfahren vorschreibt, mögen, wenn der Streit-

§. 136. Die Centralbehörde und der administrative Instanzenzug ꝛc.

gegenstand unter 20 L. beträgt, zwei Friedensrichter summarisch entscheiden. Bei Streitigkeiten über 20 L. hat jede Partei einen Arbitrator zu ernennen, die Arbitrators ernennen den Obmann; im Fall ihrer Versäumniß ernennt den Obmann die Quartalsitzung, H. A. §§. 123—125. Die Geldbußen über 20 L. sind meistens vor die ordentlichen Gerichte verwiesen. Die fortschreitende Ausdehnung der neuen Kreisgerichte hat endlich noch in 24. et 25. Vict. c. 61 §. 24 eine Alternative hinzugefügt, nach welcher die Eintreibung aller Ansprüche (einschließlich der Steuern) unter 20 L., für die das Gesetz ein „summarisches Verfahren" gewährt, nach Wahl des Board, von dem Kreisgericht eingelegt werden können. — Dazu treten endlich noch folgende allgemeine Vorbehalte des Rechtsweges:

1. Die friedensrichterliche Jurisdiction der Steuerreclamationen und Steuerexecutionen, H. A. §§. 135—137.

2. Da bei einer Rechnungsrevision auch jura singulorum in Frage kommen können, so ist gegen die Entscheidungen des Auditor dem beschwerten Theil ein Certiorari bei den Reichsgerichten vorbehalten.

3. Eine Controle der Gesetzmäßigkeit der Lokalverordnungen, bye laws, ist vorbehalten durch die allgemeine Clausel, daß die Lokalverordnung nichts gegen die Landesgesetze oder die Health Acts enthalten dürfe. Die Gerichte verstehen diese Controle auch von solchen, welche vom Minister des Innern bestätigt sind, namentlich wegen Ueberschreitung der Competenz. Ebenso bestehen die Gerichte darauf, daß alle bye laws „reasonable" sein müssen, d. h. der ratio der Gesundheitsgesetze entsprechend.

4. Endlich unterliegt auch das Einschreiten des Ministers gegen Versäumnisse der Local Boards einer Gerichtscontrole. Nach 29. et 30. Vict. c. 90 §. 49 sollen solche Orders der Queen's Bench eingesandt und in der Weise eines ordentlichen Justizmandats exequirt werden. Da nur die Orders „in Ausführung dieses Gesetzes" für bindend erklärt sind, so würde das Reichsgericht bei Ueberschreitungen der Competenz den Erlaß eines Mandats (to make a rule) versagen.

Trotz der weit ausgedehnten administrativen Gewalten ist also doch in den Hauptrichtungen der Grundsatz festgehalten, daß für alle Zumuthungen der Staatsgewalt an Person und Vermögen die jurisdictionelle Behandlung streitiger Fragen eintritt. Die Beschlüsse der Boards und die administrative Oberinstanz sollen der Anlage nach nur eintreten für Abwägung von Zweckmäßigkeitsrücksichten des öffentlichen Wohls; die einzelen Ueberschreitungen dieser Grenzlinie waren nur durch einen wirklichen Nothstand der öffentlichen Gesundheitspflege veranlaßt.

XII. Capitel.
Die Communalwegeverwaltung.

§. 137.
Die älteren Wegegesetze.

Die Erhaltung der öffentlichen Wege und Brücken war schon seit dem Mittelalter eine sorgfältig geordnete Last der Communalverbände. Da die Brückenbaulast aber auf die großen Verbände der Grafschaften gelegt war, so folgte sie seit der Ausbildung der Friedensrichterverfassung den Formen des obrigkeitlichen selfgovernment, und ist wegen dieser Construktion in das „County Business" der Quartalsitzungen oben (§. 72) eingeschaltet worden. Die Baulast und Verwaltung der öffentlichen Wege dagegen lag jederzeit der Ortsgemeinde ob und hat sich fortschreitend in der Weise einer wirthschaftlichen Selbstverwaltung fortentwickelt.

Nach common law ist ein öffentlicher Weg, highway, jede Passage für das Publikum, sei es ein Fuß-, Reit- oder Fahrweg, Coke 1 Inst. 56. Das Eigenthum bleibt dem frühern Eigenthümer des Bodens, vorbehaltlich des öffentlichen Gebrauches. „Der König hat nur die freie Passage für sich und sein Volk," 2 Inst. 705. Die neue Wegeordnung nennt, um Alles zu begreifen: ways, bridges, carriageways, cartways, horseways, bridgeways, footways, causeways, churchways und pavements.

Ein solcher Weg kann entstehen durch Prescription, Dedication oder Act of Parliament. Unter prescription ist hier nicht bloß eine unvordenkliche Verjährung seit 1. Ric. I. gemeint, sondern es genügt schon ein 25-jähriger Gebrauch durch das Publikum. Nach der Praxis begründet sogar ein Gebrauch von etwa 4 oder 5 Jahren für die Jury schon eine Vermuthung der Zustimmung des Eigenthümers, also einer dedication, sofern es ein Verbindungsweg zwischen Ortschaft und Ortschaft ist. Durch dedication wird ein Weg zum öffentlichen, sobald der Eigenthümer eines bisherigen Privatwegs durch Urkunde, oder mündlich, oder durch concludente Handlungen einen Weg dem gemeinen Gebrauch überläßt, namentlich wenn er lange Zeit hindurch fremden Personen nach ihrem Belieben und ohne Widerspruch den Gebrauch gestattet.

Die Erhaltung der so abgegrenzten öffentlichen Wege ist Gemeindelast nach mittelalterlichem Herkommen, und liegt als solche jedem Kirchspiel ob für jeden Theil des öffentlichen Weges innerhalb seiner Feldmark. Wie beim Brückenbau kommt es in seltenen Fällen vor, daß auf Grund alter Belehnungen (by tenure) einer Privatperson oder einem besondern Theil des Kirchspiels die Erhaltung des Weges als Reallast obliegt, 3. Geo. IV. c. 126 §. 107; 5. et 6. Will. IV. c. 50 §. 62. Die Vermuthung spricht aber stets für Kirchspielslast; eine solche Behauptung muß daher als Specialeinrede gestellt und bewiesen werden.

Die Ausführung dieser Communalpflicht war im Mittelalter den einzelnen Gemeinden überlassen, und wurde in der Weise normannischer Verwaltung erzwungen durch ein Strafverfahren gegen die Gemeindemitglieder auf erhobene Anklage oder auf dienstliche Anzeige, presentment. Das Unzureichende eines solchen Verfahrens führte aber in der Periode der Tudors zur Creirung des neuen Kirchspielamts eines Surveyor of Highways, 2. et 3. Phil. et Mary c. 8. Auf ihn als Organ der Gemeinde geht nun die nächste Verpflichtung zur Instandhaltung der Wege über. Dem entsprechend ermächtigt ihn das Gesetz die ansässigen Bewohner der Gemeinde in ungefähren Abstufungen nach der Größe des Grundbesitzes zu den nöthigen Naturalleistungen für den Wegebau heranzuziehen. Jeder Besitzer eines Gespanns oder Pfluges im Kirchspiel hat einen Wagen mit zwei Männern zu stellen; jeder andere Einwohner, householder, cottager and labourer, der arbeitsfähig und nicht auf Jahresdienst im Gesindeverhältniß steht, muß persönlich oder durch einen arbeitsfähigen Stellvertreter Handdienst leisten. Allmälig werden jedoch schon einige Aenderungen sichtbar, die zu einer Ergänzung durch Geldbeiträge hinführen. Die Gesetzgebung dieser Uebergangszeit ist äußerst verwickelt und schwankend. Das System der Naturalleistungen bildet noch die Regel; die immer nöthiger werdenden Ergänzungen durch Geldbeiträge sind experimentale Maßregeln, die häufig wechseln.

Endlich gewinnen die Gesetze eine consolidirte Gestalt in einer großen Wegebauordnung, 13. Geo. III. c. 78 (a. 1773). Sie bezieht sich auf alle Verbindungswege von Ortschaft zu Ortschaft und verpflichtet die Wegeaufseher, (1) für Wegschaffung aller Hindernisse des Verkehrs zu sorgen oder dem Grundeigenthümer Anzeige zu machen zur Beseitigung bei gesetzlicher Strafe; (2) alle Einwohner, Eigenthümer, Miether und Pächter im Kirchspiel sechs Tage im Jahr zu berufen zur Heranschaffung von Materialien oder zu Reparaturarbeiten (statute duty). Alle Besitzer von Gespannen müssen auf je 3 oder mehr Pferde und auf je 50 L. Grundrente ein Zweigespann stellen; kleinere Grundbesitzer ein geringeres Maß; andere Personen zwischen 18 und 65 Jahren Handarbeit in Person oder durch Stellvertreter. Doch sind zugleich gesetzliche Taxen zur Ablösung der Naturaldienste fixirt. Spätere Gesetze ermächtigen die Friedensrichter den Kopfbeitrag von 2 sh. jährlich armen Miethern und Einliegern zu erlassen. (3) Die Wegeaufseher mögen die Kosten des Materials der Reparaturen, der Wegweiser und der Abzugsgräben vorschießen, und erhalten solche erstattet durch eine von den Bezirkssitzungen der Friedensrichter ausgeschriebene Wegesteuer. (4) Wo die Naturaldienste nicht ausreichen, können die Aufseher mit Genehmigung der Quartalsitzungen eine **Hülfssteuer** auf das Kirchspiel legen, deren Gesammtbetrag nicht mehr als $3\frac{1}{4}$ pCt. betragen darf, nach 54. Geo. III. c. 109 bis zu $8\frac{1}{4}$ pCt. in Nothfällen. Erst im letzten Menschenalter hat die Entwickelung der Agriculturindustrie den Uebergang in die reine Geldwirthschaft herbeigeführt, die in der Wegeordnung von 1836 wesentlich vollendet ist.

Das Geschichtliche der Wegebaulast in der Periode der Tudors siehe in der Gesch. des selfgov. S. 284—286; den allmäligen Uebergang in ein System der Geldwirthschaft S. 381, 382. Man vergleiche von dieser Seite aus, wie noch die Bestimmungen der Wegeordnung von 1773, 13. Geo. III. c. 78 §§. 34—38 lauteten: Jeder nutzende Inhaber eines Grundstücks von 50 L. Ertragswerth, der ein Gespann von drei Pferden besitzt, hat solches Gespann mit zwei Mann jährlich auf 6 Tage zur statute duty zu gestellen. Für jede weitere 50 L. Ertragswerth sind auf 6 weitere Tage die gleichen Wegedienste zu leisten. Besitzer von 50 L. Jahresertrag ohne eigenes Gespann haben ein solches zu beschaffen. Besitzer eines Gespanns mit weniger als 30 L. Jahresertrag schicken einen Mann mit dem Gespann. Besitzer eines Gespanns unter 50 L. Jahresertrag mögen $5/12$ pCt. ihres Jahreseinkommens für jeden Tag Wegebaudienst zahlen. Die Pfründen der Geistlichen sind in gleichem Maße wegedienstpflichtig. Coke 1. Inst. 784. Wer einen Wagen und ein Pferd besitzt, soll entweder solche mit einem Mann zum Wegebau senden, oder die tarifmäßige Geldabfindung zahlen, nach Wahl des Surveyor. Wenn keine Spanndienste erforderlich sind, sollen dafür 3 Mann geschickt oder 5 sh. gezahlt werden. Der Wegedienst dauert 8 Stunden täglich; jeder Arbeiter hat sich mit den nöthigen Werkzeugen selbst zu versehen. Wird außer dem Führer des Gespanns nicht ein tüchtiger Arbeiter mitgeschickt, oder verweigern die Arbeiter dem Surveyor den Gehorsam, so mag der Wegeaufseher sie entlassen und die entsprechenden Geldsummen einziehen, als ob gar kein Dienst geleistet wäre. Wer säumig ist mit einem Gespann verwirkt 10 sh., für Karren, Pferd und 2 Mann 5 sh., für Karren, Pferd und Mann 3 sh., für einen Arbeitsmann 2 sh. Unter Anweisung der Friedensrichter kann auch eine Geldablösung der Naturaldienste eintreten, jedoch widerruflich im Fall eines Bedürfnisses (§§. 38, 39). Die Einwohner können 3 Monate im Jahre fixiren für Saat-, Heu- und Erndtezeit, innerhalb deren kein Wegebaudienst geleistet wird (§ 43). — Ein solches System setzte einen lebendigen Gemeindeverband von Bauern, oder wenigstens Pächtern und kleineren fest ansässigen Leuten voraus. Schon zur Zeit der Wegeordnungen 1773 war aber ein solcher in weiterer Abnahme begriffen. Durch 34. Geo III. c. 74; 44. Geo. III. c. 52 schreitet daher das System der Geldabfindungen weiter. Man klagte überall über den geringen Werth der Naturalleistungen, über die Unmöglichkeit durch den Surveyor (gewöhnlich einen ziemlich ärmlichen Landmann oder Gewerbetreibenden) mit schlecht geleisteten Naturaldiensten die Wege in Stand zu halten. Die verschiedenen Gesetze über die Geldablösungen waren allmälig so verwickelt und confus geworden, daß sie sich nicht mehr handhaben ließen. Vergl. z. B. den Report on County Rate· 1834 p. 9, 12, 16 ff. Am entschiedendsten wirkte seit 1815 die industrielle Weise der Agrikultur auf den Uebergang in die reine Geldwirthschaft.

§. 138.

Die Wegeordnung von 1836, 5. et 6. Will. IV. c. 50.

Unter gänzlicher oder theilweiser Aufhebung von 11 älteren Gesetzen erging mit Gesetzeskraft vom 26. März 1836 eine neue Wegeordnung in 119 Artikeln, 5. et 6. Will. IV. c. 50, an Act to consolidate and amend the Laws relating to Highways in England, welche sowohl das Wegesteuersystem als die Grundsätze der Verwaltung nicht unerheblich abändert (vorbehaltlich der Paving Acts für London und der Kunststraßen unter Lokalakten). Die Wegeverwaltung ist nunmehr auf das System der reinen Geldwirthschaft zurückgeführt. Es zeigen sich daher auch schon Analogien der neuern Armenverwaltung: Ernennung der Wegeaufseher durch Wahl der Steuerzahler nach klassificirtem Stimmrecht, der Versuch größere Wegebaudistrikte aus vereinigten Kirchspielen zu bilden, die Anstellung besoldeter Wegebauinspectoren.*) Die Hauptglieder des Gesetzes sind folgende:

1. **Ernennung der Wegeaufseher und Bildung von Parish Boards** (§§. 6—19). Die Wahl der Wegeaufseher erfolgt jetzt durch das Kirchspiel aus Personen von einem bestimmten Wählbarkeitscensus nach den Grundsätzen der General Vestries Act (§. 116). Es können sich auch mehre Kirchspiele unter Genehmigung der Friedensrichter über einen besoldeten District Surveyor einigen. Große Kirchspiele über 5000 Seelen mögen sich auch einen Gemeindeausschuß von 5—20 qualificirten Personen zur Verwaltung der Wegeangelegenheiten bilden, einen besoldeten Einnehmer Treasurer und einen besoldeten Assistant Surveyor bestellen.

---

*) Bis zu der neuen Highway Amendment Act 1862 (§. 141) betreffen die Zusatzgesetze zur Wegeordnung nur vereinzelte Punkte. So 2. et 3. Vict. c. 45; 4. et 5. Vict. c. 51 über die Beschaffung von Wegematerialien aus Privatgrundstücken; 12. et 13. Vict. c. 35 betreffend die jährliche Berichterstattung an den Minister des Innern; 14. et 15. Vict. c. 39 über die Einschätzung kleiner Grundstücke zur Wegesteuer.

2. **Reparatur der öffentlichen Wege** (§§. 21—23). Die Wegeordnung läßt die alte Pflicht der Kirchspiele zur Instandhaltung unverändert. Daran reihen sich einige Vorschriften für Fälle, wo ein Weg der Länge nach getheilt zu verschiedenen Kirchspielen gehört, oder wo ein Privatmann ratione tenurae zur Reparatur verpflichtet ist, für welche Fälle ein Arrangement durch die Friedensrichter ermöglicht wird (§§. 58 bis 62).[2])

3. **Die Wegesteuer, Highway Rate,** (§§. 27—39) tritt vollständig an die Stelle der alten Naturalwegebaupflicht, indem alle auf letztere bezüglichen Gesetze aufgehoben sind. Sie wird durch den Surveyor ausgeschrieben von aller visible profitable property im Kirchspiel, wie solche zur Armensteuer eingeschätzt ist, einschließlich auch der Holzungen, Bergwerke und Steinbrüche, soweit sie herkömmlich bisher dazu eingeschätzt worden sind. Keine Steuer darf für den einzelen Erhebungstermin 4¼ pCt. übersteigen, und nicht 12½ pCt. auf ein ganzes Jahr, ohne Zustimmung von ⅔ der Steuerzahler, die zur Beschlußnahme darüber besonders zu berufen sind. Vorbehalten bleibt die Befugniß für kleinere Grundstücke sich mit dem Eigenthümer statt des Miethers wegen der Steuerzahlung zu vereinbaren, wie bei der Armensteuer (§. 30). Für Beitreibung der Steuern hat der Surveyor alle Gewalten der Armenaufseher. Mit Genehmigung der vestry kann er aber auch einen oder mehre remunerirte collectors mit gleicher Befugniß anstellen, sich Sicherheit bestellen und schriftliche Rechnung legen lassen (§§. 36—38).[3])

4. **Rechnungslegung des Surveyor** (§§. 39—45). Der Wege-

---

[2]) Die Reparaturpflicht ist nur in Nebenpunkten modificirt: §. 21 (22) ändert die Bestimmung, nach welcher die Anfahrt zu einer Brücke 300 Fuß weit vom Ende derselben von der Grafschaft übernommen werden sollte, und legt jetzt diese Last dem Kirchspiel auf. Im §. 23 wird eine wichtige Klausel hinzugefügt: damit nicht durch willkürliche dedication eine Gemeinde mit der Reparatur eines unnützen oder schlecht gebauten Weges belastet werde, so soll 3 Monate vorher dem Wegeaufseher des Kirchspiels Kenntniß gegeben werden von der Absicht, einen Weg dem gemeinen Gebrauch zu widmen. Darauf wird eine Gemeindeversammlung berufen, um zu erwägen, ob der Weg von hinreichendem Nutzen ist. Stimmt die Ortsgemeinde dagegen, so haben die Friedensrichter in der nächsten Specialsession die Frage zu entscheiden. Der Weg muß jedoch solide und dauerhaft angelegt sein, wenn die Gemeinde zur Erhaltung genöthigt werden soll. Eine Versäumung dieser Formvorschriften entbindet die Gemeinden von der Reparaturpflicht; übrigens bleibt es ein öffentlicher Weg in anderen Beziehungen, z. B. für die Frage nach der Strafbarkeit von Wegeunfug (Roberts v. Hunt, 15 Q. B. 17).

[3]) **Wegesteuer.** Das Gesetz giebt ein Formular (No. IV.) für die Einschätzungsliste, welche vom Surveyor gezeichnet, von zwei Friedensrichtern bestätigt und dann publicirt wird. Zwei Friedensrichter in einer Specialsitzung mögen einen ausgeschriebenen Beitrag nach Anhörung des Surveyor Armuthshalber niederschlagen (§. 32). Vgl. über diese **Highway Rate** oben §. 22.

aufseher hat gesonderte Contos zu führen über alle erhobenen Wegesteuern mit Angabe der einzelen Summen und der Personen, von welchen solche gezahlt und durch wen sie erhoben sind. Er hat ferner nach gesetzlichem Formular Specialrechnung über sämmtliche Wegeausgaben zu führen und eine Jahresrechnung sowohl dem Kirchspiel als den Specialsitzungen der Friedensrichter zu legen, vor welchen die Rechnung zu verificiren, zu prüfen und der Surveyor über einzele Punkte nöthigenfalls eidlich zu hören ist (§§. 44, 45).[4])

5. Beschaffung von Wegebaumaterialien (§§. 46—57). Der Surveyor ist befugt Steine, Kies, Sand und andere Wegebaumaterialien aus Gemeindegrundstücken, öffentlichen Flüssen und Brüchen zu entnehmen, auch von uneingehegten Privatgrundstücken gegen Ersatz der angerichteten Beschädigung, im Nothfall selbst von eingehegten Grundstücken gegen vollen Ersatz. Er kann mit Zustimmung der vestry die Beschaffung derselben auch in Accord geben, sich aber dabei nicht selbst betheiligen.[5])

6. Beseitigung von Wegehindernissen und Wegepolizei (§§. 63 bis 79). Die darauf bezüglichen Befugnisse sind theils dem Surveyor als besondere Amtspflichten auferlegt, theils werden sie durch Popularklage auf eine Polizeibuße gegen den Uebertreter geltend gemacht. Wegehindernisse und Schneemassen hat der Surveyor wegzuschaffen binnen 24 Stunden nach erhaltener Aufforderung von einem Friedensrichter (§. 26).[6]) Er hat die Seitengräben rein zu halten und nach Bedürfniß Rinnen zu legen und

---

[4]) Das Formular für die Specialrechnungen No. V. über Tagelohn, Kosten für Gespann, Materialien, Handwerkerrechnungen, Accordarbeiten 2c.) ist im Gesetz sehr detaillirt vorgezeichnet, und soll bei 5. L. Strafe zur Einsicht der Steuerzahler offen liegen (§. 40). Die Jahresrechnung soll binnen 14 Tagen nach Ernennung des neuen Wegeaufsehers der vestry vorgelegt und nach Befinden ein Extrakt daraus gedruckt werden (§. 44).

[5]) Beschaffung der Baumaterialien. Wenn der Wegeaufseher Steine von Privatgrundstücken entnehmen will ohne Consens des Eigenthümers, so bedarf es einer Ladung vor zwei Friedensrichter, die nach Anhörung der Weigerungsgründe eine schriftliche Licence zu ertheilen haben (§. 51. Formular X.). Will er das Material von eingehegten Grundstücken entnehmen, so bedarf es einer schriftlichen Anzeige einen Monat vorher, Ertheilung einer Order nach contradictorischem Verfahren (§. 53) mit vollem Ersatz auch des Materials nach Feststellung der Special Sessions (§. 54). Gruben, Höhlen 2c., die bei der Gelegenheit entstanden, soll der Surveyor bei 10 L. Buße zuwerfen, abflachen oder sicher einhegen, und die Einhegungen erhalten (§. 55).

[6]) Die Wegehindernisse fielen schon nach Common Law unter die Public Nuisances, 1 Hackwins cap. 76 §. 48. Die Wegeordnung hat sie sehr specialisirt: Anpflanzungen in einer Entfernung von 15 Fuß von dem Centrum des Weges (§. 64). Schädliche Hecken, beschattende Bäume 2c. (§§. 65, 66). Anlage von Mühlen, Dampfmaschinen 2c. in gewisser Entfernung vom Wege (§. 70). Verpflichtung der Eisenbahnen zur Einhegung der Kreuzwege (§. 70). Strafordnung für eine lange Reihe von Fällen eines Wegeunfugs (§§. 72, 73) 2c. vergl. die Wegepolizeiordnung oben §. 51.

Brücken auch in benachbarte Grundstücke gegen eine von der Special Session zu arbitrirende Entschädigung (§§. 67, 68). Bauanlagen und andere Eingriffe in das Wegegebiet hat er unmittelbar zu beseitigen; die Kosten dafür werden von einer Special Session festgestellt und mit der Polizei= buße von dem Uebertreter eingezogen. Daran reiht sich die Pflicht zur Errichtung von Meilensteinen und Wegweisern (§. 24). In allen Kirchspielen, die über 3 englische Meilen vom Generalpostamt abliegen, soll er auf Beschluß der Vestry oder auf Anweisung der Special Session Wegweiser setzen, in Stein oder Holz an der geeignetsten Stelle, mit leser= lichen Buchstaben von wenigstens 1 Zoll Höhe. Ebenso sind Steine oder Pfosten zu setzen zur Bezeichnung der Grenzen des Landwegs; Fuß= und Reitwege durch Pfosten, Steine oder sonst gegen den Fahrweg einzu= hegen.

7. **Erweiterung, Verlegung und Schließung der Wege** (§§. 80—93). Nach der mittelalterlichen Verfassung bedurfte es zu solchen Aenderungen eines Cabinetsbefehls aus der Kanzlei, writ ad quod damnum, gerichtet an den Sheriff mit der Anweisung, durch eine Untersuchungs= commission aus der Gemeinde festzustellen, ob die beabsichtigte Aenderung dem Publikum nachtheilig sein werde. Die neuere Wegeverfassung über= trägt diese Befugnisse den friedensrichterlichen Sessionen. Die Normal= breite eines Fahrweges soll 20 Fuß sein, eines Reitweges 8 Fuß, eines Seitenweges für Fußgänger wo möglich 3 Fuß (§. 80), worauf der Surveyor bei Anlage der Wege zu sehen hat. Auf Augenschein zweier Friedensrichter kann aber auch im Fall des Bedürfnisses die kleine Bezirks= sitzung eine Erweiterung des Fahrweges bis auf 30 Fuß anordnen, vorbehaltlich der Schonung von Gebäuden, Gärten und eingehegten Grund= stücken (§. 82).[7]

8. **Erzwingung der Reparaturen** (§§. 94—100). Auf eidliche Anzeige eines glaubhaften Zeugen darüber, daß ein Weg nicht in genügendem Stande gehalten ist, kann jeder Friedensrichter den Surveyor vor eine Specialsession laden. Die Session mag einer geeigneten Person den Auftrag zur Besichtigung und Berichterstattung in einem anzusetzenden Termin geben, zu dem auch der Surveyor zu laden ist; sie kann auch in corpore oder durch mindestens zwei Friedensrichter Augenschein einnehmen Wird die Beschwerde begründet gefunden, so verurtheilt die Specialsitzung den

---

[7] Der Ersatz dafür wird in Ermangelung gütlicher Einigung durch eine Jury fest= gestellt. Wo die Wegesteuer nicht ausreicht, kann die Quartalsitzung einen Zuschlag bis zu ⅓ ausschreiben. Durch Zahlung der Entschädigungssumme wird das dazu abgetretene Land ein Theil des öffentlichen Weges (§. 52 cit.). Das noch umständlichere Verfahren bei Verlegung und Schließung von Wegen s. nachher §. 140 No. III.

Surveyor in Geldbuße bis zu 5 £., erläßt eine order zur Vornahme binnen gesetzter Frist, und erkennt nach fruchtlosem Ablauf derselben auf eine erneute Strafe nach dem Maßstab der Kosten, die zur Vornahme der Reparatur erforderlich sein werden; vorausgesetzt, daß die Verpflichtung zur Reparatur nicht streitig ist. Im letztern Fall lassen die Friedensrichter eine Anklageschrift (indictment) anfertigen, verpflichten die dazu nöthigen Zeugen, und bringen das indictment zur ordnungsmäßigen Verhandlung an die nächsten Assisen oder Quartalsitzungen.[8])

9. **Beitreibung der Bußen und Prozeßvorschriften** (§§. 101 bis 111). Die Beitreibung der Strafen erfolgt in der Regel vor zwei Friedensrichtern, ohne daß es einer schriftlichen information bedarf. Die Bußen werden für Rechnung der Wegebauverwaltung erhoben, die Hälfte dem Denuncianten, außer wenn dieser der Surveyor selbst ist. Beschwerden gegen eine Steuerausschreibung, Order, Conviction, Judgment oder Determination eines Friedensrichters oder einer andern Person auf Grund dieses Gesetzes gehen, wo nicht ausdrücklich ein Anderes verordnet ist, an die Quartalsitzungen. Auch können die Quartalsitzungen ex officio durch einen status causae die Entscheidung der Rechtsfrage an die King's Bench bringen.[9])

§. 139.

Die Amtsstellung des Surveyor of Highways.

Wie die Armenverfassung Jahrhunderte lang eigentlich nur in dem Amt der Armenaufseher und Friedensrichter bestand, so ist diese Wegeverfassung erhalten in dem Amt der Surveyors unter Decernat der Friedensrichter. Die einzelen Amtsgeschäfte des Surveyor sind im Verlauf der Zeit äußerlich ungefähr dieselben geblieben: das relative Verhältniß ihrer

---

[8]) Kommt die Rechtsfrage über die Reparaturpflicht zur Entscheidung der Quartalsitzung, so wird dem Angeklagten das 'Certiorari an die King's Bench ausdrücklich vorbehalten (§. 95). Das frühere Verfahren von Amtswegen durch presentment gegen die Bewohner eines Kirchspiels oder gegen den Reparaturpflichtigen wird ausdrücklich aufgehoben (§. 99).

[9]) Ueber Zeugenladungen (§. 102), Beitreibung der Bußen und Kosten (§§. 103, 104), Appellationen (§§. 105—108). Kassation wegen eines Formmangels und Certiorari ist dabei ausdrücklich ausgeschlossen, ausgenommen für den Angeklagten, der prinzipiell seine Reparaturpflicht bestreitet (§. 95). Alle Klagen aus dem Gesetz verjähren in drei Monaten.

Wichtigkeit hat sich aber geändert seit Aufhebung der alten Wegebaudienste. Es steht jetzt obenan:

1. Das Geschäft der periodischen Einschätzung, Ausschreibung und Beitreibung der Highway Rate, welche der Surveyor, ganz analog dem Armenaufseher, periodisch vorzunehmen hat, W.-O. §§. 27—34; 12. et 13. Vict. c. 14. Auch hier tritt jedoch schon eine Arbeitstheilung ein. Der Surveyor darf mit Zustimmung der vestry einen Collector anstellen, solchen nach Befinden entlassen und ihm aus der Steuer eine Remuneration bewilligen wie sie die vestry angemessen befindet. Der Collector übernimmt dann die Einsammlung und die executivische Beitreibung der ausgeschriebenen Beiträge, W.-O. §§. 36—38.

2. Die ursprüngliche Hauptpflicht des Aufsehers zur wirklichen Instandhaltung der Gemeindewege besteht jetzt nicht mehr in einer Berufung der Gemeinde zu Hand- und Spanndiensten, sondern in der Annahme von Lohnfuhrwerk und Lohnarbeiten, unter fortdauernder Befugniß, Baumaterialien auch von Privatgrundstücken zu entnehmen. Mit Consens der vestry kann er solche Geschäfte in Accord geben.

3. Er überwacht die Beobachtung der polizeilichen Vorschriften über die Erhaltung der freien Passage und über die Benutzung der Wege, wobei ihm noch besondere Pflichten auferlegt sind zur Beseitigung von Schneemassen und anderen Hindernissen, Setzung von Wegweisern u. dergl. Dazu Specialstrafandrohungen für den Fall, daß er selbst Steine oder Baumaterialien zur Nachtzeit in einer der Passage gefährlichen Weise liegen läßt, W.-O. §. 56. Zu diesen Obliegenheiten gehört die auch wichtige, freilich sehr vernachlässigte Pflicht, die öffentlichen Fußwege gegen eigenmächtige Einziehung zu schützen.

4. Seine Pflicht zur Rechnungslegung umfaßt sowohl die Buchung aller Einnahmen und Ausgaben in eine Generalrechnung, als die Führung laufender Specialrechnungen über Materialien, Tagelöhne und sonstige Einzelverausgabungen zur Einsicht für jeden Steuerzahler, W.-O. §. 40.*) Am Schlusse des Amtsjahrs hat er die eidlich verificirten Rechnungen seinem Amtsnachfolger auszuhändigen, seine Schlußrechnung sowohl der versammelten vestry wie der Specialsitzung der Friedensrichter vorzulegen, über deren Richtigkeit und über etwa erhobene Beschwerden sich von den

---

*) Zu dem Generalbericht des Surveyor giebt das Gesetz das Formular No. IX. nach folgenden 12 Rubriken: Zustand der Straßen und Landwege, der Brücken, der Dämme, der Hecken und Abzugsgräben, der Durchläufe; Uebersicht aller Fälle eines Wegeunfugs und aller Eingriffe in das Wegegebiet; Ausdehnung der Straßen und Landwege, welche das Kirchspiel zu erhalten verpflichtet ist; welcher Theil derselben ist reparirt? mit welchen Materialien? mit welchen Kosten? welcher Betrag an Wegesteuern ist während des Jahres erhoben?

§. 139. Die Amtsstellung des Surveyor of Highways. 843

Friedensrichtern eidlich verhören zu lassen und einen Generalbericht über den Zustand der Wege zu erstatten, W.-O. §§. 42—45.

Diesen Amtsgeschäften entsprechend erfolgte die Anstellung des Surveyor früher nach Analogie der Armenaufseher. Nach der Wegeordnung von 1773 §. 1 sollten sich Ortsbeamte und Kirchspielsgenossen jährlich am 22. September 11 Uhr versammeln, und mit Stimmenmehrheit eine Liste von 10 zum Amt geeigneten Gemeindemitgliedern entwerfen aus Personen von 10 L. Grundeinkommen, oder 30 L. Miethe, oder 100 L. in beweglichem Vermögen. Die so Nominirten wurden zu einer Specialsitzung geladen, damit der von den Friedensrichtern Ernannte das Amt entweder annehme oder seine Gründe für die Ablehnung vorbringe. Die Friedensrichter ernannten nach dieser Vorerörterung einen oder mehre Surveyors, gewöhnlich aus der Liste, doch ohne rechtlich daran gebunden zu sein. Der Ernannte mußte bei 5 L. Buße das Amt annehmen. Im Falle keine Liste eingereicht wurde oder der Ernannte die Uebernahme verweigerte, mochten die Friedensrichter auch einen besoldeten Aufseher ernennen, dessen Gehalt aus den Wegebußen zu bestreiten und nicht $\frac{1}{8}$ der Wegesteuer (zu $2\frac{1}{2}$ pCt.) übersteigen sollte.

Als nun aber mit der neuen Wegeordnung die reine Geldwirthschaft auftrat, ergab sich eine Wegesteuerlast von 10,000,000 Thlr. und darüber, bei welcher sich das Recht der Steuerzahler ebenso wenig ignoriren ließ wie bei der Armentaxe. Daher die neuere Vorschrift 5. et 6. Will. IV. c. 50, nach welcher die Steuerzahler des Kirchspiels bei ihrer ersten Gemeindeversammlung zur Nomination der jährlichen Armenaufseher zugleich die Wahl eines oder mehrer Surveyors für das nächste Amtsjahr nach dem klassificirtem Stimmrecht der General Vestries Act vorzunehmen haben. Der Gewählte muß Besitzer von 10 L. Grundrente, oder Miether oder Pächter von 20 L jährlich, oder Besitzer eines beweglichen Vermögens von 100 L. sein, kann jedoch mit schriftlicher Genehmigung der Specialsession einen geeigneten Substituten bestellen (§. 7). Wer die Uebernahme oder Nachweisung eines genügenden Grundes (nach Analogie der Armenaufseher) verweigert, verwirkt eine Geldbuße bis 20 L. vor zwei Friedensrichtern. Der frühere Surveyor ist wieder wählbar. Aus der ältern Gesetzgebung ist beibehalten das subsidiäre Ernennungsrecht der Friedensrichter, im Fall die Gemeindeversammlung die Wahl versäumt oder verweigert.

Wie bei der Armenverwaltung zeigt sich nun aber mit der Geldwirthschaft auch die Neigung zur weitern Zertheilung des Amts und zur Substituirung besoldeter Beamten, welcher die Gesetzgebung nach allen Seiten hin Vorschub leistet.

1. Schon nach der Wegeordnung (§. 9) kann die Gemeindeversammlung mit einfacher Majorität beschließen, anstatt den Friedensrichtern eine Liste verpflichteter Personen einzureichen, einen besoldeten Surveyor zu ernennen, ihm eine stempelfreie Bestallung durch den Vorsitzenden ausfertigen, und sein Gehalt aus der Wegesteuer bestimmen. Auch mögen die Friedensrichter, wo sie ex officio eine Ernennung vornehmen, sogleich nach Belieben einen besoldeten ernennen.

2. Es können auch mehre Kirchspiele zu dem Zweck zusammentreten und durch Beschluß einer Specialsitzung vereinigt werden, — wenn sie verschiedenen Divisionen zugehören, durch Beschluß der Quartalsitzung (§§. 13, 17). Die Friedensrichter ernennen dann aus den von den Kirchspielen vorgeschlagenen Personen einen District Surveyor, der mit Ausnahme der Erhebung der Wegesteuer alle Verwaltungspflichten eines Gemeinde-Surveyor hat, die aufkommenden Gelder aber getrennt für die einzelen Kirchspiele verwendet. Er erhält daraus von jedem Kirchspiel das vereinbarte Gehalt. Die Vereinigung dauert vorläufig 3 Jahre, und dann weiter mit zwölfmonatlicher Kündigung.

3. Kirchspiele über 5000 Seelen können auch durch einen Gemeindebeschluß mit ⅔ der Stimmen die Bildung eines Gemeindeausschusses für die Wegeverwaltung, Board for Superintendence of the Highways einsetzen, welcher aus 5—20 Personen gebildet wird. Auf dies Board geht dann die Ausführung des Wegegesetzes über, mit allen verfassungsmäßigen Rechten der Vestry und des ordentlichen Surveyor. Das Board hat die Rechte einer Corporation und die Befugniß einen besoldeten Clerk, Collector, Assistant Surveyor und Treasurer zu ernennen.

§. 140.

Die Stellung der Friedensrichter in der Wegeverwaltung.

Ueber dem ausführenden Amt der Wegeaufseher stehen die Friedensrichter in der gewöhnlichen Stellung der decretirenden Beamten des self-government. Bei der Vertheilung der Geschäfte sind indessen die meisten Functionen den Special Sessions zugefallen, da es bei der Wegeverwaltung auf Lokalkenntniß und unmittelbares Einschreiten ankommt. Die Quartalsitzungen treten nur als Oberinstanz und als Gerichtshof für bestimmte Fragen ein zu einer in der Regel endgültigen Entscheidung. Die Abstufungen des Decernats sind hiernach folgende:

§. 140. Die Stellung der Friedensrichter in der Wegeverwaltung.

I. Die einzelen Friedensrichter üben zunächst gewisse mehr formelle Functionen: (1) sie laden auf erhobene Anzeige von dem unordentlichen Zustand eines Weges den Surveyor zur Verantwortung vor die nächste Spezialsitzung. (2) Zwei Friedensrichter bestätigen die Einschätzungslisten zur Wegesteuer wie bei der Armensteuer. (3) Sie erkennen summarisch auf eine Geldbuße gegen die Ortsbeamten wegen einzeler Unterlassungen, bei denen dies durch die Wegeordnung bestimmt ist. Ihr laufendes Hauptgeschäft ist aber als Polizeirichter auf Popularklage die zahllosen Bußen der Wegeordnung wegen nuisances und obstructions zu erkennen.[1])

II. Die Special Sessions für die Wegeverwaltung sollen in jeder Division nicht weniger als 8 und nicht mehr als 12 mal jährlich zur Ausführung der Wege-Ordnung gehalten werden. In den nächsten 14 Tagen nach dem 20. März haben die Friedensrichter die Termine derselben im Voraus zu bestimmen, zu denen dann eine besondere Ladung nicht erforderlich ist (W.-Ord. §. 45). Diese Wege-Sessionen (theilweis auch die petty sessions) sind:

1) die vorgesetzte Behörde für die Wegeaufseher mit der Befugniß der Ernennung, so weit eine solche noch subsidiär stattfindet, der Abnahme und Revision der Schlußrechnung und der Entgegennahme des Generalberichts über den Zustand der Wege. Sie bestätigen die Vereinigung mehrer Kirchspiele zur Anstellung eines District Surveyor nach 5. et 6. Will. IV c. 50 und entscheiden damit über Bildung von größeren Wegebaudistrikten zum Zweck der Anstellung besoldeter Wegebau-Inspektoren.

2) Erlaß der Reparatur-Orders. Auf eidliche Anzeige über den nicht reglementsmäßigen Zustand eines Weges sollen die Friedensrichter den Wegeaufseher oder die sonst wegebaupflichtige Person zu einer Bezirkssitzung für Wegeangelegenheiten laden, anhören und nöthigenfalls eine Besichtigung anordnen. Nach Maßgabe des Befundes können sie die verantwortliche Person in eine Geldbuße bis zu 5 L. nehmen und eine bestimmte Frist setzen zur Ausführung der Reparatur. Bei fortgesetzter Unterlassung ergeht eine zweite Order, durch welche eine andere Person mit Ausführung der Reparatur beauftragt, der muthmaßliche Kostenbeitrag dafür summarisch festgestellt, und in der Weise einer Geldbuße beigetrieben wird. — Immer

---

[1]) Die Stellung der einzelen Friedensrichter als Polizeirichter mit dem System der Popularklage und einiger Nachhülfe durch Anzeigepflicht der Ortsbeamten ist jeder Zeit genügend befunden worden, um die ganze Wegepolizei i. e. S. durchzuführen. Die Geldbußen werden regelmäßig für Rechnung der Wegebaukasse erhoben, in der Regel vor zwei Friedensrichtern, mit Vorbehalt der Appellation an die Quartalsitzung, doch mit Ausschließung des Certiorari (§. 51).

vorausgesetzt, daß die Verpflichtung zur Wegereparatur nicht streitig ist; denn eine Entscheidung darüber gehört vor die Assisen oder Quartalsitzungen im formellen Anklageverfahren.

3) Sie entscheiden nach eingenommenem Augenschein über eine nöthig befundene Verbreiterung des Weges, und lassen die dafür zu leistende Entschädigung in Ermangelung gütlicher Einigung durch eine jury feststellen, W.-Ord. §. 82. Nach den älteren Wegebauordnungen konnten die Bezirks=sitzungen auch die Verlegung öffentlicher Wege beschließen.

4) Entscheidung von Streitigkeiten zwischen dem Wegeauf=seher und den Grundnachbarn wegen unterlassener Lichtung, Köpfung, Beschneidung von Bäumen und Hecken oder wegen Beseitigung sonstiger Behinderungen der Passage. Sie erfolgt nach gehöriger Vorladung des Eigenthümers durch Order der Bezirkssitzung; neben der Beseitigung des Hindernisses kann auch auf Geldbuße bis zu 40 sh. erkannt werden.

5) Beschaffung der Wegebaumaterialien: Ausfertigung einer Ermächtigung (licence), um Steine von Ländereien innerhalb des wege=baupflichtigen Kirchspiels zum Zweck der Reparatur herbeizuschaffen. Zu=gleich wird die Höhe der dabei vorkommenden Entschädigungen summarisch festgestellt.

6) Entscheidung über Wegesteuerreklamationen, analog wie bei der Armensteuer, sofern nicht das Princip der Steuerpflicht, sondern nur die Höhe der Steuer streitig ist. Auch haben sie ein Steuerniederschlagungs=recht wegen Unvermögens (W.-Ord. §. 32).[2])

III. Die Quartalsitzungen bilden die oberste Instanz in ver=schiedenen Richtungen.

1) Sie genehmigen die Vereinigung mehrer Kirchspiele zur Be=stellung eines Surveyor, sofern solche zu verschiedenen Divisionen gehören.

2) Sie entscheiden definitiv über Erweiterung, Verlegung oder Schließung eines Weges. Nach vorgängigem Augenschein erlassen zwei Friedensrichter darüber eine provisorische Order: im Fall des Widerspruchs wird aber die definitive Order von den Quartalsitzungen erlassen unter Zuziehung einer Jury über die question of fact, namentlich über die Zweckmäßigkeit der Verlegung und über die Höhe einer streitigen Ent=schädigung.[3])

---

[2]) Special Sessions. Bei schleunigen Verhandlungen (wie denen über die Re-paraturpflicht) genügt eine Verhandlung vor 2 Friedensrichtern in einer gewöhnlichen petty session; praktisch indessen hat die Oberinstanz der Wegeverwaltung doch ihren eigentlichen Sitz in den periodischen Special Sessions (vgl. oben §. 63).

[3]) Verlegung und Schließung von Wegen (diverting and stopping). Wenn die Kirchspielsversammlung solche für angemessen erachtet, soll der Vorsitzende den Surveyor anweisen bei 2 Friedensrichtern die Einnahme des Augenscheins zu beantragen und die

3) Sie bilden die Appellations-Instanz für die orders der Spezialsitzungen, namentlich auch für alle Interessenten bei der Rechnungslegung (W.-O. §. 44).

4) Sie entscheiden definitiv über das Prinzip der Wegebaupflicht, wo solche unter verschiedenen Wegeverbänden streitig wird, in der Form eines Anklageverfahrens durch bill of indictment.

5) Sie entscheiden die Wegesteuer-Reklamationen in letzter Instanz.

IV. Die Controlinstanz der Reichsgerichte beschränkt sich auf ein Certiorari im Fall streitiger Wegebaupflicht, und eine Aktenversendung (special case) im Fall von Steuerreclamationen.

§. 141.
Die Neubildung der Sammtgemeinden für die Wegeverwaltung. District Boards, 25. et 26. Vict. c. 61.

Die Bildung der gewählten boards geht seit den Zeiten der Reformbill unaufhaltsam weiter. Das neue Gesetz 25. et 26. Vict. c. 61, An Act for the better management of highways (ergänzt durch 27. et 28. Vict. c. 101) hat die Absicht, die schon in der Wegeordnung enthaltenen District Boards der Wegeverwaltung zwangsweise durchzuführen, um dadurch die Mittel zur Anstellung technischer und geschäftskundiger Beamten zu gewinnen, in ähnlicher Weise wie für die Armenverwaltung. Wo dieser Zweck schon erreicht ist, bleibt das neue Gesetz außer Anwendung. Ausgeschlossen bleiben demgemäß (§. 7) die Bezirke, welche nach der Wegeordnung von 1836 zu Sammtgemeinden und District Boards schon verbunden sind, oder binnen 6 Monaten nach Publikation des neuen

---

dazu nöthigen Kosten anweisen. Sind die Friedensrichter einverstanden, und ebenso die Eigenthümer des Grund und Bodens über den die Neuanlage gehen soll, so ist eine öffentliche Bekanntmachung der beabsichtigten Aenderung an dem Wege selbst in öffentlichen Blättern und an der Kirchthür zu veröffentlichen, von einem Feldmesser ein vollständiger Plan anzufertigen, alle diese Schriftstücke von dem Kreissekretär bei der Quartalsitzung öffentlich vorzulegen und einzuregistriren, und in der Zwischenzeit zur Einsicht für Jedermann auszulegen (W.-Ord. §. 85). Ein Widerspruch dagegen geht in Form einer Appellation an die Quartalsitzung, welche die provisorische Order bestätigen, kassiren oder ändern mag, wobei eine Jury von 12 nicht interessirten Personen die question of fact über die Zweckmäßigkeit der beabsichtigten Aenderung feststellt (§§. 88. 89). Wird kein Widerspruch erhoben, oder ein erhobener Widerspruch verworfen, so beschließt die Quartalsitzung durch definitive Order die beabsichtigte Aenderung, wobei die bisherige Pflicht zur Unterhaltung des Weges unverändert der Gemeinde bleibt, der sie bisher oblag (§. 91).

Gesetzes sich in solcher Weise verbinden; in solchen Kirchspielen soll das neue Gesetz wenigstens nicht ohne Zustimmung der vestry eintreten. In städtischen Kirchspielen soll es nicht ohne Zustimmung des städtischen Gemeinderaths und der besondern Kirchspielsversammlung eingeführt werden. Es bleibt ferner ausgeschlossen, wo unter der Public Health Act bereits District Boards bestehen, und da wo die Metropolis Management Act, die Local Government Act, oder eine besondere Lokalakte diese Verhältnisse bereits geordnet hat. Jedes Kirchspiel, wenn auch dem neuen Gesetz bereits einverleibt, kann wiederum ausscheiden, wenn es sich nachträglich der Local Government Act unterwirft (§. 41).

Mit Ausschluß solcher Fälle soll sich aber die Formation obligatorisch auf alle Grafschaften von England und Wales erstrecken; und eine Anzahl ländlicher Gemeinden durch Beschlüsse der Friedensrichter zu Wegedistrikten vereinigen, soweit nach Ermessen der Quartalsitzungen ein praktisches Bedürfniß dafür vorhanden ist. Es sind damit so mannigfaltige Aenderungen der wirthschaftlichen Verwaltung verbunden, daß, vergleichbar dem System der Public Health Act, folgende 6 Richtungen hervortreten.

I. **Die Einführung des Gesetzes ist obligatorisch**, nach endgültiger Entscheidung der Quartalsitzungen. Auf Antrag von 5 oder mehren aus ihrer Mitte können die Friedensrichter in einer general session beschließen, ihre Grafschaft oder einen Theil der Grafschaft in „Highway Districts für die bessere Verwaltung der Wege" zu theilen.[1]) Es geschieht dies durch eine provisional order, welche den Namen des Distrikts und

---

[1]) Die Einführung des Gesetzes erinnert an das Verfahren bei der Neubildung der engeren Polizeiverwaltungs-Bezirke, Sessional Divisions, nach 9. Geo. c. 43 (oben §. 63). Das Gesetz soll Novelle und integrirender Theil der Hauptwegeordnung von 1836 sein, die nun im Sprachgebrauch des Gesetzes „the principal act" heißt. Dasselbe gilt von dem Zusatzgesetz 27. et 28. Vict. c. 101. Die 3 Gesetze sollen nun kurzweg als Highway Acts 1836, 1862, 1864 citirt werden, und zusammengenommen als „The Highways Acts." Es ist dies wichtig für die Interpretation, und zugleich erklärt sich daraus die bei aller Umständlichkeit fragmentarische Anordnung der Novelle von 1862: Vorbestimmungen und Interpretationsklauseln (Art. 1—4); Bildung der Highway Districts (5—8); Bildung der Highway Boards (9); Wahl der Waywardens (10); rechtliche Folgen der Bildung eines Highway District (11); Ernennung der Beamten (12—16); works and duties of board (17—19); Bestreitung der Ausgaben (20—25); Rechnungslegung, accounts (25—31); supplemental provisions (32—41); Anwendung der Principal Act (42—47). Diese 47 Artikel des neuen Gesetzes sind also juristisch zu behandeln als ein neuer Abschnitt der Wegeordnung von 1836. Es werden jedoch geändert in der Principal Act die §§. 9. 10. 13—19. 20. 35. 39. 40. 43—45., es werden namentlich keine besoldeten surveyors in den einzelen Kirchspielen mehr angestellt; die District Boards werden jetzt in anderer Weise gebildet; es findet keine persönliche Strafklage gegen den surveyor wegen unterbliebener Reparatur mehr statt und keinerlei Naturalleistung zum Wegebau; auch fallen die älteren Bestimmungen über die Rechnungslegung der surveyors fort.

§. 141. Die Neubildung der Sammtgemeinden für die Wegeverwaltung. 849

die Zahl der in jeder Wegebaugemeinde in Zukunft zu wählenden Orts=
aufseher, waywardens, bestimmt. Innerhalb 6 Monaten wird dann in
einer weitern Generalsitzung jene Order nach nochmaliger Prüfung der
Verhältnisse für endgültig erklärt und publicirt; nachdem inzwischen durch
formelle Bekanntmachungen und Notifikationen an die Ortsgemeindebeamten
(Kirchenvorsteher, Armen= und Wegeaufseher) hinreichend dafür gesorgt ist,
daß alle lokalen Interessen und Ansprüche vor der endgültigen Beschluß=
nahme gehört und berücksichtigt werden können (§§. 5. 6). Drei Monate
nach der Publikation wird die definitive Order absolut unanfechtbar (§. 8).
Alle orders werden durch den Staatsanzeiger und eine in der Grafschaft
verbreitete Zeitung veröffentlicht, und ein Exemplar derselben den Armen=
aufsehern jedes Kirchspiels durch die Post übersandt.

II. Der Zweck des Gesetzes ist, die laufende Administration der
Wege den bisherigen surveyors of highways abzunehmen, und dafür ge=
wählte boards mit besoldeten Beamten zu substituiren. Das Eigenthum
und die Fonds, die Rechte und die Verbindlichkeiten der bisherigen Wege=
verwaltungen in dem einzelen Kirchspiel gehen auf das District Board der
Sammtgemeinde über (§. 11), welches zu diesem Zweck inkorporirt wird
(§. 9), und als Rechtsnachfolger, successor in office, der früheren surveyors
of highways behandelt wird. Den Ortsbeamten bleiben nur die älteren
Pflichten bei der Steuererhebung (§. 43). Folgerecht ist das nächstver=
pflichtete Subject für die Unterhaltung der Wege das District Board
und seine Beamten (§. 17). Die Consequenzen erscheinen (§. 18) in einem
veränderten Verfahren bei Erzwingung der Wegebaupflicht. Auf
complaint bei einem Friedensrichter wegen unordentlichen Zustandes eines
Weges wird sowohl das board wie der waywarden des betreffenden Kirch=
spiels vor eine petty session der Friedensrichter geladen. Erklärt sich das
Board bereit die Reparatur zu übernehmen, und geschieht dies, so ist
damit die Sache abgemacht. Auf wiederholte Beschwerde aber wegen
unterbliebener Reparatur nehmen die Friedensrichter die Besichtigung vor,
und erlassen dann ein Executionsmandat mit bestimmter Fristsetzung. Nach
deren fruchtlosem Ablauf lassen die Friedensrichter die Arbeit durch einen
Dritten vornehmen, und treiben die Kosten durch Zahlungsanweisung auf
die Fonds des District Board ein. Gegen diese Executionsmandate wird
das certiorari bei dem Reichsgericht ausdrücklich vorbehalten. Wenn
es also schließlich bis zu einer Wegebesserung durch solche executio ad
faciendum kommt, so bilden diese Wegekosten ebenso wie alle Prozeßkosten
nur eine Geldverpflichtung des Wegefonds, unter Wegfall aller persön=
licher Verhaftung der Ortsbeamten. — Dem Charakter einer Interessen=
verwaltung entsprechend soll durch das Beschließungsrecht der Boards über=
haupt eine beweglichere Bauverwaltung ermöglicht werden. Das

Board kann die Reparaturarbeiten auch einem Unternehmer oder einer Gesellschaft auf Perioden nicht über 3 Jahre in Verding geben, W.-O. §. 22. Es ist ferner ermächtigt auch zu „improvements" innerhalb seines Wegesystems und zur Aufnahme von Darlehnen dafür. Als solche zulässige Verbesserung soll erachtet werden: die Chaussirung eines Weges, die Erweiterung, die Abschneidung von Krümmungen und jede andere über das Maß einer gewöhnlichen Reparatur hinausgehende Arbeit, W.-O. 1864 §§. 47. 48.[2])

III. Die Wegesteuer, Highway Rate, dauert als gesonderte Steuer nur in den Fällen fort, wo in einem Kirchspiel Grundstücke vorkommen, die zur Wegesteuer verpflichtet, aber von der Armensteuer befreit sind. Abgesehen davon werden die sämmtlichen Kosten der Wegeverwaltung künftig aus der poor rate bestritten, und es wird dafür (1) ein District Fund gebildet, der die Beamtenbesoldungen und Gemeinkosten des Wegebaudistrikts trägt, und zu welchem jedes Kirchspiel nach dem Durchschnittsbetrag seiner Wegekosten in den letzten 3 Jahren beiträgt. (2) Alle übrigen Kosten, also namentlich die Erhaltungskosten jedes einzelnen Weges in seinem Gebiet trägt jedes Kirchspiel gesondert aus seiner Armensteuer (§§. 22—24 H. A. 1864. §. 32). Die Steuerausschreibung, Steuererhebung und Jurisdiction folgt aber den hergebrachten Grundsätzen, mag sie als poor rate oder noch als highway rate erhoben werden.[3])

---

[2]) Der Zweck des Gesetzes ist Modernisirung der eigentlichen Administration nach dem System der boards und der besoldeten Beamten. Das Grundprinzip wird hauptsächlich im §. 11 und 17 ausgesprochen. In den §§. 34—36 wird zugleich ein kurzes Verfahren angeordnet, um durch Order der Friedensrichter Privatwege für öffentliche zu erklären, und um in den Fällen wo die Wegebaulast bisher noch ratione tenurae einem Privatmanne oblag, solche für eine Gemeindelast zu erklären. Dem bisher Verpflichteten wird dann ein entsprechender jährlicher Geldbeitrag auferlegt und in der Weise der Polizeibußen der Wegeordnung summarisch beigetrieben. Die Verpflichtung des Privaten kann aber auch mit einer Geldsumme ein für allemal abgelöst werden, die, wenn sie über 50 £. beträgt, in Staatspapieren anzulegen ist zur dauernden Verwendung der Zinsen für diese Wegereparatur. In beiden Fällen wird Appellation an die Quartalsitzung vorbehalten.

[3]) Ueber den muthmaßlichen Bedarf des kommenden Jahres soll der district surveyor in der ersten Sitzung des Board einen Anschlag vorlegen §. 17. Die für die Verwaltung nöthigen Summen werden durch orders bezogen, welche nun in der Regel das board an die overseers of the poor erläßt, zahlbar als ein gewöhnlicher Theil der Armensteuer (§. 21). Doch ist dabei die Beschränkung beibehalten, daß die Wegesteuer nicht mehr als 2½ sh. per £. (also 12½ pCt.) des armensteuerpflichtigen Einkommens in einem Jahre betragen darf, darüber hinaus nur mit Zustimmung von ⅘ der Steuerzahler der Gemeinde (§. 24). Die bisherige Highway Rate wird demnach als besondere Communalsteuer allmälig verschwinden, so weit das neue System zur Durchführung kommt. Ueber die Einschätzung des Eigenthümers statt des Miethers bei kleinen Miethsgrundstücken vergl. 13. et 14. Vict. c. 99 (32. et 33. Vict. c. 41) oben S. 377.

§. 141. Die Neubildung der Sammtgemeinden für die Wegeverwaltung. 851

IV. Die besoldeten Beamten zur Ausführung des neuen Systems werden nunmehr durch das District Board ernannt (§. 12). Dasselbe beruft unter Handschrift und Siegel einen Treasurer, einen Clerk, einen District Surveyor, und nöthigenfalls einen assistirenden surveyor, beschließt über die Entlassung, und bestimmt die Gehalte dieser Beamten, deren Amtspflichten das Gesetz näher normirt (§§. 13—15). Der Clerk hat als Protocollführer den Sitzungen beizuwohnen, die Correspondenz und die Akten der Kreisbehörde zu führen (§. 15). Der Wegebauinspector ist der Agent des Board in Ausführung aller Arbeiten und darauf bezüglichen Obliegenheiten, welche das Gesetz dem Board auferlegt (§. 16).[4])

V. Das administrirende District Board nach dem neuen Gesetz wird zusammengesetzt aus den gewählten Ortsbeamten (waywardens), denen die aktiven Friedensrichter des Wegedistrikts ex officio hinzutreten (§. 9). Jede wegebaupflichtige Gemeinde, — highway parish im Sinne dieser Wegeordnung, — wählt einen waywarden; größere Gemeinden deren mehre, nach Festsetzung der friedensrichterlichen order. Das Wahlamt dauert ein Jahr, vorbehaltlich der Wiederwahl. Für den Wahlakt gelten die bisherigen Grundsätze der Wegeordnung betr. die Wahlen der surveyors of highways. Es kommt dabei noch unverändert zur Anwendung das classificirte Stimmrecht der General Vestries Act (oben §. 116) mit einer Stimme für den steuerbaren Besitz bis 50 L. Einkommen, und einer weitern Stimme für je 25 L. Mehreinkommen, bis zu dem Maximum von 6 Stimmen. Der Grundeigenthümer als solcher hat nach diesem Wahlsystem kein Stimmrecht. Ueber die Qualification des Gewählten sollen ebenso unverändert die Grundsätze von der Wahl der surveyor of highways gelten (§. 10). Da aber die jetzigen Beamten nur einen Theil der Amtspflichten der älteren Surveyors in Unterordnung unter das board üben, so ist der bescheidenere Name „waywarden" substituirt.[5]) Das board ist durch das Gesetz inkorporirt. Seine Verhandlungen haben öffentlichen

---

[4]) Durch die Vereinigung der Sammtgemeinden sollte die Möglichkeit gewonnen werden, bau= und rechnungsverständige Beamte mit Gehalt anzustellen. Auch hier fällt der Schwerpunkt der Stellung des Board hauptsächlich in das Anstellungswesen.

[5]) Die Bildung der highway boards erfolgt hier ohne jede Einwirkung einer Centralbehörde. Der gewählte waywarden bleibt im Amt bis sein Nachfolger eintritt (§. 10). Kein Akt des board soll der Kassation unterliegen wegen eines Mangels der Qualification oder der Wahl eines Mitglieds (§. 9). Das board giebt sich selbst seine Geschäftsordnung und die Bestimmung über die Zahl der beschlußfähigen Mitglieder (doch nicht unter 3), mit der bindenden Maßgabe, daß alle 4 Monate eine ordentliche Sitzung stattfindet, darunter jedenfalls eine in den Tagen vom 7.—14. April. Alle Zahlungsanweisungen sollen wenigstens von 2 Mitgliedern gezeichnet und von dem Clerk gegengezeichnet sein.

Glauben. Es finden alljährlich mindestens 4 Sitzungen statt, für welche das Gesetz eine kurze Geschäftsordnung in einer Shedule beigefügt.

VI. Die Oberinstanz ist durch das neue Gesetz nicht verändert. Den Friedensrichtern bleibt ihre Stellung als Strafrichter für das Buß=system und bei dem Strafverfahren wegen versäumter Reparaturpflicht. Doch soll kein Friedensrichter als Obrigkeit decretiren in Dingen, in welchen er als Mitglied des board thätig gewesen (§. 38). Bestreitet eine Ge=meinde auf erlassene Reparaturorder die Erhaltungspflicht des Weges, so sollen die Friedensrichter ein indictment veranlassen, und so bei den nächsten Assisen oder Quartalsitzungen die Frage danach im geordneten Rechtswege zum Austrag bringen (§. 19). Bei allen Entscheidungen, deren Objekt über 5 £. beträgt, ist Appellation an die Quartalsitzungen, bei Fragen der Unterhaltungspflicht auch das certiorari ausdrücklich vorbehalten (§. 18). Die materielle Rechnungsrevision (audit) erfolgt durch das District Board selbständig (§. 25). Wegen Ueberbürdung ist sowohl den waywardens wie den einzelen Steuerzahlern die Appellation an die Quarter Sessions ge=geben (§. 26). Die Befugnisse des Ministers beschränken sich auf die jährlich einzureichenden Etatsübersichten (§§. 27. 29). Auf die Gestaltung des Instanzenzuges ist noch im Zusammenhang zurückzukommen (unten §. 143).

Die Umständlichkeit der neuen Wegeverwaltung durch das Einflechten der admini=strirenden Boards und das stetige Ineinandergreifen der drei Highway Acts 1836, 1862, 1864 wird auch sichtbar in der umständlichen Darstellung von Burn II. S. 970—1150 (30. Aufl.) mit 56 Formularen. Eine Uebersicht der Ortschaften, welche die Highway Act 25. et 26. Vict. c. 61 angenommen haben, geben die Parl. P. 1868 No. 505 LXII. 657. Die den Reformgesetzen vorangegangenen Reports sind in den Jahrgängen der Parlaments=papiere zerstreut. Inhaltsverzeichnisse zu den älteren Reports of Commissioners on Roads and Bridges geben die Parl. P. 1847. Von Jahr zu Jahr wird ferner auf Grund des st. 12. et 13. Vict. c. 53 eine Uebersicht über den finanziellen Zustand der öffentlichen Wegeverwaltung gegeben unter dem Titel: Abstracts of the receipts and expenditure on account of the highways of the several parishes in E. and W., beispielsweise Parl. P. 1868 No. 4007 LXII. 601; 1869 No. 4150 LIV. 363.

§. 142.

Die Chausseeverwaltungen. General Turnpike Act, 3. Geo. IV. c. 126.

Im Laufe des XVIII. Jahrhunderts waren in England schon eine Anzahl von Kunststraßen entstanden, deren Rechtsverhältnisse durch Lokal=akten geregelt werden mußten, um ihnen die nöthigen Expropriationsbefug=nisse, die Möglichkeit zur Erwerbung von Grundstücken und zu anderen

§. 142. Die Chausseeverwaltungen. 853

Rechtsgeschäften, die nöthigen Verwaltungsbefugnisse und Gewalten über ihre Beamten zu geben; sodann um ihr Verhältniß zu der gesetzlichen Wegepflicht der Gemeinden zu ordnen, die Erhebung von Zöllen zu ermöglichen, und eine in vielen Punkten strengere Wegepolizei zur Anwendung zu bringen. In der Mitte des XVIII. Jahrhunderts consolidirten sich einzele Klauseln solcher Specialakten in allgemeinen Gesetzen wie 8. Geo. II. c. 20; 28. Geo. II. c. 17 u. ff. Diese consolidirenden Gesetze werden später unter Einhaltung eines gleichförmigen Systems immer umfangreicher bis zu der General Turnpike Act, 13. Geo. III. c. 84. Die neueste Chausseeordnung 3. Geo. IV. c. 126, welche 16 ältere Gesetze ausdrücklich aufhebt, erstreckt sich vom 1. Januar 1823 an auf alle bestehenden und alle künftig zu erlassenden Local Acts für Chausseen als selbstverständlich, und soll in künftigen Akten nur insoweit besonders citirt werden als eine Aenderung einzeler Klauseln beliebt wird. Es findet dabei keine analoge Uebertragung aus der allgemeinen Wegeordnung statt, die vielmehr für Chausseen nur in den wenigen Specialartikeln gilt, in denen dies ausdrücklich gesagt ist, 5. et 6. Will. IV. c. 50 §. 113.*)

Dem rechtlichen Charakter nach sind die Chausseen öffentliche Wege, highways, die aber nicht unter die Verwaltung von Parish Surveyors, sondern unter Boards of Trustees oder Commissioners gestellt sind durch ein Specialgesetz, welches die nächste Grundlage der Chausseeverwaltung bildet. Jedem Specialgesetz ist dann wieder die allgemeine Chausseeordnung mit ihren Novellen als einverleibt anzusehen, soweit sie nicht für die einzele Straße ausdrücklich modificirt ist. Die Grundzüge des Systems sind folgende:

I. **Bildung des Verwaltungskörpers**, Turnpike Trust, bestehend aus einer erheblichen Zahl Trustees oder Commissioners. Sie wird durch die Specialakte bestimmt, und dadurch denen, welche die Geldmittel aufbringen (undertakers, subscribers) ein gebührender Antheil an der Verwaltung durch gewählte Trustees zugesichert. Es ist dabei indessen die Tendenz, die Chausseeverwaltung nach dem reinen Schema der

---

*) Als ergänzende und amendirende Gesetze schließen sich an die allgemeine Chausseeordnung noch an: 4. Geo. IV. c. 16, 35, 95 und mehr als 20 spätere Gesetze bis zu 32. et 33. Vict. c. 90. (Repertorium der Statuten von 1870 v. Turnpike.) Eine Hauptgruppe bilden solche Gesetze, welche die subsidiäre Haftbarkeit der Highway Rate für Chausseen, die sich nicht selbst erhalten können, continuiren. Die Klauseln der allgemeinen Gesetze sind jetzt so umfassend, daß die einzelnen Lokalakten in sehr abgekürzter Gestalt erscheinen, und sich meistens auf Specialvorschriften über die Anlegung der Straße, Ernennung der Trustees, Zahl und Lage der Chausseehäuser und den Tarif der Chausseegelder beschränken. In der Regel lauten die Lokalakten auf eine gemessene Zahl von Jahren, werden indessen durch eine General Act alljährlich in Pausch und Bogen verlängert.

Actiengesellschaften zu behandeln nicht durchgedrungen. Man hielt den Grundgedanken fest, daß die Kunststraßen nur qualificirte highways sind, nothwendige Communicationsmittel für das Publikum, für deren Erhaltung die einzelen Gemeinden mitverpflichtet bleiben, und für die eine Wegeordnung in noch größerer Strenge aufrecht erhalten werden muß, als für gewöhnliche highways. Es sind daher die Formen, Grundsätze und Elemente des selfgovernment dabei in viel stärkerm Maße beibehalten als in anderen Gestaltungen analoger Art. Nach §. 62 der Ch.-Ord. soll Niemand gewählt oder ernannt werden zum Trustee oder Commissioner, der nicht aus eigenem oder seiner Frauen Recht Grundeigenthümer von 100 L. an reinem Jahresertrage, oder ein heir apparent auf 200 L. Grundrente ist (oder im Bezirk von London ein persönliches Vermögen von 10,000 L. besitzt), was durch einen im Gesetz vorgeschriebenen Eid, nach späteren Gesetzen durch eine Declaration zu erhärten ist. Der Gewählte hat einen in §. 32 formulirten Amtseid zu leisten, bevor er als solcher activ wird, bei 50 L. Strafe. Nach §. 61 sollen alle activen Friedensrichter der Grafschaft oder Grafschaften, durch welche die Wegegeldstraße passirt, als ex officio Mitglieder den Trustees oder Commissioners hinzutreten als ob sie namentlich dazu ernannt oder gewählt wären; nach 5. Geo. IV. c. 69 auch die Friedensrichter selbständiger ridings, divisions oder sokes.[1])

II. Das System der remunerirten Beamten für die Einzelverwaltung ist das gewöhnliche der neueren englischen Communaleinrichtungen. Der Trust hat als ein Kreisverwaltungsrath das Recht der Beschlußnahme, Kenntnißnahme und Controle. Er ernennt die erforderlichen Collectors, Clerks, Treasurers, Surveyors und die sonst nöthigen Beamten, mit der Befugniß zur Entlassung und zur Abmessung ihrer Gehalte. Die Aemter eines Surveyor und Clerk, eines Treasurer und Clerk sind unvereinbar; auch dürfen solche Beamte nicht an den Contrakten der Gesellschaft betheiligt sein. Die Rechnungslegung wird auf erhobene Klage vor einem Friedensrichter summarisch erzwungen, 4. Geo. IV. c. 95 §. 47. Beamte, die vorsätzlich eine Woche lang die im Gesetz vorgeschriebenen eidlichen informations vor einem Friedensrichter versäumen, werden mit einer Buße

---

[1]) Die Bildung des Verwaltungskörpers beruht wie in dem neuern Communalsystem überhaupt auf Verbindung gewählter Repräsentanten mit den Friedensrichtern zu einem Board. Die Specialacte fügt aber auch noch eine Anzahl ernannter Mitglieder hinzu. Niemand darf Mitglied des Verwaltungskörpers sein, der durch Entreprise-Contrakte, durch ein besoldetes Amt, oder sonst persönlich an der Verwaltung betheiligt ist (§. 61 ff.) Die Trustees sind so lange sie formell in den Grenzen des Gesetzes handeln, persönlich nicht regreßpflichtig. Klagen gegen den Chausseeverband gehen aktiv und passiv auf den Namen des Clerk, 7. et 8. Geo. IV. c. 24 §§. 2, 3.

§. 142. Die Chausseeverwaltungen.

bis 5 L. bedroht, §. 136. Ebenso die Constables und analoge Beamte wegen der ihnen im Gesetz auferlegten Specialpflichten. Ein großer Theil der Chausseeordnung besteht aus Dienstinstruktionen für diese Beamten.[2])

III. Die Verwaltungs-Grundsätze der Turnpike Trusts sind aus dem doppelten Gesichtspunkt einer ökonomischen Verwaltung der Fonds im Interesse der subscribers, und zugleich der Wahrung der Interessen der Commune und des Publikums construirt, und dadurch äußerst verwickelt. Die Trustees sollen alljährlich im April, September oder October ein general meeting halten, zu welchem die Ladungen 21 Tage vorher durch die öffentlichen Blätter erfolgen. Nach 3. et 4. Will. IV. c. 80 §. 2 soll das meeting stets am 15. März oder vor diesem Tage abgehalten werden. In dem general meeting werden zugleich die Rechnungen der Treasurers, Clerks und Surveyors geprüft, revidirt und festgestellt. Ein Etat der Einkünfte, Ausgaben und Schulden ist sodann durch den Clerk zu entwerfen und nach erfolgter Genehmigung, von dem Vorsitzenden gezeichnet, binnen 30 Tagen dem Secretär der Quartalsitzungen zu übersenden, dort den Friedensrichtern vorzulegen, einzuregistriren und gegen Gebühr zur Einsicht auszulegen. Auch sind gedruckte Exemplare allen Trustees zu übersenden, sowie dem Minister des Innern (3. et 4. Will. IV. c. 80) zur Vorlegung beim Parlament.[3])

---

[2]) Das System der besoldeten Beamten ist analog dem der neueren Boards. Unter den Dienstinstruktionen sind am umfassendsten die der Chausseeeinnehmer. Sie haben auf der Vorderseite des Chausseehauses ihren Vor- und Zunamen auf einer Tafel zu verzeichnen und über jedes empfangene Chausseegeld einen Empfangschein auszustellen nach gesetzlichem Formular. Ein Verstoß dagegen, oder Weigerung den Namen zu nennen, oder Hinderung einer Person den am Chausseehaus ausgehängten Tarif zu lesen, ist mit Geldbuße bis 5 L. bedroht. Der Einnehmer ist in gleicher Weise strafbar, wenn er einen Wagen passiren läßt, der gegen die Vorschriften über Construction der Räder, die Zahl der Pferde, die Bezeichnung des Namens verstößt, ohne Bestrafung zu beantragen. Ebenso wenn er einen Wagen oder Passagier ohne Chausseegeld passiren läßt, oder einen größern oder geringern Zoll, oder einen Zoll von einer befreiten Person, oder wenn er willkürlich einen Passagier aufhält, oder Schimpfworte gebraucht gegen einen Commissioner oder Passagier, oder wegen sonstigen „Uebelverhaltens im Amt."

[3]) Die nach 3. et 4. Will. IV. c. 80 §. 4 alljährlich zu entwerfenden Etats enthalten folgende Rubriken: Handarbeit, Spanndienste und Fuhren, Baumaterialien, angekauftes Land, Schadenersatz bei Gelegenheit des Abfahrens der Baumaterialien, Handwerkerrechnungen, Gehalte, Prozeßkosten, Zinsen der aufgenommenen Darlehne, Kosten der Besprengung, Kosten der Erleuchtung, zufällige Ausgaben. — Der jährliche Generaletat, General Statement, umfaßt folgende Rubriken: (1) Einkommen aus den Chausseegeldern, aus den Abfindungsgeldern der Kirchspiele für die ursprünglich zu leistende Wegebaudienste (composition in lieu of statute duty), Einkommen aus Strafgeldern, aufgenommene Darlehne. (2) Ausgabe nach den obigen Rubriken des Etats, insbesondere auch die Gehalte des Treasurer, Clerk, Surveyor. (3) Status der Schulden des Chausseeverbandes. (4) Rückstände der Einnahmen.

Die Hauptgegenstände der laufenden Administration sind:

1) **Die Verwaltung des Grundkapitals**, welches auf Grund der Specialakte meistens durch Subscription aufzubringen und aus den Chausseeeinnahmen zu verzinsen ist. Das Eigenthum an der Chaussee, den Chausseehäusern und Pertinenzen ist auf den Namen der Trustees gestellt (vested), die Prozeßvertretung auf den Namen des Clerk. Specialbestimmungen betreffen namentlich die Aufnahme von Darlehnen unter Verpfändung der Chausseegelder (§. 81 u. sp. Ges.) und die Expropriationen.

2) **Die Instandhaltung der Wege** wird in gleicher Weise durch ein summarisches Einschreiten der Friedensrichter erzwungen wie nach der Wegeordnung, §. 94. Der Surveyor der Chausseeverwaltung ist zur Lichtung schädlicher Bäume und Gebüsche, Erhaltung der Abzugskanäle, der Seitenwege, Beseitigung aller Hindernisse der freien Passage, Setzung von Meilensteinen, Wegweisern, Ueberwachung der Befolgung der Wegeordnung ebenso verhaftet wie der Surveyor of Highways. Neben der Chausseeverwaltung bleiben aber concurrirend auch noch die Kirchspiele reparaturpflichtig, und im Fall es zu einer Straffestsetzung wegen unterlassener Reparatur kommt, vertheilen die Friedensrichter das Strafgeld nach ihrem Ermessen zwischen Kirchspiel und Chausseeverwaltung. Ch.-Ord. §. 110; 7. et 8. Geo. IV. c. 24 §. 17; 4. et 5. Vict. c. 95. Die verhältnißmäßig geringen Beiträge der Kirchspiele und die starke Concurrenz der Eisenbahnen haben indessen den Finanzzustand vieler Chausseeverwaltungen so zerrüttet, daß die neuste Gesetzgebung sich entschließen mußte, die Highway Rate heranzuziehen, und damit die einzelen Kirchspiele wieder eintreten zu lassen zur Erhaltung der Chausseen, die sich aus eigenen Mitteln nicht mehr zu erhalten vermögen.**)

3) **Die Erhebung der Chausseegelder** (tolls) beruht zunächst auf einem Tarif, den jede Specialakte bestimmt. Dazu treten aber sehr

---

**) „Der Zweck der Turnpike Acts ist nicht die Kirchspiele von der Reparatur der Wege zu entbinden, darin ist vielmehr prinzipiell nichts geändert. Sie fügen nur eine Geldtaxe in Gestalt von Wegezöllen zum Besten des Publikums den schon vorhandenen Mitteln, den öffentlichen Weg im Stand zu erhalten, hinzu, lassen übrigens den Antheil der Gemeinden an der Wegeerhaltungspflicht unverändert," 4 B. et Adol. 109. Die herkömmliche Verpflichtung der Gemeinden (Statute duty) dauerte daher unverändert auch für die Chausseen fort, 3. Geo. IV. c. 126 §§. 105, 106, 109; 4. Geo. IV. c. 95 §§. 80—82, 77, so lange sie noch bestand. Das daraus hervorgehende ziemlich verwickelte Verhältniß wurde gewöhnlich so vereinfacht, daß die Kirchspiele sich durch ein Pauschquantum (composition) mit der Chausseeverwaltung abfanden, wofür diese nun die Reparatur ausschließlich auf ihre Fonds übernahm (Ch.-O. §§. 106—108). Später fiel nun aber durch die neue Wegeordnung das ganze System der Wegebaudienste statute duty weg, und damit eine Basis für die Beiträge der Kirchspiele überhaupt. Daher die temporären Gesetze über die Heranziehung der Kirchspiele bis zu st. 28. et 29. Vict. c. 119.

§. 142. Die Chausseeverwaltungen.

umständliche Normativbestimmungen der General Turnpike Act. Mit Personen, die einen regelmäßigen Verkehr an der Zollstätte haben, können auch Abfindungen in runder Summe (compositions) auf höchstens ein Jahr verabredet werden. Die durch die Specialakte festgestellten Tarife können durch Verwaltungsbeschluß herabgesetzt und wieder erhöht werden; wo indessen eine Verpfändung der Chausseegelder stattgefunden hat, bedarf es der Zustimmung von ⅔ der Gläubiger zu einer Herabsetzung. Die laufenden Chausseegelder können auch bis auf höchstens 3 Jahre verpachtet werden.***)

IV. Die Stellung der Friedensrichter zu der Chausseeverwaltung ist analog der Wegeverwaltung folgende:

1. Die einzelen Friedensrichter erkennen auf Popularklage oder auf Anzeige des Chausseebeamten die zahlreichen Bußen für Hinderung der Passage, Wegeunfug und für Amtsunterlassungen der Chausseebeamten. Es kommen hier noch hinzu die Bußen wegen Defraudation der Wegegelder. Neben der Buße können die einzelen Friedensrichter auch summarisch auf Schadensersatz erkennen. Ebenso summarisch entscheiden sie Streitigkeiten über die Höhe der Wegezölle, über das Gewicht der Wagen und über Pfändungsstreitigkeiten.

2. Die Specialsitzungen der Friedensrichter bilden die Oberinstanz, welche durch ihre Straforders die Instandhaltung der Wege erzwingt, Streitigkeiten über Lichtung der Bäume und Hecken, Schadensersatz bei der Abfuhr von Steinen und Baumaterialien entscheidet, und sonstige Anordnungen als Kreispolizeibehörde trifft. Als besonderes Geschäft tritt noch die Befugniß hinzu, bei Unzulänglichkeit der Fonds zur Erhaltung der Chaussee, nach vorgängiger Prüfung des Finanzzustandes, des Zustandes und der Länge des Chausseeweges innerhalb jedes Kirchspiels, durch Order festzustellen, welchen Betrag alljährlich das Kirchspiel aus sei-

---

***) Die Regulative für die Chausseegelderhebung sind sehr umständlich. Sie bestimmen das Maximum des Gewichts für Beladung der Wagen nach ihrer Construktion, mit Einrichtungen für das Nachwiegen derselben an den Chausseehäusern; ferner die Breite der Räder (9, 6, 4½ Zoll oder darunter), nach der sich die Höhe der Chausseegelder richtet; die Chausseegelder für Rückfuhren, und die sehr zahlreichen Befreiungen vom Chausseegeld. Für Umgehung der Chausseegelder werden summarische Klagen und Polizeibußen festgesetzt. Der Einnehmer hat dafür das Pfändungsrecht mit der Befugniß nach 4 Tagen das Pfand zu verkaufen. Streitigkeiten über den Betrag des Chausseegeldes oder der Pfändungsgebühr entscheidet ein Friedensrichter. Die sehr zahlreichen gesetzlichen Befreiungsgründe erstrecken sich auf alles königliche Fuhrwerk, Offiziere und Soldaten in Uniform, Beamte in Amtsfuhren, Filialfuhren, Leichenfuhren, Kirchgänger an Sonntagen, Wähler bei den Parlamentswahlen, Dung- und Wirthschaftsfuhren, Ackergeräthschaften auf Entfernungen von nicht über 100 Yards. Ueber den Gebrauch der Locomotiven auf Chausseen 24. et 25. Vict. c. 70.

ner Wegesteuer zur Erhaltung des Weges an die Chausseeverwaltungskasse zu zahlen hat, 28. et 29. Vict. c. 119. Im Fall der Säumniß geht ein Pfändungsbefehl gegen den Surveyor of Parish mit Appellation an die Quartalsitzung.

3. Die Quartalsitzungen bilden die Appellationsinstanz für die convictions der einzelen Friedensrichter und für die orders der Specialsitzungen. Wenn die Chausseeverwaltung von ihrem Expropriationsrecht Gebrauch macht, so wird in Ermangelung gütlicher Einigung die Entschädigung durch eine Jury festgestellt, welche der Sheriff zu der Quartalsitzung zu gestellen hat (Ch.=Ord. §. 85).

Die Polizeijurisdiction der Friedensrichter über die Wegepolizeiordnung (oben §. 51), die polizeiliche Civiljurisdiction über summarischen Schadensersatz und Chausseegelder, und das Ordnungsstrafrecht gegen die ausführenden Beamten, sind so ineinander geflochten, daß auch in der Chausseeverwaltung eine Oberinstanz bei dem Minister des Innern entbehrlich wurde. Ergänzend tritt dazu die generalis clausula der Ch.=Ord. §. 139, durch welche „Widerstand oder gewaltsame Widersetzlichkeit gegen Personen in Ausführung dieses Gesetzes oder bei Wegebau und Reparatur" mit Geldbußen bis 10 L. vor einem Friedensrichter bedroht wird. Auf Beschluß der Kreisbehörde können Strafverfolgungen auf Kosten des Chausseefonds geführt werden; die Bußen zur Hälfte dem Denuncianten, zur Hälfte dem Chausseefonds, event. Gefängniß bis zu 3 Monaten. Wegen Bußen über 2 L. ist die Appellation an die Quartalsitzungen vorbehalten. Bußen über 20 L. gehen durch Civilklage an das Reichsgericht. Der Minister des Innern beansprucht nur die Einsendung der jährlichen Etatsübersichten von den einzelnen Trusts, 3. et 4. Will. IV. c. 80. Auf Antrag eines insolventen Trust kann er ferner durch provisional order den Beschluß auf Herabsetzung der Zinsen des Stammkapitals genehmigen, 14. et 15. Vict. c. 38. Auf Antrag des Trust mag endlich der Minister eine besondere Rechnungsrevision anordnen neben dem regelmäßigen Audit, welcher bei der Kreisbehörde selbst stattfindet, 30. et 31. Vict. c. 121 §. 6.

Die Weitläufigkeit der Chausseeordnung wird durch die Combination der oben bezeichneten Elemente wohl verständlich; ebenso der praktische Zweck der 64 Formulare, die der Gesetzgebung beigefügt sind. In Burn's Justice bildet die Chausseeverwaltung die zweite Abtheilung des Artikels Highways II. p. 1150—1312. Die Palamentspapiere geben von Zeit zu Zeit Uebersichten über den Zustand der Chausseeverwaltung: Abstract of the general statements der Einnahmen und Ausgaben der Chausseeverwaltungen in England und Wales, z. B. die Parl. P. 1868 No. 4002 LXII. 477. Für die Hauptstadt nördlich der Themse sind die verschiedenen Chausseeverwaltungen in eine große Administration consolidirt durch 7. Geo. IV. c. 142; 10. Geo. IV. c. 59. Den 42sten

Jahresbericht der Commissioners für diese Verwaltung enthalten die Parl. P. 1868 und fortlaufend. Eine tabellarische Uebersicht über alle hauptstädtischen Chausseeverwaltungen im Umkreis von 6 Meilen zum Charing Cross gaben die P. P. 1858 No. 364 XLVIII. 393, zugleich mit Angabe der einzelen Parlamentsakten, der Meilenlänge, der Schlagbäume, der Zahl der Beamten ꝛc.

§. 143.
Der Instanzenzug der Wegeverwaltung.

Auch die Wegeverwaltung hat das System der gewählten Boards vollständig in sich aufgenommen. Der unabweisbare Anspruch der Steuerzahler auf eine Mitverwaltung, der unabänderliche Zug der Gesellschaft zur Wahl von Vertrauensmänner, das Bedürfniß beweglicher Organe der Lokalverwaltung machten diese Reform zu einer nothwendigen.

Dennoch hat die Wegeverwaltung eine von der Armen= und Gesundheitsverwaltung wesentlich verschiedene Gestalt erhalten. Es entsteht hier keine Centralbehörde, die durch ihre Regulative das Einzele ordnet, controlirt, durch Zwischenorgane die executiven Beamten dirigirt: vielmehr ist die Selbständigkeit des selfgovernment auf diesem Gebiet beibehalten.

Der Grund der Abweichung liegt zunächst in den einfacheren Aufgaben einer Wegeverwaltung, die überall gleichartig, sich durch gesetzliche Normativbestimmungen erschöpfender regeln lassen als eine Armen= und Gesundheitspflege. Noch entscheidender wirkte aber das nahe Interesse des Grundbesitzes an Wege= und Chausseeverwaltung, um eine rege Selbstthätigkeit und eine Gewohnheit des Mitarbeitens in der friedensrichterlichen gentry zu erhalten.

Der bewegliche Organismus der Boards (A.) besteht daher auf diesem Gebiet mit einer vollständig erhaltenen Verwaltungsgerichtsbarkeit (B.) ohne jede Einmischung der Centralbehörden des Staats.

A. Der administrative Organismus, soweit das System der neuen District Boards durchgeführt ist, überläßt die ökonomische Leitung, die Feststellung der Beamtenetats, die Anstellung der Beamten, die Ausführung der Bauten und die Rechnungsrevision dem gewählten Board und dessen ausführenden Beamten. Zur Oberleitung dieser Administration besteht aber

I. keine administrative Centralstelle, kein Regulativ=, Oberaufsichts= oder Entscheidungsrecht eines Ministerial=Departements.

1. Ein ministerielles Regulativrecht wurde entbehrlich, da die Gesetzgebung alle wesentlichen Einzelheiten der Verwaltung hinreichend geregelt hat. Auch für die Chausseeverwaltung hat sich ein gesetzliches Normativrecht aus den massenhaften Lokalakten allmälig consolidirt. Selbst die Gebührentaxe ist durch das Gesetz ausreichend bestimmt (W.=O. §. 110). Ebenso hat sich zum Erlaß von Lokalstatuten und zu einer Bestätigung derselben durch den Minister kein Bedürfniß ergeben. Die Geschäftsordnung giebt sich jedes Board selbst, mit Vorbehalt einiger weniger bindenden Vorschriften des Gesetzes.

2. Die Oberaufsicht der Staatsbehörde konnte sich hier in altenglischer Weise auf ein Recht der Kenntnißnahme beschränken: die Clerks der Wegeverwaltungen haben alljährlich (bei 5- 10 L. Buße) dem Minister des Innern die Uebersichten des Finanzetats zu übersenden, 12. et 13. Vict. c. 35 §. 2; W.=O. 1864 §. 27, 28, wie solche Berichterstattungen auch in dem System des obrigkeitlichen selfgovernment von jeher vorkamen.*)

3. Ein ministerielles Entscheidungsrecht endlich hat sich als entbehrlich erwiesen, da die friedensrichterliche Jurisdiction über Wegereparatur, Wegebaulast und Rechnungswesen für alle Zwecke ausreichte.

II. Die Mittelinstanz der friedensrichterlichen Sessions ist durch den Wegfall einer ministeriellen Oberinstanz zum Schwerpunkt

---

*) Dagegen bedurfte es (1) keiner ministeriellen Organisationsgewalten, wie in der Armen= und Gesundheitsverwaltung. Man trug vielmehr kein Bedenken, die nothwendigen Neugestaltungen den Sessionen der Friedensrichter zu überlassen, die als Meistbesteuerte ein genügendes Interesse, als Mitglieder der Boards die nöthige Kenntniß der Lokalverhältnisse, vermöge gewohnheitsmäßiger jurisdiction die nöthige Unparteilichkeit zu haben schienen. Auf Antrag von 5 Friedensrichtern beschließen also die Quarter Sessions die Eintheilung der Grafschaft in „Wegebezirke"; zunächst aber nur durch ein provisional order, die allen Gemeindebeamten formell bekannt zu machen ist, um alle lokalen Interessen und Ansprüche vor der endlichen Beschlußnahme zu hören. Erst nach contradiktorischer Verhandlung darüber wird die Order für endgültig erklärt. Mit dieser Maßgabe mögen aber die Sessionen nicht nur vorhandene Kirchspiele zu dem District vereinigen, sondern auch eine Mehrheit von Ortschaften (townships, tithings, hamlets, places) zu einer Highway Parish vereinigen, auch Extra=Parochialplätze definitiv zu einer Highway Parish formiren (W.=O. 1864 §§. 7, 9).

(2) Die Consense einer Ministerialbehörde zu Darlehens und Verpfändungsgeschäften sind entbehrlich geworden durch die Oberinstanz der Quarter Sessions und durch gesetzliche Normativbestimmungen darüber und über das Maximum der zu erhebenden Wegesteuer.

(3) Das Eingreifen eines Ministerialdepartements im einzelen Fall schien hier entbehrlich, da den friedensrichterlichen Sessionen ein hinreichendes Interesse an der Ordnung der Wege im Kreise zuzutrauen war. Vielmehr ist den Quartalsitzungen selbst die Befugniß beigelegt, wenn das Board mit der gesetzmäßigen Bestellung eines Clerk, Treasurer oder Surveyor drei Monate hindurch säumig sein sollte, solche Beamte selbst zu bestellen und deren Gehalte festzusetzen.

§. 143. Der Instanzenzug der Wegeverwaltung. 861

auch des administrativen Organismus geworden. Es zeigte sich, daß die Friedensrichter in Folge ihrer fortdauernden Betheiligung an den Verwaltungsgeschäften der Boards auch als Beschwerdeinstanz der laufenden Verwaltung ausreichen. Die ambulanten Staatsinspectoren und Rechnungsrevisoren werden damit entbehrlich. Das Gesetz bestimmt die Fristen und die Formen der Rechnungslegung, ermächtigt den Vorsitzenden des Board, solche zu prüfen und zu dechargiren, oder nach Umständen „eine geeignete Person" zum Rechnungsrevisor zu ernennen; nur ist das Statement der Ausgaben und Einnahmen dem Minister des Innern nach einem reglementsmäßigen Schema mitzutheilen, und ebenso jedem Mitglied des Board, jedem Armenaufseher und jedem Steuerzahler auf seine Kosten abschriftlich mitzutheilen, und alle Bücher und Rechnungen zur Einsicht offen zu halten, W.-O. 1864 §. 36 ɾc.

III. Die decretirenden Boards und die Trusts der Chausseeverwaltung erscheinen nach ihrer Zusammensetzung aus gewählten und ernannten Mitgliedern überall hinreichend befähigt, die laufende Verwaltung I. Instanz mit ihren Executivbeamten zu führen. Sie rücken in das Verwaltungsrecht der ältern Wegeordnung durch die Bestimmung ein, vermöge deren sie alle Rechte und Pflichten der älteren Surveyors of Highways überkommen, „to perform the same duties, have the same powers and be liable to the same legal proceedings as the surveyor of such parish would have performed, had, and been liable" (W.-O. 1862 §. 17). Beibehalten ist in diesem Gebiet auch die alte Verpflichtung der waywardens zur Uebernahme des Wahlamts. Die Controle von oben ist durch die Mitwirkung der Friedensrichter als Mitglieder des Board und als Beschwerdeinstanz hinreichend sicher gestellt.

Es kam nur noch darauf an, nach unten hin die Folgeleistung der Executivbeamten zu sichern. Es geschah dies in der Weise des ältern selfgovernment zunächst durch specielle Strafklauseln für den Surveyor, wegen nicht gehöriger Führung der Rechnungsbücher, wegen Nichtgestattung der Einsicht, wegen Nichtablieferung der Bücher an den Amtsnachfolger, wegen Betheiligung an Entreprise-Verträgen, wegen Versäumniß der Vorsichtsmaßregeln bei Wegereparaturen ɾc. Sodann durch die Generalklausel „wegen Versäumung der durch dies Gesetz auferlegten Pflichten," mit Androhung einer Geldstrafe bis 5 L., W.-O. 1836 §. 20. Zur Erzwingung der Steuerbeiträge der einzelen Kirchspiele zu dem District Fund ist dem Board dasselbe Recht der Verwaltungsexecution durch Pfändung gegen den Waywarden oder Overseer gegeben, wie in der Armenverwaltung. Schließlich bleibt dem Board das freie Entlassungsrecht aller seiner besoldeten Beamten als durchgreifendes Zwangsmittel der Folgeleistung.

Dem so durchgeführten Verwaltungssystem steht gegenüber:

B. **Die Verwaltungsjurisdiction nach dem ältern System**, welche ungeschmälert überall fortdauert, wo das öffentliche Recht gegenüber tritt der Person und dem Vermögen des Einzelen.

I. Die einzelen Friedensrichter entscheiden als Polizeirichter in öffentlich contradictorischer Verhandlung über die zahllosen Geldbußen der Wege- und Chausseepolizei, über die Ordnungsstrafen der Beamten, und üben eine summarische Civiljurisdiction über Schadensersatz, über die streitige Höhe der Chausseegelder, und Pfändungsstreitigkeiten.

II. Das collegialische Decernat der Special Sessions waltet in alter Weise in den jährlich 8—12mal abzuhaltenden Wegesessionen. Sie nehmen den Generalbericht über den Zustand der Wege entgegen, verhören die Beamten des Board und des Kirchspiels auf erhobene Beschwerde wegen versäumter Wegereparatur, nehmen die nöthigen Besichtigungen vor, und erlassen event. den Vollstreckungsbefehl. Sie entscheiden Streitigkeiten wegen unterlassener Lichtung der Wege mit den darauf bezüglichen Zwangsvollstreckungen, über die nöthig befundene Verbreiterung des Weges ꝛc. Zugleich bilden sie die Mittelinstanz für alle Steuerreclamationen, wie bei der Armensteuer (W.-O. 1864 §. 37).

III. Die Quartalsitzungen sind schon nach der ältern W.-Ord. §. 105 allgemeine Beschwerdeinstanz „gegen alle orders, convictions, judgements, determinations irgend eines Friedensrichters oder einer andern Person auf Grund der Wegegesetze." Nochmals bestätigt wird das Beschwerderecht jedes waywarden oder Steuerzahlers gegen jede Reparaturorder oder wegen behaupteter Nichtverpflichtung der Gemeinde, wegen jeder Belastung mit einem bestrittenen Ausgabeposten, oder wegen der Behauptung, daß die Beitragsverhältnisse der Kirchspiele nicht gesetzmäßig bemessen seien (W.-O. 1864 §. 38). Für Rechnungsstreitigkeiten ist das Appellationsrecht ebenso ausdrücklich allen Interessenten beigelegt (W.-O. §. 44). Speciell bilden sie die einzige und endgültige Beschwerdeinstanz für Anfechtungen der Ernennung eines Surveyor.

Ueber dieser friedensrichterlichen Verwaltungsjurisdiction dauert ferner fort die verfassungsmäßige Controlinstanz der Reichsgerichte in Form der Abberufung (Certiorari) im Fall der streitigen Wegebaupflicht, in Form der Aktenversendung (Special Case) im Fall der Steuerreclamation. Für den Prosecutor ist nach der Fassung der W.-O. §. 107 das Certiorari überhaupt als vorbehalten anzusehen (Burn II., 1091); für den Beklagten wenigstens im Fall einer Anklage wegen versäumter Reparatur. Die Einsendung eines special case wird in der W.-O. §. 108 allgemein dem Ermessen der Quartalsitzungen vorbehalten. Das nur subsidiäre writ of mandamus kann nicht leicht zur Anwendung kommen, da

§. 143. Der Instanzenzug der Wegeverwaltung. 863

überall durch Specialklauseln für die Vollziehung der Wegegesetze gesorgt ist. Gelegentlich ist darauf erkannt worden wegen Verweigerung einer förmlichen Abstimmung bei der Wahl eines Surveyor (Burn II. 1010).

Neben diesem regelmäßigen Instanzenzug der Verwaltungsjustiz ist endlich auch der Rechtsweg bei den ordentlichen Gerichten in folgenden Fällen offen gehalten:

1. Im Fall der streitigen Wegebaupflicht unter verschiedenen Gemeinden dauert die alte Form des Anklageverfahrens fort; durch ein solches indictment gelangt dann die Frage zur Entscheidung an die Assisen oder Quartalsitzungen mit Zuziehung einer Jury, und mit dem Vorbehalt der Rechtsmittel des ordentlichen Strafverfahrens.

2. In Fällen der Verlegung oder Schließung von Wegen (diverting and stopping) geht bei erhobenem Widerspruch gegen eine summarische Entscheidung die Appellation an die Quartalsitzungen mit Zuziehung einer Jury behufs Entscheidung der question of fact (W.-Ord. §§. 88, 89).

3. Allgemein ist den Quartalsitzungen das Recht vorbehalten, über die Streitfrage, ob ein Weg als ein öffentlicher zu erachten und andere questions of fact, eine Jury von 12 nichtbetheiligten Personen zur Entscheidung der Thatfrage zuzuziehen (W.-O. 1864 §. 42); sowie auch das Recht, zweifelhafte Rechnungsfragen auf ein Schiedsverfahren zu stellen (§. 40 a. a. O.), wobei die Quartalsitzungen selbst in Ermangelung einer Einigung den Schiedsrichter ernennen.

Der Grundgedanke dieser Cumulation ist (wie in den Verwaltungssystemen des Continents) vorzugsweise ein Vorbehalt des ordentlichen Rechtsweges für die streitige Wegebaulast. Durch die Anlehnung an das friedensrichterliche selfgovernment ist in diesem ganzen Gebiet die Decentralisation und Selbständigkeit der Lokalverwaltung erhalten, trotz aller Concessionen an das System der Geldwirthschaft der Boards und der besoldeten Beamten.

Auch die Wegeverwaltung schien auf dem Wege in die Centralisation der Armenverwaltung zu gerathen, als Sir George Cornewall Lewis „mit vielem Beifall" einen Gesetzentwurf einbrachte, nach dem die Anstellung besoldeter Wegebauinspectoren dem Board of Guardians der Armenverwaltung und die Revision der Rechnungen dem Auditor der Armenverwaltung übertragen werden sollte. Bei näherer Ueberlegung hat indessen das Unterhaus derartige Pläne fallen lassen. Das lebendige Interesse der friedensrichterlichen gentry an der Wegeverwaltung hat in diesem Gebiet noch an der Decentralisation festgehalten, und zugleich den bedeutungsvollen Beweis geliefert, daß auch die wirthschaftliche Verwaltung der gewählten Boards sich mit dem obrigkeitlichen Selfgovernment der Friedensrichter zu einem lebensfähigen Ganzen vereinigen läßt, ebenso wie in den deutschen Stadtverfassungen Magistrat und Stadtverordnete.

XIII. Capitel.
Ergänzende Elemente aus dem Corporationsrecht.

§. 144.

Die einzelen Arten der Corporations.

Die Communalverbände der obrigkeitlichen wie der wirthschaftlichen Selbstverwaltung (Buch II. und III.) werden in dem Sprachgebrauch der Gerichtspraxis und Gesetzgebung zu den bodies corporate, Korporationen, gerechnet.

Im englischen Mittelalter fehlte es an einer technischen Bezeichnung dieser Art, vielmehr begnügte man sich die einzelen (shires, hundreds, tithings, parishes) mit ihrem Namen zu nennen. Als gemeinsame Bezeichnung kann etwa der Name communa, communitas angesehen werden, der gelegentlich von den kleinsten wie von den größten, ja von der tota communitas populi oder terrae gebraucht wird. Das Mittelalter sah sie als das an, was sie sind: Personenverbände, nachbarliche Vereinigungen, zur Erfüllung gemeinsamer öffentlicher Pflichten. Erst am Schluß des Mittelalters beginnen technische Charters of „Incorporation" für einzele Städte, welche eine verhängnißvolle Bedeutung gewinnen, seitdem Parlamente und Gerichte anfangen, die Grundsätze des Stadtrechts aus dem Begriff der corporation zu bestimmen. Einen ähnlichen Verlauf nehmen die select vestries der kleinen Ortsgemeinden. Es entsteht eine Verkümmerung des Gemeindelebens, sobald man Wahlrechte, Wählbarkeit und andere dem öffentlichen Recht angehörige Beziehungen aus dem Begriff einer corporation abzuleiten anfängt.

Die neue Städteordnung hat nun aber die staatsrechtlichen Folgerungen aus dem Corporationsbegriff für die Städte beseitigt. Ein Gleiches ist durch die reformirende Gesetzgebung für die Kirchspiele geschehen. Dennoch werden durch die neue Gesetzgebung Städte und Kirchspiele und die mannig=

§. 144. Die einzelen Arten der Corporations. 865

faltigen Gesammtgemeinden (Poor Law Unions, Local Boards, District Boards) ausdrücklich wieder für „bodies corporate" erklärt, und damit gewisse gemeinsame Grundsätze der corporations auf das ganze Gebiet des Communalwesens anwendbar erklärt. Es zeigt sich jedoch im Ganzen wie in jeder Einzelheit, daß dieser Rechtsbegriff nicht das bestimmende Merkmal des Communalwesens ist, vielmehr nur ein ergänzender secundärer Bestandtheil für einzele privatrechtliche Beziehungen. Um Mißverständniß abzuwehren, bedarf es einer Scheidung dreier Gruppen, für welche der Corporationsbegriff eine sehr verschiedene Bedeutung hat.

I. Die erste Klasse bilden die öffentlichen communalen Corporationen auf staatlicher Grundlage zu staatlichen Zwecken, d. h. die counties, hundreds, tithings, parishes, boroughs, und die sämmtlichen neueren Sammtgemeindebildungen, d. h. nachbarlich verbundene Hausstände zur Erfüllung nothwendiger Functionen des Staats. Sie unterscheiden sich von den folgenden Gruppen durch zwei Merkmale, (1) durch ihre Grundlage: sie können nicht gruppirt sein in der Weise, in welcher die Menschen zu Besitz und Arbeit, zu Erwerb und Genuß mit einander vereinigt leben, also nicht in der Weise der Gesellschaft, sondern nur in der Weise der nachbarlich verbundenen Hausstände, also durch das staatliche Territorialprincip, weil Polizei, Armenpflege, Wegeerhaltung ꝛc., überhaupt alle für das heutige Gemeinwesen nothwendigen Steuern und Amtspflichten nur so erfüllt werden können; (2) durch die staatliche Weise der Verbindung, also durch gesetzlichen Zwang, da die Erfüllung der nothwendigen Functionen des Staats nicht von dem Interesse der gesellschaftlichen Klassen, so wie sie sich durch Erwerb und Besitz zusammenfinden und scheiden, erwartet werden darf, sondern vom Standpunkt einer höhern Einheit aus erzwungen werden muß. Das Wesentliche dieser communalen corporations wird also durch die organische Gesetzgebung des Staats gestaltet. Die Obliegenheiten des Ganzen wie der Mitglieder, die Gestalt der Steuern und Aemter, aktive und passive Theilnahmrechte, waren schon im Mittelalter bis in die genauesten Details bestimmt. Gewarnt durch den Unfug, den Politik und Jurisprudenz dennoch mit den Folgerungen aus dem Begriff der corporation treiben, hat die Gesetzgebung des neunzehnten Jahrhunderts an Specialisirung dieser Gesetze Alles überboten, was davon in Europa vorkommt. Das Merkmal eines body corporate bestimmt hier nur ergänzend gewisse Formen für Eigenthumserwerb und Eigenthumsübertragung, für die Vertretung in vermögensrechtlichen Streitigkeiten mit dritten Privatpersonen, also eine Anzahl technisch-juristische Fragen. Wie das englische Communalwesen in seinen starken Grundzügen von jeher unabhängig von den juristischen Feinheiten des Privatrechts war, so ist auch heute für dies ganze Gebiet der Einfluß

Gneist, Engl. Communalverfassung. 3. Auflage. 55

der Eigenschaft eines body corporate von untergeordneter Bedeutung.[1])

II. Die zweite Klasse bezeichne ich mit dem absichtlich unbestimmten Ausdruck gemischt öffentliche Corporationen: Körperschaften auf gesellschaftlicher Grundlage, aber zu staatlichen Zwecken.

Es gehören dazu in erster Stelle Universitäten und colleges, weil für Kirche, Schule, für das geistige Leben des Volks überhaupt, der Gemeindeverband nicht ausreicht. Sie gehen daher in dem Communalorganismus nicht auf, sondern haben selbständigere Verfassungen behalten, anknüpfend theils an die mittelalterliche Kirche, theils an die königliche Prärogative. Diese Incorporationen haben in England eine geschlossenere Gestalt als auf dem Continent, weil die frühzeitige Macht der Parlamente es nothwendig machte, das Kirchenregiment nicht unmittelbar Majoritätsbeschlüssen der Lords und Gemeinen zu unterwerfen, und weil die frühzeitig geschlossenen Communalverbände mit ihren beschränkten Steuerzwecken und Aemtern keinen Raum hatten für die Erfüllung mancher Kulturzwecke, die auf dem Continent der Staat übernehmen konnte. Kirche und Universitäten traten daher in ein künstlich verflochtenes Verhältniß mit der Parlamentsverfassung, und in analoger Weise schützten sich die übrigen Hauptzweige der geistigen Arbeit durch Incorporirung vor der Gefahr, Instrumente in den Händen der Parlamentsparteien zu werden. So die Advokaten und Anwälte, die Aerzte und Wundärzte, die königlichen Societäten der Wissenschaften und der bildenden Künste, das britische Museum, sogar das Trinity

---

[1]) **Organische Glieder des Staats, welche mit allen ihren Functionen dem Staat dienen, ist das eigentlich entscheidende Merkmal der communalen corporations.** Der Ausdruck communa hat sich später verloren oder auf die einzelen Glieder, die durch Staatspflichten verbundenen Nachbarschaften, vicineta, beschränkt. Den Staatskörper als Ganzes bezeichnet man seit der Vereinigung des kirchlichen und weltlichen Staats (Reformation) in England nicht mehr als communitas universi populi, omnium liberorum etc., sondern als „body corporate", bestehend aus dem König, den geistlichen Lords, den weltlichen Lords, und den im Parlament vereinigten commoners. Der Grund der Aenderung ist, weil die communalen Unterlagen seit der Reformation den Staat nicht mehr erschöpfen, der außerdem auch die geistlichen und gelehrten Corporationen in eine Einheit zusammenfaßt. Immer aber bleibt die Commune die Hauptgrundlage des englischen Staats, welche vorwiegend den Charakter der Verfassung und die Vorstellungen des Volks bestimmt. Jene Gewöhnung, öffentliche Pflichten gemeinschaftlich zu tragen, hielt auch den Sinn lebendig neuen Bedürfnissen durch vereinigte Kräfte zu genügen, — den patriotischen Sinn der Betheiligung an gemeinnützigen Unternehmungen, die praktische Gewöhnung der Organisation, der sachgemäßen Beschränkung der Zwecke, der richtigen Berechnung der Mittel; wobei sich unwillkürlich eine Nachahmung der Parlaments- und Communalformen einfand. „Diesem Geist ist kein Gegenstand fremd, keiner zu geringfügig, welcher ein öffentliches Interesse darbietet, oder das menschliche Gefühl ergreift." (v. Vincke. Großbritanien, S. 135).

§. 144. Die einzelen Arten der Corporations. 867

House der Lootseninnung. Unterrichts-, Medicinalwesen und manche andere untergeordnete Zweige des continentalen Staats scheiden so mit einer gewissen Selbständigkeit aus der parlamentarischen Staats-Verwaltung aus.

Eine engere Gruppe dieser Corporations dient zugleich zur Ergänzung der Communal-Institutionen, wie die meisten charitable institutions, Hospitäler, Stiftungen, welche durch die Kirche centralisirt waren, während sie Gegenstand der Kreis- und Gemeindeverwaltung sein können, und unter anderen Verhältnissen auch sind. Da die englischen Communen in der Steuerverwendung eng beschränkt waren, so fiel in neuerer Zeit manches auch in den Kreis von Privatvereinen, was eben so gut Communal-Institution sein kann, und unter anderen Verhältnissen ist: Sparkassen, gemeinnützige Baugesellschaften, Gas- und Wasserwerke ꝛc.

Diese Elemente des Staatslebens haben von der Seite des Privatrechts den Anspruch auf Schutz ihrer perpetuirlichen Vermögensrechte durch den Gerichtsorganismus. Da ihre Unterlage aber ausschließliche Berufsstände, also gesellschaftliche Klassen sind, so erscheinen sie stets conservativer in Aufrechterhaltung ihrer Rechte als in Erfüllung ihrer öffentlichen Pflichten. Es tritt daher ein Zeitpunkt ein, in welchem sie sich ihrer ursprünglichen Bestimmung entfremden, in welchem das Recht der höchsten Gewalt zu ihrer Abänderung eintreten muß. Sie sind in England wohl ohne Ausnahme im Zustand einer starken Reformbedürftigkeit, während die heutige Parlaments-Regierung schwer die Stetigkeit zu gewinnen vermag, um sie sachgemäß zu reformiren.[2]) Wie für die Entstehung der öffentlichen Corporationen, so enthält auch für die Reform der gemischten Corporations

---

[2]) Der relativ weiteste Ausdruck für die gemischt-öffentlichen corporations zu Specialzwecken ist charitable uses, public charities. In Reminiscenz an die mittelalterliche Kirchenverfassung umfaßt dieser Ausdruck eine sehr gemischte Gruppe solcher Institutionen, wie sie das st. 43. Eliz. c. 4 aufzählt. Es wird darin ernannt eine Commission zur Untersuchung des Zustands der Ländereien, die durch wohlmeinende Personen gegeben seien: „Zur Unterstützung bejahrter, unfähiger und armer Leute; zur Erhaltung kranker und verstümmelter Soldaten und Seeleute; für gelehrte Schulen, Freischulen und die Scholaren an den Universitäten; zur Reparatur von Brücken, Häfen, geebneten Wegen, Kirchen, Seedämmen und Landstraßen; zur Erziehung und Beförderung des Fortkommens von Waisen; zur Ausstattung und Unterhaltung von Correctionshäusern; zur Verheirathung armer Mädchen; zur Etablirung und Aushülfe junger Geschäftsleute, Handwerker und heruntergekommener Personen; zur Unterstützung und Auslösung von Gefangenen, und zur Aufhülfe und Erleichterung armer Einwohner in Bezahlung der öffentlichen Steuern, zur Ausrüstung von Soldaten, und zu anderen öffentlichen Auflagen." Den Gegensatz dieser charitable uses bilden dann die superstitious uses für Seelenmessen, Wachskerzen ꝛc. 1. Edw. VI. c. 14. Eine Uebersicht für London giebt: Sampson Low jun., the charities of London, comprehending the benevolent, educational and religious institutions, their origin and design, progress and present position, London 1850.

ein in seinem Walten stetiger Organismus (King in Council) die sicherste Garantie und Kraft zur Ausgleichung der Rechte und Pflichten.

III. Die dritte Klasse bilden die Privatcorporationen, d. h. Vereinigungen gesellschaftlicher Gruppen zu Vermögenszwecken. Es sind freiwillige sociale Vereine, welche gewisse Vermögensmassen dauernden Zwecken dienstbar machen, und die nöthige Einheit und Dauerhaftigkeit der Verwaltung durch Privatrechtsfiction gewinnen, z. B. Vereinigungen zu Handels- und Gewerbezwecken, Entwässerungsanlagen, Kanälen, Kunststraßen, Feuerassecuranzen, friendly societies etc. Dabei tritt ein unmerklicher Uebergang zu öffentlichen Zwecken ein, der auch manche im Entstehen private Corporationen in ihrer Fortbildung zu gemischt öffentlichen macht, wie die Bank von England, die ostindische Compagnie. Für diese Gruppe ist der privatrechtliche Begriff der corporation (ebenso wie der Begriff der juristischen Person auf dem Continent) die bestimmende Grundlage, ihre Hülfeleistung zu Staatszwecken eine zufällige und immer nur transitorische Nebenfunktion.

Die englische Lehre von den corporations, welche das Gemeinsame in diesen Gruppen zusammenfaßt, nimmt die nöthige Rücksicht auf den Unterschied von öffentlichem und Privatrecht. Ihre Eintheilungsgründe sind aus der englischen Rechtsgeschichte entnommen und zwar zunächst aus formalen Merkmalen, hinter denen der ursprüngliche Dualismus des genossenschaftlichen (germanischen) Princips der common law und des staatlichen Princips des canonischen Rechts liegt.

Die erste Eintheilung ist die in corporations aggregate und corporations sole. Eine genossenschaftliche Corporation, corporation aggregate, besteht aus einer Mehrzahl von Personen, z. B. Mayor und Bürgerschaft einer Stadt, Vorsteher und Mitglieder eines Collegiums, Decan und Capitel einer Kathedralkirche. Einzelpersönliche, corporations sole dagegen bestehen aus einer einzelen Person und deren Rechtsnachfolger in einer besondern Stellung. In diesem Sinne ist der König eine Corporation (Coke Litt. 43), ein Bischof, ein Pfarrer und Vikar, nach Blackstone auch ein Kirchenvorsteher.

Die zweite Eintheilung ist in kirchliche und Laiencorporationen. Als kirchliche gelten nur die, deren Mitglieder ausschließlich geistliche Personen sind, als Bischof, Pfarrer, Decan und Capitel. Alle übrigen gelten als Laiencorporationen, welche dann wieder zerfallen (1) in rein bürgerliche, civil corporations, zu den mannigfaltigsten weltlichen, sowohl Staats- als Communal- und Privatzwecken, wie die Collegien der Aerzte und Wundärzte, die königliche Gesellschaft zu Beförderung der Naturwissenschaften, und die Universitäten, die als Ganzes weder zu den kirchlichen Corporationen noch zu den milden Stiftungen gerechnet

§. 144. Die einzelen Arten der Corporations.

werden. (2) **Milde Stiftungen**, elemosynary corporations, zur perpetuirlichen Vertheilung von Almosen oder Prämien nach dem Willen des Stifters, namentlich: Hospitäler für Arme, Kranke und Gebrechliche, und alle colleges in und außerhalb der Universitäten, die zu den Laiencorporationen gerechnet werden, auch wenn sie aus geistlichen Personen bestehen, obwohl sie „in einigen Beziehungen" die Privilegien der geistlichen Körperschaften theilen.

Die englische Lehre von den juristischen Personen erhielt ihre Grundlage im XV. Jahrhundert durch Verschmelzung der Grundsätze des canonischen und gemeinen Rechts unter Vermittelung des Lord Kanzlers. Sie bildete eine Vorbereitung der Verschmelzung des weltlichen und des kirchlichen Staatsorganismus in der Reformation. Die deutsche Lehre von den juristischen Personen bildete sich zunächst nach dem Vorbild des römischen Rechts, also des römischen Kaiserstaats, in welchem Besitz und öffentliches Recht sich bereits geschieden hatten. Sie paßte also ungefähr für die Zustände des Continents, seitdem die öffentlichen Pflichten sich von den alten Genossenschaften ablösten, die Gerichte zu Staatsanstalten für Privatrecht wurden, das öffentliche Recht immer mehr in dem beweglichen Organismus der Verwaltungsbehörden aufging. In diesem Zustand dienten die Grundsätze von den „juristischen Personen" freilich zur Abwehr willkürlicher Eingriffe der Verwaltung; sie erstarrten aber in rein privatrechtlicher Anschauung, die durch die fortschreitende Beschränkung der Rechtswissenschaft auf Privatrecht befördert wurde. Auch die historische Richtung der neueren Jurisprudenz ist hier nicht sehr fruchtbar gewesen, vielmehr dauert die stetige Tendenz fort, öffentliche Rechte zu Privatrechten zu machen, oder wenigstens den Anschauungen des Privatrechtsjuristen anzupassen, vor allem die hartnäckige Verwechselung einer Incorporirung gesellschaftlicher (feudaler, zünftiger ꝛc.) Gruppen mit öffentlichen Corporationen.

Blackstone's Dogmatik der corporations ist natürlich nur eine Zusammenfassung des Corporationswesens, wie es in der englischen Rechtsgeschichte auftritt. Die Controverse, ob der Begriff der corporations sole, wie Blackstone IV. 469 behauptet, eine Bereicherung des englischen Rechts aus dem canonischen, oder ob der Begriff (wie Andere meinen) überhaupt unnöthig und incorrect sei, hat als Hintergrund das Sträuben der an genossenschaftliche Formen gewöhnten englischen Juristen gegen die abstrakte Bildung personificirter Vermögenszwecke. Auch im Einzelnen tritt die verschiedene Bedeutung der Oberinstanz, die Tiefe des Unterschieds der aus dem weltlichen Staat hervorgegangenen jurisdiction und der aus dem geistlichen Staat hervorgegangenen visitation, bei Blackstone nicht in bewußter Klarheit hervor. Sachlich aber ist die englische Lehre von den corporations so reich an gesunden staatsrechtlichen Prinzipien, daß eine genaue Zergliederung derselben äußerst lehrreich und befruchtend für die deutschen corporations sich erweisen würde. Das altständische Bestreben durch Incorporation von Ritterschaften, gewerblichen Innungen, Interessengruppen aller Art, dem Staatsbau einen vermeintlichen Halt zu geben, erhält seine Berichtigung in England durch den Verlauf der Municipal Corporations, der incorporirten Universitäten, colleges und Stiftungsschulen. In dem Folgenden gebe ich nur die traditionelle englische Generaltheorie der juristischen Personen.

§. 145.
Die englische Generaltheorie der Corporations.

Trotz der Verschiedenheit des Grundcharakters giebt Blackstone I. 467—485 folgende „allgemeine Grundsätze" betreffend die Stiftung, die Gewalten, das Visitationsrecht und die Auflösung der Corporationen.

I. Zur Stiftung gehört die ausdrückliche oder stillschweigende Genehmigung der Krone. Eine stillschweigende Genehmigung wird angenommen für die corporations, welche bestehen kraft des gemeinen Rechts (mittelalterlicher Verfassung), wie für den König selbst, Bischöfe, Pfarrer, und andere corporations virtute officii. Ebenso für die Corporationen durch Verjährung, wie die City von London und andere, die über Menschengedenken hinaus bestanden haben, oder wenigstens so behandelt werden, Coke II. Inst. 330. Die Weise, in welcher ein ausdrücklicher Consens der Krone ertheilt wird, ist entweder Parlamentsakte oder Charte; die altherkömmliche Formel der Errichtung: creamus, erigimus, fundamus, incorporamus. Obgleich unter Heinrich VII. noch streitig, steht der Krone auch ein Delegationsrecht zu. Vermöge dessen hat der Kanzler der Universität Oxford das Recht Innungen von Gewerbsleuten zum Dienst der Studirenden zu incorporiren. Die Errichtung durch Parlamentsakte läuft meistens ebenfalls auf ein königliches Patent hinaus; denn die meisten Parlamentsakten dieser Art bestätigen entweder nur eine schon creirte Corporation, oder ermächtigen den König in Zukunft eine solche mit gewissen Vorrechten zu creiren, wie für das Collegium der Aerzte 14. et 15. Henry VIII. c. 5, für die Bank von England 5. et 6. Will. et Mary c. 20, für die städtischen Corporationen 5. et 6. Will. IV. c. 76. Die Krone kann nämlich keine Corporation creiren mit Gewalten, die das Gesetz überschreiten, namentlich nicht mit Verleihung eines Monopols, 21. Jac. I. c. 3, noch mit der Gewalt andere Personen zu besteuern. Zur Verleihung solcher Vorrechte muß also „die königliche Prärogative durch Parlamentsbeschluß ergänzt" werden. Wesentlich ist zur Errichtung endlich noch die Ertheilung eines individuellen Namens, der ihr Eigen- oder Taufname ist, wie ihn Sir Edward Coke nennt.

II. Die „Befugnisse und Gewalten" der Corporations sind:

1. Die privatrechtliche Persönlichkeit in perpetuirlicher Succession, also zunächst die Fähigkeit Grundstücke zu erwerben und zu besitzen

§. 145. Die englische Generaltheorie der Corporations. 871

für sich und ihre Rechtsnachfolger, vorbehaltlich der gesetzlichen Beschränkungen über Erwerb zur todten Hand und gewisser Veräußerungsverbote. Ferner die Fähigkeit zu klagen und beklagt zu werden, zu veräußern und zu erwerben, und sonstige Rechtsakte vorzunehmen im Namen der Corporation, wobei die Anheftung des Siegels als wesentliche Form gilt: „die Corporation handelt und spricht nur durch ihr Siegel." Ein Akt der Majorität wird angesehen als Akt der Gesammtheit, 33. Henry VIII. c. 27. Corporations aggregate können auch bewegliche Güter erwerben für sich und ihre Rechtsnachfolger; corporations sole nur mit Unterschied. Diesen Rechten entsprechen aber auch umgekehrt einige Dishabilitäten.*)

2. **Ein Wahlrecht für ihre eigenen Mitglieder und Beamten.** Wenn die Stiftungsurkunde nichts anderes bestimmt, so gebührt dies Recht der Majorität aller zu diesem Zweck gehörig zusammenberufenen Mitglieder. „Es kann jedoch auch durch Statut einem engern Ausschuß der Corporators delegirt werden, die dann in dieser Beziehung die Gesammtheit repräsentiren. Eine Ausnahme macht die Wahl von Parlamentsmitgliedern in Municipalcorporationen. Die Zahl der wählbaren Personen dagegen kann durch kein Lokalstatut beschränkt werden."

3. **Das Recht Statuten, bye laws, zu errichten für die Verwaltung der Corporation** (for the better government of the corporation), mit Innehaltung der Schranke, daß solche weder den Landesgesetzen entgegen, noch mit ihrer Stiftungsurkunde unvereinbar, noch irrationabiles sein dürfen, d. h. nicht widersprechend den leitenden Principien des gemeinen Rechts. Die Statuten der Gewerbsinnungen insbesondere bedürfen nach 19. Henry VII. c. 7 der Genehmigung des Kanzlers, Schatzmeisters und der reisenden Richter, und selbst die genehmigten sind nichtig, so weit sie den Landesgesetzen widersprechen. In den neueren Eisenbahngesetzen und Lokalakten für Märkte, Docks ꝛc., in der neuen Städteordnung und in der ganzen neuen Gesetzgebung über Erlaß von Lokalpolizeiverordnungen ist durch die scharfe Fassung des Gebiets der bye laws und durch die Bestätigung der Oberinstanz dafür gesorgt, keine Sonderrechte entstehen zu lassen. Allein schon früher hatten die Gerichte aus der common law ziemlich feste Schranken gezogen. Die bye laws der öffentlichen Corpo-

---

*) Als Dishabilitäten der corporation aggregate bezeichnet Blackstone die Nöthigung vor Gericht durch einen Anwalt zu erscheinen. Sie kann kein Verbrechen begehen, ist aber verantwortlich auf Schadenersatz aus rechtswidrigen Handlungen ihrer Agenten, unterliegt einer Anklage wegen versäumter Brückenreparatur und in einigen analogen Fällen. Sie kann nicht excommunicirt und nicht vor ein geistliches Gericht geladen werden. Sie unterliegt nicht der Personalhaft, wohl aber der Auspfändung, unter Umständen einem Fiat im Bankrutthofe. Sie kann im Erbrecht nicht executor oder administrator sein, noch sonst persönliche Pflichten üben; „denn sie kann keinen Amtseid leisten."

rationen sind principiell nur Modalitäten der Ausübung öffentlicher Pflichten, und können daher nur soweit gelten, wie sie der Erfüllung dieser Obliegenheiten dienen, solche fördern und erleichtern. Diesen Charakter hatten die alten bye laws der courts leet, der Kirchspiele, der Quarter Sessions, die älter sind als die heutige Theorie der Corporationen, und sich wesentlich auf den Charakter von Polizeiregulativen und Amtsinstruktionen zur Ausführung von Communalpflichten beschränken (oben S. 377, 675). Die bye laws der Privatcorporationen sind Modalitäten der Ausübung eines Privatrechts, und reichen soweit wie ihre Disposition über Privatrechte. Bei den gemischt öffentlichen Corporationen muß der Gesichtspunkt des Privatrechts dem höhern Gesichtspunkt der Erfüllung öffentlicher Pflichten weichen.**)

III. Das Visitationsrecht bildet die ordentliche Oberinstanz über den Corporationen. „Das Gesetz hat besondere Personen bestimmt um zu

---

**) Wenn auch in der Theorie nicht klar geschieden, sind diese Gesichtspunkte von den englischen Gerichtshöfen wesentlich inne gehalten. So bei dem Grundsatz, daß die Zahl der wählbaren Personen durch kein Statut beschränkt werden darf. Consequent sollte auch Niemand, der seine öffentlichen Pflichten erfüllt, durch Statut von dem Wahlrecht im Kreise seiner Pflichtgenossen ausgeschlossen oder darin beschränkt werden. Eine Unsicherheit der Gerichtshöfe bei dieser Frage entstand nur durch den unglücklichen Zustand der municipal corporations, deren Analogie dann auf die select vestries weiter wirkte, bis die neuere Gesetzgebung das Recht der Statuten auf die gebührenden Schranken zurückführte. Wichtig war in dieser Richtung der von den Gerichtshöfen angenommene Satz: „that where the power of making bye laws is by charter given to a select body, they do not represent the whole community, and therefore cannot assume to themselves what belongs to the body at large. But where the power of making bye laws is in the body at large, they may delegate their right to a select body, who thus becomes the representative of the whole community" (Burr. 1837). Auf allen übrigen Gebieten wurden die Principien der common law ziemlich sicher und gleichmäßig gehandhabt. So wurde z. B. ein Statut einer Gewerbeinnung, welches die Zahl der Lehrlinge beschränkt, die ein Mitglied nehmen dürfe, für illegal erachtet. Ebenso überhaupt alle Statuten zur Beschränkung der Gewerbefreiheit. Statuten von Privatcorporationen binden nur ihre eigenen Mitglieder. Nur Corporationen mit obrigkeitlichen Rechten wie die Stadtmagistrate können dritte binden. Die Androhung einer Strafe durch Statut kann nur durch Pfändung oder Civilklage sanctionirt werden, nicht durch Gefängnißstrafe oder Verwirkung. Die systematische Tendenz der incorporirten Gesellschaftsklassen des Continents zur Ueberschreitung ihrer Schranken war übrigens in England nicht vorhanden, da der starke Bau der öffentlichen Corporationen richtigere Ansichten von dem Verhältniß von Rechten und Pflichten im ganzen Volke lebendig erhielt. Wo eine Gefahr der Ueberschreitung nach der Tendenz der Genossenschaft wahrscheinlich war, behielt man die Bestätigung durch Kanzler und Richter vor, wie bei den Statuten der Gewerbsinnungen durch 19. Henry VII. c. 7, bei der Concessionirung des Lohnfuhrwerks durch 5. et 6. Will. et Mary c. 22 §. 17, neuerdings die Bestätigung des Ministers des Innern. Es ergiebt sich hieraus, in welchem Sinne seit der normannischen Zeit in England noch von einer Autonomie der Corporationen gesprochen werden kann.

§. 145. Die englische Generaltheorie der Corporations. 873

visitiren, zu untersuchen und zu corrigiren alle Unregelmäßigkeiten im Schooße derselben in weitestem Umfang."***)

Für die geistlichen Corporationen ist der Ordinarius Visitator schon nach canonischem Recht. Der Papst, „jetzt die Krone als oberster Ordinarius," ist Visitator des Erzbischofs; der Erzbischof über seine Suffraganbischöfe; der Bischof in seiner Diöcese über Capitel, Pfarrer und alle anderen geistlichen Personen in rein geistlichen Dingen.

Für die Laiencorporationen mit Einschluß der milden Stiftungen ist es nicht der Ordinarius, sondern zunächst der Stifter und seine Erben, oder der von ihm stiftungsmäßig bezeichnete visitor. Im allgemeinsten Sinne ist aber der König Stifter „da er allein sie incorporiren kann." Die Krone allein hat daher das Visitationsrecht bei bürgerlichen Corporationen in Ermangelung eines Stifters oder einer stiftungsmäßigen Anordnung.[1])

Bei milden Stiftungen, die durch Verleihung von Grundstücken entstanden, unterscheidet man die fundatio incipiens oder incorporation, die stets von der Krone ausgeht, und die fundatio perficiens oder fundation durch den Verleiher der Einkünfte, der für sich, seine Erben oder den von ihm Designirten das nächste Anrecht auf die Visitation übt, während das eventuelle Recht auch hier der Krone zusteht und durch Delegation an den Lord Kanzler geübt wird. Wo der Souverän und eine Privatperson gemeinschaftlich eine Stiftung ausstatten, übt der Souverän allein das Visitationsrecht aus.[2])

***) Das Visitationsrecht wird bei Blackstone fast ausschließlich als eine Lehre der gemischt-öffentlichen Corporationen behandelt. Für die Communen enthält die specialisirte Gesetzgebung überall genau die Verhältnisse der Oberinstanz (jurisdiction), die in einigen neuen Institutionen den Charakter einer administrativen Centralstelle hat. Nur bei dem Amt der churchwardens concurrirt die weltliche Oberinstanz mit dem bischöflichen Visitationsrecht (§. 114). Für die gemischt-öffentlichen Körperschaften aber mußte sich nach ihren Grundlagen und nach der Weise ihrer Entstehung ein gewisses Schwanken der Grundsätze ergeben.

[1]) Für die bürgerlichen Laiencorporationen giebt es nach einer andern Ansicht keinen eigentlichen Visitator, „sondern ihr Mißverhalten erhält Abhülfe und ihre Streitigkeiten werden entschieden in dem Hofe der King's Bench nach den Grundsätzen des gemeinen Rechts." Die Oberinstanz hat hiernach den Charakter einer englischen jurisdiction, nicht den Charakter des canonischen Oberaufsichtsrechts. In diesem Sinne wurde ein berühmter Fall des Collegiums der Aerzte entschieden.

[2]) Das Visitationsrecht der Hospitäler wurde durch 2. Henry V. c. 1 allgemein dem Ordinarius zugesprochen, ohne wie in der frühern Gerichtspraxis zwischen geistlichen und Laien-Hospitälern zu unterscheiden. Durch 14. Eliz. c. 5 wird das bischöfliche Visitationsrecht aber wieder auf solche Hospitäler beschränkt, für welche der Stifter keinen Visitator ernannt hat.

Die colleges an den Universitäten wurden vor der Reformation als geistliche

Die **Pflichten des Visitators** bestehen in der Controle aller Irregularitäten der Stiftung, in Entscheidung und Abhülfe aller Streitigkeiten unter den Mitgliedern, in Auslegung ihrer Gesetze und Statuten. Ueberschreitung der vom Stifter gesetzten Schranken des Visitationsrechts begründet allerdings eine Klage; „so lange sich aber der Visitator innerhalb seiner Competenz hält, sind seine Entscheidungen endgültig und unterliegen keiner Prüfung durch irgend einen andern Hof," (so entschieden von dem Oberhaus in einem berühmten Präcedenzfall, Philipps v. Bury).

IV. **Eine Auflösung der Corporationen** kann nicht im Verwaltungswege erfolgen (the queen cannot by her prerogative dissolve a corporation), wohl aber (1) durch Parlamentsakte unbedingt; (2) bei aggregirten Corporationen durch den natürlichen Tod aller ihrer Mitglieder; (3) durch freiwillige Aufgabe ihrer Privilegien in die Hände des Souveräns; (4) durch Verwirkung der Charte wegen Versäumung oder Mißbrauchs der Privilegien mittels einer Information in der Weise eines writ of quo warranto, wobei der Mißbrauch als Bruch der Bedingungen der Incorporation behandelt wird. Für Communalcorporationen ist diese Verwirkung nach der Natur ihrer Zwecke unanwendbar und durch die Gestaltung der Oberinstanz unnöthig geworden. Das bekannte Urtheil gegen die City von London wurde auch später kassirt durch Parlamentsakte, 2. Will. et Mary c. 8, und die Privilegien der City für unverwirkt erklärt. Durch 11. Geo. I. c. 4 und die neue Städteordnung ist dann noch speziell vorgesehen, daß die Nichtwahl oder nichtige Wahl eines Mayor oder andern Beamten an den in der Charte festgesetzten Tagen kein Verwirkungsgrund sein solle. Ueberhaupt wird die Erlaubniß zur Einbringung der Information von dem Gerichtshofe nur nach einer sachlichen Vorprüfung der Umstände des Falles ertheilt.

---

oder wenigstens klerikale Corporationen beansprucht, und in einigen das Visitationsrecht durch den Bischof von Lincoln wirklich geübt. Jetzt gilt es als „feststehendes Recht," daß sie Laiencorporationen sind, und daß in Ermangelung eines stiftungsmäßigen Visitators der Lord Kanzler im Namen der Krone die Visitation übt.

Das Visitationsrecht des Lord Kanzler beruht auf besonderer Delegation der Krone, und ist verschieden von seiner Civilgerichtsbarkeit über alles zu milden Zwecken verliehene Eigenthum, welches zu seiner verfassungsmäßigen jurisdiction gehört. Auch dabei weicht die Kanzleigerichtsbarkeit vom gemeinen Recht ab durch sehr discretionäre Interpretationen und analoge Ausdehnungen über den Buchstaben der Stiftung hinaus. In Ermangelung einer deutlichen Zweckbestimmung der Stiftung bestimmt solche der Gerichtshof. Wo der ursprüngliche besondere Zweck ganz oder theilweise verfehlt wird, bestimmt der Gerichtshof die Verwendung zu möglichst nahe liegenden analogen Zwecken, nach dem sogenannten principle of cy-pres. Ueber die neuere Behörde zur Reform der Stiftungsstatuten f. Gneist, Engl. Verw.-Recht II. §. 129.

Eine solche Auflösung ist „der bürgerliche Tod der Corporation;" ihre Grundstücke und Besitzungen kehren daher an den Stifter und dessen Erben zurück, da die Verleihung nur als auf Lebenszeit der Corporation gemacht, anzusehen ist. Ebenso erlöschen die Schuldverhältnisse einer corporation aggregate activ und passiv, da sie nicht länger klagen noch beklagt werden kann.

§. 146.
Die neuere Gesetzgebung über die Privatcorporationen.

Die Theorie der Corporationen ist im letzten Menschenalter wesentlich modificirt für die große und wichtige Gruppe der industriellen und Handelsunternehmungen. Die Gesetzgebung darüber hat ein Menschenalter hindurch einen experimentalen Charakter, und ist erst im letzten Jahrzehnt zu einem gewissen Abschluß gekommen. Sie wird hier schließlich noch berührt wegen des bedeutungsvollen Einflusses, den diese Bildungen auf die neuere Gestaltung des Communalwesens und auf die herrschenden politischen Vorstellungen unwillkürlich geübt haben.

In früheren Jahrhunderten hatte England solche corporations in Gestalt von großen Handelscompagnien. Erst seit der Revolution entfaltete sich ein leidenschaftlicher Speculationsgeist mit dem Princip der Actiengesellschaften, der in der Südseecompagnie einen unglücklichen Verlauf nahm, und während des XVIII. Jahrhunderts keine recht solide Gestalt wieder gewinnen konnte. Im XIX. Jahrhundert aber wurde dieser Geist schöpferisch in Kanälen, Brücken, Häfen, Docks und vor Allem in dem großartigen System der Eisenbahnen. Die dabei nothwendigen Befugnisse zur Expropriation, zur Errichtung von bye laws mit verbindlicher Kraft für das Publikum, und andere zu ihrem Fortkommen nöthige Gewalten wurden durch Parlamentsakten geschaffen. Die Bildung solcher Gesellschaften stieß jedoch auf erhebliche juristische Schwierigkeiten. Die Errichtung eines deed of settlement, mit Ernennung von Trustees für die Eigenthumsverwaltung, Directors für die Geschäftsführung, Auditors für die Rechnungslegung, war selbst für das Verhältniß der Mitglieder unter sich unvollkommen, z. B. für den Wechsel der Mitglieder durch Tod, und führte in Bezug auf ihre Haftbarkeit gegen Dritte zu unabsehbaren Schwierigkeiten. Man verschaffte sich also Private Acts of Parliament, welche die Gesellschaft ermächtigten unter dem Namen eines Secretärs oder andern Beamten zu klagen und beklagt zu werden, jedoch mit dem ausdrücklichen

Proviso, „daß dadurch keine Incorporation ausgedrückt sein solle," damit nämlich die persönliche Haftbarkeit der Mitglieder nicht zerstört werde. Die Weitläufigkeit und Kostbarkeit der Beschaffung solcher Privatakten veranlaßte zuerst das st. 6 Geo. IV. c. 91, wodurch die Krone (Ministerial-Verwaltung) ermächtigt wurde, die solchen Gesellschaften nützlichsten Corporationsrechte durch Patent zu verleihen, ohne damit alle Rechtsgrundsätze der Corporationen zu übertragen. Da sich das Gesetz indessen aus technischen Gründen fast unausführbar erwies, so folgte das st. 4. et 5. Will. IV. c. 94, wonach die Krone die einfache Befugniß „auf den Namen eines Beamten zu klagen und beklagt zu werden", verleihen mag. Da dies wieder nicht ausreichte, so folgte das st. 7. Will. IV. et 1. Vict. c. 73, wonach die Krone durch Patent auch ohne förmliche Incorporation einzele nützliche Privilegien, „welche nach gemeinem Recht durch Incorporationscharte verliehen werden können," durch Patent übertragen mag. Auch davon war indessen ein wenig wirksamer Gebrauch zu machen. Es folgte daher st. 7. et 8. Vict. c. 110, das erste umfassende Gesetz über die Registration, Incorporation and Regulation der Actiengesellschaften. Ohne Charte und ohne Parlamentsakte wird nun durch die definitive Einregistrirung kraft des Gesetzes die Gesellschaft eine „corporation zum Zweck der Ausführung des Geschäfts, für welches sie gebildet ist nach Maßgabe ihres deed of settlement." Für Bankgesellschaften erging das besondere Gesetz 7. et 8. Vict. c. 113; für die Abwickelung der Verbindlichkeiten verunglückter Gesellschaften die Winding-up Acts, 11. et 12. Vict. c. 45; 12. et 13. Vict. c. 108, die aber unabsehbare Verwickelungen herbeiführten. Einen Abschluß bildet das große consolidirende Gesetz 25. et 26. Vict. c. 89, wodurch nun auch das lange streitige Princip der limited liability zur Geltung kommt — die beschränkte persönliche Haftbarkeit der Mitglieder auf den Betrag des gezeichneten Kapitals. Ausgenommen bleiben die durch Parlamentsakte, königliche Charte oder Patent schon gebildeten Gesellschaften, ferner noch Bank- und Versicherungsgesellschaften und die Zinnbergwerks-Gesellschaften, die ihr herkömmliches Cost-Book-System (nach Kuxen) beibehalten. Diesem Gange der Gesetzgebung gemäß ergeben sich drei verschiedene Klassen:

1. **Erwerbsgesellschaften, die durch Specialakte des Parlaments incorporirt sind.** Es gehören dahin die Eisenbahn-, Dock-, Hafen- und Kanalgesellschaften, eine große Menge von Versicherungsgesellschaften und anderen Unternehmungen. Die nächste Grundlage ihrer Rechtsverhältnisse ist das Specialgesetz. Um aber nicht eine Ueberzahl von Klauseln in jedem einzelen zu wiederholen, erging die Companies Clauses Consolidation Act 8. et 9. Vict. c. 16, enthaltend eine vollständige Codification der Grundsätze über Verwaltung und Uebertragung der Actien. Zur

§. 146. Die neuere Gesetzgebung über die Privatcorporationen. 877

Regelung der Expropriationen erging die Lands Clauses Act 1845. — In das Gebiet der gemischt-öffentlichen Corporationen gehören namentlich die Eisenbahn-Gesellschaften, die wegen ihrer Wichtigkeit und wegen ihres Zusammenhanges mit dem System der öffentlichen Communikationen eine eigene sehr zerstückelte Gesetzesgruppe bilden: betreffend die technische Ausführung der Werke, über Tarif und Beitreibung der Personen- und Frachtgelder, über die Controlgewalten des Handelsamts ꝛc.[1])

2. Die Registered Joint Stock Companies, gewöhnlichen Actiengesellschaften, waren zunächst durch 7. et 8. Vict. c. 110 (10. et 11. Vict. c. 78) neu regulirt. Im Sinne des Gesetzes sollten dazu gehören alle Gesellschaften, deren Kapital in Actien getheilt ist, übertragbar ohne ausdrückliche Zustimmung aller übrigen Theilnehmer; ferner Lebens- und Eigenthums-Versicherungs-Gesellschaften, wenn sie gewisse im Gesetz genannte Merkmale haben; Renten-Versicherungs-Gesellschaften; friendly societies, wenn sie Lebens-Versicherungen über 200 L. gewähren; endlich jede Gesellschaft, die bei ihrer Bildung oder spätern Ausdehnung aus mehr als 25 Mitgliedern besteht. Ausdrücklich ausgenommen blieben Bankgesellschaften, Schulen, wissenschaftliche Institutionen, gewöhnliche Gesellschaften zur gegenseitigen Unterstützung und gemeinnützige Baugesellschaften. Für die Joint Stock Companies in diesem Umfang wird zunächst eine provisorische Registrirung vorgeschrieben, auf Grund deren noch keine öffentlichen Bekanntmachungen, keine Contraktschließungen, keine Uebertragungen von Interimsscheinen statthaft sind. Dann eine definitive Registrirung, durch welche die wichtigsten Rechte einer Incorporation kraft des Gesetzes entstehen, ohne die persönliche Verbindlichkeit der Actionäre (in subsidium) aufzuheben. Durch die Joint Stock Companies Acts 1856, 1857 werden die früheren Verwickelungen der Einregistrirung vereinfacht. Actiengesellschaften zu Handelszwecken von mehr als 20 Mitgliedern mögen nunmehr mit oder ohne limited liability auf Grund eines vom

---

[1]) Ueber die Staatsaufsicht der Eisenbahngesellschaften s. Gneist, Engl. Verw.-Recht §. 106. Sie war nothwendig geworden durch die gemischt-öffentliche Natur derselben, durch ein unglaubliches Maß von Schwindel, welches aus der Eisenbahnspeculation in das Unterhaus eingedrungen war, und durch die Unmöglichkeit das Interesse der öffentlichen Wegeverwaltung und der Gesammtheit den Interessen der Erwerbsgesellschaften unbedingt unterzuordnen. Die Erfahrungen der englischen Eisenbahnverwaltung sind wichtig als Beweis, daß die angebliche „Harmonie der Interessen" in den Anschauungen und Gewohnheiten der Erwerbsgesellschaft nicht ausreicht, um nach diesem Muster Staat, Kreis und Commune zu organisiren. Sie beweisen vielmehr, daß Kauf-, Fabrik- und Kapitalherren mit den gewohnten Geschäftsformen der Comtoirs und der Börse, nicht einmal ihre eigenen materiellen Interessen genügend zu wahren wissen, geschweige denn die Interessen des Publikums. Bezeichnend ist der neueste Umschlag der öffentlichen Meinung zu Gunsten eines ausschließlichen Systems von Staatseisenbahnen.

Gesetz formulirten Associations-Memorandum zusammen treten, welches bei der Staatsbehörde (Registrar) einzuregistriren ist. Das Memorandum fixirt Firma, Sitz, Gegenstand der Gesellschaft, Haftbarkeit und Zahl der Actien. Ebenso enthält das Gesetz ein Normalstatut für den Geschäftsbetrieb (regulations for the management of the company). Consolidirt ist das gesammte Recht der Trading Companies schließlich in 25. et 26. Vict. c. 89.[2])

3. **Die dritte Klasse bildeten die seit 1844 entstandenen Bankgesellschaften** nach 7. et 8. Vict. c. 113. Alle Gesellschaften von mehr als 6 Theilnehmern zur Ausführung von Bankgeschäften bedurften danach noch eines königlichen Patents. Die Gesellschaft wird dadurch incorporirt ohne die persönliche Verbindlichkeit der Actionäre aufzuheben, unterliegt den Bankruttgesetzen und den Winding-up Acts. Durch die Joint Stock Banking Companies Act 1857 wurde auch für sie das System der Einregistrirung eingeführt. Durch 21. et 22. Vict. c. 91 werden auch Bankgesellschaften nach dem Grundsatz der limited liability unter gewissen Vorsichtsmaßregeln gestattet. Durch 25. et 26. Vict. c. 89 sind sie dem Registrirungssystem der Actiengesellschaften einverleibt.[3])

---

[2]) Wo beschränkte Haftbarkeit angenommen ist, muß das Wort „limited" dem Namen der Compagnie angehängt werden und ist davon untrennbar. Ueber die theilnehmenden Actionäre muß ein fortlaufendes Register geführt werden zur Einsicht für das Publikum, damit jedermann von allen Einzelheiten der Verfassung der Compagnie jederzeit Kenntniß nehmen könne. Das „registered office," an welchem der Name der Gesellschaft leserlich verzeichnet werden muß, bildet das gesetzliche Domicil der Gesellschaft. Auf Antrag von 1/5 der Actionäre, berechnet nach Zahl und Werth, muß sich die Gesellschaft einer Prüfung ihrer Geschäftslage durch Inspectoren unterwerfen, die das Handelsamt ernennt. Ein eigner Abschnitt des Gesetzes betrifft die Abwickelung der Geschäfte an Stelle der früheren Winding-up Acts. Dazu Specialbestimmungen über die Weise der Haftung, Cautelen zur Verhütung von Betrügereien bei der Auflösung und bei der Dividenden-Vertheilung. — Die Reihe der neusten Gesetze schließt mit 25. et 26. Vict. c. 89; 30. et 31. Vict. c. 131. (Companies Acts 1862. 1867.) Eine Statistik der von 1860—1869 entstandenen Actiengesellschaften enthalten die Parl. Papers 1869 No. 413 LVI. 277. — Ueber den Gang dieser Gesetzgebung vgl. Fick, in der Zeitschrift für das gesammte Handelsrecht V. 50 ff.; Güterbock, die engl. Actiengesetze 1856, 1857. Berlin 1858 2c.

[3]) Der Gang der Bankgesetzgebung (7. Geo. IV. c. 46 u. ff.) verwickelte sich wegen des langen, schweren Kampfs gegen das Monopol der Bank von England. Nach dem Gesetz von 7. et 8. Vict. c. 113 sollte noch jede projektirte Actienbank der Königin im Rath (Ministerium) zuvor eine Petition um Ertheilung des königlichen Patents einreichen. Erst seit 1862 ist die Formation im Wesentlichen den übrigen Actiengesellschaften assimilirt.

Viertes Buch.
Die anwendbaren Grundsätze des selfgovernment.

I. Abschnitt.
Das System des obrigkeitlichen selfgovernment.

I.
Das Wesen des selfgovernment.
(oben §. 7.)

(§. 147.) Das historische selfgovernment Englands, wie es nunmehr vollständig, bis zur Unmöglichkeit der Verkennung ausgeprägt, vor uns liegt, stellt die organische Verbindung von Staat und Gesellschaft her.

Der Verlauf der französischen Revolution hat es der europäischen Welt zum Bewußtsein gebracht, daß die vernünftige „Natur" des Menschen, — jenes abstrakte „Ich," aus welchem das ehemalige Naturrecht den Staat aufbaute, — nicht der wirklichen Welt angehört, daß in der Wirklichkeit vielmehr jedes Volk sich innerlich scheidet und gliedert nach dem Erwerb und Besitz der äußeren und geistigen Güter, zu deren Aneignung und Genuß die Menschheit bestimmt ist.

Das Mittelalter hatte die drei großen Schichtungen des ländlichen, städtischen Besitzes und der Kirche hinterlassen, in welchen freilich die Gesellschaft nur einen sehr beschränkten Antheil am Staat zu gewinnen vermochte. Mit dem Verfall des Dreiständestaats beginnen die mannigfaltigeren Verzweigungen des Grund- und beweglichen Besitzes, der geistigen und der erwerbenden Arbeit, in deren weiterem Verlauf unser Jahrhundert keine systematische Ordnung mehr zu finden vermag. Erst aus den Gegensätzen des neuen Verhältnisses von Besitz und Arbeit ist uns das selbständige Leben dieses Organismus verständlich geworden.

Von Frankreich aus ist die Bezeichnung des Verhältnisses der Menschen zur Güterwelt als „Gesellschaft," der Gesammtheit ihrer gegenseitigen Beziehungen als „socialer Verhältnisse," üblich geworden.

Feststehend ist in dem unendlich verzweigten Organismus der Gesellschaft nur der Grundsatz, daß jede Art des Besitzes eine Abhängigkeit der Nichtbesitzenden begründet, daß diese Abhängigkeit in dauernder Wirkung alle Lebensverhältnisse durchdringt, daß sie activ und passiv das Leben der Familie beherrscht, daß sie Herrschaft und Abhängigkeit von Generation zu Generation überleitet, und damit das Element der Unfreiheit in den Staat trägt. Unabänderlich ist ebenso das Bestreben der besitzenden Klassen, jene Unabhängigkeit zu erhalten, zu befestigen, zu erweitern, wie das Bestreben der abhängigen Klassen, jene Abhängigkeit zu vermindern und aufzuheben.

Es entsteht dadurch in dem Leben des Volkes ein System widerstreitender Interessen, welches in unabsehbaren Durchkreuzungen bei jedem Versuch zur Bildung eines Gesammtwillens im Hintergrund alles Streites steht. Ebenso gewiß ist es, daß diese Gegensätze aus sich heraus unlösbar sind. Die „Harmonie der Interessen" bleibt ein frommer Wunsch der Gesellschaft nach erschöpfenden Kämpfen, welche ohne Versöhnung enden. Die Idee der „Volkssouveränetät," welche nach jedem Umsturz des Staats auftritt, enthält in der Wirklichkeit eine Souveränetät der Gesellschaft, welche weder zur Einigkeit, noch zur bürgerlichen und politischen Freiheit zu gelangen vermag.

So unabänderlich aber diese Natur der Gesellschaft, ebenso unabänderlich ist in die Natur des Menschen die Bestimmung gelegt, jene Gegensätze zu überwinden durch den Entschluß seines freien sittlichen Willens. Wie der einzele Mensch den Widerstreit seiner Triebe und Begierden mit seinen sittlichen Pflichten durch freien Entschluß überwinden soll: so ist es die ewige Bestimmung der Gemeinschaft der Menschen, jenes Gegensatzes der Interessen und ihrer Unfreiheit, — selbst mit dem Opfer der Person und des Vermögens, — Herr zu werden durch den Organismus des Staats. Wie kein Individuum seine sittliche Pflicht, so vermag kein Volk sein staatliches Bewußtsein zu verleugnen. Der Mensch ist seinem Wesen nach ein ζῶον πολιτικόν.

Im Gegensatz des natürlichen Zuges der Interessen ergiebt sich daraus ein System der öffentlichen Pflichten im Staatsverband, welches sich mit der fortschreitenden Gestalt der Gesellschaft stetig umwandelt. Der heute tief verzweigte Organismus der Heeres- und Gerichtsverfassung, der Finanzen und der Verwaltung des Innern, der Kirche und der Schule, hat die letzte Bestimmung, die gesellschaftliche und rechtliche Freiheit der Gesammtheit und des Einzelen zu begründen, zu schützen und zu erhalten.

§. 147. I. Das Wesen des selfgovernment.

Aeußerlich erscheinen diese Verhältnisse als Zwang, — als Militär=, Gerichts=, Polizei=, Steuerpflicht, Schulzwang ꝛc., — als allgemeine Pflicht zum Gehorsam gegen Gesetz und Obrigkeit. Allein dieser Zwang ist eben die Erfüllung der bürgerlichen Freiheit, soweit er dem Zuge der Gesell= schaft zur Unfreiheit gegenüber tritt, wie der Gehorsam gegen das Sitten= gebot die wahre Freiheit ist, gegenüber den Trieben und Begierden des Einzelen.

Zwischen dem Gesammtorganismus der Gesellschaft und dem Orga= nismus des Staats erscheint hiernach ein dauernder Gegensatz. Alle Einrichtungen des Staats mit ihrem Zwangscharakter und ihren fernlie= genden Zielen stehen unabänderlich den nächsten Interessen der Gesellschaft entgegen. Jede Gesellschaftsgruppe als solche behandelt ihren Antheil am Staatswillen (Standschaft oder Wahlrecht) nach dem natürlichen Zuge der Interessen, und hält ihre daraus hervorgehenden staatlichen Vortheile für das allein Wesentliche. Jede Gesellschaftsgruppe als solche erhebt nur Ansprüche auf Macht, Leitung, Beschließung: aber niemals auf Lasten, persönliche Arbeit und Verantwortlichkeit, ohne welche die Freiheit im Staat nicht zu erringen ist. Alle sociale Anschauungsweise drängt unab= änderlich dahin, die Staatseinrichtungen im Ganzen und im Einzelen ihren nächsten Interessen dienstbar zu machen.

Bildet die Gesellschaft in dieser Richtung einen zusammenhängenden Organismus: so bedarf es eines staatlichen Gegenorganismus, welcher die gesellschaftlichen Interessen sich unterordnet, vereinigt, und in stetiger Uebung den Menschen zur Erfüllung seiner staatlichen Pflichten zwingt und gewöhnt. Staat und Gesellschaft müssen erst von unten her= auf in ihren einzelnen Gliedern zusammenhängend und dauernd (organisch) verbunden sein, um einem Volk die Fähigkeit der Selbstregierung, die „Freiheit in der Ordnung," zu geben.

Dieser staatliche Gegenorganismus ist das selfgovern= ment.

Es vertheilt die zur Ausführung der innern Ordnung des Staats nothwendigen persönlichen Pflichten und Lasten nach der Leistungsfähigkeit der gesellschaftlichen Klassen.

Es gruppirt diese persönlichen Pflichten und Geldaufwendungen nach der Natur der örtlich thätigen Staatsgewalt zu Kreis= und Gemeindever= bänden als Träger gesetzlich geordneter Staatsfunktionen.

Es wandelt die aus dem Mittelalter hervorgegangenen ständischen Verbände und Genossenschaften, welche noch ihre eigenen Interessen wahr= nehmen, ihre eigene Weise der Ausführung bestimmen, die Mittel nach ihren eigenen Beschließungen aufbringen, in ein System von „Verwal= tungsgemeinden," d. h. Pflichtgenossenschaften, deren Funktionen und Steuern durch gesetzliche Normativbestimmungen geregelt sind, und die in dieser Unterordnung unter die Gesetzgebung und die staatswirthschaftlichen Grundsätze der Gesammtheit die **höhere Form der Communalfreiheiten im heutigen Staat** darstellen.

Es ergiebt sich daraus in einer zusammenhängenden Kette:

I. der **Begriff des selfgovernment**, wie er im Eingang (§. 7) an die Spitze gestellt ist: eine **innere Landesverwaltung der Kreise und Ortsgemeinden nach den Gesetzen des Landes durch persönliche Ehrenämter, unter Aufbringung der Kosten durch communale Grundsteuern**. — Die dadurch formirten Nachbarverbände sind die Bausteine des Parlaments, die bestimmende Grundlage des Verfassungs- und Verwaltungsrechts, die Basis der Grundrechte der englischen Gesellschaft geworden nach folgenden weiteren Gesichtspunkten.

II. Alles selfgovernment ist das **Erzeugniß der positiven Gesetzgebung**, nicht eines Gewohnheitsrechts, nicht eines natürlichen Zuges der Interessen. Nicht die Autonomie von Kreisständen, Städten oder Landgemeinden ist selfgovernment: sondern erst mit Ueberwindung solcher Hindernisse, mit Unterordnung solcher particulären Formationen unter die Gesetzgebung und das Besteuerungsrecht des Staats beginnt das selfgovernment und der Aufbau der parlamentarischen Verfassung. Im Widerspruch mit allen gesellschaftlichen Interessen, welche niemals nach Amtspflichten und Lokalsteuern Verlangen tragen, ist die Grundlegung des selfgovernment durch die königlichen Amtsordnungen der normannischen Zeit erfolgt, die sich später unter Mitwirkung der Parlamente zu organischen Gesetzen entfalten. Die gesetzliche Regelung umfaßt aber alle diejenigen Punkte, in welchen das nächste Streben der gesellschaftlichen Klassen und das Lokalinteresse mit den dauernden Lebensbedingungen des Staats in Widerstreit steht, auf deren Regelung eben deshalb die Uebereinstimmung des Staats und seiner einzelen Glieder beruht.

III. Die **Gegenstände des selfgovernment** sind die **staatlichen Funktionen der innern Landesverwaltung**: der Geschworenendienst, die Verwaltung der Sicherheits- und Wohlfahrtspolizei, die Militärausbebungen, die Vertheilung der Einquartierungs- und Vorspannpflicht, die Einschätzung der direkten Staatssteuern, die Verwaltung der Communalsteuern, die Verwendung des etwa vorhandenen communalen Stammvermögens zu öffentlichen Zwecken. Es sind die Funktionen der örtlich thätigen Staatsgewalt, die sich zu einer Handhabung durch das Personal und durch die Steuermittel des Nachbarverbandes eignen, mit Ausschluß derjenigen, welche sich dazu nicht eignen.

IV. Die **Bezirke der Selbstverwaltung** sind die überkommenen Landschafts-, Kreis-, Stadt- und Dorfverbände, denen sich die

§. 147. I. Das Wesen des selfgovernment. 883

Gesetzgebung jederzeit angeschlossen hat. England kennt keine „consolidirte Kreis= und Gemeindeordnung," sondern die Gesammtheit des Verwaltungsrechts bestimmt die Gemeindepflichten zur bessern und kräftigern Ausführung (for the better government) der Polizei=, Gerichts=, Finanz= und Militärgewalt des Staats. Der Staat in erster Stelle bedurfte dieser Gliederung zur vollern und nachhaltigern Erfüllung seiner Pflichten; woraus sich dann folgerecht, aber erst nachher, die „Communalfreiheiten" entwickelt haben.

V. Die Organe der Selbstverwaltung bilden höhere und niedere Aemter, zum Theil auch Gemeindeausschüsse, juries. Alle Aemter des selfgovernment haben den reinen Amtscharakter, — alle Rechte und Ehren, — alle Pflichten und Verantwortlichkeiten der Staatsämter. Auch die Grundsätze der Ernennung und Entlassung sind die normalen Grundsätze des Amtsrechts mit nur wenigen aus der Natur des Ehrenamts folgenden Abweichungen.

VI. Das Element der Steuern war in den Communalverbänden des Mittelalters nur als ein untergeordnetes gedacht: die ältesten Steuern dieser Art sind Abfindungen für versäumte oder umgewandelte Dienste. Allmälig indessen wächst das Element der Steuern mit den Aufgaben des Staats, und schon mit dem Ende des XVIII. Jahrhundert wird ein Bestreben sichtbar, die unteren Ehrenämter durch ein besoldetes Beamtenthum zu ersetzen. Im XIX. Jahrhundert hat der Uebergang in die reine Geldwirthschaft den Steuern einen früher unbekannten Umfang gegeben, und daran ein System lokaler Repräsentation angeknüpft.

VII. Aus dem Amtsorganismus tritt die wichtige Scheidung des Grundsatzes der Wahl und des Grundsatzes der Ernennung in festen Maximen hervor. Daß die Gesellschaft aus sich heraus nur Wahlämter zu bilden vermag, zeigt auch England, wo sich zur Zeit der Magna Charta derselbe Gedankengang, wie in der Gesellschaft des XIX. Jahrhunderts vorfindet. Die positive Gesetzgebung erst hat den Grundsatz durchgeführt, daß die höheren Aemter des Gerichts, der Polizei, des Heeres und der Kirche durch ernannte Beamte besetzt werden, soweit diese Aemter die Anwendung der Gesetze, also eine „Jurisdiction" handhaben. Die niederen Aemter dagegen werden durch Ernennung, Bestätigung oder freie Wahl besetzt, je nachdem sie überwiegend ausführende Organe der obrigkeitlichen oder der wirthschaftlichen Verwaltung sind.

VIII. Ebenso bestimmt das selfgovernment die Weise des Stimmrechts und Wahlverfahrens. Das gleiche Stimmrecht ist der mittelalterliche Grundsatz der Rechtsgenossenschaft, beruhend auf dem Gedanken, daß die persönlichen Leistungen für den Staat keiner äußerlichen Messung fähig sind. Das klassificirte Stimmrecht dagegen ist erst sehr neuen

Ursprungs für Verhältnisse, in welchen jede persönliche Leistung für das Gemeinwesen aufgehört hat. Im Zusammenhang damit steht die Weise der Abstimmung, welche im selfgovernment ein öffentlicher persönlicher Akt der versammelten Gemeindegenossen ist.

IX. Im selfgovernment als einer Regierung nach Gesetzen besteht kein Amt, keine Steuer, kein Organ, keine Einzelfunktion ohne eine geordnete Oberinstanz, welche die gesetzmäßige Erhebung und Verwendung der Steuer, die gesetzliche Anwendung der Amtsgewalt controlirt. Das selfgovernment beruht daher auf einem verwickelten Instanzenzug, und verläuft in eine oberste Controlinstanz der Reichsgerichte. Dies Competenzverhältniß stellt die ganze innere Landesverwaltung, die Auslegung der Gesetze des öffentlichen Rechts, die Deutung der Landesverfassung unabhängig von dem System der zeitigen Minister (Her Majesty's Government). Indem es von unten herauf die gesellschaftlichen Klassen zur Ausführung der Gesetze heranzieht und gewöhnt, erzeugt es den Rechtssinn der Nation, den das gesellschaftliche Leben aus seinen Interessen heraus nicht zu entwickeln vermag. Die Behörden des selfgovernment bilden die englische Verwaltungsjustiz, welche, in Verbindung mit den Gerichtscontrolen, eine abgeschlossene Jurisdiction über das gesammte öffentliche Recht darstellt. Durch diesen Zwischenbau wird die freie Bewegung der Parteien in der Centralverwaltung möglich, ohne die unparteiische Handhabung des öffentlichen Rechts und damit die Rechtssphäre des Einzelen zu gefährden. Dieser Zwischenbau erzeugt den sogen. „Rechtsstaat."

X. Das selfgovernment ist die Grundlage der Ständebildung geworden, indem es die persönlichen Pflichten und Steuerlasten der einzelnen Besitzklassen zusammenfaßt zu entsprechenden Rechten der Stände, welche von Jahrhundert zu Jahrhundert dem Grundsatz der Correspondenz der staatlichen Pflichten und Rechte gefolgt sind. Die Grenze der persönlichen Pflicht zum Geschworenendienst hat ursprünglich das Wahlrecht zum Parlament bestimmt. Die Uebernahme der höheren obrigkeitlichen Aemter hat seit den Zeiten der Revolution auch zu einem Census für das Friedensrichteramt, die Miliz und die Wählbarkeit zum Parlament geführt. Die gewohnheitsmäßige Verbindung der höheren Aemter mit dem großen erblichen Grundbesitz ist Hauptgrundlage der erblichen Pärie geworden. Die gegenseitige Anerkennung der Stände beruht hier darauf, daß das selfgovernment den höheren Klassen vervielfältigte und schwerere Pflichten auflegte, kraft deren sie in gesetzmäßiger Uebung staatlicher Funktionen das Maß des Einflusses erwerben, welches sie andern Falls durch die gesellschaftliche Macht des Besitzes auf dem Wege politischer Unfreiheit erlangen.

§. 147. I. Das Wesen des selfgovernment. 885

XI. Das selfgovernment ist eben damit die Grundlage der Parlamentsverfassung geworden. Durch die Zusammenfassung der persönlichen Staatspflichten im Kreis- und Stadtverband ergaben sich die Elemente, welche (mit einer Ergänzung aus der Kirchenverfassung) den King in Parliament bilden. Die Parlamentsverfassung formirt sich als eine Concentrirung der Communalverfassung mit ihren Elementen der Wahl und der königlichen Ernennung, der gesetzmäßigen und der wirthschaftlichen Selbstverwaltung. Die Selbstverwaltung erzeugt den politischen Gemeinsinn der parlamentarischen Körperschaft. Die Gewöhnung an diese Selbstthätigkeit erst gab den gewählten wie den erblichen Gliedern des Parlaments mit dem Recht auch die Fähigkeit, mit der Fähigkeit das Recht, die Gesetzgebung des Landes gleichmäßig fortzubilden und den Gang der Staatsverwaltung wirksam zu controliren. Das selfgovernment wird zum verfassungsbildenden Element, indem es die gesellschaftlichen Klassen zur verantwortlichen Ausführung der Gesetze nach demselben System heranzieht, nach welchem die Parlamentsverfassung dieselben Klassen zur Bildung des gesetzgebenden Körpers beruft, und umgekehrt.

XII. Der Zwischenbau des selfgovernment bildet schließlich als Ganzes jene harmonische Zusammenfassung von Staat und Gesellschaft, die von der politischen Seite aus als ein "Gleichgewicht der Gewalten," von der rechtlichen Seite aus als das System des "Rechtsstaats" bezeichnet zu werden pflegt. Die nachbarliche Verbindung durch die gleichen Gemeindelasten im engern Kreis, die Gleichheit ihrer Durchführung im ganzen Lande, die Gleichheit der Steuerpflicht und des Privatrechts, erzeugen hier ein gewaltiges, die geschiedenen Interessen der Gesellschaft beherrschendes Band, welches dem englischen Volk das Verständniß und den rechten Sinn für öffentliche Geschäfte und damit die Fähigkeit zu gemeinsamer Selbstthätigkeit in Gesetzgebung, in Steuerbewilligung und Steuerverwendung, zu einer dominirenden Controle der königlichen Staatsverwaltung gegeben hat. Das an jedem Punkte Entscheidende ist die gewohnheitsmäßige Selbstthätigkeit im Staatsberuf. Sie ist die schaffende Kraft, welche aus der Gesellschaft heraus das Bewußtsein erzeugt, daß die Gemeinschaft der Menschen über den Erwerb und Genuß, über die Bestrebungen und Interessen des Tages hinaus ein selbständiges und dauerndes Dasein im Staate haben muß. Sie ist es, welche die unendliche Vielheit der gesellschaftlichen Meinungen und Bestrebungen zu einem kraftvollen, stetigen Gesammtwillen zusammenfaßt. Sie löst, was die gesonderte Doctrin vom "Staat" und von der "Gesellschaft" nicht zu lösen vermag: das praktische Problem, an dessen Lösung Deutschland zweifelt, Frankreich verzweifelt.

Allerdings entspricht diese Zusammenfassung ebensowenig den traditionellen Vorstellungen vom selfgovernment, wie den traditionellen Vorstellungen von englischer Staatsverwaltung und Verfassung. Jenen tiefgewurzelten Mißverständnissen gegenüber muß es indessen genügen, auf den geschriebenen Buchstaben der Tausende von Gesetzen zurück zu verweisen. Die Gründe der Mißverständnisse darüber waren auf dem Continent doppelter Art. Zum einen Theil war es Unbekanntschaft mit dem Zusammenhang der englischen Institutionen, von welchen man immer nur zusammenhangslose Bruchstücke vor Augen hatte. Die Elemente, welche man nicht kannte, nahm man als nicht vorhanden an, und zog aus diesem Nichtvorhandensein Folgerungen von außerordentlicher Tragweite. Noch mehr aber waren es die völlig verschiedenen ständischen Grundlagen des Continents, welche das Verständniß erschwerten, und welche bei der Uebertragung englischer Namen auf französischen Boden etwas ganz Anderes erzeugten. Der Hauptgrund aller Mißverständnisse blieb bis zum heutigen Tage die Entwöhnung der höheren Stände von den persönlichen Lasten des Staatswesens, durch jene Arbeitstheilung im Staat, die wir den Absolutismus nennen.

Das Staatswesen, welches aus dem Zerfall des karolingischen Reichs hervorging, konnte auf dem Continent nicht wie in England unmittelbar eine monarchische Regierung erzeugen; sondern den natürlichen Machtverhältnissen folgend sonderte sich Land und Stadt und Kirche in selbständige Lebenskreise, innerhalb welcher immer nur eine Seite des heutigen Staatswesens zur Entfaltung kommen konnte, — zwar lebensfrisch und großartig, aber immer gebunden durch den beherrschenden Einfluß einer Besitzweise auf die Staatsidee, daher unfähig die anderen Lebenskreise sich zu unterwerfen und zu einem größern Ganzen zu verbinden. Erst aus der fürstlichen Gewalt entfaltete sich allmälig die höhere Einheit wieder, die in England seit dem XII. Jahrhundert bereits festbegründet vorhanden war. Die Monarchie wuchs auf dem Continent sehr viel langsamer empor, gehemmt durch Rechte der ehemals regierenden Klassen, daher genöthigt ihre Kräfte aus den Schichten des Volks zu ziehen, die durch kein ständisches Recht gedeckt, der Regierungsgewalt Jahrhunderte lang allein zugänglich waren, und ebenso genöthigt ihre Beamten von den alten regierenden Klassen abzulösen und als ihre persönlichen Diener über die „Stände" zu setzen. Es entstand dadurch ein Zustand, in dem die Steuerlast überwiegend auf die erwerbenden und arbeitenden Klassen fiel, die geistige Arbeit des Staats auf einen besoldeten Beamtenstand. Wo nun in dem reinen Beamtenstaat durch Arbeitstheilung die Besorgung der öffentlichen Pflichten sich auf Wenige beschränkt, wo den Tausenden, die wirklich im Staate regieren, eben so viele Millionen gegenüber stehen, die außer dem Staat die Thätigkeit der Regierenden anschauen, beurtheilen und besprechen: da erhält die Beschäftigung mit dem Staat, statt des Charakters einer ernsten, dauernden Pflicht, den Charakter der persönlichen Liebhaberei; statt der täglichen Beschäftigung mit öffentlichen Pflichten, den Charakter der Conversation, Clubbildung und politischer Lectüre. Regierende und Regierte schieden sich dadurch wie Praxis und Theorie im schlimmen Sinne des Wortes sich scheiden. Je mehr dieser Scheidungsprozeß fortschritt, um so mehr nahmen die Vorstellungen der Völker eine einseitige Richtung nur auf die Formen, welche den Nichtbeamteten Macht und Einfluß auf den Staatswillen sichern (die Verfassung); während man die wirkliche Erfüllung der Staatspflichten (Verwaltung) als etwas Nebensächliches ansah, welches sich von selbst finde. Auch die gemäßigtsten Parteiansichten befanden sich stets in einem kühlen, esoterischen Verhältniß zur Verwaltung. Man sah den Staat fast als eine „Maschine" an, die trotz der veränderten Einwirkung der Stände ihren gewohnten Gang im Einzelen fortgehen werde. Alle politischen Theorien nahmen folgeweise die Richtung, entweder sich ein ganz neues Staatswesen auszudenken (wobei man sich über die Zwecke natürlich stets veruneinigte), oder wenigstens in dem vorhandenen Staat sich

§. 147. I. Das Wesen des selfgovernment

mit unermüdlichem Eifer Formen zu erdenken, in welchen die eine oder andere Klasse einen beherrschenden Einfluß auf die Staatsgewalt üben will: während doch der wirkliche Staat nicht zu erfinden, sondern vorhanden ist, und keiner erdachten Lenkung bedarf, sondern vielmehr neuer, stärkerer, vielseitigerer Kräfte um seinen vorhandenen Pflichten zu genügen.

Am vollständigsten und einseitigsten hat sich diese Richtung Frankreichs bemächtigt, wo dem Charakter der Nation gemäß die Staatsideale unmittelbare Verwirklichung des Genusses der Gewalt erstreben. Sie hat im XVIII. Jahrhundert als eine Staatsphilosophie des high life begonnen, sich dann auf die studirten Klassen, die besitzenden Klassen, die zeitunglesenden Klassen ausgedehnt, und unter Permanenz der Revolution als philosophie de la misère ihren ersten hundertjährigen Kreislauf vollendet. Unwiderstehlich tritt aber dieselbe Richtung überall hervor, wo das Bestreben nach selbstthätiger Theilnahme am Staat zusammentrifft mit einer Umbildung der erwerbenden Arbeit. Die Vorstellungen, welche daraus hervorgehen, kehren die englischen Verfassungselemente um. Ober- und Unterhaus, Grafschafts- und Kirchspiels-Verfassung sind in der Wirklichkeit aus der Gestaltung der Aemter und Steuern, die ganze englische Verfassung ist aus der Verwaltung hervorgegangen. Die gleichmäßige Gewöhnung aller Klassen an die direkte Steuerpflicht, die Gewöhnung der höheren Stände an die persönlichen Amtspflichten, hat seit dem XVIII. Jahrhundert den beherrschenden Einfluß einer regierenden Klasse auf Gesetzgebung, Besteuerung und Verwaltung des Landes vollendet. Aus der englischen Weise der Vertheilung folgte die parlamentarische Verfassung mit derselben Nothwendigkeit, wie auf dem Continent aus der Gestalt der Steuern und Amtspflichten der reine Beamtenstaat (Absolutismus) hervorgehen mußte. Dies Moment ist so sehr das entscheidende, daß die Elemente und Formen des Absolutismus sich in den letzten Jahrzehnten in England unter denselben Voraussetzungen wieder erzeugt haben, wie umgekehrt die Elemente der Parlamentsverfassung auf dem Continent unter ähnlichen Umständen entstanden sind. Immer ist es die Vertheilung der Staatslasten, die in unendlichen und scheinbar zufälligen Wechselungen als unabänderliches Gesetz die Verfassung begründet, als unbarmherziges Gesetz den scheinbar begründeten „constitutionellen" Staat in absolute Regierung zurückführt.

Die tiefen Gegensätze der französischen und der englischen Entwickelung seit der zweiten Hälfte des Mittelalters, die Gründe, aus welchen die kleinen ständischen Freiheiten Englands seit der Magna Charta immer größer, die großen ständischen Freiheiten Frankreichs immer kleiner werden, sind in der 2. Aufl. dieser Schrift II. S. 1222 bis 1245 ausführlich dargelegt. Der Bruch der Staats- und Gesellschaftsordnung, welcher unter Umkehrung des Staatsbegriffs in Frankreich vor sich ging, hat Alexis de Tocqueville zu einer Art von pathologischer Anatomie des inneren Staatslebens Frankreichs veranlaßt, zu welcher a. a. O. ein Status caussae et controversiae gegeben ist. Zur Vereinfachung des ohnehin so verwickelten Materials sind in der nachfolgenden Darstellung nur noch die Hauptgegensätze der einzelen Seiten des selfgovernment hervorgehoben.

In erhöhtem Maße empfiehlt sich diese Beschränkung für die verwickelten Verhältnisse Deutschlands. Besteht das englische selfgovernment in einer communalen Formation der ausführenden Organe des englischen Verwaltungsrechts: so folgt, daß eine deutsche Selbstverwaltung nur mit deutschen Verwaltungsgesetzen, deutschen Ortsämtern und deutschen Communalsteuern zu bilden ist, daß kein einziger englischer Name, kein einziges geschlossenes Institut des englischen selfgovernment überhaupt auf den Continent übertragbar ist. Gemeinsame „Kreis- und Gemeindeordnungen" sind daher auch nur möglich für Provinzen und Landestheile mit einem vollständig entwickelten gleichartigen Verwaltungsrecht. Eine dem entsprechende Darstellung der preußischen Verhältnisse ist in Gneist, die preußische Kreisordnung, Berlin 1870 gegeben.

II.
Die organische Gesetzgebung über das selfgovernment.
(§§. 2—5, 17, 38, 89, 95, 100, 117, 131, 137.)

(§. 148.) Die Entstehung der englischen Verfassung schließt sich an ein Königthum mit den vollsten Regierungsgewalten, welche in dem europäischen Mittelalter überhaupt vorkommen. Die Eigenthümlichkeit des Inselreichs beruht darauf, daß die Staatsgewalten, welche das ancien régime erst auf den Trümmern des Feudalwesens aufbaut, dort schon in und mit dem Feudalwesen entstanden sind. Indem die ständische Gesellschaft in gleichmäßiger Unterwerfung unter das Königthum sich zum Parlament formirt, gehen die königlichen Gewalten in eine organische Gesetzgebung über, welche in England aus der Initiative des Königthums das selfgovernment erzeugt.

Die Entwickelung beginnt mit der Gerichtsverfassung, — der Rechtsprechung durch Judge and Jury, — beruhend auf dem Grundgedanken, daß das Staatsbeamtenthum nur der Träger allgemeiner Staatsgrundsätze (der law) sein soll, die Feststellung der concreten Umstände (der question of fact) dagegen, rechtlich uncontrolirbar, in die Hände unparteiisch ernannter Nachbarzeugen zu legen ist.

Dieser ordo judiciorum erstreckt sich in vereinfachter, summarischer Gestalt auf die Ortspolizeigerichte, courts leet, die aber in ihrer schwerfälligen, überlästigen Gestalt allmälig absterben.

In den Friedensrichtern findet sich seit dem XIV. Jahrhundert die geeignete Form zur Handhabung der Polizeigewalt, in welcher einerseits das Element der Gemeindegenossenschaft und der Nachbarschaft gewahrt, andererseits der Grundsatz der Ernennung und Verantwortlichkeit der Magistratur erhalten wird. Die Parlamentsgesetzgebung vermehrt nun mit jedem Menschenalter die summarischen Bußfälle, in welchen der Justice of the Peace die Funktionen von Richter und jury in sich vereint. Man gewinnt so eine praktikable Lokalverwaltung durch höhere Einzelbeamte, ordnet ihnen die Kirchspielsämter unter, und gelangt damit zu einer geschlossenen Kreis- und Stadtverwaltung durch Ehrenämter. Die Verbindung polizeilicher und gerichtlicher Funktionen im Ehrenamt führt den Erfolg herbei, der gesammten Polizeiverwaltung die Formen und allmälig auch die Garantien des Gerichtswesens zu geben. Die öffentlich-mündliche Verhandlung und Beweisaufnahme, das collegialische Decernat in den dazu geeigneten Sachen, die Gestaltung der friedensrichterlichen Sessionen zur Appellationsinstanz, machen das Polizeidecernat zu einer voll-

§. 148. II. Die organische Gesetzgebung über das selfgovernment. 889

ständigen Verwaltungsjurisdiction, welche sich nun auf die übrigen Gebiete der innern Verwaltung ausdehnt.

Die Milizverwaltung ist im Personal und Grundsätzen der Friedensrichterverfassung völlig nachgebildet, und hat auch nach dem Verfall der Miliz eine geordnete Verwaltungsjurisdiction über die streitigen Fragen des Militärrechts zurückgelassen.

In der Finanzverwaltung hat sich die Erhebung der Einschätzungssteuern zu einer gleichartigen Verwaltungsjurisdiction gestaltet, die Ausschreibung und Erhebung der sämmtlichen Communalsteuern der ordentlichen friedensrichterlichen Jurisdiction eingefügt.

Die Stadtverfassung bildet sich aus einer lokalen Zusammenfügung dieser Gerichts- und Polizeiverfassung in den städtischen Kirchspielen.

In Wechselwirkung mit der gewohnheitsmäßigen Thätigkeit der großen und kleinen Nachbarverbände wächst aber stetig der Umfang und die Bedeutung der Parlamentsgesetzgebung, d. h. der gesetzlichen Normativbestimmungen, welche die selbstverwaltenden Klassen ihrer eigenen Thätigkeit geben. Die Wechselwirkung dieser Bewegung ist in jedem Menschenalter unverkennbar. Der normannische Beamtenstaat mit seinen centralisirten und bureaukratisirten Einrichtungen hat die organische Gesetzgebung noch nicht zu erzeugen vermocht. Sie beginnt erst mit dem Widerstand der Gesellschaft gegen den Absolutismus, mit den ständischen Kämpfen in jener Zeit, in welcher der große Besitz, unmittelbar an die Staatsgewalt herangerückt, sich der königlichen Prärogative zu bemächtigen sucht. In diesen schweren, widerspruchsvollen Zeiten haben die Plantagenets den Weg eingeschlagen, ihren in Unordnung gerathenen Beamtenstaat zuerst in einen festen Körper zusammenzufügen, das Continual Council, Privy Council. Sie haben sodann den störrigen Gegensatz der ständischen Gesellschaft überwunden zuerst in den Individuen, d. h. in Personen, welche die Gewohnheiten des Amts mit den Gewohnheiten des Besitzes vereinigten. Eduard I. und III. verstanden es, solche Männer zu gemeinsamer praktischer Thätigkeit in den laufenden Staatsgeschäften zu verbinden, sie durch die unabsehbaren Einzelheiten der Landesbeschwerden und Privatpetitionen als höchste Beschwerdeinstanz des Landes zu organisiren, ihre Erfahrungen und Anschauungen zu einem Ganzen zu bilden, in welchem sich Amt und Besitz in überwundenem Gegensatz auflösen. So entstand das Magnum Consilium, dessen Gestalt und Thätigkeit den Politikern einer spätern Zeit so große Mühe macht, obwohl beides urkundlich klar vorliegt. Es ist die erste Gestalt des englischen Oberhauses, das Verbindungsglied zwischen der eigentlichen Staatsregierung und den beweglichen, mit den Interessen der Zeit verflochtenen Abgeordneten der Grafschaften und Städte. Aus diesen

Körperschaften sind die organischen Gesetze jenes für England grundlegenden Jahrhunderts hervorgegangen.

Mit dem funfzehnten Jahrhundert tritt wieder ein Stillstand ein durch die Usurpation des Hauses Lancaster. Die ständische Gesetzgebung, der Kampf des Adels um die Gewalt, der Kampf des Königthums mit den Ständen um die Gewalt, bleiben hier ebenso unfruchtbar wie in den analogen Zuständen des Continents.

Erst mit der Reformation beginnt die organisirende Thätigkeit von Neuem, und zwar in der Periode, in welcher dem Staat die größte Aufgabe jener Zeit gestellt war: die Vereinigung des kirchlichen mit dem weltlichen Staatsorganismus. In dieser Zeit gewinnen neue aus der gentry hervorgehende Staatsmänner und hohe Geistliche, ja sogar das reine Beamtenelement, wiederum einen Einfluß. Die organisirende Thätigkeit dieser Periode ist von der Grundlage des Kirchspiels aus noch tiefer herabgehend, und darum fast ebenso nachhaltig wie die des XIV. Jahrhunderts.

Unter den Stuarts ist dieser geistige Aufschwung des Beamtenelements wieder verloren. Im offenen Bürgerkrieg hört das Organisiren vollends auf. Die Republik mit ihren den Besitzverhältnissen widersprechenden Theorien ist sogar völlig spurlos an der Gesetzsammlung vorüber gegangen.

Erst unter der Restauration, in der „Aera der schlechten Verwaltung und der guten Gesetze" beginnt noch einmal eine organisirende Thätigkeit in der Miliz- und Polizeigesetzgebung, zugleich aber auch eine desorganisirende für die Stadtcorporationen. So leidenschaftlich diese ständische Gesetzgebung erscheint, so lag doch in den durch die Restauration hergestellten Rechtsgrundlagen die unwillkürliche Nöthigung noch einmal zu einer Art von Ausbau zu schreiten.

Mit dem XVIII. Jahrhundert aber verläuft diese Gesetzgebung in eine bunte Mannigfaltigkeit von Lokalakten, und selbst das Gute darin ist doch nur Nachhülfe und Nachbesserung an den feststehenden Grundlagen, durch welche die ersten Anfänge einer Gesundheitspflege geschaffen werden.

In diesem äußern Rahmen ist das englische selfgovernment entstanden. Die Staatsgewalt gewann in der Fortführung dieser Gesetzgebung immer neue Kräfte mittelst Heranziehung der geeigneten Klassen der Gesellschaft zur Ausführung des Staatswillens. Die gleichmäßige Heranziehung der besitzenden Klassen zum Kriegs-, Gerichts-, Polizeidienst und zur Steuerlast ergab schon im Mittelalter eine gleichmäßige Gliederung der öffentlichen Pflichten als Attribute communaler Körperschaften vom Parlament herab bis zur Zehntschaft. Die reichsständische Zeit hat das wichtigste Mittelglied der Friedensrichter und der Quartalsitzungen eingefügt, die Periode der Tudors die Kirchspielsverfassung, die Restau-

§. 149. III. Umfang und Grenzen des selfgovernment. 891

ration eine formirte Grafschaftsmiliz, das XVIII. Jahrhundert das Ineinandergreifen und Aneinandergewöhnen der nachbarlichen Verbände in dieser Thätigkeit begründet. Jederzeit lag aber die Initiative dazu in der Staatsgewalt, niemals in einem Streit der gesellschaftlichen Klassen unter sich.

So gern die Verehrer der „guten alten Zeit" noch heute auf diese Formation zurückblicken, so bedarf es doch schon hier einer Erinnerung an die schwachen Stellen einer durch die besitzenden Klassen bestimmten Gesetzgebung: an die einseitige Entwickelung der höheren Klassen in der Magistratur unter Vernachlässigung der Kirchspielsämter, der arbeitenden Klassen, der geistigen Bildung des ganzen Volks; die mangelhafte wirthschaftliche Entwickelung der unteren Klassen, das Verschwinden des kleinen Bauerstandes, die Versäumnisse der Befreiung des Grundbesitzes von veralteten Lasten; die Mängel der Civiljustiz und des Strafrechts; ein überwucherndes System von Schutzzöllen und indirekten Steuern; die Hindernisse der höhern Entwickelung des geistigen Lebens durch die Stellung der Staatskirche; unstätige äußere Politik und manches Andere. Es bedarf auch der Erinnerung daran, wie verhältnißmäßig einfach sich die Aufgaben der regierenden Klasse auf dem Boden einer festen, allseitig anerkannten Gesellschaftsordnung noch im XVIII. Jahrhundert gestalteten, wie sie daher bona fide ihre Pflichten zu erfüllen glaubte, wenn sie den unteren Klassen eine gesicherte Rechtsprechung und geordnete Vertheilung der Lasten bot, ohne sich um die sittliche und geistige Erhebung der Massen und um den Culturzweck des Staats zu kümmern. Es muß vor Allem erinnert werden an den durchweg verkünstelten und verkümmerten Zustand der städtischen Corporations und der städtischen Parlamentswahlen, um anzuerkennen, daß die Neubildung der Gesellschaft ebenso nothwendig wie berechtigt in diesen Gesammtorganismus eingegriffen hat (Abschn. II.).

III.
Umfang der Grenzen des selfgovernment.
(§§. 5, 7, 17.)

(§. 149.) Der Gang der organischen Gesetzgebung ergiebt auch das Gebiet, innerhalb dessen der Staat seine Gewalten den Communen übertragen hat, in der obigen Reihenfolge:

I. Aus dem Gebiet der bürgerlichen Rechtspflege ist den Kreisverbänden übertragen: die Feststellung der question of fact in Gestalt der Civiljury; die Vollstreckung der Dekrete der Reichsgerichte in Gestalt des Sheriff's Office; die Bestreitung der sachlichen und Bureaukosten der Lokaljustiz in Gestalt der County Rate.

II. Aus dem Gebiet der Strafjustiz und Polizei: die Vorentscheidung über Strafverfolgung in Gestalt der großen Jury und des Coroners Inquest; der Schuldspruch im ordentlichen Strafverfahren in Gestalt der Urtheilsjury; das untere Strafrichteramt, das Polizeirichteramt, das Voruntersuchungsamt und die höhere administrative Polizei in Gestalt des Friedensrichteramts; die unteren Amtsgeschäfte der Polizei in Gestalt des Ortsamts der Constables, der Kirchenvorsteher, Armen- und Wegeaufseher; sodann die persönlichen und sachlichen Kosten der Strafverfolgung, der niedern Strafjustiz und der Polizei in Gestalt der County Rate.

III. Aus dem Gebiet der Militärverwaltung: die Gestellung einer bestimmten Quote von Milizmannschaften, die Ehrenausgaben der Offizierstellen, die Bildung der Kreisverwaltungscommission in Gestalt des Lord Lieutenant und der Deputy Lieutenants; die Beschaffung der Zeughäuser und einige Nebenausgaben; die Fürsorge für Einquartierung und Vorspann durch das Amt der Constable.

IV. Aus dem Gebiet der Finanzverwaltung: die Kreiscommissionen für die Staatsgrundsteuer, die Einkommensteuer und die Assessed Taxes. Nach demselben System ist die Erhebung und Steuerjurisdiction der gesammten Kreis- und Kirchspielssteuern ein Haupttheil des selfgovernment geworden.

V. Den Städten mit eigener Stadtverfassung ist in ungefähr gleichem Umfang Strafjustiz und Polizei aufgetragen, verbunden mit der Selbstverwaltung des Corporationsvermögens, in Gestalt von Mayor und Friedensrichtern, von großer und kleiner Jury, des Ortsamts der Constables, der Borough Rate; in einzelen Städten kommt durch das Privilegium einer county corporate noch hinzu die Verwaltung des Sheriff's Office und die eigene Miliz.

An diese überwiegend obrigkeitliche Selbstverwaltung reiht sich die in Buch III. dargestellte überwiegend wirthschaftliche Selbstverwaltung der Kirchspiele, welche erst seit der Periode der Tudors eine wachsende Bedeutung gewonnen hat:

VI. Aus dem Gebiet der Kirchenverwaltung: die bauliche Erhaltung der Kirchengebäude, die ökonomische Verwaltung des Kirchenvermögens und die Polizei des Gottesdienstes in Gestalt des Amts der Churchwardens und der Church Rate.

VII. Aus dem Gebiet der Wohlfahrtspolizei: die gesammte Armenpflege in Gestalt des Amts der Overseers und der Poor Rate. Die dazu gehörigen Controlgeschäfte und die Beschwerdeinstanz fallen wiederum dem Friedensrichteramt zu.

VIII. Aus dem Gebiet der Gesundheits- und Baupolizei: neuerdings gewisse Geldausgaben nach Analogie der Armensteuer, und einige persönliche Pflichten, vertheilt unter die Ortsgemeindebeamten, die Friedensrichter und neugebildete Boards.

IX. Endlich die Erhaltung der öffentlichen Brücken und der Wege, letztere durch die Wegesteuern, durch das Amt der Surveyors of Highways und durch das Controlamt der Friedensrichter.

Damit ist das Gebiet des selfgovernment geschlossen, wie solches in der obigen Darstellung, Cap. IV.—XII. entwickelt ist. Dies ist

§. 149. III. Umfang und Grenzen des selfgovernment. 893

das Gebiet, auf welchem in dem parlamentarischen Staat die „Decen=
tralisation" herrscht, dies die Schranke, welche das neuere Staatswesen
einer Decentralisation überhaupt zieht. Die Frage der Centralisation ist
in der That keine Frage legislatorischer „Weisheit," sondern eine Frage
finanzieller und rechtlicher Nothwendigkeit. Ein Staatswesen, welches so
gewaltige Aufgaben wie der heutige Staat zu erfüllen hat, in der Ver=
theidigung nach Außen, im Rechtsschutz der schwächeren gegen die stärkeren
Klassen, in der Vereinigung widerstrebender sich bekämpfender Gesellschafts=
gruppen, in der Erhebung, Belehrung, Förderung des wirthschaftlichen und
sittlichen Lebens der zahlreichsten und der schwächsten Klassen des Volks,
bedarf der Centralisation der Gesetzgebung und der Besteuerung. Wenn
man sich für das Gegentheil auf England beruft, so ist dies ein Mißver=
ständniß. Die englische Verfassung konnte überhaupt entstehen nur da=
durch, daß seit dem XI. Jahrhundert die Gesetzgebung centralisirt war;
sie konnte sich fortbilden und erhalten, nur weil die Gesetzgebung bis
heute centralisirt blieb. Es ist innerhalb der englischen Verfassung nir=
gends die Rede von gesetzgebenden Provinzialständen, Kreisständen, ritter=
schaftlichen Corporationen, sondern nur von Lokalpolizei=Verordnungen,
bye laws. — Ebenso centralisirt ist das Besteuerungsrecht. Kein
Kreis oder städtischer Verband kann irgend welche Steuer erheben ohne
einen Akt der Gesetzgebung, noch öffentliche Gelder verwenden zu irgend
einem andern Zweck als zu dem vom Gesetz vorgeschriebenen oder erlaubten.
Durch diese Besteuerung wurde England zwar nicht vor mancher schweren
Einseitigkeit, wohl aber vor der lokalen Verwirrung des Abgabenwesens
bewahrt, die früher auf dem Continent herrschte. Wenn die Friedens=
richter eine Grafschaftssteuer, die Gemeinderäthe eine Stadtsteuer, die
Armen= und Wegeaufseher eine Armen= und Wegesteuer ausschreiben, so
stehen Personen, Sachen und Zwecke durch das Gesetz fest; die Steuer=
ausschreibung bedeutet nur periodische Abmessung nach periodischem Be=
dürfniß.

Die „Decentralisation," für welche England als Musterstaat gilt, ist
also Decentralisation der Verwaltungsorgane und Steuer=
lasten, d. h. die Heranziehung der Kreis= und Gemeindeverbände zur
Ausführung der Gesetze der innern Landesverwaltung, zur Erhebung und
Verwendung der Steuern. In dem englischen Verfassungsleben hat sich
die Grenze dafür seit Jahrhunderten empirisch festgestellt, und die dabei
gewonnenen Erfahrungen sind um so bedeutungsvoller, als in keinem Staate
Europas die Kreisverbände eine solche Kraft und Festigkeit erlangt haben,
wie in England. Die praktische Erfahrung hat jeder Zeit bestätigt, daß
ein selfgovernment nur stattfinden kann (1) an solchen Gegenständen, deren
Bestreitung mit den Geldmitteln des Communalverbandes möglich und nach

der Natur der Leistung der Commune zuzumuthen ist, und (2) nur an solchen Gegenständen, die durch Ehrenämter verwaltet werden können: also solchen höheren Amtsfunktionen, welche ländliche und städtische Honorationen, und solchen kleineren Aemtern, welche Bauern und Handwerker erfahrungsmäßig versehen können. Daß man Polizei-, Chausseeverwaltung u. dergl. nicht decentralisiren kann, so weit die Kosten aus den Staatsfinanzen aufgebracht werden, daß ein Kreis- oder Communalverband unmöglich Dinge verwalten kann, zu welchen die nöthigen Gelder in einer 100 Meilen weit entfernten Provinz aufgebracht werden, muß jederzeit als entscheidend anerkannt werden.

Die Gesammtbeziehungen des Staats nach außen, das stehende Heer, die indirekten Steuern und Regalien, die sonstigen Theile der Gerichts- und innern Verwaltung entziehen sich deshalb einer Decentralisation und lokalen Selbstverwaltung ihrer Natur und Bestimmung nach.

Die Verwaltung des Volksschulwesens, welche ihrer Natur nach dem Gebiet der Selbstverwaltung zugehört, fehlt bis jetzt in dem englischen System, weil die Volksschule zu keiner Abscheidung von der Corporativverfassung der Staatskirche gelangen konnte. Das englische Schulverwaltungsrecht (Gn. Verw.-Justiz S. 570—73) befindet sich noch in den Anfängen. Die Thätigkeit der Privatvereine für das Volksschulwesen wurde seit 1839 durch Parlamentszuschüsse verstärkt. Das rapide Wachsen dieser Zuschüsse hat weiter zu umfassenden „Schulregulativen" geführt. Das Ganze beruht in dieser Lage noch auf Verwaltungsregulativen und Staatsinspectoren. Erst die neueste Gesetzgebung wird die Normativbestimmungen und Rechtscontrolen schaffen, welche zu einer Selbstverwaltung führen.

Das für die heutige Welt so bedeutungsvolle Gebiet der Gesundheitspflege und Baupolizei war in der alten Friedensbewahrung in überaus dürftigen Anfängen vorhanden, im XVIII. Jahrhundert nur durch Lokalakten weiter gebildet. Dem Bedürfniß der Zeit ist hier erst innerhalb des neuern Systems der wirthschaftlichen Selbstverwaltung (Abschn. II.) sein Recht geworden.

IV.

Die Abstufungen der Kreis- und Gemeindeverwaltung im selfgovernment.
(§§. 8, 100, 101, 111, 115.)

(§. 150.) Das historische selfgovernment beruht auf einer dreifachen Abstufung von Ortsgemeinde, Amtsbezirk und Kreis.

Die Ortsgemeinde ist seit der Reformation zur Verwaltungsgemeinde entwickelt in Gestalt des „Kirchspiels," welches auf einer Fusion von Dorfgemeinde (tithing) und Gutsbezirk (manor) beruht. Das Schulzenamt ist im Verlauf der Zeit in die Aemter des Petty Constable, der Armen- und Wegeaufseher gespalten. Das starke Uebergewicht der obrigkeitlichen Selbstverwaltung führte aber dazu, daß alle diese Gemeindeämter durch Ernennung der Friedensrichter besetzt wurden.

§. 150. IV. Die Abstufungen der Kreis= und Gemeindeverwaltung im selfgov.   895

Die Formation des Amtsbezirks (Hundred) war aus dem Bedürfniß der Polizeiverwaltung entstanden, und hat als solche niemals eine Bedeutung für die wirthschaftliche Selbstverwaltung erhalten.

Die Kreisverwaltung dient vorzugsweise der obrigkeitlichen Selbstverwaltung, formirt sich also nur aus den ernannten Friedensrichtern. Die Generalversammlung derselben verbindet mit der Verwaltungsgerichtsbarkeit I. und II. Instanz die wirthschaftliche Verwaltung der Kreisfonds als Nebensache, ohne Mitwirkung einer gewählten Kreisvertretung.

Die Stadtverfassung beruhte zu allen Zeiten nur auf einer Verbindung der Grundsätze von Kreis= und Ortsverwaltung.

Das praktische Bedürfniß des obrigkeitlichen Amts und der Steuer hat diese Abstufungen von Hause aus gebildet und in einer stabilen Ordnung der Gesellschaft Jahrhunderte lang unverändert erhalten. Hauptbezirk der Steueraufbringung und wirthschaftlichen Verwaltung war und blieb die Ortsgemeinde. Hauptbezirk der Polizei und der obrigkeitlichen Selbstverwaltung war und blieb die Grafschaft, in welcher die Hundreds nur Amtsbezirke für Handhabung gewisser Polizeigeschäfte im engern Kreise darstellen. Maßgebend war dabei von Alters her der Grundsatz: der Ortsgemeinde an persönlicher Thätigkeit und Steuerlast alles zuzumuthen, was sie tragen kann; was darüber hinausgeht dem Kreisverband aufzulegen; was dessen Kräfte übersteigt durch Staatsbeamte und Staatsgelder zu bestreiten. Nach Maßgabe dieser Grundelemente formirt sich (1) die englische Gemeindeverfassung, (2) die Kreisverfassung, (3) die Stadtverfassung als Combination der beiden vorigen.

I. Die Ortsgemeindeverfassung beruht auf folgenden Lasten, welche zum kleinen Theil durch Gewohnheitsrecht (common law), zum größten Theil durch Parlamentsstatuten dem Kirchspiel auferlegt sind: die Kirchenbaulast unter Verantwortlichkeit der Churchwardens; die Ortsarmenpflege und Verantwortlichkeit der Overseers of the Poor; die Wegebaulast unter Verantwortlichkeit der Surveyors of Highways; das untere Polizeiamt unter Verantwortlichkeit der Constables. Die persönlichen Leistungen zur Ausführung dieser Pflichten bestimmt das Gesetz in jeder Einzelheit für die Churchwardens, für die Overseers, für die Surveyors, für die Constables. Die Ortsgemeinde ist verpflichtet die Geldmittel dafür aufzubringen, die für den wichtigsten Zweck durch 43. Eliz. c. 2 als Armensteuer, später durch mehre hundert Gesetze nach einem gleichen Maßstab weitergeführt wurden. Für die Ortsgemeindebeamten tritt folgeweise hinzu die Pflicht zur Ausschreibung, Einschätzung, Beitreibung dieser Steuern, Buchführung, Rechnungslegung und Rechnungsrevision. — Diesen Pflichten entsprechen folgende Rechte: (1) ein Beschließungsrecht über den Betrag der (jetzt aufgehobenen) Kirchensteuer; (2) ein Vorschlagsrecht für den von den Friedensrichtern zu ernennenden Parochial Constable und die Overseers of the Poor; (3) ein Wahlrecht des Wegeaufsehers nach der Wegeordnung von 1836; (4) das Recht bye laws zu errichten zur Ausführung ihrer gesetzlichen Obliegenheiten.

II. Die Kreisverfassung begreift folgende, größtentheils durch Parlamentsstatuten den Grafschaftsverbänden auferlegte Obliegenheiten: (1) die Beschaffung der Gerichts- und der Polizeilokale, sowie einer Unterstelle für Vollziehung der Decrete der Reichsgerichte, unter persönlicher Verantwortlichkeit des Sheriff; (2) die vollständige Last des Polizeirichter- und Voruntersuchungsamts, beide vereint in den Friedensrichtern; (3) die untere Strafjustiz, vertheilt unter die Assisen, Quartalsitzungen und Jury; (4) die Pflicht der Strafverfolgung in Gestalt der Grand Jury und des Coroners Inquest; (5) Gestellung einer Urtheilsjury zu jeder Assise und Quartalsitzung und zu anderen speciellen Zwecken unter Verantwortlichkeit des Sheriff; (6) Beschaffung und Verwaltung der Kreisgefängnisse, öffentlichen Irrenhäuser und öffentlichen Brücken unter Verantwortlichkeit der Friedensrichter; (7) Bildung einer Oberinstanz zur Entscheidung der Beschwerden und Reclamationen aus der Polizei-, Armen-, Wege- und Steuerverwaltung, in den Quartal- und Specialsitzungen der Friedensrichter; (8) Gestellung der Offiziere und Mannschaften der Miliz, Bildung der Verwaltungscommissionen dafür, Beschaffung der Zeughäuser, Leitung des Vorspann- und Einquartierungswesens, unter Verantwortlichkeit des Lord Lieutenant, der Deputy Lieutenants und der Friedensrichter; (9) Bildung der Chausseeverwaltungsbehörde.

Die persönlichen Obliegenheiten zur Ausführung dieser Verpflichtungen sind enthalten in der ausgefertigten Bestellung (Commission) der Friedensrichter und in zahllosen Einzelgesetzen unter persönlicher Amtsverantwortlichkeit sowohl im Strafverfahren wie durch Ordnungsstrafen. Das Gesetz bestimmt ferner bis ins äußerste Detail die Vertheilung der Geschäfte und das dabei zu beobachtende Verfahren.

Den Kreisverbänden sind sodann die Geldlasten auferlegt, welche dieser Kreisverwaltung correspondiren: die Erhaltung der Grafschaftsbrücken; der Kreisgefängnisse und Correctionshäuser mit Gehalten, Gefangenenunterhalt und Transportkosten; Erhaltung der Gerichtsgebäude; Todesermittelungskosten; Kreisirrenhäuser; Maß- und Gewichtsverwaltung; Gehalte der Kreissecretäre und Kreiseinnehmer; jetzt vor Allem die Kosten der besoldeten Kreisgensdarmerie und der polizeilichen Detentionshäuser.

Diesen schwer wiegenden Pflichten entsprechen unmittelbar zwar nur sehr unbedeutende Rechte: ein Wahlrecht der Kreiseinsassen zu dem verfallenden Amt des Coroner und der fast verschollenen Verderors. Allein das eigentlich correspondirende Recht ist das **Parlamentswahlrecht** und

§. 150. IV. Die Abstufungen der Kreis- und Gemeindeverwaltung im selfgov. 897

der überwiegende Einfluß der an der Kreisverwaltung betheiligten Personen und Klassen auf die Zusammensetzung des Parlaments, welches diesem Verhältniß eben seine Bedeutung und Macht verdankt. Der Verwaltungsorganismus der Grafschaften und Städte hat dem Unterhaus die Kräfte zugeführt, welche sonst kein politisches Wahlsystem und keine Wahlkörperschaft der civilisirten Welt zu erlangen vermocht hat.

III. In der Mittelbildung der Stadtverfassung fanden sich eigenthümliche Bedingungen für eine Delegation der Staatsgewalten, welche die Gesetzgebung schon im Mittelalter, und dann in der Periode der Tudors benutzte. Es ließen sich den Städten (1) die obigen Kreislasten auflegen, mit Ausnahme der Miliz und des Sheriffamts; nur in der kleinen Zahl der sogenannten counties corporate sind auch diese hinzugefügt. Der Wohlstand, die Steuerkraft der Städte und politische Gründe veranlaßten die älteren Dynastien, darin sogar viel weiter zu gehen als es durch die Natur der Staatsgeschäfte bedingt war. (2) Es ließen sich den städtischen Kirchspielen (Stadtvierteln) alle Ortsgemeindelasten auferlegen, wie dies durch die Gesetzgebung der Tudors und später durchweg geschah. Die Stadtverfassung bildet sich also durch ein örtliches Aneinanderrücken der beiden vorigen Systeme. Durch das Aneinanderrücken in einen Körper entsteht aber ein verändertes Verhältniß von Rechten und Pflichten. Die gleichartigen gesellschaftlichen Grundlagen und das örtliche Beisammensein gestatten eine weitere Ausdehnung des Wahlrechts; von dieser Seite aus zeigte sich die Tendenz das Wahlrecht auf Aemter auszudehnen, die sonst durch Ernennung besetzt werden. Andererseits bildet sich aus der überwiegenden Thätigkeit der höheren Stände im Friedensrichteramt und in allen Funktionen der Kreisverfassung die Tendenz ständige verwaltende Körper, analog den friedensrichterlichen Sessionen in der Grafschaft, zu bilden. In den meisten Städten gewinnen daher die Select Bodies die Oberhand, und durch den Rechtsbegriff der Corporation werden die so entstandenen Verhältnisse fixirt und befestigt gegen alle späteren Aenderungen in dem wirthschaftlichen Zustand der Städte und gegen die wachsenden Ansprüche der Steuerzahler. Es wirft diese Gegenüberstellung ein neues Licht auf die wunderbare Mißbildung der Stadtverfassung grade auf dem Höhepunkt des parlamentarischen regime. Die meisten dieser Municipal Corporations gaben für erhebliche Staatsleistungen so gut wie gar kein Wahlrecht mehr: aber sie geben das parlamentarische Wahlrecht, und zwar der Stimmzahl nach fünfmal schwerer wiegend als das der Kreisverbände. Der befestigte Einfluß durch Selbstthätigkeit wird hier zu einem abgeschlossenen politischen Faktor, der nicht mehr wie in der Grafschaft durch wirkliche Leistungen im Einzelnen erworben wird, sondern durch die Corporationsverfassung sich unabhängig davon fixirt, und auf der Basis des Grundbesitzes, von Familienverbindungen und anderen socialen Verhältnissen, durch Cooptation in den regierenden Körperschaften continuirt wird. Allerdings dauert eine persönliche Selbstthätigkeit in diesen Corporations noch fort, aber corrumpirt durch das Cliquenwesen, und völlig außer Verhältniß mit dem unermeßlichen Einfluß, welchen 405 Stimmen in dem Unterhaus des großbritannischen Reichs dieser Zeit bedeuteten. Es war also (freilich auf sehr verschiedenen Wegen) ein analoges Verhältniß entstanden, wie in dem verfallenden Feudalismus des Continents: ein befestigter Einfluß, welcher sich rücksichtslos gegen die durch Jurydienst und Steuer begründeten Ansprüche der Bürgerschaft abschließt.

Die Organisation der Städte weist auf die schwächste Stelle des historischen selfgovernment hin. Durch überwiegende Betheiligung und Einfluß der höheren Stände im obrigkeitlichen Amt war die Selbstthätigkeit der Mittelklassen in den Hintergrund gedrängt, vernachlässigt und verfallen. Mit der mechanischen, sachlich meist unbedeutenden Thätigkeit der Constables, Overseers und Surveyors ist auch das Gemeindeleben des Kirchspiels schrittweise gesunken, die Gemeindeversammlung in Select Vestries verkümmern. Noch übler stand es aber in den städtischen Kirchspielen, seitdem alle bürgerliche Selbstthätigkeit von den ständigen Corporations monopolisirt, und der Gemeinde fremdartigen Zwecken dienstbar gemacht war. Hier war die offene Stelle, in welche seit der Reformbill das wirthschaftliche System der Boards siegreich eindrang und in der Ablösung von der obrigkeitlichen Selbstverwaltung seinen einseitigen Entwickelungsgang nahm. (Abschn. II.)

V.
Das System der Aemter im selfgovernment.
(§§. 9—15, 26, 34, 74—80, 83, 89, 95, 105, 112, 118, 139.)

(§. 151.) Das System der persönlichen Staatspflichten hat seit dem Mittelalter die englische Gesellschaft umgestaltet, zur Selbstverwaltung und Selbstgesetzgebung herangebildet, zur bürgerlichen und politischen Freiheit erzogen.

Ihre Grundlage ist die allgemeine Pflicht zum Gehorsam gegen die Staatsgewalt, seit der normannischen Zeit verstärkt durch den Lehnseid des Grundbesitzes. Diese allgemeine Pflicht specialisirt sich weiter: in die persönliche Pflicht zum Heerdienst, in der spätern Gestalt als Milizdienst; — in die persönliche Pflicht zum Gerichtsdienst, ursprünglich als Dienst der Gerichtsmänner, später als Geschworenendienst der 40 sh. freeholders; — in die persönliche Pflicht zum Polizeidienst, früher in der drückenden Gestalt des turnus vicecomitis und court leet, später concentrirt in die Aemter der Friedensrichter und Constables, noch fortdauernd als allgemeine Bürgerpflicht zu Strafverfolgung und Zeugniß; — in die

§. 151. V. Das System der Aemter im selfgovernment. 899

persönliche Steuerpflicht, früher in Gestalt der auxilia und tallagia, später zusammengeschmolzen in die parlamentarischen Subsidien, dann umgewandelt in die neueren Staats=, Kreis= und Gemeindesteuern; — endlich in einen Kirchen= und Glaubenszwang, die persönliche Unterwerfung unter die Gebote der Kirche, seit der Reformation verschmolzen mit der weltlichen Unterthanenpflicht, seit den Zeiten der Revolution allmälig aufgelöst durch den Grundsatz der Toleranz und der bürgerlichen Gleichheit der Bekenntnisse. — Aus diesen persönlichen Staatspflichten ist das selfgovernment hervorgegangen wie eine Arbeitstheilung zur leichtern und wirksamern Erfüllung der Staatspflichten im Nachbarverbande.

Einem nationalen Grundzuge entsprechend hat diese Formation in der normannischen Zeit zuerst den Charakter der Gemeindeausschüsse angenommen, sowohl zur Erfüllung der Gerichts= und Polizeipflichten im Namen der Gemeinde (juries), als zur wirthschaftlichen Verwaltung der Gemeindemittel (committees). Beide Formationen sind im Mittelalter dadurch entstanden, daß man den Gemeinden gestattete ihre gesetzlichen Obliegenheiten durch einen engern Ausschuß zu handhaben. Solche Gemeindecommissionen erscheinen noch als juries im Civil= und Strafprozeß und als Gemeinde=Untersuchungscommissionen juries of inquiry; sowie als Einschätzungscommissionen für die Steuerjurisdiction. Eine Grenze für die Anwendung dieses Systems lag aber in dem nothwendigen Verhältniß zwischen Mittel und Zweck, welches nicht gestattet, eine Zahl von 12 oder auch nur von 5 Personen, zu Geschäften aufzubieten, deren Bedeutung in keinem Verhältniß zu diesem Aufgebot steht. Die Mehrzahl dieser Bildungen ist daher später in Einzelämter verwandelt.

Die übergroßen Beschwerden des Sheriff's Tourn und Court Leet haben zunächst in der Polizeiverwaltung zu weiterer Theilung geführt, aus der die Hauptämter des heutigen selfgovernment hervorgehen, welche mit Abstreifung jedes feudalen Restes den rein staatlichen Charakter des Amts annehmen. Das Friedensrichteramt, die Hauptgrundlage des Ganzen, ist das rein persönliche Amt eines Polizeirichters und Polizeicommissars, besetzt durch königliche Ernennung (Commission) nach den Grundsätzen der höheren Verwaltungsämter. Die strafrechtliche Verantwortlichkeit, die Regreßpflicht, die Unterordnung unter eine höhere Behörde ist die eines Verwaltungsamtes. Wie die Amtspflichten, so sind die Amts= und Ehrenrechte dem reinen Amtsorganismus entnommen. Ebenso enthält das Sheriffamt nur Bruchstücke unserer Richter= und Verwaltungsämter; die Milizverfassung nur die Aemter der Landwehroffiziere und militärischen Verwaltungscommissionen. Die einfache Probe dafür ergiebt der Uebergang der neuern Zeit in besoldete Aemter. Wo man besoldete Friedensrichter in den Städten substituirte, entstanden Polizeirichter in der uns ganz geläufigen Amtsstellung. Wo man die administrativen von den richterlichen Geschäften des Friedensrichters zu trennen anfing, entstand ein gewöhnlicher Polizeidirector (in London). Wo man in der Miliz Offiziere der stehenden Armee verwandte, blieb die Stellung dieselbe. Als man anfing in den unteren Gemeindeämtern besoldete Beamte zu substituiren, ging der Armenaufseher mit großer Leichtigkeit in einen besoldeten Assistant Overseer und Collector über, der Polizeischulze in einen besoldeten Policeman (Gensdarmen), der Wegeaufseher in einen besoldeten Surveyor. Es zeigte sich, daß man mit Leichtigkeit alle unteren Gemeindeämter in ein Corps von Secretären, Schreibern, Buchhaltern, Gensdarmen verwandeln kann.

Lediglich die Natur der Staatsämter hat sodann auch die Scheidung in die beiden Hauptklassen der höheren und niederen Aemter bestimmt.

I. Die höheren Aemter sind die obrigkeitlichen Aemter, welche ein selbständiges Urtheil des Beamten in Anwendung der Gesetze auf den gegebenen Fall voraussetzen. Es sind die Beamten, welche im Kreis- und Gemeindeverband die Militär-, Gerichts-, Polizei-, Finanzgesetze in diesem Sinne zu handhaben berufen werden. Das englische Recht nennt die decretirende Thätigkeit Jurisdiction, die älteren verfassungsmäßigen Behörden dafür Courts. Den Charakter der Jurisdiction haben die Aemter des Sheriff, der Friedensrichter, der Coroners, der Milizoffiziere und Milizcommissarien, der städtischen Mayors, — parallel gehend den deutschen Aemtern der Regierungspräsidenten, Regierungsräthe, Landräthe, decretirenden Polizeibeamten, der Kreisersatzcommission, der Landwehroffiziere. Solche Aemter setzen eine höhere Bildung voraus, eine bestimmte Unabhängigkeit und Sicherheit der Lebensstellung, die Gewohnheit Achtung von Anderen zu fordern und bei ihnen zu finden, überhaupt Charaktereigenschaften, die nur aus der Vereinigung eines gewissen Bildungsgrades mit persönlicher Unabhängigkeit hervorgehen. Das selfgovernment besetzt sie demgemäß mit Personen, welche den nöthigen Besitz haben, um unabhängig zu sein, welche diesen Besitz benutzen, um durch eine höhere Erziehung die Fähigkeit dafür zu gewinnen, welche diese ihre Kraft dem Gemeinwesen im nachbarlichen Verbande widmen können, und macht damit von oben herab die Gesellschaft dem Staate dienstbar.

Das maßgebende Hauptamt war und blieb jeder Zeit das Amt der decretirenden Polizeiobrigkeit, „Friedensbewahrung," hervorgegangen aus der frühzeitigen Entwickelung und eigenthümlichen Gestaltung der Polizeigewalt in England. In allen Culturstaaten Europas ist die Stellung dieses Polizeiamts entscheidend geworden für den innern Ausbau, und damit für den Grundcharakter des Staats, des „Absolutismus" wie

§. 151. V. Das System der Aemter im selfgovernment. 901

des „Rechtsstaats." Seit Jahrhunderten bildet die Gestalt dieses Polizei=
amts das Problem der Staatsverfassungen, und mehr als jemals in der
heutigen Gestalt der Grafschaft. An jedem Punkt des öffentlichen Lebens
steht die „Polizei" in ihrem täglichen Thun ebenso in Beziehung mit
den Bedürfnissen der Gesellschaft, wie in Widerspruch mit den Grund=
neigungen der Gesellschaft durch Beschränkungen der persönlichen Freiheit
und des Vermögens. Ist die Justiz stets unbeliebt bei denen, welche ihren
Prozeß verloren haben, so ist die Polizei unbeliebt bei jedem, mit Ausnahme
des Tages, an welchem man ihrer bedarf. Eine sachgemäße Behandlung
der Polizei setzt in der That eine sichere Abgrenzung zwischen den noth=
wendigen Anforderungen der öffentlichen Sicherheit und Wohlfahrt und
dem Recht des Einzelen voraus, welche ohne ein gewisses Maß der
Selbstübung nicht zu gewinnen ist. Die absprechenden und widersprechen=
den Urtheile über die Polizeigewalt sind überall ein Erbtheil der Ent=
fremdung der Gesellschaft vom Staat. Durch ernste Erfahrungen hat sich
in England das Verständniß dafür entwickelt, daß die Formen und Grenzen
des obrigkeitlichen Zwanges die höchsten Verfassungsfragen in sich
enthalten, daß eine Gesellschaft, welche diese Gewalten nur in Gestalt des
Polizeicommissarius und Polizeidieners ihren nächsten Interessen dienstbar
zu machen glaubt, die Dienerin dieser Organe selbst wird. Die englische
Freiheit hat ihre Grundlagen erst erhalten, seitdem das obrigkeitliche Po=
lizeiamt als der höchste politische Beruf im Staate betrachtet wurde. Die
französische Revolution, welche in solchem Verhältniß nur eine Störung
der socialen Gleichheit sah, die industrielle Gesellschaft, welche nur ein die=
nendes Beamtenthum zur Aufrechterhaltung der Ruhe und Ordnung schaffen
will, vermögen ebendeshalb so wenig zur persönlichen Freiheit für den
Einzelen, wie zur politischen Freiheit für die Gesammtheit zu gelangen.
Beides wird erreichbar erst mit der Einsicht, daß das obrigkeitliche Amt
die höchsten geistigen und sittlichen Eigenschaften des Menschen voraussetzt,
und daß es deshalb nicht von den besitzenden Klassen der Gesellschaft sich
trennen läßt, weil es sonst einer geschlossenen Berufsklasse zufällt, welche
damit zur regierenden Klasse wird. Im Kampf mit dem Absolutismus
hat England die Nothwendigkeit der Zwischenschiebung eines höhern Per=
sonals von Ehrenbeamten als den entscheidenden Punkt zur Abwehr des
Absolutismus erkannt. In den verschiedenen Phasen der Verfassungskämpfe
kam man zur Erkenntniß der Wahrheit, daß um der geschlossenen Macht
des Beamtenthums beizukommen, es kein anderes Mittel giebt, als ihm
Concurrenz zu machen durch ein anderes Personal. Es ist nicht mög=
lich jene Amtsgewalten zu beseitigen: aber es ist möglich, an den entschei=
denden Stellen die geschlossene Kette des Beamtenthums zu ergänzen durch
diejenigen Klassen der Gesellschaft, die im Stande und bereit sind, jene

Funktionen selbst zu übernehmen. Es bedarf dazu einerseits eines Personals von socialer Macht und Selbständigkeit, um nach oben hin dem Staatsbeamtenthum ein Gegengewicht zu geben, welches jede Parteiregierung mit achtungsvoller Rücksicht zu behandeln gezwungen ist. Es bedarf dafür andererseits der vollen Amtspflicht und des Amtsauftrags von der höchsten Gewalt im Staat, um nach unten hin die Stellung der Obrigkeit gegen die Lokalparteien zu wahren. Beide Gesichtspunkte gehören untrennbar zu einer Staatsverwaltung nach Gesetzen. Dies Ehrenamt führt dann zur Herstellung einer geordneten Rechtsprechung in der Polizei, indem es als Einzelstelle die nothwendige Beweglichkeit des Verwaltungsamts, in collegialischer Form die Ständigkeit des Richteramts, in beiden Gestalten die nothwendige Selbständigkeit gegen die Parteiregierungen von oben wie gegen die Lokalparteien von unten darbietet. Dieses Verhältniß verleiht dem selfgovernment den Charakter der rechtsprechenden Behörden, welcher den Grundcharakter des Rechtsstaats ausdrückt. Alles obrigkeitliche selfgovernment in seiner weitern Ausdehnung beruht nur auf einer analogen Uebertragung dieser Stellung der decretirenden Polizeiobrigkeit.

Die äußere Stellung dieser höheren Ehrenämter ist die nothwendige Folge der öffentlichen Pflichten die sie erfüllen. Das Recht auf verfassungsmäßigen Gehorsam, der Anspruch auf Ehrerbietung im Amt, Achtung außer dem Amt, ist von der Obrigkeit untrennbar. Die englische Gesetzgebung hat daher nach dem Sprachgebrauch des Continents diesen höheren Beamten alle Titel und alle Amtsehrenrechte eines königlichen Richters, Raths und Offiziers gegeben, ohne welche die Betheiligung der höheren Stände an Ehrenämtern überhaupt nicht zu haben ist. Bei Einführung der Kreis-Polizeiherren hat man keinen neuen Namen erfunden, sondern man nannte sie Justitiarii, so wie die damaligen höheren Berufsbeamten, deren getheilte Amtsgeschäfte sie übernahmen.

II. Das untere Gemeindeamt ist das Amt des Ortsschulzen (in den Städten des Bezirksvorstehers), welches sich in England durch eine umfangreiche Gesetzgebung in die Aemter des Constable, Kirchenvorstehers, Armenaufsehers, Wegeaufsehers und Gemeindeeinnehmers (Collector) vertheilt und erweitert hat. Die unteren Aemter haben ihren Schwerpunkt in den ökonomischen für das Gemeinwesen unentbehrlichen Erfahrungen der Mittelstände. Zugleich sind sie die Vollziehungsorgane der höheren Aemter. Oft müssen sie mit weiten discretionären Gewalten ausgestattet, in dringlichen Fällen sogar mit einer selbständigen Ausführung der Gesetze auf eigene Verantwortung betraut werden, wie die Constables. Für ihre Besetzung enthalten die kleinen Gemeinden die trefflichsten Elemente, die sich am Besten in Deutschland erhalten haben. Bei der Gestaltung auch

§. 151. V. Das System der Aemter im selfgovernment. 903

dieser Aemter bedarf es aber der sorgfältigsten Rücksicht auf das Prinzip der Ehre und einer gewissen Selbständigkeit in ihrem Kreise, die untrennbar ist von der persönlichen Erfüllung öffentlicher Pflichten. Es darf ihnen kein Makel aufgedrückt werden durch eine ständige Scheidung von den höheren Aemtern; am wenigsten ein Makel dadurch, daß man das Abkaufen des niedern Amts mit einer Geldsumme gestattet. Die ältere englische Praxis zwang consequent die höheren Stände zur Uebernahme selbst des Constable-Amts im Nothfalle. Der verfassungsmäßige Gehorsam macht diese Beamten verantwortlich vor Richter und Jury, unterwirft sie der Ordnungs= und Disciplinarstrafe einer höhern collegialischen Autorität wie den friedensrichterlichen sessions, nicht aber der discretionären Gewalt eines Einzelbeamten. Eine solche Ordnungs=Strafgewalt haben die Spezialsitzungen der Friedensrichter gegen die Constables, Armen= und Wegeaufseher wegen Versäumung ihrer (durch das Gesetz) specialisirten „Amtspflichten". So tüchtig der Anlage nach auch diese Aemter durch die Gesetzgebung der Tudors formirt waren, so sehr haben sie freilich gelitten unter der mangelhaften Bildung und Entwickelung der Mittelstände seit den Zeiten der Revolution, durch die massenhafte Befreiung aller gebildeteren Klassen von dieser Amtslast, durch den unangemessenen Jahreswechsel dieser Aemter, durch den aristokratischen Grundzug der englischen Verfassungsbildung überhaupt.

III. Gemeinsam den höheren wie den niederen Aemtern ist der Grundsatz, daß Staatsfunktionen, welche den besitzenden Klassen oder Mittelständen als Ehrenamt aufgetragen werden können, auch Ehrenamt sein sollen; daß die Communalverbände wie deren einzele Mitglieder durch gesetzlichen Zwang zu nöthigen sind diese Aemter zu übernehmen; daß nur zur Ergänzung, im Fall der Nothwendigkeit, das besoldete Amt daneben tritt. Die Gestalt dieser Aemter kann sich überhaupt nicht bestimmen nach den Ideen der Gesellschaftsklassen, welche darin ihre Geltung suchen, sondern nur nach der Natur der öffentlichen Leistungen, deren die Staatsgewalt für ihre gegebenen Aufgaben bedarf. Da das Bedürfniß des Staats das allein Entscheidende blieb, so begnügte man sich jeder Zeit, nur bis zur „Grenze des Möglichen" das Ehrenamt als das Normale festzuhalten. Wo besondere Verhältnisse der Gesellschaft, oder örtliche Verhältnisse, oder die Natur einzeler Staatsgeschäfte mit den Ehrenämtern nicht ausreichten, ließ man eine Ergänzung durch besoldete Beamte eintreten. Neben den Friedensrichtern standen Jahrhunderte lang die Quorum (Berufsbeamte). Das höhere Richteramt in den Assisen war von jeher mit hochbesoldeten Juristen besetzt. Auch das Civilrichteramt hat in Gestalt eines Ehrenamts nie gedeihen wollen. Die besoldeten Polizeirichter der großen Städte in England bilden eine neue erhebliche Ergänzung. Der verfallenden Miliz hat man durch eine starke Infusion von Offizieren der stehenden Armee nachgeholfen.

Mit diesem Vorbehalt ist aber charakteristisch der Ernst, mit welchem die ächte englische Verfassung den nothwendigen Zwang zur Uebernahme der Aemter handhabt. Aus dem normannischen Verwaltungsrecht besteht zunächst der allgemeine Grundsatz, daß ein „Refusing to accept offices" als Vergehen nach Common Law durch Privatanklage vor den gewöhnlichen Strafgerichten verfolgt werden kann. Da aber diese Art des Zwanges sich weitläufig, schwerfällig und deshalb nicht genügend erwies, so cumulirte man damit die Befugniß der Stadt- und Dorfgemeinden, durch Ortsstatuten (bye laws) die Verweigerung der Uebernahme unter verschärfte Geldbußen zu stellen. Noch wirksamer erwies sich die feste Geldbuße (event. Gefängnißstrafe), welche durch die einzelen Gesetze auf die verweigerte Uebernahme der Aemter des Constable, des Armenaufsehers, des Wegeaufsehers und des städtischen Gemeinderaths gesetzt wurde, denen sich die Strafgesetze für den Geschworenen- und Milizdienst anreihen. Für das Amt der Friedensrichter mit seinem weittragenden politischen Einfluß reichte die Einsicht der besitzenden Klassen aus, um jeder Zeit eine rege Mitbewerbung zu erhalten. Wo indessen eine Abneigung gegen Uebernahme der Aemter sich zeigte, ist auch bei den höheren ein sehr ernster Zwang geübt, wie durch die schweren Geldbußen wegen verweigerter Uebernahme des Sheriffamts, und durch den Zwang zum gemeinen Milizdienst, der auch die Uebernahme der Offizierstellen indirekt erzwingt. Es ist ein Irrthum der Gesellschaft, welcher die Erfüllung der schwersten öffentlichen Pflicht einer bloßen Mitbewerbung unter den Interessenten überlassen möchte. Wie das Amt in seiner Handhabung durch das höchste Maß des Pflichtgefühls bedingt ist, so muß auch die Uebernahme desselben den vollen Charakter der staatlichen Pflicht an sich tragen, und dieser Zwang muß für die unteren Aemter mit gleicher Strenge gehandhabt werden wie für die höheren. Ohne die gleichmäßige Strenge entsteht jene Ungleichheit der politischen Entwickelung der höheren, Mittel- und unteren Klassen, welche die heutigen Zustände Englands charakterisirt.

Die fortschreitende Entwickelung der Gesellschaft seit dem Mittelalter hat auch in England die Berufsämter und das Berufsbeamtenthum stetig erweitert, ohne jedoch in der innern Landesverwaltung das Gleichgewicht der beiden Elemente zu verlieren. Allerdings standen Aemter und Steuern als die Grundelemente des mittelalterlichen Staats in anderm Verhältniß zu einander als heute. Die Anforderungen an das Gemeinwesen waren durchweg einfacher schon aus dem Grunde, weil die große Masse der arbeitenden Klassen noch im Hausstand aufging, für die Commune nicht vorhanden war, sondern nur für die Kirche, deren staatliche Fürsorge sich erst später in den weltlichen Staat continuirte. Das mittelalterliche selfgovernment umfaßt also nur Gericht, Polizei, Miliz und Wegeverwaltung, d. h. Gebiete, auf denen die persönlichen Dienste und Natural-

§. 151. V. Das System der Aemter im selfgovernment. 905

leistungen unbedingt vorherrschen, auf denen daher auch die Idee der gleichen Rechtsgenossenschaft (Pairie) sich naturgemäß bilden mußte. Seitdem hat die rechtliche Erhebung der arbeitenden Klassen aus der Unfreiheit, der vielseitige tägliche Verkehr unter früher geschiedenen Rechtskreisen, der sittliche und geistige Fortschritt der Gesammtheit so viel zahlreichere und schwierigere Thätigkeiten der Staatsgewalt herbeigeführt, daß eine weitere Arbeitstheilung unabweisbar geworden ist. Zahllose Funktionen, welche der mittelalterliche liber homo in Person versehen konnte, lassen sich heute Niemandem mehr als Ehrenamt zumuthen, weil sie eine specielle Vorbildung und eine unausgesetzte Thätigkeit der Person voraussetzen. Auf anderen Gebieten ist der Zwang zu Naturalleistungen wirthschaftlich unverhältnißmäßig schwerer als die Forderung einer Steuer. Je kleiner, enger und inniger ein Gemeindeverband noch ist, desto lebendiger kann sich das System von Ehrenämtern und Naturalleistungen erhalten: je größer und loser der Verband, desto vorherrschender wird das System der Arbeitstheilung und der besoldeten Aemter. Allein dieser Aenderungen ungeachtet hat England bis zur Reformbill den Grundgedanken festgehalten, daß Steuern und Amtspflichten zusammen gehören, wie Leib und Seele der Commune. — So gewaltig diese persönliche Seite des selfgovernment dastand, so litt sie freilich an einer Einseitigkeit, welche der Grundrichtung und dem Recht der neugebildeten Gesellschaft widerstrebt. Es ist die völlige Unterordnung, nahezu Ignorirung der wirthschaftlichen Seite des Communallebens, welche der heutigen Geldwirthschaft in den Beziehungen des Nachbarverbands nicht mehr entspricht. Seit der Entstehung des Friedensrichteramts waren die obrigkeitlichen Funktionen des Grafschaftsverbandes so überwiegend geworden, daß die Polizeigewalt alle andere Administration nach sich zog, daß im Grafschaftsverband die ganze Vermögens- und Steuerverwaltung durch die Friedensrichter ausschließlich gehandhabt wurde. Analog diesem System hatte sich alle Ortsverwaltung den oberen Aemtern in subalterner Abhängigkeit untergeordnet. Es war dies der Punkt, an welchem die neue Gesellschaft ihre berechtigten Ansprüche zunächst anknüpfen konnte. (Abschn. II.)

VI.

Das Steuersystem des selfgovernment.
(§§. 5, 17—25.)

(§. 152.) Das zweite Grundelement des Communallebens, die Communalsteuer schließt sich secundär an das vorige Gebiet an, insofern die Steuern Surrogate für den persönlichen Dienst des Gemeindelebens sind. Diese Wahrheit ist in England historisch evident, insofern das ganze Communalsteuersystem aus der Verwandlung von persönlichen Diensten in Geldleistungen entstand, und nach gleichem System sich fortbildete. Da die lokalen Anforderungen des Staates zunächst an die Ortsgemeinde gerichtet wurden, so erfolgte an dieser Stelle die Umwandlung in Geld zuerst in großen Massen. Das Steuersystem hat daher seinen Schwerpunkt in der Ortsgemeinde, als Church-, Poor- und Highway Rate. Im Mittelalter waren nur die schwachen Keime dazu in der Church Rate vorhanden; die Poor Rate lag hauptsächlich in den Klostergütern; an Stelle der Highway Rate standen Hand- und Spanndienste. Das Fortschreiten des Staats macht diese Leistungen in erhöhtem Maße nothwendig; der heutige Zustand der Volkswirthschaft bringt es mit sich, daß sie überwiegend durch Geld bestritten werden. Dagegen treten die Communalsteuern auch heute noch verhältnißmäßig zurück auf dem Gebiet des alten obrigkeitlichen selfgovernment, unter der Rubrik der County und der Borough Rate.

Wie der nationale Charakterzug des germanischen Lebens in dem Festhalten der persönlichen Pflichten des Gemeindelebens liegt, so trägt auch die Gestaltung der Communalsteuern stets einen nationalen Zug an sich. Das Mittelalter behandelt sie als persönliche Pflicht des freien Mannes von wegen seines lastentragenden Besitzthums (Freisassenguts, freehold). Die verwandelten Dienste erscheinen daher vorzugsweise als Steuerlasten des freehold, ohne jedoch zu Reallasten zu werden. Die Verfassung der unteren Ortspolizeigerichte, court leet, zieht auch das copyhold ergänzend heran. Die Gesetzgebung der Tudors baut das ganze Ortsgemeindesystem auf den Hausstand und auf den „sichtbaren Realbesitz im Gemeindeverband." Diese Grundlegung war für England entscheidend; denn sie hob von dieser Seite das Communalleben über die Hindernisse des ehemaligen Feudalsystems und über alle Umbildungen der Gesellschaft hinweg. Der Maßstab für die Besteuerung von Gutsherren, Pfarrern, Bauern und kleinen Freisassen, Eigenthümern und Miethern, der ackerbau- und der gewerbtreibenden Bevölkerung, der parallele Steuermaßstab für Stadt und Land, war hier in einer stetigen Sicherheit gefunden, an der die Gesetzgebung und Praxis seit drei Jahrhunderten nicht wieder zweifelhaft geworden ist. Schon der Umstand, daß die englischen Reichsgerichte, die friedensrichterlichen und Gemeindeversammlungen in jährlich wiederkehrenden Beschlüssen diese ganze Periode hindurch die Besteuerung des „sichtbaren nutzbaren Realeigenthums im Gemeindeverband" als die einzig zulässige Weise festhielten und durchbildeten, beweist, daß dabei nicht bloße Interessenstandpunkte entscheidend waren.

Die Stabilität dieses Steuersystems beruht in der That auf staatsrechtlichen Grundsätzen. So vollständig der Mensch mit seiner Person und Vermögen dem Staate angehört: so bilden doch Kreis- und Gemeindeverbände nur organische Glieder des Staats, in welchen sich weder die Aufgaben des Staatsganzen noch die Pflichten des Einzelen gegen das Gemeinwesen erschöpfen. Dem entsprechend ist auch die Communalsteuerpflicht eine sachlich beschränkte: umfassend den dem Gemeindeverband dauernd zugehörigen Besitz, die visible profitable property in the parish. Die Steuerpflicht ist persönliche Pflicht in der Commune wie im Staat: aber der Maßstab der lokalen Zugehörigkeit des Besitzes entspricht den

§. 152. VI. Das Steuersystem des selfgovernment. 907

lokalen Aufgaben des Communalverbandes. Diesem Maß der Verpflichtung darf sich der Besitzer auch durch Verschuldung des Realbesitzes nicht entziehen.

Der jährliche Ertragswerth des dem Gemeindeverband dauernd zugehörigen Besitzes bildet den ebenso gerechten, wie sichern Maßstab der Beitragspflicht, der sich im Nachbarverband durch Gemeindebeamte zuverlässiger feststellen läßt als jede andere Schätzung. Die Erhebung und Verwendung der Communalsteuern gestaltet sich so zu einem Haupttheil des selfgovernment selbst, als eine Verwaltungsjurisdiction, die auch von der ökonomischen Seite aus eine vollständige Unabhängigkeit von der constitutionellen Ministerverwaltung behauptet.

Ebendeshalb, weil es sich um eine primäre Grundlage des Staatslebens handelt, kann es auf diesem Gebiet keine Steuerbefreiungen geben. Die regierende Klasse zeigte sich oft nachgiebig gegen persönliche Befreiungen von der Amtspflicht, vom Geschworenen- und Milizdienst zum großen Schaden der Mittelklassen selbst. Für Communalsteuerbefreiungen aber hat diese Gesetzgebung nie ein Verständniß gehabt. Der Rittergutsbesitzer und der Pfarrer standen stets obenan in allen Variationen der Gemeindesteuer, selbst in dem alten Wegedienst. Von den sonst wiederkehrenden Amtsbefreiungen für Pärs, Parlamentsmitglieder, Reichsrichter, active Offiziere der Marine und des Heeres und andere besoldete Beamte des Staates ist in den Communalsteuern keine Spur zu finden; ja nicht einmal ein Versuch solche zu erlangen. Der nüchterne Ernst der englischen Staatsbildung zeigt sich an dieser Stelle in einer unerbittlichen Consequenz.

Für die persönliche Stellung der Gemeindegenossen ist damit die sichere Grundlage gewonnen, welche jedem Hausstand, beruhe er auf Eigenthum, Miethe, Pacht, Gewerbe, Kleinhandel, Lohnarbeit, seine dauernde Stellung im Gemeindeverband anweist.

Der erkennbare gleiche Maßstab des Mieths- und Pachtwerthes vereinigt ebenso den Acker- wie den Hausbesitz, den gewerblichen, industriellen und jeden andern productiven Betrieb in einem so stabilen Maßstab, daß damit auch Kreis- und Ortsverband, Stadt- und Dorfgemeinde die Steuerbasis für gemeinsame Verwaltungszwecke und jede neue Combination unter sich gewinnen.

Was das Staatsgebiet als nothwendige reale Grundlage des Staats, dasselbe bedeutet für den Communalverband die Vertheilung der Gemeindelasten auf den Realbesitz. Mit der beweglichen Personalsteuer würde der Nachbarverband in die haltlose bewegliche Interessenverwaltung der Erwerbsgesellschaft sich auflösen. Auf jener Natur des Grundbesitzes, und nur darauf, beruht sein höheres Recht im Gemeindeleben, welches die ständische Gesellschaft gern auf eine providentielle Bestimmung zurückführt.

Die historische Gestalt der Communalsteuern, indem sie von der Idee der persönlichen Verpflichtung ihren Ausgang nahm, verhielt sich gleichgültig gegen das wirthschaftliche Interesse des Einzelen an dem Nutzen der communalen Einrichtungen. Es ist dabei niemals an „Leistung und Gegenleistung" gedacht, sondern an die Erfüllung staatsbürgerlicher Pflichten im Nachbarverband. In den einfacheren Verhältnissen der ältern Gesellschaftsordnung deckte sich aber auch in der That die Steuerpflicht ungefähr mit dem wirthschaftlichen Interesse des Besitzers an den Einrichtungen der Commune. Erst die hochgesteigerten Ansprüche des neuern städtischen Lebens ließen es als unangemessen erscheinen, den bloßen Landbesitz zu den Kosten der städtischen Pflasterung, Beleuchtung, Gesundheitspflege und anderen dem ländlichen Leben fremden Einrichtungen voll heranzuziehen. Man hat zuerst in Lokalakten den Ansatz von $1/4$ als einen ungefähr billigen Durchschnitt der Besteuerung der Ländereien zu diesem Zweck aufgestellt, praktisch bewährt befunden und durch die sämmtlichen neueren Gesetze für specifisch städtische Einrichtungen durchgeführt. In Anerkennung der Nothwendigkeit gesetzlicher Normativbestimmungen für alle Lokalsteuerverhältnisse hat man daran festgehalten ohne auf eine jeder Zeit contestabele Interessenrechnung einzugehen.

VII.

System der Ernennung und Wahl im selfgovernment.
(§§. 5, 7—15, 34—37, 79, 80, 83, 88, 90, 95, 112, 118, 139.)

(§. 153). Nach dem Grundsatz, daß das Amt dem König, die Steuer der Commune zugehört, ist im selfgovernment ein correspondirendes System der Ernennung und der Wahl gebildet.

Um die mittelalterliche Idee des eigenen Rechts, die Zersplitterung des Staats in Local- und ständisch geschlossene Körperschaften zu überwinden, um die Localverbände in „Verwaltungsgemeinden" umzuwandeln, mußten die oberen Hauptämter der Localverwaltung dem Staat (König) vindicirt werden, wie dies schon in der carolingischen Verfassung begonnen war. Das normannische Königthum hat unter günstigen Umständen das carolingische Amtssystem consequent fortgebildet, Patrimonialgerichte und Gutspolizei aufgesogen. Die weitere Fortbildung hat in England kein obrigkeitliches Amt mehr zurückgelassen, welches auf Besitz, Privatrechtstitel oder Corporationsrecht beruhte. Eben deshalb gilt

I. der Grundsatz der königlichen Ernennung für alle Hauptämter des selfgovernment, welche wesentliche Staatshoheitsrechte und damit eine Jurisdiction über öffentliches Recht üben, die nur unter Autorität und im Namen des Staats (Königs) geübt werden kann. Bei dem Hauptamt der Friedensrichter machte Anfangs das Parlament

§. 153. VII. System der Ernennung und Wahl im selfgovernment.

Versuche eines Wahlverfahrens, die zurückgewiesen und später nie wiederholt sind. Andererseits widerrufen die Tudors die unter dem Hause Lancaster noch sporadisch vorgekommenen Verleihungen des Friedensrichteramts an Grundherren. Seit jener Zeit ist der Grundsatz der Ernennung durch alle Epochen der Revolutionen und Parteikämpfe hindurch gegangen. Als die landed gentry seit Menschenaltern bereits gewohnheitsmäßig diese Aemter verwaltet hatte, entstand ein Vorschlagsrecht des Lordlieutenant, welches aber nicht der politischen Parteistellung des Bewerbers, sondern seiner Lebensstellung und persönlichen Tüchtigkeit gilt. Die factische Lebenslänglichkeit des Amts, die es bei dem schnellen Wechsel der Parteien unmöglich machen würde, aus der Ernennung ein nachhaltiges Parteiinteresse zu machen, noch mehr aber die gewohnheitsmäßige Beschäftigung mit dem Recht, hat an dieser Stelle einen collegialischen Geist der Amtsverwaltung erzeugt, vor dem der Parteigeist zurücktritt. — Bei dem Sheriffamt wurden im Mittelalter zwei verunglückte Versuche gemacht ein Wahlrecht einzuführen; seitdem ist der Versuch nicht wiederholt worden. — Bei den Aemtern der Lordlieutenants, Deputy Lieutenants und Milizoffiziere stand das Ernennungsrecht seit dem Mittelalter fest; nach Consolidirung der regierenden Klasse ist es zwar in weitem Maße dem Lordlieutenant delegirt, jeder Anklang eines Wahlprincips aber in der Militärverfassung vermieden.

Die Abweichungen, welche von diesem Grundsatz vorgekommen, beschränken sich (1) auf das Amt des Coroner, bei dem in den ersten unreifen Vorstufen des selfgovernment eine Art von Wahlrecht (Vorschlagsrecht) gestattet war, welches man dann später als eine Scheinconcession an die Freisassen conservirte. Gemildert wird hier der Einfluß des Wahlrechts durch die lebenslängliche Dauer des Amts, durch seinen geringen Geschäftsumfang, und dadurch, daß der Coroner nur die Berufung der Jury und wesentlich formelle Geschäfte hat. Trotz dieser mildernden Umstände ist dies Wahlamt seit lange in Verfall, in Mißachtung und in seiner heutigen Fortdauer gefährdet. (2) Die zweite Anomalie bildeten die städtischen Friedensrichter. Hier dehnte sich durch das Zusammentreffen der Elemente der Orts- und Kreisverfassung das Wahlprincip mehrfach über seine Grenzen aus, und wurde in Verbindung mit anderen Mißbräuchen durch die Incorporationscharten befestigt. Auch bei diesen „justices by charter" wurden die Nachtheile gemildert durch die Unabsetzbarkeit außer durch Urtheil und Recht, und durch die gewohnheitsmäßige Beschäftigung in einer Rathsherrnstellung. Es waren dies immer noch lebenslängliche Magistraturen, welche nicht aus Gemeindewahlen hervorgingen, sondern als dauernde Mitglieder einem corporativen Verbande angehörten. Trotzdem waren die Mißbräuche so notorisch geworden, daß die Städteordnung von 1835 die justices by charter aufhebt, und den Grundsatz der königlichen Ernennung wiederum in voller Reinheit durchführt. Als Rest blieb nur die friedensrichterliche Stellung des gewählten Mayor übrig, der nach mittelalterlicher Verfassung ursprünglich dem Königlichen Schatzamt zur Annahme präsentirt wurde, was später in ein freies Wahlrecht überging. Indessen hat auch an diesem Punkt das Wahlprincip nicht gehindert, besoldete Polizeirichter in diese Jurisdiction einzuführen; für das Strafrichteramt wurden durchgängig besoldete Recorders eingesetzt und für diese besoldeten Richter die königliche Ernennung als selbstverständlich angesehen.

Derselbe Grundsatz der Ernennung gilt für die Gemeindecommissionen, die zur Ergänzung richterlicher Entscheidung dienen. Das Wesen aller Jury beruht auf der Ernennung durch einen richterlichen oder analogen Beamten. Es gilt dies von der Civiljury, der Anklagejury, der Urtheilsjury, dem Coroners inquest und von den zahlreichen juries of inquiry. Trotz aller Anomalien der Stadtcharten ist nie eine jury durch Gemeindewahl oder ein Versuch dazu zum Vorschein gekommen; auch keine Dienstliste der jury durch einen Beamten aus periodischer Gemeindewahl.

Das System der Ernennung ist der Ausdruck des Fortschritts zur Staats- und Rechtseinheit, welcher gleichzeitig auftritt mit der Beseitigung der Rechtsprechung durch die Gemeindeglieder, mit dem Fortschritt zum „Rechtsstaat." Wo die obrigkeitliche Gewalt nach dem Gesetz gehandhabt wird, kann sie nicht Privat-Eigenthum sein, weder eines Einzelnen, noch eines Vereins von Steuerzahlern, noch von Gewerbe- oder Handelsverbänden, noch überhaupt von Besitz-, Erwerbs- oder Berufsklassen: sondern sie gehört dem Staat, d. h. im monarchischen Staat dem König. Nach anfänglichem Sträuben wird sie in dem Maße populärer, je mehr die von den ernannten Beamten auszuführenden Gesetze Parlamentsbeschlüsse sind. Bei der Wahl dessen, der die Autorität der Gesetze handhaben soll, hat der Auftraggeber die nöthigen Garantien zu fordern für den Gehorsam gegen das Gesetz, die Unbescholtenheit der Person, die nöthigen positiven Eigenschaften des Charakters und der Intelligenz. Der so ernannte Beamte, als unmittelbares Organ des Gesetzes, soll wie die monarchische Gewalt selbst grundsätzlich unabhängig sein von dem zeitigen Stand der streitenden Interessen und Klassen, von dem Mißfallen zeitiger Majoritäten.

Das Ernennungsrecht ist also einerseits nothwendig vom Standpunkt der Einheit des Staatswillens, zur Aufrechterhaltung der gesetzlichen Normativbestimmungen, die das selfgovernment in umfassenderer und strengerer Gestalt voraussetzt als eine bureaukratische Verwaltung durch berufsmäßige Beamte. Diese gesetzliche Ordnung würde aber zu einem

§. 153. VII. System der Ernennung und Wahl im selfgovernment. 911

machtlosen Schein, wenn dem Staat nicht Organe zu Gebote stehen, welche von ihm beauftragt und verpflichtet sind, wenn (wie in der feudalen Ordnung der Gesellschaft) jeder Kreis= und Gemeindeverband seine Obrigkeit aus eigenem Recht einzusetzen und zu entlassen hätte. Es ginge damit die Einfügung der Localverwaltung in das Polizei=, Finanz=, Gerichts= und Militärwesen des Staats wieder verloren. Wollte man dem Staat den bestimmenden Einfluß auf die Ernennung seiner verantwortlichen Organe an jedem Punkte des Landes versagen, so müßte er neben die Gemeindeverwaltung seine eigenen Diener setzen, die nach dem höhern Recht der Staatsgewalt dann als commissaires départis über die Kreis= und Gemeindeverwaltung treten und so das Präfectensystem erzeugen. Es kann einmal im heutigen Staat keine obrigkeitliche Zwangsgewalt anders geübt werden, als nach Gesetzen durch persönliches Amt aus staatlicher Einsetzung.

Andererseits dient die feste staatliche Ordnung zugleich dem Rechtsschutz des Einzelen. Die Zweiseitigkeit aller gesetzmäßigen Regelung der Staatsgewalten (§. 88) macht die höheren Beamten des selfgovernment zu Behörden der Verwaltungsjurisdiction über das contentieux in gleichem Maße wie die Regierungen und Landräthe des deutschen Verwaltungssystems. Folgerecht kann das obrigkeitliche Amt nicht nach den Grundsätzen der wirthschaflichen Verwaltung durch Wahl der Interessenten eingesetzt werden, sondern es muß nach den Grundsätzen der Rechtsverwaltung analog wie Richter und Jury gestellt werden. Es Es ist eine schwerwiegende Forderung an die Obrigkeit im Ehrenamt wie im Berufsamt, dem Arbeiter, dem Gesinde, den dienenden Klassen überhaupt Recht zu geben gegen den angesehenen Nachbar und befreundeten Standesgenossen, den hochachtbaren Nachbar in Strafe zu nehmen wegen Verletzung der bürgerlichen Ordnung oder Unterlassung der Gebote der Polizeiordnung, der Wegeordnung u. s. w.; die Steuereinschätzung, Einquartierung, Militäraushebung und die connexen Geschäfte zu handhaben ohne Ansehen der Person. Das ganze Polizeidecernat bewegt sich in täglichem Widerstreit mit Vorurtheilen und Interessen der Gesellschaft. Die stetige Selbstüberwindung, welche zu einer solchen Rechtsprechung gehört, ist niemals zu gewinnen ohne das volle Bewußtsein der Amtspflicht. Aller Ruhm der Justiz wie der Verwaltung, in England wie auf dem Continent, beruht auf dem Bewußtsein ihrer Organe, daß sie eine heilige, von der höchsten Obrigkeit verliehene Pflicht erfüllen. Dies Bewußtsein ist nicht zu ersetzen durch die bloße Wahl der localen Interessenten, durch ein in kurzen Fristen ertheiltes und wieder entzogenes Vertrauensmandat, am wenigsten unter den kleinlichen Parteiverhältnissen und Gewohnheiten der Localverbände.

Auf diesen Grundsätzen beruht das englische selfgovernment in seinem Grundcharakter als Rechtsverwaltung, Verwaltungsjurisdiction und Grundlage des Rechtsstaats, mit durchgängiger Unterordnung der wirthschaftlichen Seite der Wahlämter.

II. Der Grundsatz der Wahl im selfgovernment hat seinen Schwerpunkt in der öconomischen Verwaltung, und ist nothwendig zur Controle einer gesetz- und zweckmäßigen Steuerverwendung. Eben deshalb war das Wahlrecht in England von Haus aus schwach entwickelt, da das mittelalterliche selfgovernment aus persönlichen Diensten und nur ergänzend aus Steuern bestand. Selbst in dem alten Ortspolizeigericht der Gemeinde entstand ein Wahlrecht nur aus dem Vorschlagsrecht, und sehr ungleichmäßig; mit den courts leet verfiel es dann überhaupt, und kam nur noch als örtliche Ausnahme vor. Die alten Ortsschulzen, Constables, sah das Friedensrichteramt allmälig als seine Unterbeamten an, je mehr sich die Gesetze häuften, die den Constable zum ausführenden Beamten der friedensrichterlichen Decrete machen. Es bildet sich daher hier ein reines Ernennungsrecht heraus, indem man besonders seit der Restauration den petty constable nur als executiven Polizeibeamten, als Organ der friedensrichterlichen jurisdiction ansah. Erst die neue Schulzenordnung (1832) giebt der Gemeinde das Recht, den Friedensrichtern eine Liste geeigneter Personen vorzuschlagen. Auch das Amt der Armenaufseher sah die Gesetzgebung der Tudors vom polizeilichen Gesichtspunkt aus als ein solches an, für welches die Obrigkeit zuverlässige, zur Ausführung der Armengesetze geeignete Personen ernennen müsse. Die Praxis selbst sah sich gedrungen, ein Recht der Steuerzahler stillschweigend anzuerkennen, indem man herkömmlich die von der Gemeinde an erster Stelle designirten Personen ernannte, ohne jedoch das friedensrichterliche Ernennungsrecht bis heute aufzugeben. Die Surveyors of Highways behandelt man Anfangs nur als ernannte Hülfsbeamte der Constables und Churchwardens; nach einigen Schwankungen sichern erst die neuesten Wegeordnungen der Ortsgemeinde ein unbeschränktes Wahlrecht zu. Grundsätzlich von Anfang an bestand ein Wahlrecht nur für die Kirchenvorsteher, im Zusammenhang mit dem Steuerbewilligungsrecht für die Church-Rate; und selbst hier wurde es verschränkt durch die canones und das Herkommen, nach welchem in Ermangelung einer Einigung der Pfarrer einen der beiden Churchwardens ernennt.

Die Nachtheile dieser kümmerlichen Behandlung des Gemeindewahlrechts, vor welcher schon Erzbischof Whitgift vergeblich gewarnt hatte, zeigten sich schon frühzeitig, wurden aber wie alle Unselbständigkeit und Passivität der Mittelstände von der regierenden Klasse nur zu gern ignorirt. Für alle wichtigeren Unter-Aemter fehlte in der That die Theilnahme der kleinen Ortsgemeinden, den Beamten selbst die belebende Mitwirkung dieser Theilnahme. Diese Aemter wurden schon deshalb verdrossen, mechanisch, selbst

§. 154. VIII. Stimmrecht und Wahlverfahren im selfgovernment.

öconomisch mangelhaft wie ein Reihedienst verwaltet, von dem sich die begünstigten Mittelstände Befreiungsprivilegien verschafften, die reicheren Stände sich durch mäßige Geldsummen loskauften wie vom Milizdienst. Es war dies eine Folge der von Hause aus überwiegenden Betheiligung der höheren Klassen an der Landesverwaltung und der von Hause aus schwachen Gestaltung der kleinen Ortsgemeinden, in Wechselbeziehung mit der mangelhaften Entwickelung der mittleren und unteren Klassen. Als mit der Neubildung der Gesellschaft Besitz und Selbstbewußtsein dieser Klassen ebenso stieg wie ihr Antheil an den Communalsteuern, als zur Zeit der Reformbill die Communalsteuern die Staatsgrundsteuer schon um mehr als das Zehnfache überstiegen, ließ sich ein Antheil der Steuerzahler und ein umfassendes Wahlrecht derselben in der Ortsgemeinde um so weniger versagen, als die Vernachlässigung der Kirchspielsämter unter Oberleitung der Friedensrichter notorisch die Hauptveranlassung zur Verschwendung der Gemeindemittel und zu den anerkannt schweren Mißbräuchen geworden war. Es lag hier wieder eine offene Stelle für durchgreifende Reformen (Abschn. II.).

VIII.

Stimmrecht und Wahlverfahren im selfgovernment.
(§§. 10, 100, 112, 115, 116, 118, 139.)

(§. 154). In Wechselbeziehung mit dem Grundsatz von Wahl und Ernennung steht das Stimmrecht und Wahlverfahren im selfgovernment. In dem Umfang, in welchem lokale Wahlen überhaupt stattfinden, beruht Wahlrecht und Wahlverfahren auf dem Wesen der Pflichtgenossenschaft, also darauf, daß im Kreis- und Gemeindeverband staatliche Pflichten im engern Kreise zu erfüllen sind, aus welchen das politische Recht des Staatsbürgers in weiteren Kreisen hervorgeht.

Die Continuität der englischen Staatsbildung weist darauf zurück, wie alle Staats- und Wirthschaftsordnung des Mittelalters auf dem persönlichen Dienst beruhte. In einem Staatswesen, welches vollständig auf den Heer- und Gerichtsdienst der besitzenden Klassen und auf die geistige Arbeit der Kirche verwiesen war, hatte das Geld nicht nur wegen der Seltenheit der edlen Metalle einen andern Werth, sondern überhaupt nur eine ergänzende, ausgleichende Function selbst da, wo die Geldwirthschaft im Staat am weitesten vorgeschritten war, wie in England. Wie sich das innere Staatsleben aus der Organisation des Dienstes zusammenfügt: so bestimmt den Bedürfnissen entsprechend der Kriegsdienst in erster Stelle, der Gerichtsdienst in zweiter, der Polizeidienst in dritter Stelle, die Ordnung des weltlichen Staats; die Hierarchie der geistigen Arbeit die Ordnung des geistlichen Staates. Beide Seiten sind auf den Grundbesitz als den gemeinsamen Boden gewiesen. Sie nehmen ihren Platz darauf in jener bunten Vermengung, welche gerade eine nothgedrungene, nothdürftige Einheit des

Ganzen erhält. Der germanische Charakterzug, welcher dies Staatswesen durchdringt, ist die Ausdauer, mit welcher das Bewußtsein der Persönlichkeit über dem Besitz bleibt, und den Staat vor dem Herabsinken zum bloßen „System der Interessen" bewahrt. Der Staat ist weit in die Carolingische Zeit hinein noch ein Verband von Personen; das Zurückdatiren des Lehnswesens und des todten Systems der Reallasten im Staat ist geschichtlich unrichtig. Die alte Gemeinfreiheit zerfällt zwar, weil sie mit ihren Leistungen den fortschreitenden Staat nicht zu tragen vermag; derselbe Grundsatz aber, an welchem sie, Schritt für Schritt ihren Boden vertheidigend, untergeht, wird die unerschöpfliche Quelle und Triebkraft neuer „Freiheiten." Innerhalb der Grundherrlichkeiten, welche das zerfallende Reich der Carolinger zurückließ, erstreitet nicht nur ein großer Theil der alten Allodbauern, sondern auch ein Theil der Abhängigen durch Landleihe und Dienst die ritterlichen Freiheiten, gewinnt auch die gewerbliche Arbeit und die niedere Geistlichkeit ihre „Freiheiten" nach dem Maß und nach dem Werth ihres Dienstes. Diese neueingegangenen Verbindungen bekunden sich in allen Schichten des weltlichen Staats durch die Idee der Rechtsgenossenschaft, Pärie, und zwar von der Reichsstandschaft herab bis zu dem Dorfgericht der englischen villani, bis zu den Resten der Gemeinfreiheit in den hommes de poeste und in den deutschen Dorffreiheiten. Soweit sich gemeinsame Ehren- und Wahlrechte aus solcher Staatsordnung entwickeln konnten, waren es nothwendig gleiche Rechte: die reichsständische Pärie aus dem Heer- und Gerichtsdienst des großen Besitzes; die Grafschaftspärie, das judicium parium der Magna Charta, aus dem Militär- und Gerichtsdienst der Freisassen; die Pärie der homagers in dem court leet aus dem Polizeidienst der kleinen Ortsgemeinde (die aber als untergeordnete Bildung nicht bis in die Parlamentsverfassung hereinreicht).

Nach diesem System tritt auch in England die Bildung der Ehren- und Wahlrechte auf. Die Entstehung des gleichen Wahlrechts der Commoners ist ein Ausdruck der Verfassung des „Grafschaftsgerichts;" in der Periode des Hauses Lancaster bestimmt die zeitige Gestalt des Geschwornendienstes auch die Parliamentary franchise. In den Städten führt zwar der Verfall des Court leet eine bunte Mannigfaltigkeit herbei, die im Einzelen oft willkürlich, als Ganzes genommen aber den Verhältnissen der Grafschaft entspricht. Auf einer niedern Stufe bildet sich sodann das gleiche Stimmrecht bei der Kirchspielswahl, seitdem die Gesetzgebung der Tudors den Ortsgemeinden neue, in anderen Ländern unerhörte Lasten zugedacht hatte. Auch hier ist die Geldwirthschaft nur secundär gedacht; denn auch für die Armenpflege ist die principale Pflicht der Gemeinde, durch ein Kirchspielscommittee von mindestens vier

§. 154. VIII. Stimmrecht und Wahlverfahren im selfgovernment.

Personen für eine angemessene Beschäftigung der Arbeitsfähigen, für eine geeignete Unterbringung der Arbeitsunfähigen Sorge zu tragen. Die Wegebaulast ist noch ganz auf Naturalleistungen berechnet. Die Gerichtspraxis folgerte daher ganz consequent aus dem Grundgedanken der Staatsverfassung (aus der ratio der common law), daß das im Gesetz nicht erwähnte Stimmrecht der Gemeinde ein gleiches sein müsse; die Argumentation der Gerichte giebt nur den Gedankengang wieder, auf dem die Ständebildung des Mittelalters überhaupt beruht. Obgleich ferner der Geschwornendienst für die Hauptgerichte auf 40 sh. freeholders beschränkt war, so hat man doch für die bringlichen Fälle des Coroners Inquest die Gerichtspflicht aller Freisassen, auch der kleinsten, beibehalten müssen: für die Wahl der Coroners erhielt sich daher auch das gleiche Stimmrecht aller Freisassen bis zum heutigen Tag. Die letzte Neubildung dieser Richtung ist die Städteordnung von 1835. Als man das alte bürgerliche Wahlrecht gegen die Mißbräuche der Corporationsverfassung restaurirte, glaubte man einen Census vermeiden zu können, wenn man nichts weiter als den festen bürgerlichen Hausstand und dreijährigen Wohnsitz forderte. Die so gestaltete Bürgerliste erklärte man dann kurzweg für die Urliste der Geschworenen, und kehrte damit formell zu dem Grundsatz eines Stimmrechts aus paying scot and bearing lot zurück.

Alle Gleichheit in der geschichtlichen Bildung der Verfassungen hat ihre Grundlage aber in der Gewohnheit der persönlichen Mitarbeit im Staate. Das gleiche Stimmrecht ist seinem Wesen und Recht nach die Fortsetzung des mittelalterlichen Grundsatzes der Rechtsgenossenschaft (Pairie), beruhend auf dem Bewußtsein, daß Muth, geistige Kraft, Charakter, und alle darauf beruhenden persönlichen Leistungen für den Staat, keiner äußerlichen Messung fähig sind, sondern sich ihr Maß im Kreise der Gleichen selbst geben. Diese Gleichheit ist das Ehrenrecht der Persönlichkeit, welches in edlem Wetteifer die politische Freiheit begründet. Die Hingebung an den Staat, der rege Wetteifer der gesellschaftlichen Klassen für das Gemeinwohl, hat seine treibende Wurzel in dem Bewußtsein, daß das höhere Verdienst durch hervorragende persönliche Leistung im Kreise der Rechtsgenossen erworben werden muß. Es folgen daraus auch die ferneren Merkmale des politischen Wahlrechts. Das Stimmrecht kann ebendeshalb nur Männern zustehen, nur erwachsenen Männern, und nur denjenigen, für welche die Selbstthätigkeit im Communaldienst und Geschworenenamt wirthschaftliche Möglichkeit und Wirklichkeit ist. Sie kann zur Wirklichkeit nur werden als erzwingbare Pflicht. Dieser gleichmäßige Zwang muß auf einer Rechtsregel beruhen, welche, wie alle Regeln des öffentlichen Rechts, nur den empirischen Durchschnittsverhältnissen der Gesellschaft entnommen werden kann. Darauf beruht das Wesen und das Recht des Census in allen historischen Verfassungen. Der erste Anfang wie aller Fortschritt des selfgovernment hat den Beweis geführt, daß der Geschworenendienst, die niederen wie die höheren Gemeindeämter, ein gewisses Maß der wirthschaftlichen Selbständigkeit voraussetzen, welches nach der Wirthschaftsordnung des Mittelalters auf 40 sh. freehold fixirt, im XIX. Jahrhundert auf 10 L. Grundeinkommen gestellt wurde. Nichtangemessen und unnöthig war der im XVIII. Jahrhundert von der regierenden Klasse festgestellte Census von 100 L. Einkommen aus Grundbesitz für das Friedensrichteramt und der analoge Census der Miliz, der auch in den Städten nicht eingeführt und in der neuesten Gesetzgebung größtentheils wieder aufgegeben ist.

Aus dem Wesen der Pflichtgenossenschaft folgt endlich auch die Form der Wahl als eines öffentlichen Wahlakts der versammelten Gemeinde. Für den, welcher öffentliche Pflichten zu erfüllen hat, bedarf es eines öffentlich ertheilten Auftrags der Gemeinde, welche ihrerseits dem Staate für diese Functionen verantwortlich ist. Alle Wahlen des selfgovernment sind deshalb öffentliche Akte der Gemeindeversammlung, in der Grafschaft also des „County Court", wie dies in Namen und Form bis heute fortdauert. Diese Art der Stimmgebung gehört zum Wesen des selfgovernment von einer doppelten Seite aus.

Die öffentliche Stimmgebung ergiebt sich einerseits aus der persönlichen Seite der Pflichtgenossenschaft. Der Gewählte soll staatliche Pflichten in einem öffentlichen Wirkungskreis vertreten: darum geziemt es sich, daß auch die Auftraggeber den ihnen zukommenden Antheil daran persönlich übernehmen, in ihrer ohnehin getheilten Verantwortlichkeit. Die Frage der Oeffentlichkeit ist die Frage des Charakters innerhalb der Verfassung.

Von der Seite der Gesellschaft aus andererseits giebt sie dem Besitz den Einfluß der ihm gebührt, wo er seine persönliche Staatspflicht erfüllt. Sie hält eben dadurch den Besitz innerhalb der Verfassung fest, während er sonst seine Geltung außerhalb der Verfassung sucht und findet. Gegen Mißbrauch dieses Einflusses giebt es keine andere Garantie als den Communalsinn, der für jede berechtigte Richtung eine Gesammtbürgschaft bildet; während da, wo er entwichen ist, kein Verstecken der Stimmen zur Unabhängigkeit hilft.

Das öffentliche Stimmrecht unterscheidet die Verfassung auf dem Boden von Communalverbänden von der Verfassung auf dem Boden von Gesellschafsgruppen.

Die englische Städteordnung von 1835 bildet den Uebergang, in welchem der alte Grundsatz der Pflichtgenossenschaft noch in der Form festgehalten, in der Sache aufgegeben ist. Die Verwirrung in den Verhältnissen der alten Municipal Corporations

§. 155. IX. Der Instanzenzug des selfgovernment.

hatte jede andere erkennbare Grenze verwischt, nach welcher ein städtischer Hausstand den Geschwornendienst wirklich leistete und leisten konnte. Der auf dem Lande geltende Maßstab von 10 £. Jahresertrag aus Grundbesitz war in der That für das städtische Leben unangemessen, in der heutigen Gestalt der Erwerbsgesellschaft eine Abgrenzung des Census nach stabilen Grundrenten überhaupt unanwendbar. Die Relativität alles Census, welche der heutigen Ordnung der Gesellschaft entspricht, ist der englischen Gesellschaft noch nicht zum Bewußtsein gekommen. Man ließ daher in der Städteordnung jede Abgrenzung nach der Höhe eines Mieths- oder Eigenthumsertrages weg, begnügte sich mit dem Erforderniß eines längern (fast dreijährigen) Wohnsitzes, und erklärte die daraus hervorgehende „Bürgerliste" kurzweg zur neuen Urliste des Geschwornendienstes. Allein man gewann damit eben nur einen Scheingrundsatz, da die große Mehrzahl der kleinen Miether einen Geschwornendienst oder ein persönliches Amt nicht übernehmen kann, nicht übernehmen will, und dazu auch im Ernst nicht genöthigt werden soll. Diese Scheinverpflichtung macht daher den persönlichen Dienst zum bloßen voluntarism, der das Gefühl der persönlichen Bürgerpflichten und der persönlichen Gemeindegenossenschaft aufhebt, die die Gleichgiltigkeit gegen jede im Gemeindeleben persönlich zu erwerbende Geltung erzeugt, das Ehrenrecht der Gemeinde in Indifferenz auflöst. Die auf solche Scheinverpflichtung gegründeten Ehren werden zu Scheinrechten. In den späteren Reformen wurde dieser Scheingrundsatz verlassen und anerkannt, daß, wenn nicht mehr der persönliche Dienst, sondern nur noch die Steuer die Basis des Gemeindelebens bildet: die Leistungen der Gemeindegenossen nicht mehr gleich, sondern nach dem Maßstab der Realsteuer sehr ungleich sind. Mit den neuen Formationen seit der Reformbill von 1832 kommt daher der neue Grundsatz des classificirten Stimmrechts zur Geltung. (Abschn. II.).

IX.

Der Instanzenzug des selfgovernment.
(§§. 61, 64, 69, 83—88, 93, 94, 98, 109, 114, 119, 134.)

(§. 155). Als Folge der Entwöhnung vom Staat wird für Gemeinden und Corporationen oft eine „Selbständigkeit" beansprucht, wie sie wohl in der bruchstückweisen Staatsentwickelung des Mittelalters möglich, mit dem Wesen des heutigen Staats aber unvereinbar ist. Die Landesvertheidigung, die heutige Gestalt von Recht und Gericht, der Rechtsschutz der schwächeren Klassen, kirchliche Verhältnisse, geistiges Leben und zahllose andere Verflechtungen von Gesellschaft und Staat verbieten einen Rückfall in die mittelalterliche Isolirung der Elemente, aus denen der heutige Staat zusammengesetzt ist. Man wolle sich nur erinnern, daß alle Steuern Zwangsbeiträge, alle Amtsrechte Zwangsrechte gegen dritte, alles Gemeindevermögen anvertrautes Gut ist.

Die Selbständigkeit der Gemeindeverwaltung besteht also nicht in der Ungebundenheit der Verwaltungsräthe und Gemeindebeschlüsse, sondern bewegt sich innerhalb gesetzlicher Normativbestimmungen für die Aemter wie für die Steuern, und giebt jeder wichtigen Funktion des Gemeindelebens ihre verfassungsmäßige Oberinstanz.

I. Die Ortsgemeindeverwaltung ist unabhängig von der Ministerverwaltung, sofern das Gesetz die Steuererhebung und Verwendung und die Amtspflichten der Gemeindebeamten bis in das äußerste Detail fixirt hat. In diesem Sinne besteht allerdings eine „Selbständigkeit" für die Vermögensverwaltung, die Armenpflege, die Straßen= und Wegeverwaltung im englischen Kirchspiel. Allein ein stetiges Hinderniß derselben wurde die Polizeigewalt, die ihrer Natur nach überall eingreifen und über die engen Grenzen des Kirchspiels übergreifen muß. Im englischen Mittelalter bestand dafür ursprünglich das Kreislandrathsamt des Sheriff, welches Handlungen und Unterlassungen der Gemeinde durch Ordnungs= und Executivstrafen (amerciaments und fines) erzwang, und so dem normannischen Staat den ausgeprägten Charakter des Polizeistaats gab. Dieser Zustand wurde allmälig überwunden durch Codificirung der Polizeigesetze in der Weise, daß womöglich jede einzele polizeiwidrige Handlung oder Unterlassung als Thatbestand einer Uebertretung gestaltet, dem Polizeirichteramt überwiesen und damit in den gerichtlichen Instanzenzug gebracht wird. Auch nach Ausscheidung dieser Hauptmasse der ehemals administrativen Obergewalt blieb es jedoch nothwendig, der Polizeiobrigkeit bestimmte Befugnisse zum Einschreiten im einzelen Fall offen zu lassen. In der Armenverwaltung würde sonst der Arme trotz aller Gesetze hungern und frieren, trotz aller Gesetze würden Wege und Brücken verfallen, die engen Straßen und Schmutzwinkel gesundheitsgefährlich werden u. s. w. Diese weitere Polizeigewalt wurde dadurch fixirt, daß das Gesetz bestimmt, in welchen Fällen der Friedensrichter bald concurrirend, bald visitirend, bald bestätigend und genehmigend einzugreifen hat (§. 61).

II. Die für Kreise und Bezirke gebildete Oberinstanz dient zum Zweck einer unparteiischen Handhabung der die Communalsteuern und Amtsgewalten regelnden Gesetze. Ursprünglich stand an dieser Stelle der Sheriff mit dem county court. Diese Formation wurde aber unhaltbar von der Zeit an, in welcher die Regierung nach Gesetzen beginnt. Da weder Wahlversammlungen noch Gemeindeausschüsse einen Gerichtshof für die streitige Auslegung und Anwendung der Gesetze bilden können, so muß diese Oberinstanz mit dem Fortschritt des Staatswesens den Beamtencharakter annehmen. Das selfgovernment bildet sie durch Vereinigung der ernannten Polizeiherren zu Sessionen, wobei man freilich Jahrhunderte lang eine Ergänzung durch studirte Beamte (Quorum) nicht entbehren konnte. Competenz und Verfahren der Sessions sind durch zahllose Klauseln der einzelen Verwaltungsgesetze regulirt. Die Zulassung der Beschwerdeinstanz ist nach dem Bedürfniß des Lebens bemessen, in der Regel auch durch die Forderung einer Prozeßcaution erschwert. — Für streitige Fragen der obrigkeitlichen Selbstverwaltung tritt endlich noch hinzu:

§. 155. IX. Der Instanzenzug des selfgovernment. 919

III. Die Controlinstanz der Reichsgerichte in eigenthümlichen Geschäftsformen, jedoch beschränkt auf streitige Rechtsfragen, Recusationsfälle und Fragen der streitigen Competenz.

Nur eine Anwendung dieser Grundsätze bildet die Verwaltung der Stadtcorporationen (§. 109).

Auf diesem Ineinandergreifen der Competenzen beruht die Tragfähigkeit und Selbständigkeit der Selbstverwaltung. Die Grafschaften mit ihrem Custos Rotulorum, ihren Friedensrichtern und Clerks of the Peace, mit ihrem Sheriff und Unter-Sheriff, mit ihrem Lord Lieutenant und Deputy Lieutenants, mit ihren Constables, Overseers und Surveyors, mit ihren Kreis- und Communalsteuern und Communalfonds bilden ein selbständiges Ganzes, weil sie alle Mittel zur Erfüllung der Staatspflichten in ihrem Kreise besitzen. Sie sind selbständig, weil ihre Obrigkeiten alle erzwingbaren Pflichten und Gewalten besitzen, deren die Obrigkeit bedarf, weil die Communaldecernate mit Personen besetzt sind, welche obrigkeitliche Aemter mit Einsicht und Unparteilichkeit führen können, und weil die Personen, welche die Kosten decretiren, auch selbst Meistbesteuerte sind.

Eine solche Selbständigkeit des Communallebens ließ sich aber nicht durch besondere „Kreis-, Stadt- und Gemeindeordnungen" schaffen, wie in dem neuern Gemeindewesen des Continents, in welchem eine allgemeine Clausel über das „Aufsichtsrecht" der Staatsbehörden die Selbständigkeit der Gemeindeverwaltungen nicht begründet, sondern wieder aufhebt. Die Selbständigkeit der Gemeinde beruht vielmehr auf der Gesammtheit der Verwaltungsgesetze, die in vielen hundert Clauseln die Verpflichtungen der Gemeindebeamten festsetzen, unter Ordnungsstrafen stellen und für alle streitigen Fragen der Polizei-, Armen-, Wegeverwaltung 2c. die Oberinstanz bestimmen. Wie die Kreis-, Stadt- und Kirchspielsverbände organische Glieder des heutigen Staats sind, so beruht auch ihre Oberinstanz auf dem Gesammtorganismus der Staatsverwaltung, und kann nur im Zusammenhang mit diesem den „Rechtsstaat" zur Erscheinung bringen.

In der englischen Formation ist demgemäß in erster Stelle dafür Sorge getragen, die Einheit der vollziehenden Gewalt zu sichern, die unter allem Wechsel der Regierungssysteme aufrecht erhalten ist, in folgender Gliederung (§. 83):

1. Durch die Stellung des Ministers des Innern, mit den nothwendigen Regulativgewalten und Befugnissen zum Eingreifen im einzelnen Fall. Es liegt darin eine Oberleitung der friedensrichterlichen Verwaltung, wenn auch in der höflichen Form einer „Correspondenz" mit dem Lord Lieutenant, namentlich das Recht der Requisition der bewaffneten Macht und der Aufstellung von Special Constables in außerordentlichen Fällen, sowie die Aufstellung von Normativbestimmungen für die

besoldete Constabulary, die Gefängniß=, Irrenverwaltung ꝛc. Erst durch die umfassende gesetzliche Regulirung erhält diese Centralinstanz einen nur ergänzenden Charakter, jedoch immer noch mit dem ausnahmslosen Recht der Ernennung und der Entlassung aller Beamten der obrigkeitlichen Selbst=verwaltung. Es ist davon seit den Zeiten der Revolution kein partei=mäßiger Gebrauch mehr gemacht; immerhin blieb sie bedeutungsvoll zur Abwehr systematischer Opposition der Lokalbehörden.

2. Das Friedensrichteramt bildet in dieser Kette der Staatsge=walten die Mittelstelle, entsprechend den deutschen Provinzial=, Kreis= und Ortspolizeibehörden. Es ist seinem Entstehen nach ein ministerial und judicial office zugleich. Da aber die Masse der ausführenden Func=tionen den unteren Gemeindebeamten übertragen, da der Geschäftsgang immer vollständiger dem Gerichtsverfahren gefolgt, und das Polizeidecernat auf formelle Straf= und Polizeiresolute zurückgeführt ist: so erscheint diese Mittelstelle überwiegend als richterliches Amt. Umgeben von allen Ehren und Amtsattributen der bürgerlichen Obrigkeit, beansprucht es die Folge=leistung gegen seine gesetzmäßigen Befehle in dem vollen Maße, wie das Verwaltungsbeamtenthum des Continents durch ein Ordnungsstrafrecht und eine ergänzende Verwaltungsexecution (S. 482).

3. Die Unterordnung der executiven Beamten unter die Ortsobrigkeit beruht zunächst auf dem grundsätzlichen Ernennungs= und Entlassungsrecht der Friedensrichter, sodann auf einer langen Reihe von Ordnungsstrafen zur Erzwingung der Folgeleistung und auf einem allge=meinen Ordnungsstrafrecht wegen „Ungehorsams gegen die gesetzmäßigen warrants und orders der Friedensrichter," 33. Geo. III. c. 55.

Nachdem in dieser Weise die Einheit der vollziehenden Gewalt in einer festen Kette der Subordination gesichert war, ergab sich der Instan=zenzug des selfgovernment, die Ordnung der Verwaltungsjuris=diction und die Grundlegung des Rechtsstaats als Consequenz der=selben (§. 88). Sie beruht darauf, daß die Staatsgewalt um ihrer selbst willen eine gesetzmäßige unparteiische Handhabung des Verwal=tungsrechts wollen muß. Sie formirt sich so, daß die Verwaltungsstellen neben ihren executiven Funktionen zugleich richterliche Funktionen über=nehmen, und den Parteien durch die persönliche Stellung der verantwort=lichen Beamten, deren Ständigkeit, Collegialität und öffentliche Verhand=lung die Garantien des Gerichtsverfahrens darbieten, in folgenden drei Instanzen:

I. Die Verwaltung und Verwaltungsjurisdiction erster Instanz bildet sich aus den executiven Beamten unter dem Decernat der Lokalobrigkeit, des Friedensrichters. Das Verhaftungsrecht und die weiten discretionären Gewalten der Unterbeamten werden unter einer civil= und

§. 155. IX. Der Instanzenzug des selfgovernment. 921

strafrechtlichen Verantwortlichkeit geübt, unabhängig von der Genehmigung einer vorgesetzten Behörde. Den eigentlich wirksamen Schutz aber gegen Mißgriffe in der täglichen Action des Einzelbeamten bildet die fortlaufende Aufsicht und Controle durch den Vorgesetzten. Wird diese nur durch Polizei-Inspectoren und Unterpräfekten geübt, so kommt unabänderlich nur die Klassenanschauung des berufsmäßigen Beamtenthums zur Geltung, und die innere Landesverwaltung schließt sich dann in dem Berufsbeamtenthum ab nach dem Grundsystem des Absolutismus. Das selfgovernment hebt diese Einseitigkeit auf, indem es mitten aus dem bürgerlichen Leben heraus mehr als 10,000 active Friedensrichter als Oberbeamte über das executive Beamtenthum stellt, und damit an diesem entscheidenden Punkt die Kette des Berufsbeamtenthums durchbricht, welches sich zu einer solidarischen Hierarchie abschließt überall, wo man an diese Stelle nur einen Polizeidirector, einen Maire, einen Unterpräfecten, einen besoldeten Landrath, oder einen besoldeten Amtshauptmann zu setzen weiß.

Die decretirende Obrigkeit gewinnt aber im selfgovernment durch die gesellschaftliche solidarische Stellung des Ehrenbeamthenthums die Unabhängigkeit des Richteramts, folgt den Formen des Gerichtsverfahrens in öffentlich-mündlichem Prozeß, mit eidlichen Zeugenverhören und zuverlässigen Beweisaufnahmen, und bildet damit die Verwaltungs-Rechtsprechung I. Instanz, in welcher nach der Natur der Staatsgeschäfte bereits der Schwerpunkt aller Verwaltung liegt.

An den Punkten endlich, an welchen die Gefahr der politischen oder lokalen Parteieinflüsse in verstärktem Maße eintritt, bei Ertheilung der Schank- und Gewerbe-Concessionen, Bestätigung oder Entlassung der Ortsgemeindebeamten, der besoldeten Polizeimannschaften 2c., tritt ein collegialisches Decernat schon in I. Justanz ein. Es umfaßt gerade die Punkte, an welchen der Mißbrauch der „constitutionellen" Verwaltungen sich auf dem Continent überall fühlbar macht.

II. Die Mittelinstanz der Verwaltungsjurisdiction bildet sich durch eine collegialische Formation aus dem obrigkeitlichen Ehrenamt selber in den Sessions. Es wird damit die Einheit der vollziehenden Gewalt, die praktische Kenntniß der Geschäfte und der Lokalverhältnisse gesichert, und zugleich dem obrigkeitlichen Ehrenamt seine Stellung gewahrt, welches sich keinem Präfekten, Landrath oder Bezirksdirector persönlich unterordnet. Unter Wahrung dieses Ehrenanspruchs gewähren die zahlreichen Collegien der Friedensrichter alle Garantien eines Richtercollegiums, und haben als solche ihre Unabhängigkeit gegen die Parlamentsparteien nach oben, wie gegen die Lokalparteien nach unten jederzeit mustergültig bewahrt. Die öffentlich-mündliche contradictorische Verhandlung giebt auch dieser

Beschwerdeinstanz den Charakter einer vollen Jurisdiction. In nothwendiger Wechselbeziehung mit der moralischen Unabhängigkeit eines solchen (dem Recht nach entlaßbaren) Beamtenthums bleibt aber der Grundsatz, daß wer ein obrigkeitliches Ehrenamt verwaltet, wohl den verfassungsmäßigen Courts zu unterwerfen ist, nicht aber der Disciplinargewalt oder Ordnungsstrafe eines Ministers, Commissioner oder andern besoldeten Verwaltungsbeamten. Die Unterordnung der Kreis- und Gemeindeverwaltung unter das Amt eines einzelen Unterpräfekten oder Landraths ist im Gegensatz dazu der entscheidende Ausdruck der continentalen „Bureaukratie." Die Controle der Communalbeamten im selfgovernment beschränkt sich auf die Rechtsschranken ihrer Befugnisse: die honette Handhabung der discretionären Gewalten innerhalb der Gesetze wird erwartet von der gesellschaftlichen Stellung des Beamten, seiner gesellschaftlichen Unabhängigkeit, von der Oeffentlichkeit der Verhandlung, von dem collegialischen Zusammenwirken mit mehren seines Gleichen, von dem Einfluß der gewohnheitsmäßigen Erfüllung öffentlicher Pflichten auf den Charakter des Menschen. Die Friedensrichterverfassung hat alle diese Voraussetzungen bestätigt, ja noch übertroffen, und schwere Mängel der Parlamentsgesetzgebung durch den ehrenhaften Geist der Anwendung fast unschädlich gemacht.

III. Die Stellung der Reichsgerichte als Controlinstanz der Verwaltung gehört nicht dem ordentlichen System der Gerichtsverfassung an, sondern bildet eine eigenthümliche Verwaltungsjurisdiction höchster Instanz. Wie die höchste Entscheidung durch Ministerialrescripte, an deren Stelle sie getreten ist, hat sie die Form von Justizmandaten (writ of mandamus), Abberufungsmandaten (writ of certiorari), oder Akteneinsendungen (special case) erhalten, als ein Competenz- und Cassationshof der Verwaltung. Schon im Mittelalter war an diesem Punkt das professionelle Beamtenthum vorhanden, viel früher als es auf dem Continent zur Entwickelung kam. Die Oberrichter, welche solche Fragen entscheiden, gehen aus der Advokatur hervor, der auch die Beschäftigung mit der Verwaltung nicht fremd ist. Sie plaidirt bei Quartalsitzungen, Assisen, Reichsgerichten, Parlament über Wahlfragen, Steuerfragen, Fragen des Communalrechts; sie gerirt sich als Rechtsconsulent der untern Klasse der Anwälte, die überall als Subalterne und Agenten der Kreis- und Communalbehörden thätig sind. Innerhalb der selbständigen innungsmäßigen Verfassung des studirten Juristenstandes aber bilden die Reichsrichter nur die Spitzen, und bleiben mit den Berufsgenossen, aus denen ihre Substituten und Nachfolger ernannt werden, in stetigem Lebensverkehr, und auf den Rundreisen in engen persönlichen Beziehungen. Dadurch wird jener esprit de corps gebildet, in welchem eine gegenseitige Einwirkung auch der unteren Elemente auf die Oberrichter seit Jahrhunderten besteht. Erst dies

§. 155. IX. Der Instanzenzug des selfgovernment. 923

Verhältniß hat der Justiz in England die haltbare Stellung als Wächter der Verfassung gegeben.

Die praktische Weise, in welcher hier alle Organe der innern Landesverwaltung zur Erfüllung ihrer gesetzlichen Obliegenheiten zu zwingen, Ueberschreitungen zu verhindern, die Communen in ihren verfassungsmäßigen Rechten zu schützen sind, erscheint allerdings als mustergültig. In dem Maße, in welchem die Selbständigkeit der großen Communalverbände wuchs, beseitigte man die reichsgerichtliche Controlinstanz in zahllosen Fällen, erschwerte sie durch Formen, Fristen und Cautionen, und gelangte damit zu dem heutigen Zustand, in welchem wie durch einen leichten Fingerdruck in einer sinnreich geordneten Maschine etwa hundert Decrete der Reichsgerichte alljährlich ausreichen, um die Gesetzmäßigkeit der Reichsverwaltung gegen die Parteien in und außer dem Parlament sicher zu stellen, und das ganze dem Parteimißbrauch ausgesetzte Gebiet der innern Verwaltung aus dem Machtbereich der zeitigen Staatsminister herauszunehmen.

Dies Grundgerüst der Verwaltungsjustiz hat ebenso wie auf dem Continent seine Gestaltung in der Polizeiverwaltung erhalten. Es erstreckt sich aber von da aus auf das Gebiet der Miliz- und Militärverwaltung, auf die Steuereinschätzungen und die Stadtverwaltung (Cap. VI.—VIII.), soweit das Bedürfniß reicht, für die Ansprüche der Staatsgewalt an Person und Vermögen den Unterthanen die Garantien unparteiischer Rechtsprechung zu gewähren.

Ergänzend tritt dazu die Controle der ordentlichen Civil- und Strafgerichte, welche in ihren Entscheidungen über Privat- und Strafrecht mittelbar auch über das öffentliche Recht, insbesondere über die verfassungsmäßige Grenze zwischen Gesetz und Verordnung entscheiden.

Als Ergänzung tritt endlich dazu die von der Ministerverwaltung unabhängige Verantwortlichkeit der Beamten, und die rechtliche Verantwortlichkeit der Minister selbst, als ineinandergreifende Jurisdiction über das öffentliche Recht, deren Glieder sich gegenseitig tragen (§§. 83 bis 88).

Schon das System der Oberinstanzen ergiebt freilich, daß ein selfgovernment kein einfaches oder patriarchalisches sein kann. Das englische wurde schon im Mittelalter äußerst verwickelt. Es wurde kräftiger und lebendiger als die continentalen Systeme durch die massenhafte Betheiligung der höheren und Mittelstände: es ist aber als fortschreitendes Ganzes niemals einfacher geworden. Alle herrschenden Vorstellungen von der „Wohlfeilheit," natürlichen „Einfachheit," patriarchalischen „Naturwüchsigkeit" des selfgovernment, sind Irrthümer, die absichtlich oder unabsichtlich seit Menschenaltern gehegt und genährt, neue Irrthümer erzeugt haben. Es will auch in der That Niemand auf dem Continent patriarchalisch regiert werden, sondern nur andere so regieren.

Der jurisdictionelle Grundcharakter aller Verwaltung und Verwaltungsjustiz, welcher England zum „Rechtsstaat" macht, setzt allerdings eine vollständig entwickelte Verwaltungsgesetzgebung voraus, die nur in einer abgeschlossenen Gesellschaftsordnung zur Entwickelung kommen kann. Sie reicht praktisch nicht mehr aus für die Bedürfnisse einer sich neu bildenden Gesellschaft, welche stets die jurisdictionellen Verwaltungsformen abzustreifen bemüht ist. Es bedurfte daher im XIX. Jahrhundert allerdings für die Armen- und Sanitätsgesetzgebung und für die Gestaltung der executiven Polizei sehr erweiterter Regulativgewalten, und es genügte dafür nicht mehr der formelle Geschäftsgang und die Beschwerdeinstanz der Friedensrichter. Es bedurfte beweglicherer Behörden und Geschäftsformen für eine neuere Interessenverwaltung im Lokalverband, wie solche in der heutigen Weise der Selbstverwaltung (nur in zu einseitiger Weise, losgerissen vom jurisdictionellen selfgovernment) zur Entwickelung gekommen ist. (Abschn. II.)

X.
Die Ständebildung auf dem Boden des selfgovernment.
(§§. 1—5.)

(§. 156.) Das Ineinandergreifen des selfgovernment mit den großen Schichtungen des Besitzes ergiebt die englische Ständebildung in ihrem eigenthümlichen Anschluß an das Mittelalter.

Auf dem Höhepunkt des Mittelalters war in dem lebendigen Lehnswesen in den Städten und in der Kirche die Gesammtheit der persönlichen Staatsleistungen in eine durchgreifende Verbindung mit dem Besitz getreten. Wie immer ergab sich daraus eine Neubildung der Stände. Die Leistung des Einzelen faßte sich massenhaft zusammen in der Gesammtleistung der Besitzklasse, und diese durchschnittliche, gewohnheitsmäßige Leistung bedingte die rechtliche Stellung der Klasse, den anerkannten Stand. Die fortschreitende Staatsidee vermochte indessen mit einer solchen Zertheilung des Staats in geschiedene Besitzmassen nicht zu bestehen. In Gestalt der erblichen Monarchie nahm der neugebildete Staat seine Hauptfunktionen den Ständen wieder ab, ließ ihnen aber die aus der ältern Ordnung entstandenen socialen Vorrechte, und erzeugte dadurch den ständischen Widerspruch des Continents. Denn auf die Dauer kann eine Geltung der Stände nie auf dem beruhen, was sie einst waren, auch nicht auf dem was sie sein sollten, sondern nur auf dem was sie sind. Die Geltung in der Gesellschaft beruht unabänderlich auf dem Besitz, — dem actuellen Besitz, nicht dem Besitz der Vorfahren. Die Geltung im Staat beruht auf den Leistungen für das Gemeinwesen, also Steuer und Amt, – und zwar auf den eigenen Leistungen, nicht denen der Vorfahren.

In England war das starke normannische Königthum ausnahmsweise in der Lage, an die carolingischen Einrichtungen wieder an-

§. 156. X. Die Ständebildung auf dem Boden des selfgovernment. 925

zuknüpfen, solche in ihrem ursprünglichen Sinne fortzuführen, und damit die Fortentwickelung der Grundherrlichkeit zu unterbrechen. Das Recht des Grundbesitzes beschränkt sich in England auf eine persönliche, allmälig erblich gewordene Theilnahme des Familienhaupts an dem Königlichen Rath; während die Familienmitglieder dem gemeinsamen Stande der Commoners zugehörig bleiben. Die gleiche Lehndienst= und Gerichtspflicht verschmilzt die kleineren Barone mit den Aftervasallen zu einem ritterschaftlichen Klassenrecht, ohne einen Geburtsadel zu bilden. Die gleiche Miliz=, Gerichts= und Steuerpflicht, später das Friedensrichteramt, verschmilzt die Ritterschaft mit städtischen Honorationen und studirten Klassen zu einer selbstverwaltenden Gentry, für welche alle Würden des Reichs einschließlich der Pärie zugänglich bleiben. Die gleiche Miliz=, Gerichts=, Polizei= und Steuerpflicht vereinigt sodann den ganzen lastentragenden Besitz (freehold auf dem Lande, scot und lot in den Städten) zu einem politisch berechtigten, an der Gesetzgebung betheiligten Ganzen. Die Ausdehnung der alten Ortspolizeigerichte (courts leet) und der späteren Communalsteuern auf alle Hausstände erstreckt die privatrechtliche Gleichheit auch noch weiter herab auf die ehemaligen villani und arbeitenden Klassen, unter frühzeitiger Aufhebung der Leibeigenschaft. So bildet sich eine Gleichheit des Familien= und Vermögensrechts als common law für alle Klassen. Auch die ehemaligen Herrschaften und Ritterlehne werden durch das Gesetz ausdrücklich auf den Fuß des gemeinen, lastentragenden Grundbesitzes (free and common socage) zurückgeführt, mit grundsätzlicher Veräußerlichkeit und Theilbarkeit, mit Festhaltung der Gewerbe= und Handelsfreiheit, des freien Erwerbs für jeden Besitz, der Befähigung zu jedem Amt. Aus diesem Grunde nahm auch der Widerstand gegen den Mißbrauch der königlichen Gewalt seit der Magna Charta die Richtung auf Gewinnung eines gemeinsamen Schutzes gegen die Willkür von Oben. Die geforderten Freiheitsrechte waren von Anfang an gemeinsame. Indem aber der gesammte Grundbesitz zum persönlichen Dienst und zur Steuerlast des Gemeinwesens, ohne Unterschied von Stadt und Land und geistlichem Besitz, herangezogen war und blieb, indem seine Leistungen von Menschenalter zu Menschenalter mit den wachsenden Bedürfnissen sich erhöhten, und wo es der Nachhülfe bedurfte, erhöht wurden: so erhielt sich auch im Ganzen die mittelalterliche Stellung der Besitzklassen, das allseitige Bewußtsein von der Nothwendigkeit dieser Stellung, die willige Anerkennung des Rechts der höhern Leistung. Es conservirte sich so eine Harmonie der Stände, an welcher zwei royalistische, eine republikanische und eine ständische Revolution völlig spurlos vorübergegangen sind. Auf einer höhern Culturstufe ergab sich daraus folgende Abschichtung in drei Stufen der politischen Berechtigung.

I. Die herrschende Klasse des Mittelalters beruhte einst auf der Offizierstellung in den Lehnsmilizen (seigneurs) und auf der Prälatenstellung in der Kirche. Diese höchsten persönlichen Staatsleistungen stehen an der Stelle des spätern Beamtenthums. Mit dem Fortschritt des Staats sind die geistigen und sittlichen Anforderungen und die Leistungen des Amts stetig gewachsen, stetig vervielfältigt. Das Grundprincip ist aber dasselbe geblieben: immer sind es die höchsten persönlichen Leistungen für das Gemeinwesen, welchen der Vortritt und die Ehre im Staat gebührt. Mit der später geringern Bedeutung der Kriegsleistungen tritt in England die Rechts- und Polizeiverwaltung des Landes in den Vordergrund. Der Schwerpunkt der höhern Stellung rückt also allmälig in die Friedenscommissionen, deren gewohnheitsmäßige Verwaltung das sichtbarste Merkmal der regierenden Klasse wird. Das Recht des mittelalterlichen Adels geht dadurch der Sache nach auf die landed gentry der Friedenscommissionen über. Die alten Adelstitel erscheinen nur noch als Ehrenerhöhungen, die der Staat innerhalb einer regierenden Klasse verleiht, die schon aus eignem Rechte begründet dasteht. Der neuere Adel erwarb sich seine Stellung ebenso wie der alte: durch die Verschmelzung von Besitz und staatlicher Leistung, d. h. dadurch, daß er nach wie vor die Lasten der Feudalperiode trug und sich gefallen ließ, daß solche mit dem Wachsen des Staats in jedem Menschenalter wuchsen. Die Fortdauer der Uebereinstimmung ergab sich speciell daraus, daß der größere Besitz an Stelle der Lehnsmilizdienste ein volles Aequivalent in Grundsteuern übernahm, daß er in dem ganzen System der direkten Steuern an der Spitze der Steuerzahler blieb, daß er die neugestalteten höheren Gerichts-, Polizei- und Milizämter als Ehrenämter übernahm.

Eben dieser Grundlage wegen hatte die Land-Gentry keine Tendenz zur formellen Abschließung. Sie ließ es sich gefallen, daß städtische Honorationen nicht bloß die Steuern, sondern auch dieselben Ehrenamtslasten mit ihr theilten. Folgerecht dehnt sich das Recht der Gentry auch auf städtische Honorationen aus soweit wie die gewohnheitsmäßige Verwaltung des Friedensrichteramts. Adel und gentry konnten andrerseits ihre Ehren nicht auf alle Familienmitglieder ins Unendliche fortpflanzen, sondern nur dem Erstgebornen hinterlassen, der mit dem Besitz allein auch die Lasten der Ehre übernahm. Endlich bewahrte dieser Adel auch den mittelalterlichen Sinn der Achtung vor dem geistigen Leben, die Anerkennung der standesmäßigen Gleichheit der studirten Klassen, die mit der Entfaltung des geistigen Lebens in weiteren Kreisen neben die Geistlichkeit traten.

So schloß sich allmälig eine neuere regierende Klasse ab, bestehend aus dem großen Grundbesitz der ehemaligen Herrschaften und Rit-

§. 156. X. Die Ständebildung auf dem Boden des selfgovernment. 927

tergüter, als Kern und in anerkannten Präcedenzstufen, ergänzt durch einen engern Kreis städtischer Honorationen und studirter Klassen, — verbunden durch völlige Gleichheit des Familien- und Vermögensrechts unter sich und mit allen liberi homines des Reichs, d. h. mit der ganzen Bevölkerung, seitdem unter den Tudors die letzten Reste der Leibeigenschaft verschwunden sind. Ihr Grundgedanke liegt in dem **besondern Beruf der besitzenden Klassen für den persönlichen Dienst des Gemeinwesens** im obrigkeitlichen Amt. Die Zwangspflicht dazu wurde bald überboten durch den regen Wetteifer derer, welche die Ehre und den Einfluß solcher Stellung frühzeitig würdigen lernten, um durch die Stufenleiter der Geschäfte der einzelnen magistrates und der Kreisverwaltung sich die Tüchtigkeit zu erwerben, die auf dem Continent nur in den Bildungsstufen des höhern Beamtenthums erworben wurde. Diese Verhältnisse, stetig ineinander greifend, zusammenwachsend, herkömmlich feststehend in den Vorstellungen des Volks und in tausend lebendigen Beziehungen der obrigkeitlichen gentry mit den unteren Klassen, bilden das Wesen einer Aristokratie, die äußerlich so leicht begrenzt, so anspruchslos in nutzbaren Vorrechten, und doch so selbstbewußt und festgewurzelt dasteht.

Die verfallenden Stände des Continents pflegten vor Uebernahme jeder neuen, noch so unbedeutenden und vorübergehenden Last sich neue Anerkennungen, neue Schutzrechte ihres Besitzes, neue Ehrenrechte auszubedingen. In der englischen gentry blieb das Bewußtsein lebendig, daß nach Uebernahme eines Ehrendienstes und einer Steuer die gebührende Geltung des Mannes und des Standes sich von selbst findet. Das war in der Zeit, in welcher der germanische Grundadel seine Stellung erworben hat, die Anschauung der ganzen Klasse. Es war der Ehrendienst in Heer und Gericht, in den persönlichen Leistungen für das Gemeinwesen, welcher ihn erhoben hat; nicht bloßer Hofdienst, nicht Fideicommisse, nicht Schutzrechte für Schwächlinge. Es ist daher bei der Entstehung aller Ehrenämter keine Rede gewesen von einem Passivcensus. Wo ein solcher vorkommt, ist er erst nachträglich entstanden, nachdem die gewohnheitsmäßige Uebernahme feststand. Mit oder ohne Census gewöhnen sich die Vorstellungen des Volks daran, die ganze Klasse, welche gewohnheitsmäßig die höheren Lasten des Staats trägt, als den zur Leitung berufenen Stand anzusehen.

An gemeinsame Aemter und gemeinsame Steuern gewöhnt, hielt die ganze Klasse in der Fortbildung der Parlamentsverfassung immer fester zusammen. Hunderte von Familien der gentry wurden nach und nach zur erblichen Pärie erhoben, einige hundert mit dem erblichen Baronetstitel beehrt. Auch diese Erhebungen innerhalb der regierenden Klasse gehen selbstverständlich nur auf den Erstgebornen, und bestehen in so geringer

Zahl, daß ein Widerspruch zwischen den abligen Ehrenrechten und der gesellschaftlichen Unmöglichkeit sie zu behaupten, nicht entstanden ist. Die Erblichkeit beruht wie im Mittelalter noch immer auf dem Gedanken, daß derjenige Stand, der gewohnheitsmäßig seine geistigen und sittlichen Kräfte dem Gemeinwesen widmet, die höhere Stellung mit Besitz, Steuerlast und Ehrenamt naturgemäß auf den Erben der Gewohnheit überträgt. Ebenso beruht die hier vorhandene Neigung des Volks zur Aristokratie auf dem Gefühl eines nothwendigen Gleichgewichts von Rechten und Pflichten. Man kann die Millionen der Staats= und Communal=Grundsteuer ebenso schnell aussprechen wie die Tausende von Ehrenstellen, welche die regierende Klasse übernommen hat: allein schwer vergegenwärtigt man sich, wie dadurch von Tag zu Tag, von Jahr zu Jahr, von Geschlecht zu Geschlecht die Vorstellungen eines Standes und eines Volkes sich gestalten, wie die doppelt getragenen Lasten des Staats dieser Aristokratie in den Verfassungs= kämpfen ein altrömisches Gepräge gaben, wie sie Willen und Charakter stählten, vergleichbar der Klassensteuer und den 20 Feldzügen des senatorischen Adels. Dies Element blieb in dem Staats= und Gesellschaftsbau Englands das am stärksten und folgerichtigsten ausgebildete.

II. Die Stellung der Mittelstände entwickelte sich zunächst aus dem Gerichts= und Polizeidienst, der im Mittelalter noch gemeinschaftlich geleistet wurde mit den höheren Klassen, welche seit der Entstehung des Friedensrichteramts allmälig eine Stufe höher rückten. Parallel damit geht die Stellung im Milizdienst. Seit der Entstehung eines regelmäßigen Abgabenwesens schließen sich diese Stände nach gleichem Steuermaßstab den höheren an, und repräsentiren nunmehr das kleinere lasttragende Grundeigenthum (freehold), wie es zu Staatssubsidien und Communal= steuern beiträgt. Seit der Umbildung der Gerichts= und Polizeiverfassung verwandelt sich der alte Dienst der Gerichtsmänner in den Jurydienst. Weiter reiht sich daran die Heranziehung zu den unteren Communalämtern als Constables und Kirchenvorsteher, und zu den späteren Aemtern der Armen= und Wegeaufseher. In derselben Zeit, in welcher die höhere Klasse anfing sich durch einen leichten Geldcensus für Friedensrichteramt und Parlament nach unten hin abzuschließen, zeigt sich auch ein gleiches Bestreben des Mittelstandes. Wie die gentry ihren ersten kleinen Census nach der Pflicht zum Lehnsmilizdienst (nach alten Lehnstaxen) abmaß: so nimmt der Mittelstand seinen Census von der schon vorhandenen Abgrenzung des Jurydienstes her, schließt sich also mit Freisassen von 40 sh. Grundrente ab. In den Städten bildete sich die Abgrenzung abweichend: doch auch hier hielt sich der Grundgedanke des Mittelalters, resident householders paying scot bearing lot, bis durch die künstlichen Incorporationen die übermäßig ertheilten Rechte durch Verstümmelungen nach unten

§. 156. X. Die Ständebildung auf dem Boden des selfgovernment. 929

ausgeglichen und die natürliche Stellung der Mittelstände verschoben wurde. Auch auf dem platten Lande trat durch Veränderungen im Census des Geschworenendienstes und in der Kirchspielsverfassung allmälig eine Verdunkelung des Grundprincips ein.

Wenn die Entwickelung der Mittelstände in ihrem spätern Verlauf mangelhaft blieb, so lag dies eben in ihrer Stellung zu den persönlichen Pflichten des Gemeinwesens. Es waren die massenhaften Befreiungen grade der intelligenteren Elemente des Mittelstandes, wodurch die Jury auf kleinere Hauseigenthümer, Krämer und kleine Handwerker als Hauptbestandtheile angewiesen wurde, mit welchen der Verfall der niederen Aemter in stetiger Wechselbeziehung stand. Diese schon frühzeitig erstrebten und gewährten Befreiungen wirkten analog wie die Befreiungen der höheren Stände auf dem Continent. Sie nährten die Vorstellung, als ob die Befreiung ein werthvolles Standesrecht sei, untergruben den Einfluß der Befreiten innerhalb ihrer eigenen Klasse, ließen die Mittelstände nicht zu der innern Geschlossenheit kommen wie die gentry, und verminderten ihr Gewicht bei den Parlamentswahlen. Diese Befreiungen wurden dann auch eine Grundlage der heutigen Vorstellungen der middle classes, als ob mit der Steuerzahlung die Pflicht des Staatsbürgers erschöpft sei.

III. Als dritter Stand blieben die Elemente der Gesellschaft übrig, die nach den vorigen Gesichtspunkten sich negativ abscheiden. Es waren die Klassen, welche keinen Geschworenendienst leisteten und von dem Milizdienst auf Verlangen freiblieben (S. 524. 526); sie waren auch zur Uebernahme der Kirchspielsämter der Anlage nach nicht bestimmt. Es gehören dahin die kleinsten Freisassen unter 40 sh., die copyholders in ihrer ältern Stellung, nach welcher sie der Grundherr in den Staatslasten vertreten sollte; ferner die durch die Corporationsverfassung von der aktiven Stadtverwaltung ausgeschlossenen Elemente; sodann aber in Masse die Klassen der körperlichen Arbeit, die „arbeitenden Klassen," die nach alter Weise noch als Theile eines herrschaftlichen Hausstandes betrachtet wurden. Man zog sie zwar (mit sehr großer Schonung) zu kleinen Steuerbeiträgen heran, beim Wegebaudienst zu Handleistungen. Man ignorirte sie aber als Elemente des Ständerechts, da man den Stand nach der persönlichen Leistung zu messen gewohnt war.

Auf dem Boden dieser Ständeverhältnisse hat sich seit dem Schluß des Mittelalters die Parlamentsverfassung consolidirt. Wie die regierende Klasse ihre Anerkennung im engern Kreise zuerst in der Friedenscommission und nachbarlichen Selbstverwaltung zu erwerben hat, so gewinnt sie die höhere Stellung im Parlament durch ein Vertrauensmandat der selbstverwaltenden Kreisversammlung (county court) oder Corporation, und in einer hervorragenden staatlichen Gesammtthätigkeit die höchste Ehre der Pärie. Es ist dieser selbstthätige Organismus, der die höheren Klassen über den Genuß des Besitzes und die Annehmlichkeiten des Privatlebens hinaus dem Staate zuwendet, und die Geltung im Staat zum höchsten Ziel des Lebens erhebt.

Die politische Bedeutung des Grundbesitzes für das Gemeindeleben, wie England vorzugsweise darthut, beruht nicht auf einer geheimnißvollen, providentiellen Bestimmung, sondern darauf, daß der Grundbesitz die dauernde Grundlage des Nachbarverbands und folgerecht den stetigen Träger aller persönlichen Selbstthätigkeit im Nachbarverbande darstellt. Alle „historischen" Vorrechte des Grundbesitzes entstanden daraus, daß die Besitzer diesen Beruf nach den Bedürfnissen ihrer Zeit wirklich erfüllt haben. Aus den gewohnheitsmäßigen Lasten sind jene erhöhten Ehrenrechte hervorgegangen, welche nach der stabilen Wirthschaftsordnung des Mittelalters zum großen Theil erblich werden mußten. Die mittelalterlichen Leistungen haben fast ausnahmslos ihre Bedeutung für den neuern Staat und die spätere Gesellschaft verloren. Die heute erforderlichen Leistungen im Nachbarverband können nur in Communalsteuern und Communalämtern bestehen, da für alle heutige Selbstverwaltung die Unterordnung unter die Gesetzgebung und unter das Finanzwesen des Staats maßgebend bleibt. Der Staat kann daher dem Grundbesitz nicht Virilstimmen, Collectivstimmen und Vorrechte einräumen, welche aus dem Militär-, Gerichts-, Polizei- und Kirchenwesen vergangener Jahrhunderte hervorgegangen sind. Er kann heute den Grundbesitz nur dadurch ehren, daß er ihm diejenigen Zumuthungen zum Besten der Ordnung und Wohlfahrt des Nachbarverbandes macht, welche seiner Lage und Bestimmung entsprechen. Aus diesen Leistungen gehen dann mit gleicher Sicherheit die Ehrenrechte hervor, die sich aus gewohnheitsmäßigen Leistungen in jeder Verfassung bilden. So folgerichtig dies in England der Anlage nach geschehen, so ist doch schon wiederholt darauf verwiesen, wie seit der Revolution die Entwickelung der Mittelstände zurückbleibt, wie die Mittel- und arbeitenden Klassen durch die Versäumung der Culturzwecke des Staats in ihrer gesellschaftlichen und politischen Entwickelung vernachlässigt sind, und wie sich damit die Auflösung des harmonischen Verhältnisses der Stände im XIX. Jahrhundert vorbereitet (Abschn. II.).

XI.

Das Selfgovernment als Grundlage der Parlamentsverfassung.
(§§. 1—5).

(§. 157). Wie die Verschiedenheit der persönlichen und Steuerlasten die großen Schichten der Gesellschaft als Stände scheidet, so führt ihre ineinander greifende gewohnheitsmäßige Thätigkeit im Nachbarverband die gesellschaftlich geschiedenen Klassen wieder zu Communalverbänden zusammen. Aus den gleichmäßig gegliederten Communen fügt sich das Parlament zusammen.

Anfangs erschienen die Communae zwar nur als Anhang eines aus geistlichen und weltlichen Herren berufenen Reichsraths. Allmälig aber füllt sich auch das Oberhaus mit Familien der kreisverwaltenden Gentry, und in dieser neuern Gestalt repräsentirt nun das Parlament die einigen

§. 157. XI. Das selfgovernment als Grundlage der Parlamentsverfassung. 931

Stände, — von der Seite der Steuer im Unterhaus, — von der Seite der persönlichen Selbstthätigkeit im Oberhaus. Das Ineinanderwachsen beider Elemente bildet den einheitlichen Staat, als King in Parliament, der nun auch die einst getrennte Kirchenverfassung nach schweren Kämpfen und mit großen Concessionen sich incorporirt hat.

I. Die Stellung des Unterhauses nahm ihren Ausgang aus dem Grundsteuersystem. Nachdem die Ablösung der Lehndienste durch ein volles Aequivalent eine regelmäßigere Gestalt gewonnen hatte, fanden sich durch Verschmelzung der scutagia, auxilia, tallagia auch Ritterschaft und Städte zusammen. Den wachsenden Anforderungen des Königs gegenüber fühlen sich beide Gruppen durch das Steuerinteresse als Ganzes; unter Eduard III. haben sich gentz de la commune bereits zu einer Körperschaft vereinigt. Unter derselben Regierung haben die commons ihre Beiträge zu den Subsidien und Fünfzehnteln auf Kreisverbände und Städte fest vertheilt, und damit die Steuerbasis des Unterhauses gefunden. Die Gesetzgebung der Tudors hat den Unterbau einer Kirchspielsverfassung hinzugefügt, welche die unteren Klassen in noch weiteren Kreisen zu Steuer und Selbstthätigkeit gewöhnt, der kreisverwaltenden Gentry erweiterte Thätigkeit und Einfluß giebt. Im XVII. Jahrhundert zeigt sich die Stärke dieses Baues nicht nur in der Widerstandskraft nach oben, sondern auch in der organisirenden Triebkraft, die das Oberhaus immer vollständiger mit den Spitzen der kreisverwaltenden Gentry, den Staat durch den Organismus der Communae ausfüllt.

Zunächst war es also die Eigenschaft der Communae als Steuerkörper, welche die Gestaltung des gewählten Unterhauses bestimmte. Von dieser Seite aus war auch die unverhältnißmäßige Stimmzahl der Städte ursprünglich entstanden. Da aber nicht die einzelen Steuerzahler, sondern die zu Steuer- und Amtspflicht als Ganzes verbundenen Communae vertreten werden, so bildet sich das Wahlrecht aus der Gestalt der alten Kreisversammlung für die bürgerlichen Geschäfte: die Wahlversammlung erscheint also als County Court, in welchem die herkömmlichen Gerichtsmänner (legales homines) nach der jetzigen Gestalt des Gerichtsdienstes mit gleichem Stimmrecht betheiligt sind. In den Städten gleicht sich die Ueberzahl der Stimmen durch eine Verkürzung des Stimmrechts in einem entsprechenden Gesammtverhältniß aus. Die intensive Kraft dieser Wahlkörper beruht auf ihrer gleichen Grundlage durch das ganze Land: es sind die resident householders paying scot bearing lot in Land und Stadt, die mit dem Steuerrecht auch ein gleiches Familien- und Vermögensrecht und stufenweis vertheilte persönliche Lasten vertreten, und die sich eben dadurch als Vertreter des Gesammtvolks fühlen. Die Stellung der Gentry zu den Mittelständen regelt sich durch den berechtigten Einfluß der obrigkeitlichen Stellung, die in dem lebendigen Communalverband die Ungleichheit von Recht und Leistung in den stimmberechtigten Klassen ausgleicht.

Im XVIII. Jahrhundert ist daraus eine lebendige Wechselbeziehung zwischen den ansässigen Mitgliedern der Grafschaft hervorgegangen: für die höheren Stände durch das Friedensrichteramt, für die niederen durch den Geschworenendienst und die Kirchspielsämter. Beide Elemente erscheinen periodisch vereint in den Sessionen der Friedensrichter in stetigem Zusammenwirken durch den Dienst der Civil- und Criminaljury und der Kirchspielsämter, unter einem fortlaufenden Decernat der Friedensrichter, welches alle Zweige der innern Landesverwaltung von der Seite der polizeilichen und Strafordnung aus durchzieht. Die directe Wahl durch nachbarlich zusammengehörige, gleich verpflichtete, gleichmäßig selbstthätige Körperschaften, giebt der Landesvertretung die praktische Einsicht, den Gemeinsinn und das Ansehen, dessen die Legislative bedarf. Aus dieser Durchdringung von Staat und Gesellschaft entstehen dann auch die festen Grundsätze der Parteibildung im gesetzgebenden Körper, welche von einer Seite das Recht der Gesellschaft gegen den Staat (Whig), von der andern das Recht des Staats gegen die Gesellschaft (Tory) vertreten.

II. Das Oberhaus hat seinen Ausgang aus dem System der persönlichen Leistungen im Staat genommen. Als Vertretung derselben hatten die Plantagenets Anfangs Notablen-Versammlungen aus Prälaten und Seigneurs in lange schwankender Abgrenzung berufen. Seit Eduard I. schließen sich diese größeren Versammlungen an die stehende Reichsregierung (Permanent Council) an, und bilden nun mit derselben in periodischen Plenarversammlungen das Magnum Consilium, die ältere aus Besitz und Amtswürde gemischte Gestalt des Oberhauses. Diese Körperschaft gewinnt schon früher als die Commoners das Bewußtsein der Einheit als höchste Körperschaft des Reichs. Unter dem Hause Lancaster wird die größere Zahl derselben erblich von Vater auf Sohn berufen, unter den Tudors die Erblichkeit als Regel anerkannt. In dieser mittelalterlichen Gestalt ist freilich der sociale Abstand zwischen Ober- und Unterhaus noch bedeutender, da die Seigneurs und Prälaten, außer ihrer hochhervorragenden Stellung in Heer und Kirche, noch Besitzer großer Gütercomplexe (Herrschaften) sind, die auch noch eine schwerwiegende Steuergruppe für sich bilden. Seit der Periode der Tudors ist aber dieser grundherrliche Besitz auf kirchlicher wie auf weltlicher Seite sehr bedeutend geschmälert, und so von der socialen Seite aus sein Gewicht, durch die Reformation seine Selbständigkeit, durch die Parteikämpfe sein Charakter erschüttert. Allein in dieser Zeit treibt die Pärie neue Wurzeln aus

§. 157. XI. Das selfgovernment als Grundlage der Parlamentsverfassung. 933

dem Communalleben, in welchem jetzt das Friedensrichteramt nach allen Richtungen hin erweitert wird, und die Landesmiliz an die Stelle der gänzlich verfallenen Lehnsmilizen tritt. Mit dem wachsenden Wohlstand treten aus der landed gentry neue Familien hervor, die in Besitz und persönlicher Thätigkeit wie in befestigtem Ansehen der ältern Pärie gleichartig erscheinen. Es beginnt nun schrittweis jene Ausfüllung des Oberhauses in seiner neuern Gestalt, in der von dem mittelalterlichen Herrenstande nur noch ein Paar nominelle Reste übrig sind.

Das Oberhaus ist also in seinem Entstehen ein erweiterter Staatsrath, in seiner Fortbildung eine permanente, daher in jeder Generation neu ergänzte Vertretung der Klassen, welche gewohnheitsmäßig das obrigkeitliche Amt in Polizei, Miliz und Kirche verwalten. In diesem Grundprincip liegt seine Rechtscontinuität mit dem Magnum Consilium des Mittelalters, und seine Regeneration durch frische Kräfte in jedem Menschenalter, später fast in jedem Jahr. Das innere Leben der Commune hat diese neuere Pärie geschaffen und erhalten. Wie man sich in täglicher Erfahrung überzeugte, daß Communalverband und Communalfreiheit keinen Halt haben ohne die unmittelbarste persönliche Betheiligung der höheren Stände, wie man in jedem Kreisverband einen festen Bestand alter Familien als Mittelpunkt anerkannte: so consolidirte sich auch im Mittelpunkt des Staates die Vorstellung, daß die Selbstregierung des gesammten britischen Volks sich in derselben Weise befestigen müsse. Diese Anschauung mußte sich bestärken, je mehr der Wechsel der Parteiminister den Charakter des bloßen Beamtenthums gefährdete, und einen dauernden Halt für die gesammte Rechts- und Verwaltungsordnung des Reichs bedingte. Auch von dieser Seite aus werden die massenhaften Pärsernennungen wohl begreiflich.

III. Die harmonische Zusammenschmelzung dieser politischen und gesellschaftlichen Machtelemente zum King in Parliament ergab sich aus der Einheit der Rechtsgrundlagen von unten herauf. Das gleiche Privatrecht, die gleiche Grundsteuer, die gleichartige Amtspflicht verbindet die gesellschaftlich ungleichen Klassen zur communitas. In jeder communitas schon sind die Elemente vorhanden, welche, concentrirt im Parlament das Ober- und Unterhaus bilden. Die Quarter Sessions und die Kirchenverwaltung repräsentiren die Elemente des Oberhauses in jedem Kreisverband. Das stufenweise Ineinandergreifen von Steuer- und Amtslast, die festen Elemente der gesetzmäßigen Verwaltung durch königliche Ernennung und die beweglichen mit den zeitigen Interessen verflochtenen Elemente aus Communalwahlen, kehren eine Stufe höher gerückt in Ober- und Unterhaus wieder. Die persönliche und die Steuerseite des öffentlichen Lebens, die Stetigkeit der Rechtsordnung und die

Beweglichkeit der Interessen verschmelzen im Einzelen wie im Ganzen durch Aneinandergewöhnung in der Arbeit des Gemeinwesens zu großen regierungsfähigen Körpern. Die Parlamentsverfassung verbindet eben die Elemente, welche sich durch die Verschiebung der Staatslasten auf dem Continent geschieden haben: die Intelligenz, Geschäftstüchtigkeit und Thätigkeit des Beamtenthums mit der Unabhängigkeit des nicht auf Sold und Gunst gestellten Besitzes. Das Zweikammersystem ergiebt sich aus der Nothwendigkeit einer kraftvollen stetigen Rechtsordnung in und über der beweglichen Interessenvertretung. Die Parlamentsverfassung macht den Besitz dieser höchsten Bestimmung der menschlichen Gemeinschaft dienstbar und gewährt ihm dafür die entsprechenden Ehrenrechte. Der heutige Bestand von etwa 400 englischen Pairs (abgesehen von den schottischen und irischen Elementen) bildete sich durch 1200 Ernennungen und Erhöhungen seit Ablauf des Mittelalters, durch welche der König hervorragende Familienhäupter der gentry berief, um in der Regierung des Staats das zu sein, was die gentry in der Kreisverwaltung ist, — nicht eine Repräsentation des privatisirenden gentleman, der neben dem geselligen Vergnügen zuweilen eine Stunde dem Staat widmet, sondern der Klasse, welche die vollen Amtsgeschäfte unserer Regierungen, Landräthe und Ortsobrigkeiten wirklich versieht, — nicht eine Repräsentation mittelalterlicher Grundherrschaften (welche in England gar nicht mehr vorhanden sind), sondern eine stehende Repräsentation der heutigen regierenden Klasse, welche der Staatsverwaltung die Festigkeit und Perpetuität giebt, die zur Gerichtsverfassung und zur Stetigkeit des Amtsorganismus nöthig.

Das Wesen des Staats als der äußern Wechselbeziehung der persönlichen Pflichten und Rechte der menschlichen Gemeinschaft findet hier seinen Abschluß. Nur die persönliche Selbstthätigkeit in Uebung der staatlichen Pflichten begründet das staatsbürgerliche Recht, die Normativbestimmnngen dieser Thätigkeit, die Gesetze, sich selbst zu setzen. Nur die persönliche Thätigkeit giebt das gleiche Recht der Stimme gegenüber über der ungleichen Steuerleistung. Nur die gewohnheitsmäßige Selbstthätigkeit giebt die Fähigkeit zur Gesetzgebung, welche mehr wie jede andere menschliche Thätigkeit eine praktische Kenntniß durch Selbstübung voraussetzt. Dem entsprechend beruht die historische Parlamentsverfassung auf dem Grundsatz, daß dieselben Klassen und Gruppen der Gesellschaft, welche im communalen Nachbarverband gewohnheitsmäßig die Gesetze ausführen, auch den gesetzgebenden Körper bilden, daß umgekehrt die an den Wahlen betheiligten Klassen auch die Pflicht zum persönlichen Ehrendienst der gesetzmäßigen wie der wirthschaftlichen Selbstverwaltung übernehmen müssen.

§. 158. XII. Der Gliederbau des parlamentarischen Staats. 935

Das Zusammenwachsen dieses tief in einander geflochtenen Verhältnisses der Besitz=
klassen in dem Staat bildet das viel verkannte naturwüchsige Element der englischen
Verfassung, die mühsam erworbene Frucht der Selbstthätigkeit und Tüchtigkeit vieler
Generationen, den harmonischen Schluß blutiger Kämpfe und harter Dissonanzen. Immer
war und blieb dies Gleichmaß der Rechte und Pflichten freilich eine positive Schöpfung,
beruhend auf einer einzig hervorragenden Stellung der Gentry, ihrer beherrschenden Macht
in der Kreisverwaltung und in den Parlamentswahlen, auf einer Zurückdrängung der
Städte, auf einer sehr beschränkten Gewalt der Minister, auf dem festgeregelten Gang der
Verwaltung, die im 18. Jahrhundert keine bedeutende Reform=Aufgabe zu lösen hatte.
Mit jeder Verschiebung der Gesellschaftsordnung entstand hier eine offene Stelle, an
welcher im Laufe des XIX. Jahrhunderts die Auflösung der Parlamentsverfassung sich
vorbereitet. (Abschn. II.)

XII.
Der Gliederbau des parlamentarischen Staats.

(§. 158). Die innere Harmonie von Staat und Gesellschaft in Eng=
land war annähernd erreicht unter der langen Regierung Georg's III.
Mehr als Andere waren es die großen nationalen Kämpfe, an welchen
sich die Parlamentsparteien aufrichteten, in welchen sich die Aristokratie
des Landes der Regierung würdig zeigte und den Staat zu einer unüber=
troffenen Kraft und Ausdauer zu erheben wußte. Auch über diesen Höhe=
punkt hinaus hat sich die Tüchtigkeit dieses Baues bewährt in dem Wider=
stand, den er zwei Menschenalter hindurch dem zersetzenden Einfluß einer
neuen Gesellschaftsordnung zu leisten im Stande war.

An dem Wendepunkt des Verfalles ist es wichtig, den innern Zu=
sammenhang dieses Staats noch einmal zusammenzufassen.

Auf dem Boden der staatlich gegliederten Ordnung der Gesellschaft
beruht die Parlamentsverfassung in ihrem Aufbau von unten nach oben.

Das System der staatlichen Pflichten hat seit den Zeiten der
Eroberung die englische Gesellschaft umgestaltet, zur Selbstregierung und
Selbstgesetzgebung herangebildet, zur persönlichen und politischen Freiheit
erzogen.

Die allgemeine Pflicht zum Gehorsam gegen die Staatsgewalt hat
sich entfaltet zum persönlichen Heerdienst, Gerichtsdienst, Polizeidienst, zur
persönlichen Steuerpflicht im Staats= und Gemeindeverband, zum Kirchen=
und Glaubenszwang, der im Mittelalter an Stelle des heutigen Schul=
zwanges steht.

Das gesellschaftliche Interesse hat diese persönlichen Pflichten fort=
schreitend erleichtert durch Concentrirung persönlicher Dienste in Aemter,
durch Umwandlung persönlicher in Geldleistungen. Die insulare Lage

Englands hat die Pflicht des Heerdienstes nahezu abgestreift, das Toleranz=
system der Gesellschaft hat den Kirchenzwang beseitigt, ohne sich zum Schul=
zwang zu entschließen. Mit großer Energie sind aber die persönlichen
Polizei=, Gerichts= und Steuerpflichten festgehalten.

Die locale Vertheilung dieser Lasten hat die Kirchspiels=, Stadt=
und Grafschafts=Verbände gebildet, als locale Pflichtgenossenschaften oder
„Verwaltungsgemeinden", d. h. als organische Glieder der Staatsver=
waltung, wie dies auch das Wort selfgovernment sprachlich ausdrückt.

Dies Grundsystem der Pflichtgenossenschaften hat die widersprechen=
den Interessen der Gesellschaft zuerst im Einzelen, dann im Ganzen
vereinigt, harmonische Ständeverhältnisse gebildet, die Grafschafts= und
Stadtverbände zum Unterhaus, das System des Ehrenstaatsdienstes zum
Oberhaus formirt, und damit die englische Gesellschaft zu einer sich selbst
regierenden Gesellschaft in monarchischer Staatsform gestaltet.

Der Zwischenbau des selfgovernment ist es also, der den
parlamentarischen Staat über den Charakter der bloßen Interessenver=
tretung hinausgehoben hat. Im Entstehen wie im Fortschreiten hat das
Parlament nie eine bloße Vertretung gesellschaftlicher Ansichten und An=
sprüche sein sollen, wie solche aus dem Privatleben hervorwachsen, keine
Vertretung der Interessen von Besitz= und Berufsklassen, sondern eine
Vertretung der Staatslasten, Staatsleistungen und der aus der gewohn=
heitsmäßigen Erfüllung öffentlicher Pflichten hervorgehenden Ueberzeugungen
vom Recht und vom Wohl des Staats. Es entsteht durch diese Uebung
in dem Einzelen das Bewußtsein eines berechtigten Einflusses in seinem
Kreise, doch unter stetiger Erinnerung daran, daß er diesen Einfluß nur
kraft eines vom Staat verliehenen höhern Berufs und nur nach einem
höhern Gesetz, nicht aber von Geburts= oder Besitzeswegen, nicht nach
seiner Willkür und zu seinem Nutzen zu üben hat. Das gesellschaftliche
Leben der Grafschaft und der Gemeinde wird damit durchdrungen und
befruchtet von dem Verständniß für den Staat und von dem Gemeinsinn,
welchen der Absolutismus auch in seiner besten Gestalt nur zu einem
Monopol der Beamtenklasse macht. Wie der Einzele, so haben freilich
auch die Wahl=Körperschaften ihr politisches Recht jederzeit benutzt, um die
gesellschaftlichen Interessen ihrer Mitglieder wahrzunehmen: allein die
Interessenvertretung ist in Sinn und Richtung eine andere, wo sie durch
die Zucht des Communallebens, durch die stetige Gewöhnung an die Er=
füllung der Pflichten des Menschen gegen den Menschen hindurchgeht.
Diese Gewöhnung giebt ihr Maß und Ziel, ebenso wie in dem einzelen
Menschen die Triebe und Neigungen ihre rechte Erfüllung finden, so lange
sie von einem sittlichen Willen gewohnheitsmäßig gezügelt werden.

Auf diesem Zwischenbau beruht auch die nach herben Erfahrungen

§. 158. XII. Der Gliederbau des parlamentarischen Staats. 937

wieder gewonnene und siegreich behauptete persönliche Freiheit des Individuum, die Verwirklichung der Grundrechte. Die gesicherte Rechtsstellung des Einzelen ist kein durch bloße Amtseinrichtungen, durch sinnreiche „Trennung von Justiz und Verwaltung", durch Verantwortlichkeit der Minister und Beamten zu gewinnender Preis, sondern ein mühsam erworbenes Gut der Selbstbeherrschung in der staatlich organisirten Gesellschaft. Die dadurch gefundene Abgrenzung des Verwaltungsrechts läßt den zeitigen Ministern der Krone die nöthige Beweglichkeit und Kraft, wo es auf die Machtentfaltung des Staats ankommt; während andererseits der Mißbrauch der Gewalt in der Selbständigkeit der Communae als Polizei-, Gerichts- und Steuerkörper, in der daraus hervorgehenden Stellung der Verwaltungsjurisdiction und in dem Oberhaus als Spitze der Gerichtsverfassung das Gegengewicht findet. Erst daraus geht jenes wirkliche „Gleichgewicht" hervor, welches den Einzelen in Gehorsam dem Staatswillen unterwirft, und doch die Achtung der Staatsgewalt vor dem Rechtskreise des Einzelen erzwingt, — der archimedische Punkt aller Verfassungen.

Jener Zwischenbau des selfgovernment verbindet eben das, was die Gesellschaft trennt, vereinigt die widerstrebenden Klassen der Gesellschaft im Dienst des Staats, gewöhnt sie zuerst im Nachbarverband zu gemeinsamer staatlicher Thätigkeit, bringt in dieser Zusammengewöhnung die höheren Ziele der menschlichen Gemeinschaft zum Bewußtsein, und bildet auf diesem Boden die politischen Grundsätze der gesetzgebenden Versammlung. Allerdings treten bei der Fortbewegung, bei beabsichten Aenderungen der Verfassung nothwendig zwei Grundanschauungen hervor, je nachdem man den Staat von oben nach unten, oder von unten nach oben heraufsieht, je nachdem es gilt, das Recht des Staats gegen die Interessen der Gesellschaft oder das Recht der Gesellschaft an den Staat zu vertreten. Was aber Tories und Whigs zu regierungsfähigen Parteien macht, ist der Zwischenbau, über welchen sie als selbstverständliche Voraussetzung einig sind.

Die innere Kraft eines solchen Gemeinwesens beruht darauf, daß es die Erziehung des Volks auf den Staat richtet, daß es in dem Lord und Gentleman wie in dem Pächter und Handwerker den rechten Sinn für das öffentliche Leben weckt, daß es in diesem Sinne alle Klassen verbindet, vor Allem aber den höheren Klassen das männliche Streben und den Schwung verleiht, der seine Geltung und seinen Werth in dem sucht, was der Mann im Staate ist. Die schlichteste Anerkennung des Staats wird hier das Ziel und der Stolz des Menschenlebens; während in dem inhaltlosen Treiben der höheren Stände, — wo dieser Sinn fehlt, — die unendlich vervielfältigten Ehren des Staats werthlos werden.

Wählen und Wahlrecht, politische Conversation und Lektüre, Presse und Vereinsrecht sind die Verbindungsglieder dieses öffentlichen Lebens geworden, dessen Wesen aber die Selbstthätigkeit im Staate ist. Sie sind die machtvollen Hebel der Freiheit, wo sie die Ideen einer Bevölkerung verbinden, welche durch die tägliche Uebung im Nachbarverband das Bewußtsein der öffentlichen Pflichten, die praktische Kenntniß vom Staat und den rechten Sinn dafür gewonnen hat.

Das Ebenmaß dieser Verfassung ist in der That ein schönes ermuthigendes Bild von der Möglichkeit, durch die innere Stärke des Staatsbaus die geschiedenen Klassen der Gesellschaft zur selbstthätigen Einheit zu verbinden, und dadurch ein Maß socialer, persönlicher und politischer Freiheit zu erreichen, wie es in dieser Weise von keiner andern Staatsverfassung erlangt ist. Es ist die reife Frucht der langen Geschichte eines edlen Volks. Nach den tiefen Erschütterungen, welche zwei Revolutionen für das bürgerliche und sittliche Leben des Volkes zurücklassen mußten, hat sich durch das Ineinandergreifen dieser Verfassungselemente der gleiche Pulsschlag des Staatslebens erst in der zweiten Hälfte des XVIII. Jahrhunderts wiederhergestellt. Es war das, trotz der Parlamentskämpfe, eine Zeit der innern Harmonie, welche Blackstone und de Lolme zu ihren begeisterten Darstellungen ermuthigte, in denen zwar eine klare Einsicht in die Weise der Entstehung und in den Zusammenhang mit der Gesellschaft fehlt, wohl aber das richtige Gefühl eines schönes Ebenmaßes des Ganzen und der einzelen Glieder seinen Ausdruck gefunden hat.

Die Unvollkommenheit menschlicher Einrichtungen macht es nöthig, auch in der nachdrücklichsten Anerkennung dieser Staatsbildung, immer wieder auf die Lücken zu verweisen, welche den Verfall derselben vorbereiten: die mangelhafte Entwickelung der Mittelstände und des geistigen Lebens; die erstere in Wechselwirkung mit dem Verschwinden des Freibauerbesitzes, die letztere in Verbindung mit der ausschließlichen Herrschaft der Staatskirche. Durch die insulare Lage war England verleitet worden, die persönliche Dienstpflicht im Volksheer so verfallen zu lassen, daß sie unter der heutigen Herrschaft der Interessen von einer parlamentarischen Parteiregierung nicht wiederherzustellen ist. Der weniger sichtbare Schaden, der die Auflösung im XIX. Jahrhundert aber zunächst verschuldet, war der Verfall aller unteren Aemter des selfgovernment, deren mechanische, unzureichende Thätigkeit unter der Alles beherrschenden Leitung der Friedensrichter mit der mangelhaften Bildung der Mittelstände in Wechselwirkung steht. — Der Gegensatz der heutigen Parlamentsverfassung zu der alten in seinen schroffsten Gegensätzen ist in Gneist, Verwalt.-Justiz (1869) §. 5 gegeben.

II. Abschnitt.

Das System der Localvertretung und der wirthschaftlichen Selbstverwaltung.

I.
Die Grundidee der localen Interessenvertretung.
(§. 6, 16.)

(§. 159). Die Erfindung der Maschine und die Anwendung technischer, physikalischer, chemischer Processe auf das Gebiet der Gütererzeugung haben in unserm Jahrhundert die gesellschaftlichen Grundlagen der europäischen Welt in einer Weise umgestaltet, zu welcher die Geschichte der Menschheit noch keinen Vorgang darbietet. Die Gegenwart treibt noch in dem Strom dieser Bewegung ohne ihr Endziel übersehen und bestimmen zu können; doch mit dem Bewußtsein, daß auch dieser Fortschritt in der Bestimmung des Menschen zum Genuß der äußeren Güter begründet und unabänderlich ist.

Es entstehen daraus täglich neue Verbindungen von Besitz und Arbeit, von beweglichem und unbeweglichem Besitz, von geistiger und erwerbender Arbeit, welche die alten Schichtungen der Gesellschaft auflösen, neue bilden, die bürgerliche Existenz des Höchsten wie des Niedrigsten mit elementarer Gewalt ergreifen und umgestalten. In England wie in Deutschland ist die Umbildung anders als in der Sturm= und Drangperiode der französischen Revolution begonnen: allein in dem ruhigern Gange der Neubildung sind die Wandlungen nur um so nachhaltiger. Es giebt kaum einen Hausstand mehr, der in der heutigen Welt auch nur noch auf ein Jahrzehnt die unveränderte Fortdauer seiner wirthschaftlichen Grundlage als gewiß annehmen dürfte.

In dem Jahrhundert solcher Umwandlungen wird der menschliche Geist in unwiderstehlicher Einseitigkeit vom Staate ab= und der Gesellschaft zugewendet. Der Gegensatz zwischen Staat und Gesellschaft, von welchem im XVIII. Jahrhundert kaum eine Ahnung vorhanden war, erfüllt alle Lebenskreise, gewöhnt alle Vorstellungen zuerst an die gesellschaftliche Existenz und das eigene Wohl zu denken, und erst von diesem Standpunkt aus die dauernden und sittlichen Bedingungen des Gesammtlebens (Staat und Kirche) zu messen. Alle neuen Gruppirungen der Gesellschaftsbildung erheben nur Ansprüche auf Macht und Leitung im Staat im Ganzen wie im Einzelen, um den Staat ihren Interessen dienstbar zu machen.

Auf dem Boden der neuen Gesellschaft kehrt daher wie im Mittelalter das Bestreben zurück, den Staat in Einzelverbände aufzulösen, die ihre eigenen Interessen wahrnehmen, ihre eigenen Weise der Ausführung bestimmen, die Mittel durch ihre eigene Beschließungen aufbringen. Wie die alte Gesellschaft, so sieht die neue die Communa als ihr Eigenthum an, zur Besorgung ihrer Geschäfte, nicht aber als Glied des Staatskörpers. Die Idee des selfgovernment kehrt sich damit um. Es erscheint nicht als staatlicher Gegenorganismus der Gesellschaft, der die Interessen sich unterordnet, und in stetiger Uebung den Menschen zur Erfüllung seiner staatlichen Pflichten zwingt und gewöhnt. Unter „Selbstverwaltung" ist vielmehr nur eine örtliche Gruppirung von Interessen gemeint. Wie die Gesellschaft im Ganzen durch eine gewählte Repräsentation den Staat beherrschen will, so wollen die örtlich verbundenen Theile der Gesellschaft die locale Verwaltung in ihrer Einzelthätigkeit bestimmen und leiten. Es ergiebt sich daraus in einer fest zusammenhängenden Kette:

I. Der gesellschaftliche Begriff der Selbstverwaltung: als Beschließungsrecht der Localinteressenten über die Aufbringung und Verwendung gemeinschaftlicher Mittel für die socialen Bedürfnisse der Nachbarverbände durch neugebildete boards (conseils, Gemeinderäthe), die durch Wahl von Vertrauensmännern in kurzen Perioden in einer stetigen Uebereinstimmung mit der Mehrheit der Lokalinteressen zu halten sind. An die Stelle der bürgerlichen Pflicht tritt das örtliche Interesse des Staatsbürgers. Die Uebernahme aller Functionen erscheint als Gegenstand der freien Wahl, die Aufbringung und Verwendung der Geldmittel als Gegenstand der freien Beschließung. Da aber der Widerstreit der gesellschaftlichen Interessen auch in dem Nachbarverband wiederkehrt, so ergiebt sich auch hier die Nothwendigkeit von gesetzlichen Normativbestimmungen.

II. Die gesetzliche Regelung der wirthschaftlichen Selbstverwaltung erfolgt aber nicht durch organische Gesetze, die von dem Staat und seinen Bedürfnissen aus die Nachbarverbände zu Organen der örtlich thätigen Staatsgewalt umbilden: sondern durch „Kreis- und Gemeinde-

§. 159. I. Die Grundidee der localen Interessenvertretung. 941

ordnungen, welche die Formen bestimmen, in welchen die Lokalinteressen ihre Vertreter wählen und ihre beschließenden boards constituiren.

III. Gegenstände dieser Selbstverwaltung sind nicht die Functionen des örtlich thätigen Staats, die sich zu einer Handhabung durch das Personal und die Steuermittel des Nachbarverbandes eignen, sondern die wirthschaftlichen Interessen des Verbandes: an erster Stelle die Verwaltung des eigenen Vermögens, sodann die Armenpflege, die Gesundheitspflege, die Wegeverwaltung, die Besorgung des örtlichen Polizeidienstes. Die eigentlichen Gegenstände des selfgovernment dagegen: der Geschworenendienst, das Decernat der Sicherheits- und Wohlfahrtspolizei, die Militäraushebung und Einquartierung, die Steuerjurisdiction der directen Staats- und Communalsteuern, rechnet die Gesellschaft überhaupt nicht mehr zu ihrer „Selbstverwaltung."

IV. Als Bezirke der wirthschaftlichen Selbstverwaltung werden die überkommenen Gemeinde-, Stadt- und Kreisverbände auch von der neuen Auffassung acceptirt. Da aber die wachsenden Bedürfnisse der heutigen Gesellschaft mit den alten Gemeindeverbänden nicht mehr zu bestehen vermögen, so drängt die Interessenverwaltung zur Zusammenlegung älterer Gemeinden in neue „parishes für die Armen-, Gesundheits-, Wegeverwaltung" und zur massenhaften Zusammenlegung von solchen parishes zu großen Unions und Districts im administrativen Wege.

V. Die Organe der wirthschaftlichen Selbstverwaltung haben nicht mehr den Amtscharakter des Selfgovernment mit den Pflichten und Verantwortlichkeiten der Staatsämter, sondern erscheinen nur noch als ausführende Organe der Localinteressen: die frei gewählten boards wählen daher ihre Vorsitzenden; die Annahme jedes Amts ist Sache der freien Wahl; die gewählten Ehrenämter beschränken sich auf Beschließung und Leitung ohne persönliche Verantwortlichkeit. Der verantwortliche und der mühevolle Theil der Localverwaltung bleibt den besoldeten Unterbeamten der boards überlassen.

VI. Das Element der Communalsteuern ist durch das Bedürfniß der neuern Gesellschaft stetig gewachsen, und zum Hauptgegenstand der Selbstverwaltung geworden. In dem Maß, in welchem die boards auf alle lästigen Functionen verzichtet haben, ist die Ersetzung derselben durch den Amtssold nothwendig geworden; auch das Amtswesen wird damit zur wirthschaftlichen Etatsfrage.

VII. Das Verhältniß von Wahl und Ernennung wandelt sich um, da eine „Interessenverwaltung" überhaupt nur durch gewählte Organe zu denken ist. Die Begriffe von Wahl und Selbstverwaltung sind für die Gesellschaft gleichbedeutend. Functionen der Obrigkeit und der Rechtsprechung, welche den Localinteressen nicht überlassen werden können, werden deshalb von der „Selbstverwaltung" ausgeschieden und dem Staat überwiesen. Das Ernennungsrecht beschränkt sich in diesem System auf die ausführenden Beamten des board.

VIII. Auch **Stimmrecht und Wahlverfahren** gestaltet sich völlig um. Der Wahlakt der Interessenverwaltung hört auf ein Akt der versammelten Gemeinde zu sein. Es bedarf dafür keiner Besprechung, Berathung, Beschließung einer Gemeindeversammlung, sondern nur einer Vertheilung und Wiedereinsammlung von Wahlzetteln. Da das Ob und das Wie der Geltendmachung der eigenen Interessen überhaupt Gegenstand der freien Wahl ist: so verschwindet der Gedanke der Verantwortlichkeit auch aus dem Wahlakt. Die Gesellschaft verlangt daher unabänderlich die geheime Abstimmung. In dem Maße aber, in welchem die persönliche Mühewaltung verschwindet, die Geldleistung und die Geldverwaltung als der alleinige Inhalt übrig bleibt, tritt der Unterschied in dem Maß der Steuerzahlung hervor und führt zu einem classificirten Stimmrecht.

IX. Eine **geordnete Oberinstanz der Selbstverwaltung** wird auch von der Gesellschaft anerkannt, da das Einzelinteresse dem Gesammtinteresse nachstehen muß. Das board der Union wird daher über die Beschließung der Einzelgemeinde gestellt. Da aber das allgemeine Interesse auch das stärkere Interesse ist: so führt die Bildung der Gesammtgemeinderäthe alsbald zu einer Aufzehrung der Einzelgemeinden, die nur als Wahl= und Steuerbezirke stehen bleiben. Da die Gesellschaft überhaupt die Natur der Staatsgewalt nicht zu ändern vermag, so überweist sie die letzte Oberinstanz dem „Staat", d. h. einem Minister als Vertreter der Gesammtinteressen, welcher für eine stetige Uebereinstimmung mit der Gesammtvertretung des Volks verantwortlich gemacht wird. Die ministeriellen Staatsorgane führen ihre Geschäfte dann wieder durch Inspectors und Auditors, d. h. entlaßbare Zwischenbeamte, die in ihrer täglichen Wirksamkeit die Uebereinstimmung des Gesammtinteresses mit dem Localinteresse nach reglementarischen Anweisungen zu überwachen haben. In diesem administrativen Instanzenzug verliert sich der Charakter der Verwaltungsjurisdiction, der Rechtsschutz des Einzelen gegen die Verwaltung.

X. Die Selbstverwaltung hört damit auf die **Grundlage der Ständebildung** zu sein. Ein Gemeindeleben, an welchem der Gemeindewähler nur durch die Abgabe eines Stimmzettels von 3 zu 3 Jahren sich betheiligt, in welchem nur Freiwillige von Zeit zu Zeit in ein Board treten, um Beschlüsse über die Geldverwendung und Anstellung der Lokalbeamten zu fassen, bildet kein Band mehr, um die durch geschiedene Klasseninteressen zu verbinden, um durch die tägliche Erfüllung der Pflichten des Menschen gegen den Menschen die besitzenden und arbeitenden Klassen zu

§. 159. I. Die Grundidee der lokalen Interessenvertretung. 943

verbinden, zu versöhnen und an einander zu gewöhnen. Indem der parochial mind erlischt, gehen die besitzenden Klassen mit ihren Theorien vom voluntarism, die arbeitenden Klassen mit ihren communistischen und socialistischen Doctrinen immer weiter auseinander. Die staatsbildende Kraft des selfgovernment erlischt.

XI. Die Selbstverwaltung hört damit auf die Grundlage der Parlamentsverfassung zu sein. Ober= und Unterhaus verlieren ihren innern Zusammenhang mit Grafschaft, Stadt und Kirchspiel. Das Wahlrecht steht in keinem Zusammenhang mehr mit der persönlichen Selbstthätigkeit in dem Gemeindeverband. Die Wählbarkeit zum Unterhaus verliert ihren Zusammenhang mit der gewohnheitsmäßigen Verwaltung des obrigkeitlichen Amts. Die erbliche Pärie erscheint nur noch als eine einseitige Vertretung eines Besitzobjekts, als ausschließliche Vertreterin des Grundbesitzes und seiner Primogenitur. In der Körperschaft des Parlaments centralisirt sich nun der Widerstreit der gesellschaftlichen Interessen. Die formale Lösung des Streits durch ein „allgemeines, gleiches Wahlrecht" mit geheimer Abstimmung ist der Erfüllung bereits nahe gerückt, ohne eine Harmonie der Interessen herbeizuführen. Es tritt vielmehr

XII. der Zwiespalt des heutigen englischen Staatslebens in stetig wachsender Bedeutung hervor. Es löst sich jener Zwischenbau, „der die gesellschaftlichen Klassen zur verantwortlichen Ausführung der Gesetze so heranzog, wie die Parlamentsverfassung dieselben Klassen zur Bildung des gesetzgebenden Körpers berief." Das gewaltige Band, welches einst die Vielheit der Meinungen und Bestrebungen der Gesellschaft zu einem kraftvollen, stetigen Gesammtwillen zusammenfaßte, ist Glied für Glied gelockert und von unten herauf gelöst. Presse, Wahlrecht und öffentliche Meinung sind nicht mehr der Ausdruck staatlicher, kirchlicher, sittlicher Ueberzeugungen, sondern gesellschaftlicher Gegensätze und Interessen.

Auf diesen gewaltigen Gegensätzen beruht der Unterschied der Parlamente König Georg's III. und der Parlamente der Königin Victoria. Jeder Staatskörper bleibt indessen eine reale Macht, dessen Widerstandskraft in seinem Verwaltungsrecht beruht, und diese Widerstandskraft wird in England durch das Jahrhunderte hindurch eingewöhnte System des selfgovernment, durch den Charakter der Nation, durch das Interesse der regierenden Klasse erheblich verstärkt. Im wirklichen Leben vertheilt sich der Kampf der Gegensätze in die einzelen Institutionen des Staats und in die einzelen Lebenskreise der Gesellschaft. In dem tiefverschlungenen Verhältniß beider reicht in das Leben des Einzelen immer nur ein Stück von diesen Widersprüchen, und auch die Fortbewegung des Ganzen erscheint in stetiger Reibung der Gegensätze ermäßigt und aufgehalten. Eine systematische Zusammenfassung der neuen gesellschaftlichen

Grundidee vom Staat ist erst in den letzten Jahrzehnten erfolgt. Wie im XVIII. Jahrhundert die herrschenden Ideen der Gesellschaft sich in einem sogenannten „Naturrecht" zusammenfaßten, so consolidiren sie sich im XIX. Jahrhundert zu einer Socialphilosophie, die in Stuart Mill und analogen Richtungen zu einer systematischen Auflösung von Staat und Recht anlangt.

Der gesellschaftliche Ideengang des neuen Englands ist die Grundlage aller Verfassungsbildungen Frankreichs geworden. Schon im XVIII. Jahrhundert hat die französische Gesellschaft die Elemente der englischen Verfassung in diesem Sinne umgestaltet. Die vornehme Gesellschaft trieb jener Zeit Politik in dem Sinne des Dilettantismus „aufgeklärter", aber jeder ernsten Staatsarbeit entwöhnter Klassen. Der Scharfsinn, die Gelehrsamkeit, der Eifer jener Politiker hätte sicherlich ausgereicht, sich mit den Staatseinrichtungen Englands bekannt zu machen, wenn man dies gewollt hätte. Allein es kam den Begründern wie den Fortbildern der constitutionellen Lehren nicht sowohl auf die Verhältnisse Englands, als auf die Verhältnisse ihres eigenen Landes, auf ihre eigenen gesellschaftlichen Forderungen, Bedürfnisse, Ideale an. Und dafür waren die halb wiedergegebenen, halb mißverstandenen englischen Sätze viel geeigneter, als die wirklichen Verhältnisse. Der Wortführer der neuen Lehren, Montesquieu, hatte nicht die englische Verfassung, sondern Blackstone's Institutionen vor Augen, in welchen der geschichtliche Entwickelungsgang des Ganzen und der Zwischenbau des selfgovernment fehlt. Gerade das war es, was die Darstellung französischen Augen annehmbar machte, und die spätere Schrift von de Lolme vollendete durch ihre populären, antimonarchischen Räsonnements das für die damalige Gesellschaft ausnehmend verständliche Bild. — Beim Ausbruch der französischen Revolution galten die so bekannten Bruchstücke des englischen Staatsbaues für ausgemachte, politische Wahrheiten, die indessen nur kurze Zeit eine Schranke gegen das brutale Durchbrechen der socialen Interessen bildeten. Als „doctrinäre" Schranken wurden sie bald bei Seite geworfen, um dem Napoleonischen Verwaltungsstaat Platz zu machen. — Die aus der neuen Gesellschaft hervorgehende besitzende Klasse kam indessen mit Vorliebe auf die „constitutionellen" Lehren zurück, welche seit 1815 in den französischen Verfassungen verwirklicht, und durch Benjamin Constant mit logischer Schärfe theoretisch so abgeschlossen wurden, daß der spätern Theorie wenig hinzuzufügen übrig blieb. Man kam damit zu einem Staat der Meistbesteuerten, d. h. zu einer Verfassung die alle politischen Rechte nur nur auf Geldbesitz zu basiren weiß, und eben damit die ausgeschlossenen Elemente zu einem principiellen Kampf gegen den Besitz selbst treibt. Nachdem diese Combination zusammengebrochen, ward noch einmal der Versuch gewagt, Besitz und Nichtbesitz durch die Transaction des allgemeinen Stimmrechts zur Republik zu vereinen. Als auch dies mißlang, fiel das Staatswesen nochmals in eine Verwaltungsordnung zurück, mit einer Scheintheilnahme der Steuerzahler. — Zurückgeblieben ist aus dem trostlosen Kreislauf nur die Erfahrung, daß die Parlamentsverfassungen sich nicht übertragen lassen auf den nackten Organismus einer unverbundenen Gesellschaft. Allmälig scheint daraus ein Bewußtsein aufzukeimen, daß der nachbarliche Communalverband die eigentliche Grundlage eines freien Staats sei, die man bisher nur in Census, Stimmrechten und Parlamentsformen gesucht. Noch immer aber fehlt die Einsicht und der Sinn für die persönliche Seite der bürgerlichen Pflichten. Der alte Adel hat solche weder in der Verbannung noch im Glück gelernt. Der neue Geldadel war noch zu sehr mit Erwerb und Genuß beschäftigt, um in dem Staat etwas Anderes zu sehen als den Besitz von Einfluß und Macht. Die lebende Generation ist in einem stetigen Kampf um die

§. 159. I. Die Grundidee der lokalen Interessenvertretung. 945

Gewalt aufgewachsen. Wie aus dieser Gesellschaft heraus der Sinn für Communalleben, für persönlichen Dienst und Ehrenämter entstehen soll, ist schwer zu begreifen.

Wesentlich verschieden lagen die Verhältnisse in Deutschland. Die Ueberwältigung des Staates durch die Gesellschaft war hier Jahrhunderte hindurch ermäßigt durch die doppelte Staatsbildung, welche im Reich noch eine Selbstregierung des hohen Adels, in den Territorien eine gewisse Selbstthätigkeit des niederen Adels, des Schulzenamts, der Stadtcommunen aufrecht erhielt. In den größeren Territorien lag die eigentlich praktische Militär=, Gerichts=, Polizei= und Finanzhoheit, durch welche das neue Staatswesen gebildet werden mußte. Die neue Territorial=Monarchie mußte den Staat auch hier aus dem ständischen Wesen herauslösen, ihre Steuern zuerst von den schwächeren Klassen beschaffen, ihre Militär= und Civilämter aus den ständischen Körpern herausheben, und zu einem neuen Stand der besoldeten Beamten formiren. Am entschlossensten verfuhr darin die deutsche Regierung, welche durch ihre zerrissene und ungünstige Lage gezwungen war, mit der äußersten Energie die zersplitterten deutschen Landschaften wieder zum wirklichen Staat zu vereinigen. Die Bildung des preußischen Staats beruhte nicht sowohl auf der größern Tüchtigkeit und Intelligenz der dazu vereinigten Bruchstücke deutscher Stämme, als vielmehr auf dem Nothstand. Ein eigenthümliches Verdienst hat dabei nur die regierende Familie. Dieser Durchgang zur Staatseinheit concentrirt den persönlichen Dienst immer vollständiger in einen geschlossenen Beamtenkörper, der bis zur eigentlichen Ortsverwaltung herab den Staat berufsmäßig monopolisirt. In dieser Neubildung dauerten aber immer noch erhebliche Reste der alten Staats= und Gesellschaftsordnung fort, in welcher politische Rechte mit besonderen gesellschaftlichen Gruppen verwachsen waren. In Deutschland durchkreuzen sich folgeweise die Grundanschauungen der alten und der neuen Gesellschaftsordnung mit dem Gegensatz der staatlichen und der gesellschaftlichen Grundauffassung. Die alte Gewohnheit einer Verbindung der Staatsgewalt mit bestimmten Besitzgruppen schiebt dem System der Selbstverwaltung den Gedanken der Autonomie unter, und dient den verschiedenen Gruppen der Gesellschaft lediglich als Handhabe zur Erhaltung und Erneuerung partikulärer Rechtsbildungen. Hat der französische Constitutionalismus die Parlamentsverfassung bis zur Unerkennbarkeit entstellt: so ist der deutsche Particularismus unerschöpflich in selbstgemachten Begriffen einer „Selbstverwaltung", unter welchem Namen Jedermann seine gesellschaftlichen Verfassungsideen in verkleinertem Maßstab entwickelt. Die altständische Idee einer Selbstverwaltung durch Provinzialstände, Kreisstände, Virilstimmen, Gutspolizei, und die neuständische Idee einer Selbstverwaltung durch bloß gewählte Bezirksräthe, Kreisräthe, Gemeinderäthe, stehen auf demselben Boden gesellschaftlicher Interessenverwaltung, und unterscheiden sich nur durch die widerstreitenden Interessen einer alten und einer neuen Gesellschaftsordnung. Die Verquickung der altständischen Socialphilosophie mit dem bureaukratischen System der Staatsverwaltung, wie sie durch die Stein=Hardenberg'sche Gesetzgebung geworden war, ist eine dem preußischen Staat eigenthümliche Erscheinung. Ihr gegenüber tritt die Erwerbsgesellschaft, von Jahr zu Jahr mächtiger aufwachsend, mit ihren neuständischen Ideen von Interessenverwaltung, von Kreis=, Stadt= und Dorfparlamenten, Trennung der Kirche vom Staat und weiterem „Ausbau" der Verfassung Mit diesen hin und her wogenden Gegensätzen socialer Grundrichtungen durchkreuzt sich noch die Verwirrung, welche bei dem Uebergang des Kleinstaatenthums in den Bundesstaat durch die Vermischung staatsrechtlicher und internationaler Verhältnisse entsteht.

Alle diese widerstreitenden Richtungen berufen sich auf die „bewährten" Grundsätze und Erfolge des selfgovernment. Allein Erfolge hat die lokale Interessenvertretung in der europäischen Welt überhaupt nicht aufzuweisen. Sie hat in Deutschland keinen andern Erfolg aufzuweisen, als daß sie der überlegenen Beamtenverwaltung durch Regierungen,

Landräthe und Gensdarmen unterlegen ist. Sie hat in Frankreich keinen andern Erfolg gehabt, als daß sie die dauernde Grundlegung der Centralisation und des falschen Constitutionalismus geworden ist. Sie hat in England keinen andern Erfolg erreicht, als daß sie seit der Reformbill die wirkliche Selbstverwaltung durch einen bureaukratischen Mechanismus zerstört hat. Sie hat bisher noch an keinem Punkte Europas Gemeinsinn, noch staatliche Bildung erzeugt, noch sich als Grundlegung einer Parlamentsverfassung bewährt; sondern sie hat den nachbarlichen Gemeindesinn untergraben, in ruhigen Zeiten die Theilnahmlosigkeit der Wähler, in aufgeregten Zeiten den gesellschaftlichen Klassenkampf erzeugt. Sie hat nirgends die Achtung vor den Gesetzen gefördert, sondern nur eine anmaßende, selbstsüchtige, partikularistische Anschauung des steuerzahlenden Urwählers in Staat und Gemeinde Vorschub geleistet und die Zersetzung des Staats in eine Interessenwirthschaft von unten herauf vorbereitet. Die preußische Staatsbildung hat nach 1815 die damals leichtere Verbindung der vorhandenen Elemente zur Selbstverwaltung leider versäumt. Ueber die jetzt endlich nothwendige Verbindung der obrigkeitlichen Selbstverwaltung mit der wirthschaftlichen Lokalverwaltung handelt Gneist, die Preuß. Kreisordnung. Berlin 1870.

II.

Die Parteigesetzgebung zur Bildung der Lokalvertretung.
(§§. 6, 16, 82, 91, 92, 103, 116, 120, 121, 133—135, 141.)

(§. 160.) An dem Wendepunkt des Jahrhunderts tritt in England, Anfangs unscheinbar, bald in riesenhaften Dimensionen, die Umwälzung der neuern Erwerbsgesellschaft ein durch die Erfindung der Maschine, für welche der Großhandel ein massenhaftes Rohmaterial, das Land sein Eisen und seine Steinkohle zur unmittelbaren Verfügung stellt. Umgekehrt wie in Deutschland, wo gerade in den Städten die meisten Reste alter Selbstverwaltung sich erhielten, häuft sich in England die staatlich unverbundene Bevölkerung in den Hauptplätzen der Industrie auf. Innerhalb der durch das selfgovernment noch als Ganzes zusammengefügten Grafschaftsverbände bildet sich hier ein neuer Staat heraus, der auf ein kleines Areal zusammengedrängt, heute schon die Hälfte der Gesammtbevölkerung begreift. In den schnell aufgehäuften, nur durch das Interesse des Erwerbs zusammengefügten Massen besteht kein persönliches Communalband mehr; der vorherrschende Charakter der Verbindung ist nur noch bestimmt durch das wirthschaftliche Verhältniß des Kapitals zur Arbeit.

Von zwei Seiten aus erhob nun die neugestaltete Gesellschaft neue Ansprüche an Verfassung und Verwaltung. Unabweisbar mußten die aus der Verfassung herauswachsenden Massen verbunden, vertreten, in den Staatsorganismus aufgenommen werden, umsomehr als die Industrie dem Arbeiter die wirthschaftliche Selbständigkeit gegeben, und die neuen Steuersysteme auch die arbeitenden Klassen direkt und indirekt herangezogen hatten.

Anderseits sind die Leiden, welche eine Umgestaltung der Arbeit in der ersten Generation für das ökonomische Dasein der arbeitenden Klassen herbeiführt, die Reibung und Eifersucht der industriellen Gesellschaft, aus der Entwickelung Frankreichs hinreichend bekannt. Nachdem die politischen und socialen Richtungen mehre Jahrzehnte neben und gegen einander gestritten, kommt etwa gleichzeitig mit der Juli-Revolution in Frankreich die entschiedene Reformbewegung zum Durchbruch.

Einerseits werden durch die Reformbill die Stimmrechte so verändert, daß die Städte, und überhaupt die neueren Mittelstände, zu stärkerer Geltung ihrer Interessen kommen; ohne daß man freilich den neuen Wählermassen dieselbe Pflicht persönlicher Selbstthätigkeit aufzulegen für nothwendig hielt, auf welcher die alten Wahlkörper beruhten. Man würde dafür auch in dem Parteistreit keine Majorität gefunden haben.

Andererseits beginnt die Gesetzgebung jene Pflichten der Staatsgewalt nachzuholen, die sich den vorhandenen Zuständen gegenüber nicht länger verleugnen ließen. Die lange versäumte Fürsorge für die Volkserziehung, die schwer empfundenen Mängel der Armenverwaltung und des Niederlassungsrechts, der Mangel einer Gesundheits- und Baupolizei, werden Gegenstand tief eingreifender Gesetzgebung. In diesen neuen Gebieten der socialen Reform aber von den Wählern eine persönliche Selbstthätigkeit zu verlangen, hielt man wiederum nicht für nothwendig; man würde dafür auch in dem Parteistreit keine Majorität gefunden haben.

Das nächste Resultat der Reformbill war eine ungefähre Verdoppelung der Wählerzahl. Der reißende Zuwachs der industriellen Hauptorte führte aber zu einem stetig wachsenden Einfluß der städtischen, durch keine persönliche Gemeindepflicht mehr verbundenen Wähler, und dieser mit jeder Neuwahl wirksamere Einfluß ist es, der seit 1832 die Grundrichtung der Gesetzgebung bestimmt.

Es beginnt damit die Periode socialer Reformen, deren Einfluß auf Wohlstand und Versittlichung der lange vernachlässigten Masse des Volks die vollste Anerkennung verdient.

Es beginnt eine zweite Richtung zu Reformen der Staatsverwaltung im Sinne der Abschaffung alter Gebräuche und Mißbräuche, welche einflußreiche Interessen der alten Gesellschaft in der Staatsmaschine abgelagert hatten. Allgemein durchzieht ein Geist der Humanität, der Hebung der vernachlässigten Klassen, der geistigen Befreiung diese Gesetzgebung, im vortheilhaften Unterschied von der des XVIII. Jahrhunderts.

Nur in einer dritten Richtung wollte seit der Reformbill nichts mehr gelingen: jene organische Gesetzgebung, durch welche sich Staat und Gesellschaft zusammenketten. Ueberall wo man das selfgovernment weiter zu bilden und zu verjüngen glaubte, erfuhr man dieselbe Schwierigkeit der Neubildung aus dem politischen Parteikampfe heraus, welche schon der antike Staat in allen seinen Bildungen erfahren hat.

Die früheren organischen Einrichtungen Englands hatten zwar ihren Anstoß von Kämpfen der Gesellschaft, ihre Ausführung aber durch den King in Council erhalten, d. h. durch sorgfältig vorbereitete Gesetze, die nach zwei Seiten hin für das staatlich Nothwendige gesorgt, die für jedes **politische Recht eine persönliche Pflicht** auferlegt, und dadurch die Gesellschaft dem Staate dienstbar erhalten hatten. Alle entscheidenden Grundlagen der Verfassung waren entstanden vor der Zeit, ehe das Königthum die Selbstthätigkeit eingebüßt, ehe der alte permanente Rath sich in ein Cabinet verwandelt hatte. Die Parteiregierung der Whigs und Tories war erst eingetreten in einen Staat mit fertigen Grundlagen. Es gab im achtzehnten Jahrhundert weder sociale Probleme zu lösen, noch neue Kreis- und Gemeindeverbände zu bilden, noch neue Wahlrechte zu schaffen.

In den **Parteikämpfen seit der Reformbill** dagegen wurden die parlamentarischen Regierungen unter dem beherrschenden Einfluß der Gesellschaft auf ganz andere Wege gedrängt. Wo sich ein staatliches Bedürfniß im Parteistreit zur Geltung bringen muß, kann nur an das **nächstliegende** Mittel der Befriedigung gedacht werden, nicht an den Gesammtzusammenhang des Staatsorganismus. Diese Weise der Reform greift daher ausnahmslos zu der populären Ertheilung pflichtenloser Wahlrechte und zu dem bequemen Mittel, besoldete Organe für neue Functionen zu schaffen. Die dringend gewordenen Reformen der niedern Polizei führen nur zur Einführung besoldeter Mannschaften, die alsbald zu einer organisirten Gensdarmerie werden. Reformen des Armenwesens verwirklichen sich am leichtesten durch besoldete Unterstützungsbeamte, Secretäre und Buchhalter, die alsbald eine zusammenhängende Hierarchie von reinen Bureau- und Rechnungsbeamten bilden. Reformen der Bau- und Gesundheitspolizei machen sich am bequemsten durch angestellte Sanitäts- und Baubeamte, die alsbald von einer Centralstelle in übereifrige Activität versetzt werden. Alle Reformen in Stadt- und Landgemeinde-Ordnung verlaufen in besoldete Secretäre, Buchhalter und Schreiber. In den Armen-, Wege- und Gesundheitsverwaltungsgesetzen ist diese sociale Grundrichtung stetig fortschreitend, und es tritt unter dem seltsamen Namen einer Selbstverwaltung das Bild des continentalen Beamtenstaats in seiner **mechanischen Centralisation** immer sichtbarer in den parlamentarischen Musterstaat ein. Um ihre eigene Machtstellung zu behaupten, sind die beiden Parteien der regierenden Klasse wetteifernd auf diese Auflösung des selfgovernment in lokale Interessenverwaltungen eingegangen. Ernstlich vertheidigt und erhalten sind nur die Glieder des Staatsbau, von welchen der **Lokaleinfluß der regierenden Klasse unmittelbar abhängt**.

§. 160. II. Die Parteigesetzgebung zur Bildung der Lokalvertretung.

Dieser Mangel der organischen Gesetzgebung zur Verbindung von Staat und Gesellschaft bildet den Ausgangspunkt aller heutigen Verhältnisse Frankreichs. Die specifische Entartung der Staatsinstitutionen im ancien régime beruht auf der schon damals überwiegend socialen Grundanlage der Nation. Von der Nothwendigkeit die stufenweisen Pflichtgenossenschaften des Staats durch organische Gesetze zu formiren hatte die französische Gesellschaft beim Ausbruch der Revolution keine Vorstellung. Aus dem ancien régime heraus kannte sie den Staat nur in Gestalt eines Königthums, welches nach souveränem, oft wechselndem Ermessen alle öffentlichen Verhältnisse ordnete, vorbehaltlich der unter Gerichtsschutz gestellten Privatrechte, Privilegien und Befreiungen. Nachdem in leidenschaftlichem Kampf der dritte Stand die privilegirten Stände überwältigt und sich selbst für „souverän" erklärt hatte, blieb jenes Grundverhältniß unverändert bis heute. Wie das Königthum Träger des unbeschränkten Staatswillens im Interesse der privilegirten Klassen, so erscheint der neue Volkssouverän als unbeschränkte Staatsgewalt im Gesammtinteresse der gesellschaftlich gleichen Klassen. Die Gesellschaft, die immer nur Rechte, niemals Pflichten verlangt, will sich nicht durch solche Gesetze binden, verlangt vielmehr unmittelbare praktische Verwirklichung ihrer Forderungen durch die Staatsverwaltung. Wie in dem Absolutismus bleibt daher alle staatliche Thätigkeit in einem berufsmäßigen Beamtenthum monopolisirt, welches die zeitig herrschende Gesellschaft durch Beschlüsse einer Wahlkammer dirigiren zu können glaubt. Es entsteht so der unvermittelte Gegensatz einer republikanisch gedachten Verfassung mit einer absolutistisch organisirten Verwaltung. Alle Parteibildungen in solcher Lage der Dinge sind Gruppirungen von Interessen, — stark genug, eine Verfassung umzustürzen, aber nicht einer geschriebenen Verfassung den lebendigen Inhalt zu geben. Durch das Drängen und Kämpfen der Parteien, die nur durch Besitzgruppen und Arbeitsinteressen bestimmt sind, kann nie etwas Anderes zur Erscheinung kommen, als die Theilnahme an der Macht des Staats, nicht aber die persönliche Pflicht zur Mitarbeit im Staat, und darum nicht die politische Freiheit. Die Vereinigung in lebensfähige Communalverbände kann aus dem Neid und Streit des Besitzes und Nichtbesitzes nimmermehr hervorgehen. In diesem Zirkel ist Frankreich stehen geblieben.

In Deutschland bestehen die Hindernisse einer organischen Gesetzgebung zunächst noch in dem Zwiespalt der Gesellschaft.

Die herrschenden Klassen der alten Gesellschaft suchten auch nach der Stein-Hardenbergischen Gesetzgebung die aus der alten Staatsordnung erwachsenen Rechte — Standschaften, Gutspolizei, Patrimonialgerichte — zu verjüngen und zu erweitern, verbanden sich mit den Resten zünftiger Bildung und kirchlichen Autonomie, und gelangten damit in der That zu neuen „Kreis- und Provinzialständen."

Die neue Erwerbsgesellschaft ist von dem einen Gedanken beseelt, durch gewählte Verwaltungsräthe eine Beschließung über ihre lokalen Interessen zu gewinnen in steuerbewilligenden Kreis-, Stadt- und Dorfparlamenten nach einem einförmigen Wahlschema, welchem ebenso das Prädikat „Selbstverwaltung" beigelegt wird.

Beide Theile sind insoweit einig über „Selbstverwaltung", ebenso einig, dabei immer nur an ihre Rechte zu denken, nicht aber an die Anforderungen des heutigen Staats.

Die wirklichen Bedürfnisse der Polizei-, Militär-, Finanz-, Armenverwaltung ꝛc. wahrzunehmen, bleibt inzwischen Sache des berufsmäßigen Beamtenthums. Auch dieser Berufsstand hat gegen „Selbstverwaltung" im Allgemeinen nichts einzuwenden, versteht darunter jedoch nur die „eigenen" Angelegenheiten der Commune, nicht aber die staatlichen Geschäfte, welche als ein unantastbares Reservat des Beamtenstandes angesehen werden.

Die Uebereinstimmung über die „Selbstverwaltung" ist also scheinbar vollständig. Bei jedem Versuch organischer Gesetzgebung ergiebt sich aber ein verworrener Widerstreit der Interessen, verbunden mit der für alle organische Gesetzgebung unvermeidlichen Kreisbewegung. Wo eine allgemeine Einrichtung geschaffen werden soll, zeigt sich das Bedürfniß, zuvor eine Reihe von Einzelheiten zu ordnen. Wo ein einzeler Zweig der Verwaltung zu reformiren ist, zeigt sich die Nothwendigkeit, gewisse allgemeine Vorbedingungen zu schaffen. In diesem Kreislauf ist die preußische Gesetzgebung auch seit Erlaß der Verfassungsurkunde stehen geblieben. Vgl. Gneist, Preuß. Kreisordnung. Abschn. III.

III.

Grenzen und Umfang der Lokalvertretung.
(§§. 7, 17, 23, 82, 103, 121, 133, 134, 138, 141.)

(§. 161.) Die gesellschaftliche Grundanschauung findet in dem überkommenen Staat überall schon begründete Lokalinteressen, insbesondere eine gesetzmäßig vertheilte Armen-, Wege- und Polizeilast vor, die sie zu conserviren veranlaßt und geneigt ist. Von dieser Seite aus erscheinen mit Umkehrung der geschichtlichen Ordnung die in Buch III. entwickelten Gebiete als die eigentlichen Gegenstände der Selbstverwaltung, und unter diesen an erster Stelle dasjenige, welches die Geldmittel der Commune am stärksten in Anspruch nimmt. Es tritt damit

I. die Communalarmenpflege in den Vordergrund, und ist an der Spitze aller Neubildungen seit der Reformbill geblieben. Die damals vorgefundene Armenlast von 6—8,000,000 L. jährlich rechtfertigte sicherlich den Anspruch der Steuerzahler auf eine Betheiligung dabei, und die alte Weise der Administration durch das heruntergekommene Amt der Overseers rechtfertigte ebenso die Erwartung einer bessern Verwaltung durch Vertrauensmänner der Steuerinteressenten. So entstand an dieser Stelle die in engeren Kreisen schon früher versuchte Bildung der gewählten Boards mit ihren besoldeten Beamten unter Oberaufsicht und Leitung einer Centralstelle.

II. Die kostbare Verwaltung der Gesundheitspflege folgte in den consolidirten Health Acts seit 1848, ebenfalls nach vorangegangenen Einzelversuchen; das System der Boards erstreckt sich damit auf hunderte von Städten und combinirten Distrikten städtischen Charakters.

III. Die Wegeverwaltung, für welche die Wegeordnung von 1836 eine Vereinigung zu Districts mit einem gewählten Board freigestellt hatte, schreitet mit den Wegeordnungen von 1862, 1864 weiter zur obligatorischen Einführung der Boards; jedoch mit Beibehaltung der friedensrichterlichen Sessionen als Oberinstanz.

§. 161. III. Grenzen und Umfang der Localvertretung. 951

IV. Die Stadtverfassung in ihrer eigenthümlichen Zerstückelung fügt auch die städtischen Kirchspiele in das neue Verwaltungssystem ein. Für die Theile der Stadtverwaltung aber, welche in den engen Wirkungskreis der alten Corporations gehörten, hat die Städteordnung von 1835 eine Theilung eingeführt, nach welcher die obrigkeitliche Polizei den städtischen Friedensrichtern, die wirthschaftliche Verwaltung dem Mayor und Gemeinderath übereignet wird (§. 107).

Neben diesen neugestalteten Localvertretungen, welche seit der Reformbill Hauptgegenstand des öffentlichen Interesses geworden sind, treten die Institutionen des obrigkeitlichen selfgovernment (Buch II.) für das Zeitbewußtsein fast als secundär zurück. Die Miliz ist in fortschreitendem Verfall geblieben. Friedensrichteramt und Jury, Verwaltungs- und Steuerjurisdiction, bleiben wesentlich unverändert stehen. Das schon lange herabgedrückte dienstthuende Polizeiamt der constables aber wird ersetzt durch eine zuletzt (1856) zwangsweise durchgeführte besoldete Constabulary in Stadt und Land. Die Anstellung und Verwaltung der Polizeimannschaften ist damit ebenfalls zur Etatsfrage geworden, die als Theil der wirthschaftlichen Selbstverwaltung dem Watch Committee in den Städten überwiesen wird.

Mit diesen Maßgaben ist das Gebiet der Localverwaltung das alte geblieben. Nur die Gesundheitspflege ist dem Zeitbedürfniß entsprechend erweitert, und in diesem Gebiet auch der Erlaß von Localpolizeiordnungen den Local Boards in weitem Maße beigelegt. In der Tagespresse ist zuweilen auch wohl eine „Decentralisation der Gesetzgebung" angeregt worden, die in gewissen Portionen an neu zu bildende Kreisparlamente abgegeben werden sollte, ohne jedoch in maßgebenden Kreisen Anklang zu finden. Die öffentliche Meinung ist rücksichtlich der Abgrenzung der Localverwaltung eine wesentlich sichere geblieben. Schon an der äußern Gestalt des Budgets prägt sich dem Engländer die Einsicht ein, daß jeder Communalverband nur das verwalten kann, was er selbst aufbringt, und an der täglichen Anwendung der Verwaltungsgesetze die Ueberzeugung, daß die einmal gewonnene politische Einheit des Nationalwillens, die einheitliche gesetzgebende Gewalt, nicht wieder in Bruchstücke und particuläre Autonomien zerlegt werden kann.

Die Neubildung der wirthschaftlichen Localverwaltung tritt also dem historischen selfgovernment als eine unvollständige Neugestaltung gegenüber. Eine organische Verbindung beider ist namentlich in der Armenverwaltung bisher nicht gefunden.

Während in England die Localvertretung sich als eine neuere Ergänzung an das selfgovernment anschließt, hat die französische Gesellschaft seit der Revolution alle Selbstverwaltung sich nur als Verwaltung gewisser „Localinteressen" durch gewählte

Boards zu denken vermocht. Etwas Anderes als dies ist nie im Ernst erstrebt worden. Aber auch die wirthschaftliche Selbstverwaltung erhielt ein engeres Gebiet durch den Wegfall der Communal-Armenpflege. Die stehenden Hospitäler, Verpflegungsinstitute und Krankenhäuser wurden nach privatrechtlichen Grundsätzen der Incorporation unter Oberleitung der Präfecten gestellt. Die Hausarmenpflege blieb ebenso getrennt von der Orts- und Kreisverwaltung in gesonderten bureaux de bienfaisance, deren ständige Mitglieder der Präfect ernennt und unter seiner Oberleitung hält. Die Einkünfte derselben beruhen auf stiftungsmäßigen Einnahmen, besonderen Luxussteuern und freiwilligen Zuschüssen aus der Gemeindekasse, „da jede obligatorische Heranziehung der Commune dem Geist der französischen Gesetzgebung widerstreitet." Ueber der gerühmten Sparsamkeit und den „richtigen Schranken" der öffentlichen Wohlthätigkeit hat der französische Gesetzgeber vergessen, daß mit der communalen Armenpflege das dauernde und bedeutungsvollste Band erlischt, welches die Selbstverwaltung um die einander entfremdeten Klassen der heutigen Gesellschaft zu legen vermag. Da ein obrigkeitliches selfgovernment niemals beabsichtigt wurde, alles Reden über selfgovernment sich vielmehr auf wenige mißverstandene Phrasen beschränkte, so ergab sich ein überaus dürftiges Gebiet, und zugleich die Ziellosigkeit des Streits über „Centralisation und Decentralisation", da eine sichere Abgrenzung zwischen bloßen Interessen, als Localinteressen und allgemeinen Interessen, niemals zu finden ist. Dennoch geht in Frankreich seit einiger Zeit das Modewort der „Decentralisation" nicht bloß von der englischen Schule, sondern auch von Regierungskreisen und der ultramontanen Partei aus. Wenn ein Präfekt in letzter Instanz entscheiden soll, was bisher in Paris entschieden ist, so nennt man das Decentralisation. Wenn die Geistlichkeit neue Rechte gegen den Staat beansprucht, während sie die entsprechenden Pflichten weder mit ihren geistigen noch mit ihren Geldmitteln zu erfüllen vermag; wenn sie unter dem Namen kirchlicher Selbständigkeit Rechte beansprucht, durch die jeder andere Confessionsverwandte schutzlos wird, so nennt man auch das „Decentralisation." Wenn die verschiedenen Besitz-, Erwerbsklassen und geistigen Berufe sich nach ihren Vorstellungen und Interessen ihre eigenen Gesetze geben wollen, oder wenn doctrinäre Unklarheit aus einer naturwüchsigen Rechtsbildung der Provinz, Stadt, Dorfschaft, Körperschaft wieder ihr eignes Recht wachsen läßt: so kann man auch das immerhin „Decentralisation" nennen, ohne zu einer Selbstverwaltung zu gelangen.

In Deutschland hat die ununterbrochene Rechtsentwickelung auch ein fest erkennbares Gebiet der Selbstverwaltung erhalten. Es bedarf nur der Beseitigung des feudalen Rostes, der den überkommenen Institutionen anhaftet. Nach Abstreifung desselben ergiebt sich folgende Parallele mit England:

I Im Gebiet der Civiljustiz ist zwar die Anwendbarkeit der Civiljury sehr streitig; für Schadensklagen, Expropriationsfragen, und verschiedene analoge Streitpunkte des Verwaltungsrechts aber eben so ausführbar wie angemessen. Die vom socialen Standpunkt aus beliebtere Institution der Handelsgerichte bildet als Organisation einer einzelnen Interessengruppe kein gemeinsames Band des Communallebens.

II. Im Gebiet der Strafjustiz und Polizei ergiebt sich eine wesentliche Beschränkung aus der hergebrachten Gestalt unseres Verwaltungsrechts, aus unserer geschichtlich berechtigten Trennung von Justiz und Verwaltung. Es fällt damit weg die Handhabung einer Criminaljustiz durch Ehrenämter, also die ganze Stellung der Friedensrichter als Correctionalgericht und als Appellationsgericht für das Polizeirichteramt. Es fällt ferner weg die Anwendung der großen Jury, die auch in England sich nur bei den Assisen sicher bewährt hat, wo man sie mit rechts- und geschäftskundigen Männern (Friedensrichtern) besetzen kann. Es fällt ferner weg der Coroners Inquest, der nicht sachgemäß gestaltet ist. Anwendbar dagegen erscheint (1) die Urtheilsjury in Strafsachen,

§. 161. III. Grenzen und Umfang der Lokalvertretung. 953

d. h. die Bildung von ernannten Ausschüssen des Kreisverbandes, für welche die Urliste aus allen zu einem unentgeltlichen Ehrendienst befähigten Klassen durch die Gemeindebehörden, die Dienstliste durch persönliche Auswahl, und zwar durch den Vorsitzenden der Kreis- oder Bezirksgerichte zu bilden ist, nicht aber in der durchweg verbildeten Gestalt der französischen Jury. (2) Anwendbar ist ebenso die Uebertragung der höhern administrativen Polizei auf Ehrenämter, und in Verbindung damit ein unteres Polizeirichteramt für Handhabung der Land-, Feldpolizeiordnung und andere dringliche Fälle von Nachbarstreitigkeiten; ebenso der erste Angriff und die dringliche Voruntersuchungshandlungen in Strafsachen. Wie einst in England so kann sich das selfgovernment nur aus Theilung des Landrathsamts bilden. (3) Anwendbar ist ferner das englische Verhältniß der Sessionen als Oberinstanz der Ortsgemeindeverwaltung. (4) Anwendbar ist der Auftrag der unteren Polizeigewalten auf das Dorfschulzenamt; ja dasselbe ist in Deutschland sehr viel kräftiger und tüchtiger entwickelt als in England. Alles was auf der Intelligenz und dem guten Willen der Mittelstände beruht, ist bei uns besser vorhanden, als eine verkehrte Nachahmung fremder Dinge uns bringen könnte. (5) Anwendbar ist auch die Strafverfolgung als Gemeindepflicht. Daß für Polizeiübertretungen die Popularklage mit Concurrenz von Gemeindebeamten ausreicht, beweisen die englischen Polizeizustände überzeugend, so sehr es unseren Gewohnheiten fremd geworden ist. Aber auch für die meisten eigentlichen Verbrechen ist eine Privatverfolgung mit Anwaltszwang, mit einem concurrirenden Recht von Communalbeamten und Staatsanwälten, auch für den Continent wohl die verfassungsmäßig richtige Form; nur wird nach unserer Gewohnheit die Verfolgung durch Staatsbeamte die praktische Regel bleiben, die andere das nothwendige Supplement. (6) Es ergiebt sich daraus, das die Lasten der Kreissteuer auf dem Continent sich viel unbedeutender gestalten, was die Reform um so leichter macht.

III. Die Milizverfassung ist der schwächste Theil der englischen, die Landwehr der stärkste Theil des deutschen Selfgovernment. Die allgemeine Wehrpflicht ist die entscheidende Grundlage unserer Verfassung für alle Zukunft geworden. Die Beibehaltung eines schlagfertigen stehenden Heeres war bei der geographischen Lage des Landes inmitten der europäischen Großstaaten mit stehenden Heeresmassen nothwendig, das Milizsystem für Staaten von solchem Umfang und solcher Lage unzureichend. Das preußische System vereinigte beide Ansprüche durch die möglichst kurze, aber ernstlich gemeinte Ausbildung und Gewöhnung der waffenfähigen Bevölkerung zum Soldatendienst, deren Gleichmäßigkeit die Isolirung der stehenden Heere im Staat, die Gefahr der Freiheit und der Verfassung aufhebt. Das Reife dieser großartigen Conception liegt darin, daß man mit der wirthschaftlich stets empfohlenen Miliz sich nicht begnügte, sondern daß man der Jugend die Ausbildung und Gewöhnung des wirklichen Soldaten gab, und erst der ausgebildeten Mannschaft die volksthümliche Verfassung der Miliz. Auch für die Verwaltungsjurisdiction sind gute Grundlagen in den Kreis- und Departements-Ersatzcommissionen schon vorhanden.

IV. Eine Steuerjurisdiction im Sinne der Selbstverwaltung ist in den Einschätzungscommissionen für die direkten Staats- und Communalsteuern bereits vorhanden; nur sind dieselben irriger Weise als Verwaltungscommissionen gebildet und bedürfen einer Reform als Behörden der Rechtsprechung. (Gneist, Verwalt.-Justiz 1871 §. 28.)

V. Eine Stadtverfassung im heutigen Staatswesen kann nicht dieselbe sein wie im Mittelalter, wo sich im Nothstand des zersplitterten Feudalwesens die Städte ihr Gericht, ihre Polizei, ihre Bewaffnung, ihre Finanzen, ihr Verhältniß zu Kirche und Schule selbst schaffen mußten, als ergänzende Kleinstaaten im Feudalstaat. Die heutigen Städte finden diese Aufgaben in dem größern Ganzen wieder, zu dem sie gehören, und in welchem sie nur stärkere Glieder sind, die sich zum Auftrag von Staatsfunctionen vorzugsweise eignen. Ebenso wie in England gebührt also den Städten die Selbstverwaltung ihres alten Vermögens- und Steuerwesens. Sodann aber eine Doppelstellung: (1) die Uebernahme aller Functionen, welche der Ortsgemeinde, in England dem Kirchspiel obliegen; (2) können und sollen die großen Städte die Lasten des Kreisverbandes, die kleineren wenigstens einen Theil der Kreislasten tragen. Aus diesem Auftrag in Verbindung mit den Ortsgemeindelasten ergiebt sich ein Bedürfniß besonderer Städteordnungen. Im Ganzen sind hier die vorgefundenen Verhältnisse um so mehr zu schonen, als bei uns die Städte dem Lande ebenso weit voraus sind durch alte Gewöhnung an Steuern und persönlichen Dienst, wie umgekehrt in England die Kreisverfassung und die Gewöhnungen des Landes den Städten überlegen sind. Unsere Aufgabe ist die vorhandenen guten Elemente mit den Kreisverfassungen zu verbinden; denn alle innere Harmonie im Staatsleben trotz verschiedener Besitzweisen und socialer Interessen beruht auf der Gleichartigkeit der Communalzwecke, der Gleichheit des Systems der Communalsteuern und Communalämter.

Unabänderlich bleibt zwar der Sinn der heutigen Erwerbsgesellschaft vorzugsweise der **wirthschaftlichen Selbstverwaltung und der Neubildung von Localvertretungen** zugeneigt. Gerade die normale Basis der wirthschaftlichen Verwaltung, die **ländliche Ortsgemeinde**, ist aber in der Hälfte Deutschlands noch auf der Stufe der Scheidung von Gutsbezirk (manor), und Gemeindebezirk (tithing), stehen geblieben, die in England schon in der Periode der Reformation zum „Kirchspiel" verbunden sind. Im Zusammenhang damit ist das ländliche Steuersystem vielfach noch auf der Stufe der Naturalwirthschaft stehen geblieben. In der Wirklichkeit bedeutet also die nur zum Zweck neuer Wahlrechte gestellte Forderung einer „Gemeindeordnung" eine sehr schwierige neue Umlage und Erhöhung der Gemeindesteuern. Allein unter dem Rost der feudalen Institutionen haben sich doch Elemente des Gemeindelebens erhalten, welche der englischen parish weit überlegen sind: das Schulzenamt, die fortdauernde Gewöhnung der Mittelklassen in Stadt und Land an eine mühsame, treue Erfüllung ihrer persönlichen Bürgerpflichten, die alte Zusammengewöhnung und der Gemeindesinn im Nachbarverband. Die deutsche Reformation hat auch die englische Verwirrung der kirchlichen und weltlichen Verhältnisse der Ortsgemeinde im Allgemeinen nicht herbeigeführt. Sobald die gesetzliche Regelung des Gemeindesteuersystems durchgeführt sein wird, ergeben sich auch die fertigen Grundlagen der **wirthschaftlichen Gemeindeverwaltung**:

VI. Die **Communalarmenpflege in Deutschland** bedarf mehr der Nachhülfe als der Erfindung einer neuen Gestalt. Der ungeheure Umfang der Armenpflege in England war die Folge der mangelhaften Entwickelung der arbeitenden Klassen und einer totalen Umwälzung der industriellen Gesellschaft in dem ersten Handels- und Fabrikstaat Europa's. Die Verwickelungen des Niederlassungsrechts waren zunächst im Interesse des großen Grundbesitzes entstanden. Die Mangelhaftigkeit der Verwaltung entstand aus der geistigen Trägheit der Mittelstände im Armenaufseheramt. Alles dies hat eine übereilte Büreaukratisirung des ganzen Armenwesens herbeigeführt. Sie ist für Deutschland ungemein lehrreich für das, was wir zu vermeiden haben. Ebenso sind

VII. die neuen **Communalinstitutionen für Gesundheits- und Baupolizei** in England nur aus einer lange dauernden Vernachlässigung heraus in eine übereilte Gestaltung gerathen. In Deutschland sind ältere und solidere Einrichtungen dafür vorhanden, und es ist im Allgemeinen kein Grund, diese Zweige von der übrigen communalen Polizeiverwaltung zu trennen.

VIII. Die **Communalwegeverwaltung** kann auch die Unterhaltung der Chausseen durch die Kreisverbände erfahrungsmäßig einbegreifen und wird in großem Maßstab weiter schreiten müssen.

IX. Die **Communalverwaltung der Volksschule** endlich ist durch ein muster-

§. 162. IV. Die Abstufungen der Kreis- und Gemeindevertretung. 955

haftes Verwaltungsrecht längst fundirt, und bedarf nur der Reinigung von irrigen Interpretationen, welche die kirchlichen Parteirichtungen im letzten Menschenalter hineingetragen haben. Dies für uns bedeutungsvollste Gebiet der Selbstverwaltung ist besonders behandelt in Gneist, die confessionelle Schule, Berlin 1869, und Gneist, die Selbstverwaltung der Volksschule, Berlin 1869.

Diese summarische Vergleichung ergiebt, daß von der Seite der Steuern wie der Aemter das mögliche Gebiet der Selbstthätigkeit der Commune in Deutschland mehrfach kleiner ist als in England; an einigen Punkten aber auch viel bedeutungsvoller und kräftiger, namentlich in der Landwehrverfassung und in Allem, was von der Intelligenz und dem guten Willen der Mittelstände abhängt. Die Zusammenfügung der deutschen Elemente mit dem überkommenen Verwaltungsrecht behandelt vorzugsweise: Gneist, die preußische Kreisordnung, Berlin 1870. Abschn. X. a—h.

IV.

Die Abstufungen der Kreis- und Gemeindevertretung.
(§. 8, 16, 23, 63, 82, 103, 123, 133, 141.)

(§. 162). Die gesellschaftliche Grundanschauung seit der Reformbill hat die vorgefundenen Abstufungen der Kreis-, Stadt- und Gemeindeverfassungen als gegebene Verhältnisse übernommen, aber bald in wesentlich neuer Richtung umgebildet.

Einer durchgreifenden Aenderung bedurfte vorweg die Stadtverfassung. Die Municipal Corporations mußten um so mehr im Sinne der neuern Gesellschaft reformirt werden, als die starke und berechtigte Opposition der städtischen Steuerzahler vorzugsweise die Reformbill durchgesetzt hatte. Die Betheiligung der Steuerzahler kommt in den neu gebildeteten Stadtverordneten-Versammlungen zur Geltung. Andererseits wird das vorgefundene Element der städtischen Friedensrichter auf den normalen Fuß der Friedenscommissionen gebracht. Die zusammenhängende Neubildung und Auseinandersetzung zwischen den Organen der obrigkeitlichen und wirthschaftlichen Verwaltung führt an dieser Stelle zu einer codificirten Städteordnung (1835).

In der Kirchspiels- und Grafschaftsverfassung dagegen nöthigte der tiefe Verfall der Kirchspielsämter zu völlig neuen Gestaltungen.

I. Die Kirchspiele, Parishes, hatten durch den Verfall ihrer Aemter schon so überwiegend den Charakter bloßer Steuerbezirke angenommen, daß die General Vestries Act von 1818 eine Abstufung des Stimmrechts nach den Steuerklassen einführte. Die Verkommenheit der alten Aemter drängte aber bald zu einschneidenden Reformen. Schon Gilbert's Act hatte die Vereinigung von Kirchspielen zu einer gemeinsamen

Beamtenverwaltung, Sturges Bourne's Act die Bildung gewählter Boards befördert. Die planlose, alle Arbeits= und Lohnverhältnisse verwirrende Gestalt der Armenpflege trieb aber unaufhaltsam weiter zu gleichmäßigen Einrichtungen im ganzen Lande, durch welche:

II. die Sammtgemeindebildung der Unions und Districts zum Durchbruch kommt mit dem Armenreformgesetz von 1834. Man fand, daß die Mehrzahl der Kirchspiele (der größern Hälfte nach unter 300 Einwohnern) der persönlichen Kräfte entbehre, um eine rationelle Verwaltung zu führen, und in einem Arbeitshaus den praktischen „Prüfstein" der wirklichen Unterstützungsbedürftigkeit zu gewinnen. Durch die Vereinigung von (durchschnittlich 25) Kirchspielen zu einem engern Kreisarmenverband fand sich Beides zugleich. Man konnte die Kirchspiele als Steuerbezirke stehen lassen, die alten Ortsarmenbeamten auf Erhebung der Armensteuer beschränken, die Hausunterstützung und Verwaltung des Armenhauses aber besoldeten Beamten übertragen unter Beschließungs= und Anstellungsrechten eines Verwaltungsraths der Steuerzahler. Das System der so gebildeten Boards erschien so viel „praktischer" als die heruntergekommene Verwaltungsweise der Overseers, stellte die Ordnung der Lohn= und Arbeitsverhältnisse im Lande wieder her, und führte zu so erheblichen Erleichterungen der Steuerlast, daß die Einwürfe dagegen allmälig verstummten, und die Boards of Unions bald allgemein als die zeitgemäße Weise wirthschaftlicher Gemeindeverwaltung erschienen. Ebenso ließen sich die neuen Anforderungen der Gesundheits= und Baupolizei annehmbar machen, wenn man größeren Ortschaften und vereinigten Kirchspielen gestattete, gewählte Boards für Beschlußfassungs= und Anstellungsrechte zu bilden. Auf die Wegeverwaltung wurde die Vereinigung zu Districts durch die Wegeordnungen von 1836, 1862, 1864 zuerst facultativ, dann obligatorisch ausgedehnt.

Das stetige Ineinandergreifen dieser Verwaltungen mit den entsprechenden Polizeidecernaten machte es wünschenswerth, die neuen Verbände in Uebereinstimmung mit den alten Amtsbezirken der Polizeiverwaltung, (Hundreds und Special Sessions) zu bringen. Auch dies wurde durch 9. Geo. IV. c. 43; 6. et 7. Will. IV. c. 12 ermöglicht und größtentheils durchgeführt, als Neubildung der friedensrichterlichen Divisions, in Correspondenz mit den Unions und Districts der wirthschaftlichen Gemeindeverwaltung. So entsteht eine wesentlich neue Zwischenbildung zwischen Grafschaft und Kirchspiel in Amtsbezirken und Sammtgemeinden von durchschnittlich 3—4 Quadratmeilen und durchschnittlich 30,000 Einw., welche alle wichtigen Beziehungen der Communalverwaltung einschließlich des Polizeidecernats in sich begreift, entsprechend den heutigen Bedürfnissen der Gesellschaft.

§. 162. VI. Die Abstufungen der Kreis- und Gemeidevertretung. 957

Sehr schonend wurden lange Zeit hindurch noch die Steuerverhältnisse dir Kirchspiele behandelt, denen ihre gesonderte Armenlast auch unter gemeinsamer Verwaltung der Boards blieb. Seit 1846 indessen begann man erheblichere Posten der Armenlast auf gemeinsame Kosten der Union zu übernehmen, und fuhr damit fort, bis endlich die Union Chargeability Act 1865 die gesammte Armenlast auf die Union übertragen und auf den Realbesitz des Gesammtverbandes gleich vertheilt hat. Das System schrittweiser Ausgleichung wird jetzt auch fortgesetzt unter den verschiedenen Unions der Metropolis. — In der Health Act von 1848 bildete man Anfangs noch einen General District Fund und einen Special District Fund, gab aber in der spätern Local Government Act 1858 auch diesen Unterschied auf, unter weiterer Ausgleichung der Steuerlast der vereinigten Kirchspiele. — In den neuen Highway Districts dagegen ist die Unterscheidung in einen General und Special Fund, für die Communalkosten und die Spezialbelastung der einzelen Kirchspiele, noch beibehalten.

Trotz der schonenden und besonnenen Behandlung der Steuerlast drängt jedoch die Bildung aller Unions und Districts stetig zu einer Fusion des Steuersystems, mit welcher der Verband zu einer vollen Sammtgemeinde mit einheitlichem Haushalt wird. Unverkennbar tritt damit aber auch die Aufzehrung des Kirchspiels durch die Sammtgemeinde ein. Das Kirchspiel wählt noch ein Mitglied in das Board der Union, große Kirchspiele deren zwei oder mehre. Die Betheiligung ist aber damit auch erschöpft: das Kirchspiel bleibt nur noch ein Wahlbezirk für den Akt der Zettelwahl und ein Steuererhebungsbezirk für den Steuereinnehmer. Während so das System der Boards nach unten hin die Ortsgemeinden absorbirt, gilt dasselbe nach oben hin für jeden Versuch der Bildung von größeren Verbänden und Oberinstanzen nach gleichem System.

III. Der Versuch, Obergemeinderäthe für größere Bezirke aus der Wahl der Boards zu bilden, wurde Anfangs mit vielen Hoffnungen begrüßt; wird aber jetzt als ein verfehlter Versuch angesehen, sowohl in den School Districts wie in den Asylum Districts. Durch die übereinander geschichteten Wahlen, und durch das geringere Interesse der Steuerzahler an der weitern Formation entfremden sich die Steuerzahler der größern Formation, unter stetiger Beschwerde, daß ihnen „keine genügende Controle" über diese Körperschaften zustehe. Andererseits macht im Gebiet der Interessenverwaltung das größere Interesse sich stets als das stärkere Interesse geltend: das obere Board fühlt sich als die größere Autorität alsbald in allen Dingen, und reißt die Rechte der unteren rücksichtsloser an sich, als eine Präfectenverwaltung. Die Erfahrung dieser centralisirenden Tendenz ist an dem Metropolitan Board of Works mit seinem bureaukratischen Beamtenapparat in so starkem Maße gemacht worden, daß eine Weiterbildung nach diesem System nicht versucht wird. Es zeigt sich, daß, wenn man von unten herauf nur gewählte Verwaltungsräthe formirt, für die höheren Schichten einer Kreis- und Provinzial-Vertretung wenig mehr übrig bleibt, als das, was sie von den unteren Gemeindekörpern an sich ziehen. Indem der Schwerpunkt aller wirthschaftlichen Gemeindeverwaltung nach unten hin liegt, wird der Berufskreis der großen Boards nach oben hin immer dürftiger, das Uebergewicht der unmittelbaren Staatsbeamten immer stärker, da das System der Boards sich stets an die Staatsverwaltung anlehnen muß.

Die Gesammtheit dieser Verhältnisse hat in einem Menschenalter zu einer massenhaften Neubildung und Neubegrenzung der Communal-Verbände geführt. In Erwägung, daß mit den älteren Local Acts der Parlamente eine solche nicht durchzuführen war, hat schon das Armengesetz von 1834 einem Ministerialdepartement die weitgehendsten Befugnisse zu administrativer Formation beigelegt. Jede noch vorbehaltene Beschränkung der Verbindung zu Unions ist durch die spätere Gesetzgebung beseitigt, und jetzt dem Armenamt auch die Befugniß beigelegt, jedes Kirchspiel unter 300 Seelen zum Zweck der Wahl eines Guardian mit einer benachbarten Parish zu verbinden. Ebenso ist ein rücksichtsloser Zwang geübt, um die noch zu keinem Gemeindeverband gehörenden Grundstücke, extraparochial places, zu einem Kirchspiel zu formiren oder einem benachbarten Kirchspiel zuzulegen. Die Health Acts geben analog dem Minister des Innern weitgehende Befugnisse bei Bildung der Districts. Die Wegegesetzgebung legt analoge Functionen den Quarter Sessions der Friedensrichter bei, denen auch die Neubildung der Polizeiverwaltungsbezirke endgültig überlassen ist. Ueberall ist wenigstens dafür gesorgt, den Gemeindebeamten der betheiligten Kirchspiele und den Steuerinteressenten die nöthige Frist und Gelegenheit zur Geltendmachung von Widerspruchsgründen zu gewähren. So unabweisbar diese Neuerung erschien, so lag darin doch eine nicht unbedenkliche Erweiterung der Ministergewalten. Noch folgenreicher für das Gemeindeleben wirkt aber die bewegliche Zusammenschiebung und Trennung der an sich schon lockeren Gemeindeverbände in den Unions und die stetige Neuformirung von „Kirchspielen", welche die Unstetigkeit des heutigen Communalwesens in äußerstem Maße erhöht. Diese sogenannten „Organisationen" der Parishes, Unions und Districts gleichen mathematischen Figuren, welche ein Gärtner in dem Sande des Gartens zieht, in welchem ein lebendiges Gemeindeleben nicht mehr Wurzel fassen will. Die englische Orts- und Bezirksstatistik (§. 8 oben) ergiebt einen Ueberblick über diesen stetigen Prozeß der Zusammenschiebung und Trennung der alten Gemeindekörper.

§. 162. IV. Die Abstufungen der Kreis- und Gemeindevertretung. 959

Der neueste Verlauf der englischen Bezirksbildungen bildet für Frankreich die Grundlage aller Gemeinde-Einrichtungen seit der Revolution. Alle Formation ist nur nach dem System der boards gedacht in folgenden Stufen:

1) Die ländliche Ortsgemeinde hat kaum noch einen Gegenstand persönlicher Selbstthätigkeit, da die Polizei in dem Maire der Gesammtgemeinde und seinen Unterbeamten concentrirt, die Armenpflege aber Gegenstand des voluntarism und der bureaux de bienfaisance geblieben ist.

2) Der Amtsbezirk erscheint in der Gestalt der ländlichen Bürgermeisterei mit einer Polizei- und wirthschaftlichen Verwaltung nach dem System der Sammtgemeinde. Der dafür gewählte Gemeinderath hat indessen niemals zu einer Bedeutung gelangen können.

3) Das Arrondissement hat zwar seine gewählte Kreisvertretung, aber in so untergeordneter Bedeutung, daß die neuesten Projecte der „Linken" auf eine Beseitigung derselben gehen. Alle höhere obrigkeitliche Verwaltung steht von dem Communalleben völlig abgelöst da.

Auf dem Boden der bloß gewählten boards ließ sich einmal keine höhere Formation aufbauen. Die einer Provinzialvertretung entsprechenden Generalräthe der Departements entbehren so sehr aller Lebensbedingungen einer gesetzmäßigen Selbstverwaltung, daß der von ihnen berathene Etat vom Kaiser persönlich festgestellt wird.

Alle Uebereinanderschichtung von gewählten Verwaltungsräthen ohne Verbindung mit einer obrigkeitlichen Selbstverwaltung hat bisher die conseils nur um so ohnmächtiger, das administrirende Beamtenthum und die Centralisation nur um so gewaltiger gemacht. Wenn von unten herauf nur gewählte Gemeinderäthe zur wirthschaftlichen Verwaltung formirt werden, so bleibt für eine Kreis- und Provinzialvertretung immer weniger übrig, weil der Schwerpunkt der wirthschaftlichen Verwaltung stets nach unten hin liegt. Alle Abstufungen sind in der That nur Abstufungen der Präfectenverwaltung, begleitet von berathenden conseils für wirthschaftliche Fragen der Localverwaltung.

In Deutschland bildet das zäheste Hinderniß der nothwendigen Reformen die Kleinheit der historisch überkommenen Guts- und Dorfgemeindebezirke, die, durchschnittlich um ein Drittel kleiner als die englischen parishes, der Lebensfähigkeit für eine Armen-, Wege- und Schulverwaltung nach den heutigen Bedürfnissen der Gesellschaft entbehren, während andererseits die stärksten Interessen einer jeden Zusammenfügung widersprechen. Wir haben heute wohl das Gefühl, daß das deutsche Kleinstaatenthum stetig dahin gewirkt hat, unsere Anschauung vom Staat klein und engherzig zu machen. Es fehlt aber noch das consequente Weitergehen: das Anerkenntniß, daß das Kleingemeindewesen uns noch tiefer in den Gliedern liegt als das Kleinstaatenthum, und daß schon dieses Hinderniß eine ländliche Selbstverwaltung unmöglich macht. Wir verkennen immer noch, daß der Verlauf des Mittelalters Deutschland zu einer unhaltbaren Zerbröckelung des Staats im Ganzen wie im Einzelnen geführt hat. Der deutsche Bildungsgang unterscheidet sich von dem englischen und französischen dadurch, daß das Feudalwesen weniger gewaltsam und durchgreifend eindrang, daß vielmehr in langsamer, gewohnheitsrechtlicher Entwickelung stets die Reste einer ältern Ordnung als Privatrechte stehen blieben, sich mit den späteren durchkreuzten und in einer Zersetzung bis zum kleinsten Maßstab herab neben einander schichteten. Sobald die wirklichen Verhältnisse, d. h. die Lasten dieser Gemeinde-Fragmente neu geordnet werden sollen, entsteht zuerst ein Streit, ob die zahllosen Neubildungen und Zusammenlegungen durch die Gesetzgebung, oder durch die vorhandenen ständischen Körper oder durch die Staatsbehörden erfolgen sollen. Das Verlangen einer gesetzlichen oder autonomischen Regelung macht aber jede Reform schon im Eingang unausführbar. Jede Gebietsänderung der Kreise verletzt massenhafte Interessen, und kann deshalb nicht von der Zustimmung der Kreisvertretung abhängig gemacht werden. Es würde damit dem Particularinteresse ein absolutes Veto beigelegt. Aber auch das Erforderniß eines Gesetzes unterliegt den allergrößten Bedenken. Durch Hereinziehen der Lokalinteressen in den Streit der großen Parteien werden die nothwendigsten Reformen durchkreuzt und lange Jahre hingehalten. Die überzahlreichen Parlamentsversammlungen sind auch an sich wenig geeignet über streitige Lokalinteressen sicher und unbefangen zu entscheiden. Das englische Parlament hat mit dem Wust seiner Local Acts die übelsten Erfahrungen gemacht, welche zu keiner Nachahmung einladen.

Ist dies formelle Hinderniß aber überwunden, so beginnt der noch heftigere **Interessenstreit der Steuerzahler**. So verhältnißmäßig leicht die Bildung von Amtsbezirken für die **obrigkeitliche Verwaltung** sich darstellt, so schwierig wird die Zusammenfügung der Bauergemeinden und Gutsbezirke zu **gleichen ökonomischen und Steuerlasten**. Gerade dagegen sträubt sich die vorhandene Ungleichheit der Besitzweisen und Interessen in nächster Nachbarschaft am lebhaftesten. Das „herkömmliche" System der Lastenvertheilung hat den großen Grundbesitz im Schulverbande des eigenen Dorfes nahezu beitragsfrei gelassen. Die Trennung von Guts- und Dorfbezirken für die Armenlast ist gerade da eingetreten, wo das Armenbedürfniß am ungleichsten war. Die Wegelast ist durch die Beschaffenheit des Bodens und das Bedürfniß der Communikation gerade in unmittelbarer Nachbarschaft oft am ungleichsten. So leicht es daher ist, 10 bis 20 Dörfer und Gutsbezirke geographisch als eine Sammtgemeinde abzugrenzen, so schwer ist es, sie zu einem einheitlichen Haushalt mit gemeinsamen Lasten nach gleichem Steuerfuß umzubilden, am meisten da, wo noch ein incongruentes System der ländlichen Lastenvertheilung besteht, welches durch eine Vervielfältigung nur verkehrter wird. Unser Landmann geräth über keine andere Zumuthung in eine größere Aufregung, als wenn er plötzlich die doppelte Gemeindesteuer zahlen soll an Stelle seines Nachbars, der auf die Hälfte herabgesetzt wird, als bloße Folge eines neuen Systems von „Sammtgemeinden." Vor dem Problem der Lastenvertheilung im kleinen Nachbarverband steht die absolute und die constitutionelle Gesetzgebung Preußens seit 50 Jahren still, weil das einmal bestehende System der ländlichen Gemeindelasten die stärkste Widerstandskraft unter allen gesellschaftlichen Potenzen entwickelt. Ohne gemeinsame Lasten fehlt es aber auch an der wirthschaftlichen Grundlage einer Repräsentation. Soweit ein System von Gesammtgemeinden für die **wirthschaftliche Verwaltung** wirklich nothwendig und ausführbar ist, muß es aus der Kreisverwaltung hervorgehen. Eine Kreisordnung schafft das centralisirende Organ, welches in Gestalt von zahlreichen Kreisabgeordneten von Jahr zu Jahr daran arbeiten wird, die Lasten des Kleingemeindethums auszugleichen, und dem gemeinsamen Interesse einen gemeinsamen Verwaltungskörper zu geben. Die fortlaufende Mitverwaltung der Kreisverordneten in den Bezirksverwaltungen wird die praktische Einsicht begründen für das, was im wohlverstandenen Interesse von größeren Sammtgemeinden übernommen werden kann. Die deutschen Landesvertretungen sollten endlich darauf verzichten, Umgestaltungen dieser Art durch abstrakte Resolutionen decretiren zu wollen, anstatt die Organe zu schaffen, welche durch ihre Zusammensetzung das lokale Werk durchzuführen das Interesse erhalten. Es giebt in der That kein anderes Organ zur Ueberwindung des wirthschaftlichen Particularismus als eine gewählte Repräsentation der Steuerzahler nach gleichem Steuerfuß in größeren Verbänden. In großem Maßstab arbeitet in dieser Weise bereits die Deutsche Bundesverfassung.

Es kommt also in den deutschen Verhältnissen darauf an, zuerst den **Kreisverband** und den **Amtsbezirk für die obrigkeitliche Selbstverwaltung** zu schaffen, an den sich die schrittweise Bildung der Sammtgemeinden und der gewählten Gemeinderäthe für die wirthschaftliche Verwaltung anzuschließen hat, und welche dann in dem obrigkeitlichen self-government den wirksamen Halt gegen die mechanische Centralisation findet. Vgl. Gneist, **Preuß. Kreisordnung, Abschn. IV., VII.—XI.**

V.

Das Amtsshstem der wirthschaftlichen Selbstverwaltung.
(§§. 16, 82, 106, 120, 124, 133, 134, 141.)

(§. 163.) Das selfgovernment mit seiner Forderung persönlicher Gerichts-, Polizei-, Militär- und Steuerpflichten stößt wie in einem Brennpunkt zusammen mit der gesellschaftlichen Idee einer bloßen Vertretung von Lokalinteressen. Je mehr die persönliche Thätigkeit im verantwortlichen Amt den Angelpunkt aller Selbstverwaltung bildet: um so schärfer erhebt sich dagegen der Widerspruch der Gesellschaft, welche auch im Communalverband nur ihr Wohl, ihr Interesse und neue Rechte sucht. Aufgehalten und ermäßigt durch die alten Gewohnheiten der Bevölkerung, schreitet diese Opposition doch stetig weiter in einem Gedankengang, der in England, Frankreich und Deutschland immer gleichartiger zu werden scheint. Die gesellschaftliche Abneigung gegen eine Selbstbeschränkung durch Gesetz kann sich nirgends mehr mit dem Gedanken befreunden, in der Selbstverwaltung dieselben Rechte und Pflichten der Obrigkeit zu schaffen, welche die Gesellschaft in Händen der „regierenden Klasse" oder der „Bureaukratie" so lange als ihren Gegenpol bekämpft hat. Die gesellschaftliche Abneigung gegen eine nach Gesetzen verantwortliche Amtsstellung verdoppelt sich insbesondere gegen das obrigkeitliche Ehrenamt als der Grundidee der gesellschaftlichen Gleichheit widersprechend. Von allen Seiten wird an das Interesse der wirthschaftlichen Klassen appellirt: ob sie nicht besser und bequemer leben ohne solche Mühewaltung? An die mittleren und arbeitenden Klassen: ob sie sich denn neue „Herren" schaffen wollen? An das berufsmäßige Beamtenthum: ob nicht alle Nachahmung der Beamtenthätigkeit in Ehrenämtern ein unwirthschaftlicher Dilettantismus bleibe? Die sociale Opposition gegen die persönliche Dienstpflicht macht jeden gesetzlichen Zwang dazu illusorisch. Die sociale Eifersucht erkennt bald heraus, daß Ehrenämter der Obrigkeit überwiegend an Personen von unabhängigem Besitz und höherer Bildung fallen müssen, und bezeichnet kurzweg als Aristokratie, Kastenwesen, oder als Büreaukratie, alles, was nicht aus eigenen Wahlen der kleinen Verbände hervorgeht. Es wird immer schwerer, gewohnte Einrichtungen gegen diese Strömungen der öffentlichen Meinung zu erhalten; noch unmöglicher, neue Einrichtungen der Art zu schaffen. So lange die Klassen der Gesellschaft in gegenseitiger Eifersucht einander die Ehre des obrigkeitlichen Amts nicht gönnen, kann aus allem Streit der Parteien kein selfgovernment hervorgehen, sondern nur ein gesellschaftlich neutrales Beamtenthum, welches sich weder im Einzelen noch im Ganzen mit dem Gemeindeverband consolidirt, vielmehr nur der absoluten Staatsgewalt dient oder solche erzeugt.

Das Resultat dieser gesellschaftlichen Bewegung in England ist die Auflösung der Ehrenämter des selfgovernment in gewählte Boards und besoldete Gemeindebeamte.

I. An Stelle des obrigkeitlichen Amts tritt das gewählte Board als beschließende Stelle mit einem wesentlich neuen Charakter. Das Board ist nicht Organ zur verantwortlichen Ausführung eines gesetzlichen Staatswillens, sondern ein bloßer Verwaltungsrath der Steuerzahler. Die Annahme eines solchen Auftrags ist eine freiwillige, die Beschließungen erfolgen nach freiem Ermessen, unter Aufhebung jeder „persönlichen Verantwortlichkeit," wie dies die Gesetze der Armen-, Gesundheitspflege- und Wegeverwaltung ausdrücklich aussprechen.

II. An Stelle des verantwortlichen Ortsamts treten besoldete Diener des Board. Das alte Amt der Parish Constables, Overseers, Surveyors findet sich jetzt untergeordnet einem persönlich unverantwortlichen Verwaltungsrath der Steuerzahler. Ein so untergeordnetes Amt läßt sich aber nicht mehr als Ehrenamt verwalten, da keine Klasse der Gesellschaft für ein so dienendes Amt sich bereit findet noch dazu genöthigt werden kann. Ohnehin erweist sich ein geschultes Beamtenpersonal „praktischer" für den Geschäftsgang des Board, für das Rechnungswesen, für den prompten Dienst der Ausführung. An die Stelle des Selbstthuns tritt also das ohnehin leichtere Anstellungsrecht für die viel gesuchten kleinen Aemter. So kommt mit überraschender Schnelligkeit das oben beschriebene Personal von 20,000 kleinen Beamten der Armenverwaltung mit ihren Nebenzweigen, 26,000 besoldeten Constables ꝛc., zur Erscheinung.

Dieser Auflösungsprozeß der persönlichen Seite des selfgovernment hat in England seinen schrittweisen Gang genommen, indem er an erster Stelle in die Stelle der verfallenen Kirchspielsämter trat, in denen die regierende Klasse die Unselbständigkeit und Passivität der Mittelstände nur zu gern hatte gewähren lassen. In diese Lücke drangen naturgemäß die Ideen der neuen Gesellschaft fast als selbstverständlich ein. Nach den Anschauungen der jetzigen middle classes war es weder nöthig noch „praktisch", daß ein Gemeindewähler außer seiner Steuerzahlung sich noch persönlich zu den Armen bemühe, um ihren Zustand zu untersuchen und nach eigener Kenntniß und Erfahrung festzustellen, wie zu helfen, daß er persönlich die Wege begehe, persönlich den Schmutz und Unfug in den Winkeln der engen Gasse aufsuche, persönlich Rechnungen nachsehe, oder nach deutscher Weise Schulen revidire. Das selfgovernment war auf diesem Gebiet bereits schematisch geworden, als der Schematismus des Armen-

§. 163. V. Das Amtssystem der wirthschaftlichen Selbstverwaltung. 963

gesetzes zur Geltung kam, der nun das mangelnde Communalleben durch einen workinghouse-test und durch ein Rechnungs- und Buchführungsschema ersetzt. Die gewählten Vertreter der Steuerzahler sind dabei in die behagliche Stellung des Verwaltungsraths einer Actiengesellschaft getreten, von welchem drei Freiwillige sich von Zeit zu Zeit einfinden, um sich Dekretsentwürfe vom Secretär zur Zeichnung unterbreiten zu lassen, vakante Aemter zu vergeben und Beschlüsse zu fassen, von deren Einzelausführung sie kaum Kenntniß, jedenfalls nicht die zur Controle nöthige gewohnheitsmäßige Uebung haben. Und sollte sich irgend wo eine persönliche Mühe ergeben, so ist die Klausel, welche jederzeit besoldete Beamte und Hülfsarbeiter nach Ermessen anzustellen gestattet, offenbar leichter auszuführen als das Geschäft selbst. Man hatte wohl ein Gefühl, daß die Gelenkbänder zwischen Verfassung und Verwaltung sich lösen, wenn man in dieser gefälligen Weise alles das in das Belieben der Steuerzahler stellt, was alte Gesetzgebung schlicht und recht als Bürgerpflicht ansah und mit Geld- und Gefängnißstrafen erzwang. Allein die Gesellschaft vermag nicht über sich selbst hinauszukommen. Das neuere System bleibt von unten nach oben, wie von oben nach unten, der Ausdruck des „Beliebens", d. h. der wirthschaftlichen Vorstellungen von Angebot und Nachfrage. Statt der Friedensrichter, Constables u. a., denen die ältere Gesetzgebung immer bestimmte persönliche Geschäfte auflegte: ein beliebig gewählter Chairman, der ebenso beliebig gewechselt wird wie die Guardians, die beliebig das Amt ablehnen oder annehmen, und beliebig bezahlte Beamte anstellen, mit beliebigen Gehalten und beliebiger Entlassung (sofern die Oberbehörde nicht ein Anderes beliebt). Keiner dieser Gesetzgeber wollte sich daran erinnern, daß Selbstverwalten Selbstthun heißt, daß das bloße Steuerzahlen nur die eine Hälfte, die materielle Seite des Selbstthuns ist, daß alle großen Institutionen Englands einschließlich des Parlaments auf entgegengesetztem Wege entstanden sind.

Das zweite Gebiet, in welchem die gesellschaftliche Grundauffassung siegreich vordringen konnte, war das der Stadtcorporationen, deren politische und wirthschaftliche Mißbräuche vor Aller Augen lagen. Immerhin war jedoch in den Corporations noch eine lebendige obrigkeitliche Selbstverwaltung vorhanden in Gestalt der städtischen Friedensrichter und der Jury. Dieser gesunde Theil der Stadtverfassung leistete noch Widerstand. Ja bei der Neubildung der wahlberechtigten Bürgerschaft conservirte man den alten Grundsatz von der Pflicht zum persönlichen Amtsdienst, indem man mit Aufhebung alles Census und aller Befreiungsgründe die Bürgerliste kurzweg zur Urliste der Geschworenen erhob. Allein so einfach diese Klausel lautet, so läuft sie doch nur darauf hinaus, sich mit der Verpflichtung durch einen Scheingrundsatz abzufinden. Es wird in allgemeinen

Paragraphen eine „Verpflichtung" ausgesprochen, von der dann aber besondere Verhältnisse nach freiem Ermessen entschuldigen. Die natürliche Folge ist, daß unter so vagen Gesetzen jede schicklich angebrachte Entschuldigung angenommen und daß die angebliche Verpflichtung zum voluntarism wird. In Wechselbeziehung zu dem Scheingrundsatz steht die Ausdehnung der angeblichen Pflicht auf alle gesellschaftlichen Klassen, welche den socialen Gleichheitsbestrebungen entgegen kommt. Um den Schein zu wahren, als ob die kleinen Steuerzahler gleich viel für das Gemeinwesen leisteten wie die großen, wird eine Verpflichtung für alle ausgesprochen, wie die Verpflichtung zum Geschworenendienst auch in der französischen Gesetzgebung seit 1848. Jede persönliche Verpflichtung zu Ehrenämtern bleibt aber eine Unwahrheit, wenn sie unterschiedslos für alle Einwohner, oder für alle Steuerzahler in Pausch und Bogen ausgesprochen wird. Der Gesetzgeber, welcher eine solche Regel ausspricht, weiß, indem er sie ausspricht, daß die Mehrzahl der Steuerzahler einen Geschworenendienst, ein Schulzenamt oder bürgerlichen Ehrendienst niemals übernimmt noch übernehmen kann. Der für die Mehrzahl unanwendbare Grundsatz ist eben keine Rechtsregel mehr, sondern ein Schein, der auch alle auf solche Scheinverpflichtungen gebauten Rechte zum Schein macht.

Nur das Friedensrichteramt leistete der Auflösung einen ausdauernden Widerstand. Es war die alte Gewohnheit der Selbstthätigkeit, das noch lebendige Gefühl der Verantwortlichkeit, das wohlverstandene Interesse, welches in der regierenden Klasse Englands die Einsicht erhielt, daß es sich um ihr eigenes Sein oder Nichtsein handle. In eifersüchtiger Bewahrung ihres Gebietes wiesen die Friedensrichter das Anerbieten eines besoldeten Chairman für ihre Sessionen zurück. Die Ersetzung städtischer Friedensrichter durch besoldete Magistrates wurde in den knappsten Grenzen eines wirklichen Bedürfnisses gehalten (§. 37). Auch der Durchführung einer besoldeten Gensdarmerie auf die Landbezirke wurde nur von dieser Seite ein ernster Widerstand geleistet (§. 82). Freilich blieb dieser letztere Widerstand vergeblich, und gleichzeitig mit der Einführung der Gensdarmerie wurde dem alten Schulzenamt jeder Rest von Polizeifunktionen genommen. Das obrigkeitliche Ehrenamt verliert damit aber den persönlichen Zusammenhang mit den selbstverwaltenden Mittelständen, und wird nun in dieser Isolirung der nächste Angriffspunkt für die Forderungen der gesellschaftlichen Gleichheit werden. Von Jahr zu Jahr erscheinen auch schon Gesetzentwürfe, welche die Strafverfolgung als persönliche Bürgerpflicht durch besoldete Staatsanwälte und Oberstaatsanwälte ersetzen wollen (§. 76). Die Last der Civiljury soll durch eine Guinea Tagegelder für Standespersonen, eine halbe Guinea für common jurors „erleichtert" werden (§. 31). Der organisirten Körperschaft der Quarter

§. 163. V. Das Amtsystem der wirthschaftlichen Selbstverwaltung. 965

Sessions sollen die Financial Boards der Steuerzahler zur Seite treten und mit ihnen Theilung halten (§. 73).

So ist das alte Land des historischen selfgovernment dahin gelangt, daß im heutigen Kirchspiel und Stadtverband buchstäblich Niemand mehr etwas umsonst thun will. Das heutige England mehr noch als der Continent muß sich laut daran erinnern lassen, daß ein gesundes Staatswesen der **geistigen und sittlichen** Kräfte des Individuums noch mehr bedarf als seiner Steuern, daß das Staatswesen anderen Gesetzen folgt als die Volkswirthschaft, daß jede weitere Fortsetzung der Arbeitstheilung in dieser Weise zur Todtheilung des parlamentarischen Staats wird. Wenn die neue Gesellschaft zahlreiche ältere Leistungen in die Wege der Geldwirthschaft übergehen läßt, so erzeugt sie auch andrerseits neue und erhöhte Anforderungen an die geistige und sittliche Kraft des nachbarlichen Verbandes, wie in der Armen- und Schulverwaltung, in allen Gebieten der humanen Fürsorge. Die sittliche Welt bleibt mit der wirthschaftlichen auf jeder Culturstufe in einem gleichmäßig fortschreitenden Zusammenhang, welchen die Gesetzgebung von großen Standpunkten erhalten kann und muß.

Die Anschauungsweise der erwerbenden Klassen in England zeigt, daß die Gesellschaft in dem Stadium ihrer Umbildung selbst auf dem Boden guter Gewöhnung, umgeben von einer tüchtigen regierenden Klasse, kein sicheres politisches Bewußtsein von den Institutionen hat, welche die Größe ihres Vaterlandes begründen. Um wie viel weniger war daran zu denken bei der Regeneration Frankreichs nach völliger Entwöhnung der besitzenden Klassen von der Arbeit des Staats. Die cahiers der alten Stände zeigen die vollkommene Bewußtlosigkeit über die Lebensbedingungen eines freien, sich selbst regierenden Gemeinwesens, und der königliche Hof selbst ist der Mittelpunkt dieser Anschauungen. Die Staatsmaschine steht für sich, außerhalb des Gedankenkreises der Stände, die nur damit beschäftigt sind, ihr neue Richtungen zu geben nach der „Vernunft", d. h. nach den Vorstellungen ihres täglichen Lebens. Alle politischen Vorstellungen drehen sich nur um die Verfassung, um die Leitung der Staatsmaschine, während doch die bestehende Gesellschaft jeden Tag, jede Stunde in den kleinsten Kreisen ihres Daseins der Staatsverwaltung bedurfte, um deren Bedürfnisse und Lebensbedingungen sich Niemand bekümmerte. Die freien Institutionen der Verfassungsurkunden nach angeblich englischen Vorbildern sind daher niemals in die Wirklichkeit getreten; sie wirkten nur negativ in der Durchführung des Zerstörungsprozesses gegen die privilegirten Klassen. Directorium, Consulat und Kaiserreich fanden den Staat in einer Auflösung, in welcher Heer, Finanzen, Gerichte, Polizei, Verhältniß zur Kirche, die ganze staatliche Ordnung haltbar erst wiederherzustellen war. Es war nicht sowohl das mechanisch-militärische Element in den napoleonischen Ideen, sondern es war der Zwang der gegebenen Verhältnisse, welcher hier den ganzen alten Apparat der Staatsverwaltung zurückführte. Die imperialisirte Jury war fast das einzige Bruchstück, welches von den „schönen Ideen" der republikanischen Zeit noch einen Platz in der kaiserlichen Verwaltung fand. Die ganze Bevölkerung, beschäftigt mit ihrem neuen Sein in Haus und Hof, in umgestalteten wirthschaftlichen Verhältnissen, zeigte nicht die geringste Neigung, zu der eigenen Arbeit auch noch die Staatsarbeit zu übernehmen. Und hätte man die persönlichen Amtspflichten des selfgovernment, von denen man nur ein Paar mißverstandene Namen kannte, wirklich vor Augen gehabt:

so würden sie nur um so abschreckender erschienen sein. Trotz der begeisterten Hingabe des Volks an den Heeresdienst, war nicht einmal die persönliche Wehrpflicht durchzuführen; auch dabei mußte sich Napoleon mit dem Conscriptionssystem des alten Regime begnügen in verbesserter Gestalt, d. h. mit Beseitigung der sichtbaren Privilegien. Auch die Wehrpflicht ist hier nur eine Steuerpflicht, über die gar das Loos entscheidet, — eine Pflicht, die der Vermögende mit seinem Gelde, der Unvermögende mit seiner Person berichtigt. Wenn selbst an dieser Stelle der neue Staat sich nicht an dem Grundgedanken der persönlichen Dienstpflicht wieder aufzurichten vermochte, so war noch viel weniger daran zu denken in der Gemeinde. Die Staatsgewalt besorgt durch ihre besoldeten Organe alles, worauf es dem Bürger zunächst ankommt: Militär-, Gerichts-, Polizei-, Finanzwesen, — zwar mit bedeutenden Ansprüchen an die Geldkräfte des Volks, aber um so mehr mit möglichst bescheidenen Ansprüchen an die persönliche Mühe. Alle Gemeinde- und Kreisordnungen sind daher nur für ökonomische Angelegenheiten bestimmt, mit denen sich einige subalterne Staatsgeschäfte verbinden, die auch das ancien régime aus praktischen Gründen den Gemeinden lassen mußte. Selbst das Bruchstück des Polizeirichteramts, welches dem Maire zugedacht war, kam zu keiner Ausführung. Der entscheidende Gedanke des self-government, das obrigkeitliche Amt der Militär-, Gerichts- und Polizeiobrigkeit (die jurisdiction der Verwaltung in englischem Sinne) zur persönlichen Ehrenpflicht zu gestalten, blieb diesem Gedankenkreise völlig fremd. Das dauernde Hinderniß der Selbstverwaltung lag seit 1797 nicht in der Ernennung der obrigkeitlichen Beamten, sondern in der Abneigung der besitzenden Klassen gegen die mühevolle Stellung der Obrigkeit, in der socialen Eifersucht der unteren Klassen gegen jede Machtstellung des Besitzes, in der Abneigung aller Klassen gegen jeden Zwang zum persönlichen Dienst. In Ermangelung eines solchen kam man nur zu einer sporadischen Besetzung des Bürgermeisteramts als Ehrenamt, welches in dieser Stellung und Umgebung sich an keine höhere analoge Bildung anlehnen konnte.

Die Grundlagen des deutschen Gemeindelebens beruhen dagegen noch heute auf guten alten Gewohnheiten in Stadt und Land, auf Intelligenz und gutem Willen der Mittelstände. Das Hinderniß liegt hier aber in dem ständischen Gegensatz und in der sehr ungleichen Entwickelung von Stadt und Land.

Die altständische Gesellschaft erstrebt ihren Einfluß auch heute nicht durch verantwortliche Aemter, sondern durch Standschaften und Virilstimmen; während doch die pflichtenlose Ertheilung solcher Rechte nur den Erfolg der Unthätigkeit und Einflußlosigkeit der zur Selbstverwaltung geeignetsten Klassen hat. Statt einer Selbstverwaltung entstanden daraus nur „Kreisstände", d. h. Boards von Rittergutsbesitzern, ergänzt durch einige Bürgermeister und Kreisschulzen, die sogar „historische Einrichtungen" sein sollten, für deren laufende Verwaltung aber sich kein anderer Gegenstand finden ließ, als daß sie die Verwaltung des Landraths „begleiten".

In dem Ankämpfen dagegen beschränkten sich die Forderungen der neuen Erwerbsgesellschaft auf eine andere Zusammensetzung des Board, als eines Verwaltungsraths der Steuerzahler. Anstatt einer verantwortlichen Thätigkeit in staatlichen Funktionen ist auch dabei nur gemeint eine freie Betheiligung an gewählten Verwaltungsräthen und eine Ernennung der ausführenden Beamten.

Schließlich ist auch das berufsmäßige Beamtenthum damit einverstanden, das Verwaltungsdecernat ausschließlich in der Hand zu behalten und durch die Kreisstände fortwährend „begleiten" zu lassen.

Diese drei Richtungen in ihren Durchkreuzungen, Verbindungen und Widersprüchen stehen der Selbstverwaltung seit einem halben Jahrhundert entgegen. In den Provinzial- und Kreisordnungen Friedrich Wilhelms IV. war nur die erste Richtung vertreten; in den Provinzial-, Kreis- und Gemeindeordnungen von 1850 nur die zweite; in den Beamten-

§. 163. V. Das Amtssystem der wirthschaftlichen Selbstverwaltung. 967

kreisen noch heute nur die dritte Richtung. Daraus entsteht dann ein kaum entwirrbarer Knäuel von Widersprüchen bei jedem Versuch zu wirklicher Selbstverwaltung. Der große Grundbesitz möchte die mit den Gütern noch verbundenen obrigkeitlichen Gewalten und „Standschaften" nicht aufgeben. Die Städte wollen von der Geschlossenheit ihrer Stadtverwaltungen nichts ablassen. Niemand will erhöhte Steuern zahlen oder gar neue Steuersysteme einführen; am wenigsten die ländliche Bevölkerung. Die Stadtverwaltungen wollen sich keiner Kreis- und Provinzialbehörde unterordnen, welche überwiegend aus dem ländlichen Besitz hervorgeht, und umgekehrt. In der Selbstverwaltung der Schule durchkreuzen sich damit noch die widersprechenden Anforderungen der Kirche u. s. w. Ueber allem diesem Streit steht das Staatsbeamtenthum in der stillen, unveränderlichen Ueberzeugung, daß alle Staatsgeschäfte nur von professionellen Beamten geführt werden können. In dieser letztern Anschauung begegnen sich wiederum die Interessen der Gesellschaft mit dem Beamtenstand, da das obrigkeitliche Amt nur Mühe und Verantwortlichkeit bringt, deren Bedeutung für den Staat weitreichende Gesichtspunkte voraussetzt. Da die sociale Grundanschauung sich überhaupt gegen gesetzliche Regel und Verantwortlichkeit sträubt, da die Eifersucht der gesellschaftlichen Klassen die Unterordnung unter das Staatsbeamtenthum immer noch der Unterordnung unter einen Mitbürger als Obrigkeit vorzieht: so ist das Resultat alles Streits, daß die öffentliche Meinung über den Gesichtskreis einer wirthschaftlichen Selbstverwaltung nicht hinauskommt, und daß das französische Municipalsystem in stillschweigender Propaganda immer weiter rückt.

Und dennoch ist die Ueberwindung dieser Gegensätze heute noch möglich auf den neueren Grundlagen des deutschen Staats: der allgemeinen Wehrpflicht, dem Schulzwang, der preußischen Städteordnung von 1808. Unter dem herabwürdigenden Druck einer Fremdherrschaft trat gerade in der Noth und Hülflosigkeit des Landes der sittliche Kern des deutschen Volks mächtig hervor. Die Leidenschaft des verletzten Nationalgefühls im Kampf gegen die Fremdherrschaft hat einen andern Charakter als die Leidenschaft der Gesellschaft gegen das Privilegium. Jene Leidenschaft wurde schöpferisch, indem sie die altnationale Neigung zur persönlichen Selbstarbeit im Staat wach rief. So wurde die allgemeine Wehrpflicht die einzig dastehende Grundlage des neuen deutschen Staates. Ihre Hauptbedeutung ist, daß sie die Wurzel alles Uebels in Europa und alles Verderbnisses der Gegenwart trifft: daß sie den Anschauungen der Erwerbsgesellschaft, der Arbeitstheilung, der Zersetzung des Staats in eine Interessenwirthschaft den großen Gedanken der persönlichen Dienstpflicht des Volks siegreich gegenüber stellt, und damit für die Gewöhnung des Volks an den Gehorsam in der Freiheit dasselbe bedeutet, was in besserer Zeit der Gerichts- und Polizeidienst für England geworden ist. Diesem rauhern Theil der Entwickelung tritt gegenüber die Verjüngung des Berufs der Kirche zur sittlichen und geistigen Befreiung des Volks in dem Grundsatz des Schulzwangs, an Stelle des Kirchen- und Glaubenszwangs im Mittelalter. Für die innere Gliederung des neu entstandenen Staates wurde aber entscheidend die Städteordnung von 1808, welche das Gemeindeleben nicht bloß auf beschließende Boards stellte, sondern diese in organische Verbindung mit der obrigkeitlichen Selbstverwaltung des Magistrats setzte, auf die Selbstthätigkeit der Bürgerschaft in den Einzelgeschäften begründete, und damit gerade in den Städten einen Halt schuf, wo in den übrigen Theilen Europas die neue Erwerbsgesellschaft ihr Schema am vollständigsten durchführt. — Mit den so gewonnenen Grundlagen ist die Selbstverwaltung im engen Anschluß an das bestehende Verwaltungsrecht und die gewohnten Verhältnisse in der That durchführbar. Der Zwang zu den Aemtern entspricht alten Gewohnheiten unserer Mittelstände, die jetzt nur auf die höheren Klassen auszudehnen sind. Die Nothwendigkeit einer Ergänzung des Berufsbeamtenthums in seiner immer formalistischer gewordenen Verwaltungsweise, die Nothwendigkeit einer

Ersetzung der feudalen Gutspolizei durch einen decretirenden Beamten der obrigkeitlichen Verwaltung in neugebildeten „Amtsbezirken" wird auch dem Widerstreben der Gesellschaft die Selbstverwaltung abzwingen. Es handelt sich nur noch darum, die schon gewohnte Militärpflicht auf die bürgerliche Dienstpflicht des Gemeindewesens auszudehnen, und das Maß der persönlichen Selbstthätigkeit, welches die städtischen Honorationen in unserer Stadtverfassung noch erfüllen, auf den großen Grundbesitz zu übertragen, der aus feudaler Gewohnheit damit noch im Rückstande ist. Eine Rückfrage über die dazu vorhandene Geneigtheit ist eine ziemlich überflüssige; denn gesellschaftliches Interesse und gesellschaftliche Gewöhnung haben sich noch niemals zur Uebernahme solcher Lasten aus eigener Bewegung erboten. Noch weniger darf man den Zweifel erheben, ob der rationelle Landwirth auch noch Zeit zu solchen Geschäften habe; denn ein paar Stunden wöchentlich den öffentlichen Geschäften des Nachbarverbandes zu widmen, gehört ebenso zu den nothwendigen Leistungen der Person, wie die Steuern zu den nothwendigen Ausgaben der Wirthschaft. Dieser Zwang ist völlig gleichberechtigt wie der längst gewohnte zum Militär- und Jurydienst. Für die Abgrenzung des ernstlich gemeinten Zwangs bietet das Dreiklassensystem der preußischen Verfassung den in der heutigen Gesellschaft allein anwendbaren relativen Census. Die Neugestaltung des obrigkeitlichen Ehrenamtes und der persönlichen Dienstpflicht für die heutigen Verhältnisse ist in dem preußischen „Gesetzentwurf über die Kreisordnung 1869" versucht, und in Gneist: Preuß. Kreisordnung 1870 Abschn. V. folgerichtig amendirt.

VI.

Das Communalsteuersystem der wirthschaftlichen Selbstverwaltung.
(§§. 23—25.)

(§. 164.) Auch die gesellschaftliche Grundanschauung ist stets geneigt, die „herkömmliche" Vertheilung der Gemeindelasten als ein unvermeidliches Uebel anzuerkennen. Da aber die rasch wachsenden Bedürfnisse sehr gehäufte Geldansprüche an die Communen erheben, so entsteht alsbald ein Interessenstreit de lege ferenda um das „Steuerideal" sowohl der Staats- wie der Gemeindesteuern. Von Gesichtspunkten des Gesammtinteresses wird behauptet, daß es nur eine Steuer, d. h. eine Einkommensteuer für den Staat mit Zuschlägen für die Commune geben sollte. Vom Einzelinteresse aus sucht man Staats- und Gemeindesteuern auf den Grundsatz von „Leistung und Gegenleistung" zurückzuführen. Von beiden Standpunkten aus erhebt sich ein schwer entwirrbarer Steuerkrieg.

Seit den Zeiten der Reformbill wurde denn auch der englische Grundbesitz in dem allgemeinen Streit der Interessen zur Opposition gegen das Realsteuersystem getrieben, an deren Spitze das Oberhaus getreten ist. Mit der dem Agriculturbesitz eigenthümlichen Gereiztheit gegen Steuerzumuthungen, und mit dem Hinweis auf 25—50 Prozent des Grundeinkommens als Communal- und Zehntlasten, ist dieser Streit durch weitschichtige Reports und Verhandlungen fortgeführt worden, in welchen

§. 164. VI. Das Communalsteuersystem der wirthschaftlichen Selbstverwaltung. 969

auch die landed gentry nicht die Bedeutung des Grundbesitzes als Grundlage des Communalverbandes, sondern den Grundsatz der Belastung „nach der Höhe des Einkommens" geltend machte.

In den letzten zwei Jahrzehnten ist indessen dieser Streit besänftigt, fast verstummt. Ein Ruin des Grundbesitzes ist zwar aus vielen Gründen nachweisbar, nicht aber durch die Ueberlast von Steuern. Gerade diejenigen Revenuen des Grundbesitzes, welche drei bis zehnmal stärker als das bewegliche Einkommen belastet waren, sind im rapidesten Maße gewachsen (Statist. Journals XXXII. 308). Die Gesammt- und die Einzelbelastung der Grundbesitzer ist mit der Fortentwickelung der industriellen Gesellschaft ermäßigt; denn die Realsteuer trifft in steigender Proportion den Gebäude-, Fabrik-, Bergwerksbesitz. Die einzig bedeutende Steigerung der Gemeindebedürfnisse, welche durch die Districts Rates der Gesundheitspflege entstanden ist, trifft ausschließlich den städtischen Besitz.*)

Auf die Gesetzgebung ist dieser Interessenstreit schließlich ohne Einfluß

---

*) Die Gesammtübersicht dieser wirthschaftlichen Verhältnisse ist oben in §. 25 gegeben, und dort beiläufig auf eine Zusammenstellung des Präsidenten des Armenamts (jetzigen Ersten Admiralitätslords) Herrn George Göschen Bezug genommen. Diese mühevolle Arbeit war mir jener Zeit nur im handschriftlichen Entwurf und fragmentarisch bekannt, und erscheint jetzt erst, März 1871, als Theil der Parl. P. 1870 No. 37. So massenhaft indessen die von Herrn Göschen gegebenen Zusammenstellungen und so zahlreich die Correcturen in den bisher bekannten Ansätzen erscheinen, so kann ich doch die Autorität des englischen Staatsmanns nur zur Bestätigung der obigen Gesammtdarstellung anrufen. Die Steigerung der eigentlichen Communalsteuern wird von Herrn Göschen dahin festgestellt: 1803 = 5,548,000; 1813—15 = 8,164,000; 1817 = 10,107,000; 1826—27 = 9,544,000; 1841 = 8,101,000; 1851 = 8,916,000; 1862 = 12,207,000; 1868 = 16,800,000. — Zu diesen eigentlichen Steuermassen treten noch 4,350,000 £. Chausseegelder, Zölle und Gebühren; 1,225,000 £. jährliche Staatsbeiträge; 325,000 £. Einkünfte aus Grundbesitz; 1,000,000 £. aus Verkäufen von Grundstücken; 5,500,000 £. aufgenommene Anleihen; 1,540,000 £. vermischte Einnahmen. Diesen Einnahmen im weitesten Sinne entsprechen dann 30,240,000 £. Ausgaben der Kreis- und Gemeindeverbände, und zwar: 22,120,000 £. laufende Verwaltung; 4,250,000 £. Neubauten; 2,110,000 £. Schuldenverzinsung; 1,760,000 £. Schuldenrückzahlung. — Die Hauptposten der neuen Lokalsteuerbedürfnisse bilden 5,500,000 £. an District Rates und Police Rates, von welchen aber nur 500,000 £. auf das platte Land fallen; 2,000,000 £. erhöhte Armenverwaltungsausgabe, von welchen jedenfalls nur die kleinere Hälfte auf das platte Land fällt. — In der Periode von 1826—1868 sind die Poor Rates von 6,966,000 £. auf 10,439,000 £. gewachsen, der Beitrag des Agriculturbesitzes zu dieser ordentlichen Ortsgemeindesteuer ist aber von 3,795,060 £. auf 3,466,000 £. gesunken, weil inzwischen der Beitrag der Gebäude, Fabriken ꝛc. nach dem Realsteuerfuß von 1/3 auf 2/3 gestiegen ist. Die umfassenden Vergleichungen der Belastung des Grundeigenthums durch Staats- und Communalsteuern in England, Frankreich, Preußen, Oesterreich, Rußland ꝛc, leiden zwar an dem Uebelstand einer Aufnahme nach ungleichartigem Maßstab, lassen aber doch mit Sicherheit erkennen, daß der Grundbesitz durch Staats- und Gemeindesteuern weder in England noch in Preußen überbürdet ist.

geblieben. Die neue Armengesetzgebung hat, trotz sonstiger Experimente, die Besteuerung und jährliche Einschätzung des Mieths= und Pachtwerths der visible property durch die Ortsgemeindebeamten festgehalten. In allen Gesetzen über die Armenverwaltung, in allen Wegeordnungen, in der neuen Gruppe der Gesundheits= und Baupolizeigesetze, in den zahllosen Lokalakten, in der Gesetzesgruppe über die Reform der Polizei, hat sich die Gesetz= gebung auch im letzten Menschenalter dasselbe Princip vergegenwärtigt und richtig befunden. Bei den hundert Spezialzwecken der County rate und Poor rate mußte sich der Gesetzgeber immer von Neuem vergegenwärtigen, ob es recht und zweckmäßig sei, die Commune zu diesen Zwecken in dieser Weise zu besteuern, und er hat stets die Frage zu bejahen gefunden. Ohne Gesetz, selbst gegen zufällige Variationen des Ausdrucks in einzelen Gesetzen, hat sich dies Besteuerungssystem immer ausnahmsloser durchgesetzt. Wäh= rend die englischen Staatssteuern im Verlauf der Zeit fast jede Variation und Verkehrtheit von indirecten Steuern, jeden Modus von Vermögens=, Einkommens= und Classensteuern praktisirt haben, zeigt sich auf dem Gebiete der Communalsteuern nirgends ein Schwanken des Grundsatzes. Die Parochial-Assessment-Act und ähnliche neuere Gesetze erscheinen nur als selbstverständliche Deklarationen.

Auch der Interessenstreit hat sich also schließlich bei dem erprobten System der Besteuerung der visible profitable property in the parish beruhigt; denn auch die wirthschaftliche Natur der Commune führt ebenso auf die Realsteuern, wie die wirthschaftliche Natur des Staats auf die Personalsteuern.

Der Grundbesitzer steht durch alle an ihm haftenden Arbeitskräfte und Erwerbsquellen mit dem Gemeindeverband so eng verbunden da, und nimmt für Armenpflege (Schule), Wege, Polizeischutz die Geldmittel der Commune in so starkem Maße in Anspruch, daß seine Beitragspflicht sich durch den jährlichen Ertragswerth dieses Besitzes, nicht aber durch die zufällige Höhe seines persönlichen Reineinkommens (nach Abzug von Hypotheken und persönlichen Schulden) bestimmen kann. Die Beiträge aller Ansässigen wären sonst dem zufälligsten Wechsel unterworfen. Der auswärts wohnende Grundbesitzer ginge ganz frei aus.

Andererseits führt die Personalbesteuerung nach dem Einkommen zu einer Ueberbürdung des beweglichen und Kapitalvermögens, welches wohl der Staat, aber nicht jeder Lokalverband von wegen des bloßen Wohnsitzes in Anspruch zu nehmen hat. Das Domicil der Person ist heute nicht mehr das volle Centrum der wirthschaftlichen Persönlichkeit. Die bewegliche Wirthschaftsordnung combinirt vielmehr ein größeres Einkommen immer regelmäßiger aus local zerstreutem Grundbesitz, Fabrikanlagen, Etablissements, Handels= und Actienunternehmungen der verschiedensten

§. 164. VI. Das Communalsteuersystem der wirthschaftlichen Selbstverwaltung. 971

Art, und führt damit zu multiplicirter Communalbesteuerung desselben Gegenstandes. Die Gesetzgebung muß dann jedenfalls das aus auswärtigem Grundbesitz fließende Einkommen communalsteuerfrei lassen. Die Befreiung muß weiter auf Gewerbsanlagen ausgedehnt und consequent immer weiter ausgedehnt werden. Die wachsenden Verwickelungen solcher Abzüge, die sich häufenden Widersprüche und Steuermultiplicationen für Actiengesellschaften, Banken, Eisenbahnunternehmungen führen von selbst zu dem Grundsatz zurück, welchen die englische Communalsteuergesetzgebung seit Jahrhunderten als den richtigen anerkennt.

Auch vom Interessenstandpunkt aus erscheint als richtiger Maßstab der jährliche Ertragswerth, welcher durch die localen Anstalten der Sicherheits- und Wohlfahrtspolizei, des Wegebaues, der Armenpflege, der Schule im Nachbarverbande ermöglicht und erhöht wird. Im Großen und Ganzen werden sich die Kosten einer geordneten Kreis- und Gemeindeverwaltung als Niederschläge in dem Grund- und Gebäudewerth wiederfinden.

Auch vom Interessenstandpunkt aus bildet der Mieths- und Pachtwerth den sichern Maßstab, der sich im Nachbarverband durch Gemeindebeamte zuverlässig feststellen läßt; den angemessenen Maßstab, nach welchem Acker- und Hausbesitz, gewerblicher, industrieller und jeder andere Betrieb proportionell zu den Lokalbedürfnissen heranzuziehen sind; den elastischen Maßstab für alle neuen Combinationen der Erwerbsgesellschaft in Ackerbau, Gewerbe, Industrie und Handel, für alle Neugruppirung von Gemeinden, Sammtgemeinden und Kreisverbänden, zu welchen die Neubildung der Gesellschaft drängt.

Aus solchen Erwägungen überweist das Staatsbudget von 1871 nun auch die Staatsgebäudesteuer den Communalbedürfnissen. Wenn die halb abgelöste, gänzlich zerrüttete Staatsgrundsteuer durch Ablösung verschwunden sein wird, so wird England zu dem Endresultat gelangt sein, sämmtliche Personalsteuern dem Staat, sämmtliche Realsteuern der Commune zu überweisen. Jedenfalls ist unter den Schwierigkeiten der Gegenwart durch das Realsteuersystem dem englischen Kreis- und Gemeindeverband noch eine wichtige stabile Grundlage zur Verbindung der Hausstände, ein sicheres materielles Band erhalten, welches die widerstrebenden Klassen der Gesellschaft auch zu persönlicher Selbstthätigkeit im Nachbarverband dereinst wieder vereinigen kann.

Eine Unsicherheit ist freilich auch in diese Seite des Gemeindelebens durch das System des Compounding gerathen, welches im bloßen Interesse der Bequemlichkeit die Steuer-Einziehung kleiner Miethswohnungen vom Eigenthümer statt vom occupier gestattet, sogar mit Bewilligung eines Rabatts (oben §. 99). Die Masse der kleinen Steuerzahler wird dadurch der Gemeinde entfremdet. Es geht jeder Rechtsgrund einer Theilnahme am Gemeindeverband verloren für die Hausstände, welche der Gemeinde weder einen Dienst noch eine Steuer mehr leisten. Um diese gänzliche Loslösung der compound householders zu verhüten, hat die neueste Gesetzgebung eine subsidiäre Haftung des kleinen Miethers im Fall der Zahlungsunfähigkeit des Grundeigenthümers ausgesprochen, und unter diesem Titel dem Miether das volle Stimmrecht gegeben, „als ob er selbst Steuerzahler wäre." Allein dies Einstehen der kleinsten Miether für den zahlungsfähigen landlord trifft im Fall der wirklichen Geltendmachung gerade die ärmsten Steuerzahler mit unberechtigter Härte, läßt sich praktisch nicht ausführen, und ist auch nicht ernstlich gemeint, sondern nur eine Scheinverpflichtung zur Motivirung eines Stimmrechts. Wie das sociale Gleichheitsbestreben sich mit der persönlichen Seite der Staatslasten durch eine Scheinverpflichtung zum Geschworenen- und Gemeindedienst abfindet, so verläuft es hier in eine **Scheinverpflichtung zur Communalsteuerlast.**

In Frankreich fehlt es von Hause aus an einer Grundlegung des Gemeindelebens auch von der Seite der Steuern aus. Als nach Beseitigung der Steuerprivilegien Napoleon die gleiche Grundsteuer wieder herstellte, geschah es in der Absicht, die zerrütteten Staatsfinanzen dauernd auszustatten, nicht aber kraft einer schöpferischen Idee für das Communalleben, welche schon die damalige Noth des Staats und die herrschenden Vorstellungen der Nation zur Unmöglichkeit machten. Die Revolution hat zwar den gesammten Grundbesitz wieder dem Staat steuerpflichtig gemacht; die neuconstituirte Gesellschaft hat aber noch nicht die Fähigkeit gezeigt ein selbständiges System von Communalsteuern herauszubilden, um das feste Nachbarband der Commune damit wieder anzuknüpfen. Die Communal-Steuern schlossen sich als Zusatz-Centimes an die Staatssteuern an, und dokumentirten auch von dieser Seite die Commune nur als einen Anhang der Staatsverwaltung. Von dem schwankenden Gesichtspunkt der Lokalinteressen aus wurde den Gemeinde- und Kreisvertretungen immer noch ein Beschließungsrecht über die Variationen der Steuerzuschläge belassen, welches in seinen Consequenzen zu einer Festsetzung des communalen Budgets durch die Staatsbehörden führt. Die Kurzsichtigkeit der Interessen, die Abneigung sich durch gesetzliche Regeln zu binden, betrachtet auch diese Scheinbeschließungen als eine Art von „Selbstverwaltung."

In Deutschland bildet die Ungleichartigkeit der gesellschaftlichen Entwickelung das Haupthinderniß des Communalsteuersystems. In den östlichen Landestheilen bestehen noch aus der altständischen Gesellschaft die „Gutsbezirke", für welche in ihrer abgesonderten Gestalt ein Steuerfuß überhaupt nicht zu finden ist. In den Dorfgemeinden aber rührt die „herkömmliche" Vertheilung der Lasten nach Urbarien, Stiftungsbriefen und Observanzen aus einer Zeit her, in welcher die Besitzklassen und die Bedürfnisse des Staates ganz andere waren als die heutigen. Die heutige Armen-, Schul- und Wegelast läßt sich in 45,000 solchen Elementarbezirken nach der „herkömmlichen" Vertheilung nicht mehr bestreiten. Der Widerspruch der heutigen Agrar-, Gewerbe- und Niederlassungsgesetze mit der Absperrung und Zersplitterung der Gemeindelasten, die thatsächlichen Hindernisse der Bewegung einer freizügigen Bevölkerung in so kleinen Raumverhältnissen, werden von Tag zu Tage fühlbarer. Dennoch bleibt eine Steuerreform die

§. 164. VI. Das Communalsteuersystem der wirthschaftlichen Selbstverwaltung.

bestrittenste unter allen Aufgaben der Gesetzgebung. Der große Grundbesitz und die sich ihm anschließenden Interessen streiten für das „Herkommen" schon deshalb, weil dadurch an vielen Punkten Minimalbeträge zu den heute stark gewachsenen Bedürfnissen conservirt werden. Die Gesellschaft in ihrer Neubildung verlangt überhaupt keine neuen Steuern, sondern nur neue „Gemeindeordnungen", d. h. neue Wahlrechte. So uneinig Stadt und Land, Gutsbesitzer, Bauern und kleine Leute in Steuerfragen zu sein pflegen, so sind sie doch einig in der Abwehr gemeiner Lasten. Da dennoch das veränderte Bedürfniß und die veränderte Gestalt der Gesellschaft unabweisbar neue Steueraufbringungen fordern: so hat man sich seit zwei Menschenaltern damit beholfen, die Lokalinteressenten selbst unter Leitung von Regierungscommissarien und Bestätigung der Regierung über neue Steuerumlagen beschließen zu lassen. Es ist damit die bunteste Mannigfaltigkeit und Willkür der Steuersysteme in Stadt und Land eingerissen. Das Palliativ wird mit der fortschreitenden Umbildung der Erwerbsgesellschaft auch immer unzureichender, und befestigt nur die irrige Meinung, als ob solche Beschließungen der Lokalinteressenten über den Steuerfuß staatswirthschaftlich zulässig wären, als ob in diesen Beschlüssen eine Art der „Selbstverwaltung" liege. Während das selfgovernment an jedem Punkte mit der gesetzlichen Feststellung des Steuerfußes begonnen hat, möchte die Socialphilosophie immer noch eine Gemeinde-Autonomie des Steuerfußes festhalten, welche trotz aller Staatsbevormundung in hülflose Verwirrung geräth. Die unabänderliche Begleiterin der unfertigen Steuerregel ist aber die Unselbständigkeit alles Gemeindelebens. So lange diese Collision der Interessen im Gemeindeleben dauert, muß stetig eingreifend die Staatsbehörde als Schutz der Minoritäten gegen die Vergewaltigung eintreten. Alle bisherigen Versuche, eine Selbstverwaltung ohne gesetzlichen Steuerfuß aufzubauen konnten ebendeshalb zu keiner Selbständigkeit führen. In der Wirklichkeit besteuert durch die Beschlüsse unserer Kreisstände, unserer Stadtverordneten, unserer ländlichen Gemeindeversammlungen überall die locale Majorität die Minorität, und da das Geld beschafft werden muß, sind die Aufsichtsbehörden froh, wenn sie mit leidlichem Anstand die Majoritätsbeschlüsse bestätigen können, sofern nur kein Widerspruch mit dem Staatssteuersystem und keine flagrante Ungleichheit an dem Majoritätsbeschluß sichtbar wird. Es schiebt sich dabei die beliebte Phrase von lokalen und berechtigten Eigenthümlichkeiten unter, während es sehr positive Geldinteressen sind, nach welchen bewußt oder unbewußt die Mehrzahl so stimmt, um selbst möglichst wenig zu zahlen, Andere möglichst viel zahlen zu lassen. Dies unfertige System macht in Gemeinden, Städten und Kreisen jede Gemeindevertretung zum Tummelplatz handgreiflicher Geldinteressen. Der Streit der gesellschaftlichen Klassen über die „richtige" Communalbesteuerung hat zunächst in den großen Städten begonnen. Er schreitet aber fort von Gemeinde zu Gemeinde, je mehr die heutige Bildung zu einer wachsenden Aufklärung der Menschen über ihre nächsten Interessen führt. — Und doch ist jede Fortbildung der Kreis- und Gemeindeverfassungen durch die Gleichmäßigkeit des Steuermaßstabs bedingt, d. h. durch einen gesetzmäßig feststehenden Steuerfuß. Jeder Austausch von Orts- und Kreislasten, jede Gemeinsamkeit von ländlichen und städtischen Lasten, ohne welche ein innerer Ausbau unseres Staats unmöglich wird, setzt den gleichen Steuerfuß in beiden voraus, der nur durch die gesetzliche Regel entstehen kann. Die Unsicherheit der preußischen Staatsleitung seit 1820 hat diesen Punkt außerordentlich erschwert, und bedingt ein vorsichtiges Anschließen an das Bestehende, schrittweise Ausgleichungen und Compensationen. Um nicht in einen vitiösen Zirkel zu gerathen, wird für die erste Umbildung ein gleichmäßiger Zuschlag zu den direkten Staatssteuern unvermeidlich sein. Vgl. Gneist: Preußische Kreisordnung. Abschn. VI.

VII.

Wahl und Ernennung in der wirthschaftlichen Selbstverwaltung.
(§§. 105, 112, 113, 118, 123, 133, 134, 141.)

(§. 165). Die Grundidee der lokalen Interessenverwaltung führt zu einem sehr veränderten Verhältniß von Wahl und Ernennung. Mit dem Recht, nach welchem die subsidienzahlenden Commoners einst ein Wahlrecht zum Parlament gewonnen hatten, beanspruchte jetzt der Armen- und Wegesteuerzahler ein Wahlrecht in seiner Gemeinde zur Controle der Verwendung seiner Steuer.

Die regierende Klasse hatte aber so lange gewartet bis dies Recht sich durch Agitation und Parteikampf durchsetzte. Die Tories ließen sich die Reform der Stadt-, Kirchspiels- und Kreisverfassung ebenso widerwillig abdrängen wie die Reform des Parlaments. Statt in der Reform die nothwendige Rücksicht auf die Stetigkeit und innere Harmonie der Communalinstitutionen zu erhalten, konnte die Whigreform nur die Seite der Institutionen entwickeln, die von der ganzen Wucht einer durch Agitation geschaffenen Majorität vertreten war. Sie verwirklichte nur die nächsten Vorstellungen der bisher ausgeschlossenen Klassen, welche Einfluß (patronage), nur Controle der Beamten beanspruchten, aber nicht danach verlangten, die geistigen und sittlichen Kräfte der Mittelstände in der täglichen Arbeit des Communallebens zu bethätigen. Noch einmal wie im XVIII. Jahrhundert gab die regierende Klasse die wirthschaftliche Verwaltung der Gemeinde den unter ihr stehenden Klassen preis, um solche nach ihrer Weise zu gestalten. Es tritt damit

I. das System der Wahl in den Vordergrund für alle Neubildungen der Gemeinde, nicht als Wahl zu einem Pflichtamt unter stetiger Leitung der Obrigkeit, sondern als freie Wahl zu einem Verwaltungsrath. Wie das Parlament als unverantwortliche Repräsentation der souveränen Gesellschaft gedacht wird, der die Minister des Staats „verantwortlich" sein sollen: so überträgt die Gesellschaft diesen Gedanken auch auf die Kreis- und Gemeinde-Vertretungen. „Repräsentative Unterparlamente für örtliche Angelegenheiten müssen von nun an als eine der Grundeinrichtungen einer freien Regierung betrachtet werden." „Es ist also nothwendig, daß in England außer der Nationalvertretung Gemeinde- und Provinzialvertretungen bestehen." (Stuart Mill, Repres. Govern. c. XV.). Nach diesen Grundgedanken wurden die neuen Boards gestaltet, ohne daran zu denken, daß hier nicht freivereinigte Vermögensmassen,

§. 165. VII. Wahl und Ernennung in der wirthschaftlichen Selbstverwaltung.

sondern Zwangssteuern für staatliche Zwecke verwaltet werden, Bürgerpflichten zu erfüllen, Dienste für das Gesammtleben des Staats zu leisten sind. Die letzteren glaubte man auf Polizeidiener und Büreaubeamte, auf besoldete Unterstützungsbeamte und 12 andere Klassen von Armenbeamten, auf besoldete Wegeaufseher, Steuereinnehmer und Controleure übertragen zu können, während der gewählte Gemeinderath sich nur Decretsentwürfe unterbreiten läßt und über Anstellungen verfügt, ungefähr so wie das Parlament mit seinen verantwortlichen Ministern. Erst mit dieser Neubildung rückt das englische Gemeinwesen den Vorstellungen des Continents näher. In der That ist kein Gesetzgeber des Alterthums oder der neuern Zeit im Stande gewesen, so annehmbare Reformen zu bieten. Die neue Einrichtung nimmt der Ortsgemeinde so gut wie alle lästigen persönlichen Pflichten ab, substituirt dafür eine geringe Erhöhung der Steuerlast (für die Armenverwaltung sogar Ersparungen), und bietet dafür den Steuerzahlern viele Millionen neuer Wahlrechte. Es schien an das Unbegreifliche zu grenzen, wie man von dem Dasein einer so unerschöpflichen Quelle staatsbürgerlicher Rechte in der fünfhundertjährigen Verfassungsgeschichte Englands keine Ahnung gehabt.

Allein die Schattenseiten kamen bald genug zum Vorschein.

Die gewählten, rasch wechselnden Verwaltungsräthe können nicht Organe der Gesetzanwendung sein, also keine Art der Verwaltungsjurisdiction üben.

Allgemein zeigt sich in den bloß gewählten boards weder der Eifer, noch die Geschäftskenntniß, noch das Pflichtbewußtsein, noch die Selbständigkeit des selfgovernment.

Die Wahlen kommen durch das System der Wahlzettel in die Hände von Cliquen, unter habitueller Theilnahmlosigkeit der Gemeindemitglieder, welche nur von Zeit zu Zeit durch den Steuerdruck aus ihrer Indolenz zur Agitation, aus der Agitation zur Indolenz zurückkehren.

Die wirklichen Geschäfte werden besorgt von besoldeten Functionären, die alsbald unter eine bevormundende Leitung von Staatsinspectoren kommen.

Am übelsten sind die neuen Einrichtungen gerathen in den großstädtischen Verhältnissen der Metropolis, als ein monströser Apparat für die Anstelluug von Beamten in einer Alles an sich reißenden Centralisation, unter wachsender Theilnahmlosigkeit der Wählermassen, an welchen von einer Erweckung des fehlenden Bürgersinnes keine Spur zu bemerken ist.

Wenn die bloße Gewöhnung des Nachbarverbandes an eine wirthschaftliche Verwaltung ausreichend für den innern Ausbau der Verfassungen wäre, so bedürfte die heutige Welt überhaupt keiner communalen

Selbstverwaltung mehr. Societäten, Vereine und Actiengesellschaften haben sich in unendlicher Mannigfaltigkeit entwickelt, ohne daß in Frankreich oder irgendwo ein befruchtender Einfluß dieser Bildungen auf den sittlichen oder politischen Charakter der Nationen sichtbar wird.

Je mehr aber die Vergebung von Aemtern der einzige Inhalt der sog. Selbstverwaltung wird, um so mangelhafter wird auch dies übrig gebliebene Geschäft gehandhabt. Gesellschaftliche Klassen, die weder die Neigung noch die Gewohnheit der Einzelverwaltung haben, zeigen auch wenig Fähigkeit zur Controle, wenig Geschick und guten Willen zu einer sachgemäßen Besetzung der Aemter. Es tritt immer sichtbarer hervor, daß mehr Nepotismus in dem neuen Gemeindewesen ist, als in der alten parlamentarischen Regierung. Die großen Parteien der ämterverwaltenden Gentry haben die nöthigen Kräfte zur Besetzung der hohen Aemter in ihren eigenen Reihen, und ein gewisses Ehr= und Verantwortlichkeitsgefühl auch noch für die Besetzung der Aemter zweiten Ranges. Bei den Gemeinde=anstellungen scheint beides außer Frage zu stehen. Zu den Polizeidiener=stellen wurden bis zum Erlaß der neueren Regulative invalide Bediente und Einsassen des Arbeitshauses präsentirt. Kreisarmen= und Gemeinde=räthe verfügen über Secretär=, Rendanten=, Inspektorstellen und über das ganze Gebiet des „Gunstgeschäfts" nach den kurzsichtigsten Anschauungen. Das Armenamt sah sich zu einem Regulativ genöthigt, nach welchem Bankrutt, Verunglücktsein in einem Geschäft, politische Partei= und Club=agentur nicht mehr Titel zu solchen Aemtern, sondern Gründe der „Dis=qualification und präsumtiven Unfähigkeit" sein sollen. Die besoldeten kleinen Stellen werden nach den kleinlichsten Rücksichten der Gevatterschaft besetzt, ohne Rücksicht auf Vorbildung und Brauchbarkeit: und für die un=zureichende Verwaltung der Stelle giebt es kein anderes Mittel als das einer Vermehrung der Stellen. In bewegten Zeiten wird daraus ein Tummelplatz für die Beredsamkeit kleiner Dorf= und Stadtdemagogen; in ruhigen Zeiten waltet die Betriebsamkeit von Cliquen unter Theilnahm=losigkeit der wirklichen Interessenten.

Je unerfreulicher diese Erfahrungen, um so mehr beschränkte man das Wahlsystem auf das neuorganisirte Gebiet wirthschaftlicher Communal=verwaltung und ließ daneben:

II. Das System der ernannten Beamten des obrigkeitlichen selfgovernment im Uebrigen unverändert stehen. Die Friedensrichter üben ihre Polizei= und Steuerjurisdiction, das Ordnungsstrafrecht, die Anstellung und Entlassung der besoldeten Constables in alter Weise. Gute Gewohnheit und praktische Einsicht haben den Zwischenbau der Ver=waltungsjurisdiction, insbesondere auch das in die Armen=, Gesundheits=, Wege= und Stadtverwaltung eingreifende Polizeidecernat in Händen der ernannten Beamten des obrigkeitlichen Ehrenamtes stehen lassen. — Was dabei aber fehlt, ist die organische Verbindung des Wahlsystems mit der obrigkeitlichen Selbstverwaltung, welche in dem Parteistreit nicht zur Durchbildung kommen konnte. Sie bestand einst, und hat sich auch in deutschen Städteordnungen so erhalten, daß jedes Princip an seiner Stelle steht, die gewählten und die ernannten Elemente im Kreis- und Gemeindeverband mit einander arbeiten, sich gegenseitig ergänzen, und wie der Staat im Großen, sich als einheitliche Körperschaft fühlen und bethätigen. Im Mittelalter hatte sich ein System von Gemeinde-Committees in dieser Verbindung gebildet, und auch in späterer Zeit bewährt durch persönliche Thätigkeit der Einzelen im engern Kreise, und namentlich um eine selbstthätige Rechnungscontrole zu führen. Die weit verbreiteten Committees of Assistance bestanden sogar nur aus Gemeindegliedern, die schon ein Gemeindeamt verwaltet hatten, und zeigten so viel Lebensfähigkeit, daß sie als select vestries noch fortdauerten, als alle andere Thätigkeit der Ortsgemeinde abstarb. Aus demselben Grunde bewähren sich auch noch die gemischten Assessment Committees für die Vertheilung der Gemeindeumlagen. In Anerkennung dieses Bedürfnisses hatte man den Friedensrichtern die Stellung als ex officio Mitglieder in den Boards der Armenverwaltung gelassen. Allein diese Stellung der verantwortlichen Beamten als einfacher Mitglieder eines unverantwortlichen Verwaltungsraths ist beiden Theilen widerstrebend geblieben Die Friedensrichter haben in vornehmer Zurückgezogenheit eine regelmäßige Mitwirkung in den von Clerks geleiteten Armencommissionen in der Regel verschmäht. Nur in den Boards der Wegeverwaltung hat sich eine angemessene Wiedervereinigung beider Elemente angebahnt. In den projectirten Financial Boards der Kreisverwaltung werden sich neue Anknüpfungen dafür finden.

Wie das Gesetz über den wirthschaftlichen Interessen steht, so kann diese Verbindung nur eine verfassungsmäßige Ueberordnung der gesetzmäßigen Verwaltung über den Gemeinderath als Körper der wirthschaftlichen Verwaltung sein, etwa so wie in den deutschen Städteordnungen.

Fast alle Gruppirungen der Gesellschaft beruhen auf dem Wahlprinzip. Actiengesellschaften, Vereine zu wirthschaftlichen, wohlthätigen, gemeinnützigen, wissenschaftlichen, politischen, religiösen Zwecken führen durch die Freiwilligkeit ihrer Grundlage und durch die Natur ihres Zwecks auf die Wahl von Verwaltungsräthen, Vorständen, Vertrauensmännern. Die ganze Gesellschaft ist von der Idee des voluntarism und der Wahl durchdrungen. Wie ist es also anders möglich, als daß bei dem Einströmen der Gesellschaft in den Staat die Wahlidee alles beherrscht? Als die Reformbill 300,000 neue Wähler in den Staat einführte, entstand alsbald ein Zustand, der das alte Parlaments- und Communalwesen aufzulösen droht. Wenn auf dem Continent durch neue Verfassungen ebensoviel Millionen Steuerzahler gleichzeitig zur Theilnahme am Staat neu berufen werden, wie ist es anders möglich, als daß sie eben wählen wollen? An welcher praktischen Gewöhnung sollen die Steuerzahler sich den Unterschied klar machen zwischen der Erreichung löblicher

Zwecke, und zwischen der Ausübung nothwendiger Staatspflichten? zwischen Vereinen zu dem was man thun kann und mag, und Nachbarverbänden zu dem was man stetig thun soll und muß? Der Absolutismus hat einen ungeheuren leeren Raum zwischen dem Staat und dem Individuum gelassen, in dem es nur wenige Punkte giebt, an denen sich die Einsicht in die Nothwendigkeit von Zwang und Ernennung im Staate praktisch bilden können. Das erste Postulat aller Besitzgruppen, die außerhalb stehen und an den Staat heran wollen, ist vielmehr ihre Obrigkeiten selbst zu kreiren. Jede Gruppe der Gesellschaft hält das obrigkeitliche Amt zunächst für ihr Eigenthum. Dabei sucht man in der eigenen Vergangenheit immer nur die Worte, welche dieser Vorstellung entsprechen, und immer nur die Rechte der eigenen Klasse, nie die Pflichten. Im Ausland sucht man herum bis das Gesuchte gefunden ist. Auch die Geschichte der alten und neuen Staaten interessirt fast nur als Geschichte der Wahlrechte. Je mehr die höchsten Stände sich der persönlichen Pflichten gegen Staat und Commune entwöhnen, desto stärker gehen grade sie voran in der Wahlleidenschaft. Wenn man aus der Crême der Gesellschaft Pairskammern bildet, so nehmen sie nirgends die Form des Oberhauses, sondern des Unterhauses an, mit gewählten Präsidenten, Büreaus, Committees und Fractionsbildungen. Man sucht vergeblich nach einer Reminiscenz an den Beruf eines „erblichen Raths der Krone." Auch die gemäßigten Parteien schwanken zwischen einer stetigen Lüsternheit zu wählen und einer stetigen Besorgniß, daß zu Viele wählen wollen. Diese Einseitigkeit verliert sich langsam erst dann, wenn die volksthümliche Theilnahme an der Gesetzgebung zur Gewohnheit wird. Man macht sich dann erst klar, daß der Gesammtwille des Staats in Nichts zerfällt, wenn neben ihm Hunderte und Tausende von selbständig beschließenden und steuerbewilligenden Körpern und unverantwortlichen Wahlbeamten stehen. Aus sich heraus aber vermag die Gesellschaft über den Ideenkreis der Wahlen niemals herauszukommen, am wenigsten in den Perioden ihrer Neubildung. Sie hat für alle Staatsverfassungen und alle Communalfreiheiten nur einen Maßstab: ob, wo und wie darin gewählt wird. Sie verlangt unter dem Namen „Selbstverwaltung" neue Wahlen und nichts als Wahlen. Diese Auffassung hat geherrscht zu allen Zeiten. Schon in der mittelalterlichen Umbildung der deutschen Gesellschaft ging jede Bestrebung nach Selbstverwaltung auf Immunität, auf Aneignung der obrigkeitlichen Gewalt durch particuläre Gruppen der Gesellschaft, aus welcher die Zerissenheit des Staats hervorgegangen ist. Die überall gleichmäßigen Mißerfolge der übereinander geschichteten Lokalwahlen erschüttern ihre Ueberzeugung nicht, daß aus jedem vervielfältigten Wahlsystem vervielfältigte Freiheiten hervorgehen müssen. Alle Mißerfolge schreibt sie nur den Eigenthümlichkeiten anderer Völker, anderen Orts- und Zeitverhältnissen zu; während sie das für ihr Interesse erdachte Wahlschema für unfehlbar hält. Auch England ist aus diesem vitiösen Zirkel jederzeit nur durch die Initiative des Königthums herausgekommen.

Die ganze Reihe der socialen Vorstellungen ist in Frankreich praktisch versucht worden. Man glaubte Anfangs der Leidenschaft der großen Parteien ein Gegengewicht durch lokale Wahlen zu geben, und damit das gesuchte „Gleichgewicht der Gewalten" herzustellen. Durch die Lokalwahlen entstand aber ein neues Uebel, welches sich alsbald noch unerträglicher erwies, als das zu bekämpfende: es entstand daraus die Entfesselung der Lokalinteressen und der Lokalparteien auf Kosten des allgemeinen Wohls und der gesetzlichen Ordnung des Staats. Die blos gewählten Lokalobrigkeiten erwiesen sich zunächst als unfähig, den Vermögensstand der Communen zu beschützen. Das System der gewählten Gemeinde- und Bezirksbeamten, wie es seit 1790 formirt war, hat — Hand in Hand mit einer verkehrten Gesetzgebung — zu einer Verschleuderung geführt, welche den französischen Communen den größten Theil ihres Stammvermögens gekostet hat. — Noch stärker trat der Fehler des Systems von der Seite der Staatsverwaltung hervor. Die obrigkeitlichen Beamten des Kreises und

§. 165. VII. Wahl und Ernennung in der wirthschaftlichen Selbstverwaltung.

der Ortsgemeinde, soweit sie bestimmt waren, die Polizeigesetze des Staats, die Armen- und Wegebaulast, die Steuereinschätzungen, Militäraushebungen ꝛc. durchzuführen, befanden sich, wie die obrigkeitliche Zwangsgewalt selbst, in stetigem Widerstreit mit lokalen und Einzelinteressen, gegen welche sie ohnmächtig blieben, so lange sie in kurzen Perioden nur von dem Lokalinteresse eingesetzt und entlassen wurden. Die Verwaltung versagte den Dienst; und dieser Zustand trat gerade in der Periode ein, in welcher die französische Republik der stärksten Staatskraft bedurfte. Die Auflösung aller Verwaltung unter diesem System hat dem straffen Mechanismus der napoleonischen Präfektenverwaltung den Boden geebnet. Eben weil die gesellschaftliche Grundauffassung das selfgovernment ausschließlich in gewählten conseils und gewählten Beamten suchte: eben deshalb gestaltete sich die ausführende Gewalt zu einem festen Netz von Berufsbeamten. Der unheilbare Widerspruch der gesellschaftlichen Ideen bleibt, daß sie an jedem Punkt, im Staat, in der Provinz, im Kreis, in der Ortsverwaltung ihrem „Interesse" durch Wahl einen Ausdruck geben, dabei aber voraussetzen, daß aus diesen vielgeschichteten wechselnden Wahlen ein einheitlicher Staatswille hervorgehe, der stetig und unparteiisch über den streitenden Interessen walte.

Die deutsche Formation kann sich nur der Grundlage anschließen, welche die preußische Städteordnung von 1808 in einer organischen Verbindung der obrigkeitlichen mit der wirthschaftlichen Selbstverwaltung gefunden hat. Durch die ständige collegialische Gestalt des Magistrats, durch die dauernde Verbindung der unbesoldeten Ehrenämter mit den besoldeten Stadträthen, durch die Bestätigung alles Personals der obrigkeitlichen Verwaltung, haben die Magistrate die zur Rechtsverwaltung nothwendige Gestalt erhalten. Die damit verbundene Vertretung der Steuerzahler hat nicht bloß die Gestalt eines wirthschaftlichen Verwaltungsraths, sondern faßt ihre Beschlüsse in Gemeinschaft mit dem Magistrat, unter Fortdauer der Bürgerpflicht zur Uebernahme des Amts und zur Selbstarbeit in den Verwaltungsdeputationen des Armenwesens, des Schulwesens und der übrigen Zweige des Gemeindelebens, welche nun bald als eine deutsche Eigenthümlichkeit dastehen wird, während das übrige Europa in das System der Boards übergeht. Die Uebertragung dieser Grundsätze auf die Kreisverwaltung führt zu einer äußerlichen Trennung der obrigkeitlichen und wirthschaftlichen Selbstverwaltungsorgane, da im Kreise die Unterbezirke als Landgemeinden territorial auseinander liegen. Auf dem platten Lande bleibt in den zahlreichen kleinen Ortsgemeinden der Schwerpunkt der wirthschaftlichen Verwaltung und der Wahlämter, im Kreise der Schwerpunkt der obrigkeitlichen Verwaltung und der verantwortlichen Aemter wie in den Quarter Sessions der Friedensrichter. Das Polizeidecernat des Kreises bedarf dem Bedürfniß entsprechend einer Zerlegung in Amtsbezirke von 1—2 Quadratmeilen, in welchen das Amtssystem des selfgovernment künftig an die Stelle der feudalen Gutspolizei tritt. Die organische Verbindung beider Seiten ist nach denselben Grundsätzen durchführbar wie in der Städteordnung von 1808, führt aber wegen der territorialen Gestalt des Kreisverbandes zu einem periodischen Zusammentreten der Kreisamtmänner mit den gewählten Vertretern der Steuerzahler, also zur Bildung des ständigen Verwaltungskörpers aus beiden Elementen. Die Streitfragen dieser Formation beruhen lediglich darauf, daß die gesellschaftliche Anschauung bisher an die Erfordernisse einer gesetzmäßigen Ordnung, und überhaupt gar nicht an Verwaltung gedacht hat, sondern nur an beschließende und ämtervergebende Körperschaften (boards) in einem pyramidalen Aufbau von Dorf-, Stadt- und Kreisparlamenten. Es ist freilich leicht genug, solche Verwaltungsräthe zu bilden: es ist aber unmöglich, aus ihnen ein Organ gesetzmäßiger Selbstverwaltung zu machen, in ihnen die Gliederung der Verwaltungsgerichtsbarkeit zu finden. Bei einer Uebereinanderschichtung gewählter Gemeinderäthe, Amtsbezirksräthe, Kreisräthe, Provinzialräthe, Landesparlamente und Reichsparlament, bleibt zuletzt Niemand mehr übrig zur Ausführung der Beschlüsse aller dieser Versammlungen als ein verantwortlicher Minister, der die Beschlüsse der größten und mächtigsten Versammlung durch Präfekten, Unterpräfekten und Maires ausführt. Vergl. Gneist, Preuß. Kreis-Ordnung. Abschn. VII. VIII., XI.

VIII.

Stimmrecht und Wahlverfahren im System der Interessenvertretung.
(§§. 104, 116, 123a, 133, 134, 141.)

(§. 166.) Die Idee der gesellschaftlichen Interessenvertretung führt auch zu völlig neuen Grundsätzen über Wahlrecht und Wahlverfahren im Communalverband. Die ältere Verwaltungspflicht der Nachbarverbände für das öffentliche Vermögen und die öffentlichen Steuern löst sich ab von der Staatsgemeinschaft als ein bloßes „Lokalinteresse," für welches kein Maßstab der Theilnahme zu finden ist. Nach Auflösung der persönlichen Pflichtgenossenschaft wird daraus ein Einzelrecht des Steuerzahlers wie in der Privatgesellschaft, eine Einzelabgabe der Stimme durch Zettelwahl, eine facultative unverantwortliche Function, für welche dann auch die geheime Abstimmung beansprucht wird.

Von einem berechtigten Ausgang beginnend, ist diese neue Gestaltung der Dinge allmälig in absolute Grundsatzlosigkeit hineingerathen.

Im Beginn des XIX. Jahrhunderts war die persönliche Thätigkeit der englischen Mittelstände in dem Polizeischulzen-, Armen- und Wegeaufseheramt tief verfallen. Täglich wachsend erschien dagegen die Theilnahme der Mittelstände und arbeitenden Klassen am Steuerzahlen. Im Jahre 1817 hatte die Armensteuer allein den Betrag des Staatsbudgets in Preußen erreicht. Diesen Thatsachen gegenüber entschloß sich zuerst die Torygesetzgebung zur Anerkennung der thatsächlichen Wahrheit, daß die Steuerlast ein selbständiger Faktor, ja sogar der wichtigere Faktor der Gemeindelasten geworden, und daß daher auch ein Anspruch der Steuerzahler auf eine Mitverwaltung nicht länger zurückzuweisen sei. So entstand in der General Vestries Act, 58. Geo. III. c. 69, ein neues System des Gemeindestimmrechts nach 6 Klassen. Da die Geldleistung wirklich das Entscheidende geworden war, so sollte consequent der Werth der Geldleistung über das Stimmrecht entscheiden. Dieselbe Grundidee hat sich seit der Reformbill in der Neubildung der Sammtgemeinden mit ihren Boards und besoldeten Beamten immer vollständiger durchgeführt.

§. 166. VIII. Stimmrecht und Wahlverfahren 2c. 981

Man hätte das Stimmrecht der kleineren Steuerzahler in Bruch=
theilen ausdrücken können. Begreiflicher Weise wählte man aber die
Form einer „plurality of votes," nicht nur weil die Idee der socialen
Gleichheit sich gegen eine Bruchtheilung sträubt, sondern weil jedes Her=
kommen im Gemeindeleben nur ganze Stimmrechte kennt. Es fragte sich
also, an welcher Stelle die Mehrheit von Stimmen beginnen sollte? An
den Parlamentscensus in seiner damaligen Gestalt ließ sich das neue
Princip nicht anschließen; denn dieser bestand noch für 40 sh. freeholders,
d. h. für eine Besitzgrenze, die in heutigen Verhältnissen keinen Sinn hat.
Man nahm schon damals an, daß zur Zeit die Geldwerthe 5mal höher
anzusetzen seien wie in der Zeit der Königin Anna, wodurch die Reform=
bill zu der Erhöhung von 40 sh. auf 10 L. gekommen ist. Allein auch
dieser niedrige Ansatz passirte nur aus Rücksicht für das alte Recht des
freehold. Für den Geschworenendienst ist auch der Maßstab von 10 L.
aus Grundbesitz zu niedrig, insofern diese Klasse den Ehrendienst keines=
wegs der Regel nach leisten kann. Eine regierende Klasse von einem so
soliden Reichthum wie die englische Gentry ist an sich geneigt, die Besitz=
stufen im Zweifel eher zu hoch als zu niedrig zu setzen. So kam man
auf die Normalstufe von 50 L., die auch bei der Reformbill für das
Stimmrecht der Pächter durchgesetzt wurde, und welche den socialen An=
schauungen der Aristokratie von der Abgrenzung der Mittelstände nach
unten wohl ungefähr entsprach. Ein steuernder Besitz bis zu 50 L. soll
also ein einfaches Stimmrecht geben, von 50 L. an treten 2—6 Stimmen
ein, deren Abstufungen durch die spätere Gesetzgebung noch etwas modifi=
cirt sind. Für den Eigenthümer kann sich durch die doppelte Zählung
seiner Stimme als proprietor und als nutzender Inhaber diese Zahl noch
verdoppeln. Dies Sechsklassensystem hat sich mit großer Schnelligkeit über
das ganze Gebiet der Armen=, Wege= und Gesundheitsverwal=
tung übertragen.

In London dagegen und in wenigen großen Städten hat man für
engere Gebiete ein allgemeines gleiches Stimmrecht versucht in der
Metropolis Management Act und in Hobhouse's Act. Es war dies eine
Concession an die höher gehenden Ansprüche der arbeitenden Klassen und
ihre geistig bedeutenderen Leiter in einer Anzahl von Städten, welche den
davon gehegten Erwartungen jedoch wenig entsprochen hat. In der Städte=
ordnung von 1835 hat man für die eigentliche Corporationsverwaltung
ebenso einen Census vermieden, dagegen das Innehaben eines Wohnhauses
oder Geschäftslokals und einen länger dauernden Wohnsitz als Bedingung
gestellt. In den Nebengebilden der Burial Boards und der Watching and
Lighting Act wurde den „Steuerzahlern in versammelter Gemeinde" das
Wahlrecht beigelegt.

Es ist vergeblich in diesem Doppelsystem von klassificirtem und gleichem Stimmrecht noch irgend einen staatsrechtlichen Grundsatz festzuhalten.

Bei dem klassificirten Stimmrecht blieben ebenso unsicher die Abstufungen. Für die Boards der Armen- und Gesundheitsverwaltung steigen sie von 50 zu 50 L. um 1 Stimme; für die Boards der Wegeverwaltung und die Beschlüsse nach der General Vestries Act von 25 zu 25 L. um 1 Stimme. In allen Fällen bleibt das Maximum von 6 Stimmen ein contestables.

In gleicher Weise bleibt die Stellung des Grundeigenthümers eine principlose. In der Armenverwaltung erhält er ein selbständiges Stimmrecht von 1—6 Stimmen neben dem Occupier; in der Wegeverwaltung, in der Gesundheitsverwaltung, in der General Vestries Act, in der Städteordnung hat er ein besonderes Stimmrecht als Eigenthümer überhaupt nicht. Das Parlaments-Committee von 1870 beansprucht ein Stimmrecht für ihn in jedem Fall wegen der Rückwirkung der Steuern auf die Grundrente, vermag aber „keine bestimmte Proportion" dafür zu finden.

Ebenso schwankend bleibt der Passivcensus für die Wählbarkeit zum Board: in der Armenverwaltung ein steuerbarer Besitz von 40 L. Einkommen, in den Local Boards der Gesundheitsverwaltung ein variabler Census, nach der Watching Act ein Census von 15 L., nach der Städteordnung ein Census von 20—40 L. in den General Vestries Acts, in den Burial Boards und in der Metropolis überhaupt kein Passivcensus.

Völlig verloren geht jeder Grundsatz endlich durch das Compounding Rates. Indem man gestattete, daß der Grundeigenthümer die Steuer an Stelle des Miethers bezahle, war man in kurzer Zeit dahin gelangt, daß ein volles Drittel der occupiers (mehr als eine Million) aus den Steuerlisten verschwand. Aus diesem compounding entstand nun nach zwei Seiten hin ein Widerspruch: (1) in den Gebieten, auf denen noch die alte Idee des persönlichen Dienstes lebendig blieb, ließ man das Stimmrecht fortdauern, obgleich der Stimmberechtigte nicht mehr Steuerzahler ist: für die städtischen Corporationswahlen, die städtischen Parlamentswahlen, die Wahlen der General Vestries Act. (2) Auf den Gebieten dagegen, auf welchen die neue Idee einer Interessengesellschaft zur vollen Geltung kam, schloß man Anfangs den Miether und Pächter vom Stimmrecht aus, sobald er nicht mehr Steuerzahler in Person ist. Dem Bestreben von der einen Seite, ein volles Stimmrecht für einen Schilling Steuer zu gewinnen, entsprach das stille Bestreben von der andern Seite, durch eine einfache Operation die lästige Masse der kleinen Stimmberechtigungen überhaupt zu beseitigen. Man befand sich auf demselben Wege,

§. 166. VIII. Stimmrecht und Wahlverfahren 2c. 983

auf dem einst die governing bodies in den Städten, die select vestries in den Kirchspielen entstanden. Kommt zu den compounded rates dann noch die Befreiung von der Einkommensteuer, die Befreiung vom Geschworenendienst, Milizdienst und Gemeindeamt, so hat man, rückläufig in das Mittelalter, neue Hintersassen ohne Theilnahme am Staat geschaffen. Um dieses Bedenken zu beseitigen, hat die neueste Gesetzgebung den Ausweg gefunden, den Grundeigenthümer die Steuer bezahlen zu lassen, den occupier aber in die Stimmlisten aufzunehmen „als ob er die volle Steuer zahle." Um den Schein zu wahren, daß auch der kleine Miether noch Pflichten im Gemeindeverband erfülle, soll er subsidiär für den zahlungsunfähigen landlord (!) einstehen, was in dieser Weise weder ausführbar noch ernst gemeint ist. Wie die kleinen Steuerzahler durch eine angebliche Verpflichtung zum Geschworenendienst sich mit den persönlichen Bürgerpflichten abfinden, so durch eine angebliche Steuerzahlung mit der Steuerpflicht.

In diesem fortschreitenden Gange kommt es zur Erscheinung, daß die Gesellschaft als solche rechtliche und politische Grundsätze überhaupt nicht hat. Ein Verband, in welchem die große Mehrzahl der kleinen Hausstände nur eine Scheinverpflichtung zum bürgerlichen Dienst, nur eine Scheinverpflichtung zu den Steuern trägt, kann aus sich heraus das Bewußtsein und die Gewohnheit öffentlicher Pflichten niemals wieder gewinnen. Die Gesetzgebung seit der Reformbill war in der That auch nur noch bemüht, das erlöschende „Interesse" an der Gemeinde wieder zu beleben. Allein so sehr man von Jahr zu Jahr auf das rückkehrende Interesse hofft, so ist auch diese Hoffnung stetig enttäuscht worden trotz der Millionen neuerfundener Stimmrechte. Genügt ein viel unmittelbareres, sichtbares, handgreifliches Geldinteresse in den heutigen Actiengesellschaften nicht einmal, um die Actionäre zu einer sachgemäßen Wahrnehmung ihrer Rechte zu bewegen: so genügt das viel entferntere Steuerinteresse noch weniger, um einen abgestorbenen Gemeindeverband lebendig zu machen.

In nothwendiger Wechselbeziehung mit dem Stimmrecht steht endlich die Art seiner Geltendmachung, die Form des Wahlverfahrens. Die Form ist auch hier das Wesen der Sache, und beurkundet die Entartung alles Gemeindelebens durch Auflösung der persönlichen Pflichtgenossenschaft. Schon die Städteordnung fing an, die Form der Gemeindeversammlung für die Wahlen aufzuheben, und substituirte Wahlzettel, die der Berechtigte übergiebt. Noch größeren Beifall fand aber die Methode des Armenamts, nach welcher es genügt, wenn von irgend einer gefälligen Seite aus genau die nöthige Zahl der zu Wählenden vorgeschlagen wird. Erst wenn die Nominationen über Bedarf ausfallen, tritt eine Zettelwahl ein, bei der dem Wähler auf dem voting paper zur Ersparung jeder Mühe und Reflexion alles Nöthige fertig gemacht ist. So bequem die sogenannte Selbstregierung der neuen Boards geworden ist, so wird sie doch noch übertroffen durch diese comfortable Einrichtung der Wähler, die sich jede Mühe einer Wahl durch Nomination, und bei bestrittenen Wahlen alle Mühe des Zusammenkommens, Berathens, Nachdenkens und Zählens ersparen. Ein Paar Striche auf einem ins Haus gebrachten und abgeholten Zettel repräsentiren heute die ganze Thätigkeit des sich selbst regierenden Staatsbürgers. Es giebt kaum einen charakteristischeren Zug für das neue Gemeindeleben, als daß dies Zerrbild, welches den letzten Rest nachbarlicher Bekanntschaft, gemeinsamer Thätigkeit und gemeinsamer Berathung öffentlicher Dinge durch die Form vorsätzlich abtödtet, und welches „unter großem Beifall" auf die sämmtlichen Boards ausgedehnt, nunmehr den praktischen Typus aller Gemeindewahlen bildet.

Wenn unter dem Alles beherrschenden Einfluß der neuen Erwerbsgesellschaft die besitzenden Klassen selbst so wenig Sinn für die Erhaltung ihrer großen Institutionen zeigten, so ist es sicherlich entschuldbar, wenn die große Masse der besitzlosen, in staatlichen Dingen unerfahrenen Klassen ein geheimes Stimmrecht überhaupt für das Zaubermittel hielt, durch welches ein entscheidender Antheil am Staat ohne jede Mühe, Unannehmlichkeit und Verantwortlichkeit gewonnen werden könne. In der Monsterpetition der Chartisten sind angeblich mehre Millionen Stimmen für geheimes Ballot von denen zusammengebracht worden, welche sich und ihr Schema im Staate selbst noch nie versucht hatten. Eine Zeit lang wurde das geheime Ballot das herkömmliche Versprechen für die kleineren Steuerzahler bei den städtischen Wahlen. Es wurde noch Jahrzehnte hindurch zurückgewiesen. Stuart Mill hat in altenglischer Reminiscenz die öffentliche Abstimmung noch einmal vom Standpunkt des „public trust" aus vertheidigt. Allein die Gesellschaft kann über ihr eigenes Wesen nicht hinaus. Die Nothwendigkeit der Oeffentlichkeit für alle Stetigkeit und allen Charakter im öffentlichen Leben erkennt man erst in der staatlich gegliederten Gesellschaft durch ernste Erfahrungen der Selbstarbeit im freien Staat. Wer dagegen in Staat und Gemeinde nur die Verwirklichung seiner Interessen sucht, will dies natürlich in aller Bequemlichkeit thun, ohne Vorwürfe, ohne Nachtheil, ohne Verantwortlichkeit für seine Person. Die gesellschaftliche Anschauung will nie eine eigene Verantwortlichkeit, weder eine rechtliche noch eine moralische; sie will nur Andere verantwortlich machen. Der Gesetzentwurf für die geheime Abstimmung in den Parlamentswahlen ist für das Jahr 1871 bereits bindend zugesagt, und wird die Communalwahlen nach sich ziehen.

Die Grundsatzlosigkeit des Stimmrechts und Wahlverfahrens, welche den Schlußpunkt dieser Entwickelung bildet, ist der Ausgangspunkt für die continentalen

§. 166. VIII. Stimmrecht und Wahlverfahren ꝛc. 985

Staaten, am meisten Frankreich. Die Gesellschaft in ihrer Entwöhnung von der persönlichen Staatsarbeit betrachtet die beschließende Theilnahme am Staat als ihr angeborenes Recht, die Verrichtung der Staatsarbeit als das Geschäft eines dafür besoldeten Berufstandes. Sie vermag sich deshalb niemals über die Theilnahmsrechte, d. h. über die Stimmrechte in Gemeinde und Staat zu vereinigen. Die mittelalterlichen Schichtungen des ländlichen, städtischen Besitzes und der regierenden Kirche sind innerlich aufgelöst; die neuen Combinationen von beweglichem und unbeweglichem Besitz, von Arbeit und Besitz, von geistiger und erwerbender Arbeit sind noch nicht abgeschlossen. Bei den ersten Verfassungsversuchen erscheint daher ein unterschiedloses allgemeines Stimmrecht, weil die alte Verbindung des Besitzes mit persönlichen Staatspflichten aufgehört hat, die neue Verbindung erst begründet werden soll.

Diese Weise des Stimmrechts entspricht aber nicht dem wirklichen Zustand der europäischen Gesellschaft, welche den Einfluß der Unterthänigkeit und gebundenen Arbeit kaum zwei Menschenalter hinter sich hat, welche die Nachwirkungen der politischen Unfreiheit und des Kirchenzwanges nur durch eine langsam fortschreitende Volkserziehung zu überwinden vermag. Da eben deshalb die besitzenden Klassen durch die bloße Ueberzahl der Stimmen sich nicht beherrschen lassen, so führt jene Scheingleichheit nur dahin, daß der Besitz sich nicht der politischen Freiheit zuwendet, sondern daß er seine gesellschaftliche Macht zur Behauptung seines Besitzstandes, zur Abwehr einer Herrschaft der Massen verwendet.

Noch stärker steht jenes Wahlrecht im Widerspruch mit der rechtlichen Natur der Theilnahme am Staat. Das Wahlrecht zur gesetzgebenden Versammlung ist kein allgemeines Menschenrecht, sondern ein Herrschaftsrecht über Andere. Das Recht, seinen Mitbürgern Gesetze zu geben, ist sogar das höchste Gewaltrecht, welches wie jede Gewalt über Andere rechtmäßig erworben (und verantwortlich geübt) werden muß, — nicht durch bloße Geldzahlung, sondern durch persönliche Arbeit im Staatsleben. Wäre es ein durch bloße Steuerzahlung käufliches Recht, so müßte auch den steuerzahlenden Frauen, Kindern, Geisteskranken und Verbrechern zustehen: es folgte daraus auch kein gleiches, sondern ein ungleiches Stimmrecht nach den Stufen der Steuern. Die Gesellschaft, aus der Betrachtungsweise ihres Privatlebens heraus, kann deshalb nie zu einer Verständigung über Stimmrecht und Census kommen, weil sie nicht rechtliche Grundsätze, sondern nur Interessen hat.

Die französische Weise der Repräsentation in Staat und Gemeinde ist über diese Widersprüche niemals hinausgekommen. Da die persönliche Seite der Staatspflichten für alle Parteien außer Betracht blieb, so kam man niemals über den Widerspruch hinaus: entweder ein reines Kopfwahlrecht ohne jede Rücksicht auf Fähigkeit und Leistung zu gewähren, oder mit einem durchschneidenden Census die Mittelstände und arbeitenden Klassen kurzweg für stimmlos zu erklären. Die persönliche Seite der öffentlichen Pflichten allein vermag diese Widersprüche zu überwinden.

In Deutschland verwickelt sich der Interessenstreit noch mit der ungleichen Formation der Gesellschaft, in welcher die altständische, die neue Erwerbsgesellschaft und das Berufsbeamtenthum einander streitlustig gegenüber stehen. Bei der ersten Formation der so ungleichartigen Elemente kommt daher auch in Deutschland das „gleiche" Stimmrecht zur Erscheinung, und zwar um so natürlicher, je umfangreicher der Wohlkörper, je ungleichartiger also die Bestandtheile sind. Die so gewählten Körperschaften vermögen auch große nationale Macht- und Wirthschaftsfragen wohl zu lösen: allein nach Erfüllung solcher Aufgaben tritt die Indifferenz ein, weil es an jedem Motiv mühevoller Arbeit im Gemeinwesen fehlt. Das Wahlrecht verliert den Charakter eines Ehrenrechts. Es bleibt nur ein Interesse zurück: das Streben der kleinen Steuerzahler, die öffentlichen

Lasten auf die Besitzenden abzuwälzen. Erlischt auch dies Interesse durch die gesetzliche Regelung des Steuerfußes, so bleibt die allgemeine Indolenz zurück wie in dem allgemeinen Wahlrecht Frankreichs. — In dem Staat der allgemeinen Wehrpflicht, der allgemeinen Schulpflicht und der Städteordnung von 1808 sind diese Zustände zu überwinden:

1. durch Herstellung der Gemeindeverbände als persönliche Pflichtgenossenschaften nach dem Grundsatz des paying scot, bearing lot. Die allgemeine Wehrpflicht schließt allerdings eine ständische Gliederung aus, und giebt auch dem geringsten Steuerzahler ein fakultatives Recht zur Mitthätigkeit im Gemeindeleben. Der Schulzwang soll ihm auch die intellectuelle Befähigung dazu geben. Aber das Wahlrecht beruht nicht auf der fakultativen, sondern auf der aktuellen Erfüllung der Bürgerpflichten, d. h. auf der wirklichen gewohnheitsmäßigen Thätigkeit des Nachbarverbandes. Der Geschworenendienst wie die Gemeindeämter der Armen-, Schul-, Wegeverwaltung ꝛc. setzen aber eine **Selbständigkeit des Hausstandes** voraus, nicht eine nominelle **Scheinverpflichtung**, wie sie sich in die neuen Gemeindeordnungen einschleicht. Dies Maß ist jederzeit nach den Durchschnittsverhältnissen der Gesellschaft zu bestimmen, da jede Zwangspflicht des öffentlichen Rechts sich nur als Durchschnittsregel bilden kann.

2. Der **Census** der heutigen Gesellschaft für den persönlichen Dienst kann aber kein absoluter sein. Es hat keinen Sinn mehr, den Geschworenendienst nach 10 L. Grundrente, oder 12 Thlr. Grundsteuer, 16 Thlr. Klassensteuer ꝛc. bestimmen zu wollen. Das preußische Wahlsystem von 1849 hat zum ersten Mal die **Relativität dieses Maßstabes** erkannt, welche der Beweglichkeit der heutigen Gesellschaft, der Ungleichheit des Wohlstandes in den verschiedenen Landestheilen, Kreisen und Orten, der Relativität und der sinkenden Tendenz der Geldwerthe entspricht. Diese Schichtung der Steuermassen ist die allein mögliche Maßbestimmung, da die heutige Ineinanderschiebung von Grundbesitz, Kapitalbesitz und industriellem Besitz in Stadt und Land einen festen Steuer- oder Rentensatz völlig willkürlich, mit dem Wechsel des Steuersystems und der Geldwerthe trüglich macht. Sie allein beseitigt jene Abschneidung des Stimmrechts nach einem willkürlichen Steuersatz mit dem schroffen Gegensatz von voller Berechtigung und gänzlicher Entziehung des politischen Rechts in allen anderen Censusgesetzen.

3. Der relative Steuermaßstab ergiebt seit zwei Jahrzehnten mit Sicherheit, daß die erste und zweite Steuerklasse die persönlichen Bürgerpflichten in Land und Stadt erfüllen kann, zu erfüllen bereit ist, und wirklich noch erfüllt. Der Charakter der Scheinverpflichtung beginnt erst in der dritten Klasse, in welcher der persönliche Dienst der Gemeinde nach jeder statistischen Feststellung nicht die Regel, sondern die Ausnahme bildet, und in ihrer fluktuirenden, zufälligen Weise keine Gewöhnung bilden kann. Die Elemente dieser Steuerklasse sind in der Neubildung der Gesellschaft sehr weit auseinandergehend: es liegt die höchste Intelligenz mit dem höchsten Mangel an Einsicht, — die höchste Noth mit einer wirthschaftlich gesicherten Stellung, — der beste Wille zur Mitarbeit mit der entschiedensten Abneigung so nahe beieinander, daß der rechtliche Zwang hier von einer Vorfrage abhängt, welche im Kreise der Betheiligten selbst festzustellen ist. Da die direkte Steuer der Durchschnittsmaßstab der persönlichen Leistungsfähigkeit bleibt, so muß die Heranziehung der kleinen Steuerzahler im Interesse der Gesammtheit wie des Einzelen (viel stärker wie bisher) bis zum vollen Maße ihres Steuerquantums erfolgen. In diesem engern Kreise haben die modernen Systeme der „engern Wahl" und der „Nominationen" in der That ihre Berechtigung. Die angemessene Form dafür ist eine jährlich wiederkehrende Einregistrirung, bei welcher die dritte Klasse anzuhalten ist, ein solches Contingent zum persönlichen Geschworenen-, Schöffen- und Gemeindedienst zu nominiren, wie ihrem Steuermaß entspricht: zunächst durch Befragung der Betheiligten selbst, im Fall der Contestation aber durch engere Wahl.

4. Die Schöffen= und Geschwornenliste stellt dann die Grundlage des Gemeinderechts in der Weise her, wie die bewegliche Erwerbsgesellschaft nachbarliche Pflichtgenossenschaften überhaupt zu bilden vermag. Sie repräsentirt den Gemeindeverband entsprechend den persönlichen und den Steuerleistungen im Ganzen wie im Einzelnen. Sie gewährt auch dem kleinsten Steuerzahler das Stimmrecht, wenn er zur Erfüllung der persönlichen Bürgerpflicht bereit und im Stande ist. Sie giebt dem Wahlrecht den Charakter des Ehrenrechts zurück. Sie macht in Verbindung mit dem Realsteuersystem die Gemeinde wieder zur persönlichen Pflichtgenossenschaft, zur haltbaren Unterlage des Staatsverbands. Sie stellt das Ehrenrecht der Gleichheit in der selbstthätigen Pflichtgenossenschaft wieder her, und giebt damit den Impuls zur Gewinnung der hervorragenden Geltung durch den hervorragenden Dienst des öffentlichen Lebens. Sie führt jene Gleichheit im Kreise der Rechtsgenossen zurück, in welcher der unüberwindliche Zug zur Gleichheit seine schließliche Befriedigung findet.

IX.
Die Oberinstanz der wirthschaftlichen Selbstverwaltung.
(§§. 88, 109, 130, 136, 143.)

(§. 167). Das historische Selfgovernment in seiner Gestaltung als jurisdictionelles Verwaltungsdecernat vermochte der Neubildung der Gesellschaft in England so wenig zu genügen wie der alte Amtsorganismus auf dem Continent. Das praktische Bedürfniß einer beweglichen Verwaltung, wie dies im Einzelnen nachgewiesen ist, hat seit der Reformbill das neue System der wirthschaftlichen Selbstverwaltung geschaffen. Der berechtigte Ausgangspunkt dafür war:

1) daß eine bewegliche Regulativgewalt zur experimentalen Umbildung der Armenverwaltung und ein variables System von Lokalpolizeiverordnungen für die lokal verschiedenen Bedürfnisse der Gesundheitspflege wirkliches Bedürfniß war;

2) daß es für die Handhabung dieser Verwaltung einer freiern Abwägung von Interessen wirklich bedurfte, für welche gewählte Vertretungen der Steuerzahler die geeigneten Organe sind;

3) daß für die neugewählten boards nicht formelle contradiktorische Entscheidungen, sondern administrative Beschließungen in geheimer Berathung angemessen erscheinen.

Die Einseitigkeit der Reform lag aber darin, daß man die neuen boards von der obrigkeitlichen Selbstverwaltung ablöste, sie zu einer reinen Interessenvertretung gestaltete, alle Grundsätze der Pflichtgenossenschaft fallen ließ, auf jeden Zwang zur Uebernahme des Amts, zur Selbstthätigkeit und auf jede persönliche Verantwortlichkeit verzichtete, kurz daß man es den middle classes überließ, die Neubildung ganz nach ihrem System des voluntarism und nach dem Geschäftsgang der

Aktiengesellschaften zu gestalten. Es wurde sofort fühlbar, daß solchen boards die Geschäftserfahrung und Tüchtigkeit der Friedensrichter fehlt, daß sie ebendeshalb um so anspruchsvoller und rücksichtsloser die Orts= ämter nach unten hin zerstören, und alles unter ihnen Stehende in be= soldete Schreiber, Buchhalter und Diener umwandeln.

Eben damit verlieren sie aber auch ihre Selbständigkeit nach oben. Der praktische Sinn des Parlaments erkannte alsbald, daß eine solche Interessenverwaltung nicht ohne eine Controle des Gesammtinteresses be= stehen, daß sie nicht souveräne Herrin der Ortsgemeinde sein, daß die gewaltige Masse der Communalsteuern nicht ohne Verantwortung gegen eine Oberinstanz verwendet werden könne. Da aber die gewählte „Lokal= repräsentation" persönlich unverantwortlich sein will, so muß alle Verant= wortlichkeit in ihre ausführenden Unterbeamten gelegt werden. Diese Unterbeamten unterliegen nun um somehr der Controle und Anweisung einer Centralstelle (Armenamt, Minister des Innern) in folgender Kette der Subordination:

Die Unterbeamten werden einem durchgreifenden Ordnungsstraf= recht „wegen Nichtbefolgung der Anweisung der Centralbehörde" und dem ausschließlichen Entlassungsrecht der Centralbehörde unterworfen.

Das für die Interessenverwaltung entscheidende Rechnungswesen wird ständigen Commissarien der Staatsregierung, auditors, über= tragen zur Prüfung sowohl der „Gesetzmäßigkeit wie der Angemessenheit" jeder Ausgabe; es entsteht daraus ein fortlaufendes Oberdecernat ständiger Staatscommissarien.

Da die Centralverwaltung einer persönlichen Verbindung mit der Ortsverwaltung bedarf, so schieben sich die peripatetischen Staats= inspectoren ein, mit einem Recht der fortlaufenden Kenntnißnahme, Berichterstattung, Untersuchungsführung.

Die Centralstelle zur Wahrung des staatlichen Gesammtinteresses gestaltet sich zu einem Ministerialdepartement mit Unterstaatssekretären und Sectionen, als ein dem Parlament „verantwortliches" d. h. bureaukratisch formirtes Departement.

Geist und Geschäftsgang der Verwaltung bureaukratisirt sich alsbald in dieser Weise, und ordnet sich in der Person der Clerks und Inspectors mittelbar auch die Beschlüsse der boards unter. Der subalterne Geist der französischen Conseils, der die Commune nicht als Träger von Staats= functionen, sondern als Anhang der Beamtenverwaltung behandelt, ver= breitet sich nun auch über die englische Communalverwaltung, bildet den in Cap. X. und XI. dargelegten Instanzenzug der Administration, ein neugebildetes Ministerialsystem der innern Verwaltung, umfassend die drei Gewalten der continentalen Ministerverwaltung:

§. 167. IX. Die Oberinstanz der wirthschaftlichen Selbstverwaltung. 989

1. die Befugniß zum Erlaß von Regulativen, welche für sich betrachtet allerdings noch keinen Widerspruch gegen die Lebensbedingungen des selfgovernment enthält. Dergleichen Delegationen der Gesetzgebung sind relativ nothwendig bei durchgreifenden Neuorganisationen, und überall da wo es in Ermangelung genügender Erfahrungen erst eines Zwischen=zustandes beweglicher Normen bedarf. Wenn sich nach einiger Erfahrung die richtigen Grundsätze fixirt haben, steht dem Parlament vermöge seiner politischen Gewalten die Rückkehr zu codificirten Gesetzen offen, die auch schon vielfach erfolgt ist. Durch die später zu erwähnende Stellung des Reichs=gerichts ist auch dafür gesorgt, eine Ausdehnung dieser Regulativgewalten über das gemessene Gebiet der Armen= und Gesundheitspflege zu verhindern.

2. eine Control= und Aufsichtsinstanz, welche gegen alle Methode der englischen Verwaltungsgesetzgebung neuerdings in unbe=stimmtester Weise gebildet ist. Wenn bei zahlreichen und wichtigen Maßregeln der Minister ein Recht der Genehmigung oder Versagung hat, wenn die Beamten in unbestimmten Ausdrücken den „Anordnungen" der Centralbehörde und dem Entlassungsrecht derselben unterworfen sind, con=solidirt sich schnell eine reglementirende Gewalt, die durch Vermittelung ihrer Inspectoren auch den Gang der laufenden Verwaltung in ihre Hand nimmt. Die „Oberaufsicht" erstreckt sich bereits auf ein Eingreifen im ein=zelnen Fall. Es entwickelt sich dann auch rasch der uns geläufige Geschäfts=gang durch Rescripte, Berichte, Visitationen, Disciplinarmaßregeln.

3. ein Entscheidungsrecht als oberste Beschwerdeinstanz. Diese extreme Ausdehnung der Ministergewalten ist bisher jedoch nur ein=getreten in einzelnen Richtungen der Armen= und Gesundheitsverwaltung, namentlich für Beschwerdeinstanz der Rechnungsrevision, ja sogar für die Entscheidung über das Heimathsrecht und Adjacentenbeiträge, jedoch noch alternativ mit der gerichtlichen Controlinstanz, welche grundsätzlich das Rechtsfundament der Verfassung, d. h. den Grundsatz, daß ein Minister niemals souveräner Ausleger des Gesetzes sein darf, festhält.

Da das praktische Bedürfniß für die Neugestaltungen bestimmend blieb, so ist das Gebiet der Wegeverwaltung von dieser ministeriellen Instanz befreit, alles Wegerecht codificirt, die Oberinstanz bei den Sessionen der Friedensrichter und unter der Controljustiz der Reichsgerichte auch mit dem neuen System der boards stehen geblieben.

Die Besonnenheit der Reformgesetzgebung und das Interesse der regierenden Klasse hat überhaupt neben dem administrativen Instanzenzug die alte Verwaltungsjurisdiktion der Friedensrichter in der Lokalverwaltung noch stehen gelassen. Die Steuerjurisdiktion und das Polizei=decernat, welches die wirthschaftliche Verwaltung an allen Punkten durch=zieht, bleibt in dem alten jurisdiktionellen Instanzenzug unverändert.

I. Die Executivbeamten der Lokalverwaltung stehen in allen Functionen der Steuererhebung und der Polizei unter dem Anstellungs-, Entlassungsrecht, Ordnungsstrafrecht und fortlaufender Controle der Friedensrichter. Es gilt dies auch noch von den Overseers of the Poor in ihrer beschränkten Stellung für die Steuererhebung. Es gilt am durchgreifendsten von der Masse der besoldeten Polizeimannschaften, die an Stelle der parochial constables getreten sind. In richtiger Erkenntniß, daß hier die Hauptgefahr des Eingreifens der constitutionellen (parteimäßigen) Centralverwaltung in das Communalleben liege, ist den Friedensrichtern (resp. den ständigen Stadtbehörden) das Anstellungsrecht der Mannschaften, die Besoldung, das Ordnungsstraf- und Entlassungsrecht vorbehalten, ergänzt durch eine Popularklage auf 10—100 ₤. Geldstrafe für jeden executiven Polizeibeamten, welcher sich „durch Zureden, Abreden ꝛc. an den Parlamentswahlen betheiligt." Dies collegialische Element ist das noch wirksame Hinderniß einer Verwendung des Polizeipersonals zu Wahlzwecken geblieben, und hat nach oben wie nach unten hin die Kraft bewahrt, das Polizeipersonal seinem wirklichen Beruf zu erhalten.

II. Das collegialische Decernat und die Appellationsinstanz der friedensrichterlichen Sessionen dauern unverändert fort für das Concessionswesen und für die streitigen Besteuerungs- und die Polizeifragen auch in den Gebieten der wirthschaftlichen Verwaltung.

III. Die Controljustiz der Reichsgerichte dauert ebenso weit fort, und ist auch noch alternativ beibehalten als Oberinstanz gegen die Entscheidung des Rechnungsrevisor sowie in streitigen Fragen der Armenlast. Als Competenzgerichtshof entscheidet ferner das Reichsgericht direkt über die bestrittene Gesetzmäßigkeit der Regulative des Armenamts. Indirekt liegt eine solche Controle in dem neuern Grundsatz, daß die vom Minister des Innern angeordneten einzelen Maßregeln der Gesundheitsverwaltung durch ein Justizmandat (rule) der Reichsgerichte zu vollziehen sind.

Auf diesen Vorbehalten beruht der doppelte Instanzenzug der Administration und der Justiz, wie solcher oben in §§. 130, 136, 142 dargelegt ist. Er beweist, daß auch mit Einschiebung der gewählten boards der Grundbau des Rechtsstaats aufrecht zu erhalten und die Ministerialinstanz von einer endgültigen Entscheidung der streitigen Verwaltungsrechtsfragen fern zu halten ist. Im Gebiet der Wegeverwaltung (Cap. XII.) ist durch die fortdauernde persönliche Betheiligung der Friedensrichter, und durch das stetige Ineinandergreifen der Sessions und der gewählten boards, die ministerielle Oberinstanz sogar ganz ausgeschlossen und der jurisdiktionelle Instanzenzug ausschließlich beibehalten (§. 142).

§. 167. IX. Die Oberinstanz der wirthschaftlichen Selbstverwaltung. 991

Die administrative Centralinstanz mit ihrem durchgreifenden System der „Oberaufsicht", als Regulativ-, Control- und Beschwerdeinstanz, tritt geschichtlich auf in den Staatsbildungen, denen die communalen Unterlagen fehlen, welche also die Staatspflichten ausschließlich nur durch einen Berufs-Beamtenstand zu erfüllen vermögen. So im römischen Kaiserstaat, weil Zersetzung der Gesellschaft und Verfall der Nationalitäten das Communalleben vernichtet hatten. In der Kirche des Mittelalters, weil sie nationale Gegensätze zu überwinden und neue Institutionen in das Staatsleben einzuführen hatte, die einer communalen Abschließung auch heute nicht fähig sind. Im ancien régime wegen des Widerspruchs der ständischen Rechte unter sich. Im normannischen Militärstaat, weil nationale Feindschaft die alten Verbände gelöst hatte, in denen erst nach Ueberwindung des nationalen Gegensatzes und nach einheitlicher Gestaltung der Steuer- und Ständeverhältnisse der Gemeinsinn wieder auflebte. Dieser gewaltig erwachte Communalgeist hat in England den absoluten Staat in einen verfassungsmäßigen mit beschließenden Körperschaften zurückgeleitet. Die heutige Rückbildung wirft ein Schlaglicht auf die Genesis des Absolutismus überhaupt. Die bequeme Weise der neuen Verwaltung ändert auch die Oberinstanz. Wer den mühsamen Theil des Geschäfts besoldeten Clerks und Inspectors, bezahlten relieving officers und Beamten der „Armenhausbastillen" überläßt, kann auch vom grünen Tisch aus keine genügende Controle über den Gang der Verwaltung führen. Die Verwaltung der Schreiber und Buchhalter ist nur durch Oberbuchhalter zu controliren, die Oberbuchhalter durch Generalinspectoren, die Generalinspectoren durch Ministerialräthe, — durch ein Centralamt, in welchem unter dem Namen eines President 50 Clerks Jahr aus Jahr ein sich Berichte erstatten lassen, um darauf die reglementsmäßige Verfügung zu erlassen, — ein Netz von Schreiberei, in dem jährlich 15,000 Bücher ihren unerbittlichen Kreislauf halten. Einrichtungen, welche in dem Parteistreit gesellschaftlicher Klassen entstanden, nur an die Geldseite der Verwaltung, nur an Wahl- und Anstellungsrechte gedacht haben, holen die fehlende persönliche Seite des Staats nach als Maire, Präfekt und Departementsminister. Eine Untersuchung der Oberinstanz in den Gebieten des Cap. X.—XII. ergiebt, daß, wenn man in dem System der gewählten boards die Elemente der Pflichtgenossenschaft, das Ernennungsrecht, die persönliche Pflicht und Verantwortlichkeit streicht, alle fehlenden Elemente an anderer Stelle erscheinen, abgelöst von der Commune, als Bureaukratie.

Unverständlich von Hause aus aber war die ganze Grundlegung des englischen Rechtsstaats für Montesquieu und die französische Schule. Sie wurde noch unverständlicher seit der Revolution, da mit dem Bruch einer überkommenen Staatsordnung auch das Verständniß für eine Verwaltung nach Gesetzen und eine Rechtscontrole der Verwaltung verloren geht. In der Communalverfassung berief man sich zwar auf das englische selfgovernment, weigerte sich aber hartnäckig, jemals Kenntniß davon zu nehmen worin das selfgovernment bestehe, wie noch heute. Auf dieser grundsätzlichen Weglassung beruht die Fälschung der constitutionellen Theorien, wie sie in Benjamin Constant ihren systematischen Abschluß gefunden hat. Sie entstand dadurch, daß das ganze System der Rechts- und Gerichtscontrolen einschließlich der Selbstverwaltung des obrigkeitlichen Amts (Gn., Verw.-Justiz S. 144—190) als nicht vorhanden behandelt wurde. Mit der Wegreißung dieses Zwischenbaues gelangt man dann zu einer Staatsregierung nicht nach Gesetzen, sondern nach zeitigen Parteibeschlüssen der zweiten Kammer. An Stelle der Rechtscontrolen parlamentarischer Verwaltung steht hier von unten herauf ein besoldetes Polizeidienerthum, welches in seiner örtlichen Thätigkeit nur durch Polizeicommissarien und besoldete Maires controlirt wird, — weiter hinauf das entscheidende Polizeidecernat des Unterpräfecten und Präfecten, — als Beschwerdeinstanz der Minister — für ein engeres Gebiet des contentieux ein abhängiges Scheincollegium (der Präfecturrath) — als letzte

Entscheidung ein Gutachten des conseil d'état, welches von dem Staatsoberhaupt bestätigt oder abgeändert, vollzogen oder nicht vollzogen werden mag. Auch die constitutionelle Periode hat unter Selbstverwaltung nie etwas anderes gemeint als boards, welche nur Beschlüsse fassen und durch ihre Bediensteten ausführen lassen wollen. Es ergab sich aber unabänderlich, daß der Unterpräfect kein bloßer Ausführungsbeamter der Beschlüsse der Kreisversammlung sein kann, daß er vielmehr in erster Stelle ausführendes Organ der Landesgesetze und der Staatsverwaltung bleibt, und das vermeintliche Kreisparlament zu einer decorativen Umgebung der Bureaukratie macht. Dieser Typus der administrirenden Einzelbeamten, umgeben von dem communalen conseil, kehrt in den oberen und unteren Stufen wieder. Unter Beibehaltung eines alten Namens werden auch die Bürgermeister der Städte und Sammtgemeinden lediglich zu Distriktscommissarien der Staatsbehörde. Auch wenn man die Bürgermeister wählen läßt, kann doch dem Staat das Entlassungsrecht seiner ausführenden Organe nicht entzogen werden. Durch dies Entlassungsrecht aber bleibt der besoldete Beamte in unmittelbarer Abhängigkeit von der zeitigen Ministerverwaltung, und leistet im Fall des Widerstreits der Anweisung von oben in Frankreich ebenso sichere Folge wie in der neuenglischen Armen- und Gesundheitsverwaltung. Da alle verantwortliche Staatsarbeit nur durch berufsmäßige Beamte verrichtet werden soll, und da die Natur der Staatsgeschäfte unabänderlich bleibt, so läßt sich die nothwendige Einheit des Staatswillens nur durch die persönliche Subordination der Lokalbeamten unter die Centralbehörde durchführen. Alle Gemeinde-, Bezirks-, Kreis- und Departementsräthe können daher nur dem vollziehenden Beamten nebengeordnet werden, der für die Innehaltung der Verwaltungsnormen seinem Vorgesetzten verantwortlich ist. Diese Stellung des Beamten ist unabänderlich; denn sie tritt an die Stelle der gesetzlichen Regel des Selfgovernment. Selbständig beschließende und steuerbewilligende Gemeinde- und Kreisräthe würden den französischen Staat in lokale Gesellschaftsgruppen auflösen. Aus der Präfectenverwaltung aber ist keine Jurisdiction zu bilden. Die napoleonischen Verfassungen zeigen die gesellschaftlichen Vorstellungen vom Staat in ihrem Kettenschluß: kein Verständniß für eine Regierung nach Gesetzen, — an deren Stelle vielmehr nur ein reglementarisches droit administratif; kein Verständniß für gesetzmäßige Selbstverwaltung, — an deren Stelle vielmehr nur wirthschaftliche Verwaltungsräthe, conseils; kein Verständniß für eine Verantwortlichkeit der Beamten nach den Gesetzen des Landes, — an deren Stelle vielmehr nur eine „Ministerverantwortlichkeit", welche nach Majoritätsbeschlüssen der Gesellschaft den Apparat einer absolutistischen Verwaltung handhabt. Der lange Verlauf dieser Formation spricht die allgemeine Wahrheit aus, daß die Gesellschaft eine Regierung nach Gesetzen überhaupt nicht will. Allerdings will sie, daß die Gerichte unparteiisch über „Mein und Dein" und über die Anwendung von Strafen entscheiden. Napoleon I. verstand das sehr wohl, indem er seinen Franzosen einen Code civil, einen Code pénal und eine Prozeßordnung gab. Aber damit ist der heutige Sinn für Gesetzlichkeit auch zu Ende: wenn die (alt- oder neuständische) Gesellschaft darüber hinaus von Gesetzen spricht, so meint sie etwas, was die Gegner in Ordnung halten soll, nicht aber etwas, was sie selber bindet. Das „Interesse" überzeugt sich niemals von der Nothwendigkeit einer Selbstbeschränkung. Die Gesellschaft will nicht durch zweiseitig bindende Gesetze regieren, sondern durch die „verantwortlichen" Minister ihrer Beschlüsse. Sie vermag nicht einmal ein Wort für öffentliches Recht zu finden: sie nennt das Ganze nach wie vor „Verwaltung."

Auch die deutsche Gesellschaft denkt sich die „Verwaltung" und Selbstverwaltung zunächst als die Vollstreckerin ihrer Beschlüsse: der Dorfschulze vollstreckt die Beschlüsse des Dorfparlaments, der Bürgermeister die des Stadtparlaments, der Landrath die des Kreisparlaments, der Minister die des Landesparlaments, jeder „verantwortlich" seinem Auftraggeber. Indem man allen jurisdictionellen Einrichtungen des Selfgovernment

§. 167. IX. Die Oberinstanz der wirthschaftlichen Selbstverwaltung.

administrative Verwaltungsräthe unterschiebt, consolidirt man nur die Macht der administrirenden Staatsbeamten: alle dem Ehrenbeamtenthum versagten Gewalten werden der Regierung, dem Landrath und der Gendarmerie zugutgeschrieben.

Und dennoch scheidet sich diese deutsche Idee der Selbstverwaltung in einem wesentlichen Punkt — äußerlich betrachtet in einem Widerspruch, — der sich als der zuletzt entscheidende bewähren wird. Der Unterschied bleibt, daß es dem deutschen Sinn mit einer Regierung nach Gesetzen Ernst ist. Die nationale Rechtsanschauung hat die preußische Parteiverwaltungen seit 1849, die gouvernementalen Wahlagitationen, die Landräthe als Regierungs-Candidaten und Wahlcommissare, die parteimäßige Verweigerung von Concessionen und Bestätigungen, die parteimäßige Handhabung der Preßpolizei und Vereinsgesetze, die kunstgemäße Zusammensetzung der Gerichtsabtheilungen zu keiner Zeit als normale Bildungen, und niemals (wie in Frankreich) mit dem stillen Entschluß angesehen, das Gleiche mit dem Gleichen zu vergelten, sobald der Parteiwechsel die Staatsgewalt à notre tour führen werde. Der Grundgedanke der Regierung nach Gesetzen und einer von den zeitigen Machtverhältnissen unabhängigen Rechtsprechung über das öffentliche Recht ist hier ernst gemeint, nur unklar über Mittel und Wege. Die deutsche Weise verlangt außer der wirthschaftlichen Selbstverwaltung in der That noch einen Rechtsschutz des Einzelen gegen die Centralverwaltung selbst. Mit einem specifischen Mißtrauen gegen alle arbiträren Gewalten des Beamtenthums sucht sie in der Selbstverwaltung auch eine Garantie der gesetzlichen Ordnung. Sie meint, daß die geschlossene, nur sich selbst verantwortliche Beamten-Hierarchie eine solche nicht hinreichend gewähre, daß es nicht genüge diejenigen Personen zu ausschließlichen Wächtern des Gesetzes zu machen, für welche das Gesetz als Schranke der Berufsthätigkeit bestimmt ist. Von dieser Seite aus bleibt die deutsche Gesellschaft der Einsicht zugänglich, daß die Functionen des Polizei- und Verwaltungsdecernats, die Concessionen und Consense, die Reklamationen in Steuersachen, Militäraushebungen ꝛc. wirkliche Jurisdictionen sind, und daß es dafür der Garantien der Rechtsprechung im constitutionellen Staat noch mehr bedarf als in den Zuständen des unbefangenen Absolutismus. Bei jedem Schritt in dieser Richtung wird es sich aber ergeben, daß das System der Boards mit einem rechtsprechenden Organismus der Verwaltung durchflochten und dauernd verbunden werden muß.

Die deutsche Grundanschauung besteht ferner auf einer materiellen Beschwerdeinstanz, für die der gemeine Mann sogar kein Ende zu finden weiß. Schon aus diesem Grunde sind die ordentlichen Civilgerichte für die Verwaltungsjurisdiction unzureichend, weil sie, außerhalb der täglichen Action und Erfahrung der Verwaltung stehend, zu einem Zwiespalt der vollziehenden Gewalt führen. Wäre eine solche zwiespältige Organisation aber auch ausführbar, so wäre sie nur zu erreichen um den Preis der Unparteilichkeit im Privat- und Strafrecht. Die Zustände Frankreichs beweisen, wie leicht auch die Zusammensetzung der Gerichte dem System der constitutionellen oder dynastischen Parteiregierungen dienstbar zu machen ist, so daß sie weder im Ganzen noch im Einzelen einem entschiedenen Willen der Machthaber Widerstand leisten. Auch England hat den Absolutismus nur überwunden durch die innere Kraft des Selfgovernment, nicht durch das beamtete Richterthum, welches zur Ehrlosigkeit und Ohnmacht herabsank, sobald es zum Angelpunkt des Verfassungskampfes wurde. Die sociale Stellung des berufsmäßigen Beamtenthums ist für sich allein unzureichend, wo sie der ganzen Machtfülle der Staatsgewalt, noch weniger, wo sie der Wucht der Gesellschaft und ihrer herrschenden Parteien gegenübertritt. Das rechtsprechende Beamtenthum der Verwaltung bedarf vielmehr der Macht des Besitzes selber, um das öffentliche Recht gegen die Macht zu vertreten. Wo eine Verfassung in dem Streit der großen politischen Parteien sich behauptet hat, ist

Gneist, Engl. Communalverfassung. 3. Auflage.

es geschehen, weil die richterliche Gewalt sich durch die Macht der besitzenden Klassen selbst verstärkt fand, wo also der Parteiorganisation eine Rechts- und Verwaltungsorganisation gegenüberstand, die ihre Organe in denselben Klassen der Gesellschaft fand, aus denen die sich bekämpfenden Parteien hervorgingen. Durch ein bloßes „Competenzgesetz" über die gegenseitigen Befugnisse richterlicher und Administrativbeamter ist jener Sieg des Rechts über die Parteigewalt nicht zu gewinnen. Die Bildung von bloß beamteten Verwaltungsgerichtshöfen nach dem Muster des conseil de préfecture und des conseil d'état hat in Deutschland niemals Vertrauen erworben und nirgends einen Halt gegen die Parteiregierungen gewonnen. Die Abhängigkeit des berufsmäßigen Beamtenthums von dem Amtsgehalt als Basis der Lebensstellung, und noch stärker das Gefühl der gemeinsamen Amtsehre und des Amtsberufs, macht ein so gestelltes Beamtenthum zu einem geschlossenen Ganzen, welches nur einer einheitlichen Leitung folgt, sich aber nicht von außen her durch ein gelegentliches dilettantisches Eingreifen von Privatpersonen lenken und controliren läßt. Im Ganzen wie im Einzelnen sind vielmehr die Rechtsgarantien sittlicher Natur. Es bedarf der gewohnheitsmäßigen Hereinziehung des Besitzes und der unabhängigen Intelligenz in das obrigkeitliche Amt selbst, um das controlirende Gegengewicht zu schaffen. Nur eine zusammenhängende Formation der Ehrenämter von unten herauf bildet das mitverwaltende Personal, welches bis in die höheren Stufen hinauf mit der nöthigen Geschäftskenntniß und dem nöthigen Ansehen neben die höheren Stufen der Staatsämter rückt, ohne den Zwiespalt in die ausführende Gewalt zu tragen. Es bedarf deshalb für den Instanzenzug der Verwaltungsgerichtsbarkeit unabänderlich eines mitverwaltenden, sachverständigen, mit den örtlichen Verhältnissen vertrauten Personals, — ständig und collegialisch formirt, — unabhängig von den wechselnden Systemen der Ministerverwaltung: daher überwiegend formirt aus gesellschaftlich unabhängigen Personen, — unabhängig von den Lokalparteien: daher nicht gewählt. Diesen Organismus ergiebt nur das obrigkeitliche Selfgovernment. Erst dadurch erhält der beweglich gewordene Amtsorganismus im constitutionellen Staat die Stetigkeit und Festigkeit wieder, deren die Rechtsprechung über öffentliches Recht vorzugsweise bedarf. Die gleichmäßige Handhabung des Polizeirechts nach contradictorischer Verhandlung mit Entscheidungsgründen erzeugt den Sinn der Gesetzlichkeit, der durch ein sporadisches Eingreifen fernstehender Beamten oder Collegien nicht zu gewinnen ist. Dies Zusammenwirken der höheren Beamten der Selbstverwaltung in einer stetigen gegenseitigen Rechtscontrole macht die unparteiische Ausführung der Gesetze zum gewohnheitsmäßigen Ehrenpunkt. Diese Gewöhnung wirkt nicht nur zum Schutz des Einzelnen, sondern geht in kräftiger Rückwirkung auf den Gesammtgeist der Nation über. Diese Thätigkeit gewöhnt die besitzenden Klassen ihren Einfluß in Erfüllung staatlicher Pflichten zu suchen, und nicht blos in der gesellschaftlichen Abhängigkeit, welche die Macht des Besitzes um sich verbreitet. Die stetige Mitthätigkeit in der Rechtsprechung des öffentlichen Lebens erst giebt den Völkern die Gewohnheit der Selbstbeschränkung, auf welcher die politische Freiheit beruht. Die Verwaltungsjurisdiction steht so in untrennbarer Wechselwirkung mit der höchsten Bestimmung des Selfgovernment. Die Verkehrung der mißverstandenen Selbstverwaltung in das Präfectensystem, welche andrerseits in der europäischen Welt wiederkehrt, entsteht aus dem unmöglichen Versuch, die wirthschaftliche Ordnung des Gemeindelebens mit ihren gewählten Verwaltungsräthen an die Stelle der Staatsordnung mit ihren rechtsprechenden, verantwortlichen Beamten zu setzen. Ueber die Gestaltung in Norddeutschland vgl. Gneist, Preuß. Kreisordnung, Abschn. XII. XIV.

X.

Die Ständebildung auf dem Boden der neuen Erwerbsgesellschaft.
(§§. 6. 7).

(§. 168). Das Güterleben der Völker in seiner stetigen Durchflechtung mit dem Staatsorganismus unterliegt einem stetigen Wandlungsprozeß, welchen nur das Kastenwesen des Orients zu hemmen vermag. So verhältnißmäßig stabil daher auch die Gesellschaftsordnung des XVIII. Jahrhunderts sich in England fixirt hatte, so war doch der Dreiständestaat des Mittelalters längst in Stadt und Land, in geistiger und erwerbender Arbeit, in mannigfaltige Spezialbildungen und Abstufungen auseinandergegangen. Verbunden durch selbstthätige Nachbarverbände lagen die großen Schichtungen dieser Gesellschaft indessen noch fest. Die Wogen der französischen Revolution reichten zwar mit einer wellenförmigen Bewegung in die untersten und obersten Schichten der englischen Gesellschaft hinein. Diese Vorläufer der gesellschaftlichen Umwälzung gingen jedoch leicht vorüber. Mit doppelter Energie unternahm vielmehr die staatlich geordnete Gesellschaft gegen die gesellschaftliche Umkehrung des Staats in Frankreich einen erbitterten ausdauernden Kampf, der mit schweren Opfern zu einem endlichen Siege führte.

Im Laufe dieser Kriegsperiode hatten aber bereits Umwandelungen des Güterlebens begonnen, die zuerst das städtische Leben, dann einen Schritt nachfolgend, die Gütererzeugung des Ackerbaues ergriffen. Nach einem Menschenalter werden die massenhaften Aenderungen in den Mittelschichten der Gesellschaft sichtbar. In Stadt und Land waren neue Klassen von Hausständen entstanden, die man in der Bildungsperiode der Parlamentsverfassung nicht kannte. Die Steuerlast war durch das gewaltige Wachsen der Communalsteuern und durch die Masse der indirekten Staatssteuern eine völlig andere geworden; Miether und Pächter bildeten sogar die zahlreichste Klasse der unmittelbaren Steuerzahler im Communalleben, die normale Grundlage der local taxation.

Die Reformbill und ihre Nachläufer glichen das ungleich Gewordene aus, indem sie diejenigen bisher ausgeschlossenen Elemente in das Parlamentswahlrecht aufnahmen, welche in gesellschaftlicher Stellung Mittelstände geworden waren. Statt aber die persönlichen Pflichten des Nachbarverbandes dem entsprechend zu erweitern und zu verstärken, ließ man sie weiter verfallen, und untergrub sie sogar systematisch. So besonnen und gemäßigt die Reform auch im Uebrigen auftrat durch Beibehaltung der alten Verbände als Wahlkörper zum Parlament, durch eine sachgemäße Reform der Stadtverfassung, durch Neuvertheilung der Stimm= rechte im Kirchspiel nach der Steuerleistung, durch schonenden Abbruch der staatskirchlichen Privilegien: so hat sie doch den Umwandelungsproceß der Gesellschaft weder aufzuhalten noch zu befriedigen vermocht.

Die Zersetzung der alten Gesellschaft geht vielmehr ihren stillen, unaufhaltsamen Gang weiter in einer Weise, für welche unser Jahr= hundert keine systematische Ordnung mehr zu finden weiß. Mit einer Scheidung von Grundbesitz, Kapitalbesitz und industriellem Besitz sind die vorhandenen Verschiedenheiten und Gegensätze von Arbeit und Besitz, von materiellem und geistigem Besitz, von kleinem, mittlerem und großem Besitz nicht mehr zu erschöpfen; noch weniger die mannigfaltigen Verbindungen von Arbeit und Besitz, die Verbindungen mehrer Besitzweisen in einer Person. Die neuesten Versuche einer Classification in dem englischen Census haben zu einer Gruppirung von mehr als 1100 professions geführt, welche sich nur nach äußerlichen Merkmalen und Durchschnitten bilden, und die Unmöglichkeit einer „ständischen Gliederung"*) in den heutigen Cultur=

---

*) Im ländlichen Besitz gab es niemals feste Grenzen zwischen Herrschaft, Ritter= gut, Mittelbesitz und kleinen Besitz. Ebenso durchkreuzt sich freehold, copyhold, Erb= und Zeitpacht; denn selbst das schlechteste Besitzrecht, die Zeitpacht, ist durch die großen Pächter für Gemeinde und Staat wichtiger als das kleine freehold. Im städtischen Besitz giebt es keine feste Grenze zwischen Großhändler und Kleinhändler, Fabrikherren und Unter= nehmer, Meister und Gesellen, Gesellen und Arbeiter, Arbeiter und häuslichem Dienstboten. Auch im Gebiet des geistigen Lebens durchkreuzen sich die corporirten und nicht corpo= rirten, die anerkannten und nicht anerkannten, die beamteten und nicht beamteten Zweige, der staatskirchliche und der nicht staatskirchliche Geistliche, der graduirte und der nich graduirte Gelehrte, der beamtete und der nicht beamtete Advokat, Anwalt, Arzt ꝛc. Wenn man „Stände der Intelligenz" ausscheiden wollte, könnte man immer nur kleine Gruppen der anerkannten Zweige mit einem Monopol aussondern. Noch viel stärker und unlös= barer sind aber die Fusionen zwischen Stadt und Land. In den Dörfern giebt es noch Klassen, welche nur Ackerbau treiben: ihnen gegenüber steht aber in den Städten das Ackerbürgerthum. Umgekehrt ist auf dem platten Lande die Mehrzahl der Fabriken, und der größere Ackerbau ist selbst mit Fabrikation, Manufaktur und Handelszweigen un= trennbar verwachsen. Handel und Gewerbe insbesondere sind so unscheidbar, daß beide auch in den Unterklassen regelmäßig zusammengeworfen werden. Die ungeheuren Kapital= massen in Staats= und Industriepapieren entziehen sich vorweg jeder ständischen Scheidung. Ebenso untrennbar ist geistiger und materieller Erwerb, geistiger und materieller Besitz. Alle aufblühenden und kräftigen Zweige der neuen Gesellschaft sind durchdrungen von Elementen der Intelligenz. Ist die geistigt Arbeit theilweis materialistisch geworden: so ist um noch viel mehr der materielle Erwerb geistiger geworden, durchdrungen von Elementen der Kunst und der Wissenschaft. Und eben darauf beruht die massenhafte Bildung neuer Mittelstände, die bedeutender ist als die mit dem alten Handwerk zurück= gekommenen. Die Vorstellung von einer Auflösung der Gesellschaft beruht nur darauf, daß gewohnte Vorstellungen die gewohnten Schranken nicht mehr zu entdecken vermögen. Uebrigens ist der Bau der neuen Gesellschaft so kunstvoll nnd fest verschlungen, daß der feinste Denker diesen Organismus nicht besser erdenken kann, als er ist.

§. 168. X. Die Ständebildung auf dem Boden der neuen Erwerbsgesellschaft. 997

staaten Europa's unwiderleglich darthun. Auch die Wiederzusammenfassung in ein Paar Hauptschichten der Agricultural, Industrial, Professional etc. Classes (Statistical Journals XXXII. 271—284) giebt nur eine schematisirende Benennung, die den innern Gegensatz der Interessen in ihrer unerschöpflichen Mannigfaltigkeit keineswegs ausdrücken, noch weniger versöhnen. Nach dem Maßstab der Machtverhältnisse im Staat treten aber drei Hauptabstufungen hervor.

Durch die Ansammlung der Capitalien hat sich eine neue Gentry herausgebildet, d. h. neue Hausstände in großer Zahl mit einem selbständigen Capitalbesitz, welcher dem standesmäßigen Einkommen der regierenden Klasse gleich, der erwerbenden Arbeit zu ihrem Unterhalt nicht bedarf; ohne sich jedoch an der gewohnheitsmäßigen Arbeit des öffentlichen Lebens gleichmäßig zu betheiligen.

Die neue Combination von Besitz und Arbeit, die stärkere Verwendung intellectueller und technischer Kräfte, ergiebt ferner eine starke Vermehrung der Mittelstände durch den kleinern Capitalbesitz und die qualificirte Arbeit, welche aber noch weniger als die älteren sich an der Arbeit des Communallebens zu betheiligen geneigt sind.

Die handarbeitenden Klassen endlich nehmen zwar jetzt mit Steuer und Stimmrecht an der Ortsgemeinde Theil, aber der Sache nach nur an der Ernennung des Verwaltungsraths (Board); an eine ernstliche Heranziehung zu der persönlichen Arbeit der Verwaltung hat die Gesetzgebung weder gedacht, noch einen Maßstab dafür gefunden, wie denn auch eine solche Betheiligung von keiner Seite verlangt wurde.

Das XIX. Jahrhundert erscheint damit als die Bildungsperiode der neuständischen Gesellschaft. Das gemeinsame Merkmal derselben ist das Abstreifen der persönlichen Staatspflichten. In diesem Bestreben fühlen sich die neuen Stände solidarisch, und treten damit den drei Abstufungen der älteren Gesellschaft in folgender Weise gegenüber.

I. Die regierende Klasse hat als landed gentry die Gewohnheit der staatlichen Selbstthätigkeit am besten bewahrt; sie behauptet noch den Charakter der Pflichtgenossenschaft im engern Kreise, und damit eine einflußreiche politische Organisation, die ihren Einfluß auch noch über das kleinstädtische Leben erstreckt. Sie hatte durch die städtischen Corporations und Friedenscommissionen von Alters her auch die städtischen Honorationen an sich heranzuziehen und zu assimiliren verstanden. Allein die massenhafte Bildung des Capitalbesitzes schafft in den rasch anschwellenden Handels- und Fabrikdistrikten einen gesellschaftlich gleichen, an Zahl und Vermögensmassen allmälig überwiegenden Stand, der durch den selbstthätigen Nachbarverband nur noch zum kleinen Theil heranzuziehen ist, vielmehr seinen eigenen Lebensanschauungen folgt, theils nach dem Vorbild der fran=

zösischen Bourgeoisie, theils in der Richtung des amerikanischen Republikanismus, theils in gänzlicher Abwendung vom Staat (Radicalism).

II. Die im selfgovernment thätigen Mittelklassen hatten durch das Herabsinken der Kirchspielsämter schon vor der Reformbill ihren politischen Zusammenhang eingebüßt, und haben einen solchen durch die Boards der wirthschaftlichen Gemeindeverwaltung in keiner Weise wiedergewonnen. Der periodische Geschworenendienst reichte als Band des politischen Gesammtbewußtseins nicht mehr aus, verkümmerte durch die seltene Anwendung der Civiljury, und ging sogar in die Scheidung einer respectablen (Grand Jury, Special Jury) und einer gemeinen Jury auseinander. In den Municipal Corporations war der Bürgersinn längst erloschen, und ist durch die Neuertheilung bloßer Stimmrechte nicht wieder erstanden. Die Mittelstände in den schnell zusammengehäuften großen Gemeindeverbänden haben durch die Zettelwahl eines Verwaltungsraths ein Bewußtsein persönlicher Pflicht und eines Berufs zu einem selbstthätigen Eingreifen in das Rechts- und Culturleben des Staats nicht wieder gewonnen. Mit den einseitigen Lebensanschauungen des Erwerbs in das neugestaltete Gemeindeleben eintretend, werden sie durch die Boards nur in der Anschauung befestigt, welche auch den Staat als eine bloße Geld- und Interessenwirthschaft ansieht.

III. Der dritte Stand, durch einen willkürlich abschneidenden Geldcensus noch immer vom Parlament ausgeschlossen, durch einen Wählbarkeitscensus auch von den neuen Boards zurückgehalten, lebt nach wie vor rein gesellschaftlichen Lebensanschauungen, in denen alles Andere vor dem Hauptgegensatz von Besitz und Nichtbesitz verschwindet. In diesen vom Staat gänzlich abgeschiedenen Klassen entwickeln sich die socialistischen und communistischen Lebensideale, die in einer vermeintlichen Harmonie der Interessen oder in einer Negation des Besitzes die Lösung der Probleme suchen, welche nur in der menschlichen Pflichtgenossenschaft zu finden ist. Das obrigkeitliche selfgovernment der regierenden Klasse ist zu fern gerückt, um sie an sich zu ziehen. Die Mittelklasse, welche im selbstthätigen Nachbarverband das verbindende Glied zu sein bestimmt ist, hat darauf längst verzichtet. Alles, was die feindseligen Gegensätze sympathisch verbindet, wird in dem neuen Schema der Gemeinde durch besoldete Unterstützungsbeamte, Secretäre und Buchhalter, durch Gesundheits-, Polizeiinspectoren und policemen besorgt, ohne jede persönliche Bemühung der „bessern Klasse." Die Theilnahme am Staat, sowie sie nun den arbeitenden Klassen erscheint, ist in der That nichts weiter als eine Theilnahme an Wahlen und Patronage. Dazu sind aber auch die arbeitenden Klassen jederzeit bereit, und verlangen, als Recht der Gleichheit, ihre Theilnahme an Wahlen und zu vergebenden Aemtern.

§. 168. X. Die Ständebildung auf dem Boden der neuen Erwerbsgesellschaft. 999

Noch hatte das **Realsteuersystem der Kirchspiele und Kreis=**
verbände allerdings eine praktische Bedeutung behalten. Noch immer
blieb es an 16,000,000 L. Communalsteuern sichtbar, daß der politische
Verband auf ansehnlichen Leistungen für das Gemeinwesen beruht. Es
erhielt sich daher noch die Vorstellung, daß eine Steuerzahlung die
Vorbedingung der politischen Rechte sein müsse. Der kleine Steuerzahler
glaubt nun mit **einer** Steuersumme zugleich ein Stimmrecht in Gemeinde,
Sammtgemeinde, Kreisverband und Staat zu erwerben. Allein je mehr
die persönliche Dienstpflicht bei Seite gesetzt wird, um so mehr tritt die
Ungleichheit der übrig gebliebenen Staatsleistung hervor, und führt zur
Classification der Stimmrechte nach willkürlichen Durchschnitten für jeden
einzelen Zweig des Gemeindelebens, und zu einem ebenso willkürlichen Wähl=
barkeitscensus. Das Klassensystem in **dieser Abgrenzung** löst aber den
Zusammenhang von persönlichem Dienst und Steuerzahlung vollends. Es
ist ein Abfall von dem Grundsatz der rechtsgleichen, wetteifernden Stellung
der höheren und Mittelstände, welcher die regierende Klasse Englands groß
gemacht hat, weil sie genöthigt wurde, ihre höhere Macht durch die Selbst=
thätigkeit im bürgerlichen Gemeindewesen zu erwerben. Die jetzige Ab=
stufung nach 50 L. Steuerbesitz zerreißt dies Verhältniß. Die unterste,
etwa ⅞ aller Steuerzahler umfassende Stufe bis 50 L. enthält massenweis
die Elemente der Mittelstände, welche noch einen persönlichen Dienst leisten;
fügt sie zusammen mit denen, die dies nicht thun; trennt sie durch eine
plurality of votes von denen, mit welchen sie zusammengehören. Dieser
grundsätzliche Widerspruch verbreitet die Gleichgültigkeit gegen die persönlichen
Pflichten, wie gegen die dadurch zu erwerbenden Ehrenrechte. Der Sinn,
der in Staat und Gemeinde nur noch eine Actiengesellschaft der Steuer=
zahler sieht, wird der neuen Gesellschaft durch solche Gesetze geradezu an=
erzogen. Durch das Compounding endlich wird auch die Steuerzahlung
zur bloßen Scheinverpflichtung. Das ganze Gemeindeleben löst sich in
einer so beispiellosen Weise auf, daß der Continent selbst in den großen
Städten noch bessere Verhältnisse hat als der Musterstaat des selfgovernment in seiner heutigen Auflösung.

Auf diesen Momenten beruht die seit der Reformbill äußerlich wenig
veränderte, **sachlich neue Stellung der Stände zur Parlamentsver=**
fassung.

Die alten Elemente der **regierenden Klasse** sind unverändert im
Besitz der hohen Aemter geblieben. Die Landaristokratie füllt noch die
Friedenscommissionen. Sie beherrscht also noch immer die Lokalverwal=
tung, während dieses Maß der Ausschließlichkeit seit dem Verfall der
Miliz und seit ihrem Zurückziehen von der wirthschaftlichen Gemeindever=
waltung ihr eigentlich nicht mehr zukommt. In diesen äußerlichen Ehren

ist das heutige Uebergewicht der großen Familien eher größer als früher. Der Mangel der innern Harmonie zeigt sich aber nach einer andern Seite: die regierende Klasse verliert die dominirende Stellung bei den Parlaments=
wahlen. Sie monopolisirt die Aemter; sie kommt aber in Parlament und Amt nur durch steigende Angebote an die nächsten gesellschaftlichen Inter=
essen der steuerzahlenden Wähler.

Die wahlberechtigten Mittelstände stehen in den Parlaments=
wahlen selbständiger da als früher; am meisten in den Städten, allmälig fortschreitend aber auch in der Grafschaft. Aber ihre Vorstellungen treten aus dem alten Zusammenhang der Verfassung heraus. Es handelt sich bei dem Einfluß, den sie auf die Besetzung des Unterhauses üben, nicht mehr um die alten staatsrechtlichen Maximen der politischen Parteien, son=
dern um näher liegende Nützlichkeitszwecke, um rein gesellschaftliche Inter=
essen, die sich sogar schon als Nebenparteien gruppiren.

Der nicht parlamentswahlberechtigte dritte Stand end=
lich, durch ein grundsatzloses Klassenprincip an die Commune ange=
schlossen, hat an den Mittelständen kein anderes Vorbild als die Idee der Interessenwirthschaft, und empfängt von dort aus nur den Impuls, durch einen Antheil am Parlament seine früher am meisten vernachlässigten „In=
teressen" unmittelbar zur Geltung zu bringen.

Diese Grundlagen haben England schon nach einem Menschenalter zu der zweiten Reformbill von 1867 fortgetrieben, in welcher das allge=
meine gleiche Stimmrecht für die Parliamentary Boroughs zur Erschei=
nung kommt. Sie wird ihre weiteren Consequenzen üben ebenso unwider=
stehlich wie die Reformbill von 1832. Die regierende Klasse, deren Or=
ganisation den Rechtsbau des englischen Staats noch aufrecht erhält, ist heute von unten herauf isolirt als Zielpunkt gesellschaftlicher Angriffe, die von nun an in acuter Gestalt auftreten werden.

Die Entwickelung Frankreichs seit 1790 hat durch einen Bruch der Staats- und Gesellschaftsordnung die Lage der Ständeverhältnisse auf einmal herbeigeführt, welche sich in England durch drei Generationen hindurch langsam vorbereitet. Die Stellung der besitzenden Klassen war schon zum pflichtenlosen Vorrecht geworden, als sie gewaltsam gebrochen wurde. Allein auch die nothwendige Revolution bleibt das schwerste Unglück, welches eine Nation treffen kann. England hat zwei Menschenalter gebraucht, um die Wunden des Dynastiewechsels von 1688 auszuheilen. Frankreich hat nach drei Menschenaltern die Stetigkeit der Staatsgewalt und den staatlichen Gegenorganismus der Gesell-
schaft nicht wieder gefunden. Der Geschworenendienst in seiner napoleonischen Gestalt, die sporadische Annahme des Bürgermeisteramtes als Ehrenamt, die dürftige Thätigkeit der communalen conseils und der bureaux de bienfaisance blieb völlig unzureichend, ein nachbarliches Band um die zerfahrene Gesellschaft zu schlingen. Auch das suffrage uni-
versel hat nur zur Gleichgültigkeit gegen das politische Recht und die Freiheit geführt, den Widerstreit der Gesellschaft an keinem Punkte versöhnt, das persönliche Pflichtbewußt-
sein in Staat und Gemeinde nirgends erzeugt. Gesellschaft und Staat stehen noch heute

§. 168. X. Die Ständebildung auf dem Boden der neuen Erwerbsgesellschaft. 1001

unvermittelt einander gegenüber. Das Bedürfniß der Ruhe und Ordnung sucht seine Befriedigung in militärisch-polizeilicher Dictatur, das sittliche Autoritätsgefühl in blinder Unterwerfung unter die heilige Kirche. Alle gewählten Gemeinderäthe, Sammtgemeinderäthe, Kreisräthe, Departementsräthe, Nationalversammlungen haben den Gegensatz der gesellschaftlichen Klassen nicht verschmolzen, sondern nur centralisirt und verschärft.

Auch in Deutschland hat der Absolutismus die Gesellschaft dem Staate entfremdet, und unter gesellschaftlichen und Lokalinteressen das Gesammtbewußtsein der Nation verkümmern lassen. Allein Deutschland hat die Continuität seiner Staats- und Rechtsentwickelung gewahrt. Der in der Monarchie Friedrichs des Großen verkörperte Staat hat mit Wehrpflicht, Schulzwang und Städteordnung die Grundlagen geschaffen, auf welchen auch die neue Gesellschaft das rechte Verhältniß der Stände wieder zu finden vermag: nicht durch ein Zurückschreiten in die ständische Gliederung des Mittelalters, welche die Monarchie in ausdauerndem Kampfe überwunden hat, sondern durch die Wiedergewöhnung an die Bürgerpflichten der Verwaltung in Nachbarverband und Staat.

Die besitzenden Klassen vermögen die höhere Stellung in der neuen Gesellschaft nicht anders zu gewinnen, als durch das obrigkeitliche Ehrenamt, welches auch in der einfachen Gestalt der verwaltenden Polizei, der Militäraushebung, Steuerjurisdiction ꝛc. einen weitern Blick und eine Bildung voraussetzt, welche nur durch die gewohnheitsmäßige Uebung zu erwerben ist. Da jenes Maß der Bildung, Unabhängigkeit und Uebung durchschnittlich nur durch die besitzenden Klassen zu gewinnen ist, so fällt das obrigkeitliche Amt vorzugsweise ihnen zu, und man muß denen, welche die Mühe und Verantwortlichkeit übernehmen, auch die Ehre ihres Berufs lassen. Es bedarf dafür keines Census.

Die deutschen Mittelstände haben die gute Gewohnheit der persönlichen Arbeit im Nachbarverbande nie verloren. Sie haben damit ein Selbstbewußtsein und eine Bedeutung für das öffentliche Leben gewonnen, welche Deutschland von den übrigen Staatsbildungen Europas scheidet. Soll diese Stellung nicht verloren gehen durch die gleichgültige Ignorirung aller persönlichen Pflichten des Gemeinwesens, so bedarf es dafür eines Census, der in der beweglichen Gestalt der heutigen Gesellschaft nur ein relativer sein kann. Es bedarf des ernstlich gemeinten Zwanges zum Geschworenendienst, zum Schöffendienst und zu den Gemeindeämtern im Anschluß an das Dreiklassensystem der preußischen Verfassung. Die Beseitigung dieses Zwanges durch eine Scheinverpflichtung „aller" Gemeindemitglieder und die Verschenkung pflichtloser Stimmrechte verletzt am meisten die deutschen Mittelstände in ihrer wohlerworbenen Geltung.

Der dritte Stand der neuen Gesellschaft umfaßt diejenigen Elemente welche keine Verpflichtung zur persönlichen Mitarbeit im Nachbarverband übernehmen können. Der Gesetzgeber kann zwar auch diesen Klassen ein volles Stimmrecht verleihen, ebenso wie er ständische Privilegien ohne Pflichten ertheilen kann. Aber er vermag ihnen weder die Macht noch den Einfluß, noch die praktische Einsicht zu verleihen, um ihren Mitbürgern Gesetze zu geben. Ein so verliehenes Privilegium setzt sie nicht einmal in den Stand, ihre eigenen Interessen wahrzunehmen. Die wenigen Volkstribunen aus einer höhern Klasse des Besitzes oder der Bildung, welche eine solche Wählerschaft in die gesetzgebenden Versammlungen zu bringen vermag, haben auch ihre Anfeindung des Besitzes wohl noch niemals die wirklichen Interessen ihrer Auftraggeber vertreten. Um den arbeitenden Klassen die wirkliche Gleichberechtigung zu geben, muß ihnen die Verpflichtung zum persönlichen Dienst ebenso auferlegt werden wie den höher besteuerten. In der That begründet das Maß der direkten Steuern die Vermuthung, daß auch die dritte Klasse des preußischen Wahlsystems aus ihrer Mitte ebenso viel Verpflichtete zum Geschworenendienst, zur Armen-, Wege-, Schulverwaltung ꝛc. zu stellen vermag, wie die I. und II. Steuerklasse. Wie völlig ungenügend dies in der Wirklichkeit geschieht, ergeben die Amtslisten jeder Gemeinde. Der Zwang, den ihr zukommenden persönlichen Antheil zu tragen, entsteht durch das oben dargelegte Registrirungssystem, welches von Jahr zu Jahr ihr Contingent in den Listen nach Möglichkeit vollzählig hält. Es führt dem Erfolge nach jeden, auch den kleinsten Steuerzahler, zum vollen Stimmrecht, wenn er zur persönlichen Mitthätigkeit im Gemeindeleben bereit und im Stande ist. Erst dann kann von gleichen Rechten und Pflichten die Rede sein. Erst dann wird aber auch der bisher so wenig einflußreichen Masse das Recht und die Veranlassung gegeben, durch jedes einsichtige Mitglied aus ihrer eigenen Mitte auf den Gang der öffentlichen Geschäfte eine stetige Einwirkung, auf die Wahlen zur Legislative einen sichern, von einem verstandenen Interesse geleiteten Einfluß zu üben. Erst eine persönliche Betheiligung an der Lokalverwaltung der Armen-, Schul- und Gesundheitspflege kann die „socialen Theorien" auf lebensfähige Maßregeln zurückführen. Das Verhältniß der Aufgaben und Mittel des Staats wird auch diesen Klassen erst verständlich durch die eigene Handhabung im praktischen Leben. Es scheidet sich damit der sociale Fortschritt von der socialen Agitation. Die bisherige Weise der Arbeiter-Coalitionen mit stets wechselnden, stets uneinigen, einander bekämpfenden Führern und Doctrinen, hat immer nur Scheinconcessionen erreicht, die nach Beseitigung der drohenden Stellung der Massen zurückgenommen wurden. Alles, was von Staatswegen Wirksames für sie geschehen, ist nur durch wohlerwogene Acte der Gesetzgebung nach praktischen Erfahrungen im Gebiet der Armen-, Gesundheits- und Polizeiverwaltung erreicht worden. Zur wirklichen Erkennung und Geltendmachung ihrer Interessen bedarf es ihrer eigenen, stetigen Mitarbeit.

Das so geregelte gewohnheitsmäßige Zusammenwirken aller Klassen in der Staatsarbeit beseitigt auch die stetige Bedrohung des Besitzes durch eine Massenherrschaft, welche den Besitz der politischen Freiheit abwendet. Das Wahlrecht gewinnt erst durch die wirklich erfüllte Bürgerpflicht den Charakter des Ehrenrechts wieder. Denn wie im wirthschaftlichen Leben der gleiche Lohn für ungleiche Leistung alle Arbeit nur gleichmäßig herunterbringt: so wird im Staatsleben durch die Ertheilung des gleichen Rechts ohne Rücksicht auf Leistung und Verdienst das politische Recht völlig entwerthet. An die Stelle der allgemeinen Theilnahme tritt die allgemeine Gleichgültigkeit gegen das höchste im Staate zu gewährende Recht, — eine Gleichgültigkeit, die sich nicht nur in der Theilnahmlosigkeit an den Wahlen, sondern mehr noch in dem würdelosen Gebrauch des Wahlrechts ausdrückt. Mit der Ehrenherstellung des Wahlrechts kehrt auch die Harmonie der Stände wieder. Denn weder der hohe noch der niedrige Census, weder das gleiche noch das ungleiche Stimmrecht können den Gemeindesinn schaffen, welcher der einzig praktische Gemeinsinn für ein Staatsganzes ist, sondern nur der sympathische Zusammenhang einer Rechtsgenossenschaft von solchen, die zu wetteifernder persönlicher Thätigkeit nachbarlich verbunden sind. Ueber die Schöffenlisten als Wahllisten vergl. Gneist, Preuß. Kreisordnung. Abschn. XV.

XI.

Das Parlament der neuen Gesellschaft.

Waren die Parlamente auf ihrem Höhepunkt unter Georg III. die Zusammenfassung der für den Dienst des Staats gebildeten, gegliederten und gewöhnten Gesellschaft: so sind die Parlamente der Königin Victoria der treue Ausdruck des den Interessen der Gesellschaft dienstbar gewordenen Staats.

§. 169. XI. Das Parlament der neuen Gesellschaft.

War das „omnipotente" Unterhaus eine in der europäischen Welt einzig dastehende Erscheinung: so waren auch seine Unterlagen durchaus eigenthümliche, den natürlichen Tendenzen der Gesellschaft widersprechende. Vier Fünftheile der englischen Wahlkreise waren im Wesentlichen nur Verwaltungskörper, d. h. ständige, cooptirte Magistrate der Städte ohne geregelte Vertretung der Bürgerschaft. In dem übrigen Fünftheil, den englischen Grafschaften, bestanden als organisirte Körper ebenso nur die friedensrichterlichen Sessions mit Ausschluß jeder Repräsentation der Steuerzahler, dagegen unter einem beherrschenden Einfluß der regierenden Klasse. Die landed gentry hatte ihren der Zahl nach geringen Antheil an der Parlamentswahl durch die großartigsten persönlichen Leistungen ausgeglichen, und beherrschte durch ihre Stellung im selfgovernment auch die städtischen Wahlen. Ein aus solchen Verwaltungskörpern und ihrem verwaltenden Personal zusammengefügtes Unterhaus konnte allerdings zum regierenden Körper des Staats werden.

Allein dies Gesammtverhältniß beruhte auf einer Kette künstlich gestalteter Verhältnisse und Ausgleichungen, in welcher mit der Umbildung der Gesellschaft die einzelen Glieder zu weichen anfingen. Es beruhte auf einer unnatürlichen, ursprünglich sogar gewaltsamen Verstümmelung der Stadtverfassungen, auf einer Herabdrückung der Mittelstände, auf einer Zurücksetzung des staatlichen Culturzwecks. Verstärkt durch die massenhaften Elemente ihrer Neubildung, sprengte die Gesellschaft diese Fesseln mit demselben Recht wie die neugebildete Gesellschaft des Continents die Fesseln des Absolutismus. Die Reformbill befriedigte die Forderung der Theilnahme am Staat, die Socialgesetzgebung die dringenden Forderungen der arbeitenden Klassen auf Schutz und Förderung. Beide Richtungen waren unzweifelhaft gleich nothwendig, beide sind ungefähr mit einem gleichen Maß von Besonnenheit durchgeführt. Es ist auch im Ernst keine der politischen Parteien gesonnen, das so Geschaffene rückgängig zu machen. Wohl aber ist ein Gefühl des Widerspruchs vorhanden, welcher durch die Weise der Ausführung in verschiedenen Richtungen entstanden ist und die Parlamentsverfassung aufzulösen droht.

Das nun wohl verständliche auflösende Element, welches durch die Reformbill in diesen Staat gekommen, ist die Auflösung der alten Pflichtgenossenschaften, die in steter Nachgiebigkeit gegen das nächste Interesse, das Gemeindeleben Englands in einer beispiellosen Weise zerstört hat. Der völlig verschwundene Gemeindesinn (parochial mind) ist die Wurzel, aus welcher die neue öffentliche Meinung, die neue Stellung der Presse, der neue Charakter der Wahlkörper, die Zersetzung der alten Parteien, die veränderte Stellung des Ministerraths, der veränderte Charakter des ganzen Staats hervorgehen, in einer Kette, in welcher un=

widerstehliche Mächte den Staat zu einer zweiten Reformbill forttreiben, und über diese hinaus den Auflösungsprozeß beschleunigen.

Das zersetzende Element von unten herauf ist das Uebergewicht der gesellschaftlichen Auffassung vom Staat. Die Wählerschaft, welche durch Verdoppelung der Stimmrechte seit der Reformbill zur Geltung kam, gehörte den städtischen und Fabrikdistrikten an, in einem Lande, welches durch seine Lage zum Mittelpunkt der Gütererzeugung und des Welthandels bestimmt ist, in schnell aufgehäuften, von Hause aus fast zusammenhangslosen Nachbarverbänden. In diesen Kreisen entfaltet sich die neue Welt der gesellschaftlichen Ideen, analog den Lebensanschauungen der dem Staat entfremdeten Stände des Continents. Ja, sie tritt mit der verstandesmäßigen Einseitigkeit der Nation und mit der beispiellosen Umgestaltung des Güterlebens in England am schroffsten hervor. Das alte Wort des Aristoteles, daß der Mensch ein staatliches Wesen sei, verliert seine Bedeutung in dieser Lebensgemeinschaft, welche die höchste Bestimmung des Menschen vielmehr in der Gesellschaft selber findet. Die Beförderung des eigenen Wohls ist ihr nicht blos ein erlaubtes Ziel des Strebens: es ist ihr das Endziel alles äußern Lebens geworden. Sie sieht auch im Staate nur noch die Verwirklichung von Interessen, d. h. des Bestrebens, das eigene Wohl und die eigene Macht zu erhalten, zu befestigen und zu erweitern. Die sittlichen Pflichten des Menschen im Staat reiht sie in ihr System als „Staats- und Religionsinteressen," und gelangt so zu einem Einverständniß darüber, daß „die sociale Frage heutigen Tages Alles sei." Durch Angebot und Nachfrage findet sich auch der treue Geistliche, der unparteiische Richter, der redliche Verwalter der Finanzen, der tapfere Vertheidiger des Vaterlandes. Als Grundfehler des überkommenen Staats, der Kirche und der Gemeinde betrachtet sie das Element des Zwangs, an dessen Stelle die Ungebundenheit der Interessen im Ganzen und im Einzelen treten soll. Die Forderungen an den Staat allerdings wachsen von Tag zu Tag in dem Maße, in welchem die gesellschaftlichen Klassen in dem harten Kampf um die Existenz und den Erwerb ihrer Interessen sich bewußt werden. Die Organe und Kräfte des Staats zur Erfüllung dieser Forderungen werden aber immer schwächer, da die Gesellschaft mit jeder wichtigen „Reform" sich entweder einer persönlichen Pflicht oder einer Steuerlast entledigt. Diese Grundrichtung, welche in den Cahiers der französischen Stände von 1789 wie in einem Brennpunkt sichtbar wird, tritt seit der Reformbill stückweise in der Gesetzgebung auf, beseitigt Schritt für Schritt die persönlichen Bürgerpflichten, und macht nach dem täglichen Vorbild des arbeitenden Kapitals Staat und Gemeinde zur Actiengesellschaft. Während selbst die Verwaltung eines Actienvereins noch gewisse Charaktereigenschaften und geistige Kräfte erfordert, welche die heu-

§. 169. XI. Das Parlament der neuen Gesellschaft. 1005

tigen englischen Actionäre in keiner Eisenbahnverwaltung durch ihre Wahlen mehr zu treffen und zu erzeugen verstehen, gilt ihnen doch dasselbe Schema für genügend, um eine Stadt, eine Grafschaft, ja selbst einen Staat zu regieren, dessen Gebiet und Aufgabe sich über alle Theile der bewohnten Erde erstreckt. Das mangelnde Gefühl der öffentlichen Pflichten macht täglich neue Entdeckungen über die Zurückführung des Staates auf seine „wahren Aufgaben." Man denkt dabei noch etwa an Rechts- und Polizeischutz, und allenfalls englische Milizen; während man den Volksunterricht, das Culturleben und alles was über die Tagesbedürfnisse des erwerbenden Kapitals hinausliegt, für Usurpationen des Staats hält. Der consequentere voluntarism gelangt zu einer Negation des Staats überhaupt.

Die Summe ihrer periodisch zum Uebergewicht gelangenden Interessen nennt die Gesellschaft „öffentliche Meinung," und setzt solche an die Stelle des Willens der ehedem staatlich organisirten Gesellschaft. Gewiß war die letztere eine große und berechtigte Macht, deren Allgewalt England noch im Kriege gegen die nordamerikanischen Colonien und gegen Frankreich empfunden hat. Es war die unwiderstehliche Kraft des Nationalgefühls, welche in sturmbewegten Zeiten die Schritte der Staatsregierung lenkte. Die öffentliche Meinung kann auch eine starke Macht sein in ruhigen Zeiten, wenn sie die Richtung des Staatswillens bestimmt durch den gleichen Pulsschlag öffentlicher Körperschaften, welche in gleichem Geiste gemeinschaftliche Pflichten erfüllen. Allein sie wird etwas sehr Unzuverlässiges, wo sie nichts ist als die Summe der Eindrücke, welche große und kleine Erwerbsgesellschaften und Zeitungsleser von den Tagesereignissen empfinden. Die Summe solcher Vorstellungen ist wohl im Stande, vorhandene Gebrechen des Staats zu erkennen, und ihnen im Einzelen abzuhelfen. Nie ist sie aber im Stande die organischen Gesetze des Staats, den Gegenorganismus der Gesellschaft selbst, zu schaffen; denn sie weiß immer nur die nächste Conjunktur, nicht das dauernde Wesen des Staats. Ihr Kampf ist nur der Widerstreit unvereinbarer Interessen, der Ausdruck ihrer Eifersucht unter sich. Im Staatsorganismus weiß sie nie, was sie will, weil sie immer nur weiß, was sie nicht will. Die Planlosigkeit, das Unzusammenhängende, stetig Widersprechende ihrer Ideen und Vorschläge bahnt stets nur einer diktatorischen Gewalt den Weg, welche in summarischer Weise das dem Staate Nothwendige zu schaffen hat.

In Wechselwirkung mit dieser Gestaltung der öffentlichen Meinung steht ihr geistiges Hauptorgan, die periodische Presse. Einst die gewaltige Waffe der politischen, religiösen, geistigen Befreiung der Völker, wird die Presse in der socialen Grundrichtung der Zeit den Interessen dienstbar. Auf dem Höhepunkt der parlamentarischen Zeit bestand die politische Presse in einem bescheidenen, fast dürftigen Umfang, unter der

Leitung, unter den Geldmitteln, unter der Firma und Verantwortlichkeit bekannter Parteien und politischer Männer. Mit der Abstreifung der persönlichen Verantwortlichkeit im öffentlichen Leben erhält sie die neue Grundlage der anonymen Gesellschaft und der anonymen Autorschaft, durch welche sie nur der Gesellschaft dienstbar wird. Auch im Lande des selfgovernment entsteht nun der Glaube, die Theilnahme am Staat, die politische Bildung des Volkes, die Arbeit und Pflicht des öffentlichen Lebens bestehe darin, daß der Wähler täglich oder wöchentlich eine Stunde der Lectüre eines Blattes widme, vorzugsweise desjenigen, welches seine gesellschaftlichen Lebensvorstellungen anspricht. In dieser Schichtung der Presse und ihrer Leser ist das Unterschieben gesellschaftlicher Vorstellungen an der Stelle, wo in der ältern Presse Verfassungsgrundsätze standen, so unmerklich vor sich gegangen, daß man das Verschwinden der Grundsätze für einen Fortschritt der Civilisation, das Sichfestrennen in dem Egoismus der nächsten Interessen für identisch hält mit der Festigkeit politischer Ueberzeugung und Gesinnungstüchtigkeit. Mit der gesellschaftlichen Gruppirung verschwindet vielmehr das Rechtsbewußtsein aus der öffentlichen Meinung. Es verschwindet zuerst da, wo es nie sehr stark war, in den Anschauungen von dem Recht fremder Völker, in welchen die herrschende Presse alles Gefühl von Recht, zuweilen selbst von Anstand verletzt. Das verloren gegangene Rechtsbewußtsein nach außen reflektirt aber auch nach innen, und wenn der Maßstab des Rechts für öffentliche Verhältnisse verloren geht, so wird auch die respectability des Privatlebens leicht zum trüglichen Schein. Diese Unterschiebung des Nutzens an jede Stelle, an welcher früher das Recht stand, erzeugt dann wechselwirkend die Flatterhaftigkeit und Unstetigkeit der public opinion, die nicht nur von Woche zu Woche widersprechende Dinge mit gleichem Eifer will, sondern in einundderselben Nummer der Times drei sich widersprechende Leitartikel mit gleicher Andacht in sich aufnimmt. Es entsteht daraus ein dem ancien régime ebenbürtiger Leichtsinn, der die Zukunft des Landes der Gegenwart opfert, und durch die Scheinbefriedigung des Nächsten der Zukunft immer schlimmere Verlegenheiten bereitet, in der Hoffnung, man werde dann wieder Mittel finden sich weiter zu helfen, wenn man auch noch nicht weiß wie. Der bessere Wille der anonymen Autorschaft kann darin nichts ändern. Denn die periodische Presse beruht auf continuirlichem Angebot und Nachfrage; sie kann habituell nur denen schreiben, welche sie habituell lesen wollen. In dem, was sie sagt, und was sie verschweigt, kann sie in vitiösem Zirkel der Gesellschaft nur ihre eigenen Gedanken wiedergeben. Presse und Vereinsrecht sind unentziehbare Lebensbedingungen der heutigen Gesellschaft: aber das fehlende Staatsbewußtsein vermögen sie der Gesellschaft nicht wiederzugeben. Eine öffentliche Meinung auf Actien kann einmal nicht

§. 169. XI. Das Parlament der neuen Gesellschaft. 1007

das dauernde Wesen des Staats vertreten, sie kann weder in der aus=
wärtigen Politik noch in der innern Organisation des Landes irgend einen
großen, stetigen, zusammenhängenden Gedankengang festhalten. Die Selbst=
täuschung darüber beruht nur darauf, daß Niemand diese Presse rück=
wärts liest.

Die locale Gruppirung der Interessen und der öffentlichen Meinung
erzeugt aber weiter wirkend die Unbeständigkeit und Zerfahrenheit
in dem Geist der Wahlkörper, aus denen das Unterhaus hervorgeht.
Die Zahl der innerlich aufgelösten Wählerschaften läßt sich fast geographisch
abgrenzen nach den Bevölkerungen der Fabrikdistricte und großen Städte
zum Theil auch schon der Grafschaften und kleinen Städte. Durch den
Einfluß dieser Wahlkörper hört die regierende Klasse auf Leiterin der Be=
wegung mit ihren staatsrechtlichen Grundsätzen zu bleiben; sie sieht sich
vielmehr in einen endlosen Streit um Interessen und Gegeninteressen ver=
wickelt, in welchem an den dauernden Bau des Communallebens und des
Staats nicht mehr zu denken ist. In der allgemeinen Erschlaffung des Ge=
meinsinns ist für ernste Fragen des Staats kein Interesse und Ver=
ständniß mehr vorhanden, ein Mandat vielmehr nur noch durch die Ver=
tretung von Durchschnittsinteressen und Durchschnittsmeinungen zu gewinnen.

Während von Jahr zu Jahr die Wahlkörper unsicherer werden, finden
wir die Parteien der alten gentry, die mächtigen Familien des
Oberhauses, die einflußreichen Männer des Unterhauses, scheinbar sicher
in dem Besitz der hohen Staatsämter. So sicher aber der Besitz der
Klasse, so rasch wechselnd und unsicher erscheinen ihre Parteien in Besetzung
der Stellen. Und dabei ist wenig mehr die Rede von den alten Partei=
gegensätzen, wie sie einst aus der innerlich zusammengehörigen parlamen=
tarischen Verfassung und Verwaltung hervorgingen; denn eine politische
Organisation der regierenden Klasse im engern Kreise ist zwar noch vor=
handen, sie durchkreuzt sich aber und löst sich durch die Interessenwahlen.
Auch die alten Namen kommen allmälig in Vergessenheit, und machen der
gesellschaftlichen Scheidung einer conservativen, liberalen, conservativ=
liberalen Partei Raum. Zwischen 200—300 sog. liberalen Mitgliedern und
200 sog. conservativen geben den Ausschlag gerade die Elemente, welche am
weitesten außerhalb der Verfassung der communae stehen, oft auch das speci=
fische Irland. Jede Neuwahl zum Parlament ist daher entscheidend für
die Existenz der Verwaltung. Jedes Mitglied muß also, um seinen
Weg in das Parlament und in die Macht zu finden, seine Concessionen
machen (1) an die Wähler, (2) innerhalb der heutigen Parlamentsfractionen
die nöthigen Concessionen, um eine summirte Majorität zu gewinnen. Die
Bewerbungen um einen Parlamentssitz gewinnen dadurch immer mehr den
Charakter der Angebote: es handelt sich nicht um staatsrechtliche Grundsätze;

sondern um vieldeutige Versprechungen an die Wählerschaft, jedenfalls um ungemessene Verheißungen von neuen Rechten ohne neue Pflichten, ohne jede persönliche Belästigung. So wird die Bewerbung um einen Parlamentssitz Gegenstand einer Pragmatik, die nicht bloß (wie zu allen Zeiten) viel Geld erfordert, sondern auch schwerwiegende moralische Zumuthungen macht. Es ist ein Irrthum, diese Erscheinungen für den alten regelmäßigen Wechsel der Parteien zu halten. Whigs und Tories übernehmen die Aemter nicht mehr, um wie einst ihre Grundsätze zur Geltung zu bringen, sondern sie bekennen sich zu Maßregeln, um in das Amt zu kommen. Dies Ueberbieten ohne Rücksicht auf Grundlagen der Verfassung macht hier eine Concession an die volkswirthschaftlichen Ideen der kleinen Steuerzahler, dort an den großen Grundbesitz, dort an die Kauf- und Fabrikherren, dort an die bequeme Verwaltungsordnung: immer aber reißt sie ein Stück der harmonischen Verfassung los, löst das Einheitsband zwischen Verfassung und Verwaltung, treibt beide weiter aus einander.

Im Centrum des Staats zeigt sich die Gesammtwirkung dieser Verhältnisse in einer veränderten Stellung des Ministerraths. Das Cabinet war in der sich selbst regierenden Gesellschaft de facto wenig mehr als ein „Verwaltungsausschuß des Parlaments" geworden, zunächst designirt von der Majorität des Unterhauses, ergänzt und ermäßigt durch das Oberhaus. Dies Verhältniß war entstanden unter Voraussetzung eng und formell begrenzter Ministergewalten, wie sie im XVIII. Jahrhundert noch bestanden. Etwas Anderes wurde daraus im XIX. Jahrhundert durch die Entwickelung des Staatssekretariats und der Parliamentary Boards zu Ministerien im Sinne continentaler Verwaltung, unter stetigem Zuwachs besoldeter Beamten und discretionärer Gewalten. Der Einfluß der öffentlichen Meinung, d. h. der stärksten Interessenmassen, auf die Maßregeln der Staatsregierung wird damit immer unmittelbarer und eingreifender. In größtem Maßstab ist dies geschehen durch die Incorporirung des Ostindischen Reichs in das mit den Parteien wechselnde Staatssecretariat, und durch weit angelegte Pläne zu einer Reorganisation des Civildienstes und der bewaffneten Macht, wie solche nach den Erfahrungen des Continents mit den wechselnden Parteistellungen eines gewählten Staatskörpers nicht bestehen. Auf jeden außerhalb der englischen Parteien Stehenden machen sie den Eindruck, daß die so gestalteten Gewalten kein Spielball sein können, welchen sich die Fraktionen des Unterhauses von Jahr zu Jahr einander zuwerfen.

Der Ministerrath selbst verliert unter solchen Verhältnissen den Geist der Collegialität, da ein durch politische Grundsätze verbundenes Collegium dem Wechsel der öffentlichen Meinung nicht mehr folgen kann. Neben dem dirigirenden Premier, First Lord of the Treasury,

§. 169. XI. Das Parlament der neuen Gesellschaft.

werden die übrigen Mitglieder des Cabinet mehr zu Nebenfiguren, die im Parlament und in der öffentlichen Meinung seit den Zeiten Lord Palmerston's sichtbar zurücktreten. Je breiter die Basis des Parlaments, je größer die Summe der zusammengefaßten Interessen, die ihre Verwirklichung verlangen, um so mehr spitzt sich alle Lokal- und Staatsverwaltung in eine Person zu, die für die Verwirklichung dieser Interessen „verantwortlich" sein soll. Mit dem Verschwinden der Grundsätze aus der parlamentarischen Regierung personifizirt sich die Staatsgewalt wieder in ein Generalmandat an eine Person, welche dem Durchschnittsinteresse der Gesellschaft ungefähr zu entsprechen vermag. Folgerecht vereinfacht sich auch das Verhältniß der öffentlichen Meinung zur Staatsregierung: sie designirt den dirigirenden Minister in seiner heutigen, mehr noch als früher dornenvollen Stellung, in welcher ein Dank nur noch den Todten votirt wird. Gewiß ist es eine unermeßlich schwere Aufgabe geworden, die hin- und herwogenden Interessen und Vorstellungen der heutigen Gesellschaft zu Majoritäten in zwei großen schwerfälligen Parlamentskörpern zusammen zu fassen; und doch bedarf es der stetigen Zusammenfassung, um zu einem einheitlichen Willen, zu einer Bewegung dieses Staatskörpers überhaupt zu gelangen. Alle Institutionen des alten Staats, alle Traditionen der alten Parteien umwogt, angezweifelt und angegriffen von den Ansprüchen der neuen Gesellschaft, — verwirrt durch den Conflict der Interessen der alten und neuen Gesellschaft und der Interessen unter sich, — geleitet von einer unstetigen, den nächsten Eindrücken zugewandten Tagespresse, — ein wirklicher Nothstand, in welchem der leitende Mann des Tages zufrieden sein muß, das nächste Bedürfniß durch die nächstliegenden Mittel zu befriedigen. Der leitende Geist einer solchen Zeit kann ebendeshalb nicht die Eigenschaften der Beständigkeit und der Ueberzeugung haben, an welche man in früheren Menschenaltern dachte. Die heutige Kunst des Staatsmannes erfordert mannigfaltige und vielseitige Eigenschaften, — aber Eigenschaften anderer Art als diejenigen, welche im achtzehnten Jahrhundert das strenge Commando über die Parlamentsparteien führten. Es ist die Kunst, grundsatzlose, disparate Elemente und Strömungen zu conglomerirten Majoritäten zusammenzufassen, die großen Familien mit Aemtern zu versorgen, den Kauf- und Fabrikherren den Freihandel zu garantiren, jedem Wunsch eine Hoffnung zu lassen, den nationalen Vorurtheilen gemeinverständlich zu schmeicheln, immer den Schein der äußeren Erfolge zu wahren, die Parlamentscotterien mit individuellen Mitteln zu behandeln, hier durch Schmeichelei, dort durch ein Amt einen störrigen Gegner auszukaufen, die Presse zu behandeln, und in alle dem den Schein zu bewahren, daß Alt-England sich selbst regiere durch die großen Eigenschaften der Nation und seiner Staatsmänner. Das Opfer dieses Zustandes sind aber die Dinge, welche

Gneist, Engl. Communalverfassung. 3. Auflage.

nie nach Vorurtheil und Schein behandelt werden dürfen: die ganze organische Gesetzgebung, die Wehrkraft des Landes und die Wahrung seiner Stellung im europäischen Staatsverbande.

Mit der wachsenden Macht der „öffentlichen Meinung" wächst aber nur der innere Widerspruch der gesellschaftlichen Interessen, die in einer Körperschaft, und aus dieser heraus in einer Person ihre Verwirklichung verlangen. Die massenhafte Comglomerirung der Interessen vermag den einzelen immer weniger zu genügen. Trotz der unermüdlichen Geschäftigkeit der Parlamente wächst ein Mangel der gesellschaftlichen Befriedigung, der immer tiefer in die Unterlagen der Gesellschaft eindringt. So viel zur Hebung der arbeitenden Klassen geschehen ist, so organisirt sich mit deren allmäliger Erhebung umsomehr die Unzufriedenheit der durch Census ausgeschlossenen Passivbürger. Da ihre Ausschließung auf einem grundsatzlosen Durchschnitt beruht, so richtet sich die Unzufriedenheit gegen den in Parteien getheilten Besitz selber. In solcher Lage stand die regierende Klasse Englands schon nach zwei Jahrzehnten vor dem Problem einer zweiten Reformbill, ohne daß aus der ersten ein Grundsatz der neuen Reform zu entnehmen war. Die Parteiregierungen sahen sich durch das schwankende System ihrer Meistgebote in die Lage gebracht, die Vertretung der arbeitenden Klassen in das Intriguenspiel der Parteien hineinzuziehen. Seit 1851 waren neue Reformbills eine Handhabe gewesen, um durch scheinbare Mehrgebote die Gegner aus den Ministerien zu treiben, als 1867 ein unerwarteter Erfolg eintrat. Die conservative Opposition hatte wiederum einen gemäßigten Reformvorschlag durch hinterlistige Amendements zu Falle gebracht, um, im Besitz der Regierungsgewalt, denselben Entwurf erst aufzunehmen und dann zu überbieten. Nach endlosen Debatten, in welchen alle Gründe der Parteitaktik, aber kein Grundsatz der englischen Verfassung zur Geltung kam, in welchen die berühmtesten Namen des Parlaments ihre praktische Unkenntniß von dem Compounding the Rates an den Tag legten, kam durch ein mißverstandenes Amendement das allgemeine gleiche Stimmrecht der städtischen Wahlkreise zur Geltung, gegen den Willen aller Parteien, in einer stummen Schlußabstimmung. Die Grundsatzlosigkeit hatte sich in eigener Schlinge gefangen.

Es ist ein seltsames aber unauslöschliches Bild, welches die Verhandlungen über die Reformbill von 1867 darbieten, verglichen mit der Reformbill von 1832. Es ist der Spiegel des heutigen Englands überhaupt: ein Parlament in welchem die Parteien keinen Grundsatz, die Einzelen keine Ueberzeugung mehr vertreten.

<small>Das heutige England holt die Umwandlungen nach, welche die Gesellschaft des Continents mit der Parlamentsverfassung bereits durchwandert hat. Der Verlauf der fran=</small>

zösischen Revolution mit ihren härter immer getäuschten Hoffnungen beweist heute wohl endlich überzeugend, daß aus dem Strom der Interessen heraus die freie Verfassung einer sich selbst regierenden Gesellschaft nicht zu finden ist. Ihre wechselnden Gestaltungen reproduziren die Grundgedanken und Ziele jeder Gesellschaft, sobald sie von staatlicher Ordnung sich ablösen. Es kann deshalb auf die obigen Gegensätze im Einzelen verwiesen werden.

Auch in Deutschland vermag ohne Initiative der Staatsgewalt die öffentliche Meinung zu keinem inner Ausbau des Staats zu gelangen. Die widerspruchsvollen Grundlagen des allgemeinen Wahlrechts im Reich, des Dreiklassenwahlrechts in der Landesverfassung, des ständischen Rechts in Provinz, Kreis und Landgemeinde, die Ansprüche der besitzenden Klassen alter und neuer Gesellschaft, die Ansprüche der Mittelstände und der handarbeitenden Klassen sind aber nicht anders zu vereinigen, als durch die persönliche Pflichtgenossenschaft, in welcher kein anderer Maßstab gilt, als die Erfüllung der persönlichen Bürgerpflichten. Sie ist als Ganzes mit der Initiative der Staatsregierung noch heute durchführbar. Vgl. Gneist, Preuß. Kreisordnung. Abschnitt XI.—XV.

XII.

Der Zwiespalt der Parlamentsverfassung.

(§. 170). Hat die Reformbill von 1832 durch eine Verdoppelung der Wahlberechtigten zu einer halben Auflösung der Verfassung geführt, so wird mit der Reformbill von 1867 diese Bewegung in die zweite Potenz versetzt, denn die neue zweite Million von Wahlberechtigten besteht weit überwiegend aus den jeder persönlichen Dienstpflicht entfremdeten Steuerzahlern der Parlamentsflecken.

Die Verfassung kehrt damit zurück zu dem Standpunkt der „Deklaration der Menschenrechte." Eine Gesetzgebung, welche ebenso die persönlichen Bürgerpflichten wie die Steuerpflicht als überwundene Standpunkte der Wahlberechtigung behandelt, behält nur das angeborene Recht der gesellschaftlichen Gleichheit als Grundlage übrig.

Eine solche Grundlegung des Staats hat aber keinen Inhalt, keine Grenze und kein Ziel.

Keinen Inhalt; denn die Anerkennung der allgemeinen Menschenrechte ist längst erfolgt. Die Bestimmung der Kirche im Mittelalter, die Aufgabe der Monarchie seit der Reformation ist die Anerkennung der allgemeinen Menschenrechte, die langsame, aber stetige Schöpfung der bürgerlichen Rechtsgleichheit gewesen, durch welche die ständisch zerrissene Gesellschaft zu der Möglichkeit eines einheitlichen Staatswillens aus freier Selbstbestimmung zurückgeführt ist. Die aus solchen Voraussetzungen hervorgehende Parlamentsverfassung hat nicht die „allgemeinen Menschenrechte" im Staate erst zu schaffen. Gäbe es noch rechtlose Elemente in unserer Gesellschaft, so würde eine Repräsentativverfassung ihnen die Befreiung nicht bringen. Das Parlamentswahlrecht, als das Recht für Andere Gesetze zu beschließen, kann überhaupt kein angeborenes Menschenrecht sein, sondern muß wie jedes Herrschaftsrecht durch persönliches Thun und Verdienst erst erworben werden.

Sie hat keine Grenze; denn die allgemeinen Menschenrechte gebühren auch den Frauen und Kindern, gebühren jedem Wesen menschlicher Gestalt und Bildung. Das englische Unterhaus hat der civilisirten Welt bereits das überraschende Bild eines Mehrheitsbeschlusses für das Frauenstimmrecht dargeboten (darunter auch der Führer der großen conservativen Partei). Allein mit demselben Recht müssen die Kinder und Wahnsinnigen durch Stellvertreter in ihren Menschenrechten repräsentirt werden. Ebenso unzweifelhaft sind die allgemeinen Menschenrechte des Verbrechers, sowie sein dringendes Interesse an den Beschlüssen der Volksvertretung. Die absolute Demokratie gelangt wie der Feudalismus zu einer angeborenen Standschaft, welche als Herrschaft Aller über Alle sich aufhebt.

Sie hat kein Ziel; denn das Mehrheitsinteresse erstrebt eine gesellschaftliche Gleichheit (égalité), die sich durch den Erwerb der Güter stetig aufhebt. Sie hofft auf eine Harmonie der Interessen (fraternité), während die ungebundenen Interessen stets in wilden Kampf auslaufen. Sie verlangt die bürgerliche Freiheit (liberté), während die pflichtenlose Gesellschaft stets den schwächern Theil niedertritt. Alle ihre Ziele sind durch eine Volksvertretung unerreichbar; denn kein Wähler ist im Stande, seine eigenen Interessen sachgemäß und vollständig zu vertreten. „Jedermann hat seine zwei Arten von Interessen, Interessen welche er versteht, und welche er nicht versteht." Noch unmöglicher ist es, daß ein Mensch die Interessen Vieler, die Interessen von Tausenden, die Interessen von Millionen sachgemäß und vollständig vertreten sollte. Die Grundidee der Interessenvertretung wird so von einem Widersinn in den andern getrieben. Sie muß anerkennen, daß diese Interessenhäufung nur zu einer stetigen Ueberwältigung der schwächeren durch die stärkeren Interessen führt, und kommt damit zu dem Widersinn der Minoritätswahlen, zu deren Fürsprecher sich das englische Oberhaus bereits gemacht hat. Der letzte Zusammenhang der Nachbarverbände wird damit aufgehoben, die Interessen gruppiren sich in immer gestaltloseren Massen, und überschreiten auch die Grenzen der bestehenden Staaten als „internationale" Interessenvertretungen. Ihre Minorität bleibt aber Minorität, und mit der Zusammenballung in immer größeren Massen wird die Vergewaltigung durch die Majoritäten nur rücksichtsloser und absoluter. Soll aber der Widerspruch der Minoritäten gelten, so ist der Staatswille überhaupt aufgehoben.

Wie nach der Reformbill von 1832 treten diese Richtungen weniger bei

§. 170. XII. Der Zwiespalt der Parlamentsverfassung. 1013

den ersten Parlamentswahlen hervor, in denen die Staatsgewöhnung der Bevölkerung noch vorhält. Je mehr diese weicht und die Masseninteressen ihrer selbst bewußt werden, um desto sicherer kann sich die Bewegung nur zerstörend gegen den noch vorhandenen Zwischenbau des englischen Staats, gegen das Friedenrichteramt, gegen das Recht des Grundbesitzes, gegen die Staatskirche, gegen die regierende Klasse, gegen das Oberhaus als einseitige Vertretung des Grundbesitzes kehren, und die heutige „Omnipotenz" des Unterhauses giebt der Majorität eine sichere Erwartung des Erfolgs.

Aber auch für die Fortbildung der Verfassung sind diese Bestrebungen voraussichtlich ebenso negativ wie ziellos.

Für die Erweiterung und Vervielfältigung der Stimmrechte ist keine Grenze mehr zu finden; denn weit über das Stimmrecht der Frauen und Kinder hinaus, führt die bloße Interessenwirthschaft zur internationalen Vertretung, nicht blos der Handarbeit, sondern aller Interessen, d. h. zum allgemeinen „Menschheitsstimmrecht."

Für das Wahlverfahren giebt es kein anderes Ziel als die geheime Abstimmung, mit welcher die Gesellschaft auf rechtliche und sittliche Grundsätze im Staat überhaupt verzichtet. Nach der Lieblingsvorstellung des nur noch Ehren und Würden vergebenden Steuerzahlers soll zwar der Erwählte den Muth seiner Meinung haben. Diese Eigenschaften erachtet man aber nur nöthig für den beauftragten Diener, nicht für den Auftrag gebenden Volkssouverän. Für ihn beansprucht man das äußerste Maß von Gefahrlosigkeit und Bequemlichkeit, damit er ungehindert durch sittliche Verpflichtungen, durch Rücksichten des Anstands, der Dankbarkeit, der Beständigkeit, der Treue gegen früher ausgesprochene Meinungen, seine stillen Wünsche in der Wahlurne niederlege. Aus solcher Gesinnung soll der regierende Körper hervorgehen, welcher den Staat nach den stetigen Grundsätzen des Rechts und der Sittlichkeit leitet. Der Gesetzentwurf dafür ist in der Session von 1871 bereits eingebracht.

Für die Gestaltung der Parlamentsrechte endlich führt diese Idee nur zur Aufhebung der wesentlichen Rechte der Gesetzgebung und der Controle der Verwaltung, an deren Stelle die Gesellschaft nur den Absolutismus ihrer eigenen Herrschaft setzt.

Sie will keine Gesetzgebung durch Parlamente. In dem Gefühl, daß die Vertretung eines unentwirrbaren Knäuels von Interessen keine Gesetze beschließen kann, soll ein „ständiger Gesetzgebungsausschuß" die Gesetze machen, die dann das Parlament mit einem Ja oder Nein anzunehmen oder abzulehnen hat (St. Mill, Repres. Gov. c. 5). Es bedarf für diese Anschauung überhaupt nur noch eines Code civil, pénal und einer Prozeßordnung, — an Stelle des Verwaltungsrechts bedarf es nur einiger „Grundrechte", gehandhabt durch verantwortliche Minister.

Sie will auch keine Finanzcontrole durch die Parlamente mehr. Die Scheidung der gesetzlich feststehenden und der beweglichen Einnahmen und Ausgaben ist für sie unerfindlich. Sie verlangt kurzweg die „Bewilligung" aller Einnahmen und aller Ausgaben, im Ganzen wie im Einzelen. Das Unterhaus arbeitet schon seit der Reformbill von Jahr zu Jahr in dieser Richtung weiter ohne bewußtes Ziel; denn die angebliche Finanzcontrole hört damit eben auf, daß der regierende Körper jede Summe sich selbst bewilligt.

Sie will keine Controle der Verwaltung nach der Gesetzmäßigkeit der einzelen Maßregeln, sondern nur eine „politische" Verantwortlichkeit der Minister für Ausführung ihrer Mehrheitsbeschlüsse.

Die Idee des Gesetzes als Form des öffentlichen Rechts, der Begriff eines öffentlichen Rechts überhaupt, verschwindet, und geht in den Begriff der „Verwaltung" des absoluten Staats zurück. Die Staatsmaschine wird nicht durch Gesetze geregelt, sondern durch Majoritätsbeschlüsse der Interessenvertretung, welche den leitenden Minister bezeichnet, ihm jede Einnahme und jede Ausgabe bewilligt, und ihn für die Ausführung jedes Majoritätsbeschlusses durch die Widerruflichkeit seines Auftrags „verantwortlich" macht. „Die einzige Aufgabe, der einer Repräsentanten-Versammlung gewachsen sein kann, ist, nicht die das Werk zu thun, sondern zu veranlassen, daß es gethan werde; zu bestimmen, wem und was für Leuten das Werk anvertraut sein soll, und ihm, wenn es fertig gemacht ist, die nationale Bestätigung zu ertheilen und zu verweigern."

Der Kreislauf dieser Vorstellungen wiederholt den Gang der französischen Revolution von der socialen égalité zu dem napoleonischen Verwaltungssystem, seinem legislativen Körper, seinen Präfecten und berathenden Conseils. Die Monarchie bleibt dabei offene Frage. Der ruhelose Wechsel der Interessenregierungen führt indessen stets zur Einherrschaft zurück, die aber dann eine Staatsgewalt auf Kündigung bleibt, da die Gesellschaft ihren Auftrag jederzeit zurückzunehmen beansprucht.

Dies ist der Ideenkreis, welcher nach der Reformbill von 1867 seine Propaganda in beschleunigtem Tempo fortsetzt, in den Middle Classes als voluntarism und republikanisches Ideal, in den arbeitenden Klassen als socialistische und communistische Lebensvorstellung. Das drohende Aussehen dieser Verhältnisse, das Verschwinden alles rechtlichen und sittlichen Halts aus der öffentlichen Meinung, die Zerrüttung alles Staatsbewußtseins und staatlicher Autorität, treibt den verzweifelnden Sinn vieler Zeitgenossen (wie in früheren Epochen der Geschichte) zur absoluten Autorität der Kirche zurück, zur Verdammung aller Ideen und Werke der Civilisation, zur Resignation auf die geistige und politische Freiheit überhaupt. Das erlo-

§. 170. XII. Der Zwiespalt der Parlamentsverfassung. 1015

schene Pflichtbewußtsein für den Staat erzeugt aus der Gesellschaft die staatsfeindlichen Extreme nach beiden Seiten.

England wie Deutschland gehören indessen nicht zu den Völkern des verlorenen Staatsbewußtseins. Die Sitte des Familienlebens, die Religion der Selbstverantwortlichkeit, die staatliche Gewöhnung maßgebender Schichten des Volks geben die Gewähr dafür, daß mit der ernstlichen Verwirklichung dieses gesellschaftlichen Ideals auch die Rückkehr zur staatlichen Ordnung der Gesellschaft gegeben sein wird. Sollte England die Grenze erreichen, an welcher Frankreich zu seinen Staatsrettungen und Plebisciten griff, so bedarf es dort jedenfalls keiner rettenden That, sondern nur der Geltendmachung des unverjährten Grundsatzes, daß das Privy Council vom König ernannt wird, und daß es dem Recht nach alle Gewalten der Staatsregierung besitzt. Die Unverjährbarkeit im englischen Staatsrecht hat die Bedeutung einer Reserve, kraft welcher der Staat niemals unwiderruflich zum Diener der Gesellschaft werden kann. Die Macht, welche der personificirte Staat über die zerfahrene Gesellschaft hat, wurde noch in der Reformbill von 1832 sichtbar bei dem ersten Eintreten König Wilhelm's IV. Hinter dieser idealen Macht ist seitdem aber auch noch eine sehr reale erwachsen; denn die Interessenverwaltung selbst hat die Organe geschaffen, welche dem Staat im Nothfall die Beherrschung der Gesellschaft wiedergeben: ein disciplinirtes Heer von 100,000 Civilbeamten, herabreichend bis in die untersten Funktionen des Kirchspiels; ein Gendarmeriecorps von 26,000 Mann mit seinen Brigadiers und Offizieren; ein stehendes Soldheer, dessen Offiziercorps den letzten Zusammenhang mit den selbstregierenden Klassen aufzugeben soeben im Begriff steht. Die Kurzsichtigkeit der Interessenwirthschaft hat diesen Apparat des Absolutismus im Laufe eines Menschenalters geschaffen. Aber auch die besitzenden Klassen selbst haben, im Gegensatz zu Frankreich, bisher noch immer den persönlichen Muth zur Aufrechterhaltung der bürgerlichen Ordnung jederzeit und jedenorts bewährt.

Es handelt sich also für England nicht um die Gefahr des Umsturzes, sondern um den Verlust der bürgerlichen Freiheit, der auch für die extremsten Parteirichtungen eine ruhige Ueberlegung bedingt.

Ein Zwang dazu ist heute vorhanden zunächst für die die regierende Klasse selbst. Sie wird sich in der Aussicht, eine wohlerworbene Stellung zu verlieren, endlich Rechenschaft geben müssen über die Grundlagen ihres Staats und ihrer eigenen Geltung. Sie hat in England den nächsten Beruf dazu und die nächste Verantwortlichkeit, gleich dem berufsmäßigen Beamtenthum auf dem Continent. Sie hat diesen Beruf auch erfüllt in früheren Jahrhunderten, im tiefen Zwiespalt zwischen Interesse und Staatspflicht in der Periode der Reformation und der Revolution, in den schweren Zeiten, welche der letztern folgten.

Die Darlegung der einzelen Gebiete hat bereits ergeben, wie bedeutende Elemente zum Wiederaufbau noch vorhanden sind. Immer noch findet das innere Staatsleben einen Halt an dem beibehaltenen Realsteuersystem der Kirchspiele und Kreise, in der Organisation der friedensrichterlichen Sessionen und der Jury, in der Gewöhnung der Gentry an ein persönliches Eintreten in die verantwortliche Führung der öffentlichen Geschäfte, in dem erhaltenen Grundbau der Verwaltungsjurisdiction und des Rechtsstaats. Das Bewußtsein vom Staat ist gerade bei denen noch am stärksten geblieben, welche zunächst zu helfen die Macht haben. In diesen Kreisen lebt auch noch immer das Element, welches in der öffentlichen Meinung und ihren Tagesorganen nicht mehr zum sichern Ausdruck kommt: das tiefliegende Gefühl des englischen Volks für sein Parlament, für die Ehre und für die dauernde Größe seines Landes, welche in dem heutigen Strom der öffentlichen Meinung zu Grunde gehen. Was zum Wiederaufbau gehört, liegt aber sicher ausgeprägt in dem großen Gang der englischen Staatsbildung, welchen eine wiedererwachende Rechtswissenschaft über Blackstone zurück in den wirklichen Urkunden der englischen Verfassung wiederum aufsuchen, und in dieser Vergangenheit den sichern Leitstern für die Zukunft finden wird.

Es kommt in der bevorstehenden socialen Sturm- und Drangperiode Englands darauf an, daß die regierende Klasse, unter Beiseitsetzung eines kleinlichen grundsatzlosen Streits um die Aemter, noch einmal vorangeht in der Erkenntniß, daß der Staat eine sittliche Pflichtgenossenschaft im Ganzen wie im Einzelen bleiben und wieder werden muß.

Die Tories werden einmal wieder den wirklichen Staat vertreten müssen, statt in nutzlosen Versuchen die alten Gesellschaftsinteressen, die Kornzölle, die Schutzzölle, die vornehmen Pfründen, die alten Verwaltungsmißbräuche zu vertreten. Seitdem die neue Gesellschaft überall siegreich vordringt, sind sie nur noch beschäftigt gewesen, neue „Opfer an ihren conservativen Ueberzeugungen" zu bringen. Allein es wird endlich Zeit, dem wirklichen Recht des Staates zu dienen, und sich von einer verlogenen Führerschaft frei zu machen, sei es auch um den Preis, eine Zeit lang nicht auf den Regierungsbänken zu sitzen.

Die Whigs werden sich gestehen müssen, daß sie der Gesellschaft zu ihrem Recht im Staat nur um den Preis der persönlichen Pflicht verhelfen können, daß mit der grundsatzlosen Nachgiebigkeit gegen alle Ansprüche der neuen Erwerbsgesellschaft eine liberale Partei die Regierung nicht zu führen vermag. Sie erfahren bereits zur Genüge, daß das Zugeständniß des allgemeinen Stimmrechts, des ballot und der leges agrariae diese Forde-

§. 170. XII. Der Zwiespalt der Parlamentsverfassung.

rungen nicht befriedigt, daß alle Nachgiebigkeit die social-demokratischen Stimmen zu keiner zuverlässigen Unterstützung mehr bewegt. Sobald sie nicht mehr politische Rechte ohne die Bedingung persönlicher Pflichten verschenken, werden sie mit den Grundsätzen auch das Maß und die Grenze für die Erweiterung der staatsbürgerlichen Rechte wiederfinden.

Beide Parteien werden endlich anerkennen müssen, daß ein Staat nicht ohne Grundsätze regiert werden kann.

Bisher hat sich nur eine Solidarität der europäischen Gesellschaft in der innern Zersetzung des Staats geltend gemacht. Allein die Solidarität der germanischen Nationalitäten wird sich auch in dem Wiederaufbau bewähren. Wohl mag die Macht socialer Ideen unwiderstehlich erscheinen in einer Generation, in welcher so riesenhafte Umgestaltungen aller erwerbenden Arbeit zusammentreffen mit dem Bedürfniß so vieler und so tief greifender Reformen. Allein auch unter den gewaltsamsten Umwandelungen aller Besitzverhältnisse früherer Jahrhunderte sind die germanischen Stämme aus zeitweiser Verwilderung zu den sittlichen Lebensbedingungen des Staats zurückgekehrt. Sie an erster Stelle haben in der europäischen Welt die Wahrheit vertreten, daß die Verbindung der Menschen zu Staat und Kirche kein bloßer Nothbehelf ist zur bessern Erreichung der Zwecke der Gesellschaft, daß der Staat selbständig in der sittlichen Natur des Menschen gesetzt ist, wie die Gesellschaft in seiner wirthschaftlichen Bestimmung begründet ist. Wie im Beginn der neuen Zeit Deutschland den Beruf erfüllt hat, das sittliche Wesen der Kirche gegen die äußerliche Auffassung der Kirche im Süden und Westen Europas durchzukämpfen: so wird in Deutschland auch im XIX. Jahrhundert noch einmal die Kraft bewähren, die sittliche Ordnung des Staats zur Geltung zu bringen gegen die sociale Verbildung des Staats.

Der Glaube, daß in dem heutigen Gährungsprozeß der Staat den endlichen Sieg davontragen werde, bildet sich aus Lebensanschauungen, welche vorzugsweise der Geschichte angehören. Er ist im letzten Grunde aber eins mit dem Glauben an die höhere ewige Bestimmung des Menschengeschlechts. Denn was im Leben des Einzelen der Streit zwischen den Pflichten und den Begierden: das bedeutet im Leben der Völker der ewige Kampf zwischen Staat und Gesellschaft.

Die nächsten Schritte zum Wiederaufbau auf dem Boden der gegebenen Verhältnisse muß jedes Volk in Ideen und Kräften aus eigener Mitte zu finden wissen. Die Außenstehende vermag in der urkundlichen Staatsgeschichte Englands nur das Grundgesetz der Verbindung von Staat und Gesellschaft wahrzunehmen. Da die Grundrichtung der industriellen Gesellschaft ebenso unabänderlich ist wie die Natur des Staats, so kann der heutige Wiederaufbau nur von unten herauf in dem nüchternen Prozeß der organischen Verbindung der gewählten Boards mit den obrigkeitlichen Aemtern der Selbstverwaltung gefunden werden, welche schon in der Städteordnung von 1835 und in der Wegeordnung theilweise begonnen ist. Der weitere Rahmen der Vereinigung ist gegeben durch das Zusammenfallen der Kreispolizei- und der Kreisarmenverbände. Es handelt sich darum die seit der Reformbill gelösten Zwangspflichten wieder herzustellen, den Zwang zum Schulzenamt, zur **persönlichen** Armenverwaltung, zum **persönlichen** Heerdienst. Es handelt sich darum, den Boards of Guardians wieder einen Halt zu geben durch eine angemessene Verbindung mit dem Friedensrichteramt, und den wieder verwaltungsfähig gewordenen Körpern die Armenhäuser unterzuordnen, so lange bis diese traurigen Denkmäler einseitiger Bildung der Gesellschaft durch die Erziehung und Erhebung der unteren Klassen entbehrlich und zu Schulhäusern werden. Es handelt sich darum das Audit mit dem Auditor wieder den Quartalsitzungen einzuverleiben. Andererseits würde allerdings das Friedensrichteramt etwas von seiner Ausschließlichkeit aufgeben, und aufhören müssen mit vornehmem Lächeln auf Krämer und Pächter herabzublicken, die auch Gemeindeangelegenheiten verwalten wollen. Es wird sich gewöhnen müssen mit **gewählten** Armenräthen zur Seite ebenso zu administriren wie einst der Königliche Rath mit den Commoners, d. h. gemeinschaftlich mit Personen der Mittelstände die heute erweiterte mühsame Einzelverwaltung zu führen. They order this matter better in Germany! Man darf die Einladung hinzufügen, sich an deutschen Communen überzeugen zu wollen, daß die in England für unmöglich gehaltenen Dinge als lebendige Wirklichkeiten existiren, daß man eine Armenverwaltung ohne relieving officers, ohne 15,000 revidirte Bücher, ohne assistant overseers, ohne workhouse test, durch die Intelligenz und durch den guten Willen der Nachbaren führen kann, daß die Schulzenämter nicht durch Gensdarmerie wegadministrirt zu werden brauchen u. a. Das Alles setzt allerdings voraus eine tüchtige Erziehung der unteren Klassen, welche sie nicht blos zu nützlichen Dienern heranziehen, sondern das Individuum zur Erhebung in die höheren Klassen befähigen will. Diese Wirklichkeiten Deutschlands sind freilich Ideologien, so lange die englische Gesellschaft nichts kennt und nichts kennen will als sich selbst.

Für **Deutschland** bleiben entscheidend die **vorhandenen Grundlagen** der allgemeinen Wehrpflicht, des Schulzwangs, der Städteordnung des Freiherrn von Stein. Und fügen wir hinzu den deutschen Nationalcharakter, welcher einst in der Reformation mit unaussprechlichen Opfern den Sieg der höhern Staatsidee über die Interessen errungen hat, — jenen viel gescholtenen deutschen Idealismus, der doch nur die vorzugsweise staatliche Anlage des Volks im Gegensatz der gesellschaftlichen bedeutet. Gerade im Widerstreit der gesellschaftlichen Interessen vermag eine ihres Berufs bewußte Staatsregierung noch heute der Stein-Hardenbergischen Gesetzgebung ihren Abschluß im constitutionellen Staate zu geben. „Wäre eine solche Wiederherstellung der innern Zusammengehörigkeit der Elemente in Deutschland unmöglich, so wäre sie es in Europa überhaupt. Denn die gesunden gesellschaftlichen Grundlagen, der gesunde Sinn für Vertheilung der Staatslasten, die gute Gewöhnung der überwiegenden Mehrzahl des Volks an Steuer und an persönliche Last, der nachbarliche Zusammenhang, die Achtung vor dem Recht, das Gefühl der wahren Bedeutung der Monarchie, der einheitlichen Rechtsordnung im Lande, sind nirgends in dem Maße vorhanden wie in Deutschland. Um diese schönen Elemente zusammenzufassen zu einem großen mächtigen Staat, schien Preußen bisher berufen, weil es in einer großen Zeit die solidesten Grundlagen dazu bereits gelegt hatte. Auch hier wird die Fähigkeit wohl zurückkehren in ernsten Tagen." — Ich darf diese Schlußworte der zweiten Auflage dieser Schrift wiederholen, nachdem solche Ereignisse eingetreten sind.

Namen- und Sachregister.

Die Zahl bedeutet die Seitenzahl, wo nicht das Zeichen des (§) beigefügt ist.

Abberufungsrecht s. Certiorari.
Abdeckereien 273. 377. 379. 797.
Abfuhrwesen, städtisches 790. 791.
Abschätzungsgrundsätze, Communalst. 148.
Abschwörungseid 201.
Adel s. Ständeverhältnisse.
Agricultural gangs 356.
Actiengesellschaften 877.
Aldermen 613. 647.
Alkali Act 317.
Altbürgerrolle 610.
Amerciaments 18. 334.
Amtseide 199—202. 92.
Amtsbefreiung s. Befreiungsgründe.
Angelsächsische Grundlagen (§. 1.)
Anklagebeschluß 235.
Anklagejury (§. 75.)
Anklagepflicht (§. 76.)
Ansteckende Krankheiten 280. 817.
Anwälte 234. 367. 368.
Apothekerordnung 267. 270.
Appellhof in Strafsachen 369.
Appellate jurisdiction, Friedensr. (§. 69.)
Appellationsverfahren 388. 391.
Apprehension 222.
Apprentices (§. 57.) 373.
Arbeiterverbindungen 312.
— wohnungen 796. 781.
Arbeitshäuser 702. 739. 767.
Arbeitspolizei (§. 56.)
Armee, Verwaltungsjurisdiction (§. 94).
Armenärzte 735.
Armenaufseher s. Overseers.
Armengesetze, Geschichte 40. 55 (§. 119).
Armengesetz v. 1834 (§. 121).
Armenhäuser 702 (§. 125).

Armenkrankenpflege 749.
— Lehrlinge 321. 751.
— Rechnungsrevision 571.
— Schulwesen 752. 763.
Armensteuer 56 (§. 21.).
— Verfahren (§. 98.).
Armenverbände (§. 123.).
Armenverwaltung: Armenhäuser (§. 125) Hausunterstützung (§. 126) Rechnungswesen (§. 127) in der Metropolis (§. 129) Gemüthskranke 730.
— beamte (§. 124).
Army Reserve 538.
Arrest, Civilproz. 170.
Arsenic. 270.
Articles of the Peace 371.
Assessed Taxes (§. 96)
Assistant Overseers 705. 793.
Assizes of bread etc. 307. 377.
Attachment 500.
Attorney General 434.
Audit (§. 127).
Aufruhr 252.
Aufsichtsinstanz s. Oberinstanz.
Ausweisung s. Niederlassungsrecht.
Badehäuser 780.
Bäckerordnung 266. 270. 800.
Bail, Bürgschaft 231.
Bailiffs 164. 166. 167.
Bankgesellschaften 878.
Barones Majores 26.
Bas'ardy (§. 59.)
Bath and Washhouses 780.
Bauordnung 779. 794. 820.
Beadle 663.
Beershops 351.

Befreiungen, von der Communalsteuerpflicht 145, vom Geschworenendienst 177. 181. 423. 608, vom Sheriff-Amt 90, vom Dienst der Constables 450, vom Milizdienst 524, vom Amt der Kirchenvorsteher 659, vom Amt der Armenaufseher 691, vom Amt der Wegeaufseher 843, im städtischen Dienst 608.
Begnadigungsgesuche 369.
Begräbnißordnung 781. 799.
Beleuchtungswesen 780. 793.
Bergwerksarbeiter 314. 316.
Beschwerdeinstanz s. Oberinstanz.
Besitzentsetzung 226.
Besoldete Communalbeamte 66. 112, Constabulary (§. 82), Stadtbeamte (§. 105), Armenbeamte (§. 124), Sanitätsbeamte 802. 843, Wegebeamte 844. 851. 855, nach Localacten 785. 786, neueres Grundsystem (§. 163).
Bettelpolizei (§. 46).
Bezirke der Communalverw. (§. 8).
Bierhauspolizei (§. 50).
Billards 354.
Bills of Mortality 652.
Blackstone, selfgovernment 75.
Boards, System 111, in der Armenverw. (§. 123 a.), in der Sanitätsverw. (§. 133—35), in der Wegeverw. (§. 141), in Districts (§. 128).
Bôcland, Angels. 2.
Bordelle 279.
Boroughs, Gesch. 44. 54. 63. 82. (§. 100).
Boroughs, Municipal, zur Zeit der Reformbill (§. 101), nach der Städteordnung von 1835 (§. 103), Classification der Städte (§. 102).
Boroughs, Parliamentary 599—602.
Borough Rate (§. 19). 623.
Borsholders 106.
Boundary Act 79.
Brauordnung 266.
Brückenverwaltung (§. 72).
Bürgermeister 614.
Bürgerrecht 609.
Bürgerschaft (§. 104).
Building Acts 779.
Burgesses Roll. (§. 104).
Burhs, Angels. 9.
Burial Acts 781. 799.
Burial Rate 141.

Burns, Justice 75. 195.
Bye Laws, Localverordnungen, polizeiliche 248, der Quartalsitzungen 377, der Stadtverw. 587. 628, der Kirchspiele 675, der Sanitätsverw. 813, in der Metropolis 825, in den Corporationen 871.
Casual poor 714.
Cautionen im Strafverf. 231.
Cautionspflicht, Presse 259.
Censur 257.
Census, der Friedensrichter 196, der Geschworenen 183, 426, der Milizoffiziere 536
Certiorari der Reichsgerichte (§. 84). 776.
Chaplains 400.
Charitable Uses 867.
Charten, städtische 591.
Chausseeordnung 289.
Chausseeverwaltung (§. 142).
Church Rate (§. 20).
Churchwardens, Gesch. 32. 39., heutige (§. 14). 112.
Chief Constables 467.
City, Name 598.
Civilexecution (§. 29).
Civiljurisdiction, städtische 636.
Civiljury (§. 31).
Civiljustiz, Ueberficht 162.
Civilstandsregister 86. 658.
Classificirtes Stimmrecht 851. (§. 166).
Clauses Acts 1847 (§. 132).
Clerk of the Peace (§. 36). 376. 635.
Clerks to J stices (§. 36).
Clerks to the Guardians 734.
Collectors, besoldete 733.
Combinations 313.
Commission, der Friedensrichter 193.
Commissioners in Lunacy 411.
Commissioners Clauses Act 785.
Commissions of Sewers 777. 778.
Commitment 235. 335.
Committee of Assistance 671.
Committee of Jurats 671.
Common Council 615.
Common Lodging Houses 356. 796.
Communa, Reichsständ. 27.
Communalsteuersystem, Gesch. 33. 49, heutiges (§. 17—25), Einschätzungsverfahren (§. 98. 99); insbesondere bei der County rate 122, Borough 467, Church 131, nach den Health Acts 800. 812; nach der Wegeordnung 838. 850; nach Localakten 786.

Communistische Vereine 255.
Companies Clauses Act 284.
Compounding the rates 147. 577. 803. 812.
Concessionswesen (§. 65), in den Quartalsitzungen 379; Gewerbeconcessionen 284; in der Stadtverw. 635; nach den Health Acts 293. 798. 786.
Consilium Continuum 26.
Constables, Gesch. 84. 106, Amtsgeschäfte (§. 78), Personal (§. 79), Verantwortlichkeit (§. 87); besoldete Constabulary (§. 82), städtische C. 627. 629; Special Constables (§. 80).
Controlljustiz der Reichsgerichte (§. 84).
Convictions (§§. 41. 61).
Copyhold 47.
Coroner (§. 10) 636.
Corporations, Arten (§. 144), allg. Grundsätze (§. 145); Corp. aggregate 868, Schutz der Corp. Rechte 640, Corp. Municipal s. Boroughs.
Correctionshäuser 395.
County, Bezirk (§. 8).
County Business (§. 68).
County Corporate 598.
County Court 163.
County Financial Boards (§. 73)
County Gaol s. Gefängnißverwaltung.
County Rate (§§. 17. 18). 374.
County Treasurer 121. 374.
Court baron, Norman. 23. 32. 44.
Court leet 23. 24. 32. 44. 190. 191, 581.
Criminaldepartement der Justiz 476.
Criminal lunatics 407.
Criminalstatistik 236.
Customary Court, Norm. 32.
Custos Rotulorum (§. 35).
Darlehnskassen 328
Decentralisation 893. 952.
Deichordnung 778.
Deputy-Lieutenants (§. 93).
Deputy-Sheriff 166.
Diseases Prevention Acts 296. 817.
Disorderly houses (§. 49).
Dissenters 256. 380.
Dispensaries, Metropolis 768.
Distress, distringas 334.
District Asylums (§. 128).
District Auditors 756.
District Boards, der Wegeverw. 847, der Metropolis 822.

District Rate (§. 23). 812.
District Surveyor 844.
Divisions 82. 341.
Domesdaybook 12. 25.
Drainage Rate 153.
Drunkenness (§. 49).
Ealdorman, Angels. 5.
Einkommensteuer (§. 97).
Einquartirung 548.
Einregistrirung der Bürger 608, der Actiengesellschaften (§. 146).
Einschätzungscommission der Grundsteuer 557, der Einkommensteuer 559. 562, der Armensteuer 569.
Eisenbahngesellschaften 874.
Eisenbahnpolizei 290.
Eisenbahnbesteuerung 149.
Entlassungsrecht der Friedensrichter 485. 500; der Armenverwaltungsbeamten 738.
Ernennungsrecht der Friedensrichter 485 f. Wahl u. Ernennung.
Eroberung, Normann. 11.
Examination 232.
Examiners of Wights 383.
Exchequer, Normann. 19.
Execution (§. 29.) 186. 187.
Exmissionsklagen 330.
Expropriationen 176. 329. 397. 429. 858.
Extraparochial places 85. 657.
Fabrikanlagen s. Concessionen.
Fabrikarbeiter 310.
Fabrikgesetze, Factories Acts 314 (§. 56)
Fälschung s. Waarenfälschung.
Fahrordnung 288.
Feuerordnung 799.
Feuerwaffenfabrikation 273.
Financial Boards (§. 73).
Finanzhoheit, Normann. 19.
Firma Burgi 580. 584.
Fischereiordnung (§. 55).
Fleischmärkte 797.
Fluchen 249.
Flugschriften 259.
Fluß- und Canalpolizei (§. 53).
Freemen 590. 594. 646.
Freiwilligen-Corps (§. 92). 533.
Fremdenpolizei 264.
Friedensbewahrung 216. vgl. Polizei.
Friedensbürgschaften 223. 372.
Friedensrichter, Gesch. 30. 41. 42. 51. 103. 189 —193, Friedensr. n. Charte 198. 617—618.

Friedensrichter, **Personal** (§. 34), Personalstatistik 205; Census 104. 196. 202.
Friedensrichter, besoldete (§. 37).
Friedensrichter, Amtscommission 193, Amtsgeschäfte, Uebersicht (§. 33), Geschäfte der einzelen Fr. (§§. 38—61), in den Spezialsitzungen (§§. 64. 65), in den Quartalsitzungen (§§. 67—69), Gefängnißverw. (§. 70), Irrenhausverw. (§. 71), Brückenverw. (§. 72); als Oberinstanz der Ortsverwaltung 337, in der Steuerverwaltung 568—570, in der Milizverw. 542, in der Armeeverw. (§. 94). in den Einschätzungscommissionen 556, in der Armenverw. 694. 747. 750, nach den Health Acts 832, in der Wegeverw. 844, in der Chausseeverw. 857, in der Stadtverw. 680; als ex officio Mitglieder der Boards 113. 574. 727. 851. 854.
Friedensrichter, **Verantwortlichkeit:** Unterordnung unter die Centralverw. (§. 83), Strafrechtliche Verantwortlichkeit (§. 85), Regreßpflicht (§. 86); der Friedensrichter in propria causa 502; Entlassung und Suspension 485. 486.
Friedensrichter, städtische 198. 207. (§. 105a.)
Friendly Societies 328. 378.
Game Laws (§. 49).
Gaolers 167.
Gaols (§. 70).
Gasthauspolizei (§. 50).
Gastwirthschaften 287.
Gasworks Clauses Acts 784.
Gebührentaxen 378.
Gefängnißverwaltung (§. 70), Hausordnung 401, Staatsinspection 402, Staatsgefängnisse 402, städt. Gefängnißverw. 631.
Gehör des Angeklagten (§§. 40. 41).
Gemeinderath, städt. (§. 105).
Gemüthskranke criminals 409.
Gendarmeriesystem 470
General Board of Health 808.
General District Rate 801.
General Order for Accounts 757.
General Rules des Armenamts (§. 130).
General Sessions 358.
General Vestries (§. 115).
General Vestries Act (§. 116).
Gentry 46. 58. 926.

Gerichtsverfassung, angels. 4. normann. 17, sp. Zeit 43.
Geschworenenlisten 346, Civiljury (§. 31), Criminaljury (§. 75) s. auch Jury.
Gesindeordnung (§. 56).
Gesundheits- und Baupolizei 56. (§. 131 ff.), in der Metropolis (§. 135).
Gewerbeanlagen (§. 65). 798.
Gewerbefreiheit 319 812.
Gewerbescheine 284. 285. 351.
Gewerbeordnung (§. 47.) 318.
Gewerbeschiedsgerichte 223. 312.
Gilbert's Act (§. 120).
Gilden 644.
Grafschaften, angels. 57. normann. 15. 21, reichsständ. 31, heutige Bezirke 77.
Grafschaften, incorporirte 598.
Grafschaftssteuer (§§. 17. 18).
Grand Jury (§. 75). 363. 367.
Grundbesitz, Steuerbelastung 149.
Grundsteuererhebung 555.
Guardians, Armenverw. (§. 123a).
Gutsgerichte s. Court baron, Court leet.
Habeas-Corpus-Acte 487. 494.
Hackney Carriages 277.
Hafengebühren 153.
Haftbefehle, Formen 229, Verantwortlichkeit 504. 505. 508. 509.
Handarbeiter 310.
Handelsschiffahrtsordnung (§. 58).
Hauptstadt s. Metropolis.
Hausgesinde 309.
Hausirer 267. 273.
Hausordnung der Gefängnisse 403, der Armenhäuser 444. 446, der Schankstellen 286.
Hausunterstützungen (§. 116).
Headboroughs 196.
Health Acts (§§. 133—135); ergänzende Gesetzgebung 816.
Heeresverfassung, angels. 3. s. Miliz.
Hegungszeit 301. 305. 377.
Heimathsscheine, Armenverw. 687.
Hida, Angels. 2.
High Commission Court 35. 38.
High Constables 107. 441.
Highway Boards 851.
Highway, Rate (§. 22) 838. 850.
Hobhouse's Act 677. 680. 682.
Honorary Freeman 588.
Houses of Correction (§. 70).

Huldigungseid 201
Hunderschaften, angels. 5. 8, normann. 15. 22, reichsständ. 31; heutige Bezirke 81; heutige Haftung 346.
Jagdordnung (§. 54).
Improvement rate 786.
Inclosure rate 153.
Income Tax (§. 97).
Incorporationscharten der Städte (§ 100).
Indictment 428.
Indoorrelief (§. 126).
Industrial Schools 404.
Industrielle Gesellschaft 62.
Information 228. 238.
Information ex officio 496.
Information quo warranto 641.
Inneres, Ministerialverwaltung 476.
Inspectors der Fabriken 315, der Sanitätsverw. (§. 52. 133. 134), der Armenverw. 771, der Maß- und Gewichtsverw. 383.
Instanzenzug (§. 88) s. Oberinstanz.
Irremovable paupers 715.
Irrenhäuser (§. 71).
— städtische 632.
Jugendliche Verbrecher 247.
Jury im Civilprozeß (§. 31), Urtheilsjury (§. 74), Anklagejury (§. 75), städtische 634; bei den Kreisgerichten 185, Juries for inquiry 429, Coroners jury 97, J. bei der Civilexekution 172, bei Schadensklagen 174, bei Expropriationen 176. 397. 858, bei Besitzentsetzungen 226, bei riots 253, bei Deichverbandsstreitigkeiten 373, bei Feststellung der Maßverhältnisse 384, als annoyance jury 461, beim Streit über Brückenbaumaterialien 415, bei Verlegung von Wegen 846.
Justices of labourers 192.
Justiz u. Verwaltung 517.
Katholiken 256.
Kauffahrteischiffahrt (§. 58).
Kellerhälse 793.
Kellerwohnungen 795.
Kirche angels. 6, normann. 19, reichsständ. 33, sp. Zeit 57.
Kirchenbaulast (§. 20).
Kirchenbücher 659, 661.
Kirchensteuer (§. 20).
Kirchenvorsteher (§ 14. 112).
Kirchspiel, Gesch. 32. 39. 55. (§. 111).
— bezirke heutige 84.

Kirchspiels-Verfassung, (§. 111—116).
Kirchspiels-Lehrlinge 321.
Knochenbrennereien 293.
Kohlenbergwerke 316.
Kohlenhandel 267. 272.
Kreis-Armenverbände (§. 123).
— — Statistik 721.
Kreisarmenräthe (§. 123).
Kreisgerichte (§. 32).
Kreis-Irrenhäuser (§. 71).
Kreis-Polizeibehörde (§. 68).
Kreissecretär 376.
Kreisstadt 598.
Kreisvertretung (§. 73).
Kriegsgerichte 528. 529.
Kriegshoheit, normann. 16.
Kronanwalt 434.
Kronvasallen, normann. 13.
Labouring Classes Lodgings 781.
Lachsfischerei 305.
Ladungen im Civilprozeß (§. 29).
— in der Voruntersuchung (§. 40).
— im Polizeiverfahren (§. 41).
Laenland, angels. 2.
Landarmenhäuser 762.
Landlord and Tenant 329.
Landtax 53. (§. 95).
Lands Clauses Act 784.
Landstreicher (§. 46).
Landwirthschaftsgesinde 309.
Law of evidence 240.
Law of settlement (§. 122).
Lehnseid, normann. 16.
Lehnrecht, normann. 12.
Lehrer, Armenhaus 743.
Lehrlingsstreitigkeiten (§. 57).
Liberties, Ausnahmsbezirke für die Verwaltung des Sheriff 84. 166, für die Friedensrichterverwaltung 198, für das Amt der Coroners 98, für die Gefängnißverwaltung 393, für die Civilgerichtsbarkeit 637.
Licences 348.
Lighting and Watching Act 141. 780.
Liveries, London 645.
Localakte, für Städte 592. 778. 786; für Kirchspiele 675. 786.
Local Boards of Health 788. 803. 813.
Local Government Act (§. 134).
Local Taxation 153.
Localvertretung 66. (vgl. Buch IV. Absch. II.)

Logirhäuser 356. 796.
Lohnfuhrwesen (§. 48). 799.
Lohnstreitigkeiten 223.
Löhne, polizeiliche Regulirung 307.
London City (§. 110), Polizeiverwaltung (§. 81), Armenverwaltung (§. 129), Gesundheitsverwaltung (§. 135).
Lordlieutenant (§. 15).
Lord Mayor, London 648.
Lord Mayor's Court 651.
Lotterieverbote 282.
Lunatic Asylums (§. 71).
Lunatic Asylums Act 407.
Lunatics, criminal 407.
Luxusgesetze 278.
Magna Charta 21.
Magnum Consilium 26.
Mandamus (§. 84). 640. 669.
Manors 24.
Marketsand Fairs Act 784.
Marktordnung 259, 272, 797, 812.
Maß= und Gewichtsverwaltung 380, 382.
Master and Servant Act 311.
Mayor 593. 614. 648.
Medical Officers Armenverw. 735.
Medicinverkauf 274.
Merchant Shipping Act (§. 48).
Metropolis, Polizeiverwaltung (§. 81), Armenverwaltung (§. 129), Gesundheits= und Straßenverwaltung (§. 135).
Metropolis Local Management 818.
Metropolitan Board of Works 823.
Metropolitan Poor Act 765.
Miethsstreitigkeiten (§. 60).
Militärgerichte 551.
Militärgewalt 552.
Militärrequisitionen 254.
Miliz, Geschichte 43, 53, 518.
Milizgesetz von 1802 (§. 90), neueste Gestalt (§. 91).
Miliz, Verwaltungsjurisdiction (§. 93).
Minister des Innern (§. 88).
Mühlenordnung 267.
Müllergewerbe 274.
Municipal Corporations (§§. 100—103).
Minicipal=Verwaltung, heutige (§§. 106—109).
Musterrolle 322.
Mutiny Act 533. 546.
New Parishes Act 683.
Niederlassungsrecht 696. 710. 716.

Nuisances Begriff 248. 292.
Nuisances Removal Acts (§. 52). 832.
Oberhaus, Entstehung 36. 60.
Oberinstanz, der Quarter Sessions (§§. 69. 84), der Verwaltungsjurisdiction überhaupt (§. 88), der Militärverwaltungsjurisd. (§§. 93. 94), der Steuerjurisd. (§§. 97. 98), der Stadtverw. (§. 109), der Kirchspielsverw. (§. 114), der Armenverw. (§. 130), der Sanitätsverw. (§. 136), der Wegeverw. (§. 143), allgemeines Grundsystem (§§. 155. 167).
Oeffentliche Wege 834.
Oeffentlichkeit der Voruntersuchung 234.
Offiziere der Miliz 522. 534—536.
Open vestries 675.
Orders, allg. Grundsätze (§. 61).
Orders of removal 696.
— of nuisances 294.
Ordnungsstrafrecht 331.
Ortsangehörigkeitsatteste 687.
Overseers of the Poor (§§. 14. 118). 731.
Parish, Bezirke 85.
Parish, heutige Verfassung (§. 111—116).
Parish Clerk 663.
Parish Committees 671. 675.
Parish Constables Act 451.
Parlament, Entstehung 28. 36. 59.
Parlamentspapiere, Uebersicht 68.
Parlamentswähler, städtische 611.
Parochial Assessment Act 148.
Passengers Acts (§. 53).
Paßpolizei 264.
Patrimoniale Gefängnisse 393.
Pauper lunatics (§. 71).
Paving Acts 289.
Personalhaft (§§. 29. 32).
Personenfuhrwesen 275.
Petroleum Acts 356.
Petty Jury 22. 422.
Petty Sessions (§. 62).
Pfalzgrafschaften 78.
Pfandleiher 268. 274.
Pfandstreitigkeiten 175. 328. 329.
Pferdeschlächtereien 267. 273.
Pflasterung 625.
Plurality of Votes 679.
Pockenimpfung 817.
Pocket Sheriff 90.
Politische Vereine 255.
Polizei, Geschichte 18. 30. 51.

Police, Name 456.
Polizeiaufsicht 263.
Polizeiexecution 336. 829. 831.
Polizei, Executives Personal 483.
Polizei, hauptstädtische 455. 458.
Polizeirichter 459. (§. 37).
Polizeiordnung, Metropolis 459.
Polizeiresolute, Polizeiverfügungen (§. 61). 294.
Polizeistraftabelle (§. 42).
Polizeiverwaltungsbezirke (§. 63).
Polizeiverwaltungscommission, städtische 627.
Poor Law Board (§. 130).
Poor Law Unions (§. 123).
Poor Rate (§§. 21. 98).
Popularklagen (§. 76).
Postcontraventionen 251.
Presentment 428.
—, Brückenverwaltung 416.
Preßgesetzgebung (§. 45).
Privatanklage (§. 76).
Privatirrenhäuser 379. 410.
Privatkorporationen (§. 146).
Private Improvement Rate 141.
Privy Council, Entstehung 36. 60.
Prohibition 495. 668.
Prosecution (§. 76).
Protection Acts (§. 56).
Pulverfabriken 355.
Qualificationseid, Friedensrichter 199.
Quarter Sessions der Friedensrichter, Organisation (§. 66), Strafgerichtsbarkeit (§. 67), als Kreisverwaltungsbehörde (§. 68), als Beschwerdeinstanz (§. 69), Gefängnißverwaltung (§. 70), Irrenhausverw. (§. 71), Brückenverw. (§. 72); die städtischen Quarter Sessions (§. 105a. 108); Geschäfte der Milizverw. (§. 93), der Steuereinschätzung (§. 98), der Armenverw. (§. 119), der Wegeverw. (§. 140), s. auch Oberinstanz.
Quorum, Bedeutung 196.
Quo warranto 495.
Rathsherren, städtische 613.
Rauchverzehrung 798.
Rechnungswesen, Armenverw. (§. 127).
Reclamationsverfahren, in der Milizverw. 523, bei der Steuereinschätzung 568.
Rocorder 638. 649.
Reformation 35.
Reformatory Schools 398. 404.

Refreshment Houses 295. 852.
Regierende Klasse 926.
Registration Districts 86.
Regulative, Armenverw. 770.
Regreßklagen (§. 86).
Relieving Officers 736.
Religionssecten 256.
Republik 38.
Requisitionen, Militärmacht 254. 478.
Restauration 38.
Revolution 48.
Ridings 414.
Rügepflicht 18. (§. 75).
Sabbathfeier 248.
Saca et Soca 15.
Sanitary Act 1866 817.
Savings Banks 378.
Schankconcessionen (§. 65).
Schiedsverfahren 223. 312. 393. 833.
Schießpulverfabriken 267. 273.
Schiffbrücke 98.
Schiffahrtsordnung (§. 58).
Schlachthäuser 293. 797.
Schonungszeit 301. 304. 305.
School Districts (§. 128).
Schornsteinfegerordnung 267. 271.
Schwängerungsklagen (§. 59).
Seefischerei 305.
Seepassagierwesen (§. 53).
Seifensiedereien 293.
Select Vestries 674. 704.
Selfgovernment, Geschichte 50. 57. 69.
Selfgovernment, Begriff (§. 8. 147. 159), organische Gesetzgebung (§. 148. 160), Umfang (§. 149. 161), Abstufungen der Kreis und Gemeindeverw. (§. 150. 162), Amtssystem (§. 83. 151. 163), Steuersystem (§. 152. 164), System der Wahl und Ernennung (§. 153. 165), Stimmrecht und Wahlverfahren (§. 154. 166), Instanzenzug (§. 155. 167); als Grundlage der Ständebildung (§. 156. 168); als Grundlage der Parlamentsverfassung (§. 157. 169).
Sessional Divisions (§. 63).
Settled Poor 714.
Settlement Act 685.
Sewage Utilisation Act 816.
Sewerage 790.
Sewers, Deichordnung 778.
Sewers Rates 153.

Sexton 663.
Sheriff, Geschichte 5. 92. 93.
Sheriff-Amt (§. 9. 26).
Shire, angels. 7.
Shire-Halls 375.
Sittenpolizei (§. 49).
Slaughtering-Houses 379.
Sochemanni, normann. 13.
Sonntagsfeier 248.
Special Case 390.
Special Constables 453. 630.
Special District Rate 801.
Special Jury 182.
Special Sessions (§. 62—65), in der Armenverw. (§. 119), in der Wegeverw. (§. 141), Terminkalender 347.
Special Vestries 674.
Spielhäuser 281. 282.
Staatsanwaltschaft (§. 76.)
Staatsgefängnisse 402.
Staatsgrundsteuer (§. 95).
Staatssubsidien 554.
Stadtverfassung, Gesch. 44. 54. (§. 100).
Städteordnung (§. 103) s. Boroughs.
Städtische Beamte (§. 105).
Ständeverhältnisse, angels. 6., normann. 20, reichsständische 33, Reformationszeit 45, sp. Zeit 67.
Ständeverhältnisse, heutige (§. 156. 168).
Stage Coaches (§. 48).
Statuta Nova 34.
Statuta duties 836. 838.
Statute of bridges 415.
— of labourers 306.
Stempeldefraudationen 252.
Stempelpflicht, Zeitungen 258.
Sternkammer 38.
Steuerbewilligung, der Kirchspielsversammlungen 672.
Steuereinschätzungen 53. (§§. 95—99).
Steuerexecution 570.
Steuergewerbscheine 284.
Steuerreclamationen 568.
Steuersystem der Metropolis 820.
Steueruntersuchungen (§. 43).
Stiftungen 625.
Stimmrecht, classificirtes und gleiches (§. 154. 168). 609. 670. 671. 678. 681. 821.; klassific 678. 704. 722. 803. 814. 852.
Stimmzettel 725. s. Voting Paper.
Stipendiary Magistrates (§. 37). 459.

Strafresolute 331.
Strafverfolgung (§. 76), Beschränkungen (§. 43). 255. 257. 258. 807.
Straßenbaupolizei 792.
Straßenreinigung 791.
Straßenunfug 461. 798.
Stuarts 37.
Sturges Bourne's Act (§. 120).
Subsidienbewilligung 554.
Summary Conviction 42. (§. 41).
Suprematieeid 201.
Surety for the Peace (§. 39).
Surveyors of highways 40. (§. 13. 139).
Syphilitische Krankheiten 280.
Tabacksbau 275.
Tagegelder, Friedensrichter 361.
Tagelöhner 310.
Talgsiedereien 293.
Tanzmusiken 281.
Taufregister 658.
Thames Watermen (§. 53).
Theater 281. 282. 354.
Themse 298.
Thierquälerei 247.
Tithing, angels. 9. 106.
Todesstrafe, Vollstreckung 405.
Town Clerk 616. 637.
Town Council 612. 613. 623.
Township 84.
Towns Improvement Act 786.
Towns Police Clauses Act 785.
Treasurer, Grafschaft 122, städtischer 616, Armenunion 735.
Trödler 267. 273.
Truck und Cottage System 313.
Trunkenheit 279.
Turnpike Acts (§. 142).
Under-Sheriff (§. 27).
Union Assessment Act 574—576.
Union Chargeability Act 716.
Unions for Settlement 720.
Union-Workhouses 737.
Unions, der Armenverw. 702. 847. (§. 123), der Wegeverw. 847. 848.
Unterhaus, Entstehung 37. 931.
Unterstützungsbeamte 736.
Untersuchungshaft (§. 40).
Untervasallen, normann. 13.
Urtheilsjury in Strafsachen (§. 74).
Vagabunden, Vagrant Act (§. 46).
Vagabundirende Geisteskranke 409.

Verantwortlichkeit, des Coroner 99, des Sheriff 163, der Friedensrichter (§§. 83. 85. 86), der Constables (§. 87), der Kirchenvorsteher 662, der Armenaufseher 693, der Wegeaufseher 845. 849.
Veräußerung städt. Grundstücke 621. 622.
Vereinsrecht (§. 44).
Vergnügungslokale 281. 354.
Verhaftungsrecht der Friedensrichter 222. 229, der Constables 335. 445. 458. 627.
Versammlungsrecht 255.
Versicherungsgesellschaften 876.
Verwaltungsexecution 336. 482. 831.
Verwaltungsjurisdiction 71. (§§. 83. 88. 93. 94 98. 109).
Verwaltungsregulative, Q. Sessions 377.
Vestry, Kirchspielsversammlung 39. (§. 115. 116).
Vestry Clerk 663.
Vestrymen, Metropolis 823.
Visitationsrecht 872.
Visiting Committee, Visitors der Gefängnißverw. 398, der Irrenhausverw. 408, der Arbeitshausverw. 727. 741.
Vollstreckung der Strafen 243. 368.
Volunteers (§. 92).
Vorführungsbefehl 229.
Vorspann 549.
Voruntersuchungsrichteramt 42. (§. 40).
Voting Papers, Stimmzettel, der städt. Wahlen 613, der Armenverw. 725, der Health Acts 804. 811.
Waarenfälschung 270.
Wahl und Ernennung der Kreisbeamten: Ernennung des Sheriff 88, Wahl des Coroner 100, Ernennnng der Friedensrichter 30. 199. 485. 486. 618. 620., Ernennung der Milizbeamten 522. 541, Wahl der Mayors 614.
Wahl und Ernennung der Kirchspielsbeamten: Ernennung der Constables 441. 452, der besoldeten Const. 467. 470, Wahl d. Churchwardens 658. 670, Ern. der Armenaufseher 690, W. d. Wegeaufseher 108. 837.
Wahl und Ernennung der Gemeindeausschüsse: Ernennung der Juries s. Jury; Wahl der Committees und Boards in der Stadtverw. 612, der Boards of Guardians 722—726, der Boards of Health 803. 814. 821, der Wegeverw. 844. 851,
der Bezirkseinschätzungscommission 574; die leitenden Grundsätze für Wahl und Ernennung (§§. 153. 165).
Wahlrecht der Communalwahlen (§§. 153. 165) vgl. 729. 803.
Wahlrecht, städt., zum Parlament 610.
Wahlverfahren, in der Armenverw. 725, nach den Health Acts 803; allg. Grundsätze (§§. 154. 168).
Wapentakes, Wards 81.
Washhouses 780.
Wasseranlagen 785. 795.
Watch Committee, städt. 626. 627.
Waterrate 795.
Waterworks Clauses Act 785.
Waywardens 851.
Wegeaufseher (§§. 13. 139).
Wegepolizei (§. 51). 839.
Wegesteuer (§. 22). 838. 850.
Wegeverwaltung, Gesch. 40. 57. (§. 137); Wegeordnung von 1836 (§. 138); Wegeordnungen von 1862, 1864 (§. 141), Instanzenzug (§. 143).
Weights and Measures 380. 382.
Weinhäuser 285.
Werbeverträge 547.
Westminster, City 460.
Wetten 633.
Widersetzlichkeit gegen Polizeibeamte 508.
Wildhandel 302. 355.
Wildheger 302.
Wine- and Beerhouses 353.
Wochenmärkte 378.
Workhouse test 740.
Workhouses (§. 125).
Writ of certiorari 488.
— of dedimus potestatem 199.
— of mandamus 492.
— of prohibition 495. 668.
— of quo warranto 641.
Yeomanry Cavalry 533.
Zehntschaften, angels. 9.
Zehntschaftsbezirke 84.
Zehntenbeitreibung 328.
Zeitungspresse 258.
Zeugenverhöre 232.
Zeugnißpflicht 232. 241. 481.
Zolldefraudationen 251.
Zwangslehrlingschaft 320.
Zweikampf, Polizeimaßregeln 223.

CPSIA information can be obtained
at www.ICGtesting.com
Printed in the USA
LVHW081133141218
600337LV00029B/267/P